The Collection of Book Reviews from The Asahi Shimbun: 2009-2016

朝日書評大成

2009▶2016

朝日新聞社文化くらし報道部 編

三省堂

デザイン
松田行正＋杉本聖士

はじめに

朝日新聞は毎週日曜日の朝刊・読書面に書評を掲載しています。原則として、毎週八点、新刊の単行本を取り上げています。年間八万点ほどという出版物の中から書評に取り上げる本には、新しい事実を掘り起こすなどニュース性があったり、重要な説を展開したり、その分野で大切な位置をしめたりするほか、長く読み継がれる普遍性のある本などといった特徴があります。いずれにせよ、本は時代を映します。なぜ、今、その本が出版されたのか——時代の要請をすくい上げ、時代の標となるような本が出版された事実を紙面に刻んで後世に伝えることも、朝日新聞の読書面の使命の一つだと考えています。

多くの知見をもとに本を選ぶため、朝日新聞では書評委員会制度を採っています。書評委員は二〇人ほどに依頼しています。文芸、哲学、美術、政治学、科学、経済学など様々な専門分野の方々です。隔週で集まり、会議を開きます。会議では、編集部が選別した約一〇〇点の本をもとに、書評委員が選び、書評に取り上げるかを判断します。編集部と相談することもあります。そして、毎週の読書面に、一〇〇〇字を超える大型一本、約八〇〇字の中型五本、四〇〇字ほどの小型二本が掲載されます。

本とは新しい世界への扉であり、読書は未知の世界への旅や冒険です。新しい自分を発見するきっかけにもなるでしょう。書評は、扉を開け一歩を踏み出すよう、読者の背中を押すものでありたいと思います。今週もまた、「私の一冊」を見つけてほしい。そんな思いをこめ、多くの方に興味をもってもらえるような豊かな紙面作りをこれからも目指していきます。

『朝日書評大成』（全2巻）には、二〇〇一年から二〇一六年までの読書欄に掲載された、約七〇〇〇の書評を収録しています。一部、書評委員以外の評者の方にも執筆をお願いしました。すべての評者と、本の著者の方々への感謝を込めて、本書をお届けしたいと思います。

二〇一七年五月

朝日新聞社文化くらし報道部長　阿部毅

凡例

1. 本書の構成

朝日新聞社の署名入り書評二〇〇一年一月から二〇一六年一二月末まで、一六年間の書評を年別・発行月日順に配列した。本書は、二〇〇九年一月から二〇一六年一二月までの「下巻」となり、掲載書名約三二〇〇点、評者約九〇人となる。

なお、本書が元としたデータは朝日新聞社管理の書評データを利用し、ISBNコード・ジャンル表示については、ブック・アサヒ・コムのデータを利用した。

各書評の構成は、主に①発行年月日・番号、②書名、③著者・編者、訳者・監訳者、写真家ほか、④出版社名・定価、⑤ISBNコード、⑥ジャンル、⑦書評見出し、⑧書評本文、⑨評者・所属ほか、⑩著者略歴ほか、から成る。

【本書未収録書評リスト】

未収録の書評リストを発行年月日順に掲げた。

【索引】

・書名索引／著者・編者索引／訳者・監訳者索引／写真家ほか索引／評者索引／出版社索引／キーワード索引から成る。

・長音は直前の母音に置き換えた五十音配列とした。

・外国語・外来語の原音における「V」音は原則としてバビブベボであらわした。

2. 書評の配列について

発行年月日順に配列した。同日の書評には、便宜的に①②③……と番号を表示した。

3. 書評本文について

・書評本文は、原則として新聞発行時の内容と同じとした。

・難解な人名・用語・書名・難読語などに（　）で振り仮名を付けているものや、数字の漢数字と洋数字の混在もある。外国人名等の表記についても発行時のままとした。

・評者の所属、職業等も発行時のままとした。よって、現在での所属や職業が変わっている場合がある。

・歴史的事実が今日的観点からそぐわない箇所もある。なお、実名表示に関しても、発行時のままとした。

・定価は、消費税を含めた総額表示とした。

追記―収録した書評は、評者あるいは著作権継承者から転載許諾を得ました。可能な限り意思確認の努力を重ねましたが、転載を許諾されないご意向を示された評者、未回答、転居などの事情で諾否を把握できなかった評者については収録を見合わせました。これらについては本文と評者名以外の本のデータを「本書未収録書評リスト」に収めました。おわびとともに申し添えます。

例

①発行年月日・番号
②書名
③著者・編者、訳者・監訳者、写真家ほか
④出版社名・定価
⑤ISBNコード
⑥ジャンル
⑦書評見出し
⑧書評本文
⑨評者・所属ほか
⑩著者略歴ほか

二〇一〇年八月一日❺

『都市をつくる風景「場所」と「身体」をつなぐもの』

中村良夫 著

藤原書店・二六二五円

ISBN9784894347434

社会

「破れ障子」の街 再生への道

「風景」を手がかりにした、日本再生の書、である。

著者は景観工学の第一人者であり、「風景学」の提唱者でもある。日常の生活空間としての風景はそのまま、社会のありようを映し出す。風景を通して、心豊かな暮らしのある町づくり、国づくりの道を探る。

日本の風景は「破れ障子」のようになった、という。西欧のあとを追う近代化は、一言でいえば生産力の向上だった。その結果が「いかにも薄っぺらな町並みの中で営まれる貧相な市民生活」であり、混沌（こんとん）とした今日の都市の姿を生んだ。

「国会議事堂の裏手に立ち上がった高層ビルが日本の民主主義を足蹴（あしげ）にした」「粘菌状の都市がついに融（と）けだして無限漂流を始めた」「赤くかぶれた皮膚病的景観が蔓延（まんえん）する郊外」……。ラジオ放送をもとにまとめられたこともあるだろうか、都市のイメージをふくらませると同時に、著者の嘆きの深さをもうかがわせる言葉が全編を通して並ぶ。

無理もない。かつては、自然の風情の中に生を営む山水都市が、西欧諸国の称賛を浴びた。明治には大きな構想力をもった風景があり、大正デモクラシーは町を輝かせた。

そろそろ「アジア的な精神文化のしなやかな活力と多様性を失わずに、西欧の合理性をのみこんだ円熟」に踏み出す時だ。著者の指摘にうなずく。

英国では、繁栄にかげりが見えた前々世紀末に、アメニティー運動が盛んになった。風景やアメニティーのような文化の力が経済力にもまして持続性に富む国力の蓄積であり、そこに英国人は新しい豊かさを発見したのではないか、と読み解く。

日本にとっても、文化の力がかぎを握ることは間違いない。市民の感性によってすぐれた都市文化を創造し、それによって未来を拓（ひら）く。希望は地方都市から芽生え始めたという。

では、この東京は、と思う。

「とどのつまりは市民が自らの人生の舞台である町づくりにどれだけ切実な思いを抱くか」だそうだ。明日を考えるスタートにしたい一冊である。

評・辻篤子（本社論説委員）

なかむら・よしお　38年生まれ。東京工業大学名誉教授。専門は景観工学。

＊⑤については、文庫等がある場合、情報を追加した。
＊⑩については、無いものもある。
＊⑦については、一段書評のみ削除統一した。
＊検索の便を考え、奇数ページノンブルの右横に見開きページの書評年月日・番号を入れた。

総目次

平成二十一年

2009

二〇〇九年一月四日❶

『あまりに野蛮な　上・下』

津島佑子 著

講談社・各二一〇〇円
ISBN9784062151139〈上〉・9784062151146〈下〉／9784062903165（講談社文庫〈上〉）・9784062903172（〈下〉）

文芸

死者を背負って生きる女性の痛み

装丁が豹柄（ひょうがら）である。上、下2冊。なにやらまがまがしい。伸ばした手を引っ込めるべきだったのに、魔がさして読んでしまった。

案の定、平静でありたいと切に願う精神がかき乱され、心身が発熱。落ち着きどころを失った。そして、つぶやきたくなった。

この小説を理解できる男なんかいるのだろうか、と。

思えば、私が、産み落とした赤ん坊を抱え、それが混乱と混沌（こんとん）の人生のとば口だとは気づきもしないでいたとき、著者は同年齢にしてすでに作家だった。そう、彼女の『寵児（ちょうじ）』『山を走る女』などの作品に自立に向けて生きぬくことを鼓舞されたそのときも、この小説を理解できる男なんか……と、つぶやいたはずだった。

「女性小説」というものがあるとしたら、まさにこれがそう。

作品の舞台は、1930年代の日本統治下の台湾だ。当時、この島では同化政策を強いられた山地の先住民が蜂起し、多数の日本人の首を狩った凄惨（せいさん）な事件が起きた。名高い「霧社（むしゃ）事件」である。

統治を理由に、理解の及ばぬ先住民の精神文化を「野蛮」と切り捨てる、そんな時代背景の中におかれた主人公は、台北に赴任中の男に愛の手紙を送り続けて妻の座を得た日本の女、ミーチャである。

彼女は、煮詰まった内地での生活から飛び立とうとして異郷の地での結婚生活を夢見たが、刻々と現実に裏切られる。

秩序だった世界からいやおうなくはみ出し、霧社事件の首謀者にあこがれる野性的で奔放な女の精神はついに傷み、子どもを失ったことを契機に、破綻（はたん）していく。

70年後、その血のつながるものとして、50代の女、姪（めい）のリーリーが、ミーチャの幻影を求め、灼熱（しゃくねつ）の島、台湾を彷徨（さまよ）う。あのときのミーチャがそうであったように、抑圧された島の伝説、祈り、精霊たちの住む世界へ通じる道を探して――。

これが、物語の大筋なのだけれど、全体はミーチャの手紙や日記、リーリーの旅、霧社事件の顛末（てんまつ）、恐ろしい伝説、意味深な夢、妄想、それらの場面が次々と展開していく。

過去も現在も、事実も妄想も、死者も生者も同時並行で、全体がジグソーパズルのような世界だ。ピースの断片に誘引され、読み進み、次第にミーチャの痛みとリーリーの痛みが重なり、そして、女であるところの私の痛みへと連なっていく。

女とは死者を背負って生きる性なのかもしれない。生と死は一対のもの。産む性は、死をも産み落とすのだ。

リーリーのように、自分は子どもを殺し、親を殺し、男を殺したという想念にとりつかれ、とめどもなく今を漂っている女は、癒やされることを拒み、悲しみにさえ行き着けないのである。

奔放な津島ワールドにたじたじとなって、読了後、一人酔っ払って、意味不明な涙をこぼしたのだった。

評・久田恵（ノンフィクション作家）

つしま・ゆうこ　47年生まれ。作家。『草の臥所（ふしど）』で泉鏡花賞、『火の山　山猿記』で谷崎潤一郎賞および野間文芸賞など受賞作多数。

二〇〇九年一月四日②

『奔流中国21』

朝日新聞社 著
朝日新聞出版・一六八〇円
ISBN9784022504975
国際

成長の光と影を切り口に全体像描く

本書は07年8月から約1年間本紙で連載された中国特集を中心にした最新のリポートである。記者取材をベースにした書物への評者のこだわりは以下の2点にある。

第1は現場の臨場感をうまく伝えた上で、どれだけ取材の寄せ集めを超えているか、第2はメディア関係者（中国の）を取材対象としている場合、その道の人にしか分からない特別の切り口がどれだけ滲（にじ）み出ているかという点である。気鋭の記者たちの取材だけに切り口は鋭い。例えば、「一つの世界、一つの夢」を掲げた華麗な北京五輪の影として、建設現場で働く多くの農民工の劣悪な生活、彼らに将来の夢を聞いた問いに対する「考えたこともない」との答えには矛盾のコントラストが凝縮されている。

世界が注目した3月のチベット騒乱の5カ月後の、中国当局とチベット族の間に漂う緊張感、チベット族同士でも猜疑心（さいぎしん）と不信の溝を深め、「五輪がもたらしたのは恐怖と不自由だけだった」と語る「ラサの絶望」もよく伝わってくる。エリート化し権力を集中させていく党、「ベトナムの政治改革よりも遅れている」との老ジャーナリストの批判、農村での選挙の不正への監視をめぐる取材など、政治報道の困難さの跡もうかがえる。が、「五輪よりも人権を」を訴えて軟禁・逮捕された胡佳氏や関係者への取材は輝いている。

第2点では、四川大地震報道が面白い。震災当初の速報は被災者の苦難を生々しく伝え、様々な現地ルポ、独自の報道の輝きを追跡している。しかし開放的だったメディアは徐々に統制され、軍隊や共産主義青年団の英雄的な「復旧活動」といった宣伝の色が濃くなっていく。中国メディアにとって前例のない試練であったが「党中央宣伝部の手のひらから飛び出したわけではなかった」と結ばねばならない現実は伝わる。

大きなトピックを章立てでくくり、成長の光と影を切り口にして、その全体像を描くことにより、現地ルポ寄せ集めの感は払拭（ふっしょく）されている。中国の現在と未来を考えるわかりやすい好著である。

評・天児慧（早稲田大学教授）

07年～08年の本紙連載を中心にまとめた。30人以上の記者が取材に参加した。

二〇〇九年一月四日③

『貧困のない世界を創（つく）る』

ムハマド・ユヌス 著　猪熊弘子 訳
早川書房・二一〇〇円
ISBN9784152089441
経済／国際

すべての人間は企業家の能力を持つ

本書は、グラミン銀行という機関を創設し、マイクロクレジット（無担保少額融資）と呼ばれる手法を通じてバングラデシュの貧困削減に大きく貢献し２００６年度ノーベル平和賞を受賞した著者による包括的な著作である。

グラミン銀行の話を以前聞いた際、次のような素朴な疑問を持っていた。一つは、貧困削減においてなぜ「金融」が先にくるのか。それは人々を〝市場経済の論理〟に巻き込むのを促進するだけではないかという点。いま一つは、グラミン銀行のような試みが資本主義の展開という大きな文脈の中でどのような意味をもつのかという点である。

本書はこうした疑問に対してきわめて明確かつ体系的な答えを与えてくれる。前者について著者は、融資という方法は職業訓練などより有効とし、なぜならすべての人間は企業家としての能力を普遍的に持っているからとする。それは「個々の人間の内部にある創造性のエンジンのスイッチ」を入れることにもなる。ちなみにグラミン銀行の融資先の97％は女性である。

後者については、本書の中心テーマである「ソーシャル・ビジネス」が鍵となる。ソーシャル・ビジネスの本質は、既存の「最大利益追求型ビジネス」（及びそれが行う社会的貢献活動）とは異なり特定の社会的目標を追求することにあり、それは「損失もない代わりに配当もないビジネス」である。著者によれば、現在の資本主義はなお開発途上だが、人間はもっと多次元的な存在であり、そこにソーシャル・ビジネスが生成する舞台がある。さらにこの文脈で環境問題など「成長のジレンマ」と対応のあり方も論じられる。

著者が挙げる2050年までの「欲しいものリスト」の中には「グローバル市民」「グローバルな教育」「グローバル通貨」などが含まれ、グローバル化にも条件つきながら明確な支持が示されるように、著者のスタンスは普遍性への志向が強い。こうした点には議論の余地があろうが、具体的な実践を伴いつつ、資本主義のあり方を根底から問いなおす本である。

評・広井良典（千葉大学教授）

Muhammad Yunus　40年生まれ。グラミン銀行総裁。

二〇〇九年一月四日❹

『ランド　世界を支配した研究所』

アレックス・アベラ 著　牧野洋 訳

文芸春秋・二三〇〇円
ISBN9784163706306/9784167651749（文春文庫）

ノンフィクション・評伝

アメリカの政策動かした科学的思考

アメリカではシンクタンクが政策形成において重要な役割を演じていることはよく知られている。それがほとんど官僚によって担われているわが国との大きな違いでもある。わが国ではシンクタンクについて時にあこがれとでもいうべき感情が表出される。しかし、合理性（reason）への過剰な信奉ゆえに、ラランドについて著者は批判的である。

ランドは第2次大戦後、アメリカ空軍によって設置された。その後独立し、今日では助成金を軍と民間から半々ずつ獲得している。ゼロサムゲーム、囚人のジレンマ、システム分析などはランド関係者が開発した概念であった。ケネス・アロー、ハーマン・カーン、フォン・ノイマンなど、超一流の頭脳も擁してきた。合理的選択論はまさにアローがランド在籍中の1950年に組み立てた理論である。ちなみに、ランドはノーベル賞受賞者が29人輩出しており、研究分野は健康保険や税制にまで及ぶ。

本書は、戦後アメリカの外交・安全保障史でもある。ランド研究者の多くはかつてアイゼンハワー政権が弱腰であると考え、ケネディに期待を寄せた。アイゼンハワー大統領がその告別演説で軍産複合体を批判したとき、ランドが念頭に置かれていた可能性は小さくない。最近では、ネオコンとのつながりもあり、イラク戦争に至る過程でも重要な役割を果たした。

著者はランドが合理性の総本山としてアメリカのさまざまの政策に影響を与えていたことを厳しく批判する。しかし、リベラルと保守の間で過度にイデオロギー的分極化が進んでしまった今日のアメリカ政治において、科学的思考と分析が果たす役割は低下している。皮肉なことに、所長は、保守派を重用したレーガン時代からランドの役割が低下してきたと指摘している。このような時こそ、ランドの存在意義が評価されることになるのではなかろうか。少なくとも、外交・安全保障政策に関して政府から完全に独立したシンクタンクが存在することのメリットは認識しておくべきであろう。

評・久保文明（東京大学教授）

Alex Abella　新聞記者などを経て、小説やルポなどを執筆。

二〇〇九年一月四日⑤

『ゼルダ　最後のロマンティシスト』

ジル・ルロワ 著　傳田温 訳
中央公論新社・一七八五円
ISBN9784120039874　文芸／ノンフィクション・評伝

振幅大きな人生　心のひだを追い求め

ゼルダ（・セイヤー）と言って、どれほどの人が知っているのだろうか。現在のアメリカで、あるいはフランスではどうなのか。

20世紀の前半、アラバマ州の最高裁判事の娘ゼルダは、美女で、才媛（さいえん）で、典雅に生きるはずだったのに、その性は反抗的。文才にもたのむところがあったのだろう。すてきな陸軍少尉と出会い、人目を引くカップルとなり、やがて結婚……。

この少尉が〝失われた世代〟を代表する作家フィッツジェラルドであったから容易じゃない。若くして才能を注目された作家は、ゼルダとともに放恣（ほうし）な生活を続け、それが作品に反映され、ゴシップの種とされた。

本書は、そのゼルダの半生を綴（つづ）った作品。一見ゼルダ自身が節目節目の生活と心情を告白しているように読めるが、筆者はフランス人作家のジル・ルロワ。伝記ではなく、脚色された部分もあって、フィクションなのである。この筆致は、様式は、

――こういう小説もあるんだ――

技法としておもしろい。フィッツジェラルドとゼルダがよいカップルであったのは、出会いのころの短い期間だけ。あとは競いあい、疵（きず）つけあい、おたがいに愛人を作ったりして尋常ではない。ゼルダは彼女自身が夫に負けない才能を持っていると自負していたし、夫が成功したのは〝私あってのこと〟と信じていた。それゆえに〝私は大切な妻なのだ〟と。

正直なところ、そばにいたならば、妻であったならば、

――厄介な女だなあ――

後半生はほとんど精神病院に入ったり出たりの連続であった。

古風な上流階級の娘が放埒（ほうらつ）な作家を求めて、みずからも破滅的な人生へ。才能が豊かであったぶんだけ振幅が大きい。その心のひだを追い求める文学、と評すればよいのだろうか。文学の魔性を垣間見させてくれる。２００７年のゴンクール賞受賞作品であり、

――このごろのフランス文学、いかがだろう――

読み応えはある。

評・阿刀田高（作家）

Gilles Leroy　58年生まれ。当作は仏で27万部のベストセラーに。

二〇〇九年一月四日⑥

『移民環流　南米から帰ってくる日系人たち』

杉山春 著
新潮社・一五七五円
ISBN9784104121021　社会／ノンフィクション・評伝

2つの国で居場所失うデカセギの現実

本書によると、日本で働く日系ブラジル人にはドリフト愛好者が多いらしい。山道のカーブを、タイヤをきしませて車を走らせるレース、あれである。

彼らの多くは、母国では月収３００ドル程度だ。ところが日本に来ると、がんばれば月に30万円はかせげる。本国の10倍。そして周囲は消費財の洪水だ。中古車なら10万円で買える。不安定な身分を忘れ、車、テレビ、ビデオと、次々に購入する。

ローンの返済のため、朝早くから夜遅くまで働かねばならない。子どもは学校に預けっぱなしで、教育やしつけの時間はない。子どもたちは日本語もろくにできず、いじめにあい、不登校になる。暴走族に加わり、犯罪に手を染めるものも出てくる。

日本の外国人登録で、ブラジル人は中国人、韓国・朝鮮人に次いで3位、約30万人に達した。10年前の3割増だ。戦後の貧困に押し出されてブラジルに渡った移民の子どもたちが、還流した日本でふたたび鬼っ子のあつかいを

受けている。

著者はブラジルの彼らの出身の町や村を訪れる。長い出稼ぎから帰った人々は故郷で足場を失っており、働こうにも職がない。持ち帰った金が底をつくと、また日本に戻るしかないのである。

ゆたかな日本で働いて金を貯（た）め、母国に家を建ててしあわせに暮らそう……。最初の夢はそうだった。しかし現実には、日本と母国の双方で居場所を失い、生活を崩壊させていく。この本は、そんな現実をきめ細かい取材でたどっていく。

日本の経済は、外国人労働に頼らなければ立ちゆかなくなっている。経済の土台を支える彼らの生活が崩壊しかけているというのに、政府や企業はわれ関せずだ。地域社会の人々がボランティアで支えようとしているが、その力はあまりに小さい。

不況のなか、単純労働者の切り捨てが始まった。最初に切られるのはこうした日系ブラジル人たちである。そんな状況で、彼らはどうなっていくのか。この本の続編が読みたくなる。

評・松本仁一（ジャーナリスト）

すぎやま・はる　58年生まれ。フリーライター。著書に『ネグレクト』など。

二〇〇九年一月四日⑦

『プルーストとイカ』

メアリアン・ウルフ 著　小松淳子 訳

インターシフト・二五二〇円
ISBN9784772695138

科学・生物

プルーストの一節を読んでその光景がありありと脳裏に浮かび、たちまち過去の想（おも）い出へと引き寄せられる。年齢も文化も違う作中人物といつしか同化し、遥（はる）か異国で冒険に生きる。書物と科学を愛する人なら考えたことがあるだろう、本を読むとき脳で何が起こっているのか？　いつか本の感動を脳科学で解き明かせる日がくるだろうかと。

これは発達心理学の研究者が三つの観点から識字と脳の謎に挑んだ本だ。文明の発展と共に文字がいかに洗練され、それが脳機能とどのように連関してきたのか。赤ちゃんがどのように文字を理解してゆくのか。そしてエジソンもそうだったといわれる読字障害（ディスレクシア）がいかなる脳の機能不全によって生じるのか。文字を読むことで人は思考し、時空を越える。著者は脳に着目することで歴史と私たちの心を結びつけた。

理知的な記述の中に文芸作品への言及が自然に織り込まれてゆく。家族への愛と、何よりも思考そのものへの深い敬意が全編を通して感じられる。「読書」の謎を志向しつつも現代の脳科学はようやく「読字」の謎に手が届いたに過ぎない。それでも著者は未来への開かれた眼差（まなざ）しで私たちと共に踏み出そうとする。ユニークで創造的な科学書だ。本書を見いだした邦訳出版プロデューサーの手腕も評価したい。

評・瀬名秀明（作家）

二〇〇九年一月四日⑧

『江戸モードの誕生』

丸山伸彦 著　角川選書・一五七五円

ISBN9784047034341　歴史／アート・ファッション・芸能

現代のキモノ、すなわち和服の祖形は小袖である。小袖は、平安時代から公家装束に用いられた筒袖の肌衣が、室町時代に女性の表着となり、近世初期に男性の服装の中心ともなったものである。

服飾変遷は次の三原則による。「表衣脱皮の原則」とは、下着が表衣となること。社会的に下層で用いられる服飾形式が上層に採用されていくのが「形式昇格の原則」。一方、明治の洋装への転回は例外として、服飾は急激に変化しにくいという「服飾漸変の原則」もある。下着が表着になり、庶民の衣服が上流の衣服となり、数百年をかけて男女共通、士庶着装の衣服となった小袖は、この三原則を体現する。日本は服飾変遷の壮大な実験空間であった。

表着となった小袖には、文様が不可欠の要素となった。桃山時代までの小袖意匠は幾何学的な型が中心であった。江戸初期の慶長小袖において具象化・非対称化が始まり、17世紀中葉の寛文小袖ではモチーフに従う躍動的意匠に発展する。さらに豪奢（ごうしゃ）な元禄小袖に展開する中で、菱川師宣、宮崎友禅などのスター絵師が小袖意匠に参画する。

だが、江戸中期、帯の装飾化が進み、小袖の装飾面は上下に分断され、服飾の男女差が生じ、キモノは次の段階へと転回する。キモノを見る目を変えてくれる書である。

評・石上英一（東京大学教授）

二〇〇九年一月四日⑨

『マリリン・モンローの最期を知る男』

ミシェル・シュネデール 著　長島良三 訳

河出書房新社・二九四〇円　ノンフィクション・評伝

ISBN9784309205069

アメリカの女優マリリン・モンローは、1962年8月に死亡した。謎の死を巡り多くの本が書かれ、自殺、他殺、事故死など諸説が流れた。

しかし、彼女の最後の精神分析医ラルフ・グリーンスンに着目したものはほとんどなかった。著者はフランス人作家で、精神分析医。膨大な取材と調査を重ねて、マリリンの死にかかわる最重要人物に迫った。

マリリンは3人の精神分析医を次々と解雇、4人目のグリーンスンが初めての男性医師だった。60年1月から始まったカウンセリングは週に1、2回だったのが、死の直前には1日に2、3回という狂気じみた回数に達する。

2人は性関係をもたないまま、愛と隷属の相互依存に陥った。「私たちは死によってしか別れられない」とグリーンスンは打ち明けている。彼の同僚医師は「治療法によって人を殺せる」と推察したとある。

著者は「フィクションだけが現実の手がかりを与える」と映画手法的なズームなどを効果的に採り入れ、マリリンの死への過程を鮮明に浮かびあがらせる。

精神分析医という新しい視点は、まるでカルテを読むかのようなスリルにあふれている。

評・多賀幹子（フリージャーナリスト）

二〇〇九年一月一一日②

『アーサー・ウェイリー『源氏物語』の翻訳者』

平川祐弘 著

白水社・四二〇〇円　文芸／ノンフィクション・評伝

ISBN9784560031919

欧米人の日本文学観を一新した訳業

著者は、比較文学比較文化研究者。ダンテ『神曲』などを翻訳するとともに、西洋文化と中国・日本文化の遭遇をマテオ・リッチ、夏目漱石、小泉八雲らの評伝により論じてきた。本書は、中国・日本の詩文の翻訳を行い、『源氏物語』を世界に知らしめたイギリスの学匠詩人アーサー・ウェイリーの評伝である。

ウェイリーは1889年生まれ。ケンブリッジ大学で古典語を学び、1913年に大英博物館の学芸員になった。東洋版画部門に勤め、中国語と日本語を学んだ。30年に博物館を退職した後も、晩年に至るまで日本・中国の研究を続け、66年に没した。

中国文学では、詩を翻訳した冊子『中国詩賦』を16年に著し、18年『古今詩賦』、19年『続詩賦』を出版して文学界に登場した。彼は、中国詩を翻訳して英語詩にするために、意味を訳出する手法をとり、新しい韻律形式を導入した。日本文学では、21年に謡曲を翻訳した『日本の能楽』を出版。謡曲の出典に『源氏物語』があることから読解を始め、そのすばらしさに気づいて翻訳に進んだ。

こうして英訳『源氏物語』六分冊が25〜33年に刊行され、第一分冊が世に出るや、「この中に忘れ去られた一文明がありありとよみがえる。その完成度を凌駕（りょうが）するのはただ西洋の作家の中でも最大の作家のみであろう」との評価を得た。「ウェイリー源氏」は英語芸術作品として、欧米人の日本文学観、日本文明観を根底から新たにした。

著者は、『源氏物語』の原文、ウェイリー訳英文、現代語訳を提示し、作品の鑑賞を試みる。ウェイリーが『源氏物語』に惹（ひ）きつけられたのは、光源氏の世界に彼の人生観・芸術観に合致するものを認めたからである。読者は、翻訳の背景にある1920年代の英国の思想・文学状況を探ることになる。

「ウェイリーという偉大な鏡に自分の学者・詩人・翻訳者としての範を求めてきたという気がする」「作家の国籍に囚（とら）われた一国単位のナショナルな文学史はすでに古びた」との言に、著者の研究人生と方法の重みを感じる。

評・石上英一（東京大学教授）

ひらかわ・すけひろ　31年生まれ。東大名誉教授。著書に『ラフカディオ・ハーン』など。

『日本で「一番いい」学校　地域連携のイノベーション』

金子郁容 著

岩波書店・一九九五円

ISBN9784000024509

教育／社会

与えられるのでなく作るものとして

どうしたら日本で一番「いい学校」作りができるのか。そのための事例と理論を示すのがこの本の目的である。都会から過疎地までのいろいろないい学校の紹介、構造改革特区やコミュニティスクールなど関連する制度や理論の解説、学力テストをいい学校づくりに活（い）かすための方法——それらが、具体的かつ実践的に書かれている。

本書の中にくり返し、「いい学校はいい地域にあり、いい学校を作ろうと学校と地域が連携することでいい地域も生まれる」というフレーズが登場する。この、地域連携を核とした改革論である点に本書の第一の特徴がある。いい学校は上から与えられるのではなく、共通の目的を持って「みなで一緒に汗をかく」ところに生まれる。

第二に、コミュニティスクールなど「内から」の改革はもちろん、学力テストや学校選択制、学校評価など市場競争の導入を意味する「外から」の改革方策も同時に、活用すべきツールとして位置づけられている。つまるところ著者の提案は、従来の官僚制的問題解決（政府・行政が教育サービスの提供と管理を行う）への依存を改め、市場（外から）とコミュニティ（内から）による問題解決を進めようとするものにほかならない。

いくつかの疑問が湧（わ）いてくる。市場競争導入の行く手にどんな学校が待っているのか、内からの改革と矛盾を来すことはないのか。社会資本に恵まれない地域がほんとうにいい地域に生まれ変われるのか。いい学校が実現できたとしても、それを継続・普及させる術（すべ）はあるのか。最後の点については社会起業論を参照しつつ、普及させる上でのポイントが示されている。

なお議論すべき点は残る。だが、勝ち組と負け組の分断が進み家族や地域の結びつきが希薄化する状況に対し、現代に適したネットワーク活動を意図的に立ち上げて、社会のつながりをつけ直そうとする著者の志に誤りはない。そのためには行動を必要とする。本書は、行動に向けて立ち上がった人々を支援する、好著だと思う。

評・耳塚寛明（お茶の水女子大学教授）

かねこ・いくよう　48年生まれ。慶応大学教授。『eデモクラシーへの挑戦』など。

二〇〇九年一月一一日④

『神様のいない日本シリーズ』

田中慎弥 著

文芸春秋・一二五〇円
ISBN9784163276908／9784167835019（文春文庫）　文芸

〝ふつうの人生〟精巧に織りなす力量

「聞（きこ）えるか、香折（かおり）。父さんは廊下に座って話をする。」

こんな独白でこの物語は始まり、そして終わる。自室にこもった子どもに、扉を隔てた廊下から語りかけ続ける父の言葉だけで、この小説はできている。

すぐに、子どもの名前は「香折」だが息子であること、少年野球の先輩から祖父の過去や名前のことでいじめられたのが閉じこもりの原因であることなどが明らかになる。父は息子に対して、「野球を続けてほしい」と繰り返しながら、その祖父つまり父にとっての父親の話、中学時代に出会った母親つまり自分の妻の話を語り出す。自分が少年時代に夢中になったプロ野球の話を織りまぜながら……。

父の父親は、一度だけ息子にバットの持ち方を教えた後、家を捨てる。ところがその後、「野球をやれ」と書かれたはがきが届くようになる。結局、野球をせぬまま、父は目に見えぬ父親の存在を強く意識し、再会の奇跡をどこかで待ち望むようになる。そして、初恋の少女とは、不在の他者との出会いを待ち続ける『ゴドーを待ちながら』を文化祭で上演することになるのである。息子の名前の由来も、そこで明らかにされる。

初恋の少女に「父親が戻ってくるかもしれない。今日、西武が広島に勝ちさえすれば」と告げた中学生の父は、はたしてはがきを送ってくるだけの父親と奇跡の再会を果たすことができるのだろうか。しかし、待っているのは意外な結末であった。

振り返れば、それまでの人生で父はいつも不在の他者との出会いを待ち続けている。そして、奇跡はやって来ることもあればやって来ないこともあるのだ。ひとことで言えば父は〝ふつうの男〟だが、その人生は神さまが計算したわけではないのに綿密に織られた織物のように芸術的だ。

ひとつ気になるのは、父が語りかける扉の向こうにも子どもが不在だったら、ということだが、そこまでは疑わずに、ここは精巧な織物のような〝ふつうの人生〟をそのまま切り取り出して見せた作者の力量に、素直に感服することにしよう。

評・香山リカ（精神科医）

たなか・しんや　72年生まれ。作家。『図書準備室』『切れた鎖』ほか。

二〇〇九年一月一一日⑤

『ヒトラーに抗した女たち　その比類なき勇気と良心の記録』

マルタ・シャート 著　田村万里、山本邦子 訳

行路社・二六二五円
ISBN9784875344001　歴史

名もなき人々が示した勇気の多彩さ

ナチス・ドイツの歴史研究といえば、ホロコーストに注目が集まりがちであるが、他の面でも大きな進展を見せている。大雑把に言うならば、それは、以前はナチスの支配体制やイデオロギーの研究、ついでナチスへの抵抗運動の研究であったが、最近ではナチス支配下での民衆の日常生活やナチスを支持した民衆などの研究へと進んできている。そういう中にあって、本書は、日常生活を営んでいた名もない女性がナチスに何らかの形で抵抗していく様を描いている。

登場する女性は多彩である。ジャーナリスト、芸術家、ごく平凡な家庭の女性、学生、共産主義者、伯爵夫人など階級・階層を問わない。「帝国主義」研究で著名な歴史家G・W・F・ハルガルテンの母親コンスタンツェ・ハルガルテンもその一人である。そして、ある女性は、ヒトラーを公然と批判する記事を書き、ある女性は情報を伝達する役割を受け持ち、ある女性は反体制派をかくまい、ある女性は体制に批判的な夫を支え、時には女性

たちが集会を開いて検束された夫たちの釈放を求めるという具合に、抗し方も多様である。だが、勇気ある彼女らの多くは命を落とした。

ナチス・ドイツは、女性に対し、「国と民族に子供を贈る」ことしか求めなかった。そのような蔑視（べっし）政策に象徴されるようなナチスの全政策が、意識ある女性に、鋭い危機感を抱かせ、人間らしさや平和や非差別を求める、なんらかの行動をとらせたのだった。

彼女らの軌跡を追うことで、1944年7月20日のヒトラー暗殺未遂事件や白バラ組織や共産党系の抵抗運動はもとより、ローテ・カペレとかクライザウ・サークルといった抵抗グループの内実をも知ることができる。

ヒトラーもゲッベルスもこういう女性たちの言動に神経を尖（とが）らせていたということは、国民の信に基礎を置かない全体主義がいかにその支配において苦労していたかを示している。訳注にはやや工夫を要するところがあるが、心のこもった訳業である。

評・南塚信吾（法政大学教授）

Martha Schad　39年ドイツ生まれ。歴史家、作家。

二〇〇九年一月一一日⑥

『幻影の書』

ポール・オースター 著　柴田元幸 訳

新潮社・二四一五円
ISBN9784105217129／9784102451144（新潮文庫）　文芸

重なり合い共鳴するいくつもの物語

パニクる。ドジる。そんな様子を描くのが実にうまい。

夜更けに帰宅した主人公の鍵束との格闘。暗闇の中で「鎖には鍵が六本つながっていて、どれが玄関の鍵だか知りようはない。（中略）あてずっぽうに鍵を一本選んで穴に差し込んだ。半分まで入ったところで、つっかえた」。

「六つに一つ」の運にもてあそばれる現実。人はいつも偶然に身を委ねているのである。その十数ページ後には主人公が銃口を自らの頭に向け、弾はないと信じて引き金に手をかける場面があるが、そんな大きな偶然の緊迫感も、小さな偶然の細密描写があるからこそ生きてくる。

さすが『偶然の音楽』を書いた作家らしい。いくつもの物語が重なり合う。飛行機事故で妻子を失った主人公の話。無声映画時代の喜劇俳優兼監督が過ちと放浪の末にニューメキシコの農場でひっそりと暮らし、世には出さない映画をつくってきたという話。その映画。さらにその映画の登場人物が書く小説。これらが幾重にも層をなして共鳴し合う。

主人公が俳優のことを知るきっかけは、家族を亡くした後に初めて笑ったテレビ番組だった。心ひかれて彼の作品について本を書く。それを読んだ俳優本人が会いたがっているという手紙が妻から舞い込み、夫妻に近しい女性が催促に来る。俳優はいま死の床にあり、撮りためた作品群は死後ほどなく処分されるのだという。

主人公はその女性と一夜をともにした後、帰路に同行する。道中、彼女が語る俳優の半生記は、この本の中のもう一冊の本と言ってもよい。そして、主人公がどうにか見ることができた作品にも、小説家が自作の原稿を燃やすシーンがある、という重層の妙。

人に見せない作品なんて無に等しいのではないか。だが、主人公の目を通してそれをかいま見ると、その作品世界こそが厳然と実在し、それをつくった人物の生涯のほうが幻に思えてくる。

ネタばれになるので詳しくは言えないが、含みのある終わり方がそんな倒錯を優しく包んでくれる。

評・尾関章（本社論説副主幹）

Paul Auster　47年生まれ。米国の小説家。著書に『偶然の音楽』など。

二〇〇九年一月一一日⑦

『グローバル・シティ』

サスキア・サッセン 著　伊豫谷登士翁 監訳
筑摩書房・五七七五円　ISBN9784480867186　経済

著者が「グローバル・シティ」という分析の枠組みを世に問うたのは91年。本書はその後の議論をふまえ、01年に著した第2版の全訳である。

情報通信技術が進歩するほどに、経済がグローバル化する。金融、法律、会計などの高度なサービス業が、ごく限られた巨大都市に集積する。結果、高い所得を得る彼らの仕事と生活に適した、きらびやかな都心が出現した。

一方で大都市を支えるべく、移民を含め膨大な低賃金労働者や非正規雇用者が必要となる。均質化を促すと思われがちな経済のグローバル化が、実は持てる者と持たない者との急激な二極化を推し進めたわけだ。

世界経済を統治し、文化を牽引（けんいん）する「グローバル・シティ」にあってこそ格差は極端に拡大する。80年代の東京に、その兆候を見て取った著者の直感は正確であった。

競合関係と同等に、都市間の役割分担が必要だという指摘が印象的だ。確かに金融の分野ではニューヨーク、ロンドン、東京は競いあいながら、互いに補いあっている。市民のネットワークは国境をやすやすと超えて、都市を結びつけている。

わが国でも都市間競争の面だけではなく、東京、大阪、名古屋など主要都市の補完性と役割分担を真剣に考える時期にあるのではないか。

評・橋爪紳也（建築史家）

室の様子からは、論説委員たちの人間臭さが垣間見え、日頃の「近寄りがたい」社説とは異なる新鮮な一面を教えてくれる。

ただ、それらの主張を読者がどう受け止めたと認識していたのか。論説室の読者観は、もっと知りたいところだ。

評・音好宏（上智大学教授）

二〇〇九年一月一一日⑧

『闘う社説　朝日新聞論説委員室２０００日の記録』

若宮啓文 著
講談社・一五七五円
ISBN9784062150163　社会

「今年の元旦の社説で、面白いものはあったかね」

私がまだ学生だった20年以上前の話。正月明けの最初のゼミで、世論研究を専門とする教授からの質問である。元旦各紙の社説内容など記憶にない自分を棚に上げ、社説は世論をリードしているのか、そもそも社説は読まれているのかという疑問の方が大きくなった。社説が醸し出す敷居の高さ、読者との距離感の方が気になったのである。

その社説とは、どのように作り出されるのか。02年秋から5年半にわたり、朝日新聞の論説主幹を務めた筆者が、その在任中を振り返りながら、社説生成の舞台裏を赤裸々に解き明かしたのが本書である。自衛隊のイラク派遣や首相の靖国参拝問題、憲法改正問題などで、どのような論議の末に「朝日」の社説が生まれ、それに対する他紙・誌からの反論・攻撃にどう向き合ったのかが率直に記述されていて面白い。その意味で、日本の「新聞」を論ずる際の1次資料となりうる書だ。加えて、ドキュメンタリータッチで描かれる論説

二〇〇九年一月一一日⑨　社会／新書

『森の力 育む、癒す、地域をつくる』

浜田久美子 著
岩波新書・七七七円
ISBN9784004311539

「元気」を与えてくれると同時に訴えてくるものの大きい本だ。私たちと森との関（かか）わりを、「育つ」「つながる」「生み出す」「ひき継ぐ」という四つの大きな視点から、各地の具体的な試みや事例にそくして考えていく。取り上げられる話題は、森の幼稚園、森林セラピーと地域づくり、林業トレーナー、「大工塾」等々多岐にわたる。

何より印象的なのは、登場してくる人々の語る生き生きとした思いや行動であり、この本はある種「社会起業家」の本ともなっている。また、森を接点として福祉・医療、環境、地域再生、林業等々がクロスオーバーしていく新たなうねりが浮かび上がってくる。

一方で課題は山積しており、著者自身が問うているように、それは成長志向の中で森との関わりや様々な伝統を半ば以上捨ててきた戦後日本のありよう全体に関わるものだ。併せて、子ども期の「五感」の重要性、森林をめぐる学問のあり方、市民参加、伝統技術の継承など、「科学」の意味の問いなおしも本書を通底するテーマといえる。

個人的には「鎮守の森」や山岳信仰といった話題も入れてほしかった気もするが、森という主題を通して、人と自然、地域、日本社会のあり方など大きな展望を同時に考えさせてくれる本である。　評・広井良典（千葉大学教授）

二〇〇九年一月一八日①　文芸

『猫を抱いて象と泳ぐ』

小川洋子 著
文芸春秋・一七八〇円
ISBN9784163277509／9784167557034（文春文庫）

チェス題材に哀切甘美な寓話世界

小川洋子が今度の小説で素材に選んだのはチェスだ。話題をさらった『博士の愛した数式』では、数学の美が日常の味わいを深め、日常の風景が数字の秩序をいちだんと輝かせるという奇跡を生みだした。人の生の核心にある神秘を数式によってみごとに語った作者が、その後、論理と芸術の融合たるチェスに向かったのは、ごく自然なことに思える。

唇が閉じたまま生まれ、切開手術を受けた後も寡黙な少年に育った主人公。架空の友人といえば、体が大きくなりすぎて屋上動物園で生涯を終えた象の「インディラ」と、壁の隙間（すきま）にはまって出られなくなった女の子「ミイラ」だ。7歳で巨漢の師匠にチェスを習い、チェステーブルの下にもぐって熟考する特異なスタイルで天分を発揮、「盤上の詩人」と謳（うた）われた天才アリョーヒンの再来として「盤下の詩人」と呼ばれるまでになる。ところが師匠が太りすぎで命を落とすと、少年にとって大きくなることは恐怖となり、自らの意志で体の成長を止めてしまう。そうしてチェスのからくり人形の中に入った彼は、人知れず至高の棋譜を次々と残すが……。

チェスは詩。チェスは海。チェスは人。駒の動きには、人の生きた証しがそのまま現れる。だから「最強の手が最善とは限らない」と本書は言う。主人公にとってチェスの命脈は、その時々で盤上に綴（つづ）られるべき最も美しい「詩」を見つけだすことに他ならない。チェスでは、プレーヤーではなく「駒」を主語にして話すことに注目した作者は、盤上に表現される詩はプレーヤーによる「創造」ではなく「発見」だと考えたという。これが本作を支えるコンセプトの一つとなる。

例えば、主人公が初めて師匠に勝つ一戦で、指すべき次の手が不意に見えてくる一瞬をスローモーションのように克明に描きだすくだりがある。閃（ひらめ）きの美しさ、奇妙さ、驚異の感覚。チェスの棋譜は10の１２３乗通り「しか」存在しないそうだが、主人公に言わせれば、それは「宇宙を構成する粒子の数より多い」のだ。制約の中の解放。有限の中のはてしない自由に読者は魅了されるだろう。と同時にそうした中から、今この場に相応（ふさわ）しいただ一つの手が降りてくるのは、人知が操作しえない運命のようにも思えてくる。

主人公は秘密のチェス倶楽部で、山奥の老人ホームで、人形としてチェスを指し続け、決して表舞台に出ない。大きくなることへの恐怖は、実は自我の肥大を恐れる孤高の芸術家精神と重なるのではないか？　作中の老プレーヤーは言う。「口のある者が口を開けば自分のことばかり。自分、自分、自分……チェスに自分など必要ないのだよ」。これはすべての表現者のあるべき姿とも言える。

　ポオが、キャロルが、ナボコフが書いてきたチェス文学。ボルヘスも言うとおり、あらゆる文字の組み合わせで表せる文章も理論的には有限だ。その文字の海からまた一つ、珠玉の文字列＝物語が発見され、『猫を抱いて象と泳ぐ』と名づけられた。温かく、残酷で、哀切甘美な、小川洋子の寓話（ぐうわ）世界の結晶である。

評・鴻巣友季子（翻訳家）

おがわ・ようこ　62年生まれ。作家。著作に『ブラフマンの埋葬』（泉鏡花文学賞）、『ミーナの行進』（谷崎潤一郎賞）ほか。

二〇〇九年一月一八日❷

『神獣聖戦　Perfect Edition　上・下』

山田正紀 著

徳間書店・上巻一八九〇円、下巻一九九五円
ISBN9784198622404〈上〉・9784198626143〈下〉／9784198934088（徳間文庫〈上〉）・9784198934095（〈下〉）　文芸

日本SFの生命力が炸裂する傑作

読書中、実は80年代の名曲「リフレインが叫んでる」がずっと脳の中で響いていた。実際、山田正紀の小説はリフレインに満ちている。

　80年代に日本SFブームは頂点を極めた。山田正紀はその時代に日本SF大賞を受賞し、受賞第1作として「神獣聖戦」シリーズを書き始めた。進化を遂げた二大勢力が千年戦争を繰り広げる遠未来。終末の予兆を捉（とら）えた彼らは、その根源であるひとりの青年の脳へと遡（さかのぼ）る。80年代に生きるその青年とひとりの女性が出会ったとき、時空を超えた愛と戦いの物語が始まる。

　だが著者はやがて連作から離れ「小説のリアリティー」を求めてミステリーへと活動の場を拡（ひろ）げた。著者が見いだしたリアリティーとは即（すなわ）ち「強迫観念」だったのではないか。主人公の強い妄想が物語の中で現実となる――しかしその作風の発展はひとりの作家が青春と決別することであり、またSFの夏の終焉（しゅうえん）を象徴していたのではなかったか。

　そして25年の歳月を経て、再びSFが活況を呈するいま、物語が復活した。著者はかつての連作を劇中劇として組み込み、大枠となる新たな物語を９００枚も書き下ろした。日本SFの青春と成熟した現代の文体が作中でぶつかり合う。かつて著者は連作の行方を見失い、すべてを妄想のリアリティーに閉じ込めようとさえした。当時の著者は作中に登場して弱音を吐こうとさえした。しかし今回の物語は敗北しない。妄想の枠を蹴散（けち）らし、じりじりと異様な迫力を帯び始める。

　物語そのものが命を帯びてゆくのだ。80年代と現代の想像力が手に手を取り、著者の弱音さえ吹き飛ばす見事なクライマックスへと向かって進んでゆく。そして最後に世界の運命を定めるのは人間の妄想などではない、一匹の気まぐれな猫だ。長大な物語がついにそこへ集約された瞬間、鳥肌が立ち、熱い涙が溢（あふ）れた。

　「怪物の消えた海」「円空大奔走」などかつての短編は紫水晶のようにいまなお美しく、すべてを呑（の）み込む〝舞踏会の夜〟のイメージも素晴らしい。日本SFの生命力が炸裂（さくれつ）する、山田正紀渾身（こんしん）の傑作だ。

評・瀬名秀明（作家）

やまだ・まさき　50年生まれ。作家。『ミステリ・オペラ』など。

二〇〇九年一月一八日③ 文芸

『語前語後』

安野光雅 著
朝日新聞出版・一六八〇円
ISBN9784022505132

〝自分ノート〟、卓越した知性で面白く

自分史を綴（つづ）ることがはやっている。いや、本当はそんなに、はやっていないのかもしれない。挑戦してみたけれど、なかなかうまく書けない。途中であきらめてしまう。それが実情ではあるまいか。たとえ自分のことであっても、長い一生を、煩雑な半生を、それなりにまとめて書きあげるのはむつかしい。

——じゃあ、これはどうかな——

本書を読んで、ふと考えた。安野光雅はこの手のエッセーをすでにいくつか上梓（じょうし）しているようだが、それはともかく内容的には、つね日ごろ〝こころにうつりゆくよしなしごと〟を記したメモランダム、自分ノートとでも呼べばよいのだろうか。

巻末の対談〝絵描きと数学者の出会い〟を除けば、172ページが253の断片から成っている。思いついたこと、見聞したこと、などなどを10行、20行で綴っている。それがおもしろい。たとえば、〝落語家の立川談四楼は、「儲（もう）けるという字は『信者』とある。宗教が儲かるわけだ」と言うのだった。人の為（ため）、と書いて「偽り」とは、以前書いたことがある。ウ冠は家を表すが、そこに百人が来ると「宿」となる。これなんぞは罪が軽い〟。

〝わたしが初めて外国に行ったころは、一ドルが三六〇円だったが、今は一〇五円〜一〇八円くらい（中略）。変われば変わるものだと知人と話していたら、初め為替相場をつくるにあたり、円をどの程度に見積もっていいか分からないので、「なにしろ円だから、三六〇度という手もある。だから三六〇円にしておこう」という話があったそう〟

〝ミシュランも、お国のフランスだけでやっていればいいのに、日本に来てまで採点するのは、おおきなお世話というものではないか〟

こんな調子で満載されている。おもしろいのは安野の卓越した知性のせいだろうけれど、これならばまねができないこともない、自分自身の頭に対するブレーンストーミング、気づいたこと、腹が立ったこと、どんどん綴っておけば、よい記録になる。自分史よりらくだ。

評・阿刀田高（作家）

あんの・みつまさ　26年生まれ。画家、作家。『算私語録』『散語拾語』ほか。

二〇〇九年一月一八日④ 経済

『失墜するアメリカ経済　ネオリベラル政策とその代替策』

ロバート・ポーリン 著　佐藤良一、芳賀健一 訳
日本経済評論社・三五七〇円
ISBN9784818820289

新自由主義の次の政策は存在するか

アメリカの経済政策について、クリントン民主党政権はよくて、ブッシュ共和党政権になってから急に悪くなったという議論がなされることが多い。前者は財政均衡と繁栄をもたらしたが、後者は膨大な財政赤字と金融危機を残したと論じられる。

しかし、本書の立場からすると、両者は同じ穴の貉（むじな）である。どちらも、いわゆる新自由主義的経済政策の信奉者であり、財政赤字解消とインフレ抑制、政府支出の削減、労働・金融市場の規制緩和、そして貿易の自由化を支持し、それにより、株式市場の崩壊、企業スキャンダル、そして景気後退を引き起こした。

著者によれば、代替策は存在する。それはニューディール期から1960年代まで維持されてきた政策に戻ることである。確かに、大きな政府路線も70年代には行き詰まったが、著者は、スウェーデンで50年代から70年代にかけて実施された労働者支援政策を採用すれば、そのような行き詰まりを避けることは可

能であると主張する。

著者は2008年大統領選挙の候補者ではジョン・エドワーズを支持したようだ。しかし、アメリカに関する限り、ブッシュ路線への幻滅は存在しても、60年代の大きな政府路線への回帰への政治的支持も小さいように思われる。著者は環境保護への投資などでオバマに助言しているが、クリントン政権期の経済専門家を重用するオバマに最後は失望するであろう。

ところで、クリントン時代から、世界貿易機関（WTO）や世銀などの大きな会合が開催されるたびに、労働運動や環境保護運動などによって、規模の大きな抗議運動がアメリカで展開されてきた。本書の立場はこのような勢力とかなり符合する。アメリカにこのような思想の系譜が存在することを確認するには本書は有益である。

ただし、本書を読む側にも、批判すべきなのは、特定の規制緩和政策なのか、小さな政府の思想なのか、あるいは最近の超党派的コンセンサスなのか、冷静に仕分ける知的作業が求められるような気がする。

評・久保文明（東京大学教授）

Robert Pollin　50年生まれ。米国の大学教授。

二〇〇九年一月一八日⑤　経済／国際

『ウォーター・ビジネス』

モード・バーロウ 著　佐久間智子 訳

作品社・二五二〇円
ISBN9784861822193

水危機が相乗する未来に警告

三つの水危機が相乗し、私たちは悲惨な事態に直面すると著者は警鐘を鳴らす。

第1の危機は、地球上の淡水が目に見えて枯渇している点だ。有限である水資源は浪費され、表層水や地下水はひどく汚染されつつある。

第2の危機は、清浄な水に接することができない人の急増だ。河川や井戸の汚水が原因で死ぬ子供の数は、戦争、マラリア、ＨＩＶ、交通事故で失う命の総数をしのぐ。

第3の危機は、グローバル企業による水支配がもたらす。資本家はボトル詰めの水を世界中で売りさばき、パイプラインで他に水を供給するビジネスを展開している。

このままでよいはずがない。著者は私たちの想像力に訴えかける。2050年には17億人もが極度の「水欠乏」で苦しみ、土地を捨てる「水難民」が増えるという予測がある。格差も開くばかりだ。現在でも、北米では1人平均600リットルの水を1日に消費するが、アフリカでは6リットルでしかないという指摘が印象的だ。富裕層はボトルウオーターに頼りきり、貧しい人は安全な水を得ることがいっそう困難になるだろう。水資源をめぐる国際紛争も激しさを増すしかない。

危機から脱する具体策として、著者は本書の原題でもある「ブルー・コヴナント」、すなわち「水条約」の締結を提案する。この国際条約では、水源を確保する「水保全条約」、水資源に恵まれた国と持たない国が連帯する「ウォーター・ジャスティス条約」、誰もが水にアクセスする権利を基本的人権とみなす「水デモクラシー条約」の3要素を含むべきだという考えを示す。

水は人類共有の自然資源だが、その所有と配分は公平ではない。そこに公正さを求める「ウォーター・ジャスティス・ムーブメント」を、草の根のコミュニティーから国家間のレベルにまで広げるべきだという著者の思いに共感する。世界に誇る公営水道網を整備した日本だからこそ、貢献できることも多いのではないか。水にかかわるビジネスに携わる人に、ぜひ読んで欲しい。重要な問題提起の書だ。

評・橋爪紳也（建築史家）

Maude Barlow　47年生まれ。カナダ在住。環境問題の評論家。

二〇〇九年一月一八日⑥

『民族とネイション　ナショナリズムという難問』

塩川伸明 著
岩波新書・七七七円
ISBN9784004311560
人文／新書

国民国家の実態見る視野の広さ光る

　世界各地で民族紛争が火を噴き、日本でも依然として周辺諸国との対立の芽が残る中で、ナショナリズムへの関心は高いものがある。本書は国民国家とナショナリズム問題の入門書である。

　国民国家はヨーロッパで生まれて、ついには全世界に普及したシステムだった。この国民国家を形成しようとする運動がナショナリズムである。しかし国民国家はその普及の過程で、それぞれの地域の歴史的な条件の違いから、さまざまな異なるあり方に着地する結果となった。言語や文化が共通と自覚されるエスニックな集団と国民国家との関係も、一様ではなかった。国家がいかなるエスニック集団にも依拠しないというタテマエに立つ国も生まれる一方、国家がエスニック集団を基礎とした国もあった。

　今日、ナショナリズムとはなにかをめぐっては、大きな対立や論争がある。しかし本書はそうした一般理論の対立を整理しながら、その論争の整理に主眼を置いていない。それはこの理論対立が、それぞれの理論を構築する際に、論者が内心でモデルとしていた国民国家の実態の違いに根ざした面があると考えているからである。

　その上で本書は、各地域での国民国家の形成のあり方の実態を重視して、そこから中規模程度の理論化を試みている。著者は多民族国家である旧ソ連やロシアの専門家として知られた学者だが、こうしたやり方は著者ならではの接近法といえよう。

　著者から見ればナショナリズムの一般理論は、考察の貴重な導きの糸となるものだが、どの理論も一定の留保や但（ただ）し書きが必要なものであるようだ。ナショナリズムを「良いナショナリズム」と「悪いナショナリズム」に二分する議論があるが、本書はどの二分論にも懐疑的だ。

　エスニシティー問題の解決の万能薬はないが、民族紛争の発火や拡大を抑える対症療法的な歯止め策こそが大切だというのが本書の立場だ。歴史的な実態から出発して、国民国家やナショナリズムの理論を再検討した、視野の広さが光る本といえよう。

評・赤澤史朗（立命館大学教授）

しおかわ・のぶあき　48年生まれ。東京大学教授。『ソ連とは何だったか』など。

二〇〇九年一月一八日⑦

『君は誰に殺されたのですか　パロマ湯沸器事件の真実』

江花優子 著
新潮社・一六八〇円
ISBN9784103131816
ノンフィクション・評伝

　96年。東京で独り暮らしをする21歳の息子が急死した。知らせを聞いた瞬間、母親は絶叫した。それは受け入れることのできない現実だった。

　両親に渡された死体検案書には病死とあり、詳細は40日後に申請せよとあったが、息子の死を受け止めきれない母親は生きるに精いっぱい。自分を責め続け、幾度も死のうとし夫とも別れてしまった。

　10年後に、息子の死と向き合おうと決意した母親が、死体の検案書を申請。彼の本当の死因を知って驚愕（きょうがく）する。

　一酸化炭素中毒死。原因はなに？　警察に再捜査を求める闘いが始められ、ついに湯沸かし器の事故と判明。この時、すでに20人以上の犠牲者が生み出されていた。

　警察捜査のずさんさ。判明した死因を家族に知らせなかった無配慮。事故を認識しながら、対策をとらなかった企業の無責任。再発防止に動かない監督官庁の怠慢……。

　読み進めながら、この国って、いったいどういう国なのかと、呆然（ぼうぜん）とせざるを得なかった。真実は、決してあきらめなかった母親の執念によって明らかにされるしかなかったのである。

パロマ湯沸かし器事件の顛末（てんまつ）を記録したこのノンフィクションには、息子の命を奪われ、人生を一変させられた母親の胸の詰まるような慟哭（どうこく）の人生が描かれている。

評・久田恵（ノンフィクション作家）

二〇〇九年一月一八日❽

『明治の皇室建築　国家が求めた〈和風〉像』

小沢朝江 著　吉川弘文館・一八三六円

アート・ファッション・芸能

ISBN9784642056632

旧東宮御所（現・赤坂離宮迎賓館）、旧朝香宮邸（現・東京都庭園美術館）など、現存する皇室の邸宅には、華麗な洋館が目立つ。それゆえ、皇室建築と聞くと「洋風」のイメージを抱く人が多いかもしれないが、本書によると、実は「和風」建築も大きな存在感を持っていた。

明治天皇の宮殿は和風だったし、天皇の別荘にあたる御用邸は、昭和期に至るまでほぼすべてが和風であった。皇族の本邸は洋風が中心だったが、彼らの嗜好（しこう）がより直截（ちょくせつ）に表れる別荘には、和風が多かった。近代日本において、天皇や皇族は「西洋化」と「伝統」を共に体現するという役割を担ったが、皇室建築には、このような両義的な皇室のあり方がよく表れている。

注意すべきは、ここで言う「和風」が、江戸時代までの建築様式を単純に継承したものではないことである。明治宮殿内部の装飾が、正倉院の宝物の文様をモチーフにしていたように、近代の皇室建築における「和風」とは、西洋建築の刺激を受け、前近代の様々な意匠を復興させつつ、新たに創造されたものであった。

皇室の邸宅を通して、日本の近代化が単純な「西洋化」ではなく、伝統を発見・強化・創造する、いわば「日本化」の側面を持っていたことを教えてくれる好著である。

評・奈良岡聰智（京都大学准教授）

二〇〇九年一月二五日❶

『資本主義はなぜ自壊したのか』

中谷巌 著

集英社インターナショナル・一七八五円

ISBN9784797671841／9784087466539（集英社文庫）

経済

「転向」宣言し新自由主義経済を批判

サブプライム問題が発生して以降、世界は金融恐慌の嵐に遭遇している。米国大手金融業界では大規模な倒産、解雇が相次ぎ、世界の金融経済を完全に狂わせてしまった。わが国でも不況は一挙に爆発し、輸出産業の急激な減速、従業員の大量解雇など深刻な経済危機に陥っている。さらに、格差拡大に伴う貧困化、医療など社会保険システムの弱体化、環境汚染、人間性荒廃など様々な経済社会問題が深刻化している。この状況の中で、90年代より市場開放・構造改革の急先鋒（きゅうせんぽう）として経済政策に多大な影響を与えてきた著者が本書で、グローバル資本主義はこうした深い傷をつくり出す「モンスター」になったと断じ、それを支える新自由主義の考え方に決別、「転向」宣言を行ったのである。

本書の主張自体は、これまで新自由主義論や構造改革に反論・疑義をとなえてきた人々の見解に重なり、とくに目新しさは多くはないが以下の3点が特徴的である。第1に、感情論ではなく経済学のロジックから市場経済論、グローバル資本主義の欠陥を指摘したことである。「レバレッジ経営」による金融経済の飛躍的な成長と、歯車が逆方向に向かったときの巨大なバブル崩壊、「地産地消」のローカル資本主義に対して市場至上主義は必然的に大量の貧困層を生み出すと断じた。

第2に、米国の特徴を論じ、これに日本の伝統的な思想・文化を対照させることで、日本独自の未来を描こうとしたことである。米国はそもそも自然や特殊性を排除する傾向の強い宗教・理念国家である。近年は「豊かさ」を支えていた大多数の中間層の没落によって超リッチ層と圧倒的多数の貧困層に分断された社会となった。日本には「自然との共生観」、長期互恵を基盤とした「安心・安全の社会観」、日本的経営を支える「商人道」、労使協調の哲学がある。それらを日本自身はもっと重視すべきであると説く。

第3に、しかしその日本もOECDに属する先進国中で米国に次ぐ高い「貧困率」に苦しみ、08年の国際競争力は総合で9位、IT部門で19位と経済大国として不本意な評価を受ける国になった。当面の日本再生のカギは、適切な所得の再分配による貧困層の減少を図る税制改革を断行すること、特に「還付金付き消費税」方式の導入を提案している。またデンマークなど北欧での「大きな政府」が経済を活性化させるメカニズム、国民を支える地域社会の活力を紹介し、同時に歴史や文化の伝統から日本は「環境保護の超先進国」を目指すべきだと説いている。ただ、最後に今こそ「モンスター」に鎖をつけ、自由の抑制が必要だとしているが、それは我々自らが欲望を抑制することだと精神論で締めているのはいささか拍子抜けであった。

しかし、本書は社会的影響力のある筆者による新自由主義経済論への徹底批判という衝撃の書であり、直面している世界や日本の状況を念頭に置きながら本書を読めばかなりの説得力を持つ。特に「構造改革」を推進してきたブレーンや、迷走している政治家の皆さんが真剣に読まれることをお勧めする。

評・天児慧（早稲田大学教授）

なかたに・いわお　42年生まれ。多摩大学教授。小渕内閣当時の「経済戦略会議」議長代理。『入門マクロ経済学』など。

二〇〇九年一月二五日❷

『ヒトゲノムを解読した男　クレイグ・ベンター自伝』

J・クレイグ・ベンター 著　野中香方子 訳

化学同人・二九四〇円

ISBN9784759811582　科学・生物／ノンフィクション・評伝

人が人の設計図を手にするまで

振り返れば、人知が飛躍した世紀末だったということになるのだろうか。90年代に急進展したヒトゲノム（全遺伝情報）解読のことである。

人が人の設計図を手にするという偉業は、米国の政府がかかわる国際チームと、米ベンチャー企業が競い合って成し遂げた。この本は民陣営の要となった科学者の自伝だ。

行動力がすごい。ハエのゲノムを論文にしたとき「いっせいに分析し、さっさと事を片づける」ため、一線の研究者約40人を集めて泊まり込ませ、10日ほどで成果を得た。

したたかでもある。解読データの公開を主張しながら、現実には特許志向の強い実業人と手を結んだ。公の側はヒトではなくマウスのゲノムをなどと相手を刺激しながら、00年には公陣営と密談を重ね、米英首脳の宣言というかたちで概要の解読を共同発表した。「皆、ゲノムを中心とする幸福な大ファミリーになっていた」という大団円。

一方の主張なので、これをゲノム解読史と

は呼べまい。だが、このヨット好きの科学者をDNAの海に船出させた社会風土は見てとれる。

「ぼくたちなら飛行機より速く自転車をこげるはず」。空港を遊び場にしていた少年時代、友だちが口にした言葉だという。戦後米国の底抜けの楽観がそこにはある。

やがてベトナムへ衛生兵として赴き、生死の境をさまよう人々を見て「生命の本質を理解せずにはいられなくなった」。ゲノム解読の原点に米戦後史の暗部もあったとは。

コラムでは自身のゲノム情報を交えて遺伝子を語る。初めての性体験まで「Y染色体の遺伝プログラムをたっぷり経験」と書く凝りようだが、人格遺伝子があるという主張の不合理を説いて遺伝子至上主義を批判したりもする。

自省を込めて言えば、科学記者を含む日本社会は、人間観を揺さぶるゲノム問題の重さに気づくのが遅かった。

著者が次に選んだ標的は人工生命。環境を救う生命体をつくりたいという。今度は、賛否どちらの視点に立つにしても目を離すまい。飛行機よりも速く走れそうなタフガイが夢見ることなのだから。

評・尾関章（本社論説副主幹）

J. Craig Venter　46年米国生まれ。ゲノム研究の先駆者の一人。

二〇〇九年一月二五日❸

『B級ノワール論　ハリウッド転換期の巨匠たち』

吉田広明 著

作品社・四八三〇円

ISBN9784861822117

アート・ファッション・芸能

日本未公開作品も分析した知的労作

〝B級ノワール〟とは、何と魅力的な響きを持った名称であることか。分析すれば、映画制作システムにおける2本立て興行の付け合わせの1本という意味の〝B級〟と、大戦を経験した時代の虚無主義が反映した犯罪スリラー作品を総称する〝フィルム・ノワール〟を組み合わせただけのものである。

しかし、その言葉のかもしだすイメージは暗い映画館の中で上映される古いフィルムを凝視していた記憶を呼び起こし、映画を見るという行為の持つ、ささやかな反社会性の魅力すら見事に表現している。映画の原点を言い表した題名と言えるかもしれない。

だが、皮肉なことに本書が成立し得たのは、暗い映画館や古いフィルムという〝過去の〟映画状況が完全に変化した、2000年代初頭の映画シーンのたまものである。言うまでもなく、DVDソフトの充実などによる、1940年代から50年代にかけての日本未公開作品群の、系統だった、しかも膨大な作品数の鑑賞が可能となった時代背景がこのユニークな映画論集を完成させたのである。

一応、本書では、B級ノワールのクリエーターたちを、ジョゼフ・H・ルイス、アンソニー・マン、リチャード・フライシャーの3人に代表させている。果たして彼らをB級監督としてくくっていいかには疑問も残るが、彼らの作品、及びその周辺作品に対する著者の目配りは徹底している。「今現に見られるもののすべてを見る」ことを自らに課した著者のその作業が、楽しくはありながらも、たいへんな苦労を伴ったであろうことは想像に難くない。映画評論家を生業にしていなくてよかった、と胸をなで下ろしたことも確かである。

しかし、そのほぼ9割以上が日本未公開である作品群の詳細な紹介と分析のおかげで、われわれは、われわれが知っていると思い込んでいたアメリカ映画への認識が節穴からのぞいたような狭いものでしかなかったことを思い知らされる。ひさびさに赤鉛筆を片手に、会心の指摘に傍線を引きながら読むという知的興奮を体験した本である。

評・唐沢俊一（作家）

よしだ・ひろあき　64年生まれ。映画評論家。共著に『ジム・ジャームッシュ』など。

二〇〇九年一月二五日❹

『パスポートの発明 監視・シティズンシップ・国家』

ジョン・トーピー 著 藤川隆男 監訳
法政大学出版局・三三六〇円
ISBN9784588603044

人文

国家が国民識別、移動管理も可能に

外国へ旅行するときは、誰でもパスポートを取得しなければならない。そうでないと出国もできないし、相手国でも入国させてもらえない。今では常識となっていることのことは、100年前には少しも当たり前ではなかった。

本書は、パスポートの起源をフランス革命から説き起こしている。封建的な社会では人は容易に移動できなかったのに対して、移動や旅行の自由が基本的な権利として要求された。その一方、反革命派の移動を規制する必要もあって、揺籃期（ようらんき）の議論が揺れていた様子が克明に描かれている。

19世紀の産業資本主義と自由主義の発展は、国内的にも国際的にも労働者や移民の移動を促進した。100年前の世界は今より、はるかに移動が自由だったのである。「80日間世界一周」にも、パスポートは必要なかった。

ところが、2度にわたる世界大戦がパスポートによる移動の管理をきわめて強固なものにした。さらに戦後の国際社会では、パスポートの様式が国際的に水準化されるようになった。各国が勝手な様式を使っていると、パスポートの信頼性は高まらない。

このような制度の発展は、国民国家という仕組みが世界に広がり、近代国家が排他的に国民を識別するようになったことと軌を一にしている。しかし著者の主張は、国民国家がパスポートを生み出したというよりも、書類によって身元を明らかにさせるパスポート制度を使って、近代国家が国民を識別し、その移動を管理できるようになったことが、今日の国民国家の形を決めたという点にある。

本書はパスポートというものの誕生を扱った博物誌ではなく、パスポートを通した国民国家論である。現代の国家にとって国内における通貨とならぶほど、パスポートの発行権が重要だ、という主張は刺激に富んでいる。

それとともに、難民のようにパスポートを得られない者にとって現代世界がどれほど生きにくいかも、よく描かれている。グローバル化時代について考える上で、好著であろう。

評・小杉泰（京都大学教授）

John Torpey 59年生まれ。米国の社会学者、大学院教授。

二〇〇九年一月二五日❻

『最後の冒険家』

石川直樹 著
集英社・一六八〇円
ISBN9784087814101／9784087467420（集英社文庫）

ノンフィクション・評伝

熱気球で太平洋に挑んだ男の軌跡

08年2月1日、巨大な手製の熱気球で太平洋横断の冒険に挑んだ男が洋上でその消息を絶った。神田道夫。58歳。今も彼の行方は知れない。

本書は、この冒険がいかにして行われたか、その一部始終を同じく「冒険家」と呼ばれる若者が書き下ろした作品である。

著者、石川直樹は神田に誘われて04年、26歳のときに「天の川2号」と名づけられた熱気球に同乗し、太平洋横断を試みている。

なんと、そのとき著者は熱気球初体験。半年で飛行のライセンスを取得し、この無謀ともいえる冒険に参加した。

そして、海に着水。

2人は、貯水槽を改造して作ったタンク状のゴンドラに閉じ込められたまま、漆黒の太平洋を漂った。

彼らの命を救ったのは、石川がスイッチオンした衛星電話の現在位置発信装置。強運にも、近くを航行中のコンテナ船に救助され、九死に一生を得たのだった。

風を読む力と勘が頼りの手製の熱気球とハイテク装備。演歌好きでインターネットも初心者だったという神田と、若い石川の世代差を象徴する冒険談である。

そんな恐怖体験と、神田が気球のゴンドラを籐（とう）のバスケットにすると固執したこと。それが4年後の再挑戦への同乗を石川にためらわせた。

かくして神田は、初めて自動操縦装置を導入し単独飛行を敢行したが、この操縦装置を使った形跡はないという。ここでも彼は不眠不休の手動飛行にこだわった。熱気球のアマチュア冒険家としての美学が、安易なハイテクの使用を許さなかったのだろう。

著者は言う。「神田にとって、気球は（中略）自らの生と直結するアイデンティティそのものだった」と。

余分なことは語らない男だった神田が、自分の最後の冒険の伴走者に、石川直樹という表現者を指名したのは正解だった。気球飛行の風を読む力と同様の勘の鋭さだった。

稀有（けう）な冒険家、神田道夫の存在は、この劇的で心を打つ作品によって、確かに次世代の若者へと伝えられていくことになったのだから。

評・久田恵（ノンフィクション作家）

いしかわ・なおき 77年生まれ。著述家、写真家。本書で開高健ノンフィクション賞。

二〇〇九年一月二五日⑦

『ブラックホールで死んでみる』

ニール・ドグラース・タイソン 著
吉田三知世 訳

早川書房・二四一五円
ISBN9784152089731／9784150504847（ハヤカワ文庫NF〈上〉）・9784150504854〈下〉）

科学・生物

いまにもダンスを踊り出しそうな著者近影、「存命中の最もセクシーな宇宙物理学者」なる呼び声にこのタイトル。なんだ、ふざけた科学読み物かと勘違いした方も、読み進めるうちにきっと瞠目（どうもく）し、わくわくしてくるに違いない。著者はアメリカ自然史博物館が発行する有名な科学雑誌に、『パンダの親指』などで知られる古生物学者グールドと11年間も共にエッセーを連載して、科学ライティングの腕を競い合った好敵手。まさにアメリカの科学エッセーの王道をゆく面白さなのだ。

以前の共著『宇宙　起源をめぐる140億年の旅』の終章をほぼそのまま第1章に掲げる本書は、前著より読みやすく、しかもさらなる広がりを持って私たちを豊穣（ほうじょう）な科学の旅に誘う。42編のエッセーはテーマごとによく整理され、宇宙を観測することの意義から始まり先端の宇宙論、そして宇宙に他の生命は存在するのか、宇宙はこれからどうなるのかといった、誰もが興味を持つ話題へと進んでゆく。さらに科学と文化、科学と神の関係について、アメリカという国を見据えつつ考察を深める。とにかく全編にわたって展開と構成が実にうまい。

映画「タイタニック」に描かれた星空を巡りキャメロン監督と対決する一幕は両者のこだわりが楽しい。今年は世界天文年。まずはこの一冊からいかが。

評・瀬名秀明（作家）

二〇〇九年一月二五日⑧

『糸と痕跡』カルロ・ギンズブルグ 著
上村忠男 訳　みすず書房・三六七五円
ISBN9784622074366　歴史／文芸

20世紀半ばからこちら、歴史叙述は国家のイデオロギーに染め上げられ、ときに捏造（ねつぞう）さえ行われて、その結果、歴史は信用を失ってしまった。歴史とは、結局のところ、国家や民族にアイデンティティーを与える虚構の物語にすぎないとする考え方も出てくるに至った。さらに、そもそも歴史資料の多くは虚偽であり、そこからどうして真理が導けるのかという、古くからある方法上の疑問がここに加わる。危地に陥った歴史を救出することは、いま最も重要かつ緊急の課題であるだろう。

本書は、イタリアの歴史家であるギンズブルグの手になる、歴史叙述の真理性をめぐるエッセー集である。史料と長年格闘してきた経験に支えられながら、ホメロス、ヴォルテール、スタンダールといったテクストを俎上（そじょう）に載せて展開される思索はどれも興味を惹（ひ）くが、なかで一番注目されるのは、小説と対比して思考する独自の方法である。

小説と歴史叙述はともに「語り」である点で重なり合う。もちろん小説は最初から虚構であるのだが、しかし小説には虚構を「真実」とみせる「語り」の技術があり、著者はこの小説固有の技術を分析することで、歴史叙述の真理性が棲（す）むべき場所を照らし出そうとする。歴史家の立場から虚構の謎へ斬（き）り込んでいく思考は刺激的だ。　評・奥泉光（作家）

二〇〇九年一月二五日⑨

『「家族計画」への道　近代日本の生殖をめぐる政治』荻野美穂 著
岩波書店・三五七〇円　ISBN9784000224888　社会

政府で少子化対策が叫ばれて久しいが、それが成功しているようには思えない。誰でも国家のために子供を生むわけではないのだから、人口の増減は政府の意図だけには左右されないのである。

生殖をめぐる個々人の選択は、堕胎・中絶や避妊の禁止と容認をめぐる法律や社会体制に枠づけられている。しかし他方でその選択は、私的な性規範や家族観に基づいている。その点で本書は、単に人口政策史の域にとどまらないで、近代日本の避妊と堕胎・中絶をめぐる社会意識の変化を追跡したものだ。

本書では、今日とは違う過去の様相も描かれている。たとえば明治期には、夫が避妊することを侮辱と感じる妻もあったという。第1次世界大戦後に産児制限運動が登場するが、多くの人には避妊と堕胎・中絶を区別する意識は乏しかったらしい。またその運動の指導者たちの間では、堕胎の容認論と否認論とが対立していた。

今日のコンドーム中心の避妊法の普及は、1950年代の「家族計画」の運動によっている。その成功は主婦層の「家庭の幸福」願望と結びついたところに生じたものだった。生殖に関する人びとの価値意識は国家が必ずしも自由にできないものだが、それを系統的に追いかけようとしたユニークな本といえよう。　評・赤澤史朗（立命館大学教授）

二〇〇九年二月一日①

『街場の教育論』内田樹 著
ミシマ社・一六八〇円
ISBN9784903908106
『昭和のエートス』内田樹 著
バジリコ・一六八〇円
ISBN9784862381187／9784167838089（文春文庫）　教育

あたりまえの話できる稀代の言論人

内田樹は、不思議な人だ。フランス思想研究が専門の大学教授だが、いわゆる〝象牙の塔〟の人ではない。武道や映画にも詳しく、いま起きている社会問題について一般の人たちにわかりやすく解説する本も多数あるしブログも超人気。かと言って（私のような）タレント文化人とも違い、全体としてはリベラル派だが特定の政治思想を主張するわけでもない。つまり、専門的な知識や経験に基づいて言うべきことはしっかり言うが、決して声高ではなく、その姿勢に計算や私欲もないのだ。こんな人、いまの日本にはまずいない。

だから、多くの読者や編集者が「内田さん、この問題についてどう思います？」と意見をききたくなる。今回は、教育論だ。

『街場の教育論』での著者の主張は、はっきりしている。教育は結果が出るまでに時間がかかり、かつ空白が許されない性質を持つものなので、「教育改革」などという名のもとに、一気に変えることなど不可能だ。今ある制度、今いる教員をうまくやりくりしながら、少しずつ良い方向に進めていくしかない。ビジネスの論理まで持ち込んで教育現場を批判ばかりして、教師のモチベーションを下げるのは、まったくの逆効果。

こういう前提に基づいて、では学校とは何か、学ぶとは何か、といった話が繰り広げられていくのだから、昨今の市場主義的教育改革派にとっては、ひっくり返るような話も多い。たとえば、子どもたちに最初に教えるべきはいかに助け合い、支援し合うかであるのに、他人を蹴落（けお）とす競争を強化ばかりしているから、学力は向上せずに下がり続けるのだ、と著者は言う。「学力テストの成績を公開してもっと競争を」と主張している人たちに読ませたいものだ。ほかにも、教師は教え込まずに踊り続けよ、そして生徒を葛藤（かっとう）させよ、学びとは教師や先達と出会って「離陸すること」だ、などビジネスとはまったく違うシンプルな教育や教師の本質が語られる。

あたりまえといえばあたりまえだが、誰もなかなか口にできない。そんなことをさらりと言ってのけられる内田樹の意見をもっとききたくなった人には、エッセー集『昭和のエートス』をおすすめしたい。表題のエッセーは、「昭和人」を「昭和という時代を作り出し、生きた人」と定義して、自らの父親の話も重ねつつ語られる時代論。「彼らの負託に私たち子どもはただしく応えることができなかった」という後ろめたさと、「私たちがこのような日本であることを選んだのである」というあきらめと自負。そのあたりの複雑な心情が、この稀代（きだい）の言論人が生まれる源泉となったと見たのだが、どうだろう。

『昭和のエートス』には、「頭を冷やすことの大切さ」と題されたエッセーもある。頭を冷やし、あくまで現実を見すえながら、悲観論にも楽観論にも陥らずに発言する。内田樹は不思議な人だと冒頭で述べたが、実はもっともあたりまえの人なのかもしれない。あたりまえの話をしてくれる人があたりまえではなくなっている今の世の中、彼の登板回数はますます増えそうだ。

評・香山リカ（精神科医、立教大学教授）

うちだ・たつる　50年生まれ。神戸女学院大学教授。著書に『ためらいの倫理学』『「おじさん」的思考』など。

二〇〇九年二月一日②

『TAP』

グレッグ・イーガン著　山岸真編訳

河出書房新社・一九九五円
ISBN9784309622033/9784309464299（河出文庫）文芸

「もの」化された人間の不気味さ光る

本格SF小説作家といわれて、アシモフやクラークの名前を思い出す人はなお多いのかもしれないが、いまならグレッグ・イーガンを真っ先にあげるべきだろう。20世紀の終わりから今世紀、英語圏の多くの作家が、SF的な設定を利用してのウェルメイドな物語作りに精を出すなかにあって、オーストラリアの作家イーガンは、あくまでSF的なアイデアを中核に据えた作風で孤塁を守る。

イーガン作品の一番の特徴であり魅力は、私たちが自明としている「人間」のイメージを脅かすところにある。たとえば、本書に収録された短編「ユージーン」。宝クジに当たった夫婦が最高度の「不妊治療」を受ける。彼らの子供は徹底的に遺伝子が操作されて、知能指数から顔立ちから性的嗜好（しこう）からペニスの大きさ（！）に至るまでが、すべて事前に設計される。その結果、「完璧（かんぺき）」な子供を夫婦は得るはずだったのだが……という話であるが、これが非常に気味が悪いのは、私たちの信じる「人間」のイメージが揺るがされるからだ。

架空テクノロジーを駆使して「もの」化された人間の不気味さ、恐（こわ）さ、悲しさ、おかしさを描かせて、イーガンの右に出る者はない。人間にとって「もの」とは、そもそも薄気味の悪いグロテスクな何かなのであり、本来は「もの」ではないはずの、生命や人間性や運命といった事象が、一気に「もの」へと転落するとき、激しい戦慄（せんりつ）と同時にアイロニカルな笑いが生じるのだ。

しかも、遺伝子操作にしても脳に働きかける技術にしても、決して架空ではない時代に私たちは生きている。先端のテクノロジーは、私たちが慣れ親しんできた「人間」のイメージを根本から変えかねないところまできている。もうまもなく私たちは、長らく信じてきた「人間」を棄（す）て去らねばならぬのではあるまいか？　その落ち着かぬ予感のなかで、イーガンの作品は批評的な輝きを放つ。

本書はイーガンの4冊目の日本語訳短編集である。本格ＳＦからは離れた作品も含んで、イーガンの魅力を幅広く伝える作品集となっている。

評・奥泉光（作家）

Greg Egan　61年オーストラリア生まれ。ＳＦ作家。

二〇〇九年二月一日③

『進学格差　深刻化する教育費負担』

小林雅之 著

ちくま新書・七一四円
ISBN9784480064615

教育／新書

無理する家計はもはや限界と警鐘

地味な本である。けれども、進学格差の拡大を防ぐための教育費負担の問題、特に授業料と奨学金のあり方について丁寧に実態をおさえ、国際比較の俎上（そじょう）に日本をあげて課題解決の方途を探った好著である。浮かび上がった事実は明快で、課題は重い。

大学4年間に要する学費と生活費の合計は少なくとも４００万円、私立大学にアパートから通えば1千万円。いまや大学進学は持ち家に次ぐ人生で2番目に高い買い物となった。当然、これだけの大きな買い物をする能力には格差がある。国公立大学の場合はさほどではないものの、私立大学進学率には所得階層による大きな格差がある。しかも家庭の所得は他方で学力にも影響するので、低所得層は大学進学において二重のハンディキャップを負う。にもかかわらず進学格差がさほど社会問題化しなかったのは、無理を家庭（親）が背負い込んできたからにほかならない。しかし無理する家計はもはや限界、進学格差は拡大すると著者は警鐘を鳴らす。

先進国では共通して、高等教育の大衆化と公財政逼迫（ひっぱく）の中で、教育費の公的負担から私的負担への移行、授業料の無償から有償化さらに値上げ、奨学金の給付からローンへの転換が進む。「高授業料低奨学金」型の日本は、国際的トレンドのトップをひた走る。高等教育費の公的負担比率は、ＯＥＣＤ加盟国中最低水準にある。このまま私的負担への移行が続けば、そのしわ寄せは低所得層に集中する。経済成長が期待できない日本でこの隘路（あいろ）から逃れる術（すべ）はどこにあるのか。

著者は、給付奨学金制度や寄付金を活用した大学独自の奨学金などの創設を提案し、また教育に対する機関補助（国立大学運営費交付金や私学助成など）と個人補助（奨学金）を包括するファンディング・システムを構想する。それらは必ずしも歯切れがよいわけでもなく即効薬ともいい難いけれども、現情勢下でこれ以上の提言を責任を持って提示できる人はいない。世代を超えて教育機会の均等はいかにして可能か。模索しなければならない課題である。

評・耳塚寛明（お茶の水女子大学教授）

こばやし・まさゆき　53年生まれ。東京大学教授。共著に『世界の教育』など。

二〇〇九年二月一日❹

『小さな男＊静かな声』

吉田篤弘 著
マガジンハウス・一九四三円
ISBN9784838719303／9784122055643（中公文庫） 文芸

日々の営みへのいとおしさに満ちて

〈ところで〉と、物語の主人公の一人・小さな男は独白する。〈新聞というのは何故（なぜ）、読み終わった途端に「新聞紙」になってしまうのだろうか〉——その問いに、つい一緒になって考え込んでしまう人は、本書に夢中になって読みふけるだろう。

一方、もう一人の主人公である、ラジオ局の女性アナウンサー・静かな声は、〈どこかで、基本は「一人」であると考えている〉。〈たとえ大地震が来ても、おそらくこの「一人」の牙城（がじょう）は崩れない〉——思わず「ああ、わかる」とつぶやいた人もまた、本書を含み笑いとともに読み進めることができるはずだ。

あるいは、二人の主人公に共通する「素直で活発なきょうだいに比べて自分は」という思いにうなずく人は、子ども時代の少々苦い思い出を反芻（はんすう）しつつ、この物語をとても大切に味わうに違いない。

もちろん、「そんなものは取るに足らないことだ」と切り捨てる人もいるだろう。だが、そういう彼や彼女こそが、じつは本書の最も幸福な読者かもしれない。ふだんの生活の中で見逃してきた「取るに足らないこと」のあれこれの、控えめなかけがえのなさに気づかされる、その瞬間の心地よさを存分に嚙（か）みしめることができるのだから。

吉田篤弘さんの過去の作品と同様、本書の物語の起伏はきわめてゆるやか。主人公二人の、長い長い自己紹介と言ってもいい。それが退屈にも過剰な自分語りにもならないのは、「取るに足らないこと」に満ちた二人の日常がきちんと、吟味を重ねた言葉で描かれているからだろう。

ファンタジックな設定が多かった過去の作品と比べると、〈小さな男〉と〈静かな声〉の物語は現実の範疇（はんちゅう）に収まっている。それでいて、現実の日常からほんの少しだけ遊離したところに、二人の暮らしはある。その「ほんの少しだけ」の距離を、物語は静かに保ちつづける。そうすることで、まるで輪郭がわずかにずれた二重線で描かれた絵が立体に見えてくるように、あらすじでは語れない日々の営みへのいとおしさがじわじわとたちのぼってくるのだ。

評・重松清（作家）

よしだ・あつひろ 62年生まれ。作家。著書に『空ばかり見ていた』など。

二〇〇九年二月一日❺

『神の国アメリカの論理』

上坂昇 著
明石書店・二九四〇円
ISBN9784750328737 人文／国際

キリスト再臨信じイスラエル支援

アメリカが宗教的な国であることはよく知られている。先進国の中では随一であろう。成人の82%が神を信じている。日本とアメリカの大きな相違は、仏教とキリスト教の違い以上に、日本が世俗的な社会であり、アメリカが宗教的な社会であるところに存在するといえよう。

上坂は、アメリカの宗教右派によるイスラエル支援、人工妊娠中絶反対、そして同性結婚の否認という三つの現象を扱いながら、アメリカがいかに宗教的な国であるかを描こうとしている。

本書の最大の特徴は、各宗派の立場を、聖書に立ち返って仔細（しさい）に検討しているところにある。例えば、ジョン・ヘイギーという牧師は、「イスラエルのために団結するキリスト教徒」の指導者であるが、イスラエルを支援するのはキリスト教徒の義務であると考え、アメリカにおいてイスラエルを支持する活発な政治活動を展開している。歴史の長きにわたって、キリスト教徒とユダヤ教徒は反目し合ってきたのであるから、このような現象は多くの読者にとって驚きであろう。

ヘイギー師がこのような運動を起こしたのは、聖書が「神はイスラエルを愛する人を愛し、イスラエルを呪う人は神に呪われる」と告げていると信じているからである。概して宗教右派は、イエスの再臨の条件として、イスラエルの民であるユダヤ人が聖地イスラエルに帰還しなければならないと信じている。彼らは、キリストの再臨がある日突然起こり、千年王国が始まるとする（前千年王国論）。そしてイスラエルの復活は、その前提とみなされている。

上坂は、中絶および同性結婚の問題についても、同様に聖書の解釈と関連づけつつ、さまざまの宗派による解釈の異同に目配りしながら、掘り下げて論じている。

わが国では、アメリカの宗教右派についての研究はこれまでも存在してきたが、やや表面的な叙述が多かった。その意味で、本書は、宗教右派の政治的行動の背後に存在する聖書の解釈と神学的論理まで踏み込んで分析しており、高く評価できる。

評・久保文明（東京大学教授）

こうさか・のぼる　42年生まれ。桜美林大学教授。『アメリカと宗教』（共著）など。

二〇〇九年二月一日⑥

『島秀雄の世界旅行　1936−1937』

島隆 監修　高橋団吉 文

技術評論社・四八三〇円
ISBN9784774135694

ノンフィクション・評伝

船上でひらめいた新幹線のアイデア

島秀雄は、国鉄技師長の立場にあって東海道新幹線開発の最高責任者となった。世界に名を知られるエンジニアだ。宇宙開発事業団の初代理事長も務めている。

30代なかば、海外視察を命じられた島は、欧州からアフリカ、南米、北米の主要都市をめぐる旅に愛機ライカ2を持参した。本書は、遺品であるアルバムから４５０枚の写真を厳選。彼が旅先で集めたパンフレットや地図も駆使して、６３０日におよぶ世界一周旅行を再現するものだ。

機関車や駅舎など鉄道施設はもとより、客船、飛行船、ハイウエー、摩天楼、港湾施設などの写真が目につく。機械文明をひたすら目指していた１９３０年代の世界が、技術者の目に、どのように映ったのかが分かる。自動車にも強くひかれていたようだ。最新のフォード車でアメリカ大陸を横断中におこした自損事故の様子も記録されている。ベルリン五輪や国際自動車展覧会でのヒトラーの演説風景など歴史的な出来事も活写している。

島秀雄の旅路によりそうように書き添えられた一連のコラムが、実に読みごたえがある。日本と同様に狭軌を用いた鉄道を敷設した南アフリカ訪問に島がこだわった背景、旅に同行した後の国鉄初代総裁下山定則との友情など、いずれも興味深い挿話だ。

とりわけ印象的なのは、東海道新幹線として戦後に結実するアイデアが生まれた瞬間のエピソードだ。１９３７年4月13日、欧州からアフリカに向かう旅客船上の島は、ロッテルダム港で川沿いに走る電車の姿を見て、ひらめくものがあったという。

この直感が、各車両にモーターを付け、高速かつ頻繁に運行できる、いわば「ムカデ式超特急」の研究につながる。長距離を走る鉄道は機関車が客車を牽引（けんいん）するものという常識を覆し、高速鉄道の可能性を広げ、世界中に影響を及ぼす技術の原点が、旅先で漠然と眺めた光景にあった事実に驚くしかない。

歴史に残る発想の種は、身近な風景の中に何げなく埋没しているということなのだろう。

評・橋爪紳也（建築史家）

しま・たかし　31年生まれ。秀雄氏の次男。
たかはし・だんきち　55年生まれ。

二〇〇九年二月一日⑦

『子どもの貧困　日本の不公平を考える』

阿部彩 著　岩波新書・八一九円

ISBN9784004311577　社会／新書

子どもの貧困をテーマにする本が少し前から出されるようになっているが、本書は日本におけるその現状や課題を、国際比較を含めた多様な視点から実証的かつ包括的な形で分析し、なされるべき対応や政策を論じた本であり、わかりやすい文体とともに強い説得性をもっている。

著者も指摘するように、子どもの貧困をめぐる状況は日本において十分認識されているといえない。たとえば①国際的に見た場合、日本の子どもの相対的貧困率はかなり高い部類にあり、特に母子世帯のそれは突出して高いこと②親の学歴と子どもの学力との間にはかなりの相関が見られ、その他様々な「貧困の連鎖」が存在すること③日本の子どもの貧困率は税・社会保険料の再分配によってかえって悪化していること、などの基本事実は、まず何より共通の認識とされるべきものだ。

その上で、本書は「少子化対策」ではなく「幸せな子ども」を増やす「子ども対策」こそが必要とし、様々な具体的政策を提案する。

著者自身も指摘するように、そうした方向への日本での社会的合意づくりには多くの困難が予想されるが、「人生のスタートライン」における平等という点は本来は合意がつくりやすい理念であるはずだ。本書を契機として活発な議論と対応が強く求められている。

評・広井良典（千葉大学教授）

二〇〇九年二月一日⑧

『男色（なんしょく）の景色　いはねばこそあれ』

丹尾安典 著　新潮社・二三一〇円

ISBN9784103134510　アート・ファッション・芸能

堺市の図書館にBL（ボーイズラブ）と呼ばれる少年愛小説が多数収められていることが、つい最近、問題になった。図書館にこのような書籍を置くことには賛否両論あるだろうが、たとえ否定的な意見の持ち主でも「川端康成の『伊豆の踊子』も廃棄せよ」とは、まさか言い出すまい。

しかし、本書によればこの作品の原型は川端が大正11年に執筆した『湯ケ島での思ひ出』という作品の前半部分であり、後半には川端が中学校のときに初恋におちた、清野という少年のことが描かれている（この部分は、後に『少年』という作品になる）。

そして、純粋な少女への憧憬（しょうけい）を描いた作品としてとらえられがちな『伊豆の踊子』にも、その裏に踊り子の兄の栄吉と主人公の同性愛的な感情がサブテーマとして描かれているという。今まで思い描いてきた作品のイメージが根底からくつがえされる、という読者も多いだろう。

著者の筆は「万葉集」から男性の同性愛誌「薔薇（ばら）族」まで縦横に駆け巡り、日本文化において男色というものがどれだけ大きなファクターであったかを指摘する。ある部分では、日本文化の通奏低音として隠されてきたこの美意識を思うとき、それがBL小説などにいかに影響を与え、かつ変容してしまったかも思い合わせられる気がする。

評・唐沢俊一（作家）

二〇〇九年二月八日①

『学力と階層　教育の綻（ほころ）びをどう修正するか』

苅谷剛彦 著

朝日新聞出版・一八九〇円

ISBN9784023304055／9784022617347（朝日文庫）　教育

不平等の拡大に対する現実的な問い

学力低下論が席巻していた01年、著者は『階層化日本と教育危機』を出版して衝撃を与えた。「だれの学力が低下しているのか」を実証的に明らかにし、社会の階層化と不平等化という文脈に教育を位置づける挑戦だった。学力低下から教育格差へ。その後人々の教育問題へのまなざしに生じた変化は、著者によって問題がとらえ直され、再定義された結果だといっても過言ではない。

この本は前著の続編であり、主に03年以降に著者が折々の教育問題を分析した論考を集めたものである。タイトルは『学力と階層』だが、狭い意味での学力格差が主題ではない。いまや獲得された知識のストック（学力）ではなく、知識獲得のためのスキルや学習能力が重視される「学習資本主義社会」の時代が到来した。著者の関心は、学習意欲や態度を含む「学習資本」の階層間格差にあり、その形成にかかわる教育費の配分や教員の勤務実態にまでスコープは広がる。

著者の分析は看過することのできない知見

を次々に明らかにしていく。出身階層によって子どもの努力（学習時間）には差があり、しかもその差は近年拡大している。もはや努力主義（「がんばれば誰でも……」）は結果の平等をもたらすことのないイデオロギーに過ぎない。自己責任が強調され、個人の失敗が努力の欠如によって説明されるようになれば、階層間格差を隠蔽（いんぺい）することになる。

義務教育費国庫負担制度の変更にも容赦なく批判を浴びせる。この制度は結局、国の負担率を2分の1から3分の1へと引き下げてその分を地方に回すことで政治的決着を見た。少子化によって地方の財政負担は将来減少するという「常識」が国の負担率を減ずる有力な根拠だったが、著者の分析は正反対の結果を示す。子どもの数は減っても教育費は減らないどころか、教師の大量退職などにより増える。しかも財政力の弱い地方ほど多額の教育費を要する。どの地域でも義務教育の条件は変わらないというスタートラインの平等は崩れ、教育機会の不均等化が進むことになる。

本書の実証性に疑問を挟む研究者がいるかもしれない。大胆な分析と解釈を含むからである。きわどいいい方をすれば、厳密な分析が意義深い知見を生むとは限らない。どのような「事実」を発見しようとし、それをどんな「文脈」にのせて議論するか。この社会を生きる者として持っているはずの切迫した課題意識と規範的判断がなければ社会科学者は使命を果たすことができない。私は、その重要性を表現したものとして本書を読む。

新自由主義の大合唱時代は去った感があるものの、不平等の拡大を伴う更なる変化の予感を私たちはひしひしと感じている。そのとき、教育にいっそうの資源を割り当てるべきだとわかってはいても、実際には、教育への社会的投資は縮小を余儀なくされるだろう。著者は、「教育という基本財の再分配をどのように行うことで、『よりましな不平等な社会』を築き上げていくことができるのか」と問う。悲しいけれども、前進するために必要な現実的問いにほかならない。

評・耳塚寛明（お茶の水女子大学教授）

かりや・たけひこ　55年生まれ。オックスフォード大学教授、東京大学教授。著書に『教育改革の幻想』など。

二〇〇九年二月八日3

『菱川師宣と浮世絵の黎明（れいめい）』

浅野秀剛 著
東京大学出版会・六〇九〇円
ISBN9784130802109
アート・ファッション・芸能

吉原の町並みや路上風俗も細密描写

浮世絵というと、1765年に鈴木春信が創始した錦絵技法の作品を思い浮かべる。錦絵とは、木版多色摺（ずり）の版画である。だが前史に、17世紀前期の草創期の岩佐又兵衛がおり、17世紀後半から浮世絵誕生の前までの初期浮世絵の時代がある。初期浮世絵は、絵本・絵入本などの版本（はんぽん）、組物（くみもの）を中心とする一枚絵、肉筆画からなる。一枚絵は墨一色の墨摺絵が基本で、それに筆で彩色したものもある。

著者は、版本・一枚絵・肉筆画について、欧米にある作品も含め、絵師ごとの総目録作成を試み、江戸前期の菱川師宣、杉村治兵衛、鳥居清信、中期の近藤清春や大森善清らとその作品を論じる。

とりわけ版画形式の浮世絵の祖とされる菱川師宣（生年不詳～1694年没）の画業を重視する。そして、師宣が老年に至り残した多数の肉筆画のなかで、7点の画を継いだ画巻「北楼及び演劇図巻」（東京国立博物館蔵）をその代表作として推奨する。日本堤や浅草寺、吉原大門や揚屋の町並み、見世をのぞく侍、遊女道中と見物人、揚屋での遊興、芝居見物、騎馬の外国人も見える路上風俗など、細密な描写に注目する。

師宣の版画作品のうち、絵本・枕絵本や挿絵本などの版本の中の絵は約2500図にも及ぶ。また一枚絵は122図で、そのほとんどは、枕絵（春画）、吉原・上野花見・大名行列を描いた風俗画、そして曽我物語図・酒呑童子（しゅてんどうじ）など、組物をなすという。

枕絵は、初期浮世絵の重要なジャンルであった。中国の医書・養生書の伝来を得て、三都の遊里の繁栄、風俗画の盛行とかかわり、需要が生み出されたと指摘する。そして「古代の趣をひく風情……荒々しく激しくそれでいて大（おお）らかな交情……現世肯定、現実第一の思想など……当時の社会の反映にほかならない。細事にこだわらない……ゆったりとした気分を心地よく思う」と師宣の枕絵を評する。

17世紀後半の江戸の文化や風俗の展開が、膨大な絵画作品の版画による普及をもたらしたと分析する本書は研究論文集だが、図版が豊富で、浮世絵鑑賞の手引にもなる。

評・石上英一（東京大学教授）

あさの・しゅうごう　50年生まれ。大和文華館館長。『歌麿の風流』など。

二〇〇九年二月八日④

『サブリミナル・インパクト　情動と潜在認知の現代』

下條信輔 著

ちくま新書・九四五円
ISBN9784480064608

科学・生物／社会／新書

無意識の認知が社会のうねりを生む

コカ・コーラはあらかじめブランド名を知って飲むと脳のある部分が活動するのに、ペプシだとさほど反応しない。ペプシは脳科学的にもブランド戦略に失敗している——そんな衝撃の研究が発表されたのは04年。人間の経済行動と脳の働きを結びつけるニューロエコノミクスは大流行し、一般向けの解説書も気軽に読める時代になった。

人間の脳のクセがクリアに説明されるほど、しかし私たちはもやもやと居心地の悪さを覚える。すっきりわかりやすい脳の本の洪水に息苦しさを感じる読者は本書の眼差（まなざ）しに希望を見いだすだろう。著者単独書としては実に9年ぶりとなるが、その問題意識にブレはない。むしろ21世紀に入り現実性を増している。

本書が目指すのはポランニーが〈暗黙知〉といった潜在認知、つまり私たちの無意識的な知覚と人間らしさのあり方だ。昨今の認知心理学は実験デザインのインパクトが人の興味を惹（ひ）きつけるが、本書ではそれらの面白みはさらなる思考へのきっかけである。これまでアーティストらとも対話を続けてきた著者ならではの論が展開されてゆく。

ある作家が紅白歌合戦で漏らした一言の感想をきっかけに、著者は音楽の快の進化的起源から記憶や選好とのかかわりへ、そして産業やリアリティーの本質へと迫ってゆく。私たちの潜在的な認知や情動は社会のうねりを生み出すのだ。その大きな側面が政治・経済であり、他の側面が芸術や科学研究などの創造性（クリエイティビティー）だろう。米国に暮らす著者はメディアが放つ大衆誘導にも鋭敏だ。私たちはいかにそれらを受けとめ、いかに賢く自らの潜在的な情動で応ずるのか。個人と社会の間に広がる、いまだはっきりとは見渡せない潜在認知の沃野（よくや）へ、著者は一歩ずつ踏みしめながら進む。

私たちの快から独創性の本質へと向かうその道筋は潜在的であるがゆえに多くの分野と繋（つな）がる。そのもやもやとした未来に希望や強さがあると、読了後に腑（ふ）に落ちる。著者と東浩紀氏との対論を収めた『環境知能のすすめ』（発売・丸善）も併読を勧める。

評・瀬名秀明（作家）

しもじょう・しんすけ　55年生まれ。カリフォルニア工科大学教授（知覚心理学）。

二〇〇九年二月八日⑤

『アラブ、祈りとしての文学』

岡真理 著
みすず書房・二九四〇円
ISBN9784622074236　文芸／ノンフィクション・評伝

苦難の地で小説が書かれる意味

アフリカの子供たちが餓死している時に己の文学は無力だと、かつてサルトルは語った。本書はそれへの応答の書とも言えよう。難民問題や戦闘の続くアラブの地で、著者は人の生き死にを目の当たりにしながら文学の力を考え、パレスチナ、レバノン、エジプト、アルジェリアなどの現代作家を丹念に紹介する。

あるアウシュビッツ体験記にこんな場面がある。彼がダンテの『神曲』を語り聞かせると、それを聴いた親友が一瞬生の輝きを取り戻す。友は死を免れなかったが、『神曲』は二人にとって魂の滋養になったはずだと著者は言う。人が人であるために。人間性の「壊死（えし）」を止めるために。文学などで命を救えない局面にいる人こそ、その魂は文学を必要とするのだ、と。ところが小説とは常に「最後にくるもの」であり、対象との時間的・思考的な距離があって初めて書ける。そうした書けない状況で現代アラブ作家は作品を書いてきた。

あるパレスチナの作家は、自分たちが書かなければ物語は敵のものになってしまうのだと書いている。小さき者の生活の襞（ひだ）に分け入り、その尊厳と現実を記録し、故郷の「メモリサイド（記憶抹消）」に抗するのが小説の力だと著者も言う。文学は兵士でもなければ証人でも平和大使でもない。などと安泰の地で言うのは簡単だ。だが苦難の地で希求された小説はやがて告発にとどまらず、人種と宗教と言語が交錯する中で、人間がむきだしの肉塊となって現れるような文学へ、さらに虚構の迷宮へと深化したことがわかる。あるエジプトの作家は暴力に憑（つ）かれた心の暗黒を捉（とら）え、背教の瀬戸際で人にとっての真の禁忌とは何かを問う。また、パレスチナ系イスラエル人キリスト教徒という複雑極まる出自らしき作家は、あえてユダヤの言語へブライ語で「千夜一夜」ばりの、しかしポストモダン的構造の年代記小説を書き、物語と歴史を虚構の天空へと放つ。

文学は祈ること「しか」できないと著者は言う。それは無能な無力なものではあるが、決して無意味なものではないのだ。

評・鴻巣友季子（翻訳家）

おか・まり　60年生まれ。京都大大学院准教授（現代アラブ文学など）。

二〇〇九年二月八日⑥

『近世パリに生きる　ソシアビリテと秩序』

高澤紀恵 著
岩波書店・二七三〇円
ISBN9784000268547　歴史

王権はどのように都市に浸透したか

ヨーロッパ史においては、中世都市と、産業革命および市民革命を経た19世紀の近代都市の研究は、かなりの蓄積を持つようになっている。とくに社会史が広がった1970年代からの蓄積は著しい。しかし、16世紀から18世紀にいたる「近世」の都市の研究はそれに後れをとっていた。本書はそういうヨーロッパ近世の都市の社会史で、それをパリという場で展開したものである。

一般には、この時代のパリは「絶対王制の形成」期の都市として、王権が都市に浸透していくものと理解されている。しかし、「どのように」かという問題は解かれていない。王権が一方的に都市を支配していくというわけではないのである。

本書によれば、都市パリには街区や教区を基礎にしたさまざまな人々の結合があった。これをソシアビリテという。これが都市の社会的団体つまり社団を構成し、これに基づいてパリの人々は自前の秩序を築いていた。これが都市の自治である。王権はこの都市に直接の権力は及ぼしていなかった。しかし、ペストの流行、宗教対立、火祭り、貧民対策、治安の維持、清掃といった具体的な争点が出る度に、王権が都市の社団と対立したり、それを利用したりしながら、都市の「公」に入り込んでくる。そして、18世紀のはじめには、都市の自前の自治は崩されてしまう。ここに近代都市の前提が作られていくのだ。

こうまとめれば簡単だが、事態は一進一退の過程であり、本書はこの過程を綿密な史料分析と、しっかりとした見取り図によって、説得的に解明していく。歴史研究というのは史料をこのように扱うのだという見本でもある。

パリを素材にしたこの近世都市論が他のヨーロッパ都市にはどういう含意を持つのか興味あるところである。専門家以外にも理解がしやすいような話の進め方が欲しかったが、最近まれに見る一級の歴史書である。本書を読むと、都市の住民は都市の「公」に対してそれなりの責任があるのだということを改めて考えさせられる。

評・南塚信吾（法政大学教授）

たかざわ・のりえ 55年生まれ。国際基督教大学教授（フランス近世史）。

二〇〇九年二月八日⑦

『まんがと生きて』

わたなべまさこ 著

双葉社・一六八〇円 ISBN9784575300888
アート・ファッション・芸能／ノンフィクション・評伝

この著者の漫画を一度も目にしたことがない日本の女子は、少ないのではないか。かく言う私も「ガラスの城」の展開にハラハラさせられた。日本を代表する女流漫画家である著者の七十数年の人生が、おなじみのしゃれた漫画や挿絵をまじえて語られる。

子供時代の夢は、ターザンか魔女になることだったという。厳格な母親とそりが合わず、小学生の時に胃潰瘍（いかいよう）になって祖父母の家に移り住んだというから、規格にはまらない性格だったのだろう。祖父母は美術学校（今の芸大）の官舎に住んでいたので、上野動物園が著者の「密林」だった。一方、おしゃれが大好きで、戦時中もなんとかかわいらしく装おうと様々な工夫をしたそうだ。そんな逸話から、澄ましているようでどこかちゃめっ気のある作風の裏にあるものが見えてきて楽しい。

少女漫画の草創期の一翼を担った著者の回想だけに、漫画の歴史そのものに触れられる。漫画全般に対する手塚治虫の影響の大きさを改めて思う。著者は赤ん坊を抱きながら出版社を回ったり下書きをしたりしたこともあったという。花とレースのあふれる作品世界からは、そんなことは想像できなかったが、それも著者の創作力ゆえだろう。夢を追いかけた意志の強い少女のサクセスストーリー。人生そのものが作品である。 評・常田景子（翻訳家）

二〇〇九年二月八日⑧

『東京裁判における通訳』

武田珂代子 著

みすず書房・三九九〇円
ISBN9784622074229
歴史

異なる言語の人が参加する国際裁判が公正に行われるためには、適切な通訳の存在が不可欠だ。しかし第2次世界大戦直後の東京裁判では、連合国側が信頼できる通訳の人材は少なかった。また翻訳に関するルールも、法廷で審理が始まってから試行錯誤の末に形成された。本書は東京裁判の通訳をめぐる権力関係を取り上げたものである。

法廷への提出文書の翻訳者や法廷での通訳者の多くは、日本人だった。そこで裁判所では、通訳者の上にモニターとして米国籍の日系二世を置いて誤訳訂正に当たらせ、さらに翻訳での争いに最終判定を下す白人米軍士官の言語裁定官を配置するという三層構造の通訳体制を作ったのである。本書は訳文訂正に大きな役割を演じた二世モニターが日米間の狭間（はざま）に置かれた立場の複雑さに着目している。

本書によると通訳者には外務省職員が多く、二世モニターの中でリーダー的存在のイタミは、以前に被告の東郷茂徳元外相の恩顧を受けていたという。つまり外務省は東京裁判の通訳体制の一端を支えていたのである。

この点は、被告の中でも軍人と外交官では対立する場合があったことを考えると、その裁判への影響が気になるところだ。裁判の全体像の中での外務省の位置についても、著者の言及がほしかった。 評・赤澤史朗（立命館大学教授）

二〇〇九年二月八日⑨

『宇宙論入門』

佐藤勝彦 著

岩波新書・七三五円
ISBN9784004311614　科学・生物／新書

宇宙の運命を牛耳る黒幕は文字通り暗黒の物質と暗黒のエネルギーらしい。世紀末に現れたこの見立ては観測にもとづく。「宇宙論は、今はっきりと、『論』から『学』となった」のだ。

論を観測で試す時代の宇宙像を、円熟の物理学者が自らの半生を踏まえて語る。

著者は約30年前、宇宙は誕生直後に急膨張したという理論を発表した。同様の理論を唱えた米国の研究者は、急膨張で宇宙は平らになったと踏み込んだ。平らとはイメージしづらいが、宇宙の未来にかかわる空間のありようだ。

著者も同感だったが、当時の観測を踏まえるとそうは主張できなかったという。平らでも矛盾がなくなったのは世紀末に暗黒エネルギーなどの優勢がわかったからだ。「今から見ればたいへん悔やまれる」の一言に実感がこもる。

宇宙論探究は、この宇宙はなぜこんななのか、と問う。

急膨張の理論に立つと、宇宙はいくつあってもよい。最近の超ひも理論は、こんなではない宇宙も許容する。もしそうなら「私たちの宇宙は、無数の宇宙の中で偶然そのような物理法則と次元の宇宙だったので、人類が生まれ、今その宇宙を認識している」とみるほかないという。

理系から、「偶然」をはらむ世界像の発信だ。文系とのガチンコ対話が聴きたい。

評・尾関章（本社論説副主幹）

二〇〇九年二月一五日①

『仮想儀礼　上・下』

篠田節子 著

新潮社・各一八九〇円
ISBN9784103133612〈上〉・9784103133629〈下〉／9784101484167〈新潮文庫〈上〉〉・9784101484174〈〈下〉〉　文芸

暴走する現代を新興宗教で描く傑作

意欲的に力作・良作を発表し読者を惹（ひ）きつける実力派が、ときおり鳥肌の立つような大ホームランをかっ飛ばす。すべての動作がぴたりぴたりと必然のように嵌（はま）り、打球は物理法則に従ってぐんぐん伸び、もはや誰も手がつけられない。長年のファンは大喝采で迎えるのみだ。本書は篠田節子の最高傑作というだけに留（とど）まらず、新興宗教を扱うあらゆるエンターテインメントの頂点へと駆け上った。

物語の始まりは2001年。作家を夢みて仕事も家族も失い路頭をさまよっていた鈴木正彦は、やはり事業に失敗していた元編集担当の矢口誠と偶然再会した夜、ブラウン管の中に世界貿易センタービルの崩壊を目撃する。実業の時代は終わったと感じたふたりは衝（つ）き動かされるように新興宗教のウェブサイトをでっちあげる。信者が30人いれば食っていける。500人いればベンツに乗れる——かつてお蔵入りした5千枚の原稿の内容をつぎはぎして、ふたりはでたらめな教条の創作に熱中する。サイトに若者が集まり始め、彼らは集会用の場所探しに奔走する。入信の儀式はどうする？　心に傷を負う人々にどう対応する？　正彦は教祖、矢口は宣伝担当となり、虚業としての宗教活動に嵌り込んでゆく。

ぐいぐいと引っ張る豪腕ぶりは70年代の劇画さえ連想させるが、これは『銭ゲバ』の焼き直しではない。21世紀を生きる正彦らを動かすのは個人的な復讐（ふくしゅう）心でも名誉欲でもない、この閉塞（へいそく）した現実世界そのものなのだ。

波乱に満ちつつも最初のうちは物語としてできすぎと感じるほど、正彦らは順調に信者の数を増やし事業を拡大してゆく。ところがそこから歯車が狂い始める。すべてが裏目に出始め、彼らは宗教団体間のパワーゲームに巻き込まれ、メディアの餌食にされる。誤解をよび、カルトの烙印（らくいん）を押され、金も信者も離れて正彦たちは追い詰められてゆく。

チベット仏教、メディアのやらせと信念の暴走、超能力めいた現象を発する信者、人間として最低の天才芸術家など、これまで著者が描き続けてきたモチーフが畳み掛けるように登場する。ただし著者はこれまで「笑い」をあえて組み入れ娯楽小説の結構を繕う傾向があった。女性を主人公にしたときどんなに過酷な状況でも恋愛と生存を保証してきた。だが今回の著者は容赦ない。つねに読者の予想の半ページ手前で新たな事態を送り込んでくる。味方がようやく現れたと思ったら彼らは襲撃され、希望が見えた途端に別の問題が勃発（ぼっぱつ）する。そして真に本書が恐ろしいのは、正彦が最後の最後まで常識を保ち続けることだ。どこかで心が壊れてしまえばこれほどの事態には陥らなかったろう。だが彼はどこまでも正気のまま周囲を分析し、予測し、事態を回収しようと努める。教祖である彼だけが理性を保つゆえに、人間の本能によって暴走する現代社会の地獄に呑（の）み込まれてゆく。

徹頭徹尾エンターテインメントである本作がこれほど現実的であるのは、この現実社会がエンターテインメントのリアルそのものであるからだ。その真実を突きつける本書を前に、身も魂も震えが止まらなくなるだろう。

評・瀬名秀明（作家、東北大学機械系特任教授）

しのだ・せつこ　作家。『女たちのジハード』で直木賞受賞。著書に『讃歌』『夜のジンファンデル』『純愛小説』など。

二〇〇九年二月一五日❷

『この胸に深々と突き刺さる矢を抜け　上・下』

白石一文 著

講談社・各一六八〇円

ISBN9784062152426〈上〉・9784062152433〈下〉／9784062771153（講談社文庫〈上〉）・9784062771160〈下〉）文芸

欺瞞に満ちた人間社会を大胆に暴く

刺激的な作品だ。新しい啓蒙（けいもう）小説と言えるのかもしれない。

市場主義を唱えた経済学者ミルトン・フリードマンの言説を紹介したり、官公庁の詳細なデータを駆使したりして、ネットカフェ難民を生んだ格差社会の実態をミもフタもなく語り尽くす……。

そんな巧妙な仕掛けによって本書は、読者を小説の世界へと引きずりこむ。まるでわたしたちが今、いかなる時代を生きているかを理解せずにはこの小説は成立しないとでも言わんばかりに。その気迫にひきずられ、一気に読まされてしまう。

主人公は、某大手出版社の辣腕（らつわん）編集長。彼は仕事上、政治、経済、芸能界にからみ、自分の立場を利用して女性とのセックスをむさぼるという世俗の極みを生きている。

さらに相手の弱味（よわみ）を掴（つか）んで牽制（けんせい）しあう会社内の人間力学や、不平等社会の変革を唱えるだけの東大准教授の知的な妻との関係が描かれ、そこに家族や子どもといった人生にかかわるさまざまな場面もからませながら、物語は大胆に、予想外の展開をしていく。

登場人物は格別な悪人でも善人でもない。けれど、この社会がいかに人々の欺瞞（ぎまん）と偽善と保身と背信に満ち満ちているのか、それが次々と暴き出されていく。主人公は次第に社会のまっとうな道筋を外れて別の道へと逃避行を始めるのだが、それとともに、読む側も自分の「内なる欺瞞や偽善」がさらけ出されて、心がうずきだす。

たとえば正義を論じ他者への愛を語ることはいくらでもできるが、それを成すのはとても難しいとか、いや多くはそのことに気づきもしないでいるというように。ならば、自分はこれからどう生きればいいのだろうかと、自問自答せざるを得なくなる。

ただ、テーマの過酷さに比して読了感がすがすがしいのは、醜悪な部分も抱えた存在と知ってなお、人は愛（いと）しく、哀（かな）しい、という思いが作品から立ち上がってくるからだろう。著者は、この作品で引き返せない地点に来てしまったような気がする。ここからどこへ行くのだろうか。

評・久田恵（ノンフィクション作家）

しらいし・かずふみ　58年生まれ。作家。『一瞬の光』『どれくらいの愛情』など。

二〇〇九年二月一五日❸

『スプーク・カントリー』

ウィリアム・ギブスン 著　浅倉久志 訳

早川書房・一九九五円
ISBN9784152089885

文芸

過去と決別する主人公・アメリカ・著者

電脳都市チバ・シティにサイバースペースで暗躍するコンピューター・カウボーイ。80年代、著者ギブスンは最先端テクノロジーと都市の猥雑（わいざつ）さが渾然（こんぜん）一体となった近未来を描き、サイバーパンクSFと呼ばれる新ジャンルを創（つく）りファンを熱狂させた。それから20年、ギブスンはSFの世界にとどまり続けてはいるが、新作に描かれているのは私たちのすぐ隣にあるちょっと冴（さ）えない日常の風景だ。

主人公は、人気バンド「カーヒュー」のヴォーカルだったが、バンド解散後、フリージャーナリストとして再出発しようとする女性ホリス。新しいメディアアート装置を取材する彼女の物語は、途中まで移民チトーと薬物中毒者ミルグリムというふたりの男性の話と並行する形で進んでいく。そして後半、「謎のコンテナ」をめぐって3人の人生は1本の糸に紡ぎ合わされていくことになる……。

現実と仮想現実とを重ね合わせる「臨場感アート」など、ギブスンならではの「ガジェット」と呼ばれる架空の小道具も登場するにはするが、初期の作品のようにきらめきを増す前に、失速して退場する。電脳空間やハッカーも顕在だが、それよりも「9・11」や「イラク戦争」のほうが重みを持つものとして扱われる。

SF空間でありながら、実際の現実以上の閉塞（へいそく）感さえ立ちこめる中、懸命に与えられた仕事をこなそうとするホリス。昔のバンド仲間に再会したり根強いファンに出会ったりする中で、彼女は過去を捨てて新しい自分を獲得できるのだろうか。本作品はひとりの女性の過去との決別と再生の物語としても読めるのであるが、それはまたアメリカや著者自身の物語とも重ねることができるかもしれない。

物語のクライマックス部分で、チトーがあるヴィジョンを感じるシーンがある。「いま、なにかが変わろうとしている。それがこの世界なのか、自分の人生なのかはわからない」。そして啓示が下る。「これを受けいれなさい」。ギブスンが同時代を併走してくれる幸福に、じわじわと身体が浸されていく。

評・香山リカ（精神科医）

William Gibson　米国生まれ。作家。現在はカナダ在住。

二〇〇九年二月一五日④

『アンデルセン、福祉を語る』

G・エスピン－アンデルセン 著
京極高宣 監修　林昌宏 訳
NTT出版・一八九〇円
ISBN9784757142084　社会

不平等を是正する家族政策を提案

本書は、福祉国家に関する比較研究の第一人者が、フランスの一般読者向けに書いた書物の翻訳である。そう記すと既知の話題の再論かと想像してしまうが、本書の議論は以下のような刺激的な問題提起を多く含んでいる。

第一に親から子どもへの「社会的相続」というテーマ。子どもの認知能力の基盤は小学校に入る前の段階でかなり決定されることが近年の研究で明らかになっており、それには経済的要因にも増して家庭環境の「文化」的要素（たとえば家にある本の冊数）が大きいという。こうした点から保育施設の質的充実など、北欧に代表される早い時期からの公的対応が、子どもにとっての「文化資本」の不平等を是正し、かつ社会全体の生産性を高める投資としても有効と著者は論じる。

第二に「死は民主的でない」という指摘。たとえばフランスでは男性の管理職は工場労働者よりも5年以上長生きするので、結果として高所得層が年金や医療、介護などの給付のより大きな受給者となる。つまり「平等」のための制度がかえって格差を増幅させているわけで、著者は代案として平均寿命に応じた累進課税などを提起する。

第三に「効率性」と「平等」の関係についての掘り下げ。たとえばデンマークの公的社会保障支出はアメリカのそれよりずっと大きいが、保育や医療に関する私的な支出も含めると両者の違いはほとんどなくなる。ならば市場より政府による対応のほうが、平等のみならず効率性の観点からもすぐれているのではないか。これら以外にも、現在の福祉国家に関する鋭角的な指摘が随所にあふれていて興味深い。

一方、〝投資としての社会保障〟という視点の重要性を確認したうえでなお、著者の議論の持つある種の「生産主義」的な傾向には疑問も残る。現在の先進諸国における慢性的失業の背景には構造的な生産過剰があり、雇用拡大という方向には限界があるのではないか。労働時間削減やワークシェア、賃労働の相対化といったテーマに関する著者の議論も聞きたいと思う。

評・広井良典（千葉大学教授）

G. Esping-Andersen　47年デンマーク生まれ。

二〇〇九年二月一五日⑤

『劇作家サルトル』

山縣熙 著
作品社・二九四〇円
ISBN9784861822216　文芸／アート・ファッション・芸能

「自由の選択」思想と芝居との関係は

ひどく懐かしい。

かつてJ・P・サルトルはフランスの、そしてなぜか日本でも知性のシンボルであった。いつしか実存主義は構造主義の後塵（こうじん）を拝し、サルトルの名も遠くなった。

「えーと『嘔吐（おうと）』ってのあったよなあ」

「わかんねえんだよ『存在と無』なんか」

「芝居は結構おもしろかったわ」

本書のタイトルを見て感慨を覚える世代もあるだろう。

フランスの作家は戯曲を書くことが多い。サルトルも10作品を残している。一般論として言えば芝居のほうが小説や評論よりとっつきやすい。芝居は庶民の娯楽と関（かか）わりが深いし、美男美女が舞台に立っているだけでも楽しい。

学生時代にはずいぶんと下手くそのサルトル劇を見せられたけれど、サルトルの芝居には〝よくできた〟作品もいくつかあって、楽しみながら、

――こういうこと、言いたいんだ――

と入門の道標となった。

本書はサルトルの10編の戯曲について一つ一つ、形式、内容、状況に分けて解明したものである。大学の講義を基にして編んだものだから十分に学術的だが、けっしてわかりにくいものではない。

サルトルの思想の中核をなすものは〝自由の選択〟である。目の前に文字通りいくつもの自由な道があり、人間はそれを選んでいく。これが芝居という形式とどう関わるか、著者の指摘は興味深い。

そこには戯曲を読むことと芝居を見ることのちがいがある。前者ではト書きその他で登場人物がどういう人間かある程度決定され、それが読者にわかっている。後者では登場人物はまず舞台に現れ、それから自分の役割を選んで決定していく。この構造はサルトルの思想にふさわしい。そこから見えてくるものがある。このほかにも著者は演劇であればこそわかりやすいものを逐一分析的に取りあげて、つきづきしい。サルトルは急に古くなったわけではない。『キーン』など今でも上演価値のありそうな名作もある。文学も思想も、このまま消えてしまうのは惜しい。

評・阿刀田高（作家）

やまがた・ひろし 38年生まれ。大阪芸術大教授。著書に『語る言葉　起（た）つ言葉』など。

　歴史

『エニグマ・コードを解読せよ』

マイケル・パターソン 著　角敦子 訳

原書房・二九四〇円
ISBN9784562041930

ドイツ暗号システムを破った素人集団

「エニグマ」とは、第2次大戦でナチスドイツが使った暗号システムのことだ。

タイプライターほどの大きさの木箱に、キーボードのついた機械がはめ込まれている。キーを押すと内部の複数のローターが回転し、文字が暗号化される。数百万通りの暗号化が可能なうえ、設定は毎日変更される。解読は不可能といわれた。

ところが英国はそれを破ってしまった。

英本土侵攻を企図したドイツは1940年8月、ノルウェーやデンマークから爆撃機を発進させた。意表を突く攻撃で英軍機を地上で破壊し、制空権を奪ってから侵攻しようという計画だった。しかし英軍機はすでに空中に待機しており、散々な目にあう。ドイツ機の発進場所、機数、爆撃目標などがすべてつつぬけだったのである。

大西洋では、連合国側の輸送船がドイツ潜水艦Uボートに悩まされていた。しかし43年には燃料補給地点を突きとめ、1日2隻のペースで撃沈して作戦を放棄させてしまう。北アフリカでは補給船を片端から沈め、ロンメル戦車軍団を立ち往生させた。

エニグマを破ったのは、MI6が組織した素人グループだった。メンバーに軍人はほとんどおらず、1グループが「数学者が一二名、言語学者が四名、そして機械的な事務処理をする女性が一〇〇名」といった編成である。

オックスフォードやケンブリッジから、天才的な頭脳が次々と暗号解きに加わった。チェスの全英チャンピオンやクロスワードの名人もいた。

この本は、解読に携わった多くの人々にインタビューして書かれている。全員が高齢で、取材がもう少し遅れたら間に合わなかっただろう。その意味では貴重な本だ。

証言の内容は具体的で説得力がある。解読本部は近所の人々の間では精神病院だと思われていた、などというくだりは笑ってしまう。

前の大戦で日本は、若い科学者や芸術家に銃を持たせ、戦場で命を失わせた。国民の個性を生かすことで総力戦を戦った英国との違いに、やれやれ、の感である。

評・松本仁一（ジャーナリスト）

Michael Paterson　軍事史家、作家。著書に『空の闘い』など。

二〇〇九年二月一五日❼

『ハート・オブ・ザ・チーム』

ビル・レスラー、ケイシー・マクナーズニー 著
安斎儒理 訳
boid・二二〇〇円
ISBN9784990404994
教育／社会

40年代後半生まれの著者ビル・レスラーはシアトル屈指の高校女子バスケットボール部のヘッドコーチ。90年代末まではチームも当人も無名の存在だったようだ。

洒落（しゃれ）た装丁のこのノンフィクションは「私とは？」の章で始まり、個性派ぞろいの女子選手のフルネームを配した章、さらには昨今の日本と同様、危機介入辞さずの親たちの章へと続く。あろうことか後半の章では選手の妊娠という緊急事態まで発生する。

そこには堅苦しい「教育」という語彙（ごい）が見当たらず、「エンパワーメント（任せて力づける）」「（才能を）分かち合う」といった共感に値する言葉が目を引く。諦（あきら）めない精神と斬新な戦術で〝女バス〟チームに初の大きな成功をもたらすが、「ライフ・レッスン」にこそ、勝利よりも大きな価値があるのだという。

その好例が一軍選手12人で構成される「インナー・サークル」でのミーティング。ビルの発案によるもので、選手たち自らによる決断こそが将来彼女たちを素晴らしい人間にするレッスンの一つ、と彼は信じて疑わない。

こんなユニークな指導哲学を持つ監督とぜひ一緒に――と思わせるのに十分な、バスケットボールと「人生勉強」との相互浸透。巻頭に付した一覧表「アメリカの学校制度」も気が利いている。

評・佐山一郎（作家）

二〇〇九年二月一五日❽

『鯨取り絵物語』

中園成生、安永浩 著
弦書房・三二五〇円
ISBN9784863290105
歴史／アート・ファッション・芸能

偶然ではあるが本書を読んでいる最中に国際捕鯨委員会（ＩＷＣ）が、日本の沿岸捕鯨の再開を条件付きで認める議長案を出したというニュースが飛び込んできた。江戸時代を中心に日本の捕鯨の歴史や、関連文化を学ぶための、ある種教養的な動機で読んでいた本書がにわかにタイムリーな書籍に変貌（へんぼう）したわけだ。

著者は第1章で、縄文時代から近代までの日本の捕鯨文化を概観して、捕鯨に関する基礎知識を学べるように本書を構成しているが、何といってもこの本を読む醍醐味（だいごみ）は、カラーページで紹介されている捕鯨図の数々、また第2章の「勇魚取絵詞」の図版と解説にあるだろう。

江戸時代最大規模の鯨組（捕鯨業）、益富組の5代目当主が1832(天保3)年に刊行した「勇魚取絵詞」は当時の沿岸捕鯨の模様からその解体、加工までを図示した貴重な資料であり、その頃の日本において、捕鯨がいかにシステム化された設備の中で行われていた地元密着事業であるかがストレートにビジュアルイメージ化できる興味尽きない教科書で

もある。そして、日本における捕鯨が独特の互恵的自然信仰にまでつながっていることまでをあますことなく伝えている。

本書を日本ばかりでなく、ぜひ世界の人に読ませたいと読後、切に思ってしまった。

評・唐沢俊一（作家）

二〇〇九年二月一五日❾

『ノーと私』

デルフィーヌ・ドゥ・ヴィガン 著
加藤かおり 訳
NHK出版・一六八〇円
ISBN9784140055571
ノンフィクション・評伝

パリに住む少女ルーは、2学年飛び級した13歳の高校1年生。知能指数は高いのに、靴の紐（ひも）ひとつうまく結べず常に居心地の悪さを感じていた。たまたまホームレスの女性ノーと知り合うと、授業での発表テーマを路上生活者と決め、インタビューを始める。

発表は無事終了したものの、ルーはノーを自宅に連れてくる。仕事を見つけ家族ともなじむノーだが、やがて外の生活に戻り外国へ旅立ってしまう。本書は著者の4作目で初邦訳。08年のフランス本屋大賞を受賞した。

登場する子どもたちに共通するのは、自分を捨てた母親を求める一途な姿。ノーは母親が強姦（ごうかん）されて生まれ、母親から否定される。ルーも心を病む少年の母親の愛情を待ち続ける。2人を助ける少年の母親も彼をほったらかしだ。女性の著者自身が両親の離婚を経験、13歳で母に捨てられた背景が投影しているのだろう。

フランスのホームレス問題も深刻だ。20万人超のホームレスのうち40％が女性で、16〜18歳に限ると70％を占める。もっとも、力点が置かれるのは現状告発ではなく、少女たちの友情と成長の軌跡。「私たち、いつもいっしょだよね」と確認しあう言葉に、孤独を抱えた2人の切ない思いがこめられ胸を突く。

評・多賀幹子（フリージャーナリスト）

二〇〇九年二月二二日❶

『日米同盟の静かなる危機』

ケント・E・カルダー 著　渡辺将人 訳
ウェッジ・二五二〇円
ISBN9784863100350

『米中激突　戦略的地政学で読み解く21世紀情勢』

フランソワ・ラファルグ 著　藤野邦夫 訳
作品社・二五二〇円
ISBN9784861822254
経済／国際

中国台頭は脅威との認識で共通

二つの本のタイトル自体が示唆的である。一方で「日米同盟」が弱体化し、他方で「米中激突」が不可避であるとするならば、将来的には日中が接近し緊密になっていくか、あるいは日中関係も接近せずアジア太平洋地域で3大国が不信と対立を膨らませ不安定化していくシナリオである。

カルダーによるなら、日米同盟の基礎を築いたのはダレスの時代だった。その特徴は①日米の緊密な軍事同盟②日本への米国市場の開放③中国孤立戦略に要約される。1960年の日米安保条約改定の危機を経て、61〜66年ライシャワー大使の時代に、日米同盟は特に文化、社会、経済領域など幅広い関係を強化し発展した。その後、ベトナム戦争時の反米感情、米中接近・頭越し外交、日中国交正常化など関係はぎくしゃくしたが、77〜89年のマンスフィールド大使時代に日米同盟は再強化された。しかし今日、日米同盟は危機に陥っている。要因としては、①政治対話枠組みや経済相互依存の弱体化、政策ネットワークの先細り②グローバリゼーションによる日本優遇の領域の縮小③中国、インドなどの台頭で日本を超える「バイパス現象」の発生を指摘している。もっとも軍事力面での日米同盟は強化している。中東石油に依存している日本は米国の太平洋シーレーン戦略を支えざるをえない。カルダーは「同盟の自己資本」を増大させ、かつてマンスフィールドが「例外なく世界で最も重要な関係」と呼んだ日米パートナーシップを強化し、グローバルパートナーにしていくことこそ、世界にとって重要であると言いきる。

ラファルグの著書は、中国の経済力、軍事力、政治力の急速な増大を分析し、人口と経済成長から見て石油・天然ガスなどのエネルギー資源を求めて、中国がユーラシア大陸、アフリカ、アンデス山脈など世界的に戦略を展開するのは必然だとみる。もちろんエネルギー獲得競争の主役は米国である。米国は冷戦後中央アジアと中東において、軍事的なコミットと同時にグルジア、ウズベキスタンなどのGUUAMグループなどを介して影響力の拡大を図ってきた。これに対して中国も上海協力機構を設置し、05年の同機構サミットで中央アジアに駐留する米国軍の撤退要請声明を出すことに成功した。本書ではエネルギー争奪のアクターとして他にロシア、インドが登場するが、日本はまったく登場しない。

「米中激突」のタイトルは過激だが、フランスの思想家レイモン・アロンの「不可能な平和、起こりそうにない戦争」という表現を引用し、中国のパワー増大は止めようがない、「これからの三〇年間に、もっともおこりそうなシナリオは両国の『相互監視』である」と結んでいる。徹底したリアリズム、地政学の観点から米中関係を考えれば妥当な結論であると言えよう。両書とも中国台頭は脅威との認識では共通しているが、さまざまな領域でグローバル化が進み、世界は多様で重層的な対話や相互依存関係が進んでいる。今日、「日米中共存の枠組み」が問われ始めているとの見解もあるはずだ。

評・天児慧（早稲田大学教授）

Kent E. Calder
François Lafargue

二〇〇九年二月二二日❷

『ポトスライムの舟』

津村記久子 著
講談社・一三六五円
ISBN9784062152877／9784062769297（講談社文庫）
文芸

小さな言葉の中に芽吹く日常の肯定

今期の芥川賞を受賞した表題作に、二万六千円という金額が出てくる。主人公ナガセが夢見る世界一周旅行の代金百六十三万円は、〈よう考えたらあたしの工場での年収とほとんどおんなじやねん〉。それをナガセは「ほとんど」では終わらせない。〈そしたらほんまに二万六千円とかしか違わんねやんか。帰りのバスで計算したら〉——その一言で、本作と作者に深い信頼を寄せることができた。

天秤（てんびん）に載せた夢と現実の重みを「ほとんど」拮抗（きっこう）させてコントラストをつくる物語は数多いだろう。だが、津村記久子さんは「ほとんど」の曖昧（あいまい）さに甘えて寄りかかることなく、ナガセに計算させる。友人ヨシカも〈あんたの一年は、世界一周とほぼ同じ重さなわけね〉と、いかにも物語の構図を透かしたような言葉を返すものの、すぐに〈二万六千円は、おやつ代とパンツ代やね〉とつぶやくのだ。

せせこましい、と苦笑する読み手もいるだろうか。しかし、生活の手ざわりは、そんな些末（さまつ）な数字の中にこそひそんでいるのではないか。

はたしてナガセはお金を貯（た）めて世界一周の夢を叶（かな）えられるのかを縦軸に、いくつもの挿話を織り込みながら、作者は、物語を決して大きな言葉で語るまいとしているように見える。出費の金額、鞄（かばん）の中身、部屋のたたずまい、育っていくポトス……すべてが身の丈で気負いのない、正確な言葉で描かれる。日常へのやわらかな肯定も、そんな小さな言葉の中から静かに、確かに芽吹いているのだ。

一方、職場でのいじめや人間関係を描いた併録作の「十二月の窓辺」には、不穏な空気もたっぷり詰まっている。二作をつづけて読むと、津村さんの世界の幅広さも感じ取れるだろう。個人的には「十二月」から先に読むことをお勧めしたい。主人公が退職して物語が閉じる「十二月」の雑誌初出は二〇〇七年一月号、自転車を漕（こ）ぎながら〈とても気分がよくなって〉いく「ポトスライム」は二〇〇八年十一月号。二年近くの月日を隔てた若い作者自身の、日常に対する意識の変化を味わうこともできるはずである。

評・重松清（作家）

つむら・きくこ 78年生まれ。作家。著書に『八番筋カウンシル』など。

二〇〇九年二月二二日❸ 文芸／科学・生物

『シャーロック・ホームズの科学捜査を読む ヴィクトリア時代の法科学百科』

E・J・ワグナー 著　日暮雅通 訳

河出書房新社・二一〇〇円

ISBN9784309205175

「発見したぞ！」は本当だったか

犯罪捜査を担当する刑事と雑談を交わしたことがある。

「皆さん、推理小説なんか読むんですか。笑ってるんでしょうね」

「いえ、いえ。結構楽しんでますよ」

しかし目は少し笑っていた。推理小説と本物の捜査はちがう。本物のほうがずっと綿密で、手順を踏んでいる。公判に堪えなければいけない。刑事コロンボの捜査は、この点ほとんどが落第だろう。

推理小説は読者との対話なのだ。読者を納得させれば、それでよい。実際の科学捜査は日進月歩で十分にややこしいことが実行されているのだろうが、小説ではあまり深入りしては読みづらくなる。

シャーロック・ホームズの時代はどうだったのか。本書は入念に19世紀の科学捜査を尋ね、ホームズがどれほどそれに通じていたかを綴（つづ）っている。科学捜査はまだまだ揺籃期（ようらんき）であったし、ホームズは科学捜査が売りものの探偵であったから、このやりとりは多彩で、奥行きが深い。毒物、変装、血液、銃撃、筆跡、迷信、細かく検証している。

ホームズが『緋色（ひいろ）の習作』で「発見した！　発見したぞ！　〈ヘモグロビン以外ではぜったいに沈殿しない、試薬を発見したんだ〉」と血痕を見極める方便を見つけて欣喜雀躍（きんきじゃくやく）したとて、それはどのくらいの科学性を反映していたのか、記述は具体的であり、

「そういうことでしたか」

と納得が広がる。

ホームズの生みの親コナン・ドイルは医学博士でもあったから、作品の中の科学捜査は相当に科学的であったが、もちろん誤謬（ごびゅう）もある。タイトルから予測されるほどホームズの事跡を数多く検証するものではなく（その点ではシャーロッキアンには少し不満かもしれない）むしろ犯罪史、法医学史の趣が濃いのだが、これだけ広く事実が例証されていれば二重丸だろう。

それにしても科学というものは合理と信じられているだけに恐ろしい。科学捜査ゆえに罪なき者が有罪とされたケースはゴロゴロあったろう。21世紀は大丈夫なのだろうか。現実は推理小説のように明快には運ばない。

評・阿刀田高（作家）

E.J. Wagner 犯罪史・法医学史に関する米国の研究家。

二〇〇九年二月二二日④ 歴史／国際

『上海租界興亡史』

ロバート・ビッカーズ 著　本野英一 訳

昭和堂・三四六五円

ISBN9784812208403

ある警察官に見る英国庶民の帝国意識

イギリスの植民地体制が崩壊した後に、外地に移住していた多くのイギリス人は帰国した。だがその庶民の体験は、今では忘れ去られてしまっているようだ。本書は上海の共同租界の警官だったティンクラーという無名の人物を通して、大英帝国の周縁でのイギリスの中下層階級の体験と意識を探ったものである。

1919年軍隊を除隊したティンクラーは、警官になるため上海に赴いた。共同租界の治安を担当する上海工部局警察では、退役軍人を優先的に採用したのである。そこはイギリスの中下層階級出身者にとっては、中国人を従僕として使える「天国」のような世界だった。

ティンクラーは20年代には、現地語に堪能な警官として出世する。その彼は暴力的なふる舞いをする人種差別主義者であった。だが彼が上海に来た時は、既に大英帝国は落日の時代だった。上海の租界は中国の民族主義的な国権回復運動に譲歩を迫られ、外からは日本の軍事的侵略の危機にさらされていた。彼はそうした時代の変化になじめなかった。彼は大英帝国の力を信じ、その力を弱めることに反対だった。

なお租界に住むイギリス人社会の中には厳然たる階級格差があった。出世の壁に突き当たる中で、彼は次第に不満の色を強めていく。そして彼は当直時に酔っ払い、中国人の誘拐事件の捜査を怠ったために降格され、ついには警察を辞職するはめに陥る。

その後かろうじて英国系企業に雇われ、中国人労働者の監督の仕事に就くが、39年に英国系企業を圧迫する日本軍との衝突事件により不慮の死を遂げる。彼の死は英本国では「愛国者」の殉職として大きく報道された。だがそれは彼に暴力をふるわれる中国人からは、ならず者の死のように見えたのである。

ティンクラーは挫折した人物であった。だが大英帝国は彼のような中下層階級にも職を保障しチャンスを与える存在だった。戦前の日本人にも通じる、イギリスの庶民に根付いた帝国の支配を肯定する意識を、膨大な資料を探る中で明らかにした労作だった。

評・赤澤史朗（立命館大学教授）

Robert Bickers　64年生まれ。英ブリストル大学歴史学教授。

二〇〇九年二月二二日⑤ 経済／国際

『現代のイスラム金融』

北村歳治、吉田悦章 著

日経BP社・二五二〇円

ISBN9784822247102

「社会的責任投資」と倫理性を強調

イスラム銀行の誕生期は30年ほど前であるが、当時は「無利子」を標榜（ひょうぼう）する銀行に対して、利子を取らない金融はありえない、と懐疑的な見解が目立った。ところが、イスラム回帰を強める預金者や企業家、産油国の資金力などに助けられてイスラム金融は予期せぬ成長を遂げてきた。

本書はその成長の歴史を踏まえながら、今日のイスラム金融の全体像を描き出している。昨今は、日本でも入門書などが増えているが、本書は非常に良質の概説書としてお薦めできる。

イスラムの教義において否定されているのは不労所得や賭博性であり、そこから利子、不確実性、投機性などが禁じられている。その原則を守りながら、現代的な金融に対応するために、さまざまな取引方式が生まれた。その多様な方式が丁寧に、具体例とともに説明されている。

「ムダラバ」などとカタカナで書かれると難解な金融取引も、日本での例になぞらえて、投資ファンド、投資信託、共同出資、リースに相当と説明されると、わかりやすい。実際の金融商品がどのような契約を使っているかの対照表も有用であろう。

経済活動の倫理的な面を強調する点からは、「社会的責任投資」の一種と言えるという指摘は、納得できる。倫理性を強調すれば、経済的な効率性が損なわれる可能性があるが、倫理の欠如が生んだ現在の世界金融危機を思えば、むしろ倫理性の主張が関心をひく。

今後のイスラム金融の発展の可能性については、革新的な役割を期待する見方と、現状の問題点への辛口の論評が述べられ、どちらも面白い。国際金融の実態をよく知る2人の著者は、通常の金融とイスラム金融が今後も共存する点で見解が一致している。

日本にとっての展望も述べられている。イスラムの金融資本市場において先行する英国やマレーシアに伍（ご）するのは容易ではない。しかし、これからの時代に真に国際的であろうとすれば、イスラム金融も扱えなければならないという。その方法も、本書では具体的に検討されている。

評・小杉泰（京都大学教授）

きたむら・としはる　早大大学院教授。
よしだ・えつあき　国際協力銀行勤務。

二〇〇九年二月二二日❻

『ハチはなぜ大量死したのか』

ローワン・ジェイコブセン 著　中里京子 訳
文芸春秋・二〇〇〇円
ISBN9784163710303／9784167651756（文春文庫）
科学・生物

集団の知性壊した自然界の「蟹工船」

ブンブン。

我らミツバチが大挙して失踪するという異変が米国などで広がりを見せたのは06年秋ごろからだ。我らの友人である食と環境のライターが、その謎を追った。

ケータイの電波、遺伝子組み換え作物……犯人と疑われるものが浮かんでは消えた。ウイルス関与説も広まるが、それを揺るがす研究結果も出てくる。主犯をずばり言い当てたとは言い難い。

でも、ストレスまみれの我らの日常を暴いてくれたのはうれしい。著者に多謝。

我らの多くは養蜂業者のもとで「トラックに載せられて花粉交配の仕事に駆り出される」。数週間ごとに派遣先が変わり、「ぼろぼろになっている」のだ。この本は、それを多忙なビジネスマンにたとえるが、どちらかといえば蟹（かに）工船ではないか。

我らは連絡をとり合って花に赴き、蜜を蓄える。精緻（せいち）な分業だ。著者は『高等生物』を恥ずかしくさせるほど高度で複雑な仕事」とほめる一方で「知性のほとんどは、個々の蜂にではなくコロニーに宿る」と痛いところをつく。だから、拙稿の一人称も私や僕でなく我らなのだ。

その、巣ごとの知性がいま脅かされている。消えた仲間は「巣に戻る方向がわからなくなって外で客死した」のかもしれない。農薬には我らの方向感覚を狂わすものがある。それが「巣の知恵を損なって」いないかと著者は問う。これには支持不支持両方のデータがあるようで断定は禁物だが、ヒトビトが人知とは異なる知性を壊しているのだとしたら怖い。

我らが酷使されるのは「農業がミツバチに頼っている」からだ。この本は、中国での人海戦術による果樹の授粉などに触れて、野生の花粉媒介役が失われつつある生態系のほころびを指摘する。

美しい花は、動植物を助け合わせるという自然界の知恵のたまものだが「色鮮やかな被子植物の爆発的な分化はついに失速しかけているのかもしれない」。

我らの受難は地球の病を映しだす。けさのハニーはちょっぴり苦い？　ブンブン。

評・尾関章（本社論説副主幹）

Rowan Jacobsen　米国の雑誌や新聞に環境や食物の問題を執筆。

二〇〇九年二月二二日⑦　歴史

『富の王国　ロスチャイルド』

池内紀 著　東洋経済新報社・一八九〇円

ISBN9784492061510

経済的格差が大きな問題になっている昨今、富裕層や貧困層に焦点を当てた著作の出版が目立つ。本書は、世界経済に絶大な影響力を及ぼしてきた大富豪・ロスチャイルド家の歴史をつづっている。

ロスチャイルドと言えば、「世界金融の支配者」といったおどろおどろしい見方をされることも多い。著者はそのような皮相な陰謀論的解釈を退け、豊富なエピソードを基に、この一族の人間的な魅力を生き生きと描いている。

元々一介の金融業者だった同家は、同族の結束、徹底した教育、迅速な情報収集によって、やがて巨万の富を蓄積する。彼らが「成り金」に終わらなかったのは、大胆にして細心、巧みで果敢な経営戦略のたまものであった。

他方で筆者は、彼らがむしろ富の使い方をよく知っていたと強調する。慈善事業への多額の寄付、貴重な美術品の寄贈……これらは単なるイメージ戦略ではなく、慈善や芸術の意義を真に理解し、「富める者」の義務を強く意識した行為なのだという。学者や芸術家も多数輩出し、蚤（のみ）博士までいる（！）という知的でリベラルな家風を見れば、さもありなんと納得する。

富の蓄積は難しいが、知恵の蓄積はそれ以上に難しい。見事に知恵を継承してきた一族の歴史から、富者かくあるべしと教えられる。

評・奈良岡聰智（京都大学准教授）

二〇〇九年二月二二日⑨　文芸／アート・ファッション・芸能

『現（うつつ）な像』

杉本博司 著

新潮社・二五二〇円

ISBN9784104781027

尊敬してやまない杉本博司の随想集。創作を巡る逸話、古美術品との運命的な出会いなどをつづる。どのエピソードも秀逸だ。洞察は深い。卓越した表現者は、卓越した文才の持ち主でもある。

著者はジオラマや蝋（ろう）人形など精緻（せいち）な偽物をリアルに撮影した一連の作品、焦点をずらした建築写真などで著名だ。

私が衝撃を受けたのは「劇場」シリーズ。レトロな映画館内にカメラを固定し、上映終了まで露光を続けると、スクリーンだけが真っ白に光る不思議な写真となる。開館から今日までの時間の流れを凍結して、一枚の印画紙に封印したようだ。

本書でも「時間」を止めたいという普遍的な欲求に関心が向く。「真を写す」と大風呂敷を広げる写真も、誕生時は「究極のだまし絵」であった。光学的な虚像が劣化する過程を長引かせる工夫を施した「現な像」でしかないと看破する。

カバーの裏に、暗い水平線に戦艦や空母の艦影が列をなす様がデザインされている。米国本土への攻撃を想定、サンフランシスコ湾の要塞（ようさい）に帝国艦隊の姿を描いたと紹介する本文の内容と響きあう。太平洋戦争という「時間」を、私たちはいかにとどめてゆくのか。日米に橋を架けて活動する著者から読者への問いかけのように思える。

評・橋爪紳也（建築史家）

『約束の地』

樋口明雄 著

光文社・二四一五円
ISBN9784334926427／9784334763336（光文社文庫〈上〉）・9784334763343（〈下〉）

文芸

大自然舞台に野生動物と人の命描く

まずは小野利明の装画、多田和博の装幀（そうてい）が素晴らしい。期待して本を手に取りページを捲（めく）ると、たちまち冬の八ケ岳の空気が匂（にお）ってきた。

ポスターを見ただけで心奪われる映画がある。予告編で確信し、実際に劇場へ足を運ぶと幕開けから惹（ひ）き込まれる。監督はアクションやホラーの手練（てだ）れだが今回の映画はそれだけではない。カメラは物語の舞台を奥行き豊かに写し取り、脚本は練り込まれ、編集も呼吸を乱さない。ときに各スタッフの個性が画面の中でぶつかるものの緊張が緩むことはない。やがて観客は彼らプロフェッショナルたちの思惑の向こうに、舞台そのものの美しさや荒々しさがフィルムから立ち上ってくるのを感じ取る。創作家の覚悟や手腕と大自然のうねりが相乗効果を見せ始めるのを、観客は固唾（かたず）を呑（の）んで見守ってゆく――本書はそのような小説だ。

本書の前提は現実のものではない。時代は近未来、ちょうど米国のナショナルパークレンジャーのような組織が日本でも設立され、環境省のキャリア官僚であった男が八ケ岳に赴任してくるところから物語は始まる。彼はクセのある職員らの中に入り、密猟者や野生動物保護を訴える団体の過度な抗議運動など多くの問題に直面してゆく。一方巨大ツキノワグマが農家を襲う事件が発生しており、物語はツキノワグマと人間の死闘を予感させつつ進む。だがそれだけで話は終わらないのだ。

環境汚染が人と野生動物、親子間など多くの共生関係を圧迫し、その歪（ひずみ）は〝闇〟と呼ばれるもうひとつの巨大野生動物へと象徴されてゆく。そして官僚の男を山と繋（つな）ぎ、人間同士のドラマと自然を結ぶのは一匹のベアドッグだ。人間社会に絡め取られた私たちを森林に連れてゆくのは一匹の犬の命なのである。

架空の設定、ホラー映画さながらの様相で姿を現す怪物、娯楽小説の手筋を知り抜いた著者ならではの物語は、しかし〝闇〟の向こうに人の知を超えた生と死の重みを鮮明に映し出す。すなわちこれが冒険小説ということだ。

読み終えた後、片手に掴（つか）んだ単行本の重量が心地よい。

評・瀬名秀明（作家）

ひぐち・あきお 60年生まれ。作家。著書に『狼（おおかみ）は瞑（ねむ）らない』『光の山脈』など。

『アメリカ後の世界』

ファリード・ザカリア 著　楡井浩一 訳

徳間書店・一七八五円
ISBN9784198626556

国際

挑戦者としての中国・インド両国

近年、アメリカ批判が高まっている。感情論にも近い衰退論や世界無極論もあれば、帝国論、格差社会論、貧困大国論も存在する。ただし、今回の経済危機が明らかにしたことは、アメリカ経済に変調が起きるとその影響がいかに大きく広範であるか、ということである。ともあれ、アメリカは強くても弱くても批判されるらしい。

本書のテーマは「アメリカの凋落（ちょうらく）」ではなく、「アメリカ以外のすべての国の台頭」、とりわけ中国・インドの台頭である。「アメリカ後の世界」において、アメリカはまだ頂点に立つが、最大の挑戦も受ける。地球規模の権力シフトが起きているとの認識のもとで、アメリカはどのように対応するのかについて、良質で落ち着いた分析が展開される。

著者はアメリカの経済より政治に対して批判的である。ブッシュ政権の傲慢（ごうまん）さも問題であるが、民主党の保護主義も嘆かわしく、テロに関しては民主党も共和党も国内向けの発言に終始している。ナノテクノロジーや高等教育でのアメリカの優位は依然圧倒的であるが、著者によれば、今後のアメリカの指導力を考える際に決定的に重要なのは、正当性の有無である。ただ一つ、それだけが近年のアメリカに欠けている。そもそもアメリカは力だけでなく、理念によって世界を変革してきた。再びそれを取り戻すことができるであろうか。

中国がアメリカにとってもっとも手ごわい挑戦者となるのは、力の誇示をせず、節度ある穏やかな路線に終始した場合であると著者はみる。それに対して、世界最大の民主主義国であるインドは、中央政府が弱体であり、「社会」が「国家」より優位に立つ点でアメリカとよく似る。そしてインドほど親米的な国は他にない。これらは中国に欠けているインドの優位である。

本書はインド生まれで、18歳でアメリカに留学した著者によるインド論としても、興味深い。著者のような知識人を自国の知的世界に迎え入れたアメリカの姿そのものが、アメリカの大きさを示唆しているのではなかろうか。

評・久保文明（東京大学教授）

Fareed Zakaria 64年生まれ。ニューズウィーク国際版の編集長。

二〇〇九年三月一日④ 文芸

『漱石の漢詩を読む』

古井由吉 著

岩波書店・一九九五円
ISBN9784000237215

小説とは別の形の言葉の宇宙を開示

夏目漱石の漢詩には、専門家からの高い評価が以前よりあるものの、広く読まれてこなかったせいもあり、小説家のちょっとした余技くらいのイメージが一般的なのではないかと思う。連続講義の記録である本書で、漱石の漢詩を俎上（そじょう）にあげ論じた筆者は、それを近代文学の中の「秀でた独立峰」であると、あらためて顕彰する。ここで「秀でた独立峰」には二つの意味があるだろう。ひとつは、漱石の漢詩が、いまなお人気の高い彼の小説群とは別の、独自の文芸的な達成であるとの評価である。

いわゆる「修善寺の大患」の後の病臥（びょうが）において書かれた数篇（へん）と、「明暗」の執筆期に書かれた最晩年の数篇がここではとりあげられるが、どれもが、小説とはまた違う形の、奥行きと広がりを備えた言葉の宇宙を開示するものであることを、一つ一つの詩句を丁寧かつ簡潔に、やさしく解説しながら、筆者は明らかにしていく。漢詩というものが、安らぎと苦しみ、諦念（ていねん）と妄執、希望と失望といった大きな振幅のなかで、人間の感情や、世界とのかかわりを表現しうる優れたジャンルであると、読者は深く納得するだろう。

しかし、「独立峰」の意味はもう一つある。それは、日本において、漢詩を読み書く伝統が、敗戦あたりを境にして途切れてしまった事実である。漱石にはあった漢文の素養が自分にはない。終戦の年に8歳であった筆者は、そのことを文中で幾度も嘆く。たしかに戦後の日本文化が漢文教養を棄（す）ててきたのは間違いなく、それは単に一つの豊かな文芸の伝統が失われたにとどまらない。

「日本語とは世界で一番バイリンガルな言語なのではないか」と述べ、和文脈と漢文脈が交差することで生み出されてきた言語の力に着目する筆者は、その交差が失われた結果、今日の政治経済を含めた社会全体の言語的危機を招いていると指摘する。これには全く同感だ。

本書は漢詩を通じての漱石論としても一級品の面白さであり、また、とっつきにくい漢詩の世界への、格好の入門書にもなっている。

評・奥泉光（作家）

ふるい・よしきち 37年生まれ。作家。著書に『野川』『山躁賦』など。

二〇〇九年三月一日❺

『レッドムーン・ショック』

マシュー・ブレジンスキー 著　野中香方子 訳

NHK出版・二六二五円
ISBN9784140813348　科学・生物／国際

アメリカと世界を変えた重大事件

日本で2000年に公開されたアメリカ製長編アニメ映画「アイアン・ジャイアント」の時代設定は1957年だ。なぜ、57年なのか？　それは冒頭、地球の周囲を旋回している物体にカメラが近づき、その表面に印された鎌と槌（つち）のマークがアップになることではっきりとする。アニメの制作者たちはこの年、ソ連がアメリカに先駆けて人工衛星スプートニク打ち上げを成功させたことで、アメリカ国民がいかに空からの攻撃に対し神経質になっていたかを描こうとしたのである。

アメリカ公開時は映画館で大喝采と拍手が起こったというこのシーン、日本人にはいまいちピンとこない。57年の打ち上げ当時の日本においては、まだ宇宙開発が重要な軍事的意味を持つなどということを具体的にイメージしきれていなかった。これが現在もなお尾を引き、アポロ11号の月着陸は知っていても、スプートニクの打ち上げが世界に与えたショックはほとんど忘れられている。

本書は、その打ち上げに至るまでのソ連内部での政治的ドラマ、アメリカ国内に走った動揺、そして、その遅れを取り戻すべくアメリカがどのように対応したかを克明に描いたノンフィクションの傑作である。

著者のマシュー・ブレジンスキー（民主党の大物政治家ズビグニュー・ブレジンスキーの甥〈おい〉）は本書のポイントをスプートニク打ち上げに絞らず、冷戦時代の国際情勢や、この事態を利用してアイゼンハワー追い落としをはかるリンドン・ジョンソンの思惑など、アメリカの政治事情にまで視野を広げて描いている。

ロケットマニアにはそこらへんが逆に隔靴掻痒（かっかそうよう）に感じられるかもしれない。打ち上げの立役者である技術者コロリョフにもっと焦点を絞ってほしいとも正直思った。が、それはいかにスプートニク・ショックがその後のアメリカと世界を変えていった重大事件であったかに著者の興味があるために他ならない。米航空宇宙局（NASA）も、アポロ計画も、すべてはスプートニク・ショックの生んだ子たちなのである。

評・唐沢俊一（作家）

Matthew Brzezinski　米国のジャーナリスト。

二〇〇九年三月一日❼

『幽霊コレクター』

ユーディット・ヘルマン 著　松永美穂 訳

河出書房新社・一八九〇円
ISBN9784309205090　文芸

ドイツの女性作家の手になる七つの静かな小説。主人公の女たちは、親であれ、同性の友であれ、恋人であれ、そうでない男友だちであれ、微妙な距離感で向き合う。

「冷たい青（コールドブルー）」が描くのは、「一緒に十万年を過ごしてもまだ正体がわからないような」冷たい寝顔の同居人に、客人の男女を交えた四極の心理戦。

「ヒモ」では、主人公がかつて恋した男友だちを滞在先の温泉地に訪ねる。「何も知りたくはなかった。彼がいまどんな人間で、これからどういう人間であり続けるのか、なんてことは」と突き放すが、くすぶる嫉妬（しっと）が切ない。

「道は何処へ」の主人公は、いまつきあっている相手に過去の恋話や男友だちのことを話した後、心の中でつぶやく。「いつか、もしかしたらまもなく、誰かに次の話をすることになるんじゃないかと考えずにはいられないの。あなたについての話をね」

旅先で目にする子らの通学風景。日程変更できない航空券の旅。この作品群では、身近な生活感覚が細部にまぶされていて、それが心模様の描写に現実感を与えている。
邦題は、表題作に登場するコミカルな人物のことだ。それにこと寄せれば、この一冊に満ちている希薄なようで濃密な、濃密なようで希薄な空気こそがユーレイか。

評・尾関章（本社論説副主幹）

二〇〇九年三月一日⑧　歴史

『歴史和解と泰緬（たいめん）鉄道』

ジャック・チョーカー 著　根本尚美 訳

朝日選書・一五七五円　ISBN9784022599490

著者はイギリス人画家。第2次世界大戦でアジア戦線に従軍し日本軍の捕虜となり、収容所で3年半を過ごした。彼が命がけで描いた100点超のカラー画と走り書きした手記が本書の中心だ。緻密（ちみつ）で優美な記録画は、芸術性と史料的価値で高く評価されている。なお和解研究などの専門家、小菅信子、朴裕河、根本敬による鼎談（ていだん）も示唆に富む。

映画「戦場にかける橋」で知られる泰緬鉄道とは、日本軍がタイとビルマ（現ミャンマー）を結ぶために強行敷設した全長415キロの鉄道。熱帯病、栄養不良、過酷な労働、日常的な暴力の中、「枕木ひとつに人ひとり」の命を犠牲にして完成した。

ただ捕虜たちは監視兵に愉快なあだ名をつけ、赤痢患者の便通回数で賭けを行う。想像を絶する状況下でなお笑いを忘れない強靭（きょうじん）な精神力には圧倒される。まれにいた理知的で親切な日本兵にも触れるなど、フェアな姿勢も健在だ。

母国に帰還した著者は90歳でなお現役として活躍中。「不愉快な真実を認め受け入れ、そこから学びとる勇気こそ理解し合う上で不可欠」と歴史知識の習得のみを日英和解条件として提示する。被害者側からの呼びかけに私たちはどう応えるか。読後感の重みは本書の持つ迫力ゆえだ。　評・多賀幹子（フリージャーナリスト）

二〇〇九年三月一日⑨　国際

『南アフリカの土地改革』

佐藤千鶴子 著　日本経済評論社・三九九〇円

ISBN9784818820388

南アフリカのアパルトヘイトが廃止されて15年を迎える。われわれはアパルトヘイトを単に政治的・文化的な黒人差別政策と考えてしまうが、基礎にはそれを強固に支える土地政策があった。従って、ポスト・アパルトヘイトでは土地改革が重要となる。

本書によれば、南アフリカにおいては土地改革は単に地主から小作人への土地の再配分の問題ではなかった。

1913年の土地法によって、わずか7%の広さのアフリカ人居留地と膨大な広さの白人所有地が区分された。その結果、居留地に零細農が滞留する以外に、白人地域の居住者や、白人大農場での定住労働小作農がつぎつぎと強制移住させられ、深刻な土地問題が起きた。

これが1948年からのアパルトヘイトのもとで維持強化されていた。だから、ポスト・アパルトヘイトの土地改革は、アフリカ人に土地の権利を認めるという基本的な内容を込めざるを得なかった。

本書は、南アフリカにおいて、土地改革が1990年代から構想され、94年から実施された過程を追いかけ、さらに三つの地域について土地改革の具体的な効果を分析している。現地史料やインタビューを交えた着実な研究の成果であるが、欲を言えば、南アフリカ人の農村社会のより深い分析が欲しかった。

評・南塚信吾（法政大学教授）

『機械という名の詩神』

ヒュー・ケナー著　松本朗訳

上智大学出版・一七〇〇円
ISBN9784324084052

テクノロジーこそがつくった文学

日本でのワープロ最初期を思い起こせば、「機械で書いたものに魂がこもるか?」などの批判があった。今は「パソコン・ケータイが小説のあり方を変えるか?」という議論が盛んだ。本書は、19世紀末から20世紀初頭に続々と現れたテクノロジーこそがモダニズム文学を形成したとするテクノ・モダニズム論（1987年刊）待望の本邦初訳である。

前世紀転換期、芸術はその題材、文体、アプローチなどにおいて本質的な変化を遂げていた。バルザックが137巻の小説として構想したものを、ジョイスはダブリンのわずか1日を書くことで、『ユリシーズ』の1冊に圧縮したのである（それは小説スタイルの転換のみならず、主人公が電車で移動することにより可能になった）。この違いをケナーは、植字工が一つずつ活字を組む方法と、当時登場したライノタイプ鋳植機とのそれに準（なぞら）えている。ジョイスは、現代人がもの言わぬ「無言性」の印刷物に支配されていることを洞察し、旧来的な語り手を作品から排した。そこから無限の読みを可能にする『フィネガンズ・ウェイク』が生まれたのだ。その文学はテクノロジーとごく緊密に結びついていた。

都市をつぶさに観察した詩人T・S・エリオットが特に意識したテクノロジーは、時計や電話や地下鉄だった。人々は朝起きると時計に分刻みで管理されて地下鉄で通勤し、電話という突然他人の生活に割りこみ声だけを運ぶ機械で会話をする。都市生活はきれぎれになり、人々の経験を「パケット化」して届ける。エリオットはこのことを敏感に感じとって『荒地（あれち）』を書いたのだと、ケナーは指摘する。多数の声を有した『荒地』を「電話の詩」と言い、中央交換局で大規模なショートが起きたさまに喩（たと）えるあたりの発想の大胆さ愉（たの）しさが、本書を親しみやすくするだろう。

同じく詩人のエズラ・パウンドが取り憑（つ）かれたのは、機械内のメカニズムだ。機器の「力が集中する部分」にたまらない魅力を感じ、機械は機能と無関係な部分が出てきたとたん「美と思考を失う」と言った。エネルギー、効率、集中、正確さ、没個性。それはパウンドも提唱者の一人となったイマジズムの「冗長さを排する姿勢」と自然に重なるのである。

最終章で扱うベケットはいわば情報理論を取り入れた形で、テクノロジーの点では最も進んでいたようだ。ケナーに言わせると、1944年作の『ワット』の一部はパスカルというプログラム言語にほぼ変換できる。そのプログラムは、何も行わず、何も表示せず、何もアウトプットしないものだ。まさにベケット文学ではないか。だが、そうしてベケットが自ら袋小路に入りこんだことで、文学は行き止まりから引き返すことができたのだ。

テクノロジーは人間の機能を補綴（ほてい）するものとして作られ、気づかぬうちに生活をのみこみ、身体や感覚まで変化させていく。本書は前世紀の文学のことを書きながら未来を見通している。すでに故人となったケナーが「ウェブという名の詩神」を書いていてくれたらと思うのは、私だけだろうか。

評・鴻巣友季子（翻訳家）

Hugh Kenner　1923〜2003年。カナダ人の批評家。トロント大でM・マクルーハンの指導を受け、米エール大の博士課程に進んだ。

二〇〇九年三月八日②

『歴史と外交　靖国・アジア・東京裁判』

東郷和彦 著
講談社現代新書・八四〇円
ISBN9784062879712
歴史

あの戦争めぐる合意づくり切に訴え

日本はアジアといかに向き合うか、これからも問われ続ける問題である。著者は太平洋戦争開戦時の東条英機内閣、終戦時の鈴木貫太郎内閣の時の外相東郷茂徳（東京裁判でA級戦犯、獄中死）を祖父に持ち、本人自身も34年間、外交官として活躍した。ここでは靖国、慰安婦、朝鮮と台湾、米国の原爆投下、東京裁判という〝難しく重い問題〟を正面から扱っている。

慰安婦問題では、制度的レイプ派、公娼（こうしょう）派、その中間の河野洋平談話派の対立があるが共通点もあると指摘。法的免責が確定した今こそ人道的観点から謝罪と補償を実施すべきだと主張する。日韓の歴史では伊藤博文の暗殺者・安重根の解説が輝く。獄中で綴（つづ）った『東洋平和論』で、日露戦争の勝利を「快なるかな、壮なるかな」とアジア人、自分たちの勝利として喜んだ安自身が、なぜ伊藤暗殺に踏み込んだのかを問う。さらに獄中の安と監視者の憲兵千葉との稀有（けう）な友情が生まれたことを紹介した上で、日韓の真の友情の可能性を語っている。

印象深いのは靖国と東京裁判の個所である。祖父が全精力で戦争回避に取り組みながらも、突入を余儀なくされた太平洋戦争は「自衛戦争」であったこと、東京裁判の「平和に対する罪」の不当性を主張しながらも、全被告が自らの考えを堂々と主張できたことや、国際条約を受け入れることで日本の戦後復興があったことの意義は大きいと語る。靖国神社については、A級戦犯の合祀（ごうし）問題など三つのねじれを解きほぐすことや、遊就館の歴史観を靖国神社から切り離し国民的な歴史博物館としてその中に三つの部屋――日本人にとっての戦争の大義・理由を示す部屋、現実の戦争行動と事件を再現する部屋、国内の戦争犠牲を展示する部屋――をつくることを提唱している点が興味深い。

本書は一般的な歴史論、外交論ではない。そこには祖父の歴史を背負う重み、外交官として国を背負う重みが伝わってくる。その上で今日、日本人として歴史問題の合意づくりが求められていると切に訴え自ら懸命な知的営為を試みている。読み応えがある。

評・天児慧（早稲田大学教授）

とうごう・かずひこ　45年生まれ。元外務省欧亜局長。『北方領土交渉秘録』。

二〇〇九年三月八日③

『社会的排除　参加の欠如・不確かな帰属』

岩田正美 著
有斐閣・一五七五円
ISBN9784641178038
社会

社会からこぼれ落ちる過程明らかに

グローバリゼーションと脱工業化という新しい経済社会状況に移行する中で、古い福祉国家の諸制度が対応できない新しい社会問題が登場してきた。「社会的排除」概念の価値は、セーフティーネットからこぼれ落ちてしまう人々が出現する過程を説明し、問題を解決する方策を「社会的包摂」として明らかにしようとするところにある。

フランス生まれのこの言葉は、いまやEU加盟国における社会政策上のキーコンセプトに育ったが、その意味は単純ではない。著者は、この概念の特徴をたくみに整理した上で、路上ホームレスとネットカフェホームレスを例に、日本社会のリアリティーに切り込む〝社会的排除〟の力を示してみせる。日本ではまだ実証的研究は多いとはいえないが、ホームレス以外にも障害者、女性、外国人移住者、いじめや虐待など、多様な社会問題の考察が可能である。

ホームレスの事例研究は日本での社会的排除の形成に二つの形があることを教える。ひとつは、いったんは社会のメーンストリームに組み込まれた人々が、そこから一気に引きはがされるタイプ。失業、離婚と借金、病気など多様な要因が複合的に絡んで、一気に定点を奪う。ふたつめは、メーンストリームに組み込まれたことはなく、途切れ途切れの不安定就労のように、そもそも社会への参加が「中途半端な接合」に過ぎなかったタイプ。いずれも、20世紀日本で作られた社会保険や生活保護制度の網から漏れてしまっている。

いまや海外では、社会的排除概念を使った社会問題の分析が、20世紀型福祉国家の所得保障システムから飛び出して、新しい福祉政策を生み始めているという。グローバリゼーションの中で日本だけが何もしないで社会の亀裂を回避できる保証はどこにもない。社会はその内部から社会に参加できない人々を作り出している。

社会的包摂をめぐる議論の行き着く先は必ずしも鮮明ではない。しかし社会的排除概念の有効性を主張する本書のメッセージは、コンパクトで平明ながら力強い。

評・耳塚寛明（お茶の水女子大学教授）

いわた・まさみ　日本女子大学教授。『戦後社会福祉の展開と大都市最底辺』など。

二〇〇九年三月八日❹

『人を殺すとはどういうことか　長期LB級刑務所・殺人犯の告白』

美達大和 著

新潮社・一四七〇円
ISBN9784103136316／9784101358611（新潮文庫）

ノンフィクション・評伝

獄中でつづった特異な半生記・観察記

本書は、2件の殺人を犯し、無期懲役刑に服する著者が獄中でつづった手記である。前半が自分の半生記、後半が刑務所で見た他の受刑囚たちの観察記なのだが、懺悔（ざんげ）の書ではない。

著者は、持って生まれた高い知能と冷徹さを生かして社会的な成功を収めた後、自らの歪（ゆが）んだ価値観に従ってふたりの人間の命を奪う。逮捕後や公判中も罪の意識はまったく感じなかった著者だが、検察の論告を聞いているときに突然、情動のスイッチが入り、後悔や反省の念がわき起こる、という体験をする。

その後、長期刑務所に移った著者は、償いの日々を送りながら冷静に他の受刑囚を観察し、犯罪の動機や今の感情についてインタビューを試みる。そこから浮かび上がるのは、フィクションでは描ききれないほど不可解で矛盾に満ちた人間の生々しい姿だ。強盗殺人を犯したある男は、被害者に「全くざまあみろだ」と言い放つほど冷酷な人間だが、テレビのご対面番組には涙を流す。ヤクザ同士の抗争で殺害した被害者の強さを畏敬（いけい）し、「ヤクザとしての自分の生き方がしっかり決まった」と出所していった男もいる。

著者があげる受刑者に共通する「異常な執着心」「利己心の強烈さ」など18点もの負の特徴や、長期刑務所は〝反省や更生とは、ほとんど無縁の〟〝悪党ランド〟といった表現に、人間に対する希望を失いそうになる。ただ、検察の論告に氷のような心を動かされた著者のようなケースもあるではないか。著者自身も、「日常の何気ないところや誰かの懸命な生き方に触れた時に化学反応」が起こり、獣のような殺人犯が人間性を取り戻すことがありうる、と述べている。

本書は、世に出たことの是非や書かれた意義を安易に論じるべき類（たぐい）の本ではない。ただ、「殺人犯は理解不能のモンスター」と私たちの意識や社会から排除する前に、「こういう人たちがいる」という厳然たる事実を知っておく必要があるとしたら、やはりこれは特異だが貴重な記録といえるのではないだろうか。

評・香山リカ（精神科医）

みたつ・やまと　59年生まれ。無期懲役囚。現在「LB級刑務所」で服役中。

『命いとおし　詩人・塔和子の半生』

安宅温 著
ミネルヴァ書房・二二〇〇円
ISBN9784623053520　文芸／ノンフィクション・評伝

繊細な詩と煮えたぎる情動のマグマ

塔和子という詩人がいる。

99年に詩集『記憶の川で』で高見順賞を受賞し、注目を浴びた女性である。

「私は／卵を産む昆虫のように／身を細くして／言葉をひとつひとつ産み落とす」（「一瞬やつれ」から）と書く彼女は、28歳から79歳の今日に至るまでひたむきに詩を書き綴（つづ）ってきた。

50余年、千編に及ぶその詩は、瀬戸内海の島のハンセン病の療養所の中で紡ぎだされてきた。

いずれも美しいけれど率直で厳しい。平易だけれど深く、繊細だけれど時にはしたたかでもある。

本書は、そんな詩人の詩と人生を紹介した作品である。

塔和子は、ハンセン病に罹（かか）ったことで、わずか14歳で家族から引き離された。

そして、法によって離島に隔離され、過酷な環境の中で少女期を過ごしたが、後に同じハンセン病患者であった赤沢正美と療養所内で結婚。この短歌をつくる夫を文学的な師として彼女の詩作が始まっていった。

彼女にとってその詩とは、自らの魂を自力で耕していくための、のっぴきならない表現だった。囚（とら）われた身体から魂を飛翔（ひしょう）させるための、かけがえのない翼だった。

著者は、83年秋にこの離島の療養所を訪問し、詩人と出会った。本人から渡された詩集を読みその才能にただならぬものを覚え、彼女の人生を書きたいと願った。

が、詩人は「忘れてしもうた」と言ってなかなか自分については語らない。まるで、「詩が私のすべてを語っているでしょう」と言うかのように静かに笑っている。

けれど、「忘却という言葉さえ／それは在ったということを消しようのない／証しとなる」（「記憶の川で」から）と書く詩人の心の底には、ハンセン病に罹った悲しみ、隔離政策を受けた怒りなどさまざまな情動のマグマが煮えたぎっていたのだ。

それが見えたとき、詩人の心の中を探求する長い旅は終わったと著者は語る。

本書によって、塔和子の詩と人生への理解が深まることを祈りたい。

評・久田恵（ノンフィクション作家）

あたか・はる　36年生まれ。著述家。著書に『住んでみた老人ホーム』など。

『東大寺　お水取り　春を待つ祈りと懺悔（ざんげ）の法会（ほうえ）』

佐藤道子 著
朝日新聞出版・一三六五円
ISBN9784022599520　人文／アート・ファッション・芸能

「火と水の行」観音菩薩に願い伝える

奈良・東大寺二月堂の修二会（しゅにえ）は、「お水取り」とも称され、迎春の象徴となる「火と水の行」である。

修二会は、旧暦2月1日から14日間、現在は3月1日からの14日間、十一面観世音菩薩（ぼさつ）を本尊とする悔過会（けかえ）として修される。観音菩薩に罪過を懺悔（さんげ）し、聖水をくみ上げて本尊に供え、豊穣（ほうじょう）を祈念する。奈良時代、752年創始と伝えられ、今に至るまで絶えることなく行われてきた。

練行衆（れんぎょうしゅう）（精進）は、2月20日から別火（べっか）を始め、28日、二月堂登廊の上がり口の参籠（さんろう）宿所に入る。深夜、日付が3月1日に変わると開白（かいびゃく）作法が行われ、14日にわたる本行が始まる。本行の中心は連日の六時勤行である。「六時」とは一日を日中・日没（にちもつ）・初夜・半夜・後夜・晨朝（じんじょう）に六分した時刻で、悔過・祈願・呪禁（しゅごん）の作法が荘重な声明のもとに行われる。初夜には、東大寺と二月堂ゆかりの人々の成仏を祈る過去帳が読み上げられる。

5～7日、12～14日の後夜勤行の前、「走り」が行われる。走りは、天上界の行法を地上に実現するために、天人と同じ数の行道を、本尊の周りを走って行う。最大50周にも及ぶ走りのあと、練行衆一人ひとりに数滴の香水（こうずい）が勧められる。1日1度の食（じき）作法以降、一滴の水も飲んでいない練行衆には、まさに甘露と思えるようだ。

修二会の終幕を飾る行法が12～14日に行われる。12日の初夜、上堂では大きな籠松明（かごたいまつ）が登廊を上がり、本堂回廊を渡る。12～14日の後夜に行われる「達陀（だったん）」は、天から舞い下った八天を、練行衆が異形の達陀帽を被（かぶ）って演じる。火天が大松明をもち、諸天が法螺（ほら）や鈴などを鳴らし、内陣を火で清め、十余度回る行法である。そして12日の後夜、13日の午前2時ごろ、閼伽井（あかい）から香水をくみ、本尊に捧（ささ）げる水取りが行われる。

著者は、40余年前の2月28日、戒壇院での別火を終えて参籠宿所に歩む練行衆を目にした。本書ではそれ以来の、いく度も体験した修二会聴聞の感動を豊富な写真を交えて語り、伝統ある修二会の次第を美しい文章でつづりながら観音菩薩への願いを伝える。

評・石上英一（東京大学教授）

さとう・みちこ　30年生まれ。東京文化財研究所名誉研究員。専門は仏教芸能。

二〇〇九年三月八日⑦

『酔いどれ山頭火　何を求める風の中ゆく』

植田草介 著

河出書房新社・二四一五円

ISBN9784309018881

ノンフィクション・評伝

家を捨て妻子を捨て、漂泊の旅を続けながら、自由律俳句の道を究めた異色の俳人、種田山頭火の足跡を生い立ちから死までたどっている。山頭火に心酔する著者ならではの視線が感じられる。

山口県の大地主の資産家に長男として生まれたが、母は山頭火が11歳の時、夫の女道楽などに耐えかねたのか、自殺してしまう。そのことは山頭火の心に大きな傷を残した。育ちの良さと、父のだらしなさと、母のふさぎこむ性格。それが山頭火の性格を形作ったというが、とにかくあきれるほどの酒、酒、酒の人生だ。少年時代から文学に傾倒し、荻原井泉水を師と仰いで俳句の道を究めようとするが、出家して托鉢（たくはつ）の旅を続けながらも酒三昧（ざんまい）は続く。有り金全部、時には持ち合わせ以上飲んでしまう。泥酔し、酔いがさめては激しく後悔する繰り返し。人間が生きるということは、どういうことなのだろうという根源的な問いさえ湧（わ）いてくる。

山頭火が多くの俳句仲間から敬愛され、支えられて生きていたことも印象に残る。なぜここまでと思うほど、経済的支援を続けた友人たちがいた。そうせずにはいられない何かを持った人だったのだろう。挿入されている日記や書簡からも、孤独を求め、しかも一人ではいられない山頭火の姿が浮かび上がってくる。

評・常田景子（翻訳家）

二〇〇九年三月八日⑧　社会／新書

『創刊の社会史』

難波功士 著
ちくま新書・七九八円
ISBN9784480064554

創刊号には、独特のオーラがある。編集者の新雑誌に賭ける思いが詰まっているのはもちろん、その雑誌を世に誕生させた時代の空気が凝縮されているからだろう。

本書は、主に1970年代以降に創刊された若者向けの雑誌を素材に、新雑誌の何を読者が受容していったのかを探ることで、この約40年の時代の息吹を検証した、若者雑誌による現代日本の生活文化史である。

その生活文化史の斬新な分析はもとより、本書をより魅力的にしているのは、著者自身がフラッシュバックする時代の「甘酸っぱさ」である。自らを「創刊号フェチ」と称するだけあって、著者はマニアックに若者雑誌の創刊号を追いかけ、それらの雑誌群と格闘するわけだが、その格闘の一端をも赤裸々に紹介することで、筆者を通して時代感覚が見えてくる。神戸在住の著者が、「Popteen」創刊号を求めて、国立国会図書館など都内の図書館を疲弊しながら彷徨（さまよ）い、「いい歳（とし）してオレ何やってんだろう」と思うあたりも、生活文化のフィールドワーカーとしての面目躍如だ。創刊号のページをめくるときに浮かび上がる懐かしくも気恥ずかしい思いを、著者は「創刊号の悦楽」と呼ぶのであるが、文字通り、その「悦楽」を堪能できる一冊である。

評・音好宏（上智大学教授）

二〇〇九年三月八日⑨　社会

『すごい本屋！』

井原万見子 著
朝日新聞出版・一六八〇円
ISBN9784022504050

この本を読むと、とても元気が出る。一言でいって、和歌山県の山の中で、小さな本屋さんが生き生きとがんばっている話なのである。村全体でも人口が2200人、近隣の集落はわずか100人ほどにすぎない。そんな小さな村で書店の経営が成り立つのかと不思議に思える。閉めかかった店を継いだ著者も、最初はとても不安に思っていた。

そこから素人店長の奮戦が始まる。それを支えたのは、何よりも、店を必要とする地域の人びとのニーズである。ニーズは本だけに限らない。周囲の小売店がどこも廃業してしまうと、この本屋さんではみそや日常雑貨まで扱う。近所のおばあさんの生命線であり、コミュニティーセンターでもある。

書店が成り立つ基盤は、本が好きな地元の人たちであり、子どもも大事な読書人である。そこで著者がイベントを次々と企画するのがすごい。学校での選書会、児童書の読み聞かせの会、絵本の下絵・原画の展覧会、絵本の編集者の講演会、ついには作者のサイン会まで。

そんな企画は都会にしかないと思うのは大間違いで、編集者や制作者たちも、著者の熱意にほだされてしまうらしい。著者がドキドキしながら手紙を出したり電話をしたりして、次第に人脈を広げていく様子も心温まる。

評・小杉泰（京都大学教授）

二〇〇九年三月一五日①　政治／国際

『リーダー・パワー』

ジョセフ・S・ナイ 著　北沢格 訳
日本経済新聞出版社・二一〇〇円
ISBN9784532166823

人を引き寄せ説得する力の重要性

ナイはソフト・パワー論で有名な国際政治学者である。本書はその著者が、リーダーシップ論にソフト・パワー概念を適用したものである。いうまでもなく、このテーマに関してはすでに無数の研究が存在する。それにもかかわらず、ナイがあえて本書を刊行したのは、組織の中のリーダーのあり方といった狭い視点からではなく、それを超えた幅広い文脈の中で、力ないし権力とリーダーシップの問題について論じたいと考えたからである。

国際政治では軍事力や経済力がハード・パワーの典型例であり、国の魅力などがソフト・パワーを構成する。リーダーシップ論においては、雇用・解雇の権限などがハード・パワーに相当し、フォロワー（リーダーに従う人びと）を引き寄せ、説得する力がソフト・パワーとなる。ナイは、今日のようにグローバル化、情報革命、幅広い参加が求められる時代においては、リーダーシップにおいても、ソフト・パワーがかつて以上に必要とされていると説く。ただし、ナイは、リーダーシップをソフト・パワーの完全な同義語とみなす最近の一部のリーダーシップ論を厳しく批判する。ナイによれば、強力なリーダーシップには、著者がスマート・パワーと呼ぶ、ソフト・パワーとハード・パワーの両方のスキルを兼ね備えたものが要求される。

本書の議論の背景には、歴史的認識が存在している。すなわち、今日の民主的な社会においては、力とリーダーシップのどちらもが大きく変化しており、そこではソフト・パワーがますます効果的になっているという認識である。より多くの人びとがリーダーシップを振るう機会が増えている。一方で、リーダーは、ハード・パワーの行使がますます難しくなっていることに気づく。つまり、人を引き寄せ、説得するというソフト・パワーのスキルの重要性は高まるばかりなのである。

ナイによれば、可能な場合であれば、ソフト・パワーを選択した方が道徳的な行為になる可能性が高い。なぜならそれはフォロワーたちの心の動きに依存するものであり、各個人の自律を価値あるものと認め、彼らの自主的選択を尊重するものだからである。例えば、マーティン・ルーサー・キング牧師の非暴力抵抗は、フォロワーたちに複数の選択肢を用意し、彼らに選択と自発的支持を委ねるものであった。

本書には説得や模範を示すことによる指導力をソフト・パワーと称した、やや言葉の置き換え的な部分も存在するが、長期的な視点から今日のリーダーシップのあり方を位置づけようとする興味深い研究であるといえる。ソフトとハードの使い分けはリーダー個人の能力に依存せざるをえないものの、とかくハード・パワーに依拠して統率しようとするリーダーには、有益な診断書となるだろう。

スマート・パワーはヒラリー・クリントン国務長官がしばしば使う言葉であり、ある意味でオバマ外交を象徴する言葉でもある。著者はオバマ政権の駐日大使の有力候補でもある。著者が大使館においてリーダーシップを発揮する姿を見ることはできるだろうか。

評・久保文明（東京大学教授）

Joseph S. Nye, Jr.　ハーバード大学行政大学院教授。クリントン政権で国防次官補などを歴任。著書に『アメリカへの警告』など。

二〇〇九年三月一五日❷

『心は遺伝子の論理で決まるのか』

キース・E・スタノヴィッチ 著　椋田直子 訳

みすず書房・四四一〇円
ISBN9784622074212

科学・生物

内なる自然と人間らしい思考の対立

反省の時代である。

未曽有の経済危機に直面して市場に過大な幻想を抱いたことを悔いるのなら、経済の検証だけでは済むまい。人の思考や行動の様式から問い直す必要がある。これは、その糸口となる一冊といえよう。

原著の出版は5年前。いま市場万能論の破れをみて邦訳を読む私たちには、その洞察の鋭さが一層実感できる。

この本を貫く座標軸は、心の中の内なる自然と人間らしい思考との対立だ。脳の認知システムを、刺激反応型の「自律」系と内省型の「分析」系に分けて考える。

土台に置くのは、英国の生物学者R・ドーキンスの生命観である。人を、遺伝子が自己複製するときの乗り物とみる。遺伝子を主人、人をロボットに見立てれば、ロボットをして主人に尽くさせるのが自律系システムだ。

分析系は知的で、主人の言いなりにならない。人は「柔軟な知性を持っているがゆえに（中略）遺伝子の要求から逃れることができる」。「ロボットの叛逆（はんぎゃく）」である。

そんな知性には、「もしこうだったら」と考える仮定的思考や自分を批判的に見る能力などがあるという。

遺伝子に似たものとして「ミーム」も俎上（そじょう）にあげる。人々の脳を乗り物にして世の中に広まる信念のようなものだ。著者は、遺伝子もミームも「私たちのためになるとはかぎらない」とし、その「望ましくない影響を阻止する努力」こそが文化だという。

圧巻は市場万能論批判だ。

そこでは、安売り品志向の人が、廉価品は途上国の子らの過酷な労働の産物だと知って反省モードに入る話が出てくる。買うか買わないか。どちらが途上国を助けるか、どちらが自分の町の小さな商店を守ることになるか……。著者は、こうした思考こそが大事で「人間であることを他と区別する特徴」とみる。

「市場はたしかに、財布につながる一次的欲望を満足させる強力なメカニズムであるが、その他の多くの欲望や価値観（中略）を完全に無視する制度でもある」

人が人であることに立ち戻る宣言とも読める本である。

評・尾関章（本社論説副主幹）

Keith E. Stanovich カナダのトロント大学で認知心理学を研究。

二〇〇九年三月一五日❸ 文芸

『我、食に本気なり』

ねじめ正一 著

小学館・一六八〇円
ISBN9784093878289

平凡な食べ物にくっつく家族の情景

スイカが秋の季語だなんて、この本で初めて知った。8月初めの立秋を過ぎたら俳句の世界では秋、ということなのだろう。それに著者は激しく抗議する。「スイカは絶対に夏である。どんなことがあっても夏である」と。

ねじめ少年にとってスイカは、二日酔いの父が照れかくしに小学生の息子を連れて買いに行くものだった。入道雲の炎天下、ビニール網に入れた重いスイカを手に、えっちらおっちら帰る。たらいに浮かせ、井戸水で冷やす。早く食べたくて、上下をひっくりかえしたりしながら。

そうやって冷えたスイカを家族で食べる。「何だ、あんまり甘くないな」「そんなことないわよ」。みんなでがっかりしてみたり、怒ってみたり。それがスイカなのだという。

「スイカという果物はたぶん、スイカそのものではなく、スイカのまわりにある風景や情景を味わうものなのだ」

この本に出てくるのは平凡な食べ物ばかりである。さつま揚げ、牛乳、柿の種、寒天、カレーライス、そうめん、卵、油揚げ……。

しかしそれを食べるとき、その香りや味わいといっしょに、高円寺商店街の乾物屋だった昭和30年代のねじめ一家がぞろぞろと出てくる。食と情景がくっついてしまっているのである。

たとえばホットドッグ。どうにも論評のしようのない食べ物だと思うのだが、ねじめ少年にとっては、巨人の長嶋選手が、デビュー戦で国鉄の金田投手に連続4三振を食らったとき、後楽園で初めて口にしたものなのである。あこがれの選手が目の前でプレーしている。その興奮とセットになった食べ物なのだ。

当時の後楽園のホットドッグは人工着色料ばっちりの真っ赤なソーセージだった。それでも少年にとっては、長嶋や与那嶺や川上やエンディ宮本や坂崎が入った食べ物だったのである。（この選手のうち何人知ってます?）

36の食べ物が登場する。そのどれをとっても「そうなんだ、実は自分も……」と身を乗り出したくなる。こういう本、日本中の人が書いてみたらさぞかし面白いだろう。

評・松本仁一（ジャーナリスト）

ねじめ・しょういち 48年生まれ。詩人、作家。『高円寺純情商店街』『荒地の恋』ほか。

二〇〇九年三月一五日❹

『ファシズムの解剖学』

ロバート・パクストン 著　瀬戸岡紘 訳

桜井書店・四七二五円
ISBN9784921190545

人文

危機感・優越感など「情熱の動員」で説明

ファシズムについては、1970年代までは全体的議論がなされていたが、その後は個別の国や出来事や人物に即しての研究が主流となった。本書はこの間の個別の研究を吸収したうえで、ふたたびファシズムを全体として論じたものである。

著者は、ファシズムの思想をまず確定し、その思想の表れとしてその運動や政策を解釈するという従来の方法を批判する。そして、ファシズムを、①運動の始まりの段階②政治システムの中に根を下ろす段階③権力を掌握する段階④権力を行使する段階⑤レジームが過激化する段階にわけて、各段階への移行を具体的な歴史の中で研究すべきだと言う。

その観点から、戦前のイタリア、ドイツのみならず、フランス、スペイン、東欧、日本などの例を分析し、さらに最近の東欧や第三世界での事例をも検証していく。

著者によれば、ファシズムは、民主主義が行き詰まったときに、大衆的熱狂による民族的結集を目的として、国内の浄化と国外への拡張を目指す政治行動であると一応規定される。このようなファシズムが①から②や③の段階へと高まっていくにあたっては、民主主義が堕落したときに、左派に対してファシズムが「伝統的保守派」と連合できたことが重要であったと指摘する。

だが、本書の最大の特徴は、ファシズムの政治行動は「反資本主義」などといったファシズムの思想からではなく、その行動から説明すべきであるとする点にある。自己の所属する集団の圧倒的な危機感、集団が犠牲者だという意識や半面での自集団の優越感、暴力をも使った社会的純化の希求、理性より指導者の本能の優越性、暴力という美への信仰、選ばれた人民が他を支配する権利の承認――。これらの「情熱の動員」から説明できると言うのだ。

著者は、この観点からファシズムとそれに類似する権威主義体制などとの区別をするよう主張するとともに、今日においても、ファシズムの危険性は絶えず存在すると警告する。

評・南塚信吾（法政大学教授）

Robert O. Paxton　32年生まれ。コロンビア大学名誉教授。

二〇〇九年三月一五日❺

『院長の恋』

佐藤愛子 著

文芸春秋・一五五〇円
ISBN9784163272900／9784167450205（文春文庫）

文芸

手だれの筆で人生描く快い短編集

50代、60代の主婦層には小説のファンが多い。広く接してみると、とても熱心に読んでいる。好みは男性や若い人とは異なるが、彼女たちは経済性に富んでいるから、

「本？　買うのは厭（いや）よねえ」

購買力にバイアスがかかり、好みがかならずしもベストセラーその他の統計に反映されないうらみがある。それでも、うまく調達して、好みの作家を選んで読んでいる。たとえば佐藤愛子。

「ユーモアがあって好き」

「ちょっとエッチなとこもあるけど」

と眉をひそめるが、そこが好きだったりして……。

『院長の恋』は、まさしくそんな作品を集めた快い短編集だ。表題作は精神病院の院長として順風満帆、よい家族にも恵まれ、いいことずくめの52歳が身も世もあらぬ恋に陥り、少年みたいに有頂天。相手は出入りの製薬会社の営業部員（エムアール）で、本物のワルではないが、おいしい恋を適当に楽しむタイプ。かたわらで一部始終を見ている院長秘書は信

じられないやらショックを受けるやら……草津の湯でも治せない恋のくさぐさが、おもしろおかしく描かれている。

「離れの人」の主人公は78歳の老婦人。安楽な人生を送り、文句なしの上品さが身についている。が、セックスのほうが特上らしく、周辺には思いがけず余福に預かった男性が何人かいるみたい……。

一番最初の、彼女を熱烈に愛しながらも交わりのないまま戦死した青年が、今は亡霊となって離れのすみに現れたりするのだが、老婦人は、

「誰？　あんた、誰？」

と思い出せない。交わりのなかった相手は、やっぱり記憶に残らないのかな。男女の仲における交わりの意味についてトンチンカンとも思える超論理で小説を組み立てているのは、手だれの筆致だ。

「沢村校長の晩年」は妻に先立たれ、一見不自由に思われがちだが、自分勝手に生きたいと願っている元校長のもとに、まことに善意そのもの、おせっかいのお手伝いが日参してくる、というストーリー。

どれもみな冒頭に触れた読者層にお薦めである。

評・阿刀田高（作家）

さとう・あいこ　23年生まれ。作家。父・兄ら佐藤家を描いた『血脈』で菊池寛賞。

二〇〇九年三月一五日❻

『砂糖のイスラーム生活史』

佐藤次高 著

岩波書店・三三六〇円
ISBN9784000230230

歴史／国際

人類の食生活を一変させた強い甘み

現代人の食生活に砂糖は欠かせない。甘みがなければ料理も菓子もよほど味気ないであろう。砂糖が世界に広がったのは、ヨーロッパ人がイスラーム圏で強烈な甘みに出会い、それを持ち帰って以降である。アラビア語のスッカルは、英語のシュガーやフランス語のスュクルとなった。それ以後の歴史は知られている。

他方、中国での砂糖の歴史も研究がおこなわれてきた。ところが、その両者の間にあって、人類に砂糖を広める中心となったイスラーム世界のことは、ほとんど実態がわかっていなかった。本書は、その空白を埋める、国際的にもひじょうに意義の高い著作である。

原始的な砂糖づくりは紀元後に北インドで始まったようであるが、7世紀までにイラン、イラクでサトウキビが大量に栽培されていた。イスラーム時代になると、精糖の技術が確立され、甘味料や薬品として広く用いられた。

その過程を調べるため、著者は世界各地を回って史料を集めた。写本を含むアラビア語の古典を中心に、ジャンルも年代記、地理書、旅行書に始まり医学書や薬膳（やくぜん）書に至るまで、さらにイスラーム考古学の成果も活用しながら、砂糖の生活史が描き出される。

砂糖がふんだんに使われている何百年も前の料理のレシピや、王侯が祝宴で庶民にまで砂糖菓子をふるまう様子はとても楽しく読める。アラビアンナイトにも、多種の砂糖菓子が登場する。

砂糖以前の甘みは蜂蜜か完熟した果物程度だったから、砂糖によって人類の食生活が一変したと言っても過言ではない。本書はその貴重な歴史を教えてくれる。

重要な発見の一つは、イスラーム圏で砂糖生産を農民と職工、人夫が担っていたことである。従来は、後の西洋の一部と同じように奴隷労働を用いたと思われていたのが、ここで訂正された。

著者は現在、全国的なイスラーム地域研究ネットワークを主宰しているが、現代の理解にもつながるよう歴史を解析する手法が、本書にも生きている。

評・小杉泰（京都大学教授）

さとう・つぎたか　42年生まれ。早大文学学術院教授、イスラーム地域研究機構長。

二〇〇九年三月一五日⑦

『沸騰する中国の教育改革』

諏訪哲郎、王智新、斉藤利彦 編著
東方書店・三三六〇円

ISBN9784497208064　教育／国際

中国教育改革研究の成果を集めた論文集である。教育課程改革、民間教育運動、成人教育などの状況が、新しい情報をもとに報告されており、最も包括的な現代中国教育研究の一つといってよい。特に現地に足を運んで描いた教育格差の状況が生々しい。

世界ではじめて「試験」制度を発明した中国は、長く教育の普及が抑制された社会でもあった。1949年時点での識字率は2割未満。社会主義国家の建国以降ようやく教育の普及が進み、20世紀末に8割強にまで上がった。

その傍らで、都市と農村間の、あるいは民族的背景と結びついた地域間の、そして社会階層間の著しい教育格差が残存する。しかも改革・開放路線以降、都市優先の資源投下政策によって格差は拡大した。大都市で1時間数百元の個人レッスン学習塾が人気を集める一方で、地方出身の農民工の子弟が通う学校の学費は年間千元に過ぎない。格差は学校の施設・設備、教員の質、教育予算などにも及ぶ。

教育格差の拡大は、先端的部分から優先的に社会開発を進める中国型開発政策の必然的帰結に過ぎない。格差が社会統合上危機的と思われる水準にまで達した今、どんな格差是正策が功を奏することになるのか。本書の執筆者たちの今後の追跡に期待したい。

評・耳塚寛明（お茶の水女子大学教授）

二〇〇九年三月一五日⑧

『プリンセス・トヨトミ』

万城目学 著　文芸春秋・一六五〇円

ISBN9784163278803／9784167788025（文春文庫）　文芸

デビュー作『鴨川ホルモー』では、京都の大学生がオニを操って戦った。次の『鹿男あをによし』では、奈良の鹿がしゃべった。奇想天外なストーリーの小説で人気を博している作者が、今度は大阪を舞台に突拍子もない物語をつくり出した。少々長いが、一気に読ませる力作である。

作者が描いているのは、大阪という街の基層、あるいは大阪人が根底に持っている「精神性」のようなものである。豊臣秀吉以来の大阪の歴史をひもとき、歴史上の人物の名前を巧みに織り込みながら、それらに迫っている。

熱狂的な阪神ファンや通天閣といった、よく知られた「コテコテの大阪」は登場しない。随所に描かれるのは、空堀商店街でタコ焼きを作るおっちゃん、辰野金吾に代表される近代建築、張り巡らされた水系といった、地味ながら等身大の大阪の姿である。地図を片手に読んで、大阪探訪の気分を味わうのもいい。もしかしたら本作は、何よりの「大阪ガイドブック」であるかもしれない。

と、少々まじめに解説してしまったが、真骨頂はなんと言ってもナンセンスさにある。「大阪国総理大臣」の登場に噴き出し、読了後に大阪城天守閣をニヤニヤ眺めてしまうのは、私だけではないはずだ。作者の想像力（妄想力？）に脱帽である。

評・奈良岡聰智（京都大学准教授）

二〇〇九年三月一五日⑨

『『鉄腕アトム』の時代　映像産業の攻防』

古田尚輝 著　世界思想社・二一〇〇円

ISBN9784790713906　アート・ファッション・芸能／社会

今年は手塚治虫の没後20年だが、亡くなったとき、宮崎駿氏が、テレビアニメ制作者としての手塚を批判していたのが印象的だった。破格に安い制作費で日本初の連続テレビアニメ「鉄腕アトム」を請け負ったその結果が、いまだにアニメ制作現場を劣悪な環境にしている元凶だ、というのである。

この非難は手塚自身が語っていることを元にしたものであり、後にアニメ研究家の津堅信之が『アニメ作家としての手塚治虫』（NTT出版）の中で「鉄腕アトム」の制作費は実際にはもっと高かったと論じている。

それにしても、制作費の不足分をキャラクターの商品化権料で補うというやり方に無理があることは否めないというのが、これまでのほぼ一般的な見解だった。

本書は大胆にその論に反駁（はんばく）し（通説である低制作費説に準拠しながら）、商品化に関連する他産業の参入、商品化展開に必要なキャラクター性が重要視される原作選定といった要素が、日本のアニメビジネスの原型を作り、それが日本をアニメ大国にした一因であると述べている。

論文をまとめたものだけに読みにくさと、論点の散漫な部分が気になるが、この視点は斬新であり手塚再評価の新たなきっかけとなる可能性を秘めていると言えるだろう。

評・唐沢俊一（作家）

『ナチが愛した二重スパイ　英国諜報(ちょうほう)員「ジグザグ」の戦争』

ベン・マッキンタイアー 著　高儀進 訳

白水社・二五二〇円
ISBN9784560026427　歴史／ノンフィクション・評伝

社会のお荷物が「乱世」で放った光彩

第2次大戦中、英国の情報機関ＭＩ５から「ジグザグ」のコードネームで呼ばれた二重スパイの、まさに波瀾(はらん)万丈の実話である。

ジグザグことエディー・チャップマンは英国の下層階級に生まれた。ろくな教育もない。軍隊は無断外泊で放逐。ロンドンの下町をねじろにギャング団をつくり、爆薬を使った金庫荒らしを繰りかえしていた。

１９３９年に逮捕され、島の刑務所に入れられる。ところが、その島はドイツに占領されてしまう。そこから人生が大展開した。母国に恨みを持つ犯罪者として、ドイツの対英スパイに採用されたのである。

占領下のフランスに移され、徹底したスパイ教育を受ける。無線、暗号、ドイツ語、フランス語、パラシュート降下……。

42年12月の深夜、英国上空に侵入したフォッケ＝ウルフ機から降下した。着地するや、彼はなんと自首してしまうのである。

ＭＩ５に対し、彼はドイツのスパイ組織の全容を供述する。それだけでも大変な功績だが、彼はさらに、二重スパイとなることを申し出る。犯罪者の忠誠心は母国にあった。

ジグザグの存在は、英国に多大の利益をもたらす。

たとえば、海峡を越えて飛来するドイツのV―1飛行爆弾。ロンドンを中心に、44年6月から9カ月で約6千人の命を奪い、市民に大きな恐怖を引き起こした。ただその多くはロンドンより手前に落ちていた。

そこに目をつけたジグザグは、ドイツに「V―1はロンドンを飛び越えている」というウソの報告を送る。その効果があったか、爆発はどんどんロンドンから遠ざかった。戦史などによるとV―1、V―2は数千発規模で発射されたとされるが、市中心部に命中したものは少なく、多くの人命が救われた。

モスキート爆撃機に悩まされたドイツは、ジグザグに飛行機工場の爆破を求める。ＭＩ５とジグザグは爆破を偽装する。ドイツはすっかり信用し、工場は無傷で残った。

二重スパイは危険がいっぱいだ。捕まったら拷問の末に死が待っている。しかしジグザグは平然と危地におもむき、疑惑の目をごまかしながら任務を果たしていく。

ただ、すごくあきっぽい。酒、女、金、いかさまバクチ、つねに刺激を追いもとめ、ＭＩ５をハラハラさせるのである。

ジグザグについての記録は01年に軍事機密扱いを解かれた。著者は１７００ページに及ぶ公文書を読み解き、生存する関係者に会い、本書をまとめた。

「スリルとサスペンスのスパイ物語」ではあるのだが、それ以上に著者が関心を抱いたのは、人間というものの面白さ、可能性の大きさだったのではないだろうか。

教養も学問もなく、平時には社会のお荷物でしかない人間が、「乱世」の中では生き生きと光彩を放ち、多くの命を救い、社会に大きな影響を与える。その面白さだ。

著者は戦後のジグザグも追う。二重スパイの英雄は、魔法が解けたかのように、いかがわしい山師の姿に戻っていくのである。

評・松本仁一（ジャーナリスト）

Ben Macintyre　63年生まれ。英タイムズ紙のワシントン支局長、パリ支局長を歴任し、現在はノンフィクションライター、コラムニストとして活躍。

二〇〇九年三月二二日❷

『ねたあとに』

長嶋有 著

朝日新聞出版・一七八五円
ISBN9784022505316／9784022646514（朝日文庫） 文芸

延々うだうだの果て 脱力爆弾の威力

アフリカの子らが餓死している時に己の文学は無力だとかつてサルトルは言った。と、先月この書評欄で書いたが、再び書く。『ねたあとに』は芥川賞作家が大江健三郎賞受賞後、朝日新聞に連載した小説である。そう紹介するだけで覇気が漂う。で、中身は、いい年した大人たちが山荘で軍人将棋みたいなアナログゲームを延々とやるという、それだけの話なのだ。これで堂々333ページとは、嬉（うれ）しい。

古来やんごとなき遊びには暗黙のルールが無数にあるもの。舌戦でエスプリを競った仏の貴族サロン然（しか）り、ツルゲーネフ『初恋』の侯爵家でのお戯れ然り。さて、本作ナガヤマ家の山荘暮らしにも、数々の約束事がある。作家の長男コモローと古道具店主の父ヤツオが口にすることには、決まって元ネタ（声優の真似〈まね〉、アニメの作戦等々）があり、独自のゲームには、はずせない「勘所」が細々（こまごま）と存在する。しかし貴族社会と異なるのは、そのルールを解さない（スルーする）者とて排除されないこと。韓流ドラマファンの学者も、スイーツ食いの女子も、肩身を狭くせず生息できるのがこの家だ。

語り手久呂子（黒子と掛けてる?）のいるようないないような存在感や、柔軟な批評を含んだ視線が良い。麻雀牌（マージャンパイ）をまぜていた人々の手が「目配せすらないまま」一斉に積む動作へ移る瞬間が少し怖いと言う彼女は、物事の諸相を恐ろしく目の詰んだネットですくいとっていく。その果てに最終章で行われる「ダジャレしりとり」の脱力爆弾というべき威力が凄（すご）い。

天板が小さすぎる炬燵（こたつ）、すわりの悪い電球置き場。コモローは「辻褄（つじつま）すらあわせていない矛盾」だらけの山荘で、景色から「素敵（すてき）な」とか「淡々とした」などの意味を悉（ことごと）く抜きとって地味な虫ばかり撮る。そのブログ「ムシバム」に本作の真髄（しんずい）が覗（のぞ）いている、かもしれない。美しくも機能的でもなく「なんとなくそうなっちゃった」ものたちが、しぶとく当たり前に在り続ける場所。効率や機能に「だからどうした」と言い続ける文学の無力を、長嶋氏には今後もしたたかに貫いてほしい!

評・鴻巣友季子（翻訳家）

ながしま・ゆう 72年生まれ。『猛スピードで母は』で芥川賞。『パラレル』ほか。

二〇〇九年三月二二日❸

『007 猿の手を持つ悪魔』

セバスチャン・フォークス 著 佐々木紀子 訳

竹書房・一八〇〇円
ISBN9784812437056 文芸

ファン心理くすぐる心憎い演出

イアン・フレミングの原作によると、諜報（ちょうほう）部員007号ことジェームズ・ボンドは、1922年生まれ。いまも存命とすると、87歳になる。

これでは映画の主人公にはならない。と、いうことで、最新作「慰めの報酬」に登場しているダニエル・クレイグ演ずるボンドは、68年生まれという新設定になっている。一気に46歳も若返ったわけである。シリーズを継続していくのに必要な設定の刷新ではあろうが、しかし国際スパイの代名詞であるジェームズ・ボンドがポスト・米ソ冷戦世代である、というのは、オールドファンとしてどうもしっくりこない。

文芸畑の作家、セバスチャン・フォークスによる、イアン・フレミング生誕100年記念小説である本作は、そういうやかましい読者の要望に応えた感涙ものの作品である。描かれる時代は67年。フレミングの遺作『007 黄金銃を持つ男』のエピソードの直後という、まさに衣鉢を継ぐ設定で、40代になり体力と気力の衰えを感じているボンドだが、謎の美女をパートナーに、世界壊滅をたくらむ怪人と戦う〝おなじみの〟ストーリーが展開する。

　もちろんパロディー作品ではなく、オリジナルのスパイアクションとして大変優れた作品で、作者の力量を感じさせるが、美食のうんちくをはじめ、要所要所で必ず〝どこかで見たような〟旧作の名シーンを彷彿（ほうふつ）とさせる描写を取り入れているのが、ファン心理をくすぐる憎い演出になっている。例えば、悪役ゴルナー博士とボンドのテニス試合は『ゴールドフィンガー』におけるゴルフシーンの見事な引き写しなのだ。

　映画のボンドガールにあたるヒロインの描写などが全体のレトロ風なトーンとは異質に現代的なのは、時代の変遷で仕方ないだろう。そこまで昔通りを要求するのはわがままというものだ。それでも、旧作の名物であったQ課の秘密兵器が出てこない、といった読んでいての不満をちゃんと心得た上でのラストの種明かしなど、思わずひざを打った。作者の会心の笑みが浮かんでくるようである。

評・唐沢俊一（作家）

Sebastian Faulks　53年英国生まれ。『よみがえる鳥の歌』など。

二〇〇九年三月二二日④

『「ローリング・ストーン」インタビュー選集』

ヤン・S・ウェナー、ジョー・レヴィ 編
大田黒奉之ほか 訳
TOブックス・三二五〇円
ISBN9784904376027

アート・ファッション・芸能／ノンフィクション・評伝

言葉への期待、誠実さを思い知る

　一九七二年、「ローリング・ストーン」誌は、ローリング・ストーンズのツアールポをトルーマン・カポーティに依頼した。ところが、カポーティはツアーには同行したものの執筆を放棄。ならば、と同誌はカポーティに「なぜルポを書かなかったのか」を問うインタビュー記事を掲載した。インタビュアーは、アンディ・ウォーホール……。

　そういうしぶとい雑誌の、インタビュー傑作選である。

　同誌の創刊者にして現在も編集発行人をつとめるヤン・S・ウェナーは、〈我々がインタビューの対象としたのは探検者であり、初めて自分の口で語る人々だった〉という言葉どおり、一九六七年の創刊以来、数々の〈探検者〉のインタビューを掲載してきた。本書には、そこから四十本が選び出されている。

　登場するのは、ジョン・レノン、ジム・モリソン、ニール・ヤング、ミック・ジャガー、キース・リチャーズ、ボブ・ディランといったロックミュージシャンに、ジョージ・ルーカス、フランシス・コッポラ、ジャック・ニコルソンら映画畑の面々――そこまでなら、スケールの差はあっても、日本のカルチャー雑誌のインタビュー選も同様なラインナップは組めるだろう。

　だが、本書の目次には、ビル・クリントン元大統領やダライ・ラマ十四世の名前まである。そこにこそ〈自分の口で語る〉ことの面白さと深みがあり、ひいては言葉への期待と信頼がある。政敵について問われたクリントンも、ローマ法王の仏教批判への反論を求められたダライ・ラマも、言葉を尽くして、フエアに語る。そんな彼らの言葉の密度と熱、誠実さを思うと、宰相の言葉が「あのひと、漢字が読めなかったんだぜ」としか語られないのは、僕たち自身にとってなにより不幸なことではないか、とつくづく思い知らされるのだ。

　ところで、〈心に響いてくるものがない〉という理由でストーンズのルポ原稿を書かなかったカポーティは、ウォーホールとの対話によって、ツアーの舞台裏を結局すっかり読者に明かしてしまう羽目になる。おみごと！

評・重松清（作家）

Jann S. Wenner, Joe Levy　各界40人の言葉を収録。

二〇〇九年三月一二日⑤

『寿命論 細胞から「生命」を考える』

高木由臣 著
NHKブックス・一〇一九円
ISBN9784140911280 科学・生物

抑制機構が進化、生に内包される死

先日アカデミー外国語映画賞を受賞した「おくりびと」などにも示されるように、高齢化や成熟化という時代背景の中で、死や老いに対する人々の関心は新しい局面を迎えているように見える。本書は生物学的な知見をベースに「寿命」というテーマを正面から取り上げ、多面的かつ独自の議論を展開するものだ。

生物学的な意味での寿命や死をめぐる議論に関して私が以前から興味深いと思っていたのは、「〝性〟と〝死〟の誕生の同時性」という話題だった。たとえばゾウリムシのように無限に分裂で増える生物には個体の「死」は存在しない。生物が進化の過程でオスとメスといった「性」を持つようになり、自らの遺伝子を半分ずつ交換して新たな個体を作るようになること（そして自らはやがて生を終えること）が、個体というものの「死」の成立であり、「性と死」は一体という理解だ。

本書はそうした見方に若干の疑義を呈しつつ議論をさらに大きく進めていくのだが、そこで提示されるのは「寿命とは抑制系の進化である」という新たな認識である。すなわち、著者によれば生物の本来の特徴は「暴走系」であり、バクテリアの時代は「条件さえよければ資源を消費し尽くすまで分裂をつづける暴走族」だった。そこから細胞分裂に関する分裂抑制などが進化の過程で生まれ、さらにジャーム（卵や精子など次世代に受け継がれていく生殖細胞）とソーマ（体細胞）の分化などが進んだが、これらはいずれも「ブレーキ機構の高度化」だという。それは生物が有限な環境においていかに「エネルギーを分配」するかの戦略にかかわるもので、個体の寿命はそうした中から生じた。「生には死が内包されている」と著者はいう。

「暴走」と「抑制」をめぐる以上のような議論から、環境問題への人間のかかわりを連想するのは私だけではないだろう。一方、人間については長い高齢期など固有の側面があり、それらについてはさらに著者の議論を聞きたい気もするが、老いや生と死の意味について様々な思考を喚起してくれる本である。

評・広井良典（千葉大学教授）

たかぎ・よしおみ 41年生まれ。奈良女子大学名誉教授（細胞生物学）。

二〇〇九年三月一二日⑥

『重慶爆撃とは何だったのか』

戦争と空爆問題研究会 編
高文研・一八九〇円
ISBN9784874984147 歴史

半世紀をへて届き始めた被災者の声

いま日本では、空襲被災者が日本の国家に戦後補償を求める三つの裁判が進行している。東京大空襲訴訟と大阪空襲訴訟、そして重慶大爆撃訴訟である。

重慶爆撃はその中で最も知られていないが、本書に収録された原告の中国人被災者の声を聞くと、その過酷な運命は東京大空襲の被災者とそっくりなものだ。

１９３８年から41年にかけて日本軍が、抗戦する中国の臨時首都の重慶を爆撃した作戦は、当時の日本で華々しく報道された。それは空爆という最新の手法で、地上戦では侵攻できない奥地に立てこもる敵を、屈服させられるとの期待に基づいていた。新聞社に軍が貸し下げた写真は爆撃する日本軍機から撮影したもので、爆撃を受けた地上の市民の悲惨な事態を想像させるものではなかった。

しかしやがて日米関係の悪化で、主力の海軍航空隊は撤収して南方作戦に向かい、重慶爆撃は忘れられてしまう。本書では、空爆した日本軍側の報告書である「戦闘詳報」を検討し、中国の被災者や防空の状況とをつきあわ

せて、爆撃が次第に地域の無差別爆撃的性格を強めていることを丁寧に論証している。

都市空襲は、被災者である家族や地域に壊滅的打撃を与える。重慶爆撃の被災者は貧しい生活に転落し、障害を負うなどのハンディを背負い、第2次世界大戦後も社会的弱者として生きることを余儀なくされた。それもあって被災者の声が社会に届くまでには半世紀以上の長い時間がかかり、補償を求める動きはさらに遅れたのである。

ここ数年、米軍のイラク空爆をきっかけに空襲史の研究が蓄積されている。それは空爆する側の論理が、国の違いを超えてどのように影響し発展してきたかを、世界史的に跡づけたものである。重慶爆撃に見られる空爆の論理と技術は、やがて東京大空襲にもつながっていく。

本書によれば東京大空襲訴訟と重慶大爆撃訴訟の原告同士の交流も生まれているという。空襲を通じて、日本の戦争の被害と加害の連鎖を考えさせる本といえよう。

評・赤澤史朗（立命館大学教授）

空爆の諸問題について研究するため05年に発足。研究者・弁護士など10人余りで構成。

『都市美運動　シヴィックアートの都市計画史』

中島直人 著

東京大学出版会・八八二〇円
ISBN9784130668507

西欧の歴史都市と比べると、日本の都市はお世辞にも美しいとは言い難い。看板など屋外広告物の雑多さ、宙を走る電線の醜さは、誰もが指摘するところだ。

原点は、都市計画法が制定された1919年にさかのぼる。その第1条で「交通、衛生、保安、経済等」の観点が強調された。そもそも日本の都市計画にあって「美」とは「等」の文字に収まる副次的な課題にすぎなかったのだ。

しかし同じ時期に欧米のシビックアート思想を紹介、ひいては「都市美」を啓蒙（けいもう）する運動がまきおこった点が注目されている。昨年末から、酒井憲一『都市美協会運動と橡内吉胤（とちないよしたね）』（東京農業大学出版会）、中島直人ほか『都市計画家石川栄耀　都市探求の軌跡』（鹿島出版会）など、都市美運動の中核にいた専門家を再評価する研究書があいついで刊行された。美観への関心が、わが国でも、ようやくたかまりつつあるのだろう。

都市美協会など諸団体の組織と運動に着目、その草創と頓挫にいたる顛末（てんまつ）を検証することで、「美」の観点から日本の都市計画を語り直そうとする本書も、問題意識を共有するところだ。今後、日本独自の「都市美」を獲得するためには、草の根の市民運動の広範な広がりと、粘り強い持続が不可欠であることを本書から学んだ。

評・橋爪紳也（建築史家）

二〇〇九年三月二二日❸

『すごい空の見つけかた』

武田康男 写真・文

草思社・一六八〇円
ISBN9784794216861

アート・ファッション・芸能／科学・生物

書店に行けば空の写真集はたくさんあるが、この著者の本以上のものにはなかなかお目にかかれない。もっときれいな写真集はあるだろう、だが気象予報士の資格も持つ高校教師の著者がつくる本はいつも、掲げられた写真の見どころが何であるのかを明快に伝えてくれる。だから次の瞬間から自分でも空を見上げ、「すごい空」を探すことができる。理想的な科学の本だ。

たとえば本書冒頭の「夜明け」の写真。太陽光が斜めから大気に当たるので、空の色は上から紺、青、黄、橙（だいだい）色と連続的に変化する。その科学的理解をもとに再び著者の写真に目を凝らせば、はたして見事にその色の変化が見えるのである。何げない夜明けの写真を読者はじっと見つめることになるだろう。

あるいは飛行機の窓から「ブロッケン現象」を捉（とら）えた一枚。飛行機の影が雲に映り、虹色の輪ができている。しかし輪の中心に自分がいるという解説文を読めば、その写真の中心が機体の後方にあり、このとき著者は後部座席から撮影したことがわかるのだ。

このように的確で見事な写真を選出するには、撮りためた無数の写真が背後にあっただろうと想像できる。著者の継続的な観察活動があってはじめて生まれた本だ。ぜひあなたも武田康男という「すごい空の写真家」を見つけてほしい。

評・瀬名秀明（作家）

二〇〇九年三月二九日❷

『ブロデックの報告書』

フィリップ・クローデル 著　高橋啓 訳

みすず書房・二九四〇円
ISBN9784622074403

文芸

封印された事件の記録を頼まれた男

中央ヨーロッパの、どことも知れぬ僻遠（へきえん）の村に一人の男が現れる。名前も目的も分からぬまま「よそ者」とだけ呼ばれる男は、村人の集団によって殺害される。村に住むブロデックなる男が、事件の「報告書」を書くよう依頼されるところから幕を開ける長編は、探偵小説ふうの謎解き興味を一方の軸に据えつつ、ブロデック自身が実存の深部にまで沈降して、人間としての再生に向かう物語をいま一つの軸に、力強く推進していく。

ブロデックは、公式の「報告書」を書く傍ら、いわば自身の魂の報告書とでもいうべき手記を書きはじめる。それがこの小説のテクストをなす仕掛けなのだが、実は彼自身が「よそ者」であり、かつて戦争の時代、村を占領した異国の軍隊に「民族浄化」の実践を強要された村人から、生贄（いけにえ）として差し出され、収容所へ送られた体験を持つ。ブロデックは犬のブロデックとなり、つまり人間であることをやめることで、かろうじて収容所から生きて帰ったのだ。

ブロデックは記憶を封印し、再び村で暮ら

しているのであるが、「よそ者」の殺人事件を記録し、村人が封印し消し去った過去の傷を暴き出す過程で、自らの記憶を取り戻していくことになる。それは犬のブロデックの、人間としての魂の恢復（かいふく）の過程でもあるだろう。

実は、ブロデックが村の人間から求められた「報告書」とは、出来事を記録するためのものではない。むしろ出来事を消し去り、忘却すべく、贋（にせ）の物語を編むことを彼は期待されているので、だからこそブロデックはひそかに手記を書き記すのだが、ここには歴史と記憶をめぐる問題、歴史記述の真理性と虚構性をめぐる、二十世紀から今世紀にまで持ち越された主題がある。さらには異質なものを排除することで維持される共同体のシステムという、人類の創世にさかのぼり、いまなおリアルであり続けている問題も中心にあって、これらきわめて重大かつ困難な主題群を、巧みな構成と、叙情性と緊張感がひとつになった文章でもって描き出す作家の意欲と手腕には脱帽だ。

評・奥泉光（作家）

Philippe Claudel　フランスの作家。『リンさんの小さな子』ほか。

二〇〇九年三月二九日③

『猛牛（ファンソ）と呼ばれた男　「東声会」町井久之の戦後史』

城内康伸 著
新潮社・一六八〇円
ISBN9784103137313／9784101360416（新潮文庫）

ノンフィクション・評伝

カネと暴力の時代駆け抜けた本気の心

WBCで5度の激突を繰り広げた日本と韓国。ふたつの国は、「野球のライバル」という新しい歴史を紡ぎ出そうとしているかのようだ。

しかしそれに先立つ昭和の時代、両国はもっと複雑な関係にあった。本著は戦後、日韓を股にかけて、文字通り架け橋役となったひとりの猛烈な男の記録である。

在日2世である男の日本名は、町井久之。暴力団・東声会の組長として「銀座の虎」「猛牛」と呼ばれ、力道山の盟友として名を馳（は）せ、実業家としても力をつけていく。そして、右翼の大立者・児玉誉士夫の後ろ盾を得て、町井はウラの世界からついに日韓の政財界に躍り出る。62年、国交正常化に向けた交渉が大詰めを迎えた頃、政治家も並ぶ酒席で、児玉が「おーい」とふたりの若者を呼び入れ、韓国の要人に紹介するシーンがある。そのふたりとは、町井と中川一郎だ。「中川と町井は宴席の端で正座をし、日韓の大物らの談笑を静かに聞いた」。社会には表もウラもなく、政治とカネが今よりもっと分かちがたく結びついていた時代のある種の凄（すご）みが、この場面に凝縮されている。

その後、韓国の朴軍事政権の厚い信任を得るまでになる町井だが、76年のロッキード事件を機に、児玉や朴政権との関係を徹底的に叩（たた）かれるようになる。同時に事業も行き詰まり、77年には会社が不渡り倒産。79年には朴正煕大統領が暗殺され、〝猛牛〟は社会的生命を絶たれてしまう。

その後、2002年に79歳で亡くなるまでマスコミからもほとんど忘れられた存在となる町井に、ジャーナリストである筆者は一度も会ったことがないという。しかし、町井夫人をはじめとする関係者の証言や資料をもとに、この猛烈な男の生涯が行間から生き生きと立ち上がってくる。「実業家として生きるには純粋に過ぎ、狡猾（こうかつ）さに欠けた」という熱き男が生きた、日本の熱き時代。カネと暴力がものを言ったあの時代に戻れ、とは言わないが、今の社会にはない〝なにか〟は確実にあった。それを「本気の心」と呼ぶのは、あまりに不遜（ふそん）だろうか。

評・香山リカ（精神科医）

しろうち・やすのぶ　62年生まれ。東京新聞（中日新聞東京本社）外報部次長。

二〇〇九年三月二九日❹

『無一文の億万長者』

コナー・オクレリー 著　山形浩生ほか 訳
ダイヤモンド社・二一〇〇円
ISBN9784478005613
経済／ノンフィクション・評伝

援助や慈善にこそビジネスの才覚を

知人の顔が浮かんだ。30年近く前の話である。彼が手がけた新商売は、太平洋の島々に出かける日本人旅行者向けの土産物の製造販売であった。南国気分を損ねないようにトロピカルなパッケージを創案、わざと誤字の交じるカタコトの日本語で商品説明を記した。異国の業者が企画した商品だと観光客が勘違いをするように工夫したわけだ。サイパンに会社を設けて準備は周到であったが、免税品店に売り場を確保することができない。参入の難しさを嘆いていたことを思い出す。

本書は、海外旅行者を対象としたDFS（デューティー・フリー・ショッパーズ）を創業したチャック・フィーニーの物語だ。駐留米兵向けに始めた酒の販売を手がかりに、香港を拠点に各国で免税品店を展開する。日本人の海外旅行ブームが追い風となり、ビジネスは成功した。職場や親類への土産にと、洋酒や香水、化粧品を山のように買い求める金払いのよい日本人が大型店舗に殺到した。

フィーニーはついに億万長者になった。しかし話は単なる立志伝では終わらない。彼は全財産をみずから設立した財団に寄託、自身で真価を見極めた事業に生半可ではない巨額の寄付を行う日々に転じる。莫大（ばくだい）な資産は2020年ごろに使い果たす約束だ。「死に装束にポケットはない」「富は責任を伴う」など、彼の生きざまに由来する金言が本書にちりばめられている。

しかもフィーニーは名前が世にでることを拒み、完全な匿名とすることを寄付の条件とした。家も持たず、飛行機での移動はエコノミークラスで通すなど、生活も徹底的に節約した。日本にも陰徳の伝統はあるが、ここまで極める人はまずいない。

アイルランドでの大学の拡充やベトナムの病院への支援など、彼の寄付事業が見事に開花した点が素晴らしい。訳者があとがきで記すように、寄付をする側にも寄付を受ける側にも、ビジネスセンスが重要であることに気づかされる。援助や慈善の分野にこそ、生きた金を使うビジネスの才覚が必要なのだ。

評・橋爪紳也（建築史家）

Coner O'Clery　北アイルランド出身のジャーナリスト。

二〇〇九年三月二九日❺

『ゼノンのパラドックス』

ジョセフ・メイザー 著　松浦俊輔 訳
白揚社・二五二〇円
ISBN9784826901529
科学・生物

アキレスと亀の不思議　再び知の前線に

春らしい問いが、この本の一節に出てくる。「誰でも庭の草花を見たことがあるが、草花が伸びるのを見たことがある者がいるだろうか」

古代ギリシャの哲学者ゼノンが示した矢の逆説に通じる話だ。「個々の瞬間にものが動いていることはありえない」から、矢は飛ばない。同様に、一瞬目にとめた花に変化がなければ、それは生長しないのではないか。

ゼノンの逆説は、俊足アキレスが鈍足の亀に追いつけない話など、ほかにもある。極微の時間や空間に目を向けた思索の産物だ。

私たちは「微視的なレベルの感覚経験にはなじんでおらず（中略）直感に反する不思議に遭遇する」。その不思議をゼノンは思考実験で浮かび上がらせたのだ。人類がナノ世界に踏み込む2500年ほども前に、である。

迷宮から抜け出す道はあるのか。著者は、選択肢は三つだという。時間や空間について、無限個の点でできていると考えるか、点の集まりという見方を捨てるか、時間や空間の実在を否定するか。

近代科学は「無限個の点」の道を突き進ん

で「ゼノンの懸念を片づけた」かに見えた。ニュートン物理学が、無限の小ささを極める微積分の数学で自然界のなめらかな動きを描きだしたのである。

だが、20世紀物理の登場で様相は変わった。量子力学によると、原子核の周りの電子は「とびとびの飛躍による軌道の変更」しかできない。数学は、現実世界をとらえきれてはいないらしい。

「ゼノンの逆説が、単純な微積分による論法で答えられたと言って放置されず、再び戻って来たことを、ゼノンは喜んでいるのではないか」

著者は「意識の流れ」や脳のしくみにも思いを巡らす。

この世界は、実は動画の齣（こま）の連なりのようなもので、脳が「アニメの齣を補うこと」でなめらかに見えるのか、逆に世界の動きはなめらかで、それを「ストロボ光を通して」見ているのか。迷宮の出口は再び深い霧の中だ。

飛ばない矢や、追いつかないアキレスが、知の前線に帰ってきた。

評・尾関章（本社論説副主幹）

Joseph Mazur　数学者。著書に『数学と論理をめぐる不思議な冒険』。

二〇〇九年三月二十九日❻

『あなたと共に逝きましょう』

村田喜代子 著

朝日新聞出版・一六八〇円
ISBN9784022504395／9784022646682（朝日文庫）

文芸／医学・福祉

生死の境で考える、妻にとって夫とは

夫婦の関係ほど謎に満ちたものはない。とくに、妻たちの夫に対する気持ちが分かりにくい。

夫の愚痴と思って延々聞かされていることが、実は自慢だったり、自慢と思って聞いていたことが、夫への不満の隠蔽（いんぺい）だったりもする。

この親子でもない、元他人の、そしてすでに恋人でもない、夫婦という名の男との特別な関係とはなんなのか。

とりわけ、三十数年も共に暮らした「夫」というものは、妻にとって、いったいどんな存在なのか、と思う。

本書は、その謎を明かしてくれる小説とも言える。

主人公は、「歳取ることに不器用な」カーリーヘアの62歳の妻で、その夫は、「仕事着のスーツとゴルフウエアが洋服ダンスのすべてみたいな」64歳の男だ。

娘はすでに結婚、外国に在留。夫婦は共稼ぎ中だ。

そう、夫は夫、妻は妻。そこそこに自立心を持って生きている今時の二人だが、互いの先が長いのか、短いのか、来し方行く末を考えたくなる微妙な年頃にいる。

そんな夫婦の日常に、予想外の事態が降りかかる。夫の心臓近くに、いつ破裂するやもしれぬ「大動脈瘤（りゅう）」が発見されたのだ。

ある年齢を過ぎれば、伴侶の病や死は、誰の人生にも等しくやってくる。誰もが乗り越えねばならないことで、いずれは必ず、どちらかがとり残される。

そう分かっていても、自ら経験するまでは、自分がその過程で、どんな思いを抱き、どんなふうに感情が振れていくのか分からない。

時に「予想もしないことを思う」自分がいることに驚いたりもする。

この小説の妻もまたそう。その中身は読んでいただくしかないが、おそらく、妻にとって夫とはなんなのか、という問いの答えは、生死の土壇場にきてはじめて見えてくるものなのかもしれない。

読み終えた後、夫のいない自分の人生が、お気楽ではあるけれど、なんだか単純すぎて面白みがないように思え、私はちょっと打ちのめされた気分になった。

評・久田恵（ノンフィクション作家）

むらた・きよこ　45年生まれ。作家。著書に『鍋の中』『龍秘御天歌』ほか。

二〇〇九年三月二九日⑦

『笑撃！ これが小人プロレスだ』

高部雨市 著　現代書館・二七三〇円
ISBN9784768469903　ノンフィクション・評伝

「どうです楽しいでしょう」と、実況アナウンサーがゲストの女優松岡きっこに声をかける。リングの上では小人症のレスラーたちが生き生きと走り回って戦いを繰り広げ、満場の観客も爆笑してその試合を見ている……。

本書の付録DVDに収められている映像（1980年のもの）を見て、それがほんの二十数年前のものである、という事実を思うとき、何か不思議な感覚にとらわれざるを得ない。

本書は、社会の中心部から外れた場所に生きる人々のルポルタージュに特異な才能を発揮するライター、高部雨市が1990年に上梓（じょうし）した『異端の笑国——小人プロレスの世界』に加筆改訂し、今では決して見られない、貴重な映像資料である彼らの試合のDVDを付けたものである。

新旧どちらの書名にも〝笑〟の文字が入っているが、著者の筆は差別の排除という美名のもとに世間が小人レスラーたちの仕事を奪い、人々の目から覆い隠してきたその欺瞞（ぎまん）を怒りをこめて描き出す。

多くのレスラーたちの、リングを去ってからの人生も含め、読後感はかなり重苦しい。その重苦しさと、映像の試合における笑いのギャップは、多様性の中に生きるという、ある意味、日本人が最も苦手とする考え方に目を開かせてくれることだろう。

評・唐沢俊一（作家）

二〇〇九年三月二九日⑧

『言葉は身振りから進化した　進化心理学が探る言語の起源』

マイケル・コーバリス 著　大久保街亜 訳
勁草書房・三八八五円　ISBN9784326199433　人文

おもしろい本である。テーマは人間の言語の起源と進化。言語は、手（ジェスチャー、身振（みぶ）り）からはじまり、口（音声言語）へと進化したという主張である。

15万年前ホモ・サピエンスが出現した時代、言語は身振りで表現した。祖先は意図的に音声シグナルを生み出すのに適した体の構造を持ってはいなかった。身振りによる言語は、どうやって「文法」を獲得して複雑な表現が可能になったのか。類人猿は身振りを使い続けるが、人間はなぜ音声言語へと変わったのだろう。言語学、人類学、心理学、生物学などの知見を渉猟して、そうした謎解きを繰り返しながら、著者は言語の起源と進化の秘密に迫る。

本書を読んで私はいとも簡単にジェスチャー論信者になってしまったが、この理論の支持者はまだあまり多くないという。その真偽はどうあれ、科学的知見を編んでジェスチャー論へと読者を追い込んで見せる知的躍動感が楽しい。原著者の要望だという〝とってもくだけた〟翻訳の文体も門外漢にはうれしい。

会話をするときに人がどれほど手を動かしているか、じっくり観察してみるとよい。言語機能は、手から口へと完全には移行しきっていないことに気づく。「手は口ほどに」ものを言うのである。評・耳塚寛明（お茶の水女子大学教授）

二〇〇九年三月二九日⑨

『横浜少年物語　歳月と読書』

紀田順一郎 著　文芸春秋・一七〇〇円
ISBN9784163712505　ノンフィクション・評伝

本書は敗戦を10歳で迎えた著者の、戦中戦後期の優れた自伝である。時代が激変する中で、人びとは生き方や態度を大きく変えていく。著者は子供心に受け止めたそれへの違和感を、歴史的な文脈から解き明かそうとする。

学童の集団疎開に最下級生で参加した著者は、宿舎で上級生による陰惨ないじめを体験した。著者はやせ細り、指の骨が露出する凍傷まで負うのだが、疎開児童が戦後に元の学校へ復帰すると、誰も疎開時代のことはもう済んだこととしてケロリとしていた。著者はこれに納得がいかない思いを、一人で長く抱え込むことになる。

ただ戦後には、これまでにない解放的な一瞬も生まれた。男女共学になり初めてのホームルームが行われたとき、教師が「掃除当番をサボる人がいるが、どうしたらいいか」という論題を提起した。すると女子生徒の一人は男子が掃除をサボっていると非難し、それを契機にふだんは人前で発言しない子たちが、率先して我がちに発言した。多くの子が公的な場で自由に発言したのはこのホームルームだけだったが、この日のことは後の同窓会で何人もが覚えていたという。

少年の目から見た戦中戦後の人々の隠された心の動きや思いがけない行動を、鮮やかに描き出した回想記である。

評・赤澤史朗（立命館大学教授）

『戦場の画家』

アルトゥーロ・ペレス・レベルテ 著
木村裕美 訳
集英社文庫・八六〇円
ISBN9784087605679
文芸

撮影者と被写体　深遠な魂の対話

『戦場の画家』という題名から想像すると兵士になった画家のドキュメンタリーとばかり思っていたら、実はスペインを代表する著名な作家のミステリー仕立ての小説だった。深遠で謎に満ちた作品だが、それにしても全編に戦場の画家という主人公の呼称がなぜか数え切れないほど頻繁に反復される。その真意は一体どこにあるのだろう。

　というのは彼は戦争カメラマンで戦場の画家ではないからだが、読者はあまりにも反復が多いのでいつしかサブリミナル効果で洗脳されていく。戦場の画家が本当に画家になるのは地中海に面した高台の望楼の内部の壁に写真では撮れなかった戦争画を描くに至ってからだ。

　そんなある日、クロアチア人の元民兵が訪ねてくる。そして言った。「あなたを殺すためですよ」。戦場の画家がかつて撮った民兵の顔が雑誌の表紙を飾ったために、私の人生は破壊された、と。何と理不尽な因縁をつけられたものだろう。ここから心理的サスペンスドラマが深く静かに潜行しながら、男の一方的な論理で戦場の画家をジワジワと壁際に追いつめていく。

　そして両者の論理が一致を見た時点で処刑が成立するという何とも観念的なお話だ。まあなんとか殺す側も殺される側も理由が立ったとはいえ、いつしか2人の間にはギクシャクしながらも妙な友情（？）が生まれる。クロアチア人との延々と続く議論の隙間（すきま）を縫って、戦場の画家がメキシコで知り合った女性も登場する。彼女の卓抜な美術的教養と知識を得ながら、2人はセクシュアルで暗示的な関係へと深化していく。

　彼女はあくまでも戦場の画家の回想の中でのみ存在するのだけれど、物語の進行に伴って2人の男の対話に恋人との蜜月時間がパラレルに、またシンメトリカルに交差しながら物語の核心を創造へと導く。

　さらに、3人の運命が壁画の主題である戦争画への奔流を形成する。その背後にはジョット、パオロ・ウッチェロから始まってゴヤ、セザンヌ、ピカソ、キリコを通過して現代美術のアイドル、ウォーホル、バスキアら60人が西洋美術史を横断し、戦場の画家に霊感を与えながら助力する。ほかにも写真家、映画監督、詩人、数学者、建築家、それにギリシャ・ローマ神話の神々まで、総勢１００人以上の芸術家、賢者の存在も知らず知らず関与している。

　彼らの霊感の断片が歴史の万華鏡を奏でながら、処刑の秒読みに一歩ずつ接近する。同時に、増殖していく絵のイメージとどこまで戯れることができるか楽しんでいるうちに、物語は肉体の限界と魂の永遠を暗示しながら『戦場の画家』が終息に向かっていることに、われわれは思わず気づかされてしまう……。

　余談だが、戦場の画家にふさわしい表紙には、謎と不安、夢と現実、記憶と時間、エロティシズムと死の錬金術師キリコの、文中にもある「出発の憂鬱（ゆううつ）」をぜひ使ってもらいたかったなあ。

評・横尾忠則（美術家）

Arturo Pérez-Reverte　51年生まれ。スペインの人気作家。著書に『フランドルの呪画（のろいえ）』『ナインスゲート』『サンタ・クルスの真珠』『ジブラルタルの女王』など。

二〇〇九年四月五日❷

『ロスコ　芸術家のリアリティ　美術論集』

マーク・ロスコ 著
クリストファー・ロスコ 編　中林和雄 訳
みすず書房・五四六〇円
ISBN9784622074359　アート・ファッション・芸能

言葉の先にある　絵画の宇宙追求

現代の抽象絵画がなんとなく苦手な私たち。結局好きか嫌いかでしょ、などと言って済ませることも多いが、そもそもなぜ抽象なのか、という初歩的な問いを一つ立ててみたとき、私たちはすでに現代絵画の入り口にいるのかもしれない。その問いは、画家マーク・ロスコが立てた問いと同じだからである。

ロスコは、まさに一目見ただけでは「何だ、これは」と言うほかない純粋抽象の絵を描いた人である。その表現を獲得する準備段階として、画家自身が古代文明にまで遡（さかのぼ）って、造形表現とはいったい何かを俯瞰（ふかん）し、言葉によって絵画なるものをすみずみまで再構築する。古代エジプトの壁画の人物たちはなぜ、一列に並んでいるのか。なぜ奥行きがないのか。奥行きのなさがなぜ、絵画の密度をつくりだし得ているのか、などなど。

絵画とは、画家が自身にとっての世界のリアリティをかたちにする営みだが、それはときどきの時代に自身を拡張し変化させてゆく営みでもあり、数千年間にわたるその造形の成長過程は、論理の連続性で捉（とら）えられるらしい。解説者ではなく画家自身が発見する造形の論理は、そのまま創造につながっているという意味で実に刺激的である。たとえば、ミケランジェロはものの外観、すなわち視覚でつくられた造形であり、ダ・ヴィンチは「触知性」、すなわち実際に触れられるような感覚を目指した造形といった具合に。

ロスコは、この「触知性」にこだわる。目に見える外観ではなく、ものの質感や質量を喚起するような触知性を描くのは、視覚と現実が一致している世界を離れるという意味で、抽象の第一歩である。セザンヌもマチスもキュビストたちも、二十世紀のリアリティを、まずは触知性で捉えたのである。

しかし、画家が画家であるのは、そうした世界のリアリティを超えた身体と精神の全一的な統一という感応を、さらに目指すものだからだろう。世界のリアリティは言葉や造形表現で言い当てられるが、絵画芸術にはその先があることを、ロスコ自身が本書で仄（ほの）めかしている。

評・高村薫（作家）

Mark Rothko　米国の画家。70年に自死。

二〇〇九年四月五日❸

『昨日のように遠い日　少女少年小説選』

柴田元幸 編
文芸春秋・二一〇〇円
ISBN9784163275208　文芸

失ったからこそ出合える影と闇

持っているときは気にもかけなかったのに、なくしてしまったら急にだいじになるもの、さてなんでしょう。

なぞなぞの答えはこうだ。

「少年少女の時間」

おとなになってはじめてわかる。あのころの時間は二度と手に入れることができない。永遠の喪失感を得てはじめて、「少年少女の時間」にはくっきりとあざやかな輪郭が与えられる。

失った者だけがふたたび出合うことのできる、かつて掌中にしていた記憶のよろこび。それがこの本の贈りものである。

収録された八人の作家のひとり、スティーヴン・ミルハウザーはかつて、いつまでも穴を落ちつづけるアリスの物語「アリスは、落ちながら」のなかにこんな一行を紛れこませた。

「そもそもお話とは、内なる影、闇への飛びこみと考えてよいのではあるまいか？」

「少女少年小説選」と銘打たれたこの一冊は、読むにつれ、あのころの恐れ、恥じらい、おののき、忘れてしまいたかった記憶がいっしょに息を吹き返しはじめる。現れるのは自分のこころのなかの影、または闇。

いっぽう、少女のころ図書館の椅子（いす）に座って夢中で読み耽（ふけ）った『飛ぶ教室』『秘密の花園』『十五少年漂流記』……冒険や愛や友情の物語は、明るさや励ましや興奮に充（み）ちていた。

十五編の流れは、編者ならではのこまやかな目くばりによって、巧みな連なりをみせる。

冒頭に編まれたバリー・ユアグロー「大洋」で、わたしはいきなりはるかな世界へ漕（こ）ぎ出すことになってしまった。からだごとざあっとさらわれ、背中を押されて波間を進む。第三編のヴィヴァンテ「灯台」でさらにもっと先へ、第九編のミルハウザー「猫と鼠（ねずみ）」で緻密（ちみつ）な想像力の世界に封じこめられ、おしまいのデ・ラ・メア「謎」を読み終えて本を閉じたとき、そうか、さっきまで漕いできた波間とはやはり自分のこころの闇だったとうなずいたのだった。

ふと背後を振りむくと、「昨日のように遠い日」は、闇も影もともづれに、やわらかな陽光を浴びながらすぐそこにあった。

評・平松洋子（エッセイスト）

しばた・もとゆき　54年生まれ。東京大学教授（現代アメリカ文学）。

二〇〇九年四月五日⑤

『ビカミング・ジェイン・オースティン』

ジョン・スペンス 著　中尾真理 訳

キネマ旬報社・三三六〇円
ISBN9784873763101

ノンフィクション・評伝

小説のモデルを類推する楽しみ

作家の人生を、知りたい。

この欲求は、優れた作品を読む時にわいてくる「この人はなぜ、このような作品を書いたのか」という疑問に答えを見つけたいからこそ、抱くものです。

ジェイン・オースティンに関しても、その人生を様々な角度から見た本が、多数出ています。彼女はなぜ結婚を、家族を、そして日常というものを、こうも巧みに描くことができるのか？という疑問は、読者の誰もが持つものでありましょう。

「ビカミング・ジェイン・オースティン」は、直訳すれば「ジェイン・オースティンになる」。18世紀にイギリスで生まれた女性が、作家ジェイン・オースティンに「なる」過程が、家族間で交わされた書簡等の資料を丁寧にひもとくことによって、描かれています。

当然ながらカタカナの人名がやたらと出てくるこの本、読み進めるのに少々根気が要りますが、興が乗ってきた時に私が思い出したのは、我が国を代表する女性ストーリー・テラー、紫式部のことでした。ジェインとは生まれた時代はかなり違えど、上の下というか中の上というか、その辺りの微妙なクラスの生まれであること、結婚生活には恵まれなかったこと、自活もしくは自立の手段として物語を書いたこと、そして少し内気で神経質なところ等、両者は非常に似ている気がしたのです。

作家の評伝を読むことの楽しみは、作家の実人生に登場してくる人物と、作家が書いた物語に登場する人物とを、好き勝手に結びつけることができるというところでしょう。それが正解かどうかはさておき、「この人は、あの人のモデル？」と想像することによって、物語を再び味わうことができるのです。

たとえば紫式部についてであれば、藤原道長と光源氏を点線で結びつけてみたりするのが楽しいわけですが、では果たしてジェイン・オースティンにとってのミスター・ダーシーは、誰なのか。そして、なぜジェインは、生涯結婚しなかったのか。……その謎とともにこの本を開けば、ちょっとした探偵のような気分になってくるのでした。

評・酒井順子（エッセイスト）

Jon Spence　映画「ビカミング・ジェーン」の歴史考証を担当。

二〇〇九年四月五日❻

『風の中のマリア』

百田尚樹 著
講談社・一五七五円
ISBN9784062153645／9784062769211（講談社文庫）
文芸

「なぜ働くのか」とハチが問う

私は、書店などない兵庫丹波の小さな村で育った。本は、たまに大阪に出かける父が買ってきてくれた。父は全く本を読まない。しかし父が買ってきてくれる本はいつも心を弾ませた。中でも『ファーブル昆虫記』にはわくわくした。野山にはあふれるほど虫がいたが、読書後は今までと違った世界に見えた。

この「風の中のマリア」は虫、それもオオスズメバチの生態小説だ。ファーブルのように観察記ではない。働き蜂のマリアを擬人化して、彼女が戦いに明け暮れる日々を描いている。

主人公はかなり残酷で、正義のヒロインではない。帝国（巣）で餌を待つ妹（幼虫）のために他の昆虫を殺し、肉団子にする。アオドウガネが「見逃してくれないか」と懇願しても「その気はないわ」とそっけない。「助けて」と悲鳴をあげても一顧だにせず、その首に牙を深くさし込む。

特に残酷なのは他のハチとの戦いだ。マリアはミツバチの巣箱を襲う。それは食料のための戦いではない。「この敵を殲滅（せんめつ）せよ！」という本能の声を聞き、取り憑（つ）かれたようにミツバチを殺戮（さつりく）する。わずか10匹のオオスズメバチで3万匹超のミツバチを殺し尽くす。女王ミツバチが「悪辣（あくらつ）な略奪者たち！」と叫ぶ。マリアはなぜ戦うのかと悩む。しかし「妹（幼虫）たちのために戦う」と自らを納得させる。

帝国に忠実なマリアの姿は会社に忠実な会社員に重なる。会社のためならどんな悪辣なことでもやってしまうのが、会社員（働き蜂）の真の姿だ。作者は「なぜ働く（戦う）のか」と悩む会社員に読んでもらいたいに違いない。

しかし会社員のあなたが読み終えた後、必ず子供たちに読ませてほしい。なぜなら、これは単なる擬人化小説ではなく、自然科学の最新情報にかたくななまでに忠実な小説だからだ。あなたの子供たちは感動して「ハチってすごいね」と目を輝かせ、自然に関心を持ち始めるだろう。ひょっとしたら「お父さんもたいへんだね」という一言も期待できるかもしれない。

評・江上剛（作家）

ひゃくた・なおき 56年生まれ。06年にデビュー。『ボックス！』『聖夜の贈り物』など。

二〇〇九年四月五日❼

『派遣ちゃん』

宮崎誉子 著
新潮社・一三六五円
ISBN9784103008521
文芸

なんて夢がなくて面白いんだろう

『派遣ちゃん』を読んだとき、なんて夢がなくて、なんて面白いんだろう、と思った。夢がなくて面白いとは、変な言い方にきこえるかもしれない。

でも、夢を持たないと現実が直視できる。それまで自分が現実だと思っていたものが、べろっと一皮剥（む）けて、世界がよりリアルになるのだ。若い主人公たちの視線と言葉を通して、読者はリアルの皮が剥ける感覚を味わうことができる。

〈塩沢さんのいきいきした表情はわざとらしい〉

〈自分よりも劣る男に会いたくなって、ヤクマルの家まで自転車をこいだ〉

〈若い女性の前ではしゃぐ父は他人以下だ〉

この身も蓋（ふた）も無さがたまらない。私たちは心のどこかで確かにこういうことを感じながら生きている、と思う。でも、それが意識の表面に浮上したり、はっきりと言葉にされたりすることは少ない。

我々の夢が、素敵（すてき）に生きたいという願いが、その嫌な「感じ」がはっきりしたかたちをとることを邪魔しているのだろう。

しかし、「派遣ちゃん」である本書の主人公たちに、そんな贅沢（ぜいたく）は許されない。生々しいリアルさの背後には、現在の社会状況の厳しさがぴったりと貼（は）りついているのだ。甘くて素敵な夢の断念は、ストーリーだけでなく文体の隅々にまで行き渡っている。

〈青山さんは都会の香りがしそうな端正な顔立ちで今すぐ眼鏡を外したい衝動に駆られるナイスガイだった〉

もしも、主人公に夢があったら、「都会の香り」「端正な顔立ち」「ナイスガイ」などの言葉は使われないだろう。素敵じゃないからだ。だが、もはや素敵によっては生き残れない。素敵は邪魔で迷惑なのだ。

それよりも主人公は「今すぐ眼鏡を外したい」の獣っぷりや「、」のない息遣いによって生き残りを目指す。ライブ感に充（み）ちた一行一行を目で追っていくと、夢で腐食した現実の皮がべろべろ剥けてきてイタ気持ちいい。

評・穂村弘（歌人）

みやざき・たかこ 72年生まれ。著書に『少女@ロボット』『三日月』など。

二〇〇九年四月一二日①

『グリーン革命 温暖化、フラット化、人口過密化する世界 上・下』

トーマス・フリードマン 著 伏見威蕃 訳

日本経済新聞出版社・各一九九五円
ISBN9784532314415〈上〉・9784532314422〈下〉

政治／経済／国際

アメリカの造り替えうながす警告の書

フリードマンは3年前に『フラット化する世界』を刊行し、さまざまな技術革命が世界での経済競争の土俵を平らにしてしまったこと、それによってこれまでよりはるかに多くの世界の人々が競争に参入し、豊かになったことを明らかにした。著者はここにいたって、さらに二つの強力な力が作用していると述べる。それが温暖化と人口増加である。

本書の原題は「熱く、フラットで、込み合った」世界であり、これら三つの動きが重なり合って、以下の五つの深刻な問題が引き起こされていると論ずる。供給が細りつつあるエネルギーや天然資源への需要の増大。産油国とその独裁者への莫大（ばくだい）な富の集中。破壊的な天候異変。電力を持つものと持たざるものを二分するエネルギーにおける貧富の格差。そして生物多様性の破壊だ。

興味深いのは、第4章の産油国独裁国家に関する議論である。著者はここで、石油収入がイスラム世界の力学をいかに根本的に変えてしまったかを力説している。かつてイスラム教の少数派でしかなかったサウジアラビアのワッハーブ派を、石油収入はその主流に押し上げた。その結果、寛容であったイスラム世界は、テロリズムの一大拠点となった。急進的イスラム教を教える学校であるパキスタンのマドラサを支えているのも、サウジアラビアの石油収入である。石油依存を減らし石油価格を下げることは、テロ対策としても不可欠である。

要するに、著者によれば、グリーン、つまり環境保護論者にならざるをえない理由は、倫理的でもあり、戦略的でもあり、実は合理的でもある。なぜならそこには膨大なビジネスチャンスが転がっているからだ。

以上の趨勢（すうせい）を逆転させるには、60年代に成功したアメリカの公民権運動に匹敵する運動が必要だと、著者はアメリカ人に説く。黒人に対する法的差別を撤廃した画期的法律である公民権と同様の法律や税制がないと、アメリカ人のエネルギー効率を改善することはできない。

しかし何より重要なのが、これを指導する政治家であろう。グリーンは巨大なチャンスであり、義務でもあるとわかりやすく説く大統領が必要である。著者によれば、グリーンを再定義することは、アメリカを再発見し、再生し、再建することに他ならない。つまり本書はアメリカを根本的に造り替えることをアメリカ国民に求めた書であり、著者がオバマ大統領に多くの期待を抱いていることは容易に想像できる。

　日本はエネルギー効率という点で優れた社会を築きあげてきたが、本書によってその方向が正しかったと確認できる。ただ、多くの国々が追い上げる中で、より一層の努力がないとその優位はすぐに失われてしまうであろう。本書には具体的な提言も豊富に盛り込まれている。アメリカが、著者が説く方向で変われるかどうかはいささか疑問であるが、本書がスケールの大きい良質の警告の書であることは確かである。

評・久保文明（東京大学教授）

Thomas L. Friedman　53年生まれ。UPI通信を経て、ニューヨーク・タイムズのベイルート、エルサレムの両支局長を歴任。95年から同紙のコラムニスト。ピュリツァー賞を3度受賞。

二〇〇九年四月一二日②　文芸

『墜（お）ちてゆく男』

ドン・デリーロ著　上岡伸雄訳

新潮社・二五二〇円
ISBN9784105418052

テロを生き延びたあとの世界で

　また一冊、「文学になにができるか」を問うような小説が翻訳された。本書の題材は、9・11テロ。ここに、ユダヤ系哲学者アドルノの「アウシュビッツを経た今、詩を書くことは野蛮である」という言葉をあえて引こう。既存の世界観が砕け散った9・11後に小説を書くことはどういうことか。以前と変わらぬものが描けるのか。世界中の作家にとって、「あの日」は避けて通れない出来事となった。

　本書は、テロ航空機がツインタワーに激突する場面で始まり、同じ場面で終わる。大災害を生き延びたエリートビジネスマンは、呆然（ぼうぜん）としたまま他人の鞄（かばん）を抱えて別居中の妻のアパートに身を寄せる。街には、スーツ姿でビルから宙吊（づ）りになる「落ちる男」が現れるが、これはタワーから飛び降りる男性を撮った有名な報道写真を模したパフォーマンスアートだ。

　修復されそうで一層深くひび割れていく夫婦仲、鞄の持ち主との情事、子供たちが作りだす謎の男の神話、妻が行う認知症老人らとのセッション。テロ後の生活が、デリーロ独特のつっけんどんとも言える醒（さ）めた筆致で断片的に示されていき、一方、テロの実行犯となる男の来し方が綴（つづ）られる。

　戦争、宗教、歴史などの巨大な問題を扱う本作の手つきは、ややぎごちない。しかし小説は「大きな物語」という戦車が通りすぎた後に残ったものから始まるはずだ。つまり、生き延びた者たちに課せられた命と日常の継続性、そしてその動かしがたさである。認知症の老人らは「あの日」の体験を思い出し語ることで、刻々と進む記憶の崩壊を堰（せ）き止めようとする。彼らにとって9・11は生への手がかりにもなっているのだ。

　「落ちる男」がテロに対して最も早く応答するアートであるなら、本書『墜ちてゆく男』が書かれるには6年の歳月を要した。しかしこの作品に9・11への答えはない。人の救済や癒やしのために書かれてもいない。文学が社会の未来を「先読み」したり過去に「回答」したりしようとする滑稽（こっけい）さ、野蛮さを、本作はただ物語るのみである。

評・鴻巣友季子（翻訳家）

Don DeLillo　36年生まれ。現代米国を代表する作家の一人。

二〇〇九年四月一二日❸

『中国の水環境問題』
中尾正義ほか 編

勉誠出版・二九四〇円
ISBN9784585032120

『農民も土も水も悲惨な中国農業』
高橋五郎 著

朝日新書・八一九円
ISBN9784022732590

社会／新書／国際

歴史上類のない深刻な荒廃の現実

今日目覚ましい経済成長を続ける中国が環境悪化に苦しんでいる。破壊のスケールおよび質から見れば、その深刻さは歴史上類がない。

環境問題を考える場合、自然科学的環境学と社会科学的環境学の二つのアプローチがある。中尾ほか編の著書は前者によるもので、日中の環境専門家の具体的な共同調査の成果である。ここでは河川（黒河流域と黄河流域）の水資源悪化、湖（太湖と雲南省洱海）の環境汚染、長江（揚子江）の流域都市・鎮江における開発と環境アセスメント調査から、持続可能な発展の問題を考えている。節水奨励メカニズム、汚染河川の生態修復技術など対策も示されているが、現実には改善は容易でない。

やや専門的過ぎるが、中国の水環境の現状と問題点を理解する上で大いに参考になる。

高橋の著書は農業社会学の立場から、中国の土地も水も死に瀕（ひん）した状況にあり、人間自身の生命の危機にも及ぶ危険な環境破壊が進んでいると訴え、その要因を歪（ゆが）んだ社会政治関係を軸に論じている。救いようのない農民の現実は所有権のない土地制度、戸籍制度など、犠牲を強いられる歴史的構造に起因するが、さらに今日的問題もある。

農村経済の発展を目指し、農業の大規模化、効率化を図った農業企業集団が各地で生まれ増殖してきた。それが「農業竜頭（ロントウ）企業」と呼ばれるもので、彼らは農民が唯一持っていた土地の使用権を地元の権力者と組んで安く買い、広大な農地を手に入れる。その上で使用権を失った農民を農業労働者として雇う。多くの竜頭企業は外資と組み、食品加工、輸出（日本は最大市場）など経営を広げ徹底的に安い賃金で膨大な利益を得ている。

農民はもはや土地を愛さず、経営者も利益優先で農薬などは事実上規制されない。農民の自主的な組織も、自由な地域移動もない現実のままでは救いがないと主張する。農業・農村問題の専門家である著者が自分の足で多くの農村を訪れ、農民の声を直接聞き、ガチガチになった土に触れ、荒廃の現実を描写しているだけに説得力がある。

評・天児慧（早稲田大学教授）

なかお・まさよし
たかはし・ごろう

二〇〇九年四月一二日❹

『越境の古代史　倭（わ）と日本をめぐるアジアンネットワーク』
田中史生 著

ちくま新書・七九八円
ISBN9784480064684

歴史／新書／国際

ネットワークの驚くべき多様さ

司馬遼太郎が韓国に滞在して書いた『韓（から）のくに紀行』に私は以前強い印象を受けたが、その中に次のような一節がある。「まだ日本が、日本という国名さえなかったころ、『おまえ、どこからきた』と見知らぬ男にきく。『カラからきたよ』と、その男は答える。こういう問答が、九州あたりのいたるところでおこなわれたであろう」。そして本書『越境の古代史』もまた、同様のテーマを現代の新たな文脈と研究動向を踏まえて論じるものだ。

著者がいうように、アジアなどの古代史では「国家や国境すら自明のものではない」。しかし日本史の教科書などでは、どうしても「日本」という国が明確にあって、それが〝外〟と交渉するという印象の記述になっている。本書の目的は、そうした先入観を排して「古代の列島諸社会と国際社会を様々に結ぶ、多元的・多層的なネットワーク」を浮き彫りにすることにある。

具体的に取り上げられる話題は、5世紀前後に倭人の拠点のひとつだった朝鮮半島南部の加耶（かや）とのかかわり（冒頭の引用文の「カラ」はここを指す）、日本の各地方の首長とアジア地域との直接的な「国際交流」、渡来の身体と技能・文化、新羅商人の国際的なネットワークの盛衰、列島の南の動向等々、広範囲にわたる。

そして「古代人は、互いをつなぐ驚くほど多様な社会的装置を持ち、それを駆使し、使い分けて、越境的なネットワークを動かし」ていた、というのが結論的に導かれるメッセージである。現在のアジアで起こりつつある状況は、ある意味でこうした古代的ネットワークに通ずる一面をもつかもしれない。

振り返れば、中華文明圏の辺境にいた日本は、明治期に「近代化」の名の下に〝文明の乗り換え〟を行い、すべてを西欧近代の座標軸で見るようになった。私たちはなおアジア諸地域のことを、したがって私たち自身のことを表層でしか知らない。そうした認識の枠組みを様々なレベルで問いなおしていくにあたり、本書のような探究は重要な突破口のひとつになるだろう。

評・広井良典（千葉大学教授）

たなか・ふみお　67年生まれ。関東学院大学教授。著書に『倭国と渡来人』など。

二〇〇九年四月一二日⑤

『グローバリゼーション　人類5万年のドラマ　上・下』

ナヤン・チャンダ著　友田錫、滝上広水訳

NTT出版・上巻二七三〇円、下巻二五二〇円
ISBN9784757141650〈上〉・9784757142183〈下〉　歴史

底なしの欲望が作り上げた歴史

約5万年前にアフリカを旅立った人類の祖先は、東南アジア、中央アジア、ヨーロッパ、シベリアへと広がり、約1万4千年前に南米大陸の南端に到達して「地球征服」を完了した。それがまず最初の「グローバル化」ということになる。

その後、人はそれぞれの地域間の距離を縮めようとすることで歴史をつくりあげてきた、と本書はいう。いわば「グローバル化史観」である。

4千年前はメソポタミアのロバだった。ロバは1日に約30キロの移動がやっとで、行ける範囲は限られた。しかしラクダを家畜化することで、人間の行動範囲は一気に広がる。それがシルクロードの形成につながった。

続いて帆船。モンスーンの発見で、インドとローマ帝国の往復はわずか3カ月に縮まる。そして蒸気船の登場により、大西洋と太平洋は「池」になった。

現在はジェット機とインターネットである。国際資本はより安い原料と労働を求めて世界をさまよう。糸はインド、織りは中国、仕立てはベトナム、という具合だ。ついには「メード・イン・プラネットアース」というコピーまで登場する。

著者はインド人ジャーナリスト。膨大な資料をもとに本書を書きあげた。メソポタミア商人の妻が「隣が大きな家を建てたけど、うちはいつ？」と書き送った手紙とか、キムチの唐辛子が、秀吉の軍隊によって朝鮮に持ち込まれたとか。上下2巻だが、具体的な史実が多く、訳文もいいので読みやすい。

グローバル化がもたらしたものは富の偏在だ。米国企業の幹部は一般的な米国労働者の170倍もの報酬を手にし、一方で途上国の貧困者はさらにその貧困の度合いを増している。しかし今さら動きは止められない。著者は、国連に力を与えて対応させるべきだと訴えている。

グローバル化を担ってきたのは「貿易商、布教師、戦士、冒険家」だというのがこの本の柱だ。しかし、そこまで型にはめる必要はなかったのではないか。あらゆる人間の底なしの欲望と野心がこの状況をつくり出したのだ。

評・松本仁一（ジャーナリスト）

Nayan Chanda　46年生まれ。

二〇〇九年四月一二日❻

『和本の海へ　豊饒（ほうじょう）の江戸文化』

中野三敏 著

角川選書・一六八〇円
ISBN9784047034365

歴史／アート・ファッション・芸能

当時の出版文化伝える希少本紹介

江戸文化なくして近現代文化は成り立たなかった。江戸文化を知るには、文芸や学問、生活や感情を伝える和本に通じることが必要と著者はいう。

江戸文化は、出版の興隆のもとに展開した。江戸期の刊本・写本の書物の総点数は100万に及ぼう。だが、近現代で活字化されたものは1万点にも及ぶまい。そこで著者は、手元に集めた「雑本」を中心に、和本の持つ面白さ、豊かさに興味をもってもらおうと本書を企てる。ここには「現存唯一本」の収集品もこっそり忍ばせてある。

江戸文芸の柱の一つが戯作（げさく）だ。1778年の序が付く渾沌（こんとん）先生選『挿花古実化（そうかこじつけ）』は、花器とそれに生けた花を描く百瓶（ひゃくへい）の画を連ねる。一つの画に、生け手「太田氏」、花器「ミの」、花「や満ふき」とある。蓑（みの）を筒状に巻いた釣花器（つりかき）に生けた一枝の山吹、したがって生け手は言うまでもなく太田道灌だ。戦国時代、江戸城を築いた道灌の山吹の里の伝説にもとづくこじつけである。まさに生花を場とした戯作文化の表出であろう。

江戸は、江戸城を、大名をはじめとする武家の屋敷が取り巻く巨大都市であった。『異扱要覧（いあつかいようらん）』は、武家屋敷の辻々に設けられた辻番所の番人の心得を示した、18世紀後半期の刷り物。「同志の友の需（もとめ）に応じて」、限定500枚を刷ったと記す。捨子（すてご）・捨物（すてもの）・倒者（たおれもの）・水死者（すいしもの）などの事件が起きたとき、いかに対処すべきかを示す。治安維持の当事者が記す心得は、時代劇への興味や理解を高めてくれる。

江戸文化は、遊びが科学に交わる場も生み出した。1775年刊『養鼠（ようそ）玉のかけはし』はペット鼠（ねずみ）飼育法の珍本。さらに、1787年刊『珍翫鼠育草（ちんがわんそだてぐさ）』はハツカネズミを交配して、例えば「黒眼（くろまなこ）の白鼠」をつくる方法を記す。博物学者はメンデルのエンドウ交配実験報告発表より79年前の業績になると評す。

さらに指紋占い、博奕（ばくち）、言葉遊び、遊里案内、職人尽（づくし）、書画展観目録、画譜、狂詩、わ印（春本）など興味深い収集本も紹介する。本書は、和本というモノを通して、江戸文化の深さを私たちに教えてくれる。

評・石上英一（東京大学教授）

なかの・みつとし　35年生まれ。九州大名誉教授。『近世新畸人（きじん）伝』など。

二〇〇九年四月一二日❼

『メコンデルタ　フランス植民地時代の記憶』

高田洋子 著

新宿書房・三〇四五円
ISBN9784880083940

歴史／人文／国際

ベトナム南部のメコン川下流のデルタ地帯は、19世紀からのフランス植民地、戦後のインドシナ戦争、ベトナム戦争、そして社会主義政権と、劇的に変動する歴史を経験してきた所だ。

本書は、このメコンデルタに残るフランス植民地時代の記憶を探る著者が、95年から数年にわたり二つの村の農民に行った聞き取り調査を、豊富な写真を交えて記録したものである。

まず、フランス植民地時代の名残が、地主の建物、運河など様々な形で見られることが印象的だが、それよりも、農民たちに植民地時代の記憶が鮮明に残っていることに驚愕（きょうがく）する。

80名余りの農民からの聞き取りでは、自作農、小作農、農業労働者の暮らしや農作業、教育、宗教、相続などのほか、ベトナム人、クメール人、華人、インド人、フランス人などの相互関係が、農民それぞれの言葉で語られる。途中で「語り」を拒否する農民がいる半面、著者の誠意に惹（ひ）かれて、貴重な証言をする農民もいる。特に彼らの独特な土地観念は興味深い。

もう少し「道案内」が欲しかったが、こういう「泥臭い」民衆レベルの目線は大事にしたい。

評・南塚信吾（法政大学教授）

二〇〇九年四月一二日❽

『失われた〈20年〉』

朝日新聞「変転経済」取材班 編
岩波書店・一九九五円
ISBN9784000222082 経済／ノンフィクション・評伝

かつて90年代の「失われた10年」を悔やむ論調がさかんであった。それ以降は、様々な改革によって、ゆるやかな回復が続いた。と思っていたら、今回の世界的な危機に襲われた。

しかし実は、バブルがはじけてから今日までの日本は、再生がうまくいかなかった20年ではなかったか、と本書は言う。雇用の規制緩和、金融ビッグバン、持ち株会社の解禁、グローバル化やネット社会化への対応など、たくさんの改革や変化があった。戦後の経済成長の限界を超えて、新しい豊かさへ向かうはずであった。

ところが、今では、行き過ぎた市場重視、ワーキングプアを生んだ派遣の自由化、年金をはじめとするセーフティーネットの不備と「社会保障難民」の増加など、日本社会は激しく痛んでいる。内需拡大に失敗し、外需依存の繁栄も終わった。何よりも、将来を担うべき若年層が痛んでいることが憂慮される。

10年後に「失われた30年」を嘆かないためにも、一読をお勧めしたい。日本の社会と経済を変化させた多くの決定を活写しており、評者のような経済の門外漢にも読みやすい。

評・小杉泰（京都大学教授）

二〇〇九年四月一九日❷

『ウニ学』

本川達雄 編著
東海大学出版会・五〇四〇円
ISBN9784486018100 科学・生物

4億年の歴史もつ動物の奥深さ

ムラサキウニ。バフンウニ。アカウニ。シラヒゲウニ。私たちが生や塩蔵で食べるこのウニが「学」になるのは、何より四億年の歴史をもつ立派な棘皮（きょくひ）動物だからである。古生代から約七千種が絶滅と進化の系統樹をつくってきて、今日生息するのは九五〇種。種分類学から見ても、ウニは途方もなく奥深い。

もともと身近な海でいくらでも採（と）れる上に、石灰質の殻のおかげで化石が豊富なこともあって、ウニはアリストテレスの時代から生物学の主役の一つだったが、今日ではそこに分子生物学をはじめ、漁業資源としての水産学や栄養学、養殖技術などのアプローチも加わる。全部を合わせて「ウニ学」である。

ウニと言えば棘（とげ）。棘の根元には筋肉と関節があり、これによって自在に棘を動かして歩く。歩行には呼吸器をかねた管足も使う。しかし、ウニには脳がない。目もない。では数百本もある棘や管足をどうやって制御しているか。なんと、一本一本の表皮に伝わる刺激が個々に反射を起こし、その連鎖が個体を動かすらしい。動物が足を動かすのではなく、まさに「足が動物を動かす」のである。

かくして中枢神経を持たず、刺激の受容から、それが伝わる部位までほぼ一直線というウニは、いわゆる「神経だらけ」となるのだが、では、そんな個体はどんなふうに発生するか。

受精卵が分割を繰り返して胞胚（ほうはい）となり、将来の構造を決めるさまざまな細胞の生成と移動があり、原腸陥入（げんちょうかんにゅう）が起こって個体のかたちが出来てゆく過程は、発生調節遺伝子やたんぱく質の解明が進むほど、謎と驚きが増してゆく。たとえば、丸い原腸胚がやがて三角錐（さんかくすい）になるのはなぜだ？ その三角錐から腕が生えて幼生のプランクトンになってゆくが、左右相称の形態のこれが、いったいどうやって五放射相称の成体に変態する？

細分化した研究の最先端を、十四人の研究者がそれぞれ一般向けに語る本書には、子どもでなくとも興奮させられる。ふだん知るすべのない科学論文の要旨が、こうして私たちの手に届くことこそ画期的なのである。

評・高村薫（作家）

もとかわ・たつお 東京工業大学教授。本書の姉妹編に『ヒトデ学』がある。

二〇〇九年四月一九日③

『ウェルギリウス『アエネーイス』 神話が語るヨーロッパ世界の原点』

小川正廣 著

岩波書店・二三〇五円
ISBN9784000282895

歴史／文芸

現代的意味の理解みずみずしく

本書の原典『アエネーイス』は、内容の多彩さ、文学史的意味の深さのわりには知名度が低い古典ではあるまいか。

テーマはホメロスが吟じて名高い『イリアス』の後日談、作者は古代ローマきっての大詩人ウェルギリウスだ。そのウェルギリウスは1300年後、これも著名な『神曲』の中でダンテを案内して（ダンテの考えによる）死後の世界を説き明かしている。ルネサンスのさきがけであり、20世紀以降の展望を含む遠大な思索であった。

略述すれば、トロイ戦争のあと、敗れた王家の一員アエネーアスが母国の再建を願って地中海をさすらい、イタリア半島に至ってここに小国を興し、それがローマの誕生となった、という伝説の記述である。『イリアス』に模して創（つく）られ、タイトルはアエネーアスの物語の意、英語では『イーニイド』と呼ばれているようだ。ウェルギリウスは初代皇帝アウグストゥスの知遇をえて、この叙事詩にローマ帝国建国の理念と歴史的必然性を示し、ローマ市民啓蒙（けいもう）の意図を明白に含ませている。ローマの平和をも思案している。

本書『アエネーイス』は2部からなり、第Ⅰ部は〝書物の旅路〟であり、第Ⅱ部は〝作品世界を読む〟である。ご用とお急ぎのかたには第Ⅱ部が原典のあらすじを伝えて楽しめるが、注目すべきは第Ⅰ部のほうで、『アエネーイス』がどう誕生し、歴史の中でどう評価され、その現代的意味はなにか、という解明がみずみずしい。よく生きる哲学と他者との共生の政治学を求めたローマ世界を反映して、この叙事詩は時代を貫くエトスを含んでいる、と説いている。

話は変わるが、本書は世界の古典30点ほどを解説するシリーズ「書物誕生」の中の一冊。シリーズは広義の入門書的著述であり、「翻訳された原典は文庫本でどうぞ」というコンセプトで編まれているが、特筆したいのはそういう原典の翻訳本が（絶版もあるが、とにかく）この国できっちりと上梓（じょうし）されてきたことだ。この文化の存在する意味を、本が読まれなくなりつつある今、強く訴えたい。

評・阿刀田高（作家）

おがわ・まさひろ 51年生まれ。名古屋大学教授（西洋古典学）。

二〇〇九年四月一九日④

『宇宙を織りなすもの 時間と空間の正体 上・下』

ブライアン・グリーン 著 青木薫 訳

草思社・各二三一〇円
ISBN9784794217004〈上〉・9784794217011〈下〉

科学・生物

常識の裂け目からみえる時空絵巻

現実と見えるものは幻なのか。平たい面から立体像を浮かび上がらせるレーザー光の技に似て、この世の出来事も実は「薄っぺらな表面の上で起こっている」とみる仮説がある。縦横高さの3次元生活も2次元世界の影にすぎないというのだ。

これは、この本が点描する最新宇宙像の一つである。科学は今やブンガクの領空に迷い込んだようにも思える。

著者はニュートン、ライプニッツの時空観から説き起こすが、日常感覚を揺るがすのは20世紀に入ってからの物理だ。

アインシュタインの相対論では「相対運動をする二人の観測者にとっての『今』は同じではない」。ある人の現在は別の人の過去にも未来にもなる。

量子力学によれば、二つの粒子が絡み合い、「遠く離れていても、ひとつの実体」として振る舞うことがある。片方の粒子の状態が定まった瞬間、もう一方の状態も決まるというのだ。これでは、ものを隔てる空間の存在感は薄れてしまう。

素粒子の探究も、空間像を一新した。物質のもとは極微のひもだとする超ひも理論は、4次元時空を超える多次元世界を想定する。私たちは3次元空間に閉じ込められていて外の追加次元に気づかないだけ、という理論も登場した。人間は「睡蓮（すいれん）の葉の下に深い水があることなど何も知らずに、葉っぱの上を歩いていくアリ」なのか。

混迷のなかで見えてきたこともある。宇宙の始まりに急膨張があったというインフレーション理論は、時間の謎にヒントをくれた。膨張で一気に伸びた空間が「秩序の高い、均一で平らな状態」を生み、それが秩序から無秩序へ向かう時の流れをつくった、と著者はみる。

生身の感覚でつかめない追加の次元は、巨大加速器の実験などでしっぽを出すかもしれないという。常識の裂け目から、ブンガク風味の宇宙像が顔をのぞかせても不思議ではない時代に私たちは生きている。

『エレガントな宇宙』で名をはせた当代きっての物理の語り部が贈る時空絵巻。「今年は読む連休」という人に薦めたい。

評・尾関章（本社論説副主幹）

Brian Greene　超ひも理論を探究する物理学者。著書に『エレガントな宇宙』。

二〇〇九年四月一九日⑤

『石油をめぐる国々の角逐　通貨・安全保障・エネルギー』

長谷川榮一 著

ミネルヴァ書房・三二五〇円

ISBN9784623053421

経済／国際

各国事情に左右される戦略物資

便利な現代的生活は、石油を中心とするエネルギー資源に支えられている。石油はいつかは枯渇するが、当分は世界経済の石油依存は変わらない。だから、石油を誰が支配するかは、資源小国の日本にとって死活的な問題である。

本書では、日本のエネルギー対策に詳しい著者が、石油をめぐる新しい状況を分析し、今後の方向を予測している。そのために、04～08年の石油価格の高騰期に焦点を当てる。03年までの低価格期から一転してこの時期に原油価格が高騰し、消費国に重い負荷がかかった。昨年はついに、1バレル当たり100ドル以上となった。現在はかなり沈静化したものの、高値を生む構造は続いている。

大きな原因は、中国、インドなどのエネルギー消費の増大、産油国自身の国内消費の伸び、米ドルの低落などである。石油をめぐるプレーヤーが多様化したため、石油価格を安定的に管理しえなくなった。最大の産油国サウジアラビアは安定供給を重視してきたが、その能力にも限りがある。

かつて石油危機が生じた70～80年代には、主要な産油国・消費国ともに数が少なかった。現在は、ロシアも資源大国として覇を唱え、大口消費国となった中国も世界中に手を伸ばしている。需給関係に加えて、環境問題、安全保障、投機的な資金の参入など複雑な要素が増した。

原油そのものは当分なくならない、と著者は判断している。原油高騰とともに、石油枯渇期が近づいたとの説が流布したが、それは正しくない。しかし、お金を出せば買える市場商品と思うのも間違いである。原油の9割は国家または国有企業が所有しており、各国の事情に大きく左右される。価格メカニズムは活用すべきであるが、根本は戦略物資である。

今後の日本はどうすべきか。経済成長と省エネを同時に実現してきた唯一の先進国として、省エネ技術を推進し続け、エネルギーの効率的利用法を世界に広めることを、著者は提唱している。油価が沈静しても、油断してはいけないのである。

評・小杉泰（京都大学教授）

はせがわ・えいいち　52年生まれ。内閣広報官などを経て、中小企業庁長官。

『1945年のドイツ　瓦礫(がれき)の中の希望』

テオ・ゾンマー 著　山木一之 訳

中央公論新社・二九四〇円
ISBN9784120040115　歴史／ノンフィクション・評伝

長く生き難い、苦悩と再生の1年

ドイツにおける1945年の365日が、何と長く、そして多くの事件と「意味」に満たされた「時」であったことか。そして、何と「生きる」ことの難しい「時」であったことか。

本書では、1945年初めからのドイツへの連合国の侵攻、混乱の強制収容所、ドイツ人の避難生活、4月30日のヒトラーの自殺、無条件降伏、ヤルタとポツダムでの連合国会談、連合国による占領と対ドイツ政策、占領下での悲惨な市民の生活が描かれる。その間に、日本の敗戦への道と原爆投下が効果的に挿入されている。

この本は決して学術的な歴史書ではない。だが、一ページごとに「1945年のドイツ」から「1945年の日本」を想起させながら読ませる力を持っている。

「妄想から始まったこの戦争はカオスで終わった」。あの非人間的なナチス体制とあの戦争は、一体だれのせいなのか、自分にも責任があるのか、1945年は「敗戦」なのか「解放」なのか、こういう大問題に直面しながら、ドイツの国民はこの1年を「生きる」。不安と忘却の中で。だが、わずかに再生への希望の光がさしてくる年でもあった。考えてみれば、これは日本でも同様だったはずだ。

しかし、何かが違う。本書の論理で言えば、1945年のドイツは国家権力も領土も国民も失い、要するに国家がなくなったのに対して、日本は分割占領もなく、天皇制も残り、国家は不完全ながらも維持されたことになる。この違いは戦後の歩みに残るはずだ。

著者は、ドイツ人への強いメッセージを込めている。ドイツ人は連合国の空爆や占領の犠牲者であると言う。だが、「ドイツ人が犠牲者になる前に、ドイツ人は犯罪者であったことを忘れてはいけない」と断言する。日本ではどうか。

最後に、1945年に人々を苦しめていた「失敗と苦悩」を耐えて、再生のために必死に生きたあの世代の歴史を大事にしなければならないと、現代の若い世代に警告する。日本ではどうか。

評・南塚信吾(法政大学教授)

Theo Sommer　30年ドイツ生まれ。ジャーナリスト。

『阿呆者(あほうもの)』

車谷長吉 著

新書館・一六八〇円
ISBN9784403210990　文芸

車谷長吉氏の著作を書評するのは、ちょっとためらう。「お前なんかにあれこれ言われとうない」と文句を言われそうで怖いからだ。でもそんな恐怖を押しのけても紹介したいほどこの「阿呆者」は面白い。

これは氏の代表作「赤目四十八瀧心中未遂」と同じく自伝的作品だ。一見、ランダムに並べられたエッセーを順番に読み進めるうちに、読者は氏とともに人生を歩んでいる錯覚に陥り、氏の文学へのきまじめな姿勢をひしひしと感じるに違いない。

氏が作家を志すのは、高等学校時代に夏目漱石の「こゝろ」を読み、「暁方(あけがた)に読み了(お)えると、目に映る世界の色がすっかり変(かわ)っ」たからだ。それ以来、「ただひたすら前へ進む以外に道はないのである」という姿勢で歩み続けている。その姿勢に、こちらまで背筋が伸びる気がする。

厳しい話ばかりではない。氏が、嫁はんを夕食に誘い、なじみの精肉店でコロッケを買い、2人で立ち食いをする。最初、変な顔をしていた嫁はんが「おいしいわね」と目を輝かせるという「コロッケ」は極めて上質な掌編小説で、さわやかな読後感に心が満たされる。

評・江上剛(作家)

二〇〇九年四月一九日⑧

『ソーシャルブレインズ　自己と他者を認知する脳』

開一夫、長谷川寿一 編

東京大学出版会・三三六〇円
ISBN9784130133036

科学・生物

「進化の隣人」と呼ばれるチンパンジーはどんな動物よりもヒトに近い能力を示すが、けっしてヒトの高みに達することはなかった。共感や教育などを可能とする「社会脳」をチンパンジーは欠いている点が決定的なのだという。では、なぜヒトだけが社会脳という超能力を手に入れることができたのだろう。本書は、霊長類研究、脳認知科学、発達心理学、ロボティクス研究などの多様な学問が、よってたかって社会脳のメカニズムに挑んだ最新の成果である。

謎の壮大さに比して、各章で取り上げられているテーマはいたって〝原始的〟だ。鏡に映った自己像を自分だと認識できるようになるのはいつごろか。自分でくすぐるとくすぐったくないのはどうしてか。他者が注意を向けている物や場所に、視線を向けることができるのはなぜか。そうした問いをひとつひとつ解き明かしたその先に、社会脳のメカニズムがようやく仄(ほの)見えてくる。

科学者たちの挑戦が始まっている。けれども、他者の心を理解し、共感する社会脳は、いまだ迷宮のままといってよい。

評・耳塚寛明（お茶の水女子大学副学長）

二〇〇九年四月二六日①

『日台関係史　1945-2008』

川島真、清水麗、松田康博、楊永明 著

東京大学出版会・二九四〇円
ISBN9784130322119

歴史／国際

日台の歴史概観する初の体系的学術書

台湾はかつて日本の植民地だったことを知らない人も増えてきている。また日台関係はしょせん日中関係の裏面史でしかないと思っている人もいる。台湾の視点から、日台関係のみならず、日中関係、米台関係をとらえる書物はこれまでなかった。本書は40代の気鋭の専門家による初めての体系的な学術書である。基本的には1945年以降、現在までの日台の歴史を概観したものである。ただ時系列的に事実を紹介しているだけではなく、論争的なイシューを網羅し、理論的な解説がなされ内容が豊富である。

幾つかの興味深いポイントを紹介する。①日本と台湾の関係は49年に中華民国が台湾に移動して以来、「日華関係」が前面に出たが、日本植民地時代に源流をもつ「日台関係」は常に内在し、「日華・日台関係」という二重性が基本枠組みとなった。②日中国交正常化、日華断交によって「72年体制」の原型がつくられた。が、台湾側はそれ以前から「政経分離」方式を想定し、経済貿易文化や領事業務を行う機構の設置を模索していた。実務外交に徹するその後の基本姿勢の始まりである。国際社会への参加では「チャイニーズ台北」という名称を用いる、いわゆるオリンピック・モデルができた。それはアジア開発銀行、APECなどへの台湾参加にも適用された。中台関係のある種の「妥協」であるが、当時勢いのあった日本の役割は小さくなかった。

③91年以降、李登輝主導で中華民国の「台湾化」が進められた。天安門事件は中国「独裁国家」の印象を与え、逆に「民主化する台湾」のイメージが強まり、国際空間を広げるチャンスを得た。90年代前半、日台「ハイレベル接触」も増大し、「日華関係」と「日台関係」は逆転していったと見る。④日華・日台関係では蒋介石や李登輝のような象徴的人物の役割が大きい。

⑤国際関係から90年代以降の日台関係をみると、二重の戦略的三角関係に着目すべきである。特に「米中台」の三角関係は96年の台湾海峡危機のように日台関係を安全保障の視点から捉(とら)えなおす契機になった。「米日台」の三角関係は、97年日米安保再定義、台湾にかかわる「新ガイドライン」が打ち出されアジアの安全保障面に影響を及ぼした。小泉政権時代には日米同盟の強化、「台湾海峡の平和的解決」を重視という戦略的明確さが強調され、二重の三角関係は微妙に融合し始め、「日米・中・台」という新たな三角関係が浮上した。今日、馬英九政権の登場によって、

中台交流の進展が顕著になってきた。「統一か、独立か」という中台関係に強く規定された従来の日台関係とは異なるシナリオが問われている。

日台関係史は日本外交の本質を映し出す鏡でもあり、時として日中関係のある部分を主導的に動かすダイナミックさを持つ。本書では斬新な解釈も多々見られ、資料の裏付けもしっかりしており、今後この分野をリードするテキスト的な研究書になると言ってもよい。

評・天児慧（早稲田大学教授）

かわしま・しん　68年生まれ。東京大学准教授。
しみず・うらら　68年生まれ。桐蔭横浜大学教授。
まつだ・やすひろ　65年生まれ。東京大学准教授。
ヤン・ヨンミン　64年生まれ。台湾大学教授。

二〇〇九年四月二六日❷

『出てゆく』

タハール・ベン・ジェルーン 著　香川由利子 訳

早川書房・二三〇五円
ISBN9784152090027

文芸

希望と絶望の切ないモノローグ

なぜ苦しむのだろうか。希望があるから？それならいっそのこと人は希望を捨て、絶望と寄り添えばどれだけ楽になることか。物語の登場人物たちは誰もが祖国から「出てゆく」という希望を持っている。そのために苦しみ、そして倒れる。

舞台は北アフリカのモロッコ。優秀で美しい若者アゼルは、強迫観念のように祖国を「出てゆく」ことばかり妄想している。閉塞（へいそく）感を打破し、自分を変えたいのだ。たった幅14キロのジブラルタル海峡を隔てて目と鼻の先はスペイン。そこは欧州へつながる希望の国。豊かな未来が待っているはずだ。

ついにアゼルは「出てゆく」ことに成功する。ゲイの美術商ミゲルが彼を愛人にしてスペインに連れて行ってくれることになった。「ぼくは出てゆく、心を開いて、地平を、未来を見つめて」と心を弾ませる。しかしそれは絶望への旅立ち。女好きのアゼルは同性愛者として振る舞うことに疲れ、ミゲルに捨てられてしまう。性的不能に陥り、もはや誰も愛せない。絶望した彼が「初めて自分が役に立っている」と実感できた仕事はイスラム原理主義者を摘発する警察のスパイ。結局、彼に待っていたのは無残な死だ。

アゼルと関係する多くの登場人物たち。誰もが、祖国から出てゆきたいと願っている。友人ヌレディンヌはあと数メートルでスペインに着く、その寸前で溺死（できし）する。小エビの殻むき工場に勤める少女マリカは「出てゆく」姿を夢見ながら病死する。姉のケンザは、ミゲルとの偽装結婚という手段で出てゆくが本当の恋に破れ、絶望する。

彼らの身を切るほどせつない希望と絶望のモノローグが縦糸、モロッコの倦怠（けんたい）した空気が横糸になり複雑な人生タペストリーを織り上げる。地図を開きながら読んでいると、乾燥した赤茶けた大地に忽然（こつぜん）と迷宮が現れ、私を誘い込んでいく。

突然、これは日本ではないのかという思いが募る。派遣切り、ネットカフェ難民、約11万人の不法滞在者。彼らの誰もが閉塞感に満ちたこの国で希望に潰（つぶ）され、苦しむアゼルなのか。

評・江上剛（作家）

Tahar Ben Jelloun　44年モロッコ生まれ。仏国で活動する作家。

二〇〇九年四月二六日③

『ジュール・ヴェルヌの世紀　科学・冒険・《驚異の旅》』

コタルディエールほか監修　私市保彦監訳
東洋書林・四七二五円
ISBN9784887217478　文芸／アート・ファッション・芸能

子供の眼と心を養う神話的世界

ジュール・ヴェルヌ。その名を聞くだけで、ぼくは大いに熱狂したものだ。そんな熱狂をもたらした首謀者がいる。彼の著作の中の挿絵たちだ。

ある時ポール・デルヴォーが描く裸女群像の中に場違いな奇妙な男がいた。この男こそ『地球の中心への旅（地底旅行）』の探検家オットー・リーデンブロックだった。ぼくの小説世界への先導者はこんな具合に、聖書に始まり、ダンテ、ワイルド、ポー、キャロルに至るまで、その多くは挿絵絡みだった。

本書にもヴェルヌの〈驚異の世界〉を俯瞰（ふかん）できる多数の挿絵が収録され、ちょっとしたヴェルヌ百科事典の様相を呈する。ただし、約5千点もあるという挿絵の大半は小説が未邦訳（残念！）のために見ることができない。ファンの熱狂が不発で終わるのはなんとも寂しいが。

ヴェルヌといえばSFの父と呼ばれ、その小説には19世紀の科学技術の進歩が徹底的に応用された（実際、本書の大半は当時の科学と彼に焦点を合わせている！）。だが、われわれが誘導されるのはダ・ヴィンチ的ともいえる科学を水脈とする豊かな神話的世界にこそある。

そんな魅惑の王国『海底二万里』や『神秘の島』に登場するネモ船長は今も潜水艦ノーチラス号を待機させているはずだ。ぼくもノーチラス号を包囲する海底の神秘的超絶美に圧倒されて、何度も自分の作品に「独立した人間」ネモ船長の透徹した視線を移植したものだ。

さらに、『海底』から『神秘』までネモ船長が反復（イメージの貫通）される時、そこにもう一つ大きな物語が立ち上がってくる。この芸当を可能にするものこそ文学の存在理由である。そこでわれわれは子供の眼（め）と心と魂を獲得するのだ。

「科学の世紀」から現代へ。「夢と影響を与えてくれた別格の文学作品」として、ビュトール、ロラン・バルト、ミシェル・セール、ル＝クレジオらがヴェルヌへの感謝の証言をくり返している。というのもヴェルヌによって発掘された彼らの青春（ノスタルジーではない！）を自ら強く確認したからだろう。

評・横尾忠則（美術家）

Philippe de La Cotardière　作家。元フランス天文学会会長。

二〇〇九年四月二六日④

『炭鉱太郎がきた道　地下に眠る近代日本の記憶』

七尾和晃著
草思社・一七八五円
ISBN9784794216991　歴史／社会／ノンフィクション・評伝

五感を駆使して記憶の細部描く

かつて炭鉱の坑内で働いた老人は、畳の上で腹ばいになったり中腰になったりして、蒸し暑い坑内での採掘作業の様子を熱心に著者に語る。炭鉱が閉山したあとの島に残った老人は、取材を終えた著者を「もう少しだけ」「もうちょっと先まで」と足をひきずりながら見送り、廃墟（はいきょ）の一つひとつを指差（ゆびさ）して、往時のにぎわいを伝える。

そんなしぐさが見える。声が聞こえる。表情が浮かび、息づかいが伝わってくる。本書のなによりの魅力は、一人ひとりの抱く「記憶」の温（ぬく）もりをていねいに言葉にしてくれているところにある。

1974年生まれの著者は、かつて炭鉱の坑内で働いて「炭鉱太郎」と呼ばれていた人々を尋ね歩き、彼らの現在と過去をたどっていく。全国各地から炭鉱マチに集まり、閉山とともに散り散りになった炭鉱太郎は、石炭産業の栄枯盛衰の語り部でもあるだろう。

だが、本書は決して炭鉱の「歴史」のみを知るための一冊ではない。〈私はみずからが生まれる前の世界をみずからの五感で確かめてみたかった〉――だからこそ、著者は、炭鉱太郎やその家族たちの五感に刻まれた「記憶」に感応する。事故や争議、鉱害や差別といった負の「歴史」を直視したうえで、おおらかなたくましさや明るさに満ちた「記憶」のほうに、より強く、深く、惹（ひ）かれていく。

　長崎県高島の海底炭鉱で働いていた森下さんという人は、「暑いんですよ、あそこは」と言う。それを受けて、著者はこうつづける。〈これまで、そうした過酷な環境での労働を語り継ぎ、あるいはその苦労を訴える書物は多数、書き残されてきた。しかし、実際に海の底で石炭を掘っていた森下の口から、「海の底のほうが暑い」と聞かされると、そうした数多の書に綴（つづ）られた情景が生きたものとして感じられた〉。これこそがオーラル・ヒストリーの醍醐味（だいごみ）だろう。そして、自らの五感を駆使して「記憶」の細部を大切に描き込む著者の文章もまた、人々の話を〈生きたもの〉として読み手に届けてくれるのだ。

評・重松清（作家）

ななお・かずあき　74年生まれ。ルポライター。『闇市の帝王』『銀座の怪人』など。

二〇〇九年四月二十六日⑤

『学歴格差の経済学』

橘木俊詔、松浦司 著

勁草書房・二五二〇円

ISBN9784326503162

教育／経済／社会

データが物語る教育格差の拡大

　1970年代中葉から教育研究の領域に参入をはじめた経済学者たちは、教育を受けることがどれだけの収益を生むかを測定して、「学歴社会虚像論」を主張した。その中心的論者の一人小池和男氏は「日本が学歴社会であるという思い込みは、わが国のいくつかの自虐的な通念のひとつである」と喝破して、「学歴社会諸悪の根源説」を疑いなく信じていた人々に新鮮な驚きを与えた。

　それから三十余年。経済学者であるふたりの著者の課題意識は、基礎学力の低下による優秀な労働力の欠如と、親の社会的・経済的状況に由来する教育格差の拡大に向けられる。能力による差、公立と私立、理系と文系、中央と地方、名門校と非名門校など、格差が顕著な教育分野が取り上げられ、経済学的知見が示されている。

　大卒理系は文系に比べて生涯賃金が低いのはなぜか、など興味ある分析が目を引く。とりわけ本書の主題に即してもっとも意義深いのは、「親の社会階層が子どもの学歴に影響し、その学歴が年収を左右する」「年収1千万円以上の所得最上位層で子どもを私立小中学校に通わせている比率が際だって高く、2000年以降その傾向が顕著になった」ことなど、教育格差の趨勢（すうせい）を新しいデータで再確認している点である。

　過去に学歴社会虚像論から受けた衝撃を、本書から受けることはもはやない。それは本書が凡書だからではなく、「教育問題に経済学が貢献する」ことが当然視されるようになったためである。同時に、人格の完成や人間性にもかかわる教育の成果の中で、経済学が扱うことのできる経済的収益が表立って重視されるようになった――そういう時代の変化の反映でもある。

　親世代の結果の不平等（所得の格差）が子世代の教育機会の平等を阻害している。とすれば、両者の連関をどうやって断ち切ることができるのか。親世代の不平等をどの程度まで縮小すべきか。この問いに立ち向かう刀が、研ぎ澄まされた刀でありさえすれば、その学問領域は不問である。

評・耳塚寛明（お茶の水女子大学副学長）

たちばなき・としあき　同志社大学教授。
まつうら・つかさ　中央大学助教。

二〇〇九年四月二六日❻

『放浪のデニム　グローバル経済に翻弄（ほんろう）されるジーンズの世界』

レイチェル・ルイーズ・スナイダー 著
矢羽野薫 訳
エクスナレッジ・二二〇〇円
ISBN9784767808260

経済／アート・ファッション・芸能／ノンフィクション・評伝

ジーンズで知る貧困・環境問題

私も若い頃から、すり切れるまではいては、ジーンズを楽しんでいる。だが1本のジーンズが、綿花栽培と綿摘み、綿繰り、綿糸紡績と染色、機織りと洗い・研磨などの加工、デザイン、縫製など多くの工程を経ていることをどれほど理解していただろうか。

綿は、ジーンズなど衣料品に変身するために、生産の工程ごとに国・地域を渡り動く。縫製にしても、パーツの縫製、パーツを縫い合わせる最終工程の縫製と、国を移して行われる場合もある。コスト削減のために、綿花栽培や縫製は、アフリカ・アジア・中南米の低賃金の地域で行われることが多い。

著者はそんなグローバル経済化した「デニムの道」を、数年にわたり精力的に取材した。カスピ海西岸のアゼルバイジャンでは、綿花農場、綿選別技師を訪ねる。そこで、綿肺症（めんはいしょう）という重大な職業病を目にする。イタリアでは、フランスのファッション市場を目標にすえるデザイナーとデニム工場を取材し、フランスでの展示会にも同行する。だが、デニムの染色や加工にどのくらい化学薬品や染料が使われるのか、綿花生産の膨大な農薬使用とあわせて、環境問題の深刻さを知る。

カンボジアでは、ジーンズの縫製工場の2人の女性工員に密着取材。不安定な雇用と低賃金のもとでの苦闘、その中での女性の社会的自立の困難を問う。ジーンズの縫製については、中国の深圳の縫製工場で、世界的な基準による工場監査実施の過程を観察する。しかし、その背後にはなお、世界に広く残る搾取工場（スウェットショップ）の問題があると指摘する。

本書は04年秋、オーガニックコットンのジーンズで評価されているニューヨークの著名デザイナーのオフィスに、衣料産業を通してのアフリカ支援を計画するロックスターのボノが訪れるところから始まる。環境保護や貧困地帯救済を目指す慈善運動家、デザイナーらによるオーガニックコットンを用いた衣料品普及活動が、様々な難問を乗りこえ、新しいデニムの道を切り開くかもしれない。

評・石上英一（東京大学教授）

Rachel Louise Snyder　米国のジャーナリスト。

二〇〇九年四月二六日❼

『ベーシック・インカム入門　無条件給付の基本所得を考える』

山森亮 著
光文社新書・八八二円
ISBN9784334034924

経済／社会／新書

「ベーシック・インカム」とは、一定の基礎的所得をすべての人に無条件で給付する制度のことである。そのように記すと半ば夢物語のようにも響くが、日本でも近年、給付型税額控除、つまり収入が一定以下の人には（税の徴収ではなく）〝税の給付〟がなされるという仕組みが議論されるなど、具体的な現実性が高まっている。

本書はそうしたベーシック・インカムについて、その構想が市場経済の成立と同時期に生まれた起源に遡（さかのぼ）りながら、各国での様々な展開を丹念に追いつつ、基本となる論点を包括的にまとめたものである。取り上げられるテーマは「働くこと」の意味、福祉国家、家事労働とジェンダー、エコロジーやグローバル化との関係など多岐にわたる。加えて著者が、土地や住宅など「ベーシック・コモンズ」について論じている点も示唆的だ。

現在のような「生産過剰」と失業の時代には、ベーシック・インカムは再分配と同時に資本主義の過剰にブレーキをかけ、非賃金労働やコミュニティーなど「市場を超える領域」の発展を促す契機にもなるだろう。いま広く読まれるべき本である。

評・広井良典（千葉大学教授）

二〇〇九年五月三日❷ 文芸

『やんごとなき読者』

アラン・ベネット 著 市川恵里 訳
白水社・一九九五円
ISBN9784560092255

女王陛下が読書熱にとりつかれ

なんとチャーミングな本だろう。英国の女王陛下が齢（よわい）八十近くにして突如、猛烈な読書熱にとりつかれるという、オプシマス（晩学者）の目覚めを描いた王室コメディー。王室風刺はイギリス文学のおはこである。

ある日、エリザベス二世は愛犬を追いかけて移動図書館に入りこむ。兎（うさぎ）を追って穴に落ちたアリスのように、その時から不思議の国への冒険が始まった。書記に抜擢（ばってき）した若者の助力で次々と小説や詩集にのめりこみ、公務も上の空、園遊会や会談で文学を論じ、ついに周囲はアルツハイマー病を疑うことに。本書解説者によれば、イギリスの上流階級には「物知らず」を美徳とするところがあるのだ。

なにしろ陛下であるから権威にもひるまない。大家とその傑作をばしばしと斬（き）る。過去の方ばかり向いているプルーストには「しっかりしなさいよ」と言いたくなり、ヘンリー・ジェイムズの回りくどい文章に「さっさと先に行きなさいよ」と一喝。しかしジェイムズの読みにくい文体からも陛下は学ぶ。そう、人の気持ちを思いやるということを！（このくだりは爆笑もの）。本作自体が痛快な文学批評にもなっているのだ。

陛下は首をかしげる。世界中のあらゆるものを実物で見てきたのに、紙上のお話になぜこうも心揺さぶられるのか。「文学の共和国」に「無名の人」として分けいるうち、自分は「ふつうの人間ごっこ」をしていただけだと気づき、これまでの人生を取り戻すべく、ますます書物の深みへ。本書は、女王陛下なりの『失われた時を求めて』とも言えるだろう。さて、その人が新たに向かう先は？

本書邦題から、ヴァージニア・ウルフの評論書『一般読者（The Common Reader）』を想起し、原題を見てみると The Uncommon Readerとあった。作者の姓が、『一般読者』でウルフにこき下ろされた作家アーノルド・ベネットと同じなのも気になる点。ベネットの末裔（まつえい）が題名をもじって酷評に一矢報いたのでは？などと勘ぐったが、こんな邪推まじりの読書は英国的美徳とは言えまい。

評・鴻巣友季子（翻訳家）

Alan Bennett 34年生まれ。英国の劇作家、脚本家、俳優、小説家。

二〇〇九年五月三日❸ アート・ファッション・芸能

『森山大道、写真を語る』

森山大道 著
青弓社・三一五〇円
ISBN9784787272577

表面擦過する写真⇔踏みこむ言葉

４４０ページを写真１２５点と活字がみっしり埋めつくす。そういえば、文庫版の写真集『新宿＋』『大阪＋』はブロックさながら、４センチに及ぶ厚さだった。一種異様な容量である。

きっと違和の表明なのだ。無限のシャッター音とともに街を擦過しつづけてきた写真家が、本というかたちに振動を与える意思のなせるわざである。

これまで森山大道は半自伝的エッセイ『犬の記憶』をはじめ著しい言葉を記してきた。自己の内面に向き合う言葉の数々は、ときに叙情的でさえある。いっぽう、路上をひたすら歩いて撮影してきた膨大なストリートスナップは、表面にしかとどまらないという過激な追求の集積だ。けっして対象に踏みこまず、意味を回避し、物語やイメージのべたつきを遠ざける。

つまり、森山大道にとって「語る」と「撮る」は逆方向の位置にあり、この裏表の関係が言葉をいっそう際立たせる。

かつてカルティエ＝ブレッソンは「決定的

瞬間」を捉（とら）えるに至った「こころの眼（め）」について、緻密（ちみつ）に語った。森山大道が言葉を手だてに試みようとするのは、自作の解説でも方法論でもない。そこに読み探られるべきは、「途方に暮れて写真を選んだ」60年代以降、時代の様相とリアルに関（かか）わりつづけてきた生身の日本人としての記憶と心情だ。その複雑さ、率直さは日本の写真表現の成熟をも物語っている。

ただし、疾走感を共有してきた盟友・荒木経惟に向けて語る言葉はとてもやわらかい。「撮る気はあっても、どう撮ろうなんてない。おれ、立ち止まって待つことは絶対しないんだ」「おれは世界を見るのが恥ずかしいわけ。荒木さんは世界を凝視しないと気がすまないわけ」「うさんくさいものとかいかがわしいものは魅力的で美しいっていう感覚があるよね」

言葉は、いったん語りはじめれば、あらゆる核心に肉薄せざるを得ないきびしい運命にさらされる。現在の表層の断片を擦過しながら、同時に過去の深部を撃つ、その両極を射程に入れた写真家・森山大道の欲望のふかさを思い知る一冊だ。

評・平松洋子（エッセイスト）

もりやま・だいどう　38年生まれ。写真家。『犬の時間』『4区』『ハワイ』ほか。

二〇〇九年五月三日④　文芸

『このあいだ東京でね』

青木淳悟 著

新潮社・一六八〇円
ISBN9784104741038

物語から離れて都市の風景描く

近代小説はさまざまなスタイルのなかで書かれ、読まれてきたわけであるが、そうしたスタイルの違いを越えて、小説というジャンルをジャンルたらしめている基本的な構造は何かと問うてみる。小説が小説であるための条件は何か？

小説は言葉で書かれ読まれる物語である。というのは一つの有力な答えであり、実際ほとんどの小説作品がこの定義に過不足なくおさまるだろう。一方で、小説は物語そのものではなく、むしろ物語からはみ出したり逸脱したりする部分にこそジャンルの本質があり、真の面白さがあるのだとする見解も早くから提出されてきた。物語から離れたところで小説を打ち立てようとする試みもいろいろとなされて、これは調性から逃れて音楽が作られ出した、新ウィーン楽派をはじめとする、20世紀西洋音楽の歴史に類比することもできるだろう。

耳にとって安定した調性音楽と同様、物語は感情を揺さぶり、そうすることで人を癒やすのに対して、物語から離れた小説は読者をときに不安に陥れる。その代わり、世界への新しい認識や、知られざる感覚や感情を教えてくれる可能性を持つ。

青木淳悟は、物語から離れた場所で小説を書くことで、小説の魅力を引き出そうとする日本語作家であり、その意味で、20世紀以降の小説ジャンルの主流を歩む作家の一人であるといっていいだろう。この新しい小説集でも、物語によりそわずに小説を成立させようとする意志と方法意識は徹底して貫かれ、そのことが、いままで知られなかった都市の風景の開示を可能にしている。

東京の風景は、花袋、荷風をはじめ、多くの文学作品のなかで繰り返し描かれてきたが、本書は、パソコンに世界中の地図と衛星写真が収められ、自宅で自在にアクセスできる時代の想像力が生み出した東京風景論ともいいうるだろう。

世に氾濫（はんらん）する「ベタ」な物語に、涙を流すと同時に密（ひそ）かな吐き気を催す人は、是非（ぜひ）とも本書を繙（ひもと）いて胸焼けを癒やして欲しいものだ。

評・奥泉光（作家、近畿大学教授）

あおき・じゅんご　79年生まれ。作家。『四十日と四十夜のメルヘン』など。

二〇〇九年五月三日⑤

『女三人のシベリア鉄道』

森まゆみ 著

集英社・一八九〇円
ISBN9784087712889／9784087468106（集英社文庫）
文芸／ノンフィクション・評伝

晶子、百合子、芙美子の旅を追う

鉄道の旅は、飛行機のフライトや自動車のドライブとは違い、しばしば人生にたとえられるものです。線路という一本の筋の始点と終点がはっきりしているからこそ、私達（たち）はそこに人生を重ねたくなるのでしょう。

『女三人のシベリア鉄道』は、明治の末から昭和のはじめにかけて、それぞれの理由でシベリア鉄道に乗った、与謝野晶子、宮本百合子、そして林芙美子の人生の旅を追った書。著者が実際にシベリア鉄道に乗車して三人の旅を検証した旅行記でもあるのですが、それら複雑な要素が、一冊の中に見事にまとまっているのです。

パリにいる夫に会うために、七人の子供を日本に置いてシベリア鉄道に乗った、晶子。離婚後、友とも恋人とも言える女性とともにロシアに旅立った、百合子。そして、夫を東京に残して、パリに住む別の男性に会いに行った、芙美子。それぞれの道中と人生の、何とエネルギーに満ちあふれていることか。

昔の女性と比べると、自分達は「進んで」いると私達は思いがちです。が、この時代に先端を生きる女性達の人生を見ると、私達よりずっと体力にも知性にも満ちあふれ、そして時にとっぴなほどの行動力を持っていることに驚くのです。

晶子達の時代に、女がシベリア鉄道で旅をするということは、今と比べものにならないほど勇気のいる行為でした。しかし彼女達は、それほどまでに強く求める何かを持っていたのであり、その「強く求める気持ち」は、あらゆる門戸が女性に開かれ、何をするのも自由という今を生きる女性達には、もう持ち得ないものなのではないかという気もしてくるのです。

著者はシベリア鉄道に揺られながら、三人の女性の人生に、自分の人生を重ね合わせていきます。合わせて四人の女性の人生が線路の上には見え隠れするのですが、ふと気が付けば読んでいる自分も、今までの人生のあれやこれやをそこに絡ませているのであり、ガタンゴトンという単純そうでいて複雑な響きが、読んでいる間中、心地よく聞こえてくるのでした。

評・酒井順子（エッセイスト）

もり・まゆみ 54年生まれ。作家。『円朝ざんまい』『旅暮らし』など。

二〇〇九年五月三日⑥

『皇軍兵士の日常生活』

一ノ瀬俊也 著

講談社現代新書・七九八円
ISBN9784062879828
歴史／新書

食事や手当から浮かぶ軍の退廃

旧軍もいいところはあった、それは金持ちも貧乏人も同等で不公平がなかったことだ、とよくいわれる。ところが著者は、兵士の日常生活にかかわる史料を綿密に掘り起こしてその定説を覆していく。

たとえば食事。

カロリン諸島のメレヨン島では、約６５００人の将兵のうち約４５００人が餓死・病死した。その島の１９４５年1月10日の食事は、兵士1日１５０グラムに対し、将校は３００グラムだったという。こうした食の差別に怒った兵士が、上官に手りゅう弾を投げつけ、銃剣で刺すという事件まで起きている。

応召手当の問題もある。

三菱商事や三井物産は、応召中の正社員・従業員の給料を全額保障した。住友は正社員には全額、従業員の場合は家族持ち全額、独身者半額を保障した。戦死者には弔慰金も出た。

朝日新聞社もその一つだ。2年余を兵役に取られた作家の松本清張は「最低の生活費ながら、とにかく新聞社から家族に給料が行っていることは安心だった」と書いている。しかし農家出身の兵士にそんな保障は何もない。働き手を取られた小農の家庭は途方に暮れるばかりだった。

本書は、戦争の長期化で規律が乱れていく状況も描く。古兵が朝の点呼にも出ず、暴力で上官を脅す。「兵隊やくざ」の世界が実際にあったのだ。

1928年の済南事件では米の飯が十分に与えられ、副食は「奈良漬（ならづけ）、梅干し、牛肉、缶詰、生魚、氷砂糖」だった。行軍の道筋には「乾パン、食パン、サイダー、ビール、果実缶詰、卵、仁丹、煙草（たばこ）、キャラメル、夏蜜柑（なつみかん）」などが積まれ、兵士は好きなだけ持って行けたという。

そのころまで、軍は前線で命をかける兵士を大切にする思想があった。しかし戦争が長引くにつれ、その思想が堕落していく。食の不公平も規律のゆるみも、その過程で生まれた。

本書は、皇軍兵士の日常生活に焦点を当てながら、実は「皇軍」そのものの退廃を描きだしているのである。

評・松本仁一（ジャーナリスト）

いちのせ・としや　71年生まれ。埼玉大准教授。『近代日本の徴兵制と社会』など。

二〇〇九年五月三日❽

『サッカーという名の戦争　日本代表、外交交渉の裏舞台』

平田竹男 著

新潮社・一三六五円
ISBN9784103138310／9784101357911（新潮文庫）　社会

日本サッカーがワールドカップやオリンピックの予選を突破し、世界の強豪と戦うためには、選手の活躍のほかに、試合の裏でも工夫をこらす必要がある。長距離の移動や時差、気象条件などを計算し、試合の開催地を交渉し、試合順などの交渉に知恵を絞るのである。

試合は単なる抽選の結果ではない。

いい対戦相手との練習試合を、過密スケジュールの合間をぬって入れるのも大事である。著者は日本サッカー協会で、国際的な試合を組む仕事を足かけ5年にわたって担当した。いい試合によって、チームは強化され、ファンも増える。

かつてサッカー少年だった著者は、通産省で資源外交を担当した際、サッカー好きを通して人脈を切り開いたという。サッカー協会での仕事も外交であった。ホテルで作戦会議をする際は、ボーイに見られてもいいように白板に偽情報を書いた。徹底した情報管理に驚く。

題名はサッカーは戦争と言っているが、実は、スポーツを通じた交流こそ友好に役立つパワーである、と結論づけられる。サッカーファンでなくとも楽しめる一冊である。

評・小杉泰（京都大学教授）

二〇〇九年五月一〇日❶

『大聖堂　果てしなき世界　上・中・下』

ケン・フォレット 著　戸田裕之 訳

ソフトバンク文庫・各九九八円
ISBN9784797346237〈上〉・9784797346244〈中〉・9784797346251〈下〉　文芸

長大な歴史ロマン　広がる人間の想い

「言葉っていくつあると思う？」と若き女性が幼なじみに尋ねる。五つ、六つ？　自分たちが聞いたこともない言葉もあるはずだ。ふたりは果てしなく広がる世界を想像してわくわくする。この場面を読んで、もう本を置けなくなった。あの『大聖堂』から十八年、ついに刊行された続編は期待を裏切らなかった。

今回の舞台は前作から百五十年後の十四世紀半ば。かつてキングズブリッジの地に大聖堂を建てたいと心を燃やした職人トムたちの子孫がさらなるドラマを繰り広げる。前作では善も悪もすべての運命は収まるべきところに収まり、原題「大地に立つ柱」の通り人々の欲望と希望は大聖堂という人工の伽藍（がらん）へと回帰していった。だが今回フォレットが挑んだテーマは大聖堂から限りなく外へと広がってゆく人間の想（おも）いなのだ。

地域間交易が盛んになり、魔女狩りが忍び寄り、黒死病が大流行する。かつて宗教的良心の砦（とりで）として建設された大聖堂も、いまは内部から組織の腐敗が進行している。

う）を建てたいという野心を持ちながら、まずは交易の要である橋の建設に取り組む。彼が愛する女性カリスは先進的な人物だ。彼女は結婚を第一とは考えず自らの理念に向かって進む。今回、大聖堂の精神を立て直そうと努力するのは女性たちなのだ。特にカリスが科学の視点で人々を救おうとする態度には胸が熱くなる。

誕生と別れ、陰謀と駆け引きが今回も次々とやってくる。前作の展開を知る読者なら、今回の出産はどうなるのかなどとはらはらして物語の行方を見守ることになる。前作では敵味方がはっきりしていた。しかし今回、理想を阻んでくるのは血縁者だ。そのやるせなさは現実的で、年輪を重ねた著者の渋みが光る。歴史上の大事件が深く絡んでくるのも見所（みどころ）のひとつで、前作のカンタベリー大司教トマス・ベケット暗殺に相当する今回の謎は、エドワード二世の末期に関（かか）わる謀略である。

しかしフォレットといえば冒険小説の書き手だ、歴史物は例外作では？　と疑う向きもあろう。だが彼はもともと大聖堂の物語に取り組みながら当時は果たせず、より単純なストーリーの『針の眼（め）』でデビューし成功を収めた経緯がある。思い出されよ、その本では主役のスパイと宿敵の大学教授がカンタベリー大聖堂で相まみえ、尖塔の建築意義について語り合う場面があることを！『針の眼』執筆中でさえフォレットは大聖堂に心奪われていたに違いない。フォレットはディケンズの遺産を継ぐロマンの語り部なのだ。

あまりの長さに尻込みする読者もいるだろう。巻末で児玉清が解説するように（愛情溢（あふ）れるいい解説だ）、物語のうねりに翻弄（ほんろう）され、読み終わったときにはへとへとになる。だからすぐ読めとはいわない。しかし充実の読後感はおそらくあなたの心に一生残る。死ぬ間際に「ああ、私は面白い本を読んだ」と回想できるなら、それは至福の人生なのである。

評・瀬名秀明（作家）

Ken Follett　49年生まれ。英国の作家。『針の眼』でアメリカ探偵作家クラブ賞受賞。89年発表の『大聖堂』が全世界で1500万部を超えるベストセラーに。ほかに『レベッカへの鍵』など。

『漁師と歌姫』

又吉栄喜 著

潮出版社・二二〇〇円
ISBN9784267018084

まったり心地よい土俗的な神話

最近は、草食系といわれる淡泊な、頼りない男が多くなったらしいが、この小説の主人公の正雄はいわゆる男らしい男。素手で人食いザメを捕るほど勇敢な漁師であり、櫂（かい）をこぐために上半身の筋肉が発達した美しい若者だ。

小説は、正雄の、村一番の美女和子への恋を軸に展開する。

恋といってもちゃらちゃらした現代的なものではない。静かで寡黙な恋だ。彼女は、美しいばかりではなく、呪文のような詩を詠み、詩を「大自然と（自分とを）融合させるモノ」と考えている巫女（みこ）のような女性。正雄は彼女の能力に畏怖（いふ）を感じ、彼女を守ることに徹している。敵（かたき）役として登場するのが、正雄に一方的に恋心を抱く美佐枝。嫉妬（しっと）に狂った美佐枝は和子を激しく攻撃し、思いがけない事件へと発展する。それをきっかけに物語は人生の方向性を探る内容へと変化していく。

骨太で飾り気の無い文章に浸りながら読んでいると、沖縄の明るい太陽の下で潮風に当たっているような、まったりとした気分になる。なぜこんなにも心地よい小説なのだろうか。

正雄は美しい肉体を持ってはいるが、精神は未熟だ。自分が何者であり、どんな力を秘めているのかなどということは考えてもいなかった。狭い土地に縛られ、漁師を続けていることに迷う父に「男は一つに筋を通すべきだよ」と答えていたほど。ところが和子に触発され、魚の命を殺す漁師だからこそ自然の命についての考えを深め、徐々に自分の命が自然と一つだと目覚めていく。

彼の精神が沖縄の風景の中でまさに熟成されるのだが、その過程を一緒にたどるうち、多忙と喧騒(けんそう)で空っぽになった私たちの精神が満たされ、癒やされてゆく。それが心地よさの理由だ。

また、これは土俗的な神話小説でもある。正雄は太陽神アポロンを想起させ、他の多彩な登場人物たちも自分の欲望に忠実で、原始のエネルギーが横溢(おういつ)する土俗の神々そのもののように描かれている。草食系男子が読めば、間違いなく命のエネルギーが注入されることだろう。

評・江上剛(作家)

またよし・えいき　47年生まれ。96年に「豚の報い」で芥川賞。『呼び寄せる島』など。

二〇〇九年五月一〇日❹

『学歴分断社会』

吉川徹 著

ちくま新書・七七七円
ISBN9784480064790

社会／新書

大卒と非大卒に二分する境界線

「格差社会」は現代日本を語るキーワードとなったけれども、格差とはなにか、それはどんな仕組みで生まれたのかが明確にされることはめったにない。本書は格差論バブルの陥穽(かんせい)を突き、大規模社会調査に依拠して、大卒層と非大卒層とを境界づける「学歴分断線」こそが、人々の経済的豊かさやチャンスとリスク、希望などにおける格差現象の正体であることを一貫して暴く。

格差社会を読み解く視角として、下流社会論や希望格差論が主張され、学問的にも社会階層論や経済学的格差分析がすでに存在する。著者は学歴格差に着目するアプローチが、それらを含み込んだ包括的な説明枠組みとして優位にあることを、説得的に提示している。

高学歴化と学歴競争によって特質づけられる昭和の学歴社会は、平成に入って様相を変えた。18歳人口は減少し、大学の門は広く開かれた。にもかかわらず大学進学希望率は50%程度で推移し続ける。著者はそこに平成学歴社会の、冷めた新しい局面を見いだす。大卒の親が子どもの大学進学を願い、高卒であれば子どもが高卒であってもかまわないと考える。こうした各家庭の進路選択が集積した結果、社会の真ん中に学歴分断線が引かれ、それが親から子へと受け継がれていく。これが平成日本が直面する学歴分断社会の現実である。

では、学歴分断社会を、是正すべき不平等社会だと考えるべきだろうか。著者の解答はおそらく読者の意表を突く。たとえば「親子ともども大学に進学しない世代間関係が繰り返されることも……理不尽ではない」を読めば、タブーに触れると感じ、あるいは激しい怒りを覚える人が多いだろう。けれども、学歴による職業や報酬の差異に一定の業績主義的正当性を認め、同時に平等社会を実現しようとすれば、必ずこの地点にたどり着いてしまう。著者はいま自分がどこにいるのかを正直に語っているに過ぎない。読者にはぜひ一読してあっと驚いた上で、私たちがいまいる場所の風景をあらためて眺めてほしい。

評・耳塚寛明(お茶の水女子大学副学長)

きっかわ・とおる　66年生まれ。大阪大学大学院准教授。『学歴と格差・不平等』など。

二〇〇九年五月一〇日⑤

『宇宙開発戦争 〈ミサイル防衛〉と〈宇宙ビジネス〉の最前線』

ヘレン・カルディコット、クレイグ・アイゼンドラス 著 植田那美、益岡賢 訳

作品社・二五二〇円
ISBN9784861822162

科学・生物／国際

「夢とロマン」から軍拡の舞台に

わたしたち地球に住む人類のうちの何人が、この宇宙で今起きている、驚くべき事実を知っているのだろうか。わたしたちが「夢とロマン」の舞台にしている宇宙は、もっぱら平和的に利用されていると思っている人が、大多数ではないだろうか。

宇宙の平和利用によって、銀河系探索、通信システムの革新、気象情報の高度化、全地球測位システム（GPS）の活用が可能になった。ところが、今や宇宙こそが激烈な軍拡の舞台となっていると、本書は警告する。

宇宙は、核弾頭付きのミサイルによる攻撃やそれへの迎撃のために種々のかたちで利用されてきている。アメリカのレーガン大統領が打ち出した戦略防衛構想（スターウォーズ計画）、息子のブッシュ大統領の推進したミサイル防衛構想などは、「おとり」対策などに技術的な不備があるにもかかわらず、部分的に実行されている。同時に、イラク戦争におけるピンポイント爆撃に見られるように、衛星の軍事情報の活用によって地上戦は様変わりした。こうして宇宙は徐々に軍事的に利用されてきていると言う。

だが、いまや宇宙そのものに核を含む軍備が配備されようとしている。地上の標的はもとより、敵の衛星やミサイルを、宇宙においてレーザーや核兵器で攻撃する軍事衛星などを、アメリカが率先して配備しようとしている。現在のところ慎重な姿勢をみせているロシアや中国も当然対抗するであろう。宇宙はいつ核戦争が起きてもおかしくない状態にある。もはや「アニメ」の話ではないのだ。

著者は、この宇宙軍拡は、不都合な国際諸条約を破棄してブッシュ政権下で一挙に進んだと批判する。軍事産業、ペンタゴン、保守政治家などの軍産官複合体が、市民の十分に知らないうちにこれを推進していると。もちろん、これには、日本も巻き込まれていると言う。

宇宙が一握りの勢力の利益のために軍事的に開発されていることが分かる。われわれは人類共通の資産としての宇宙に無関心ではいられないであろう。

評・南塚信吾（法政大学教授）

Helen Caldicott 平和活動家。
Craig Eisendrath 作家。

二〇〇九年五月一〇日⑥

『壊れゆく地球 気候変動がもたらす崩壊の連鎖』

スティーヴン・ファリス 著 藤田真利子 訳

講談社・一八九〇円
ISBN9784062146692

科学・生物

連鎖的に進む破滅を強く警告

地球温暖化が世界の環境を悪化させ、私たちの暮らしを脅かしている。そのことは周知となっているが、本書はいっそう強く警笛を鳴らしている。世界の各地を取材した著者は、温暖化によってやがて壊滅的な事態が生じるのではなく、もうすでに破滅が連鎖的に進んでいると警告する。

温室効果ガスは長い歴史の間、太陽熱を地表に保持して、人類の暮らしを守る働きをしてきた。ところが、近代の産業活動や生活はガスを必要以上に増やし、気温上昇から気候変動が起こった。そして崩壊の連鎖が始まった。

ハリケーンや洪水の発生回数と規模が増大し、環境災害による難民が増える。熱帯病が暖かくなった地域に急速に広がる。北極の氷が解けて海底の資源の争奪戦がおこる。国際的な注目を集めているスーダンのダルフール紛争も、気候変動で土地が失われ、遊牧民と農民の共存ができなくなったことが根本原因である。それに政治的な人災が加わって、悲

劇が生じた。

気候変動の破滅的な効果は、弱い人々に襲いかかる。発展途上国では社会がもろくなり、犠牲者が増える。先進国は当分、それほどの苦痛を味わうことはない。だからといって行動しなくていいのか、と著者は問う。

驚くべきは、現在の気温上昇は半世紀も前に放出されたガスの結果であり、この瞬間に出されているガスの効果もこれから何十年も続くということだ。言いかえると、今から急いでガス削減に取り組んでも、気温上昇はすぐには止まらない。ある水準を超えてしまうと二度と元には戻れない可能性も高い。

現在国際的な交渉が続いているガスの削減案や私たちのエコの取り組み程度ではとても間に合わない。世界のガス排出は加速しており、破滅への連鎖が音を立てて回っているのである。著者は、残された時間はもはやないという。

本書の見通しは悲観的すぎると思いたい。しかし、地球が悲鳴をあげているとすれば、その声に真剣に耳を傾ける時は来ている。

評・小杉泰（京都大学教授）

Stephan Faris ローマ在住のジャーナリスト。発展途上国が専門。

二〇〇九年五月一〇日⑦

『老後も進化する脳』

リータ・レーヴィ・モンタルチーニ 著
齋藤ゆかり 訳
朝日新聞出版・二一〇〇円
ISBN9784022505590
科学・生物／医学・福祉

ガリレオからピカソまで、知と創造の巨人の老後を描きながらの「老脳論」。著者はイタリア生まれの女性で、ノーベル医学生理学賞を受けた神経の研究者だ。この本を書いたのは90歳直前らしいが、いま100歳。

脳細胞が減っても残った細胞が樹状突起をふやすから大丈夫、と安心させるだけではない。老いても脳を上手に使いこなすための「心得があるか否か」が人生の決め手になるという。

知と情動のずれを指摘した個所で「理性を使うことの根本的な大事さこそ、次の世代に伝えるべきもの」と書くあたりに強い思いがのぞく。

哲学者バートランド・ラッセルは晩年、反核平和運動を大展開した。彼が残したという言葉が引用される。興味の向かう先が「自分の人生の外へ広がれば広がるほど、人生の残りがわずかかもしれないという思いが気にならなくなる」。

著者にも同様の達観があるようだ。「死に近づいた個体は（中略）知的能力を百パーセント活用して、自分のものではない未来を楽しむことができる」

老脳の理性こそが、次世代を救うかもしれないのである。

評・尾関章（本社論説副主幹）

二〇〇九年五月一〇日⑧

『絶対貧困 世界最貧民の目線』

石井光太 著
光文社・一五七五円
ISBN9784334975623
社会／ノンフィクション・評伝

「貧困」という言葉は、さらりと何もない語感がある。しかし現実の貧困はぬるぬると汚れ、悪臭を放っているのだ。

1日1ドル以下で暮らす人が世界60億人のうち12億人いる。それは「絶対貧困」といわれる。筆者はアジアや中東、アフリカの絶対貧困の人々の中に入り込み、その暮らしをルポする。

たとえば、路上で暮らす人々は食事をどうしているのか。トイレは。セックスは。お産は。論文や統計では絶対に見えてこない現実が次々に現れる。

列車の線路にふとんを敷いて愛し合うカップル。路上で取り上げた赤ん坊を下水で洗う産婆。1日2千円そこそこの金のために手足を切断する物乞（ものご）い。筆者はそうした現実に真正面から向きあう。ときには物乞いの女性と恋に落ちたりしながら。

ストリートチルドレンの多くが幼いうちに死亡してしまいます、などとさりげなくいわれると、思わずドキリとする。しかし、なぜそうなのかを知ると考え込まざるを得ない。

かなり醜悪な状況を描きながら、下品な感じがない。それは、筆者の視点がつねに貧困者の側にあるからだろう。

評・松本仁一（ジャーナリスト）

二〇〇九年五月一七日❶

『テレビの青春』

今野勉 著

NTT出版・二九四〇円
ISBN9784757150669
アート・ファッション・芸能／ノンフィクション・評伝

正体定まらぬ怪物、全力で挑んだ若者

テレビ草創期、まだ正体の定まらないその怪物と全力で格闘した若者たちがいた。これは、その一人による自伝的な群像の記録である。

　テレビ放送が始まったのは1953年。吉田茂首相のバカヤロー解散があった年だ。TBS（当時はラジオ東京テレビ）開局が55年。著者のTBS入社は59年。NHKの「バス通り裏」が人気を集めていた。

　入社の4月、皇太子（現・天皇）のご成婚があった。いきなり秒単位の仕事の中に放りこまれる。以来、連続700日、1日の休みもない。疲労困憊（こんぱい）、仮泊の旅館で寝たばこからボヤを起こし、水をかけられても目を覚まさないほどだった。

　そんな新入りAD（アシスタント・ディレクター）たちが、「テレビに何ができるか」で寝ても覚めても激論をかわすのである。生硬な観念論で意気込みばかりが突っ走るのだが、全員が真剣だった。

　セリフらしいセリフも入れずにドラマをつくり、視聴者から「音がしない」といわれる。会社から文句が出れば、20歳代半ばの若造が部長や局長と平気でやりあう。

　著者が本格的に連続ドラマとかかわるのは65年、TBSの看板番組「七人の刑事」である。私はそのころまだ学生でテレビを持たなかったが、あのテーマ曲は覚えている。芦田伸介、菅原謙次といった豪華キャストで、人気の番組だった。著者はそれさえスター俳優を無視して心理劇に仕立ててしまい、視聴者から猛抗議を受けるのである。

　彼らの感性は、やがて政治のマグマとぶつかってしまう。それが成田事件だ。68年、空港建設反対運動の住民を、取材車に便乗させた。TBSは集中攻撃を受け、社内処分が出る。それが今度はTBS闘争へと発展していくのである。

　彼らは現場から次々に外されていく。時代が変わり始めた。

　70年、著者ら7人がTBSをやめ、独立プロダクション「テレビマンユニオン」を発足させた。管理職とスタッフが別々に存在するテレビ会社ではなく、「テレビ番組のスタッフが経営もする」会社をつくろうとしたのである。大阪万博が開かれた年だ。著者のTBS入社から11年がたっていた。

　今、テレビは異端から主流に変わった。就職活動の学生が「マスコミ」といえば、それは新聞ではなくテレビを指す。しかし主流となってテレビは緊張感を失った。実験を忘れ、見あきた一発芸をたれ流すメディアになり下がりかけている。

　テレビの青春と自分の青春が重なり合う僥倖（ぎょうこう）にめぐまれた、と著者はいう。しかし豊富なディテールを伴ったその青春の書は、時代史としても十分に価値のある内容だ。

　そんな昔のこと興味ない、どうせじいさんの思い出話だろ、という若者たちがいるかもしれない。しかしそういう若者たちにこそ読んでほしい。失敗を恐れず自分たちの場をつくろうとするのは、いつの時代でも素晴らしく面白いことなのだ。

評・松本仁一（ジャーナリスト）

こんの・つとむ　36年生まれ。演出家、脚本家。59年ラジオ東京（現TBS）入社。70年に仲間とテレビマンユニオンを創立し、「遠くへ行きたい」などを演出した。現在、取締役副会長。著書に『テレビの嘘（うそ）を見破る』など。

二〇〇九年五月一七日❷

『水深五尋（ひろ）』

ロバート・ウェストール 著
金原瑞人ほか 訳　宮崎駿 画
岩波書店・一九九五円
ISBN9784000010771

文芸

謎にひかれる少年らの行く先は

『水深五尋』という題名に惹（ひ）かれた。その時ジュール・ヴェルヌの『海底二万里』の潜水艦ノーチラス号を連想した。結果は中（あた）らずと雖（いえど）も遠からず。現代のイギリス児童文学を代表する作家のドイツの潜水艦Uボートの話で、この点においてもヴェルヌの鬼っ子といえよう。

第2次世界大戦中、イングランドのガーマスという小さい港町は一触即発の緊張した空気に包まれていた。河口付近の海底にはUボートがサメのように徘徊（はいかい）し、町を恐怖一色に染めていたはずだが、なぜか陽気だ。

そんなある日、「母さん」との葛藤（かっとう）に悩む主人公のチャス少年は、河口近くの悪臭漂う水辺の浮遊ゴミの中から奇妙な物体を手にする。これこそドイツ軍に発信するスパイの通信装置と決めつけ、ソリの合わない悪友、密（ひそ）かに恋心を抱く身分の異なる少女、すでに社会人になった同級生の少女の4人でスパイ探しが始まる。

だが、疑えば目に鬼を見る——という疑心の磁力が、彼らをジワジワと窮地に導く。浅い川も深く渡れ——の教訓は馬耳東風。先行した好奇心が町の人間さえ恐れる貧民街ロウ・ストリートを掻（か）きまわす。

物語の前半はチョイ悪『少年探偵団』、後半は不良版『十五少年漂流記』の再来を暗示しながら、かつて少年の頃に誰もが手に汗した血湧（わ）き肉躍る未知と謎の境域に主人公らが搦（から）め捕られていく運命や身のほど知らずの無垢（むく）な魂に、冷やひやする。

そして性と暴力、愛と死、信頼と裏切り、権力と偽善、悲哀と歓喜、罪と罰など汚れた大人社会の虚実を、Uボートを探知するサーチライトのように、チャスらの純な少年の視線が舐（な）めまわし、暴きだす……。

信じるものを失ったチャスが最後に寄せる信頼は永遠に変わらぬ「父さん」だ。〈水深五尋の海底にそなたの父は横たわる……〉。「あの詩は間違っている」と彼は心の中で叫ぶのだった。本書は児童のための物語である以上に、少年性からすでに離脱してしまった大人のための大人の成長物語だ。そう読めばあまりにも皮肉であろうか。

評・横尾忠則（美術家）

Robert Westall 『海辺の王国』など多数。93年死去。

二〇〇九年五月一七日❸

『音楽を展示する　パリ万博1855-1900』

井上さつき 著
法政大学出版局・四八三〇円
ISBN9784588364129

歴史／経済／アート・ファッション・芸能

軽快な手つきで人間模様を描く

十九世紀のパリ万博のイメージは、エッフェル塔や、ガラスと鉄の壮麗なパビリオンだろうか。しかし、当時の万国博覧会はただの産業見本市ではなかった。歴史、労働、芸術など、おおよそ人間にかかわる万物を体系化する百科全書的な試みであり、そこでは当然、音楽も「展示」すべき文化財とされた。さすが芸術の都、というなかれ。すでに近代に入っていた十九世紀のフランスにあって、芸術は国民を啓蒙（けいもう）し、幸福な産業社会の形成に役立つものとして位置づけられていたのである。

このサン・シモン主義の熱気と、共和制下のときどきの政治的意思と、会場建設などの景気刺激策の三つがそろった国家イベントにおいて、さて音楽はどのように「展示」されたのだろうか。著者は、パリの国立古文書館や歴史資料館などで発見された資料をもとに、その紆余曲折（うよきょくせつ）や成功と失敗、さらには変化してゆく時代の音楽地図を詳細に辿（たど）っている。百年以上も遡（さかのぼ）ったそれは、今日私たちのよく知るコンサートやコンクールとはだいぶん様子が違うが、学士院芸術アカデミーやパリ音楽院の権威と現実、予算を握る官僚と音楽家たちの意見の違い、そして聴衆である国民の正直な反応など、まるでバルザックの『人間喜劇』を見るようである。

たとえば一八六七年万博の作曲コンクールで入賞したのはサン・サーンスだったが、お披露目の褒章授与式のコンサートでは、大御所ロッシーニがちゃっかり自作を演奏してしまったこと。普仏戦争での敗戦を経た七八年万博では、愛国心のために曲目をフランス現代音楽に限ったところ、概して不人気だったこと。つねに数百人規模の大オーケストラが編成されるため、楽器メーカーが儲（もう）けたこと。演奏曲目の選定で、つねに学士院会員の作品が優先されたこと。それでもフランク、フォーレ、ドビュッシーなど、新しい時代が確実に開かれていったこと。

本書は、音楽の経済史ともいうべき真面目（まじめ）な専門書だが、音楽の「展示」をめぐる人間模様を描き出す軽快な手つきは、実にフランス的で、楽しい。

評・高村薫（作家）

いのうえ・さつき 愛知県立芸術大学教授（近代フランス音楽史）。

二〇〇九年五月一七日④

『落下傘学長奮闘記　大学法人化の現場から』

黒木登志夫 著

中公新書ラクレ・九六六円
ISBN9784121503107

教育／社会／新書

研究者から一転　悪戦苦闘の日々

地方の国立大学はいったいどうなってしまうのか。本書の副題にある〈大学法人化の現場〉――その現場は、僕たちが予想／覚悟していた以上に、とんでもないありさまだった。

基礎医学の研究一筋に生きてきた著者は、2001年、なんのゆかりもなかった国立岐阜大学の学長に就任する。いわゆる「落下傘」である。折しも国公立大学の独立法人化が強引に推し進められている時期、火中の栗はハジけどおしなのだ。

法人化前に3年、法人化以降に4年、つごう7年間の学長生活は、「親方日の丸」にどっぷり浸（つ）かっていた大学の体質を思い知らされ、「改革」の名のもとに地方を切り捨てていく中央省庁の思惑を目の当たりにしてしまう日々だった。

2004年の法人化まで、落下傘学長は帯状疱疹（ほうしん）を患い、尿路感染症に罹（かか）り、高血圧と不整脈にも苦しめられた。〈さらにつけ加えれば、髪の毛が薄くなったのも、岐阜大のせいであると確信している〉。体調が落ち着いたのは法人化が目前に迫って、事務局の顔ぶれや意識が変わってから。だから――〈少なくとも、私のからだは、法人化を必要としていたのだ〉。

そんなユーモアに満ちた語り口が「奮闘」の明るさを保ってくれてはいるものの、著者の報告する国公立大学をめぐる状況はやはり暗澹（あんたん）としている。

国からの運営費交付金は毎年1％ずつ減らされ、予算の潤沢な旧帝大と地方との格差は広がる一方である。地域医療の核になる大学病院も、再整備の負債を押しつけられた大学にとってはお荷物になりつつあるし、大学の経営難は地方都市の雇用や経済にも影響を与えるだろう。

国公立大学は〈地方の「知の拠点」〉であると同時に、地方を代表する企業でもある。学長はその経営者――だからこそ、〈最大の問題は、教育の重要性を理解せず、あるいはわざと理解しないふりをして、予算を削減してきた財務当局である〉と訴える著者の声には、理念の堂々巡りを繰り返す教育論議にはないリアリティーが、確かに（身も蓋〈ふた〉もなく）宿っているのだ。

評・重松清（作家）

くろき・としお 36年生まれ。東大教授などを経て01～08年まで岐阜大学長。

二〇〇九年五月一七日⑤

『世界政治 進歩と限界』

ジェームズ・メイヨール 著 田所昌幸 訳

勁草書房・二六二五円
ISBN9784326351459

政治／国際

国際政治が進歩しない理由問う

なぜボスニア、コソボ、ソマリア、スーダン、ルワンダなど、１９９０年代以降も多数の内戦が勃発（ぼっぱつ）するのか。なぜ国連は無力なのか。

多くの人が抱くこのような素朴かつ重要な問いに、国際政治の専門書はなかなか正面から答えてくれない。それらは厳密な因果関係をもって科学的に論証するにはあまりに巨大な問題とされる。この傾向は特にアメリカの国際政治学に顕著である。

それに対して本書は、国際政治の根本的問題を正面から説明してくれる。その構成も、国際社会、主権、民主主義、介入となっており、もっとも基本的問題がそのまま並べられている。

著者は、冷戦終結によって国際社会の伝統的な概念の形は修正されたが、それが根本的に変化したわけではないと考える。また、国連安保理が凄惨（せいさん）な民族対立に直面した際に、一方で崇高で進歩主義的理念を打ち出しながら、他方で具体案を提示しなかった例にみられるように、進歩への願いと現実世界の乖離（かいり）が大きくなりつつある現象を危険視している。

本書によれば、冷戦終結後の問題の焦点は「内政不介入の原則が非民主的な体制をも保護していること」、および「すでに確立した国境を自決の原則によって修正することができないこと」の2点である。この意味で主権国家システムは依然として強固であり、本書は現在流行の主権国家衰退論にくみしない。

本書の議論には、国際政治には進歩というものがあるのかという大きな問いも含まれる。著者はこれについて懐疑的であり、悲劇の必然性を示唆する。その考えはリアリズムに近い。ただし、著者によれば、それは道徳的な視点を持ち続けたものでなければならず、また、人間が自分の行動に責任をもつことを求めるものでなければならない。国際政治の将来について安易な希望を抱くことを戒めつつ、人間の自己決定、すなわち自由によって道を切り開いていくことの重要性を説いている。

イギリス国際政治学のよき伝統のエッセンスが凝縮されたテキストである。

評・久保文明（東京大学教授）

James Mayall 37年生まれ。ケンブリッジ大学教授（国際政治理論）。

二〇〇九年五月一七日⑦

『ドキュメント 在日本朝鮮人連盟 １９４５－１９４９』

呉圭祥 著

岩波書店・三九九〇円
ISBN9784000230247

歴史

わずか四年間、しかし驚くべき濃密な活動を展開した団体があった。それが一九四五年結成、四九年に強制解散に追いこまれた在日本朝鮮人連盟（朝連）だ。本書は豊富な原資料を駆使し、全体像をあざやかに描きだす。

瞠目（どうもく）するのは生活擁護や財産取得、教育闘争から映画、文芸、美術、スポーツまで文化活動の実態が明らかにされていること。戦後の混乱下にありながら、かくもこまやかな動きが展開、模索されていたとは。掘り起こされた事実がみずからの文化や歴史に誇りを求める切実と必要をリアルに訴えかけ、胸を打つ。

さらに特筆すべきは活動中に生まれた朝鮮民主主義人民共和国、日米両政府、この三者との関係性のダイナミズムを捉（とら）える視点だ。だからこそ、大衆運動から全国組織に発展しつつも、強制解散の終焉（しゅうえん）を迎えた運命が、いっそう浮き彫りになっている。

長年朝鮮半島の食文化を取材しながら韓国・朝鮮のひとびとと関（かか）わってきた者として、在日を生きる精神の支柱のありかを痛切に認識しつつ読んだ。客観的な記録集であるとともに民族運動の熱の滾（たぎ）りをつたえる、2段組み４１９ページの労作である。

評・平松洋子（エッセイスト）

二〇〇九年五月一七日⑧　歴史

『三大編纂物「国書総目録・群書類従・古事類苑」の出版文化史』

熊田淳美 著

勉誠出版・三三六〇円
ISBN9784585032212

日本文化の基礎資料集編纂（へんさん）の前史は近世の『群書類従』から始まる。国学者塙保己一（はなわほきいち）（1746〜1821）が40余年かけて、江戸初期以前の文献1270点を神祇（じんぎ）部・和歌部など25部に分類し、666冊の版本として刊行した。7歳で失明したという保己一は、いかにして大事業を達成したのか。

明治期の日本文化に関する知の体系を示すのが百科全書『古事類苑』。古代から近世までの事象万般を政治など30部門に分け、事項ごと史料により変遷・内容を詳述する。事業主体を文部省、東京学士会院、皇典講究所、神宮司庁と変えながら、36年を要して完成した。

1940年、岩波書店が企画した「国書解題」事業は戦災を乗り越え、63年から、研究上必備の書『国書総目録』として刊行されるに至った。古代から近世までの50万に上る書目を収める図書目録編纂が、国によってではなく、民間の出版社により行われたのはなぜか。

著者は元国立国会図書館副館長。時代思潮と社会変動に翻弄（ほんろう）された三大編纂物成立の背景を地道に探求し、そこから日本の古典学形成史を明らかにする。

評・石上英一（東京大学教授）

二〇〇九年五月二四日①　政治／人文／国際

『中国は民主主義に向かう』

兪可平 著

かもがわ出版・一五七五円
ISBN9784780302332

『近代中国における連邦主義思想』

劉迪 著

成文堂・五二五〇円
ISBN9784792332594

天安門事件20周年　政治改革再び課題に

「六四天安門事件」がはや20周年を迎えた。当時、取り組まれ始めていた政治改革は大幅に後退し、経済改革、経済発展が優先された。しかし今日、大国化したが深刻な問題を抱える中国で、静かに政治改革論議が湧（わ）き起こっている。政治改革とは一般的には①人民の諸権利や政治参加を拡大し②透明性や公平性を高め権力の乱用や腐敗をチェックする法的枠組みを作り③政策決定・遂行を効率的なものにし④正統性のある統治体制を確立することである。それは共産党体制の在り方と深く関係している。天安門事件当時の政治改革派は党の必要性を認めつつも基本的には党自体の改革も真剣に考えてきた。

今日、胡錦濤のブレーンと言われる兪可平の著書は注目に値する。兪はまず「民主主義は素晴らしいもの」「真の人権は人類の基本的な価値であり目的である」と民主＝普遍的価値の立場に立ち、緩やかだが中国政治もそのような道を歩んでいると強調する。これまで民主を重視する人は「欧米派」「開明派」、中国式を強調する人は「保守派」と見られてきたが、兪は民主を高く評価しつつ中国の現実を踏まえ「中国的な民主化」を模索している。静態的な安定から動態的安定への転換、市民参加の拡大、秩序ある改革の推進を重視し、党内民主主義の充実や普通選挙を末端の選挙から徐々に上級へ拡大といった民主の実質を漸進的に増やしていく方式＝「増量式民主主義」を重視し、それがある段階で突破的変革を引き起こすとも指摘している。

もっとも党指導者やブレーンの主張と政治の現実の間には深刻な乖離（かいり）、矛盾が存在している。また政治改革は様々な利害や権力闘争、腐敗や汚職などが絡み合った現実の困難さがある。また党と国家、社会の関係が語られていない。それだけに本書を通して即中国の政治的未来を展望するわけにはいかない。が、以上のように示唆に富んでいる。

政治改革でもう一つの課題は④の国家体制をめぐる問題である。劉迪の著書はそれを「単一性国家VS.連邦制国家」から考え、辛亥革命期から現在までの議論を詳述し整理している。孫文ら辛亥革命期の政治指導者の多くは当初連邦制を主張していたが、孫文は革命後、「以党治国」（党代行主義）を主張し単一国家論に転じた。共産党は建党以来49年まで連邦主義をとり、毛沢東は青年期特に強い連邦主義者であった。49年以後共産党は単一制国家を主張するようになった。が、香港返還以来「一国二制度」を導入し「新複合性」国家とも言うべき体制になった。国内外の中国人専門家の言を紹介しながら、今後の民主化と連邦制導入への期待を寄せる著者の想（おも）いが伝わってくる。昨年末、中国国内の一部の学者と海外の中国人が連携して「08憲章（中華連邦共和国憲法要綱）」を発表しすでに数千人の署名が集まっている。兪可平らブレーンたちの主張と合わせてみれば、政治改革は再び避けられぬ課題になりつつあるのか。

評・天児慧（早稲田大学教授）

ゆ・かへい　中国共産党中央編訳局副局長、北京大学中国政府革新研究センター主任。
りゅう・てき　59年生まれ。中国社会科学院修士課程修了。杏林大学総合政策学部准教授。

『住宅政策のどこが問題か「持家社会」の次を展望する』

平山洋介 著
光文社新書・九〇三円
ISBN9784334034993
社会／新書

住まいのあるべき方向を提案

先の「派遣村」や非正規雇用者の解雇などの動きの中で大きく浮かび上がったのが「住宅」の保障をめぐる課題であったことは記憶に新しい。さらに、その背景をなす昨年来の金融危機そのものの引き金となったのが、アメリカでのいわゆるサブプライム問題であり、それは他ならぬ住宅ローンの破綻（はたん）に関するものだった。このように昨今の経済社会の大きな変動のひとつの核にあるのが、実は住宅をめぐるテーマである。本書は、日本における住まいや住宅政策のあり方を、その歴史的展開や国際比較の中での特徴など多様な視点から浮き彫りにし、今後のあるべき方向を提案するものだ。

著者によれば、戦後日本の住宅政策を特徴づけたのは「住宅建設を経済成長のエンジンとみなす」考え方で、それは「持家（もちいえ）社会」への指向とセットで「標準パターンのライフコースを前提とし、そこに援助を集中する」という性格のものだった。これらの前提が大きく変容している今、住宅システムのあり方が根本から問われている。

こうした課題を、本書は①住宅をめぐる（賃貸から持家へといった）「梯子（はしご）」の世代間比較②若年層の住まいの状況③女性と住宅所有④住宅・土地資産の形成のありようという四つの視点にそくして実証的に分析していく。たとえば①では「住宅相続の増大」とともに住宅の不平等が世代を超えて固定化する傾向があること、②では若者の困窮をめぐる課題に住宅問題からアプローチすることの重要性が指摘される。結論として、年齢や家族形態に中立的な住宅支援や、公営・民間非営利を含む住宅保障の拡充が提案される。

思えばこれまでの社会保障論議は年金など「フロー」中心だったが、今後は住宅を含む「ストックに関する社会保障」が重要性を増していくはずだ。欲を言えば都市計画やまちづくり、土地所有との関連についての著者の考えも聞きたいが、いずれにしてもきわめて包括的かつ具体的な説得性に富む内容であり、本書を契機として住宅政策のあり方が新たな視座から議論されることを強く望む。

評・広井良典（千葉大学教授）

ひらやま・ようすけ　58年生まれ。神戸大学大学院教授。『東京の果てに』など。

二〇〇九年五月二四日③

『ハーンと八雲』

宇野邦一 著

角川春樹事務所・一八九〇円
ISBN9784758411349

ノンフィクション・評伝

境界を行き来し自在に素描

ハーンといえば、怪談などの再話を通して日本を世界に紹介した文学者小泉八雲として広く認識されている。しかし本書が提案するのは、「ハーンを少し〈日本〉から解放して読む」ことである。八雲はハーンという知的統合体の一部にすぎない。

「私は群れだ！」と、ハーンは書く。数々の異なる顔をもち、ギリシャに生まれロンドン、マルティニクを経て日本に来るまでの間に、ニューオーリンズで新聞記者として鳴らし（古くて新しいこのクレオール都市の肖像を「発明」したのも彼だと著者は指摘）、古今の英米、フランス、オリエント文学をも渉猟し翻訳を行った。「私は群れ」とは、「現在のあらゆる生は、過去の無数の生の記憶を自分の中に含む」という意味なのだ。ハーンはユダヤ・キリスト教的な考えから次第に離れ、死者や黄泉（よみ）と現世を繋（つな）ぐ物語を紡ぎ、仏教の輪廻（りんね）とスペンサーの進化論を結合させた壮大な生命哲学を築いていく。

本書を読んで感ずるのは、死と闇の近傍を彷徨（さすら）うことに、ハーンの一見奇妙なエキゾティシズムの核心が現れているのでは、ということだ。彼が魅入られたのは、ニューオーリンズでも日本でも、死につつあるゆかしき時代、「失われた楽園」である。ハーンは「完結と未完の間の暗いらせん階段」を歩きながら、人間と自然の間の境界領域を、紀行文、料理本、小説など多彩な形式で自在に素描し、研究し、物語った。その日本論全体が「ひとつのフィクション」とも呼びうる。彼にとって再話と創作と翻訳に確たる境はなく、どれも生と死の間を往還することに他ならなかったろう。

ある仏作家は、耳慣れぬ日本語を聞いたとたん、言葉が自分に「手術を始めた」と言ったそうだが、それに倣えば、ハーンは全身に隈（くま）なく異言語のメスを入れられた人である。その思想は一部だけでは矛盾さえ感じさせるが、本書を読むうちに、複雑に接がれた一個の体系が全容を現し始める。境界上で揺れ続け、異質なもの同士の衝突を擁す「一貫した矛盾」こそが、ハーンだったとわかるのだ。

評・鴻巣友季子（翻訳家）

うの・くにいち 48年生まれ。立教大学教授（仏文学）。松江市出身。

二〇〇九年五月二四日④

『ステュディオ』

フィリップ・ソレルス 著　齋藤豊 訳

水声社・二六二五円
ISBN9784891767099

文芸

現代にふさわしい無機質な透明感

小説らしい小説を嫌って、無機質の言語世界にかぶれたころが私にもあった。ヌーボーロマンの時代である。著者は、その旗手の一人。今は今流に、あふれる言葉を放ち続けていた。

この小説にも物語らしい物語はない。ステュディオは、いわばワンルームマンション。その一室を根城に、想を巡らし、街を歩き、旅をする中高年の「ぼく」の独白が断章風に連なる。

諜報（ちょうほう）の仕事に就いているらしいが、「社会はぼくを忘れてしまったか知らないかのどちらか」で、「自分の時間をぜんぶ自分の好きなように使うことができる」立場にある。

ランボーやヘルダーリンの生と死が劇中劇のように語られる。訳者あとがきによれば、文学研究にも役立つらしい。だが、もう一つの読みどころは、おそらくは60年代の目で見渡した「今」、すなわち作品が書かれた「二十世紀の終わり頃」の世界のありようだ。

「突如として、社会的なつながりがほどけてしまった」という疎外感。デモがあっても「それは撮影するのが確実と見なされるときだけ」だ。あの時代と分かつ最大のものはITか。「この惑星はコンピューターによる点滴の支配下に置かれた、金融市場の広大な洞窟（どうくつ）と、べとべとに汚れた巨大な客船と化してしまっていた」

　諜報機関の男は主人公に、コンピューター相手のチェスの攻略法を語る。膨大なデータを記憶したコンピューターには直観で対抗しよう。「そいつは警官で、あなたは詩人だ」

　主人公の周りには適度の距離感の人々がいる。たとえば、ピアニストで、元妻の子でもある青年だ。その演奏会で、元妻が「遠くからぼくにやさしく手を振って」いるのが見えた。夕暮れのなか、彼女の携帯に電話すると「メッセージを」の声。

　それに続いて留守電を語るくだりが詩的だ。「欲望する声や知りたがる声、陽気さを装う声（中略）この機械による声のコンサートは、あらゆる言語で地球規模に及んでいる」

　どこか無機質な透明感は、この時代にこそふさわしい。

評・尾関章（本社論説副主幹）

Philippe Sollers　36年生まれ。フランスの小説家。著書に『秘密』『女たち』。

二〇〇九年五月二四日⑤

『キャンバスの匂（にお）い　ボクシング・コラム集』

藤島大 著

論創社・二一〇〇円
ISBN9784846010102

ノンフィクション・評伝

言葉の入れない世界に立つ「詩」

　ボクシングや将棋について書かれた文章が好きだ。

　ふたりの人間が戦って勝者と敗者が生まれる。結果だけなら一目瞭然（りょうぜん）。でも、そこで何が起きたのかはわからない。「結果」と「何が起きたのか」はイコールではない。そう思うのは、全（すべ）ての人生の「結果」は死だからかもしれない。だからこそ、我々は「結果」とは別に「何が起きたのか」を知りたがるのだ。

　その一方で、ボクシングや将棋は言葉の入れない世界でもある。ボクサー（に限らずスポーツ選手）や棋士の発言が面白いのは、言葉のない聖域の空気を伝えてくれるからではないか。

　だが、ライターや観戦記者は当事者でもないのに聖域で「何が起きたのか」を言葉に翻訳する、という禁忌を犯すことになる。おそらくは、その緊張こそが彼の一言一句を研ぎ澄ます。そんな観点から、本書は面白かった。

「ストレートのきれいなボクサーはどこか高貴な感じがする」「空振りを換金できる」「プライドが細胞化している証明だ」「声援が『さん付け』の男」「惑星最高の軽量級のひとりである」など、戦況や雰囲気を生々しく伝えながら、同時にひどくロマンチックなフレーズが次々に繰り出される。

　修辞を駆使しながら言葉が浮き上がらないのは、対象へのリスペクトの念が強いからだろう。対象とは人間に限らない。場所や道具や空気までをも含んだボクシングの全てだ。

　例えば、サンドバッグについてのこんな記述がある。「無人だから静止しているのに、かすかに揺れているように見える。そう、あれは、いつでも少しだけ動いている。グローブとワセリンの精霊がいたずらを仕掛けるのだ」、まるで詩だ。

　本書のプロローグは次のように始まる。「ボクシングのジムの扉を生まれて初めて引く。その時、若者はすでに家を出ている。（略）たとえ親と暮らしたままであろうとも心と骨は家を出たのだ」。普通なら単に「心は家を出たのだ」と書くところだろう。「骨」の一語に思い入れを感じるのだ。

評・穂村弘（歌人）

ふじしま・だい　61年生まれ。スポーツライター。『熱狂のアルカディア』ほか。

二〇〇九年五月二四日❻　文芸

『ラストラン』

志水辰夫 著
徳間書店・一六八〇円
ISBN9784198626976／9784198935603（徳間文庫）

次は何？　多彩な趣向の短編集

短編小説集には独特な味わいがある。つれづれの読書にふさわしい。一つを読み終え、次は

――どんな趣向かな――

多彩であることが望ましい。

『ラストラン』には10の作品が収められているが、どの一編にも微妙な韜晦（とうかい）があって、それがこの作家の持ち味だ。

――これって、どういうストーリーなんだ――

迷わされることも多いが、読み返すと、おおむねわかる。書いてないことがとても大切なのだ。

状況の描写はつねに入念で、的確だ。それを楽しむうちに謎を感じ、謎が明らかになっても解答が明確に示されるわけではない。読者は想像し、それがおもしろい。

第一話「A列車で行こう」では夜のスナックが手際よく描かれている。そこに出入りするいろんな男たち、その会話。ヒロインはこの町がきらいらしいが、何を好んでこんな酒場で働いているのか。最後の数ページでドラマは一転し、ヒロインの陰の部分と切実な心情が浮かびあがる。ほかの登場人物のパーソナリティーも見え隠れする。それでもわからない部分が残る。そこは読者がご自由に想像して……という趣向なのだ。

「見返り桜」では本社の敏腕な役員が地方工場を円満に閉鎖するために訪ねてくる。いくつかのトラブルが描かれ、

――ありうることだな――

と納得するうちに、

「えっ」

べつなストーリーを思いめぐらさずにはいられない。

最後の「ぼくにしか見えない」は、タイトル通りの内容なのだが、綴（つづ）られているのは、中堅サラリーマンの厳しい現実と挑戦。それを慰めるように飛び込んできた古風な娘への慕情。

――この恋、どうなるの――

と胸を弾ませたとたん、

――この主人公のケース、他人事（ひとごと）じゃないぞ――

幻想小説のような、サラリーマン残酷物語のような……一筋縄ではいかない。

タイトルの「ラストラン」はなんの謂（いい）なのか。どこへ逃げて行くのだろうか。

評・阿刀田高（作家）

しみず・たつお　36年生まれ。01年、『きのうの空』で柴田錬三郎賞。

二〇〇九年五月二四日❽　国際

『オマーン見聞録　知られざる日本との文化交流』

遠藤晴男 著
展望社・一八九〇円
ISBN9784885461996

オマーンはアラビア半島の東部に位置し、インド洋に面している。地理的には日本に一番近いアラブの産油国である。ところが、日本での認知度は低い。

著者は両国の交流に尽力してきた。オマーンは親日国で、国王が著者に勲章を授与したのもその証しであろう。

オマーンはアラビア半島の中では比較的人口が多く、古くから交易で栄えてきた。千夜一夜物語に登場するシンドバッドも、このあたりの冒険商人と考えられる。現在の王家も二世紀半の歴史を持ち、かつてはインド洋で覇を唱えた。

本書には日本とオマーンの人とモノの交流がつぶさに書かれているが、先々代の国王が引退後に日本で暮らし、日本人の妻との間に王女が生まれた物語はひときわ興味を引く。現国王の叔母にあたる姫は、今もオマーンで健在らしい。

この国は古代から、お香に使う乳香の木の産地として知られていた。その樹液が白く固まり、心地よい香りの元となる。この木を日本に移植しようとしたら、失敗したという。気候が合わなかったのであろうか。友好の木は大きく育ってほしい。

評・小杉泰（京都大学教授）

二〇〇九年五月三一日②

『日本初の海外観光旅行　九六日間世界一周』

小林健 著
春風社・三三六〇円
ISBN9784861101786

社会

明治の元祖パッケージツアー

最近のパッケージツアーの大ヒット商品は弾丸ツアー。0泊4日でサッカー観戦、週末パリ三十三時間滞在……目的完遂のち即刻引き返すせわしなさ。その対極が気長な船旅だが、元祖世界一周パッケージツアーの船旅はなんと明治期だ。

岩倉使節団の世界一周外交の旅は明治四年。そして四十一年、民間人五十六名の一団が横浜から太平洋を渡った。わたしはといえば、路地裏や市場を気ままにうろつく旅ばかりしてきたけれど、明治時代のパッケージツアーなら話はべつ。淡々とした記述にかえって想像力を刺激され、ページをめくってみた。

旅費二三四〇円は現在なら一一七〇万円相当。それだけに参加者は銀行家や繊維、貴金属、株取引など各界の人物が集まり、花形新聞記者二名のすがたもあった。じつは主催は朝日新聞社。前代未聞の旅の中身を逐一打電して紙面で披露し、読者サービスと派手な宣伝効果を狙おうという一大企画なのだった。ハワイ経由でアメリカ大陸を横断しイギリス、フランス、イタリア、スイス、ドイツ、ロシアを歴訪、シベリア鉄道を経てウラジオストクへ。アテンドは英旅行会社トーマス・クックの添乗員一名、市内観光は現地の馬車か自動車。すでにパッケージツアーの原形をなしている。

サンフランシスコでは公園で過ごす美風に感動し、ウォール街やティファニーに圧倒され、ロンドンでショッピング、イタリア料理が口に合うと興奮する。旅装こそモーニングや着物だが、反応ぶりは今とたいして違わない。記者、杉村楚人冠の筆も思わず感傷に走る。「毎年冬は羅馬（ローマ）で過（すご）し、春夏は倫敦（ロンドン）で暮（くら）して、秋は東京に送って、而（しこう）して最後はベニスで死にたい」

戦争の歴史のはざまで、ぽっかり実を結んだ世界一周。帰国先の敦賀港では花火と六千人の大歓声が出迎えた。遥（はる）か百年まえの観光の回顧は、なぜだろう、空想と追体験をみょうにノスタルジックにふくらませる。まるで時刻表だけで明治へ架空の旅をするかのよう。行かないからこそ自由に遊覧できる、それもまた旅の魔力。

評・平松洋子（エッセイスト）

こばやし・けん　51年生まれ。明海大学教授（ツーリズム論、観光ビジネス論）。

二〇〇九年五月三一日③

『ルネサンス　料理の饗宴（きょうえん）　ダ・ヴィンチの厨房（ちゅうぼう）から』

デイヴ・デ・ウィット 著
須川綾子、富岡由美 訳
原書房・二五二〇円
ISBN9784562042425

歴史／アート・ファッション・芸能

レシピから500年前の味を想像

中世からルネサンスへ、人間の意識や生活感を大きく変えていったのは、ひょっとしたら古代ギリシャ・ローマへの憧憬（あこがれ）よりも、「食」だったのかもしれない。学校ではそんなふうには教わらなかったが、ルネサンスが人間の復興なら、食べることの悦（よろこ）びが一番に来てもおかしくはないし、何よりイタリア人には食が似合う。そしてそうであるなら、同時代を生きた、かのダ・ヴィンチだって！

十五世紀、アラビアや新大陸から入ってくる新しい野菜、果物、穀物、香辛料が、イタリアの食と料理を目覚めさせた。もちろん、革新はまず教皇や貴族の宴会で始まったのだが、ほかのヨーロッパ圏では未（いま）だ鳥獣を煮たり焼いたりするだけの中世の食卓が続いていた時代に、イタリアではミラノ風リゾットが生まれ、ジェラートが生まれ、多彩なパスタとハーブソースが生まれていたのである。

また、史上初の料理本が印刷されたのもこの時期のイタリアであり、その本はダ・ヴィンチの書斎にもあった。料理人ではない一般男性が料理本を読む？　それだけで、食に並々ならぬ意識が向いていた時代の空気が分かろうというものである。

では、ダ・ヴィンチはいったいどんな料理を食べていたか。たとえば「パセリ、ミント、タイム、酢、塩少々」といった手稿のメモは、ドレッシングのレシピだと言われている。買い物リストには卵、豆、メロン、マスタードなども記されている。健康オタクで、好物はトスカーナ風ミネストローネ。しかしもちろん、ワインは嗜（たしな）んだ。

一方、貴族たちはこれでもかと美食の悦びを爆発させたが、たとえばフランス王に嫁いだカトリーヌ・ド・メディシスも、アーティチョークに目がない大食家だったのだとか。著者は、料理史においてレシピ以上に重要な資料はないことから、当時の料理本に残されたレシピをいくつも本書に載せている。その材料を一つひとつ眺めて、いまはない五百年前の味を想像するうちに、たしかにルネサンスを味わったような気がしてくる。ああ満腹！　という本である。

評・高村薫（作家）

Dave DeWitt　米国の作家、編集者、スパイス研究家。

二〇〇九年五月三一日⑤

『「植民地責任」論　脱植民地化の比較史』

永原陽子 編
青木書店・五〇四〇円
ISBN9784250209079

歴史／国際

「人道に対する罪」さかのぼり援用

南アフリカのダーバンで、画期的な会議が01年8～9月に開催されている。それは「人種主義、人種差別、排外主義、および関連する不寛容に反対する世界会議」と称するもので、実に、奴隷制と奴隷貿易ならびに植民地主義を「人道に対する罪」と断定したのだった。

この会議に先立つ同年5月、フランスは、「アメリカ、カリブ、インド洋、ヨーロッパで、アフリカ住民、アメリカ住民、マダガスカル住民、インド住民に対して15世紀来遂行された、一方で大西洋黒人奴隷貿易およびインド洋奴隷貿易と、他方で奴隷制を、人道に対する罪と認める」と法律において宣言していた。

「人道に対する罪」という概念はナチス裁判に際してつくられた法概念であるが、それが第2次世界大戦以後の時代だけでなく、大きく遡（さかのぼ）って15世紀以来の奴隷制・奴隷貿易や植民地主義を批判する概念として援用されたのである。

実は、90年代以来、奴隷貿易、奴隷制、植民地主義、先住民問題、人種主義などの責任を問い、謝罪や補償を求める動きは世界各地で進んでいたのだ。ドイツでの戦争犯罪、アメリカでの「黒人への補償」などをめぐって。その間にジェノサイドの研究の広がりもあった。それらが、人道に対する罪の概念の適用によって、植民国の「責任」を問う方向へと発展した。

本書は、これを、これまでの「戦争責任」とも「植民地支配責任」とも異なる「植民地責任」という概念として規定する。戦争という異常事態のもとでの虐殺や虐待、植民地支配に伴う制度的暴力とは異なって、植民地征服と支配の全体に伴う責任を指すのである。

2001年以後、世界各地で植民地責任を問う被害者の運動が展開している。ナミビア、ジンバブエ、スペイン、ハイチ、ケニア、台湾などで。やがて日本の植民地責任がもっと深刻に問われるに違いない。

編者の狙いが比較的よく貫徹した小気味よい論集であり、近代以後の世界史全体の見直しを提起する重要な本である。

評・南塚信吾（法政大学教授）

ながはら・ようこ　55年生まれ。東京外国語大学アジア・アフリカ言語文化研究所教授。

二〇〇九年五月三一日❻

『空海　塔のコスモロジー』

武澤秀一 著

春秋社・二三一〇円
ISBN9784393135457　人文／アート・ファッション・芸能

なぜ私たちは高い建物が好きか

「塔」とはもともと、仏教用語であること。多宝塔もしくは大塔と呼ばれる、白い球面に和風の屋根をかぶせた塔は、日本独自のものであること。そこから本書は、始まります。

大塔をデザインし、高野山に建造したのは、空海でした。ではなぜ空海は、大塔を発想するに至ったか。建築家である著者は、インド、中国、そして日本の様々な塔を巡ることによって、空海の思想が大塔へと至った道筋を、平易な文章（これがありがたい）で解きあかしていきます。

舎利が収められた建築物が塔であるわけですが、インドにおいては、インド土着の思想が含んでいた生命的・性的イメージと合わさり、卵のような半球体の塔が造られました。が、中国ではその生命や性のモチーフとしての半球が避けられ、塔が細長くなっていった。さらに日本では、もともとあった巨木信仰と塔とが合体し、さらに細長い五重塔に……。

そこで空海は、インドで塔が持っていた生命的・性的なエネルギーを取り戻すために、日本において大塔をデザインしたのではないかと、著者は考えるのです。現存する唯一の古建築の大塔である根来寺大塔の写真を見ると、黒い瓦屋根の下に露出している白い半球部分（亀腹という）は、なまめかしく膨らんでいます。建築物とは人の思想が具現化したものであり、とするならばこの大塔を見た時の感覚は、空海という人に会った時の感覚とも似るのでは、と思えてきます。

仏塔のみならず、なぜ私たちは高い建物が好きなのか、ということを考えさせられるこの本。仏教における塔は、そこが宇宙の中心であり源であることを表し、人々が塔の周囲を回ることによって、世界との一体感を得るのだそうです。

だとしたら、今を生きる私たちが東京タワーに引き寄せられるような気持ちになるのも、やはり中心や源を求める気持ちからなのでしょうか。とはいえそれは、「宇宙の」ではなく、電波の源でしかないわけですけれど……。

評・酒井順子（エッセイスト）

たけざわ・しゅういち　47年生まれ。建築家。著書に『法隆寺の謎を解く』など。

二〇〇九年五月三一日❼

『奇をてらわず　陸軍省高級副官　美山(みやま)要蔵の昭和』

伊藤智永 著

講談社・一九九五円
ISBN9784062153195　歴史

陸軍参謀の美山要蔵と言っても「WHO?」だろう。実は、彼こそ毎年夏に話題になる靖国神社A級戦犯合祀(ごうし)の黒幕と噂(うわさ)されている人物なのだ。しかし結論を先に言うと、彼は黒幕ではなく、実はそれとは対極にあったと著者は評価している。

陸軍参謀といえば瀬島龍三や辻政信などの有名人がいるが、彼は全くの無名だ。陸軍の中枢を歩きながらも、その時々の職務に忠実な実務家として生きてきたからだ。戦後も復員局などで、いわば戦争の後始末の中心として目立たずに生きてきた。彼の人生に、それほどのドラマがあるわけではない。しかしこの本は、最後まで私を惹(ひ)き付けて離さない。それは陸軍の裏方として生きた彼の醒(さ)めた目を通じて、東条英機ら有名軍人の実像や戦争の愚かしさなどが明確に浮かび上がるからだ。

美山の唯一のドラマは、「特攻」を決める会議で「そんな簡単なことで勝てるなら、この戦争はとっくに勝っている！」と上司の考えを否定する場面だ。この発言で彼は前線に左遷される。しかし陽気に戦地に赴く。こうした彼の生き方は、組織人として大いに参考になる。

評・江上剛（作家）

二〇〇九年五月三一日⑧

『地侍の魂　日本史を動かした独立自尊の精神』

柏文彦 著

草思社・一八九〇円
ISBN9784794217073

歴史

坂本竜馬ら維新の志士のほとんどは下級武士だった。世界を見通す眼力、命をかけて改革をやりとげる使命感を、下級武士群が持っていたのはなぜか。それは彼らが「地侍」の出身だったからだ、と著者はいう。

ふだんは田畑を耕し、有事には槍（やり）をとって出陣する郷士のことだ。体制内の身分は低いが、治水や開拓など、地域住民の生活向上をつねに考えていた。

たとえば上州（群馬県）の市川四郎兵衛、五郎兵衛。砥石（といし）製造を指導し、その利益などで広大な新田を開発した。

讃岐（香川県）の西島八兵衛。90余のため池をつくって干ばつを解消し、暴れ川を付け替えて治水にも努めた。

屋台のカキ船を考えついた広島の松尾仁左衛門。綿花産業を興した鳥取の米村所平……。

地侍は生産手段を持っていたため、給与生活者である上級武士より自立心が格段に強かった。住民の信望が厚く、だから「世のため人のため」につくすべきだとする使命感、責任感が強かったのだという。

そうした存在を多く抱えていたことが、近代化時代の日本の幸運だった。

評・松本仁一（ジャーナリスト）

二〇〇九年六月七日①

『1Q84　BOOK1・2』

村上春樹 著

新潮社・各一八九〇円
ISBN9784103534228〈1〉・9784103534235〈2〉／9784101001593（新潮文庫〈1〉）・9784101001609（〈2〉）・9784101001616（〈3〉）・9784101001623（〈4〉）

文芸

「根源悪」を追究　何かが変わった

なにか吹っ切れた感じがする。あのとき感じた「意志」は実践されたのだ――7年ぶりの新作長編を読みだしてすぐにそう思った。前作の中編『アフターダーク』には、深い森から踏みだす決意のような、飛び立つ直前の構えにも似た気配が漂っていた。『1Q84』には、新しい村上春樹がいる。読者は「何かが変わった」と感じるだろう。その一方、やはり村上ワールドは不変とも思うだろう。

オウム真理教の問題に向きあい、90年代に2冊のノンフィクションを書いた作者が、事件から14年を経てカルト教団を素材に小説を発表した。舞台はイラン・イラク戦争が続くバブル以前の1984年。予備校講師をしながら小説家を目指す「天吾」と、スポーツジムに勤めながら非道な男たちの殺しを請け負う女性「青豆」2人の視点で交互に語られる。ある少女の暗示的な作品『空気さなぎ』を元に、危険な替え玉出版が企画された頃から、世界は変調をきたしていく。実在とおぼしき宗教団体や農業コミューン、家庭内暴力のためのシェルター、性描写も盛りこまれ、しかもパラレルワールドの仕掛けがあって、どこまでも飽きさせない。娯楽性も最も高いと言えるだろう。他方、これは「家をなくした子ら」の物語でもあり、書く（書き換える）ことと記憶と再生を巡るモチーフを布（し）き、オーウェルの『1984』的な思想統制の恐怖と根源悪を追究した反ディストピア小説でもある。現実と虚構は境をなくし、因果関係が反転する。作者の扱ってきたテーマがぎっしりの力作だ。

色々な人の視線とパースペクティブと世界観が絡みあうドストエフスキー的な小説を書きたい、それには三人称で書く必要がある、と近年の村上春樹は語ってきた。予告通り、本書は初の完全な三人称長編だ。なぜ作者が長らく一人称一視点の文体を多用したかと言えば、その形式でしか表現できない精神があったから。そこには全体を見通せないことの憂鬱（ゆううつ）が書きこまれ、いわば「視野狭窄（きょうさく）」の不安感が物語の牽引（けんいん）力の一つとなっていた。一人称の可能性を駆使しながら、しかし村上春樹は三人称多視点の小説へ確実に近づいている観があった。人称と視点の変化は、作品の精神の変化を意味する。

そうして周到に書かれたろう『1Q84』は、「メランコリーの繭」とその温（ぬく）もりから抜けだした印象がある。淀（よど）みない筆致は各主題の掘り下げを潔く読者に委ねているようにも見える。主人公たちは教団リーダーの意思をも超えた根源悪に対する抗体として描かれるが、しかし敬虔（けいけん）な信仰とカルト的狂信の境界が極めて曖昧（あいまい）なように、人のいかなる信念にも狂気の影はつきまとう。ならば、「あなたのあり方自体が宗教だ」と教団リーダーに言わせるほど信念に揺らぎのない青豆と彼女が加担する「殺人グループ」にも、カルトの匂（におい）いが感じられはしまいか。

三人称の導入が「色々な人の世界観」を引き入れ、人々の視点と多声が交わり響きあう小説となり得ていれば、信心と狂気、善と悪、夢とうつつの相対関係を当事者外の目でも浮かびあがらせ、主題を個人の秤（はかり）だけに載せず、さらに多角的に描くことも可能だったろう。よく見れば、本作は一人称にほぼ変換可能な三人称一視点の並置で概（おおむ）ね書かれている。その点では、文体の基本構造は既作にも見られるものであり、変わったのは大方（おおかた）、人称だけで視点ではない。とはいえ、このあたりがまた「村上節」を堪能できる部分でもあるのだ。それにしても、未回収に終わる謎と伏線がずいぶん多いが、もしや第三巻以降が出るのでは？

しかし続きがなくても、それはそれで作者の姿勢を鮮やかに表明するものではないか。作中、天吾の言葉にもある通り、読者が最後まで疑問の中に置かれるなら、それは「著者の意図したこと」なのだろう。本作には、書かれた物語と書かれなかった物語が同じぐらい豊潤に含まれている。読み手の中でいつまでも「書き直して」いける作品、それこそが傑作の名に値するのだ。

メランコリーの夜は明けた。

評・鴻巣友季子（翻訳家）

むらかみ・はるき 49年生まれ。『世界の終（おわ）りとハードボイルド・ワンダーランド』で谷崎賞、『ねじまき鳥クロニクル』で読売文学賞ほか、フランツ・カフカ賞、朝日賞、イスラエル・2009年エルサレム賞など受賞多数。

二〇〇九年六月七日②

『単純な脳、複雑な「私」』

池谷裕二 著

朝日出版社・一七八五円
ISBN9784255004327

科学・生物

高校生にわくわくする仮説を提示

著者の池谷さんは私より2歳下、同じ静岡県の出身だ。本書の書評のため初期の著作から刊行順に彼の足跡を一気に読んで辿（たど）り、そうだよ、研究者はいつだってこうやってひとりの人間として歩んでゆくんじゃないか、と心の中で頷（うなず）いた。この最新刊は「今まででいちばん好きな作品」という著者の想（おも）いがはっきり伝わってくる良作だ。

本書は母校の高校で著者が全校生徒に、続いてごく少数の高校生に向けておこなった講演や講義をまとめたものだ。著者は02年に『海馬』で糸井重里氏と対談し、その直後に米国で新たな研究生活に入る。ニューヨークの日本人高校生を相手に講義した記録が04年の『進化しすぎた脳』だ。著者は脳のシナプスの活動を詳細に観測する技術を開発し、「歌う大脳皮質」と題に入ったその論文は大いに注目されたが、そこで計測された結果については学術的な議論も起こっていた（その顛末（てんまつ）は08年の『ゆらぐ脳』で語られている）。

高校生に語った本書は『進化しすぎた脳』

の続編といえるが、読み比べれば聴衆を惹(ひ)きつける語り口やプレゼンの技法、研究生活に裏打ちされた眼差(まなざ)しなど、以前より格段に洗練されていることがわかる。講演の導入部分でさえ、誰でも語れる手順ではなく、著者自身のオリジナリティーが光るのである。

　後半の展開は実際のところかなりハードで、噛(か)み砕くには読者側の集中力も必要だが、著者は怯(ひる)まない。ポピュラーサイエンスと先端科学のぎりぎりの接線を突き進む。30代後半を迎え、研究業界でのさまざまな体験を経てここに立つ著者は、「脳は単なるノイズから私たちの自由意志を創発しているのだ」とわくわくする新たな仮説を提示してゆく。つまり本書はこれまでの学術的議論や風評に対し著者が放った渾身(こんしん)の一冊なのだ。彼は高校生に向けて熱く語ることによって自らを鼓舞しているようにも読める。それが私たち読者をも鼓舞するのだ。

　この著者でなければ決してつくれなかった本だろう。本書で池谷裕二はついに、ひとりの科学者になったのだと思う。

評・瀬名秀明(作家)

いけがや・ゆうじ　70年生まれ。脳研究者、東京大学大学院薬学系研究科准教授。

二〇〇九年六月七日③

『作家とその亡霊たち』

エルネスト・サバト著　寺尾隆吉訳

現代企画室・二六二五円
ISBN9784773809022

文芸

小説考えるヒント　連なる140編

　著者のエルネスト・サバトは、訳者の紹介によれば、一九一一年生まれの、アルゼンチンの作家、評論家であり、百歳になろうとする現在までに発表した小説が僅(わず)か三作、評論集もそう数は多くなく、つまりきわめて寡作でありながら、二十世紀なかば、文学界に流星群のように出現して一大ブームを引き起こしたラテンアメリカ文学者の一人として、高い評価を受けてきた書き手だという。

　本書は、大学で量子論等を講じながら作家としてのキャリアを開始して以来、幅広い分野にわたる評論をものしてきたサバトが、文学、とりわけ小説に焦点を絞って書いたエッセー集である。全体は短い警句(アフォリズム)を含む140の断章から構成される。こうした形の書物は、読者の思考を多方向へ導く力を持つ一方で、書き手の思索の切れ味と、言葉へのセンスを強く要求する。その点、ソクラテスから実存主義、構造主義にいたる哲学思想の幅広い理解と、西洋文学への洞察の両軸に支えを得ながら、本書は魅力あふれるテクストとして成立している。

　著者が掛け値なく高い評価を下す作家は、カフカであり、ドストエフスキーであり、ジョイスであり、フォークナーであるが、これは自然主義リアリズムの支配から脱して、小説ジャンルの「雑種性」に着目した二十世紀文学の動向に合致するもので、とくに目新しさはない。けれども、その「雑種性」が人間存在の探求にとって必然であると論じ、小説を硬直したイデオロギーや手法から解放しようとする態度の徹底ぶりは、いまなお自然主義のスタイルに無自覚なまま安住しがちな日本語小説にとっても批評的だ。読者は小説について考えるためのヒントを数多くここに見出(みいだ)すだろう。

　それにしても、「現代小説の中心課題は人間の探求」に他ならないと、堂々宣言する著者の姿勢には、大いに頷(うなず)かされながら、小説が商品として流通し、消費されねばならぬという条件が、いよいよあからさまになりつつある二十一世紀に生きる一作家としては、深く溜息(ためいき)をつかざるをえない。

評・奥泉光(作家、近畿大学教授)

Ernesto Sabato　小説に『トンネル』『英雄たちと墓』など。

二〇〇九年六月七日❹

『偽りの書　上・下』

ブラッド・メルツァー 著　青木創 訳

角川書店・各一七八五円
ISBN9784047916159〈上〉・9784047916166〈下〉　文芸

聖書とコミックが交錯する活劇

私が本を読むのは、たいてい電車の中だ。通勤電車で読むあなたと同じ。そこでぜひ本書を鞄（かばん）に入れて出勤して欲しい。とにかく面白い。息もつかせぬとはこのことだ。通勤時間が短く感じられ、山手線をもう一周したくなること請け合いだ。

物語は、二つの殺人事件の謎が軸になっている。一つは、旧約聖書の創世記第四章に書かれてある兄カインによる弟アベル殺害事件の謎。その凶器は何なのか？　これは旧約聖書の最大の謎であり、それを解き明かす「偽りの書」があるという。もう一つは、アメリカンヒーロー「スーパーマン」の原作者ジェリー・シーゲルの父親殺害事件の謎。一見、無関係な二つの謎が奇妙に絡み合う。アベル殺害の謎を秘めたスーパーマンの原画を巡ってナチス、秘密教団、謎の一族など怪しげな者たちが暗躍する。インディ・ジョーンズとダ・ヴィンチ・コードを一緒に楽しめる展開なのだ。

主人公のカルは、入国税関管理局（ICE）の元捜査官。幼い頃、父ロイドが母を死なせるところを見て以来、傷ついた心を抱き続けている。ある夜、銃創を負ったロイドが、19年ぶりに現れる。ロイドはトレーラーの運転手。何か犯罪にかかわる物を運んでいるようだ。カルは、ロイドを救おうとしてトレーラーの中からスーパーマンの古いコミックを発見する。それは「偽りの書」の在りかを示す鍵なのか？　カルは「偽りの書」を探すためなら殺人も厭（いと）わないエリスの罠（わな）に陥り、殺人犯の疑いをかけられる。ICE特別捜査官ナオミの厳しい追及をかわしつつ自らの潔白を証明しようと「偽りの書」の謎を解く旅に出るのだが……。

物語には巧妙に真実が織り込まれている。実際、旧約聖書にはアベル殺害の凶器の記載はない。謎を解くためにカルが訪ねるスーパーマンの家もクリーブランドに実在する。読者は何が真実で何が偽りか分からなくなり、ページを繰る手が止まらなくなる。そして、すべての謎が明らかになった時、私たちの魂を癒やす物語だったと気付き、深い感動に包まれるだろう。

評・江上剛（作家）

Brad Meltzer　70年生まれ。米国の作家。『運命の書』など。

二〇〇九年六月七日❺

『ぼくが歩いた東南アジア』

村井吉敬 著

コモンズ・三一五〇円
ISBN9784861870521　経済／国際

発展めざましい地域の光と影

東南アジアは、地理的にも日本に近く、政治や経済の関係も深い。日本からの訪問者も多く、開発援助の面でも貢献が大きい。たとえば中東やアフリカとは比べものにならないほど、色濃く日本の影が落ちている。

それだけに、この地域を知ることは重要であるが、つきあい方はむずかしい。学術的な研究の場合でも、容易に客観的なふりはできない。その地域と真正面から向き合ってきた著者が、34年前にインドネシアに初めて留学して以来、東南アジア諸国で撮りためた300枚以上の写真にエッセーを書き下ろした。

どこの町でも市場が面白いという。活気にあふれた売り子たち、行き交う客の喧噪（けんそう）、流通する多様な産品が、その社会の暮らしと経済を映し出す。値段は交渉で決まるが、さすがに地元の人ほどは安く買えない、と著者は正直に言う。

インドネシアでは、市場で必ず売られている生活必需品9種類をスンバコと呼ぶ。米、塩、白砂糖、食用油、ミルク、鶏卵は当然と思えるが、牛肉・鶏肉、トウモロコシ、灯油となると地元の特色が出ている。

社会経済を専門とする著者は、日本で消費されるエビが東南アジア現地と直結している実態を追究してきたが、本書では、エビの生産地を探す旅の様子が描かれている。「勘」がさえて次々と大事な調査地を見つけるあたりは、非常に面白い。

これまで著者は日本からの開発援助についても鋭い批判を展開してきたが、本書はエッセーだけに率直な気持ちが語られている。何事にも成功と失敗があるのは当たり前で、援助がマイナスをもたらした時はそれを直視する方が税金の使い方としても有効ではないか、という指摘には、素直に首肯できる。

現在の東南アジアは、発展がめざましい。著者がかつて撮影した牧歌的な姿は、あちこちですでに失われている。「世界で一番夕日が美しい」といわれた海辺でさえ、今や近代的なビルで風景が損なわれているという。本書は、近くて遠い東南アジアについて、光と影を合わせて考えさせてくれる。

評・小杉泰（京都大学教授）

むらい・よしのり　43年生まれ。早大アジア研究機構教員。『エビと日本人』など。

二〇〇九年六月七日⑥

『早世の天才画家　日本近代洋画の十二人』

酒井忠康 著

中公新書・九八七円
ISBN9784121019936
アート・ファッション・芸能／ノンフィクション・評伝／新書

短い生を燃焼しつくした12人

夭折（ようせつ）の画家は、なぜか天才の呼称を付与されることが多い。『早世の天才画家』には享年43歳の小出楢重を筆頭に、岸田劉生38歳、村山槐多22歳、関根正二20歳など、計12人の画家の人生と芸術（必ずしも混同されない）が論じられている。驚くことに日本の近代絵画を代表する約半数が夭折の画家だ。

彼らの残した作品のすべては未完である。にもかかわらず、その後の絵画史に決定的な影響を残した。もし彼らが延命していたら？と想像することは意味がない。彼らはあたかも自らの寿命を予知していたかの如（ごと）く、短い人生を激しく燃焼し尽くして駆け抜け、その代償として天才の名をほしいままにした。

とはいうものの、著者は死者を語るにある種の気の重さを吐露すると同時に「画家の身の丈ではかる尺度を無視して」いるのではと自戒の念を込めて良心に問いかけるが、つきつめれば結局無視せざるを得ないのではないだろうか。

生の途上で突如切断された生。そこを起点に論じられる死者の不満を別にしても、彼らは彼岸の星の視点から此岸（しがん）を観測するしかなく、その彼らの視線を背後に感じつつ著者は、この寸善尺魔の現世で天体望遠鏡ではなく「猫背の視角」をとりながら「画家のむこうに歴史」の痕跡を採集する、そんな姿が浮かぶのである。

芸術家である以上、無意識に誰しも一度は夭折に憧（あこが）れるものだ。私もその一人だった。29歳の時、自死を主題にした作品を作り、死亡通知を新聞に掲載、初めての作品集を「遺作集」と名付けた。

そしてその後の恥多き人生を足に重しをつけて、格子なき牢獄（ろうごく）の中をぐるぐると牛歩している。それが残された者のカルマと言わないまでも務めというものかも知れない。このような思いが、著者の言葉の数々を通じて読む者の毛穴の中に食い込んでくる。『早世の天才画家』によって彼らが供養されたかどうかはあずかり知らぬが、ページをめくるたびに、苦き青春の香りと風が鼻先を掠（かす）めて走ってゆく。

評・横尾忠則（美術家）

さかい・ただやす　41年生まれ。東京・世田谷美術館館長。著書に『若林奮』ほか。

二〇〇九年六月七日⑦

『庄内パラディーゾ　アル・ケッチァーノと美味なる男たち』

一志治夫 著　ノンフィクション・評伝

文芸春秋・一八〇〇円
ISBN9784163711102

共感するちから。著者のノンフィクション作品を読むたび、この言葉を思い起こす。書き手としての懐のふかさから生まれた共感と理解を手だてに、取材対象へ誠実に踏みこんでゆく。

山形県鶴岡市のレストラン「アル・ケッチァーノ」オーナーシェフ、奥田政行の料理に驚嘆した著者は、ひと皿のなかに広がる庄内地方の豊かな自然に出合う。「地場イタリアン」とも呼ぶべき味わいの背景には、在来野菜の篤農家、有機農法に取り組む若い生産者、現代農業に挑戦を突きつける個性的な生産者……土地に根を張りながら日々格闘する群像があった。

料理や食、農業にとどまらない。これは自分の仕事に誇りを持ち、暮らす土地に価値やよろこびを発見してゆく庄内の男たちの物語だ。「パラディーゾ」は天国のこと。はたして庄内は天国になりうるか。地方はあらたな息を吹き返すのか。もがきながら道を探る男たちの試みは、がけっぷちの日本に提示されたひとつの回答でもある。

一冊のなかに「パラディーゾ」へみちびく希望の光がある。読む者に、地方再生への連帯をも促すノンフィクションである。

評・平松洋子（エッセイスト）

二〇〇九年六月七日⑧

『フィンランドは教師の育て方がすごい』

福田誠治 著　教育

亜紀書房・一五七五円
ISBN9784750509037

国際学力比較調査で、世界トップクラスの成績を維持するフィンランド。その成功の秘訣（ひけつ）を求めて出版された本は、05年以降50冊を超える。多分に主観的なルポや「私のフィンランド教育礼賛」も少なくない。

そう思って本書を読むと、一歩踏み込んだ観察と考察に予想を裏切られる。教える教育から学びの支援へ、教師の自律性、平等から公正への転換など、幾多の特徴が指摘される。とりわけ「社会も教室も異質な者の集まり」という欧州的文脈の中で生み出された教育哲学の存在が、フィンランド教育の卓越性を読み解く鍵として浮かび上がる。知識は固定的に教え込まれるべきものではなく、他者との協同の中で構成されていくと考える教育哲学（社会構成主義）こそが、フィンランド教育を支える中核だと著者は見る。

著者はフィンランドを比較の鏡に、ゆとり教育の否定へと舵（かじ）を切った日本の教育改革を「逆走」だと批判する。フィンランドの魅力を認めながらも、それを直輸入するのではなくどう日本社会へと現地化するのか——そこが次の課題だと思う。

評・耳塚寛明（お茶の水女子大学副学長）

二〇〇九年六月一四日①

『人と動物の日本史　全4巻』

西本豊弘、中澤克昭、菅豊、中村生雄、三浦佑之 編　歴史

吉川弘文館・各二九四〇円
ISBN9784642062756〈1〉・9784642062763〈2〉・9784642062770〈3〉・9784642062787〈4〉

多彩な動物観が精神を形作った

2月に沖縄県の与那国島に行った。奄美史研究から近世奄美・琉球の馬に関心をもち、与那国馬を見たかったからである。与那国馬保存会の方に牧場を案内してもらった。またヨナグニウマふれあい広場では、小学生が馬を乗り回し、バナナ畑を手入れする姿を見た。馬との触れ合いを通した、希少種在来馬の保存、地域文化理解の試みである。

そんな与那国馬を思いつつ、本書第3巻の菅豊編「動物と現代社会」を読み始めた。明治期からの軍馬生産と競馬の関係、軍用犬慰霊、錦鯉（にしきごい）の世界普及と「国魚」化、屠場（とじょう）を巡る新しい動き、野宿者とペット、ブランド牛生産者と流通業者の葛藤（かっとう）、現代のマタギ、ハチの子食いの楽しみ、牛の角突き行事の再興など、興味深くてあっという間に読了した。

市場規模拡大と新型病理発生、動物のアイテム化と生態系破壊、動物をめぐる産業・文化の変容などの論点は、人と動物の関係が

日々、深刻になりつつあることを考えさせる。

私は、平安時代、天皇に貢進される狩贄（かりにえ）の意味を考えたことがある。厳重な禁忌のもとの天皇が、正月三が日の歯固（はがため）の儀式で猪（いのしし）・鹿の肉を食すのは、大地領有の儀礼ではないか——。そこで次に、第1巻の西本豊弘編「動物の考古学」、第2巻の中澤克昭編「歴史のなかの動物たち」へと読み進んだ。第1巻では、縄文人や弥生・古墳時代人の動物観から始まり、旧石器時代から近世までの動物観の変遷、狩猟採集民・農民・アイヌ・マタギの狩猟、縄文から近世までの漁労活動の変遷、旧石器時代から近世までの肉食の変遷、犬・馬・豚・鳥などの家畜・家禽（かきん）との関係を探っている。縄文時代の貝塚から環状に配列されて発見されたイルカの頭蓋（ずがい）骨、土器に描かれた動物、銅鐸（どうたく）の狩猟図など、興味が尽きない。奄美諸島史に関心ある立場からは、中尊寺金色堂などを荘厳した南島の夜光貝や、平安時代並行期に狩猟採集文化から農耕文化へ移行しグスク時代を迎えた琉球を思い、南島の動物考古学にも心が向かう。

第2巻では、威信財である馬を用いた平安時代の競馬・駒牽（こまびき）、天皇・摂関・院や将軍の統治権の象徴としての鷹狩（たかが）りや巻狩（まきが）り、生類憐（あわれ）みの令の見直し、牛馬に用いる農耕具の歴史、近世の漁業・捕鯨・猟師、舶来動物と見世物（みせもの）、現代の野生動物の捕獲と保護が論じられる。首長は大地領有の証しとして猪・鹿を食したという私見は間違ってはいなかった。

そして第4巻の中村生雄・三浦佑之編「信仰のなかの動物たち」では、鮫（さめ）（＝「ワニ」）と鮭（さけ）の神話、蛇・狐（きつね）・鹿など神となった動物、仏教受容による動物観の変容、近代の戦没軍馬祭祀（さいし）、不殺生思想と環境問題の関係、動物の権利、動物食と動物供養へと展開する。予兆・呪い・祟（たた）り・憑（つ）き物（もの）など動物を巡る俗信は、日本人の心のあり方を示すという。

どの巻も現代社会の成り立ちと行く末を、人と動物の関係から考えさせてくれる。日本史の枠を超えたユニークな読み物として薦めたい。

評・石上英一（東京大学教授）

にしもと・とよひろ 47年生まれ。国立歴史民俗博物館教授。
なかざわ・かつあき 66年生まれ。長野高専准教授。
すが・ゆたか 63年生まれ。東京大教授。
なかむら・いくお 46年生まれ。学習院大教授。
みうら・すけゆき 46年生まれ。立正大教授。

二〇〇九年六月一四日②

『中国経済最新リポート　米金融危機が中国を変革する』

真家陽一 著
毎日新聞社・一〇〇〇円
ISBN9784620530161
経済／国際

危機を好機に変える中国的強さ

昨年の北京オリンピック、金融危機以来、世界の眼（め）は中国に一段と注がれている。「米中G2時代の到来」とか、米国の凋落（ちょうらく）で安定的成長を進める「北京コンセンサス」へといった議論もやたらと耳に入る。同時に「中国脅威論」も依然勢いを失っていない。中国はどのように変化しているのか、そしてこれからの国際社会の中でいかなる意味・役割を持つのか。本書は04年4月からほぼ5年間北京に滞在し中国経済の調査と分析を続けてきた著者の成果報告とも言える。

中国の戦略的新展開で著者が注目しているのは、06年の「第11次5カ年規画」「国家中長期科学技術発展計画綱要」、および08年12月の「中央経済工作会議」である。前二者の特徴は自らの弱点と認識した「自主創新（イノベーション）能力の向上」であり、研究開発や技術・販路・ブランド獲得を目指したM&Aの積極的推進などを基本方針としている。後者の重点は今回の金融危機を「成長方式の転換」「構造調整の好機」ともとらえたことである。

強力な外圧を国内構造の転換に利用する発想は、朱鎔基時代にWTO加盟によって国有企業の株式化を強引に進めたことを思い出す。今回の金融危機では「外需依存型」から「内需主導型」への転換、特に低迷する農村経済にテコ入れし、構造調整を進めることの好機と判断している。そこに中国的な強さを感じる。

その他近年の注目すべき対外経済戦略として、①従来の「引進来（外資導入）」一辺倒から、それと「走出去（海外進出）」を結合し競争力を強化し、また②従来熱心でなかったFTAなど経済地域統合を積極的に推進している。こうした中で日中経済も質的転換＝「ウィン・ウィン」の関係構造が進みつつあることを具体的事例で紹介している。無論、金融危機の負の影響も深刻で、中国でも景気後退は避けられない。が、基本的には中国では楽観論が多い。

本書は表題の問いに明確に答えているわけではないが、リーダーやブレーンたちの考え方、現実の経済を理解するうえで大いに役立つ書となっている。

評・天児慧（早稲田大学教授）

まいえ・よういち　日本貿易振興機構（ジェトロ）海外調査部中国北アジア課長。

二〇〇九年六月一四日❹

『マッカーサー　フィリピン統治から日本占領へ』

増田弘著

中公新書・一一五五円
ISBN9784121019929　歴史／ノンフィクション・評伝／新書

日本占領への先入観も浮き彫りに

マッカーサーについてはこれまで多数の研究の蓄積がある。本書の特徴は、フィリピン時代に遡（さかのぼ）ってマッカーサーを説き起こしていることである。とくに、彼とフィリピン脱出などの行動をともにした「バターン・ボーイズ」と呼ばれる一群の部下たちにも目配りし、彼らから見たマッカーサーについて詳しく記述してある。必然的に、マッカーサーの公的な部分だけでなく、私的で人間的な部分について、多数の重要な洞察が散見される。

さらに本書はフィリピン時代を観察することによって、日本占領についてマッカーサーが抱いたこだわりや先入観などを浮き彫りにすることにも成功している。ちなみに、ウィロビーを筆頭に多数のバターン・ボーイズは日本占領にも関与した。

本書によると、マッカーサーは目下であっても見知らぬ人との会食を嫌う、きわめてシャイで非社交的な性格の持ち主であった。同時に、強い信念と自信、矜持（きょうじ）の持ち主であり、批判に対して過剰に反応する傾向があった。先入観に基づいた行動も数多く、成功も収めたが、それゆえの失敗もあった。ただ、彼はしばしば両方の可能性に備えて保険をかけることを忘れず、最後の瞬間に豹変（ひょうへん）した。それが意外に長く、大統領や軍首脳と最終的な衝突を避けられた理由でもあった。

しかし、冷戦状況の中で起きた朝鮮戦争は、マッカーサーの理解を超える部分があった。彼は、自らが作り上げた日本の平和憲法体制に矛盾する政策を容認することはできず、その結果として大統領になる夢を果たせず、任半ばで解任された。

本書はマッカーサーを、その限界も適切に批判しつつ、基本的に評価している。産業復興を優先した西ドイツ占領より、マッカーサーの下での日本占領は衛生面や食糧難への対応など、かなり人道的であった。それは彼自身、日本人への関心、人間への関心を強くもっていたからであるとの指摘も興味深い。伝統的な手法である伝記的研究の強みが十分発揮された書である。

評・久保文明（東京大学教授）

ますだ・ひろし　47年生まれ。東洋英和女学院大学教授。『自衛隊の誕生』など。

二〇〇九年六月一四日⑤

『思考する言語　「ことばの意味」から人間性に迫る　上・中・下』

スティーブン・ピンカー 著

幾島幸子、桜内篤子訳

NHK出版・上・中巻一二一八円、下巻一一二四円
ISBN9784140911303〈上〉・9784140911310〈中〉・9784140911327〈下〉 人文

言葉の魔力は世界を覆うのか

半クエスチョンともいわれる語尾上げの会話がふえて久しい。英語圏でも同様で「標準的アメリカ英語の中立的な特徴になりつつある」という。

米国の学者が書いた、英語の文例たっぷりの言語学の本が日本でも通用するのかという懸念は、こうした話に触れると和らぐ。「聞き手の注意と承認を確認する」今日流の話法は、感染爆発か同時多発かもしれない。

人は生まれながらに言語の操り方を身につけているのか。これは学界でも論争の的だ。生得的な普遍文法があるとするチョムスキーの説が有名だが、著者も生まれながら派といえよう。

カントにならって「人間の経験を組織化する一連の抽象概念の枠組み」を生得的ととらえ、空間や時間、因果などの概念が、人類共通の「思考の言語」をかたちづくるとみる。

この本に日本の読者の多くが共感すれば、普遍の度合いが高いことになる。

思考の言語の考察は、おおむね納得がいく。たとえば、時間が空間の言葉を使うメタファー（暗喩〈あんゆ〉）で語られること。「過去は後ろに、未来は前に」という方向感覚がしっくりくる。

気になるのは、科学との相性の悪さだ。人間は物事の因果を「力のダイナミクス」でとらえ、「飛んでいるボールは、力によって押されている」と思いがちだという。この直観は、ものは力なしで動き続ける、という慣性の法則に反する。

そうか、だから科学を数式なしで語るのは難しいのか。科学記者は、言語の深層に踏み込んで最適の表現を探さなくてはなるまい。その決め手は類推やメタファーだという。熱の移動を滝の水に、温度差を高度差にたとえるような見立てである。

後段では、人間関係術にも話が及ぶ。男性が女性に露骨に言い寄ればワインを浴びせられかねない。では「僕が集めてるエッチングを見にこない？」と誘ってみたら——という思考実験も試みている。あいまいさが柔らかな拒絶の道を残す。

間接表現の効用も、洋の東西を問わないということか。

言語の魔力は世界を覆う。

評・尾関章（本社論説副主幹）

Steven Pinker　米国の心理学者。

二〇〇九年六月一四日⑥

『鷺と雪』

北村薫 著

文芸春秋・一四七〇円
ISBN9784163280806／9784167586072（文春文庫） 文芸

時代の運命に愛の言葉を重ね

宝石をみせられたとき、私たちは「綺麗（きれい）」と感じる。と同時に、「本物？」と思うのではないか。美しいもの、素晴らしいものをみせられると、反射的にその両方の気持が浮上するらしい。

「女性運転手と令嬢」シリーズの第三作にあたる『鷺（さぎ）と雪』には、宝石のように美しく誇り高い女や男や少女や友情や愛が描かれている。

物語の背景は昭和初期。現実のその時代に、こんな人々がいたんだろうか。こんな愛が、友情があったのか。信じ難い、などと考える。でも、だからといって「こんなの本物じゃない」とは思わない。

その理由は、21世紀を生きる我々が、登場人物からみて遥（はる）かな未来人であることに関（かか）わっているようだ。私たちは彼らの未来の運命を知っている。美しい愛や友情の全（すべ）てが、やがて起きる戦争に呑（の）み込まれることを知っているのだ。

だからこそ、作中の女学生同士の他愛（たわい）ないやりとりを眩（まぶ）しく思い、男女の触

れ合うことさえ許されない愛に胸を打たれる。

一方、彼ら自身の今を生きるしかない作中人物の胸にあるのはびりびりと震えるような暗黒の予感のみ。それこそが彼らの心と振る舞いを研ぎ澄ましているのだ。

〈わたし個人の死など何ほどのものでもありません。――だが、それを越えたものの崩壊を思うと、無限の怖（おそ）ろしさに身もすくむのです。そういう時、かつてあなたのいった一句を思います。あれを、あなたはお信じになれるのか――と〉

〈何のことでしょう?〉

〈――善く敗るる者は亡（ほろ）びず〉

〈はい、わたくしは、人間の善き知恵を信じます〉

時代の運命についての男女の会話が、想（おも）いを伝え合うことを許されないふたりのぎりぎりの愛の表現になっている。

現実にはあり得ないからこそ、夢としては「本物」ということがあるんじゃないか。そして、未来人である私たちは、明日を知らない登場人物から何かを学ぶことができると思うのだ。

評・穂村弘（歌人）

きたむら・かおる　49年生まれ。作家。『夜の蝉（せみ）』で日本推理作家協会賞。

二〇〇九年六月一四日❽

『正座と日本人』

丁宗鐵　著

講談社・一六八〇円

ISBN9784062692809

歴史

トロイ遺跡を発見したシュリーマンは幕末の日本旅行記に、家族が正座して食事をする姿を興味深く書き残している。ベストセラー『「縮み」志向の日本人』の著者である李御寧は、正座を、精神を集中させ安静を得る「どの民族も模倣しがたい姿勢」と位置づけている。私たちに当たり前の正座は、外国人から見ると極めて特異な日本独自の文化のようだ。

本書は、医学博士であり、茶道にも精通した著者が、正座の歴史、文化、医学的意味などを丹念に調べたものだ。かつては立てひざやあぐらが正式な座り方であり、あの千利休でさえ正座をしていなかった。正座が一般化するのは明治以降で、明治政府が近代日本人を形成しようと、自己を律する武士道の象徴としての正座を広めた教育の成果だ。その結果、正座の習慣がない朝鮮や中国を蔑視（べっし）するようになったのは不幸なことだという著者の視点は新しい。

正座は脳血流を改善し、認知症やメタボリック症候群を防ぐ効果があると、健康面も丁寧に解説している。正座という日常習慣は日本文化の象徴だったのだと、目からウロコが落ちる。

評・江上剛（作家）

二〇〇九年六月二一日❶

『数学者のアタマの中』

D・ルエール　著　冨永星　訳

岩波書店・二三一〇円

ISBN9784000055321

科学・生物

単純さ複雑さが奏でる美の旋律

数学者でない人間が数学の世界を覗（のぞ）き込みたい衝動に駆られるのは、たとえば$\sqrt{2}$にふと見入るときではないだろうか。一辺が1の正方形の対角線がこれであることは、ピタゴラスの定理で簡単に分かるものの、この$\sqrt{2}$が無理数であることの証明は、そんなに容易ではない。

またたとえば、素数が無限にあることは、誰でも直感的に分かるが、数学的には、無限を定義して初めて素数が無限にあるという言明が意味をもつ。そこで数学では、たとえば無限集合なるものを考えるが、無限の素数を含む集合を定義しても、そのことと素数が無限にあることとの証明はまた別である。実は素数が無限にあることを推論する方法はあるが、その証明はまだ出来ていないのだ。このように、推論は出来ても、証明が出来るとは限らないのが数学の世界である。だから、人はひたすら証明を求めて数学をする。

幾何学も数論も、現実の図形や数を越えて「可能なすべて」を考えるという人間の抽象的思考の欲望である。可能なすべての図形、すべての数を対象とするのであれば、私たちの苦手なa、b、x、yといった記号による記述も納得がゆく。

また、人間は次々に便利な方法を考えだすもので、曲線上の点Pを座標軸の（x，y）に置き換えて数値化することを思いついたとき、二次元は一気に多次元に広がった。またその過程で、あるとき複素数を使えば演算が簡単になることが発見されると、今度はその複素数を含む代数幾何学の多項方程式と、整数解を求める数論の多項方程式を一つに出来ないかと閃（ひらめ）き、そのための関数を思いついたりするのである。

関数とは、構造と構造の関係性の概念である。演算のような形式的な操作に、こうして概念の操作が加わったとき、数学は内部構造の構築へ踏み出し、数学の世界を包括する集合論へと発展してゆくことになる。そして、その発展が新たなパラドックスや証明困難な定理を次々に生みだしてゆくのだが、数学者はめげない。一つの概念がさらに新たな概念を生み、新たな結果を生んで内部構造が更新されてゆく営みこそ、数学のリアリティだからである。

数学の営みとは、まさに「こうでしかありえない」完璧（かんぺき）な論理だけで出来ているが、その厳密な構築物がもつ途方もない単純さと複雑さこそ数学の美だと著者は言う。

また、人間が数学をすることの喜びを伝えたいと願う著者は、こうも言う。楽譜が読めなくとも旋律は聞こえるだろう、と。この言葉に嘘（うそ）はない。

たとえば、こんな旋律はいかがだろう。空集合φがある。そのφを含む集合{φ}がある。さらに、φと{φ}を含む集合{φ，{φ}}がある。そしてさらに{φ，{φ}，{{φ}}}……。こうして並べてゆくと、なんのことはない。0、1、2、3……という自然数が表せるのである。これぞ数学のアタマ！

さあ仕事を忘れて、しばし数学への小旅行をどうぞ。

評・高村薫（作家）

David Ruelle　35年ベルギー生まれ。数学者、数理物理学者。米プリンストン高等学術研究所を経て、現在はフランス高等科学研究所（IHES）名誉教授。邦訳書に『偶然とカオス』がある。

〈訂正〉　２００９年6月23日朝刊（「訂正・おわび」の掲載日）

21日付読書面、「数学者のアタマの中」の書評で、「実は素数が無限にあることを推論する方法はあるが、その証明はまだ出来ていないのだ」の一文を削除します。素数が無限にあることは証明されています。訂正します。

二〇〇九年六月二一日②

『格差社会の衝撃　不健康な格差社会を健康にする法』

リチャード・G・ウィルキンソン 著

池本幸生ほか 訳

書籍工房早山・一九九五円

ISBN9784904701140

社会

なぜこんなに豊かで惨めなのか

生物進化の中で登場した人間という生き物と、その社会のありようの総体を、一貫した視座の下でとらえたいという欲求は大なり小なり誰もが抱くものだろう。本書は、まさにそうした根源的なテーマに応えようとする内容の本である。

著者は経済史から疫学研究に転じた研究者だが、その問いは現代社会における「物的繁栄と精神衛生的失敗」という基本的な疑問から始まる。つまり「異常な物的豊かさも、過剰な娯楽も、そして様々な刺激を得る機会などもまるで何の意味もないかのように、なぜ我々はこんなにしばしば惨めに思い、ストレスを感じ、自暴自棄になったりするのだろうか」。そして本書が特に焦点をあてるのは、①「健康（ないし病気）の社会的決定要因」という視点と②「平等の進化論的意味」とも呼ぶべきテーマであり、著者のユニークな経歴がよく反映されている。

①について本書では、国民総生産（GNP）

が一定以上になると経済発展と平均寿命との関連が見られなくなることや、肥満などかつて贅沢（ぜいたく）病とされたものの社会的分布が逆転し貧困層の病気となること、ニューヨーク市のハーレムでの死亡率はバングラデシュのそれよりも高いことなどの事実を押さえながら、所得格差と人々の社会関係の質、そして心理社会的要因を介した健康とのかかわりの全体を明らかにしていく。

　他方②に関しては、狩猟採集中心の先史時代においていったん「霊長類の進化において先例のない規模での平等主義」が実現したものの、食糧不足の不安から農耕社会において階層分化が生じていった事実や、霊長類の「親和戦略と支配戦略」といった社会行動にも関心を向けながら、「『ポスト不足社会』の人間らしさ」が実現されるための条件と道筋を追究していく。

　「人間についての探求」と「社会に関する構想」を鮮明につなげる印象深い本だ。同時に、文理を通じた様々な学問分野が「社会的関係性」を中心にクロスオーバーしつつある状況も伝えてくれる内容で、ある種の希望を感じることができた。

評・広井良典（千葉大学教授）

Richard G. Wilkinson　英・ノッティンガム大学名誉教授。

二〇〇九年六月二一日③

『菊池寛急逝の夜』

菊池夏樹 著

白水社・二一〇〇円
ISBN9784560031988／9784122056824（中公文庫）

ノンフィクション・評伝

親族だけが知る「特別な人物」の像

　海のように茫漠（ぼうばく）として大きい菊池寛について（その実、入念で合理的な性格をもあわせ持っていたのだが）本書は直系の孫が綴（つづ）った記録である。

　肉親を一冊の書として記すのは思いのほかむつかしい。どういう距離感を取るか、感情と客観性のバランスが取りにくいのだろう。著者は菊池寛の膝（ひざ）に抱かれたことはあったが、直接の印象を持つ前に他界されてしまった。さいわい謦咳（けいがい）に接した親族が残っている。（平成20年の時点で）文豪の長女90歳、長男84歳、次女83歳、そのほかの関係者もみな高齢だ。このあたりで身近な人だけが知っているエピソードを記しておこう、と筆を執り（急逝前後の事情が大半を占めているが）その目的は十分に達せられた、と評してよいだろう。

　菊池寛は作家としての業績とはべつに文芸春秋（株）を創設して多くの文学者を支援したことなど文化事業の推進者としての多彩な功績があって、この二つについては多くの記述が残されているけれど、人柄についてはやはり親族の視点で記されたものが（特別な人物であっただけに）望ましい。第一級の見聞が綴られて読みごたえがある。

　妻に浮気がばれ、謝りながらも「六十歳になったら、マジメになります」と宣言して五十九歳で没したとか、女性の能力や立場をきちんと認めながら妻妾（さいしょう）同居のときがあったりする。そもそも逝去の事情そのものが、あきれた妻に家出をされ、それを呼び戻すため不調の身でありながら快気祝いを自宅でするからと体裁を整え、その最中に急死したのだった。

　この妻もなかなかユニークな人柄で、それを通して文豪の日常の、見えない部分が見えてきたりする。もちろんもっと真摯（しんし）なエピソードもたくさん盛り込まれ、簡単には捕らえにくい文学者であったのだろう。

　著者が一つの総括として〝菊池寛と北野武、このふたりとも時代が求めた大プロデューサーなのである〟としているのは、おもしろい視点だが、菊池寛のほうが志が深いのではないか。身内の遠慮かもしれない。

評・阿刀田高（作家）

きくち・なつき　46年生まれ。文芸春秋勤務を経て現在、高松市菊池寛記念館名誉館長。

二〇〇九年六月二一日④

『「幽霊屋敷」の文化史』

加藤耕一 著

講談社現代新書・七九八円
ISBN9784062879910

歴史／人文／新書

身の毛もよだてば血も凍る演出

昔々、プラトンやダンテ、そしてスウェーデンボルグやルドルフ・シュタイナーが言いました。死者が死後、天国と地獄の間の煉獄(れんごく)で贖罪(しょくざい)を果たし得ない場合、その霊魂は時として幽霊となって地上に出現することがあるって。

幽霊となってこの世に姿を現すのはよほどの未練と執着、そして怨念(おんねん)を抱いた霊ということになる。したがってそれに遭遇した者は身の毛もよだつだろうし、血も凍る。そんな恐怖を人工的に演出するのが「ホーンテッド・マンション」だ。

「ホーンテッド・マンション」とは東京ディズニーランドにある幽霊屋敷。この幽霊屋敷の源流は18世紀のゴシック様式の建築に遡行(そこう)する。そのころ流行したピクチャレスクの廃虚美は、いかにも「幽霊があらわれそうな雰囲気」から生まれたゴシック文学に端を発し、幽霊興行「ファンタスマゴリー」が出現したという。

そんな歴史的、文化的背後にひそむ芸術や文学の〝墓地〟を暴いて、その中からゾンビを降霊術のテーブルの俎上(そじょう)に載せ、「ホーンテッド・マンション」の秘密を死者の口からあなただけにそーっと伝授いたしましょうという霊言の書が、この『「幽霊屋敷」の文化史』なのであります。

僕は何度も「ホーンテッド・マンション」を訪ねているが、イリュージョンのメカニズムやその史観には本書を手にするまで無知だったので、ただただ21世紀の驚異のテクノロジーの前で崇敬するしかなかった。

ところがタネを明かせば、それは200年前の幽霊屋敷の演出や技術の単なる模倣・剽窃(ひょうせつ)・反復であり、人類も歴史も大して進歩していません。ナーンダ——。そのことに僕は吃驚(びっくり)仰天したのであります。

そんな「ホーンテッド・マンション」の騙(だま)しの推進力の張本人がシェークスピア、ゲーテ、ラドクリフ、フランケンシュタイン、吸血鬼、ポーの「アッシャー家の崩壊」、マダム・タッソーなど。中でもファンタスマゴリーの果たした功績がそれはそれは大きかった、とさ。

評・横尾忠則(美術家)

かとう・こういち 73年生まれ。東京大学大学院で建築学を学ぶ。近畿大学講師。

二〇〇九年六月二一日⑤

『強いられる死　自殺者三万人超の実相』

斎藤貴男 著

角川学芸出版・一五七五円
ISBN9784046213778／9784309411798(河出文庫)

社会／ノンフィクション・評伝

死を選んだ？　冗談ではない

自殺をすることを、僕たちはつい詩的に「自ら死を選んだ」などと言ってしまう。本書の読了後は、それがいかに無神経で、残酷で、傲慢(ごうまん)な言い方なのか、苦みとともに思い知らされる。死を選んだ？　冗談ではない。選ばざるをえないところまで追い詰められたのだ。いや、そもそも「選ぶ」という自発的な行為で語ってしまうからこそ、一方的な自己責任論が跋扈(ばっこ)してしまうのではないか。

自殺とは、強いられた死——本書はそれを、言葉のアヤではなく、強い説得力で示す。上司の執拗(しつよう)なパワハラに追い詰められたサラリーマン、民営化に伴う成果主義の導入で疲れ果てた郵便局員、多重債務に押しつぶされた母親、激しいいじめによって生の希望を打ち砕かれた中学生……一つひとつの自殺の悲劇をたどる斎藤貴男さんは、〈苦しくてたまらなくなった〉と率直に言う。確かに、たとえ結果が自殺に至らなくても、内部告発した社員に対する組織ぐるみの心理的暴力

（モビング）や、障害者自立支援法のはらむ問題点など、とにかく読んでいて胸ふさがれる思いの事例ばかりが揃（そろ）う。ここにあるのは、まさに〈絶望の物語〉なのだ。

しかし、そこから目をそらしてはならない、と本書は訴える。自殺を個人の資質や責任に帰して語っているうちはなにも解決しないのだ、と繰り返し訴える。〈自殺の問題を考え、誰も自殺などしたくない世の中にしようと動き出すためには、現実社会のありとあらゆる矛盾と向き合わなければならないのである〉

——本書の終盤には、その矛盾と向き合い、乗り越えようとする人々の姿が描かれる。自殺対策基本法制定に尽力した国会議員やNPO、草の根レベルで自殺を食い止めてくれる人たちの物語は、まだ現実の〈絶望の物語〉に比べると小さい。しかし、希望とはそもそも「明日は今日よりもよくなる」と信じることではなかったか。明日を信じる人々の闘いを、著者も信じる。それが読者一人ひとりへも広がることを信じて、このあまりにも重い一冊は、世に出たはずなのである。

評・重松清（作家）

さいとう・たかお 58年生まれ。ジャーナリスト。著書に『「心」が支配される日』など。

『随時見学可』

大竹昭子 著

みすず書房・二三一〇円

ISBN9784622074564

揺らぐ身体感覚で描く聖なる光

数日まえのことだ。都電荒川線の「荒川遊園地前」で降り、ぷらぷら歩くと隅田川の土手に出た。護岸壁沿いにまっすぐ遊歩道が伸びており、西日を浴びて歩きはじめたら止まらなくなった。ところがそのうち犬一匹さえ消えてしまい、道は細るいっぽうだ。かまわず歩きつづけると、とつぜん道が断ち切れた。川の流れは先へゆくのに、足は進められない。領域を奪われて呆然（ぼうぜん）とするのだが、西日は輝きの純度を高めるばかりだ。

日常には、いっさいの介在を許さない聖なる瞬間が訪れることがある。ぽんと宙に放りだされたような、またはあずかり知らぬ断層に滑り落ちて真空地帯に侵入したような。

この十編の小説は、そんなとき溶けて揺らぐ「わたし」の身体感覚と感情に、言葉でかたちを与えようという試みである。

ただし、「わたし」の身体をまごつかせるのはありきたりの風景だ。見慣れたはずの近所の公園、いつもの横断歩道、間借りした一室。不意にごくわずか、または幻想めいて歪（ゆが）むさまは都市や写真、美術の評論活動をつづける著者の網膜に映りこんだ断片でもあるだろう。

「随時見学可。どうぞいつでもお入りください」

カヴァーのサーモンピンクの奇妙な題字が、ゆらゆらと誘いをかけてくる。指を伸ばしてページをふたたびめくると、「足の裏がぐじゅっと濡（ぬ）れる」部屋とか、「熱い流動物になった」身体とか、夫の「寝ている姿を眺めては死んだときの予行演習をしていた」視線とか、行間からリアルな気配が立ち上がる。

なるほど、そうきたか。小説世界が用意した作用に気づく。〈書かれた「わたし」の身体感覚は、読むわたしにすでに浸（し）みこんでおり、ふたつの領域はもはや境界線を失いかけている〉

たとえ相手が言葉であれ、身体感覚というものは、滲（にじ）みあう関係を結んだとき聖なる光に包まれる。その光を視（み）た者は、もうあともどりはできない。

かんがえてみれば、「随時見学可」、曖昧（あいまい）なのにこれほど揺らぎを与える入りぐちはないのだった。

評・平松洋子（エッセイスト）

おおたけ・あきこ 50年生まれ。文筆家。『眼（め）の狩人』『個人美術館への旅』など。

二〇〇九年六月二一日❼ 『僕秩プレミアム！』

社会／新書

ヨシナガ 著
講談社アフタヌーン新書・八七〇円
ISBN9784063647679

飲み会の席で、何気（なにげ）なく独創的な意見を語る人がいる。みんなが「ですよねー！」と同調しがちな世の中に合わせつつも、ふっと日常で気づいた違和感を別の視点で語れる柔軟さ。明日になればその話題は流れてゆくけれど、そんな毎日の積み重ねは創造性に繋（つな）がってゆく。

本書は人気サイト「僕の見た秩序。」の運営者がネットに書いたコラムをまとめたものだ。渋谷ハチ公前は切りのいい時刻が待ち合わせで混雑する。ならば集合は19時17分にという呟（つぶや）き。新幹線での暇つぶしは、外の景色を見ながら自分と同じ速度で電柱を飛び越えてゆく忍者の姿を想像するというカミングアウト。テトリスに潜んだ法則。たとえ話にネットやゲームが当たり前のように入り、おやっと思うきっかけは自販機や写メ。ごくごくふつうの毎日には、こんなに気づきのタネがある。こういう豊かさは大好きだ。「まさかの」の言葉遣いもキュート。

完全な球体に見える地球の写真は少なく、同じ写真が使い回されているという指摘にはびっくり。アフリカ南端に「つ」の字の雲がかかっているそうだ。読んで僕の秩序の見方も変わったかも。

評・瀬名秀明（作家）

二〇〇九年六月二一日❽ 『琵琶法師 〈異界〉を語る人びと』

歴史／アート・ファッション・芸能／新書

兵藤裕己 著
岩波新書・一〇二九円
ISBN9784004311843

１１８５年、壇ノ浦合戦で入水した安徳天皇の死霊に呼び出されて平家物語を弾き語った琵琶法師の伝説は、ラフカディオ・ハーンの「耳なし芳一の話」により広く知られている。

盲人が琵琶を弾き芸能や祭祀（さいし）に携わる習俗は中国から伝わったらしく、琵琶法師の存在は10世紀から知られる。平家一門が滅んでまもなく、死霊の祟（たた）りが囁（ささや）かれる中、平家物語の編纂（へんさん）が始まる。琵琶法師が平氏鎮魂と源氏政権誕生の演唱で平家物語のテキスト生成を担ったのは、異界と俗界を結ぶ司祭者としての役割によると著者はいう。

14世紀初頭には読み本の延慶本が生まれた。語り本は、１３７１年に検校覚一が口筆をもって正本を書写させ、相伝されるに至った。室町時代には琵琶法師の組織、当道座が確立し、足利将軍と関（かか）わりを深め、平家物語は武家政権の起源神話として機能したことが指摘される。

琵琶法師はまた、死と再生、流浪と復活を主題とする語り物も広めた。最後の琵琶法師の一人が弾き語る「俊徳丸」の映像を収めた付録のＤＶＤでは、評者も、なかなか見られないその世界に触れることができた。

評・石上英一（東京大学教授）

二〇〇九年六月二八日❷ 『最終目的地』

文芸

ピーター・キャメロン 著　岩本正恵 訳
新潮社・二五二〇円
ISBN9784105900755

人生そのものを肯定するぬくもり

空港に着くたび、搭乗案内の電光掲示板をしげしげと眺めてしまう。離陸時刻、搭乗機、目的地が並ぶ無機質な配列。タヒチ、上海、ムンバイ、ヘルシンキ。または札幌、出雲、宮古島……突拍子のない衝動につかまる。どこへ向かってもおなじ旅があるなら、たったいま目的地を変更して、べつの場所をめざすこともできるではないか。

人生もおなじなのだ。いま選ぼうとしている場所、それが最終の目的地かどうか誰にもわからない。当の自分自身にさえも。

南米ウルグアイの古い邸宅を舞台に、愛をめぐる人間関係の密度をつややかな筆致で紡ぎだすのがＰ・キャメロンの長編小説第四作『最終目的地』である。登場人物は、過去から逃れるように敷地内にひっそり暮らす自殺した作家の妻、作家の愛人とちいさな娘、老いた兄と若い恋人の男。そこへアメリカから作家の伝記を執筆したいという青年があらわれ、危うい均衡を保っていた日常が揺れはじめる。

みな、ここが自分の最終目的地のつもりだった。ところが青年の登場が、感情をふくざつに交錯させてゆく。封印しかけていた愛もいっしょに。ついに訪れ来た予期せぬ変転とは——。

　屈折をかかえこむ人物ひとりひとりに注ぐキャメロンのまなざし。そのふかさが浮き彫りにする繊細な陰影こそ、読む者を惹（ひ）きつけて離さない牽引（けんいん）力だ。風通しのよいたしかな運びは、最後まで緩むことがない。

　とりわけこれ以上ないやわらかな手つきで掬（すく）いあげられるのは、愛に触れた男女のためらい、怖（おそ）れ、こころもとなさ。全編ほのかにユーモアとエロティシズムが漂うのは、まなざしが人生そのものを肯定するぬくもりを湛（たた）えているからだ。

　読後、静かに背中をさすられたようなあたたかさでいっぱいになった。閉じたばかりの一冊を膝（ひざ）にのせ、思いを胸に刻む。壊れかけた哀（かな）しみ、震えるようなせつなさ、その彼方（かなた）にもきっとあたらしい萌芽（ほうが）はある。なにより、まず踏み出そうとしている自分を信じることなしに、ほんとうの最終目的地にたどり着くことはできないのだ、と。

評・平松洋子（エッセイスト）

Peter Cameron　59年米国生まれ。『うるう年の恋人たち』など。

二〇〇九年六月二八日③

『リスクにあなたは騙（だま）される「恐怖」を操る論理』

ダン・ガードナー 著　田淵健太 訳

早川書房・一八九〇円
ISBN9784152090362

社会

バイアスにはまり込む心理を分析

　9・11テロで3千人近い人が亡くなった。これは戦争だと当時の大統領は説き、メディアも一般人もさらなるテロ攻撃に怯（おび）えた。数日後に旅客機が運航再開したとき、ほとんどはがら空きだった。人々は飛行機を危険だと恐れ、車での移動に切り替えたのだ。しかし飛行機は車より安全である。テロ発生後の1年間で、飛行機からの直接の切り替えが原因で車の衝突事故を起こし亡くなった米国人は1595人。9・11のフライト総搭乗員数の6倍であったという。

　カナダのジャーナリストが放った本書は「リスクセンスが大事」といったスローガンから一歩も二歩も踏み出して迫力ある論を展開する快著だ。著者は近年の行動経済学の成果に敬意を払いつつ、我々のリスク理解の心理を「頭」と「腹」の両面から分析する。理性に基づき客観的に情報と向き合う「頭」だけでリスクが判断できれば苦労はしない。人は主観的な「腹」の感情に振り回される。マスコミはその心理を知り抜いているため、がんに関する記事では小児がんの子の写真を大きく用いて感情に訴える。たとえそれが極めて稀（まれ）ながんであっても。

　バイアスにはまり込む心理を説き起こす半ばの展開も見事だが、圧巻はテロの恐怖を扱う終盤だ。著者はオウム真理教に言及する。オウムは大量虐殺への強い願望を持ち、資金も人材も時間もふんだんに持ちながら、しかし大量殺人に失敗した、それでもテロは大量殺人を起こしうると考えられている、と主張する。多くの日本人はこの論に反発を覚えるだろう。報道を通して亡くなった方々のことを身近に感じてきたからだ。しかし著者は返す刀で9・11時の米国の矛盾を斬（き）ってゆく。ここに至り初めて我々は己を相対化し、リスク理解のバイアスに自分も囚（とら）われていたことに気づき愕然（がくぜん）とするのだ。

　著者の腹の底から迸（ほとばし）る終盤の文章は我々の「頭」と「腹」を強く揺さぶる。新型インフルエンザに右往左往した我々は本書を読み一度深く考える必要がある。著者が最後に提示する道筋は力強く有益だ。

評・瀬名秀明（作家）

Dan Gardner　カナダの「オタワ・シチズン」紙のコラムニスト。

二〇〇九年六月二八日④

『教育基本法改正論争史　改正で教育はどうなる』

市川昭午 著

教育開発研究所・三七八〇円
ISBN9784873803944　歴史／教育／社会

論を尽くした主張が胸を打つ

教育基本法とは、わが国の教育の基本理念と原則を定めた重要な法律である。その教育基本法が、２００６年12月に制定後60年を経て初めて改正された。

改正を巡って幾多の謎が渦巻く。教育基本法改正を結党以来の悲願としてきた自由民主党が、なぜ半世紀以上にわたって改正を実現できなかったのか。そもそもなぜ改正が必要とされたのか。本書の検討からも明瞭（めいりょう）だが、改正案は最後まで確たる改正の根拠を持っていたわけではない。基本法改正をめぐる論戦の舞台には、政官財学など多様な人々が登った。理を尽くした主張もむろんあるが、表裏、正邪、玉石混交し、魑魅魍魎（ちみもうりょう）が跋扈（ばっこ）する言説世界に、論理だけを武器にひとり挑んだ成果がこの本である。

主張ひとつひとつを丁寧に読み解き、歯切れよく断罪する。たとえば改正派の典型的主張のひとつである「教育荒廃現象が徳目規定を欠く基本法に起因する」「だから改正すべきだ」に対しては、「その証拠はない」。批判的検討は改正賛成派に限らず反対派にも加えられる。著者の忠誠は、特定の政治的立場ではなく、ひたすら論理的正当性に向けられる。そこに本書の公平・公正さが由来する。

著者は、教育基本法改正を審議した中央教育審議会に臨時委員として起用され、37人の委員中ただ一人改正に賛成しなかった。改正案の内容に賛成できなかったからだという当たり前の理由が新鮮に響く。「法は行為を律するもので、心を律するものではない」と論を尽くして冷静に主張されると、論理を超えたところで胸を打たれる。

なぜ教育基本法は改正されたのか。著者の総括は、改正推進派にとっての究極的な狙いは、改正の内容ではなく、日本国憲法の改正に弾みをつけることだったと断じる。

硬い書名と３００ページを超えるボリュームに、門外漢はひるむかもしれない。けれども、もともと教育誌連載記事をまとめた本であり、個々の記述はコンパクトで平易である。著者の発する警鐘をできるだけ多くの読者に受け止めてほしいと思う。

評・耳塚寛明（お茶の水女子大学副学長）

いちかわ・しょうご　30年生まれ。国立教育政策研究所名誉所員。

二〇〇九年六月二八日⑤

『アメリカのパイを買って帰ろう　沖縄58号線の向こうへ』

駒沢敏器 著

日本経済新聞出版社・一七八五円
ISBN9784532166960　社会

自分流に変えた沖縄だけの味

沖縄の人が本土の沖縄出身者にお土産を買っていくとしたら何を選ぶか。子どものころからなじみ、沖縄でしか手に入らないもの――。それは「ジミーのアップルパイ」である、と著者はいう。

アップルパイなど東京や大阪でも買えるだろうに、などと考えてはいけない。大きく厚くずっしり重く、田舎くさい味のパイ。沖縄の人々にとっては、それが故郷の味なのだ。

創業者は基地労働者だ。食堂で働いていた彼は独立してベーカリーを開き、米国風のパイやケーキを売る。基地での呼び名「ジミー」を店名とした。それが人々に愛され、チェーン店が増え、やがて沖縄の味になっていったのである。アメリカの味でも日本の味でもなく。

沖縄は72年の本土復帰まで27年間、米軍の占領下にあった。日本から切り離された人々はその間どうしていたか。彼らは米国の文化を受け入れ、自分流につくり変えて暮らしたのである。たとえば豚ひき肉の缶詰「スパム」。

軍の携帯食料だったものをチャンプルー（炒〈いた〉め物）に取り入れ、家庭料理に欠かせない食材にしてしまった。南米料理タコスを改変し、「タコライス」も生み出した。

食事だけではない。基地の建材だったブロックに目をつけ、それで家を建てるようになった。鉄筋ブロックづくり2階建て3階建てOK、である。赤瓦平屋建てのゆったりした沖縄風住宅は影をひそめたが、木材が少なく台風が多い沖縄にブロック住宅はぴったりで、それは新しい建築分野を切りひらいた。

終戦までは「大和世（やまとぅゆ）」があり、そのあと「アメリカ世（ゆ）」が来た。人々は「時々の支配者」に距離をおき、冷ややかに眺めながら、受け入れるものは受け入れて暮らしてきた。それが沖縄なのだ、とこの本は語る。

沖縄に何回行ったのか書かれていないが、それは数え切れないほど行ったからだろう。基地反対や本土復帰とかで、しばしば聞かれるタテマエ論。そこからは見えない人々の生き方を、著者は一つ一つの現象で切り取って提示してくる。

評・松本仁一（ジャーナリスト）

こまざわ・としき 61年生まれ。著書に『地球を抱いて眠る』など。

二〇〇九年六月二八日❽

『マイノリティの名前はどのように扱われているのか』

リリアン・テルミ・ハタノ 著

ひつじ書房・四四一〇円
ISBN9784894764224
教育／社会／国際

誰にとっても自分の名前は大事である。特に子どものアイデンティティー形成には、大きな役割を果たす。それなのに、毎日学校で間違った名前で呼ばれ続けたら、どんなに辛（つら）いであろうか。

どうやら、そのような現実が、新たに日本に移り住んだ子弟たちにふりかかっているらしい。本書では、その実態が日系ブラジル人、ペルー人の事例から明らかにされている。

就学する児童が教育委員会の名簿に記載される際に、ブラジル人の姓名は複雑で長すぎるとして、恣意（しい）的に改変されてしまう。日本風の通称が優先される。ポルトガル語の名はローマ字風に間違って読まれる。その結果、本当の名前とかけ離れた呼び名が広く使われている。

こうしたことにもっと心を配るべきではないか、と日系ブラジル人研究者の著者はいう。たとえば、名簿の名前欄を大きくしてフルネームを書けるようにするとか、自治体の現場担当者用に名前に関するマニュアルを作るだけで、現状は劇的に改善しうる。国際化と多文化状況に直面する日本にとって、大事な論点の一つであろう。

評・小杉泰（京都大学教授）

二〇〇九年七月五日❶

『運命の人　全4巻』

山崎豊子 著

文芸春秋・各一六〇〇円
ISBN9784163281100〈1〉・9784163281209〈2〉・9784163281308〈3〉・9784163281407〈4〉／9784167556068（文春文庫〈1〉）・9784167556075（〈2〉）・9784167556082（〈3〉）・9784167556099（〈4〉）
文芸

国家権力のウソ、密約暴いた記者

重要な外交交渉で、国家権力が国民にウソをついている。それを新聞記者が暴いたとき、何が起きるか。72年に実際に起きた「沖縄密約事件」をモデルにした小説だ。

外務省記者クラブに所属する弓成亮太記者は、沖縄返還交渉を取材する過程で日本政府が米側と密約を交わしている機密文書を手に入れる。基地などの原状回復補償費400万ドルは本来、米国が負担しなければならないのだが、日本側が肩代わりする方向で交渉が行われていた。

文書は、外務省の女性事務官から渡されたものだ。女性事務官と弓成は男女関係があった。ニュース源を明かさずに、いかに政府のウソを明るみに出すか。弓成は結局、野党議員に文書を渡す。議員は国会で、それを政府側に渡してしまう。

政府は「密約などないし、そんな文書もない」とシラを切る。そして弓成と女性事務官は機密漏洩（ろうえい）の国家公務員法違反で逮捕されてしまうのである。

世論は当初、国民を欺く密約だと政府を強く非難していた。しかし、弓成記者が「情を通じて」女性事務官に機密文書の持ち出しをそそのかしたとする起訴状が発表されると、状況は一転する。世間の関心は男女関係に集中し、「政府のウソ」はどこかに飛んでしまった。

あとはワイドショーの世界である。弓成の社会的な地位も家庭も崩壊していく。

フィクション仕立てだが、実名を変えてあるぐらいで、事件をかなり忠実に再現している。

補償費肩代わりの具体的な詰めは、パリの経済協力開発機構（ＯＥＣＤ）閣僚会議の場を隠れみのに行われるのだが、そのやり取りは細部まで具体的だ。著者はすでに80歳代半ばのはずだが、取材のエネルギーは並ではない。

第4巻でストーリーは事実から離れる。弓成は家庭を捨て、沖縄に向かう。自殺を考えるが、地元の人々の温かさに救われ、再びペンをとる気力をよみがえらせていく。

小説はそこで終わるのだが、現実の沖縄密約事件は37年後の今も動き続けている。

作家の澤地久枝さんらが情報公開法に基づいて今年3月、密約文書を公開するよう求める訴訟を起こした。文書は米国ですでに公開され、密約が明らかになっている。しかし政府は相変わらず、そのような密約はないし文書もない、と言い張っている。裁判所もかなりいらだったようで、6月16日に「あるべき文書がないというなら、ない理由を示せ」という内容の異例の要請をした。

都合の悪い事実が暴かれたとき、権力は「薄汚い不倫事件」に仕立て上げて国民をだまそうとした。見立て通り世論はころりとだまされた。米国で密約を証明する文書が出てきても、それは何かの間違いだと言い続ければ何とかなる。政府はそう思っているのではないか。

本書は、この国の国民と権力のありようを問うてもいるのである。

評・松本仁一（ジャーナリスト）

やまさき・とよこ　24年生まれ。大学卒業後、毎日新聞大阪本社に入社。58年に『花のれん』で直木賞。退社して作家専業に。主な作品に『白い巨塔』『華麗なる一族』『大地の子』『沈まぬ太陽』など。

二〇〇九年七月五日❷

『ミラーニューロンの発見』

マルコ・イアコボーニ 著　塩原通緒 訳

ハヤカワ新書・一三六五円
ISBN9784153200029／9784150503741（ハヤカワ文庫NF）

『ミラーニューロン』

ジャコモ・リゾラッティ、コラド・シニガリア 著

柴田裕之 訳

紀伊国屋書店・二四一五円
ISBN9784314010559

医学・福祉／新書

他者と世界を共有するための鏡

映画館を出るとき、ヒュー・グラントやジュリア・ロバーツになりきった自分に気づくことはないだろうか。「スクリーン上で映画スターがキスしているのを見たならば？　そのとき私たちの脳内で発火している細胞のいくつかは、自分が恋人とキスするときに発火する細胞と同じものなのである」（『ミラーニューロンの発見』）

ミラーニューロン——鏡の神経細胞のおもしろさを語る本の邦訳がほぼ同着で出た。

90年代初めにその発見を導いた神経生理学者リゾラッティ氏が哲学者とともに著した『ミラーニューロン』は、やや専門的なタッチで研究の核心を突く。

それによると、人は他人のしぐさを目にすると、脳内で自分がそのしぐさをするのに必要なしくみが働いて、他人の『運動事象』の

意味が解読できる」。まるで鏡のようではないか。その主役がミラー細胞らしい。

一方、『――の発見』の著者イアコボーニ氏は、神経科学者だが、大胆にメルロポンティ流の現象学に踏み込む。

自らの内的体験に重きを置く現象学にとって、自分と他人が世界をどう共有するか、という「間主観性（かんしゅかんせい）」の問題は大きな関心事だ。著者は、ミラー細胞こそ「間主観性の原初的、本来的なかたちの表れ」とみる。

あなたと私が、向き合って互いのしぐさをまねたとしよう。「私の右手はあなたの左手と同じ空間領域にある」ことになり、私たちは「同じ空間を『共有』」するのだという。

ミラー細胞の働きの原点は赤ちゃんと親の笑みのやりとり、という仮説も納得がいく。

磁気などを駆使して脳を探る実験には抵抗感もあろう。研究をすぐに広告戦略と結びつける姿勢も論議を呼びそうだ。

だが、イタリア出身で米国に住むイアコボーニ氏が、西洋人は個人主義を重んじる文化のもとで「人間の脳の本質が根本的に間主観的であることを気づかぬままに来てしまった」と省みる言葉は印象深い。

科学の目で文化を問い返す時代が到来したのである。

評・尾関章（本社論説副主幹）

Marco Iacoboni、Giacomo Rizzolatti、Corrado Sinigaglia

二〇〇九年七月五日③

『IN』

桐野夏生 著

集英社・一五七五円

ISBN9784087712988／9784087468335（集英社文庫）

文芸

循環し内向していく作家の魂

作家の鈴木タマキは恋愛における抹殺をテーマにした「淫（いん）」という小説を書こうとしていた。抹殺とは「無視、放置、逐電など、自分の都合で相手との関係を断ち、相手の心を『殺す』こと」だ。小説の主人公は緑川未来男が書いた小説「無垢人（むくびと）」に登場する「〇子」。「無垢人」は、愛人「〇子」の登場で嫉妬（しっと）に狂った妻と緑川の関係を赤裸々に描いた私小説だが、タマキは「〇子」という記号で抹殺された女性を特定しようと取材を進めていた。

「〇子」を探す過程がミステリーだが、タマキのかつての不倫相手で担当編集者の阿部青司との恋愛の記憶が複雑に絡み合う。恋愛中、青司は「小説に命を懸ける」と何度も言ったが、今では全く興味を示さず、タマキを抹殺しているかのようだ。

さらに「無垢人」そのものが入れ子細工のようにストーリーに組み込まれている。その現実感に、思わずネットで緑川未来男を検索してしまう。本当にこれは桐野氏が書いた小説内小説なのか？

桐野作品の主人公は孤独に身を苛（さいな）まれながらも戦い抜く女性が多い。しかしタマキは悩み、迷い、堂々巡りだ。その違いに読者は最初、戸惑うかもしれない。これはひょっとして桐野氏初の私小説なのではないか、実際に担当編集者との不倫をそのまま描いた小説ではないかと思った瞬間に、小説世界に嵌（はま）りこむ。2人で青司の出身地である大阪を親しげに歩く場面などは想像とは思えないリアリティーに満ちている。作家とは、小説とは、というタマキの真摯（しんし）な自問自答が、桐野氏の作家としての覚悟を語る独白のように聞こえるのも私小説的だ。

タマキが「無垢人」の「〇子」を探すように、読者は「IN」の中の「タマキ」は誰なのかと探し続ける。そして最後に読者は、循環し、内向していく魂という意味でタマキという主人公の名前とタイトルの「IN」に納得し、思わず「小説は悪魔ですか。それとも、作家が悪魔ですか」と呟（つぶや）くだろう。これは間違いなく桐野氏のターニングポイントになる小説だ。

評・江上剛（作家）

きりの・なつお 51年生まれ。作家。『柔らかな頬（ほほ）』で直木賞。『OUT』など。

二〇〇九年七月五日④

『シリコンバレーから将棋を観(み)る　羽生善治と現代』

梅田望夫 著
中央公論新社・一三六五円
ISBN9784120040283

IT・コンピューター／社会

「指さないファン」でいいじゃない

将棋ファンといえば、将棋を指すのが好きな人のことだと普通は思うわけなのだけれど、将棋を指さない将棋ファンも世間にはけっこう存在する。かくいう私がそうだ。つまりプロ将棋の観戦を趣味にしているので、これがすこぶる面白いのだ。

本書にも書かれているが、自分ではサッカーや野球をやらない人でも、スポーツ観戦を楽しむことはできる。ならば、それと同じようにして将棋観戦を楽しんでもいいはずではないか。とはいえ、イチローのサードへの返球の凄(すご)さは、見れば誰にでも理解できるけれど、たとえば今期の名人戦第七局、羽生名人の作戦勝ちを決定づけた31手目「4六歩」の凄さは、素人には分からない。プロ棋士から解説してもらって、なんとなく分かった気になれるだけである。

素人には将棋の奥深いところまでは理解できない。が、それでいいじゃないか、それでもなおプロ将棋を十分に楽しむことができるのだ、というのが本書の著者、シリコンバレーに住むコンサルタント・梅田望夫氏の立場であり、本書は「指さない将棋ファン」のための、画期的な「プロ将棋観戦ガイドブック」といってよいだろう。

指し手の深みを理解できない梅田氏の武器は、徹底的に拾集された「情報」にある。棋士たちの過去の指し手はもちろん、活字になった彼らの文章や発言、あるいは直接耳にした言葉を丹念に集め、データ化し、その知識の厚みを武器にプロ将棋の世界に批評的に斬(き)り込んでいく。

ネット時代を迎えて、将棋をめぐる環境は変わった。ネット棋戦がはじまり、重要棋戦はどれもネット上で中継されるようになった。将棋とネットは相性がいいとはよくいわれることだけれど、ネットを縦横に駆使してリアルタイムの観戦記を書く梅田氏は、かつて文豪たちがものした将棋観戦記とは次元の違う、新しい魅力あるスタイルを切り開きつつある。

とにかく、「指さない将棋ファン」なんてものに意味があるのかと疑う方は、ぜひ一度、本書をひもといてみて欲しい。

評・奥泉光（作家、近畿大学教授）

うめだ・もちお　60年生まれ。コンサルティング会社社長。『ウェブ進化論』など。

二〇〇九年七月五日⑤

『ヤイトスエッド』

吉村萬壱 著
講談社・一六八〇円
ISBN9784062153737

文芸

「変」が爆発的に加速して…

〈自動販売機で缶コーヒーを買おうとすると、余りにも種類が多いのでどれがいいのか決められなくて困ります。「缶コーヒー」という釦(ボタン)を押すと、一種類の缶コーヒーだけが出てくるというのがいいと思います〉

本書の主人公たちは、例えば、こんなことを考えている。なんとなく気持ちはわかる。でも、ちょっと変。

それぞれの物語のなかで、この「変」が爆発的に加速してゆく。そして、最後には全員が化け物のように滅茶苦茶(めちゃくちゃ)な存在になってしまうのだ。

〈もし生まれ変われるなら、私はウィルスンのサナダムシになりたいです〉とか〈犬と交尾した〉とか〈米粒大のサタンの分身が大勢踊っている〉とか〈三つ編み腋毛(わきげ)〉とか。

だが、彼らの心に元々あったのは、まとも過ぎるほどまともな思いだった。

〈身の安全が保障された治安の良い国に住み、毎日きちんと食べられて、綺麗(きれい)なシーツと温かい蒲団(ふとん)にくるまって眠り、

（略）それ以上何を望む事があるのか〉

だからこそ、缶コーヒーも一種類で充分（じゅうぶん）なのだろう。こんな考えの持ち主が、いつのまにか滅茶苦茶におかしくなってしまうのは何故（なぜ）なのか。

衣食住を保障された豊かな社会にあっても、人間はそれ以上の何かを求め続けずにはいられない。だが、その次に求めるべき、正しい願いを見つけられないまま、何十年もの時間が流れ、町にはコンビニエンスストアが乱立して、缶コーヒーの種類は無限に増えてゆく。

そのなかで衣食住の「次」を勘違いした私たちは、〈オムライスに髪の毛が入っていた〉だけで〈私たちが安心して食べられる物って一体何なの！〉と大騒ぎをし始めた。

そんな「人間」にだけはなりたくない、という思いが逆方向に暴走した結果、彼らは立派な「化け物」になってしまったのではないか。

笑いながら汗が滲（にじ）むような本書の面白さは、一歩間違えたら自分もこうなる、という実感にも繋（つな）がっているようだ。

評・穂村弘（歌人）

よしむら・まんいち　61年生まれ。作家。2003年「ハリガネムシ」で芥川賞。

二〇〇九年七月五日⑥

『地球環境46億年の大変動史』

田近英一 著

化学同人・一六八〇円

ISBN9784759813241

歴史／科学・生物／社会

地球史学の発展が示す証拠と脅威

この地球上にいつ「生命」が登場したのか、いつ「生物」が生まれたのか、恐竜はいつなぜ絶滅したのかなど、地球史に関するわれわれの興味は尽きない。これに答える地球史学あるいは地球惑星科学は、過去20〜30年間に、驚くべき成果を上げ、急速に新たな知見を蓄えつつある。そして、歴史学では「ビッグ・ヒストリー」と言われる分野が台頭している。

本書はこの地球史学の発展の結果、地球環境がどのようなメカニズムで変化するのかを明らかにし、われわれが今日、地球環境を考える際の時間の尺度を一挙に長くして、大きな視野からそれを考えるよう勧めている。

実際、最近の研究の結果、驚くべきことが地球史に起きてきたことが分かってきている。われわれの知る光合成生物シアノバクテリアの誕生は約35億年前ではなく、大気中の酸素濃度が急激に上昇した24億5千万年から20億6千万年前あたりだろうと考えられるようになった。過去には地球全体が氷で覆われてしまった「全球凍結」の時代が何回かあって、約6億年前の最後の「スノーボールアース・イベント」によって生物の大絶滅が起きるとともに、酸素濃度が増加して「多細胞動物」が一挙に出現した。また、6500万年前に地球に小惑星が衝突して「衝突の冬」が生じ、恐竜が死滅したというが、こういう天体衝突は地球史において当たりまえの現象だという。

現在われわれは変動絶えない地球史のなかで、過去1万年前から始まった、比較的、気候の安定した間氷期に生きているのであるが、今のように二酸化炭素の急速な排出が続くと、突然かつ急激な大温暖化が生ずる「気候ジャンプ」が待ち受けていないとも限らないと、本書は警告する。だから、われわれは最大限の努力で温暖化の速度を遅くしなければならないのである。

最新の証拠と深い推論とを駆使したわくわくするような記述に引き込まれていくが、その示唆するところは「脅威」である。

評・南塚信吾（法政大学教授）

たぢか・えいいち　63年生まれ。東大大学院准教授、理学博士。著書に『凍った地球』。

二〇〇九年七月五日⑦ 科学・生物

『軽石　海底火山からのメッセージ』

加藤祐三 著
八坂書房・二五二〇円
ISBN9784896949308

子供のころ、海辺で軽石を見つけるとうれしかった。家に持ち帰って色を塗ったり、彫刻刀で削ったり、風呂に浮かべて遊んだりした。そんな懐かしい思い出が、本書を読んで地球のダイナミックな活動と直結した。

地下のマグマが海底で噴出し、細かな気泡を取り込んで固まった岩石が軽石だ。沸騰するような爆発でガスと共に噴き上がる大量の軽石は、海流に乗って大海原を漂流する。30年前、沖縄に赴任したばかりの著者は海辺で軽石を拾い、どこから来たのかわからないこの石に地質学の新たな地平を見出（みいだ）す。漂う軽石の分布は日本近海の海流の動きを鮮やかに解明し、海底火山の位置を照らす。付着したサンゴやカキは軽石の一生を暗示する。ひとつひとつ丹念に標本と向き合う著者の語り口はほんのりと温かくてひき込まれる。

なかでも興味深いのが沖縄トラフに横たわる、腐った材木にそっくりの軽石だ。浮かぶことのないこのふしぎな軽石を求めて、著者は「しんかい2000」に乗り込み、深さ1800メートルの暗黒へと潜ってゆく。

巻末の野外観察・室内実験の手引も含め、世界への愛情に満ちた一冊だ。

評・瀬名秀明（作家）

二〇〇九年七月一二日① 文芸

『大きな約束』

椎名誠 著
集英社・一二六〇円
ISBN9784087712810／9784087467970（集英社文庫）

『続　大きな約束』

椎名誠 著
集英社・一二六〇円
ISBN9784087712827／9784087468090（集英社文庫）

じいじいと孫の時　ふんわりと温かく

なんとも元手のかかった短編小説集である。2巻合わせて全20編、いずれも椎名誠さん自身の言葉を借りれば〈わたしの日常をそのまんま呆然（ぼうぜん）と書き綴（つづ）っているだけの「なんにもおきない」小説〉——確かに、物語は旅つづきの椎名さんの日常に寄り添ってゆるやかに流れ、小さなエピソードや回想をたどっているうちに、すとん、と終わってしまう。

だが、その短い一編一編には、時間が折り畳まれて層をなしている。収録1作目「こんちくしょうめ」の冒頭、要するに全20編の始まりとなる一文は、こうだ。〈フーテンの寅さんじゃないけれど、思い起こせばかずかずの恥ずかしき日々というのがある〉。椎名さんは「いま」を語りながら、自在に過去を振り返り、時の層に埋まった〈恥ずかしき日々〉のかけらを掘り起こしては、また「いま」に戻る。少年時代、サラリーマン時代、旅の思い出、子どもたちが幼かった頃のわが家……。すでに還暦を過ぎた椎名さんの「いま」は、たとえ表面上の起伏はゆるやかでも、元手のうんとかかった過去によって支えられているのだ。

もちろん、過去の日々は、思いだすことはできても、そこに再び立ち返ることは叶（かな）わない。椎名さんの「いま」にも、過去の奥行きがあるからこそ、「老い」と「死」という重い主題が見え隠れする。

古い仲間が亡くなる。奥さんに先立たれた友もいる。体調も万全ではない。かつて旅した島のたたずまいも変わったし、なにより家族が変わった。『岳（がく）物語』『はるさきのへび』などで描かれた息子と娘も、いまは2人ともアメリカ在住である。〈家族が揃（そろ）って食事するありふれた風景はじつはほんのうたかたのものなのだ〉。確かにそうだ。仲間と浜辺でわしわしとメシを食う風景だって、永遠につづくわけではない。そういえば、大食いや深酒の場面がずいぶん減ったな……とも、古くからの愛読者の一人として、わずかな寂しさとともに思う。

しかし、椎名さんの「いま」には、とても大切な幸せがある。孫ができた。2人もいる。上の孫の風太くんと国際電話でおしゃべりをする場面は、ふんわりとやわらかく、温かい。3歳の風太くんのあどけない声に包み込まれた〈じいじい〉椎名さんは、電話を切ったあとで〈いま自分は、ようやく人生のなかでいちばん落ちついたいい時代を迎えているのかもしれないな〉と思うのだ。

風太くんはもうじき日本に帰ってくる。〈じいじい〉は風太くんと約束をしている。小さな約束も、大きな約束も。〈じいじい〉はそれを果たさなければならない。蒸し野菜だって食べなくちゃ(理由やいきさつは読んでのお楽しみ)。

約束とは、未来を信じることである。過去と「いま」を描いた20編の短い物語には、未来への希望も確かに描かれている。だからこそ、読了後のあなたに、読者同士の目配せをしておきたい。これってさ、ねえ、続編……読みたくなるよね?。

評・重松清(作家)

しいな・まこと 44年生まれ。76年に「本の雑誌」を創刊、編集長に。79年から作家活動に入る。『さらば国分寺書店のオババ』『岳物語』『銀座のカラス』『ひとつ目女』『わしらは怪しい雑魚釣り隊』など著書多数。

二〇〇九年七月一二日❷

『f植物園の巣穴』

梨木香歩 著

朝日新聞出版・一四七〇円
ISBN9784022505880/9784022646675(朝日文庫) 文芸

すべては長雨の夜の歯痛から

穴は、人を誘う。オルフェウスの神話から、おむすびころりん、村上春樹の井戸のモチーフなど、穴に引かれる話は数知れず。穴は異界への入り口だ。

梨木香歩といえば、前作『裏庭』では植物の鬱蒼(うっそう)とした庭、『からくりからくさ』では草木染めの織物、『沼地のある森を抜けて』では糠床(ぬかどこ)の微生物叢(そう)を素材に、生物のミクロコスモスから命の円環と再生を巡る壮大な物語を紡ぎ出してきた作家である。本作の主人公は植物園の園丁。年代不詳だが、町は昭和初期のような佇(たたず)まい、文体には「雨月物語」など彷彿(ほうふつ)とさせる典雅な怪がある。

歯の痛みだした長雨の夜より、男は奇っ怪な事態に次々と出くわす。大家が雌鳥(めんどり)になり、人の左右が入れ違って見え、「痛いのは心なのでしょう」と声が聞こえたりする。思い返せば、自分は数日前に大木のうろに落ちたのだった。さて、いまいる此処(ここ)はうろの中か外か? 模糊(もこ)としたままなのは、己の外に出て自分の居所を確かめられないのと同じ。それは夢のあり方にも似ているだろう。

抜歯した口中にも穴があき、過去に見た様々な穴が想起され、その穴にまつわる、ねえやの「千代」や亡妻の「千代」の思い出が蘇(よみがえ)り、さらに歯医者の妻「千代」までが出てきて、まったく同名の女に因縁があるものだが、やがて「千代なるもの」が渾然(こんぜん)一体となって……。

自己と他者、個と個の境界の曖昧(あいまい)さ、それと同時に、小さな個が無数に積み重なり反復しあって「唯(ただ)一つのもの」を造りだしていく生の驚異を、梨木氏は幾たびか書いてきた。世界の無形さは百閒の「冥途(めいど)」を思わせるが、実際、本作にも親子関係の主題が編みこまれているのである。「千代」とは何なのか? ここには作者ならではの、強権的な男性へのやわらかな警告があるかもしれない。

気がつけば男はまた水辺にいて封印された記憶と対峙(たいじ)する。それにつれ、読者までが己の記憶の古層を遡(さかのぼ)る感覚に囚(とら)われるのだ。まさに梨木文学の精髄と言えるだろう。大木のうろは、あなたの中に続いている。

評・鴻巣友季子(翻訳家)

なしき・かほ 59年生まれ。作家。『西の魔女が死んだ』『家守綺譚(いえもりきたん)』ほか。

二〇〇九年七月一二日③

『仏典をよむ　死からはじまる仏教史』

末木文美士 著
新潮社・一八九〇円
ISBN9784103864028／9784101489131（新潮文庫） 人文

思想書として読み今をとらえる

仏典を思想書として読み直し、今という時代をとらえ直す糧とする。本書は、著者のそうした思索の実践を記している。

ブッダの死への旅路を伝えるのが「遊行（ゆぎょう）経」である。悲しむべきブッダの死は、また死を超えた悟りへの到達でもある。死と隣り合わせの生、死と再生の願いから仏教は始まる。

「無量寿経」は、発心し王位を捨て出家したインドの法蔵が、誓願成就して無量寿仏（阿弥陀仏）となり極楽浄土を実現することを記す。ブッダ亡きあと、一人の仏が導く世界の外に、無数の仏・世界が存在すると考えられるようになる。修行を積んで仏となる道が開かれ、死して他界に渡ることも可能となる。阿弥陀浄土は、死者の蘇（よみがえ）る救済の世界となる。

インド僧の竜樹は空（くう）の思想を理論化した。それ自体で存在し他に依存しない実体（自性〈じしょう〉）の存在を否定する。無自性であることで、はじめて事物は因縁により相互に関連しあい、成り立つ。死すべき存在の自己を永続的なものと見ることから、自己と物への執着と苦しみが生じる。空すなわち無自性の立場により、執着の主体・客体たる永続的存在が無いことを知り、苦から脱することができるという。

このような思想の大乗仏教が中国を経て日本に伝わり、土着化して独自の発展を遂げた。著者の論は奈良時代前後の民間仏教を記す「日本霊異記」に始まり、日本人宣教師ハビアンの仏教批判「妙貞問答」に及ぶ。そして最澄「山家学生式（さんげがくしょうしき）」と空海「即身成仏義」により平安仏教の確立を示す。さらに、法然「選択（せんちゃく）本願念仏集」、親鸞「教行信証」、道元「正法眼蔵（しょうぼうげんぞう）」、日蓮「立正安国論」などを通して、日本的展開を遂げた鎌倉仏教を、現代の視点も交えてとらえ直す。

数年前にブッダ成道の地ブッダガヤーの菩提樹（ぼだいじゅ）の周りで五体投地する僧を目にし、奈良では鑑真像にまみえたが、拝観するのみの私は思想の根源には思い及ばなかった。仏典は深遠難解だ。だが本書を読み、改めて、現代語訳や注釈書を手に仏典をひもとき、生と死、自己と他者を巡る思索を試みたくなった。

評・石上英一（東京大学教授）

すえき・ふみひこ　49年生まれ。国際日本文化研究センター教授。『日本宗教史』など。

二〇〇九年七月一二日⑤

『大学の反省』

猪木武徳 著
NTT出版・二四一五円
ISBN9784757141025 教育／人文

「言葉の闘争」勝ち抜ける人材を

「入るに難しく、出るに易しい」、あるいは「利口者を四年間でバカにする」とまで揶揄（やゆ）された日本の大学。その改善策を考えることは、「大学の内外を問わず、日本にとって重大な課題となった」。

大きな危機感をもって執筆された書である。しかし本書は狭い意味での大学改革論であるばかりでなく、教養論や知識人論としても読み応えがある。

興味深い指摘が多い。日本では、学部あるいは教授会自治が学問の自由と理解されることが多いが、著者は政府も教員人事に関与するフランスの例を引きながら、学問の自由を侵す危険性は、国家権力だけではなく、大学の内部構造、特にその閉鎖性の中にも潜んでいると指摘する。まことにその通りである。

今日（こんにち）、研究と教育の両立は大学教員にとって難問となっている。著者は、大学院を併置して研究者養成を目指す大学は学部学生の数を減らした上、リベラルアーツを徹底して教えるべきであると提案する。

本書の主たる主張の一つは、総合のための

教養教育をもっと重視することである。それは、真理らしさ、想像力、歴史意識を尊重する教育を意味する。著者が「真理らしさ」という表現を使うのは、厳密な真理と区別するためである。学問において、厳密さ、真理そのものを追究すると、統計学など数学で論ずることが出来ない重要テーマを無視することになる。

教養の危機に対応できる場所は大学しかなく、本著によれば、ここに大学の忘れられた重要な使命がある。

むろん、本書は専門家の必要性を否定しているわけではない。ただ、著者が必要と考えているのは、幅広い専門性を身につけた専門家の養成である。それは国際的な論戦の場で日本の立場を適切に説明しうる知的なリーダー、国際的な「言葉の闘争」を勝ち抜ける人材である。

初等中等教育の教科書の薄さについての懸念、あるいは良質な私立大学への政府助成といった提案も傾聴に値する。大学について論じる際には、最初に読まれるべき本である。

評・久保文明（東京大学教授）

いのき・たけのり 45年生まれ。国際日本文化研究センター所長。『戦後世界経済史』。

二〇〇九年七月一二日❻

『路上のソリスト　失われた夢　壊れた心　天才路上音楽家と私との日々』

スティーヴ・ロペス 著　入江真佐子 訳

祥伝社・一八九〇円

ISBN9784396650438　医学・福祉／ノンフィクション・評伝

芸術を愛する魂が宿る場所とは

この本はいろんな意味で面白かった。正確には、精神疾患に関心のある著者ロペス氏の言動が興味深いと言うべきか。彼の献身的な物語（ドキュメント）に付き合わされるのだが、僕はその視点や思いこみから逃避するのに必死だった。

著者は、米有名紙のコラムニスト。ある日、スラム街の路上でバイオリンを弾く50代の黒人男性と出遭（でぁ）い、その才能に一目惚（ぼ）れ。さあ、ここからが大変。彼は頼まれもしないのに男のために一肌脱ごうとする。住居や様々な楽器まで与えるのだ。

だけど男にとっては余計なお世話。彼は日本の世捨て人、鴨長明や山頭火のように、現状の自己と芸術と生活をこの上なく愛している。世俗的な名誉や物質的欲望には興味がない。音楽以外、何も求めていないのだ。

そんな男の孤高の精神に、著者は救済という名の良風美俗な慈善的行為や博愛主義を持ち込もうとする。著者の側に立つ読者はヒューマニズムとして共感するかもしれない。だが、その反対に路上生活者の側に立って著者を見ると、偽善的な俗物としか見えないだろう。

なぜ俺（おれ）にチョッカイなど出すのだ、お前は自分の生活と仕事と家庭にだけ目を向けていればいいじゃないか、そんなにヒューマニストになりたいのかと、僕でもその男だったら思うだろう。かつてジュリアード音楽院に籍を置いた音楽家が落ちぶれて路上生活者になったからって著者には何の責任もない。

ある日、男は著者の不法侵入が許し難く、あわや殺人者になるところだった。そこまで男を追いつめたにもかかわらず、著者は最後まで芸術家の本性が理解できないのではないか。男を日の当たる場所に連れ出すことがジャーナリストの社会的良心だとすると、それは相手を間違ったと言うべきだろう。

本当の芸術が落ち着く場所は芸術を愛する魂が宿る場所だ。たとえ著者の尽力によって社会的に成功したとしても、男はその代償として魂本来の居場所を失うことになるだろう。この本で僕は、芸術と自由の姿について改めて考えさせられた。

評・横尾忠則（美術家）

Steve Lopez 米ロサンゼルス・タイムズ記者、作家。

二〇〇九年七月一二日⑦

『漢語的不思議世界　空巣老人と男人婆』

一海知義ほか 著
岩波書店・二四一五円
ISBN9784000224932
人文

「漢語的不思議世界」は中国語では「不可思議的漢語世界」になる。漢字を見ればなんとなく意味が取れ、ついでに返り点と漢和辞典があれば、杜甫や李白はもちろん、『論語』も『史記』も読める私たち日本人にとって、漢文は古来、外国語という感覚ではなかったのかもしれない。それが幸福なことだったのか、不幸なことだったのか。漢文の素養も昔話となり、日本語の漢字も日本語化したいま、あらためて外国語としての中国語と漢字に新しい気持ちで向き合うときだということを、本書は教えてくれる。なにしろ中国語の「分数」は、日本語の「点数」のことだというのだから。

とはいえ、時代とともに漢字の意味が変化し、新語が生まれてゆくのは日本も中国も同じ。則天武后の娘の「太平公主」がいまや胸の膨らみがない女性の意で、「酷」はクールの意なのだとか。それでも、たとえば落書きを表す「塗鴉（とあ）」の語源を辿（たど）ると唐代や宋代の詩にまで行き着くなど、その奥深さにはやはり溜息（ためいき）が出る。軽い語り口ながら、漢語は中国人の思考そのものだと読者に気づかせる、なかなか先鋭なエッセイ集である。

評・高村薫（作家）

二〇〇九年七月一二日⑧

『白いツツジ　「乾電池王」屋井先蔵の生涯』

上山明博 著
PHP研究所・一七八五円
ISBN9784569706856
文芸

乾電池は世界で年間約450億本も生産されている。しかしその乾電池の発明者が屋井先蔵という日本人である事実を、いったいどれだけの人が知っているだろうか。

先蔵は1864年、新潟の武士の家に生まれた。後に乾電池王と呼ばれるのだが、生家は没落、人生は挫折の連続だ。

11歳で東京神田の時計店で住み込み奉公するが、病を得て挫折。2年後、別の奉公先の時計店でぜんまい時計に出会い、永遠に動きつづける「永久機関」を作ろうとするが、その製造は不可能と知り、挫折。さらにたった5分の遅刻で大学進学にも挫折。ところがこれらの挫折が、正確に動く「電気時計」を開発しようという夢につながり、やがて先蔵を世界初の乾電池の発明へと導いていく。

この書は、単純な立身出世譚（たん）に見えるが、今の時代だからこそ読まれるべきだ。日本を元気にするには創造性を発揮し、世界があっと驚くようなイノベーションを起こすことが大切だからだ。模倣でない日本人の創造性を発揮することに命を懸けた男の生涯に思いを馳（は）せ、もの作りの重要性を再認識したい。

評・江上剛（作家）

二〇〇九年七月一九日①

『骸骨（がいこつ）ビルの庭　上・下』

宮本輝 著
講談社・各一五七五円
ISBN9784062155311〈上〉・9784062155328〈下〉／9784062770217（講談社文庫〈上〉）・9784062770224〈下〉）
文芸

失ってきた絆の尊さ、神の物語として再生

八木沢省三郎は24年間勤務した家電メーカーを46歳で早期退職したが、人に好かれ、粘り強い性格を見込まれ、不動産関連会社に再就職する。その最初の赴任地が、大阪十三（じゅうそう）の通称「骸骨ビル」。ここの住人たちを立ち退かせるのが、八木沢に与えられた職務だ。

骸骨ビルの住人は、かつての戦争孤児たち。彼らはビルの所有者であった阿部轍正とその友人の茂木泰造に助けられ、戦後の混乱期を生き延びた。「パパちゃん」と孤児たちに慕われた阿部は、その一人であった桐田夏美から性的暴行で訴えられる。阿部は汚名を晴らすことなく、心筋梗塞（こうそく）で亡くなる。茂木たちは、阿部の汚名が晴れて名誉回復が叶（かな）えば立ち退くと言うのだが……。

八木沢は、住人や関係者に阿部轍正と骸骨ビルで暮らした日々のことを尋ね、それを丹念に書き記す。物語は、彼らの語りと八木沢の生活記録で構成されている。

これはキリスト（救世主）の物語であり、現代における新約聖書だ。阿部が南方戦線から生還し、骸骨ビルに足を踏み入れた時、孤児のトシ坊が「おっちゃんは、光のなかから来はった」と言う場面は、阿部がキリストであることを示唆している。新約聖書は、使徒たちがキリストについて語る構造になっているが、この物語も同じ。阿部に育てられた孤児たちは、八木沢という信頼できる聞き手を得て、阿部に対する思いを素直に語る。偶然か意図的か、骸骨ビルの住人は11人。商店街でみなと食堂を営む比呂子を加えると12人。キリストの十二使徒と同数。では、キリストを裏切るユダは誰か。

彼らは阿部を語ることで阿部というキリストの姿を浮かび上がらせ、救世主の起こした奇跡を現代によみがえらせる。そのとき、私たちの心には「今、生きていること」への感謝の思いが深まっていく。盗癖のあった菊田幸一は万引きグループから逃亡し、骸骨ビルで倒れているところを阿部に助けられた。阿部の協力者の茂木は、幸一に「ここのこの場所が、菊田幸一という人間が生まれた場所やで」と強く言い聞かせる。この場面で、私は思わず泣いた。私があるのは、祖父母や父母が戦後の灰燼（かいじん）の中から希望を見いだしたおかげなのだと強く感じたからだ。

まさに、戦後の日本人の原点がここにある。もうすぐ64年目の終戦記念日を迎えるが、私たちはこの間、人との絆（きずな）を失ってきてしまった。宮本輝は、私たちが無くしたものの尊さを気付かせ、再生しようと神の物語としてこの小説を送り出した。

「いや、そんなに難しく考えなくてもいい」と別の私がささやく。これはミステリーだ。立ち退きを阻止しようと、何者かが八木沢を脅迫する。犯人は誰だ？　ハラハラ、ドキドキが止まらない。また、料理の本でもある。みなと食堂のサバのみそ煮のおいしそうなこと。自分で作ってみたくなる。

読む人それぞれの心に深い感謝を刻む、小説の域を超えた小説だ。

評・江上剛（作家）

みやもと・てる　47年生まれ。77年に『泥の河』で太宰治賞、78年に『蛍川』で芥川賞、87年に『優駿』で吉川英治文学賞。このほか『道頓堀川』『青が散る』『ドナウの旅人』『森のなかの海』『にぎやかな天地』など。

『ビジュアル版　地図の歴史』

ヴィンセント・ヴァーガ、アメリカ議会図書館
著　川成洋ほか訳
東洋書林・七八七五円
ISBN9784887217577
歴史

人類の欲望と文化の記憶を語る

三千五百年前、粘土版に直線と楔形（くさびがた）文字を刻んで自分たちの田畑を記したメソポタミアの地図から、二〇〇一年に完成したヒトゲノム図まで。人類が記し続けてきたさまざまな地図の歴史は、そのまま世界の文明史であるが、一義的には、人類がまさしく地球の輪郭を発見してきた歴史だと言ってよいと思う。

地図は古来、人間が暮らしている空間を視覚化し、組織化して捉（とら）える行為だった。たとえば古代エジプトではすでに三角測量が行われ、所有地の実用的な区分が記される一方、現世と冥界と神々が一続きであるゆえに石棺には冥界への案内図も記された。また、地中海を中心にヨーロッパとアジアへ地理的な眼差（まなざ）しが広がった古代ギリシャの都市国家では、地図は、世界と人間の関係を表す人文科学の文化遺産そのものだった。

ローマ時代には、帝国の領土拡大と船乗りたちの経験によって、地球の輪郭はさらに広がってゆき、プトレマイオスは経緯線網の原

型を用いて、世界地図を描いてみせた。その世界像は、やがて中世のキリスト教世界によって否定されるが、羅針盤が普及した十三世紀には、丸い地球を航海するための方位線を記した海図が描かれ始め、世界は大西洋を手にしてゆく。

マルコ・ポーロの東方への壮大な旅がヨーロッパの好奇心をかき立てたのも同時代であり、インド航路を探す過程でポルトガルに発見されたサハラ以南のアフリカ大陸が、初めて世界地図に記されたのも然（しか）り。新大陸の発見ももうすぐである。

人類が地球を発見してゆく歴史は、交易と領土拡大の野望の歴史であり、諸民族固有の地図をヨーロッパの基準で書き換えてゆく歴史でもあったが、実際に地図を製作したのは未開の地を歩いた探検家と、未知の海を航海した船乗りだった。そうしてプトレマイオス以来、南の果てとして想像されてきた南極大陸も、やがて十八世紀のクック船長に目撃されるのである。

地図という人類の物語を語る本書には、ヨーロッパから見た人類の欲望と文化の記憶が、ぎっしり詰め込まれている。

評・高村薫（作家）

Vincent Virga 42年生まれ。米国のピクチャーエディター、作家。

二〇〇九年七月一九日③

『イスラムの怒り』

内藤正典 著
集英社新書・七三五円
ISBN9784087204933

人文／新書

欧米の過ち 日本は他山の石に

01年の9・11事件以来、西洋とイスラム世界の衝突が続いている。なぜ衝突するのかについて、本書は、ムスリム（イスラム教徒）にとって許せないことが何か、どのような時に彼らが怒るのかという点から、解き明かしている。

著者は長年、シリアやトルコなどの中東を研究し、さらに西欧におけるイスラム圏からの移民を徹底して調査してきた。文化摩擦について現場を知悉（ちしっ）しており、その立場から近年は、共生をめざして相互理解を推進するよう、積極的に発言を続けている。

国際社会あるいは自国の中で、欧米諸国がムスリムが怒るような挑発を続ければ、過激派を利することになる。怒りがたまれば、暴走する若者も出てくる。その怒りの源泉は、主として三つであるという。

まず、弱いものいじめ。特にイラクやパレスチナといった戦場で、女性、子ども、高齢者が殺害されることが問題となる。民間人の犠牲でも、成人男性の場合はまだ許容される、という指摘は興味深い。その代わり、子どもの犠牲には非常に敏感な反応が生じる。

次に、聖典や預言者ムハンマドを侮辱、嘲笑（ちょうしょう）すると怒りを招く。これは、どの宗教についてもあてはまることだろう。

三番目に、イスラムの価値観や生活習慣を「遅れている」と侮辱することが、摩擦を生むという。

欧米では、いまだに非西洋的な文化を遅れたものとみなす傾向があるが、イスラム系移民が多い諸国では、むしろイスラムへの偏見や差別が強まっているという。著者は、その根源に近代的な啓蒙（けいもう）主義のいきすぎを見る。宗教を信じる人びとを「無知蒙昧（もうまい）」「後進的」とさげすむ態度が、イスラムへの侮蔑（ぶべつ）を正当化し、それがムスリムの怒りを呼ぶというのである。

もし、そうであるならば、多元的な宗教性の土壌を持つ日本の場合、欧米の過ちの轍（てつ）を踏まないことも可能であろう。西洋とイスラムの摩擦の実態は深刻であるが、それを他山の石とすることもできると、本書は説いている。

評・小杉泰（京都大学教授）

ないとう・まさのり 56年生まれ。一橋大学大学院教授。『イスラーム戦争の時代』など。

二〇〇九年七月一九日④

『加藤周一 戦後を語る 加藤周一講演集・別巻』

加藤周一 著

かもがわ出版・三三六〇円

ISBN9784780302868

人文

迎合しないリベラルな思想を凝縮

多くの思想家には、その思想の特徴を形成する「原風景」がある。著者の場合は1941年12月と1945年8月であった。真珠湾攻撃を知ったとき、彼は「これでおわりだ。みんな滅びていくだろう」と思った、そして8月15日を迎え、「ああ生きられる」という解放感があったと語っている。

当時の普通の人々の受け止め方は逆ではなかったか。真珠湾攻撃の大勝利は人を歓喜させ、「玉音放送」に人は日本の将来に絶望した。しかも戦後は一夜にして劇的に変わってしまった。軍国主義は悪でこれからは平和国家、文化国家になろうとの声が高まる。しかし著者は迎合的な時代の流れを懐疑し、自分の目や耳で確かめ、自分の頭で分析し判断しようとする。

本書のテーマは「戦争」である。20世紀を戦争の歴史ととらえ第1次大戦、第2次大戦と冷戦の終焉（しゅうえん）の三つを節目に分ける。各時代の戦争を分析しながらも、主体としての権力、大勢順応主義、電撃作戦となしくずし拡大、「平和・自衛の戦争」という正当化の文化などに、戦争全体に通ずる不変的な性格を見る。また冷戦崩壊は「資本主義の勝利、社会主義の敗北」ではなく、西側が市場主義原理と公的介入原理を巧みに使い分けて勝利したと指摘する。それ故にその後急速に広がった新自由主義、市場原理至上主義も早くから批判し続けていた。

また総保守化していく90年代の状況に警鐘を鳴らし、少数派になる勇気を持てと主張する。日本の将来には、ゆるやかに軍拡に向かう道、強い軍事大国への道、そして軍事大国を放棄し民主主義を維持し前進させる道の三つがある。第3の道は戦争放棄の道で日本国憲法、とくに前文や第9条の方向である。これを主張できることこそ日本人としての誇りであり、日本の文化的なアイデンティティーであると公言する。

時代に迎合せず冷徹でバランス感覚を持ち、同時に平和主義の信念をもった数少ない戦中・戦後派のリベラルな評論家であった。講演録を集めた本書には彼の思想が凝縮されている。

評・天児慧（早稲田大学教授）

かとう・しゅういち 1919～2008年。評論家。『日本文学史序説』など。

二〇〇九年七月一九日⑤

『つながる脳』

藤井直敬 著

NTT出版・二三一〇円

ISBN9784757160422／9784101259819（新潮文庫）

医学・福祉

他者との関係性が幸せをもたらす

本書は「社会脳（ソーシャル・ブレイン）」、つまり人間のように他者との「関係性」が決定的な意味をもつ存在を、脳研究を通じて明らかにする探究についての印象深い書物だ。「『つながる』という言葉が、これからの脳科学のキーワードになるのではないかと確信した」という著者の表現がそうした関心を集約している。

本書によれば、今世紀に入った頃から脳科学、特に記憶や意思決定などの認知機能にかかわる脳科学の進歩がスローダウンし、脳科学研究者の間に一種の閉塞（へいそく）感が広がりつつあったという。その一つの背景は、脳は社会や環境とのつながりの中で働いているにもかかわらず、それを切り離してとらえてきた研究の基本的なパラダイムにあった。

著者は「社会性」という点に着目した脳研究の展開こそが、そうした閉塞状況を打破する突破口になると考え、様々な新たなアプローチを模索していく。複数のサルを使った実験、仮想空間システムの利用と人間の身体性への注目、ブレイン—マシン・インターフェイス（脳内の情報を把握し機械につなげる技術）など興味深い展開が描かれる。

その上で、「関係性欲求」を持つことが人間の本質であり、他者からの評価や肯定が私たちを動かす原動力で、そうした「リスペクトが循環する社会」こそが幸せをもたらすという、大きな展望が語られる。

振り返れば、17世紀以降の近代科学の展開が「生命」そしていよいよ「人間」に及ぶ中で、それは社会性や他個体との関係性ということを視野に入れざるを得なくなり、そこに自然科学と人文・社会科学の新鮮なクロスオーバーが生じつつある。私自身の関心に引き寄せれば、「ケア」や「コミュニティー」といったコンセプトがその結節点になっていくと思われる。

同時に、現代科学が到達しつつある世界観やメッセージそのものは、実は古くからの〝常識〟ないし〝良識〟に回帰している面がある。「科学」のあり方という点を含め、多くの示唆に富むエキサイティングな本だ。

評・広井良典（千葉大学教授）

ふじい・なおたか 65年生まれ。理化学研究所勤務。『予想脳』など。

二〇〇九年七月一九日⑥

『橋の上の「殺意」 畠山鈴香はどう裁かれたか』

鎌田慧 著
平凡社・一八九〇円
ISBN9784582824520

社会／ノンフィクション・評伝

死刑待望論で見えなくなったもの

秋田で、母子家庭の娘さんが行方不明になり、やがて遺体で発見された。

……このニュースを聞いた時、傷心の母親の姿を見て、「何て可哀想なのだろう」と思ったことを私は覚えています。しかし、やがて近所の少年が殺され、最初に遺体で発見された少女の母親、すなわち畠山鈴香にマスコミが疑いと興味の視線を集中させた時、一転して私も、いじめられっ子を見るいじめっ子のような視線で彼女を見るようになっていました。

子供を失った可哀想な母親→子供を殺す鬼親、と、わずかな間に世間からの評価が劇的に変化し、その落差があまりに激しかった故に、彼女は日本中から石を投げられることとなりました。やがて彼女が逮捕されて裁判となった時も、世間は彼女に強く死刑を望んだ。

著者は本書において、そんな世間の感情の流れに待ったをかけています。彼女の生い立ちと事件のあらまし、そして裁判とを詳細に検分することによって、彼女に死刑を望むのは妥当であるのかという勇気ある問い掛けを行っているのです。

彼女がここまでの興味と憎しみにさらされたのは、彼女が「母親」だったからでしょう。子供を手にかけた「母親」が、「世間からいじめられて当然の母親」が登場した時、世間が舌なめずりをしている様子に気付いた著者は、私たちを冷静にいさめます。その人が母であろうとなかろうと、必要なのはなぜその罪が犯されたのかを公平に見る姿勢。裁判員制度が施行された今だからこそ、「罪の見方」は自分自身の問題でもあることに、この本を読んでいて、ハッと気付かされました。

一方で存在するのは、「畠山鈴香はわたしだ」「べつな人がやってくれたから、わたしがやらないですんだ」と思う、経済的・精神的に苦しむシングルマザーたち。一人の犯罪者を「特殊な鬼畜」にしてしまうことによって、その背後で、ぎりぎりのところで罪を犯さずにいる人たちは、かえって見えなくなってしまうのではないか。そんな危機感をも感じさせる一冊でした。

評・酒井順子（エッセイスト）

かまた・さとし 38年生まれ。ルポライター。『自動車絶望工場』『ひとり起（た）つ』など。

二〇〇九年七月一九日❼

『ハーバードビジネススクール　不幸な人間の製造工場』

フィリップ・デルヴス・ブロートン 著
岩瀬大輔 監訳　吉澤康子 訳
日経BP社・二三一〇円　教育／経済／人文
ISBN9784822247461

ハーバードビジネススクール（HBS）。その卒業生名簿には金融界、企業や政界の著名人が名を連ねる。この本は、英国人著者による、HBSへの懐疑に満ちた体験記である。

野心がブーンと音を立てる教室。合格率12％の狭き門をくぐり抜けたエリートたちが、強力な教育装置の中で焚（た）き付けられ、方向付けられていく様が活写されている。

優れた教授法は彼らにビジネスの理論と考え方を植え付ける。むろんHBSは視野の狭い人材ばかりを生んでいるわけではないが、同時に、費用便益に偏した思考や経済界の外に対する軽蔑（けいべつ）をも培う。HBSのミッションは世界に影響を与えるリーダーを育成すること。そこには万事が企業や経営者によって管理運営されれば、世界はよりよい場所になるという信念がある。企業や金融界は自らの意思を世界に押しつける権利など持ってはいないというのに。

本書が見せてくれるのはHBSという一教育機関の実態にとどまらない。米国、そして世界の経済を動かしてきた者たちの行動様式と価値が凝縮されて浮かび上がっている。

評・耳塚寛明（お茶の水女子大学副学長）

二〇〇九年七月一九日❽

『壊れても仏像　文化財修復のはなし』

飯泉太子宗 著
白水社・一七八五円
ISBN9784560031995
アート・ファッション・芸能

東京の「国宝・阿修羅展」には、2カ月余で94万人が入場したという。われわれ日本人はよほど仏像好きのようだ。

そうした古い仏像はどうやって修理するのか。本書は修復専門家による苦労話だ。

平安期など古い時代の仏像は一木（いちぼく）造りが多い。その後、寄せ木造りの技術が開発される。一木で仏像を彫り出せるほどの大木を探すのは大変だからだ。

寄せ木造りはパーツごとの製作で、プラモづくりみたいなものだという。胴体や頭部はスライスをつくり、にかわで接着する。にかわの寿命が尽きたら分解やむなしで、その寿命は数十年ぐらいらしい。

崩れた仏像の「パーツ」が段ボールに放りこんである。それを調べて原形を類推する。手の印形がポイントで、そこから何の仏かを推測するのである。

中には、いくつかの仏像のパーツを一つの段ボールに入れてしまい、どれがどれやら、というのもある。仁王さまの目玉に石油ランプの底をはめてあった、なんて話は笑ってしまう。

著者による説明イラストが付いているが、これが漫画タッチでなかなか楽しい。

評・松本仁一（ジャーナリスト）

二〇〇九年七月二六日❶

『叙情と闘争　辻井喬＋堤清二回顧録』

辻井喬 著
中央公論新社・一八九〇円
ISBN9784120040337／9784122056411（中公文庫）
ノンフィクション・評伝

登場人物華やかに　文人経営者の屈折

辻井喬が文人として一家をなしていることは紛れもない事実である。そして堤清二が、剛腕の政治家・堤康次郎の息子であり、セゾングループなどを育てあげた有力な経営者であったこともよく知られている。

だが、この二人が同一の人物であることは、どれほど知られているのだろうか。まあ、常識の範囲内……。とはいえ、その内面の葛藤（かっとう）は明らかではあるまい。本書はその一端を示す回顧的エッセー集である。

辣腕（らつわん）の事業家でもあった父・康次郎は十分に封建的な家長であったろう。清二は屈託の中で幼少時を過ごし、文学を知り、詩才を発揮し、学生時代には父に反逆するように左翼運動に関（かか）わった。いくつかの屈折のすえ父が衆議院議長にあるころ秘書となり、多くの人の知遇をえて、やがて父の死後、流通事業の経営に乗り出す。合理性と文化性を備えたユニークな経営者として、その手腕は記憶に新しい。本書を一読して驚嘆するのは登場する人物の華やかさだ。アイゼンハワー、コワレンコ、周恩来、池田勇人、盛田昭夫、渡辺一夫、中野重治、丹羽文雄、吉井勇、中村草田男、武満徹、田辺茂一、まったく枚挙にいとまがない。著者と同時代を生きた読者には、

――なるほど、こんなことあったなあ――

エピソードを包む世情を思い起こし、その陰にあった事情をあらためて知ったりするだろう。筆致はしなやかで、とても読みやすい。ただし話題が多岐にわたっているから……たとえば事業に興味を持つ人には詩人の思索はなじめないかもしれない。目次を見て、読むページを取捨選択するのも一法だろう。

しかし、さらによく読めば、深い才知が合理を求め、調和をさぐり、争いもいとわず信ずるものを求めた葛藤が随所に見えてくる。成果より思考のプロセスが興味深い。優雅なるへそ曲がりがおもしろい。

「金持ちのボンボンがさァ、左翼にかぶれたけど、結局は経営者になって、あとは詩人かよ」

と下世話な批評もありえようが、それはあまりにも浅薄な見方だ。天与の境遇の中でどう生きるか、考えること、執拗（しつよう）に迷うこと、行動すること、もののあわれと美を求めること、エピソードには〝叙情と闘争〟という象徴的なタイトルを超えて訴えてくるものがある。

文中によい言葉が散っている。著者自身の言葉ばかりではなく、出会った人たちの名言を……それを記憶して残すことも文人の技だろう。〝三島由紀夫が死をもって問いかけたのは、手続き民主主義とも呼ばれる今の体制の中で、本当のナショナリズムを形にすることは可能なのか、という問題だったのではないか"は前者の一例であり、他者の言葉として

は"日本の革新思想は社会差別には言及しても、不思議に性差別について関心が薄い〟（森有正）あるいは〝ビジネスと涙は別だ。ビジネスを涙で成功させられるのは映画だけだ〟（城戸四郎）など、おもしろい。

評・阿刀田高（作家）

つじい・たかし 27年生まれ。詩人、作家、元セゾングループ代表。詩集に『群青、わが黙示』（高見順賞）、『鷲（わし）がいて』（読売文学賞）など、小説に『虹の岬』（谷崎潤一郎賞）、『父の肖像』（野間文芸賞）など多数。

二〇〇九年七月二六日②

『夜想曲集　音楽と夕暮れをめぐる五つの物語』

カズオ・イシグロ 著　土屋政雄 訳

早川書房・一六八〇円
ISBN9784152090393／9784151200632（ハヤカワepi文庫）

文芸

人を隔てる「壁」滑稽さで描く

若い頃ミュージシャンを目指したという作者初の短編集だ。

各編には色々な「音楽家」が登場する。往年の大物歌手、無名のバックプレーヤー、夢を諦（あきら）めてスターと結婚した女……。そこに、夫婦、病院の患者同士、師弟など、こじれたりねじれたり、一風変わった男女関係が絡む。元共産圏のギタリストは、ベネチアで舟に乗って妻にセレナーデを捧（ささ）げるという米国男に伴奏を頼まれ、定職のないジャズ好きは、裕福な友人夫婦の仲直りのため夫の引き立て役にされ、サックス奏者は売れるためにハリウッドで整形手術をする。短絡的と言えば言えるだろう。必死さゆえの人間の滑稽（こっけい）さを、作者はドラマチックな起伏を作らず素っ気なく描く。よく出来たオチもない。むしろ長編の呼吸や余韻に近く、一編ごとに深い充足感が得られる。

しかし主題は男女間の危機や顛末（てんまつ）にあるのではない。ある意味、これは才能と

才能がもたらす「壁」をめぐる物語集だ。才能があって成功した者しない者、なくても成功した者、才能の芽を守るだけで一音も弾こうとしない者、成功しても忘れられた者……。才能なる残酷なものは、様々な形で人と人を隔てる。本書には「アマデウスとサリエリ」の永遠のテーマがあり、真贋（しんがん）と成否の皮肉な関係が作用し、その奥で静かに描きだされるのは、動かしがたい世界観の異なりと意思の不通である。

作中には、「(境遇の違う)あなた(私)にはわからない」といった台詞（せりふ）がしばしば見られ、人々のすれ違いや戸惑いの理由が、文化圏、政治体制、生活階層などの違いにひとまず解（わか）りやすく置き換えられている。だが、人と人の間の溝がもっと深い処（ところ）に発しているのを、読者は察するだろう。

訳者によれば、いま各国からインタビューが殺到している作者は、自作がどう翻訳されるかが気になり、他言語で通じにくい書き方は避けるようになったと言う。異文化での意思不通、翻訳不能への恐れから創作に制約が生じないよう祈る。小説言語がもつべきは、共通性ではなく普遍性なのだから。

評・鴻巣友季子（翻訳家）

Kazuo Ishiguro　54年生まれ。英国作家。『日の名残（なごり）』でブッカー賞。

二〇〇九年七月二六日③

『大菩薩峠』の世界像

野口良平 著

平凡社・二九四〇円
ISBN9784582834413

文芸／人文

人を断って世界を起動させた男

誰もが名前だけは知っている小説『大菩薩峠』。全巻読破した人は少ないかもしれないが、主人公机龍之助のイメージは、その後の数多（あまた）の時代小説の剣客たちの原型として、あるいは銀幕のニヒルな孤高の剣客像として、戦前・戦後を生きた日本人の原風景の一つであり続けている。その一方で、龍之助が理由もなく巡礼の老人を斬（き）り殺す冒頭から、凡百の時代小説とはかけ離れた世界が開かれるこの小説は、大衆から知識人まで、これは何だと覗（のぞ）き込まずにはいられない途方もなさなのである。

作中、龍之助を含む多くの人物が現れては消えてゆくが、そこには直線的に過去から未来へ流れる時間はない。また、彼らの漂泊はどこからどこへという因果的な意味をもたず、どの土地も実在はするが、夢のなかで瞬間移動するがごとく境界がない。またさらに、失明した龍之助が温泉に逗留（とうりゅう）する「白骨」の巻以後、龍之助は世界に対する主体の座を退き、現実と幻想を往還する者となって読者を惑わせる。自分の意思ではない業を背負う人間存在として、最初に巡礼を斬り殺すことで世界を起動させた男が、今度は世界に遍在する気配となって、あたかも曼陀羅（まんだら）を満たす法性のように、小説世界の根本動因と化すのである。『大菩薩峠』がときに大乗小説と呼ばれる所以（ゆえん）である。

けれども、近代の前半を生きた作者中里介山が、そうした大乗世界の外側に人間の自由意思のあり方も見ていたとすれば、龍之助の脱自性はただの受動ではなく、世界からの自己解放の意思にもなろう。このようにさまざまに読まれる『大菩薩峠』であるが、著者はこれを「いつどこで誰が読んでも不思議はない茫洋（ぼうよう）とした風貌（ふうぼう）」と書く。

幕末であれ大正期であれ、急激な近代化は日本人にとって行く先の見えない不可視の経験だったという認識と、近世の口承芸の伝統表現が合体したその茫洋たる風貌に、日本的心象の、時代を超える強度を見るか。あるいは日本の近代とは何だったのかと、あらためて立ちすくむか。本書により『大菩薩峠』がますます刺激的になってきた。

評・高村薫（作家）

のぐち・りょうへい　67年生まれ。立命館大学非常勤講師（哲学・表象文化論）。

二〇〇九年七月二六日④

『江戸っ子菓子屋のおつまみ噺』

細田安兵衛 著
慶応義塾大学出版会・二九四〇円
ISBN9784766416329
ノンフィクション・評伝

「家の物語」の集積が文化の奥行き

平べったい丸缶を開けると、ころころの三角飴（あめ）。梅ぼ志、抹茶、黒。わたしはこっくりした味の黒飴がいちばん好きだった。祖母からひとつぶもらってだいじに舐（な）め、舌のうえで紙みたいに薄く溶かすのもうれしかった。なつかしいな。

その飴は安政四（一八五七）年創業「榮太樓」が南蛮渡来の有平糖に工夫を凝らしてつくったもの。明治期には甘納豆の元祖「甘名納糖」、山葵（わさび）をつかう生菓子「玉だれ」、斬新なヒット作をつづけて世に送りだした。

飴にはじまる「榮太樓」の味を探ろうと本書を手にとったのだが、すぐ気づいた。これは家業の菓子屋を継いできた日本の「家の物語」だ。

一軒それぞれ、どんな家にも紡ぎだされた歴史があり、物語がある。そのおびただしい物語の集積こそ、日本という国の文化の奥行きではないか。

わずか間口一間、一・五坪の菓子屋を日本橋西河岸に興した細田家を支えてきたのは、こと細かな商いの流儀だ。お客の心理を読んだ売り切れ御免の販売。小僧や職人が働くようす。のれん分けの実体……商いの記録から明治・大正・昭和の日本のすがたが浮上する。

筆者は「榮太樓」6代目、その母の生前の言葉も目をひく。

「昭和初め、三越さんの本店完成のお祝いのときは、確か富士山の模様の羊羹（ようかん）とお菓子の三つ盛（もり）を納めたように思いますが、数が多くて三日も徹夜。小僧たちが眠たがって、穀倉へ行ったら、オヤッと思ったら俵が動くざんしょ。隠れて桟俵（さんだわら）をかぶって寝てましたの（笑）」

さすがの差配ぶり。商家を陰で支えたのは、できる女将（おかみ）さんなのだった。また、昭和前期まで「榮太樓」では東京でただ一軒、十七を迎えた年季中の小僧のために元服式をおこなっていたというから驚く。それは、律して家をひとつに束ね、看板の継承をはかる堅実な努力だったのだろう。老舗（しにせ）を育てる日本の商いの妙諦（みょうてい）をかいまみる。

飴ひとつぶ、「百年間がんこの三角」。ほんの「おつまみ噺（ばなし）」と謙遜（けんそん）してみせるが、いやいやなかなかどうして。

評・平松洋子（エッセイスト）

ほそだ・やすべえ　27年生まれ。株式会社榮太樓総本鋪相談役。

二〇〇九年七月二六日⑥

『過ぎ行く人たち』

高橋たか子 著
女子パウロ会・一五七五円
ISBN9784789606769
文芸

「私」の流れつく先はどこなのか

冒頭、28歳の私（著者ではない）はノルウェーでブノワと名乗る8歳の少年に出会う。10年後、パリの聖ジェルマン通りですれ違った青年と少年が重層する。「私の超感覚のようなものが、そう囁（ささや）く」。その後も、少年の分身のような青年が行く先々で立ちはだかる。

そして物語の最後までこの謎のイメージで引っ張られる。

「私」は、私自身の探偵になったように謎の源流（過去）へ逆流しながら同時に未来にも流れる、そんな不思議な無意識の推移を旅し続ける。「私」はどうやら謎の正体をつきとめたがっているようだ。「私」の謎は私の源泉、本性、無意識、悟りへの旅なのか？ それは唯識の世界に参入する儀式のようにさえ思えてならない。

とにかく「私」は、未知なるものに運命的に近づきたがる。その対象は、すべてフランスとフランス人である。そこへの蘇（よみがえ）りは「大過去」（前世？）からの見えない磁力の作用では？「私」の中を流れる運命の河の岸辺に寄り添うように現れては消える既視感は「私」のもの？　それとも宇宙空間にある人類の全情報の記録とされるアカシックレコードのような、宇宙のマザーコンピューターから発信される、とてつもない昔の昔の大昔の大河から流れてくる見知らぬ誰かの情報なのか？

　それをわれわれは単に無意識と片づけているけれど、大乗仏教の深層心理である阿頼耶識（あらやしき）ではないのか？　「私」は少年ブノワの幻影に導かれながら一体どこに流れつこうとしているのか？　いや、流れつく場所などあるのか、ないのか？

　僕はこの流浪する「私」の魂に導かれながら、過去という未来のネバーエンディングドリームの世界に迷い込んだかもしれない。それが心地よいのはなぜなのか？　「私」の視点はここではない「川むこう」のどこか？　誰かの夢の浄化された宇宙へ、聖域へと移動して行く。

　少年ブノワとは一体、何者なのか？　「私」との関係は？　ブノワとはもしかしたら、既視感としての「私」ではなかったのだろうか？

評・横尾忠則（美術家）

たかはし・たかこ　32年生まれ。作家。著書に『誘惑者』『怒りの子』など。

二〇〇九年七月二六日⑧

『日本の臓器移植　現役腎移植医のジハード』

相川厚 著

河出書房新社・一五七五円
ISBN9784309244785

医学・福祉／社会

　著者は、かつてイギリスで腎臓移植を学び、帰国後は日本の第一線で活躍してきた。90年代から現在までに、５００例以上の移植を手がけてきたという。

　副題にある「ジハード」は「聖戦」と訳されることも多いが、本来は、社会をよくするために奮闘努力することを意味する。まさに、日進月歩の医療現場での奮戦の物語である。

　腎臓は二つあるため、患者の親族から生体間で一つを移植することも可能であり、心臓死した第三者からも移植しうる。末期腎不全の患者にとって、根治療法である。

　日本では27万人以上が人工透析を受けており、これは全ヨーロッパの数に匹敵する。今後も増加の一途とみられ、腎移植の推進は国民的な課題となる。

　著者は、腎臓に限らず、移植医療全体が臓器提供という「尊い善意」によってのみ成立していると明言する。医療従事者の側も奉仕の精神が基本であるべきだ、という。

　国会で臓器移植法が改正され、国民的な関心を呼んだが、肝心の善意をいかに生かしうるかを論じずに、この救命方法を発展させることはできない。

評・小杉泰（京都大学教授）

二〇〇九年八月二日①

『ロシア人の見た幕末日本』

伊藤一哉 著

吉川弘文館・二九四〇円
ISBN9784642080200

『もうひとつの日露戦争』

コンスタンチン・サルキソフ 著　**鈴木康夫** 訳

朝日選書・一五七五円
ISBN9784022599513

『後藤新平と日露関係史』

ワシーリー・モロジャコフ 著　**木村汎** 訳

藤原書店・三九九〇円
ISBN9784894346840

歴史

硬直的な認識を崩す　ソ連崩壊後の新史料

　ソ連邦の崩壊後、ロシアでは史料の公開が進んでいる。その中で、近代の日ロ関係について新史料を取り込んだ研究が三冊公刊された。いずれも我々が抱きがちな硬直的なロシア・ソ連認識を崩してくれている。

　１８５８年10月（安政5年9月）、長くつらいシベリア横断の旅を終えて、初代の駐日ロシア領事ゴシケーヴィチが箱館（函館）に船で到着した。中国に駐在した経験を持つ新領事は、この後6年余りを日本に駐在する。この間に彼が本国の外務省との間に交わした報告や訓令を精力的に収集して、彼の眼（め）から見た幕末を描いたのが『ロシア人の見た幕末日本』である。だが、幕末の描写より印象的なのは、彼が赴任当初に本省から受けていた訓令だ。「われわれは唯一、日本との交易の強化と拡大を願っている。その内政問題へ干渉しようとの野心も意図もわが国の政策には存在しない。（略）わが国の意図がゆがんで理解されることのないようくれぐれも注意せよ」。領事はこれを守り、海軍の暴走などを批判し、慎重に日本に対応したのだった。

　1905年1月、「われわれの艦隊には、意気阻喪の印象が広がっている」とマダガスカル島から妻にあてて書いたのは、日露戦争でバルチック艦隊を率いてきた提督ロジェストヴェンスキーである。提督の妻あての手紙を柱にした『もうひとつの日露戦争』は、艦隊の驚くべき実態を明らかにする。例えば、同艦隊は決して「最精鋭」の艦隊ではなく新旧の戦艦の寄せ集めで、バルト海からの航海中に絶えず修理が必要であった。未曽有の長距離を航行するために絶えず給炭に苦しんだ。艦隊と海軍省との意思の疎通が円滑でなく、マダガスカル島付近で一カ月も停泊を余儀なくされた。こうして艦隊は、厭戦（えんせん）気分の満ちたままに日本海にたどり着いたのだ。通説のように提督は「横柄」で「変人」なのではなく、苦難に立ち向かう「鉄の意志」を持った司令官だったのだ。

　1929年4月、後藤新平が没した後、大川周明は「日本国中に一人もロシアと口をきき得るものがいなくては不便不利もはなはだしい」とその死を悔やんだ。『後藤新平と日露関係史』は、一般に「大陸進出論者」とされる後藤が、実際には、慎重な現実主義者であったという。満鉄総裁、外相、東京市長などを務めた後藤は、独露との関係を良好に保って、「英米の横暴を牽制（けんせい）し抑制すべし」と考えていた現実主義者であった。彼は「シベリア出兵」の唱道者として批判されるが、現実にはアメリカを考慮し、慎重姿勢を取っていたのだ。この現実主義のゆえに、革命後も、ソ連側からは話ができる唯一の日本人政治家として扱われ、現に、1928年1月には、スターリンと、中国政策、国交問題などについて直接話し合ったのだという。

　こうして、硬直的な日ロ関係観を見直す新事実が明らかになってきている。今後も日本に関する新史料がますます発掘され、新たな日ロ理解が促進されることが期待される。

評・南塚信吾（法政大学教授）

いとう・かずや　56年生まれ。北海道新聞記者。
Konstantin O. Sarkisov　42年生まれ。山梨学院大学大学院教授。
Vasilij Molodjakov　68年生まれ。歴史学博士。

二〇〇九年八月二日②

『ポケットの中のレワニワ　上・下』

伊井直行 著

講談社・各一六八〇円
ISBN9784062154154〈上〉・9784062154161〈下〉／9784062772297（講談社文庫）

文芸

難民たちの「社会」再生の物語

　戦争や飢饉（ききん）などが原因で住む場所を追われた人々を難民と呼ぶわけだが、「住む場所」というのは単なる居住地の意味ではなく、人々が社会生活を送る場所と考えられる。つまり難民とは、「社会」のない場所で生きることを強いられる人たちと理解されるわけで、とすると、現在の日本国に住む少なくない数の人間が、国家からの最低限の保護は与えられながら、安住すべき「社会」を持たない難民ということになるのかもしれない。

　友達も恋人もなく、未来に夢を持てぬ派遣労働者である主人公の男をはじめ、本書に登場する人物の多くが難民的なありかたを強いられた者らである。子供時代の主人公が暮らした団地には、実際に難民であったベトナム人が所得の低い日本人と共に住み、小さいながら「社会」が形成されていた。しかし、いまや「社会」は解体し、難民化した人々が棲息（せいそく）するだけの殺伐とした場所になっている。そこを主人公が久しぶりに訪れるところから物語ははじまる。

主人公の幼なじみであるベトナム人たちは、合法的ではない（らしい）活動を通じて「社会」を再生しようと蠢（うごめ）いており、主人公のやはり幼なじみで、職場の上司でもあるティアンなる女性が、彼らの磁力に引かれ出したとき、主人公は、それとはっきり意識せぬままに、自らもまた所属すべき「社会」を求めはじめる。

結局そのことが、レワニワの働きもあって、ティアンへの恋慕へと主人公を導くのだけれど、恋することは彼にとって、他人とのつながりを求めていく行為なのであり、その意味で、「社会」を生み出そうとする人間に固有な力の発露といっていいだろう。「社会」とは、抽象的な何かではなく、生身の人間たちの交わりのことなのである。

本書はいわば難民たちによる「社会」再生の物語である。それはきわめてささやかなものではあるけれど、しかし、ささやかなものへの揺るがぬ眼差（まなざ）しが、文学のたしかな感触を読後に残してくれる。ところで、レワニワとは何か？　気になる方はぜひ本書を一読下さい。

評・奥泉光（作家・近畿大学教授）

いい・なおゆき　53年生まれ。『さして重要でない一日』『濁った激流にかかる橋』など。

二〇〇九年八月二日❸

『幻想の重量　葛原妙子の戦後短歌』

川野里子 著

本阿弥書店・三九九〇円
ISBN9784776805809

文芸

人間の孤独な戦いという逆説

「幻視の女王」「魔女」「黒聖母」「ミュータント」などの異名をもつ伝説の歌人葛原妙子。だが、本書においては、彼女の画期的な文体が、実は短歌の定型空間のなかで誰よりも「人間」であろうと願い、戦い続けた結果獲得されたものだ、という魅力的な逆説が提出されている。

「社会の女性観」「伝統的美意識」「第二芸術論」「キリスト教」などのすべてに挑み続けた「人間」葛原妙子の孤独な戦いの全貌（ぜんぼう）が丁寧な作品分析を通じて描き出される。

水中より一尾の魚跳ねいでてたちまち水のおもて合はさりき　『葡萄（ぶどう）木立』

魚が跳ねたという一瞬の出来事がスローモーションで写し取られたような異様な迫力で詠（うた）われている。こんなとき、普通は魚しか見ないし見えないものだろう。「水のおもて」が割れて再び合わさるなんて、人の目には映らないんじゃないか。それを見て詠えるからこそ「幻視の女王」であり「魔女」なのだ、と思っていた。

だが、著者はこの歌を含む連作について「葛原が実に不器用に『幻想』と呼ばれるものを造り出していった過程がわかる」と述べる。そして「魚は古代キリスト教でイエス・キリストを象徴した」ことを踏まえた読みの可能性を提示する。

「葛原は日常些事（さじ）に見える魚の死を描きながら、そこにキリストの死の物語を重ね、イエスに救われることの無かった自らと世界を問うているのではなかろうか」。魚が跳ねたというだけの歌の背後に、救われなかった世界に生きる「人間」の思いがそこまで込められているのか。キリスト者の家族のなかで受洗を拒み続けた葛原の孤独な臨戦意識に畏怖（いふ）を覚える。

殺鼠剤（さっそざい）食ひたる鼠（ねずみ）が屋根うらによろめくさまをおもひてゐたり　『飛行』

この歌についても「奇抜な発想にはその根底に『私とは何か』という問いがある」と記される。「人間」の運命についての意識が言葉の隅々にまで充填（じゅうてん）されていることが、幻想の「鼠」に自画像の生々しさを与えたのか。

評・穂村弘（歌人）

かわの・さとこ　59年生まれ。歌人。歌集に『太陽の壺（つぼ）』（河野愛子賞）ほか。

二〇〇九年八月二日⑤ 人文

『幸せを科学する 心理学からわかったこと』

大石繁宏 著
新曜社・二五二〇円
ISBN9784788511545

研究が明かす幸福へのヒント

誰でも「幸せ」になりたいと思っている。では「幸せ」とは一体何だろうか。

人類始まって以来のこうした問いについて論じたり、それに表現を与えてきたのは哲学者や宗教家、あるいは小説家などだった。それを心理学の立場から、「実証的に」アプローチし明らかにしようとするのが本書の基本テーマである。文脈は異なるが、日本でも「国民総幸福（GNH）」を掲げるブータンのことがよく話題になるなど、経済成長と幸福度の関係その他についての関心が高まっている。

著者によれば、10年ほど前は「幸せ研究をしてるなんて珍しいね」と言われたが、今では「あなたも幸せ研究をしてるのね」と言われるほど、幸福というテーマが心理学における主要な話題になっているという。戦後しばらくアメリカの心理学は、外面に現れるもののみを対象とする「行動主義」が強かったが、1980年代から感情や幸福感や愛といった主観的な概念を研究対象とすることが徐々に認知されるようになり、過去30年で幸せに関する実証研究が一挙に拡大した。こうした展開は、それ自体そもそも「科学」とは何かというテーマともかかわる興味深いものだ。

そのような流れを踏まえた上で、本書では「文化と幸せ」「幸せをどう測るのか」「経済と幸福感」「結婚と幸福感」「最適な幸福度とは」等々といった、幸せに関する様々な興味深い研究とそれを通じて明らかになったことが、著者自身の調査を含めて包括的に提示される。おそらく、実証的な心理学における「幸福」研究の現在と今後を把握するにおいて本書は最良のものの一つと言えるだろう。

そうした本書の価値や著者の良心的な姿勢を十分強調した上で、しかし探究がなお表層にとどまっているような物足りなさが残るのも事実である。また、最後の部分での「社会」や「コミュニティ」と幸せとのかかわりの部分をさらに発展させてほしいと思うが、それは著者自身が言うように、幸せについての「社会科学」的検証として一層展開していくものだろう。

評・広井良典（千葉大学教授）

おおいし・しげひろ 93年に国際基督教大学卒業後渡米。バージニア大学准教授。

二〇〇九年八月二日⑥ 文芸

『素数たちの孤独』

パオロ・ジョルダーノ 著 飯田亮介 訳
早川書房・一八九〇円
ISBN9784152090539

連ならない不器用な二人の物語

理系男は、どうしてこうも不器用なのか。パーティーに出ても、コップに注いだ飲み物が表面張力で盛り上がり、揺れ動く様子に見とれたりする。「ねえ、わたしのこと好き?」の一言に「分からないよ」「僕は考えなければ、何も分からないんだよ」。

数理の才にたけた高校生のマッティアが、アリーチェの誘いをかわす言葉だ。ちなみに、この小説の作者も物理学の学究。

二人は子どものころに心の傷を負う。厳しい父の下でスキー学校に通わされ、事故に遭って片足に後遺症が残るアリーチェ。発達が遅れた双子の妹を公園に置き去りにし、その妹がいまだに行方不明のマッティア。

やがて控えめなつきあいを始めるが、マッティアは外国の大学で数学者になり、アリーチェは別の男性と結ばれて、離ればなれになる。後段でマッティア自身が振り返るように「選択はいつもほんの数秒でなされるが、残りの時間、その報いを受ける」という展開だ。

自傷行為、いじめ、拒食。この時代のさまざまな病理が随所に織り込まれている。

素数は、1より大きな数で1と自分自身でしか割り切れない自然数をいう。2と3以外は素数が二つぴったり隣り合うことはない。主人公たちは素数に似て連ならないからこそ、感性をとぎすまし、成熟させていく。

写真家を志すアリーチェが、バッタを捕らえる遊びを思い出して「今度は時をつかまえているだけ。次の瞬間に向けて跳躍する時を」という感覚。

高校時代、タトゥー(入れ墨)を入れたことを後悔して消したいというアリーチェに、マッティアがたたみかける言葉。「きっと慣れるよ」「そんなの無理。これからもずっとここにあるのよ」「だからこそ、いつか見えなくなるんだ」

二人が深く心を通わすきっかけも、その再会を促すのも、そして結末を柔らかく包むのも、マッティアの妹の影だ。数学の言葉にたとえれば虚数か。

素数よ、君は独りじゃないのかもしれない。孤独をつなぐ影の世界があるのだから。

評・尾関章（本社論説副主幹）

Paolo Giordano　82年生まれ。本作でイタリアの文学賞を相次ぎ受賞。

二〇〇九年八月二日❽

『密航屋』

ノンフィクション・評伝

野村宏之 著

新潮社・一六八〇円
ISBN9784103154310

「密航屋」というビジネスがあるとは知らなかった。

先進国の空港では欧米人や日本人の入国審査は簡単だが、途上国の人間にはかなり厳しい。ニセ日本旅券を用意しても、態度や言葉ですぐ見破られる。

そこで登場するのが「馬（マア）」と呼ばれる密航屋だ。本物の日本人である。ニセ旅券を持った密航者に付き添い、夫婦か家族のようなふりをして係官の質問に答え、入管を通過する。行く先は米国やカナダなどだ。「顧客」は主に中国人である。

著者はタイで事業に失敗。負債の返済のため、バンコクを拠点とする中国系密航ブローカーに雇われる羽目となる。この本はその告白談である。

南アフリカ共和国やスイスなど、入国審査がわりと簡単な国を転々と経由して足跡を消し、最終目的地に向かう。ブローカーは顧客から約3万ドルを受け取り、密航屋はそこから2千ドル程度の成功報酬を渡される。

密航屋はさまざまな事情で帰国できない日本人たちだ。元高校教師らしい者もいる。一方、ごく安易に自分のパスポートを売りはらう日本の若者。信じられないような話の連続だ。

評・松本仁一（ジャーナリスト）

二〇〇九年八月九日❷

『中国コメ紀行　すしの故郷と稲の道』

人文

松本紘宇 著

現代書館・二四一五円
ISBN9784768469941

自分の舌でルーツ探る本気の旅

中国の汽車には「無座」（席なし）というシビアな切符がある。目的地までえんえん十六時間もかかるのに、駅の窓口で「無座」しかありませんと断られたら、さてどうします。

著者の旅の流儀は、こうだ。腹をくくって「無座」の切符を握り、汽車に乗りこむ。筆談を武器に未知のひとと出会い、好奇心をふるって未知の味を胃袋におさめ、歩く。一九四二年生まれ、あっぱれなひとり旅。

選ぶ旅先も骨太だ。雲南省西双版納（シーサンパンナ）、貴州省、少数民族自治区、杭州、浙江省。さらにミャンマー国境、ラオス、カンボジア、タイをはじめインドシナ半島へ。なにしろ旅の杖（つえ）をふたつも携えている。

ひとつは、日本のにぎりずしのルーツ、なれずしを探ること。にぎりずしは、すぐ食べる〝気の早いすし〟。いっぽう、なれずしは飯をじっくり乳酸発酵させる魚の保存法で、紀元二、三世紀、中国南方の漢民族に伝わったという。こくのある酸味とうまみに魅せられ、その歴史を自分の舌でたしかめるために奥地へ分け入ってゆくのだ。

もうひとつの旅の杖は、稲作の道を訪ねること。コメの発祥地でもある中国大陸を歩いて粥（かゆ）やちまきも貪欲（どんよく）に味わい、インディカ米とジャポニカ米の嗜好（しこう）のちがいを熱心に考察する。

つねに本気なのです。だから、旅のかみさまも味方する。稀少（きしょう）な水かけ祭り、糸引き納豆、河姆渡（かぼと）遺跡では七千年まえのコメの出土品と対面……毎回ちゃんと収穫をもぎとってくる。

著者は、ビール会社を退社ののち渡米、ニューヨーク初のすし屋を開業したひと。のちカナダ、ベルギーでもすし屋を開くのだが、そもそも東京大学農学部で学んだ経歴を持つ。ビジネスの前線にいながら、探究の情熱おさえがたく勇躍また旅へ。

うずうずしてきた。ああ、わたしもまたこんな旅に出たい。この二十数年、インドシナ半島や朝鮮半島を繰り返し歩いてよく味わい、よく食べた。旅のかみさまが授けてくれた箴言（しんげん）はこれだ——惜しみなく自分の足で歩けば、そのさきには「発見のよろこび」が待っている。

評・平松洋子（エッセイスト）

まつもと・ひろたか　42年生まれ。ビール会社退社後、「竹寿司」を創業。食文化研究家。

二〇〇九年八月九日③　経済

『GMの言い分　何が巨大組織を追いつめたのか』

ウィリアム・J・ホルスタイン 著
グリーン裕美 訳

PHP研究所・二一〇〇円
ISBN9784569770376

歴史が示す大企業の慢心の危うさ

ゼネラル・モーターズ（GM）が09年6月に経営破綻（はたん）したことはよく知られている。本書は三つの大陸をまたぎ何千キロという距離を移動し、何百ものインタビューを重ねた自動車業界専門アナリストによるGM破綻の落ち着いた分析である。

ただし、本書の特徴は破綻を必然的と決め付けるのではなく、90年代からGMがGMなりに内部での困難な改革を成し遂げてきたことを強調していることにある。とくに98年に社長、00年からは最高経営責任者となったリチャード・ワゴナーのもとで行われた様々な改革努力に、多くの紙数を割いている。本書は経営学的な分析ではなく、GMの改革を担ってきた多くの当事者、とくに現場の中堅指導者に焦点をあて、一人一人のキャリアと重ねながら、改革の試みを語らせている。アメリカには絶対にGMのような自動車産業、そして製造業は必要との著者の信念も伝わってくる。

GMは元来きわめて分権的な会社構造をもち、効率的な経営とはほど遠かった。50年に労働組合と高額の年金と終生の医療費負担を約束した。米国自動車市場の50・7%を占めた絶頂期（62年）にはこのようなことは問題にならなかったが、70年代前半のオイルショック後流れが変わり始める。とくにトヨタの挑戦がGMにとって大きな脅威となり、トヨタ式生産方式の学習と吸収、新しいデザイン戦略の構築、中国市場の開拓などに着手。ワゴナーは車1台につき5千ドルのコスト削減を達成した。にもかかわらずGMはあまりに大きな負の遺産を抱え過ぎており、巨大な金融危機の到来で吹き飛ばされてしまった。

本書は、アメリカの伝統的企業の文化や指導者たちの苦闘の様子を窺（うかが）い知るのに格好の本である。同時にGMの経営破綻を、歴史の後知恵だけで切り刻んではいけないのではないかとの印象も持たせてくれる。悪戦苦闘してきた個人には共感すら覚える。ちなみに、本書ではリコール件数の激増などにみられるトヨタの奢（おご）りや弱点も多数指摘されている。歴史が示す通り、慢心は禁物である。

評・久保文明（東京大学教授）

William J. Holstein　米国雑誌などで自動車業界の記事を執筆。

二〇〇九年八月九日⑤

『日本人の戦争　作家の日記を読む』

ドナルド・キーン 著　角地幸男 訳

文芸春秋・一八〇〇円

ISBN9784163715704／9784167651800(文春文庫)

歴史／文芸／人文

民族意識の制御は可能か問う

本書は、日米開戦の昭和16年から占領下の昭和21年までの文学者の日記で構成されている。

ドナルド・キーン氏は当時の政治的、文化的な全体像を描こうとしたのではない。文学者の日記を読むことで「日本の歴史の重大な時期における日本人の喜びと悲しみ」を、よりよく理解したいと思っただけだ。

永井荷風、伊藤整、高見順、山田風太郎、吉田健一など多くの文学者の日記が出てくるが、その選択基準は、当時の日本人の考え方が理解できる日記を選んだに過ぎない。当時における彼らの考えを暴露する悪意はないと、わざわざ断りを入れている。それは「かなりのショックを受けた」と言うように、キーン氏の知る彼らの人物像と日記の内容があまりにも大きく乖離（かいり）していたからだ。

私も同様にショックを受けた。本書を読むまでは英米生活を経験した知識人は、戦争には批判的だと信じていた。たとえ庶民が戦争への狂気に駆り立てられようとも、知性のある彼らは戦争を肯定するはずがないと思っていた。

ところが伊藤整は開戦に際して「大和民族が、地球の上では、もっともすぐれた民族であることを、自ら心底から確信するためには、いつか戦わねばならない戦い」と興奮し、戦争を「私たちは彼等（かれら）の所謂（いわゆる）『黄色民族』である。この区別された民族の優秀性を決定する」ものと位置づけたのだ。

英米文学を仕事にしていた文学者ほど戦争を賛美し、吉田健一は「我々の思想の空からは英米が取り払われたのである」と喜んだ。民族意識が、戦争という事態を前にして彼らの知性を後方に押しやってしまった。

本書は過去を語っているのではない。私たちの内なる伊藤整を抉（えぐ）り出し、現在の私たちに戦争において民族意識の制御は可能かと問い掛けて来る。

救いは永井荷風だ。彼は東京空襲の中で「是（これ）皆軍人の為（な）すところ。其（その）罪永（なが）く記銘せざるべからず」と冷静に軍部を批判する。北朝鮮の核問題など国際情勢が緊迫している今こそ、本書は読まれるべきだろう。

評・江上剛（作家）

Donald Keene　22年米国生まれ。日本文学研究者、文芸評論家。

二〇〇九年八月九日⑥

『岸和田の血』

中場利一 著

本の雑誌社・一八九〇円

ISBN9784860110956

文芸

誰かをゆるし 誰かにゆるされて

中場利一さんと岸和田は、切っても切れない間柄である。

１９９４年のデビュー作『岸和田少年愚連隊』以来、中場さんは岸和田を舞台にしたヤンチャな少年たちの物語をずっと描きつづけてきた。本書もタイトルどおり、その系譜に連なる長編小説。チュンバ、小鉄、ガイラといったおなじみの面々が、あいかわらずガラ悪く、カラッと痛快に、教育上よろしくないことばかりやっているのだが、中場さんが描いているのは決してそれだけではない。

「切っても切れない間柄」というのは、「切りたくても切れない間柄」のことである。たとえば家族もそうだし、仲間やふるさともそうだ。では、なぜ切れないのか。中場さんは、それを「血」という言葉でとらえている。チュンバ少年には、確かに、どうしようもなく、岸和田の血や中場家の血が脈々と流れているのだ、と。

チュンバの父親は、さらに魅力的な言葉を口にする。〈あのな、人を好きになるいうんは、そいつの嫌いなとこも全部、まとめて好きやっちゅうことなんや〉――その言葉は、じつは中場さんの小説すべてを貫いて流れているのではないか。

登場人物たちは皆、誰かをゆるし、また誰かにゆるされている。頭を一発はたきながら、ゆるす。アホがボケがカスが、と毒づきながらもゆるす。あきれはてた苦笑い交じりにゆるす。子どもがダメなおとなをゆるす。その子どもも、またおとなにゆるされる。いっそ切りたい間柄でさえ、なにかにゆるされて、断ち切れないまま、だからいま、自分はここにいる……。

「優しさ」とは呼ばない。呼ぶとチュンバに頭をはたかれるだろう。それでも、そうだ、夏休みの宿題の読書感想文に困ってる連中、読んでみなよ。たとえ感想文は書けなくても、きっとなにかが変わる。おとなもそう。変わる。本書のあとがきは掌編小説のような素晴らしい一文なのだが、そこをエピローグとして読めば、おとなは胸がじんと熱くなって……それ以上言うと、照れ屋のチュンバに本気で怒られてしまいそうである。

評・重松清（作家）

なかば・りいち　59年生まれ。作家。『岸和田少年愚連隊』『走れ！ビスコ』ほか。

二〇〇九年八月九日⑦

『河原久雄　文楽写真集』

河原久雄 写真　橋本治 構成

日本経済新聞出版社・三六七五円
ISBN9784532166984

アート・ファッション・芸能

表紙には、故・吉田玉男が人形を遣う写真。そして、「河原久雄文楽写真集」「構成　橋本治」の文字。思わず手に取った私は、本を広げて意外な感じがしました。写真に対する橋本さんの解説が、一切無いのです。

ページをめくると、しかし解説をつけないということが、それぞれの写真への橋本さんの敬意であり称賛の意であるということが、わかってきます。

「伽羅先代萩（めいぼくせんだいはぎ）」の政岡の横顔の、静謐（せいひつ）な真剣さ。「夏祭浪花鑑（なつまつりなにわかがみ）」の団七の、ほとばしる殺意。写真からはそんな人形たちの感情があふれているのであり、橋本さんはあえて解説しないことによって、人形たちに声高に語らせているのです。

夢中でマンガを読む時、登場人物の声が聞こえ、動きも見える気がすることがありますが、そのような感覚に陥るこの写真集。人形が木偶（でく）であるからこそ、私たちの感情はその中に入り込みやすいのかもしれません。本来は動かない人形が人の手によって動かされ、それを写真を撮られることによってもう一度静止するという構造により、極めて巧緻（こうち）な美が、ここに生まれているのです。

評・酒井順子（エッセイスト）

二〇〇九年八月九日⑧

『座標軸としての仏教学　パーリ学僧と探す「わたしの仏教」』

勝本華蓮 著

佼成出版社・一六八〇円
ISBN9784333023806

人文

広告や企画制作の仕事をしていた女性が、出家して尼さんとなる。さらに本格的な仏教研究の道に進み、原始仏教の釈迦の教えを求めてスリランカに留学し、パーリ語の経典をきわめる。著者の経歴を聞けば、ユニークな学僧であることは一目瞭然（りょうぜん）である。

原典から釈迦の教えはわかるので、それを手がかりとしながら、日本の仏教の教えも自在に理解して、自分なりの仏教をみつければいい、という。そのことが、率直な言葉遣いで書かれている。学問的な仏教思想史も、ふつうの現代人の感覚で説明されているから、わかりやすい。

日本仏教は大乗であり、現代の研究では大乗の経典は後世の創作とされるから、本当の釈迦の教えは何かということが大きな問題となってきた。しかし著者は、原始仏教の経典にも、すでに大乗の考え方があることを見つけたという。

日本とアジアの仏教をめぐるエッセーとしても、現代人の人生論としても楽しい一書である。ただ、題名が硬すぎて残念な気がする。これでは、一般読者は手に取りにくい。

評・小杉泰（京都大学教授）

二〇〇九年八月二三日❶

『中国文化大革命の大宣伝　上・下』

草森紳一 著
芸術新聞社・各三六七五円
ISBN9784875861744〈上〉・9784875861751〈下〉

歴史／政治／社会

中国の「虚と実」分析豊かな示唆を与える

文革とは何だったのか？　これまでは、崇高な理念が何らかの要因によって「逆説」に転化するという理念変質論か、毛沢東の奪権と呼ばれる権力闘争論か、国内外の政治・経済・社会の構造的な要因を相関的にとらえようとする構造相関論で説明されてきた。評者は第3の立場を重視するが近年、「虚と実」、すなわち目に見えない実態を虚、具体的に把握できる実態を実とする伝統的な中国政治の特徴が特に気になっている。

その文脈で見るなら、文革とは脚本家・監督・主役を兼ねた毛沢東、脇役の林彪・江青・周恩来、悪役の劉少奇・鄧小平らを軸に、悲惨な現実（実）を舞台にして演じられた壮大な政治劇（虚）と言えよう。本書はこのような解釈にかなり近い。主として、上巻では様々なトピックを毛や林彪、四人組らの緻密（ちみつ）な計画のもとでの実践として描き、下巻では壁新聞、筆蹟（ひっせき）や肖像、模範劇、天安門など文革を盛り上げ、演出する手段・場などについて論じている。

本書の特徴は以下の3点に要約できる。第1に、著者は毛沢東を大戦略家、大宣伝家、史上有数の詩人、文章家として認識している。毛は自らのカリスマ性、宣伝力、非情な手段を駆使し、文革を推進した。例えば、毛沢東の突然の「揚子江遊泳」、紅衛兵の熱狂的な毛沢東讃美（さんび）や全国経験大交流の旅などは大宣伝の実践であった。歴史を変えたニクソン訪中、田中角栄訪中も、「中国外交は輝かしい虚偽そのもの」というアンドレ・マルローの言葉を引用しながら、予告なしに中国古書に埋もれた自らの書斎に彼らを招き、ざっくばらんな気持ちにさせながらニクソンや田中を圧倒し、自己のペースに巻き込んでいく毛の演出という視点から論じている。

第2に、当局の公式の文献や説明を鵜呑（うの）みにしないで、その行間を凝視し、滲（にじ）み出てくるものをつかみ取っていることである。例えば、ある評論家は壁新聞を見て言論の「百家争鳴、百花斉放のにぎやかさ」と表現したが、著者は1957年の反右派闘争という毛のあざとい謀略を思い起こせば、その本質は簡単に見抜けたはずと喝破し、「画一化していないように見える画一化」と表現した。言いえて妙である。

第3に、著者は写真を読み解く能力がありそれを用いた歴史事件への接近である。例えば、林彪事件の最大のポイント、林彪が毛打倒を決意したタイミングを、71年の『人民画報』（四人組が掌握）7・8月合併号が若き日の魅力的な毛沢東と禿（は）げ頭の林彪の写真を表紙・見開きページで埋めた時点だと読み込んでいる。著者の分析はユニークで説得力がある。

本書は著者が89年から99年まである雑誌に書き続けた随筆を彼の死後まとめたものである。時代の社会現象として文革の全体像をとらえようとするなら、なお議論の余地はあるが、文革あるいは中国政治の核心を考えるうえで実に豊かな示唆を提供してくれている。

評・天児慧（早稲田大学教授）

くさもり・しんいち　38年生まれ。宣伝、中国文学、カメラ、ファッション、デザインなど、広範な分野にわたる著述を残し、08年死去。著書に『絶対の宣伝　ナチス・プロパガンダ』『江戸のデザイン』など。

二〇〇九年八月二三日❷

『終（つい）の住処（すみか）』

磯﨑憲一郎 著
新潮社・一二六〇円
ISBN9784103177111／9784101390314（新潮文庫）

『世紀の発見』

磯﨑憲一郎 著
河出書房新社・一四七〇円
ISBN9784309019154／9784309411514（河出文庫）　文芸

巧みな文体　輪郭ぼやけた時間

磯﨑憲一郎の小説に流れる「時間」はふしぎな形（なり）をしている。時間はある処（ところ）では無いがごとく希薄であり、ある処では異様に凝縮されているのだ。

芥川賞受賞作「終の住処」の勤め人の妻は、結婚以来ずうっと不機嫌。月はいつでも満月だ。家族3人で観覧車に乗った日から、妻は11年間口を利かなくなり、夫は次々と浮気をするが、結局、娘の存在によって女たちは一つの人格になってしまう。彼だけが狂っているのか、狂っていないのは彼だけか？　何かとんでもないものに本意ならず巻きこまれている、自分はそいつの理不尽な要求に一件一件、孤独に対処しているだけだという、生真面目（きまじめ）さとも、奥ゆかしさとも、ふてぶてしさとも言えるものが男の生き方には漂っている。「何かとんでもないもの」とは、恐らく人生のこと。人が普遍に持ちうる感覚であり、非常にカフカ的だ。

「世紀の発見」ではそれがさらに顕著であり、幻想味がもう少し強い。「私」は子供の頃、対岸を走る機関車を見たり、森の妙な空き地を発見したりするが、何もかも母が仕組んだことのように思える。飼い犬はどれもポニーと呼ばれ、一家は「ポニーという流れ」の中を生き、長じた「私」は駐在先の異国で『城』のように不条理な目にあいながら11年（ここでも！）の歳月を瞬く間にすごす。終（しま）いには幼い娘の一言で、時間の枠組みはあっけなくほどけ、長い夢を見ていたような気が……。

書かれているのが、具体的な出来事なのか、ある状況の抽象的なまとめなのか、いっそ喩（たと）え話なのか、境目をあえてぼかした巧みな文体だ。細かい描写のリアルさとは裏腹に、茫洋（ぼうよう）とした輪郭の時間の中で、すべてが起き、起きなかったこととして流れていくような、そう、本作から引用するなら、まさに「俺（おれ）は、誰のものでもある、不特定多数の人生を生きている」ような寓話（ぐうわ）的体験を読者はするだろう。時間の曖昧（あいまい）さということを、概念上も技法上もこれだけ意識的に書ける作家はあまり類を見ない。小説の理念と手技が幸福に融和した快作である。

評・鴻巣友季子（翻訳家）

いそざき・けんいちろう　65年生まれ。

二〇〇九年八月二三日❸

『大学の誕生　上・下』

天野郁夫 著
中公新書・上巻九八七円、下巻一〇二九円
ISBN9784121020048〈上〉・9784121020055〈下〉
歴史／教育／新書

創成期のドラマ　大河小説の趣

明治10（1877）年、わが国ではじめて「大学」の名称を冠された東京大学が設立され、同19年に帝国大学へと移行する。そして大正7（1918）年、大学令が公布され、帝国大学以外の官公私立大学の設置がようやく正式に認められる。本書は、この約40年の間の、わが国における「大学誕生の物語」である。

中心にあるのは東京大学（帝国大学）。この時期帝国大学は、教育に加えて研究機能を持った唯一の総合的な高等教育機関であった。他の高等教育機関に対する教員の独占的な供給源として、さらには弁護士などの国家試験でひとり試験免除の特権を付与された独占体として、巨大な太陽のごとき存在だった。帝国大学を核として多様な大学が誕生していくさまが、太陽系の誕生にも似た壮大なドラマとして描かれる。

日本のいまの大学群がかかえる現代的課題のルーツが、誕生期の短い歴史の中に繰り返し姿を現していることに驚く。私立専門学校の抱えた宿命的な資金問題。国家の須要（しゅよう）に応じるための帝国大学ですら教育費の個人負担原則が放棄されていなかった事実。ドイツ的な「国家の大学」とアメリカ型「市民の大学」モデルとの葛藤（かっとう）。とりわけ大学の序列構造と、欧米諸国に例を見ない厳しい「入学試験の国」日本ができあがった必然性。大学誕生の時代は、今日にまで持続するわが国の大学組織と高等教育システムの基本的構造が形成された時代であった。それゆえ、本書は歴史でありながら強い現代性をも帯びている。

大学、高等学校、専門学校、実業専門学校、高等師範学校という多様に分化した教育機関が、しかも官立・公立・私立の別に立ち上がり、全体として日本の高等教育システムを形作る。その成立と変動の過程を社会構造と関連づけながら分析するのは、「多大の知力と労力を必要とする力業」（あとがき）にほかならない。本書は上下2巻、原稿用紙1200枚を超える大著であり、ダイナミックな大河小説の趣がある。新刊にしてすでに古典の地位を約束された書といってよい。

評・耳塚寛明（お茶の水女子大学副学長）

あまの・いくお　36年生まれ。東大名誉教授。『試験の社会史』など。

二〇〇九年八月二三日④

『ジョルジュ・ブラック　絵画の探求から探求の絵画へ』

ベルナール・ジュルシェ著　北山研二訳

未知谷・四二〇〇円

ISBN9784896422689

アート・ファッション・芸能

「表現」を脱し自由な境地に到達

フォービスムから出発して、セザンヌの影響を経てピカソとキュビスムに交差、マチスをかすめてゴッホに至る、みたいな美術史的図式でブラックをとらえて何が悪かろう。換骨奪胎しない芸術家は真の芸術家ではない、と言ったのはダリだっけ。

だからブラックが時空を超えて誰と交差しようと驚かない。キュビスムの発明はピカソではなく、ブラックだ。にもかかわらず、ピカソはまるで特許者扱いされている。それはピカソが飛び抜けた「何者か」であるからで、「表現」よりも他の要素、「人生」が目立つからだ。ピカソの顔は見えるが、ブラックは見えにくい。そこにある。

本書ではブラックの作品を掲載図版に即して論じているが、図版サイズが名刺の半分以下、しかも黒一色なので参照にならない（残念！）。というのも、ブラックを認識するには造形よりも色彩だからだ（形は他から借りている場合が多い）。

ブラックの色彩は軍隊の迷彩色そっくりだ。木の葉っぱの上にコーヒーを垂らしたような反伝統的な色彩に特徴がある。迷彩色（視覚）、コーヒー（味覚・臭覚）、砂やパピエコレ（触覚）、楽器趣味（聴覚）など、とても肉体感覚的なのだ。

とくに、晩年の作品はタッチ（メチエ）が中心の具象（風景）画に変わる。つまり従来の他者依存からの脱出を図り、誰にも似ていない真のブラックを獲得する。しかも固定した様式から解放され、自由を手に入れる（この点ではピカソとキリコは早期に気づいていた）。そしてピカソやキリコのように、手法としての「表現」に固執しない境地に到達したのだ。

一般的に、評論家は芸術家の「人生」よりも「表現」を重視する傾向がある。だが「表現」に拘（こだわ）っていると、いつか袋小路に陥る。キリコが形而上（けいじじょう）絵画を捨てたのも「表現」からの脱却だった。よくブラックが最後に初期に回帰したと言われるが、回帰ではなく輪廻（りんね）したのだ。

いや輪廻のサイクルから脱輪したと言うべきか。でなきゃ、ブラックは晩年の自由な境地に転生できなかっただろう。

評・横尾忠則（美術家）

Bernard Zürcher　53年生まれ。フランスの近代芸術史家。

二〇〇九年八月二三日⑤

『沖縄戦　強制された「集団自決」』

林博史 著　歴史／社会

吉川弘文館・一八九〇円

ISBN9784642056755

戦争遂行のシステムに責任を問う

太平洋戦争末期、沖縄戦における住民の「集団自決」が日本軍の「強制」であったか否かをめぐる教科書問題は、まだ記憶に新しい。

本書は、沖縄の「集団自決」が軍隊長の直接的命令によったかどうかは問わない。だが、ある意味で軍の「強制」であったと言う。「集団自決」の最も多かった慶良間列島を念頭に、こう言うのだ。

天皇制国家のなかで、天皇の軍隊である日本軍は、国民を皇民化しようとした。そして大戦末期、総動員体制をしいて「鬼畜米英」という意識を国民に教育し、住民は捕まれば男も女もひどい目に遭うと教え、「天皇のために死すべし」という意識を植え付けてきた。米軍が「鬼畜」であるという宣伝は、日本軍がアジアで行ってきたことのうら返しだった。しかも、沖縄は、久しく差別されてきたがゆえに、「天皇のために死ぬ」ことによって模範的な皇民となろうとする傾向が強かった。加えて、沖縄では家父長制的な家族制度が強く残っていて、家長のもとで、「女子供」は独自の考えを持つゆとりはなかった。

このような全体的な構造のなかで、沖縄、とくに慶良間の地域社会では、軍隊長でなく一兵士の言葉であっても、住民にはそれが「軍令」のように受け取られ、家長によって実行される状況が作られていた。こういう状況の下では、「集団自決」へのわずかな示唆でも、それは軍による「強制」として機能したのだと。

本書は、深刻な問題を大きな視野で冷静に論じており、説得力がある。住民を巻き込んだ日本の戦争はサイパンからグアム、フィリピン、沖縄、満州へとつながり、絶えず住民の犠牲を伴っていたと指摘する。そして上から下まで戦争遂行のシステムができているとき、その個々の局面を取り上げてそこで個人の責任を問うことは重要ではない。システム全体としての責任を見なければ、沖縄で「集団自決」した人々の犠牲を歴史において報いることはできない、と主張しているようである。同意できる議論である。

評・南塚信吾（法政大学教授）

はやし・ひろふみ　55年生まれ。関東学院大学教授。『沖縄戦と民衆』など。

二〇〇九年八月二三日⑥

『唐代の人は漢詩をどう詠んだか　中国音韻学への誘い』

大島正二 著　歴史／文芸

岩波書店・二七三〇円

ISBN9784000241458

奥深い漢字世界を復元音で探る

電子辞書の普及で漢和辞典が身近になった。辞典には、日本に奈良時代以前に伝わった呉音（ごおん）、奈良・平安初期に伝わった漢音（かんおん）、宋以降に伝わった唐音（とうおん）が見える。日本の漢字の歴史と中国の音韻体系との関（かか）わりを知りたくて、本書を手にした。

著者は、晩唐の詩人杜牧（とぼく）（８０３〜53）の七言絶句「江南春」（江南の春）を示す。

千里鶯啼緑映紅
水村山郭酒旗風
南朝四百八十寺
多少楼台煙雨中

第一句を「千里鶯（うぐいす）啼（な）いて、緑、紅（くれない）に映ず」と訓読し、春、至るところに鶯が啼き、木々の緑と花の紅が照り映えると光景を詠じても、唐代の音で漢詩を詠む楽しみには及ばない。当時の音を復元して詠むにはどうしたらよいか。それを解決するのが音韻学である。

漢字は声母（せいぼ）と韻母（いんぼ）からなり、意味を区別する機能を有するアクセントの一種、声調（せいちょう）をもつ。声母・韻母による音の組み合わせ表示を反切（はんせつ）といい、標準的な文字を借りて記される。例えば「東」の音は、徳の声母トと紅の韻母ウで「トウ」と示す。声調には平声（ひょうしょう）、上声、去声、入声（にっしょう）の四声（しせい）がある。上去入の三声が仄（そく）で、声調を平仄（ひょうそく）という。五言、七言の詩には漢字の音、平仄の調和が必要とされた。

漢詩作りに役立つ反切や平仄を記した韻書もある。内容の伝わる最古の韻書が『切韻（せついん）』（601）で、これをもとに宋代に『広韻（こういん）』が編纂（へんさん）された。また漢字を音韻で分類し、行列形式の表に配列した韻図（いんず）も作られ、宋代には『韻鏡（いんきょう）』も編まれた。

清代に発展した音韻学をもとに実際の発音を解明したのは、スウェーデンの学者カールグレン（1889〜1978）である。1910〜12年に中国で調査を行い、『中国音韻学研究』を著した。彼は韻書、方言、日本・朝鮮・ベトナムの漢字音を用いて『切韻』の中古音の音韻体系と実際の発音を復元した。

最後に中国音韻学の成果をふまえ、「江南春」の唐代の長安の音による詠みが披露される。音韻学を手掛かりに奥深い漢字の世界を探訪するのも楽しい。

評・石上英一（東京大学教授）

おおしま・しょうじ　33年生まれ。北海道大学名誉教授（言語学・中国語学）。

二〇〇九年八月二三日❽

『ルポ　資源大陸アフリカ』

白戸圭一 著

東洋経済新報社・一九九五円
ISBN9784492211823

歴史／経済／社会

著者は毎日新聞の元アフリカ特派員。アフリカ崩壊国家の、生の場面に足を踏み入れて書いたリポートだ。

スーダンのダルフール虐殺。政府軍機の警戒をかいくぐって隣国から密入国する。民兵に襲撃された村を取材し、反政府指導者に会う。もちろん捕まったらそれまでだ。

モザンビークの田舎で美人コンテストが開かれる。隣国南アでモデルやタレントになれると聞いて、貧しい少女たちが集まる。主催者は入賞者を南アに連れていき、そのまま売春宿に売り払ってしまう。その業者を探しあて、隠し撮りする。

ナイジェリア南部。政府と石油メジャーの資源収奪に抵抗する反政府指導者がいる。電気も水道もない産油地帯の村々を歩き、そうした活動家の多くが、石油盗で私腹を肥やそうとしていることを突き止める……。

アフリカには豊かな資源がある。しかしその多くは腐敗した権力者に私物化され、国家の建設は放置されたままだ。

著者は「暴力」と「資源」というキーワードで病変を解剖しようとする。危険を冒して現場を踏んだ文章に説得力がある。

評・松本仁一（ジャーナリスト）

二〇〇九年八月三〇日❶

『ナノ・ハイプ狂騒　アメリカのナノテク戦略　上・下』

D・M・ベルーベ 著
五島綾子 監訳　熊井ひろ美 訳

みすず書房・上巻三九九〇円、下巻三七八〇円
ISBN9784622074601〈上〉・9784622074618〈下〉

政治／経済／科学・生物

科学の「大風呂敷」議論続出の概観図

科学技術は夢とロマン。そんな紋切り型の形容を吹き飛ばす大著だ。

「ハイプ」とは大風呂敷のこと。10億分の1を意味する「ナノ」は、今や研究者らが「予算を増やしてもらうために予算管理者に売り込む用語」となった。極微の技、ナノテクノロジーの台頭である。

欧米では、この新興分野に多彩な人々が関心を寄せ、ギリギリと論じ合ってきた。推進すべきか否かの論争には政治家や企業人、NGOメンバーたちが加わる。そこには米政界の大物がいたり、チャールズ英皇太子の顔がのぞいたりする。

著者は膨大な資料を踏まえ、その概観図を描いた。科学が脇役のテーマに押しやられがちな日本社会への痛烈な批判書としても読める。

米国では、クリントン政権がナノテク国家戦略を打ちだし、ブッシュ政権もそれを発展

させた。党派を超えた熱狂である。「原子爆弾開発競争以来、一つのプロジェクトにこれほど多くの国々がこれほど多くのレトリックと多くの資源を費やしたことはない」という大げさな物言いも米国の視座に立てば納得がいく。

ここで見落とせないのは、さまざまなブレーキも働いていることだ。

たとえばナノマシン論争。80年代にK・E・ドレクスラー著『創造する機械』が、分子をものづくりの装置にするという着想を示した。だが学界には、それは絵空事だと反発する向きが強い。極小ロボットの脅威を描くM・クライトンの小説『プレイ』は、その負のイメージを増幅した。産業界は、この流れが「倫理学者や環境学者など気難しい面々を刺激」して「一大経済勢力の発展が阻止されるのではと恐れている」。

結局、ドレクスラー式の考え方は主流からはずされた。その一方で、ナノ粒子の健康への影響をめぐる議論などに関心が集まっている。

こうした動きは、世の中に摩擦を引き起こした原子力や遺伝子組み換え食品を反面教師にしているようだ。懸念がありながらもゴールに行き着いたヒトゲノム（人の全遺伝情報）解読の進め方は、恩恵を語るだけでなく「議論を歓迎し、積極的に奨励した」のがよかったとする分析も紹介されている。啓蒙（けいもう）ではなく対話こそが求められているのだ。

考えてみれば、市井の人々は「何世代にもわたり科学技術政策の意思決定から締め出されてきた」。そこで著者が目を向けるのが、大学などに広まりつつあるナノテクの「社会的および倫理的影響」の研究だ。文理の枠を超えて健康、環境から経済、規制まで幅広く考察する。

この研究は、ナノテク推進の「体裁を繕う」道具に使われる恐れもあるが、「科学技術政策の計算式に公衆という変数を組み込む」ことにもつながる、とみる。データを集め、思慮深い批評を広め、「ハイテク好きやハイテク恐怖症を論破する」。そんな努力が、冷静で賢明な公衆を生む力になるということらしい。

もはや、科学技術は夢だロマンだと浮かれている場合ではない。

評・尾関章（本社論説副主幹）

David M. Berube　科学技術をめぐるコミュニケーション論が専門テーマ。米国のサウスカロライナ大学ナノセンターを拠点に研究後、ノースカロライナ州立大学教授。

二〇〇九年八月三〇日❷

『現代人はキリスト教を信じられるか　懐疑と信仰のはざまで』

ピーター・L・バーガー 著
森本あんり、篠原和子 訳
教文館・二六二五円
ISBN9784764266797

人文

なぜ人は信仰を持とうとするのか

本書は、著名な社会学者バーガーによるキリスト教徒としての実践の書である。著者はキリスト教について、さまざまな疑問があることを認めつつ、最終的には肯定的な理解ができることを静かに語りかける（原書の副題は「キリスト教の懐疑的な肯定」となっている）。

著者は冒頭で告白する。現在の神学や派閥はどれも肌に合わない。ルター派を自認しているが、ルター派教会とは肌が合わないため、聖公会の教会に出席している。もっとも居心地よく感ずるのはリベラルなプロテスタントだが、それはこの教派が懐疑と信仰のバランスを保っているからである。現代という時代から逃避することなくキリスト教徒であり続けるには、このバランスが不可欠である。今日どの宗派も自明のこととして受け取ることができなくなった。そのような状況では、宗教の伝統から取捨選択して一部を保持し、他を捨てる選択行為、すなわち異端は避けられない。

本書では、人はなぜ信仰を持つべきなのかといった根本的な問いに対して、丁寧な説明が提供される。たとえば、信仰を持つことについては、「たしかにある種の賭けである」と説く。信仰をもつことは、「世界は究極的には善である」「最後には喜びがある」ということに賭けることである。

とくに著者がこだわるのが、罪のない子供が苦しみ死ぬことである。なぜこのようなことが起こるのか。これは神を信ずるキリスト教徒として、どうしても受け入れることができない現実である。著者は神自身苦しんでいるという学説も紹介しながら、そして「口ごもり」、躊躇（ちゅうちょ）しながらも、信仰を捨てないのであれば最後は神への信頼に賭けるしかない、と述べる。

日本は非キリスト教的な国であるのみならず、世界でも際立って世俗的な国である。しかし、アメリカや中東諸国を含め、宗教的な国は多い。なぜ人は懐疑的な知識人を含めて、信仰を持とうとするのかについて、日本人も一度は考えてみる必要があるのではないか。そのためには格好の入門書である。

評・久保文明（東京大学教授）

Peter L. Berger 29年生まれ。アメリカ在住の社会学者。

二〇〇九年八月二〇日③

『狼疾正伝　中島敦の文学と生涯』

川村湊 著

河出書房新社・三三六〇円
ISBN9784309019215　文芸／ノンフィクション・評伝

存在への執着と疑いに発する文学

生誕100年、早世した中島敦についての入念な評伝である。作家研究として深い。

残された作品の多い作家ではない。ある時期まではそう高い評価を受けた作家ではなかった。しかし、そのユニークな短編小説「山月記」などが広く教科書に採択され、今も採用され続けていることによって〝国民的作家〟の地位にまで上りつめた〟と評伝者は綴（つづ）っている。この作家の魅力はなんなのか。

タイトルにある〝狼疾（ろうしつ）〟は〝激しい病気〟のこと。また中島敦には〝狼疾記〟という私小説風な短編があって、タイトルがこれに由来していることは明白だが、ここではさらに深く説き明かして〝〈狼疾〉とは、『孟子』の「其（そ）の一指を養い、その肩背を失いて知らざれば、すなわち狼疾の人と為（な）さん」という文章から来たもので、指一本を惜しむあまり、肩や背までをも失ってしまう人の謂（い）いである。中島敦は、これを根源的な「観念」の無根拠性に囚（とら）われるあまり、現実の世界や人間存在を見失ってしまう人間のことと解している。もちろん、それは誰にもまして、中島敦自身のことだろう〟と評伝者は説く。

中島敦は自分という存在の不確かさに病的と言ってよいほどに激しい思案を重ね、そこから作品を発した作家であった。別言すれば……言語・文字・文学に託された人類の知性と文化、それに執着しながら、それを疑うことから中島敦の文学は始まっている。本書は作家の実人生の光と影をたどりながら、この視点から作品を的確に解き明かして淀（よど）みがない。

たとえば「山月記」は〝詩業に没頭〟したために尊大で憐（あわ）れな野獣に化した男の物語であり、文学への傾倒と疑念が見え隠れしている。「文字禍」や「狐憑（きつねつき）」は言うに及ばず代表作の「李陵」の中にも繁栄の漢民族と一見卑俗に見える匈奴との複眼的な鋭い対比が見えるし「弟子」にもこの視点が十分にうかがえる。〝書いたもの〟より〝書かれたにちがいない〟ものへの深読みが光るこの作家について、適切な深読みをほどこした快い研究書である。

評・阿刀田高（作家）

かわむら・みなと 51年生まれ。文芸評論家、法政大学教授。『闇の摩多羅神』ほか。

二〇〇九年八月三〇日❹

『最も遠い銀河　上・下』

白川道 著

幻冬舎・各一七八五円
ISBN9784344016965〈上〉・9784344016972〈下〉

文芸

余熱にうずく人たちの思い重ねて

これは余熱の小説だ。上下巻の長い物語は余熱に疼（うず）く人たちの思いによって動き続ける。

題名の「銀河」はおそらく宇宙物理学者ジョージ・ガモフと谺（こだま）している。主人公の桐生はアラン・ドロンに準（なぞら）えられるほどの容貌（ようぼう）の持ち主。彼にはかつて兄妹のように慕い、愛した女性がいた。やくざな生活を送っていた彼は無名のデザイナーから路上で詩を買い、そこに銀河の光を見いだし、建築家を目指す。愛する女性はやがて不幸にして亡くなり、彼は路上のデザイナーから求めたペンダントと共に故郷の海へ葬った。だが長い時を経て偶然その死体が発見され、男の余熱が再び疼き始める。

この物語は多くの場面がひとつひとつを重ねるような長い会話で進む。古い友人との会食、愛人とのひととき、未来を賭けた大勝負のプレゼン。後になればそういった会話の細部は記憶から消えてしまう。ただそこに時間が流れていたことが、翌日の余熱として身に残る。私たちはその余韻に動かされて新たな一日を生きるのだ。

これはいい歌舞伎役者が見せる人情劇のようでもある。主人公は美男で確かな才能を内に秘め、登場するほとんどの女性を虜（とりこ）にする。それでもまったく嫌みに感じられないのは、役者がうまいからだろう。その上〝銀河〟なのだから困りものだ。ある世代以上の人なら、ガモフの科学解説書に夢中になった経験があるだろう。著者もそのひとりだったに違いない。社会の裏面を描いても著者の文章は気品があるのだ。物語は偶然に満ち、つねに誰かの行動は誰かに見られ、あちらの人物はこちらとつながる。しかしそれがどうした、これがお話の粋ってものじゃないかと思えてくる。

終盤になると男たちは泣き始める。しかし男泣きに泣ける感動作といった大仰な煽（あお）り言葉は、この物語にふさわしくない気がする。かつて科学書を読み、最も遠い銀河に思いを馳（は）せたような男たちがそっと手に取り、つかのまアラン・ドロンになる。そんな浸り方がいいような気がする。

評・瀬名秀明（作家）

しらかわ・とおる　45年生まれ。作家。著書に『天国への階段』『病葉流れて』ほか。

二〇〇九年八月三〇日❺

『アメリカン・テロル　内なる敵と恐怖の連鎖』

下河辺美知子 編著

彩流社・二六二五円
ISBN9784779114366

歴史／社会

全体を部分が壊す米歴史の記憶

九・一一直後のアメリカで、恐怖と敗北感があっという間に愛国心の高揚に変換されていったのはなぜなのだろう。富める者も貧しい者も、保守もリベラルも、誰もが一様に奉じる「アメリカ」とは何なのだろう。

本書では日本の十二人の研究者が主に文学をテキストにして、建国以来の歴史に内在するアメリカの心象に分け入ってゆく。たとえば、十八世紀末の『エドガー・ハントリー』に描かれるアイルランド移民のテロリストの肖像。アーヴィングの『リップ・ヴァン・ウィンクル』に描かれるオランダ人入植者の生活風景と、それを彩っている先住民族の伝承。これらは、アメリカがヨーロッパの植民地から独立してゆく過程でつねに国境や境界が意識され、そこでアメリカ／非アメリカ、白人／非白人、といった定義が生産され続けてきたことの表象となっている。

部分から全体へ。かつて自身が「部分」として独立戦争を戦ったアメリカの歴史は、部分の集まりだった混成国家の記憶を封印して

「全体」になろうとしてきた歴史である。「全体」を内部から破壊する「部分」をテロと定義するなら、九・一一がアメリカに想起させたのは、その自身の歴史の記憶であり、だから事態を客観化できなかったのだと本書は言う。恐怖体験が歴史のなかに固定されない限り、恐怖はリアルであり続け、早晩、攻撃性に変換されるのである。

それにしても、「アメリカ」に内包された個人は、白人であれ非白人であれ、たんに国家を構成する国民というだけではないに違いない。ときに『白鯨』のエイハブ船長のように完全に能動的な個人を目指すあまり排他的な全体主義になり、ときに極右青年のように自らを抑圧する共同体に向けて銃を乱射しながら、彼らはつねに父なるアメリカの子どもであり続け、運命共同体であり続けるのだから。

しかし、この強迫的な「アメリカ」というイデオロギー装置から自由な者もいる。その例として、『八月の光』の主人公ジョー・クリスマスと、ヘンリー・ダーガーの物語世界があげられているのが興味深い。

評・高村薫（作家）

しもこうべ・みちこ　成蹊大学教授（アメリカ文学）。著書に『トラウマの声を聞く』ほか。

二〇〇九年八月三〇日⑦

『東照宮の近代　都市としての陽明門』

内田祥士 著

ぺりかん社・五〇四〇円

ISBN9784831512376　歴史／アート・ファッション・芸能

栃木県・日光の東照宮を拝観し、陽明門の彫刻群を見ると、「日光を見ずして結構と言うなかれ」の文句を思う。そして、素直に美麗な姿に驚嘆する。

元和2（1616）年に薨去（こうきょ）した徳川家康は、翌年、山岳信仰の霊地日光に葬られた。寛永11～13（1634～36）年、三代将軍家光の命で家康の霊廟（れいびょう）の造り替えが行われ、今に残る東照宮の建築が姿を現した。東照宮は、1999年、二荒山神社・輪王寺とともに、世界遺産「日光の社寺」として登録された。

だが明治以来、建築史や日本文化論では、陽明門に代表される東照宮の建築と彫刻は論争の対象であった。日光の自然美と調和する壮麗な人工美と評するか、日本建築の美に反し錯雑華美に失すると批判するか、論争は100年以上に及ぶ。

極彩色に輝き、溢（あふ）れ出るがごとき陽明門の彫刻群を前に、目を背けたくなると著者は告白する。だが、あえてそこに向き合い、東京のような統一性の欠如は多様性の証し、自由や豊かさの象徴という逆説的な評価に至る。副題の「都市としての陽明門」には、建築家としての思想がこめられている。

評・石上英一（東京大学教授）

二〇〇九年八月三〇日⑧

『記者風伝』

河谷史夫 著

朝日新聞出版・一八九〇円

ISBN9784022506108　社会

新聞記者は「社会の木鐸（ぼくたく）」と言われる。広辞苑には「世人を覚醒（かくせい）させ、教え導く人」とある。本書は、戦前戦後に活躍した新聞記者24人の事跡を辿（たど）る。

ところで、彼らは本当に木鐸たり得たのか？　名文家である朝日新聞の守山義雄は中国の南京に駐在中、日本軍の残虐行為を目撃しながら、軍を批判する記事を一行も書けなかった。他の記者も同じだったとはいえ、彼は「日本は、これで戦争に勝つ資格を失ったよ」と嘆いた。

戦後、朝日新聞論説主幹を務めた笠信太郎はGHQの意向に逆らう論説を展開した。占領下でGHQに逆らうのは朝日新聞社の存続にかかわる。彼は「書けない新聞記者なんてね」と、GHQの圧力を凌（しの）ぎ続けた。

新聞は、いつの時代も自由に書けたことはない。時の権力の制約を受ける中で、木鐸たらんと新聞記者が言葉に命を懸けてきた歴史が新聞の歴史なのだ。

現在は、誰もがネットで情報発信できる冗舌な時代になった。途端に新聞の影響力が落ちた。しかし本書を読むと、冗舌な時代だからこそ、言葉に命を懸ける新聞記者の役割があるのではないかと期待したくなる。

評・江上剛（作家）

二〇〇九年九月六日①

『倒壊する巨塔　アルカイダと「9・11」への道　上・下』

ローレンス・ライト 著　平賀秀明 訳
白水社・各二五二〇円
ISBN9784560080191〈上〉・9784560080207〈下〉
政治／ノンフィクション・評伝／国際

細部まで綿密取材　惨劇への過程描く

「9・11」から8年がたつ。事件はなぜ引き起こされたのか。米国がそれを防げなかったのはなぜか。

アルカイダ指導者のビンラディンやザワヒリ、米連邦捜査局（FBI）捜査官オニールらの動きを、生い立ちや日常生活から洗い直すことで、本書は「9・11」の実相に迫っていく。07年のピュリツァー賞を受賞した調査報道である。

ビンラディンの父親は、イエメンからサウジアラビアへの出稼ぎ労働者だった。建設会社をおこして着々と地歩を固め、王家の信頼を得て同国最大のグループ財閥にのし上がる。ビンラディンはその25人の息子のうちの17番目だった。

アラブの富豪の息子だが、受け身でシャイな長身の若者。その身長を書くのに、著者は多くのデータを調べ、友人や肉親に会って自分より何センチ大きかったかを尋ね、最終的に「183センチとちょっと」に到達する。米情報機関が安易な情報から「195センチ」などとしていたにもかかわらず。

やがてソ連のアフガン侵攻が起きた。彼は潤沢な資金を手に、義勇兵を率いてアフガンに乗り込む。

しかし実戦経験もない夢想家は戦場ではオジャマ虫だった。それを変えたのは、過激なイスラム指導者アイマン・ザワヒリとの出会いだ。

ザワヒリはかつて獄中で手ひどい拷問を受け、その結果、「テロによる民間人の犠牲は仕方がない」と唱えるような人物になっていた。

アフガンで、過激イスラム指導者とサウジの財閥の息子が結びついた。それに、社会から疎外されたアラブの若者たちが加わることで88年、テロ組織アルカイダが生まれた、と本書は語る。

93年の貿易センタービル爆弾事件以来、FBIはイスラム過激派への警戒を強め始めた。その責任者がジョン・オニール特別捜査官である。しかし米中央情報局（CIA）はオニールにアルカイダ情報を渡そうとしない。9・11が起きて初めて、CIAは「すでに米国入りしていた19人」のリストを提出するのである。

事件直後、FBIが実行犯全員の氏名を手早く発表したのに驚いた記憶がある。あまりの手際のよさに「米側の陰謀ではないか」との意見さえ出たほどだ。真相がCIAとFBIとの対立にあったと、本書は関係者の実名入りで明らかにする。

著者は取材に5年をかけたという。ビンラディンの肉親に会い、アルカイダのメンバーと会い、スーダン指導者の息子に会い……。数十回のインタビューを重ねた人物もいる。その結果、ビンラディンの子どもとの接し方や、オニール捜査官の女性関係などのディテールにまで取材が及び、人物像が生き生きと浮かび上がる。スパイ小説を読むような生々しさだ。

誇大妄想的なアルカイダだが、アフガンという「帝国の墓場」に米国を引きこむ、というビンラディンのねらいはその通りになった。その不気味さが印象に残る。

評・松本仁一（ジャーナリスト）

Lawrence Wright　47年生まれ。米国の作家、映画脚本家、ニューヨーカー誌スタッフライター。本書で07年ピュリツァー賞。映画「マーシャル・ロー」（98年）では共同脚本を手がけた。

二〇〇九年九月六日❷

『小説家の開高さん』

渡辺裕一 著
フライの雑誌社・一八〇〇円
ISBN9784939003356
文芸

ほろ苦い余韻残す男たちの短編

土方のマサ。ヒッピーのエンディ。大工のウィリー。オカマの次郎さん。熊撃ちの征三さん……武骨で、不器用で、率直で、酒飲みで、恋に一途で、ちょっとだめで、つまりいろっぽいのです、みんな。そんな男たちとの交差を描く物語が十編。

「ぼくとマサは脚割り場という、蟹（かに）工船でもっとも過酷で花形といわれる甲板の作業場につかされた」（「土方のマサ」）

一九七〇年、二十歳。「ぼく」の旅のはじまりは蟹工船だった。下船して世界各地を放浪、ニュージーランドで四年間鱒（ます）釣り。旅遍歴が紡ぐ物語には時代の空気、男や女の体温や気配、波の音、土の匂（にお）い、耳と眼（め）と鼻の記憶がたっぷり注ぎこまれている。

さていよいよ「小説家の開高さん」である。奇跡のような仕事に遭遇したのは一九八八年。場所は、かつて耽読（たんどく）した釣り文学の古典『釣魚大全』の著者、アイザック・ウォルトンゆかりのダブ川。フライフィッシングの連れは座右の書『フィッシュ・オン』の著者、開高健。

じつは、釣り三昧（ざんまい）の一カ月の回想を綴（つづ）ったこの短編のなかに、釣り人としての開高健の本質をざぶりと洗いだす一行がある。わずか十三字。しかし誰もけっして書かなかったそらおそろしい一行が、「小説家の開高さん」の深淵（しんえん）をのぞきこませる。

コピーライターの短編デビュー作。ときおり警句や箴言（しんげん）が織りこまれ、計算ずくの構成に興をそがれるきらいはあるものの、それを嫌みに転ばせないのは、ほのかな含羞（がんしゅう）の気配だろう。

十編それぞれ、ざらつきのあるほろ苦い余韻がある。よい短編は読みおえたとき、しばらく黙りこみたくなるものだ。

ところで「骨董屋の善二さん」では、湯島の居酒屋「シンスケ」の主人が燗（かん）をつけるとき、徳利（とっくり）の尻をさりげなく撫（な）でて温度をたしかめる場面が描かれる。「その手つきは手練（てだれ）の痴漢にも似て自然であり、悩ましい」

ああもう。わたしもあの所作にはおおいに反応するものだが、当意即妙。「手つき」を「筆致」に置き換えてみれば、あら自著解説の一文になりますね。

評・平松洋子（エッセイスト）

わたなべ・ゆういち　49年生まれ。漁船員などを経て、現在はコピーライター。

二〇〇九年九月六日❸

『おいしいコーヒーの経済論「キリマンジャロ」の苦い現実』

辻村英之 著
太田出版・一九九五円
ISBN9784778311711
経済／国際

香味の奥にある「苦い現実」

「苦い現実を知ってしまうと、コーヒーの味が台無しになるかもしれない。『禁断の実』を食べてみますか」。このように述べながら著者は議論を始める。コーヒーの香味は一般的に七割が生豆の生産・流通、二割が焙煎（ばいせん）、一割が抽出の技術によるそうだが、ある年の場合、「キリマンジャロ」を栽培するタンザニアの生産者の取り分はコーヒー価格の0・9％でしかない。本書は、キリマンジャロ山の西斜面にあるルカニ村という場所で96年以来毎年調査を行ってきた著者が、なぜそうした構造が生まれるかの全体像を、生き生きとしたフィールド報告や理論的な考察を含む幅広い視野で明らかにしようとするものだ。

そもそも物やサービスの「値段」というものはどのようにして決まるのだろう。現在主流の（新古典派）経済学はそれは需要と供給の関係で決まるとするが、著者は、現実の市場取引ではそれに尽きない様々な要素が働いていると考える。そして「価格ノルム（規範、標準）」という考え方を援用しながら、コーヒーの価格形成には次のような三つの不公正が働いていると論じる。第一にその基準価格がニューヨーク先物価格という、投機的金融の影響を強く受けるものに規定されていること、第二に多国籍企業による買いたたき、第三に生産者価格と消費者価格の間に巨大な格差が存在すること。その上で、「フェア・トレード」（公正な国際貿易）の役割や意味が新たな角度から吟味され、また著者らが進めてきたタンザニアでのプロジェクト（フェア・トレードの収益を活用した中学校建設）が紹介される。

他にも正義論という観点からのフェア・トレードの評価や、これからは「社会的貢献志向の品質」という新しい品質概念が生まれるといった興味深い議論が多く含まれる。その上でなお、「公正な価格」の意味の掘り下げや、求められる政策、グローバルシステムのあり方をさらに聞きたいという感想が残るが、いずれにしても著者が言うように、真の情報をふまえ「コーヒーの香味を取り戻す」ための行動や論理がいま問われている。

評・広井良典（千葉大学教授）

つじむら・ひでゆき 京都大学大学院准教授。『コーヒーと南北問題』など。

二〇〇九年九月六日④

『音楽の聴き方　聴く型と趣味を語る言葉』

岡田暁生 著

中公新書・八一九円
ISBN9784121020093　アート・ファッション・芸能／新書

分かる悦び　もたらすものとは

タイトルから想像されるとおり、本書は一種のハウツー本である。あるジャンルの音楽に関して「分かる」「分からない」という言い方があるけれど、本書は、音楽を「分かる」ようになる、つまり、ある音楽が「いいな」と思え、楽しめるようになるための方法を、興味深い実例を数多くひきつつ教示してくれる刺激的な啓蒙（けいもう）書だ。

音楽とは、せんじつめれば音の響きなのであって、はじめから言葉を超えており、だから理屈をいっても仕方がないので、ひたすら感性に磨きをかけ、感覚を研ぎ澄まし、先入観に毒されぬ純粋で無垢（むく）な心で音楽にひたすら耳を傾けましょう――という立場と本書は対極にある。

音楽が「分かる」とは、その音楽の属するジャンルが暗黙の前提とするルールを知ることであり、「一つの文化」に参入することである。そして、その文化の「歴史を知り、価値体系とそのメカニズムと含蓄を理解し、語彙（ごい）を習得すること」だと筆者は結論づける。早い話が勉強しなさいというわけだ。たかが趣味で音楽を聴くのに勉強がいるのかよ、と不満に思う向きには、外国語を理解するには語彙や文法の勉強が必須であり、同じことが音楽にもあてはまるのだとする、本書に述べられた類比が説得力を持つだろう。

論述の背後には、現在の音楽文化に対する著者の危機感が見え隠れする。音楽文化を支える共同体の消滅と、商品化された音楽を心地よい響きを耳に入れるためだけに消費し、好きな音楽を自由に聴けばいいと思いながら、結局は似たような音楽を孤独のうちに脳へ注ぎ込む人々の姿。彼らは音楽の楽しみの大きな部分を失っているのではないか。音楽をめぐって人と人が言葉を交わすことこそが、音楽の本当の悦（よろこ）びをもたらすのではないか。そのように問う筆者の論述は、音楽文化の地平を超え出て、人と人との交わりの場であり、文化創造の場である「社会」を喪失した現代文明への批評になっている。

真に考え抜かれたハウツー本が、高い批評性を持ちうることの、本書は好例といってよい。

評・奥泉光（作家・近畿大学教授）

おかだ・あけお 京都大学人文科学研究所准教授。『オペラの運命』など。

二〇〇九年九月六日⑤

『メディアリテラシーとジェンダー　構成された情報とつくられる性のイメージ』

諸橋泰樹 著
現代書館・二三一〇円
ISBN9784768456095
人文／社会

「らしさ」を批判的に読み解く

テレビの気象予報。ピンクのワンピースを着た女性アナウンサーが斜めにコンパニオン立ちして「今日はお洗濯日和ですね」と言う。ブルーのブレザーを着た男性気象予報士が「発達した雨雲が……」と解説する。ありふれたメディアの中に、社会的・文化的・歴史的に構成された女らしさ・男らしさ（ジェンダー）が埋め込まれ、自然なモデルとして日々私たちに提示されている。私たちが感じる女性らしさ・男性らしさの多くがパッケージとして構成され商品化された「らしさ」だとしたら、それを自然に生きているつもりの私たちは、メディアによってそう「生かされている」だけなのかもしれない。

この本の主題はふたつある。第一にメディアはどんなジェンダーを構成しているのか。女性雑誌の内容分析によって、メディアが女性を思考停止させ、女性としての「勝ち組」（セレブ）を指向させていることや、女性に対する「痩（や）せ強迫」の構成を明らかにしている。

第二に私たちは、たとえデマや捏造（ねつぞう）でも、メディアからリアルな現実を構成するしかない。だとしたらメディアがどうやって「現実」を構成しているのかを知り、これを批判的に読み解く力、すなわちメディアリテラシーがとても重要になる。２００２年ごろから06年ごろにかけて吹き荒れたジェンダーフリー批判・性教育批判を素材に、メディアがどういう技法によって性教育を敵に仕立て上げ、政治の介入を後押しして性教育を放逐する結果を招いたのかが分析されている。メディアリテラシーの練習問題といってよい。

本書は明快である。文章はクリアで、理解を助ける巧みな事例に富む。読者は、女性らしさ・男性らしさを「生かされている」ことに自覚的になるだろう。同時に、メディアが提示する現実の中に私たちはあまりにもどっぷりとつかっているがゆえに、批判的にメディアを読み解く能力を備えることは容易ではない。教えれば即身につくわけではないにせよ、学校でのメディアリテラシー教育が鍵を握ると感じた。

評・耳塚寛明（お茶の水女子大学副学長）

もろはし・たいき　フェリス女学院大学教授。『ジェンダーの罠（わな）』など。

二〇〇九年九月六日⑦

『グランド・マザーズ』

文芸

ドリス・レッシング 著　山本章子 訳
集英社文庫・九〇〇円
ISBN9784087605792

２００７年、長年ノーベル文学賞「候補」に挙げられてきた英国作家レッシングが、同賞最高齢の88歳でついに受賞した。『黄金のノート』などで名は知られながら、邦訳書は意外と少ない。受賞を機に、本書のような、物語を読む愉悦を心から味わえる作品集が訳されたことに喝采を送りたい。

ペルシャ（現イラン）生まれ、南ローデシア（現ジンバブエ）育ち。非西洋圏出身の作者の小説は、政治やジェンダーの観点から解釈されがちだ。しかし例えば、蒼（あお）い海のイメージに彩られた表題作を一読すれば、それが断罪や批判から最も遠いものであることが判（わか）るだろう。海辺でくつろぐ2人の女とその息子たち孫たち。幸福に充（み）ちた図に突如ピッと薄い亀裂が走ると……。ミステリーで言えば倒叙法によって、序盤での「美しい絵の崩壊」がなぜ起きたのかが、緊密な文体で淡々と綴（つづ）られていく。恐らく最もメッセージ性の強い「最後の賢者」は、女性支配者が築いてきた文明が、後継者の男によって崩れ去る過程を寓意（ぐうい）的に描く。ここでもレッシングの抑制の美学は発揮されている。訳文もそれに相応（ふさわ）しく端正だ。

評・鴻巣友季子（翻訳家）

二〇〇九年九月六日❽

『トクヴィルとデモクラシーの現在』

政治／人文

松本礼二、三浦信孝、宇野重規 編

東京大学出版会・六七二〇円
ISBN9784130362337

05年はフランスの思想家アレクシス・ド・トクヴィルの生誕200年だった。本書はその記念シンポジウムの記録である。

トクヴィルは1830年代にフランスの貴族としてアメリカの民主主義を実際に見聞し、民主主義の大波に洗われることが必然と思われたフランスの将来にも思いを寄せた。今日フランスもれっきとした民主主義国であるが、にもかかわらず、二つの国の民主主義のあり方の違いは大きい。それは03年に始まったイラク戦争への対応にも現れている。民主主義が一つでなく複数あると強調したのは、まさにトクヴィルその人だった。

本書は学術的な論文集だが、扱われている問題は広範で、多くの読者に興味深いものが多い。歴史的な読まれ方や、トクヴィルとアメリカ・フランス・日本、トクヴィルと現代民主主義の諸問題といった構成だが、全体として自由や平等、個人主義との関係で民主主義をどう考えるかといった問題意識で統一されている。本書を読むと、トクヴィルは今日の日本や中国を民主主義との関係でどのように評価するかなど、様々な想像を逞(たくま)しくすることもできる。

評・久保文明（東京大学教授）

二〇〇九年九月一三日❷

『クロスロード・ネクスト　続・ゲームで学ぶリスク・コミュニケーション』

教育／人文

吉川肇子、矢守克也、杉浦淳吉 著

ナカニシヤ出版・二六二五円
ISBN9784779503047

大災害　あなたならどうする?

「大地震から数時間後、あなたは被災地の食料担当職員。三千人の市民が避難所に集まっているが、食料は二千人分しか確保できない。まず二千食を配るか？　Yes or No?」

司会者が読み上げる問いに、イエスかノーのカードを一斉に皆で開ける。多数派はどちらか？　参加者は互いの意見を交換する。クロスロードとは決断の岐路であり、人と人の意見が交わる場所だ。5年前、社会心理学者とゲームデザイナーが阪神大震災の調査を基に作り上げたこのゲームは、その奥深さからたちまち市民に広がり、災害だけでなく食品安全や感染症編など多くのバリエーションが生まれた。これはその熱き現場を報告するエキサイティングな書物だ。「続」と銘打たれているが本書から読み始めて差し支えない。地味な題名とカバーに怯(ひる)むことなく手に取れば、意欲的な内容に目をみはるに違いない。

このカードゲームは私たちの心を刺激し続ける。あえて普遍的な文章で書かれた問いかけは、プレーヤーの心から地元の社会構造や実際の震災の記憶を呼び覚ます。冒頭に紹介したジレンマは本当に阪神大震災で起こったことだ。食料だけでなく当時は棺桶(かんおけ)も人手も足りなかった。実際に被害対応をした職員は、このクロスロードを泣きながらやったという。神戸市の職員有志はこのゲームを通じて若い職員へ震災の記憶を伝えた。本書にはゲームで使用される数々の設問が掲載されている。読者はそのひとつひとつに向き合い、自ら決断してゆくのだ。

冒頭の問いに最適解（正解）はない。私たちは災害に三重の心構えで対峙(たいじ)する。まずは経験や科学知見で培う防災の真理、たとえばインフルエンザ対策なら咳(せき)エチケットであり、二段目は討論で合意を探るべき道筋、つまりワクチンの優先順位だ。その上に、このゲームが突きつけるような、困難で想定外の現実がある。だから対話を続け、考えるのをやめないことだという著者らの主張に強く頷(うなず)いた。

リスク・コミュニケーションと声高に訴えなくとも本書は自然と私たちをつなぐ。見事だ。

評・瀬名秀明（作家）

きっかわ・としこ　慶応大准教授。
やもり・かつや　京大防災研究所教授。
すぎうら・じゅんきち　愛知教育大准教授。

二〇〇九年九月一三日③

『函館水上警察』

高城高 著

東京創元社・一八九〇円
ISBN9784488024444／9784488474058（創元推理文庫）　文芸

懐かしい言葉が生きていた世界

明治期の函館を舞台とした物語である。誇り高く生き生きとした登場人物が魅力的だ。例えば、女の身で港の回漕（かいそう）荷役問屋の支配人を務める塙藤緒（はなわふじお）。

「私に英語教えて下さらない?」

「ちゃんと喋（しゃべ）ってるじゃないか」

「私の英語は正式ではないわ」と藤緒は頬（ほお）をちょっと歪（ゆが）めて「男と女の英語さ」

格好いいなあ。こういう女のこと、なんていうんだっけ、と考える。たしか「ハイカラ」で、えーと、そうだ、「鉄火」だ。

思い出して嬉（うれ）しくなる。それで弾みがついたのか、さまざまな言葉が頭に浮かんだ。「粋」「伊達（だて）」「いなせ」「男気」「勇み肌」「豪儀」「バンカラ」「よろめき」、どれも懐かしく、今となっては朧（おぼろ）なものばかりだ。

これらを忘れていたのは、言葉として古くなったから、というだけではないと思う。現代では、お金を中心とした価値観の支配力があまりにも強くなったことの影響が大きいのではないか。

例えば、「聖職」という言葉。学校の教師はかつて「聖職」だった。しかし現在の感覚では、お金を払うのは生徒の側であり、ならば教師は顧客である生徒のニーズに応えるべきだ、という話になる。そのような環境の下では、「聖職」という言葉は生き延びることができない。

ひとつの言葉が甦（よみがえ）るためには、単に使用されるだけでは駄目だ。それが生きていた環境そのものを瑞々（みずみず）しく復活させる必要がある。本書の中には、まさにそのような世界がある。

「先生、どうしておなごは医者になれないのでしょう?」「コレラに罹（かか）るのは生計（たつき）に苦しむ人たちが多いのです」「私はそのような人たちの力になりたいのです。医者になりたいと前から考えておりました」

コレラが原因不明の伝染病だった時代に患者を隔離する避病院で働く女性の台詞（せりふ）だ。まさに「聖職」。しかも女ながらに溢（あふ）れる「男気」。ちなみに「先生」と呼ばれているのは若き日の鴎外森林太郎である。彼女に「看護婦」という職業の存在を教える。

評・穂村弘（歌人）

こうじょう・こう 35年生まれ。作家。大学生でデビュー、就職を経て06年復活。

二〇〇九年九月一三日⑤

『デンデラ』

佐藤友哉 著

新潮社・一七八五円
ISBN9784104525034／9784101345536（新潮文庫）　文芸

老婆たち獅子奮迅　闘いの果ては

冒頭に登場人物の一覧表がある。総勢50人。年齢が記されていて、70から１００まで。これを見ただけで、

――すごいぞ――

尋常ではない内容を想像してしまう。

その通り、尋常ではない。深沢七郎の名作『楢山節考』の後日談と言えばわかりやすいだろうか。「お山」に捨てられた老婆たちが生き延びて村人の知らない山野に集落を作って生活しているのだ。その集落の名が「デンデラ」。

これは『遠野物語』の中にあって、近々死ぬ人が歌などを歌って通り過ぎて行く野原で、幽明の境となる土地の謂（いい）らしい。

本書は、このように過去の伝承や文芸を引き継いでいるが、中身は相当にちがう。老婆たちは自分たちを捨てた村に対してさまざまな思惑を抱え、復讐（ふくしゅう）を企てる襲撃派と、それを拒否する穏健派に分かれて争いあい、そこへ羆（くま）が襲ってくるやら疫病らしきものが蔓延（まんえん）するやら波瀾（はらん）万丈、死体はゴロゴロ、人数も19人へ、6人へと減っていく。羆の心情にまで入念な

描写が費やされている。

もちろん老婆たちの行動や心理が人数ぶんだけ多彩に描かれているのだが、おい、おい、おい、

——お婆（ばあ）さんたちに、こんな活力があるのかね——

老体ながら獅子奮迅の活躍、会話は内容も言葉遣いも、

——全共闘世代かなあ——

楽しさは活劇を読む気分に近い。設定からしてリアリティーを求める文学ではない。

ストーリーは50人目の住人としてデンデラに連れて来られた斎藤カユ（70）を中軸に、新しい目でデンデラを見ることを含みながら進んでいくが、憎い羆を憎い村へ送り込み、村も羆も滅ぼそうとする（そうとも読める）ヒロインが柔らかな福寿草を踏んで、その美しさに春を感ずる、という結末は、どう解釈したらよいのだろうか。このテーマであれば、寓話（ぐうわ）であったとしても、人間の死について、なにか熱いものを感じさせてほしい、と思った。『楢山節考』と比べてはいけないのだろう。

評・阿刀田高（作家）

さとう・ゆうや 80年生まれ。作家。『1000の小説とバックベアード』で三島賞。

二〇〇九年九月一三日⑥

『イスラームはなぜ敵とされたのか 憎悪の系譜学』

臼杵陽 著

青土社・二五二〇円
ISBN9784791764921

歴史／人文／国際

友敵二元論がゆがめた国際関係

題名から受ける印象とは違って、これはイスラームについての本ではない。欧米がなぜイスラームを敵とするのかを論じ、またそれによって中東の紛争がどれほど解決困難に陥っているのかを考察している。

著者は二つの既視感をあげる。一つは、19世紀から西欧などで高まり、今日でも続いている反ユダヤ主義である。それが、今やイスラーム嫌いに置き換わって広がっている。特に、9・11事件以降、その傾向が激しい。

もう一つは、第1次世界大戦後に生じた中東の紛争である。それは当時の大国の誤った介入の帰結でもあった。ところが、近年のイラク戦争を見ても、同じような過ちが続いている。歴史から学ばないのだろうか、と近現代史を専門とする著者は問う。

当然、知識人や研究者の責任も重い。そこで、アメリカの中東学界の現状が分析されている。特に、いわゆるネオコンの戦争政策を正当化した学者たちを、鋭い批判の対象としている。オバマ政権に変わったものの、9・11事件以降に強まった友敵二元論はまだ終わっていない。

友敵二元論によって、イスラームという敵が作られた。それだけではなく、「敵の敵は味方」という論理で政策が決められ、国際関係がゆがんでいる。

共存をめざす立場の著者は、日本の研究者の責任をも問う。現在の研究のルーツと言うべき戦前の研究をも丁寧に跡づけ、これからの研究のあり方について論じている。

著者は、最近『イスラエル』を上梓（じょうし）しており、イスラエル研究でも手堅い成果をあげているが、それと同時に、パレスチナ問題を長年、考究してきた。そのため、中東の複雑な問題を、ヘブライ語もアラビア語も駆使しながら多面的に見ることができる貴重な存在である。そのよさが本書の随所に生きている。

反ユダヤ主義やイスラエルについて考える上でも、あまり知られていない歴史的事実や重要なユダヤ思想家たちが紹介されており、視野を広げてくれる。

評・小杉泰（京都大学教授）

うすき・あきら 56年生まれ。日本女子大学文学部史学科教授（中東地域研究）。

二〇〇九年九月一三日⑦

『住宅復興とコミュニティ』

塩崎賢明 著

日本経済評論社・三三六〇円
ISBN9784818820562

政治／社会

さまざまに語られる「阪神・淡路大震災の教訓」のなかで一つ確かなのは、大規模災害からの復興の難しさだろう。現に、住宅・店舗・事業所などの生活圏全体が失われた被災地にあって、創造的復興の名の下に被害額の一・六倍もの巨費が投じられた復興事業が残したのは、閑古鳥のなく駅前高層ビル群と、孤島のような復興住宅、強制的な区画整理によるコミュニティの変貌（へんぼう）、いまなお生活再建の負担にあえぐ個々人、そして自治体の巨額の財政負担である。

復興が体のいい都市再開発事業に傾き、多くの問題を残した阪神・淡路の苦悩の姿は、ひとごとではない。来る東海地震、東南海・南海地震、首都圏直下型地震で私たちが確実に直面する現実である。とりあえず生き残ったあと、どうやって住宅や生活を再建するか。いかに再建の苦しみを減らすか。そのために必要な法整備はどんなものか。本書が訴えるのは自立再建のための公的支援の拡充であるが、仮設住宅や復興住宅の建て方そのものの見直しも迫っている。綿密な調査が暴き出した復興の現実の厳しさは、私たちをいま一度覚醒（かくせい）させて余りある。

評・高村薫（作家）

二〇〇九年九月一三日⑧

『生命の音楽 ゲノムを超えて システムズバイオロジーへの招待』

デニス・ノーブル 著 倉智嘉久 訳

新曜社・二九四〇円
ISBN9784788511729

人文／科学・生物

人のゲノム（全遺伝情報）が解読された今だからこそ、読んでおきたい一冊。文中の言葉を借りれば「遺伝子がすべてをプログラムする」という見方に対して「解毒剤」を処方する。

著者は、心筋の生理が専門の英オックスフォード大名誉教授。心拍のような機能では、多くの遺伝子が同時に働く。体のシステムづくりの鍵は「個々の遺伝子ではなく、それらの発現のパターン」だという。「生命を構成成分の集合としてではなく全体として見る」立場だ。

最近の科学界では、モノよりコトを重んじる流れが強まっている。たとえば、心臓のリズムからホタルの明滅、つり橋の揺れまでを同じ枠組みで考察する非線形科学などだ。生命をシステムとしてとらえる著者は「コト」派に位置づけられよう。

その生命観をにじませたのが書名だ。「音楽もまたプロセスであり、ものではない」

意識に表れる「私」ですらプロセスだという。コトとしての自己か。その点では「我思う、ゆえに我あり」を、主語なしに「考える、ゆえにある」と言える日本語は道理にかなうらしい。そんな文化論も新鮮だ。

評・尾関章（本社論説副主幹）

二〇〇九年九月二〇日①

『アルベール・カーン コレクション よみがえる100年前の世界』

デイヴィッド・オクエフナ 著 別宮貞徳 監訳

NHK出版・六八二五円
ISBN9784140093450

歴史／アート・ファッション・芸能

時代思想を超えた純粋無垢な写真美

フランスの大富豪、アルベール・カーンは私財を投じて最新の写真技術を携えたカメラマンを世界各地に派遣して、20世紀初頭のさまざまな様相を撮らせた。彼は国際主義者であると同時に平和主義者で、文化的多様性を理解しあうことで戦争を防ぎ平和を祈願しようと、この驚異的なプロジェクトを遂行した。

その成果のほんの一部を収めた写真集が本書である。掲載された40カ国387点の写真はヨーロッパ、アメリカ、第1次世界大戦、中東、アフリカ、極東（日本も含む）など10項目に分類され、大半が風俗と風景からなる〝地球家族〟の記録だ。

本書を開いた瞬間、私は思わず写真に息を吹きかけて表面に積もった厚い灰の層を散らそうとした。全部の写真が灰に煙る大気の中で撮られたように、対象がかすんで見えたからだ。その理由は、歴史的時間の浸食の中で写真が古色蒼然（こしょくそうぜん）としていたからだった。

だけど、その結果、逆に写真が新たな生命

を得たと私は言いたいのである。芸術的表現を目的にしていないにもかかわらず、歴史の風雪の中で予期せぬ芸術的価値を得たように思うのだ。ほとんどが生活空間の中でたたずむ人物写真だが、そこには誰ひとりとして笑顔がないのが異様でもある。封印された笑顔の奥に潜むある種の攻撃的な視線は、見る者を思わず後ずさりさせる。

いったい、この冷徹な人を射るような視線は何に起因しているのだろう？ カメラという文明に対する、彼らの不安と恐れからくる防衛本能なのか？ しかし、そこにはこの世ならざる死の安らぎのような空気が漂っている。写真の中の人間はすでに死者である。生者と死者は不思議と写真の上でも区別できるが、それは単に写真が古いからだけではなさそうだ。

写真の人物は死して芸術に化身し、新しい生を得て今日の時代によみがえっている。これらの写真を眺めていると、私はふとアンリ・ルソーの絵画を思い出す。彼を素人画家とはいわないまでも、その作品は素人の心と魂によって強化されている。その意味でも、これらの写真にはいい意味でのアマチュアリズムが横溢（おういつ）している。そこではプロが持ち合わせていない霊力が発揮され、カメラと対決している被写体の視線がそのすべてを物語っている。

民族衣装を着用した者、労働者や農夫、そして難民、かと思うと大富豪もいる。観光絵はがき的風景の隣には生々しい戦火の傷跡を露出した破壊された街。しかしそのいずれもが美しい。ここには地上の視線ではない、まるで月世界からのビームを思わせる異次元の視線がある。

少年が老年になっても失わずにいた純粋、無垢（むく）、素朴、無心が、まるで寒山拾得にカメラを持たせて撮った幼（おさ）な子（ご）の視線のように、見る者のスピリットをかきたてる。思想を持たない者の思想を超越した「美」がある。ここには現代写真に対する批評があるように思う。

評・横尾忠則（美術家）

David Okuefuna 英リバプール生まれ。BBCのテレビプロデューサー。シリーズ「アルベール・カーンのすばらしい世界」など多くのドキュメンタリー番組を手がけ、本書が初めての著書。

二〇〇九年九月二〇日❷

『害虫の誕生 虫からみた日本史』

歴史／科学・生物／新書

瀬戸口明久 著

ちくま新書・七五六円

ISBN9784480064943

近代化と戦争が関係性を変えた

もともと自然界に生きていた蛾（が）やウンカやバッタたちは、いつ「害虫」になったか。定住型農耕の始まりとともに農作物の虫害も始まったが、特定の虫を「害虫」として捉（とら）えるのは、それが駆除すべきものとなったときだと本書は書く。江戸時代にも稲につく虫を駆除する方法はあったが、虫そのものは自然に湧（わ）いてくるもので、神事の領域だった。それが明治の近代化とともに、人間が操作すべき対象へと変わってゆくのである。

欧米でも、農業研究から応用昆虫学が生まれるのは十九世紀後半に過ぎず、ここから害虫駆除技術の発展は始まった。殖産興業を掲げる明治政府もこれを取り入れて農事試験場などの研究体制をつくり、広く民衆に害虫駆除を啓蒙（けいもう）、強制することになる。近代化とは虫が「害虫」になる歩みでもあったのだ。

虫は疫病も媒介する。戦場に感染症が蔓延（まんえん）していた十九世紀末、細菌学の発達でハエがチフス菌を運ぶことが発見されて、ハエは駆除すべき虫になった。「衛生害虫」の誕生である。大正期の日本でも、コレラを媒介するハエの駆除が国民に奨励されたが、日本では防疫より都市衛生の色彩が強かったようで、ここにも近代国家を自負した当時の姿が見え隠れしている。

またさらに、蚊やハエの媒介する病気が熱帯に多いことから生まれた熱帯医学は、もともと植民地統治のために発達し、日本でも台湾でマラリア研究が進んだ。そして戦争が、さらに虫と人間の関係を変えてゆく。

昆虫学と農芸化学が化学工業と結びつき、日本では食料増産のために毒ガスのクロルピクリンから殺虫剤コクゾールがつくられた。さらに陸軍は、青酸殺虫剤サイロームを毒ガス兵器に変えたし、ドイツでは有機リン系殺虫剤からサリンがつくられ、アメリカは戦場での蚊の駆除のために、大量のDDTを軍事転用した。戦争を通して、虫の駆除と敵の駆除が、物理的・思想的に重なり合ったのである。

これはみな、わずか一世紀ほどの間に虫と人間の間に起きたことである。本書を読むと、ハエ一匹を見る目が変わる。

評・高村薫（作家）

せとぐち・あきひさ　75年生まれ。大阪市立大学准教授（科学技術史・環境史）。

二〇〇九年九月二〇日③

『ヘヴン』

川上未映子 著
講談社・一四七〇円
ISBN9784062157728／9784062772464（講談社文庫）

文芸

答えの出ない「善悪」に直球勝負

本作における作風の変貌（へんぼう）ぶりには心底驚いた。川上未映子といえば、ごく尖鋭（せんえい）な言語感覚の持ち主だが、一方、そうした細かいデリカシーをいつか抜け出して、より広いフィールドに立つ書き手だという予感もあった。その時は予想外に早くやってきた。直球勝負の一作だ。

中1のクラスで凄（すさ）まじい暴力的いじめを受けている斜視の「僕」は、「汚い」ことを理由にいじめられている女子「コジマ」と、文通で友情を育む。2人の話し合いはやがて、いじめることの意味、それにただ耐えるのではなく意志をもって受け入れる強さ、といった存在論的な色合いをもつ。

強さ弱さとは何かという問題は、様々に論じられてきたろう。例えば、「追いこまれても屈しない者は強いのか。それは、恐怖から敵に突進し血まみれになる闘鶏は強いのかと訊（たず）ねるのに似ている」と書いたのは、あるタイの作家だ。

他方、いじめる側の男子たちは徹底したニヒリズムをまとい、善悪の概念が真っ向から否定される。

微笑（ほほえ）みをもって苦難を受け入れるコジマは、終（しま）いにユーロジヴィ（聖愚者）の様相すら呈し、「僕」が斜視の矯正手術後に目を開けると、見たことのない美しい景色が拡（ひろ）がり、新たな日々の始まる予感で作品は終わる——。

深く心打たれた。しかし本作を「いじめを乗り越える感動作」で終わらせていいだろうか？　作中でいじめのリーダー格が、小説を手品に喩（たと）えるのが暗示的だ。現実の世界でも何かのきっかけで見え方（目）が変わるだけで、そこにあるものは実は消えても変わってもいない、ということではないか。そう考えると、急に色々の意味が引っくり返り、感動のラストがとてつもないアイロニーを帯びてくる。善悪に答えは出ない。「僕」の言葉通り、「見れば見るほど本当のところはそこで何が行われているのかわからない」世界に私たちが住んでいることが判（わか）るだけだ。

なんとも空恐ろしい両義性を奥に抱えた小説である。

評・鴻巣友季子（翻訳家）

かわかみ・みえこ　76年生まれ。作家、詩人。『乳と卵』で芥川賞。

二〇〇九年九月二〇日④

『作家と戦争　城山三郎と吉村昭』

森史朗 著
新潮選書・一五七五円
ISBN9784106036446

ノンフィクション・評伝

揺るがなかった文学への信念

吉村昭と城山三郎は、共に昭和2年生まれ。出征した経験がないにもかかわらず、戦争に関係した名作を数多く世に送り出した。著者は、戦争が2人の文学に与えた影響を追究する。

吉村昭は、芥川賞に4度も落選した。その3度目は悲惨だ。吉村は、妻である作家津村節子の収入に依存しながら、筆一本の生活に入る。津村は、吉村に病気になればたちまち収入が途絶える作家という仕事の不安定さを訴えるが、「食えなくなったら又（また）それはその時のことだ」と決意を翻さない。そして芥川賞候補3度目にして出版社から受賞確実という連絡が入った。吉村は急いで身支度を整え、出版社に向かう。ところが落選。受賞会見に臨む直前で落選など有り得ないだろう。吉村の落胆は、想像するに余りある。

妻の津村が先に芥川賞受賞。「どんなお気持ちですか」と落選4回の吉村に記者は遠慮がない。ある時は自分の名前を秘して文学賞へ作品を投稿したこともある。しかしどんなに苦しくとも吉村に一貫していたのは「書きたいものを自由に書く」という作家としての闘う信念だった。この信念は「戦艦武蔵」で花開き、吉村を記録文学の先駆者へと導く。

城山三郎は「私を去り自己を無くすること」を説く軍神・杉本五郎中佐の「大義」を読み、理系学生へ与えられた「徴兵猶予」の特典を捨て、海軍に入隊する。しかし、そこは憧（あこが）れていた世界とは違い、「おそらく世界歴史にもその例が無いであろう」非人間的な社会だった。

「大義」に裏切られた城山は、作家として戦後の日本人が無くした無私の精神、すなわち「大義」を追求し続けるという信念を貫き通す。そして経済小説から始まり、新たな戦争文学の頂へと登って行く。

本書は作家と戦争にこだわって書かれているが、私はそういう読み方をしなかった。城山三郎と吉村昭という作家の文学的信念を、深く感ずるだけでいいと思った。信念を貫けば、良き理解者が必ず現れるという事実に勇気づけられたのだ。読者も同じ思いを抱くだろう。

評・江上剛（作家）

もり・しろう　41年生まれ。戦史研究家。著書に『松本清張への召集令状』など。

二〇〇九年九月二〇日⑤

『「女性をつくりかえる」という思想　中東におけるフェミニズムと近代性』

ライラ・アブー＝ルゴド 編著
後藤絵美ほか 訳
明石書店・七一四〇円
ISBN9784750330150

歴史／人文

女性の新たな「公共圏」を提唱

中東イスラーム世界における女性研究が進んでいる。イスラーム世界で女性が着用するベールについて、近代フェミニズムはそれの廃止を掲げ、イスラーム主義は着用を主張するが、現実にはそれを着用しているのは労働志向の女性がほとんどで、結局、ベールをまとう女性とまとわない女性のあいだに明確な差異はないという。おやと思わせる話である。近代とイスラームを二項対立で見るな、というのだ。

本書は複数の著者の論集ではあるが、比較的連携のとれた議論を展開している。

まず本書は、19世紀の末以来、西洋の影響下で、中東（おもにエジプト、イラン、トルコ）において展開されてきたフェミニズムの議論を、近代主義の立場から無批判に支持するのも、イスラーム主義の立場からそれを「西洋かぶれ」として糾弾するのも意味がないという。

なすべきことは、これまでの近代フェミニ

ズムやイスラーム主義による女性解放を共に反省することである。フェミニズムという「近代」は結局新たなジェンダー矛盾を生み出すだけだ。たとえば、貧しい女性を救済するはずの助産婦学校の卒業生は、結局近代社会の最下層の役割を担わされることになってしまった。あるいは、女子教育は、国家を支える男子を育てるための「近代国家に奉仕する者」に女性をおとしめてしまった。中東に広がるジャンヌ・ダルク信仰もそれにくみした。一方イスラーム主義が「伝統」として提案している概念の多くは、西洋からの輸入であった。たとえば、女性は妻や母の役割に戻れというのがそうである。

本書において、こうした「女性をつくりかえる」動きの対極として暗黙に想定されているのは、イスラームの世界における「男性世界から比較的独立した女性世界内部の結束」である。これを女性の新たな公共圏にできないかと問うのだ。

本書は、中東に限らず、他の世界にも示唆を投げかけるものを持つ。翻訳には生硬な面もあるが、若い訳者の意欲が伝わる一書である。

評・南塚信吾（法政大学教授）

Lila Abu-Lughod　米国・コロンビア大学教授。

二〇〇九年九月二〇日❻

『ユダヤ人を救った動物園』

ダイアン・アッカーマン 著　青木玲 訳

亜紀書房・二六二五円

ISBN9784750509129　文芸／ノンフィクション・評伝

自殺覚悟でナチスを欺いた勇気

ナチス支配下のポーランド・ワルシャワで、動物園の園長ヤンと妻アントニーナが多くのユダヤ人をかくまった、その実話である。

ゾウやライオンなどの大型獣はすでに処分されていた。動物園はがらがらだ。ヤンはナチスに「兵士用の豚の飼育」を提案し、閉園をまぬがれる。ドイツ軍に豚肉を供出する一方、ゲットーから知人のユダヤ人を次々に連れ出し、空いているライオン舎などに隠していく。

豚がだめになると、次は「軍服の毛皮用」でタヌキ。動物園を閉鎖することなく、ユダヤ人をかくまい続ける。救ったユダヤ人は300人に上った。

かくまったユダヤ人に、彼らは動物の名をつけた。外部の人間に聞かれても、怪しまれずにすむからだ。有名な女性彫刻家マグダレーナ・グロスは「ホシムクドリ」だった。

見つかったら銃殺だ。しかし夫妻はちっとも深刻な様子を見せない。

家の中はユダヤ人が歩き回り、ピアノを弾いたり歌ったりしている。兵士が来るとアントニーナがピアノでオッフェンバッハの喜歌劇曲を弾き、それを合図に全員が急いで戸棚や地下室に隠れる。笑いの絶えない隠れ家だ。だが実際は、夫妻はポケットに自殺用の青酸カリをしのばせているのである。

ユダヤ人を救ったシンドラーや杉原千畝らに共通しているのは、ユダヤ人を人間として見ていたことである。ヤン夫妻も同様だった。大切な友人、すぐれた医師、立派な学者、すばらしい音楽家……。ユダヤ人であるかどうかより、その方がはるかに重要だったのだ。

本書によると、ワルシャワ市民の12人に1人が、命の危険をかえりみずユダヤ人脱出に手を貸したという。なぜか。ナチスへの反感もあったろう。だがそれ以上に、ポーランド人とユダヤ人の関係が濃密だったからではないか。彼らは、そもそも初めから人間同士だったのだ。

人間を人間として見る。それは命をかける値打ちのあることなのだ。そのことの重要さが、じっくりと伝わってくる。

評・松本仁一（ジャーナリスト）

Diane Ackerman　米国在住。ノンフィクションや詩などの著書多数。

『林彪春秋』

姫田光義 著
中央大学出版部・四八三〇円
ISBN9784805741450
歴史／政治

本書は共産党史上、高い評価と厳しい批判を受けた指導者・林彪（りんぴょう）の歴史を1948年と71年に絞って再検証している。

48年は満州での激しい国共内戦の年で、その後の趨勢（すうせい）を決定づけた。この戦争は従来毛沢東と蒋介石の戦争と見なされてきたが、具体的な戦闘状況や林彪らの戦術を細かく検証し、直接の現地調査も試み、「林彪の戦争」として描き出している。

71年は毛沢東の暗殺計画「571工程紀要」実行に失敗し、国外逃亡を図り墜落死したいまだ謎に包まれた「林彪事件」の年である。核心的な資料入手が困難で推測に依拠している弱みは否定できない。が、可能な限り資料にあたり、「571」の疑問に迫ると同時に、軍事戦術家にとどまった後継者・林彪に対する毛沢東の不安、毛林のズレを巧みに利用した周恩来の主導的な役割などから、事件の全体像を描写している。

ユーモラスな「付録」も含め、単に林彪再評価の問題ではなく、国民党史を含む中国現代史像の再構成にチャレンジしている。「推測」への疑問は依然残るが、著者の「歴史家としての執念」の力作となっている。

評・天児慧（早稲田大学教授）

『日本食物史』

江原絢子、石川尚子、東四柳祥子 著
吉川弘文館・四二〇〇円
ISBN9784642080231
歴史／人文

フランスの美食家にしてモラリスト、ブリア・サヴァランが死の二カ月前に書き残した「美味礼賛」にこうある。「国民の盛衰はその食べ方いかんによる」

はて、われらアジアの島国の来し方行く末とは――。

三河の大名が江戸城に登るとき持参した弁当の中身は「焼玉子、しいたけ、ご飯」。昭和十七年、醤油（しょうゆ）の配給は、家族二十人まで一カ月あたり一人三合七勺。戦後から昭和五十一年の米飯導入まで学校給食の「パン・牛乳・副食」はアメリカの余剰小麦が基本……古代から現代まで、膨大な史料を駆使して日本の食文化が明らかにされる。

はるかな過去が、リアルな音や匂（にお）いをともなって夥（おびただ）しい日本人の声や息遣いを伝えてくる。武士の子ども向け教科書に列記された食品から中世を身近に引き寄せることができるのも、味覚という装置を使ってこそ。

日本人は何を食べてきたのか。日本人は何を食べていくのか。四万年前は採取狩猟から始まった。いま〝国民運動〟として盛り上げられる「食育」推進に落とし穴はないのか。過去の厚みが、わたしたちの現在を照らしだす。

評・平松洋子（エッセイスト）

『公平・無料・国営を貫く英国の医療改革』

武内和久、竹之下泰志 著
集英社新書・七一四円
ISBN9784087205022

『医療戦略の本質　価値を向上させる競争』

M・E・ポーター、E・O・テイスバーグ 著
山本雄士 訳
日経BP社・二九四〇円
ISBN9784822261207
医学・福祉／新書

英米の医療改革が示す展望とは

オバマ大統領が先般、政権の最大の試金石である医療改革についての議会演説を行ったことは記憶に新しい。少し前にはマイケル・ムーア監督の映画『シッコ』が米国医療の惨状を生々しく描いていたが、そこで半ば理想として対比されていたのはイギリスの医療制度であるNHS（国民保健サービス）だった。医療システムを大きく国際比較すると①税による国営医療モデル（イギリスなど）②ドイツや日本などの社会保険モデル③米国に典型的な市場型モデルに区分できるが、同じ〝アングロサクソン〟たる米国とイギリスで、医療制度ほど対照的なものは珍しいだろう。ここで取り上げる2冊は、そうした両国における医療改革の現状と方向を印象深く論じるものだ。

イギリスに関するものは、90年代後半に

〝崩壊の危機〟にあると言われたNHSが、ブレア政権のもと、2001年から10年計画で根本的な改革に着手され、評価は分かれるものの大きく再生に向かっていったプロセスと中身を明快に描いた書物である。その主眼は、まず医療への資源投入を大幅に高めた上で、強い政治主導の中で「患者中心」「地域」「公平」「医療の可視化」といった理念を柱に大胆な改革を進めていった点にある。

　他方アメリカに関するものは、経営戦略論で広く知られる著者が医療問題に切り込んだ力作である。著者によれば、医療分野では「誤ったレベルでの競争」が働いており、それを望ましいものに変えていくことが改革の本質にあるとする。そのポイントは①個別の処置や検査ではなく、予防を含めた「ケア・サイクルの全体」を評価すること②「診療の実績」に関する公表・評価と競争がなされるようにすることにある。同時に著者は「すべての人を強制的にカバーする医療保険」の必要性も提言している。

　二つの著作は対象も切り口も異なるが、診療実績の情報開示や「予防」の重視といった点において共通している。いずれも読み応えがあり、対比して読むと医療改革に関する大きな展望が浮かび上がってくる。

評・広井良典（千葉大学教授）

たけうち・かずひさ、たけのした・たかし

Michael E. Porter、Elizabeth O. Teisberg

二〇〇九年九月二七日③

『建築する動物たち　ビーバーの水上邸宅からシロアリの超高層ビルまで』

マイク・ハンセル 著　長野敬ほか 訳

青土社・二五二〇円
ISBN9784791764853

科学・生物

謎が広がる動物行動学の現在

　古代人の築いた城砦（じょうさい）を眺め、ケムシが蛹化（ようか）する際につくる繭を眺めて、外敵から身を守る構築物としての機能と構造は同じだと閃（ひらめ）く。これが動物学者である著者の眼（め）である。自然史を遡（さかのぼ）れば、人間がまだ登場していないはるか前からアリはアリ塚を築き、鳥は巣をつくり、クモは糸を紡ぎ続けてきた。建築する動物としての人間はほんの新参者に過ぎない、と著者は言う。

　脊椎（せきつい）動物ではおもに鳥と齧歯（げっし）類と人間、無脊椎動物ではそれよりはるかに多くのものが建築をする。単細胞のアメーバですら殻をつくるものがいる。さてしかし、たとえばクモの全中枢神経の容積は、最大でも人間の五百万分の一しかない。そんな昆虫がどうやって精巧な糸を紡ぐのだろうか。体長数ミリのシロアリが、どうやって高さ数メートルにもなる巨大都市のような塚を築くのだろうか。

　結論から言えば、彼らの建築には大きな脳も、特別な身体機能も必要ない。捕食のための口や歩行のための脚を使い、もともと種に備わっている遺伝子に従って、標準化された材料を選び、運んだり積んだりの単純な動作を反復するだけだという。一例をあげれば、アリはある程度の空間認識ができ、女王アリのフェロモンのような化学信号を受け取ることもするが、彼らの行動を決定するのは基本的には巣自体の勾配（こうばい）や壁などの情報であって、それらを刺激として受け取り、反応し、行動する。その連鎖だけで、設計者も責任者もいない数百万匹の集団が、用途別の部屋と通路と換気システムまで備えた巨大な構築物をつくってしまうのである。

　もちろん、そうした行動に寄与している遺伝的形質も、当然メンデルの法則に従い、環境による自然選択の法則に従って進化や変異をする。現に、一対の女王とオスから生まれた働きバチたちの遺伝子はみな組み合わせが異なるが、彼らの巣の構造は、個々のランダムな建築行動が一定の形状に収斂（しゅうれん）するようなアルゴリズムをもつらしい。

　観察と実験の先に、次々に謎が広がってゆく動物行動学の現在を概観できる読み物である。

評・高村薫（作家）

Mike Hansell　英スコットランドのグラスゴー大学名誉教授。

『パラダイスの乞食たち』

アーヴィング・ステットナー 著
本田康典ほか 訳
水声社・二六二五円
ISBN9784891767341
文芸

芸術と生活体験の歯がゆい不一致

ヘンリー・ミラーの「北回帰線」に影響を受けた米ブルックリン生まれのアーヴィング・ステットナーはミラーがしたようにパリに渡って創造的人間を目指し、作家を夢み、芸術のための人生を実践しようと試みる。

だったら僕も彼と並走するために「北回帰線」を読むことにした。著者ステットナーの実践的ライフスタイルとは自らを窮地に追い込み、ホテルを転々としながら汚物と精液の匂（におい）いのする貧困生活の中で次から次へと女を換え、生活破綻（はたん）者たらんと芸術人生を演じ続けること。

そんな彼はパリを恋人のように愛し、「この世で一番の幸せ者」と豪語しながら、街頭で似顔絵を描く乞食（こじき）生活も厭（いと）わない。ミラーと同化しながら、ミラーの〈生活と意見〉を主題にした彼は自身の「北回帰線」、本書を書こうとする。

彼はこの一冊を書くためにパリで常軌を逸した12年間の人生を送る。だけど彼の人生と芸術はなぜか乖離（かいり）しているように思えてならないのだ。彼の外的現実は芸術家にとってこれ以上望むべくもない、ほぼ完璧（かんぺき）な創造的条件に満たされている。にもかかわらずそれは、彼の内的現実と全く反射し合わない。

著者のギリシャ人の友人コスタは「お前は芸術家の意味さえわかっちゃいない」とこっぴどく批判する。つまり実生活の体験が芸術に反映していないと言っているのである。

本書を読んで歯がゆくなるのはそこだ。つまり芸術という悪魔に取り付かれていない著者にいらつくのである。確かに文章はうまく、ミラーが絶賛するように詩人の才能かもしれない。だが、それとこれは別だ。

著者の作家になるという夢が先行し、執着となって魂が解き放たれていないように感じる。その点、ミラーは自分が芸術家であるという考えも捨て、「文学と名のつくものはなにもかもぼくから抜けさってしまった」（「北回帰線」）と言い切る。

著者は「謙虚さ、忍耐力、畏敬（いけい）の念、粘り強さ、犠牲を払うこころがまえが欠如していた」と芸術家の資質の欠陥をすでに自ら吐露していたのである。

評・横尾忠則（美術家）

Irving Stettner　22年米国生まれ。水彩画家、編集者、詩人。04年没。

『絞首刑』

青木理 著
講談社・一六八〇円
ISBN9784062155519／9784062774079（講談社文庫）
社会／ノンフィクション・評伝

死刑めぐる情と理　迫る重い光景

部屋の広さは15畳ほど。足元の床は約1メートル四方だけカーペットが切り取られ、周囲が赤く縁取られている。ボタンを押すと激しい音をたててその床が開き、ロープを首にかけられたまま、体が落ちる。床下の部屋は4メートルほどの高さ。落下した体の足先から床までの距離は約30センチになるよう、事前にロープの長さが調整されているのだという。

青木理さんは、本書を死刑執行時の克明な描写から書き起こした。死刑とは絞首刑。その光景を見つめることからすべては始まるのだ、と読者に訴える。

描かれるのは目に見える光景だけではない。いや、むしろ本書のキモは、死刑をめぐるさまざまな立場の人々の心象風景にあると言っていいだろう。

心を通わせ合った死刑囚と被害者の遺族、刑を受け容（い）れる代わりに反省の心を捨てたとうそぶく死刑囚、職務として死刑に関（かか）わらざるをえない人々、そして死刑判決を受けた3人の元・少年たちの心境の変化……。

死刑をめぐる幾通りもの「情」のありようが、ノンフィクションとしての節度を保ちつつ、心理のひだに分け入るような筆致で描かれる。その一方で、死刑を執行する側の論理やDNA鑑定のずさんさへの目配りといった「理」も著者は忘れず、死刑囚の人数から殺人事件の件数に至る数字を示すことで本書を締めくくる。だからこそ、「情」がいたずらに浮き上がることも「理」が独り歩きすることもなく、罪の裁きとしての極にある死刑が、制度や観念を超え、重いリアリティーをもって迫ってくる。そこに、本書が『絞首刑』と冠せられた最大の理由と意義がある。

青木さんは、死刑の存置／廃止の結論へと先走ることを自ら厳しく戒めている。とにかく知ること。そのために徹底して取材し、徹底して描くこと。死刑論議の論客を目指すのではなく、より真実に近づこうとするノンフィクション作家の矜持（きょうじ）を本書は教えてくれるし、それこそがいま死刑を考える際に最も必要な姿勢ではないか、とも静かに問いかけるのだ。

評・重松清（作家）

あおき・おさむ 66年生まれ。ジャーナリスト。『日本の公安警察』など。

二〇〇九年九月二七日⑥

『七十五度目の長崎行き』

吉村昭 著

河出書房新社・一六八〇円
ISBN9784309019277／9784309411965（河出文庫） 文芸

〝目的のある旅〟の香り高い余韻

吉村昭さんの小説を読んでいると、私はストーリーの隅々まで満たされた「事実」の濃度に、圧倒されるような気持ちになるのです。史実を題材とした小説の数々は、緻密（ちみつ）な取材の結果、生み出されていたのであり、事実をていねいに集めるために、吉村さんは日本の各地を訪れていらした。

今まで単行本に収録されていなかった紀行エッセイを集めた本書には、取材のための旅から東京下町散歩までが、収められています。吉村さんは旅をする機会がとても多いかただったわけですが、本書を読んでいると、〝旅巧者〟にありがちな、自らの旅を誇るような意識が全く無いことに気付くのです。

吉村さんにとっての旅とは、普通の意味での旅とは違う行為だったのかもしれません。心にひっかかる史実があった時、そのことについて調べずにはいられないからこそ思わず行ってしまう移動、それが吉村さんにとっての「旅」だったのではないか。さらに吉村さんにとって旅をすることは、空間を移動するだけでなく、過去へと移動することでもあったのではないかと、思えてくるのです。

何か一つの目的を持って旅をした時、その目的が明確であればあるほど、観光旅行では出会うことのない人や出来事と出会うことになります。吉村さんのそんな旅の精華は小説として読者に供され、小説という清酒ができた後の、香り高い酒粕（さけかす）のようなエッセイが、本書。

最後に収められたエッセイの、一番終わりの文章は、「私は、いい旅をしたという思いで元北浜村本郷を後にした」というものです。旅のエッセイはえてして技巧が凝らされがちですが、このあまりに素直な終わり方は、かえって多くの余韻を残します。

このような終わり方ができるのは、吉村さんが旅を旅と思わず、目的にのみひたすら向かっていたからではないでしょうか。そして読者は、まるで自分も「いい旅をした」ような読後感をもって、この本を閉じるのであり、そこに残るものは、豊かな旅の香りなのです。

評・酒井順子（エッセイスト）

よしむら・あきら 1927～2006年。作家。『戦艦武蔵』『天狗争乱』など。

『1968　上・下』

小熊英二著　新曜社・各七一四〇円

ISBN9784788511637〈上〉・9784788511644〈下〉

歴史／政治／経済

叛乱の総体を描き「転換の原点」問う

全国の大学を席巻した学生の叛乱（はんらん）は何だったのか、そして何を残したのか。一世代下の著者があの叛乱を真剣に問うている。そしてそれを一過性の現象ではなく総体として描こうと全力で取り組んでいる。評者は団塊世代で原点は1968年にある。しかしこれまでほとんどそれを語らなかった、語れなかった。理由の一つは、閉じた目に浮かぶ全共闘運動の〝原風景〟と、成田三里塚、新宿騒乱、安田講堂、よど号ハイジャック、連合赤軍などと続くメディアによって象徴化されていく事件、いわゆる「全共闘運動」との違和感が大きく、またそれをよしとする「全共闘ナルシスト」への不快感があったからである。

しかし「語れない」もう一つの理由は、本書でも触れているが、あの運動は言葉も思想も行動もほとんど中途半端であり、結局はばらばらに私化し内面化してしまったからである。告発していたはずの社会に少なくとも表面的には無抵抗に埋没してしまった。ある番組で田原総一朗が「団塊世代の無責任さがその後の日本をダメにしたんだ！」と批判していた。それは多分「運動の中途半端さ」にかかわってくる。上と下の世代から挟まれ、われわれは、〝あの時代〟にもう一度向き合わざるを得ない。

本書は、膨大な資料を収集し、戦後の左翼運動史から早慶、日大、東大など各大学闘争、高校闘争、べ平連、リブなどほぼすべての運動を丹念に再現し、同時に様々な活動家たちの内面に入り込んでいる。評者の原風景の中心には、一般学生、教師も含めた人々の、それ以前も、以後にも経験しなかった自己、大学、社会を根元から問う異様な熱気があった。著者風にいえば「加害者であり被害者である自己」のもがき、生のリアリティーを欠く「現代的不幸」を背負う若者の異議申し立てがあった。上巻の表紙の写真は評者と同じ大学の後輩ノンポリ学生。あどけなさを残す「ヘルメットの女の子」の参加が叛乱のある側面を象徴している。著者は、戦後民主主義に育てられ、その欺瞞（ぎまん）に憤り、高度成長が生み出す物質的な欲望充足に奔走する「大人社会」への反感、あるいは発展途上国としての幼少期と先進国としての青年期を生きた団塊世代のギャップこそが叛乱の「原動力」だと指摘する。

しかし全共闘運動がなぜ党派を超え巨大なうねりになったのか。そこにはある種の「感性の共有」があった。評者も含め多くの無党派、一般学生は党派にかかわることを躊躇（ためら）った。しかし『青春の墓標』で自殺に至るまでの闘いと人間としての苦悩を綴（つづ）った活動家・奥浩平や羽田闘争で轢死（れきし）した京大生・山崎博昭の生きざまは多くの共感を引き起こしたと著者は語る。悲惨な「死」の選択を余儀なくされた活動家の数は少なくない。だが結局「死」を選択しなかった者は、「沈黙」を選択せざるをえない。時代の流れに合わせ「沈黙」を続けることは、感性の摩耗と背中合わせになる。摩耗してもしなくても、中途半端な生きざまに映る。その意味で田原の批判は当たっている。

あれから40年が過ぎた。あの運動が何を生みだしたのか。著者はその後、団塊世代が「大衆消費文化の作り手として活躍している」ことに触れている。しかし全体としてどう見たらいいのか。本書では最後に、「私には何もないの」という序文の少女の言葉に戻っているが、今日ようやく見え始めてきた部分もある。あの時、大学を捨て今なお借金に追われながら有機による「興農」を続けている人たちがいる。安田講堂、早大学館に立てこもり数々の逮捕歴を持つ親友は、地方の精神科病院に勤め医療事務の改革に後の歳月を費やした。ある仲間は人間をはぐくむ教育を求め私塾を続けている。「アジア」にこだわってきた評者の源もまたあの日々にある。農業、医療、教育、アジアなど今日、成長主義、欧米主義のパラダイム転換が真剣に問われている。別の視点から見直すなら〝1968年〟はある意味でその「転換の原点」になるのかもしれない。著者の「時代をつかむ感性」に敬服しながら、改めてそう思ったのは評者の読み過ぎだろうか。

評・天児慧（早稲田大学教授）

おぐま・えいじ　62年生まれ。慶応大学教員。著書に『インド日記』『〈民主〉と〈愛国〉』『〈癒し〉のナショナリズム』『市民と武装』『日本という国』、共編書に『在日一世の記憶』など。

『牛を屠（ほふ）る』

佐川光晴 著
解放出版社・一五七五円
ISBN9784759267242／9784575714173（双葉文庫）
文芸／ノンフィクション・評伝

「働くよろこび」語る克明な記述

モンゴルの草原で移動式住宅のゲルに泊まっていたとき、家長のじいさんが小動物の獲物を一匹ぶら下げて帰ってきた。

見ていると、腰に下げたナイフを操ってつるりと皮を剥（む）き、ぶつ切りにして焼いてくれた。歯茎に沁（し）みる濃い肉の味。あのおいしさは今も忘れられない。

『牛を屠る』。描かれるのは、生活の糧を得るために市営屠場（とじょう）で働いた十年の日々だ。いきなり初日に怒鳴られる。「おめえみたいなヤツの来るところじゃねえ」。しかし、ここは日に百五十頭の牛と五百頭の豚を解体し、枝肉にしあげる過酷な作業場なのだ。牛の眉間（みけん）をハンマーで叩（たた）く、ナイフで喉（のど）を刺し頸動脈（けいどうみゃく）を切る、「面皮剥（めんかわむ）き」「足取り」「腹出し」……死にものぐるいで腕を上げるほかない。

いつでも辞めることはできたし、迷いもした。それを押しとどめたのは「働くよろこび」だ。切れ味のいいナイフの研ぎかた。スピーディーで正確な動き。皮や肉を傷つけず剥く高度な技術……屠る仕事には、おいそれとは到達できない高みがあった。働く価値を支えたのは、危険を分かち合う仲間との連帯感。

わたしは、ひとりの男の成長記として読んだ。肉体を駆使して労働をよろこびに換え、自負を獲得しながら一人前に育ってゆく二十代の歳月。隣り合わせの偏見や差別は、逆に仕事の意味を際立たせ、社会で生きる手ごたえを与えたにちがいない。

自分の経験に価値を見いだす克明な記述を追いつつ、わたしも発見した——屠ることは、食べるための肉に生かすこと。

いのちを食べる。にんげんのおこないの一部は、これまで屠るひと自身によって語られてこず、屠場の気配さえ囲い覆ってきた。その現実こそ、わたしたちの社会の脆弱（ぜいじゃく）さを示してはいないか。

モンゴルのじいさんが言っていた。孫が十五になったら羊の屠りかたを教えてやるんだ。それはナイフを握った手ごと体内に差し入れて大動脈を切り、土を血で汚さず解体する生活技術だ。赤い頬（ほお）をして馬を追っていたあの子。彼はいま堂々たる手つきで羊を屠っているだろう。

評・平松洋子（エッセイスト）

さがわ・みつはる　65年生まれ。『縮んだ愛』で野間文芸新人賞。『銀色の翼』など。

『匂（にお）いの人類学　鼻は知っている』

エイヴリー・ギルバート 著
勅使河原まゆみ 訳
ランダムハウス講談社・二一〇〇円
ISBN9784270005132
人文／科学・生物

料理からサブリミナルまで網羅

五感の中でも嗅覚（きゅうかく）はとくに謎めいた感じがする。古くからミステリー作家の想像力を刺激してやまないが、ではどこから勉強を始めればいいのかよくわからない。本書は嗅覚について知る最初の一冊として最適だろう。なにしろ嗅覚専門の認知科学者である著者は冒頭から周到な文献調査をもとに、巧みな文章で通説・俗説を斬（き）り捨ててゆく。「人は一万種の匂いを嗅（か）ぎ分けられる」？「ヘレン・ケラーは鼻が敏感だった」？私たちが考える嗅覚の神秘の大部分は、通説に縛られてまともに匂いと向き合わなかった私たち自身の怠慢さに原因があるのだ。しかしそれらを拭（ぬぐ）い去れば、本当の嗅覚の面白さが見えてくる。

料理と匂いの関係から匂いのサブリミナル効果まで、海外の科学書の例に漏れず本書も嗅覚に関するほとんどすべての文化をまるごと扱う。ワイングラスのかたちは嗅覚よりむしろ視覚に訴えるものだとか、母親は自分の子のうんちをよその子のよりいい匂いと感じるとか、興味深い話が満載だが、本書最大の特徴はシニカルでフェアな著者の視点だろう。こんな面白い実験がありますよと紹介するだけでなく、世の中には時間の有り余った感覚心理学者もいるものだと一言添える。ふつうの科学書ならマドレーヌの匂いをもとに大長編を仕立てた作家の感性を褒めそやすだろうが、この著者はプルーストの小説に実は嗅覚や味覚の描写が少なく、もっぱら視覚描写であることを指摘し、しかも嗅覚記憶の科学はいまなお途上だとしてプルーストの持ち上げすぎに釘（くぎ）を刺す。ミステリー読者に評価の高いジュースキントの長編『香水』もたいしたことはないと手厳しい。だが好もしいのはきちんとその理由を示していることだ。実際の匂いを発散させたものの大失敗した舞台劇に関（かか）わった苦い経験も包み隠さず述べている。

なかでもかつて匂いつき映画を普及させようとした興行者ラウベの挑戦と挫折を描き切った一章はペーソスに溢（あふ）れ、それ自体が上質の映画のようだ。ポップだがしっかりと論拠を持ち、筆も立つ、いい読み物である。

評・瀬名秀明（作家）

Avery Gilbert　米国の認知科学者。

二〇〇九年一〇月四日⑤

『古式野球　大リーグへの反論』

佐山和夫 著

彩流社・一九九五円
ISBN9784779114410

人文／ノンフィクション・評伝

勝敗より歴史を楽しむ本来の魅力

ますます国際化しつつある野球。しかしアメリカでは最近逆の動きも見られる。初期の野球に戻ることを目指して、「ヴィンテージ・ベースボール」（古式野球）が流行しつつあるのだ。32州に223のチームがある。19世紀のチームを再現して古いルールのままに対戦する。勝敗よりも楽しむもの、特に歴史を楽しむものとされる。ユニホームも、観客の女性の服装も、そして音楽も、すべて「古き良き時代」のもの。「ラフゲームよりフェアゲームを」がスローガンであり、「唾（つば）を吐くな」「悪態をつくな」などの注意書きが球場入り口に大書されている。審判への抗議ややじなどはすべて禁止。礼節、相手への敬意、紳士的なやり方が何より重視されている。審判を呼ぶ時は「サー」の尊称をつけねばならない。

著者によれば、古式野球は、そしてそれが人気を集めている理由も、あまりにビジネスに傾斜し、薬物汚染が蔓延（まんえん）した大リーグに対する反動である。

古式野球のコミッショナーを務めるのが、ジム・バウトンである。ヤンキース時代にはシーズン21勝をあげたこともある。マサチューセッツ州ピッツフィールドの古い球場を本拠地としていた球団オーナーが、移転の脅しをかけながら、市に対して新球場への建て替えを要求したのに対して、バウトンは球場の保存運動を始めたが、やがて市の古い記録から、1791年にはすでに当地で野球が行われていたことがわかった。これは最古の野球の記録である。古いものを守れという運動には当然拍車がかかった。

本書を読むと、日本の野球も本来の良さを失いつつあるのではないかと感じられてくる（ちなみに、日本にも古式野球のチームはある）。野球の歴史と本来のおもしろさ、そしてそれを育んできたアメリカを知るのに絶好の本である。私はかつて同じ著者の『59歳のドジャーズ・キャンプ体験記』を読んで感銘を受けた。今回も著者は体験や聞き取り調査に基づいて、幅広い視野でアメリカの野球と文化と歴史を語ってくれた。

評・久保文明（東京大学教授）

さやま・かずお　36年生まれ。作家、アメリカ野球学会員。『大リーグが危ない』など。

二〇〇九年一〇月四日❻

『サイバービア　電脳郊外が"あなた"を変える』

ジェイムス・ハーキン 著　吉田晋治 訳

NHK出版・一六八〇円
ISBN9784140813850

IT・コンピューター／社会

思考回路をも変えた情報化の大波

軍事とヒッピー。水と油のはずの二つが化学反応してネット時代に火をつけた。これぞ米国のダイナミズムか。そんな裏面史にも踏み込んで、情報社会の底知れなさを見せつける。

書名は「郊外」を指すサバービアのもじり。「電脳郊外」と訳される。「電子情報の連続したループ」にはまった人々の、もう一つの生活空間だ。

源流は、第2次大戦の軍事研究から生まれたサイバネティックスだという。対空砲の射手と敵機の操縦士を一つながりにとらえ、一方が相手に影響し、それがまたはね返るフィードバックのループを考える。「『情報ループ』という言葉が機械だけでなく人間にも当てはまる」という提案だった。

この流れは60年代末、対抗文化に結びつく。接点は、ヒッピーが愛読した「全地球カタログ」だ。お役立ち情報などがやりとりされたので、今日の電子的なソーシャルネットワークの「試作品」とみなせるという。

事実、その刊行の中心人物は「世界のあらゆるものが他のあらゆるものと結びつけられていることを示す方法」を求め、後にシリコンバレーに近い湾岸地域で先駆的なコンピューターネットづくりに乗り出した。

ヒッピーにはテクノ志向の一面もあり、その系統の関心事が薬物であり、電脳だったという読み解きは意表を突く。

後半では、情報ループの大波が人々の思考回路を激変させた様子が浮かび上がる。

たとえば、最近の映画では時間が前後する筋書きが目立つ。監督の一人は、観客のことを「四十年前と比べると、切り刻まれた物語を理解する能力は段違い」と評したという。どうやら、私たちの頭脳は時系列の支配から抜け出したらしい。

公開書き込み小説で支離滅裂な作品ができあがった例を引き、書き手の多くは「前に書かれた内容を読んでもいなかった」という話もおもしろい。忙しくて、他人のことなどかまっていられないということか。

締めの言葉にあるように、いったんパソコンをとめて「深呼吸」すべきときかもしれない。

評・尾関章（本社論説副主幹）

James Harkin　北アイルランド出身のジャーナリスト。

二〇〇九年一〇月四日❼

『振仮名の歴史』

今野真二 著

集英社新書・七三五円
ISBN9784087205015

人文／新書

振り仮名は読めない漢字のためのもの、こんな漢字は読めるぞと思う自分を反省する——本書を読み始めてすぐの感想だ。

サザンオールスターズのCDの歌詞で、「合図」には「サイン」、「瞬間」には「とき」、「あるがままに」には「let it be」と、振り仮名が付けてあるという。「let it be」は歌われることなく、ある歌手へのリスペクトをフレーズで示す「表現としての振仮名」として機能する。「サイン」や「とき」も読み補助ではなく、漢字を媒介にした詩的世界の広がりのためにある。

古代の漢文訓読の補助に始まる振り仮名は、古代・中世の辞書編纂（へんさん）で普及する。「蹂躙」には音の「ジウリン」と和語の「フミニジル」が振られ、漢字を媒介に「フミニジル」と「ジウリン」という和漢の概念が結びつけられる。表現としての振り仮名の発生である。

振り仮名は近世の読本（よみほん）、明治の新聞・小説を経て現代漫画に至るまで様々に用いられ、漢字仮名併用という、日本語がユニークな言語体系であることを支える一要因となる。本書は表現の豊かさを実現する振り仮名の機能と歴史を明快に伝える。

評・石上英一（東京大学教授）

二〇〇九年一〇月四日⑧

『水神　上・下』

帚木蓬生 著

新潮社・各一五七五円
ISBN9784103314172〈上〉・9784103314189〈下〉／9784101288222（新潮文庫〈上〉）・9784101288239（〈下〉）　文芸

九州の筑後川沿い、江南原の村々は豊かな水流の恩恵を受けることができず、長く貧しさに苦しんでいた。灌漑（かんがい）のためには川に桶（おけ）を投げ、それにたまった水を田に流す打桶（うちおけ）を行う。毎日休むことなく続けねばならない過酷な仕事。打桶は村の貧しさ、厳しさの象徴だった。

村人を救おうと江南原五カ村の庄屋たちが身代と命を賭けて筑後川に堰（せき）を設け、溝渠（こうきょ）を掘ることを決意した。失敗すれば磔（はりつけ）、死罪。「工事は、江南原の百姓にとっての天下分け目の合戦と思わにゃいかん。敵は筑後川の水」と庄屋が村人に声をはり上げる。工事は成功するのか。犠牲者は出ないのか。

人を動かし、事業を遂行するのは熱い志と信頼であると思い知らされ、感涙の上下巻一気読み。作中、重要な役割を担う老武士が「国の礎はなんといっても百姓でございます。百姓が草臥（くたび）れておれば、やがて国は滅びます」と遺書を残す。百姓というのは農民の他に人民の意味もある。彼がどういう局面で、かつ思いでこれを書いたか、それを知るだけでも読む価値がある。特に「公」にかかわる人が読むべき小説だ。　評・江上剛（作家）

二〇〇九年一〇月一一日①

『グーテンベルクからグーグルへ　文学テキストのデジタル化と編集文献学』

ピーター・シリングスバーグ 著
明星聖子、大久保譲、神崎正英 訳

慶応義塾大学出版会・三三六〇円
ISBN9784766416718　文芸／人文／IT・コンピューター

電子本の登場が人文学を変える

500年前にグーテンベルクの活版印刷が世に出て、本の世界は劇的に変わった。それまでの手書きの写本は、多量の部数を発行できる印刷本に取って代わられた。それと同じくらいの巨大な変化が今起きつつある。

新しい書物の形態を「電子本」と呼ぶならば、それとの比較でこれまでの本は「印刷本」と呼ばれるようになるであろう、と著者は言う。電子本の登場は、文献を扱う人文学を根底から変えつつある。

著者は近代英文学、特にビクトリア朝文学の専門家として、19世紀の小説のテキストを批判的に考証してきた。その成果を紙に印刷された本の形で出版する場合、どうしても限界が生じる。

作家の手稿や、初版・再版、ペーパーバック版などの種々の版、同時代的な資料などから、学問的に厳密な考察をおこなっても、そのすべてを書物に入れることはできない。それに対して、デジタル化され、インターネットで読む「本」ならば、いくらでもテキストや資料を収録し、相互参照することができる。

早くも70年代から文学テキストのコンピュータ化に取り組んできた著者は、インターネット時代に入って、そのようなデータベースとしての電子本を提唱している。

副題にある「編集文献学」とは欧米で発達した学問で、テキストを比較・考証し、作品の意味づけをおこなう。特に著者は、作品の著者と読者のみならず、その途中にある印刷・編集の工程をも含めて「書記行為」と呼んで、著述と読書にまつわる興味深い議論を展開している。

学問的な考証と編集ですら「介入」であり、解釈行為であるという主張は明晰（めいせき）でわかりやすい。それによれば、もはやテキストの「標準版」を作ろうとする時代ではない。だからこそ、刊行日とモノとしての形態に縛られている印刷本ではなく、限りなく更新できる電子本がよい、というのである。

ちなみに、編集文献学者による折衷的な判断をよしとする英米の態度は、著者の手稿が存在しないシェークスピア以来の伝統を反映している。それに対して、自作の出版に深く関与したゲーテを源流とするドイツでは、より権威を持つ編集を志向するという。ドイツの植字工の方が几帳面（きちょうめん）だったであろうという指摘も含めて、両者の比較が面白い。

デジタル時代を象徴するグーグルでは、瞬時に目的のテキストにたどり着ける。しかし、その検索ランキングは人気順にすぎないし、情報の99・9%は学問的に信頼がおけない、と著者は言う。学術版編集による質の高いテキストの供給を、自分たちの責務とするゆえんである。

現在のところ電子書籍の多くは印刷本のデジタル化にすぎないが、電子本が「本」の主流となる日は意外に近いかもしれない。人文系の学問と知の体系が、著者のように前向きにこの変化に対応するためには、課題は複雑で考えるべきことは多い。

評・小杉泰（京都大学教授）

Peter Shillingsburg 米国ロヨラ大学教授（英文学）。03年から08年まで英国ド・モンフォール大学教授を務めた。学術版W・M・サッカレー全集編集責任者。

二〇〇九年一〇月一一日②

『女中譚（じょちゅうたん）』

中島京子 著

朝日新聞出版・一四七〇円
ISBN9784022506276／9784022646989（朝日文庫）文芸

本歌取り連作 語り手替われば

オフィーリアは恋人役なのにハムレットの10分の1ぐらいしか台詞（せりふ）がないそうだが、名作の中には「喋（しゃべ）らせてみたい沈黙（寡黙）の人物」というのが時々いる。中島京子は目の付け所が抜群で、これまで田山花袋の『蒲団（ふとん）』を妻の視点で語り直したりしてきた。本歌取りの名人が本連作集で下敷きにするのは、「女中小説」だ。メイド喫茶の常連である元女中の老女が、店の若いメイドに昔話をする。

文学において女中といえば、ホームズの探偵小説で立ち聞きをするとか、「小間使の日記」のように少々倒錯趣味があるとか、一筋縄ではいかない役どころも多いが、昭和モダンの日本には、（一見）ひたすら健気（けなげ）で清い女中物語があった。男への手紙で構成される林芙美子の「女中の手紙」では、女中が散々貢がされたあげく売られていく。吉屋信子の「たまの話」は、ドイツ人妻のいる医師家に奉公した「たま」がお嬢様にどんなに苛（いじ）められてもやはり慕い続ける、というお話。一方、永井荷風の「女中のはなし」のように、ダンサー志望の一風変わった女中が素描される作もある。

耐え抜く女の純粋さは、今読むと不可解かもしれない。しかし中島京子はどんなに健気で清いお話にも、小説の毒が入りこむ小さな穴があるのを見逃さない。読者が感じるだろう「疑問」を絶妙にすくいとり、舞台裏への想像を羽ばたかせる。語り手を替えてみれば、千代に来る手紙は実は代筆であり、とはいえ彼女も腹に一物ないでもないよう（「ヒモの手紙」）だし、たまと奉公家の意外な係（かか）わりが覗（のぞ）いたり（「すみの話」）、女を騙（だま）した男のその後が仄（ほの）めかされたり（「文士のはなし」）する。元作品をチラチラッと引用し、本歌を透かし見せる趣向も面白い。

各編の背景には、戦争へと傾いていく不穏な空気が漂う。老女の語りはしたたかで軽妙であり、メイド喫茶はファンシーで平和そのものだが……。もし老女の話を聞いたメイドが将来「女中譚」を語り直すとしたら、どんな秋葉原の日常と事件が背景に織りこまれることになるだろう？

評・鴻巣友季子（翻訳家）

なかじま・きょうこ 64年生まれ。作家。著作に『FUTON』『イトウの恋』ほか。

二〇〇九年一〇月一一日❸

『格差・秩序不安と教育』

広田照幸 著

世織書房・三七八〇円
ISBN9784902163445

教育／人文／社会

未来を構想できる市民の育成を

1990年代以降、教育政策が迷走を繰り返して日本的教育システムが崩れたことに多くの人々は気づいている。けれども、変化の断片をつなぎあわせて変化の底流を明快に描いた著作は少ない。20編以上の硬軟多様な論考からなる本書は、この大主題に一貫して取り組んだ力作である。分析対象は現代だが、教育の歴史社会学を本業とする著者の歴史眼を随所に感じる。

70年代までの保守対革新という二極対立時代以後、教育政治は複雑化して非常にわかりにくくなった。それを著者は三極対立図式を軸にわかりやすく説明する。三極モデルを構成するのは、①規制による質保障を志向し日本型教育モデルを維持しようとする族議員・文科省②市場原理による質保障を志向した新自由主義的改革派③現場の自律性を重視する政治的リベラル・社民勢力の三者。90年代には新自由主義的な改革論者が、保守グループを押しのけヘゲモニー（覇権）を握る。文科省はいろいろな部分で負け、規制改革グループが主張する競争と評価などを重視する改革案が実行に移された。そしていま、「小さな政府」路線による行財政改革に大転換が生じ、新自由主義者は政治の主舞台から退場しつつある。

教育はどこへ行くのか。新政権にマニフェストは存在するけれども、目指すべき社会像を伴った将来ビジョンが明確なわけではない。根拠なき新自由主義が歴史の必然ではなく選択の結果であったとすれば、私たちは別の未来の可能性を構想することができるはずだと著者は説く。そのとき、不透明な未来社会においてきちんとした政治的判断を下せる市民を育てていくところに教育と教育学の使命があると著者は主張する。

50年代以降教育学の主流研究者たちは野党的な政治的ポジションに隔離されてきた。それは、制度構築や政策提言につながるような、実証的分析能力を教育学が持つことを妨げた。こう分析する本書は、教育学自省の、そして希望の書でもある。政権交代は、著者の表舞台での出番を増やすだろう。オピニオンリーダーの登場である。

評・耳塚寛明（お茶の水女子大学副学長）

ひろた・てるゆき　59年生まれ。日本大学教授。『陸軍将校の教育社会史』など。

二〇〇九年一〇月一一日❹

『ピアノ・ノート　演奏家と聴き手のために』

チャールズ・ローゼン 著　朝倉和子 訳

みすず書房・三三六〇円
ISBN9784622074892

アート・ファッション・芸能

「音色」なぜ違う？　疑問が氷解

いまピアノを習っていたり、趣味で弾いたり、あるいは自分では弾かなくともピアノ音楽に関心を持つ人は、とにかく一度は本書を繙（ひもと）くべきだ。十九世紀から二十世紀、いわゆる西洋クラシック音楽の世界に君臨し続けてきたピアノという楽器と、その演奏をめぐる諸問題が、自身第一級のピアノ演奏家である著者の経験を軸に、ベートーベン、シューマンをはじめ多くの作曲家や、シュナーベル、ルービンシュタインといった名ピアニストの、興味深いエピソードとともに語られていく。

読んで愉（たの）しいタッチは軽妙だけれど、ときに楽譜を図示して論じられる内容の響きは深い。これは著者ローゼンが、音楽一般への高度な知識と、音楽にとどまらぬ広汎な教養の持ち主だからで、「訳者あとがき」で紹介されている、「音楽について物を書く人間で、ローゼンのような才能をもつ者は他にいない」というエドワード・サイードの評言も頷（うなず）ける。

本書を読んで、自分はいろいろと疑問が氷

解した。たとえば、同じピアノを二人の演奏家が弾いて「音色」が違うのはなぜなのか？　ホロビッツと猫が同じピアノの同じ鍵盤を一音だけ押したとき、そこに「音色」の違いはあるのか？　グレン・グールドはあんな低い椅子（いす）に座って何か支障はないのか？　ピアニストはコンサートで観客から鼓舞されることはあるのか？

　レコーディングの際、あとからテープを切り貼（ば）りして修正することに、演奏家は忸怩（じくじ）たる思いを抱くのか？　等々の疑問である。

　新たな思索に導かれることも多くあった。一つだけあげるなら、西洋音楽の合理化の最大の推進力であったピアノの時代が、二十一世紀のいま黄昏（たそがれ）を迎えているのだとして、そのことの意味は何か？　といった問いである。そうして、本書を読み終えた評者は、なにはさておき、日本では演奏があまり知られていないローゼンのピアノが聴きたくなった。と思ったら、巻末にはちゃんと解説とディスコグラフィーがついていた。これも嬉（うれ）しい。

評・奥泉光（作家・近畿大学教授）

Charles Rosen　27年生まれ。ピアニスト、音楽批評家。

二〇〇九年一〇月一一日⑤

『安心社会を創（つく）る　ラテン・アメリカ市民社会の挑戦に学ぶ』

篠田武司、宇佐見耕一　編

新評論・二七三〇円
ISBN9784794807755

経済／社会

新たな貧困に立ち向かう住民組織

　ラテンアメリカでは、驚くほど多くの住民組織の運動が多様なイニシアチブを発揮して、「新自由主義」のもたらす「新たな貧困」に立ち向かっている。1980年代からの「新自由主義」による市場原理の追求は、マクロ経済の成長など一定の成果を上げたが、地球的規模で社会的不平等と新たな貧困を作りだした。なかでもラテンアメリカは「新自由主義」の影響を最も早期に受けてきた。その影響の中でも、本書は、人間らしい生活を実現・享受する機会を剥奪（はくだつ）されている状態を「新たな貧困」として重視している。

　1990年代から、これを克服しようという市民の運動が起きた。それは、「地域コミュニティー」を基盤とし、それに支えられながら人々が自らの人生を編成し、社会に平等に参加し、さまざまな機会を得ることのできる社会」をめざす運動である。それは、さまざまなNPO、NGOなどの社会組織によって行われ、福祉、環境保護、地域づくり、文化・教育の分野における「安心社会」の構築を目指しているという。

　本書は具体的な興味深い例を挙げている。メキシコでは、貧困化する女性を守ろうと多数のNGOが健康・保健・教育の分野で活躍している。ブラジルでは、貧困のために学校に行かない子供たちへの「路上教育」を行う社会運動が進められ、子ども自身が主体となる運動も登場している。多民族的なエクアドルでは、先住民族の生活を脅かす開発への反対が、先住民族自身による「代替」案の提起にまで発展した。ブラジルの都市クリチーバは建物や車ではなく人間の生活を中心にした街づくりを市民参加によって進め「環境都市」と呼ばれるようになった。アルゼンチンなどでは住民の間での「補完通貨」が重要な役割を演じている。

　こういう運動に住民を参加させ意識を変えていくボランティアらの辛抱強い努力に感動させられるが、ラテンアメリカでのこうした「安心社会」への取り組みが、「新自由主義」下の日本の社会にも多くの教訓をもたらすことを期待したい。

評・南塚信吾（法政大学教授）

しのだ・たけし　立命館大学教授。
うさみ・こういち　ジェトロ・アジア経済研究所研究員。

二〇〇九年一〇月一一日⑥　政治／社会

『襲われて　産廃の闇、自治の光』

柳川喜郎 著
岩波書店・二一〇五円
ISBN9784000224000

脅しや誘惑に耐えた町長と住民

産業廃棄物の処理場建設に反対する岐阜県御嵩（みたけ）町の町長が96年、暴漢に襲われて殺されかける事件があった。あれから13年、まだ犯人は捕まっていない。産廃をめぐって一体なにがあったのか。当の町長が、自身の裁判記録などをもとにつづった手記である。

事件の直前、町長の自宅アパートで電話盗聴器が見つかる。しかけたのは地域の元暴力団員だった。調べによると、処理場建設を計画している産廃業者からこの男にわたった金は、なんと4千万円。

その金の性格は明確にされず、産廃業者はお構いなしとなる。それはそれでおかしな話なのだが、それ以上に驚くのは、意味不明の金を4千万円も使って平気なほど、産廃ビジネスはボロもうけらしいということである。

わが国は産業立国だという。だとすれば、産廃は避けて通れない問題だ。にもかかわらず、国は産廃処理について明確な政策を持っていない。廃棄物をもてあました企業はその処理に大金を払う。埋め立て地を確保できた業者はじゃぶじゃぶもうかる、という構図ができあがる。

したがって、埋め立て地確保の裏では脅し、暴力、金銭の誘惑が横行する。反対する住民の集会に暴力団が押しかけ、町議会の傍聴席には戦闘服の右翼が陣取る。しかし御嵩町では、町長と住民がそれに耐え抜いた。

不審なのは県の態度である。処理場の建設は、業者の申請を県が審査して可否を決める。その申請が不備だらけなのに、県は却下するどころか、町に建設受け入れの圧力をかける。まるで業者の代理人みたいなのだ。知事は建設官僚OBである。

そして県警。初動捜査は甘く、動きは鈍い。業者の会社には県警OBが天下っている。

著者は07年に町長の座を退いた。それから2年が過ぎての本書を「出し遅れの証文」と謙遜（けんそん）する。しかし私たちが避けて通れない産廃の問題をじっくり考えさせてくれるという意味で、実に貴重な記録である。同様の問題は全国の地方自治体で起きているのだ。

評・松本仁一（ジャーナリスト）

やながわ・よしろう　NHKを退職後、95年から07年まで岐阜県御嵩町長。

二〇〇九年一〇月一一日⑦　医学・福祉

『医学探偵ジョン・スノウ　コレラとブロード・ストリートの井戸の謎』

サンドラ・ヘンペル 著
杉森裕樹、大神英一、山口勝正 訳
日本評論社・二九四〇円
ISBN9784535585416

ナイチンゲールを知らない看護師がいないように、疫学の分野でジョン・スノウを知らない人はいないだろう。19世紀にコレラが蔓延（まんえん）した。患者の血液はどろりとタール状に濁り、この病毒は何の前触れもなく爆発的に流行し人々を死に追いやった。スノウはこのコレラが血液疾患ではなく水を飲んで感染する消化器系の病気であるとの仮説を掲げ、患者の家を丹念に地図上に描いて、特定の井戸の水が原因であることを鮮やかに示した。スノウが描いたブロード・ストリートの疾病地図は疫学の原点であり象徴である。

本書の原題は「ザ・メディカル・ディテクティブ　ジョン・スノウとコレラの謎」。スノウの名は副題である。学問はひとりだけではつくり出せない。本書は確かにスノウの業績を追っているが、実際の読みどころは大勢のいきいきとした脇役と、19世紀イギリスの社会風俗にある。当時、医学探偵はスノウだけではなかった。他にも水道設備や水質の調査で謎に迫った名探偵たちがいたのだ。

バルザックからナイチンゲールまでカメオ出演する遊び心が嬉（うれ）しい。細部が豊かな一冊だ。

評・瀬名秀明（作家）

二〇〇九年一〇月一一日❽

『ブッシュからオバマへ　アメリカ変革のゆくえ』

古矢旬 著
岩波書店・二一〇〇円
ISBN9784000246507
歴史／国際

本書は著者がブッシュ政権成立時から発表してきた発言をまとめたものである。ただし、著者は各章に新たな解説と、各文章に現時点からみたコメントを付している。そのうちのいくつかは執筆時点では見通せなかったことについて、率直に「告白」している。

題名から想像できる通り、ブッシュに批判的でオバマには好意的である。だが本書は単なる時事評論を超え、アメリカの歴史的文脈において最近の約9年間を位置づけようとしている。

著者にとって評価が難しいのは、対アフガニスタン政策であろう。著者はイラク戦争についてはいうまでもなく、アフガニスタンへの軍事進攻にも批判的であった。他方で、アフガニスタンで戦いを継続する姿勢を見せなければ、オバマは弱腰のハト派に見られ、大統領選挙で勝てなかった可能性が高い。著者がそのたぐいまれな能力と資質を評価するオバマは、アフガニスタンでの軍事行動を就任以来エスカレートさせている。そしてまだ出口は見えてこない。

最近のアメリカ政治の展開を歴史の中で吟味したい人にお薦めである。

評・久保文明（東京大学教授）

二〇〇九年一〇月一八日❷

『江戸演劇史　上・下』

渡辺保 著
講談社・各二九四〇円
ISBN9784062155700〈上〉・9784062155717〈下〉
歴史／アート・ファッション・芸能

人や事件を中心に古典劇を活写

歌舞伎や文楽を生み出した時代と社会を眼前に再現してくれる大著である。例えば次の一節に惹（ひ）きつけられた。1820年、三代目坂東三津五郎は大坂興行に向かう前に江戸中村座で「上坂（じょうはん）御名残の七変化」として「月雪花名残文台（つきゆきはななごりのぶんだい）」を踊った。

七変化のひとつが「猩々（しょうじょう）」の舞である。三津五郎は、五代目松本幸四郎、五代目岩井半四郎と共に当時の江戸歌舞伎の大看板の一人。和事（わごと）、世話物に長じ、女形も演じ、変化舞踊を得意とした。評者は子供の頃に節句祝いにもらった大事な猩々の人形を思い出した。病除（よ）けの願いらしい。赤頭の猩々の舞い姿を舞台で見たくなった。

五代目半四郎は、大きな目と官能的な唇をもつ美しい女形だった。その美貌（びぼう）は、下巻カバーを飾る静御前の舞い姿の浮世絵からもわかる。手強（てごわ）い悪女や我儘（わがまま）な女も演じ、女形の中でも「絶えて見たことがない名人」との評判だったという。彼が演ずる女性像は当時の江戸の人々の心をとらえたのだろう。

1603年に出雲のお国が興行した「歌舞妓踊（かぶきおどり）」が歌舞伎の始まりとされ、すでに官能美、男女変身、舞踊を核とするドラマ作りや現実の虚構化など、主な要素が見られる。また、心中や政治事件などから叙事詩的物語を創出した人形浄瑠璃も、歌舞伎に大きな影響を与えた。

演劇性と舞台空間の現実感の高まりにより、歌舞伎は劇作を通して世間を見る役割を担うことになる。それゆえ風紀粛清・奢侈（しゃし）禁制に加えて思想統制の対象ともなり、お上から繰り返し圧力を受けた。だが、観客の支持を得て、役者魂は、その度ごとに危機を乗り越え、歌舞伎を発展させた。

歌舞伎を軸に人形浄瑠璃・能・狂言との関（かか）わりに踏み込み、江戸時代250年間の演劇史を語る本書は、当時の人々が演劇や舞踊に何を求めていたのかを生き生きと描き出し、読む者の古典劇への知識欲を刺激する。

「読んで面白い歴史を書きたい」「そのために……時代を表象する人間や事件をクローズ・アップした」という著者の狙いは見事に的をとらえている。

評・石上英一（東京大学教授）

わたなべ・たもつ　36年生まれ。演劇評論家。著書に『四代目市川団十郎』など。

二〇〇九年一〇月一八日③

『道路整備事業の大罪　道路は地方を救えない』

服部圭郎 著
洋泉社新書y・七九八円
ISBN9784862484369
政治／社会／新書

道路をつくると地方は衰える

アメリカには計3年暮らしたが、街が完全に自動車中心にできていて、その「豊かさ」のイメージとは正反対に中心部は荒廃し実に味気なかった。ヨーロッパの街は概して全く対照的で、歩いて楽しめるエリアが多く、ゆったりとした落ち着きと地域固有の魅力に満ちていた。そうした相違を生む背景の一つに「道路整備」のあり方がある。

時あたかも民主党の政権運営が始まり、同党は高速道路の無料化やガソリン税の暫定税率廃止といった政策を掲げる一方、公共事業の根本的な見直しに着手している。本書が扱うのは、まさにそうした道路を中心とする公共事業のありようと今後の日本社会の方向である。

これまで道路整備は、田中角栄の「日本列島改造論」に象徴されるように、それが地方を豊かにし活性化するとの理由で行われてきた。著者が疑義を呈するのはまずこの点であり、「ストロー効果」（道路などで結ばれた2地域において都市規模や経済規模が大きいほうが小さいほうを吸収する効果）といった視点を援用しながら、道路整備がかえって地域の人口流出や地域経済の衰退を招きうることを様々な事例やデータを挙げて論じていく。

その上で「アメリカのコミュニティーを破壊した主犯はテレビでもなければ麻薬でもなく、自動車である」との指摘（アメリカの女性都市研究家ジェイコブズの言葉）にも言及しつつ、「コミュニティーの空間的分断と崩壊」「子どもの遊び空間の喪失」「商店の喪失などの生活環境の悪化」など、道路整備がもたらす負の側面を多様な角度から分析していく。そして世界で進みつつある「脱自動車・脱道路」の潮流を紹介しながら、今後の都市や地域のあり方を提言する。

あえて欲をいえば、道路整備のあり方の見直しの先に展望される、より積極的なコミュニティー空間づくりや地域再生に向けた方策についてさらに議論を展開してほしいとも思うが、いずれにしても道路とこれからの都市・地域を考えていくにあたってきわめて示唆に富む、タイムリーな本である。

評・広井良典（千葉大学教授）

はっとり・けいろう　63年生まれ。明治学院大学准教授。共著に『脱ファスト風土宣言』。

二〇〇九年一〇月一八日④

『神々の捏造（ねつぞう）　イエスの弟をめぐる「世紀の事件」』

ニナ・バーリー 著　鳥見真生 訳
東京書籍・一八九〇円
ISBN9784487803972
文芸／ノンフィクション・評伝

「ヤコブの骨箱」があぶり出すもの

イエス・キリストの兄弟にヤコブがいて、イエスの死後、使徒たちの中にあって十分に有力な地位を占めていたらしいことは新約聖書の記述から推定されている。

そのヤコブの骨箱が発見され2002年に公表された、となると、これはただごとではない。骨箱には〝ヤコブ、ヨセフの息子、イエスの兄弟〟と、往時のものと確認できる文字や技術で刻まれており、本物として世界中に驚嘆をまきちらした。ヤコブの骨箱はイエスその人の実在を裏づける物的証拠となりうるからである。

この骨箱がなぜ、どのように「本物」として公開されるに至ったか、本書はイスラエルを中心に古物蒐集（しゅうしゅう）家や考古学の関係者、それに目を光らせる警察など、ひとことで言えば魑魅魍魎（ちみもうりょう）の世界を克明に尋ねて、興味深い読み物となっている。追究の目的に向かってまっすぐに進むのではなく、あっちに触れ、こっちに寄り道して、学者の家の門前に群がる猫にまで筆を伸

ばして
「そんなの、関係ないだろ」
という部分もあるのだが、それによりドキュメントとしての現実感を高め、味わいを醸し出している。この手のノンフィクションによく見られる筆致である。
それにしてもこのテーマは、キリスト教に縁の薄い私たちには想像もできないほど重く、深い。世界の宝、どえらい金儲（もう）け、考古学的大発見などなどは見当がつくけれど、〝プロテスタントとしては、キリストに兄弟がいたことは、自分たちの教義からして自然なことである、と考えた。しかし、マリアは終生処女だったと信じるカトリックにとって、骨箱は教義に異議を唱えるものだった〟という宗教上の対立にも関（かか）わり、ユダヤ教はユダヤ教で、キリストの周辺よりエルサレムの神殿建立に関わる遺跡のほうがはるかに重要として骨箱の価値を貶（おとし）めようとする。国家の威信もかかったりして容易ではない。原著のタイトルは『非聖なるビジネス』。怪しい関係者があぶり出され、欧米文化の原点が少し見えてくる。

評・阿刀田高（作家）

Nina Burleigh 中東訪問の経験も豊富な米国在住のジャーナリスト。

二〇〇九年一〇月一八日⑥

『逃亡者』
折原一 著
文芸春秋・一九九五円
ISBN9784163284507／9784167451134（文春文庫） 文芸

現実の事件モデルに「罠」を構築

私の本棚には折原一の「冤罪者」「失踪（しっそう）者」「誘拐者」「沈黙者」という「者」シリーズが並んでいる。折原の本だけは書店で見つけると、なぜか買ってしまう。なぜ、こんなにも折原の魅力にはまってしまうのだろうか。

通常は、探偵が殺人事件の犯人を追及するのをはらはらしながら読む。読者は、あくまで第三者だ。しかし折原ミステリーは、最初から犯人らしき人物がわかっているのでいわゆる探偵はいない。読者自身が探偵代わりに犯人の行動を追及しているうちに折原が仕掛けた罠（わな）に陥り、事件に巻き込まれ、お約束のどんでん返しに仰天という具合。読者が事件の当事者として巻き込まれていく感覚が、折原の魅力なのだ。

「逃亡者」の主人公の友竹智恵子は夫の家庭内暴力に悩み、知人女性から持ちかけられた交換殺人の話に乗り、彼女の夫を殺害し、逃亡する。整形手術をして時効まで逃げ切ろうとするが……。

あれ？ どこかで聞いたような話ではないか。本書は時効直前で逮捕された松山ホステス殺人事件の福田和子がモデルだ。折原は、現実の事件をモデルに使う。例えば「失踪者」では酒鬼薔薇（さかきばら）事件を使っている。これは、読者に現実の事件を想起させることで小説世界に引きずり込む罠だ。

冒頭に誰かに訊問（じんもん）され、心を許した様子で質問に答える智恵子が登場する。それを補完する形で、地の文では生い立ちや逃亡の様子がつづられる。

読者は、智恵子のモデルは福田和子だと思い込んでいるため、現実の事件を思い浮かべつつ、智恵子の悲しい逃避行に巻き込まれてしまう。「逃亡者」の醍醐味（だいごみ）は逃避行の追体験なのだと思っていたら、結末には驚愕（きょうがく）のどんでん返しが待っていた。

いつの間に折原の罠に落ちてしまったのかと悔しいが、これが楽しいから不思議だ。現実の事件をモデルにしているからといって社会派の深刻さはない。秋の夜長、ワイン片手に騙（だま）される快感を味わって欲しい。

評・江上剛（作家）

おりはら・いち 51年生まれ。『沈黙の教室』で日本推理作家協会賞。『疑惑』など。

二〇〇九年一〇月一八日⑦ 文芸

『東京骨灰紀行』

小沢信男 著
筑摩書房・二三一〇円
ISBN9784480857927／9784480429896（ちくま文庫）

江戸開闢（かいびゃく）いらい、東京ではどれほど多くの死があったのか。82歳の老文学者が、その骨灰の埋葬地や慰霊碑を歩きまわって回顧する。洒脱（しゃだつ）な紀行文だが、一つ一つの死が持つ意味をつい考えさせられる。

たとえば両国の回向院。江戸開府から半世紀がすぎた1657年、明暦の大火が起きる。10万人以上が死んだ。その遺体を船に乗せ、隅田川の向こう側の下総の地に埋めた。

その参拝のため、武蔵から橋をかけた。それで両国橋。この橋から江戸の繁栄がはじまる。幕府は災い転じて福となした。

ところが2世紀後、1855年の安政の大地震。官僚化した幕府は事後処理に失敗し、十数年後に崩壊してしまう。

千住のコツ通り。小塚原の刑場付近で、掘ればコツだらけ、と名がついたそうだ。杉田玄白「解体新書」の現場が近い。そのときの執刀は90歳のベテラン腑（ふ）分け師だったという。

谷中の東大病院解剖死体慰霊碑、多磨霊園の東郷元帥墓、両国・被服廠（ひふくしょう）跡にある関東大震災と東京大空襲の納骨堂……。数十万人の骨灰（こっぱい）の背後から、近代日本の来し方が浮かび上がる。

評・松本仁一（ジャーナリスト）

二〇〇九年一〇月一八日⑧ 社会／新書

『司法官僚 裁判所の権力者たち』

新藤宗幸 著
岩波新書・八一九円
ISBN9784004312000

公害訴訟や公共工事の差し止め請求訴訟などでいつも住民側の原告適格が問われ、門前払いになることが多いのはなぜか。国政選挙の一票の格差をめぐる訴訟で、いつも「合理性を欠くとまではいえない」という判決になるのはなぜか。裁判所が市民ではなく、国や行政のほうを向いているのはなぜか。日ごろの「？」に駆られて本書を開くと、見えてくるのは裁判と裁判官を統制する司法行政機構のピラミッドと、その元締たる最高裁事務総局の存在である。

私たちはそんなものがあるのも知らず、先の司法制度改革からも漏れた司法官僚たちの支配は、三千五百人の裁判官たちの任用、人事、処遇はもちろん、判例や法令解釈にまで及ぶ。本来個々に独立しているはずの裁判官が行政機構をつくって自らの権益を守り抜く、その密室性には仰天するほかないが、この実態はたんに裁判官の独立性を阻害しているに留（とど）まらず、市民の不利益そのものだと著者は書く。本書は、あくまで一般向けに書かれている。現行の情報公開制度さえ及びがたい裁判所の実像に、市民の問題として向き合ってみるチャンスである。

評・高村薫（作家）

二〇〇九年一〇月二五日① 文芸

『巡礼』

橋本治 著
新潮社・一四七〇円
ISBN9784104061112／9784101054179（新潮文庫）

ゴミ集め続ける男の孤独と切なさ濃密に

ゴミとは、いったいどんなものを指すのか。壊れてしまったもの、使えなくなったもの、役目を果たしたあとのもの、不要になってしまったもの。分類はさまざまにできる。いずれにしても、「元の所有者が要らないと判断し、他のひとも不要・無用だと考えるもの」が定義になるだろうか。

しかし、そのゴミを集めつづける男がいたら、どうなる。大量のゴミで敷地が埋め尽くされたゴミ屋敷の主・忠市にとって、それは不要であり無用ではあっても、はたして無意味なものなのか……。

忠市は寡黙で実直な男である。なにひとつ間違ったことはしていない。そんな彼がなぜゴミ屋敷の主になってしまったのか。橋本治さんは、うずたかく降り積もったゴミを掘り起こしていくように、昭和一ケタ生まれの忠市の半生を物語る。それは町と人びとの暮らしの変遷を遠景にした、一家三代の、さらにはゴミ屋敷と化してしまう家そのものの歴史である。

決して分量が長い小説ではないのに、〈「戦後」という時代がもたらす豊かさや新しさは、いつでも「自分の前」ではなくて、「自分の後」になって結実する〉世代の忠市が生きてきた時間の地層は、みっしりと目が詰んでいる。そこには貧しさから豊かさへの坂を上る力強い歩みがあり、古いなにかを捨てる代わりにより良い新たなものを得てきたのだという揺るぎない手応えがあったはずなのだが……ある時期を境に、時間の地層は忽然（こつぜん）と消え失（う）せてしまい、その上にゴミが積もっていく。そして忠市は気づくのだ。いつのまにか道は下り坂に変わっていて、その坂の途中に、すべてを喪（うしな）った自分が立ちつくしていることに。

〈自分のしていることが無意味でもあるのかもしれないということを、どこかで忠市は理解している。しかし、その理解を認めてしまったら、一切が瓦解（がかい）してしまう〉という忠市の孤独からは、せつなさが濃密にたちのぼる。

忠市はゴミの山の中にひそんでいるなにものかを信じ、すがる。しかし、彼は同時に、無意識のうちに、ゴミに侵されない「聖域」をつくってもいた。そこには時間の地層が確かに残り、彼の生が意味あるものとして息づいているのだ。

忠市はその「聖域」に気づかないままゴミを集めつづける。それがなによりせつない。だからこそ、作者は忠市への慈しみを込め、一つの家族の歴史への鎮魂の思いを込めて、物語の中の誰も知らない「聖域」を読み手にだけ、そっと指し示してくれたのだろう。

物語の最終盤、忠市は同行二人の旅に出る。短くとも永遠の深みを持った旅の終わり、よるべなくさまよいつづけた忠市の魂がようやく時間の地層に抱き取られたことを知ったとき、物語に没入している間は停（と）まっていた読み手の時間も、美しいラストシーンの余韻とともに、また再び、静かに刻まれていくのである。

評・重松清（作家）

はしもと・おさむ　48年生まれ。作家。『「三島由紀夫」とはなにものだったのか』（小林秀雄賞）、『蝶（ちょう）のゆくえ』（柴田錬三郎賞）、『双調　平家物語』（毎日出版文化賞）など著書多数。

二〇〇九年一〇月二五日❷

『増税が国を滅ぼす　保守派が語るアメリカ経済史』

A・B・ラッファー、S・ムーア、P・タナウス 著
村井章子 訳

日経BP社・二五二〇円
ISBN9784822247546

経済

金融危機の「処方箋」としての減税

近年、小さな政府の思想は至る所で不人気である。本書はその立場からアメリカ経済の歴史を辿（たど）り、オバマ政権の経済政策を正面から批判したものだ。

著者の一人ラッファーは、減税をすると逆に税収が増える場合があることを示したいわゆる「ラッファー曲線」の考案者として有名である。当初は主流の経済学者やメディアから相手にされなかった異端の思想であったが、ケインズ的経済政策が明らかに機能しなくなった70年代、共和党内で支持者を着実に増やしていった。ラッファーらが提唱した減税、通貨供給量縮小、そして規制緩和を実践したのがレーガン政権であった。因果関係の論証は困難であるが、アメリカ経済がその後好転したことは否定しがたい。著者らは減税がアメリカ経済にいかに貢献してきたかを力説している。

ちなみに、ラッファーはレーガンのブレーンであったが、驚くべきことに92年と96年の

大統領選挙ではクリントンに投票していたことを本書で告白している。ブッシュ（父）の増税に憤慨し、クリントンの中道路線を評価したためである。

著者たちが提案する理想の税制は、フラット（単一税率）税である。具体的には08年のアメリカの場合、所得税、法人税とも12・1％で現行の税収を確保できるとする。所得が10倍の人は10倍の税金を払う。ほとんどの控除を廃止するので、特殊利益によるロビイングや会計士の出番はなくなる。現在東欧諸国を中心に24カ国がこの税制を採用している。

本書はアメリカにおいて、なぜ国民皆保険制度の実現に対する反対がかくも強いのか、そしてなぜオバマ政権の政策が社会主義と批判されるかを理解するのに役に立つ。同時にアメリカでは時流に抗しながら、このように思想の旗を立て続ける有力な集団がつねに存在することも示している。彼らの金融危機に対する処方箋（しょほうせん）は減税である。我々は現在、このような思想を一笑に付しがちだが、最近の経済成長率においてアメリカの方が日本や多くの西欧諸国より上であることも忘れてはならない。

評・久保文明（東京大学教授）

Arthur B. Laffer、Stephen Moore、Peter J. Tanous

二〇〇九年一〇月二五日③

『日本の空をみつめて　気象予報と人生』

倉嶋厚 著

岩波書店・一二〇〇円
ISBN9784000242653／9784006032531（岩波現代文庫）

文芸

空と心のうつろい豊かにつづる

季節の気配は空のなかにある。きょうは空いちめん、絹糸のようなすじ雲が広がっていた。

空は刻々とうつろう。ひとのこころもまたおなじ。そのふたつのありさまに気象の専門家として自身を映し、空をみつめてきたのが倉嶋厚さんである。

なんという豊かな一冊なのだろうと思う。なんという切なさに溢（あふ）れた一冊だろうとも思う。かつて倉嶋さんには七十三歳のとき鬱（うつ）病を患って自死をはかり、復帰をはたした経緯がある。その苦渋の日々を綴（つづ）った著書はおおきな反響を呼んだ。本書に編まれているのは、それ以降に書かれた文章である。

まえがきでみずから「最後の著書」と断じ、過去二十数冊の著作と違うのは「八十歳代の老年となり、妻を亡くした孤老の暮らしの中で、残り少ない日々にみつめている空への思いが強く出ていることにある」。

まず第一章で、やわらかなこころの道程に出合う。少年時代に抱いた父への思い。中央気象台の養成所で学んだのち海軍気象部に赴任、終戦を迎えた特攻隊の訓練基地での経験。自然がすきで孤独癖のあった少年がしだいに空に魅（ひ）かれてゆく「来し方」を知ることになる。

第二章「季節と言葉」、その豊饒（ほうじょう）はどうだろう。「息白し」「光る雨」「山笑う」「水平虹」「花笑み」「秋忘れ」「冬萌（ふゆもえ）」……季節の流れに題材をとりつつ、縦横に気象の知識と真情が綴られる。

古来、日本人は起き抜けのわずかな冷えにも季節を探り、捉（とら）え、思索を深めながら詩歌や物語をあらわしてきた。季語はその手がかりのひとつである。小春日和は来（きた）る冬の季語。「徒然草」には「十月は小春の天気」とある。倉嶋さんは記す。

「今ようやく心の深い落ち込みから脱し、何回目かの小春日和の中にいる。次の木枯らしは確実に来るだろう。しかしただ恐れるのではなく、今やらなければならないこと、そして今ならできることを精いっぱいやったら、心静かに美しい夕焼け空を眺めていようと思う」

この十月二十三日、二十四節気の暦では霜降（そうこう）に入った。

いよいよ冬隣の日々である。

評・平松洋子（エッセイスト）

くらしま・あつし　24年生まれ。気象キャスター。『やまない雨はない』など。

二〇〇九年一〇月二五日❹

『書肆（しょし）ユリイカの本』

田中栞 著
青土社・二五二〇円
ISBN9784791764655
歴史／人文／社会

美の小宇宙を味わい尽くす

美しい腕時計や本が買いたくなる。どうして腕時計と本なのかというと、どちらも小宇宙を感じさせるからだ。そのなかに一つの世界が閉じ込められていることに惹（ひ）かれる。本当は世界や人生が美しくあって欲しい。でも、とても無理。自分一人では世界は美しくできない。いや、自分一人の人生だってぐだぐだなのだ。だから、その代わりのように完璧（かんぺき）なモノを手に入れたくなるのだろう。

「書肆ユリイカ」とは、編集者伊達得夫（だてとくお）が立ち上げて、13年間だけ存在した伝説の詩書出版社である。本書はここから生まれた250冊余りの美しい本たちを買いまくり、分析しまくるという本だ。

著者は「一応、夫も子もある家庭の主婦なので」最初は控えめだった本の買い方が「ちょうど娘の大学受験・入学用にと誕生以来積み立ててきた現金が手もとにあったので『即金で支払えるぞ』と思った」という域に達するまでの加速感が凄（すご）い。

さらにユニークなのは、分析といっても、本の中身ではなくて、徹底的に造本つまりモノとしての側面に拘（こだわ）っている点だ。

「この文字は、伊達の次女である百合さんが小学生の時に書いた文字だそうだ。小学生の書いた稚拙な文字でありながらこの配置に置かれると、なぜか格好よく映ってしまう」とは、或（あ）る装幀（そうてい）のレイアウトについての記述だが、図版でみる「蝙蝠（こうもり）」の手書き文字が本当に良くてびっくりする。こんなに画数の多い字をわざわざ自分の子供に書かせたところにセンスと執念を感じる。

伊達得夫は40歳で世を去るまで独力で美しい本を出し続け、その仕事は戦後の文学史、出版文化史に残った。先ほど「自分一人では世界は美しくできない」と書いてしまったが、それをやった人間がいたのだ。

その成果を美しいモノの形で手に取るとき、詩書という少部数出版の世界だからこそという逆説の煌（きら）めきと共に、個人の情熱が直（じか）に世界や歴史に結びつく夢の感触が甦（よみがえ）る。本書はそんな宝石のような本たちを味わい尽くす喜びに充（み）ちている。

評・穂村弘（歌人）

たなか・しおり　59年生まれ。書物研究家、製本・版画講師。『古本屋の女房』ほか。

二〇〇九年一〇月二五日❺

『イスラーム教「異端」と「正統」の思想史』

菊地達也 著
講談社選書メチエ・一七八五円
ISBN9784062584463
人文

論争を重ね相対的位置が決まる

今日のイスラーム世界は、主流派であるスンナ派がほぼ9割、シーア派が1割を占めている。後はごく小さな分派がいくつかあるだけで、イスラームに宗派が多いというのは誤解である。しかし、最初からそのような状態だったわけではない。

7世紀のイスラームの成立から11世紀ごろまで、様々な思想的な立場が生まれ、時に激しい対立が起きた。極端な主張もいろいろ生まれ、それが次第に淘汰（とうた）される中で、宗教としての古典的な姿が確立した。

その過程で、異端から正統を区別する線引きもなされた。表題を見て、ふつうは「正統と異端」と言うのではないか、異端が先に来るのはなぜか、と思った方もいるかもしれない。ここに著者の力説点がある。

この問題については、正統を批判するのが異端であった中世ヨーロッパがモデルにされがちであるが、それはイスラームに全く当てはまらない、という。最初は主張の強い分派が次々と生まれ、それに対抗することを通して正統的な立場が徐々に形成されたからである。

イスラームには正統と異端を決定する機関が存在しないため、各派が互いに論争を重ねる中で、それぞれの相対的な位置が決まる。たとえ神学的な思想でも、時代の政治状況に影響されるし、リーダーたちの指導力も宗派のゆくえを左右する。

もともとイスラームの分派は、預言者ムハンマド没後の指導者選定をめぐる政治党派として生まれた。それが次第に宗教的な宗派に転じていった。

その様子が、本書ではシーア派の思想に強い光を当てて描かれている。実は、初期のシーア諸派の思想は、史料が足りないこともあって不明な面が多かった。古典期を専門とする著者はそれを丁寧に検討し、明解な道筋で復元している。復元された思想の歴史はわかりやすく、知的な刺激に満ちている。

シーア派は近年、イラン、イラクで大きな政治的な力を持つようになり、一般の関心を集めている。そもそもシーア派とは何かという観点から読んでも、本書は大いに役立つであろう。

評・小杉泰（京都大学教授）

きくち・たつや 69年生まれ。著書に『イスマーイール派の神話と哲学』。

二〇〇九年一〇月二五日❻ 文芸

『シルフ警視と宇宙の謎』

ユーリ・ツェー 著 浅井晶子 訳

早川書房・二一〇〇円
ISBN9784152090607

量子論仕立て「並行世界」の真相

SFの仕掛けを扱いながらSFではない。並行世界が語られても、誰かがそこに横っ跳びしたりはしない。滋味に富む洞察にあふれ、うたい文句の通りの「哲学的ミステリ」である。

主人公の一人、物理学者のゼバスティアンは量子力学の「多世界解釈」の論客だ。

原子や電子の世界では複数の状態が同時に重なることがあるが、この解釈は、それが日常世界にも及ぶと考える。あなたも私も刻々と分身に分かれ、いくつもの並行世界を生きるので「起こりうることは、すべて起こる」。異端視されてきたが、正統派解釈にかげりが見えるなかで脚光を浴びつつある。

ゼバスティアンはキャンプ場に向かう途中、車を離れたすきに息子を誘拐される。犯人の意に沿うべく殺人を犯すが、息子は何事もなかったかのようにキャンプ場にいて……。誘拐があった世界と、なかった世界。多世界ふうの筋立てだが、殺人の事実は揺るがない。

ふだんから「見知らぬ世界に迷い込んでしまったような気分」になりがちで、別の世界に思いをはせていたゼバスティアンも、取り返しのつかない罪への後悔を通じて、この世界の確かさに打ちのめされていく。

では、誘拐騒ぎはなんだったのか。その真相に迫るシルフ警視はとことん思索の人で、現実は「一秒ごとにあらゆる観察者ひとりひとりの頭に生まれる」が持論だ。これも、見ること（観測）で状態が定まるという量子論の世界像に通じている。

「と警視は思った、と警視は思う」という表現の多用は、シルフが自身をも観察し続けているからにほかならない。

ゼバスティアンと妻の心理戦、肉食系の女性警部に仕える草食系男性警察官の慕情、死期の迫るシルフに恋人が言う「あなたは、私の過去をきかなかった。私はあなたの未来をきかない」という取引——謎解きは男女の心模様と泣かせる言葉を織り込んで潤いを増してゆく。

量子論は、観測者の存在が重みをもつ物理学だ。だからこそ、人の情感をはらむ文学の培地にもなるのだろうか。

評・尾関章（本社論説副主幹）

Juli Zeh 74年ドイツ生まれの女性作家。著書に『鷲（わし）と天使』（未訳）など。

二〇〇九年一〇月二五日⑦

『タイ　中進国の模索』

末廣昭 著

岩波新書・八一九円
ISBN9784004312017

経済／新書

タイは1980年代から90年代にかけて急成長を遂げ、アジアの中進国として注目されてきた。しかし昨年11月バンコクの国際空港の占拠、今年4月パタヤーでのASEAN・東アジア首脳会議の暴力的な阻止など、タイの政局は極度の混迷と国際信用の失墜を招いた。前者は反タックシン元首相の黄シャツ陣営、後者はタックシン支持の赤シャツ陣営によるが、素人には全体像がよくわからない。

著者はこの陣営の対立を民主と反民主、王制擁護と軽視、都市と農村といった二項対立で見るのは間違っていると説き、「民族・宗教・国王」という国の柱、政治の三層構造、中進国化の3点がタイを見る視点だと指摘する。そして民主主義の発展と王制との調和、グローバル化の中での「タイらしさ」＝伝統的な社会制度・価値意識を尊重した「社会的公正の道」の維持が重要だと主張する。そうした現実の中で失われた「微笑（ほほえ）みの国」「足るを知る経済」再建の模索は続く。

本書は事実関係を丁寧に解説しながら、著者独自の視点からタイの政治経済社会をどのように理解すべきかを説いた極めて質の高い好著である。

評・天児慧（早稲田大学教授）

二〇〇九年一一月一日①

『戦場の掟（おきて）』

スティーヴ・ファイナル 著　伏見威蕃 訳

講談社・一八九〇円
ISBN9784062148658／9784150504465（ハヤカワ文庫）

政治／社会／ノンフィクション・評伝

超法規の傭兵会社　イラク戦争の鬼子

03年3月、米国は国際社会の制止を振り切ってイラク侵攻に踏み切った。その後のイラクがどうなったか。10月13日のイラク政府発表によると、08年10月まで、8万5694人のイラク人が死んでいるという。米兵の死亡も4300人を超した。

本書は2万人とも7万人ともいわれる傭兵（ようへい）に焦点を当て、あの戦争がいかに愚行だったかを実証していく。物語の軸は、06年に武装勢力に拉致されて行方不明になった米国人傭兵、ジョン・コーテである。

コーテは米軍空挺（くうてい）隊を除隊後、大学に入るが、単調な生活にあきたらず、小さな警備会社の誘いでイラク入りする。要するに傭兵企業だ。あぶれ者の寄せ集めのような集団だが、それでも1千万ドルの投資がらくに回収できるほどの繁盛ぶりである。コーテら欧米人傭兵には月7千ドルもの給料が出た。

仕事は、米軍に代わって戦争をやることだった。米国はイラクで「軽い戦争」を企図し、十分な兵力を準備しないまま電撃戦に突っこむ。その結果、イラク軍には勝ったが戦後の治安をめちゃめちゃにしてしまった。

砂漠の道路で、動きの鈍い補給トラック部隊は武装勢力のかっこうの標的である。米軍は米兵の犠牲を増やしたくない。そこで輸送およびその警備という、一番ねらわれやすい仕事を傭兵会社に任せるようになった。米軍の補給トラック隊の警備、日本の自衛隊やイタリア軍の車列の警護などである。

そのための米軍の支出は戦争開始いらい約850億ドルに上る。数多くの傭兵企業がその蜜に群がった。ろくな教育や訓練もしないまま。

問題は、そんな傭兵の武器使用と先制攻撃を、米軍が黙認してしまったことだと著者はいう。「怪しいと思ったら撃っていい」ということである。さらに、傭兵の行為はイラクの法律では裁かれないとした。彼らの中には性格に問題があるような者も多い。彼らはイラクの人々に向け、ごく安易に発砲しはじめた。

たとえばニスール広場事件。バグダッドの大学生が医師の母を車で送っていく途中、傭兵の装甲車列と遭遇した。とたんに傭兵が一斉射撃を始めた。2人は数十発の弾丸を受けて即死。興奮した傭兵がさらに射ちまくったため、通行人を含めて合計17人が殺された。調査した米軍が「敵の活動はまったくなかった」と報告したにもかかわらず、その大量殺人は不問となった。

　さて、コーテである。拉致された年の暮れ、イラク人有力者に送られたビデオに、顔にアザをつくった彼が映っていた。それきり消息は途絶える。そして08年2月、彼の「証拠」が見つかった……。

　イラクでは今、何の規律もない蛮行が傭兵たちによって日常的に繰り広げられている。彼らへのイラク住民の怒りは大きい。そうした感情が拉致事件の背景にあるのは確実だ。傭兵産業。イラク戦争が生み出した鬼子である。

評・松本仁一（ジャーナリスト）

Steve Fainaru　米国のワシントン・ポスト紙記者。04年から特派員としてイラクをリポートしてきた。本書（原題は『Big Boy Rules』）で08年のピュリツァー賞（国際報道部門）を受賞した。

二〇〇九年一一月一日❷

『哲学者たちの死に方』

サイモン・クリッチリー 著　杉本隆久ほか 訳

河出書房新社・三二五〇円
ISBN9784309244846

人文

他者の死が私に思索を要請

　帯に、「タレスからデリダまで、古今東西190余名の哲学者たちの臨終図鑑」とある。この間、約二千六百年。人間にとって永遠の難問である死に向き合い、精神の営み一つで死を克服せんとしてきた彼ら賢人たちも、最後は死んで黙した。その死に方は穏やかなものから、思わず笑ってしまうようなものまで、実にさまざまである。とはいえ読者は、著者自身が哲学者であることによくよく注意しなければならない。哲学者はけっして単純なことはしない。アフォリズムに満ちた軽やかな語り口は、明らかに私たちを唆（そそのか）している。しかし、何に向けて？

　古来、哲学をすることは死を学ぶことだった。ギリシャ時代には死は霊魂の消滅であるのか否かが問われ、キリスト教世界では死は魂の救済になった。自然科学が神を凌駕（りょうが）する時代になると、死は不死も永遠もはぎ取られた物理的現実となり、生きて思考する人間の領域の外に置かれることになった。しかし、それで死の問題が片づいたわけではない。自然法則としての死と、それに人間がどう向き合うかは依然別の話だからである。死という絶対の現実と、人間の自律的な経験や精神の自由をいかに和解させるか。生にとって死は、いまも難題なのである。

　さて、それではなぜ死に方の列挙なのか。メルロ・ポンティが言ったように「赤裸々な死を知ることによって、赤裸々な生を知る」からか？　仮にそうだとすれば、死の考察はなぜ、生の考察につながるのだろうか。一つの精神を途絶させる物質的な死は、どこで、どう生へとつながるのだろうか。

　答えは、「私」の生に他者の死が入り込む、である。死はけっして自ら経験できない以上、つねに他者の死であり、私の生に入り込んで、消えない傷跡をつけてゆく。言い換えれば、他者の死が私に思索を要請するのであり、私は自分の生を通して他者の死を考察し、その考察がまた私の生をつくってゆくのである。しかし、どのように？　著者は答えない。代わりに死に方を並べてみせ、まさに哲学することへと読者を唆している。

評・高村薫（作家）

Simon Critchley　60年英国生まれ。米国で活躍する哲学者。

二〇〇九年一一月一日③

『貧者を喰(く)らう国　中国格差社会からの警告』

阿古智子 著

新潮社・一四七〇円
ISBN9784103183310

歴史／政治／社会

中国人の「生の声」と「痛み」伝える

目覚ましい躍進を続けている中国。しかし他方で深刻な環境汚染やエイズなど感染症の広がり、貧しい人々の悲惨な状況や抗議、彼らに対する権力者の弾圧や甚だしい腐敗などが頻繁に伝わってくる。この巨大な中国の全体像を、リアリティーを持って描くにはどういう研究をしたらよいのか。この問いは、中国研究を始めた頃の評者自身の悩みでもあった。著者も本格的な研究開始後まもなくこの問題にぶつかっている。

著者は徹底したフィールドワークこそがその問題解決のカギだと実感する。その研究態度に驚きと同時に敬意を持つことができるのは、長期に及ぶ現地調査の多さのためだけではない。深く現地に入りこみ、HIV感染の被害者との直接の接触などを通して彼らの生の声を聞きとろうとし、そのために、何度も現地に足を運び、数々の危険に立ち向かい、限界はあるにせよ弱者の「痛み」を感じ取ろうとする姿勢を貫いていることである。

本書は、副題が示しているように中国社会の歪（ゆが）みを「格差社会」としてとらえ、その主な被害者＝農民の側から現状を描き出し、問題の本質に迫ろうとしている。対象としたテーマは、売血で広がった「エイズ村」の悲劇、重税から逃れようと都市に流れた農民工の悲惨で不安定な日々、安価での土地放棄を余儀なくされた失地農民の転落、格差の広がる歪んだ学歴競争などである。そこに共通する問題は、差別制度ともいえる農村戸籍制度の堅持、「公平なルール」を保証しない政府、その上で弱肉強食という競争原理が展開されていることだと指摘する。政治社会学のしっかりした分析枠組みがあれば、調査結果をより理論的に説明することも可能だろう。

本書は単なる「中国批判のための書」ではない。再訪した幾つかの村で、農民の主体的な力により活気が戻っている状況も描いている。悲惨な現実を可能な限りリアルに描きだしながら、中国の人々とともに問題解決のために自らも参加しようという強い意志があふれ出ている。新進気鋭の行動的知識人の力作である。

評・天児慧（早稲田大学教授）

あこ・ともこ　71年生まれ。早稲田大学准教授。主に現代中国の社会変動を研究。

二〇〇九年一一月一日④

『フリーター、家を買う。』

有川浩 著

幻冬舎・一四七〇円
ISBN9784344017221／9784344418974(幻冬舎文庫)

文芸

へなちょこ青年が本気になるとき

武誠治（たけせいじ）という主人公、もともとはのんきな性格である。24歳。フリーター。〈このままではまずいな、という危機感はうっすらと心のどこかにある〉ものの、〈まだまだ大丈夫。まだ本気になってないだけで、本気になればきっとどうにかなる〉と思っている、まことにへなちょこな青年なのである。

そんな彼が本気にならざるをえない状況に放り込まれる。25歳の誕生日を迎えるのと前後して、ご近所のいじめによって母親が心を病んでいることを知らされたのだ。自殺まで図った母親を救うには家を引っ越すしかない。そのためには、自分が働いてお金を貯（た）めるしかない。かくして誠治は就職に奮闘し、職場で奮闘することになるのだった。……と書いてしまうと、微妙な既視感に襲われる。筋書きだけを乱暴に取り出すと「一念発起の成長物語」という、植木鉢のようなお行儀の良い枠組みにすっぽりと収まってしまいかねないのだ。

しかし、有川浩さんの描く物語の樹（き）は、その植木鉢に収まったふりをしながら、じつは鉢の底を突き破って、より広く深い大地へと根を張り巡らせているのではないか？

誠治は悔やんでいる。母親の異変に早い時期に気づけなかったことへの後悔が、軽い言葉で綴（つづ）られた物語をしっかりと支えている。後悔とは、言い換えれば〈まだまだ大丈夫〉や〈きっとどうにかなる〉が生んでしまった悲しみである。誠治自身の言葉を借りれば〈間に合わなかった〉苦みである。その苦みが、へなちょこな誠治を踏ん張らせるのと同時に、若い世代の人気を集める有川さんの作品世界を、より広い層へと染みわたらせてくれる。これは、若者の単純な自立の物語ではなく、後悔を背負って生きること、それを乗り越えることを描く物語なのだと受け止めれば……同僚の女性が誠治に言う一言が、それぞれに後悔を背負って生きているすべての読み手の胸に力強く、美しく響くはずなのだ。

〈諦（あきら）めてない武さんは間に合ってます。絶対にお母さんのこと、間に合ってます！〉

評・重松清（作家）

ありかわ・ひろ　作家。『図書館戦争』『三匹のおっさん』『植物図鑑』など。

二〇〇九年十一月一日⑤

『ドイモイの誕生』

古田元夫 著
青木書店・三二五〇円
ISBN9784250209109
歴史／政治／国際

市場法則と社会主義のはざまで

ソ連と東欧諸国が90年前後に社会主義体制から資本主義に転換したのに比し、アジアでは80年代に中国とベトナムの両国が社会主義の「建前」を崩さずに市場化に対応してきたのはなぜなのか。これは多くの人が抱く疑問であろう。なかでもベトナムは、86年に明確に「刷新＝ドイモイ」政策を掲げ、社会主義を維持しつつ市場原理を取り入れるという政策を遂行してきた。その転換はどのような経緯でなされたのか。本書は、この問題に答えるものである。

本書はまず、ソ連のゴルバチョフのペレストロイカの影響について、それを認めつつも、ベトナム内部での現実への対応から来た転換という面を重視する。その上で、ロンアン省など地方での経験が党の中央を変えていく過程が、史料に忠実に描かれる。ベトナム戦争が終わったにもかかわらず、中越戦争の影響もあって、80年代初頭のベトナムは深刻な経済困難に直面していた。たとえば米の調達が市場を無視した価格政策のために著しく困難となった。これを乗り越えるために、計画経済の旗の下に行われた「官僚主義」「丸抱え主義」の経済運営の改革が求められた。ソ連的な「普遍モデル」の社会主義は乗り越えられる必要があった。

そして、価格・賃金・通貨の改革によって市場的原理を取り入れて経済を活性化していく必要性が次第に認識されていく。社会主義と市場法則との間の道の模索が続いた。そして79年以後、ジグザグを経つつ86年12月の第6回共産党大会で「ドイモイ」政策が決定したのだった。

この間の政策転換を見ると、政治局員チュオン・チンの政治的指導力が注目されるが、ベトナムの党の現実感覚が印象的である。また、下からの会議の積み上げにより一般党員の意見が党の決定に反映されていくオープンさも重要であったと考えられる。

だが、「ドイモイ」の現在はどうなのか。市場原理の中でいぜん社会主義を「志向」し続けているのだろうか。今日から見た政策転換の位置づけを付言してほしかった。

評・南塚信吾（法政大学教授）

ふるた・もとお　49年生まれ。東京大学大学院教授。著書に『ベトナムの現在』など。

二〇〇九年一一月一日❻

『46年目の光　視力を取り戻した男の奇跡の人生』

ロバート・カーソン 著　池村千秋 訳

NTT出版・一九九五円
ISBN9784757150607
科学・生物／医学・福祉／ノンフィクション・評伝

手術後に見た世界は驚異の連続

3歳で失明した男が46歳を過ぎて視力を回復したらどうなるか？　視力を得て初めて見る世界は驚異の連続だ。この男マイク・メイは盲目時代に何ひとつ不自由なく、幸せな人生を生きていたので、特に視力を得ることに強い関心はなかった。

ある時、医師から視力を回復する手術の提案を受ける。成功は五分五分だ。かつて幹細胞移植手術を受けた患者で、目が見えなかった頃の幸せに対して見えたものは、天国ではなく不安の地獄だったという例も多い。

たとえ手術が成功しても、拒絶反応が起こって再び見えなくなる可能性もある。拒絶反応を抑える薬は副作用が大きく、がんを発症しかねない。そんな大きなリスクを背負いながらも、メイは持ち前の冒険心から手術を決断する。結果は成功。

ここからが面白い。メイの体験は、われわれの想像をはるかに超える現実が待っていた。視力を得た瞬間は光と色の洪水が四方八方から押し寄せた。だが世界は意味不明の色のモザイクにしか見えず、それが何かは全く認識できない。そのうち触って形が認識できると初めて「見えた」ことになる。目の力だけでは現実は把握できない。盲目時代の触覚の力が必要なのだ。メイには見る物が多過ぎて、その感動に疲れてしまう。

だが目が見えた翌日の夜、電灯の下で妻を裸にし、得たばかりの視覚で肉体の隅々まで観賞するシーンには、まるで新世界を発見したような驚きとエロティックな味わいを覚える。また男と女の区別をわれわれは子供の頃から習慣で知っているが、彼にはそれができない。妻と街に出て男女の識別実験をするくだりは思わず噴き出す。

彼のこれらの行為は、芸術における無から有を創造する時の崇高でサンクチュアルな領域に踏み入った瞬間を見る思いがして、実に感動的だ。われわれはもはやメイのような無垢（むく）な視線を失っており、見えてしまっていることとの不幸をつくづく嘆くしかないのだろうか。

芸術における見えるものと見えないものについて、あらためて考えさせられた。

評・横尾忠則（美術家）

Robert Kurson　米「エスクァイア」誌の記者で編集者。

二〇〇九年一一月一日❽

『同和と銀行　三菱東京ＵＦＪ〝汚れ役〟の黒い回顧録』

森功 著

講談社・一七八五円
ISBN9784062156882／9784062813877（講談社＋α文庫）
社会／ノンフィクション・評伝

本書は、三和銀行（現三菱東京ＵＦＪ銀行）の行員時代、大阪の財団法人・飛鳥会のボス小西邦彦と渡り合った「汚れ役」岡野義市の記録だ。

小西は、部落解放運動家と元暴力団員の二つの顔を持つ。銀行にとって畏怖（いふ）の対象かつタブーの取引先。岡野の役割は小西からの要求の盾になり、役員に責任を及ぼさないこと。すなわち「汚れ役」である。小西を恐れ、悩みぬいた岡野は、意を決して「支部長、阪神強いですな」と大胆にも小西の前のソファにドンと座る。もし小西の怒りを買えば、銀行での出世は望めない。ところが小西は、「おう、飯でも食うか」と出前を取った。岡野が小西の懐に飛び込んだ瞬間だった。

やがてバブル到来。岡野は上司の要請に従い、地上げ取引などで小西との関係を深める。結果は、巨額の不良債権と同僚行員の逮捕と自殺。「銀行に利用されたことに悔いはありません」と岡野は言う。「汚れ役」に徹することで巨大銀行を手玉に取る快感を味わっていたのかもしれない。本書は、組織の腐敗がどのように進行するかの記録として読むこともできる。

評・江上剛（作家）

二〇〇九年一一月八日①

『ザ・コールデスト・ウインター　朝鮮戦争　上・下』

デイヴィッド・ハルバースタム 著
山田耕介、山田侑平 訳
文芸春秋・各一九九五円
ISBN9784163718101〈上〉・9784163718200〈下〉／9784167651824（文春文庫〈上〉）・9784167651831（〈下〉）

歴史／ノンフィクション・評伝

数々の誤算が交錯 「限定戦争」の臨場感

勝利の栄光が伴わない朝鮮戦争は、しばしば「忘れられた戦争」ともいわれてきた。しかしそれは約3年に及び、犠牲者は北朝鮮と中国でおよそ150万人、韓国で41万5千人、そしてアメリカ軍で3万3千人と推測される。もしアメリカが介入しなければ、ほぼ確実に朝鮮半島全域が金日成の支配下に入っていたであろう。

著者ハルバースタムは、ベトナム戦争での泥沼化をもたらしたアメリカの政府高官を批判的に描いた『ベスト&ブライテスト』などおよそ20冊にも及ぶ著作で知られる。不幸にも本書完成直後に逝去したため、本書はまさに遺作となった。

朝鮮戦争では夥（おびただ）しい数の誤算が存在した。アチソン国務長官はアメリカの防衛線から朝鮮半島を除外した。スターリンは北朝鮮による韓国侵攻に対し、アメリカが反撃すると予想していなかった。アメリカは北朝鮮軍の能力を過小評価し、緒戦におけるアメリカ軍の準備態勢を過大評価していた。さらに中国による警告を無視し、38度線を突破して北に進撃した。しかし最大の誤算は、極東軍総司令官マッカーサーが中国軍の参戦はなしと確信して鴨緑江まで進撃し、アメリカ軍を無防備な状態にさらしたことである。ただし、毛沢東も中国軍を南下させ過ぎ、巨大な損害を出すことになった。

朝鮮戦争がわかりにくいのは、途中から膠着（こうちゃく）状態に陥り、「限定戦争」すなわち勝ってはならない戦争となったためである。トルーマン大統領は戦線拡大によってソ連を刺激し、ヨーロッパやイランに戦争が飛び火することを極度に恐れた。兵士は「引き分けるために死ぬ」（die for a tie）ことが求められる倒錯した戦いであった。

マッカーサーは仁川上陸成功で功があったが、本書では部下の功績を横取りするなど、きわめて低い評価が与えられている。トルーマンが推進しようとした中国との交渉を露骨に妨害する様子も生々しく描かれている。ついにトルーマンはマッカーサー解任を決断するが、トルーマン自身は、歴史が自分を支持することを確信していた。本書もトルーマンを支持する。ただし、当時は「もっとも不人気な人間が、もっとも人気のある人間を解任した」などと揶揄（やゆ）されたことを忘れてはなるまい。

朝鮮戦争に関しては歴史家による多数の研究の蓄積がある。本書の特色は、冷戦終結後に利用可能となったロシア側の資料に依拠した研究も消化したことと、新たな解釈を提示するというよりは退役軍人への多数の聞き取り調査に基づいて、戦場での臨場感を生き生きと伝える点であろう。とくに、終戦間近との楽観的雰囲気の中で冬服もなく北朝鮮北部の雲山（ウンサン）に送られたアメリカ軍が一挙に中国軍に壊滅させられる状況の描写は、迫力がある。

著者はアメリカの介入を基本的には評価している。それでもなお、指導者の判断の重さとその責任の大きさは、読み終えた後も心に残る。

評・久保文明（東京大学教授）

David Halberstam　34年生まれ。作家。ニューヨーク・タイムズ紙ではベトナム戦争報道でピュリツァー賞（64年）。独立後も『メディアの権力』など話題作を発表。07年、交通事故で死去。

二〇〇九年一一月八日② 人文

『神と仏の出逢(であ)う国』

鎌田東二 著

角川選書・一五七五円
ISBN9784047034495

生命界の問題解決に必要な視点

「神道ソングライター」としても知られ、霊性、宗教、聖地などについて数多くの書物を公にしてきた著者による、新たな神仏習合論である。

話は法螺貝(ほらがい)から始まる。法螺貝は聖なる楽器とされ、その「声」は世界に響き渡ると仏典にも記されているが(＝「大ボラを吹く」)、法螺貝を宗教儀式で用いる習慣はインドから東南アジア、ハワイ、サモア、中南米などの環太平洋域に広く見られるという。日本でも縄文時代から存在した可能性があり、それが仏教が渡来した際に融合しつつ発展し修験道の法螺貝となった。習合化の始まりである。

こうした興味深い事例に言及しながら、著者は日本の歴史の全体を(原型としての「神神習合」から出発しつつ)神仏習合を軸にして再構成していく。その上で、現在の世界が新たなる「武者の世」になりつつあることに強い懸念を示す一方、これからの時代を「新神仏習合」ないし新神仏共働の時代として提起する。それは仏教やキリスト教が主に扱う「人間問題」とともに、自然や地球全体、生命界全体の問題の解決には神道や古代宗教の視点が不可欠と考えるからである。これらの他、折口信夫の小説『死者の書』の読み解きなど、個別にもおもしろい話題が随所にあふれている。

評者の関心に引き寄せて見ると、人間の歴史はいくつかの「拡大・成長」と成熟化のサイクルをへてきている。そして①狩猟採集時代前後には「自然の霊性」を見いだすような自然信仰が地球上の各地域に生成し②約1万年前に始まる農業文明が最初の成熟期を迎えた紀元前5世紀前後には仏教、儒教、ギリシャ哲学、旧約思想といった普遍性を志向する思想が〝同時多発的〟に(かつリージョナルに)生まれた。そして、ここ200年あまりの急激な産業化と人口増加が成熟化しつつある今、地球レベルの新たな思想が生成する時代状況を私たちは迎えつつあるのではないか。それが著者の提起する「普遍的(ないし世界的、宇宙的)霊性」とどのように呼応するかが、今後さらに議論されていくべきだろう。

評・広井良典(千葉大学教授)

かまた・とうじ　51年生まれ。京都大学教授。『宗教と霊性』など。

二〇〇九年一一月八日③ 科学・生物

『たまたま　日常に潜む「偶然」を科学する』

レナード・ムロディナウ 著　田中三彦 訳

ダイヤモンド社・二一〇〇円
ISBN9784478004524

偶然の重み増した時代の「心得」

ひいきの球団が日本シリーズに敗れても、この本を読めば少し気が晴れるのではないか。

ワールドシリーズがほぼ実力通りに決着することを望むなら、7試合制では無理があり、戦力差が小さければ途方もない試合数が必要になると試算している。「短期の結果で能力を判断することは危険」なのだ。

統計の理論では、「サンプルが量的に十分」なら母集団を「ほぼ正確に反映している」とみなせる。だが、その条件を見落として、少ないサンプルにも大きな意味を見いだしがちだ。これが、拙速な人事評価などにつながることもあるらしい。

統計が苦手なのは詩的精神の裏返しか。著者がもち出すのは夜空の星座だ。人は「とりとめなく散らばっている星々の中に、パターンが見え隠れする」と感じる。ランダムなものにも何かを見たがるのである。

偶然よりも必然という志向は根深い。ギリシャ哲学は「論理と公理によって証明される絶対的真実」を重んじて確率の議論を嫌った。ニュートン物理の決定論は「人間の行動も他の自然現象と同じぐらい確かに予測できる」という信念を広めた。

だが、その世界像はもはや色あせている。一例は、チョウのはばたきですら気象を大きく左右しかねないというバタフライ効果。ニュートン物理でも未来予測は難しいのだ。偶然、あるいは人には偶然としか見えない出来事の重みが増した——そんな「たまたま」の時代の心得がこの本からは読みとれる。

失業率やがん発生率のランダムなばらつきを見て右往左往していないか、勝ち組の成功物語の陰にいくつもの偶然があることを見落としていないか……。

チャンスもある。音楽市場では「小さな偶然が雪だるま式の効果を生み出し」、ヒット曲が誕生したりするらしい。

ただ、これはハウツー本ではない。著者の父母がナチスの迫害に遭いながらも生き延びたいきさつに触れたくだりは、胸に突き刺さる。歴史の大波と偶発事の小波が重なって人々の生をもてあそんだ現実が、この本の偶然観に深みを与えている。

評・尾関章（本社論説副主幹）

Leonard Mlodinow 理論物理の研究の傍ら、多方面で活躍。

二〇〇九年一一月八日④

『手妻（てづま）のはなし　失われた日本の奇術』

藤山新太郎 著

新潮選書・一六八〇円
ISBN9784106036477　歴史／アート・ファッション・芸能

西洋とは異なる独自の技芸

本を開くと、前口上として〝手妻とは日本人が考え、独自に完成させたマジックの事だ〟とあり、さらに〝幕末に日本にやって来た欧米人が手妻を見て、その技術の高さに驚嘆した〟と記しているが、本書はこのユニークな庶民文化について歴史をたどりながら克明に綴（つづ）った力作である。

マジックはだれが見ても不思議だ、おもしろい。人々の好奇心を引いて、合理を超えた力をほのめかす。それゆえに当初は神秘と結びつき、宗教とも無縁ではなかった。これは権威の保護を受けて、今でも命を永らえている、と言ってもよいだろう。

一方、大衆の中に散って放下（ほうか）と呼ばれ、おおいに民衆を楽しませた。人気沸騰して興行は現在の価値に直して一人一万円の席料でも満員になったとか。

発展するにつれ道が分かれ、不思議を売り物とする一派とはべつに、歌舞伎などの影響を受けた華麗な一派が現れ、このことによりさらに演芸としての質を高めた。それぞれの時代にそれぞれの名人がいたことは論をまたない。

〝世界の国々の中で、伝統のマジックを持っている国というのは、中国とインドと日本くらいしかない〟のであり、この技は日本人の手先の器用さ、演じ物への強い関心とあいまって独自にして多様多彩な大衆文化を創（つく）りあげた、ということ。豊富な資料に基づく論述は、必ずしも知名度が高いとはいえない芸人が次々に登場して繁雑に映るきらいはあるが、全体を通して、確かな説得力に富んでいる。美貌（びぼう）の手妻師・松旭斎天勝（てんかつ）が登場して大正・昭和の興行界を席巻した事実は、今なお記憶に留（とど）める人もいるだろう。こうした流れの中から西洋マジックとは趣を異にした手妻が新しい技芸を取り入れながら生き続けていること、本書はその意味をいとおしみながら切実に訴えているようだ。

もちろん、これだけのことを綴る著者・藤山新太郎氏は手妻の中の名人であり、〝私の演じる手妻の中で、「水芸」と「蝶（ちょう）」を越える作品はない〟と、一見を勧めている。

評・阿刀田高（作家）

ふじやま・しんたろう 54年生まれ。プロマジシャン、日本奇術協会副会長。

二〇〇九年一一月八日❻

『学校では教えてくれない本当のアメリカの歴史　上・下』

ハワード・ジン 著　鳥見真生 訳

あすなろ書房・各一五七五円
ISBN9784751526118〈上〉・9784751526125〈下〉

『本当は恐ろしいアメリカの真実』

エリコ・ロウ 著

講談社・一四七〇円
ISBN9784062156653

歴史

あこがれの国の衝撃の裏面史

現在、世界はアメリカ発の金融不況で苦しんでいる。それでも多くの人にとってアメリカはあこがれの国だ。自由、平等、アメリカンドリーム。アメリカほど光り輝く国はない。しかし光には影がある。一部の富裕な白人が先住民、黒人、貧しい人々などを今も虐待し続けている国でもある。『学校では教えてくれない本当のアメリカの歴史』は、虐げられた民衆の側から見た、ハワード・ジンの世界的ベストセラー『民衆のアメリカ史』を若者向きに平易に編集し直したものだ。

例えば、コロンブスはアメリカ大陸を発見した英雄だと言われているが、実は奴隷と黄金を得るためにカリブ海の島々の人々を虐殺し、たった2年でハイチの25万人の人々を半減させてしまった。またアメリカ独立宣言は人間の平等と生命、自由、幸福の追求の権利を謳（うた）い、民主主義の勝利宣言だと考えられているが、実は少数の富裕層の既得権益を守る宣言であり、先住民、黒人、女性は守るべき対象とされていなかった。

本書は1492年のコロンブスのアメリカ発見から2006年のブッシュ大統領の時代までの裏アメリカ史で、アメリカにあこがれている読者は衝撃を受けるだろう。しかしそれは、まさしくもう一つのアメリカの顔であり、強者からだけ見ていては歴史の真実は分からないことを私たちに教えてくれる。

『本当は恐ろしいアメリカの真実』の著者は、米国在住のジャーナリストだが、多様な見方を提供してくれる。例えばアメリカは、キリスト教と他宗教、白人と黒人などとの間に深刻な対立があり、決してユナイテッド（統一）されていない。そのことを示す多くの事例には驚くばかりだ。また、18歳以上のアメリカ人の4分の1以上が精神疾患で、そのお陰で製薬会社が大もうけしているなど、ジャーナリストならではの事例には興味が尽きない。

政権交代によってアメリカとの関係見直しの機運が高まりつつあるが、この2作を読めば、あなたのアメリカ観の根底が揺らぐかもしれない。

評・江上剛（作家）

二〇〇九年一一月八日❽

『青少年・若者の自立支援　ユースワークによる学校・地域の再生』

柴野昌山 編

世界思想社・二一〇〇円
ISBN9784790714347

教育／人文／社会

いま、自立して大人になることはとても難しい。昔は一人前というゴールがはっきりしていたし、そこに至るまでに参加する年齢集団（たとえば若者組）や通過儀礼が明確な境目をもって存在していたからである。それらを喪失したいま、若者たちはいかにして自分の力で自立を達成するかという発達課題を突きつけられている。

検討の対象は、学校教育、地域、青少年の活動センター、雇用環境など多岐にわたる。本書が提案しているのは、自発的な「グループ参加が人間を育てる」ことを前提に、グループというセーフティーネットを創出し、若者の成長を支援することである。

それは、規律訓練によって規範を若者に植え付けるという、社会構造上すでに無理な方法に固執する立場とは異なる。同時に、教育問題を「心の問題」と見なして解決を図ろうとする心理主義とも一線を画する。理論に根ざした時代の分析と変革を志す実践性の両面を備えているがゆえに、本書の提案には現実的妥当性がある。

一貫性を持ってていねいに作られた本である。

評・耳塚寛明（お茶の水女子大学副学長）

『ものづくりの寓話（ぐうわ）　フォードからトヨタへ』

経済

和田一夫 著
名古屋大学出版会・六五一〇円
ISBN9784815806217

製造業の100年　改革史を再検討

副題に「フォードからトヨタへ」とあるように、本書が語る「ものづくり」は、二十世紀の大量生産を牽引（けんいん）した自動車産業に代表される、大規模な工場生産のシステムを指す。

本書では、昭和初期の近代工業が家内工業の手仕事の「ものづくり」から脱却して、戦後の高度成長期に世界に誇る大量生産システムを構築してゆく過程が明らかにされる。それはそのまま「ものづくり」概念の更新の歴史でもある。

しかし著者は、その輝かしい歴史を懐かしむのではない。一般の通念を解体して、この百年間、製造業が何を追求し、それをどう実現してきたのかを再検討するのである。それなくしては、先人の知恵の継承はないというのが著者の信念である。

本書はまず、大量生産時代の幕を開けたフォード・システム＝移動式組立（くみたて）ラインという「寓話」を解体する。仕掛品（しかかりひん）が次々にコンベヤーを流れてゆく工場の風景は誰でも知っているが、このシステムで生産効率の向上と大量生産を実現するためには、ラインに供給される部品の仕様と品質が一定であることや、各工程の作業時間の平準化が達成されていなければならない。つまりキーワードは、コンベヤーよりも、生産工程全体の有機的な流れと、それを可能にする互換性部品だったのである。

そして、当時の日本の企業家たちが正確に見抜いたのもそれだった。十分な資本も機械設備も望めない日本で応用できるのは、各工程間の円滑なモノの流れであり、日本人はこれを「流れ作業」と名づけた。またトヨタにつらなる豊田自動織機製作所の豊田喜一郎は、自動織機の開発過程で、部品加工に欠かせない許容公差の概念を身につけていた。喜一郎が、いまだ需要のない一九三〇年代に国産自動車の製造に早々と乗り出したのは、加工精度を求められる互換性部品の供給に、目指すべき近代的な工場生産の条件を見たからである。これは、十万点以上の部品ごとの情報をもとにした今日のトヨタの経営管理の原点と言える。

とまれ、「流れ作業」の実現のために、数万点もの部品供給に日々生じる過不足や、各工程に滞留する部品と仕掛品の山をいかに解消するか。必要なときに必要な部品が供給されるジャスト・イン・タイムのシステムをいかに構築するか。戦後の六〇年代まで続くその挑戦と試行錯誤の過程の検証は、本書の白眉（はくび）である。とくに、工作機械から人間まで、その作業のすべてを時間で計測して「標準作業」を設定してゆく過程に、かつてフォード・システムを観察し、作業とは何かを見抜いた日本人の眼（め）があると著者はいう。

最少のコストで一定の品質の製品を大量生産する二十世紀のシステムは、労働者の身体と生活をもそこに組み込みながら、規模の経済性を求めて、今日までひたすら拡大し続けてきた。トヨタが先導した日本のこの「ものづくり」が岐路に立ついま、次世代を担う人たちが、本書をぜひ、読み込んでほしいと思う。

評・高村薫（作家）

わだ・かずお　49年生まれ。南山大学助教授などを経て現在、東京大学教授（経済学）。共著に『豊田喜一郎伝』『企業家ネットワークの形成と展開』、監訳書にG・オーウェン著『帝国からヨーロッパへ』など。

二〇〇九年一一月一五日②

『若い芸術家の肖像』

ジェイムズ・ジョイス 著 丸谷才一 訳

集英社・三九九〇円 文芸
ISBN9784087734263／9784087610338（集英社文庫）

みずみずしさ 新訳でさらに

「むかし むかし、そのむかし、とても たのしい ころのこと……」と、幼児語のお話に始まり、「古代の父よ、古代の藝術（げいじゅつ）家よ、永遠に力を与えたまえ」と、作家を目指す神学生の日記で終わるこの小説は、ある若者の半生をまるごと、言語の変遷史として差しだすものである。SFの名作『アルジャーノンに花束を』など、主人公の内面変化を文体で表現する作品は多彩にあるが、そうした現代小説の元祖的存在が、20世紀初頭に書かれた本作だ。

ジョイスと言えば難解文学の代名詞。しかし実際に繙（ひもと）いてみれば、遊びの限りを尽くして、とびきり愉（たの）しい。丸谷氏が既訳にこまやかな改訂とさらなる彫琢（ちょうたく）、そして60ページ余の解説と丹念な脚注を加えたこの「新訳」版は、主人公の心の軌跡をみずみずしく、いっそう鮮明に伝えてくれる。例えば、生徒監の理不尽な仕打ちを校長先生に相談にいく主人公のいたいけな決意と小さな勝利、あるいは、16歳の主人公がたび重なる淫行（いんこう）の罪を漸（ようや）く告解した後に台所で目にする「ソーセージと白いプディングをのせた皿」というありふれた光景のなんとまばゆいこと！

カレッジ時代には、「熾天使（してんし）を堕落させた美しいひとよ」なんて、ちょっぴり気恥ずかしいポエムを書いたりするが、これは事実10代の恋するジョイスが書いた作とのこと。昔の習作をあえて盛りこんだわけも、今回の解説でわかった。

このように本作は作者の実人生に深く取材しているが、自伝小説ではない。そのことを丸谷氏は当時の思想、美術、文学などの背景を織りこみつつ、A Portrait of the Artist as a Young Manという一見易しい語の並んだ原題を一語ずつ丁寧に解説することで、見事に解き明かす。さて、主人公ディーダラスはギリシャ神話で空を飛ぶ工匠ダイダロスの末裔（まつえい）、つまり天翔（あまがけ）る若き芸術家として讃（たた）えられているのか、それとも太陽に近づきすぎて墜落した未熟な息子のイカロスとして皮肉に描かれているのか？ 血肉を備えた真の青春小説を存分にお楽しみいただきたい。

評・鴻巣友季子（翻訳家）

James Joyce 1882〜1941年。アイルランド生まれの作家。

二〇〇九年一一月一五日③

『サイゴンのコニャックソーダ 酒こそわが人生』

石川文洋 著

七つ森書館・二三一〇円
ISBN9784822809959

『私が見た戦争』

石川文洋 著

新日本出版社・二九四〇円
ISBN9784406052689 歴史／アート・ファッション・芸能

酒の味わいもまた生きてこそ

氷を入れたグラスにコニャックをどぼどぼ注ぐ。ソーダで割ってかき回し、泡立たせてコニャックの香りに威勢をつける——ベトナム戦争に従軍するジャーナリストたちが愛した、コニャックソーダのつくりかた。

いまとなっては夢まぼろしの味。たとえおなじコニャックソーダでも、戦場から生きて帰って喉（のど）を潤したあの日の味には二度と出合うことはできない。

愉楽であり、慰撫（いぶ）であり、突っかい棒であり、逃避先でもあった酒。石川文洋さんは五十余年、カメラと酒を離さなかった。

定時制高校から香港を経由、65〜68年サイゴン（現ホーチミン市）に住んでベトナム戦争最前線を取材。以来カンボジア、ボスニア、アフガニスタン……内戦や紛争を撮影してきた。『サイゴンのコニャックソーダ』は、半生を伴走してくれた酒への賛歌である。

どこでもまずビール。安くて、手軽で、土地の味がするから。ひとり酒がすき。北方領土でウオツカ。キューバでラム。ラオスで焼酎ラオラオ。北朝鮮でどんぐり酒。平壌では、ビールを注いでくれる楚々（そそ）とした女性をこっそり「（原）節子さん」と名づけて旅情を噛（か）みしめる。戦火で家族を失ったひとびとの号泣も、酒とともに飲みこんだ。

しかし、いったんカメラを構えれば、狙撃に脅（おび）えつつサラエボの大通りを駆け抜ける。緊張と弛緩（しかん）のくりかえし。それも生と死のあいだを揺れ動く極端な振れ幅に耐えられる者だけが、ふたたび苛烈（かれつ）な最前線に戻ってゆくことができるのだ。

じぶんの目で、石川さんは戦場を直視してきた。その長年の撮影記録が『私が見た戦争』。67年、メコンデルタ、ベトナム第9師団の写真。殺された解放戦線兵士の肝臓が切り取られている。敵の肝臓を食べると戦死しないと言い伝えられているのだ。戦争は、どちらの側の人間の尊厳も極限まで奪い去る。

死んではいけない。死なせてはならない。酒の味わいもまた生きてこそ――戦地に赴き、じぶんに「見ること」を課してきた現在71歳の石川さんの思いが、近著2冊にあふれている。

評・平松洋子（エッセイスト）

いしかわ・ぶんよう　38年生まれ。

二〇〇九年一一月一五日❹

『大向（おおむこ）うの人々　歌舞伎座三階人情ばなし』

山川静夫 著

講談社・一七八五円

ISBN9784062156363

アート・ファッション・芸能

なぜ人は掛け声をかけるのか

歌舞伎座で聞こえる、「成田屋！」「成駒屋！」という掛け声。あの声がかかる間（ま）が、役者さんの台詞（せりふ）とビシッと合うと、何とも気持ちの良いものです。反対に、煮え切らない声だと、気になって仕方がない。

山川静夫さんは古典芸能通として知られていますが、それもそのはず、あの掛け声をかける大向うの人たちの会に、学生時代から入っていらしたのです。

静岡から上京した学生服姿の山川青年が、歌舞伎にはまっていく青春譚（たん）から、このエッセーは始まります。歌舞伎座の三階にいる大向うの人々と交流が生まれ、先輩の大向うや役者さんたちに可愛がられて成長していく、山川青年。歌舞伎座においては、舞台上で演じられている物語以外にも、客席にそして廊下に、物語はありました。

驚くのは、かつては大向うの会の人たちと役者さんたちとの交流が、非常に密であったということ。共に温泉旅行をしたり、家に招いたり招かれたりする様を読むと、舞台と客席の距離が、急に縮まったように思えてくるではありませんか。

大向うの人々の熱心さにも、唸（うな）らされます。タイミング、声のトーン、そして何と叫ぶか。それは勉強と熟練を要する技能なのであり、観（み）る側の技術をこれほど熱心に研（みが）くファンがいる歌舞伎という芸術の奥深さが、改めて思い知らされるのでした。

次第に読者は、なぜ人は掛け声や拍手という行為をするのかというところに、著者の筆によって導かれます。何かを称賛したいという気持ちの純粋さと熱さは、人間が太古の昔より持っていたもの。大向うとは、その気持ちを、文化と言えるほどまでに昇華させた人々なのです。

舞台上と、三階席。一番離れているはずの両者は、実は声と声、思いと思いで通じ合っているのでした。読み終えた時は思わず、「駿河屋！」と（静岡ご出身なだけに）声をかけたくなったこの本。来年、歌舞伎座は建て替えとなりますが、本書を読んだならば、ぜひ一度今の歌舞伎座の、それも三階席で歌舞伎を観たくなることは、間違いないでしょう。

評・酒井順子（エッセイスト）

やまかわ・しずお　33年生まれ。元NHKアナウンサー。『歌舞伎の愉（たの）しみ方』など。

二〇〇九年一一月一五日❺

『フリードリヒへの旅』

小笠原洋子 著
角川学芸出版・二六二五円
ISBN9784047021433　人文／アート・ファッション・芸能

絵に宿る精神を追う「巡礼の書」

フリードリヒはドイツ・ロマン派の画家である。10年ほど前に、著者は彼の「樫（かし）の森の修道院」という作品の存在を初めて知った。この絵に衝撃を受けた著者は何かに取り憑（つ）かれたようにドイツに向かった。旅は10年に及び、その間、フリードリヒと共に生きることになる。

「肉体の目を閉じて、心の目で見よ」という画家の言葉に突き動かされた著者は、画家の心の扉をこじ開けるべく、長期にわたって絵との対話を重ねる。

その旅の記録を、文学的で身体的な美しい言葉で綴（つづ）ったのがこの本だ。画家の魂との一体化を図ろうとした著者は、フリードリヒの主題である風景の中に立つ。その光景は、シュタイナーが描写した厳寒の夕闇の凍結した湖水の超越的な美と同化する女性の姿を彷彿（ほうふつ）とさせる。

そしてその瞬間、著者は「会うことのできないこの画家」に会ったに違いないと実感した僕は、フリードリヒの画業も学術的な知識も、どうでもいいような気になったのである。

といって、著者は画家の伝記的側面を無視しているわけではない。また、単なる旅のエッセーでもなく、美術評論としての価値を損なうものでもない。その抑制された文体には画家と著者との親和的な魂の結びつきを見ることができる。その意味では一般的な美術評論の枠をはみ出していると言えよう。

フリードリヒは長い間、歴史の墓場の中で眠っていた。もし著者のような論者がその時代にいたとすれば、もう少し早く蘇生していたかもしれない。そんな自らの運命を知ってか知らずか、フリードリヒは生涯を通して墓場を主題にした作品を何点も描いている。まるで「私はここだ」と言わんばかりに。

ロマン主義というのは、自らの内部の不透明な部分に光を当てて、それを吐き出す流儀だと思う。フリードリヒには幼年時代の贖罪（しょくざい）を背負い続ける悲劇的な暗い影がつきまとう。

それは著者の少女時代の「うずくまるように」過ごした過去の影と重ねられなくもない。僕はこの本を著者の「ロマン派的巡礼の書」と呼んでみたい。

評・横尾忠則（美術家）

おがさわら・ようこ　49年生まれ。美術エッセイスト。フリー・キュレーター。

二〇〇九年一一月一五日❻

『長寿大国の虚構　外国人介護士の現場を追う』

出井康博 著
新潮社・一五七五円
ISBN9784104468027　政治／医学・福祉／社会

人材開国の機会にふらつく政策

急速に高齢化が進んでいる日本では、介護制度の充実が望まれる。しかし少子化のためもあって、それを支える人材が足りない。低賃金・重労働という現実に加えて、そのイメージが若者を介護の職場から遠ざける。

そんな中で、昨年インドネシアから介護士たちが来日した。今年はフィリピンからも到着した。各自が日本で働き、4年以内に介護福祉士の国家試験を受ける。合格すれば日本で無期限に仕事を続けることもできる。

これは日本が両国と結んだ経済連携協定（ＥＰＡ）によって始まった。送り出し側から言えば、労働力の輸出が目的である。日本側でも、介護労働力の不足を補うことが期待される。

アジアの両国とも、社会の中で大家族の助け合いが生きており、お年寄りの世話が苦にならない人材が多いらしい。日本での給料も、大半は家族への仕送りとなる。著者は介護の現場を訪れ、笑顔で貢献する若いインドネシア人、フィリピン人の姿を紹介している。

しかし、明るい話はここまでで、制度上の欠陥も多い。著者は両国と日本の現場を丁寧に取材して、いずれでも、政府の担当者たちが個別の利権を優先し、現場のニーズを無視している実態を活写している。

これが外国人の研修生制度と同じような二重基準になる可能性もある。研修の名目で来日するのは実際には単純労働者で、技術の習得もできない。3年がたつと彼らは必ず帰される。介護士の場合は、1回で国家試験に受からなければ、そのまま祖国に帰される。

問題は深刻である。介護の対象は人であり、熟練と配慮が必要とされる。せっかく日本になじみ、老人介護に上達した後で、何のために、日本人でさえ半分しか受からない試験を課して追い返すのか。

定着してもらいたいのか、本音はほしくないのか、方針に根本的な矛盾がある。外国人介護士の到来は「人材開国」の機会なのに、国民的な議論がないために政策がふらついているという。そうならば、ここでしっかりと議論をしたいものである。

評・小杉泰（京都大学教授）

いでい・やすひろ　65年生まれ。ジャーナリスト。『松下政経塾とは何か』など。

二〇〇九年一一月一五日⑦

『ザ・リンク　ヒトとサルをつなぐ最古の生物の発見』

コリン・タッジ著　柴田裕之訳

早川書房・一八九〇円
ISBN9784152090706　科学・生物

ドイツのフランクフルト郊外で80年代、ほぼ完璧（かんぺき）な姿で4700万年前の小さな霊長類の化石が発見された。それはイーダと名付けられ、人類の進化の謎を解くミッシング・リンク（失われた環〈わ〉）ではないかと、研究者たちの追究が始まった。

生物学者でもある著者はイーダの秘密を解き明かしつつ、同時代に生きた多くの古代生物たちの姿を生き生きと描き出す。

本書を読むまで、私は、現在こそ進化の頂点にある時代だと思っていた。ところがそれは全くの思いあがりだった。実は、古代には、ものすごく豊かな種が生息していたのだ。例えば現在はアジアなどに2種しかいないゾウは、過去5千万年ほどの間には、なんと150種もいた。

「ある動物が現在棲息（せいそく）している土地というのは、たまたまそれがたどり着いた場所にすぎない」と著者は言う。私たち人類は、たまたま地球を支配しているにすぎないのだ。そう思うと、謙虚な気持ちにならざるを得ない。

最近、これほど心を躍らせて読んだ本は無いと断言する。地球の未来を担う子供たちにも読んでもらいたい。

評・江上剛（作家）

二〇〇九年一一月一五日⑧

『JOHNNY TOO BAD 内田裕也』

モブ・ノリオ著

文芸春秋・三〇四五円
ISBN9784163283104　文芸／アート・ファッション・芸能

本を手に取った瞬間に、「これはキタかもしれない」と思った。なにしろ本の作りが独特だ。モブ・ノリオの小説と内田裕也の対談集が、無理やりくっつけられて一冊になっている。こうしたケレン味こそ、小説というジャンルの本領である。

で、頁（ページ）を繰って、直感が正しかったことを確認した。自宅の海賊ラジオ局から放送を続けるDJの「かたり」で構成された一編は、まさしく小説としか呼びようのない熱気と臭気を放つ。DJがかけていくレコードのタイトルが、小説を推進していくのだけれど、スリリングな言葉の動きは、小説に物語はいらない、という真理を証明してあまりある。ましてや「泣ける物語」だとか「癒やし」なんてものは糞喰（くそく）らえ！　と元来上品な評者をして下品な言葉を吐かせてしまうくらい、本書はパワーがある。内田裕也の対談も、中上健次、カール・ルイス、岡本太郎と、相手の名前を並べただけでも分かるけれど、面白すぎる。本書はコラボというやつなんだろうが、そんなしゃらくさい言葉は吹き飛んで、久しぶりに小説らしい小説を読んだなと、深く感じ入った。

評・奥泉光（作家）

『醜の歴史』

ウンベルト・エーコ 編著　川野美也子 訳

東洋書林・八四〇〇円
ISBN9784887217690

歴史／人文／アート・ファッション・芸能

悪魔の想像力か　醜は美を生む力

どのページでもいい、めくってごらん。きっとあなたは「オエーッ」と言いたくなる図像が目に刺さってきて、次の瞬間「やべぇ」と思い、音を立てて本を閉じるだろう。

この本は、博覧強記で知られるウンベルト・エーコが「醜」をテーマにキュレーションした悪趣味な〝空想美術館〟である。大半は絵画が並び、おなじみの作品が占めているが、僕はまず、彼の解説や論評には一切触れずに、とりあえず自分の目の自由度に委ねて鑑賞することにした。いつも美術館でする仕方で。

『醜の歴史』は必ずしも編年体ではなく、作品は「黙示録、地獄、悪魔」「醜悪なもの、滑稽（こっけい）なもの、猥褻（わいせつ）なもの」という具合に15の部屋にカテゴライズされて展示されている。僕は彼の空想美術館の各部屋をたっぷり時間をかけて回った。

そこである疑問に突き当たった。「いったい何が醜なの？　どこにも醜などないじゃないか」と。一般的に、両者は対立するとされる。しかし、両者は対立などしていないのではないか。醜と美は見事に手に手を取って、美の地平を目指して歩んでいくではないか。

人間の悪魔的側面は確かに醜い。グリューネヴァルトの傷だらけの磔刑（たっけい）図はおぞましい。フリーダ・カーロの「折れた背骨」の残酷さは目を覆うほど。ピカビアの「接吻」の男女は化け物だ。デュシャンの「モナリザ」の口髭（くちひげ）も美を馬鹿にしているが、決して醜くはない。むしろ美の範疇（はんちゅう）にある。醜いと思われるのは、その表現が下等な場合に限る。

だから一部を除いて、ここに見る作品はどれも美しいのだ。言い換えれば、美の創造者、または優れた鑑賞者にとっては、すでに歴史に位置づけられた美術作品に「醜」は存在しないということになる。美術作品である以上、「醜」はすでに美の中に宿っているからだ。

美を超えた美を表現したいと念じる画家にとっては、ゲーテのメフィストフェレスのごとく、悪魔の想像力が不可欠なのだ。つまり、心の闇である「醜」こそ、美を生む力になり得るのではないだろうか……。

エーコは醜いモチーフを選んだが、決して醜い作品を選んだわけではない。その点で彼は、「醜の美」を十分に理解している。だからモチーフにおいては「醜」は「美」と対立するが、その美術作品の表現においては反発どころか、むしろ融和を図ろうとさえする。

だけど、『醜の歴史』のキュレーターたるエーコが読者のナビゲーターの役割を果たすとき、彼は醜の観念を構築する。そこが面白いではないか。創造者は「眼（め）の人」であろうとするが、キュレーターは「観念の人」であろうとする。

僕はこの書物に対して、実作者の立場から、「見る」ことを最優先した。そして、この空想美術館を立ち去った後、ロビーで『醜の歴史』のウンベルト・エーコの解説を実に愉（たの）しく読んだのだった。彼は醜の魅力を見事に引き出している。

評・横尾忠則（美術家）

Umberto Eco　32年生まれ。イタリアの哲学者、作家。学術的著書に『記号論』『開かれた作品』、小説に『フーコーの振り子』『前日島』『薔薇（ばら）の名前』など。本書と対をなす著作に『美の歴史』がある。

二〇〇九年一一月二二日❷

『掏摸（スリ）』
中村文則 著
河出書房新社・一三六五円
ISBN9784309019413／9784309412108（河出文庫） 文芸

平凡を願いつつ孤立する哀しさ

いわゆるピカレスク小説は日本語でも数多く書かれてきたが、スリを生業とする男を主人公に据えた本小説は、大藪春彦、団鬼六、馳星周といった、この分野の先達がひらいてきた場所に、新たに魅力ある建物をたてた一篇（ぺん）といってよいだろう。

プロのスリの業や、スリをなす者の心理などの細部が、本書の読みどころの一つであるのは間違いないが、しかしなにより印象に残るのは、主人公の平凡さと、平凡であるにもかかわらず孤立してしまう人間の苦しさ、哀（かな）しさである。スリを生業とする人間のどこが平凡なんだといわれるかもしれないが、たとえば大藪春彦の小説の主人公たちが、過剰な欲望と野心を抱いた怪物であったのに較（くら）べれば、この主人公は、いつのまにか世間のルールから外れてしまった人間であり、極端ないい方をするなら、いつのまにか芸人になったり、会社員になったりする人と変わらない位相にいる。だから彼は失った恋人の面影を追い続けるし、かつての自分と同じような境遇にあって万引きを繰り返す少年に同情もする。

技術の高いスリとなった彼は、カネには困らず、世間の規則にも縛られない。嫌な上司と付き合わなくてもいいし、無茶（むちゃ）をいう顧客に頭を下げなくてもいい。けれども彼は決して自由ではない。堅気の社会の外に出たがゆえに、今度は犯罪者の闇の力が彼を襲う。彼自身には見通すことのできない、「上位」にある組織の手に絡めとられ、彼の知らぬ犯罪の手駒として使い捨てられてしまうのだ。

平凡に生きたいと願いながら、社会のなかで孤立し、見通すことのできない「上位」の力に翻弄（ほんろう）される状況は、社会そのものが解体しつつある現在、世界に広く蔓延（まんえん）している。孤立するつもりがないのに、いつのまにか孤立してしまう人々の姿を重ねあわせるとき、本書は独特のリアリティーを発揮して読者を強くひきつける。しかし、である。ないものねだりを承知でいえば、スリの超絶技を武器に、「上位」の力に斬（き）り込む主人公の姿は見られないのか？　それは無理なのか？　続編を待望する。

評・奥泉光（作家・近畿大学教授）

なかむら・ふみのり　77年生まれ。『土の中の子供』で芥川賞。『遮光』など。

二〇〇九年一一月二二日❺

『アジア未知動物紀行　ベトナム・奄美・アフガニスタン』
高野秀行 著
講談社・一四七〇円
ISBN9784062156738／9784062776486（講談社文庫） ノンフィクション・評伝

ロマンの余白残す伸びやかな旅

猿人フイハイと妖怪ケンモンと凶獣ペシャクパラングを探す旅である。もっとも、それらの正体は不明。高野秀行さんが探しているのは、存在が現地で語り継がれてはいるもののまだ科学的に確認されてはいない「未知動物」――高野さんご自身の言い方を借りれば「そんなもん、いるかよ」なのである。

高野さんはフイハイを追ってベトナムへ飛び、ケンモンの正体を探るべく奄美大島に渡り、ペシャクパラングに惹（ひ）かれてアフガニスタンをさまよう。旅の準備はほとんど整えない。事前情報も必要最小限以下。要するに行き当たりばったりである。未知動物探索歴20年におよぶ高野さんは、今回の三つの旅で意識的にその方法を選んだ。〈もしかすると、何の予断もなしに素のままで飛び込んだほうが「ほんとうのこと」が見えるんじゃないか〉――そんな思いを胸に、道なき道、未知だけが先にある道を往（ゆ）く。

はたして猿人はいたのか。妖怪はどうだ。

凶獣の姿は拝めたのか。その答えはもちろん読んでのお楽しみなのだが、「未知人間」にはたくさん会えたようだぜ、とは言っておこう。いや実際、3日もあれば猿人に会えると豪語するベトナムのガイド氏をはじめ、旅で出会う現地のひとがとにかくすごい。「そんなヤツ、いるかよ」。いるのである。行き当たりばったりだからこそ出会えるのである。

高野さんは一筋縄ではいかない面々に戸惑い、あきれ、ずいぶんな迷惑もかけられつつ、しかしそれを楽しみながら旅をつづける。読者を気持ちよく笑わせる一方で、ふっと「ほんとうのこと」をうかがわせる。〈「現実」と「伝説」の間（あわい）〉にひそむ未知動物の背後には、たとえば米軍という大きな「現実」の影も見え隠れしているのだが、高野さんは風通しのいい伸びやかな言葉で旅の記録を書き綴（つづ）ったすえに、〈未知を未知のまま放り出したっていいじゃないか〉――ロマンの余白を残すのである。ただし、そのロマンに色っぽさは皆無。硬派。「そんなロマンチックな旅、あるかよ」。あるんです、ここに。

評・重松清（作家）

たかの・ひでゆき 66年生まれ。作家。『アジア新聞屋台村』『怪獣記』など。

二〇〇九年一一月二二日❻

『ナショナリズム　1890-1940』

歴史／政治

オリヴァー・ジマー 著　福井憲彦 訳

岩波書店・二六二五円

ISBN9784000272063

「民俗」や「国民」の意識いつから

実は、われわれがいつ、どのようにして、ネイション（民族、国民）という意識をもち、ナショナリズムを掲げるようになったのかは、いまだに十分に解明されていない謎なのである。19世紀以降ヨーロッパにおいてまずそのような意識が生まれ、それが世界各地に広がったことが、ほぼ承認されている程度である。だが、1980年代以来、このネイションとナショナリズムについて、歴史学などでの議論が進んできた。

本書は、まずその成果をうまく整理している。著者はネイションとナショナリズムはフランス革命前後の近代に政治的・文化的に「構築」されたものであるとする「近代派」に親近感をいだきつつ、それは近代以前から萌芽（ほうが）が見られたのだとする「前近代派」の見解をも尊重する立場に立つ。

その上で、ナショナリズムが19世紀後半に「大衆」を把握して「国家構築ナショナリズム」となったこと、第1次世界大戦後にはじめてネイションの「境界」が強く意識されるようになり、少数派のナショナリズムが生まれたことなどを論ずる。

興味深いのは、それに続くファシズムとナショナリズムとの関係についての議論である。ファシズムは一般に「過激なナショナリズム」と言われているが、両者の関係は必ずしも明らかではない。著者は、19世紀末からのナショナリズムが、大戦後のベルサイユ体制下で領土回復を目指すナショナリズムによって脅かされたり、促進されたりしたときに、ファシズムに結び付いたのだと言う。ルーマニアやハンガリーやドイツがそうで、フランスなどにはこれはなかった。

本書はこのように基本的だが興味深い論点を含んでいて、日本を含むナショナリズム論議の土俵を提供してくれる。また、訳者はナショナリズム論の専門家ではないがヨーロッパ史に造詣（ぞうけい）が深いため、訳語に有益な工夫をこらしている。ただ、やはり最近進んでいる「国民国家」の形成過程の研究が十分に吸収されていない点は、やや物足りない感がする。

評・南塚信吾（法政大学教授）

Oliver Zimmer オックスフォード大学歴史学部フェロー。

二〇〇九年一一月二二日⑦

『マーク・トウェインの投機と文学』

チャールズ・H・ゴールド 著　柿沼孝子 訳

彩流社・二六二五円
ISBN9784779114656

文芸／ノンフィクション・評伝

素朴な筏（いかだ）でミシシッピ河を下るハックルベリーの生活は、自由と平等のシンボルでもある。自然を愛し経済社会を皮肉る朗らかなユーモア作家。それが一般読者にとってトウェインのイメージだが、現実の彼は意外にも、最新テクノロジーとそれへの投機に熱中し、お金に魅入られた実業家でもあったという。

本書は、トウェインことクレメンズはなぜ破産に至ったのか、その事業的な成功と挫折が傑作『アーサー王宮廷のコネティカット・ヤンキー』にどのような影響を与えたかを探る。自ら「機械発明のシェークスピア」と呼ぶ男の考案した植字機に資金を投入し失敗、姪（めい）の夫と共同経営の出版業も倒産。失策の数々が具体的に示されるが、しかしその失策へとトウェインを導いたものはなんだったのか、最終的には謎である。事業パートナーたちへの理不尽ですさまじい憎悪を、「（彼は）エイハブ船長のように、自分の怒りから迫撃砲をつくり、『自分の心臓めがけて砲弾を打ったのである』」とする記述が心に残る。文豪の虚像崩壊といった後味の悪さはなく、むしろその作品にいっそう深い陰翳（いんえい）が刻まれた。

評・鴻巣友季子（翻訳家）

二〇〇九年一一月二二日⑧

『読むと書く　井筒俊彦エッセイ集』

井筒俊彦 著

慶応義塾大学出版会・六〇九〇円
ISBN9784766416633

文芸／人文

東洋哲学を広く世界に発信した著者は、海外生活が長かったこともあって、国際的な知名度の方が高い。その後、日本に戻って80年代から93年に没するまで活躍し、晩年はイスラーム神秘主義をも融合させた新しい東洋哲学の確立をめざした。

日本では、東洋思想の中にイスラーム哲学を加えた点が大きな功績である。欧米では逆に、西洋哲学やイスラーム哲学と、老荘思想などの東洋の英知を結びつけた点が高く評価されている。

それを可能にしたのは、欧米諸語、中国語、アラビア語、ペルシャ語などの古典を自在に読みこなし、いわば古今の哲学者たちと直接語り合う異能であった。その知的遍歴が本書に詰まっていて、飽きさせない。

内容的には、著作集に収録されていない小作品群が網羅的に集められている。古くは39年から晩年まで、時代的には半世紀にわたる。その時間差にもかかわらず、気迫のこもった文章はいずれもみずみずしい。

哲学や神秘思想に関心がある方には、若い方も含めて、ぜひ手に取っていただきたい一冊である。

評・小杉泰（京都大学教授）

二〇〇九年一一月二九日①

『殺人者たちの午後』

トニー・パーカー 著　沢木耕太郎 訳

飛鳥新社・一七八五円
ISBN9784870319592／9784102003151（新潮文庫）

文芸／ノンフィクション・評伝

聞き取られた声　説明できぬ動機

一人の優れたインタビュアーが殺人者たちと向きあう。あなたはこれまでどんな人生を送ってきたか。なぜ殺したのか。いま何を考えているか。聞き取りが進んでゆくうちに、インタビュアーの気配は消え、やがて聞き取られている側がどこかに向かって語り続ける声だけが残る。本書を手にした読者が聞くのは、そうして残された殺人者たちの声と、息づかいの痕跡である。そこでは、インタビューの物理的時間と、人殺しの体験とともに続いてゆく彼らの人生の時間が重なり合い、読者はひととき二重の時間に触れるのだが、そのうちふとページを繰る手を止めて自問するかもしれない。こうして時間が流れていたのは、はたしてどこなのか。私はこの語り手たちの声をどこで聞いたのか、と。

ある男は、道で声をかけてきた見知らぬ他人を刺し殺した理由が自分でも分からないまま、何もない穴を埋める言葉を探り続ける。十四歳のとき、小遣いをくれなかった祖父をとっさに鋏（はさみ）で刺し殺した青年は、陽気で人当たりのいいもう一人の自分がいるかのように、未来の希望を語り続ける。十八歳で結婚して、お定まりのように夫婦げんかを繰り返した末に幼いわが子を殺した男は、その後も妻に執着しながら、自身の凶暴さに怯（おび）えている。行きずりの子どもを凌辱（りょうじょく）して殺した男は、酒のせいだという以外に自分の人生と犯行を総括する言葉をもたず、刑務所の敷地でいまはひたすらチャリティー・マラソンの練習に打ち込んでいる。

　彼らはそれぞれに人を殺すに至った事情をもつが、どの殺人も、まるで見えざる手が動いたかのように発作的で、パラノイア的で、少しも劇的ではない。気がつくと死体があったというふうで、誰も自らの動機を明確に説明できない。そして、殺人という非日常と日常の境目は、語るほどに溶けだし、やがてどの声も、暴力と盗みと酒と性欲しかない薄暗い生活風景に吸い込まれてゆくのだが、その風景は日本ともアメリカとも違う、イギリスの労働者階級のそれである。こうしていくらか病的な神経を孕（はら）んだ彼らの生活感が匂（にお）い立ってくるこの時間は、そう、かのアラン・シリトーの『長距離走者の孤独』に流れていた時間だ。

　ちなみに、イギリスの終身刑は文字通りの終身刑であり、殺人者としての人生は終生続くことになる。仮釈放で日常生活を取り戻しても、保護観察などの社会的制約は厳しく、悪夢であれ後悔であれ、個々の身体に閉じ込められて一生解放されることはない仕組みである。

　インタビュアー、トニー・パーカーの卓越した技術と、雰囲気のある沢木耕太郎の訳文によって、十人の殺人者たちの告白は十の人生の素描になった。巧みではあるが、おかげで読者は、たったいまイギリスの街角で彼らとすれ違ったかのような夢想に陥り、どこかであった殺人も現実感はない。すでに痕跡しかない殺人と殺人者への他者の眼差（まなざ）しこそ、どこかに頽廃（たいはい）を含むものなのか。

評・高村薫（作家）

Tony Parker　1923～96年。イギリス生まれの作家、ジャーナリスト。巧みな聞き書きにもとづく作品で知られ、邦訳されている著書に『死刑への偽証』『ロシアの声』『アメリカの小さな町』がある。

二〇〇九年一一月二九日②

『発禁『中国農民調査』抹殺裁判』

陳桂棣、春桃 著　納村公子、椙田雅美 訳

朝日新聞出版・二九四〇円
ISBN9784022506467

政治／経済／社会

中国の新旧の政治のせめぎ合い

　長く中国研究にかかわっていても、その政治社会の深層に触れることは容易ではない。それを痛感させてくれたのが本書の元になった『中国農民調査』（２００３年、邦訳は05年・文芸春秋）である。２人の著者は安徽省の農村で2年余りの徹底した調査を行い発表に踏み切った。それは農民の絶望的な悲惨さ、彼らに対する権力の非人道的な行動をリアルに描いたもので、その衝撃は各メディアに大きく扱われ、瞬く間に中国全土、さらには世界に響き渡った。しかし間もなく安徽省党委員会の報道規制を、やがて党中央宣伝部から発禁処分を受けた。が、その後も海賊版だけで1千万部を超えると言われるほどであった。

　本書は、前書の発禁処分前後の緊張した状況から始まり、悪徳地方権力者として名指し批判された張西徳・元臨泉県党書記が著者らを名誉毀損（きそん）で阜陽市裁判所に訴え、これに対して著者が被告として立ち向かった「裁判闘争の記録」である。張西徳はいわゆる「地方皇帝」で、地元の人々の運命を左右してきた。彼は息のかかった幹部らを原告証人に

指名し、批判派農民幹部の幾人かを抱き込み、司法関係者らも味方につけ、ほぼ万全の布陣で裁判に臨んだ。しかし、被告側も正義感の強い弁護士団が形成された。彼らの尋問、迫害を受けた農民の断固たる訴えによって、裁判は次第に被告側に有利に展開し、さらに司法関係者の汚職が暴かれ、勝利で決着がつくかに見えた。が、土壇場で著者たちの知らないうちに中央の党・司法機関が介入し、出版社側が張西徳に慰謝料5万元を支払い決着がついていた。

本書は単なる裁判の記録ではない。農村における幹部と民衆の埋めがたき深い亀裂、権力者の縦横に繋（つな）がる人脈、それを使った既得権益の死守は想像を絶する。しかし人権意識、被害意識に目覚めた新しい対抗勢力の台頭、しかも彼らの攻防が未熟ながらも「裁判」という場である程度展開された。古い政治と新しい政治のせめぎ合いが浮かび上がっている。中国政治のリアルで核心的な現実の一端に触れることができた。

評・天児慧（早稲田大学教授）

チェン・コイティー、チュンタオ 『中国農民調査』など。

二〇〇九年一一月二九日③

『死刑でいいです　孤立が生んだ二つの殺人』

池谷孝司 編著　真下周 著

共同通信社・一四七〇円
ISBN9784764106048／9784101387116（新潮文庫）
政治／社会／ノンフィクション・評伝

その一言は「本音」だったのか

山地悠紀夫。２０００年に16歳で自分の母親を殺害。少年院を出た後、面識のない27歳と19歳の2人の姉妹を２００５年に刺殺。取り調べや公判で「死刑でいい」と語った。判決から2年半後の２００９年夏、25歳で死刑執行。「母を殺した時の感触が忘れられなかった」、かわいそうなことをしたと思う気持ちは「ありません」などの言動や、唐突で凄惨（せいさん）な手口が、私たちには理解しがたい特殊な犯罪者としての山地像を作り上げてきた。

この本は、新聞記者2人が、山地の親族、鑑定医、担任教諭、友人、弁護士、少年院の仲間などへの周到な取材の成果をまとめた、ルポルタージュである。

山地は少年院で広汎性発達障害のひとつであるアスペルガー症候群と診断されていた。発達障害と犯罪とが直接結びつくわけではないが、著者は障害は孤立につながるリスク要因のひとつだと考える。暴力的な父とその死、母子家庭の貧困、いじめなどの過酷な成育歴がていねいな取材から浮かび上がる。人間関係が作れずに孤立していく山地は大人たちに相談を持ちかけているのだが、彼らはそのSOSの深刻さを、十分に理解し受け止めることはできなかった。

読後に残るのは、悔いである。発達障害に起因するものとして認識されがちな山地の特殊性などではない。悲惨な家庭へのフォローや、少年院時代の教育のあり方、少年院を出た後の社会福祉のアプローチは、適切で十分だったといえるのか。いくつものリスク要因を抱えた山地を、理解もケアもせぬまま孤立させ、追い詰めてしまった——そういう私たちの社会への無念さに、ただ途方に暮れる。

著者は、孤立無援の人を支える疑似家族や、反省が難しい人には無理に反省を迫らない「反省なき更生」型矯正教育の必要性を熱く説く。山地のリアリティーから引き出された提案であるだけに課題は重い。

11月17日は殺害された姉妹の命日、事件から4年がたった。死刑が執行されたいま、「死刑でいいです」は彼の「本音」であったのかどうか、もはや聞くことはかなわない。

評・耳塚寛明（お茶の水女子大学副学長）

いけたに・たかし 88年に共同通信社入社。
ましも・ひろし 01年に共同通信社入社。

『ボリス・ヴィアン伝』

フィリップ・ボッジオ 著　浜本正文 訳

国書刊行会・三九九〇円　文芸／ノンフィクション・評伝

ISBN9784336051400

短くも多彩な生涯を詳しく

このほどフランスの文芸出版の雄ガリマール社がその古典叢書（そうしょ）にボリス・ヴィアン（1920～59）の作品を加えるとか。一流作家の証しである。

生前はポルノグラフィーもどきのハードボイルド小説『墓に唾（つば）をかけろ』のスキャンダルで知られ、サルトル、ボーヴォワール、コクトーらに愛されながらもほとんど評価をえられなかったユニークな才人、本書はその短くも多彩な生涯を詳説する評伝である。

ヴィアンは資産を失い没落してもなお悦楽を享受しようとした一家で育った。時代はフランスの大混乱期。〝一九四〇年六月に、ぼくは二十歳だった〟と生涯に何度も呟（つぶや）いたヴィアンは、パリ陥落の年に成人し、戦況が変転してアメリカ兵が入り込み、戦勝の後はさらなる混迷を深めるフランスでジャズ・トランペットの奏者、歌手、俳優、若者を集めるびっくりパーティーの主催者など、けばけばしい活躍を謳歌（おうか）した。美男子で多芸多才、おおいにもてはやされたが、根っからの韜晦（とうかい）趣味のせいか、それともそれが彼の美意識であり文学であったのか、独特な言語感覚、飛躍するイマジネーションなど、凡人には入り込めないところがある。代表作『日々の泡』では、たとえばサルトルの『存在と無』（レートル・エ・ル・ネアン）が『文字とネオン』（ラ・レットル・エ・ル・ネオン）とされる言葉遊びなどがふんだんに現れたりするのだ。

こんな作家を伝える本書は、2段組みの三百数十ページ、巻末の人名索引を見ると、800を超える名前が並び、アヌイ、アポリネール、アラゴン、イヨネスコ、ヴァレリー……20世紀の異才がぞろぞろ登場している。日本人には知りようもない名前もあって、これを網羅する記述は、ヴィアン作品同様読みにくい。が、この作家について初の本格的評伝である本書が第一級の労作であることは確か。著者ボッジオはヴィアンを愛し、その文学をよく理解している。この理解が大切だ。だから、繁雑な人名や出来事を飛ばし読みにしても奇才の命のありかが見えてくる。それがうれしい。

評・阿刀田高（作家）

Philippe Boggio　フランスのジャーナリスト。

『阿修羅』

玄侑宗久 著

講談社・一七八五円　文芸

ISBN9784062152594／9784062774154（講談社文庫）

多様な人格持つ人間存在の闇

妻、実佐子の中にもう1人の女性がいる。知彦は、いつもの控えめな妻ではなく奔放で、底意地の悪い女性の出現に驚く。彼女は、肉体は実佐子そのものであるにもかかわらず「あたしはあいつじゃないわよ」「トモミよ」とうそぶく。精神科医の杉本は実佐子が解離性同一性障害、すなわち多重人格であると診断し、催眠治療を施す。その過程で第3の女性、絵里が現れる。絵里は、知彦が初めて出会い、恋に落ちた頃の実佐子のように無邪気な笑顔の女性だった。3人のうち、誰が本当の実佐子なのか？　知彦の妻はいったい誰なのか？　そして第4、第5の女性が現れてくるのか？

多重人格は、オカルト的な興味で私を惹（ひ）きつけてやまない。本書も、最初はオカルトミステリーでも読むように実佐子の中に次々と現れる多様な女性に驚愕（きょうがく）しながら、なぜこんなことが起きるのか、興味津々でページを繰っていた。

しかし途中からは、いったい自分は何者な

のかと真剣に問いかける私がいた。これは実佐子の問題ではない。私自身の問題なのだ。私の中にもうそつき、正直、謙虚、傲慢（ごうまん）など多様な人格が同居している。とりあえず折りあいをつけているが、実はどれが本当の自分なのかさっぱり分からない。いつ何時、壊れてしまうかもしれない危うさを抱きながら私は生きている。

実佐子は高校の修学旅行で奈良の興福寺に行き、阿修羅像と出会い、「これは自分の姿なのだ」と思った。阿修羅像には三つの顔と6本の手がある。実佐子は、自分の中で葛藤（かっとう）する3人の女性を像に映していたのだ。

今年、朝日新聞社が「国宝　阿修羅展」を開催し、150万人以上が訪れたという。多くの人々が像を見つめながら実佐子と同様に自分とは何かという人間存在の根源的な問いかけをしたのではないだろうか。

本書は、最新の精神神経科学を駆使し、真正面から人格の闇に切り込んだ問題作だが、知彦に座禅を指導する僧侶の「本当の自分など邪魔になる」という言葉に、私はようやく救われた気持ちになることができた。

評・江上剛（作家）

げんゆう・そうきゅう　56年生まれ。01年に『中陰の花』で芥川賞。『テルちゃん』など。

二〇〇九年一一月二九日⑥

『貧困の救いかた　貧しさと救済をめぐる世界史』

スティーヴン・M・ボードイン 著　伊藤茂 訳

青土社・二五二〇円
ISBN9784791765065

経済／社会

原因と構造を掘り下げる試み

貧困や格差に関しては、既に多くの議論や研究がなされている。そうした現状を明らかにし、改善のための政策を提案し実行していくことは今後ますます重要となるが、同時に、そもそも人間の歴史において「貧困」というものがどのように生成し対応されてきたかを、時間軸と空間軸を含む大きな視野の中でとらえ返し、その根本原因や構造というべきものを掘り下げていく作業が求められている。本書はまさにそうした関心に応えようとする試みである。

本書の原題は「世界史の中の貧困」だが、著者は特に紀元1500年前後の時期を大きな分水嶺（ぶんすいれい）とする。それは「貧困がグローバリゼーションのプロセスと密接に結びついている」からであり、それ以前の世界では、貧困は各地域におけるローカルな原因（自然災害や戦争、分配システムなど）によって生じるとともに、様々な宗教が貧困の理解や対応において主要な役割を担っていた。「新しい世界経済」が始動する1500年ごろからそうした状況は大きく変容し、工業化と帝国主義によって特徴づけられる次の時代にそれはさらに加速し、現在に至るが、その中心軸は貧困が経済のダイナミズムと強く結びついていったことだった。このこととパラレルに貧困観と貧困救済の「世俗化」が生じ、国家の役割が大きくなっていく。

著者が重視するもう一つの基本線は、これらの全体を通じて、貧困の理解においても、その解決の方向においても「西洋的なアプローチ」が支配的になっていったことであり、それは工業化や「開発」の意味を含め「西洋のヘゲモニーの勝利」と不可分のものだったとする。

国内的な貧困や福祉国家をめぐるテーマと、グローバルな貧困問題を一つの視座の中で論じた書物は珍しい。また、近代以前の時代にキリスト教、仏教、イスラームといった諸宗教が貧困にどう対してきたかといった視点や議論は、福祉の思想や原理が問われるこれからの時代において新たな意味をもつのではないか。多くの新鮮な視点を提起する本だ。

評・広井良典（千葉大学教授）

Steven M. Beaudoin　65年生まれ。米国のセンター・カレッジ准教授。

二〇〇九年一一月二九日❼

『暴走族だった僕が大統領シェフになるまで』

山本秀正 著
新潮社・一三六五円
ISBN9784103179412　ノンフィクション・評伝

まことに痛快な書である。読んでいて実に小気味よい。著者は元暴走族でサーフィンに狂う若者だったが、シェフとして生きることを目指しイタリアなどで修業し、弛（たゆ）まぬ努力を経て一流になる。すでに28歳にしてレーガン大統領就任パーティーのシェフを務めたのだから凄（すご）い。

アメリカ政治関連では、ビル・クリントン大統領はヒラリー夫人の管理のもと、厳しい食事制限を強いられていたこと（チーズ、バター、クリーム、パン、パスタなどはテーブルに出すことが禁じられた）や、著者が開発したナンシー・レーガン・サラダの由来がおもしろい。

宴会が多く、大勢の料理を用意しなければならないホテル・レストラン業ならではの苦労も興味深い。80年代のカリフォルニアは食の水準が低かったこと、「総体的には、日本の料理界のレベルは世界一高い」ものの、料理人にはときに広い視野とチャレンジ精神が足りないこと、几帳面（きちょうめん）でありながら、衛生面の知識やノウハウに関しては日本の料理界は遅れていたことなどの指摘も刺激的である。逆境の中にあっても人生を頑張る勇気を与えてくれる本である。

評・久保文明（東京大学教授）

二〇〇九年一一月二九日❽

『エドワード・サイード　対話は続く』

ホミ・バーバ、W・J・T・ミッチェル 編
上村忠男、八木久美子、粟屋利江 訳
みすず書房・四五一五円
ISBN9784622074885 人文／ノンフィクション・評伝／国際

03年に亡くなったサイードは、78年刊行の『オリエンタリズム』によって不朽の名声を得た。邦訳は86年に出版され、日本でも大きな反響を呼んだ。

この書は、西洋のかつての東洋学が、アジア・アフリカの植民地支配を正当化する言説の体系であったことを実証するものであった。米国では、コロンビア大学教授による西洋批判は社会的な衝撃を与え、たくさんの支持者と、それ以上の批判者を生んだ。

サイードはその後も精力的に研究と著作をおこない、さらにパレスチナ系知識人としても活動を展開した。日本では、西洋近代を再考する深い思索が広範な影響を与え、その著作の大半が翻訳されてきた。

本書は、サイードの知的な盟友や協力者たちによる追悼論集である。そこには、人文学における彼の功績と遺産、多彩な人間関係や知識人としての苦闘の軌跡が記され、優れた音楽家としての一面も描かれている。

収録された17編から、もっと対話と討論を続けたかったという哀惜の念があふれ出ている。サイード理解のために、欠かせない一冊が加わった。

評・小杉泰（京都大学教授）

二〇〇九年一二月六日❶

『カデナ』

池澤夏樹 著
新潮社・一九九五円
ISBN9784103753070／9784101318219（新潮文庫） 文芸

68年4人のひと夏 重い題材軽やかに

ここ数年、池澤氏が個人編集を行ってきた世界文学全集には、母国・母語を離れて書く越境作家が多く選ばれ、旧来の西洋古典とは違うコンセプトで話題だが、本書でも描かれるのは、人種、文化、国のボーダーにある土地と、複雑なルーツを抱えた「移動する人々」である。

１９６８年。ベトナム反戦の嵐が吹き荒れ、日本の「内地」が学園紛争真っただ中のこの頃、沖縄ではハノイへむかう米軍機が嘉手納基地から続々と飛び立っていた――68年のひと夏を語るのは3人の語り手だ。アメリカ将校の父とフィリピン人の母をもつ米空軍曹長のフリーダ＝ジェイン。沖縄からサイパンに移住し捕虜の体験を経て、嘉手納で模型と無線の店を営む朝栄。内地に渡った父に捨てられ母を自殺で失ったドラマーのタカ。彼らはベトナム人の安南が計画したスパイ活動に加わり、たった4人で米軍の北爆計画を挫（くじ）こうとする。これだけ重い題材でありながら、本作が軽やかな空気と、「スタンド・バイ・ミー」を思わせる甘酸っぱい切なさを湛

(たた)えていることに、まず驚いた。

　主人公たちはそれぞれ恋人や友人や家族を裏切り、命がけで空爆の情報を北へ流す。彼らはなぜそんな危険な任務を無償で行うのか。私怨(しえん)、恩義、愛国心、アジアの連帯?　そんな大仰な熟語で表せるものではなさそうだ。ある者は「おもしろそうだから」と言い、ある者は戦場で見た死体が「背中を押した」と言う。そして4人はみんな少し照れている。「軍事機密を盗みだし国を救う」という英雄的な行為に。この、照れるという心の働きに、私はいたく興味を引かれた。本書に出てくる運動家たちは「一致団結して」「使命をはたす」ような精神から距離をとろうとする。自分たちの活動を「英雄ぐゎーしー(英雄ごっこ)」だと笑う。安南の台詞(せりふ)が心に残る。「愛国心は感情としてどこか気恥ずかしいものだということです。……どこかに無理がある。そのくせ生命が掛かっている。……嘘(うそ)が混じっているのにそれは言ってはいけないことになっている。だから劣等なのです」。全体主義が我をなくす処(ところ)に発するなら、照れは我に返って自分を顧みることから生じる。「照れる」は個人の始まりなのだ。

　彼らの健全な感覚には、出自が関係しているかもしれない。朝栄はサイパンで米兵に拾われたとき、自分はうちなーんちゅ(沖縄人)で日本人でサイパン人なのだから、日本人というアイデンティティーだけに拘(こだわ)る必要はないと考えて自決をやめた。本書に描かれる彼らは、ルーツの分裂や複雑さをむしろ生気の源としている。そこがまた、すがすがしい読後感を残す。

　空には飛ぶことと見おろすことの自由しかない、土地に降りて初めて生きる苦労が始まる、とフリーダは言う。異邦人たちの強(したた)かな「ぐゎーしー」に、嘘っぽいヒロイズムという爆弾は信管を抜かれ、人々は地を踏みしめて歩く。ゆっくりと。

評・鴻巣友季子(翻訳家)

いけざわ・なつき　45年生まれ。作家。「スティル・ライフ」で芥川賞、『マシアス・ギリの失脚』で谷崎賞、『花を運ぶ妹』で毎日出版文化賞、『パレオマニア』で桑原武夫学芸賞など。

二〇〇九年一二月六日②

文芸

『わがままこそ最高の美徳』

ヘルマン・ヘッセ 著
フォルカー・ミヒェルス 編　岡田朝雄 訳
草思社・一八九〇円

ISBN9784794217318

内部の声に従い宿命を生き抜く

　一般的に「わがまま」といえば、相手や周囲の者の意に反して自分の思い通りにならなければ気が済まないという、実にはた迷惑な行動をする自分勝手な人間を指す場合が多い。だけど同じ「わがまま」でも、一生「わがまま」を貫徹することができた希(まれ)な人間もいる。

　ヘルマン・ヘッセが言わんとする「わがまま」は後者に属する人間のことであるが、芸術家の基本的態度である独創性を貫こうとすれば、自(おの)ずと「わがまま」にならざるを得ない。この態度は芸術の創造的世界ではむしろ高い評価につながることになる。ヘッセはこの評価を「美徳」(!)と名付けた。

　しかし、ぼくが冒頭に挙げた一般的な「わがまま」の概念を恐れる学校では、人を標準という鋳型にはめようと努力するため、天才的な性格の片鱗(へんりん)を示す者をおぞましいものとして頭から悪党と決めつけかねない。

　父に対しても学校に対しても反抗的な態度

を貫き通そうとすることの危険と恐れを14歳で経験したヘッセは、自殺未遂事件まで引き起こし、ついに精神科病院に送られる羽目に。つまり、ひとつ間違うと「わがまま」は人生の破綻（はたん）者として社会から葬られかねないのだ。

しかしヘッセの「わがまま」はコントロールの利かない理性なき狂気では決してない。あくまでも自己の内部の声に忠実に従う「我」の「心」、つまり「我儘（わがまま）」。まさに自然体、あるいは「汝（なんじ）自身であれ」こそが、「わがまま」ではないのか。

「わがまま」はひとつの法則として、われわれは「自分固有の心」に従って生きているはずだとし、「人間の法律よりもはるかに崇高で、はるかに神聖な法律に対する忠誠である」と同時に「独創性」と「わがまま」は同義語なのだと指摘する。

自己の外部にのみ関心を持つ人間には耳の痛い話であるが、ヘッセは世間が評価する事柄には大して価値を認めず、自己の内部に起こるものこそ「偉大」とする。そして孤独を愛し、孤独こそが「人間を運命に導くもの」という。つまり、宿命を生き抜くということである。

評・横尾忠則（美術家）

Hermann Hesse　ドイツの作家。テーマ別詩文集シリーズの一冊。

二〇〇九年一二月六日③　文芸

『啄木　ふるさとの空遠みかも』

三枝昂之 著

本阿弥書店・二九四〇円
ISBN9784776806226

小説家の夢破れ　歌で名を残す謎

「最後の望みを託した東京にもやはり居場所はなかった。居場所を求め続けて求められなかった男。それが故郷を出た後の啄木だった」

北海道に別れを告げた日から東京で死を迎えるまでの四年間、本書は石川啄木の最後の日々を丁寧に追っている。遠い土地に家族を置き去りにして上京した啄木は「これ以外に自分の前途何事も無い！」と思い詰めて文学に命を賭けた。だが、小説家になるという夢は破れてしまう。借金、家族の不和、娘の病、様々な不如意の中で手慰みのように短歌を作り出すのだが、結果的にその歌が彼の名前を文学史に刻むことになった。

ただ、本人の裡（うち）には「歌は私の悲しい玩具である」という思いが最後まで残っていた。「短歌への軽蔑（けいべつ）」が、では彼の歌作にマイナスに働いたかというと、そうではない。ここが詩歌の難しいところであり、摩訶不思議（まかふしぎ）なところでもある」と記されるように、だからこそ画期的な文体が生まれた可能性が高い。

どうしてそんなことが起こるのか。運命の皮肉と云（い）えばそれまでだが、時代状況と個人の資質が絶妙に絡み合って一種の化学反応を起こしたのだろうか。

著者は多くの研究書から北海道開発地図までの資料を駆使して、この謎の解明に当たっている。そして最大の「資料」こそは啄木自身が残した短歌に他ならない。自身が優れた歌人である著者の実作に対する感度の高さが、本書に独自の魅力と説得力を与えている。例えば「やはらかに柳あをめる／北上の岸辺目に見ゆ／泣けとごとくに」については「『泣けとごとくに』はそれ自体ではいかにも演歌風の感傷性だが、眼裏に広がる風景があまりにもあざやかでなつかしいから、その過剰な感傷性を人々は望郷の切実として受け入れる」と述べられている。

この「読み」の力を生かして歌と個人の生活背景や、大逆事件、短歌滅亡論、自然主義などの社会的文学的な事象との影響関係が分析され、文体、モチーフ、三行書き表記などの問題から文学史的な意義についてまでの刺激的な見解が示されている。

評・穂村弘（歌人）

さいぐさ・たかゆき　44年生まれ。歌人。歌集に『農鳥』『世界をのぞむ家』など。

『キムチの文化史　朝鮮半島のキムチ・日本のキムチ』

佐々木道雄 著
福村出版・六三〇〇円
ISBN9784571310164　歴史／人文／ノンフィクション・評伝

愛憎からむ　日本人との濃い関係

値段の高い本です。税別六千円もする。この不景気にもうしわけない気がします。

ぐっと膝（ひざ）を乗り出すのは、後半の第3章「日本のキムチ」。最初にキムチが紹介されたのは、早くも明治期だった。一九一〇年の朝鮮併合を契機に、二〇～三〇年代の料理書には盛んにキムチが取り上げられていたが、ニンニクや塩辛はなし。すでに日本人の嗜好（しこう）に合う工夫が凝らされていたのだ。

戦後ふたたび日本の食卓に登場したキムチは、三つの顔を持つという分類はみごとだ。①和風化された「在地系キムチ」②日本に渡った朝鮮人による「在日系キムチ」③朝鮮半島から直輸入した「韓国・朝鮮系キムチ」。この三つの微妙な、またはおおきな違いが、年代別の日本の世情から漬物本の内容まで多彩な資料を駆使しながら解き明かされてゆく。

キムチの味は読むほどに深くなる。沈菜や朝鮮漬と呼ばれたのち、現在のキムチに統一されるまでの日本での名称の変遷。国際規格化の際、日韓が展開したキムチの乳酸発酵をめぐる攻防。国内のＪＡＳ規格が骨抜きにした本来の熟成発酵の味わい……キムチへの愛あればこそ、じつに綿密な分析ぶりなのだ。

浮かび上がるのはキムチの全貌（ぜんぼう）だけではない。同時にあらわれるのは、異文化の味をじわじわ取りこんでゆく日本人の様相である。なにしろカレーも餃子（ギョーザ）もラーメンも、わたしたちはさかんに翻訳をほどこして、今やすっかり日本の味。

目下翻訳中のてごわい相手、それがキムチである。明治から平成までえんえん百数十年以上、日本人とキムチは複雑に愛憎からむ濃い関係をむすんできた。その証言役が本書である。

もどって前半の第2章「朝鮮半島のキムチ」を読めば、キムチをめぐる歴史や変遷、地域差、種類や製法まで熟知できる。そのうえ巻末には約六十ページにおよんで唐辛子の伝来が考察されており、いよいよ血中キムチ濃度の針は振り切れる寸前。

――おなかいっぱいキムチを味わい尽くして六千円。さてどうします。

評・平松洋子（エッセイスト）

ささき・みちお　47年生まれ。会社勤務後、食文化史研究に専念。『焼肉の文化史』など。

『ブラックホール戦争　スティーヴン・ホーキングとの20年越しの闘い』

レオナルド・サスキンド 著　林田陽子 訳
日経ＢＰ社・二五二〇円
ISBN9784822283650　科学・生物

人間の顔をした宇宙論争史

人より物に魅せられた変わり者と思われがちな物理学者こそ、実は人が好きで好きでしようがない人々かもしれない。

そう感じさせるのは、宇宙談議に織り交ぜた著者の交遊録。

若手時代には、ノーベル賞学者の鬼才Ｒ・ファインマンを大学のトイレで見かけて、いきなり質問を申し込んだ。鬼才は、待ち合わせたカフェに「約束より1、2分早く」現れ、著者の話に耳を傾けて自説を論じたという。双方とも、学者としての格の違いなどどこ吹く風だ。

論敵の哲人Ｓ・ホーキング博士へのまなざしも率直だ。体の自由を奪う病を「自分の身に起こった最良のこと」ととらえる勇敢さを知って「真に英雄と呼べる人」と敬服する一方、散歩の途中、電動車いすで丘を駆け下りる様子を見て「物理学界の暴走族」とあきれてみせる。

哲人60歳の祝宴では、その主張を「私たちに物理学の出発点を再考することを強いるものだった」とたたえるが、自説の優位を豪語することも忘れない。

配管工の経験もあるという著者のリベラル魂が心地よい。

80年代に始まる論争は、強い重力源のブラックホールに物体とともに吸い寄せられた情報の行方について。哲人はブラックホールが蒸発すれば消滅すると主張し、著者らはそうでないと反論した。04年に哲人が自説を翻して一応決着する。

突破口は、ブラックホールへの物体の落下を遠目に眺めたらどう見えるかの考察にあった。外から見ると、物体の情報はブラックホールの手前でその表層に広がり、やがてはまた外部に出て行くと著者らは考えた。

ブラックホールの表層が「情報のビットでびっしりと覆われている」との見方は、宇宙そのものが情報の皮膜に包まれているという着想につながる。「宇宙は、遠く離れた2次元の面にコード化されたものから生じる画像」というのが著者らの世界像だ。この世は、情報によって浮かび上がる3Dの影なのか。

物理学者は、もはや物より情報に魅せられているようだ。

人間の顔をした論争史の背後に科学の潮目が見てとれる。

評・尾関章（本社論説副主幹）

Leonard Susskind 米国で研究する理論物理学者。

二〇〇九年一二月六日⑥

『死刑』

読売新聞社会部 著

中央公論新社・一五七五円

ISBN9784120040634 政治／社会／ノンフィクション・評伝

知られざる実態を詳細に報告

死刑執行に使うロープ。その太さが3センチもあるということを、この本で初めて知った。

裁判員制度で私たち一般人が死刑事件にかかわる可能性が出てきたにもかかわらず、私たちはその実態を全く知らない。この本はそれに迫ろうとする。執行を待つ死刑囚の恐怖心、被害者の遺族の悔しさ、刑務官のトラウマ、裁判官の不安感……。

死刑は拘置所の室内で執行される。死刑囚の首にロープがかけられ、直後に踏み板が落ちる。ある刑務官はロープをかけたとき、死刑囚がつばをのみ込む音を聞いた。「ごくっ」という音が忘れられないでいる。

隣室の壁に押しボタンが複数並んでおり、その一つが踏み板につながる。だれが踏み板を落としたか分からない仕組みである。それでもある刑務官は、死刑執行に携わったことを妻に明かすことができず、酒でまぎらすようになったという。

1994年、愛知県などで4人を殺害した少年3人組の一人は、一審、二審ともに死刑の判決だった。被告の一人は「暴行をやめられなかったのは、僕らの弱さだったのかなと思う」と語る。遺族に謝罪の手紙を書き続けているが、返事は来ない。労役作業でもらう年10万円の報酬も遺族に送り続けている。

2001年に北海道で、盗みに入った近所の家で子ども2人を刺殺した事件。被告の男は一審死刑だった。被告は遺族に謝罪の手紙を送り、2千万円の損害賠償も分割払いすることで和解が成立した。二審は「真摯（しんし）に反省している」として無期懲役となり、確定する。それきり謝罪の手紙も分割払いもストップしてしまった。遺族は「被告が生きていること、三度のご飯を食べて寝ていることが我慢できない」と語る。

そうした事件の被告に苦心して会い、会えなければ関係者に質問の手紙を託す。退官した裁判官を探しあてて会う。

死刑存続とか廃止とかの主張を声高に論ずるのではない。一般の人では知りにくい情報を集め、詳細に、淡々と報告する。まさにジャーナリズムの仕事である。

評・松本仁一（ジャーナリスト）

取材班は、司法取材の経験が豊富な4人の社会部員とロサンゼルス支局長。

二〇〇九年一二月六日⑧

『職業としての大学教授』

教育／人文

潮木守一 著
中公叢書・一六八〇円
ISBN9784120040672

博士への道程や大学教授の威信と重みは、国によって大きく異なる。本書は、米英仏独の四カ国を比較の鏡として、日本の大学教授職の特異性と問題点を提示している。

欧州の大学教員の人口構造は限られた教授の下に多数の講師や研究員がひしめくピラミッド型を描く。日本は大学教員に占める教授の比率が群を抜いて高い逆ピラミッド型。厳しい競争を欠く。優れた教授も怠け者教授も給与の差はほとんどない。しかも毎年一万三千人生み出される博士号取得者のうち修了と同時に講師などに採用されるのは千七百人ほどでしかない。圧倒的な供給過剰である。学問的野心に燃えた若者たちは、この見通しの持てない悪平等制度にすでに見切りをつけ始めていると著者は警鐘を鳴らす。

最後に現状を打開するための五つの提案が並ぶ。問題は、大学教員になるための、そしてなってからのキャリアパスをどう設計するかだ。これまで大学界は後継者を誘い込み育成するシステムに無関心に過ぎた。制度設計を根本的に見直す必要があることを本書は教えている。著者の怒りが伝わる。

評・耳塚寛明（お茶の水女子大学副学長）

二〇〇九年一二月一三日①

『チャイナ・アズ・ナンバーワン』

関志雄 著
東洋経済新報社・一八九〇円
ISBN9784492443620

『中国が世界を思いどおりに動かす日』

政治／社会／国際

宋暁軍、王小東ほか 著　邱海濤、岡本悠馬 訳
徳間書店・一六八〇円
ISBN9784198628109

「世界一」への台頭も尽きない内憂外患

注目される「中国の台頭」を当の中国（系）人はどう受け止めているのか。両著書とも自信にあふれている。関志雄は香港生まれの経済学者である。彼は「世界一」を具体的な数字で示した。30年も続く驚異的な経済成長、ドイツを抜いた輸出総額、時価総額でトップ3を独占する中国系三大銀行、西側が苦しむ財政赤字と対照的な大幅黒字、06年に日本を抜き膨れ続ける外貨準備高など。鉄鋼、自動車生産もトップに躍り出る。産業の空洞化も起こっていない。GDP世界一も射程に入った。

問題と対策の指摘も鋭い。例えば巨額の外貨準備は米ドル不安により膨大なリスクを抱え込むことになる。彼は外貨を特に「三農（農村・農業・農民）問題」に集中的に使い、それにより格差を緩和し、貿易不均衡が是正できる、と一石二鳥の効果を説く。また従来「漸進的改革」を進めたことで既得権益層が肥大化し、彼らの抵抗により「総論賛成、各論反対」のジレンマに陥っている。打破のためには政治改革を含む「急進的改革戦略」が必要で、そうして初めて真のナンバーワンになれると主張する。この指摘は面白い。しかし目指す政治改革が台湾・韓国モデルだとの主張はいささか単純過ぎる。

宋暁軍らの著書は、十数年前の『ノーと言える中国』の延長線上にある。彼らは現状認識に対しては冷徹なリアリストで、「台頭中国」に誇りを抱きながらも、対外関係と内政に強い危機意識を抱いている。理念的には愛国的リベラリストである。米国に対し、自己利益のために戦争を仕掛け、やれもしないCO_2大幅削減や環境保護の虚飾の言辞を弄（ろう）し、製造業を貶（おとし）め世界をいかさま金融ゲームで翻弄（ほんろう）したと強烈に批判する。またエコロジストで人権論者として名高いゴア元米副大統領を「偽善者の頭目だ」と罵倒（ばとう）する。そして中国は戦争を仕掛けられないための戦争の準備が必要である。製造業の重要性を確認し、環境保護よりもエネルギー問題を重視すべきだ。さらに「人権は国権よりも尊い」が、現在の国際秩序の中で国権あるいは民族の権利が損なわれれば、人権も大きく侵害を受ける、だから警戒せよと説く。

一方もう一つの批判対象は、腐敗にまみれ

危機意識のない官僚や知識人である。地方政府と企業家が結託すれば庶民はあまりにも弱い。庶民が強い発言権を持つには選挙投票、組合、インターネットが必要で、そのためには政治を開放すべきだ。知識人は民衆の民主的能力養成のために貢献せよ、そこで初めて真の多元的民間社会が生まれると大胆に主張する。訳書タイトルはただ「不遜（ふそん）な中国」との印象を強く与え、必ずしも本書の趣旨を正しく伝えていない。無論そうした印象の部分も少なくはなく、言葉遣いは激しいが、妙に納得させられる部分も多かった。

冷静沈着な分析の前著、熱く激しい後著。しかし支配者層の既得権死守、腐敗の深刻化に心を痛め、政治改革の必要性を説く点で共通していたのは興味深い。

評・天児慧（早稲田大学教授）

かん・しゅう　57年生まれ。野村資本市場研究所シニアフェロー。『中国経済のジレンマ』など。
ソン・シャオジュン、ワン・シャオトン

二〇〇九年一二月一三日②

『日本の民俗学「野」の学問の二〇〇年』

福田アジオ 著
吉川弘文館・三四六五円
ISBN9784642080248
歴史／人文

民衆生活と社会の在り方を探究

民俗学は村・町、家、祭り、人の一生など、民衆生活研究の学として知られる。だが、見知らぬ習俗や懐かしい光景に共感するための学として発展してきたのではない。副題『「野」の学問の二〇〇年』がそれを示す。

「野」とは民俗学が民衆世界を対象とするだけでなく、明治から昭和前期の官学アカデミズムの外で形成された在野の学であったことの意義を示す。「二〇〇年」とは近世文人の民衆生活の記録に発する「野」の学の、1950年代末からの大学の教育研究によるアカデミック民俗学への変質・転成を示す。

在野の学としての民俗学は、柳田国男（1875～1962）を抜きに語れない。彼の研究開始は1908年。農政の内務官僚として九州を視察し、宮崎県椎葉村（しいばそん）の聞き取りから09年に『後狩詞記（のちのかりことばのき）』を出版。また岩手県遠野出身者の故郷の昔話に関心を抱いて当地を訪ね、10年に出世作『遠野物語』を出版する。19年に貴族院書記官長を辞し、民俗学に専心するのである。

世界恐慌後の30年代、地域社会疲弊への対応の中、柳田は理論化、調査・採集方法の確立を進める。彼は戦後、戦時体制下の反省を踏まえ、世のため人のための民俗学の再出発を期し、民俗学研究所・日本民俗学会を設立し学術としての確立を図るが、行き詰まる。そして柳田引退と前後し、50年代末にアカデミック民俗学が成立する。

著者は他にも独自の民俗学を構築した折口信夫、南方熊楠の柳田批判などにも言及し、民俗学の多様な展開を提示する。30年ごろからアチックミューゼアム（屋根裏博物館）を拠点に、宮本常一ら研究者に活動の場を与えた渋沢敬三も興味深い。

「野」の学問とは民俗学が国家・社会と無関係であったことを意味するのではない。柳田晩年の「学問は国の為（ため）にならねばする必要は無い」の言辞は民俗学に託す使命感の表出である。時系列分析により国家や社会の特質を認識する国史学に対し、民俗学は共時的分析により民衆生活を解明し、社会の在り方を考える学問として発展してきたことをあらためて知った。

評・石上英一（東京大学教授）

ふくた・あじお　41年生まれ。神奈川大教授。著書に『近世村落と現代民俗』など。

二〇〇九年一二月一三日❸

『松本重治伝　最後のリベラリスト』

開米潤 著

藤原書店・三九九〇円
ISBN9784894347045　歴史／ノンフィクション・評伝／国際

「日米関係の核心は中国」を胸に

松本重治（しげはる）は1936年に中国で起きた「西安事件」（蒋介石が部下の張学良に監禁された事件）を世界に先駆けてスクープしたことで知られる。本書はその松本についての伝記である。松本に影響を与えた周囲の人物や交友関係を丁寧に洗い出し、時代背景についても幅広く説明を加えたことが特徴であろう。

松本は第2次大戦後、高木八尺（やさか）らとともにアメリカ学会を創設して2代目会長に就任した。これは「日本は二度と愚かな戦争を起こしてはいけない。そのために敵国であったアメリカをよく知り、研究することが必要である」との思いが松本を動かしたからであった。

また、松本は民間の国際交流団体である国際文化会館の創設においても重要な役割を演じた。ダレス特使は51年に来日した際、ロックフェラー3世を同行させたが、それは日米の文化交流が必要と感じていたからであった。ダレスは「日本のインテリ層が親ソ派になるのを防ごうとした」。これを変えないと日米関係はよくならないと考えていたのである。そして、ロックフェラー3世は寛大な寄付をもって会館の立ち上げを支援した。会館は今も健在である。

松本は自らをリベラリストと公言していた。本書に「最後のリベラリスト」という副題を添えた著者によると、その意味は松本の場合、学問的というよりも、自分の生き方そのもの、すなわち自分の思想や生き方について拘束されず、また他人に対しても同じ態度を貫こうとする姿勢を指している。ただし、戦前松本が近衛文麿ときわめて近く、そのブレーン的存在だったことを考慮すると、そのように規定するだけでは不十分ではないかという印象も禁じえない。

興味深いことに、松本は日本で育ち、アメリカで教育を受け、中国で勤務した。そして彼が生涯忘れなかった言葉が、アメリカの歴史学者チャールズ・ビアードによる教え、すなわち「日米関係の核心は中国問題である」であった。その人生は、まさに日米中のなかで展開された。それは今日振り返っても実に刺激的な人生である。

評・久保文明（東京大学教授）

かいまい・じゅん　57年生まれ。共同通信社記者などを経て、メディアグリッド代表。

二〇〇九年一二月一三日❹

『製鉄天使』

桜庭一樹 著

東京創元社・一七八五円
ISBN9784488024505／9784488472030（創元推理文庫）　文芸

レディースの疾走感　荒く切なく

なんとヤンチャな小説なのだろう。鳥取県の片田舎で結成されたレディースの暴走族・製鉄天使が中国地方を制覇し、忽然（こつぜん）と姿を消してしまう物語――というストーリーそのものの荒っぽさ以上に、言葉が暴れている。ヒロイン・赤緑豆小豆（あかみどりまめあずき）をはじめ登場人物の吐く言葉はべらんめえ調で、描写は徹底して即物的、そんな言葉で綴（つづ）られる物語の展開も速い、速い、そしてやはり荒くて、粗い……。

作品の完成度をめぐっては賛否両論あるはずだ。だが、桜庭一樹さんは「時間」を描いたのだ。それも、目の詰んだ描写をしていては間に合わない、悲壮な疾走感に満ちた時間を。

〈子供だけの灰色のフィクションの王国では、子供達（たち）によって、寿命が十九とあらかじめ決められていた〉。それまでに〈すべてを完全燃焼させて、生きて、生きて、命の炎を燃やし尽くした後……すべてを捨て去り、なにもかもを子供の国において、身一つで大人に〉ならなければならない。そんな子供たちは、最強を目指す不良の——言い換えれば戦士の物語を求める。小豆はその物語の中の勇者としてバイクを駆り、〈えいえんの国〉を目指しながら、〈せかい〉とルビが振られた中国地方を制覇していく。だが、小豆もまた子供である。時間がない。〈みんなのフィクションを背負って〉きた小豆は、タイムリミットより2年も早く、17歳で大人になって、〈せかい〉から姿を消す。ひたすら疾走する小豆の物語は、しかし、彼女自身が大人になる速さに追い抜かれてしまった。物語は、それこそ暴走族の好きな言葉をつかうなら「伝説」になったのだ。

だとすれば、本作は、「子供の時間はいずれ終わってしまうのだ」という苦い結末なのか。

そうではなかった。エピローグで、小豆は〈せかい〉の外に出る。桜庭さんは小豆にもう一度〈えいえんの国〉を目指させる。それは「少女（の時間）」を描きつづける桜庭さんの、終わりを知っているからこその「でも終わらせねーからな！」という、少々荒っぽく、せつない祈りだったのかもしれない。

評・重松清（作家）

さくらば・かずき　作家。『私の男』『ファミリーポートレイト』など。

二〇〇九年一二月一三日❼

『鉄の骨』

池井戸潤 著

講談社・一八九〇円

ISBN9784062158329／9784062770972（講談社文庫）

文芸／社会

主人公の平太は中堅ゼネコン一松組に入社し、現場一筋。ある日、業務課への異動を命じられる。そこは別名、談合課。談合は悪ではないかと尋ねる平太に、同僚の西田は「お前は建前の世界から、本音の世界に来たんだ」と言い放つ。自由競争になれば建設業関係者の多くが失業する。だから談合は必要なのだ。西田のこんな説明に、平太は割り切れなさを覚えながらも談合の世界に飛び込んでいく。

一松組に2千億円の大型地下鉄工事の入札の機会が巡ってきた。当然、談合すると思っていたら一社単独入札宣言。脱談合だ。ここから一番札獲得に向けて平太の活躍が始まる。フィクサー、建設各社の談合担当者、政治家、検察、エリートバンカーが蠢（うごめ）き、驚愕（きょうがく）のクライマックスへと一直線に突っ走る。

談合の闇を抉（えぐ）るミステリーという側面を持ちつつ、実は、平太という純粋な若者が、働く意味を自問し、悩み、追求する熱血青春小説。恋人の萌に、平太は「あのさ。俺（おれ）、サラリーマンなんだよ」と、談合という悪に手を染めざるを得ない心情を吐露する。組織人なら、この場面に胸がキュンとなるだろう。

評・江上剛（作家）

二〇〇九年一二月二〇日❶

『東欧革命1989　ソ連帝国の崩壊』

ヴィクター・セベスチェン 著

三浦元博、山崎博康 訳

白水社・四二〇〇円

ISBN9784560080351

歴史／国際

「帝国」崩壊の過程　指導者たちの物語

ベルリンの「壁」が崩壊してちょうど20年になる。それは1989年の秋から冬に展開した「東欧革命」の最も印象的な事件であったが、実はその一部でしかない。さらにその「東欧革命」はソ連を中心とする社会主義体制全体の崩壊の一部なのである。では、この「ソ連帝国」全体の崩壊の過程をどのように説明するか。本書はこれに答えようとする。

ソ連帝国の崩壊のはじまりは特定しにくいが、本書は80年のポーランドでの「連帯」の運動、79年以来のソ連のアフガン侵攻の挫折を重視している。これは納得できる見方で、とくにアフガン戦争がソ連の体制の動揺に持った意味を重視する点は同意できる。ソ連では東欧に「もう一つのアフガニスタンを抱え込むゆとりなどない」と考えられていたのだ。だが実際は、ソ連の兵士や党員自身のモラルの堕落なども要因だったと言われている。

85年のゴルバチョフの登場に大きな関心が寄せられるのは当然だが、著者は、ゴルバチョフは社会主義を信じているだけで、改革へのしっかりとした見通しも綱領も持っていなかった。東欧についてもそうであるという。ただし、東欧に不介入の政策は一貫させていたという。ところで、ソ連がいつ東欧諸国への不介入の政策を決め、それを伝えたのか。これは種々に言われている。本書では88年12月のゴルバチョフの国連演説の時期に求めているが、やや遅い解釈である。

89年には、まずポーランドで、ついでハンガリーで、体制が掘り崩され、そして秋から冬にかけてブルガリア、チェコスロバキア、東ドイツ、ルーマニアにおいて体制が崩壊した。本書の特徴は何と言っても、東欧の共産党指導者、反体制指導者の生き生きとした描写である。かれらがいかに体制の崩壊へと絡み合っていくのかが活写されている。特にポーランドのワレサ、ヤルゼルスキ、ドイツのホーネッカー、チェコのハベル、ルーマニアのチャウシェスクなどが印象的である。だが、国民、民衆のレベルでの分析はなく、体制派、反体制派の指導者の物語である。だから指導者のあまりはっきりしないハンガリーの革命については、著者がハンガリー人であるにもかかわらず、極めてあっさりとしているように思われる。

指導者たちは社会主義の体制はいずれ崩壊するだろうが、「こんなに早く」来るとは思っていなかったという。また東ドイツ政府がベルリンの壁を開いたのは、「手違い」からであったという。大きな歴史的変化の生起は指導者だけでは追い切れないように見える。

本書は著者自身が「ハッピー・エンドの物語」であるというが、今日の東欧やソ連の民衆のなかでは60～70年代が最も良かったという声が強いのも事実だ。固有名詞の訳語はもう少し調べてほしかったが、本書が「東欧革命」についての一つの壮大な物語と興味深い解釈を提供していることは間違いない。

評・南塚信吾（法政大学教授）

Victor Sebestyen　ハンガリーに生まれ、幼少期に難民として母国を離れた。英国でジャーナリストとして活躍。著書に『ハンガリー革命　1956』。

二〇〇九年一二月二〇日②

『パイレーツ　掠奪海域』

マイクル・クライトン 著　酒井昭伸 訳

早川書房・一九九五円
ISBN9784152090911／9784150412524（ハヤカワ文庫NV）

文芸

最後まで面白い　財宝船めぐる冒険

昨年がんで急逝したクライトンの未発表長編が歴史冒険物だと聞いて心躍らせたあなたは、かなりのファンであるに違いない。『ジュラシック・パーク』など映画化向けの理系娯楽小説を連発する作家のイメージが強いクライトンだが、実は大ベストセラー作家になってからも意外と映像化しにくい政治的題材を扱ったり、メディアに鋭い批判を投げかけたりと、エンターテインメントに対してはいつでも惚（ほ）れ惚（ぼ）れするほどの気骨とセンスを持ち合わせていた。彼は少年期に夢中になったコナン・ドイルの理想を追い求めたのだと思う。ドイルのように医師を目指し、科学と恐竜と心霊と歴史を描き、娯楽を育てた。

実際、クライトンがこれまで手がけた歴史物は、どれも企（たくら）みに満ちたプロットで少年の憧（あこが）れを蘇（よみがえ）らせた傑作だった。題材も10世紀のバイキング、14世紀の百年戦争にビクトリア朝の大列車強盗と、考えただけでわくわくするものばかり。

そして今回は17世紀カリブ海の掠奪（りゃくだつ）者というのだから嬉（うれ）しくなる。ジャマイカ総督の依頼を受けて私掠船の船長ハンターが狙うのは「殺戮（さつりく）島」に潜むスペインの財宝船。ハンターは腕利きの仲間を集め、島の裏側の絶壁を登って襲撃をかける。最終推敲（すいこう）前だったと思われる遺稿は確かにもっと盛り上げるべきシーンがいくつか素っ気ない文章のまま残っているものの、総督が念入りに歯磨きをする冒頭や砲撃戦でちぎれた腕が飛んでくる血なまぐさい場面には往年のクライトン節が宿っている。盤石の物語構成に鮮烈な身体描写を織り込む手捌（てさば）きこそ彼の最大の作家的特徴だ。惜しむらくは財宝の掠奪後、彼らに襲いかかる嵐や怪物などの試練が推敲不足のためか一直線のイベント的に現れることだが、終盤のピカレスク展開は犯罪小説を量産していた才気煥発（かんぱつ）の若き日への回帰を思わせ、長年の読者を楽しませてくれる。ああ、最後まできっちり面白い。初期作品『ジャマイカの墓場』を無性に読み返したくなってきた。クライトン、あなたは私にとって最高の作家でした。ありがとう。

評・瀬名秀明（作家）

Michael Crichton　1942～2008年。米国の作家。

二〇〇九年一二月二〇日③

『「格差」の戦後史　階級社会　日本の履歴書』

橋本健二著

河出ブックス・一二六〇円
ISBN9784309624037

歴史／経済／社会

背後に階級構造という社会の骨格

ずしんと重いテーマを軽やかな文体で書ききった格差問題に関する今年一番の収穫である。

　階級の社会科学的研究にとって、教育機会の不平等や階級所属の親から子への〝相続〟は古典的テーマにほかならない。ここ10年ほどの橘木俊詔、佐藤俊樹らの議論では、近年の日本は所得の格差と出身による機会の格差がともに拡大しているという結論だった。本書はそれらを下敷きに、現代日本の格差問題を、戦後日本の歴史的文脈に位置づけることを目的としている。社会調査データや官庁統計を使って多面的な実証分析が行われ、加えて、漫画や映画などを引いて時代のリアリティーを肌で感じさせてくれる。

　著者の分析によれば、第2次世界大戦をはさんで大幅に縮小した日本社会の格差は、1950年代の経済復興とともに拡大しはじめ、60年代、高度経済成長の幕開けによって縮小に転じた。一億総中流時代である。しかし80年代から再び格差拡大の時代に突入し、2000年代は非正規雇用が急速に拡大した新しい階級社会の形成期として描かれている。非正規労働者は、その極端な低賃金、家族形成と次世代を再生産することの困難さにおいて、労働者階級以下の存在――すなわちアンダークラスだと著者はいう。現代日本のアンダークラスは、約800万人、全就業人口の12・8％を占める。92年の384万人（6％）から急増を見た。もはや彼らは例外的少数者ではなく、日本の階級構造の主要な構成要素となった。

　どんな時代のどの社会でも格差はあった。格差の大きさは経済状況や政策により変化するけれども、格差の背後には階級構造があり、それはゆっくりとしか変化しない。現代の格差拡大を「小泉改革」のような短期的要因によるものと理解するのは完全な誤りであり、階級構造という社会の骨格を認識せねばならないと著者は主張する。

　教養書を装っているが、膨大なデータを現代階級論に依拠して新たに読み解いた、純然たる専門書である。だが読者はそのことに尻込みする必要はない。平易で明晰（めいせき）だからである。

評・耳塚寛明（お茶の水女子大学副学長）

はしもと・けんじ　59年生まれ。武蔵大学教授（社会学）。『階級社会』など。

二〇〇九年一二月二〇日④

『ヒューマンエラーは裁けるか　安全で公正な文化を築くには』

シドニー・デッカー 著　芳賀繁 監訳

東京大学出版会・二九四〇円
ISBN9784130530170

政治／医学・福祉／社会

日常業務が「過失」に変わる瞬間

　大きな列車事故が起きる。多数の死傷者が出る。さあ、誰のせいだ？　事故はなぜ起きたのだ？　責任者は出てこい。説明責任を果たせ――。こうして社会も被害者遺族も「真相」を求め、事故を起こした当事者の刑事罰を求め、二度と同じ事故を起こさない安全対策を求めるのだが、司法の場でこれらが果たされるとするのは幻想かもしれない。本書は、そう考えるに足る証拠と論理を積み上げ、私たちの常識をくつがえしてゆく。

　事故は、日常的に繰り返す業務をある日突然「過失」に変える。たとえば、調剤の際の勘違いで薬の濃度を誤り、患者を死亡させた看護師がいる。彼女はたしかに間違えたのだが、看護師による投薬は病院という複雑なシステムの一部にすぎない。実際、この事件では読みにくい手書きの処方箋（しょほうせん）を書いた医師がおり、さらにその医師は、事故の前にすでに多すぎる量の薬を患者に投与していたのだが、正直に自分のミスを申告した看護師だけが訴追され、調剤の間違いだけが争点になって、彼女は有罪になった。この裁判で明らかになった「真相」とは、自分がなぜそんなミスをしたのか、彼女自身が最後まで分からなかったという事実だけである。

　本書に取り上げられた医療過誤や航空機事故の実例とその裁判の過程は、私たちを大きな迷路に誘い込む。そもそも過失とは何か。どこからが過失で、どこまでは過失でないのか。誰が線引きするのか。また多くの場合、「誰が悪いのか」という視点は、事故の全体像を物語化してゆくが、その物語は真実か。またさらに、当事者が直ちに訴追されることで、原因を究明して改善に活（い）かす現場の取り組みが萎縮（いしゅく）してゆくとしたら、裁判は何のためにあるのか、等々。

　システムのなかで個人が一定の確率で起こすミスを犯罪化するとき、社会はむしろ、あるべき「公正」を失ってゆく。悲惨な事故に直面したとき、糾弾よりも、事故から学ぶための前向きな模索こそが正義をもたらすのだという著者の認識は、事故を受けとめる社会に究極の理性を問うていて、実に厳しい。

評・高村薫（作家）

Sidney Dekker　スウェーデンのルンド大学教授（人間工学）。

二〇〇九年一二月二〇日⑥

『学校の悲しみ』

ダニエル・ペナック 著　水林章 訳

みすず書房・四四一〇円
ISBN9784622074489

教育

もと劣等生がつづる“あのころ”

　極端に勉強ができなかったわけでも、不良だったわけでもないけれど、学校とか、教師とか、「教わる」という行為とか、集団行動といったものに、常にしっくりこない気持ちを持っていた私に、「学校の悲しみ」という言葉はすっと入っていきました。「そうだ、学校に対するあのどんよりした気持ちの正体は、『悲しみ』だったのではないか」と。

　このエッセーを書いたのは、フランスの作家です。子供の頃は、放校になるほどの劣等生だったのだけれど、良い教師との出会いもあり、やがて自身も教師となった後に、作家となったのです。

　しかしこの本は、成功者が自身の子供の頃の暗い思い出を、人生を彩るアクセサリーのように披露するものではありません。大人になってからも、作者にとって心の傷として残る劣等生（フランス語では「カンクルリ」といって、「癌（がん）」と同じ語源を持つ）時代の記憶をひもとくことによって、たいていの大人が既に忘れてしまったあの悲しみを喚起させ、あの悲しみの中に入っていこうとする子供の肩にそっと手をかける、そんな本なのです。

消費社会の罠(わな)や、若さ礼賛の罠。日本人からしたら成熟した国という印象があるフランスにも、その手の影響は色濃く存在します。教育現場で若者を見てきた作者は、勉強ができない劣等生だけでなく、消費や若さといった、口当たりの良いものになびいていく現代の若者たちに対しても、悲しみの視線を寄せているのです。

学校というものに、絶望と希望の両方を抱いたことがある作者だからこその、この一冊。子供には少し高価で重い本ではありますが、こんな考えを持つ大人が遠い異国にいるのを知ることは、学校において、作者が言う「終身刑」を受けているような気分の子供たちにとって、一本の救いの糸となるのではないでしょうか。その糸は、かつて劣等生だった大人たちにも、そして子供と同様、「終身刑」気分を時に抱くという教師たちにも、与えられているのです。

評・酒井順子(エッセイスト)

Daniel Pennac　44年生まれ。フランスの作家。『子ども諸君』など。

『親子三代、犬一匹』

藤野千夜 著

朝日新聞出版・一九九五円
ISBN9784022506580

文芸

おだやかな清涼感を楽しむ

小説を読むとき、書くとき、私はテーマとモチーフとを考える。テーマは歴(れっき)とした文芸用語だろうがモチーフは我流の言葉遣いかもしれない。テーマは文字通り題材だが、モチーフは、そのテーマを通し読者になにを訴えるか、読者の側から言えば「この小説、なにが言いたいのか」と問うときの〝なにが〟に当たるものだ。忠臣蔵をテーマとしていても、武士道の尊さを語るものと、仇討(あだう)ちのばからしさを綴(つづ)るものと、これがモチーフの差である。テーマとモチーフのちがいは作品のタイトルにも顕著に現れることがあって、三島由紀夫の『金閣寺』は明白にテーマを伝えているが、太宰治の『人間失格』はモチーフを匂(にお)わしている、と言ってもよいだろう。

さて本書は『親子三代、犬一匹』と題して、これがテーマである。祖母、母、姉と弟と犬、まさしくこの家族を題材として現代の生活が描かれている。描写は闊達(かったつ)で、ときにユーモラス、昨今の風俗や若者言葉も抜かりなく取り入れられ、スラスラとここちよく読める。弟に当たる章太が実質的な主人公なのだろうが、この少年の淡い恋などもあって、ほほえましい。

だが、モチーフはなにか、と問うてみると、

――現代の家族を軽妙に描くこと、なのかなあ――

と、どこまでも軽やかである。いささかも重いものではない。

もとより小説は重いモチーフをもってよしとするものではなく、この軽さも大切であり、若い読者をして、

「うん、わかる、わかる」

膝(ひざ)を打たせることも小説の存在理由だろう。

家族構成を一見しても女性が中心、そこにとびきりかわいいマルチーズ犬が加わり、父は死別しているが、母は児童向けのお話を書き、父の弟と、ほどよい仲みたい。章太はガールフレンドにふられるが、それもよりを戻す方向へと進み、あらあらしい気配はどこにもなく、大きな事件も起きず、

――おだやかだなあ――

こうした軽い清涼感を醸し出すのは、案外むつかしい。

評・阿刀田高(作家)

ふじの・ちや　62年生まれ。作家。「夏の約束」で芥川賞。

平成二十二年

2010

『水死』

大江健三郎 著

講談社・二一〇〇円
ISBN9784062154604／9784062774321（講談社文庫）

文芸

木と水との融和へ 父子三代の生と死

「作家は自身が一冊の本なんだ。一作だけ翻訳しても彼の身体の一部を切りとったにすぎない」――ある欧州の作家／翻訳家にそう言われたことがある。また、「作家の全作品が長い道筋として感知される」と書いたのは、ミラン・クンデラ。大江健三郎の本を読んでいると、これらの言葉が深く身に染みる。一つの小説が前作群と有機的に連動し、そのなかで前作と新作がたがいを註解（ちゅうかい）しあう形で、大江健三郎という書物の読みが更新されていく。

『水死』は作者のペルソナ「長江古義人（ちょうこうこぎと）」を語り手に、永らくのテーマである父とその死に始まり、父、自分、息子三代の「川流れ」と「森に上ること」（死と弔い）を経巡りつつ次々と意外な展開を見せる。子供の頃から夢現（ゆめうつつ）に甦（よみがえ）るのは、終戦の年、大水の川へ短艇で乗りだす超国家主義者の父の傍らに、自らの分身「コギー」がいる光景。以前にも「水死小説」を書こうとし、父の書簡類が入った赤革のトランクを母に要求したが叶（かな）わず、全くの想像で父の死を小説に描いた。これが天皇を主題とした1972年発表の『みずから我が涙をぬぐいたまう日』という設定である。そのトランクが手に入る運びになり、「水死小説」執筆を再決意。劇団がこの創作過程をも取りこみ、長江古義人作品の演劇化をもくろむが、父の手紙は封筒しか残っておらず、「水死小説」はまたも頓挫（とはいえその成り行きまでが『水死』という小説の一部となる）。次には、農民一揆の物語の舞台化が進行する。古義人は自らの「深くて暗いニッポン人感覚」と向き合うが……。

死者が遺（のこ）した手紙と聞いて、自殺した義兄から録音テープが届く『取り替え子（チェンジリング）』のような構成を想像したが、読むはずの書類はすでになく、「読み」の対象はどんどん他へ移りながら拡（ひろ）がっていく。劇団員「ウナイコ」が漱石の『こころ』を実験演劇に仕立て、「先生」の遺書の意味や「時代精神」が批評されたり、父が師からの政治教育として繙（ひもと）いたフレイザーの『金枝篇（へん）』や、エリオットの「荒地（あれち）」の解読があったりする。

そんな中で私が惹（ひ）かれたのは、「読みたがえる」ということである。本作に限らず、作者の中では、かねて「読み」の微妙なユレ・ブレ・ズレおよびその連鎖が、大いなる創造の推進力として作用してきたのではないか。大江氏は時おり外国文学の原文と訳文を並べて作中に引くが、本書第三部に、創作の源泉にふれる箇所（かしょ）がある。古義人が「（訳詩が）原詩と響きあ」い、「訳詩と原詩のズレの、奇妙な味のおかしみ」が生まれることで、初めて詩がしっかりと受容されると言うと、相手は「（あなたの）小説もそこで生まれるんじゃないですか？」と応ずるのだ。実際、古義人も『水死』の枠組みとなった「荒地」のある一行の理解は、訳文の「誤読によって成り立っていた」と言うのだが、その誤読が表象を重層化する起爆剤となる。読み違いならぬ「読みずらし」から来るポエジーである。

『水死』でも人々は様々に読みたがえる。『みずから……』でHeiland selbst（救い主）という独語が「天皇陛下」と意訳されたことが論じられ、父は将校らの冗談を読み違え（ていたらしく）、障害をもつ息子「アカリ」の逸（そ）れた言葉が新生をもたらし、強姦（ごうかん）体験を元にしたウナイコの一揆芝居は原作の個人的な読みずらしを含み、父に憑（つ）いた物の怪（け）は半世紀余りの時と文脈のズレをもって他の憑坐（よりまし）を見つける。中でも重要なのは「森々（しんしん）」と「淼々（びょうびょう）」の読み違いだろう。折口信夫の文に、篤信者の魂が「淼々たる海波を漕（こ）ぎゝつて」浄土に到（いた）り著（つ）くとあるのを、土地の信仰（死んだ魂は空に昇って森に戻る）

を想起した父が「森々たる海波」と誤読すると、そこで木と水の境界はぼやけて融和し、本作の核となるイメージが浮かびあがる。アカリの台詞（せりふ）が予期せず真実をつくように、言葉のズレは時に隠れたものを露（あら）わにし、ウソを探知する。作家の心に欠かせないと前世紀の小説家が言った「shit detector（インチキ探知機）」は、作者の中で自己批評を含めて仮借なく働いている。

評・鴻巣友季子（翻訳家）

おおえ・けんざぶろう　35年生まれ。大学在学中の58年、「飼育」で芥川賞。94年、ノーベル文学賞。『取り替え子』『憂い顔の童子』『さようなら、私の本よ！』『臈（らふ）たしアナベル・リイ総毛立ちつ身まかりつ』ほか。

二〇一〇年一月一〇日②

『芸術か人生か！　レンブラントの場合』

ツヴェタン・トドロフ 著　高橋啓 訳

みすず書房・三七八〇円
ISBN9784622074946

アート・ファッション・芸能／ノンフィクション・評伝

私的な世界を排し普遍性を開く

レンブラントの作品をすべて色と形だけで解明することはできない。そう考える多くの評者は、その背後にある彼の思考に光を当てようと試みてきた。

ピカソと同様、レンブラントの大量の自画像にその秘密が隠されていると感じるとき、まず一般的に考えられることは自分のことしか関心のないエゴイストのレンブラントである。しかし、もしそうだとすれば彼の作品は時代を超えた普遍性をもち得なかったはずだ。

例えば大げさな扮装で王侯や乞食（こじき）、死刑執行人から犠牲者まで演じたコスプレは、ナルシスト以外の何者でもないと判断するのが一般的な見解であろう。だが彼のコスプレは自らを描くのではなく、単にモデルの役を務めているだけなのである。

そこが凄（すご）い。自身が家族や周囲の人間をまるで私小説のように個人的な世界として描くのではなく、私的な世界を排することにより個人を個という普遍性に転移させているのだ。私的な世界は普遍性を閉じて、ちんまり収まった世界に陥る危険性をはらんでいるので、絵画が芸術として成立するかどうかがこの一点に絞られている。

日本人になじみ深い岸田劉生の「麗子像」が麗子で終わるのか、それとも作者の自我への執着が普遍的な人間一般へと混合するのか、そこが美の決め手であろう。レンブラントの驚異は自画像に限らず、自身の子供や妻に対する実生活の経験も、彼の芸術の優位性によって、愛情がないのではないかと思わせるほどますます乖離（かいり）していく。

レンブラントは、この芸術的創造に不可欠な条件として、自らが他者の外側に立つことを許している。だから、鑑賞者はその作品の中に、彼や彼の子供や妻を認めるのではなく、鑑賞者である自らを作品を通して再発見するのである。

芸術家である以上、個人を超えた個としての普遍性をいかに手に入れるか、それが彼の最重要課題となる。それにしても、レンブラントの家族たちは彼の創造と、芸術家としての彼に、心ならずも知らず知らず奉仕させられているのである。

評・横尾忠則（美術家）

Tzvetan Todorov　39年生まれ。哲学者。他の絵画論に『日常礼讃（らいさん）』など。

二〇一〇年一月一〇日❸

『ブランドはNIPPON』

川島蓉子 著

文芸春秋・一八〇〇円
ISBN9784163717005　アート・ファッション・芸能

革新的なもの作りに再生の道が

日本はデフレに陥り、メーカーは低価格競争を繰り広げている。このままでは日本のもの作りが壊れる。著者は、ファッションデザイナーの皆川明、テキスタイルデザイナー須藤玲子、クリエーティブディレクター緒方慎一郎、新しいライフスタイルを提案する真城成男、和装小物の老舗（しにせ）を継承する美濃部順一郎の5人の仕事とインタビューを通して、その再生について示唆に富む提言を試みている。

素材の布作りにまでこだわる皆川明は、日本のもの作りは高度な技術を駆使し、デザイナーの要望に柔軟に対応してくれる能力が高いが、そうした素晴らしい技術を伝える努力を怠っていると指摘する。そして「高い価値を追求し続けて、それを提案していけば、むやみな価格競争には陥らない」と言う。

また須藤玲子は、尊敬する柳宗理の「日本の今日の技術と、材料を使って、日本人の用途のために真摯（しんし）にものを作る」という言葉通りの姿勢を貫く。著者は須藤を見て、他国が追いついてきたら、日本はその一歩先を進むことが重要だと言う。須藤は、ホテルのマンダリンオリエンタルの内装を、日本の伝統技術で織り上げた布で飾った。この事実に、著者は外資系企業ではなく、日本企業こそ日本のもの作りに誇りを持ち、評価し、活用するべきだと提言する。

低価格製品が市場を席巻する状況はいつまでも続かない。なぜなら人は、豊かな気分、上質な心地を味わいたいという欲望を持っているからだ。そこにこそ、品質にこだわる日本のもの作りが生きる道がある。しかし伝統に埋没するのではなく、5人のような革新的なデザイナーたちとの出会いと、NIPPONブランドの良さを「伝えるべき人に、いかに的確に伝えるか」がますます重要になっている。こういう著者の指摘は今日的であり、傾聴すべきだ。

本書は特に政治家や企業経営者に薦めたい。日本のもの作りの付加価値の高め方や地方に埋もれている伝統技術などの再生のヒントが豊富に詰まっており、デフレ脱却の指南書となりうるからだ。

評・江上剛（作家）

かわしま・ようこ　61年生まれ。著書に『伊勢丹な人々』『ブランドのデザイン』など。

二〇一〇年一月一〇日❹

『うちのご飯の60年　祖母・母・娘の食卓』

阿古真理 著

筑摩書房・一七八五円
ISBN9784480878090　社会

「母の味」の変遷で描く日本の変化

ことし創刊六十周年を迎えた雑誌「芸術新潮」の特集は「わたしが選ぶ日本遺産」だ。わたしが選んだのは「伊勢神宮」「水田」「居酒屋」の三つ。正月にページをめくりながら、ふと思った。ひとつだけと問われていたら、なにを選んだろう。

「母の味」

時代も年齢も性別も超えて、すべてのひとにとって永遠の遺産になりうるもの。歴史や文化、気候風土を凝縮した日本人のこころの系譜が、「母の味」にはこめられているのではないか。

『うちのご飯の60年』は、四十一歳の著者が祖母・母・娘の三代にわたる食卓の変遷を描きだす試みである。

取材の綿密さ、客観性が光る。「じぶんの母から聞きとる」。つまり内側にいながら外に立って検証し、距離を保って書く。存外むずかしい作業である。

祖母は明治三十六年生まれ。広島の農村で自給自足の暮らしを営み、かまどに火を熾（おこ）してごはんを炊いた。母は昭和十四年生まれ。田植えや山菜採り、祖母がこしらえた保存食で食卓を繰り回す生活を経験したのち、高度経済成長期に阪神の都会へ出て家庭を築く。土間の台所や箱膳（はこぜん）と入れかわりに分譲マンション、ホットプレート、ハンバーグやコロッケ。そして一家は阪神大震災に見舞われる。あらたに家庭を持って東京に住む娘、つまり著者の食卓は、仕事と家事に翻弄（ほんろう）されて右往左往――。

縦糸は「典型的な戦後の家族」の食卓。横糸は日本の社会の変化。織り目にはさまざまな家庭の記憶が重なる。わたしの家の台所がシステムキッチンに変わり、母がスコッチエッグやシチューをつくったのは東京オリンピックの年だった。

ささやかな個人こそ歴史の当事者なのだ。誰にも先が見えづらい今だからこそ、三代の食卓の流れを掘り起こし、歴史に血を通わせて現在を確かめる文章にリアリティーがある。「いただきます」「ごちそうさま」。食卓のあいさつは、日本の遺産への感謝でもある。脈々と引き継がれてきた日本の味、そのうち六十年の味をこまやかにすくい上げた一冊である。

評・平松洋子（エッセイスト）

あこ・まり　68年生まれ。ノンフィクションライター。『ルポ「まる子世代」』など。

二〇一〇年一月一〇日⑤

『ゼロから考える経済学　未来のために考えておきたいこと』

リーアン・アイスラー 著　中小路佳代子 訳

英治出版・二三一〇円
ISBN9784862760579

経済／社会

「ケア経済」中心の社会の枠組み

本書は、「思いやりの経済学（ケアリング・エコノミクス）」という新たな枠組みを提案し、それを通じて「真の富」が実現されるような社会のありようを構想するものである。

現在の主流的な経済学が、もっぱら自己利益の最大化を追求するような「経済人」を前提としていることの問題性については、これまでも様々に論じられてきた。本書はそうした議論をさらに一歩進め、「思いやり（ケアリング）」ないし「世話をすること」をむしろ中心にすえた経済社会の可能性を提起する。

著者によれば、従来型の経済分析では家庭経済、無報酬の地域経済そして自然経済が十分に位置づけられておらず、そのことが経済モデルと現実との乖離（かいり）を生んでいる。そして経済システムを変えるためには、その背景にある「関係」の心理学的・社会的なダイナミクスに目を向ける必要があるとして、その基本型を「支配」のシステムと「パートナーシップ」のシステムに区分し、後者を基本にすえた経済社会の姿を吟味していく。

たとえばフィンランドの例にそくしてパートナーシップ教育の重要性が論じられるが、著者が強調するのはそうした思いやりに関連する領域（福祉、教育など）への投資は、費用対効果の観点から見ても優れており、「経済」にとってもプラスに働くという点だ。また、現在の先進諸国では技術革新によって職の二極分化や「余剰」人口が生じているが、思いやり経済への投資や移行はそうした問題の解決にも寄与するとする。

さらに〝国内総生産（GDP）よりも女性の地位（あるいは男女の関係の性質）のほうが、その国の全体的な生活の質と強い相関関係にある〟といったデータに言及しながら、ジェンダーの視点を重視するとともに、最近の脳科学の成果や進化生物学的な視点とも関連づけて新たなケア経済の可能性が展開される。

著者が示す個々の論点自体には既視感も伴うが、それらを思いやりの経済という理念とともに総合し、新たなビジョンを提起する試みはきわめて貴重なものと言えるだろう。

評・広井良典（千葉大学教授）

Riane Eisler　社会科学者。著書に『聖杯と剣』など。

二〇一〇年一月一〇日❻

『湿原のアラブ人』
ウィルフレッド・セシジャー 著
白須英子 訳　酒井啓子 解説
白水社・二七三〇円
ISBN9784560080276
人文

砂漠の中のみずみずしい世界

アラブの部族民と言えば、砂漠の民という印象が強い。ところが、イラク南部には、ユーフラテス川とチグリス川が作る巨大な湿地帯があった。面積は関東平野の6割程度にあたるほど大きい。ここに長らく独自の生活をしてきた民がいる。

マアダンと呼ばれる湿地帯住民は、水面に浮島のような土地を作って、7メートルもの丈の大アシを束ねて家を建てる。水牛を飼い、カヌーで水路や湿地を縦横に移動する日々を送る。

著名なイギリス人探検家の著者は、そんな不思議な人びとの間で、足かけ8年にわたって過ごした。その前にアラビア半島の茫漠（ぼうばく）たる砂漠を横断し、アラビア語に習熟し、アラブ部族民の慣習に通じていたからこそ、可能な体験であった。

50年前の体験記であるが、昨日の出来事のようなみずみずしい叙述が続く。客のもてなしぶりや、器用に舟を操る技術は、現在のイラク南部にも残っているに違いない。ほとんどの村に訪問者を泊めるためのゲストハウスがあるという。たとえ、それがなくとも誰かの家に泊めてもらうことができる。著者は、友人の族長にもらった舟で、村々を訪れて暮らしていた。

舟から荷物を運ぶ時は総出で助けてくれるのに、帰る時は誰も手伝わない、というのも面白い。帰ってほしくない、という表現なのである。

いきがかり上、著者は素人医者を務めることになるが、それ以上に評価されたのは衛生的で上等な「割礼師」の役目であった。若者たちとの交流の様子もユーモラスで引き込まれる。

実は、湿地帯の素朴な生活にも、やがて容赦なく近代化の影響が及ぶ。著者のイラク訪問も、1958年の共和革命で途絶することになった。20世紀の終わりには中央政府の手が及ばない湿地帯は革命派の拠点となり、サダム・フセイン政権によって強制的な干拓が進められ、湿地帯の大半が破壊された。

このすばらしい世界が、もはや本書の中でしか体験できないとしたら、何と悲しい喪失であろうか。

評・小杉泰（京都大学教授）

Wilfred Thesiger　1910～2003年。

二〇一〇年一月一七日❶

『完全なる証明　100万ドルを拒否した天才数学者』
マーシャ・ガッセン 著　青木薫 訳
文芸春秋・一七五〇円
ISBN9784163719504／9784167651817（文春文庫）
科学・生物／ノンフィクション・評伝

「空想世界」に生きて　知の孤独体現する姿

数学のど真ん中を突く本ではない。それをめぐる知の孤独に迫る。

孤独を一身に体現するのは、難問中の難問である「ポアンカレ予想」の証明を成し遂げたロシアの数学者グリゴーリー・ペレルマン氏。2006年に数学界最高の栄誉であるフィールズ賞を辞退した。その数奇な半生をジャーナリストが描いた。

著者は、本人にじかに取材していない。人を介して申し込んでも応じなかったからだというが、それを補う強みがあった。本人と同じ時代、同じように旧ソ連のユダヤ人家庭に育ち、同じように数学専門学校へ進んだという経歴だ。そのころはソ連の思想も理想も色あせて「私たちの世代は、もはや何も信じてはいなかった」の一言に実感がこもる。

旧ソ連では、数学も政治に揺さぶられたが、結局は「鉄のカーテンのこちら側」での発展を許される。「数学ならば、国家に干渉されることなく（中略）知的な研究生活を送ることができそう」という雰囲気が生まれた。そこに花開いたのが、数学五輪や数学専門学校など英才教育のしくみだ。これが「ペレルマンを生み育てた世界」である。

彼は、周囲が「ロープで仕切ってくれた数学という空想世界」で成長し、後年、現実と自らが求めるものとの隔たりに気づくと自分の世界にこもったという。それは、巨額の懸賞金や有力大学のポストをもってしても誘い出せない深淵（しんえん）らしい。

ポアンカレ予想では、パンでも石ころでも穴のない塊の表面は本質的に同じ、という理屈を高次元の世界を舞台に考察する。宇宙の形にかかわるともいわれるが、「ペレルマンが興味をもったのは、物理的な宇宙の形などでは断じてなかったし、その中で暮らす人間でもなかった」。

彼が手にしたものは「自分の空想世界の中で、抽象的な対象とともに生きる自由」だったのである。

数学の成果は実験では検証できない。「そのために使えるのは、自分の頭脳――そして仲間たちの頭脳――だけだ」。だが、仲間たちがすぐに追いつくのは難しい。認められたという実感がなかなか得られないのだ。ここに知の孤独が巣くう。

それは、出版社が作家にこうもちかけるのに等しいと著者はみる。「実を言えば、どの作品であれ、最後まで読んだことのある者は我が社には一人もいないのです。でも、あなたは天才だそうですから、契約書にサインしていただきたい」

おもしろいのは、この証明の公表の場がウェブサイトだったことだ。学術誌への投稿なら、審査役の仲間たちが一人ひとりで査読する。だがウェブによる流布は「公開で討議するというプロセス」を促した。ネット時代ならではの現象だ。そこには「野心を棚上げして（中略）読解し、解釈することに全力を尽くした数学者が何人もいた」という。

皮肉にも、孤高の数学者が仲間たちの連帯に火をつけた。その一点に一筋の光を見る思いがする。

評・尾関章（本社編集委員）

Masha Gessen 67年モスクワ生まれ。旧ソ連のユダヤ系知識人家庭の出身で数学専門学校に学んだ。アメリカに移住したが91年、モスクワに戻り、ジャーナリストとして活動。『Two Babushkas』（未訳）など。

二〇一〇年一月一七日❷

『天安門事件から「08憲章」へ　中国民主化のための闘いと希望』

劉暁波 著　劉燕子ほか 編訳

藤原書店・三七八〇円
ISBN9784894347212

政治／国際

受難者の叫び受け止める知識人

２００８年12月、自由、人権、共和、民主などを強く求めた「08憲章」が発表され、その起草者・劉暁波が直前に拘束された。09年12月には北京第一中級人民法院において、国家政権転覆扇動罪で11年の懲役判決が下された。劉は天安門事件の指導的知識人の一人として脚光を浴び、その後幾度も逮捕されながらも民主化の闘いを続けてきた。本書は彼の支持者らが逮捕直後から編集したもので、天安門事件受難者を慰霊した詩（第一章）、天安門事件の真相隠蔽（いんぺい）に断固抗議し続けた文（第二章）、民衆の自治・共生の動きを新たな民主胎動と評価する文（第三章）、そして「08憲章」全文と編訳者たちの解説から編集されている。彼の詩・文章は天安門事件の若き受難者たちの悲痛な叫び「針」を全身で受け止めた表現でもある。しかし彼は官権と民衆が共感し協力関係を持つ必要性を説く穏健論者でもある。それでも獄中生活が強要されるのは問題の核心＝事件の真実究明に非妥協的で、権力の私物化を告発するからだろう。

民主化を顧みると20年が一つのサイクルになっている。そして弾圧者と受難者から見るとその停滞と悲劇の実像が浮かび上がってくる。69年文革時の弾圧者は49年中国を解放した毛沢東で、受難者は鄧小平・劉少奇、紅衛兵であった。天安門事件の弾圧者は鄧小平で、受難者は胡耀邦・趙紫陽、若き学生たちであった。09年の「08憲章」の弾圧者は胡耀邦・趙紫陽直系の胡錦濤・温家宝であった。基本的な構図は何ら変わっていない。権力を掌握すると人は自らの批判者を何故かくも厳しく圧殺するのか。

中国の民主化とはある意味で権力者が反対や異なる意見・価値を許容する広がりのプロセスである。そして著者が、受難者や人道的権利擁護の運動に対して「穏健でよい、最も重要なのは根気よく頑張ることだ」と説くのは、権力者らの許容度の広がりを忍耐強く求めているからかもしれない。こうした許容度が広がり、自由・平等・公正が保障される制度が機能するようになって初めて、中国は世界で「尊敬される大国」になれるのである。

評・天児慧（早稲田大学教授）

リュウ・シャオボ　55年生まれ。文芸批評家、中国民主化運動活動家。

二〇一〇年一月一七日④

『大腸菌　進化のカギを握るミクロな生命体』

カール・ジンマー著　矢野真千子訳

NHK出版・二三一〇五円
ISBN9784140814031

科学・生物

しなやかで豊かな驚異の生き物

酵母と大腸菌、どっちがかわいい？　飲み会で手持ちぶさたになった分子生物学の学生たちが繰り広げる定番の話題だ。大抵は真核生物の酵母の方がかわいいと合意して終わるのだが、この本の登場で大腸菌が巻き返すことだろう。実際、本書の最もよき読者になりうるのは、彼ら若手研究者かもしれない。

核を持たない原核生物の大腸菌は、あらゆる生物の基本として世界中の研究室（ラボ）で取り扱われている。研究者は大腸菌を育てることで遺伝子と生きる仕組みの関係を学ぶ。大腸菌（E・コリ）を語ることはすなわち遺伝子研究の歴史を語ることだ。DNAの複製メカニズムは大腸菌で解明された。各遺伝子が回路のように作用し合って生体反応を総合的に制御している事実も、遺伝子変化と進化の関係も、まずは大腸菌を使って調べられた。

著者の語り口は自然体で淀（よど）みない。大腸菌を主役に据えて遺伝子研究の勃興（ぼっこう）期から黄金時代までを語ってみせる。だがもしあなたが学生で、試験管とシャーレだけでしか大腸菌と向き合ったことがないなら、自然界のあちこちに生きて社会さえ形成し、耐性遺伝子を互いに受け渡している野生の大腸菌の描写に、新鮮な感動を覚えるだろう。本書には病原性大腸菌O（オー）157も登場し、自然環境と人工のラボを結んでくれる。大腸菌は遺伝子研究のツールである以前に驚異の生き物なのだ。

大腸菌の精巧なべん毛は、創造説の証拠として利用されかかったこともある。インテリジェント・デザイン支持者と科学者の攻防を描く力のこもったくだりと、やはり大腸菌をきっかけに遺伝子改変の是非について論争がわき起こった歴史を描いた部分は、本書最大の読みどころだ。しかしその火照った話題を終えて最終章で論じられるのが、地球外からやってくる微生物の可能性の話なのだから楽しくなる。しなやかで、豊かで、夢に溢（あふ）れた大腸菌――と感じて本を閉じたなら、もうあなたは大腸菌が好きになっている。

それにしても本書の訳者・矢野が手がけた本にはハズレがない。もはや信頼のブランドだ。

評・瀬名秀明（作家）

Carl Zimmer　66年米国生まれ。サイエンスライター。

二〇一〇年一月一七日⑤

『天才の秘密　アスペルガー症候群と芸術的独創性』

マイケル・フィッツジェラルド 著
井上敏明 監訳
世界思想社・二四一五円
ISBN9784790714392
人文／医学・福祉

純真・不器用…資質が共通

我こそは天才なりと自認、もしくは密（ひそ）かに天才性を誇る芸術家には、この本は自分のことを書いているという妄想を呼ぶ。この思いこみがすでに軽度の自閉症、アスペルガー症候群の人である証拠ともいえそうだ。

しかし、心配ご無用。本書は芸術的天才性をもつアスペルガー症候群の人たちを嘲罵（ちょうば）することも責めとがめることもない。むしろ、称賛するのが目的なのだ。といって彼らがすべて天才かというとそうとも限らない。文学や音楽や絵画などにおける天才芸術家に共通する多くの資質にアスペルガー症候群の特徴がある、と言っているのだ。

それはどんな特徴なのかというと、社会的地位に関心が薄く、虚飾を嫌う。またベートーベンみたいに無頓着なほど無防備で、かと思うと支配的で利己主義が強く、バルトークのように子供のような純真性を持つ。そのうえ、不器用でがんこ、対人関係が苦手ときている。コナン・ドイルやエリック・サティみたいに、宗教的気質を特徴とし、精神世界や魔術的なものに惹（ひ）かれ、超自然やオカルトに傾倒する傾向もある。サティは技法的には無能でランク的には二流とされるが、この短所を長所に変えてしまう天才的能力が一方にある。彼らに特徴的な反抗的、反体制的資質がそれを可能にするのだろう。

またアスペルガー症候群の人は狂的な蒐集（しゅうしゅう）魔でもある。特にアンディ・ウォーホルは物を捨てられない習癖が強く、自分がアートで何をすべきかもわからず、私の言いたいことは絵の背後にある、と発言した。

でもこれで十分じゃないか。すべての人が何をすべきかわかっているのか、とウォーホルに代わって問いたい。彼は人格的に未成熟と指摘されるが、芸術の核はアンファンテリズム（幼児性）。芸術家なら幼児の純粋な視線を取り戻せるはずだ。

そして天才芸術家には、自分がエイリアンだと思っている場合があるらしい。あるいはゴッホのように、「狂人の役どころを素直に引き受けようと思っている」者も、彼らの中には多いのではないだろうか。

評・横尾忠則（美術家）

Michael Fitzgerald　アイルランド自閉症協会の臨床・研究顧問。

二〇一〇年一月一七日⑥

『エクスタシーの湖』

スティーヴ・エリクソン 著　越川芳明 訳
筑摩書房・二九四〇円
ISBN9784480832023
文芸

めまぐるしく語られる無数の断片

小説を読むという行為を、作家が作った虚構の家にしばし住んでみることだと、比喩（ひゆ）的に語ってみよう。その場合、虚構の家はどこにあるのかといえば、本のなかに最初からあるのではなく、活字を読み、想像力を働かせた読者によって建てられるものだというべきだろう。つまり読者は、自分が建てた家に住むのである。

家の居心地のよさだけをひたすら求め、「文学」からただ癒やされたいと願う元気のない読者は、エリクソンの小説は読まない方がいいだろう。この「エクスタシーの湖」と題された活字の列を材料にして、どんな家を建てたらいいか、途方に暮れるのがおちだからである。

実際、二〇〇五年に発表された本書は、ロサンジェルスの街の中心部に巨大な湖が出現するという、SF的な出来事を中核に据えたうえで、一人称と、複数の視点人物による三人称の語りの交錯のなかで話を進めていくのであるが、さまざまなスタイルの語りに彩られた、さまざまなイメージや思弁や物語の断片が、独特のスピード感と、奇を衒（てら）ったといえなくもない、凝った構成のなかで次々と繰り出されていく一編は、読者に容易に家を建てさせない。

たとえば、巨大湖の中心は「レイク・ゼロ」と呼ばれる。これはいうまでもなく、「9・11テロ」の爆心地「グランド・ゼロ」からきたわけで、また小説中に描かれる近未来のアメリカは内戦のさなかにある。しかし、では、そうしたテロリズムの普遍化した世界を描くことが、この小説の中心テーマかといえば、そうではない。

親と子、神と人、歴史と神話、政治と暴力、性愛と支配……無数の主題が、明確な中心を欠いたまま、無数のノイズをともなって、きれぎれの断片となって目まぐるしく語られていくのであり、読者は家を建てては壊し、また建て直していくことを強いられるだろう。そのなかで、言葉が、いままで知られなかった色彩と手触りをもって迫ってくるはずだ。そうしたスリルと快楽を「文学」に求める人こそが本書の読者たりうる。

評・奥泉光（作家・近畿大学教授）

Steve Erickson　50年生まれ。小説家。『真夜中に海がやってきた』など。

二〇一〇年一月一七日❼

『ホロコーストからガザへ　パレスチナの政治経済学』

サラ・ロイ 著
岡真理、小田切拓、早尾貴紀 編訳
青土社・二七三〇円
ISBN9784791765126
政治／経済／国際

パレスチナのガザ地区は1年前にイスラエル軍の猛攻撃を受けて、公共施設も多くの人びとの家屋や生活も破壊された。今でも封鎖が続き、生存を国際的な人道的援助に頼っている。これは実は、一時的な悲劇でも単なる人道上の問題でもない。1967年の占領以来の「反開発」が極限まできた、と著者は実証的に示している。反開発は、低開発どころではなく、外部からの資金や介入で地場経済が衰亡する状態を意味する。

ガザ地区にはもはや何の工場も産業もなく、仮に将来独立しても国の中身となる経済は消失している。名ばかりの自治は、占領状態の現実を隠すにすぎないのである。政治経済学の立場からガザ地区を熟知する唯一の国際的な専門家の指摘は鋭い。

ユダヤ系アメリカ人である著者は、ナチによるホロコースト（ユダヤ虐殺）を生き残った者の娘として、相手がイスラエル政府でも悪に対して異議を申し立てることが、自分の務めであるという。自伝的な語りの部分も胸を打つ。

日本での講演がもとになっており、編訳者の丁寧な解説もあって読みやすい。

評・小杉泰（京都大学教授）

二〇一〇年一月一七日❽

『水洗トイレは古代にもあった　トイレ考古学入門』

黒崎直 著
吉川弘文館・一九九五円
ISBN9784642080309
歴史／社会

古代遺跡で人工的な穴が見つかったとする。それは柱の穴か、トイレの穴か。

穴から木片、ウリの種、ハエのさなぎの三つが出土したら、それは間違いなくトイレの跡なのだという。寄生虫卵が出たら大当たり。なお木片は、紙のない当時の始末用品だった。

著者は各地の遺跡でトイレ跡を調べてきた。その結果、弥生時代までは空き地で適当にすませていたが、古墳時代にはトイレを使いはじめ、しかも水洗式が登場した可能性があると指摘する。

藤原京では、通りの側溝から屋敷内に流れを引き込み、それでトイレを流した。そのあと流れていく先は、もとの側溝。したがって水の少ない時期は、都じゅうがえらいことになった。政府は、雨の日に囚人を動員してその掃除をしたという。

また、福岡市の「鴻臚館（こうろかん）」のトイレ跡からは、鉤条虫（こうじょうちゅう）の卵が大量に見つかった。これはブタ肉食に特有の寄生虫で、すなわち日本人のトイレではない、と推論する。

トイレひとつでこれだけさまざまなことが考えられる。楽しい本である。

評・松本仁一（ジャーナリスト）

『防衛の務め　自衛隊の精神的拠点』

槇智雄 著
中央公論新社・二一〇〇円
ISBN9784120040788

軍隊色をうすめ 国防を語る困難

国防とは何か。この問いは、私たち日本人にとって諸外国のようには自明でない。また、私たちは独立国にとっての国防意識を自明と捉（とら）える習慣をもたず、諸外国のようにこれを愛国心や名誉と一つにして語ることもない。このことは、先の敗戦が一つの国家にもたらした影響の大きさと特異さをよく物語っているが、さてそうであるなら、戦後日本の国防意識は自衛隊発足以来、どのように育まれてきたのだろうか。

本書は、1953年に開校した保安大学校（54年防衛大学校に改称）の初代校長を務めた著者が、12年間の在任中に行った講話と随筆を集めたもので、初版は冷戦下の65年である。従って、教育とはいえ西側陣営の防衛を担う緊張感に満ちているが、今日の一般読者が本書に読み取るのは、第一に、民主主義下であっても国防という限りは欠かせないだろう愛国心が、なにかしらつねに遠回しに釈明されなければならない特異さであり、国防を担う若者たちの士気発揚さえ、なにかしら抑制されなければならない切なさである。発足当初から続く自衛隊の存在の困難さに、改めて気づかされる所以（ゆえん）である。

著者槇智雄は、ヨーロッパの政治哲学を専門とする学者であり、旧軍色を極力排したい吉田茂の政治的意思によって、防衛大学校の校長に招聘（しょうへい）された。しかし自衛隊は軍隊であり、防衛大学校は将来の幹部自衛官を育成するための士官学校である。そこで、未来の士官たちに向けて、槇は欧米の由緒ある士官学校の理念を引いて万国共通のノーブレス・オブリージュを語り、パスカルを引いて正義ある力を語り、民主主義下の国防の意義とその名誉を語るのである。それは正しく軍人精神を説くものであり、士官教育である以上、それ以外にないのだが、一方ではそれゆえに旧陸海軍の士官教育との境があいまいになってゆき、高度経済成長へ向かう国民意識との落差も大きくなってゆくのである。

ちなみに防衛大学校は士官学校であると同時に、理工系中心の普通大学でもある。足して二で割るのではなく、二のままであることからして、世界に例を見ない学府と言えるが、これも高い教養と専門知識を身につけた自衛官の理想像を求めたというより、軍隊色を薄めるための政治的配慮だったに違いない。今日の自衛隊は装備の著しい進歩とともにあり、防衛大学校もより現実的に運営されていると聞くが、では、愛国心に支えられるべき防衛意識の問題のほうは解決されたのだろうか。

本書を読む限り、槇は対独防衛の必要を説いて第2次大戦を勝利に導いたチャーチルの偉業を繰り返し取り上げる一方、旧帝国陸海軍の過ちに直（じか）に触れることはなかったようである。戦後の出発点において、民主主義の理念を高く語りつつ、肝心の歴史認識をあいまいにせざるを得なかったところに、日本の国防の困難と矛盾の原点がある、と読んだ。2009年に版元を変えて新たに出版された本書の意義は、ここにある。

評・高村薫（作家）

まき・ともお　1891～1968年。慶応大法学部教授を経て、保安大学校（後の防衛大学校）創設にともない初代校長に。65年に退職して白梅短大学長に就任。他の著書に『米・英・仏士官学校歴訪の旅』など。

二〇一〇年一月二四日❷

『地球の洞察　多文化時代の環境哲学』

J・ベアード・キャリコット 著
山内友三郎ほか 監訳
みすず書房・六九三〇円
ISBN9784622081654

『環境思想とは何か　環境主義からエコロジズムへ』

松野弘 著
ちくま新書・九〇三円
ISBN9784480065193

科学・生物／社会／新書

実践へ向けた議論に多くの示唆

読書というものがもたらす歓（よろこ）びの一つが、時空を超えた〝旅〟ともいうべき充足の経験だとしたら、『地球の洞察』はまさにそれに該当するものだった。

環境問題が新たな局面を迎えつつある今、その土台となるような哲学や思想が再び問われている。この場合、それぞれの地域における環境保全に向けた行動は、その場所の「伝統的な世界観が秘めている環境倫理によって支えられ、命を吹き込まれ」てこそ実効性をもつ。

そうした実践の離陸点を提供するために、著者が行うのが「比較環境倫理」の試みであり、本書の中心をなすのは文字通り地球上の各地域の環境倫理をめぐる壮大な〝旅〟だ。その中には「老荘と生命地域主義」「華厳仏教と宇宙の生態学」といった個別の興味深い話題が含まれるほか、従来ありがちだった〝北半球中心主義〟の枠を超えて、南米の心の生態学、アフリカの生物共同体主義等のテーマが丹念に吟味される。オーストラリア原住民の「ドリーム・タイム」（はるか昔に存在したものでありながら、同時に現在の傍らに存在する時間）やそこでの死生観に関する記述も印象的だ。

そして著者は、各地域の環境倫理の多様性（「複数の環境倫理」）を強調する一方、文化の多様性と生物の多様性は密接に結びついているとし、それらは近代科学を超える性格をもった、生態学を軸とする新たな科学とともに相互につながるとする。

著者キャリコットについて私は（レオポルドの）「土地倫理」を広く展開した人物という程度の認識しか持っていなかったが、本書はそうしたイメージを超える豊穣（ほうじょう）な内容を含んでいた。原著公刊は1994年で既にある種の〝古典〟とも言え、個々には様々な批判がありうるが、環境問題への日本の立ち位置を含め、多くの示唆を与えてくれる。

他方、『環境思想とは何か』は、自然保護論に偏りがちなアメリカ的環境倫理言説を超えて、「緑の国家」論など経済社会システムのありようへとつなげる内容で、この種のアプローチこそ日本の環境論議にいま強く求められている。

評・広井良典（千葉大学教授）

J. Baird Callicott
まつの・ひろし

二〇一〇年一月二四日❸

『ライシャワーの昭和史』

ジョージ・R・パッカード 著　森山尚美 訳
講談社・二七三〇円
ISBN9784062151955

歴史／政治／国際

尊敬する師を公平・実証的に描く

1960年は日米関係にとって危機の年であった。アイゼンハワー大統領の訪日は日米安全保障条約改定への反対運動のために直前にキャンセルされた。これを見て「日本との断たれた対話」という論文を「フォーリン・アフェアーズ」誌に発表したのが、ハーバード大学教授ライシャワーであった。すでに日本研究の権威として知られていた彼は、翌年ケネディ大統領によって駐日大使に指名される。人生の大きな転換であった。大使として、ライシャワーはアメリカ側、とくに軍関係者に日本を対等に扱うよう説得する。そして日米文化教育交流会議（カルコン）の立ち上げに貢献し、両国関係を、安保を超えた膨らみをもつものに拡大しようと努めた。暗殺のため実現せずに終わったが、ケネディ訪日もほぼ決定していた。

ライシャワーは日本の歴史に関して、非マルクス主義的で日本に好意的な解釈を提示したことでもよく知られている。それゆえに、同時代にはとくに日本の知的世界において批判的にみられることが多かった。

しかし、ライシャワーに関して注目に値するのは、早くからアメリカのベトナム介入に反対であり、中国との国交正常化を支持してきたことである。典型的な冷戦の闘士的な発想からはかなり自由であった。しかし、大使就任後はそれらの持論を封印せざるをえなくなる。大使時代に補佐官として彼に仕えた著者は、ベトナム戦争を拡大したジョンソン政権の下、ライシャワーは長く大使に留（とど）まりすぎたのではないかと論ずる。

80年代に通商摩擦が激化し、日本脅威論が高まる中、彼は日本に甘過ぎる専門家として再び批判の矢面に立たされた。

自分が尊敬する元上司かつ学問的恩師の伝記を書くことは、さほど容易なことではない。ただ褒めたたえるだけであれば簡単である。しかし、歴史学者の間で通用する、公平にして批判的な視点も伴った実証性のある伝記を書きあげることは至難の業であろう。著者は、それを本書においてかなりの程度やり遂げたと考えられる。

評・久保文明（東京大学教授）

George R. Packard　32年生まれ。元駐日アメリカ大使特別補佐官。

二〇一〇年一月二四日❹　文芸

『のぼりくだりの…』

まど・みちお 詩　保手濱拓 絵

理論社・一三六五円

ISBN9784652079614

100歳の生の実感「ごおーっ」

作者は童謡「ぞうさん」で知られる詩人。昨年百回目の誕生日を迎えたらしい。

「耳をすますと／また聞こえる／このま夜中に／重たーい闇がな／俺（おれ）の耳の奥の奥に／休みもせんでな／ごおーっとな／続きっぱなしにな（後略）」（耳をすますと）

これが百歳の生の実感か、と思う。四十七歳の私の耳に「ごおーっ」は聞こえない。でも、体調が悪いときに耳鳴りがしたり、自分自身の脈の音が聞こえたりして驚くことはある。大抵は一晩眠って起きると消えているけど、本当はずっと鳴り続けてるんだろう。だって、血の流れる音や食べ物を消化する音や細胞が入れ替わる音を全（すべ）て混ぜて拡大したら、「ごおーっ」になりそうだ。それって命の音そのものなんじゃないか。そういえば、赤ん坊は母親の胎内で轟音（ごうおん）を聞いているって話も聞いたことがある。

「ごおーっ」が我々の普段の耳に聞こえないのは、その上に体の丈夫さとか言葉とか社会的な意識とかが何重にも被（かぶ）さっているからだと思う。だから、それらの影響圏から遠い子供や高齢者ほど、よく聞こえるんじゃないか。

私たちの社会生活も趣味も愛情も、全ては圧倒的な「ごおーっ」の上に辛うじて成り立っているのか。一皮剥（む）けば「ごおーっ」か。怖くなりながらさらに読み進むと、こんな詩が現れた。

「ただの／ひとり／ぽつんと／してると／きこえてくる／んだよな／こどものころの／あのにぎやかな／うんどうかいの／ハナにむらがる／ミツバチの／おしゃべりの／あまい／あまい／ねっとり／うっとり／そのもの／だけが」（うんどうかい）

ああ、と思う。忘れてたけどなんか覚えがある。この夢のように甘いおしゃべりって、正反対のようで実は「ごおーっ」とひとつのものなんじゃないか。だって、我々大人の耳よりも、子供と百歳の耳に同じようによく聞こえてるんだから。

人間の命の音を「ごおーっ」と「うっとり」の両面から描き出す。そんな言葉の力が本書には充（み）ちている。

評・穂村弘（歌人）

まど・みちお　詩人。童謡「やぎさんゆうびん」など。

ほてはま・たく　80年生まれ。

二〇一〇年一月二四日5

『狙われたキツネ』

ヘルタ・ミュラー 著　山本浩司 訳

三修社・一九九五円
ISBN9784384042764

歴史／文芸

過酷な密告社会の日常を詩的に

ヘルタ・ミュラーはルーマニア生まれの女性作家、2009年のノーベル文学賞の受賞者である。本書はその代表作の一つと見てよいだろう。

ルーマニアはかつてソ連の影響下にあってもっとも厳しい思想統制の敷かれた国である。1989年の冬、市民の暴動を機に革命が起こり、チャウシェスク大統領の死刑を経て新しい体制への移行を実現させた。本書はこの時期の庶民の日常を綴（つづ）った小説であり、いま述べた社会状況について多少の理解がないと読みにくい。

庶民には過酷な窮乏生活、密告の横行、上層部だけが贅沢（ぜいたく）を享受し、下っぱは下っぱなりに職権をちらつかせ、立場の弱い女性にはスカートの下のサービスを求めたりする。こんな状況が小学校教師のアディーナを中心に綴られていく。

筆致はけっして糾弾ではなく日常をそのままに、ときには詩的に捕らえて、さりげない。ゴキブリと一緒に暮らし、鉄くずまみれになり、硬い新聞紙で尻を拭（ふ）き……うんざりする生活が描かれているが、嫌悪感を強く誘うものではない。ポプラは空の熱気を切り裂く〝緑のナイフ〟であり、経血は〝スイカの血〟であり、ドナウ川に浮かぶアザミの綿毛は〝国外逃亡の途上で撃たれた死者〟の枕を思わせ……大人のメルヘンのように響く。生気が失（う）せた芝生は心配ないが〝頭上の木の枝の方は、すっかり葉が落ちてはいるけれど、しっかり耳をそばだてて2人の会話を聞いている〟社会だから油断がならない。留守のあいだにキツネの敷物の足が切り取られたのは、

――お前もこうされるぞ――

の合図かも。

ストーリーの展開は乏しいが、これも密告をおそれてベールの下で進行しているから、かも。なにごともあからさまには語れないのだ。

ルーマニア革命も遠い日の出来事となってしまい、この作品の著者に、

――今、ノーベル賞なの――

という思いは拭（ぬぐ）いきれないが、政治的に圧迫された庶民を描く手法として興味深い。

評・阿刀田高（作家）

Herta Müller　53年生まれ。作家。本書は97年に出た邦訳の新装版。

二〇一〇年一月二四日6

『スキャンダルの世界史』

海野弘 著

文芸春秋・三三六〇円
ISBN9784163719801／9784167751029(文春文庫)

歴史／人文／社会

有名人が転ぶのを喜ぶ「観客」

ナポレオン3世は大変な女好きだったという。国政を妃（きさき）に任せっぱなしで若い娘を追いかけていた。そのすきにビスマルクが着々とプロイセン領土を拡大。あわてて普仏戦争を始めたがときすでに遅く、大敗して第二帝政を崩壊させてしまった。

本書は、2千年以上にわたるスキャンダルを詳細に集めている。歴史というのは、実は権力者の色と欲の結果にすぎないのではないか――。そんな気さえしてくる本だ。

ケネディ大統領はマリリン・モンローとの関係が有名だが、実はもっと危ない話があった。ピッグス湾事件に絡む女性関係である。

女優ジュディス・キャンベルと親しくなるが、彼女は実はマフィアのボスの女。マフィアと米中央情報局（CIA）はキューバ問題に深く絡んでいた。

キューバ侵攻を企てたケネディは1961年、反カストロ部隊をピッグス湾に上陸させる。ところがキューバ側は、手ぐすね引いて待ちかまえていた。情報がもれていたのだ。

著者によると、スキャンダルは三つの要素、つまり主役、事件、観客があって成立するのだという。主役は、権力者など有名な人物でなければならない。それが滑って転ぶ、観客は喜ぶ、という構図である。

なるほどスキャンダルは古代ギリシャの時代からある。たとえばリディア王家の物語。妃の美しさを自慢したい国王が、家来に裸をのぞかせる。それを知った妃は激怒し、家来に国王を殺させてしまう。

しかし本格的なスキャンダルというのは近代、それも18世紀ごろから盛んになったという。新聞、雑誌、テレビと、「事件」を「観客」に伝えるメディアが発達しはじめたからだ。

その意味で、現代は大スキャンダル時代といえるだろう。「主役」は権力者だけでなく、歌手やタレントなどセレブ一般に広がり、不倫だ麻薬だとスキャンダルだらけだ。

しかし著者は、「スキャンダルが隠されてしまう時代は危険だ」という大仏次郎の言葉を、強く読者に訴えるのである。

評・松本仁一（ジャーナリスト）

うんの・ひろし　39年生まれ。著書に『スキャンダルの時代』『陰謀の世界史』など。

二〇一〇年一月二四日❼

『ロボットとは何か　人の心を映す鏡』

石黒浩 著

講談社現代新書・七七七円

ISBN9784062880237

人文／科学・生物／新書

人はいつも自分と似ているものに強い関心を抱き、そこに心を見いだし、だからこそ違和を感じ、怖（おそ）れ続けてきた。現代のヒト型ロボットがそのような存在である。著者は日本が生んだ認知発達ロボティクスの提唱者のひとりであり、愛娘（まなむすめ）や自らを象（かたど）ったアンドロイドをつくり、ロボットと人間が共演する劇を平田オリザらと発表し、乳幼児のように立って歩くことから学び育ってゆくヒト型ロボットをつくることで、「人とは何か」という問いに迫ろうとする。

文章はわかりやすく、そして著者の目指すものは深い。我々はコミュニケーションを定量・定性化する術（すべ）を持たないため、アンドロイドが実際にいかなるインパクトを人に与えているのか、客観的な評価は難しい。そこで著者は（おそらく）あえて直観的な断定文を随所に盛り込むことで自らの想（おも）いを読者に提示してゆく。だがロボットを人間そっくりにすればするほど、私たちはいまだ人間の本質に遠く及ばぬ認知コミュニケーション問題しか炙（あぶ）り出せないのだと感じてしまう。本書はその限界を超えようともがき、挑戦し続ける工学者の、未来への果敢な一歩である。

評・瀬名秀明（作家）

二〇一〇年一月二四日❽

『勇気ってなんだろう』

江川紹子 著

岩波ジュニア新書・八一九円

ISBN9784005006397

社会／新書

著者は、自殺したくなるほど辛（つら）い境遇に陥り、そこからはい上がった11人に「勇気とは」と問い掛ける。

例えば、仙波敏郎さん。彼は現役警察官でありながら、愛媛県警の裏金を内部告発した。そのためいじめ、昇格ストップ、左遷など数々の苦難にあう。しかし警察官の仕事に誇りを持つ彼は、信念を貫き、警察官の仕事を全うする。「みんなが少しずつの勇気を出せば組織は変わる」と彼は言う。

さらに、高遠菜穂子さん。彼女はイラクで貧しい人たちの支援活動中に武装勢力の人質になってしまう。ようやく解放され、帰国したが、危険な国に勝手に行った愚か者として強烈なバッシングにあう。心が折れてしまいそうな彼女を立ち直らせてくれたのは、イラクの人たちの感謝の言葉だ。彼女は「私は命にこだわると決めました」と言い、再びイラクに赴く。

日本は、自殺者が12年連続で3万人を超える異常なほど生き辛い社会。だからこそ著者は、自分に正直になり「勇気の種」を探そうと呼びかける。ジュニア向けだが、悩める大人も読めば、きっと生きる力がわいてくる。

評・江上剛（作家）

二〇一〇年一月三一日❷

『柳宗悦を支えて　声楽と民藝の母・柳兼子の生涯』

小池静子 著
現代書館・一八九〇円
ISBN9784768456200
ノンフィクション・評伝

夫支え音楽に生きる鬼気迫る姿

本書は民芸運動にその生涯を捧（ささ）げた哲学者であり美学者の柳宗悦の妻、兼子の激動の一生を綴（つづ）った評伝である。著者小池静子氏は声楽家の兼子に師事。師弟ゆえに語られた数々の内密のエピソードを通して、人間宗悦が波乱に満ちた兼子の人生の背後から怪物ゴーレムのようにむくむくと浮かび上がってくる。

著者の抑制の利いた平易な語り口は余計な説明や評価を一切排し、まるで画家が肖像画の外面を克明に描写すればするほどその内面の真実が表出するように、不思議な魔力によって兼子の92年にわたる長い人生が物語られるが、全編に流れるのは彼女の鬼気迫る生き様である。

なんとも形容しがたい骨身が削られるような苦痛と歓喜が背中合わせになって、兼子の姿がまるで二河白道（にがびゃくどう）を渡る亡者と重なるのだが、向こう岸で手をさしのべる阿弥陀仏の姿は兼子の視界にはない。夫と芸術という二者択一さえ許されない自らが選んだ運命を、命がけで生き抜く常人の域を超えた彼女の本能の技に、芸術家のすさまじい業を見る思いである。

夫宗悦の民芸への驚くべき執念に対して、兼子は心血を注いで自らの芸術と宗悦への献身に身を焦がす。にもかかわらず宗悦の理由なき（?）癇癪（かんしゃく）玉は常に兼子に向けられ発砲される。婚前時期の何百通に及ぶ宗悦の恋文の真実はことごとく裏切られ、兼子自ら、夫の理不尽なエゴの犠牲者なのだと妄想する。嫉妬（しっと）と怒りが猛（たけ）り狂うなか、彼女は死を思う。だけど彼女を死から救ったのは彼女の西洋音楽に対する芸術魂であった。

夫宗悦の桁外（けたはず）れのエゴを許す兼子の苦悩と、夫の民芸運動への共感が、彼女の中で未消化のまま肥大化していく。夫婦としての実体はすでにない。兼子のリアリティーがことごとく幻想をぶち壊す。互いに相手に求める感情は同じでも、二人の強烈な個性がそれを許さない。そこにはどうしても素直になれない照れが存在していて、結局は兼子の求める「西洋」と宗悦の求める「日本」の対決が二人の間を引き裂くと同時に、皮肉にも互いの芸術を高めていく。

評・横尾忠則（美術家）

こいけ・しずこ　国立音楽大声楽科卒。89年刊の『柳兼子の生涯』を大幅に改稿。

二〇一〇年一月三一日❸

『自転車ぎこぎこ』

伊藤礼 著
平凡社・一六八〇円
ISBN9784582834604
文芸

走ってつづる70代の悠揚たる日常

「おもしろいことの大家」イトウ先生御年七十六歳、ますます快調です。

古稀（こき）直前に昂（こう）じたのが自転車熱。エッセイ『こぐこぐ自転車』につづく第二弾『自転車ぎこぎこ』には、八年ぶんのめでたい成果がたくさん。最初は五キロ走るのも苦痛だったのに、夢中で乗るうち五十キロも走れるように！

ダホン社製二十インチ、八・六キロの軽さ。愛車にまたがって、近所も甲州も三浦半島も出雲もスイスイ。百円地図を片手に道なき道にでたら臨機応変、ひょいと抱えて歩いて進む。

読むうち、アタマにすーっと爽快（そうかい）な風が通ってくる。「常識」ともさようなら。自転車は近場の移動手段におさまる道具ではなかった。折りたたんで自転車袋にしまいさえすれば、その瞬間に手荷物あつかい。鉄道、飛行機、船、らくらく携帯して持ち運び、着いた先で組み立ててスイッと走りだす。しかも帰りは自転車袋をクロネコに宅配してもらい、手ぶら！

徒歩とママチャリ専門のわたしにとっては、

驚愕（きょうがく）と羨望（せんぼう）のかずかず。人生にはこんな愉（たの）しみもあったのだ。筆致はこざっぱりとして恬淡（てんたん）、諧謔（かいぎゃく）風刺の妙味あり。

「自転車で転んで鎖骨ががたがたに折れたときも自転車で病院に行った」

まさに人馬一体、「世に愉（たの）しさの種は尽きまじ」を地でゆく七十代の悠揚たる日常。自分の時間を好きなことだけに費やす、これぞ老年の特権なのだ。若いもんには願っても叶（かな）わぬ贅沢（ぜいたく）である。うらやましいぞ。

晴れやかな朝、同年輩の自転車仲間にいそいそ電話する。

「今日はどこかに行こうよ」

「いいよ。どこでも行くよ」

折りたたみ自転車を担いで、駅で待ち合わせ。早春に走った遠州三河、四人旅の最年少は六十二歳。自転車は、おじいさんをあっぱれな人々に変える。

二輪で立って、走って、停（と）まれば転ぶ。自転車は明快にして神秘的。おまけに先生、鍵をかけても愛車が盗まれやしないかとびくびく。心臓を鍛えるにもちょうどいいみたいです。

評・平松洋子（エッセイスト）

いとう・れい 33年生まれ。翻訳家、エッセイスト。『こぐこぐ自転車』など。

二〇一〇年一月三一日④

『古代への道　古代を語る　14』

直木孝次郎 著

吉川弘文館・二七三〇円

ISBN9784642078955

歴史／ノンフィクション・評伝

憧憬では語れぬ歴史学の課題

著者は戦後の古代史研究を担った一人。シリーズ「直木孝次郎　古代を語る」全14巻は、邪馬台国、大和王権と河内王権、飛鳥、難波宮（なにわのみや）、奈良の都、神話と祭祀（さいし）、万葉集など、70年に及ぶ研究の全体像を読者に示すが、本書はその著作集の掉尾（とうび）を飾る自伝である。

インタビューに応えて語る「私の歩んだ古代史の道」、生地神戸の新聞に連載した「わが心の自叙伝」などからは、著者の古代探究の軌跡が伝わる。まず中学生で万葉集に親しみ、一高在学中に百済観音にまみえて志した古代史を学ぶため、京都帝国大学に進んだ。1943年に海軍入隊、予科練教官となり終戦を迎えた。「一生に二世を見た」という戦争体験と、万葉歌に発する古代への思いが著者の学問を形づくる。

だが、本書は懐旧談に終わらない。歴史学者の社会的責任についても語りかける。50年、大阪市立大学に勤務したのが契機となり、難波宮の調査に参加、「難波宮址を守る会」など文化財保存運動を進めた。家永三郎の提訴に始まる教科書裁判では、自らも教科書を著述する立場から教科書検定批判の証言も行った。建国記念の日制定については、新憲法は人民主権であり、初代天皇即位日とされる2月11日は国民の祝日にふさわしくないと反対を唱えた。記紀の史料批判から新たな国家成立史を学界に提示した学者としての信念に基づく行動だ。

著者は、歌人として歌会始の召人（めしうど）になったこともあり、額田王から台湾・韓国の歌人に及ぶ短歌評論なども興味深い。万葉歌に親しむ感性の豊かさも研究の力だと知る。万葉を歩いて探る古代史も特徴だ。壬申の乱研究では大海人皇子の吉野から伊勢越えの道も踏査した。シリーズと並行して刊行された『私の歴史散歩　直木孝次郎と奈良・万葉を歩く』を片手に、古代史散歩も試してみたくなる。

だが歴史は古代への憧憬（しょうけい）だけでは語れない。長く研究を続けられた幸運にひきかえ、戦いに命を失った先輩や友人を思う巻末の言は、古代史を学ぶ者への課題を提示している。

評・石上英一（東京大学教授）

なおき・こうじろう 19年生まれ。大阪市立大名誉教授。『額田王』など。

二〇一〇年一月三一日⑤

『新・がん50人の勇気』

柳田邦男 著
文芸春秋・一六八〇円
ISBN9784163709802／9784167240219(文春文庫)
医学・福祉／社会

まっすぐ向き合った姿　敬意込め

がんで亡くなった人々の、死に臨む記録である。タイトルに「新」とあるとおり、1981年刊行の『ガン50人の勇気』の続編という位置付けなのだが、前作から約30年という歳月の流れは、日本人の死生観を問う柳田邦男さんの主題をさらに深化させてくれたようだ。

前作・今作ともに、柳田さんはさまざまな人の〈豊かな死〉を描き出す。武満徹、山本七平、米原万里、乙羽信子、谷岡ヤスジ、本田美奈子……今作だけでも60人を超える死の先達のドラマは、それぞれ深い余韻を読み手の胸に残す。

もちろん、心ならずも人生を途上で断ち切られてしまうのだから、無念はある。悲しさや悔しさもある。家族や仕事を案じる思いもあれば、後悔もある。だが柳田さんは、彼らがその思いをグッと呑（の）み込んで、まっすぐに死と向き合った姿を、敬意と共感を込めて描く。前作のあとがきにあるとおり、〈「別れの時」が迫ってきた場合においても、絶望でなく希望と勇気を、しっかりと手にし得る道があるのだということを示してくれた人々のことを、記録しておきたかった〉のである。

さらに、前作と今作との間に流れた歳月は、死に臨む際の意識を変えた。病名や余命の告知が逡巡（しゅんじゅん）されていた時代に著された前作では、がんと知らずに亡くなった人の物語も多かった。それは裏返せば、真実を隠し通さなければならない家族の葛藤（かっとう）の物語でもあった。だが、今作では大半の人が告知を受け、家族と手を携えながら人生を締めくくっている。また、30年前には例外的な存在だった緩和ケアやホスピスが広まったことで、苦痛と闘うのではなく、家族とともに穏やかに人生を閉じる選択肢も生まれた。

〈別れの時〉をどう迎えるかは、家族にとって最後の共同作業——だからこそ、〈希望と勇気〉も、家族全員で分かち合うものになった。柳田さんが紹介した数々の〈豊かな死〉は、読者がいずれ（誰もが、必ず！）死を迎える際のお手本であると同時に、せつなくも温かな家族の物語集でもあったのだ。

評・重松清（作家）

やなぎだ・くにお　36年生まれ。作家。『ガン回廊の朝』『生きなおす力』など。

二〇一〇年一月三一日⑥

『脱帝国のフェミニズムを求めて　朝鮮女性と植民地主義』

宋連玉 著
有志舎・二五二〇円
ISBN9784903426273
歴史／社会

矛盾を内包した植民地期の運動

欧米や日本など「第一世界」において展開されたフェミニズム論は、「第三世界」には当てはまらないと筆者はいう。「帝国」日本の植民地であった朝鮮半島において始まった女性解放の動きは、多様な展開を見せていたが、しかし、それは深刻な矛盾を内包するものであった。

本書は、植民地期の女性解放運動を担った女性を10人近く登場させて、彼女らの生きざまをフェミニズムという観点から検討する。特に注目されているのが、近代教育を受けた「新女性」たちである。

たとえば、羅蕙錫（ナヘソク）は日本でも学んで両性の平等を叫び、自由奔放な行動によって家父長制と真っ向から戦ったフェミニストとして高い評価を受けているが、結局は植民地支配を進める側の人びとに救援を求めたのだった。あるいは、黄信徳（ファンシンドク）は、日本の山川菊栄らとの交流によって社会主義思想を学んで、女性の権利拡大を目指していくが、社会主義を女性に啓蒙（けいもう）するための教育の必要を意識するが故に、植民地主義がもたらす教育の近代化に期待をかけ、ついには日本の植民地支配を受け入れることになった。

性差別からの解放を重視するだけでは、ナショナリズムを等閑視し、日本帝国の支配を認めてしまう。逆に、植民地主義への抵抗としてのナショナリズムを重視すれば、良妻賢母主義に陥ってしまうというのだ。

戦後も、韓国のフェミニズムは、植民地期のフェミニズムの遺産を負っている。帝国日本をモデルにした韓国という国民国家は、ジェンダー規範においても植民地期の良妻賢母主義を踏襲した。韓国でフェミニズム論が本格化するのは、1980年代になってからである。一方、北朝鮮では、同じモデルを踏襲して、「社会主義的良妻賢母主義」が導入されているという。

「脱帝国」のフェミニズムをどこに求めるのか、本書で明示されてはいない。そこに事態の深刻さ、著者の苦悩がある。結局は、日本と朝鮮半島の社会の民主化と結びついたフェミニズムしかないというのであろうか。

評・南塚信吾（法政大学教授）

ソン・ヨノク　47年大阪生まれ。青山学院大学経営学部教授。共著に『歴史と責任』など。

二〇一〇年一月三一日⑦　教育／社会

『予習という病』

高木幹夫、日能研 著

講談社現代新書・七五六円
ISBN9784062880244

【予習病】すでに定められたカリキュラムに固執し、未知の事柄をまだ教わっていないがゆえに否定する精神の傾向。本書は、この定義で始まり次の定義で終わる。【未知への準備】予測できないものに出会ってもしっかりと向き合い、必要な対応ができること。二つの言葉が、この本のすべてである。

未来型の学力、子どもたちの頭も心も動かし続ける授業、子どもたち自身が知識のつながりや構造を作り上げる能動的な学びはいかにして可能か。公立学校ではおよそ不可能な実践もあるが、紹介されている日能研の取り組みに秘められた革新の精神に学ぶべきところは多い。

著者高木幹夫氏は、首都圏を中心に展開する中学受験塾「日能研」の代表。公教育のすき間で、過熱する受験競争時代が生み、受験低年齢化が育てた徒花（あだばな）は、いまや未来型学力の王道を語り、理想実現のための実践を敢然と実行する。しょせん商売などと侮ることは不遜（ふそん）にほかならない。「受験準備学力だけで学力を語ったらダメですよね」という著者の問いかけに、教育界の本流は、答えるべき言葉と実績を持ち得ているだろうか。

評・耳塚寛明（お茶の水女子大学副学長）

二〇一〇年二月七日①　科学・生物

『進化の存在証明』

リチャード・ドーキンス 著　垂水雄二 訳

早川書房・二九四〇円
ISBN9784152090904

太古から千変万化　地上最大のショー

2008年に米国で行われた調査によると、「地球上の生命は、始まりのときから現在の姿で存在した」とする回答が42％もあったという。つまり米国人の10人に4人は、進化を否定しているのである。天地創造神話を字句通りに信じているためらしい。

冗談ではない、進化は科学的な事実なのだ。そのことを証明して見せようではないか——。進化学の第一人者である著者が、豊富な知識とデータを駆使して書きあげたのがこの本である。

たとえばブルドッグ。闘牛用の犬として人間が短期間のうちにつくりだした品種だ。愛玩犬のペキニーズや狩猟用のダックスフントも、元はオオカミなのである。そら見ろ、こんな身近にも「神がつくりだしたままの姿」でない生物がいるではないか、と著者はいう。野菜や果物だって品種改良されてきたのだ。

また人間の副鼻腔（ふくびくう）。排出口が上部にあるため、膿（うみ）がたまって副鼻腔炎（蓄膿症〈ちくのうしょう〉）になりやすい。神が人間を設計したというなら、こんな欠陥品をつくるはずがないではないか。これは、人間が四足歩行から進化した生物である証拠なのだ。

ヒメバチはどうか。イモムシに卵を産みつけ、それを孵化（ふか）した幼虫のえさにする。えさの鮮度を保つため、親バチはイモムシの神経節を刺してまひさせ、生かしたままにしておく。イモムシは生きたまま、内からハチの幼虫に食われていくのだ。

こんな残酷なシステムを設計した者がいるのだとしたら、そいつはサディスティックなろくでなしに違いない。そういう同僚学者の意見に、著者は強く賛同する。

それにしても、一部の宗教指導者がいかに不勉強で、進化論にいわれない悪意を持っていることか。

彼らは高校で進化論を教える教師に対し、生徒を組織して質問を浴びせつづけ、授業を妨害する。米ケンタッキー州には「創造博物館」というものがあり、恐竜と人間は共存していたと教えているという。恐竜は約6500万年前にすでに滅びており、人類はたかだか500万年前に出現したばかりである。共存などありえないにもかかわらず。

マレーシアのマハティール元首相は05年11月の朝日新聞「私の視点」欄で、イスラム指導者の中にはいまも地球が2千年前にできたと言い張る者がいると述べ、一部宗教者の不勉強を嘆いた。

そうした宗教者の頑迷固陋（がんめいころう）ぶりが最先進工業国の米国でも同様であることに驚く。地動説のガリレオを裁いた中世のキリスト教会そのまま、何も変わっていないではないか。

訳者によると、日本の進化論支持は約80％だそうだ。戦後科学教育のたまものである。科学への宗教の介入がわが国では少ないことに、ほっとする思いだ。

原題は「地上最大のショー」。千変万化の展開を見せる進化のことを指す。それは太古から始まり、今も進行しているのである。

評・松本仁一（ジャーナリスト）

Richard Dawkins　41年ケニア生まれ。生物学者。英オックスフォード大の「科学的精神普及のための寄付講座」の初代教授。『利己的な遺伝子』は世界的ベストセラー。他の著書に『神は妄想である』など。

二〇一〇年二月七日❷

『時間のかかる読書　横光利一『機械』を巡る素晴らしきぐずぐず』

宮沢章夫 著
河出書房新社・一六八〇円
ISBN9784309019444／9784309413365（河出文庫）文芸

ああ！　すがすがしいまでの停滞

すばらしい！　ロラン・バルトも言ったではないか。一心不乱に読み通すだけが読書ではない。本の面白さに刺戟（しげき）され「顔をあげながらする読書」もあると。本書の著者は、原稿用紙50枚の短編『機械』を11年にわたって脱線と停滞を繰り返しながら読み、読書日記を連載し続けた。

「機械」の舞台は昭和初めのネームプレート製作所だ。町工場とはいえ、先進の機運に溢（あふ）れた場だったろう。主な登場人物は粗忽（そこつ）者の工場主、家の主婦、先輩職人の軽部と後から入った屋敷、語り手の「私」。軽部は「私」を間者と疑い、「私」は主人と疑い、軽部の人間性を疑い、屋敷をスパイと疑う。改行が少なく、「てにをは」が時々脱臼しているような文体には、異様な圧迫感がある。この息苦しい舞台がじわじわと「ねじれた空間」になっていくのだが、その過程を著者も一字一句おそるべき猜疑心（さいぎしん）で読みこむ。「あるとき」とは、どの時だ。「それにしても」とは、どれにしてもだ。小説における「省略」とは、「改行」とは、「時間」とは何だ。ありとあらゆることを疑（うたぐ）り、再考させるものが「機械」にはある（らしい）。そうして「疑う視線の細密さ」をあぶりだす読解のもと、「機械」は時に狂人日記になり、いちご大福になり、カルシュームの心になる。軽部は「（倒れた）私の顔をアルミニュームの切片（きれはし）で埋（うず）め出し、その上から私の頭を洗うように揺（ゆす）り続ける」というけったいな制裁に及んだりする。悲劇なんだが喜劇なんだかも分からない。

時代の先端機械＝テクノロジーが与えるものとは何か。例えば、効率、生産性。しかし小説「機械」とその読書日記にあるのは、非効率と非生産性、清々（すがすが）しいまでの停滞だ。合理性に対し非合理性、分明に対し不分明、有意義に対し無意味、信頼に対し不安。非・不・無のつくもの、是すなわち人間ということであり、文学ということである。「機械」という小説は、世界を怪しむための装置なのではないか？ ということを本書は結局示したのではないか？

読者よ、すべてを怪しめ。でもって、ぐずぐずしよう。

評・鴻巣友季子（翻訳家）

みやざわ・あきお 56年生まれ。劇作家、演出家、小説家。著書に『牛への道』ほか。

『親鸞と学的精神』

今村仁司 著
岩波書店・二九四〇円
ISBN9784000234719

人知を超えた無限へ哲学的接近

一九八〇年代、ポスト構造主義によって解体された形而上学（けいじじょうがく）の体系知の一部がインド哲学や仏教へ向かったのは自然な流れだったのであろう。仏教は徹底した認識論の体系をもち、そこからその有限の人知を超えて無限へと接続してゆく。著者もそうして無限＝仏への哲学的接近を先駆的に試みた一人である。

さて、ある言説を「学」として立てることが可能になるのは、その言説が論証を伴っているときである。はたして著者は『教行信証』をそういう学的テキストであるとし、親鸞が自身の宗教命題を論じた過程を再構成するかたちでの読解を試みる。従ってそれは当然、浄土門の仏教者たちの伝統的な理解とは趣を異にすることになるが、一つの巨大な思想に接近する手法において、学的精神が宗教的信に劣るわけではないだろう。

周知のとおり親鸞は、有限のロゴスしかもたない人間が自力でそれを超越することの不可能性の認識に立って、阿弥陀の本願への帰依を説き、念仏は必ず人を浄土往生させるとした。論証されなければならないのは、この命題の正しさである。なぜ念仏称名（しょうみょう）なのか。原理的に語り得ない無限の領域について、なぜそんな断言ができるのか。

まず、釈迦の覚醒（かくせい）（悟り）という真なる絶対命題がある。次に、念仏という身体行為を経てある全身の直観が一気に有限を飛び越える瞬間があるとする。「我」でしかあり得ない凡夫が自力を離れ得るとしたら、そうして忽然（こつぜん）と離れる以外になく、それはまさに不可思議な力が働いた証（あかし）である以外にない。かくして有限を無限に接続させる原理として阿弥陀の回向（えこう）を据えた親鸞の論理に、著者は学としての精神を読み解くのである。

ところで、我執を離れがたい人間の存在そのものを悪と捉（とら）え、己が悪を知る者こそが救われるとした親鸞の思想は、現世の否定ではない。世俗の生がすでに阿弥陀の回向であることも、著者は強く指摘する。本書は、親鸞の思想を社会哲学として再読する試みでもあり、現代人が理知をもって仏教を知るための良き入門書となっている。

評・高村薫（作家）

いまむら・ひとし 1942〜2007年。社会哲学者、思想史家。本書は絶筆。

二〇一〇年二月七日④

『若者と社会変容　リスク社会を生きる』

アンディ・ファーロング、フレッド・カートメル 著
乾彰夫ほか 訳
大月書店・二九四〇円
ISBN9784272350315
社会

個人化した危機が不平等を隠す

日本では1990年代以降、子どもから大人への、そして学校から職業世界への移行のあり方が激しく変化した。ニートやフリーターが生まれた。移行の長期化は親への依存をも長期化し、家族形成や大人としてのアイデンティティー確立がいっそう困難になった。こうした若者たちの移行様式の変容は日本に固有のものではなく、時期の違いこそあれ先進諸国に共通の現象だった。本書は80年代以降の先進国における若者たちの変化を、教育、労働市場、家族形成、余暇、健康、犯罪等の諸側面にわたって実証した好著である。

80年代以前の〈近代〉にあっては、若者の多くは大規模な生産現場へと集団的に吸収されていった。ところが製造業からサービス産業へのシフトをともなう〈後期近代〉に至り、若年雇用機会は、小規模事業所や非正規雇用へと変わった。職業への移行ルートは個々の若者によって多様になり、彼らが直面する危機も多様に現れるようになった。「個人化したリスク」の出現である。リスクは個人的な行動によってのみ解決しうる事柄と解釈されるようになった。

大人への移行様式の多様化は、若者たちが古い秩序の縛りから自由になり、主体的にリスクを乗り越えていける時代の到来とも考えられる。だがそうではない。著者らの検討は、リスクが階級やジェンダーによって不平等に配分されている事実を明らかにしているからである。社会構造は人々の人生経験や機会をなお縛り続けている。客観的な社会構造がなくなったのではない。集団主義的伝統が弱まり個人主義的な価値が浮上する中で、社会構造が主観的には見えづらくなっただけなのだ。この客観性と主観性との分裂の拡大を著者らは「認識論的誤謬（ごびゅう）」と呼び、そこに後期近代の最大の特徴を見る。私たちは若者に、個人にはコントロールできない社会構造に由来するリスクを、個人の努力によって解決するよう強いていることになる。

読後に見えてくるのは、若者たちがもがき生きる後期近代に備わった、不平等を覆い隠すメカニズムにほかならない。

評・耳塚寛明（お茶の水女子大学副学長）

Andy Furlong, Fred Cartmel　ともにグラスゴー大学の教員。

二〇一〇年二月七日⑥

『「かなしみ」の哲学　日本精神史の源をさぐる』

竹内整一 著
NHKブックス・一〇一九円
ISBN9784140911471
人文

万葉集から演歌まで響き合うもの

「かなしみ」という文字を見ると、つい反応してしまう私。その反応には、どこかうっとりとした陶酔感が伴うのであり、かなしみの塩分によって強められる甘味が、確かにあるのです。

本書を読むと、そういった反応を示すのは、どうやら私だけではないようなのでした。かなしみという感情が、詩や文学の主題となりやすいのは万国共通ですが、日本において特徴的なのは、かなしみと無常とが、強いかかわりを持つこと。死や別れのみならず、花が咲いたり月が欠けたりするにつけ、我々の先祖は〝常など無いのだ〟と、ほろりとしていたのです。

唐木順三は『無常』の中で、日本人が無常を語る時は、「きわだって雄弁」になったり「特に美文調」になる傾向が強いと記しています。してみると私が「かなしみ」という文字を見る時に感じるうっとり感は、古来日本人が無常を語る時に気持ちを高ぶらせてきた、その意識と通じるのかもしれません。

「かなしみ」とはそもそも、『『……しかねる』の『カネ』と同じところから出た』ものであり、「何ごとかをなそうとしてなしえない」切なさや無力性を感じつつ、何もできない状態を示す言葉なのだそう。すなわち自己の有限性を見た時に、人はかなしみを感じるのです。

　日本人は、その有限性を自覚し、運命、諦（あきら）め、己の無力に接することによって、無限のもの、常なるものを理解しようとしてきたと著者は説きます。本書を読むことによって、自分のうっとり感が、果たして超越的な存在に対する憧憬（しょうけい）によるものなのか、それとも単なる「自己哀惜のナルシシズム」なのか、私は考えることになったのでした。

　著者は、万葉集から演歌まで、日本人が愛した様々なかなしみの表現をひもといていきます。時代によってかなしみの表層は異なれど、そこには共通した芯がある。万葉の人ともかなしみの心が響き合うかと思うと、またもや私の中には甘美な陶酔感が湧（わ）いてきてしまったのでした。

評・酒井順子（エッセイスト）

たけうち・せいいち　46年生まれ。東京大学教授（倫理学・日本思想史）。

二〇一〇年二月七日⑦

『見とれていたい　わたしのアイドルたち』

柴崎友香 著

マガジンハウス・一四七〇円
ISBN9784838720439　文芸／アート・ファッション・芸能

　二十五年くらい前、都心のビルでエレベーターを待っていると、開いた扉のむこうがきらきら輝いていた。そこに立っている松坂慶子さんには後光が射（さ）していました。いまでも、松坂慶子さんが目を輝かせながら「まあ」「あら」と言うとき、わたしはその稀（まれ）な美女ぶりにうっとりして、感動さえおぼえる。

　見とれる視線はひとを幸福にしてくれる。奇跡みたいなかわいさ、美しさに心撃ち抜かれて柴崎さんが綴（つづ）るのはチャイナドレスのマギー・チャン、バンビ顔のペネロペ・クルス、美神カトリーヌ・ドヌーブ……十代からオーバー70まで「素敵な女の子はこの世の宝！」。

　「目線芸」とでも名づけたい蠱惑（こわく）的なエッセイだ。女目線でも男目線でもなく、クールかつ的確に分析しても、〝上から目線〟の嫌みやひがみがぜんぜんない。読んでいると、掌（てのひら）にのせた宝石を胸ときめかせていっしょに見つめている気分。

　栄えある日本人枠には安室奈美恵と松坂慶子（うれしい！）。巻末の「美女観測日記」で、広田レオナを「女があり余っている顔と体型」と賛美するセンスにも、ぐっときた。

評・平松洋子（エッセイスト）

二〇一〇年二月七日⑧

『初夜』

イアン・マキューアン 著　村松潔 訳

新潮社・一七八五円
ISBN9784105900793　文芸

　初夜という言葉に、まだ重みがあった時代の話である。

　英国南部の海辺のホテル。新婚の二人は粛々と晩餐（ばんさん）をとりながら、寝室でまもなく始まるそのことに心を奪われていた。彼の緊張と彼女の恐怖。階下のラジオから流れるマクミラン首相の演説。性解放が進む1960年代後半は数年先のことだ。

　寝室では、彼は彼女のファスナーを詰まらせて慌て、彼女は彼に触れられて「手がそこにあるのは、彼が夫だから」と理屈で考える。ほほ笑ましさはやがて深刻さに変わってゆき……。

　ぎこちない進行に重ねて二人の軌跡が描かれる。モーツァルト派の彼女とチャック・ベリー好きの彼。異なる感性の出会いも時代の様相を映し出す。

　印象深いのは、二人が恋を育んでいたころ、ブナの森を抜けて彼を訪ねてきた彼女の姿だ。「ビロードの布きれで髪を頭の後ろにまとめ（中略）シャツのボタンホールにはタンポポを挿していた」。それは40年を経てもなお彼の脳裏によみがえり、歩んだかもしれないもう一つの半生への思いを呼び起こす。

　性の重みを知る世代が到達した静かな境地といえようか。

評・尾関章（本社編集委員）

二〇一〇年二月一四日❶ 大

『生き残る判断 生き残れない行動 大災害・テロの生存者たちの証言で判明』

アマンダ・リプリー 著 岡真知子 訳

光文社・二三一〇円
ISBN9784334962098

科学・生物／社会

被災者たちの体験 導き出される教訓

本書の原題「The Unthinkable」は、訳者によると「想像もできないほどの惨事」という意味だが、著者は9・11テロやハリケーン・カトリーナなどに遭遇して生き残った人たちにインタビューし、彼らの体験から災害に遭遇した際、私たちは「否認、思考、決定的瞬間」の3段階の行動をすることを導き出した。

否認の段階では、災害に遭遇した際、私たちの脳は正確に事態を把握することを拒否し、何もおきていないと思い込ませ、それが脱出行動の遅れにつながると警告する。9・11テロに遭遇した人々も我先に階段を下りることもなく、誰もが従順で、いつもよりゆっくりとした行動を取り、命を失ったという。

著者は、ここで「レイク・ウォビゴン効果」という非常に興味深いことを教えてくれる。米国のユーモア作家が創作した架空の町にちなんだ心理学用語だが、人は、自分だけは危険な目にあわないと思い込んでいるという。この傲慢（ごうまん）な思い込みのおかげでリスクのある環境でも暮らすことができる半面、退避行動の立ち遅れを招くのだ。

思考の段階では、突然の恐怖に襲われると自分の周りがまるでスローモーションのように見え、その際、私たちは過去の経験や訓練、集団内での位置づけなどで思考が変化し、それが生死を分けると分析する。著者は、災害社会学者リー・クラークの「人々は生きているときと同じように死んでいく」という言葉を引用する。この言葉通り、スマトラ沖地震による津波の際、過去の津波の教訓を日常的に伝承してきたシムルエ島ランギの住人は、震源に近かったにもかかわらず全員が助かった。これは災害の際、どのように行動すべきか集団で思考した結果なのだ。

決定的瞬間の段階では、災害時に行動はまひを起こし、一時停止してしまうが、その後の脱出行動や救助行動に進むには日頃の訓練が必要と説く。世界貿易センターのモルガン・スタンレー社の警備主任レスコラの事例は感動的だ。彼は、1993年の世界貿易センタービル爆破事件に遭遇し、次のテロが必ず発生すると考え、社員に退避訓練を8年間も強制した。彼の予想通り9・11テロが発生したが、同社の社員たちは、まるでレスコラに魔法でもかけられたかのように、訓練通りの退避行動をとり、ほぼ全員が救助された。しかしレスコラは、取り残された数人の社員を助けるために勇敢にもビル内に戻り、帰らぬ人となった。

本書の魅力は、何といっても被災者たちの体験が臨場感たっぷりに描かれていることだ。それらはとても紹介しきれないほどの教訓に満ちており、実際、私は、ホテルに宿泊する際、必ず非常口を確認するようになったほどだ。また本書は、企業不祥事や経営環境の急激な変化への対処法も教えてくれる。日頃、さまざまな経営リスクに直面しているビジネスマンに、本書をぜひ読んでもらいたい。少しは落ち着いて行動できるようになるだろう。

評・江上剛（作家）

Amanda Ripley 米国・タイム誌のシニアライター。ハリケーン「カトリーナ」「リタ」に関する著者の報道で、タイム誌は全米雑誌賞を二つ受賞。現在、国土安全保障とリスクに関する記事を執筆中。

二〇一〇年二月一四日❷

『インドのことはインド人に聞け！』

中島岳志 編著
講談社・一四七〇円
ISBN9784062159456

『ガンディーからの〈問い〉』

中島岳志 著
ＮＨＫ出版・一三六五円
ISBN9784140814000

政治／経済／国際

大国の現在とアジア主義の再生

経済の自由化、グローバル化が進むインドが大きく変わり始めている。どのように変わってきているのか。『インド～』はインドの新聞・雑誌に載った文章を消費社会化、結婚・家庭イメージ、教育など五つのジャンルにまとめ、その変化を描いている。成功した起業家、多国籍企業やＩＴ関係で活躍する人々などが居住する新しい地域空間として「ゲーテッド・コミュニティ」が各地で生まれた。それは牛や車や貧者が入り乱れ、ゴミや汚物の溢（あふ）れた喧騒（けんそう）のインドとは隔絶した世界である。

インド社会の趨勢（すうせい）としても、中産階級化が進みカーストの縛りが緩み、同族集団内の結婚風習も変わり始め、伝統的なインド離れが進んでいる。競争原理が浸透し、職場、家庭、教育面などでストレス社会となり、自殺者も急増している。それを著者は「社会のゲーテッド・コミュニティ化」「古き良きインドと現代インドとの距離感の拡大」ととらえ、それこそが「インドの現在の風景」だと言う。

ほぼ同時期に出版された『ガンディー～』では、それを「インドの深刻な混乱」と指摘し、あるヒット映画を契機に起こったガンディー・ブームの裏側にこうしたインドの苦悩を見る。

「インド独立の父」ガンディーは、インドはイギリス人にではなく西洋の近代文明に捕らわれた、単に政治的な独立を果たしても意味がない、インド人一人一人が自己の欲望を統制してはじめて真の独立が実現できると説いた。機械文明の対極にある手仕事、支配の対極にある非暴力、人工性の対極にある自然にこだわり続けた。欲望を抑制して「自由」が獲得でき、自由が「自治」を生み出す。顔の見える範囲の自治こそが理想の民主制だと説く。さらに各宗教や民族、階層の差異性を認めながら真理の同一性を求める「多一論」＝メタ（超）宗教を目指した。

インドだけが問われているのではない。物質的豊かさと欲望のあくなき追求が生み出した病める近代社会そのものが問われている。価値としてのアジア主義の再生が求められているのかもしれない。

評・天児慧（早稲田大学教授）

なかじま・たけし　75年生まれ。

二〇一〇年二月一四日❸

『日本の新たな「第三の道」　市場主義改革と福祉改革の同時推進』

アンソニー・ギデンズ、渡辺聡子 著
ダイヤモンド社・二一〇〇円
ISBN9784478012161

政治／経済

平等と効率　両立する社会を構想

政権交代が現実のものとなり、民主党を中心とする現政権が子ども手当や高速道路無料化等といった政策に着手している。けれどもそうした個別の政策を統合する理念や、それによって実現しようとする社会のビジョンがよく見えない、と感じている人は少なくないだろう。

本書はそうした社会モデルを提示すべく、「第三の道」の考え方を日本の現状にそくした形で展開し、新たな提言を行うものである。もともと「第三の道」とは「平等」と「効率」、あるいは社会民主主義と市場主義の対立を乗り越える社会のありようとして、著者の一人ギデンズが１９９０年代に提起し、イギリスのブレア政権など各国の改革や政策展開に大きな影響力をもった構想だ。本書は、日本はイギリスのような自由放任主義的な市場経済も、また欧州的な福祉国家も経験していないという点を確認した上で、「市場主義改革の必要性も、福祉改革の必要性も、欧米よりもずっと大きい」とし、「両者をより高い段階で統合するという『第三の道』が、欧米とはまったく異なる文脈において日本では重要な意味を持つ」との認識に立ち、各種の政策提言を行っていく。

そうした構想の一つの核にあるのが「ポジティブ・ウェルフェア」、つまり福祉を（事後的な再分配というより）人への積極的投資としてとらえていくという考え方で、「可能性の再分配」としての教育の重要性が強調される。併せて環境と経済が両立する「エコロジー的近代化」の重視や、責任を伴う倫理的個人主義といった議論が日本の文脈を踏まえる形で展開される。

個別には、ポジティブ・ウェルフェアと環境が結びつくという点の立ち入った中身や、技術革新によって労働力への需要が減り「30年後には世界中の人々が消費する製品やサービスを生産するのに、全世界の労働人口の数%で足りるようになる」といった「グローバル化がもたらすリスク」への対応等についてさらに議論を聞きたいと思うが、これからの日本社会を太い次元において構想していくにあたって様々な示唆を含む本だ。

評・広井良典（千葉大学教授）

Anthony Giddens　社会学者。

わたなべ・さとこ　上智大学教授。

『白い城』

オルハン・パムク著　宮下遼、宮下志朗訳

藤原書店・二三一〇円
ISBN9784894347182

絡みあう二つの人格　私とは？

トルコの現代小説を読んだことがなかった。オルハン・パムクはイスタンブール生まれの人気作家で、２００６年にはノーベル文学賞を受けている。

――エンターテインメントの気配もある、と聞いたが――

読みにくさも残る作品だ。

内容は17世紀、オスマントルコのメフメト4世のころ、冒頭でイタリア人の〝わたし〟の乗る船がトルコの海賊に襲われ〝わたし〟は医術の心得を訴えてからくも命をつなぐが、曲折のすえ文中で〝師〟と呼ばれる男の奴隷とされる。〝わたし〟と〝師〟は顔つきがそっくり。

――おもしろいことが起きるぞ――

と思うが、二人は天文学やら花火の研究やら科学のような哲学のような営みに耽（ふけ）って睦（むつ）みあったり感情をささくれ立たせたりしている。主人と奴隷、信教のちがい、知識の差異、心身の類似性、愛憎の入り交じった日々が続く。ペストが流行し、死への恐れを仲介にして二人のあいだに変化が生じ、

「わたしがおまえになるから、おまえはわたしになれ」

鏡の前のイメージが交錯する。作品の背後に流れているのは〝私とは何か〟というテーマだろうか。

皇帝の寵（ちょう）をえた〝師〟は、すさまじい兵器を造り、ヨーロッパとの戦いに向かうが、トルコ軍の旗色はわるい。〝わたし〟と〝師〟の乖離（かいり）、さまざまな思案、いくつもの妄想、二つの人格が絡みあい、どれが、どちらに属するものなのか。

年月が流れ〝わたし〟はトルコに住んで妻子を持ち、まさにトルコ人として平穏な生活を送っている。回想をめぐらし、

――昔、イタリア人の奴隷と親しんだなあ――

と実感を抱いたりしている。

旅人が訪ねて来て、イタリアでは〝師〟らしき男がイタリア人になりきって昔日のことを、トルコで深く関（かか）わった男とのくさぐさを冗舌に語っているとか。リアリズムの中での人間の入れ替わり……。歴史的事件や実在した人物を登場させながら異形のフィクションを構築し、深い読後感を残す作品だ。

評・阿刀田高（作家）

Orhan Pamuk　52年生まれ。現代トルコを代表する作家。

二〇一〇年二月一四日⑤

『重力の再発見　アインシュタインの相対論を超えて』

ジョン・W・モファット 著　水谷淳 訳
早川書房・二五二〇円
ISBN9784152090898
科学・生物

反骨精神あふれる暗黒物質無用論

宇宙の闇に潜むとされる暗黒物質の正体探しは、21世紀科学の一大テーマとなっている。そこに、ちょっと待った、と声を上げたのがこの本だ。

1930年代、目に見えない物質の重力なしには遠くの銀河の動きを説明できないという見方が出た。暗黒物質説である。これを支持する状況証拠は相次ぎ、近年の衛星観測は、全宇宙の物質とエネルギーを合わせたものの4分の1ほどが謎の暗黒物質、とはじき出した。

その結果、地底に検出器を構えたり、巨大加速器を使ったりしてこの物質の正体を探る計画が進み、いまや「国際的な科学産業となっている」。

だが、アインシュタインの相対論を手直しすれば大量の暗黒物質など要らない、と著者は考える。帳尻合わせを、物量ではなく理論の調整によって果たそうというわけだ。それは、たやすいことではなく、手直しの失敗例は後を絶たない。「いくつもの修正重力理論が墓地に埋葬されている」という。

著者は、重力の定数は不変でないとしたり、未知の力を想定したりして、なんとか満足のいく理論にたどり着く。

そんな野党精神の矛先は、ほかの有力学説にも次々に向かう。宇宙は誕生直後に急膨張したとするインフレーション理論、物質の究極の単位は極微のひもだとする超ひも理論……。

光速不変の鉄則を緩めて宇宙の急膨張を不要とする戦術は、暗黒物質無用論にも通じる。

著者は「二〇歳のときに、最晩年のアインシュタインと手紙をやりとり」した世代。最近の物理学を「砂上の楼閣のごとき数学理論を構築するのが流行している」と批判して「検証にそぐわない試みは、いずれ実を結ばずに枯れる」と断じる。

首をひねりたくなる個所もないではない。それでも手にとって読む値打ちはあろう。

事業仕分けで、日本でも納税者と科学者との対話の機運が高まっている。それを進めるには納税者も学界が一色ではないことを知っていたほうがよい。

そのことに気づかせてくれる反骨の一冊だ。

評・尾関章（本社編集委員）

John W. Moffat　32年生まれ。トロント大学名誉教授、物理学者。

二〇一〇年二月一四日⑥

『ネット検索革命』

アレクサンダー・ハラヴェ 著　田畑暁生 訳
青土社・二三一〇円
ISBN9784791765195
IT・コンピューター／社会

便利で安全な「集合知」の利用を

最近は何かを調べる時、まずネットで検索するのが普通となっている。グーグルで調べることを「ググる」と呼ぶ若者用語もある。

インターネット上には膨大な情報があるため、検索の機能がなければ情報を探し当てることはできない。ネット上の情報を集めて索引付けするのが「検索エンジン」であり、それをグーグル、ヤフーをはじめとする大手の私企業が仕切っている。

検索のランキングは公平そうに見えるが、さまざまな問題がある。これらの企業は広告で収益をあげており、そのための操作もある。ランキングの仕組みを公表しないことも問題である。何よりも寡占と集中がインターネットを狭めている。

誰もが自由にホームページやブログで発信できるため、インターネットは自由で公平なメディアになると期待されてきた。しかし、もはや検索の上位に来ないと存在しないも同然、と著者は指摘する。

大半の人は、検索結果のトップページの上の方しか見ない。私たちが与える「注目」は限られており、検索会社はその「注目」の奪い合いをしている。そこでは、米国の大企業が圧倒的に有利という。

検索によって、ネット上にある細かな個人情報が集められるようになり、プライバシーの侵害も懸念されるようになった。検索エンジンは利用者の検索の行為もいちいち記録しており、将来その情報が何に使われるかという不安もある。

かといって、元には戻れない。ネット検索は現代の知識のあり方を革命的に変えた。検索エンジンに飼いならされずに、利用していく方法を探るしか道はない。

著者が示唆するのは、社会性のある検索の仕組みである。機械が自動的に集めた情報をランキングする汎用型検索に対して、個別の分野の検索方法として、人の手も加えて信頼性を高める方法があり、小規模ながら発展している。ネット上の情報を「集合知」として、便利に安全に利用するためのネット検索が必要とされている。

評・小杉泰（京都大学教授）

Alexander Halavais　71年生まれ。米キニピアック大学准教授。

二〇一〇年二月一四日⑦

『評伝バラク・オバマ　「越境」する大統領』

渡辺将人 著

集英社・二二〇〇円
ISBN9784087814323　政治／ノンフィクション・評伝／国際

オバマの恩師は「人生初期の経験が、彼の判断力に深い影響を与えています」と語る。本書はこの言葉に依拠してオバマを解明しようとした伝記である。

オバマはハワイ、インドネシア、ロサンゼルス、ニューヨーク、シカゴ、ボストンに生きた。著者によれば、オバマが特別なのも、ケニア人とアメリカ人の間に生まれたことではなく、このような国際的環境で交流を築いてきたことである。しかもオバマは帰国子女、ハパ（ハーフを意味するハワイ語）、オーガナイザー、大学教員として生きてきた。太平洋とアジアから出発し、アメリカの中心にまで「越境」したのだ。

ある時期、オバマの夢は、物書きになることだった。最初の著書『マイ・ドリーム』は宣伝のための政治家の自伝ではなく、自らの青年期を素材にした文芸作品である。「文学者がのちに政治家も兼ねるようになった」のである。

皮相的な「オバマ論」が溢（あふ）れている。だが本書は夥（おびただ）しい数の関係者への聞き取り調査に基づいた驚くべき労作である。アメリカでもここまで掘り下げたオバマ伝記は存在しないであろう。

評・久保文明（東京大学教授）

二〇一〇年二月一四日⑧

『「農」と「食」の農商工連携　中山間地域の先端モデル・岩手県の現場から』

関満博 著

新評論・三六七五円
ISBN9784794808189　社会

岩手県の農村女性の活躍が、地域に大きな「希望」を与えている。われわれは、地方は過疎化し停滞していると思いがちである。しかし、1980年代以後、グローバリゼーションの中にあって、地方では逆に、人々が創意を発揮して新しい生き方をつくり出しつつあるのだ。

本書は、岩手県の中山間地域で農村住民が繰り広げる「地産地消」の運動を多数調査紹介している。多くは農村女性の主導で始まった運動であるが、地元の農産物を材料に「農産物直売所」「農村レストラン」「農産物加工場」という3点セットによる新しい「農商工連携」が進んでいる。そば、雑穀、大豆、シイタケ、ワラビ、カタクリなど、地元の産物が大活躍している。

大量生産、大量消費の時代に代わってやってきた、心のこもった良質で安全な品が求められる時代の表れだと本書は言う。自治体や農協もからめつつ、住民自身の大きな発意が生きている。人口減少、高齢化にもかかわらず、「地域に深い愛情」を持つ住民の発意と力で新しい事業を育てる中山間地域。岩手県のみならず、「農」の確実な力を感じる。

評・南塚信吾（法政大学教授）

二〇一〇年二月二一日❶

『クォンタム・ファミリーズ』

東浩紀 著

新潮社・二一〇〇円
ISBN9784104262038／9784309411989（河出文庫） 文芸

情報社会の果てに交錯する並行世界

こんな自分もありえた。あんな自分がいたかもしれない。人生は「なしとげられる《かもしれなかった》ことにも満たされている」。そんな可能世界に奇妙な現実感を吹き込む小説をいま、私たちは手にした。

題名を日本語にすれば「量子家族」。現代物理の一学説が描きだす並行世界のイメージを借りて、複線のストーリーが交錯する。

ミクロ世界では、原子や電子などが同時にいくつもの状態をとれる。それを身の丈の世界にまで広げて考えると、私たち一人ひとりが分身に分かれ、並行世界を生きてゆくという世界像も出てくる。これが、量子力学の多世界解釈である。

分身のいる世界は、空のかなたに「ぽっかりと星のように浮かんでいる、といったものではない」。だから、この解釈に立っても並行世界同士は連絡のとりようがない。

ところが、この作品では、IT（情報技術）が進むと世界間の壁が破れることになっている。2020年代に「ネットワークと並行世界の関係が公的に認められ」、別世界との通信が始まる。この架空の「貫世界」技術が妙にもっともらしい。

それは、私たちが日々、発信元不詳のメールにさらされ、未知の人々とウェブでつながっているからだろう。この現実は、情報網の果てに別世界があるとの錯覚を促す。そこに、この小説の着想の妙がある。

主人公は、07年の時点で30代半ばの作家兼大学教師。自分たち夫婦にはいないはずの「娘」が未来からメールを送ってくる。翌春、米国へ呼び出され、帰国すると別世界に入り込んでいる。空港のゲートでは、幼年時代のその娘が、妻と並んで出迎えていた。そこには「ぼくの知らない人生の痕跡があった」。

異なる世界で異なる顔を見せる妻、そのうちの一つの世界で生まれた娘、それとは違う世界で誕生した息子……。テロや性犯罪などのおどろおどろしさをはらみながら、家族とその周辺の人々が、複雑で入り組んだ物語を織りなしてゆく。

移った先の世界では、つじつま合わせが欠かせない。「もうひとりのぼくを敷き写すためには、メーラやスケジューラのログ、どこかに投げ込まれているはずの私的な写真や動画、ネットにばら撒（ま）かれた無数の噂（うわさ）話といった無数の個人情報が必要だった」。こうやってIT社会が、自分の再構築に一役買うのである。

妻が発症する「検索性同一性障害」という病気も、いかにもありそうだ。脳が一つの言葉や記憶から「導出可能なすべての命題空間」を探索するため、現実世界と可能世界が区別できなくなるのだという。電脳時代の私たちは、すでにこれに似た病に脅かされてはいまいか。

心に残るのは、その妻の胸に去来する「わたしたちはひとを愛するとき、その世界のそのひとだけを愛するのだろうか」という言葉だ。

可能世界の影が呼び起こすそんな問いにこそ、芽吹きはじめた量子文学の核心があるように思う。

評・尾関章（本社編集委員）

あずま・ひろき 71年生まれ。批評家。『存在論的、郵便的』（98年）でサントリー学芸賞。08年、編集委員として雑誌「思想地図」を創刊。著書に『動物化するポストモダン』『ゲーム的リアリズムの誕生』など。

二〇一〇年二月二一日❸

『絶滅した日本のオオカミ　その歴史と生態学』

ブレット・L・ウォーカー 著　浜健二 訳

北海道大学出版会・五二五〇円
ISBN9784832967182

科学・生物

「大口の真神」消した近代化問う

かつて日本列島のオオカミには二つの亜種がいた。北海道のエゾオオカミと、本州・四国・九州のニホンオオカミである。古代以来、「大口の真神」とも呼ばれ、作物を守る神、多産の象徴として尊崇された日本のオオカミだが、なぜ20世紀初頭に絶滅してしまったのか。

絶滅の過程は柳田国男、今西錦司らのオオカミ研究、動物誌、生態学、民俗学などでも明らかにされてきた。著者も先行研究を踏まえ、その上に論を展開する。だが、本書の大きな特徴は、著者の近世日本の蝦夷地征服の研究の蓄積とアメリカのオオカミ生態保護運動に対する理解に基づくところにある。

アメリカのイエローストン地区では、絶滅したオオカミを再導入して生態系を復元するウルフプロジェクトを1995年にスタートさせた。モンタナ州に生まれ北海道でも学んだ著者は2000年、同プロジェクトの冬季調査に参加し、オオカミの生態観察をした。オオカミに接した経験を生かし、環境史・生態学の視点からオオカミ絶滅の問題に取り組んだのである。

オオカミが人間を攻撃する有害動物とする認識は、近世に確立した。第一の要因は、人間による農業生産、馬飼育の拡大などによってオオカミの生活圏が圧迫されたことにある。第二の要因は、18世紀以降の狂犬病伝染による、オオカミの人間攻撃の増加にある。19世紀後半には、エゾオオカミにも狂犬病が伝染したらしい。

そして本書が詳細に語るように、近代化を進める明治政府は1878年以降、北海道開拓事業において、アイヌに神として崇拝されてきたエゾオオカミを畜産振興を妨害する有害獣として撲滅する作戦に出た。近代化がオオカミを消したのである。

ところで、昨年出た『狼（おおかみ）の民俗学――人獣交渉史の研究』もニホンオオカミに関（かか）わる説話・伝承・絵画・信仰に言及する。著者菱川晶子氏もスウェーデンで民間伝承学を学び、野生オオカミの足跡に触れる機会を得たという。人間と動物の関係から環境問題まで、オオカミ研究に学ぶものは多いといえよう。

評・石上英一（東京大学教授）

Brett L. Walker　67年生まれ。米モンタナ州立大教授。

二〇一〇年二月二一日❺

『誇り高き老女たちの食卓』

本間千枝子 著

NTT出版・一八九〇円
ISBN9784757150737

文芸

食材から紡がれる多元的な物語

本間千枝子さんのデビュー作『アメリカの食卓』をわたしが手にとったのは一九八二年、大学を卒業した二年後だった。

当時主婦だった本間さんは、七年の滞在中に出合ったアメリカの料理を手だてに、旺盛な好奇心と鋭い感覚を奮って縦横に考察し、歴史や文化、宗教まで深く分け入ってゆく。食にテーマを求めて書きたいと定めていた二十代のわたしにとって、『アメリカの食卓』との出合いは衝撃そのものだった。書き手しだいで、食文化はかくも豊饒（ほうじょう）な内実を浮かび上がらせるものなのだ、と。

ことし七十七歳、食文化の研究家として執筆活動に専心してきた本間さんの最新刊が本書である。ひとつの味、ひとつの素材から多様な次元をすくいだして読者に示す手つきはすこぶる健在。さらには家族の来歴、ひととの交流、胸の奥に宿してきたさまざまな感情がこめられて、たっぷりと肉厚な食の物語が紡がれている。

真冬の味、鮟鱇（あんこう）鍋にも一家の物語がふつふつと湯気をたてている。夫の祖母は明治生まれの水戸育ち、ウーマンリブの先駆けのようなひとだった。十年あまりの同居生活のなか、およそ料理ぎらいとしか思えなかった祖母が、ある日をさかいに見せた鮟鱇への偏愛。その味は、鮟鱇という魚と本間さんをかたく結びあわせた。ぽつりともらした日常の言葉も、世を去ってなお食の奥行きを照らす。

「物の中に味わいを見つけて食べる」

奇（く）しくもその言葉は、本間さんの文章の魅力をもずばり言い当てているのだった。うずら。鱈（たら）の白子。高知のいたどり、のれそれ。鮭（さけ）。雉（きじ）酒。豚。ギリシャの蛸（たこ）、レバノンのサラダ……登場する味の数々は、物語の案内役をあたえられて、じつに誇らしげだ。

わたしたちは誰もみな、食をめぐる濃密な物語を持っている。生きることとは、同時に自身の食べものの物語を編むということ。読みながらそう気づかせる本間さんの食卓は、「老女」と呼ぶにはあまりに初々しい輝きに充（み）ちている。

評・平松洋子（エッセイスト）

ほんま・ちえこ　33年生まれ。随筆家、翻訳家。『父のいる食卓』『女の酒の物語』など。

二〇一〇年二月二一日❻

『老人賭博』

松尾スズキ 著

文芸春秋・一四〇〇円

ISBN9784163287508／9784167838133（文春文庫）文芸

読者に感動許さぬ登場人物たち

感動モノが嫌だ。本でも映画でも、感動モノじゃないだろうな、とまず疑いの目を向ける。感動が嫌いなのか、というとそうではない。むしろその逆だ。でも、感動モノで感動するのは嫌なのだ。私の感動水準はそんなに高くない。巧みにツボを押されれば、あっさり感動してしまうだろう。だからこそ感動モノに警戒心をもつ。

感動モノで感動した後、本を閉じたり映画館を出たりすると、そこにはいつもの自分の日常がある。ぼんやりしてぬるくて曖昧（あいまい）で妙に白っぽい世界。ついさっき自分のなかに生まれた感動と「ここ」の関係がよくわからない。感動の「味」が強すぎて現実世界はさらに白っぽくなった気がする。あの感動は一体なんだったんだろう。

『老人賭博』を読みながら、不思議な気持ちになった。作者が感動のツボを避けまくっているのだ。感動モノの多くは「大切な人の命」のような絶対的な切り札を使って読者や観客の心を追いつめてゆく。だが、この作者は切り札をどんどん捨ててしまうのだ。「心の触れ合い」「仕事への思い」「人生の一発逆転」……、本来はさまざまな感動要素が含まれた物語なのに、登場人物が目先の欲望に負けたりおかしな見栄（みえ）を張ったり小さな裏切りを働いたりすることで、読者に感動を許さない。

彼らの発言はこうだ。

「俺（おれ）にとっての1万3千円はな、普通の人間にとっての2万5千円くらいなんだ多分」

「……あとなあ、俺はヤマザキだ。ヤマサキじゃない！　別に間違ってもいいけど、だったらときどきヤマザキって言うな！」

思わず笑ってしまう。感動からあまりにも遠すぎて逆に感動する。

感動モノが「大切な人の命」的な切り札で読者を物語の内部に追い込むのとは逆に、本書はこのような反「感動」によって、読者を物語の外に追い出してしまう。そこには広大で意味不明な私たちの現実が広がっているのだ。よくわからないけど、「ここ」でもがいてみようと思う。

評・穂村弘（歌人）

まつお・すずき　62年生まれ。作家、演出家、劇作家、俳優。『宗教が往（い）く』など。

二〇一〇年二月二一日⑦　人文

『動機の修辞学』

ケネス・バーク 著　森常治 訳

晶文社・四七二五円
ISBN9784794923424

人を説得することの有用性が広く社会に意識され、そのための修辞学が言葉の技術として明確に捉（とら）えられていたアリストテレスの時代はすでに遠い。しかし今日でも、人が語る言葉はその人の生ける動機（＝欲望）の表現手段であり、さまざまな修辞性をまとって放たれるものであることに変わりはない。

人が言葉を使うのは、相手との同質と異質の境を確認する自己の身元確認という動機に基づく。そのために動員される修辞は弁証法を生み、弁証法は人間社会を階層化して捉える思考を生む。古典が謳（うた）う愛や妬（ねた）みに始まり、マキャベリの『君主論』からマルクス主義まで、修辞学的に眺めれば、異なる階層間の求愛で説明されるわけである。そして階層化は、やがて普遍的原理という幻想を生んでゆく。

著者は、文法では規定できない人間の生きた動機が生み出す修辞の適用範囲を、少し広げすぎているのかもしれない。けれども、おおよそ人が言葉を使用するすべての場面で、その言葉がもつ意味に先立ってある使用者の動機を覗（のぞ）き込むとき、まさに人間社会の姿そのものが見えてきて、無類に面白いのだ。

評・高村薫（作家）

二〇一〇年二月二一日⑧

『クリント・イーストウッド　ハリウッド最後の伝説』

マーク・エリオット 著
笹森みわこ、早川麻百合 訳

早川書房・二六二五円
ISBN9784152091031

アート・ファッション・芸能／ノンフィクション・評伝

クリント・イーストウッドといえば「ミリオンダラー・ベイビー」に見られるような偏屈、孤高な老人を演じるとともにアカデミー賞の常連であり、作品賞、監督賞のオスカーにも輝くハリウッドのトップ俳優、監督だ。

また、私たちは「ダーティハリー」などの映画で、ヒーローとしての良いイメージを持っている。しかし本書は、そんなイメージを壊してくれる。実生活の彼は家庭を顧みず、共演した女優とすぐに関係を持つ。愛人として長く付き合った女優ソンドラ・ロックが妊娠した際、2度も中絶を強要する非情な男だ。別れる際の「女優としての彼女に十分な報酬を与えてやった。このうえさらに、愛人としての報酬まで払えというつもりか？」という悪態には驚く。

ひどい男だと思いつつも、他の名優たちが消えていく中で、トップを維持し続ける秘密やアカデミー賞主演男優賞へのすさまじいまでの執念を理解すると、不思議に彼を嫌いにはならない。ハリウッドビジネスの裏側も堪能できる本書を読めば、3月8日（日本時間）のアカデミー賞発表が待ち遠しくなる。

評・江上剛（作家）

二〇一〇年二月二八日❶

『読み解き「般若心経」』

伊藤比呂美 著

朝日新聞出版・一六八〇円
ISBN9784022506849／9784022647139（朝日文庫）
人文

お経は詩であり 人間くさいのだ

父親が亡くなった時から、死はにわかにリアルな問題として私の目の前に浮上しました。「人間、誰でもいずれは死ぬ」ということはやっとわかったものの、しかし自分の問題として考えてみると、実感としては理解していないような気がするのです。

本書は、「死」についての本です。カリフォルニアに住む詩人の伊藤比呂美さんは、老いたご両親の介護のために日本に通います。いや応なく迫る死の気配の中で、著者はご両親が「安楽に死の境界をわたれるように、何か方向性をさししめしたい」と、お経を読んでいく。死を思う日々のエッセーと、その中で必要とされたお経と現代語訳とが渾然（こんぜん）となっているのが、この一冊なのです。

介護の日々の中で「死に取り憑（つ）かれている」と著者は書きますが、しかし死を見る伊藤さんの視線は、好奇心に満ちています。「こわかった。吸い込まれるようであった。でもおもしろかった」という死に対する意識によって、伊藤さんはお経を「あたし自身のことばに置き換えてみたくてうずうず」しながら、訳していくのです。

　伊藤比呂美さんによって現代語に訳された般若心経、観音経、地蔵和讃（わさん）といったお経の数々を読むうちに、私が思ったこと。それは、お経とは、人が死（そして生、病、老）という苦に対峙（たいじ）した時にどのような心構えを持てばいいのかに関しての、昔の人たちからの申し送りのようなものではないか、ということでした。仏陀や昔の偉い僧たちも、死を前にして深く考えたのであり、その考えた結果を他の人や後世の人にも教えてあげたいな、と思って書いたのがお経なのではないか。

　お経は、伊藤さんのような翻訳者を待っていたのだと思います。「色即是空」という文字だけを見ると「何か、格好いい」と流れていきますが、「『ある』と思っているものは　じつは『ない』のである」と訳されていると、「そうか！」と納得し、お経とは詩であり、そしてとても人間くさくて面白くて役に立つものだ、つまり自分たちと同じ人間の手によって書かれたものなのだ、ということに初めて気付くのでした。

　様々なお経を著者とともに読んでいくと、死は身近なものになっていきます。やがてお母様の死に接した伊藤さんが目を転じれば、そこには3人の娘さんの姿。いずれも若くて生命力に満ちあふれているのですが、そんな娘さんの若さを眩（まぶ）しく見ながらも、「いつか萎（しお）れて、枯れるのだ」と、伊藤さんは書くのです。それは、生命を生み、育み、そして看取（みと）った経験を持つ人ならではの言葉でしょう。

　生は死とつながり、死は生とつながる。永遠に続くものは何一つ無いけれど、何かは確実に、つながっていく。死についてたっぷりと書かれた本ながら、読み終えるとさっぱりと明るい気持ちになるのは、そんなつながりが「死」の先にうっすらと、見えてくるからなのでした。

評・酒井順子（エッセイスト）

いとう・ひろみ　55年生まれ。詩人、小説家。著書に『河原荒草』（高見順賞）、『とげ抜き　新巣鴨地蔵縁起』（萩原朔太郎賞、紫式部文学賞）、『日本ノ霊異ナ話』『伊藤ふきげん製作所』など。

二〇一〇年二月二八日②

『書物の変　グーグルベルグの時代』

港千尋　著

せりか書房・二五二〇円
ISBN9784796702942

『紙の本が亡（ほろ）びるとき？』

前田塁　著

青土社・一九九五円
ISBN9784791765317

文芸／IT・コンピューター

文字を巡る環境の激変を考察

　ブログや電子本、世界規模で物議をかもすグーグルによる書物の電子データ化……文字を巡る環境は今世紀に入って激変し、「グーテンベルグからグーグルへ」などと言い表される。こうした問題を扱う評論集が同時期に2冊刊行された。両書は奇（く）しくも、初めに「紙と電子媒体」の現状を、次に過去の文化との繋（つな）がりを、最後に新世代の作品（アートと文学）を論じる構成だ。

　さて、仏の国立図書館に、バスク語で書かれた稀少（きしょう）な哲学書の手書き本が二百五十年間眠っていた（『書物の変』）。誰も読まなかったろうこの「本」は果たして書かれたと言えるだろうか。物質と記憶の関係を考察する港氏は、それでも「希望を捨てずに何でも書いておくことが大切」とする一方、今のデジタル社会では、書物がじきに「『配信』や『検索』といった機能の……端末にぶらさがる何かへと、縮減していってしまう」と案ずる。紙の本に将来は無いと予見する前田氏はさらにラディカルだ。ウェブ検索から外れた情報は消費価値を失うばかりか、「どんどんデブリ（残骸〈ざんがい〉）化」する。無限に書き換えられるウィキペディア的な言説の海の中で、もはや「本」は知の物理的な結節点として機能しなくなりつつあると言う。港氏は、このように固着性のない電子ブックをモノではなく「『状態』としての本」と表している。

断片化した知の「雪崩的現象（カスケード）」の中で、古典作もツイッターの呟（つぶや）きも同次元の「データ」と化し、その間に存在した「中間項」は消失する。この中間項を書物の未来形でどう再構築するか。文学だけが今なお担いうるものは何か——そう問う前田氏の言葉には切迫したものがある。とはいえ、港氏が恬澹（てんたん）と述べる通り、千年後に振り返れば、紙の本の時代が石版と電子に挟まれた「例外的な時期」となることもあろう。今、世界各地では美しい活版や活字アートを愛する静かなブームが起きていると言う。活字印刷はやがて書道のように鑑賞すべき「芸術品」や「嗜好（しこう）品」となっていくのだろうか。

評・鴻巣友季子（翻訳家）

みなと・ちひろ
まえだ・るい

二〇一〇年二月二八日❸

『ダリ・私の50の秘伝　画家を志す者よ、ただ絵を描きたまえ！』

サルヴァドール・ダリ 著　音土知花 訳
マール社・一八九〇円
ISBN9784837301721
アート・ファッション・芸能

絵画の心と描法伝える養生訓

信じられないことだが、ダリが画家の卵を対象に、1947年に技法書を書いていた。長らく絶版だったらしいが、今頃になって日本語でお目見えした。どうせダリのことだ。まともな技法書など書くはずがない。ところが中身は例によって偏執狂的かつ批判的ではあるが、理性的判断からは決して逸脱していない。意外といえば意外だが、ちょっと不満でもある。

ダリは妻ガラと共に神秘と謎に満ちた実生活を厚いベールで隠蔽（いんぺい）しているにもかかわらず、機会あるごとにその内実を公開したがる性癖がある。以前、アポなしでダリ邸を訪ねたときも彼の好奇心から迎え入れてくれ、ボクはダリとガラに会った。こんなふうに彼らの秘密は時に小出しにバラしもする。

そんな気まぐれな謎を演出するダリはそのまま彼の作品にも反映していて、秘密にすべき謎まで白日のもとに晒（さら）し、自らの手で解明したがる。だから技法の公開など、ダリにとっては何も恐れるに足りないのだ。

この本を読みながらふと、貝原益軒の「養生訓」を思いだした。益軒さんは師を求め師から術を習うべきだと諭す。師も教えもなく、養生の術も知らないでは、道を成し遂げるのは困難だとするが、ダリの教示せんとするのはまさにこのことだ。

ダリは〈50の秘伝〉を挙げ、画家にアルコールやセックスの条件的謹慎を促し、目と手を粗末にすることを戒め、自作に罵詈雑言（ばりぞうごん）を吐くな、目覚めていながら眠るべし、何々を食べろ、ダリを真似（まね）ろ、と示唆する。あげくの果てに、妻ガラと結婚しなければならないと曰（のたま）う。

またご丁寧に、絵の具、オイル、絵筆、パレットなど、画材に至るまで画家の〝企業秘密〟を公開する。描法についても、カップルを描くときは男性から描き始め、顔は明るい部分から顎（あご）、頬骨（ほおぼね）と進み、最後に目を描けと、こと細かい。だがダリの錬金術に従えば自（おの）ずとダリ風のリアリズム絵画に向かうので、万人の技法とは言えまい。

とはいえ、ダリの「絵画養生訓」は、薬で言えばケミカルというよりも漢方薬である。

評・横尾忠則（美術家）

Salvador Dalí　1904〜89年。スペイン生まれの画家。

二〇一〇年二月二八日④　文芸

『煙滅』

ジョルジュ・ペレック 著　塩塚秀一郎 訳

水声社・三三六〇円
ISBN9784891767501

特定の文字の不在が導く「物語」

これはとんでもない本である。どうとんでもないのかといえば、一九六九年に発表された仏語の原作は、三百頁（ページ）を超える長さがありながら、「e」の文字を一度も使っていないのである！　いわゆるリポグラム（文字落とし）というやつなのだが、仏語において「e」は最も出現頻度の高い文字であり、この制約は、日本語でいえば、「い」段の仮名「い、き、し、ち、に、ひ、み、り、ゐ」を、「い」段の音が入っている漢字を含め一回も使わないで書くのと同じくらいの困難をもたらす。とても可能とは思えない。だが、現に、そのとんでもない作品は存在するのだ。そして、本訳書『煙滅』は、右の「い」段抜きの制約を訳文に課すという形で、原作に倍するとんでもなさを素晴らしく実現している。

そんなことをしてなんの意味があるの？と問うのは、小説を読んだり書いたりすることにどんな意味があるのかと問うのと同じである。つまり、そういうことをするものこそが小説なのだ。素朴にいっても、小説は言葉のアートなのであり、だからそういうことをする意味が分からないという人は、小説ではなく、「癒やしの物語」とか「いい話」とかを求めているにすぎない可能性がある。

もちろん大抵の小説には「物語」がある。けれども、あらかじめ心に抱かれた「物語」を言葉で的確に書き表すのが小説ではない。むしろ言葉の方が「物語」を変容させ、産み出していくところに、小説の小説たるゆえんはある。その意味で、特定の文字の不在が、ミステリーふうの「物語」を律し主導していく本作品は、きわめて小説らしい小説であると、逆説でもなんでもなく、いいうるだろう。

本の末尾にはかなり長い「訳者あとがき」がある。訳者の苦労には頭が下がるが、そんなことより、これ自体が優れた翻訳論、小説論になりえている点を指摘したい。本書を繙(ひもと)く人には最初にこれを読むことを勧める。いわゆる「ねたばれ」になるが、ばれた「ねた」を繰り返し楽しめることこそ、優れたミステリーの資格である。

評・奥泉光（作家・近畿大学教授）

Georges Perec　1936〜82年。フランスの作家。『美術愛好家の陳列室』など。

二〇一〇年二月二八日⑤　教育／社会／新書

『教育の職業的意義　若者、学校、社会をつなぐ』

本田由紀 著

ちくま新書・七七七円
ISBN9784480065230

働く者が身につけるべき知識とは

1980年代までの日本の教育は、学校から仕事への円滑な移行を可能としている点で、諸外国から評価されてきた。ところが2009年、経済協力開発機構は、日本教育の美徳が揺らぎ、数々の問題が顕在化しつつあると指摘した。事実、不安定・低賃金にあえぐ非正社員が急激に増え、正社員も長時間労働化と賃金抑制に直面するようになった。その中で企業の人材形成への投資が大幅に後退し、企業以外の場における職業能力の形成が重要になりつつある。この本は、青少年が職業世界へと入っていく過程で学校の果たすべき役割を「教育の職業的意義」と呼び、その回復がいままさに求められているのだと主張する、論争的な書である。

諸外国との比較作業から、60年代以降、教育の職業的意義が特異なまでに希薄化した日本の姿が浮かび上がる。職業的意義の中身は、働く者すべてが身につけておくべき労働に関する基本的な知識と、個々の職業分野に即した知識やスキルである。単純な主張のようだが、ふたつの意味を読み取っておかねばならない。第一に労働知識は職業世界の要請に若者が〈適応〉するための手段だが、著者はそれ以上に〈抵抗〉の手段としての重要性を強調する。それを欠けば、理不尽な要求を突きつけてくる力に若者は翻弄（ほんろう）されるほかないからである。第二に職業分野に即した知識やスキルに関して、著者は「柔軟な専門性」という概念を提唱する。特定職種にのみ適用可能な教育ではなく、専門的輪郭を備えながらも後々の知識やスキルの更新、転換を見込める柔軟さが求められている。政策的に推進されているキャリア教育などは教育の職業的意義とは似て非なるもの、むしろ若者の進路不安の増大を招いていると警鐘を鳴らす。

　著者は周到にも、本書に寄せられるだろう定番的批判をあらかじめ予想し、それらへの反論を序章に書いている。これを手がかりに、学校と職業のかかわりについて、著者相手に議論を試みられてはいかがだろう。本書には議論に値する、骨太の主張が含まれていると思う。

評・耳塚寛明（お茶の水女子大学副学長）

ほんだ・ゆき　64年生まれ。社会学者、東京大学大学院教授。『若者と仕事』など。

二〇一〇年二月二八日❻

『ゲーリー家の人々　アメリカ奴隷制下の自由黒人』

フランク・J・ウェブ著　進藤鈴子訳

彩流社・三六七五円
ISBN9784779115097

文芸／政治

「自由黒人」への差別描いた小説

　ゲーリー氏は美しい黒人の女性を事実上の妻にしている。かれは南部に住む「奴隷制廃止論者」の大農園主であるが、彼女を正式の妻にし、そして2人の子供を奴隷から解放するために北部に移住する。しかし北部こそ、黒人への狂信的な偏見に満ちた社会であった。ゲーリー家やその周りの黒人たちは白人の暴動によって、虐殺され、重傷を負わされ、財産を奪われた。解放されたり、白人と通婚したりしていた「自由黒人」への差別は特に深刻であったのだ。この小説は、1834年にフィラデルフィアで起きた大規模な反黒人暴動を素材にしている。

　アメリカが南北戦争を経て奴隷解放を行う前、1850年代には、黒人奴隷についての小説が多数出ている。よく知られているH・B・ストウによる『アンクル・トムの小屋』は、白人の描く黒人像であるが、黒人自身が描く黒人の小説がいくつも出ていたのである。本書は、そのひとつであり、「自由黒人」の日常と彼らへの恐ろしいほどの差別を描いている。

　「肌の色」が違うから、「一滴の黒人の血」が入っているからと言って、なぜ乗り物や職場や学校や結婚や教会で、そしてお墓でまで差別されなければならないのか。黒人は深い憤りを抱く。黒人に少しでも同情する白人は、「奴隷制廃止論者」として突き上げられる。アメリカを逃げ出す黒人もいる。少しでも肌が白いと黒人であることを隠して白人社会に潜り込む黒人もいる。それでも多くの黒人は、忍耐強く戦って、幸せを手に入れるのだった。

　本書はアメリカで書かれたが、1857年末、イギリスにおいてようやく出版された。だが1969年にアメリカで再版されたのち、1997年と2004年に続けて再版されている。そこにアメリカ社会での黒人差別への考え方の変化をうかがうことができる。

　差別というものは、差別される者も差別する者もその人間性を根底から破壊する。本書は、我々のまわりのあらゆる公然隠然の差別を内から理解する助けにもなってくれる。

評・南塚信吾（法政大学教授）

Frank J. Webb　自身も「自由黒人」の立場だった。1828年米国生まれ、1894年没とされる。

二〇一〇年二月二八日⑦　文芸

『日本SF精神史　幕末・明治から戦後まで』

長山靖生 著

河出ブックス・一二六〇円
ISBN9784309624075

日本で初めて科学小説なる言葉を用いたのは憲政の神様・尾崎行雄であったという。明治初期の人々は国会が開設されたら日本はどうなるかという未来への空想物語を読んで議会政治を学んだ。尾崎はその物語に序文を寄せ、自らも科学小説を書いて来るべき日本を見据えた。

本書はペリー来航時に書かれた歴史改変小説から昨年50周年を迎えたSFマガジン創刊時に至る約百年を、近代日本の発展と重ね合わせて描出した意欲作だ。本書が精神史と謳(うた)うのは、いかに未来を想像し表現するか、長年にわたる人々の精神の格闘が、今日の文学と日本を形作ってきたからに他ならない。

文学は現実を観察して描くのか想像を描くのか、坪内逍遥以来の論争は未来小説の勃興(ぼっこう)と共にあった。数々の発明が社会を豊かにする明治の新聞小説は他紙の『金色夜叉』と互角の人気を博した。押川春浪が冒険小説雑誌を開拓し、昭和初期には江戸川乱歩が空想科学小説なる新造語で海野十三を賞賛(しょうさん)。その海野は死の直前、己のすべてを若き手塚治虫に託そうとする。

未来を繋(つな)いできた先達の想(おも)いは、最後にあなたの人生と鮮やかに結ばれる。

評・瀬名秀明(作家)

二〇一〇年三月七日②　経済／社会

『奇跡の団地　阿佐ケ谷住宅』

三浦展 編著
大月敏雄、志岐祐一、松本真澄 著

王国社・二一〇〇円
ISBN9784860730451

組織の「若さ」がもたらした「奇跡」

阿佐ケ谷という町は東京都杉並区にある。だが、この際、地名については忘れていただいてもかまわない。阿佐ケ谷住宅の「奇跡」の最大の所以(ゆえん)は、それが1958年に誕生したということなのである。

住宅をつくったのは、日本住宅公団。いわゆる団地は画一的な景観で語られることが多いのだが、阿佐ケ谷住宅はそうではない。テラスハウスと3階建て・4階建ての集合住宅が混在して、全350戸が構成されている。公共の道路や植栽も個性豊かなたたずまいで、私有地との境界もゆるやか。その後の団地とは明らかに一線を画しているのだ。本書は「つくる側」と「暮らす側」の両面から、当事者の声も交えてその理由を探る。

日本住宅公団の創設は1955年なので、阿佐ケ谷住宅は黎明(れいめい)期のプロジェクトということになる。産声をあげたばかりの組織には、自由闊達(かったつ)な空気があふれていた。前例が揃(そろ)わず、システムが整っていないからこそ、若い人材が臆(おく)することなく理想を高く掲げられたのだ。

だが、1960年ごろからは団地の規格化が急速に進められ、〈公団の団地空間が無表情になり、息苦しくなっていく〉。阿佐ケ谷住宅は、ごく短い間にきらめいた組織の「若さ」がもたらした「奇跡」だったのである。

一方、住民は建物を愛し、景観を愛して、半世紀を超える年月をかけて町を育ててきた。その時間の蓄積、すなわち「古さ」もまた、「奇跡」の一翼をなしているわけだ。

阿佐ケ谷住宅の全体像を設計した津端修一氏は、フリーハンドで図面を引くことを大切にしていたという。それは、若い組織の(さらには戦後の若い時代の)伸びやかさにも通じるし、古びた家や町並みならではの、暮らしにしっくり馴染(なじ)む肌合いにもつながるだろう。

そう考えると、三浦展さんの問題提起に応える形で建築の専門家たちが執筆した本書は、阿佐ケ谷住宅という一つの団地の「奇跡」を解くことで、じつは三浦さんの長年の主題でもある「日本人の幸福史」について論じていたのかもしれない。

評・重松清(作家)

みうら・あつし　消費社会研究家。
おおつき・としお、しき・ゆういち、まつもと・ますみ

二〇一〇年三月七日❸

『趙紫陽　極秘回想録　天安門事件「大弾圧」の舞台裏！』

趙紫陽、バオ・プーほか 著　河野純治 訳

光文社・二七三〇円
ISBN9784334962104　歴史／ノンフィクション・評伝／国際

輝きを増す元最高指導者の遺言

本書は元最高指導者が幽閉16年の歳月の中で語った中国政治の内幕を伝える書である。限られた時期とはいえ、トップレベルの政策決定過程を内側から、これほどまでに赤裸々に描きだしたのはこれが初めてである。政策決定過程は政治学用語で「ブラックボックス」と表現されるように、もっとも見えにくい。それがまさに手に取るように描かれている。しかも1978年以来の改革開放期の全体がほぼカバーされている。本書のハイライトは、自らが失脚に至った89年天安門事件当時の熾烈（しれつ）な権力闘争の過程である。しかも、この説明は張良編『天安門文書』などと重なった解釈、主張がかなり見られ、それだけに信憑性（しんぴょうせい）が高い。

評者にとって天安門事件に劣らず興味深かったのは、改革開放期を通した説明、特に鄧小平、胡耀邦、陳雲、李鵬ら指導者たちと趙紫陽との関係である。推測しかできなかった経済市場化、政治体制改革、ブルジョア自由化反対などをめぐる協力や確執、対立がリアリティー豊かに描かれていた。本書は現代中国政治のダイナミクスを理解する上で第一級の資料となる。

外部から懸命に政策決定過程の内部を描こうとしてきた我々専門家にとって、これまでの自らの分析・解釈がある意味で試されることになった。評者個人は幸いなことに、改革開放期の政治動態の中で起こった幾つかの重要事件についての当時の解釈、例えば胡耀邦辞任は鄧小平自身の主体的な決断によるとの解釈（「朝日新聞」87年2月6日夕刊）などは基本的に誤っていなかったことが確認できた。

もともと趙紫陽は共産党体制を否定していなかった。しかし彼が死を前にしてたどりついた結論は、中国には権力の牽制（けんせい）と均衡、司法の独立、複数政党制、報道の自由を基盤にする「民主主義の導入」が必要だということであった。経済パワーをますます増大させる中で、共産党の周辺に権力と富が集中し不正・腐敗がはびこり矛盾が増大している。時間はかかるが「趙紫陽の遺言」は次第に輝きを増すことになるだろう。

評・天児慧（早稲田大学教授）

チャオ・ツーヤン　19年生まれ。元中国共産党総書記。05年死去。

二〇一〇年三月七日❹

『アメリカ帝国の衰亡』

ポール・スタロビン 著　松本薫 訳

新潮社・二五二〇円
ISBN9784105062316　政治／国際

帝国に代わる「都市国家」時代へ

著者は「ナショナル・ジャーナル」というアメリカ政治の専門週刊誌に、高度な分析を執筆しているジャーナリストである。その著者が、本書ではアメリカの過去・現在・将来について、海外での取材に基づきながら大胆な議論を展開した。

本書は二つの大前提をもつ。一つは「アメリカの覇権の終焉（しゅうえん）」であり、もう一つは「世界のいたるところで、すでに『アメリカ後』に向けた動きが始まっているということ」である。

著者は『大国の興亡』を著したポール・ケネディと似て、アメリカは帝国を拡大し過ぎたために、自ら墓穴を掘ったと論ずる。アメリカはその結果、「中流の国」となってしまった。

「アメリカ後」の世界は、カオス、すなわち混沌（こんとん）である。しかし、著者によれば、それは暗く恐ろしいものだけでなく、明るいものともなりうるので、希望は残る。いずれにせよ、将来が多極化世界となることは確実である。予想通り「中国の世紀」となる

可能性も指摘されるが、本書が類書と異なるのは、そもそも巨大国家、すなわち「帝国の時代」が終焉しつつあるのではないかと推論し、「アメリカ後」の世界は「都市国家の時代」となるかもしれないと考える点にある。同時に、著者は「世界市民」の文明が発達し、最終的に「世界政府」が誕生するシナリオも提示する。

本書は、アメリカの文脈では、民主党的な価値観に立脚した議論であり、アメリカ例外論に固執するネオコン的議論を徹底的に批判する。それだけに、共和党保守派が本書の議論を支持することはないであろう。それはとりわけ世界政府に関する議論に当てはまる。ただし、彼らが受け入れないとしても、世界の現実はたしかに多極化の方向に動きつつあるようだ。

本書はアメリカ人に「アメリカ後」（After America：本書の原題）を説得しようとする書である。日本の読者としてはすべてを鵜呑（うの）みするのではなく、アメリカの強さや長所も銘記しておくべきであろう。けだし、将来が本当に心配なのは日本の方なのだから。

評・久保文明（東京大学教授）

Paul Starobin　米国の政治雑誌「ナショナル・ジャーナル」記者。

二〇一〇年三月七日⑤　政治／経済／国際

『アフリカを食い荒らす中国』

セルジュ・ミッシェル、ミッシェル・ブーレ 著
中平信也 訳
河出書房新社・二五二〇円
ISBN9784309245003

利益のためには手段選ばぬエグさ

ちょっと刺激的なタイトルだが、西欧の大手紙記者が時間をかけてアフリカ各地を取材したリポートだ。その具体的な報告には説得力がある。

たとえばナイジェリアのラゴス。世界最悪といわれる交通渋滞都市だ。建設会社を経営する中国人は、自分でパトカーを運転し、サイレンを鳴らして路肩を走り抜ける。警察幹部の便宜を図ってやり、その見返りにパトカーを手に入れたのだ。

コンゴ共和国。1万戸の住宅建設事業を受注した中国企業は、担当大臣の大邸宅を無償で建ててやっている。

権力者に直接利益を提供するというやり方で、中国は鉄道、大規模ダム、石油開発などのプロジェクトを次々と手に入れ、資源を持つアフリカのほとんどの国に進出を果たした。

コンゴ共和国では、絶滅危惧（きぐ）種のビリンガの巨木を大量に切り倒して持ちだす例が報告される。ザンビアでは銅。スーダンやアンゴラでは石油。そればかりか農地まで買収しはじめている。

その一方で、低価格の中国製品がアフリカに持ちこまれる。競争力の弱いアフリカ地場産業はたちまち駆逐されてしまう。今やアフリカの中国人は75万人とも１００万人ともいわれるほどにふくれ上がった。

中国がそれほどの勢いで進出できるのは、アフリカの国家の「上に立つ人物に問題がある」からだ、と著者は指摘する。中国とつきあうことで個人的に利益を得られるなら、自国の産業などどうなってもいい——。指導者の多くが、そう考えるような状態があるのだという。

ギニアの外務大臣は著者に、中国とアフリカの「ウィン・ウィンの関係が大切だ」と語る。双方ともに利益を得る、という意味だ。しかしそのウィン・ウィン関係は「中国とアフリカ」ではない。「中国とアフリカの政府幹部」なのだ。アフリカの人びとの存在など、双方の眼中にない。

本書に現れる中国の存在感は圧倒的だ。利益のためには手段を選ばないたくましさ、強引さ。それは同時に、かなりのエグさを伴うのである。

評・松本仁一（ジャーナリスト）

Serge Michel　仏の記者。
Michel Beuret　スイスの記者。

二〇一〇年三月七日❻

『西周(にしあまね)の政治思想』

菅原光 著

ぺりかん社・五二五〇円
ISBN9784831512550
人文

秩序崩壊後に新しい社会を構想

西周は、明治期に西洋近代の用語を日本語に導入する上で、絶大な貢献をなした。有名なのは「哲学」の語の発明であるが、現代日本人が日常的に用いている彼の造語は数多い。理性、原理、主観、意識、概念など、少しあげるだけでも、貢献の大きさがわかる。彼の翻訳語は私たちの思考や表現に大きな影響を与えている。

その造語の多くは伝統的な漢字の組み替えに新しい概念を吹き込んで成立している。幕末に生まれた彼は儒学をきわめる一方で、長じてはオランダ留学で西洋思想を身につけた。儒学と洋学を体得した上で、それを独自の思考で理解したからこそ、新時代を開く思想家たりえた。

ところが、「哲学」という翻訳語は称揚されても、思想家としての独自性はこれまで十分評価されてこなかった。特に政治思想は、取り上げられることがなかったという。本書はそれを追究する新しい試みである。

西には、もう一つの顔、すなわち兵部省・陸軍省の官僚、軍人勅諭の起草者という顔がある。軍人勅諭は後の軍国主義につながっているため、彼はその創始者のように見られてきた。明治の啓蒙(けいもう)思想家にとって、これは具合が悪い。

しかし、著者はそれは後の時代を投射した誤解であると断じる。当時の西の役割は、しばしば不品行で、私兵化さえしかねない軍人たちに規律を与え、行政権に服させることであった。彼の軍人論は「平常社会」論、すなわち市民社会の構想に基づいていた。

さらに、法秩序や功利主義、宗教論などを取り上げ、著者は、旧来の秩序が崩壊した後の日本で、西がいかに新しい社会を構想しようとしたのか、その思想を丁寧に跡づけている。

その際に、西洋思想をどれだけ正しく理解できたかという基準ではなく、自分の社会の要請にどう応えようとしたのかに着目する姿勢はおおいに共感できる。日本のみならず、アジア、アフリカの知識人を考える際には、単に西洋近代の受容度を計るのではなく、時代との苦闘を理解することが肝要であろう。

評・小杉泰(京都大学教授)

すがわら・ひかる 75年生まれ。専修大学准教授(日本政治思想史)。

二〇一〇年三月七日❼

『パリが沈んだ日　セーヌ川の洪水史』

佐川美加 著

白水社・二五二〇円
ISBN9784560080412
歴史/科学・生物

「オペラ座の怪人」で描かれる地底湖。パリ・オペラ座が建つ場所はかつてセーヌ川が流れていた軟弱地盤の農地で、ガルニエは劇場建設に際し大量の地下水を汲(く)み上げて土地を乾かし、巨大な貯水池を劇場下につくることで浸水に備えたという。

現在のセーヌ川はふたつの川が統合されたものだ。しかし旧河道だった低地帯は幾度も浸水に見舞われた。川に浮かぶ船、「たゆたえども沈まず」なる標語を抱くパリ市の紋章は、そのままこの町が洪水と共に歴史を刻んできたことを示している。

災害を扱った本書は、しかし読み物として科学と文学の愉(たの)しみさえ湛(たた)え、パリの見方を一変させる。著者は自然地理学の観点から洪水のメカニズムを検証しつつ、二千年に及ぶパリとセーヌ川の複雑な関係を探る。

圧巻は百年前にパリを襲った大洪水のドキュメント部分だ。市民は当初高をくくって対策は遅れ、橋から投棄したごみは下流を塞(ふさ)ぎ、電話も地下鉄も不通となる。だが史上二番目の高水位となったこの洪水で死者はわずかひとりのみ、四カ月後には大部の調査報告書も出た。現代の危機管理問題にも直結する豊かな一冊だ。

評・瀬名秀明(作家)

二〇一〇年三月七日⑧　文芸

『愛するものたちへ、別れのとき』

エドウィージ・ダンティカ著　佐川愛子訳

作品社・二五二〇円
ISBN9784861822681

1950年代から現在までの武力抗争の絶えないハイチと、NYブルックリンを舞台に、作者とその伯父一家の歩んだ道のりを描く自伝的小説である。

作中の牧師は、生まれた瞬間から人は死に向けて旅立つ、と言う。世の中があらゆる不平等に溢（あふ）れていても、人は誰しも老いて死ぬ。その平等さに、むしろハイチの人々はある種の救いを見いだしているのかもしれない。四半世紀、排ガスの街でタクシーを走らせ肺線維症になった作者の父も、癌（がん）に苦しみながら不法入国者として手酷（てひど）く扱われた伯父も、凄絶（せいぜつ）な最期をとげる。しかし、である。人生は単なる「死までの苦役」ではないと本書は語っている。「私たちはみんな死につつあるんだよ、一度に一息ずつね」と言う伯父は、その一息一息を威厳と誇りをもって生きる。民兵の暴力に傷を負いながらも養父の勇気にふれた娘は、「パパは今夜産んでくれたわ。私を」と逞（たくま）しく再生していく。ダンティカの筆致には、荒廃した暗い空気を浄化するような生命の輝きと強健さがある。ハイチに豊かな実を育む文学の土壌があることを本書は改めて教えてくれた。

評・鴻巣友季子（翻訳家）

二〇一〇年三月一四日①　科学・生物

『数学は最善世界の夢を見るか？　最小作用の原理から最適化理論へ』

イーヴァル・エクランド著　南條郁子訳

みすず書房・三七八〇円
ISBN9784622074670

私たちとこの世界　なぜこうあるのか

あなたはテッド・チャンという作家の短篇（たんぺん）小説「あなたの人生の物語」をすぐに知るだろう。一九九八年に発表されたこの短篇の主人公は言語学者。彼女は地球に飛来した宇宙人とのコミュニケーションを通して、彼らの言葉を解読する任務を与えられる。彼女は過去形や現在形だけでなく未来形の文章を織り交ぜながら、あなたへ事の始終を物語る。

宇宙人の言語は独特だった。彼らはひとつの文章を現代アートのように二次元の一筆書きで表すのだ。私たち人類は単語を区切り直線的に文字列を連ねてゆく。この宇宙人のように名詞も動詞も副詞も一枚の紙の上に、まるで最初から構図が決まっているかの如（ごと）く描き出す知性体がいたら、彼らはどんな思考体系を持つだろう。未来までも先に見通すような、そんな世界認識で語るのではないか。主人公の女性は宇宙人の言語を調査するうちに彼らの認識を体得してゆく。やがて自らもそのように世界を見て、これから生まれる未来のあなたに語りかけてゆく。

なぜ私たちの世界はこのようにあるのだろう？　神ないし物理法則がこの宇宙をつくったのだとして、ではいま私たちが生きるこの世界は最善の世界なのか？　外交官と哲学者の両親の元に生まれた数学者は、十年前にフランスで刊行した本書において、数学書や哲学書だけでなく『デューン』『ソラリス』まで言及し、私たちとこの世界の「最善」とは何かを探求した。流行（はや）りの科学コミュニケーションの筆致でもなければ数学の歴史書の趣でもない。その読後感は文芸作品に似ている。

もしこの世界が生まれるべくして生まれたのなら、私たちの社会行動や倫理観さえ最善のものとして設計されたのだろうか。ガリレオが振り子の原理で時を測って近代科学が誕生し、最善世界の理（ことわり）は神から物理法則へと移った。著者はガリレオの夢から書き起こし、デカルト、フェルマー、モーペルテュイ、ポアンカレらが世界をいかに捉（とら）えようとしてきたかを綴（つづ）る。作者は彼らの文章を図式と共に引用する。それらを見て読むことは歴代の数学者たちの心へ入り込んでゆくような濃密な体験だ。

チャンの短篇には本書と同様の図が登場する。光は空中から水中へ入るとき屈折するが、その経路は光がゴールに最速で到達する角度となる。なぜ光は「最小作用」がわかるのか？　まるで光が未来を道徳的に予見しているようだ。かつて数学者はこの最小作用の原理で世界の最善を解き明かそうとした。作者は近年の数学の成果でもって「最小」という言葉に縛られた私たちの認識を導き、新しい世界観を提示してゆく。

　最後に作者が辿（たど）り着くのは私たちの合理的な意思と勇気だ。泣きはしないが、胸に迫るものがあった。ちょうどあなたがこれからチャンの短篇を読むときのように。あなたは想（おも）う、もし十年前に本書が邦訳されていたら日本のSFは少し変わっただろう。だがあなたがこれから見る夢は確かに未来のSFを変えるのだ。

評・瀬名秀明（作家）

Ivar Ekeland　44年パリ生まれ。70年から2002年までパリ第9大学を中心に数学科の教授を務めた。03年からカナダのブリティッシュコロンビア大学教授、パシフィック数理科学研究所所長。

二〇一〇年三月一四日❷

『清水次郎長　幕末維新と博徒の世界』

高橋敏 著

岩波新書・八四〇円
ISBN9784004312291　歴史／ノンフィクション・評伝／新書

暴力装置を織り込んできた近代

　いつの世も、正史に記録を残さない庶民が歴史の底辺を支え、消えてゆくのだが、幕末の博徒集団に限って言えば、ただ消えていったとは言い難い。もともと幕藩体制の隙間（すきま）を埋めるかたちで権力と共存していた博徒たちは、幕府の弱体化とともに武装集団として力を増してゆき、ときには警察権を補完する役目まで担って公権力と結びついた。そして幕末には、彼らもまた倒幕派と佐幕派に分かれて諸藩の軍隊に組み込まれ、明治政府が開かれて後は、さらに官軍と旧幕府軍に分かれて、その後の明暗を分けるのである。

　本書は、天田愚庵（ぐあん）の『東海遊侠（ゆうきょう）伝』で世に喧伝（けんでん）された大親分清水次郎長（しみずのじろちょう）とその周辺を、いま一度歴史のなかに置き直そうとする。そこで浮かび上がってくるのは、赤報隊の黒駒勝蔵（くろこまのかつぞう）、尾張藩集義隊の北熊一家、名古屋事件の大島渚、秩父困民党の田代栄助などなど、同時代の博徒たちがあちこちで正史に名を連ねる、この国の近代史の異様さである。次郎長自身、幕臣の山岡鉄舟と親交を結んで戊辰戦争を巧みに生き延び、富士山麓（さんろく）の開墾など、殖産興業にさえ乗り出しているのだが、これは次郎長が傑物であったというより、幕末維新の本質がまさに混沌（こんとん）だったことの証左であろう。

　そもそも博徒の本分は、いまも昔も縄張りや面子（メンツ）をかけての、切った張ったの血みどろの出入りである。次郎長が海道一の大侠だったとすれば、その暴力性も海道一だったということである。そんな人物が生来の動物的な勘と運に恵まれて維新を生き延び、最期は畳の上で大往生を遂げて銅像にまでなった。殺戮（さつりく）を重ねた暴力の一生に、任侠という虚構をつけ加えてつくられた次郎長像は、博徒という暴力装置を初めから織り込んできた日本近代の徒花（あだばな）か。それとも、維新の底辺でその日を生き延びるのに精一杯（せいいっぱい）だった庶民たちの感情の、混沌の捌（は）け口（ぐち）か。

　本書に登場する博徒の群像を眺めるに、幕末維新とは、大義や志より、ともかく濁流を乗り切った者が歴史をつくることの見本のような時代だったのではないかという思いを強くした。

評・高村薫（作家）

たかはし・さとし　40年生まれ。国立歴史民俗博物館名誉教授。著書に『国定忠治』など。

二〇一〇年三月一四日③

『失われた天才　忘れ去られた孤高の音楽家の生涯』

ケヴィン・バザーナ 著　鈴木圭介 訳

春秋社・五〇四〇円
ISBN9784393935200

アート・ファッション・芸能／ノンフィクション・評伝

誰にも似ていなかったからこそ

時代が天才を渇望しているのか、近頃「天才」を表題に付した本が目につく。私もこの欄で2冊紹介した。なぜか天才には人を熱狂させる魔力が潜む。

『失われた天才』のニレジハージは、予想不可能な行動に出るピアニストであり作曲家だ。時には黒い絞首刑用のフードを頭から被(かぶ)り、プロレスラーみたいに「ミスターX」と名乗って演奏する。ひとたびキーを叩(たた)けば前代未聞の音を出し、聴衆は即座に彼を天才と奉る。本人も「俺(おれ)を通じて神は語る」なんて豪語する。

彼はドストエフスキーの小説の「常軌を逸した」人物と自分を重ね、ダンテ、ゲーテ、シェークスピアらの古典に親しむ。特にジュール・ベルヌの影響が大きく、リストと同様、人生の「暗黒面」を暴くことを恐れない彼の神、オスカー・ワイルドの「ドリアン・グレイ」を敬愛する。また、彼の好色は常軌を逸し、セックスこそ「人生における熱中の対象」と謳(うた)い、なんと生涯に10回も結婚する。

ブダペストで名声を上げたあとアメリカに渡るが、これが彼の「終わりの始まり」になる。17歳の天才、「ピアノ界の若きリスト」のアメリカ初舞台はカーネギーホール。彼の魔術的な演奏は女性らをたちまち魅了するが、同時に批評家は「天才に酔いしれる変人のような演奏」と批判。カリフォルニアでの成功を頂点に凋落(ちょうらく)の一途を辿(たど)る。

にもかかわらずニレジハージは一切の妥協を許さない。彼はピアノを弾くより、むしろ作曲を好んだ。折衷主義によって多彩な表現を見せながら、個人的体験に色濃く基づいたその態度は、作品の中に芸術家を隠すことが芸術の目的という、彼が私淑するワイルドの主張と矛盾しているように思われる。

ニレジハージの音楽が、かつて誰も聴いたことのない音楽、何にも似ていないという誉(ほ)め言葉にもかかわらず、彼が没落したのはこの誉め言葉にあった。誰にも似ていないという独自性こそが逆に、音楽の歴史的文脈の延長上に立脚していないことを証明する。そこがアマチュアに見られたのだろう。

評・横尾忠則（美術家）

Kevin Bazzana　63年生まれ。カナダの音楽史家、伝記作家。

二〇一〇年三月一四日⑤

『天啓を受けた者ども』

マルコス・アギニス 著　八重樫克彦、八重樫由貴子 訳

作品社・三九九〇円
ISBN9784861822728

文芸

ラテンの情熱で圧巻の愛憎劇

はるか遠くのアルゼンチン作家の小説、2段組みで500ページの分量、宗教的なにおいのするタイトル、書店で本書を手に取ったとしても、読むのにちょっとひるんでしまう。しかし数ページ読めば、たちまち本書の虜(とりこ)になるだろう。

ストーリーは骨太で単純だ。あなたの目の前で「天国の到来を声高に告げながら地獄を生み出している、天啓を受けた者ども」が悪の所業を繰り広げ、帝国を築き、そして滅びていく。

ビルは、アメリカの小さな町の普通の少年だった。重篤な脳炎にかかり、旧約聖書の預言者エリシャによって死の淵(ふち)から救い出されたと信じた彼は、白人至上主義のカルト宗教帝国のリーダーにまで上りつめる。ウィルソンはキューバからアメリカに亡命し、ベトナム戦争に従軍する。その経験を生かし、アルゼンチン軍事政権と癒着した彼は麻薬ビジネスで企業帝国を築く。2人とその仲間の「天啓を受けた者ども」は結託し、さらに力を

つけようとする。

彼らの悪に敢然と挑むのが主人公ダミアン。アルゼンチン軍政下で両親と姉を誘拐され、虐殺された遺児だ。わずかな手がかりを頼りに家族を殺した悪を追い詰めていく。彼を支える美しい女性モニカ。彼女の出生の秘密にかかわる女性エヴァリンとドロシーなど多彩な登場人物が、ラテンの情熱さながらに圧巻の愛憎劇を繰り広げていく。スケールの大きなオペラを見るようであり、人間喜劇と称されたバルザックの小説のような興奮を味わうことができる。

人間は天啓という使命感を抱けば、どこまで悪になれるのだろうか。過去も今も多くの国々で正義の名で虐殺が行われている。アルゼンチンでも軍政に反対する人々が誘拐され、デサパレシードス（消されてしまった人々）の悲劇を生んだ。著者は史実に基づき、それをえぐり出す。ダミアンの父母への虐待は残酷で、読むに堪えない。

本書のもう一つの読み所は麻薬密輸手段。車のバンパーに麻薬を隠すのは、私が横浜税関で取材したそのものだ。身近な悪の存在に思わず怖気（おぞけ）を覚えた。

評・江上剛（作家）

Marcos Aguinis　35年生まれ。作家。『マラーノの武勲』。

二〇一〇年三月一四日⑥

『細川ガラシャ　散りぬべき時知りてこそ』

田端泰子 著
ミネルヴァ書房・二七三〇円
ISBN9784623056781
人文／アート・ファッション・芸能／ノンフィクション・評伝

女性キリシタンの信念とは何か

戦国時代の悲運の女性キリシタン、細川ガラシャ。本名、明智玉子（たまこ）（1563〜1600）の生涯を、女性史の視点、キリシタン改宗の過程と意義を通して明らかにした書である。

将軍足利義昭に仕えた明智光秀と細川藤孝は、後に織田信長の家臣となり重用される。大名同士、大名と家臣、家臣間の紐帯（ちゅうたい）として、兄弟姉妹・子女の婚姻は、当時、重要な役割を果たした。1574年、信長は、光秀と藤孝に縁家となるよう命じる。京都と周辺の統治、丹波・丹後の平定のため、両家を結束させるのが目的と考えられる。光秀の娘玉子は、78年に京都の青竜寺城（現、長岡京市）に輿入（こしい）れし、藤孝の嫡男忠興に嫁して三男三女をもうけた。

細川家嫡男の正室としての玉子の境遇は、1582年6月に起きた本能寺の変により一変する。玉子は、逆賊光秀の娘として離縁され、丹波の山中に幽閉された。84年に赦（ゆる）されて復縁し大坂城下の細川家屋敷に移ったが、87年、忠興の九州遠征中に玉子は洗礼を受け、キリシタンとなる。洗礼名はGratia＝ガラシャ（神の恩恵）。改宗後の同年6月、豊臣秀吉により伴天連（ばてれん）追放令が発せられ、玉子の改宗は秘された。著者は、本能寺の変以後の玉子の生活と精神状態から改宗への道筋、キリシタンとしての信念とは何かを追う。

玉子の最期は壮絶だった。1600年、徳川家康が上杉征討に関東下向し、忠興も従うが、石田三成は家康に反し、家康方の武将が大坂に残した妻子を人質として大坂城に集めようとした。玉子は断固、登城を拒み、自害して果てたのだ。その最期は武将の妻の「義死」として感嘆された。1698年には、信仰を守り抜いた玉子がモデルのオペラ「気丈な貴婦人」が、ウィーンで上演されたという。

義死なのか、殉教なのか、考えさせられるテーマである。辞世の歌と伝わる「散りぬべき　時しりてこそ　世の中の　花も花なれ　人も人なれ」などの和歌、十余通の書状も残されている。玉子の感性や精神世界をもっと知りたくなる。

評・石上英一（東京大学教授）

たばた・やすこ　41年生まれ。京都橘大学学長（日本中世史・日本女性史）。

二〇一〇年三月一四日⑦

『誰かがそれを』

佐伯一麦 著

講談社・一五七五円
ISBN9784062159852

文芸

見る目の確かさ 筆致の巧みさ

久しぶりに編まれたこの作家の短編集である。八編が収められているが初出の文芸誌にはばらつきがあるし、執筆の時期にも距（へだ）たりがある。読み通して著者の感性と精緻（せいち）な文章が私には快く感じられた。

著者自身らしい人物を中心にして幼い頃のこと、家族のこと、仕事のこと、病気のこと、自然との関（かか）わりが綴（つづ）られ、ひとことで言えば私小説的な世界であり、ストーリー性の濃いものではない。文章の巧みさはあるものの、

「小説って、なにかもっとおもしろいことが起きてほしいんだよな」

という〝ないものねだり〟はありうるだろう。

もう少し細かく紹介すれば、ケンポナシという植物の実を子どもの頃に親しみ、老父がそれを覚えているかどうか、近所のポンプ工事の音が気がかりになり、それがいつしか消えてしまったり、古い友人から突然電話がかかり、それをきっかけにしてオレオレ詐欺、詐欺でなくとも「俺（おれ）、俺」という声はなにを訴えるのか、登場人物の輪が広がり、主人公はマンションの管理人、タクシードライバー、酒場の女将（おかみ）、マネキンの運搬人……ここに至って身辺雑記にほんの少しストーリー性が加わる。最後の一編はなぜか歴史小説で、伊達政宗公に仕えた小姓の覚書、大殿の晩年をほととぎすの声を響かせながらたどっている。

どの作品を、どのページを採っても著者はみずからの感性をもっぱらにしてさりげなく綴っているが、最後の一～二ページで、たとえば拾ったたむかごへの〝しめやかな〟思い、〝かわたれ〟という言葉のおぼろさ、〝ボクシングが似合いそうな暗い目〟などなど、観察が、表現が味わいを深める。小説を読む楽しさがある。ものを見る目の確かさ、それを伝える筆致の巧みさ、まごうことないプロフェッショナルの証しだろう。生活の苦しさや病気など、ネガティブな現象に対しても、

――こんなふうにつきあえばよいのかな――

と思った。

評・阿刀田高（作家）

さえき・かずみ 59年生まれ。『ノルゲ Norge』で野間文芸賞。

二〇一〇年三月二一日①

『日露戦争 起源と開戦 上・下』

和田春樹 著

岩波書店・各七一四〇円
ISBN9784000242677〈上〉・9784000242684〈下〉

歴史／政治／国際

ロシアの新史料から定説覆す大胆な議論

「国民は（略）戦争に向かっていることとはまったく無関係だったのである。（略）自分のことに追われて生きていた（略）。そして戦争がはじまって、全国民がその中にまきこまれていった」。日露戦争はそういう戦争であった。本書は、日本の開国から始まり日露戦争に至るまでの日本とロシアの関係を、朝鮮史を組み込みつつ論じている。

日清戦争とその後の露仏独による「三国干渉」、露清同盟と東清鉄道協定、遼東半島租借、義和団事件後の露清戦争などを経てロシアの満州進出が進む。その間に朝鮮への進出を進める日本とのあいだに激しい対立が生まれたのである。

本書によれば、1901年に成立した桂太郎内閣はその対立に新展開をもたらす。新内閣は小村寿太郎外相のもとに、対露協商派の伊藤博文などを棚上げし、対露強硬路線を突き進む。これに対して、ロシアでは、対日交渉派のウィッテ蔵相が対日強硬派のベゾブラーゾフらに追い落とされるが、後者も決定力

は持たず、ニコライ2世の周りにはラムスドルフ外相やクロパトキン陸相といった無能な大臣が残る。しかも、皇帝は気まぐれで、一貫性を欠く。ロシアは「漂流」する。

ロシアは戦争直前まで、日本に軍事攻撃されることはなく、妥協が通じると思っていた。ロシアがもう少し日本を現実的に見て、日本を軽視していなければ、戦争にはならなかっただろう。ロシアにとって、極東政策を一本化し、極東兵力を増強し、それによって戦争を回避するというのが「唯一の道」だったのだ。

このような観点から、本書は、司馬遼太郎『坂の上の雲』を批判する。ロシアが一貫して侵略熱に侵されていたのではない。むしろ政策がなかったのだ。ロシアはとても日本と戦えるような国家ではなかった。一方、日本は防衛一方だったのでもない。「たいした胆力を持つ」小村のもとで一貫して強硬な朝鮮・満州政策を追求したのである。

司馬への批判は、朝鮮の無視にも向けられる。本書は、日露のあいだにあって朝鮮問題はまさに鍵を握っていたこと、そして実際に朝鮮の皇帝高宗らはそれなりに役割を演じていたことを示す。日本とロシアは常に朝鮮は独立していく力がないとしてその保護の必要性を主張していくのだが、当時の朝鮮の国家についてまとまった議論もほしかった。

本書の目線は、政策決定過程にあり、政策決定者の個人的力量、政策決定のメカニズムが注目されている。だが、折々に民衆の運動の意義や世論の政策への影響が論じられていて、単なる外交史ではない。

ロシア側で発掘された1次史料に基づいた詳細な実証がなされ、それに基づいて驚くほど大胆で説得力のある議論が積み重ねられ、これまでの定説がいくつも覆されていく。

「日本人ロシア史家」によって、今日への問題意識を持ちながら描かれた本書は、我々にとって「重い」挑戦である。

評・南塚信吾（法政大学教授）

わだ・はるき　38年生まれ。東京大学社会科学研究所所長などを経て、東京大学名誉教授。ロシア史学者。著書に『北方領土問題』『朝鮮戦争全史』『テロルと改革』など。

二〇一〇年三月二一日❷

『代替医療のトリック』

サイモン・シン、エツァート・エルンスト 著
青木薫 訳
新潮社・二五二〇円
ISBN9784105393052

科学・生物／医学・福祉

「病気の治療とは」議論の契機に

現在の医療に関する様々な課題が指摘される中で、中国医学など非西洋的な医療や代替医療と呼ばれるものへの人々の関心が高まっている。本書は、科学ジャーナリストとしてよく知られた著者らが、そうした代替医療をテーマとして取り上げ、批判的な吟味を行うものである。

「本書の目的は、代替医療について真実を探り出すことだ。どの療法には効果があり、どれには効果がないのだろうか?」。具体的に論じられるのは、鍼（はり）、ホメオパシー、カイロプラクティック、ハーブ療法の4分野だが、その検証にあたって準拠とされるのは、医療分野で近年浸透してきた「科学的根拠に基づく医療（エビデンス・ベースト・メディシン）」の考え方と、二重盲検法と呼ばれる方法に基づく臨床試験（その治療法と他の治療法を、被験者にも治療者にもいずれかを知らせないで行いその効果を比較する）を通じた有効性の吟味である。

著者らの結論は、代替医療の効果はきわめ

て微々たるものか確証されないものであり、多くのリスクをもつと同時に、一見効果があるように見えるものも、その大半はプラセボ（偽薬）効果、つまり患者が治療の効果を信じ込むために生じる見かけ上の改善にすぎないとする。そして代替医療の多くが掲げる「自然」「伝統的」「全体論的（ホーリスティック）」といった理念は「良くできたマーケティング戦略にすぎない」と論じる。

著者らの主張に一定以上の妥当性があることを確認した上で、現代医療論として読む場合、本書の議論にはやや表層的な物足りなさが残る。第一に「根拠に基づく医療」の考え方は医療一般の領域でも比較的最近のものであり、有効性が厳密に確証されていない療法が多いという点は通常医療にも広くあてはまる。第二に、心身相関や慢性疾患等の発生メカニズムの複雑性を考えた場合、著者らのいうような検証方法は限界を有するのではないか。本書を契機に議論すべきは、そもそも「病気」とは何か、「科学」とは、「治療」とはといった、現代医療をめぐる根本的な問いの掘り下げだろう。

評・広井良典（千葉大学教授）

Simon Singh　67年生まれ。科学ライター。
Edzard Ernst　48年生まれ。

二〇一〇年三月二一日③

『明日をどこまで計算できるか？「予測する科学」の歴史と可能性』

デイヴィッド・オレル 著　大田直子ほか 訳

早川書房・二五二〇円
ISBN9784152091055

科学・生物

新鮮な予測懐疑論　縦横無尽に

明日がどうなるか、それがわかったらどうなることか。読み終えてそんな思いを抱いた。

著者は、科学の未来予測志向を跡づける。原点はピタゴラス。「ピュタゴラス学派にとって、数は単に予言するための手段ではなかった。それは人間の理性と自然の仕組みを結びつけるものだった」。近代科学もこの流れを受け継いだ。

一石を投じたのは19世紀末のポアンカレだ。扱う物体を三つにするだけで予測が難しくなることを示した。出発点のわずかな違いが行く末を左右しかねないというカオス科学の源流だ。「時計仕掛けのような宇宙像は粉々に砕け散ってしまった」

この本が新鮮なのは、カオス論の先に踏み込んだことだ。

予測のために物事を近似式で表すとき、その近似の仕方しだいで結果は大きく揺らぐ。この「モデル誤差」はカオスよりも見過ごせないと著者はみる。それは「自然よりも人間の知性のほうが優れている」というおごりを戒め、私たちに「何ができないかを明らかにする」。

その予測懐疑論は縦横無尽。世紀の境目を風靡（ふうび）した「市場」や「遺伝子」にも向かう。

たとえば、市場には「大勢の合理的な人々」がかかわるとみる「効率的市場仮説」に対する批判。たまたま、ちょっと多く客を集めたレストランがどんどん繁盛するといった社会力学を無視している、と断じる。

生物界も、遺伝子がすべてを仕切るわけではない。受精の瞬間の偶然、生後の環境……。「予測不可能な未来に対応する唯一の道は予想外の自分をつくりだせるようになること」という生物学者の卓見が引用されるが、これも目からウロコだ。

温暖化の予測にも批判的だが、世の「懐疑論者」とは距離を置く。数理計算の試みは「迫りくる危機を指摘し、予測不可能な世界で針路を決めるよすがとなるかもしれない」という。

先が読めない世界は悪いことばかりではない。「決定論に従う機械論的システムとは違い、私たちには選択肢がある」

明日はわからない。生きることの妙味もそこにあるのか。

評・尾関章（本社編集委員）

David Orrell　62年生まれ。カナダ出身の数学者、科学ライター。

二〇一〇年三月二一日④

『日本語は生きのびるか　米中日の文化史的三角関係』

平川祐弘 著
河出ブックス・一二六〇円
ISBN9784309624112　人文／社会

国際的な発信力を高める必要性

日本の文化は千年以上にわたって中国の影響を受け、近代には西洋、特に英米の影響を受けて発展してきた。グローバル化時代の今後、日本語はどうなるかを本書は論じている。博識と豊富な体験にもとづく比較文化論は読者を飽きさせない。

その基本認識は、国際的な文化関係は不平等、不均衡という点にある。国家は主権の平等を前提とし、経済は互恵で成り立っていても、文化はそうではない。世界には中心的で覇権的な言語とそうでない言語がある。

英語はいまや、世界の共通語と化した。ヨーロッパや中国の文化に詳しい著者は、過去半世紀の間に欧州連合（EU）内でも英語が共通語として広まった様子を描いている。また漢語はかつて東アジアの中心言語だったが、今では中国でさえ英語学習熱が高い。

著者が日本語にとって死活的な現実として指摘するのは、この言語が一国でしか使われていない点である。複数の国にまたがる言語は、特定の国の浮沈を乗り越えて生きのびうる。日本語はそうではない。

となると、日本の国際力を高めることが日本語が生きのびるために必要であり、今こそ、グローバル化に対応する言語戦略を立てなければならない。覇権言語を学ぶとともに、母語の文芸を鍛える方途が求められる。

具体的な教育法として、日本の古典を優れた英訳で読む、という手法が紹介される。訳文と原文を照らしながら読解すると一挙両得というのが面白い。

本書が文化的な国際関係に照らして日本と日本語の置かれた現状に警笛を鳴らしているのに対して、カナダで日本語を20年以上も教えている金谷武洋氏は『日本語は亡（ほろ）びない』（ちくま新書）で、外国語としての日本語の隆盛を説いている。日本語は海外で空前の学習ブームを迎えているのみならず、強靱（きょうじん）な生命力を持つという。

どちらの書にも共通する論点は、「日本語人」が国際的な発信力を高める必要性である。グローバル化時代を生きのびる鍵が、発信力を持つ言語にあることは疑いを入れない。

評・小杉泰（京都大学教授）

ひらかわ・すけひろ　31年生まれ。東京大学名誉教授。『和魂洋才の系譜』など。

二〇一〇年三月二一日⑤

『戦場からスクープ！　戦争報道に生きた三十年』

マーティン・フレッチャー 著　北代美和子 訳
白水社・二七三〇円
ISBN9784560080474　政治／ノンフィクション・評伝／国際

報道の主役は常に生々しい現場

紛争が起きる。その背景についての知識などなくても、とにかく一番乗りで戦場に飛び込んでいく。そんな報道を重ねてきたジャーナリストの回顧録だ。

1994年にルワンダ虐殺が起きたとき、ツチ族とフツ族の違いもよく分からなかった。たまたま別の取材で南アフリカにいたが、「25万人が隣国に脱出」という一報だけで大事件だと判断し、現場に向かう。

現場からの報告は見当違いなものだった。「ツチとフツがこの1カ月間、互いに殺し合い、遺体をこの川に捨てたのです」。彼は、事件が「民族浄化」ではなく「部族の殺し合い」だと思い込んでいた。隣国に逃れてきたルワンダ人がツチ族ではなく、報復を恐れたフツ族だということさえも間違えた。

しかし、彼の報道は衝撃的だった。国境を流れる川には、首を切られ、ナタで頭を割られた死体が1時間に30体の割合で流れていたのである。こうしてルワンダ虐殺事件は一気に国際ニュースとなった。

78年のザイール（現コンゴ民主共和国）内戦。本社はアフリカ人同士の殺し合いに興味を示さなかった。しかし著者は独断で現地に飛び込む。

空港が閉鎖された後、多数の欧米人が反政府軍に捕まっていることが分かった。あとは著者の独壇場となる。

74年のキプロス内戦では報道陣の車列が地雷原に突っ込み、9人が死傷する。動きのとれない車の中で、彼は倒れた同僚の姿を撮影しつづけるのである。

戦場に飛び込んでいくとき、恐怖を考えたりしない。彼を突き動かしているのは「スクープ合戦で勝つか負けるか」だけである。現場入りを決断できない支局長や本社幹部を、著者は実名で嘲笑（ちょうしょう）する。

そうしたスクープ合戦が、これまで多くの事件を明るみに出してきたのは事実だ。報道の主役は分析や解説ではない、現場なのだと痛感させられる。

なぜスクープにそれほどこだわるのか。著者は「政策を長々と話す人間には興味はない。関心があるのは、その代償を支払う人びとだ」と答えている。

評・松本仁一（ジャーナリスト）

Martin Fletcher　47年英国生まれ。英米のテレビ局で活躍。

二〇一〇年三月二一日⑦

『高慢と偏見とゾンビ』

文芸

ジェイン・オースティン&セス・グレアム＝スミス 著　安原和見 訳

二見文庫・一〇〇〇円
ISBN9784576100074

本書を見た時「これは何？」と、激しく疑問に思った私。しかし読み始めてみると、この本はまさに「高慢と偏見とゾンビ」以外の何物でもないのです。

物語の基本は、「高慢と偏見」と同じ。しかし、そこには生きる者までがゾンビ化する疫病が蔓延（まんえん）しており、女性にとってもゾンビと戦う能力はたしなみの一つになっています。ご存じベネット家の五姉妹は少林寺で武術修行した経験を持ち、中でも次女エリザベスはその名手。恋に悩みながらも、ゾンビを次々と倒していくのです。

ゾンビが登場しようとダーシーの屋敷で出されるご馳走（ちそう）が「ナレズシ」であろうと、オースティン作品としての面白さがきちんと伝わるのは、驚かされるところ。最後には、敵を倒す力が、果たして女性にとって魅力となるか否かを、考えさせられたのでした。

全く異なる味わいを同時に楽しむことができるこの本。しかしオースティンとゾンビ、両方好きな人がどれほどいるのか、と思ったらアメリカでは大ベストセラーだそうで、異なる物同士の組み合わせが時に異様な力を発揮することを実感します。

評・酒井順子（エッセイスト）

二〇一〇年三月二一日⑧

『コーポレート・ガバナンス　経営者の交代と報酬はどうあるべきか』

経済

久保克行 著

日本経済新聞出版社・二五二〇円
ISBN9784532314989

「コーポレート・ガバナンス」という言葉をよく聞くようになった。日本語に直せば企業統治。なんともこなれない感じがするが、要するに「企業のあり方」を問うものだ。

著者は、世界経済危機のきっかけになったアメリカの大手金融機関の破綻（はたん）が、アメリカ型のコーポレート・ガバナンスの失敗にあると考えた。アメリカ型は日本企業のモデルになるのか、良いコーポレート・ガバナンスとは何かを具体的な数値データに基づいて追求していく。理論や制度解説のみの類似本と一線を画しているため、気持ちが良いくらいに説得力がある。

例えば表題にある経営者交代に関して言うと、企業にとっては業績の悪い経営者が交代し、業績の良い経営者が存在し続けることが望ましいのだが、ほとんどの日本企業にその仕組みは存在しないと結論付ける。また経営者にも業績を向上させようとする適切なインセンティブが働いていないという。

すなわちリスクを取らない、「無事これ名馬」で過ごす経営者が多いということだ。韓国企業のV字回復を横目に、日本企業の低迷が目立つ原因が理解できた。

評・江上剛（作家）

二〇一〇年三月二八日❶

『集団人間破壊の時代　平和維持活動の現実と市民の役割』

サマンサ・パワー 著　星野尚美 訳
ミネルヴァ書房・五〇四〇円
ISBN9784623055883

政治／社会／国際

大量虐殺看過した米国の不作為批判

「二〇世紀は、アルメニア人、ユダヤ人、カンボジア人、クルド人、ボスニア人、またはツチ族であるという単なる理由から、死刑宣告を受けた世紀であった」。本書はこのような大量虐殺、すなわち「ジェノサイド」（本書では表題のように訳している）に、アメリカ外交がどのように対応してきたかについて、批判的に分析した重厚な研究書である。

物語は、レムキンというユダヤ系ポーランド人弁護士から始まる。彼はアルメニア人虐殺に衝撃を受け、ジェノサイドという言葉とジェノサイド条約を生み出した。

著者によれば、アメリカ政府の対応はつねに不十分で後手に回っていた。アメリカの不作為は単に無知だからではなく、政府の一部は十分に事態の深刻さを把握しながら、行動できなかった。アメリカとその同盟国は、ジェノサイドを阻止するチャンスを得ていたが、それを見逃した。とりわけアメリカ政府には、それを断固阻止するという意志の力が欠けていた。政府を動かそうとする市民の働きかけも弱かった。ここには、一貫したパターンがあると、本書は強く告発する。

ボスニア問題を例にとろう。アメリカの国務省中堅官僚はかなり早い時期から、凄惨（せいさん）な大量虐殺が起きていることを察知していた。しかし、当時のジョージ・H・W・ブッシュ政権は、大統領自身、そしてベーカー国務長官、スコウクロフト国家安全保障担当大統領補佐官など、外交観でいえばリアリスト的傾向が強く、狭い意味でのアメリカの国益にとって、起こりつつあった大量殺戮（さつりく）の試みが深刻な問題であるとは認識していなかった。ブッシュ政権はジェノサイドという言葉の使用を周到に避けた。それに該当すれば条約上も道義的にも、行動することが求められてしまうからであった。政府高官はそれに代えて「民族浄化」という言葉を好んだ。こうしておけばアメリカ政府は行動を要求されないと判断したからである。

むろん、著者はアメリカが単独で、しかも最初から軍隊を派遣することを提唱しているわけではない。ジェノサイドを阻止する責任は同盟諸国と分担すべきであるが、ただしアメリカはその中でつねに一定の貢献を果たすべきだというのが本書の議論である。それは、ジェノサイドが、アメリカが最も大切にする価値と利益に対する侮辱であると著者が考えるからである。

ちなみに著者は２００８年民主党大統領候補指名争いにおいてオバマを支持し、その後オバマ政権入りした。オバマ外交の一端を担う人物が著した書としても興味深い。

周知のように、今現在、スーダンやナイジェリアで大規模な虐殺が行われている。彼女は中からアメリカ政府を動かすことができるであろうか。そして、日本はどのような行動をとるべきであろうか。

本書は03年にピュリツァー賞を受けた。当然かも知れない。きわめてインパクトの大きい書である。

評・久保文明（東京大学教授）

Samantha Power　70年生まれ。92年にエール大学卒業後、コソボやルワンダなど世界の紛争現場から主要紙に寄稿。現在、オバマ政権の大統領上級顧問。

二〇一〇年三月二十八日❷

『グローバル中国への道程』

川島真、毛里和子 著

岩波書店・二五二〇円

ISBN9784000282628

『高まる生活リスク』

飯島渉、沢田ゆかり 著

岩波書店・二五二〇円

ISBN9784000282604

政治／国際

「問題群」の視角から中国を論ずる

中国という国は「何でもあり」の世界である。そこには最先端から原始的社会、富豪と極貧、大飢饉（ききん）と大豊作、また多様な言語と食生活などが同時に存在している。個別の中国を論じた書物は多い。しかし全体像を描きながら、中国の核心に迫っていくことは必ずしも容易ではない。

本書は、「中国的問題群」と題する叢書（そうしょ）全12冊シリーズの近刊2冊である。ちなみにシリーズの趣旨は「20世紀の時空間から問題を透視し、現在までを連続するプロセスとして描き直し、それぞれの分野で『問題』を立て歴史的意味付けをし」、「将来に向けた問題解決の道筋を展望する」ことである。

中国の外部世界とのかかわりから「問題群」を論じたのが前著であり、内部世界のそれを論じたのが後著である。では前著の問題群は何か。ここでは必ずしも明確ではない。が、それを解くカギとして①国際主義とナショナリズム②中国の国際社会における自己認識や役割③中国の伝統的な対外観や思想、政策のあり方、の三つの問いが提起されている。本書の後半では中国外交に見られるキーワードがコンパクトに紹介され外交理解に役立つ。しかし「大国化する中国」「中国脅威論」「中華民族の偉大な復興」「中国的秩序論」などは、ここでの問題群として核心的なテーマであり、三つの問いに深くかかわっている。これらはもっと本格的に論じてほしかった。

後著の核心的な問題群は、社会保障や医療制度の後退、つまりセーフティーネットの問題である。中国では東洋医学など古くからの健康や養生、病気治療の知識や経験が蓄積されている。計画経済時代には合作医療制度があり、曲がりなりにもそれは存続していた。しかし今日では「看病難、看病貴（金がかかる）」といわれるように、市場化の波に放り込まれ大きく後退している。経済を発展させながら社会の充実をいかに図るかは今後、改革開放の真の成果を問うカギになる。いずれにせよ躍進目覚ましい中国を「問題群」という視角から論ずる試みは新鮮であった。

評・天児慧（早稲田大学教授）

かわしわ・しん　もうり・かずこ、いいじま・わたる
さわだ・ゆかり

二〇一〇年三月二十八日❸

『ボート』

ナム・リー 著　小川高義 訳

新潮社・二四一五円

ISBN9784105900809

文芸

核心は読者に委ね 読みごたえ

著者はベトナム生まれ、戦後の混乱を逃れ、ボートピープルとしてマレーシアへ、ついでオーストラリア・メルボルンに渡ってそこで育った。さらにアメリカのアイオワ大学で小説の執筆を学んでデビュー。すでにいくつもの文学賞に輝いている。

『ボート』は7編からなる短編小説集。冒頭の「愛と名誉と憐（あわ）れみと誇りと同情と犠牲」はアイオワで小説を学んでいる主人公のところへベトナム戦争で苦しんだ父が訪ねて来る。戦争を熟知している父、体験のないままそれを小説のテーマにしようとしている主人公、家族間の境遇の差や感情の乖離（かいり）もあって作品のタイトル通りのくさぐさが二人のあいだに見え隠れする。二つめの「カルタヘナ」は恵まれない若者が裏社会にも通じているボスに雇われながらカリブ海のすばらしい町カルタヘナへ行くことを夢見ている。「エリーゼに会う」は、昔、妻子と別れた画家が、今、チェロ奏者として脚光を浴びつつある娘に会おうとしてままならない。「ハーフリード湾」はオーストラリアのどこか海辺

にすむ一家の屈折した生活、高校生の主人公はサッカーで人気を集めるが、ガールフレンドには怖い男がついているみたい。父の仕事はままならず、母は重病、気のいい弟がいて、一家の愛はどう保たれるのだろうか。「ヒロシマ」は、おそらく昭和二十年八月六日直前の日々だろう。小学三年生のヒロインは家族を離れて郊外での疎開生活へ。愛国少女の姉はあくまでも町に残ると言っているが……。ピカドンについては（まだ落ちないのだから）一行の記述もない。「テヘラン・コーリング」はアメリカ女性がイラクとの対立の厳しいイランで活動する級友を訪ねて味わう感情の起伏、また「ボート」では少女がベトナムからの逃亡のボートに乗っている。

　このようにテーマは多彩。実体験もあろうが入念な調査や取材で、現実感をみなぎらせているのはみごと。しかし韜晦（とうかい）を好むのか、核心は書かない。周辺を精緻（せいち）に綴（つづ）って、核心は読者に想像してもらおう、ということか。読みごたえのある翻訳文学だ。

評・阿刀田高（作家）

Nam Le　78年生まれ。生後3カ月で両親とともに出国。米国などで学ぶ。

二〇一〇年三月二八日❹

『古書の来歴』

ジェラルディン・ブルックス 著　森嶋マリ 訳

ランダムハウス講談社・二四一五円
ISBN9784270005620／9784270104095（RHブックス+プラス〈上〉）・9784270104101（〈下〉）

文芸

修復が明かす500年　人々の秘密

「紙の本」が無くなると言われる時代に、この稀覯（きこう）書を巡る歴史ミステリーはあえて書かれた。紙から電子媒体への移行は従容と受け入れるつもりの私だったが、やがてこんな小説も成立し難くなるかと思ったら、俄（にわか）に無念の思いが湧（わ）いてきた。それほどに本書は、本を手にする愉悦、いうなれば紙の誘惑にみちている。

　15世紀のスペインで作られ、紛争で行方の知れなかった細密画入りの禁断の「ハガダー」が、サラエボで発見される。ハガダーとは出エジプト記を語り伝えるユダヤ教の聖典。セルビア人勢力によるサラエボ包囲の爆撃下、この本を命がけで救ったのはイスラム教徒の学芸員だった。そんな所にも、多民族・多宗教が混交し、幾多の（被）支配と戦いを経てきたこの土地の歴史がすでに浮き彫りにされているだろう。ハガダーの羊皮紙に付着した昆虫の羽、海水の塩、ふしぎな色の動物の毛、ユダヤ教徒のワインの染みに混入しているはずのない物質。これらはなにを意味するのか。留め金の銀細工はなぜ消えたのか？

　女性鑑定家による緻密（ちみつ）な修復作業が進むうちに、本はそのページ中に封じこめた500年の歴史と人々の秘密を冗舌に語りだす。本に降りかかったと覚しき異端審問、焚書（ふんしょ）の危機、ナチスの迫害、紛争……。鑑定家は出来事の輪郭しか知りえないが、読者にはそれぞれの細かい経緯が迫真の物語として伝えられる。さらには鑑定家と実母の関係、男友だちとの繋（つな）がりの中に、重い生命倫理の問題までが挟まれ、読みごたえたっぷりだ。

　ハガダーは誰によって書かれ、誰の手に渡り、どんな人々によって守り伝えられてきたか。それが明かされていくスリルは古書ミステリーならでは。特定の著者をもち、人に所有され、時の経過や空間移動のために変容や損傷を被る——ああ、本とはそういう生々しいものだった！　読後にしみじみと思う。汚れや傷やときには罪にさえまみれた物体の迫力、つまりデジタルの「履歴」とは違う「来歴」の重みがこの小説をこんなに面白くしているのだ、と。

評・鴻巣友季子（翻訳家）

Geraldine Brooks　豪生まれ。ジャーナリスト、作家。

二〇一〇年三月二八日⑤

『創るセンス　工作の思考』

森博嗣 著
集英社新書・七三五円
ISBN9784087205312
文芸／アート・ファッション・芸能／新書

想像力駆使して臨機応変に楽しむ

アイザック・アシモフの「バイセンテニアル・マン」は自由を求めたロボットの物語だ。アンドリュウというそのロボットはある一家の手伝いとして購入されるが、なぜか木彫り細工の才能に長（た）けており、一家の主（あるじ）はその工作で得た金をアンドリュウの好きにさせる。彼は自らの生存権を求め、最終的に人間へと近づいてゆく。だが私は思ったものだ。彼にとって人間になることが本当の自由だったのだろうか。木細工に没頭していたとき、すでに彼は自由を獲得していたのではなかったかと。

本書を読みながら連想したのは、そんなアンドリュウの自由だ。私は森博嗣の小説を読まなくなって久しい。だが彼のノンフィクションはいまも純粋な読者だ。先に刊行された『自由をつくる　自在に生きる』と本書は、作家をほぼセミリタイアした森が真面目（まじめ）に取り組んだ書き下ろしであり（もう一冊、小説論が出るらしい）、彼のエッセンスが堪能できる。

森のノンフィクションにはつねに真っ当、当たり前なことが書かれている。だが工学分野で類似の書き手が少ないため、相対的にエキセントリックに見えるに過ぎない。ここで語られるのは映像的想像力を駆使して臨機応変に楽しむ工作のセンスだ。工作では不慮の事態が起こる。その対応のセンスを森は問うのである。工作とは基本的に不可逆な行為であり、必ず部分的な破壊を伴う。いったん穴を開けたらもう元には戻らない。レゴ・ブロックのようにパーツを組み合わせるだけの作業は工作ではないと森はいう。だからこそセンスが大切なのだ。

庭に自作の鉄道を走らせる森は、イメージだけで模型を創（つく）るフリーモデルの世界にのめり込む。そのとき森の文章は本当にいきいきとしている。彼の自由論が工作論と表裏一体である所以（ゆえん）だ。理科離れ対策は、まず大人がもの作りを楽しむことだという主張は見事に真っ当である。

ここ十数年、森の本を読んで高専や大学工学部を目指した若者は多いに違いない。この春、自由への一歩を踏み出す人に、手にとってほしい一冊だ。

評・瀬名秀明（作家）

もり・ひろし　57年生まれ。作家、工学博士。著書に『すべてがFになる』など。

二〇一〇年三月二八日⑦

『人間らしさとはなにか？　人間のユニークさを明かす科学の最前線』

マイケル・S・ガザニガ 著　柴田裕之 訳
インターシフト・三七八〇円
ISBN9784772695183
人文／科学・生物

「物語」の存在こそ人の証しか

なんとも大風呂敷な題名ではないか。答えはとても出そうにない。脳と心の謎を追うベテランの科学者が、自分自身の専門にとらわれず、さまざまな新知見を全編にちりばめた。

多彩な説が並ぶので、いったいどれが正しいのかと戸惑うところもある。だが、難題を解く鍵はいくつか見えてくる。

一つは情動だ。「すべての決断で何らかの役目を果たしている」のだが、人はそれをうまく制御できる。

たとえば、車の割り込みに腹を立てた人も、わが子を乗せて救急外来に急ぐときに自分がどんな運転だったかを思い出せば怒りも和らぐだろう。情動の再評価だ。人生は「意識ある合理的な心と、脳の無意識の情動系との闘い」の連続なのである。

情動は連帯にもつながる。腐りかけの牛乳のにおいをかいだ人の表情を見ると、その嫌悪感が伝わってくる。脳の中では、自分が不快なにおいに接したときと同じ領域が反応するのだという。人以外の動物でも情動の伝染はあるが、気づかいなどを伴う共感にまで高められているかどうかは微妙らしい。

人らしさをかたちづくるものは、ほかにもある。想像力は心の中で過去や未来に連れて行ってくれる。小説や映画などで虚構の時空に遊ぶこともできる。そのことで「ほかの動物が縛られている硬直した行動パターンから抜け出せた」。

思考力は物事の深層をみてとる。リンゴが木から落ちるとわかる動物は人以外にもいるようだが、人はそれにとどまらず、重力やその働きを「推理できる唯一の動物なのだ」。

読ませどころは、著者自身の研究を踏まえた意識をめぐる考察だ。左脳には「すべての入力情報を、筋の通った一つの物語にまとめ上げる」働きがあり、そのつじつま合わせが「自分は統合された一つのもの」という感覚を生むようだ、とみる。

自らの情動と向き合い、他者に共感し、想像を広げて思考を深める。そのどれもが物語づくりの営みにつながらないか。

語るべき世界がある。それこそが人の証しかもしれない。

評・尾関章（本社編集委員）

Michael S. Gazzaniga　専門は脳神経科学。著書に『社会的脳』。

二〇一〇年四月四日❶　文芸

『逆に14歳』

前田司郎 著

新潮社・一七八五円
ISBN9784103055723

夢の再現に向かい　走り出す老人たち

主人公の丸田史郎は生涯独り身を貫いた老人である。70歳を超えていると察するが、明確な年齢は文中に示されていない。五反田の実家に住んで、若い頃は小説を書きながら戯曲なども作っていたという設定や、一文字違いの名前から見て、現在32歳の著者である前田司郎自身の老後の姿を彷彿（ほうふつ）させる。

その丸田は友人であるぺーちゃんの葬式に出席し、大学時代の演劇仲間で元役者の白田と久しぶりに出会う。旧交を温め、食い違う記憶を確かめ合うなかで、自分たちはあと14年は生きられるのではないかと話すのだ。丸田はそこで急に快哉（かいさい）を叫ぶ。逆から数えると14歳なんじゃないか、久しく異性にも接していなかったから、俺（おれ）たちは14歳の童貞みたいなものではないか、と。

このあたりの展開が、今まで前田の脱力した小説を読んできたファンにはたまらない。差し挟まれる老人同士の会話を読んでいると、果たして現代の老人がこうした言葉を遣（つか）うだろうかと思ってしまうのだが、これが著者と同い年である自分の40年後の姿であると想像すれば、さほど違和感がない。

物語はさらに進み、デート、同棲（どうせい）、演劇、トキメキなど青春の象徴ともいうべき所作が次々と現れ、ページをめくりながら人目も憚（はばか）らず何度も笑ってしまった。逆に14歳を意識しはじめてから、彼ら2人は生まれ変わったように過去を切り離して未来への道を突き進み、恋や愛や性を再体験していく。欲望に満ち、それらがすべて初体験だったあの頃のように、夢の実現へと一気に走り出していくのだ。

子どもでも大人でもない老人という存在について考えるとき、最近上映されていた加藤周一氏のドキュメンタリー映画をぼくは思い出す。そのなかで生前の加藤氏が学生らを前にして、老人と若者の連帯によって世界が変わっていくということを力強く論じている場面があった。本作を読んでいて、ぼくはあのときの呼びかけを思い出していた。

人は誰でも生まれたときから死に向かっていて、生を消費しているにすぎない。本来は死に続けているのに生き続けているという矛盾した感覚は、劇団「五反田団」を主宰する前田が、小説だけでなく演劇のなかでも繰り返し観客に突きつけてきた命題の一つである。人生は山を登っていくのではなく、頂上から猛スピードで下り続けているということを言いつつも、そこで人生を放り投げずに、再び新しい山へ向かおうとするのが、この小説の主人公たちだった。

にわかファンの自分が言うのもナンだが、この私小説は前田のエッセンスが詰まった彼の最高傑作だと思っている。表題作の他に、書き下ろしの戯曲「お買い物」が併録されているが、それを語る前に紙面が尽きた。これは高い評価を得たテレビドラマ「お買い物」の脚本で、「逆に14歳」と同じく老人が主人公であることを最後に付け加えておこう。

評・石川直樹（写真家・作家）

まえだ・しろう　77年生まれ。作家、演出家、役者。劇団「五反田団」主宰。08年に『生きてるものはいないのか』で岸田戯曲賞、09年に『夏の水の半魚人』で三島賞受賞。ほかに『グレート生活アドベンチャー』など。

二〇一〇年四月四日❷

『あとより恋の責めくれば　御家人南畝（なんぽ）先生』

竹田真砂子 著

集英社・一七八五円

ISBN9784087753929／9784087450392（集英社文庫）

文芸

色恋や所帯の雑事に悩む中年男

蜀山人こと大田南畝は、一般に狂歌師として記憶されることが多いが、随筆や紀行、考証、あるいは逸文編纂（へんさん）などの仕事にも、優れた業績を残した。さらには、役人としての勤めもりっぱに果たしたわけだから、異能の人と呼んでいいだろう。

本書は、その南畝のもっとも人間的な面、すなわち松葉屋の遊女三保崎（みほざき）への〈恋〉に焦点を当てて、独自の南畝像を描き出そうとした、意欲作である。

南畝は、一目惚（ぼ）れした三保崎を、妓楼（ぎろう）・大文字屋の主人で狂歌師仲間の加保茶元成（かぼちゃのもとなり）、平秩東作（へずつとうさく）らの力を借りて、身請けする。通説によれば、南畝は三保崎をひとまず元成の別荘に住まわせたあと、増築した自宅に引き入れて妻子、両親と同居させたといわれる。身請けと増築の時期が近いので、そのように推断されたものらしい。しかし著者は、南畝の著作中にそれを示唆する記述がないことから、同居はなかったとする。妻妾（さいしょう）同居説は、従来の蜀山人研究者がおおむね男性で、女性の視点に欠けたための憶測だ、と断じる。

三保崎身請けと、ほぼ時を同じくして田沼政権が崩壊し、側近の一人土山宗次郎が罪に問われると、土山と親交のあった南畝は父の忠告を入れ、狂歌から足を洗って勤めに精を出し始める。身請けして以来、病弱な三保崎をいたわる南畝の心情は、勤めのあいだも変わることがない。それでいて、自宅にいる両親や妻子との生活も、おろそかにしない。母親と妻里与との確執や、あいだに立つ南畝の気苦労にも、丹念に筆が割かれる。

もっとも、この小説の眼目は南畝と三保崎との交情を縦糸としながら、当時彼を取り巻いていたさまざまな狂歌師、文人墨客との交流を、横糸に織り出した点にある、ともいえる。加保茶元成、朱楽菅江（あけらかんこう）、平秩東作、山東京伝らに加えて、智恵内子（ちえのないし）や節松嫁々（ふしまつかか）といった、女性狂歌師ら脇役陣が、生きいきと躍動する。

それも含めて、当意即妙、機知縦横の印象が強い南畝を、色恋や所帯の雑事に悩む中年男として描いた視点は、女性作家ならではのものだろう。

評・逢坂剛（作家）

たけだ・まさこ　38年生まれ。「十六夜に」『白春』『鏡花幻想』『七代目』など。

二〇一〇年四月四日❸

『死の舞踏』への旅　踊る骸骨たちをたずねて』

小池寿子 著

中央公論新社・二三一〇円

ISBN9784120041013　アート・ファッション・芸能

絵画の背景にある危機意識示す

キラキラ光るラインストーンのスカルにごついどくろの指輪。老いも若きも骸骨(がいこつ)ファッションが大好きな今ドキ。もう、かつてのような不吉さや死体への忌避観はほとんど見られない。その骸骨を骨まで愛する人が、本書の著者である。

骸骨が死体の究極の姿であり死の象徴としておそれられてきたことは、死神(しにがみ)が骸骨姿で現れる西欧の絵や彫刻によって周知されている。「死の舞踏」とはダンス・マカーブルとも呼ばれ、西欧中世後期、骸骨姿の死者の踊りが絵画や教会の壁画に多数描かれたものである。

その研究は、まず実物の絵画を現地で見ることから始まる。著者はおそらく、もっとも多くの死の舞踏絵画を現地で見た日本の研究者だろう。研究は旅とともにあり、本書のタイトルはそれを如実に表すとともに、この研究がいまだ旅の途上にあることを読者に知らせてくれる。

そもそも「死の舞踏」は死が万人に平等であることや、生者のおごりははかないものであることが主題だとされてきたが、著者はむしろ死を受容し死とともに生きる人々の姿を読み取ろうとする。肉体の死だけでなく、社会そのものが瀕死(ひんし)の状態に直面したとき起こる危機意識がこの絵画の背景にあると指摘し、新しい知見が示される。

死の舞踏が実際に劇として演じられ、民衆も参加したという記録を探り当て、中世人の身近に死があったことを立論してゆく過程はスリリングでもある。宗教者が説教に「死の舞踏」を使用したり、「一休骸骨」を思わせる版画の盛行により民衆が絵画を簡単に入手することができるようになったことなど、従来の学説から一歩も二歩も進んでいる。この、メディア面からの言及は興味深い。私は読みながら熊野比丘尼の地獄絵解きなどとの共通性を想像したが、さて、日本とのつながりや如何(いかん)。

だが、何より好もしいのが行間にほの見える瑞々(みずみず)しい旅の記憶のかけらである。研究と旅とはとても似ている。「生きよ、人生は短い」と白骨の死神が時の鐘を鳴らす夕刻、著者の旅はこれからも続きそうである。

評・田中貴子(甲南大学教授)

こいけ・ひさこ　56年生まれ。国学院大教授(西洋美術史)。『屍体(したい)狩り』など。

二〇一〇年四月四日❹

『昭和　戦争と平和の日本』

ジョン・W・ダワー 著　明田川融 監訳

みすず書房・三九九〇円

ISBN9784622075172　歴史／人文／社会

歴史の複雑な絡み合い浮き彫りに

「昭和」とはいったいどんな時代だったのか。きっと人口に膾炙(かいしゃ)しているのは、「暗い谷間」の20年をくぐり抜け、敗戦を機に「新生日本」として甦(よみがえ)り、「奇跡」の復興を成し遂げたという「昭和」のナショナル・ヒストリーではないか。だが、このヒストリーには多分に神話的な潤色が施されていないか。それは、戦前、戦中、戦後の経験にあるダイナミックな連続性に目を閉ざすことになっているからである。本書は、この問題提起のもとに、過去と現在、戦前と戦後、戦争と平和の複雑な絡み合いを浮き彫りにしようとする歴史家ジョン・ダワーの論文集である。

原著の刊行から十数年が経過し、その内容の一部には色褪(いろあ)せたものもあるが、その間口の広さと多様かつ斬新なアプローチには感嘆せざるをえない。特高警察の秘密記録などを手がかりに戦時中にみられた日本社会の政治的、社会的、イデオロギー的な対立と緊張を扱った論文など、戦前、戦中の「昭和」がこれまでとは違った光のもとに甦ってくるようだ。

本書を読み進むうちに、読者は「昭和」という時代の奥行きの広さとその時代を生きた人びとの鼓動すら感じ取ることができるに違いない。それは、この高名な歴史家が、歴史における感情や不条理、魅力と憎悪など、自己と他者を定義する認識のパターンやレトリック、視覚や言葉などを素材に、政治や経済の機構や政策過程と本能的なもの、象徴的なもの、イデオロギー的なものとの複雑な絡み合いに目を凝らしているからである。その成果は、戦時期の日米間の人種差別主義的なプロパガンダや戦後の経済摩擦のレトリックを扱った論文にあらわれている。歴史における複雑さのなかにあるパターンを発見し、「歴史を活用」すること、ここに著者の真骨頂があるとすれば、本書は、複雑な歴史を正気を失った単純な図式に還元したがる傾向に対する頂門の一針になるに違いない。名作『敗北を抱きしめて』をより深く理解するためにも、本書は大いに役に立つ。

評・姜尚中（東京大学教授）

John W. Dower　38年生まれ。歴史学者。『敗北を抱きしめて』。

二〇一〇年四月四日⑤

『日中歴史認識　「田中上奏文」をめぐる相剋　一九二七－二〇一〇』

服部龍二 著

東京大学出版会・三三六〇円
ISBN9784130230599　歴史／政治／国際

偽書の研究から和解の未来開く

１９２７年、時の首相・田中義一が昭和天皇に上奏したとされる「田中上奏文」。「田中メモリアル」として世界的に知られるこの文書には、日本が中国進出の手がかりとして満蒙を支配する手順などが書かれており、１９２９年以降、日本の侵略計画を示す文書として世界中に流布した。

しかし、この田中上奏文は当初から偽書の可能性が高いと指摘されてきた。日本語の原文が発見されていない上、上奏文を宮内大臣宛（あて）にするなどの誤りが目立ち、研究者の間では偽書との見方が定着している。しかし、その内容が満州事変以降の日本の政策と軌を一にすることから、様々な情報戦に利用され、東京裁判では日本の一貫した「共同謀議」を裏付ける証拠文書として審理の対象とされた。

著者は、この田中上奏文が作られたプロセスを多角的に検証し、その作成者を中国東北の排日運動団体の主導と結論付ける。そして、満州事変以前の中国・国民政府の外交部が田中上奏文を偽書と判断し、その誤りを「中央日報」に公表していた事実を突きとめる。さらに田中上奏文が、満州事変後の中国によって格好の宣伝材料として利用され、アメリカやソ連などの複数のアクターが、その時々の外交戦略の中で、この文書の取り扱いを操作していったプロセスを明らかにしている。

著者は日中歴史共同研究に外部執筆委員として参加しているが、近年では田中上奏文を偽書と見なす中国側の研究者も増えているという。しかし、一度流布された「定説」は、明らかな偽造文書や俗説であっても否定するのは難しい。著者は、田中上奏文をめぐる一連の「相剋（そうこく）」から「国際政治における宣伝と情報の重み」を読み取り、和解の未来を切り開こうとする。

綿密な学術書ながら、手に汗握る展開に導かれて一気に読み終えることができる。特に田中上奏文の作成過程の分析は、とてもスリリングでハラハラさせられる。長年繰り広げられてきた論争に終止符を打つことになるだろう研究成果に、心から拍手を送りたい。

評・中島岳志（北海道大学准教授）

はっとり・りゅうじ　68年生まれ。中央大学准教授（政治学）。

二〇一〇年四月四日❻

『ピストルズ』

阿部和重 著

講談社・一九九五円
ISBN9784062161169／9784062775625（講談社文庫〈上〉）・9784062775632（〈下〉）

文芸

「神町サーガ」の壮大な物語空間

本作は傑作長編『シンセミア』に続く「神町サーガ」第二部にあたる物語だ。

陰謀と暴力に満ちた前作は夥（おびただ）しい死体とともに終幕したが、本作は一転して、少女向けファンタジーを思わせる描写で幕を開ける。神町で人知れず暮らす不思議な一家の、一子相伝の秘術を巡る物語。その存在に興味を持った書店主が、小説家の次女にインタビューする形で物語は進む。後半は植物の力を借りて人々を支配する非実在美少女（笑）が主人公だ。

設定は前作と共通するが、描かれるのはほぼ独立した別世界だ。フラワームーブメントやニューエージ思想の断片が細部にちりばめられ、インターネットや暴露ウイルス、ＣＩＡの陰謀といった要素がパズルのように組み合わされる。

神町は阿部が生まれた実在の町だが、中上健次の「路地」と同様、徹底した虚構化がほどこされている。このとき地名は、作家の想像力を触媒する物語環境として機能している。

デビュー以来、阿部は一貫して形式主義者だった。阿部には定まった「文体」がない。しかし文体をも含む語り口の形式を自在に操作するその身ぶりには、「メタ文体」とも言うべき阿部独特のスタイルがある。一見不穏なタイトルも、実は「雌しべ」のダブルミーニング。そんな二重三重の仕掛けに満ちた本作で、阿部は女性の一人称視点を借りて神町の歴史を秘術継承史として語り直そうとする。

物語が進むにつれ、『グランド・フィナーレ』を始めとする過去の作品群が、実は「神町サーガ」の一部であったことが明らかにされていく。そして驚くべき結末へ。形式主義は一種の叙述トリックだった。物語の底が抜けたような浮遊感に、我々は作家の技巧に翻弄（ほんろう）される歓（よろこ）びを噛（か）みしめることになるだろう。

第三部までが予定されているという神町サーガは、バルザックの「人間喜劇」のような壮大な物語空間を予感させる。しかしこの作家のことだ、次作では再び鮮やかな〝裏切り〟によって、われわれを驚かせてくれるに違いない。

評・斎藤環（精神科医）

あべ・かずしげ　68年生まれ。『グランド・フィナーレ』で芥川賞を受賞。

二〇一〇年四月四日❼

『火の賜物（たまもの）』　ヒトは料理で進化した

リチャード・ランガム 著　依田卓巳 訳

ＮＴＴ出版・二五二〇円
ISBN9784757160477

科学・生物

料理の発明がもたらしたものは

ヒトはどうやってヒトになったのか。

生物人類学者で、ウガンダでのチンパンジー研究計画のリーダーでもある著者によれば、科学が示すこの問いへの新しい答えはずばり、「火の使用と料理の発明」だという。

有力な学説である「ハンター説」は、肉食の開始で狩りをするようになり、そのために知性などヒト特有の能力が発達した、とする。

しかし、肉を食べても、生のままだと体にはなかなか吸収されない。料理することによって初めて、消化されやすくなる。そうしてため込まれた大量のエネルギーこそが脳には不可欠で、これによって大きな脳への進化に道が開かれた、というわけだ。

こうして今から約１８０万年前、現代人の祖先とされる原人ホモ・エレクトスが登場した。

料理された食物に適応し、口、あごから胃、大腸、小腸に至るまで、ヒトは消化に関する部位がすべて小さい。霊長類の中でヒト並みに小さい口を探すと、なんと、体重１・４キロ以下のリスザルになる。

「裸のサル」「二足歩行するサル」などといわれるヒトは、「料理をするサル」「口の小さいサル」でもあるのだ。

この結論に至るまでには人類学から栄養学まで、幅広い分野の先人たちの多くの研究があった。その生き生きとした語り口はこの本の魅力だろう。チンパンジーも料理した肉やイモを好み、軟らかい食物がラットを太らせる……。

さて、進化の末にヒトはどうなったか。巨大工場で作られる、脂肪や塩分、砂糖を多く含む食品を望むようになった。結果は食べ過ぎだ。

もう一つ、料理がもたらしたものは、男女の役割分担だ。料理をする女性が従属的な立場に置かれることになった。

「料理」という日常を道案内役にヒトの進化を訪ねる旅は、私たちは自分自身をどこまで理解しているのか、改めてそう問いかけてくる。現代人にとっての「食」を見直すきっかけも与えてくれるに違いない。

評・辻篤子（本社論説委員）

Richard Wrangham　ハーバード大学教授。

二〇一〇年四月一一日❶

『治りませんように　べてるの家のいま』

斉藤道雄 著

みすず書房・二一〇〇円
ISBN9784622075264
医学・福祉／社会／ノンフィクション・評伝

生の意味求める崖っぷちの真情

虚を突かれた。

「治りませんように」

奇妙なタイトルにぽかんとして、しだいに混乱する。病気が治らないよう願う者など、いるはずがないではないか？

これは十年の取材にもとづく記録と思索を杖（つえ）に、人間の生きる意味をもとめる一冊である。舞台は北海道の南、襟裳岬にちかい浦河町「べてるの家」。「べてる」は旧約聖書で「神の家」の意味だ。精神障害を患うひとびとの共同体として約三十年、現在のメンバーは約百五十人。介護や福祉事業、NPOなどを運営し、精神科医やソーシャルワーカー、家族らが支える。異色の存在として知られる活動の主体は、患者じしん。病気をわが財産と位置づけてつらい現実を受け容（い）れ、社会との関係を保ちながら回復をめざす。

「苦労の哲学」。これが「べてるの家」と深くかかわったジャーナリスト、斉藤道雄さんにもたらされたたまものだ。七年引きこもったのち浦河に来て二年目、統合失調症に苦しむ清水さんとの対話。彼女は言う。

「わたしがたとえば分裂病だとしても、そうでなくても、わたしがいまのわたしであることになんの変わりもなくて、そのことに対して違和感がないので、よかったなと思ってる」

治ることにしがみつかなくていい、病気のままのわたしが自分だから。そう思えてはじめて、生きるのが楽になった。「治りませんように」とは、自分との和解の言葉だった。

苦労すること、不安を抱くこと、悩むこと。それは負の感情ではなく、当事者である自分をだいじにすること――生きる手がかりを苦労のなかに発見してゆく筆致に、きわめて高い透明度と密度がある。「べてるの家」で語られるリアルな言葉をジャーナリストの視点で捉（とら）え直し、原石を研磨するかのように意味や価値を探り当てるさまには緩みがない。

回復のよりどころは、つまるところ言葉。患者みずから生みだした名言のひとつに「なつひさお」がある。被害妄想や自傷行為のメカニズム（悩んでいる・疲れている・ひまで・さびしい・お金がない）を表現する一語にはほのかなおかしみさえ漂い、人生への肯定をうながす。たとえいっときの通過地点だとしても、共通の言葉を分かち合って築いた理解は励ましの効力を発揮するのだ。

その中心にいるのは「治さない医者」を標榜（ひょうぼう）する精神科医、川村先生である。とはいえ、むろん治さないのではない。医師が主導権を握らず、管理せず、選択のおおくを患者に委ねる。それは、医師と患者どちらも「他人の価値を生きない」ための決意であり、苦渋や葛藤（かっとう）をも引き受ける果敢な治療に思われる。

「治りませんように」。崖（がけ）っぷちの真情を、わたしはこの言葉に重ねて受けとめた。それはナチス強制収容所に送られ、家族を失いながら生還した精神科医フランクルによる。「人生はそれ自体意味があるのだから、どんな状況でも人生にイエスと言う意味がある」。

評・平松洋子（エッセイスト）

さいとう・みちお　47年生まれ。ジャーナリスト。元TBSテレビの記者、プロデューサーとしてドキュメンタリー番組制作に従事。『希望のがん治療』『悩む力　べてるの家の人びと』など。

『悦楽王』

団鬼六 著

講談社・一五七五円
ISBN9784062160421

異様な個性も失敗も許す柔らかさ

ＳＭ小説の第一人者による自伝的長編である。70年代に「ＳＭキング」誌を自ら立ち上げて廃刊となるまでの出来事が中心になっている。エログロの過激な世界をイメージして読み始めたのだが、どうも様子が違う。

入社試験は社長の前でのセックスとか、編集経験のない若者を集めて編集長と副編集長に女性を任命とか、ライバル誌の編集長による「敵に塩を送る」にも程がある研修とか、幽霊との同居とか。あまりの規範のなさというか、何でもありな世界には確かに驚かされる。が、全体にどこか素朴で優しい。全（すべ）てが許されるような印象があるのだ。

不思議なユートピア感の発生源はどうやら社長である「私」自身らしい。例えば、後にコメディアンになるたこ八郎が声優の面接に来たときの対応はこうだ。〈試しにテストしてみると（略）、一行の科白（せりふ）も駄目で、オリジナルドラマじゃないんだからちょい役をつけ加える事も出来ず、「マンガ『恐妻天国』に怪獣が出てくるんだが、怪獣のうめき声でよかったら」〉

或（ある）いは、社長の自分に向かってポン引きめいた真似（まね）を始めた部下への反応。〈編集会議をやっている最中に、こいつ、アホ違うか、と腹が立ってきたが、しかし、こいつのアホさ加減も彼の特技のような気がして、怒る気にもなれず〉

そして、幽霊が出るという家に住み続ける理由。〈私の家でお化けを見た、と怖がっていた谷ナオミだってそのお化けを見てから彼女の運命は急速に上昇し始めたのである〉

懐が深いというのか、緩いというのか、「私」はどんなアホにもポン引きにも変態にも幽霊にもオープンマインドなのだ。その挙句（あげく）に本人の大失敗で会社は倒産ということになるのだが、責める部下は一人もいない。

読み進むうちに、変態と愛、敵と味方、幽霊と人間、ＳＭ小説と純文学、失敗と成功などの全てが決して正反対ではなくて混沌（こんとん）と地続き、というかひとつのものに思えてくる。異様な個性も失敗も誤解も、何ひとつ致命傷にならない世界の熱さと柔らかさが魅力的だ。

評・穂村弘（歌人）

だん・おにろく　31年生まれ。作家。『外道の群れ』『往（ゆ）きて還（かえ）らず』など。

二〇一〇年四月一一日❹

『人間に格はない　石川経夫と２０００年代の労働市場』

玄田有史 著

ミネルヴァ書房・三六七五円
ISBN9784623056224

経済／社会

弱者への共感　冷徹な分析で表現

本書は労働経済学者である玄田氏による日本の労働市場、特に１９９０年代から２０００年代の非正規労働市場、あるいは無業者に関する分析である。根拠薄弱の論説が多い分野だが、本書の最大の特徴は大規模なサンプル数を誇る「就業構造基本調査」や著者中心に作成された新規のデータベースを用いた綿密な統計分析にある。

非正規労働者と一口に言ってもその中身は多様である。暗いイメージが付きまといがちだが、著者の大きな発見の一つは、非正規労働者でも数年程度の職場経験が正規化、あるいは年収増大のためにははっきりとプラスの影響があるという点である。一方、短期での転職を繰り返さざるを得ず、境遇の改善が難しい、あるいは無業化してしまう人たちがいる。しかも、過去の無業者は高所得世帯に多かったが、最近の経済低迷の中で、低所得の人たちの間で就業により期待できる所得が低下し、無業のまま停滞してしまう傾向が増加している。これらの層にこそ深刻な問題がある。こうした分析結果に基づき、著者は非正規労働者について、企業間移動の促進よりも、一定期間同一企業への定着が重要であり、それを支援する政策が望ましいとする。

著者の分析は２０００年代に若年層労働者の労働時間が長くなり、自分を磨く時間を制限されていること、あるいは長時間労働（及びその裏側の無業化）の性行動抑制を通じた少子化促進効果にも及んでいる。非正規労働市場全体の動きを規定するマクロ経済要因の解明には踏み込んでいないが、労働者の幅広い人的能力育成、そしてそれを支持、生かす政策の重要性を指摘した好著である。

本書のもう一つの特徴は各章末ごとに配置された九つのコラムであり、そのすべてが、所得分配の問題の分析に一生をささげた故石川経夫氏に関するエッセーとなっている。特に、社会的・経済的弱者に対する共感を、冷徹な分析の中で表現していこうとした石川氏の真摯（しんし）な態度が浮かび上がる。恩師のこうした姿勢を、著者も本書によって見事に受け継いだといえよう。

評・植田和男（東京大学教授）

げんだ・ゆうじ　64年生まれ。東京大学教授。共編著に『希望学』（1～4巻）。

二〇一〇年四月一一日❺

『黒船前夜　ロシア・アイヌ・日本の三国志』

渡辺京二 著

洋泉社・三〇四五円
ISBN9784862485069

歴史／文芸／国際

北方での異文化接触の実態描く

歴史研究に「ｉｆ」は禁物だが、歴史物を読む大きな楽しみの一つに、「もし、あの時、違う方向だったら」との思いにふけることがある。その延長線上で「今」をふり返り、「未来の可能性」を考えることは、あながち無意味とも思えない。

日本開国の直接のきっかけは１８５３年の「黒船来航」だが、その１００年ほど前から、アイヌの地である北海道、千島、樺太などをはさんで、ロシア人と日本人の接触が相次ぐ。正式な通商を求めるロシア船も日本を訪れはじめた。それはまた、今でも日ロ関係ののど元に刺さる「北方領土問題」の原点の時期でもある。

この鎖国状態の扉をたたく異文化接触の実態を、文献資料を元に通説に数多く疑問を呈しながら、ロシア、アイヌ、日本の「三国志」として描いた本書は、そんな「ｉｆ」を考えさせるヒントに満ちている。

１７９２年のラクスマン、１８０４年のレザノフの通商や国交を求めた来航に、幕臣、民間、いや老中の間にも、世界情勢に鑑（かんかみ、国を開く機運が一時盛り上がっていたという。人々は、太平の眠りをむさぼっていたばかりではない。逆に「日露戦争」の危機すらもあった。

　著者の作品に、幕末、明治初期に日本を訪れた多くの外国人の手記をもとにした『逝きし世の面影』がある。近代的史観では、「ただ遅れていた」と無視されてきた当時の日本人がもっていた優しさ、洗練、親切、倫理観などの「美徳」を、現代によみがえらせた。我々は何を失ったのか。今もロングセラーとして読み継がれる。

　本書でも、そんな「美徳」は様々な個所で顔を出す。中央の権力者を恐れず、異論を堂々と具申する松前奉行。ロシア船に捕らえられながら、日ロの友好のためならと、進んで捕虜になり、結果両国の橋渡し役となる豪商、高田屋嘉兵衛の侠気（きょうき）。ロシア人を驚かせた、人々の思いやりやユーモア。日ロ双方とも対等にわたりあったアイヌの人々の自立心と、豊かな自然観……。再び思う。失ったものは何か、と。せんない問いだが。

評・四ノ原恒憲（本社編集委員）

わたなべ・きょうじ　30年生まれ。日本近代史家。『北一輝』『神風連とその時代』など。

二〇一〇年四月一一日⑥

『この世は二人組ではできあがらない』

山崎ナオコーラ 著

新潮社・一三六五円
ISBN9784103143222／9784101383729（新潮文庫）　文芸

社会に放つ若い女性の「つぶやき」

　主人公シオは1978年生まれ。ロス・ジェネといわれる就職氷河期世代だ。彼女は強く、たくましい。小説家になるという目標を持ち、自分で生き抜く力を持っている。

　一方、恋人の紙川は頼りない。この国はフリーターでも生きていけると正式な就職をせずに暮らしていたが、シオから資金援助を受けるようになり、やがて自尊心が傷ついたのか公務員になろうとする。しかし結局、大手塾の社員として働きだす。彼は組織の中で生きる方が輝くのだと、シオはその選択に納得するが、働きだしてもシオが苦労して援助した金を返そうともしないいい加減さだ。

　シオは、性を超越して緩やかに世界とつながっていこうと考えている。男と女という「二人組」ではなく、もっと社会性を獲得しようとしているのだ。その考えに同意できない紙川とは別れてしまう。同じ女性の母親にも理解されない。シオに「親に、男の人の代わりはできないものね」と悲しくつぶやく。母親は、女は男と二人組であるべきだと思っているのだ。

　シオたち若い女性は時代に合わせて大きく変化し、社会に貢献していこうとしている。ところが男性は、紙川のようにまったく旧態依然としたままだ。否、就職氷河期という現実を前にして、今まで以上に会社という狭い中に閉じこもろうとしている。この小説でそのことに強く気づかされ、愕然（がくぜん）としてしまった。男、女という性の役割にとらわれている私としては、これでいいのかと、男性の奮起を求めたくなった。

　もう一つ、この小説の面白さは社会に向かって放つシオのつぶやきにある。ツイッター（つぶやき）小説とでも言うべきかもしれない。たとえば「少子化対策」に力を入れる日本の現状を「それは『産めよ、増やせよ』と第二次世界大戦下に謳（うた）われたのと同じだ」とつぶやく。確かに男性目線の政策に違いないと、深く納得する。こんなつぶやきが随所にあって楽しい。娘がなかなか結婚しないと嘆く親世代が読めば、少しは娘に近づけるかもしれない。

評・江上剛（作家）

やまざき・なおこーら　78年生まれ。『人のセックスを笑うな』『浮世でランチ』など。

二〇一〇年四月一一日⑦

『岩佐美代子の眼(め)　古典はこんなにおもしろい』

岩田ななつ 編

笠間書院・二三一〇円

ISBN9784305704979　文芸／ノンフィクション・評伝

岩佐美代子は、異色の経歴を持つ国文学者です。民法学者で男爵であった穂積重遠の娘として大正15年に生まれ、女子学習院で学ぶ間は、昭和天皇第一皇女照宮(てるのみや)成子(しげこ)内親王のお相手役を務め、結婚後に独学で学問の道を歩んだ末に、大学教授となった方。本書は、そんな岩佐美代子のライフヒストリーを聞き書きしてまとめた作品です。

彼女の人生は、平安・中世における女房のそれと重なります。成子内親王のお相手役を、大きなプレッシャーの中で13年間務めた彼女は、「自分より身分が高い、心から敬愛できる方の前に出たら、自分は『無』になる」という感覚を、理解しています。その感覚は、女房文学のみならず、日本の古典を読む上で、大きな役割を果たしているのではないでしょうか。

紫式部が、夫の死後、中宮に女房として出仕したように、彼女もまた夫の死後、学問に打ち込み、働く女性となっていくのでした。子育てや介護や看取(みと)りといった日常の中で、時には外の世界と戦いながらも、人生の支えとして文学に打ち込んできた彼女の姿は、〝最後の女房〟と言うことができるのかもしれません。

評・酒井順子(エッセイスト)

二〇一〇年四月一一日⑧

『ジャズ喫茶論　戦後の日本文化を歩く』

マイク・モラスキー 著

筑摩書房・二七三〇円

ISBN9784480873613　アート・ファッション・芸能／社会

前著『戦後日本のジャズ文化』(青土社)で、戦後文化にとってジャズという音楽の持った意味を、それをめぐる風俗や言説を含め広範に論じた著者が、他に類例のない独自の発展をとげたジャズ喫茶文化――そもそもどんな地方都市へ行っても必ず一軒はジャズ喫茶があるなどという国は日本だけだ――に特に注目し、多角的に論じたのが本書である。といっても、決して堅苦しい研究書ではない。全国各地のジャズ喫茶を巡る紀行文の体裁をとりつつ、鋭い観察や分析的な思考がちりばめられる一編は、ときに逸脱を含んで、それこそジャズの即興演奏のようにつづられていく。

ジャズ喫茶を巡る多くの言説が懐古的であるのに対して、ジャズ喫茶の「現在」に目を向けているのが本書の特色だ。ネット時代を迎えて、いよいよ衰退しつつあるジャズ喫茶の、文化創造の「場」としての意味をあらためてとらえ直そうとする姿勢は、批評的である。

それにしても「研究」がこんなに楽しくていいのか？　もちろんいい。プレーする人間が一番楽しいのが、ジャズという音楽の特色なのだから。

評・奥泉光(作家・近畿大学教授)

二〇一〇年四月一八日①

『裁判百年史ものがたり』

夏樹静子 著

文芸春秋・一九九五円

ISBN9784163723303／9784167184322(文春文庫)　歴史／社会／ノンフィクション・評伝

12の事件通し描く　人が人を裁く歴史

裁判員制度が始まって、もうすぐ1年がたつ。足利事件が再審請求から無罪判決を勝ち取ったというニュースも耳に新しい。もう「裁判なんか一生ご縁がない」などという世の中ではない。誰だっていつ裁判員になるかもしれないし、被告人や被害者になることがあるかもしれないのだ。裁判についての関心は、これからおのずと高まってゆくだろう。

著者は長らく良質のミステリーを生み出し、早くから女性弁護士や検事を主人公にした法廷小説も書き続けている。裁判の前段階である捜査だけではなく、法廷場面を前面に打ち出した長編小説『量刑』は映像化されて話題となった。本書は、日本の近代における100年余りの裁判の歴史を12の事件で語ったノンフィクションである。

綿密な取材と資料調査に裏打ちされた審理の内容は素人にはやや堅く感じられるが、さすが小説家。冒頭にその事件のあらましが物語ふうに描かれていて、読みやすい工夫がされている。それも、著者の小説を読んでいるような、てらいやけれん味のない文章で、である。

取りあげられた事件は、高等学校の日本史で知る人の多い「ロシア皇太子暗殺未遂事件」「大逆事件」をはじめ、「帝銀事件」や「永山則夫事件」といった昭和を代表する殺人事件、そして、近年、当時の裁判官吉田久の判決原本が発見された「翼賛選挙無効事件」に及ぶ。巻末には著者と元最高裁判所長官である島田仁郎氏との対談が収録されており、各事件の読みどころと著者が本書でめざしたものが語られているので、こちらに目を通してから本文を読むと理解しやすい。

著者は「事件としての話題性よりも、裁判として、判決として意義があるかどうか」を基準に事件を選んだと述べている。ドラマ仕立ての部分にどこか誠実さが感じられるのはそのためだろう。後に「下山事件」として知られる国鉄総裁轢断（れきだん）事件と同様に労働争議から起こったと疑われた「松川事件」や、性的虐待を受け続けた女性が実父を殺害した「尊属殺人事件」などはいくらでもドラマチックに書けるだろうが、いずれも「人を裁くこと」という大きな問題の前で淡々と描かれるのがかえって印象を深めている。

法曹界の外から事件を見たときの小さな気づきが各所で指摘されるのも、なるほどと思わせる。戦前行われた陪審員制度では30歳以上の男性納税者しか陪審員になれなかったとか、長期にわたる裁判の場合は裁判官の世代交代が判決に影響するとか、犯罪被害者は裁判では「蚊帳の外」で裁判資料も見られない、など、知るとますます興味がわく。裁判の入門書として、歴史のドラマとして、得難い本である。

なお、今回私は「チャタレイ裁判事件」の項で、削除された「猥褻（わいせつ）」な個所を改めてじっくり読んだが、読者のみなさんは検察側の証人でしょうか、それとも弁護側の証人でしょうか？　ぜひうかがいたいものです。

評・田中貴子（甲南大学教授）

なつき・しずこ　38年生まれ。作家。『Ｗの悲劇』『弁護士・朝吹里矢子』など映像化された作品も多い。ほかに、裁判員裁判の法廷を描いた『てのひらのメモ』など。2006年に日本ミステリー文学大賞。

二〇一〇年四月一八日❷

『ナニカアル』

桐野夏生 著

新潮社・一七八五円
ISBN9784104667031／9784101306377（新潮文庫）　文芸

林芙美子と戦時下の個人の戦い

「私は根っからの詩人だ。詠嘆調の美文を見ると、虫酸（むしず）が走るのをどうにもできない」「嘘吐（うそつ）き、嘘吐き、と言霊（ことだま）が私を痛め付け……」そうつぶやく林芙美子の熱い息を首筋に感じるような小説なのだ、これは。桐野夏生は近年、実在の人物や史実をモデルにしたり、私小説を入れ子状に取り入れたりしながら、『グロテスク』『残虐記』『ＩＮ』のような虚実を意識的に攪乱（かくらん）させる佳作を書いてきた。『ナニカアル』はそれらの要素を融合させた迫真の擬評伝である。

本作は評伝小説というスタイルにもう一捻（ひね）り加え、林芙美子自身が内密に書いた実録小説という体裁をとる。画家であった夫・緑敏の死後、絵画の裏に隠されていた文書を、後妻が見つけるという設定だ。その中に、芙美子が陸軍報道部嘱託として参加した昭和17、18年の南方視察の仔細（しさい）と、出生不明の養子の謎が明かされることになる。

しかしこれは「戦争と侵略の時代を背景に、芙美子の生き方や記者との倫（みち）ならぬ情交を描く」といった私小説ではない。むしろ林芙美子という強烈なキャンバスを媒体に、戦争と戦争下にある無数の個人の戦いを描いたものなのだ。「非常時」という事態が人々から尊敬と信頼を奪う。人は抑圧しあい、虐げあい、疑いあい、妬(ねた)みあい、「国家という名の、実体のわからないもの」が一人一人の人間の姿となって、互いに毒しあう。芙美子は、貧しい育ちを蔑(さげす)む傲慢(ごうまん)や、軍による表現規制や、耐えがたく醜悪なセンスや、年下の男への烈(はげ)しい焦心と戦う。読者は「真っ黒な南洋の夜の塊」の中へ放りだされたかになる。

凄(すさ)まじい修羅場がある。戦争にずたずたにされた男の言葉は、鋭い刃、残虐な兵器となって女作家の体に突き刺さり、「刃は、体内を引っ掻(か)き回した挙(あ)げ句(く)、灰色の腸を引きずり出して、床にぶちまける」というのだ。これが血みどろの戦場でなくてなんだろう。

本書は、桐野夏生の書き換えた林芙美子物語であると同時に、林芙美子に書き換えられた桐野夏生という現代作家の肖像でもあるに違いない。

評・鴻巣友季子(翻訳家)

きりの・なつお 51年生まれ。『柔らかな頬(ほほ)』で直木賞、『東京島』で谷崎賞など。

二〇一〇年四月一八日③

『「戦争経験」の戦後史　語られた体験／証言／記憶』

成田龍一 著

岩波書店・二九四〇円
ISBN9784000283830

歴史／社会／国際

戦争を記憶する視座を求めて

私は近代日本がアジアを蹂躙(じゅうりん)した歴史を知っているが、それでもなお、元従軍慰安婦の人びとが日本人に向ける眼差(まなざ)しの凄(すご)さにはドキッとし、何かしら噛(か)み砕けない思いを抱く。彼女たちは、戦争を語ることが自身と社会のレゾンデートルであることを正しく証明しているだけだが、加害国であり敗戦国である日本の国民には、同じことがいまも著しい困難を伴うのだ。

とはいえ戦争は他者との関係である。アジア諸国がかの戦争を記憶し続ける限り、日本もまた、何らかの今日的な文脈で戦争を記憶し続けるほかはない。しかし、どうやって？

本書は、そのための視座を、さまざまに戦争を総括してきた戦後史全体に求めるものだが、それは時代とともに変容してきた戦争像を一つ一つ相対化する試みでもある。戦争体験者たちが戦後に記した夥(おびただ)しい数の戦記も、引き揚げや抑留の体験記も、はたまた公刊戦史や歴史学者の手になる通史も、戦後の時間経過のなかでは絶対ではない。

また終戦から二十年も過ぎると、空襲や原爆の体験者が未体験者に証言を残す時代になり、何をどう伝えるかという新たな視座の下、戦争像はさらに多様化してゆく。もはや社会全体で共有する事実はなく、何を事実とするかで証言の宛(あ)て先が変わり、宛て先が変われば、戦争を語る文脈が変わる。戦記の書き換えが進み、加害の視点を含んだ語りが始まり、戦争経験は個々の絶対的体験と歴史の事実の間で滲(にじ)み続けるのである。

そして今日、私たちはこれまで記録されてきた体験や証言を手がかりにして、社会の集合的な記憶としての戦争を再構成する時代にいる、と著者は言う。目指すのは、戦時に何が起きたかではなく、戦時の出来事が二十一世紀の「いま」に対してもつ意味の探求と構築である。

本書は『戦争の経験を問う』全十三冊のシリーズの一冊である。いまなお、かの戦争を含めた戦後を歴史化する視座が定まらない社会で、けっして先を急がず、偏らず、なおかつ前進せんとする意思に満ちている。広く読まれてほしい一冊である。

評・高村薫(作家)

なりた・りゅういち 51年生まれ。日本女子大教授。『〈歴史〉はいかに語られるか』。

『散歩の昆虫記』

奥本大三郎 著

幻戯書房・二三一〇円
ISBN9784901998543

文芸／科学・生物

人間と虫 分けて考えたらアカン

市井のド真ん中で天下国家を論じるのもええけど、奥本はんに同行して足元の草葉の陰で生存に命をかけている別の生命体の生活を覗（のぞ）いてみまへんか。

奥本はんは人間の好き嫌いは前世の因縁で誕生と同時に決まっておると認識してはる。虫が好きなのも、そーゆう理由や。わしも同じで、少年時代の生活の場は野山と田畑と小川と池やった。そこでトンボを捕って羽を千切ったり蛙（かえる）の尻から空気を入れて解剖したりしたもんや。今の親御はんなら大批判や。

奥本はんも虫を愛するために虫を殺すんや、自然を学び、理解するためにはやむを得んと。自然が理解でけへん人間が多いのは虫を採取することが残酷やという妙な社会的通念からや。

わしと同じ関西出身の奥本はんの子供時代は、よー似た生活環境やったみたい。わしら子供にとって虫は教材や。彼らを知るためにも虫を採取して、自然と人間の関係を学んだもんや。わしは10代で虫と決別したけど、奥本はんはその後50年以上たった今でも、虫と交流したはる。子供の頭と心を持たん人間にはでけへんことや。

虫一匹への関心が魚介類から鳥類、哺乳（ほにゅう）類へ、さらに植物や食べ物にまで発展し、その触手は人類の存続の危惧（きぐ）にまで伸びていく。「地球に優しく」というスローガンをあおって地球との共存を提唱する動向に対しては、地球から言わせればちゃんちゃらおかしいで、ということになるのと違うか。大家である地球という家に人間が住まわせてもらって、柱切ったり壁壊したりして「共生共存」や言うたら地球はほんまに怒りまっせ。

「その地球もやがては消滅する」と、奥本はんは直視したはる。その声は絶滅の一途をたどる虫や動物のタマシイの声とも共鳴してるんやないやろか。つまり人間の歴史と虫の歴史を分離して考えたらアカンのと違いますか。人間には知性がある、べっちょない（大丈夫）という認識があるけれど、虫からすればこの地球は虫の息やと思っとるんやないやろか。本書は「無理なんかしないで生き延びるのが最善の策」と結んでいる。

評・横尾忠則（美術家）

おくもと・だいさぶろう 44年生まれ。仏文学者。著書に『虫の宇宙誌』ほか。

『GEQ ジー・イー・キュー』

柴田哲孝 著

角川書店・一八九〇円
ISBN9784048740234／9784041001622（角川文庫）

文芸／社会

大地震めぐる虚実皮膜の世界

この本は、読み方によって問題作と評価する人と、単なるキワモノと切り捨てる人の、2種類に分かれるだろう。

冒頭、１９９５年1月17日に発生した阪神・淡路大震災の模様が、さまざまな体験者、関係者の視点を通じて、簡潔に描かれる。同時に、以後の小説の展開にかかわりのある謎、疑義、異常現象などが手際よく提示され、読む者を作者の構築した虚実皮膜の世界へ、たくみにいざなっていく。

物語は、『下山事件 最後の証言』で実力を示した作者らしく、小説よりもノンフィクションに近い筆致で、ぐいぐいと読者を引っ張る。主人公は、米国籍を持つ日系3世のジョージ・松永。松永は、旧知の日本人ジャーナリストで、スマトラ沖地震のおりに死んだはずの、吉村武士からメールを受け取る。呼び出しに応じ、神戸に赴いた松永の前に現れたのは、死んだ吉村の元恋人と称する、樋口麻紀という女だった。麻紀は、大震災で家族を失った過去を持つ。

松永は、麻紀から手渡された吉村のメモに基づき、大震災の関係者を訪ね歩いて、インタビュー取材を始める。米国〈9・11〉同時多発テロ事件と同じく、背後に何か秘密があるとの確信から、麻紀の手を借りて果敢に調査を進めていく。

この大震災については、現実に人工地震説も含めて、さまざまな陰謀説、憶測が飛び交っている。地震発生時の、核爆発を思わせる大規模な閃光（せんこう）、震源地が2カ所あるという不可思議現象、救援態勢の異常なほどの遅れなど、疑惑をかき立てるエピソードには、事欠かない。

作者は、登場人物に実名と仮名を使い分けながら、そうした事実を一つずつ検証していく。政治情勢、経済情勢とのつながりにも、目配りが行き届いている。むろん、小説展開のための一方的、一面的な解釈も散見されるが、さほど強引さを感じさせないのは、作者の視点がぶれていないからだ。

なるほど、こういう見方もできるのか、と読者に思わせるだけでも、本書の試みは成功したといえよう。

評・逢坂剛（作家）

しばた・てつたか 57年生まれ。『TENGU』『日本怪魚伝』『RYU』など。

二〇一〇年四月一八日⑧

『大仏男』

文芸

原宏一 著

実業之日本社・一五七五円

ISBN9784408535685／9784408551180（実業之日本社文庫）

原宏一は読むたびに面白くなる。『トイレのポツポツ』も良かった。お陰でトイレを汚さないように、座って小用を足すはめになってしまった。

今度は偽霊能者だ。売れないお笑い芸人コンビのカナ&タクロウは、タクロウの大仏顔を活用して霊能者ネタにチャレンジする。しかし、お笑いとしては失敗。それならば、いっそ霊能者になってしまえと安直な人生の選択に踏み切った。そこへ偽と知りつつ、だまされたふりをして悪人たちが近づき、ひともうけをたくらむ。彼らのプロデュースでタクロウは、あれよあれよという間に国家を揺るがすほどの大霊能者になってしまう。カナは大喜びするが、果たしてその結末は？

この小説は、スピリチュアルブームを皮肉っているだけではない。教育問題を論じ、官僚を批判し、偽霊能者のだましのテクニックやキャバクラ嬢の裏話を暴露する社会派の顔も持っている。しかも庶民的で、温かく包み込む優しさにあふれており、さわやかな読後感は、読者の心を癒やしてくれるだろう。悩める者よ、偽霊能者に相談するくらいなら原宏一の小説を読め！

評・江上剛（作家）

二〇一〇年四月二五日①

『1Q84　BOOK3』

文芸

村上春樹 著

新潮社・一九九五円

ISBN9784103534259／9784101001630（新潮文庫〈前編〉）・9784101001647（〈後編〉）

仮想化に抵抗する両義的な身体

『1Q84　BOOK1・2』から1年、待望の続編『BOOK3』が出版された。

すでに発行部数90万部。発売日の午前零時に店頭に行列ができる小説は、いまや『1Q84』だけだろう。批評家には賛否を呼んだが、その作品世界が人々を強く魅了していることは間違いない。

作家自身の解説によれば、本作は「10歳で出会って離れ離れになった30歳の男女が、互いを探し求める話」だ。しかし前作で、ヒロイン「青豆」は「天吾」の命を救うため、首都高速の待避所で拳銃をくわえ引き金を引いたのではなかったか。

第一の驚愕（きょうがく）。青豆は生きていた。しかも「妊娠」していた。処女懐胎よろしく、再会すらしていない天吾の子を。おそらくは胎児の呼び声で青豆は死を思いとどまった。この「妊娠」を小説的必然として受け入れるか、オカルト的つじつま合わせとして一蹴（いっしゅう）するか。私はあえて、前者に賭けることにした。

第二の驚愕。「牛河」の物語が幕を開ける。カルト集団「さきがけ」の使い走りである、あの醜い中年男。本作で牛河は、おのが醜悪さを逆手にとって、その特異な才覚を鍛え上げたキャラクターへと〝成長〟を遂げる。

第三の驚愕。本作において、ひさしく〝低迷〟していた村上春樹の比喩（ひゆ）力がみごとに〝復活〟している。最終章の月の描写など、これが春樹？と目を疑うほどの美文調だ。

三つのサプライズをもたらしたのは、一つの必然性である。

『1Q84』は、しばしばパラレルワールドと誤解されてきたが、その解釈は『BOOK2』ではっきり否定されている。それは「ポイントが切り替えられ」た結果生じた時間性であり、〝正しい一九八四年〟の隣にある〝まがい物の時間〟ではない。

世界を仮想化・複数化するシステム（＝リトル・ピープル）に抗すべく要請されたもの。それは「身体性」だ。善と悪の両義性を容（い）れる唯一の「この身体」こそが、ただひとつの「この現実」を回復しうる。そう信じられる限りにおいて、青豆の妊娠は〝必然〟なのだ。

牛河の存在には、念入りに描写されるその醜さゆえに、本作中もっともリアルな身体性が与えられている。彼の両義的な身体は、天吾と青豆のふたつの世界を縫合し、奇跡的な邂逅（かいこう）へと導くだろう。

きわめつきは「比喩」だ。かつての村上の比喩は、世界を解離させ、複数化する働きを持っていた。しかし本作における過剰な比喩は、まったく逆に作用する。多様に記述されうるがゆえに唯一であるこの世界の、「常にひとつきり」の現実を、身体感覚を通じて私たちの中に取り戻そうとするのだ。

『BOOK3』から読み取れるのは、多世界的決定論とも言うべき作家の特異な倫理観だ。おそらくその本当の意味は、いま青豆の子宮に宿る「この小さなもの」の物語を待って、はじめて明かされるのだろう。

評・斎藤環（精神科医）

むらかみ・はるき 49年生まれ。『世界の終（おわ）りとハードボイルド・ワンダーランド』で谷崎賞、『ねじまき鳥クロニクル』で読売文学賞。カフカ賞など海外の文学賞も。本作の1・2は09年毎日出版文化賞文学・芸術部門を受賞した。

二〇一〇年四月二五日❷

『日本政治思想史 十七〜十九世紀』

渡辺浩 著

東京大学出版会・三七八〇円
ISBN9784130331005

歴史／政治／人文

江戸〜明治維新の思想 鮮やかに

書名からは専門的な学術書のように思えるだろうが、全然違う。著者も述べるように、専門知識を前提にしない一般向きに書かれた概説書である。というと今度は、無味乾燥な教科書が想像されるかもしれないが、それも違う。十七世紀から十九世紀、ほぼ江戸時代から文明開化期までの、日本の政治思想を活（い）き活（い）きと描き出した本書は、概説書のイメージなどは遥（はる）かに飛び越えた、本格歴史エッセーと呼ばれるべきだ。

江戸期の政治思想だけでも論じられるべき対象は膨大である。それをどう論じるか。測量に喩（たと）えるならば、広大で複雑な地形を測量するには、いくつか測地点をマークし、それらを繋（つな）いで全体像を描いていくしかないわけで、だから測地点の選び方にこそ観測者の腕はある。著者はそこで抜群のセンスを見せてくれる。たとえば、江戸期の政治思想の中核をなした儒学、ことに朱子学の解説に本書は一章を費やしている。これが素人にはありがたい。一個の巨大な体系をなし、理解が容易ではない朱子学について、これほどシンプルで明快な解説はそうはないだろう。読者はここを測地の基準点にして地形を眺望できる。

あるいは、単に政治思想にとどまらず、武士をはじめ各階層の生活感情や、社会制度、性風俗、サブカルチャーといった事柄への言及も豊富で、これら経済史や社会史の観点を導入しつつ叙述を進める方法は、政治思想が人間の生の全体に関（かか）わる以上、当然ではあろうが、思想史の複雑な地形を明瞭（めいりょう）な輪郭とともに浮かび上がらせるのに益すると同時に、徳川支配下の政治システムや明治維新に新たな光を当てることにもなった。思想家の事蹟（じせき）や構想をただ並べただけの凡百の解説書から、本書を遠く引き離す所以（ゆえん）である。

その一方で、伊藤仁斎、新井白石、荻生徂徠、安藤昌益、本居宣長、海保青陵、福沢諭吉、中江兆民といった思想家たちの突出した個性が無視されるのではない。むしろ測地点に選ばれた彼らの個性は、長くない叙述のなかで、驚くほど魅力的に伝えられる。実に鮮やかだ。

評・奥泉光（作家・近畿大学教授）

わたなべ・ひろし　46年生まれ。東京大学教授。『近世日本社会と宋学』など。

二〇一〇年四月二五日④

『現代中国女工哀史』

レスリー・T・チャン 著　栗原泉 訳

白水社・二九四〇円
ISBN9784560080498　社会／ノンフィクション・評伝／国際

したたかに個人の幸福追求する姿

世界の工場と言われる、中国。膨大な数の労働者の多くは、地方の農村から工業地帯へと出稼ぎに来ている若者たちです。その7割が女性と言われており、中国系のアメリカ人女性である著者は、広東省の東莞（トンクアン）という街に出稼ぎに来ている若い女性たちの生活を通して、現代中国の姿を見ていきます。

彼女たちの生活は、刹那（せつな）的で、上昇志向と個人主義がとことん強いものです。90年代の出稼ぎ労働者は、田舎に残してきた家族のために働いていたのに対して、今の労働者たちが働くのは、自分のため。偽の身分証明書や卒業証書、賄賂（わいろ）、売春……といったものがうごめく街で迷走しながらも、彼女たちはしたたかに個人の幸福を追求していくのであって、その姿はかつての日本の女工哀史とは、一味も二味も異なります。

そこに重なっていくのは、著者の一族の物語なのでした。彼女の祖父は、16歳の時に故郷の村を出て、北京の大学からアメリカへと渡った人。故郷を出ることを「出去（チューチュイ）」というのだそうですが、著者は中国において「回家（ホイチア）」、すなわち自らの先祖の故郷である旧満州を訪れます。

中国へと戻った後、台湾へ逃げた父たち。中国に残り、文化大革命に巻き込まれた親戚（しんせき）たち。それらの歴史をたどることによって、現代の出稼ぎ労働者と同様に、自らの家族の歴史もまた、祖父の「出去」によって始まったことを著者は知るのでした。

時にアメリカ的な視線で見ることによって、中国に対する違和感を持ちながらも、中国の強い引力から逃れることはできない著者。この「出去」の力と「回家」の力、そして社会の底辺の人々までもがそれぞれ抱く強力な上昇欲求こそが、中国という国を下から動かす原動力なのでしょう。

かつては家に縛りつけられていた女性が外に出て、一人一人が個人としての幸福を貪欲（どんよく）に求めている今、その力はさらに強大なものとなっているはずであり、上昇を諦（あきら）めがちな国に住む者としては、思わず彼我の姿を見比べてしまうのでした。

評・酒井順子（エッセイスト）

Leslie T. Chang　米国在住のフリーのジャーナリスト。

二〇一〇年四月二五日❺

『とらわれない言葉』

アンディ・ウォーホル美術財団 編
夏目大 訳
青志社・一三六五円
ISBN9784903853741
アート・ファッション・芸能／ノンフィクション・評伝

矛盾の塊「すべてウソ」語録

「私を知りたきゃ私の絵の表面を見ればいい、裏には何もない」。アンディ・ウォーホルの有名な言葉だ。つべこべ理屈をこく前に、包み隠さず自分の全（すべ）てを吐き出した絵を見てくれと言わんばかり。「どうせ僕は完全にうわべだけの人間だよ」とそらとぼけて舌を出す。

「誰もが一五分間なら有名になれる」というのも有名な言葉。またみんな機械になって「誰も彼もみんな同じになればいい」とも言う。大量消費時代の複製人間は自他の区別のないペラペラの印刷物やブラウン管の中の他者としての自分を夢想する。

彼の作品はマスプロデュースされた商品や情報が主題でイコンのように描いた。さらに自作や自身を「ニセモノ」と規定してオリジナル性の欺瞞（ぎまん）を暴き、「なんでオリジナルでなくちゃいけないの？ 他の人と同じじゃいけないのかい？」と問う。

かと思うと、「僕は空っぽになるのが好きだ」と言いながら「鏡を見るのは辛（つら）いな」とそこに何もない空っぽの恐怖に脅（おび）える。だからか、ウォーホルは自分が何者かを知られたくないために、「聞かれるたびに答えを変えるんだ」。自らを謎の存在として神話の人物に仕立てたいのかと思うと、その一方で自分のことを知ってもらうのは「ピーナッツを食べることに似ているね。始めちゃったらやめられないんだ」と平気でしらばくれたりもする。

ボクはウォーホルに何回か会った。ボクは自分に関心があるタイプだけれど彼は他人に異常に興味を持ち、人の噂話（うわさばなし）が大好きで、そのために毎晩のように社交に出掛ける。要するにのぞき趣味のゴシップマニアで、彼は「それが本当に好きなんだ」。

本書はウォーホル語録のコレクションである。女性に銃撃されたが、その後20年生きて58歳で死んだ。彼のあの石膏（せっこう）のような真っ白な皮膚はまるで生者を装っている死者のように見えた。墓碑銘には「全部ウソだった」と書けばいいと言い、死んだといわずに「消えた」と言ってもらいたいと願う。だって死者が2度死ぬのは変じゃない？

評・横尾忠則（美術家）

Andy Warhol　1928～87年。米国のポップアーティスト。

二〇一〇年四月二五日❻

『会津という神話 〈二つの戦後〉をめぐる〈死者の政治学〉』

田中悟 著
ミネルヴァ書房・六八二五円
ISBN9784623056361
歴史／人文

呼び戻された「悲劇」の死者

「いまだに長州への怨念（おんねん）を抱いている」

お酒の席でそんな思いを吐露する会津の人と、私はこれまで何度も出会ってきた。幕末の戊辰戦争で長州軍にさんざん痛めつけられた会津は、いまでもその時の恨みを忘れていないというのである。

しかし、本書の著者はそのような感情は戦後になって高揚したもので、戦前・戦中の会津では、長州人と同じ「勤皇精神」の持ち主だという思いが大勢を占めていたという。「長州への怨念」は、戦後に「無垢（むく）な敗者」「近代日本の被害者」というアイデンティティーを獲得する過程で、あらためて喚起され直した感情だというのである。

戊辰戦争の死者は、明治政府によって「賊軍」とされ、国民の物語から排除された。しかし、会津の人たちは勝者による物語の独占に異を唱え、自分たちこそが真の勤皇の志士だったと主張する。そして、国民の物語への吸収を悲願とした。

この願いは、1928年に会津松平家の節子（勢津子）と秩父宮雍仁（やすひと）の縁組が実現することで果たされる。さらに30年代後半、徳富蘇峰が各地で行った講演で、「会津は逆賊などではない」と強調し、その「尊王の大精神」を称揚したことによって達成された。そして会津の「勤皇精神」は「大東亜戦争」中に国民が見習うべき規範という地位を確立し、絶頂期を迎える。

しかし「大東亜戦争」の敗戦によって、会津の人々はこの物語をリセットし、司馬遼太郎による「悲劇の会津」という新たな物語に飛びついた。会津人は「軍国主義の寵児（ちょうじ）」という側面を「忘却の淵（ふち）」に沈め、好都合な「司馬史観」に乗り換えたのである。その過程で白虎隊の「非業」や「純粋さ」が神話として再設定され、会津の観光化の中で利用されていったと著者は主張する。

会津にとっての二度の敗戦経験は、どのような記憶を紡ぎだし、何を忘却していったのか。本書の問いかけは、会津という空間を越えて、靖国神社に象徴される「国家と死者」の問題に鋭いメスを入れている。

評・中島岳志（北海道大学准教授）

たなか・さとる 70年生まれ。神戸大学助教（政治学）。

二〇一〇年四月二五日⑦

『祖国と母国とフットボール ザイニチ・サッカー・アイデンティティ』

慎武宏 著

武田ランダムハウスジャパン・一八九〇円
ISBN9784270005651 社会／ノンフィクション・評伝／国際

1960年代末期、関西の超弱小高校サッカー部員のこの身ですら、朝鮮高級学校チームが恐ろしく強いと知っていた。ただ、それは噂（うわさ）で。当時彼らは公式戦には参加できなかったから。

日・韓のプロリーグはもちろん、日本や北朝鮮の代表選手として多数活躍する「在日」コリアン出身サッカー選手の心情に肉薄する本書。その精神的な支柱の奥には、戦後長く差別の中で同胞の誇りを支えた「在日」サッカーチームの無敵の強さがある。が、サッカー界の国際化が進む今、3、4世の彼らは、アイデンティティーに悩む。

「韓国籍」のJリーグ選手、鄭大世（チョンテセ）、また日韓両国のプロを経験する「朝鮮籍」の安英学（アンヨンハッ）は、共に北朝鮮代表として、日本、韓国と戦った。「韓国籍」の李忠成（りただなり）は、日本国籍を取得し、日本五輪代表に……。

悩んだ末に語る。アイデンティティーは多い方がいい。「在日」社会や所属チームのファン、父祖の地……。少数者ゆえ様々な国の「偏見」と「良さ」に触れうる「在日」こそ、3国関係の良好化に寄与できるのでは、と。本書は外国人参政権問題などにも開かれている。

評・四ノ原恒憲（本社編集委員）

二〇一〇年四月二五日⑧

『天国は水割りの味がする 東京スナック魅酒乱（みしゅらん）』

都築響一 著

廣済堂出版・二〇四五円
ISBN9784331514436 文芸／ノンフィクション・評伝

住んでいる町の駅裏に白い木の扉のスナック「LOVE」がある。もう三十年以上通りかかっているのに、いまだに気圧（けお）される。扉の向こうにめくるめく人生劇場が展開していそうで。

どうってことのない町の、どうってことのない佇（たたず）まいのスナックの、そこにしかない愉楽。筆者、都築響一さんが新宿を皮切りに東京中の渋いスナック四十七軒を飲み歩いて聞くママやマスターの半生記は、波瀾（はらん）万丈、奇想天外、抱腹絶倒、つまり人生の万華鏡。みなさんなんでこんなに濃いんですか。

カウンターのこっち側、都築さんの聞きっぷりが絶妙だ。立ち位置つねに低め、こまめに相づち、構えを捨ててすかさず反応、ときにもらい泣き。いわば客のプロは百戦錬磨のママのこころも溶かす。酒が入った日本人の語りのすごみを引き出すさまは、夜の宮本常一か。

深夜、酒片手にだらだらと読むのが楽しい。厚さ五センチ、辞書みたいな八六八ページに安心感があり、うんうんへえそれでと引きずりこまれて仙境へ。酒はとうぜん水割り。小島功「まぼろしママ」の贅沢（ぜいたく）極まりない挿画も天国行きの切符です。

評・平松洋子（エッセイスト）

二〇一〇年五月二日❷

『闇の奥』

辻原登 著

文芸春秋・一五七五円
ISBN9784163288802/9784167316112(文春文庫) 文芸

魔境へ…魅入られた者 捜索する者

まず、題名が衝撃的な一つのマジックだ。本作は文芸誌に連作として間断的に発表されたが、その時は全く別の、ばらばらの題名だったはず——それが長編として、コンラッドの『闇の奥』と同名のタイトルを帯びて登場すると、そこに壮大なモチーフが全姿を現した。何年もかけて仕掛けられた小説の罠（わな）？ 作中にも軽妙で大胆な仕掛けやオマージュが潜む。

作中の人々は、伝説の矮人族（ネグリト）に惹（ひ）かれ、それを追って北ボルネオの森で姿を消した紀州の民俗学者に惹かれて、ボルネオ、チベット、熊野の秘境へ誘（いざな）われゆく。この学者・三上隆がコンラッドの小説のクルツ役とすれば、「三上隆捜索団」の団長やその教え子らはクルツを探してコンゴ川を遡航（そこう）するマーロウだろう。捜索する面々は、川を上って元首狩り族の小人村へ、後には三上が暮らしたというチベット奥地のネグリトの村を目指す。物語は団長の息子（辻原の分身）を語り手に、録音テープなどを交え時間軸をくねらせながら、中国のチベット侵攻、ダライ・ラマの脱出、和歌山の「毒入りカレー事件」などの史実までとりこんで継がれていく。

描かれるのは、何かに深く魅入られた者たちだ。作者はそこに「蝶（ちょう）を追う者」という表象を与え、彼らはみな珍しい蝶に導かれるように魔境へ入りこむ。こうした蝶追い人のビジョンは、作中にも引用されるナボコフや、ジイドが書いた『コンゴ紀行』などに喚起されたのかもしれない。何かに憑（つ）かれるとはどんなことか？ 本書で何人もが口にするのは、「会ったこともないのになつかしい」という鋭い情緒＝ポルトガル語のサウダーデである。「白雪姫」から『1Q84』にまで出てくる小人とは、人間の感情の最古層に訴える力があるようだ。

コンラッドの『闇の奥』は西欧植民地主義批判としても読まれてきたが、その初訳が出た頃、日本も南進政策の最中だったという皮肉がある。侵攻されたボルネオ、さらにチベットを舞台にもう一つの『闇の奥』を書いた作者の企図の深さ大きさを感じずにはいられない。

評・鴻巣友季子（翻訳家）

つじはら・のぼる 45年生まれ。「村の名前」で芥川賞、『花はさくら木』で大佛次郎賞。

二〇一〇年五月二日❸

『思い出袋』

鶴見俊輔 著

岩波新書・七九八円
ISBN9784004312345 文芸/人文/新書

エネルギーが満ちる言葉の数々

本書は、岩波書店のPR誌「図書」に7年にわたって連載された、1回分は原稿用紙にして3枚足らずのエッセーをまとめたものだ。著者の鶴見俊輔は、日本を代表する思想家、哲学者であり、ベ平連の活動家としても知られている。しかし本書は、そのような著者の硬質なイメージからはほど遠い「普通人の哲学」に満ちている。

まずなによりも名文だ。論理的であるがゆえに、その内容がいささかの抵抗もなく心に浸透していく。文章を読むことの心地よさをこれほど味わえることはめったにない。

私は、サラリーマンを長く務めてきた。その間、たくさんの稟議（りんぎ）書を書いてきたが、本書は絶対に参考になる。最初の1行にテーマが打ち出され、それに対して著者の考えが具体的事例を伴って演繹（えんえき）的に展開される。最後に結論としての考えと、課題が提示される。著者は10代の多感な時期をアメリカで暮らしたためにこのような論理的明晰（めいせき）さを身につけたのだろうが、本書に倣って稟議書を作成すれば難しい案件も容易に承認されるだろう。

俗っぽい実益的な読み方を提案してしまったが、本書の眼目はなんといっても「疾風に勁草（けいそう）を知る」の例えのごとく生きる強さだ。どのエッセーからも泉のように生命力があふれ出て来る。人生に疲れた人は、読むごとに本書を机上に伏せ、目を閉じ、著者の言葉を心で反芻（はんすう）してみるとよい。沸々とエネルギーが満ちるのを感じるだろう。どの言葉も人生への真摯（しんし）なアフォリズム（箴言〈しんげん〉）となっている。

戦前、友人と日米戦争は起きるかと議論する「途中点」と題する一文の中に「日本の国について、その困ったところをはっきり見る。そのことをはっきり書いてゆく。日本の国だからすべてよいという考え方をとらない。しかし、日本と日本人を自分の所属とすることを続ける」という言葉がある。国家と個人との関係を思考し続けてきた著者からこのように言われると、物書きとして生きる私としては姿勢を正さざるを得ない。

評・江上剛（作家）

つるみ・しゅんすけ　22年生まれ。『戦時期日本の精神史』『戦後日本の大衆文化史』など。

二〇一〇年五月二日④

『写真で見るヒトラー政権下の人びとと日常』

M・セリグマン、J・ダヴィソン、J・マクドナルド著　松尾恭子訳

原書房・三九九〇円
ISBN9784562045600

歴史／政治／国際

ビジュアル駆使して罪悪を描く

第2次世界大戦が終わってから、すでに65年が過ぎようとしている。年数だけからいえば、太平洋戦争を含むこの大戦は、すでに遠い過去の出来事であり、ことに若い世代の人びとにとっては、歴史の一コマにすぎないだろう。

ところが、この大戦に関連する出版物は戦後から現在にいたるまで、欧米を中心にほとんど途切れなく、刊行され続けてきた。中でも、圧倒的な数を誇るのはナチス・ドイツと、ヒトラーを扱った書籍である。欧米だけでなく、日本でもこの分野の刊行物は翻訳も含めて、驚くほどの数にのぼる。本書もその一つに数えられるが、これまでほとんど目に触れなかった、当時の貴重な写真をふんだんに使いながら、ヒトラー政権下のドイツを再現しよう、と試みた点に新味がある。ナチス・ドイツの誕生に始まり、〈警察国家〉〈抵抗運動〉〈芸術文化とプロパガンダ〉〈都市と農村〉〈大量虐殺〉など、12の章に分けてドイツ人民の暮らしぶりを、上下左右から紹介していく。

ヒトラーの登場により、ドイツ国民はベルサイユ条約の屈辱から解き放たれ、国の威信回復と経済の復興に、狂喜する。その結果、ナチスとヒトラーのやり口に疑いを挟まず、無批判に受け入れることになる。そのため、ドイツ国民もナチス、ヒトラーと同罪である、と断定する意見も少なくない。

著者は、従来活字にならなかったような、一般ドイツ人の手記や日記を丹念に掘り起こし、すべてが右へならえだったわけではないことを、例示する。その一方で、抵抗運動を行ったのはごく少数にすぎず、大多数のドイツ人はナチスの非道を知りながら、結局ヒトラーの呼号に従ったのだ、とも指摘する。そのあたりのスタンスは、ややどっちつかずの感があるけれども、もとよりそれを明確に規定することはできず、読者の判断に委ねるしかあるまい。

いずれにせよ、ビジュアル効果をたくみに生かして、20世紀最大の罪悪の一つを、過不足なくまとめてみせた点に、本書の価値が認められる。

評・逢坂剛（作家）

Matthew Seligmann, John Davison, John McDonald

二〇一〇年五月二日⑤

『マリー・キュリーの挑戦　科学・ジェンダー・戦争』

川島慶子 著

トランスビュー・一八九〇円

ISBN9784901510899　科学・生物／ノンフィクション・評伝

偉人伝飛び出した女性科学者像

キュリー夫人といえば、苦労しながら研究に打ち込み、ノーベル賞を2回受賞した完璧(かんぺき)な優等生というイメージを多くの人が持っているに違いない。

科学史家である著者が、単なる偉人伝を超えて、キュリー夫人ではない、マリー・キュリーという一人の人間が持つさまざまな側面を、彼女が生きた19〜20世紀の時代の中でとらえ直そうとしたのが本書である。

「その人は、女だった。他国の支配を受ける国に生まれた。貧しかった。美しかった」。マリーの次女でジャーナリストのエーヴ・キュリーは、第一級の資料とされる「キュリー夫人伝」の冒頭で、母マリーの人生を決定づけた四つの要素を鮮やかに示している。

本書の特徴は、似た境遇にあって同じ情熱を持ちながら全く異なった人生をたどった周囲の人々を通して、マリーとその時代をより立体的に浮かび上がらせようとすることにもある。

たとえば、アインシュタインから「ドイツのキュリー夫人」と呼ばれるほどの業績を上げながら、リーゼ・マイトナーはノーベル賞を逸した。男性研究者の補助的な役割にすぎないとみなされてしまったようだ。

マリーの元で最初に学んだ日本人で、その才能を高く評価されながら31歳の若さで亡くなった山田延男、マリーの娘夫婦の研究室に留学し、70歳で亡くなるまでパリで研究を続けた湯浅年子らについても詳細に語られる。私たち日本人との距離を縮めてくれるだろう。

一方で、生身の人間としての苦悩も正面から論じられる。フランス人として遇されつつ、既婚の年下科学者との恋愛は外国人として非難された。女性ゆえ、フランス科学アカデミーの会員には選ばれなかった。女性会員の登場は20世紀後半、1979年のことだ。

科学と国家、科学者と国籍、女性と科学、女性と社会、そして時代の制約の中で生きるということ……。今の時代につながる問題を考える手がかりを与えてくれる好著である。科学が人間的な営みであることも改めて教えてくれる。

評・辻篤子（本社論説委員）

かわしま・けいこ　59年生まれ。名古屋工業大学准教授（18世紀仏科学史）。

二〇一〇年五月二日⑥

『アメリカは歌う。　歌に秘められた、アメリカの謎』

東理夫 著

作品社・二三一〇円

ISBN9784861822759　歴史／アート・ファッション・芸能

音楽で知る大衆文化の奥深さ

アメリカのカントリー・ミュージック、とりわけその歌詞に徹底的にこだわった本である。「アメリカ南部のアパラチアで生まれ、歌い継がれてきたマウンテン・ミュージックやヒルビリー・ミュージック、そしてカウボーイたちの住む西部の平原地帯ではぐくまれてきたウエスタン・ミュージックなどは、これまでアメリカ東部や北部、そして日本でも無視されつづけてきた」。そして、日本の読者にこう問いかける。「アメリカという国を理解するもっとも大切な要素だというのになぜ知ろうとしないのか」

この音楽の起源は「アパラチアン・マウンテンズ」にある。ここには、しばしばスコッチ・アイリッシュと呼ばれる人々が入植した。彼らは祖国での歌や踊りを継承すると同時に、新天地での新たな経験を歌い、新しい音楽を開発した。

時は下り、1992年の大統領選挙の緒戦、ヒラリー・クリントンは、自分は「男に寄り添い、家でクッキーを焼くだけのタミー・ウイネットのような女ではない」と発言した。これは68年に「スタンド・バイ・ユア・マン」の大ヒットによって「カントリーの女王」の座を獲得したウィネットを指している。著者はこのエピソードを紹介しながら、ヒットから24年もたつのに、クリントンは女性としての自分の生き方を語るときにこの歌を持ち出したこと、しかもシカゴ育ちのインテリ女性の中にすら、この歌が居座り続けていたことを指摘している。

本書ではこのほか、歌の中の英雄ジョン・ヘンリー、「殺人」の歌、ニグロ・スピリチュアルに秘められた暗号（北部への脱出経路を示している?）など、歌詞を巡る様々な謎解きが、長年の調査と推論に基づいて展開される。

ちなみに、カントリーを好むのは共和党支持者というデータもある。日本における演歌のように、アメリカの一般大衆が愛する文化を知るためには、絶対無視できないジャンルである。アメリカ大衆文化の奥深さと広がりを知るためにぜひ一読をお勧めしたい。

評・久保文明（東京大学教授）

ひがし・みちお　41年生まれ。作家。著書に『ケンタッキー・バーボン紀行』など。

二〇一〇年五月二日⑦

『ハナシがうごく！　笑酔亭梅寿謎解噺（なぞときばなし）4』

田中啓文 著

集英社・一九九五円
ISBN9784087713411／9784087467567（集英社文庫）
文芸／アート・ファッション・芸能

ちょっとおつきあい願います。金髪頭の元バイク乗りの竜二くんが落語家の偏屈おやじ、笑酔亭梅寿に弟子入りしてもう3年。落語のネタと謎解きが重なる趣向のこのシリーズも4冊目になりました。早いでんな。

落語ブームとかいわれても古典落語を生で聞く機会はあまりありませんが、この本ではネタになっている上方落語を月亭八天が解説してはるんで、ご存じない方でも楽しめるようになっておりますからご安心。

今回は、年季明けを迎えた梅駆（ばいく）こと竜二が「落語って何や」という疑問を、登場するいろんな落語家の落語観に接するたびに考えてゆくという、竜二の成長物語の趣がございます。

音声処理してCDに録音した落語は「死んだ落語」なんか、しかし、ミスばっかりでお客を笑わせられへん落語も死んでるんちがうか。竜二は現代の青年として落語の将来を考えます。

そのぶん謎解きの味わいは薄うなりましたが、上方落語に少ないといわれる人情噺の風味が増して、魅力的になりました。

私の好きな「猫の忠信（ただのぶ）」も使われておりますが、決して「ただ読み」はしたらあきまへん。

評・田中貴子（甲南大学教授）

二〇一〇年五月二日⑧

『井上ひさし全選評』

井上ひさし 著

白水社・六〇九〇円
ISBN9784560080382
文芸

本書を書店で見かけた読者は、少々おじけづくかもしれない。本文だけで800ページに迫る分厚さに。でも、心配ご無用、とっても読みやすい。

直木賞、山本周五郎賞、吉川英治文学賞、大佛次郎賞、岸田国士戯曲賞……。先日亡くなった井上さんが、1974年から昨年まで審査を担当した文学、戯曲などの賞の選評を網羅したものです。

だから、収められた370余の文章自体の一つ、一つは、とても短い。どこからでも読める。だからといって、内容が薄いなんてことはありません。

真摯（しんし）かつ、凝り性な井上さん。自称、「三文検事」と「五流弁護士」の間を揺れながら、時に厳しく欠点を「告発」し、また、美点を熱く「弁護」する。そんな、文章そのものが、一編のエッセーと化しているのが芸でしょう。「小説――文章をもって『天地を動かす』仕事である」なんて、文学観もそこここに顔をのぞかせます。

選評を「鏡」に、読んだ作品を思い出すも一興。未読の作品も読みたくなってくる。だけど、井上さんの新しい文章はもう読めない。ただただ合掌のみ。

評・四ノ原恒憲（本社編集委員）

二〇一〇年五月九日❶

『完本　ジャコメッティ手帖　I』

矢内原伊作 著　武田昭彦ほか 編
みすず書房・七八七五円
ISBN9784622075080　人文／アート・ファッション・芸能

鬼気迫る創造の現場

マルデTwitterノヨウナメモ的ナ日記ヲ片仮名ト仏語デ語ル哲学者矢内原（以下Y）ハAlberto Giacomettiノモデルヲ5度ノ渡仏ヲ通シテ務メタ。ソノ間ニ交ワシタ二人ノ緊迫シタ芸術論カラ芸術ノゴーレムノヨウナAlbertoノ狂気ノ創造世界ガ浮カビ上ガッテクル。Yヲ「美シイ」ト褒メタ画家ハ、見エルママニYヲ描クガ、ソノ行為ノ中身ハ、絶望、凄惨《せいさん》、鬼気、破滅、苦悶《くもん》、咆哮《ほうこう》ガ渦巻ク。

Picassoヲ否定シ、大衆看板絵ニリアリティーヲ見、エジプト絵画ヤRousseauヲ愛スル、ソンナAlbertoニ、我ガ哲学者ハ知的挑戦ヲ果タス。Yガ日本ニハ哲学ガナイト嘆クト、画家ハ、哲学ハ精神ノ貧困ノ証拠ダカラ「ナイコトハイイ」コトダト、軽クカワス。

サラニYハ日本人ノ西洋ノ物マネヲ叩《たた》クガ、日本ノ哲学ハ元々西洋カラノ輸入デハナカッタノカ。マタ伝統主義者ニモカカワラズYハ日本ノ歌舞伎ヲ異国趣味デ俗悪ト論ジ、「歌舞伎ノ限界ハ日本ソノモノノ限界」ト日本批判ニツナゲル。思ワズアレアレト首ヲカシゲタクナルガ、芸術ノ巨匠ハ「日本ノ芝居ヲヨクナイ、トイウ奴《やつ》ハ馬鹿ダ」ト、一蹴《いっしゅう》シタ。

Yノ日本批判ハ映画ニモ及ビ「羅生門」ハ西洋的ダト言エバ、同席ノJean Genetガ「教養ハ興味ナイ。イイカ悪イカダケダ」ト、我ガ哲学者ノ評価ヲ一顧ダニシナイ。コンナ問答ガ随所ニメモラレテイルガ、哲学者ノ知ニ対シテ芸術家ノ本能ガ、Yノ構築サレタ観念ヲハチャメチャニ揺ルガス。

ソレニシテモ最後マデ残ル疑問ハ、Yガモデルヲ続ケル必然性ト彼ノ思惑ノ不透明サダ。画家ハYヲ必要トスルガYハ何ヲ？　画家ニ奪ワレル魂ノ陶酔？　ソレトモ評伝執筆？　或《あ》ルイハ画家夫人Annetteトノアバンチュールナノカ？　トモアレ、コノ本カラ伝ワッテクル気配ハ、画家ノ魔力ガ哲学者ヲ悲劇的虚無ニ追イ込ムノデハ？トイウコト。身体ヲ張ッタ哲学者ニシカ書ケナイコレ以上ノGiacometti論ハ、ドコヲ探シテモナイダロウ。乞《こ》ウ続編。

評・横尾忠則（美術家）

やないはら・いさく　1918〜89年。哲学者。著書に『ジャコメッティとともに』など。『〜手帖Ⅱ』は今月下旬に刊行予定。

二〇一〇年五月九日❷

『ブギウギ』

坂東眞砂子 著
角川書店・二二〇五円
ISBN9784048740371／9784041006443（角川文庫〈敗戦前〉）・9784041006450（〈敗戦後〉）　文芸

痛快ミステリー　実に面白い！

実に面白い。時代は敗戦前夜から戦後。舞台は、鄙《ひな》びた箱根の温泉宿から東京へと飛び、登場人物も異色だ。Uボートの乗組員や、生体実験などで「死の天使」と恐れられたヨーゼフ・メンゲレを彷彿《ほうふつ》とさせるような人物、さらにアメリカの情報将校など、一癖も二癖もある男たちが入り乱れる。主人公はドイツ留学の経験のある心理学者の法城と、Uボートの乗組員たちが収容されている箱根の旅館「大黒屋」の女中リツだ。

ネッツバント艦長率いるUボートは、アルゼンチンに向かう途中に立ち寄った東京湾でアメリカ軍の攻撃で沈没した。ネッツバントは、第三帝国復興のカギを握る最新秘密兵器の設計図を写したマイクロフィルムをアルゼンチンのナチの残党たちに届ける密命を帯びていたのだ。しかし箱根で水死体となって発見される。自殺か他殺か。他殺なら誰が、どんな理由で。事件の謎を追う法城は敗戦と占領の底知れない「夜と霧」の中を彷徨《さまよ》い、敗戦国の、そして戦勝国の暗部を垣間見ることになる。

歴史からほとんど消されたような敗戦前夜の日本在住のドイツ人たちの動静に新たなスポットが当てられ、虚実ない交ぜになった戦後史のもう一つの「始まり」が浮かび上がってくる。それを体現するリツこそ、この物語の真の主人公である。「リツ、ビューティフル」と囁（ささや）くネッツバントの部下パウルとの情交は、リツにとって初めて味わう愛のさざ波だった。後にその関係がリツを事件に巻き込むことになるのだが、そうとは知らないリツは、ジャズの軽快な音楽に惹（ひ）かれるように東京へ出て行く。生き延びていくリツの生命力の、何と旺盛なことか。

やがてリツの身にも危険が迫る。リツを追う法城。手に汗握るスリルの連続だ。そして事件の真相が暴かれ、法城は、不運にもアメリカの影のもとで生きざるをえなくなる。だがリツは違う。戦争なんて、敗戦なんて糞（くそ）食らえ。古い女を忘れて新しい女に生まれ変わるべく、したたかに生きていく。「カモン・ブギウギ」。リツの歌声と同様、ミステリーのオチは痛快だ。

評・姜尚中（東京大学教授）

ばんどう・まさこ　58年高知県生まれ。97年『山妣（やまはは）』で直木賞。『血と聖』ほか。

二〇一〇年五月九日③　文芸

『歪(ゆが)み真珠』
山尾悠子 著
国書刊行会・二九四〇円
ISBN9784336050212

舌の上で転がし続けたい掌編集

青金石（ラピスラズリ）がバロック真珠に変成するまで、約7年の歳月がたった。執筆時期がまちまちの掌編集である本書もまた、一つの伝説として語り継がれることになるに違いない。

1970年代の終わりにデビューし、85年にいったん筆をおいた著者自身の存在は、すでにファンの間では伝説として語られている。本書では、現実世界と隔絶したどこかの都市を多く舞台に選び、衒学（げんがく）的というのもはばかられる著者独自の言語空間が繰り広げられる。掌編集であるゆえに味わえる濃厚に凝縮した世界の久々の登場をまずは祝福したい。

鏡、人魚、海、祝祭、そして廃虚などのイメージが無限に続くかのようにちりばめられ、一編ずつ舌の上に転がし続けていたい気がする。それは、著者が影響を受けたという澁澤龍彦とも異なる光を放っていて、「劇場としての都市」の創造は独自のものである。前著『ラピスラズリ』や旧作とつながる作品も収録されているが、未読読者が手に取りにくい本ではない。不可思議な物語にひたりたいとき、本書は格好の水先案内人となる。著者が構築した（しかしそれはほとんど最後には破壊され、廃虚と化すのだが）世界は読書の快楽に満ちているから。

タイトルは、真円でなく歪みをもった真珠の意味だが、著者の紡ぐ物語はすべてどこかあらかじめ歪み、欠落している。まるで、著者が好むという17世紀の画家、モンス・デシデリオの、音をたてずに崩壊してゆく過剰に装飾された都市のようだ。静かな滅びの雰囲気は、三島由紀夫の『中世』も思わせる。

著者はかつてインタビューで「世界は言葉でできている」と語った。だが、なぜか「感想を述べる言葉がない」という読後感を耳にすることがある。言葉で語れない矛盾をはらむ本書は、確かに安易なジャンル分けや批評を拒むところがあろう。

ただ、私はややファロス的な澁澤と対峙（たいじ）する、企（たくら）まざる韜晦（とうかい）やウイット、ジェンダー意識を、疾走を止（や）めぬアタランテや通過する美神の圧倒的な威力を持つ背中などに感じるのだが。

評・田中貴子（甲南大学教授）

やまお・ゆうこ　55年生まれ。作家。『夢の棲（す）む街』『オットーと魔術師』ほか。

『グローバル・インバランス　歴史からの教訓』

バリー・アイケングリーン 著
畑瀬真理子、松林洋一 訳
東洋経済新報社・二五二〇円
ISBN9784492654323
経済／人文

動揺する国際経済への羅針盤

２００７年以降の金融危機で米国の経常収支赤字、中国の黒字という不均衡（インバランス）はどのような役割を果たしたのか。直近のギリシャの財政危機のヨーロッパ全体への今後の波及の程度は。ドル、ユーロ、さらに中国元の国際通貨としての将来は。こうした問題を考えるヒントを与えてくれるのが本書である。

第２次大戦後前半のブレトンウッズ体制についての標準的理解によれば、「中心国」米国のドルと金との相対価格、またドルとその他通貨の交換比率を日本やヨーロッパの「周辺国」が安定的に維持しようと努力した。日本等の一部の国は低めに維持された為替レートをも利用して輸出主導型成長を遂げた。これに対応して、最近の国際通貨・金融システムを新ブレトンウッズ体制と呼ぶことがある。中心国は依然として米国だが、周辺国は中国を中心とする東アジア諸国、その他の新興諸国である。やはり周辺国の多くは米ドルへの固定レートに近い通貨体制を採用し、東アジア諸国中心に輸出主導型成長に成功した。一部の論者は中国内陸部等の労働者予備軍の存在のため、この体制は当面維持可能だとする。

本書の大半は金融危機発生以前の執筆になるが、著者は新ブレトンウッズ体制の維持可能性に疑問を投げかけている。現在の体制の周辺国は、戦後前半のそれよりも多種多様であり、体制の維持への強い意志に欠けている。ドルに代わるユーロという選択肢もある、等である。

現実には、新体制の動揺は著者の主張したメカニズムではなく、中心国米国の住宅・金融バブルの崩壊という形をとった。経常収支不均衡もかなりの縮小を見せた。他方、米ドルとの固定為替レート維持の努力はむしろ強化され、それもあって中国等では経済が過熱、為替政策の今後が大きな注目を集めている。このような当面の経済動向については本書では日本語版への序文に興味深い考察が含まれている。それにも増して、国際経済学、経済史の両方に通じる著者の戦後全体に関するさまざまな主張は、適切な羅針盤を求めるわれわれにとって有益である。

評・植田和男（東京大学教授）

Barry Eichengreen　52年生まれ。米国の経済学者。

『天国旅行』

三浦しをん 著
新潮社・一四七〇円
ISBN9784104541065／9784101167626（新潮文庫）
文芸

生への希望　ほのかに「心中」の影

読みはじめてすぐ、一枚のＣＤみたいな短編集だなと思った。ジャケットはフィンランド随一のイラストレーター、ハーパニエミの幻想的で毒のある作品。タイトル「天国旅行」は２００４年に解散したロックバンド、ザ・イエロー・モンキーの曲。ミュージシャンは三浦しをん。

テーマは「心中」である。行き着いた先の天国は居心地がいいのか、怖いのか。まずはどきどきさせてくれるアルバム、いや新刊なのだった。

七篇（へん）ひとつずつ、テーマを変奏させながら自在につないでゆく。富士の樹海をさまよう男。純愛を貫いた相手へ宛（あ）てる遺言。妻子を持つ男との前世を信じてのめりこむ女。屋上に立って群衆を眼下にしながら、死を駆け引きの道具にして手を握りあうふたりの女子高生……ボーイズ・ラブやトリッキーな要素もあちこちに仕掛けられている。

―ロマンティックに泣かせたりしない。心中そのものに情念をほとばしらせたり、カタルシスをもとめたりもしない。むしろ熱や甘さを嫌うかのように、つねにどの物語も、それまでの、またはこれからの生の時間へ向けられている。

「もうやめちゃいたいよなほんとにとつぶやきながら根岸は理紗の下半身だけ脱がせ、腰を動かす。（中略）のしかかる男の影は夜に似た黒さで理紗の視界を覆いつくす」（「君は夜」）

かんたんに死なせはしない物語だから、いずれも勁（つよ）いしなりがそなわっている。心理のうちがわに執拗（しつよう）に侵入し、一篇ずつ文体まで変えながら人物像を描きだすさまが、とても三浦しをん的だ。言葉を追ううち、物語のなかにきゅうっと軟禁される心地をあたえてくる。

近松「曽根崎心中」の道行文にこんな凄絶（せいぜつ）なくだりがある。

「あれ数ふれば　暁の七つの時が六つ鳴りて残る一つが今生の　鐘の響きの聞き納め」

しかし、「天国旅行」はちがう。「残る一つ」七篇めは、一家心中ののち生き残った男が明日の光をさぐる物語。「心中」をテーマに終盤まで鳴らしつづけるのは、生への希望と執着の旋律なのだった。

評・平松洋子（エッセイスト）

みうら・しをん　作家。『まほろ駅前多田便利軒』で直木賞。『秘密の花園』など。

二〇一〇年五月九日⑥

『ちょっと怠けるヒント』

松山巖 著

幻戯書房・二六二五円
ISBN9784901998567

人文

機械にはなれない人間だもの

日々の我が営みを見て、おおかたの人々が下す評価は、どうも「怠け者」ということらしい。認めるにやぶさかではないが、世間の、「怠け者」を見る目は、決して優しくない。どこかで一矢を報いたい。そう思い続けてきた者にとっては、このタイトルは福音とも響く。

松山さんは、一つの逆説を提示する。人類は、生活を便利にしようと様々な物を発明発見し続けてきた。雑多な仕事、手順を整理し、面倒をなくしていくその作業は、できる限り怠けようとしてきたことになる。でも、その結果、新たに増えた雑多な作業に追いまくられているのが現代ではないか。人々は疲れ果て、精神を病む。怠けようとして、ますます怠けられないのはなぜか、と。

どこかで、世間を動かすルールが変わるのだ。便利になるとは、「効率」が、重視される世界に移行するということだ。そのルールが、いつしか、人間の働き方、生き方にも適用されはじめる。最も効率よく働くには、機械と化せばよい。しかるに、生身の人間は機械とは違う。感情もある、疲れもする、疑問も持つ……。少しでも怠けを許容しないことが、「現代の病」の根源ではないか。

漱石、子規を始めとする東西古今の文学、土地開発で消えゆく路地の効用、建築において、一見無駄にみえる「木組みの遊び」や「タイルの目地」の働き、レビストロースが説いた「器用仕事」の現代性、ホイジンガの『ホモ・ルーデンス』で説く「遊び」の意味……。

様々な観点から、「怠ける」ことがもたらす美点を、自称「怠け者」の松山さんらしく、ゆったりと、寄り道しながら言挙げしてゆく文章は、どこからか、警世の書と化す。

誤解されては困る。著者は「だらだらと怠ける」ことを勧めはしない。それは「肉体的、精神的に疲れる」だけだ。誰でも必死に生きざるを得ない。だから「ちょっと」、そしてどこか「切実に」と。易（やす）きに流れ、酔いに時を忘れる我が暮らしは、やはりただの「怠惰」にすぎないのか、と恥じ入るのみ。

評・四ノ原恒憲（本社編集委員）

まつやま・いわお　45年生まれ。作家、評論家。『うわさの遠近法』など。

二〇一〇年五月九日⑦

『戦間期日本の社会思想　「超国家」へのフロンティア』

福家崇洋 著
人文書院・六〇九〇円
ISBN9784409520574

政治／人文

「国家至上主義から人間をどのようにすれば解放できるか」

そんな問いを発した著者がとりあげるのは、これまで「ファシズム」と見なされてきた思想と運動である。本書は、「極端な国家主義」と理解されてきた思想の中から、国家を超える構想（「超国家」）を微細に抽出する。

特に著者が注目するのが、高畠素之らの国家社会主義であり、彼らが参加した「老壮会」である。1918年に開会した老壮会は、共産主義者からアジア主義者、そして軍人まで多種多様な人物が参加し、喧々囂々（けんけんごうごう）の議論が展開された。著者はここに「既存の対立軸を溶解させる取り組み」を見いだす。そして、異質な他者との関係の中から国家の変革を模索したプロセスに「超国家」への契機を垣間見る。

しかし、この取り組みは成功しなかった。20年代以降の国家社会主義者たちは、イタリア・ドイツのファシズムに「超国家」の可能性を見いだそうとするが、その流れは最終的に国家統制の流れにのみ込まれた。

このアイロニカルな顛末（てんまつ）をどう見るべきか。時代との葛藤（かっとう）の中で潰（つい）えていった思想の可能性を、本書は現代に逆照射する。　評・中島岳志（北海道大学准教授）

二〇一〇年五月九日⑧

『ベイツ教授の受難』

デイヴィッド・ロッジ 著　高儀進 訳
白水社・二九四〇円
ISBN9784560080559

文芸

英米文学には「キャンパス・ノベル」という緩やかなジャンルがある。その中でも本書は「地方都市のあまり有名でない大学の、あまり冴（さ）えない文系教授」を主人公にしたコミカルで風刺的なタイプの作品。日本なら筒井康隆の『文学部唯野教授』などがそれに近いだろう。

言語学者のベイツは60代半ば。体のいいリストラにあい、難聴の悪化もあって、大学を早期退職する。自由な生活を謳歌（おうか）するつもりが、趣味のインテリアで事業を成功させた妻の社交のお供や、ボケだした実父の老老介護が重なり、先生は人生の悲哀を惻々（そくそく）と感じるのだった。ところが、そこに「遺書の文体分析」を論文課題とするセクシーな女学生が指導を請いに現れて……。

ロッジの筆が冴えわたる。言語学とはこんなに精気に満ちたなまなましいものだったか。デフ（聾（ろう））はデス（死）への入り口などとベイツ教授は自虐的なことを言うが、とんでもない。作者は本作を「引退キャンパス・ノベル」と呼んでいるそうで、これからの高齢化社会では老後こそ描かれるべき。枯れてなお意気盛んなベイツ先生、カムバック！　評・鴻巣友季子（翻訳家）

二〇一〇年五月一六日③

『長塚節「土」の世界　写生派歌人の長篇小説による明治農村百科』

山形洋一 著
未知谷・二六二五円
ISBN9784896422924

文芸／社会

比類なき自然の描写　再評価

『土』は、島崎藤村と同じ自然主義文学の作品だが、描かれた世界が極貧の農村の四季とその生活風土であったためか、農民文学扱いされ、同時代にはあまり評価されなかった。けれども朝日新聞の連載小説として世に問われて百年、『土』を愛してやまない日本人は、評者を含めていまもちゃんと存在する。

驚くことに、著者は文学者ではない。主に国際技術協力の任にあった農学博士である。そんな人がある日偶然、『土』を読み、冒頭の冬の西風の文章表現に鳥肌を立てる。日本人にとって『土』を読むというのは、まさにそういう経験である。いまはない百年前の関東平野の寒村に吹きすさぶ風を、いきなり行間に体感してしまうのである。

さて筆者は、いかにも研究者らしい手つきで作品世界を綿密に調査、分類する。たとえば農機具を含めた生活道具、住居、衣服、食などのモノから見た明治末期の貧農の生活目録。またたとえば小作と地主の関係や、婚姻の形態などの明治の村社会の実態研究。そしてさらに、近代化の波が押し寄せるなか、人びとの価値観が揺らいでいた過渡期の農村の実像などなど。それは、筆者の目指した「明治農村百科・西茨城編」にふさわしい子細さであり、長年の『土』の愛読者をも刮目（かつもく）させるに十分な内容であるが、本書はもちろんそれだけでは終わらない。

『土』は、自然の風物を描きだす日本語表現において実に比類ない小説であり、四季のさまざまな描写こそ『土』の醍醐味（だいごみ）だからである。そこで筆者は、正岡子規の門弟だった節の短歌と比較するかたちで、『土』から春夏秋冬の描写を抜き出し、短歌では描き切れない自然の大きな時間と空間が、節をして小説の表現へと走らせたのではないかと思いを巡らせる。

冬の夕暮れ、痩（や）せこけた雑木林が続く台地に西風の塊が打ちつける風景で『土』は始まる。そこを行くのは、土埃（ぼこり）にまみれて艶（つや）も失（う）せた髪をした貧農の女である。そう、流行（はや）りの3D映画でもけっして描けない、百年前の農村風景そのものに、私たちは『土』で出会うのである。

評・高村薫（作家）

やまがた・よういち　46年生まれ。農学博士（応用昆虫学）。『おもしろく学ぶネパール語』。

二〇一〇年五月一六日❹　文芸

『団地の女学生』

伏見憲明 著

集英社・一二六〇円
ISBN9784087713398

語り得ない過去を抱え生きる人々

本書には、表題作である短編「団地の女学生」と中編「爪（つめ）を噛（か）む女」という二つの小説が収録されており、どちらも都市のベッドタウンにあるうらぶれた団地が舞台になっている。団地は、一軒家のような個性があるわけでもなく、かといって高級マンションのように無機質でもないし、若者や学生の暮らすアパートとも異なる佇（たたず）まいをもっている。外部の人間にはうかがい知れないマンモス団地の内奥だが、伏見が描くとそこがアジール（＝聖域、自由領域）的な雰囲気を醸し出すから不思議だ。

主要な登場人物は、派遣ヘルパー、落ち目の歌手、ゲイの売れない作曲家、84歳になる老女など、もうすぐ不惑を迎えようとする中年男女と他人の手助けを必要とする独居老人たちである。それぞれは赤の他人でありながら、同じ団地内に長期間暮らしていることによって緩やかな繋（つな）がりが生まれ、そのつかず離れずの距離感が、語り得ない過去を抱えて生きる人間の内面を浮かび上がらせる鍵になっている。

「爪を噛む女」は、団地に住む老人のホームヘルパーをしている美弥が、中学時代の同級生で歌手として大成功した都と20年ぶりに出会うところからはじまる。有名になった元同級生と接するなかで、美弥は嫉妬（しっと）や羨望（せんぼう）の入り交じった複雑な感情を煮えたぎらせる。最初から最後まで彼女のダークサイドがこれでもかというくらい詳（つまび）らかに描かれるのだが、読後は暗い気持ちになるどころか清々（すがすが）しささえ漂う。それは、人間のいやらしい部分を直球で描きながら、根底にジェンダーやセクシュアリティーの問題に長年関（かか）わってきた伏見ならではの、ユーモアと愛情と肯定があるからだろう。

「人間の一生というのは、語りえないものの中にこそ、その人の生きた本当がある」と呟（つぶや）く美弥は、友人や介助する老人に対して心の中で激しく毒づきつつ、人と触れあうなかで気づかぬうちに自分自身を見つめてもいた。辛辣（しんらつ）なのに温かい。ぼくはその人間らしさに惹（ひ）かれてしまうのだ。

評・石川直樹（写真家・作家）

ふしみ・のりあき　63年生まれ。作家。『魔女の息子』『欲望問題』など。

二〇一〇年五月一六日⑤

『神話が考える　ネットワーク社会の文化論』

福嶋亮大 著
青土社・一九九五円
ISBN9784791765270
文芸／IT・コンピューター／ノンフィクション・評伝

「私」ではなく「環境」こそが考える

現在二十九歳の著者は、批評家・東浩紀の──とりわけ『動物化するポストモダン』の──決定的な影響下から出発した新世代の批評家である。この一見奇妙なタイトルには「客体の優位性」、すなわち私たちの「主体」が考えるのではなく、「環境」が考えるのだ、という主張が込められている。

もちろんそれだけでは、ポストモダン的「主体の死」のゼロ年代バージョンに過ぎない。しかし、著者のもくろみはさらに野心的である。彼は小説やゲームといった文化的営みの一切を、情報処理のプロセスとして記述し直そうと試みるのだ。

このとき「神話」は、情報ネットワークの複雑性を縮減してくれるアルゴリズムとして記述される。あるいは「人間」もまた、ネットワークの結節点（ノード）として、統一性と分散性を兼ね備えた存在、ということになる。

著者は更に『遠野物語』『不思議の国のアリス』といった古典から、『涼宮ハルヒ』『東方Project』など最新のサブカルチャーに至るまで縦横に論じつつ、あらゆるジャンルをフラットに記述するような新しい批評言語をつくり出そうとする。

特に、村上春樹作品における「小さきもの」への注目から「空間的制約の解除」という特性を引き出し、そこから一気に「リベラルな民主主義社会」における「メタ神話」としての機能を読み込む第四章。ここは本書の白眉（はくび）であると同時に、春樹論としても優れたものになっている。

最終章で福嶋は、より多くの意味と神話をもたらす機能を、あらたな批評の役割として提唱する。そう、本書の価値を確かなものにするのは、その理論的妥当性以上に、彼の〝神話への欲望〟の切迫感なのだ。

本書を読み終えた私の中では、新しい批評言語の誕生に立ちあった興奮と同じくらい、理論的な粗さや基本的発想への違和感（とりわけセクシュアリティー分析の回避）を表明したい衝動が高まっている。

しかし、こうした反応こそが、著者が生み出した「神話素」が有効に機能しえていることの何よりの証しなのだろう。

評・斎藤環（精神科医）

ふくしま・りょうた　81年生まれ。専門は中国近代文学。「ユリイカ」などに寄稿。

二〇一〇年五月一六日⑥

『オーディンの鴉（からす）』

福田和代 著
朝日新聞出版・一七八五円
ISBN9784022507341／9784022646736（朝日文庫）文芸

ネット監視の恐怖描くミステリー

インターネット上の書店やオークションを利用していると、商品を奨（すす）められるようになる。現実世界の「いらっしゃい、いらっしゃい、旬の野菜がお買い得だよ」という不特定多数への呼び掛けとは違う。ネット上のそれはピンポイントで私に向けられた「あなたへのお奨め」なのだ。そのように提示された商品が的外れだと、「駄目だなあ、ずれてるよ」と思いつつ、どこかほっとしている自分に気づく。

だが、買い物やオークションを続けるうちに、お奨めの精度は上がってくる。まさに欲しかった本や自分でも存在に気づかなかった大好物を示されると、どきっとする。便利で有り難い半面、不安になるのだ。生身の友人や家族だってこんな真似（まね）はできない。ネット上のどこかに、もう一人の私が保存されているような不気味さを感じる。

『オーディンの鴉』に描かれているのは、この不安を何百倍にも拡大した恐怖だ。パソコンや携帯電話のメール履歴、インターネットの閲覧履歴、ネットショッピングの登録内容、クレジットカードの利用履歴、公共交通機関のICカードの使用履歴、駅やコンビニやマンションの防犯カメラなど、日常に遍在する様々な電子ツールから吸い上げられた個人データが、もしも徹底的に悪用されたら、その人はどうなってしまうのか。

その答えがここにある。鳥肌が立つような迫力。内容の凄（すご）さに加えて、これは現実にあり得る、という体感が怖さを増幅する。「もう一人の私」に追い詰められる主人公の検事に感情移入して読み進むうちに、自分という人間の存在もまたデータの海のなかに溶け出しそうに思えてくる。

「私」とは無数のデータの集まりに過ぎなかったのか。そもそも遺伝子だってデータの一種なんだから……、などと負の連想がどんどん加速してゆく。

手で触れられる生身の意味って、何なんだろう。最後の最後までデータ化されずに残るものは一体何か。そんな読み手側の求める気持ちが、作中人物の魂を生々しく浮かび上がらせる。

評・穂村弘（歌人）

ふくだ・かずよ 67年生まれ。作家。『TOKYO BLACKOUT』など。

二〇一〇年五月一六日⑦

『セレンディピティと近代医学 独創、偶然、発見の１００年』

モートン・マイヤーズ 著 小林力 訳

中央公論新社・二七三〇円
ISBN9784120041037／9784122061064（中公文庫）
科学・生物／医学・福祉

セレンディピティとは、幸運や偶然、ときには失敗のおかげで、予期せぬ大発見に出会うことをいう。もっとも、運だけではだめで、米国の放射線科医である著者によれば、それをとらえる人間の創造性も不可欠だ。

本書は、そうした発見の過程に着目して医学史をたどる。私たちが大きな恩恵を受けている医学上の大発見や発明の多くは、偶然や幸運と、それを見逃さなかった「目」によって生まれたことがよくわかる。

たとえば、ペニシリンは、夏休みで放置された間に生えたカビを出発点に、ロンドンの気象条件などが重なって「天文学的に低い」確率で発見された。肝炎ウイルスも、肝炎とは全く関係のない研究の中で「偶然という奇跡」によって見つかった。

ところが、現在は、最初からねらいの決まった研究がほとんどで、大発見・発明につながるかもしれない冒険心にあふれた研究は、認められにくい状況になっているという。実際にこの20年以上の間、歴史に残る成果は減っているのが実情だ。

研究の短期的な成果が求められがちな今の日本にとっても、示唆に富む一冊といえる。

評・辻篤子（本社論説委員）

二〇一〇年五月一六日⑧

『マデックの罠（わな）』

ロブ・ホワイト 著 宮下嶺夫 訳

評論社・一五七五円
ISBN9784566012561／9784566024243（改訳新版）
文芸

本書は20年ほど前、1度翻訳されたことのある旧作だが、このほど改訳新版として復刊された。１９７３年度の、MWA（アメリカ探偵作家クラブ）のエドガー・アラン・ポー賞を受賞している。

もともとは、少年向けに書かれた小説だから、活字の大きさも訳文も読みやすい。とはいえ、おとなが読んでも十分に楽しめる冒険小説の佳作である。昨今のこってりした翻訳小説に食傷している向きには、一服の清涼剤になるだろう。

狩猟ガイドの若者ベンが、ある事情からハンターのマデックに狙われ、生き残りをかけて砂漠の中をただ一人、逃げ回るはめになる。物語が進行するにつれ、あの手この手と繰り出される攻防の趣向は、サバイバル小説の本道を行くものだ。ベンが持てる知力と体力を振り絞り、必死に生き延びようとする姿は感動的ですらある。一件落着したと思われたあとに、もう一つ罠が仕掛けられているなど、ストーリーテリングのうまさは抜群で、最後まで飽きさせない。

こうした本を、子供のころに読ませておけば、きっと本好きのおとなに育つに違いない。

評・逢坂剛（作家）

二〇一〇年五月二三日❶

『テロと殉教 「文明の衝突」をこえて』

ジル・ケペル 著　丸岡高弘 訳
産業図書・三三六〇円
ISBN9784782801673　政治／社会／国際

災厄をもたらした二つの大きな物語

私たちはさまざまな〈物語〉で世界を解釈しつつ日々を生きている。何かしらの〈物語〉が紡がれることなしに、私たちは自分の生きる世界について知りえない。それは個人や家族の小さな〈物語〉から、国家や民族の〈物語〉までを含む。ある程度の大きさを持った〈物語〉が共有されることは、社会の統合にとって必須であるが、一方で、ときに出現する〈大きな物語〉が、人々をまるごとのみ込んで、厄災をもたらしもしてきた。日本の歴史に即せば、二十世紀半ばの戦争はそのような経験であったといえるだろう。

イスラム研究者であるフランス人によって書かれた本書は、「9・11テロ」以降、世界史の舞台に登場した二つの〈大きな物語〉をとりあげ論じる。表題である「テロ」と「殉教」がそれである。

息子ブッシュの政権に代表される新保守主義陣営が打ち出し、タリバーン政権下のアフガニスタンへの介入から、イラクのフセイン独裁体制打倒に至る軍事行動となって具体化した正義の「対テロ戦争」。アメリカ国内にとどまらず世界の多くの陣営をのみ込んだこの〈物語〉に最初の一章がさかれる。それは失敗の記録である。「対テロ戦争」がむしろテロを拡散させ、穏健なイスラム大衆を過激なジハードへ傾斜させるという、最悪の結果を生んだ。〈大きな物語〉の破綻（はたん）と厄災の様相が、ここでは整理よく述べられる。

続く二章と三章では、アルカイダをはじめとするイスラム過激派が主導し、自爆テロの形で具体化される「殉教」の〈物語〉が俎上（そじょう）にあげられる。イスラム世界の歴史や地勢に広く眼（め）を配りつつ、捉（とら）えにくい地下組織の動向を著者は丹念に追う。その結果、過激派の動きを軸にしながら、むしろイスラム世界の多様性や、さまざまな対立の構図が立体的に浮かび上がることになった。

過激なジハード主義者たちは、ネット社会の特性を利用し、ウェブを通じて「殉教」の〈物語〉の種を蒔（ま）き、そこここで育成する戦略をとりつつあると著者はいう。しかし一方で、多様な〈物語〉を元来備えるイスラム世界が、そうやすやすと単一の〈大きな物語〉にのみ込まれてはいかないはずだとの観測も述べる。そして第四章と終章では、〈大きな物語〉の覇権ではなく、無数の〈小さな物語〉がせめぎ合い混じり合うなかから、異質な人々が共に生きる世界は作られるべきであり、それしか選択肢はないのだと主張する。その実践の場として、イスラム社会と長く関（かか）わってきたヨーロッパの役割を強調するとともに、異文化の自律性を尊重するとしながら、結果的に異文化間の交流を否定する多文化主義への批判を展開する。

目立たない〈小さな物語〉をすくいあげる一方で、〈大きな物語〉を支える悪（あ）しき文学性を批判するのが文学である以上、文学の果たすべき役割は小さくないはずだと、小説家である評者は、明快な論述に一々頷（うなず）かされながら、密（ひそ）かに考えた。

評・奥泉光（作家・近畿大学教授）

Gilles Kepel　55年生まれ。パリ政治学院教授でフランスを代表する現代アラブ研究者。邦訳に『宗教の復讐（ふくしゅう）』『ジハードとフィトナ』『ジハード』がある。

二〇一〇年五月二三日②

『「環境主義」は本当に正しいか？　チェコ大統領が温暖化論争に警告する』

ヴァーツラフ・クラウス 著
若田部昌澄 監修　住友進 訳
日経BP社・一五七五円
ISBN9784822247980

政治／科学・生物／国際

主流派の学説に疑義　刺激的な書

著者はブッシュ前大統領のような共和党保守派の政治家ではなく、長らく社会主義の桎梏（しっこく）の下で自由を渇望したチェコの大統領である。その著者が、危機に瀕（ひん）しているのは環境ではなく人間の自由であると訴える。

経済学博士でもある著者は、地球温暖化を支持する学説を正面から批判する。本書によれば、すべての国が京都議定書に従ったとしても、「温暖化は五〇年ごとに〇・〇七℃しか防ぐことにしかならない」。ただし著者は、環境保護のための施策を否定していない。反対しているのは、環境主義に対してである。

経済成長と技術の進歩によって、十分対応可能であるというのが著者の立場である。そして著者は、環境主義者と社会主義者はどちらも、複雑な人間社会のシステムを無理やり管理しようとしても失敗するであろうと断言する。

本書はいろいろなことを考えさせる。

①主流派の学説は完全に正しいか。もとより、評者には、どちらの学説が正しいかを判断する能力はない。本書は科学者の世界では少数派の意見のようである。ただ、自然科学の歴史を振り返ると、多数派が間違うこともあった。一定の不確かさが残ることは確かである。

②解決策はきわめて徹底的なものでなければならないか。それとも、経済成長を許容するものであるべきか。途上国も含め、経済成長と自由への願望は完全に犠牲にされるべきか。

③関連して、毎日を必死で生きている国内外の人間の幸福と福祉はどの程度尊重されるべきであろうか。これは、家計に年間少なくとも数十万円の新たな負担を負わせてまで、エネルギー効率の高い日本が地球温暖化対策を実施すべきかという問題にも行き着く。

２００９年、国連の「気候変動に関する政府間パネル」の第4次報告書にデータ捏造（ねつぞう）疑惑が発覚したことも記憶に新しい。環境保護を、「絶対的真実」と信奉し、謙虚さに欠けた宗教にしてはならないであろう。批判も多いと想像されるが、刺激的な書であることは確かである。

評・久保文明（東京大学教授）

Václav Klaus　チェコ共和国大統領。経済学博士。

二〇一〇年五月二三日③

『運命のボタン』

リチャード・マシスン 著
尾之上浩司 編・訳　伊藤典夫 訳
ハヤカワ文庫・八八二円
ISBN9784150412135

文芸

死の13階段のよう　恐怖と快感

「横尾さんならどう書評するのか、興味がありますね」

「リチャード・マシスンってどんな作家なんですか？」

「まあ、ホラー文学ですね」

本書は、3月まで書評委員として席を並べた作家・瀬名秀明さんの推薦本で、僕はホラー文学なんて一度も読んだことがなかったけれど、これが実に面白い！

テンポの速い会話と、視覚表現はまるで映画だ。特に人間の五感や自然現象への眼差（まなざ）しが鋭く、ぐいぐいと肉体感覚に攻撃を加えてくる。だから冒険小説でもないのに血が湧（わ）き肉が躍り出す。さらに体の奥で惰眠をむさぼっていたアンファンテリズム（幼児性）がにわかに目を覚まし原初的な死の恐怖と快感がギシギシ音を立てながら開扉するその感覚がたまんない。

全13編の物語は、死の13階段を一段ずつ外していく死に神の手になる作品に思えてならない。どの作品も死の予感がたっぷり盛りつけられ、現実は死に包囲されて、身近な愛の対象に次々と死の吐息が吹き込まれる。そうか、ホラーって死の哲学なんだ。

死者との交流を描く〈わらが匂（にお）う〉なんて作品は映画「奇蹟（きせき）の輝き」みたい。〈帰還〉は、タイムマシンで未来に行った夫が生きているはずの妻の死霊と邂逅（かいこう）し、「人間の人格は肉体がなくなっても独自に存在している」と霊魂の存在を肯定する。コレってまるでV・ウォード監督の「奇蹟の輝き」の世界だよと思ってあとがきを読んだら、原作はリチャード・マシスンその人じゃない！ だったら僕は、この小説をとっくの昔に読んでいましたよ。

瀬名さんは「最後の〈二万フィートの悪夢〉は面白いですよ」と念を押した。この作品もなんと、オムニバス映画「トワイライトゾーン」の中の一編で、この映画の中の白眉（はくび）として僕の記憶にまだ新しい。リチャード・マシスンはすでに僕の中で馴染（なじ）みの作家だったんだと、改めて認識させられました。

ポーや上田秋成や泉鏡花を偏愛する僕にも、ホラー文学の血脈が流れていたというわけか。

評・横尾忠則（美術家）

Richard Matheson 26年生まれ。米国の作家。

二〇一〇年五月二三日❹

『更年期少女』

真梨幸子 著

幻冬舎・一六八〇円
ISBN9784344017986

文芸

大人になんかなりたくなかった

ああ、「青い瞳のジャンヌ」！ 今から30年以上前に雑誌に連載されたマンガ（架空の）ですわよ。未完に終わったけれど、作者は二人いたとか、実は衝撃のラストがあったとか、いろいろな噂（うわさ）があるのですが、ネットの掲示板があって、オフ会が行われるほど熱狂的なファンが今もいますの。

「青い六人会」もその一つ。ミレーユ、シルビアと互いを優雅な名前で呼び合い、フレンチレストランでひととき現実を忘れますの。たとえスープをぢゅるっと吸っても、セーターに毛玉がついていても、そのときだけは「少女」になるんですわ。

いい年をした大人がそんなことしちゃいけないって？ もちろん、みんな本当はいろいろ過酷な生活を抱えていますの。家庭の不和に借金、高齢出産に老母の介護。今の日本では特別な「不幸」じゃないわ。どんな人でも一つくらいは重いものを背負っているの。一番若いガブリエルさんだけはちょっと謎めいていて、自分のことは明かさないんだけど。でも、とっても素敵（すてき）な方だからいいの。

大人って辛（つら）いもの。ええ、大人になんかなりたくなかった。「自立した大人の女性」が嫌いな男がいっぱいいるくせに、年をとったら相応にしろ、妻になれ母になれなんて、どうして強制されないといけないのかしら？ 「少女」になるのは、わたくしたちのプロテストでもあるのですわ。

ところが、わたくしたちの周囲で次々と事件が起こってしまうの。それは誰かの欲望の暴走によるらしいわ。そこに、マスコミが頭を突っ込んでますます事態は混乱して……。

ミステリーを期待なさると、足元をすくわれますわ。謎解きの快感はありませんことよ。トリックは仕掛けられているけどね。それより、メンバーたちを描き出す著者の露悪的な筆を楽しむのはいかが？ デビュー作の『孤虫症』もびっくりしたけど、女の生理的な気味悪さを暴き立てる文体は立派な才能ですわ。

え、これを語っているわたくしは誰かって？ さあ、わたくしは一体何者かしら。うふふふ。

評・田中貴子（甲南大学教授）

まり・ゆきこ 64年生まれ。作家。『女ともだち』『ふたり狂い』など。

二〇一〇年五月二三日⑤

『創造　生物多様性を守るためのアピール』

エドワード・O・ウィルソン 著　岸由二 訳
紀伊国屋書店・一九九五円
ISBN9784314010641　科学・生物

立場の違い超えた人間の「務め」

生物の種が、生まれる速さの１００倍以上の猛烈な速さで絶滅しつつある。約６５００万年前、地球史上5度目の大絶滅では巨大隕石（いんせき）が恐竜を滅ぼした。

6度目の今度は、人類が現代の巨大隕石だという。それが私たち自身の危機でもあることに気づかねばならない。

アリ学の世界的な権威で、今や伝説的な生物学者であり、「生物多様性」という概念を初めて提唱したことでも知られる著者による警告の書である。

「アリ」などの著書で2度ピュリツァー賞を受賞した書き手がつむぐ、生き物たちへの愛情あふれる言葉が胸にしみる。生物の有用性からの多様性論とは一線を画した書でもある。

まずは、天地創造を思わせる書名にたじろがないことだ。進化をめぐる科学と宗教の対立が背景にあるが、著者の意図は、立場の違いを超えた人間としての務めを明らかにすることだ。

種の絶滅というと、私たちはとかく大きな動物に目がいきがちだ。しかし、著者は、植物や昆虫、微生物などの小さな生き物にこそ、もっと敬意が払われるべきだとする。人間が望むような形で世界を運営してくれている。つまり、彼らが作り出した環境に適応することで、人間は進化してきたからだ。

「都市周辺だけのさなぎのような世界」では、人間は本来、健全に生きられないのだ。

問題は、ほとんどの人が自然環境のことを心配しながら、なぜ心配するのか理解していないことにあるという。背景にあるのは、科学教育の不十分さだ。私たちに大きな影響を与える現代生物学が、爆発的に進んで理解が届きにくいこともある。

それぞれ大きな問題だが、解決する道はこれらを一つの問題にすることだという。

鍵は生きた大自然にある。私たちの生命はそれによってかろうじて支えられていることを理解することが出発点という。生物学はどう教えられるべきか。ハーバード大での人気講義の一端も明かされて興味深い。

生物多様性条約の第10回締約国会議が10月、名古屋で開かれる。その前に一読を勧めたい。

評・辻篤子（本社論説委員）

Edward O. Wilson　29年生まれ。社会生物学者。

二〇一〇年五月二三日⑥

『高く手を振る日』

黒井千次 著
新潮社・一四七〇円
ISBN9784103272090／9784101354026（新潮文庫）　文芸

ときめきに満ちた高齢者の純愛

主人公の浩平は古希を過ぎた男。妻に先立たれ、未来のない行き止まり感に苛（さいな）まれている。古いトランクを片付けていると、大学時代に同じゼミだった重子の写真を見つける。一度だけ唇を重ねたことがある。

偶然にも、娘から夫の同僚の母親が重子であることを教えられる。浩平に会いたがっているらしい。娘は、浩平の自宅の電話番号を教えると言う。「七十を越す婆（ばあ）さんだろ」と悪態をついたものの、重子からの電話を待ち続け、やがて、はがきの交換、消息を尋ね合う電話と進み、再会を果たす。

重子に強く勧められ、初めて携帯電話を持つ。メール操作を覚え、やっとの思いで重子にメールを送る。漢字変換がうまくいかない。すべてひらがなだ。〈はやくあいたい〉。この、ひらがなメールの妙な生々しさは、いったいどうしたことだろうか？

ある日、重子が突然、自宅に訪ねて来る。老人ホームに行くことを決め、別れを告げるためだ。目の前のたったひとつのもの、重子を奪われたくない気持ちが強くなる。「私達は茶飲み友達ではない」「ない。絶対にない」。浩平は、重子に唇を近づける。学生時代の思いがよみがえる。

老人を主人公にした恋愛小説は社会問題のテーマに走りがちで、たいてい暗く陰湿だが、本書は違う。古希を過ぎてもまだまだこれほど清純で、美しく、ときめきと緊張感に満ちた恋愛ができるのだ。

年齢を重ねることは寂しい。しかしこんな恋愛もできると思えば、希望がある。高齢化とは、行き止まりに向かっているのではなく、重子に再会した時の「途中だよ、長い長い途中だよ」という浩平の言葉通りなのだろう。タイトルは別れの際、重子が「私に見えるように、(手を)大きく振ってね」と浩平に頼むことに由来しているが、作者が同世代の読者に贈るエールなのだ。

ラブレターから家庭電話、携帯電話、メールという恋愛ツールの移り変わりをあらためて知るのも本書の楽しみだ。

評・江上剛(作家)

くろい・せんじ 32年生まれ。作家。『群棲』『カーテンコール』『一日 夢の柵』など。

二〇一〇年五月二三日❼

『祭りの季節』

池内紀 著

みすず書房・三三六〇円

ISBN9784622075226 文芸/社会

ドイツ文学者、池内紀の十数年におよぶ長い旅、祭りめぐりの足跡がここにある。

北海道木古内の「寒中みそぎ」から長崎玉之浦の「大宝砂打ち」まで、なつかしい三十六の祭礼。北に、南に、こんな祭りがあるのか。伝承行事の綿密な記録に驚くとともに、資料を携え、はるばるたどり着いた土地に佇(たたず)む著者のすがたが浮かび上がる。

「ちょうど私は五十五歳を迎える前で、三十年の教師生活にケリをつけ、べつの生き方を心に決めていた」

祭りの季節を追う。それは、個を生きようとする人生の表明であり、ひとりの日本人として、消えかける地縁社会、根枯れ寸前の伝承文化を手がかりに日本を考察する契機でもあった。

昭和二十年代、夏祭りの夜。羽織はかま、顔におしろい、唇に紅、額に黒いチョボ、つかのま池内少年は武者に変身した。祭りが終われば煌々(こうこう)と明るい境内から一転、暗闇のなかランニングシャツで家路につく――雪洞(ぼんぼり)のように灯(とも)る著者の記憶が、日本人の心の深層に棲(す)む幻影を誘いだす。各地の祭りのにぎわいの彼方(かなた)からひたひたと郷愁の足音が近づき、胸が疼(うず)く。

評・平松洋子(エッセイスト)

二〇一〇年五月三〇日❶

『仕事漂流 就職氷河期世代の「働き方」』

稲泉連 著

プレジデント社・一六八〇円

ISBN9784833419321/9784167838522(文春文庫) 社会

常に不安だから走り続ける若者

社会へのとば口に立つ子を持つ親の一人として、リーマン・ショック以来、若者の就職事情の厳しさは、身に染みて感じてきた。

今の時代、正社員として安定した職を得ることすら難しい若者がたくさんいることについてのリポートは多々ある。ただ、近年、一般的には非常に恵まれたと見える条件で就職しながら、すぐ転職する若者が多いともいう。何が不満で、と言いたくもなるが、実態に深く迫るものは、あまり多くない。本書は、丹念なインタビューと取材で、その欠落を埋めると共に、背景にある社会の大きな変化をも、あぶり出してくれる。

登場するのは、8人の若者だ。就職したのは、全員、バブル崩壊のあと、「就職氷河期」といわれた1990年代中頃から、2000年代前半にかけての時期。東大、早稲田、慶応といったいわゆる「良い大学」から、経済産業省、都市銀行、大手総合商社、外資系コンサルタントなどへ「良い就職」をなしとげた。

そして、数年後、全員、退社し、転職して

いる。多くの場合、別の業種。収入が増えた場合もあるが、大きく減ったケースも多い。

転職の動機は当然様々だ。でも、どこか共通するのは、華やかに見える広告業界への単なる「あこがれ」や、「海外で働きたい」など漠然とした当初の志望動機と、現実の職場とのギャップによる失望ではある。でも、二十歳すぎの若者に、確たる就職観を持て、というのも無理な話だ。かなり上の世代なら、ある年数、下積みに耐えれば、社内で好きな仕事もやれるようになるのに、なんで我慢が出来ないか、と嘆くかもしれない。

でも、我慢できない。彼ら、彼女らの「性格」の問題ではない。終身雇用制を軸とした戦後の高度成長とその残滓（ざんし）がまだあった時代とは、仕事や企業をめぐる価値観が、大きく変わりつつあるからだ。

著者の取材に答えた言葉のいくつかを拾ってみる。世の中全体が膨らんでいた時は、働く個人が現状維持でも総体として自分も一緒に膨らんでいけた。でも、今の右肩下がりの時代の中で、現状維持では「時代と一緒に落ちていってしまう」。

社内の先輩を見ると、かつて安定と豊かさが保証されていた「将来」が「何ていうか、──虚像みたいに目に映った」。だからこんな時代、常に不安を紛らわすため、チャンスを求め「走り続けざるを得ない」。

読後感は、何やら息苦しい。行間から立ち上がる登場人物や、8人と同世代という本書の著者の息づかいも、同様だ。彼、彼女らの、自分探しにも似た、切迫した前のめりの生き方は、どこか独りよがりでもある。今の若い者は、甘いと言いたい人もいるだろう。

でも、この国の将来像や経済状態に明るさも見えない中、彼らが皮膚で感じている危機感は、年齢や就職問題を超えて多くの人々が今や共有するものだろう。簡単に突き放せる他人事（ひとごと）では、ない。

評・四ノ原恒憲（本社編集委員）

いないずみ・れん　79年生まれ。「僕が学校を辞めると言った日」で文芸春秋読者賞。『僕らが働く理由、働かない理由、働けない理由』など。05年に『ぼくもいくさに征（ゆ）くのだけれど　竹内浩三の詩と死』で大宅賞。

二〇一〇年五月三〇日❷

『ラスト・チャイルド　上・下』

ジョン・ハート著　東野さやか訳

ハヤカワ文庫・各八四〇円

ISBN9784151767036〈上〉・9784151767043〈下〉　文芸

双子の妹を少年が執念の捜索

著者のジョン・ハートは、デビュー作『キングの死』で米国探偵作家クラブ賞最優秀新人賞の候補に残り、次作の『川は静かに流れ』で最優秀長編賞を受賞した。3作目の本書も、英国推理作家協会最優秀スリラー賞を受賞したそうだから、久びさの大型新人作家といってよい。

ハートは、家族の軋轢（あつれき）や崩壊を、好んで取り上げる作家らしく、本書もそれを主要なテーマにしている。タイプは違うが、後期のロス・マクドナルドを彷彿（ほうふつ）させる、重厚な小説である。悪くいえば、妙にブンガク的な作風なのだが、ミステリーとしての骨格もしっかりしており、最後まであきさせない。

主人公ジョニーは13歳の少年で、行方不明になった双子の妹アリッサを、友だちのジャックの手を借りつつ、執拗（しつよう）に捜し続ける。父も、妹がいなくなったあと忽然（こつぜん）と姿を消し、残されたのは母キャサリンと、ジョニーの2人だけ。キャサリンは、土地の有力者ホロウェイの愛人になり、薬づけの毎日を送るという、かなり気の重い設定になっている。

しかし、そこへキャサリンに好意を抱き、ジョニーを気遣う刑事のハントが現れて、ほっとさせられる。この、一見ハードボイルド風のハントの存在が、なかなかいい。また、自堕落な母キャサリンにも、どこか毅然（きぜん）としたところが残って、憎めない魅力がある。この2人の造形が、本書の大きな収穫だろう。

事件は子供の失踪（しっそう）が相次ぎ、さらに複数の遺体が発見されるにいたって、異常犯罪者の犯行と分かる。ジョニーは、アリッサもその犠牲になったのでは、と必死に捜索を続ける。その執念が、物語をぐいぐいと引っ張る、大きな力として働く。

かならずしも、ハッピーエンドには終わらないが、崩壊した家族が別のかたちで再生しそうな予感を抱かせる締めは、この重い小説の救いになった。キャサリンにとって、残されたジョニーが〈ラスト・チャイルド〉なのだが、そのジョニーが一度は決裂したジャックと、仲直りするラストはすがすがしく、読後感を爽快（そうかい）なものにした。

評・逢坂剛（作家）

John Hart 65年生まれ。米国の作家。

二〇一〇年五月三〇日❸

『「悪」と戦う』

高橋源一郎 著

河出書房新社・一六八〇円
ISBN9784309019802／9784309412245（河出文庫） 文芸

「本は生物」実践として表現

私たちの多くが生きているのは、自由選択とそれによる幸福追求の社会だ。古代のように規定された「善」という概念は成立しがたい。ならば、その対語の「悪」とはなにか？——刊行前には、作者自ら毎夜ツイッターに登場して、本作の創作過程とモデルを明かす書き込みをし、読者と直接対話して反響を呼んだ、渾身（こんしん）の作だ。

序章は、末っ子の言葉の発達をめぐるお話である。後に続く本編と無縁に見えるかもしれない。しかしこれは「悪」という無形のものを、それと戦う過程を、断固言語によって捉（とら）えていくぞ、という小説家の声明と私には思えた。

人が目をそむけるような外見の「ミアちゃん」。この悪の手先に拉致された弟を救いにいく兄の戦いの物語が、並行世界の構造をとりいれて展開する。世界の破滅を食い止めるため、兄は地獄巡りのごとく恐ろしい目にあい、精神を試され、この世の成り立ちを探ることになる。凄（すさ）まじい苛（いじ）め、制裁のための残虐行為、自殺、殺人……。パラレルワールド的な造りは、東浩紀『クォンタム・ファミリーズ』などに最近しばしば見られるが、本書は近年の色々な話題作を想起させる。壮絶な苛めと攻撃誘発性（バルネラビリティー）の理論では川上未映子『ヘヴン』、善悪の「秤（はかり）」の均衡という概念は村上春樹『1Q84』、「象徴的な死」は阿部和重『ニッポニアニッポン』、家族モデル小説の虚実という問題では柳美里『ファミリー・シークレット』……などなど、ニッポンの現代小説の反射板という側面も見てとれる。

『「悪」と戦う』の「と」は「共に」という意味だと思った、という読者からの反応がウェブ上であった。「悪」と共になにと戦うのだろう？ 実はこの思わぬ「勘違い」にこそ、本作の深い核心が表現された気がする。悪＝敵ではない。本書はこうしたリアルタイムの声をもとりこんで膨らんでいく。一種、感応器としての本であり、本が実は一つの形にとどまらぬ生物（いきもの・ナマモノ）であることを、自身の在り方をもって示してもいるのである。

評・鴻巣友季子（翻訳家）

たかはし・げんいちろう 51年生まれ。作家。『日本文学盛衰史』で伊藤整賞。

二〇一〇年五月三〇日⑤

『明治廿（にじゅう）五年九月のほととぎす　子規見参』

文芸／ノンフィクション・評伝

遠藤利國 著
未知谷・三三六〇円
ISBN9784896422979

1日1句　25歳の子規と日本

柿食へば鐘が鳴るなり法隆寺
松山や秋より高き天守閣

正岡子規の写実的な俳句・短歌はわかりやすく、魅力的だ。彼は明治初期に「ベースボール」が紹介されて間もないころの愛好者でもあり、野球用語の多くを日本語に訳した人物としても知られる。

そんな彼が明治25（1892）年9月から1年にわたって付けていた日記がある。『獺祭（だっさい）書屋日記』。

彼は1日1句、時には簡単な消息を付して、日記を書き続けた。本書は、この子規の1年間を丁寧に追いかけ、彼の俳句と共にその時代を活写する。

子規の生まれは慶応3年。翌年が明治元年であるため、明治の年号は子規の年齢と重なる。

つまり明治25年は、子規が25歳の年。彼にとっては東京帝国大学を中退し、陸羯南（くがかつなん）が社長をつとめる新聞『日本』の記者となった転換点の年だ。著者は、子規が新聞記事を書くための訓練として、自己に課したのがこの日記の執筆だったのではないかと推測する。

「25歳」を迎えた子規と明治日本。両者共に青年期を終え、自らの足で一歩ずつ前へ進もうとしていた。

ただ、子規には大きな不安があった。健康の問題である。

彼は結核を患い、34歳でこの世から去ったが、このころから体調は思わしくなく、時に長期間、病床に伏すことがあった。しかし、彼はその短い生涯を実にさわやかに生き抜き、多くの業績を近代日本に残した。

子規はこの年、『日本』紙上で「獺祭書屋俳話」の連載を行い、俳句の革新運動をスタートさせた。彼は俳句によって当時の世相をたくみに切り取り、俳壇を人気コーナーに押し上げた。

子規の俳句時事評は、明治半ばの日本の政治情勢や社会、そして人々の生活を見事に描き出している。そのユーモアたっぷりの俳句は、子規の才能の豊かさと懐の深さを余すところなく伝えている。

本書は、子規の1年を緻密（ちみつ）に描くことを通じ、明治中期の日本をいきいきと描いている。爽快（そうかい）な読後感が得られる一冊だ。

評・中島岳志（北海道大学准教授）

えんどう・としくに　50年生まれ。翻訳家。訳書に『戦略の歴史』など。

二〇一〇年五月三〇日⑥

『戦後エロマンガ史』

文芸／アート・ファッション・芸能／社会

米沢嘉博 著
青林工芸舎・一八九〇円
ISBN9784883792580

大衆の欲望の行き先を探り続けて

東京都の青少年健全育成条例の問題が、話題になっています。これは、マンガやアニメに出てくる架空の人物も、18歳未満に見えれば性的な描写はNG、というもの。表現の自由を侵す、と反対の声が大きくあがっています。

ではなぜ、日本においてマンガの世界で少女と性は結びついたか。ロリコンマンガや美少女コミックは突然発生したものではなく、日本のマンガ文化の底に、常に流れ続けていたエロマンガという伏流水の中から、必然的に湧（わ）き上がってきたものであるということを、本書は教えてくれます。

エロマンガ誌というと、子供の頃に空き地の隅に捨てられていた、ガビガビになったそれを私は思い浮かべます。本書を見ると、私が空き地のエロマンガを眺めていた頃というのは、エロ劇画誌の創刊ラッシュ、三流劇画ブームといった動きのあった時代のようです。

その源として存在するのは、終戦直後に流行（はや）ったカストリ雑誌。カストリ雑誌の時代から現代の美少女コミックまで、エロマンガの歴史とは、常に大衆の性に対するシンプルかつ湿った欲望の行き先を探り続けていた歴史です。読者の頭の中で、想像力を膨らませることができる余地をマンガがたっぷり与えてくれたからこそ、日本においてマンガとエロとの組み合わせはしっくりきたのでしょう。

今となっては大家、大御所とされる漫画家たちも、若い頃にエロマンガを手がけているケースが多いようです。それは単に若手だったからというだけでなく、エロマンガでしか表現できないものが、あったからではないか。

マンガ評論家であり、コミケ準備会代表でもあった著者は、2006年に死去。本書はその遺作となります。マンガ史とおたく史、そして戦後日本史が絡み合うエロマンガの歴史を知ることは、誰もが持ちながらも見て見ぬふりをしがちな欲望を知ることとなのであり、冒頭の条例改正問題が、特別な人たちだけのものではないことを知るための一助ともなるのでした。

評・酒井順子（エッセイスト）

よねざわ・よしひろ　1953〜2006年。マンガ評論家。『戦後少女マンガ史』など。

二〇一〇年五月三〇日❼

『バンド臨終図巻』

速水健朗ほか 著

河出書房新社・二五二〇円
ISBN9784309271859　アート・ファッション・芸能

「散開」「凍結」「撤収」……バンド解散は様々に呼ばれる。栄華を極めたバンドも、いずれ終わりを迎える。当事者にとっては不幸だが、バンドの生態を知る上で「成功」より「解散」に照準したのは正解だった。

タイトルは山田風太郎の名著『人間臨終図鑑』由来とのことだが、少しでも音楽好きの30〜40代の人間にとっては「本家」以上の面白さ。「ビートルズ」から「羞恥（しゅうち）心」まで、解散の意外な真相はもちろん、「まだ解散していなかったのか！」といった〝発見〟も楽しめる。

バンドとは不思議な生命体だ。幼馴染（なじ）みや気の合う仲間がはじめた演奏が、魔法のようなケミストリーとともに素晴らしい楽曲を生み出していく。バンドの蜜月期間だ。やがて「倦怠（けんたい）期」となり「仮面夫婦」になるにつれ、魔法は醒（さ）めていく。

バンドの結成は偶然にすぎないが、解散は常に必然だという。そう、生が偶然であり死が必然であるように。興味深いのは、まさにその「必然」のメカニズムなのだ。創造と破壊をもたらした200通りの「関係性」を知れば、あの名曲の風景も、ちょっと変わって見えるかもしれない。

評・斎藤環（精神科医）

二〇一〇年五月三〇日❽

『ひとり語り　女優というものは』

吉行和子 著

文芸春秋・一五〇〇円
ISBN9784163725604　文芸／ノンフィクション・評伝

吉行和子って芸術一家のエリートだと思っていた。父は作家、母は有名美容師、兄と妹は芥川賞作家。これだけ並ぶと誰だってそう思うだろう。

しかし、まったくそうではない。父の記憶なし、母は再婚、兄は家に寄りつかず、妹は引きこもり、従って一家団欒（だんらん）の経験なし。ドラマで家長の役を演じた際、家族を前に「いただきます」。なんとこれが初体験。なんだか悲しくて笑える。

喘息（ぜんそく）で学校にまともに行くことができず、将来の夢もない時、芝居を見て「こんな世界があったのだ！」とフィクションの世界の自由さにあこがれて飛び込んだ。自分にふさわしい何かに出会えれば、こんなにも頑張れるんだと勇気づけられる。

兄、吉行淳之介が、バラエティーに出演している著者を見て楽しそうに電話をかけてきた。著者は、そんな兄のためにもっとバラエティーに出ようと思う。いたわりあう良い兄妹だなとうらやましい。

バブル紳士にだまされ借金地獄に。銀行にいじめられる。元銀行員の私は申し訳ない思いがして、頭を下げた。いい話を聞かせてもらったなとうれしくなる一冊。

評・江上剛（作家）

『グーグル秘録　完全なる破壊』

ケン・オーレッタ 著　土方奈美 訳

文芸春秋・一九九五円
ISBN9784163725000／9784167651879（文春文庫）
経済／IT・コンピューター／国際

止まらない進撃　傲慢さもはらみ

グーグルという社名は、10の100乗を意味するグーゴルにちなむという。電子辞書を引けば、小文字で始まる一般名詞として、また、「ググる」の項目もある。「グーグルで検索する」という意味だ。同社の検索エンジンが、現代社会に不可欠の存在であることを物語る。

本書の原題は「Googled」、直訳すれば「ググられた」、あるいは「グーグル化された」とでもいうべきか。世界中で日々飛び交う検索は30億件、検索市場でのシェアは70％に達するという。ヤフーなどの先輩をしのいで、世界はなぜグーグル化されたのか。その結果、メディアの世界で何が起きているのか。同社内外の膨大なインタビューをもとにまとめられた力作である。

グーグルは1998年、シリコンバレーのガレージで産声を上げた。マイクロソフトの創設者であるビル・ゲイツは絶頂期にあったまさにこの年、一番こわい挑戦者は、と問われ、「どこかのガレージで全く新しい何かを生み出している連中」と語ったという。予感は的中、彼が15年で達成した10億ドルの売り上げに、グーグルはわずか6年で到達した。

まだ30代半ばの共同創業者サーゲイ・ブリンとラリー・ペイジの力が大きいことはいうまでもない。2人はスタンフォード大の大学院で出会い、世界中の情報を整理して、だれもが使えるようにすることをめざした。途方もないアイデアだったが、ともに学者の家庭で、すべてを疑って自分の頭で考えよとたたき込まれて育った2人は、互いの存在に力を得て難題に挑んだのだ。

検索は無料、広告で稼ぐ方法を後から開発し、ネットの膨大な広がりを背景に急成長した。新聞やテレビなど伝統的メディアは広告を奪われ、苦境に追い込まれた。

ベテランジャーナリストである著者は、若い創業者のぶれない経営を評価しつつ、技術者としての確信と裏腹の傲慢（ごうまん）さや、社会人としての視野の狭さにも厳しい目を注ぐ。

こんな逸話が象徴的だ。本書の出版への創業者の反応は「ネットで無料公開したら？」。取材費用や出版にかかわる経費はだれが負担するのか、広告か、と問うと、黙ってしまったという。出版に関する認識は、これほど「お気楽」というわけだ。

だが、彼らの認識がどうあれ、また、「邪悪になってはいけない」が同社のスローガンであれ、彼らがかつてない規模でメディアを揺るがしている現実は変わらない。私たちが使えば使うほど質が高まるグーグルのデータベースに、今度は私たちが支配される危険性もある。

著者は、グーグルが慢心せず、ユーザーの信頼を保つ限り、その進撃を止めるのは難しいだろうとする。

とするなら、私たちも、無意識に「ググる」ばかりでなく、その意味を真剣に考える必要がありそうだ。

さて、日本のどこかに、次のガレージはあるだろうか。イノベーションを生む教育や研究開発の環境づくりについても考えさせられる。

評・辻篤子（本社論説委員）

Ken Auletta　米誌「ニューヨーカー」記者。30年以上にわたり、政治、経済、メディアを取材している。邦訳に『巨大メディアの攻防　アメリカTV界に何が起きているか』など。

二〇一〇年六月六日❷

『韓国映画史　開化期から開花期まで』

キム・ミヒョン 責任編集　根本理恵 訳

キネマ旬報社・四四一〇円
ISBN9784873763323　アート・ファッション・芸能／国際

なぜメロドラマ的哀調を帯びるか

百年以上に及ぶ韓国映画史を10の時期に区分しながら、それぞれの時代の映画の特徴を論じてみたら、きっと面白い読む事典ができるに違いない。そんな意図から生まれたのが本書である。その中でとくにわたしの興味をひいたのは、メロドラマ的な「新派映画」の項目である。というのも、生まれて初めて観（み）た韓国映画が、1968年のチョン・ソヨン監督の「憎くてももう一度」だったからだ。

それにしても、韓国映画はどのジャンルであっても、なぜこうもメロドラマ的な哀調を帯びているのか。わたしの中にずっとくすぶり続けてきた疑問だ。だが、それも本書を読んで氷解した。メロドラマ的な感傷は、植民地と内戦、分断と軍政という、過酷なまでの歴史によって強いられた二律背反的な感情の発露だったのだ。他律的であるしかない主体が世界に対して抱く無力感と混乱、葛藤（かっとう）と煩悶（はんもん）。このアンビバレンスは、カンヌ国際映画祭で高く評価されたイ・ドゥヨン監督の「女人残酷史 糸車よ、糸車よ」（83年）やチョン・ジヨン監督の「南部軍」（90年）、まだ「外国映画が劇場街を占領していた」93年に公開され、韓国映画の歴史的な事件とも言われたイム・グォンテク監督の「風の丘を越えて～西便制」。あるいはパク・チャヌク監督の「ＪＳＡ」（00年）や1千万人以上の観客を動員したカン・ジェギュ監督の「ブラザーフッド」（04年）などにも、脈々と受け継がれている。

ただし、そのような感傷的な悲哀の情は、他方では、「韓国映画の理念を最初に提示した映画」であり、韓国映画史の金字塔とも言うべきナ・ウンギュ監督の傑作「アリラン」（1926年）がそうであったように、現実を直視する力強いリアリズムの精神を形影相伴っている。その精神は、今でも、若手監督の作品を含む実に多くの作品に流れているのである。

このような韓国映画史に流れる二律背反のダイナミズムを知れば、「韓流」もまた、単なる一過性の徒花（あだばな）ではないことがわかる。本書を読めば、韓国映画が一層、面白くなるはずだ。

評・姜尚中（東京大学教授）

編者は韓国の映画振興委員会研究委員。

二〇一〇年六月六日❸

『俵屋宗達　琳派の祖の真実』

古田亮 著

平凡社新書・八一九円
ISBN9784582855180　アート・ファッション・芸能

「ダンス」「ジャズ」のマチスと比較

「宗達は琳派ではない！」と本書の帯が言い放った。この一言が本書を手にした動機だった。僕が商業（グラフィック）デザイナーであった20代、宗達は琳派の一派とされながら、同派の光琳の威光の陰に押しやられていることに、宗達に私淑していた僕としてはやり切れない心情を抱いたものだった。

宗達の名作「風神雷神」「白象図」「唐獅子図」のあの魔術的、蠱惑（こわく）的、破壊的なデフォルマシオンの美的ショックと、他人の作品を平気で剽窃（ひょうせつ）する無礼なスピリットがピカソとダブり、僕の中でモダニズムと相克していくのだった。

さて本書の趣旨は宗達を20世紀の画家と同列に美術史に位置づけることで同時代的発展が試みられないかという大胆な仮説を展開していく。その過程が実に欣快（きんかい）小気味よい。中でも宗達の絵の「動き」に着意した著者は、絵のトリミングがまるで時間軸にそって事物を切り取るという現代的造形、例えば映画のクローズアップ効果のようだと言い、今日的な表現の新しさと美を発見する。

一時デザイナーの間でなんでもかんでも写真や図像が不必要なまでにトリミングされるのが妄想的に流行したことがあった。画面内で完結する従来の美意識に対し異議申し立てを主張する行為だったが、そんな現象を振り返ればその時点で宗達はすでに今日の造形感覚を先取りしていたことになるが、本書は琳派を多義的に解体しながら最後は宗達とマチスの親和性に論を進めていく。

僕はピカソと対比させてみたが著者古田亮氏は宗達VS.マチスを近代絵画の文脈の火中に投じることで、美術的視野の境域をどんどん撤収してゆき、マチスの「ダンス」や「ジャズ」を宗達の「舞楽図屏風（びょうぶ）」に重ねながら宗達とマチスの類縁を立証していく鮮やかさに、洗脳の快感さえ禁じ得なかった。

僕が宗達からフラメンコが聴こえると言っても、どうやら宗達とマチスのコラボによるジャズのビートにはフラメンコの哀調のメロディーも掻（か）き消されそうになるのだった。

評・横尾忠則（美術家）

ふるた・りょう　64年生まれ。東京国立近代美術館主任研究官を経て東京芸大准教授。

二〇一〇年六月六日④

『パスタマシーンの幽霊』

川上弘美 著

マガジンハウス・一四七〇円
ISBN9784838721009／9784101292427（新潮文庫）文芸

ほのかに明るくて切ない恋愛短編

汁をこしらえるので、いりこをざっくりとほぐす。裂くというより、粗くほぐす感じ。鈍く光る銀色の「く」の字のなかに肉や小骨がみしっと詰まって、とてもいいだしがでる。七尾めに手をかけたとき、指の腹にびりっと震えが走った。中骨が棘（とげ）になって埋もれたらしかった。針の先ほどの違和感なのに痛みがじくじくと火照り、しだいに熱が広がった。

その半月前の指の腹の熱が、恋愛をめぐる二十二の短編を読み継ぐうち、ふたたび皮膚の奥にあらわれた。ぜんぜん脈絡がない。ではどうして。わたしは本を閉じて思いをめぐらせることになった。

けれども、ふたつの関係はうまく掴（つか）まらない。はっきりさせようとすると、気配を消しておぼろになる。半分あきらめて、ふたたび本を開いて読む。すると、さらに不穏になる。感情の襞（ひだ）、つまり熱や昂（たか）ぶり、傷やかさぶたに息が吹きかけられ、起こされてしまうのだ。

いずれの短編にも、恋愛の揺らぎが幾重にもたくしこまれ、易しくみえながら手ごわい。たとえば、墓地の横手に住む陶芸家、潮入さんの小屋を「わたし」は夜初めて訪れる。

「夜の潮入さんは、昼の潮入さんよりも、乱雑な感じがした。わたしのにぎったおむすびは、夜の潮入さんには似合わなかった」

洗いをかけた文章のなかに、感情の位相がみごとに描かれてぞくりとする。ひとの感情、それも恋愛をめぐる感情は、みずから取り仕切ることができないくせに、おそろしいほどありありと自分を覗（のぞ）きこませるときがある。川上弘美の小説は、そのさまを露（あら）わにする。身におぼえがある者は動転して、苦い場所へ連れだされるのだ。だからいりこの棘の痛みなんか思いだしてしまう。あのときだいじなひとのことを想（おも）って、汁をこしらえていたから。

短編ひとつひとつ、海の底にひとり立って仄（ほの）かに明るい天井を見上げるようなせつなさがある。いや、仄かに明るいから、よけいにしいんとさみしくなるのだろうか。

評・平松洋子（エッセイスト）

かわかみ・ひろみ　58年生まれ。作家。『センセイの鞄（かばん）』『真鶴』など。

二〇一〇年六月六日⑤

『哲学者とオオカミ　愛・死・幸福についてのレッスン』

マーク・ローランズ 著　今泉みね子 訳

白水社・二五二〇円
ISBN9784560080566

人文／ノンフィクション・評伝

11年間、共に暮らして学んだこと

著者のマーク・ローランズは、SF映画を題材にした『哲学の冒険』という作品を日本で上梓（じょうし）している。そのときから彼の主題になっていたのは「他者との遭遇」であった。ロボットやモンスターなどといった異質なものとの出会いを通して自分自身を見つめること、そうした哲学への姿勢は、本書ではオオカミとの生活というより具体的なストーリーによって深化している。

著者は生後6週間のオオカミを買い取ってブレニンと名付け、その後11年間にわたって共に暮らした。彼は本当にブレニンをどこへ行くにも一緒に連れていった。愛犬家のそれのような主従関係とは異なり、時にはブレニンが弟になり兄にもなるような不思議な間柄である。

著者の語り口は努めて冷静で、陰謀や騙（だま）しをはじめとする人間の邪悪性を、オオカミとの対比からあぶり出していく。かといって、オオカミを礼賛し、人間を貶（おとし）めるような単純な物語ではない。動物を擬人化することなく、哲学者らしい示唆に富んだ眼差（まなざ）しでその生態を見つめる一方で、そこに自分自身を相対化させていく。「一頭のオオカミから学んだことは宗教のアンチテーゼだった」とまで彼に言わしめる考察は、従来の人間観を覆すほどの強度をもって読者に迫ってくる。

宗教は常に希望に訴える。しかし、人生で一番大切なのは、希望が失われた後に残る自分であり、運が尽きたときに自分がどのような人物であるか、だという。人生をオオカミの冷たさをもって生きること、それがいかなることかは、本書を最後まで読めばわかるだろう。

読み始めた当初は、孤高のイメージが強いオオカミの野性といかに人間がつきあっていくのかを見守るようにページをめくっていたが、いつしかそんな客観的な態度は横に置き、自分自身の話としてあらゆるエピソードが胸に突き刺さってきた。「人生とその意義についてわたしが知っていることの多くはブレニンから学んだ」と言い切る著者の言に、偽りは露ほどもない。

評・石川直樹（写真家・作家）

Mark Rowlands　哲学者。『哲学の冒険』ほか。

二〇一〇年六月六日⑥

『ケインズ説得論集』

J・M・ケインズ 著　山岡洋一 訳

日本経済新聞出版社・一九九五円
ISBN9784532354114

経済／国際

時代を超えても変わらぬ本質

サブプライムローン問題から始まってリーマン・ショック、そして最近のギリシャ財政破綻（はたん）に至るまで、悲観論に傾きがちの私たち日本人は、将来が心配でたまらない。そのせいか時事問題を易しく解説するテレビ番組や解説本がヒットを飛ばしている。これは日本の置かれている経済、財政状況について正確に理解したいという人が急増してきたためだろう。そんな人のために最適な本が出た。この『ケインズ説得論集』だ。

ケインズといえば、20世紀初めの世界大恐慌からの経済復興をリードした経済学者だ。当時も金融恐慌に端を発し、世界は強烈なデフレに襲われ、失業者があふれた。ケインズは、政府が積極的に関与する財政発動によって経済復興すべきだと説いた。現在と状況はそっくりだ。

ケインズなんか難しそう、解説本の方がいいとおっしゃる諸氏も多いだろう。かく言う私も学生時代にはケインズ本を枕に惰眠をむさぼった口だ。

しかし、本書は時事論集だ。デフレ不況の

真っただ中で雑誌に書かれたもので読みやすいし、分かりやすい。しかも、不思議なことにまったく古臭くない。まるで最近発刊された雑誌上で、ケインズが不勉強な私に現在の状況を懇切丁寧に解説してくれているような錯覚さえ覚えるほどだ。当時に比べて現在ははるかにグローバル化、複雑化しているが、問題の本質は変わらないからだろう。

「ものを買えば雇用が増えます。もっとも、イギリス製の商品を買わなければなりません。国内の雇用を増やすには、国内で生産された商品を買わねばなりません。（中略）国を愛する主婦の皆さんにお願いします。あすの朝早く、町に行き、あちこちで宣伝している大売り出しの店に入ってください。素晴らしい買い物になります」

イギリスを日本に変えて欲しい。日本製を買わなければ国内総生産（ＧＤＰ）は増えない。ＧＤＰが増えなければ、財政再建は不可能だ。子ども手当を配る民主党の本音の一端を、ケインズが代弁しているかのようではないか。

評・江上剛（作家）

J. M. Keynes　１８８３～１９４６年。英国生まれ。

二〇一〇年六月六日⑦　文芸

『夜と灯(あか)りと』

クレメンス・マイヤー著　杵渕博樹訳

新潮社・一九九五円
ISBN9784105900823

「彼が街灯りをどんな風に眺めるか教えてくれたらどんな人間かあててみせよう」とホームズが言ったかどうか知らないが、人間が灯りを見つめる姿は、その人の暮らしや生きてきた道のりを冗舌に語る。そんな風に思わせるのが、本短編集だ。

作者は旧東ドイツ生まれ。本書に出てくるのは、失業者、囚人、元ボクサー、風俗に入れこんで破滅するサラリーマンと、いわゆる負け組の人々。給付金の打ち切りにあい、ホラを吹き、美人局(つつもたせ)をやり、街を去る。電気の止まった暗い部屋で街灯を見つめる老女。夜、眩(まばゆ)いショーウインドーを覗(のぞ)きこむ女を見つめる男。昼間も点(つ)きっぱなしの街灯に苛立(いらだ)ち銃を構える男。警官に連行されしな窓灯りに恋人の裸を見つめる男……。

灯りの輪の中にストーリーが浮かびあがっては消える。ふっと幻影が入りこみ、話し相手が急に入れ替わって別な場面に飛び、別な回想が始まったと思うと、不意にまた違う時間に移る。暗い話ばかりだが、灯りを見つめる目は悲愴(ひそう)感をかわす。そして、生きている限り拭(ぬぐ)い去れない体温のようなぬくみが読後かすかに残るのだ。

評・鴻巣友季子（翻訳家）

二〇一〇年六月六日⑧　社会／国際

『台湾人生』

酒井充子著

文芸春秋・一六五〇円
ISBN9784163725307

「あのころは、自分は日本人だと思ってたよ」と陳さんは語った。台湾で「日本人」として生きる。移住者の話ではない。日本統治期に日本の文化や言葉を教育された台湾人のことだ。明治28（１８９５）年から50年間、台湾は日本の領土だったのだ。

本書は、日本人と同じ教育を受け日本語を使う世代の人々を、１９６９年生まれの著者がインタビューしたものである。著者は通訳を一切介さず、日本語の対話によっていくつもの人生を再現してゆく。流暢(りゅうちょう)な日本語にふと交じる少し拙(つたな)い口調には、台湾と日本とに引き裂かれたアイデンティティーを感じてせつなくなってしまう。

中でも、台湾原住民のパイワン族として生まれた男性の話は貴重だろう。彼は台湾人、日本人、そして原住民という三重の人生を生きたのだ。それを、著者は淡々と聞き書きする。その姿勢が、声高に何事かを主張するより強い光を放っている。

個人にとって「国」とは何かということを再考させる好著である。著者は同名の映画を監督し話題となったが、映画とは別の「台湾人生」を、ぜひ行間から読み取っていただきたい。

評・田中貴子（甲南大学教授）

二〇一〇年六月一三日❶

『これからの「正義」の話をしよう　いまを生き延びるための哲学』

マイケル・サンデル 著　鬼澤忍 訳

早川書房・二四一五円
ISBN9784152091314／9784150503765（ハヤカワ文庫）

人文／社会

何が「正しい」か大学の大人気授業

好きになれない異性が「友だちになってくれないと飛び降りる」と自殺を仄（ほの）めかしてきたらどうする？　先月書評した小説『「悪」と戦う』には実際そういう場面が出てくるのだが、ハーバード大学での講義「Justice（正義論）」をまとめた本書は、そんな究極の選択を次々と突きつけてくる。自由選択による繁栄を旨とする現代社会で、正義はどう規定されるか？　大人気の講義はテレビ放映され、NHKの日本語版「ハーバード白熱教室」も話題だ。

現代における「正しさ」は「（共通）善」とは分離した概念として考えられてきた。正義が「美徳」から出発したのが古代の政治哲学なら、「自由」から出発するのが近現代のそれである。本書は過去の事件や災害を例にあげながら、幸福、自由、美徳の3観点から正義に迫る。18世紀のベンサムの功利主義を振り出しに、ミル、自由至上主義（リバタリアニズム）、カント、ロールズ、アリストテレスの順で論じておのおの問題点を炙（あぶ）りだすという構成は、年代順の哲学史の体裁ではない。しかしこの並び、特にアリストテレスを最後にもってくることで、本書の骨子を入門者にも実にのみこみやすくしているのだ。

例えば、ブレーキの壊れたトロリーがこのままだと5人を轢（ひ）く。退避車線によけると1人を轢く。あなたならどうする？　最大多数の最大幸福を唱える功利主義の検証に用いられるのは、こんな古典的問題だ。人間の快楽と苦痛は単一の尺度で、数字で測れるのか。リバタリアニズムには、当人同士の合意による食人や幇助（ほうじょ）自殺は許されるか？などの問いがぶつけられる。難解なカント哲学のおさらいは特に手厚く、一般にも実感のわく事例をとるので、ドキュメンタリーを読む面白さもある。

最後の2章では、人間の義務と責務は意志や選択に帰するという、カントからロールズに至る近現代の政治哲学に疑問を投げかけ、共同体の連帯（の復活）に重きをおくコミュニタリアンのサンデル自身の立場が明らかになる。現代の倫理は個人の道徳・信仰の尊重を理由に「回避」の姿勢をとってきたという主張には頷（うなず）くものの、共同体意識から生ずる「誇りと恥」を扱う行（くだり）で、合衆国憲法や戦没者の英霊などは「（米国の？）どこの誰でも称賛しうる」と慎重な検証なくあっさり書くとき、著者のもつ愛国心の前提に私はやや怖（お）じる気持ちをもった。

正義へ真摯（しんし）にアプローチする言葉は明晰（めいせき）な輝きをもつ。そこに割り切れない何かが残るとすれば、それが漸（ようや）く文学の扱いうる領域なのだろう。幸福と自由と美徳のどの観点からも解せない死角。集落存続の棄老習俗に基づく『楢山節考』や特殊な性行為の果ての死を描く『みいら採り猟奇譚（りょうきたん）』や選択のない人生を書いた『わたしを離さないで』などを再読してみたくなった。作品の解釈や評価は揺らぐだろうか。哲学の精査に洗われて深化するだろうか。これからの「正義」の話は、これからの文学の話への橋渡しもしてくれそうだ。

評・鴻巣友季子（翻訳家）

Michael J. Sandel　53年生まれ。米ハーバード大教授。講義の名手として知られ、ハーバード大の学部科目「Justice（正義）」は、あまりの人気に一般公開された。

二〇一〇年六月一三日②　文芸

『漢文スタイル』

齋藤希史 著
羽鳥書店・二七三〇円
ISBN9784904702093

漢文の大水脈　日本文学の底に

「晴耕雨読の毎日だった学生は窈窕（ようちょう）たる下宿の娘にふられ、故郷に帰って緑陰読書の生活をした」。ん？　何かおかしい。

無粋を承知で現代語訳してみよう。「寸暇を惜しんで勉学する毎日だった学生は、陶然とするほど美しい下宿の娘にふられ、故郷で読書三昧（ざんまい）に世事を忘れた」となる。あれ？

まるで明治の小説にあるようなこのストーリーは、本書を読んでいて私の頭に浮かんだ作りごとであるが、ここに出てくる「晴耕雨読」「窈窕たる」「緑陰読書」は、現代日本で一般的に知られている意味とちょっと違うのだ。ここでは「晴耕雨読」は「老後は別荘でも買って悠々自適」といった意味ではない。違いの理由は、こうした熟語の多くが漢文に背景を持つからなのだ。

日本の文献が「漢文文化圏」（「漢字」ではないのに注意！）という、漢文と訓読文の二重性を持つ文化の中に位置づけられることを明らかにした著者が、だからといって漢語を「本来の意味」などと言うはずはない。もっとしなやかな思考と思索によって、昨今はやりの「東アジア文化圏」をはるかに超える文脈の世界を描き出している。

従来、日本語・日本文学における中国の影響の研究は大いになされており、古代から近代に至る日中（和漢）比較文学の系譜が存在している。中でも大勢を占めるのが日本文学の出典として漢文文献を指摘するものだ。実際に文物の往来があったので影響はないわけがないが、しかし、危険なのは出典探しに明け暮れて大きな流れを見失うことであった。

著者は本書3章「漢文ノート」の「下宿の娘」の末尾で、「明治小説の外側に漢文学を置いて」影響とか受容を云々（うんぬん）する行為の不毛さを述べている。複数のテクストを結ぶもっと大きな漢文の水脈があることがむしろ大切なのだ、と。そこにはテクストの生成と変容にかかわる問題が横たわっているだろう。

こうしたことが、実に姿形（スタイル）のよい文体（スタイル）で書かれる。話題も硬軟取り交ぜ、緩急自在。まさに佳人の惚（ほ）れる才子ぶりが発揮された一書なのである。

評・田中貴子（甲南大学教授）

さいとう・まれし　63年生まれ。東京大学准教授。『漢文脈の近代』など。

二〇一〇年六月一三日③　社会／国際

『ポジティブ病の国、アメリカ』

バーバラ・エーレンライク 著　中島由華 訳
河出書房新社・一八九〇円
ISBN9784309245157

サブプライム被害でも「前向きに」

ポジティブな考え方をすること（positive thinking）がアメリカ全体を蝕（むしば）んでいると本書は警告を発する。アメリカ人にとって、ポジティブであることはもはやイデオロギーの一部である。これは、前向き、積極的に、そしてよい側面のみを見ようとする考え方、すなわち楽観主義とともに、そう考えるように訓練することも意味している。後者においては、ポジティブな思考はポジティブな結果をもたらすことも強調される。ポジティブ思考を売り込む本・セミナーそして学問（たとえば「ポジティブ心理学」）が人気となり、一つの産業にまで成長している。他方で著者は、こうした思考が、経営者の行きすぎや経済の破綻（はたん）を覆い隠すことにも貢献していると述べる。

翻って考えてみると、アメリカは元来悲観主義の極致ともいえる謹厳なカルヴァン主義によって支配されていた。そこでは、救われているかどうかは神によって一方的に決められると信じられた。

こうした歴史を念頭に置くと、興味深いの

は、宗教の世界にもポジティブ思考を奨励する動きが目立ってきたことである。牧師自らが、信仰でなく、自分がポジティブな態度をとるかどうかが人生を決めると説く。あるテレビ伝道師によると「神はポジティブ」なのだ！

ジョエル・オスティーンらが率いるメガチャーチにこの傾向は顕著である。そこでは、神はスピード違反をした時に罰金を払わずにすむよう取り計らってくれる程度の脇役に押しやられている。そして彼らはサブプライム問題の被害者に、自らを被害者と考えないように説く。

やや誇張と思われる議論や事例がないわけではないが、興味深いアメリカ論となっている。そして、自分はこの種の講演会に大金を払いたくないものだと強く感ずる。

ところで、日本はどうであろう。アメリカと比べると明らかに悲観的な国民であろうか。しかし、少子化時代の到来や年金破綻がわかっていても、本格的な対策はとられない。次は誰か日本について説明して欲しい。

評・久保文明（東京大学教授）

Barbara Ehrenreich　41年生まれ。著書に『「中流」という階級』。

二〇一〇年六月一三日❹

『バーナンキは正しかったか？　FRBの真相』

デイビッド・ウェッセル 著　藤井清美 訳

朝日新聞出版・二六二五円
ISBN9784023308046

政治／経済／国際

日本の失敗から学び損ねた米国

本書は米国の有力ジャーナリストによる2007年以降の金融経済危機時における米国の政策決定過程のリポートである。特に、焦点は連邦準備制度理事会（FRB）のバーナンキ議長の言動、すなわち金融政策と金融システム不安対策にあてられている。本書の特徴は豊富な取材に基づいて政策決定の舞台裏が臨場感を伴って伝えられていること、ポールソン、ガイトナーを含めて政策決定者の人物像に迫っていることである。

本書を読み進むと、バーナンキ指導の下、いろいろな試行錯誤があったものの、「アメリカ的特徴を持つ社会主義」（おそらく危機時にはトップダウンで平時の原則を破ってまで思い切った対応をすること）が貫徹され、危機の拡大が防がれたという見方に著者が傾いているとの印象を持つ。しかし、最終章に至ると、実は著者がバーナンキにかなり批判的であることがわかる。危機発生後の資金供給や金利引き下げが遅れたこと、証券大手ベア・スターンズの実質破綻（はたん）後も大手金融機関への資本注入の準備をしなかったこと、リーマン倒産の波紋を十分予期できなかったことなどである。

これらは的を射た批判であり、著者の金融に対する理解の深さを物語っている。ただ、日本の読者であるわれわれはやや別の視点から似たような感想を抱く。しっかりした破綻金融機関処理スキームがなかった1990年代半ばの二つの信組処理はベア・スターンズ処理に似ている。その後、日本政府は金融機関処理に公的資金を用いるために大変な苦労をする。三洋証券、山一証券の倒産後の大混乱を経なければならなかったのである。これはリーマン後を経てようやく公的資金投入が決まった米国の姿と重なる。つまり、米国は日本の失敗から十分学んでいないのである。

しかしながら本書でもっとも印象に残るのは次のくだりである。バーナンキが妻に電話してFRB議長内定という「『よいニュース』を伝えると、妻はわっと泣き出した。激務であり、彼らの生活を変えてしまうことを妻のほうがよく理解していた」。

評・植田和男（東京大学教授）

David Wessel　米ウォールストリート・ジャーナル紙エディター。

二〇一〇年六月一三日⑤

『地上の見知らぬ少年』

J・M・G・ル・クレジオ 著　鈴木雅生 訳
河出書房新社・二九四〇円
ISBN9784309205359
文芸

見て、感じ取って、聞くだけでいい

「言葉が奏でる音楽」、ル・クレジオの言葉を借りるなら、本書はそういった性質を持った書物ということになる。文字を持たない民族は、歌や神話を用いてコミュニケーションを創出する。それが不可能な工業化された社会において、ル・クレジオは、もう一度言葉以前の世界へと自分を導き、地上に降り立った見知らぬ少年の透徹した眼差（まなざ）しをもって、新しい世界との出会いを描き出そうとしている。

本書は1978年にフランスで刊行されたエッセーを邦訳したものである。小説ではないので筋書きはなく、唯一の登場人物である少年が一人称で何かを物語ることもない。著者は遠くから少年を見つめ、目の前の世界と初めて出会ったかのように、一つ一つの事物を丁寧に描写していく。そこにあるのは主観的な理解や獲得といった姿勢ではなく、光の鉛筆によるデッサンのような、眺めることに徹した末に湧出（ゆうしゅつ）した言葉の連なりだった。

人は歳（とし）をとるにつれて、既知のものに包まれる。数多（あまた）の情報によって多くの物事を知っているつもりになり、視界の端に何かが映っても、反応することなく見切ってしまう。しかし、子どもはそうではない。自分を飾ることなく未知の世界と出会い、その感触を確かめるようにして内に取り込んでいく。あらゆることに反応し、理解しようとする前に全身でそれを受け止める。

名もなき少年は、そうした無識の賢者としてそこにいた。世界からの問いかけに対して言語や知識や思想をもって応えるのではなく、「きらめく瞳やそばだてた耳を通して、多種多様な匂（にお）いを通して、ぴんと張りつめた全身の皮膚やありとあらゆる記憶を通して」応えることができた。

見て、感じ取って、聞くだけでいい。必要なのは媒介なしの思考、増幅された知覚であるという著者の確信は、森の中でインディオたちと暮らした経験に裏打ちされている。本書は、事物を示す記号ではなく、事物そのものを生み出す言葉によって奏でられた優れた音楽のようだ。

評・石川直樹（写真家・作家）

J. M. G. Le Clézio　40年生まれ。作家。2008年ノーベル文学賞。

二〇一〇年六月一三日⑥

『この命、義に捧（ささ）ぐ　台湾を救った陸軍中将 根本博の奇跡』

門田隆将 著
集英社・一六八〇円
ISBN9784087805413／9784041010358（角川文庫）
歴史／ノンフィクション・評伝／国際

果断を下した武人の数奇な人生

ここに取り上げられたのは、一般にはほとんど知られていない元陸軍中将、根本博の数奇な人生である。

1945年8月15日、日本はポツダム宣言を受け入れて、連合国に降伏した。そのとき、根本は駐蒙軍司令官。降伏後は、北支那方面軍司令官を兼務する立場にあった。降伏はしたものの、根本は日ソ中立条約を一方的に破棄し、宣戦布告したソ連軍の非道ぶりを、よく承知していた。司令官として、数万にのぼる麾下（きか）の将兵と在留邦人の命を、彼らの暴虐から守る責任がある。その使命感一つで、根本は武装解除命令を拒否し、なだれ込んでくるソ連を相手に、徹底抗戦を展開する。根本は、その責任を一身に引き受ける覚悟を、決めていた。

根本の果断のおかげで、大多数の日本人が無事に祖国への帰還を、果たすことができた。その陰にはまた、戦後の天皇制維持を容認し、日本人の帰還を助けた蒋介石の理解と、尽力があった。

根本は、このときの恩情を忘れず、のちの国共内戦で蒋介石が危機に陥ったとき、彼を支援するために台湾へ密航した。昭和24年7月のことである。著者はそのあたりの経緯を、根本自身の手記や関係者の証言から、丹念に掘り起こしていく。

根本は、金門島の防衛で軍事顧問を務め、共産軍の上陸作戦を壊滅させて、国民党唯一の勝利に貢献する。もっとも、日本人の力を借りたことは民族的、政治的に不都合とみえて、この事実は台湾でも長いあいだ、伏せられていた。それが、ようやく解禁になったのは、昨年秋のことだという。資料も証人も、ほとんど失われてしまったこのテーマを、よくここまで再構築したものだ、と驚かされる。

蒋介石に関しては、評価の分かれる部分もあるが、著者は本書を根本博の抱く〈義〉一本に絞って、日本人の持つ特質に迫ろうとする。そこが心地よい。

名誉や栄光を求めなかった根本も、死後40年以上をへて台湾で復権されたことを知れば、それなりの感慨を覚えるに違いない、と思わされる。

評・逢坂剛（作家）

かどた・りゅうしょう 58年生まれ。『裁判官が日本を滅ぼす』『神宮の奇跡』など。

二〇一〇年六月一三日⑦

『ジダン　物静かな男の肖像』

パトリック・フォール、ジャン・フィリップ 著
小林修 訳
阪急コミュニケーションズ・二六二五円
ISBN9784484101033　ノンフィクション・評伝／国際

思い出すに、前回のサッカーW杯は、奇妙な大会だった。普通は、優勝国が記憶の核になるのに、後世まで、次のように語り継がれるはずだから。「ジダンが決勝戦で頭突きして退場、引退した、あの大会だ」

一度退いた仏代表チームに復帰、限界説をあざ笑うかのように、全盛時に劣らぬプレーを見せていたジダン。選手生活最高の幕引きとなるはずの舞台が、あとわずかで、突然暗転したからだ。物静かで修道僧のような彼の姿は偽りだったのか、と。

そんな、アルジェリア移民の子として貧民街に生まれたジダンの足跡をたどった本書。彼には「頭突き」など「負のエネルギー」が爆発した過去があることも述べながら、それは彼が追求する、ボールと自在に戯れる、予測不可能、かつ美しいサッカーを汚されたことへの「悲しみの爆発」だったことを明らかにし、非難から救い出す。それはまた、彼を中心にして起こる「年俸の高額化」「人種差別」「商業主義」など、プロサッカー界の問題点をも逆照射する。

さて、今回のW杯のヒーローは誰か。メッシ、C・ロナルド？　また、寝不足に……。

評・四ノ原恒憲（本社編集委員）

二〇一〇年六月一三日⑧

『献上博多織の技と心』

小川規三郎 著
白水社・二九四〇円
ISBN9784560080610　社会／ノンフィクション・評伝

「だれも後継者はおりません」

伝統工芸に携わる職人さんから、日本各地で何度も耳にしてきた。そのたび言葉の重さにうなだれながら、傍観するほかない歯がゆさを痛感してきた。でも、こうして希少な一冊の存在を伝えることならできる。

献上博多織は、博多の土地で培われてきた伝統工芸である。本書は献上博多織の人間国宝・小川規三郎の優れた語りを得て、中国や朝鮮半島の文化の窓口となった博多の歴史、工芸を育てた背景、代々継承してきた小川家の内実、問屋との軋轢（あつれき）、現在の仕事ぶり……職人としての当事者しか俯瞰（ふかん）できない全体像が、綿密に著されている。

歴史は「いま」の連なりだ。だからこそ細部を伝える価値がある。小川の使命感は日本文化へ抱く危機感でもあるだろう。

「伝統は、つねに時代を吸収して生きつづける新しいもの」

人間国宝という位置に安住せず、一職人として伝統と向き合いながら語る言葉に耳を傾け、読むことで意味を深める――そのような日本文化の支えかたも、わたしたちにはあると信じたい。献上博多織に親しんだことがあっても、ないとしても。

評・平松洋子（エッセイスト）

二〇一〇年六月二〇日③

『権威の概念』

アレクサンドル・コジェーヴ 著　今村真介 訳

法政大学出版局・二四一五円　人文
ISBN9784588009358

肩の力抜いた、哲学のエッセンス

ヘーゲルの『精神現象学』で挫折し、コジェーヴの『ヘーゲル読解入門』でさらに挫折した世代に朗報。本書では、肩の力を抜いて両方の哲学のエッセンスに触れることができる。

もちろん、権威のありようを現象学的に分析して、なぜ権威が存在するのか、権威の形而上（けいじじょう）学的基礎は何かと問い、さらに政治の領域へと演繹（えんえき）してゆく手法は厳密な学問のそれである。でも大丈夫。一般人には一般人の読み方がある。現に、身辺の世相を思い出しながら本書を読むと、しばしば抱腹絶倒するのだが、思えば『精神現象学』もそうではなかっただろうか。

さて、Aが権威をもってBに働きかけるとき、Bは対抗することが出来るのに対抗しない。これが権威の基本だとすると、物理的強制力を発動するのは権威がないことの証しになる。強行採決が続くかの国の国会に、権威はないということである。またたとえば、政治家たちは「数は力」と言うが、多数派がある以上、少数派があるわけで、後者が前者に対抗している限り、前者に権威はない。単純に数の優位に依拠した体制は、物理的強制力に依拠した体制である。

またさらに、権威と法の関係を見てみると、法はそれを承認する者にとってのみ権威を持つ。なるほど、政治資金規正法が政治家たちによってかくも蔑（ないがし）ろにされる理由はこれだが、仮に権威を失っても、法はその強制力によって法であり続ける。政治家が言う合法性とは、まさにコジェーヴが「権威の屍体（したい）」と呼んだもののことである。

本書は、権威を父・主人・指導者・裁判官の四つの原理に分類する。それらが歴史のなかでさまざまに生起し、分化し、対立してゆくのだが、いまや伝統＝父の権威は失われ、民主主義国家では残る三つの権威も分割されて、その分、各々（おのおの）の地位も低下している。また、各々の権威の担い手の境界さえあいまいなのが政治的な現実であるが、このような分割状況も、理論上は、やがて成熟した有機体としての統一へと向かうとするところが、いかにもヘーゲリアン、コジェーヴと言えようか。

評・高村薫（作家）

Alexandre Kojève　1902〜68年。モスクワ生まれの哲学者。

二〇一〇年六月二〇日④

『矛盾だらけの禅　悟りを求めるアメリカ人作家の冒険』

ローレンス・シャインバーグ 著　山村宜子 訳

清流出版・二六二五円　人文
ISBN9784860293260

戒められ冷たくされてもなお続く

西洋人が東洋の神秘に憧（あこが）れ始めた60年代、日本人だと見ると禅問答をふっかけてくるアメリカの知識人は多かった。そのことが仏縁になって僕は禅寺に1年間参禅することになった。

「何しに来られたのか？」

「悟りに……」

「人は生まれながらに悟っておる。その上にまだ悟りたいのか」。僕とある老師とのチンプンカンプンの会話だ。

「まあ黙って座りなさい」。禅は只管打坐（しかんたざ）あるのみ。理屈無用の世界だ。

本書の著者は作家だが若くして発心し、禅の世界に足を踏み入れた。そして次第に精神の危機に侵されていく。読者の興味の対象は皮肉にもその精神の崩落過程だ。これは禅を経験した者が一度は辿（たど）る道程である。僕はサッサと足を洗ってしまったが、この作家は執拗（しつよう）に食い下がる。彼の師の球童老師はすでに彼の心を見抜いて作家である著者を何度も戒める。

小説を書くのをやめろ。でないと「頭でっかちから抜けだすことができない」と。何が言いたいかというと、白隠禅師が言うように「一度死ねば真に生きることができる」のだ。「死ぬ」ということはバカになることである。禅はバカになる修行である。僕がつまずいたのもここだった。

　しかし、この著者は小説を捨てることができない。だったら禅から足を洗うしかない。彼は二者択一を迫られる。老師はきっと、禅を小説を書くための駆け込み寺にしてもらいたくないと言いたかったに違いない。やる以上「死ぬ」しかない。つまり禅のアマチュアはいないのだ。禅はプロフェッショナルでなければならないのである。

　日本に帰った老師の後を追って著者は日本にやってくる。そして老師に会うが、老師の一変した態度の冷たさに彼は驚愕（きょうがく）する。何か礼節を欠いたのではと悩みもする。その答えが見つからない。まるで公案を突きつけられたように苦しむ。でもその答えは彼が作家であり続けて犠牲を払おうとしない態度にあるのではないのか。それでも著者の冒険は終わらない。

評・横尾忠則（美術家）

Lawrence Shainberg　米国の作家。ニューヨーク在住。

二〇一〇年六月二〇日⑤

『フーコー　思想の考古学』

人文

中山元 著

新曜社・三五七〇円

ISBN9784788511927

消えゆく「人間」にこめられた期待

　ミシェル・フーコー。彼の思想はポストモダニストと呼ばれた思想家たちの中でも、とりわけ射程が深い。「生の権力」批判などは現代においてこそアクチュアルだ。日本でも、芹沢一也や佐々木中といった若い研究者によって、フーコーの現代的な継承が試みられている。

　著者はインターネットの哲学サイト「ポリロゴス」を主宰するかたわら、数多くの翻訳や入門書を通じてフーコーを紹介し続けてきた。本書は晩期フーコーを扱った『賢者と羊飼い――フーコーとパレーシア』、中期フーコーを主題とする『フーコー　生権力と統治性』に続いて、初期のフーコーの仕事を緻密（ちみつ）に解読した労作だ。

　本書で検討されるのは、1950年代から60年代にかけて書かれた『狂気の歴史』『臨床医学の誕生』『知の考古学』『言葉と物』といったフーコー初期の著作群である。精神医学や心理学への本質的な批判が冒頭に置かれ、個人的にも引きこまれる。

　しかし本書の白眉（はくび）は、何と言っても第七章だろう。61年に博士論文『狂気の歴史』の副論文として提出されつつも、ほとんど読まれなかった「カント『人間学』の序」について、詳細な解説と検討がなされている。

　フーコーによれば、世界は「源泉、領域、限界」という三重の構造のもとに現れる。カント以降の哲学は、この本質的な分割の構造を否定しつつ反復してきた。

　言語の発生を考えるには、言語の存在を前提にしなくてはならない。このように、いかなる起源をめぐる問いも、起源がすでに現在に含まれていることを明かすのみだ。それゆえ人間をめぐる問いかけは、人間をその同一性のもとに再発見するものにしかならない。現代哲学が落ち込んでしまう、この「人間学的な眠り」を逃れるには、「人間」を消し去るほかはない。

　そう、砂浜に描いた顔のように消えていく「人間」にこめられたのは、フーコーの絶望ではなく期待なのだった。本書はそうした期待を継承するであろう若い世代へと向けた、すぐれた啓発の書でもある。

評・斎藤環（精神科医）

なかやま・げん　49年生まれ。哲学者、翻訳家。『賢者と羊飼い』など著者多数。

二〇一〇年六月二〇日❻

『サッカーが勝ち取った自由 アパルトヘイトと闘った刑務所の男たち』

チャック・コール、マービン・クローズ 著
実川元子 訳
白水社・二二〇〇円
ISBN9784560080641
社会／ノンフィクション・評伝／国際

民主化精神を獲得、国家の礎に

南アフリカ・ケープタウンの沖に浮かぶロベン島。ここはかつて島全体がマンデラ元大統領らの政治犯を収容する刑務所だった。アパルトヘイトに反対する活動家が激しい拷問を受け、苦役を強いられた「悪夢の島」だったのだ。

２００７年７月18日。この刑務所跡に、スーツを着た一団の姿があった。

「サッカーの神様」ペレ、カメルーン代表サミュエル・エトー、元オランダ代表ルート・フリット、「リベリアの怪人」ジョージ・ウェア。彼らはマンデラの89歳の誕生日を祝い、シュートを放った。

そして、そんなスーパースターと共にゴールを蹴（け）り込んだ人たちがいた。彼らは元囚人。政治犯として収監中に受刑者のサッカーリーグを設立し、釈放後、その経験を生かして南アフリカのリーダーとなった。

本書は、１９６０年代以降、ロベン島刑務所でサッカーリーグが立ち上げられ、受刑者たちが民主的組織運営のノウハウと人間としての尊厳を獲得していったプロセスを描いている。

厳しい監視下で、勉学や遊びの機会を徹底的に奪われた受刑者たちは、シャツ数枚を丸めてボールを作り、刑務官の目を盗んでサッカーのミニゲームをはじめた。このゲームは、希望を失っていた「政治犯」たちに、政治運動と同様の達成感と解放感を与えた。そして次第に彼らは、本物のボールで公式ルールにのっとったゲームを行いたいと思うようになった。

彼らは刑務官との粘り強い交渉の末、サッカーリーグ発足にこぎつけた。彼らは、その中でコミュニティーを一つにまとめ、意見の相違を乗り越えて合意形成する能力を身につける。

94年、マンデラが大統領に就任し、アパルトヘイトは撤廃された。一方、政治犯たちがサッカーを通じて民主化の精神を獲得し、新しい国家の礎となっていったプロセスはほとんど知られていない。

ワールドカップに沸き立つ南アフリカ。本書を読みながら、テレビの中継映像を見ていると胸が熱くなった。

評・中島岳志（北海道大学准教授）

Chuck Korr 歴史学者。
Marvin Close 脚本家。

二〇一〇年六月二〇日❼

『バナナの皮はなぜすべるのか？』

黒木夏美 著
水声社・二二〇〇円
ISBN9784891767778
文芸

「一点突破全面展開」――一読、そんな言葉を思い出した。

鬱々（うつうつ）とした心で散歩していた著者の前に、バナナの皮が落ちていた。瞬間、バナナの皮で人がすべるギャグを連想し、テンションが回復した著者は、素朴な疑問を抱く。あのギャグは、いつ生まれたのか、と。

ただひたすらそれだけを追求した本だ。で、面白くないか、といえば、いやいや。次々現れる疑問を追いかけていくたび、収穫は増殖に増殖を重ねる。

内外の映画、アニメ、マンガ、文学はもちろん、短歌、俳句に登場するバナナやそのギャグ史から、実際に滑ってケガをした人の記録……。時に、ギャグ論や植民地問題にまで、視野は伸びる。その一つ一つが、何やら想像力を刺激するし、全体として豊饒（ほうじょう）な果実を味わい尽くしたような満足感に至る。

もう一つ。興味深いのは、ネットがなければ絶対に生まれなかった本という点だ。ネットに散在する単なる「情報」を吟味し、書籍資料と組み合わせ、一覧性をもつ本という形にすれば、こんなことも出来る。性をも見せてくれる。いやはや、バナナの皮恐るべし。

評・四ノ原恒憲（本社編集委員）

二〇一〇年六月二〇日❽　文芸

『のけ者』

エマニュエル・ボーヴ 著　渋谷豊 訳
白水社・二六二五円
ISBN9784560080672

こんな悲惨な小説は前代未聞、いや前代未読だ。ほぼ全編、ニコラと母親ルイーズが知人という知人に借金を依頼し、踏み倒し、破滅していく過程をしつこく描いている。

親子は、異常なほどプライドが高い。金がないなら少しぐらい働けと言いたいが、一切働かない。借りた金はすぐ浪費し、無くなればののしり合い、貧しさを恨み、その結果、ニコラは再び借金のために知人を訪ね歩く。彼は23歳。必死になれば、何かしら仕事を見つけることは可能だが、誇大妄想癖もあり、地味な努力をしない。

さらにセコイ悪人だ。ある日、息子の行方を捜す金持ちの老人に出会う。ニコラは親切な若者を演じ、うそをつき、当てのない捜索に老人を引きずりまわし、幾ばくかの金をもらう。

こんなどうしようもない男の物語だが、何とも言えず心が慰められる。82年前に刊行された小説と思えないほど心に響く。ニコラ、お前のようにはならないぞと奮いたち、僕のようにならないでとニコラに励ましを受ける。心に鬱屈（うっくつ）がある読者よ、彼よりマシだと思うことで慰められて欲しい。これも小説の効用だ。

評・江上剛（作家）

二〇一〇年六月二七日❶　文芸

『私の日本語雑記』

中井久夫 著
岩波書店・二一〇〇円
ISBN9784000257725

IT社会の影響憂い〝言語多様性〟を擁護

著者は「風景構成法」の開発や統合失調症の「寛解過程」の研究、震災体験を契機としたPTSDの研究などで知られる精神科医である。

私を含むある世代以上の精神科医には、数多くの〝中井伝説〟が知られている。臨床家としてのそれはもとより、「ことば」にまつわる伝説が実に多い。「本の背表紙を眺めていると中身が全部出てきて苦しいからと、すべて逆さまに並べていた」「ドイツ語の読書で疲れた頭をフランス語の本で癒やしていた」等々。

色調が浮かばないゆえロシア語だけは駄目だったと恐ろしいことを口にする中井には、完全に余業の域を超えた翻訳家としての顔がある。それも精神医療に限らず、数多くのギリシャ詩の翻訳やヴァレリーの代表作『若きパルク』を、詳細な注解付きで出版している。

こうした背景を踏まえるなら、中井がはじめて「ことば」を主題に取り上げた本書が、いかに待望されたものであったかは容易に理解されるだろう。むろん「雑記」とあるように、体系だった思想が示されるわけではない。しかし数学者が数の実在を信ずるように、中井が〝言葉の実在〟へと向ける篤（あつ）い信頼は、本書の通奏低音として響いている。

冒頭、まず「あのー」の機能が徹底して解剖される。この軽んぜられがちな間投詞は、実は内向的なためらいであり、語りかけの作法であり、やんわり聴衆を巻き込む方略であり、語りに情意を生み出す潤滑油である、と。

あるいは日本語における文末処理の難しさが語られる。文意の否定・肯定、あるいは敬語のレベルは文末で決まる。ここから中井は「演算子文法」を着想している。文末が次の語や文を喚起する「接続の妙」に関する技法論であるという。

以上を読むだけでも、中井の発想が徹底して臨床家視点のものであることがわかる。間投詞や言葉の接ぎ穂をどうするかで、面接の雰囲気ががらりと変わってしまうことは、臨床家ならみな覚えがあることだ。

本書の後半、中井の相貌（そうぼう）は翻訳家としてのそれに変わっていく。「言語は風雪に耐えなければならない」とする中井は、言葉をあたかも言語世界という生態系に棲（す）み分け進化する生きものとみなす。

それゆえ中井が憂うのは、IT化がもたらす言語（実質的には英語）の一元化である。「絶対的な言語支配で地球を覆おうというのがグローバリゼーション」であるとして、何が問題なのか。一つには「言語専制下では、複雑な事態に対して過度の単純化が行われ」がちなためだ。そうなれば「世界はすりガラスのように見えなく」なり、あるスローガンのもとで自壊するかもしれない。それゆえ中井は、生物多様性と同様に〝言語多様性〟を擁護しようとする。

ここに至って、私たちは気付くだろう。精神科医と翻訳家がともに「文化移転者」とされるのは、多様で複雑な世界の肯定という責務を共用しているためであることに。

評・斎藤環（精神科医）

なかい・ひさお　34年生まれ。精神医学者。神戸大学医学部教授、兵庫県こころのケアセンター初代所長などを歴任。『記憶の肖像』『家族の深淵（しんえん）』など。『カヴァフィス全詩集』の翻訳で第40回読売文学賞の研究・翻訳賞を受賞。

二〇一〇年六月二七日❷

『ビッグイシューの挑戦』

佐野章二著

講談社・一五〇〇円
ISBN9784062159388

社会／ノンフィクション・評伝

ホームレスと社会　絆つなぐ7年

「ビッグイシュー」という雑誌をご存じだろうか。これは、ホームレスが路上で販売する雑誌で、書店では販売していない。

定価は３００円。うち１６０円が、販売者の利益になる。一日20冊売れれば、３２００円の収入。この金額があれば、何とか食事をとり、ネットカフェなどで寝泊まりすることができる。

著者は、２００３年9月に「ビッグイシュー日本版」を立ち上げた代表者である。今年で発売から7年。現在では全国で3万部以上を売り上げる。

「ビッグイシュー」はもともとロンドン発祥の雑誌で、１９９１年の創刊。ホームレスに「施し」を与えるのではなく、ビジネスパートナーとして仕事を提供し、その売り上げで雑誌を運営している。イギリスでの「ビッグイシュー」の評価は高く、ハリウッドスターなども「ギャラなし」でインタビューに応じる。

そんな雑誌を、著者は仲間と共に日本にもちこんだ。創刊当初は、誰もから「絶対に失敗する」と批判されたという。「チャリティー文化のない日本では無理」「フリーペーパーが溢（あふ）れる時代に、ホームレスから雑誌を買う人がいるわけがない」……。そんなネガティブな声が多く寄せられた。

しかし、「ビッグイシュー」は紆余曲折（うよきょくせつ）を経ながら、黒字化を成し遂げ、今や「新しい公共」の成功例と称賛される。

「ビッグイシュー」の人気コーナーは「ホームレス人生相談」。実際に路上の販売者に人生相談をする若い女性が多い。販売者たちは、相談に対して自分の「失敗談」を語る。弱い自分を見せることのできる「おじさん」の言葉は、若い女性の心に届く。

ホームレスは、単に家を失った人ではなく、希望まで失った「ホープレス」だと著者は言う。「ビッグイシュー」は、彼らが失った社会との絆（きずな）を再構築し、生きる希望を生み出す。

本書は路上の販売者からも購入でき、彼らに一冊４００円の利益が入る。購入にはちょっとした勇気がいるかもしれないが、その勇気が忘れていたやさしさを取り戻す一歩になるかもしれない。

評・中島岳志（北海道大学准教授）

さの・しょうじ　41年生まれ。都市計画プランナーを経て、ビッグイシュー日本代表。

二〇一〇年六月二十七日③『いまも、君を想（おも）う』

川本三郎 著

新潮社・一二六〇円
ISBN9784103776048／9784101271613（新潮文庫） 文芸

妻への追慕 端然とせつせつと

慎みぶかい追想記である。

追慕の情とともに、ひそやかであること、ささやかなることをみずからの筆致に求める気配がある。そこにわたしは先立たれた身としての慎みのありようを感じ、せつせつとした想いにしずかに触れた。

七歳年下の妻、川本恵子さんが逝ったのは二〇〇八年の紫陽花（あじさい）の季節。癌（がん）と知らされてから足掛け三年間の闘病生活ののち、五十七歳の若さだった。

端然とした文章が胸に響く。ひとりになって二年、しきりになつかしいのは手料理の味、ファッション評論家だった妻のおしゃれ、飼った代々の猫、そして他愛（たわい）のない会話の数々。

「だから言ったでしょう、アロハは三枚目のほうが似合うって」「そのまずいそば食べたい！」「団の面目丸つぶれだわ」

ふとしたとき、在りし日の妻の声がよみがえる。なんということのない日常の言葉のはしばしに、おたがいの理解、愛情の交歓があった。家計も家事もまかせきり、旅行の算段にいたるまで三十余年の結婚生活はことごとく妻の存在に拠（よ）っていたと噛（か）みしめる。

「家内あっての自分だった」

この単刀直入な独白に、二年の歳月が与えた喪失の重みがある。しかし、白旗を掲げたわけではない。介護から離別まで、つまり死という別れをわがものとして受け容（い）れた苦悩のすえの恬淡（てんたん）でもあるだろう。

「六月に亡くなりました」と伝えた、豆腐屋の軒先でのこと。

「おかみさんは、頭にかぶっていた手拭（ぬぐ）いをとって深々と頭を下げてくれた。私の知らなかった家内がいる。近所の人に親しく記憶されている。そのことがうれしかった」

とっさの所作に、死に相対するときの日本人の礼節が宿っていた――こうして綴（つづ）ることで想いは掘り下げられ、岩清水が湧（わ）くようにあらたな命脈が保たれて、みずからを励ます。

亡くなる半年前「ツー・ストライク、ノー・ボール」と歌った妻のあかるい声がよみがえる。毎朝ひとり、川本さんは土鍋でごはんを炊くようになった。うまく炊けるとほっとする。

評・平松洋子（エッセイスト）

かわもと・さぶろう 44年生まれ。評論家。『林芙美子の昭和』『郊外の文学誌』。

二〇一〇年六月二十七日④『ホームズ聖地巡礼の旅』

平賀三郎 著

青弓社・一六八〇円
ISBN9784787291943 文芸

事件の現場訪れ楽しむ大人の遊び

ニッポンへ行ってきただろうって？ あのそそっかしいメードはクビにしたのに、君はなぜそんなことがわかるんだい。観察しただけだって？ そう、君はいつでも「見る」のではなく、「観察」するんだったね。

我が大英帝国でもニッポンの文物は大流行で、君もあの「グロリア・スコット号事件」でトリヴァ老人が日本のタンスを持っていたのを覚えているだろう。そのニッポンでは、シャーロキアンといって、君の活躍をぼくが記録したものがさかんに研究されているそうだよ。1951年から翌年にかけて、ミスター延原謙が初めて全60編を日本語訳し、欧米が中心だった研究がニッポンにも波及したのだ。

そういえば、ニッポンのシャーロキアンが書いたおもしろい本を見つけたよ。君が関与した事件の場所を「聖地」と呼んで、その一つであるウィンチェスターで起こった事件現場を訪れたものだ。ほら、一般に「ぶな屋敷」「ソア橋事件」「白銀号事件」として知られている、三つの事件だよ。

本書によると、伝統的なシャーロキアンとは、君をヴィクトリア朝の英国に実在した人物として、事件現場の地理や人物研究をゲーム感覚で楽しむ研究者のことだ。アマチュア研究者の最たるものだが、それだけに諸説紛々たるものがあり、結果より研究過程そのものが喜びとなる、いわば大人の高等な遊びだね。これは悪口じゃないよ。

それに、最近じゃヴィクトリア朝の社会・文化史研究などに君の記録が使われて成果があがっているというね。本書の著者はそうしたプロの研究者ではないけれど、初心者でも十分楽しめるシャーロキアンの入門書として読むことができるだろう。

図版が多いし、イギリス紀行の感覚も味わえる。文章や表現にやや深みが欠けるのはしょうがないが、ただ、現代のイギリスの地図があればニッポン人はもっとよく理解できたろうね。それに、トリックを知っていることが前提だから、いわゆる「ネタバレ」には要注意だ。

創元推理文庫では新訳が出始めた。読書のお供に最適だね。

評・田中貴子（甲南大学教授）

ひらが・さぶろう　1938年生まれ。『シャーロック・ホームズ学への招待』など。

『ミーツへの道　「街的雑誌」の時代』

江弘毅 著

本の雑誌社・一六八〇円
ISBN9784860112059

社会／ノンフィクション・評伝

情報でなく街と店への思い載せて

関西に「ミーツ・リージョナル」（以下「ミーツ」）という面白い雑誌がある、大阪や京都に行くなら「ミーツ」別冊を読むべし、という話を聞いたのは、八年ほど前のこと。京都に行った時に「ミーツ・京都本」を買ってみたらなるほど、それは情報誌のようでありながら、普通の情報誌とは全く違っていたのです。

何が違ったのか。それは、「ミーツ」編集長を長年務めた著者による本書を読んだら、わかりました。「ミーツ」は、単に情報を並べる雑誌ではなく、街と店に対する思いを載せた雑誌だったのです。自分たちが好きな街の好きな店に、客として行って、書く。客がいない時の店の写真ではなく、臨場感あふれる営業中の写真と、その街を知っているからこそ確立する文体で書かれた文章とによって構成された頁（ページ）は、見せるし、読ませます。

そんな「ミーツ」のできるまでがこの本では明らかにされているのですが、底流として存在するのは、他の情報誌に対する、懐疑。「情報誌にはおいしい店やカッコいい服やいい音楽が載っているとは限らない」と読者に刷り込んだ罪は大きい、と書く著者が抱く情報誌への懐疑は、我々の消費生活に対する懐疑、そして東京という大都市に対する懐疑にもつながるのでした。

岸和田生まれの著者は無類のだんじり好きとしても知られますが、地元を愛することができる人は、他の街の美点を発見することにもたけているのでしょう。街と雑誌との相思相愛関係が、そこにはあります。

著者は「ミーツ」を人気雑誌にした後、会社を去ることになります。その辺りの顛末（てんまつ）とともに、「ミーツ」周辺の人々の名前や活躍ぶりも多く出てくるのですが、知らない人たちの知らない動きを読むうちに、「そういえば雑誌って、この手の『人の動き』が見えるからこそ楽しいのだった」と、雑誌を読む醍醐味（だいごみ）が思い起こされてきます。街的精神が詰まった雑誌についての、これは雑誌的精神が詰まった本なのでした。

評・酒井順子（エッセイスト）

こう・ひろき　58年生まれ。関西のタウン誌「ミーツ・リージョナル」元編集長。

二〇一〇年六月二七日⑥

『大気を変える錬金術　ハーバー、ボッシュと化学の世紀』

トーマス・ヘイガー 著
渡会圭子 訳　白川英樹 解説
みすず書房・三五七〇円
ISBN9784622075363　科学・生物／ノンフィクション・評伝

生命を育み破壊する窒素の物語

大気の8割を占める、ありふれた窒素の知られざる顔——。窒素を利用する画期的な方法を開発した2人のドイツ人化学者の苦闘を描いた本書は、文明史に深くかかわる窒素という元素の物語でもある。

窒素は矛盾に満ちている。生物に不可欠で、肥料として生命を育む一方、それを破壊する爆薬ともなる。その原料となる硝石はかつて、激しい争奪戦の的になった。

また、大気中にあふれているのに、生物はそのままでは利用できない。のどが渇いても海の水を飲めないのと同じだ。

「飲む」には窒素を「固定」する必要があるが、自然界で窒素を固定できるのはマメ科の植物の根につく根粒菌などの窒素固定細菌と、稲妻くらいだ。

20世紀初め、人工的に窒素を固定する、つまり「空気をパンに変える」ことに成功したのが本書の主人公たちである。2人の名から「ハーバー・ボッシュ法」と呼ばれ、肥料の大量生産の道を開いた。人類を飢えから解放し、ノーベル賞も受けた化学の輝かしい成果である。

本書は、この「歴史上最も重要な発見」のその後を克明に追う。科学者の栄光と悲劇、科学がもたらす光と影、その落差には慄然（りつぜん）とせざるを得ない。

ユダヤ人のハーバーは毒ガスの開発を指揮し、結局はナチスに追われる。化学企業のトップに上り詰めたボッシュは、その装置がドイツの戦争継続を助けたのではと苦しみ抜き、ともに失意のうちに世を去った。

今や、自然が固定するのとほぼ同量の固定窒素が彼らの方法を使って生産されているという。私たちの体内の窒素の半分は工場生まれであり、世界の人口の半分はそのおかげで生かされているといっていい。その多くはその方法の生みの親の名前も知らないままに。

肥料としてまかれた窒素の半分は吸収されず、川から海へ、また大気へと出ていく。放たれた固定窒素が地球環境にとって新たな懸念材料であることもようやくわかってきた。科学の力を得た窒素の物語の終章はまだ見えない。

評・辻篤子（本社論説委員）

Thomas Hager　米国の医化学系ジャーナリスト。

二〇一〇年六月二七日⑧

『桃色東京塔』

柴田よしき 著
文芸春秋・一六八〇円
ISBN9784163291307／9784167203207（文春文庫）文芸

一般に、警察小説といえば男性作家を想起するが、実は女性作家にも書き手はいる。本書の著者も、その一人である。

この連作短編集の強みは、2人の男女の心象風景の違いを、都会と地方の格差に託して丹念に描き、単なる捜査小説に終わらせていない点だ。むろん事件があり、それなりの解決もあるのだが、著者の関心はむしろそこにはない、と思える。

各編が独立した物語だが、全体として警視庁の刑事黒田岳彦と、ある過疎村の女性刑事小倉日菜子の、微妙な交情が通奏低音を奏でる。黒田は、捜査上のミスから挫折し、出世をあきらめた独身刑事。日菜子は、同じ警察官の夫を飲酒運転者にひき殺され、喪失感に悩む刑事。この2人が、ある事件をきっかけに知り合い、互いに引かれていく過程が、ゆったりしたペースで描かれる。

活劇シーン、ラブシーン一つない淡々とした筆運びなのに、2人が登場する場面は情感豊かで、胸にしみてくる。女性作家ならではの、独特の世界がそこにある。これは警察小説の形を借りた、男女の自己再生の物語、ともいえよう。

評・逢坂剛（作家）

二〇一〇年七月四日❶

『お父やんとオジさん』

伊集院静 著

講談社・一九九五円
ISBN9784062162449／9784062771825（講談社文庫〈上〉）・9784062771832（〈下〉）文芸／ノンフィクション・評伝

家族の強い絆と愛　猪突猛進する父親

凛（りん）としてやさしく、それでいて哀愁を宿している、そんな伊集院さんの作品をわたしは愛読してきた。金胤奎（キムユンキュ）でもあった立原正秋の作風と佇（たたず）まいに伊集院文学を重ね合わせていたからかもしれない。

でも、この作品を読めば、わたしの見当がかなり外れていたことがわかる。舞台は朝鮮戦争さなかの日本と朝鮮半島。単身海を越えて戦場に乗り込み、義弟を救い出すために孤軍奮闘する主人公の宗次郎から立ち上ってくる「侠気（おとこぎ）」は、立原文学にはないからだ。作者の「お父やん」である宗次郎のセリフが実にかっこいい。「（韓国へは）潮の加減が良けりゃ一晩で行けるぞ。国境？　そんなもんが海の上にあるものか。わしは一度も見たことがないぞ」

物語は、そんな父親の宗次郎の命がけの救出劇を、彼に影のように仕えた「シミゲンさん」が、宗次郎の長男・直治（ただはる）にしみじみと語って聞かせる形で始まる。作者の伊集院さんをモデルにした直治を「若」と呼ぶこのシミゲンさんは「人生劇場」に登場する吉良常の風情があり、直治は青成瓢吉を彷彿（ほうふつ）とさせる。

太平洋戦争の終戦後も日本に残り、海運業で財をなした宗次郎（尹宗来）は、苛酷（かこく）な人生を生き抜いてきた。寡黙で、決断力に富み、どんな艱難（かんなん）辛苦にも弱音を吐かない、飛車角のような任侠（にんきょう）の男なのだ。そんな宗次郎は、要子への一途な思いの末、彼女を娶（めと）る。そして彼女は立て続けに三女をもうけ、やがて宗次郎念願の男の子、直治を宿す。男系中心の家族の強い絆（きずな）が、母・要子のやさしい佇まいを通じて水彩画のような印象を作品に加える。

だが悲劇が家族を襲う。敗戦後の混乱と日本への失望から韓国に帰還した要子の父母と弟の吾郎に、凄絶（せいぜつ）な内戦の惨禍が降りかかってくるのだ。とりわけ一途で真正直な吾郎は、南北統一と民族解放を唱える北朝鮮軍に加わり、やがて大義も同胞愛もない、苛酷な戦場の現実を知らしめられる。命からがら難を逃れ、穴蔵で一年以上も潜伏する羽目になる吾郎。可愛い弟の身を案じる要子の心中を察し、宗次郎は無謀にも義弟の救出に乗り出すことになる。

戦火をものともせず、猪突猛進（ちょとつもうしん）する宗次郎。何がそこまで宗次郎を駆り立てるのか。「私には難しいことはわかりません。……しかし共産主義よりも民主主義よりも大切なのは家族じゃないんですか」。この言葉に宗次郎の、そして作者の思いが託されている。人は生きるために生まれてきたのだ。生きていれば、希望がある。この祈りにも似た言葉に、本作のすべてが凝縮されている。

家父長的な独裁者のように振る舞ってきた父親に反発し、一度は東京に「出奔」した直治が、シミゲンさんを通じて父の隠された「真実」を知る。それは、作者の伊集院さんと亡き父親との和解を暗示している。この作品は、朝鮮戦争の年に生まれ、還暦を迎えた作者の新たな出発を飾る記念碑的な作品になるに違いない。

評・姜尚中（東京大学教授）

いじゅういん・しずか　50年生まれ。81年作家デビュー。『乳房』で吉川英治文学新人賞。『受け月』で直木賞。『機関車先生』で柴田錬三郎賞、『ごろごろ』で吉川英治文学賞。近著に『志賀越みち』など。

二〇一〇年七月四日❷　文芸

『そんな日の雨傘に』

ヴィルヘルム・ゲナツィーノ 著　鈴木仁子 訳

白水社・二一〇〇円
ISBN9784560090107

居場所がない男　街をさまよう

「箱男」ならぬ「靴男」の登場である。彼は「自分に存在許可を出した覚えがない」と戸惑い、〈消えたい病〉を患っている——安部公房の箱男はある日突然、段ボールの中に入って匿名の存在になったが、ゲナツィーノの靴男は生活に困って他人の靴をはく無名の人だ。高級靴を試し履きして賃金をもらうのが彼の仕事である。

居場所がない。最近恋人にも棄（す）てられた靴男は、箱男同様ほとんど視線だけになって街をさまよう。本書は、その男の目にとまった「面妖な」極細部（バッグから落ちた二本の綿棒、シャツを干す女の腕、赤ん坊のよだれ……）と彼のとりとめのないモノローグから成る、面妖な本である。フラヌール（遊歩者）といえば風雅だが、実存主義的な苦悩をかかえる彼の思索は、やたら重々しく且（か）つまたどこまでも滑稽（こっけい）だ（死ぬ時には「臨終コンパニオン」すなわち好きなだけ裸の胸を触らせてくれる美女二名の介添えを希望）。

彼の行く先には、唾（つば）をはく若者がいる。昔の恋人がいる。流し目を送ってくる美容師がいる。金を貸したまま絶縁したエセ写真家がいる。靴男は哀（かな）しい過去を思いださないようひたすら世界の些事（さじ）を見つめ、些末（さまつ）な想念に耽（ふけ）るが、何かにつけ女たちのことや子ども時代の光景が甦（よみがえ）ってしまう。世の中への強烈で純粋な違和感と観察は、少女の目から見たおかしな世界を描くレイモン・クノーの『地下鉄のザジ』を彷彿（ほうふつ）とさせた。

作者は六十代まで無名だったが、あるテレビ番組で紹介され大ブレーク。これは「文学教皇」の異名をとる批評家が、眼鏡にかなった本は熱烈に推し、駄作と判じた本は容赦なく「破門」にして文学の地獄に放りこむという批評番組で、視聴者の絶大な支持を得ていた。

題名は、文中の「自分の人生が、長い長い雨の一日のようで、自分の身体が、そんな日の雨傘のようにしか感じられない」という行（くだり）から。辛辣（しんらつ）だが、最後には思いがけない展開が温かみを添える。作者は風変わりな靴男を普遍のエブリマンとして描くことに成功した。

評・鴻巣友季子（翻訳家）

Wilhelm Genazino　43年生まれ。ドイツの作家。

二〇一〇年七月四日❸　アート・ファッション・芸能／ノンフィクション・評伝

『昭和の爆笑王　三遊亭歌笑』

岡本和明 著

新潮社・二一〇〇円
ISBN9784103245315

落語のリズムで苦闘時代を再現

いわば、この本自体が一席の落語であり、人情咄（ばなし）である。

わたしは、子供のころから落語が好きで、よく寄席に行ったものだが、三遊亭歌笑については、当時耳にした覚えがない。歌笑は昭和25年、わたしが6歳のときに早逝（そうせい）し、死後急速に忘れられたこともあって、知る機会を得なかったのだろう。その後、柳亭痴楽が〈痴楽綴方（つづりかた）狂室〉で人気が出たとき、それが歌笑の〈純情詩集〉の衣鉢を継ぐものだ、と知ったのはだいぶあとのことになる。

高座に上がるとき、わざと面相を崩した痴楽と違って、歌笑は母親からも疎まれるほどの、生来の醜男（ぶおとこ）だった。著者は本書のほぼ4分の3を使って、家出に始まる歌笑の苦闘時代を、克明に再現する。会話を多用し、小気味よいテンポで運ぶその語り口は、まさに落語のリズムといってよい。容貌（ようぼう）に対する劣等感から、咄家（はなしか）になるしかないと思い詰める歌笑、彼を理解しようと努める数少ない人びとの、それぞれの心情がないまぜに描かれ、胸にしみ込んでくる。

三遊亭金馬の弟子になり、戦後やっと人気が出るまでの長い雌伏期間は、特に読みごたえがある。厳しいながらも温かい、師匠金馬の人柄がよく描かれており、読んでいる方もつい泣き笑いを誘われる。容姿や高座のスタイルのことで、周囲の先輩落語家たちからいじめられる歌笑を、兄弟弟子やのちの小さんがかばう姿も、戦中戦後のすさんだ時代にあって、ひとしおすがすがしさを感じさせる。いささか、小説的な展開になったきらいはあるが、著者の温かいまなざしと筆致は、落語への愛が強く感じられて、まことに快い。醜男の歌笑が、とびきりの美女と結婚するくだりなど、ほほえましさを通り越して、拍手を送りたくなるほどだ。

戦後、にわかに人気者になった歌笑は、恩人の通夜に遅れまいと、銀座通りを横切る際に米軍ジープにはねられ、衝撃的な最期を遂げる。著者は、あえてそこによけいな感傷を差し挟まず、あっさりと筆をおいて、余韻を残すわざを見せた。

好著である。

評・逢坂剛（作家）

おかもと・かずあき 53年生まれ。著書に『志ん生、語る。』『志ん朝と上方』など。

二〇一〇年七月四日⑤

『「平凡」物語　めざせ！　百万部　岩堀喜之助と雑誌『平凡』と清水達夫』

塩澤幸登 著

河出書房新社・三二五〇円
ISBN9784309908731

歴史／アート・ファッション・芸能／ノンフィクション・評伝

戦後の新しい価値に添った軌跡

歌謡曲や邦画のスター、アイドルの情報が満載だった月刊雑誌「平凡」。そのタイトルを耳にすると、懐かしさと共に、なぜか美空ひばりを連想してしまう。片や、一時140万部を誇った雑誌界の王者、片や若くして国民的人気歌手だった。にもかかわらず、共にインテリ、エリートには、無視されがちな存在だった記憶があるからだ。

同誌編集部にも所属した著者により、敗戦直後の「平凡」創刊に至る事情から、1950年代前半の第1期の黄金時代までの軌跡を中心にたどる本書は、どこかその〝蔑視（べっし）〟への異議申し立てのようにも読める。

主人公は、雑誌の創刊を思い立ち、凡人社を設立、主に経営を受け持った岩堀喜之助と、彼の呼びかけに応じて編集を仕切った清水達夫。ジャーナリズム志向も強い岩堀。文学者志望の清水。肌合いが違い、また雑誌づくりの素人コンビだからこそ新しいことができた。

ひばりを代表とする世代交代の先頭に立とうとするスターを正面から扱う。男女交際の〝自由化〟を背景に、性教育小説「乙女の性典」を連載……。一見、通俗の極に見えるところが、インテリに嫌われた一因だろう。が、平凡な人々の夢と生活に戦後の新しい価値を見いだし、寄り添って何が悪い。それが、成功への鍵だった。

後に名編集長と謳（うた）われる清水のず抜けた嗅覚（きゅうかく）でもあった。が、岩堀の「思想」も、大きな影を落としている、と著者はみる。それは、軍属時代に中国で学んだ、労働者、農民の自治的な共同体を基礎に平和な理想郷を目指す「合作社」の構想だ。

実際、岩堀は社員を同人と呼び、運営は共同体的な平等主義。読者の中心だった農村部から都市に大量に就職してきた孤独な若者同士のつながりとなった自主的な「平凡友の会」を強力に後押しする。地方に出向き、中・高卒の社員を採る。

その後、社名は平凡出版と変わり長い道のりを経て、87年秋に休刊する。「平凡な生き方」を人々が忘れ、バブルに踊った時代だった。社名もマガジンハウスと変わっていた。

評・四ノ原恒憲（本社編集委員）

しおざわ・ゆきと 47年生まれ。作家、編集者。『平凡パンチの時代』など。

二〇一〇年七月四日❻

『思想史家が読む論語 「学び」の復権』

歴史／人文

子安宣邦 著

岩波書店・三三六〇円
ISBN9784000234764

先人の解釈たどり 読み方を提示

東京・お茶の水の湯島聖堂内に論語の塾があり、私も通っているが、驚くことにどの教室も老若男女で満員だ。漢文のままの論語テキストで講義を受ける。「学びて時にこれを習う」という聞きなれた章句も「習うとは、鳥の羽ばたきを意味し、幼鳥が必死で親鳥のまねをして飛ぶ訓練をしている様を言う」と教授に解説されると、充実した納得感がある。

論語は、2500年前の孔子の言葉が没後400年もの長い期間を経てまとめられたものだ。本人が書いたものではないため、さまざまな読み方がなされてきた。ましてや日本では漢文で書かれた論語を「読み下し」という独自の翻訳技術を駆使して読んでいるため、読む人によって解釈が違う。そのためかどうか、さまざまな人が書いた論語本を読むたびに果たしてこれは孔子の考え方なのか、著者の考え方なのか、と隔靴掻痒（かっかそうよう）の感を抱くことが多かった。

ところが本書を読んでいると論語塾に通い、教授から先人たちの読み方を教えられ、自分なりの論語の読み方に取り組んでいる自分自身を発見し、非常に愉快になる。著者はそれぞれの章句に対して朱子、伊藤仁斎、渋沢栄一など先人たちの読み方をたどり、それらを踏まえて自身の読み方を提示する。

例えば「民、信無くんば立たず」という有名な章句について著者は、食より信を優先すべきだとの仁斎の読み方を批判し、為政者が死をもっても守るべきは民における人固有の徳・信であるとの朱子の道徳主義のすごさに感じ入り、両者に批判的な荻生徂徠の読み方も紹介する。そして、自身の読み方として「お上を信じることができなくなったら、人民はもうこの国にはいられない」と現代政治への鋭い批判を投げかける。

経済人にとっては渋沢栄一の読み方が参考になる。「死生命あり」について渋沢は自己の尽くすべき本分は十分に尽くし、その上で天命に任せるべきだと言う。現在の政治経済の混迷を憂える時、本書で論語を学び、それを思想的基盤にしたリーダーが登場することを切に願う。

評・江上剛（作家）

こやす・のぶくに　33年生まれ。大阪大学名誉教授。『江戸思想史講義』など。

二〇一〇年七月四日❼

『禅問答入門』

文芸／人文

石井清純 著

角川選書・一五七五円
ISBN9784047034631

「禅問答」といえば、難解なことのたとえとして知られる。藤原定家の技巧に富んだ和歌を揶揄（やゆ）して「達磨（だるま）歌」と称したのが古い例だ。ちなみに、「達磨」とは禅宗の一派の祖師である。

確かに、「絶対的真理とは何ぞや？」と問うて「目玉いっぱいの埃（ほこり）だ」と答えられても、何のことかさっぱりわからない。しかし、凡人だからわからないのかというと、そうではない。禅問答には模範解答というものがないからなのである。

本書は代表的な禅問答を原文と書き下し文で示し、それに平明な解説を施した、その名の通りの入門書である。「です・ます」体の語り口はやさしく、本の構成はまるで教科書を思わせる。読み進めるにつれ、読者は「禅問答は難しい」という先入観を取り払ってゆくだろう。

だが、本書を読めば禅問答がすべて理解できるというのではない。むしろ、禅問答の深さや広がりをよけいに知ることになるといえよう。わかったような気持ちに安住しないことこそが禅問答という禅の修行観だ、と著者が述べる通りである。

どんな道も最初の一歩が肝心。若葉マークの人にお薦めだ。

評・田中貴子（甲南大学教授）

二〇一〇年七月四日⑧

『参議院とは何か　1947～2010』

政治

竹中治堅 著

中公叢書・二三一〇円
ISBN9784120041266

われわれは参議院の役割を、あまり理解していない。なぜ衆議院があるのに、参議院が必要なのか。そもそも二院制に意味があるのか。そんな問いに答えられる人は少ない。

本書は、参議院が創設された1947年から2010年までの参議院の軌跡を丁寧に追い、その現代的な役割に迫る。

参議院をめぐっては、その役割を強調する「強い参議院」論と、衆議院の「カーボンコピー」と見なす議論が拮抗（きっこう）してきた。著者は「強い参議院」論を擁護しつつ、安易な参議院不要論を批判する。

著者が注目するのは、参議院が法案審議過程だけでなく内閣の法案準備段階にまで大きな影響を与えてきた点だ。参議院は立法を慎重なものにし、数を背景とする独断的な政策決定を牽制（けんせい）する。

内閣は衆議院の信任に依存する一方で、解散権を持っている。それに対して解散がない参議院は、内閣に対する独立性が強い。参議院は内閣と一体化した衆議院の暴走にブレーキをかける役割を果たす。

参議院選挙前に熟読しておきたい一冊だ。

評・中島岳志（北海道大学准教授）

二〇一〇年七月一一日①

『モスクワ攻防戦　20世紀を決した史上最大の戦闘』

アンドリュー・ナゴルスキ 著
津守滋 監訳　津守京子 訳

作品社・二九四〇円
ISBN9784861822834

歴史／ノンフィクション・評伝

新資料から見えた　独裁者2人の失策

「モスクワ攻防戦は、第2次世界大戦での最も重要な戦闘であったし、二つの軍隊の間で戦われた史上最大の戦闘でもあった。両軍合わせると、最高約七〇〇万人もの将兵がこの戦いに投入された」。しかもこの戦いが第2次世界大戦の初期において決定的な役割を果たしたことは否定しがたいが、これまで歴史家はスターリングラードやレニングラードの戦いの方に関心を寄せ、モスクワの戦いにはさほど興味を示してこなかった。著者によるとそれは、スターリンの度重なる失策や誤算と密接に結びついているからであった。

モスクワが陥落の危機に瀕（ひん）したのは、何よりドイツによる攻撃はないと信じたスターリンの甘い思い込みの所産であった。スターリンは、ヒトラーによるソ連攻撃を示唆する膨大な数の証拠を無視した。その揚げ句、ドイツによる攻撃の事実の報告を受けたスターリンが最初に出した指令は「反撃を控えろ」だった。

ヒトラーも大きな誤りを犯した。冬が来る前に全力で首都モスクワを攻略すべきだったにもかかわらず、ウクライナ方面の攻略を優先した。

ソ連軍の背後には自軍の脱落兵を容赦なく狙撃する部隊が控えていた。ソ連側には当初ドイツ軍を好意的にみる人々も存在したが、恐怖政治に基づく占領を目の当たりにして、反ドイツ感情を強くした。モスクワ戦はこのように、両指導者の冷酷さの象徴でもあった。

同時期のイギリスやアメリカ首脳部とのやりとりは、スターリンがモスクワ陥落の危機のさなかにありながら、ソ連の領土拡大を狙っていたことも示している。

1941年11月7日、ドイツ軍が数十キロと迫るなかで、モスクワの赤の広場では革命記念日パレードが敢行された。軍が反対するなか、スターリンが強引に実施させた。これは国民に、彼が依然としてモスクワを支配していることを示すためのものであった。モスクワ死守の象徴的な意味はここからもうかがえる。

スターリンにとって、シベリア師団をモスクワ防衛に呼び寄せることができるかどうかは、文字通り死活的重要性をもっていた。ソ連のスパイ、ゾルゲからの報告によって日本によるソ連攻撃はないと読んだスターリンは、シベリア師団をモスクワ防衛等のために呼び寄せた。

日本の真珠湾奇襲は、まさにモスクワでのソ連軍による反撃が成功し始めた頃であった。もしドイツがここで敗北したことを知っていたら、日本は奇襲を行っただろうかと、あるジャーナリストは自問している。

スターリンの側近であったミコヤンの息子は、「スターリンの独裁下に『おいてすら』、われわれは勝った」と主張するが、これにはそれなりの説得力がある。

本書は近年公開された資料や聞き取り調査などによって再構成された歴史であり、多くのエピソードを含む。語り口はわかりやすいが、その物語は限りなく悲しい。多くの余韻と含蓄を残す書である。

評・久保文明（東京大学教授）

Andrew Nagorski 47年生まれ。アメリカのジャーナリスト。「ニューズウィーク」誌の記者としてモスクワやベルリン、ワルシャワなどに駐在。

二〇一〇年七月一一日❷

『数の魔力 数秘術から量子論まで』

ルドルフ・タシュナー 著 鈴木直 訳

岩波書店・二九四〇円
ISBN9784000055345

科学・生物

世界を数に還元 人類知の魅力

デューラーの魔方陣。ノートルダム大聖堂の黄金比。無限に続くオイラーの音格子。うつくしい図版とともに語られるのは、数が万物の存在を象徴していたピタゴラスの時代から、0と1の2進法がバーチャル世界を生み続ける現代まで、人間がいかに数に魅せられ、数を操り操られてきたかという物語である。

象徴、音楽、時間、空間、論理、政治、物質、精神の八つについて、各々（おのおの）がいかに数で表され、もしくは表され得なかったかを覗（のぞ）き込むことは、それだけで壮大な人類史になる。

たとえば、人類はバビロニアの時代から三辺の長さが特定の整数比になる直角三角形を知っていたが、それは3：4：5のような簡単なものだけではない。12709：13500：18541という比まで彼らは知っていたという。これだけでも、人間がいかに数に魅入られた生きものであるかが分かろうというものである。

世界を数の抽象性に還元してゆく人間の思考のなかでも、圧巻の一つは、周波数比でつくられる音律の世界だろう。そこでは基音に対して2倍の周波数をもつ音を1オクターブとして、そこに含まれる全音程の数比を最小値1と最大値2の間で取ってゆくことになる。このとき、たとえば基音レに対して3倍の周波数をもつラを1オクターブ下げて3/2とし、5度をつくる。同様にラと5度をつくるミ、ミと5度をつくるシというふうに次々に音程を取ってゆくが、この5度をつくる3/2は12回掛けてやっと、2の7乗（＝7オクターブ）に近似するだけだ。これがピアノの12鍵盤の基であるが、では調律はどうするのだろう。各半音の周波数比を、12乗して2になる値で見事に均（なら）した天才がいたのである。この値はもちろん無限小数になる。

人類はやがて、同じようにして水素原子のスペクトル数を簡単な数比に還元し、そこからさらにボーアの原子モデルが発見されていったが、数を数える行為の限界のなさは、無限小数の捉（とら）えがたい不透明さと呼応して、人間を生命に立ち返らせるのだと著者は言う。どきどきするほど魅惑的な一冊である。

評・高村薫（作家）

Rudolf Taschner 53年生まれ。ウィーン工科大教授。

二〇一〇年七月一一日③

『悪貨』

島田雅彦 著

講談社・一六八〇円
ISBN9784062162487／9784062776332（講談社文庫）
文芸

精巧な贋金が波紋を広げながら

小説を贋金（にせがね）にたとえる発想は昔からあった。これは、文字で埋められた原稿用紙を紙幣にすりかえる、売文業者の営みが贋金作りのようだ、という意味でもあるが、なにより小説というものが、「真実らしく見える贋物の現実」を作り出し、世間に流通させることで、私たちが自明としている世界のイメージや、日常の深部にまで根を下ろし動かしがたく見える「現実」に打撃を与える可能性を持つからだろう。贋金作りは国家と資本制へのテロリズムであるが、小説家もまた虚構の物語と言葉を武器に、硬直した「現実」にゲリラ的に挑戦しようと密（ひそ）かに企（たくら）んでいたりする。

その意味で、島田雅彦こそ、デビュー以来、終始一貫、贋金作りに励んできた作家といっていいだろう。その島田雅彦が贋金そのものを主題に据えた。

物語の発端は、ホームレスの男に何者かが与えた百万円。これは実は精巧な贋金であり、そのカネが波紋を広げながら、マネーロンダリングに携わる女性宝石商やら、天才印刷工やら、潜入捜査をする美人刑事やら、巨額の資金に支えられ地域通貨を流通させる宗教団体やらが絡みあうなかから、中国に本拠をもつ大規模な贋金作りの組織が浮かび上がるのが前半。後半は、贋金を武器にハイパーインフレを引き起こすことで、資本制と国家を壊滅させようとする「革命家」の男の、破滅に至るまでの姿が、崩壊していく日本経済を背景に描かれる。一篇（いっぺん）は恋愛ありサスペンスありの、スピード感あふれるエンターテインメント小説として面白く読んでいけるのであるが、これが贋金としてどこまで力を発揮できるかは分からない。

ただ少なくとも、贋金作りの個性がここに刻印されているのは間違いない。たとえば、日本経済を破滅に陥れ、自分自身も苦境に立たされた男が、カワハギを東京湾で釣って寿司（すし）屋に持ち込み食う場面。そんなことをしてる場合か！　と思わずいいたくなるような、人を食った男の振る舞いは、実に島田雅彦的だ。本書には栞（しおり）代わりの「零円札」がおまけについています。

評・奥泉光（作家・近畿大学教授）

しまだ・まさひこ　61年生まれ。作家。『退廃姉妹』『徒然王子』など。

二〇一〇年七月一一日④

『ナマコを歩く　現場から考える生物多様性と文化多様性』

赤嶺淳 著

新泉社・二七三〇円
ISBN9784787709158　科学・生物／ノンフィクション・評伝

ナマコから浮かぶアジアの歴史

ちょうど二十年前、衝撃的な大作ルポルタージュが登場した。文化人類学、歴史学、生物学、民俗学、水産学……縦横に境界を超え、さらには神話の趣をも持ち合わせた。その本こそ鶴見良行著『ナマコの眼（め）』。のたりのたり海底を這（は）う不可思議な棘皮（きょくひ）動物に視座をもとめ、辺境から日本とアジアの歴史を実証的に捉（とら）えなおす方法論に圧倒的な独自性があった。一読して名著と感動した興奮は、いまもまったく色褪（あ）せない。

本書は、その鶴見良行に学び、十三年間ナマコをテーマに選んで地域研究に携わってきた著者による。表題が目に飛びこんできた瞬間、わたしは『ナマコの眼』を継承する一冊であることを直感した。ナマコの眼差（まなざ）しを携え、海の民を主人公にして歩き、考える——それこそ鶴見良行のフィールドワークを貫いた主軸だったから。

歩くのはフィリピンのマンシ島、日本の利尻、中国の大連、そして韓国、アメリカ。ナマコの生産・流通・消費の現場で、異なる歴史や経済、文化にナマコが奥深く関（かか）わっている事実を掘り起こしてゆく。

そもそもナマコは定着性の動物でありながら、グローバルな役割を任じてきた。かつて乾燥ナマコを珍重した徳川幕府は、外貨獲得のために中国向けの重要な輸出製品として扱った。その中国では、清代に入ってナマコの調理法が発展し、多様な食文化が生みだされる。現在の大連ではナマコのサプリメントや栄養ドリンクまで開発されてナマコブームに沸いているが、それを支える背景には日本産の塩蔵ナマコの存在がある……歩きながら浮かんでくるのは、国境を超えた多重な地域関係、アジア史のダイナミクスだ。

著者は、地球環境主義下でのナマコ保全の動きにも一石を投じている。生態系と人間の関係性への理解は、捕鯨をめぐる問題解決にも糸口を与える。なんとナマコはクジラにも通じているのだった！

それにしても。ナマコの深みに嵌（はま）ったひとはつねに楽しそうなのだ。ナマコの妖（あや）しい魅力、いや魔力のせいなのか。

評・平松洋子（エッセイスト）

あかみね・じゅん　67年生まれ。名古屋市立大准教授（東南アジア地域研究）。

二〇一〇年七月一一日⑤

『柚子（ゆず）の花咲く』

葉室麟 著

朝日新聞出版・一七八五円
ISBN9784022507532／9784022647252（朝日文庫）　文芸

まっすぐに生きてさえいれば

著者の『花や散るらん』『オランダ宿の娘』、そして本書を立て続けに読んだ。前の二書は忠臣蔵、シーボルト事件という史実を縦糸に、著者が創造した主人公の悲哀を横糸に織り成す物語だが、本書『柚子の花咲く』は少し趣が違い、有名な史実を採用していない。

瀬戸内の日坂藩、鵜ノ島藩の干拓地を巡る境界争い（史実か否かは知らない）に絡んで牢人（ろうにん）梶与五郎が殺されたところから物語は始まる。梶は武士、町人、農民が一緒に勉強する、郷学（きょうがく）と言われる村塾の教師だった。「戦場においては相手など選べぬのだぞ」と身分に関係なく相撲を取らせ、遊ばせ、また藩校を受験する子供たちには朝から夜まで徹底的に学問を教えるなど、愛情あふれる兄貴的教師で子供たちに人気があった。

ところが死んだ途端になぜか悪評がたった。教え子の一人、日坂藩士筒井恭平はそれが許せない。恭平は決して成績が良くなかった。しかし梶は恭平を「身を捨てて仁をなす奴（やつ）」と評価していた。「桃栗三年、柿八年、柚子は九年で花が咲く」が梶の口癖。恭平は、まさに柚子のように長くかかって花咲くタイプなのだ。

恭平は鵜ノ島藩に潜入し、梶の死の謎に命がけで挑む。ミステリーなので結末を書くわけにはいかないが、謎を追う過程で梶ばかりでなく、周辺の人たちの人生の哀（かな）しみが見事に浮かび上がってくる。謎解きの楽しみばかりではなく、自分らしく生きることの難しさを改めて教えられ、深い共感を覚える。

最後の場面で大人たちに背き、子供たちが梶の死後も村塾に籠（こも）り、守り続ける理由が明らかになる。それは「人」をじっくりと育てない現代教育へのアンチテーゼにもなっている。

読んでいる間中、私の心にはさわやかな風が吹いていた。恭平が、凜（りん）とした厳しさ、美しさを見せているからだ。「徳は孤ならず、必ず隣有り」という孔子の言葉を思い出した。まっすぐに生きてさえいれば、孤独ではない、支える人が現れるという意味だ。まさに恭平の生き方で、強く勇気をもらった。

評・江上剛（作家）

はむろ・りん　51年生まれ。作家。『銀漢の賦』『いのちなりけり』『秋月記』など。

二〇一〇年七月一一日⑥

『西洋中世奇譚（きたん）集成　聖パトリックの煉獄（れんごく）』

修道士マルクス、修道士ヘンリクス 著
千葉敏之 訳
講談社学術文庫・八八二円
ISBN9784062919944
歴史／医学・福祉

死の壁の向こう側との交信

一時、臨死体験者の記録を集めた本やテレビが流行（はや）った時期があったが、その大半は死の壁を前にして引き返してきた話ばかりで壁の向こう側の境域に足を踏み入れた者の証言はエマニエル・スウェデンボルグに代表されるごく少数の者しかいないが、本書に登場する2人の騎士は生きながらに死者と同様の体験をして、無事霊体が肉体に帰還した後、世にも不思議な幻視譚を語り始めた。

この数奇な体験を幻想ととらえるのも真実と認めるのも読者に委ねるとして、ここで訳者の言葉に耳を傾けよう。

「異界（Otherworld）への想像力――近代人は、この能力を理性（レゾン）の美名のもとに抑圧し、オカルティズムやエゾテリスムの範疇（はんちゅう）に封じ込め」てしまったことで「人間精神の本質」の解明を回避していることを指摘しつつも異界に惹（ひ）かれる現代人の感性に訳者は希望をうしなってはいない。

本書は12世紀に書かれた「トゥヌクダルスの幻視」と「聖パトリキウスの煉獄譚」の2編からなるが、前者の主人公トゥヌクダルスは食事中突然倒れ、三日三晩意識不明になり、その間幽体離脱をして幻視した出来事を物語った。その全記録である。

肉体を離脱した魂はダンテの「神曲」のヴィルジリオ同様、天使の守護を得て、死後世界の地獄、煉獄を案内され、現世の罪に従った拷問を受ける魂たちの恐ろしくも悲惨な苦しみを目撃させられると同時に彼自らも体験させられる。この凄惨（せいさん）な光景はボッスの「最後の審判」の絵画の再現だ！　後に男の魂は天国に導かれるが、私の眼（め）には天国の美に比べれば地獄の光景の方がずっと想像的で芸術的に思えるのだった。

死後生を否定する者にとっては地獄も天国も非存在であるために、悲惨な光景も文学的な興味でしか認識できないかもしれないが、実際、西洋中世では、日常的に死者との交信を通して日々の生活の中に、生死の境を超えて魂の次元で、向こうと往来しながら永遠の時間の中で自らの人生を位置づけていたのだった。

評・横尾忠則（美術家）

2編ともに12世紀半ば、中世ラテン語で書かれた。

二〇一〇年七月一一日⑦

『発達障害は治りますか？』

神田橋條治ほか 著
花風社・二三一〇円
ISBN9784907725785

『うつ病治療　現場の工夫より』

神田橋條治ほか 著
メディカルレビュー社・一八九〇円
ISBN9784779205248
医学・福祉

神田橋條治はかつて「日本のフロイト」とも称され、多くの精神科医や臨床心理士のファンを持つカリスマ精神科医である。その著書は臨床知の宝庫だが、カリスマだけに読者を選ぶ。依存心が強すぎる人にはお薦めしない。

精神分析から出発した神田橋が現在関心を寄せるのは「脳」だ。「機能が（脳の）構造を変える」という確信に基づき、彼は心のありようを身体の側から変えようとする。治療よりリハビリに近いこの発想から「発達障害は発達します」という至言がもたらされた。

心の病気を「脳の心身症であり、生活習慣病」とみなす神田橋は、薬物治療も積極的に用いる。患者のこだわりやとらわれを解きほぐす彼の言葉は、手品のように逆説的だ。うつ病と発達障害の関係や発達障害におけるフラッシュバックの治療法などは、臨床家にも参考になる。

プラシーボ（偽薬）効果を最上のものとする神田橋は、整体やサプリメントといった代替療法を否定しない。いずれも患者が自分でできるからだ。そう、神田橋が目指すのは、最終的には〝患者の自立〟なのである。

評・斎藤環（精神科医）

二〇一〇年七月一一日⑧

『光るクラゲ　蛍光タンパク質開発物語』

V・ピエリボン、D・F・グルーバー 著

滋賀陽子 訳　青土社・二五二〇円

ISBN9784791765478　科学・生物

下村脩博士のノーベル賞受賞ですっかりおなじみになった光るクラゲの、帝政ローマに始まる研究史である。

原著の出版はノーベル賞の3年前だから、登場する多くの科学者たちの中から3人選ぶとすれば誰か、と考えながら読み進むのも面白い。下村さんの功績にはだれも異論はないだろう。

紹介されるエピソードは実に興味深い。この分野の大御所である米国人は新婚旅行で日本を訪れ、東大三崎臨海実験所近くの海でウミホタルに魅せられた。そしてその弟子が下村さんを米国に呼び寄せた。日本との不思議な因縁を感じさせる。

米国のある研究者が、下村さんが発見した物質の遺伝子を取り出したことが利用の道を開いたが、その遺伝子に関心を持って連絡してきたのは2人だけだった。その着眼によって彼らは共同受賞者となる一方、遺伝子を気前よく分けてあげた研究者は失業して運転手になった。

遺伝子が取り出された年、実験材料のオワンクラゲは姿を消したという。環境の変化らしいが、まるで自分たちは必要なくなったと知っていたように。

研究には時の運もある。

評・辻篤子（本社論説委員）

二〇一〇年七月一八日①

『俺俺』

星野智幸 著

新潮社・一六八〇円

ISBN9784104372034／9784101164526（新潮文庫）　文芸

承認されたい個　全体へと融解

傑作だ。

ファストフード店で隣の男の携帯電話を手に入れた俺（おれ）は、出来心でその本人になりすまし、持ち主の母親に振り込め詐欺を行う。しかし、その母親は俺を本当の息子と思い込み、次第に俺は「その男」になっていく。この現象が徐々に拡大し、俺が果てしなく増殖する物語。

俺の職場は「メガトン」という家電量販店。俺は「メガトン」こそ自分の居場所だと思っていたが、俺が別の俺と入れ替わっても業務は回り、ただ果てしない日常が続くことに気づく。俺の存在は常に希薄で、いつでも「誰か」と代替可能な存在だ。しかも、「メガトン」には分かり合えない意地悪な上司が存在する。社内では同調圧力が強く、みんなが特定の人間をバカにすることで、ギリギリの共同性が保たれる。

俺は「メガトン」の居心地が悪くなり、複数の俺との共同体を構成しはじめる。彼らはその場所を「俺山」と名づけ、次第にそこがかけがえのない居場所になっていく。

「俺山」では、みんなが俺。日常世界とは異なる形の代替可能性が突きつけられる。しかし、俺はそこに「メガトン」では味わえない恍惚（こうこつ）感を抱き始める。

「俺山」は、他者との葛藤（かっとう）がない社会。俺同士が心と心でつながり、分かり合える透明な共同体だ。そんな場所では、俺は意味ある存在として自己完結している。俺が大きな自分の一部である以上、俺たちは常に互いのために生きている。そんな実感が、この俺を支えている。

しかし、俺の増殖が加速し社会全体を覆い始めると、俺の外部はなくなり、すべてが俺に変わり果てる。俺は有象無象の「俺ども」の部分に過ぎなくなり、「俺山」という固有の居場所が氷解する。すべてが「俺山」となる社会の中で、俺は精神のバランスを崩し、東京郊外の山中に逃げ込む。そこで俺が出会った世界とは……。

結末は意外な展開に。その描写に、私は魂の底から涙を流した。

派遣労働などが一般化し、個の固有性が希薄化する現代日本社会。入れ替え可能な個の群れが出現し、アイデンティティーを保つことが難しくなっている。

俺が俺である必要性は果たしてあるのか？　俺は本当に他者から承認されて生きているのか？

そんな不安ゆえに、人は他者とつながりた

い。心と心で結びつき、互いに必要とし合う関係を築きたい。しかし、それが行き過ぎると、自己と他者との区別がつかなくなる。自己のアイデンティティーは他者の群れの中に溶解し、全体へと回帰する。

本作は、現代社会の状況と普遍的な人間のアイデンティティーの問題に迫った現代文学の金字塔だ。

今まさに存在の不安に押しつぶされそうな人は、ぜひ読んでほしい。全体主義やファシズムの「危うい魅力」に関心がある人にとっては、必読の作品。

ここに文学が存在する。

評・中島岳志（北海道大学准教授）

ほしの・ともゆき　65年生まれ。新聞記者を経て、作家。「最後の吐息」で文芸賞。「目覚めよと人魚は歌う」で三島由紀夫賞。『ファンタジスタ』で野間文芸新人賞。

二〇一〇年七月一八日❷

『原節子　あるがままに生きて』

貴田庄 著

朝日文庫・七一四円
ISBN9784022616562

アート・ファッション・芸能／ノンフィクション・評伝

光と美と活力をくれた大輪の花

今回は書評というより感想文です。原節子の「美」は僕の中ではグレタ・ガルボを凌（しの）いでいますね。彼女を撮ったどの監督も彼女の比類ない美しさを認めています。関係ないけど、僕は自作の美的欠如を補う手段として画面のどこかにちょいと原節子を描き入れることがあるんです。すると途端に画面は生き返ったように美を取り戻します。

原節子の魅力は一般的に「永遠の処女」とか「神秘の女優」という言葉に表されますが、それ以上に彼女の、評論家も太刀打ちできないほどの聡明（そうめい）さと透徹した観察力、そして妥協しないその生き方に僕は痺（しび）れます。

著者は原節子のデビュー前の少女時代から映画界を引退するまで、出演映画を中心に彼女が女優として成長していく過程を編年体にじっくりと焦らずに眺めていきます。なんとも心地よい時間が流れていきます。そんな「あるがままに生きて」いく彼女の姿がそのままこの本の題名になっているように思います。

原節子は自分の美貌（びぼう）を鼻にかけるような人ではなく、誰にも自然体で接し、職業柄当然と思われる野心や野望など、欲の一切ない本当に無心な性格の持ち主です。でも自分に合わない仕事はきっぱり断ります。かといって本人が言うほどわがままではないのです。彼女は美の女神だけではなく、運命の女神からも祝福されてみるみる日本の女優の頂点に立ってしまいます。

彼女の美しさは戦後の荒廃した暗い世相の中に咲いた大輪の花のように天上から光を投げかけてくれ、敗戦で打ちのめされていた日本人の魂に美と活力を与えてくれたように思います。造形的に美しい人は他にもいましたが、彼女の美にはその内面から迸（ほとばし）る力があります。

彼女の好きなものは読書と泣くこと、そしてビール、さらに怠けること。「風邪を引けばハナも出る。寝不足なら目ヤニも出る」という庶民感覚の持ち主で時には大きい口を開けて笑いもする。そんな原節子が「愛情を与える人がいない」という悲しみを抱いたまま、映画界を去って半世紀になろうとしています。原節子はいまいずこに？

評・横尾忠則（美術家）

きだ・しょう　47年生まれ。映画評論家、工芸作家。『小津安二郎のまなざし』など。

二〇一〇年七月一八日❹

『ペンギン・ハイウェイ』

森見登美彦 著

角川書店・一六八〇円
ISBN9784048740630／9784041005613（角川文庫） 文芸

未知なるものに分け入る少年

郊外に住む小学4年生の「ぼく」は、まだ海を見たことがない。なのに、街には突然ペンギンが出没する。どうやら歯科医院の「お姉さん」がその現象にかかわっているらしい……。

京都も大学生も出てこない本書は著者の「新境地」と評されているが、それは当たらない。著者の今までの小説は京都の実体を描いたわけではなく、著者の作り出した「世界」がたまたま京都だったにすぎないからだ。今回も、たとえモデルになる場所があったとしても、著者が郊外という「世界」を作り上げたのだといえよう。

少年はその街で不思議な現象に遭遇し、その謎について研究する。それは、死、とか、世界の果て、といった未知なるものを探検することであり、彼の成長を瑞々（みずみず）しく、またせつなく語るエピソードとなっている。

郊外には未開発の森が残っており、それがまず、少年の未知なるものとして登場する。この森はいずれ同じような住宅地になるのだろうが、まだ謎をはらむ場所として立ちはだかる。

この「異界」としての森と住宅地の境界にある白いマンションに、少年の謎の最たるものである「お姉さん」が住んでいることは示唆的だ。『四畳半神話大系』にも歯科医院の「羽貫さん」という不思議な女性が出て来たが、「お姉さん」は未知なるものと既知なるものとをつなぐ存在なのだと思われる。

整然と区画整理された郊外の街や、チェス盤、玩具のレゴのような四角い物のイメージが頻出するが、それは彼の日常世界の象徴である。ところが、彼の前には「お姉さん」の「おっぱい」に代表されるような丸い物（「海」や「幽霊の月」など）が次々と出現し、彼はそれによって未知なるものの存在に触れてゆくのである。

印象に残ったのは、「お姉さん」がカンブリア紀の海辺で石を抱いている夢や、少年がその寝顔を眺める場面だ。著者が影響を受けたというスタニスワフ・レムの『ソラリスの陽（ひ）のもとに』に思いを馳（は）せた。

ペンギン・ハイウェイ。それは、少年が大人になる道なのだ。

評・田中貴子（甲南大学教授）

もりみ・とみひこ 79年生まれ。作家。『太陽の塔』『夜は短し歩けよ乙女』など。

二〇一〇年七月一八日❺

『ドキュメント 宇宙飛行士選抜試験』

大鐘良一、小原健右 著

光文社新書・八四〇円
ISBN9784334035709
科学・生物／ノンフィクション・評伝／新書

必要な資質とは？ 意外な逆転も

遊園地のジェットコースターでも怖いんだから、子どものころから宇宙旅行にはあこがれたものの、宇宙飛行士なぞ望むべくもない。だからこそ、どんな人が宇宙飛行士を目指し、どういう試験を経て合格するのかには興味があった。

本書はその興味に十分応えてくれる。ＪＡＸＡ（宇宙航空研究開発機構）が初めてＮＨＫテレビのカメラに公開した、２００８年6月からの宇宙飛行士試験の模様を、取材記者たちが描く。

10年ぶりの募集とあって、待ちに待った応募者総数は、963人と過去最高。当然、関門は狭い。宇宙飛行士は、多国籍の人々と危険に満ちた閉鎖空間で長く暮らす。必要な資質とは何か。「ストレスに耐える力」「リーダーシップとリーダーを支援し、時に直言もできるフォロワーシップ」「チームを盛り上げるユーモア」「危機を乗り越える折れない心」だという。

この基準で実施される面接などの幾多の試

験は、誠に厳しい。残った〝最終候補者〟は、パイロット、研究者、医者など10人。宇宙ステーションを模した80平方メートルほどの狭い閉鎖施設で、1週間同居し、24時間監視のもと次々に出される課題をこなす閉鎖環境試験が、本書のハイライトとなる。

「会社設立趣意書を作れ」「心を癒やすロボットを作れ」「折り紙を折り続けろ」……。意地悪な〝罠(わな)〟も仕掛けられている。お互いの微妙な心理のやりとり、極度の緊張。ゼッケンのつけ間違いなど、考えられないミスもでてくる。

結局、パイロットの2人が合格。確かに、優れた人たちだ。でも、最後にちょっとした逆転がある。まったく地味な存在だった医師が、第1次補欠に選ばれ、のちに飛行士に昇格する。なぜか。向井千秋さんの言葉が印象に残る。「宇宙飛行士はスーパーマンである必要はない」が、「すべての項目で60点(合格点)を取るというのは意外と難しいんですよ」と。

一読、人間の底力もまだまだ捨てたものでもない、なんて思わせる力がある。夢などどこかに置き忘れた者にさえね。

評・四ノ原恒憲(本社編集委員)

おおがね・りょういち、おばら・けんすけ ともにNHK報道局員。

二〇一〇年七月一八日❼

『シェイクスピア&カンパニー書店の優しき日々』

ジェレミー・マーサー 著　市川恵里 訳

河出書房新社・二七三〇円　人文/ノンフィクション・評伝
ISBN9784309205403

カナダの事件記者だった作者がパリで住みついたのは、セーヌ川左岸に立つ風変わりな書店。貧しい作家にただで食事とベッドを与えるその書店とは、伝説の「シェイクスピア&カンパニー」だった。数々の作家を育てた同店は文学賞と文芸誌の立ち上げを先日発表したばかり。その生活を綴(つづ)った本書の登場は嬉(うれ)しい。

本書の扱う「シェイクスピア&Co.」は実は2代目だ。初代は1920年代にパリのアメリカ人が開店した書店で、失われた世代の作家やフランス詩人らが集ったパリ時代の象徴。この精神と店名までちゃっかり継承した2代目店主は「見知らぬ人に冷たくするな、変装した天使かもしれない」をモットーに、作家の卵をびしびし育てた。店にはH・ミラーやビートニク作家が集まり、無名詩人が脚光を浴び、ロマンスが生まれる。しかし破天荒な店主が雨上がりに、お揃(そろ)いのレインコートを着た父親と三人の男児に目をとめ、自ら手放した家庭の喜びを想(おも)う小さなくだりなどに、本書は深い煌(きら)めきを宿す。パリの異邦人を異邦人がチャーミングに活写。極上のメモワールだ。

評・鴻巣友季子(翻訳家)

二〇一〇年七月一八日❽

『秘密諜報員(ちょうほういん)ベートーヴェン』

古山和男 著

新潮新書・七七七円　アート・ファッション・芸能/新書
ISBN9784106103667

音楽史上、もっとも論争のにぎやかな事件の一つに、ベートーヴェンの〈不滅の恋人〉問題がある。死後、ベートーヴェンの遺品の中から、三通の自筆書簡が出てきた。相手を〈不滅の恋人〉と呼びながら、具体的な名前を書き記していない、やっかいな恋文である。

従来、音楽史家はさまざまな状況証拠から、この秘密の恋人を特定しようと、論陣を張り合った。いわく、ピアノの弟子のジュリエッタ・グイッチャルディ。やはり弟子のテレーゼ・フォン・ブルンスヴィク。名指しされただけで五人もの女性が俎上(そじょう)に載せられた。しかしどれも決め手に欠け、いまだに結論が出ていない。

しかるに本書の著者は、あっと驚く仮説を提示する。〈不滅の恋人〉なる女性など、はなから存在しない。手紙そのものが恋文を装った秘密の通信文で、ベートーヴェンは親しいパトロンにあてて、政敵の情報を伝えたのだ、という。傍証として、著者は当時の欧州の政治経済情勢を、克明に再現する。いささか、牽強付会(けんきょうふかい)と思われる考察もあるが、常識を打ち破る大胆な仮説には、それなりに説得力がある。

評・逢坂剛(作家)

二〇一〇年七月二五日❶

『春日井建全歌集』

春日井建 著

砂子屋書房・八四〇〇円
ISBN9784790412359

文芸

生のただ中に降る 死の流星群のよう

二〇〇四年に亡くなった春日井建の全歌集である。第一歌集『未青年』から第九歌集『朝の水』までの作品が収められている。その序文に三島由紀夫が「われわれは一人の若い定家を持つたのである」と記した『未青年』は、戦後の短歌史における伝説的な青春歌集となった。

大空の斬首ののちの静もりか没（お）ちし日輪がのこすむらさき

作中に詠（うた）われているものを実際の風景としてみれば単なる夕焼けに過ぎない。だが、作者はそのなかに「大空の斬首ののちの静もり」をみてしまう。ここには死に対する異様なまでの感受性がある。

火祭りの輪を抜けきたる青年は霊を吐きしか死顔をもてり

火の剣のごとき夕陽に跳躍の青年一瞬血ぬられて飛ぶ

同様に、これらの歌においても、「火祭りの輪を抜けきたる青年」の表情が「死顔」、また「跳躍の青年」の肉体が「血ぬられて」と、それぞれ表現されている。若さの極点である筈（はず）の青春に死の幻影をみる感覚、その逆説的な普遍性が鮮やかに作品化されている。

確かに、万人の生の結果だけをみればそれは死に他ならない。死なない者はいない。我々はそのことを知っている。ゆえに普通は死を怖（おそ）れ、できる限り遠ざけようとする。死の本体だけでなく、それに繫（つな）がる老いや病やウイルスや排泄（はいせつ）物などに対しても、抵抗、除去、隠蔽（いんぺい）を試みる。だがその一方で、抗菌グッズに取り囲まれた我々は、死を遠ざけることが生から輝きを奪う、という理（ことわり）に薄々気づいてもいる。しかし、コインの裏表のような死／生を分離する方法がわからない。かくして、我々は死の匂（にお）いから懸命に顔を背けながら、ぼんやりとなまぬるい生を生き続けることになる。

若き春日井建の歌は、このような生の直中（ただなか）に降り注ぐ死の流星群を思わせる。圧倒的な熱と光を浴びて、世界はもう一度輝きを取り戻す。健康や安全や幸福を超えた生そのものの価値、その眩（まぶ）しさを束（つか）の間（ま）私たちにみせてくれるのだ。名前の「建」を「健」と誤記されることの多かった作者が、自己紹介の折などに「人でなしの『建』です」と冗談めかして名乗っていたことをふと思い出す。

だが、そんな彼を現実の大きな病が襲う。本歌集の終盤は、中咽頭癌（いんとうがん）が発見されて後の作品集である。

予報士は雪と報じぬ中空は何ごともなくただ冴えかへる

かつてそこに「大空の斬首」をみた空が、今は「何ごともなくただ冴えかへる」。だが、この緊迫感はどうだ。未来を告げる「予報士」には医師が、天空の異変としての「雪」には宣告された病が、それぞれ投影されているように思える。反転した世界のなかでも、やはり作者の詩魂は死と共にあったのだろう。

評・穂村弘（歌人）

かすがい・けん 歌人。1938～2004年。『友の書』（雁書館）、『白雨』（短歌研究社）で日本歌人クラブ賞と迢空賞を受賞。歌集に『行け帰ることなく』『井泉』など。

二〇一〇年七月二五日②

『全体主義』

エンツォ・トラヴェルソ 著　柱本元彦 訳

平凡社新書・七九八円
ISBN9784582855227

歴史／人文／新書

20世紀のイメージを要約した概念

20世紀は「極端な時代」であった、と説いたのはエリック・ホブズボームである。科学・技術の進歩によって叶（かな）えられた目も眩（くら）むような豊かさと、戦争と殺戮（さつりく）の禍々（まがまが）しいほどの陰惨さ。一方の極にはアメリカニズムを代表するフォード車があり、他方の極にはアウシュビッツのガス室がある。わたしたちを今も当惑させるのは、なぜ科学・技術の進歩がナチズムのような「新しい野蛮」と結びつき、身の毛がよだつような大量殺戮をもたらしたのか、ということである。

ここに「全体主義」という概念が浮かび上がってくる。なぜなら、この概念こそ、20世紀のイメージを最も要約しているからである。本書は、この「全体主義」という概念を歴史的な脈絡の中で辿（たど）りつつ、それが何を意味し、何を隠蔽（いんぺい）し、さらに何を歪曲（わいきょく）してきたのか、その変遷を明らかにする思想史的な試論である。

本書は前半で、第1次世界大戦後に産声をあげた「全体主義」の概念が、ファシズムやナチズムに抗（あらが）う「反ファシズム」的な亡命知識人たちによって広く普及し、さらに左翼から「反スターリニズム」の狼煙（のろし）が上がってくる経緯を描き出す。後半では、冷戦以後、「全体主義」概念の中心がアメリカに移動し、「全体主義」が事実上、反共主義のマスターキーへと変貌（へんぼう）を遂げていく過程が抉（えぐ）り出されていく。やがてフランスや東欧で共産主義即（すなわ）ち「全体主義」という構図が定着し、そしてベルリンの壁崩壊とともに「全体主義」は西側の勝利を正当化する最もありふれた道具となっていくのである。

この「全体主義」という概念が辿った数奇な運命をふり返りつつ、著者は「全体主義」を、唯一の党、絶対的独裁者、国家のイデオロギーといった「関連特徴」に還元することで、「全体主義」が実はナチズムとスターリニズムの起源、その社会的内容、そしてその展開と目的を完全に無視していることを暴き出すのだ。

たいへんに刺激的かつ示唆に富む好著である。

評・姜尚中（東京大学教授）

Enzo Traverso　57年生まれ。ユダヤ問題を研究。『ユダヤ人とドイツ』。

二〇一〇年七月二五日③

『悪と仮面のルール』

中村文則 著

講談社・一六八〇円
ISBN9784062163705／9784062776790（講談社文庫）

文芸

人の死、生の歪み 償いはあるのか

「悪」のつく小説が最近多い。『「悪」と戦う』『悪貨』、間もなく出る『悪の教典』、そして本書。ここに『悪人』や『1Q84』なども含めて評論すれば、21世紀日本版の「文学と悪」が書けそうだ。

父殺しと自己の抹消を扱った本書は、軍需産業やカルト教団、テログループの活動などを盛りこんだサスペンスだが、作者は善と悪だけでなく、「正と誤」「美と醜」「真と偽」「価値と無価値」といったベクトルも絡みあわせる。語り手はさる財閥一族の「邪」の系譜に連なる男だ。「悪の欠片（かけら）」として育てられ、いずれ「地獄を見せる」と父に宣告された彼は、最愛の美しい少女と自らを守るため、父を死に至らしめる。顔を整形し他人の身元を盗んで新たな人生を歩きだそうとするが、周りを刑事が嗅（か）ぎ回るようになり……。

語り手は父と兄という血縁の「邪」と対峙（たいじ）することになる。そもそも人を殺すとは常に悪か？なる問いが出てくるが、作者は語り手の行為に一段微妙なクッションを設け、主題をいっそう深く掘りさげる。どちらの場合も彼は相手の体に直接手をかけない。殺すのではなく「死んでもらう」のだと。この殺害感覚の遮断は、本書でも言及されるハイテク兵器のそれにも通じるだろう。だが語り手は後に言う。「人間を殺した衝撃を……ちゃんと受け止めた時、人間は確かに誤作動を起こすよ」。自分のなした「ルール違反」とそれによる歪（ゆが）みを、彼は受け止めようとする。いずれ進んで法の裁きを受けるかもしれない。しかし自分の行為が量刑に換算され解消されることは拒んでいるようだ。償いはあるのか。

ラストは語り手の再生への端緒を暗示するポジティブな場面に見える。おそらくその通りだろう。しかし意地悪な目で見れば、実はこの語り手は叙述の仕掛けにより、自らの語る物語から、そうと気づかぬまま永久に出られないようになっているのだ。叙述形式をもって、善と悪、幸福と不幸の狭間（はざま）に無限に宙吊（ちゅうづ）りにされるのが、語り手に下された罰だとすれば、これは随分恐ろしい書である。

評・鴻巣友季子（翻訳家）

なかむら・ふみのり　77年生まれ。「土の中の子供」で芥川賞。『掏摸（スリ）』で大江健三郎賞。

二〇一〇年七月二五日④

『渡りの足跡』

梨木香歩 著

新潮社・一三六五円
ISBN9784104299065／9784101253404（新潮文庫）　文芸

「たったひとつの道」をゆく鳥たち

渡りの季節になると、インドガンは標高九千メートル近くまで上昇し、ヒマラヤ山脈を越えて旅をするという。人間を拒絶するその高さを悠々と、しかし命懸けで飛ぶ鳥たちの話を聞いて以来、ぼくは鳥の「渡り」というものに興味を抱き続けてきた。本書はそうした関心をさらに深く、奥の方へと導いてくれる指針のようなエッセイ集である。

知床をはじめとする北海道、新潟、諏訪湖、ロシア沿海州と旅をしながら、鳥たちの足跡を辿（たど）り、目の前の世界を注視する。その眼差（まなざ）しに慌ただしさは微塵（みじん）もなく、じっくりと射貫くような鋭さをもって、鳥の小さな羽ばたきさえも見逃すことはない。

起こっていることを正確に把握することを観察というならば、著者はそれを真摯（しんし）に実行し、そこで得たものを読者と分かち合おうとしている。先に旅立った鳥があたかも後進の鳥に進むべき道のヒントを与えてくれているかのように。

本書で言及されるのは、鳥たちの営みだけではない。北方少数民族アリュートのカヤック文化やシベリアを探検したアルセニエフとその案内人デルスー・ウザラー、戦前にアメリカへ移民した人々、さらには都市にはびこる訪問販売のような技にいたるまで、鳥の渡りを端緒に、そうせざるをえなかったたった一つの道について考えていく。

渡りは「持てる感覚、経験知を総動員してその場の状況に応じて全（すべ）ての判断を自分で下し」ながら、進路を切り開き、自分に適した場所へ還（かえ）っていくことである。その先に島があるかどうかもわからないのに沖に向かって漕（こ）ぎ出した古代の航海者や、生きるべくして死ぬ道を選んでいった冒険者たちの行為もまた同様だろう。人も鳥も、本能と直感に従って生き抜こうとすれば、自らを賭した旅に出るときがくる。しかしそれは、ありがちな感傷や悲壮感とは無縁の「たったひとつの道」なのだ。

それぞれの章末に、登場した鳥に関する短い解説がある。専門的なものではないが、そうした心配りも嬉（うれ）しい。

評・石川直樹（写真家・作家）

なしき・かほ　59年生まれ。作家。『西の魔女が死んだ』『からくりからくさ』など。

二〇一〇年七月二五日⑤

『ised 情報社会の倫理と設計 倫理篇・設計篇』

東浩紀、濱野智史 編

河出書房新社・各二九四〇円
ISBN9784309244426〈倫理篇〉・9784309244433〈設計篇〉 ―IT・コンピューター／社会

総合知としてのメディア論決定版

インターネットが日常的なものとなり、掲示板やブログ、あるいはSNSサービスなどが浸透しはじめたゼロ年代中盤は、新たなメディア論の勃興（ぼっこう）期でもあった。

旧世代のメディア論は、メディアが個人の心を「内破」し変容させる未来を夢想した。しかし新しいメディア論は、メディアがいかに社会を変えるかを実証的に問う。

本書は2004年から06年にかけて、国際大学グローバル・コミュニケーション・センターで開催された研究会の議事録である。東浩紀ら、20代から30代の若手研究者が中心となり、多彩な分野から専門家を招いては、機知と熱気のこもった議論が展開されている。

その膨大な記録は「倫理篇（へん）」と「設計篇」の2分冊にまとめられた。一冊あたり500頁（ページ）弱、しかも2段組みという情報量にまず圧倒されるが、司会を担当した東浩紀の見事な交通整理によって、啓蒙（けいもう）的でありながら読みやすい構成となっている。

5年ほど前の議論でありながら、内容はまったく古さを感じさせない。むしろネットワークの可能性について、先鋭的なアイデアがいくつも先取りされていたことに驚かされる。

鈴木謙介がネット上に勃興する自由至上主義や共同体主義について語り、白田秀彰が法学者の立場から価値観をいかにアーキテクチャとして設計しうるかを問う。北田暁大はネット上のリベラリズムとその核にあるアイロニーを検討し、高木浩光と辻大介は新たなプライバシー概念を洗練すべく、「匿名性」の問題を問い直す。

ここで興味深いのは、どの議論もメディアの新たな可能性を検討しつつ、それぞれの専門領域のコンパクトな解説にもなっていることだ。

そう、メディア論が明らかにするのは、変化の可能性ばかりではない。むしろメディアは顕微鏡のように、「人間」「コミュニケーション」「社会」などの本質をあらわにしてくれる。

〝総合知としてのメディア論〟の決定版として、本書の座を脅かす本は当分現れそうにない。

評・斎藤環（精神科医）

あずま・ひろき 71年生まれ。批評家。
はまの・さとし 80年生まれ。批評家。

二〇一〇年七月二五日⑥

『ほろにが菜時記』

塚本邦雄 著

ウェッジ・一四七〇円
ISBN9784863100725 文芸

「味覚美」に迫る 博覧強記ぶり

わあ贅沢（ぜいたく）だなあ、塚本邦雄の味覚随筆を読めるなんて。粛々と読まなくちゃいけないかしら、と端座して「序」を開いたら、反写実主義を貫いた前衛短歌運動の先鋒（せんぽう）、美の王国の番人がいきなり机を叩（たた）いている。

「アボカードはアボガドではない」

スペイン語を背景にした中・南米産の果実なのだからアボカードと呼ぶべきだと宣言。

「食物の呼称が間違っていると、もう賞味する気がなくなるのは、私の奇妙な潔癖のなせるわざだが、これは一方『歌人＝言語芸術家』の宿命と考えてほしい」

賜り物みたいにうやうやしく読むべきかと思っていたのに、風穴が開いてうれしくなってしまった。味覚にも厳密をもとめる自分の嗜癖（しへき）を、かすかに持て余している気配がある。旧字旧仮名遣いに徹して言葉の要塞（ようさい）を打ち立てた歌人は、つつましくも「奇妙な潔癖」と遠慮がちだが、わたしは「純度の高さ」と言い換えてみたい。

じっさい、塚本邦雄の味覚の純度にはおそ

れ入る。「末黒野（すぐろの）の枯草（かれくさ）むらを掻（か）き分けて摘んだ幼い土筆（つくし）」は「風雅菩薩（ぼさつ）」の味わい。慈姑（くわい）には「一つ口に入れると涙ぐましいような懐かしさを覚える」。鮎（あゆ）をはじめ川魚や鮒鮨（ふなずし）に香気を見出（みいだ）し、いっぽう「私の舌と歯が承知する沢庵（たくあん）はまずない」。嫌いな佃煮（つくだに）はばっさり、「あれではおがくずを煮たって変（か わ）りはしない」。言語美に向かうとおなじように、味覚美（！）に毅然（きぜん）と迫る。

味覚は、精神や官能を喚起する触媒でもある。だからこそ塚本邦雄にとって、触れたいときすぐ指に届く宝の函（はこ）、それが味覚だったのではないだろうか。

歳時記にそくして五十四項。たとえば「夏」に採りあげているのは、茗荷（みょうが）。蓼（たで）。茄子（なす）。ローズマリー。蓮（はす）。菖蒲（しょうぶ）。辣韮（らっきょう）。薄荷。そらまめ。鮎（あゆ）。筍（たけのこ）。杏（あんず）。それぞれ故事来歴、学名の由来、古今の詩歌にいたるまで縦横無尽の博覧強記ぶり。ころんとまるい蓮の実への偏愛（明言したひとをほかにしらない）の言葉などやっぱり豪華絢爛（けんらん）、幻を喰（く）わせてもらう心地を味わう。

評・平松洋子（エッセイスト）

つかもと・くにお　1920〜2005年。歌人、評論家。『王朝百首』など。

二〇一〇年七月二五日⑦

『国語辞書一〇〇年　日本語をつかまえようと苦闘した人々の物語』

倉島長正 著

おうふう・二六二五円

ISBN9784273036058

文芸／人文

辞書とは引くものではなく、読むものである。芥川龍之介が大槻文彦の編纂（へんさん）になる『言海』を「読む」楽しみを語っていたことは有名で、これで「よく寝るから寝子（ねこ）」という「猫」の語源の解釈が、人々の知るところとなった。

『言海』に始まる近代国語辞書についての歴史の蘊蓄（うんちく）を知ることができる本書は、現代最も人口に膾炙（かいしゃ）している辞書『広辞苑』の誕生秘話にまで及ぶ。

日本語をどう整理し、配列し、意味づけるかは、辞書の大きな課題だった。それは、「日本語」の体系を構築するためには不可欠であり、近代における辞書の役割は日本語の体系化にあったといっても過言ではない。

時代相によって辞書に取り上げられる語彙（ごい）が異なる例もあげられ、「防空演習」は戦時中、「転向」は昭和初期の辞書に見えるという。「ズロース」が初期は「猿股」と解説されていたというのも楽しい発見である。

現代最大の辞書『日本国語大辞典』は第一版と第二版があるが、その比較に「愛する」と「欲張る」という語が使われているのは偶然か、それとも故意か？　げに、辞書は人を映す鏡なり。

評・田中貴子（甲南大学教授）

二〇一〇年七月二五日⑧

『氷海のウラヌス』

赤城毅 著

祥伝社・一九九五円

ISBN9784396633417／9784396338589（祥伝社文庫）

歴史／文芸

1941年の秋、日米開戦を目前に控えた日本は、開戦した場合に三国同盟の同盟国、ヒトラー・ドイツを戦いに引き込むべく、極秘作戦を開始する。秘密兵器、〈九三式魚雷〉をドイツに送り込み、その高性能をヒトラーにアピールして、参戦を促す作戦〈暁工作〉である。

作戦遂行のため、ハイケン大佐を艦長とする、ドイツの仮装巡洋艦ウラヌスに、海軍の堀場大佐と望月大尉が同乗、問題の魚雷を積んでドイツに向かう。すでに、ドイツは英ソ両国と交戦状態にあり、いつ敵艦と遭遇するか分からない。しかし日本は、いまだ英米と開戦しておらず、ドイツ艦に日本の軍人が同乗していると分かれば、国際問題になる。

物語は、ウラヌスが途中の海で氷山や敵艦と戦いながら、ドイツへたどり着くまでの苛烈（かれつ）な航海を、サスペンス豊かに描き出す。ハイケン、堀場、望月それぞれのキャラクターが、鮮やかに立ち上がってくる。最後の海戦で〈九三式魚雷〉を、命令に反して使うかどうかの葛藤（かっとう）も含め、戦闘場面は近ごろ出色の迫力だ。ドイツ現代史の専門家という著者の面目躍如たるものがある。

評・逢坂剛（作家）

『一週間』

井上ひさし 著

新潮社・一九九五円
ISBN9784103023302／9784101168326（新潮文庫）　文芸

無名の抑留兵士　権力と闘う勇気

主人公の小松修吉は、貧乏な農家の生まれだが、篤志家の支援で東京外語と京都帝大でロシア語と経済学を学んだ。その後、共産党員として非合法活動に従事し、逮捕される。牢（ろう）内で転向し、ある男を捜して満州各地を転々とする。捕虜となり、ソ連のシベリア捕虜収容所に。彼はハバロフスクに移され、日本人軍医から脱走の顛末（てんまつ）を聞いて、その記録をまとめるように命じられる。小松は、軍医からレーニンの手紙を預かる。ソ連革命を根底から崩すレーニンの秘密が書かれていた。ソ連軍将校たちはあらゆる手を使い、手紙を取り戻そうとする。だが、小松はこれを利用して捕虜たちの待遇改善を勝ち取ろうと闘いを始める。

シベリア抑留、非合法活動などと書くと、「どこの国の話？」と言われ、暗い話は嫌だと敬遠されるかもしれない。でも最近、まれにみる、わくわくする小説だ。

まずは、スリリングな冒険小説として楽しんで欲しい。小松は、絶対に脱出不可能という収容所から自由を得るために知恵を絞る。赤軍将校のずるがしこく、残虐な策略が次々と小松を危機に陥れる。それらを切り抜けたかと思うと、スイカを二つ並べたほどもある乳房を揺らすソ連軍女性将校の誘惑が襲う。

圧巻は、手紙を渡さなければ、仲間の日本兵捕虜が6人も銃殺刑になってしまう場面だ。小松の決断に彼らの命がかかっている。果たして、一週間の間に小松はソ連軍将校との闘いに勝ち、収容所からの脱出に成功できるのか。もうノンストップで読むしかない。

次は、シベリア抑留者のノンフィクションとして読むべきだ。小松ら名もなき兵たちはシベリアに置き去りにされ、多くは死に追いやられた。一方、関東軍高級軍人たちはぬくぬくと過ごし、生き残った。しかし真実は、依然、歴史の闇の向こうに隠されたままだ。本当はノンフィクションとして書きたかったのだが、小説の形式を借りざるを得なかったのではないか。関東軍の高級参謀たちを実名で登場させていることにも、その思いを強く感じる。これはエリート軍人に象徴される日本の権力を告発する怒りの書なのだ。

私は、数ある井上ひさし作品の中でも「父と暮（くら）せば」に、特に感動した。原爆投下後の廃虚の中で孤独な娘、美津江が亡霊の父親と会話を交わす。非日常的な状況での、あまりにも日常的なやりとりが庶民の悲しみ、怒りを浮き彫りにしていた。しかし小松は美津江とは違い、果敢に権力に闘いを挑む。黙っていない。ソ連軍女性将校が、日本人はいつもそのときその風向きを気にしながら生きているのに「あんたは、例の〈日本人の風向きの原則〉に適（かな）わない」と言い、「わたしが初めて出会った新しい型の日本人だわ」と感嘆する。

井上ひさしさんは、日本人は小松のようにたった一人でも無慈悲な権力と闘う強さを持たねばならないと訴えたかったに違いない。

評・江上剛（作家）

いのうえ・ひさし　作家、劇作家。1934〜2010年。『手鎖心中』で直木賞。『道元の冒険』で岸田国士戯曲賞。『国語元年』『吉里吉里人』『不忠臣蔵』『東京セブンローズ』『ムサシ』など。4月9日に死去。

二〇一〇年八月一日❷

『単身急増社会の衝撃』

藤森克彦 著

日本経済新聞出版社・二三一〇円
ISBN9784532490683

社会

"無縁社会"が深まる「2030年問題」

現代日本は"無縁社会"だ。雇用が崩壊し、地域共同体の支えが潰（つい）え、若者が結婚しなくなる。人々の絆（きずな）は薄れ、中高年の自殺や孤独死が増え、孤立を支える無縁ビジネスが流行する。

本書は、そんな日本における"2030年問題"の到来を予測してみせる。根拠は各種の人口統計調査だ。緻密（ちみつ）なデータの分析から浮かび上がるのは、リアルで衝撃的な未来図である。

今から20年後、50〜60代の男性の4人に1人が一人暮らしになる。一生結婚しない男性は29%、同じく女性が23%、65歳以上の未婚者が男性で168万人、女性で120万人に及ぶという。家族を持たず、単身生活を続ける中高年層が都市部を中心に急増すること。そのとき、いったい何が問題となるのか。

貧困、介護、孤立。藤森はこの3点を強調する。

2人以上世帯に比べ単身世帯は低所得のケースが多く、無業者や非正規労働者の割合が高い。高齢単身者では、年金額が低いか無年金者の割合が多い。つまり単身世帯の増加は、貧困問題の深刻化につながる。

家族のいない単身者、とりわけ男性が中高年に至ったとき、社会的に孤立しやすい。高齢単身世帯の増加は、介護需要を高める。しかし、すでに現時点で、施設も職員数も需要にまったく追いついていない。

日本の社会保障制度は、これまで家族や企業をあてにしてきた。しかし藤森は、単身世帯の「自助」を重視したセーフティーネットの再構築を提言する。

非正規労働者の待遇改善のためには、最低賃金の引き上げと給付付き税額控除の導入を。また高齢単身者に対しては「最低所得保障制度」を。いずれも実現可能性の高いアイデアばかりだ。ただ欲を言えば、さきごろ内閣府から推計70万人と報告があった「ひきこもり」への視点も盛り込んでほしかった。2030年には、彼らが数万人の年金受給者として一挙に出現する可能性もあるのだから。

"2030年問題"は予防可能だ。この問題にどう取り組むかは、政治の信頼性をはかる有効な指標たりうるだろう。

評・斎藤環（精神科医）

ふじもり・かつひこ　65年生まれ。みずほ情報総研の主席研究員。

二〇一〇年八月一日❸

『反アート入門』

椹木野衣 著

幻冬舎・一八九〇円
ISBN9784344018099

アート・ファッション・芸能

難解さなく 示唆に富む

その昔、60年代に反芸術というアバンギャルドに接した者にとっては今日の「反アート」とどう違うんだと比較する時、芸術の本質はいつの時代にも現在の否定の上に立って明日をどう切り開いていくのかという永遠の課題に今のアート界が特別のものではないように思えるのだが、アート？ ART？ 美術？ 芸術？ 著者のいう「神が死んだ」後の芸術は確かに反芸術の時代のように芸術至上主義ではなく、近代芸術以前の神が生きていた時代とは世界が一変してしまったために「私」の普遍性なんて考える者は「誰もいません」というわけだ。

ジャスパーやラウシェンバーグらの自己表現は今や古いのでしょうか？ そこで自分が自分であろうとするなら外的現象に振り回されないで「反アート」に反旗を振りかざし、非先端的であろうとなかろうと自己の純粋絵画をつらぬくしかないのか。

本書は多くの示唆に富んでおり、従来の難解な美術論の亡霊は姿を消し、素人でも明日からアート通になれます。われわれ実作者には挑戦に聞こえます。アンディ・ウォーホル的哲学に開示されたかつての理想郷も今や安住の地ではなく、中国の新世代のアーティストの「メチャクチャやってよい」という反歴史的、反制度的な暴走に刺激を受けた日本の新世代のアーティストの台頭も見え隠れする折、アートと経済を結合させたスーパーアートも世界を駆け巡るそんな百花繚乱（ひゃっかりょうらん）の中を、誰ひとりわからないアートの未来に闇雲（やみくも）に突進するしかないのか。

本書で語る著者の思考の足跡をひとつひとつ追いかけるには紙数に限界がある。本書の「最後の門」の章で著者は山を想（おも）い死の予感に導かれながら「芸術には『芸術の分際』があり、それを作り出した人間を超えることはない」と芸術を無際限に拡大評価するのは問題だ、とピシャリと押さえるべき所は押さえ、最後に「芸術は元来その人の生き死にと表裏だ」と結びながら、ヒョイと岡本太郎を登場させて、ニコリともしないでこの長時間に及ぶ「反アート」を締めくくる。

評・横尾忠則（美術家）

さわらぎ・のい　62年生まれ。美術批評家。著書に『戦争と万博』など。

二〇一〇年八月一日④　歴史／人文

『近代日本の戦争と宗教』

小川原正道 著

講談社選書メチエ・一五七五円
ISBN9784062584746

存在脅かされ「過剰適合」

近代日本は、さまざまな戦争を経験してきた。戊辰戦争、西南戦争といった国内戦争から、日清・日露戦争のような対外戦争まで、近代日本の歩みは戦争と切り離して考えられない。

本書は、戦争に対する宗教側の対応を詳細に追っている。特に戊辰戦争から日露戦争までの明治期に焦点を絞り、仏教・神道・キリスト教の各派がいかに戦争に適応・従属していったのかを論じる。

中でも著者は浄土真宗の動向に注目する。本願寺は17世紀初頭に東西に分裂し、東本願寺は徳川家との密接な関係を築いた。その関係から東本願寺は幕末の長州征伐でも幕府側につき食料などを提供。一方、西本願寺は吉田松陰に近い僧侶の影響によって「勤王」の傾向を強め、反幕府の姿勢をとった。

結果、新政府樹立により東本願寺は苦しい立場に立たされる。新政府から態度を問われると、一転して朝廷側に従うことを明言。一方の西本願寺は、より一層「勤王」の姿勢を誇示し、新政府に擦り寄った。

戊辰戦争では、東西本願寺は「『時勢』の陰に取り残されないための、懸命の努力を重ね」、戦争に過剰適合していく。彼らは莫大（ばくだい）な献金を行い、門徒を「勧励」。新政府側も、両本願寺が提供する豊富な資金や米穀、門徒のネットワークを利用して戦争を展開し、両者は「相互依存の関係」になった。

こうした中、東西本願寺は「真俗二諦（にたい）」という方針を示す。これは仏教の真理と世俗の真理が共に真理として両立することを説くもので、この論理がのちのち信者に戦争協力を呼びかける根拠となった。

日清・日露戦争では、教団は国家の方針に追随し、戦争を正当化。僧侶の従軍は、次第に海外での開教へと発展し、日本の植民地統治を補完していく。

本書は史料に基づき、実態を丁寧に追うことによって、宗教団体がいかに国家と向き合ったのかを見事に描き出している。協力、支援、沈黙、逃避、批判。戦争に対して様々な態度を示した宗教界の動向を見つめなおす絶好の書。

評・中島岳志（北海道大学准教授）

おがわら・まさみち　76年生まれ。慶応大学准教授（近代日本政治史など）。

二〇一〇年八月一日⑤

『都市をつくる風景「場所」と「身体」をつなぐもの』

中村良夫 著
藤原書店・二六二五円
ISBN9784894347434
社会

「破れ障子」の街 再生への道

「風景」を手がかりにした、日本再生の書、である。

著者は景観工学の第一人者であり、「風景学」の提唱者でもある。日常の生活空間としての風景はそのまま、社会のありようを映し出す。風景を通して、心豊かな暮らしのある町づくり、国づくりの道を探る。

日本の風景は「破れ障子」のようになった、という。西欧のあとを追う近代化は、一言でいえば生産力の向上だった。その結果が「いかにも薄っぺらな町並みの中で営まれる貧相な市民生活」であり、混沌（こんとん）とした今日の都市の姿を生んだ。

「国会議事堂の裏手に立ち上がった高層ビルが日本の民主主義を足蹴（あしげ）にした」「粘菌状の都市がついに融（と）けだして無限漂流を始めた」「赤くかぶれた皮膚病的景観が蔓延（まんえん）する郊外」……。ラジオ放送をもとにまとめられたこともあるだろうか、都市のイメージをふくらませると同時に、著者の嘆きの深さをもうかがわせる言葉が全編を通して並ぶ。

無理もない。かつては、自然の風情の中に生を営む山水都市が、西欧諸国の称賛を浴びた。明治には大きな構想力をもった風景があり、大正デモクラシーは町を輝かせた。

そろそろ「アジア的な精神文化のしなやかな活力と多様性を失わずに、西欧の合理性をのみこんだ円熟」に踏み出す時だ。著者の指摘にうなずく。

英国では、繁栄にかげりが見えた前々世紀末に、アメニティー運動が盛んになった。風景やアメニティーのような文化の力が経済力にもまして持続性に富む国力の蓄積であり、そこに英国人は新しい豊かさを発見したのではないか、と読み解く。

日本にとっても、文化の力がかぎを握ることは間違いない。市民の感性によってすぐれた都市文化を創造し、それによって未来を拓（ひら）く。希望は地方都市から芽生え始めた、という。

では、この東京は、と思う。

「とどのつまりは市民が自らの人生の舞台である町づくりにどれだけ切実な思いを抱くか」、だそうだ。明日を考えるスタートにしたい一冊である。

評・辻篤子（本社論説委員）

なかむら・よしお 38年生まれ。東京工業大学名誉教授。専門は景観工学。

二〇一〇年八月一日⑥

『裁かれるのは我なり 袴田事件主任裁判官 三十九年目の真実』

山平重樹 著
双葉社・一六八〇円
ISBN9784575302271
ノンフィクション・評伝

心ならずも書いた死刑判決文

時代は変わっても、冤罪事件は後を絶たない。本書に取り上げられた袴田事件も、その疑いが濃厚な事件の一つである。

1966年6月、静岡県清水市（現静岡市）でみそ醸造会社の専務宅が焼け、一家4人の遺体が発見された。捜査は難航したが、事件発生から1カ月半後に従業員の一人、袴田巌が犯人として逮捕される。静岡県警は、1日平均12時間にも及ぶ厳しい取り調べを行い、その結果袴田は自白して、送検された。

ところが、裁判になると袴田は無実を訴え、警察のずさんな捜査や取り調べが、明るみに出る。法廷で、矛盾だらけの自白調書45通のうち、44通が不採用になるという、異常な事態になった。にもかかわらず、袴田は最終的に有罪と認定され、死刑判決がくだる。

本書はおもに、その主任裁判官を務めた熊本典道判事の視点で、書き進められる。熊本判事は、個人的に無罪の心証を抱きながら、合議制で有罪と決定したため、心ならずも死刑判決文を起草するはめになる。

その葛藤（かっとう）から、熊本判事は裁判官をやめ、強い自責の念と戦いつつ、弁護士業に専念する。そして、ついに原判決から39年後、心情を公に吐露する肚（はら）を決める。その経緯が、本書にまとめられたわけである。

一読するかぎり、この事件が冤罪であることは、明々白々に思える。熊本判事以外の2人の判事が、なぜ矛盾に満ちた多くの物証を受け入れ、有罪判決に傾いたのか、理解に苦しむ。逆に、そこが本書の弱点ともいえるわけで、他の2人が有罪の心証を抱くにいたった背景が、ほとんど描かれていない。あたかも、捜査機関に迎合したかのような印象を与えるのは、冤罪を強調するためとはいえ、いささかバランスを欠く。

本書は、なぜ熊本判事本人の手記として書かれず、ルポのかたちをとったのだろうか。どのみち、裁判官の合議の内容を公表することが、規定違反と承知していたならば、いっそ手記として発表した方が、よかったのではないか。

そこに不満が残った。

評・逢坂剛（作家）

やまだいら・しげき　53年生まれ。作家。『北海道水滸伝』『新宿愚連隊物語』など。

二〇一〇年八月一日⑧

『笑いのこころ　ユーモアのセンス』

織田正吉 著

岩波書店・二一〇〇円
ISBN9784000257732/9784006022204(岩波現代文庫)

人文/アート・ファッション・芸能

悲劇より喜劇を演じる方が難しいらしい。同様、文章でも、笑いを論じ、笑いを誘うことの方が、やっかいな気がする。

思うに、「笑い」は、人間の本質に迫る、複雑な現象で、かつてベルクソンら多くの哲学者が正面から扱っているが、素人には、とても難解、かつ笑えない。また「ギャグ」「ユーモア」を、活字化すると、「間」「表情」など、時に言葉より強く「笑い」を誘う要素が死んでしまうからなのでしょうか。

その点、演芸作家として長く笑いの現場に立ち、笑いの本質を考え続けてきた筆者による本書は、哲学や心理学といった「お勉強」と、現場感覚がうまく溶け合い、誠に程がいい。

「パラドックス」「詭弁（きべん）」「ナンセンス」といった数々のキーワードの解説に、その実例として落語の一節、映画でのギャグ、小説の一場面など豊富な引用が添えられる。いとし・こいし、ダイマル・ラケットの懐かしき漫才も登場しますよ。

笑いとユーモアは「緊張を解き心のバランスを保つための調節機能」が結論。なるほど。でも、この書評には、ユーモアが足りないよねえ、我ながら。　評・四ノ原恒憲（本社編集委員）

二〇一〇年八月八日①

『残夢整理　昭和の青春』

多田富雄 著

新潮社・一六八〇円
ISBN9784104161041/9784101469249(新潮文庫)

『落葉隻語　ことばのかたみ』

多田富雄 著

青土社・一六八〇円
ISBN9784791765454

文芸/科学・生物/ノンフィクション・評伝

痛みの中で記す知の宇宙の営み

いずれも、この4月に亡くなった免疫学者の遺作である。

一言でいえばそうなるが、「免疫学者の」といってしまうことにはためらいを覚えずにいられない。その枠には収まらない、知的な探求を貫いた人生だったことが、著者の遺言ともいうべきこれらの著作からよくわかる。

脳梗塞（こうそく）で右半身の自由を失い、さらには末期がんの転移で苦しみながら、パソコンで1文字1文字、振り絞るようにして新聞や雑誌などに書いた原稿をまとめたものだ。あとがきは亡くなる2カ月前、鎖骨の骨折による激痛の中で、記された。

還暦目前の1993年に大佛賞を受けた『免疫の意味論』は、最先端の生物学の興奮を伝えつつ、自己とは何か、生命とは何か、という哲学的な問いに平易な言葉で答える、科学書を超えた科学書だった。

脳死をめぐる議論を聞き、生命の全体性について発言しておくことが必要だと思った、とそのあとがきにある。縦書きの日本語を書くことが少ないので苦労した、ともある。

生命のありようにこだわり続けた、その後の縦書きの世界での活躍は、多くの人が知るところだろう。生命や原爆をテーマにした新作能を手がけたことでも知られる。

『残夢整理』で著者は、記憶の中に住み着いた、親しかった死者たちを回想する。それは鏡のように、著者自身の青春を映し出している。

著者の詩心を刺激し続け、研究のアイデアの源泉となり、その死が「私の生きた半身をちぎり去った」のは、旧制中学の同級生だった「無名の天才画家」だ。

ともにマラルメの詩を反芻(はんすう)し、その後便りが途絶えた同級生、読まれなかった遺書を残し、死よりも残酷な運命にさらされたいとこ、開業医になるはずの著者を免疫研究へと誘った恩師、医学生時代に感動して手紙を送り、以来生涯の友となった能楽師……。人が人をつくる。

『落葉隻語』では、科学者として、文化人として、そしてまた、リハビリを頼みに著述活動を続けた障害者として、医療を中心にしたこの国のありかたへの危機感がつづられる。若い研究者を始め、次世代へのメッセージでもある。

両書を通し、一級の科学者としての足跡も読みどころだ。科学はすばらしい人間の営みであり、そこに参加できたことは幸福だったと語る。

一方で、新発見によって世界の免疫学界の中心に躍り出たものの、「それも10年足らず、学問のはやりすたりの周期はおよそ短い」と達観した目がある。

多田さんの中では、科学も、文学も、そして能も、分かちがたく結びつき、そのすべてが生きることだったのだろう。文理融合などとわざわざいうまでもない。大きな知の宇宙がある。おそらくそれが、本来の学問の姿でもあるだろう。

死者に思いを寄せる8月、静かにひもとけば、著者の深い思いがまっすぐに伝わってくるに違いない。

評・辻篤子(本社論説委員)

ただ・とみお 1934〜2010年。東京大学医学部教授などを歴任した免疫学の権威。能に造詣(ぞうけい)が深く、「原爆忌」など新作能を手がけた。

二〇一〇年八月八日③

『野球と戦争』
山室寛之 著
中公新書・八六一円
ISBN9784121020628

『昭和十七年の夏　幻の甲子園　戦時下の球児たち』
早坂隆 著
文芸春秋・一六八〇円
ISBN9784163727806/9784167838034(文春文庫)

歴史/ノンフィクション・評伝/新書

弾圧、「聖地」では突撃精神鼓舞

スポーツは五輪やサッカーのW杯を例に、戦争の比喩(ひゆ)でよく語られる。でも、その先に死や悲惨な暮らしが待ち受ける戦争と、本来、自由な精神と快楽が一体となったスポーツとは、全く異質ではないか。この2冊を読むとそんな思いを強くする。

『野球と戦争』は、野球が、日中戦争から第2次世界大戦と戦況が泥沼化する中で、軍部、政府に、いかに弾圧されたかを、資料と、取材を交えつづる。中等野球、東京六大学、プロ……。勝利を目指す団結力、精神力が称揚された野球が、「敵国のスポーツ」「戦う国民には武道を」など手のひらを返し、時局におもねる声に押され、ほぼ消滅に追い込まれる姿は、悲しい。そんな中、敗戦直前、満州各地の野球人を招き野球大会を開いた満映理事長、甘粕正彦の存在は、ここでも異彩を放つ。

こちらが「通史」だとすると、『幻の甲子園』は、開戦の年、昭和16年、文部省の〝命令〟で突如中止に追い込まれた夏の甲子園大会に代わり、翌17年、文部省と大日本学徒体育振興会主催の体育大会の一環として開かれた「夏の甲子園」に焦点を絞る。1回限り。「夏の甲子園大会」の正史からも漏れ、資料、また語られることも少ない大会の全試合を再現する。

出場16校。今から見れば異形の大会だ。主催者は「選手」を「選士」と呼ぶ。突撃精神に反するので、打者は投球をよけてはならない。最後まで死力を尽くして戦うため、先発メンバーだけで戦え……。開会式のスコアボードの右上には「戦ひ抜かう大東亜戦」の字が。「海ゆかば」の唄（うた）で閉会式は終わった。

が、主催者は違えど、甲子園は「聖地」。熱戦が続き、観客も多く、外面的な戦争のイデオロギーにあらがう「野球」の最後の輝きの一つとなった。

神戸・西宮地区は敗戦を前に大空襲を受ける。軍に接収され、芋が植えられていた甲子園球場のグラウンドには不発弾が林のように突き刺さっていた、という。甲子園での開催再開は昭和22年から。今年もまた、球児の汗がしみ込む「聖地」にもそんな時代があった。

評・四ノ原恒憲（本社編集委員）

やまむろ・ひろゆき
はやさか・たかし

二〇一〇年八月八日⑤

『ホワイトハウス・フェロー』

チャールズ・P・ガルシア 著　池村千秋 訳

ダイヤモンド社・一八九〇円
ISBN9784478011867

政治／国際

層の厚いアメリカ流人材育成

1965年、15人のホワイトハウス・フェロー第1期生が大統領執務室でジョンソン大統領と対面した。優秀な若者に1年間、政府最上層部での経験を積ませるために、とりわけ高官と直接接触する機会を与えるために、ジョンソン自らが立ち上げた制度であった。この制度はこんにちまで続いている。

当初は21歳から31歳までの大卒者であった。途中から年齢制限ははずされたが、若い世代を念頭においていることは間違いない。連邦公務員は軍人を除いて資格がない。応募者は毎年何千人にも上るが、採用されるのは20人前後に過ぎない。フェローに採用されることは若者にとってまさに勲章である。

フェローは閣僚の近くで重要な職務を任される。大統領と2人で一杯やる機会に恵まれたフェローもいる。コリン・パウエル、ロバート・マクファーレン、ドリス・カーンズ・グッドウィン、イレーン・チャオなども元フェローである。アメリカ流の人材形成の一つの方法といえよう。

フェローが直接仕えた指導者たちは、概して優れた資質をもっていた。アメリカ社会の人材の豊富さ、質の高さ、および層の厚さを示唆している。日本で真似（まね）できるかどうかは即断しかねるが、類似の制度を創設してもよいであろう。ただし、最高指導者たちのそのままの姿を見せた結果、フェローたちが幻滅してしまうということがあってはならない。

元フェローの一人はその経験を踏まえて、指導者のあり方について、以下のように語る。多くの仕事を任せ、うまくいけば手柄をもたせ、そうでないときには味方になってくれる。「そういうポジティヴな上司の下で働くのがいかに素晴らしいことかを実感した」。「リーダーの役割は、若い人を元気づけ、やる気をもたせ、責務を果たすために最大限能力を発揮できるようにすること」。フェロー時代に学んだことの中で、この点が最も重要な教訓であった。

日本政府の最高指導者たちはこのような指導力を発揮しているであろうか。

評・久保文明（東京大学教授）

Charles P. Garcia　実業家、元ホワイトハウス・フェロー。

二〇一〇年八月八日⑥

『星と輝き花と咲き』

松井今朝子 著

講談社・一五七五円
ISBN9784062163552／9784062777179（講談社文庫）

文芸／アート・ファッション・芸能

頂点極めた大スターの運命と選択

AKB48のメンバーたちは、恋愛禁止なのだそうです。アイドルでもフランクに恋愛する人が多い時代に、そのルールは、目立ちます。

AKB48のみならず、聖子ちゃんにしても百恵ちゃんにしても、女性アイドルと恋愛や結婚という問題は、常にファンの心を摑（つか）むものです。処女性こそがアイドルの最大の魅力だとしたら、恋はアイドルにとって最大のタブー。しかしアイドルは、一人の若い娘さんなのであり、恋をしないはずがないのですから。

女義太夫、略して「女義」というジャンルが、その昔はとても熱かったのだという話は、聞いたことがあるのです。明治の頃は、義太夫を語る若い女の子たちが、今で言うならアイドルのような人気者だった、と。

伝統芸能の世界に精通する著者の書き下ろした本書の主人公は、女義界に実在した大スター、竹本綾之助。義太夫の盛んな大阪に生まれ、近所のおじいさんの家で自然と義太夫を覚えた彼女は、天才的な才能を持っていました。ひょんなことから東京に行くと、あれよあれよという間に、大スターに。

感極まって「どうする、どうする」と掛け声をかけることから「ドウスル連」と言われた熱狂的なファンたちと、ハードスケジュールとに追われて恋愛どころではない綾之助でしたが、そんな彼女にも、運命の出会いが待っていました。目の前にあるのは、大好きな義太夫、そして大好きな人との結婚。さあ綾之助、「どうする、どうする?」……。

綾之助は、立派に選んでみせました。その選択は、アイドルとして頂点を見たからこそ、下すことができたのではないかと思われる。

つまりこれは、運命と選択の物語なのでした。「あれも、これも」という人ばかりの今であるからこそ、「あれか、これか」という生き方をする女性の潔さが今は新鮮なのであり、その新鮮さを出すためにAKB48も恋愛禁止にしているのかもね、と本書を読みながら私は思っていたのでした。

評・酒井順子（エッセイスト）

まつい・けいこ　53年生まれ。作家。『吉原手引草』『円朝の女』など。

二〇一〇年八月八日⑦

『蕪村へのタイムトンネル』

司修 著

朝日新聞出版・三九九〇円
ISBN9784022507402

文芸

俳人の蕪村は摂津国生まれだが、20歳の頃江戸へ出るまでの経歴がよくわかっていない。

戦前生まれの「ぼく」は、1975年、大井川河口に向かうが、何を間違ったのか焼津港に行き着く。蕪村の「みじか夜や二尺落（おち）ゆく大井川」という句にひかれたのか、蕪村の「知られざる時代」への関心が、彼が17から18歳半ばまでを過ごしたM市の記憶を喚起したのだろうか。

焼津で不思議な人々と邂逅（かいこう）し、そこで突然、蕪村へのタイムトンネルがあんぐり口を開く。彼が17歳だった22年前、戦後の混乱がまだ続く1953年へと話はさかのぼって行く。

M市には、少々癖があったり変わり者だったりする男女がうごめき、彼らにもまれながら「ぼく」は生きる。そこで、蕪村の出自の謎についての蘊蓄（うんちく）が繰り広げられ、「ぼく」と蕪村の半生がずれながら重なり合ってゆくあたりは、生半可な研究をしのぐスリリングさが感じられる。

ビキニ水爆や戦後の生活など、辛（つら）い過去の話も飄々（ひょうひょう）とした語り口がかえって余韻を残す。各ページ冒頭に引用された蕪村の句と内容がリンクするのも巧みである。

評・田中貴子（甲南大学教授）

二〇一〇年八月八日⑧

『獣の樹』

舞城王太郎 著
講談社・一四五〇円
ISBN9784061827271／9784062773195（講談社文庫）
文芸／科学・生物

本作の主人公は超人的な俊足少年・成雄だ。そう、同じ作家による『SPEEDBOY!』や『山ん中の獅見朋成雄（しみともなるお）』に連なる物語である。成雄は雌馬の腹から産み落とされ、背中に鬣（たてがみ）を持つ謎の少年だ。

本作の縦糸は成雄の出自をめぐる謎解きだ。ここに彼を引き取った河原家の長男・正彦との友情や大蛇に乗った少女・楡（にれ）との恋が交錯する。さらに成雄の父親である科学者による生命操作、大蛇を操る子供のテロリスト集団によるクーデター、さらにその集団を殲滅（せんめつ）すべく介入するCIAが絡み、物語は途方もない広がりをみせていく。

荒唐無稽（こうとうむけい）にもみえるイマジネーションの奔流に説得力をもたらすのは〝舞城印〟とも言うべき文体だ。内面描写を抑圧し、せき立てるように連鎖する会話と行動。その縦ノリのビートが高速・高圧の文体を駆動する。

自分のルーツである動物を探す成雄の探求は、やがて「人間とは何か」の答えにたどりつく。その答えはしかし、「悪」とは何か、「倫理」は可能かという問いの端緒にすぎない。成雄サーガのゆくえからは、当分眼（め）が離せそうにない。

評・斎藤環（精神科医）

二〇一〇年八月二二日①

『リーマン・ショック・コンフィデンシャル 上 追いつめられた金融エリートたち』『リーマン・ショック・コンフィデンシャル 下 倒れゆくウォール街の巨人』

アンドリュー・ロス・ソーキン 著
加賀山卓朗 訳
早川書房・各二一〇〇円
ISBN9784152091437〈上〉・9784152091444〈下〉／9784150504014（ハヤカワ文庫ＮＦ〈上〉）・9784150504021〈下〉）
経済／ノンフィクション・評伝

渦中の一挙一動を証言で克明に再現

リーマン・ブラザーズ倒産からほぼ2年を経た。金融経済危機はいまだ完全には終息していないものの、そのおおよその姿は判明してきている。危機の原因は、米国政府の中低所得者層向け住宅ローン促進策が経済的合理性を欠いた住宅ローンを急成長させた一方、長引いた金融緩和環境の下で規律の低下した世界中の金融機関が、関連金融商品を大量に組成し、また自らも自己資本規制等を巧妙に逃れる形でそれらを大量に保有したことである。危機は2008年3月のベアー・スターンズ破綻（はたん）で深刻化し、同年秋にクライマックスを迎えた。本書は、この約半年間に危機の渦中にあった金融機関経営者、危機対応を迫られた政策担当者の一挙一動を、ニューヨーク・タイムズのトップ記者が、彼らに対する詳細なインタビューに基づいて克明に記録したものである。技術的になりがちな金融危機というテーマを扱って、推理小説を読ませるような迫真の出来栄えに仕上げている。

本書の中心は、この時期にリーマンがどのように追い込まれていったかであるが、最後の最後に英国政府の出方次第では、同社の倒産は避けられたかもしれないこと、一方で破綻不可避と見られたAIGが救済されていった経緯、またメリル、モルガン・スタンレー等が破綻寸前で、ぎりぎりの生き残り策を画策した様子などが、よくここまで聞き出せたと思われるくらいに詳細に語られる。

リーマンの倒産については、結局は自社がおかれた状況の正確な把握の遅れ、加えて一部の経営陣の能力不足により、抜本的な手を打てなかったこと、また財務長官のポールソンも投資銀行業界の問題を認識しつつも、やはりそれに対する抜本策採用に関する議会への働きかけが遅れた点が浮かび上がってくる。

それにしても登場する金融機関トップ、政策担当者の専門的能力と働きぶりは凄（すさ）まじい。財務長官自ら金融に関する深い知見をもとに陣頭指揮に当たる姿は、我が国との対比で、感動的ですらある。しかし、金融危機はこうした専門家集団によって引き起こされたことも事実である。

関連して、金融の専門家すべてが住宅価格

バブルで踊ったわけではない点を明らかにしている良書に『愚者の黄金』（ジリアン・テット著、土方奈美訳、日本経済新聞出版社、09年刊）がある。本書は、今回の危機で相対的に被害の少なかったJPモルガンのリスク管理に関する詳細なルポである。同社は、企業向け融資のデリバティブ商品のパイオニアである。しかし、その開発に携わった同社の専門家チームは、住宅ローンの証券化商品は扱わないことを既に1990年代後半に決めていた。米国の戦後については全国的な住宅価格の値下がりという事態が起こっておらず、そうなった場合の住宅ローン商品の値動きを予想することもできない。わからないものは扱わないでおこうという判断であった。まさに正しいリスク管理であり、米国金融界の底力を侮るわけにはいかない。

評・植田和男（東京大学教授）

Andrew Ross Sorkin　米紙ニューヨーク・タイムズ記者。金融と企業合併を専門とし、ＩＢＭによるパソコン事業のレノボへの売却などをスクープした。

二〇一〇年八月二二日②

『ニッポンの風景をつくりなおせ』

梅原真 著

羽鳥書店・二七三〇円

ISBN9784904702123

『おまんのモノサシ持ちや！　土佐の反骨デザイナー・梅原真の流儀』

篠原匡 著

日経新聞出版・一六八〇円

ISBN9784532316211

アート・ファッション・芸能／ノンフィクション・評伝

直球勝負　いごっそうデザイナー

わたしはぴょんぴょん跳ねて駆け回りたかった。梅原真はそういうキモチにさせる男です。

一冊はデザインの作品集、もう一冊は仕事の流儀の解説。その副題に「土佐の反骨デザイナー」とある。頑固で武骨、生まれついての「いごっそう」なのに、愛嬌（あいきょう）があって繊細で。

長いあいだ、高知県外の仕事は引き受けなかった。手がけるのは農林漁業、つまり一次産業と地域にかかわるものだけ。デザインのちからで経済を掘り起こし、地域や企業を活性化させる——これが、流儀をずどーんと貫いてきた一本柱だ。

このひとが関（かか）わると、土地の風景や産物がきらきら輝きだす。「石ころも宝の山にできるがよ！」。こけおどかしではない。黒潮町の浜を「砂浜美術館」と名づけて全国に知らしめた。ロゴやパッケージ、商品コンセプトまで手がけた馬路村「ぽん酢しょうゆ　ゆずの村」、隠岐島海士町「島じゃ常識　さざえカレー」、「四万十川の青のり」……みな破竹の勢いに育てた。「ゆずの村」をブランドにした馬路村農協は、いまや年商三十八億円を稼ぐ高知の星。八〇年代「なんでわざわざ『村』なんよ？」と、地元じゅうが商品名に失望したのに、断固譲らなかったのも梅原真だ。

ひねるのはしゃらくさい。「土佐　一本釣り　藁（わら）焼きたたき」に添えたコピーは「漁師が釣って、漁師が焼いた」。つねに直球勝負。商品じたいをメッセージにする技が効いている。なにより、おいしそう。

外ばっかり気にしてほかを追いかけるのはあかんやろう。自分の足もとに価値あるエエもんがあるやろう。アカンヤンカマン（©大橋歩）は、故郷高知への愛情と苛（いら）立ちを武器に「あかんやんか」と吠（ほ）えつづけてきた。

いま吠えているのは「84（はちよん）プロジェクト」。製造品出荷額四十七番めのビリッケツでも、高知の森林率は日本一だ。「高知のアイデンティティは龍馬じゃないろ。84％の森林やろ」

梅原真はニッポンの風景をデザインのちからで再生する、まっことの男じゃき。

評・平松洋子（エッセイスト）

うめばら・まこと

しのはら・ただし

二〇一〇年八月二二日③　文芸／科学・生物

『星座から見た地球』

福永信 著
新潮社・一五七五円
ISBN9784103247319

無数の星々へのやさしいまなざし

福永信は虚構の成り立ちとストイックに向きあってきた作家だ。小説の安易な約束ごとには流されない。さあ、手にとってほしい。あなたのことが書いてある。あなたが生まれる前のこと、子どもの頃のこと、それから死んだ後のことも書いてある。

登場人物は、どの挿話でもA、B、C、Dと素っ気なく名づけられている。みんな小さい人たちだ。赤ちゃんから、小学生ぐらいまでの、中には人間でないもの、生き物ですらないものもいる。各挿話の四人の行動も、挿話同士も、繋（つな）がりが有りそうで無さそうで有るかもしれない?!　家でシャボン玉を飛ばす子がいる。飛んでくるシャボン玉に出会う子がいる。ラブレターを投函（とうかん）してから悔やむ子がいる。誰かの手紙を知らずに誰かに届けてしまった幼子がいる。あっちにもこっちにも、脱ごうとした服が首でつかえ万歳の姿勢で歩き回っている子がいる。そこに物語の糸は繋がっているか？　時間は巻き戻らない。でもよく似たお話が反復される。作者はまるで天空に子どもらの描いた絵を貼（は）っていくかのように、小さな挿話を並べていく。

星座から見た地球とは？　かつて評論家の三浦雅士は「神経痛の牛と離婚した女性」を一緒くたに見る初期の村上春樹の眼差（まなざ）しをして、「この世の出来事を火星や金星から眺めている」ようと評した。深いメランコリーの表れだと。本書における福永信はどうだろう。各挿話の人物たちは区別がつかないようでいて、それぞれにAでありBでありCでありDという個だ。挿話は楽しく、懐かしく、しかし似ていても同じことは二度と起き得ない、その生の一回性が際立つゆえに痛切に哀（かな）しい。

夜空に物語を読み取ろうとするから星座が見える。本来、星はばらばらに存在するものだ。星から見た地球でも、小さい生き物たちがてんでばらばらに動いているだろう。星を「星座」ではなく、ただ無数の星々として見る。それが、福永信のやさしく、奥ゆかしい、眼差しではないか。この天空に星座を読むのも読まないのも、読者の自由だ。

評・鴻巣友季子（翻訳家）

ふくなが・しん　72年生まれ。作家。著書に『コップとコッペパンとペン』ほか。

二〇一〇年八月二二日④　歴史／人文

『近世の仏教　華ひらく思想と文化』

末木文美士 著
吉川弘文館・一七八五円
ISBN9784642057004

「堕落」の色眼鏡外し　豊かさ発見

近世は儒教の時代で、仏教は衰退した――。そんな認識がこれまでの常識で、近世の仏教は「堕落仏教」という捉（とら）え方が一般的だった。

たしかに日本の仏教といえば、法然、親鸞、日蓮、道元といった鎌倉新仏教が真っ先に思い浮かぶ。宗派の祖を生み出した中世が日本仏教の頂点で、やがて近世に入ると儒教や国学の興隆によって衰退したという見方が広く共有されている。

しかし、著者は問う。本当に仏教は近世に堕落したのか、と。

本書は、「仏教中心の中世」「儒教中心の近世」という見方を批判し、近世の仏教思想の闊達（かったつ）な動向を詳述する。そして、近世後期に活力を失った仏教も、近世前期には創造的なエネルギーを継続し、豊かな思想文化を形成していたと結論付ける。著者曰（いわ）く「近世が儒教の時代だというのはまったくの誤解であり、実際には仏教のほうが主流の思想であり、宗教であったと言っても過言でない」。

儒教は本来、さまざまな実践的な儀礼によって成立するものだが、江戸幕府は葬儀を仏教で行うこととした。

江戸初期には中国から黄檗（おうばく）宗が伝わり、仏教界は活性化された。諸教の融合や禅と念仏の融合、現世利益などを特徴とする明代の仏教が伝わったことで、日本仏教は多様性や世俗性を重視するようになり、俗人の信仰領域に新たな可能性を切り開いた。また、黄檗の影響は茶道や書画にも波及し、狩野探幽などの狩野派や伊藤若冲などの作風にも刺激を与えた。

さらに木版印刷により出版文化が興隆。大蔵経が普及し仏教書も広く流通した。

我々は、どうしても近代を基準として、それ以前の時代を捉えがちである。そうすると、近世仏教は不純なものと捉えられ、「堕落」という烙印（らくいん）が押される。しかし、その色眼鏡を外すと、近世には極めて豊かな仏教文化が花開いていたことがわかる。

中世、近代の日本仏教を論じてきた仏教研究の第一人者が新たな領域に挑んだ一冊。丁寧かつ簡潔な文章は、初心者にも読みやすい。

評・中島岳志（北海道大学准教授）

すえき・ふみひこ 49年生まれ。国際日本文化研究センター教授。

二〇一〇年八月二二日⑤

『小さいおうち』

中島京子 著

文芸春秋・一六六〇円
ISBN9784163292304／9784167849016（文春文庫） 文芸

時のギャップが生む幻のきらめき

眠るように亡くなったおばあちゃんの帯の間から、お互い好きだったのに結ばれなかった青年の写真が出てきた、という話をきいたことがある。がーんとなってじーんとした。奇妙なことにその中には「羨（うらや）ましい」という気持ちが含まれていたようだ。何が羨ましいのか。私の方が、ずっと恵まれているのに。

たぶん、恵まれているからこそ羨ましいのだ。現代を生きる我々は、お互いに好きならまあ大体結ばれてしまう。嬉（うれ）しいけど、その気持ちは時間と共に磨（す）り減ってゆく。だが、亡くなったおばあちゃんの気持ちは違う。彼への想（おも）いは死ぬまで変わらず、むしろ結晶化して時の流れに勝ったのだ。

何でも選べて何度でもリセットできる世界の中で、私たちは純度の高い想いというものを失った。でも、じゃあ、不自由な昔に戻りたいのか、と云（い）われれば、もちろんお断りなんだけど。

そんな私にとって『小さいおうち』は、たまらない物語だ。戦前を生きた一人の女中の目を通して語られる小さな家の歴史。そこに描かれた人々の声や動きの一つ一つに高純度の煌（きら）めきが宿っている、ようにみえる。

〈わたしは思わずあらたまって、こんなことを言ったのを覚えている。

「奥様、わたし、一生、この家を守ってまいります」〉

或（ある）いは現実の昔には、そんな煌めきは無かったのかもしれない。でも、未来人の私の目にはありありと映るのだ。おそらくは、時のギャップが生み出した幻の煌めきは、それが幻だからこそ美しくみえるのだろう。

戦前から戦中にわたる多くの資料を読み込んだ上で作り上げたであろう細部のリアリティーが、この最高純度の幻を支えている。加えて衝撃のラスト。主人公の死後、彼女の遺品の中から、結ばれなかった青年の写真などよりももっと意外でもっと切なくてもっと罪深い「想いの塊」が現れる。

何でもできる自由な場所で、しかし、この世界からは確かに失われてしまった「想いの塊」を今味わえる、我々は幸運な読者だと思う。

評・穂村弘（歌人）

なかじま・きょうこ 64年生まれ。作家。本作品で直木賞受賞。

『セラフィーヌ』

フランソワーズ・クロアレク 著　山形梓 訳

未知谷・二一〇〇円
ISBN9784896423051

アート・ファッション・芸能／医学・福祉

神の啓示　芸術の天才と狂気

6歳で孤児になったセラフィーヌ（素人歌手スーザン・ボイルに似ている）は修道院で家政婦をする田舎女だが、ある日聖母から「お前は絵を描かなければならない」と啓示を受け、天上の存在との交信が開始された。セラフィーヌ41歳だった。

絵の経験のない彼女は神の道具として従った。芸術家の才能と霊感は無縁ではないが彼女は秘密の声と交わしながらまるで性交のように絵を描いた。そんなある日ピカソやルソーと交流のある画商ウーデと出会い、彼から経済的支援を受けることになる。こんな運命の開花も神の指示によるものらしい。

だけれどもここに落とし穴があった。やがて世界的名声の幻想に浸り始めたセラフィーヌは栄光と没落を同時に味わわされることになる。理性を手放した彼女は一歩ずつ狂気に近づいていく。そしていつの間にか天使は悪魔に追放されて、彼女は名誉欲と物質欲に翻弄（ほんろう）され、聖母や天使との回路を自らが断ち切ることになる。

そして誇大妄想と強迫観念と幻覚症状に襲われ続けて、絵も描けなくなり、ついに精神病院で一生を終わる。著者は彼女の「天才と狂気」を、創造のレベルで論じられるべきであると記しながらもセラフィーヌに対する疑問がわれわれにどんな影響を呈するのだろうか？　と自問しながら結んでいる。

確かに彼女は神の道具であろうとしたが一般の芸術家が受信する霊感のレベルではなく、むしろコンタクトの次元だ。もし神に目的があるとすれば彼女を道具として神の波動を世の中にもたらす計画があったと推測でき、その計画は半ば成功したかに見えるが、彼女の度を超した名誉欲と物質欲は神の意志に反する願望であったように思える。彼女が増長し始めた頃、天使が彼女に忠告をするが、その声を無視して個人的欲望の具現者に変容していく。

従って神が彼女を見放したとも考えられよう。神への依存が断たれたセラフィーヌは、神無き後、もはや彼女には自立した生き方は不可能になっていたのである。

評・横尾忠則（美術家）

Françoise Cloarec　フランスの精神療法技術者、精神分析医、作家、画家。

『トッカン　特別国税徴収官』

高殿円 著

早川書房・一六八〇円
ISBN9784152091376／9784150310684（ハヤカワ文庫JA）

文芸

本書の主人公は、映画「マルサの女」に描かれた国税庁査察部の査察官ではない。東京の京橋税務署の〈トッカン〉こと特別国税徴収官・鏡雅愛（まさちか）の補佐を務める新米の女性徴収官・鈴宮深樹（みき）が語り手を務める。

勝手な理屈をつけては、税金を延々と滞納する人びとから、二人が何がなんでも税を徴収しようと、あの手この手で奮闘するさまが、臨場感豊かに描き出される。交渉相手は、コーヒーチェーン店の店主、自転車屋の親爺（おやじ）、町工場の経営者、高級クラブのママなど。おとなしく納税する者はおらず、つねに徴収官と論争になり、激しく対立する。徴収官は、たとえ嫌われようと罵倒（ばとう）されようと、職務だけは果たさなければならない。

冷徹無比な鏡と、そんな鏡を嫌いながらも、どこかであこがれる深樹の心理の葛藤（かっとう）が、物悲しくもおかしい。専門用語が飛び交い、税法の講釈もあるが、邪魔にはならず、税務署のPR本？としても使えそうだ。

ライトノベル、漫画原作の書き手らしく、ときどき用語の使い方に今風の乱れがあるが、ストーリーテリングのうまさは、職人わざといってよい。

評・逢坂剛（作家）

二〇一〇年八月二二日⑧

『4千万本の木を植えた男が残す言葉』

社会

宮脇昭 著
河出書房新社・一五七五円
ISBN9784309019888

森を再生しなければ人類の未来はない、みんなで木を植えようという著者の本気のメッセージを読み取ったら、本書を紹介せざるを得ない。

著者は岡山県に生まれ、地元の農林学校からスタートして苦学を重ねた。志したのは雑草生態学。農家を雑草取りの苦労から解放したいと思ったのだ。「一生日の目を見ない学問」。しかし、それが著者の道を開いた。植物社会学の権威チュクセン教授から招かれ、ドイツ留学。彼の下で現場重視の学問姿勢を徹底して学んだ。

帰国した著者は、鎮守の森こそ日本の森の原点ではないかと考え、森の再建に乗り出す。著者の愚直な姿勢は大企業を動かし、森づくりの理解者が増えていく。その輪は世界に広がり、4千万本の木を植えた男と言われるまでになった。

本書によれば日本人の92・8%が住む照葉樹林域に本物の森は0・06%しかない。だが1平方メートルあれば森が出来る。本書を読むとマンションの植え込みに森を作りたくなるだろう。それは植物の多様性を学ぶ教材で、人間も多様性が重要であるとの著者の指摘に耳を傾けることにもなる。

評・江上剛（作家）

二〇一〇年八月二九日①

『終わらざる夏　上・下』

歴史／文芸

浅田次郎 著
集英社・各一七八五円
ISBN9784087713466〈上〉・9784087713473〈下〉／9784087450781（集英社文庫〈上〉）・9784087450798〈中〉・9784087450804〈下〉

終戦後始まった占守島での死闘

昭和20年8月15日、天皇の「聖断」によって戦争は終わり、戦後が始まった。しかし、北辺の地、千島列島の先端にある国境の小さな島、占守（シュムシュ）島では、まさしく戦端が開かれようとしていたのだ。戦争が終わるとき、戦争が始まる。この大いなる矛盾が、戦う兵、死にゆく兵たちを巻き込んで炸裂（さくれつ）するとき、戦争の禍々（まがまが）しさと非情さ、そして愚かさが胸を打つ。

それにしても、なぜ彼らは無条件降伏を受け入れた国家の意思に反して戦ったのか。明らかに国家に対する反逆であった。しかし彼らには反逆者としての翳（かげ）りなど微塵（みじん）もない。天皇のため、国家のためではなく、「ふるさと」のため、愛する者のために戦おうとしたからだ。物語は、この辺境の島に奇跡的にも温存された精鋭部隊に配属される3人の臨時召集の補充兵を中心に、彼らの妻や子供、母親や縁者、教師や友人たちの運命を重層的に描いていく。

岩手県を本籍地とする3人の補充兵のうち、翻訳出版社の編集長である片岡直哉は、召集年限ぎりぎりの45歳の「一老兵」であり、取りえと言えば「敵性言語」の英語に通じていることくらいだ。奇妙なことにこの片岡と合流したのは、軍医の菊池忠彦であり、歴戦の強者（つわもの）として名を轟（とどろ）かせていた輜重（しちょう）兵の鬼軍曹、富永熊男（鬼熊）だった。戦争が終われば、ヘンリー・ミラーの「セクサス」をとっておきの美しい日本語で翻訳したいと願う片岡。戦争を憎み、「聖戦」の虚言を否定する菊池。そして大本営だけでなく、「こんな戦争」を続けている「お国」そのものが「ぬげさぐ」だと公言してはばからない鬼熊。三者三様ではあるが、彼らの胸中深く根を張った戦争を忌み嫌う気持ちは隠しがたい。

しかし、その彼らが、「得体（えたい）の知れない神」のような大本営の、国家の仕業によって、その運命の正体を知らされないまま、死闘を演じることになるのだ。しかも、敵は、驚くべきことに米国ではなかった。何と占守島とは指呼の近さにあるカムチャツカから攻めてくるソ連軍だったのだ。国家という神はここでも躓（つまず）いた。そして明らかにされる片岡に授けられていた「運命の正体」とは。「特業」（特別技能）の菊池や鬼熊は何のために召集されたのか。

物語の結末は、彼らが理不尽にも抑留され

ることになった酷寒のシベリアの強制収容所（ラーゲリ）にある。すべてが徒労のなかでうち沈んでいく。しかし、凍（い）てつくような悲しみを癒（いや）す「間奏曲」のように聞こえるコサックの兵士、サーシャの独白。夢か現（うつつ）か、サーシャの魂は時空を超え、片岡の妻子の前に姿を現し、愛を授け、また死にゆく兵隊たちに寄り添うのである。それは、まさしく歴史の天使のように、人々の魂をやさしく揺り動かす。愛こそが、すべてに勝っていると。片岡が残した「セクサス」の詩のように美しい言葉が哀切を誘う。悲しくも、切々と胸に染みる愛の言葉。静かな、しかし深い感動が尾を引く。

評・姜尚中（東京大学教授）

あさだ・じろう 51年東京都生まれ。95年『地下鉄（メトロ）に乗って』で吉川英治文学新人賞、97年『鉄道員（ぽっぽや）』で直木賞、2008年『中原の虹』で吉川英治文学賞など。

二〇一〇年八月二九日④

『江戸図屏風の謎を解く』

黒田日出男 著

角川選書・一八九〇円
ISBN9784047034716　歴史／アート・ファッション・芸能

綿密かつ大胆　鮮やかな歴史推理

美術館などで、名品とされる壮麗な古い屏風（びょうぶ）に出会うことはよくある。その美しさに魅せられ、しばし足は止めるが、その描かれた内容や背景に深く思いを至らすことはなかった。

要するに、単なる美術品として鑑賞していたわけだ。でも、歴史学者で絵画史料の読み手として知られる著者の綿密かつ大胆な歴史推理に同伴できるこの本を一読すると、視界が一変する。学問とは、こんなに面白いものだったのか、と。

著者が最終的に読み解くのは明暦3（1657）年の大火前の江戸城内と、そこを練り歩く山王祭りの行列を描いた個人蔵の「江戸天下祭図屏風」。

家康から家光の3代で大きく発展した江戸の街の姿は、明暦の大火で一変する。史料も多く焼失したせいもあり、その実情は、あまりはっきりしないという。一時行方不明になり、1997年、突如古美術市場に姿をあらわした同屏風は、その意味からも大変貴重な史料なのだが、誰が、何のために発注し、いつ描かれ、なぜ京都・本国寺に伝来したか、が謎だった。

歴史探偵は、まず推理の足元を固める。読み解きの基礎として屏風の地図的情報を知るため、初期江戸を描いたいくつかの地図（絵図）の成立年代を巡る論争を紹介しながら、原図を推定。それをもとに、初期江戸を描いた国立歴史民俗博物館蔵の「江戸図屏風」を読み解く。すでに発表された著者の仮説が紹介され、異論、異説が丁寧かつフェアに論駁（ろんばく）されていく。かなり濃厚な前菜として読み解きが持つ学問的重要さと、その面白さを十分に味わったあと、メーンディッシュへ。

文献史、美術史、風俗史、祭礼史、建築史……。あまたの知識と角度を動員する「鳥の視点」と、描かれた人の一人、一人まで微細に検討する「虫の視点」を併せ持つ推理の道筋は鮮やか。屏風の背景には、由比正雪ら浪人が幕府転覆を狙った慶安事件まで顔をのぞかせる。

歴史探偵ホームズは、最後に屏風の謎を見事に解くが、それは読んでのお楽しみ。読者はワトソンの快楽に浸るのみ。

評・四ノ原恒憲（本社編集委員）

くろだ・ひでお 43年生まれ。東京大学名誉教授。著書に『謎解き洛中洛外図』ほか。

二〇一〇年八月二九日⑤

『進化論はなぜ哲学の問題になるのか 生物学の哲学の現在〈いま〉』

松本俊吉 編著

勁草書房・三三六〇円
ISBN9784326101986
人文／科学・生物

生物学で問う 実在とは何か

進化論と哲学。これが結びつく地平はさほど平易でないし、一般的でもない。魅力的でありながら、この分野の意欲的な書物を手に取るたびに、途中退却を余儀なくされてきた読者は、評者を含めて少なくないに違いないが、敗退の理由はまさに、本書の標題のとおり、進化論が「なぜ哲学の問題になるのか」が明快でない一点に尽きる。でも、性急な答えは求めるまい。九人の若い研究者が結集した本書を読むと、むしろ「なぜ」と問いを立てることがそのまま進化論の最前線に立つことでもある、と分かるからである。

科学の歩みは速い。ダーウィンが進化論で唱えた個体間の自然選択は、いまでは最終的には複製子である対立遺伝子の頻度変化として捉（とら）えられている。その上で、その選択過程を記述する視点を生物個体に取るか、集団に取るか、遺伝子型に取るかで、各々（おのおの）異なった世界が現れるのだが、そもそも自然界は実験で実証されるような次元にはない。従って進化を分子レベルに還元してモデル化するにしろ、階層間のダイナミックな相互作用で捉えるにしろ、行き着くのは世界をどう記述するかという認識論や存在論なのである。

実在とは何かという哲学の問いは、部分を更新しながら連続した構造を持続する生命のシステムを眺める視点にも立ち現れる。生成・消滅を繰り返す細胞と、生成・消滅が起き続ける場としての個体を見るとき、生物学的実在とは何かと誰でも自問したくなるだろう。またたとえば、個体レベルでは説明できない大進化や「種」のスケールまで視点を広げると、自然選択の過程には分子レベルの物理法則ではない何らかの高次の法則が働いているのではないかという想像が働くが、ならば進化現象は決定論的なのだろうか？

人間は進化についての完全な知識をもつことはない。しかし進化論は、たとえば確率概念を用いて集団の情報を抽象化することで、物理学が記述できない現象を記述するのである。本書を読み進むうちに、今度こそ、評者も進化論の哲学の入り口に立てそうな気がしてきた。

評・高村薫（作家）

まつもと・しゅんきち 東海大学教授。執筆者は中島敏幸、大塚淳、森元良太ほか。

二〇一〇年八月二九日⑥

『神父と頭蓋骨 北京原人を発見した「異端者」と進化論の発展』

アミール・D・アクゼル 著 林大 訳

早川書房・二三一〇円
ISBN9784152091390 科学・生物／ノンフィクション・評伝

宗教家と科学者の間を生きる

古い骨のかけらが、歴史を変えることがある。

北京原人の頭蓋骨（ずがいこつ）は、サルからヒトへの進化の過程を証明する重要な手がかりという。カトリックが認知していない進化論を信奉するテイヤール神父が、1929年の頭蓋骨発掘に遭遇したのは、まさに歴史の気まぐれだった。この出来事により、古生物学者でもあるテイヤールは、宗教と科学という大問題に正面から取り組むようになる。

というと、相反する立場にある宗教と科学の葛藤（かっとう）を描いた小難しい学術書のようだが、本書は中国に滞在していたテイヤールを主人公とした科学ノンフィクションである。テイヤールの生涯を追ってゆくと、物語のようにするする読み進められるからご安心を。

ただし、テイヤールの思想や行動を正当化しようとやや強引な記述を行っているところが目立つ。また、カトリック教会と思想的に相いれないためにテイヤールが中国へ赴任させられたことを「流刑」と呼ぶのは、中国に対する白人優位意識の表れである。原人発掘は中国人研究者の手になるもので、テイヤールは一研究者として鑑定に携わったにすぎないのであり、タイトルほどドラマチックな展開にはなってゆかないのである。

ところが、本書は別の読み方をすればおもしろい側面を見せてくるのだ。テイヤールと頭蓋骨との邂逅（かいこう）に至るまでの18～19世紀ヨーロッパの科学史が素人にとって実にわかりやすく記述されていて、宗教と科学とが案外近い位置にあることがすんなり理解されるのである。そういえば、エンドウ豆であの「遺伝の法則」を見いだしたのもメンデル神父だった。

また、原人の頭蓋骨は第2次世界大戦のとき日本軍の追及を避けるためにアメリカに送られたというが、そこで突然行方知れずになってしまう。いまだ見つかっていない頭蓋骨の謎を空想して楽しんだりもできる。

小学生の頃、夏休みの宿題を放り出して読みふけった科学読み物のようなわくわく感を味わえる本である。ああ、今年も夏が終わるなあ……。

評・田中貴子（甲南大学教授）

Amir D. Aczel　統計学者、科学ノンフィクション作家。

二〇一〇年八月二九日⑦

『闇彦』

阿刀田高 著

新潮社・一三六五円
ISBN9784103343271／9784101255385（新潮文庫）　文芸

死者を今に生き続けさせる文学

闇彦、妖（あや）しい響きだ。この響きに誘われて闇彦の謎を「私」が追求していく。さらに「私」の動きから、著者の創作の原点を追体験する。それはとりもなおさず、文学とは何かという深い問いかけの答えを捜す、時空を超えた旅への誘いだ。

「私」は新潟で双生児として生まれたが、弟は3歳で病死した。その頃から死が身近にあった。お婆（ば）あが、弟の様子を生きているかのように話すので「なーしてわかる?」とたずねると「闇彦がおしえてくんる」と言う。闇彦は、「私」と死をつなぐ存在として認識されていく。そして、さまざまな女性との出会いが「私」と闇彦のつながりを強めていく。

少年時代、語りの上手な少女がいた。彼女の語りには絶えず死の影が付きまとい、あっけなく死んでしまう。葬儀に参列した「私」の耳に、誰かが「(海の) 向こうに島がある。稲子は闇彦の血だすけに」とつぶやく声が聞こえる。彼女は闇彦の島から来たために、語りが上手だったのか。ストーリーを好む「私」にも、闇彦の血が流れているのかもしれない。

肺結核で1年半の療養生活を強いられた後、大学の文学部に入学。母が占師という女性に出会う。彼女は「私」に「小説家になれる」と断言する。彼女は「私」の中に闇彦の血が流れていることを気付かせてくれた。「私」は、おもしろいストーリーを作って読者を楽しませることが文学の存在理由と気づき、小説家への道を歩み始める。

劇団女優との出会いと別れ。彼女はギリシャ神話が好きだった。「私」にオルフェのように「死の国まで迎えに来てほしい」と言い、黄泉（よみ）へと旅立った。深い関係にあった彼女を偲（しの）びつつ、「私」は幾つものストーリーを思い巡らす。「私」の中の闇彦がなせる技だった。

死者を語り、死者を今に生き続けさせる営みこそが文学の役割。人々が古代よりストーリーを作り続けたのは、そのためなのだ。そして何よりも本書は小説の原点、叙事詩だ。ギリシャ神話の世界を吟遊するホメロスになった気分にさせてくれる。

評・江上剛（作家）

あとうだ・たかし　35年生まれ。作家。『ナポレオン狂』『新トロイア物語』など。

二〇一〇年九月五日❶

『メイスン&ディクスン　上・下』

トマス・ピンチョン 著　柴田元幸 訳

新潮社・各三七八〇円
ISBN9784105372026〈上〉・9784105372033〈下〉　文芸

無数の細部が集積　異様な重力を放つ

評者は本書を読むのに一夏かかった。もちろんその間、他の活動を一切しなかったわけではないし、これ以外の本を一冊も読まなかったのではない。だが、今年の異様に暑い夏、どこへ行くにもこの大部の書物が傍らにあって、その放つ重力場に引き寄せられていたのは間違いない。

実際、本書は巨大な恒星のごとき重力を持つのだけれど、その重力の因（よ）ってくるところは、新大陸の英国植民地を測量する任務を負った、メイスンとディクスンなる18世紀半ばに実在した人物の、英国から南アフリカを経て北米大陸に至る旅の物語の器に詰め込まれた、奇想、奇譚（きたん）、冗談、批評、諧謔（かいぎゃく）の備える膨大な質量にある。次々登場する奇怪な人物や事物を描き出しては、笑いを呼ぶ数々の挿話を織りなす言葉、文明論とも呼ぶべき硬質な思弁と猥談（わいだん）めいた下世話な噺（はなし）がいっしょくたになって氾濫（はんらん）する言葉――「小説的」としか形容しようのないそれら言葉の群れが恒星の巨大な躯（からだ）を構成する。宇宙空間を漂うガスや塵（ちり）が集まって星が誕生するように、無数の細部が集積することで本小説は出来上がり、異様な重力を放つのである。

土台や骨組みがないのではない。いささか凡庸な人物であるメイスンとディクスンの珍道中という「主筋」をたどったり、先住民への虐待や奴隷制といった黎明（れいめい）期合衆国の呪われた歴史への告発の「主題」を見出（みいだ）すことは容易にできる。けれども、土台を確認し骨組みを析出すれば、小説を読んだことになるかといえば、違う。無数の細部が読まれることを待っているのだ。

もちろん現実の読書では、つい注意が散漫になったり、なんとなく読み飛ばしたりしてしまうことは避けられず、全（すべ）ての細部を読むのは事実上不可能である。評者は本書をこの夏読んだといったけれど、実をいえば全然読み切っていない。本書は読み切るには質量がありすぎるので、しかし、これはすぐれた小説に共通の特質というべきだ。そもそも一冊の書物を読み切るとは、どのような状態を指すのだろうか。活字に万遍（まんべん）なく眼（め）を通せば読み切ったことになるのか。そうではないだろう。小説に話を限れば、一度眼を通しただけで、うん、わりと面白かった、と軽く片付けてしまうのではなく、何度読んでも、なお読まれることを密（ひそ）かに待つ細部を保持し続けるテクストこそが、すぐれた小説作品と呼ばれるべきなのである。

訳文もまた、平板な読み易（やす）さにつくのではなく、原文の持つ細部の手触りや異物感を最大限に引き出そうと努め、読者に分かりにくいという理由から原作を簡単に改竄（かいざん）する傾向の見られる、英語圏翻訳者とは一線を画す訳者の高い志と水準を示している。

それにしても、評者が本書を再び繙（ひもと）くのは何年先になるか。なにしろ「訳者あとがき」によれば、今後2年間に、ピンチョンの作品が新訳、初訳で次々出版されるというのだから。人生は短い！

評・奥泉光（作家・近畿大学教授）

Thomas Pynchon　素顔も経歴も非公表の作家。研究者により、1937年米国生まれと判明している。本書の刊行は1997年。『V.』『競売ナンバー49の叫び』『重力の虹』『ヴァインランド』など。

二〇一〇年九月五日②

『Kitano par Kitano　北野武による「たけし」』

北野武、ミシェル・テマン 著　松本百合子 訳
早川書房・一六八〇円
ISBN9784152091413／9784150503802（ハヤカワ文庫NF）　アート・ファッション・芸能／ノンフィクション・評伝

「末期の目」に似た孤独な自意識

複数の分野にエポックをもたらした人を天才と呼ぶなら、北野武はまぎれもない天才だ。「お笑い」と「映画」における彼の達成を否定できるものはいまい。しかしそれらは正当に評価されてきただろうか。

映画監督としての北野武は、日本よりもヨーロッパ、とりわけフランスで高く評価されている。1999年にはフランス芸術文化勲章の「シュバリエ」を、2010年には「コマンドール」を授与されたほどだ。

日本ではほぼ無冠の北野が、フランス人ジャーナリストに対してこれほど胸襟を開いてみせた背景には、そうした事情もあるのだろう。通訳と翻訳を介しての語り口には、いつもの照れやおちゃらけがないぶん、北野の思想の骨格とでもいうべきものが際立っている。

貧しかった生い立ちから現在に至る生活史、映画の話、現代社会への意見表明という構成の中で、北野は、これまであまり語らなかったことをいくつも明かしている。師匠である深見千三郎の死にまつわる後悔。フライデー事件の〝真相〟。バイク事故で生死の境をさまよった時の思い。亡き母への思慕（しぼ）など。

北野映画ファンとしては、詳細な自作解説が何よりもうれしい。黒澤やゴダールはともかく、キューブリックに対する高評価には驚かされた。絵に対する強い関心や、パウル・クレーとピカソについての独自の解釈も興味深い。

保守寄り論客と思われがちだが、大江健三郎への意外なシンパシーや、小泉純一郎への両価的評価も率直に語る。マスコミや暴力団などのタブーを語る舌鋒（ぜっぽう）には、往年の辛辣（しんらつ）さが滲（にじ）む。

「ビートたけし」と「北野武」を使い分けながら八面六臂（はちめんろっぴ）の活躍を続ける北野の姿は多重人格的だ。本書を読めば、それがコアな資質の多様な〝表出〟であることがよくわかる。

北野はしばしば自らを、他者の視点から眺めることがあるという。森羅万象を愛惜しつつ、あらゆる執着から距離を置く透徹した語り口。そこにふとかいま見えるのは、まるで「末期の目」にも似た孤独な自意識だ。

評・斎藤環（精神科医）

きたの・たけし　47年生まれ。
Michel Temman　ジャーナリスト。

二〇一〇年九月五日③

『ひそやかな花園』

角田光代 著
毎日新聞社・一五七五円
ISBN9784620107561／9784062777582（講談社文庫）　文芸

生の全肯定　あまねく降り注いで

開けたいのに、押せない扉。すくんで昇れない階段。誰のこころのなかにも、ひっそりとなりを潜める暗闇の入りぐちがある。見えないふりをしていても、いっぽう、暗闇は増長して光を塞（ふさ）いでしまうこともある。もしそうなったら、いよいよ扉に指をかけるほかない。身が震えても、自分自身で。

「花園」はそのような暗闇の化身でもあろうか。数奇な運命をもつ七人の男女が隘路（あいろ）に嵌（はま）りながら希求する「花園」の場所は、父や母、家族の記憶をともなってこころの最深部にある。

『八日目の蝉（せみ）』『森に眠る魚』を経て、家族をテーマに据えた角田光代の小説世界は、いっそうの確かさをみせて圧倒的だ。社会性のある事件や題材を扱い、言葉で血肉を与えながら現代に寄り添う。そのうえで、こころの闇も光も入念に照らしだして世界を提示するさまに、角田文学の本流をみる思いがする。

七人の男女はかつて夏の数年間、ともに別荘に集って過ごしたこどもたち。しかし一九

九〇年、親たちによって例年の習慣は突然断たれてしまう。別天地での甘やかな記憶を共有したまま七人は引き離され、おのおのの家庭の状況を背負って成長していく。そして考えはじめる。あの夏の日々、「花園」に隠された秘密はなんだったのか、と。

「家族とはなにか」。問いをたずさえ、絆（きずな）を手繰って再会を果たす七人の行動と複雑な心理が、七つの視点、三人称の手法で描きだされる。胸を打つのは、自己との邂逅（かいこう）を果たしてゆく七人の関係だけではない。わたしが衝撃を受けたのは、小説世界が展開するにつれ、角田光代じしんが言葉によって聖なる力を手もとに引き寄せる、そのすがたである。言葉を信じてあらたな扉を開き、言葉を手だてに根源に迫り、言葉とともに聖地へと書きすすむ、そのつよいリアリティー。

人間は存在しているだけで、すでに世界に祝福されている。たとえ家族でなくても、家族として結び合える――生の全肯定ともいうべき聖なる光を、角田光代は「花園」にあまねく注いでみせた。

評・平松洋子（エッセイスト）

かくた・みつよ 67年生まれ。作家。『三月の招待状』『森に眠る魚』など。

二〇一〇年九月五日④

『銀狼（ぎんろう）王』

熊谷達也 著

集英社・一四七〇円
ISBN9784087713558／9784087450453（集英社文庫）

文芸

探偵と犯人さながらの知恵比べ

人間と動物、ことに熊や狼（おおかみ）との戦いの物語は、古今東西を通じて数が多い。明治20年の北海道を舞台に、人知を超える狼と人の戦いを描いた本書も、その一つに数えられる。当時、ほとんど生きた個体が確認されなくなっていた、といわれる蝦夷（えぞ）狼を相手に、50歳の老練な狩人二瓶が、死闘を繰り広げる。

二瓶はある日、アイヌの古老から銀色の毛並みを持つ、巨大な狼の目撃談を聞かされ、血が騒ぐのを覚える。当時、毒餌を使って狼を退治する方法もあったが、二瓶は昔ながらの忍びの猟法によって、その銀狼を仕止めようと決心する。

年老いた「アイヌ犬」の疾風（はやて）を唯一の道連れに、二瓶は鹿狩りに出た銀狼のあとを追って、山に踏み込む。終盤まで、物語の展開はすべて二瓶と疾風、羆（ひぐま）と狼の動きに絞られる。二瓶の独り言が、わずかな彩りをそえるだけだ。敵は羆や狼だけでなく、自然との苛烈（かれつ）な戦いもある。吹雪を避けるため、二瓶は冬眠する羆を射殺して巣穴にもぐり込む、という非常手段にも出る。

銀狼は、二瓶が出会ったこともない、奸智（かんち）にたけた狼だ。その銀狼に対して、闘争心と同時にしだいに畏敬（いけい）の念を抱き始める、二瓶の心理の変化が興味を呼ぶ。蝦夷地の自然、風土の描写にも、力がこもっている。

辛抱強く鹿のあとを追い、疲れたところに襲う狼独特の猟法を知る二瓶は、その習性を利用して銀狼を追いつめる。二瓶と狼の、知恵を絞った丁々発止のしのぎ合いは、さながら探偵と犯人の対決にも似て、まことにスリリングだ。

最後に銀狼率いる一群に疾風を殺され、命綱の鉄砲も壊された二瓶は、素手で銀狼と戦うはめになる。結末は少々あっけないが、むしろくどくど筆を費やさなかったところに、二瓶ないし作者の銀狼に対する思い入れが、込められているだろう。

人間と野生動物の戦いについては、西村寿行に『老人と狩りをしない猟犬物語』など、いくつかの佳作がある。本書も、それらを彷彿（ほうふつ）とさせる、執念に燃えた力作といえよう。

評・逢坂剛（作家）

くまがい・たつや 58年生まれ。作家。『邂逅（かいこう）の森』『モラトリアムな季節』など。

二〇一〇年九月五日⑤

『アジア連合への道 理論と人材育成の構想』

天児慧 著

筑摩書房・二六二五円
ISBN9784480864024

政治／国際

地域統合へ 研究と実践橋渡し

永らく世間の話題から遠ざかっていた「東アジア共同体」論。

しかし昨年、首相となった鳩山由紀夫氏が「東アジア共同体」構想をぶちあげたことから、再び注目の的となった。しかし、瞬く間に鳩山内閣は瓦解（がかい）。すると、この議論もまた一気に下火となった。

本書は、時の政権に左右されやすいこの話題を、じっくりと多角的に議論している。著者は中国研究のトップランナー。これまで近現代中国を描いた著作を数多く出版してきた。

本書の特徴は、経済と安全保障の問題に還元されがちな東アジア共同体論を、歴史と思想を掘り下げながら位置づけなおそうとしている点だ。特に著者が注目するのは、ナショナリズムとアジア主義の問題。ナショナリズムは時に排外的な意識を焚（た）きつけ、人々を内向きにさせる。またかつての日本のアジア主義は「連帯」の思想が「支配」の原理へとすり替わり、アジア諸国を植民地化する思想的根拠となった。

著者は、この顛末（てんまつ）を丁寧に追いつつ、排除を伴わない新時代のリージョナリズムを模索する。そして、ネーションへの愛着を保持しつつ、他者へと開かれる「アイデンティティの重層化」のあり方を探る。過去に遡行（そこう）しながら、未来へと前進しようとする姿勢に、アジア連合実現への熱い思いが込められている。

議論は机上のものにとどまらない。著者は積極的にアジア地域統合への協働のメカニズムとネットワークの構築に動く。具体的な人材育成と交流から、アジア連合を一歩一歩進めていこうとするのだ。

その時のキーワードは「調和」（サステナビリティ）、「関係」（ネットワーク）、「同舟（共同）意識」（アイデンティティ）。この三つを意識しながら協働を積み重ねることで「世界的な普遍性を持ちながらもアジア型の地域統合が生まれてくる」。

首相がコロコロと代わり、国家の方向性が一定しない中、本書のような長期的な展望に立った議論は、ますます重要になっている。研究と実践を橋渡しするスケールの大きい一冊だ。

評・中島岳志（北海道大学准教授）

あまこ・さとし 47年生まれ。早稲田大学教授（中国政治・アジア現代史）。

二〇一〇年九月五日⑥

『一〇〇年前の女の子』

船曳由美 著

講談社・一六八〇円
ISBN9784062162333／9784167906634（文春文庫）

ノンフィクション・評伝

当時の風俗と人々の気持ち伝える

「お母さんも、かつて少女だった」という事実に、娘は大人になってから気付くものです。母親はずっと昔から「お母さん」であったと子供時代は思っていましたが、そんな母親にも少女時代や思春期があったということを、娘は次第に理解していくのです。

本書の主人公は、昨年百歳を迎えた寺崎テイさん。栃木県のとある村に生まれたテイちゃんという女の子が、どのように成長し、大人になっていったかを書いた著者は、テイさんの娘さん。長く編集者として活躍した著者は、テイさんの人生を詳細に調べ、テイさんの気持ちになってこの本を書くことによって、母親を一人の人間として理解しようとしました。

テイさんは、有名人ではありませんし、激動の人生を送ったわけでもありません。しかし読むうちに引き込まれ、思わず小さなテイちゃんにエールを送りたくなるのは、彼女が一〇〇年前の、普通の女の子であったからなのでしょう。汽車が通る度にかまたきの小父

（おじ）さんが子供たちにキャラメルを投げてくれた時の、嬉（うれ）しさ。懸命に勉強して、女学校を受験した時の、緊張。テイちゃんの感情は、いつの間にか自分のものになっていきます。

一〇〇年前の女の子の暮らしは、今とは全く違うものです。季節ごとに様々な行事があり、お祖母（ばあ）さんがその指揮を執る。村の中には今で言うところの格差はあるけれど、そのことを感じさせないような気遣いも、お祖母さんが孫たちに教えていく。テレビはないけれど、富山の薬売りやら、越後の寒紅売りといった外からやってくる人たちが、外の情報はもたらしてくれる……。

一〇〇年前の生活風俗と、人々の気持ちとを正確に伝える本書は、娘から母に対する愛の書でもあります。「お母さんがお母さんでなかった頃」のお話は、娘にとって眩（まぶ）しく、哀（かな）しく、そして誇らしい。母と娘の間に存在する幸せな紐帯（ちゅうたい）が完成させたこの本は、読者の脳裏に、母との記憶を喚起させるのです。

評・酒井順子（エッセイスト）

ふなびき・ゆみ　38年生まれ。出版社勤務を経て、現在はフリー編集者。

二〇一〇年九月五日⑦

『千野（ちの）香織著作集』

千野香織 著

ブリュッケ・一二六〇〇円

ISBN9784434145834　文芸／アート・ファッション・芸能

美術史の枠を超え、ジェンダー論や近代における「美術」の問題を提起し続けた千野香織氏。氏の没後8年半を経て、ようやく著作集が刊行されたことを喜びたい。

収載されているのは、論文やアンケート回答など長短取り混ぜた66編。時代順に並べられたそれらを読み進めると、千野氏の思考の軌跡が如実にたどれる構成となっている。千野氏といえば美術におけるジェンダー論で広く知られるが、一見地味な絵巻物研究にも問題意識の萌芽（ほうが）が見られることに驚かされる。

しかし、千野氏にはジェンダー論だけではない魅力があることも忘れてはならないだろう。一般読書人には手に取りにくいと思われる本書を私が推すのは、ここに一人の研究者の人生が詰まっているからである。千野氏は読者に「あなた」と呼びかける。「あなた」自身の問題として考えてほしい、という思いからだろう。「あなた」へ問いとして投げかけられるものを、「あなた」はいかに受け止めることができるだろうか。

人を偲（しの）ぶだけではなく、もっと深く考えることこそが、追悼という行為なのである。

評・田中貴子（甲南大学教授）

二〇一〇年九月五日⑧

『セナVSプロスト　史上最速の"悪魔"は誰を愛したのか!?』

マルコム・フォリー 著　五十嵐哲 訳

イデア・一三一〇円

ISBN9784779609794　ノンフィクション・評伝

F1史上最高のドライバーといわれ、日本でも絶大な人気を博したブラジル人レーサー、アイルトン・セナがレース中の事故で亡くなって16年になる。

熾烈（しれつ）なチャンピオン争いを繰り広げたライバルのフランス人レーサー、アラン・プロストのインタビューを交え、2人がたどった足跡と確執を、英国のスポーツ記者がたどっている。

2人の車はレース中に何度も接触し、互いを非難し合った。そこから浮かび上がるのは、勝利にかけるセナのすさまじいまでの執念だ。「勝つためには何でもする」中での技術へのこだわりは、エンジンを担当したホンダの技術陣との間に、強い絆（きずな）を生んだ。その結果が、ホンダエンジンを駆っての通算3度、歴代4位タイとなる世界チャンピオンだ。

1990年前後、確かに、ホンダとセナの時代だった、と思う。向かうところ敵なし、そんな日本の技術があり、その心意気に応えて自らの能力の限界にも挑戦する若者がいた。クルマという20世紀最大の工業製品が輝いていた時代。すぐれて20世紀的な挑戦の記録、といえようか。

評・辻篤子（本社論説委員）

二〇一〇年九月一二日①

『カチンの森　ポーランド指導階級の抹殺』

ヴィクトル・ザスラフスキー 著　根岸隆夫 訳
みすず書房・二九四〇円
ISBN9784622075394　歴史／ノンフィクション・評伝／国際

ソ連の隠蔽工作 破綻の経緯分析

第2次大戦のさなか、1943年4月にドイツのラジオ放送は、占領地のスモレンスクに近いカチンの森で、2万5千人にものぼるポーランド将校の、埋葬射殺死体が発見された、と報じた。ドイツはそれを、自軍の侵入以前に同地区を占領していた、ソ連軍の所業だと指弾する。一方、ソ連はドイツこそ事件の張本人で、ラジオ放送は連合国の結束を乱そうとする、ゲッベルス一流のプロパガンダにすぎない、と反論した。

その後、国際調査団による綿密な調査の結果、遺体は将校を含むポーランドの指導者層で、40年の4月から5月にかけて埋められたもの、と判明した。さらに、処刑方法や遺体の所持品等から、当時その地域を占領していたソ連の犯行、と断定される。しかし、スターリンはその事実を頭から否認し、強硬にドイツ軍のしわざだ、と主張する。

英米もまた、ドイツとの戦いを優先させるため同盟国であるソ連をあえて糾弾せず、事を穏便に収めようと試みる。その結果、米国のルーズベルトも英国のチャーチルも事実の隠蔽（いんぺい）に腐心するスターリンの片棒をかつぐことになった。

この大虐殺は、戦勝国の犯罪であるがゆえに、ニュルンベルク裁判でもまともに審議されず、闇に葬られてしまう。ソ連が、ようやく自分たちのしわざだと認めたのは、半世紀後にペレストロイカ、グラスノスチの時代を迎えてからのことだ。それをきっかけに、関係資料の公開が進められ、真相が明らかになった。

本書は、事件そのものの説明を最小限にとどめ、英米を巻き込んだソ連の長年にわたる隠蔽工作と、それが破綻（はたん）をきたすにいたった経緯の分析に、多くの筆を費やしている。自国のしわざ、と初めて認めたゴルバチョフが、さらに大きな秘密を隠していたことも、容赦なく暴き出す。カチン事件が、独ソ不可侵条約に付された、秘密議定書による欧州分割問題と不可分に結びついているとの指摘も、当を得たものだろう。

この虐殺は、ナチスのユダヤ人虐殺に匹敵する、異常な事件である。著者は、ユダヤ人の虐殺を〈民族浄化〉、カチン事件を〈階級浄化〉と規定し、両者を区別している。それによって、ポーランドを憎んだスターリンが、その指導者階級の抹殺に走った図式が、よく理解できる。

従来、この事件を扱った欧米の研究書は多数にのぼる。しかし、翻訳書はきわめて少なく、評者の知るかぎりJ・K・ザヴォドニー著の『カティンの森の夜と霧』（63年、読売新聞社）と、W・アンデルス著の『裏切られた軍隊』（52年、光文社）くらいしかない。中でも前者は、ソ連側の資料にアクセスできず、犯行現場にも行けなかった時代に書かれた著作として、真実に近づいた最良の研究書といえよう。併せて読まれるよう、おすすめする。

ちなみに、本書は訳者による〈あとがき〉が充実しており、本文を補足して余すところがないことも、書き添えておこう。

評・逢坂剛（作家）

Victor Zaslavsky　1937～2009年。ロシア人の政治社会学者。75年にカナダに移住した。米国やイタリアの大学で政治社会学を教え、専門は第2次大戦後のソ連（ロシア）・イタリア政治関係史。

二〇一〇年九月一二日❷

『古書の森 逍遙 明治・大正・昭和の愛しき雑書たち』

黒岩比佐子 著

工作舎・三三六〇円
ISBN9784875024309　歴史／社会／ノンフィクション・評伝

昔の本から新しい「今」を切り開く

　色々な雑誌の最新号を読む度に面白く思う半面、微妙に不安な気持ちになる。それによって、自分が「今」から遅れている事実を確認させられるからだ。しかも、そんな風に外から一方的に教えられている限り、最新号を読み続けても、永遠に「今」には追いつけないことになる。

　本書は著者が古書展に通い詰めて、主に明治や大正期の雑誌や実用書を買いまくった記録である。数百円で買ったものが多いとのことだが、興味深い記事が数多く紹介されている。

　明治期に無銭絶食旅行が流行（はや）っていたとか、関東大震災後に上野公園の西郷さんの像には行方不明者を求めるビラが無数に貼（は）られたとか、新聞各社では一九六〇年代まで伝書鳩（でんしょばと）を使って写真を運んでいたとか。

　また『家庭辞書』の「接吻（せっぷん）」の心得についての頁（ページ）が、前の所有者の手で折られていたというのも古書ならではの逸話だ。

　前述のように、雑誌の最新号をみると自分の遅れを意識するし、ちょっと古い号をみると逆にこちらの方が進んでいるように感じる。では、明治や大正の記事をみると、圧倒的に自分が進んでいるように思うかというと、必ずしもそうはならないところが不思議だ。

　例えば「近頃欧羅巴（ヨーロッパ）では、手の爪（つめ）に写真を撮影（うつ）すことが発明され、それが米国までも伝はつて昨今非常に流行して居るそうです」って、一体どういう技術なんだろう。昔というよりも未来の出来事のようだ。

　この他にも新旧の単純な比較を絶する記事が多くみられる。もしかすると、私が感じていた「今」とは、現在を中心にせいぜい前後数年単位の幻のようなものだったのかもしれない。

　著者は大昔の雑誌を買いまくり読みまくることを通じて、独自の関心領域（伝書鳩、村井弦斎、お嬢さまなど）を見出（みいだ）している。さらに、それらをテーマにした本を書くことで、世界に新しい「今」を切り開いているのだ。

　読者である私はそのプロセスを味わうことで、本当の「今」とは外からの情報として到来するのではなく、自分自身の裡（うち）に生まれることを教えられた。

評・穂村弘（歌人）

くろいわ・ひさこ　58年生まれ。ノンフィクション作家。『「食道楽」の人 村井弦斎』など。

二〇一〇年九月一二日❸

『尼僧とキューピッドの弓』

多和田葉子 著

講談社・一六八〇円
ISBN9784062163286／9784062776011（講談社文庫）　文芸

仕掛けに満ち キュートさ全開

　多和田葉子の小説のなかへ、私は迷子になりにいく。ことばに翻弄（ほんろう）されて方角を見失い、奇妙なものたちに次々と出逢（であ）って、気づいた時には森のはずれにぽんと放りだされている。そんな読後感がある。もちろんそれは不快どころか、とても愉快な体験だ。

　本書もそんなテイストが満載である。但（ただ）しいつになくストーリーラインが明確で読みやすいことは強調しておこう。第一部は、ドイツの小さな町の尼僧修道院へ「取材」で訪れたドイツ在住の日本人作家（作者の分身と覚しき）の目で、築千年余りの修道院（クロースター）の様子や住人たちの生活が描かれる。一般的なイメージとは裏腹に、ここは、離婚や退職をして肩の荷をおろした女たちが、かしましく第二の人生を送る人間臭いコミュニティーだ。女同士の駆け引きあり、思惑あり。弓道を嗜（たしな）む尼僧院長の不在理由には皆口を閉ざすが、どうも禁断のロマンスの香りがする。しかし隣には常に死があるのだ。

そもそも西洋では、心臓を矢で射られる恋とは死の暗示でもある。さらに、建物の死、文化の死、歴史の死……。生きながら死人のように描かれた元住人の肖像画が目をひく。

そしてここはまた、「多和田語」で見事に造りこまれた仕掛け屋敷でもある。語り手がそっと「尼僧（ノンネ）」と口にすると、急に「中世への秘密の抜け道」が開け、九州をドイツ語で「南日本」と表すると、俄（にわか）に「橙（だいだい）色の異国情緒」が漂う。想像の中に「フェトフェトに脂ぎった」豚肉（フェットは独語で「脂っこい」）が現れ、緊張すると語り手は「シャチコチした」喋（しゃべ）り方になる。

第二部では一種の「謎解き」が行われるが、これも作者にしては珍しい。尼僧院長の恋の顛末（てんまつ）は？　第一部において、作者はドイツ語のルビや造語を駆使して、生と死の隣接する修道院を常にダブルミーニングで描きだしたが、そうした文章上の仕掛けがない第二部は、しかし「本」というものがいつも何かのアナザー・バージョン（別版）であることをさらりと物語るのだ。多和田ワールドのキュートさ全開の一冊である。

評・鴻巣友季子（翻訳家）

たわだ・ようこ　60年生まれ。ドイツ在住。作家。『容疑者の夜行列車』ほか。

二〇一〇年九月一二日④

『抵抗と協力のはざま　近代ビルマ史のなかのイギリスと日本』

根本敬 著

岩波書店・二九四〇円
ISBN9784000283762　政治／ノンフィクション・評伝／国際

したたかに政治的自立探る

「ビルマ（現ミャンマー）近代史の学術書」と聞くと、読書家でもなかなか食指が動かないだろう。しかし本書をぜひ、手にとってほしい。ビルマ独立運動に従事した若き政治家・活動家が、植民地権力への「抵抗」と「協力」のはざまで苦闘した軌跡が見事に描かれているからだ。

本書が対象とするのは、イギリス・日本の統治から独立を勝ち取る時期のビルマ。初代首相バモオ、国民的英雄アウンサン、その暗殺者ウー・ソウといった政治エリートやビルマ共産党メンバー、行政エリートの歩みを丹念に追い、多様なアクターの主体性を浮かび上がらせる。彼らが懸命に植民地権力と渡り合い、時に妥協や協力を繰り返しながら、したたかなナショナリストとして独立を勝ち取ったプロセスが描かれる。

何といっても興味深いのは、第2章で描かれるバモオの生涯だ。彼は1937年のビルマ統治法施行後、史上初のビルマ人首相となり、政治の第一線で活躍。39年に首相の座を明け渡したものの、「反英の闘士」となって支持を受け、逮捕・投獄された。第2次大戦中は「対日協力」の道を選択し、日本から与えられた形式的「独立」において、国家元首兼首相の座につく。

バモオは43年11月に東京で開催された大東亜会議に出席。日本の影響下で、ビルマ語の公用語化の推進や国家元首の権威強調など、政治的自立の糸口を探った。

バモオの行動は、一見すると日本帝国主義に従属しているように見える。しかし著者は、彼の行動の中に、日本の支配権力を巧みに飼いならしながら自国民の主体的領域を拡張するしたたかな政治主体を見出（みいだ）す。

結局、バモオは日本の敗戦によって地位を失い、密（ひそ）かに日本に身を潜める。再び英領となったビルマでは、抗日闘争に転じたアウンサンが主導権を握り、政治的復権の道は閉ざされた。

抵抗／協力という二分法では割り切れないアジアの独立運動。その両者の「はざま」に注目し、当事者の苦悩や葛藤（かっとう）、戦略などを丁寧に救い上げた本書は、読み応え十分。お薦めの一冊だ。

評・中島岳志（北海道大学准教授）

ねもと・けい　57年生まれ。上智大学教授。『アウン・サン』など。

二〇一〇年九月一二日⑤

『傷だらけの店長　それでもやらねばならない』

伊達雅彦 著

パルコ出版・一三六五円

ISBN9784891948245

ノンフィクション・評伝

消える書店　なにが問題なのか

中学生の時だったろうか。家の近くの古い商店街にある小さな本屋さんで、偶然手にしたエラリー・クイーンの『Yの悲劇』が、本格的な推理小説の面白さを教えてくれた。この棚を読み尽くしたあとは、少し遠いが、少し大きな書店に、自転車で通い詰め、他の分野の本の面白さも知り、今に至る。

出版業界紙に連載されていた、中規模と思われる本屋の店長の苦悩の実録奮闘記ともいえるこの本を読みながら、いつしかそんなささやかな自身の読書体験を思い出していた。

近くのビルにオープンした全国チェーンの超巨大書店に客を奪われ、工夫むなしく、本部の判断で閉店に追い込まれる。店長自身も、書店の世界を離れるかどうか、煩悶（はんもん）を繰り返す。その理由の一つが、昔はどこにでもあった、本と読者の「偶然」の出会いの場である本屋さんの役割へのこだわりだったからだ。

街から本屋が、次々と消えてゆく。それを、感傷的に嘆くのは簡単だが、この本を読んだあとは、考えこまざるを得ない。大きな背景は、本が売れなくなっていることだが、それにしても、外からは静かな知的空間にみえる本屋さんの、舞台裏での労働のなんと過酷なことか。

連日、取り次ぎから次々送り込まれてくる大量の新刊の荷解き。それに伴う棚の入れ替え。そして、大量の返本の荷詰め。相次ぐ客からの曖昧（あいまい）な本の問い合わせ、注文してもなかなか届かない本への苦情の処理、万引きへの警戒……。

本好きゆえに懸命に働くアルバイトたちの時給は、求人誌が驚くほどに安い。作業や売り上げノルマに追われる店長の帰宅は常に深夜で、休みもままならない。それでも、父親に勘当されてまで、アルバイトからこの世界に飛び込んだほど、本に惚（ほ）れ込んだ店長。陣頭に立ち、業界でも知られた独自の品揃（しなぞろ）えを維持するが、大量な本を揃える、大手の資本の力に屈する。

何の、どこが、問題なのか。著者がぶつける悔しさとわずかなあきらめは、とりわけ書評欄の読者には痛切に響き、様々な思いに誘ってくれるはずだ。

評・四ノ原恒憲（本社編集委員）

だて・まさひこ　65年生まれ。大学生アルバイトから店員、店長に。昨年退職。

二〇一〇年九月一二日⑥

『フェリーニ　映画と人生』

トゥッリオ・ケジチ 著　押場靖志 訳

白水社・六九三〇円

ISBN9784560080702

アート・ファッション・芸能／ノンフィクション・評伝

現実に風穴　そして船は行く

この大冊から抜け出した時、長い長い夢から覚めやらぬままいきなり白昼の大通りに放り出された時のとまどいに似た感覚に襲われながら、〈一体、私とは何者なのだ〉とつぶやくフェリーニの声を耳にしたように思えた。

彼は「映画と人生」という二つの色の混合色のように何色でもない色の大海原をヒエロニムス・ボスの絵「阿呆（あほう）船」に愚者どもを乗せて想像上の未知の王国を目指したように「そして船は行く」（これ、映画のタイトル）しかなかったのである。

「そして船は行く」も「アマルコルド」も僕は好きだった。そう、「アマルコルド」という言葉は「ダダ」という言葉が何の根拠もないように、あたかも霊の語る自動書記同様、魔術的な言葉としてフェリーニに取り憑（つ）いたに過ぎない。

この言葉は「わたしは思い出す」という程度の意であるが、彼の映画は子供の頃の思い出の再現ともノスタルジーともとらえられているが、むしろ彼にとっては誰のものでもない普遍的な人生のビジョンを提示したに過ぎない。

　さらに彼は何も伝えようともせず、「何かのメッセージを込めようとも思わない」のである。この言葉はまるで画家だ。「わたしの映画は文学的でもなく、絵画的なもの」で、「そのエッセンス、スタイル、イデオロギーを表象するのは、光なのです」と芸術至上主義の立場を取る。

　現実に風穴を開けてそこから形而上（けいじじょう）的で超感覚的なリアリティーを引き出す彼の考えは、同じイタリアの画家、デ・キリコの芸術そのものでもある。

　フェリーニの映画は生の祝祭と同時に死とも和解し、彼はしばしば死後の世界の映画化を試み、降霊術に出席したり、常々超自然的な世界に憧（あこが）れながらも、映画の実現には至らなかったが、彼の全（すべ）ての映画はどこかこの物質的現実と分離したもうひとつの境域との間を往来しながら「何者」かであろうとしたのではないだろうか。

「ここにフェリーニの大いなる未来が始まる」

評・横尾忠則（美術家）

Tullio Kezich　イタリアの映画評論家、脚本家。

二〇一〇年九月一二日⑧

『ドキュメント　ひきこもり　「長期化」と「高年齢化」の実態』

池上正樹 著
宝島社新書・七〇〇円
ISBN9784796677882　社会／ノンフィクション・評伝／新書

　マスコミに「ひきこもり」という言葉が普及して約10年。著者はその最初期から、当事者や支援者などの現場で取材を続けてきたジャーナリストだ。さきごろ内閣府は、ひきこもり人口を推定70万人と発表したが、もはや問題は数だけではない。

　著者が警鐘を鳴らすのは、長期化し高年齢化しつつある当事者たちの現状である。本書で紹介されるのも、30代や40代の事例が中心だ。背景にあるのは、抜け出せずに長期化した事例や、職場不適応からはじまる「社会人ひきこもり」事例の増加である。最近の研究では、他の精神障害との合併が多いこと、発達障害との関連も少なくないことなどがわかってきた。

　本書の後半では、さまざまな支援活動が紹介される。新潟の中垣内医師による「ひきこもり外来」の試み。政府にも積極的に働きかける家族会「全国ひきこもりKHJ親の会」の活動。とりわけ注目されるのは、80％以上の高い復帰率を誇る和歌山大学「ひきこもり回復支援プログラム」の試みだ。そう、ひきこもり支援に遅すぎるということはない。本書には、そんな「希望」もこめられている。

評・斎藤環（精神科医）

二〇一〇年九月一九日②

『〈動物のいのち〉と哲学』

C・ダイアモンド、S・カヴェル、J・マクダウェル、I・ハッキング、C・ウルフ 著
中川雄一 訳
春秋社・二九四〇円
ISBN9784393323298　人文

殺される姿　問われる人間の基盤

　七〇年代に動物の権利擁護を求める過激な動物保護の思想が登場して以来、クジラやイルカの保護は世界の潮流になったが、食肉産業や実験動物の売買が消えたわけではない。菜食主義者が革靴を履き、ペットを愛する人間が競走馬を潰（つぶ）した馬肉を食べたりもする。イルカの知能の高さを保護の理由に挙げる人が、事故や疾病で知能が失われた人間を保護しないでいいということもない。

　動物の扱いについて、人間はこのように錯綜（さくそう）しているのだが、とまれ欧米では今日まで、動物とは何であるかを規定し、動物をどう扱うべきかについて多くの議論が重ねられてきた。それらはおおむね権利論や生命倫理の側面からの言語ゲームに終始し、懐疑に懐疑で応えるがごとき不毛さではあるのだが、一方で、哲学や文学からのアプローチがこの問題に与えてきた深みには驚くべきものがある。なにしろ、動物の扱いをめぐる問いが、哲学や倫理の限界へと接近してゆく

のだから。

本書は、南アフリカのノーベル賞作家クッツェーによるプリンストン大学での記念講義──架空の小説家の講義に対して架空の学者たちが論評するという構造をもち、後に『動物のいのち』としてまとめられた──をめぐる、アメリカとカナダの哲学教授たちによる論文集である。『動物のいのち』自体がそうであるように、問われるのは個々の動物の扱いや動物保護の是非ではない。俎上（そじょう）に上っているのは、殺戮（さつりく）される動物を眺めながら、突然自分が見ているものを言葉で言い当てることができない自分を発見する人間である。そのとき、この世界にむき出しで晒（さら）されながら、自分が動物と同じ脆（もろ）い肉体をもつことを認めて傷つき、そんな認識に至る自分にさらに傷つく人間である。人間が動物に対している行為を眺めながら、生ける動物である自分を発見してうろたえ、人間であることの基盤が試練にさらされている、その瞬間をも凝視せざるを得ない人間である。こうした人間の現実から逸（そ）れていない哲学はないと言ったのは、シモーヌ・ヴェイユだ。

評・高村薫（作家）

Stanley Cavell ハーバード大名誉教授。『哲学の〈声〉』。

『話す写真 見えないものに向かって』

畠山直哉 著

小学館・二一〇〇円
ISBN9784093881128
アート・ファッション・芸能／ノンフィクション・評伝

見慣れた世界を揺さぶって

自身の作品制作の裏側から、これまで写真とつきあってきた過程、写真史やアートとは何かということまで、畠山直哉が写真についてあますところなく語ったのが、本書である。これまで彼がおこなった講演や講義などがもとになっていることから、たとえ専門的な議論であったとしても、それが語り口調であるために、写真に親しくない読者でも跳ね返されてしまうことはない。畠山自身が、明確な「撮る理由」をもち、写真に言葉が追いつかんばかりに明晰（めいせき）な思考を有しているがゆえに、写真に関（かか）わる人ばかりでなく、建築や絵画、あるいは熟練した職人のような人々にも受け入れられる性質をもった稀有（けう）な書物だと思う。

職人という言葉を使ったのは、写真家としての畠山が、写真職人とでも呼びたくなるような人物だからである。彼の写真に対する姿勢には、「なんとなく」や、ごまかしのようなものがない。写真は自然科学によって生まれた技法であって突飛（とっぴ）な魔法ではないから、シャッターを切ってプリントができあがるまでの過程が当然存在する。「写真は世界共通の言語」などという紋切り型の言い回しに安住したり、「私は私」と言い切って分かち合いを諦（あきら）めたりせず、読み手や聞き手に伝わる言葉を慎重に紡いでいる畠山の姿勢に、ぼくは彼の誠実さを見る。

師匠である大辻清司に写真を見せて「説明的な要素をできるだけ省いてみたらどうですか」と言われた学生時代にはじまり、発破の瞬間をとらえた「Ｂｌａｓｔ」、渋谷川の暗渠（あんきょ）を撮影した「Ｕｎｄｅｒｇｒｏｕｎｄ」など、一度見たら忘れられない作品へと続く畠山の一連の取り組みは、見慣れた世界を別の角度から照射して、鑑賞者の心を揺さぶり、幾多の新しい発見や驚きをもたらしてくれる。

それはとりもなおさず、彼自身に世界を知りたいという強い思いがあり、光と対話しながら世界への理解を深めていく術として写真と長くつきあってきたからだろう。この本はそのような彼からの呼びかけであり問いかけそのものである。

評・石川直樹（写真家・作家）

はたけやま・なおや 58年生まれ。写真家。写真集に『Ｕｎｄｅｒｇｒｏｕｎｄ』など。

『〈死の欲動〉と現代思想』

トッド・デュフレーヌ 著　遠藤不比人 訳
みすず書房・五〇四〇円
ISBN9784622074434
人文

精神分析の二度目の〝死〟に照準

20世紀は「精神分析の世紀」だった。いまや精神分析は、効果の疑わしい過去の治療法として、共産主義よりは緩慢な死を迎えつつある。

精神分析は二度死ぬ。一度目は治療の技法として。二度目は批評理論として。心理学者ハンス・アイゼンクらの手によって、一度目の死は確認された。問題は二度目のほうだ。思想や批評理論における精神分析の影響は、いまだきわめて大きい。

デュフレーヌは賢明にも後者に的を絞った。この領域ではフロイトが〝発明〟した〈死の欲動〉こそが諸悪の根源なのだ。

フロイトは、そのもっとも思弁的な論文「快感原則の彼岸」において、孫の遊びに注目する。糸巻きを投げては引き戻す遊びを、母親の不在の苦痛をあえて再演する行為と考え、そこに自己破壊衝動、すなわち〈死の欲動〉を見いだす。

著者はこの概念が、すでに過去の遺物となったヘッケルの発生理論やラマルクの進化論から決定的な影響を受けていることを厳密に論証してみせる。次いで、この〝トンデモ〟な概念が、精神分析はもとより思想界にどれほど深甚な影響をもたらしたかが徹底的に検証される。

このくだりだけでも本書の資料的価値はきわめて高い。

しかし、序文でボルク＝ヤコブセンも指摘する如（ごと）く、フロイトのメタ心理学は実にしたたかだ。叩（たた）かれ、批判されることで息を吹き返し、批判者をいつの間にか分析的思考に取り込んでしまう。そう、たとえばデリダがそうであったように。

それゆえ物足りなさも残る。たとえばラカン。〈死の欲動〉の誰よりも忠実な相続人であった『エクリ』の著者を前に、デュフレーヌの舌鋒（ぜっぽう）はいささか鈍る。彼はラカンがフロイトの理論から非科学的要素を巧妙に取り除いた点を批判するのだが、これではただの否認にすぎない。

本書は、ラカン派たる私を〝改宗〟させるには至らなかった。ただしメタ心理学的世界観が「他者への無関心」とナルシシズムにつながるという本質的批判に対しては、実践をもって反証に代えるしかないだろう。

評・斎藤環（精神科医）

Todd Dufresne　カナダのレイクヘッド大学教授。

『アジアの激動を見つめて』

ロバート・A・スカラピーノ 著
安野正士ほか 訳
岩波書店・三一五〇円
ISBN9784000220590
政治／国際

優れた研究者の愛に満ちた応援歌

著者はわが国で長年、日本政治の専門家として知られてきた。アメリカでは、日本政治が専門であっても、授業ではアジアあるいは極東の政治といったタイトルのもと、複数の国を扱わなければならないのが普通である。それにしても本書を読んで舌を巻くのは、著者が日中韓などの他に、モンゴル、ラオス、ミャンマーなども含め、アジアのほとんどすべての国に関心を示し、実際に訪ねていることである。

著者は多くの大統領から助言を求められ、政権入りの誘いさえ受けながら、一度も政府の職についていない。むしろ研究と教育に専念してきた。それが著者の生き方なのである。にもかかわらず、アメリカ国内およびアジア諸国の政府高官や指導的知識人と深い関係を作ってきたことは驚きである。これは現地に行き、現地の人の話を聞くことを重視する研究姿勢の結果でもあろう。

日本については、１９５９年から沖縄返還を提言していたことが注目される。これは当時のアメリカでは圧倒的に少数意見であった。最近では、中曽根・小泉元首相の指導力を高く評価する。全体的に早くから近代化を成し遂げ、豊かで安定した社会を構築した日本に対する評価は高く、国連で常任理事国となることも当然であると述べる。

アメリカにおける政治と研究者の関係という文脈においても、本書はおもしろい事例を提供している。著者はアメリカによるベトナム戦争遂行を支持したが、それによって60年代後半には反戦派活動家から激しい批判と脅しを受けた。しかし、著者は自説を曲げることはなかった。おそらく学界では長らく居心地の悪い思いをしてきたことと推察される。

著者の活動範囲の拡大は著者自身の広い問題関心の反映であり、またその優れた業績のためであるが、同時に著者が研究対象にしたアジア自身の台頭と成長の結果でもあった。本書は一学究の回顧録であるが、著者によるアジア政治研究のエッセンスであり、また愛に満ちたアジアへの応援歌でもある。

評・久保文明（東京大学教授）

Robert A. Scalapino　19年生まれ。カリフォルニア大学名誉教授。

二〇一〇年九月一九日⑥

『世界で最も危険な書物　グリモワールの歴史』

オーウェン・デイビーズ 著　宇佐和通 訳

柏書房・五〇四〇円

ISBN9784760138425

人文／ノンフィクション・評伝

古代から現代へ魔術書の謎追う

夕暮れ方、ふと立ち寄った古書店の片隅で見つけた見慣れない本。開いてみると呪文らしきものや奇妙な図形が……。これはもしや魔術書ではないか。そう、世界中のすべてのことが叶（かな）うという書物だ。あなたはそれを買うだろうか。それともそっと元の場所へ戻すだろうか。

古来、人々は魔術や錬金術といったものに深い関心を示してきた。そして、古代から近代に至るまで、それらについて書かれた秘密の本があると伝えられた。その本はただ一冊ではなく、多くの「魔術師」によって書かれたとされる。

「ちちんぷいぷい」という日本人にはおなじみの呪文があるが、本当の由来はつきとめられていない。しかし、西洋には呪文を集めた魔術書が数えきれないほどあるのだ。

たとえば、16〜18世紀頃に西欧に流布していたファウスト博士伝説（ゲーテはそれに材を得て「ファウスト」を書いた）では、悪魔に魂を売ったファウスト博士自身が魔術師となって数々の魔術書を作ったといわれている。このような不特定の魔術書のことを、本書ではグリモワールと総称している。

本書は、題名はトリッキーだが精密な調査に基づいたまじめな本である。グリモワールが古代中東に生まれ、キリスト教だけではなくユダヤ教やイスラム教の要素も加わり、中世に大きく発展した様相が浮かび上がってくる。グリモワールの歴史を現代まで追う試みはおそらく初めて日本に紹介されたものだろう。ラブクラフトの作品に登場する謎の魔術書「ネクロノミコン」まで言及されるのはファンにはたまらない。

また、電子書籍の進出により紙の本が危機を迎えているが、グリモワールは文字や書物の形態そのものが魔力を宿すとされ、紙の本の存在価値を再考するためにも示唆的である。「書物は魔法的な存在になり得る」という著者の言葉は力強い。

さて、これを読んで古書店のあなたの手はもう例の本に伸びているのではないか。かすかに聞こえてくるのは、エロイム・エッサイムのあのひびき。

評・田中貴子（甲南大学教授）

Owen Davies　英ハートフォードシャー大学教授（社会史）。

二〇一〇年九月一九日⑦

『おっぱいとトラクター』

文芸

マリーナ・レヴィツカ著　青木純子訳
集英社文庫・八四〇円
ISBN9784087606096

作者は独の難民キャンプで生まれたウクライナ系英国作家。本書が58歳のデビュー作だ。

最愛の妻をなくした老父の前に、巨乳の若いウクライナ美女が現れ、悩殺された父さんは結婚へまっしぐら！　女はヴィザと就労許可証目当てなのが見え見えで、娘たちは邪魔をしようと奔走するが……。

イギリスのコメディ文学賞を受けただけあり、テンポのある文章、畳みかけるボケ・ツッコミの連続で飽きさせない。しかし本作の真髄（しんずい）は、元エンジニアの父が新妻のインテリの元亭主に勧められて書く論文「ウクライナ語版トラクター小史」（原題はここから）である。農業トラクターはソ連にコルホーズを創造し、英国では自動車の技術で進歩を遂げ、武器を生み、はては１９２０年代米国の株価大暴落と世界恐慌を起こしたという。大真面目（まじめ）な論文が本作の物語文脈におかれると、えも言われぬユーモアを発揮する。発明された一台のトラクターを起点として世界の歴史を俯瞰（ふかん）するところに発想の転換がある。言語と国と人種の越境というパワーがもたらした茶目（ちゃめ）っ気が、最大限に生かされた快作だ。

評・鴻巣友季子（翻訳家）

二〇一〇年九月一九日⑧

『捕物帖の百年　歴史の光と影』

文芸／ノンフィクション・評伝

野崎六助著
彩流社・二一〇〇円
ISBN9784779115196

難解な本に疲れた時、本棚の捕物帖（ちょう）の一冊に、ふと手が伸びることがある。江戸の季節感や風物、人情があふれる市井の中で、おなじみのヒーローが事件の謎を必ず解いてくれる。その自足した世界の安心感にゆったりと浸りたいがために。

そんな、日本独自の探偵小説、捕物帖の定型を作った岡本綺堂の「半七捕物帳」が発表されてから１００年近くになる。江戸川乱歩登場の数年前というから、その先見性に驚く。以降、「半七」を含め三大捕物帖とされる「右門捕物帖」「銭形平次捕物控」など、膨大な数の「捕物帖」が書かれてきた。

それらは、「半七」を超えたのか。著者はその大山脈に分け入り、歴史をたどりながら、「時代小説の変種・ならびに探偵小説の亜流」と扱われがちな「捕物帖」を、「純正な探偵小説」として救い出そうとする。

何故、横溝正史は戦前、「捕物帖」を書くのか。何故、戦後すぐ「捕物帖」の最盛期が訪れるか。何故、山本周五郎は「捕物帖」を書かなかったのか。何故、山田風太郎の「警視庁草紙」が革命的なのか。何故……。答えは本書にある。

評・四ノ原恒憲（本社編集委員）

二〇一〇年九月二六日①

『アッシジの聖フランチェスコ』

歴史／人文／新書

ジャック・ルゴフ著　池上俊一、梶原洋一訳
岩波書店・三九九〇円
ISBN9784000220606

「私」による聖人像　史料を精査し描く

世界の観光客が訪れ続けるイタリアの町、アッシジ。風光明媚（ふうこうめいび）な都市は、中世の聖人、フランチェスコゆかりの土地でもある。アッシジのフランチェスコといえば、日本人にもっともよく知られたカトリック聖人の一人ではなかろうか。ジョットのフレスコ画にも描かれた「小鳥への説教」の挿話は有名であるし、１９７３年公開の映画「ブラザー・サン　シスター・ムーン」をはじめ、その生涯はしばしばスクリーンを通じて日本人の知るところとなった。

フランチェスコはまた、平和を願い清貧に生きた人物として、マザー・テレサが崇敬したともいわれる。彼が創設した修道会（フランチェスコ会）の活動も、歴史上の知識として知っている人も多いだろう。

本書は、一般に流布したフランチェスコ像に中世社会や経済の面から迫ってみせる。ヨーロッパ中世史の大家であり、アナール派の代表的研究者である著者が、「私の」フランチェスコ像を4編の論考によって描き出した骨太の書だ。

フランチェスコが生きた12～13世紀のヨーロッパは、社会が劇的な転換を迎えた時代であるとされる。著者は、そうした時代に宗教世界だけでなく、都市の俗人との交渉など、社会に大きな影響を及ぼしたのがフランチェスコであると考え、そこに惹（ひ）かれると告白している。

フランチェスコの伝記や歴史上の意義については、すでに数多くの著作が書かれてきた。しかし、現在知られているフランチェスコ関係の史料には、彼自身の手になるもの以外に後人による伝記や説話の類が含まれている。著者は、それらから「真正の歴史」に根ざしたフランチェスコの姿を読み取ることを宣言しているが、客観的な真正の追求の限界をも示し、「個人的な解釈から自由でない」とも述べるのは首肯できる。

たしかに、史料上の制限などだけでなく、歴史家とて必ず解釈という行為から逃れられないのだから、「私」という主体を通じてしか歴史を語れないことは明白である。だが、ここで著者はフランチェスコ史料に用いられる語彙（ごい）に注目し、それがどのような傾向を持つか、詳細に調査してゆくのである。

たとえば、フランチェスコの著作では「神」を呼ぶのに「王」をほとんど使わず、「父」を用いている。これは、彼が理想の社会モデルを家族としていることを意味するという。富や権力を嫌い、貧しい者や病める者、弱き者を敬愛し、平等な社会を希求したフランチェスコの思想が、この例から浮かび上がってこよう。史料の精査がさらに大きな問題に結びついてゆくダイナミックな論は、本書の白眉（はくび）である。

ただし、著者は近代歴史学の立場を大きく変えることはないし、「訳者あとがき」にあるように、「揺るぎない信頼」を持っているようだ。歴史学の方法が刻々と変化している現代では、その確固たる立ち位置に疑問を投げかけることも必要ではないかと私には感じられた。

評・田中貴子（甲南大学教授）

Jacques Le Goff　24年生まれ。アナール派の中世史家。『中世の知識人』『もうひとつの中世のために』『煉獄（れんごく）の誕生』など。

二〇一〇年九月二六日❷

『原稿零枚日記』

小川洋子 著

集英社・一三六五円

ISBN9784087713602／9784087451023（集英社文庫）

文芸

日常するりと異界にする魔術師

なんと胸に突き刺さる題名か。他人の小説のあらすじをまとめる達人にして自分の原稿は遅々として進まない小説家の、日常を綴（つづ）った日記体小説だ。作家が急に書けなくなったり、書けない自分について書いたりするのを、メルヴィルの小説に因（ちな）み「バートルビー症候群」と呼ぶそうだが、ここにかくも美しく哀（かな）しいこの病の記録がある。

この作家は日々原稿を書こうとしては妙な事態に陥る。苔（こけ）料理店に迷いこみ、祖母の右肘（ひじ）に住んでいた2人の老女を思いだし、盆栽フェスティバルに行けば同行者が縮む。独り老母の介護をする彼女は、いるはずのない自分の赤ん坊をあちこちに見る。昔井戸に突き落とした子が甦（よみがえ）る。自分が赤ん坊になる。

人に読まれないものという設定で人に読ませるものを書く日記文学の矛盾。その虚実の鬩（せめ）ぎ合いから多くの刺激的な作品が生まれてきたが、本日記の書き手もまた、限りなく小川洋子らしくもあり微妙に違うようでもある。しかしすべては、少なくともこの書き手が見た現実、「真実」なのである。

小川文学の中で日常はなぜこうもするりと異界に変じるのか。忘れ難いのは、作者の『妊娠カレンダー』の後書きにある「台所の床板をはぐってみたら猫が死んでいた」という出来事だ。実は腐った玉ねぎだったが、新鮮な玉ねぎ（自分の体験）が人知れず床下で腐って猫の死骸（しがい）になるところに初めて小説の真実が存在する、と氏は言う。そうして小説を「見つける」のだと。

本書でも、幻の有名作家に出逢（であ）う章では、急に小説が書けるようになり、「私はただ見えているものをそのまま書けばいい」という境地に達する。あらすじも「書く」というより、小説に潜む小石を見つけて投げ、底から湧（わ）き上がる模様を写し取ればいいと言う。そう、小川洋子はただ見るのだ。但（ただ）しこの魔術師に見られると、それだけで物事は変貌（へんぼう）してしまう。

作者の目に発見されたもう一つの本当の世界。書くという営みの孤独の奥で、そのひんやりとした深い海の底で、小川洋子の澄んだ双眸（そうぼう）が光っている。

評・鴻巣友季子（翻訳家）

おがわ・ようこ　62年生まれ。作家。『博士の愛した数式』『ブラフマンの埋葬』ほか。

二〇一〇年九月二六日③

『絶倫食』

小泉武夫 著
新潮社・一三六五円
ISBN9784104548033／9784101259451（新潮文庫）
科学・生物／医学・福祉

人間の発想力に　随喜の涙

わたし、おののいたんです。

小泉先生ったら、すごい。

いきなり「男の勝負食」だなンて、そんな。

――もういいですか、すみません。宇能鴻一郎もむっくり、過酷な夏を無事にくぐり抜けた紳士淑女へ贈る起死回生の一冊、それが『絶倫食』である。

古今東西、そちらの方面へひとが向かうときの探求心、向上心は海よりも深く、空よりも広い。同輩諸君いざ蜂起せよ！と小泉先生は懸命に尻を叩（たた）く。

まず、食養生の思想「医食同源」を獰猛（どうもう）果敢に実践する中国の創意工夫を持ちだして、軽くジャブ。ガマガエルの耳腺の分泌液。蛇。虎の骨。キノボリトカゲ。カマキリの卵。伝説の酒「至宝（ツバオ）三鞭酒（サンビエンチュウ）」に仕込む御三家は雄のオットセイ、雄の山オオカミ、雄の鹿……きりがない。

とまあ「六十七歳にして現役バリバリ」（本人談）、食の探検家は、熱のこもった文献渉猟と懇切ていねいな解説でもって、せつせつと絶倫への道を説く。

そちら方面の探求にかけては中国もインドもすごいが、江戸の日本のそちら方面もすごい。山椒魚（さんしょううお）やマムシ、八ツ目鰻（うなぎ）あたりは常識、「蚕が繭をつくるために口から吐きだす糸を丹念に集めて、それを丸薬状にした強精剤」があったというのだから、江戸人も手間ひまかけてます。

圧巻はやっぱり、日本最古の医学書とされる平安中期に編まれた全30巻『医心方』、そのうち2巻「房内記」の紹介でしょう。思わず息を呑（の）む房中術は微に入り細を穿（うが）って迫力満点、とうぜん食べる精力剤も続々登場。「交尾しない雄の蛾（が）の乾（ほ）したもの」など、いちいち効力を問うのは野暮（やぼ）というもの、むしろ人間の発想力に感銘を受ける。草食男子ならびに水筒男子のみなさんは尻尾（しっぽ）を巻いて逃げ出すこと、請け合い。

ひるまず、迷わず、たじろがず。人類が希求してきたマボロシの道をぐいぐい進む小泉先生の真摯（しんし）なすがたが、まことにすばらしい。さらには巻末。奥付をめくると、そちら方面の書物の自社広告がずらりと並ぶ。あまりの面倒見のよさに随喜の涙がほとばしる。

評・平松洋子（エッセイスト）

こいずみ・たけお　43年生まれ。東京農業大名誉教授。発酵学、食文化論。『発酵』。

二〇一〇年九月二六日⑤

『アカデミック・キャピタリズムを超えて　アメリカの大学と科学研究の現在』

上山隆大 著

NTT出版・三三六〇円

ISBN9784757142466

歴史／経済

世論へ緊張感　潜在的需要を発見

米国の大学の底力は強い米国経済、政治外交の源の一つである。強さの秘密はどこにあるのだろうか。本書は、自然科学分野を中心に、この問いに多面的に迫る良書である。

米国の大学のユニークさは大学の外の社会への開放性と、能力主義による厳しい競争にある。歴史的経緯から政府の研究資金援助だけには頼り切れず、時代ごとに異なった主体からの支援を受けてこなければならなかった。カーネギーやロックフェラーだったり、政府の軍事研究資金、また、最近では多様な私企業からの寄付といった具合である。必然的に世論に対して、緊張感をもって自らの研究の有効性を訴え続けるという政治的な視座を持ち続けた。その中で研究に対する社会の潜在的な需要も汲（く）み取ってきたのである。

世論説得の例としては、基礎研究、応用研究の区別、そして前者が何倍もの波及効果で後者を支えるという「神話」があるという。このストーリーで米国の研究者は基礎研究に多額の資金を引き込んできた。波及効果の存在というわかりやすい構造が経済学者までをも味方につけて宣伝の道具とした一方、安易な認識に流れすぎた経済学の方に本格的な技術の分析が育っていないという指摘も興味深い。

1980年代以降の生命科学の発展は米国の大学に難しい問題を突きつけている。この分野の発見は新しい情報という性格が濃いため、発見者が自らの貢献を明らかにするために特許を取ることが増えた。それにつれて、研究成果が有用なものであるほど莫大（ばくだい）な富を発見者にもたらし、公的な支援をも受けている大学のあり方として適切かどうかが問われている。しかし、著者はここでも米国の大学の将来に楽観的である。こうした問題を発生させる市場との結びつきは、長期的には一段と研究の創造性や応用可能性を高めることにつながるという。

それにしても政府からの資金に厚く守られてきて、急に外部資金も自己調達するようにと宣言され、あたふたしている日本の大学との差にはため息が出るばかりである。

評・植田和男（東京大学教授）

うえやま・たかひろ　58年生まれ。上智大学教授（経済史・科学技術史）。

二〇一〇年九月二六日⑥

『右手と頭脳』

ペーター・シュプリンガー 著　前川久美子 訳

三元社・二九四〇円

ISBN9784883032709

アート・ファッション・芸能／ノンフィクション・評伝

手首切断された兵士の自画像とは

この書物の主題はドイツ表現主義の中心的存在であるキルヒナーの「兵士としての自画像」だが、この作品にギョッとするのは、兵士に扮したキルヒナーの手首から先が切断され緑色に変色した右手を軍服の袖から、まるで男根を突っ立てるように見せているからだ。これ見よがしな彼のマゾヒスティックな態度に鑑賞者は、なんともおぞましいヤーな苦痛を抱かされてしまうのである。それがたとえ何らかの芸術的手段だとしても——だ。それにしてもなぜ彼がこんな絵を描いたのか本人は口にチャックをしたままである。

キルヒナーは軍隊の威信に憧（あこが）れ、自ら志願して軍隊に入ったものの、軍隊生活には全く適応しない人間で、彼自身兵士としての不適性を認め、自ら「生き地獄にすることに加担している」と訳の分からぬことを語っている。その屈辱的な彼の嘆きがあのような作品を描くに至ったのではないかと、これも想像の域を出ないのだが、何しろご本人はノーコメントを通すだけで真意は絵の中にある。

画家が自らの手を喪失することは命を絶つも同然である。キルヒナーは耳を切断したゴッホに「感情移入」したと同時に「ゴッホはキルヒナーの『受難者仲間』」であるとは著者の見解であるが、ゴッホの自殺と無関係だがキルヒナーも彼と同じ運命をたどる。

余談ではあるが同じ手の切断でも手首の喪失した身体的欠落感と切り離された手首とはかなり意味が異なる。多くの芸術家が切断された手首の複製石膏（せっこう）を採ったり（僕も）、描いたりしているが、これらに対しては心理的苦痛は伴わない。なぜならオブジェと化しているからだ。

さて、兵士の切断された手首のモチーフは必然的に戦争のプロパガンダとしての意味を持つ。実際にキルヒナーはプロパガンダを主張した作品も他に描いているが、彼の軍隊経験と戦争に対する考え方の矛盾は不可解である。画家としての精神の危機的状況がこの絵を描かしたとしても、戦争というあまりにも歴史的な現実との相克は何も解明されないままである。

評・横尾忠則（美術家）

Peter Springer　44年生まれ。ドイツの美術史家。

二〇一〇年九月二六日⑦

『再会』

横関大 著

講談社・一六八〇円
ISBN9784062164658／9784062773478（講談社文庫）

文芸

今年度の、江戸川乱歩賞受賞作。女性美容師を脅し、金と体を要求したスーパーの店長が、何者かに射殺される。凶器は、残された弾丸の条痕から、23年前のある事件で使われた、警察官の制式拳銃と判明する。

美容師と離婚したその夫、事件の捜査にかかわる刑事、そして殺された店長の異母弟は、かつて小学校の同級生だった。4人は卒業に際して、校庭の隅にタイムカプセルを埋めた。その中には問題の拳銃もはいっており、刑事は残りの3人のうちだれかが、それを掘り出して使ったもの、と狙いをつける。久しぶりに再会した4人が、互いに疑心暗鬼になる展開がおもしろい。さらにそこへ、県警の若い腕利き刑事がからみ、4人の結束を少しずつ崩していく。

物語は、主に幼なじみ4人の視点で、順繰りに語られる。しかし、作者が登場人物の心理描写を、恣意（しい）的に取捨選択して書くので、都合の悪い情報は伏せられる。それをアンフェア、と感じる人もいるかもしれない。逆に、これくらいは本格ミステリーに許される誤導だ、と擁護する向きもあるだろう。

その判断は、読者にゆだねるしかない。

評・逢坂剛（作家）

二〇一〇年九月二六日⑧

『楽しい私の家』

孔枝泳 著　蓮池薫 訳

新潮社・一八九〇円
ISBN9784105055523

文芸

主人公ウィニョンの母は流行作家で、離婚を繰り返す奔放な女性。ウィニョンは、大学受験を控え、「十代最後を母さんと一緒に過ごさせて」と父の反対を押し切って、母と一緒に暮らし始める。彼女の新しい家族は、父の違う2人の弟だ。

どのように父と母は出会い、結ばれ、自分が生まれたのか、自分とは何者なのか、恋とはどのようなものなのかなど、多感な18歳のウィニョンは悩み、母と直接ぶつかることで成長していく。そして「私は誰の娘かと言うまえに、ウィニョンである」という彼女なりの結論を見いだしていく。

本書は著者自身をモデルにした小説である。家族を重んじる韓国で、シングルマザーとして父の違う3人の子供を育てた著者は「肩身の狭い思いから脱せずにいた」と言う。その思いから自らと子供たちを解放させるために新しい時代の、新しい家族像を描こうと思ったのだ。

翻訳は拉致被害者の蓮池薫さん。男性でありながら母との関係で揺れ動く少女の心を見事に翻訳している。翻訳でしか海外文学を読めない者にとって、いい翻訳は最高の喜びだ。

評・江上剛（作家）

二〇一〇年一〇月三日❶

『半分のぼった黄色い太陽』

チママンダ・ンゴズィ・アディーチェ 著
くぼたのぞみ 訳
河出書房新社・二七三〇円
ISBN9784309205519
文芸／国際

幻の共和国舞台に他者の他者を想う

見つけた。何を？「物語」の新大陸を。ナイジェリアに芽吹き、アメリカで育まれ、みごとな大輪の花を咲かせる希代の語り部。彼女はチママンダ（私の神は倒れない）という美しい名を持つ。

19世紀フランス文学を思わせる重厚な構え。しかし複雑な時制や多視点からの立体的描写、小説内小説の導入などを巧みに操る手つきは、まぎれもなく現代作家のものだ。本作で作者はオレンジ賞を受賞し、映画化が決定している。

物語の舞台はビアフラ。1967年から3年間だけアフリカに存在し、ナイジェリアに滅ぼされた幻の共和国だ。飢餓大陸アフリカのイメージはここに由来する。本書の題名はその国旗デザインから来ている。

大学の数学講師・オデニボとハウスボーイのウグウ、美しい政商の双子の娘・オランナとカイネネ、カイネネの恋人リチャードらの日々が描かれる。出会いと裏切り、倦怠（けんたい）と修復、そして嫁と姑（しゅうとめ）の抗争までも。その背景で進行するのは、数百万人が飢餓で死んだ絶望的な戦争だ。

特筆すべきは細部のみずみずしさだ。例えば、わが愛するカイネネはこんなふうに話す。「オランナって名前はリリカルでしょ、神の黄金という意味よ、わたしの名前はもっと現実的な、神が次になにをもたらすか見ていようという意味」

アディーチェは講演で「シングルストーリー」の危険性を説いている。それは重大な偏見をもたらす。「アフリカという国」と発言したどこかの州知事のように。「物語は人の尊厳を砕く」が、「打ち砕かれた尊厳を修復する力」も持つ。「いかなる場所にもシングルストーリーなどないと気づいたとき、ひとつの理想郷を取り戻すでしょう」。これは小説の存在意義すらも肯定する、力強い宣言にほかならない。

人物や物事を一つの側面からのみ描くシングルストーリーに他者はいない。描かれるのはステレオタイプかモンスターだ。思い浮かべてみよう。〈他者が存在しない人々〉を。犯罪者や精神障害者、あるいは〈アフリカ人〉。「彼らの内省なき愚行」というクリシェ。

他者の他者を想像すること。それが〈狼（おおかみ）〉を〈人間〉に変える、ほぼ唯一の方法だ。戦争を描くより確実に、「他者の他者」を呼び込む方法がひとつある。性愛の葛藤（かっとう）を描くこと、これである。アディーチェは言葉を尽くして、他者たちの国・ビアフラの領土を象徴界に回復した。なんという鎮魂か。

つい「ナイジェリアの川上未映子」などと呼びたくなるのは、ほぼ同世代で一点集中砲火のような受賞歴が共通するためばかりではない。彼女たちは〈言葉〉に対して、ほとんど不信と区別がつかないほどの篤（あつ）い信頼を寄せている。

それは〈言葉で何でも語れる〉といった万能感ではない。この不完全な言葉とともに成長しよう、という決意にも似た信頼（ウグウはその体現者）なのだ。

評・斎藤環（精神科医）

Chimamanda Ngozi Adichie　77年ナイジェリア生まれ。作家。19歳で渡米し、大学在学中に小説を発表。03年にO・ヘンリー賞、07年に本書でオレンジ賞を受賞。『アメリカにいる、きみ』

二〇一〇年一〇月三日❷

『サラリーマン漫画の戦後史』

真実一郎 著

洋泉社新書y・七七七円
ISBN9784862485588 社会／ノンフィクション・評伝／新書

ルーツと基本は源氏鶏太の小説

私にサラリーマンのイメージを決定づけたのは、サトウサンペイの「フジ三太郎」だった。彼は年功序列と終身雇用という高度成長を支えた制度が確立した中で、仕事よりも上司との良好な関係を優先する調子の良い人物として描かれていた。

1977年にサラリーマン人生をスタートさせた私は、彼のように気楽なサラリーマンを夢見ていたのだが、現実は厳しく、過酷だった。彼は65年に朝日新聞に登場し、91年のバブル崩壊と重なるように私たちの前から消えた。年功序列などの高度成長を支えた日本的雇用の見直しとともに、彼の居場所がなくなってしまったのだろう。

一方、「フジ三太郎」とほぼ同時期に登場した東海林さだお「サラリーマン専科」はいまだに連載が続いている。会社で暇つぶししているとしか思えない超ご気楽な人物ばかりが登場する。現実離れしているようでありながら、実は、生産性の悪い日本のホワイトカラーの現実を皮肉っているところにカタルシスを覚えるのだろう。

この両作品を含めて、著者はサラリーマンという和製英語が使われ始めた20年代から高度成長、バブル崩壊、低成長、グローバル化という各時代にヒットしたサラリーマン漫画の主人公の変遷を丁寧に追求する。

漫画に描かれるサラリーマンの多様さに驚かされるが、それらの主人公たちはすべて源氏鶏太のサラリーマン小説が基本になっていると指摘する。彼が描く会社は家族主義的で、登場するサラリーマンは仕事よりも人柄を優先する人柄主義の人物ばかり。どの主人公も源氏鶏太的か、アンチかに区分できるというのは面白い。

彼の正統な継承者が、大ヒット作「課長島耕作」を生んだ弘兼憲史だ。そう考えると、過労死や成果主義など、過酷な運命に翻弄（ほんろう）されながらも現代のサラリーマンは、いまだに家族主義的な会社、人柄主義的なサラリーマンへのあこがれが強いのだろう。そこにこそサラリーマン漫画や、むろん、小説の生きる道があるのではないか、と大いに考えさせられた。

評・江上剛（作家）

しんじつ・いちろう 69年生まれ。現役サラリーマン。ブログ「インサイター」を運営。

二〇一〇年一〇月三日❸

『オスは生きてるムダなのか』

池田清彦 著

角川選書・一四七〇円
ISBN9784047034693 科学・生物／ノンフィクション・評伝

メスだけで生殖できる生き物も

こんにちは。子どもなんでも相談室です。今日のご相談は小学5年生の男子からいただきました。「テレビ番組で、メスだけで子孫を残すことのできる魚を見ました。ということは、オスは必要ないのでしょうか。心配です」。なるほど。性に目覚めるお年頃だから、人間の場合も男が不要になるかと思ったんだね。

ちょうどこの相談にぴったりの本が出たから、それに従ってお答えしましょう。ちょっとショッキングな題名ですが、色々な生物を例にとって、「なぜ性があるのか」という問題から解き明かしてくれています。

確かに、メスだけで生殖する生物はいるそうです。でも、その方法は多様で、オスの精子が何らかのかかわりを持つ場合もあります。一つの性だけで生殖すると、遺伝子情報が同じになってしまう欠点があるんだよ。

性の区別がない生物も存在するのに、メスとオスの両性があるのは、環境の変化に対応できるさまざまな遺伝子を持った個体を作るためといわれています。でも、（ここからがこの本のテーマになるんだけど）生殖では精子は遺伝子情報を卵子に送り込むだけの働きしかしていなくて、生物の体の土台を作るのは卵子の方なんだって。「メスは子どもを作るのにオスはいらない」「オスは余剰で無駄といえる」と、著者はきっぱり言い切ってしまっています。

　果たしてこれが正解なのかわからないし、著者自身、性がどのようにして分かれるかは複雑な要因によると述べていますので、一つの仮説として読むのがよいのではないでしょうか。

　オスとメスは違うからこそ生物が安定して存続できるわけですから、その違いが優劣に結びついてしまうのがいちばん困るし、怖いことですね。

　どうかな？　相談者の5年生くん。オスがムダかどうかは、きみが将来解明する問題になるかも知れませんね。友達に自慢できる雑学も豊かになります。

　でも、ヒトはどちらかというと一夫多妻の傾向があると書いてあるけれど、その話は絶対お父さんにしちゃだめだよ。

評・田中貴子（甲南大学教授）

いけだ・きよひこ　47年生まれ。早稲田大学教授。『構造主義科学論の冒険』など。

二〇一〇年一〇月三日④

『NHK、鉄の沈黙はだれのために　番組改変事件10年目の告白』

永田浩三著

柏書房・二二〇〇円

ISBN9784760138418

政治／ノンフィクション・評伝

意思決定の真相に当事者が迫る

　NHKの番組改変事件から10年がたとうとしている。ETV2001特集「戦争をどう裁くか」の2回目「問われる戦時性暴力」が、直前に改変されたこの事件は、大物政治家からの圧力問題にまで発展した。

　番組が扱った内容は、慰安婦制度の責任を議論する「女性国際戦犯法廷」。2000年12月に都内で開催された民間法廷で、一部の右派が強く反発した。

　著者はこの番組の担当プロデューサー。現在は、既にNHKを離れている。

　本書は、事件の当事者が「改変」の真相に迫るドキュメンタリーだ。彼は、当事者でも知ることができなかったNHK幹部の意思決定にメスを入れる。自分が直面した問題と向き合い、事件の暗部を掘り下げる。

　問題の焦点は、政治家からの圧力の有無と幹部の意思。公共放送であるNHKは、事業計画や予算が国会で審議され、承認を必要とする。そのため、権力との距離が常に問題になる。

　この番組に対しては、一部の政治家が「偏向している」との懸念を示した。右翼によるNHKへの抗議が激化する中、幹部は与党政治家と会談を行い、番組改変の流れが加速する。

　事件後の高裁判決と局内有志の検証では、幹部の行きすぎた忖度（そんたく）が問題視された。政治への過剰反応が具体的な改変へとつながり、重要な場面のカットが断行されたというのである。

　著者はさらに深く真相に切り込む。改変の意思決定の中心人物の一人に伊東律子番組制作局長がいた。著者は伊東氏に真相を聴き出すべく迫った。

　伊東氏は沈黙の後、言った。「じゃあ言うわよ……。会長よ」「えっ、海老沢会長ですか」「そう、会長。それ以上は言えない」

　伊東氏は昨年、鬼籍に入った。当時の放送総局長は一切を語らず、海老沢氏も沈黙を続けている。

　著者がこじ開けようとしても揺るがない「鉄の沈黙」。問題の核心が見えないまま、事件は忘却されようとしている。

　メディアと権力、そして表現の自由の揺らぎ。我々は、この事件を放置してはならない。

評・中島岳志（北海道大学准教授）

ながた・こうぞう　54年生まれ。元NHKプロデューサー。武蔵大学教授。

二〇一〇年一〇月三日⑤

『地球最後の日のための種子』

スーザン・ドウォーキン 著　中里京子 訳
文芸春秋・一五五〇円
ISBN9784163731506　科学・生物／ノンフィクション・評伝

小麦の「遺伝資源銀行」作った男

その名を知る人はほとんどいないだろうが、その恩恵にはほとんどの人があずかるはずの仕事をした、一人の科学者をめぐるノンフィクションである。

「小麦畑のバイキング」という原題が示すように、小麦の種子銀行作りに果敢に取り組み、3年前に亡くなったデンマーク出身の農学者、ベント・スコウマンである。

種子銀行は、遺伝資源を集めておき、新しい病害などが発生したときに、耐性を持ったものを探すのが目的だ。人類は過去何度もそうやって、大被害を及ぼした病害を克服してきた。

また、戦争や自然災害などで畑が破壊されても、種子さえあれば再建できる。

かつては、国際機関も含め、公的な団体が担ってきた。しかし、今、企業による遺伝資源の私有化の流れが押し寄せる。遺伝資源はすべての人が自由に使えるべきだ、とする彼の主張が簡単に通る情勢にはない。

それでもひるまない。国際トウモロコシ・コムギ改良センター（ＣＩＭＭＹＴ）の種子銀行に始まり、北極圏の永久凍土の下の「世界種子貯蔵庫」に至るまで、世界の仲間を巻き込みながら歩んだ道のりは、地味ながら大河小説の趣すらある。

遺伝資源の利用は、議論が進む生物多様性条約の大きなテーマでもある。スコウマンは、遺伝資源の自由な交換を妨げるとして条約には反対だった。本書は多様性を具体的に考える手がかりも与えてくれるだろう。

日本人が果たす重要な役割も目を引く。トウモロコシの種子銀行は育種家の田場佑俊氏が担い、農業・食品産業技術総合研究機構の岩永勝氏はかつて、ＣＩＭＭＹＴの所長を務めた。

著者は、米農務省に勤めた経験を持つ伝記作家だ。米タイム誌で「人々の日々の生活にとってほとんどの国家元首より重要な人物」と紹介されたのを見て関心を持ったという。

「種子が消えれば、食べ物が消える。そして君も」。スコウマンの口癖だったそうだ。

そう、種子の物語は食べ物の、そして君の物語でもある。敬遠せずに手に取ってほしい。

評・辻篤子（本社論説委員）

Susan Dworkin　米国の伝記作家。共著に『ナチ将校の妻』。

二〇一〇年一〇月三日⑥

『「日米安保」とは何か』

藤原書店編集部 編
塩川正十郎、中馬清福ほか 著
藤原書店・三七八〇円
ISBN9784894347540　政治／国際

平和と繁栄の「安定剤」か脅威か

「日米安保」とは何か。

大戦の勝者と敗者を結びつけ、その締結からおよそ60年近くにわたって存続し続けてきた日米安保は、時間とともに変化し、また同時に変わらなかったとも言える。安保の戦略的な目的や範囲は、アジア冷戦の初期やデタント（緊張緩和）の時期さらには冷戦終結後の１９９０年代以降、何度かの脱皮を遂げ、その間、安保は、本著で中馬清福が指摘するように「何の説明もなしに」、「日米同盟」と呼ばれるようになった。

しかし、それは一貫して米軍事戦略という一本の線の上を走り続けてきたのである。つまり、安保は歴史とともに変容を遂げながらも、その変化の起動力は一方的に米国側にあったのだ。にもかかわらず、なぜ安保は解消されることなく、その生命を維持し続けてきたのか。

本書に登場する論者たちの立場は様々だ。それは、安保を肯定するか否定するかによって変わらざるをえない。だが、その立場の違いにもかかわらず共通しているのは、日本が米国に抱きつき、そして米国は死んでも同盟国を離すことはない、ということである。

この限りで日米安保は、日本にとって戦後の「国体」にも等しい呪縛力をもち続けてきた。それを、平和と繁栄の「安定剤」（スタビライザー）とみなすのか、あるいは逆に脅威とみなすのか。その評価は安保によってもたらされる受益と負担の立場によって異なってこざるをえない。なぜなら安保によって日本は多くのものを得、そしてまた多くのものを失ったからである。

このことを考える上で本書で最も教えられたのは、原貴美恵氏の「分割された東アジアと日本外交」の章である。まるで日中間のシリアスな領土問題の発生を予見するかのように、なぜ安保が日本と近隣アジア諸国との関係を「未解決の諸問題」として残すようになったのか、その歴史的な遠因をより広いコンテクストの中で明らかにしてくれるためだ。

はっとするような発言や刺激的な洞察に満ちた本である。

評・姜尚中（東京大学教授）

しおかわ・まさじゅうろう　元財務大臣。
ちゅうま・きよふく　信濃毎日新聞主筆。

二〇一〇年一〇月三日⑦

『日高敏隆の口説き文句』

小長谷有紀、山極寿一 編

岩波書店・二一〇〇円
ISBN9784000245043　人文／ノンフィクション・評伝

画家がいる。作家がいる。そしてジャズマン、記録映画作家、国文学者、異分野の学者、僧侶……。昨秋、急死した動物行動学者、日高さん。その思い出や教えを振り返る29人の肩書の広がりが、彼の仕事の意味と人柄を何よりも雄弁に示す。

理系の学問は、えてして部外者には難解なものだが、彼には意識する壁などなかった。人と会うのをいとわず、美点を見つければ誉（ほ）め、自然の不思議を語り、理解者を増やしていく。

人柄の魅力だけなら、また人は離れる。人類を生き物の頂点とみる西欧的な考えをとらず、人と動物に上下はないという世界観。現場を大切にする真摯（しんし）さ。「新奇さ」や「役に立つ」ことを常に要求する昨今の学界の中で「自分が本当に大事だと思ったら繰り返しなさい。そうしないと人には伝わらないよ」と説く。博物学は「思想」であって「技術」ではないなどとする学問的骨太さが、人々の心を捕らえ続けた、と知る。

若き日、日高訳の『ソロモンの指環（ゆびわ）』を読んだ。以来、動物行動学の本を読み継いできたのも口説かれた結果だったのか、と、この文を書きながら思う。

評・四ノ原恒憲（本社編集委員）

二〇一〇年一〇月三日⑧

『スターリンの対日情報工作』

三宅正樹 著

平凡社新書・八一九円
ISBN9784582855401　ノンフィクション・評伝／新書／国際

実績豊かな現代史学者の手になる本書は、中身の濃い労作である。第2次大戦中のソ連の日本に対する情報活動の全貌（ぜんぼう）が、手際よくまとめられている。

当然ながら、ゾルゲ事件に費やされるページが、最も多い。中でもゾルゲがコミンテルンとソ連赤軍第四本部の、いずれの組織に所属していたか、それがいかなる意味を持つかについて綿密な分析が行われている。

また、日独防共協定に付された秘密軍事協定の存在を、いち早くスターリンに報告したクリヴィツキーに関する考察も、新旧の資料を駆使して余すところがない。さらに、当時の日本の外交暗号が米英ばかりかソ連にも傍受解読されていた事実が、一章をあてて紹介される。

圧巻は、従来あまり語られることのなかった、日本人スパイ〈エコノミスト〉について、その正体に鋭く迫るくだりだ。これまでに元ソ連駐在大使館参事官の天羽（あもう）英二など、何人か〈エコノミスト〉に擬せられた人物がいたが、著者はソ連から出た機密文書などから、別のある人物を指名する。

スターリンの対日情報工作を描いて、過不足のない入門書といえよう。

評・逢坂剛（作家）

二〇一〇年一〇月一〇日❶

『大統領オバマは、こうしてつくられた』

ジョン・ハイルマン、マーク・ハルペリン 著
日暮雅通 訳
朝日新聞出版・三二五〇円
ISBN9784023308459
政治／ノンフィクション・評伝

米大統領選を巡る　知られざるドラマ

２００８年のアメリカ大統領選挙は民主党内でオバマとヒラリー・クリントンが接戦を演じ、最終的には初の黒人大統領が誕生するという歴史的かつ劇的な選挙であった。本書の原題は“Game Change”。競技のルール・環境・優劣関係を根本的に変えてしまうものをゲーム・チェンジャーという。アイオワ州党員集会、金融危機などはまさにそのようなものであった。同年の選挙はまさにゲーム・チェンジャーに溢（あふ）れた選挙であった。本書は2人の傑出した政治ジャーナリストが多数のインタビューに依拠して、候補者とその配偶者の肉声と人間関係のドラマを再現したものである。

08年選挙をそれなりに詳しく見てきたつもりでいる者にとっても、初めて知る事実もあり、十分楽しめる内容である。著者の意図も、大量のニュース報道の中でも十分に語られなかった事実を物語として、また記録として残すことである。

ヒラリーの選対スタッフの慢心により、緒戦のアイオワ州党員集会で敗北した後、本人も含め陣営全体が混乱に陥っていた様子が生々しく描かれている。外からは「超大国のように映った」ヒラリー選対であったが、「指名争いを経験したことのある人間は、ひとりもいないといってよかった。最初の四州以外、重要な予算や戦略も決められていな」かった。アイオワで敗れた後ようやく、彼女は自分の「選対が腹立たしいほどの役立たずだ」と気づいた。しかし彼女の政治家としての判断力も問題であった。「この選挙運動中、いくつかの決定的な転換点におけるヒラリーの頼りなさは深刻だった」

夫ビルをどう扱うかも選対にとって問題であった。彼のいくつかの発言は人種主義的とメディアから解釈された。彼自身は、オバマ陣営がメディアにそのように解釈・報道するように仕向けていると理解して憤慨していた。ただし、ビルもヒラリーも、民主党全国党大会では、オバマ支持を訴える感動的な演説を行った。

オバマの選挙運動が「ムーブメント」を起こしていることにヒラリー選対が気がついたときには、すでに手遅れであった。ただ、オバマはヒラリーを副大統領候補に迎えることについて、最後までかなり前向きであったことも明らかにされている。

アイオワ州党員集会で2位につけたエドワーズ陣営の内幕も興味深い。彼の妻はスタッフを怒鳴り散らす専制君主であった。エドワーズの方は不倫をしていて、いつメディアによって暴露されるかわからない時限爆弾を抱えた選挙戦であった。

共和党のマケインの集中力の欠如、勘に頼ったペイリン抜擢（ばってき）、ペイリン自身の精神的不安定についての記述も読みごたえがある。精神的に安定していると評価されていたオバマすら、バイデン副大統領候補の失言に癇癪（かんしゃく）を起こしていた。

本書はアメリカの政治ジャーナリストの水準の高さも示している。アメリカ政治通、そして選挙や政治に興味のある方に強くお薦めしたい。

評・久保文明（東京大学教授）

John Heilemann　66年生まれ。「ニューヨーク」誌の政治コラムニスト。
Mark Halperin　65年生まれ。「タイム」誌の編集者兼主任政治アナリスト。

二〇一〇年一〇月一〇日②

『国鉄スワローズ1950-1964　400勝投手と愛すべき万年Bクラス球団』

堤哲 著

交通新聞社新書・八四〇円
ISBN9784330156101
ノンフィクション・評伝／新書

弱かったけどいい球団だったのよ

故・宮脇俊三氏に、かつて野球の贔屓（ひいき）チームを聞いた時、「スワローズですよ」とおっしゃっていました。そして、「ほらだって、国鉄の……」と。その時に私は、かつて「国鉄スワローズ」という球団が存在していたことを、初めて知ったのです。

私にとっては幻の球団と言っていい国鉄スワローズの全（すべ）てを詳（つまび）らかにしているのが、この本。読むうちに、この本がスポーツ系出版社からではなく、交通新聞社新書として出た理由が、よくわかってきます。国鉄と野球とは、何と深い縁で結ばれていることか。そして鉄道マンの精神と日本野球の精神は、どこかで通じ合うものがあることにも、気付くのでした。

国鉄スワローズは、1950年にプロ野球が2リーグ制になった時に誕生しました。時の国鉄総裁は、大の野球好き。東京駅発夜行列車の1等コンパートメントの中で、チーム発足のための密談が行われたのです。

野球は、鉄道の歴史とも結びついています。明治11年に日本初の野球チームを作ったのは、アメリカで鉄道技術を学んでいるうちに野球好きになった鉄道技師。その後全国の国鉄で野球チームが発足し、国鉄野球は戦前から、アマ強豪として知られていました。

しかしスワローズは、プロとしては弱かった。名投手・金田正一を擁したものの、3位になったのが1度だけ。それでもスワローズは、幹部から職員まで国鉄一家の応援をバックに、奮闘したのです。金田選手の「ホンマにいい球団だったのよ。弱かったけどな」「温かい球団だった」という言葉は、球団の魅力を我々に教えてくれます。

東海道新幹線の開業などで「赤字国鉄」と世間から叩（たた）かれた時代、スワローズから「国鉄」の二文字は消え、同時に金田選手は巨人へ移籍しました。しかしその14年後、ヤクルトスワローズが初の日本一になった時、セ・リーグ優勝パレードのスタート地点は、球団発祥の地・国鉄本社前。特急「つばめ」の名を冠したチームの魂が、故郷に飛翔（ひしょう）してきた瞬間でした。

評・酒井順子（エッセイスト）

つつみ・さとし　64年毎日新聞社入社、記者時代は都市対抗・選抜高校野球などを取材。

二〇一〇年一〇月一〇日③

『沈黙の時代に書くということ　ポスト9・11を生きる作家の選択』

サラ・パレツキー 著　山本やよい 訳

早川書房・一八九〇円
ISBN9784152091550
文芸

「強いが等身大」ヒロインの背景

サラ・パレツキーといえば、日本では1980年代半ばから、しゃれた邦題に、江口寿史のクールな装幀（そうてい）画で刊行された、女探偵V・I・ウォーショースキーのシリーズで名高い。初めて「生活感」をもった女探偵の登場だった。同シリーズでは、格好いいヒロインもスーパーに行き、失恋をし、親子関係に悩む。こうした「強いけど等身大」のヒロインものが相前後して続々と翻訳され、4fミステリーなる名称も生まれた。作者、主人公、翻訳者、読者がみんな女性（female）という意味だ。とはいえ、パレツキーの作品は実は骨太。本人も人種・性差別に断固反対し、9・11テロ以降の管理社会に抗する社会運動家の一面をもつ。そんな作者が初めて、出自や作品のできるまでを詳述したのが本書だ。

著者は東欧にルーツをもつユダヤ系の一家に生まれ、一族の多くをホロコーストで失った。育ったカンザスではユダヤ人を「キリンを見るような目で見る」隣人たちに囲まれ、両親は憎みあった。疎外感の中で、パレツキーは「家庭の天使」（良妻賢母の理想像）と戦いながら空想を羽ばたかせ、やがて学生時代、公民権運動中にシカゴでキング牧師と出会う。この頃の凄（すさ）まじい闘争体験から、シカゴの街を舞台にした同シリーズが生まれたという。

それまで男性作家のミステリーに出てくる女は娼婦と聖女ばかりだった。パレツキーはそうした世界観、小説観を覆したくて、V・Iを創造したのだ。「天使でも怪物でもない」一人の人間。その人間性を封じ込めるものはなにか。一つは偏見と差別であり、もう一つは思想管理である。本書のとくに序章と最終章では、9・11後に愛国法が成立した米国で、その圧力に屈せず書いていくための心構えが語られる。

先日刊行のシリーズ最新作『ミッドナイト・ララバイ』ではヒロインが元警官だった父の過去と過酷な対峙（たいじ）をする。この物語は、シカゴの警察署内での不当な取り調べや拷問を調査した経験を下敷きにしたという。パレツキーは進み続ける。

評・鴻巣友季子（翻訳家）

Sara Paretsky　47年生まれ。米国の作家。

二〇一〇年一〇月一〇日④

『随想』

蓮實重彦 著

新潮社・二三一〇円

ISBN9784103043522

文芸

思索と批評　そこはかとなく平明に

「随想」。新奇さで目を引く本のタイトルが目立つ昨今の出版界で、何というシンプルさ。広辞苑によると「おもいつくまま。おりにふれたこと。また、それを書きとめた文章」とある。言い換えれば、徒然草の序にある「心にうつりゆくよしなしごとをそこはかとなく書きつくれば」だろう。

言うは易し。だが、人に読まれることを前提だとすると、事は簡単ではない。まして、本書は、もともと長文、読み切りの文芸誌連載。単なる思い出や得意分野の知識の披瀝（ひれき）では、読者もすぐ投げ出す。

そんな難関を、著者は、するりと乗り越える。映画や文学が中心テーマではあるが、概（おおむ）ね自らの体験を手がかりに、一回の文章の中でも、いくつもの話題が連関し、変化していく過程で、毎回、読む者を異なる世界に誘い込んでいく。

例えば、妻と中秋の名月を見た体験が、戦前の幼少時、親類の女性と駅のプラットホームで十三夜の月を見上げ、また玄関脇に待機していた何台もの人力車を見た記憶を甦（よみがえ）らせ、樋口一葉の小説「十三夜」につながる。ある国際シンポジウムでの講演、自らの映画や大学での一葉との出会い、様々な一葉論への言及の中で、幼少時の記憶と断続的に響かせあいながら、歴史的な「近代小説」として一葉の作品を浮かび上がらせる。

ゆったりと語られる文章は、思索の道筋の痕跡をそこここに残しながらも、平明で、時にユーモアもにじむ。

しかも、村上春樹のノーベル文学賞騒動、オバマ大統領の演説、小津安二郎の映画、国民読書年……。様々な話題を中心にすえた15編は、どこかまた連関するという凝った作りになっている。

思索の世界にのみ、身を潜めているわけではない。全体として「はしたなさ」にみちた現代への批評でもある。

著者の文体は、かつて仕掛けと逆説に満ち、〝晦渋（かいじゅう）〟とも評されたこともある。そんな記憶と、あまりにシンプルなタイトルから躊躇（ちゅうちょ）する読者がいれば、ご一考あれ。

評・四ノ原恒憲（本社編集委員）

はすみ・しげひこ　36年生まれ。元東大学長、仏文学者、評論家。『「赤」の誘惑』ほか。

二〇一〇年一〇月一〇日⑥

『大川周明　イスラームと天皇のはざまで』

臼杵陽 著

青土社・二五二〇円
ISBN9784791765560　人文／ノンフィクション・評伝

政教一致に大乗アジアの未来仮託

かつて竹内好は、講演の中で次のように述べたことがある。「イスラムによる世界征服というビジョンが大川にはあるような気がします」

近代日本を代表するアジア主義者として活躍した大川周明。彼はイスラームが政治と宗教の一体化を実現し、文化圏を超えて世界に拡張する姿に「世界統一」の夢と方法を見たのではないか――。それが竹内の指摘だ。

本書は大川周明のイスラーム観の変遷を綿密に辿（たど）りながら、彼の思想構造を明らかにする。

若き日の大川は、イスラームの中でも内面的・精神的・霊的な側面を重視するスーフィズムに強い関心を示し、「神秘的マホメット教」と呼んだ。しかし、その姿勢は、現実政治へのコミットという「転回」によって変化していく。

彼は、国家改造を唱えるイデオローグとして活躍し始めると、イスラーム法による統治を重視するイスラーム共同体への関心を強め、その中に政教一致の理想を見いだす。特に世俗権力と宗教権威が一体化したオスマン・トルコのスルタン＝カリフ制に理想の形態を見いだし、そこに「大乗アジア」の未来を仮託した。

さらに大川は、スルタン＝カリフ制にあるべき天皇像を重ね合わせていく。大川は五・一五事件などの国家改造クーデターに加わったが、彼はイスラーム世界からヒントを得た理想的政治形態の実現を目指して闘った。

しかし、現実にはトルコ革命によってスルタン＝カリフ制は廃止される。大川の夢は、イスラームの現実によって裏切られ、研究は現状分析から「理念型としてのイスラーム」の記述に終始することとなる。

敗戦を経由した晩年の大川は、再びスーフィズムへの関心に回帰する。そこから「精神的東洋」のあり方を構想するが、すでに彼の存在は忘却の彼方（かなた）に追いやられていた。

かつてのアジア研究では忌避されてきた大川周明。その思想にイスラーム研究の側から大胆にメスを入れ、その構造を明らかにした本書は、重要かつ画期的な成果である。

評・中島岳志（北海道大学准教授）

うすき・あきら　56年生まれ。日本女子大学教授（中東地域研究）。『原理主義』など。

二〇一〇年一〇月一〇日⑦

『江戸の気分』

堀井憲一郎 著

講談社現代新書・七七七円
ISBN9784062880657　歴史／アート・ファッション・芸能／新書

江戸時代の社会史を扱った書物は多くある。が、落語を論じた本もたくさんある。が、落語を通じて江戸時代人の暮らしの姿を浮かびあがらせようとする本書の試みはユニークだ。もっとも落語という芸能が成立したのは明治になってからであり、そんなものを資料に江戸を論じるなんておかしいじゃないか、といわれればたしかにそうだ。けれども著者はここで、落語に「かたり」継がれた江戸の暮らしの諸場面を、想像力を武器に再現しようとするので、口承芸能でなければ伝えられない「匂（におい）い」や「色合い」を、つまり本書の題名に即せば、「江戸の気分」を掴（つか）みとっていく論述は、ただの思いつきではない、高い方法意識に裏打ちされている。実際、評者は数多い江戸の庶民生活誌にもまして、時代を具体的に生きた人々の、ときにぞっと頬（ほお）に触れてくるような実在感を本書に感じた。その感興は小説のそれに似ているが、世間に流通する「時代小説」の大半がコスプレする現代人の物語にすぎないのに対して、愉（たの）しく軽快なかたり口の本書は、現在の私たちの生のあり方を強く批評し揺さぶるだけの力がある。

評・奥泉光（作家）

『場所と産霊（ムスビ）　近代日本思想史』

安藤礼二 著
講談社・二一〇〇円
ISBN9784062156264

人文

独学の世界放浪者　交錯し思想が誕生

近代日本のオリジナルな思想とは何か。日本哲学は、いつどこで生まれたのか――。著者は、その光源を19世紀末から20世紀初頭のアメリカに見いだそうとする。

鍵になる人物は、スウェーデンボルグ。彼は18世紀ヨーロッパの神秘主義思想家として知られ、霊的体験をもとに数々の著作をあらわした。

彼の思想は、アメリカの思想・社会運動に大きな影響を及ぼす。エマソン、ジェイムズ兄弟、パース……。彼らはスウェーデンボルグの思想を基に、独自の宗教哲学を発展させた。

そんな人脈に憧（あこが）れ、アメリカに渡ったのが若き日の鈴木大拙だった。彼はエマソンに心酔し、ジェイムズやパースの近くで思索を重ねた。そして、日本に帰国して間もなくスウェーデンボルグの翻訳『天界と地獄』を出版した。

大拙が重視したのは「霊性」。多様な命が、宇宙の中で一元的に存在することの自覚を説き、のちに『日本的霊性』という名著を書きあげる。

そんな若き大拙が、1899年春、留学先のシカゴからロンドンへ一通の手紙を送った。相手は南方熊楠。のちに博覧強記の「大博物学者」として知られることになる彼は、大拙が切り開こうとしていた新境地と近接するところに立っていた。

熊楠が重視したのは「曼陀羅（まんだら）」。「変化転生」を繰り返す人間の心の構造を粘菌の生態の中に見いだし、宇宙の基本構造を解き明かそうとした。

著者は言う。「明治の半ば過ぎに、列島から遠く離れた異郷の地で生起した、このような独学（インディペンデント）の世界放浪者の二人の交錯から、おそらくは、真の『近代日本思想史』がはじまるのである」

大拙の思考は、盟友・西田幾多郎に影響を与え、「日本哲学」が姿を現す。熊楠の思考は柳田国男の民俗学につながり、その二筋の交点から宗教と文学が渾然（こんぜん）一体となった折口信夫の営為が生み出される。

一方、この「近代日本思想史」の始まりの中から、大川周明のアジア主義も姿を現すこととなる。大川はシュタイナーの宗教的教育論から大きな影響を受け、世界の宗教的革命を構想。神人合一の神秘体験に基づく「総合宗教」のあり方を模索し、霊的革命による世界統一を夢見た。

世界は多元的であるがゆえに一つである。

そんな近代日本思想のテーゼを支えた西田幾多郎の「場所」、そして折口信夫の「産霊（ムスビ）」。

これらの概念は、近代日本思想史の核となり、宗教的思惟（しい）の原型を開示した。その到達点は、世界を豊かにするとともに、世俗権力と結びつくことによって巨大な暴力を生み出した。現代の私たちは、まだその途上に立っている。

本書は、独自の視点から近代日本思想が誕生する瞬間と展開を論じることで、極めてオリジナリティーの高い「思想書」となっている。

著者の構想力に圧倒された。

評・中島岳志（北海道大学准教授）

あんどう・れいじ　67年生まれ。多摩美術大学准教授。2006年、『神々の闘争　折口信夫論』で芸術選奨文部科学大臣新人賞。09年、『光の曼陀羅（まんだら）　日本文学論』で大江健三郎賞、伊藤整文学賞。

二〇一〇年一〇月一七日❷

『ベッドルームで群論を 数学的思考の愉しみ方』

ブライアン・ヘイズ 著 冨永星 訳

みすず書房・三二五〇円
ISBN9784622075486

科学・生物

暮らしの中の数学 夜ながの友に

日常生活から宇宙まで、数に変換できるものは何でも変換して数え上げ、アルゴリズムを探し、ランダムなものさえ操り、利用する。人間は古来そういう生きものらしいが、科学雑誌の編集者である著者も、見事にそんな日常生活を送っている。

たとえば眠れぬ夜に、著者を含めた欧米人は、ベッドのマットレスの凹（へこ）みを均（なら）すために定期的にこれをひっくり返す方法をついつい考え始めるものらしいが、その人に群論の素養があれば〈マットレスを対象として、これを対称変換させる〉と考えるのはわけもないだろう。すると、長方形のマットレスの操作は①そのまま②長軸方向へ回転③短軸方向へ回転④水平に180度回転の4種類があるので、クライン4群と呼ばれる群が出来上がる。これは車のタイヤ4本を水平面で順送りにしてゆく巡回4群に比べると、①～④の操作をいくつか組み合わせなければ四つの状態すべてをつくりだせない複雑さをもつ。マットレスを正しくひっくり返すのは難題なのだ。

さて、群論から暗号理論へ、暗号理論からアルゴリズムへ、アルゴリズムから「NP完全」の整数の二分割問題へ、あるいは素因数分解から歯車の歯数の組み合わせへと、著者の思考は次々にめぐってゆく。が、この著者がチャーミングなのは、学者が暮らしのなかの数学を語るのではなく、一般人が自分の暮らしを数理的に捉（とら）えようとして、ときに自分で考え込んでしまうところにある。人間の経済活動や戦争の数理モデルの限界。優れた特徴をもつのに一般に普及しなかった3進法への偏愛。はたまた、アミノ酸の構造を決めるATGCの四つのヌクレオチド基の並び方について、パターンをつくらなかった自然界より、かつてガモフらが考えた遺伝暗号のほうがずっとエレガントだという告白。またさらに、宇宙に無作為が存在するとしても、せいぜい量子の振る舞いの不確かさとしてのそれだという呟（つぶや）き、などなど。ガロワなんて知らなくても、数学好きおじさんの洒落（しゃれ）た数学談義で、あっと言う間に夜がふける。

評・高村薫（作家）

Brian Hayes American Scientistの上級ライター、コラムニスト。

二〇一〇年一〇月一七日❸

『本田宗一郎 やってみもせんで、何がわかる』

伊丹敬之 著

ミネルヴァ書房・二三一〇円
ISBN9784623058556

経済／ノンフィクション・評伝

技術にこだわり 危機を乗り越え

本田宗一郎は1906（明治39）年に静岡県に生まれ、鍛冶屋（かじや）を営む父を見て育ち、物作りが好きな子供だった。しかし知識を詰め込む学校の勉強は大嫌いで、高等小学校を卒業すると東京の自動車修理工場に「丁稚（でっち）奉公」に出た。15歳だった。以来、3度の創業を成功させている。最初からホンダではないのだ。戦前に自動車修理工場とピストンリング製造事業を成功させ、戦後すぐに39歳でホンダの前身となる個人商店を創業した。

宗一郎は、物作りに創意工夫をし、サービス精神旺盛な父を尊敬していた。父は、宗一郎の社会人としてのスタートに当たり「他人に迷惑をかけるな。博打（ばくち）はやるな。時間を大事にせよ」の三つを約束させた。宗一郎はこの教えを終生守った。この教えはやがてホンダのDNAになり、同社を世界的大企業へと成長させていく。

著者は、日本の経済成長と軌を一にして偉大な経営者に育つ宗一郎を丁寧に描く。視点は温かく、冷静だ。「戦後生まれのホンダの成長は、日本の高度成長という時代背景があったからこそ実現できた、というべきであろう。現在の経済状況の中で宗一郎とまったく同じ個性と能力を持った人物が企業を興し成長させようと思っても、ホンダの成長の再現はほとんど不可能に近いだろう」と著者は言う。

　しかし、高度成長の後ろ盾があったからといって誰もが宗一郎のように成功したわけではない。本書からは、なぜ彼が成功することが出来たのかを読者に伝え、低迷する日本経済に活を入れたいという著者の強い思いが伝わってくる。

　宗一郎は、技術にこだわるあまり何度もホンダを経営危機に陥れている。その危機を生涯のパートナーである藤沢武夫や個性的な後継者たちが乗り切っていく。彼らは宗一郎を尊敬しつつも、諫言（かんげん）を辞さない人物ばかりだ。宗一郎の偉大さは、こうした人物を集め、その能力を最大限引き出したことではないか。本書の副題の「やってみもせんで、何がわかる」の外にも随所に宗一郎の名言が織り込まれているのも楽しい。

評・江上剛（作家）

いたみ・ひろゆき　45年生まれ。東京理科大学教授。『経営戦略の論理』など。

『いちばんここに似合う人』

ミランダ・ジュライ著　岸本佐知子訳

新潮社・一九九五円
ISBN9784105900854

文芸

世界にはぐれた　哀しみの短編集

　贅沢（ぜいたく）だなあ。ほとんど奇跡みたい。ミランダ・ジュライが文章になってパフォーマンスしているよ。岸本佐知子のおかげで、日本語になってアクトしているよ。映像作品「ボタンのつくり方」とか、横浜トリエンナーレでの作品「廊下」とか、監督・脚本・主演した映画「君とボクの虹色の世界」とか、もうだいすきだ。半泣き顔がとびきりチャーミングなミランダの最初の小説集、十六の短編はなににも似ていない、どこにもない。

　肩がふるふる震える。奇妙で、滑稽（こっけい）で、へんで。

　英国王子をめぐる性的妄想で頭がはちきれるわたし（「マジェスティ」）。出ていったパートナーの彼女を深夜バスタブに片足を入れたまま待つわたし（「何も必要としない何か」）。すてきにぶっ飛ぶのは「水泳チーム」。海も川も湖もプールもない町で、泳げない老人たちエリザベスとケルダとジャックジャックに週二回、洗面器ひとつで泳ぎ方をコーチするわたし。語り手はミランダ自身に重なるのだが、そのうち「あ」と思う。あ、これは読んでいるあたし自身かも。

　だって、どんどん哀（かな）しくなってくるのだ。世界が遠ざかって、ずれて、はぐれて、胸がきゅうと縮んでしまう。会ったこともない友人の妹に焦がれて夢想する恋愛経験のない老人、映画のエキストラに出てカップルを演じたらもう暮らせなくなったと知る妻と夫……どうしようもない孤独が迫ってくる。ちょっと残酷なんだ、ミランダは。鋭くて、容赦がない。

　だから、身体にたいして痛いほどの希求がある。官能的とかエロティックとか、そういうのとは違う慈愛のような切実さ。

　「好きとか愛しているとかではない、二つの肩と胸と腿（もも）のあいだの空気を分かちあう、ロマンスだった」（「ロマンスだった」）

　肩をふるふるさせて、ほんとうに泣いてしまう。

　また読みたくなって、黄色いカヴァのミランダを読む。そこにとても親しいひとがいる。やあ、また逢（あ）ったね。またひとりなんだね。でも、いまあたしもひとりでここにいるよ。

評・平松洋子（エッセイスト）

Miranda July　74年米国生まれ。映画監督、俳優でもある。

二〇一〇年一〇月一七日⑥

『こんなときどうする？　臨床のなかの問い』

徳永進 著

岩波書店・一九九五円
ISBN9784000229029　医学・福祉／ノンフィクション・評伝

正解はない 困惑も率直に吐露

著者は長年終末期医療の現場に関（かか）わり、現在は「野の花診療所」で末期がん患者のホスピスケアにあたる内科医である。

「困った事例の対応マニュアル？」というタイトルからの連想はこころよく裏切られるだろう。これは著者自身の困惑を率直に吐露した呟（つぶや）き集であり、真摯（しんし）な学習ノートだ。アイデアの断片はちりばめられているが、単なる正答集ではない。がんの告知をすべきか否かにすら「正解」はないのだから。

「死」は人間のある側面を裸にする。キューブラー・ロスの死の受容の五段階説ですら、常に正しいわけではない。そんな中で著者が一貫して関心を寄せ続けるのは、人の心だ。死を目前にして、なぜ人の心は破綻（はたん）してしまわないのか。なにが心を支えるのか。

「支え」として著者が挙げるのは、家族、「がんばる」気持ち、手を当てる方法、「職場」、わがまま、知的障害、宗教、先に逝った息子、日常の動作、好きな食べ物、戦争体験、など。ここには意外な発見がいくつもある。

指摘される通り、精神科医は死の問題に十分関わってこなかった。ただ、昏迷（こんめい）の果ての死の直前、「今までありがとう」と言い残した統合失調症の患者さんを私も経験した。「死の受容」そのものに人を正気づけ、成長させる力があるのかもしれない。

臨床には哲学が必要だ、と著者は考える。しかし著者から私が学んだものは、むしろ「臨床のエートス」に近い気がする。人の生死に関わる経験の積み重ねがもたらす心的態度。多くの死にふれながらもニヒリズムに陥らず、生の尊厳をみとめながらもそれを絶対視しないという中庸の倫理観。

人の生と死から学び続けるための「面白がる」という姿勢もまた、本書の通奏低音だ。著者が生命倫理を考えるために挙げる「たっとぶ」「いつくしむ」「さする」「はぐくむ」「つつしむ」「とまどう」「あやまる」などの十三の和語。そこにはどこか「人間の業の肯定」（立川談志）に通ずる味わいがある。

評・斎藤環（精神科医）

とくなが・すすむ　48年生まれ。医師。『死の中の笑み』で講談社ノンフィクション賞。

二〇一〇年一〇月一七日⑦

『影恋』

菊地秀行 著

朝日新聞出版・一六八〇円
ISBN9784022507747　文芸

〈魔界都市〉に始まり、〈トレジャー・ハンター〉〈妖魔〉など驚くべき数のシリーズを誇る菊地秀行は、一般に性と暴力を主題とし、SF、ホラー、幻想小説を本領とする作家とみられている。しかし本書は、その先入観を見事にくつがえした。

企画会社の若手社員、沢田達樹は先輩の高光里見と連れ立って、無断欠勤した同僚の水上涼子の家へ、様子を見に行く。沢田は涼子に、ひそかな恋心を抱いている。独り暮らしの涼子の家は、古色蒼然（こしょくそうぜん）たる雰囲気に包まれた、奇妙な建物だった。

その家で沢田は、トイレの鏡の中に別の男の姿を認め、衝撃を受ける。それは、すでに死んだはずの涼子の夫で、生前は作家だった水上抄、と分かる。水上は、幽霊となって家に住みつき、涼子を見守っているのだ。

水上を霊界へ追い返し、涼子を救おうとする沢田と、沢田に好意を抱きながらも水上に執着する涼子の葛藤（かっとう）を、作者は独特のユーモアをちりばめながら、情感豊かに描く。従来の菊地ファンも、初めて接する新しい読者も、独特の世界に虚をつかれるだろう。ベテラン作家の新境地に、拍手を送りたい佳作である。

評・逢坂剛（作家）

二〇一〇年一〇月一七日❽

『9・11の標的をつくった男　天才と差別―建築家ミノル・ヤマサキの生涯』

飯塚真紀子 著
講談社・一九九五円
ISBN9784062134118
アート・ファッション・芸能／ノンフィクション・評伝

テロで破壊されたニューヨークの世界貿易センター（WTC）ビルを設計した日系2世の建築家、ミノル・ヤマサキの知られざる生涯を丹念にたどった力作である。

米シアトルのスラム街に生まれ、叔父の影響で建築を志した。日系というだけで就職できなかったり、高級住宅地の住宅購入を拒まれたりしつつ、着実にキャリアを重ねていった。

彼はなぜ、「ピラミッド以来最大の建築」ともいわれたWTCの設計者に選ばれたのか。その建築が感じさせる人間味や、人当たりのよさも評価されたようだが、経験は少なく、尋常ではない選択だった。著名な建築家ではないアウトサイダーであり、またマイノリティーという要素が、世界貿易というビルの性格から、求められたらしい。

しかし、反発は強かった。

未知の才能に賭ける度量と、狭量と。標的となったのは、そんな米国だった。

たぐいまれな成功と、代償の物語でもある。激務によって害した健康もその一つだ。1986年に73歳で死去。15年後を知らずにすんだことは幸いだったかもしれない。

評・辻篤子（本社論説委員）

二〇一〇年一〇月二四日❷

『我的（われてき）日本語』

リービ英雄 著
筑摩書房・一五七五円
ISBN9784480015037
文芸／人文

「言葉の杖」は一本ではない

人は誰しも言葉の杖（つえ）を掴（つか）んで生きる――韓国系芥川賞作家の故・李良枝（イヤンジ）はそう書いた。母（国）語と使用言語の間に全く分裂がないことは、世界的に見ればむしろ希有（けう）なことなのだ。

日本は人種、民族、文化、言語が長いことほぼイコールで結ばれてきたが、その書き文字は成立過程で分裂を経験している。漢字という外来語を土台に、そこから作られたカタカナ、大和言葉を表すひらがなの共在。リービ英雄は自伝的日本語論である本書で、「日本語を書く緊張感とは……日本語の文字の歴史に否応（いやおう）なしに参加」することであり、そこに惹（ひ）かれて日本語に深く入りこんだと述べている。人麿も初めは「『翻訳』しているような気持ち」だったのではないか。書き文字の誕生に際して生じた「ズレの記憶」に彼は共感を覚えるという。

ところが日本人には、よそ者はこの「言霊」に同化できないとする考えが根強く、アメリカ人の著者が日本語で書くと当初は嫌な顔をされた。求められたのは日本文学にノーベル賞をもたらす英訳者だったのだ。

カナダのさる批評家によれば、作家は助産婦であり、作家を通して文学史が滲（にじ）みでる。では、米国を襲った9・11テロは、リービ英雄を通してどのように滲みでたか？

その体験が小説として形をとる時、触媒となったのは松島を詠んだ芭蕉の俳句だった。また、中国の仮水（偽の水）で腹を壊せば、「仮」は中国では主に「ニセ」を意味するが、今の日本では「一時的」の意味が強くなるという差異に思いを致す。万葉以来、日本語がうっすらと有してきた「言葉の二重の謎」を体感し、小説『仮の水』が生まれたという。

ナボコフ、ラシュディ、クンデラ。これまでの越境文学は、多くが政治的、歴史的、経済的な「副作用」だった。だが母語と異言語に関して「人間はそんなに単純なものではない」と多和田葉子の言葉が引かれる。自分が自分であるための言葉の杖は一つではない。母（国）語とも限らない。日本語「で」ではなく、日本語「を」生きてきた人の確かな足跡がここにある。

評・鴻巣友季子（翻訳家）

りーび・ひでお　50年生まれ。米国人の日本語作家。『千々にくだけて』で大佛賞。

二〇一〇年一〇月二四日③

『戦争と広告』

馬場マコト 著

白水社・二五二〇円
ISBN9784560080917

歴史／ノンフィクション・評伝

戦意昂揚へ、なぜのめり込んだか

我々の生活は、広告に、日々浸されている。商品に限らない。選挙だって、いわばプロの手が入った〝広告合戦〟だ。

でも、その程度なら個人の判断で、無視もできるが、恐ろしいのは、「戦争」と結びついた場合だ。その正当性を訴え、人々を戦場に送り、結果、多くの死が残る。だが、戦時下、最も強力で資金も潤沢な国という広告主の発注に、広告人は抗（あらが）えるのか。本書は、資生堂を中心に、戦前、戦後を通じて、日本のグラフィックデザイン界をリードした山名文夫（やまなあやお）の生涯を追いながら、この問題に迫る。

昭和初期からモダンで繊細な才能を開花させた山名。が、戦線が拡大し、ほとんどの商品が配給制に変わり、企業内で広告の腕を振るう場がなくなる。

一方、国は、世論を「聖戦」に向けて〝健全〟に導く有能な広告の作り手を求めていた。企業内の仕事を断たれた広告人たちは、その誘いを受け入れ1940年に報道技術研究会を結成する。委員長は山名、建築家の前川國男や、学者、画家を含め総勢23人。彼らのセンスと技術を全力投入した作品は、ず抜けた表現レベルにあった。以降、情報局や大政翼賛会の後援や発注を受ける形で、太平洋戦争の「必然」を視覚化した「太平洋報道展」やポスター、壁新聞などを作り続け、敗戦まで仕事の絶えることはなかった。

なぜ、広告人たちは、戦意昂揚（こうよう）にこれほどのめり込んだのか。同じ業界に身を置く著者は書く。「時代の空気と時代の水に晒（さら）されていないと呼吸が止まってしまうのが、昔も今も変わらぬ広告の仕事なのだ」と。

憲法9条を語り、「戦争は嫌だ」という著者はまたこうもいう。「時代の子」である広告人の業として、自分も戦争が起これば必ず「戦争コピーを書くだろう」。だから、そんな時代を迎えないためにも「戦争をおこさないこと、これだけを人類は意志しつづけるしかない」。

この戦時下の物語には、前川を始め、花森安治、亀倉雄策ら戦後文化の先頭を走った人々が多数登場してくる。「戦争」の吸引力の何と巨大なことか。

評・四ノ原恒憲（本社編集委員）

ばば・まこと　47年生まれ。広告会社主宰。広告で数々受賞のほか、小説も執筆。

二〇一〇年一〇月二四日④

『写真のこころ』

平木収 著

平凡社・二三一〇円
ISBN9784582231182

アート・ファッション・芸能／ノンフィクション・評伝

写真との出会い求める人に

まだ10代だった大学時代に、ぼくは平木収さんの写真史の授業を受けていた。旅に明け暮れていた学生時代にあって、まともに出席した数少ない授業の一つである。暗くなった教室でスクリーンに投影される数々の写真作品を見つめながら、平木さんのもぞもぞとした語り口に一心に耳を傾けた。「写真史」や「写真論」などといったカリキュラムはどこの大学にもあるものではなく、まだ写真を撮り始めて間もない頃に、そうした授業によって、カメラという機械を使って世界に直（じか）に触れていく写真家という在り方を知ることができたのは非常に幸運だった。あのとき平木さんと出会っていなかったら、今まで10年以上も自分が写真を撮り続けることなどできなかっただろう。

本書は、昨年59歳で他界した彼の最初で最後の単著である。「アサヒカメラ」や「日本カメラ」をはじめとする写真雑誌や写真集などに掲載された文章・対談を選（え）りすぐって編集したもので、30年間におよぶ彼の評論活動を凝縮した構成になっている。比較的短めのテキストの集積でありながら、彼の人生と写真史が呼応しながら進み、1970年代後半から世紀末にいたる写真界の一断面を明確に浮かび上がらせる。

濱谷浩らを取り上げた熱のこもった作家論は、私論と銘打ちながらも、作家自身の仕事ばかりでなく戦後の日本社会における写真家の役割を問い直すものになっている。自身も自主ギャラリーの運営に携わり、学芸員として美術館に勤務した経験を持つ平木さんは、写真を志す者に対して常に門戸を開き、決して突き放さなかった。小さなギャラリーや地方の写真イベントにも足繁（しげ）く通い、持ち前の優しさでようやく地面に顔を出したばかりの新芽を掬（すく）い上げてきた彼の志向は、先鋭的な美術評論というよりはむしろ、写真を撮る人と見る人とのあいだに立ってそこに発展的な関係を築くことに重きが置かれていたように思う。写真との新しい出会いを求める人々に本書をお薦めしたい。

評・石川直樹（写真家・作家）

ひらき・おさむ　49年生まれ。写真評論家、写真史研究家。09年に死去。

二〇一〇年一〇月二四日⑤

『封印　警官汚職』

津島稜 著

角川書店・一九九五円

ISBN9784048740715

ノンフィクション・評伝

緊張感みなぎる組織と組織の対立

先般、郵便不正事件の無罪判決を発端に、大阪地検特捜部の失態と不祥事が、相次いで明らかになった。その真っただ中に、本書が刊行されたのは、単なる偶然だろうか。

本書は、28年前に世上をにぎわした、大阪府警による賭博ゲーム機汚職事件を、さまざまな視点から再構築する。著者は、当時この事件にかかわった大阪地検担当の新聞記者である。自己の体験をもとに、ドキュメンタリーノベル形式で、話を進めていく。実在する社名や人名を変え、ときに想像や創作部分を加えながらも、基本的には事実に即した展開になっている。

新日本新聞大阪社会部の司法記者、津原慎一郎は1982年2月のある深夜、田中と名乗る正体不明の男から、密告電話を受ける。大阪府警の警官が、賭博ゲーム機にからんで業者に手入れ情報を流し、謝礼をもらうなど汚職に手を染めている、というのだ。津原は、田中が挙げた汚職警官の名前、業者名など、複数の固有名詞が実在することを、みずから確かめる。

ガセネタではないと直感した津原は、その情報を大阪地検の戸井特捜部長に告げ、極秘捜査に協力することになる。捜査が進展するにしたがって、津原やその周辺に、不穏な空気が流れだす。やがて、彼らの水面下の動きが、ライバル紙を通じて府警の幹部に漏れ、地検との間にせめぎ合いが始まる。さらに、新聞各社の特ダネ合戦にも、発展する。各紙の記者の、駆け引きと腹の探り合い、ふだんは協力関係にある、検察と警察の確執など、組織と組織の対立が緊張感豊かに、描き出される。

結局、汚職警官と業者が逮捕されて、事件は一応の決着をみる。しかし、評者は事件そのものよりも、記者と検事の親密極まりない、ある意味では癒着ともいえる関係に、興味を引かれた。本書が、あえて『封印』と題されたのも、そのあたりの事情による、と思われる。こうした密接な関係は、多かれ少なかれ現在もなお続いている、とみてよかろう。

そうしたことも含めて、何かと考えさせられる問題作だ。

評・逢坂剛（作家）

つしま・りょう　47年生まれ。元産経新聞社会部記者。現在、編集・企画業。

二〇一〇年一〇月二四日❻

『鈴を産むひばり』

光森裕樹 著
港の人・二三一〇円
ISBN9784896292244
文芸

見慣れたモノが輝き放つ短歌集

ドアに鍵強くさしこむこの深さ人ならば死に至るふかさか

こんな短歌に出会って、えっ、と思う。私もドアに鍵を差し込んだことはある。その動作を今までに何万回繰り返したかわからない。でも、一度もこんな風に考えたことはなかった。確かに微妙な「深さ」だ。しかし、普通に考えれば、人体に鍵を差し込むなんてこの先もあり得ないのだから、そんなことを考えるだけ無駄。そう思いつつ、ドアから見えない血が流れているようで何か心に残る。

吾ひとりフロアにくしやみをする時も空を飛びかふ万の旅客機

また奇妙なことを云(い)われた。その通りには違いないけど、どうしてわざわざそんなことを考えるのか。無駄だろう。でも、こう書かれると、「くしやみ」と共に飛び出した唾(つば)とかウイルスとかが、「空を飛びかふ万の旅客機」とオーバーラップして感じられてくる。余りのスケール感の対比にくらくらする。

六面のうち三面を吾にみせバスは過ぎたり粉雪のなか

究極的に無駄なことが書かれている。バスは確かに「六面」だけど、普通はそんな風に捉(とら)えられることはない。しかも、そのうちの「三面」をみせていったなんて、一体どんな意味があるというのか。と云いつつ「粉雪のなか」を過ぎていったそれが、単なる乗り物とは違う存在感(例えば神様の積み木のような)を帯びていることに気づく。

奇妙な言葉たちが無駄に見えたのは、私自身が日常の合目的意識という枠組みの中に閉じ込められているせいだろう。だが、これらの歌は、その枠自体を組み変えて、新しい世界を作り出す力をもっている。そこでは見慣れたモノたちが日常の目的や役割から自由になって、生まれて初めて出会ったモノのように瑞々(みずみず)しい輝きを放っている。

野におけば掛かる兎もあるだらう手帳のリングを開いては閉づ

評・穂村弘(歌人)

みつもり・ゆうき 79年生まれ。2008年に角川短歌賞受賞。

二〇一〇年一〇月二四日❽

『今夜は最高な日々』

高平哲郎 著
新潮社・一七八五円
ISBN9784103264118
アート・ファッション・芸能/ノンフィクション・評伝

1980年代、土曜日の夜中を騒がせたテレビ番組があった。タモリがホスト役を務め、ゴージャスなゲストが毎回登場するバラエティー、その名も「今夜は最高!」である。80年代は評者の20代とぴったり重なるが、勉強をすませた夜、この番組がどんなに待ち遠しかったか。

本書は、そのほかにも型破りで実験的な多くの番組の構成や演出に関(かか)わった著者のクロニクル的エッセーである。赤塚不二夫や山下洋輔トリオといったご常連の裏話や、俳優や歌手だけでなく小説家や作詞家まで呼んで歌やコントを演じさせたエピソードが満載。懐かしい人にはもちろん、あらゆる年代の人に「こんな時代があったのだ」という感慨を抱かせるはずだ。

テレビ番組が画一化し、テレビ離れに一層拍車がかかった現在では、当時の実験的な手法ややスノッブな雰囲気について知ることは、単なる回顧にとどまらないだろう。タイトルも落語や舞台の名前をつけるなど、工夫が凝らされている。

和田誠の手になる表紙も豪華で、まさに「今夜は最高!」な気分にひたれるテレビ盛衰記である。

評・田中貴子(甲南大学教授)

二〇一〇年一〇月三一日❶　文芸

『6人の容疑者　上・下』

ヴィカース・スワループ 著　子安亜弥 訳

武田ランダムハウスジャパン・各一八九〇円
ISBN9784270006023〈上〉・9784270006030〈下〉／9784270104200〈RHブックス＋プラス〈上〉〉・9784270104217〈下〉〉

人生の変転に驚き　インドを知る教材

アカデミー賞映画「スラムドッグ$ミリオネア」の原作者による小説ということで、これは、ぜひ読んでみなければなるまいと思った。映画が、もう、めちゃくちゃに面白かったからだ。ムンバイ（ボンベイ）のスラム街に育つ若者の青春が、インドの魅力たっぷりに描かれていた。

本書もインドが舞台でなければ書けない小説だ。なにせ登場するのが日本じゃ考えられない人物ばかり。

被害者になる若手実業家は父親が有力政治家というだけで、殺人だろうがなんだろうがやりたい放題。彼は自分の無罪を祝うパーティーで、何者かに銃で殺される。

そのパーティーに居合わせた6人の男女が、銃を所持していたために容疑者になってしまうが、彼らも粒ぞろいのユニークさだ。貧しい田舎から成り上がったインドを代表する美人女優。その女優を追っかけてインドにやってきたアメリカ人青年。腐敗ここに極まれりだった元官僚。インド東部の小アンダマン島から来た漆黒の肌の若者。大卒ながら携帯電話泥棒をしている若者。被害者の父親で、州首相の座を狙う有力政治家。6人の殺害動機の形成過程が、事件やロマンス満載のジェットコースター・ストーリーで展開する。

例えばアメリカ人青年は、美人女優と結婚できると思い込み、はるばるインドにやってくる。ところが、だまされ続け、アルカイダに捕まる。どうなるかと思っていたら、米軍がかけつけ、一味をやっつけるという奇想天外さ。なんでもありのインドならではだ。彼は、次から次へと危機に見舞われるが決して美人女優との結婚をあきらめない。

一方、彼を虜（とりこ）にした美人女優は、善意で面倒をみた自分とうり二つの女性の策略にはまり、破滅の危機に陥る。運命のいたずらか神の采配か、アメリカ人青年と美人女優はパーティーで出会う。さあ、彼の恋は成就するのか。彼女は破滅の危機から脱出できるのか。

とにもかくにも、6人の数奇な人生がパーティーでぴたりと符合するのがすごい。そして、どんでん返し。最後まで真犯人は分からない。

本書は、ミステリーなんて読まないと言っているあなたにとって、インドを知る格好の教材になるだろう。6人の人生の変転に、驚き、笑い、泣き、しているうちにインドの抱える社会問題を丸ごと学ぶことになる。カースト制という身分差別、カーストが違う男女の結婚において花嫁が身内に殺される名誉殺人、政治腐敗、若者の失業、少数民族への差別、そしてテロなど。

著者は、総領事として大阪に赴任中の外交官だ。ここまで書いてええんかい？　と心配になってしまう。しかし、絶対にインド嫌いになることはない。なんと人間くさい国であることかと、実際のインドに触れたくなるだろう。著者は、登場人物に「この国は奇妙で、素晴らしい場所だ」と語らせているが、生命力が希薄になった日本に住む私としては、再びインドを訪ねたくなった。

評・江上剛（作家）

Vikas Swarup　インドの外交官。総領事として大阪に赴任中。映画「スラムドッグ$ミリオネア」の原作で、デビュー作の『ぼくと1ルピーの神様』は40カ国以上で翻訳された。

二〇一〇年一〇月三一日❷

『熊　人類との「共存」の歴史』

ベルント・ブルンナー 著　伊達淳 訳
白水社・二五二〇円
ISBN9784560080856　科学・生物／ノンフィクション・評伝

思索誘う　隔たりとかかわりと

「クマ襲撃」「大量出没」「クマ射殺される」……騒然とする日本の秋だが、熊との距離のとりかたがいまひとつ定まらない。

獰猛（どうもう）な野獣なのか。愛らしいプーさん、テディベアなのか。保護すべき稀少（きしょう）動物なのか。しかし、その複雑な感情こそ人間と熊との特別な関係のあらわれだと本書は解きほぐす。

熊に親しみながらも畏怖（いふ）し、守護精霊として崇（あが）めながらも敵に回し、狩猟する。ネイティブ・アメリカンには熊の子孫を名乗る種族がいたし、北欧にもイングランドにもいた。神話、歴史、伝説、宗教、文学、美術……さまざまな文化的側面から浮き彫りにされる熊は、これほどまで人間の想像力とふかい絆（きずな）を持つ存在なのだと驚かされる。

読むうち、わたしはひとりの名前を想起した。アラスカの自然に身を投じて写真と文章を遺（のこ）した写真家、星野道夫である。あるときグリズリーの親子3頭に出くわして川岸で隣り合わせ、星野は思索する。「人間にとって、野生動物とは、遥（はる）かな彼岸に生きるもの。その間には、果てしない闇が広がっている」

ところが、長い冬を越えて3頭の親子と偶然再会し、熊と自分の時間を重ね合わせてみたとき、たがいには同等の時間が流れているという「あたりまえのこと」に気づいて、星野は慄然（りつぜん）とするのだ。

とてもだいじなことだ。人間と熊、あるいは人間と自然界には厳然たる闇のへだたりが横たわるが、しかし、どちらも生の時間を生きている。ブルンナーもまた、パラレルな位置関係に共生の可能性を示す。

「森の中には彼らの生活があって、人間と距離を保って暮らすことを願っている動物だと考えることはできるはずだ」

熊は森で生きる。人間は里で生きる。人間は森に関（かか）わることはできるが、無窮の連鎖を繰りかえす森のすべてを見通すことはできない。大きな熊は、そのような巨（おお）きな森に属して暮らす生きものなのだ。共存の歴史のあちこちで立ち止まり、何度も思考を促された。人間は、わたしたちは、森にどう関わってきただろうか、と。

評・平松洋子（エッセイスト）

Bernd Brunner　64年生まれ。フリーランスの文筆家、編集者。

二〇一〇年一〇月三一日❹

『梅棹忠夫　語る』

梅棹忠夫 著　小山修三 聞き手
日経プレミアシリーズ・八九三円
ISBN9784532260972　ノンフィクション・評伝

自前の目と足で　思想も「遊び」

生前、今西錦司さんと対談した際、「あんたは学者と違うさかいに今日は遺言のつもりで何でもしゃべるでえ」と言って今西弁の放談が始まったが、本書を読みながら梅棹さんと今西さんがダブってならなかった。というのはこの書が出る前に梅棹さんが亡くなられたので、最後の言葉が現在の日本人に対する遺言に聞こえるのだった。だとすれば心して拝聴せなあかん。

梅棹さんの底の抜け方は今西さん同様、尋常ではない。痛快の一言につきる。冒頭から全編、日本のインテリに対する批判が炸裂（さくれつ）する。「インテリというものはサムライの後継者」で「オレたちが知識人だ」と町人民衆をバカにしていると――。

例えばこんな調子だ。「こんなあほらしいもん、ただのマルクスの亜流やないか、……何の独創性もない」と著名な学者の実名を挙げて痛烈にこき下ろす。他人の本を読んでいるだけでは独創性は認められない、独創は思いつきから生まれるもので、「悔しかったら思いついてみい」と、頭で学問をする人間への舌尖

（ぜっせん）はとどまるところを知らない。

学問からは思想は生まれないので自分の足で歩き、自分の目で見たものを自分の頭で考えた文章を書くべきで、他人の本を引用する文章家を「虚飾や」と一刀両断に切り捨てる。

そして自分の人生を究極的に決定したのは「遊びや」と主張し、ついでに思想も遊びにしてしまう。このことはまさに芸術にも一脈通じ、人生の無目的性へと昇華していくが、こんな発想を裏づけるように自らを老荘の徒と呼び、無為、自然の道を重んじた老荘思想の実践者であった。

未練も物欲も享楽に溺（おぼ）れることも捨てた「痛快なる無所有」者は齢（よわい）90という長命のせいではなく、元来がニヒリストで「明るいペシミスト」（本人弁）として、人類全体の一個体として消えていく存在と自覚しておられたようだ。かつて今西錦司さんをリーダーとして学術探検に出かけるなど、すべて自前の足と目で学んだ梅棹さんの人生観に触れてみたら如何（いかが）やろ。

評・横尾忠則（美術家）

うめさお・ただお　1920～2010年。国立民族学博物館初代館長。

二〇一〇年一〇月三一日⑤

『父を焼く　上野英信と筑豊』

上野朱 著

岩波書店・二三一〇円

ISBN9784000238649　歴史／ノンフィクション・評伝

人とまじわり酒酌み交わして

近年、若い研究者の間で雑誌「サークル村」への関心が高まっている。

この雑誌の創刊は1958年。谷川雁、森崎和江、上野英信らが編集委員に名を連ねた。

福岡県中間市を拠点に刊行された「サークル村」は、九州全域から山口県にかけての労働者を「表現」によってつなげた。坑夫、金属工、教員、郵便局員、女工……。多様な労働者が内なる声をつむぎ、その言葉の連鎖が「抵抗の連帯」を生んでいった。

著者は上野英信の長男。現在は福岡県宗像市で古書店を営む。

本書は、短文を集めたエッセイ集。著者は父の思い出とともに、筑豊の風景と人を温かいタッチで描く。

英信は64年の早春、家族とともに筑豊炭田の片隅の廃坑集落に移り住んだ。彼は崩れかけの炭鉱長屋一棟と共同便所を買い取り、「筑豊文庫」と名づけて開放した。彼は、「筑豊文庫」を地域の公民館兼図書館とし、労働者の文化センターにすべく活動をスタートさせた。著者は、この建物で父の執筆活動や多くの来客を見て育つ。

「筑豊文庫」は、労働者だけでなく、学生運動の活動家、駆け出しの物書きたちの居場所となった。ここに居ついた一人が報道写真家の岡村昭彦。彼は、「筑豊文庫」で寝泊まりしながら名作『南ヴェトナム戦争従軍記』を書いた。

英信にとって「人と会うということは酒を飲むということと同義語」だった。炭鉱の製図台をテーブルに多くの人が英信と酒を酌み交わし、時に涙をこぼした。その「机」は、今でも著者の自宅で使われているという。

英信は87年に64年の生涯を閉じた。その約10年後、「筑豊文庫」は老朽化のため取り壊された。今はその面影もない。

チリの鉱山事故では、坑夫の危険な労働環境に目が向けられず、救出劇ばかりが「美談」として語られる。過酷な坑夫の生を描き続けた英信の作品は、もう一度、読み返されてしかるべきだ。

本書が上野英信再評価のきっかけになってほしい。

評・中島岳志（北海道大学准教授）

うえの・あかし　56年生まれ。古書店経営。『蕨（わらび）の家　上野英信と晴子』。

二〇一〇年一〇月三一日⑥

『グラハム・ベル空白の12日間の謎　今明かされる電話誕生の秘話』

セス・シュルマン 著　吉田三知世 訳

日経BP社・二三一〇円

ISBN9784822284398　科学・生物／ノンフィクション・評伝

「歴史」は書き換えられるのか

グラハム・ベルの電話の発明物語は人類史上に名高く、ベルは人類に大きな恩恵をもたらした偉人として知られる。

ところが、実は、他人の発明を盗んだのかもしれない。まさか？　だれもがそう思う。

本書の著者も初めはそうだった。米マサチューセッツ工科大の研究所で1年間、科学技術史に関する書物の世界有数のコレクションを使って自由に研究する機会を与えられ、取材にも歩きながら調べるうちに疑いが確信に変わる。その過程をつづった本書は本格ミステリーさながらに、読者を引き込んでいく。

きっかけは、ベルの実験ノートに記された一枚の図だった。電話の基本的なアイデアを示したものだが、不思議なことに、12日間の空白の後に突然登場する。それこそ天才のひらめきか、とも思った著者だが、この期間にベルがワシントンを訪ねていたことに気づく。

イライシャ・グレイという電気技師が、そっくりな図をもとに特許申請しており、ベルはワシントン滞在中にそれを見る機会があったこと、ベルを支援する裕福な実業家を父に持つ女性に思いを寄せていたベルには、なんとしても電話の発明で先んじる必要があったこと……。さまざまな事実が浮かび上がってくる。

電話の発明をめぐっては、何度も法廷闘争が繰り広げられた。ベルはそれをしのいで発明者としての地位を確立したのだが、今度こそ、歴史は書き換えられるのか。

著者は、グレイの役割が不当に軽視されている、と結論づける。さらに、ベルもグレイも、ドイツのフィリップ・ライスの研究に多くを負っており、エジソンらによる改良も電話の実用化には不可欠だったとする。

とかく「神話」として単純化されがちな発明物語への戒めであるだろう。

「歴史というものは、常に挑み、問いたださねばならない」。著者はそう締めくくる。

ベルのノート類は1990年にデジタル化された。原資料が多くの目にさらされることの大切さも改めて教えてくれる。

評・辻篤子（本社論説委員）

Seth Shulman　サイエンスライター。

二〇一〇年一〇月三一日⑦

『死刑台から教壇へ　私が体験した韓国現代史』

康宗憲 著

角川学芸出版・一七八五円

ISBN9784046532121　歴史／ノンフィクション・評伝

受験を最重要視するこの国の教育は、現代史をまともに教えない。日本史だってそう。まして、すぐお隣であっても、韓国の現代史であれば、なおさらだ。北朝鮮の独裁体制のむごさは、拉致や核問題にからめて広く知られているだろう。でも、韓国の今の自由と民主主義は、戦後長く続いた軍事独裁政権を、人々が死を含む多くの犠牲を払いながら崩して手にしたものだ、ということが、特に若い世代にどれだけ知られているだろうか。本書を一読あれ。

在日朝鮮人2世として大阪に育った著者は、府立の高校を卒業後、ソウル大学に留学する。しかし、朴正煕大統領の独裁政権打破を目指す民主化運動のうねりの中で、1975年に、でっちあげられた北朝鮮のスパイによる事件の主犯として逮捕、死刑判決を受ける。結果13年間に及ぶ獄中生活で、時に死を覚悟した日々を中心に綴（つづ）られた文章は、末端まで思想教育が浸透した独裁権力の恐ろしさと、それに抗（あらが）う人々の勇気を伝える。

減刑、仮釈放で帰国後、今大学の教壇に立つ著者が訴える南北朝鮮平和統一への思いは、過酷な体験に裏打ちされ、重い。

評・四ノ原恒憲（本社編集委員）

二〇一〇年一〇月三一日⑧ 文芸

『ガラスの煉獄（れんごく） 女刑務官あかね』

壇上志保 著

新潮社・一六八〇円
ISBN9784103273219

〈超大型新人、ミステリ界に降臨〉〈受刑者が密（ひそ）かに発信した暗号文〉〈県警の絡む不可解な策動〉といった帯の惹句（じゃっく）は、刑務所を舞台にしたミステリーを思わせるが、この作品はそれほど単純な小説ではない。

北九州の女子刑務所で、作業課の刑務官を務める三上茜（あかね）は、食器や花器などのガラス製品を作る、受刑者のガラス作業の監督、指導を行っている。元刑務官という著者は、女子刑務所の組織やしきたり、部署間の協力と対立の図式、受刑者同士の複雑な確執など、一般に知られていない情報を盛り込みつつ、テンポよく話を進めていく。

茜は、指導教官だった木島浩二、そして幼なじみの在日朝鮮人女性江崎涼と、それぞれ秘密の関係を持っている。日常の仕事とともに、茜の私生活が並行して描かれるが、話が唐突に過去にもどるため、読みにくいのが難点。木島よりも、涼と茜の愛憎半ばする関係が核になり、ガラス作業を巡る事件はむしろ従、といってよい。在日朝鮮人問題、男女関係への切り込みも少々物足りない。とはいえ、経験を踏まえた叙述には独特の粘りがあり、豊かな筆力を感じさせる。 評・逢坂剛（作家）

二〇一〇年一一月七日① 人文

『自我の源泉 近代的アイデンティティの形成』

チャールズ・テイラー 著
下川潔、桜井徹、田中智彦 訳

名古屋大学出版会・九九七五円
ISBN9784815806484

善と結びつき広がる 近代的自我の可能性

本書を読みながら思い出したのは、夏目漱石のことである。小説『こころ』で、自殺する主人公の先生に、自由と独立と己をほしいままにして現代に生きるわれわれはこの寂しさを味わわなければならないと語らしめている漱石は、近代的な自我の迷路の中で懊悩（おうのう）し続けた。本書には、まるでそのような漱石の苦悩に応えようとする哲学的人間学の趣があるのだ。

筆者は、いま最も旬な哲学者として名高いマイケル・サンデルの師匠とも言えるチャールズ・テイラーである。ドイツの哲学者、ヘーゲルに関する研究で名高いテイラーは、哲学史的洞察と分析的方法を駆使しながら、わたしたちが主体や自我、人格として呼び習わしている「近代的アイデンティティ」を明確化し、その明と暗、偉大さと不幸の複雑に入り交じった諸相を明らかにしていく。ここに言う「近代的アイデンティティ」とは、ウェーバー風に言えば、「西洋近代」に誕生しながら、やがて普遍的な意義を持つに至った自我や「わたし」についての観念ということになる。

テイラーのみるところ、こうした近代的なアイデンティティには、三つの特徴が備わっている。「内面性の感覚」「日常生活の肯定」「自然についての表現主義的な考え方」である。テイラーに言わせると、問題なのは、近代（その延長にある現代）を支配するリベラリズムや「自然主義」の思想では、自我や主体、人格が「善」（good）から切り離され、わたしたちの欲望や傾向、選択とは独立した「善き生」（good life）の感覚が失われていることである。早い話が、自由な選択による自己責任で、快を求め、不快を避けることが原子（モナド）のようにバラバラになった個々人にふさわしい生き方ということになるのだ。

このような自我と自我とのぶつかり合いは、内面性の尊重による乾いた、何事にも距離を置く理性による「道具的制御」に基づいて、自己と他者をも手段の地位に貶（おとし）めてしまわざるをえない。その無間地獄のようなエゴイズムの日常世界に倦（あぐ）みながら、漱石は自らの内なる「自然」を小説という形で表現した。それはまさしく「自然の声」として近代的自我の内面的な深さを物語っている。そこには、創造的な想像力と近代的アイデンティティの可能性が宿っている。テイラーは、その可能性を、「それへの愛が私たちに力を与え、私たちが善をなし、善くあることを可能にする」ような「道徳的源泉」へ開いていこうとする。自我は善と結びつけられることで、正しい行いという狭苦しい道徳から解き放たれ、自分の尊厳や価値ある生き方や人生の意味と生き生きとした関連を見いだすことができることになる。

浩瀚（こうかん）だが決して難解ではない本著は、わたしたちが見失いつつある、望ましい人生の意味に伴う畏敬（いけい）や尊重の感情を取り戻すヒントを与えてくれる。訳者たちの労を多としたい。

評・姜尚中（東京大学教授）

Charles Taylor 31年生まれ。カナダの社会哲学、政治哲学、倫理学者。『今日の宗教の諸相』など。原著は1989年刊。

二〇一〇年一一月七日❷

『夏目家順路』

朝倉かすみ 著

文芸春秋・一五七五円

ISBN9784163296500／9784167856014（文春文庫）文芸

ふつうの男が生きた姿を多角的に

彼は「どこにでもいる男」だ。しかし身内にとっては、かけがえのない人間。そういう当たり前だけど忘れちゃならないことを、照れず、おもねらず、斜に構えず、正攻法で書いた端正な小説である。葬儀にあたって人々が故人の像を多角度から浮かび上がらせるというスタイルも古典的。とはいえ端正というのは作品のフォームであって、登場人物はみんな少なからずはみ出した人々なのだ。

序盤で、キヨさんこと夏目清茂（74歳）が急死する。ところが息子は誰に連絡すればいいのかろくにわからない。自分は父のことをどれほど知っていたのか。清茂は中卒で養父家を出てブリキ職人の道に入り、「心安い」と人に好かれて商売は繁盛。地元の「不登校」の子たちで作った野球チームの面倒もみた。彼が村田英雄を歌うと、スナックのママは「おへそが飛び出るくらい大泣きしたい衝動に駆られた」という。なぜなら、その歌に自分と同じ業を見るからだ。その昔、彼が妻を殺そうとしたことがあるからだ。どうも清茂の家は代々、女に去られる傾向があるらしい。

異なる視点が重なり彼の生涯が徐々に見えてくるが、人々の「思い出」は時に食い違う。昔、養父の息子が清茂と遊んでいてどのように怪我（けが）をしたのか、真相は最後まで謎だ。あるいは清茂の息子にとって生活はわりと豊かであり、躾（しつけ）の厳しい母もいた。しかし養父家の視点で見れば、清茂は貧しく無教養な職人であり、団体職員になった独身の孫娘（43歳）の方が「勝ち組」なのだ。葬儀という非日常を迎えて露（あら）わになる真実もある。清茂の娘からその夫へ、父急逝の連絡が一晩遅れたのはなぜか。清茂を慕う年下の男は腹の底にどんなどす黒い思いを秘めているか。

彼らは各々（おのおの）のやり方で故人の生涯を回顧するかに見えて、実は記憶の中に己を見つけ、自分を再構築しているのだ。他者の死に際して自分の「構成」が少し変わる。それが死者と生者の交わりである。そんな生々しい関（かか）わりを、作者は程よい情感と可笑（おか）しみで見事に捉（とら）えてみせた。

評・鴻巣友季子（翻訳家）

あさくら・かすみ 60年生まれ。作家。『田村はまだか』で吉川英治文学新人賞。

二〇一〇年一一月七日③

『抱影』
北方謙三 著
講談社・一六八〇円
ISBN9784062165358／9784062776363（講談社文庫）　歴史／文芸

目がくらむほどのハードボイルド

北方、14年ぶりの書き下ろしは、これまでと一味違うハードボイルドもの。

主人公の硲（はざま）冬樹は、横浜でいくつかの酒場を経営する、中年男だ。毎晩のように、自転車で店を巡回し、したたかに飲む。その一方で、画家として特異な才能を発揮し、内外に名を知られた存在でもある。そうした、ある種の恵まれた中年男の日常生活が、淡々とつづられる。そこには、若き日の北方の創作志向を示す、独特の匂（にお）いが立ちのぼる。が、〈日常性〉を飽かずに読ませるパワーは、とうに純文学の域を超えてしまった。

硲を親父（おやじ）と呼ぶ若者がもめ事を持ち込んだり、硲が画家志望の娘に破瓜（はか）の儀式を施したり、といったエピソードが盛り込まれる。また、硲には古い付き合いの響子という人妻がいる。親密ではあるが、食事をともにするだけの純愛関係にとどまる。硲の生涯の願望は、響子への愛を絵に描き写したいという一点に尽きる。その思いは、癌（がん）で余命いくばくもないと響子に告げられたとき、彼女の体をキャンバスに、全身全霊をこめて刺青を彫ることで実現される。

例によって、北方の文体はよけいな説明をせず、ときに読者をとまどわせるほど、簡潔を極める。それと反比例して、描かれる世界は目がくらむほど、豊かに広がる。北方が硲に、自己の姿を投影していることは、明らかだ。自由気ままな硲が、画家として永遠なるものを求める過程は、北方の作家としての生き方に、そのまま重なるだろう。「私は、通俗的でありたかった。通俗の中にこそ、普遍性がある、と思いたかった」という硲の独白は、北方自身の真情の吐露、とも受け取れる。また、「絵は、ボトルであろうが風景であろうが、モチーフを通して自分を描くことだ」という台詞（せりふ）も、容易に絵を小説に置き換えることができよう。

この作品は一人称小説だが、最後にきて読者は「おや？」と思うかもしれない。しかし、硲が生き延びたか死んだかは、どうでもいいことだろう。

北方は、主人公と同時に読者をも、突き放したのだ。

評・逢坂剛（作家）

きたかた・けんぞう　47年生まれ。『弔鐘はるかなり』『渇きの街』『水滸伝』シリーズなど。

二〇一〇年一一月七日④

『昭和の創作「伊賀観世系譜」　梅原猛の挑発に応えて』
表章 著
ぺりかん社・二九四〇円
ISBN9784831512710　歴史／アート・ファッション・芸能

批判のための批判　超越した遺作

不世出の能役者にして能作者の世阿弥については知っているが、その父である観阿弥のことを問われて即答できる人は能楽ファン以外には多くない。観阿弥の出身地はどこ？という質問に明確な答えを返せる人は更に少なかろう。

いや、小説家や評論家が伊賀の国出身だと書いている、という反論が予想される。最近では、梅原猛氏が『うつぼ舟2　観阿弥と正成』（角川学芸出版）で主張しているではないか、と。

能楽研究の歴史のなかでは、かつて観阿弥の出身地が伊賀の国か、それとも大和の国かという論争があった。本書の著者は、それまで通説だった伊賀説を否定し大和説を掲げた一人である。しかし、伊賀説には証拠となった「伊賀観世系譜」と総称される一群の資料があり、梅原近著はその資料を全面的に肯定しつつ伊賀説を復活させ、大和説を是とする著者に対決を挑んだのである。

本書は、能楽研究のパイオニアである著者

が、副題のごとく梅原氏の「挑発」に真摯（しんし）に答え、「伊賀観世系譜」（以下、「系譜」と略称）の詳細な分析を通じて伊賀説を再否定し、「系譜」に記された世阿弥と南朝の忠臣・楠木正成との縁戚（えんせき）関係も「創作」だということを明確に論証した労作である。

　このように紹介すると、いかにも学究的でカタイ本だと思われようし、学者の内輪の論争にすぎないといわれるかもしれない。しかし、本書は梅原批判に端を発してはいるが、読み進めるうちに、「系譜」が昭和の能楽研究のエッセンスに基づいて作られた、非常に興味深い資料であることがミステリーのように解き明かされてゆくのだ。

　注意すべきは「偽作」だから無価値とするのではなく、「系譜」に能楽史の観点から新たな価値を見いだした点である。批判のための批判を超越し、資料を活（い）かす道を拓（ひら）いたのは著者の力量によるものだろう。両書を読みくらべることもお薦めだ。

　残念ながら、著者は本書刊行を待たずして急逝された。まさに、学者の命をかけた梅原氏への「返答」だったのである。

評・田中貴子（甲南大学教授）

おもて・あきら　1927～2010年。元法政大学教授・同大能楽研究所長。

二〇一〇年一一月七日⑤

『知はいかにして「再発明」されたか　アレクサンドリア図書館からインターネットまで』

I・F・マクニーリー、L・ウルヴァートン 著
冨永星 訳
日経BP社・二三一〇円
ISBN9784822248253
歴史／人文

〈消えゆく媒介者〉たちの変遷

　知とは「情報」である。私たちはそう信じている。しかしそれは、現代における「信仰」のひとつなのかもしれない。

　口承文化だった古代ギリシャ時代、知は人間そのものだった。ソクラテスは話し言葉にこそ真実が宿ると信じ、書物に頼るソフィストを軽蔑（けいべつ）した。やがて知の中心に「図書館」が位置づけられ、アレクサンドリアにあった巨大な図書館と、漢王朝の王立図書館が対比される。

　ローマ帝国の崩壊とともにキリスト教がヨーロッパを支配すると、知的資産は図書館から修道院へと引き継がれた。11～12世紀に至って、知の中心は辺境の修道院から都市部の大学へと移る。当時の大学は今のような施設ではなく、教師と学生の人的ネットワークだった。

　17世紀から啓蒙（けいもう）時代までの知を支えたのは「手紙」であった。著者はこれを「文字の共和国」と呼ぶ。回覧され書き込みが付け加えられていく手紙の形式は、さながら現代のツイッターのようだ。

　19世紀には近代的な大学が生まれ、多くの「専門分野」が生まれる。プロシアの人文主義者フンボルトは公教育のシステムを整備した。そして18世紀、現代にまで続く「実験室」の時代となる。制御と再現が可能な自然科学の手法がパスツールによって完成され、知は実験によってもたらされるものとなった。

　かなり大胆な整理であり、違和感もないではない。聖書についてはグーテンベルクやルターへの言及が少なすぎ、パスツールのみが重視されてコッホの名前がないのもフェアではない。にもかかわらず彼らの仮説が興味深いのは、「知に対する態度」において、時代ごとの臆見（ドクサ）が垣間見えるからだ。

　「図書館」や「修道院」、あるいは「文字の共和国」から「実験室」に至るまで、これらはいわば「消えゆく媒介者」（フレドリック・ジェイムソン）なのだろう。時代の変化を促しつつ、次の時代には消滅していく共同幻想。ならば、「情報」信仰の総本山たるインターネットにも「次」はあるのだろうか。

評・斎藤環（精神科医）

Ian F. McNeely, Lisa Wolverton　いずれも米国の歴史学者。

二〇一〇年一一月七日⑥

『不完全なレンズで　回想と肖像』

ロベール・ドアノー著　堀江敏幸訳

月曜社・二三一〇円
ISBN9784901477765

アート・ファッション・芸能／ノンフィクション・評伝

視線ひきつける写真家の反骨精神

「創造者である以上に、観察者であること」。そう語ったのは他でもない、写真家ロベール・ドアノーである。流れゆく群衆の中で抱擁するカップルをやや低い視点から写した「パリ市庁舎前のキス」は、多くの人が一度は目にしたことがある写真だろう。印画紙ばかりでなく、何十万枚ものポストカードやポスターなどに刷られて世界中を駆けめぐった作品だが、ドアノーが知り合いの女優を使って撮影した演出写真であったことはあまりにも有名である。しかし、かの写真家をあの一点のみを通じて見ている人がいたとしたら、そこには大きな誤解がある。

本書は、20世紀のパリを撮り続けたドアノーが語る自伝とも言うべき書物である。断片的かつ乱暴な感もある31話の集積は、文字通り「不完全な」自伝かもしれない。が、一方で読者は、彼の頑迷さや反骨精神を随所に感じ、その不完全さこそ彼の目指すところだったのかもしれないと気づかされる。

昨年今年と続けてドアノーの仕事をまとめた大冊の写真集が岩波書店から刊行された。本書の言葉はあの写真群と拮抗（きっこう）する強さをもって私たちに迫ってくる。アジェへの言及、カルティエ・ブレッソンの思い出、写真批評家への皮肉、ピカソをはじめとする芸術家たちをそれぞれのアトリエで撮影したエピソードなどを読んでいると、見慣れた写真が別の深みを持ち始めるだろう。

ドアノーによる肖像写真は、スタイリストに服をあてがわれスタジオに引っ張り出されて完璧（かんぺき）な照明のもとで撮られるような写真の対極に位置している。その多くが新聞や雑誌の仕事として撮られたものであるにもかかわらず、気取りのない被写体の表情を確実にとらえているのは、本質的なアウトサイダーとして生きる芸術家たちに共感をもって彼が接した証しといってもいい。「使命感はない。計画もない。目にするものにただ夢中になっていた」と呟（つぶや）く彼の不完全さは、それゆえにいつまでも私たちの視線を惹（ひ）きつけてやまない。

評・石川直樹（写真家・作家）

Robert Doisneau　1912～94年。写真集『芸術家たちの肖像』。

二〇一〇年一一月七日⑦

『電子書籍の時代は本当に来るのか』

歌田明弘著

ちくま新書・八六一円
ISBN9784480065766

ＩＴ・コンピューター／ノンフィクション・評伝／新書

アナログ派でいこう、と頑固に思うが、近年、喧（かまびす）しい「電子書籍」を巡る話題には、少々気が惹（ひ）かれる。身の回りの本という「物体」の山の増殖が沈静化する可能性があることもある。「本」の電子化が進めば、何か新しい「知の世界」の展望が開かれそうな気配もあるからだ。

でも、部外者には、その進み具合の全体像と影響が、よく見えない。そんな中、長くこの問題に関心を持ち続けてきた著者による本書は、グーグル、アップル、アマゾンら米国の企業が牽引（けんいん）するこの動きに大まかな見取り図を与えてくれる。

新刊はもとより大学図書館の所蔵本や、著作権者不明の本まで次々電子化するこの動きは、多々の問題を秘めながらも、人類の遺産である世界中の本を、居ながら検索し、読める「夢」を実現するか、に思わせる。

日本は、まだ、この大波から逃れ、独自の対応が進みつつある。ネットの世界を覆う「英語圏」からの孤立はプラスとでるのか。また、日本での、電子本の普及は、恐らく本の再販制の崩壊につながり、中小の出版社、書店の崩壊を招きかねない……。将来観測は、悩ましい。

評・四ノ原恒憲（本社編集委員）

二〇一〇年一一月七日❽ 文芸／社会

『二人静』

盛田隆二 著

光文社・一八九〇円
ISBN9784334927288／9784334764869(光文社文庫)

本の帯に「リアリズムの名手」とある。確かにすごい。小説には現代社会が抱える、不幸と言い換えてもよいかもしれない問題が、これでもかと言うほど、詰まっている。

主人公は会社勤務しながら、認知症が進む父を一人で介護している。介護ホームで父の世話をするヘルパーの女性に恋をするのだが、彼女も一人で場面かん黙症という情緒障害の娘を育てている。この障害は人前では何も話せなくなるものだ。彼女は、DV（家庭内暴力）が原因で別れた夫からのストーカー行為にも悩まされている。

親の介護をしながら勤務することや障害のある子どもを育てることの困難さ、制度の不備、貧困、学校のいじめ、介護施設で働く人の待遇問題などが克明に描かれている。特に認知症の進んだ人たちの汚物処理の場面などは、失礼だが、目を背けたくなるほどのリアリティーだ。

主人公らにふりかかることは、いつでも私たちの問題になりうるし、現実に同じ問題を抱えて悩んでいる方も多いだろう。しかし、小説には暗くすさんだところがなく、明るく、救いがあるのは作者の力量だと思う。

評・江上剛（作家）

二〇一〇年一一月一四日❶ 歴史／文芸

『バウドリーノ　上・下』

ウンベルト・エーコ 著　堤康徳 訳

岩波書店・各一九九五円
ISBN9784000244275〈上〉・9784000244282〈下〉／9784003271827(岩波文庫〈上〉)・9784003271834〈下〉)

驚異の旅の物語　虚構が魂に響く

小説に描かれる世界や問題は多種多様であるけれど、個々の作品の枠を超えてジャンルが密（ひそ）かに持ち続けている主題が一つある。それは虚構の現実性、ないし現実の虚構性の主題である。虚構として作られたもの、つまりは嘘（うそ）が、実際に人を動かす力になり、また逆に、人間のリアルな現実がじつは虚構にすぎない——。この虚構と現実をめぐる謎に小説家はずっと関心を持ち続けてきたのであり、メタフィクションが一貫して書かれてきた理由がここにある。小説内の現実が実は一つの虚構なのだと、小説内部で明かす技法は、虚構の不思議をそのまま主題にしたものだといえるだろう。

しかし虚構の不思議を主題化するもう一つの方向がある。それは、誰かが作りだした虚構が力を持ち、動かしがたい現実となっていく型の物語を編む方向である。多くの作家がこのアイロニカルな物語作りに手を染めてきたが、エーコこそ、これを最も魅力ある形で書いてきた作家といってよいだろう。彼の四番目の長編である本書を読めば、虚構の不思議にエーコという作家がいかに深く心を奪われているかが実感できる。

物語は一二〇四年、第四回十字軍によって蹂躙（じゅうりん）されるコンスタンチノープルにはじまる。ビザンチン帝国の歴史家ニケタスは、神聖ローマ帝国皇帝フリードリヒ赤髭（あかひげ）王の養子であり従者であったバウドリーノという男に窮地を救われ、その返礼にバウドリーノの語る半生の物語を聴くことになる。バウドリーノは語学の天才であり、文芸に秀で、なによりも稀代（きだい）の嘘つきである。小説の前半は、イタリア諸都市との抗争を繰り広げるフリードリヒに従いながら成長して行くバウドリーノの姿が描かれるのだが、やがてバウドリーノは「司祭ヨハネの手紙」を捏造（ねつぞう）する。東方に司祭ヨハネの王国なる謎のキリスト教国が存在するという、中世西欧世界に流布する伝説を政治的に利用しようと目論（もくろ）んだのである。そして小説後半、バウドリーノは実際に司祭ヨハネの王国を目指すことになる。アイロニーの炸裂（さくれつ）である。

それは東方世界への幻想が結晶化した驚異の旅であり、中世人の想像力が生み出した怪異を、ほとんどカタログのように網羅する作者の徹底性は素晴らしい。もちろん普通に考えれば、すべては一人の嘘つきが語った虚構にすぎないだろう。しかしそうと知りながら、私たちはバウドリーノの語りに、馬鹿馬鹿しいと片付けることのできない、切実なものを感じるだろう。丹念に編まれた虚構の重量が魂に響くのを覚えるとき、私たちはあらためて虚構の不思議を思わないわけにはいかないだろう。最後、自らが生んだ虚構を背負い、再び独り東方へ旅立つバウドリーノの姿は印象的だ。

あと一つ、本書でもミステリーの趣向が凝らされている点をいっておこう。アルキメデスの鏡とか真空製造機といった器物のある城で起こる密室殺人とくれば、ミステリー好きはもう嬉（うれ）しくて仕方がないはずだ。

評・奥泉光（作家・近畿大学教授）

Umberto Eco　32年生まれ。イタリアの哲学者、作家。学術的著書に『記号論』『開かれた作品』『完全言語の探求』など。小説に『薔薇（ばら）の名前』『フーコーの振り子』『前日島』など。

二〇一〇年一一月一四日❷

『夫の死に救われる妻たち』

ジェニファー・エリソン、クリス・マゴニーグル 著
木村博江 訳
飛鳥新社・一六八〇円
ISBN9784864100335
ノンフィクション・評伝

喪失を受けいれる厳粛と優しさ

タイトルはあざといが、原著の副題はとてもおだやかである。「When Death Brings Relief」。直訳すれば「死が安らぎをもたらすとき」。

この「安らぎ」とは、遺（のこ）された者の胸中に宿る解放感、安堵（あんど）、自由。それを恥のように感じて苦しむ複雑な感情に、カウンセリングや看護学の立場から「それでいいのですよ」と救いの手を差しのべる一冊である。

読みながら、まず思う。生と死は同義なのだ。生きるとは、死を受け容（い）れること。肉親の死、愛する者の死、いずれかならず訪れくる自分自身の死。

喪失に直面したとき、ひとつとして同じ感情はない。「正しい嘆きかた」の決まりもない。ところが、世間の視線は倫理じみた厳粛さを求めがちだ。死は悼み哀（かな）しむもの、遺された者は悲嘆に暮れるべきもの、というような。けれども、たとえば生前すでにおたがいの関係が破綻（はたん）していたとしたら？

呵責（かしゃく）の念に呵（さいな）まれる者に寄り添うぬくもりは、著者J・エリソン、C・マゴニーグルともに同じ体験をもつ当事者だからだ。ひとりは家庭と世間とのあいだに夫の実像のギャップがあり、結婚生活に悩んで離婚を口にした翌日、夫が事故死した。もうひとりは、長患いの夫を看（み）取ったのち、しがらみからの解放を体験した。くわえて、さまざまな死別体験者四十人の本音が語られる。

こころは予想もつかない動きをする。ある女性は、最初の夫の死に対する安堵の罪悪感から抜けだすのに二十年かかった。遺された者が遭遇する感情の板ばさみ、孤立感が痛々しい。著者はその傷や襞（ひだ）をこまやかにすくい上げ、肯定してゆく。

生きる者として避けることのできない死をどうかんがえるか、その思いで読んだ。逝く者は安らかな終息を迎えても、生きる者にとって死者との関係は依然終わらない。こころのなかに現れたざわめきを鎮めるのは、きっと自分自身を自然のまま受け容れ、認めることからはじまるのだろう。

まことに死は、生きる者の日々にかくも意味をもたらす。

評・平松洋子（エッセイスト）

Jennifer Elison　米キャロル大准教授。
Chris McGonigle　ライター。

二〇一〇年一一月一四日❸

『ベンジャミン・フランクリン、アメリカ人になる』

ゴードン・S・ウッド 著　池田年穂ほか 訳

慶応義塾大学出版会・三七八〇円
ISBN9784766417722　歴史／ノンフィクション・評伝

労働を巡る価値観一転、英雄に

きわめて水準の高い歴史書である。通俗的なフランクリン伝記ではない。すでに多数の優れた研究を発表してきた著者は本書において、フランクリンについて、なぜ成功した実業家の側面がとくに語り継がれることになったのかについて、重厚な語り口で説明してくれる。

フランクリンは資本主義的精神の成功の象徴となったが、同時に「皮相的なブルジョワのアメリカ」を代表することにもなり、そのために毀誉褒貶（きよほうへん）にさらされることにもなった。

フランクリンは50歳代以後の年月の多くをイギリスとフランスで過ごした。彼はヨーロッパでは「計り知れないほど尊敬されてい」たが、アメリカでは多数の批判者を抱えていた。1790年に84歳で逝去したときフランス人はフランクリンに最大限の賛辞を捧（ささ）げたが、アメリカでの反応は対照的であった。これは約10年後に他界したワシントンが何百もの追悼演説を受けたことと大きく異なる。

ところが、しばらくしてから、フランクリンは印刷職人たちの間で英雄となっていった。実は19世紀初めのアメリカ社会において、根本的な価値観の転換が起こりつつあった。働かなくてよい貴族的な紳士層はかつて、若きフランクリンが加わることを熱望していた「尊敬された階級」であったが、いまや額に汗して「勤勉に働く階層」が英雄となった。金のために働くことに対する何千年もの貴族的な軽蔑（けいべつ）が、このアメリカの地において、たった数十年間で、いとも簡単に粉砕されたのである。この大転換とともに、フランクリンもアメリカの夢を体現した人物に、すなわち「アメリカ人となった」。

アメリカ史も含め歴史研究は近年、人種、民族、階級、ジェンダー等さまざまな視角から細分化されている。白人男性、ましてその「成功者」の研究となるとそれだけで拒否反応を示す歴史学者も少なくない。しかし本書は、伝統的な伝記研究という手法であっても、社会の価値観の転換などに着目することで優れた成果を生み出せることを示唆している。

評・久保文明（東京大学教授）

Gordon S. Wood　33年生まれ。米国の歴史家。

二〇一〇年一一月一四日❺

『常識人の作法』

加藤秀俊 著

講談社・一六八〇円
ISBN9784062164948　社会

演出過剰社会で踊らされる人々

痛快、愉快、爽快（そうかい）。本書を読むと、そんな言葉がすぐに浮かんでくる。第一章の「常識とはなにか」からズバズバとすごい見解が披露される。あえて談合を弁護するというのだ。日本の村落では昔から「だんこ」といって、話し合いで問題を解決していたと言う。アメリカ合衆国独立の指導者トマス・ペインの「コモン・センス」に話が及び、ついには「新聞休刊日」も談合していると断言し、談合を許さない社会は独裁国家、ファシズムだと。まあ、こんな具合だ。私なんか新聞社と仕事をしているから「新聞休刊日」が談合の結果だなんて、恐ろしくて想像するのも憚（はばか）られる。

「科学と感性」の章では、気象庁の桜の開花宣言に反論する。外務省の桜が五分咲きなのを見て、加藤さんが友人に春だねと言うと、そこに居合わせた若い人が「開花宣言はまだですよ」と言う。加藤さんの個人的な春の感覚が、気象庁の標本木による「公式見解」に支配されていることに、これでもかと怒りまくる。春一番や木枯らし1号なども同じ。暖かくなれば春だし、おでんや熱燗（あつかん）が恋しくなれば冬でいいではないか。まことにごもっとも。

さらに「演劇化する現代」ではテレビのグルメ番組でタレントが、必ず「オイシイー！」「マロヤカ」を連発するのを見て、こんなに絶品ばかりあるはずない、テレビはヤラセが日常化していると怒る。テレビのグルメ番組に出演したことがある私には耳に痛い話だ。しかし、加藤さんはグルメ番組を批判しているのではない。国会も株主総会も国連総会も、世界はヤラセばかりで、私たちは演出過剰な社会で脚本家や演出家の振り付けで演技者として踊らされているのだと警告する。

私たちが常識だと思って気にもとめない多くのことが加藤さんから見れば、実は非常識極まりないことばかりだということに目を覚まされ、たたきのめされる。それがなんとも心地よい。加藤さんは高名な社会学者で、現在80歳。もはや怖いものなんかなんにもないんだろうな。ああ、うらやましい。

評・江上剛（作家）

かとう・ひでとし 30年生まれ。中部大学学術顧問。『人生のくくり方』『隠居学』など。

二〇一〇年一一月一四日❻

『フェリーニ』

ベニート・メルリーノ 著　山口俊洋 訳

祥伝社・一七八五円
ISBN9784396620646

アート・ファッション・芸能

映画と生活 本物なのか作り物か

意外かも知れないがフェリーニが映画を撮っていない期間の生活は何とも退屈で味気ない。旅行も映画・演劇鑑賞の興味もなく、わが永井荷風みたいに毎日同じコースを歩いて同じ店でコーヒーを飲み、顔見知りのタクシーの運転手と言葉を交わし、これといったコレクションもスポーツもせず、50代で不眠症になるまで本をまともに読むことがなかった無趣味な彼は、日曜日でも誰もいないチネチッタ撮影所を訪れ、終日そこが魂の避難場所であるかのように「この内気な夢想家」はたった一人で孤独を友とするのだった。

こんなアンニュイな生活はどこかフェリーニの映画の根底に流れている時間のように思えるのだった。そんな反近代的な時間の中で創造されるあの悪夢のような非現実的で一見無秩序で支離滅裂な狂気と快楽の楽園世界は一体どこからくるのだろうか。

また彼の内なる永遠のインファンテリズムがまるで霊魂のように抜け出し、無垢（むく）な子供の王国を彼の映画の中に如何（いか）なる方法で移築させてしまうのだろうか。彼の映画を自伝として見る批評家が多いのは登場人物に彼を投影してしまうためだと思うが、それはレンブラントの自画像がコスプレによって普遍化されていることへの無理解と共通した視点からフェリーニの映画を見るからであろう。

フェリーニは毎回新しい作品を作りたいためにも「自伝的なものは何も望まない」と言う。彼は一作終わるたびにもう二度と作品ができないのではという空虚と絶望的な強迫観念に襲われる。創造者であれば誰もが体験する一種の終末意識であるが、フェリーニはこんな強迫観念を解消するためにもこうした感情は全（すべ）て映画の中で吐き出すことで中和してきたようだが、その結果それが本物なのか作り物なのかが混然一体化してしまう。

そんな彼の想像力とビジョンをわれわれはフェリーニのスペクタクルと解し、気がつけば自分が道化師になってしまっている。そんな僕は前々回に続いて、また『フェリーニ』を取り上げてしまった。

評・横尾忠則（美術家）

Benito Merlino イタリア出身のミュージシャン。パリで活動。

二〇一〇年一一月一四日⑦

『おいしい中国「酸甜苦辣（スワンティエンクーラー）」の大陸』

楊逸 著

文芸春秋・一五〇〇円
ISBN9784163731605
ノンフィクション・評伝

質素ながらも楽しい食生活を回想

中華料理について書かれた本は、意外とたくさんあります。お隣の国の料理が私たちは大好きなのであり、それらの本にはきまって、中華料理の奥深さと豊かさとが紹介されている。

しかし中国に生まれ、日本で小説を書く著者が子供の頃の食生活を回想する本書では、その手の本とは一味も二味も違う中国の食事情を見ることができるのでした。楊さんは1964年に、中国東北部ハルビンに生まれます。おやつのアイスキャンデーを楽しみにし、正月には家族総出で餃子（ぎょうざ）を作るという、質素ながらも楽しい食生活を送った子供時代。

その生活が一転するのは、1970年のことです。文化大革命により、教師だった楊さんの両親は辺鄙（へんぴ）な農村に下放され、電気もガスも水道もない廃屋での生活に。畑を開拓するところから始まる食生活だったのであり、油どころか水すらも貴重品でした。当時、6歳になるかならないかだった楊さんは、下放された時の母の涙を記憶しています。その母は、乏しい食料の中から様々な工夫をして、生活に彩りを添えようとしていました。つらい3年間の下放生活についての文章に、どこか温かみとユーモアがあるのは、単に著者がまだ子供だったからだけでなく、子供たちを飢えさせまいという両親の必死の努力が陰にあったからでしょう。

今の日本には、食べ物があり余っています。そんな日本において著者は、「好き嫌いなく、いや、単に嫌いなく、どんなものでもおいしく食べられる」のは、下放時代があったから、と書くのです。

一方、日本の家族の食卓を見ると、必ずしも豊かとは言い難い現実があります。食べものが乏しい時に生まれる創意と努力は、飽食するにつれて、失われるものなのか……。

食料の豊かさと、食卓の豊かさとは必ずしも一致しないことを示唆するこの本。グルメ本のような見かけと違い、まさに酸いも甜（あま）いも、そして苦いも辣（から）いも感じさせてくれる、味わい豊かな一冊なのでした。

評・酒井順子（エッセイスト）

ヤン・イー 64年生まれ。作家。『金魚生活』『すき・やき』など。

二〇一〇年一一月二一日①

『偶然とは何か その積極的意味』

竹内啓 著

岩波新書・七五六円
ISBN9784004312697

『確率論と私』

伊藤清 著

岩波書店・一七八五円
ISBN9784000052085
科学・生物／ノンフィクション・評伝／新書

結果としての運 世界の法則性は

天の導きか、と思わせるような出会いがあれば、不幸というしかない、行き違いや事故もある。私たちはあまたの偶然とともに、笑ったり泣いたりして生きている。

そんな偶然に、私たちは黙って身を任せるしかないのか。

『偶然とは何か』は、これに対し「否」とする。だが、事前に確率を計算して合理的に行動することで避けよう、というわけではない。避けられないという前提で、副題にあるように、偶然というものの積極的な意味をとらえ直し、向き合い方を考えよう、というのである。

サイコロを振る。最初にどの目が出るかは全くの偶然だ。しかし、何度も振るうちに、どの目も6分の1ずつ出るようになる。いわゆる「大数の法則」が支配する世界だ。

これとは異なり、度重なることで新たな可能性が生まれるタイプの偶然があるという。

その代表例が生物だ。突然変異という偶然が、自然選択というふるいにかけられながら蓄積することで新しい種が生まれる。生物の多様な種は「偶然の必然的な産物」なのだ。

人にとっても、偶然との出合いはそれぞれの人生を独特なものにする意味がある。偶然は「世界を作り出す本質的な要素」と考えるべきであり、その結果としての運不運を他人と分かち合おう、というのが著者の主張である。つまり、不運の結果を、不運を免れた人や社会の責任で軽減する。それが、偶然の専制を和らげることにもなる。

偶然というものの性格を理解することが重要なのは、大数の法則に従って「飼いならす」ことのできない種類の偶然がますます重要になってきているからでもある。

たとえば、偶然の変動が互いに強め合い、ダイナミックな動きを引き起こす金融市場。結局、破綻（はたん）に至ったが、偶然の影響を制御するために生まれたのが金融工学だ。

そのもとになった「伊藤理論」で世界的に知られ、2008年に亡くなった著者の初のエッセー集が『確率論と私』である。偶然に満ちた世界に潜む論理性に魅せられた数学者としての人生を振り返る。

1940年代に発表した理論が金融の世界で必須になったと97年に知り、喜びより大きな不安にとらえられた、という。普通預金のみの「非金融国民」という著者は、数学者の卵が経済戦争の兵士になっているとして嘆き、あらゆる戦争に反対する立場から、有為の若者たちを故郷の数学教室に返していただきたい、とユーモアを交えて語っている。

門外漢にも読みやすいのは、理論を究める著者の目が常に現実とのかかわりに注がれているからだろう。

数理統計と確率論、2人の碩学（せきがく）が語る世界は本来、深いつながりがあるが、日本ではなぜか、距離があるらしいこともわかる。

両書を案内役に二つの世界をそぞろ歩き、私たちの人生の一部である「偶然」に思いをめぐらす。なんとぜいたくなことだろう。

評・辻篤子（本社論説委員）

たけうち・けい　33年生まれ。東京大学名誉教授（統計学・経済学など）。
いとう・きよし　1915〜2008年。数学者。京都大学教授など歴任。

二〇一〇年一一月二一日②

『昭和レトロスタヂアム　消えた球場物語』

坂田哲彦 編著

ミリオン出版・一八九〇円
ISBN9784813021124

歴史／ノンフィクション・評伝

栄光と挫折　時代の香り思い出す

いつだったか。ヤクルト・ファンの作家、村上春樹さんが、神宮球場を例にとりながら、閉じたドームの天井ではなく、風が吹き渡る晴天や、薄暮から星月夜の変化の下、野外で味わうプロ野球本来の楽しさを綴（つづ）った文章を読み、強く共感した覚えがある。

戦後、プロ野球の試合が行われながら今は消えた野球場、また現役ではあるが昭和の残臭をまだ漂わせる野球場計25を紹介する本書の中に、もちろんドーム球場はない。多くはセピア色と化した写真を眺めながら思うのは、野球がスポーツと娯楽の王者だった時代を経験したある年代の大人、特に男性にとって野球場とは、様々な記憶がまとわりついた、単なるスポーツ施設を超えた何物かだったのではないか、ということだ。

私事に関していえば、昭和30年代、珍しく父母らと過ごした大阪球場の一夜。初体験のナイターが醸し出す非日常的美しさと共に思い出す。ほとんど観客のいない日本生命球場で、勤務する会社の実業団野球の応援に駆り出され、退屈そうに隣で試合を眺めていた父の顔。夏休みの補習をさぼって自分の高校の地方予選を応援にいった藤井寺球場の暑さ……。

その他、東京の下町に突如出現し、「光のスタジアム」と謳（うた）われた東京スタジアム、西鉄黄金時代の本拠地、平和台球場……。一つ一つの球場につく解説は決して長くはない。でも、本書は、多くの読者にとって、幼少の、また青春のある日を甦（よみがえ）らせ、また、贔屓（ひいき）のチームの栄光と挫折の日々とその時代の香りを思い起こさせるタイムマシンと化すような気がする。

それにしても、近年のプロ野球人気の凋落（ちょうらく）は激しい。が、世界一を決めるWBCや、この前終わった日本シリーズの死闘など短期決戦は、大きな社会的関心をまだ集める。野球自体は、さほど飽きられていない。ただ、半年余をかけ、延々と競うリーグ戦のシステムに、もはや人々は耐えられないのでは。などと、読後、現代の刹那（せつな）的な時間感覚とドーム球場の閉塞（へいそく）感に、思いを至らせもする。

評・四ノ原恒憲（本社編集委員）

さかた・てつひこ　76年生まれ。フリーの編集者。『昭和ストリップ紀行』など。

二〇一〇年一一月二一日③

『身体の歴史Ⅲ　20世紀　まなざしの変容』

A・コルバン、J-J・クルティーヌ、G・ヴィガレロ 監修　岑村傑 監訳

藤原書店・七一四〇円
ISBN9784894347595

人文／科学・生物

身体イメージの驚くべき支配力

身体はイメージである。それは時代と文化、あるいは政治によって深く規定され、変容をこうむる。質量ともに圧倒的な三部作全編を通じて、このモチーフが徹底的に検証される。まさに前人未到の達成である。

本書は『においの歴史』や『娼婦（しょうふ）』などの大著で知られる歴史学者アラン・コルバンが、編著に構想10年をかけた記念碑的な労作だ。Ⅰ～Ⅲ巻まで、ほぼ時系列に沿って記述が進むが、この最終巻が取り扱う20世紀が個人的には最も興味深い。

この時代を特徴付けるのは、レントゲン、映画、そして精神分析だ。すなわち20世紀は、われわれの身体を凝視しつくす「まなざし」の世紀だった。

本書が取り扱う領域は、医療、遺伝学、性愛、スポーツ、フリークス、個人認証、戦争、強制収容所、映画と多岐にわたる。あらゆる領域に遍在するものがまなざしだ。分析、治療、欲望、同定、支配、鍛錬、創造、そうした多様な機能をまなざしは引き受けることになる。

すべての領域において起こりつつあること。それは「身体性」の衰弱である。まなざしは身体のあらゆる場所に浸透し、その機能を分離・抽象化することで、身体を多機能モジュールの重なり合う場として記述し直した。

こうした状況について、著者の一人であるイヴ・ミショーは次のように述べる。「勝利を収めているのは、凍りつくような唯物論である。かつては意識、魂、幻想、欲望というものがあったのだが、もはや身体とその痕跡しかなくなってしまった」

そう、いまや「心」すらも身体の下位部門（脳科学！）として扱われる。心身二元論ならぬ身体多元論の時代だ。「魂」に呼応する総合性を「身体性」と呼びうるならば、まなざしによるモジュール化（＝唯物論）はそこに衰弱をもたらさずにはおかないだろう。

それにしても、われわれの想像力における身体イメージの支配力には、あらためて驚かされる。21世紀における想像力のゆくえを構想する上でも、本書は貴重な資料となるだろう。

評・斎藤環（精神科医）

Alain Corbin, Jean-Jacques Courtine, Georges Vigarello

二〇一〇年一一月二一日④

『自動車と移動の社会学　オートモビリティーズ』

M・フェザーストン、N・スリフト、J・アーリ 編著　近森高明 訳
法政大学出版局・六一九五円
ISBN9784588009426
政治／社会

人と車「一体」となる未来図

　自動車はいかに後期近代社会の生活を変えてきたか。いかに技術と産業を牽引（けんいん）してきたか。いかに化石燃料の浪費を加速し、いかに道路の渋滞や事故で都市環境を変化させてきたか。自動車をめぐるそうした凡百の言説を、本書は自動車移動（オートモビリティ）という新しい視座から読み替えてみせる。それは、自動車にかかわるすべてのもの、工場生産や機械の性能はもちろん、運転する身体から道路の設計、交通法規、自動車をめぐるイメージや記号まで、あらゆるものを包含して、私たちの時間―空間を非線形のオートポイエーシスのシステムとして捉（とら）え直すことを可能にする。

　そこでは、自動車はもはやたんなる欲望の表象ではない。人間工学を駆使して設計された自動車は人間の身体を拡張して鉄の皮膚になる一方、人間は運転に習熟することで「運転する身体」という新たな主体性をもつ。自動車を身体化し、自動車に身体化される、この運転者―自動車という集合体のハイブリッド性は、電子制御のソフトウェアによってさらに加速される。たとえば路面の状況や速度などを、運転者が車体や計器を通して知るとき、自動車はいわば人間が外部世界を参照する物差しとなっているし、さまざまな運転補助装置がついた自動車は、いまや人間の指示で人間の行動を決定する代理体なのだ。

　こうした運転者―自動車の融合の習慣化は、メルロ＝ポンティが指摘したとおり、私たちの実存を変容させる。自動車移動の時間と空間が、私たちの身体に移植される、と言い換えてもよい。かくして、いまや自動車が風景を通過するのではない。風景は、そこを通過する運転者―自動車の数だけ経験され、生きられ、次々に移り変わってゆく多様な差異として、刻々と風景になってゆくのである。

　喧騒（けんそう）に満ちた都市空間を、個別の意味を奪われた非―場所として捉えた二十世紀は過ぎ去った。自動車移動に浸透された私たちは自動車を体感し、自動車を通じて世界と相互作用する。人間の未来を垣間見るような、社会学の最前線である。

評・高村薫（作家）

M. Featherstone, N. Thrift, J. Urry

二〇一〇年一一月二一日⑥

『京都の近代と天皇　御所をめぐる伝統と革新の都市空間一八六八―一九五二』

伊藤之雄 著
千倉書房・二七三〇円
ISBN9784805109519
歴史／政治

親しまれ男女密会の場にも

「次の天皇の即位は京都御所で行われます」。京都御苑の隣にある中学校の生徒だった私は、社会科の授業でそんな話を聞いたことがある。そのためか、即位の礼が皇居で行われたとき、少しだけ違和感を抱いたのを覚えている。その違和感の源泉は、本書を読むにつれ明確になっていった。京都御所は京都の近代化という問題と深くからみあっているというのだ。

　日本の近代化といえば、今までは東京が中心に論じられることが多かった。京都は天皇が去った後、都市としては衰退の一途をたどる「古い都」になったと思われたのである。しかし、近年は本書の著者をはじめとして、京都がめざした近代都市への道を天皇と関（かか）わらせて論じようとする研究がいくつか数えられるようになった。

　京都の近代化といえば、琵琶湖疎水や市内電車など、他地域に先駆けて新しい技術を導入したことばかりが言われるが、本書が興味深いのは、京都御所とそれを含む御苑の歴史を中心に置いた点だろう。

東京へ移った後も明治天皇は数度にわたって京都御所に行き、それは以後も受け継がれた。ところが、天皇はずっと京都にいたため、東京から京都への行幸路が定められていなかったのである。そのため、京都市の街路の拡充などの都市計画が見直されてゆく。つまり、天皇の存在は京都という都市の近代化に不可欠であったということになるのである。

また、「空き地」になってしまった京都御所の活用法についても議論がなされた。観光地として開放したり、総合運動公園という案が出たり、御所がさまざまな歴史をたどって今に至る様子が、詳細な歴史資料によって論じられるところは非常におもしろい。

ことに私の興味を引いたのは、御所にはある時期まで誰でも気軽に入れ、しかも男女の密会の地としても使われていたという指摘である。こうした御所の「俗」な部分には思わず笑いがこぼれてしまった。人々が親しみをもって接した御所は、その姿を保って今もある。

評・田中貴子（甲南大学教授）

いとう・ゆきお　52年生まれ。京都大学教授（近現代日本政治外交史）。

二〇一〇年一一月二一日❼

『明るい原田病日記　私の体の中で内戦が起こった』

森まゆみ 著　亜紀書房・一六八〇円

ISBN9784750510156／9784480430588（ちくま文庫）

医学・福祉／ノンフィクション・評伝

この本を手にとるまで「原田病」の病名を聞いたことがなかった。実際にかかった著者自身も知らなかった。病気などしたことがないのに三年前とつぜん視界が崩れ、頭痛、耳鳴り。検査を受けると百万人に五人しかいない自己免疫疾患「原田病」だと告げられた。さあどうする。

自分なりの暮らしかたが身についているところへ、目の病の奇襲。なによりすきな読書なのに、夢中で読んだ翌朝、まったく目が見えなくなったりする。その恐怖は他人（ひと）ごとではない。一年半の闘病記録には不安やとまどいが率直に綴（つづ）られるのだが、みずからの心境を仔細（しさい）にすくい上げ、霧を晴らすように進む文章は、聞き書きの名手でもある著者ならではのものだ。

闘病中に父を看取（みと）り、長年力を注いできた雑誌「谷根千」を終刊し、失明は逃れたものの不定愁訴を抱え、あきらかに人生の折り返し地点。おなじ場所に立つ者として、健康の重みを思い知る姿に切実さをおぼえる。

巻末に収録された医師ふたりとの対話も興味ぶかい。「医者はいってみれば、声の商売」という眼科医が自身に向ける言葉にも、まさに目を開かされた。

評・平松洋子（エッセイスト）

二〇一〇年一一月二八日❶

『切りとれ、あの祈る手を　〈本〉と〈革命〉をめぐる五つの夜話』

佐々木中 著　河出書房新社・二一〇〇円

ISBN9784309245294

人文

「すべてが情報」疑う　躍動する文体の挑発

著者のデビュー作『夜戦と永遠　フーコー・ラカン・ルジャンドル』（以文社）は、超重量級の思想書であるにも関（かか）わらず、まるで小説のように広く読まれた。かつて浅田彰の、あるいは東浩紀の処女作がそう読まれたように。

コンパクトで語り口調の本書は、より多くの読者を獲得するだろう。そしてなにより、この「文体」である。小説すら文体を失いつつある昨今、この著者の確乎（かっこ）たる文体は際立っている。そこには反復と回帰が、躍動する挑発が、厳粛な切断とシリアスな笑いがある。書くこと、そして読むことは、常に身体的な経験なのだと今更ながら思い知らされる。

前作にひきつづき、本書の中核に据えられるのは、ドグマ人類学を提唱するピエール・ルジャンドルの理論、そのなかでも中心的な位置を占める概念の一つ「中世解釈者革命」だ。

それは簡単に言えば、6世紀に東ローマ帝

国で編纂（へんさん）された『ローマ法大全』全50巻が11世紀末に発見され、それが精密に書き換えられて12世紀における教会法の成立に至る過程を指す。かくして教会が成立し、それは近代国家（および官僚制）の原型をもたらした。

　このときローマ法は翻訳され解釈され索引を付けられ、徹底的に「情報化」された。情報化された統治システムは異物としての「暴力」を括（くく）り出す。そして「情報」か「暴力」かという二者択一の残余として「主権」がもたらされた。つまりこの時点で、近代世界は「初期設定」されたのだ。これを「革命」と呼ばずして何と呼ぶか。

　「すべてが情報である」という「古くさ」い発想もここに由来する。それゆえか「革命」に対する著者の態度は両義的だ。それはしばしば暴力革命として、夥（おびただ）しい惨事をもたらした。しかし、と彼は続ける。読むことと書くこと、それ自体が革命であるということを知らしめたのも、この「革命」ではなかったか。だから彼はくり返す。革命は文学からしか起こらない、と。

　かくして偉大な「文学」の担い手として召喚されるのは、マルティン・ルターでありムハンマドであり、ニーチェでありドストエフスキーだ。そのかたわらにフロイト、そしてラカンの名がそえられる。文学の肯定が精神分析とともになされることはまったく正しい。情報ならぬ隠喩（いんゆ）と無意識のつづれ織りこそが、文学でありテクストなのだから。

　いまや著者が批判する「マネージメント原理主義」、私の言葉で言えば「情報幻想」が覆い尽くしたこの世界では、「歴史の終わり」が、「文学の終わり」が語られる。そんな末人（ニーチェ）気取りの人々に、「情報それ自体が堕落なのだ」（ドゥルーズ）という叫びはどこまで届くだろうか。いや、そんなことは知ったことではない。少なくとも「何も終わらない。何も」という著者の言葉が信じられる限り、まだ希望はあるのだから。

評・斎藤環（精神科医）

ささき・あたる　73年生まれ。東京大学大学院博士課程修了。文学博士。専門は現代思想、理論宗教学。立教大学、東京医科歯科大学非常勤講師。著書に『夜戦と永遠』がある。

二〇一〇年一一月二八日❷

『ウスケボーイズ　日本ワインの革命児たち』

河合香織 著

小学館・一六八〇円

ISBN9784093897242

ノンフィクション・評伝

「本場の教え」脱して得た「思想」

　日本のワインは今世紀、劇的においしくなった。それは文字どおり「革命」と呼ぶべき事態だ。ウスケとは伝説的なワイン研究者・麻井宇介。本書は、彼の薫陶を受けた3人の生産者、岡本英史、曽我彰彦、城戸亜紀人のワイン観とストイックな生き方を伝えることで、この国のワイン生産・受容史をも顧みる。

　私が日本ワインを愛（いと）しむのは、明治開国以来、日本の小説と翻訳文学の辿（たど）ってきた道のりに、日本ワインのそれが重なって見えるからかもしれない。例えば岡本の登場は文学でいえば、日本文学の伝統と離れた片岡義男や村上春樹が出てきた時の衝撃に似ている。

　維新政府にとってワインは欧化国策であり、本場の垣根仕立てという栽培法で主要な外国品種を作ったというから驚きだ。ところが生ぶどう酒は渋くて売れず、「本物だからマヅクともキゝメは一番」と薬効を謳（うた）う当時の広告などを見るにつけ、トルストイを初訳した明治の翻訳家が「為（ため）になるからツマラナクテも読んでくれ」と書いたことを思いだす。

でも、本場の教えってなんだ?と、真っ新（さら）な気持ちで畑とぶどうに向き合ったのが、この若き革命児たちなのだ。「本場」の言う鉄則には根拠のないものが多かった。ワインは畑ごとに、瓶ごとに違う。その不安定さと個性こそが魅力ではないか。あるはずのない「教科書」を破らせてくれたのがウスケ先生だったという。ある者は「無理」とされた垣根式を復活させ、芳醇（ほうじゅん）な一級のワインを造った。言うなれば古典の新訳である。河合はこれを「時間の熟成が必要だった」とずばり書く。日本ワインに欠けていたのは正体不明の〈土地の力〉（テロワール）ではなく、思想。今注目の佐々木中の〈本〉と〈革命〉をめぐる思想書『切りとれ、あの祈る手を』に示唆を得て書けば、革命は暴力によって成らず、だ。畑とぶどうの声を「気がふれた」と疑われるほど一心に聞き、その自然を活（い）かすために気の遠くなる地道な作業を重ねた者だけが革命者たることを、『ウスケボーイズ』は的確な取材によって示している。

評・鴻巣友季子（翻訳家）

かわい・かおり　74年生まれ。『セックスボランティア』など。本書で小学館ノンフィクション大賞。

二〇一〇年一一月二八日④

『パンとペン　社会主義者・堺利彦と「売文社」の闘い』

黒岩比佐子 著

講談社・二五二〇円
ISBN9784062164474／9784062776615（講談社文庫）

歴史／社会／ノンフィクション・評伝

苦境を笑いに変える抵抗の精神

今年は大逆事件から100年。幸徳秋水をはじめとする社会主義者・アナーキスト12名が処刑され、社会主義は「冬の時代」に突入した。本書は、主に大逆事件からの約10年間にスポットライトを当て、生き残った社会主義者の苦節を描く。その中心に据えられるのが、堺利彦と「売文社」の活動だ。

若き日の堺は、放蕩（ほうとう）の繰り返しだった。入ってきた金のほとんどを遊興に使い、借金を重ねた。彼は糊口（ここう）を凌（しの）ぐために小説を書き、大阪や福岡で新聞記者を務める。その後、黒岩涙香の「万（よろず）朝報」に入社し、社会主義に目覚めていった。

「平民新聞」で非戦論を掲げ活躍するが、1908年の赤旗事件で逮捕され、獄中生活を余儀なくされる。しかし、そのことによって大逆事件への連座を免れ、幸徳らの検挙後に出獄した。仲間の死刑判決を知った夜、堺は泥酔し荒れた。そして死刑執行後、同志たちの遺体を引き取り、身の危険を顧みず遺族のために奔走した。

彼は売文社を立ち上げ、新たな活動を展開する。売文社は「編集プロダクションの先駆的なもの」で、書簡や演説、借金依頼の代筆から翻訳まで、あらゆる文筆代理を請け負った。堺は窮地に陥った同志に仕事と居場所を与え、活動のチャンスをうかがった。

著者は言う。「私は『売文社』という語の強烈なインパクトに惹（ひ）きつけられた」

堺にはユーモアと人間的度量があった。苦境を笑いに変え、徹底的に仲間の世話をした。著者はそんな堺が掲げた「売文」という語に抵抗の精神を見いだす。

堺は33年に畳の上で亡くなった。その死は、同時代の社会主義者に比べてドラマチックではない。そのため、堺利彦の業績は記憶されず、語られることも少ない。しかし、暗黒の時代に闘い続け、常にユーモアと優しさを忘れなかった堺に、著者は魅（ひ）かれる。その筆致は、淡々としつつ愛に溢（あふ）れている。

著者は、本書を残して今月17日に亡くなった。遺作となった本書は、著者の代表作として読み継がれるだろう。名著だ。

評・中島岳志（北海道大学准教授）

くろいわ・ひさこ　1958〜2010年。ノンフィクション作家。『古書の森逍遥（しょうよう）』ほか。

二〇一〇年一一月二八日⑤

『ヨーロッパの形　螺旋（らせん）の文化史』

篠田知和基 著
八坂書房・二五二〇円
ISBN9784896949636

歴史／アート・ファッション・芸能／国際

「ヘンテコリン」の謎解けた

ジョルジュ・デ・キリコが形而上（けいじじょう）絵画の時代を終えて、晩年近くに新形而上絵画を確立するが、この絵画作品に頻繁に登場するヘンテコリンなオブジェがある。巨大なS字形にねじれたオブジェで、その両先端がペロペロ飴（あめ）みたいに内側に渦を巻いている。そんな形象が建物に寄りかかっていたり、画面の両サイドから門柱のように出っぱっていたりする謎の造形物だ。

ところがローマでキリコの家を訪ねた時、その謎が解けた。そのヘンテコリンな原型はバルコニーの鉄の柵（さく）の装飾の一部だったのである。実はこの螺旋（らせん）とも渦巻きともとれる唐草模様に似た形こそヨーロッパの精神の核をなす象徴的なフォルムであったということを、僕は本書で初めて知った。

そういえばヨーロッパの建物の内部には螺旋状の階段が至るところに存在する。ネジ釘（くぎ）のようにねじれながら上昇し、下降する階段がヨーロッパの精神と肉体をひとつに結びつけていたことに気づいた時、僕は自作の中にも螺旋や渦巻きを導入していたことを発見して驚いた。

著者がヨーロッパの螺旋の文化史を構築するためにたどる肉体と精神の旅は、本書でも触れられているウィリアム・ブレイクの「ヤコブの夢」と題する絵——天に向かう螺旋の階段を昇る天使たちの光景——とどこか二重写しになっていく。

著者は、ヨーロッパ全土に展開される螺旋や渦巻きがヨーロッパの機械文明の基本として、ヨーロッパ文化の形を形成していると論じ、神話から政治、芸術、祝祭、食生活に至る様々な場での効用を２００点の図像を挙げながら具体的に解明していく。

この書を読みながら僕はふと人間の肉体に宿る渦巻き螺旋の形態に想像が及んだ。指紋、つむじ、三半規管など、すでに自分自身が渦巻きの原型であることを。また人間のＤＮＡの二重螺旋構造がマクロの宇宙空間に茫洋（ぼうよう）と浮かぶ渦巻き星雲と相対する時、人間と宇宙の間をつなぐ壮大な空間になぜか、輪廻（りんね）と転生のビジョンを夢想してしまうのだった。

評・横尾忠則（美術家）

しのだ・ちわき　43年生まれ。比較神話学研究組織ＧＲＭＣ主宰。『人狼変身譚』など。

二〇一〇年一一月二八日⑥

『野宿入門　ちょっと自由になる生き方』

かとうちあき 著
草思社・一〇五〇円
ISBN9784794217769／9784794219077（草思社文庫）

社会／ノンフィクション・評伝

常識に切り込む都市の冒険者

本書を読む前は、都市や街中で行う野宿を「楽しい。ただそれだけです。」と言い切ってしまう帯文に少しばかり疑問を抱いていた。経済状況を理由に、世の中にはしたくもない野宿をせざるをえない人々も大勢いるわけで、そうしなくても生きていける人々が、非日常を体験するために公共の場に寝袋を敷いて眠ることを果たして肯定していいのだろうか、と。

だが、そうした正論は著者が言うところの「常識に縛られたツマラナイ人間」の言ということになる。今年30歳になる著者は「野宿野郎」というミニコミ誌の編集長である。冠されたコピーは「人生をより低迷させる旅コミ誌」。本書もまたコピー同様に自虐的な記述が随所に登場するのだが、そこで笑いを誘いながらも、憐（あわ）れみの眼差（まなざ）しを向ける大多数の常識人の懐深くへしたたかに切り込んでくる。

旅というほど大仰ではなく、キャンプ場で一泊するようなレジャーでもなく、本当の野宿者のようなシリアスさもない。眉を吊（つ）り上げた本気のツッコミは、警察の職務質問をかわすようにするりと受け流す。別にいいじゃないかとにこやかに開き直る折れない野宿魂は、本書の文体やイラストのなかにも滲（にじ）み出ていた。

様々な生活音に囲まれ、その音を気にしたり怖がりながら眠りに落ちる瞬間こそが心地いいと言い切る彼女の言葉には、そうかもしれないと思わせる不思議な説得力があった。

野宿の面白さは「貧弱な装備でどう愉（たの）しんでゆくか」「手持ちの少ないモノの中でどう工夫をして夜を乗りきってゆくか」にあるという。公園や無人駅やバス停で一夜を過ごすスキルは、夏に公開されたジブリの映画「借りぐらしのアリエッティ」を彷彿（ほうふつ）させるブリコラージュ（＝器用仕事）の端的な実践だろう。

終電を逃して路上で寝ることを「消極的野宿」と呼び、それを起点に腰を据えて野宿をしてみよう、などと公言してしまう著者は、日常のフィールドに未知を見出（みいだ）す稀有（けう）な冒険者であるのかもしれない。

評・石川直樹（写真家・作家）

かとう・ちあき　80年生まれ。介護福祉士。ミニコミ誌「野宿野郎」編集長。

二〇一〇年一一月二八日⑦

『ヨハネス・ケプラー』

ジェームズ・R・ヴォールケル著　林大訳

大月書店・二二〇五円
ISBN9784272440573

歴史／科学・生物

ケプラーは、太陽の周りを楕円（だえん）を描いて回る惑星の運動法則にその名を残す。いうまでもなく地動説を前提とするが、同時代のガリレオと違って、迫害されなかったのはなぜだろう。

ある天文学者と話していて、そんな話題になった。法則はおなじみでも、生みの親のことは、案外知られていない。

最新の伝記である本書によれば、ケプラーは17世紀、神聖ローマ帝国数学官という高い地位にあり、皇帝の厚い庇護（ひご）の下にあった。一方で、宗教戦争に翻弄（ほんろう）されて苦難も度重なり、魔女裁判にかけられた母の弁護に当たる、という試練もあった。

そうした中で、宇宙時代の今も揺るがない惑星の運動法則を見抜いたことに、改めて驚く。アインシュタインに相通じるケプラーの知性の真の価値を、学者たちは科学的思考が本格化した時代になって初めて完全に理解できた、と著者はいう。

10代からおとなまで、をうたい、全21巻で刊行が進む「オックスフォード　科学の肖像」シリーズの中の一巻である。時代と人の所産であることを知れば科学はぐんと身近になる。格好の入門書ともなっている。

評・辻篤子（本社論説委員）

二〇一〇年一一月二八日⑧

『クワガタムシが語る生物多様性』

五箇公一著

集英社・一三六五円
ISBN9784420310451

科学・生物

本書ではタイトルのクワガタムシのみならず、マルハナバチやミジンコなども取り上げる。

ヒラタクワガタの場合、現在は日本列島の島ごとに異なった亜種が存在し、全部で11の亜種が存在するという。アジア全域でみると、約500万年かけた長い進化の歴史の結果である。生態学では、独自の進化の歴史を背負った生物集団を「進化的重要単位」と呼ぶ。本書は、種だけで生物を分けるのでなく、進化の歴史とその「場」を考慮した単位で生物をとらえる必要があることを教えてくれる。

現在、東南アジア産のヒラタクワガタは日本に大量に輸入される。日本産は独立した「進化的重要単位」だが、両者は交尾し新種を生み出す。つまり500万年の過程が人の手でわずか数年でゆがめられてしまうのだ。

著者の訴えの中心は、自分が住む地域の生物多様性をもっと知り大事にしようということにある。各地域で独自に進化した生物の存在によって国全体、そして地球全体の生物多様性が維持されているという主張だ。

専門的知識がなくてもわかりやすく、ユーモアを交えて説明する著者の筆力に感心した。

評・久保文明（東京大学教授）

二〇一〇年一二月五日❶

『繁栄　明日を切り拓（ひら）くための人類10万年史　上・下』

マット・リドレー 著
大田直子、鍛原多恵子、柴田裕之 訳

早川書房・各一八九〇円
ISBN9784152091642〈上〉・9784152091659〈下〉／9784150503888〈ハヤカワ文庫ＮＦ〉　歴史／人文／科学・生物

合理的楽観主義で「世界はよくなる」

「もっと気楽に考えようよ。世界はよくなっていくんだから」

ぽんと背中をたたかれて、こういわれたような気になる。

原題は「合理的な楽観主義者」、その副題は「繁栄はいかに進化するか」である。人類はかつてないほどの繁栄の時代を迎えており、将来も楽観していい。それには合理的な理由がある、というのである。

「前例のない経済的悲観主義の時代」と著者がいう現在、楽観主義が入り込むのは容易ではない。楽観論を口にするのは、インテリにとって危険ですらある。かなりの勇気を要することといっていい。

それに挑んだ著者は、最新の生物学を通して人間を考える著作で定評のある科学ジャーナリストである。人間だけがなぜ、自らの生き方をこんなにも激しく変え続けることができたのか。本書は数多くの研究成果やデータをもとに再構成された壮大な人類史である。

かぎは、「交換」とそれによる「専門化」にあるという。有史以前のある時点で、食物と道具など物の交換が始まり、人間は「分業」を発見した。それぞれが得意なことに集中して専門化が進み、その結果、イノベーションが促されて繁栄がもたらされた、とする。

自給自足だと、道具から食物まですべて自分でこなさねばならず、それだけでかなりの時間がつぶれてしまう。分業すればするほど、時間の節約につながる。繁栄とは、端的にいえば節約できた時間だという。

たとえば、この200年を見ても、世界の人口は6倍に増え、寿命は2倍以上に延び、子どもの死亡率が下がり、病気や災害で死ぬ可能性も低くなった。人々の暮らしは確実に便利で安全になった。

人間はとかく悲観的になりがちだ。飢餓が心配されたが、食糧増産が実現した。人口爆発もいわれたが、増加率は鈍っている。結局、悲観的な予測はことごとくはずれてきたのではないか、というわけだ。

人間の創造性には限りがなく、イノベーションの炎は消えない。とりわけ、ネットワーク化された世界においては。根底にある確信だ。

従って、人類が直面する数々の課題、とりわけ気候変動やアフリカの貧困という難題も、解決できない道理はないとする。

現実的な立場からは大いに異論があるところかもしれない。人間の活動は今度こそ、限界を超えようとしているのではないかと。

むろん、著者も手放しで楽観しているわけではない。

人類史をたどれば、停滞も後退もあったし、イノベーションはいつでもどこでも起きるわけではないことがよくわかる。だからこそ、交換と専門化を妨げず、アイデアの交換を活発にして変化を促すようにすることが何より大切なのだ。

「あえて楽観主義でいようではないか」。最後はこう結ばれる。

新しい年に向けて、前に進むための議論のきっかけにしたい一冊だ。

評・辻篤子（本社論説委員）

Matt Ridley　英「エコノミスト」紙の科学記者、英国国際生命センター所長などを歴任。『やわらかな遺伝子』など。

二〇一〇年一二月五日❷

『ゴーレムの生命論』

金森修 著

平凡社新書・七七七円
ISBN9784582855487

科学・生物／新書

人工生命体 なぜ「怪物」化される

歌人・西行が死体の骨の片々を集めて「人」を造った、という話が中世の説話集『撰集抄(せんじゅうしょう)』にある。しかし、秘法を駆使して造った「人」は風流を解さず、言語を持たない「もの」として誕生した。困惑した西行は、それを高野山の奥に放置したまま都に帰ってしまうのである。

もちろん事実ではない。しかしこの説話には、本書で扱われているゴーレムという人造人間をめぐる問題と重なり合う要素が見られる。それは、人間が人工生命体を造ることにかかわって否応(いやおう)なく発生する諸問題だ。

ゴーレムとは、ユダヤ教の秘法を究めた者が土から造り出すことのできる人工生命体である。しかし、ゴーレムは言語行為をもとから欠いており、また、「魂」がないとされている。この二つの特徴は前述の西行の造った「人」と似ており、人工生命体と人間との間に横たわる大きな差異として描かれている。

人工生命体はこのように「人間未満」の存在として「怪物」化されてゆくが、それは、人が自然に反して生命を創造することへの警告を表す、と著者は言う。たしかに、聖書の人類創造になじみのない者でも、人為的な生命の発生には、驚嘆とともに一種のおののきを感じることがあるだろう。たとえばクローン生命体の創造や、人間の胚(はい)性幹細胞であるES細胞を使用する実験に対する倫理的な批判は今でも存在する通りである。

そして、創造した生命体に「魂」があるのか、という議論もある。ゴーレムは最後に土に還(かえ)るが、外見が人間そっくりの「もの」の生死を人が決定してよいのか。著者はこうした問いに明確な答えを出すことはしないが、ゴーレムに代表されるものたちの問題系を、ホフマンの「砂男」から映画「エイリアン4」に至る豊富な例を取り上げることで提示しようとする。

もとより評者も諸問題に答えを出せるものではないが、著者のやや迂遠(うえん)に見える論述のなかには、これからなされるべき議論の素(もと)がちりばめられており、読者に思考を迫るものとなっていると感じた。生命の神秘に関心ある方は一読されたい。

評・田中貴子(甲南大学教授)

かなもり・おさむ 54年生まれ。東京大学教授(フランス哲学、科学思想史など)。

二〇一〇年一二月五日❸

『鏡のなかの薄明』

苅部直 著

幻戯書房・三〇四五円
ISBN9784901998598

文芸／人文

視界を開く 本との真摯な対話

小熊英二の大著『1968』の論評にはじまり、神田神保町のちいさな喫茶店「きゃんどる」に思いを寄せた文章でおわる。そのあいだに時評、書評、美術評、読書ガイド。悠揚自在ぶりがまず、本書の魅力である。

冒頭、『1968』の異様な長さに言及し、本の厚みから「生の声」「心の軋(きし)み」への敏感をすくい上げる。それは、自身の歴史と社会へ向けるまなざしの表明でもあるだろう。前半には政治、宗教、制度、現代社会に割って入るしぶとい本への論評がつづく。こんなタイトルがあった。「他者の声を聴く」。本文は、政治を通じて社会的連帯再生を見出(みいだ)そうとする齋藤純一著『政治と複数性』にたいして。

「自分の生きる社会の片隅から、あるいはその外の遠方から発せられる、苦しみを訴えるかすかな声をうけとり、秩序の現状を問い直してゆくこと。解決の鍵は、そうした『感性』の深みにある」

日本政治思想史の研究者として、ひとりの人間として、本との真摯(しんし)な対話の記録でもある。だからこそ言葉には入念な検証がくわえられ、洗いがかけられている。「戦後直後」「ネットカフェ難民」「世論」「心の闇」「目線」……なじみかけた言葉が、ぎゃくにわたしたちを視界不良に陥れていないか。苅部直は自著『移りゆく「教養」』のなかで、すでに明言している——言葉を適切に選び、読みとる修練こそ、知を育てるだけでなく、他者との相互理解、おびただしい情報を吟味する重要な手だてなのだ、と。

　後半は、文芸やアートをめぐって文化へ向かう。論評を読むおもしろさは、書き手との紐帯（ちゅうたい）のありかを体感できるところ。二年まえ東京都現代美術館「大岩オスカール展」を観（み）たときの印象そのままを言葉として発見し、おおいに興奮した。もちろん未知の本を教わる刺激もたくさんある。たのしくなるのは、「本のソムリエ」の一章。日常感いっぱいの質問に答えた本のセレクトに独自の力の抜けかたがあり、親しみがつのる。鏡に映しだされた薄明、それは多彩なプリズムを湛（たた）えているのだった。

評・平松洋子（エッセイスト）

かるべ・ただし　65年生まれ。東京大学教授。『光の領国　和辻哲郎』など。

『死支度』

勝目梓 著

講談社・一六八〇円
ISBN9784062165365／9784062775861（講談社文庫）

文芸

達観した主人公に託した性的遺書

　この著者には、2006年刊行の私小説『小説家』という傑作がある。純文学からスタートして、娯楽小説、官能小説に移行した経緯を恋愛遍歴とともに率直に吐露した感動作だった。4年後に上梓（じょうし）された本書は、さながら古酒の樽（たる）の栓を抜いたような、風味豊かな独白体の連作短編集に仕上がっている。

　語り手の〈儂（わし）〉は99歳。老人用施設に収容された109歳を自称するボケ老人。もっとも当人はボケているとは思っておらず、延々と性にまつわる妄想譚（もうそうたん）を、7話にわたって披露する。

　第1話で、〈儂〉は妻の民子を失ったあと、至高の悦楽に包まれて死にたい、と考える。そこで思いついたのは、女性の体毛を大量に収集し、袋に詰めて枕と掛け布団を作り上げ、それに体をゆだねて断食死するという、途方もない計画だった。25年の年月と5億円の金を費やして、〈儂〉はその希望を実現させる。

　ところが、いざ枕と布団にくるまれ、断食死しようとする間際に、家を訪れた隣人に発見され、施設に収容されてしまう。死にそこなった〈儂〉は、ベッドに寝たきりになりながら、施設で働く看護師や、収容された他の老人たちを相手に、さまざまな性談議を繰り返す。

　その中には、体毛を提供した女性の何人かが枕越しに〈儂〉に語りかけてくる、というケースもある。そうした融通無碍（ゆうずうむげ）な語り口で、義足を愛撫（あいぶ）されて快感を覚える女や、女体にさわることで形を確かめる盲目の彫刻家の話など、魅惑的なエピソードが紹介される。さらに、自分が女になって悦楽を味わうといった、思いつく限りの性的妄想が次つぎに繰り出されて、目が回るほどだ。

　著者は、透徹した目とたくまざるユーモアで、底知れない性的うんちくを傾ける。しかし、そこにはいやらしさなど、微塵（みじん）もない。この小説は、いまだ達観の域にいたらぬ著者が、達観した〈儂〉にあこがれつつ書いた〈性的遺書〉、と呼んで差し支えないだろう。

　すべての〈儂〉にお薦めしたい、本年の掉尾（とうび）を飾る佳作だ。

評・逢坂剛（作家）

かつめ・あずさ　32年生まれ。『カレンダーにない日』『叩かれる父』など。

二〇一〇年一二月五日❺

『戦後日本人の中国像　日本敗戦から文化大革命・日中復交まで』

馬場公彦 著
新曜社・七一四〇円
ISBN9784788512047
歴史／国際

中国という「意味空間」形成の歴史

テレビや雑誌には扇情的な中国イメージが氾濫（はんらん）し、中国という存在それ自体が巨大なリスクと化した感がある。ただ、それが多分に日本人の願望やイメージを反映していることは否定できないだろう。なぜなら、中国という広大な国土は、日本人の理想やイメージが投射されたスクリーンのような意味空間だからだ。

それでは、この意味空間は、誰によって、そしてどんな言説やイメージによって形成されてきたのか。本書はまさしくこのような問いに答えようとする労作である。

本書がユニークなのは、論壇という公論（パブリックオピニオン）を核とした公共圏の磁場に現れた様々な知識人の中国に関する言説とその布置を整理していることである。具体的には敗戦の年から日中復交に至る１９７２年までの総合雑誌24誌に掲載された２５５４本の中国関連記事を取り上げ、その書き手である知識人や学者、ジャーナリストの属性とスタンスを整理し、中国像をめぐる戦後日本の言説の布置を浮かび上がらせているのである。

夥（おびただ）しい数の中国関連記事の内容を精査し、それを書き手となった知識人の「中国認識経路」という方法概念によって整理するだけでも厖大（ぼうだい）な労力を必要としたはずだ。本書から透けて見えるのは、総合雑誌という日本独特の雑誌形態が論壇を形成していた時代の中国像が、一部の中国学者や中国研究者だけに独占されていたのではなく、広く総合雑誌の読者や市民に開かれていたという事実である。そこに大衆性や専門性の違い、右や左といったイデオロギー上の対立があったとしても、中国という意味空間をめぐっての言説が活況を呈する状況があったことは間違いない。そうした状況の萎縮と扇動的な中国像の拡大は、論壇の衰退と公論の閉塞（へいそく）と関係しているのかどうか、ぜひとも著者に聞きたいところだ。

著者は大手出版社の現役編集者である。本書は編集者らしい視点の良書であり、現役編集者から優れた学者が誕生したといっても過言ではない。

評・姜尚中（東京大学教授）

ばば・きみひこ　58年生まれ。編集者。著書に『「ビルマの竪琴」をめぐる戦後史』。

二〇一〇年一二月五日❻

『「お笑い」日本語革命』

松本修 著
新潮社・一四七〇円
ISBN9784103281818
人文／社会

文化を支える言葉の「旅」追って

タイトルに「お笑い」の文字があるから、ふざけた本と思ってはいけない。何せ、以前自らの番組を使い、全国の「アホ」「バカ」という呼称の散らばりを調べ、柳田国男が「蝸牛（かぎゅう）考」で提唱した、言葉は昔、文化の中心である京都から地方へ放射状に広まっていったという仮説を裏付けた名作『全国アホ・バカ分布考』の著者なのだから。

今回、とりあげられた言葉や言い回しは、近年一般的な言葉となった「マジ」「――、みたいな。」「キレる」「おかん」など。これらは、１９７０年代以降のある時期から、若者や子どもの口の端にのぼり、一般会話はもちろん、新聞、テレビで頻繁に登場するようになる。

そのきっかけは、何なのか。映像、文献、インタビューなどを駆使した調査で、当時、テレビやラジオで大活躍した「お笑い」タレントが、張本人だと断定される。それは、誰か。読んでのお楽しみなので、名前は挙げない。が、彼らの力で、芸人や業界で一部の人しか使わなかった楽屋言葉や方言などが、電波にのって、一瞬で全国に広がり一挙に一般化した。

ここまででも十分面白いが、本書の真骨頂は、その奥にある。調査を進めるうち、言葉の初出の多くは、明治、江戸にもさかのぼることがわかる。ある時期、盛んに使われた言葉が、時代の変化に追いやられ、消えかけるも、その言葉の語感や意味合いをいとおしむ一部の閉鎖社会で生き残り、時宜を得て復活し、日本語を変えていく。

そんな、言葉の「旅」が明かされる時、ある時期「お笑い」がもった言葉に対する影響力と共に、文化を支える言葉が生きもののように持つ力と命を今さらながら思い知らされる。と共に、例えば幕末に生まれ、一時は消えかけた「おかん」に込められた語感、「気取らず、たくましく、温かい母」への愛ゆえ、使い続けた大阪の下町の人々の思いも、またいじらしい。

ところで、「おじん」「おばん」という短縮形の呼称の原語が、関西、関東では違うものが想定されているという。興味ありませんか。

評・四ノ原恒憲（本社編集委員）

まつもと・おさむ　49年生まれ。朝日放送「探偵！ナイトスクープ」プロデューサー。

二〇一〇年一二月五日❽

『チャイナ・インパクト』

柴田聡 著
中央公論新社・一八九〇円
ISBN9784120041631
文芸

尖閣諸島問題で中国との関係が悪化し、中国各地で頻繁に反日デモが発生している。中国とはどういう国なのか。こういう混乱した時期だからこそ冷静に「知る」ことが必要だが、その参考になるのが本書だ。著者は在中国日本大使館の経済部参事官。中国現地からのホットなリポートになっている。

中国がいち早くリーマン・ショックを克服できたのは「政経一体システム」という国家の経済分野への過剰なまでの影響力行使が可能なためだ。なぜ可能なのか。その理由は①中国共産党の圧倒的パワー②少人数の指導者による意思決定③国家介入の正当化の三つだと指摘する。

「中国は一党独裁だから」と言われるほど単純なものではなく、あらゆる経済分野に細密にそれは張り巡らされていると、具体的な分析が加えられる。出色なのは、中国の意思決定システムが詳述されていることだ。これは今まで他の中国本ではあまり見られなかったものだ。

百家争鳴の民主主義国である日本の政治家から見れば、うらやましい限りだが、その限界や問題点も指摘されており、バランスは保たれている。

評・江上剛（作家）

二〇一〇年一二月五日❼

『飽きる力』

河本英夫 著
NHK出版　生活人新書・七三五円
ISBN9784140883310
人文／新書

本書で説かれるのは「飽きる」ことの積極的意義だ。一見よくある引き算系の自己啓発書にみえて、実はそうではない。わが国におけるオートポイエーシス（細胞や神経系などの自己言及的な生成システム）理論の第一人者が初めて書いた、平易なシステム論の入門書である。

著者自身の個人史的な記述がまた実にオートポイエーシス的だ。1991年某日、昼食後にこの理論の真髄（しんずい）を卒然と理解し、嘔吐（おうと）とともに深い昏睡（こんすい）に陥る。以来河本は自ら会得した真髄に接近すべく、精神病理学、アート、リハビリテーションといった複数の現場への接続を試み続けることになる。河本は言う。「飽きる」とは、選択のための隙間を開くことであり、異なる努力のモードに気づくことである、と。それは神経系を再組織化することで、日々新たな経験に目覚めるための身体を発達させることだ。サッカーや野球などの事例を引きながら、時に「ビビアン・リーの鉄則」のような真顔の冗談も交えて議論は進む。特異な文体のリズムに不思議なめまいを覚えつつも、読み終える頃には得体（えたい）の知れない勇気が湧いてくる本だ。

評・斎藤環（精神科医）

二〇一〇年一二月一二日❶

『歌うクジラ　上・下』

村上龍 著

講談社・各一六八〇円
ISBN9784062165952〈上〉・9784062165969〈下〉／9784062776752（講談社文庫〈上〉）・9784062776769〈下〉）

文芸／アート・ファッション・芸能

壮絶な旅が紡ぐ　不老不死の近未来

本書を読みながら「イェーウトゥゴ」という言葉が時折頭をかすめた。西アフリカのある種族は「話をして夜の寂しさから人を解放する」ことをこの一語で表すという。夜の闇は死を、人間のモータリティ（死する運命）を想（おも）わせる。その闇を紛らすために人は物語を作ったのではないか。詩や踊りや絵、そして科学もそこに端を発するのではないか。

『歌うクジラ』は人間が不老不死を手に入れた2117年の日本を舞台とし、流刑地「新出島」から来た少年「タナカアキラ」の壮絶な旅を追うことで、「理想的な」管理社会の暗黒部を徹底して描く。2022年、クジラから不老不死の遺伝子が発見される。移民内乱の鎮圧後、日本は「文化経済効率化運動」と、「最適生態」の理念による上・中・下層の棲（す）み分け政策を推進。遺伝子操作による医学的賞罰（功労者は不老不死に、犯罪者は「生命時計（テロメア）」を切断されて死ぬ）や、精神薬による人心統制、性と記憶のコントロールが行われる。アキラは父の託した人類の秘密をある老人に届けにいく。

ディストピア（反ユートピア）小説とは、近未来に姿を借りて、既に起きた・起きつつあることの本質を露（あら）わにするものである。未来の英国に仮託して、オーウェルが『1984』で独裁政治を風刺したように、ハックスリーが『すばらしい新世界』で全体主義による人間性の抹消を描いたように、『歌うクジラ』も現世界が抱えるものを書く。効率化運動は文革を思わせるし、棲み分けによる社会安定の理論はアパルトヘイトなどに見られたもの。そもそも管理体制と肥大したテクノロジーの結合という骨組みも、ディストピアの元祖、ロシアのザミャーチンによる『われら』のそれを踏襲する形だ。

『歌うクジラ』でも、中・下層民は洗脳と投薬により、効率化と相容（い）れない感情や欲望、ひいては文化芸術を失った。アキラが操る「敬語」も失われた文化の一つだ。しかし精神薬を強いられない最上・上層民が豊かな表現を生みだすこともない。不老不死となった人々はやがて「理想村」の病院に横たわり、「床ずれ」による壊疽（えそ）で四肢を失いながら半永久的に生きる。皮肉なことに、彼らは不老不死と引き換えに「生」をなくしたのだ。いつかは消える命だからこそ、人は生の証しを様々な形で残そうとする。反乱移民はマインドコントロールに抗するため、助詞の間違った日本語を話し続け、強烈な「文化」を作りだすのである。

アキラが何者かの声を聞くようになると、父からの使命を帯びた旅は父探しの様相を呈する。「生きる上で意味を持つのは、他人との出会いだけだ。移動しなければ出会いはない」と彼は言う。箱庭の安寧から物語は生まれない。旅をしあらゆるものを失い死へと向かうアキラの、己の生への執着だけが、この長大な物語を紡ぎ得たとわかるだろう。暴力と絶望と虚無に貫かれた本書の饒舌（じょうぜつ）は、それだけ闇が深く果てしないことを物語っている。

評・鴻巣友季子（翻訳家）

むらかみ・りゅう　52年生まれ。「限りなく透明に近いブルー」で芥川賞。『コインロッカー・ベイビーズ』で野間文芸新人賞。『イン　ザ・ミソスープ』で読売文学賞。『共生虫』で谷崎賞。『半島を出よ』で野間文芸賞。

二〇一〇年一二月一二日❷

『20世紀を語る音楽　1・2』

アレックス・ロス 著　柿沼敏江 訳

みすず書房・1巻四二〇〇円、2巻三九九〇円
ISBN9784622075721〈1〉・9784622075738〈2〉

アート・ファッション・芸能

時代の熱と鼓動伝える壮大な物語

いわゆる西洋クラシック音楽の世界で「現代音楽」というと、調性から脱した新ウィーン楽派以降の音楽をなんとなくそう呼んできたわけだが、しかし、それは百年も前の話なのであって、いくらなんでも「現代」ではないだろう。一方で新ウィーン楽派と同時代ないしそれ以降も調性のある音楽は書かれ続け、では、それらは「現代音楽」ではないのかといわれると、違うともいいにくい。こうした曖昧（あいまい）さの原因は、二十世紀音楽の概念が全く明確でなかったからである。その意味で、西欧の二十世紀音楽の姿を、トータルな形で、明瞭な輪郭とともに描き出した本書は、まずは画期的といってよいだろう。

二十世紀音楽を語るなら、多くの優れた演奏家たち、レコード、ラジオ等のテクノロジーの進歩、西洋に持ち込まれた民族音楽の力、そしてもちろんジャズやロックやポップスといった音楽を無視することはできない。本書でもそれらは当然視野におかれている。が、あくまで主役は作曲家、それもいわゆるクラシック音楽の世界の作曲家たちであり、欧米を舞台にした作曲家列伝の形を叙述がとっているのは、二十世紀音楽全体を語るという課題からしたら限界ともいえようが、対象の気の遠くなるような巨大さと錯綜（さくそう）ぶりを思うとき、一つの有力な方法だと納得できるだろう。と同時に、これまであまり知られてこなかった作曲家の履歴や思想に光があてられるという余禄もあって、一例のみあげるなら、ブリテンの事蹟（じせき）に割かれた章などはきわめて興味深い。

大量の資料を駆使して編まれた「物語」――一九〇六年五月一六日、リヒャルト・シュトラウスの指揮する《サロメ》を聴くべく、マーラー夫妻、ベルクら六人の弟子を引き連れたシェーンベルク、アドルフ・ヒトラー、そしてトーマス・マンの小説『ファウスト博士』の主人公、アードリアン・レーヴァーキューンといった人々が、グラーツの街で一堂に会する場面からはじまる壮大な「物語」は、二十世紀という時代の熱と鼓動をいきいきと伝えて魅力的だ。

評・奥泉光（作家・近畿大学教授）

Alex Ross　68年生まれ。米国の音楽批評家。

二〇一〇年一二月一二日❸

『ブギの女王・笠置シヅ子　心ズキズキワクワクああしんど』

砂古口早苗 著

現代書館・二二〇〇円
ISBN9784768456408

アート・ファッション・芸能／ノンフィクション・評伝

自由と平和と解放の象徴だった

廃虚と化した焼け跡風景の中に、まるでCGによるSFパニック映画の一シーンのように大阪城だけがポツンと取り残されていた。終戦後、母に連れられて鶴橋の闇市に米を売りに行った時、聞こえてきた歌は竹山逸郎の「異国の丘」でも並木路子の「リンゴの唄」でもなく笠置シヅ子の「東京ブギウギ」だった。

「私が書かなきゃ誰が書く」と言って書いたのが笠置シヅ子と同郷の香川県の人。笠置が読んだら、わてほんまによーいわんわ、と欣喜雀躍（きんきじゃくやく）間違いなし。彼女へのおべんちゃらばかりではなく、彼女の心の扉をこじ開けて不透明な闇の部分にも分け入る。

例えば彼女の持ち歌を歌って彼女の廻（まわ）りをハエのように飛びから子供の美空ひばりにイケズをしたとかしないとかはよう知らんけど著者は笠置の肩を持つ。また古川ロッパの足を引っ張るような発言など人気者にはスキャンダルがつきものだ。

もっと面白いのはあの三島由紀夫が笠置シヅ子に「天皇陛下みたいな憧れの象徴」と最大級の賛辞を送ったことだ。それを面と向かって言われた彼女はほんまにびっくりしはったやろな。彼女を天照大神（あまてらすおおみかみ）とかアメノウズメノ命（みこと）と言うならともかく、天皇陛下でっせ。

子供の頃の僕なんかは昨日までの軍国主義を彼女がハイヒールで蹴飛ばしてくれたことでマッカーサーの「アメリカさん」にぞっこんやった。GHQの占領下で暴れまくるブギの女王こそ自由と平和と解放の象徴だった。何しろ黒澤明が彼女の歌を作詞し、映画「酔いどれ天使」で歌わせているほどだ。

笠置シヅ子のファンには時代を代表する錚々（そうそう）たるインテリが名を連ねている。彼女の生き様は芸人というより芸術家の資質に近い。三島由紀夫は明治以後の三人の女傑――与謝野晶子、三浦環、岡本かの子に笠置シヅ子を加えた。「秩序のないところには芸術も美もない」と、ただ奔放に歌って踊っているのではないと笠置を評価。ビートルズを認めようとしなかった三島だが笠置シヅ子を芸術家の一人として認めた。大賛成。

評・横尾忠則（美術家）

さこぐち・さなえ　49年生まれ。ノンフィクションライター。

二〇一〇年一二月一二日❹

『策謀家チェイニー　副大統領が創った「ブッシュのアメリカ」』

バートン・ゲルマン 著　加藤祐子 訳

朝日新聞出版・二四一五円
ISBN9784022599711　政治／ノンフィクション・評伝／国際

無制限の権力を求めた「仕掛け人」

原題は「アングラー」。釣り師という意味であり、シークレットサービスがチェイニー副大統領に付けたコードネーム。「仕掛け人」といったニュアンスであろうか。本書の元になった記事はワシントン・ポスト紙に連載され、ピュリツァー賞を受賞した。数百人の関係者へのインタビューに基づいて書かれただけに、大変読みごたえがある。

チェイニーに対しては「石油利権の代表者」と決めつける者が多いが、著者は彼が副大統領就任前にそれまで勤めてきたハリバートン社などの推定800万ドル相当のストック・オプションを手放し、その全額が慈善基金に寄付されることになっていたことを明記している（しかもチェイニーはこのことを公表しなかった）。そして本書は、チェイニーが国家安全保障を最優先に考える理念の政治家であったことも認めている。

しかし、著者はチェイニーのイラク戦争での判断や秘密主義的な政治手法などについて批判的である。著者によると、チェイニーの最大の問題点は、その使命感が強過ぎるあまり、無制限の権力を追求してしまうことであった。

副大統領は上院議長を兼ねるが、通常下院には足がかりをもたない。しかし、チェイニーは下院本会議場に隣接した場所にオフィスを確保した。税金に関する下院での議論に関与するためであった。ここまで先を読んだ副大統領はまことに異例である。彼はまた、テロ防止のための情報収集において、大統領権限の強化に執念を燃やした。

ブッシュ大統領によって「与えられた権限はあまりに幅広く、自律的だったため、チェイニーはアメリカにとって初の『大統領代理』に近い存在だった」。しかし、そのブッシュも次第にチェイニーに距離を置くようになる。対北朝鮮政策もその一例であろう。政権末期、チェイニーの意に反して国務省主導の交渉路線が大統領の支持の下に進められたのである。

本書は副大統領の役割についてのみならず、ブッシュ政権の内側と本質についてきわめて重要な洞察を多数与えてくれる。

評・久保文明（東京大学教授）

Barton Gellman　米国の新聞記者を経てタイム誌の客員編集委員。

二〇一〇年一二月一二日⑤

『蜜姫村』

乾ルカ 著

角川春樹事務所・一五七五円
ISBN9784758411653／9784758437226（ハルキ文庫）

文芸

秘境の異様な秘密に吸い寄せられ

人里離れた秘境の村に秘密がある。村ぐるみで長年それを守り続けている。ちょっとした偶然から、そこに迷い込んでしまった旅人が「なんだかおかしいな」と疑問をもって調べようとしたために、目眩（めくるめ）く恐怖を味わうことになる。何故（なぜ）だか、私はこういう物語に弱い。

村人の全員が健康過ぎるということが秘密の鍵である。おまけにそこに巻き込まれる主人公は女医なのだ。でも、その目をもってしても最初は気づかない。特殊な病があるというならともかく、その逆なのだから。

だが「変だな、お年寄りが多いのに皆あまりにも健康」と感じたときから、世界が歪（ゆが）み始める。善良な村人たちとの友好的な関係が崩壊してゆく。

おそろしい、と思いながら物語に目が吸い寄せられる。どきどきする。だって、これは私たちの世界を代表する主人公ともうひとつの世界とのぶつかり合いなのだ。

我々の世界で強く望まれながら実現されていない完全な健康が、彼らの世界では当然のものとなっている。だがやがて、秘密に関わる者たちが、それを守るために自由恋愛や職業選択や学校教育を禁じられていることがわかってくる。それぞれが大きな犠牲を払っているのだ。

とんでもない世界だ、と思いつつ、何かもやもやする。だって、我々の世界といってもあまりに巨大すぎて、私自身がそのシステムにどのように関わっているのか、よくわからないのだ。自由に恋愛できて職業が選択できてラーメン屋でなんでもトッピングできるけど、そのことのありがたみが実感しきれない。

だからこそ、もうひとつの世界のあり方に興味をもつ。私に与えられた権利の殆（ほとん）どを彼らはもたない。でも、異様な秘密を中心とした世界を支える己の役割については、はっきりとした自覚と誇りを抱いているのだ。

読み進むにつれてもやもやは大きくなる。そして最後の最後、命懸けの対決場面で、私の中に感情移入の逆転が起こった。主人公から敵の親玉へ。だって恰好（かっこ）いい。恰好いいよ。こいつの方が。ああ、私は裏切り者だ。

評・穂村弘（歌人）

いぬい・るか　作家。『プロメテウスの涙』『メグル』など。

二〇一〇年一二月一二日⑥

『神的（しんてき）批評』

大澤信亮 著

新潮社・二一〇〇円
ISBN9784103278115

人文／社会

自己との対峙迫る「食べるとは」

私たちは皆、殺しながら生きている。生きるためには食べなければならない。食べることとは殺すことである。生きることと殺すことは不可分の関係にある。

しかし、日常の私たちは、生きることの暴力を忘却している。みんな子どものころから気付いているのに。本当は知っているのに。

暴力は、すべての人間の命に組み込まれている。だから暴力を問うことは、無限の絶望を伴う。時には自己の根拠を崩壊させる。できれば、そんなことは問わずに生きていたい。忘れていたい。しかし、ふとした瞬間、私たちはその絶望と出会ってしまう。繰り返し出会ってしまう。否応（いやおう）なく出会ってしまう。

著者は文学の本質を「自らの問いにおいて対象と向き合い、その問いを徹底化し無限化していく実践」と捉える。本当の文学や批評は、自己への疑問と不安を喚起させ、自己との対峙（たいじ）を要求する。だから「食べること」を問わなければならない。

本書は、まず宮沢賢治を取り上げる。賢治

は「あらゆる生物のほんとうの幸福」を願った。彼は菜食主義を採り、暴力を自省しようとする。それでも自分は何かを殺してしまう。どうやっても暴力の外部に抜け出ることはできない。だとすれば、人間には生命の自己破壊しか用意されていないのか。

「殺されたくない。殺したくない。けれど死ぬこともできない。そして殺していく。だとすれば生きるとはどういうことか」

この問いは、北大路魯山人と「食」の問題へと展開する。「人間にとって食事とは何か」魯山人の問いは「殺した相手」からの「愛に貫かれて食べること」へと行きつく。「食うとは食われること」という感覚の分有によって他者の光が差し込み、自己が差し出される。

著者は言う。「自分を問うこと。これが私の批評原理である」

向き合うことを回避する批評があふれる中、著者は文芸批評の可能性をこじ開けようとする。その荒々しくも繊細な力に、読者は自己と世界へと導かれるだろう。

評・中島岳志（北海道大学准教授）

おおさわ・のぶあき　76年生まれ。文芸批評家。「宮澤賢治の暴力」で新潮新人賞。

『無縁社会　〝無縁死〟三万二千人の衝撃』

NHK「無縁社会プロジェクト」取材班 編著

文芸春秋・一四〇〇円
ISBN9784163733807

社会／ノンフィクション・評伝

細る家族縁　新しい「縁」の模索も

流行語ともなった、無縁社会、そして無縁死。無縁問題を取り上げたNHKスペシャルを見て「他人事（ひとごと）ではない」という不安を募らせた人は多く、もちろん私もその一人です。

本書は、番組を制作したスタッフたちが、映像に映らなかった情報や取材する側の感情も拾いあげてまとめた一冊。まず気付かされるのは、無縁状態で生きる人々は、家族がいない人たちばかりではない、ということです。

実家があったり、結婚経験があって子供がいる人でも無縁状態に陥る人はたくさんいて、そんな人たちに共通するキーワードは「迷惑をかけたくない」というもの。迷惑をかけたくないからと、家族に頼ることなく孤独に生きる人の、何と多いことか。

他人との接触が無くとも、とりあえず生きていくことはできる環境が整っている今、ずっと結婚せずにいた人のみならず、離職や離婚、死別といったきっかけで、人は簡単に無縁状態となるのでした。だからこそ、性別や年代、家族状況にかかわらず、「明日は我が身」と思う人は多いのではないでしょうか。

今や縁は、貴重品となったのです。家族の縁や地縁は、普通に生きていれば自然に手に入るものではなくなり、積極的に努力をしないと、持つことも保つことも難しい世の中になってきたことを痛感させられます。

しかし本書を読んでいると、縁の形が変化しつつあることも、感じるのでした。家族縁、地縁、社縁といった旧来型の縁ばかりではなく、ネットでつながる縁、NPOやサークル活動の中でできる縁など、新しい縁を模索する人が、増えているのです。

新しい型の縁は、今後もっと重要視されることでしょう。旧来型の縁の中で死ぬことができない人たちが、今は「不幸」「孤独」「悲惨」とされるわけですが、そろそろ視点とシステムの転換が必要なのではないか。家族にはうっとうしがられる「迷惑」も、他人であれば受けとめてくれる場合も、あるのですから。

評・酒井順子（エッセイスト）

NHKスペシャルやニュース報道などの取材をもとに執筆。

平成二十三年

2011

二〇一一年一月九日②

『デカルトの骨　死後の伝記』

ラッセル・ショート著　松田和也訳
青土社・二五二〇円
ISBN9784791765751
人文／ノンフィクション・評伝

「近代」との歩み　頭蓋骨までも

虎は死して皮を残す、という。では、人間は? 業績、著書、あるいは伝説だろうか。いや、そんなものは時の移ろいの中でははかない。確実に残る、といえるのは、骨、だけである。

『方法序説』の著作で知られる17世紀の哲学者、ルネ・デカルト。精神と肉体とを分けて事物を考える二元論を提唱し、それまで主流だったアリストテレス主義を根底からひっくり返したとされるフランス人である。その功績により「近代主義の父」とも呼ばれるこの偉人は、生前だけでなく、死後も「近代」の進展に深く関わったというのだ。それはデカルトの思想が、というだけではない。彼の残した一個の頭蓋骨（ずがいこつ）が人々の手に渡りながら、学者の世界で大きな論争を引き起こしたというのである。まさに、身も心も「近代」とともに歩んだ学者といってよいだろう。

こうしたデカルトの骨をめぐって引き起こされるミステリーを精緻（せいち）な調査のもとに綴（つづ）ったノンフィクションが本書である。著者は17世紀の文献を読んでいて、スウェーデンで客死したデカルトが埋葬された後、その骨が数奇な運命をたどったことを知る。デカルトの墓は死後16年目に掘り起こされ、その骨はまるでカトリックの「聖遺物」（崇敬される聖人の遺骨など）のように扱われ、故郷のフランスに送られたのである。

ところが、フランスには頭蓋骨以外の骨しか届いてはいなかった。頭蓋骨はスウェーデンで人の手を転々とし、結果的にフランスに返還される。しかし、その頭蓋骨の真偽問題が発端となり、その後21世紀に至るまで、デカルトの骨は比較解剖学や骨相学、顔学といった新たな学問の誕生に遭遇してゆく。

興味深いのは、デカルトの二元論を象徴するかのように、精神のやどる頭蓋骨と肉体そのものであるその他の骨とが早期に分離した偶然である。デカルトは、実は単なる二元論ではなく、二つをつなぐ「心」といってよい概念をも論じていたが、本書のラストでデカルト自身の「心」の秘密が明かされるのはじんと来る。徹夜覚悟でぜひ一読を!

評・田中貴子（甲南大学教授）

Russell Shorto　米国生まれ。オランダ在住のジャーナリスト。

二〇一一年一月九日③

『ロードサイド・クロス』

ジェフリー・ディーヴァー著　池田真紀子訳
文芸春秋・二五〇〇円
ISBN9784163297200／9784167812300（文春文庫〈上〉）・9784167812317〈下〉
文芸

人間的魅力たっぷりのヒロイン

本書のテーマはネットでのいじめだ。ネットの匿名性に隠れて他人を誹謗（ひぼう）、中傷する事件が後を絶たないが、著者はそうした危険を警告するためにこのミステリーを書いたという。

私もネットでブログを続けているが、心底、嫌な思いをすることがある。ブログの言葉尻をとらえ、匿名氏が非難の書き込みをすると、それに対してまた誰かが、さらに誰かがという具合に、まるで津波のように汚く悪意に満ちた言葉が襲いかかってくる。世の中はこんなにも悪意が満ちているのだと悲しくなり、落ち込んでしまう。匿名の非難は卑怯（ひきょう）だ。仕返ししてやりたいと思うのだが、相手はネットの向こうに隠れ、姿を見せない。私はなすすべもなく、悔しさをかみしめるだけだ。

物語は、少女の殺人未遂事件から始まる。その前日、事件を予告するかのようにロードサイド（路肩）に十字架（クロス）が置かれていた。犯罪の可能性を予感したカリフォルニア州捜査局（ＣＢＩ）の女性捜査官キャサリン・ダンスは捜査を開始する。彼女はキネシクスという動作分析を駆使して容疑者のうそを見抜く尋問の天才だ。

捜査線上に容疑者として高校生のトラヴィスが浮かび上がる。彼は交通事故を起こし、同乗していた二人の同級生の少女を死に至らしめた疑いを持たれている。その交通事故をブロガーのジェームズ・チルトンがブログで批判的にとりあげた。そのことをきっかけに彼は激しいネットいじめにさらされる。殺人未遂事件の被害者の少女は彼をネットでいじめていた少女だったことが分かる。トラヴィスの復讐（ふくしゅう）なのか？ ダンスは彼を追及するが、彼は姿を消す。奇怪な事件はダンスをあざ笑うかのように次々と発生し、ついに殺人事件に発展してしまう。

ネット犯罪を扱いながらダンスはネットに詳しくない。そのため、ネットに不案内な読者でもダンスと同じ目線で、ネットの実態を学びつつ犯人を追いつめる楽しさを味わうことが出来る。ネットの悪意とは真反対な人間的魅力たっぷりのヒロインの活躍に、心が洗われる。

評・江上剛（作家）

Jeffery Deaver 50年生まれ。『ウォッチメイカー』など。

二〇一一年一月九日❹

『知の棘（とげ） 歴史が書きかえられる時』

上村忠男 著

岩波書店・二五二〇円
ISBN9784000238670

歴史／人文

「歴史はいかに可能か」問う

時代に歴史が満ち満ちていた六〇年代を遠く離れて、高度にシステム化された資本主義社会のいまは「歴史の暮れ方」であると著者は書く。その歴史なき時代に、歴史認識はどんなかたちで可能になるのだろうか。

ベネデット・クローチェに従えば、すべての歴史は現代史であり、現在の生の実践的な欲求や関心に促されてつくられる。三木清も、歴史は現在が端緒になるゆえに、つねに書き換えられる内的必然性をもつという認識に立って、それを叙述するロゴスとしての歴史はたんなる過去の出来事の模写ではなく、叙述者の主体的事実の表出である、とした。歴史の叙述がイデオロギーになる所以（ゆえん）である。

また、かくて歴史は支配者＝勝利者の所有物ともなるのだが、たとえばこれに対抗してベンヤミンは、個人が支配者の歴史学から過去を奪い返し、生きたかたちで未来へ開くための能動的な「回想」を唱えた。またさらに、実体論的な国家観に代わって、国家や国民を想像力の構成物として捉えるとき、想像の共同体にリアリティーを与える言語装置としての物語が要請されることになるが、それは国民形成の物語をつくるということではない。むしろ国民の数だけ差異をもち、他者と自己が対峙（たいじ）する言語の本質に従って他者を抑圧する〈原―暴力〉に満ちることもある、生きた声のざわめく空間が生起するのである。

さて、歴史はいわば他者との関係の記述であるが、他者とはそもそも自己が知ることの出来ないものではなかったか。そこから高橋哲哉が「記憶されえぬもの」と呼び、アーレントが「忘却の穴」と呼んだ表象の限界へと、著者の思索は進んでゆく。すなわち自己言及的でしかあり得ない私という主体を、いかにして他者へと開いてゆけるか。現在にけっして還元できず、語り得ない他者との関係によって現在が異化されるような歴史はいかにして可能か。評者は歴史学には不案内ながら、認識主体の限界を内破せんとして、現在の生に身を投じる著者のリオタール的な能動に共感をもった。歴史認識は生そのものである。

評・高村薫（作家）

うえむら・ただお 41年生まれ。学問論・思想史家。『ヴィーコ 学問の起源へ』。

二〇一一年一月九日⑤

『梅原龍三郎とルノワール』

嶋田華子 編著
中央公論美術出版・一九九五円
ISBN9784805506479

アート・ファッション・芸能／ノンフィクション・評伝

巨匠の全存在を肉体に刻む幸運

雲の上の巨匠といえども、当たって砕ければ意外と会ってくれるものなんだ。ぼくの場合のダリのように。梅原龍三郎はそうして自らの手でルノワールの門戸を開いたのである。

パリのリュクサンブール美術館でルノワールの実作を目にした20歳の梅原は、翌年カーニュ・シュール・メールの老ルノワールを訪ねた。この時の梅原の会見記を読んで小林秀雄は「全く文学臭の希薄な文」と評したが、その無垢（むく）な心が如何（いか）に高揚し、至福を得たかという気持ちはじんわりと小林の胸にしみるように伝わったに違いない。

この日以来、梅原はルノワールを師と仰ぎ、自らのキャンバスに師の芸術を移植すべく換骨奪胎を図るのである。このような幸運は人生の中でもめったに起こるものではない。それは彼の意志によるものか運命の作用によるものか、彼の後の人生が解答を出すことになる。

梅原はルノワールの誘いで写生旅行に同行し、巨匠の制作の現場に立ち会う。画家にとっては夢のような話である。キャンバスの上を走る筆の動きを目撃することは、ルノワールの如何なる箴言（しんげん）よりも尊い。この瞬間に梅原はルノワールの全存在を彼の肉体の肉の一片にまで刻みつけたことであろう。

5年間のパリ留学を終え、帰国した梅原が断腸の想（おも）いで迎えるのは師の死であった。すでに梅原はルノワールの影響下から脱却を図っていた時期で、内なるルノワール様式は滅却されていた。帰国した当時の梅原にはまだルノワールとの親和性が断ち切れていなかったが、その後の変容は東洋美術の導入やフォービズム、その他の様式を駆使しながら梅原独自の世界観を構築していく。

本書の装丁にはルノワールの「パリスの審判」とそれを引用した梅原の同題の作品がジャクスタポジション（並置）されているが、この梅原のコケティッシュな手法はマチスと棟方志功を合体させたような無邪気な、梅原の演劇趣味を匂（にお）わせるオペレッタ風の作品に仕上がっている。これを見るルノワールがどんな顔をするか見たいものだ。

評・横尾忠則（美術家）

しまだ・はなこ　梅原龍三郎の曽孫。資料整理や展覧会企画などを行う。

二〇一一年一月九日⑥

『科学の科学　コレージュ・ド・フランス最終講義』

ピエール・ブルデュー 著　加藤晴久 訳
藤原書店・三七八〇円
ISBN9784894347625

教育／人文／科学・生物

科学の現場の「構造」明らかに

1998年、新3種混合ワクチンの接種が自閉症の原因となるとする論文が発表され、大きな反響を呼んだ。ところが最近の調査で、この報告が執筆者である医師のでっちあげだったと判明した。なぜ科学者がこうしたスキャンダルを起こすのか。

私たちは科学を厳正かつ中立な、自律性の高い学問だと考えている。しかしその科学にすら政治や人間関係といった不純な要因が影響を及ぼしてしまう。

社会学者ブルデューによれば、それは科学の現場が本来的にはらみ持つ、構造的な問題だ。この最後の著作の本書で、ブルデューは彼の思想のキーワードでもあると言うべき「界」「ハビトゥス」「文化資本」といった諸概念を自在に駆使して、その構造を解き明かそうとする（最終章には彼自身の自伝的自己分析もあり、ちょっとしたブルデュー入門としても読める）。

とりわけ重要なのは「界」の概念だ。科学の主体は「界」である。「界」とは簡単に言えば、行為者（個々の科学者）、チーム、実験室、学会、大学といった諸要素がおりなす関係性の構造を指す。そこには「緊密に結びついた二つの根本的な属性」として、「閉鎖性」と「実在の審判とから派生する対話と論証の法則」があるとされる。

　科学「界」から生まれた特殊な発見が、「界」内部での反証や検証を経て、普遍的な科学的事実を構成すること。このとき科学者の取るべき態度は、素朴実在論でも相対主義でもない「実在論的合理主義」であるとされる。

　「界」においては科学的客観性も、個人の倫理的判断ではなく、むしろ科学者同士の関係性の中で決定づけられることになる。同じ意味でニュートンやアインシュタインは天才的個人ではない。彼らもまた「集合的主体」なのだ。

　本書を読みながら、科学「界」とIT業「界」の違いがしきりに頭をよぎった。スティーブ・ジョブズを、あるいはマーク・ザッカーバーグを生んだ「ハビトゥス」や「界」と、科学「界」との違いは何か。後続研究をぜひ望みたい。

評・斎藤環（精神科医）

Pierre Bourdieu　1930～2002年。フランスの社会学者。

二〇一一年一月九日⑧

『昔日の客』

社会

関口良雄 著

夏葉社・二三一〇円

ISBN9784904816011

　深夜に読了。感慨というべきか、闇の中で、この本が描く、恐らく今では取り戻せないだろう世界に思いが広がり、しばし眠れなかった。

　30歳をすぎた昭和28年、馬込文士村に近い東京都大田区に古書店を開き、多くの作家、学者らに愛された筆者による随筆集の復刊。登場する文士が渋い。尾崎一雄、上林暁、正宗白鳥……。彼らの文学を深く尊敬するため、売るのではなく資料作りにと、自費で全著作を買い集める。そんな人柄からか、双方の立場をいつしか越えてゆく心の触れ合いは、何とも温かい。

　著名人だけではない。店をたびたび訪れる無数の市井の人々。店の近くに住んでいた無名時代の野呂邦暢が、欲しかった本を値引きしてくれた記憶が忘れられず、芥川賞の授賞式に突然招待したという表題作は、麗しい。多くの客の言動は、どこか奇妙で哀（かな）しいが、どんな理由であれ、本が好きだ、という心情を知る故か、描かれる姿はとても愛（いと）おしい。

　すべては30年以上前の物語。そんな時代もあったんだ。電子図書で騒がしい年頭、「本」の意味をまた考える。

評・四ノ原恒憲（本社編集委員）

二〇一一年一月一六日①

『荒廃する世界のなかで　これからの「社会民主主義」を語ろう』

トニー・ジャット 著　森本醇 訳

みすず書房・二九四〇円

ISBN9784622075608

歴史／政治／人文

政治の耐え難い軽さ　批判した「白鳥の歌」

　市場経済を中心とする経済のグローバル化とは、18世紀のフィジオクラート（重農主義者）が主張していたように、自然によって定められた「摂理」のようなものなのか。とすれば、わたしたちは、その余りにも深刻な荒廃を嘆くだけで、それに従うしか術（すべ）はないことになる。しかしそれだけでいいのか。

　本書は、こうした問題認識のもと、荒廃する世界への満身の怒りを込めて歴史家、故トニー・ジャットが残した、若き人々への「白鳥の歌」である。そこに漲（みなぎ）る、サッチャー政権以来の欧米の浅ましいまでの市場礼賛と「政治の耐えがたい軽さ」への批判は実に手厳しく、容赦がない。ただし、誤解してはならない。ジャットは、急進的な左翼や新左翼の季節外れのアジテーターではないのだ。彼はもっと地に足がついている。いやある意味で保守的とすら見えないことはない。なぜなら、彼が継承し、そして新たな生命を吹き込もうとしているものは、20世紀の苦闘の歴史から勝ち取られた遺産にほかならないからだ。それは、やや図式的に説明すれば、福祉国家＝社会民主主義＝ケインズ主義のコンセンサスということになる。このコンセンサスとは、道徳的な配慮と共通善の実現に向けて可能な限り社会の平等を実現し、社会を生きる者との間の、さらに死んだ者との、そしてこれから生まれてくる者との協力関係として蘇（よみがえ）らせることであった。このために、公共サービスや社会的セーフティーネットの供給が政府の役割としてクローズアップされたのだ。もちろん、こうした理想とは裏腹に、福祉国家という「摂理による国家」の内部には様々な矛盾や腐敗が累積していた。にもかかわらず、福祉に不名誉の烙印（らくいん）が押され、「社会の割れ目」に落ち込んでいく人々の数が相対的に抑えられていたのも事実である。

それでは、どうしてこのようなコンセンサスがさっぱりと洗い落とされてしまったのか。ここで断絶の知的在庫を供給し、結果として右派的保守の「急進的な改革」に多大の正当性の根拠を与えたのが、ミーゼス、ハイエクら、オーストリアの反動と左右両極の全体主義から逃れてきた亡命知識人だった。彼らは、国家それ自体を解決ではなく問題とみなし、経済生活から国家を解除するとともに、ケインズの言う「権威の座にある狂人」たちに「民営化礼賛」による国家の「経済力や主導力の解体」への知的インセンティブを与えることになったのである。その結果はどうなったか。経済のみならず、政治においてもわたしたちは「消費者」の地位に甘んじざるをえなくなり、「民主主義の赤字状態」は深刻になるばかりである。

このような荒廃した世界に対して世論を鍛え直して公的空間を活性化させ、市民的参加によって政府の役割を再び強化すべきだと説くジャットの提言には、未来は過去にあるという現代史家ならではの歴史の知恵が光っている。

評・姜尚中（東京大学教授）

Tony Judt　48年ロンドン生まれ。歴史家、元ニューヨーク大学教授。『ヨーロッパ戦後史』など。2007年度ハンナ・アーレント賞。昨年8月、筋萎縮性側索硬化症の合併症で死去。

二〇一一年一月一六日②　文芸

『機嫌のいい犬』

川上弘美 著

集英社・一五七五円

ISBN9784087753974

川上弘美になる瞬間 味わえる句集

小説家川上弘美の第一句集である。優れた言語表現者が他ジャンルに挑んだとき、どんな作品をつくるのだろう、と思って手に取ってみたら、とても面白かった。純粋に句集としてみても魅力的だが、彼女の小説の愛読者が読むと、一層興味深いと思う。何故（なぜ）なら、川上弘美が「川上弘美になる瞬間」をクローズアップで、何度も繰り返し味わうことができるからだ。

例えば、こんな句がある。「常よりも右に臍（へそ）ある油照（あぶらでり）」、意表を衝（つ）かれる、と当時に、ああ、川上さんだな、と思う。とぼけているようで、妙に生々しくて、ちょっと怖くなるこの感触。自分の臍が五ミリとかだけ右にずれたら、果たして人は気づくだろうか。こんな些細（ささい）な一点から、日常と異次元の間をゆくような川上ワールドに誘い込まれるところだ、いつもなら。

でも、今回はそうはならない。何故なら、これは俳句だから。代わりに「油照」のたった二文字で世界は閉じられる。逆にみると、「薄曇りで風がなく、じりじりと蒸し暑いこと」という季語を受ける形で作者の個性が発動しているとも云（い）える。

他にも「白シャツになりすもも食ふすもも食ふ」「名づけても走り去りたるむじなかな」「あなたきらひですひよ鳴いてをります」等に、俳句と作者が互いの尾を銜（くわ）え合うような、スリリングなランデブーがみられる。

だが、作者は決して俳句を呑（の）み込もうとしているわけではない。むしろ季語や切れ字や旧仮名遣いの新鮮さに積極的に身を委ねようとしているようだ。

「めうが野に出（い）でてめうがを摘（つ）むばかり」は、茗荷（みょうが）が物忘れを誘うという俗説を踏まえた作だろうが、それ以上に「めうが」という仮名遣いそのものを楽しんでいる節がある。「きみみかんむいてくれしよすぢまでも」に到（いた）っては、「ぢ」の一文字が嬉（うれ）しくてこの句を作ったんじゃないか、と思えるほどだ。

さらに「寒燈（かんとう）やおがくづに海老（えび）ゐて静か」「夏雲や蝋石（らふせき）をもて描（か）く聖母」「人なりにズボン脱がれし良夜（りやうや）かな」等からは、川上弘美が「川上弘美を忘れる瞬間」めいたものを感じた。

評・穂村弘（歌人）

かわかみ・ひろみ　58年生まれ。作家。『真鶴』『どこから行っても遠い町』など。

二〇一一年一月一六日❹

『ヒマラヤのドン・キホーテ　ネパール人になった日本人・宮原巍（たかし）の挑戦』

根深誠 著

中央公論新社・一八九〇円
ISBN9784120041716／9784122061767（中公文庫）
社会／ノンフィクション・評伝／国際

終わりなき情熱　貫いて生きる

昨年ぼくは春と秋の二回にわたってネパールのヒマラヤ山中を歩いた。世界最高峰の麓（ふもと）へと続く気持ちのいいトレッキングルートはエベレスト街道と呼ばれて、世界中の観光客に人気がある。街道の中間地点に、山岳民シェルパの里として知られるナムチェバザールという村があった。村から斜面を登り、小さな飛行場を越えると、やがて小高い丘の上に山中とは思えないほど立派な建物が見えてくる。それこそ、本書の主人公である宮原巍が40年前に建設した「ホテルエベレストビュー」だった。

ホテルの標高は富士山頂よりも少し高く、背後にはエベレストやローツェ、アマダブラムなどの秀峰が見渡せる。当時のネパールにおいて4000メートル近い高所にホテルを建てる凄（すさ）まじいまでの苦労は、宮原自身が記した著書『ヒマラヤの灯』（絶版）に詳しい。

ホテルエベレストビューの本棚で、ボロボロになってところどころページが抜け落ちたその本を発見し、ぼくは夢中になって読んだ。あとがきの日付は「1982年盛夏」、とある。それから決して短くはない年月が経った現在、激しく冒険的な生き方を貫いてきた宮原さんが今どのような日々を過ごしているのか、知りたいと思わないわけがなかった。

本書『ヒマラヤのドン・キホーテ』が発売されたのは、ぼくがエベレスト街道から帰った直後である。そこには、ネパール国土開発党という政党を結成し、マオイストが台頭するかの国で制憲議会選挙に打って出た宮原さんの姿が描かれていた。著者は、宮原と旧知の仲であり、ネパールとヒマラヤの現状をよく知る根深誠である。日大登山隊での山行にはじまり、会社を辞めて志願した南極観測やグリーンランド探検、還暦でエベレスト登山に挑戦し、泥臭い選挙戦を戦うまで、終わりなき挑戦を続ける宮原さんの情熱が行間から溢（あふ）れ出している。

精一杯（せいいっぱい）生きる、ただ一心にそれを貫き通す独りの人間の生き様をぜひ多くの人に知ってほしい。

評・石川直樹（写真家・作家）

ねぶか・まこと　47年生まれ。ルポライター、登山家。『一竿有縁（いっかんうえん）の渓』など。

二〇一一年一月一六日❺

『民宿雪国』

樋口毅宏 著
祥伝社・一四七〇円
ISBN9784396633523／9784396338794（祥伝社文庫）
文芸

「借り物の人生」の圧倒的な存在感

「民宿雪国」、このタイトルから叙情的な小説をイメージすると、見事に裏切られてしまう。エンターテインメント小説なのにまるで実験小説のような構成、ストーリー展開に戸惑い、不安になりながらも読むのをやめることが出来ない。刺激度、満足度120％だ。

本書は、丹生雄武郎（にうゆうぶろう）という画家の人生の謎を追求する内容。彼は、作品がルーブル美術館に購入されるほど世界に認められた巨匠だったにもかかわらず、新潟の寂しい港町の民宿の主人として97歳の生涯を閉じた。

「芸といふものは実と虚との皮膜の間にあるもの也（なり）」とは近松門左衛門の言葉。だが、丹生は虚があまりにも大きいため、実をのみ込み、圧倒的な存在感で迫ってくる。それが、架空の画家とは信じられないリアリティーを生んでいる。

最初の「吉良が来た後」とそれに続く2章は、いったい丹生とどんなかかわりがあるのだろうと思いながら読み進む。それぞれが見事なミステリーやホラーになっていて楽しめるのだが、買い占めで知られる横井英樹やオウム真理教の麻原彰晃らしき人物が登場するなど、読んでいて戸惑う。

そして、いよいよ「借り物の人生」の章からが本番だ。第2章で登場した矢島というライターが、日記やインタビューを通して丹生の人生の虚を暴いていく。最初の3章までは巧みな伏線だったのだと気づき、がぜん面白くなってくる。

丹生の出生には、ある秘密があった。それが彼の生涯を謎多きものにしたのだ。ニューギニア、シベリアと戦争に翻弄（ほんろう）されたという丹生の人生は、かなしいほどうそに彩られている。彼を世に出した詐欺師的美術商が「小さなウソをつくからバレるんや。大きなウソなら大衆は喜んで騙（だま）されたがる」と言うが、その言葉通りの人生だ。

そのあまりにも借り物の人生に背筋が寒くなるが、読み進むうちに、それは私たち日本人の戦後そのもののように思えてきて、空恐ろしくなる。そのことに気付かせることが著者の意図だったのではないだろうか。

評・江上剛（作家）

ひぐち・たけひろ　71年生まれ。09年に『さらば雑司ケ谷』で作家デビュー。

二〇一一年一月一六日❻

『電子本をバカにするなかれ』

津野海太郎 著
国書刊行会・一八九〇円
ISBN9784336053268

『電子書籍奮戦記』

萩野正昭 著
新潮社・一三六五円
ISBN9784103284116
文芸／IT・コンピューター

本と人との緊張をはらんだ未来

電子書籍元年といわれた2010年に続く今年、電子の本はさて、どこまで広がるだろう。専用端末も次々に登場し、また一歩、私たちに近づいてきそうだが、電子の本の登場は、私たちの文化の根幹に深くかかわる出来事であることを教えてくれるのがこの2冊だ。

名編集者として知られる津野は、書物史、つまりは人類史の中で、電子の本を位置づける。本の電子化は、口述から書物へ、写本から印刷本へという、二つの革命に次ぐ第三の革命であり、しかも、紙と印刷の本を代替してしまうのでなく、本というものが史上初めて、それぞれに能力と限界をもった二つの形に分化して共存していこうとしているのだという。

印刷された本はその頑強な物質的定着性ゆえ、消えようがない。その一方で、非物質性を特徴とする電子本は「伝統的な本には望みようもなかった新しい力」を本の世界にもたらす可能性があると期待もする。

とはいえ、ビジネス上の思惑だけでは「電子本の時代」は始まらない。社会の知の水準を保持するという、印刷本が担ってきた重い責任を分担してこそ、本の伝統を引き継ぐ正統性の根拠となるからだ。

その点で、まだまだ「元年」などではないぞ、と厳しい。

一方、本書での対談で津野が「コンピュータで本を読む道具を10年以上も作り続ける、そんなバカなことをやってきたのは日本のボイジャー社だけじゃないの？」と語りかけているのが、同社を設立した萩野だ。

『奮戦記』で、エキスパンドブックの開発に始まる足跡を振り返り、出版の本質は誰もが自由に発言することであり、電子出版を始めたのもそのための実験の場だったからと語る。

電子出版は小さいもののためのメディアだから、今の合言葉は「ノー・アマゾン、ノー・アップル、ノー・グーグル」。少数企業の独占的な市場支配で新しい出版の可能性が狭められてはならないからだ。

電子本の華やかな話題の向こうに、本と人との緊張をはらんだ未来が見えてくる。

評・辻篤子（本社論説委員）

つの・かいたろう
はぎの・まさあき

二〇一一年一月一六日⑦

『必生（ひっせい）　闘う仏教』

佐々井秀嶺 著
集英社新書・七三五円
ISBN9784087205619
人文／新書／国際

1967年にインドに渡り、仏教復興運動の先頭に立ってきた佐々井氏。彼は多くのインド人仏教徒から支持され、2003年にはインド政府少数者委員会の仏教徒代表にも選出された。本書は、彼の語りをまとめた一冊。

インドでは「ダリト」といわれる最底辺のカーストの人々が、ヒンドゥー教を捨てて仏教徒に改宗する動きがある。佐々井氏は彼らを率い、その権利獲得を訴えてきた。

佐々井氏は、ヒンドゥー教徒が握るブッダガヤーの大菩薩（ぼさつ）寺管理権を仏教徒の手に奪還する闘争を展開。時に命を狙われてきたという。

彼は厭世（えんせい）的な仏教を嫌い、「闘う仏教」を標榜（ひょうぼう）する。不当な行為に対しては非暴力で徹底的に抵抗し、時には「必要最小限の力の行使」を選択する。曰（いわ）く「座禅や瞑想（めいそう）は、立ち上がってからなにをするか、そのためにあると思います」。

苦悩の中、自殺未遂を繰り返し、絶望の淵（ふち）に立った若き日のことも赤裸々に語られている。仏教との出会いも生々しい。

「さあ、立ち上がってください」というメッセージは重い。　評・中島岳志（北海道大学准教授）

二〇一一年一月一六日⑧

『ウジェーヌ・ヴァルモンの勝利』

ロバート・バー 著　平山雄一 訳
国書刊行会・二三一〇円
ISBN9784336052926
文芸

まことに珍重すべき、ミステリーの古典である。著者はコナン・ドイルと同時代の作家で、ホームズもののパロディーを書いたこともある、という。主人公のウジェーヌ・ヴァルモンは、フランスの刑事局長の座を追われ、ロンドンに渡って私立探偵になる。その、破天荒な活躍を描いた連作短編集。

本書は、〈我輩（わがはい）〉という一人称で書かれており、往年の保篠龍緒訳のアルセーヌ・ルパンものを思わせる、軽妙な語り口が心地よい。これは訳者のお手柄だろう。何より、ヴァルモンの気取った、それでいて憎めないキャラクターが、いちばんの収穫だ。ビクトリア朝の時代色が、よく出ている。捜査方法など、英仏のお国柄の違いを論じるおしゃべりも、おもしろい。

提示される謎と解決は、どれも古さを感じさせず、総じてルパンものより合理的である。中でもヴァルモンが、犯人一味の青年にやり込められる、「うっかり屋協同組合」は失敗談にもかかわらず、愛すべき小品に仕上がっている。

昔ながらの、読書の楽しみを思い出させてくれる、佳味あふれる作品集である。

評・逢坂剛（作家）

『ドストエフスキー』

山城むつみ 著
講談社・三七八〇円
ISBN9784062166508／9784062902960（講談社文芸文庫）

人間と言葉の関係 根本から問い直す

ドストエフスキーの小説を読むと、他の小説を読むときとは何か根本的に違うことをしていると感じられる。格段に面白いとか、個性的であるといったことではすまされない質の違いがあるように思える。その違いはどこからくるのだろうか？

ドストエフスキーの創作の秘密に最も肉薄した批評家は、おそらくミハイル・バフチンであろう。独自の言語論を駆使して書かれたバフチンのドストエフスキー論、そこを出発点として、さらに秘密の森林の奥深くへと著者は分け入っていくのであるが、「悪霊」「罪と罰」をはじめ多くの作品を取り上げては、あきれるくらいに粘り強く、徹底踏査するように読み込み分析していく著者の姿は、人跡未踏の秘境を目指す孤独な冒険者さながらである。

本書で著者が分析の主要な武器としたのは、バフチンの「ラズノグラーシエ」なる概念である。「異和」と訳してよいこのロシア語こそがドストエフスキーを読み解く鍵であると著者はいう。では「ラズノグラーシエ」とは何か？

たとえば、ここに死の床にある男がいる。彼は自分の人生は満足すべきものであったと考えている。そこへ誰かがやってきて、「あなたの人生は満足できるものだった」という。もちろん男はそう思っているわけだし、その声に当然唱和するはずである。ところが、自分でそう思っているにもかかわらず、他人から同じことをいわれたとたん、男は激しい異和に襲われてしまう。他者の声で言葉が響くとき、同じ言葉であるのに、まるで違う、むしろ正反対の意味を帯びて聴こえてしまうのだ。ドストエフスキーの小説の人物たちは、たえずこの「異和＝ラズノグラーシエ」にさらされる。つまり自己と他者の間には越え難い閾（しきい）があって、言葉の意味は閾の強烈な磁場のなかでねじ曲がり、言葉が予想のつかぬ運動をして渦巻くのが、ドストエフスキーの小説のあの熱感の秘密だと著者は解析する。

さらに興味深いのは、小説作者のかたりですら、この異和を引き起こす事実である。死の床にある男。彼の内面を作者はもちろん描ける。透明なかたりでもって、「自分の人生は満足すべきものだった」と男に内語させることとは容易だ。ところがドストエフスキーの人物たちは、そうしたニュートラルな作者の声にすら異和を覚える！ 彼らは「違う」と作者に向かって反発する。作家が人物の内心を描くという行為そのものが、人物のありかたを揺るがしてしまうのだ。結果、小説はどこへ向かうか分からぬものになり、作家は自己の創造した人物たちとの「対話」をひたすら続けるほかなく、目指す場所へと至る奇跡を祈り願いながら言葉の秘境をさまよい歩く。

著者もまたドストエフスキーとともに秘境を歩いてみせる。それは単に文芸技法を追うことではない。人間と言葉の関係を根本から問い直す作業である。この労多い作業が刺激的なテクストとなって結実した。

評・奥泉光（作家・近畿大学教授）

やましろ・むつみ 60年生まれ。文芸評論家。92年に「小林批評のクリティカル・ポイント」で群像新人文学賞評論部門受賞。『文学のプログラム』『転形期と思考』。

『毫碌(もうろく)寸前』

森於菟 著
みすず書房・二七三〇円
ISBN9784622080831

老いを照らす乾いたユーモア

「父の名をはずかしめたくないので、己の能力の限界を知った私は文学よりもむしろ基礎医学の研究生活を選んだ」

　収録された二十一の随想、そのうち一編の冒頭である。虚飾を嫌う清潔で抑制のきいた一文に人となりの表出があり、瞠目(どうもく)した。「父の名」は森鷗外。

　鷗外は人間味豊かな家庭人だったが、子供たちにとって厳しい教育者でもあった。於菟(おと)、茉莉(まり)、杏奴(あんぬ)、類(るい)。二男二女は学問や芸術への情熱を烈(はげ)しく求められ、あげく劣等意識や絶望感もたっぷり引き出された。さらに、長男於菟の育ちかたは入り組んだ。生母は一年余りで離縁された先妻、登志子。父方に引き取られるが里子に出され、十三歳のとき鷗外一家と同居をはじめる。しかし、父の若い再婚相手と育ての親である祖母との不仲に巻きこまれた。そして冒頭の決意をもって医学を選び、解剖医学の第一人者となる。

　於菟はみずから文学者への道を封じたが、昭和十一年、台湾に赴任したころから盛んに随想を書きはじめた。四十代後半、しがらみから解放された南の別天地だったところに屈託をかんじる。しかし、父を描くその文章は、於菟にしか紡ぐことができないものだ。控えめながら事実をゆるがせにせず、家庭不和に懊悩(おうのう)する姿をとらえて文豪の真実に迫る。その筆致は紛れもなく鷗外文学の嫡子(ちゃくし)。

　かくして七十二歳のとき書かれた表題作「毫碌寸前」、この老いをめぐる随想の独自の持ち味はどうだろう。「私は自分でも自分が毫碌しかかっていることがよくわかる」「この調子では死ですら越えて夢見そうである」。乾いたユーモアや諧謔(かいぎゃく)が顔をのぞかせるが、韜晦(とうかい)でも恬淡(てんたん)でもない。「寸前」の二文字に精密さを潜ませ、透徹した視線でみずからの老いをすみずみまで照らしだす。そこに浮かぶのは、「愛すべき死体達」と親しく会話を重ねてきた解剖学者のつつましやかな佇(たたず)まい。

　森於菟の文章世界は鷗外の遺産だが、いっぽう父を離れて愛されるべき陰影に富む。その稀覯(きこう)な味わいに光を当てて編まれた一冊であることがうれしい。

評・平松洋子(エッセイスト)

もり・おと　1890〜1967年。台北帝大医学部長。『父親としての森鷗外』など。

『はじめの穴　終わりの口』

井坂洋子 著
幻戯書房・二九四〇円
ISBN9784901998604

静かに生を刻みつけるために

　ことん。小さな硬い玉が、お腹(なか)の下のほうでかすかに鳴る。気にしないで書き物をしていると、ささっ、と首筋を撫(な)でてゆく小さな風を察する。いつもの生活。なのに、こんな感じを抱くのはなぜだろう。まるで、日常と日常を飛び越えるとき、ふと下を見たら、暗く大きな穴がぽっかり口を開けているような、そんな感じ。ああ、きっと、井坂さんのエッセーを読んだからだ。

　誰もが生活に埋没して、見て見ぬふりをしている物事に、井坂さんはどうしてこんなに目を向けてしまうのだろう。日々のごく小さな営みのなかに、古い友人との交流に、そして飼猫の死に、彼女の、物事の襞(ひだ)を言葉でこそげてゆくようなまなざしがある。それはきらりと光る才気と評するより、黒い猫が部屋の片隅からゆっくりねめつけるような、不思議な力に満ちているといったほうが適切である。

　各章には、冒頭に内外の詩人による詩が引用されて、それにたぐりよせられるようにエッセーが続く構成となっている。それらの詩は、詩人である井坂さんの人生に微妙に影を落としているものだ。この、詩と文章との境界線が曖昧（あいまい）に溶けているところがいい。

本書にはまた、死の気配が漂ってもいる。それは不吉なものではない。人間は何か大きな場所からこの世にやってきて生涯をすごすが、死んだら再び、自分が来た場所に帰ってゆくのだ、と井坂さんは言っているように読める。宗教的な意味ではなく、井坂さんの人生の中で獲得された世界観なのだろう。人は死から逃れられないが、だからといって悲観したりする必要はない。みんないつか帰る日のために、静かに、しかしきちんと生を刻みつけることが大切なのだ。その一刻一刻を大事にするためには、お腹の下の「ことん。」という音に気づく人でありたいと思うのは当然だろう。

個人的には飼猫コプーの最期と井坂さんの祖父である小説家・山手樹一郎の思い出が印象に残った。高橋千尋のちょっと不気味な挿画も楽しい。休日にゆっくり味わいたい本である。

評・田中貴子（甲南大学教授）

いさか・ようこ　49年生まれ。詩人。『地上がまんべんなく明るんで』で高見順賞。

『盗賊のインド史　帝国・国家・無法者（アウトロー）』

竹中千春 著

有志舎・二七三〇円
ISBN9784903426365

歴史／人文／国際

近代国家の本質を逆照射

『女盗賊プーラン』という本を覚えているだろうか。1997年に日本語訳が出版されると、現代インド女性の自伝としては異例のロングセラーとなり、話題となった。

プーラン・デーヴィーは、幼児婚・年上の夫からの暴力を経た上、誘拐される。犯人は盗賊団の首領。彼女は強姦（ごうかん）され、愛人とされた。しかし、盗賊団の一員が彼女に思いを寄せ、首領を殺害。彼女を連れて逃げ出す。そして別の盗賊団を形成すると、彼女自身がリーダーとして君臨するようになる。

本書はプーランに象徴されるインドの「盗賊」に注目し、武装化する「周縁化された人々」を追う。そして、その社会的位置づけの歴史的変化を追うことで、植民地支配や近代国家の本質を逆照射する。

ウェーバーが定義したように近代国家とは暴力を合法的に占有する装置である。国家権力以外の暴力は非合法とされ、取り締まりの対象とされる。しかし、プーランのような苛酷（かこく）な環境におかれた人間にとって、暴力は時に正義実現の最終手段となる。合法的支配のもと虐げられる人間にとって、暴力は不正義を糾（ただ）す希望となることがある。

著者は「モラル・エコノミー」（道徳的に正しい経済）という概念を繰り返し使う。正当な取り分を受領できず、声もあげることのできない人間にとって、強圧的に相手を脅してでも支払いをさせることは正義といえるのか。弱者の暴力を誘発する現実とは何か。

プーランは獄中から釈放されたあと、選挙に出馬し当選する。国会議員となった彼女は、これまで排撃されてきた国家権力の中枢に民衆の合法的支持を得て接近する。参加型民主主義が浸透することで「暴力的な手段で国家に対抗して処罰されてきた周縁の人々が、非暴力的な手段で国家の新しい担い手に変わっていく」のだ。しかし2001年、彼女はデリーの自宅前で射殺。暴力によって葬られた。

付録として著者によるプーランへのインタビューも収録されている。ガンディーの非暴力との関係を論じた章も興味深い。

評・中島岳志（北海道大学准教授）

たけなか・ちはる　57年生まれ。立教大学教授（アジア政治論）。

二〇一一年一月二三日⑥

『フェイスブック　若き天才の野望』

デビッド・カークパトリック 著
滑川海彦ほか 訳
日経BP社・一八九〇円
ISBN9784822248376

ーIT・コンピューター／ノンフィクション・評伝

社会を変える情報交換システム

マーク・ザッカーバーグ、26歳。チュニジアの政権崩壊でも大きな役割を果たし、注目を集めるインターネット上の世界最大の交流サイト、「フェイスブック」の創設者である。昨年末には、米タイム誌の「今年の人」にも選ばれた。

本書は、彼が2004年2月に米ハーバード大学の寮の一室で始めてから、瞬く間に6億人に迫る利用者を獲得するまでの急成長ぶりをたどっている。

同社を描き、ゴールデングローブ賞に輝いた映画「ソーシャル・ネットワーク」とは、趣を異にする。創作を交え、アイデアの盗用で彼を訴えた同窓生らとの対立を軸にした映画に対し、本書は、本人を含む徹底取材をうたう。もっとも、3ページに及ぶ取材先リストに先の同窓生は含まれず、本人に近い立場で書かれたことは否めない。

それを差し引いても、「少々世間知らずかもしれないが、怖いもの知らずで負けず嫌いで、大胆で生意気でもある」20歳そこそこの青年が、マイクロソフトやグーグル、そしてワシントン・ポスト紙まで、トップと堂々と渡り合いながら歩んできた足跡は、一読の価値がある。若い才能を生かす米国社会のダイナミズムを感じさせる。

フェイスブックは実名を最大の特徴とする。今や地球上の約10人に1人が、実名で仕事から趣味まで個人的な情報を交換する場がネット空間に生まれ、意見の集約や、ビジネスにも不可欠の手段となっている。

その事実に驚くが、それが社会をどう変えていくのか。本書のもう一つの読みどころだ。「より透明な世界はより公正な世界をつくる」というのがザッカーバーグの信念だという。しかし、膨大な個人情報がどこでどう管理されるのか、不安はつきまとう。一歩間違えば、監視社会にもなりかねない。

日本は、ネットは匿名で、フェイスブックが広がっていない数少ない国の一つだという。実名でつながった広大な海に浮かんだ匿名の島であり続けるのか。それが日本に何をもたらすのか。社会のありようとも絡む重い問いが胸に残る。

評・辻篤子（本社論説委員）

David Kirkpatrick　フォーチュン誌記者を経てフリー。

二〇一一年一月二三日⑦

『1秒24コマの美　黒澤明・小津安二郎・溝口健二』

古賀重樹 著
日本経済新聞出版社・二六二五円
ISBN9784532167639

アート・ファッション・芸能

巨匠の映画　核心にある「絵画」

世界の映画史に栄光の名を刻んだ黒澤明、小津安二郎、溝口健二の3監督の作品の骨格を形成する絵画感覚に注目したジャーナリストの著者が、その卓越した美術知識を武器に、クロスオーバー的視線で画面の隅々まで舐（な）め尽くす絵画論的映画論を書いた。

ヒューヒューと唸（うな）りを上げる疾風。砂塵（さじん）の中から亡霊のように浮上して近づいてくる野犬。その口には切断された人間の手首。黒澤の「用心棒」の冒頭は〈地獄草紙〉の凶画で幕が開く。

親子が並んで渓流釣りに興じている。2本の竿（さお）が同時に弧を描くその反復運動はウォーホルの並置された同一画面を連想させる。小津の「父ありき」の一場面だ。

溝口の「近松物語」で心中を覚悟した男女を乗せた夜舟は、ベックリンの〈死の島〉に間もなく吸い込まれて行くだろう。

三人三様の絵画的場面を著者が次々と発見して、ボヤーとしていると見過ごす場面を読者の眼前に、言葉でビジョン化して印象づけてくれるのは、もうひとつの映画鑑賞術であろう。巨匠たちの絵画的表現は、われわれ美術家に対する挑戦でもある。だったら美術の側からも、何やら返球を投げてみたくなりました。

小津は「彼岸花」や「秋日和」で画面の至るところに「赤」を置き、観（み）る者の注意力を試そうと図る。緊張感を漂わせる「赤」の配置そのものは初歩的な空間構成だが、この赤によって画面が突然、抽象化する。また赤の補色の緑もうまく対置させ、この2色がまるで碁盤の石のように画面上で戯れている。

黒澤の狂気を想（おも）わせる膨大な数の絵コンテは映画制作を実現させるための呪術以外の何ものでもない。黒澤の完全主義は溝口にもある。彼の完全主義も常軌を逸しており、駄目出しの連続で俳優をまるで絵の具の色のように扱う。

著者は多くの証人の口を借りながら「絵画が映画になる時、映画が芸術になる」ことを実証して見せてくれた。さあ、ＤＶＤをセットして発見の旅に出よう。

評・横尾忠則（美術家）

こが・しげき 61年生まれ。日本経済新聞社編集委員。

二〇一一年一月三〇日❶

『きことわ』
朝吹真理子 著
新潮社・一二六〇円
ISBN9784103284628／9784101251813（新潮文庫）

『流跡』
朝吹真理子 著
新潮社・一三六五円
ISBN9784103284611／9784101251820（新潮文庫） 文芸

夢と現実溶ける 時間のトンネル

昨年雑誌に掲載された「きことわ」を読み始めてすぐに、際立った才能の出現に慄（おのの）いた。

『きことわ』は、子供のころ葉山の別荘で共に夏をすごした「貴子（きこ）」と「永遠子（とわこ）」が25年を経て再会するという、それ「だけ」の話だ。貴子は別荘主の娘、永遠子は管理人の娘。日付のない夏の日々があり、部屋に射（さ）す光の推移が時の経過をしるす。センセーショナルな出来事は何一つ起きない。それでいて読者は自分の記憶の最古層を揺り動かされるような不穏さを覚え、と同時に、5億数千万年前から続く生命の時間の壮大さを一瞬にして身の内に感じるような、ふしぎな体験をするだろう。

冒頭で永遠子が見る夢に始まり、作中では、頻繁に夢と現実がとけあい、人物が入れ替わり、記憶が迷子になる。だれが思い、口に出したことだか、わからなくなる。過去の自分と未来の自分が見つめあう。ときに「ほんのわずかな間に何億もの時間が永遠子の身体を通りぬけて」いき、あるいは10行足らずの間に、祖母、母、永遠子、その娘4代の繫（つな）がりと生のきらめきと老いが、髪をとかす行為の中に鮮やかに描かれる。本作中では「瞬間と永遠とがもつれてふとしたうちに百年千年と経つ」ようである。

「本は読んだそばから記憶に転じる。そんな面影を人は本の題名で呼んでいるのだ」と言った英国の古い批評家があるが、恐らく『流跡』は初めからその「面影」であることを目指したのではないか。最初に、いっかな本を読み進められない人物が出てくる。その本の中から突然「くにゃくにゃ」した身体が現れて歩きだす。それはいつどことも知れぬ時空を通りすぎ、船頭になり舞人になり妻子あるサラリーマンになり女になり、最後には文章の書き手となったようでもある。ここには、クラシックな物語性を排し、ポストモダン以降の自己言及的な結構をもつ現代的なスタイルと、実に古代的な語りが共存している。それは「火焼前（ひたさき）」「誘（おびか）れて」といった古風な語彙（ごい）を指すのではない、ナラティヴに「全知のわたし」という個人性が導入される以前の、地霊が語っているような読み心地が混じる文章なのだ。

これまでの朝吹真理子の作品の特徴をあえ

て一言でいうなら、それは「無時間」ということになるかもしれない。始めも終わりもない茫洋（ぼうよう）たる時空間。あらゆる夢の形がある。内田百閒の『冥途（めいど）』、ボルヘスの「円環の廃墟（はいきょ）」、タブッキの『夢のなかの夢』などの手触りと胸騒ぎを彷彿（ほうふつ）とさせる夢の数々。読むうちに、古代から生命が共有する記憶のアーカイヴにアクセスし、個体というものがほどけて「ただ水に押し流されてゆくだけの生体」（『きことわ』）になった気がした。無限へと潮に引かれていくような、このめくるめく心もとなさこそが、朝吹真理子の核心であり魅力ではないか。奇跡のような時間のトンネルを、あなたは何度もくぐることになるだろう。

評・鴻巣友季子（翻訳家）

あさぶき・まりこ　84年生まれ。慶応大大学院博士課程在籍。２００９年のデビュー作「流跡」で10年、ドゥマゴ文学賞。「きことわ」で今年1月、芥川賞受賞。

二〇一一年一月三〇日❷

『ハーフ・ザ・スカイ』

N・D・クリストフ、S・ウーダン 著
北村陽子 訳
英治出版・一九九五円

ISBN9784862760869

『告発・現代の人身売買』

D・バットストーン 著　山岡万里子 訳
朝日新聞出版・二六二五円

ISBN9784022505033

社会／国際

強制的売春という現代の奴隷制

現在、この世界に奴隷制は存在するのであろうか。二つの本によれば、躊躇（ちゅうちょ）なく「イエス」である。しばしばその中核的な問題は強制的な売春である。その数が多いのは、インド、パキスタン、イランなど。

どちらの本の焦点も、合意のもとで行われる売春ではない。貧しい国の農村から親によって売られ、あるいは暴力組織によって騙（だま）され、または誘拐されて、売春組織に送り込まれ、そこで抵抗する気力を完全に失うまでに暴力と麻薬によって痛めつけられ、脱出することも物理的に封じられている、といった女性たちである。少なからぬ数の女性が実際に命も落とす。どちらの著者も、これは現代の奴隷制に他ならないと告発する。

クリストフは日米の貿易摩擦が激しかった頃、日本に辛口の記事をよく書いたジャーナリストである。その後、彼は第三世界での様々な問題に焦点をあてるようになった。『ハーフ・ザ・スカイ』（空の半分は女性が支えているという中国の諺（ことわざ）からとった書名）はもっぱら第三世界の強制的な売春問題の深刻さを告発する。著者によれば、性産業で奴隷にされている人の数は世界で３００万人に上る。

バットストーンの方は大学に籍を置くが、むしろ活動家であり、Not For Sale（本書の原題＝人間は売り物ではないの意味）キャンペーンの会長である。こちらは子供と売春以外の強制労働についても詳しく調査している。彼は世界で約3千万人が奴隷状態にあると断ずる。冒頭にクリントン国務長官の演説が引用されており、彼女は「人身売買という犯罪には地球上のすべての国がかかわっており、わが国も例外ではありません」と述べている。

両者とも救出活動も実践しており、奴隷制との戦い方も示す。所々で紹介される実際に救われた事例がせめてもの救いである。アメリカ人が他国の人権状況の改善を訴えると、余計なお節介（せっかい）だ、傲慢（ごうまん）だといった反応を生みやすい。しかし、2冊の本はこれが人類共通の問題であることを大きな迫力をもって語りかけてくる。

評・久保文明（東京大学教授）

二〇一一年一月三〇日❸

『芸術闘争論』

村上隆 著

幻冬舎・一八九〇円
ISBN9784344019126

教育／経済／アート・ファッション・芸能

マネジメントの文脈で語るアート

村上隆。ゼロ年代の日本のアートシーンを牽引（けんいん）し、国際的にも最大級の成功をおさめたアーティスト。彼は「スーパーフラット」なるコンセプトのもと、日本のオタク文化を世界に向けて啓蒙（けいもう）した。彼の批判者も、もはや確固たるその存在感だけは認めざるを得ないだろう。

彼の「闘争」は、なぜ成功したのか。前作『芸術起業論』に続き、本書でもそのノウハウが惜しげもなく公開されている。

村上は美大教育における「自由神話」を否定する。自由な鑑賞、自由な創造、そんなお題目は欺瞞（ぎまん）でしかない。基礎を学ばずしていかなる自由もありえないとする村上が強調するのは、〝現代美術というゲーム〟のルールだ。

「鑑賞編」で村上は、鑑賞の座標軸として①構図②圧力③コンテクスト④個性を挙げる。とりわけ重要なのはコンテクストだ。ピカソやデュシャン以降におけるコンテクスト≒美術界のルールを学ぶべきなのは、アートの理解を促すためばかりではない。そこで初めて鑑賞と実作をつなぐ回路が開かれるのだ。

それにしても、本書の語り口はとことん〝ベタ〟だ。鑑賞、実作、デビューに至る方法論から、「世界のアートシーンへ日本人アーティストを一気に二〇〇人輩出させる」という彼の目標に至るまで。彼が所属する「カイカイキキ」の目的にしても、作品の権利管理とマーケットの開拓に照準されている。

はじめ私は疑問だった。村上はアジテーターに徹するあまり、過度の単純化に陥ってはいないか。彼の「スーパーフラット」は、ハイコンテクストなキャラクター文化をローコンテクストなアートの領域内で全面展開しえたという点からも革命的な概念だったはずだ。単なる戦略で片付けられるはずがない。

しかし、再読してようやくわかった。これは「マネジメント」の文脈でアート戦略を語るという、実に画期的な試みだったのである。アート、教育、マーケットという重層的なコンテクストが「串刺し」になった本書もまた、一つの村上作品として読まれるべきなのだろう。

評・斎藤環（精神科医）

むらかみ・たかし　62年生まれ。美術家。「カイカイキキ」主宰。『芸術起業論』など。

二〇一一年一月三〇日❹

『認知症と長寿社会　笑顔のままで』

信濃毎日新聞取材班 著

講談社現代新書・七九八円
ISBN9784062880794

医学・福祉／ノンフィクション・評伝／新書

「ギリギリの努力」の現場ルポ

人は誰しも、健康で長命を願い、他人に迷惑をかけずに天寿をまっとうしたい。でも、人間は生物であるが故に衰える。病にもかかる。往々にして誰かの手助けが必要になる。まして、記憶があやふやになり、認知の力が衰える「認知症」と診断されたらどうすればいいのか。

本書は、少子高齢化が進むこの国で、ますます大きな課題になりつつある老人介護の問題を、現場取材を中心に正面から取り組んだ新聞連載をまとめたものだ。２０１０年度の新聞協会賞をはじめ、数多く賞を受けた本文を読むと、その深刻さが、胸を突く。

突然の記憶の衰えに、うろたえ、不安の底に沈む心情を綴（つづ）った、介護される本人の日記。「病気」だとわかっていても、物忘れや暴言、徘徊（はいかい）に、つい言葉を荒らげ、自らもまた傷つく介護者。世間体をはばかり、そんな苦労をわかちあう友も近隣では見つけにくい。

家族での介護に疲れ果て、預かってくれる

施設を捜し求めるが、絶対的な数の不足から断られ続ける絶望。いや、施設が見つかったら、今度は「親を捨てたのでは」という自責の念が待っている。志を持った施設の側も苦しむ。多くの希望者を、受け入れたくても、選別せざるを得ないし、人手を増やそうにも今の介護保険制度下では経営的に難しい。今や、重い認知症患者の大きな受け皿である精神科病棟も、長期入院を嫌う現行の医療保険制度では、長く置いてくれない……。

もちろん、暗い話ばかりではない。新聞のエリアである長野県のルポが中心であるが、障害者との共生の試み、地域が連帯しての見守り、治療のための新薬の開発の現場など目配りは全国、国外にまで広がる。

どの立場も、ギリギリの努力で支えられている。それを癒やすのが、老人の笑顔だ。でも、もう少し助けがあれば。介護保険制度は、老人の自立をめざす。本書は問いかける。「老いてもなお自立なのか」と。ひとごとではない。今は元気なあなたの家族、いや、あなた自身の、明日の身近な問題なのです。

評・四ノ原恒憲（本社編集委員）

信濃毎日新聞で2010年1月から6月まで連載。新聞協会賞、JCJ賞など。

二〇一一年一月三〇日⑤

『クラゲに学ぶ　ノーベル賞への道』

下村脩 著

長崎文献社・二五二〇円

ISBN9784888511575

教育／科学・生物／ノンフィクション・評伝

栄誉に導いた独創的で孤独な努力

下村脩氏は、オワンクラゲから発光物質としてイクオリンというたんぱく質と緑色蛍光たんぱく質（GFP）を取り出した功績で、2008年にノーベル化学賞を受けた。特にGFPは生物学や生理学、医学の研究で不可欠な物質となっている。

氏は、本書を「私の子どもたちのために数年前に書き始めた」と言う。そのためか、科学の素人である私にも抵抗なく読むことができる。自らの成長過程、留学中の出来事、85万匹ものオワンクラゲを採集したこと、米国で研究生活を続けることの困難さ、息子や娘のことなど、人生に起きた多くのことを細部まで見事なまでに客観的な文章で表現している。優れた学者ならではのことだと敬服する。それらは期せずして戦中、戦後を実直に生きてきた日本人の歴史とも重なり、深い感動となって迫ってくる。

氏は、疎開先の長崎県で原爆にあい、放射能を含んだ黒い雨を浴びた。多くの人の無残な死という衝撃的な被爆体験によって氏は、ある種の諦観（ていかん）を覚え、「人生についての野心がなくなった」と言う。

ところが、そのことが物事を冷静に正確に判断し、決断するという研究者に必須の資質形成にプラスになったというから、人生とは不思議なものだ。

学徒動員で満足に学校にも行けなかった氏は、希望の学校に進むことができず、長崎医科大学付属薬学専門部（長崎大学薬学部）に入学する。他に選択肢がなかったからだが、そこで化学実験に興味を持ち始め、「天の指図」であるかのように、氏は化学者への歩みを加速し始める。3人の恩師との出会い、米国留学、ノーベル賞へ通じる研究テーマの選択など、「私の研究人生を顧みると、私が選んだ道は自分で探したのではない。私は師により示された道をたどっただけである」と氏は謙遜する。

しかし、その道をたどるには、独創的かつ孤独な、並ならぬ努力の継続が必要だった。それに耐え抜いた者だけが栄誉に輝くことができることを、本書は私たちに教えてくれる。

評・江上剛（作家）

しもむら・おさむ　28年生まれ。06年度に朝日賞、08年にノーベル化学賞を受賞。

二〇一一年一月三〇日❻

『そうはいかない』

佐野洋子 著
小学館・一五七五円
ISBN9784093862936／9784094060461（小学館文庫）
文芸

弱くて強い人間　いとおしむ

佐野洋子さんの文章を読んでいるといつも、ページの奥から「人間」という文字が、じわじわと浮かび上がってくるように思うのです。「人間」の後に「だもの」はつかない。単なる「人間」。

この本に収められているのは、物語のようであり、エッセーのようでもある掌編の数々。それは佐野さんの経験なのか想像なのか判然としないけれど、ファミレスや団体旅行、介護といった、読む者の日常生活のどこかにもありそうなシーンが切り取られています。

しかしその読み応えは、単なる「そうそう」「わかるわかる」という共感を、はるかに越えるのでした。残酷さや醜さ、弱さといった負の部分を、誰しもが隠し持っているという事実。その中に少し交じっている、しぶとさと優しさ。すなわち人間そのものを、佐野さんは日常生活の一コマの中から「ほれ」と提示し、私たちは急所を押されたかのように、「うっ」とうなってうずくまる。

提示の仕方は、決して露悪的ではないし、自慢げでもありません。真実そのものが、あまりにさりげなくすくい出されるものだから、読む側は必ず、うずくまった後に笑ってしまう。「笑わせてやろう」という意気込みすら無いからこそ、ますます上質なユーモアがそこには漂うのであり、これはもう天才にしかできない技。

急所ばかりを提示され、読後はへとへとになるかと思いきや、そうではありません。精神の急所はツボでもあるのであり、短編の数だけツボを刺激されることによって、何やら昂揚（こうよう）感が湧いてくるではありませんか。

人間のツボがはっきり見える大きな眼（め）を持っていた佐野さんは、昨年11月にこの世から旅立たれました。余命を知らされた後に書かれたエッセーにおいては、死に至る人間の中身と行動とを、カラリと世に晒（さら）しておられた佐野さん。弱くて強い人間というものを、そのまま見つめて、受け入れて、そしていとおしんできた方だったのだと思います。

評・酒井順子（エッセイスト）

さの・ようこ　1938～2010年。絵本作家、エッセイスト。『シズコさん』など。

二〇一一年一月三〇日❽

『コモンズの地球史　グローバル化時代の共有論に向けて』

秋道智彌 著
岩波書店・三三六〇円
ISBN9784000229067
科学・生物／社会

川辺の森林の木を伐採して利用する近隣住民は、無制限に木を切っては森林が死に絶えてしまうので、木を切ってよい人たち、切ってよい上限の本数等を相談して定めたりする。このような自然を管理・維持する仕組みがコモンズである。水中の樹木を求めて、魚が季節的に産卵に遡上（そじょう）してきたりすると、伐採の規則は一段と複雑になる。本書は著者のフィールドワークに基づいて、海、森、川にまたがって地球上のありとあらゆるコモンズの事例をわかりやすく解説している。ところで、多くの伝統的なコモンズは市場経済の発展、グローバル化の進展の中で危機にひんしている。コモンズの本来の機能が無視されたり、人間と自然の関係が一段と複雑化するからである。しかし、この問題の適切な解決のためには、伝統的なコモンズに凝縮されているような自然と人間との様々な相互作用を、まずもっと虚心坦懐（たんかい）に理解しようとすることが大事なようである。川に絞って、ダム建設等河川行政の役割も含めて同様の問題を扱った『社会的共通資本としての川』（宇沢弘文・大熊孝編、東大出版会）もおすすめしたい。

評・植田和男（東京大学教授）

二〇一一年二月六日❷

『苦役列車』

西村賢太 著

新潮社・一二六〇円
ISBN9784103032328／9784101312842（新潮文庫） 文芸

ダメダメ話 痛みがやがて笑いに

「虫歯を噛（か）みしめるような快感」

という表現をどこかで読んだ覚えがあるが、西村賢太の私小説を読むことは、そんな感覚を想起させる。堪（こら）え性がなく暴力癖があって友達のいない男がその性分ゆえに自滅していくという、どこまでもダメダメな話……。にぶく疼（うず）く虫歯は苦痛であり鬱陶（うっとう）しくもあり、できれば忘れていたい。しかし一向去らない痛みであるなら、いっそぎりぎりと噛んで病んだ部分を痛めつけ、尚更（なおさら）痛い思いをしてやるのだ。と、まあ、そのような昏（くら）い快さである。「切なくて」「泣けて」「心がピュアに癒（いや）される」みたいなスリーステップを小説に求める人には安易にお薦めできない小説群だ。

『苦役列車』の表題作の舞台は昭和の終わり。日本はバブル景気に沸き、「ニューアカ」がもてはやされた時代である。しかし中卒で手に職のない「貫太」は、19歳になっても港湾労働で日当を稼ぎ、一杯のコップ酒と風俗店を心の慰めにしている。将来の展望なし。恋人友人なし。ある日、仕事で同い年の専門学校生と知りあい、友達らしい感情が芽生えるが、やがて自分との格差に気づきだし、関係は崩壊に向かう。

始終出てくるのが「根が〜」という言い方だ。「根が人一倍見栄坊（みえぼう）にできてる」「根が意志薄弱」「根が歪（ゆが）み根性にできてる」「根が案外の寂しがり」……確かに性根というのは自分ではどう仕様もない部分もあり、稟性（ひんせい）のもたらす痛みには天災めいたところもある。とはいえ、痛みの理不尽さにただ打ちひしがれるなら、それは単なる惨めたらしい悲劇だが、虫歯を噛むことに笑いが生まれ、痛みとの距離ができる。虫歯をいかにスタイリッシュに噛むかというところに、西村文学の本領はあるだろう。この一旦（いったん）完成された作風の世界が今後どう壊され拡（ひろ）げられていくか。記者会見で、「自分よりダメなやつの話を読んで慰めになれば」と語ったそうだが、そんな「上から目線」ではこの作品は到底読めない。自分のことが書いてあるから、小説は面白いのだ。怖いのだ。

評・鴻巣友季子（翻訳家）

にしむら・けんた 67年生まれ。『暗渠（あんきょ）の宿』で野間文芸新人賞。本作で芥川賞。

二〇一一年二月六日❸

『日本の刺青と英国王室 明治期から第一次世界大戦まで』

小山騰 著

藤原書店・三七八〇円
ISBN9784894347786 歴史／アート・ファッション・芸能／国際

「野蛮」に憧れた 奇妙な交流史

カバーの肖像写真に息をのんだ。笑みを浮かべた妙齢の英国女性が身にまとっているのは繊細なレース模様のドレスではなく、全身にほどこされた刺青なのだった。彼女は「刺青師の王様（キング）」と呼ばれた英国人G・バーチェットの妻。よく見ると、右上腕の一部に髪を結った日本女性の意匠が紛れこんでいる。

この本を読むまでまったく知らなかった。明治期、英国から日本の刺青にこれほど熱い視線が注がれていたとは。

刺青は文明開化まっさかりの日本で野蛮とみなされ禁止されたが、かたや「文明国」の英国王室や貴族階級にとっては憧憬（しょうけい）の対象だった。先鞭（せんべん）をつけたのは明治天皇にも面会したベレスフォード卿で、明治二年に来日したとき背中一面に狩猟の光景の刺青を入れた。十四年、のちのジョージ五世とアルバート王子は鶴と龍。英国の新聞記事は、わざわざ日本で彫る刺青は「大変な熱狂状態」と報じた。

皮肉なパラドクスである。日本はひたすら「文明国」を目指したが、その相手から見れば「野蛮」な刺青はひとの肌に咲く精密な芸術の華だった。羨望（せんぼう）は、英国王室が複雑な婚姻関係をもつヨーロッパ王室にまで広がってゆく。

著者は国会図書館や英国図書館を経て、現在ケンブリッジ大学図書館勤務。英国で発掘した資料や文献を精読し、まさに刺青をほどこすような丹念な手つきで日英間にひそむ奇妙な交流史を発掘してゆく。その過程で「刺青のシェークスピア」「エンペラー」と呼ばれてあまたの外国人顧客に刺青を彫った日本人、彫千代の存在も掘り起こし、興味をそそる。

明治四十三年発表、谷崎潤一郎『刺青』の冒頭を思いだす。

「其（そ）れはまだ人々が『愚』と云（い）う貴い徳を持って居て、世の中が今のように激しく軋（きし）み合わない時分であった」

鎖国下で独自に切磋琢磨（せっさたくま）、芸術的到達をみせた刺青の親善交流。それは明治の徒花（あだばな）などではなく、むしろ「貴い徳」の所産でもあったろうか。わたしは読むうち、ふしぎにのんびりとして微笑（ほほえ）ましい気分を抱いた。

評・平松洋子（エッセイスト）

こやま・のぼる　48年生まれ。ケンブリッジ大学図書館日本部長。『国際結婚第一号』。

二〇一一年二月六日⑤

『日本を問い直す　人類学者の視座』

川田順造 著

青土社・二五二〇円
ISBN9784791765782

人文

フィールドワークと「うねる」思考

やはり「音」に敏感なのだろう。アフリカ・無文字社会での、声や音による豊かな表現・伝達の研究でも知られる筆者ならではの書き出しが、印象深い。東京・深川に生まれ、昭和20年3月の東京大空襲で多くの親戚や知人を亡くした自身が、幼少時から耳にした歌の記憶で、戦前から戦後の日本が歩んできた道を簡潔、かつ鮮やかに、再現して見せる。

月刊誌連載をまとめた本書は、そんな「音の年代記（クロニクル）」を基礎に、各章ごとに、少しずつ連環しながら、歴史、国民国家とアイデンティティー、戦争の記憶、差別、言葉などを巡る国内外の多彩な事象を拾い上げ、論じる。うねるような筆者の思考の流れを、再現するように。

オランダ、清朝、日本、蒋介石独裁など複雑な支配の歴史を背景に持つ台湾の多層的アイデンティティーと小国主義志向の評価。アジアを見下し、膨張主義につながり、結果、大日本帝国滅亡へつながった吉田松陰の「幽囚録」、福沢諭吉（とされる）「脱亜論」批判。自身のフィールドワークなどをもとにした、西欧の植民地化や近代化と共に、長く受けつがれてきた独自の文化や歴史が複雑にからみあうアフリカ社会の考察と差別への批判。毎年内外の多彩なメンバーと8月15日に続けてきた靖国神社、千鳥ケ淵戦没者墓苑、東京都慰霊堂を巡るフィールドワークを基礎にした戦没者や戦災被害者の慰霊や戦争責任、戦争の記憶を語り継ぐことへの議論。ナチにたいするドイツの姿勢との比較……。

そしてこう結論づける。加害者、被害者、犠牲者、どれでもない者が、たやすく入れ替わる現代社会。その中で「西洋発の『国民国家』の一国民が、国家単位で単一の史観を共有すること」は不可能であるばかりか有害でさえある。日本でも、複眼的な史観が、探索されるべきであると。「音」へのこだわりは、為政者が書き残すイデオロギー色が濃い「正史」への嫌悪のあらわれなのか。提言はその通りだろう。簡単ではないが、それを考える種子は、本書にたくさん埋め込まれている。

評・四ノ原恒憲（本社編集委員）

かわだ・じゅんぞう　34年生まれ。文化人類学者。『無文字社会の歴史』など。

『下町ロケット』

池井戸潤 著

小学館・一七八五円
ISBN9784093862929／9784094088960（小学館文庫）

文芸／経済

大企業と対決　職人集団の誇り

　同じ著者による、昨年の吉川英治文学新人賞受賞作『鉄の骨』の系列につながる、中小企業と大企業の対決をテーマにした痛快小説である。

　東京都大田区の町工場、佃製作所の社長佃航平は、元宇宙科学開発機構の技術者で、ロケットエンジンの開発に携わっていた。ところが、肝心のロケット打ち上げに失敗。その責任をかぶって辞職し、父親が創業した精密機械の製造工場を引き継ぐ。佃は技術者としてのキャリアを生かし、エンジン類の開発で業績を伸ばすが、ロケットへの夢を捨てきれずにいる。

　大手のナカシマ工業から、いわれなき特許侵害の訴訟を起こされた佃は、資金難から長期裁判を闘い抜く見通しが立たず、対応に苦慮する。それと並行して、大企業の帝国重工からロケット用の新型水素エンジンの特許譲渡を持ちかけられる。

　夢を実現するため、実用化のめどもないまま開発した水素エンジンだが、佃は大金が入る特許譲渡を拒否し、部品供給契約に固執する。資金難にあえぐ社内は、その決定に強く反発する。帝国重工は、最悪でも特許の独占使用契約を認めさせようと佃製作所を締めつける。しかし佃はうんと言わず、社員との溝がしだいに深まる。

　町工場と大企業の攻防、社員同士の反目や確執が次から次へと繰り出されるので、ページをめくる手が止まらない。

　経済小説の範疇（はんちゅう）に入るが、小むずかしい話はさらりと流しつつ、職人集団の苦悩と誇りをテンポよく書き進める。夢の実現にこだわる佃の頑固一徹な性格、それに反発しながらも最後は協力する社員たちの対比が絶妙だ。

　その中で出色なのは、メーンバンクから出向して来た、経理部長殿村の人物造形である。殿村は、最初のうち銀行寄りの態度を見せながら、しだいに佃の生き方に共感を覚え、ついには強力な味方に転じる。最初は、ぱっとしなかったキャラクターが、しだいに輝きを増していく過程が、快いリズムを生む。

　予定調和的な結末だが、読後感のさわやかな佳作である。

評・逢坂剛（作家）

いけいど・じゅん　63年生まれ。『果つる底なき』『オレたち花のバブル組』など。

『短篇で読むシチリア』

レオナルド・シャーシャほか 著
武谷なおみ 編訳

みすず書房・二九四〇円
ISBN9784622080855

文芸

　「長靴」の先っちょの島、シチリアは、数多くの作家を生み出した土地である。3千年の長きにわたってさまざまな異民族の支配を受け、独特の文化を育んできたことが、シチリア人気質というべきものを作り上げたのだろう。そのためか、シチリアの作家の小説や戯曲は、世界文学の流れとはまた異なった、ちょっと不思議な匂いや奇妙な味を感じさせるものが多い。

　本書は、デ・ロベルトからピランデッロ、ヴィットリーニまで、外国語文学のファン以外にはあまりなじみのないシチリアゆかりの作家の短篇（たんぺん）集である。それも、シチリア文学を愛する編者による初訳作品ばかりだ。これはお買い得。

　中でも、19世紀末から20世紀初頭にかけてアメリカへ移住した人々を主題にしたピランデッロ「ホテルで誰かが死んだので……」とマフィアの親分が語る体裁で書かれたシャーシャの「言語学」は、近代シチリア史の一面を覗（のぞ）くようで興味深い。

　本文には詳細な注が付けられているが、それが単なる注に終わらず、シチリア文学を読むうえでの基礎知識の役割を果たしてくれるのも嬉（うれ）しい。　評・田中貴子（甲南大学教授）

二〇一一年二月六日❽

『ラーメン二郎にまなぶ経営学』

牧田幸裕 著

東洋経済新報社・一五七五円
ISBN9784492502136

経済

超大盛りの麺、脂こってりのとんこつ醤油（しょうゆ）スープ、巨大なチャーシュー、円錐（えんすい）型に盛られる野菜。健康志向のこんにち、1400キロカロリーにはなろうかとも思われるこのラーメンが、そして基本的にラーメンの「大」と「小」、そしてチャーシューのボリュームしか選択肢を提供しない店「ラーメン二郎」が人気である。35ある直営店のほとんどで大行列ができる。本書は経営学的観点から、二郎の成功の秘密を分析する。

そもそもいろいろなメニューを揃（そろ）えるほど、店の個性は失われていく。体育会系的な学生に顧客を絞った戦略が成功の基本であるが、同時に、二郎が提供する価値は、巨大なラーメンを完食した「達成感」と「爽快感」であると著者は説く。

とくに興味深かったのは、二郎の魅力の核心は、その顧客の特質、著者のいうエバンジエリスト（伝道師）的性格を指摘した部分であった。ラーメン二郎のファンは、「二郎の顧客であると同時に、二郎という特別な時間を他人にもシェアするエバンジェリストになるのだ」。しかしこれは狭い意味の経営学を超えた技かもしれない。　評・久保文明（東京大学教授）

二〇一一年二月一三日❷

『まさかジープで来るとは』

せきしろ、又吉直樹 著

幻冬舎・一四七〇円
ISBN9784344019287／9784344421820（幻冬舎文庫）

文芸

見えないもの照らし出す言葉たち

「自由律俳句集」と銘打たれている。が、全てを所謂（いわゆる）「あるある」ネタとして読むこともできそうだ。

「弱火にしたいのに消えた」（せきしろ）、「急に番地が飛んだぞ」（又吉直樹）、「回文じゃなかった」（せきしろ）、「起きているのに寝息」（又吉直樹）。

僅（わず）か数文字という短さ。にも拘（かか）わらず、強い「あるある」感に襲われる。我々の日常ではこの何百倍もの語数を費やしても伝わらないことが多いのに、なんという言葉の力だろう。

「あるある」ネタでは、云（い）われた瞬間にぴんと来ることが重要だ。但（ただ）し、誰もが意識していることを上塗りしても意味がない。「寝不足が辛（つら）い」では「あるある」にならない。つまり、万人がなんとなく感じていながら、はっきりとは見えないもやもやを掴（つか）むセンスが必要になる。

本当は「ある」筈（はず）のものがよく見えないのは、世の中の常識やルールがそれを「ない」ことにしているからだろう。例えば、こんな光景。

「くす玉の残骸を片付ける人を見た」（又吉直樹）、「朝露で濡（ぬ）れた盆踊り会場」（せきしろ）。

「くす玉」の存在意義は割れることで、その「残骸」にはもはや社会的な価値がない。同様に、本番翌朝の「盆踊り会場」にも価値がない。だから、目に入らない。でも、それらは確かに存在しているのだ。ふたりの作者は価値を失ったあとの存在をじっと見つめている。

もう一つの特徴は「小さな負」の感覚が書かれていることだ。快挙や悲劇やちょっといい話はメディアで採り上げられるけど「小さな負」は無視される。でも、我々が生きている現場には、この感覚こそが充（み）ちているんじゃないか。無意識の裡（うち）に直視することを避けているそのツボを彼らは敢（あ）えて突いてくる。

「自分の分は無いだろう土産（みやげ）に怯（おび）える」（又吉直樹）、「爪楊枝（つまようじ）の容器を倒して乱雑に戻す」（せきしろ）、「初めて発音するデザートを頼む」（又吉直樹）。

見えないものを照らし出す危険な言葉たちに感動する。それは私が現に生きている「ここ」の生命を甦（よみがえ）らせてくれるのだ。

評・穂村弘（歌人）

せきしろ　70年生まれ。文筆家。
またよし・なおき　80年生まれ。お笑い芸人。

二〇一一年二月一三日③

『脳のエシックス　脳神経倫理学入門』

美馬達哉 著
人文書院・二七三〇円
ISBN9784409041017
科学・生物

脳科学者から 倫理への自省

久しく脳ブームだが、脳科学者の著者はこう問う。人間が自分たちの脳を読み取ることを通じて自分たちを理解できると考え始めるとはどういう事態なのか、と。はて、脳科学者自身がこうした自省的かつ根源的な問いを発する以上、市井も真摯（しんし）に耳を傾けてみるべきだろう。

標題の脳神経倫理学（ニューロエシックス）は、生命倫理学（バイオエシックス）から完全に独立しているわけではないものの、脳科学の進歩に伴う社会の側の要請によって拓（ひら）かれつつある研究分野である。脳という臓器はあくまで身体の一部であり、単体で独自の問題を人間に突きつけてくるわけではない。しかし、たとえば脳に電極を取りつけて脳情報を解読し、それをコンピューターに取り込んで義肢などを動かすＢＭＩ（ブレインマシンインターフェイス）の進歩はそのままサイボーグの技術につながっており、そのとき脳科学は、人間の主体とは何か、意識とは何かという領域に踏み込んでゆくことになる。

もちろん、脳科学が研究しているのは厳密に生物学的な脳の活動や機能である。その成果として、たとえば視覚野だの前頭前野だの、大脳皮質を機能毎（ごと）に区分した脳地図は一般にもよく知られているが、脳科学が人間の心身の働きをそうした計測可能な脳の活動域へとマッピングしてみせたことは、私たちの自己認識のかたちにも少なからず影響を与えているはずだ。

脳機能の解明が、医療分野での薬物やＢＭＩによる脳への介入を加速させている今日、その最前線の脳科学者が逆に人間存在を問い、脳をその外部にある社会や文化や歴史へとあえて異化しようと試みる本書は、なにほどか示唆的である。ちなみに新しい視座の例をあげると、最新機器によって、植物状態の脳がときに外部の刺激に反応する様子を観察することが可能になったが、これを意識と見るか否かではない、「最小意識状態」という概念が近年提唱されているらしい。機能で見た脳ではなく、回復に望みをつなぐ家族とコミュニケーションする脳というパラダイム転換である。

評・高村薫（作家）

みま・たつや　66年生まれ。京都大学医学研究科准教授。『〈病〉のスペクタクル』。

二〇一一年二月一三日④

『無垢（むく）の博物館　上・下』

オルハン・パムク 著　宮下遼 訳
早川書房・各二三一〇円
ISBN9784152091802〈上〉・9784152091840〈下〉
文芸

自分の愛だけに生きる切実な思い

本書の著者、オルハン・パムクはイスタンブールという街を一つの文学的時空間にまで高めた功績で２００６年にトルコ初のノーベル文学賞を受賞したというのだが、私はイスタンブールに行ったこともなければ、なんの関心もない。だから、たいして期待をせずに本書を読み始めた。ところが、上下巻の長い小説から目を離すことが出来なくなるほどひきつけられた。

主人公ケマルは裕福な実業家の息子で、誰からも祝福される相手スィベルと婚約しながら、同時に遠縁の18歳の美しい娘フュスンと肉体関係を持つ。次第に、彼はフュスンに溺れ、会えない時は、アパルトマンでひたすら彼女との思い出の品々をめでるという暮らしを続ける。

なんと彼女の吸ったたばこの吸い殻を４２１３本も集めたりする。彼にとって「とっておきの秘密のコレクション」なのだ。フュスンとの関係は、悲劇的な結末を迎え、彼はイスタンブールの市街に、フュスンとの思い出の品々を展示した「無垢の博物館」を作ろうとする。

　この究極のフェティシズム小説とも言える物語が、なぜ私を魅了するのか。舞台となった1970年代から80年代のトルコは、西欧の影響を受け、人々の生活や意識が大きく変化し、共産主義者と民族主義者が争い、クーデターが起きるという激動の時代だった。そんな時代をまるで拒否するかのようにケマルは若いフュスンに耽溺（たんでき）し、翻弄（ほんろう）され、人生を破滅させていく。

　その姿は愚かだと侮蔑しつつも、なぜかうらやましい。ひたすら自分の愛だけに生きるケマルの姿は、時代からの逃避というよりむしろ時代に適当に追随していく人々への強烈な批判だ。それは経済危機など時代の激変に遭遇し、進む道を見失っている私たちに向けられている。彼のように生きることが出来たら、どれほど幸せだろうか。「切実な思い」が本書の魅力なのだ。

　パムクは、イスタンブールに「無垢の博物館」を実際に作ろうとしているらしい。そこに入館すると、きっと私は安らぎを覚えるに違いない。

評・江上剛（作家）

Orhan Pamuk　52年生まれ。『わたしの名は紅（あか）』『雪』など。

二〇一一年二月一三日⑤

『駆けぬける現代美術　1990―2010』

田中三蔵 著
岩波書店・二八三五円
ISBN9784000257961

アート・ファッション・芸能

濁流に身を投げながら水先案内

　現代美術とは？と問われて何と答えよう。現代の時代の美術を指すといっても多様化した時代の多様化した表現は一方向を向いていない。そんなえたいの知れない現代美術を相手に美術記者としての健脚が20年間の現代美術の森の中を文字通り駆けぬけて足で書いた評論である。

　大半の文章はon timeで本紙の文化面で触れたものだが、こうして的確に交通整理されて一望すると日本の現代美術の歴史が鮮やかに炙（あぶ）り出される。そして見えなかったものが見える形になってくるのだった。

　遠くなった前衛の時代に私の創造もstart lineに立ったが、この本と並走して行くとこのまま私の歩んだ道程の風景が鮮やかに後を追ってくる。この間、著者は「近代の見直しと再評価」の時期を経て、加速的に今日の現代美術の濁流の只中（ただなか）に身を投げながら時にはわれわれ実作家の水先案内の役割をも果たしてくれていたことを実感する。

　現代美術の歴史の河は土石流と化し、その混迷の近代的時間の中でわれわれは過去にも未来にもその拠（よりどころ）を求めながら反復運動を繰り返し、はてさてどこに行こうとしているのだろうか。その時旗印になるのはこのような著者の歴史的視点から回顧する態度と意識である。そのためには「駆けぬける現代美術」へのstance（観点）が求められるのは当然ではないだろうか。

　内面に下降していくだけの従来の技術至上主義的な美術と一線を引く現代美術は社会や大衆をのみ込みながら、さらに鑑賞者の欲望と意識を想定した参加型の美術へと変貌（へんぼう）する中で著者はこの時代を共有する「私たち」が作家に無言のうちに作品を依頼して「共同制作」をしているのではないかと時代の深層意識に焦点を当てながら「美術の歴史は作家だけではなく享受者がともに作る」というthesis（主題）の確信を得、その享受者の側からの転換を試みたいと主張。

　最後に著者は「美術は進歩しないが拡大する」と結ぶ。まるで人類の歴史のことをいわれているみたいだ。

評・横尾忠則（美術家）

たなか・さんぞう　48年生まれ。元朝日新聞編集委員。

二〇一一年二月一三日⑥

『遺伝子医療革命　ゲノム科学がわたしたちを変える』

フランシス・S・コリンズ 著　矢野真千子 訳
NHK出版・二三〇五円
ISBN9784140814550
科学・生物

解読宣言10年「革命」は起きたか

ヒトの全遺伝情報、すなわちヒトゲノムの解読がほぼ終わった。クリントン米大統領が2000年6月、こう宣言したときにその脇に立っていたのが著者である。日本も参加した国際協力による解読計画を率いた。

医学はもちろん、私たちの生活は一変する。大統領もそう高らかにうたい上げたのだが、10年たってどうか。

本書は、ヒトゲノムの今を一般向けに語る。序章のタイトルにあるように「もう、知らないではすまされない」からだ。

ヒトゲノムは60億文字あり、私たちはだれもが、文字の変異を数多く持って生まれている。致命的な病気をもたらすたった1字のミススペルや、糖尿病やがんなどの病気のなりやすさもわかり始めた。

ある病気になりやすいとわかれば、予防できる場合もある。薬の有効性も遺伝情報から事前にわかるかもしれない。

文字を読む費用は100分の1以下と劇的に下がり、1人のゲノムを読むのに千ドル未満、そんな時代も近づいてきた。個々人の遺伝子に基づく、パーソナルなゲノム医療の時代になった、というのである。

著者の家族が遺伝病のリスクに直面してどう対応したか、民間の3社に依頼した著者自身の遺伝子解析の結果は、プロの目で見てどうだったか、それをどう役立てたか、科学者らしい率直さで語っている。

市民がゲノム情報をどう入手して使っていくのか、政府機関などからの情報提供が充実していることと合わせて、彼我の差を大いに感じさせられる。

むろん、ゲノムですべてがわかるわけではない。限界もきちんと指摘されている。

その限界に着目すれば、10年前に予想されたような革命はまだ医療にもたらされていない、となる。そんな見方が一方にあることも事実だ。

いずれにせよ、私たち一人ひとりが自分の遺伝情報に向き合い、選択を迫られる時代になりつつあることは間違いない。

それに備えるとともに、病気を新たな視点で考えるために大いに役立てたい一冊である。

評・辻篤子（本社論説委員）

Francis S. Collins　遺伝学者。米国立保健研究所長。

二〇一一年二月一三日⑦

『王のパティシエ　ストレールが語るお菓子の歴史』

ピエール・リエナールほか 著　塩谷祐人 訳
白水社・二三一〇円
ISBN9784560081051
歴史／文芸

18世紀前半、元ポーランド王の娘マリアの輿入（こしい）れに付いてきたニコラ・ストレールは、ルイ15世のパティシエとなり、やがてパリに菓子店を構える。これが老舗店「ストレール」の始まりだ。本書は実録ではない。店に残るレシピや記録、史料、文学的文献などを元に、丹念に作りあげられた精緻（せいち）なフィクションである。

革命前年、パリの街では怒りに駆られた人々が火を放ち、略奪や殺人が横行している。ストレール翁は曽孫に菓子作りの奥義と食の歴史を伝承するため、日記を書くことにした。美食の歴史がメソポタミアから繙（ひもと）かれる。マカロン好きだったラブレーの著書や『ドン・キホーテ』からの引用。パティシエとは元々、塩味のパテやタルトを作る職人を指したこと。ワッフル売りや牛乳売りの呼び声など、街のサウンドスケープが再現されるのも楽しい。本書は、小粋な風刺小説であり、過去から過去へ遡（さかのぼ）る二重の歴史書であり、古き時代を甦（よみがえ）らせるレシピ本である、という夢のような一冊だ。ストレールのお菓子の小箱のように愛らしく、そしてあらゆるものが詰まっている！

評・鴻巣友季子（翻訳家）

二〇一一年二月一三日⑧

『文学者たちの大逆事件と韓国併合』

歴史／人文／新書

高澤秀次 著
平凡社新書・七九八円
ISBN9784582855555

昨年２０１０年は、大逆事件と韓国併合から１００年。両者が同じ年に起きたことは、偶然でありながら必然でもある。正しい日本人のコードを設定した大逆事件と植民地政策による同化をすすめた韓国併合。両者とも「国民」と「非国民」の境界をめぐる国家的暴力が発動された事件だ。一方は国内への暴力。もう一方は国外への暴力。

著者は社会学者・大澤真幸氏が戦後日本を分析する際に用いた「理想の時代」「虚構の時代」「不可能性の時代」という区分を、明治期に援用する。著者によると「『国家』の成長に『個人』の成長の物語が重なる幸福な時代」が「理想の時代」。しかし、日露戦争の勝利（成長物語の終焉（しゅうえん））によって共通の理想は溶解し、「虚構の時代」が訪れる。この「没理想」的なリアリズムの時代は、やがて「不可能性の時代」に突入する。その重要な切れ目が大逆事件と韓国併合だ。

この二つの出来事を隠蔽（いんぺい）し、明治の可能性を語ることは「およそ雲を掴（つか）むような話でしかない」。現代の「不可能性」を内破するためにも、過去へと遡行（そこう）することで前進する必要がある。

評・中島岳志（北海道大学准教授）

二〇一一年二月二〇日❶

『未完の平和　米中和解と朝鮮問題の変容　１９６９〜１９７５年』

歴史／政治／国際

李東俊 著
法政大学出版局・六三〇〇円
ISBN9784588377051

南北分断の固定化　デタント期に進行

グローバルな冷戦の終結にもかかわらず、なぜ朝鮮半島だけは、「歴史の孤児」のように凍（こ）てついた冷戦の厳冬のただ中にあるのか。確かに朝鮮戦争の体験が決定的な影を落としていることは間違いない。だが、それだけが決定的な要因であったわけではない。朝鮮半島の分断が打ち壊しがたい構造となったのは、朝鮮半島への米中の共同介入を前提とする「米中協調体制」によるものでもある。本書の最大の特徴は、まさしくこの点を、米中関係、米韓および中朝の同盟関係、南北関係という「関係の連鎖」のダイナミズムの分析を通じて明らかにしている点にある。具体的にはニクソン・ドクトリンに端を発する米中和解によるデタント期の冷戦秩序の変容を通じて分断体制がいかに再編、制度化されていったのか、その起伏にとんだ経緯が膨大な資料の解読を通じて明らかにされているのである。

本書によれば、米中関係と南北関係を結びつけていた媒介的な争点は、在韓米軍に象徴される「安全保障問題」であり、さらに朝鮮半島における「唯一合法政府」という意味での正当性をめぐる問題であった。このふたつの問題に対して米中は紛争の「局地化」と戦力の「安定化」という共通の戦略的利益のもと、最終的には在韓米軍を東北アジア地域の「安定力」として認め合ったのだ。そして米中は、韓国の唯一合法性を後押しする国連朝鮮統一復興委員会（ＵＮＣＵＲＫ）を解体し、朝鮮半島における分断国家の存在に国際的な承認を与えたのである。

この枠組みの中で南北双方は、苛烈（かれつ）な体制間競争にのめり込み、そのため「敵対的相互依存性」が強化され、分断固守の力が内側から働くことになった。こうして擬似的な戦争状態にも近い極端な対立を朝鮮半島に封じ込める（局地化）ことで、米中は第二次朝鮮戦争の危機に巻き込まれることなく、東北アジア地域に「長い平和」を実現しえたのだ。

だが、現在では体制間競争における北朝鮮の敗北とともに、その脆弱（ぜいじゃく）性が露（あらわ）になり、「米中協調体制」の綻（ほころ）びが明らかになりつつある。核開発をテコにした北朝鮮の非対称的な瀬戸際外交は、米中共同介入による危機管理システムに突きつけられたダモクレスの剣となりかねず、分断体制の均衡が破られようとしている。この深刻な危機を平和的に解消するプロセスは、本書が提言しているように、南北・米朝・日朝関係の正常化、それらを踏まえた停戦協定から平和協定への転換など、冷戦構造の解体に向けた「複雑な連立方程式」にならざるをえないだろう。

最近の米中首脳会談や一進一退の南北関係など、東北アジアをめぐる現在の新たな展開は、本書で取り上げられている米中和解によるデタントの時期とアナロジカルな（類推的な）関係にあるようにも見え、本書の意義はきわめてアクチュアルである。リアリズムの立場に立った、冷戦史研究の新たな1ページを飾る力作として評価したい。

評・姜尚中（東京大学教授）

リ・ドンジュン　69年韓国生まれ。韓国日報記者を経て、東北大学大学院法学研究科で博士号を取得（法学）。現在、日本学術振興会外国人特別研究員。専門は国際関係論。

二〇一一年二月二〇日❷　文芸

『オリクスとクレイク』

マーガレット・アトウッド 著　畔柳和代 訳

早川書房・三二五〇円
ISBN9784152091819

終末世界が問う生命の倫理

生命に関わるパンドラの函（はこ）はすでに開けられたか？　遺伝子操作などは「神の領域」への侵犯か？　アトウッドは前者の質問には「イエス」、後者の質問には「オープン・クエスチョン」と答えた。ただ、一旦（いったん）開いたパンドラの函は元に戻せない。

ヴェルヌがディストピア（反ユートピア）文学の萌芽（ほうが）となる『二十世紀のパリ』を書いてから約150年、昨今は日本でも伊藤計劃の『ハーモニー』が大きな支持を得ているが、ディストピア小説の潮流の高まりは世界的なものと言える。

そうした波の中心にいる作家の一人がアトウッドだ。『侍女の物語』などで未来の管理社会を鋭く描いた作家だが、本作は終末世界のモチーフを組み合わせてSFの色合いを強めた野心作であり、〈マッドアダム〉3部作の第1作である。

人類消滅後の世界で海辺に住む「スノーマン」。ここには「クレイカーズ」という人工生物が棲息（せいそく）する。彼らは疑いや不安を知らず、決まった時期に生殖を行い、プログラム通りに生きる。なぜ世界は滅亡したのか？

かつての世界では、選ばれた者と「ヘーミン」が隔離されて暮らし、私生活まで監視されながら健康な生活を送り、やがて不老が実現する。ジミーの親は大企業で、遺伝子組み換え生物「ピグーン」の体内に、ヒトに移植する臓器や脳組織まで培養することに成功するが、家庭は崩壊。ジミーは「クレイク」と出会い、危険な双方向ゲームに熱中し、ポルノサイトで美少女「オリクス」を見つける……。

未来で失われた文化や動植物（つまりそれは現在失われつつあるもの）への格別な眼差（まなざ）しがここにはある。そして重い生命倫理の問題。信心と狂気の境はどこにある？幸福や安寧は人を閉じこめる箱庭ではないか？

プログラムされたクレイカーズが、それでもなおスノーマンに創造主の物語をせがみ、絵画や音楽を有することに、私はある希望と胸騒ぎを覚える。ディストピア文学に普遍の問いを孕（はら）み物語が今後どう発展するか。ノーベル賞候補アトウッドの有力な代表作群になるだろう。

評・鴻巣友季子（翻訳家）

Margaret Atwood　39年生まれ。カナダの作家。

二〇一一年二月二〇日③

『漂流　本から本へ』
筒井康隆 著
朝日新聞出版・一三六五円
ISBN9784022508331

文芸

膨大な読書量が広げた精神世界

　まれに例外もあるが、作家のほとんどは子供のころから、膨大な量の本を読んで育つのが普通、と理解していた。

　それでもなお、本書の著者の読書歴に接すると、その幅の広さと奥行きの深さに、圧倒されてしまう。著者も、幼年期には『少年探偵團（たんていだん）』や『鐵假面（てっかめん）』など、年相応のものを読んでいるが、やがて乱歩の『孤島の鬼』や、デュマの『巌窟王』の原典『モンテ・クリスト伯』といった、大衆小説に手を出す。中学にはいると、マンの『ブッデンブロオク一家』や、シンクレアの『人われを大工と呼ぶ』などの、普通小説に取り組む。著者は早熟というより、あくなき知識欲の持ち主だったのだ。

　十代後半からは、ショーペンハウエル『随想録』、ズウデルマン『猫橋・憂愁夫人』、さらにはフロイド、メニンジャー、カフカ、カントと、ときに晦渋（かいじゅう）とされる本を手当たり次第に、読破していく。著者は、難解な本の内容を簡潔に、分かりやすく説き明かす、希有（けう）の才能を備えている。極端な話、ここに紹介された本のさわりを読むだけで、原典に接したような気にさせられるから、恐ろしい。簡単なことを、小むずかしくこね回す論客は多いが、その逆ができる人は、きわめて少ないのだ。

　評者は、朝日新聞に連載中から、この読書年代記を毎週読むのを、楽しみにしていた。かつて自分も読み、感銘を受けた本がいくつかあって、なつかしさを覚えた。読書録を読む醍醐味（だいごみ）の一つは、そういうところにもあるだろう。

　ちなみに18年ほど前、著者は問答無用の言葉狩りと、マスコミの無批判な自主規制に抗議して、断筆宣言を行ったことがある。その断固たる姿勢が、世論に強い衝撃を与えると同時に、無意味な言葉狩りを駆逐したことを、いやしくも文筆業に携わる者なら、だれでも承知していよう。

　その決意の裏には、膨大な読書量によって広がった精神世界と、深い洞察から生まれたゆるぎない信念が、存在していた。

　本書を読むと、それが納得できるのである。

評・逢坂剛（作家）

つつい・やすたか　34年生まれ。『文学部唯野教授』『わたしのグランパ』など。

二〇一一年二月二〇日④

『フォールト・ラインズ　「大断層」が金融危機を再び招く』
ラグラム・ラジャン 著
伏見威蕃、月沢李歌子 訳
新潮社・一九九五円
ISBN9784105063313

経済

金融危機生んだ貿易不均衡と政治

　著者は今回の金融危機の数少ない予言者の一人として有名な学者である。既に２００５年に執筆した論文で、米国の大手銀行のバランスシートがリスクの高い資産を多く抱えており危険な状態にあると指摘していた。本書はより一般に、大量の不良債権を生み出したメカニズムを、英米とその他という透明性に差がある金融システムの接触、世界的な貿易不均衡、さらには米国の国内政治のゆがみから説明している。

　読者によって本書の叙述のどの部分に特に興味を覚えるかはさまざまだろう。しかし、米国の国内政治、社会背景に関する記述は多くの人にとって参考となろう。１９８０年代以降、経済活動における教育格差の影響が増大するにつれて米国における所得分配は著しく不平等化した。米国は伝統的に所得再分配政策に対する抵抗が強い国である。そこでクリントン、ブッシュ政権を通じて採用されたのが、低所得層に対する貸し付け、特に住宅ローンを促進するという政策である。連邦住宅局によるローンの保証、政府支援機関による証券化された低所得層向け住宅ローンの買い取りだけでなく、民間金融機関への住宅ローン拡大指導に及んだ。08年時点でさまざまな政府系機関が保有した低所得層向け住宅ローンは200兆円を上回ったという。政府の積極的な関与を見て民間金融機関もこの分野に大規模に参入、徐々に貸し出しの規律は低下、住宅ローンへの投資家のリスク管理も緩み、金融危機の最大の要因の一つとなった。低所得層の生活改善という当初の意図は妥当なものだったが、融資という手段は、「ポピュリスト的な一時しのぎ」に過ぎない。わが国の最近の状況にもかかわる重大なポイントである。

その他の金融危機の要因として、米国連邦準備制度がインフレ率の低位安定にこだわりすぎた金融政策を進めたこと、またその背後に今回の危機のように市場経済制度の根幹が揺るがされるような事態を想定せずに金融政策の在り方を分析してきた経済学の責任もあるという指摘が印象に残る。

評・植田和男（東京大学教授）

Raghuram G. Rajan　63年生まれ。米シカゴ大教授。

『日本語の古典』

山口仲美 著

岩波新書・八四〇円
ISBN9784004312871

文芸／新書

原文読んで初めて分かる魅力

古典文学はお好きですか？と聞いてみると、だいたい二通りの答えが返ってくるものだ。一つは、「難しいし、生活に必要ないから読まない」というもの。もう一つは、「古典くらい知ってる。日本人の精神を体現した万葉集とか、恋愛ばっかりの源氏物語とか」というもの。圧倒的に多いのは一つめだろうが、問題は二つめの「わかったつもりになっていて、自分では読まない人」の方である。

彼らは実際に古典文学を手にしたわけではなく、誰かさんの貼ったレッテルを信じているだけなのだ。そういう人は、得てして「原文なんか読まなくても古典はわかる」なんて思ってる。その裏には、「原文は難しい」という思い込みがあるのだ。

ちょっと待って！　古典文学の魅力は原文を読んで初めてわかるのである。あらすじを知るだけでなく、言葉や表現そのものを味わうことの楽しさを知ってほしい。これは、私だけでなく、著者の願いでもある。

あなたは、源氏物語に造語がたくさん出て来るのを知っているか？「虫愛（め）づる姫君」が漢語をしゃべっているのを知っているか？『蘭学事始』は『蘭東事始』と言う方がよいということを知っていたか？　これ、全部本書の受け売りである。

本書が並の「古典教養書」と異なるのは、「言葉愛づる君」というべき日本語の第一人者が、自らの読書体験で得た発見を瑞々（みずみず）しい感性で語っている点である。硬直した古典観をひょいと飛び越えた、楽しくてためになる言葉の世界が展開してゆくのだ。

読みやすさへの著者の工夫は、それぞれの作品を読むに当たって一つのテーマを設けていることでもわかる。膨大な古典文学を一から読まないといけない、といった気構えが、これですっと消えてゆくだろう。

特筆したいのは、著者の新たな発見の喜びがダイレクトに読者に伝わってくることである。それにより、読者も発見の瞬間に立ち会う喜び（これは学問の喜びでもある）を味わうことができるのだ。まさに、元気な古典入門書である。急げ、書店へ。

評・田中貴子（甲南大学教授）

やまぐち・なかみ　43年生まれ。明治大学教授（日本語学）。『日本語の歴史』ほか。

二〇一一年二月二〇日⑥

『空白の五マイル　チベット、世界最大のツアンポー峡谷に挑む』

角幡唯介 著

集英社・一六八〇円
ISBN9784087814705／9784087468823（集英社文庫）

ノンフィクション・評伝／国際

命すり減らしつかむ一瞬の生

角幡さんと出会ったのは15年前、大学の探検部の部室だったと記憶している。ぼくは10代の新入生で、角幡さんも20歳になったばかりの頃だった。「四階までしかないはずの古い校舎の、なぜか五階に」部室があって、そのカビ臭くて薄暗い室内に彼はいた。

角幡さんは、野人のような顔をしていたが物腰は柔らかく、ぼそぼそとした物言いで口数は多くなかった。探検を志す若い彼らとぼく自身の頭の中にあったのは「どこを探検すべきか」という、単純かつ根本的な問いだった。「二一世紀を目前にひかえ、人跡未踏の面白そうな秘境などそう簡単に見つかるものではなかったし、仮にあったとしても、それは誰にも見向きもされない、重箱の隅を楊枝（ようじ）でほじくるような、要するに行ってもあまり意味のなさそうな場所ばかりだった」のだから。

多くの探検部員にとって、探検は学生時代に思い描いた見果てぬ夢として消えていく。

しかし幸か不幸か、彼はチベットのツアンポー峡谷と出会ってしまった。過去の名だたる探検家が挑み、到達できなかった「空白の五マイル」と呼ばれる地帯の存在を知ってしまったのだ。

人は誰しも自制心というものがあるが、彼はそのたがが外れている。大学を卒業し、大手新聞社の記者という安定した地位を手に入れたにも関わらず、すっぱりと職を辞し、未知の空白を踏査するためにツアンポー峡谷へと再び向かっていく。

ツアンポー峡谷をめぐる探検史自体がまず圧倒的に面白い。あらゆる文献にあたり、実際に現地に何度も足を踏み入れていることから、記述に曖昧（あいまい）な部分がなく、現代にいたるまで脈々と続く探検家たちの足どりを十二分に知ることができる。そして、その系譜の最後に位置する角幡さんが、何を成し遂げたのかはっきりとわかった。何より、過剰で極端でたがの外れた角幡唯介という人物が命をすり減らして手に入れた一瞬の生、その凝縮された輝かしい時間を、冷静かつ的確な筆致で分かち合ってくれた彼にぼくは心から感謝したい。

評・石川直樹（写真家・作家）

かくはた・ゆうすけ　76年生まれ。早稲田大学探検部OB。

二〇一一年二月二〇日⑦

『なぜ科学を語ってすれ違うのか　ソーカル事件を超えて』

ジェームズ・R・ブラウン 著　青木薫 訳

みすず書房・三九九〇円
ISBN9784622075585

人文／科学・生物

ソーカル事件とは、米国の物理学者ソーカルが1996年、ポストモダン派の雑誌に投稿した、科学的な装いのパロディー論文がまんまと査読を通過して掲載され、ポストモダン派が面目をつぶした事件だ。それが、いわゆる「サイエンス・ウオーズ」に火をつけ、科学者と、知識に客観性はなく社会の構造物と考える科学論の研究者との間で激しい論争になった。

本書は、科学、認識論、政治が絡まったこの論争を、一段落した2001年にカナダの科学哲学者が「親科学的左派」の立場から読み解いたものだ。ねらいは「誰が科学を支配するのか」という原題にある通り、よりよい社会のために科学はどうあるべきか、にある。

最終2章は今後への提言で、「科学の民主化」の章ではたとえば、科学に参加する人の多元性の重要性や、科学者の多様性や人々が科学を楽しめるようにする必要性が説かれる。

この論争は、日本ではあまり話題にならなかったが、社会における科学と科学者のありようは、今の日本にとっても重要な課題だ。じっくり読みたい一冊である。

評・辻篤子（本社論説委員）

二〇一一年二月二〇日⑧

社会／新書

『就活エリートの迷走』

豊田義博 著
ちくま新書・七九八円
ISBN9784480065858

不況の中、大学生の就職活動（就活）は、厳しい。が、著者は、激戦を勝ち抜いた「就活エリート」の多くが、近年「戦力にならない」という嘆きをよく耳にする。「極度に失敗を恐れる」「自分の能力を棚に上げ、要求ばかりする」……。

原因は画一化した就活システムそのものに問題があるという。ネットの発達で、膨大に増えた応募者を選別するためどの企業も「エントリーシート」の提出をまず求める。「やれること」ではなく「やりたいこと」を問い、自分探しを強いた結果、非日常的なきれいに整理された情報で粗選考。面接で人物を見極めようとする。でも、日頃から場の空気を読む能力にたけた「就活エリート」たちは、いずれもゲーム感覚で乗り越え、入社後、「やりたいこと」ができない現実に挫折する。

彼らのためにはじき出された応募者も含め、皆が〝不幸〟ではないか。いかに、お互いの日常の姿を知るか。提言される長期のインターンシップの導入や「縁故」の見直しなど、新卒に限らない多彩な就活ルートは、一考に値する。若者や企業、そしてこの国の未来のためにも。

評・四ノ原恒憲（本社編集委員）

二〇一一年二月二七日①

歴史

『銅像受難の近代』

平瀬礼太 著
吉川弘文館・四四一〇円
ISBN9784642038034

時代に揺れ動いた偉人像たちの運命

食べ物であれ建物であれ、何か一つの物だけを訪ねる旅をすると、その土地のことが思いのほか深く見えてくることがあります。同じように、一つの事物について徹底して探ることによってもっと大きなものが見えることがあるのであり、著者がその対象として選んだのが、「銅像」でした。

銅像と言われて私が思いつくものは上野の西郷さんくらいですが、しかし日本にはかつて、銅像ブームとでも言うべきものがあったのだそうです。銅像は、西洋の文化の一つとして、明治の日本に登場。それまでの日本には、大仏を除いては、偉人の像を屋外にさらしておくという発想はなかったようです。

靖国神社の大村益次郎像、上野の西郷さん像といった初期銅像が建てられると、銅像はどんどん増えていき、結果、銅像の設置には許可が必要となるほどに。交通の邪魔になる銅像（広瀬中佐像）、市民から倒されて引き回される銅像（伊藤博文像。ちなみに本人は当時まだ存命中）、稚拙な銅像（多数）……と、この頃の銅像は、質も扱いかたも、様々であったようです。

しかし銅像林立の時代は、長く続きませんでした。時代は戦争へと進み、銅像はその素材が金属であるが故に、お国のために回収されるという「銅像受難の時代」がやってくるのです。どの銅像を「出征」させ、どの銅像は生き延びるか。そこには時代の思想が表れます。そんな時代だというのに、占領地には二宮金次郎像を建てたりもしている。

戦争が終わっても、銅像受難の時代は終わりません。今度は連合国軍総司令部（ＧＨＱ）が、封建的であったり軍事色の濃い銅像は撤去する方針を打ち出すのです。寺内正毅元帥の銅像が撤去された後、新しく台座に乗ったのは、「平和の群像」と題された３人の裸婦の像。高度経済成長時代になれば、和気清麻呂像は地下鉄工事のために移転させられる……。現在も見ることのできる銅像は、そんな受難の時代をくぐり抜けてきた、生き残りたちなのでした。

銅像とは、人間が「永遠」に憧れて創るものなのでしょう。人間という存在を、そして人間が作った歴史を、永遠に形に留（とど）めておきたいという野望のもと、人は金属で像を造る。だからこそ銅像という存在は、時にやっかいで、時に滑稽なのでした。過去の偉人が忘れられるスピードは、意外と速いもの。また時代状況が変われば、偉人はすぐに悪人となる。そうなった時に銅像が、人間の形をしていると故に格好の攻撃と揶揄（やゆ）の対象になるのは、イラクにおけるフセイン像引き倒しを見てもわかる通り。

著者が詳（つまび）らかにした日本銅像史と言うべきものと、現存・非現存を問わぬ数々の銅像の写真からは、そこはかとないユーモアがにじみ出ます。そのおかしみとは、どれほど無常の歴史を繰り返そうと、それでも永遠を求めてやまない人間が持つおかしみが、もたらすものなのでしょう。

評・酒井順子（エッセイスト）

ひらせ・れいた　66年生まれ。姫路市立美術館学芸員。共著に『戦争と美術1937—1945』『戦争のある暮らし』など。

二〇一一年二月二七日❷

『評伝オーロビンド』

ピーター・ヒース 著　柄谷凜 訳

インスクリプト・三二五〇円

ISBN9784900997264　人文／ノンフィクション・評伝

近代の突破　普遍宗教に求める

20世紀初頭、インドの独立運動は大きな転機を迎えた。イギリスとの対話を重視した知識人に対し、即時の完全独立を要求する急進的なグループが現れた。彼らは大衆運動を重視し、時に過激な武装闘争を展開した。

この運動を牽引（けんいん）した代表的指導者がオーロビンドである。彼の知名度は日本では低いが、インドではガンディーやネルーと並ぶ英雄だ。ノーベル賞候補にも挙げられたことがある。

オーロビンドは政治闘争に加わると同時に、ヨーガの実践にも力を入れた。彼はヒンドゥー教の「ダルマ」（法・真理）の普遍性を強調し、その理念を生活の中で実践すべきことを説いた。

オーロビンドにとって、政治と宗教は分離不可能なものだった。政治は常に真理によって導かれ、政治的実践は宗教的実践の一部と捉えられた。

真理はすべてを包括する存在だ。政治だけがその範囲外におかれることはありえない。彼にとってダルマは、あらゆる人間の営みに関与する存在だった。

オーロビンドは単なるインドの政治的独立を志向した訳（わけ）ではなかった。彼は近代社会のあり方を根本的に変容させる「インド独自の道」を模索した。それは真理に導かれる「神的生活の実現」だった。彼の構想は、必然的に国民国家システムの超克へと向かう。彼は普遍宗教に基礎付けられた世界連邦を構想し、その実践原理をヨーガに求めた。

オーロビンドは1910年以降、政治闘争の第一線から退き、インド独立後のあり方を構想した。彼が力を入れたのは、具体的な神的コミュニティーの構築だった。彼は多様性を尊重しつつ、一つの真理を追究するコミューンを作り、「神の普遍的ヴィジョン」を顕在化させようとした。この宗教哲学は、同時代の大川周明などに大きな影響を与えた。

政教分離を自明視する現代日本人にとって、オーロビンドの構想は常軌を逸しているように見えるだろう。しかし、そこには近代の行き詰まりを突破しようとする普遍宗教への問いが存在する。現代世界の構造を見つめなおすためにも、オーロビンドと向き合う必要がある。

評・中島岳志（北海道大学准教授）

Peter Heehs　米出身でインド在住の歴史学者、詩人。

二〇一一年二月二七日④

『迷える者の禅修行　ドイツ人住職が見た日本仏教』

ネルケ無方 著
新潮新書・七七七円
ISBN9784106104046
人文／ノンフィクション・評伝

試練また試練　運命の先には

　世の中には物好きというか命知らずの運命に挑戦する勇気ある人間がいるものだ。16歳で仏縁に出会い発心したドイツ人の若者が西洋の価値観と真反対の日本の禅寺に、道元禅師よろしく海を越え正法を求めて飛び込んできた。葬儀産業と化した日本仏教の実態を目にし、なお道を深く分け入る彼を待っていたのは軍隊より厳しい地獄の禅修行（私の体験から）だった。

　まず著者を受け入れた禅寺は兵庫県の山奥の安泰寺である。ワクワク気分の著者に堂頭（どうちょう）（住職）は訊（き）いた。

「何をしに安泰寺に来たの」

　禅を学び修行のためと答えた著者に堂頭は目を光らせた。

「安泰寺はお前が創るんだ」

「私とは何か、何のために生きるのか」の問いへの、彼の観念による解決は間もなく「身体がそのまま私だ」という実感によって崩れると同時に、そこに創造があることを知る。そしてその創造は自己を放下し、西洋と日本の衝突の中で彼のエゴは苦しみながらも「自己を忘れる」ことこそが仏となる道と本懐を遂げるが、理屈っぽい人間と見抜かれた著者は安泰寺を下山せざるを得なくなり、京都の臨済宗本山僧堂に身を寄せる。が、彼の前途には新たな運命の試練が手ぐすね引いて待っていた。

「座禅はただ座るんじゃない、死ぬこっちゃ」――早うドイツに帰りなはれ、でないとほんまに死にまっせ、と声を掛けたくなるこの私。決意と決断の彼はほんまに死ぬ気か。――かと思うと突然心身脱落したかのようにコロッと心が楽になり、怖いものもなくなる。

　次なる運命はホームレスになって大阪城の公園での伝道だ。そしてそこに駆け込んできた女性と結ばれる。そんな時も時、不退を誓って下山した安泰寺の堂頭の事故死。急いで彼女にプロポーズする著者。読んでいて先々が見えないこの運命の戯れの源泉は一体、何？

「安泰寺はお前が創る」と言った堂頭の言葉が現実に。現在、二人の子宝に恵まれた住職のネルケ無方師は座禅が「未（いま）だに分かりません」「迷える者であり続けたい」と述懐する。

評・横尾忠則（美術家）

ねるけ・むほう　68年ドイツ生まれ。93年、出家得度。2002年から安泰寺住職。

二〇一一年二月二七日⑤

『アーカイヴの病　フロイトの印象』

ジャック・デリダ 著　福本修 訳
法政大学出版局・二四一五円
ISBN9784588009471
人文

破壊と再生もたらした両義性

　フロイトについて語るデリダ。おなじみの精神分析批判かと思いきや、なにやら様子が違う。語られているのは、（直接には）フロイトについてでも精神分析についてでもない。テーマは「アーカイヴ」だ。

　いまだすべての文書が公開されてはいないフロイトのアーカイヴ。それを管理するのはロンドンのフロイト博物館である。本書は1994年にこの博物館が主宰した国際会議で行われたデリダの講演記録だ。講演とはいえ晦渋（かいじゅう）極まりないその語り口は、周到かつ挑発的な形式も秘めている。何しろ「序言」と「前書き」だけで本書の半分以上が占められているのだから。

　それにしても、なぜ「フロイトのアーカイヴ」なのか。一言で言えば、アーカイヴそれ自体が精神分析的な構造を持つためだ。その構造は無意識に似ている。その記録方式は記憶に、その分析は精神分析に極めて近い。

　そう、アーカイヴは、単なるデータの集積ではない。それは起源において矛盾を、「病」をはらむ。ならば「アーカイヴの病」とは何か。それはアーカイヴを成立させると同時に、それ自体を内側から食い破ってしまうような自律性を指している。

病とは例えば「アーカイヴに対する強迫的で反復的、郷愁的（ノスタルジック）な欲望を、起源への回帰の抑え難い欲望、望郷の念、絶対の始まりの最も古代的な場所に回帰する郷愁」を抱え込むことだ。

アーカイヴは亡霊的でもある。『生身』の現前でも不在でもなく、見えるものでも見えないものでも」ない痕跡として。この視点のもとで精神分析は「ユダヤ性」の隠喩そのものとなる。

さらにデリダは未来を語る。たとえば電子メール。「ほぼ瞬間的な仕方で、アーカイヴの生成、印刷、保管、破壊に役立つ」この道具は、アーカイヴ（＝精神分析）にいかなる未来をもたらすだろうか。

その答えは両義的だ。それは破壊と同時に再生をもたらした。おそらくこの両義性こそが、われわれがいまだ「アーカイヴの病」の中にあることの一つの証しなのである。

評・斎藤環（精神科医）

Jacques Derrida　1930〜2004年。ユダヤ系哲学者。

『失敗の効用』

外山滋比古 著

みすず書房・二四一五円
ISBN9784622075899　文芸／ノンフィクション・評伝

人生の達人が説く「時」の大切さ

今まで鶴見俊輔さんの『思い出袋』、加藤秀俊さんの『常識人の作法』と80歳を過ぎた方のエッセーを紹介してきた。今回、紹介するのも87歳の外山滋比古さんのエッセーだ。なぜこんな老人（失礼！）のエッセーばかり紹介するのだと言われるかもしれないが、一言で説明すると、生き続ける力になると思うからだ。私は現在57歳。80歳まで生きるには、まだ23年もある。ええ加減にしんどいなあと肩を落としたときに彼らの文章を読むと、なんだか落ち着く。

日本の80歳以上人口は789万人で全体の6.2％(09年9月15日現在)。この比率に入るまで生きるのは、相当な強運の持ち主。元気でエッセーを書くなんて人は、1％にも満たないだろう。こんな人生の達人の話を聞く機会は、落語のご隠居さんの世界にしか残っていない。エッセーで読むしかない。

外山さんは本書の特徴を「転ぶのに備えて転ぶ練習をする……いわば半逆説」的な角度から、ものごとをながめたものと解説。「普通はうっかり見落（おと）されがちなところが見えるかもしれない」という。

表題の「失敗の効用」では、ご自身が入学試験を3度受けて2度落ち、ずっと恥ずかしい思いをしていたことを告白されている。しかし、この思いは時を経るにつれて変わってくるものらしく、「恥じることはない」と言い、「失敗の経験はのちのち思わぬ力になることに気づいた」「受かってよし、落ちるもまたよし――。そう考えれば、試験は恐れるに足りない」と励ましてくれる。受験生には心強い言葉ではないか。

「低温火傷（やけど）のモラル」のところでは「時」の効用について触れ、人の悲しみは「悲しみ自体が小さくなっていくのではなく、時が忘れさせてくれる」のだという。

ＩＴが発達したせいなのか、何かと回答や結論を急ぎ過ぎる現在にあって、外山さんが教えてくれるのは時の効用なのだろう。子供に戻ったような素直な気持ちで、じっくりと人生の達人の言葉を味わった。

評・江上剛（作家）

とやま・しげひこ　23年生まれ。英文学者。『思考の整理学』『日本語の作法』など。

二〇一一年二月二七日❼

『あっぱれ！旅役者列伝』

橋本正樹 著
現代書館・二三一〇円
ISBN9784768476635
アート・ファッション・芸能／ノンフィクション・評伝

何やらセピア色めく「旅役者」という響きに惹（ひ）かれ、手に取った。誰にでも知られた名前ではない。でも、テレビの登場で、衰退の一途をたどった昭和30年代からの不振を抜け、今も多くの熱狂的なファンに支えられる世界に魅せられ、長く取材を続けてきた筆者のルポルタージュ。17人の名優が登場する。

その多くが、母の胎内より舞台に立っていた「腹の中からの役者」。幼少時から、劇場を移り歩くつらさや、世間や劇団幹部のいじめなどに耐え、人の演技に学び、独自の持ち味を作り上げていく精進。時には、トラブルや仲間の窮地に身を張って立ち向かう〝侠気（きょうき）〟も必要だ。理屈ではない、何よりもお客さんを楽しませるため、と語る彼らの言葉は熱い。

大衆演劇の盛んな九州の役者がなぜ芸達者なのか、と問われ、ある座長は語る。「努力」そして、「きびしい上下関係。幕内に民主主義は不要」と。社会が、すべて同じ市民的ルールで貫かれる必要があるのか。犯罪、ごまかしは論外だが、多様なルールが支配する集団が混在する世界の方が、豊饒（ほうじょう）ではないか。歌舞伎や相撲にしても。

評・四ノ原恒憲（本社編集委員）

二〇一一年二月二七日❽

『ブーベ氏の埋葬』

ジョルジュ・シムノン 著　長島良三 訳
河出書房新社・一七八五円
ISBN9784309205571
文芸

これは、メグレ警視シリーズ以外の、シムノンの普通小説の一つである。とはいえ、シムノンらしく事件があり、捜査も謎解きもあるので、ミステリーとして読んでも不都合はない。

この作品の主人公は、冒頭2ページ目でパリの街頭に頓死する、ルネ・ブーベ氏である。氏の急死を伝える新聞の写真を見て、いろいろな人が弔問にやって来る。やがて、彼は行方をくらました自分の夫で、姓はブーベではなくマーシュだ、と主張する女が現れる。次いで、2人のあいだの娘と名乗る女が訪れ、さらにブーベ氏の妹と称する老女も、登場してくる。そこへ氏の女性問題、遺産問題がからみ、複雑な人間関係があらわになっていく。

パリ警視庁の刑事、ムッシュー・ボーペールのねばり強い捜査で、ブーベ氏の過去がしだいに明らかになる過程が、人間味豊かに描かれるところは、いかにもシムノンらしい。

衝撃的な解決が待ち受けるわけではないが、パリの風俗人情を活写したこの小説は、古きよき時代の雰囲気を伝える佳作といえよう。そう、小説の真の主人公は、パリの街そのものかもしれない。

評・逢坂剛（作家）

二〇一一年三月六日❷

『パリが愛した娼婦』

鹿島茂 著
角川学芸出版・二九四〇円
ISBN9784046532213
歴史／国際

19世紀 都会の夜闇に時間旅行

「高級」娼婦（しょうふ）ってなんだ？ つい先日も、新国立劇場でヴェルディのオペラ「椿姫」を観（み）ながらそう思ったのだった。この名作オペラのヒロインは高級娼婦ヴィオレッタ。原作者デュマの恋愛体験が下敷きになっている。そもそも娼婦はフランス文学との関係も濃厚だ。バルザック、モーパッサン、プルースト。ゾラ「居酒屋」は娼婦ナナの浮き沈み人生を描く一大長編だ。娼館に通いつめて熱心に娼婦を描いたのは画家ロートレック。どうやら娼婦という存在は、パリおよびフランス社会を読み解く重要な鍵のようなのだ。

かねがね抱いていた関心に応えてくれるのは、われらが鹿島教授。壮大な書物渉猟の成果を惜しげなく注ぎこみ、娼婦を手だてに十九世紀のパリの夜闇を浮上させる本など、ほかのだれが読ませてくれるだろう。

『パリ、娼婦の館』の続編にあたる。前著ではメゾン・クローズと呼ばれて十九世紀後半から第二次大戦まで栄えた娼館の歴史を紐解（ひもと）いた。今回は一歩踏みこんで、高級娼婦（男の蕩尽（とうじん）と破滅願望を見抜ける者だけが「高級」への階段を上がる！）の内実、ヒモや女衒（ぜげん）との関係、私娼が街に跋扈（ばっこ）する過程……文献資料を駆使した記述は、あくまで実証的。古今東西のエロス本に通じる著者ならではの手さばきである。

パリと娼婦の関係を描きながら、社会と売春の関係へ目配りをきかす。鹿島教授はずばり指摘する。「売春それ自体が極度に資本主義化されていたのだ」。そもそも売春は商行為なのだから、娼婦は金銭のサイクルに複雑巧妙に組みこまれてゆく。金と愛の下克上をもっとも過激なかたちで生きたのが、「高級」娼婦と相手の富裕層の男たちだったのである。それらの社会現象をすっぽりまる呑（の）みした街、パリ。けだし怪物ではないか。

わたしの知人に、番地が書かれた紙片を頼りにアパルトマンを訪ねると身元照会のうえ三重構造の扉の奥に招き入れられ、パリの秘密を覗（のぞ）いた幸運な男がいる。本書もまた鹿島教授プレゼンツ、パリの時間旅行へ誘う一本の鍵。おともは娼婦です。

評・平松洋子（エッセイスト）

かしま・しげる　49年生まれ。『馬車が買いたい！』『パリの日本人』など。

二〇一一年三月六日③

『ポリティコン　上・下』

桐野夏生 著

文芸春秋・各一六五〇円
ISBN9784163299006〈上〉・9784163299600〈下〉／9784167900243(文春文庫〈上〉)・9784167900250〈下〉)

文芸／社会

ヒッピー型ユートピア　残酷な筆

桐野夏生のすごさは、古典的なスタイルを取り入れながら現代と密に切り結んで、既存のジャンルを「えいやっ」と投げ飛ばしてしまうことだ。『東京島』ではロビンソン・クルーソーに始まる「孤島漂着もの」というジャンルを背負い投げ。『女神記』では「神話文学」を、『ナニカアル』では「評伝小説」の足をみごとに払った。

『ポリティコン』が取り入れたのは、昨今ちょっとしたブームの反ユートピア小説だ。アリストテレスは人間を「ゾーオン・ポリティコン（社会的動物）」と呼び、ポリス（都市国家）の活動に参加する者をシチズン（市民）とした。本書の舞台「唯腕（いわん）村」も正式に入村するには一定の条件を満たし、村に奉仕する必要がある。しかし農業共同体を基盤としたこの寒村は途中から、ギリシャ（語）起源のユートピアとは反対の方向に変容した。そう、ヒッピー・コミューンが花開き、アートや演劇を最重要視する開放的な理想郷となったのだ。トマス・モア型理想郷の未来はディストピア文学で散々書かれてきたが、こうしたヒッピー型理想郷の行く末を徹底して追った小説はあったろうか。

作者はそこに、現代の過疎化・高齢化問題を容赦なく継ぎあわせる。自由と博愛を謳歌（おうか）したコミューンも寄る年波には勝てず、密（ひそ）かに醜い内部抗争が起き、農畜の手を補うため、養育遺棄児やホームレス、嫁ぎ先から逃げてきたアジア人妻らを入村させる。ここに脱北者とその支援組織が絡む。村が養える人数は決まっており、年寄りは足手まとい。無償の愛を旨とする村に、いつしか姥（うば）捨てのような発想が生まれる。そして権力を暴走させるのは常に性と金への欲望だ。入村した美少女に向ける若い理事長の凶暴なまでの愛情。いんちきすれすれの有機農法や観光事業。それに群がる商売人たち。理事長の財産の私物化。ミニチュアの独裁国家はいまにも転覆しそうになりながら、成功の階段を昇（のぼ）っていく。

今回も桐野夏生の筆は残酷で、どこまでも俗を描きながら超然としている。なんとも恐ろしい書き手である。

評・鴻巣友季子（翻訳家）

きりの・なつお　51年生まれ。『グロテスク』で泉鏡花文学賞、『東京島』で谷崎賞。

二〇一一年三月六日④

『家族新聞』

浅田政志 写真　共同通信社 文

幻冬舎・一五七五円
ISBN9784344019300　アート・ファッション・芸能／社会

家族の形は多様　肩の力抜いて

日本は「家族」の問題でゆれ続けている。幼児虐待、引きこもり、介護、高齢者の所在不明……。すべては家族のあり方の揺らぎが関係している。

社会的関係性やコミュニティーが流動化する中、育児や介護を孤立した家族（特に女性）が抱え込み、疲弊するケースが後をたたない。国家によるセーフティーネットには穴が開き、十分な所得がなければ市場のサービスを受けることができない。子育ての環境が整わず、不安が蓄積される中、少子化は依然として進行し続けている。

日本の家族はどこへ向かっているのか。本書は、注目の写真家が今の家族を撮り、新聞記者が文章を添えたフォトブックだ。

現代日本では核家族化・単身化と逆行する形で、大家族を理想とする人が増加しているという。これは古きよき時代への郷愁ではない。子育てや介護の苛酷（かこく）な現実に対する切実な願望と捉えるべきだ。

本書には、新しい家族形態を模索する人々が紹介されている。コレクティブハウス（部屋の一部を共有する集合住宅）、里子・里親、熟年結婚、事実婚、隠居……。彼らは、これまでの家族を見つめなおしつつ、真剣に「新しい家族」のあり方を引き受けようとしている。その苦悩と葛藤の隙間から、笑みがこぼれる。

日本の家族は元来、血縁主義が薄く、養子縁組が発達してきた。家族には、血縁以外の共同性が関与してきた歴史がある。

しかし、現代社会では特定の家族観に拘束され、規範意識の強さから、逆に家族を傷つけるケースが絶えない。すべてを家族で解決しなければならないという思いが、家族や自分への暴力となって噴出してしまう。

育児や介護を家族構成員だけがすべて負担することは不可能だ。公的サービスを活用しつつ、社会の相互扶助機能を高めていかなければならない。そのためには、家族のあり方と真剣に向き合わなければならない。

本書が示す家族形態の複数性・多様性によって、家族はいろいろありえることを知ってほしい。そのことによって、肩の力が抜ける人が大勢いるはずだ。

評・中島岳志（北海道大学准教授）

あさだ・まさし　79年生まれ。写真家。『浅田家』で木村伊兵衛写真賞受賞。

二〇一一年三月六日⑥

『グローバルプレイヤーとしての日本』

北岡伸一 著

NTT出版・二四一五円
ISBN9784757140929　政治／人文

世界史の運命に手をかける国とは

本書の目的は、日本が今後の方向を誤らないために、現状を総点検することである。日本はどこに進むのか。

かつてマックス・ウェーバーは、世界史の運命に手をかけることが大国の権利であり義務であると述べた。著者は、日本は今後も「世界史の運命に手をかける」ことができるのか、と問う。

今のままでは、日本は快適な国ですらなくなってしまうと著者は懸念する。しかも、世界は危ういバランスの上に成り立っているのであり、日本のような大きな潜在力を持つ国は、その秩序の維持のために積極的な役割を果たす義務がある。そのような役割を果たすことができるかどうかの鍵は、「総合的なグローバルプレイヤーとなることだ」というのが本書の出発点の仮説である。

国連での安保理改革の試み、日中歴史共同研究については、著者自身の外交現場での経験を交えて記されてあり、それが臨場感を提供し、説得力を高めている。

アフリカ支援に関しては、日本は大きな可

能性を持っていながら、ＯＤＡを縮小させ、その可能性を自ら小さくしていると本書は嘆く。昨年秋の尖閣諸島をめぐる事件については、中国が自称する「平和的台頭」には容易に期待できないと指摘し、防衛政策の強化を説く。本書によれば、防衛の要諦（ようてい）は、「侵さず」「侵されず」「脅さず」「脅されず」に尽きる。

本書は集団的自衛権を認めること、国際平和協力活動のための恒久法を制定することなどを提言するが、現実の政治の世界ではまだ実現する情勢にはない。著者の議論や提案に対して、左右の立場から批判もあるであろう。ただし、その場合には、著者と同水準の論拠と将来構想を用意した上で反論すべきであろう。情緒的反対、あるいはひとたび自衛隊を海外に派遣すれば戦争につながるといった硬直的な発想に基づいた反対が、いまだに多いように思われる。日本の将来にもっとも大きな責任を持つ政治家の方々にぜひとも熟読して欲しい。

評・久保文明（東京大学教授）

きたおか・しんいち　48年生まれ。東京大学教授。『自民党　政権党の38年』など。

二〇一一年三月六日⑦

『純平、考え直せ』

奥田英朗 著

光文社・一四七〇円
ISBN9784334927417／9784334766627（光文社文庫）

文芸

主人公の坂本純平は、新宿の歌舞伎町を根城にする早田組に杯を受ける21歳のチンピラだ。ある日、親分から鉄砲玉になれと言われ、対立する組幹部を殺すよう命じられる。決行までは3日間しかない。

純平が暮らす歌舞伎町の住人すなわち娼婦（しょうふ）、おかま、やくざ、マル暴刑事、家出少女、浮浪者などは純平にとって身近でリアルな世界の住人。一方、新宿で知り合った加奈が携帯電話の掲示板に純平が鉄砲玉になったと書きこんだために反応してきた膨大な数のネット世界の住人たちはバーチャルな存在。二つの世界の住人たちは決してつながることはない。しかし、純平が過ごす3日間にこのリアル、バーチャルな世界の住人たちが、純平の純粋さに引き寄せられるようにつながっていく。

純平は「案外世界はいいところかもしれない」と思う。世間との絆が断たれている者たちが、純平を触媒にして絆を回復するという奇跡が起きたのだ。

新宿歌舞伎町といえば風俗業の多さで知られる。危ないイメージが強い。そんな町を人と人とが強い絆で結ばれるユートピアに変えてしまう。小説って本当にすごい。

評・江上剛（作家）

二〇一一年三月六日⑧

『臨床の詩学』

春日武彦 著

医学書院・一八九〇円
ISBN9784260013345

医学・福祉／社会

人と心が通い合う。そんな言葉を書いたり、言ったりするのは簡単だが、けっこう情緒的で、あやふやな状態ではないのか。だから良いのかもしれないけれど、精神医療の現場ではそうもいかない。患者と日々相対しながら、考えざるをえない。産婦人科医から精神科医に転じた著者が、臨床経験から書き起こした文章には、日常のコミュニケーションや他者理解にも通底する風景がある。

2部構成。コミュニケーションという観点から精神医療という世界の難しさを伝える後半の「辺境の作法」も興味深いが、本のタイトルを表題とする前半が、面白い。臨床の現場で、コミュニケーションが成立していなかったように見えながら、何げなく発した「言葉」で心の交流が起こる瞬間があるという。

例えば入院を拒否する患者に、あなたは「苦戦中」だから「援軍」になりたいという一言で、素直になる。そんな言葉の多くは、ごく、ありふれた言葉だった。それは何故かを、多くの文学作品や詩の言葉と対比させながら、著者は語る。

「言葉」の力とは、なんと不思議なものか。

評・四ノ原恒憲（本社編集委員）

『忘れられた花園 上・下』

ケイト・モートン 著 青木純子 訳
東京創元社・各一七八五円
ISBN9784488013318〈上〉・9784488013325〈下〉

古典を本歌取り 語りのモザイク

「秘密」が人間を興味深いものにする。英国南西部の海沿いに立つ壮大な領主の屋敷(マナーハウス)。ここには人知れず壁で囲われた庭園があった――謎めいたゴシック風の舞台に、語りのモザイクを凝らした傑作ミステリの登場だ。

第1次大戦前夜の1913年、ロンドンから豪州の港に着いた船には、白いトランク一つを提げた身元不明の幼女が乗っていた。ある夫婦の元でネルと命名されるが、長じて出生の秘密を知らされたとたん、「人生のページがばらばらに吹き飛んで」、過去にとり憑(つ)かれてしまう。父の死後に渡された白トランクから出てきたお伽噺(とぎばなし)集を頼りに、ネルは自らのルーツを探し求めて英国へ旅立つ――。

物語の時間軸は大きく分けて三つ、ストーリーラインは四つある。1880年代から1913年に至る時間内では、名門マウントラチェット家にまつわる物語が、主に一族の女主人と娘、そして当主の姪(めい)イライザの視点から描かれる。1975年前後の時間内では、ネルによるロンドンとコーンウォールでのルーツ探しが書かれ、2005年前後の時間内では、ネルの死後、白トランクは孫カサンドラへと受け継がれ、彼女は祖母の謎を解くべく渡英する。

名門一族の伝統は嘘(うそ)で塗り固められていたのではないか……?

ひねりの連続で展開されるモダンサスペンスだが、全編が古典名作へのオマージュに彩られている。古いトランクから謎の文書が出てきて物語が始まる、というのはクラシックな欧米文学の常套(じょうとう)だし、また、孤児の少女が壁に囲われた庭園を慈しむことで成長していくバーネットの『秘密の花園』を精密な下絵にしているのは言うまでもない。

しかし本作にいっそうの味わいを与えているのは、親をなくした子たちの物語であると同時に、子をなくした親たちの物語でもあるという重層性だろう。双方の喪失の哀(かな)しみと再生への希望が共鳴して、物語の細かい襞(ひだ)を織りなし、本歌の古典より一回り広い視界と複雑な情感を読者にもたらす。また、イライザが屋敷で初めてすごす嵐の夜の描写や「巣を横取りする郭公」の喩(たと)えなどは、『嵐が丘』を濃厚に想起させるし、死後にますます存在感を強めて海辺の屋敷を支配する美しく奔放な女性と、それに怯(おび)える庶民上がりの妻の構図は、『レベッカ』そのものである。

古めかしい道具立てを配しながら、現代的で普遍的な心理ドラマを浮かび上がらせる。それこそは、ゴシック文学をその時代時代で更新してきたブロンテやデュモーリアが行ってきたことに他ならない。本書はあえて謎を解かないミステリであり、2度にわたる「不正解」をそのまま内包して終わる。そうして答えを出さない地点に留(とど)まり得たことで、人があやまつことの秘密に、むしろ一歩深く踏みこんだ。

ルビ遣いに至るまで巧みでトリッキーな訳文を含め、翻訳小説の粋を集めた一冊である。

評・鴻巣友季子(翻訳家)

Kate Morton 76年生まれ。オーストラリアの作家。2006年、『リヴァトン館』でデビュー、本作は第2作に当たり、英国でもヒット。

二〇一一年三月二〇日②

『ジョゼフ・コーネル 箱の中のユートピア』

デボラ・ソロモン 著 林寿美ほか 訳
白水社・三九九〇円
ISBN9784560081099
アート・ファッション・芸能／ノンフィクション・評伝

成功が苦悩だった禁欲の人生

日頃から伝記を愛読する僕が伝記を読み耽（ふけ）るジョゼフ・コーネルの伝記を読んだ。芸術家の伝記が面白いのは、周囲の人間たちが魅了されるあまり人生が壊されていくからだと著者は嘯（うそぶ）くが、この伝記の主人公コーネルは皮肉にも周囲の人間によってどんどん壊されていく。

生涯を通してソリの合わない母親と諍（いさか）い続け、障碍（しょうがい）を抱えた弟と一心同体の苦痛を味わいながらも、無垢（むく）の魂から生まれる謎めいた箱の作品やコラージュの膨大な資料の山に埋もれた地下の一室で、痩せた亡霊のような男は憧れのバレリーナ、映画女優、十代の少女を女神のように崇（あが）め、彼女たちへのオマージュを量産していくが、その評価が定まるのはずっと後である。

コーネルといえばモダニズムと無縁の象徴主義的な秘境の隠者のイメージが濃く「大人の玩具」作家ぐらいにしか思われていなかったが、とんでもない。シュルレアリスム、表現主義、ミニマリスム、ポップアートと20世紀が駆け抜けた現代美術の足跡を辿（たど）る時、そのコアにご神体のように鎮座していたのが実はジョゼフ・コーネルだったことを今や誰も否定しない。

にもかかわらず彼は時代の評価には無頓着。我関せずの孤高の市井の人間は資料あさりにマンハッタンの古書店を彷徨（ほうこう）する夢想の毎日を日記に綴（つづ）るだけで、自分の業績や作品が理解されることさえ恐れる。

そんな彼の思惑に反して、彼の神秘的な箱の作品を求めて美術館やコレクターや有名人がクイーンズのユートピア・パークウェイの小さな木造家屋に日参するが、作品は売りたがらない。彼の成功は彼を幸福にするどころか、彼にとっては現実的な苦悩でしかなかった。それも憧れの女性たちには指一本触れることもせず童貞のまま、失意のどん底で悪夢の芸術家コーネルを慰めるのは、「天文台」と呼ぶ彼の家の台所から夜空の星を数える時間だ。自らの存在をあたかも天に属する者と定め、あの世での不死を信じ、自分がこの世から失（な）くなるのをただ待つだけの禁欲の男が僕の脳裏に浮かび上がってくる。

評・横尾忠則（美術家）

Deborah Solomon 57年生まれ。米国のジャーナリスト、美術評論家。

二〇一一年三月二〇日③

『不可能、不確定、不完全 「できない」を証明する数学の力』

ジェイムズ・D・スタイン 著
熊谷玲美、田沢恭子、松井信彦 訳
早川書房・二七三〇円
ISBN9784152091871／9784150503833（ハヤカワ文庫NF）
科学・生物

数学の枠広げる 難問にかける夢

「偉大な問題はえてして説明するのがわりと簡単で、解くのが難しい」と本書にあるが、実にそれゆえに、人は数学にドキドキする。たとえば、4以上の偶数は二個の素数の和である、という予想は子どもでも立てられるが、二五〇〇年以上経てもなお証明に成功した者はいない。

けれども、難しい問題の解を求める数学の営みは、問題そのものを超えて既知の数学の枠組みを拡張してゆくのであり、そこに醍醐味（だいごみ）を見いだすのは本書も例外ではない。たとえばガウスは、作図可能な正多角形にある種の素数が絡んでいることを示していたし、ベキ乗や累乗根などの関数の語彙（ごい）だけでは記述できない五次方程式の解法に、対称性を記述する群論の発想がもち込まれたとき、多項式の根の探求は幾何学への眼差（まなざ）しを獲得してゆくのである。

また二〇世紀の数学の風景を大きく変えた

集合論の公理系についても、カントールが0と1の間にある実数の集合を考えるに当たって導入した選択公理と実数連続体仮説が、既存の公理系とは独立のものであることが後に証明されたのだが、連続体という数学上の概念は、今度は物理学の分野で、量子力学から見た世界の離散的構造との相剋（そうこく）を生んでゆくことになった。

　さて、その量子力学の世界観を支えるハイゼンベルクの不確定性原理が、本書の三大「できない」の第一である。第二はゲーデルの不完全性定理。第三はアローの不可能性定理。詳細は本書に譲るが、著者が「できない」にこだわるのは、それが数学的にスリリングな事実だからではないようだ。たとえば、ある命題の真偽を判断できる証明が存在しないという意味での決定不可能性には、宇宙物理で使われるプランク時間のように人間の測定の限界を超えているゆえの不可能や、公理構造が複雑すぎて手に負えないゆえの不可能などがあるが、数学者にとってはそこが幕切れではない。今度はそこから、決定不能命題を許容できるほど十分に複雑な公理系を記述するか、それを記述するのは不可能だということを証明する夢を見るらしいのだ。

評・高村薫（作家）

James D. Stein　カリフォルニア州立大教授。

二〇一一年三月二〇日④

『話の終わり』

リディア・デイヴィス 著　岸本佐知子 訳

作品社・一九九五円
ISBN9784861823053

文芸

感情の記憶の堆積　恋情の地層

なんとも不思議な恋愛譚（たん）だ。恋の甘やかさよりは退屈さやしんどさに描写の比重が置かれ、恋人が去ってからの思いや後日談が物語の大半を占めている。

　著者のリディア・デイヴィスは『ほとんど記憶のない女』（白水社）でも知られる奇妙な味の短編の名手だ。緻密（ちみつ）なのにどこか滑稽で、論理的でありながら（あるがゆえに？）妄想的でもあるのが彼女の持ち味である。この初の長編でも、その作風は遺憾なく発揮されている。

　主人公は大学で教える30代の女性教師。パーティーで出会った12歳年下の恋人とあっさり恋に落ち、葛藤の多い交際を経て半年あまりで彼は去る。しかし彼への思いを断念できない彼女は、その後も彼を追い回す。

　アパートをつきとめ新しい恋人に嫉妬し、職場のガソリンスタンドに押しかける。ストーカーと化した彼女を、彼も強くは拒まない。この曖昧（あいまい）な関係がさらなる妄想を育んでいく。

　その描写は極めて特異だ。硬質かつフラットな語り口が精密な描写を続けるほど、全体のピントがぼやけてくる。〝精細度の高い曖昧〟さの中から、不意に〝熱く苦い紅茶〟のようなリアルなイメージが立ち上がる。

　さらにそこにはメタフィクショナルな構造がある。ヒロインとしての「私」と、夫の父親の介護をしながら本作を書く「私」。錯綜（さくそう）する時制と移動する視点が不思議に混乱を招かないのは、「私」の感情が「彼」の追憶に常に照準しているためだろう。

　本作を読んでいて、しきりに思い出された言葉がある。「忘れようとしても思い出せない」（赤塚不二夫）。そう、過ぎ去ったエピソードを細部に至るまで記述し尽くそうとする私にとって、彼の顔こそは〝忘れようにも思い出せない〟対象なのだ。思うに任せない感情の記憶が堆積（たいせき）して、恋情の地層を形成していく。

　本書の発表が1995年であったことも興味深い。ネット直前のあの時代、携帯メールもツイッターもフェイスブックもない時代の恋愛は、曖昧さや妄想性といった〝美質〟の光背を確かに負っていた。

評・斎藤環（精神科医）

Lydia Davis　47年生まれ。米国の作家。『ほとんど記憶のない女』など。

二〇一一年三月二〇日❺

『正岡子規　言葉と生きる』

坪内稔典 著
岩波新書・七五六円
ISBN9784004312833　文芸／ノンフィクション・評伝／新書

様々な顔持った「表現者」の生涯

「子規」「不如帰」「時鳥」「杜鵑」「蜀魂」「杜宇」……。日本語で詩を作るアメリカ生まれのアーサー・ビナードさんは、これらすべてを「ホトトギス」と読む日本語表現の豊かさに、あるエッセーで触れていた。でも、正岡子規のことを知れば知るほど、「子規」の表記が印象深くなるとも。

俳人の著者が、「言葉の表現者」としての子規の生涯を描いた本書にも、そんな漢字の表記と同じように、本当に様々な相貌（そうぼう）の子規がいる。松山藩の下級藩士の家に生まれた子規は、小学校時代から、水滸伝や八犬伝などで始めた筆写への熱情が、生涯続き、病床での命を支え、作品を豊かにする。中学時代、漢詩に熱中し、また、時代の子らしく政治演説に打ち込んだ。

上京しての学生時代には、学友を容色、色欲、才気など八部門で採点。また、親しい友人を細かく分類する。ちなみに後の漱石は「畏友（いゆう）」、秋山真之は「剛友」とはしかり。こんな、比較、分類という方法にこだわる思考の芽生えは、後の、芭蕉に比較して蕪村、古今集に比較して万葉集の価値の「発見」という、当時の評価を覆す、彼の大きな業績につながる。

二十歳をすぎ、当時死病とされた肺結核による突然の喀血（かっけつ）が、「余命十年」という覚悟につながり、読むこと、描くことへと、さらにのめり込む。と、同時に、その眼差（まなざ）しは、天下国家から、身の回りの野の草花や小動物のいとしさに向かい始め、写生という文学上の方法を引き寄せ始める。

様々な「相貌」が一つになり、晩年、東京の狭い子規庵（あん）で、不自由な身を時に嘆くも、ユーモアを忘れず、多くの知人に囲まれながら食べに食べ、書きに書く子規が生まれた。

短い章立ての冒頭に、必ず子規自身の「文章」を置き、最終章は、表に出ることなく陰で彼を支え続けた母の臨終の場の一言で終わる。終始、著者の筆は柔らかい。子規を知る格好な評伝であるにとどまらず、「憂さ晴らし」という考えを文章観の根っこにみる著者の子規論へのヒントもまた、魅力的だ。

評・四ノ原恒憲（本社編集委員）

つぼうち・としのり　44年愛媛県生まれ。俳人、佛教大教授。『カバに会う』など。

二〇一一年三月二〇日❻

『こちらあみ子』

今村夏子 著
筑摩書房・一四七〇円
ISBN9784480804303／9784480431820（ちくま文庫）　文芸

〝ありえない〟の塊のような女の子

主人公のあみ子には前歯が3本無い。ありえない、と思う。だって、21世紀の日本女性は脱毛処理が不完全なだけでNGなんでしょう。あみ子は10年近く片思いをしている相手の苗字（みょうじ）を知らなかった。ありえない。私は一度も会ったことのない芸能人の飼い犬の名前を知っている。

あみ子は「ありえない」の塊だ。金魚の墓の隣に弟の墓を作ってしまう突き抜け感に「長くつ下のピッピ」を連想する。でも、あれは童話でピッピには世界一の怪力という武器があった。あみ子には何もない。生身のただの女の子だ。皆と同じように生きられない魂が、皆と同じ生身で生きようとする時、世界は地獄に変わるんじゃないか。

案の定、あみ子はまともに生きていけない。仲間はずれ、いじめ、家族からの隔離。でも、本人にはその状況さえよくわかっていないらしい。

だが、読み進むにつれて奇妙なことが起こる。そんなあみ子に憧れ始めている自分に気づくのだ。馬鹿な。ありえない。

現代社会で「ありえる」ために、私は様々なものに意識を合わせようとする。場の空気とか効率とか「イケてる」とか。その作業は大変だけど、そうしないと生きていけないと思うから、できるだけズレないようにがんばり続ける。

記念日を忘れないようにして、シャツの裾をちゃんと出して、飲み会の席順の心配をして……、ふと不安になる。この作業で一生が終わってしまうんじゃないか。何か、おかしい。大事なことが思い出せそうで思い出せない。ただ、「ありえない」の塊のようなあみ子をみていると勇気が湧いてくる。逸脱せよ、という幻の声がきこえる。

でも、こわい。あみ子はこわくないのだろうか。だって世界から一人だけ島流しなのに。

物語がさらに進んで、あみ子がぼろぼろになればなるほど、何かが生き生きとしてくるのを感じる。「こちらあみ子」という呼び掛けに応えて、年齢や性別を超越した異形の友人たちの姿が見え隠れする。前歯のないあみ子を中心に、新しい世界が生まれようとしている。

評・穂村弘（歌人）

いまむら・なつこ　「あたらしい娘」（「こちらあみ子」に改題）で第26回太宰治賞受賞。

二〇一一年三月二〇日⑦

『TOKYOオリンピック物語』

野地秩嘉 著

小学館・一八九〇円
ISBN9784093881043／9784094088762（小学館文庫）

ノンフィクション・評伝

敗戦がもたらした焼け野原。失うものはなにもなかった。まるはだかの喪失をこそ回復の原動力に変えてきたのが、わたしたち日本人ではなかったか。

東京オリンピックを成功に導いた舞台裏のプロたちの獅子奮迅ぶりにふれて、つくづく思う。日本人は街場のひとりひとりにいたるまで「つくる」ことに意気地をもつ職人なのだ、と。

ありったけの気迫で挑んだ総力戦だった。ポスターやピクトグラム（絵文字）を製作したグラフィックデザイナー。記録映画を撮った映画監督やスタッフ。選手村の食事を手がけた料理人。競技結果の速報システムを開発した情報処理の専門家。みなそれぞれ未知と向き合う職人としてゼロ地点に立ち、勝負を賭けた。「つくる」ことを闊達（かったつ）におもしろがって夢を現実にした。その結果、東京オリンピックは戦後日本の歴史に金字塔を打ちたて、閉会してなお経済成長の波を引き寄せたのである。

日本人の回復と再生のすがたが、ここにある。一九六四年十月十日、開会式は晴れやかな青空だった。二〇一一年三月十一日のち、おなじ青空はわたしたちの頭上にもひろがっている。

評・平松洋子（エッセイスト）

二〇一一年三月二〇日⑧

『テレビは総理を殺したか』

菊池正史 著

文春新書・九五六円
ISBN9784166607945

歴史／政治／新書

本書に巻かれた帯が衝撃的だ。小泉純一郎元首相から菅直人首相まで6人の首相の顔写真が並び、そこに彼らの寿命（在任期間）が表示されている。小泉氏の5年5カ月を筆頭に、きれいに短くなっている。さて菅首相はどうなるのだろうか？

彼らの寿命を決めるのはテレビとの関係と著者は言う。テレビを最初にうまく利用したのは小沢一郎氏だ。政治改革論争が盛り上がった際、「改革派VS.守旧派」の二極対立構図を打ち出した。テレビはこの「わかりやすさ」に飛びついた。テレビは営業収入を上げるために、ニュースにも視聴率が求められていたのだ。政治は視聴率競争に巻き込まれていく。視聴率が上がれば続報を打ち、下がれば打ち切るようになる。

二極対立構図を最大限に活用したのは小泉氏だ。彼はテレビの嗜好（しこう）を知りつくし、お茶の間を独占し続け、寿命を延ばす。

歴代の首相たち、そして小沢氏のテレビに対する態度がどのようなものであったかが生々しく描かれ、興味が尽きない。またテレビの役割と視聴率に踊らされるテレビマン、そして視聴者である私たちにも反省を迫る好著だ。

評・江上剛（作家）

二〇一一年三月二七日❶

『リンカン 南北戦争勃発 上』『リンカン 奴隷解放宣言 下』

政治／国際

ドリス・カーンズ・グッドウィン 著

平岡緑 訳

中央公論新社・各三九九〇円
ISBN9784120041938〈上〉・9784120041945〈下〉

巨大な国家的危機 政敵を使いこなす

原題は「ライバルからなるチーム リンカンの政治的天才」。アメリカで本書に注目が集まったのは、オバマが民主党の指名争いにおいてヒラリー・クリントンに対する勝利をほぼ確実にした段階から本書に触れ、「個人的な感情が問題ではありません。危機の中にある国をいかに動かすかが問題なのです」と語っていたからである。実際、オバマ大統領は党内のライバル、クリントンとバイデンをそれぞれ国務長官および副大統領に迎え入れた。

リンカンについては、すでに語り尽くされている感があり、新しい視点を提供することは容易でない。本書は、政敵を取り込み、国家的目的のために使いこなすリンカンの政治的能力に注目することで、既存の研究に挑戦している。主な登場人物は、リンカンのほか、ウィリアム・シワード、サーモン・チェース、そしてエドワード・ベーツらである。彼らは皆、1860年に共和党大統領候補の指名を獲得しようとしていた。本命はシワードであったが、勝利したのはリンカンであった。

第16代大統領に当選後、リンカンは彼らをそれぞれ国務、財務、そして司法長官に抜擢（ばってき）した。政治的ライバルといっても、主義主張をまったく異にするわけではない。基本的には同じ政党に所属していた。にもかかわらず、奴隷制についての見方など、時代の重要問題について、彼らは大きく異なる考えをもっていた。

このようなスタイルの伝記を選択する場合、いわば4人の短い伝記の寄せ集めになってしまう危険がある。その点、本書はあくまでリンカンに焦点をあてつつ、公私両面における彼らとの関係に有機的に話を広げており、巧みに構成されている。

本書で注目に値するのは、とくにリンカンとシワードが相互に強い信頼関係を築き、敬愛の情を抱くにいたることであろう。それに対して、大統領になる野心を捨て切れなかったチェースはリンカンを引きずり降ろす活動を継続し、ついに辞任を余儀なくされる。しかしリンカンは、「あれほど根深く不当に謀略を仕掛けてきた」彼を、最後は最高裁判所長官に任命する。「国のことを考え」ての決断であった。リンカンの「政治的天性は、国内で最高の逸材を彼のまわりに連れて来る能力だけでなく、彼らに、自らの目標、認識の対象、そして決意のほどを、それぞれ重大な分岐点において強く印象づけることを可能にした」。

全体として好意的にリンカンを描写しているが、彼を神格化することは本書の意図でない。政治家として強烈な野心をもち、政治工作を行い、妥協もする。ただし、当初は南部での奴隷制を許容していたが、奴隷制と連邦の維持、そして戦争指導との関係について理解を深めていき、奴隷解放を決断する経緯からは、政治家として学習し、育っていく能力を読みとることができる。

巨大な国家的危機に立ち向かう政治家のあり方について、思いをめぐらすことができる書でもある。

評・久保文明（東京大学教授）

Doris Kearns Goodwin 米国生まれ。ハーバード大学で行政学を学び、博士号を取得。リンドン・ジョンソン大統領時代は補佐官をつとめた。

二〇一一年三月二七日②

『オリーヴ・キタリッジの生活』

エリザベス・ストラウト 著　小川高義 訳
早川書房・二三一〇円
ISBN9784152091628／9784151200700（ハヤカワepi文庫）
文芸

ふつうの人々　後半、神業の「化け」

久々にアメリカらしい直球勝負の連作短編集の登場だ。去年の翻訳書のダークホースNo.1。刊行から5カ月、ぐいぐいと評判をあげ読者を広げている。

舞台は米国北東部メイン州の町。多少の観光客は来るが冴（さ）えない海辺の土地で、住人たちも余りにふつう。薬局を営むヘンリー・キタリッジと、その妻で数学教師のオリーヴ。息子、店の手伝いの女性、そりのあわない小金持ちの夫婦、独身のピアノ弾き、元大学教師……。温和で人好きがするヘンリーに引き換え、オリーヴは「象のよう」に大型の女で気性も激しい。タイトル・ロールのわりに、編によっては舞台の隅をすっと横切るだけのこともある。

物語の設定や登場人物が奇異で面白いのは当たり前。しかしこんなに地味なセッティングのお話が途中からどうしてこうも「化ける」のか、ほとんど神業なのだ。ありきたりで穏やかな生活に潜む悪意、嫉妬、毒、絶望、そして折々に仄（ほの）めかされる自殺と殺人。それらはカモメの飛ぶ明るい海辺の背景幕に、露骨に書きこまれはしない。ただ、夫婦の食卓に真っ赤なケチャップがこぼれ、ナイフで切りだされた魚の内臓が光り、ブラジャーがなくなる。人々は他人の不幸を見て「栄養」を摂（と）る。

平凡な人々の奥にあるグロテスクさを抉（えぐ）りだす連作集という点では、アンダーソンの古典名作『ワインズバーグ・オハイオ』の直系であり、ジョイスの『ダブリン市民』をも彷彿（ほうふつ）とさせる異様さをもつ。

キタリッジ夫婦は強盗の人質にとられ命の危機に瀕（ひん）しながらも、昔話を蒸し返して喧嘩（けんか）をする。可笑（おか）しい。可笑しいけれども、笑えない余波がやってくる。人質事件とは別に。

ここの生活はどこまでもバナール（陳腐）で、ダンキンドーナツを愛するオリーヴはいたって散文的だ。ところが、その散文的な女のふるまいが、ときおり「詩」として機能する。30代から70代まで老いていく彼女の物語を読むことは、人としてある意味苦行であり、小説読者としては限りない悦（よろこ）びでもある。小説家志望者にもお薦め！

評・鴻巣友季子（翻訳家）

Elizabeth Strout　56年生まれ。米国の作家。本作でピュリツァー賞。

二〇一一年三月二七日③

『建築とは何か　藤森照信の言葉』

藤森照信 著
エクスナレッジ・一八九〇円
ISBN9784767810713
アート・ファッション・芸能

過去、現在、未知へ　縦断する思索

藤森照信の言葉は、建築を語りながら、同時にべつのだいじなことを物語っている。ずっとそう感じてきた。

建築の意味をさぐる思考が、過去、現在、未知、意識や無意識の領域へ触手を伸ばす。つまり、建築物という「かたち」にたいして激しく目玉を運動させながら、人間の存在をもとめる思索がしきりにおこなわれているのだ。しかも批評にとどまることをせず、すこぶる風通しよく、内にも外にも開かれている。だからこそわたしのような素人にも居場所があり、建築を理解する手引になってくれる。

周到な一冊である。右の偶数ページは文章、左の奇数ページは「高過庵のできるまで」四年間におよぶ全スケッチ。精密な図面や模型写真ではなく、迷ったり発見したり行きつ戻りつ、模索の過程が身体の動きとリアルに合致するさまをつぶさに見せる。手描きのスケッチは「表現者としての建築家」を、文章は「言葉で考える建築史家」を。二本柱の人物の内実を本じたいが体現するかっこうだ。

後半の第2部も切れ味するどい。安藤忠雄、

石山修武、伊東豊雄、原広司、布野修司……日本を代表する建築家たちの質問に正面を切る真摯（しんし）で直裁な言葉に、建築の野原を縦断してきた思索の足跡がみてとれる。ル・コルビュジエによる近代建築の五原則に対抗すべく「フジモリ五原則」を問われ、「柱」「土」「洞」「火」「屋根」。二十一世紀の建築と自然や歴史との関係を明快に提示し、かつ示唆に富む。

そもそも巨（おお）きなひとなのだ。建築史家として過去に向かい、建築家として未知に向かう。タンポポハウスをはじめ植物まで融合させたどこか懐かしい建築表現は原始へ逆走するかのようだが、じつは強靱（きょうじん）な精神のなせる再生作業だ。体内にはきっと、あちこちの旧（ふる）い大地の記憶が養われているに違いない。

であるならば、わたしも問いたい衝動を抑えられない。一瞬にして生命も日常も町も建物も破壊した東北のすさまじい惨禍を、日本の建築は、建築家は、どのように受けとめ、どう乗り越えていくのだろうか、と。

評・平松洋子（エッセイスト）

ふじもり・てるのぶ　建築史家、建築家。『日本の近代建築』など。

二〇一一年三月二七日④

『バルテュス、自身を語る』

バルテュス著　アラン・ヴィルコンドレ聞き手
鳥取絹子訳

河出書房新社・三九九〇円
ISBN9784309255347

アート・ファッション・芸能／ノンフィクション・評伝

神秘と謎の画家「唯一の回顧録」

寡黙で寡作で、孤独と絵画とモーツァルトとロッシニエールの館と神を愛した20世紀最後の画家バルテュスが重い口を開いて自身を語った「唯一の回顧録」である。

私の中でバルテュスは、長い間神秘と謎の画家として、その解明を避け続けることにむしろ歓（よろこ）びを抱いていた画家である。その複雑にして単純な作風だけを眺めていると、一体いつの時代のどこの国のどの様式に属する画家なのかさっぱりわからないだけに、彼を偏愛せざるを得ないのである。

そんなバルテュスが重い衣装を脱いで精神の裸身を晒（さら）してくれたが、自作の解説だけは見事に黙して語らない。永遠に墓場の中に沈黙を固定してしまったのは、彼が真の画家であろうとしたからだろうか。

彼が全く評価しない現代美術家の大半は自作の観念をペラペラ語りたがる。そんな態度を恥ずべき俗界の俗物として彼の世界から完全に排斥してしまう。バルテュスの一語一句に触れる時、私の仮面が剥がされて逃げ場を失いそうになる。彼が光を求める一方、私はその光から逃れようともがき、自分が同じ土俵の画家でいることの羞恥（しゅうち）に耐えられなくなるのである。

それは彼が絵画の神秘に宗教的な祈りを捧げる魂の声と対話する画家であるからだろうか。彼は宗教的絵画を描くシャガールを「偽りの人為的」画家、ルオーは創意に欠けた「内面の空間に到達することを知らない」画家と一刀両断。返す刀でシュルレアリスムも血祭り。

こんなバルテュスの過激な発言と裏腹に彼の生涯はおよそ波瀾（はらん）万丈とは無縁の家族愛に包まれ、彼の絵が語るような自然の静寂の中を流れる昨日も今日も明日もない反近代的、非連続の時間の中で、私は彼の瞑想（めいそう）と振動（バイブレーション）を共有するのだった。

彼は自らを芸術家と呼ばない。職人であることの誇りが彼を社会と切り離し、孤高の画家のイメージを与え、1960年代の若者にスイスの聖者と呼ばれたヘッセとどこか結びつくが、実はバルテュスが愛したのはリルケであった。

評・横尾忠則（美術家）

Balthus　1908〜2001年。パリで生まれ、スイスで死去。

二〇一一年三月二十七日⑤

『勤めないという生き方』

森健 著
メディアファクトリー・一三六五円
ISBN9784840138321　社会／ノンフィクション・評伝

仕事と生きることが一致する喜び

去年、自殺者数は13年連続3万人を超えた。今回の特徴は就職失敗による自殺が、前年比で2割増になったことだ。その中には、53人の学生が含まれている。2007年の3・3倍。超氷河期と言われる厳しい就職環境を反映しているのだろう。

本書には13人の勤めないという生き方を選んだ人たちが登場する。例えば、東京大学医学部からワコールに入社したが、手染め職人になった人、京都大学大学院からトヨタに就職したが島根県の隠岐島で島起こしをしている人などだ。

「本書はいわゆる〝成功本〟のたぐいではない」と著者は言う。誰もが途上だ。沖縄県・南大東島のサトウキビからラム酒を造るベンチャー企業を立ち上げ、独立した人は「目の前のことで精一杯（せいいっぱい）ですよ」と言い、起業時を振り返る余裕はない。大手化学メーカーを辞め、職人がつくるものをネット販売して成功した人は、様々な失敗をして初めてこれしかないと気付く。

著者が書きたかったのは、彼らの「仕事と人生に対する考え方であり、それを実践に移した行動の軌跡」。考え方の共通点は収入よりも自分の好きなことをすることだ。パソナを辞めて養豚業を営む人は「むかし何もわかってない頃にお金だけに憧れたけれど」、今は「仕事が生きることと一致している。これ以上の喜びはない」と言う。

行動の軌跡の共通点は「どうしても」という強い思いと「出会い」だ。皮革メーカーから転職して極貧生活にあえいでいた人は「革しかなかったんです」と革職人として独立する。博報堂を辞め、建築家になった人はある日、「ここ（会社）にいたら、おれの人生って決まっちゃってるんだ」と思う。彼らは会社を辞める時、これをやりたいというものを持っていたわけではない。しかし、彼らはよく動く。動きから「出会い」が生まれ、師匠と仰ぐ人が現れ、現在につながっていく。とにかく動かないとだめなんだ。

私も銀行を辞め、作家になった。彼らのことは理解できる。本書は、会社や就活で悩む人たちに力を与えてくれるだろう。

評・江上剛（作家）

もり・けん　68年生まれ。フリーライター。『人体改造の世紀』など。

二〇一一年三月二十七日⑥

『田辺聖子の古典まんだら　上・下』

田辺聖子 著
新潮社・各一四七〇円
ISBN9784103134299〈上〉・9784103134305〈下〉／9784101175294（新潮文庫〈上〉）・9784101175300（〈下〉）　文芸

過去という味方がいる豊かさ

苦難に出会った時、私たちは先輩の声を欲します。かつて同じことを経験したことがある人の意見を聞けば、安心すると同時に道が開けるのではないかと思うから。

「勉強しなくてはならないもの」だった学生時代は古典に食指が動かなくても、大人になると興味が出てくるのは、そのせいかもしれません。生きていると増えていくのは後輩ばかりだけれど、書物の中には先輩がいる、と。

日本には多くの古典作品が残っています。男も書けば、女も書く。歌、物語、随筆、戯曲と内容は様々。雅（みやび）な王朝文化、荒々しい武士の世、そして平和な町民の世界と、背景も様々。私たちのうしろには、かくもバラエティー豊かな先輩たちが控えているのだ、ということを私たちに教えてくれるのは、田辺聖子さんです。本書においては、古事記・万葉集から西鶴・芭蕉まで、日本の古典の粋とでも言うべき作品の数々が、古い作品から順に、わかりやすく解説されているのです。

時代ごとにどのような作品が書かれたかを知ることによって、日本という国が歩んできた道と、日本人が抱いた苦難の質の変化とが、自然と浮き上がってきます。恋の悩み、戦争、天変地異。それぞれの時代に、それぞれのつらさに人々は突き当たり、一方では書くことと読むことによって、つらさに耐えようとしてきたのでしょう。

　人生の先輩である田辺さんは、恋の悩みも、戦争も地震も、実際にご存じです。そんな先達が案内して下さるからこそ、古典という森は、この本の中で豊かな実りを私たちに提示するのでした。そして、その実りを実際に手にするのは、決して難しくはないことも。

　過去を振り返ることは、決して後ろ向きな姿勢ではないということ。そして、昔の人々も我々と同じ人間であり、古典の中には豊かな経験と情緒の蓄積があることを気づかせてくれるこの本。大変な現実がある時こそ、我々には過去という味方がいることを、忘れてはならないのだと思います。

評・酒井順子（エッセイスト）

たなべ・せいこ　28年生まれ。作家。『苺をつぶしながら』など。

二〇一一年三月二七日⑦

『ギターと出会った日本人たち　近代日本の西洋音楽受容史』

竹内貴久雄 著

ヤマハミュージックメディア・二二〇〇円
ISBN9784636853100　歴史／アート・ファッション・芸能

　大衆楽器といわれるわりに、ギターはピアノやバイオリンに比べて、関連文献や研究書が極端に少ない。ギタリストの伝記もめったになく、自伝にいたっては若き日のセゴビアのもの、日本では小原安正のものくらいしか、思い浮かばない。

　本書は、そうした大きな空白を埋めるには、少々物足りないほどの小著だが、それでも著者の文献博捜ぶりには、しんから驚かされる。ギター普及に功があったとして、比留間賢八や武井守成、池上冨久一郎、中野二郎、大河原義衛らの名前が挙げられ、それぞれの作曲と演奏活動を含む経歴が、詳しく紹介されている。一般の音楽史には、まず出てこない人びとがほとんどで、ギターを多少かじった筆者のような人間にも、なじみのない名前がずらりと並ぶ。

　著者は、そうした人びとの隠れた業績を、数少ない関係者へのインタビューや、散逸した雑誌記事などから、できるかぎり正確に再構築しようとする。その、たゆまざる渾身（こんしん）の努力は草創期、黎明（れいめい）期のギタリストたちの執念、辛苦と重なって、一読まことに感慨深いものがある。

　資料的価値の高い労作、といえよう。

評・逢坂剛（作家）

二〇一一年三月二七日⑧

『日本人の坐（すわ）り方』

矢田部英正 著

集英社新書・七五六円
ISBN9784087205817　社会／新書

　「正義」「正論」「正統」……。頭に「正」をいただく文言には、どこかうさん臭さを感じ取ってしまう癖がある。でも「正座」は、日本文化の長い伝統に支えられた「正統」な座り方と、何となく信じていたが、本書で見事に覆された。

　著者は、過去の絵、写真、文書をつぶさに調べ、平安時代から江戸初期まで、「正座」は極めて珍しい座り方であった、と結論づける。立てひざで茶を点（た）てることも許されたし、正式な場でも、男女を問わず多様な座り方をしていた。

　江戸時代になり、上級武士の正式な作法として定められ、それが長い時間をかけて、幕末には庶民の一般的な座り方となった。明治に入り、教育に取り入れられた「礼法」が硬直した軍国思想に絡め取られるなかで、今の地位が確定した、という。

　著者は、「正座」に異をとなえているわけではない。「正」となった瞬間、多様な座り方が排除され、中世の茶人が重んじた「崩しの美学」など、日本文化が持っていた幅が忘れ去られたことを悲しむ。声高な日本文化論ではないが、身近な、まさに低い視線からの快論に拍手。

評・四ノ原恒憲（本社編集委員）

科学・生物

『想像するちから　チンパンジーが教えてくれた人間の心』

松沢哲郎 著
岩波書店・一九九五円
ISBN9784000056175

両者の差異から同類の実感示す

人間はチンパンジーの子を親から引き離し生態実験などに使うのだが、じつは分類学上この子たちがわれわれ人間と同じヒト科の仲間であることを認識していない。いや、日本では動物愛護法などの法令でもチンパンジーは「ヒト科」と分類している。よって本書では彼らを「三人」などと数え、オス、メスでなく男性、女性と呼ぶ。交尾ではなくセックスと書く。著者は京大霊長類研でチンパンジーと暮らし、この「同類」認識にめざめた。でも、われわれ一般には実感がない。本書の面白さは、その実感を「似ている」点にではなく「似ていない」点によって納得させるところにある。

人間とチンパンジーのゲノムは1・2%しか違わない。両方ともじっとみつめ合う行動がとれる。霊長類の中でも目を合わせるのはごく一部だ。また、どちらの赤ちゃんも自然に微笑する。外界の見え方や色覚もほとんど同じだ。だったら、たとえば旧石器時代に人間が作った道具をチンパンジーに使わせてみたら、その使用法を解明する役に立つのではないか。でも、人間が文明を持ったせいではなく、二足歩行する前から生じた「差」が大きかったのだ。

著者が語る「両者の差異」はこうだ。チンパンジー社会は父系家族から成り、女性は子を産み育てると群から出ていくから「祖母」が存在しない。人間社会は両性が協力して子育てするが、チンパンジーの母は5年も子を離さずに育てる。だから赤ん坊が床にあおむけに寝かされると、母親にしがみつこうと手足でもがくのだ。でも、人間の赤ちゃんは母親から離され仰向きに寝かされても、おとなしい。その代わり、みつめたり泣いたりして、離れている親とコミュニケーションが取れる。「仰向けに寝ていられることが人間を人間にした」とは、少々胡乱《うろん》な主張に見えるが、言語を例に取ると分かりやすい。とくに、言語が使えるチンパンジーの実験観察は有名だが、その結論はかえって「彼らには真の意味での言語は理解できない」という両者の決定的差異を明らかにする。チンパンジーは鹿を見れば生き物としての形態をそのまま記憶するが、人間はこの動物を「鹿」という概念と文字に置き換え、象徴的に記憶する。事物を見たまま直観で記憶するチンパンジーの記憶力と速度は人間のそれをはるかに超え、彼らの子供はランダムに並べた5個の数字を一瞬で正確に記憶できる。ここで彼らの驚異的な記憶力が人間における自閉症のそれとも比較できる可能性が出てくる。

逆説的だが、本書を読んでヒトのすごさを見直した。道具利用や二足歩行、言語の獲得以前にヒトはユニークだったのだ、と。

評・荒俣宏（作家）

まつざわ・てつろう 50年生まれ。理学博士、京都大学霊長類研究所教授・所長。78年からチンパンジーの心の研究を続け、新たな研究領域「比較認知科学」を開拓。著書に『チンパンジーの心』『アイとアユム』など。

二〇一一年四月三日②

『兵士はどうやってグラモフォンを修理するか』

サーシャ・スタニシチ 著　浅井晶子 訳

白水社・二八三五円
ISBN9784560090145　文芸／国際

ユーゴ内戦　少年の目線で物語る

旧ユーゴスラビアから14歳で内戦を避けてドイツに移住し、ドイツ語で書くことを選択した若者の、初めての著書。ドイツ語文学では多和田葉子を始めとして非ドイツ語圏出身者の活躍が目覚ましいが、２００６年に出版されたこの本はなかでも話題になった一冊だ。

内戦が少年の目線で描かれているのが特徴である。教室からチトーの肖像が外され、先生が「同志」という呼び名を拒否するあたりから不穏な空気が漂い始め、気がつけば町には砲弾が飛び交い、アパートがセルビア軍兵士に占拠されるに至って、美しいドリーナ川に抱かれた故郷の町はすっかり相貌（そうぼう）を変えてしまう。

細やかな記憶に満ちた、故郷喪失の物語。旧ユーゴの歴史を知らなくても、切々たる哀訴の思いは十分に伝わるだろう。そもそも主人公の少年自身、内戦の事情を熟知しているわけではない。ただ、その徹底的な理不尽さを見聞し、10年後に故郷を再訪して、あらためて喪（うしな）われたものを確認することになるのだ。

悲しい物語でありながら、驚くべき詩情とユーモアに溢（あふ）れている。町への思い、川への愛着、家族や友人への追慕、消息のわからない少女への呼びかけ。同時に、猥雑（わいざつ）で陽気で、不思議な透明感にも満ちている。サラエボ出身のエミール・クストリッツァ監督の映画「アンダーグラウンド」で、夜の街路を疾駆していたブラスバンドを思い出してしまう。ちょっとした理由でしょっちゅう宴会を開いては騒ぎまくる田舎の親戚が登場したりするが、滑稽でどこか哀（かな）しいそんな人々のことを「物語る」使命を少年が意識する点が興味深い。

内戦と亡命を経た少年の成長の記録であると同時に、作家デビューする青年がどうしても最初に書かずにはいられなかった、自己確認の書でもあるだろう。雨のなか、主人公が叫ぶ「ぼくはここだよ」の一言が胸に突き刺さる。

評・松永美穂（早稲田大学教授）

Saša Stanišić　78年、旧ユーゴ、現在のボスニア・ヘルツェゴビナ生まれ。

二〇一一年四月三日③

『うから　はらから』

阿川佐和子 著

新潮社・一七八五円
ISBN9784104655045／9784101184562（新潮文庫）　文芸

話芸がさえわたる物語の楽しさ

すこし前、新潮社の小説誌yomyomをパラパラめくっていてふと目にとまったタイトル。「種の起源」。ダーウィンじゃあるまいし。来栖未来（くるすみく）は43歳。週刊誌の編集者。バツイチ。とはいえ元夫のムロさんとはたまに食事をする関係。律義な香港人、周さんとも付き合っている。コグっている（認識しているの意）とか来栖さんの祖母って可愛いなどムカつく言葉を発する部下の東大卒君と、山形の山奥で焼き畑を営むおばあさんの取材に行く。「仕事がつらいとか、嫌いだって思うことはないんですか」「んだねえ。せつねことはでっちりあるげんどもね。んだがらてこりゃ、おれの仕事だもんな。すぎもぎらいもねね。代々、うげづいでいがねばならぬごどだもね。そんだげ」。こりゃうまいなと読み進めると、途中の斜面で未来が急に吐き気をもよおす。

「いや、おれの勘だとまぢげねと思うげどな。こごろあだり、ねのが?」。それが実はあったのだ。ムロさんとも周さんとも。つまり種の起源とはそういうことなのである。がぜん続きが読みたくなる。次章ではムロさんが「僕」として物語を引き継ぐ。

話芸が冴（さ）えわたっているのだ。若者言葉や山形弁だけでなく広島弁、大阪弁、外国人の変な日本語。清水ミチコのモノマネみたいに変幻自在。そしてその話芸によって、未来をめぐるちょっと変わった、しかしどこにでもありそうな偽家族（はらから）の物語が、糾（あざな）える縄のように絡まりあう。

あらためて小説の楽しさを思った。それはストーリーを追うことより、文体を味わうこと。そして年をとることのよさを考えた。それは抗（あらが）うよりも、受け入れる方に意味を見いだせるようになること。阿川佐和子の小説をお嬢さん芸だと思っている人は反省して本書を読むべし。私も、yomyom連載時にはここまで仕組まれた構築があるとは気づかなかった。

評・福岡伸一（青山学院大学教授）

あがわ・さわこ　53年生まれ。作家、インタビュアー、司会者。『婚約のあとで』『ウメ子』など。

二〇一一年四月三日❹

『古事記』神話の謎を解く　かくされた裏面

西條勉 著
中公新書・八四〇円
ISBN9784121020956
歴史／人文／新書

また一つ、新視点に興味深く

民族のアイデンティティーたるものは、それぞれの神話に秘められている。故に、私たちの価値観が、無意識でいながらも、実はそれに大きく影響されていると思われる。

中国では、一般的に「盤古開天闢地（ばんこかいてんびゃくち）」が世の始まりだと考える。——卵のように混沌（こんとん）たる宇宙の中で目覚めた盤古が自分の歯で斧（おの）を作って、世を天と地に切り開いた。これに続き、「女媧造人（じょかぞうじん）」神話だ。

女媧が手で黄土を捏（こ）ね人間を作る。それが思いのほか大変だったらしく、疲れ果てた女媧は、捏ねるのを諦め、泥のついた縄を振り回すことにした。辺りに散らかされた泥が次々と命を得て人間になったという。

こうして女媧の手で捏ねたのが貴族になり、縄から散らばった泥は平民百姓になったというわけだ。差別的な神話だが、これを裏付けるかのように、特権を前にして、中国の民があきらめ顔で数千年も忍び続けてきた。

日本人のアイデンティティーと言えば、『古事記』にあろう。創世説を宇宙規模から語り始めるほかの神話に比べ、『古事記』のそれが「天地初発」にあまりこだわらず、むしろイザナキ・イザナミの二神が日本列島を生む方に重心を置いているように読んで取れた。やたら具体性があり、宇宙を意識するよりも国土を意識していたような、ある種「無欲」的な不思議さも覚える。

これを「日本」という国家神話であるという本書の指摘にははっとさせられた。——初めて「日本」を国の名前にした天武天皇時代、「天孫降臨」のテーマを全うするために、集められた神話の断片を再創作した「文芸作品」であると論を立て、神話とその裏に隠されていた意図を読み解こうとする。

『古事記』に関する様々な説がある中で、新しい視点がまた一つ提示された。所々に現代の真面目で規則を守る日本人を重ねて読んだりして、大変興味深いものがあった。

評・楊逸（作家）

さいじょう・つとむ　50年生まれ。3月まで専修大学教授（日本古代文学、神話学）。

二〇一一年四月三日⑤

『ジーン・セバーグ』

ギャリー・マッギー 著　石崎一樹 訳

水声社・三六七五円
ISBN9784891768201

ノンフィクション・評伝

柔らかくて もろい心の持ち主

ショートカットに乗った紳士帽。あぐらを組んでベッドに座り、指先からは紫煙が立ち上っている。なんともアンバランスな、それでいてチャーミングに映る美少女だった。ゴダール監督の「勝手にしやがれ」の一場面である。女優ジーン・セバーグといえばこの姿を連想する。評伝を手に取ったのも、ワンシーンが思い出されたからだった。

米国中西部育ちの「田舎娘」が銀幕に憧れ、女優の階段を登っていく。当初はぱっとしなかったが「悲しみよこんにちは」のショートカットが流行となり、「勝手にしやがれ」がブレークして米仏を行き来する国際女優となる。

富と名声を得た女優が、やがて作品にも男運にも恵まれず忘れ去られていく。孤独、飲酒、鬱（うつ）……という人生の歩みに特に意外性はない。特記すべきは、弱きものに思いを寄せる、柔らかくてもろい心の持ち主だったことだ。

セバーグは人種差別撤廃運動組織への資金提供者となり、米連邦捜査局（ＦＢＩ）がマークする。そのことが、後年、パリの路上の車の中で自殺者として発見されるに至る遠因ともなっている。

彼女が銀幕で照り輝いていたのは１９５０年代から60年代。パリとハリウッドが夢誘う地であり、人種差別がむき出しにあり、リベラリストが当局の監視下に置かれた時代だった。

海外の人物ノンフィクションの多くがそうであるように、主人公の生い立ちから終幕まで、時系列で人生を追っていく。そして、ともかく数多くの関係者の証言を盛り込む。やや退屈感を伴うが、てんこもりの洋食を食べたという満腹感は残る。

ジーン・セバーグを、コケティッシュな美少女としてのみ記憶しておくのが良かったのか、それとも時代に翻弄（ほんろう）された悲劇的女優だったことを知って良かったのか。どちらと決めかねたままに最終ページを閉じた。

評・後藤正治（ノンフィクション作家）

Garry McGee　米国の作家、映像作家。セバーグのドキュメンタリーも予定。

二〇一一年四月三日⑥

『ダニエル・カーネマン　心理と経済を語る』

ダニエル・カーネマン 著
友野典男 監訳　山内あゆ子 訳

楽工社・一九九五円
ISBN9784903063485

経済／人文

行動経済学を 楽しく奥深く

人間の心理は、時に奇妙なよじれを見せる。評者は十万円もらっても売らない本を持っているが、それを盗まれても五万円で買い直すかわからない。売るのと買うので価値評価がちがうのだ。

同じものの価値が状況によって変わる――朝三暮四のサルを笑えない！　これは従来の経済学では想定外の事態だ。カーネマンは、それを実証的に示し、行動経済学という新分野の先鞭（せんべん）をつけた。本書は、そのカーネマンのノーベル経済学賞受賞講演と自伝、そして論文二編を収録し、業績を一望できる日本独自編纂（へんさん）の一冊だ。

カーネマン自身の解説で、自分を実験台に各種知見を確認できるし、著者がその知見に到達するまでのエピソードも秀逸。初めて触れる人でも楽しく勉強できるはず。

訳はきれいだし、監訳者の解説もポイントを押さえていて有益。欲をいえば、現実への応用について紹介がもっとほしかった。著者や監訳者の嘆く、行動経済学が既存経済学を全否定するという誤解は、具体的な応用が見えにくいせいもあるのだから。

たとえば国民に自由意思で健康保険に入ってほしい場合、「みんな保険入ろう！」と言うより「全員保険に登録しとくけど、やめたい人はお好きに」と言ったほうが、同じ保険でも最終的な加入者はずっと増える。行動経済学の応用は様々だが、何よりこうした政策の提示手法面で大きな示唆を与えるはず。それがわかれば、既存の経済学を否定するより補完するものだと納得しやすいと思う。

また巻末の二論文は、人間の幸福という大テーマに挑む。かれの最近の研究結果では、人間は所得が上がっても幸福は頭打ちだが、人生への満足度は上がるとか。幸福でないが人生に満足しているって、どういう状態？哲学的な問題としても奥深いし、己の人生を見直す契機になるやもしれませんぞ。

評・山形浩生（評論家）

Daniel Kahneman　34年生まれ。米プリンストン大名誉教授。

二〇一一年四月三日⑦

『帝国の残影　兵士・小津安二郎の昭和史』

與那覇潤 著

NTT出版・二四一五円

ISBN9784757142619

歴史／人文

昭和の日本を描いた小津映画には、直接的な戦争描写が欠如している。しかし、われわれはそこに無意識のうちに戦争の爪あとを読み取る。なぜか。

小津には重い戦争体験があった。兵士としての小津は、帝国の先兵として中国大陸を歩いた。その経験は、作品の中に密かに投影されている。小津は、日本社会における「帝国の残影」に誰よりも自覚的な創作者だったと著者は言う。

小津は生涯独身だった。にもかかわらず、彼は日本の家族を描き続けた。一方で、兵士として戦争を体験しながら、彼は戦争を描かなかった。「みずから体験した戦場を描き出すことなく、しかし自身は形成した経験のない家族について語りつづけた小津という人物の秘めた謎は深い」

本書は小津映画を繊細に読み解き、小津の批評を巧みに抽出する。そして、「兵士・小津」と「監督・小津」を同時代の歴史の中に挿入することで、昭和を逆照射する。読み応えのある一冊。

評・中島岳志（北海道大学准教授）

二〇一一年四月三日⑧

『大森実伝　アメリカと闘った男』

小倉孝保 著

毎日新聞社・一六八〇円

ISBN9784620320434

ノンフィクション・評伝

１９６５年９月、毎日新聞外信部長の大森実（２０１０年死去）は、ベトナム戦争下のハノイに入った。大森は、米軍の激しい爆撃によってハンセン病の病院が壊滅的な損害を受けた、との原稿を書き送り、同紙に大きく掲載された。大森は、北ベトナム政府が作成した記録映画を見て原稿を書き、その点を記事に明記した。

駐日米国大使のライシャワーは記者会見で「事実に反している」と述べて大森を名指しで非難。大森は翌年1月、毎日を退社した。

著者は毎日新聞外信部記者。問題となったハンセン病院を45年ぶりに訪ねて、爆撃が事実だったことを確認する。「病気の重い人は逃げられず、何も抵抗できないまま無惨にも亡くなりました」と当時を知る患者が証言した。

ライシャワー発言の後、毎日新聞社内でどんな議論があったのだろうか。報道における「中立」とは何か、「偏向」とは何か。さらに掘り下げたいテーマだ。

評・上丸洋一（本社編集委員）

『ウィキリークス　アサンジの戦争』
「ガーディアン」特命取材チーム 著
月沢李歌子、島田楓子 訳
講談社・一八九〇円
ISBN9784062168502

『日本人が知らないウィキリークス』
小林恭子ほか 著
洋泉社新書y・七九八円
ISBN9784862486936

ノンフィクション・評伝／国際

伝統メディアとの緊張はらんだ共闘

新たなジャーナリズムとたたえる声がある一方で、情報テロと厳しく非難される。これほど評価が分かれるものも珍しいだろう。

流出した米政府の機密情報などを次々に公開し、にわかに注目を集めている内部告発サイト「ウィキリークス（WL）」である。

『アサンジの戦争』は、英国のリベラル紙ガーディアンのチームが描く、創設者ジュリアン・アサンジの素顔だ。両者の関係は、同紙の記者が昨年6月、WLが米国の公電25万件を手に入れたとの記事を見て接触、共同作業を持ちかけたことに始まる。

報道に当たっては、初めは米ニューヨーク・タイムズ紙、独シュピーゲル誌と共同で、後に仏西の2紙も加わった。アフガンとイラクの戦争に関する米軍の報告書に始まり、米国の公電公開へと進んだ過程が、生々しく描かれる。

すべて公開されるべきだとするネットの信奉者と、彼が批判する伝統的メディア。ときに激しく反発しながら、互いを利用する、緊張をはらんだ稀有（けう）な協力関係だ。

膨大な公電からニュースを探すのは結局、伝統的ジャーナリズムの仕事だった。情報をより分け、確認し、公益性を判断し、個人情報を削る。大量の情報を流出させるネット時代が、その力を再認識させたのだから面白い。

公電の山から宝を探す記者たちの奮闘ぶりが興味深い。ありふれたキーワードでは文書を絞れない。試しに「バットマン」で検索すると2件、うち1件が外交官によるプーチン氏評だった。

公電の公開を待ち望んでいたのはむしろ、言論の自由のない国々だった。チュニジアでは、体制の行き詰まりを報告した大使の公電が若者たちのあきらめを希望に変えた。ジャスミン革命はWL革命でもあった。

メディアの世界でもWLの評価は分かれ、米国での見方は厳しいが、ガーディアン紙の編集主幹は「透明性と開放性という筋の通った目的を持つ点でWLは称賛すべきだと思う」と結んでいる。

『日本人が知らない』は、WLをさらに広く、日本の立場からも考えるヒントを与えてくれる。ネットから政治学、哲学まで、さまざまな角度で論じられる。

外務省OBの孫崎享氏は、公開された日本絡みの2通の公電を読み解きつつ、公表が前提になれば責任も伴うとして、基本的に好ましい流れとする。ジャーナリストの津田大介氏はWLショックを受けたマスメディアは検証機能がますます重要になると見る。

WLの物語はまだまだ始まったばかりだ。今後、どう展開し、社会をどう変えていくのか。私たちにとって遠い問題でないことはいうまでもない。

評・辻篤子（本社論説委員）

（『日本人が〜』他の著者は白井聡・塚越健司・津田大介・八田真行・浜野喬士・孫崎享。）

二〇一一年四月一〇日③　文芸

『チボの狂宴』

マリオ・バルガス＝リョサ 著
八重樫克彦、八重樫由貴子 訳
作品社・三九九〇円
ISBN9784861823114

「かたり」の自在性で時代描く長編

物語に関わる表現のジャンルはさまざまあるけれど、なかで小説が持つ一番の強みは「かたり」の自在性にあるだろう。小説的「かたり」は目には見えぬ他人の内面に自由に入り込んでいくと同時に、複数の時間を思いのままに行き来できるところに特徴がある。2000年に書かれたバルガス＝リョサの長編を読んで、そうだ、小説とはこういうふうに書かれるべきなのだ！との思いに捉えられたのは、本作が小説の強みを最高度に活（い）かした作品であるからで、逆にいま世間に流通する小説の大半が、小説という方法の力に無自覚だからだろう。

20世紀なかば、30年にわたってドミニカ共和国を独裁支配したトゥルヒーリョの暗殺事件を中核に据えた一編は、独裁者トゥルヒーリョをはじめ、彼の家族、政権下の取り巻きたち、暗殺者たちを自在な時間処理とともに多視点で描くことで、時代の全体像を立体的に浮かび上がらせる。とりわけ、子供時代に父親と独裁者から傷つけられ、故郷を捨てた30年を経て帰還した上院議長の娘なる人物の、主人公格での設定が小説に深い奥行きを与えている。ウラニアと名付けられたこの女性は虚構の存在であるが、虚構を積極的に導入することで、現実の歴史時代の像をいきいきと描き出すこともまた、小説の有力な方法の一つである。

独裁政権下での陰湿な謀略や酸鼻な拷問、悲惨な死に全編はあふれている一方、カリブ海の陽光の下にある土地のかぐわしい匂いや、明朗な活力を持った人々の印象が愛（いと）おしく読後に残るのは、ラテンアメリカ文学の特徴でもあるが、作者の人間への視線の豊かさゆえであるだろう。評者は本書を東日本大震災をはさむ時間に読んだ。生半可なものならば「現実の力」の前に容易に瓦解（がかい）してしまうのだろうが、誠実かつ丹念に構築された虚構の表現は強いものだとあらためて感じた。これは小説に限った話ではないが。

評・奥泉光（作家・近畿大学教授）

Mario Vargas Llosa　ペルーのノーベル文学賞作家。

二〇一一年四月一〇日④　人文

『スピノザの方法』

國分功一郎 著
みすず書房・五六七〇円
ISBN9784622075790

哲学を可能にした「方法」を問う

神に酔える哲学者、スピノザ。汎神（はんしん）論やコナトゥスといったその〝肯定性の哲学〟は日本でも人気が高い。超訳ニーチェに続き超訳スピノザが売れたとしても私は驚かない。

ところで本書は単なる「スピノザ入門」ではない。その哲学を可能にした「方法」をひたすら問うこと。それがこの異様にリーダブルな哲学書の通奏低音である。

私はこれまで、デカルト的二元論の「切断性」にスピノザ的な「連続性」を対立させて考えていた。しかし著者によれば、これはよくある誤解らしい。デカルトの哲学は説得のための哲学である。スピノザは説得を放棄することでデカルトの限界を乗り越えようとした。スピノザは命令しない。ただ「一緒にやりましょう」と誘惑するのだ。

その違いは、スピノザによるデカルトの注釈書『デカルトの哲学原理』のテクストの緻密（ちみつ）な検討から明らかになってくる。もちろんここでも問われるのは、その「方法」だ。

方法論を問うことは、ただちに「方法論のための方法論のための方法論……」という無限遡行（そこう）の問題に突き当たる。この逆説をどう克服するか。著者による整理は簡潔である。「精神は、みずからの形成する観念の連結によって指導・制御される。そしてみずからに固有の知性の諸法則に出会い、それを学んでいく」。つまり方法と方法論、あるいは行為と規範は区別できないのだ。

かくして迎える第7章「スピノザの方法」は、本書のクライマックスである。思考の享楽、著者とともに考える愉（たの）しみがここにある。神の存在を証明したければ、証明しようとしてはいけない！ なぜそうなるのかは、ぜひ本書を読んで確かめて欲しい。

その方法を教育の理念とする著者は「教師はみずからの消滅をめざして活動」せよと述べる。それが私の考える理想の治療者に近いのは、たぶん偶然ではないだろう。

評・斎藤環（精神科医）

こくぶん・こういちろう 74年生まれ。高崎経済大学講師。訳書に『マルクスと息子たち』。

二〇一一年四月一〇日⑤

『ブラジルの流儀』

経済／新書／国際

和田昌親 編著

中公新書・八六一円
ISBN9784121020963

資源とハイテクで躍進の元気社会

経済破綻（はたん）のどん底にあえいでいた時期、「もうアマゾンを売るしかない」とまでいわれたブラジルがいま元気だ。高金利に引き寄せられて世界のカネが流入し、サッカーのワールドカップやリオ五輪の開催も決めた。

本書はサンパウロ駐在も体験した元日経記者の手になるものであるが、経済分析よりも、ブラジル社会の有り様や暮らし向きにウエートを置いて元気の源を探っている。

バスに乗ったらすぐ料金を払うべし、降りるときに上がっているから——。そんな超インフレが続いてきたが、1994年の新通貨レアル発行で沈静化。貧困からの脱却を掲げるルラ大統領による「家族手当」で中間層が拡大し、成長の基盤が生まれていく。

もともとブラジルは豊かな国だった。鉱物、水力、農産物、肉類は余るほどある。最新技術で深海油田を採掘し、いちはやくバイオエタノール車を手がけ、中小型飛行機の輸出国でもある。資源にプラスしてハイテク。「21世紀の主役」ともいわれる。

著者の目は、躍進を支える文化に向けられる。歴史上、大きな戦争はなく、人種差別の少ない混血社会を形成してきた。そしてサンバやカーニバルに象徴される「楽天」かつ「鷹揚（おうよう）」なるラテン気質。

コインの裏というべきか、近年、不況と停滞が常態ともなった日本社会。加えて未曽有の大震災。自信喪失気味のわれわれにはなんだかまぶしい国にも映ってくる。

もとよりブラジル社会にも問題はある。最たるものは治安の悪さだ。東京と比較すればサンパウロの殺人発生件数は約8倍、一方、自殺者の率でいえばブラジルは日本のおよそ5分の1であるとか。

成熟した停滞社会にも躍進する元気社会にも亀裂は走る。どの国、どの社会にも問題はいろいろとあるが、やがて歳月はめぐり、日はまた昇る。そう思いたい。ちょっぴり元気をくれた一冊。

評・後藤正治（ノンフィクション作家）

わだ・まさみ 47年生まれ。日経HR社の社長。著書に『逆さまの地球儀　複眼思考の旅』など。

二〇一一年四月一〇日❻

『「絵のある」岩波文庫への招待』

坂崎重盛 著
芸術新聞社・二七三〇円
ISBN9784875862949

アート・ファッション・芸能

すました顔の奥「お宝」眠ってた

　こりゃあ楽しい本だ。でも、ちょっと悔しい。岩波文庫には挿絵が入っているものが意外と多いことに、実は私も注目していたのである。私は専門の関係で「黄帯」、つまり日本の古典文学の文庫を中心に集めていたのだが、やや小さめの活字の間に、原本にあった挿絵が惜しげもなく転載されているのに少々驚いたことがあったからだ。『江戸怪談集』3冊や『百人一首一夕話』上下などは、挿絵への興味で読んだようなものである。ハンディな文庫本にこれだけ「絵がある」というのは本当に驚きだ。

　著者は、いつしか「絵のある」岩波文庫の魅力にとりつかれ、とにかく絵が入っていれば収集し続けた。その成果の一端が本書である。「お堅い」イメージがある岩波文庫だが、挿絵に特化することにより新たな楽しみ方を発見した功は大きいだろう。

　たとえば、『絵のない絵本』に挿絵があるなんて、ちょっと考えつかないことである。

　簡単に「挿絵」と言ったが、岩波文庫の場合、元本についていた挿絵をそのまま、あるいは取捨選択して収録したものと、編者が挿絵にふさわしい絵を選んで載せている場合があるらしい。前者だと、本文と挿絵とがいかにマッチしているかが気になるが、挿絵の効果で本文がより豊かに彩られることもあり、挿絵の影響力の大きさが再認識される。後者では、編者が挿絵を選ぶセンスと、編者の本文に対する解釈の様子がよくわかり、これまた興味深い。

　何より、「絵のある」文庫への愛が満ち満ちた著者の解説部分がよい。軽薄ではない軽快さ、対象への迫り方のユニークさが特徴的である。こんな「お宝」が、あのすました顔の書店の棚に眠っていたなんて！

　今度の休日には、「絵のある」岩波文庫を1冊持って、桜の下なんぞで一日すごしたい、と思ってしまった。

評・田中貴子（甲南大学教授）

さかざき・しげもり　42年生まれ。横浜市勤務を経て編集者、随文家。『東京本遊覧記』など。

二〇一一年四月一〇日❼

『てんとろり』

笹井宏之 著
書肆侃侃房・一三六五円
ISBN9784863850477

『えーえんとくちから』

笹井宏之 著　筒井孝司 監修
パルコ出版・一六八〇円
ISBN9784891948405

文芸

孤独がうつくしく結晶化した短歌

　2冊の短歌集の作者は、2009年に26歳で急逝した笹井宏之。『てんとろり』は第1歌集『ひとさらい』に続く第2歌集、『えーえんとくちから』は全体から選出された作品集である。

〈次々と涙のつぶを押し出してしまうまぶたのちから　かなしい〉

　涙が生まれることではなく、「まぶたのちから」がそれを外に押し出してしまうことが「かなしい」のだろう。泣く、という自らの行為をみつめる力の強さが際立っている。身の回りの何でもないものが顕微鏡のレンズの中で驚くほど綺麗（きれい）にみえるように、作中の〈私〉の眼差（まなざ）しを通すことで「かなしい」がやさしいを帯び、うつくしいに近づいてゆく。

〈本当は誰かにきいてほしかった悲鳴をハンカチにつつみこむ〉

〈くちびるのふるえはたぶん宝石をくわえて旅をしていたからだ〉

〈砂時計のなかを流れているものはすべてこまかい砂時計である〉

「悲鳴」「ふるえ」「時」といった捉えようのない現象が、やはりうつくしく結晶化している。その源にあるのは強い孤独感だろう。

〈拾ったら手紙のようで開いたらあなたのようでもう見れません〉

　自分自身と世界に対する強靭（きょうじん）な凝視力をもつ〈私〉がみつめられない唯一のもの＝「あなた」。その眩（まぶ）しさが伝わってくる。

〈えーえんとくちからえーえんとくちから永遠解く力を下さい〉

　子供の泣き声のような「エーエンと口から」に思えた「えーえんとくちから」が、最後に反転して「永遠解く力」に変わる。ここには、自らの病や苦しみを直接語ることのなかった作者の、ぎりぎりの願いが籠（こ）められているようだ。その光が、彼を失った世界の今を生きている我々の胸を貫く。

評・穂村弘（歌人）

二〇一一年四月一七日❶

『葬式をしない寺　大阪・應典院の挑戦』

秋田光彦 著

新潮新書・七三五円
ISBN9784106104077

『ルポ　仏教、貧困・自殺に挑む』

磯村健太郎 著

岩波書店・一九九五円
ISBN9784000246613　人文／ノンフィクション・評伝／新書

社会に開いて「縁」の場再生

　被災地でボランティア活動に取り組む僧侶から話を聞いた。彼は避難所を訪ね、心のケアに携わろうとした。彼が「精神的に辛（つら）い思いを抱えている人の相談役を引き受けたい」と申し出たところ、相手から激怒されたという。

　「いま僧侶の袈裟（けさ）姿を見ると、死を想起するから来ないでほしい」「こんなときに宗教勧誘・布教活動なんて不謹慎だ」――。

　被災地で奮闘する僧侶は大勢いる。彼らは死者の弔いを引き受け、東奔西走している。避難所として機能する寺院もある。袈裟を脱ぎ一人のボランティアとして活動する僧侶も存在する。

　しかし一方で、「僧侶は死んでからしかやって来ない」と揶揄（やゆ）されてきたことも事実だ。現代社会では葬式や法事が形骸化し、僧侶への共感が薄れている。

　そんな中、積極的に社会問題とかかわり、活動の領域を広げようとする僧侶たちが存在する。『葬式をしない寺』の著者・秋田光彦は、應典院の代表で浄土宗大蓮寺の住職をつとめる。應典院の檀家（だんか）はゼロ。葬式や法事はせず、運営はＮＰＯによって行われている。

　秋田が目指すのは「開かれた寺」だ。人は場とめぐり合うことで、他者と世界に生かされていることを知る。これこそ仏教の「縁起」だと彼は言う。

　應典院が再建されたのは１９９７年。外観はコンクリート打ちっぱなしで、連日、演劇やトークイベントが行われる。心に傷を抱えた若者が集い、居場所にする。僧侶はつなぎ手となり、苦悩に寄り添う。

　『ルポ　仏教、貧困・自殺に挑む』で紹介される僧侶たちも、現代社会の苦しみを直視し、新たな仏教の可能性を模索する。

　炊き出し、合同墓、フードバンク、シャワーサービス……。

　貧困が拡大し、無縁社会化する日本。その中で、僧侶たちが「縁」を作るためにアイデアを絞る。

　ここで紹介される曹洞宗正山寺の住職・前田宥全（ゆうぜん）は、門の脇の掲示板に「あなたのお話　お聴きします」という紙を張り出したという。「他人には些細（ささい）なことでも、あなたにとっては重大な問題ですから」

と書き添えた。すると、通りがかりに見た人が、次々に相談にやってきた。前田は悩み相談を自殺対策の一環として続ける。僧侶には「語る力」以上に「聞く力」が重要なのだ。

日本に存在するお寺の総数は、コンビニの数よりも多い。欧米では、教会などの宗教施設が公共空間として重要な役割を担っている。寄付などの社会的再配分の動機付けとして、宗教が果たす意義は大きい。日本でも、僧侶やお寺の果たす公共的役割が見直され始めている。2冊の本は、日本仏教の新しい魅力と可能性を示している。

評・中島岳志（北海道大学准教授）

あきた・みつひこ 55年生まれ。大蓮寺住職、應典院代表、相愛大学客員教授。

いそむら・けんたろう 60年生まれ。朝日新聞記者。著書に『〈スピリチュアル〉はなぜ流行るのか』。

二〇一一年四月一七日③

『猫の散歩道』

保坂和志 著

中央公論新社・一四七〇円

ISBN9784120041990/9784122061286（中公文庫） 文芸

風景が与える答え 小説の秘密

猫に対する著者の感情移入と一体化は感動的でさえある。自分の家の猫でもない野良の親子の不透明な生活に一喜一憂する保坂さん。道で目と目が合っただけの子猫の一夜の運命を案じ、帰宅しても心ここにあらず。雷鳴にもしやと思い表に飛び出す。深夜になれば新たな心配が発生、子猫を尋ねてどこへやら。内田百閒さんも顔負けの執心。

猫を愛（め）でる感性はそのまま彼の自然観に直結し、「人は風景から答えを与えられる」という。僕の十代の日々は肉体が自然の一部になるまで川や野山を駆け巡った。そこにあるのは風景だった。

昔読んだシュタイナーの書——。真冬の荒涼たる湖水を前に2人の女。1人は身を縮め極寒に戦（おのの）き、もう1人は眼前の壮麗な風景に恍惚（こうこつ）となりながら啓示を受ける。保坂さん風にいうと彼女は「答えを与えられ」たのだ。風景が肉体に染み込む時、至高体験が答えを齎（もたら）す。

おおむね作家の論理的で観念的な資質に対して、美術家は感覚的で肉体的である。だけど小説家保坂さんはむしろ美術家の感性に近いまれな作家といえまいか。本書には美術家に似た感受性と肉体性と遊戯性が横溢（おういつ）しているが、「子供の頃に遊んだ記憶が体に染みついているから」だろう。

一日中机にかじりついている小説家を「動きを鍛えていないから身体性が欠け」、昨今はこのような小説が受けていると指摘する。猫に限らず他の動物や自然に対する彼の鋭敏な感受性は、すべて彼の「身体性」からきている。

ところで保坂さんの小説は何も起こらないといわれているが、彼の日常に於（お）ける身魂は波乱ずくめだ。だからこそ小説は何も起こらないのだ。保坂さんは子供の頃から「変わっている子」といわれ続けたそうだが、当たり前だ。実生活がそのまま文学なんだから。保坂さんの「曲者性」はカフカに通じる。保坂さんの小説の秘密は本書にある。

評・横尾忠則（美術家）

ほさか・かずし 56年生まれ。『季節の記憶』で谷崎賞。『猫に時間の流れる』など。

二〇一一年四月一七日④

『縦横無尽の文章レッスン』

村田喜代子 著

朝日新聞出版・一六八〇円
ISBN9784022508423／9784022647405(朝日文庫) 教育

よい文 読んで味わい書いてみる

私は毎年、新入生にリポートの書き方や調べ物の仕方を教える授業を持っている。ところが、一通りのことを講義して、さあ、自分で文章を書いてみましょう、と告げるとき、たいていの学生の顔にうんざりした気配がうかがえるのだ。いつものように、いささか重い気分で始まった新学期、本書に出会った。

古今、文章読本の類は数多いが、いわゆる「名文」ばかりがずらりと並ぶだけで、読めばすぐに何かが書けるようになるかといえば、そんなことはない。確かに、よい文章を書くためには良質な文章を読むことが必要だが、では、どんなものを選べばよいかがするりとわかる本はなかなか見当たらないものだ。

本書のユニークな点は、小学生の作文から理系の学者の文章、童話など、ジャンルを問わずおもしろい文章を教材として提示していることだ。それを読み、味わい、そして自分でも書いてみる。その繰り返しを基本として、何をどう書くかの具体的な実践方法が語られていく。何しろこれは、著者がある大学の文章講座で実際行った授業をもとにしているのだから、わかりやすくて役に立つのは当然である。時には学生たちが書いたものがテキストとして論評されるので、どこをどう直すのか、どんなところが評価されるのかが実感できる。

しかし、本書は単なる実用書ではない。各章の前後には、著者が海の見える大学に通う道々の風景や出来事が差し挟まれており、これが、さりげないようでいて、実は最良のお手本となっているのである。物事をとらえる感性と、それを表現する絶妙のバランスが、「何をどう書くか」というもっとも難しく根本的な問題の模範解答となっているのだ。教師が教室で語れるのはほんの少し。本当に学びたいのなら教師の仕事を見ることが大切なのである。

本を開きさえすれば、村田ゼミはいつでも開講中です!

評・田中貴子(甲南大学教授)

むらた・きよこ 45年生まれ。作家。『鍋の中』『望潮』『故郷のわが家』など。

二〇一一年四月一七日⑤

『エイズを弄(もてあそ)ぶ人々 疑似科学と陰謀説が招いた人類の悲劇』

セス・C・カリッチマン 著 野中香方子 訳

化学同人・二三一〇円
ISBN9784759814552 人文／医学・福祉

「放射能」情報巡り混乱する前に

疑似科学を信ずる人々はいつの時代にもいる。「進化論はデタラメ」「アポロは月に行ってない」などなど。笑えるネタが大半だが、ホメオパシーのように命にかかわってくるとそうもいかない。

しかし、史上最悪の疑似科学である「ＨＩＶ／エイズ否認主義」ほど多くの犠牲者を出したものは他に例がない。これは簡単に言えば「エイズの原因はＨＩＶではない」という主張である。彼らは抗レトロウイルス薬をはじめとするＨＩＶ治療は有害で、ＨＩＶの流行は製薬企業の陰謀だと信じている。

例えば南アフリカでは、ムベキ元大統領が否認主義者の主張を真に受けてエイズ対策を誤り、２６０万人以上が犠牲になったという。その政策助言者の一人が、アメリカのがん遺伝子研究の権威、ピーター・デューズバーグであった事実には驚かされる。

優れた科学者やジャーナリストが否認主義の罠(わな)に陥るのはなぜなのか。ＨＩＶ陽性という診断を受けた患者は、絶望のあまり否認主義者の主張に救済を求める。デューズバーグのように高名で、ちょっと被害妄想的な学者が否認主義を支持すれば、たちまち救世主に祭り上げられるだろう。ここに（レーガンのような）政治的無関心とインターネットが加われば、否認主義の蔓延（まんえん）はいっそう確実になる。

著者も述べるとおり、疑似科学を根絶することは不可能だ。真面目な科学者が反証を山と積んで批判しても、否認主義者はかたくなになるだけだ。彼らによる被害を防ぐには、その存在をただ否定するのではなく、なんらかの社会的包摂、すなわち「居場所を与えて囲い込む」しかないのだろう。

では、否認主義に騙（だま）されないためにはどうするか。本書に記された具体的なアドバイスは、「放射能」の情報を巡る混乱が続く今こそ、パニックを防ぐヒントとなるだろう。

評・斎藤環（精神科医）

Seth C. Kalichman 米国・コネティカット大学教授、心理学者。

二〇一一年四月一七日❻ 人文

『生きるってなんやろか？』

石黒浩、鷲田清一著

毎日新聞社・一二六〇円
ISBN9784620320199

心は見えへんっていうけれど

「心っていうのは、みんな見えへん見えへんっていうけど、心は見えるというところから出発したほうがいいんやないか、と思うの」

哲学者の鷲田が語っている。これはまるで、震災以来すっかりおなじみになったテレビCM、「心は見えないけれど……」の関西弁バージョンではないか。

そこから浮かんでくる現在の心象風景を思えば、「若者のためのクリティカル『人生』シンキング」をうたう本書はおそらく、生きることを見つめ直そうとする、今の私たちのためのものでもある、ということに気づかされる。

ファッションから介護までを論じる「ちょっとヘン」な哲学者が対談するのは、「双子もどき」を意味する「ジェミノイド」という造語で呼ぶ自分のそっくりさんを作っている、自称「マッド」なロボット研究者の石黒である。

それぞれの業界で「はみ出しっ子」という2人が口ぶりも軽やかに、若者への人生指南の形をとりながら、実は、人とは何か、生きるとはどういうことか、心とは、と、いわば学問の中心課題を真正面から語っている。

冒頭の言葉に続く、石黒の議論はこうだ。世の中に自分一人しかいなければ、おそらく感情も心もない。人が人とかかわる中で心は表出してくる。とすれば、常に見えていると考える方が自然だろう。

ジェミノイドは、人のような皮膚や目を持ち、動き、話をする。オーストリアのカフェに置いて遠隔操作したところ、ロボットと気づいた人は半分だったという。

そんなロボットが、人って何よ、どこが違うのよ、と迫ってくる。他者との関係性において人に心があるなら、ワタシにだって心はあるのよ。今にもいい出しそうだ。

ロボット研究の最前線と哲学がぶつかって、人なる存在が揺らぐ。もっともっと揺らげ、揺さぶれ。簡単な答えはない。刺激的な1冊だ。

評・辻篤子（本社論説委員）

いしぐろ・ひろし 63年生まれ。大阪大教授。
わしだ・きよかず 49年生まれ。大阪大総長。

二〇一一年四月一七日⑦

『錯覚の科学』

C・チャブリス、D・シモンズ 著　木村博江 訳

文芸春秋・一六五〇円

ISBN9784163736709／9784167901769（文春文庫）　人文

日常生活にあふれる思い込み

著者は2人とも心理学者だが、本書は専門用語を極力避け、平易な表現を心がけているので、非常に読みやすい。

人は日常生活の中で、さまざまな錯覚に陥り、しばしば愚かな行為に走ったり、みずから危険を招いたりする。この本は、そうした錯覚から生じる過失や事故を、具体的な実例を挙げながら、テンポよくさばいていく。

本書が書かれたのは、著者による奇妙な実験の結果がきっかけだった。学生の集団にバスケットボールの試合のビデオを見せ、一方のチームのパスの回数を数えさせた。試合の途中でゴリラの着ぐるみが紛れ込み、カメラに向かって胸をたたく、というパフォーマンスが、予告なしに挿入される。

その結果、学生たちはパスを数えることに気をとられ、乱入したゴリラに気づいた者は、わずか半数しかいなかったという。つまり、人は何かに集中しているとき、予期せぬものに対する注意力が極端に低下するのだ。

こうした、注意力に対する錯覚から始まり、〈記憶の錯覚〉〈自信の錯覚〉〈知識の錯覚〉など、六つの錯覚が具体例とともに、詳しく解き明かされていく。脳トレーニングのゲームで記憶力の低下を防ぐことができるとか、モーツァルトを聞くと頭がよくなるとかいう俗説を信じるのも、錯覚にすぎないと断じる。不注意による、米潜水艦の〈えひめ丸〉への衝突事故も、やはり錯覚から起きたものだという。

わたしたちは、いつも通る道筋の店の並び順など、正確には覚えていない事柄を、知っていると思い込みがちだ。ほかにも注意力、記憶力の過信から生じる錯覚や、単なる偶然に因果関係を求めてしまう錯覚など、多くの錯覚が日常生活にあふれている。

そうした錯覚を、自分なりに検証してみるならば、この本の意図するところが、より鮮明になるだろう。

評・逢坂剛（作家）

Christopher Chabris, Daniel Simons　共に米国の心理学者。

二〇一一年四月二四日①

『金大中自伝Ⅰ　死刑囚から大統領へ　民主化への道』
『金大中自伝Ⅱ　歴史を信じて　平和統一への道』

金大中 著　波佐場清、康宗憲 訳

岩波書店・各四〇九五円

ISBN9784000225816〈Ⅰ〉・9784000225823〈Ⅱ〉

歴史／ノンフィクション・評伝／国際

絶望と希望に満ちた極端な時代の申し子

理想の政治家とはどんな人物をさすのか。マックス・ウェーバーの言葉を借りれば、信条倫理と責任倫理の葛藤に懊悩（おうのう）しながらも、歴史の審判に耐える「結果」をもたらすことのできるリーダーということになるだろう。信条倫理には、自らの信条に殉じることも厭（いと）わない熱情がなければならないし、責任倫理には、目的の達成のためには手段を選ばない醒（さ）めた老獪（ろうかい）さが伴わなければならない。要するに、ひとりの人間の中に熱した部分と冷めた部分がなければならないのだ。本書を読めば、まさしくこの葛藤を一身に引き受けながら、死刑囚から大統領の地位へと駆けのぼっていった希有（けう）な政治家の姿が目に浮かぶだろう。その名は金大中。植民地・朝鮮の小さな島で生まれ、やがて実業家から政治家に転身し、迫害、追放、弾圧、亡命、投獄の数限りない

試練をくぐり抜け、第15代韓国大統領に就任したのだ。その生涯は、悲惨と栄光あるいは絶望と希望に彩られ、目も眩《くら》むように極端だ。それは、ある意味で現代韓国の極端な時代そのものを象徴している。

それでは、この極端な時代の申し子とも言える金大中は、どのようにして「人間力」を鍛え、信条倫理の人となったのか。自伝はある意味でこの問いに答える告白でもある。告白は冒頭からはじまる。非嫡子《ちゃくし》であり、妾宅《しょうたく》で生まれたという出生の秘密。この秘密から始まって、金大中の人生は、まるで明と暗の綾《あや》なすつづれ織りのように、肉親や妻、子供や親友、政友や政敵など、夥《おびただ》しい数の人びととの数奇な邂逅《かいこう》と別離に満ちている。そこには、弱さや恥も含めて、「人間的な、余りにも人間的な」金大中がいる。やがて彼は人間観察を研ぎすまし、人にはそれぞれにふさわしい矜持《きょうじ》があり、それを尊重する社会が実現されなければならないという確固とした信念を抱くようになっていく。そのヒューマンな理想こそが彼の民族主義を支え、民主主義への熱い想《おも》いとなって迸《ほとばし》っているのである。

だが、ただ高邁《こうまい》な理想を説くだけの進歩的な政治家ではなかった。ましてやその理想のためには、過激な変革も辞さないとする革命家でもなかった。彼はある意味で保守的な政治家だったのだ。歴史が逆説に満ち、人びとの純粋な意図や目的をあざ笑うように、過酷な結果を突きつけてくることを誰よりも熟知していた。政敵との和合や大国との虚々実々の駆け引きなど、機会主義者とみられかねない危うい政治的決断も、歴史の知恵に裏づけられていたのだ。「実事求是」という金大中のモットーがそれを物語る。

理想の政治家、あるべきリーダーは一日にして成らず。そう静かに語りかけてくる大著である。

評・姜尚中（東京大学教授）

キム・デジュン　1924年〜2009年。元韓国大統領。「太陽政策」を掲げ、2000年6月、北朝鮮の金正日総書記との南北首脳会談を実現させた。同年12月、ノーベル平和賞受賞。03年に大統領退任。

二〇一一年四月二四日②

『ジョルジョ・モランディ　人と芸術』

岡田温司 著

平凡社新書・八八二円
ISBN9784582855746　アート・ファッション・芸能／新書

変化する「反復」　静謐の背後に…

美術史に埋没しかかっていたイタリアの一都市「ボローニャの画家」を20世紀の二大巨匠ピカソとデュシャンの横並びに位置づけて論じようとする著者の3冊目のモランディ論である。僕が初めて見た壜《びん》と壺《つぼ》の静物画は高校の美術部員の作品を連想させたり、わが坂本繁二郎をも彷彿《ほうふつ》させたりしたが、何よりも彼の同一主題と様式の反復に次第に興味を抱き始めたのも、僕がロブグリエの文学やキルケゴールの『反復』から多大な影響を受けていたからだった。

本書にもキルケゴールが引用されている。「反復——こそが現実であり、生存の厳粛な事実なのだ」。この一言はそのままモランディを語り尽くしている。彼の反復は現代美術のコンセプトとは無縁で彼の描く静物画の器は埋没した地層の中から引き上げられ、キャンバスの中に配置されて反復しているように見えるが、それはただ彼が美術史における静物画のテーマを追い続けている結果でしかない。彼は芸術家というより研究者であり、冒険者であり、毎日がエチュードである。冒険が変化を好むように、彼の反復は固定したものではなく、常に時を刻むように変化している。

　著者は多岐にわたってモランディを分析、解析しているが、モランディの主要課題はやはり反復であり、色彩の変化とメチエの快楽に画家の肉体の痕跡を見る思いがする。黄砂で煙ったような灰褐色の不透明な不在感にモランディの無垢（むく）な姿が浮かび上がり、そこから彼の求める「平穏と静寂しか自分は望んでいない」という声が聞こえてくる。だがこの言葉の背後に隠蔽（いんぺい）されている彼の本性に騙（だま）されてはいけない。作品は正直である。一見瞑想（めいそう）的であるが、安穏と激情は表裏一体である。モランディの静謐（せいひつ）な絵の背後には安危の精神が宿っている。

　僕は本書の一面しか語れなかったが、読者はじっくり著者の言葉に耳を傾けてもらいたい。

評・横尾忠則（美術家）

おかだ・あつし　54年生まれ。京都大教授。『モランディとその時代』など。

二〇一一年四月二四日③

『国家は破綻（はたん）する　金融危機の８０年』

C・M・ラインハート、K・S・ロゴフ 著
村井章子 訳
日経BP社・四二〇〇円
ISBN9784822248420

経済／人文

「今回は特別」と破局パターン反復

　本書は過去8世紀にわたる66か国の政府債務・金融危機に関する力作である。その特徴はあらゆるソースから収集された債務、国内総生産（GDP）、インフレ率、債務不履行のタイミング等に関する膨大なデータに裏付けられた分析にある。

　表やグラフを眺めているだけでも楽しい。現在の先進国も過去には頻繁に債務不履行を経験している。14世紀にはイギリスのエドワード三世がフィレンツェの資産家からの借金を踏み倒している。フランスもスペインも何度も対外債務不履行に陥っている。国際的な資本移動が活発になった時期には、世界的に銀行危機が多発する傾向があるというグラフも意味深だ。

　本書によれば、過去のほとんどの危機には共通点がある。危機に至る過程では、政府、銀行、企業、家計のいずれかが大量の借金を抱え込む。借りたお金は何らかの投資に回るのでしばしば経済はある程度の期間好調を維持する。債務が積みあがっていることは認識されるものの、「今回ばかりは（あるいは自分たちは）特別だ」という心理が警戒心を抑え込み、一段の債務の増大とその後の破局を招く。金融危機の後には経済停滞と政府債務の膨張に帰結する。こうしたパターンが２０００年代後半の米国のサブプライム危機にも観察される。

　本書は09年に執筆されたが、昨年からのヨーロッパの一部の国の危機を見事に予言した結果となった。世界に広がったサブプライム危機が経済停滞を通じて政府債務を急膨張させたのである。こうしたパターンは１９８０年代以降の日本にもきわめてよくあてはまる。バブル崩壊と経済停滞を経て、政府債務は第２次大戦中以来の規模に膨れ上がった。これがどうなるのかが現在のわれわれの大きな関心事である。本書によれば、高レベルの政府債務は債務不履行かインフレにつながったケースが多いというがさて。

評・植田和男（東京大学教授）

C. M. Reinhart　メリーランド大教授。
K. S. Rogoff　ハーバード大教授。

二〇一一年四月二四日④

『アジアに浸る』

高樹のぶ子 著
文芸春秋・二〇〇〇円
ISBN9784163737409

『トモスイ』

高樹のぶ子 著
新潮社・一四七〇円
ISBN9784103516088／9784101024233（新潮文庫）

文芸／国際

写真鮮やか、風土人情生き生き

マニラで死者の埋葬費用を賭博で稼ぐのを目にし、モンゴル大草原の狼（おおかみ）の遠吠（とおぼ）えを聞きながら眠り、バンコクの病院で性転換手術に立ち会い、台湾の海に溺れて死の恐怖を覚えた——まさに命がけとも言える数々の体験である。

ＳＩＡ(Soaked in Asia)とは九州大学アジア総合政策センターの主宰により、著者がアジア10カ国を5年の歳月をかけて訪ね歩き、文学を通して日本に紹介するというプロジェクトだ。その成果として『アジアに浸る』のほか、各国を代表する作家の作品を集めた『天国の風』（新潮社）と、表題作が川端康成賞受賞の短編集『トモスイ』も順次刊行。

『アジア～』は鮮やかな写真とともに各地の風土人情を生き生きと映しだし、訪問した作家たちの印象を併せ記している上、ここは『トモスイ』のヒントになったのでは、と読みながら想像してしまう箇所も多々あった。

導かれるままに、ベトナムやフィリピン、タイ、インドネシアなどの小説を初めて読んだ。バンコクのオカマショーにせよ、バリ島の木彫り民芸品にせよ、これまで観光文化としてしか認識していなかった。改めて文学という形で触れ、そこに秘められた深い悲喜の情に衝撃を受けた。特にバリ島の盲目彫刻師を扱った一編に、美とは何なのかについて考えさせられた。

豊かな環境に恵まれ、日々新しさを追求する先進国の文学に比べ、いまだ貧富の差が激しく、様々な問題が潜むアジアでは、個人と社会との関係——周りを頼りにしつつも、弱肉強食の中で個々が懸命に生きる——がいまだにメーンテーマであるようだ。

「どれもワンパターンである幸福な家庭に比べ、不幸な家庭には不幸なりに其々（それぞれ）のオリジナリティーがある」とトルストイが言う。これを捩（もじ）って、アジア文学も、発展途上であるがゆえ多様多彩で個性に満ちているといえるだろう。

評・楊逸（作家）

たかぎ・のぶこ　46年生まれ。

二〇一一年四月二四日⑤

『ローラのオリジナル』

ウラジーミル・ナボコフ 著　若島正 訳
作品社・二九四〇円
ISBN9784861823183

『ナボコフ　訳すのは「私」　自己翻訳がひらくテクスト』

秋草俊一郎 著
東大出版会・三九九〇円
ISBN9784130860383

文芸

難解な大作家へ導きの微光

ナボコフは二十世紀後半の大作家だが、一般受けはしにくい。感情移入やドラマ重視の読み方を軽蔑した彼の作品は、ことばやイメージの断片が記憶と戯れ連想の鍵を開ける中で変によじれる。最初は見どころが見当もつかない。

が、その助けになりそうな本が二冊。まずは未刊の遺作『ローラのオリジナル』。著者が死後焼却を命じていた草稿カードの束とその翻訳だ。

草稿なので、全体像はあいまいだ。が、その分ナボコフが重視した細部のしかけは見えやすい。さらに訳者は、各種の推理を繰り出して小説全体の復元を試みつつ、微細なポイントも詳しく解説してくれる。だじゃれ、他作品の連想と異様な構成——各種のツボの熱気あふれる説明は我が国有数のナボコフィアンたる訳者の手柄。が……一方でそれはナボコフ読みの落とし穴をも示す。訳者はナボコフ作品を一人遊びの快楽ともてはやす。何だか高校時代に『ロリータ』等をおかずに試み萎(な)えふけった後ろ暗い悪徳が連想されてしまうが、訳者の読みも時に、それに通ずるひとりよがりに読める。

これに対し『ナボコフ　訳すのは「私」』は、ナボコフ自身が露英訳した自作を比較することで、その小説観を客観的に解き明かす野心的な試みだ。奇妙な翻訳観を持つナボコフが、造語まで動員して保存しようとしたのは何だったか？　特に謎の植物ラセモーサを巡る分析は出色。そこでしばしば指摘されるのは、言語的な技巧の奥にひっそりと描かれた登場人物の想(おも)いだ。それは技巧にばかり耽溺(たんでき)する読者の独善的な軽薄さをたしなめるものでもある。

いずれも、ナボコフの小説で戸惑った経験者におすすめ。手探りの闇を脱し、一人遊びの快楽へと導く微光が見えるだろう。とはいえ、それに敢(あ)えて手を出すかは、読者諸賢のご判断次第だが……。

評・山形浩生（評論家）

Nabokov

あきくさ・しゅんいちろう

二〇一一年四月二四日❻

『諜報(ちょうほう)の天才　杉原千畝(ちうね)』

白石仁章 著

新潮選書・一二五五円

ISBN9784106036736

歴史／ノンフィクション・評伝

情報収集と分析に優れた才能

１９９０年代のある時期、第2次大戦中にユダヤ人を救ったことで知られる、外交官の杉原千畝にまつわる本が、続々と刊行された。その数の多さに、いささか辟易(へきえき)した覚えがある。すべてを読んだわけではないが、必要以上に杉原の業績を持ち上げたり、逆に過小評価したりする傾向があり、それが不満だった。情緒的な取り上げ方が多く、本来必要な学術的なアプローチが、おろそかになっていた。

その点、本書の著者はきわめて客観的な分析を行っており、等身大の杉原像を描き出すことに成功した。ユダヤ人へのビザ発給問題もさることながら、杉原が携わった諜報活動に論点を絞り、その業績を具体的に明らかにしたのは、従来欠けていた部分を補う意味で評価できる仕事である。

ここでいう諜報は、地道な情報収集・分析活動を意味している。それこそ、海外駐在の外交官の主たる仕事といってよい。杉原はその方面で優れた才能を発揮し、やがて〈諜報の杉原〉として、省内に知られる存在になる。たとえば、満州国外交部に在籍した34年前後に、北満鉄道譲渡に関して諜報活動を展開し、交渉相手のソ連をうろたえさせたという。

おそらくそのために、のちにソ連勤務を発令された杉原を、ソ連側は〈好ましからざる人物〉として、受け入れを拒否する異例の措置に出た。そのおり、杉原から事情聴取した外務省の記録「杉原通訳官ノ白系露人接触事情」が、外交史料館に残っている。著者は杉原研究の過程で、70年近く眠っていたこの史料を発見し、本書を書くきっかけをつかんだという。杉原幸子夫人をはじめ、関係者への取材も精力的に行い、わずかに残された外交電信にも、目配りをきかせている。

純粋の学術書ではないが、従来のやや偏った杉原像を正したところに、本書の価値があるだろう。

評・逢坂剛（作家）

しらいし・まさあき　63年生まれ。外務省外交史料館に勤務。外交史などが専門。

二〇一一年四月二四日⑦

『バタをひとさじ、玉子を3コ』

石井好子 著
河出書房新社・一四七〇円
ISBN9784309020273／9784309412955（河出文庫） 文芸

おなかが空（す）いているときにこの本を読むと、ちょっと危険だ。猛烈に何か食べたくなってくる。それも、冷凍食品をチンしたものなんかではなく、手作りの、出来たてほやほやを。行間から匂いも漂ってくるようで、最近で一番、嗅覚（きゅうかく）を刺激された本だ。

著者は歌手であり、オムレツのエッセーで話題になった文筆家でもあり、料理研究家で、レストランのオーナーでもあった。本書のタイトルもオムレツを連想させる。手軽だけれど工夫の利いた料理のレシピ、パリ時代に出会った料理の思い出、プロの料理人の仕事場からの報告……。食べものにまつわるさまざまなエッセーが収められている。

食べるのが好きなだけでなく、食べものに愛情を注ぐ人だったのだな、と思う。料理の過程に、無関心ではいられない。盛りつけもなおざりにしない。人に食べさせるのも大好き。食卓での会話も当然弾む。食は即、生きることにつながるが、本書にはその楽しみ方の極意が隠されている。

評・松永美穂（早稲田大学教授）

二〇一一年四月二四日⑧

『本を生み出す力　学術出版の組織アイデンティティ』

佐藤郁哉、芳賀学、山田真茂留 著
新曜社・五〇四〇円
ISBN9784788512214 人文

出版不況は、知の守り手である学術書の出版にも影響を及ぼさずにはいない。

本書は、東京大学出版会や有斐閣など専門書を出版する4社を例に「知の門衛」としての役割を詳細に分析し、欧米との比較も通して、「学術コミュニケーションの危機」に切り込んでいる。

ファストフードならぬファスト新書、近年急増する教養系新書にも注目する。出版社は売れ行きが伸び悩む分、刊行点数を増やさざるを得ない。「硬い本」が出やすくなった半面、若手研究者をスポイルする懸念も指摘される。

そんな新書ブームを支えるのは、欧米とは比較にならないほど厚みのある中間読者層だという。

一方で、日本の学術界は、日頃から若手に書き方を指導し、仲間の仕事を評価し、知の門衛たらんとする意識が薄いとする。

本書の分析は、日本独特の文化状況をも浮かび上がらせる。学術のありようにも示唆を与える労作である。

評・辻篤子（本社論説委員）

二〇一一年五月一日①

『証拠改竄（かいざん）　特捜検事の犯罪』

朝日新聞取材班 著
朝日新聞出版・一四七〇円
ISBN9784022308992／9784022617736（朝日文庫） ノンフィクション・評伝

秘匿した「G」作戦　記者魂の裏に自省

久々、スクープらしいスクープだった。

2010年9月21日付の朝日新聞朝刊に「検事　押収資料改ざんか」の大見出しが載った。郵便割引制度に関する偽の証明書発行事件にかかわって、村木厚子・厚生労働省元局長が大阪地検特捜部に逮捕されたのが前年6月。公判のなかで次々と杜撰（ずさん）な捜査が明るみに出て、大阪地裁は無罪判決を下した。その11日後である。

記事内容は、前田恒彦・特捜部主任検事が、物的証拠であるはずのフロッピーディスクの日付を改竄していたという驚くべき事実だった。前田は証拠隠滅罪に問われ、先頃、実刑判決が下された。併せて、特捜部長と副部長が逮捕・起訴されるという前代未聞の事件へと発展した。本書は、このスクープを担った朝日新聞大阪本社の記者らの筆による、事件とスクープの全容である。

「待った？」

午後8時すぎ、待ち合わせ場所に現れた検察関係者の「その人」は、板橋洋佳に声をかけた。10年7月の夜のことだ。板橋は栃木県にある地方紙から中途採用で入社してきた若い記者である。スクープは、この検察内部のリークから始まっている。だが、これ以前、「この事件は何かおかしい」と思う記者たちの嗅覚（きゅうかく）が働いていた。改竄という虚構に拠（よ）った事件。裏付け取材を重ね、客観データをそろえ、記事へと結びつける。

活字になれば検察組織は焼け野原となって原野に返る。原野から取った「G」作戦は社内でも秘匿し、記者自身の逮捕にも備えた。予期した通り、記事は検事総長を辞任へと追い込み、最強の捜査機関・特捜部の権威は地に落ちた。

大スクープの内幕ではあるが、それにとどまらないものを本書は含んでいる。人は誰しも間違いを犯す。検察も、また新聞も。村木容疑者の逮捕時、新聞は捜査に疑問を投げかけたか。容疑者や被告の言い分も掲載する対等報道につとめていたか。スクープは、記事検証へと向かわせた。

記者たちは新聞協会賞という栄誉を授かりつつ「傷」も負った。心を通わせた検事から「もう来ないでくれ」といわれて関係を断ち切られる。初報を書く前、コメントを求めて前田検事の自宅を訪れたが、玄関に置かれた子供用の玩具を見てふと心がひるむ。

報道とは何か、新聞記者って何だ、己は何者なのだ……。自省へと向かう記述が深く胸に残る。

メディアの多様化のなかで新聞の位置が揺らいでいるが、それでも信頼性という点で新聞はいまもっとも上位を占めている。記者魂と自省こそ新聞ジャーナリズムの明日を切り開くものである。本件はそのような仕事だった。

評・後藤正治（ノンフィクション作家）

2010年度の新聞協会賞を受賞したスクープの経緯や深層を、朝日新聞大阪本社社会グループ司法クラブ、東京社会グループ司法クラブの記者が執筆。取材班は大阪、東京の社会グループ記者。解説は作家の高村薫。

『野球にときめいて　王貞治、半生を語る』

王貞治 著

中央公論新社・一三六五円

ISBN9784120042171

ノンフィクション・評伝

人生の節目でいつも不思議な力

「人生の節目ではいつも不思議な力が僕を導いてくれた」という王貞治。王さんの野球人生には「野球の神様」がついていないと考える方が不思議なくらい。次々と重なる偶然が王さんのエネルギーによって多彩な〝野球作品〟を生み、その全貌（ぜんぼう）をわれわれの記憶に焼きつける。

仮死状態で生まれ2歳まで歩けなかった王さんが「世界の王」になるまでの道程を才能の成せる術（すべ）としてわれわれは崇敬しがちだが、当の王さんの努力は人智（じんち）を超え、神明をも味方につけてしまったようだ。「天才とは努力の結晶」だとすれば王さんは天才だ。王さんの血の滲（にじ）むような努力が、肉体に無意識の天才を刷り込ませたのではないだろうか。そして真ん中に来る球だけを打てばいいというこの単純な哲学に到達するが、ここに至る人間学の錬磨には頭が下がる。巨人の選手は常に「紳士たれ」だった。王さんは死球にも怒ったことがなく、球を怖いと思ったこともない「平常心」で戦えた。

王さんは実直で誠実で母親譲りの感謝の気

持ちが厚く、一度も不満を抱いたことがない。ホームランバッターになっても長嶋さんを「天才肌」と称賛し、ライバル視せず、一緒に野球を出来たことの「幸運」を喜ぶ。次々と襲う最愛の家族の死を乗り越えて、巨人を退いたあとはついにダイエーを日本一にした。そしてソフトバンクの監督になるまでの紆余曲折（うよきょくせつ）や、自らの胃がんの手術を経て、なお「僕のような幸せ者はいない」ので「野球に恩返しをしたい」と野球への感謝を忘れない。

ぼくが長嶋さんにサインをもらった時、「野球というスポーツは芸術である」と書いてもらったが、王さんは「人生に似ている」と言う。王さんの野球と人生は一体化しており、ひとときも「野球にときめいて」いなかったことはない。そんな王さんにときめいたぼくは野球少年に戻ったのです。

評・横尾忠則（美術家）

おう・さだはる　40年生まれ。77年、通算756号本塁打の世界記録で国民栄誉賞。

二〇一一年五月一日❹

『生老病死のエコロジー　チベット・ヒマラヤに生きる』

奥宮清人 編

昭和堂・三一五〇円
ISBN9784812210673　医学・福祉／ノンフィクション・評伝

高地に暮らす人々と向きあう

標高5300メートルのエベレスト・ベースキャンプで、ぼくはこの原稿を書いている。本書によると、この5300メートルという高さこそが「人間の居住の最高高度」である。低酸素環境でのろのろと行動している自分に比べ、登山のサポートをしてくれるシェルパたちは、平地と同じように自在に行動しており、その順応力には目を見張るばかりだ。

彼らは血管を拡張させ、血流量を増やすという遺伝子の低酸素適応戦略によって、今のような身体を手に入れた。高地におけるこうした人々の生活について、様々な角度から考察したのが本書である。

世界の三大高地として知られるアンデス、チベット、エチオピアのなかでも、特にチベット文化圏に焦点を当て、アルナーチャル・プラデーシュ、ラダーク、青海省というチベット高原の周縁に位置する三地域で行われたフィールドワークを、それぞれの研究者が章ごとに報告している。高地生活の現実を、読者は徐々に知ることになるだろう。

冒頭に述べたような高地への遺伝的適応ばかりでなく、文化的適応についての記述にも惹（ひ）かれる。インドのラダークにあるドムカル村の住民は「お祈りをしているとき」に幸せを感じるという。チベット仏教徒にとって祈りは特別な意味を持っている。「『信じるものや夢や目標、好きなことに没頭しているとき』に幸せを感じるということは、多くの人に当てはまるのではないか」と研究者が補足するように、そこには確かに人の幸せの原点が垣間見える。

グローバル化の波にさらされ、糖尿病などの生活習慣病が増えている高地の現実。それを冷静に分析しつつ、彼らの揺るがない精神性を見つめていく。生まれること、老いること、病むこと、死ぬことという四つの苦しみと彼らはいかに向き合い、私たちはそこから何を学ぶのか。まだ中間報告であるという本試みの行き着く先に期待したい。

評・石川直樹（写真家・作家）

おくみや・きよひと　総合地球環境学研究所准教授（フィールド医学・老年医学・神経内科学）。

二〇一一年五月一日⑤

『ハウス・オブ・ヤマナカ　東洋の至宝を欧米に売った美術商』

朽木ゆり子 著

新潮社・二一〇〇円
ISBN9784103289517　アート・ファッション・芸能／国際

美術品の散逸・破壊回避の一面も

なぜ、これが、アメリカに？　ニューヨークで、ボストンで、一級品の日本美術を目にしてこうつぶやく人は多いかもしれない。しかし、日本びいきの外国人が買ったのね、と納得してはいけない。その外国人は、どんな手段で日本美術を買い入れたのだろうか。そこで浮かび上がってくるのが「山中商会」の名前である。

今はアメリカでも日本でもほぼ忘れられてしまっているが、この山中商会こそ、20世紀初頭から第2次世界大戦まで欧米に店を構え、海外の蒐集（しゅうしゅう）家に東洋美術を販売していた超有名店なのである。ジャポニズムはやや下火になったものの、アメリカではまだまだ東洋美術への関心は高く、大富豪と呼ばれる人々の蒐集熱も高まっていた。彼らの信頼を得た山中商会は、日本や中国の書画骨董（こっとう）を積極的に販売したのである。

こうした商人の行為は、しばしば「名品の海外流出」といった否定的な評価をされがちである。だが、山中商会が商売を通じて海外に東洋美術を紹介した功績は大きく、現在では商品のほとんどが美術館に寄贈されている点を考慮すれば、美術品の散逸や破壊を回避するという保護活動の一翼を担ったとも評価できるだろう。

こうした山中商会の歴史を、各地に残る資料を精査し解読するという地道な作業で掘り起こした本書は、そうした実証的方法により、一美術商の盛衰にとどまらず、アメリカ美術界の歴史を記述することに成功している。興味深いのは、たとえば大恐慌や戦争など、アメリカが直面した現実と山中商会の関わりである。美術品とはいえ、政情や経済状態の変動と無関係ではあり得ない。特に、第2次世界大戦で山中商会が解体されてゆくさまは、「敵国」における日本企業の実態を如実に映し出していて、読み応え十分である。読了後に美術館を訪ねてみよう。きっと新たな発見があるはずだ。

評・田中貴子（甲南大学教授）

くちき・ゆりこ　『マティーニを探偵する』『盗まれたフェルメール』など。

二〇一一年五月一日⑥

『ユニクロ帝国の光と影』

横田増生 著

文芸春秋・一五〇〇円
ISBN9784163737201／9784167842017（文春文庫）　経済

意図を裏切り　見事な企業分析

本書は奇妙な本だ。著者の執筆意図を完全に裏切る形で、見事な企業分析になってしまっているのだから。

ユニクロは短期間で国民的ブランドにのしあがった。著者の主な意図は、その急成長の裏にある影の描出だ。では、その恐るべき暗部とは？

なんとユニクロは、中国の工場に徹底した品質改善とコスト低下を要求して泣かせているぞ！

まあ、なんてひどい業者いじめ……かな？　その工場は見返りに、ユニクロからの大量発注の恩恵を得ているのに。顧客の無理難題に悩むのは、ぼくの勤務先を含む全企業の宿命だ。むしろこれは、優れた品質コスト管理では？

あとはなになに、店舗同士で競争させ、抜き打ち査察で監督するから従業員は気が休まらない！　光の影に残酷な労働者いじめ？　いや立派な店舗労務管理でしょ。

こんな具合。著者の言うユニクロの影はどれも、ぼくには経営の基本に忠実な見事な光に思えてしまう。これは著者の前著にもあった傾向だ。

また欧州アパレルの雄ザラとの対比による非正規雇用過多の指摘は、日欧の労働法制度の差もあるのでは？　それに企業の最適解は一つじゃない。さらにワンマン経営すぎて後継者不在という批判は、経営者像としては示唆的だしゴシップ的には楽しいが、最終的にはご当人の勝手だ。

つまりユニクロの闇をえぐるはずの本書は、著者の価値観を共有しない人には、ひねりすぎた称賛本にすら見えてしまう。批判的な視点ゆえに結論以外の記述は信用でき、取材も深い。結果として同社の戦略が鮮明に出た好著になったのは、皮肉ながらもありがたい収穫だ。

ジューシーな醜聞を期待した人は失望必至。著者は不本意だろうが、ユニクロの長所を真摯（しんし）に学びたい人（特に新入社員！）こそ手にとってほしい。嫌みぬきで勉強になります。

評・山形浩生（評論家）

よこた・ますお　65年生まれ。著書に『潜入ルポ　アマゾン・ドット・コムの光と影』。

二〇一一年五月一日⑦

『徹底検証・日本の軍歌　戦争の時代と音楽』

小村公次 著

学習の友社・二五二〇円

ISBN9784761706715

歴史／人文

戦争へと駆り立てる道具を解明

昭和初年に生まれた私の両親や親戚縁者は、酒宴たけなわとなると、軍歌をうたうのが常だった。

〽ここはお国を何百里
　離れてとほき満洲の……

決まってうたうのが、この歌詞で始まる「戦友」だった。4番の

〽「しっかりせよ」と抱き起（おこ）し……

の箇所にさしかかると、歌声にひときわ力がこもった。

軍歌とは何か。「戦友」のような厭戦（えんせん）気分さえただよう歌がなぜ作られ、なぜ「軍歌」としてうたい継がれてきたのか。

本書は、幕末・維新期の西洋音楽の移入にさかのぼって軍歌の歴史と、社会における役割を解き明かす。

日本の音楽教育史やメディアイベントの歴史、音楽家の戦争責任など、幅広い視野の中に軍歌をおいて論じているのが特徴。音楽が人々を戦争へと駆り立てる道具として活用される時代を再び繰り返してはならない、という著者の思いが静かに底に流れる。

私にとって特に興味深かったのは「軍歌の戦後」を描いた後半部分だ。

ペギー葉山がうたってヒットした「南国土佐を後にして」の原曲は、戦中、中国に派遣された四国混成部隊の部隊歌だった。元の歌詞は

〽南国土佐を後にして
　中支へ来てから幾歳ぞ

というものだった。

戦後、軍歌は、1962年にアイ・ジョージが「戦友」をステージでうたったことを一つの契機に復活した。

69年8月には東京12チャンネルで「あゝ戦友　あゝ軍歌」という番組が始まる。

右翼団体の街宣車が軍歌を大音量で流しながら走るようになるのは、70年代以降の現象だという。

軍歌的感性は今も生き続けている。私自身、10年ほど前、上司のリードで同僚と一緒に「月月火水木金金」を酒席でうたったことがある。あれは何だったのだろうか。

評・上丸洋一（本社編集委員）

おむら・こうじ　48年生まれ。音楽評論家。オペラとオーケストラを中心とした音楽批評。

『疾走中国　変わりゆく都市と農村』

ピーター・ヘスラー 著　栗原泉 訳

白水社・二七三〇円
ISBN9784560081174　ノンフィクション・評伝／国際

道なき道を進み　淡々と事実のみ

中国が疾走し始めた1990年代の後半に一度、2年ぶりに帰省したことがあった。ハルビン駅から家までタクシーでわずか10分ほどの道のりだが、陸橋が何本も重なるように造られ、両側のボロ家も立派な欧風マンションに変わっていた。知らない町にでも迷い込んだようで、何が起きたのか事態をつかめずに戸惑った。

それからというもの、東京にいながらにして我が母国を片時も目を離さずに見つめてきた。それで分かったこともあれば、かえって疑問が深まることもある。むろん後者の方が多いようだ。

国外にいる中国人という私と対照的な立場で、あえて中国に出向き、社会の最底辺に潜り込み、貧しい人々と暮らしを共にしながら、笑いも怒りも共有できた「よそ者」もいた。アメリカ人のフリージャーナリストで、2000年から07年まで「ニューヨーカー」北京特派員だった著者だ。

「長城」「村」「工場」という3部構成の本書は、どこから読み始めても良いが、合わせて読むことで、中国像がより立体的かつ躍動的に浮き上がってくるのだ。

01年、中国に着いて1年足らずの著者は、さっそく車の免許を取り、レンタカーで「長城」に沿って西を目指した。途中で、ヒッチハイクする農民を乗せたり、車が立ち往生して困る人を助けたりしながら、愚直なほど道なき道を突き進んだ。

挫折を食らわされても、再度挑戦しついにチベット高原に入ることができた。過酷な旅の中で出会った人や村、歴史や現実、どれも、途切れ途切れの長城のように、砂に埋もれようとして、危機的な状態にある。「長城」の確固たるイメージと裏腹に、中華民族の臆病な本質が見え隠れした。

その後、著者は長城の麓（ふもと）にある「村」に居を構えて住むことに。若者が都市へ出稼ぎで消え、子どもがたった一人しかいない長閑（のどか）なこの村も、道路建設によって開発の波にさらされる。そんな中、残った中高年者による権力闘争が繰り広げられていた。

一方で南の、温州商人が名を馳（は）せる浙江では、開発ラッシュが始まっていた。切り拓（ひら）いた山に「工場」が建つなり、成り金経営者も出稼ぎ農民も忽（たちま）ち集まってくる。15歳の少女が、年齢をごまかして工員として働くことも。

先入観が先走りする中国ルポが多い中、淡々と事実のみを語る本書の、嫌みも淀（よど）みもない口調に、疾走ぶりの凄（すさ）まじさが一層際立ってくる。数字上では日本を抜いて世界第二の経済大国になった中国。環境汚染をはじめとする様々な問題が深刻化する一方だ。中国人の触れようとしないこれらの問題を、本書は取り上げた。

評・楊逸（作家）

Peter Hessler　69年生まれ。米国のフリージャーナリスト。90年代に中国・四川省で2年間、英語教師をし、2000～07年、「ニューヨーカー」北京特派員を務め、08年、全米雑誌賞を受賞。

『マイルス・デイヴィス『アガルタ』『パンゲア』の真実』

中山康樹 著

河出書房新社・二四一五円
ISBN9784309272412　アート・ファッション・芸能

20世紀アートの興奮と魂の震え

1991年に65歳で死んだジャズ界の帝王マイルス・デイヴィスが、シェーンベルクやビートルズと並ぶ20世紀音楽の中心人物であったことに反対する人はあるまい。『アガルタ』と『パンゲア』は1975年に来日したマイルスが残した大阪フェスティバルホールでのライブアルバムであり、本書はこの歴史的名盤が成立した事情に取材したドキュメンタリーである。『アガルタ』のジャケットデザインを担当した横尾忠則をはじめ、アルバム制作に携わったエンジニアやプロデューサーの証言を中心に構成された叙述からは、アートとしてのジャズがいまだ強い光芒（こうぼう）を放っていた70年代の息づかいが聴こえると同時に、アルバム制作自体が紛れもなくアートであったことの昂奮（こうふん）と魂の震えが直截（ちょくせつ）に伝わってくる。

だが本書の価値はそこにとどまらない。60年代末からの、いわゆる「エレクトリック・マイルス」——電気楽器を導入した時代のマイルス・デイヴィス——の音楽への再評価こそが本書のもう一つの意義だろう。実際「エレクトリック・マイルス」はジャズファンからは長らく理解されず、いまも理解されているとはいい難い。その一方で、三十余年の距離を得て、マイルスの音楽は、ジャンルを超えた20世紀音楽の文脈のなかで、さらには20世紀アートの全体構図に置かれる形で聴かれるようになり、歴史的な高い評価を得つつある。ここでいう歴史的評価とは、歴史資料としての評価ではない。まさしくいま聴かれるべき音楽として、歴史のなかからそれが浮上する事態を指す。

音楽好きなら、同じ著者の『マイルスの夏、1969』(扶桑社)、『エレクトリック・マイルス1972－1975』(ワニブックス)といった一連のシリーズを併せ読むべきである。そしてもちろん『アガルタ』『パンゲア』を聴くべきだ。というか、本書を読めばきっと聴きたくなる。

評・奥泉光（作家・近畿大学教授）

なかやま・やすき 52年生まれ。音楽評論家。マイルス・デイヴィスに関する著書多数。

『近代日本の社会事業思想　国家の「公益」と宗教の「愛」』

姜克實 著

ミネルヴァ書房・五二五〇円
ISBN9784623058228　人文／社会

利他活動と宗教　関係問い直す

昨年末からのタイガーマスク騒動や東日本大震災への義援金など、社会的再配分の機運が高まっている。しかし、その持続可能性は、未知数だ。

ボランティアという語が、もともとキリスト教の「志願兵」に由来するように、欧米社会では神への信仰心が利他的活動の主な動機付けになってきた。寄付などが持続する背景には、キリスト教的精神と教会の活動が存在する。一方、日本では市民的公共圏での宗教団体の活動は限定的だ。そもそも特定の宗教への関与に抵抗を持つ人のほうが多いだろう。

本書は、近代日本の社会事業の担い手に注目し、彼らが自らの信仰心と国家による政策の間で揺れ動く様を描く。

本書が特に注目するのは石井十次と留岡幸助という二人のキリスト者だ。石井は岡山孤児院の創設者として知られ、「児童福祉の父」と称賛される。しかし、石井は自らの宗教思想や霊感を至上の価値としたため、施設経営の財政的持続性を考慮せず、その社会的効果にも無頓着だった。そのため、最終的には私的なユートピアの構築に没入し、社会性を失っていった。

一方の留岡は、社会的効用を重視し、公権力に接近した。しかし、国家が政策としてキリスト教を導入するわけにはいかない。彼は苦悩の末、日本全体に通用する国民的宗教の確立を目指し、二宮尊徳の報徳思想を受容した。彼は上からの国民の教化に従事し、クリスチャンとしての信仰心を見失っていった。

非社会的なコミューンに没入した石井と国家の論理に回収された留岡。二人の顛末（てんまつ）は、逆説的に国家と個人の間の中間共同体の重要性を浮かび上がらせる。私的領域に閉じこもらず、かといって国家に従属しない開かれた宗教活動は確立できるのか。「公共性と宗教」の関係を問い直すことは、極めて現代的な課題である。本書は、歴史を紐解（ひもと）くことで、重要な視座を提示している。

評・中島岳志（北海道大学准教授）

じゃん・くうしー　53年中国天津市生まれ。岡山大教授（日本近現代史など）。

二〇一一年五月八日❹

『オスカー・ワオの短く凄まじい人生』

ジュノ・ディアス 著　都甲幸治、久保尚美 訳

新潮社・二五二〇円
ISBN9784105900892

文芸

ドミニカ系オタク青年の純愛

ぶっ飛んだ、というのが率直な感想。すごい小説、いや、タイトルの言葉を借りれば「凄（すさ）まじい」小説だ。

その理由はいくつも挙げることができる。まず、物語に途方もない力があって、読者をぐいぐい引っ張っていくのだ。主人公オスカーはニュージャージーで育ったドミニカ系の青年だが、彼のライフ・ヒストリーに加えて、彼の姉、母、祖父たちの物語も語られ、舞台はアメリカとドミニカのあいだを往還する。小説から見えてくるドミニカの現代史もまた、激しく凄まじい。オスカーの家族の年代記は、ドミニカの暗黒時代の記憶と強く結びついている。

次に、語りの文体。オスカーに関する部分で繰り出されるゲームやアニメの知識が半端ではない。ＳＦ映画の登場人物が次々と比喩に使われたりするのだが、翻訳ではその一つ一つに丁寧に割り注がつけられている。オタクっぽい語り手のノリのいい文体にも驚かされるが、そこにちりばめられた情報を親切に解説する訳者の努力に脱帽した。しかも、原文は英語のはずなのに出てくるスペイン語の量も相当なもので、これらをルビで示しつつ訳し抜いているのにも敬服させられる。

日本への言及がしばしば見られる不思議な小説でもある。オスカーがアニメ『ＡＫＩＲＡ』の大ファンなのでその登場人物の名前が出てくるのは当然として、オスカーの姉も日本へ行く計画を立てるし、作者による巻末の謝辞には下北沢という地名が挙がっている。日本のアニメ文化がこんなふうに米国の若者の日常と結びついていることに新鮮な驚きを覚えた。

それにしても、これほどセックスと暴力に満ちた物語でありながら、信じられないほどの純愛小説でもあり、軽そうに見えて重く、深い。最後まで読んで構成の巧みさに気づかされ、呪いや絶望に打ち克（か）つ文学の力を感じて、もう一度ぶっ飛んだ。

評・松永美穂（早稲田大学教授）

Junot Díaz　68年ドミニカ生まれ。本作でピュリツァー賞。

二〇一一年五月八日❺

『旧石器時代人の歴史　アフリカから日本列島へ』

竹岡俊樹 著

講談社選書メチエ・一五七五円
ISBN9784062584968

人文

捏造はなぜ見破られなかったか

タイトルにうたわれた「旧石器時代人」なるものは、実は、私たちが思うような形では本書に登場しない。

どんな姿格好で、どんなふうに暮らしていたのか。復元図は一切ない。出てくるのは石器だけ、である。

本書は、2000年秋に発覚した前期旧石器遺跡捏造（ねつぞう）事件から10年余り、事件を振り返りつつ、学問の原点に立ち返って研究の現状を語る。

原点とはつまり、旧石器時代人は「私たちとは存在のあり方の異なるヒトビト」であり、現代人が理解できるという保証はどこにもない、ということだ。現代人の想像の産物である復元図は捨て、唯一の資料である石器の分析だけを手がかりに切り込んでいこうというのである。

著者は、「神の手」による一連の発見に疑問を呈する論文を発表し、それが石器を埋める現場をとらえた毎日新聞のスクープにつながった。約60万年前の地層から出土したという石器を見せられ、「あまりのことに呆（あき）れてただ大声で笑った」という。まさに縄文時代のものだった。

そんな捏造がなぜ、20年も見破られなかったのか。

日本の旧石器研究は、石器を見る力が弱かったとする。旧石器研究の本場フランスで徹底的な修練を受けた著者によれば、石器の白黒は瞬時に判断でき、本来、研究者による解釈の違いが入り込む余地はないものなのだ。

遠い祖先の姿は私たちの好奇心をかき立ててやまない。それゆえ研究のありようにも無関心ではいられない。

石器研究とはどういう方法で何をめざす学問なのか、肝心のことが一般向けに説明されてこなかった、とあとがきにある。著者は編集者の求めに応じ、学問の全貌（ぜんぼう）を一般向けに示すために書いた、という。学問の中からの貴重な発信といっていい。

そうした肝心のことが語られていないのは、おそらくこの分野に限らないだろう。

評・辻篤子（本社論説委員）

たけおか・としき　50年生まれ。考古学者。『旧石器時代の型式学』ほか。

二〇一一年五月八日❻

『ホームレス歌人のいた冬』

三山喬 著

東海教育研究所・一八九〇円
ISBN9784486037187／9784167838966（文春文庫）

文芸／ノンフィクション・評伝

寄る辺なき現代の断層を照射

（柔らかい時計）を持ちて炊き出しのカレーの列に二時間並ぶ　（ホームレス）公田耕一

朝日新聞の歌壇欄にこの短歌が載ったのは2008年12月のこと。以降、公田の寄せる歌は選者によってしばしば選ばれ、またこれに呼応する読者側の作品も載った。前例のない事態が進行したが、9カ月後、ホームレス歌人はぷっつり音信を絶った。公田とは誰だったのか、実在の人物なのか……。

著者は選者や投稿読者を訪ね、「リサイクル文庫」「ひかり湯」など歌に残るキーワードを頼りに横浜・寿町の「ドヤ街」に分け入っていく。自身、ホームレスとして一夜を過ごす日もあった。読み進むうちに、自然と読み手も〝公田探索〟の列に加わってしまう。まずはミステリー作品を読んでいる味がある。

その影を踏む中で、公田の人物像は深まっていく。「ドヤ街」に寝泊まりしつつ、著者の視線は現代の「無縁社会」の底辺を見詰めていく。さらに「何もかもを失い、ひとりぼっちで年老いてしまった元新聞記者」という自身の未来像をも重ねていく。

なぜ公田は歌を記したのか。ホームレスという身になっても、あるいはだからこそというべきか、表現への希求が途絶えなかったからだ。貧困の問題はパンのみにあらず。何が「心折れた人々」のよすがとなりうるかという問いを常に内包している。

「ドヤ街」だけの物語ではない。心が朽ちんとするとき、表現によってそれを救わんとしたことはないだろうか。身に覚えのある者にとって、ホームレス歌人は一気に近しい存在となっていく。そこに、歌壇史における稀有(けう)のドラマの由来があった——。

文体と考察は練り上げられている。寄る辺なき現代の断層を照射するというテーマ性を含め、近年のノンフィクション作品における収穫と思う。

評・後藤正治(ノンフィクション作家)

みやま・たかし 61年生まれ。元朝日新聞記者。『日本から一番遠いニッポン』。

二〇一一年五月八日⑧　人文/社会

『英語は女を救うのか』

北村文 著

筑摩書房・一五七五円
ISBN9784480864109

英語が得意になりたいという願いは、むろん女性だけのものではない。にもかかわらず、英会話教室の雑誌広告には、はっきりとジェンダー格差がある。この指摘にははっとさせられた。ビジネスのための実用性を謳(うた)う男性向けの広告に比べ、女性向けの広告はこうだ。「自分磨き」「未来への扉」そして「恋と仕事に効く」などなど。むしろ占いやパワーストーンの惹句(じゃっく)に近い。

果たして本当に、英語は女性の「救い」たりえるのか。著者は36名の女性へのインタビューで、この問いかけを繰り返す。むろんその答えは一様ではない。しかし、最後に気づかされることがある。本書のテーマはおそらく、「英語」を「仕事」「結婚」「子ども」のいずれに置きかえても成立する。そこには欲望がそのまま抑圧の装置に転じてしまうような社会的矛盾が反映されている。それが筆者の言う「主人の道具」がもたらす「混在するめぐみ」なのだろう。

評・斎藤環(精神科医)

二〇一一年五月一五日②　経済/科学・生物

『ホリエモンの宇宙論』

堀江貴文 著

講談社・一五〇〇円
ISBN9784062168519

しょぼさにロマン　星へバイク便

数年前にラスベガスに行って、ホーキング博士も体験した無重力飛行に挑戦したとき、アメリカの民間宇宙旅行熱が尋常でないことを実感した。NASA(米航空宇宙局)が宇宙開発を民間企業に開放し、ジェットコースターなみの人気アトラクションになっていたからだ。この分野に投資するベンチャー企業家に取材したら、これまで政府に任せていたのが失敗だった、と異口同音に言う。

わが日本では民間宇宙旅行ビジネスといってもまだ夢の夢にすぎないが、ホリエモンが真っ先に参入している。その本気度が推し量れる本書は「宇宙論」という壮大な表題にまったく似合わない、みごとに「しょぼい」話である。彼がめざすビジネスは、電源があってカメラと通信機能が使える携帯電話を最小型衛星にパワーアップさせ、これを手づくりの極小ロケットで打ち上げ、重力が弱くて発着が容易な小惑星を調査させることにある。数千万円で短期間にできる最低の宇宙進出だが、決しておもちゃではない。なぜなら、衛星はGPS(全地球測位システム)、気象情報、通信などのビジネスにすぐ活用できるからだ。いわば宇宙に「バイク便」を飛ばすことが日本の生き道と見切った、まさに身の程を弁（わきま）えたしょぼさ。日米両政府と法律の冷たさを告発する恨み節も、ここではむしろ頼もしく読める。

小惑星には有用金属を多量に有するものがたくさんあって、月や火星よりずっと利用価値が高い。しかも太陽系の外縁には、水や有機物（すなわち生命の源）を含む彗星（すいせい）を揃（そろ）えた小惑星群だってあるのだ。生命の秘密すら解明できるかもしれない。しょぼい経済性追求の「宇宙論」からも心をくすぐるロマンが伝わってくる。プラモデル少年の目の輝きを帯びた極小ロケット打ち上げ実験は、目下進行中だ。収監中の時間をたっぷり使って、本書でぶちあげたミッションを完遂してくれ。

評・荒俣宏（作家）

ほりえ・たかふみ 72年生まれ。元ライブドア代表取締役CEO。『徹底抗戦』『拝金』『成金』。

『天魔ゆく空』

真保裕一 著

講談社・一七八五円
ISBN9784062169257／9784062778169（講談社文庫〈上〉）・9784062778176（下）

文芸

戦国時代の隠れた一面を照射

江戸川乱歩賞作家の手になる、戦国時代小説の第二弾である。江戸時代に比べて、この時代は信頼すべき文献史料が少なく、考証的にもめんどうといわれるが、常に未開の土地の開墾に挑戦する、著者らしい選択といえよう。

本書の主人公細川政元は、応仁の乱で東軍の総帥を務めた細川勝元の息子である。織田信長に先駆ける、変わり者の武将だった、と伝えられる政元の、聡明丸（そうめいまる）と呼ばれた子供のころから、家臣によって暗殺されるまでの41年の生涯が、独自の手法と語り口で、淡々とつづられる。

著者は、政元自身の視点をあえて排除し、政元に関わる人びとの目を通して、上下左右さまざまな角度から、その人物像を浮かび上がらせるという、凝った手法を採った。

政元の後見役を務める、分家・典厩（てんきゅう）家の当主、細川政国。腹違いの姉で、政元がひそかに思慕する安喜こと尼僧の洞勝（とうしょう）。政元の重臣、香西元長と安富元家。将軍足利義政の妻で、裏で隠然たる権力を振るう日野富子。そうした人びとの視点から、政元の茫洋（ぼうよう）かつ超然とした人物像が、印象的に描き出される。

修験道に凝り、生涯、妻を持たなかった政元の生き方は、表面的には勝手気ままと受け取られよう。政元が何を考えているのか、読者にも分からない。そこから、いかなる人物像を思い描くかは、読者の判断と解釈にゆだねられる、といった風情である。

政元は、決して表舞台に立とうとせず、つねに冷静に人の器量を評価し、それによって人を自在に動かす。その本領は、足利将軍の首をすげ替える、というところにまで及ぶ。著者の本意は、戦国活劇を書くことにはなかっただろう。政元という多分に奇矯な人物を核にして、戦国時代の隠れた一面を照射するのが、真の狙いと思われる。

そこには、今の政局の混乱に通じるものもあって、終始興味深く読まされた。

評・逢坂剛（作家）

しんぽ・ゆういち 61年生まれ。作家。『ホワイトアウト』『奪取』『覇王の番人』など。

二〇一一年五月一五日④

『円卓』

西加奈子 著

文芸春秋・一三〇〇円
ISBN9784163299808／9784167861018（文春文庫）

文芸

大人にはない固まりかけの言葉

　主人公は小学3年生のこっこだ。口癖は「うるさいぼけ」。糞（くそ）生意気な彼女の目を通して、私は懐かしいものに出会ってしまった。ほにゃららやほにゅれれやほにょろろである。いずれも仮名。要するに、大人の世界の名づけによって正体が固まる前の様々なものたちのことだ。大昔、子供だった私もまたこれらと親しかったのだが、いつの間にかすっかり忘れていた。

　こっこの中のほにゃららが少しだけ固まりかけると、こんな言葉になる。「プリンのうえのとこ」。ふふふ、子供って馬鹿だなあ。あれは「カラメル」って云（い）うんだよ。それが大人の世界で固まった名前だ。いちいち「プリンのうえのとこ」なんて云ってたら面倒で仕方ない。

　それから、ほにゅれれがちょっとだけ固まると「あいこがつづく時間」。あるある、そういうこと。あいこが妙に続いて何だかくすぐったくなる。でも、それが完全に固まった時の名前は特に無し。じゃんけんは勝負を決めるためにあるんだから、「あいこがつづく時間」なんて大人の世界では無駄なんだ。わざわざ名前をつけたって仕方ない。

　こっこは自分の中で固まりかけの言葉たちを大事に「じゆうちょう」に書きためている。そんな或（あ）る日、彼女はとうとうほにょろろと出会った。胸にはSのアップリケ。長袖つなぎ姿のそいつは云った。「ご尊顔を踏んでくれはるのん」。凄（すご）い。なんかわからんけど凄い。詩人か、いや、ロックスターだろうか。こっこは、その言葉に魅入られたように、桃色の「ご尊顔」に小さな足を乗せてしまう。

　だが、大人たちの言葉によってきちんと固まったほにょろろの正体は、詩人でもロックスターでもなく、「変質者」だった。うわっ。でもまあ無事で良かった、と私は思ったが、こっこの足は震えていた。そして叫んだ。「ああああ！」。何だか胸が熱くなる。こっこ、馬鹿だなあ。

評・穂村弘（歌人）

にし・かなこ　77年テヘラン生まれ。作家。『きいろいゾウ』など。

二〇一一年五月一五日⑥

『死んでも何も残さない　中原昌也自伝』

中原昌也 著

新潮社・一四七〇円
ISBN9784104472031

ノンフィクション・評伝

純粋な無意味さを作り出す天才

　本人が嫌がることを承知で言えば、私は十年来の中原昌也のファンだ。彼は純粋な無意味さを小説において実践し続けた作家として、日本では稀有（けう）な存在である。その小説を読んでつい笑ってしまうのは、真の無意味さが持つ反―享楽的な体験の恐怖を、笑ってごまかすしかないためだ。

　病理によらずに無意味を作り出す中原の天才は、ノイズユニット「暴力温泉芸者」においても存分に発揮された。しかし主要な文学賞を三つも受賞しながら、その才能は経済的成功につながらない。なぜか。この国の人々は「物語」にしかカネを払おうとしないからだ。

　語り下ろしによる本書は、その特異な才能がいかにして育まれたかを知る上で、またとない好著である。青山育ちの中原は「貧乏な都会っ子」だった。オカルト映画好きの子どもだった彼の基本は「モンティ・パイソン」だという。意味のない暴力と笑いへの情熱。

　iPodを「音楽をBGM以上のものにさせない機械」とする中原は、地デジもネットも信用しない。それは80年代にはまだあった選択の自由や、無意味さという多様性を抑圧する装置だ。アナログなものの物質性には、「人間の力によって生まれるわけのわからない混沌（こんとん）」があったのだ。

　そう、彼が愛するのは単なる無意味ではない。「活字というものが持つ無情な感じ」であり、「激情に走っただけの愚行」だ。この視点から映画「オーメン」の首が飛ぶシーンに映画の本質を垣間見るあたりの記述には、批評を超えた説得力がある。

　「書きたくて書いているんじゃないことしか書きたくない」という彼の文章が「世界のバカバカしさ」を反映しているがゆえに無意味であるということ。本書のタイトルが、〝3・11後の世界〟にあっては、あたかも一つの宣言に読めてしまうのは決して偶然ではない。

評・斎藤環（精神科医）

なかはら・まさや　70年生まれ。作家、ミュージシャン。『名もなき孤児たちの墓』など。

二〇一一年五月一五日⑦

『戴季陶と近代日本』

張玉萍 著

法政大学出版局・五四六〇円
ISBN9784588377068　ノンフィクション・評伝／国際

　中国国民党を代表する政治家で、孫文の右腕として活躍した戴季陶（たいきとう）の生涯を活写する。

　戴は日本留学経験があり、日本語が堪能だった。そのため近代東アジア史の激流の中に身を置きながら、日本との関係に悩み続けた。

　封建政治から脱却し、近代国家への転換を図ったアジアの革命家たちにとって、日本はアンビバレントな対象だった。いち早く近代化を果たした先進的側面への憧憬（しょうけい）とともに植民地を拡大する帝国主義的側面への警戒が混在した。

　戴にとっても、日本は「第二の故郷」であり、かつ「第一の強敵」だった。この矛盾は彼の心を切り裂き、苦悩とジレンマを加速させた。

　戴の日本観は、愛着から敵意に転じ、さらに提携、対立、幻滅、非敵と二転三転した。著者は、そのプロセスを丁寧にたどり、戴の思想と行動の全体像を示す。これまでの断片的な研究を超えて、戴の生涯を描いた本書の意義は大きい。

評・中島岳志（北海道大学准教授）

二〇一一年五月一五日⑧

『「帝国」の映画監督　坂根田鶴子　『開拓の花嫁』・一九四三年・満映』

池川玲子 著

吉川弘文館・三九九〇円
ISBN9784642038027　歴史／ノンフィクション・評伝

　「満州国」は日本人女性を必要とした。他国の領土を完全に手中にするには、日本人を定住させて、日本民族を再生産しなければならなかったからだ。日本人女性を満州にいざなうため、1943年、映画「開拓の花嫁」が作られた。監督は日本最初の女性映画監督、坂根田鶴子（1904〜75）だった。

　坂根は、現在の黒竜江省通北に入植した埼玉県出身者の開拓団を訪れ、この映画を撮影する。シナリオに基づくプロパガンダ映画だが、移住を呼びかけるナレーションも軍歌もなかった。

　昼食の場面では夫が「疲れたべ、えれえ、頑張ったなあ」と妻に声をかけ、妻の茶わんにお茶を注ぐ。

　「愛情においても労働においても、男女の行為をバランスよく配置する坂根の姿勢は……全編を通して徹底している」と著者は分析する。

　男女平等のユートピアのような村を坂根は描いた。しかし、村人の3人に1人は、生きて日本に帰れなかった。

評・上丸洋一（本社編集委員）

二〇一一年五月二二日❶

『「ボランティア」の誕生と終焉(しゅうえん)〈贈与のパラドックス〉の知識社会学』

仁平典宏 著
名古屋大学出版会・六九三〇円
ISBN9784815806637

人文／社会

矛盾はらむ贈与　境界解体の先に

ボランティアとは何か——。

「偽善だろ」「自己満足なんじゃないの」といった冷笑が、ボランティアには向けられる。その言説の核心には「他者のため」という「贈与」の問題がある。

贈与はなかなか厄介な行為だ。受け取った側は、行為者の真の意図を考えてしまい、不安になる。「もしかしたら別の意図があるんじゃないのか」という疑心暗鬼が生まれる。一方で、贈与した側も相手が「本当に喜んでいるのか」「迷惑だったんじゃないか」という不安を抱く。

さらに贈与には「返礼」という「反対贈与」が伴う。これは物質的な返礼がなくても、贈り手が行為に満足を感じたり、感謝を受けたりすることで成立する。デリダが言うように、贈与は原理的な不可能性を内包している。

著者は、この「贈与のパラドックス」を軸に、「ボランティア」概念の変遷を辿(たど)る。

ボランティアには、1970年代以降、「生きがい」の獲得という要素が付与されてきた。社会が流動化し、人間の付け替え可能性が高まる中、人々は他者からの承認を求めてさまよう。一方、ボランティアは他者の役に立つという意味を付与し、実存を担保する。

しかし著者曰(いわ)く、「自己効用論的なボランティア活動では、〈贈与のパラドックス〉は解決しない」。

この問題を鋭利に突きつけたのが、70年代の障害者運動だった。彼ら／彼女らは、ボランティアによる「生きがい」の追求こそ「障害者を食いものに」していると批判した。ある当事者は言う。「(ボランティアが)なんで応援センターに来るかいうたら、お見合いしている。恋人探しや」

つまり、自己効用的なボランティアは「障害者との関係とは別の回路から精神的報酬(楽しさ、恋人づくり……)を得」ており、それは「共に同じ場にいる障害者を疎外することになる」のだ。そして、贈与の対価として、障害者を障害者役割に縛りつけ、誇りを奪う。当事者は言う。「私はもう彼等(かれら)をいい気持ちにさせてあげない」

このような批判は、両者の対等な関係の構築と、互いに利得を生み出す「互酬性」システムの確立へと向かった。その結果、経営論的転回が起こり、社会貢献マーケットが拡大した。この「洗練された解決法」は、ボランティアの境界を解体する。ボランティアは「終焉」を迎え、新自由主義的な政治に動員されていく。

では、どうすればいいのか。著者は最後に、パラドックスに向き合いつつ「偽善」に賭け、あえて「贈与」の領域を引き受けようとする。その論理は脆弱(ぜいじゃく)だが、確かな一歩のように見える。今こそ必読の書だ。

評・中島岳志(北海道大学准教授)

にへい・のりひろ　75年生まれ。日本社会学会奨励賞受賞。日本学術振興会特別研究員などを経て法政大学社会学部准教授(社会学)。

二〇一一年五月二二日②

『公共放送BBCの研究』

原麻里子、柴山哲也 編著

ミネルヴァ書房・四七二五円
ISBN9784623055944

人文／社会

穏やかなナショナリズムを涵養

NHKでBBC（英国放送協会）のドキュメンタリーを見た日がある。カナダの山中で、一人、樵（きこり）となって暮らすベトナム帰還兵の日々を追った作品であったが、戦争の傷痕がひしひしと伝わる、いまも記憶に残る秀作だった。

正確なニュースと良質の報道番組を看板とするBBCであるが、放送領域は教養・娯楽・スポーツに、さらに昨今はニューメディアへとウイングを広げている。本書は、世界の放送ジャーナリズムに君臨するBBCを多角的に論じた研究書である。

受信料により成り立つ点ではNHKと同じであるが、時々の国王（女王）から「特許状」を授かり、また国民が所有する「公共財産」というあたり、イギリス的である。

公共放送にとっての宿命的課題は、時の権力との関係性である。それは戦争時にもっとも露（あら）わに現れる。大量破壊兵器の存在を理由にイギリスは対イラク戦争に参戦したが、BBC記者はそのうそを暴いてブレア政権と激しく対立した。事実が判明したとき、政権は退陣へ追い込まれた。

一方、第2次世界大戦、スエズ動乱、フォークランド紛争など、歴史的に振り返っていえば、BBCは〝大英帝国の正義〟を大きくは逸脱することのない放送局であり、国民に対し「穏やかなナショナリズム」を涵養（かんよう）する放送局でもあった。

大戦時、敵国ドイツ国民もBBCに耳を傾けたという。戦況を知る上でもっとも正確なメディアだったからである。プロパガンダ局と化していた日・独の放送局とは大違いである。それは公共放送というものへの歴史的蓄積、あるいは国民的知恵の所産でもあるのだろう。

研究者たちの合作である本書は少々読みづらいが、多面的でしたたかなBBCの姿を教えてくれる。〝この国民にしてこの政府〟というきつい至言があるが、それは放送局においてもいえるのだろう。

評・後藤正治（ノンフィクション作家）

はら・まりこ 社会人類学者。
しばやま・てつや 立命館大学客員教授。
ほか16人が執筆。

二〇一一年五月二二日③

『ふかいことをおもしろく 創作の原点』

井上ひさし 著

PHP研究所・一一五五円
ISBN9784569781396

文芸

井上文学の核心「笑いは外から」

「ほかの子とは違う」とか「神童」「秀才」と呼ばれたが結局「凡人」だと思うようになったと言っても、蔵書20万冊、一日の読書量30冊は凡人とはいえまい。「本は人類がたどりついた最高の装置」だとは井上ひさしさんの弁。

本書はそんな著者の駆け足自伝。持ち前の楽天的な性格から自らの人生の暗部を笑いとユーモアで押し切ってこられたようだ。「苦しみや悲しみ、恐怖や不安」は人間が生まれながらに持っているが、「笑い」は本来、人間存在の内側にはなく、外から与えられるものだからこそ必要、と井上文学の核心を述べる。

さらに笑いは送り手と受け手の共同作業で、「笑いは人間の関係性の中で」言葉が作るものだと持論を展開。

――そうか、笑いは言葉が作るのか？ ウーン、道路で人が転んだり、葬儀場の沈黙に緊張のあまり吹き出したり、動物のおかしなしぐさに思わず笑うが、そこには言葉が介在しないけどな……？ あるいは天の一角から「ウワッハッハッハ」と黄金バットが降りてきたり（古いネ）、市川右太衛門の旗本退屈男が笑って人を斬ったり、片岡千恵蔵がニッコリ二丁拳銃をぶっ放し、水戸黄門がブラウン管の中で笑って〈終〉わる。彼らだって人間の関係性を無視して笑うんじゃないかなあ？

人間の内側の心の表象はいわば煩悩である。そんな煩悩に笑いを送って運命の悲哀を忘れさせるのが井上文学であるとすれば、人間の煩悩は阿頼耶識（あらやしき）に蓄積されたカルマの種子だから一掃するに越したことはない。そういう意味では笑いは人間の内側に存在しないものかもしれない。

笑いが刹那（せつな）の仮の避難場所だとしても、われわれの一切苦行の人生の中で笑いが悟性の代役を果たしてくれるならこれも救いといえまいか。

「ふかいことをおもしろく、おもしろいことをまじめに、まじめなことをゆかいに……」

評・横尾忠則（美術家）

いのうえ・ひさし　1934〜2010年。作家、劇作家。『吉里吉里人』など。

二〇一一年五月二二日④

『宇宙誕生　原初の光を探して』

マーカス・チャウン 著　水谷淳 訳

筑摩選書・一六八〇円
ISBN9784480015181

科学・生物

空の「化石」謎解きそしてまた謎

太古の生物の姿を伝えてくれる化石があるように、太古の宇宙の化石もある。「宇宙背景放射」と呼ばれる、セ氏マイナス270度のかすかな電波である。

ビッグバンから38万年、超高圧超高温の火の玉宇宙が冷え始めたときに解き放たれた光が宇宙の膨張とともに飛び続け、今、電波となって見えているのだ。背景の名の通り、私たちの周りの宇宙空間を満たしている。

本書は、火の玉宇宙の名残の「化石」を追ってきた科学者たちの半世紀余りにわたるドラマを生き生きとつづる。

発見は偶然だった。米国の2人の若い天文学者が1964年、空のあらゆる方向からやってくる奇妙な電波に気づいた。雑音と思い、ハトのフンを犯人と疑ったり1年も試行錯誤したあげく、数十キロ先で別のチームが懸命に探していた背景放射だとわかった。

2人はタッチの差で、20世紀最大ともいわれる科学的な発見を成し遂げたのだ。

次いで米国の人工衛星COBE（コービー）が92年、宇宙の複雑な構造を作るタネと見られる背景放射のわずかなでこぼこ、つまり「宇宙のさざ波」を見つけた。これまた前世紀最大の発見とたたえられた。

だが、最大のドラマは、これらの成果がそれぞれノーベル賞に輝く飛躍の果てに、私たちは宇宙のことをほとんど知らないということがわかったことかもしれない。

COBEの後継衛星WMAPによる観測で2003年、現在のような宇宙は、原子など私たちが知っている物質だけではできない、つまり、宇宙の96％は正体不明の暗黒物質や暗黒エネルギーだということがはっきりしたのだ。

本書は、93年の初版にこうした経緯が加筆された。

そして今、暗黒の正体探しという新しい挑戦が始まった。宇宙のなぞがどう解き明かされていくのか。第一幕を知れば、第二幕の楽しみが増してくるはずだ。

評・辻篤子（本社論説委員）

Marcus Chown　60年生まれ。英国のサイエンスライター。

二〇一一年五月二二日⑤

『敵国語ジャーナリズム　日米開戦とアメリカの日本語新聞』

水野剛也 著
春風社・五四六〇円
ISBN9784861102585
歴史／ノンフィクション・評伝

発行を継続させ戦争協力に利用

１９４１年12月7日（米国時間）、日本軍がハワイ・真珠湾の米艦隊を奇襲し、米国と開戦した。このとき米本土では、西海岸を中心に20～30の日本語新聞が日系人によって発行され、5万～6万人が購読していた。米国人にとって日本語は「敵国語」であり、米国人のほとんどが理解できない言語でもあった。

本書は、戦時下、米政府が「敵国語」で書かれた新聞をどう統制し、これに新聞がどう対応したかを検証。従来の研究の空白を埋める。

開戦とほぼ同時に米連邦捜査局（ＦＢＩ）は日本語紙の編集幹部を一斉に逮捕した。しかし、米政府には日本語紙の発行を全面的に禁止する考えはなかった。発行を継続させて戦争協力に利用しようとした。日系人社会の動向をうかがう情報源としても、日本語紙は有益だった。

一方、生き残りを図る日本語紙は、日本の対外行動を肯定してきた従来の「親日」的な論調を、自発的に（実際には米政府の暗黙の強制のうちに）「親米」的な論調へと転換させた。そして、米政府が日系人に伝えたい情報を進んで記事にした。

このように、米政府と日本語紙は、政府が圧倒的な優位に立ちながら、相互に依存する関係にあった、と著者は分析する。結局、西海岸の日本語紙は、日本人立ち退き政策によって、42年5月までにすべて停刊に追い込まれる。

周知のように、満州事変以降、日本の新聞は、政府や軍の統制や指導を自発的に受け入れ、進んで国民の戦意高揚を図った。

国情の全く異なる米国と日本において、新聞はともに政府の統制の枠内で行動した。そのことに新聞はほとんど疑問を持たなかった。

ジャーナリズムは戦時、その独立をどう確保すればよいのか。それとも、それは元来、不可能なことなのか。

そんな重い問いが、読後に浮かび上がってくる。

評・上丸洋一（本社編集委員）

みずの・たけや　70年生まれ。東洋大学准教授。『日系アメリカ人強制収容とジャーナリズム』。

二〇一一年五月二二日⑥

『すばらしい墜落』

ハ・ジン 著　立石光子 訳
白水社・二五二〇円
ISBN9784560081198
文芸／国際

がむしゃらに生きる中国系移民

ニューヨークにはフラッシングという町があるという。そこに、貧しい留学生をはじめ裕福なインテリや会社員、小金持ちの老人やその介護をするおばさん、寺のお坊さんから若い売春婦まで、様々な中国系移民が生活している。忍耐強くがむしゃらに生きる彼らの姿を覗（のぞ）かせてくれるのがこの短編集だ。

教育関係の使節団のメンバーとしてアメリカを訪れた孟教授は、帰国の直前に元教え子である「ぼく」の狭いアパートに逃げ込む。短編「恥辱」が扱うこの類の亡命事件は、１９８０年代の中ごろから90年代の終わりにかけて、中国使節団の訪問の先々で頻繁に起きていたのだ。

料理屋でアルバイトをしながらの潜伏生活だったが、ある出来事によって中国領事館の知るところとなった。次の居場所を求めるべく孟先生はＮＹを離れることに。その夜、「ぼく」は小説を書き始めた。著者の実体験とも想像させるような一編だ。

「英文科教授」は、論文を提出した直後に、語彙（ごい）の誤用があったことに気付いた教員の話。大学の終身在職権にかかわる重要な論文だ。我が人生をほとんどあきらめかけた頃、嬉（うれ）しい知らせが飛び込んできた。この一編は、結末に至るまで、科挙制度を皮肉った清の名作『儒林外史・範進中挙』の現代バージョン、という道を貫いている。

チャイナタウンの始まりはどこからだろうか。今や大量「コピー」されたかのように、いろんな国でできている。日本でも一時期、池袋中華街構想が話題に上がった。私と同じく80年代以降来日した中国人、つまり新華僑と呼ばれている人々の多くが、池袋およびその周辺地域に住んでいることからだという。

このストーリーはひょっとして池袋辺りでも繰り広げられているのではないか、といった錯覚に纏（まと）われつつ、本書を読み終えた。

評・楊逸（作家）

は・じん 56年中国生まれ。『待ち暮らし』で全米図書賞を受賞。

二〇一一年五月二二日⑦

『自動車と建築 モータリゼーション時代の環境デザイン』

堀田典裕 著

河出ブックス・一三六五円
ISBN9784309624280

人文／アート・ファッション・芸能

戦後の急速な自動車化は、日本の社会と風景を一変させた。高速道路や給油所等の新施設が続々登場し、人間生活自体が揺らぐ。本書はこれに対する若手中堅の建築家たちの、新工法を駆使した果敢な提案群を見渡す。

その提案は「黴菌（ばいきん）」として車を嫌悪する段階から、やがて人車共存の新たな文明像を含む壮大なものにまで発展した。その力強さは今なお感動的だ。世界共通の問題であったが故に、車との苦闘が生んだ構想力は、かれらを世界的建築家として開花させた。その活躍の場を与えた当時の官民事業者の英断にも感心。

コンパクトな一冊ながら目配りは広く、対象は車関連施設にとどまらない。流体としての車や床面の位置づけなど、全体をまとめる概念も慧眼（けいがん）だ。隠居じみた車否定や文明批判に走らない筆致は、安易な自然への迎合を否定した本書の建築家たちの自信とも響き合い、大きな課題不在で外皮造形に拘泥しがちな現代の建築をも照射する。

評・山形浩生（評論家）

二〇一一年五月二二日⑧

『ニッポンの書評』

豊崎由美 著

光文社新書・七七七円
ISBN9784334036195

文芸／新書

本への愛だけじゃだめ。書評には、書くテクニックと書き手の知見が必要だ。書評はあくまで「評」である。単なる感想文とは一線を画すものなのだ。

では、どんな書評が「いい書評」なのか？知りたい人は本書を開いてごらん。いくつもの実例が俎上（そじょう）に乗せられ、明快な口調で解きほぐされてゆく。書き手の背後に読書経験の歴史があり、それによって本が新たな角度から再構成されるような書評に出会うと、その本の世界がより豊かに、魅力的に見えてくる。いい書評とは、読みたくなる気にさせるもの。著者は言う、「書評は読者に向かって書かれなければならない」。シンプルで、しかももっともなことを、書き手は決して忘れてはならないのである。

真面目で情熱的で、ちょっと辛口な書評論。新聞各紙の書評も5段階評価で採点されてるというと、ほら、こっそりのぞいてみたいでしょ？　書評を読みたい人も書きたい人も必読である。

評・田中貴子（甲南大学教授）

二〇一一年五月二九日①

『瞬間を生きる哲学 〈今ここ〉に佇（たたず）む技法』

古東哲明 著

筑摩選書・一六八〇円 ISBN9784480015143 人文

時間を超える生 芸術創造もまた

1960年代のヒッピームーブメントはすでに終息を迎えていたがバークレイにはまだその遺産の残り火がチカチカしていた70年代の初頭に、カリフォルニア大学内を仕事場に1カ月余りこの地に滞在したことがあった。その時会った一人の老ヒッピーのTシャツの胸に〝BE HERE NOW〟と書いてあった。

〝BE HERE NOW〟（今ここに）という言葉はニューエイジ・ムーブメントのリーダーの一人ラム・ダスが書いた本の題名であることはすぐわかった。この言葉に出会った瞬間、人生の叡智（えいち）を探る根本原理を「これだ」と本能的に直感して以来〈今ここに〉を生きるための処世態度としてきた。

「今ここに」はブッダも〈相応部教典〉の中で語っているが実感からほど遠かった。そこでこの言葉の深意を禅とインドに求めてニューエイジのボヘミアンの旅に立った。その過程で「常に現在に密着していること」（ゲーテ）、「瞬間を全身で楽しむ」（ニーチェ）、「今ここに、唯（ただ）生きる」（唯識）などの箴言（しんげん）に出会ってきたが、肉体から離れてしか存在していなかった。

ところが画家に転向して10年以上たった時、「今ここに」は創造行為それ自体であることに気づいた。外に求めていた答えが内にあったのである。そして今、目の前に本書がある。〈今ここ〉に佇（たたず）む技法書である。

キャンバスに向かった瞬間から無限の価値と永遠の時間の中で、行為自体が目的化し、自由と解放と快楽と遊びが魂に呼びかけ、「今ここに」を実感させる。そして「今ここに」の概念からさえも自由になる。絵画は、空間を創造すると同時に無限の時間の創造でもある。そしてこの瞬間の連続の体感の中に、この現実から分離したもうひとつの現実世界に到達して永遠を享受する。

本書は「いまこの瞬間のなかにすべて《人生の意味、美も生命も愛も永遠も、なんなら神さえも》」存在することを明らかにしようとする。この瞬間は過去にも未来にも存在しない。たった「今ここに」しか存在しない。これが生きることの重要性であることを著者は全編を通して熱く語る。本書では芸術創造は「つまるところこの瞬間刹那（せつな）の豊麗さに撃たれること」であり、そして「瞬間を生きることは《時間を超えて生きる》こと」であると同時に時間体験であると指摘する。近代の時間は垂直に流れるが創造的時間は過去、未来ともに現在に同化することで瞬間の連鎖現象が起き、「陶酔と至高」に至る。

巻末のエピローグではインドの貧民街の13歳の少女の到達した「瞬間」の境地を著者は美しく易しい文章で締めくくっている。

評・横尾忠則（美術家）

ことう・てつあき 50年生まれ。広島大学教授（哲学、現代思想）。著書に『〈在る〉ことの不思議』『現代思想としてのギリシア哲学』『ハイデガー＝存在神秘の哲学』など。

二〇一一年五月二九日②

『メディアと日本人 変わりゆく日常』

人文／新書

橋元良明 著

岩波新書・七九八円
ISBN9784004312987

データが覆す俗説と思い込み

メディアはいつも論争の的である。善玉菌なのか、それとも悪玉菌なのか。ただ、ハッキリしていることは、90年代の半ばからケータイとインターネットを立役者にメディア環境が急変し、日常の生活や行動も一変したことだ。

それでは、この変化を実証的かつ継続的にフォローした研究があるだろうか。それがあれば、メディアに関する極端な臆見（ドクサ）に修正を迫り、実態に即した根拠のある議論が展開できるはずだ。本書はまさしく、こうした課題に応える貴重な研究の成果であり、一読に値する啓蒙書（けいもうしょ）である。本書には、著者を中心とする「日本人の情報行動調査」の膨大な実証的データのエッセンスが詰まっており、そこから日本人の情報行動とその実態が浮かび上がってくるからだ。

日本人のメディア受容の歴史をコンパクトに整理した第1章と、テレビとインターネットに対する「ネオフォビア」（新規恐怖）の諸相を、主にアメリカの研究成果を参考に整理した第3章を除くと、情報行動調査の成果が遺憾なく発揮されているのは、第2章と第4章である。

メディアの利用形態の変化を論じた第2章で特に面白いのは、読書離れが進んでいるという俗説や「軽薄な」テレビより新聞の方が信頼性が高いといった思い込みが、客観的なデータによって覆されていることだ。さらに第4章ではネット世代の若者たちを「76世代」「86世代」「96世代」に類型化しつつ、若者たちのメディア利用行動とメンタリティの変化に迫っている。

目から鱗（うろこ）が落ちる思いがしたのは、意外にもPCネットを利用する若者は、携帯ネットを利用する若者よりも政治的関心が高いという調査結果である。こうしたことは、本書の豊かな成果のほんの一部にすぎない。メディアの機能代替の価値を中心に様々なメディアの切磋琢磨（せっさたくま）と共存の未来を論じた終章も含めて、実に読みがいのある新書である。

評・姜尚中（東京大学教授）

はしもと・よしあき 55年生まれ。東京大学教授。『背理のコミュニケーション』など。

二〇一一年五月二九日③

『複眼で見よ』

本田靖春 著

河出書房新社・一九九五円
ISBN9784309020365

ノンフィクション・評伝

正義感と弱き者へのまなざし

本田靖春氏が亡くなってはや6年が経つが、単行本に未収録の作品が一冊にまとめられた。折々、雑誌に掲載されたものであるが、本田靖春という書き手の視座と人となりがくっきりと伝播（でんぱ）してくる作品集となっている。

志と節操を失いつつあるジャーナリズムへの慨嘆と警鐘、社会のさまざまな姿を切り取ったエッセー、あるいは青森・六ケ所村や沖縄返還のルポなどが収められている。読後、浮かぶのは真っ当な正義感であり、弱きものへの優しきまなざしであり、韜晦（とうかい）をまぶした大人の味である。

氏の代表作『不当逮捕』誕生前夜の模様を記した一文もある。戦後間もなく、読売社会部にあってスクープを連発した立松和博記者。戦後の自由の機運を全身で体現していた無頼記者でもあったが、検察内部の権力抗争に巻き込まれて逮捕される……。この作品の執筆時、本田氏は旅館でカンヅメだったが、高熱が引かず、体調はドン底であったとある。氏を支えたのは、この作品こそ書かねばならないという思いであったろう。

評者にとって、本田氏は大きな影響を受けた先達である。文庫本の解説を書いてもらったお礼にかこつけて自宅に伺い、あるいは対談を引き受けていただいた日もあった。作品から受けるものと、人となりの乖離（かいり）感のない人だった。後々まで残ったのは、話の内容よりも、雰囲気、たたずまい、風情といったものである。接していて何とも心地いいもので、いまも取り出して感じることができる。作品の源が、人間・本田靖春の器量に支えられてあったことをいま一度思うのである。

本書は、本田氏が亡くなった翌年に出版社に入った20代の編集者によって編まれている。夫人に遺（のこ）した、いつか若い者が訪ねてきたら十分に応対してやってくれ——という言葉が生かされた。小さな灯が次世代に引き継がれたことをうれしく思う。

評・後藤正治（ノンフィクション作家）

ほんだ・やすはる 1933～2004年。元読売新聞記者。『不当逮捕』『誘拐』など。

二〇一一年五月二九日④

『仔羊(こひつじ)の頭』

フランシスコ・アヤラ 著
松本健二、丸田千花子 訳
現代企画室・二六二五円
ISBN9784773810103
文芸／国際

スペイン内戦の悲惨 鋭く描く

スペイン内戦がらみの小説は、ヘミングウェイやマルローが傑作を書いたが、当のスペイン作家の作品は政治的な事情もあってか、きわめて少ない。その、珍しい例の一つが本書、アヤラの5作からなる中短編集である。いずれも、国が二つに分かれて戦い、最終的に反乱軍が勝利した悲惨な内戦を通奏低音としている。

スペイン本国に限らず、スペイン語圏の小説はなぜか観念的、哲学的なものが多い。「タホ川」をのぞき、すべて一人称で語られる本書の作品群も、おおむね思索的な独白で始まる。それが、途中でにわかにドラマチックな展開になり、ストーリーが躍動し始めるから、虚をつかれる。

冒頭作の「言伝(メンサヘ)」は、いったい何者がどういう目的で、意味不明のメモを残したのかという謎で、最後まで息もつかせず、引っ張っていく。これはまさに、優れたミステリー小説の手法である。翻訳の歯切れのよさも、この作品集の白眉(はくび)といってよい。

「タホ川」は、共和国軍の兵士を殺した反乱軍の兵士が戦後、遺族を探して会いに行く話。内戦に詳しい読者は、ここで主人公が真実を告白して贖罪(しょくざい)を求める、といった美談的展開を予想するだろう。しかし、この国の状況はそれを許さぬほど複雑だった。外国人には想像しえない、内戦の実情をなんの感傷も交えずに鋭く描き出している。

表題作の「仔羊の頭」は、モロッコのフェズを舞台にした、奇譚(きたん)中の奇譚である。同姓の家に招かれた主人公が、親族に降りかかった内戦の悲劇を、いやおうなしに吐露せざるをえない状況に、追い込まれる。最大のごちそうであるはずの、仔羊の頭を出されて消化不良を起こし、ひどく苦しむ結末は言うまでもなく、内戦がいまだに未消化であることを、象徴している。

いずれも、内戦を知らぬ世代にも強く訴える、普遍性に満ちた作品集である。

評・逢坂剛(作家)

Francisco Ayala　1906～2009年。スペインの作家。

二〇一一年五月二九日⑤

『アウトサイダー・アート　芸術のはじまる場所』

デイヴィド・マクラガン 著　松田和也 訳
青土社・二七三〇円
ISBN9784791765935
アート・ファッション・芸能

認められて 消えたナマっぽさ

いや、すごい時代になったもので、イギリスの著名な精神科病院のサイトを見ると、ルイス・ウェインの猫絵をはじめとする「アウトサイダーアート」の名作が容易に鑑賞できる。かつては、ふつうの美術とはまったく関係ない、「外縁（アウトサイド）」にいる人たちの知られざる制作品だったのだが。

本書はまず、実作の数々をカラーで紹介し、衝撃を体験させる。作者は、児童わいせつで精神科病院に収容された男、お告げの声が聞こえる人、言語学習ができない者など。

昔の医師たちは、彼らの作品を病歴や心理状況を知る手がかりとした。ところが、これに注目する人々が現れ、既存の美術概念を覆す「美術の本源」と評価する画家デュビュッフェが出て、「アール・ブリュット（生の芸術）」という美術運動にまで発展した。

だが、このナイーブなアートが主流美術の腐敗を浄化できるのか。そもそも自己矛盾を孕(はら)んだジャンルかもしれないと本書は指摘する。

外に置かれた美術が内に迎えられた瞬間、野生の獣が動物園に入れられるようにナマ（野生）を保てなくなるからだ。実際、この作家たちが自作品を他人に見られることを嫌い、自身を美術家とも思っていない点にこそ、価値はあった。既存美術の側でもモダンアートが貪欲（どんよく）に彼らの「ナマっぽさ」を吸収し、現在では市民が楽しむ「ちょっと変わったアート」という親しみさえ獲得してしまった。

本書は、真正な芸術的創造とは何か、という問いを社会に突き付けた過去の意義を強調しつつ、最終的にはアウトサイダーアートが「公的な認可や後援を受けない」自立した表現作品というほどの、何となない褒め言葉でしかなくなるかもしれない、と述べる。「革命的とかアナーキーとかいう単語と同様に」という締め括（くく）りが、果たして楽しみ、消化すべきアートなのかと問いかける。

評・荒俣宏（作家）

David Maclagan 英国を拠点とする美術家でアートセラピスト。

二〇一一年五月二九日⑥

『バービーと私　着せ替えドレスを作り続けた半生記』

宮塚文子 著

亜紀書房・一六八〇円

ISBN9784750511054

ノンフィクション・評伝

モノ作りを支えた猛烈な仕事

子どものころ、バービー人形といえば舶来モノの高級ファッション人形というイメージだった。つんとすました顔立ちに、見事な八頭身。別世界の人、というか人形だった。そんなバービーが、実は最初の10年あまり日本で生産されていたなんて！

本書の著者は、極秘裏の社命を受け、帝国ホテルに借り切られた部屋に1年間通い詰めて、バービーのドレスや小物の試作を続けた人である。縫製技術の高さと賃金の安さに目をつけて、アメリカの会社がファッション人形の生産を日本の会社に持ちかけたのだった。「手に職を」という母の勧めに従って縫製を学んだ著者は、人間ではなく人形の服を作る仕事にとまどいながらも、会社の上司やアメリカから派遣された人々の人柄に魅せられ、全力で課題に取り組んでいく。

9時から5時まで帝国ホテルで仕事し、その後会社に戻って作品を改良し、終電で帰宅後も仕事を続け…と、その勤務ぶりは猛烈である。しかもそれが「楽しくて仕方なかった」とある。品質に関して絶対に妥協しないモノ作りの姿勢がアメリカとの契約につながり、何百万体というバービー人形とドレス・小物の生産に結びついて、多くの人に職を与え、日本に外貨をもたらすことになった。高度成長期の日本の製造業を支えた人々の、活力と責任感と職人気質に驚嘆させられた。

バービー誕生秘話としてだけでなく、女性の一代記として読んでもおもしろい。日本にはまだ封建的な男性社員が多かったが、アメリカの社員たちは対等なパートナーとして自分を遇してくれ、そのことから人を動かす術を学んだ、という著者。バービー生産の拠点も繊維工場の多くもいまでは他のアジア諸国に移ってしまったのは皮肉な趨勢（すうせい）だが、働く意欲に関して、この本には時代を超えたたくさんのヒントが隠されていると思う。

評・松永美穂（早稲田大学教授）

みやつか・ふみこ 32年生まれ。57年国際貿易に入社、退社までドレス担当主任。

二〇一一年五月二九日⑦

『花の国・虫の国　熊田千佳慕の理科系美術絵本』

熊田千佳慕 著
求龍堂・一八九〇円
ISBN9784763011176

アート・ファッション・芸能

虫になりきって見た静かな世界

熊田千佳慕の絵には音がない。千佳慕の虫には影がない。千佳慕のスケッチには色がない。少なくとも私たちが知るような風の声や光の明暗や澄んだ空の青さは、そこにはない。それでも私たちは千佳慕の花と虫の国に吸い込まれる。その静けさ、影のない地面、色のない世界に引き入れられる。なぜだろうか。

生物学者ユクスキュルはかつてこういった。生物たちはそれぞれ独自の知覚と行動で自分の世界観を作り出している。だからそれを環境ではなく、環世界と呼ぼう。

虫たちの眼（め）には光を集めるレンズがない。像を結ぶ網膜もない。しかし彼らは確かに光の動きを捉え、世界を感じている。千佳慕の絵がすばらしいのはこの紛れもない事実をいま一度、私に気づかせてくれるからだ。

虫たちは、私たちとは全く異なった視線で見つめ合い、私たちが知らない音を聴き、それでいてこの世界の豊かさを存分に楽しんでいるのだ。それを千佳慕の絵は教えてくれる。

でもなぜそんなことが千佳慕に可能だったのだろう。草むらにはいつくばって小さな虫たちを何時間も見つめる。何度も描きなおす。何日も描き続ける。虫を愛するあまり、虫の中に入り込み、虫になりきってしまった。千佳慕には虫が見ている環世界が見えたのだ。それはきっと孤高で、それでいてすがすがしい気分だったろう。

虫の世界は、不思議なことに古来、革命家に愛されている。ファーブルを初めて訳したのは大杉栄だった。本書でも、ローザ・ルクセンブルグの手紙の一節が引用されている。そのあとに千佳慕の言葉が続く。

自然は　美しいから　美しいのではなく
愛するからこそ　美しいのです。

評・福岡伸一（青山学院大学教授）

くまだ・ちかぼ　1911～2009年。細密画家。

二〇一一年六月五日②

『ヴァレンタインズ』

オラフ・オラフソン 著　岩本正恵 訳
白水社・二五二〇円
ISBN9784560090152

文芸

人生の綻びの瞬間を端正に描く

不思議すぎる。なぜ、こんなに透明感のある、端正な物語が書けるのだろう。書いてある中身は辛いことなのに。

誰だって胸のなかに一つや二つ抱えている小さな秘密や不満が、ある日突然噴出し、塞がっていた過去の傷口が一気に開いてしまう。人生がどんどん綻（ほころ）び始め、気がつけば、平穏な生活はもう手の届かないところにある。そんな悪夢のようなできごとが、驚くほど静謐（せいひつ）な文章で描かれるのだ。

本書は一年の十二の月をそれぞれタイトルに掲げながら、さまざまな男女の、綻びの瞬間を見事に描き出す。著者はアイスランド生まれでニューヨーク在住。英語でもアイスランド語でも創作し、国際ビジネスの世界でも大成功を収めた人らしい。

その筆致はあくまでも繊細だ。しかも、緻密（ちみつ）な構成によって、決定的な瞬間が静かに準備されていく。たとえば「十月」の章では、カフェで待ち合わせながらなかなか話の本題に入ることのできない二人の男性が登場する。コーヒーを飲み、ビールやシュナップスを頼み、食べ物も注文し……。一方の男性は、自分のベッドの左上にある天窓のことをしきりに思い出している。天窓から見える、月のことを。作者は読者を焦（じ）らしつつ周到に伏線を引き、一つの言葉をきっかけに、突然物語を加速させる。なぜこの二人が、ぐずぐずとカフェに座り続けているのか。その後の展開も劇的だ。考え抜かれた「オチ」がついているだけではない。ストーリーの緩急のつけ方がすばらしく、テクストにずば抜けた音楽性を感じる。それぞれの季節にふさわしい風景や日の光、空気の肌触りも丁寧に描かれている。

　切なくて哀（かな）しいけれど、人生への洞察にはっとさせられる。外国を舞台にした話ではあるが、きっと自分に似た登場人物に出会うだろう。その人物の末路について、考えずにはいられなくなるはずだ。

評・松永美穂（早稲田大学教授）

Olaf Olafsson　62年生まれ。本作で2006年、アイスランド文学賞。

二〇一一年六月五日③

『ウェブ×ソーシャル×アメリカ　〈全球時代〉の構想力』

池田純一 著

講談社現代新書・八四〇円

ISBN9784062880930

IT・コンピューター／新書

ウェブ思想の根底なす問いとは

　ウェブは透明で中立な媒体だ。そう信じている人が本書を読めば、ネット上の景色は一変するだろう。ウェブは中立どころではない。Google、Apple、Facebook、Twitter……、普段何気なく利用しているサービス全てに、創設者の特異な思想や政治性が埋め込まれているのだ。

　例えばAppleの創始者にしてCEOのスティーブ・ジョブズの「ハングリーであれ、愚かであれ」という言葉と、Googleの創設者セルゲイ・ブリンによる「邪悪になるな」という社是とでは、基本となる構想が全く異なる。

　ハッカー文化とカウンターカルチャー（「意識の拡大」！）との関係はよく知られているが、ウェブの思想的背景はそれだけではない。

　著者によれば、最新のソーシャル・ネットワークであるFacebookの創設者、マーク・ザッカーバーグの構想は、なんとウェルギリウスの『アエネーイス』に端を発しているという。そこに描かれた「永遠のローマ」という単線的な歴史観こそが、Facebookの成長モデルなのだ。

　このほかにも、リバタリアニズム、コミュニティ志向、スピリチュアリティ、独立独歩といったアメリカの文化的伝統が、ウェブの構想に反映されていく過程がきわめて説得的に展開される。

　こうした視点からみるとき、人間を情報入出力の結節点（ノード）として扱うGoogleに対抗して、人間の交流関係を重視するFacebookの「人間賛歌」が急速に勢力を拡大していくさまは、サイバー空間での思想対決をみるようで、実にスリリングだ。

　著者によればIT技術開発の全体性を担保したのは「宇宙開発」という目標だった。確かに「全球」という視座からウェブを眺めれば、基本的構想の違いが見て取りやすくなる。そこで繰り返し問われる「人間とは何か」という問いこそが、常にウェブ思想の根底をなしてきたのだろう。

評・斎藤環（精神科医）

いけだ・じゅんいち　65年生まれ。コンサルタント。『テクノ図解　デジタル放送』。

二〇一一年六月五日④

『資生堂という文化装置 1872–1945』

和田博文 著

岩波書店・五四六〇円
ISBN9784000234887
歴史／経済

衣も食も 資料でたどる女性文化

今ほどファッション雑誌がなかった10代の頃、資生堂のPR誌「花椿」は私にとって憧れに満ちた存在だった。斬新な写真やテクストによって語られる最新の流行は、まだ口紅も知らぬ中高生にとって、まさに異国の「文化」と思われた。「花椿」は、どの地方でも資生堂チェインストアに行けば入手できたので、ある時期の資生堂が全国規模で「文化」を発信していたのは間違いないだろう。

資生堂が、ファッションや化粧だけでなく商業デザインや食文化にまで大きな影響を及ぼしていた歴史についてはすでに言及がなされている。特に、1920年代の都市的モダン文化生成の一翼を担ったことはよく知られる。モガやモボの闊歩（かっぽ）する銀座の風景は、資生堂が作り上げたといっても過言ではない。

資生堂を「文化を創る装置」として時代の文脈に置いてみる試みは新しいものではないが、本書が他を凌（しの）いでいるのは、明治初期から敗戦に至る間の資料を事細かに集めた点にある。資料収集力は、文化研究の最大の武器だからだ。中でも写真やイラスト等の図版資料はほぼ1ページに1点掲載されており、これだけを眺めていても十分楽しい。

たとえば、当時はやりのファッションに身を包んだ女性たちや、断髪の種類一覧、それに風刺画までが、ていねいな説明とともに贅沢（ぜいたく）に載せられている。また、「女流作家」たちの愛用する化粧品、といった小ネタも豊富だ（宇野千代の化粧法までわかる！）。

おしゃれもグルメも禁じられた日中戦争時下の資生堂を語る最終章は、文化というものが戦争によっていかに歪（ゆが）められ、利用されたかという経緯に心が痛む思いがする。文化を創り出す「装置」としての資生堂の役割は、ここでいったん終わりを告げるのだ。

資生堂とともにあった女性文化の歩みを知ることのできる力作としてお薦めしたい。

評・田中貴子（甲南大学教授）

わだ・ひろふみ 54年生まれ。東洋大学教授。『飛行の夢 1783–1945』。

二〇一一年六月五日⑤

『もしもノンフィクション作家がお化けに出会ったら』

工藤美代子 著

メディアファクトリー・一三六五円
ISBN9784840139144／9784041026090（角川文庫） 文芸

現代の怪異 戸惑いつつ語り部に

冒頭、「この世のルールを勝手に無視した妄想の世界」を語る「うさん臭い」人種に拒否反応する著者なのだが、本書を読み進めるうちに、ただの日常の一断片が彼女の妄想によって次第に立体化し始めると、そこに不思議な空気が漂い、独特のリアリティーが立ち上がってくる。

ノンフィクション作家の著者は、いたるところで自分は「鈍感」で霊感がないと執拗（しつよう）に謙遜するが、一方では「自分は怪奇現象に遭遇しやすい体質ではないか」とも考えたりする。彼女は死者の放つ残存生体エネルギーの霊波をキャッチする能力を「火の玉を見た」子ども時代から持ち、ホテルの一室や街角ですでに死んだ人を見かけたりする。その時は〈オヤ、どうしてあの人が？〉と訝（いぶか）しむ程度なのだが、やがて彼らが霊であったことがわかるのだ。

鏡台に人影が映ったり、死者が声をかけてきたり。ある時、夜中に笛の音を聞くのだが母親には聞こえない。その時、トイレに行った夫が口笛を吹いたので〈なーんだ、夫だったのか〉と一件落着、かと思いきや夫は口笛など吹かなかったのである。また生前、母に死後の様子を夢で知らせてほしいと約束するが、死んだ母から夢ではなく電話を通してノックがあり、親子の愛は死後も健在であった。――といった奇妙なことが著者には頻繁に起こる。

この本の興味は、冒頭の拒否反応に反して彼女が次第に「ルールを無視した妄想の世界」にとまどいながらも嵌（はま）っていくところだろう。「そうした話はうさん臭い」らしいが、すると柳田国男の『遠野物語』だってそういうことになりかねない。うさん臭いかどうかは、この手の話の伝達表現の問題にあるのではないだろうか。本書は怪談文芸誌「幽」に連載したエッセーをまとめた。「霊と共存できる」偏見のない著者は、歴とした現代の怪異譚（たん）の語り部の一人ではないかと思わせる。

評・横尾忠則（美術家）

くどう・みよこ　50年生まれ。『工藤写真館の昭和』『夢の途上』など。

二〇一一年六月五日❻

『ダンゴムシに心はあるのか　新しい心の科学』

森山徹 著

PHPサイエンス・ワールド新書・八四〇円

ISBN9784569796550

科学・生物／新書

愉快な実験で示す斬新な定義

ダンゴムシ、見たことありますよね。ムシと呼ばれつつも、昆虫ではなくエビやカニの仲間。その証拠にゆでると赤くなる（試さないでね）。

大胆な本である。まず心とは何かずばりと定義する。そしてすぐに結論。ダンゴムシにも心はある。で、おもむろに数々の愉快な実験の記録。この構成が、編集者の入れ知恵ではなく、著者自らの企てだとすればこの人はなかなかのストーリーテラーだ。

迷路に入れるとちゃんと出口を探り当てる。袋小路に追い込むと突然、壁を登りだした。水路で囲むと水がきらいなのにダイビングして向こう岸にたどりつくものが現れる。

ダーウィンを思い出す。彼は生涯にわたって取り組んでいた課題があった。ミミズの研究。いろいろな「いじわる」を仕掛け、それに対してどのように行動するか根気よく調べた。ミミズは巧みにいじわるを回避した。ダーウィンは、ミミズも「考えている」と結論づけた。

私たちは普通、下等な生き物には心なんてないと思っている。彼らの行動様式はいずれも刺激に対する機械的な出力であり、そのパタンは生得的に決定されていると説明する。でもこれはどうやら人間の勝手な思い込みである。

ダンゴムシの突飛（とっぴ）な行動こそが心の存在を示す証拠だと著者はいう。なぜなら彼によれば、心とは、行為を引き起こす仕組みではなく、むしろ不必要な行為を抑制する「隠れた活動部位」だから。まさに、顔で笑って心で泣いてのごとく。ゆえに定型的な入力―出力モデルではない状況を与えたとき、心の作用を観察しうるのだと。斬新な定義に胸騒ぎを覚えた。ひょっとするとこの「心の科学」は大化けするかもしれない。

巨大科学の行き着く先を目の当たりにした今日、スモール・サイエンスとでも呼ぶべき個性的な科学の萌芽（ほうが）に希望をともす好著である。

評・福岡伸一（青山学院大学教授）

もりやま・とおる　69年生まれ。信州大学助教（比較認知科学）。

二〇一一年六月五日⑦ 人文

『知の広場　図書館と自由』

アントネッラ・アンニョリ著　萱野有美訳

みすず書房・二九四〇円
ISBN9784622075622

「すべてが欲しい、今すぐに欲しい」

情報でも映像でも音楽でも、そんな個人の欲求をネットがいとも簡単に満たしてくれる時代である。

図書館はいわばその対極にある不自由な存在かもしれない。だからこそ、創造力や社会の知性を育てる文化活動の場として重要性は増す、とする。欲しいものだけでない、予期せぬものとの出合いが、豊かな人生には欠かせない。

著者は、イタリアでの実績をもとに、そんな場としての図書館作りを豊富な具体例とともに提言する。

本が、読んでくれる人をじっと待っている静かな図書館はもう存在しない。人々が集い、さまざまな体験をする「屋根のある広場」がこれからの姿だとする。

広場のイメージはいかにもヨーロッパ的だが、千代田区立図書館で、出版社や古書店ともつながった新たな場作りに取り組んだ柳与志夫氏の熱のこもった解説が、私たちの身近にひきつけてくれる。

評・辻篤子（本社論説委員）

二〇一一年六月五日⑧ 文芸

『夫の彼女』

垣谷美雨著

双葉社・一四七〇円
ISBN9784575237245

人物が入れ替わる〈ｉｆ〉ものは、小説、映画とも珍しくないが、本書もその一つ。

人妻が、夫の浮気の相手と話をつけようと、やり合っている最中に魔法使いが現れ、「相手の立場になってみろ」とばかり、2人の体を入れ替えてしまう。入れ替わるのが、まじめ一方の専業主婦とヤンキー言葉まる出しの女子派遣社員というところに工夫がある。

妻であり母である小松原菱子が、急に柄の悪いヤンキー言葉になり、夫や子供を戸惑わせる。他方、勤務先で白眼視されていた山岸星見が突然、会社の製品について率直かつ建設的な意見を出し始め、同僚や上司を驚かす。その対照の妙を、著者は達者な語り口で畳みかけ、読み手を引っ張っていく。

典型的なシチュエーションコメディーで、結末はこうなるしかないという予定調和で終わる。たわいないといえばいえるが、2人のキャラクターが生きいきと描かれているので、読後感はさわやかだ。

評・逢坂剛（作家）

二〇一一年六月一二日①

『闘う衣服』

小野原教子著

水声社・四七二五円
ISBN9784891768317

『MY DEAR BOMB』

山本耀司、満田愛著

岩波書店・二九四〇円
ISBN9784000248112

人文／アート・ファッション・芸能

服飾の意味づけ　熱く　静かに語る

衣服は防寒など機能だけのものではなく、当然ながら着る人の社会的な立場や階級も伝える。暑いのにスーツを着るのはまじめなビジネスマン、という具合に。

でもなぜ、スーツはビジネスマンの印なのか？　小野原教子『闘う衣服』はロラン・バルト『モードの体系』を援用してそれを記号論的に分析した本だ。そこには暗黙の前提がある。服そのものは布キレに過ぎず、意味はない。雑誌などのメディアが作るファッションや流行が、衣服の外にある社会文化的な意味を、衣服に対応づける。いわば人々を洗脳するのだ。

本書はまずバルトに倣い、雑誌の記述でその対応付けの仕掛けを例示する。そしてヴィヴィアン・ウエストウッドの服飾デザインの推移や力道山の装い分析で、衣服が持つ意味づけを通じた文化的アイデンティティ構築の手法を示す。さらに女子プロレス分析（ちなみにバルトもプロレス分析で名高い）ではその前提を半歩越えて、コスチュームの意味づけの変遷と、女子プロ興行自体のあいまいな地位との相互作用を示す。目新しい知見ばかりではないが、それを衣服の観点から裏付けることで、本書は対象とファッションの双方に新しい光を当て得ている（マンガは不要だと思うが）。

この前提はファッションの宿痾（しゅくあ）だ。山本耀司&満田愛『MY DEAR BOMB』は、それを敢（あ）えて黙殺し、服それ自体による意味生成を語り、一方では既存の意味づけを壊す服の夢を語る。それがじきに新しい意味づけに回収されることも、山本は百も承知なのだが。読者を無視したようで実は極度に意識した独白調は、時に気障（きざ）すぎて苛立（いらだ）たしい。だがそれは、その両義的な立場の表現でもある。本書はかように文体や造本まで動員し、外的な意味づけとの静かな葛藤を描く。それこそ山本への国際的評価の一因でもある。

だが『闘う衣服』が最後に扱うゴスロリファッションは、べつの形でこの前提を超える。ゴスロリは外の意味を参照しない、意匠だけのフェティッシュだ。なのにその装いに「アイデンティティ」を感じる人々すらいるとは？ 著者もまだそれを整理しきれず、つい外部の意味を求めて日本自体がファッショナブルだと結論づけたのは強引。だが、対象にのめりこんだ詳細な記述は魅力的で、この対象の奥深さを十二分にうかがわせる。いずれバルトの静的な記述を超えそうな洞察も多く、今後に大期待だ。そしてその未整理な部分も含めて、外部からの意味づけとそれ自体の価値の間を揺れ動くファッションの本質について、この二冊は立場や記述こそちがえ、実は奇妙に似通った相貌（そうぼう）を描き出しているのだ。

評・山形浩生（評論家）

おのはら・のりこ 68年生まれ。兵庫県立大准教授。
やまもと・ようじ 43年生まれ。ファッションデザイナー。
みつだ・あい 75年生まれ。ライター。

二〇一一年六月一二日❷

『経済成長とモラル』

ベンジャミン・M・フリードマン 著
地主敏樹ほか 訳
東洋経済新報社・五〇四〇円
ISBN9784492443767

経済／人文／社会

成長は政治と社会の寛容を生む

人間、あるいは社会全体は所得水準が向上すると、より開放的、寛容になり、さらには民主的な諸制度も広まるものなのだろうか。あるいは逆に他人のことは忘れがちになるのだろうか。この古今東西の難問に米国の金融論の専門家が挑んだのが本書であり、経済成長と社会のモラルがお互いにプラスの影響を及ぼしあうと結論している。

著者はその主張の哲学的基礎を啓蒙（けいもう）主義に求めるとともに、人々の満足感を社会心理学的にも分析している。人々は自分の所得を他人や過去の自分と比較するが、所得水準が上昇しているときは過去の自分を上回っていることで満足する。しかし、これが止まると他人との比較がより重要な基準となり、寛容な社会実現の障害となるという。

続いて南北戦争後のアメリカについて歴史的分析が展開される。19世紀終わり、1920年代、70〜80年代には経済が停滞し、人種差別の悪化、移民への反感、公教育への支出増大への反対などが観察された。他方、経済が順調に拡大した時期にはこうした動きは抑制され、むしろ社会的な寛容さに向かう多面的な運動が出現した。興味深い例外は大恐慌時であり、経済危機にもかかわらず、平等な経済的機会の実現への制度構築に努力が傾けられた。

原著ではアメリカだけでなく他の地域にも触れ、おおむね同様のパターンが認められるとしている。そうだとすると、個人や企業が認識する以上のプラスが成長にはあるということであり、著者は政府が積極的に成長促進策を展開すべきだと主張している。

詰めるべき点は多いものの、以上のような経済成長の社会、政治面での好影響という結論には勇気づけられる。それにつけても懸念されるのは経済面で「失われた20年」を続けているわが国である。その政治・社会への悪影響が無視できなくなりつつあるとみるのは評者だけだろうか。

評・植田和男（東京大学教授）

Benjamin M. Friedman　44年生まれ。ハーバード大教授。

二〇一一年六月一二日③

『字幕の名工　秘田余四郎とフランス映画』

高三啓輔 著

白水社・二五二〇円
ISBN9784560081259
アート・ファッション・芸能／ノンフィクション・評伝

原語の真髄伝える創作的妙訳

ハクスリーの『進化と倫理』を「天演論」と名付けて初めて中国に紹介した厳復は、翻訳について「信達雅」という三字ポリシーを持っていた。信は原作に忠実であること。達は原作の真髄（しんずい）まで伝わるように訳すこと。雅は翻訳文が自然で美しいこと。

二つの言語を操る人間が溢（あふ）れる今日、まだそんな古臭い言葉に囚（とら）われているのかと言われてしまいそうな気もするが、現に翻訳物（日本語も中国語も）を開くと、原作の言葉を忠実に訳して「雅」といえる流暢（りゅうちょう）で美しい文章にしたものの、原作の真髄を「達」の境地まで表現できたものは案外少ない。とりわけ映画の字幕となれば、いかに短いフレーズで異文化の溝を感じさせずに訳すかは至難の業だ。

本書は、日本でのフランス映画の最盛期（昭和三十年代）に、最も活躍した字幕の名工秘田（ひめだ）余四郎の人生を追いかける形で、日本の現代映画史を振り返りつつ、字幕翻訳術を探ろうとしている。

「忠実なる醜女（しこめ）」と「不実なる美女」——原文への忠実性にこだわるかこなれた日本文にこだわるかという、常に翻訳者に付き纏（まと）う究極の二者択一の道を、例えて表現した言葉だ。むろん秘田は後者に当たる。原文と読み比べれば、秘田訳はこなれた「日本文」という枠を越え、創作の領域に入るある種の超越すら感じさせた。

無頼学生から酒と女大好きな男に成長。富を築いても妻子に残したのは借金だけ。その荒れた人生が、まさに彼の「天井桟敷の人々」での「創作」セリフ、「俺は絶対に自分を信じている。盗みも殺しも辞さぬ俺の行く道は一筋。やがては飛ぶ首を真直（まっす）ぐ立てて闊歩（かっぽ）するのだ」を生む。著しい意訳だが、的は射ている。

名工の訳したセリフの中からは、破天荒な人生から得た、深みのある人生観がありありと染み出ている。翻訳に求められる「達」とは、このことを言うだろう、と頷（うなず）いた。

評・楊逸（作家）

たかみ・けいすけ　37年生まれ。元朝日新聞記者。『鵠沼・東屋旅館物語』など。

二〇一一年六月一二日❹

『ナショナリズムと想像力』

ガヤトリ・C・スピヴァク 著　鈴木英明 訳
青土社・一六八〇円
ISBN9784791766024　人文

市民国家への「脱皮」は可能か

自由や平等、民主主義などの諸価値を実現するためには、ナショナリズムの想像力こそ有用だとする「リベラル・ナショナリズム」論に注目が集まっている。セーフティーネットが崩壊する中、再配分への動機づけとして「同胞への愛着や信頼」を活用しようというのだ。社会民主主義者のようなリベラリストが、ナショナリズムの機能を再発見しようとしている。

しかし、スピヴァクの主張は異なる。彼女は国家による再配分を維持・強化しながら、ナショナリズムを放棄する道を模索する。

現在の国家は、ネイション・ステイト（国民国家）という形態をとる。これは国民主権の実現を目指したフランス革命によって誕生した。ナショナリズムは「国家は国民のもの」という主張によって政治化し、絶対王政を崩壊させた。

しかし、ナショナリズムは国民の凝集力を高めるために、想像上のナラティブ（物語）を装う。忘却されていた歴史が発見・想起され、特定階層の文化が国民文化として称揚される。その力学が文化的・民族的他者を排除し、国民を同化する。

スピヴァクの見るところ、国家はあくまでも「抽象的な構造体」であり、個人の実存的なアイデンティティとは別ものである。だから、国家はネイションから脱皮し、「シヴィック・ステイト（市民国家）」へと転換する必要がある。

スピヴァクは、ナショナリズムの「魔法」を解くために、「比較文学者の想像力」を重視する。この想像力は、あらゆる言語表現を等価的なものと見なす視点を育成し、単一的ネイションに還元されないアイデンティティを構築する。

ナショナリズムは無用の長物なのか。国家機能を維持しながら、ナショナリズムを放棄することなど可能なのか。

「私は完全にユートピア主義者です」と断言する彼女の議論は、ユートピア的であるがゆえに論争的である。

評・中島岳志（北海道大学准教授）

Gayatri. C. Spivak　42年インド生まれ。コロンビア大教授。

二〇一一年六月一二日❺

『バターン　死の行進』

マイケル・ノーマン、エリザベス・M・ノーマン 著
浅岡政子、中島由華 訳
河出書房新社・三九九〇円
ISBN9784309225401　歴史／ノンフィクション・評伝／国際

戦場死の不条理を人類の記憶に

１９４１年12月8日、真珠湾攻撃の8時間後に日本軍は、フィリピンの米軍基地を爆撃した。1カ月とたたない翌42年1月2日、日本軍はマニラを攻略。米軍とフィリピン軍は、マニラの西にあるバターン半島に立てこもった。

激戦の末、米比軍は4月9日に降伏した。捕虜7万6千人が半島南端から、北へ約１００キロの鉄道駅まで歩いて移動させられた。食料も飲み水もほとんど与えられず、赤痢やマラリアに襲われ、倒れれば容赦なく監視兵に銃剣で刺し殺された。

本書は、多数の死者を出した「バターン死の行進」の全体像を描き出すノンフィクション。著者のノーマン夫妻は、日本人二十数人を含む関係者４００人以上に話を聞き、調査、執筆に10年の歳月を費やしたという。

膨大な取材をもとにしているだけに、描写はリアルだ。

「炎天のもと腐りはじめた死体には、まもなく蠅（はえ）がたかった。日中には、蠅のほか、

野良犬や野生の豚もやってきた。夜間には死体の臭いに引かれて巨大な肉食トカゲが山から出てきたが、腐肉を思うさま食い荒らしたのは烏（からす）だった。膨張した死体の上に何羽も舞い降りてきて……」

戦後、日本人は、戦争で死んだ日本人のことは思い浮かべても、他国の死者たちを思い浮かべることはほとんどないまま、今日まで歩んできたのではなかったろうか。戦争の加害の側面に目が向くようになったのは、1990年代以降のことだ。

戦争の悲惨と戦場の死の不条理は、国境を超える「人類の記憶」として、これから長く語り継がれねばならない。そのことを本書は、行間で静かに語っている。

注を含め600ページを超す大冊。半ばをすぎた辺りから読み進めるのが惜しくなった。ところどころに挿入されている「死の行進」の体験者、ベン・スティールのかいた絵がよい効果を生んでいる。

評・上丸洋一（本社編集委員）

Michael Norman, Elizabeth M. Norman

二〇一一年六月一二日⑥

『飲めば都』

北村薫 著

新潮社・一八三六円
ISBN9784104066070/9784101373331（新潮文庫）文芸

お酒と恋　働く女子の成長物語

いつもの酒場で好みの酒をまず一口。ほっとした顔の「女子」が二人、本を前に何やら話しております。

「今度の北村さんの小説って、あたしたちみたいに酒飲み本好きの編集者が主人公だね」「そやそや、いつもよりちょっとコミカルな感じ」「ダジャレもたくさん出てくるし」「北村さんらしい、かしこそうなやつがね」「主人公の都さんが、駆け出しの頃からよき伴侶を見つけるまでが描かれてるから、女子の成長物語でもある」「きまじめなんやけどそそっかしい女子の生態に、うなずきながら読んだ。こういうこと、あるあるって」「彼女の同僚たちや作家先生のエピソードが、どれも印象的ね。上司に怒られると、『褒められて伸びるタイプなんです』なんて言うヤツ、絶対いるもん」「それに、登場する人の酔っ払い方が尋常やない。廊下に寝る、くらいは当たり前やもん。でも、それが不思議なおかしみを感じさせる。人様にひどい迷惑をかけてないからやろか。出てくるお酒や食べ物もおいしそうやね。キンミヤの焼酎やら、猪（いのしし）のシチューやら」「食欲もそそられるけど、今までになくエロチックな描写が多くて恋心もそそる。たとえば、都さんが酔いつぶれて下着をなくすところとか、足湯で恋人と足の指相撲するところとか」「奥ゆかしくなまめかしいエロやね」お酒が進むにつれ、話はいよいよ佳境に入ります。「都さんの結婚に至る部分があまりにスムーズやから、やや出来すぎの感がなくはない。北村さんの小説は、出てくる人がみんないい人すぎる点が読者の好みが分かれるところやな」「でも、明るいところに隠された陰もさりげなく書かれてるわよ。人間の汚い面がわかってないと、いい人は書けないんじゃない？」「最終章のブックキャットの話は、本好きにはたまらへんよね」「ほんとに『読めば都』ね。もう一度、乾杯しよ！」

評・田中貴子（甲南大学教授）

きたむら・かおる　49年生まれ。『夜の蝉』で日本推理作家協会賞、『鷺と雪』で直木賞。

二〇一一年六月一二日❼

『PAPA&CAPA　ヘミングウェイとキャパの17年』

山口淳 著
阪急コミュニケーションズ・二一〇〇円
ISBN9784484112084
アート・ファッション・芸能／ノンフィクション・評伝

作家ヘミングウェイと従軍カメラマンのキャパは、スペイン内戦を通じて、親しい友人になった。著者は2人の交流に焦点を絞って、さまざまな資料を渉猟し、本書を書き上げた。子供っぽい理由で二度も三度もけんか別れしながら、いつの間にか仲直りする2人の関係が、ほほえましい筆致で描き出される。

ヘミングウェイの『誰がために鐘は鳴る』が映画化される際、キャパが出演しようとしきりに運動するくだり、ヘミングウェイと妻のマーサを、別れさせようとキャパが知恵を絞るくだりは、ことにおもしろい。功なり名を遂げながら、2人ともその名声の陰に種々の苦しみ、悩みを抱えていたことがよく分かる。

本書には、キャパが撮ったヘミングウェイの写真が、多数収められている。さすが、と思わせるショットも何枚かあるが、多くは素人にも撮れそうな、素朴な写真だ。だからこそ、キャパの作品は見る者に、独特の親近感を抱かせるのだろう。

評・逢坂剛（作家）

二〇一一年六月一二日❽

『時代が締め出すこころ　精神科外来から見えること』

青木省三 著
岩波書店・二一〇五円
ISBN9784000234856
医学・福祉

近年、発達障害の増加がしきりに言われる。特に日本では「成人の発達障害」への関心が突出して高いという。

その背景には「空気を読む」ことをはじめ、過度にコミュニケーション能力を重視しすぎる社会のありようも大きく影響しているのではないか。著者の豊富な臨床経験から導かれたこの指摘に、私も全面的に同意する。

本土の社会に適応できず障害者扱いだった青年が、瀬戸内海のある島ではその裏表のなさゆえに人気者になったというエピソードが印象的だ。とりわけ「個人の自閉性が社会の閉鎖性を切り開く」という指摘には膝(ひざ)を打つ思いがした。

「こころ」の多様性に不寛容な社会に未来はない。「適応」のモノサシは常に流動的なのだ。「人生の大きな流れ」をふまえ「その人らしい生き方ができる方向」に寄り添うこと。震災後の今、こうした著者の姿勢は、傷ついた個人と向き合う際の大切な指針となるだろう。

評・斎藤環（精神科医）

二〇一一年六月一九日❶

『霊園から見た近代日本』

浦辺登 著
弦書房・一九九五円
ISBN9784863290563
歴史／人文

玄洋社の事績から浮かぶ明治外交史

近代史に名を残す著名人の「墓巡りリポート」なのだが、本書のおもしろさは墓から墓へと飛び回ることで思いがけない人物同士の関係が次々に明らかになる点だろう。しかも、その飛び方が尋常ではない。サイコロを振らないと、次は何処(どこ)へ行くか決まらないようなスゴロク遊びに似ている。しかし本書に限ると、そんな離れ業的アプローチ術が却(かえ)って有効ではないかとすら思う。なぜなら、このお墓巡りで焙(あぶ)りだされるのが、そもそも何をしようとしたのかよく分からない奇妙奇天烈(きてれつ)な政治結社「玄洋社」の事績だからだ。

振り出しは東京青山霊園。しかし有名人でなく有名犬の忠犬ハチ公が眠る墓を案内したあと、明治10年に大久保利通が許可した外国人墓地へ直行し、ペ・ヨンジュンが登場するまで日本で最も親しまれた隣国人、旧朝鮮国の政治家金玉均の墓が登場する。明治の外国人は本国との連絡が途絶えた例も多く、先年東京都が墓地管理料の不払いを理由に墓を処分すると公告したが、金玉均の墓も危ういとところで韓国大使館が支払いを行い、処分を免れたそうだ。

金は日本を頼りとして李王朝にクーデターを仕掛けたが失敗。彼を温かく迎えたのは離島の小笠原だった。島で砂糖キビ栽培を行っていた開拓事業家の飯田作右衛門が東京杉並の神社に「父への親不孝」を詫（わ）びる碑を建てたとき、金が贈った碑文の書も紹介される。金は小笠原で、玄洋社メンバーの来島恒喜とも交流した。大隈重信を狙った「刺客」である。すると話題は、明治政府の悲願だった不平等条約改正をごく一部に止（とど）める現実案を推進した大隈の暗殺未遂事件に及び、犯人の来島のために勝海舟らが谷中霊園に建てた哀悼碑へと飛んでいく。

朝鮮で四肢を分断され晒（さら）しものになった金の遺体も密（ひそ）かに日本に持ち込まれ、玄洋社の頭山満とアジア主義者の犬養毅の手で青山霊園に墓も作られた。こうして墓巡りの主役は玄洋社の中心だった福岡勢に目を向けられる。朝日新聞記者から政治家に転身し朝鮮独立を支援した中野正剛、同郷の後輩で同じ経歴を辿った緒方竹虎も語られ、青山霊園を巡っただけで明治アジア外交史が浮かび上がる。

この霊園には他に、西南戦争の警察関係戦死者、当時の大警視で自由民権運動の取り締まりに暗躍した川路利良らの墓があり、福岡をフィールドワークしつづける著者の独壇場となる。後半は千里眼事件から、東大総長山川健次郎、大本教、宮沢賢治、エスペラント、タゴール、ラス・ビハリ・ボース、新宿中村屋のインドカリーへと飛ぶ流れに、玄洋社を結びつけようとした力業である。評者は目を回し、何度もひっくり返った。

評・荒俣宏（作家）

うらべ・のぼる 56年福岡県生まれ。サラリーマン生活の傍ら、福岡大在学中から始めた雑誌への投稿を続けてきた。インターネットでは書評などを中心に活動。著書に『太宰府天満宮の定遠館　遠の朝廷から日清戦争まで』。

二〇一一年六月一九日❷

『もうすぐ夏至だ』

永田和宏 著

白水社・一九九五円
ISBN9784560081310

文芸／ノンフィクション・評伝

科学と短歌 通底する形式とは

幼くして英国に移住し、その後、英語で書く世界的作家となったカズオ・イシグロはこんな風に語った。創作のきっかけは、自分の中にあった大切な日本の記憶が消え去ってしまう焦燥感。なんとかそれを定着しておきたいという願いからだと。そして時間の記憶は、死に対する部分的な勝利だと。同様な言葉を本書で見つけてはっとした。

細胞生物学の第一人者となった著者は、同時に著名な歌人でもある。どうして科学と文学というまったく違ったことを同時にできるのですか。何度も訊（たず）ねられたという。

いずれにも創作、発見の楽しみ、喜びがあるから。そう答え、そして自らも思い込んできた。けれども、そんなのはまったくの嘘（うそ）で、二つのことには特別な関係がなく、同時に行うことにも意味はない。ただ、「なんら関係のない二つのことを同じ重さでやってきたというスタンスと、その時間の堆積（たいせき）が、ようやく最近になって、自分のなかでかけがえのないものであったと思えるようになってきた」。

著者の娘で歌人でもある紅さんが、20歳の頃、こんな風に言い当てたという。歌を作るということは「自分の時間に錘（おもり）をつける」ことのような気がすると。

「短歌はその短さゆえに、事実を正確に記録するという点においては日記や小説に及ぶべくもないが、逆に、ある瞬間の心の動きを敏感にキャッチし、短い言葉で定着するという早業においては他の文芸の追随を許さない」

このようにして著者は、一心不乱に研究を進め、一心不乱に歌を詠んだ。科学も文学も、流転する時に抗（あらが）うある形式だと気づかされる。歌の同志でも、ライバルでもあった夫人、河野裕子を追想する書でもある。彼女は闘病の末、昨年8月、世を去った。タイトルは著者の次の歌による。

一日が過ぎれば一日減ってゆく君との時間もうすぐ夏至だ。

評・福岡伸一（青山学院大学教授）

ながた・かずひろ　47年生まれ。京都産業大教授、宮中歌会始選者、朝日歌壇選者。

二〇一一年六月一九日③

『井筒俊彦　叡知の哲学』

若松英輔 著
慶応義塾大学出版会・三五七〇円
ISBN9784766418118
人文

思想界の巨人「神」への対話

井筒俊彦は世界的イスラーム学者として知られる。しかし、彼の射程は驚くほど広い。ギリシャ哲学、言語学、ロシア文学、神秘哲学、ユング心理学、老荘思想、仏教、インド哲学……。彼は30を超える言語を理解し、気になる本はすべて原書で読んだという。司馬遼太郎は、彼のことを「20人ぐらいの天才が1人になっている」と評した。

そんな思想界の巨人のことを、我々は思いのほか知らない。その壮大な思考の軌跡に、我々がまだ追いついていないのだ。本書は井筒の思想に挑み、その可能性を開闢（かいびゃく）する。

一般に、井筒は孤立した思想家というイメージをもたれている。しかし、著者が徹底して描く井筒は、対話の人としての姿である。井筒の対話は、時間と空間を超えていた。そして、その出会いは、常に「事件」だった。なぜなら、それは思想が生成する瞬間だったからだ。

大川周明、西田幾多郎、柳宗悦、吉満義彦、ジャック・デリダ、イブラヒム……。井筒は多くの人と出会った。時に実際に、時に書籍を通じて。その出会いは「コトバ」を通じて超越者へと接続した。彼の問いは常に「神」へとつながり、「コトバ」へと帰着した。著者曰（いわ）く、「『存在はコトバである』、この一節に井筒俊彦の哲学は収斂（しゅうれん）される」。

井筒にとっての哲学とは、打ち消すことのできない「神」の体験に依拠していた。そして、その体験を実証する道こそ、彼の哲学そのものだった。

井筒は、独創的な思想家が生まれる背後に「創造的『誤読』」の存在を見た。思想家の「読み」は時に強引で、不正確だ。しかし、その偶然的誤読こそが、意味の深みへと我々を導く。井筒は確信的に誤読を繰り返し、そこからオリジナルの哲学をつくりあげた。

我々も「誤読」を恐れず、井筒と対峙（たいじ）すべき時を迎えているのではないか。本書は井筒再評価を促す快著である。

評・中島岳志（北海道大学准教授）

わかまつ・えいすけ　68年生まれ。批評家。井筒のエッセー集『読むと書く』編集。

二〇一一年六月一九日❹

『この世の涯てまで、よろしく』

フレドゥン・キアンプール 著　酒寄進一 訳

東京創元社・二一〇〇円
ISBN9784488013356

文芸

なぜ50年後に生き返ったのか

50年前に死んだことを自覚した若者が2日前に突然蘇（よみがえ）ってカフェでコーヒーをすすっているこんな非現実的な現実からこの物語は始まる。

本来なら彼は特定の人間にしか認識されない幽霊なのに彼の姿は万人の目に映り、そのうえ肉体を伴っているために生者と区別のつかない死者である。だけど彼を困惑させているのは死んだはずの自分がなぜ50年後の別の時代に生きているのかということだ。

この疑問は読者も同じだ。一に彼はどこでどんな死に方をしたのだろう。二に彼はこの小説を終わらせるために、もう一度死ぬことになるはずだが、その時はどんな風に死ぬのだろうかという興味に読者の関心は絞られていく。

最初はこの物語は現世そっくりの死後の世界に舞台を移しているのかと臆測したが、それはハズレだった。主人公の若者はかつてピアニストだったのでそのDNAの記憶がこの現世で音楽大学を彼の生活の場として運ばせたのかもしれない。そこへ彼と同時に死んだらしい友人が親和力によって合流する。彼らが本物の幽霊のように透明になるのは眠ると同時に覚醒するという幽体離脱の時だけというのもおかしな話だが、ただし別の蘇った死者の姿は認識できるらしい。とにかく起きている時も眠っている間も、24時間覚醒しているのである。

やはり読者の一番の興味は前の生と今生の二つの死であるが、著者はかつての若者の死に至るまでの人生と今生をパラレルに構成しながら、まるで映画のように、時には絵画的に、そして音楽的にスペクタクルに展開させる。特に彼の前の生はナチが台頭するヨーロッパの悲劇的な時代が舞台で、そこに過去と現代の二つの時空を重層的に交差させながら生死をノスタルジックに蘇らせてくれる時、そこに芸術が動く。

「神の存在が信じられなくなれば、人間に残されたものは芸術しかない」

評・横尾忠則（美術家）

Fredun Kianpour 73年生まれ。ドイツ在住でピアノの演奏ほか活動。

二〇一一年六月一九日❻

『原水禁署名運動の誕生　東京・杉並の住民パワーと水脈』

丸浜江里子 著

凱風社・三六七五円
ISBN9784773635058

ノンフィクション・評伝

「無名の人々」の行動 明らかに

１９５４（昭和29）年4月16日、東京の杉並婦人団体協議会の例会が杉並区立公民館で開かれた。参院議員奥むめおの講演が終わって会場が静まった時だった。

「すいません」と、一人の女性が立ち上がった。和田堀の鮮魚商「魚健」のおかみ、菅原トミ子だった。

「第五福竜丸の事でマグロに放射能が含まれているということで、魚が売れなくなり、魚屋は困っています」「私たち杉並魚商組合で原水爆禁止の署名を取り組んでいます。一人でも多くの方に署名していただきたいんです」

必死の訴えが参加者の胸を打った。公民館長で国際法学者の安井郁も「魚屋さんだけの問題ではない、全人類の問題です」と呼びかけた。

1カ月半前の3月1日、中部太平洋マーシャル諸島のビキニ環礁で行われた米国の水爆実験で、日本のマグロ漁船第五福竜丸が被曝（ひばく）した。その事実が報じられると、たちまち魚が売れなくなった。

水爆実験をやめろ。
その主張には、人々の生活がかかっていた。5月、杉並で原水爆禁止の署名運動が起き、2カ月あまりで27万もの署名を集めた。運動は全国に、世界に広がった。日本の大衆的な反核運動はここから始まった。

本書は、この運動を担った人々への長期にわたる取材とチラシなどの一次資料をもとに、運動がどう始まり、どう拡大していったか、具体的に解明する。それは、言い換えると、運動にかかわった「無名の人々」の名前と行動を明らかにする作業でもある。

運動は、冒頭の魚屋のおかみの訴え一つで始まったのではなかった。様々な団体や個人が、政治的立場をこえて、原水爆禁止の一点で結ばれていった。そのダイナミズムが克明に描き出されている。

ビキニ事件が起きた54年3月、原子炉築造の調査費を国の予算に初めて盛り込む修正案が衆院を通過した。

評・上丸洋一（本社編集委員）

まるはま・えりこ　51年生まれ。第1回平塚らいてう賞奨励賞を受賞。歴史教育者協議会会員。

二〇一一年六月一九日⑦

『ウォール・ストリート・ジャーナル　陥落の内幕』

サラ・エリソン 著　土方奈美 訳
プレジデント社・二一〇〇円

ISBN9784833419581　ノンフィクション・評伝

経営難で亀裂　メディア王降臨

ウォールストリート・ジャーナルは、かつては人物の似顔絵が添えられる程度で写真もなく、じっくり読ませる長文の分析記事を特徴とする世界的な経済紙だった。一般紙をにぎわす事件や事故はごく短く紹介するだけだ。

ところが今は、カラー写真も鮮やかに、普通のニュースが1面を飾る。

本書は、メディア王ルパート・マードック氏によって親会社であるダウ・ジョーンズ社が2007年に買収され、同紙が普通の新聞になっていく過程を、同紙の記者としてつぶさに取材した著者が退職後にまとめた。

同社は105年にわたり、「不干渉」の立場を貫いたオーナー一族によって守られてきた。しかし、新聞業界の苦境がもたらした経営難が一族の間の亀裂を広げ、マードック氏が提示した50億ドルという破格の条件に応じた。

そこに至るまでの駆け引きが生々しい。

同時に、ジャーナリズムの行方について深く考えさせずにはおかない。

買収前の編集方針は、ネット時代だからこそ、よそでは読めない分析報道に力を入れ、紙面の8割を割く、というものだった。

だが、同氏のメディアにおける成功の唯一の指標は視聴者数であり、そこにネット時代の生き残りをかける。読者の関心を呼ぶニュースを並べ、記事には簡潔さを求めた。同紙の名物だった1面トップの「リーダー」と呼ばれる長文記事は姿を消した。

これまでのところ、部数はやや減っているものの、買収以前に始まった有料のネット版が増え、09年には合計で全米1位の新聞になった。

一方で、常連だったピュリツアー賞を取るような記事はいらないと幹部が公言し、実際遠ざかっている。

メディアをめぐる厳しい環境の中で、社会の必要をどう満たすか。投げかけられる課題はずしりと重い。

評・辻篤子（本社論説委員）

Sarah Ellison　元ウォール・ストリート・ジャーナル記者。

二〇一一年六月二十六日❶

『世界文学とは何か？』

デイヴィッド・ダムロッシュ 著
秋草俊一郎ほか 訳
国書刊行会・五八八〇円
ISBN9784336053626

人文／国際

正典でなく結節点 翻訳通して豊かに

大きな問いである。世界文学と聞いて、すでに編まれた全集を思い浮かべる人も多いだろう。戦後しばらくはまだ、日本文学と対置される形で欧米の文学を中心にした世界文学全集が出版されていた。本書で「NATO文学」との揶揄（やゆ）も紹介されているが、もっぱら英仏露独の言語で書かれたテクストが文学的教養の正典を形作り、大学の外国語文学コースにもかろうじてそれらの言語が残っているのは、NATO以前の、帝国主義時代からの流れだといえよう。

そんなさなか、今年完結した池澤夏樹個人選による世界文学全集が辺境や女性に目配りしたラインナップを示して評判を呼んだことは記憶に新しい。あの全集には日本語作家の作品も含まれていた。世界文学が常に日本の外にあるわけではない、のだ。

それにしても、文学作品は無数に存在する。何からアプローチすればいいのだろう？ 本書の著者は、新しい正典を定めようとはしない。むしろ、世界文学そのものが「一つの読みのモード」であり、時代や社会、読者によって自在に変わる可能性を持つことを示そうとする。世界文学は絶えず更新され、読者からの働きかけを受けつつ読者の「いま」にも働きかける、という考え方は柔軟で魅力的だ。そこには正典ではなく、カフカのテクストのようにさまざまな議論の結節点となる作品が存在する。読者はまず、自分の足がかりとなる結節点を見いだし、そこから読書の幅を拡（ひろ）げていけばいいのだ。

世界文学は翻訳によって読者とつながっている。本書では作品を転生させる翻訳の功罪にも紙数が割かれている。翻訳がテクストを変身させ、さらに流通が加工を施していく。たとえばゲーテの秘書だったエッカーマンの記した『ゲーテとの対話』が、中身はそのままゲーテ著『エッカーマンとの対話』という本に変えられてしまったり。もしくは、グアテマラの先住民がおかれた状況を世界に知らしめたリゴベルタ・メンチュウの著書と、その英語版がかなり違っていたり。さまざまな形で受容先の社会への「同化」を目指す翻訳は、明治以降の日本でも珍しくなかったはずだ。ただ、ダムロッシュは必ずしも同化翻訳を否定しない。自身は比較文学者として多言語に精通し、原書に当たりつつ翻訳を検証してみせながら「世界文学とは、翻訳を通して豊かになる作品である」というテーゼを掲げる彼は、多くの作品がまさに翻訳のおかげで後世に残ったと考えている。

教養としての世界文学から、「いま」を示す指標としての世界文学へ。ダイナミックな「読み」の磁場に、まずは飛び込んでみたい。

評・松永美穂（早稲田大学教授）

David Damrosch コロンビア大学教授を経てハーバード大学教授。元アメリカ比較文学会会長。世界文学に関する多くの著書がある。

二〇一一年六月二十六日❷

『即興の解体／懐胎 演奏と演劇のアポリア』

佐々木敦 著
青土社・二五二〇円
ISBN9784791765997

人文

表現は「反復」か 探求誘う即興論

即興演奏というと、新しい何かが次々産出されていくイメージがあるけれど、実際には既に知られたイディオムが繰り出されていくにすぎないのが普通である。一方で、今まで誰にも知られず、また予期すらされていなかったことが起こるとしたら、それは真に驚くべきであり、その驚きが即興の場では何より求められている。そして、まさに驚くべきことに、それは実際に起こるのだ。となると表現者の課題は、驚くべき出来事をいかに意図的に組織するかになるわけだが、これが根本的な困難を孕（はら）んでいるのは、何かを意図的に行うこと自体がすでに予期の外に出るのを不可能にしてしまう、その一事を考えても明らかだろう。

本書で著者は、デレク・ベイリー、大友良英といった先鋭的演奏家の仕事、および日本の現代演劇に即しつつ、驚くべきことの出現という即興の理念の実現可能性を理論的に探究して行く。記述は退屈さを厭（いと）わず徹底をきわめたあげく、結局それは無理だという、ある意味では最初から分かりきっていた結論に至り着く。だが、その否定の強さゆえに言葉は熱を孕んで、結論を超えて思考をさらに遠くへ運んでいくのが面白い。無理だと強烈に確認することが、いや、まだ何かあるのではとの渇望を惹起（じゃっき）するのだ。

ここで示された問題群は決して即興に限定されるものではない。自分の表現が退屈な「反復」にすぎないのではないかと疑う全ての表現者に関わる問題である。小説家である評者は、自分の書きつつあるものが何かの「反復」であると感じながらいつも書いている。そしてそのことの意味を捉え切れてはいない。

本書の探求は、そもそも表現とは何かという水準にまで遡及（そきゅう）して、「反復」をめぐる思考へと人を誘うだろう。と同時に、フリージャズ以降の「前衛音楽」および現代日本語演劇の動向について、的を射た批評的知見を与えてくれる。

評・奥泉光（作家・近畿大学教授）

ささき・あつし　64年生まれ。批評家。著書に『ニッポンの思想』など。

二〇一一年六月二六日③

『紫式部の欲望』

酒井順子 著

集英社・一三六五円
ISBN9784087713961／9784087451788（集英社文庫）

文芸

「したい」の塊　才女の素顔に迫る

『源氏物語』——日本文学史上最高傑作である。読まなければと焦るものの、古典の持つ近寄り難いイメージや、54帖（じょう）・100万字というとてつもない長さなどの壁にぶち当たり、なかなか進まない状況に陥っていた。そんな時に本書に出会った。

著者は、『源氏物語』のストーリーや時代背景をわかりやすく解説した上で、その構成、設定、展開ないし場面や人物の描写などといった、半ば技術絡みのところにも着眼し、著者とされる紫式部を辿（たど）る無数の細い糸を一本一本手繰って、千年も前の「キャリアウーマン」の真の顔に迫った。

地位、才能、容姿——良い男とされるすべての条件を兼ね備えた王族の光源氏は、欲するままに、次々と平安の美女（醜女〈しこめ〉だったりもする）を物にし、人生を満喫していた。——そんな『源氏物語』のあらすじからは、豊かで男女関係においても極めて寛容で、現代よりも自由奔放だったという印象を持つ。実際、もて男・光源氏のモデルとされる藤原道長は、紫式部とは恋仲であったともいわれているのだから、紫式部もきっと派手に遊んだことだろう、と勝手に思い込んでいた。

本書を開けば、目次に「嫉妬したい」「見られたい」「いじめたい」……、はらはらさせる文字が躍る。紫式部は「したい」の塊だったという。しかしその所以（ゆえん）は決して派手に遊んでいたからではなかった。男性の世でもあった平安の世、いくら才能のある女性でも、男性に頼らなければ独りで生きていける環境になかった。女であるつらさを喜怒哀楽の富んだ顔で、千年後の自由を享受する現代の女性たちに打ち明けているように感じながら読み進んだ。紫式部も『源氏物語』もグッと身近にしてくれる一冊だ。

指で、和風の装丁の表紙に触れながらページを捲（めく）る、そんな読み心地もまた、たまらない。

評・楊逸（作家）

さかい・じゅんこ　66年生まれ。『負け犬の遠吠（ぼ）え』で婦人公論文芸賞。『女流阿房列車』など。

二〇一一年六月二六日❹

『間違いだらけの子育て』

P・ブロンソン、A・メリーマン 著
小松淳子 訳
インターシフト・一九九五円
ISBN9784772695237

『学校を変える力』

デボラ・マイヤー 著　北田佳子 訳
岩波書店・二七三〇円
ISBN9784000258043

教育／人文

対照的な教育論に共通するもの

しつけや教育の問題は複雑だ。一撃必殺の〝銀の弾丸〟はない。マクロとミクロ、環境と個人、脳と心、思想とスキル、それぞれの視点から試行錯誤を重ねる必要がある。

『学校を変える力』の著者デボラ・マイヤーは、ニューヨークのハーレム（貧困地域）に小・中学校を設立し、独自の教育理論で9割以上の卒業生を大学に進学させる驚異的成功をおさめた。本書には彼女の30年以上に及ぶ現場経験から生まれた教育哲学と実践知が惜しげもなく注ぎ込まれている。

一方『間違いだらけの子育て』はタイトル以上に衝撃的な内容である。異人種間交流を増やしても差別はなくならない、子供のウソや攻撃性は社会性の一部である、ＩＱは生得的ではない等々、〝常識〟をくつがえす知見がこれでもかと列挙される。

前者は誠実で人間味あふれる経験論、後者はメタ解析の手法を駆使した科学的かつ軽妙な語り口と、一見きわめて対照的だ。しかしじっくり読み比べていくと、いくつかの共通する主張が見えてくる。

まず、言葉への信頼だ。ブロンソンらの人種差別教育に関する指摘は、マイヤーの民主主義教育の方針と一致する。いずれも大人がしっかり問題設定しつつ言語化しなければ子供は学習できない。さらに「言葉」は「文脈」とセットで伝えることで、いっそう学習は確実になる。次いで「人間」への信頼。マイヤーが選択制の「小さな学校」にこだわるのは、互いに顔の見える関係の素晴らしい価値を信ずるからだ。一方ブロンソンらは、幼児の言語習得において、生身の人間のかかわりが必須であることを指摘する。

おそらく両者の論点は、最終的にガリレオの箴言（しんげん）「他人になにかを教えることなどできない。できるのは自力で発見するのを助けることのみだ」に集約されるだろう。しつけや教育とは、この真理を様々に変奏する試みなのだ。

評・斎藤環（精神科医）

二〇一一年六月二六日❺

『昭和天皇とワシントンを結んだ男　「パケナム日記」が語る日本占領』

青木冨貴子 著
新潮社・一六八〇円
ISBN9784103732068

歴史／ノンフィクション・評伝

講和条約の裏で暗躍　赤裸々に

太平洋戦争史、占領史の主要な史料はほぼ出尽くしたと思ったが、どっこいまだ残っていた。本書の骨格をなすコンプトン・パケナムの日記も、その一つといえよう。

パケナムは日本生まれのイギリス人で、しかもニューズウィーク（アメリカ）の東京支局長という変わり種のジャーナリストである。この日記は、ときおりニューズウィーク本社の外信部長ハリー・カーンに宛てた手紙という形式をとりながら、書き継がれていた。

著者は、1970年代の末にダグラス・グラマン事件に関わったカーンの消息を追ううち、その息子からパケナムの日記を託される。そこには占領期の日本に駐在したパケナムが、上司のカーンと連絡を取り合いながら、講和条約締結の裏で暗躍した事実が、赤裸々に記録されていた。

パケナムは占領軍の政策に批判的で、総司令官のマッカーサーの不興を買った。天皇の側近だった松平康昌と親しくしており、松平を通じて天皇の意向を探り、いろいろな裏工作を行った形跡がある。

たとえば、当時の首相吉田茂を飛び越して、講和条約締結の立役者J・F・ダレスと昭和天皇を結びつけようとした。また、公職追放を解除されていなかった鳩山一郎が次期首相になるとにらんで、ダレスと密会させたりもした。さらに、岸信介がいずれ首相になると予測し、その後押しもしている。パケナムの活動が、単なるジャーナリストの枠内にとどまらず、当時の日本の外交政策を左右する大きな影響力を持っていたことが鮮明に分かる。

主題と関連して、本書の最後に取り上げられたパケナムの出自に関する追跡調査の過程は、ミステリーの犯人捜しにも似て、興味深いものがある。綿密な史料読み込みに加え、手間のかかる取材調査をいとわぬ著者の面目がよく表れている。現代史の隙間を埋める好著である。

評・逢坂剛（作家）

あおき・ふきこ　48年生まれ。フリージャーナリスト。著書に『目撃　アメリカ崩壊』など。

二〇一一年六月二六日❻　文芸

『たんぽるぽる』

雪舟えま 著
短歌研究社・一七八五円
ISBN9784862722461

神様の囁き声をとらえる感性

〈ふと「死ね」と聞こえたようで聞きかえすおやすみなさいの電話の中に〉

こんな短歌に、どきっとする。「死ね」はきっと錯覚だろう。聞き返しても、戻ってくるのは優しい言葉だけ。でも、何となくそれでは済まない気がする。もしかしたら、作中の〈私〉は未来の声を聞いてしまったんじゃないか。或（ある）いは、パラレルワールドで発された声を。この世界で今、どんなに優しい恋人がいても、未来やパラレルワールドにおいては判（わか）らない。

〈あけび色のトレーナー着て行かないで事故に遭うひとみたいにみえる〉

再び、どきっ。その服装は確かにどこか不吉。だが、云（い）われなければまず気づかない。神様の囁（ささや）き声を捉えるような感度の高さだと思う。

この短歌集の〈私〉は「死」に敏感過ぎるだろうか。否。何故（なぜ）なら、私たちは皆、次の一瞬に死ぬ可能性を秘めているから。どんなに若くても健康でも、神様に「じゃ、次は君」と指名されたらそれまでだ。パラレルワールドの一つでは多分そうなっている。でも、そんな事を考えていたら日常生活を送れない。だから自らを取り囲む死の予感を隠して遠ざける事で、我々は何とか日々を送っている。

ところが、〈私〉は違う。優しい「おやすみなさい」しか聞こえない者たちに混ざって、一人だけ同時に「死ね」を聞いてしまうのだ。だから、その心は燃え上がる。自分と大切な人々と世界を命懸けで守ろうとする。その姿は愛の戦士のようだ。

〈薄っぺらいビルの中にも人がいる　いるんだわ　しっかりしなければ〉

〈全身を濡れてきたひとハンカチで拭いた時間はわたしのものだ〉

〈きみ眠るそのめずらしさに泣きそうな普通に鳥が鳴く朝のこと〉

〈かたつむりって炎なんだね春雷があたしを指名するから行くね〉

評・穂村弘（歌人）

ゆきふね・えま　74年生まれ。09年、短歌研究新人賞次席。

二〇一一年六月二六日⑧

『プラハ侵攻　1968』

ジョセフ・クーデルカ 著　阿部賢一 訳
平凡社・三九九〇円
ISBN9784582277821
歴史／国際

1968年、東欧社会主義圏のチェコで「プラハの春」が巻き起こった。スローガンは「人間の顔をした社会主義」。チェコ共産党内改革派が主導する「歴史的実験」だったが、世界的共感をもって迎えられた。夏、侵入したソ連軍が春を押しつぶす。

本書は、侵入直後のプラハ街頭の模様を撮ったチェコ人カメラマンによる写真集だ。戦車を取り囲む人々、抗議の叫び、バリケード……チェコ流の「非暴力の抵抗」が生々しくも生き生きと収録されている。チョークで書きなぐられた「☆＝卍」なる落書。すなわちソ連軍＝ナチス。人々は事態をそう捉えた。

老若男女が嘆き、憤っている。あるいは放心し、沈黙している。あるいは悲しみ、ほほ笑んでいる。千差万別なる「人間の顔」。一方、戦車に乗って自動小銃を手にした兵士たちの顔は一様に無表情である。何が起き、何が問われていたのか。顔は、雄弁過ぎるほどに語っている。

評・後藤正治（ノンフィクション作家）

二〇一一年七月三日①

『北京のアダム・スミス　21世紀の諸系譜』

ジョヴァンニ・アリギ 著
中山智香子ほか 訳　山下範久 解説
作品社・六〇九〇円
ISBN9784861823190
国際

欧米こそ「特殊」　野心的な中国論

内部に数々の矛盾を抱えながら昇竜のように台頭する巨大国家、中国はどこに行くのか。その未来を予測することは難しいが、目前の変化から引きのいて、数百年の長期波動でとらえたら、中国の急速な発展はどう見えるだろうか。

本書は、こうした壮大なスケールの歴史から現代中国の、さらにはアジアの興隆を位置づけ直そうとする野心的な世界システム論である。本書がユニークなのは、独自のアダム・スミス解釈に基づいて、市場形成プロセスの「自然的な」発展の経路と資本主義的発展のプロセスの「非自然的な」発展の経路を分け、前者を中国に、後者をヨーロッパ及び米国に振り分けていることである。目から鱗（うろこ）が落ちるとはこのことではないか。教科書的な近代化論からすれば、ヨーロッパおよび米国の資本主義の道こそが、「正常」であり、中国では合理的な資本家も、資本主義的な経営も、予測可能な法体系も、近代的な国家も、そして資本主義の「精神」も、諸々（もろもろ）が欠落しているとみなされてきたからだ。

アリギは、このような「（マックス・）ウェーバー・テーゼ」を逆転させ、ヨーロッパ及び米国の発展の経路こそが「特殊」であり、「非自然的」であったと断じている。すなわち、ヨーロッパ及び米国では中国に見られたような、農業から工業へ、さらに対外貿易と進む「自然的」発展の経路をたどらず、むしろ逆に対外的な長距離貿易や奴隷貿易など、対外的膨張によって生み出された富と権力をレヴァレッジ（梃子〈てこ〉）にさらに工業から農業へと進んで行く発展をたどったのである。

ヨーロッパの優位は、このような「逆向きの」発展を通じた産業革命と、内部の熾烈（しれつ）な軍拡競争と対外的な膨張によって支えられていたことになる。イタリアの都市国家からオランダのプロト国民国家、さらに英国、米国へと続く領土的帝国の歴史は、そのようなプロセスを物語っている。

アリギによれば、その最後のランナーである米国の単独主義的なヘゲモニーは、ブッシュ政権の新保守主義のプロジェクトの破産で終わりを迎えようとしている。そして対テロ戦争の真の勝利者は、実は中国であり、かつての「自然的」発展の経路を振り返ってみれば、中国の台頭は決して単なる奇跡的な偶然ではないのである。

もっとも著者はただ楽観的な中国平和的台頭論を唱えているのではない。もし中国が

「西側のエネルギー消費型の経路」に頼り、利益の独占とそこから排除されていく人々の亀裂を深め、生態系の惨状を増大させていくだけだとすれば、世界の混沌（こんとん）のトリガーを引くことになりかねないと予測しているからだ。一読の価値ある大著だ。

評・姜尚中（東京大学教授）

Giovanni Arrighi　1937～2009年。イタリア生まれの社会学者。邦訳書に『長い20世紀』がある。

二〇一一年七月三日❷

『津波と原発』

佐野眞一 著

講談社・一五七五円

ISBN9784062170383／9784062777995（講談社文庫）

ノンフィクション・評伝

胸に食い込む被害者たちの肉声

ニュース一段落して関連本並ぶ――大事件後の常であるが、東日本大震災もまたそのような時期を迎えている。腕力ある書き手・佐野眞一の著ということで手に取った。駆け足ながら現地を歩き、論考を展開しているが、まず胸に食い込んでくるのは被害者たちの肉声である。

　福島第一原発にほど近い区域では家畜類の殺処分が伝えられたが、多くの牛たちは依然生きている。

「元気な牛を殺す資格は誰にもねえ。平気で命を見捨てる。それは同じ生き物として恥ずかしくねえか」

「ここへ来て、悲しそうな牛の目を見てみろ。言いたいのはそれだけだ」

　東電にいま一番言いたいことは何かという問いに対する、酪農家たちの臓腑（ぞうふ）をえぐる言葉である。

　後半部では「福島のチベット」とも呼ばれた「浜通り」が「原発銀座」へと変容していく構造的な流れを追っている。古くは入植農民の歴史があり、戦時中は陸軍の飛行練習場に使われ、塩田となり、やがて原発用地となる。用地調査に出向いた東電職員のもとに、町長は四斗樽（よんとだる）を持参し、「本当に東電は発電所を造ってくれるのですか」と頼み込んだとある。貧困からの脱却を込めた懇願だった。

　とりあえず雇用は確保され、道路が整備され、立派な公民館もできた。けれども、失われたものと比較していえば、見返りは哀（かな）しいほどにつつましいものだった。

　この国はかつて、焼け野が原から経済大国へと変貌（へんぼう）した。いま再びの声があるが、著者は、消費意欲の乏しい「高齢大国」に再びの道は可能なのかと問いかけている。加えていえば、どこかに〝第二のフクシマ〟をつくって復興をはかる方法はもはや無効である。私たちは新たな価値観に立脚した、遠い道を歩むしかない。書き手たちにとっても息の長い仕事が待ち構えている。

評・後藤正治（ノンフィクション作家）

さの・しんいち　47年生まれ。『巨怪伝　正力松太郎と影武者たちの一世紀』『東電ＯＬ殺人事件』。

二〇一一年七月三日③

『「富士見」の謎　一番遠くから富士山が見えるのはどこか?』

田代博 著

祥伝社新書・八四〇円
ISBN9784396112394

科学・生物

どこからどれくらい 見える?

関東圏に育った私にとって富士山は身近だった。至る所から遠望できた。特別くっきり見えた日は何かいいことがありそうだった。

その後、京都の大学に行くことになり富士山が見える生活から長らく遠ざかった。縁あって再び東京に戻り、例えば、多摩川に高く張り出した二子玉川駅から富士山の姿を見つけるとうれしくなる。が、そのまま田園都市線で西に向かうと、近づいているにもかかわらず富士山は見えなくなってしまう。手前の丹沢山系のせいだ。

世の中、どこにでも道を究める人がいる。本書によれば、地球が平坦（へいたん）な球形で、富士山だけが山ならば、半径236キロから富士山が見える計算になる。この円周より外でも、高い場所に上がれば富士山が見える。むろん間に山や丘陵があればさえぎられる。どこからどれくらい富士山を見通せるか。かつて著者は手計算でそれを推定し、6カ月を要した。いまではコンピューターでシミュレート、CGが作られるまでになった。

しかし理論上はそうでも、ほんとうに見えるかどうかわからない。大気と光の微妙な屈折、そして樹木や建築物など現地状況などにも左右される。だから実証が必要となる。富士山最遠望の地は、和歌山県・色川富士見峠。01年、2人の篤志家が写真撮影に成功、ついに証明された。その距離なんと322・9キロ。

実は、京都からも富士山がわずかにかいま見える可能性があるという。武奈ケ岳北西4・5キロ地点。通称サイの角。でもいまだ証拠写真はない。人がそこへ行けるのかどうかもわからない。

調べる。考える。行ってみる。発見がある。また調べる。それが楽しい。ここには学ぶことの比喩がすべて含まれている。著者は高校の地理の教師。私も地図好き（マップラバー）だから、こんな先生にこそ習いたかった。次の課題はスカイツリーらしい。

評・福岡伸一（青山学院大学教授）

たしろ・ひろし　50年生まれ。筑波大付属高校社会科教諭。著書に『展望の山旅』など。

二〇一一年七月三日④

『五・七・五交遊録』

和田誠 著

白水社・二四一五円
ISBN9784560081457

文芸／ノンフィクション・評伝

人物寸評 俳句と似顔絵通じ合う

本書の題名「五・七・五」を「575」と読むんだから僕はよほど俳句に疎いといえよう。50年のつき合いの和田誠に俳句の趣味があったなんて全く知らなかった（これは本当）。と言うと「贈本した俺の本読んでない」と言われるにきまっているが、興味のないものは見えない聞こえない。

さて本書は句会仲間を中心に僕みたいな人間も交遊仲間に加えて、その人物に句をプレゼントして、人物寸評を記した交遊録である。その昔、和田家は親戚で句会をやるほどで、彼も6歳で処女句を詠んでいるというからすでに子供文化人だ。

骨董（こっとう）と俳句の良し悪（あ）しがわからない僕は「ヘェー」と言うしかないが、彼が俳句に惹（ひ）かれるのは、彼の似顔絵を見れば納得できる。最小限の点と線だけで対象の人物の特徴をつかむ技能は俳句と似ている。似顔絵の点と線は1ミリでも狂うと別人になってしまうので、その正確さは精密機械並みだ。この感覚で彼は人物の性格や仕事の内容まで的確に文章で描く。

このような技術は彼の記憶力に由来しており、昔読んだ詩や俳句を諳（そら）んじることができるだけではなく過去に観（み）た膨大な映画のひとつひとつのセリフまで正確に記憶している。目や耳と脳と感性が一体化しているからだろう。つまり現実体験の再現能力は記憶から来ており、頭の中のビジョンや音の再現が、彼の絵や作曲にもつながっている。

それにしても彼の交遊は多士済々だ。そんな人々のポートレートを片っ端から俳句で描写するだけでなく、映画の場面まで俳句で活写してみせる。世界一短い映画批評だ。

和田誠は天動説のような人で、天の星が勝手に動いているように、本人はジッとしているだけで、色んな人が集まってくる。それをつまみ食いしていればいいのだ。ここで一句と言いたいところだが……、残念。

評・横尾忠則（美術家）

わだ・まこと　36年生まれ。イラストレーター。映画も監督。『和田誠の仕事』など。

二〇一一年七月三日⑤

『地図から消えた島々　幻の日本領と南洋探検家たち』

長谷川亮一 著
吉川弘文館・一八九〇円
ISBN9784642057226
歴史／ノンフィクション・評伝

謎また謎　〝山師〟たちの夢の跡

日本近海は「まぼろしの島」の宝庫といえる。もし無人島を発見し標柱を証拠に建てた場合、「無主地先占」の定めにより領有できるため、島が多い太平洋は先陣争いの舞台となった。本書は帰属問題に揺れる日本周辺の島々をも絡めながら、真にまぼろしとなって地図から消えた島々、実在するが奇怪な騒動に巻き込まれた島々の秘史を語る。

たとえば小笠原諸島だが、江戸期にこの開拓を願い出た「小笠原貞頼の子孫」を幕府が「証拠も権利もない」と門前払いにした。ところが幕末に西洋人が住み着き、ペリーが島に米国旗を掲げると、虚偽と決めつけたはずの小笠原家文書を掘り返して急遽（きゅうきょ）「小笠原島」領有の証拠にした。かと思えば、太平洋戦争の重要地点となったミッドウェー環礁は、19世紀末にアホウドリ猟の日本人が住み着いたにもかかわらず、アメリカ政府が日本に「この島の領有権を主張する気があるのか」と打診した際、なんと「その気なし」と返事したのだ。島の領有をめぐる物語はまさにミステリーの連続である。

実在を確認できないが地図にはある島を「疑存島」と称し、典型例として本書に詳述されるのが、「中ノ鳥島」である。そもそもの発端は、地球内部に大空洞があり南北両極に通路があるという奇説「地球空洞説」である。その関わりから出たガンジス島なる正体不明の島を、明治期に某日本人が「発見」し開拓申請した（この某日本人もじつに興味深い人物だ）。政府は「中ノ鳥島」と名づけ領有を宣言、島のリン鉱は5億円だという噂話（うわさばなし）が流れ山師や冒険家を吸引したが、結局「不存在」として削除された。ところが今でも法令の1カ所に消し忘れで島名が生きているそうだ。これら南進の痕跡を本書は〝山師〟たちの夢のあと」と呼ぶが、太平洋の船旅を十倍おもしろくしてくれる一冊だ。

評・荒俣宏（作家）

はせがわ・りょういち　77年生まれ。著書に『「皇国史観」という問題』。

二〇一一年七月三日⑥

『白い罪　公民権運動はなぜ敗北したか』

シェルビー・スティール 著　藤永康政 訳

径書房・二六二五円
ISBN9784770502094

政治／社会

黒人・白人　対抗関係どう越える

差別の問題を語って刺激的な本だ。あるいは、反発する向きもあるかもしれない。著者は、『黒い憂鬱（ゆううつ）』（邦訳は五月書房刊）などの著書がある黒人の論客。本書の問題提起は、日本の差別問題を考えるうえでも重要な意味をもつだろう。

1965年、ジョンソン米大統領は、こう演説した。

「長いあいだ鎖で縛りつけていた者（黒人）を解放し、競争のスタートラインに並ばせ、『さあ、自由にほかの人びとと競争したまえ』などと言うことはできません」

平等な社会を築くためには「機会の平等」ではなく、「結果の平等」が必要だと大統領が宣言したのだ。

公民権の獲得をめざして、長年、非暴力の闘いを繰り広げてきた黒人にとって、それは大きな達成だった。

かつては、黒人を差別することが白人の素養とされた。ところが、差別の非を認めて以降、白人は道徳的な負い目（白人であることの罪悪感＝白い罪）から逃れられなくなる。

黒人が経験してきたことに鑑みると、自助努力の責任を負わせることは道徳的に間違いだ、と白人は考え、黒人の個人的責任を問うことは人種差別と同じだとみなした。

一方、黒人は、白人の負い目を、そのまま自らのパワーとし、黒人に特権を認めよ、と要求しだした。

「われわれはふたたび奴隷になった。われわれの運命は他人の責任となってしまった」と著者は嘆く。

では、どうすればいいのか。その点を著者はほとんど語らない。黒人対白人という対抗関係自体をどう越えるか。問いは、読者の前にそのまま投げ出されている。

副題にやや違和感がある。「公民権運動の大闘争に勝利した」あと、米国社会が抱え込んだ新たな難題に著者は着目した。それを公民権運動の「敗北」ととらえるのは、果たして適切だろうか。

評・上丸洋一（本社編集委員）

Shelby Steele　46年生まれ。米スタンフォード大学フーバー研究所研究員。

二〇一一年七月三日⑦

『朽ちるインフラ　忍び寄るもうひとつの危機』

根本祐二 著

日本経済新聞出版社・二一〇〇円
ISBN9784532354596

社会

上下水道、学校、道路——現代日本のインフラの多くは半世紀前の高度成長時代に作られた。その補修や交換で今後数百兆円規模の莫大（ばくだい）な費用が必要になるが、人口減少と高齢化、財政悪化に伴い、もはや全面維持は不可能だ。それを今後住民に納得させ、維持管理と資金捻出の新手法も含めた計画立案を、いまから進めなくてはならない。

本書はこの面倒だが避けがたい事実を、ストレートに指摘した本だ。

理念やお題目より数字と具体的な提案に物を言わせる本だが、読み易（やす）く事例も豊富で説得力は高い。そして本書の根底にある、今後の日本が直面する大問題は市街地の秩序ある縮小なのだという認識は、都市計画や建築リノベーションの分野も共同で取り組むべき重要な課題だ。

震災復興はそれを試すまたとない機会だが、その具体的な提案も本書には挙げられている。実務家はもとより、日本都市の未来に関心のある万人にお薦め。

評・山形浩生（評論家）

二〇一一年七月三日❽

『38人の沈黙する目撃者　キティ・ジェノヴィーズ事件の真相』

A・M・ローゼンタール 著　田畑暁生 訳
青土社・一五七五円
ISBN9784791766086

社会

夜中に、近所で悲鳴が聞こえたら、あなたはどうするだろうか。すぐに警察に通報するか、それともふとんをかぶって、知らぬふりをするか。

1964年3月13日の未明、キティ・ジェノヴィーズという娘が、ニューヨークの自宅アパートの近くで、30分にわたって襲われ続け、殺害された。その間、近隣の住人はキティの悲鳴を聞いたはずだが、だれも助けに出るどころか、警察に通報さえしなかった。沈黙した目撃者の数は38人にものぼった。

この事件は、自分に関係のないことには関わらない、いわゆるアパシー（無関心）の問題について、多くの論議を呼び起こした。著者は、沈黙した目撃者の数が少なければ許されるのか、あるいは遠くで起こった事件なら、無関心でもいいのかなどと、鋭い問いかけをする。しかし、明確な答えは出てこない。

小著ながら、東日本大震災に対する国内外の反応が、なんの脈絡もなく思い浮かんできて、惻々（そくそく）とさせられた。

評・逢坂剛（作家）

二〇一一年七月一〇日❶

『困ってるひと』

大野更紗 著
ポプラ社・一四七〇円
ISBN9784591124765／9784591130216（ポプラ文庫）

社会／ノンフィクション・評伝

制度の谷間の難病　挫けそうでも笑う

ミャンマーの難民問題を研究する24歳の女性が、突然、難病にかかった。病名は「筋膜炎脂肪織炎症候群」。免疫システムが正常に制御されず、全身に炎症がおこる。何十種類もの薬を服用しつつ、熱、倦怠（けんたい）感、痛みに苦しむ毎日が続く。

本書は、発病からの苦闘を描いたユーモアたっぷりの闘病ノンフィクションだ。ネット連載時から話題になり、ツイッター上では絶賛の声があふれた。

最初は、どこの病院に行っても、何の病気なのかが分からない。原因も不明。いくつかの病院を転々とし、自力でたどり着いた大学病院でようやく入院。本格的な治療がスタートする。

そこで著者の前に立ちはだかったのが、日本の複雑怪奇な社会保障制度だ。それはまるで「モンスター」。ただでさえフラフラなのに、山のような書類を提出しなければならない。しかも、難病を抱える患者にとっては余りにも過酷な制度で、「大我慢大会」を強いられる。病院は「診療報酬」の問題で、ベッド稼働率を上げなければならない。長期入院は敬遠される。

著者は、次第に友人たちに頼るようになっていった。「何でもするよ」と言ってくれる友人に、買い物や手続きの代行などを頼んだ。次第にそれは「当たり前」になっていき、友人たちは疲弊していった。

著者は、そんな事実を友人から突き付けられる。そして、思った。これは自分が研究してきた難民への援助の矛盾にぴったり当てはまるのではないか、と。

行政によるセーフティーネットには、すでに大きな穴があいている。「難病患者は、『制度の谷間』に落ち込む、福祉から見捨てられた存在」になっている。それを患者個人の「根性」や家族・友人の支援だけで乗り切ることは不可能だ。自助と共助だけでは、みんなが疲弊する。やはり国家が再配分を行うことで、生存権を保障することが必要不可欠である。その上ではじめて自助や共助が意味をもつ。著者は言う。「その国の『本質』というのは、弱者の姿にあらわれる」

問題は、患者と医者の関係にも及ぶ。人は他者のことをすべて「わかる」ことなんてできない。医者も患者の不安や思いのすべてを把握しきることはできない。医者だって人間だ。だから、医者の何げない一言や行為が、患者を絶望の淵（ふち）に追いやることがある。

著者は、その瞬間を丁寧に描く。社会制度とのバトル、医者とのバトル、そして自分とのバトル。著者は、挫（くじ）けそうになりながらも、なんとか前に進む。いつもユーモアと知性を忘れずに。

とにかく読んでほしい。これほど読みやすく、心が震えるノンフィクションはめったにない。笑顔と涙が同時にこぼれる傑作だ。

評・中島岳志（北海道大学准教授）

おおの・さらさ　84年生まれ。上智大学大学院（休学中）に進学した08年、難病の筋膜炎脂肪織炎症候群と皮膚筋炎を発病した。現在は退院して都内で生活している。

二〇一一年七月一〇日③

『ミドリさんとカラクリ屋敷』

鈴木遥 著

集英社・一五七五円

ISBN9784087814774／9784087453201（集英社文庫）

アート・ファッション・芸能／ノンフィクション・評伝

97歳　奇妙な家と開拓民の歴史

そのいっぷう変わった家は、湘南ののどかな一角に立っている。豊かな木々が生い茂る庭に囲まれた重厚な日本家屋をよく見ると、あちらこちらに意匠を凝らした飾りが施されていることがわかる。そして、屋根からにゅっと突き出ているのは、まぎれもない電信柱である。ただの邸宅ではないことは、明らかだ。

ここのあるじであり、設計者でもあるのは、御年97歳のミドリさんという女性である。著者は高校生の頃からミドリさんの家に興味を持ち、ついに家の中に出入りすることを許された。ところが、外観だけでなく内部もまた「カラクリ屋敷」と呼ばれるにふさわしいキテレツな構造を持っていたのだった。大学院で建築学を修めた著者は、ついに、ミドリさんとその家が生まれた背景を求め北海道から新潟まで、調査の旅を重ねることになる――。

ミドリさんは、新潟から北海道へ移住した開拓民の家に生まれた。著者は、彼女の一族の歴史を建築という面から丁寧にあぶり出し、「カラクリ屋敷」が父親ゆずりのものづくりのノウハウとフロンティアスピリットによって造られたことを明らかにしてゆく。家屋がL字形につながっているのは、雪深い新潟の「曲（まが）り屋」を取り入れたものだし、家の中に秘密の逃げ道をいくつも造ってあるのは、「いざというとき」を想定した開拓民の智恵（ちえ）なのである。

著者のてらいのない文章で「カラクリ屋敷」の謎が解き明かされる過程は、実にわくわくさせられる。建築がいかに人間と深く関わっているかが痛感されもする。ミドリさんの痛快な言動と行動力に、元気をもらう読者も少なくないだろう。

ちなみに、奇妙な建築といえば式場隆三郎によって昭和初期に紹介された二笑亭が思い浮かぶが、式場も新潟出身なのは偶然だろうか。せせこましい仕事部屋で、二つの建築にしばし思いをはせた。

評・田中貴子（甲南大学教授）

すずき・はるか　83年生まれ。雑誌の編集・ライター。町並み保存や建築物記録に携わる。

二〇一一年七月一〇日④

『かけ算には順序があるのか』

高橋誠 著

岩波科学ライブラリー・一二六〇円
ISBN9784000295802

教育

思想史的な問いかけ、なのだ

今、小学校では、「6人に4個ずつミカンを配ると、ミカンは何個必要ですか」という問題に、6×4=という式を書くと、バツにされてしまうという。「教師用指導書」には、かけ算の式の順序を教えるように、と明記されているのだ。かけ算とは、「ひとつ分の数」×「いくつ分」によって「ぜんぶの数」を求める操作であり、順序の理解は、かけ算の導入期のルールとしてぜひ必要なのだという。つまり4×6が正解。

著者は文学部卒。この考え方にひっかかりを感じ、算数教育の歴史をひもといてみた。議論は実に40年ほど前から繰り返されており、今もネットで父母、教師を巻き込んで継続中。古くは数学者、遠山啓、矢野健太郎、森毅なども活発に発言している。彼らは順序派。もし6×4と書くならば、それはトランプを配るときのように、一巡あたり6個ミカンがいり、それを4回繰り返すという意味になると。あの森先生ですら結構しんきくさいことを言っていたのですね。

しかし、と著者は食い下がる。遡(さかのぼ)れば、エジプトの記述には人数が先にくるかけ算があり、そもそも人間の思考の始まりは6人×4個的なものだったのではないか。

大げさにいうと本書は、人類が長い時間かけて獲得してきた知の紆余曲折(うよきょくせつ)を、教育という「便宜」がどこまで整理してよいか、あるいは教師たちはそのことにどれほど自覚的か、という思想史的な問いかけなのである。著者の「ひっかかり」は健全なる懐疑心の発露であり、そこに共感できるのが本書の持ち味。

私はふと、広中平祐を思い出した。彼は「図形を3等分する」という問題で、みじん切りにして三つの山に盛ればよいといった。数学は自由でいいんですと。

そんな自由さを獲得するためにこそ勉強するわけだが、最初からそうは見通せないのがつらいところ。

評・福岡伸一(青山学院大学教授)

たかはし・まこと 48年生まれ。算数教育史家。『和算で数に強くなる!』など。

二〇一一年七月一〇日⑥

『気候工学入門 新たな温暖化対策ジオエンジニアリング』

杉山昌広 著

日刊工業新聞社・二三一〇円
ISBN9784526066962

科学・生物／社会

現実味増す「気温下げる」技術

現在なお大問題の原子力が推進されるにあたり、地球温暖化の緩和という名目も大きかったのはご存じのとおり。目下はさほど話題にならないものの、今後温暖化が一部の地域に何らかのコストをもたらすのも確実だし、その対策は必須だろう。

これまでまじめに検討されていたのは、莫大(ばくだい)な費用で効果はほとんどなく、実現はおろか国際的な合意すら絶望的な炭素排出削減、温暖化の影響に個別に対応する適応策、再生可能エネルギーの研究といったところだ。でも、気温上昇が問題なら、それを直接下げたらどうだろう?

たとえば、空中に光る微粒子をまいて、太陽光を反射させ地球に入る熱を減らしたら?プランクトンを増やして大気中から二酸化炭素を除去したら?

これまで、こうしたジオエンジニアリングと呼ばれる技術はまともに考慮もされなかった。でもそれが徐々に現実味を増し、いまや真剣な検討の俎上(そじょう)にのりはじめている。本書はそうした各種の技術を紹介しつつ、その費用や社会的な枠組みまで簡潔にまとめ、素人でも十分に読める入門書なのにかなり包括的だ。

個人的には微粒子散布や雲の増加が意外とお安いのにびっくり。とはいえ、その運用は悩むところ。いまの日本では、巨大技術とその運用に対する不信は大きい。本書はそうした懸念や批判論も手際よく紹介している。

だが、もし温暖化が本当に重要な問題であるなら、使える手段は何であれ検討くらいはしておきたい。本書は、決してジオエンジニアリング万歳の本ではない。だが今後、こうした技術の重要性は確実に増す。温暖化問題に関心のある方はご一読を。有効性の疑わしい炭素排出削減に飛びつくより、社会としていろいろな選択肢を踏まえたうえでの合理的な選択がしやすくなるはずなのだから。

評・山形浩生（評論家）

すぎやま・まさひろ　78年生まれ。電力中央研究所社会経済研究所主任研究員。

二〇一一年七月一〇日⑦

『しあわせ節電』

鈴木孝夫 著
文芸春秋・一二〇〇円
ISBN9784163743202
経済／社会

世を挙げて「節電」の大合唱だが、そんななか、言語学者の出した節電の本である。タイトルも可愛らしくて、「おや」と思って手に取った。

「戦前の暮らしを劇的に変化させないで今までやってきました」とあるが、道に落ちている釘や空き瓶は必ず拾い、ビスケットの缶も叩（たた）いて延ばして再利用、と節約ぶりは徹底している。捨てられていた電化製品は修理して留学生にあげ、腕時計は昭和26年にもらった自動巻きをいまも使っている。新製品を開発して売ることを目指す資本主義経済とは相いれないだろうが、見えを張らず、古いモノを大切にし、嫌々ではなく一種の趣味として節約するのが「しあわせ節電」の秘訣（ひけつ）らしい。

著者は原発に反対なだけでなく、化石燃料を使う火力発電にも反対している。無駄遣いを排除するライフスタイルの話はやがて文明論、国家論にまで発展していく。そのすべてに同意できるわけではないが、地球環境に対する危機感は共有したい。

評・松永美穂（早稲田大学教授）

二〇一一年七月一〇日⑧

『風評被害　そのメカニズムを考える』

関谷直也 著
光文社新書・七七七円
ISBN9784334036249
経済／社会／新書

「風評被害」という言葉があいまいなのは、厳密な定義なしに、１９９０年代末からマスコミ用語として使われ始めたからだという。

著者は、人々が事件や災害などの報道をきっかけに、消費や観光などを根拠なく危険視してやめることによる経済被害、と定義する。

その本質は、絶対的な安全を求める安全社会、代替物が容易に手に入る高度流通社会、そして情報過多社会を背景にした「疑心暗鬼の連鎖」だという。とすれば、避けることは根本的に困難という前提で対策を立てるしかない。

そのために大切なのは、メカニズムを理解することだ。消費者やメディアだけでなく、行政や流通などの関連業者の責任も、実は重い。

簡単には解が見当たらない問題だが、この時期に本書を問うたのは、社会学者の心意気だろう。加害側に回りたくない人に一読を勧めたい。

今起きていることをどう考え、どう行動すべきか、ヒントを与えてくれる。

評・辻篤子（本社論説委員）

『不死細胞ヒーラ　ヘンリエッタ・ラックスの永遠（とわ）なる人生』

レベッカ・スクルート 著　中里京子 訳
講談社・二九四〇円
ISBN9784062162036

科学・生物

細胞は誰のものか「彼女」と家族追う

「ヒーラ」という名前に全く覚えがなくても、私たちの誰もがその恩恵を被っていることはほぼ間違いない。

ヒーラ細胞は、世界で初めて培養に成功したヒト細胞で、がんや肝炎、遺伝子の研究からインフルエンザの薬の開発まで、20世紀後半以降の生命科学と医学の飛躍的な進歩を支えてきた。

本書は、その細胞をめぐる、科学と人と社会、とりわけ、人種や貧困などの根深い問題を抱えた米国社会の驚くべき物語である。

そのエッセンスは、当時16歳だった著者の心をとらえた、地域短大の生物学の授業での教官の言葉に集約されるだろう。

彼は「ヒーラ細胞は、過去100年に医学界で起きた最も重要な出来事の一つだ」といい、その名のもとになったヘンリエッタ・ラックスについてこう付け加えた。「彼女は黒人だった」「彼女のことは誰にもわからないんだ」

著者が残された家族を探し当てて電話をかけたのは11年後、本書に結実したのはさらに10年後だ。

子宮頸（けい）がんと診断され、米メリーランド州のジョンズ・ホプキンス病院の人種隔離病棟に入院したヘンリエッタのがん細胞が、ヒト細胞の培養をめざす研究室に運ばれたのが始まりだった。1951年初めのことだ。細胞はいとも簡単に増えた。正常細胞の性質も備え、研究には理想的だった。

数カ月後、彼女が亡くなるころには細胞はあちこちで使われていた。国家プロジェクトとして大量培養され、ポリオウイルスを感染させてワクチンの安全性や効果を確認するのに役立った。ソ連や米国のロケットで宇宙にも行った。

その量は今や5千万トン以上に達し、科学論文6万点以上を生んだ。今なお頻繁に使われ、大きなビジネスにもなっている。

娘がいう。「母さんの細胞がそんなに医学に役立ったんなら、なんでその家族には医者にかかる余裕がないんだろう。みんなが母さんを利用して儲（もう）けても、あたしらには10セント硬貨1個だってこない」

実は、家族がヒーラ細胞の存在を報道で知ったのは20年以上たってからだ。著者は、思いがけない「母」との出会いで動揺する家族にじっと寄り添う。幼いころに母を亡くしたきょうだいが「母」と対面するシーンが印象的だ。結びは「科学」を受け入れるに至った息子のこんな言葉だ。

「利益を手にした連中がおふくろの功績を称（たた）えて、家族の気を晴らしてくれればいいんだ」

細胞はだれのものか。答えはないまま、研究は進んでいく。

今度薬を飲むときは、自らの細胞の運命を知ることなく31歳で世を去った女性に思いをはせてもいい。そう思わせる一冊だ。

評・辻篤子（本社論説委員）

Rebecca Skloot　米国のサイエンスライター。ヘンリエッタの子孫のための奨学基金「ヘンリエッタ・ラックス財団」を創設。

二〇一一年七月一七日❷ 文芸

『逆事（さかごと）』

河野多恵子 著

新潮社・一五七五円
ISBN9784103078104

重層的な構成 書き過ぎない円熟

名前をつけた途端に、動き出すものがある。この「逆事（さかごと）」もそうだ。物事のあるべき順序や秩序から逸脱した事柄を指すらしいが、読んでいるうちに、自分の周りにある「逆事」の数々に目を開かれてしまった気がする。

本書に収められた5本の短編は、どれも比較的静かな光景を描いているようでいながら、遠景に目をこらすと、「死」や「賊」が見えてくる。「逆事」が、かさかさと音を立てながら追いかけてくる。そこに潮騒や往年の映画女優の面差しが重なったりして、重層的な構成の見事さに、ため息をつきながら読んだ。

淡々とした語りには、偏屈な観察者の、ちょっぴり意地悪な視点も混じっているようだ。たとえば夫の出張中に泥棒に侵入されたことを、夫の帰宅後もなかなか言い出せずにいる妻の視点から語られた短編「緋（ひ）」。侵入されたことよりも、近所の人に助けを求めて来てもらった際に、片付け忘れていた夕食のテーブルを見られたことの方に、屈辱を感じている。夫に泥棒のことを打ち明けられなかったのも、彼を驚かせたくないというよりは、妻の側に封じ込めたい何かがあったからではないか。夫はそれを疑い、妻は否定するが、夫婦の間に芽生え始めた違和感が、読者も巻き込んでどんどん拡（ひろ）がり始める瞬間がある。書き過ぎない円熟、とでもいおうか。書かれていない部分に読者の想像をそそる、マグマの鉱脈が埋まっているのだ。

人の生死と潮の満ち干きにこだわる表題作では、語り手が著名な作家の死亡時刻を引き合いに出しつつ、満潮時に亡くなった伯母の人生を振り返り、一人息子を戦死させた後の、伯母の悲願を回想する。しまいには幽霊まで登場する不気味な話なのだが、すべてがさらりと冷静に語られていく。順なることも逆なることも受けとめて胸に納める語り手の包容力も、海の潮のようではないだろうか。

評・松永美穂（早稲田大学教授）

こうの・たえこ 26年生まれ。作家。文化功労者。近作に『臍（へそ）の緒（お）は妙薬』など。

二〇一一年七月一七日❹ 文芸

『別れの時まで』

蓮見圭一 著

小学館・一五七五円
ISBN9784093863025／9784094088113（小学館文庫）

中年男女の恋愛ものが急展開

編集者の松永は、〈家族〉をテーマにした手記の入選者の一人、毛利伊都子と会って心を引かれる。

伊都子は、松永より四つ年下の35歳で、劇団の女優だ。伊都子には9歳の息子がいるが、夫については手記にただ「息子は父親を早くになくし」と書かれているだけで、素性が分からない。松永自身も妻を早く亡くし、中学1年の娘早紀と2人で、暮らしている。家が近いことから、松永と伊都子は子供ぐるみで、付き合いを始める。当初は、手記に夫のことを書き足すよう頼むのが目的だったが、それなら入選を辞退すると伊都子に言われ、松永は当惑する。中ぶらりんのまま、2人の交際は続く。

やがて、公安の刑事が松永に接触を求め、物語はがぜん緊張感を帯びてくる。刑事たちは、伊都子のことを根掘り葉掘り聞き出そうとする。あいまいにされていた伊都子の過去や息子の父親の消息が、少しずつ明らかにされる。さらに、30年以上前の過激派による企業爆破事件の謎が浮かび上がってくる。息子の父親は生きており、過激派の一味として追われているらしい。

こうして、子持ちの中年男女の恋愛もの、と思われた小説が急展開して、サスペンス小説の様相を呈し始める。刑事から、伊都子の動静を探るように頼まれると、松永は真実を知りたさのあまり、断りきれない。その点松永は、いわゆる〈男の生きざま〉小説の主人公とは一味違う、人間的弱さを持つ。結局、そうした松永の優柔不断さが、この小説を安易なハッピーエンドに終わらせない予兆的な伏線になっている。

文章は読みやすく、しみじみとした味わいを持つ。独特の情感は、先年物故した藤原伊織の世界を彷彿（ほうふつ）とさせるものがある。好感の持てる小説だが、タイトルと帯の惹句（じゃっく）のせいで、結末がストレートに予想されてしまうのは、いささか惜しい気がする。

評・逢坂剛（作家）

はすみ・けいいち　59年生まれ。作家。『水曜の朝、午前三時』『ラジオ・エチオピア』など。

二〇一一年七月一七日❺

『日比谷公園　一〇〇年の矜持（きょうじ）に学ぶ』

進士五十八 著

鹿島出版会・二六二五円
ISBN9784306072916　人文／アート・ファッション・芸能

苦心重ねて　洋風「幕の内」の庭

大都市の公園は案外なことに、突然上から市民に与えられたケースが多い。東京の上野公園も「恩賜（おんし）」が付くし、パリのテュイルリー宮庭園は美観を保つために市民の入園禁止となるところを童話作家として有名なペローの粋な計略で公開に変更されたそうだ。

東京の中心を占める日比谷公園も、そもそもは上から出た計画だった。日比谷の練兵場跡地に日本初の洋風大公園を設置し、市民を洋風生活に親しませようとしたが、あいにく洋式庭園を知る建築家は皆無だった。そこで欧州の有名庭園から「いいとこ取り」をする苦心の試案が造られたが、徹底的に叩（たた）かれた。たとえば門扉のない開放的な門は、夜間に市民が花を盗みに来ないよう頑丈な扉を付けよと反対された。

これに対し設計者は「公園の花を盗まないくらいの公徳心がないなら日本は亡国だ」と、ペローが用いたのと同じ策略で説得している。また大銀杏（おおいちょう）を公園内に移植する案も、活着は不可能とする剛腕政治家星亨に反対され、設計家が首を賭けて男の意地を貫き通したという。

日比谷公園の設計案は多数あったが、採用されたのは無名に近い本多静六の案だった。東京駅の設計者辰野金吾の設計案にも勝利した本多案の秘密とは、何だったのか。じつは辰野が工学系の真正な洋式デザインを示したのに対し、農学造園系だった本多は「西洋っぽい」デザイン、つまり和風味を出したのだ。

「幕の内弁当」のように造られたこの公園は、その後も生物学系の手で、ブランコ、噴水、芝生、花壇、動物園、そして音楽堂に洋食店の松本楼までが設置された。洋花、洋食、洋楽の「三つの洋」を市民に親しませた功績は大きいのだ。本書後半では、都市公園がイベント会場からホームレスの仮泊場所へと多機能化する経緯も語られており、興味深い。

評・荒俣宏（作家）

しんじ・いそや　44年生まれ。造園学者、東京農大前学長。『日本の庭園』など。

二〇一一年七月一七日⑥

『「フクシマ」論　原子力ムラはなぜ生まれたのか』

開沼博 著

青土社・二三一〇円
ISBN9784791766109　社会

能動的に原発を「抱擁」した歴史

福島は、どのようにして「原子力ムラ」となり「フクシマ」となったか。その主題を「中央と地方」「戦後成長」との関係から追究する。約400ページの本書は一部を除いて3・11以前に書かれた。福島県生まれの若い研究者の学術論文が、未曽有の大震災をへて注目を集めている。

「(原発が)ないならないほうがいい」

著者のインタビューに福島県の50代の女性が答える。それでも「出稼ぎ行って、家族ともはなれて危ないとこ行かされるのなんかよりよっぽどいいんじゃないか」と。

原子力ムラは自ら能動的に原発を「抱擁(受容)」している。その「幸福感」に著者は着目し、ムラを受動的な存在とみる見方を退ける。

本書を読みながら、私は水上勉のエッセー『「原発の若狭」のこと』(青林舎刊『原発切抜帖(きりぬきちょう)』所収)を思った。

郷里・若狭になぜ原発が集中するのか、水上が元小学校長の知人に尋ねる。「二男三男・子女」を「都会奉公」に出してきた「貧困な農漁民」が「世間なみのくらし」を求めて一手に引き受けてしまった、と知人が答える。

「原発がきて、やっとのことで、都市と同格になった気もする」

それぞれ固有の事情もあるにせよ、フクシマと若狭は深いところでつながっている。フクシマを知ることは、若狭を知り、日本を知ることだ。フクシマは「他者」ではなく「私たち」であることを本書は改めて気づかせてくれる。

幸福感——。水上勉は先のエッセーにこうつづる。

「都市生活者の二男三男よ。長男の国、辺境の寒村は、放射能まみれになっても、きみたちが、健康で、優雅な文明生活を味わえて、せめて、二DKのマンションでくらせるように、人のいやがる原発を抱えてがんばっているのだ、という声を、私は若狭の地平からきく思いがする」

評・上丸洋一(本社編集委員)

かいぬま・ひろし　84年福島県いわき市生まれ。東大大学院の博士課程に在籍。専攻は社会学。

二〇一一年七月一七日⑦

『税と社会保障の抜本改革』

西沢和彦 著

日本経済新聞出版社・二一〇〇円
ISBN9784532491239　政治/医学・福祉/社会

政治の混迷で税と社会保障の一体改革は議論こそあれ一向に前に進まない。しかし、そんな時に将来を見据えて有益な勉強ができる書物である。

日本の財政が危機的な状況にあるといわれて久しいが、その実態のかなりの部分は税や赤字国債で調達された資金が、さまざまな形で社会保障費の増大に回されていることによる。本来社会保険料で賄われるべき年金や医療制度に、こうした現在ないし将来の税負担が紛れ込むことによって、社会保障制度の負担と受益の関係が希薄化し、サービスに対する過大な需要が発生したり、負担増のための増税や社会保険料値上げも実現しにくくなっている。一体改革のためにはこうした構造が明確にされ、その上でどのような給付水準、負担形態が望ましいかの議論がなされねばならない。

以上の著者の基本的な主張を踏まえると、本書全般で展開されている各制度についての具体論も理解しやすい。

評・植田和男(東京大学教授)

二〇一一年七月一七日⑧

『解体新書「捕鯨論争」』

石井敦 編著
新評論・三二五〇円
ISBN9784794808707　歴史／人文／国際

「鯨肉は日本の食文化」と言われる。しかし、実際に鯨肉を食べる機会はほとんどない。「日本の文化」と言う割に、日本人は伝統的にも日常的にも鯨肉を食べていない。なのに、なぜ繰り返し「日本の食文化」というフレーズが使われるのか。

本書は捕鯨問題の論点と国際的な歴史を詳述し、外国からの批判を「日本文化に対する攻撃」と捉えてきた「反・反捕鯨」のあり方を問う。

日本政府は調査捕鯨にこだわるが、これは「概して鯨の管理とは無関係」で、「科学研究の質も低」い。むしろ科学目的ならば、皮膚サンプルの回収や写真識別などによる「非致死的調査法」の方が効率的だ。にもかかわらず調査捕鯨が行われてきたのは、合法的に鯨肉を供給し、その売り上げによって調査費用を補填（ほてん）する意図があると指摘する。「推進派」対「反対派」という構図を超えるにはどうすればいいのか。本書は事実を踏まえた冷静な捕鯨論争を促す重要な一冊である。

評・中島岳志（北海道大学准教授）

二〇一一年七月二四日①

『慈しみの女神たち　上・下』

ジョナサン・リテル 著　菅野昭正ほか 訳
集英社・上巻四七二五円、下巻四二〇〇円
ISBN9784087734737〈上〉・9784087734744〈下〉　文芸

凡庸な虐殺者へ　執拗な問いかけ

恐るべき小説だ。二段組上下巻計一〇〇〇頁近いその浩瀚（こうかん）さもさることながら、執筆時三十八歳という作者の年齢、ハイパーリアルな筆致で描き込まれた細部の膨大さ、ゴンクール賞とアカデミー・フランセーズ文学大賞ダブル受賞という栄冠に加え、全世界で130万部を売った問題作。すべてが桁外れだ。

語り手である主人公は、もとナチ親衛隊将校で、フランス人として戦後を生き延びたマックス・アウエという老人だ。ナチスを主題としたフィクションは数多いが、その多くは犠牲者視点かヒトラーその人に焦点化したものであり、こうした視点は珍しい。さしずめ副題は『凡庸な虐殺者の肖像』ともなろうか。

そう、問題はこの凡庸さにある。これは、ホロコーストに深く関与して戦後処刑されたアイヒマンについてハンナ・アーレントが述べた「倒錯してもいずサディストでもなく、恐ろしいほどノーマル」（『イェルサレムのアイヒマン』）という形容を念頭においてのことだ。ただしそれは、けっして「凡庸＝ノーマル」という意味ではない。

法学博士のアウエは、常にポケットにフローベールの『感情教育』を携行し、あろうことかアイヒマンとカント倫理学について議論するような青年だ。「個人の意志の原理が〈道徳律〉の原理となりうるようにすべし」という〈定言命法〉は、「自らの意志を〈総統〉の意志として」とあっさり言い換えられ、ユダヤ人殲滅（せんめつ）を正当化する原理にすり替えられる。死体の臭いに吐き気をもよおしつつも、導入部では「殺す者は、殺される者と同じように人間なのであり、それこそが恐るべきことなのだ」などと、ぬけぬけと語るアウエ。

教養人として申し分がないほど〈凡庸〉なアウエが殺人に関わっていく過程は、いかなる病理とも無関係だ。複雑きわまりない指揮系統と人間関係の集積からなる、時に退屈な日常が彼を変えていく。明晰（めいせき）な意識と十分な内省能力を持ってしても、〈殺人〉は防ぎ得ないということ。いまや私は確信する。ホロコーストの問題は、ドゥルーズの言う「潜在性」の問題にほかならないのだと。それは「あなたもそれをなし得た」という「可能性」の問題とは決定的に異なる。むしろそれは「なぜそんなことがなされえたのか？」という執拗（しつよう）な問いとして、私たちにつきまとう。

この種の潜在性を確実に抑圧するには、別の〈現実化〉の回路が必要だ。本作の真に「恐るべき」功績は、こうした〈現実化〉のための、この上なく見事な形式を発見したことによって極まる。

評・斎藤環（精神科医）

Jonathan Littell　67年米国生まれ。米仏で育ち、現在はスペイン在住。

二〇一一年七月二四日❷

『原発報道とメディア』

武田徹 著

講談社現代新書・七九八円
ISBN9784062881104　社会／ノンフィクション・評伝

相互不信溶かす「新しい地図」は

世間では原発推進派VS.反対派という対立が続いている。著者は、相互不信を強化する両者の対立構造とメディアのあり方に鋭くメスを入れる。

福島第一原発の事故は、外部電源の喪失に大きな原因があった。しかし、既に海外では重力による冷却水注入や自然廃熱による冷却システムなど、電源喪失を前提とした技術が開発されていた。にもかかわらず、なぜ日本では導入されなかったのか。

推進派は「絶対安全」を繰り返してきた手前、「より安全な原発」がありえることを認めると、稼働中の原発に不足があると認めることになる。教条的な反原発論者は、安全神話の綻（ほころ）びを突き、より安全性の高い技術の存在を容認しない。結果、古い原発は古い技術のまま稼働し、リスクが拡大する。この相互不信に基づく膠着（こうちゃく）状態が、今回の事故につながったのではないかと著者は指摘する。

推進派は、なぜ絶対安全というプロパガンダを取り下げられなかったのか。反対派はなぜリスクの総量を減らす方向に踏み込めなかったのか。

ここで重要なのがメディアの役割だ。著者曰（いわ）く、ジャーナリズムは本来、相互不信を溶解し、価値観の調停を進めながら最適解を追求すべきである。しかし、現在のジャーナリズムは二分法構造に回収され、リスクの拡大に加担している。この負のループを解消することは可能なのか。

そこで注目されるのが、ネットメディアの存在である。今回の震災ではツイッターをはじめとするソーシャルメディアが一定の役割を果たした。しかし、著者は安易なツイッター礼賛に警告を発する。ネット上のコミュニティーは、どうしても価値観を共有する集団になりがちで、推進VS.反対という二分法的膠着状態はますます加速する。

私たちはメディアの「新しい地図」を手に入れることができるのか。原発報道が露（あらわ）にした課題は大きい。

評・中島岳志（北海道大学准教授）

たけだ・とおる　58年生まれ。ジャーナリスト。『戦争報道』『ＮＨＫ問題』ほか。

二〇一一年七月二四日❸

『犯罪』

フェルディナント・フォン・シーラッハ 著
酒寄進一 訳

東京創元社・一八九〇円
ISBN9784488013363／9784488186029（創元推理文庫）　文芸

罪を犯した者の悲しみが際だつ

犯罪——このストレートなタイトルからは、つい反射的に推理小説や警察小説を連想してしまう。しかし本書は、トリックを解いたり犯人捜しをしたり、あるいは警察や権力の裏に隠された闇を暴くといった内容ではなく、弁護士から見た犯罪者を、簡潔な筆致で「魅力的に」語る短編集である。

憎むべき犯罪者を「魅力的」とは、とんでもないことだと重々承知しているが、にもかかわらずあえて使わせてもらったのは、本書を手に取ってぱらぱら捲（めく）っているうちに、引き込まれて手放せなくなり、一気に読み終わったという、久しぶりに読書で得た感激を表したいからだ。

事件を扱うこの種の小説にありがちなもったいぶった下地のような描写は、本書にはほぼ見られない。まるで戦場に向かう軍馬さながら、一旦（いったん）走り出した物語は結末までまっしぐらに進んでいく。かといって、細部を、決しておろそかにはしていない。とりわけ事件の場面などは、あたかも直（じか）に見ていたかのように、迫力に満ち、息継ぎさえ許してくれないほど、その筆捌（さば）きが鮮やかである。

　妻を殺した夫。弟をあやめ、のちに獄中で自ら命を絶った姉。自分のために売春した恋人を謀殺したであろうパレスチナ難民キャンプ育ちの麻薬売人の青年。――どれも変わった事件だが、しかし著者はその異様さを誇張することなく、あくまでも淡々とした口調で客観事実を追っていく。

　そのためか、罪を犯した主人公たちの持つ深い悲しみが却（かえ）って際立ち、読む人の涙を誘う。最後の「エチオピアの男」まで読み進むと、同情から流していた涙も、感動のものに変えさせられた。

　ベルリンで活躍する刑事事件弁護士である著者が、「現実の事件に材を得て」書いた作品であるという。犯罪者といえども、かつてはみな「ただの人」だった。改めてそう気付かされた一冊である。

評・楊逸（作家）

Ferdinand von Schirach　64年ドイツ生まれ。

二〇一一年七月二四日④

『菜食主義者』

ハン・ガン著　きむ・ふな訳

クオン・二三一〇円

ISBN9784904855027

文芸

肉を食べず　手の届かない世界へ

何の予備知識もなく読み始め、一気に心を持っていかれてしまった。短編集だが、登場人物が共通しているので一つの長編としても読める。この出版社から出る「新しい韓国の文学」シリーズ第一弾だ。

　可もなく不可もない暮らしをしていた専業主婦が、ある日突然肉を食べなくなる。いまの世の中、ベジタリアンはそれほど珍しくないが、彼女の場合、なんらかの主張や、誰かの影響があってそうなったわけではない。自分が見た、気味の悪い夢を理由にするだけ。最初は肉を食べないというだけだったが、夫との関係もどんどんコミュニケーション不全に落ち込んでいく。

　もともとは食べることが好きだった妻が日曜日に作ってくれていた肉料理を、夫は回想する。そのおいしそうなこと！　楽しみを奪われ、欲求不満に陥った夫は、妻の実家に連絡する。家族の集まりが計画されるが、その際に決定的な悲劇が起こる……。

　肉を食べない女性を囲む、三人の身近な人物の視点から語られているが、それぞれの思惑と、女性への距離感がくっきりと表れていて、実に巧みである。手の届かない世界に閉じこもってしまったかに見える女性に、芸術家として激しく惹（ひ）かれていく義兄の話も興味深いが、困惑し、疲弊しつつ妹に寄り添おうとする姉の愛情にも心を打たれずにはいられない。

　「狂気」と片付けてしまっていいのだろうか。カフカが書いた、断食を至高の芸として追究する断食芸人の話を思い出した。女性は後半、全身全霊を傾けて一本の木になろうとする。性同一性障害という言葉を耳にしたことはあるが、「種」同一性障害というものもあり得るのだろうか？　人間であるとは、どういうことなのだろう？　わたしたちが考える「普通」とか「当たり前」とかいうものに、この小説は鋭く切り込んでくる。豪雨のなかに放り出されたような、強烈な読後感が残る。

評・松永美穂（早稲田大学教授）

Han Kang（韓江）　70年生まれ。本作で韓国の李箱文学賞受賞。

二〇一一年七月二四日⑤

『地球の論点　現実的な環境主義者のマニフェスト』

スチュアート・ブランド 著　仙名紀 訳

英治出版・二三一〇円
ISBN9784862761057　社会／ノンフィクション・評伝

原発推進へと「転向」した理由

七〇年代米西海岸文化を支えた「全地球カタログ」。大企業と政府による消費と管理の枠組みに対抗し、個人の創意と自由に基づくエコライフスタイルを提案した雑誌だ。同誌の標語「ずっと無謀で」はアップル社のジョブズの座右の銘にもなった。

その伝説的な編集発行人が本書の著者スチュアート・ブランドだ。その後も電子コミュニティー初期の論客としてネット社会の議論形成に貢献した。いまの環境保護論者の多くは彼の影響下にある。

本書はそのブランドが地球温暖化を懸念し、対策を提案した本だ。その答えは、都市化促進、気候工学、遺伝子工学、そして……原子力推進だ。

ファンたちは仰天した。いずれもかつてのブランドが全否定した技術ばかり。だが本書は「転向」の根拠を反駁（はんばく）しがたい詳細さで説明する。

さらに統計学者ロンボルグが地球温暖化否定論者として（誤って）批判されるが、実は彼の支持する温暖化対策はブランドとまったく同じ。立場に依（よ）らない結論の一貫性は、利権や党派的な歪（ひず）みの不在を図らずも示している。

温暖化にもっと気長な取り組みを主張する声もある。その場合も本書の技術は、他の面で人類の将来に大きな意味を持つ。今の日本では、多くの読者は本書に反発するだろう。目下の原発事故で著者の見解も変わるかもしれない。だが脱原発を訴える人こそ本書を読んでほしい。本書でも指摘の通り、原発といっても様々だ。重要なのは長期的な可能性を理解した上での選択なのだから。

「全地球」を看板に個人の自由とミクロな技術の意義を訴えてきたブランドが、本当の全地球問題で巨大システムと大規模科学に救いを求めるとは皮肉。だが結論に同意せずとも、その選択を直視した著者の誠実さは尊重すべきだろう。また敢（あ）えてこの時期に本書を出した版元の蛮勇にも脱帽。

評・山形浩生（評論家）

Stewart Brand　38年生まれ。編集者、未来学者。『メディアラボ』など。

二〇一一年七月二四日⑥

『調査報道がジャーナリズムを変える』

田島泰彦、山本博、原寿雄 編

花伝社・一七八五円
ISBN9784763406033　社会

力ある報道は手作りの仕事から

新聞、テレビ、ネット……日々、情報とニュースはあふれているが、歯応えある報道と接することは案外と少ない。本格的な調査報道もまた少なくなった。本書は、調査報道を担ってきた記者やメディア研究者たちによる、ジャーナリズムへの熱い思いと論考をまとめたものである。

紹介されている調査報道は「桶川ストーカー事件」「足利事件」「核の持ち込み密約」「リクルート事件」「北海道警の裏金づくり」「検察と国策捜査」など。加えて、海外でのネット時代の調査報道も紹介されている。

調査報道に共通するのは、振り返っていえば総理の首を取るような大事件に発展した報道も含め、発端は記者個人の〝小さな引っかかり〟にあることだ。

足利事件の冤罪（えんざい）報道は、それまでの捜査に疑念をぬぐい切れない記者が遺族に手紙を書いたことからはじまっている。リクルート事件は、贈賄罪の時効という壁を突破しようとしたデスクの個人プレーがあった。いずれも記者クラブでの〝官製報道〟からは生まれないものだった。

調査報道はアメリカの新聞メディアが切り開いた歴史があるが、時間とカネを食う。新聞産業が不況に陥っている現在、小さなローカル紙では担うことがむつかしくなっているという。一方、調査報道へのNPOや基金がつくられ、ネット初のピュリツァー賞も生まれている。

ネット社会が進行し、報道と情報暴露の境界線も判然としなくなってきた。メディアは過渡期にあって明日の姿は定かに見えない。ではあるが、どこまで行っても、力ある報道は記者個人の手作りの仕事からはじまることは動かない。調査報道を担ってきた記者たちの来歴が、全国紙やテレビ局に所属する以前、地方紙や写真週刊誌にあったことは示唆的である。志ありてジャーナリズムあり――。そんな古風な言葉がよぎる。

評・後藤正治（ノンフィクション作家）

たじま・やすひこ　上智大教授。
やまもと・ひろし　元朝日記者。
はら・としお　元共同通信編集主幹。

二〇一一年七月二四日⑦

『絆回廊　新宿鮫（ざめ）X』
大沢在昌 著
光文社・一六八〇円
ISBN9784334927585／9784334768249（光文社文庫）
文芸

終局へ、感情の起伏を繊細に描写

新宿鮫が、5年ぶりに帰ってきた。シリーズ第10作となる。

シリーズものの小説には、読者にとっておなじみの登場人物が、途中はらはらどきどきさせながらも、最後には事件にきちんと決着をつけ、心地よい読後感を与えてくれるという、ありがたいご利益がある。しかし、実際に書く立場からすると、さほど楽な仕事ではない。作者自身、パワーを保って書き続けるためには、それなりの工夫が必要になる。

本編のように、10作まで書き継がれた上に、刊行されるたびに話題になるシリーズ作品は、日本の警察小説ではきわめて珍しい。20代前半にデビューして、30年を超えるキャリアを誇る作家の力量は、やはり並のものではない。

主人公鮫島には、〈この男についていけば間違いない〉という安心感があり、それは第1作から変わらない。緊張感を生むのは、むしろ鮫島にからんでくる脇役たちだ。本書では、作品半ばまで姿を現さない、怖いもの知らずの大男、樫原茂のキャラが際立っている。樫原は、刑務所から出たばかりで、ある警察官に昔の借りを返そうと、拳銃の入手を図る。そこへ、暴力団と正体不明の秘密組織、さらに公安関係の団体が絡み、凄絶（せいぜつ）な闘争が繰り広げられる。その渦の中に、一人超然と立ちはだかる鮫島の存在感が、ひときわ印象的だ。

鮫島の上司で、ただ一人の理解者でもある桃井、そして恋人の晶との関係にも暗雲が漂い、終局へ向けて疾走が始まる。この小説は、筋だけ追って読んでも十分におもしろいが、むしろ鮫島が周囲の人びとに抱く、怒り、憎悪、感謝、あるいは共感といった感情の起伏の豊かさと繊細な描写に注目してほしい。

そう、この小説は作者が読む者に感情移入を促し、またその要求に完璧に応えることのできる、懐の深い小説なのである。

評・逢坂剛（作家）

おおさわ・ありまさ　56年生まれ。79年に「感傷の街角」でデビュー。『カルテット』など。

『ムッソリーニ　上・下』

ニコラス・ファレル 著　柴野均 訳

白水社・各三九九〇円
ISBN9784560081419〈上〉・9784560081426〈下〉

歴史／ノンフィクション・評伝

優れた政治家？　読者に判断促す

驚くなかれ、本書はなんと、ファシズムは決して悪い政治体制ではなく、ムッソリーニは優れた政治家だったと主張する本だ。

即座に反発して短絡的に軍靴の音を懸念する人もいるだろう。だが罵倒語として濫用（らんよう）されるファシズムの具体的中身やムッソリーニの活動をどこまでご存じだろうか。ナチスの仲間だから、右翼全体主義の悪い連中のはず、という程度の理解も多い。

本書はそうした無知と偏見につけこむ。既存のムッソリーニ像は左翼プロパガンダで歪（ゆが）んでいた、と著者は語る。伊ファシストの実際の活動を見よう。対外侵略は（すぐ負けたし）大したことない。ナチスとの同盟は、侵略回避の緊急措置だ。産業面などで成果もあったし、政策は社会主義的な面も強い。独裁強権的な弾圧はあれ、ユダヤ虐殺のような悪逆非道はわずか。欠点は認めても、悪の権化扱いは不当だ、という。

記述は実に詳細で、しかも小ネタ満載。派手な女性遍歴談義など爆笑もの（手も早いが果てるのもお早かったとか）。退屈しないことは請け合いなのだが……

読者として気になるのは、その肯定的評価の妥当性だ。本書の立場は歴史修正主義と呼ばれ、批判されつつもイタリアでは有力だ。その背景には、既存の定説が羹（あつもの）に懲りすぎ、ファシストといえば長所皆無のゴロツキ集団と決めつけすぎて逆に嘘（うそ）くさくなったこともある。脅しと偽装だけで内外から長期的な支持を得られるか？　本書の議論では、当時彼らの持っていた長所や魅力は理解しやすい。

その一方で本書の擁護論も弁解がましい。「他国もやってる」「仕方なかった」。ナチ便乗のユダヤ排斥は、民族ではなく生き様が対象だという逃げ口上には唖然（あぜん）。幸い悪質な歪曲（わいきょく）は訳注で指摘されている。訳に凡ミスや過度の直訳が多いのは残念だが、おかげで苦しい主張をレトリックでごまかす著者の手口が時に不発なのは、けがの功名か。

だがだれが正しいのか？　ムッソリーニの社会党離反は、金目当ての転向か、当時の無能な社会党に対する信念の反旗か？　どちらもある。また本書は国民的支持の高さを正当性の証しとする。だがそれが当てにならないのは、最近の北アフリカ動乱が示す通り。

結局、一方的に悪と決めつけるのは無益ながら、本書の議論も鵜呑（うの）みにはできない。だが本書の情報量は豊富だし、重要な部分では既存の定説も批判的に対比され、争点は明確。下世話な楽しさもあり、眉への大量ツバつけは必須ながら、読者なりの評価を下せる材料はある本だ。そして多くの人がそれを実践することこそ、本当に必要なことではないか。

評・山形浩生（評論家）

Nicholas Farrell　英ロンドン生まれ。ジャーナリスト。ケンブリッジ大学で歴史学を学び、98年から、ムッソリーニが生まれたイタリア・プレダッピオに暮らして本書を執筆。

二〇一一年七月三一日❷

『私のいない高校』

青木淳悟 著

講談社・一六八〇円
ISBN9784062170086

文芸

「私」の宇宙を相対化するために

私たちは誰もが一個の秩序ある宇宙（コスモス）に棲（す）んでいる。私たちはこの宇宙のなかで喜び悲しみ、希望を抱き、ときに挫折しながら自己の生の意味を実感する。もし宇宙が失われたら、私たちは混沌（こんとん）の無明に裸で投げ出され、「私」はたちまちばらばらな断片に解体してしまうだろう。

私たちの生きる宇宙を支えているのは物語である。物語とはただの「お話」ではなく、宇宙の姿を具体的に示す言葉の働きである。そのことが明瞭に分かるのは宇宙が壊れかけたときだ。最愛の者を突然失った人は、生の意味が消え、己の宇宙が破壊される危機を経験するだろう。そんなとき物語が作動する。神様がそれを望まれたのだ。避けられない運命だったのだ。他人を生かすための犠牲の死だったのだ……等々の物語によって人は癒（い）やされる。傷つき壊れかけた宇宙が恢復（かいふく）する。物語は人類とともに古く、これからも消えることはない。

小説はしかし物語とイコールではない。物語の力を引き出しはするけれど、それ自体は物語ではない。むしろ物語を批評する所に本領はある。

宇宙はときに人間を閉じ込める自我の檻（おり）ともなる。「私」の宇宙だけが排他的にあるのではなく、他人には他人の宇宙が存在する。この単純な事実を容易に忘れさせる性質がそこにはあるので、だから人々が共働して一つの世界を築いていくためには、他者の棲む宇宙への想像力を持つと同時に、己のそれを相対化することが必要である。小説とはそうした倫理につながるジャンルなのだ。物語にすぎない小説ばかりが氾濫（はんらん）する昨今、小説の倫理に忠実な本書こそ小説の名にふさわしい。これをもし退屈だと感じるとすれば「私」の宇宙を慰安してくれる物語がここに見出（みいだ）せないからである。世界を遠い距離から眺めることで、登場人物らの複数の宇宙を巧みに並列する作者の方法、その徹底ぶりには瞠目（どうもく）するほかない。

評・奥泉光（作家・近畿大学教授）

あおき・じゅんご 79年生まれ。作家。05年『四十日と四十夜のメルヘン』で野間文芸新人賞。

二〇一一年七月三一日❸

『男の絆 明治の学生からボーイズ・ラブまで』

前川直哉 著

筑摩書房双書Zero・一六八〇円
ISBN9784480864116

人文

「男社会」の起源は硬派の男色

本書の冒頭はAKB48と男性アイドルグループの不思議な違いから始まる。AKBのほうは仲間で下着姿になったりキスしたりしあうのに、男性グループではそれを見せない。その理由は「同性愛」とみなされる危険を排除するためという。たしかに評者も、『三国志』の冒頭に、義兄弟の契りを結んだ劉備、張飛、関羽の3人が夜も寝台を共にしたとあるのを読んで、妙に興奮した覚えがある。

明治政府が法律で禁止した男色の実情は、森鴎外の『ヰタ・セクスアリス』に詳しい。江戸以来、男色は高齢者が年少者を意のままにする行為であって、「受け身」役が「少年」と呼ばれたように先輩・後輩の関係にあった。いわば武家社会の反映であり、江戸も後期になると流行（はや）らなくなった。ところが明治に入り、学生間で硬派と軟派の対立がおこる。軟派学生は性欲の処理に遊郭通いするが、硬派のほうは、先輩に体を許すが智（ち）や志なども学べる男色に走った。福沢諭吉はそれを理論化し、交際の仕方を「肉交」と「情交」

に分け、長く継続する情交を学生に推奨した結果、男女交際すら「やったかやってないか」が重大視されるようになるのだ。

20世紀は女学生激増に伴い、情交が結婚に結び付く「恋愛」を生む一方、肉交のほうも軟派側に男同士の「同性愛」を広げていった。そこで硬派は、軟派と混同されないよう精神的な結合を強調する「男社会」を作り上げた。

本書の後半は、女性と同性愛者を排除する「男子校」的日本への批判となる。

それでも、男社会で「下ネタ」を好んで話す風潮が同性愛者でない証明をするためだとか、高校の野球部の男くささに萌（も）えてしまう女子生徒が存在する現象や、草食系男子にイケメン男子といった「女性が妄想する男組」の出現など具体例が興味ぶかく、現代編も「男の絆」事情に専念してほしいほどだった。

評・荒俣宏（作家）

まえかわ・なおや 77年生まれ。灘高教諭。共著に『「育つ・学ぶ」の社会史』。

二〇一一年七月三一日④

『演出についての覚え書き　舞台に生命を吹き込むために』

フランク・ハウザー、ラッセル・ライシ 著
シカ・マッケンジー 訳
フィルムアート社・一六八〇円
ISBN9784845911714　人文／アート・ファッション・芸能

生活の諸場面で活用できそう

本書は巷（ちまた）に溢（あふ）れている「ことば」本、例えばニーチェ、ゲーテ、ブッダ、菜根譚などの賢者の箴言（しんげん）集や教典本とはひと味違う、演出家が後輩や同業の演出家に遺（のこ）した演出術の助言集である。

著者フランク・ハウザーはイギリス演劇界の大物俳優アレック・ギネス、リチャード・バートンらを育てた敏腕演出家で、本書を開くといきなり「――するな」「――せよ」「――しろ」などのガチンコ的な命令語の連発で俳優でなくても思わず身体が後ろに引いてしまう。かと思うと「かんしゃくを起こすな」とか「いじめをするな」と意外な倫理的側面も見せる。演劇人以外の読者にはややリアリティーに欠けるが、僕は自分の仕事に不可欠な言葉を選んで並べてみた。

「観客には常に続きを推測させよ／全員に気に入られようとするな／すべてに答えを出そうと思うな／肩の力を抜け／得意な方法ではじめなさい／ユーモアの最大の理解者は観客だ／スタイルには理由がある／好ハプニングは見逃さずに生かせ」

以上はそのまま僕の創造哲学に通じ、演出術に限らずあらゆる創造の現場で活用できそうだ。自分が演出家という主役になることで周囲の人間は俳優と化し、思い通りのドラマが描ける。

彼の言葉には芸術家の直感と理性による言霊としての力が漲（みなぎ）っており、彼には俳優を思い通りに従わす力がある。この彼の演出法を僕は自分のキャンバス上で展開することが可能だと思った。キャンバスは舞台であり、ひとつひとつの色は俳優である。

そしてこの絵を描く画家は演出家である。画家とキャンバスを自他に分けることで、創造がより演劇的に進展するかもしれない。著者ハウザーも「すべての点をつないではいけない」と言う。物はバラバラに存在して自他の区別のない方が、観客もより想像的になるのではないだろうか。

評・横尾忠則（美術家）

Frank Hauser 07年没。
Russell Reich 63年生まれ。

二〇一一年七月三一日❺

『水の透視画法』

辺見庸 著

共同通信社・一六八〇円

ISBN9784764106321／9784087450354（集英社文庫）

文芸

思考は事象の根底へ　自己自身へ

いま言葉が立ち上がって食い込んでくる稀有（けう）の書き手が辺見庸である。3年にわたり共同通信より地方紙に配信されたエッセーがまとめられた。時事問題も取り上げられてはいるが、それは素材であって、思考は事象の根底へ、そして自己自身へと向かう。箴言（しんげん）と実存の書、あるいは黙示録の趣さえもある。

《黒っぽい「なにか」がやってくるとずっとおもっていた》というごとく、破局への重い予感が色濃く漂う。

デジタル社会と軌を一にするごとく、世を侵食する「すさみ」は覆うべくもない。詰まるところ、売れるもののみが価値がある。旧ソ連の強制収容所（ラーゲリ）を生き抜いた作家のシャラーモフに言及しつつ、現代は「資本による新たなラーゲリ」ではないかと捉える。その意味でいえば、いま世界経済を席巻する中国もまた「資本に負けたのだ」と。

そして一方、われわれ自身の「主体」の空洞化も覆うべくもない。深々とした思索や沈黙が消えていった。尊ぶべきものを粗末にしているうちに言葉を失っていったのだった。《ことばの主体がすでにむなしいから、ことばの方で耐えきれずに、主体である私たちを見はなすのです》。ラーゲリの棲（す）み人であった詩人石原吉郎の言である。

連載の最終回は、著者の故郷・東北が未曽有の惨禍に見舞われた直後と重なった。予感は的中したが、しかしこれも序章にすぎない。戦争か、あるいは日々蝕（むしば）まれゆく「なにか」か。本書の序文はこう締めくくられている。

《これは結末ではなく、新たなはじまりの景色ではないのか。未来への予感は依然、本書のなかにひそみ、まだ見たこともないおどろくべき結末をまっているはずだ》

本書の執筆は「脳出血の後遺症と二つのがん」を抱えつつ成されている。身を削ってつづられた文章だ。言霊がいまもとどまっている。

評・後藤正治（ノンフィクション作家）

へんみ・よう　44年生まれ。『自動起床装置』『もの食う人びと』『生首』など。

二〇一一年七月三一日❻

『梁塵秘抄（りょうじんひしょう）』

後白河法皇 編纂　川村湊 訳

光文社古典新訳文庫・八二〇円

ISBN9784334752309

文芸

古典文学　歌謡曲として活かす

ちょっとこの歌に耳をお貸しください。

ピチピチギャルは　十に　プラスの四、五、六
レディの盛りは　二十三、四まで
三十四、五にもなったなら　きいろい紅葉の枯れ落葉

いかにも「昭和」な感じのする場末の酒場で、化粧の濃い女が常連さんを前に歌っている雰囲気がしませんか？　そう、ムード歌謡とか演歌などと呼ばれるたぐいの歌に似ていますが、実はこの原歌は、12世紀に作られた『梁塵秘抄』に収められた「今様」という歌謡の一つなのです。

「今様」とは、その名の通り「はやり歌」のこと。貴族文化の華である和歌とは違い、酒宴の娯楽として歌われた、ごく俗っぽい性格のものです。『梁塵秘抄』は後白河法皇が自ら編纂した今様の歌詞集ですが、そもそも皇族のような高い身分の人が今様に手を出すことじたい、異例中の異例でした。なぜなら、今様は主に遊女や傀儡（くぐつ）といった身分の低い雑芸者の持ち芸だったからなのです。

はやり歌は、現代でいえば歌謡曲に当たる、という主旨のもとに、川村氏は新たな現代語訳を生み出しました。その一例が、冒頭の歌です。『梁塵秘抄』は「日本古典文学」として認識されていますので、このような大胆な訳は古典の冒涜（ぼうとく）と息巻く方があるかも知れません。

しかし、今様の解釈に「遊女の心情」を過剰に投影し、歌の内容と歌い手を素朴に結びつけてしまう過去の例を一蹴する試みとして、評価したいと思います。今様は「遊び」という要素なしには理解できません。我が身の不幸を朗々と歌い上げる藤圭子（宇多田ヒカルの母親です）が、実際不幸かどうか関係ないのと同じです。すべては「芸」のなせるワザなのですから。

地道な研究に基づく「新訳」は、日本古典を今に活（い）かす方向を批判的に示しているでしょう。「解説」も必読です。

評・田中貴子（甲南大学教授）

かわむら・みなと 51年生まれ。文芸評論家。『海を渡った日本語』など。

二〇一一年七月三一日⑦

『白樫の樹の下で』

青山文平 著

文藝春秋・一四五〇円
ISBN9784163807201／9784167838911（文春文庫） 文芸

今年度の、松本清張賞の受賞作である。

小普請組の御家人、村上登は提灯（ちょうちん）貼りの内職で家計を助けながら、佐和山道場で代稽古を務めている。

登は、町人ながら錬尚館で目録を取るろうそく問屋の巳乃介（みのすけ）から、一竿子（いっかんし）忠綱の名刀を預かってほしいと懇願される。登はいやいや引き受けるが、これが一つの鍵になる。

そのころ、「大膾（おおなます）」と呼ばれる凄腕（すごうで）の、しかも残虐非道な辻斬（ぎ）りが、世上を騒がせていた。登も巳乃介も、道場仲間の仁志兵輔も青木昇平も、その犯人捜しに巻き込まれていく。このあたり、ミステリー的な味わいもあって、なかなか読ませる。さらに、兵輔の妹佳絵を巡る登と昇平の確執があり、それが辻斬り事件にも関わってくる。

後半、関係者が次つぎと、それもあっけなく死んでしまうのは、いささか作りすぎの感がある。しかし文章は読みやすく、時代考証もしっかりしているので、今後に期待できそうな新人だ。

評・逢坂剛（作家）

二〇一一年八月七日①

『紅梅』

津村節子 著

文芸春秋・一二〇〇円
ISBN9784163806808／9784167265144（文春文庫） 文芸

闘病記を超えて 内省的告白の書

東日本大震災にからんで、吉村昭氏の旧作『三陸海岸大津波』が再び注目されているという。

それはそれでけっこうなことだが、吉村氏には長く読み継がれるべき作品が、ほかにもたくさんある。司馬遼太郎氏などに比べて、いささか地味な感のある吉村氏だが、史料の博捜と発掘、綿密な取材にかけては、どんな作家にも負けなかった。徹底した実証主義、現場主義の姿勢をまっとうして、揺らぐところがなかった。

もっとも、それは吉村氏の作家としての顔であり、人間としての一面はほとんど知られていない。それは、氏が担当編集者を例外として、文壇付き合いをしなかったためでもある。プライバシーを大切にした氏は、ことに重篤な病を得てからというもの、親しい人にもそれをひた隠しにして、自分の美学をつらぬこうとした。

そうした吉村氏に、読者は隔靴掻痒（かっかそうよう）の感を抱いたに違いないが、ここにそのもどかしさを埋めてあまりある、貴重なオマージュが捧げられた。ほかならぬ氏の夫人、津村節子さんによる本書である。この本は小説のかたちをとっているものの、吉村一家の病気との闘いを克明につづった貴重な闘病記録になっている。三人称で記述しなければ書き手たる自分を客観化できないという、文学者としての夫人のつらさと厳しさが、痛いほど伝わってくる。

小説のかたちをとりながら、この本は文学を超えた内省的告白の書、といってよい。著者は妻であると同時に文学者でもあり、そこに当然、内的な相克があった。そしてそのことを夫もまたよく承知しており、看病する妻の仕事をしきりに気遣う。芥川賞受賞者の妻と、受賞を逃した夫のあいだには、うかがいしれぬ葛藤もあっただろう。

巷間（こうかん）伝わるところでは、吉村氏はみずから点滴管をはずし、従容として死を選んだという。だが、それは単なる結果にすぎない。最後のときまで、氏は癌（がん）と壮絶きわまりない闘いを繰り広げ、夫人を含む家族も死力を尽くして、それを支えた。十二分に闘ったからこそ、家族もまた氏の自死的行為を神聖なものとして、受け入れたのだ。そこにいたるいきさつは、まことに月並みな表現で恥ずかしいが、涙なしには読めなかったことを、正直に告白する。体の奥から絞り出される、このような痛切な叫びの記録を、書評というかたちで紹介するのは、しんからつらいものがある。

ちなみに、吉村氏は評者の高校の大先輩であった。文壇付き合いは無理としても、先輩後輩の付き合いならば受け入れてもらえたのではないかと、今になって後悔すること、しきりである。

評・逢坂剛（作家）

つむら・せつこ 28年生まれ。53年に吉村昭と結婚。65年に『玩具』で芥川賞。90年に『流星雨』で女流文学賞、98年に『智恵子飛ぶ』で芸術選奨文部大臣賞、2011年に「異郷」で川端康成文学賞。ほかに『海鳴』『重い歳月』など。

二〇一一年八月七日❷

『東京難民』

福澤徹三 著

光文社・二二〇五円
ISBN9784334927523／9784334766009（光文社文庫〈上〉）・9784334766016（〈下〉）

文芸

転落する若者　抜けぬふわふわ感

普通の生活を送っていた平凡な主人公が、ちょっとしたきっかけで、人生のどん底まで転がり落ちてゆく。そんな物語を読むのが好きだ。些細（ささい）な判断ミスや妙な見栄（みえ）や小さな嘘（うそ）が絡まり合って、もがけばもがくほど蟻地獄（ありじごく）に嵌（はま）ってゆく。読者である私は安全で快適な部屋の中でその姿を眺めながら、ああ、自分じゃなくてよかった、と思うのだ。

だが、本書は怖（おそ）ろしかった。主人公の若者の心の弱さや社会的な知識の無さやその場凌（しの）ぎの行動パターンが、自分と重なってくる。もう若くない私もこんな時はこの通りにするだろう。だが、その全てが裏目に出て、彼はぼろぼろになってゆく。という事は、私が今こうやって生きていられるのは単なる幸運に過ぎないのだ。急に不安になって、妻にマッサージをしたり、仕事関係者へのメールが丁寧になったりする。でも、続かない。

今度こそ、という主人公の決意も続かない。

どんなに酷（ひど）い目に遭ってもその心はなまくらなまま。心を入れ替えるというのは簡単だが、いくら真剣に決意しても人間の心は一度に1％くらいしか、入れ替えられないらしい。とすると、泣きっ面を百匹の蜂に刺されないと、心の全てを入れ替える事はできないのだ。

本書には「百匹の蜂」が丁寧に描かれている。テレアポ、チラシ配り、ティッシュ配り、治験のバイト、ホスト、日雇いの作業員、雑誌拾い、ネットカフェ暮らし、借金、友情、恋愛。家もお金も失った主人公は、様々な生の現場において何とか状況を立て直そうと必死に頑張る。でも結果は連戦連敗。何ひとつちゃんとやり遂げることができない。

どんなにぎりぎりの局面でも、主人公の、そして私の心からは、ふわふわ感が抜けない。戦後の日本で普通に生まれ育った私たちには、本気で腹を括（くく）って生きるという、それだけの事が難しい。何故（なぜ）なのか。物語の最後に至って、その理由がみえてくる。

評・穂村弘（歌人）

ふくざわ・てつぞう　62年生まれ。『すじぼり』で大藪春彦賞。『再生ボタン』『怪談熱』など。

二〇一一年八月七日④

『おもしろ図像で楽しむ　近代日本の小学教科書』

教育

樹下龍児 著

中央公論新社・一九九五円
ISBN9784120042553

新奇な知識　いかに受け入れたか

どんな人にも、小学校時代はある。時代によって尋常小学校、国民学校などと名称は変わるが、明治5年の学制発布以来、日本人がはじめて経験する公の教育機関は「小学校」だからだ。江戸時代の寺子屋とは異なり、同学年の児童が同じ内容を学ぶというシステムは、近代国家の基礎となる西欧文明を国民に広めるための画期的な試みだった。そこで重要な役割を果たしたのが、教科書である。全国の「小さな国民」たちは、教科書を通じて文明開化を受け入れていったのだ。

見たこともない異国の動植物、ガス灯に電話、そして、地球が丸いという知識は、どの地域の子どもたちにも平等に知られるようになった。これらを理解する手助けとなったのは、教科書にふんだんに用いられた図版である。著者は、自ら集めた明治から昭和初期にかけての小学教科書の図版を、11のテーマにそって紹介する。そこには、著者がいう「近代のかたちへの驚き」が生き生きと立ち現れていて、実におもしろい。

本書の主眼は、著者が「教育そのものに立ち入る意図はまったくない」と断っているように、図像そのもののおもしろさの追求にあるが、日本人が新奇な知識をいかに受け入れて来たか、という視点から読んでも興味深いと思う。

たとえば、朝日に向かい両手を水平に広げて立つ少年の図像は、東西南北の方角を実感させるためのものだが、初めは地理入門書に登場していたのに、時代を経るに従って「国語読本」に載せられるようになる。科目という概念が今より渾然（こんぜん）としていたわけだ。とくに「国語読本」は、水陸の生物をリアルに描いた理科的図版もあり、読み書きだけでなく、生活全般にわたる知識を授ける役割もあったことが指摘されている。

「国語読本」は、「総合学習」の時間にぴったりの教科書だったかも知れない、と思いつつ楽しく読んだ。

評・田中貴子（甲南大学教授）

きのした・りゅうじ　40年旧満州生まれ。著書に『文様のたのしみ』『風雅の図像』など。

二〇一一年八月七日⑤

『チーズの歴史　5000年の味わい豊かな物語』

アンドリュー・ドルビー著　久村典子訳

ブルース・インターアクションズ・一六八〇円

ISBN9784860204266

歴史／人文

ヨーロッパ文化を凝縮した味

良いチーズとは、〈アルゴスでなくヘレネでなくマグダラのマリアでなく、ラザロとマルティヌスが教皇に口答えをする〉という「六つの特質」を備えていなければならない。これは「（トロイの）ヘレネのように白くなく、マグダラのマリアのように涙にくれず、（百眼の）アルゴスと違って眼（め）がなく、雄牛のように重くて（太った一二世紀の法学者マルティノ・ゴシアが教皇に抵抗したように）親指で押してもへこまず、（ラザロの腫れもののように）汚い皮で覆われてる」ことを意味するらしい。

ヨーロッパ文化がぎっしりと詰められた、この「濃厚」なフレーズに、頭を下げつつも、ちょっと大げさな気もした。しかしチーズの歴史は、紀元前3千年までに遡（さかのぼ）るというから、キリスト教のそれよりも長いことになる。

動物の家畜化によって保存可能乳製品――チーズが生まれた。50から100にも上るその種類の多さは、原料となる牛、羊、山羊（やぎ）のミルクの違いと、北アフリカからユーラシア大陸までにわたる産地の、放牧場として異なる地理環境ないし水、牧草によるものだという。

来日するまで、チーズを見たことすらなかった私は、中国の食品史においてもチーズが存在したことに驚かされた。しかも今なお「イギリスとほぼ同量のチーズを毎年製造し」、雲南省に山羊乳チーズという名産まであるという。

たかだかチーズに、こんなに奥深く味わい深いものかと改めて思い知らされた。読み始めて間もなく、チーズを探しにスーパー巡りも始めた。本にあるチーズの名や写真を頼りに、輸入ものを買っては食し、また読んでは買う、ということに明け暮れる。

いつかこの一冊を手にヨーロッパへ出かけ、牧草を追う山羊のように、チーズの「足跡」を辿（たど）りたいと、読み終わった今もしばしばそんな衝動にかられる。

評・楊逸（作家）

Andrew Dalby　フランスの言語学者、歴史家。

二〇一一年八月七日⑥

『火山と地震の国に暮らす』

鎌田浩毅著

岩波書店・一九九五円

ISBN9784000052108

科学・生物

噴火は「忘れた頃」のさらに後

洞爺湖温泉は1910年の有珠山の噴火で誕生した比較的新しい温泉だ。以来3度目となった2000年の噴火は温泉街に迫り、今度は観光に打撃を与えた。今年初め、北大の火山研究者の案内で現地を訪ね、思うに任せぬ「火山の国」を実感した。

そして今、私たちはまさに本書の題名通りの現実に向き合っている。巨大地震の到来が懸念される一方、各地で火山活動も活発化している。過去には巨大地震後に富士山が噴火した例もあり、油断はできない。自然の猛威を前に、どう命を守るのか。

火山研究の傍ら「科学の伝道師」の標語を掲げる著者は、自然とうまくつきあうには科学を知ることが欠かせないとする。本書では、今年1月に噴火した霧島火山・新燃岳も含め、内外の主要な火山の研究の現状と限界、防災上の課題を簡潔に解説し、合わせて、科学を減災にどう生かすか、を語っている。

大切なのは、大地の動きを追う地球科学特有の視点だという。つまり、巨大な地球を46億年の歴史の中でまるごととらえる「長尺の目」と、火山のエネルギーのように人間の力をはるかに超えるものへの「畏敬の念」だ。自然と共生するためには、私たちにも同じ視点が欠かせない。

海外の例も興味深い。

フィリピンでは1991年、火山学者の懸命の説得で、ピナトゥボ火山の大噴火の直前に米軍基地から1万5千人が避難した。渋る司令官をついに動かしたのは、フランスの著名な火山研究者夫妻を含む43人が犠牲になった雲仙普賢岳の大火砕流だったという。ピナトゥボの大噴火はその9日後のことだ。

忘れたころどころか、それからさらに長い時間がたったころにやってくるのが火山噴火だという。「想定外」などといわず、どうつきあうか。考えるきっかけにしたい。

市民のための科学のあり方についても示唆に富む。

評・辻篤子（本社論説委員）

かまた・ひろき 55年生まれ。通産省地質調査所などを経て京都大学教授。

二〇一一年八月七日⑦

『創造的破壊　グローバル文化経済学とコンテンツ産業』

タイラー・コーエン 著
浜野志保 訳　田中秀臣 監訳・解説
作品社・二五二〇円
ISBN9784861823343
経済／国際

グローバリズムは地域文化を破壊し、低俗なハリウッド映画とマクドナルドで世界を画一化する陰謀だ、といった議論は多い。だから外国文化の侵入を規制し、自国文化の衰退を防げ、と。

本書は経済学の概念も援用し、そうした見方を実証的に否定する。文化は常に混合し変化する。「弱い」文化が「強い」文化につぶされる一方なんてことはない。大衆に迎合して低俗化の一途でもない。多くの文化保護論はむしろ不自由の強制。総合的に見てグローバリズムは多様化を促進しがちだ。そして自国文化保護の規制は、成功したためしがない。

文化保護論の根底にあるのは、明確な効用判断よりは価値観なのだ、と著者は指摘する。何が望ましいかは、読者の判断だ。だが文化排外主義談義や文化帝国主義批判に走る前に、是非本書をご一読を。文化はみんなの思うほど脆弱（ぜいじゃく）ではないのだから。また解説は大風呂敷ながら本書の議論の可能性を縦横に論じて刺激的。

評・山形浩生（評論家）

二〇一一年八月七日⑧

『現代文明論講義　ニヒリズムをめぐる京大生との対話』

佐伯啓思 著
ちくま新書・九二四円
ISBN9784480066145
教育／人文／新書

副題が示すとおり、大学での講義が一冊にまとめられている。昨年評判になった「ハーバード白熱教室」にヒントを得た、対話形式での授業。学生の意見に教師が入れる突っ込みも面白く、交通整理も巧み。自分もその場にいるような気持ちで読み進むことができた。

現代社会を覆うニヒリズムを考察する授業だが、「なぜ人を殺してはいけないのか」「沈みゆくボートで誰が犠牲になるべきか」という普遍的な問いかけから、話題はやがて民主党の政策や尖閣諸島問題に移っていき、タイトルから想像する以上に現代日本をめぐるアクチュアルな議論が展開される。民主主義に基づく政治制度や憲法の平和主義について、その賛否を学生に問い、答えの分布が示されている点が興味深い。少数派の意見も丁寧にすくい上げられている。最終講で扱われるニヒリズムの克服の可能性については、やや不完全燃焼感が残り、「補講」を期待したいところだ。

評・松永美穂（早稲田大学教授）

二〇一一年八月二一日❶

『共同体の救済と病理』

長崎浩 著
作品社・三三六〇円
ISBN9784861823428
政治／社会

革命への熱狂が生む 逆ユートピアの悲惨

もっと自由を、もっと共同性を。この救済共同体への渇望が大衆を駆動し、歴史を動かすモメンタムに転化するとき、どのような悲惨な逆ユートピアが待ち構えているのか。この点を明らかにするのが本書の狙いだ。全共闘運動の高揚期に『叛乱（はんらん）論』でデビューした著者のラディカリズムは、いまも健在である。オウム真理教や人民寺院、新左翼の前衛組織やロシア革命の労農兵士代表ソビエト、さらにパリ・コミューンに至るまで、さまざまな衣装をまとった共同体を、フロイトの集団心理学を手がかりに古代ユダヤ教罪悪共同体や受苦共同体とダブらせて論じる知的な力業には驚くばかりだ。

それにしても、なぜフロイトなのか。著者のみるところ、フロイトは、神経症患者の臨床を通じて時代が大衆の集団神経症的な病理に取り憑（つ）かれつつあることをハッキリと認識していた。この「大衆心理の悲惨」こそ、ボリシェヴィズムやナチズムを内側から突き動かす「自然力」にほかならない。その御しがたい集団神経症的な強迫の脅威を背景に、フロイトは『人間モーセと一神教』を書いた。この点に著者は注目する。なぜなら、知的な類推を逞（たくま）しくすれば、そこには共同体の内なる超自我としての宗教的・革命的な理念、共同体の自我とも言うべき政治、共同体のエスとしての大衆の無意識、さらに外界に対応する外敵といった原型的なパターンが出そろっているからである。

著者は、その祖型を探り当てるべく、古代ユダヤ教の救済共同体の読み直しを試みる。ウェーバーの『古代ユダヤ教』やフロイトの精神分析などを駆使しながら、独自に読み解かれる苦難の歴史と共同体的結束の強化のパラドクスは圧巻である。中でも特に本書で異彩を放っているのは、フロイトの言う、殺害された「原父」の代理としての預言者に関する記述である。ウェーバーやフロイトに倣って無償の「デマゴーグ」や「政治的宗教的アジテーター」とみなされる預言者たち。著者は彼らを、後々、「大衆の叛乱」を背景に登場する前衛党のリーダーや「憂鬱（ゆううつ）なる党派」のインテリと結びつけている。このような時空を超えた結びつきは、牽強付会（けんきょうふかい）の誹（そし）りを免れないかもしれない。しかし、著者はそれを百も承知なはずだ。

むしろ行間から読み取るべきは、本書の批判の刃は著者自身にも向けられていることだ。本書が挑発的な問題提起の書であることは間違いない。特に大震災以後、「閃光（せんこう）のように立ち上がる相互扶助と連帯のパラダイス」が、再び、救済共同体への熱狂を増幅させることになりかねないからだ。共同体の病理を繰り返さないためにも、本書は一読の価値がある。

評・姜尚中（東京大学教授）

ながさき・ひろし 37年生まれ。評論家。政治思想・科学技術・身体運動論を論じる。『叛乱論』『叛乱の六〇年代』など。

二〇一一年八月二一日❷

『FBI美術捜査官 奪われた名画を追え』

ロバート・K・ウィットマン、ジョン・シフマン 著
土屋晃、匝瑳玲子 訳
柏書房・二六二五円
ISBN9784760139965／9784286147567（文芸社文庫）
ノンフィクション・評伝

大芝居打ち 逮捕より作品奪還

これが映画や小説ではない現実に起きた話だけに面白い。現実も捨てたものではない。なんて呑気（のんき）なことを言っているが、本書は歴史上類を見ない名画窃盗事件の火中に飛び込んだFBI美術犯罪捜査官で、百戦錬磨の知的駆け引き術で窃盗団の一味をじらしたり追い込んだりするいかがわしい美術商を演じた男の回想録である。

暗黒街とコネクションを持ち、盗まれた絵画を仲介して金にしようとたくらむ2人のフランス人相手に、アメリカの美術館から盗まれたフェルメールとレンブラントをなんとか回収しようと、ダリ、クリムト、オキーフなど6点の贋作（がんさく）絵画を麻薬ディーラーに売る現場を見せる大芝居を打つ。交渉はマイアミの船上。2人のフランス人以外、船上の人物（子分もビキニの美女も船長も給仕も）全員が、実はFBIの潜入工作員だ。

目的は逮捕ではない。本命作品を如何（いか）に回収するかが本書のメーンテーマだけ

れど、そう簡単に解決しちゃ面白くない（失礼）。取引や会議の舞台はマイアミ、パリ、マドリード、マルセイユ、バルセロナ……と転々とする。大西洋をはさんで「官僚主義と縄張り争い」が熱を帯びる。美術品が回収された暁には英雄気取りで新聞の報道写真に載りたいために、警察のお偉方が画策などする人間丸出しがまた面白い。

FBIは言ってみれば明智小五郎だ。怪人二十面相も白昼堂々と美術品を盗むが、本書の怪人は二十面相のように美術を愛してはいない。単に金銭が目的だ。まさかオークションに掛けるわけにもいかない。ヤミで売ると市場価格の10％で取引される。逮捕されたって、ただの窃盗罪で刑期は3年くらいである。本文で、窃盗犯が語る盗みの手口を公開する場面があるが、まるで映画を見ているようで、その計画と行動の緻密（ちみつ）さと格好よさに自分がどちらの味方かわからなくなりそう。

評・横尾忠則（美術家）

Robert K. Wittman　元FBI捜査官。
John Shiffman　新聞記者。

二〇一一年八月二一日③

『Made by Hand　ポンコツDIYで自分を取り戻す』

マーク・フラウエンフェルダー 著
金井哲夫 訳
オライリー・ジャパン・二三一〇円

ISBN9784873115009

社会

自作で世界の仕組みを理解する

最近のビジネス書を見ると、パソコンやインターネットの世界はマイクロソフト、アップルやグーグルなどの企業活動だけしかないかのようだ。でも実際にそれを支えたのは多くのアマチュアハッカーたちだ。かれらが自由闊達（かったつ）にプログラムを書き、付属機器を組み立て、ウェブページを作る中で、応用範囲が広がり、産業としても成立するようになった。

が、目新しさも薄れるにつれ、そうしたホビイストたちが目を向けつつあるのが、物作り工作の分野だ。シンプルなコンピューターをスイッチ代わりに使った各種の小物やロボットから、いまや料理や編み物裁縫まで含む一大運動となっている。

本書は、そうした流れの一環として様々な自作活動に挑戦してきた著者のDIY経験を綴（つづ）った本だ。

挑戦の幅は実に広い。野菜作り、養鶏や養蜂から子供の自家教育、コーヒーマシンから手製ギターに紅茶キノコ。それぞれの経験談も楽しいのだが、本書を何より興味深いものにしているのは、その哲学だ。自作は、世界の仕組みを理解し、世界との関わりを深めるための手段でもあるのだ。失敗してもかまわない。いや、失敗しなくてはならない。そこにこそ、工夫と学習の余地があるのだから。

首をかしげたくなる試みもある。が、著者がなぜそれに関心を持ち、どう失敗を重ね、そこから何を引き出したかというのは明確。多くの試みは失敗したまま。でもだからこそ、成功しておしまいというお話にとどまらず、著者の得た世界の理解が見えてくる。

本書を読むと、自分でも何か新しいことを試してみたくなるはず。そしていま急成長しつつあるこの分野の醍醐味（だいごみ）もわかるだろう。いまのうちに、本書で是非それを味わっておこう。意外とここから、インターネットに続く明日の一大産業も生まれるかもしれませんぞ。

評・山形浩生（評論家）

Mark Frauenfelder　60年生まれ。雑誌「Make」編集長。

二〇一一年八月二一日④

『世界の夢の本屋さん』

清水玲奈、大原ケイ 著
エクスナレッジ・三九九〇円
ISBN9784767811475
アート・ファッション・芸能

観光客まで引きつける老舗書店

西洋の老舗書店というと、古本の墓場か中世の牢獄かと見誤るような老建築を連想するかもしれない。しかし本書を見てびっくり、これは夢のように美しい店内を紹介する写真集であり、著者2人が女性というところも、男性マニアの作りそうなかび臭い書店ガイドとは異なる。

まず書店の選び方からしてファッショナブルだ。

たとえば創業250年の大老舗ヘンリー・サザラン（ロンドン）は、稀覯本（きこうぼん）目白押しなのに誰でも気軽に入れ、高価な本も手にできるポリシーのすばらしさを紹介する。

名店が多いパリ。モネの大作『睡蓮（すいれん）』が見られるチュイルリー公園内の園芸書専門店ジャルダン書店を取り上げている。庭園の建物を「庭園文化を発信する書店」に改造する企画は、国有建造物センターというお役所が立てた。女性店長の尽力で、今は庭園同好会の溜（たま）り場である。

本書の見どころは、本を宝飾品のように展示するイタリアの本屋さんだろう。これらに比べたら、日本のそれは残念ながら下町の雑貨屋レベルだ。

本を探して携帯メールに入荷を知らせてくれるメル・ブックストア。市場跡地の再開発として地下ガレージに開業したカフェ・レッテラリオ・ローマは文学書の店だが、図書館とカフェバーが併設され、イベントも楽しめる。パラッツォ・ロベルティ書店やアラルコ書店などは建物自体が必見といえる観光名所だ。

オランダも市所有の教会を有効活用すべく巨大な「本の神殿」セレクシス・ドミニカネンを開業。人口12万の町に年間80万人を呼ぶ本屋となった。

町興（まちおこ）しの主役となった書店はどこも、「夢」を追求している。出版不況に苦しむ日本には、大きな衝撃だろう。

ただ、本マニアのおねだりが許されるなら、各写真にも粋な説明書きを付けてほしかったなあ。

評・荒俣宏（作家）

しみず・れいな　ジャーナリスト。
おおはら・けい　文芸エージェント、ライター。

二〇一一年八月二一日⑤

『ふたつの故宮博物院』

野嶋剛 著
新潮選書・一二六〇円
ISBN9784106036828
歴史／人文

中国史を反映する分裂した文物

中国には、故宮博物院が二つある。一つは北京、一つは台北に。私はその両方とも九〇年代に訪れたことがある。

台北で清明上河図と翠玉（すいぎょく）白菜を見て大いに興奮した。展示品の多くは通常数カ月ごとに替えることになっており、六十八万点もある収蔵品は一回りするのには数年かかるだろう。計画なしに行って、狙いの名品に出会えることは、奇跡に近い。

一方北京の方は、三回行っていずれも工事中に遭い中に入れず、外観しか見ていない。その建物こそが北京故宮の最たる文物だと言われていることを本書で知り、残念な気持が少し癒やされた。

同じ中華文明の文物だけを収蔵、展示するための博物館が、しかも全く同じ名前で、なぜ大陸と台湾とに二つも存在するのか、甚だ不思議なことである。ジャーナリストである著者も初めて故宮を訪れた学生時代からその不思議さに引っかかっていたという。二〇〇七年に台北特派員になったのを機に、故宮の歴史に関わる名だたる関係者を取材し続け、大陸台湾の間を飛び回って、得た貴重な材料をもとに本書を書き上げた。

　辛亥革命後、一九二五年から始まった博物館としての故宮は、四九年に中国が大陸と台湾とに分裂したことで、二つになった。以来、中台関係に影響されつつ、それぞれの体制下でも、常に政治運動の的にされてきた。その足跡はこのおよそ九十年の中国史を生き写ししているようにも思われる。

　著者は、政治・外交という独自の視点からこの歴史を辿（たど）り、そこに隠された権力者の思惑及び文物が持つ、「中国ならではの」政治的な意義をえぐり出そうとしている。

　果たして、分裂した国ないし博物館は、統一する日が来るのか。今後も故宮から目を離せない。が、それよりも幾度も挫折した故宮の「日本展」が、一日も早く東京で見られることを願う。

評・楊逸（作家）

のじま・つよし　68年生まれ。朝日新聞記者。著書に『イラク戦争従軍記』。

『「持たざる国」の資源論　持続可能な国土をめぐるもう一つの知』

佐藤仁 著
東京大学出版会・二九四〇円
ISBN9784130331012
政治／人文

「日本は資源が乏しい」のか？

　「資源」という言葉は、そう古い言葉ではないのだそうだ。日清、日露の戦間期にあたる1900年前後から使われるようになり、辞書に載るのは昭和に入ってから。日本は資源を持たない国だ、という概念が日露戦争後に定着し、同時に日本軍の大陸侵出が本格化していった。

　資源は日本の外にある、だから、外から取ってこなくてはならない。それが、敗戦までの日本の資源観であり、植民地放棄を唱えた石橋湛山は例外的な存在だった。

　47年、経済安定本部に設置された都留重人らの資源委員会は、国内の資源に目を向け、その「生産力の保全」を総合的に構想する。60年まで日本は、エネルギーの半分以上を国産で賄っていた。

　ところが、70年代以降、エネルギー消費が爆発的に増え、自給率は原子力発電を算入しても2割を切る。海外での原料確保に力点が移り、石炭や森林など国内の豊かな資源は放棄されて現在に至る。

　これでいいのか。本書は日本の資源を総合的に把握する資源政策の創出を主張する。

　著者はこう述べる。

　「そもそも『資源小国』という言説が一時期あまりに支配的になったために、存在しなかったはずの『不足』が次々と作り出されているという事実に、もっと正面から向き合わなくてはならない」

　3・11以後、「日本は資源が乏しい」ということが、主に原発推進派によって改めて強調されてきた。しかし、本当にそうなのだろうか。電力供給が削減されれば主婦がデモを始める、という主張もかつてあったが、節電の炎暑、原発反対のデモは起きても、「もっと電気を」のデモは起きていない。

　本書は、震災からの復興の道筋を示す即効的な「実用書」ではない。しかし、こういう時こそ遠回りでも歴史に学ぶことが必要だ。そのための格好の一冊である。

評・上丸洋一（本社編集委員）

さとう・じん　68年生まれ。東京大准教授。著書に『稀少資源のポリティクス』。

二〇一一年八月二一日❼ 文芸

『天の方舟』

服部真澄 著

講談社・一九九五円

ISBN9784062170581／9784062773980（講談社文庫〈上〉）・9784062773997〈下〉)

金は低きに流れない。金は金のある方へと流れるのである。ODA（政府開発援助）にも、その法則は当てはまる。途上国援助の名の下で、億単位の贈収賄というブラックマネーが動くのだ。そうした金の濁流を20年以上泳ぎ続けた経営コンサルタントの逮捕シーンから、物語は始まる。

彼女の名は黒谷七波。エリート大学の垢（あか）抜けない学生が、貧困からの脱出を目指して飛び込んだ世界がODAだった。キャバクラ嬢時代、ふと耳にした「金の集まる裏の世界」で、彼女はその手腕を振るう。そしてこう呟（つぶや）くに至る。「おいしいですね、ODAは」

何しろ取材が綿密である。その上、矢継ぎ早に展開するストーリーは、私のような経済オンチでも十分楽しめた。

また本書は、一人の女性が金を通じてどんどん姿を変えてゆくという「悪女物」として読むこともできる。しかし、ある大事件がもとで、七波の中に葛藤が芽生える。そして驚愕（きょうがく）のラストが……。

一気読み確実の一冊だ。

評・田中貴子（甲南大学教授）

二〇一一年八月二一日❽ IT・コンピューター／ノンフィクション・評伝

『ユニコード戦記　文字符号の国際標準化バトル』

小林龍生 著

東京電機大学出版局・二八三五円

ISBN9784501549701

ユニコードとは、コンピューターで使われる文字コードの国際標準だ。そこにいかに漢字を取り込むか。そのための活動記録である。母体は米企業を中心とする任意参加の民間団体だから、各国が1票ずつ持つ国際機関とは違って、参加して主張しない限り、日本語への配慮は期待できないし、利害も対立する。戦いたるゆえんだ。

著者はワープロソフトの一太郎で知られるジャストシステムから派遣されて議論に参加、関連する会議の議長として世界中から集まった猛者をさばくまでになる。

言語文化の多様性を説くにもまず英語、という現実に直面し、40の手習いで苦手の英語を習得した過程、また「歩く国際標準」たる大先輩に伝授された「傷を負わせたら殺せ」などマカロニウエスタンばりの戦い方などがユーモラスにつづられる。

技術的にややこしい内容もあるが、文化と不可分の情報通信技術の最前線が、人間ドラマを通して楽しく読める。

評・辻篤子（本社論説委員）

二〇一一年八月二八日❶ 社会

『リトル・ピープルの時代』

宇野常寛 著

幻冬舎・二三一〇円

ISBN9784344020245／9784344423244（幻冬舎文庫）

小さな物語に依存「拡張現実の時代」

本書は『ゼロ年代の想像力』で華々しいデビューを飾った若手批評家の三年ぶりの書き下ろし評論集である。テーマは再び「想像力」だ。議論の構えは大きい。震災後の現状をふまえ、宇野はまず村上春樹を参照する。ビッグ・ブラザーが体現していた「大きな物語」が失効し、人々は目先の「小さな物語」に依存しようとする。

『1Q84』で村上が描いた「リトル・ピープル」こそは、意図も顔も持たずに非人格的な悪をもたらす「システム」の象徴だ。今必要なのは、制御不能におちいった「原発」のような巨大システムに対する想像力なのだ。

しかし宇野は、村上作品に頻出する、男性主人公の自己実現のコストを母なる女性に支払わせるというレイプ・ファンタジィ的な構造を批判する。その構造に潜むナルシシズムが、リトル・ピープルの悪を隠蔽（いんぺい）してしまうからだ。

ここに至って、本書の中核をなす二つのテーゼが示される。

「私たちは誰もが『小さな父（リトル・ピープル）』である」、そして「リトル・ピープルとは仮面ライダーである」と。あなたがこの唐突な断定に失笑したとしても、すでに著者の思うつぼである。なぜなら彼はこう書いている。「冗談のように聞こえない批評には何の力もない」と。

かくして、本書の白眉（はくび）は第2章、平成仮面ライダーの分析である。かくも異様な虚構世界が子供たちの人気を博していたという事実を、あなたは知っていただろうか。たとえば『仮面ライダー電王』の主人公は、敵であるはずの四体のモンスターを自らに憑依（ひょうい）させ、四つの人格を切り替えながら敵と戦うヒーローなのだ。

仮面ライダーの「変身」を、〈いま、ここ〉を多重化する身ぶりと読み替えた宇野は、現代を仮想現実ならぬ「拡張現実の時代」とみなす。大筋で異論はないが、しかし一点だけ。

現実を多重化するレイヤーの中にすら、例えば「ナショナリズム」は回帰する。大きな物語は終焉（しゅうえん）せず、矮小（わいしょう）化されて反復されるだろう。宇野の奔放な想像力は、たとえば同じく文学的想像力をナショナリズムの解毒に用いるスピヴァクの『ナショナリズムと想像力』などで補完される必要があろう。

本書のあとがきは必読だ。宇野の筆名の由来がはじめて明かされる。なぜ彼が「リトル・ピープル」にこだわるのか、その理由の一端がわかるだろう。かくも私的なモメントに根ざした言葉ゆえ、彼の言葉は信頼に値する。その深きライダー愛に敬意を表しつつ、本稿の〆（しめ）はやはり、仮面ライダー電王の「あのセリフ」の引用で。

信じてるけどいいよね？　答えは聞いてない！

評・斎藤環（精神科医）

うの・つねひろ　78年生まれ。評論家。企画ユニット「第二次惑星開発委員会」主宰、カルチャー総合誌「PLANETS」編集長。『ゼロ年代の想像力』など。

二〇一一年八月二八日②　文芸

『不可能』

松浦寿輝 著

講談社・一八九〇円
ISBN9784062170284

三島由紀夫がもし生き延びたら

一九七〇年、自衛隊市ケ谷駐屯地で割腹した三島由紀夫がもし死なずに生き延びてたら。というのが本作の主軸となるアイデアである。主人公の平岡（三島の本名）は二七年の服役を経て出所し、八〇歳を過ぎて東京の西郊に隠棲（いんせい）している。との設定からはじめるならば、三島の遺した言葉をはじめ三島につき語られた数多くの言説を先行テクストとする一篇（ぺん）が当然生み出されるわけで、老いることを憎み怖（おそ）れたといわれる作家の老人となった姿を想像裡（そうぞうり）に描くことは、「三島由紀夫」への批評を作動させずにはおかず、そこに著者の狙いの一つはあるだろう。しかし本作を何より精彩あるものにしているのは、ミステリの結構である。

老齢の平岡は、生への嫌悪や倦怠（けんたい）などはとっくに通り越し、恬淡（てんたん）超俗の境地にあるかに見えて、好奇心や酔狂を失っていないのが嬉（うれ）しい。平岡は謎めいた青年の手を借り不思議な事物や人間を身辺に引き寄せる。地下室に置かれた等身大の石膏（せっこう）像。一二人の匿名メンバーからなる秘密クラブ。宙空に浮かぶ棺ともいうべき「入口（いりぐち）のない」塔……とこう次々探偵小説好きの心の琴線に触れるお膳立てに登場されては、何事か起こらぬわけにはいくまいと思っていると、これまた嬉しいことに本当に不可能犯罪が起こるのだ！　しかも事件には合理的解決が与えられて、つまり本作は本格ミステリなのである。

三島由紀夫はミステリには否定的な見解を抱いていたという。その「三島由紀夫」を描く小説がミステリの形をとることには強いアイロニーがある。市ケ谷で斬り落（おと）された三島の「現実」の首と小説に登場する「虚構」の首。両者を並べて本作のいくぶん毒を含んだアイロニーの光線で照らしてみるとき、虚構と現実の織りなす迷路の姿が読者の前に浮かび上がるだろう。その錯綜（さくそう）した迷路に踏み入ることこそ、小説を書き、また読むことに違いない。

評・奥泉光（作家・近畿大学教授）

まつうら・ひさき　54年生まれ。詩人、小説家。「花腐（くた）し」で芥川賞。著書に『幽』など。

二〇一一年八月二八日❸

『コンニャク屋漂流記』

星野博美 著

文芸春秋・二一〇〇円

ISBN9784163742601／9784167900601（文春文庫）

ノンフィクション・評伝

屋号の由来は？　ルーツを探る

ルーツ探しが新たなブームを迎えているようだ。テレビではＮＨＫの「ファミリーヒストリー」が芸能人の知られざるルーツを紹介しているし、今年の春にはやはりノンフィクション作家が自らのルーツを探る高橋秀実著『ご先祖様はどちら様』（新潮社）が出たばかり。ルーツ探しというのは、一番身近で取り組み甲斐（がい）のある「ミステリー」なのかもしれない。

本書は、外房の漁師でありながら「コンニャク屋」という変わった屋号を持つ祖父の実家のルーツについて、祖父が残した手記や親戚の人たちの話を手がかりに、著者が時間をかけて調べ、まとめあげた本である。日本の経済成長を下から支えてきた庶民代表のような、人望が厚く働き者の祖父と、底抜けに明るくて情の深い「コンニャク屋」一族。自分のなかに漁・農・工の血が混じっていることを自覚する著者は、自分の家に残る漁師的なカルチャーを分析したり、祖父や父が経営した町工場を遊び場に育った思い出を語ったり、祖父が住んでいた五反田という土地を歴史的に振り返ったりする。この辺の記述もなかなか面白い。

祖父の出身地「岩和田」では度重なる津波や火災の被害で寺の過去帳などが失われており、ルーツの検証は容易ではない。しかし、墓石に刻まれたある名前から、18世紀の実在の人々とのつながりが見えてくる。その名前と「先祖は紀州から来た」という伝承をヒントに著者が和歌山に飛び、漁民の末裔（まつえい）とおぼしき人々に会う話はスリリングだ。

漁師だけでは生きられず、おでんも商っていたというのが屋号の由来だが、コンニャクは漁師にとって食べやすい手軽なスナックだった、という推論はなるほどとうならせる。祖父の生きた時代と土地に光を当て、祖先の記憶を活字にとどめようとする本書には、ユーモアと家族への愛が溢（あふ）れていて、読むほどに温かい気持ちになった。

評・松永美穂（早稲田大学教授）

ほしの・ひろみ　66年生まれ。写真家、作家。『転がる香港に苔（こけ）は生えない』『華南体感』など。

二〇一一年八月二八日④

『米国製エリートは本当にすごいのか?』

佐々木紀彦 著

東洋経済新報社・一五七五円

ISBN9784492223130／9784046010414（中経の文庫）

教育／国際

優秀な人 育て上げるシステム

本当のエリートがどこにいるのか分からなくなってしまった最近の日本では、飛びつきたくなるようなタイトルの本である。本書はスタンフォード大学への留学経験に基づいて、著者が幅広い観点からエリートの国際比較を試みたものである。やはり米国のエリートは優秀だが、米国人の能力が格段に優れているからではなく、米国にある程度以上の能力を持った人を立派な知的エリートに育て上げるシステムがあるからだという。

そのポイントは大学における教育にあり、大量のインプットを学生に与え、プレゼンの仕方も含めて徹底的に鍛え上げる。評者の経験でも米国の大学、大学院の授業は日本に比べて格段に体系的で、そこを通過することによって学生はその分野の専門家になることができる。学生も必死に勉強する。エリートの重要性は痛いほど認識されていて、優秀な学生には先生がお世辞を言ってまで自信をつけ一人前に育てようとする。ただ、こうしたシステムの成功の結果、世界中から米国に優秀な人が集まっていることも否定できないだろう。

分析はエリートの「必修科目」にも及び、それは経済学、歴史、国際政治だという。同感である。労働市場のあり方の日米比較分析も紹介され、一つの仕事を離れても容易に別の仕事を見つけられる環境があるからこそ、米国人はベンチャーに行くようなリスクを取れるという。国際比較は日米だけでなく、中国や韓国も含み、金が先か権力が先かという点の米中比較、韓国留学生の活躍の裏にある国内機会の狭さの指摘など興味深い。

読者は必ずしも著者の主張のすべてに賛成するわけではないだろう。しかし、もはや国民の平均のレベルの高さという長所だけでは国際競争に勝ち残れなくなりつつある日本にとって、本書を材料にしてエリートについて様々な思いを巡らしてみることは有益だろう。

評・植田和男（東京大学教授）

ささき・のりひこ 79年生まれ。「週刊東洋経済」記者。休職して留学後、09年復職。

二〇一一年八月二八日⑥

『歌集 蝉声』

河野裕子 著

青磁社・二八〇〇円

ISBN9784861981777

文芸

〈私〉自身の肉体を離れた眼差し

『蝉声』の読みは「せんせい」。昨年亡くなった河野裕子の遺歌集である。

〈髪も眉もまつげも脱けますよ それぢやあ私は何になるのか〉

抗癌剤（こうがんざい）の副作用を説明されたときの短歌だろう、と想像はつくのだが、ここにはそのような現実の枠組みを超えた衝撃が表現されている。「それぢやあ」の前の一字空きには、一瞬絶句した「私」の息遣いが織り込まれているようだ。

「私」が「私」でなくなってしまう不安のなかで、目の前の小さな日常はそのかけがえのなさを増す。

〈川上の水は小さく光りをりそこまで歩から日の暮れぬうち〉

歩いたからどうなる、ということはない。この歌には誰も出てこないし、何も起こらない。だが、不思議なことに、ほんのささやかな歩みの中に一生の時間と想（おも）いの全てが凝縮されているように思えるのだ。

〈蝋燭のひとつ光にもの食へば家族のひとりづつの顔の奥ゆき〉

良くない譬（たと）えかもしれないが、最後の晩餐（ばんさん）めいた臨場感が伝わってくる。家族で共にするこの一回の食事の特別さを「蝋燭のひとつ光」が強めている。

〈渓谷の空より鷂が見てゐるは胡麻ひとつまみ程のバスを待つ人〉

ここには既に〈私〉自身の肉体を離れた眼差（まなざ）しの獲得があると思う。この直前には〈鷂（はいたか）だ、いや大鷹だらう室生寺にバス待つ四人に混じりて見上ぐ〉という歌があり、見上げるものと見下ろすものとの視点が鮮やかに切り替わっていることがわかる。

〈八月に私は死ぬのか朝夕のわかちもわかぬ蝉の声降る〉

「八月に私は死ぬのか」という呟（つぶや）きが身に迫る。我々は自らの最期の季節を予（あらかじ）め知ることも選ぶこともできない。河野裕子が亡くなったのは八月十二日の夜だった。

評・穂村弘（歌人）

かわの・ゆうこ　1946～2010年。歌集に『桜森』『母系』『葦舟』など。

二〇一一年八月二八日⑧

『神保町　タンゴ喫茶　劇場』

ノンフィクション・評伝

堀ミチヨ 著
新宿書房・二一〇〇円
ISBN9784880084213

古書とタンゴのファンなら誰でも知っている東京・神田神保町のある喫茶店で働いていた女性の「お客観察記録」とでもいうべき本。仕事場が近い評者もときどき行く、その筋では有名なタンゴの店だが、本書では店名が伏せられているので、それに従う。

著者は、ウエートレスとして働きながら、店に出入りするさまざまな客を観察し、その生態を克明に記録する。なぜか男女の2人連れが妙に多く、それも夫婦以外のカップルが大半。中には、痴話ゲンカを始める者もいる。

読んでいて「ホントカイナ」と思わせる話もあり、匿名とはいえ当人が読んだら不快を覚えそうなコメントも散見される。ユーモアのこもった語り口が救いだが、そのあたりが少し気になった。

もっとも、評者はここで取り上げられたような客に、一度も出会ったことがない。従って、これがすべて著者の創作だとしても驚きはしない。むしろ、そう思って読んだ方が、無邪気に楽しめるかもしれない。

評・逢坂剛（作家）

二〇一一年九月四日①

『新藤兼人伝　未完の日本映画史』

小野民樹 著
白水社・二九四〇円
ISBN9784560081488

『新藤兼人　私の十本　老いても転がる石のように』

立花珠樹 著
共同通信社・一六八〇円
ISBN9784764106338

アート・ファッション・芸能／ノンフィクション・評伝

1世紀に及ぶ私史　作品に色濃く投影

この夏、99歳を数える映画監督新藤兼人の最後の作品「一枚のハガキ」が公開された。『新藤兼人伝』は、白寿にしてなお現役にある監督の評伝であるが、同時に、時代ごとの映画制作の現場を生き生きと伝える日本映画史ともなっている。

新藤は広島の人。生家が没落し、少年期、一家離散の辛酸をなめる。一本の映画に導かれ、京都にあった新興キネマの現像部に潜り込み、やがてシナリオ書きの才が認められて映画界の階段を上っていく。同世代の黒澤明らとは異なり、まったくのたたき上げであり、目線の低さは一貫している。

評者の記憶する新藤作品は、モスクワ映画祭グランプリを受賞した「裸の島」であるが、前後おびただしい量のシナリオを書いている。

時代劇、家庭劇、喜劇、原爆、反戦、犯罪、性……屈指の「シナリオ職人」であった。

「社会派」「人生派」「リアリスト」。レッテルはさまざまあるが、特筆すべきは、常にその時々の「いま」と向き合う人であったことだろう。時代風潮に影響を受けつつ、イデオロギーには染まらない。芸術至上主義にも商業主義にも陥らない。それでいて独立プロを維持していくタフな映画人だった。それが国内最高齢監督の道を切り開いたものであろう。

著者は長く出版編集にたずさわった人。岩波書店に入社して間もなく、溝口健二の評伝を依頼したのが新藤との出会いで、付き合いは三十数年に及ぶとある。関係者の証言はもとより、古い映画フィルムやシナリオを発掘し、日本映画の現場をたどるなかで老映画人の人生を描いている。行間に、日本映画への愛情がにじみ出ている。作る、見る、の相違はあるが、映画に魅入られ続けた〝2人組〟の奏でる二重奏の感もある。

『新藤兼人　私の十本』は、代表的作品をめぐる新藤へのインタビューを軸に構成されている。

「裸の島」の舞台は瀬戸内の小島。小船で水を運び、ひたすら段々畑に水をかける一家を描く無言劇である。新藤は家を抵当に入れて映画を完成させたものの、買い手はつかない。誤解され、わずかにヌードを専門とする配給会社から引き合いがあったとか。

「一枚のハガキ」は、戦争期、くじ運で生き残った体験が下地となっている。敗戦の前年、丙種合格の１００人が〝掃除部隊〟として集められた。やがて60人はフィリピンへ、30人は潜水艦へ、4人は海防艦へと配置換えとなったが全員生きて戻ることはなかった。戦死した1人が持っていた一枚のはがきが映画化の基点となっている。1世紀に及ぶ「私史」が、この映画監督の作品に色濃く投影していたことを改めて知る。

評・後藤正治（ノンフィクション作家）

おの・たみき　47年生まれ。著書に『60年代が僕たちをつくった』『撮影監督』。

たちばな・たまき　49年生まれ。共同通信社編集委員。著書に『「あのころ」の日本映画がみたい！』など。

二〇一一年九月四日❷

『人間と国家　上・下　ある政治学徒の回想』

坂本義和 著

岩波新書・各八四〇円
ISBN9784004313168〈上〉・9784004313175〈下〉
政治／ノンフィクション・評伝／新書／国際

青年期の苦悩　今も抱きしめる

戦後日本の国際政治学を牽引（けんいん）してきた著者の自伝的回想。

坂本氏の父は、上海（シャンハイ）の東亜同文書院の一期生。米国留学を経て母校に戻り、教鞭（きょうべん）をとった。父は上海の邦人社会で孤立を恐れず、中国人と親しく付き合った。坂本氏の名前は、「義和団」になぞらえてつけられた。父は、中国民衆への愛着と日本軍部に対する嫌悪感を同時に抱いていた。

上海で育った坂本氏は、幼少期に病院で命を落とす負傷兵を目の当たりにした。彼らは死に際に「天皇陛下万歳」とは言わなかった。坂本氏は「国家権力の脱神話化」を体験する。日本に帰国後、戦中に旧制一高入学。閉塞（へいそく）的な時代の中、煩悶（はんもん）を繰り返した。

終戦後、彼は丸山真男の特別講義を受け、心を動かされる。「今どう生きるか」という問いに苦しんでいた坂本氏にとって、内面的な問題意識と社会科学的分析を不可分のものとする丸山の政治学は輝いていた。彼は、丸山に惹（ひ）かれ東大法学部に進学する。

坂本氏はマルクス主義に接近しつつ、距離をとった。逆に助手時代には近代保守思想の祖エドマンド・バークを研究。「革命の思想」を知るためには「反革命」思想を知る必要があると考えたためだ。

東大助教授に採用されると米国に渡り、モーゲンソウと出会う。帰国後、「世界」に「中立日本の防衛構想」を寄稿、リベラルな国際政治学者として頭角を現す。一方で、年少で京大法学部の高坂正堯は、「中央公論」に「現実主義者の平和論」を書き、坂本氏との対立軸を提示した。坂本氏が高坂をどう見ていたのかも本書には記されている。

坂本氏の学問は、常に「人間」の喜びや悲しみを土台に展開される。それは自己の青年期の苦悩と問いを、今でも抱きしめているからだろう。21世紀の人間が克服すべきは、不当な権力や格差の構造だけでなく「他者への無関心」であるとの指摘は重い。

評・中島岳志（北海道大学准教授）

さかもと・よしかず　27年生まれ。国際政治学者。『相対化の時代』など。

二〇一一年九月四日③

『ナポレオンのエジプト　東方遠征に同行した科学者たちが遺（のこ）したもの』

ニナ・バーリー 著　竹内和世 訳

白揚社・二九四〇円

ISBN9784826901628　科学・生物／ノンフィクション・評伝

幻滅の砂漠地帯で置き去りに

ナポレオン東方遠征の成果をまとめた『エジプト誌』は出版史上の偉業だが、一方同じ時期に、この遠征隊を海上封鎖したイギリスでも、ナポレオン探検団のバカげた行動を揶揄（やゆ）するジェイムズ・ギルレイの辛辣（しんらつ）な漫画が多数出版された。なぜならネルソン率いるイギリス艦隊は、敵側から出る公文書や内密な私信を傍受し、それを逆宣伝のネタに活用したからだった。

本書は、戦争と学術の両面を持つこの遠征に参加した科学者たちの体験を、ギルレイの風刺漫画以上に人間臭く描きだす。目的も行き先も明かされず夢だけ吹き込まれた若い学者が、古代最高の文化都市アレクサンドリアに到着してみれば、有名な図書館や灯台など「古代の驚異」は影も形もない。おまけに船団はイギリス艦隊に攻撃されて壊滅し、エジプトで孤立してしまう。ひどいのはナポレオンで、ごく親密な3人の学者を除き全員をエジプトに置き去って故国へ脱出してしまうのだ。それでも若い学者たちは敵のまった中で毎日調査や討論をつづけ、約4年間飢餓と疫病の荒れ狂う過酷な砂漠地帯で頑張りぬいた。

成果の中でもっとも有名なのは「ロゼッタストーン」の発見だろう。碑文はすぐさま銅版画にして本国へ送られたが、これがパリに届いた最後の通信となった。しかし、古物収集の大家でナポリ駐在の外交官ウィリアム・ハミルトンに目を付けられ、降伏の際に待ってましたとばかりイギリスに押収されてしまう。

若い学者たち個々の冒険も非常に興味深い。たとえば地図制作にあたったジョマールはカイロ市内の迷路の中を測量して回り、卑猥（ひわい）極まる踊りを演じるベリーダンサー、奇術師、神秘主義者、ヘビ使いなど奇人の群れに出会い、犬小屋だと思っていた高さ4フィート（約1・2メートル）の小屋がじつは庶民の住居だったことに仰天する。最後まで本を擱（お）けない快著だ。

評・荒俣宏（作家）

Nina Burleigh　ジャーナリスト。米コロンビア大非常勤教授。

二〇一一年九月四日⑤

『昭和の流行歌物語　佐藤千夜子から笠置シズ子、美空ひばりへ』

塩澤実信 著

展望社・一九九五円

ISBN9784885462313

アート・ファッション・芸能／社会／ノンフィクション・評伝

誰もわからないヒットの条件

好みからいうと「流行歌」というより「歌謡曲」かな？　でも、「流行歌」を「歌謡曲」に言い換えたのは戦時中のおカミだそうだ。

「歌は世につれ、世は歌につれ」ながら時代の歌は現実の人の心の飢えや、どろどろした情念を写実的にリアルに描いたかと思うと、虚構の世界を設定して時空を非日常的な想像の中でうんと飛翔（ひしょう）させて、自由に夢や愛と戯れながら遊ばせてくれる。どの歌も世相を反映しているがどこか仮想じみているのが流行歌だ。そして気がついたらわれわれは物語の中の主人公になってしまっている。

流行歌によって現実はペロッと裏返されて虚構化されてしまう。その最たるものが軍歌でまるで大本営作詞かと思わせる歌もある。しかし歌い継がれるのは当局推奨の勇ましい歌ではなく、悲壮感あふれる短調の調べだった。

歌が先か世が先か知らないが流行歌の運命を仕切るのは全てレコード会社の商業的思惑で、スターダムに乗るのも凋落（ちょうらく）するのも売れる売れないの一点で決まる。これは歌手だけではない、作詞家、作曲家もこの運命からは逃れられない。本書の著者はそんな現場の修羅場をまるで見てきたように語る。本書には著者と著名音楽家たちとのツーショット写真がたくさん掲載されているが、歌が生まれ、ヒットする現場に入りこんで描いたルポだけに臨場感がある。

本書は流行歌が物語る立派な昭和史である。そんな昭和の時代を走り抜けたのが女王・美空ひばりで、人気ナンバーワンは「青い山脈」。だけど激動の昭和史の代表的国民歌の筆頭が、なんと歌手では素人の渡哲也の「くちなしの花」だというから驚く。この歌を聴いた石原裕次郎が「もしヒットすれば銀座を逆立ちして歩く」と豪語したように、ヒットの絶対条件は誰もわからないのだ。どうもヒット曲は「社会的条件」と関係がないらしい。

評・横尾忠則（美術家）

しおざわ・みのぶ　日本出版学会会員。著書に『出版社の運命を決めた一冊の本』など。

二〇一一年九月四日⑥

『ゲーム理論による社会科学の統合』

ハーバート・ギンタス 著　成田悠輔、小川一仁、川越敏司、佐々木俊一郎 訳

NTT出版・五八八〇円

ISBN9784757122406

人文

多くの学問統合 自信満ちた構想

社会科学の統合とは何と強気な。アシモフの未来SFには人類史の将来を予測する、歴史心理学なる統合人間科学が登場するが、ついにそれが実現……とまではいかない。が、著者はゲーム理論がその基盤となると断言するのだ。

すごいぜ、と本文を開くと、いきなり細かい式や証明がずらずら並んで涙目だが、とりあえずは飛ばしても大丈夫。基本的に著者は、合理的個人の相互作用を描くゲーム理論モデルを使えば、各種の基本的概念が基礎付けられることを示す。後半の章でそれを組み合わせた複雑な社会事象の説明を例示。そして十二章以下で、統合に向けての大きな道筋をいくつか素描してみせる。

統合対象分野は、生物学、心理学、経済学、社会学等とやたらに広い。読む側にとってもハードルは高めだが、その大胆な構想力は爽快だ。著者がそこに見る共通の枠組みは明確で説得力があるし、その可能性は胸躍るものがある。

一方で著者は、多くの学問分野がときに事実の観察と説明を軽視し、教条主義や理論的美しさにとらわれて無力化していると批判する（特に社会学には手厳しい）。また偏狭な縄張り根性も蔓延（まんえん）しているのは、ぼくたちも日々目にする通り。だが著者は、少なくとも理論的な可能性については楽観的だ。

既存知識を教えるだけの本や夢物語をふりまくだけの本は多いが、おぼろげとはいえ未知の理論体系を具体的に描き出してくれる本は貴重。著者の夢見る統合が実現するかは、皮肉屋の評者は少々懐疑的ながら、まずはお手並み拝見だ。ごく一部でも実現したらすごい。ただしそれを享受するには、前半の数式にも挑まないと……が、その点は訳者解説にも勉強の指針があって親切。翻訳はきまじめだが正確だし、著者の書評をコラム的に入れた読者サービスもうれしい。

評・山形浩生（評論家）

Herbert Gintis　40年生まれ。

二〇一一年九月四日⑦

『本棚探偵の生還』

喜国雅彦 著

双葉社・二九四〇円

ISBN9784575303391／9784575714197（双葉文庫）

文芸／アート・ファッション・芸能

1、古書店が夢に出て来る。2、本棚の配列には一家言ある。3、本は見て、触って楽しむ。4、とくにミステリーが好み。以上の条件を満たす方に強くお勧めするのが本書である。その理由は、実際に手にとってもらえばわかる。

美麗函（はこ）入りの2冊組。著者が意匠を凝らした造本には、豆本に変身する月報まで付いている。2冊で異なる紙の質感を、指先でじっくり味わってほしい。電子書籍がコンビニならば、紙の本はアールデコ様式の老舗百貨店に匹敵することが実感できるだろう。

かつて、本は人々の憧れだった。高くて手が届かない棚にすました顔で並ぶ函入り本を、首が痛くなるほど見上げていた記憶はないだろうか。それは、読みたい、というより手に入れたいという欲求だったはずだ。

本蒐集（しゅうしゅう）の魅力を描くエッセーの第3弾である本書の内容については、あえて、読んでのお楽しみとしよう。本の外見だけに対する書評があってもいいと思う次第である。

評・田中貴子（甲南大学教授）

二〇一一年九月四日⑧

『安心ひきこもりライフ』

勝山実 著

太田出版・一四七〇円

ISBN9784778312589

社会

実にけしからん本だ。

ひきこもりの第一人者（笑）たる評者の著書を「可もなく不可もない」と一刀両断。政府のひきこもり対策事業を「ひきこもり関ケ原」などと巧みに茶化（ちゃか）す（うっかりニヤニヤしたのは秘密だ）。この〝名人〟に「就労など煩悩に過ぎない」と言われては、治療者として返す言葉もない。

ほかにも「腐れチャレンジ」「働かざること山の如く」「半人前理想主義」「自立とは正しく落ち込むこと」「月見草でいいじゃないですか」など名言金言が目白押し。目指すは罪の意識なく、のびのびひきこもる生活。そのための福祉サービス利用法、甥（おい）っ子とのつきあい方など、当事者ならではの超実用的なアドバイスまである。

「可能性を広げるとは、堕（お）ちること」と主張する本書は、現代の小さな「堕落論」だ。なのに本書の「笑い」には逆説的な希望、評者には決して示し得ない希望がある。けしからんが必読なのだ。

評・斎藤環（精神科医）

二〇一一年九月一一日❶

『隠れていた宇宙　上・下』

ブライアン・グリーン 著
竹内薫 監修　大田直子 訳
早川書房・各一九九五円
ISBN9784152092250〈上〉・9784152092267〈下〉/9784150503895（ハヤカワ文庫NF〈上〉）・9784150503901〈下〉

科学・生物

別世界夢想する　先端物理の理論

あのとき別の選択をしていれば——人生は常に後悔に満ち、人は常にあり得たかもしれない別の世界を夢想する。そして星の彼方（かなた）や次元のひだの向こうに、その別世界が実在してほしいと願う。無数の小説や映画のテーマとなったそんな夢が、本書の第一のテーマだ。

本書の描く最先端の物理学モデルによれば、無限の変奏を繰り広げる無限の宇宙がある——それも九通り。が、そこにでかけることはおろか、その様子を見ることも通信もできない。モデルが「ある」と言うだけだ。さて、それは本当に「ある」のか？　それが本書第二のテーマとなる。

著者グリーンは現役物理学者で名科学ライター。これまで超ひも理論や時空論の発展を活写する無謀な試みを成功させてきたが、本書でも常識はずれの先端物理理論を、比喩に比喩をかさねて描き出す手腕は健在だ。現代物理学の様々な側面が、様々な多元宇宙論を軸に目前をかけめぐる。光速の壁の彼方にある別の宇宙、量子の干渉縞（しま）にかいま見える別宇宙、おぼろな情報の投影としての宇宙……。そうしたイメージには想像をかきたてられる。だが、いずれもあくまで理論的可能性だし、観測も通信も無理。ならそれを、あるとかないとか論じることに意味はあるのか？　観測できないものは物理学の対象ではないのでは？

著者は、下巻の半分をこの議論に充てる。モデルを信じよ、理論様があると言えばあるのだ、と言って。ぼくは納得できなかったけれど、これまた「存在」とは何か、というえらく哲学的な思索にぼくたちを導いてくれる。それが先端物理の奇妙な世界観と混ざって、頭の次元が三つくらいよじれそうな、不思議な感覚が味わえること必定。邦訳は原著の読みやすさをうまく再現しており、監修者のグチ以外は見事にその読書体験を支えてくれる。

なお今年はこの手の本の当たり年。本書の分厚さに尻込みする向きは、村山斉『宇宙は本当にひとつなのか』（講談社）が類似の内容を新書に押し込めて驚異的。また「観測できなくても、ある」という本書に対し「観測できても、観測しなければ、ない」という異様な話に、素粒子の自由意志という異常な理論を紹介した筒井泉『量子力学の反常識と素粒子の自由意志』（岩波書店）も、さらなる頭のよじれを楽しみたい方は是非。

中秋の名月も間近だ。本書を読んで、月空を見上げ、あるかもわからない並行宇宙の自分にも思いをはせよう。向こうの自分は幸せだろうか？　その思いが届くことはないのだけれど——でも手をふれば、案外量子もつれか何かで、くしゃみくらいはしてくれるかもしれないよ。

評・山形浩生（評論家）

Brian Greene　63年生まれ。コロンビア大学教授。著書に『宇宙を織りなすもの』『エレガントな宇宙』（いずれも草思社）など。

二〇一一年九月一一日②

『偏愛的数学 Ⅰ驚異の数・Ⅱ魅惑の図形』

A・S・ポザマンティエ、I・レーマン 著
坂井公 訳
岩波書店・Ⅰ巻二四一五円、Ⅱ巻二三一〇円
ISBN9784000059800〈Ⅰ〉・9784000059817〈Ⅱ〉

科学・生物

世界が違って見える数の不思議

「偏愛的」数学とは、よくも名づけたものである。

本書は、こんな書き出しの訳者による序文から始まる。原題は「数学の驚異」とごくごく平凡で、「偏愛」なる表現はむろんない。邦訳に当たって編集部が考えたそうだ。

だが、まさに言い得て妙。数学といえば、論証に偏りがちで、そこが嫌われがちなゆえんでもあるのだが、ここでは論証は脇に置き、数や図形の不思議、美しさ、面白さにひたすら偏愛を向ける。自称数学嫌いも含めて、幅広い読者を意識してのことだ。

小川洋子さんの『博士の愛した数式』で、自分以外の約数の和に等しい6などの「完全数」や、220と284のように自分以外の約数の和が相手に等しい「友愛数」がおなじみになったが、数の不思議はこれにとどまらない。

たとえば、こんな数だ。

$4913=(4+9+1+3)^3$

こんなのもある。

$153=1^3+5^3+3^3$

$165033=16^3+50^3+33^3$

著者が「数学の金塊」と呼ぶこんな不思議な数の仲間は無尽蔵なのだそうだ。

もっとも、2592を2の5乗9の2乗と書き間違っても、幸いなことに2592＝2の5乗9の2乗という例は一つしかないらしい。

一方、私たちの直感を裏切ることが多いのが確率だ。

35人の中で少なくとも2人が同じ誕生日である確率は？

答えはなんと8割強だ。実際、米国の最初の大統領35人中、同じ誕生日が2人いる。ちなみに、命日では、独立記念日の7月4日が3人だが、こちらは必ずしも偶然とばかりいえそうにない。

幾何学、つまり図形の世界でも、でたらめと見えて秩序が潜んでいたり、直感が裏切られたりと、こちらも驚きに満ちている。

数学の驚異の一大コレクションをひたすら味わうもよし、あるいは、数学の海へとこぎ出してみるもよし。

世界がちょっと、違って見えてくるかもしれない。

評・辻篤子（本社論説委員）

Alfred S. Posamentier, Ingmar Lehmann　米独の数学教育者。

二〇一一年九月一一日③

『画文集 炭鉱（ヤマ）に生きる　地の底の人生記録』

山本作兵衛 著
講談社・一七八五円
ISBN9784062171717／9784062816113（講談社＋α文庫）

アート・ファッション・芸能

過酷な世界　たくましき生活力

北海道・夕張で炭鉱事故が相次いだ頃、何度か当地に入った。こっそり地底の切羽（きりは）（採炭現場）まで連れていってくれた坑夫がいた。取材者の私を泊めてくれた下請けの組夫もいた。悲痛極まる事故と、何か大らかであったかいものが同居していた。画文集をめくりつつ、その折の感触がしきりに思い出された。

作者・山本作兵衛は九州・筑豊の地で生涯をまっとうした坑夫である。明治の半ば、7歳にしてヤマに入り、中小炭鉱を渡り歩きつつ、あらゆる職種を体験した。60代、最後の職場は炭鉱事務所の夜警であった。

子供の頃、絵を描くのが好きだったことを思い出し、「昔のヤマの有様（ありさま）を描いて子孫の語り草に残しておくのもまた一興かと思い」、「ありのままを記すことのみを心掛け」た。「絵筆を握るのは五十八年ぶりのこと」とある。

カンテラの照らす坑道で、背に刺青（いれず

み）の入った半裸の男がツルハシを振るう。後山（あとやま）の女がザルで黒炭を函（はこ）に入れる。日本刀を振りかざしたけんか騒ぎ、天秤（てんびん）棒のカゴにわずかな所帯道具を入れてヤマを移る一家、男女混浴の風呂場風景などが生々しい紙芝居を見るごとくに描かれている。

明治から昭和にかけて、日本の近代を支えた炭鉱がいかに過酷な世界であったかを教えてくれる。同時に、ヤマで暮らす人々のたくましき生活力が伝わってくる。

先頃、絵五百八十五点などがユネスコの「世界記憶遺産」に国内からはじめて登録された。老坑夫の「隠居仕事」によって、生き生きとした炭鉱世界が広く人々の記憶にとどまるものとなった。この〝画家〟がいなければ、往時の炭鉱は忘却のなかに消えていたろう。

絵に、「悪狐」が現れ、病人の皮膚をはがして立ち去ったという一枚がある。ひょっとして、山本作兵衛とは、神様狐が炭鉱の伝え人として地底につかわせた使者であったのかもしれない。

評・後藤正治（ノンフィクション作家）

やまもと・さくべえ　1892〜1984年。『炭鉱に生きる』初版は、67年の刊行。

『絵筆のナショナリズム　フジタと大観の〈戦争〉』

柴崎信三著

幻戯書房・二九四〇円
ISBN9784901998765

アート・ファッション・芸能

2人の戦争画家　二つの人生

戦争画を描いた画家は何人もいたが、本書で槍玉（やりだま）に挙げられるのはその代表格藤田嗣治と横山大観だ。藤田の「国際派」に対して大観の「国粋派」。大同小異だが対比の分析が実に痛快（小同大異）。

藤田と大観だけでなくオレだって戦争画描いているぞと言いたいが残念ながら当局からの要請ではない（笑い）。子供時代の戦争の死の妄想と記憶の恐怖を吐き出すためだ（私事）。藤田といえば「乳白色の肌」で、エコール・ド・パリの寵児（ちょうじ）がよりによって「乳白色の肌」を描いた同じ筆で「アッツ島玉砕」の戦争画を描いたからサァ大変。

一方国粋主義者の横山大観は、民族精神を描く「彩管報国」の画家として日本画壇の頂点を極めた人。その彼の絵には戦闘風景は一枚もない。だけれど国家戦略の象徴に富士山を選んだ（頭いい）。そして「富士山」を売って戦闘機4機を国に贈った。

さてパリでの藤田の成功の反動は、西洋への媚（こび）や嫉妬となって日本に逆輸入（あ
怖）。祖国に対する憧憬（しょうけい）とコンプレックスの藤田は国内の評価の回復を視野に入れて、帰国と同時に次なる手は愛国画家として再登場を計り、打って出た（私見）。

同じ日本人画家でもアメリカに骨を埋める覚悟の国吉康雄とはエライ違う。日本を追われるようにパリに帰る途中アメリカに立ち寄った藤田は国吉からも相手にされず、「寵児」を待つはずのパリでも冷水を浴びせられる。スイス・チューリヒで81歳で死去。

ともに「戦犯」の汚名を着せられながらも、藤田の低迷に比べて大観は日和見的政治手腕によりこの難関を突破、戦後再び画壇に返り咲き、「彩管報国」の富士山はそのまま日本美の象徴として新たな光彩を放ち始めた。日本を舞台に展開した2人の戦争画家の二つの人生だ。藤田がアメリカへ発つ日、しみじみ述懐。「画家は絵さえ描いていればいい」（涙）。

評・横尾忠則（美術家）

しばさき・しんぞう　46年生まれ。元日本経済新聞記者。『魯迅の日本　漱石のイギリス』。

二〇一一年九月一一日❺

『これが見納め　絶滅危惧の生きものたち、最後の光景』

ダグラス・アダムス、マーク・カーワディン 著
安原和見 訳
みすず書房・三二五〇円
ISBN9784622076162
科学・生物

絶滅危惧種をめぐる珍道中記

本書は、絶滅危惧種をめぐる珍道中記である。

スラプスティックSFの一大傑作『銀河ヒッチハイク・ガイド』の著者であるダグラス・アダムスが、動物学者マーク・カーワディンとともに世界中の絶滅危惧種を探訪する。原著の出版は一九九〇年、英米では広く読まれたこの名著が今まで翻訳されなかったのは不可解なことだ。「SF作家」の肩書が邪魔したわけではないと信じたいのだが。

とりあげられる動物はアイアイ（マダガスカル）、コモドオオトカゲ（インドネシア）、マウンテンゴリラとキタシロサイ（ザイール＝現コンゴ民主共和国）、ヨウスコウカワイルカ（中国）、ロドリゲスオオコウモリとモーリシャスの固有種の鳥たち、などなど。

彼らのその後についても記されている。個体数を回復した動物もいるが、ヨウスコウカワイルカのように絶滅したものもいる。さらに残念なことに、彼らは毎年姿を消している数万種もの動植物の、ほんの一部に過ぎないのだ。

シリアスなテーマであるにもかかわらず、一ページに一カ所は笑いどころがある。『ボートの三人男』や『どくとるマンボウ航海記』のような、レイドバック気味のユーモアが全開だ。とりわけ私のお気に入りは中国編、失われた「ラバーオーバー」を求める旅のくだりである。

お目当ての動物に辿（たど）り着くまでの苦難を記すアダムスの筆致は、心なしか異星の訪問者がその星の風習に困惑しつつも苦笑しているかのように読める。この星の住人は余裕がない。自分たちが生きるので精一杯（せいいっぱい）の彼らは、他の種族とうまく共存する知恵をいまだ持たないのだ。

それでも「かれらがいなくなったら、世界はそれだけ貧しく、暗く、寂しい場所になってしまう」とアダムスは言う。「生物多様性」の大切さについて、これほどシンプルで説得力のある言葉をほかに知らない。

評・斎藤環（精神科医）

Douglas Adams　脚本家、作家。
Mark Carwardine　動物学者。

二〇一一年九月一一日❻

『猫の本棚』

木村衣有子 著
平凡社・一四七〇円
ISBN9784582835120
文芸

「猫」文学を通して見る人間たち

たとえば、猫の前で小さなねずみのおもちゃを振ってみせる。猫は目を輝かせてじゃれついてくる。でも、と思う。生まれてから一度も本物のねずみを見たことのない彼は、果たしてこれを「ねずみ」と判（わか）っているのだろうか。それとも、ただ動くものへの本能的な反応なのだろうか。

こんな私と猫との風景を、注意深く、興味深く見ている目がある。それが、本書の著者の目だ。多々ある「猫文学」案内とはちょっと違う木村さんのスタンスとは、描かれた猫そのものの魅力というよりも、猫を通して見えてくる人間たちをとらえようとするものなのだ。

ここには、夏目漱石の「猫」や内田百閒の『ノラや』といった猫文学として名だたる名作をはじめ、武田百合子の『富士日記』や町田康の『猫にかまけて』など、猫好き本好きならおそらく一度は手にしたことのある作品が取り上げられている。本のおしゃれな外見に惑わされて、可愛かったりきまぐれだったりする猫の姿が紹介されているのだろう、と安

心してはいけない。頁（ページ）をめくると、そっけないほどの簡素な文体と、一編一編の短さにやや驚きを感じるだろう。べたついた甘さや過剰な感性の押しつけがないのだ。

　読みどころの一つは、対象とした作品からの引用の多さと鋭さである。笙野頼子の『愛別外猫雑記』から、木村さんはこんな箇所を引く。〈「可愛い」とは消費し、痴漢のように触り、飽きると捨てる、次々取り替えるという事に過ぎないのか〉。作品からどこを切り出すかということは、木村さんがどう解釈したかを示す行為だ。引用を以（もっ）て作品の魅力を語らせるセンスに舌を巻く。

　猫とはその周囲の人間を映し出す鏡のような存在であり、人間の関係の網を媒介する存在であると痛感した。猫は、人を描くために文学が「発見」した希有（けう）な生物だったのかもしれない。

評・田中貴子（甲南大学教授）

きむら・ゆうこ　75年生まれ。随筆家。著書に『大阪のぞき』『味見はるあき』など。

二〇一一年九月一一日⑦

『厳復（げんふく）　富国強兵に挑んだ清末思想家』
永田圭介 著
東方書店・二一〇〇円
ISBN9784497211132
歴史

中国で生きなかった近代思想

　厳復——その偉大さを日本人にわかりやすく伝えるためか、本書の帯に「中国の福沢諭吉」の文字が躍る。トマス・ハクスリーの『進化と倫理』をはじめ、ハーバート・スペンサーの『社会学研究』やアダム・スミスの『諸国民の富』、モンテスキューの『法の精神』などを翻訳し、西洋近代思想を中国に紹介して、国の富強への道を模索し続けた中国近代啓蒙（けいもう）思想家である。

　しかし、その名の浸透は、日本の一万円札に印刷された福沢諭吉に遠く及ばず、外国人はおろか、現代中国においても教養階層にとどまっている。この現象こそが、中国はいまだに政治の近代化を実現できていない所以（ゆえん）を語っているのではないかと、そんな気がしてならない。

　アヘン戦争後、内憂（太平天国農民蜂起）外患（日ロ戦争や日清戦争）が続き、気息奄々（きそくえんえん）としていた清王朝。そんな中を生きる厳復は、「清国海軍欧州派遣留学生」としてイギリスに渡った。在英中、「時代に強い影響を与えたイギリス功利主義派思想家」——アダム・スミス、ベンサム、マルサス、ミルなどの著書にのめり込んでいく。——のちに、彼を思想家にさせた運命の出会いとも言えよう。

　帰国後、軍人・官僚への道に進む一方、「変法（政治改革）」を呼び掛け、李鴻章や張之洞など時の実権者の知遇を期待するが、ことごとく裏切られた形となった。国の無能、官僚の腐敗——清王朝が滅びる直前の絶望の中にあってなお、厳復は、精力的に筆を揮（ふる）っていた。

　国の富強を目指すには教育が要だと考え、教育救国論を唱え、北京大学の学長になったものの、生活出来ないほどの困窮に追い込まれ、あえなくやめてしまう。

　福沢諭吉ほどの思想家がいても、生かす空間は中国になかった。そのような国の体質も、厳復の波乱に満ちた人生に見え隠れする。

評・楊逸（作家）

ながた・けいすけ　35年生まれ。日本中国文化交流協会会員。『秋瑾　競雄女侠伝』など。

二〇一一年九月一八日❶

『情報時代のオウム真理教』

井上順孝 責任編集
宗教情報リサーチセンター 編
春秋社・三七八〇円
ISBN9784393299272

人文／社会

一次資料をもとに忘却から拾い出す

私たちは「オウム真理教」を忘れている。正確にいえば、無意識のうちに忘れたがっている。その証拠に、麻原彰晃の裁判がどういうプロセスを経て現在に至っているか、多くの人は知らない。関心はとっくの昔に薄れている。

そもそもオウム真理教がなぜ地下鉄サリン事件を起こしたのか、その原因を世の中は共有しているのだろうか。

もちろん凶悪事件の原因を、完全な形で特定することはできない。しかし、私たちはその前段階で、思考することを放棄している。事件が起こった1995年にはあれほど大騒ぎしたにもかかわらず、熱狂がさめると一気に無関心と忘却が広がった。残されたのは不透明感と不安。そして過剰なセキュリティー社会だ。

私たちは、やはりオウム真理教といま一度、向き合う必要がある。あの事件はなぜ起きたのか。教祖と信者の関係はいかなるものだったのか。オウム真理教が説いた教義とは何だったのか。メディアの対応に問題はなかったのか。そして、なぜ当時の若者の一部がオウム真理教に惹（ひ）かれたのか。

本書はオウム真理教に関する膨大な一次資料を収集し、複数の研究者で分析した研究書だ。宗教情報リサーチセンターが資料を整理し、デジタル化した。

布教・入門用ビデオ、アニメーション、修行用ビデオ、ラジオ放送、説法テープ、音楽、書籍、雑誌、教本……。多岐にわたる資料の分析を通じて、オウム真理教を多角的に論じる。またメディアが教祖・教団をどのように表象してきたかを検討。さらに教団の多様な活動と歩みを明らかにする。

その時のキーワードは「ソト」と「ウチ」。残された資料が示すのは、「ソト」向けの「布教」と「ウチ」向けの「教化」では、内容が異なるということである。

興味深いのは「オウム音楽」の分析。麻原の名前を連呼する「尊師マーチ」に代表される「ソトの曲」は、教義の内容には踏み込まない。しかし、「ウチの曲」ではオウム特有の「専門用語」が頻出し、外部の人間では理解不可能な歌詞が多くなる。さらに「ウチの曲」の中でも外部と接触する場では使用されない教団内部限定の「ウラの曲」が存在する。ここでは「ポア」や「戦え」といった暴力を推奨する用語が登場し、麻原への忠誠が歌われる。

映画監督・森達也の映像作品『A』『A 2』をめぐる賛否にも、1章が割かれている。昨年、森が新たに出版した『A 3』と共に、本書をひもとくことでオウム真理教を忘却の淵（ふち）から拾い出す必要があるだろう。私たちの今を見つめなおすためにも、簡単に忘れていい事件ではない。

評・中島岳志（北海道大学准教授）

いのうえ・のぶたか　48年生まれ。国学院大学教授。『人はなぜ新宗教に魅かれるのか？』『神道入門』など。

二〇一一年九月一八日②

『五十鈴川の鴨』

竹西寛子 著

幻戯書房・二七三〇円
ISBN9784901998789／9784006022471（岩波現代文庫）

文芸

気品の筆 一幅の日本画のように

著者の久しぶりの短編集。静かな風景が心に迫る。たとえば、伊勢の内宮に参拝して、夕刻、茶店の硝子（がらす）窓越しに目にした五十鈴川の流れ。親子らしき五羽の鴨（かも）が眼下を泳いでいく。連れが一言、「いいなあ」と呟（つぶや）く。長閑（のどか）で平和なひととき。しかし、この「いいなあ」に自分の知らない万感の思いが込められていたことに、語り手の「私」は一年以上経って気づく。

淡い交わりの記憶と、ときが過ぎて初めて知らされる真実。男女の旅の話かと思われるかもしれないが、実はそうではない。生きているあいだに人が体験するさまざまな出会いと別れの形、そのなかの小さなエピソード、といってしまえばそれまでかもしれない。その一瞬が、気品のある筆で、一幅の日本画のように美しく切り取られている。

旅の話、別離の話。家の話も心に残る。登場人物が「老人」と初めから書かれている短編もいくつかある。長く生きてきて、死に別れた人々の思い出を脳裏に甦（よみがえ）らせようとするとき、「記憶の頼み難さ」にふと戸惑いを覚え、「雲間の月」のように思えていた突出した記憶が、実は「忘却の海」と変わりないものであったと悟らされたりする。「氷の枕」という作品では、記憶の証拠を求めようと古い手紙を探す老女が登場する。手紙は見つからない。しかし、それで過去が否定されるわけではない。手がかりが不鮮明であるとしても、自分は確実にそれぞれの瞬間を生きてきたのだし、これからも生きていくのだという、達観が伝わってくる。「川の流れのように」という歌もあるが、まさにすべてを胸に納めて流れていく川のような人生。

そう考えると五十鈴川の鴨も人間の謂（い）いであるように思えてくる。流れていくとしても、無力感や諦念（ていねん）に満たされるとは限らない。むしろ、いま、生きてここに在ることを慈しむ心情が、行間から溢（あふ）れ出してくるのである。

評・松永美穂（早稲田大学教授）

たけにし・ひろこ 29年生まれ。作家、芸術院会員。『管絃（かんげん）祭』など小説、評論、随筆多数。

二〇一一年九月一八日③

『アート・スピリット』

ロバート・ヘンライ 著　野中邦子 訳

国書刊行会・二六二五円
ISBN9784336054104

アート・ファッション・芸能

人生と芸術の奥義明かす講義録

以前この欄でサルバドール・ダリの偏執狂的絵画指南書を紹介したことがあるが、本書はエドワード・ホッパー、マン・レイ、スチュアート・デイヴィス、ノーマン・ロックウェルらアメリカの巨匠を愛弟子（まなでし）とした画家ロバート・ヘンライの、80年の長きにわたって読まれた芸術と人生の奥義を明かす美術講義録だ。

だがマン・レイはヘンライの絵を評価しなかったし、ロックウェルなどは著者の語る「アートの圧力」に怖（おじ）けづいて逃げてしまう。「アートの圧力」とは一口に言うと美術のための美術ではなく、画家の人格丸ごと芸術という名の悪魔に魂を捧げるぐらいの覚悟があって初めて天才になり得るので画家を目指す者はのっけから「巨匠でなければならない」とヘンライ先生はアジる。さらに画家の眼（め）は真実を見抜く心眼がなくては芸術と人生の一体化は無理だと。何でも試す勇気と冒険、好きな絵の模写を通して技法を磨き、その上肩の力を抜いて唇に歌を忘れず、自己の魂に忠実に全身全霊を捧げて絵画の謎に挑む。そして自己を知るためには豊かな感情と知性のバランスも必要である。

さらに大事なことは国家、民族、時代、社会、家族からも自己を切り離す。つまり個我に縛られない普遍的な存在を目指して初めて「偉大な芸術家」といえ、世間のルールや常識を断ち切って自由な存在にならなければならないと耳にタコができるほど、彼の教義はマントラのように反復される。なぜなら良質の作品は記憶が産むからだ。

本書を読んだキース・ヘリングやデイヴィッド・リンチも「アート・スピリット」を座右の書として重宝した。技法的にはかなりアカデミックだが、現代美術家はさて、どう見るか。この本のもうひとつの魅力は巻末の滝本誠氏によるヘンライの小伝で彼の少ない貴重な資料として、本文に負けず劣らず読みごたえがあった。

評・横尾忠則（美術家）

Robert Henri　1865〜1929年。米国の画家、教師。原書は23年刊。

二〇一一年九月一八日❹

『無理難題「プロデュース」します　小谷正一伝説』

早瀬圭一 著

岩波書店・二三〇五円
ISBN9784000022255

ノンフィクション・評伝

野人の群像　過ぎた時代への挽歌

井上靖の芥川賞受賞作品『闘牛』は、毎日新聞大阪本社時代の同僚で、事業部にいた小谷正一（こたにまさかず）がモデルであることは知られてきた。本書は、小谷の波乱に富んだ仕事人生をたどった評伝である。

小谷とは何者かといえば、〝立ち上げ屋〟という言葉が浮かぶ。毎日系の夕刊「新大阪」、プロ野球「毎日オリオンズ」、新日本放送（毎日放送）などの立ち上げにかかわり、後年はテレビ、広告、企画プロダクションの仕事にも手を染めた。

愛媛・宇和島から特別貨車で牛を運び込み、西宮球場で開いた闘牛大会は商売としては失敗であったが、「新大阪」時代でいえば、木村名人と升田七段の五番勝負、欧州名作絵画展など次々とヒット企画を放つ特異な才をもつ男だった。長く小谷の上司としてコンビを組んだ黒崎貞治郎は「得体（えたい）の知れぬ男」と評されているが、小谷の側近だった古川益雄は来歴も居住地もわからない。「毎日の天皇」と呼ばれ、小谷をこき使った本田親男にしても規格外のワンマン社長だった。奔放な活力に満ちた、野人たちの群像物語ともなっている。

敗戦から間もない新大阪時代。社近くの喫茶店が「第三編集局」となり、梁山泊さながら、面々は額を寄せ合って「大阪中がわっというようなことないのか」と知恵を出し合う。大阪駅前には連日「行き倒れ」があり、「敗戦の傷口」がぽっかり開いていた。貧しい混乱期であったが〝非秩序〟という意味でも、ぽっかりと天空が開いていた。

小谷たちの活動舞台は大阪だった。東京は遠く、経済力もジャーナリズムも二極時代。面白がる精神をもった男たちの能力が縦横に生かされる地でもあったろう。やがて大阪は地盤沈下し、非秩序派も世の安定とともに本領発揮の場を失っていく。本書のもう一つの主題は〈時代〉であり、行間からは過ぎ去った時代への挽歌（ばんか）が聞こえてくる。

評・後藤正治（ノンフィクション作家）

はやせ・けいいち　37年生まれ。元毎日新聞記者。『長い命のために』『大本襲撃』など。

二〇一一年九月一八日⑤

『密売人』

佐々木譲 著

角川春樹事務所・一六八〇円
ISBN9784758411769/9784758437349(ハルキ文庫)

文芸

四つの事件がつなぐ警察の暗部

このタイトルから、読者は拳銃や覚醒剤の密売を、想起するだろう。しかし、話はそれほど単純ではない。そこに思わぬ仕掛けがある。

30年ほど前、デビューした当時の著者は、バイクをテーマにした青春小説を、得意としていた。その後、ミステリーや冒険小説に枠を広げ、さらに戦争ものや諜略もの、幕末ものや明治ものにも、手を染めるようになる。

こうした多彩な作風のせいか、直木賞とは長いあいだ縁がなかったが、昨年ようやく警察小説『廃墟(はいきょ)に乞う』で、念願の受賞を果たした。今や著者は、警察小説の人気作家の一人として、広く認知される存在になった。もっとも評者は、著者のどの分野の作品も、底に流れるのはデビュー当時と変わらぬ、青春のたぎる血潮だと思っている。

さて本書は、冒頭で一見なんの関係もなさそうな、三つの死体が発見されるところから、物語が始まる。続いて、幼児誘拐とも思われる、一家3人の失踪事件が発生する。これら、別個の四つの事件について、北海道警の担当刑事たちが、それぞれ捜査を開始する。読者は、当面その4件がどこで、どうつながるのか見極めがつかず、刑事たちのあとについて行くしかない。

やがて、三つの死体に共通の背景があることが分かり、捜査陣は相互に連携をとり始める。さらに、失踪した家族の夫も、それに関係していることが判明し、事件はにわかに活気を帯びる。共通の背景が、何であるか明らかにされたとき、タイトルの意味が理解される。いったい、だれが何を密売したのか?その真相は、近年世論で批判を浴びるようになった、警察の不祥事に関わることだが、ここではあえて触れまい。

ちなみに、警察機構の暗部をえぐりながら、警察官個人に対する畏敬(いけい)を忘れぬところに、著者なりの節度がうかがわれて、快いものがある。

ベテランの好著である。

評・逢坂剛(作家)

ささき・じょう 50年生まれ。『エトロフ発緊急電』『警官の血』『北帰行』など。

二〇一一年九月一八日⑦

『福島の原発事故をめぐって』

山本義隆 著

みすず書房・一〇五〇円
ISBN9784622076445

『福島原発の闇』

堀江邦夫 文　水木しげる 絵

朝日新聞出版・一〇五〇円
ISBN9784023309807

社会

論理と想像力で内奥えぐり出す

福島の原発と原発事故を「あの人」はどうとらえているのだろう。そんなふうにぼんやりと思い浮かべていた「あの人」たちの本が出た。

『福島の原発事故をめぐって』の著者山本義隆は、大佛次郎賞などを受賞した『磁力と重力の発見』全3巻などで知られる。その磁力と重力の先に、人間は原子力を発見し、原爆と原発を造った。

山本は、東日本大震災と津波、福島の原発事故が「科学技術は万能という一九世紀の幻想を打ち砕いた」とみる。

そして「自然にはまず起こることのない核分裂の連鎖反応を人為的に出現させ」るようなことは「本来、人間のキャパシティーを超えることであり許されるべきではないことを、思い知るべきであろう」と主張する。

科学技術史の時間軸と戦後の国際関係とい

う空間軸に原発をおいて、山本は論理の力でこの「怪物」を批判する。

一方、『福島原発の闇』は、下請け労働者として原発の内部に入った堀江邦夫のルポと、水木しげるの絵で原発の「闇」をリアルに描き出す。1979年秋の「アサヒグラフ」に掲載された記事を改めて単行本にしたのだという。

水木は、原発を外から見ただけで中には入っていない。それなのに、この絵の迫力はどうだろう！

「マスクをかぶったときの息苦しさ、不快な匂い、頭痛、吐き気までもが甦(よみがえ)ってくる」と堀江は書いている。

さきの山本が論理で原発を語るのに対し、堀江と水木は体験とそれに基づく感覚、そして想像力で原発の内奥にあるものをえぐりだす。

論理と想像力。

原発を考えるときには、これら二つが欠かせない。

「原子力発電は、たとえ事故を起こさなくとも、非人道的な存在なのである」（山本）

二つの著作は、ここで交差する。

評・上丸洋一（本社編集委員）

二〇一一年九月二五日❷

『〈私〉だけの神　平和と暴力のはざまにある宗教』

ウルリッヒ・ベック 著　鈴木直 訳
岩波書店・三四六五円
ISBN9784000257763
人文／社会

異なる信仰　いかに共存するか

世界を震撼（しんかん）させた同時多発テロから十年。世界は一向に平和になったように見えない。つい最近も、右翼思想の青年がノルウェーでテロ事件を起こしたばかりだ。グローバル化の進む社会のなかで、価値観の異なる者同士がどのように共存していくべきかが切実な問題になっている。

「個人化」「リスク社会」というキーワードで知られるドイツの社会学者ベックは本書において、宗教が国境を超えて平和を生み出す力を持つ一方で、信仰者と不信仰者を区別し、不和と暴力の原因を作ってしまう可能性も指摘して、さまざまな角度からの現状分析を行いながら、「個人化」する宗教の、平和創出の可能性を探っている。

ドイツでは、20世紀前半ごろまで、親の宗教を子が受け継ぐのは当たり前だった。無宗教も含め、自分の宗教を自分で選べるようになったのは比較的最近のことだ。こうした「個人化」によってヨーロッパのキリスト教会が著しく衰退したのに比べ、たとえばアフリカでは、キリスト教徒がめざましく増加している。逆に、移民の流入により、ヨーロッパに住むイスラム教徒の数がどんどん増えているのは周知の事実だ。狭い地域に複数の宗教の信者が混住するのが普通になっている。

それぞれの宗教が唱える「真理」が信仰の異なる者を排斥せず、他者と平和的に共存するためには、何が必要なのか？「自由とは常に、思想の異なる者の自由」といったローザ・ルクセンブルクの言葉が思い起こされる。

ベックはユダヤ人エティ・ヒレスムが記した神との対話や、ガンジーの「方法論的改宗」、ドイツの劇作家レッシングが示す三つの指輪のたとえ（父親が全く同じに見える「家宝の指輪」を三人の息子に与える話。「真理」と「宗教」の関係を表す）などを挙げている。スピリチュアルな共存を考える上での、たくさんのヒントがありそうだ。

評・松永美穂（早稲田大学教授）

Ulrich Beck　44年生まれ。『危険社会　新しい近代への道』など。

二〇一一年九月二五日③

『文明を変えた植物たち　コロンブスが遺した種子』

酒井伸雄 著
NHKブックス・一一五五円
ISBN9784140911839
科学・生物／新書

身近な物たちの偉大な「素顔」

「文明を変えた植物たち」とあって、開けば、ジャガイモから、ゴム、チョコレート、トウガラシ、タバコ、トウモロコシの6章に解説の終章をプラスした編成になっている。どれもあまりに身に「馴染（なじ）んだ」地味なものなのだから、一瞬白けたような気持ちにもなった。が、読み進むうちに面白くなり、気がついた時は、ファストフード店でフライポテトを口に入れながら読みふけっていた。

和中洋にかかわらず、何系の料理にでもとけ込みそうな適応能力——適材適所ならぬ、全てが適所というほどに優れたジャガイモは、南米のアンデス高地の「出身」である。ヨーロッパに伝わったのはコロンブスの新大陸「発見」後だというが、いつ誰によってとまではわかっていない。その後、紆余曲折（うよきょくせつ）を経て食卓に定着するようになり、「飢餓の恐怖から人びとを解放しただけでなく」、国力を充実させ、本格的な肉食社会の出現までもたらした。

ジャガイモがヨーロッパの食文化を一変させた植物であるというならば、世界文明を変えたのはゴムなのであろう。消しゴムや防水布、馬車自転車自動車などのタイヤ。戦争によって合成ゴムも発展してきたが、天然ゴムにどうしても「敵（かな）わない分野が二つ」——温度の激しい変化に耐えなければならない飛行機のタイヤと強度の一方薄さも要求されるコンドーム——あるという。

喫煙しない筆者は、タバコが人体に不健康であるとばかり思っていたが、皮肉なことにそれが万能薬としてヨーロッパ大陸に広がった。ペストの予防に効果があると信じ、イギリスのイートンにある学校では、生徒が登校する前にタバコを一服することが義務付けられた時代もあった。

日々何げなしに手で触れたり口にしたりしていた植物たち、その偉大なる「素顔」は本書のお陰で改めて気付かされた。

評・楊逸（作家）

さかい・のぶお　35年生まれ。食文化史家。著書に『日本人のひるめし』など。

二〇一一年九月二五日④

『ツナミの小形而上学』

ジャン・ピエール・デュピュイ 著
嶋崎正樹 訳
岩波書店・一九九五円
ISBN9784000014038
社会

技術とシステムがもたらす災禍

本書の著者デュピュイによれば、戦後広島と長崎を訪れた哲学者ギュンター・アンダースは、爆撃生存者の証言に驚いたという。彼らは原爆を投下した相手を恨まず「災禍を自然災害のように、まるでツナミでもあったかのように受けとめていた」からだ。

この時すでに兆候はあった。いまや「悪」はもはや自然にも人間にも帰属させ得ない。それはデュピュイの言う「システム的な悪」として、常に私たちを共犯関係に巻き込もうとするだろう。

人間の制御と想像の範囲を超えた技術とシステムがもたらす災禍は、アンダースの予言通り、かつてない「最も憎しみを伴わない戦争」に至る。そう、私たちが現在「フクシマ」を巡る戦時下にあるように。もし「東電」と「原子力村」こそが敵だ！と割り切れていたら、どれほど楽だったろう。

現代においては悪意や愚かしさ以上に「思慮の欠如（thoughtlessness）」こそが災禍の原因だ。私たち自身の、多領域にわたる重層的な判断と近視眼的な決断こそが、システムの暴力をもたらすからだ。このときシステムが外在化され聖なるものとして扱われるとしたら、それは私たちの認知的限界ゆえである。

　このような状況は、いかなる予言をも無効化するだろう。確実に予想される災厄の予兆を前に、私たちはなすすべもなく立ちすくむ。アウシュビッツの駅に到着したユダヤ人たちが虐殺の現実を信じようとしなかったように。

　デュピュイが提唱するのは「覚醒した破局論」だ。それは人類の自己破壊を「未来に刻まれ運命として凝固したもの」として扱う。未来の破局を、既に起きた喪失としてあらかじめ悼みつつ、その予言と警告の作用に賭けること。

　ならば、いま私たちのなすべきことはただ一つ、未来において〝失われた〟子供たちの生を悼むことにほかならない。

評・斎藤環（精神科医）

Jean-Pierre DuPuy　41年生まれ。スタンフォード大教授（科学哲学）。

二〇一一年九月二五日⑤

『いまファンタジーにできること』

アーシュラ・K・ル＝グウィン 著
谷垣暁美 訳
河出書房新社・二二〇〇円
ISBN9784309205717
教育／人文／科学・生物

真偽の見え方、美醜の基準示す

　ヒトはサルの幼形成熟（ネオテニー）として進化した。そんな魅力的な仮説がある。子供時代が延長され、子供の特徴・特性を残したまゆっくり成長する。すると好奇心に満ち、探索し、道草を食う。攻撃よりも接近、争いよりも遊び、疑いより信じることが優先され、合理より物語に惹（ひ）かれる。つまり、学び、習熟し、想像力の射程が延びる。これがヒトをヒトたらしめたのだと。

　『ゲド戦記』で世界を魅了し、愉快な『空飛び猫』（邦訳は村上春樹）を生み出したル＝グウィンは実作者の立場から、ファンタジーの作用もまさにそこにあると言う。

　ファンタジーとは、子供だましでも夢物語でもなく、まさに子供であるときにしか感得できない力、子供だけに見える世界を与えつづけることだと。それは、レイチェル・カーソンが「センス・オブ・ワンダー」と名づけたもの、あるいは児童文学者の石井桃子が言った「大人になったあなたを支え続けるもの」と同じでもある。

　なぜ、ファンタジーでは重力が無化され、動物たちが人と会話するのか。それはデカルト的二元論、キリスト教的排他主義、行動主義理論などがこぞって決めつけてきた大人の理屈、すなわち機械論的自然観から本来的に全く自由であるからだ。この本を読んで、私はかつて昆虫少年だったのに、なぜファーブルではなく、まずドリトル先生の物語に惹かれたのかという疑問が解けた気がした。

　ファンタジーは、善悪の違いを教えるだけでなく、むしろ真偽の見え方を教える。それ以上に美醜の基準、フェアネスのありかを示す。物語のかたちをとって。なぜ生命操作が美しくなく、どうして巨大技術が醜いのかを教えてくれるからである。

　あれだけの作品群を書きつつ、こんなに緻密（ちみつ）な評論をものする。ル＝グウィンをル＝グウィンたらしめる理由がここにある。

評・福岡伸一（青山学院大学教授）

Ursula K. Le Guin　29年生まれ。作家。

二〇一一年九月二五日⑥

『峠うどん物語　上・下』

重松清 著

講談社・各一五七五円
ISBN9784062169974〈上〉・9784062171441〈下〉／9784062779463（講談社文庫〈上〉）・9784062779470（〈下〉）

人文／社会

死者と出会い、生に向き合う

震災後、様々な言葉が紡がれた。復興へのヴィジョン、原発批判、被災地のルポ……。その言葉の渦のなかで、最も取り残されたのは、震災で大切な人を亡くした人たちだったのではないか。「死者」という問題と、我々は本当に対峙（たいじ）したのだろうか。

本書の舞台は、峠のてっぺんに建つうどん屋。もともとは木々に囲まれた静かな店だったが、突然、向かいの雑木林が伐採され、市営斎場がオープンした。店の客層は一変。斎場で故人を見送った人たちが利用する店になった。

主人公は、この店を切り盛りする老夫婦の孫。女子中学生の「よっちゃん」は、日々「三人称の死」と出会い続ける。そして、その過程で静かに自己の生と向き合う。

身近な人間の死は、確かに喪失だ。もう「あの人」はいない。しかし、私たちは喪失と同時に新たに出会っている。死者となった「あの人」と。死者は「私」に内在しながら、「私」を超越する。死者は「私」を見通す。死者との内的対話は、単なる追憶では終わらない。自己が如何（いか）に生きるのかという問いへと連続する。死者は自己との対峙を迫る。

「よっちゃん」は、死者と向き合ったばかりの他者と出会う。死者を通じて自己の人生を凝視する人たちを見つめ、自分も少しずつ変容していく。そんな場面を、温かいうどんが和らげる。

いま、私たちの多くは「よっちゃん」と同じところに立っているのではないか。私たちは震災を報じるメディアを通じて、多くの「三人称の死」と出会った。「二人称の死」に直面した人もいるだろう。

私たちは、自分の生を問い直しただろうか。いま、ここで生きていることの意味を問い直しただろうか。

本書は震災後の日本に、「死者との出会い」という問題を提起している。著者が投げたボールを、しっかりと受け止めたい。

評・中島岳志（北海道大学准教授）

しげまつ・きよし　63年生まれ。作家。『エイジ』『ビタミンF』『十字架』など。

二〇一一年九月二五日⑦

『旅するウナギ　1億年の時空をこえて』

黒木真理、塚本勝巳 著

東海大学出版会・三九九〇円
ISBN9784486019077

科学・生物

どこでどのように生まれるのか

おなじみなのに、謎に包まれている。ウナギは、そんな生き物の代表格に違いない。卵を持った親も生まれたばかりの子どもも見当たらない。どこでどう生まれるのか。紀元前4世紀、ギリシャの哲学者アリストテレスは「ウナギは泥の中から自然発生する」とした。

著者たちが天然のニホンウナギの卵をとらえたのはそれから実に2千年余り、2009年のことだ。

本書は、科学がどうウナギの謎に挑んできたか、人や社会はどうかかわってきたか、多面的にこの不思議な生き物に迫る。写真や絵を中心にしたつくりは、見るだけでも楽しい。

だが、なんといっても圧巻は、著者たちがウナギの卵に迫っていくくだりだ。

卵探しは20世紀初め、ヨーロッパの研究者が始めた。日本の研究チームによって成果が上がり始めたのはほんのこの十数年のことだ。

産卵場所は海山（かいざん）のある海域、時期は新月の夜と仮説を立て、候補地を絞り込んでいった。成果が全く上がらない14年の空白にも耐えた。

仮説は当たり、産卵場所はマリアナ海溝の世界最深部にもほど近い海山のある領域のわずか10立方キロの範囲だった。広大な太平洋の中では小さな小さな点でしかない。

ウナギの旅にも改めて驚く。レプトセファルスと呼ばれる薄い葉っぱのような幼生は北赤道海流に乗って西に向かい、フィリピン沖で北上する黒潮に乗り換えて東アジアにやってくる。

シラスウナギとなって川をのぼり、約10年かけて成長すると、いぶし銀のような光沢を持つ銀ウナギとなって再び産卵場への旅に出る。復路はまだよくわからないそうだ。

海と生命と科学の壮大な物語にたっぷりひたったら、東京・本郷の東京大学総合研究博物館で開かれている「鰻（うなぎ）博覧会」をのぞくのもいい。その足でうなぎ屋へ？

評・辻篤子（本社論説委員）

くろき・まり　東大総合研究博物館助教。
つかもと・かつみ　東大大気海洋研究所教授。

二〇一一年一〇月二日❶

『ぼくは上陸している　上・下』　進化をめぐる旅の始まりの終わり

スティーヴン・ジェイ・グールド 著
渡辺政隆 訳

早川書房・各二六二五円
ISBN9784152092311〈上〉・9784152092328〈下〉

科学・生物

華麗な語り問う　科学は万能かと

グールドとドーキンス、どっちが好き？同じ1941年生まれ。科学作家としてライバルであり、実際、激しい論争を交わした。生物は利己的な遺伝子の乗り物にすぎないと、切れ味鮮やかに登場したドーキンスよりも、私はグールドの方が圧倒的に好きだ（ドーキンスの著作を翻訳したこともあるにもかかわらず）。

進化の単位は遺伝子ではなく、個体である。なぜなら生物は個体として生き、淘汰（とうた）は個体のレベルにこそ働くから。そういって対ドーキンス論陣を張ったグールド。彼の視線は生き物それ自体に、いつも優しく柔らかい。

グールドの巧みさは話題の発見にある。それを呼び水に読者はいつしか華麗な世界に誘（いざな）われる。

例えばマルクスとダーウィン。「資本論」が献本され、礼状が書かれた。マルクスの質素な葬儀に、なぜか場違いな人物ランケスターが参列していた。彼は、ダーウィンの弟子ではあるものの、マルクス思想とは正反対の保守的学者だった。しかし、ある事象を、現在から遡行（そこう）して見て、場違いだなどと判断してはいけない。これは進化の見方についての戒めでもある。グールドは、聡明（そうめい）ながら頑固な老人と才気溢（あふ）れる若人の、最初の出会いをみずみずしく再現してみせる。

例えば「ロリータ」と著者ナボコフ。彼が昆虫オタクだったことは有名な話で、作品との関係があまた取り沙汰されている。グールドはそのほとんどを神話か偏見として一刀両断する。ナボコフは蝶（ちょう）に関するプロの研究者だった。彼にとって真理は美であり、美は真理だった。そうグールドは鮮やかに語る。そこには単なる記述のレベルを超えた感情の移入がある。

私がドーキンスよりも、グールドが好きな理由もここにある。二人は、科学に対するスタンスが決定的に異なる。グールドには屈折があり、隠された本心がある。科学は万能ではないと。凝った文体や大掛かりなレトリックはその裏返しにすぎない。おそらくグールドはマルクスを心から敬愛していたのだ。そして美しいものを愛し、同時に言葉を愛した。ほんとうはナボコフのようになりたかったはずなのだ。若くしてガンを患ったグールドは自分の時間が有限であることをはっきりと悟っていた。それゆえ終章の9・11についての省察は悲痛ですらある。

グールドが惜しまれつつこの世を去ってはや9年。新著が今頃読めるということは（あとがきによれば、ひとえに訳者のせいだということだが、そのぶん大変こなれた日本語になっており）読書界への全く素敵（すてき）なプレゼントである。それは同時にグールドからの最後の贈り物でもある。

評・福岡伸一（青山学院大学教授）

Stephen Jay Gould　41年米・ニューヨーク生まれ、02年死去。ハーバード大教授として進化生物学の研究に従事する一方、ポピュラーサイエンス・ライターとしても世界的に知られる。著書多数。

二〇一一年一〇月二日❷

『アイデンティティと暴力　運命は幻想である』

アマルティア・セン 著
大門毅 監訳　東郷えりか 訳
勁草書房・二二〇五円
ISBN9784326154166
人文

「単一帰属」の幻想を打ち砕く

グローバル経済の格差と貧困を温床とするテロと暴力の連鎖。この、それこそグローバルなテーマにどう向き合ったらいいのか。

本書は、ノーベル経済学賞受賞のセンによる渾身（こんしん）の処方箋（しょほうせん）である。そのキーワードは、アイデンティティーだが、本書が心打つのは、センが自らのアイデンティティーをめぐる「生体解剖」的な分析を通じて、アイデンティティーの複数性と「選択」の必要を説いていることにある。

この揺るぎない信念から、センは、暴力への誘因となる「単一帰属」のアイデンティティーの幻想を打ち砕こうとする。その一つが、狭隘（きょうあい）な利己的功利主義に基づく「合理的愚か者」の幻想だ。これは、一切の個別的なアイデンティティーを消し去り、人間をただ欲望機械のような利己心だけで動く「普遍的な」アイデンティティーに還元しようとする。このような還元主義を代表するのが、新自由主義的な市場原理主義の幻想だ。

これに抗（あらが）うようにテロや暴力に走る宗教的原理主義があり、そしてより知的な意匠をこらした還元主義的な単一アイデンティティーの幻想がメディアや学術の世界を闊歩（かっぽ）している。マイケル・サンデルに代表されるような共同体主義（コミュニタリアニズム）と、ハンチントンの「文明の衝突」論だ。両者とも、人間と社会を、「共同体」と「文明」という単一のアイデンティティーに還元し、アイデンティティーの複数性と選択の自由を否定する点で共通している。これらもまた「運命」としてのアイデンティティーという幻想を分かち持ち、目に見えない暴力に荷担（かたん）していることになる。

センの共同体主義の解釈などには異論もあるかもしれない。しかし、本書は、アロー以降の社会選択論・厚生経済学とともに、ロールズ流の公正としての正義や自由論を受け継ぐセンの信仰告白にも近いマニフェストとして読み応えがある。

評・姜尚中（東京大学教授）

Amartya Sen　33年生まれ。ハーバード大教授。

二〇一一年一〇月二日③　歴史

『阿蘭陀（おらんだ）が通る　人間交流の江戸美術史』

タイモン・スクリーチ 著　村山和裕 訳

東京大学出版会・二九四〇円
ISBN9784130830560

異国人と日本人の交流鮮やかに

島田荘司が写楽の正体解明に小説のかたちで挑んだ『写楽　閉じた国の幻』（新潮社）を読んだとき、その「正体」には疑念を覚えたものの、別の話題にすこぶる興味をひかれたことがある。18世紀のオランダ人たちによる「参府」がそれである。

「参府」とは、長崎・出島に駐在しているオランダ商館長（カピタン）と医師、そして書記の3人が、日本人通訳らとともに江戸へのぼり将軍にお目通りする儀式である。初期は毎年行われていたが、後には数年おきになったという。3週間の江戸滞在のために、往復4カ月もかかった記録がある、大がかりな行事だった。当然、道中では異国人と日本人との間に何がしかの交流があっただろう。

そうした人的交流の記憶を、絵画資料をもとに再構成したのが、まさに本書なのである。「阿蘭陀（おらんだ）人」と一括されたヨーロッパ人たちは、各地の旅館や料亭、出会った人々の様子を「オランダ商館日記」に書き残していたのだ。著者は日本側の資料と「オランダ商館日記」をつきあわせることによって、日欧交流の現場とその温度差をあぶり出すことに成功している。

たとえば、各地の観光案内ともいえる「名所図会」の挿絵にはしばしば異国人が描かれるが、本書によると実際彼らは京大坂で名高い寺院に行き、人形芝居を見ていることがわかるのだ。現代人が思っているほど、江戸時代の異国人は「不自由」ではなかったということだろう。

ただし、死んだ異国人の土葬については、厳しく制限されていたようだ。中でも、参府の帰途で没したカピタン・ヘンメイの西欧式の墓が静岡県に造られた経緯は、死をめぐる文化交流の具体例である。このヘンメイに随伴した書記・ラスこそが島田の小説の中心人物だ。両書を読み比べてみるのも面白いだろう。

「閉じた国」日本という認識を改めさせる好著である。

評・田中貴子（甲南大学教授）

Timon Screech　61年生まれ。ロンドン大教授。専門は日本近世文化。

二〇一一年一〇月二日④　歴史

『世界史を変えた異常気象　エルニーニョから歴史を読み解く』

田家康 著

日本経済新聞出版社・二一〇〇円
ISBN9784532168049

自然が征服者の運命まで左右

世界各地で発生した人類史の大事件や大災害の多くには、エルニーニョ現象の影響があったと、近年取り沙汰されている。本書はそれを裏付けつつ、そんな大災害をより一層ひどいことにした張本人も、じつは人類自身だったと、語る。

まずエルニーニョの発生現場であるペルー沖で起きた事件が、ピサロ船団によるインカ帝国侵攻と金銀の奪取だ。エルニーニョが起きてフンボルト海流が弱まらなければ、そもそもピサロはペルーに辿（たど）り着けなかった。遠いヨーロッパでナポレオンとヒトラーがともにロシア遠征に失敗したのも、エルニーニョが深く関係している。

話はアジアでも同様だ。たとえば19世紀後半に何度もインドを襲った大干ばつと飢饉（ききん）は異常気象と植民地問題との「合作」だった。当時でも、穀倉地帯に雨を降らすモンスーンが弱くなると大飢饉が発生することは経験的に知られていたが、ロシアのアジア南下を懸念する宗主国イギリスは、防備策も救済策も積極的に行わなかった。

インド総督のリットンら幹部はそろって、東インド会社経営の学校で経済学を教えたマルサスの人口論を信奉しており、飢饉はむしろ植民地の人口爆発と食糧危機を抑える有効手段と考えていたのだ。また水事情の悪化により汚染水を通じてコレラまでがインドから世界に蔓延（まんえん）し、合計で数千万単位の死者を出した。

中国でも西太后のもとで洋務運動を展開中に何度も大飢饉が発生し、結果、日本のような近代化が成らず清朝滅亡に至った。現地では食人すら行われ、人肉が市場で売られたほどの酷（ひど）さだったという。

こうして多くの犠牲を土台にしつつ飢饉と自然現象の関係を追究した人類が、ついにエルニーニョ現象に行き着くまでの経緯を、本書は科学と歴史両面から熱く語る。

次は日本編が読みたくなるほどおもしろい。

評・荒俣宏（作家）

たんげ・やすし　59年生まれ。農林漁業信用基金漁業部長、気象予報士。『気候文明史』。

『どのような教育が「よい」教育か』

苫野一徳 著

講談社選書メチエ・一六八〇円
ISBN9784062585095

『無知な教師』

ジャック・ランシエール 著　梶田裕、堀容子 訳

法政大学出版局・二八三五円
ISBN9784588009594

教育

普遍的問いにゆきつく教育論

教育論は難しい。原理的に語ろうとするほど「人間」や「倫理」をめぐる普遍的な問いにゆきつくからだ。取り上げる二冊は、いずれもそうした普遍的領域に踏み込もうとする野心的著作である。

苫野は現象学に基づき、よい教育とは何かを問う。私たちに「よい」と確信させる欲望が検証可能であるとすれば、どのような教育を欲するのかという、より本質的な問いの形式が可能となる。

ついでヘーゲルに基づき、欲望の本質に〈自由〉が見いだされる。〈自由〉への欲望は他者からの承認を必要とすることから、あるべき社会原理として〈自由の相互承認〉が導かれる。

かくして教育は「各人の自由および社会における〈自由の相互承認〉」の実践をめざすことになる。このとき自由は、教育が保障する生徒の〈教養＝力能〉を通じて獲得されるだろう。〈よい〉教育とは、〈一般福祉〉（＝すべての人のための福祉）を促進するような教育である、とされる。

ランシエールの初期代表作である後者は、19世紀の教育学者ジャコトの実践を丹念にたどる。彼は自らの教育経験と、子供が母語を習得する過程から、人間の知性の平等性を唱えた。そして「人は自分が知らないことを教えることができる」という驚くべき結論に辿（たど）り着いたのである。

優秀で説明能力にすぐれた教師は生徒を愚昧（ぐまい）化し依存させる。しかし「無知な教師」は生徒の知性を解放するのだ。生徒を「自分たち自身で抜け出すことのできる円環」に閉じ込めることで。

教育を論じつつ普遍的価値観に及ぶ前者のナイーブなまでの明快さと、教育論を契機とした思想実践の書である後者の老獪（ろうかい）さは対照的だ。しかし「自由」と「解放」をキーワードとするメタ教育論として読むなら、両者の違いは問いの方向性の違いでしかないことがわかるはずだ。

評・斎藤環（精神科医）

二〇一一年一〇月二日❻

『東京ロンダリング』

原田ひ香 著
集英社・一三六五円
ISBN9784087714111／9784087451481（集英社文庫）
文芸

都会の「隙間」に生まれた職業

事故や事件で人が死んだ部屋に一カ月間だけ住む、というのが主人公りさ子の仕事である。賃貸物件の場合、問題の部屋に一度誰かが入居すれば、それ以降の入居者には事情を説明する義務がなくなるらしい。そこで生まれた職業なのだ。

当然ながら、りさ子は死んだ人間の部屋ばかりに住み続けることになる。「住む」こと自体が仕事だから、あとは何をしていても自由なのだ。

ちょっと羨（うらや）ましいような気持ちになる。私も燈台（とうだい）守や山小屋の番人に憧れたことがあるが、それ以上に静かで人と関わらない仕事が、都会のど真ん中で可能だとは。

お金と効率の原則に支配された現代の東京にも、奇妙な「隙間」があったものだ。いや、その支配を突き詰めたからこそ生まれた「隙間」というべきだろうか。

だが、実際にそんな仕事をずっと続けたら、人間はどうなってしまうのだろう。「住む」だけでありつつ、それはお坊さんよりも体を張った供養ともいえるんじゃないか。

りさ子よりも長くこの仕事をしている先輩の男性は、最近、蝉（せみ）の声が聞こえない、と打ち明ける。「耳が悪いんじゃないんですよ。りさ子さんの声やテレビの音はちゃんと聞こえてるし。ただ、なんというか……うちの近所に公園があって、毎朝散歩するんですが、僕が通ると蝉の声がぴたっと止（や）むんです」

ぞくっとする。蝉たちは彼から普通の人間にはない気配を感じとったのだろう。その気配の正体とは何か。怖いけど知りたくなる。

物語の終盤で、りさ子はお金と効率の世界の最深部に向かうことになる。若い女優が自殺した超高級タワーマンションでの仕事。そこは「蝉」の先輩ですら逃げ出した異様な部屋だ。自らの心を壊した東京の最も深い「隙間」に身を投ずることで、彼女は部屋と自分自身と街に新しい意味を与えられたのだろうか。

評・穂村弘（歌人）

はらだ・ひか　70年生まれ。作家。『はじまらないティータイム』。

二〇一一年一〇月二日❽

『蝿の帝国　軍医たちの黙示録』

帚木蓬生 著
新潮社・一八九〇円
ISBN9784103314196／9784101288246（新潮文庫）
文芸

戦記ものの中でも、あまり取り上げられることのない、軍医を主人公にした連作短編集である。この本を書くために、著者は回想録や専門雑誌を丹念に渉猟し、軍医の仕事のなんたるかを、徹底的に調べたようだ。そして、それらを解体し、分析し、消化し、取り込み、再構築したのが本書、ということになろう。

収録作品は、いずれも一人称で書かれているが、そこに出てくる〈私〉はすべて、別の軍医である。つまり、いろいろな軍医の手稿を集めた記録文集、というかたちをとっている。

ただし、この〈私〉はすべて著者その人、といってもよい。著者は、取り込んだ情報を再構築するにあたり、当該人物になりきってその行動を追体験しよう、と決めたと思われる。そうすることで、戦争の悲惨さ、空しさを自分のものとして体感し、さらにそれを読者に共有してほしい、と考えたに違いない。

開戦70周年にふさわしい労作である。

評・逢坂剛（作家）

二〇一一年一〇月九日❶

『ケアの社会学　当事者主権の福祉社会へ』

上野千鶴子 著

太田出版・二九九三円
ISBN9784778312411

医学・福祉

家族介護を解体し 共助のしくみ追究

私たちは人類史上はじめて「超高齢化社会」を経験している。なぜなら人が簡単に死ななくなったからだ。過去にはありえなかった社会構成が出現している。

また、介護保険法の成立によって、これまで家庭内の「不払い労働」だった介護が、家庭外の「支払い労働」へと拡大している。「介護は家族が担うのが当然」という規範は根強い。しかし、はたして家族介護は「自然」の行為といえるのか。それを無条件で「望ましいもの」とみなしていいのか。

上野は、家族介護は神話であり、解体する必要があると論じる。そして、ケアは「愛の行為」ではなく「労働」と捉えるべきことを強調する。ケアを「有償の労働」とみなす時、「無償の愛だからこそ価値がある」という反論が常になされる。愛に基づく行為には感謝や生きがいといった貨幣に還元できない報酬が与えられており、その価値の獲得によって報われているというのだ。

上野は、この議論の背景にはジェンダーと階級のバイアスが潜んでいると指摘する。そしてこのバイアスこそ、ケア労働が全ての労働の下位に置かれ、「支払い労働」になっても安い賃金しか支払われない要因になっているという。

ケアは女であれば誰でもできる「非熟練労働」とみなされ、供給源が無尽蔵だと捉えられる。上野は、ケアを母性的な女の仕事と考える前提は思い込みであり、ジェンダー要因を崩さない限り、「タダのサービスになぜ高い報酬を支払わないといけないんだ」という見解は消えないと指摘する。

さらに、問題は女性の側にも存在する。中産階級の主婦で有償・無償のケアボランティアに従事する人は「家政婦扱いされたくない」という差別的プライドから、低賃金ケアワーカーと自分を区別しようとする傾向がある。その意識から「自らのサービスの値段をすすんで切り下げ」、結果的に「低賃金のパート労働に出ざるをえない人々を排除」してしまう。ケア労働の賃金が安いのは、「わずかの価格差で、『崇高な奉仕』という正当化をあがなうためのイデオロギー価格なのだ」。上野はここに女性の階級問題を発見する。

上野は新時代の介護事業の担い手として、「協セクター」の存在に注目する。本書では自助でも公助でもない「共助のしくみ」が追究され、フィールドワークに基づく具体的な事例が紹介されている。

上野が若き日の代表作『家父長制と資本制』を出版してから21年。この間、常に議論をリニューアルし、問いを発展させてきた持久力は圧巻だ。自らの生き方とアカデミックな探求を合致させ、その理論と実践を徹底的に追究してきた集大成の成果に圧倒された。

評・中島岳志（北海道大学准教授）

うえの・ちづこ　48年生まれ。社会学者、東京大名誉教授、NPO法人WAN理事長。『家父長制と資本制』『おひとりさまの老後』など。

二〇一一年一〇月九日❷

『アベベ・ビキラ「裸足の哲人」の栄光と悲劇の生涯』

ティム・ジューダ 著　秋山勝 訳

草思社・一八九〇円
ISBN9784794218483　ノンフィクション・評伝

いまなお鮮烈 東京五輪の記憶

東京オリンピックのマラソンで優勝したアベベは日本人の記憶に今なお焼きついている。そして彼の人生が栄光と悲劇で幕を閉じたことも。本書はそんなアベベのコーチを買ってでたスウェーデン人トレーナーのニスカネンの献身的な指導の実態のドキュメントである。

ヨーロッパの選手を日本に運んできた帰りの飛行機を利用すれば旅費が安価だという理由で、僕はオリンピックの期間中ヨーロッパを旅した。そしてローマで東京の街を走るアベベの姿をテレビで見た。ローマを裸足で走った彼が白いソックスと白いシューズを履いていることに違和感を抱いたのを覚えている。

無名のランナーをオリンピックに出場させるまでに導いたニスカネンは常に控えめでアベベの背後に身を隠しながら彼を叱咤（しった）激励し、オリンピック史上初の3連覇をメキシコに賭けたが途中棄権。あんなに子供のように純真で素直だったアベベは東京オリンピックの後、人が変わったように傲慢（ごうまん）で尊大に振る舞うようになり、ニスカネンとの関係もギクシャクし始めた。そして足の故障に追い打ちをかけるように交通事故に遭い、ランナーとしては再起不能の車椅子の人となった。

それでもアベベはエチオピアだけでなくアフリカ大陸の英雄には変わりなかった。「哲人アベベ」は「すべては神様の思（おぼ）し召（め）し」と悟り、自分の思いのまま生きたことを認識しながら「試練と戦って」いたが、彼の内面の苦悩は、相当なものであったことが想像できる。また、彼を寵愛（ちょうあい）した皇帝が革命で暗殺されたのはアベベの死の2年後だった。

一方、ニスカネンもすでにアベベから離れ、自らの人生が「無に帰してしまった」想（おも）いを抱きながら、第2の故郷エチオピアに骨を埋めたい望みも空しく、スウェーデンに没する。なんとも悲哀に胸痛む運命的な二人の生涯でありました。

評・横尾忠則（美術家）

Tim Judah ジャーナリスト、作家。英国BBCを経てタイムズなどで執筆。

二〇一一年一〇月九日❸

『平成猿蟹合戦図』

吉田修一 著

朝日新聞出版・一八九〇円
ISBN9784022508928／9784022647382（朝日文庫）文芸

胸のすくような現代版仇討ち話

昔話の「猿蟹（かに）合戦」は、猿に欺（だま）され、殺されてしまう蟹の敵を、子蟹たちが討つというものだ。悪い者には、いつかその報いが訪れる。以前、『悪人』で「悪」の意味を問い直した吉田修一だが、本書では弱者の目線に立った、胸のすくような現代版仇討（あだう）ち物語を紡ぎ出している。

舞台は長崎の五島列島から東京の新宿・歌舞伎町、そして秋田へ。個性的な登場人物たちの群像が生き生きと動き出し、大きな人間関係の輪を形作っていく。ただし、誰が「猿」で誰が「蟹」なのかは、なかなかわからない。昔話では栗や蜂や臼が蟹の助っ人としてやってくるのだが、そうした構図が見えてくるのは、終盤にさしかかってからだ。

この小説では、視点を提供する人物が場面ごとに入れ替わる。現在形が多用されることで臨場感が増し、内的独白によって登場人物への感情移入がしやすくなっている。五島列島や秋田の方言も、テクストに柔らかみと温かさを与えている。

それにしても、歌舞伎町の若いバーテンダ

ーが政権与党の公認を取りつけ、故郷の秋田から衆議院選に出馬……というストーリーは意表を突く。何の目的も持たずにぶらぶらしていた若者が、演説を仕込まれ、どんどん政治家らしくなっていく。台風の目となるこの青年の周りで、いろいろな人の運命が変えられ、活気のなかった小都市の住民たちも、「もしかしたら」という期待を持ち始める。この選挙戦の描写が抜群に面白い。

マドンナ旋風とか、なんとかチルドレンといった一時の流行現象はわたしたちも目にしてきたが、マスコミをうまく巻き込んで支持層を拡大し、選挙妨害さえ自陣への有利なネタに変えてしまうしたたかな戦いぶりは、現実の選挙戦の裏側を見るようだ。と同時に、「こんな候補者がうちの選挙区にもほしい！」と、つい思ってしまった。ラストは爽快、かつ大いに泣ける。

評・松永美穂（早稲田大学教授）

よしだ・しゅういち　68年生まれ。作家。『悪人』で大佛次郎賞、毎日出版文化賞。

二〇一一年一〇月九日⑤

『IBM　奇跡の〝ワトソン〟プロジェクト
人工知能はクイズ王の夢をみる』

スティーヴン・ベイカー 著　土屋政雄 訳

早川書房・一八九〇円
ISBN9784152092366

IT・コンピューター

人とキカイの未来に思いはせる

ワトソン君といえば、ご存じ名探偵シャーロック・ホームズの助手である。

もう一つの顔が加わった。米国で人気のテレビのクイズ番組「ジョパディ」で今年初め、人間のチャンピオン2人を破ったIBMのコンピューターである。同社創業者の名前を冠した研究所で生まれたことから命名された。

本書はそのワトソンを開発した同社の技術陣を追う。クイズは、1997年にコンピューター「ディープブルー」でチェスの王者を破ったIBMの次の挑戦課題だ。

ディープブルーは、人間の毎秒3手に対し、その約7千万倍、毎秒2億手を計算するが、人間の知能とは全く異質なものだ。クイズへの転戦は「認知大陸の本土に真正面から挑む」ことを意味し、ほとんど不可能とも思われた。

質問は、語呂合わせなども含んだ普通の言葉で書かれ、機械にはそれを理解することがまず難しい。しかも内容はありとあらゆる分野に及ぶ。

3年ほど技術的な検討を重ね、11年初めころの対決をめざして正式に計画がスタートしたのは07年夏だ。

マシンに知識を教え込み、答えを出すまでの時間は2時間から3秒にまで縮まった。問題の選び方や賞金のかけ方など勝つ戦略も教えた。

対決の様子はユーチューブで見られる。自信なさを見せたり、「6435ドル」と細かい金額をかけて笑いを誘ったり、どこか愛らしさすら感じさせるキャラクターだ。

結果は、機械らしいミスもあったものの、ワトソンの圧勝だった。決して人工知能と呼べるものではないというが、それでも、言葉を理解して膨大な情報から瞬時に答えを引き出す機械が誕生した意味は小さくないに違いない。

私たちのだれもがいずれ、助手のワトソン君を持つようになるのか。といってホームズになれるわけではなし。

人とキカイの未来に思いをはせさせる一冊だ。

評・辻篤子（本社論説委員）

Stephen Baker　アメリカのジャーナリスト。『数字で世界を操る巨人たち』。

二〇一一年一〇月九日❻

『戦場のエロイカ・シンフォニー　私が体験した日米戦』

ドナルド・キーン、小池政行 著
藤原書店・一五七五円
ISBN9784894348158

ノンフィクション・評伝

巨大な悲劇の中の一滴の救い

日本文化と文学の世界への伝達という功績により、ドナルド・キーンに文化勲章が贈られたのは3年前である。先頃は日本国籍の取得および日本永住も話題となった。本書は、キーンへのインタビューをもとに構成されているが、その「原点」と「いま」を伝える書となっている。

コロンビア大学生だった若き日、キーンはニューヨークの書店で『源氏物語』を手にする。ここに美のために生きている民族がいる——それが日本との出合いだった。

戦争がはじまり、米海軍の将校となり、アッツ、沖縄戦も体験するが、「筋金入りの反戦主義者」、発砲したことは一度もない。やがてハワイの捕虜収容所で通訳や翻訳などに携わる。死に直面した日本兵の遺稿日記には、もはや戦争の狂気は消え失せ、「どんな文学をも凌駕（りょうが）する」深い内面の葛藤が記されていた。それが原点となった。

表題は、収容所で流れたベートーベンの交響曲3番「英雄（エロイカ）」より採られている。音楽好きの一捕虜の所望に応え、キーンはシャワー室に蓄音機とレコードを持ち込んだ。協力要請のためではない。単に彼を喜ばせたいと思ってである。

キーンと日本とのかかわりは他の著作でも散見できるが、あらためてキーンその人が浮かび上がってくる。それは、多彩多層なアメリカ社会のなかでも、おそらく最良の層に属するであろうヒューマニストの像である。

戦争を憎んだ一学徒に、戦争は生涯の道を開いた。後年、それは日米両国に大いなる利益をもたらした。巨大な悲劇のなかの、一滴の救いのしずくというべきか。

憎しみ合う関係性もいつかは変わる。人間存在のありようは国境によって区分されない。「私はもう民族という言葉や観念を嫌うようになりました」とも口にする。米寿を超えた日本学の泰斗は、いま遠くを見詰めている。

評・後藤正治（ノンフィクション作家）

Donald Keene　22年生まれ。日本文学研究者。
こいけ・まさゆき　51年生まれ。

二〇一一年一〇月九日❼

『延命医療と臨床現場　人工呼吸器と胃ろうの医療倫理学』

会田薫子 著
東京大学出版会・五〇四〇円
ISBN9784130664073

医学・福祉

「胃ろう」をご存じだろうか。自力では食事がとれない患者の腹部に、胃に通ずる穴を開け、そこからチューブで水分や栄養を流し込む処置である。患者の苦痛が少なく管理しやすいため、わが国の高齢者医療の現場では二〇〇〇年代に入って急速に普及しつつある。

しかし無意味な延命措置として、疑問視する声もある。本書は生命倫理という視点から「胃ろう」問題に焦点を当てたはじめての研究書だ。医師の知人が本書を熟読し快哉（かいさい）を叫んだ事実からも、いかに現場で待望されていたテーマであるかがうかがえる。

食事がとれない認知症の患者に、一律に胃ろうを造設する行為には意味があるのか。専門家向けではあるが、医師へのインタビュー中心の構成は読みやすく、主張は明快だ。「本人の幸せよりも（延命させたい）家族の想（おも）いなんですよ」という医師のつぶやきは重い。「胃ろう」問題においては必読の文献となるだろう。

評・斎藤環（精神科医）

二〇一一年一〇月九日⑧

『赤い糸の呻（うめ）き』

文芸

西澤保彦 著

東京創元社・一七八五円
ISBN9784488024802／9784488438111（創元推理文庫）

カルトなファンが多い本書の著者は、ミステリーに本来なじまないSF的な展開や、超論理的解決を持ち込んだことで、評価が分かれるかもしれない。それを新しい工夫とみるか、アンフェアな手法とみるかは、読者の判断にゆだねられるだろう。

ただし、この作品集はそうしたSF的手法を用いず、純粋のパズラーになっている。都筑道夫の「退職刑事」シリーズを思わせる、対話中心の構成をとる。つまり、もっぱら対話者の推論の応酬によって、事件を解決に導く〈安楽椅子〉ミステリー、といってよかろう。ことに、表題作の「赤い糸の呻き」は、論理の逆転に逆転が続いて、大いに楽しめる。

特筆すべきは、登場人物の会話が生きいきして、眼前にその場面が浮かび上がることだ。実のところ、小説の会話は現実のそれとは違うものだが、近年は両者が限りなく近づきつつあり、本作品集はその一致を巧みにやり遂げた好例、といっていいだろう。

評・逢坂剛（作家）

二〇一一年一〇月一六日①

『記憶を和解のために　第二世代に託されたホロコーストの遺産』

歴史／社会

エヴァ・ホフマン 著　早川敦子 訳

みすず書房・四七二五円
ISBN9784622076315

親を襲った殺戮　魂の葛藤の軌跡

ホロコースト（ショア）の闇の中で産声をあげ、母親の乳をすするようにその恐怖と悲しみ、いたみの体験を体内に取り入れた子どもたちはどうなるだろうか。おそらく親たちのトラウマと同化しようとするか、あるいは親の愛情を忌避するか、そうでなければアパシー（無感動・無関心）に陥るかもしれない。本書は、そうしたホロコースト「第二世代」の葛藤の軌跡を綴（つづ）った魂の現象学とも言える遍歴の書だ。

彼ら第二世代にとって最大の不条理は、親たちを襲ったホロコーストという恐るべき殺戮（さつりく）が、直接的な体験としてではなく、過剰な意味、いわば寓話（ぐうわ）として与えられていることにある。この意味で彼らにとってホロコーストは、事実というよりも、むしろ得体（えたい）の知れない幻影のような出来事なのだ。それでも著者は荊棘（けいきょく）の道を行きつ戻りつしながら自己内対話を深め、ホロコーストの全体像に迫り、やがて「他者」との対話へと自らを開いていくことになる。

「倫理の地平」に浮かぶ他者とは、何よりも絶対的な悪の象徴としての「ドイツ人」だ。ユダヤ人の第二世代とドイツ人の第二世代。対極にありながら、どこか共鳴し合う両者の関係についてこれまで多くのことが語り継がれてきた。ただ、本書で最も光っているのは、他者としての「ポーランド人」との関係に触れた箇所だ。ユダヤ人にとって、そして著者にとっても、ポーランド人はドイツ人のような「象徴的な」他者ではない。ほとんどのユダヤ人絶滅計画が実行された場所であるポーランドは、著者の家族をはじめ、多くのユダヤ人の故郷でもあるからだ。ポーランド人とユダヤ人は、同じく迫害と受難の歴史をくぐり抜けながら、しかしホロコーストにおいてはポーランド人は具体的な加害者として立ち現れたのである。

それでも、冷戦が崩壊し、著者たちが故郷のザウォッシツェの村への帰還をかなえ、「過去への旅」を通じて父母たちの寓話を現実の中で確かめるシーンは感動的だ。そこには、他者の苦痛と死を忘れず、同時に寛容としての正義に基づいて和解を求め続ける著者の願いが溢（あふ）れている。

だが、冷戦崩壊以後、大きな物語の空隙（くうげき）を埋めるように記憶という言葉が氾濫（はんらん）し、ホロコーストは「歴史的な恐怖のアレゴリー（寓意）の原型」になりつつある。

今や、ホロコーストは、容易に感情移入や共感可能な文化現象として消費されようとしているのである。本書は、このホロコーストの「超（ハイパー）・記憶」化の現象に抗（あらが）う現代的古典として何度も顧みられるに違いない。ホロコースト以後の現代の『精神現象学』とも言える名著だ。

評・姜尚中（東京大学教授）

Eva Hoffman 45年、ユダヤ人の両親のもとポーランドで生まれる。「ニューヨーク・タイムズ」の編集者を経て作家。

二〇一一年一〇月一六日❷

『父 高山辰雄』

高山由紀子 著
角川書店・一八九〇円
ISBN9784048851022

ノンフィクション・評伝

鬼籍の画家に捧げる娘の思い

高山辰雄は宇宙や星に興味があった。それを情緒的にではなく物質的な天体として科学的に観察するのを好んだ。さらに「死ねばすべては無になる」とあの世の存在を否定し続けるモダニストであった。彼の初期の、現実を肯定したゴーギャンからの影響にその姿勢はよく現れている。

そんな高山の娘・由紀子も父と同様、死後生を信じない知的な作家であり、映画監督でもある。彼女は鬼籍の父・高山辰雄に本書を捧げ、「父にこの本を読んでもらいたい」と哀願するように、父の思い出と愛を不思議な空気感の漂う文体で語りかける。父娘の霊魂の交流さえ感じさせて切ないものがある。

ぼくが高山に興味を持つのはその主題よりむしろ変幻自在な技法にある。それはまるで画学生の繰り返す実験を見ているようで初々しい。主題は月、穹（きゅう）であったり少女であったりするが、由紀子の関心はむしろ主題にある。彼女は他人に指摘されて初めて「技術」に眼（め）を向けるが、高山の主題を際立たせているのはやはり技法である。

ところが元来モダニストの高山の作風世界は晩年になるに従い、さらに死に近づくにつれて幽冥の色を濃くしていく。天体を愛し、死後を否定し、見えるものを描くモダニストがなぜこうまで朦朧（もうろう）とした境涯に踏み入るのかが不思議である。現場にいた娘がどう解明するのかを期待したが作品の神髄に触れないままに終わる。無理もない。なぜなら彼女自身の感性がすでに父と共有しているので気づきにくいのかもしれない。

高山辰雄は常に「日月星辰（にちげつせいしん）と一つ、自然と一つ」という思いと、さらに「社会の中の人間の係（かか）わり」を重視していたにも関わらず、作品はますます孤高の境地に入っていく。この現実主義の思想に反して高山の非現実性は一体何を語りかけていたのだろう。その秘密は娘・由紀子に伝わっているはずだが——。

評・横尾忠則（美術家）

たかやま・ゆきこ 作家、脚本家、映画監督。脚本・監督作品に「娘道成寺 蛇炎の恋」。

二〇一一年一〇月一六日❸

『日本の大転換』

中沢新一 著
集英社新書・七三五円
ISBN9784087206067
科学・生物／社会／新書

原発の超克へと 渾身の文明論

久々に出会った壮大な文明論だ。著者は原発事故を思想的に考察し、世界が目指すべき新たな道を構想する。

人間は地球で生きていると言っても、表層部のわずか数キロの範囲でしか生活ができない。原発は、この生態圏の外部（太陽圏）に属する物質現象からエネルギーを抽出しようとする。地震や津波は、生態圏内部の現象なので、生態圏に備わっている力によって回復できる。しかし、太陽圏からのエネルギーの持ち込みである原発は、いったん事故が起こると、その傷は生態圏の力では治癒できない。

中沢氏は、この構造を一神教のあり方に見いだす。一神教の絶対者は、環境を超越している。この外部的存在を軸とする「超生態圏」的な思考が、現在の科学技術文明の深層構造に決定的な影響を及ぼしている。「原子力技術は一神教的な技術」である。

この文明は、資本主義と密接に結びついて拡大した。人間同士が人格的交差によってつながっていた時代、交換には「＋α」の要素が組み込まれ、常に贈与の側面が付随した。そこでは自己の存在は自然との交差の中にあり、共感覚が発生する。東北の伝統は、農民や漁民が土地・海と霊的な一体感をもつことにより支えられてきた。しかし、資本主義は共感覚を崩壊させる。

中沢氏は、原発―一神教―資本主義が結合する近代文明を、次の段階に昇華させるべきだと訴える。そして、その革命は「電子技術で模倣された植物光合成のメカニズム」を用いた太陽光発電に集約される。人工的光合成によって太陽が放出したエネルギーを媒介的に変換し、生態圏でのエネルギーとして活用することを、中沢氏は「エネルゴロジー」（エネルギーの存在論）という造語で捉え、「太陽からの贈与」に依拠した文明の転換を迫る。

原発を存在論的に超克しようとする渾身（こんしん）の文明論を、しっかりと受け止めたい。

評・中島岳志（北海道大学准教授）

なかざわ・しんいち 50年生まれ。明治大学野生の科学研究所長。『アースダイバー』など。

二〇一一年一〇月一六日❹

『死のテレビ実験 人はそこまで服従するのか』

C・ニック、M・エルチャニノフ 著
高野優 監訳
河出書房新社・二一〇〇円
ISBN9784309245591
人文／社会

視聴者への影響力 綿密に分析

これは、テレビの持つ危険性に警鐘を鳴らす、きわめて刺激的な本である。

現実の暴力事件に対して、しばしばテレビの暴力シーンの影響が指摘される。しかし、本書に描かれたテレビの恐ろしさは、そんな単純なものではない。結論は、〈テレビは人を殺す可能性がある〉という、衝撃的なものだ。

フランスのテレビマンと哲学者である2人の著者は、自らその危険性を検証すべく、S・ミルグラムが半世紀前に実施した有名な〈服従実験〉にならって、テレビの新しいクイズ番組を装い、設定を変えて同じ実験を行った。そのリポートが本書である。

解答者（になりすましたサクラ）が答えを間違えるたびに、出題者（クイズ番組と信じる被験者）はレバーを押して、相手に電気ショック（実際には通電されない）を与える。間違えるごとに電圧が高くなり、解答者はどんどん苦痛の色を増していく（ように演技する）。そうした状況下で、出題者はどこまでレバーを押し続けるか、という実験だ。

ミルグラムの実験では62・5％の被験者が、なんらかの葛藤を示しつつも、最高の450ボルトまで、レバーを押し続けた。ところが本書の実験では、なんと81％もの〈普通の人びと〉が、最高ボルトまで操作を続けた、という。これは、実際に通電したとすれば、死にいたる恐れのある強い電流で、それは被験者も承知していた。

学術実験ではなく、単なるテレビのクイズ番組で、人は司会者の指示に従い、レバーを操作し続けた。ナチスのような権威もない、単なる〈テレビというシステム〉の命令に、人びとは服従したのだ。テレビは視聴者に、なぜそうした強い影響力を、及ぼすようになったのか。

その分析結果は綿密で、ミルグラムのリポートよりも、分かりやすい。それだけに、恐ろしさはひとしおだ。

評・逢坂剛（作家）

Christophe Nick　テレビマン。
Michel Eltchaninoff　哲学者。

二〇一一年一〇月一六日❻

『ルポ　下北核半島　原発と基地と人々』

鎌田慧、斉藤光政 著
岩波書店・一九九五円
ISBN9784000024686

ノンフィクション・評伝

一身に担う日本近現代史の矛盾

日本で初めて「原子の火」がともった茨城県東海村。原子炉建設地のすぐ南側に、米軍の射爆場があった。1957年に原子炉の運転が開始されてからも、射爆場はそのまま使用された。訓練が停止されたのは14年後の71年。直後に近くで核燃料再処理工場の建設が始まる。

原発と基地はよく似ている。都会に置けない巨大施設が、都会から離れた地域に隣り合うように置かれている。

その典型が青森県の下北半島だ。そこには核燃料サイクル基地や原発などの原子力施設が集中し、米軍の海外基地としては3番目に大きい三沢基地などがある。

本書は、下北半島の原子力施設とこれに反対する人々を長年、取材してきた鎌田慧と、地元紙「東奥日報」の記者として県内の基地の動向を追ってきた斉藤光政のルポを合わせて収録している。

「核廃棄物は一〇〇年先まで管理する、というけど、二〇年先さえどうなるかわからない。まあ、大丈夫かなというのは、せいぜい五、六年先までだ」

六ケ所村の核燃料サイクル基地に反対する地元の老人はそう語る。

下北半島北端の大間では、原発予定地からわずか250メートルのところに一軒のログハウスが立つ。反原発の志を亡き母から継いだ娘が、ここを拠点に運動を続ける。電気は太陽光と風力でまかなう。東日本大震災後の停電時にもここだけは電気がついた。

2003年のイラク戦争に際し、バグダッド空爆の一番乗りをしたのは、三沢基地に所属する米空軍機だった。

その基地がもたらす交付金などが三沢市の財政と経済を支える。基地に対する地元住民の感情は複雑だ。

日本近現代史の矛盾を一身に担うかのような下北半島。青森県が生んだ歌人、劇作家寺山修司の歌を思う。

――身捨つるほどの祖国はありや。

評・上丸洋一（本社編集委員）

かまた・さとし　38年生まれ。ルポライター。
さいとう・みつまさ　59年生まれ。新聞記者。

二〇一一年一〇月一六日⑦

『柿のへた　御薬園同心　水上草介』

梶よう子 著
集英社・一六八〇円
ISBN9784087714203／9784087451184（集英社文庫）
文芸

時代小説に女性読者が急増中だと聞く。「鬼平はいいなあ」とつぶやくオジサンよりも、通勤電車で高田郁（かおる）の「みをつくし料理帖（ちょう）シリーズ」を開くOLの姿が目につくのだ。

時代小説に江戸時代を舞台としたものが多いことは変わらない。しかし、中身は「強い男たちの物語」から一種の成長物語へとシフトしている。本書もその一つだ。

幕府が将軍のために薬草を栽培する小石川御薬園（おやくえん）の同心・水上草介（みなかみそうすけ）は、まだ22歳。名前の通りの草食系男子で、本草学には詳しいが、男装の剣の達人である千歳（ちとせ）には力も口もかなわない。彼の周囲で起こる小さな事件と本草の知識とが絡み合い、草介は少しずつ成長して行く。そして、長崎で蘭方（らんぽう）医修業する話が持ち上がる。草介、どうする？

読後感はさわやか。薬草の知識と歴史の勉強も程よく楽しめる。この「程よさ」加減が万人に受けて、もっと読みたい気にさせているのは間違いない。ブレークの予感がする作品である。

評・田中貴子（甲南大学教授）

二〇一一年一〇月一六日⑧

『モラルのある人は、そんなことはしない　科学の進歩と倫理のはざま』

アクセル・カーン 著　林昌宏 訳
トランスビュー・二六二五円
ISBN9784901510981
科学・生物／社会

カズオ・イシグロ原作の映画「わたしを離さないで」の切ないシーンがよみがえった。クローン技術で臓器提供のためだけに生まれてきた少年少女の物語だ。

この想定こそ荒唐無稽に思えても、きょうだいへの移植を目的にこどもをつくることを認めるかどうか、そんな議論は現実に起きている。

生殖補助医療や臓器移植、遺伝子操作と、生命を操作する技術が急速に進む。私たちはどう考えればよいのか。

フランスの著名な遺伝学者である著者が多くの具体例をもとに思索をめぐらす。その根底にあるのは「他者の尊重」という原則だ。

表題は子ども心に刻み込まれた、教育者だった父の言葉「良い子はそんなことを言ってはいけない」に由来する。

市民がそれぞれ考えるためには専門家による情報提供が欠かせない。その専門家が、自身が望む方向に世論を誘導しようとしたとき、民主主義は危機的状況に陥る。この指摘はずしりと重い。

評・辻篤子（本社論説委員）

二〇一一年一〇月二三日①

『ベルリン　地下都市の歴史』

D&I・アルノルト＋F・ザルム 著
中村康之 訳
東洋書林・三九九〇円
ISBN9784887217935
歴史／社会

出口なきトンネル　迷走の過去ゆえに

東京スカイツリーの工事の進捗（しんちょく）状況が話題になっているが、目につきやすい高層化の一方で、大都市が地下に向けても発展を続けているのは周知の事実だろう。限られた土地を有効利用するために、建造物や交通網も、地面の下で新たな拡（ひろ）がりを見せる。戦争や特殊な国際情勢が作用すれば、地下の用途がさらに増えていくことは想像に難くない。本書は、ベルリンという特異な歴史を持つ都市の相貌（そうぼう）を、地下から観察しようとするユニークな試みである。

ベルリンの地下といえば、フリッツ・ラングの映画「M」の結末で、殺人犯がどこかの建物の地下に追い詰められる場面が思い出される。ヒトラーが自殺したのも地下（総統官邸地下壕〈ごう〉）。冷戦時代には、東から西への亡命者の脱出用に、ベルリンの地下にトンネルが掘られた。

本書でくりかえされるキーワードは「出口なきトンネル」。ベルリンの地下開発における、さまざまに迷走した過去が、この言葉に端的に表されている。ナチ時代、市の中心部にアウトバーントンネルを通そうとした壮大な計画は頓挫した。戦時中は何千人という市民を収容できる地下壕が次々に作られ、工場の地下移転が進められた。戦後、ベルリンが東西に分裂すると、地下の交通網が寸断され、封鎖された「幽霊駅」が生まれた。国境付近のすべての下水管には、亡命を阻止するための保安柵が付けられたという。この時代に米英の諜報（ちょうほう）機関が掘らせたスパイトンネルも現存しているらしい。

　スパイといえば、地下は闇世界にもつながる。本書では、法の外で生きた人々の物語が、地下と結びつけて語られている。複雑な脱出ルートを地下に確保して銀行強盗に臨んだザース兄弟の話など、非常にスリリングだ。

　地下は、ベルリンではもはや一つの観光資源。「ベルリン地下世界」という社団法人があり、地下建造物の研究を進めるとともに、10コースにも及ぶ週末ツアーを企画している（ただし、ほとんどは夏季開催）。フンボルトハインの防空壕ツアーにはわたしも参加したことがある。アレクサンダー広場の地下シェルターや、「気送管郵便」（筒に入れた書類を地下の配管を通して送るシステム）の見学ツアーもあるらしい。本書の著者には、「ベルリン地下世界」の設立者も含まれている。内容が詳しいのは当然なのだ。

　カタコンベのあるパリの地下、アートな落書きのあるニューヨークの地下など、「地下都市の歴史」がシリーズで出ている。写真が充実していて、好奇心をかき立てられる。湧き起こる、「地下萌え」の予感。東京や大阪の知られざる地下も、見てみたくなってくる。

評・松永美穂（早稲田大学教授）

Dietmar & Ingmar Arnold　64年生まれの「ベルリン地下世界」設立者・筆頭理事長と、67年生まれの共同設立者・研究部門担当。
Frieder Salm　62年生まれ。カメラマン。

二〇一一年一〇月二三日❷

『ものすごくうるさくて、ありえないほど近い』

ジョナサン・サフラン・フォア 著
近藤隆文 訳
NHK出版・二四一五円
ISBN9784140056035
文芸

〝自分の言葉〟を取り戻す冒険

　キングとホーキング。二人のスティーヴンの間に現実（リアル）はある。なんぞ？　つまり「空想」と「科学」の間、ということだ。

　ニューヨークに母と暮らす九歳の少年・オスカーは、9・11のテロで最愛の父親を亡くす。死の直前、父は崩壊しつつあるＷＴＣから留守電にメッセージを残していた。父の遺品の中にあった謎の鍵。その鍵にぴったりの鍵穴を求めて、オスカーの冒険が始まる。

　クラスの空気が読めないオスカーは友達が少ない。相棒は自称百歳の老人、ミスター・ブラックだけ。二人はとぼとぼとニューヨーク中のアパートを訪ねて回る。とうてい心躍る冒険、とは言えない。やや愚痴っぽい「ライ麦畑」風の独白に、オスカーの祖父母の手紙が挿入される。彼らは第二次大戦のドレスデン爆撃を経験した移民だった。ここにオスカーが朗読する広島の原爆投下の記憶が交錯する。

　愛するものを失うこと。それは言葉を失う

ことだ。オスカーは利発で饒舌（じょうぜつ）な少年だが、その饒舌は失語の代償でしかない。彼の頭はしょっちゅう何かを「発明」している。彼はホーキングに手紙を書く。「空想」と「科学」への〝逃避〟。そこには象徴＝言葉が欠けている。だから彼の饒舌は〝グーグル〟のように正確で空疎だ。

　タイポグラフィーや写真の挿入、暗号などがふんだんに用いられる手法は、実験的作風、にも見える。しかしこれらの手法はむしろ、移民や子どもといった、〝うまく語れない存在〟の素朴な語り口やディスコミュニケーションを、リアルに追体験させるためのものではないか。

　八カ月にも及ぶ冒険の果て、オスカーは〝自分の言葉〟を取り戻す。うるさくて「ありえないほど近い」存在が何であったかを理解する。少年が象徴＝父を回復する感動的な第一歩は、3・11後を生きる私たちにとっての貴重な道しるべでもあるだろう。

評・斎藤環（精神科医）

Jonathan Safran Foer　77年生まれ。作家。『イーティング・アニマル』。

二〇一一年一〇月二三日③　文芸／社会

『ディアスポラ』

勝谷誠彦 著

文芸春秋・一四〇〇円
ISBN9784163807508／9784167900342（文春文庫）

予言、そして民族の意味問う書

　この物語の通奏低音には、私たちの五感をたえず逆撫（な）でするものが流れている。鼻をつく排泄（はいせつ）物の臭気。薄い酸素。冷えた空気。肌を焼く紫外線。腐敗物にまみれたゴミ捨て場。そこから先は、高濃度の塩分と苛性（かせい）ソーダからなる死んだ湖が広がる。空高く禿鷲（チャゴエ）が旋回する。中国政府が受け入れた日本人グループのひとつが粗末なあばら屋に押し込められている。

　チベット・チャンタン高原。「キャンプ」と呼ばれるその場所に、国連難民高等弁務官事務所から派遣された調査員として「私」は訪れている。そう、ここでは日本人は難民となっているのだ。

　「私たちが有史以来くぐり抜けてきた災厄など語るほどのことですらないと思われる、あの出来事」。難民キャンプの人々は、それをただ「事故」と呼んでいる。彼らは、近くに駐屯する中国軍の監視の目を気にしながら、身を寄せ合うように暮らし、元に戻れる日を心待ちにしている。日本列島の惨状からすれば、帰国などあり得ないことを知る「私」は困惑する。

　まもなくキャンプの中で人が死ぬ。遺体は鳥葬にふされる。白く光るカイラス山を遠く見渡す峠で、国土を失った日本人が、切れ切れの断片となって自然に還（かえ）るこのシーンは研ぎすまされた美しさに満ちている。

　「事故」とは一体どんなものだったのか。日本はどうなってしまったのか。「私」の調査の目的はなんなのか。最後まで、著者はそれを詳（つまび）らかにはしない。

　おそらくこの小説はもっと大きな構造を持った物語の一部なのだろう。初出は今から10年も前のことである。予言の書であり、民族の意味を問う書である。そして、著者の隠された屈折をうかがわせる物語でもある。それは詩人になりそこねた詩人とでもいうべき屈折である。屈折がなければきっと美しい文章など書けないのだ。

評・福岡伸一（青山学院大学教授）

かつや・まさひこ　60年生まれ。文筆家、写真家。著書に『イラク生残記』『食の極道』など。

二〇一一年一〇月二三日❹

『〈起業〉という幻想　アメリカン・ドリームの現実』

スコット・A・シェーン 著
谷口功一、中野剛志、柴山桂太 訳
白水社・二五二〇円
ISBN9784560081648
経済／社会

安易な「夢」にデータで冷や水

近年のアップル社の成功で、日本版ジョブズ待望論や、景気回復には起業による創造的破壊が必須、といった物言いをあちこちで目にする。そしてアメリカは起業に有利な環境だから、日本も政策的に起業家支援を、という話も多い。

が、それは本当か？　本書はアメリカの起業についての実証データを元に、そうした物言いに冷や水を浴びせる。

そもそも、アメリカはさほど起業が多くはない。またみんなのイメージするハイテクベンチャーなんかごく少数。実際にはほとんどがカフェやお店を持ったという程度。

また起業家というと、若者が革新的なアイデアで業界に殴り込みをかけるイメージだが、実際は中年で犯罪歴が多く、起業の理由も協調性がないだけ。独創性もなくてすぐにつぶれるところ多数。

だから本書は、安易な起業信仰はダメだ、と指摘する。むしろ起業しにくくして、安易に勤め先を辞めさせないほうが社会的には有益なのだ！

成功するのは、学歴と所得の高い白人男性による、高成長分野の会社で、投資家が行列しているところだという。だから支援するなら、そうした起業家を選別教育すべきだという指摘は、政策立案者にとっても重要な示唆を与えてくれる。くれるのだが……。

本書にうなずきながらも、ぼくは少し首をかしげてしまう。著者の言うような有望起業は、それだけ有利なら改めて政策的に支援する必要はないのでは？　そして本書の提言――資本金豊富、株式会社、大きなビジネスだけを支援――にしたがったら、ジョブズもアップル社も芽が出なかったのでは？　平均で見れば著者の言う通りだが、ベンチャーの醍醐味（だいごみ）は平均を突破するところにあるのでは――だがそれこそまさに「起業という幻想」そのものなのかもしれない。起業させたい人はぜひご一読を。そして安易な起業を夢見るそこのあなたも！

評・山形浩生（評論家）

Scott A. Shane　ケース・ウェスタン・リザーブ大教授。

二〇一一年一〇月二三日❺

『チャイナドレスの文化史』

謝黎 著
青弓社・二一〇〇円
ISBN9784787233301
歴史／アート・ファッション・芸能

懐旧ブームで復活遂げるまで

チャイナドレスは中国語で「旗袍（チーパオ）」という。外国では中国の伝統服とされてきたが、「旗」は八旗の意で、それに「長い服」を表す「袍」と合わせ、清王朝の支配階級（漢民族にとっては、外来の侵略者であった）満州族女性の民族衣装であった。大きく開けたスリットも女性を色っぽく表現しようとしたのでなく、騎馬民族であるがゆえ動きやすくするためであった。

漢人に政権への服従を強いる策として、清の王権が確立してすぐ、まず髪形と服装から取り締まること、いわゆる「剪髪易服」――髪を剃（そ）れ、服を替えよ――を始めた。従わなければ処刑されてしまうにもかかわらず、抵抗する者が後を絶たなかった。仕方なく清政府は、妥協策を打ち出し、その一つとして、漢人女性が昔から慣れ親しんできた「上衣下裳」（ツーピーススタイルの服）の着用が許された。

このことは南北流行の分かれ目となり、満州族の多い北京ではワンピーススタイルの「旗袍」が主流であったのに対し、江南女性がもっぱら「上衣下裳」を好んだという。

時代が過ぎるにつれ、「旗袍」の政治的意味が薄れていくとともに、ファッション性が求められるようになった。アヘン戦争以後、西洋文化が中国に上陸し、租界が集まる上海では旗袍のデザインにいち早く西洋的な要素を取り入れるように変化し始めた。やがて中華民国になると、文学に「海派（上海派）」と「京派（北京派）」があるように、旗袍も「海派」と「京派」とに分かれていった。

そして社会主義中国になり、特に文化大革命の間に批判対象になった旗袍が、ついに消えてしまった。その姿が再び現れたのは1990年代に懐旧ブームが起きてからだった。

たかが旗袍、されど旗袍。この一冊に、中国人にとっての並々ならぬ存在の重みが詰まっているのではなかろうかと感じられてならない。

評・楊逸（作家）

Xie Li　66年中国・上海生まれ。東北芸術工科大学専任講師。

二〇一一年一〇月二三日⑥

『日本経済の底力　臥龍が目覚めるとき』

戸堂康之 著

中公新書・七七七円
ISBN9784121021243

経済／新書

東北復興のために何が必要か

本書は経済発展論、あるいは産業集積に関する空間経済学の成果を踏まえて、日本経済、および東日本大震災後の東北地方の問題点と可能性に迫った力作である。

経済発展の源泉は技術進歩だが、著者によれば、そのためには各企業が単独で努力するのではなく、自らの周辺や海外の有力な企業、技術とつながりをもち、そこから革新へのアイデアを得ることが大切である。こうしたつながりは自由放任で生まれるのではなく、それを促進する政策の存在が決定的に重要となる。

グローバルにつながるためには、TPPのような貿易促進策や、海外進出を目指す中小企業への情報、ネットワーク支援の仕組みが必要だ。国内でのつながりは産業の集積によって強化される。

実際、企業がまとまって立地することによって生産性が全体的に上昇するという指摘は古くA・マーシャルにもみられる。本書では、これらの主張が様々な実証研究や豊富な例で裏付けられている。輸出で海外とつながった企業がさらに生産性を向上させるという分析結果や、中国のシリコンバレーである中関村の特区の例などが興味深い。後者では税制上の特典に加えて、大学とのつながり、海外企業、海外の中国人とのつながりが重視されている。

震災前の東北では自動車や電気機械産業の企業の立地が増えつつあったが、グローバルなつながり、地元での集積の効果はまだまだであった。著者の主張は、復興のための特区構想などを利用して各地に高度な技術の産業集積を作り出すとともに、TPPなどで日本のグローバル化を促進して、復興のための努力を日本経済の新たな成長へのきっかけにしようということだ。

同感である。まさにこうしたアイデアが政策の現場で真剣に議論されなければならない。急速に衰退国化しつつある日本に残された時間はあまり多くはないのである。

評・植田和男（東京大学教授）

とどう・やすゆき　67年生まれ。東京大学教授。『途上国化する日本』など。

二〇一一年一〇月二三日❽

『春を恨んだりはしない　震災をめぐって考えたこと』

池澤夏樹 著
中央公論新社・一二六〇円
ISBN9784120042614／9784122062160（中公文庫）　社会

震災をめぐる思索の書である。作家は女川、大船渡、陸前高田などに足を運ぶ。被災者を診た医師、夫を亡くした理髪店の母子などに会い、耳を傾ける。大勢の遺体が打ち上がった海岸に足を運び、光景を瞼（まぶた）に刻み込む。あの日に起きたこと。その全体像を全身で受け止めんとする。

「これらすべてを忘れないこと。今も、これからも、我々の背後には死者たちがいる」「人間はすべての過去を言葉の形で心の内に持ったまま今を生きる」「原子力は人間の手には負えないのだ」……思いは言葉を紡ぎ出す。

思考は日本列島へと及ぶ。四季のめぐる美しい国は古来、天災の勃発する国だった。それが「無常」「諦念（ていねん）」「空気社会」などの国民性を形成したのではないのか――。

3・11以降、震災にかかわるいくつかの本を読んだ。評者にとって、共感度の高い本だった。この国にはまだ、まっとうな作家がいる。そんな安堵（あんど）感がよぎった。

評・後藤正治（ノンフィクション作家）

二〇一一年一〇月三〇日❶

『木村政彦はなぜ力道山を殺さなかったのか』

増田俊也 著
新潮社・二七三〇円
ISBN9784103300717／9784101278117（新潮文庫〈上〉）・9784101278124（〈下〉）
ノンフィクション・評伝

格闘技の興亡史　盛者必衰の輪廻

上下2段組み、７００ページという大部の書である。主人公は柔道家の木村政彦。戦前、「鬼の木村」とうたわれ、戦後はプロレスラーに転身するが、力道山との「昭和の巌流島」に敗れる。真剣勝負ならば木村は勝っていたという強いこだわりを抱いた著者は評伝執筆に取りかかる。完成まで18年を要したとある。

少年期、故郷・熊本の川の砂利採りで足腰を鍛えた木村は、拓殖大学の〝国士〟牛島辰熊に見いだされ、超人的な鍛錬で無敵となる。木村の歩みとともに、古流柔術の流れをくむ講道館、武徳会、高専柔道などが覇権を競った柔道界の全盛期が詳述されている。

戦後、連合国軍総司令部（GHQ）に「平和勢力」として認知された講道館が生き残るが、多くの武道家たちは食い詰め、プロ柔道へ、さらにプロレスへと「堕（お）ちて」いく。興行界を仕切っていたのは裏世界だった。

プロレスには「台本」がある。木村対力道山戦は「引き分け」という筋書きであったというが、力道山が「念書」を無視した。勝敗を分けたのは、興行ビジネスに生きんとする戦後派と武道の影を引きずる戦前派の執着心の違いもあったのだろう。なんとも後味の悪い巌流島だった。木村は再戦と報復を企図するが果たせない。

対決は昭和29年のこと。街頭テレビを見る鈴なりの人々の写真が印象的だ。ニュース映画であったと思うが、評者もトランクスと素足の木村の姿を記憶する。まるで似合わない。木村はあくまで道場と胴衣（どうぎ）が似合う柔道家だった。

戦後の木村の日々に付着するのは喪失感である。闇屋、プロ柔道、プロレス団体旗揚げ、キャバレー経営……に手を染めるがいずれも仮の宿だった。晩年、母校・拓大柔道部のコーチとなってようやく安住の場を得たようであるが、敗北の傷は終生つきまとう。

著者はしつこいまでに往時の資料を探索している。木村・力道山戦の完全版フィルムを捜し求めて裏世界に脅される一幕もあったとか。格闘技マニア的な執念には感服するが、表題にも示される過剰なまでの思い入れ、さらに少々大仰な言葉遣いに引っ掛かる。戦時中、東条英機の暗殺未遂に牛島が関与し、木村に実行させんとしたという。師弟愛が本物だったかという点について「これも私が保証する。断言できる」というごとき言い回し。違和感を伴いつつも引き込まれたのは、著者の柔術的腕力に押さえ込まれたからだろう。

こってりとした格闘技興亡史を読了してよぎるのは、道を究めた異能者たちも盛衰の輪廻（りんね）の中で生きるというほろ苦さであり、武道的世界もまた、世の変容を反映して流れ去っていく無常感である。

評・後藤正治（ノンフィクション作家）

ますだ・としなり　65年生まれ。作家。著書に『シャトゥーン　ヒグマの森』。小説、ノンフィクションのほか、雑誌などでエッセーや評論も執筆している。武道雑誌「月刊秘伝」で北大柔道部時代をつづった「七帝柔道記」を連載中。

二〇一一年一〇月三〇日❷　文芸

『21世紀東欧SF・ファンタスチカ傑作集　時間はだれも待ってくれない』

高野史緒 編　識名章喜ほか 訳
東京創元社・二六二五円
ISBN9784488013394

現実と非現実の曖昧な境界で

チェコの首都、プラハに数日滞在した折、ある日本研究者に「東欧」ということばを漏らしたところ、すぐさまこう遮られた。「いや、私たちは中欧と呼んでいます」。ベルリンの壁が崩壊し、東西冷戦が終結した現在、ソ連の衛星国として社会主義体制を敷いていた国々は、もう「東側」ではないのだ。

しかし、そうした歴史の中で育まれた文学は、西欧とは異なる独特の雰囲気をまとっている。カフカ、チャペック、スタニスワフ・レム、と名前を挙げてみれば、なるほどと思う方が多いのではないか。その特徴の一つに、日常生活の中に超越的存在や不条理な出来事が何の前触れもなく立ち現れる、という点がある。

知らぬ間に過去の街に迷い込んだり、列車で「神」と同席したり、今はないはずのドメインからメールが来たり。現実と非現実との境界が曖昧（あいまい）なまま、物語は進んでゆく。

本書に収録されたのは21世紀になってから書かれた新しい作品ばかりだが、欧米のように、異様な出来事を科学的に分析したり論理的に説明したりする方向へは向かわない。未来の話なのに、押しボタンで操作する武骨な鉄製のロボットが出てくるような、妙に古めかしい感じがするのである。人間と異類とが違和感なく共存する昔話を思い出させもする。

「東欧」は多言語地域のうえ、宗教的にもカトリック圏とロシア正教圏のはざまにあって混沌（こんとん）とした多様性を抱えているという。複雑な政治状況に翻弄（ほんろう）され、また、チェルノブイリ事故にさらされた地域もあった。ファンタスチカはそうした環境こそが生み出した文学であり、人間存在そのものへの深い洞察にまで踏み込んでいるといえよう。

どの物語も本邦初訳のうえ、現地語からの直接訳は初めての試みである。解説も充実しており、「東欧」文学の知られざる魅力をあますところなく伝える一冊である。

評・田中貴子（甲南大学教授）

ポーランドの作家ミハウ・ストゥドニャレクの表題作など12編を収める。

二〇一一年一〇月三〇日❸

『日本の著作権はなぜこんなに厳しいのか』

山田奨治 著
人文書院・二五二〇円
ISBN9784409240922
社会

「まね」から文化は生まれるのに

『計画と無計画のあいだ』という本が出るそうな。ひょっとして拙著『生物と無生物のあいだ』のパクリではないか。しかし私はどうすることもできない。書名は、著作権で保護される著作物には当たらないから。一方、昔、♪夜と朝のあいだに、一人の私……♪なんて曲もあったなあ、などとつらつら全文書き写せば、たちまち著作権料を払わねばならなくなる。歌詞は立派な著作物（ちなみに、なかにし礼・作）。著作権侵害は、個人なら最高で「十年以下の懲役若しくは千万円以下の罰金」（法人ならなんと三億円）。単なる窃盗罪が、五十万円以下であることに対し遥（はる）かに重い。

なぜそんなことになっているのか。本文では、厳罰化に関わっているのはごく限られた人たちであることが明らかにされていく。読みどころは、審議会議事録をもとに、実名で発言者の議論を追って、出版・音楽・映像など諸団体が、読者や視聴者を置き去りにしたまま、権益確保に邁進（まいしん）する姿を赤裸々に活写しているところ。

また、ゆるキャラの「ひこにゃん」、「キャンディ♥キャンディ」、「宇宙戦艦ヤマト」を巡っては、原作者や原画作者自身でさえ「バッタもの」の作者にされうるという事例を取り上げ、著作権のねじれ構造が解説される。

著者は旗色を鮮明にしている。文化とは何かをまねることから生まれ、広がるものだから、著作権をむやみに厳しくすることは、文化の伝播（でんぱ）を阻害すると。

そうなのだ。私も、タイトルや文章を借用されたり、無断利用されたりしても目くじらを立てるのはやめよう。まねることは学ぶこと〈まねぶ©森村泰昌〉。寛容と非寛容のあいだでは、寛容側に寄るべきだ。それが文化の本質だったはず。この著者には、研究者ながら、果断な勇気がある。言うべきことへの矜持（きょうじ）が示された著作権解説の好著。

評・福岡伸一（青山学院大学教授）

やまだ・しょうじ 63年生まれ。国際日本文化研究センター教授。情報学、文化交流史。著書多数。

二〇一一年一〇月三〇日❹

『テクノロジーとイノベーション 進化／生成の理論』

W・ブライアン・アーサー 著
有賀裕二 監修 日暮雅通 訳
みすず書房・三八八五円
ISBN9784622076216
経済／科学・生物／社会

大胆に描く 技術の自律的変化

本書の手柄は中身よりアプローチにある。イノベーションは経済、いや人間社会と文明の発展に決定的な重要性を持つ。が、どうすればそれが起こるのか？

これについての既存研究は多いし、著者の答えも目新しくはない。あらゆる技術は、他の技術の組み合わせである。だから技術のモジュール化とその自由な組み合わせを促進すれば、イノベーションは起こる！ これは内外の多くの識者が何度も指摘したポイントだ。

が、本書の視点が異様だ。技術が経済に貢献するという従来の見方を、本書は逆転させる。技術は生物のように、自律的に進化発達するのだ。経済はその結果でしかない！

本書が人間不在という監修者の指摘は慧眼（けいがん）。人間は、技術という生物の淘汰（とうた）進化の環境だ。「有益な技術」を人が選ぶのではない。人間という環境に適応した技術が勝手に生き延びる！ 評者などSFファンにはたまらない見方だ。第九章の、人工世界での技術進化シミュレーションなど実に興味深い。

　ただしそのおもしろさが本書の弱さにもつながる。技術が自律的なら「基礎研究に力を入れろ」といった人間側への提言は無意味では？　また著者は、技術は人生を肯定するとかいう甘っちょろい結論に落とそうとする。でも本書の議論だと技術は人を肯定も否定もしないのでは？

　視点は刺激的ながら、この本だけではアナロジーにとどまりかねない。帯には「未来を見通す」とあるが、実際の技術ネタは本書だけでは無理。実際の萌芽（ほうが）技術を描いたニコレリス『越境する脳』などをどうぞ。

　複雑系経済学の雄たる著者には、今後は人間という生命体と技術という疑似生命体の共進化をもっと子細に論じてほしいところ。技術はそのとき、まったくちがう様相を表すことだろう。本書はそのための序曲となる。

評・山形浩生（評論家）

W. Brian Arthur　45年生まれ。サンタフェ研究所招聘（しょうへい）教授。

二〇一一年一〇月三〇日⑤

『句集　残像』
山口優夢 著
角川学芸出版・一五七五円
ISBN9784046523044

文芸

我々は「本体」を見ているのか

　山口優夢の第一句集である。

〈あぢさゐはすべて残像ではないか〉

　紫陽花（あじさい）に特有の色と形が「残像」と表現されていて、なるほどと思わされる。「あぢさゐ」という旧仮名表記もどこか「残像」っぽい。でも、もしも本当に「すべて残像」なのだとしたら、我々は紫陽花の本体を一度も見ていない事になる。本体はどこにいるのだ。と、そこで奇妙な事を思いつく。じゃあ、「愛」とか「国」とか「私」とかはどうなんだろう。もしかしたら、私はそれらの本体も見た事がないんじゃないか。

〈電話みな番号を持ち星祭〉

　「電話みな番号を持ち」に驚く。一見当たり前のようだが、ここから例えば「人はみな遺伝子を持ち」や「愛はみな宿命を持ち」が、心の奥に湧き上がる。「あぢさゐ」の句と同様に、僅（わず）か数文字の言葉が、読者の心から、より大きな何かを引き出してしまうのだ。

〈未来おそろしおでんの玉子つかみがたし〉

　「未来」と「玉子」だけが漢字だ。「玉子」の中には「未来」の時間が詰まっている。いわば「未来」の塊のようなもの。それが「つかみがた」くて「おそろし」いのだろう。音読すると、字余りのせいで全体が早口になる。それが「おそろし」さと同時に奇妙なユーモアを感じさせる。

〈蜘蛛（くも）の巣にはげしく揺るるところあり〉

　そこで怖（おそ）ろしい事が起きている。にも拘（かか）わらず「はげしく揺るる」とのみ書かれる事で、怖さが増幅された。

〈投函（とうかん）のたびにポストへ光入る〉

　云（い）われればその通りだが、普通は気づかない。その理由は我々が「ポスト」の外側の世界に生きているから。だが、作者は「ポスト」の内側の闇に心を飛ばすことができる。その力が遺憾なく発揮された秀句を最後に引いておく。

〈心臓はひかりを知らず雪解川〉

評・穂村弘（歌人）

やまぐち・ゆうむ　85年生まれ。アンソロジー『新撰（しんせん）21』に参加。10年、角川俳句賞受賞。

二〇一一年一〇月三〇日❻　社会

『絶望の国の幸福な若者たち』

古市憲寿 著

講談社・一八九〇円
ISBN9784062170659／9784062816120（講談社＋α文庫）

不安で幸せ? 論争的な若者論

現代日本の若者は不幸だといわれる。格差は拡大し、経済成長も難しい。しかし、社会調査では意外な結果が出る。20代の実に7割が、現在の生活に満足していると答える。今の若者たちは、自分たちの生活を「幸せ」と感じているようなのだ。著者は、この奇妙な幸福感の源泉を探り、現代社会のあり方を模索する。

若者は本当に「幸せ」なのか。別の調査では、「不安がある」と答える若者の割合も増加している。若者の傾向は、「幸せ」と同時に「不安」を抱えているというアンビバレントなものなのだ。

では、なぜそのような事態が生じるのか。それは「将来の希望」が失われているからである。もうこれ以上、幸せになるとは思えないため、若者たちは「今、幸せだ」と答えるしかない。今よりも幸せな未来を想像できないからこそ、現在の幸福感と不安が両立するのだ。

若者は「自己充足的」で「今、ここ」の身近な幸せを重視しているという。親しい仲間たちと「小さな世界」で日常を送る日々に幸福を感じているようだ。また、一方で社会貢献をしたい若者も増加している。最新の調査では20代の若者の約60％が社会のために役立ちたいと考えている。

ここでキーワードとなるのが「ムラムラする若者」だ。仲間といっしょに「村々する日常」とそれを突破する「ムラムラする非日常」を同時に求める心性が、多くの若者に共有されているという。しかし、非日常はすぐに日常化する。そこが居場所となれば、急速に社会性は氷解する。

著者は、それでいいじゃないかという。複数の所属をもち、参入・離脱の自由度が高い承認のコミュニティーがあれば、十分生きていけるじゃないかという。

しかし、現実には仲間がいるのに孤独や不全感を抱える若者も多い。賛否が分かれるであろう論争的な一冊だ。

評・中島岳志（北海道大学准教授）

ふるいち・のりとし　85年生まれ。慶応大学訪問研究員（上席）。『希望難民ご一行様』。

二〇一一年一〇月三〇日❼　文芸

『ボブ・ディラン・グレーテスト・ヒット第三集』

宮沢章夫 著

新潮社・一五七五円
ISBN9784103974048

小説の冒頭には２００１年9月1日と日付が明記される。これは44人の死者を出した新宿歌舞伎町の雑居ビルの火災があった日であり、小説の最後は同年9月11日の日付が記されるが、これはいうまでもなく「9・11」テロのあった日である。西新宿の中古レコード店を舞台にした本作では、この二つの現実の事件に挟まれた虚構の時間が描かれるのだが、ここに立ち現れてくるのは、日常というものの奇怪な相貌（そうぼう）である。民俗学でいう「ハレ」と「ケ」の反復で時間が活性化される仕組みを失った世界にはのっぺりした日常しかなく、しかも私たちは、「坂道に立っている」のであり、ころげ落ちないようにするだけで努力を要する場所で生きている。非日常の出来事はたしかに起こるだろう。しかしそれが日常を動かしたりはしない。「3・11」からの「復興」とて日常のさなかで淡々と果たされるしかないのだ。本作は果てしない日常という、不死身の怪物の気配を濃密に伝えてくる。

評・奥泉光（作家・近畿大学教授）

二〇一一年一〇月三〇日❽

『ミュージッキング　音楽は〈行為〉である』

クリストファー・スモール 著
野澤豊一、西島千尋 訳
水声社・四二〇〇円
ISBN9784891768263
アート・ファッション・芸能

"音楽というモノ"は存在しない。著者は断言する。あるのはミュージッキングなのだと。それは作曲家や演奏家の専有物ではない。リスナーも、ダンサーも、ローディーも、チケットのもぎりも、およそ音楽に関わるすべての人々は、ミュージッキングに参加している。

そう考えることで、音楽は一方的な鑑賞の対象であることをやめ、あらゆる"関係性"に開かれたパフォーマンスとなる。この視点から、とあるシンフォニー・コンサートの成立過程が詳しく検討される。そこで何が起こっているのか。

ミュージッキングとは関係することだ、と著者は言う。それは「関係を探求し、確認し、祝う」ことなのだ。

音楽の精神分析が難しいのはなぜか。ようやくその謎が解けた。分析において重要なのは「否定」や「否認」だ。しかし音楽には「否定」がない。そこにあるのは祝うこと、すなわち存在の肯定なのである。

評・斎藤環（精神科医）

二〇一一年一一月六日❶

『スティーブ・ジョブズ　Ⅰ・Ⅱ』

ウォルター・アイザックソン 著　井口耕二 訳
講談社・各一九九五円
ISBN9784062171267〈Ⅰ〉・9784062171274〈Ⅱ〉／9784062816144（講談社＋α文庫〈Ⅰ〉）・9784062816151〈Ⅱ〉）
ＩＴ・コンピューター／ノンフィクション・評伝

「天才」の生と死　いちはやく活写

本書を手に取る人で、スティーブ・ジョブズを知らない人はいないはず。過去十年以上、彼の各種製品はコンピューターや音楽流通、携帯電話のあり方を一変させ、社会現象にまでなったのは周知のこと。

それが本書のつらいところだ。基本線では目新しさの余地がないのだから。

評者のような古参パソコンマニアは、アップル草創期からジョブズの活動はリアルタイムで知っている。また近年のアップル製品のファンも、本書の記述に違和感はないはず。絞り込んだデザインへのこだわり、ハードからソフトまで一貫したユーザー体験の重視、ライフスタイルにまで踏み込むプレゼン——iナントカの利用者なら、改めて説明されるまでもない。

知っていることの反復と紋切り型の結論が好きな人は、それで満足だろう。嫌われても己の信念と美学を貫き通したジョブズはやっぱり凄（すご）かった、というわけだ。だが評者を含め不満を感じる人も多かろう。本書には細かなエピソード以外は、新しい知識や発見はないのだ。

これは仕方ない。ジョブズは特に秘密の多い人物ではないのだし。だがそれでも何とか新規性を出すべく些末（さまつ）なエピソードを詰め込んだせいで、本書はえらく分厚い。それも時に裏目に出る。特にⅡ巻、ジョブズがアップルに復帰してからは、既存のビジネス書と差別化しようとしたのか、無意味なセレブばかり登場して水増し気味だ。

しかもその細部に見えるジョブズ像は、かなり常軌を逸している。彼は学習効果のない人物で、公私ともに何か思いつく→関係者を怒らせる→まわりを丸め込む→無茶（むちゃ）を連発して嫌われる→実現か失敗→あたり散らして愛想をつかされる、ということの連続だ。だから細部というのは、ジョブズがだれにどんな罵詈（ばり）雑言を浴びせ、どんなひどい仕打ちをしたかという話ばかり。信念を貫くといえば聞こえはいいが、むしろ思い込みが激しいだけ。ひたすらわがままで身勝手で他人の手柄やアイデアも平気で奪い、女の子をはらませてもほっぽって、正義も公正も誠意も身勝手な時にだけ発動させ、まあろくでもない。2巻で多少の落ち着きを見せるのがせめてもの救いだろうか。

そしてやはり本書で悲しいのは、その天才ゆえの思い込みが死期をはやめてしまったこと。ジョブズはガンの検査も適切な治療も拒み、インチキ食事療法や鍼（はり）や心霊療法にまで手を出し、そのために手遅れになった可能性が高いという。すぐ治療を受けていれば、あと十年は活躍できたはずなのだが。

だが、その時に自滅的なほどの頑固さがなければ、アップルの各種製品は生まれなかったのも事実。天才とはそういうものなのかもしれない。その意味でちょっと残念なのは、多くの天才たちの伝記を執筆してきた著者が、本書でジョブズ個人を超えた天才への普遍的な視点を出すことなく、巻末の語録など各種材料を読者の前に放り出すだけで終わっていることだ。そこにはまた読者側の事情もある。著者にもぼくたちにも、まだあまりにジョブズの記憶は新鮮すぎる。そこに提示できる最良のものは、本書のように必ずしも精査されない材料を羅列することなのかもしれない。

いずれ、もっとすべてを客観視できるほどの時間がたったところで、もう少し視点のきいた伝記を読んでみたいところ。それまでは読者一人一人が自分なりのジョブズ像を描きだす材料を、本書はたっぷりと提示してくれる。

評・山形浩生（評論家）

Walter Isaacson 52年生まれ。作家、「タイム」誌元編集長、CNN元最高経営責任者（CEO）。『アインシュタイン　その生涯と宇宙』『キッシンジャー　世界をデザインした男』など。

『これはペンです』

円城塔 著

新潮社・一四七〇円
ISBN9784103311614／9784101257716（新潮文庫）　文芸

小説の可能性を広げる煌めき

小説は様々な主題を軸にして書かれる。それは恋愛であったり、暴力であったり、人生の夢や挫折であったりする。だが、多くの優れた小説が、それら多様な主題の裏側にもう一つの主題を隠し持っている。小説とは何か？ の謎である。小説を書くこと自体が小説の主題となる、いわゆるメタフィクションは、このジャンルを根本において特徴づけているといってよい。

小説とは何か？ それは文字の一定量の集積からなる何かである。という以上の定義をするのは意外に難しい。だが、この定義では電話帳も小説ということになってしまい、いや、電話帳もまた小説とみなしてよいのではあるまいかと、考えてみなかった小説家は少ないはずだ。小説を細胞に比すれば、その細胞膜は外部に広がる文字の海に絶えず溶け出して、不定形なまま遊動しているのであり、この輪郭の曖昧（あいまい）さこそが、単なる物語でも情報でもない、小説としか呼びようのないこのジャンルの力の源泉なのだ。

自動的に文章を書く機械を発明した叔父からコンピューター・サイエンスを学ぶ姪（めい）に届く手紙。これを軸に展開する一篇（ぺん）は、小説の謎を前景化した小説といってよいだろう。ここでは書くことをめぐる不思議が奇抜で魅力的なアイデアとともに展開される。たとえば叔父の手紙は、各面にアルファベットが印（しる）された骰子（さいころ）状の磁石や、電子顕微鏡でしか見えない分子で書かれていたりする。小説の輪郭どころか、文字という記号の輪郭さえ溶け出しているのだ。

科学用語を多用して書かれた文章を読みにくいと感じる読者も多いだろう。けれども、本篇には小説の謎が疑いもなく匂いたち、物語をただ欲しがるのではない、本格的小説好きの読者であるならば、充満する虚構の香りに魅惑されずにはいられないだろう。小説の可能性を押し広げる言葉の運動、その放つ煌（きら）めきがここにはある。

評・奥泉光（作家・近畿大学教授）

えんじょう・とう　72年生まれ。『烏有此譚』（野間文芸新人賞）、『後藤さんのこと』など。

二〇一一年一一月六日③

『エドガー・ソーテル物語』

デイヴィッド・ロブレスキー 著　金原瑞人 訳
NHK出版・三九九〇円
ISBN9784140056042
文芸

五感動員し味わう小説の醍醐味

アメリカ中西部を舞台とした少年と犬の物語……と思いきや、物語はいきなり釜山（プサン）の不気味な漢方薬局の場面から幕を開ける。謎めいた漢方医の予言的な言葉にひきこまれた瞬間、あなたはすでに物語の魔法にかかっている。持ち重りのする七〇〇ページ余りの本とともに暮らす、幸福な日々がはじまるだろう。

エドガー・ソーテルは口がきけない少年だ。手話は巧みで辞書なみに語彙（ごい）は豊富だ。ソーテル犬の育成を生業とする父ガー、母トゥルーディ、エドガーとともに育った雌犬アーモンディンら犬たちの幸福な生活に、叔父クロードという不穏な闖入者（ちんにゅうしゃ）が入りこむ。そして物語は動き出す。

デビュー作とは信じがたいほど手堅い細部と悠然たる筆致。作家自身が認めるとおり、物語のベースはシェークスピアの戯曲「ハムレット」だ。二つの悲劇にはいくつもの共通点がある。クロードとクローディアス、トゥルーディとガートルード、母を奪う叔父、父の亡霊、毒殺と復讐（ふくしゅう）のモチーフ、などなど。

圧倒的なアメリカの大自然が、家出した少年の孤独と葛藤を研ぎ澄ます。運命の選択を巡るハムレットの苦悩は、「自分の未来を知りたければ、代わりに人生を差し出すしかない」というエドガーの思いとして変奏されるだろう。

よく訓練され、人間に忠実な犬たちの無言の思いが、この壮大な悲劇に彩りを添える。物語のライトモチーフに、あの〝忠犬〟が登場するという、日本人には嬉（うれ）しい驚きもある。

エドガーの手話による犬たちとの〝会話〟こそは、本書における最大の「発明」だろう。言葉を介した会話よりも、はるかに直接的なコミュニケーション。もちろん犬は擬人化されない。それはエドガーの沈黙を介して犬にまで共感が及ぶという、人称を越えた体験なのだ。五感を総動員して文字を味わうという、小説の醍醐味（だいごみ）がここにある。

評・斎藤環（精神科医）

David Wroblewski　作家。米国コロラド州在住。

二〇一一年一一月六日⑤

『旅行く孫悟空　東アジアの西遊記』

磯部彰 著
塙書房・三七八〇円
ISBN9784827312430
人文

日本ではカッパになった沙悟浄

中国の五大古典小説とされている『三国志演義』『西遊記』『水滸伝』『金瓶梅』『紅楼夢』。そのいずれも古くから日本に伝わった。翻訳本のほか、日本人好みの再創作、いわゆる翻案小説が今も出版され、長きにわたって愛読されているようだ。

今日のような出版社や版権などを斡旋（あっせん）するエージェントがなかった時代、中国文学はいかにして東アジアに伝わり、受容されたのか。本書は『西遊記』を糸口に、糸を手繰るようにしてそのプロセスを追うことを試みる。

『西遊記』とは、唐の高僧・三蔵法師が妖怪風貌（ふうぼう）の弟子3人、白馬1匹を率いて、仏教の経典を取りに天竺（てんじく）（今のインド）へ向かう旅物語である。17年もかけて天竺へ行って「般若心経」などの経典を中国に持ち帰った、7世紀の『大唐西域記』の玄奘は実在の人物ではあった。飛行機も車もない当時、たった一人で偉業を成し遂げたという奇跡は、彼が唐に戻って間もなく伝説となって広がっていった。が、それを基にした小説の完成版は、現存する最も古いものでも、400年前の明末『新刻出像官板大字西遊記』になるという。

この旅物語は、ベトナム、チベット、朝鮮半島、日本などの東アジア地域に伝わり、小説のみならず、演劇にもなったりして庶民を楽しませていた。そんな中で、国情や文化によって、小説の中のキャラクターも変化を遂げた。

ベトナムに猿行者由来のハヌマーンがおり、韓国では虎、鹿、羊からなる三道士が孫悟空と術比べする内容も加わった。さえない沙悟浄は、日本の文豪曲亭馬琴に出会ったお陰でカッパに変身し、際立つ存在となった。

長い年月をかけて長い旅をした中国文学。東アジアに根差し、今日までに歩んでこられたのは、本来に持っていた魅力に加え、異なる文化に溶け込むような柔軟性も備えていたからなのだろう。

評・楊逸（作家）

いそべ・あきら 50年生まれ。東北大学教授（中国文学・東アジア文化史）。

二〇一一年一一月六日❻

『居場所の社会学　生きづらさを超えて』

人文／社会

阿部真大 著

日本経済新聞出版社・一七八五円
ISBN9784532168018

ノスタルジーでない実践知

近年、若者や高齢者の「居場所」の重要性が頻繁に語られる。国家的再配分が強化されても、社会的に排除された人々が全て救われるわけではないからだ。孤独と承認の問題に対しては、「社会的包摂」の機能を高める必要がある。コミュニティーの多様化と流動化が進む中、ノスタルジーを超えた新タイプの社会が要求されている。

著者は現代社会の「生きづらさ」の問題を追究し、居場所の実践的命題を提示する。

居場所づくりには、まず「積極的改善策」がある。居場所はきわめて主観的なもので、その人がそこを居場所と感じているかが重要になる。また、自分にとっての居場所が、他人にとっての居場所であるとは限らない。そのため無理に過剰適応したり、また強引に押し付けたりしてはならず、常に「まわりとのコンフリクトを解決していくなかで」構築されなければならない。居場所づくりには「ぶつかり合い」による相互受容・変容が求められるのだ。

一方「消極的改善策」もある。それは「ひとりの居場所」をつくることだ。職場などでは、わずらわしい人間関係に巻き込まれがちだが、そこで無理な適応を繰り返すと、生きづらさをこじらせることがある。そんな時には、逆にコミュニケーションからそっと離脱することも必要だ。これには職場のマニュアル化が重要であると、著者は言う。

居場所は何も一つに限定されるものではない。「私」はいくつもの役割の集積として存在している。人間が多層的存在である以上、居場所も多層的であるべきだ。また、「居場所の臨界点」を知り、そこから状況を改善するための政治的意思をもつことも重要となる。現代社会において、居場所は所与の存在ではなく、常に選択の対象なのだ。

具体的な実践知が求められる中、本書は重要な指針となるだろう。居場所づくりに携わる人は必読の書だ。

評・中島岳志（北海道大学准教授）

あべ・まさひろ 76年生まれ。甲南大学専任講師。『搾取される若者たち』。

二〇一一年一一月六日⑦

『職業は武装解除』

瀬谷ルミ子 著

朝日新聞出版・一四七〇円
ISBN9784022507464／9784022618283（朝日文庫）
ノンフィクション・評伝／国際

紛争解決学、あるいは平和構築学という言葉をしばらく前から耳にするようになった。紛争地域に平和な日常を再構築するための理論や実践が、いま注目を集めている。国連がPKOを派遣したり、諸団体がさまざまなレベルの活動を行ったり。武力による戦いを終結させてから、兵士の武装解除、人々の生活再建、自立の手助けなど、やるべき仕事は実に多岐にわたる。

本書の著者はそんな現場で活躍する女性だ。30代前半の若さながら、世界でも数少ない武装解除の専門家。高校3年生の時に見た一枚の写真がこの道に進むきっかけになったという。進路を切り開いていった学生時代のこと、これまでに関わった地域（アフガニスタン、ルワンダやソマリアなど）での具体的な活動報告、種々のエピソード、と内容は盛りだくさんで、興味は尽きない。紛争地域では、日本人だからこそできる貢献がたくさんある、と著者は書く。志の高さと行動力に敬服。若い人にぜひ勧めたい一冊だ。

評・松永美穂（早稲田大学教授）

二〇一一年一一月六日⑧

『流される』

小林信彦 著

文芸春秋・一五五〇円
ISBN9784163808406／9784167904227（文春文庫）
文芸／社会

本編は『東京少年』『日本橋バビロン』に続く、自伝的長編の第三部に当たる。著者はここで、若いころ沖電気に在籍した母方の祖父、高宮信三を描こうと試みる。

思春期の一時期を、青山にある母の実家で過ごした著者は、信三の人となりに親しく接した。ここに描かれる信三は、家人や周囲の人びとから敬意を払われつつ、なんとなく煙たがられるという、奇妙な存在である。

著者自身も、信三に用を頼まれたり、外出の供を求められたりすると、半ばうっとうしいような、半ばうれしいような、複雑な気持ちになる。その屈折した意識が、さめた筆致で淡々とつづられる。

人物描写に精彩があり、中でも素性の怪しい滝本なる男は、すこぶる小説的な人物に描かれている。

詰まるところ著者は、祖父に対する模糊（もこ）とした心情を、あらためて検証するために自己を語り、そこに祖父の面影を見いだそうとした、と思われる。

評・逢坂剛（作家）

二〇一一年一一月一三日①

『評伝　野上彌生子　迷路を抜けて森へ』

岩橋邦枝 著

新潮社・一八九〇円
ISBN9784103572039
文芸／ノンフィクション・評伝

隠された「裏面」掘り起こす力作

実は、私の野上彌生子に対するイメージは、「戦争に協力しなかった作家」や、「社会問題を描く硬派」といった文学史的記述の域を出なかった。しかし、本書読了後、そのイメージはくるりと変わってしまったのである。

野上の夫が謡曲研究者として名高い豊一郎であること、60代後半で哲学者の田辺元と「恋」をしたことにゴシップ的興味をひかれ手に取ったのだが、著者が残された日記と書簡から浮かび上がらせた野上の生涯は、人間の多面性を痛感させるものだった。

夫の師である夏目漱石の世話で作家デビューを遂げた野上は、「自分の絶対に排斥しなければならないもの」は社交、冗語、睡眠不足、飽食、家事的ごたごたであると日記に綴（つづ）る。立派な心がけだが、それがかなうためには二人のお手伝いと夫の家事協力が不可欠だった。職業作家となった野上はしばしば軽井沢の山荘に籠（こ）もったが、出版社との交渉は東京にいる夫に任せ、自分はひたすら勉強と執筆の日々を送ったという。

明治生まれの女性が、知的生活を送りたいがために結婚を選択し、しかも「凡作でも不出来でも、書けば活字になった」。原稿持ち込みを繰り返し、自力で流行作家にのし上がった林芙美子に比べれば、恵まれすぎといってよい。苦労知らずのお嬢さん奥さん、と批判するのはたやすいが、著者は不用意な価値判断を控え、あくまで冷静に野上の隠された一面を掘り起こし記述してゆく。

ただし、著者が野上の「裏面」を的確にとらえ、評している箇所は随所に見られる。戦争ファシズムに荷担（かたん）しなかったことについて、野上の裕福な実家の協力もあり疎開先で生計の心配がなかった点をあげ、「特権的な境遇にガードされていた事実を、けっして見落としてはならない」と記す。野上は、食ってゆくために戦争に協力せざるを得なかった文学者の存在には鈍感だったのである。

人に使われたこともお金に困ったこともない野上が、戦後も貧困者を差別視していたことも、著者は容赦なく指摘する。上層階級の視線を無自覚に持ち続ける野上は、田辺元から東京の「名流夫人のポーズ」を感じると言われても気にする気配がない。この鈍感さが、惑いなく愚直に書き続けるという点において後に野上の美質となったとする著者の評にはなるほどと思う。また、上層階級だからこそブルジョアを描くことができた希有（けう）な作家である、という言も的を射ていよう。

「もんだいは幾つになったではない。幾つになっても書きつづけることである」。この野上90代の言葉の背後にあるものをえぐり出した力作である。

評・田中貴子（甲南大学教授）

いわはし・くにえ　34年生まれ。大学在学中、「文芸」の全国学生小説コンクールに当選。著書に『浅い眠り』（平林たい子文学賞）、『伴侶』（芸術選奨新人賞）、『浮橋』（女流文学賞）、『評伝　長谷川時雨』（新田次郎文学賞）など。

二〇一一年一一月一三日②

『三角寛「サンカ小説」の誕生』

今井照容 著

現代書館・三三六〇円
ISBN9784768456583

歴史／人文

昭和初期の「うさん臭さ」孕んで

三角寛といえば、「説教強盗」という神出鬼没の怪盗事件を報道したスクープ記者として知られるが、彼がこの強盗に関係あると疑い調査しだした「サンカ」に関する著作は、さらに有名であり、謎も多い。本書は彼のサンカ研究を「うさん臭さ」というキーワードと時代情況との関係から読み解こうとした大作だ。

内容は濃くて熱い。「説教強盗」が世を騒がせた昭和3年を、若き天子昭和天皇の即位に象徴される輝かしい昼と、強盗が横行する大不況下の息苦しい夜との対比で語るくだりから、昭和初期の匂いが濃厚に立ち上がる。

サンカとは、山中の「異世界」に隠れ住み、独自の「隠語」を話し、戸籍を持たない集団を指し、多数が都市などの下層社会に潜入しているとも噂（うわさ）された。三角は東京朝日新聞の記者として得た材料を実話形式で語る「昭和毒婦伝」を雑誌連載する中で、問題のサンカを著述しだした。

「日本国の支配の外に住む無垢（むく）な住人」がこちらの世界にかかわって毒婦や犯罪者に転落するというサンカ「実話」のドラマ性は、大不況と満州事変により生活苦と政治不安に曝（さら）されていた読者の共感を得た。素朴にして人情に篤（あつ）く、自然と一体化して暮らすサンカ社会に、庶民は「失われたユートピア」を見た。やがて実話は物語化し、タブーだったサンカ社会に逃げ込む「こちら側の人間」のドラマへと「進化」する。さらに軍部による暗殺やクーデターが多発すると、サンカのほうから戸籍を得て兵役に志願しようという「愛国者」まで登場してくるのだ。

ここに三角の「うさん臭さ」の根源があった。それどころか、当時の事実報道すら同じうさん臭さを孕（はら）まざるをえなかった真相を丹念に掘り返す部分こそ、本書最大の読みどころだ。三角寛が戦後忘れられた現象の意味も、それを継いだ現代メディアの危うさの要因も、鮮明にされる。

評・荒俣宏（作家）

いまい・てるまさ　57年生まれ。「三角寛サンカ選集」の編集に参加。著書に『報道と隠蔽（いんぺい）』。

二〇一一年一一月一三日❸

『笑い三年、泣き三月。』

木内昇 著

文芸春秋・一六八〇円
ISBN9784163808505／9784167900939（文春文庫） 文芸

戦後の焼け跡 寄り添い合う人々

　家族になれるのかな。それともやっぱり無理なのかな。そんなことを考えながら、ハラハラして読んだ。敗戦の翌年、上野駅の風景。上京したての旅芸人が、駅頭で出会った少年に案内され、徒歩で浅草に向かっている。言問通り付近はまだ一面の焼け野原。スター芸人を目指す旅芸人のおじさんは、焼け跡を見て絶句している。すきっ腹を抱えた戦災孤児の少年にも、焼け跡を直視できない辛（つら）い過去がある。背景のまるで違う2人が、身を寄せ合い、ひもじさをごまかしながら、困難な時代を生き抜こうとする。そこにひねくれ者の復員兵や、「財閥令嬢」を自称するダンサーが加わって、ふしぎな共同生活が展開していくのだ。

　浅草という場所が効いている。食糧難の時代だが、人々は娯楽にも飢えている。浅草の活気は日本の復興の予兆でもあるのだ。旅芸人のおじさんは浮世離れしていて謎の存在だが、何ともいえぬ温かみを醸し出している。場末の劇場で踊るダンサーのふう子も、明るくて情が深い。この2人がときおり発する一言がいい。

　「嘘（うそ）って世の中に存在しないと思っとるのよ」（どの人にも、その人なりの真実がある）、「人のためにすることって、まず間違いがないのよ」（自己愛には限界がある）、「商売は真心込めてせねばならんよ」（客を見下してはいけない）。うんうん、なるほど。人生を照らす灯のような言葉だけれど、戦災孤児のタ一坊はその灯を受けとめられるだろうか。家族になれるのか、という冒頭の問いの答えは実はそれほど簡単ではない。空襲で失った家族を、そんなに簡単に別のものに置き換えるわけにはいかないからだ。

　震災前に書かれた作品だが、焼け跡は津波後の風景にも重なる。大切なものを奪われ、生活の再建に苦しむ人々に寄り添い、励まそうとする語り手のまなざしがある。静かな愛に溢（あふ）れた小説だ。

評・松永美穂（早稲田大学教授）

きうち・のぼり　67年生まれ。『漂砂のうたう』で直木賞。ほかに『茗荷谷の猫』など。

二〇一一年一一月一三日❹

『海にはワニがいる』

ファビオ・ジェーダ 著　飯田亮介 訳

早川書房・一四七〇円
ISBN9784152092373

ノンフィクション・評伝

決死の旅8年間も 少年の実話

　旅の宿で10歳の息子に三つのことを約束させて、翌朝忽然（こつぜん）と母は姿を消した。その三つの約束とは、麻薬に手を出さない、武器を使わない、盗みを働かない、以上。

　アフガニスタンからパキスタンに置き去りにされた孤児同様の少年が、度重なる生命の危機に遭遇しながら8年間にわたる決死の密入国の旅を続け、イタリアに安住の地を得るまでの想像を絶する冒険譚（たん）のドキュメントである。

　タリバーンらの迫害から息子を守るために隣国パキスタンに連れ出さざるを得なかった母の辛（つら）さ以上に、少年の苛酷（かこく）な毎日の生活は人間でいることさえ怪しくなるほどだ。10歳そこそこの子供がどうしてこのような運命の苦境に投げ出されなければならないのか、読む間中、その疑問が頭から離れなかった。

　少年の8年間の成長物語だと言ってしまえば簡単だが、このドキュメントはジュール・ベルヌの冒険小説ではないのである。だから読者は主人公のエナヤット少年の生の魂と共鳴して、人間の運命について深く考えさせられてしまうのだ。

エナヤット少年が絶体絶命の窮地に立たされた時、どこからともなく微風が吹いてくるように救いの手が差し伸べられる。西洋には運命の女神がいて、危機に瀕（ひん）した人の先回りをしてその人を救助したり、人間を介して天使がその役割を果したりするというような話をどこかで読んだことがあるが、なぜかそんな奇蹟（きせき）がこの少年には起こるのである。断っておくがこの書物は精神主義的な啓発書とは全く無関係な、ヒリヒリするような事実の連続だ。表題の「海にはワニがいる」というのは、本来危険でない場所にさえ危険が潜んでいるという意味に僕は解した。

この少年のように人生を肯定的にとらえ、且（か）つ勇気があれば、運命に流されない強度な人生が得られると示唆されたような気がした。

評・横尾忠則（美術家）

Fabio Geda 72年生まれ。イタリアの作家。

二〇一一年一月二三日⑤

『ドリトル先生の世界』

南條竹則 著

国書刊行会・二五二〇円
ISBN9784336053671

文芸／科学・生物

愛にあふれる解題本の決定版

ドリトル先生の物語が子供の頃の幸福な読書体験になっている人は多いのではないだろうか。自然を愛し、動物の言葉を理解する先生は、太っちょで、いつも飄々（ひょうひょう）として、ちょっと脱力系の人。作者ロフティングは、物語の舞台を19世紀初頭の英国においた。子供の頃には気づかなかったが、この設定こそがドリトル先生の物語に独特の風合いと深みを与えていたのだ。

本書は、そんな歴史的・文化的・社会的諸事情をこと細かく解題するドリトル先生読本の決定版。まず住まいの様子から、先生の家系は、上流階級の一員ジェントリ（爵位を持たない地主階級）だとする。

私が一番好きなのは『ドリトル先生航海記』。ここにトミー・スタビンズという少年が登場する。彼は先生に弟子入りし、後には物語の語り手となる。彼が先生と出会うシーンは本当に美しい。先生は、貧しいスタビンズ家を訪問し、夕食を共にし、少年の父と笛を合奏する。床についた後もその音は少年の頭の中を巡る。「階級の隔てを無視するこうした振舞いは、少年の目にドリトル先生をいっそう素晴らしい、偉大な人にした」。先生の数少ない（人間の）友達は、一風変わった人物ばかり。猫肉屋のマシュー・マグ。貝ほりのジョー。世捨て人のルカ。彼らもまた当時の厳然たる階級社会の底辺に位置することを知る。

先生は、豚のガブガブを家族としてこよなく可愛がる一方、好物は豚肉。生命に対する先生の姿勢には偽善がない。物語に登場する楽しい食の数々についても解説がある（著者もたぶん美食家）。そしてドリトル先生をドリトル先生たらしめているのは、訳者井伏鱒二の名調子があるからだ。その経緯にも言及。どのページからも、著者のドリトル先生〝愛〟が感じられる。巻末に絵入り登場人物・動植物小事典。ドリトル先生をもう一度読み返したくなる。

評・福岡伸一（青山学院大学教授）

なんじょう・たけのり 58年生まれ。作家、英文学者。著書に『酒仙』『魔法探偵』など。

二〇一一年一一月一三日⑥

『科学ジャーナリズムの先駆者　評伝石原純』

西尾成子 著
岩波書店・三五七〇円
ISBN9784000052139　科学・生物／ノンフィクション・評伝

物理学のあり方論じた真の学者

「石原純」という名前は、多くの人にまずなじみがないことだろう。とすると、「科学ジャーナリズムの先駆者」という表題だけでは、やや誤解を招くかもしれない。

著者が冒頭で記しているように、何より、第一級の理論物理学者であるからだ。20世紀初め、物理学に革命をもたらした相対論や量子論について、日本で最初の論文を発表し、議論をリードした。

歌人でもあり、岩波書店の月刊誌「科学」が1931年に創刊された時の初代編集主任も務めた。物理学や科学に関する数多くの著作は、湯川秀樹、朝永振一郎といった、後のノーベル賞受賞者たちが物理学の道に進むきっかけともなった。

その初の評伝である。

これだけの科学者の名があまり知られていないとは。不思議ですらある。

妻子ある身での恋愛がスキャンダルになり、42歳で東北帝大教授を退職したこともあるのだろうか。以来、研究からは身を引き、科学を論じ、伝える側に回った。

「科学」11月号の対談で、江沢洋・学習院大名誉教授は「石原のような生き方をした人を物理学者と認めないのは日本の物理学の大変な不幸だと思う」と語っている。伝えることは本来、学者そのものの責任であり、物理学がいかにあるべきかを論じる人も物理学者だ、とする。

石原の一貫する主張は、社会の健全な発展のためには自由な科学研究が不可欠だ、というものだ。真の科学振興は、合理的かつ独創的な思考を育むことだとして、科学教育の重要性を訴え、戦時中の政策を批判した。

終戦後の9月、ただちに復刊した「科学」の巻頭言は「科学と自由」、続く10月号は「気宇を広大に」である。その後まもなく、交通事故がもとで帰らぬ人となる。

その生涯と主張は、今日の科学と科学者のあり方にも、大きな示唆を与えてくれる。

評・辻篤子（本社論説委員）

にしお・しげこ　35年生まれ。日本大学名誉教授。『こうして始まった20世紀の物理学』。

二〇一一年一一月一三日⑦

『人間の尊厳と八〇〇メートル』

深水黎一郎 著
東京創元社・一六八〇円
ISBN9784488024826／9784488404123（創元推理文庫）　文芸

行間に浮き上がらせる人間心理

作者は今年度、本書の表題作で日本推理作家協会賞の、短編部門の受賞を果たした。

受賞作は、いかにもミステリーらしい、切れ味のよい佳作である。とあるバーにはいった〈私〉が、見知らぬ男の先客から「俺と八〇〇メートル競走をしないか」と持ちかけられる。男は〈私〉が持っていた5万円に対して、土地の権利書を賭けるという。〈私〉が一瞬やってみようかという気になりかけたところへ、もう1人の相客が自分も賭けに参加させてほしいと言い出す。賭けを提案した男はなぜか急に尻込みして退散する。相客によれば、その男は「元八〇〇メートルの選手」だった、というのだが……。

前半は、男が〈私〉を賭けに引き込むために、量子力学の話を延々とするので、いささか取りつきにくい。ここは少々、作者の思いが強すぎた感がある。話の結末は、ミステリーを読み慣れた者なら想像がつくかもしれない。それでも、どんでん返しをさらりと処理し、余韻を残して終わるあたりは、なかなかの書き手だ。

そのほかの短編は、いずれもミステリー色は薄いものの、人間の心理を行間に浮き上がらせる筆致はフランス文学者としての作者の面目をよく伝えている。「北欧二題」では固有名詞を含むすべての外来語を、漢字（当て字）で表記する試みが行われ、それなりの効果を上げている。

全体の、ほぼ3分の1を占める「蜜月旅行」は、新婚旅行でパリを訪れた夫婦の観光小説といってもよい。ところが、そこに結婚前には気づかなかった、2人の価値観の相違が忍び込み、しだいに緊張感を高めていく。いっとき〈成田離婚〉かと思わせるような展開にもなるが、ある事件をきっかけに結局はもとのさやに収まる。

予定調和には違いないが、サスペンスの醸成が巧みなだけに、読後感はいっそさわやかだ。

評・逢坂剛（作家）

ふかみ・れいいちろう　63年生まれ。著書に『エコール・ド・パリ殺人事件』など。

二〇一一年一一月二〇日❶

『スエズ運河を消せ』
デヴィッド・フィッシャー著
金原瑞人、杉田七重訳
柏書房・二七三〇円
ISBN9784760140206

『ナチを欺いた死体』
ベン・マッキンタイアー著　小林朋則訳
中央公論新社・二六二五円
ISBN9784120042997　歴史／ノンフィクション・評伝／国際

第2次大戦秘話　驚きの謀略作戦

第2次大戦中の、謀略作戦の秘話が、立て続けに翻訳された。

『スエズ運河を消せ』では、マジック・ギャングと称する英国のカムフラージュ部隊が、戦場で多彩な偽装作戦を展開し、ドイツ軍の目をくらます。その立案者は、英国人の本職のマジシャン、ジャスパー・マスケリンである。

ジャスパーは、ふだん観客相手に行うトリックを、何倍もの規模のイリュージョンに仕立て上げる。ボール紙や木で作った模型、巨大な布に描いた偽絵、さらには光や鏡や音響効果など、あらゆる偽装技術を総動員して、空中偵察や夜間爆撃にやって来るドイツ軍を翻弄（ほんろう）する。アレクサンドリア港を、一夜にして別の場所に移し、スエズ運河を光の洪水の中に消し去り、たった三つの艀（はしけ）で大上陸作戦を演出する。まさか、と思うようなことばかりだが、眼前にマジックショーを見るごとく、楽しく読める本だ。

『ナチを欺いた死体』は、『スエズ』をさらに上回る、奇想天外な謀略作戦である。

英国は、非戦闘員の死体にシチリア島上陸作戦に関わる極秘文書を持たせ、飛行機事故による溺死体（できしたい）に見せかけて、スペインの港町ウエルバの沖合に漂着させる。

ドイツ側が、本物の文書だと信じるように、E・モンタギューら担当スタッフは、驚くほど綿密な偽装工作を施す。まずは死体に、ウィリアム・マーティン少佐の名を与え、実在する人物のように見せかけるため、極秘文書のほかに父親の手紙、恋人からのラブレター、買い物の領収証、劇場の入場券の半券などを、仕込んでおく。

文書は狙いどおり、親枢軸国のスペインから、ドイツの秘密機関の手に渡り、複写が取られる。彼らは、それが罠（わな）であることに気づかず、地中海作戦の次期上陸地点を、ギリシャと誤信したあげく、連合軍のシチリア島上陸を、許してしまう。これが知る人ぞ知る、〈ミンスミート作戦〉である。

モンタギューは1953年に、『実在しなかった男』を刊行し、本作戦の概要を公表した。このリポートは、57年に『放流死体　謀略戦記』という題で、邦訳も出ている。その後、使われた死体の正体を含めて、しだいに本作戦の背景や詳細が明らかになった。本書はその集大成というべく、従来伏せられていた多くの機密事項を、白日のもとにさらした。

評者は数年前、この謀略作戦を拙著『暗い国境線』で取り上げたが、もしその時点で本書が出ていたら、あまりに詳細な秘密の暴露に頭を抱え、筆を止めていたかもしれない。

ともかくこの2作品は、第2次大戦にまつわるほとんど最後の秘話の報告といっていいだろう。

評・逢坂剛（作家）

David Fisher　米国のノンフィクション作家。政治、社会問題、芸能などの分野を執筆。

Ben Macintyre　英国タイムズ紙のコラムニスト、副主筆。

二〇一一年一一月二〇日❷

『帰還の謎』
ダニー・ラフェリエール 著　小倉和子 訳
藤原書店・三七八〇円
ISBN9784894348233

『ハイチ震災日記』
ダニー・ラフェリエール 著　立花英裕 訳
藤原書店・二三一〇円
ISBN9784894348226

国際

被災した故郷への追憶と予感

ハイチについて、なにを知っているだろう？　最初に独立した黒人の共和国。北半球の最貧国。ブードゥー教とゾンビのふるさと。2010年1月12日の大震災。そんなところか。かくも遠いハイチ。

ハイチで生まれカナダに住む著者ラフェリエールは、大の日本びいきだ。芭蕉を師とあおぎ、『我輩は日本人作家である』という著書まである。芭蕉と震災がハイチと日本を引き寄せる。その不思議な磁場に身をゆだねよう。

圧政を逃れた亡命作家が、故郷に抱く思いは複雑だ。故郷を救う使命感と、故郷を捨てた罪悪感とがせめぎあう。しかし亡命33年目にして、彼は帰還する。父を故郷に連れて帰るため。アメリカに亡命し孤独に死んだ父。訪れた息子に、俺には子供も家族もいない、と怒鳴った父。彼の遺体も遺骨もない葬儀のために。

帰還の旅はゆっくりと進む。敬愛する詩人、エメ・セゼールの『帰郷ノート』が旅の友だ。詩と散文の組み合わせという記述法はセゼールの手法そのもの。事実は散文で、寓意（ぐうい）と主観は詩で表すやり方は、ノンフィクションの手法としてもすぐれている。世界の重層性と、書き手の心の揺れを、カメラの手ぶれのように触知できるのだ。

断片的なスケッチをつないでいく形式は、『ハイチ震災日記』でも踏襲されている。ここには単純な感傷も悲嘆もない。捨てたはずの故郷への旅で、亡命作家として未曾有（みぞう）の大地震に遭遇し、辛くも生き延びるということ。それは不幸なのか僥倖（ぎょうこう）なのか。

引き裂かれた故郷の大地に、作家が抱く追憶と予感。それは〝二重の帰郷〟を意味するだろう。ハイデガーが言うように、真の帰郷とは放浪のことであり、真の追憶とは予感のことなのだから。

そう、亡命者とは〝帰郷し続けるもの〟たちのことだ。ならば私も亡命者だ。いや、被災した故郷を思うすべての者たちが亡命者なのだ。

評・斎藤環（精神科医）

Dany Laferrière　53年生まれ。作家。

二〇一一年一一月二〇日③

『鷹匠の技とこころ　鷹狩文化と諏訪流放鷹術』

大塚紀子 著

白水社・二三一〇円
ISBN9784560081693

科学・生物

数千年も生き残った伝統猟法

凛々（りり）しい姿の鷹（たか）を拳に据えた凛々しい女性鷹匠（著者）。冒頭の写真に「一目ぼれ」して一気に読み終わった。

神話の時代から猛禽（もうきん）は強さや幸運の象徴だった。神武天皇の弓に金のトビがとまり、勝利をもたらしたという伝説もある。鷹狩は平安時代、貴族文化として定着し、戦国時代になると様々な流派が生まれ、無類の鷹狩好きな徳川家康によって大きく発展した。

江戸幕府崩壊後、鷹匠の大半が職を失った。明治政府は宮内省の管轄で、「古技保存の名目で鷹狩を含めた伝統猟法の保存に努めるようになった」という。

以前、鵜飼（うかい）いを見学したことがあるが、鵜匠（うしょう）は現在でも宮内庁が保存する「伝統猟法」の一つだ。現代になって、国内外から多くの観光客が訪れる都立浜離宮恩賜（おんし）庭園で、毎年新春に「放鷹実演」を披露しているとのこと。文化伝承における日本の努力に感心するばかりである。

中国ではかつて、チベットとモンゴルの間の地域で遊牧民族を中心とした鷹信仰があった。人が死ぬと荒れ地に「天葬」し、鷹に食べられることで天国に行けると固く信じられていた。

鷹は、日本では「神」だけでなく、四仏の化身であるとも考えられていたという。鷹の調教時、人間の血や、人間の捕るもののケガレやそのほかの不浄を避けるために、鷹匠は必ずいぶした鹿革の手袋をつけなければならない。目を合わせることも憚（おそ）れ、全体を眺めるように鷹のことを「よく見る」のだ。

一方の中国は、鷹匠がまばたきもせず、鷹と三日三晩ひたすらにらみ合ってギブアップさせることで、人間への服従を認めさせるという調教法が主であるらしい。

今、環境汚染や食糧難などで、鷹とその生きる世界が脅かされているという。世界各地で数千年も生き残った「鷹狩」文化、その復興を願いながら、この文を書き終えた。

評・楊逸（作家）

おおつか・のりこ　71年生まれ。大学卒論を契機に興味を持ち、認定試験で諏訪流鷹匠に合格。

二〇一一年一一月二〇日④

『ロールズ　政治哲学史講義Ⅰ・Ⅱ』

ジョン・ロールズ 著　齋藤純一ほか 訳

岩波書店・各三七八〇円
ISBN9784000258180〈Ⅰ〉・9784000258197〈Ⅱ〉

人文

率直、簡潔に「正義」を読み解く

本書はロールズによるハーバード大学での講義録であるが、現代の古典（カノン）として名高い『正義論』の読解に不可欠なテキストである。講義という形式のせいか、ロールズは率直かつ簡潔にリベラリズムとその政治哲学の思想と伝統について語っており、読んでいても小気味いいほどである。

それにしても政治哲学と聞けば、難解な思弁や高尚な理想がちりばめられた権威的な学問と思われがちだが、決してそんなことはない。ロールズが言う政治哲学は、立憲デモクラシーの制度や政策にふさわしい正義や公共善といった基本的な観念に関する市民的な背景文化の一つになっているからだ。この意味で政治哲学の権威は、あくまでもその時代ごとの市民の双肩にかかっているのである。

ロールズによれば、そうした政治哲学の伝統は社会契約論と功利主義から成り立っている。社会契約論の範例的な思想家としてホッブズ、ロック、ルソーが、また功利主義の代表者としてヒューム、ミルが、さらにそれらの批判者としてマルクスが扱われている。ロールズは、テキストに対する「解釈上の善意」を払いつつ、自らの「公正としての正義」を手がかりに、これらの巨人たちの正義の構想を読み解いていくのである。

　本書が並の政治哲学史の講義と違うのは、功利主義の代表的な範例としてヘンリー・シジウィックに言及するとともに、ホッブズと並んで近代の道徳心理学の定礎者とも言えるジョゼフ・バトラーにスペースを割いていることである。そこには、政治哲学は道徳心理学に基づいていなければならないという確固とした信念がうかがえる。この点で、ロールズ批判の代表的な哲学者であり、共通善の存在論を説くチャールズ・テイラーの『自我の源泉』と比べてみれば、興味深いに違いない。

　訳文はこなれて読みやすく、ロールズの政治哲学を知る上でも重要なテキストだ。

評・姜尚中（東京大学教授）

John Rawls　1921～2002年。元ハーバード大教授。

二〇一一年一一月二〇日⑤

『日本のものづくり　競争力基盤の変遷』

経済

港徹雄 著

日本経済新聞出版社・三六七五円
ISBN9784532134082

製造業、陰りの理由はどこに

　韓国産の自動車が品質面で日本産と同等か上回るような評価を欧米で受ける。日本の電機メーカーがなかなか利益を出せない。一昔前に世界を席巻した日本の製造業の競争力にはっきりと陰りが見える。本書は、その原因の一端を著者の長年の研究に基づいてまとめた好著である。

　著者によれば、1990年ごろまで日本の製造業の競争力を高めた一つの要因は、よく指摘されるように、親企業と下請けの協働である。両者の長期継続取引は企業間の密接な情報交換を通じ生産性向上に寄与した。この仕組みの重要性は、東日本大震災による一部部品の供給停止が、世界的に負の影響の連鎖を引き起こしたことからもわかる。また、生産現場の随所で発揮された熟練工の技能も重要であった。例えば、二次元の平面に書かれた設計図をもとに三次元の機械加工を行うには高度の熟練が必要であった。

　こうした優位を情報通信技術の革新が打ち消しつつある。熟練工による高精度の金型加工は、パソコン上の三次元での情報処理に取って代わられ、密接な関係を保った企業間での部品の調整（すり合わせ）作業も、コンピューター上のシミュレーションで代替できるようになってきた。

　さらにインターネットの普及もあり、情報通信技術による熟練の代替は世界中で可能になり、一部の製品、部品は品質に差がなくなった。著者によれば、競争は高度の知的インプットを体現したプロダクト・イノベーションに関するものに移ってきている。そこでは、研究開発を担当する研究者の質を左右する教育の問題と、彼らの流動性が重要である点が指摘される。

　彼らがプロジェクトごとに自由に移動して刺激を受ける中で革新が生まれるということだろう。著者も指摘するように、この点は日本企業、経済が情報通信技術の発達を競争力向上に結び付ける上で大きなハードルとなっている。

評・植田和男（東京大学教授）

みなと・てつお　45年生まれ。青山学院大学教授。共著に『中小企業論』。

二〇一一年一一月二〇日⑥

『私が愛した東京電力　福島第一原発の保守管理者として』

蓮池透 著

かもがわ出版・一五七五円

ISBN9784780304718

社会

原発の「自滅」を在職中に確信

東日本大震災の発生以降、「東京電力」の名を見聞きしない日は一日もない。新聞もテレビもこの会社を主語とするニュースを連日伝えてきた。にもかかわらず、東京電力とはどんな会社なのか、もう一つよくわからない。靴の下から足をかくかのような感じがある。それは、そこに働く人の肉声がほとんど聞こえてこないからだろう。

本書は、東電に32年間勤務した元社員による「東電体験記」。東電の内情を語る貴重な証言だ。

著者によると、福島第一原発に勤務していた際、独身寮の朝食メニューは毎日、同じだった。ご飯、おしんこ、生卵、納豆。これを変えようとすると反対された。値段が上がるから嫌だ、という人が多かったという。

水力、火力、送電、変電、配電などの部門と原子力部門との間には、人事交流がほとんどなかった。原子力部門で働く社員にはパイオニアのプライドがあり、「原子力なんて、(外国から)丸ごと買って来たもんじゃないか」とみる他部門の社員との間に意識のギャップがあった。

画一性と、セクショナリズムと。しかし、それは何も東電だけのことではない。多くの会社に大なり小なり、同じようなことがある。つまり、東電は「私たち」と異なる特別の存在なのではなく、「私たち」と地続きの存在、あるいは「私たち」自身なのかもしれない。

「このままいけば原発は自滅する」と著者は在職中から考えてきた。高レベル放射性廃棄物の最終処分場が設置できない以上、原発は「自滅」の道を歩むしかない、と。

ただ、本書を読む限り、在職中に著者が自分の考えを社内で語った形跡はない。語る環境がなかったのだろう。しかし、もし東電に「言論の自由」があれば、今日の事態は避けられたのではないか。日本の会社にそれを求めるのは、そもそも無理なのだろうか。

評・上丸洋一（本社編集委員）

はすいけ・とおる　55年生まれ。東京電力で原子燃料サイクル部部長など。09年に退社。

二〇一一年一一月二〇日⑦

『計画と無計画のあいだ　「自由が丘のほがらかな出版社」の話』

三島邦弘 著

河出書房新社・一五七五円

ISBN9784309020709／9784309413075（河出文庫）

経済

東京・自由が丘にある築50年の小さな民家。ここにミシマ社がある。取次店を通さず、直接、書店に卸し、手作りのPOPで売り出す。社員数人の小出版社ながら、オリジナリティーの高い話題の本を次々に出版している。

著者はミシマ社代表。二度の出版社勤務を経て、独立した。社内はすべて畳敷き。会議はちゃぶ台を囲んで行われる。正午から3時間は、パソコンオフタイム。月曜日の朝、みんなで掃除をし、席替えをする。時には宿を決めずに社員一同、合宿に出かける。著者は「野生感覚」を大切にし、「原点回帰」を目指す。

ミシマ社のモットーは「一冊の力を信じること」。読者対象はあえて想定しない。書き手と編集者の「熱」をこぼさずに、どうやって読者の手に届けるかを、徹底的に工夫する。とにかく本を作ることを楽しんでいる出版社だ。その姿勢が、柔軟なアイデアにつながっているのだろう。「原点」を大切にすることの重要さを教えてくれる一冊。

評・中島岳志（北海道大学准教授）

二〇一一年一一月二〇日⑧

『女子学生、渡辺京二に会いに行く』

渡辺京二、津田塾大学三砂ちづるゼミ 著
亜紀書房・一六八〇円
ISBN9784750511238/9784167902605（文春文庫） 人文

〈日本近代〉との格闘者、渡辺京二。おそろしい批評者がまだいるというのが評者の渡辺観であるが、津田塾大学のゼミ学生とのトークがまとめられた。アンバランスな組み合わせであるが、そこが狙い目でもあったのだろう。

女子大生たちが生真面目な問いを渡辺にぶつける。子育て、学校教育、発達障害、自己実現とやりがいある仕事などなど。渡辺は軽やかにいなしつつも自己体験を語り、モノの考え方の根本を披露していく。いまはやりの「自己実現」という言葉。渡辺流にいえば、人は生来、すでに存在として自己実現をしているのであって、今風の自己実現とは出世主義を言い換えたもの。そんなむなしい言葉にとらわれず、無名のままに自然体で生きなさいと諭す。なすべきは自身を「磨く」こと。

問答はすれ違いつつ、女子大生たちは何事かを受け取っていったのだろう。老境にある作家が、囲炉裏端で孫娘たちと談笑している光景のごとくもある。

評・後藤正治（ノンフィクション作家）

二〇一一年一一月二七日①

『河北新報のいちばん長い日　震災下の地元紙』

河北新報社 著
文芸春秋・一四〇〇円
ISBN9784163744704/9784167900595（文春文庫）
ノンフィクション・評伝

解のない自問自答　新聞の役割の原点

東日本大震災にさいして、東北の地元紙・河北新報がいかに対応し、何をどう伝えたか。そのドキュメントである。報道部、支局、写真部の第一線はもとより、印刷、販売、さらに裏方の「おにぎり班」まで、震災下の新聞社の日々が克明に伝えられている。

地元紙は被災者でもあった。本社ビルは持ちこたえたが、組み版が潰れ、新潟日報の助けを得て新聞は出された。海沿いにある支局は流失あるいは壊滅し、店主が亡くなった販売店が3店、全壊19店、配達員の死亡・行方不明者は宮城県内で24人にのぼっている。

テレビもネットも途絶えた避難所で、新聞はむさぼるように読まれた。店も自宅も流された宮城県女川町の販売店主は避難所に新聞を届け続けた。「待ってたよ」「ありがとう」。かつてない、読者からの言葉を耳にした。

倒壊家屋から9日ぶりに発見された祖母と孫の救出模様を伝えるスクープがあった。切実な生存者情報を報じ、被災者の生の声をつづる連載もあった。記者たちは奮闘し、被災地の足元を照らす役割を果たした。ただ、彼らの多くは別の肉声を残している。

ヘリに乗ったカメラマンは、石巻市の小学校屋上に「SOS」のサインを見つけ、手を振る人々を痛みを覚えつつ撮った。写真が載ればすぐに救助チームが派遣されるだろうと願ったが、実際に派遣されたのは1週間後と知る。自分の仕事は役に立ったのか……。

親を失った少年少女への取材にあたった記者。途中で何を聞いているのか自分でも分からなくなり、頭が真っ白になった。彼らにしてあげられることは何ひとつなかった。自分が情けない……。

宮城県知事の「死者は万単位に」発言は、各紙の大見出しになった。が、整理部記者は迷った末に「犠牲『万単位に』」とした。どうしても「死者」とは書けない。正しい判断であったのか……。

福島原発の取材にあたった女性記者。本社からの退去指示を受け、いったんは福島を離れた。けれども住民は放射能汚染地域にとどまっている。私はもう記者を名乗る資格などない、いますぐ戻らないと一生立ち直れない……。

未曽有の大震災。記者たちにとっても未曽有の取材行だった。記者たちを指揮した武田真一報道部長は、本書のラストをこう締めくくっている。「そもそも報道とは何なのか？」

と。〝正しい〟答えはないのだろう。けれども、新聞人たちが解のない自問自答にもがきつつ書き、撮り、送り届けたが故に新聞は力を持ったと思う。本書は、新聞の意味と役割の原点を伝えるものともなっている。

一連の報道で、河北新報は今年度の新聞協会賞を受賞している。

評・後藤正治（ノンフィクション作家）

かほくしんぽうしゃ　1897年創刊。宮城県を中心に東北6県を発行区域とする地域ブロック紙。「東北振興」が社是で、東日本大震災では「被災者に寄り添う」をモットーに、徹底した地元目線の報道を展開した。

『芸術の陰謀　消費社会と現代アート』

ジャン・ボードリヤール 著　塚原史 訳

NTT出版・二五二〇円
ISBN9784757142770　アート・ファッション・芸能

「ウォーホルで終わった」のか？

「消費社会と現代アート」という副題は1960年代のポップアートを語る上で最も的確なフレーズである。そんな大量生産時代の産物を主題にした極めつきのアーティストがアンディ・ウォーホルだ。

ボードリヤールは彼を論点の対象に挙げることで現代アートが如何（いか）に「無価値・無内容」であるかということを挑発的に掻（か）き乱しにかかるが、ウォーホルの出現と彼の死を同時代的に体感した実作家である者にとっては、ボードリヤールの言う「芸術の陰謀」がすでに多くの識者の言説とさほど差異のないことに感じる。かえってアメリカの芸術家のアートビジネスに対するフランス人特有のコンプレックスを感じるが、それとて日本人も例外ではない。

確かにウォーホルはアートを商品の玩具のように扱って従来の美的側面を無意味なものにし、個人の消滅を図り、誰もが機械仕掛けの人間になればいいと言い放つ。とはいうものの、その言葉の奥には何もなかったりするのだ。大衆を挑発し、攪乱（かくらん）させることで彼は表現の領域の外側に出て、戦略的に大衆社会のスーパースターとして君臨した。

著者はあくまでも人類学的な視点からウォーホルを観察し、「無価値・無内容」という疑惑に疑問を呈しながら、誰もが芸術の陰謀に加担しているという。それがどうしたと言いたい。

「ウォーホルとともに、芸術の危機が実質的に終わりを告げた」とボードリヤールは宣言し、その先には美的な幻想がはたして存在するのだろうかと、何も示唆しないで結ぶ。芸術が社会や世界と対峙（たいじ）するだけなら、それもあり得るかもしれないが、新しいものの価値の探究という近代的手段を超えた創造の地平に立つ時、実作者にとって幕は降ろされるべきではない。終わりは「始まり」の始まりだ。作品が「凡庸」であろうがなかろうが、未来は芸術家にとっては無制限の聖域である。

評・横尾忠則（美術家）

Jean Baudrillard　1929～2007年。フランスの思想家。

二〇一一年一一月二七日③

『それでもイギリス人は犬が好き　女王陛下からならず者まで』

飯田操 著
ミネルヴァ書房・二九四〇円
ISBN9784623061662　　科学・生物／国際

残虐な娯楽の反動で動物愛護

非常にユニークな「犬の本」だ。冒頭で、2003年の暮れ、エリザベス女王の愛犬がアン王女に飼われていたブルテリアに咬（か）まれて深手を負い、安楽死となった話が紹介される。以降、各単元の枕には犬への虐待行為や悲劇が語られ、犬好きで動物愛護の先進国とされたイギリスのイメージを根底から覆す。

実際、歴史を繙（ひもと）けば、イギリスは決して犬たちの楽園ではなかった。この国では17世紀ごろまで動物いじめを娯楽にする風俗があり、熊や牛に犬をけしかけて楽しむ「熊攻め」や「牛攻め」が行われていた。ブルドッグという品種が牛攻め用に改良されたというように。

また猟犬では、匂いでなく目視によって獲物を追いかける快速犬グレイハウンドやキツネ狩りに適したフォックスハウンドなども改良され、貴族は猟犬が獲物を攻める光景を馬上から見て楽しんだ。本来はこれを「スポーツ」と呼んだのだ。さらに闘犬やレース犬も改良され、民間賭博の花形となった。

しかし、この残虐な習慣が存在したからこそ18世紀以降に倫理的な批判が盛り上がったというべきだろう。本書の読みどころもそこにある。

獲物が激減し狩猟が衰退するなかで猟犬のペット化が図られ、賭博に用いる犬の飼育も民間で大流行するのだが、19世紀にはいっても受難は続く。狂犬病が流行するからだ。咬みつく犬への恐怖が急激にひろまり、貧困層による犬の放し飼いが指弾される。

本書は、「それでも」イギリス人が犬を愛した理由を探る。飲酒や賭博で身を持ち崩す労働者を立ち直らせる手本として「忠実な犬」を描く文学が生まれ、『フランダースの犬』など名作が書かれ、ついに動物愛護法が誕生するまでの矛盾に満ちた経緯は、社会史としても興味深い。ついでに犬と人間のダークな関係が現在なお生き延びていることをも告発している。

評・荒俣宏（作家）

いいだ・みさお　46年生まれ。広島大名誉教授。『パブとビールのイギリス』。

二〇一一年一一月二七日④

『「方言コスプレ」の時代　ニセ関西弁から龍馬語まで』

田中ゆかり 著
岩波書店・二九四〇円
ISBN9784000248709　　人文／ノンフィクション・評伝

方言は土地固有じゃおまへん

「ひったくり許しまへん」。11月20日付本紙（大阪本社版）の京都市内ニュース面に、こんな見出しが躍っていた。京都市のひったくり発生件数が全国ワースト2という記事だが、驚いたのは中身よりこの見出し。いやぁ、京都育ちのうちかてこんな古くさい言葉使わしまへんぇ。って、使うてるがな。

これが、今や全国区になった方言コスプレの一見本である。この京都方言は私のような中高年でもほとんど使わないが、他地方の人に「いかにも京都らしい」感じをわかりやすく伝える。日常的に京都方言を使用している私が、「いかにも」な方言でコスプレしているのだ。著者の表現によれば、「リアル方言由来の『土地』との結びつきをもつヴァーチャル方言」ということになる。

またこれは、自分でボケてツッコむ「お笑い」系の方言として周知される、ヴァーチャルな関西方言ということもできる。テレビ等のメディアによって、どこの方言ともいえない「関西弁」は全国的に通用するようになった。

　農民といえば東北弁、熱いオトコの九州弁、ヒョウ柄好きなおばちゃんの大阪弁、といった方言のステロタイプなイメージは、実態から離れて広まったヴァーチャルなものである。若者たちは、そうしたヴァーチャル方言をメールなどで使って楽しむ。こうした現象の起きるメカニズムを分析した本書は、従来の「方言といえば土地固有のことば」という観念をぶち壊す画期的な研究成果である。

　坂本龍馬がテレビドラマの中でいつから「土佐弁」になっていったかという考察は、緻密（ちみつ）な調査に支えられた本書の読みどころ。ヴァーチャル方言への意識が首都圏と地方であまり変わらないという指摘は、日本の平板化、画一化とも関わるだろう。「正しい日本語」やら「変な方言」を云々（うんぬん）する前に、ぜひ目を通していただきたい本である。

評・田中貴子（甲南大学教授）

たなか・ゆかり　64年生まれ。日本大学教授（方言・社会言語学）。

二〇一一年一月二七日⑤

『私自身であろうとする衝動　関東大震災から大戦前夜における芸術運動とコミュニティ』

倉数茂 著
以文社・二九四〇円
ISBN9784753102921
社会

「美的アナキズム」が問うもの

　旧来の共同体が崩壊し、個が浮遊する今日。社会の流動化によって、あらゆる領域の自明性が喪失している。そんな時代には、なぜ生きているのかわからないという事態が生じ、人は「根拠なくただ生きているだけ」という状況に陥る。「私という生」が裸のまま、世界にさらされるのだ。

　著者は言う。「この裸の『生』に意味と文脈を回復するために、あらためて生を思考すること、生から思考することが必要なのである」

　著者が注目するのは、関東大震災前後の日本。明治の社会的桎梏（しっこく）から解放され、自由で創造的な「私」の創出が期待された時代だ。有島武郎に代表される「生の解放」の潮流を、著者は「美的アナキズム」と捉える。美的アナキストは、本能、欲望、衝動を絶対的に肯定し、自己を縛る規範を拒否する。そして、自己の内部に生という能動的自然を見いだし、崇拝する。

「私という生」を超えるものは存在しない。いかなる超越も認めない。当然、そのような思想は国家の法権力と抵触する。現に「生の拡充の中に生の至上の美を見る」と言った大杉栄は、葬り去られた。

　しかし、美的アナキストは国家を超えた連帯を夢見る。自律した個人同士の絆こそが社会体を産出し、生を解放する。内面的な自己の解放と抑圧された人たちの政治的解放が、共に「生の拡張」「自己表現」として一致するのだ。

　ここにロマン主義的アソシエーショニズムが誕生する。宮沢賢治や柳宗悦は「ともに働き、ともに芸術活動に打ち込むことで、人々がひとつになれる」と考えた。この延長に、著者は保田與重郎の文学と超国家主義を定置する。

　秩序に保護されず、規範の底が抜けた「不安」を、「生の解放」で超克できるか。美的アナキストの系譜が、日本浪漫派へと流れ込むアイロニーをどう捉えるべきか。問いは時を経て、今の日本を突き刺している。

評・中島岳志（北海道大学准教授）

くらかず・しげる　69年生まれ。小説作品に『黒揚羽の夏』。

二〇一一年一一月二七日⑥

『横浜事件・再審裁判とは何だったのか　権力犯罪・虚構の解明に挑んだ24年』

大川隆司、佐藤博史、橋本進 著

高文研・一五七五円
ISBN9784874984680　社会／ノンフィクション・評伝

戦時下日本の警察・司法を裁く

「免訴」

広辞苑を引くと、「刑罰権の内容を実現する利益と必要がない場合、すなわち……犯罪後刑が廃止されたとき……に言い渡される手続打切りの裁判」とある。

戦時下、治安維持法違反を理由に、約90人（氏名未確認を含む）の言論・出版関係者らが神奈川県の特高警察によって検挙された。獄死者も出したこの大規模な思想・言論弾圧事件「横浜事件」は1986年から2010年までの24年間、4次にわたる再審裁判をへて「免訴」が言い渡された。

本書は、この再審裁判に携わった弁護士、ジャーナリストが、事件の構造と再審裁判の構造を分析的に描き出し、支援運動の経過をたどる。

なかでも第三章「横浜事件の再審裁判は何を求め、何を勝ち取ったのか」（佐藤博史執筆）は、複雑に展開した再審の過程において、主張の力点がどう変化し、その結果、どんな判決が得られたのかを明快に解いて圧巻だ。刑事裁判の進展をたどる乾いた叙述のなかに、「スリリング」な知的感興をおぼえた。

裁判所は最終的に「警察、検察及び裁判の各機関の故意・過失は総じて見ると重大であったと言わざるを得ない」と述べて、事件が権力による犯罪だったことを認めた。

言い換えると、かつての「思想犯たち」が、この再審裁判を通じて戦時下日本の警察・司法を裁き、「有罪」判決を勝ち取ったということになろう。著者たちが求めたのは「免訴」ではなく「無罪」だった。しかし、最後は判決を「実質無罪」と評価する。

横浜事件の始まりから、戦後早い時期に行われた元特高警察官に対する裁判までの記録を集成した『ドキュメント横浜事件』と、再審裁判の記録をまとめた『全記録　横浜事件・再審裁判』の二つの大著が合わせて刊行された。ペンの自由にかける執念が結実させた記念碑的出版である。

評・上丸洋一（本社編集委員）

おおかわ・たかし　弁護士。
さとう・ひろし　弁護士。
はしもと・すすむ　元中央公論編集次長。

二〇一一年一一月二七日⑦

『ラーメンと愛国』

速水健朗 著

講談社現代新書・七九八円
ISBN9784062800419　新書

確かに謎だったのだ。なぜ最近のラーメン屋店主は、藍染めのTシャツや作務衣（さむえ）を着てタオルを頭に巻くのか。なぜ相田みつを系の人生訓やら「ラーメンポエム」を壁に張り出すのか。

こうした疑問にピンと来た方は手に取るべし。巻措（お）くあたわざる知的興奮で満腹になることうけあいである。

もともとは中国発祥のラーメンが、なにゆえ国民食とまで呼ばれうる存在となったのか。著者はその背景に敗戦後に展開されたアメリカの小麦戦略と大量生産、大量消費の時代をみる。登場人物はチキンラーメンの発明者・安藤百福（ももふく）から列島改造の田中角栄まで多士済々。一杯のラーメンには戦後日本の消費文化史が凝縮されているのだ。

作務衣に象徴される「捏造（ねつぞう）された伝統」という物語に依拠するナショナリズム、それがラーメン道だ。著者の得意とするヤンキー文化への接続がなされないのは心残りだが、後味の爽やかな日本人論としても読める。

評・斎藤環（精神科医）

二〇一一年一二月四日❶

『本へのとびら　岩波少年文庫を語る』

宮崎駿 著
岩波新書・一〇五〇円
ISBN9784004313328

人文

児童文学伴侶に 創造に絶望せず

縁側の板間の廊下で肘（ひじ）をついて寝そべった姿勢で本を読み耽（ふけ）っているオカッパ頭の少年の側（そば）に寄り添う庭の白い犬。犬が猫に代われば僕の少年時代の自画像と言ってもちっとも不思議ではない宮崎駿さんの少年時代の自画像が、本書の口絵をカラーで飾っています。

そして次の見開き頁（ページ）には400点を超える岩波少年文庫の中から50冊を選ぶため候補本を床に並べて感慨深げに沈思黙考しておられる仕事着の宮崎さんの嬉（うれ）しそうな優しい顔に、児童文学への愛が語られているのが読み取れます。

巻頭カラー頁で宮崎さんが選ばれた50冊の岩波少年文庫の表紙や挿絵が紹介され、その一冊ずつに短文が添えられ、そのどれもが読んでみたくなるような気持ちをそそられるのです。それぞれのコメントは内容の紹介や解説ではなく、宮崎さんの人生観がさりげなくポロッと易しい語り口で語られています。こんな具合に。

「不思議な力を持っている本です。ムシャクシャして、イライラしている時、くたびれて、すっかりいやになっている時、この本を読むと、ホワーンと……（略）」

本文では挿絵や表紙の絵の魅力についてもたっぷり語ってくれます。児童文学になくてはならないのは挿絵でしょう。しかし現代は「一枚の絵を丹念に読みとる習慣を失っている」ことを宮崎さんは嘆きます。ぼくも同じ気持ちです。山田風太郎さんは挿絵の魅力にとりつかれて小説家になったと語ってくれました。それほどぼくたちの少年時代は挿絵の視覚言語の力は大きかったのです。

ぼくが羨（うらや）ましく思うのは宮崎さんが長い人生を常に児童文学を伴侶としてこられたことです。ぼくは少年時代、児童文学は一冊も読まないまま、70歳の古希を迎え、残りの時間のことを考えた時、今児童文学を読むしかないと思いました。本書に選ばれた本の中では、たった7冊しか読んでいません。今ぼくは〝幼い老人〟の入り口に立っています。そしてこれからが児童文学に触れる人生の佳境に入ったのだと思っています。

宮崎さんは児童文学は大人の小説と違って「やり直しがきく話」だと決め、自分は大人の小説には不向きの人間だと思い知らされたと言われます。ぼくにも言えることです。そして「世界のことが全部書いてある」たった一冊の本があればいいと提案されます。

最後に著者は、3・11のあとに世界規模の破局の予感を抱きながら、「現在の状況は終わりが始まった」ことを実感しますが、このペシミスティックな現状の中でも創造世界には絶望していないと応じます。芸術の未来に何が託せるか、ぼくも宮崎さんと共に深く考えてみたいと思います。

評・横尾忠則（美術家）

みやざき・はやお　41年生まれ。アニメーション映画監督。監督作品に「ルパン三世　カリオストロの城」「風の谷のナウシカ」「となりのトトロ」「紅の豚」「崖の上のポニョ」など。著書に『折り返し点』など。

二〇一一年一二月四日❷

『裸のフクシマ　原発30km圏内で暮らす』

たくきよしみつ 著

講談社・一六八〇円
ISBN9784062173193

社会

平明さが伝える静かな怒り

以前からこの著者には密（ひそ）かに着目していた。PCは買ったままの設定で使うな。文章は、おせっかいなワープロソフトでなく、シンプルなエディターで書こう。mp3ファイルの音は悪くない。デジカメに1000万画素も不要。私たちが、言われるままにとっぷり漬かっているテクノロジーのあり方を、果敢かつ慧眼（けいがん）をもって批評する姿勢に好感が持てた。なので本書を見つけた時、なぜ、と思った。

実は、著者は福島出身。県内の川内村に土地を得て、定住しはじめたところだった。そこに地震が来た。彼の家は原発から25キロ地点。ネットも電話も不通になった。じわじわと不安が深まる。福島中央テレビが衝撃的な映像を流した。1号機が爆発。しかしその意味を教えてくれるものは誰一人いない。避難を決意。必要最低限のものを車に積んで出発した。

翌日、川崎に残してあった仕事場に到着。ネットなどを総動員して情報収集を始めた。驚くべき状況が次々と明らかになっていく。3月26日、彼はガソリン、支援物資、線量計を持って川内村を目指した。途中から線量計の警告音が鳴りっぱなしになった。

政府や自治体の機能不全ぶりを鋭く批判すると同時に、福島の人々はどうしているのか、何を考えているのかを克明に記していく。仮設住宅に移ることを拒否し、金のかからない集団避難所を出ようとしない人たち、三食昼寝つきに加えて温泉まで入り放題の避難生活を享受する人々、あるいはパチンコ店の盛況ぶりをも赤裸々に記述する。一方で、この山里に住み着き、ここに留（とど）まることを選んだ人々の、再生への小さな一歩を活写する。著者の知人の農家は、自治体の統制に逆らって、今年も作付けに向けて田んぼに水を入れた。技術評論で培った冷静さと平明さ、そして静かな怒りに裏打ちされた正義感とでも呼びうる公平さが本書の持ち味である。

評・福岡伸一（青山学院大学教授）

たくき・よしみつ　55年生まれ。小説、デジタル文化論など執筆。『日本のルールは間違いだらけ』ほか。

二〇一一年一二月四日❹

『医者は現場でどう考えるか』

ジェローム・グループマン 著　美沢惠子 訳

石風社・二九四〇円
ISBN9784883442003

医学・福祉

診断の誤りはなぜ起こるのか

何を食べても吐き出してしまう症状に苦しむ30代の女性、アン・ドッジ。30人近い医師の診療を受けながら、深刻な栄養失調状態の進行が止まらない。難治性の「摂食障害」と見なされてきた彼女を救ったのは、先入観抜きで彼女の「物語」に耳を傾けた医師ファルチャクだった。入念な問診と診察の結果、彼女はセリアック病（グルテンのアレルギー）であることが判明し、15年に及ぶ苦しみに終止符が打たれたのだ。

本書は単なる「医療ミス」の告発本ではない。すぐれた専門医にすら診断を誤らせる認知バイアスについての分析である。たとえば「感情」。医師の感情はしばしば誤診のもとになるが、感情を消してしまうと患者のケアができなくなる。このジレンマの解消に単純な答えはない。

認知バイアスにはさまざまな名前がある。同じ疾患を続けて診た医師が、新患にもその診断を下しやすくなる傾向は「有用性バイアス」。予想した結果に一致しないデータは無視する傾向は「確証バイアス」。珍しい診断を避けたがる傾向は「シマウマ回避」。何もしないよりは何らかの処置をしたがる傾向は「遂行志向バイアス」。医師として耳が痛い言葉が続く。

著者が警鐘を鳴らすのは、効率優先の医療のフローチャート化、チェックリスト化、電子カルテ化である。医療品メーカーや製薬会社の介入も問題だ。科学的根拠のない「男性更年期」や効果の不確かな「脊椎（せきつい）固定術」が推奨されるのはこの種の経済的動機付けによるからだ。

病より人を見よ、とは医学生なら誰もが教わる格言だ。著者はこれに付け加える。確信よりもわからなさを、単純さよりも複雑さを、データベースよりも人間関係を、そして治療（ケア）とともに思いやり（ケア）を。

医学生や若い医師向けと帯にはあるがとんでもない。専門家を自任する、すべての人に読まれるべき本である。

評・斎藤環（精神科医）

Jerome Groopman　52年生まれ。ハーバード大医学部教授。

『Cooking for Geeks』
ジェフ・ポッター著　水原文訳
オライリー・ジャパン・三五七〇円
ISBN9784873115092

『味わいの認知科学』
日下部裕子、和田有史編
勁草書房・三三六〇円
ISBN9784326199440

科学・生物

科学実験のように料理する

料理マンガでありがちなのが、才能と情熱の天才料理人（主人公）が、理論とコンピューターを駆使した科学者料理人と対決する話だ。もちろん「冷たい科学じゃ人の心は動かせないぜ！」と主人公が勝つのがお約束。

が、料理の相当部分は物理化学反応だし、科学的な知見は当然役にたつ。直感と試行錯誤は重要だが、科学知識はそれに方向性を与え、失敗を大幅に減らしてくれるから、解説書も多い。

その中でポッター『Cooking for Geeks』は、ボリュームも詳しさも、群をぬいている。ギーク（おたく）向けだけあって、各種調理器具の改造方法や異様な殺菌方法なども充実。有機食品の是非や、地球に優しい料理など、周縁的な話題もカバーしている。そして各種レシピは、むしろ各種の物性変化や化学反応理論の実証実験としての位置づけだ。

料理初心者にはおすすめしない。カラー写真もなく、科学実験手引書みたいな本書のレシピは、一見おいしそうに思えない。まずはお手軽クッキング本から入ろう。でも料理の本当の醍醐味（だいごみ）は、既存レシピに自分なりの工夫を加えることだ。そのとき、各種変数を明確にした本書の解説は実に有用だ。

理屈っぽさでさらに上をいくのが『味わいの認知科学』だ。味の脳内認知機構にまで踏み込んだ論文集で、もはや完全な学問の世界。料理に活用という域をはるかに超える内容だが、思いっきり踏み込みたい人はぜひ。

一般的な料理に慣れた人は、こうした本の解析的アプローチに違和感を覚えるだろう。その人の嗜好（しこう）もある。だが、直感で行動→理論的に分解→再構築というプロセスは、あらゆる学習に必須のプロセスだ。これらの本はそれを確実に支援してくれる。そして作ってみると、冷たい科学の料理もすてたものじゃありませんぜ。お試しあれ。

評・山形浩生（評論家）

二〇一一年一二月四日⑥

『万里の長城は月から見えるの？』

武田雅哉 著
講談社・一七八五円
ISBN9784062168632
ノンフィクション・評伝

中国への幻想が生んだ「神話」

西暦2050年4月1日、「中国月面日報」に次のような記事が掲載された。

「1969年、米国宇宙船アポロ11号の乗組員が月面に降り立って以来、わが国をはじめとするアジア諸国は月探査を含む宇宙開発計画に本格的に乗り出した。これは科学だけではなく、文化的にも重要な意味を持つ事業だったといえる。わが国の歴史遺産である万里の長城が『月から見える』という説が実証される可能性があったからだ。

　2003年、わが国で最初の有人宇宙飛行を成し遂げた楊利偉（ようりい）中佐は、インタビューに対して宇宙から万里の長城が見えなかったと答えた。『宇宙（あるいは月）から見える建造物は、オランダの堤防と万里の長城である』という話は当時の小学校国語教科書にも記載されていたため、この発言をきっかけとして活発な議論が交わされるに至った。

　しかし、記者は最近、日本で40年ほど前に出た興味深い本を見つけた。この文献は、万里の長城が宇宙（月）から見えることの真偽を問いただすものではない。著者武田雅哉は、この説がすでに18世紀ヨーロッパの資料に見られる事実を指摘したうえで、ヨーロッパ人がわが国をどのようなイメージでとらえていたかを追求している。月や火星に対する関心の高まりが、彼らにとって異世界であったわが国への幻想と重なり合い、このような『神話』を生み出したというのだ。

　20世紀初頭、この説はわが国にもたらされ、抗日戦時には愛国心の象徴ともなった。長城が月から見えないことは計算上明らかにされてはいるが、『月から見える』ことを信じたいと願う人々は現在でも少なくないという。

　そこで今般、わが国は万里の長城に特殊な電飾を施し、月から長城を眺めるプロジェクトを立ち上げた。月面の各界からは観光振興と経済効果の面で大きな期待が寄せられている」

評・田中貴子（甲南大学教授）

たけだ・まさや　58年生まれ。北海道大学教授（中国文化、文学、芸術）。

二〇一一年一二月四日⑦

『あつあつを召し上がれ』

小川糸 著
新潮社・一三六五円
ISBN9784103311911／9784101383415（新潮文庫）
人文

孤食や欠食が話題になる世の中だ。誰とも言葉を交わさず、目はテレビ画面に向けたまま、そそくさとコンビニ弁当で腹を満たす風景は珍しくない。でもどんな人にも、おいしかった食べものの記憶はあるはず。この本には、いつか一人になることがあるとしてもずっと心に残り続けるような、誰かと共に過ごした食卓の思い出が描かれている。

　手の込んだ料理である必要はない。みそ汁やかき氷にも、その人なりの思い入れがある。亡くなった肉親が、こよなく愛していた料理もある。会えなくなってからも甦（よみがえ）る、特別な味の記憶。新しく家族になる人と思い出の味を共有するために、小さな店に晩餐（ばんさん）の席を設ける若者がいる。別れの儀式のような旅行で、豪華な食卓を囲むカップルもいる。丁寧な調理の過程が、故人を偲（しの）びつつ語られることもある。本に収められたさまざまな食の光景が、人生の曲がり角と重なっていて面白い。読むほどに、食欲と感動が湧いてくる短編集だ。

評・松永美穂（早稲田大学教授）

二〇一一年一二月四日❽

『司法記者』

由良秀之 著

講談社・一六八〇円

ISBN9784062170130／9784062777940（講談社文庫）

ノンフィクション・評伝

元検事の著者は、昨年来の地検特捜部の不祥事に触発されて、本書を書く決心をしたと推察できる。というのは、特捜部の捜査の実態を、ここまで赤裸々に書いた本は、ほとんどないからである。

ある司法記者のマンションで、競合紙の女性記者の死体が発見され、捜査が始まる。それと並行して、10カ月ほど前に起きた建設汚職事件に取り組む特捜検事たちの動きが描かれる。

若手検事の織田俊哉は、憧れて入った特捜部の捜査、取り調べの暴虐ぶりに愕然（がくぜん）とする。そのやり方は、あらかじめでき上がった筋書きにそって無理やり事件を構築し、容疑者に自白を強要するひどいものだった……。織田は、その方針に従うことができず、結局、捜査からはずされる。

小説としても、ミステリーとしても弱点はあるが、特捜部の知られざる内実や、検事と司法記者との隠微な関係を暴露して、さすがに説得力がある。検察には耳の痛い、一気読みの力作だ。

評・逢坂剛（作家）

二〇一一年一二月一一日❷

『すべて真夜中の恋人たち』

川上未映子 著

講談社・一六八〇円

ISBN9784062172868／9784062779401（講談社文庫）

文芸

平凡な世界で「特別」を感じる

恋愛小説である。いや、恋愛未満小説かもしれない。地味な主人公と地味な相手。事件らしい事件は起こらない。だが、その平凡さの中に特別な何かを感じる。

〈わたしはひどく落ちこみ、何かをやってしまったことによる後悔よりも、しなかった後悔のほうが応えるというよく耳にする話はほんとうじゃないんじゃないかと、そんなことをぼんやり思ったりした〉。ここには、「わたし」だけが他人と違う、という感覚が描かれている。

〈今まで数えきれないくらいこうやってコーヒーや紅茶を飲んできたのに、いただきますと言ったのはそれがはじめてだった〉。ここには、「今回」だけがいつもと違う、という感覚が描かれている。

或（あ）る出来事において、「わたし」が他のどの人とも違っていて、「今回」が他のどの回とも違うのは、本来は当然のことだ。だが、我々はそんな風に思うことが難しい世界に生きている。

テレビや雑誌の中には、貴方（あなた）は貴方なんだから胸を張っていいんだよ、というメッセージが溢（あふ）れている。だが、何故（なぜ）かそう繰り返されるほどに私は苛立（いらだ）って不安になる。

主人公である34歳の「わたし」に恋愛やセックスの経験が殆（ほとん）どないことは変でも惨めでもない、と心から思うにはどうすればいいのか。「今回」に限って人を好きになってしまったことは変でも恥ずかしくもない、と心から思うにはどうすればいいのか。

本書の魅力は、この点に関する稀（まれ）にみるほどの本気さにある。静かな物語の一行一行に、「わたし」だけの、「今回」だけの、希望と絶望を肯定する声が充（み）ちている。誕生日の真夜中にたった一人で街を歩くこと。片思いの相手を呼び止めて「光をみるのがすきで」と意味不明な言葉を口走ってしまうこと。その全てが掛け替えのない「わたし」の「今回」であることを胸の底から告げようとしている。

評・穂村弘（歌人）

かわかみ・みえこ 76年生まれ。作家。『乳と卵』で芥川賞。『ヘヴン』で紫式部文学賞。

二〇一一年一二月一一日③　社会

『アラブ革命はなぜ起きたか　デモグラフィーとデモクラシー』

エマニュエル・トッド 著　石崎晴己 訳
藤原書店・二一〇〇円
ISBN9784894348202

普遍へ文明が接近する過渡期

大学に入学したての頃、文化人類学者、米山俊直の講義を聴いて目を見開かされた。人間のあり方は環境からの制約と、その中で発生した文化的な仕組みによって規定されている。受験勉強で乾ききった心に、世界の新しい見方は湧水（ゆうすい）のようにしみわたった。それは今にして思えば梅棹忠夫に代表される京都学派の流れをくんだものだった。

ソ連崩壊、米国衰退を予言していたとして世評に名高いトッドの著作をその大部さゆえに読むことができないでいた。彼のインタビューで構成されたこのハンディな本は、私を含め門外漢の読者にとって格好の入門書である。

彼の基礎は普遍主義にある。人間は自由と平等を希求する。しかし様々な文化的な桎梏（しっこく）がある。まずは家族制度。すべてが父から長男に引き継がれる権威主義的な直系家族にあっては、自由と平等の意識が育まれない。その中で人を変えてゆくのはデモグラフィック（人口動態的）な要因、すなわち識字率の上昇や出生率の低下である。情報の共有と自己の意識化。

これはかつて西欧で、旧ソ連で起きたことであり、今、アラブ世界で進行していることでもある。彼は、イスラム原理主義によるテロも、チュニジア、エジプト、リビアで生じたアラブ革命も、普遍への過渡期の一形態であるとみる。彼らはまもなく近代化し、穏健化していくと。

文明は衝突するのではなく接近している。これは紛れもなく、かつて米山が語ってくれたレビストロースやアイブルアイベスフェルトに連なる知の系譜である。文明の変遷を、経済や宗教の対立として見るのではなく、文化人類学的な生命史として見る。

文明の生態史観とも呼びうるそれは、唯物史観に対する鮮やかなアンチテーゼなのだ。久しぶりに大学初年度の好奇心を思い出した。訳者による親切な付記と解説も大いに参考となる。

評・福岡伸一（青山学院大学教授）

Emmanuel Todd　51年生まれ。歴史人口学者、家族人類学者。著書多数。

二〇一一年一二月一一日④　ノンフィクション・評伝

『ドキュメント　アメリカ先住民　あらたな歴史をきざむ民』

鎌田遵 著
大月書店・二九四〇円
ISBN9784272330676

居留地に育つ新しい希望の芽

アメリカ中西部を旅していた日のこと。砂漠地帯を走るフリーウエーの側（そば）に、突如「カジノ」の看板とギンギラ模様の建物が現れた。なんでこんなところに……と思ったものだ。本書を読んで謎が解けた。フリーウエーの原籍をたどれば、この道は先住民たちが往来した交易路であり、カジノは、居留地へと囲い込まれた民に与えられた〝地域振興策〟であったのだと。

先住民の歴史はアフリカから連れて来られた黒人たちに比べてもなお苛酷（かこく）である。黒人たちは奴隷として売られたが、〝絶滅〟にさらされることはなかったから。新大陸開拓史のヒーローは先住民にとっては虐殺者であり、奴隷解放の父・リンカーンも先住民には冷徹な大統領だった。

著者はカリフォルニア大学バークリー校などで先住民を専攻した若き研究者。全米にちらばる居留地を訪ね、時にベビーシッターをつとめ、脅され、進学相談に乗りと、生身の彼らと交流しつつ本書をまとめた。目線は柔らかくて複眼的であるが、積年のフィールドワークがもたらしたものでもあるのだろう。

カジノの隆盛によって豊かになった居留地もあるが、アブク銭は人々の自立心を奪う。貧困、差別、アルコール依存、麻薬……居留地が抱える社会問題は依然深刻である。一方で、新しい希望の芽も育っている。

バークリー校の講師、キンバリー・トールベアーは、かつて連邦軍に刃向かって殺されたダコタ族の勇士リトル・クロウから数えて6世代目の子孫。居留地の環境問題に取り組んできた。7代目になる娘カルメンは伝統的な部族文化を伝える踊り子でもある。

居留地から若い研究者、弁護士、実業家たちが育っている。先祖ではなく、わたし自身を見てほしい——キンバリーの言葉である。過酷なる、もうひとつのアメリカ史が塗り替えられていく息吹が伝わってくる。

評・後藤正治（ノンフィクション作家）

かまた・じゅん　72年生まれ。亜細亜大学専任講師。アメリカ先住民研究、都市計画学が専門。

二〇一一年一二月一一日⑤

『バフェットとグレアムとぼく　インドの13歳少年が書いた投資入門』

アリヤマン・ダルミア 著　前田俊一 訳

阪急コミュニケーションズ・一四七〇円

ISBN9784484111131

経済

13歳少年が説く　投資のイロハ

あるヘッジファンドの親玉（インド人）が、片言の日本語で「日本人は金融の知識も経験もユダヤ人に全然かなわない。多分、中国人にもインド人にも。真っ向から勝負しないで、彼らと仲良くしておこぼれちょうだいを狙うことね」と言った。私は考え込んでしまったが、そうした主張を裏付けるような興味深い書物である。

この投資入門書の最大の特徴は執筆者が13歳の少年だということだ。誰かの代筆だろうと思いたくなるが、彼は本書に基づきビジネススクールで講演などもしているというからやはり自筆らしい。もちろん、父とおじを有名な投資家に持つ財閥に生まれ、幼い頃から投資の話を見聞きし、勉強もしてまとめあげたのが本書である。特に先ごろ来日したバフェットとその先生のグレアムの投資哲学によるところが大きい。

内容はおおむね標準的だが、そうでない部分もある。投資する前に自分を知らなくてはいけないと言う。周りの動きに流されやすいかどうか、自分の気質、強み、弱みを意識しつつ動かないといけない。株式市場と債券市場の方向感が矛盾していたら多くの場合、債券市場が正しい。そちらはより論理的に価格が形成されるから。市場と長年付き合いがある多くの人の実感だろうが、13歳の少年の言葉としては驚きである。

他書と大きく違うのは分散投資を排し、集中投資を勧めている点である。投資に真剣味が出るし、効率もいいという。これはまさに著者の先生たちの哲学なのだろう。思うに、投資で財をなした人は、どこかで集中投資をして成功した人だ。それでないと大きくはもうけられない。だが成功する人はごくわずか。集中投資は結局ばくちに近い。

いずれにせよ、13歳の少年がこれだけの知識を持ち、さらに周りがそれを出版させてしまうあたりが世界の金融文化の一側面である。

評・植田和男（東京大学教授）

Aryaman Dalmia　97年生まれ。インド在住の中学生。

二〇一一年一二月一一日⑥

『原発事故20年 チェルノブイリの現在』

ピエルパオロ・ミッティカ 著 児島修 訳

柏書房・三二五〇円
ISBN9784760140473

アート・ファッション・芸能／ノンフィクション・評伝

不可視の実在 写しとるカメラ

１９８６年に起きたチェルノブイリ原発事故に関する本は、これまでもいくつか読んできた。しかし、今回、この写真集を手にとって、従来とは全く異なる感懐を抱いた。もちろん、それは福島で原発事故が起きたあとに読んだからにちがいない。

――東京電力福島第一原発周辺もこうなるのだろうか。

ページを繰るごとに、そんな不安に駆り立てられる。

著者は40歳のイタリア人写真家。特別の通行許可証を持って、立ち入り禁止の汚染区域を歩き、シャッターを切り続けた。

人形や子どもたちの写真が置き去りにされた学校、幼稚園、荒れ果てた無人の遊園地、無人の農村、そして「石棺」に覆われた原子炉……。

なるほど、放射線は目に見えない。しかし、そうした空間にそれは確かに実在する。その「不可視の実在」をカメラが確かに写しとる。

退避区域に指定されている地域に老人たちが暮らす。

その一人が言う。

「村にいれば、土地を耕し、動物を育てられます。すべてが放射能によって汚染されていることはわかっています。しかし、飢え死にするよりもましなのです」

白血病の9歳の少女が、かつて撮った自分の写真を示して語る。

「私には美しい髪がありました。よく、何時間もかけて髪を編み、とかしたものです。いつの日かまた、それができることを願っています」

かつて「(原発は)人間の作ったものの中で一番安全性の高いものである」と豪語した学者が日本にいた(78年5月4日付朝日新聞大阪本社版「論壇」欄)。

福島県だけで15万人以上が避難生活を送るまさに今「原発事故では一人も死んでいない(だからたいしたことはない)」と公言する人もいる。

ゲンパツと人間は共存できるのか。原発への賛否をこえて一読をすすめたい一冊だ。

評・上丸洋一(本社編集委員)

Pierpaolo Mittica 71年生まれ。イタリア人カメラマン、歯科医。

二〇一一年一二月一一日⑧

『日本代表・李忠成(りただなり)、北朝鮮代表・鄭大世(チョンテセ) それでも、この道を選んだ』

古田清悟、姜成明 著

光文社・一四七〇円
ISBN9784334976668

ノンフィクション・評伝

9月2日、埼玉スタジアムで行われたサッカー日本代表×北朝鮮代表戦。そのピッチには、ともに日本の朝鮮学校を出た2人のストライカーが立っていた。しかし、着ているユニホームは別だった。日本代表の李忠成と北朝鮮代表の鄭大世。2人はなぜ異なった選択をしたのか？

李は当初、U19韓国代表候補に選出されたが、サッカースタイルの違いと周りの不穏な空気に戸惑う。そんな時、父のアドバイスを受け、帰化への道を歩み出した。一方、鄭の母は民族教育に熱心な朝鮮学校の音楽教師だった。父は韓国籍。しかし母の熱意に感化され、鄭は北朝鮮のパスポートを取得する。

今や2人は両国のエースストライカー。著者は、両者を通じて国や民族、アイデンティティーの問題に迫ろうとするが、問いはピッチの上で空転する。なぜなら、そこにはゴールを狙う若きサッカー選手の姿しかなかったからだ。

人間の宿命と覚悟を問う渾身(こんしん)の一冊。

評・中島岳志(北海道大学准教授)

二〇一一年一二月一八日❶

『「僕のお父さんは東電の社員です」 小中学生たちの白熱議論! 3・11と働くことの意味』

毎日小学生新聞 編 森達也 著
現代書館・一四七〇円
ISBN9784768456712
人文

根源を掘り起こす小学生の問いかけ

「突然ですが、僕のお父さんは東電の社員です。」

そんな書き出しの手紙が、毎日小学生新聞の編集部に届いた。送り主は小学6年生のゆうだい君。彼は、元毎日新聞論説委員の北村龍行が書いた「東電は人々のことを考えているか」という文章に反論し、「読んでみて、無責任だ、と思いました」と綴(つづ)った。

ゆうだい君は言う。原発を造ったのは、確かに東電である。しかし、そのきっかけをつくったのは「みんな」ではないのか。この「みんな」には、自分も、あなたも含まれる。だから、東電だけのせいにするのは、無責任なのではないか。原発は「夜遅くまでスーパーを開けたり、ゲームをしたり」している「みんな」の欲望の産物なのではないか。

この問いに多くの小中学生が反応し、白熱した議論が繰り広げられた。本書は、その記録に森達也の返答を付した一冊である。

子供たちの反応は様々だ。ゆうだい君に同調する者もいれば、「東電が悪い」「政府が悪い」と返す者もいる。しかし、議論は次第に自己との対峙(たいじ)へと旋回していく。電気に依存している自己の生活は何なのか? その生活を支える私たちの欲望とは何か?

その問いの先に、子供たちは「私たちにできること」を探しはじめる。節電、募金、話し合い、ヒマワリを植える、マスクをする、ニュースを見る、勉強する……。答えは出ない。

しかし、子供たちは議論を通じて、一つ一つ認識を深めていく。東電バッシングのその先に、具体的な東電社員と家族が存在すること。そして、原発が稼働する根底に、自分たちの欲望が存在すること。一通の手紙が他者への想像力を開き、自己と向き合うことを促す。人間は言葉の動物だ。言葉が世界を動かし、人を動かす。

森達也は、ゆうだい君の言葉を受けて、子供たちに言う。「本当にごめんなさい」と。

森は、自分が原発問題について何も発言してこなかった過去と向き合い、一人の大人として謝る。そして、失敗を繰り返さないために理由や原因を徹底的に考え、声を上げる重要性を説く。しかし、社会は同調圧力に覆われ、なかなか声を上げづらい。企業の中では、時に社益が優先され、社員個人の意見や倫理が圧迫される。

では、私たちは一体、何のために働いているのか?

ゆうだい君の言葉は、次々に反響を繰り返し、根源的な問いを掘り起こす。その連鎖は、読者を本源的な思考へといざなう。

自己の立っている場所を疑い、問いを発する。そんな大切なことを思い起こさせてくれたゆうだい君に言いたい。「ありがとう」。

評・中島岳志(北海道大学准教授)

もり・たつや 56年生まれ。映画監督、作家。映像作品に「A」「A2」、著書に『放送禁止歌』『死刑』など。『A3』で講談社ノンフィクション賞受賞。

二〇一一年一二月一八日❷

『歳月なんてものは』

久世光彦 著
幻戯書房・二六二五円
ISBN9784901998826
文芸

名優たちとの思い出、心の風景

名プロデューサー・演出家・作家として活躍した著者の、新聞や雑誌に掲載されたエッセーがまとめられた一冊。前半には、仕事で出会った名優たちとの思い出が綴（つづ）られている。冒頭のエッセーの、「ドラマの主役は、いつだって〈歳月〉である」という言葉に、いきなり胸をつかれた。ドラマの主役は人気俳優ではなく、「歳月」。昭和の佇（たたず）まいや人情をドラマのなかで再現しようとし続けた人にふさわしい見解である。

俳優たちの個性が、あっと意表を突く洒脱（しゃだつ）なキーワードでまとめられている。例えば、「柄本明は〈歳月〉だった」。そこだけ取り出すと、「え？」と思うけれど、「センセイの鞄（かばん）」というテレビドラマにおける、七十代の「センセイ」を演じた彼の演技を指して言われた決定的な一言なのだ。ほかにも、岸恵子の〈矜持（きょうじ）〉、藤村志保の〈勁（つよ）さ〉など、インパクトのある人間観察が続く。演じる人々へのリスペクトと愛に溢（あふ）れていると同時に、作品の創（つく）り手として、俳優たちの成長や変化の瞬間を、見事にとらえている。

後半には、幼いころの記憶や、実家で読んだ本の思い出が綴られている。五歳の時にはすでに「半七捕物帳」や吉屋信子の「花物語」を読み、マレーネ・ディートリッヒ主演の「間諜（かんちょう）X27」を近所の映画館で観たというから、何とも早熟な子どもだ。昭和十年生まれの幼年期が、意外と軍国主義に毒されない、文化的なものだったことに驚く。母や姉との幸福なひとときが、二・二六事件や疎開や空襲に対置されている。

歳月の流れ方は均等でない。ここに記された思い出を見てもそれはわかる。五十代・六十代になって書かれたこれらのエッセーは、さりげなく心の風景を切り取っているように見えるが、歳月を経て熟成したワインのように、じんわりと心を酔わせてくれる。

評・松永美穂（早稲田大学教授）

くぜ・てるひこ　1930～2006年。演出家、作家。TV番組に「時間ですよ」など。

二〇一一年一二月一八日❸

『ジェントルマン』

山田詠美 著
講談社・一四七〇円
ISBN9784062173865／9784062778756（講談社文庫）
文芸

様々な性と愛の形　凄絶な結末

抜群の容姿、優しくて立ち居振る舞いも優雅、その上勉強が出来、スポーツも堪能。自分の居場所を一番でなく、常に二番に据えておく加減の良いセンス。――そんなジェントルマンの高校生、もはや天性というほかない。

男子女子問わずクラスメートみなの憧れの対象になっていた漱太郎を、冷ややかな目で眺める、夢生という男子同級生もいた。しかし、ある嵐の日の出来事によって事態は一変してしまう。漱太郎の人知れぬ真の姿を目撃し、それに強く魅（ひ）かれ犯罪に加担した夢生。二人の運命は繫（つな）がった。

以来、社会に出た後も、出世し、妻子を持つようになって世間一般基準の幸せを手に入れた漱太郎を、陰で、夢生が「奴隷」のようになって愛し続ける。

「人が家族を愛するようには愛している」が、「おれが愛するようには、愛していない」という漱太郎が家族への感情を表現したその言葉から、夢生は根拠のない優越感を得、日々かれの過去の悪事の断片を反芻（はんすう）しながら、自分との「繋がり」を確かめる。女性よりも繊細で切ない「愛情」をもって、ひたすら尽くすのである。

そんな二人の二十年間を様々な形の断片に切り、一人称と三人称を交互させながら、またそれらをパッチワークの如く、縫い目がわからないように丁寧に繋げていく。そこに個々の生によって生じた様々な性と愛の形——中に変質的なものや犯罪的なものもあったりする——が織り込まれている。

やがて漱太郎が「おれが愛するように」愛している相手が明らかに——。悲劇的な結末を迎えることとともに、凄絶（せいぜつ）なる山田詠美アートもついに完成する。

息継ぎさせないほど緊張感の高い小説だが、かといって、行間に流れている空気はどこまでも穏やかである。

これこそが読者を引きつけて離さない魔力なのだろう。

評・楊逸（作家）

やまだ・えいみ　59年生まれ。『A2Z』で読売文学賞、『風味絶佳』で谷崎潤一郎賞。

二〇一一年一二月一八日④

『遺体　震災、津波の果てに』

石井光太 著

新潮社・一五七五円
ISBN9784103054535／9784101325347（新潮文庫）

ノンフィクション・評伝

死認める覚悟なくして復興なし

あの大震災から9カ月たった。政府は「復興庁」を計画し、被災地でも復興への努力が重ねられている。だが、津波に襲われた海岸部では、今でも行方不明者の遺体捜索が行われているのが現状だ。

災害現場に重くのしかかってくるのは、通常では考えられないほど大量の遺体の処遇という問題である。遺体の身元確認、死者の尊厳をおかさない安置の方法、そして葬り方まで、想像を絶する事態が待ち受けていた。著者は災害発生直後に岩手県釜石市に入り、その現場をつぶさに追った。本書は、あまり触れられることのなかった災害と遺体の現実を語ったルポルタージュである。

人の死は、遺体という物言わぬ証拠を突きつけられることによりにわかに現実味を増す。それがたとえ他人の死であるとしても、悲しみとやりきれなさにとらわれるのは人の常だろう。しかし、時間とともに着実に変化してゆく数多くの遺体の前でたたずんでいる余裕はない。早く、一刻も早く葬ってあげねば。市職員や消防団員、医療関係者の不休の活動が、臨場感あふれる文章で読者に迫ってくる。

だが、遺体に慣れている人などめったにいない。著者は、遺体に接するのをためらう感情にも筆を及ぼす。限りなく続く作業に対する徒労感にも言及する。きれいごとだけではすまない部分が描かれることで、生者が遺体に学ぶべきことがいかに多いかを、私たちはいやおうなく考えさせられるのである。

安置所をめぐって読経する僧侶の姿は、遺族の心を和らげる。大量の棺を用意し火葬の手配に奔走する葬儀社社員の努力は、まさに縁の下の力持ちだ。弔いという行為が多くの人に支えられて成り立っていることを改めて実感させられる挿話も多い。

多くの人の死をきちんと認める覚悟なくして復興はない、と著者は言う。3・11はまだ終わってはいないのだ。

評・田中貴子（甲南大学教授）

いしい・こうた　77年生まれ。ノンフィクション作家。著書に『絶対貧困』など。

『結核と日本人　医療政策を検証する』

常石敬一 著

岩波書店・二八三五円
ISBN9784000053259　医学・福祉

制圧計画の成否を鋭く問う

人気タレントが結核に感染して休養したニュースはまだ記憶に新しい。結核の集団感染も時折報じられる。実は、日本は先進国の中では際だって患者の多い結核の「中蔓延（まんえん）国」なのだ。

結核は決して過去の病気ではない。その対策とて、同様だ。結核制圧計画は成功だったのか。著者はそう問い、検証を進めていく。

1951年、日本の結核は大きな転機を迎えた。新結核予防法がスタート、34年以来の死因のトップを脳疾患に譲り、その後、死者は激減していく。新予防法の効果とも見えるが、果たしてそうか。

格好の比較対象がある。51年、米軍の下で全く異なる結核対策が始まった、復帰前の沖縄だ。BCG接種を進めた本土に対して、患者の早期発見と在宅中心の投薬治療が行われた。自然感染かどうかの見分けを難しくするとして、米国ではBCGは推奨されていなかった。

沖縄での死亡率はその後、全国平均を下回った。新予防法の効果に疑問を投げかける結果だ。

新予防法には、厳しい批判者がいた。その急先鋒（きゅうせんぽう）が後に日本医師会長になる武見太郎氏だ。「結核撲滅策の撲滅」と題した論文を発表し、統計などの基礎資料や現状を踏まえないままでは場当たり的政策になるなどとしたが、いれられることはなかった。

64年には世界保健機関（WHO）が、X線検診はやめ、症状が出た人のたんの検査で診断すること、また、入院ではなく、外来での治療を推奨する勧告を出した。しかし、小中学生のX線検診が原則として中止されたのは92年だ。発病したら即入院して治療という対応は、先進国では日本だけの常識だという。

疾病対策は、きちんとした根拠に基づくべきであることはいうまでもない。これからの医療政策のために、まずは歴史の教訓に学ぶ。貴重な問題提起だ。

評・辻篤子（本社論説委員）

つねいし・けいいち　43年生まれ。神奈川大学教授（科学史・科学思想）。

『一般意志2・0　ルソー、フロイト、グーグル』

東浩紀 著

講談社・一八九〇円
ISBN9784062173988／9784062932721（講談社文庫）　人文

政治の未来図を描き出す想像力

東浩紀、待望の新刊である。単著としては実に二年ぶり、思想を語る本としては四年ぶりだ。

本書の主張は実にシンプルだ。要するに未来の民主主義はツイッターやニコニコ生放送（いずれもインターネット上のサービス）のようになり、政府はグーグルのような存在になる、と。それは一つの「夢」として語られる。

キーワードは「一般意志」。フランスの思想家ジャンジャック・ルソーの創出した奇妙な概念だ。ナショナリズムやファシズムにも親和性が高いこの概念は、世論のような「全体意志」とは決定的に異なる。それは人間ではなくモノの秩序に従い、コミュニケーションではなく数学の秩序に属する。

決して分かりやすいとは言えないこの概念を、東はアクロバティックな剛腕をふるってこう言い換える。「一般意志とはデータベースのことだ」と。

かつては抽象的な概念に過ぎなかった「一

般意志」は、コンピュータ・ネットワーク上で「一般意志2・0」として抽出可能になった。それは人々の発言や行動履歴の記録であり、東の表現を借りるなら人々の「集合的無意識」なのである。

この政治形態のもとで、政治家の役割は可視化された大衆の無意識的欲望の流れとリアルタイムで向き合いながら、流れに乗ったり時には介入したりという「調整役」になるだろう。

政治的コミュニケーションや熟議の価値を否定するかのような論調には異論もあろう。私も本書におけるフロイトと無意識の扱いについては山ほど言いたいことがある。

しかし私は、本書をひとまず「SF」として読んでみることを提案したい。この異様なアイデアから、いかなる未来図が描きうるか。そうした想像力のもとで「政治」について考えてみることは、決して無意味ではないはずだ。

評・斎藤環（精神科医）

あずま・ひろき　71年生まれ。哲学者、作家。「思想地図β」編集長。『郵便的不安たち』など。

二〇一一年一二月一八日⑦

『幸せな未来は「ゲーム」が創る』

ジェイン・マクゴニガル 著　藤本徹、藤井清美 訳

早川書房・二九四〇円
ISBN9784152092298　IT・コンピューター

ゲームは、現実逃避だとしてよく非難される。でも、善行や努力の報いが明確でない現実にくらべ、ゲーム界での善行はすぐに結果が見える。つまらない作業や勉強や共同作業もゲーム仕立てなら楽しくなる。だからゲームを敵視せず、現実改善に役立てよう、と本書は主張する。

事例は豊富だが、有益なゲームもあるというだけなら旧聞。本書の妙味は、目的性や努力の結果が不明確だから「現実は壊れている」(原題)として、それが明確なゲームこそ正しい姿とした、ゲーム中心主義とも言うべき世界観にある。従来の、「ゲームだって役にたつからいじめないで」的な卑屈さから一転、ダメな現実をゲームで直してやるという剛毅（ごうき）さは天晴（あっぱ）れ。

むろんまだすべてゲームですむほど現実は甘くない。が、予想外の現実がゲーム化できているのも事実。すると本書は単なる開き直りの大風呂敷なのか、はたまた来る現実総ゲーム化時代の予言か？　それは読者の判断次第。

評・山形浩生（評論家）

二〇一一年一二月一八日⑧

『見仏記　ぶらり旅篇』

いとうせいこう、みうらじゅん 著

角川書店・一五七五円
ISBN9784041100332　アート・ファッション・芸能

日本国内はもちろんアジア各地にまで足を伸ばして仏像を鑑賞して回っては、いとうせいこうが文章を、みうらじゅんがイラストを描く「見仏記」の第一弾が出てから二十年、昨今の仏像ブームの火付け役である本シリーズの最新刊である。今回は「ぶらり旅篇（へん）」、各地の寺院を足の向くまま巡っては仏像を見まくる趣向である。弥次喜多道中的旅の楽しさが全編に溢（あふ）れているのはいうまでもないが、見仏記コンビが鑑賞するのはもはや仏像とは限らない。眼（め）の前に現れる森羅万象が観賞の対象となる。それが猫だろうが饅頭（まんじゅう）だろうが即座に見仏記は開始される。つまり著者らの見仏は仏像のない所でも行われ、「仏でないものなど、この世にあろうか」とついに記されるに至る。すごい境地だ。なにか尊い。しかも笑える。というか尊いものは実は笑えるのだと得心できる。高い境地に遊ぶ著者らの愉悦と幸福感がジャズのライブのように伝わる。実際の仏像鑑賞の手引としても好適だ。

評・奥泉光（作家・近畿大学教授）

平成二十四年

2012

二〇一二年一月八日❶

『カール・ポランニー　市場社会・民主主義・人間の自由』

若森みどり 著　NTT出版・四二〇〇円　人文

ISBN9784757122857

産業文明の人間化へ心血を注いだ先駆者

市場経済の行き詰まりと、それを打開すべき民主的政府の無能、原子力など人間の制御能力を超えた巨大技術システムの限界と、経済決定論によって歪（ゆが）められた自由の危機、さらに格差や貧困の蔓延（まんえん）など。いまや「市場ユートピア」のバラ色の未来は色あせ、まるでダンテの描く地獄の扉に刻まれた「一切の望みを捨てよ」という言葉がリアリティーをもちつつあるかのようだ。

こうした経済的自由主義と市場経済システムが人間に強いる耐えがたい苦痛と社会の荒廃に対して敢然と反旗を翻し、「社会の自己防衛」というテーマを制度的改革に託した先駆的な社会科学者がいた。カール・ポランニーである。本書は、ポランニーの社会哲学の核心を基礎に、経済史、経済学、経済人類学、さらに経済社会学にまたがるポランニーの多面的な研究と活動に焦点を当て、その全体像を明らかにしようとする画期的な研究である。

青年時代のブダペストから亡命先のウィーン、大戦期のロンドン、さらに晩年の北アメリカ時代と続く「極端な時代」を生き抜いたポランニーは、その波乱に富んだ時代の中で変わることなくどんなテーマを追い続け、どんな思想や理論と格闘したのか。著者はこの問いに、経済学史・思想史の方法を駆使し答えようとする。ポランニーは、マルクスやウェーバー、オーストリア経済学やルソー、アリストテレスなど、膨大かつ多岐にわたる先人の知的遺産との格闘を通じて、経済を人間的共同体の目的に従属させ、産業文明の人間化をはかるために心血を注ぎ、志半ばで病に斃（たお）れたのである。

本書で特に注目すべきは、主著『大転換』以後の、社会における経済の位置やその変化というテーマの到達点と言うべき『初期帝国における交易と市場』や遺稿集『人間の経済』に光を当て、ポランニーが一貫して、ミーゼス、ロビンズ、ハイエクら経済自由主義者が描く「市場ユートピア」とは異なる経済と社会のあるべき姿を求め続けたことを明らかにした点だ。

この背景には第1次世界大戦に従軍したポランニーの痛切な体験があったに違いない。ポランニーは、市場経済は人間の文化的価値と衝突し、経済危機に陥れば、平和と民主主義を邪魔者扱いにし、ファシズムのような全体主義的な傾向を増長させてしまうと確信していた。グローバル化した市場経済の危機をみるにつけ、ポランニーの憂慮はますます現実味を帯びつつある。この意味でマルクス主義に代わる新自由主義への対抗軸としてポランニーの知的遺産に焦点を当てた本書の意義は高く評価できる。「ポランニー・ルネサンス」を予感させる力作だ。

評・姜尚中（東京大学教授）

わかもり・みどり　首都大学東京准教授（社会・経済思想、経済思想史）。共著に『労働』『経済思想8 20世紀の経済学の諸潮流』など。

二〇一二年一月八日❷

『フェア・ゲーム　アメリカ国家に裏切られた元CIA女性スパイの告白』

ヴァレリー・プレイム・ウィルソン 著

高山祥子 訳

ブックマン社・一八〇〇円

ISBN9784893087614

ノンフィクション・評伝

イラク戦巡る米国の暗部暴く

私がこの事件に最初に興味を持ったのは、数年前、新聞で見たヴァレリー・プレイムの姿だった。金髪をスカーフで覆い、女優のようなサングラスをしていた。小さな写真だったが硬質の存在感を放っていた。ほんとうに美人スパイがいるのだ。そう思った。

本書は、彼女自身によるプレイム事件の記録。彼女は米中央情報局（CIA）諜報（ちょうほう）員。時は9・11直後。イラクが隠し持つ大量破壊兵器の証拠をつかもうとしていた。それは好戦的なブッシュ政権が最も求める戦争の大義だった。彼女は仕事の内容を、家族にも友人にも一切話すことができない。

彼女の夫、ジョセフ・ウィルソンは米国の元駐ガボン大使。政府からの依頼で、現地を調査し、イラクがニジェールからウランを極秘に買い付けている噂（うわさ）を否定する報告をした。しかし2003年3月、ブッシュはイラクへ侵攻。怒ったジョセフはニューヨーク・タイムズに投稿を決意した。「アフリカで私が見つけなかったもの」。開戦の正当性を揺るがしかねないこの動きに政権は過敏、かつ陰湿に反応した。政治コラムニスト、ロバート・ノバクを使い、妻がCIA局員であることを実名暴露した。ジョセフの中立性を失墜させるため。

美人スパイはたちまちメディアの餌食となり、正義のために行った行為が逆に夫婦を翻弄（ほんろう）し危機を招く。プレイムは幼い双子の母でもある。一方、政権側も無傷ではいられなかった。CIA機密の漏洩（ろうえい）は犯罪である。捜査が始まり、大統領近くにまで迫る。

当初、私が疑問だったのはリーク記事の筆者、ノバクが逃げおおせたことだったが、一読それも氷解した。各ページ、CIA検閲のため、生々しい墨塗りがある。本書を元にした同名の映画もよい（ナオミ・ワッツとショーン・ペンが本物そっくり）。題名は、〝恰好（かっこう）の餌食〟の意。米国の暗部を照射した好著。

評・福岡伸一（青山学院大学教授）

Valerie Plame Wilson　63年生まれ。既にCIAは退職。

『吸血鬼と精神分析』

笠井潔 著

光文社・二六二五円
ISBN9784334927837／9784334769352（光文社文庫〈上〉）・9784334769369〈下〉

文芸

戦後思想を問う本格ミステリ

バスティーユにある要塞（ようさい）のようなアパルトマンで、ルーマニアからの亡命者が惨殺される。床に残された〝DRAC〟の血文字。本格ミステリにふさわしい導入部からは予想もつかない、思想と論理の迷宮が幕を開ける。

本作は「矢吹駆（かける）シリーズ」の最新刊だ。70年代のパリを舞台に、ヒロイン・ナディアが事件に巻き込まれ、矢吹の〝本質直感〟が推理する。本シリーズで作者は、ミステリの形式で戦後思想を批判的に問うという複雑なミッションを着実に深化させている。精神分析を扱った本作は連載の初期から注目していたが、十年越しの試みは、みごとな果実をもたらした。

ただし補助線は必要だろう。本作で俎上（そじょう）に載せられるのは、思想としてのラカン派精神分析だ。シリーズ第四作『哲学者の密室』に実存主義哲学者ハルバッハ（＝ハイデガー）が登場したように、本作で〝暗躍〟するのはジャック・シャブロル（＝ジャック・ラカン）である。冷徹なまでの洞察力と典雅な趣味を併せ持ちながら、必ずしも高潔でも道徳的でもなかった分析家ラカン。本作で彼はレクター博士を思わせる魅力的な鬼畜キャラクターとして蘇（よみがえ）った。

もともと精神分析は、ミステリとは相性が悪い。90年代を席巻したサイコサスペンスは、ミステリ界にトラウマのインフレーションをもたらしたが、その図式性には鼻白む思いがした。ミステリに必要なのは心理ではなく論理なのだという私の確信を、本作は見事に裏付けてくれている。

本作におけるもう一つの挑戦は、いわゆる「多重人格」をもたらす「解離」のメカニズムに、精神分析の側から迫ることだ。解離と殺人をめぐる思考は、震災後の日本において（低線量被曝〈ひばく〉などの影響で）確率化された「死」という問題に重ねられる。その意味で本作には、ミステリと精神分析の新たな可能性すら示唆されている。

評・斎藤環（精神科医）

かさい・きよし　48年生まれ。作家、評論家。『オイディプス症候群』『例外社会』など。

二〇一二年一月八日⑤

『部屋』

エマ・ドナヒュー 著　土屋京子 訳

講談社・二六二五円
ISBN9784062170093／9784062777391（講談社文庫〈上〉）・9784062777407（〈下〉）

文芸

監禁された母子の日々　やがて

どうなるのだろう。もし、見知らぬ男に何年も監禁されたとしたら。男に妊娠させられ、監禁されている部屋で出産するとしたら。誰にも相談できないまま、その赤ん坊を育てるとしたら。男は部屋に鍵をかけ、最低限の食料だけは運んでくる。台所とトイレはあり、電気と水は使える。映りの悪いテレビもあることはある。外界からは完全に遮断され、天窓から見えるのは空だけ。彼女はどんな母親になり、赤ん坊はどんな子どもになるのだろう。

ドナヒューの小説は、こんな緊迫感のある設定から出発している。閉鎖された空間で子育てをする女性と、5歳になったばかりの息子の生活が、息子の視点から語られている。外界をまったく知らず、自分たち以外の人間はテレビでしか見たことがない子どもの語る日常が、意外な喜びや発見に溢（あふ）れている。監禁されているという事情を知らず、母親を独占して過ごす彼の日々は、単調でこそあれ、けっして不幸ではないのだ。母親は彼に読み書きや算数や体育を教え、「世界」のことを知らせようとする。脱出の計画を少しずつ打ち明け始めたときから、彼らの生活は変わっていく……。

チリの炭鉱に作業員が閉じ込められた事件は記憶に新しいが、この小説に描かれる状況はそれとはまったく違う。悪意をもって閉じ込められた部屋で、自分たちの存在を知らせる術（すべ）を持たずに生き続ける母子の、奇跡の物語である。後半、ストーリーが一気に動き出す展開からは目が離せない。

すべてがスリリングなこの作品のなかで、もっとも工夫されているのが子どもの語りだろう。もしこれが母親目線の語りだったら、印象は全く異なるものになっていたと思う。5歳相応の間違いだらけの英語文を翻訳するのは技術的にも大変そうだが、その苦労がみごとに実った、ユニークなテクストだ。

評・松永美穂（早稲田大学教授）

Emma Donoghue　69年生まれ。アイルランド出身、カナダ在住の作家。

二〇一二年一月八日⑥

『さよなら！　僕らのソニー』

立石泰則 著

文春新書・八七二円
ISBN9784166608324

ノンフィクション・評伝

琴線に触れるモノ作りは片隅へ

本書を読了して、仕事場に置いてある電気製品のメーカー名を見直してみると、ラジオ、ステレオコンポ、ICレコーダーなどがソニー製であった。ラジオは随分と古いが、これ以前も含め、ソニー以外使ったことはないと思う。著者と同様、評者も「技術のソニー」の信仰者であったことを知る。

本書は、近年、ソニーの技術部門の力量が低下し、グローバル企業へと巨大化するなかでの空洞化を、経営トップの志向をたどるなかで追跡している。

敗戦から間もなく、井深大と盛田昭夫の技術者コンビが東京通信工業を立ち上げた。零細ではあったが、「モノ作り」の志は高かった。テープレコーダー、トランジスタラジオを皮切りに、ウォークマン、CDプレーヤーなどオリジナル製品を次々に開発、「世界のソニー」へと歩を進めていく。

創業者世代が退き、トップは出井伸之へ、さらにストリンガーへとバトンタッチされる。映画へ、音楽へ、さらには銀行・損保・証券へと進出してグループは肥大していくが、中枢のエレクトロニクス分野でのヒット商品があまり生まれない。テレビ部門はずっと赤字が続き、優秀な技術者たちの流出も止まらない。

創業の精神を失いつつある経営方式に著者の目線は厳しい。もうかる領域に特化したネットワーク的な展開がグローバル経営の内実だと指摘する。それなしに巨大グループを維持することができない。この路線の上では「ときめき」や「琴線に触れる」モノ作りは片隅へと追いやられていくのは必然だ。

さらに連想は走る。オジサン世代の実感としていえば、テレビの大型、薄型、細密画像化が進んでいるが、もはやそのことに夢を感じることはできなくなっている。ソニーの変容は、モノへの夢が消えつつある現代におけるメーカーの困難さも伝えている。

評・後藤正治（ノンフィクション作家）

たていし・やすのり　50年生まれ。ノンフィクション作家。『ソニーと松下』『ふたつの西武』など。

二〇一二年一月八日⑦　文芸

『金色の獣、彼方（かなた）に向かう』

恒川光太郎 著

双葉社・一四七〇円
ISBN9784575237467／9784575517309（双葉文庫）

本書の著者は、昨今では珍しいほど、作風に特徴のある作家、といってよい。日本ホラー小説大賞の受賞者、というキャリアから想像されるほど、おどろおどろしくはない。かといって、ファンタジーと呼ぶには、手応えのありすぎる作風である。

収録4作品のうち、冒頭の「異神千夜」だけが、中世を舞台にした怪異譚（たん）で、あとは現代を背景にしている。「異神千夜」は、蒙古（もうこ）襲来に材をとった歴史もので、大陸生まれの美人巫術師（ふじゅつし）と、日本人の若者の愛憎を描く。「風天孔参り」「森の神、夢に還（かえ）る」と表題作は、いずれも異界への入り口にまつわる、恐怖と憧憬（しょうけい）をテーマにしている。

書かれた時期も違い、それぞれ独立した作品になっているが、〈鼬（いたち）〉や〈樹海〉といった共通の記号が出てくるので、連作とみなしてもいいだろう。

血なまぐさい話も出てくるが、著者の筆致は抑制がきいていて、いやみがない。独特のムードを持つ作品集だ。

評・逢坂剛（作家）

二〇一二年一月八日⑧　人文

『LOVE THE LIGHT, LOVE THE LIFE 時空を超える光を創る』

石井幹子 著

東京新聞・一七八五円
ISBN9784808309497

東京タワーもどこか、新しい年への期待をまとって輝いているように見える年明けである。この年末年始、全国のあちこちで、ライトアップの光にさまざまな思いが託されたのではないか。

こうした景観照明のパイオニアである著者が、これまでの歩みを振り返りながら、光への思いを語っている。

北欧デザインの本で紹介されていた女性デザイナーの下で照明を学ぼうと、20代で単身、シベリア鉄道などを乗り継いでフィンランドに渡ったのが始まりだった。

欧州の都市のような美しい景観をと、日本でライトアップを手がけ始めたのは1970年代末だ。二条城を皮切りに、レインボーブリッジから白川郷、倉敷の街並みまで、日本の夜景を変え、活躍の場を世界に広げてきた。光を通して、私たちの都市を、そして暮らしを見直すきっかけを与えてくれる。

まっすぐな思いを貫き、今なお続く、世界への果敢な挑戦の記録でもある。

評・辻篤子（本社論説委員）

『通天閣 新・日本資本主義発達史』

酒井隆史 著

青土社・三七八〇円
ISBN9784791766284

社会

古い大阪の魂 低い目線の凄み

昨今「塔」の話題を独占するのはスカイツリーだが、どっこい「通天閣」を忘れてもらっちゃ困るとばかりに分厚い本が出た。電波を発するわけでもない中途半端な高さの塔だが、大阪のディープサウスをほぼ百年見守り続けた存在感には、ある意味で東京タワーも太刀打ちできない凄（すご）みがある。

本書は通天閣そのものを語らない。その下で展開した近代化を語る「叙事詩」に徹する。超然とした遠望ではなく、庶民や地元侠客（きょうかく）に低い目線を据えるのだ。

堺方面へ南下する街道筋にあったこの地域は、都市整備を行うにも侠客の力に頼るほかないスラムだったが、一気に再開発をもくろみ、日本初の「万博」と呼ぶべき第五回内国勧業博覧会が開催される。一帯の整備と「人間の浄化」を担当した親分衆の逸話、たとえば賭博と相場で稼いだ私財を投じて「授産所」を開いた小林佐兵衛らの大阪魂が興味ぶかい。

博覧会跡地は天王寺公園と、「新世界」なる新娯楽場に生まれ変わり、通天閣を配したルナパークが造られる。ところが新文化地区をめざした街は飛田遊郭の設置を経て場末の歓楽街となり、粗末な長屋がひしめく場所となる。

だが、ディープサウスの魂を代表するかのような将棋界の異端児が登場する。権威に対抗し「名人」を名乗った阪田三吉は、ここで草鞋（わらじ）づくりをしながら暮らし、一説に日雇いで新世界建設にも駆り出されていたという。

奇策「端歩づき」をもって東京の一流棋士に挑戦した阪田の将棋ド阿呆（あほう）ぶりを戯曲「王将」にまとめ上げたのは北條秀司だ。舞台や映画では、彼が暮らす長屋から必ず通天閣が見え、村田英雄のヒット曲にもその名が登場する。が、阪田の苦闘時代に、通天閣はこの世に存在していなかった。

なぜ阪田には通天閣なのか。本書は謎に切り込み、秘話を披露する。敗戦直後の大阪で、阪田役の辰巳柳太郎が舞台に登場すると、大喝采がわき上がった。役者へのものでなく、それは火災と戦時供出で消えた初代通天閣が舞台で蘇（よみがえ）ったことへの感動だったと、北條は明かした。阪田を生んだ新世界界隈（かいわい）の前近代性を、近代都市化していく大阪全体にアンチテーゼとしてぶつけたのだ。

阪田と通天閣は、大阪人にとって狭いディープサウスの象徴だった。初代の塔も二代目も超越的な「大阪全体のシンボル」だったのでなく、無限に拡張する都市化の中で埋没した「古い大阪」のわずかな化石なのだ。

「この町には秘密の主がいて、それは怪しい投機家や博徒や人道主義の極道者や私娼（ししょう）たちだ」と著者は述べる。本書を読んで改めて進行中の橋下市長による大阪改革のディープな側面が理解できた。

評・荒俣宏（作家）

さかい・たかし 65年生まれ。大阪府立大准教授（社会思想史、社会学）。著書に『自由論』『暴力の哲学』。共訳書にS・ジジェク『否定的なもののもとへの滞留』、ネグリ＋ハート『帝国』、M・デイビス『スラムの惑星』など。

二〇一二年一月一五日❷

『贈与の歴史学　儀礼と経済のあいだ』

桜井英治 著
中公新書・八四〇円
ISBN9784121021397

歴史／経済／社会／新書

合理的でドライだった中世人

お歳暮の手配が終わったら年賀状を書き、出していない人から賀状が来たら慌てて返す。たとえそれが、すぐに顔を合わせる人であってもだ。もらったからにはお返ししなければならない、という意識は、現代でも脈々と生き続けている。

こうした贈答儀礼を虚礼だ、建前ばかりで情が薄い、などと批判する人が本書を読んだなら驚くことだろう。主従関係が血より濃く、絆で深く結ばれた共同体が形成された時代、というイメージが広く流通している中世像だが、こと経済活動に関していえば、その姿はあっけなくくつがえされるからだ。中世人は贈答において、現代人以上に合理的かつドライな計算をしていたのである。

中世では、贈答品は「もらって嬉(うれ)しいもの」ではない。物は貨幣のように循環するのが当然なのだ。1551年の正月、本願寺の証如(しょうにょ)は、細川氏綱から曲物(まげもの)に入れた詰め合わせ10合を贈られた。だがよく見ると、そのうち5合は、10日ほど前に証如自身が三好長慶(ながよし)に贈ったものだったのだ。自分の贈り物が回りまわって帰ってきたというわけ。これを「失礼千万」と息巻くのは現代人の考えで、証如は大笑いしただけである。こんな例はいくつもあり、そこだけ読んでも実におもしろい。

また、贈り物の目録を先に持参し、後で精算する方法もさかんに行われた。いわばツケにするのだが、当然滞納する輩(やから)も現れる。皇族も例外ではない。伏見宮貞成(さだふさ)は、なんと今なら1100万円に相当する滞納をしていたという。払うために借金をしたが、それは恥ではなく、相応の贈答ができないほうが恥だった時代なのである。

著者は『室町人の精神』(講談社学術文庫)で知られた中世経済史の俊英。その緻密(ちみつ)な論理性と先行研究への目配りは本書でも生かされている。中世イメージが変わること請け合いの一冊である。

評・田中貴子(甲南大学教授)

さくらい・えいじ　61年生まれ。東京大准教授(日本中世史)。『日本中世の経済構造』など。

二〇一二年一月一五日❸

『比較のエートス　冷戦の終焉(しゅうえん)以後のマックス・ウェーバー』

野口雅弘 著
法政大学出版局・三〇四五円
ISBN9784588603228

経済／社会／国際

専門の砦から「現実」の戦場へ

M・ウェーバーの遺(のこ)した仕事が、規模の点でも濃度の点でも、読む者を圧倒する凄(すご)みを備えていることは、その理論構築に対し否定的な見解を抱く者を含め、認めぬわけにいかぬだろう。日本では一九三〇年代に大塚久雄らが本格的に取り組みはじめ、戦後ウェーバー研究はドイツをしのぐ活況と水準をみせた。が、考えてみるまでもなく、社会科学の対象は「現実」の社会であり、ウェーバーの著作自体ではない。アカデミズムが専門性の砦(とりで)に引きこもることに一定の意味はあり、またウェーバーを読み解くだけでも一大事業であるとはいえ、日本の「ウェーバー学」がどこか自閉するきらいがあった事実は否めないだろう。

本書は、一人のウェーバー研究者が、専門の砦から敵地を窺(うかが)いつつ、「現実」の戦場で使える武器を再点検したものだといってよい。「合理性」「脱魔術化」「官僚制」「カリスマ」といったウェーバー社会学の主要概念がここでは、グローバルな市場経済の成立や排他的な原理主義の台頭に特徴づけられる、冷戦終焉後の世界を分析すべき武器としてとりあげられ、整備される。

とりわけ著者が強調するのが、タイトルにもある「比較」である。ウェーバーの「比較」とは、ある文化が他との比較によって自己の優位を確認するのでもなく、超越的な場所から世界を多元的に眺めるのでもない。「自らの文化的なバックグラウンドを賭けて他者と接触し、そのことによって、これまでの自らのあり方が激しく揺さぶられるような経験」であると筆者は述べ、そうした「比較」の精神を根底に据えてはじめて、右の武器が本当に力を発揮しうるのだとする。比較的短い論文を集めた本書では、各論が十分に深まっているとはいいがたいが、一部分を切り取って自説の補強に便利に使う式のウェーバー利用から離れて、知の成熟を希求する筆者の姿勢は頼もしい。

評・奥泉光（作家・近畿大学教授）

のぐち・まさひろ　69年生まれ。立命館大准教授。『官僚制批判の論理と心理』など。

二〇一一年一月一五日❹

『怒れ！ 憤れ！』　社会

ステファン・エセル 著　村井章子 訳

日経BP社・八四〇円
ISBN9784822248765

不正義に個人として立ち向かえ

著者はレジスタンス運動の活動家であり、ナチスに抵抗し続けた自由フランス軍の兵士だった男で、現在は94歳である。強制収容所に送られて処刑される寸前に脱走し、後に外交官となって、国連の世界人権宣言起草に参加した。その彼が若き日を振り返り、不正義が横行する世界を憂（うれ）いながら、「怒りを持って行動せよ」と若者に訴える。

欧米でベストセラーとなった原書は、わずか32ページのパンフレットのような本だった。貧富の格差、移民と人権の問題など、語られる内容は決して目新しいものではないのだが、強固でありながら柔らかい意思を持ち合わせるエセルの、芯の通った生き様を垣間見ることはできる。特にパレスチナ問題にページが割かれており、ユダヤ人の彼がイスラエルのやり方に理路整然と異を唱えるさまは一定の説得力と共に読者の胸を打つ。

日本語版の表紙カバーで、エセルはサルトルのこんな発言を引いている。「君には、神に対してではなく、党に対してでもなく、個人としての責任がある。君は君の道を見つけて、それに従わなければならない」。権力や神に頼るのではなく、一個人としての責任で行動しなければならないという彼の意思は、以下の一節にも表れている。「よい人間であること、あるいはよいことをすることなど、どうでもよかった。意味のある人生、責任のある人生を送ることが重要だったのだ」

本書の冒頭に、パウル・クレーの〈新しい天使〉が提示されている。絵の所有者で亡命中に亡くなったドイツの思想家ベンヤミンは、エセルの父と親しかった。瓦礫（がれき）の山から吹き付ける嵐に抗（あらが）って必死に両手を広げる天使は、震災後の日常を生きる私たちにも迫ってくる。怒り憤ること、それは単なる感情の問題ではない。怒りの対象に自ら挑む意思を持って目を見開けば、その先に一瞬でも光が見えるとぼくは信じている。

評・石川直樹（写真家・作家）

Stéphane Hessel　17年生まれ。元レジスタンス活動家、元仏外交官。

二〇一二年一月一五日⑤

『乱歩彷徨（ほうこう） なぜ読み継がれるのか』

紀田順一郎 著
春風社・二〇〇〇円
ISBN9784861102844
ノンフィクション・評伝

創造と人生の闇 謎鮮やかに

一人の芸術家の華々しい誕生と、その後の芸術寿命を襲う老化現象と葛藤しながらの創造と人生のはざまで、苦闘と苦悶（くもん）を続けながら芸術家として成功し、存続、発展を遂げるか、それとも失敗に終わり、滅亡するかの命運を賭ける芸術家江戸川乱歩を著者は徹底的に、見事に活写してみせてくれるが、芸術を生業にしている者の一人として本書を読む時、自身の運命を重ねながら思わず背筋を走るひんやりとした戦慄（せんりつ）を覚える。

冬の真夜中、月光に照らされた銀座通りをガックリ、ガックリと夢遊病者のように歩く機械仕掛けの怪人はギリギリと歯車の音を立てながら近づいてくる――。そんな冒頭シーンで始まる「青銅の魔人」の怪奇的幻想世界に心を奪われた中学時代から、ああ、いまだに一歩も抜け出せずにいる僕が、自分の創作活動とは無縁ではないように思えるのはたぶん、僕の中の停滞した時間の表象であるような気がするのだ。

乱歩の「純粋な探偵小説」（佐藤春夫）は松本清張のようなあり方とは対照的に、社会的現実に対して無関心を貫くことで個としての現実世界を構築し、非思想的且（か）つ「趣味」的世界を展開するが、これこそ乱歩作品の根底を形成するものであると本書では述べられる。

それにしてもデビュー作の「二銭銅貨」から「押絵（おしえ）と旅する男」までの7年間の作品は乱歩の代表作であり傑作揃（ぞろ）いである。だけどそれ以後は名声は高まるものの不作に乱歩はあえぐ。加齢と共に円熟時代を迎える芸術家に対し、乱歩の芸術寿命は次第に枯渇していくが、このことは創造者なら誰もが抱える切実な問題である。

著者は明智探偵に勝るとも劣らず、乱歩の創造と人生の闇の森に容赦なく分け入りながら人間乱歩の謎を鮮やかに解き明かしてくれる。この書自体が一編の探偵小説に思えるのだった。

評・横尾忠則（美術家）

きだ・じゅんいちろう 35年生まれ。評論家、作家。『紀田順一郎著作集』（全8巻）など。

二〇一二年一月一五日⑥

『旅人は死なない』

リシャール・コラス 著 堀内ゆかり 訳
集英社・一六八〇円
ISBN9784087806205
文芸

孤独求め クールな語り口19編

「広い世界をひとりでさまようのは、さみしくないのかい?」

「ええ、もちろん。さみしいからこそ、ひとりで旅するんです……」

本書の表題作になった物語の中の会話である。著者の地声が耳から入って心にまで響くような気もしてしまう。19のストーリーからなるこの短編集は、旅人物語というよりは、旅人感覚作品と言った方がふさわしいかもしれない。時代も国籍も異なる主人公がいずれも孤独を求めるかのように、果敢に日常のしがらみから脱出し、不思議な体験をする。

淡々としたクールな語り口の一方、眼差（まなざ）しはどこまでも繊細で人懐っこい。「橋の上のローズ」の一編では、アメリカ人の夫を失った日本人女性ローズを描いている。緑茶、備前焼の茶道具、樟脳（しょうのう）臭い着物、扇子、べっこうの髪飾り……、これらを手にする時の肌感覚によって、ローズは「しのぶ」と呼ばれていた頃の自分を蘇（よみがえ）らせて、うっとりする。

シャネル日本法人代表取締役社長でもある

著者は日本文化への体験とセンスをもって、主人公の幸せであるはずの異国での人生に隠されていた孤独感を、見事に浮き上がらせて見せた。

人生つまり旅。旅とは「車輪は回る」が如（ごと）く、孤独を紛らわしつつも孤独をもとめてするものなのではなかろうか。ひょんなことで出会った男女が、一緒に旅に出る。道中で愛を育み、やがて旅が終わり、別れもやってくる。めそめそもドロドロもなく、引き摺（ず）っているのは思いと余韻だけというような関係。一見あっさりしすぎるようでも、それだけに堪え難い気持ちが一層強く伝わってくる。

同じ孤独でも本書の「旅人」のそれは、独特な味わいがあり、憧れてしまうほど格好いいものだ。広い世界だからこそ一人で彷徨（さまよ）う（旅をする）のだ。

評・楊逸（作家）

Richard Collasse　53年生まれ。95年からシャネル日本法人社長。

二〇一二年一月一五日⑦

『アメリカ・ハードボイルド紀行　マイ・ロスト・ハイウェイ』

小鷹信光 著

研究社・二七三〇円

ISBN9784327481582

アート・ファッション・芸能

微細なハメット作品考察が圧巻

著者は、高校生になった1950年代の前半から、戦後闇市時代に洗礼を受けたアメリカ文化の研究に、のめり込んでいく。

手始めは、西部劇映画の新聞広告を、細大漏らさず切り抜いて、ノートを作ることだった。その根気とうんちくに、まず驚かされる。この切り抜き帳は、西部劇の歴史を語るに当たって、欠かせぬ文化遺産（！）になるだろう。

映画については、もう一つフィルム・ノワールの研究、分析がある。〈ハードボイルド〉と同様、〈フィルム・ノワール〉という呼称が、ジャンルではなく表現様式、技法を指すとの指摘も、怠りなく紹介されている。これは、一般に考えられているよりも、はるかに重要な指摘である。ダシール・ハメットの『マルタの鷹（たか）』の再映画化で、ハンフリー・ボガートが扮したサム・スペードの役は、当初ジョージ・ラフトが演じる予定だった、という。もしラフトのままだったら、その後のボガート人気は、生まれていなかったかもしれない。

ハメットは、ハードボイルド派の始祖として、近年再評価されつつある作家だが、著者はハメット研究の先駆者として、本書でも多くの筆を費やしている。そのキャリアは、昨日今日始まったものではなく、断続的ながら半世紀にも及ぶ。

著者の分析は、微に入り細をうがつもので、目からうろこが落ちること、請け合いである。ことに『マルタの鷹』を題材にとった、動詞や副詞用法の使い分け、視点を含む客観描写の限界に関する考察は、小説家にとってまことに示唆に富むもので、本書中の圧巻といってよかろう。

構成上、注が充実していることも、大きな特長である。へたをすると、本文より長かったりするところが、おもしろい。

1人の著述家の、人生の軌跡をたどった記録として、広く江湖に薦める次第である。

評・逢坂剛（作家）

こだか・のぶみつ　36年生まれ。ミステリー批評家、作家。著書に『サム・スペードに乾杯』など。

二〇一二年一月二二日①

『恋する原発』

高橋源一郎 著

講談社・一六八〇円
ISBN9784062173377／9784309415192（河出文庫） 文芸

正しさへの強迫観念 解毒するエロスの力

本書が文芸誌に一挙掲載された時、あまりのスピードに驚かされた。「あの日」から半年も経たずに震災をテーマとした小説が書かれるとは！ 作家のインタビューを読んでその謎が解けた。

本作は、かつて作家が9・11に触発されて書いた未完の小説『メイキングオブ同時多発エロ』にもとづいている。どうしても完成できなかったその小説が、3・11以後に突然書けるようになったのだ。そう、本書はいわば「ずっと完成を待っていた」小説なのである。

震災被害者のチャリティーのためにアダルトヴィデオを制作しようとする監督、イシカワ。彼が『恋する原発』の主な語り手だ。そのせいかどうか、この小説の八割方は、次のような記述で満たされている。

「『入レテヨ』／もちろん、部屋に入れてくれといってるわけじゃない。もっとずっと、手に負えないものを入れろとアンジェリーナ・ジョリーはいってるわけだ。入れるべきなのかなあ。でも、なんだか話がうますぎる」

残念ながら、引用はこれくらいが精いっぱいだ。なにしろ新聞に掲載できない猥雑（わいざつ）な単語が満載なのだから。ほかにもメタフィクション、漫画的手法、批評理論など、作家のあらん限りの技巧が「ブリコラージュ」的に動員される。不謹慎との意見もあろう。しかしこれほどまでに〝真摯（しんし）な不謹慎〟を、私はみたことがない。

小説の後半、唐突にシリアスな「震災文学論」が挿入される。その冒頭で、作家はある著名人が3・11について述べた言葉を引用する。「ぼくはこの日をずっと待っていたんだ」と。被災地の復興にも死者の追悼にも積極的にかかわった彼が、服喪の前に「待っていた」と告げること。その意味について作家は考える。「この日」とは、震災によって、この国の中でながいあいだ隠されていたものが顕（あらわ）れた日のことだ。

その意味で3・11は、まったく新しい出来事ではない。「おそらく、『震災』はいたるところで起こっていたのだ。わたしたちは、そのことにずっと気づいていなかっただけ」なのだから。ここから作家の思索は、われわれの文明と、それが生み出す「未来の死者」との関係に及ぶ。

すでに震災や原発を巡って、私たちは「唯一の正しさ」という強迫観念にとらわれつつある。こうした強迫観念を強力に解毒してくれるのがエロスだ。それが作家の企（たくら）みであるかはわからない。しかしこうした意匠ゆえに、私は本作を二度読んだ。一度目に聞いた哄笑（こうしょう）が、二度目には無声の慟哭（どうこく）に変わる思いがした。このような形で示される〝希望〟を、私たちは確かにずっと待っていた。

評・斎藤環（精神科医）

たかはし・げんいちろう 51年生まれ。作家。『さようなら、ギャングたち』で群像新人長編小説賞優秀作、『優雅で感傷的な日本野球』で三島由紀夫賞、『日本文学盛衰史』で伊藤整文学賞を受賞。

二〇一二年一月二二日❸

『箱根駅伝に賭けた夢「消えたオリンピック走者」金栗四三がおこした奇跡』

佐山和夫 著
講談社・一四七〇円
ISBN9784062173896

ノンフィクション・評伝

素朴な五輪が生み残した物語

100年前のストックホルム五輪は、日本が初参加したオリンピックである。マラソンを走ったのが東京高等師範学校（現筑波大学）の学生、金栗四三（かなくりしそう）。途中棄権に終わったが、「マラソンの父」と呼ばれるほどその後に大きな遺産を残した。本書は主にスウェーデンにおける金栗の足跡をたどりつつ、もう一つの遺産も伝えている。

金栗はアイデアマンだった。「東海道五十三次駅伝」「箱根駅伝」「福岡国際マラソン」など、また各種女子競技の創設にも関わっている。晩年は故郷・熊本で暮らしたが、92歳で没する少し前まで、近所の小学校の運動会に出向いていた。

ストックホルム大会では、金栗は折り返し点を過ぎて間もなく疲労困憊（こんぱい）し、コースを外れて民家の庭に迷い込んで倒れた。著者は往時のマラソンコースをたどり、金栗を手厚く介抱したペトレ家の子孫も訪ねている。

レース後、金栗とペトレ家とのかかわりがあった。金栗はお礼に訪れ、手紙のやりとりも続いた。そんな交流があったからであろう、後年、スウェーデンのオリンピック委員会は五輪から55年目の祝賀行事に金栗を招待した。

スタジアムで金栗がゴールに入ると、「タイム54年8カ月6日5時間32分20秒3」とアナウンスされ、金栗もまた「長い道のりでした。その間に孫が10人できました」と粋なコメントを残している。

本書を読みつつ、素朴で、つつましやかだった五輪の風景がよぎる。管理された商業イベントと化した現在のオリンピックは、果たしてこのような〈物語〉を生み残すことができるのかとも思う。

著者は75歳。日米にまたがっての野球学の泰斗であるが、五輪100周年祝賀マラソンに参加する「老年の大志」を抱く。下見として当地を訪れ、結果、本書執筆に至ったという。いや、老いて意気盛んなりの元気本である。

評・後藤正治（ノンフィクション作家）

さやま・かずお 36年生まれ。ノンフィクション作家。『史上最高の投手はだれか』など。

二〇一二年一月二二日❹

『福田恆存 思想の〈かたち〉イロニー・演戯・言葉』

浜崎洋介 著
新曜社・四〇九五円
ISBN9784788512634

政治／人文

思想を生きた単独者の歩き方

これほど見事な福田恆存論を、私は知らない。ここには福田が表現しようとした論理の本質が、明確かつ繊細に描かれている。戦後言論界において、常に単独者として歩んだ福田の〈かたち〉が、本書によって、ようやく捉えられたといえよう。

福田の論理構造には、徹底した二元論が見られる。人間は絶対者になることができず、文学は政治に回収されない。この観点から、福田は国家と私の一元論を展開する江藤淳を批判し、絶対の存在を天皇に見いだそうとする三島由紀夫から距離をとった。福田は常に天上と地上の混同を諫（いさ）め、政治から美学を切断した。福田にとって、「九十九匹」を救う存在が政治だった。しかし、世の中には政治に還元し得ない「一匹」が常に存在する。この「一匹」を救う存在こそが文学であり、「一匹」は常に「単独の私」であった。

この「私」は、「自分を超えたもの」とのつながりによって存在している。それは〈自然・歴史・言葉〉であり、その「型」の習熟こそが生の充実を支えている。福田は常に「後ろから自分を押してくる生の力」を意識し、「過去との黙契」を重視した。そして、その総体を「宿命」として受け止め、与えられた役割を演劇的に生きることこそ人間の本質と捉えた。

福田の問いは、必然的に言葉へと収斂（しゅうれん）した。言葉は常に過去からやってくる。それは宿命であり、「私」の輪郭をかたどる存在である。だからこそ、福田は「国語表記問題」にこだわった。

著者は、福田の固有性を、思想内容以上に、思想を生き抜いた「歩き方」に認める。福田は誰にも阿（おもね）らず、利口なだけの人間を嫌悪した。そして、戦後民主主義の欺瞞（ぎまん）を批判すると同時に、国家や天皇に没入する俗流保守を斬った。本書は、福田を素材とした反時代的な批評である。読みながら何度も胸が震えた。

評・中島岳志（北海道大学准教授）

はまさき・ようすけ　78年生まれ。文芸批評家、東京工業大学非常勤講師。

二〇一二年一月二二日⑤

『執事とメイドの裏表　イギリス文化における使用人のイメージ』

新井潤美 著
白水社・二一〇〇円
ISBN9784560081792
歴史／社会

文芸作品に探る階級社会の文化

昨年、「家政婦のミタ」というドラマが大ヒットしたようだ。見ていなかったのが残念だが、宣伝ポスターに写った主人公の無表情な顔を眺めると、古いイギリス映画によく見る「厳しくて威厳がある」「家政婦」をついつい思い浮かべてしまう。

家政婦の仕事というと、日本では掃除、洗濯、炊事、おそらく主人の靴磨きのようなことも含むかもしれない。かつて階級社会であったイギリスでは、日本と違ってその内容が細かく分けられ、それぞれの役割に応じた呼び方をしていたものだった。

執事はワインの管理をはじめ、エールやビールを作り、ひびの入ったグラスを修理するほか、食器管理、食卓の用意などが主な仕事であった。そして映画でおなじみの怖いおばさん「家政婦」は、ハウスキーパーと呼ばれ、使用人の多いお屋敷ではメイド総監督という管理職であり、そうでない家では、主人の世話をするというものだ。

キッチンは料理人の居場所だし、メイドにも、キッチンメイド、パーラーメイド、ハウスメイド、ナーサリーメイド、ランドリーメイドなどの種類がある。

フランス革命時にイギリスに逃げて料理人として働くフランス人が、「情緒不安定で、感情的で、気まぐれ」で扱うに手を焼く芸術家気質であるにもかかわらず大人気になり、引き抜かれないように、雇い主は常に神経を使っていた例もあるとか。

更に表仕事の多い下男は、身長ときれいな脚が必須条件であり、従僕の多くは主人よりも知性と教養とが備わっていて、「紳士つき紳士」とも呼ばれたという。そもそも主人たるイギリス紳士とは、ワーキングクラスの乳母によって育てられたのである。

本書は多くの文芸作品を引き合わせ、使用人文化を通して、近代イギリス社会を浮き上がらせた。大変面白く興味深い一冊だ。

評・楊逸（作家）

あらい・めぐみ　中央大学教授。比較文学・比較文化専攻。『自負と偏見のイギリス文化』など。

二〇一二年一月二二日⑥

『あやしい統計フィールドガイド　ニュースのウソの見抜き方』

ジョエル・ベスト 著　林大 訳

白揚社・二三一〇円　社会

ISBN9784826901635

見分けるポイント　実践的に

私たちの社会は、ありとあらゆる種類の数字で語られる。どんな種類の犯罪が増えているのか、どんな病気が増えているのか、あるいは、子どもの学力は？　人々の収入は？　それが、私たちの社会観を形作り、政策の基礎にもなる。

ところが、やっかいなことに、統計はうそをつく。数字の取り方次第で、全く違った印象を与えることができる。

フィールドガイドと銘打った本書は、こうしたうそを見抜く実践的アドバイスを、具体例を挙げながらコンパクトにまとめている。

まず、最初に強調されるのが、たとえば年間の出生数など、基本となる数字をいくつか知っておいたり、あるいは調べたりすること、そして、最も重要な経験則、つまり、一般に死者よりけが人の方が多いように、重大な結果ほど頻度は低いことを頭に置いておくことだ。

ごく当たり前のようだが、これだけでも、疑わしい数字を見分けることができる。いったん流布すれば、あっというまに広がってしまうネット時代、「おかしい統計の息の根を止めるのは、吸血鬼を殺すよりむずかしい」からこそ、大切な原則だ。

そのうえで、メディア、あるいは、ある問題を訴えたい人たちが、どうやってデータにインパクトを持たせるのか、それを見抜くポイントは何か、を挙げる。

急に肥満が増えた、というデータの裏には、肥満の定義の変更があるかもしれない。あるいは、比較する年代の選び方次第で、全く違った結論が出てくる場合もある。

「よい統計」の見分け方も重要だ。作り方などの情報が明示され、一貫性があり、異論に対しても開かれていることがその条件だという。

現代社会では、数字に惑わされることなく、賢く使うことが欠かせない。「統計リテラシー」の重要性を再認識させる一冊だ。

評・辻篤子（本社論説委員）

Joel Best　米デラウェア大教授。『統計はこうしてウソをつく』など。

二〇一二年一月二二日⑦

『アーティストのためのハンドブック』

デイヴィッド・ベイルズ、テッド・オーランド 著

野崎武夫 訳

フィルムアート社・一七八五円　アート・ファッション・芸能

ISBN9784845911752

自分に才能はあるのか、商業主義に迎合していいのか、このまま芽が出なかったらどうしよう、空気を読むべきか、スランプからどう脱出すべきか、自分のやっていることに意味はあるのか――本書が正面から取り組むアーティストの悩みは、他の人々も日々直面するものだ。そして本書が与える回答やヒントも、ごくストレートなものだ。才能より努力、でもその努力が報われる保証はない。正解はないので苦闘するしかない、でも同じ苦闘するなら、やりたいことをしよう――その答えも、他の仕事や活動すべてにあてはまり、アーティスト以外でも勇気づけられる。

むろん、アート業界特有の問題などにも触れる。同じくアーティストの古典ガイドとして読み継がれ最近翻訳された、ヘンライ『アート・スピリット』よりは実務的ながら、いずれも長年読み継がれてきただけあって、シンプルで穏やかで普遍性を持つ。仕事、学業その他すべてに悩む人々におすすめ。

評・山形浩生（評論家）

二〇一二年一月二二日⑧

『走れ！助産師ボクサー』

富樫直美 著
NTT出版・一二六〇円
ISBN9784757150805
ノンフィクション・評伝

今年のロンドン・オリンピックから正式種目として採用される女子のボクシング。日本には、WBCやWBAなどに公認されている世界チャンピオンが何人もいるらしいが、本書の著者もその一人。しかも、現役のWBC世界ライトフライ級王者でありながら、職業は助産師なのだ。

昨年のワールドカップで優勝した女子サッカーの「なでしこジャパン」では、選手たちがさまざまな仕事について生活費を稼ぎながら練習を続けている様子が報道され、印象に残った。本書でも、明るく頑張り屋の著者が、職場の理解と応援を得ながらボクシングを続ける様子が爽やかに語られている。チャンピオンベルトを手にするまでの努力と根性は脱帽ものだが、所々に挿（はさ）まれた助産師ならではのコラムも面白い。

野球やサッカーで億単位の報酬を手にする男性トップ選手の活躍に注目が集まりがちだが、仕事の傍ら世界に挑戦している著者のような選手たちの存在も忘れたくない。

評・松永美穂（早稲田大学教授）

二〇一二年一月二九日①

『平等と効率の福祉革命　新しい女性の役割』

イエスタ・エスピン＝アンデルセン 著
大沢真理 監訳
岩波書店・三九九〇円
ISBN9784000245128
社会

豊富な裏付けから子育て支援を提言

福祉の議論は公共頼みになりがちだ。医療も高齢者も育児も失業も国がもっと金を出せ――。でも、家庭や企業も福祉をかなり提供している。そのバランスを見ないとだめだ、と看破したのが本書の著者エスピン＝アンデルセンだった。きたる高福祉社会に向けて、彼は女性をもっと働かせろと主張した。福祉サービス職を増やし（企業の事業機会）、女性を働かせ（家計収入増大）、税収を増やせ（公共の負担力増大）！

この分析と提言は大きな影響を与えた。そして女性の労働進出は進んだ。でもまだ中途半端な水準だ。一方であらゆる社会では格差の固定化と拡大が進んでいる。なぜだろう？

本書はこの問題に取り組む。そしてまたも明快な答えを出す。家庭の育児を支援しろ、と。

女性が働きやすいよう保育園の整備を、というだけではない。児童の知的発達は赤ん坊の頃に相当決まってしまう。その時期に親が育児に時間と資源を投資しないと、学業面でも所得面でもハンデを強いられる。ところが低学歴で低所得の世帯は雇用も不安定だし、慣習からも育児に投資しない／できず、その子供も低学歴・低所得になる。似た者同士の結婚でそれがさらに強化されてしまう。これが現在の格差固定と拡大の一因だ、と著者はいう。

だったら、家庭の育児改善に公共がもっと投資しよう。ホントは赤ん坊を全部取り上げて国が平等に育てたいところだが、そうもいかない。だったら所得支援、育児補助、就学前教育の充実などにもっと投資すべきだ。それは女性の社会進出のみならず、経済全体の人材底上げにもつながり、高齢化社会の課題への取り組みも容易にする！

議論はすべて統計的な裏付けを持ち、また経済学や脳科学的な発達論の成果も取り入れて、堅実ながらもきわめて斬新。また評者のような素人の驚く指摘も多い。高福祉とされる北欧諸国は、その分だけ税金で取られるので実は見た目ほど高福祉でないなど。

そしてもちろん、この提案は即座に政策的な意味を持つ。本書の議論からすれば、あの子ども手当も趣旨としては意義を出せる。些末（さまつ）な名称変更にうつつを抜かしている場合ではないのだ。

監訳者らの解題は、日本女性の低い社会進出状況については詳しいが、本書の議論の核心にほとんど触れず不満。本書は今後の社会における経済と福祉のバランスを実証的に構想した希有（けう）な本であり、その意義は女性問題をはるかに超えるのだ。少々専門的ながら、学者にとどまらず政策立案者や関心ある一般人も是非手にとって明日の社会像を考えてほしい。

評・山形浩生（評論家）

Gøsta Esping-Andersen　47年デンマーク生まれ。スペインのポンペウ・ファブラ大学教授。専門は福祉国家論、比較社会政策論。『福祉資本主義の三つの世界』『ポスト工業経済の社会的基礎』など。

二〇一二年一月二九日③

『謎のチェス指し人形「ターク」』

トム・スタンデージ 著　服部桂 訳

NTT出版・二五二〇円

ISBN9784757142848

歴史／科学・生物

名士も熱狂　18世紀の自動機械

チェスの世界はおもしろい。名人同士だけでなく霊能者やコンピューターとの対決といった話題が尽きないけれども、ルーツは18世紀にチェスの名手を次々に打ち負かした「自動人形（オートマタ）」の登場にあった。本書は、なぜチェスが知能の異種格闘技へと発展する舞台となるのか、その大問題を追いながら、「知的見世物（みせもの）」だった時代の科学にまつわる秘話を展開する。

まず、自動人形（オートマタ）をオモチャと見くびってはならない。悪魔や魔術を否定し科学こそ真の白魔術であると信じた啓蒙（けいもう）君主マリア・テレジア女帝が、魔術よりも驚異的な科学的見世物を開発する仕事を宮廷の機械技術者ケンペレンに命じたのが発端なのだ。彼は「喋（しゃべ）る機械」や「視覚障碍（しょうがい）者用タイプライター」など真正の発明も完成させるが、最も世間を驚かせた大見世物こそ、人間とチェスを指して勝利できる人工知能型人形「トルコ人（ターク）」だった。ナポレオンらチェス好きの名士と対戦しても、相手が詐術や反則技を使うと遠慮なく盤上から駒を払い落としたというこのカリスマ機械は、自動織機の開発者カートライト、蒸気で動く自動計算器の発明者バベッジ、そして現代コンピューター開発の元祖チューリングやフォン・ノイマンらへも、多くの霊感を与えた。大金で買い上げるから秘密を教えろと迫る王侯さえいた。

しかしケンペレンには「トルコ人」の秘密を明かせない事情があった。

彼の死後、アメリカ巡業に出た「トルコ人」を待ち構えていたE・A・ポーは、綿密な観察と推理力で秘密を解明しようとし、その手法を文学に応用して推理小説を確立する……といった逸話の連続は、早すぎた人工知能の歴史としてフルコース料理級の満足感がある。本書はなお、秘密を探るため「トルコ人」をわざわざ復元した現代科学界の真意にまで言及する。著者の好奇心も果てしなし。

評・荒俣宏（作家）

Tom Standage　オックスフォード大卒。ジャーナリスト、作家。

二〇一二年一月二九日④　文芸

『領土』

諏訪哲史 著

新潮社・二四一五円
ISBN9784103313816

小説なのか？可能性に挑む

文学の世界に静かに殴り込みをかける、意欲的な短編集だ。

「幻視」や「残影」に貫かれた一冊。徹底して一人称の語り手によって語られる本書の世界は、短編ごとに舞台を変えながら、迷宮の相貌（そうぼう）を強めていく。ある場所を探索する話が多いのだけれど、出口のわからない迷路のなかをさまよっている感じで、読者は語り手とともにその場所の謎と闇のなかに閉じ込められていく。「なんなんだ、この世界は」と眩暈（めまい）を覚えると同時に、子どもに戻って醒（さ）めない夢のなかを歩んでいるような、妙な既視感と懐かしさも覚えてしまった。

建物の描き方が興味深い。ホテル、学校、デパート、地下街など、閉じているように見えて、どこかに綻（ほころ）びのある空間が、静かに口を開ける。時刻はたいてい夜。女性の同伴者（妻、恋人、母）がいることはあっても、語り手は基本的にひとりぼっちで、存在の不安と闘っているように見える。一人で彷徨（ほうこう）し、自らのドッペルゲンガーに邂逅（かいこう）する予感にしばしば胸を締めつけられる（鏡を覗〈のぞ〉くような、無限に反復される世界！）が、小説のなかでその瞬間は無限に先延ばしされていく。

いま「小説」と書いたが、「小説狂」を自称する本書の著者の、「小説」というジャンルへのこだわりと愛情は並大抵ではない。いまは故人となった劇作家ハイナー・ミュラーが１９７０年代の終わりに「ハムレットマシーン」というテクストを発表したときにドイツの演劇界に走った、「これは戯曲なのか？」という衝撃を思い起こさせられた。「これは小説なのか？」と読者を驚かせる試みも世界中で行われているが（たとえば昨年邦訳の出たサルバドール・プラセンシア）、本書によって日本語小説の可能性も確実に拡（ひろ）げられたのではないだろうか。虚構のなかに生み出される現実と「作者性」を意識させる仕掛けも刺激的だ。

評・松永美穂（早稲田大学教授）

すわ・てつし　69年生まれ。作家。「アサッテの人」で芥川賞。『りすん』など。

二〇一二年一月二九日⑤　ノンフィクション・評伝

『さわり』

佐宮圭 著

小学館・一六八〇円
ISBN9784093882156

抑圧から生まれた天才琵琶師

１９６７年11月9日、ニューヨーク・フィルハーモニック創立１２５周年記念公演。若き小沢征爾が指揮する武満徹作曲『ノヴェンバー・ステップス』の舞台には、尺八奏者の横山勝也とともに天才琵琶師・鶴田錦史の姿があった。演奏は大きな反響を呼び、同曲の海外公演は実に２００回以上に及んだ。しかし今、名曲の誕生を支えた鶴田の名を記憶する人は少ない。

彼女の数奇な人生には三度のクライマックスがある。7歳で琵琶を習い始めた錦史は12歳で早くも師匠となり13歳でレコードを出すほどの早熟な少女スターだった。

20代後半、夫の裏切りを機に彼女は音楽を捨て、子どもも捨てて実業界に身を投じ、大きな成功を収める。以後、彼女は生涯「男装」を貫くことになる。本書が焦点を当てるのは、彼女自身がほとんど語らなかったこの時期だ。佐宮は綿密な取材によって、空白期間の再構成を試みる。

そして40代半ば、武満徹との出会いを機に、彼女は再び音楽を取り戻す。20年近いブランクをものともせずに琵琶の再興に尽力する彼女の気迫には圧倒される。そして冒頭のクライマックスへ。

「さわり」とは琵琶独特の音色で「弦が振動しながら楽器の一部に微（かす）かに触れることで生まれる」、「複雑で深みのある一音」である。西洋人にとっては雑音にしか聴こえないという「さわり」には、快感原則に従わない魅力がある。

彼女の人生の至る所に、女性ゆえの抑圧構造がみてとれる。音楽を捨て、家族を捨て、女を捨てていく過程は、抑圧が彼女に強いたものだった。しかしその抑圧こそが、彼女の音楽に独自の「さわり」と〝感じ〟をもたらしたとすればどうだろう。琵琶そのものが絶滅に瀕（ひん）している今、第二の鶴田錦史はもう生まれようがない。だとすれば本書は、一人の女性の喪失を描くと同時に、私たちが失った一つの時代の記録でもあるだろう。

評・斎藤環（精神科医）

さみや・けい 64年生まれ。本作で第17回小学館ノンフィクション大賞優秀賞受賞。

二〇一二年一月二九日❻

『星月夜』

伊集院静 著

文芸春秋・一七八五円
ISBN9784163810300／9784167900892（文春文庫）文芸

人間の心の奥にひそむ闇を照射

本作品は、著者初のミステリーとして、小説雑誌〈オール讀物〉に昨2011年の1月号から9月号まで連載された。ただし、4月号が休載になっているのは、仙台在住の著者が大震災に遭遇したため、と思われる。そのおりの体験や、近年培われた著者の絵画への関心が、ここに色濃く反映されている。

本書は、一応、警察小説の体裁をとるものの、並のミステリーでは終わらない。

東京・浅草の浅草寺境内にある派出所に設けられた、行方不明者相談所に1人の老人が現れて、物語の幕があく。上京したまま消息を絶った孫娘を捜してもらいたい、というのである。

一方、島根県出雲市に住む人妻の滝坂由紀子は妊娠した体をいたわりつつ、行方をくらました鍛冶（かじ）職人の祖父の消息を求めて奥出雲の三刀屋へ向かう。さらに話は転じて、ある人物の若かりし日のエピソードが、間奏曲のように一つの伏線として挿入される。

こうした、一見なんの脈絡もない導入部をへて、東京湾に身元不明の男女の死体があがり、にわかに物語が躍動し始める。著者は、あっと驚くトリックや意外な犯人の設定といったミステリーの決まりごとに、いっさいこだわらない。そのかわり、人間の心の奥にひそむ闇を、さまざまな人物の視点から照射していく。警察捜査も、それなりに綿密に描かれているが、著者の関心は事件の解決よりむしろ、そこに収斂（しゅうれん）されていく多彩な登場人物の心理のうねりに向けられる。

キャラクターの造形もみごとだ。ことに、過去の犯罪の解決に執念を燃やす、石丸というむちゃくちゃな元刑事の存在感が際立っている。さらに、鑑識のベテラン葛西の職人魂、捜査一課の刑事立石のこわもての風貌（ふうぼう）にも、捨てがたい魅力がある。

これをきっかけに、著者にはさらなる新たなミステリーに挑戦してほしいと思う。

評・逢坂剛（作家）

いじゅういん・しずか 50年生まれ。『乳房』で吉川英治文学新人賞。『受け月』で直木賞。

二〇一二年一月二九日⑦

『肉食妻帯考　日本仏教の発生』

中村生雄 著
青土社・二五二〇円
ISBN9784791766291
人文

日本の仏教は堕落している。肉を食べ、妻帯する僧など言語道断だ。そういってはばからない人に問いたい。一体「本当の仏教」などあるのか、と。どんな宗教も、伝播（でんぱ）の過程で土着の信仰を取り入れ、その地特有の発展をしてきたのであり、それは日本とて例外ではない。古代からの自然神信仰と習合した仏教は、「日本仏教」という独自の姿を生み出したのである。

日本は、肉食を忌む大乗仏教を受け入れながら、神へイケニエを捧げる習俗の記憶を持ち続けた、と著者は言う。殺生してはいけないが、生物を食べなければ生きて行けない人間。そのせめぎあいを思想的に昇華したのが親鸞だが、近世の真宗は肉食と女犯（にょぼん）の問題を一対となし、教団を支える教理的紐帯（ちゅうたい）へと変貌（へんぼう）させた。近代でも、国家による仏教の抑圧がなされた。

正面切って議論されてこなかった肉食妻帯をキーワードとし、日本仏教の根幹に迫る著者の遺稿集。遺（のこ）された言葉の重みを受け止めたい。

評・田中貴子（甲南大学教授）

二〇一二年一月二九日⑧

『隔離の文学　ハンセン病療養所の自己表現史』

荒井裕樹 著
書肆アルス・二三一〇円
ISBN9784990559540
人文

かつてハンセン病は一等国には相応（ふさわ）しくない「国辱病」とされ、後進性の象徴として隔離・撲滅が図られた。その中で綴（つづ）られた患者たちの「自己表現としての文学」に著者は注目する。

ハンセン病患者は優生思想に基づいて「断種」を強いられた。戦前は「国家への忠義」として、戦後はかわいそうな子供を作らないという「人間回復」の名のもとに、生命への暴力は進められた。著者によれば、患者たちは、この優生思想に自発的に服従していった。彼らは自己の存在を否定することを使命と感じ、その使命への献身が喜びとなる「屈曲した自己認識」を抱いた。彼らが紡いだ文学には、狂おしい使命感がにじみ出る。

しかし、屈折した喜びには、底のない悲しみが同居した。彼らは過酷な葛藤を抱えながら、私的な感情を隠喩的に吐露した。そこには政治に回収されない文学への衝動が存在した。隔離政策の過酷な軌跡をたどると共に、文学の本質を問い返す重厚な一冊。

評・中島岳志（北海道大学准教授）

二〇一二年二月五日①

『偶然完全　勝新太郎伝』

田崎健太 著
講談社・一九九五円
ISBN9784062174749／9784062816281（講談社＋α文庫）
ノンフィクション・評伝

存在そのものが作品のような男

昭和の名優・勝新太郎の評伝である。表紙写真の眼力（めぢから）も凄（すご）いが、タイトルに魅了される。「偶然完全」とは勝新太郎による造語だ。偶然の出会いから素晴らしい関係が生まれる。心構え抜きの偶然だからこそ、完全な関係になる。そう信じる勝は、人生にも芝居にも「偶然完全」を求め続けた。

勝の伝記には、本人による自伝的著作『俺、勝新太郎』（廣済堂文庫）や山城新伍による『おこりんぼ　さびしんぼ』（廣済堂文庫）などがあるが、本格的なものとしては春日太一『天才　勝新太郎』（文春新書）しかなかった。本書は、晩年の勝と親交のあった著者によるものとしては初の評伝である。

よく知られた映画「影武者」降板の黒澤明との確執や、大麻事件のエピソードも詳しく記されているが、個人的には勝が主演し演出した傑作刑事ドラマ「警視—K」の制作経緯が詳細に描かれているのが何よりうれしい。

衣装やセットが常に新品で感情表出もパターン化された日本のテレビドラマにうんざり

していた評者にとって、セリフもろくに聴き取れず暴力シーンもやけにリアルなこのドラマは画期的だった。こんな実験的な作品が平日21時から放映されていたのも、昭和という時代の混沌（こんとん）ゆえか。

勝は物語を脚本として構成せず、現場で即興的にせりふや場面を演出し、俳優の素の部分を取り込みながら、それを積み重ねていく手法を好んだ。それは従来にないリアルな質感を生み出したが、半面、制作進行は滞り、予算は超過しがちだった。結果、視聴率は低迷し番組は打ち切られてしまう。

勝は著者に言う。「絶体絶命のところで遊びたい」と。広くて安全な「東海道」ではなく「行ってはいけない道」を行ってみたいのだ、と。莫大（ばくだい）な借金を抱えながら豪遊し、トラブルに巻き込まれても笑いのめす勝の生き方もまた、「偶然完全」をそのまま体現している。

本書を読みつつ、評者はしきりに「北野武」のことを連想していた。北野が映画「座頭市」を撮ったのは偶然ではない。評者の考えでは、二人に共通するのは精神医学的には「中心気質」と呼ばれる資質だ。好奇心が旺盛で飽きっぽく、優れた身体能力とイマジネーションを持ち、動物的直感で「現在」を生きる。過剰なまでのサービス精神と万人を魅了する愛嬌（あいきょう）を発揮しながら、暗鬱（あんうつ）で暴力的な作品を作らずにはいられない。

彼ら、「偶然完全」を生きる天才の居場所は、急速に失われつつある。その趨勢（すうせい）は止めようもないが、せめて記憶にはとどめておこう。勝新太郎という、存在そのものが作品のようなひとりの男が、かつてこの国にいたことを。

評・斎藤環（精神科医）

たざき・けんた　68年生まれ。ノンフィクション作家。サッカー、野球などスポーツを中心に手がける。『CUBA　ユーウツな楽園』『W杯に群がる男たち』『辺境遊記』など。

『オオカミの護符』

小倉美恵子 著

新潮社・一五七五円
ISBN9784103316916／9784101262918（新潮文庫）

ノンフィクション・評伝

「土地の引力」を再発見する旅

表紙のお札に惹（ひ）かれて本書を手に取った。強そうな顎（あご）と四肢を持つ黒い獣の上に、「武蔵国」「大口真神」と記されている。この獣は、100年以上前の目撃情報を最後として、絶滅したとされるニホンオオカミである。護符が貼られていたのは、神奈川県川崎市にある著者の家の蔵だ。

川崎市といえば渋谷から私鉄で30分ほどの距離の住宅地、というイメージしかなかった私は、そこがかつて田畑に囲まれた「お百姓」の土地だったことを初めて知った。そんなところに、なぜオオカミの護符があるのか？　著者は、その謎を解明するために武蔵国の奥山へと分け入ることになる。

オオカミは、作物を荒らすイノシシや鹿を退治する「益獣」として山の神と崇（あが）められ、聖なる山へ参る「講」という集団があることを、著者は突き止める。水や作物といった生命の源を育む山と、人々の深い関わりを示す慣習に出会ってゆく「旅」の過程に同行しているような気分になる、臨場感溢（あふ）れた筆致がいい。

何の先入観もないまま信仰の山へ飛び込んだ著者のみずみずしい喜びが、読み手の心にストレートに響いてくる。それは、著者が最も身近にある土地の生活史を丁寧に掘り起こしたためだろう。生きてゆくために必要なものは神によってもたらされ、人は感謝の意を儀礼で表す。近代の国家神道以前、カミと人との生活はこうしたものだった。

ややもすれば「昔はよかった」というメッセージに受け取られがちなテーマだが、「生まれ育った土地の引力」を再発見するという、自分史と地域史との関わりを重視する姿勢がそれを回避している。

公の記録や歴史書に残りにくい民衆の営みの記録は貴重である。著者は同名で映画も作っているが、こちらもぜひおすすめしたい。

東京という大都会だけが日本ではない。「もう一つの日本」は、あなたのすぐそばにもあるのだ。

評・田中貴子（甲南大学教授）

おぐら・みえこ 63年生まれ。2000年から地元の映像を記録、映画2本を製作している。

『曾根崎心中』

角田光代 著　近松門左衛門 原作

リトルモア・一四七〇円
ISBN9784898153260

文芸

恋によって瞬く生の凄まじさ

読み始めると、ページをめくる手が止まらなくなった。近松門左衛門と曽根崎心中については高校の授業で覚え聞いた程度で、原作を手にとる機会など一度もなかった。角田さんという名手が書き下ろしてくれなかったら、恋の力というものに想（おも）いを巡らすこともなかっただろう。

時は江戸時代、遊郭にいる女達（たち）の日常から物語は始まる。堂島新地という閉ざされた土地のさらに小さな単位である遊郭は、庶民の日常と切り離された異空間であり、女達は文字通り籠の鳥が鳴くようにとりとめのない会話に花を咲かせていた。

外の世界への扉を開くのは、恋である。客として何人の男がやってこようと彼女らの扉は一向に開かれないのに、恋をすることによって固く閉ざされた扉はあっけなく開き、それどころか、ためにため込んだ力を一気に発散させるかのように、ここではない別の世界へとぶっ飛んでいく。頂点に達したときには彼岸へさえも旅立たせてしまう恋のエネルギーは、一見するとどろどろした心中話を真っ向から突き抜いて、後味の悪さを一滴も残さない。

遊郭の女達は新地を出て橋を渡ることを夢見ている。しかし、ただ橋を渡ってもダメなのだ。好きでもない男に身請けされて、目も耳も感覚も閉じたまま背負われるように橋を渡るのではなく、自ら扉をこじ開けて、全身で世界を見に行く必要がある。死んだように生きるくらいなら、生きるべくして死ぬ道を選ぶ。恋によって支えられた生の瞬きの凄（すさ）まじさが小説のなかに横溢（おういつ）していて、それゆえに残酷でせつない。

こうした想いを受ける側の男達の不甲斐（ふがい）なさが気になる。徳兵衛も九平次も、遊郭に出入りする助平どもも、内から光を放つ女達のかっこよさ潔さに比べたらどうにも頼りない。かくいう自分もその一員だとしたら、色々と省みなくてはいけないだろう……。

評・石川直樹（写真家・作家）

かくた・みつよ 67年生まれ。作家。『八日目の蝉』『森に眠る魚』。

『60年代のリアル』

佐藤信 著

ミネルヴァ書房・一八九〇円
ISBN9784623062065

ノンフィクション・評伝

連帯呼ぶ「肉体感覚」の手ごたえ

著者は1988年生まれの大学院生。60年安保闘争や全共闘運動の話を聞いても「全く実感はわいてこない」。

著者は50年前の若者を見つめながら「同年代の者として、共感できるのか、できないのか」を問う。資料をかき分け、当時の若者を追体験した結果、彼／彼女らが求めていたものは、現代の若者とも共通する「肉体感覚」だったのではないかという結論に至る。

当時の学生のデモ隊は、スクラムを組み、シュプレヒコールをあげながらジグザグに走った。そこに加わった個人は、次第に隊列全体に溶け込んでいく。どこまでが自分で、どこからが他者なのかは不透明。心に宿った疎外感から解放され、実存のリアルな手ごたえが得られる。

ここに「肉体感覚」を通じた「連帯」への希求が生まれる。受験勉強で他人と競い合ってきたバラバラの個が、運動によって手を取り合い、一体感を獲得する。他者とつながり、感覚に訴えることで、存在を確認しあう。そんな運動は、あらかじめ政治的な「成功」から見放されていた。

彼／彼女らの「正しさ」は政治の中にはなかった。徹底的に皮膚を擦りむきながら権力にぶつかる「肉体感覚」そのものが「正しさ」だった。そして、その「正しさ」は必然的に手触り感のある暴力へと傾斜していった。この若者と同じ「肉体感覚」を求めたのが三島由紀夫だった。彼は全共闘に対して肉体的共感を抱き、割腹によって、究極的な肉体の露出を実現した。

しかし、「リアル」のあり方は、闘争の中で変質する。安田講堂攻防戦では火炎瓶が飛び交い、機動隊はガス銃で狙い撃ちした。これはゲバ棒とは異なる脱肉体化したゲーム的暴力だった。結果、「情動的な塊」は「冷徹なバラバラの銃弾」へと解体され、あさま山荘事件へと行きつく。

個は肉体で世界と切り結ぶのか。60年代のリアルは、若者の皮膚感覚を刺激し続ける。

評・中島岳志（北海道大学准教授）

さとう・しん　88年生まれ。『鈴木茂三郎　１８９３－１９７０』。

『フクロウ　その歴史・文化・生態』

デズモンド・モリス 著　伊達淳 訳

白水社・二七三〇円
ISBN9784560081815

文芸

知恵か邪悪か　魔術的象徴として

本書を執筆した著者の動機に僕は背筋が凍えるような悪寒と同時に言葉にならない切ないものを感じた。著者がまだ幼い少年の頃、野原の片隅で血まみれになったフクロウが悲しみと苦しみを浮かべた表情で死の予兆に耐えているところに遭遇した。

少年はフクロウの苦痛を解いてやろうと、大きい石で人間そっくりの形をしたフクロウの頭に一撃を加えて殺してしまった。少年の哀れみから発した善行であろうが、少年は最悪の気分に襲われた。そんなフクロウに対する「罪滅ぼし」が本書である。

フクロウは「知恵と邪悪の象徴」としての二つの属性が優勢と劣勢を繰り返しながら、各国で異なったとらえ方をされてきたようだ。古代エジプトでは人間の魂とつながり、ギリシャでは神聖な生き物、ローマでは魔女の使いで死の象徴、中国では来世の案内者、南北アメリカでは死者の魂という具合に、フクロウはどうやら冥界と深く関わる魔力的な存在のようである。

そんなフクロウはまた芸術家の格好のモチ

ーフにもなり、ボス、デューラー、ミケランジェロ、ゴヤ、マグリットらがフクロウの魔術的呪術性に魅せられ、死や夜の闇や破壊や邪悪的なものの象徴としても描かれている。ピカソはフクロウを飼い、自画像のように描いているが、近代の画家は象徴としてのフクロウには無関心で、「フクロウはフクロウであり、フクロウであり、フクロウである……」（ガートルード・スタイン）とフクロウの歴史や神話や伝説とは無関係にフクロウのフォルム（形）の表現に徹している。

そういえばピカソが描いたガートルード・スタインの肖像画の彼女は巨大フクロウのワシミミズクにその顔や体形がそっくり。ついでに長野五輪のフクロウのマスコットは「スポーツ会場より相撲の土俵の上」に似合うと、画家でもある著者は皮肉っている。

評・横尾忠則（美術家）

Desmond Morris 28年生まれ。英国の動物行動学者。『裸のサル』ほか。

『歌集 小さな抵抗 殺戮（さつりく）を拒んだ日本兵』

渡部良三 著

岩波現代文庫・一〇二九円

ISBN9784006032340

ノンフィクション・評伝

語り継ぐべき稀有の人間記録

上官の命令は、天皇の命令と心得よ、と軍人勅諭は兵に命じた。天皇の命令に従って捕虜を虐殺するか、神の命令に従って虐殺を拒むか。キリスト教を信仰する22歳の新兵が選んだのは、後者だった。

1944年春、中国・河北省の駐屯部隊に派遣された渡部良三は、中国共産党第八路軍の中国人捕虜5人を虐殺するよう、他の新兵とともに命じられた。「度胸をつけさせる」との理由だった。

後ろ手に杭に縛られた捕虜をめがけて、初年兵が突進する。先に剣のついた刺突（しとつ）銃で捕虜の胸を突く……。

1人の捕虜の体に10人ほどの新兵が剣を突き刺した。ボロのようになって足蹴にされ、穴に捨てられる死体。

〈血と人膏（あぶら）まじり合いたる臭いする刺突銃はいま我が手に渡る〉

しかし、渡部はその場を動かなかった。

〈鳴りとよむ大いなる者の声きこゆ「虐殺こばめ生命を賭けよ」〉

〈「捕虜殺すは天皇の命令（めい）」の大音声眼（まなこ）するどき教官は立つ〉

抗命のキリスト者は、昼夜の別なく、凄惨（せいさん）な拷問を受けた。

〈三八銃両手（もろて）にかかげ営庭を這いずり廻るリンチに馴れ来〉

これらの短歌を記したメモを、渡部は衣服に縫い込めて日本に持ち帰った。しかし、「汝（なんじ）殺す勿（なか）れ」の教えを上官にも戦友兵士にも説かなかったこと、日本軍の略奪、強姦（ごうかん）、殺人を制止しなかったことを悔いて、渡部は戦後長く沈黙を守ってきた。

せめて孫に、と最初（92年）私家版として編まれたのがこの歌集だった。敗戦後の作を含む924首を収める。

稀有（けう）の人間記録である。日本がかつてアジアを侵略したこと、その軍隊で渡部の「小さな抵抗」があったこと。これらはともども次代へ語り継がれねばならない。本書刊行の歴史的意義は大きい。

評・上丸洋一（本社編集委員）

わたべ・りょうぞう 22年生まれ。国家公務員を定年退職後、本格的に歌集を編む。

二〇一二年二月五日⑦

『ホーダー　捨てられない・片づけられない病』

ランディ・O・フロスト、ゲイル・スティケティー 著
春日井晶子 訳
日経ナショナルジオグラフィック社・一九九五円
ISBN9784863131316
社会

ホード（hoard）とは金や財宝、あるいは知識を蓄積することで、そこに決して否定的な意味合いはない。

蓄積が高じ、社会生活に破綻（はたん）を来すまでになるとホーディング（ガラクタ収集癖）と呼ばれ、強迫性障害の一つとされる。ゴミ屋敷などとして話題になるのがそれだ。

本書は、そのホーダーたちの心に分け入り、治療に努めてきた記録である。ホーダーの多くは知的で、ガラクタや、ときには動物たちで自宅を埋め尽くす以外には全く問題がないことも多い。それぞれに意味があり、捨てられないのだ。

人は「持つ」と「在る」の二つの傾向で特徴づけられるとし、所有物に支配される社会を予見したのは精神分析医のエーリッヒ・フロムだ。過剰消費社会の病理ともいえようが、決して遠い話ではないことにも気づかされる。人にとってモノとは何か、そこにはそんな問いがある。と、今にも崩れそうな紙の山を見やり、考えてみる。

評・辻篤子（本社論説委員）

二〇一二年二月五日⑧

『警備員日記』

手塚正己 著
太田出版・一六八〇円
ISBN9784778312831
文芸

著者はもともと、映像畑の人である。1992年には、日本海軍最後の戦艦〈武蔵〉の記録映画「軍艦武蔵」を制作、監督している。

同題の活字本も出したが、思ったほど売れないため、次の作品を仕上げるまでの間、警備員のパートを始める。本書は、その苦労話をまとめたもので、小説とも手記ともつかぬ、微妙な色合いを持つ。

工事現場などで、人や車の誘導をする警備員を、よく目にする。とかく見過ごしがちだが、本書を読むとその苦労がよく分かり、「ごくろうさん」と一声かけたくなる。

映像の世界で、それなりの業績を残した著者だが、虚心坦懐（きょしんたんかい）にこの仕事と取り組む姿は、いっそすがすがしいものがある。上司や同僚、後輩の人となりをよく観察し、その人物像を鮮やかに描き出す筆力は、凡手の技ではない。ことに、〈師匠〉と呼ばれる先輩の描写に、精彩がある。

著者には、映像の仕事と併せて著作の方面にも、視野を広げてもらいたい。

評・逢坂剛（作家）

二〇一二年二月一二日①

『失われた二〇世紀　上・下』

トニー・ジャット 著　河野真太郎ほか 訳
NTT出版・上巻二九四〇円、下巻三三六〇円
ISBN9784757142251〈上〉・9784757142862〈下〉
歴史／人文

野蛮と悲劇の時代　知識人たちの航海

ヴァルター・ベンヤミンは「プルーストのイメージについて」で「無意志的記憶」について語っているが、本書はまさしく「追想を横糸に、忘却を縦糸としてなされる、自発的想起」による20世紀の物語である。

それにしても、どうして過去の世紀を想起する必要があるのか。わたしたちは20世紀から新しい世紀に乗り換える際に、野蛮と悲劇に満ちた「妄想の時代」から完全に抜け出したはずではないのか。ジャットの答えはノーだ。彼によれば、新しい世紀が「自由」という単純で眉唾（まゆつば）ものの妄想に取りつかれ、世界的規模で20世紀と同じような悲劇と苦しみ、憎悪と絶望をまき散らしているからである。

では、「自由」という「妄想」がまるでゴルディオスの結び目を断ち切るような万能薬とみなされることで、何が失われることになったのか。国家、とくに福祉国家が失われることになった。それは、暴力や戦争に対する「予防のための国家」だったはずなのに、今や、

非効率の元凶、市場経済の障壁とみなされるようになったのだ。だがそれによって、不安定で、排除され、貧しい人々の数は著しく大きくなり、再び社会問題が浮上するようになった。かつてのファシズムや共産主義が台頭する時と同じような社会の温床が形作られつつあるのだ。

　他方で、「自由」という妄想に駆動されたアメリカは、無謀なイラク戦争にみられるように、「悪」の観念を濫用（らんよう）し、テロリズムを道徳的なカテゴリーへ、「グローバルな宿敵へと高め」、世界の荒廃をもたらすことになった。しかも、現実的な「リベラル派の机上の戦士たち」は、「旧左翼の最悪の特徴」を再現するように、イスラエル擁護を支持し、残忍な政策をおおいかくすための「倫理的ないちじくの葉」をさしだしたのである。「悪」の問題に深い洞察を残した20世紀の知識人、ハンナ・アーレントならば、これらの「戦士たち」をきっと「有用な間抜けども」と呼んだに違いない。

　そう、新しい世紀で消滅したのは、彼女のような知識人だったのだ。アーレントを含めて、アーサー・ケストラーからエドワード・サイードまで、上巻に収められた20世紀の知識人たちの何と輝いていることか。とくに、ケストラーやプリーモ・レーヴィ、マネス・シュペルバーなど、東欧や中欧のユダヤ系の「根なし草の『世紀の航海者たち』」を描いた件（くだり）は味わい深い。

　ジャットはある意味で、そうした航海者たちの末裔（まつえい）なのかもしれない。病に斃（たお）れなければ、きっとエリック・ホブズボームと並ぶ歴史家に大成していたかもしれない。残念でならない。

評・姜尚中（東京大学教授）

Tony Judt　1948～2010年。歴史家。ロンドンに生まれ、ニューヨーク大教授となる。『ヨーロッパ戦後史　上・下』『荒廃する世界のなかで』など。

『トライアウト』

藤岡陽子 著

光文社・一五七五円
ISBN9784334927981／9784334768836（光文社文庫）

文芸

ドラマ引き立てる個性的な脇役

　主人公は、新聞社に勤める未婚の母、久平（ひさひら）可南子。

　かつて、社会部に在籍中スキャンダルに巻き込まれ、内勤に回されていた可南子が、9年ぶりに突然現場の運動部に、異動命令を受けるところから物語が始まる。

　可南子には、8歳になる息子、考太がいる。物語は、野球界を舞台に進行するが、やがてその考太が可南子のスキャンダルと、なんらかの関わりがあることが、ほのめかされる。可南子の視点で書かれながら、彼女はいかにも思わせぶりに、その秘密をにおわせるだけで、詳しく明かそうとしない。それが、ミステリー的な興味を呼んで、物語を引っ張る力になるのだが、作中人物は真相を知っているのに、読者だけがなかなか知らされない展開は少しばかりもどかしい。

　〈トライアウト〉というタイトルは、主要人物の一人でベテランの投手、深澤翔介の再起への戦いと同時に、可南子自身の人生の再出発をも暗示している。可南子の生き方は、仕事においても父母や妹との関係においても、頑固で独りよがりなところが多く、かならずしも読者の共感を呼ばないだろう。それも、著者の計算のうちならば、不満をいう筋合いはない。

その分、周囲に個性的な脇役が集まり、ドラマを引き立てる。まず、息子の考太がいい。小説に描かれる子供は、妙におとなびるきらいがあるが、考太にはそうしたいやみがない。可南子の妹、柚奈（ゆずな）も今風のドライな性格に見えながら、その底にやさしさを秘めた、魅力的な女に描かれている。最後に明かされる秘密は、いささか作りすぎの感もあるが、可南子に好意を寄せる深澤の存在が、その不自然さをカバーする。深澤によって、可南子のかたくなさや思い込みの強さが、しだいに和らぐ過程がよい。

いずれにせよ、この小説はむしろ考太少年の成長小説として読むべきかもしれない。

評・逢坂剛（作家）

ふじおか・ようこ　71年生まれ。09年、看護学校が舞台の『いつまでも白い羽根』でデビュー。

二〇一二年二月一二日④

『女子をこじらせて』

雨宮まみ 著
ポット出版・一五七五円
ISBN9784780801729／9784344423213（幻冬舎文庫）

人文

イケてない女の悲しみ、炸裂

本書に描かれているのはイケてない人間の生き辛（づら）さ、そして女の生き辛さ、つまり、イケてない女であることとの生き辛さだ。珍しいテーマではないと思う。にも拘（かか）わらず、実際に読んでみると、新鮮な衝撃を受ける。

例えば、父親に「お前の下着は自分で洗え」と云（い）われたとき、高校生の「私」は心の中で叫ぶ。

〈お前の娘はな、お前はどう思ってるか知らんが、夜道に人気（ひとけ）のない道路にほっぽりだしておいても、誰も襲わないようなそんな容姿の女なんだよ、そんな女が女らしいとか恥じらいとか関係あるか！　お前の娘の下着なんて、誰も盗まない、誰も価値を感じない、ブルセラショップでも絶対に売れない、そんなゴミみたいなもんなんだよ、それを自分で洗えとか何言ってんの？　こんなゴミみたいなもん、誰が洗おうがどうでもいいじゃん。洗濯機だし！〉

あまりに唐突な悲しみの炸裂（さくれつ）に驚きながら、目が離せなくなる。「私」にも本当は父親の気持ちはよくわかっている。だが、それを受け入れる余裕がないのだ。

このような苦痛は「私」が女であることと深く関わっている。その意味では読者としての自分が完全に感情移入することは難しい。でも、不思議に惹（ひ）きつけられる。

その語り口があまりに身も蓋（ふた）もなく、捨て身の混乱に充（み）ちているからだ。生きることの苦しみが、こんなにも生き生きと語られていることに感動する。

読み進むにつれて、「私」のぎりぎりの迷走が、その叫びが、結果的に男女の関係性から社会の在り方までを照らし出してゆく。地べたからライトアップするような光の中に、それらの姿が浮かび上がるとき、あれ？「これ」ってこんな風だっけ、僕が知ってる「あれ」とは全然ちがうじゃないか、とびっくりさせられる。新しい景色が見える。

評・穂村弘（歌人）

あまみや・まみ　ライター。共著書に『エロの敵』『リビドー・ガールズ』がある。

二〇一二年二月一二日⑤

『伝説のCM作家　杉山登志　30秒に燃えつきた生涯』

川村蘭太 著
河出書房新社・一九九五円
ISBN9784309020914

ノンフィクション・評伝

爆発的な才能の発露から自裁へ

リッチでないのに　リッチな世界などわかりません　ハッピーでないのに　ハッピーな世界などえがけません　「夢」がないのに「夢」をうることなどは……とても　嘘（うそ）をついてもばれるものです

テレビCMの花形ディレクターだった杉山登志（とし）は、こんな言葉を残して1973年に自殺した。本書は、37歳で閉じた杉山の生涯を追いつつ、いまも衝撃力をもつ遺文の由来と意味するものをまさぐっている。

石油会社のCM。「ノンビリ行こうよ俺たちは！　なんとかなるぜ、世の中は」。そんな言葉が流れ、2人の男が両脇から古いダットサンを手で押して行く。高度成長期、モーレツ社員という時代の言葉に逆行する台詞（せりふ）と映像だった。締めは「車はガソリンで動くのです」。杉山は、こんな秀抜な「消耗商品」を年間八十数本も制作していた。

画家を志したこともあったが、縁あってCM制作会社に籍を置く。ナイーブな、翳（かげ）りを宿した青年は業界の先駆者となってひた走る。

名声、外車、酒と女。多くを手に入れつつ、亀裂と空洞は広がっていく。好きな作品はという問いに「ないですね」と答える。「いやだなあ、この職業は」とつぶやきつつ、「CMが当たる、当たらないは二の次だ。商品が美しくあればそれでよい」とも口にする。

十数秒、あるいは数十秒の虚の世界。そこに、自身の逃げ場のない「生き方」をも込めていた。だから才能が爆発的に発露したのだろう。走り切って自裁する。それはもう〈自然〉とさえ思えてくる。

著者は「事実」の確認というこだわりをもって鬼才の足跡をたどる。少々肩の凝るページもあるが、杉山への愛惜の念があふれている。仮構（バーチャル）がますますはびこる今日、遺（のこ）された言葉は消耗されることなく世をさまよっている。

評・後藤正治（ノンフィクション作家）

かわむら・らんた　45年生まれ。ノンフィクション作家。『黒澤明から聞いたこと』など。

二〇一二年二月一二日⑥

『地上の飯　皿めぐり航海記』

中村和恵 著
平凡社・一六八〇円
ISBN9784582835588

人文

身体的行為としての食の歴史

飯を食って文化の違いを論ずる――そんなこと、もう誰もが書いている。海外体験を描くとき、異文化の食にいささかでも衝撃を受けない人はないからだ。辺境の飯、伝統的な飯、そして都市の最先端で生み出される飯。書店のノンフィクションの棚に立てば、よりどりみどりだ。

しかし、この本はそうしたものとは一線を画している。書きようはやわらかいが、噛（か）めばかちんと硬いものに当たるからご注意。読者は「食の異文化」というテーマを超えた問題に直面させられるからだ。飯には文化的な背景が必ずひそむものだが、中村さんが飯を求めてめぐる土地の多くは、かつて植民地だったところや、いまだにヨーロッパの国に領有されているところである。

植民地の宗主国が持ち込んだ文化と土地固有の文化とが混成し、独自の文化が作られる。これを「クレオール文化」と呼ぶ。飯とて、例外ではない。中村さんのフィールドは、カリブの国々やタヒチなどのクレオール文化圏である。ヨーロッパの白人が奴隷を送り込み、先住民の暮らしを圧迫した歴史が飯に刻みつけられている土地ばかりなのだ。

たとえば、干鱈（ほしだら）。北の海でとれる魚が、なぜかカリブ海で常食されていた。日本に来る前カリブにいたラフカディオ・ハーンも食べていたという。生鱈ではなく、干鱈が旧植民地の食料として根付いた背後には奴隷制が関わっていたのだ（詳しくは本書で）。

中村さんは、こうした植民地における支配と被支配の問題を激しく糾弾するのではなく、あくまで飯とその歴史を「食べる」という身体的行為を通じてあぶり出してゆく。

「ゾンカ」という香水のかおりから、消滅したシッキム王国に至る章では、国境が不変ではありえないことを痛感させられた。いろいろな意味で日本の安全神話が崩れた今こそ、読んでほしい本だ。

評・田中貴子（甲南大学教授）

なかむら・かずえ 66年生まれ。明治大学教授、詩人。著書『降ります』など。

二〇一二年二月一二日⑦

『偶然の科学』

ダンカン・ワッツ 著　青木創 訳

早川書房・二三一〇円
ISBN9784152092717／9784150504007（ハヤカワ文庫）

科学・生物

実験と観察で社会現象に迫る

レオナルド・ダ・ヴィンチのモナリザはなぜ有名か。いろいろと要因を挙げて説明を試みても、結局のところ、モナリザ的だから、といっているに過ぎないのでは？

19世紀にはルーブル美術館でも目立たない絵だったモナリザは盗難事件を経て注目されるようになった。それがなくても同様の名声を勝ち得たのかどうか。

つまり、本でも製品でも、大成功には偶然の要素が大きい。成功の要因をあれこれ探るのに知恵を絞るより、社会で起きていることをとらえて対応した方がいい。

本書はこう説く。

著者は、知り合いをたどれば、世界中のだれとでも6人目にはつながる「スモールワールド現象」を唱えて注目されたネットワーク研究者であり、社会学者でもある。主張の背後には、コンピューターとネットワークの技術が可能にした、大規模な実験や観察の結果がある。

たとえばある曲が、同じ条件を備えた別の世界でも大ヒットするかどうか。シミュレーション結果は、曲の質より偶然の要素の影響の方が大きい、というものだった。

いわば、実証的な社会学、だろうか。

実験室に持ち込むことはおろか、直接観察も容易ではないのが社会現象だが、メールやツイッターは事実上、何千万、何十億という人々の情報の流れを暗黙のうちに追跡している。歴史上初めて、大きな集団や社会全体のリアルタイムの行動をかなり正確に観察できるようになったのだ、とする。

とはいえ、社会学が、観測と理論によって、これから起きることを正確に予測する物理学のような科学になれるわけではむろんない。それでも、社会学者はようやく、「自分たちの望遠鏡」を手に入れたのだ。

そこには私たちの社会や歴史の理解を劇的に変える可能性が潜む。刺激的な一冊だ。

評・辻篤子（本社論説委員）

Duncan J. Watts 71年生まれ。米コロンビア大学教授（ネットワーク科学）。

二〇一二年二月一九日①

『紅茶スパイ　英国人プラントハンター　中国をゆく』

サラ・ローズ著　築地誠子訳

原書房・二五二〇円　ISBN9784562047574　歴史／国際

変装し危険冒して　最高の木と製法を

いつも緑茶とお煎餅（せんべい）で埋めているおやつの時間を、たまに焼きあがったばかりのスコーンと一緒に薫り高いダージリンティーを飲んで過ごすと、不思議に優雅な気分になる。紅茶を飲んで、気だるい午後をエレガントなひと時に変えたこのイギリス人のアフタヌーンティー習慣の定着は、意外にもアヘン戦争のだいぶ後だという。

イギリスの綿製品をインドへ、インドのアヘンを中国へ、中国の茶をイギリスへという「三角貿易」の中で、莫大（ばくだい）な利益を得るイギリスと、アヘンの蔓延（まんえん）に苦しみ抵抗する中国との間にアヘン戦争が勃発。負けた中国は、「本土でのケシ栽培を合法化」へと動いたりして、もがき続ける。

三角貿易が崩れたら、イギリスが茶恐慌に陥りかねない。そう懸念した大英帝国並びに対中貿易を独占していた東インド会社は、インドでお茶を栽培するというプロジェクトを企てる。「最高のチャノキの丈夫な苗木と種を、何世紀にもわたって茶職人に伝授されてきた中国茶の最高の製法を、最高の茶産地から手に入れなければならない」――そんなプラントハンター役に選ばれたのは東洋産植物の栽培に精通する、スコットランド出身の園芸家・ロバート・フォーチュンだった。

茶を求め、中国人従者の手作りの弁髪で中国人に変装し、上海から杭州へと進み、更に外国人に開放されていなかった内陸部の安徽省や、福建省の山岳地帯の茶畑にまで足を延ばす。アヘン戦争後、「太平天国」という農民蜂起が活発化する前夜の、「危険に満ちた」動乱の時代に、三度も中国に潜入し、その後二度日本にも訪れた。お茶のほか、数々の珍しい植物の種や苗木を収集して本国に持ち帰り、東洋での体験を本にまとめた。かくして一世を風靡（ふうび）したフォーチュンの探検記は、本書の一面での裏付けともなっている。

園芸家フォーチュンの目は種や苗木だけにとどまらなかった。「湯を性急に沸騰させてはいけない。沸騰すると、最初はカニの目くらいの小さい泡が出て、やがて魚の目くらいの大きさの泡になり、最後には無数の真珠のような泡になって、くるくる回り、表面が波立つ」という湯の沸かし方についての一文から、彼がいかに優れた「スパイ」の目を持っているかがうかがえるだろう。

その目で、「紅茶と緑茶は、別々の木で取れたもの」ではないことを見抜き、この当時のイギリスの「常識」を正すことができた。彼が中国から盗んだ種や苗木、連れ出した茶の職人が、150年の年月を経て見事にダージリンティーをはじめとするインド紅茶を育てた。その豊かな香りに、今日の私たちが癒やされてもいる。

評・楊逸（作家）

Sarah Rose　米国のジャーナリスト、作家。ハーバード大学とシカゴ大学で学位を取得。新聞記者などを経て雑誌に旅行や料理の記事を寄稿。本書がデビュー作。

二〇一二年二月一九日②

『共喰い』

田中慎弥著

集英社・一〇五〇円　文芸
ISBN9784087714470／9784087450231（集英社文庫）

豪雨の前　父と息子に高まる緊張

いま話題の芥川賞受賞作を収めた一冊。表題作は70ページほどの短編だが、長編小説のような読みごたえだ。

河口付近の集落が舞台になっている。女性の「割れ目」に喩（たと）えられる川には、生活排水が流れ込み、悪臭もひどく、土地の停滞ぶりを体現している。そんな土地で生きる17歳の高校生男子が主人公だが、設定は寓話（ぐうわ）的に整理されている。主人公と父と母がいて、女（主人公の女・父の女・娼婦（しょうふ）の三パターン）がいる。あとは地霊のように現れる土地の子どもたち。同性の友人は一人も出てこず、学校の描写もない。主人公を悩ますのは集団のなかの個の問題ではなく、もっと根源的な、父の呪いともいうべき性と暴力の問題である。具体的にいえば、女と交わる際に必ず暴力を振るってしまう父のサディズムが、自分にも受け継がれているのではないかという恐怖と、にもかかわらず抑えがたい、年相応の性欲のせめぎ合いだ。

父と息子の葛藤といえば、古代からのテー

マ。ゼウス、あるいはオイディプスの物語が思い浮かぶ。本作の「川辺」の閉じた世界にも、一種神話的な要素が感じられる。

昭和63年という設定だから携帯電話はなく、ゲーム機もテレビも主人公宅にはないかのように言及されない。閉塞（へいそく）感、将来の不透明さ。この土地を出て行きたいと焦りつつ（「こういうとこで生きとるうちは何やっても駄目やけ。どんだけ頑張って生きとっても、最終的にはなんもかんも川に吸い取られる気ィする。」）、不確実な未来を前に、彼のなかで緊張だけが最高潮に達していく。

干上がった川が豪雨によって相貌（そうぼう）を一変させると同時に、大団円が訪れる。このクライマックスの描写がすばらしい。氾濫（はんらん）する川、橋の上の父母、「父の息子」としての「業」を断ち切ろうとする瞬間。鮮やかな場面が記憶に刻まれ、嵐になぎ倒されたような読後感が残った。

評・松永美穂（早稲田大学教授）

たなか・しんや　72年生まれ。作家。本書表題作で第146回芥川賞。

二〇一二年二月一九日③

『写真の秘密』

ロジェ・グルニエ著　宮下志朗訳

みすず書房・二七三〇円
ISBN9784622076469

歴史／アート・ファッション・芸能／ノンフィクション・評伝

老作家が綴る言葉のアルバム

つい最近、米イーストマン・コダック社の経営破綻（はたん）が発表されて、落胆の念を拭えなかった。というのも、自分はいまだにアナログの中判カメラを使っており、今日までカラーネガフィルムを愛用してきたからだ。

本書は、フィルムを世界で初めて売り出した、そのコダックのエピソードから始まる。今年93歳になる著者は、アルベール・カミュの同僚として「コンバ」紙で報道記者をしていた。子どもの頃からカメラ好きで、フィルム現像も見よう見まねで覚えたという彼が、秘密の打ち明け話を耳元で囁（ささや）くように綴（つづ）ったのが本書である。写真について語るという行為が、自らの来歴を振り返り、一時代を明確に浮かび上がらせることへ繋（つな）がっていくのが面白い。

「だれかを写真に撮ることは、その人物を少しばかり奪い取ることにほかならない」と吐露する彼は、撮影という行為の根源に備わっているエゴイズムや欲望を十全に理解しつつ、写真の本質に迫っていく。ユーモアを交え好々爺（こうこうや）のように語りながら、しかし時折ナイフの刃をちらつかせるような文章は、まさに老練というにふさわしい。

売春街で撮った写真をブラッサイが引き伸ばしてくれたこと。ウィージーのギャング写真について。写真家集団マグナムのイング・モラスによる、写真を撮るやましさの告白。報道記者やカメラマンの姿勢に関する冷静な持論……。こうした数多（あまた）のエピソードは、味気ない写真史を立体的に立ち上がらせるサブテキストとしても興味深い。

一枚のCD—ROMに何百枚もの写真が収まっているという今では当然の事実に驚きを表明してしまう老作家の素朴なエッセーは、ノスタルジーそのものかもしれない。ただ、本書が言葉による写真アルバムという性質を帯びているとするならば、時代の一記録として普遍的な価値を持つに至ることは間違いない。

評・石川直樹（写真家・作家）

Roger Grenier　19年生まれ。『ユリシーズの涙』『別離のとき』。

二〇一二年二月一九日❹

『肖像画の時代　中世形成期における絵画の思想的深層』

伊藤大輔 著

名古屋大学出版会・六九三〇円

ISBN9784815806828　歴史／アート・ファッション・芸能

似絵・僧侶像の従来説に挑戦

定説に疑問をぶつけることは勇気を要する冒険だ。勇敢な本書は、「昔の日本に肖像画がなかったのは、リアルに描かれた自分の顔が呪詛（じゅそ）に使われるのを恐れたからである」という定説に挑戦する。大冒険に向かう高揚感を敢（あ）えて抑えた著者の文章には自信が仄（ほの）見え、「呪詛防止」という定説が気に入っている評者に懼（おそ）れを抱かせたが、読後、この心配は別のかたちで解消され、改めて日本の肖像画史に興味が湧いた。

まず、昔の日本にも肖像画がたくさんあったことを、落書きから似絵（にせえ）まで多数の事例で解き明かす。事実、運慶の彫った菩薩（ぼさつ）立像の迫力ある貌（かお）など、仏師たちがあれだけできた写実的な容貌（ようぼう）を、絵師が描けなかったはずはないのだ。しかも、日本人は呪詛を恐れる以上の執着をもって、亡くなった人や恋しい人の「似姿」すなわち「代替物」を欲しがった。

それが形見や遺髪ならばリアルな代替物だが、姿を写した絵や立像なら「肖似性（しょうじせい）」を持つイメージの代替物となる。まさに愛は呪詛を超えていたというべきか。

それでも平安貴族は、肖像画を描かれるのを忌避した。著者はこれに対しても、似顔絵が批判や風刺に使われ、相手の「醜さ」を表現するときにだけそのリアルさが活用された結果だと説明する。リアルな肖像画は指名手配書の写真も同然だったのであり、逆にいえば、相手を褒める美人画なんて真の肖像画ではないという、刺激的な展開になる。

しかし、著者が日本の肖像画を主題にしたのには、もっと大きな目的があった。鎌倉時代に僧侶の肖像画が起こした変革、とりわけ樹上で座禅を組む明恵上人の肖像画の意味を読み解くことだ。この絵の目新しさや異様性を持ち上げる従来説を一通り潰してから、ゆるりと自説を開陳する著者の筆法がここでも冴（さ）えて、なかなかに小気味よい力作だ。

評・荒俣宏（作家）

いとう・だいすけ　68年生まれ。名古屋大学准教授。『金刀比羅宮の美術』。

二〇一二年二月一九日❺

『コラテラル・ダメージ　グローバル時代の巻き添え被害』

ジグムント・バウマン 著　伊藤茂 訳

青土社・二五二〇円

ISBN9784791766376　社会／国際

恐怖で維持される権力基盤

「コラテラル・ダメージ」とは、もともとは軍事用語だ。特定の軍事行動がもたらす、予期せぬ巻き添え被害を意味する。社会学的には、たとえば「アンダークラス（最底辺層）」の人々が社会から疎外されていく過程を「グローバル化に伴うコラテラル・ダメージ」などと呼ぶ。

著者バウマンは、「リキッド・モダニティ」（液体的近代）などのキーワードで一躍名をなした社会学者。80代半ばを迎えた今もその執筆意欲は衰えを知らず、著書の多くが邦訳されている。バウマンは近代を「ソリッド・モダニティ」と「リキッド・モダニティ」の二段階に分ける。前者の代表としてあげられるのは共産主義だ。これに対して後者は、ネットワーク化や流動化が進んだ、いわゆるポストモダン状況に相当する。

社会の流動化はさまざまな逆説的事態をもたらす。権力と政治が分離し、権力闘争は「構造化」をめぐる争いになる。過剰な「安全」の追求は、恐怖心や猜疑心（さいぎしん）を通じて倫理的意志をむしばむ。いま被災地の瓦礫（がれき）を巡って起きている対立などは、流動化がもたらした安全と倫理の対立の好例である。

　こうした状況下で国家権力は、人間の脆弱（ぜいじゃく）性や不確実性からの保護機能に、その正当性を置こうとする。この関係はやがて逆転する。政府は自ら脆弱性や不確実性を作り出し、それに対する恐怖のもとで権力基盤を維持しようとするだろう。

　個人的に興味深かったのは第9章「悪の自然誌」。「正常」な人間が残虐な暴力を振るうに至る三つのコースが示される。心理的傾向、条件付け、そして残虐行為そのものの再生産。技術と悪が結びつく最後のコースにおいて、コラテラル・ダメージは最大化するだろう。「想像力」の欠如を著者は指摘するが、ここではむしろ他の章で触れられている「顔」の欠如こそが問題ではないだろうか。

評・斎藤環（精神科医）

Zygmunt Bauman　25年ポーランド生まれ。社会学者。『幸福論』『新しい貧困』。

二〇一二年二月一九日❻

『遅い男』

J・M・クッツェー 著　鴻巣友季子 訳

早川書房・二一〇〇円
ISBN9784152092618

文芸

小説に生命を与える脈動とは

　すぐれた小説には独特の脈動がある。読者はこの脈動に同調することで活気や元気を与えられる。それはストーリーが暗い明るいといったこととは直接の関係はない。どれほど陰惨で救いのない物語であっても、脈動に触れて読者は生気づけられる。では小説に生命を賦与する脈動の正体は何か？『遅い男』はこの問いを考えるに好適のテクストといってよいだろう。

　オーストラリアに住むフランス系の初老の男が交通事故にあって片脚を失う。それまで孤独に充足していた男はにわかに家庭を欲しはじめ、クロアチア移民である介護士の女性とその子供たちに愛情を抱いた結果、相手家族を巻き込んでひと騒動持ちあがる……。ここにある物語自体は殊更暗いわけではないが、明るくもなく、「老い」や「介護」といった問題に関心がない人にとってはむしろ退屈であるかもしれない。しかし本作品には退屈とは正反対の活気があふれている。それはここに集められた言葉が、複数言語の衝突が生み出すエネルギー場のなかで、移民と根（ルーツ）の問題、贈与と支配の問題、複製芸術論、小説論、といった多様な問題群を呼び込みつつ、いきいきとした「声」となって響くからである。それらの「声」が小説に生命を与えるのだ。

　しかも途中、当の小説を書きつつある老齢の女性作家（なんて奇妙で魅力的なのだろう！）が登場するに及んで、メタフィクションの形をとって進行しはじめる一篇（ぺん）には、作家と主人公との、深刻でもあり可笑（おか）しくもある対話の場に、次々と言葉が呼び寄せられていく様子が描かれる。二人の「共同作業」でもって小説が生成していく現場に立ち会うことで、小説という生き物の脈動が読者にはよりはっきりと感じられるだろう。

　単純な読みやすさにつかず、小説の脈動を損なわずに再現しようとする訳者の高い志にも敬意を評したい。

評・奥泉光（作家・近畿大学教授）

J. M. Coetzee　40年生まれ。南アフリカ出身のノーベル文学賞作家。

二〇一二年二月一九日⑦

『我が身は炎となりて　佐藤首相に焼身抗議した由比忠之進とその時代』

比嘉康文 著

新星出版・一八〇〇円
ISBN9784905192084

歴史

ベトナム戦争のさなかの1967(昭和42)年11月11日夕刻、首相官邸前の路上で、1人の男性が焼身自殺を図った(12日、死亡)。翌日に訪米する予定の佐藤栄作首相にあてた抗議書が、かばんの中に入っていた。

「ベトナム民衆の困苦を救う道は(略)米国が無条件に北爆を停止することだ」

「(日本が)北爆を支持したのに深い憤りを覚える」

自殺したのは、由比忠之進(ゆいちゅうのしん)(73)。20年代初頭に国際語エスペラントと出あい、その後一貫してエスペランチストとして活動してきた。その平和主義者の生涯を、元沖縄タイムス記者の著者がたどる。

空爆下の北ベトナムは、エスペラントを情報発信の手段として使っていた。由比は、北ベトナムから送られてくるエスペラントの雑誌記事を日本語に翻訳して紹介することに尽力した。日本の革新政党に対しては根強い不信感をもっていたという。日本人とベトナム戦争のかかわりが由比を通して描き出される。

評・上丸洋一(本社編集委員)

二〇一二年二月二六日①

『日中百年の群像　革命いまだ成らず　上・下』

譚璐美 著

新潮社・各一六八〇円
ISBN9784105297060〈上〉・9784105297077〈下〉

歴史／ノンフィクション・評伝

大動乱の主役たち 己の人生を投じる

日清戦争に敗れ、老大国・清は末期へと向かった。広州で武装蜂起を企てた若き革命家が孫文である。失敗を重ねつつ、辛亥革命から中華民国成立にこぎ着ける。本書は、明治中期から大正期にかけて中国大陸動乱の時代を生きた日中の群像を描く大部の書である。

孫文は広東省の人。少年期、兄の移民先ハワイで暮らし、香港で医師となる。清朝を滅ぼし漢民族を復興させる「滅満興漢(めつまんこうかん)」、さらに民族・民権・民生を尊ぶ「三民主義」を掲げ、秀でた人格と雄弁によってカリスマ性を帯びた不屈の革命家となっていく。

蜂起が挫折するたびに孫文は国外へ逃れるが、欧州、北米、東南アジア各国の華僑たちがスポンサーとなって彼を助けた。「華僑は革命の母」であった。とりわけ日本は、支援者たちが群れを成す、捲土(けんど)重来を期す地であった。

孫文の盟友で「アジア主義者」の宮崎滔天、惜しみなく資産を投じた貿易商・梅屋庄吉、中国通の政治家・犬養毅、玄洋社の巨魁(きょかい)・頭山満、黒龍会の内田良平、自由民権運動出身の萱野長知、「大陸浪人」の末永節(みさお)などなど。主義主張はともあれ、明治維新の余熱を残す壮士たちであった。

当時、中国に映っていた日本は、いちはやく近代を実現した、見習うべき隣国だった。孫文はもとより、黄興、宋教仁、章炳麟、汪兆銘、蒋介石ら、また清朝の革新官僚というべき康有為、梁啓超など、動乱の主役たちはいずれも在日歴をもっている。一時期、日本への留学生は万を超えていた。「安・近・単(簡単)」なる留学地で学んだ若者たちがまた、帰国後、国事に奔走した。

著者は東京生まれの中国人女性である。父は早大への留学経験をもつ革命運動の参加者で、のち国民政府外交部に籍を置いたとある。母方には日本の陸軍中将や草創期の中国共産党幹部もいたとか。本書は日中両国の原資料を丹念にあたって、下の世代の視点で物語がつづられている。

本書を読みつつ、日清戦争の勃発時、勝海舟が発した言葉が幾度もよぎった。勝は戦争に「大反対」した。「兄弟げんかなど犬も食わない」という理由からである。日中を〈兄弟〉と思っていた世代と人々がいた。国家間という意味ではない。孫文に対しても、日本政府は大陸戦略という観点から、ときにもてなし、ときに冷徹に対処した。兄弟感を抱いていたのは、野にあった人々である。

昭和に入って暗黒の戦争期に突入し、親近感は双方ともに帳消しされた。けれども一世紀前に、幻であれ、革命の二文字と夢に惹（ひ）かれて己の人生を投じた人々がいたことを記憶にとどめたい。日中関係の現在と未来のためにも。

評・後藤正治（ノンフィクション作家）

たん・ろみ ノンフィクション作家。東京生まれ。本籍は中国広東省高明県。著書に『中国共産党を作った13人』『新華僑老華僑』『阿片の中国史』『中国共産党　葬られた歴史』『中華料理四千年』など。

『芸術家の家　作品の生まれる場所』

G・ルメール 文　J・アミエル 写真
矢野陽子 訳
西村書店・三七八〇円
ISBN9784890136698　人文／アート・ファッション・芸能

謎と秘密をバラしてほしい

芸術家の家はいたるところで自らの謎と秘密を自然にバラしているのである。本書には14人の芸術家の家の写真が紹介されている。このうちモネ、キリコ、モローの家を訪ねたことがあるが、僕が最も興味あるのはマグリット邸だ。彼の主題の多くは室内だからだ。だが写真からは絵の秘密が明かされない。もし写真家が彼の絵を深く理解していれば、その秘密を白日の下に晒（さら）してくれたことだろう。残念ながら「作品の生まれる場所」への視線の肉薄がやや欠如していたのでは。

モネはジヴェルニーに夢の王国を構えた。念入りに造園された広大な日本式庭園には室内に飾られた膨大な浮世絵の蒐集（しゅうしゅう）との関連を想像させられるが、肝心の絵の主題になっている睡蓮（すいれん）の池や花樹園があまり写真には反映されていないのがなんとも寂しい。

ローマのスペイン広場に面したキリコの家の室内には、国に寄贈を希望して断られた傑作群がルキノ・ビスコンティの映画を彷彿（ほうふつ）させるような家具や調度品の中で見事に配置されている。しかし彼の新形而上（けいじじょう）絵画シリーズにしばしば登場する波形の床板や、2階のバルコニーの鉄柵が彼の有名なS字形のオブジェになっているにもかかわらず、写真家はキリコの秘密兵器を見落としている。

僕が彼のアトリエで最も強い霊感（インスピレーション）を受けたのは、イーゼルの裏に貼られた画家の美神（ミューズ）に語りかける呪術的な言葉であるが、ぜひ発見してもらいたかった。また彼の描きかけの遺作も写真に収めてもらいたかった。注文の多い日本の画家にうんざりされたかな?

パリの名所の一つになっているモロー美術館は、もともと彼の住居だった。館内には所狭しと彼の「芸術の体系」が観（み）る者を神秘と魔術の古典的絵画の世界に誘導してくれる。そしてここを訪れる者を眩暈（げんうん）の境域に陶酔させるとばくちになっているのは写真の通りである。

評・横尾忠則（美術家）

G-G Lemaire 仏の美術評論家。
J-C Amiel 仏の写真家。

二〇一二年二月二六日③

『怪談』

柳広司 著

光文社・一四七〇円
ISBN9784334927936／9784062778572（講談社文庫）

歴史／文芸

八雲の名作が現代ミステリーに

紀伊国屋書店でおもしろそうな本を物色した後、私は急に空腹を覚えてすぐそばの急な坂を上がった。この辺は夜になると真っ暗になるので避けているが、まだ夕暮れには遠い。坂上のそば屋に腰を落ち着け、早速二冊の本を開く。

どちらもタイトルは『怪談』である。一つは、マルコ・ポーロや夏目漱石が探偵役のミステリーで知られる作家の新刊。そしてもう一つは、前者がインスパイアを受けたと明言する、小泉八雲のもの。平井呈一訳の岩波文庫版である。比較して読むつもりだ。

八雲の名作に基づきつつ、独自の解釈で描いた現代版ミステリー短編集とは興味津々だ。早速目次を確かめる。「雪おんな」「耳なし芳一」「食人鬼」、おや、「鏡と鐘」とは珍しい。原典では覚書のような体裁だったが、さて、どう料理しているのだろう。

怪奇な出来事が合理的な謎解きで解決するようでいて、もうひとひねりしてあるところに読み応えがある。八雲が美しくも恐ろしく描き出した「日本の神秘」が、現代人の心底にある狡猾（こうかつ）さや憎悪によってひっくり返されてゆく。作品によっては、更にどんでん返しが仕掛けられている。ミステリーだから詳しくは言えないが、人間の黒い感情が超自然的存在を凌駕（りょうが）する姿を描く筆は巧妙だ。ただ、いささか趣向負けしている作品もある。琵琶法師がビジュアル系バンドのボーカルになっているのには微苦笑した。

私が最もひかれたのは「鏡と鐘」である。この作品では、仕掛けた人間の執念もさることながら、自分の中にわき上がる疑念が自分を蝕（むしば）んでしまうというくだりが一番怖い。人の心に鬼が住む、と言うように、人間は心の奥に抱えている闇と葛藤しながら生きていくしかないのだろうか。背筋が冷える。そばはまだか。

「むじなそばお待ち」。目の前に器が置かれる。え？　私はそば屋の顔を振り仰いだ。同時に、灯がパッと消えた。

評・田中貴子（甲南大学教授）

やなぎ・こうじ　67年生まれ。作家。著書『ジョーカー・ゲーム』『最初の哲学者』など。

二〇一二年二月二六日④

『トクヴィルの憂鬱　フランス・ロマン主義と〈世代〉の誕生』

高山裕二 著

白水社・二七三〇円
ISBN9784560081730

歴史／ノンフィクション・評伝

平衡を踏みにじる群衆の暴政

革命とナポレオン専制を経た19世紀前半のフランス。身分制から解放された「新しい社会」には、自分が何者でもないという不安に苛（さいな）まれる「新しい世代」が誕生した。社会的拘束から自由になり、個人として偉大な事業を成し遂げたいという野心を持つ一方で、彼らは明確な存在根拠を失い、平準化する社会の中で孤独感と恐怖に苦しんだ。

トクヴィルは、新しい世代の苦悩を体現する人物だった。彼は「全般的な懐疑」の念を有し、不信を深めた。彼は人間の不完全性を自覚し、理性では掌握できない精神的な次元を人間が有していると考えた。トクヴィルは「絶対や完全」を根本から疑った。しかし、「見失われる恐怖」にとりつかれ、絶対を熱烈に探求した。彼は「存在しないと自覚しながらそれを渇望する」という矛盾を生きなければならなかった。

この逆説は、確信の持てない絶対の存在を、存在するかのように「仮構する」態度へとつながった。彼は、理性的な思考を突き詰めた果てに、理性の決定的な限界を見いだした。そして、この理性の働きの最後に「理性を超えるものが無限にある」という認識が開かれた。理性の限界という認識は、その限界の外部を必然的に想起させた。だが、その無限そのものを有限の人間は掌握できない。人間は絶対を仮構するしかないのだ。

この認識の先に、トクヴィルは健全な「公衆」を求めた。理性の乱用を諌（いさ）め、超越を想起しながら、平衡を保って生きる公衆の政治。そこでは自治が実践され、真の政治が現れる。しかし、この構想は多数者という「群衆」によって踏みにじられ、嫉妬と私益の暴政に圧迫された。トクヴィルの憂鬱（ゆううつ）は再び深まり、理想は空転する。

苦悩の中で「群衆よりも孤独のほうが私にとってよほどいい」と語ったトクヴィル。彼の憂鬱は、世紀を超えて「何者でもない」我々を直撃する。

評・中島岳志（北海道大学准教授）

たかやま・ゆうじ　79年生まれ。早稲田大学助教。編著に『社会統合と宗教的なもの』。

二〇一二年二月二六日⑤

『ポルノグラファー』

ジョン・マクガハン著　豊田淳訳

国書刊行会・二五二〇円
ISBN9784336054388

文芸

ねじれたモラルからの解放と成長

〝僕〟はこれといって取りえのない、30歳のポルノ小説家。アイルランドの首都ダブリンに住んでいる。早くに両親を亡くし、伯父と伯母に育てられた。気丈な伯母は癌（がん）で入退院を繰り返しているが、もう長くはなさそうだ。

〝僕〟はダンスホールで知り合った年上の女性とその日のうちに関係し、その後もずるずると逢瀬（おうせ）を重ねる。なぜか彼女は〝僕〟に夢中になり、やがて妊娠する。結婚するつもりはないと何度も念を押す〝僕〟にかまわず彼女は一人ロンドンで出産。〝僕〟は彼女に会いに行くが、子供だけは決して受け入れまいとする。

この小説の発表が1979年のアイルランドであることを念頭に置こう。国民の9割近くがカトリックのこの国では、近代化と因習、個人主義と家族主義の葛藤が前景化しつつあった。中絶も離婚も容認されない国で、ポルノ作家であることは何を意味するか。もはやまともな職にはつけないというシニシズムと、表現を通じて承認されたいプライドとの葛藤が、〝僕〟のねじれたモラルを形づくる。

〝僕〟が書くポルノ小説の安っぽい性描写と、〝僕〟自身が重ねるセックスの抑制的で生々しい描写の対比が繰り返されるが、ここにはマクガハン自身の自意識の葛藤が直接的に投影されている。

すべてに心を閉ざしたかにみえる〝僕〟は、伯母の死によって「解放」される。自分が「正しい注意を払ってこなかったのだ。選ぶためのエネルギーがあまりにも苦痛を伴うように感じられたのだ。恋に破れ、背中を向け、想像の光をほとんど出し切って」いたことに気づくのだ。

この土地で生きていくことを決意する僕は、祈りとともに車のスピードを上げ、道に呼びかける。死者を含む人々の関係性が青年を成長させるラストには、アイルランドの偉大な先達であるジョイス『ダブリン市民』の残響がかすかに響いている。

評・斎藤環（精神科医）

John McGahern　34年アイルランド生まれ。作家。

二〇一二年二月二六日⑥

『検事の本懐』

柚月裕子 著
宝島社・一五〇〇円
ISBN9784796686822／9784800202895（宝島社文庫）

文芸

検察官の本来あるべき姿を活写

昨今、相次ぐ不祥事の発覚から、検察の世界を舞台にした小説、ルポが増えてきた。従来、絶対的正義の実現を標榜（ひょうぼう）し、ある意味で聖域化していたこの組織に、ほころびが出始めたせいだろう。

本書も、当然その流れを意識したはずだが、露骨な検察批判が展開されるわけではない。むしろ、検察官はこうあるべきだという、前向きの姿勢に貫かれている。著者は、まだキャリアの浅い女性作家だが、こうした意欲的なテーマに取り組む姿勢は、評価されてよい。

北国の架空都市、米崎市の地検に勤務する若手検事、佐方貞人が主人公を兼ねて、狂言回しを務める。物語はおおむね、佐方以外の人物の視点で語られ、そこから佐方の人物像を浮き彫りにする、という手法がとられている。例外は、苦境に陥った幼なじみの元恋人に頼まれ、トラブル解決に佐方自身が乗り出す第3話「恩を返す」一作のみ。ここでは、元恋人のほか彼女を恐喝する悪徳刑事、そして佐方の視点が交互に出てきて、サスペンスを盛り上げる。弁護士だった、佐方の亡父の事件にも触れられており、第5話の伏線になっている。

第1話「樹を見る」、第2話「罪を押す」、第4話「拳を握る」はいずれも、証拠から明らかに有罪と思える事件を扱う。場合によっては、被疑者が自白までした事件に、佐方が疑問を呈して再捜査に乗り出すという構成をとる。警察捜査が、ややずさんすぎるきらいもあるが、佐方のねばり強さがよく出ていて、最後まであきさせない。

第5話「本懐を知る」は、第3話で触れられた佐方の亡父の、過去の謎めいた事件を取り上げる。ルポライター兼先の視点で、その秘密がしだいに明らかにされる展開に、読みごたえがある。

作品を重ねるごとに、佐方のキャラクターが明確になるように、期待したい。

評・逢坂剛（作家）

ゆづき・ゆうこ 68年生まれ。09年に『臨床真理』でデビュー。著書に『最後の証人』。

二〇一二年二月二六日⑦

『水を守りに、森へ　地下水の持続可能性を求めて』

山田健 著
筑摩選書・一五七五円
ISBN9784480015341

人文

サントリーで長くコピーライターを務めた著者は21世紀が迫ってきたころ、ふと、同社の事業がいかに「地下水」に依存しているかに気づく。同時に、その地下水が、森林の荒廃によっていかに危うい状況に置かれているかも。

以来10年余りにわたって、地下水を涵養（かんよう）する森を守ろうと日本中を奔走してきた経験が、軽妙につづられる。

ユニークなのは、企業の社会貢献ではなく、本業としての位置づけだ。水に生かされている会社が水を守るのは当たり前というわけだ。

ミネラルウオーターなどを生産する工場の周辺で、約7千ヘクタールの森林を整備してきた。山手線を一回り大きくしたとてつもない広さだが、日本全体では微々たるものだ。

広大な森林を守るには、国や自治体の力だけでは到底足りない。多くの企業に、本業に近いところで森林に目を向けてほしい。そう提案する。

「だれか」ではなく「私」の問題としてとらえてこそ。今こそ必要な発想の転換だ。

評・辻篤子（本社論説委員）

二〇一二年二月二六日❽

『イスラームと科学』

パルヴェーズ・フッドボーイ著
植木不等式訳
勁草書房・三九九〇円
ISBN9784326750498

科学・生物

イスラム圏の科学はひどい状況にある。

中世には、停滞するヨーロッパを尻目に世界最先端だった。でも宗教がそこに介入し、物理法則なども神の意志にすぎないとされ、科学を研究するより、神の意志をコーラン解釈から読み取ることが優先された。そしていまや、一部イスラム圏の「科学」と教育の相当部分は、西洋科学をイスラム経典解釈にこじつけて「イスラム的科学」なるものをでっちあげる行為に堕している——。

こうした状況を、世界的な物理学者でイスラム教徒である著者は、深く憂慮し、イスラム社会の大きな停滞要因だと指摘する。だが本書は、イスラム教という宗教を批判するのではない。宗教と科学や理性の領域とを区別しない宗教や規範の野放図な侵入すべてに伴う、普遍的な問題の指摘が狙いだ。

イスラム圏の課題理解と同時に、他のどこでも起きかねない事態への戒めとして多くの人に読んでほしい。

評・山形浩生（評論家）

二〇一二年三月四日❶

『世界を騙（だま）しつづける科学者たち 上・下』

ナオミ・オレスケス、エリック・M・コンウェイ著
福岡洋一訳
楽工社・各一九九五円
ISBN9784903063522〈上〉・9784903063539〈下〉

科学・生物

「懐疑の売人」はなぜ消えないか

殺虫剤DDTは当初、奇跡の化学物質に見えた。即効性があって、効果も長持ちする。なのにヒトには害がない。しかし、効き目があるからこそ、生態系の平衡を崩していた。分解されにくいDDTは昆虫の細胞内に残留し、次の捕食者に移行して、生殖組織まで害するのだ。食物連鎖による生物濃縮。それは最後には鳥がさえずることのない季節をもたらす。

1960年代初め、『沈黙の春』を刊行し、環境問題に大きな警鐘を鳴らしたレイチェル・カーソン。その彼女が今、ネット上で徹底的に非難されているのをご存じだろうか。彼女は間違っており、ナチス、スターリンよりも多くの人を殺したと。

主張はこうだ。カーソンの警告によってDDTが40年前に禁止されたせいでその後何百万人ものアフリカ人がマラリアで死んだというのだ。ひるがえって、DDTで直接、死んだ人はほとんどいない。人間の生命より環境の方が大事だという考え方は誤りだと。

本書は、今更展開されているこのような批判の隠された意図を暴露している。政府による規制が、成功ではなく実は失敗だったと人々に思い込ませることができるなら、他の規制に対しても懐疑論を醸成、強化できるという意図を。

世の中には規制を受けたくない人々が存在する。酸性雨、オゾンホール、二次喫煙、地球温暖化。いずれの問題も、科学者の中には反規制陣営に味方するものがいる。その裏にはカネやイデオロギーが潜んでいる。本書ではこれらの問題を順に検討し、そんな科学者たちを名指しで糾弾する（原題は「懐疑の売人」）。

科学的な問題のほとんどは、科学の問題ではなく、実は科学の限界の問題である。本当に危険があるのかどうか、今すぐにはリスクを立証できない問題。その時私たちはもっと研究が必要だとして立ち止まるべきか。それとも行動を起こすべきか。そこに懐疑の売人がつけいる隙ができる。

DDTに関する米大統領科学諮問委員会は行動を要求した。リスクの立証責任は、規制側ではなく、安全だと主張している側にあると。DDTは、直ちに人を殺さなかったが、自然界に取り返しがつかない変化をもたらした。DDTは禁止前から使用量が減っていた。

効かなくなりつつあったからだ。カーソンは生物の耐性の問題にも言及していた。一方で、生態系をゆっくり浸潤していった。

　私たちも、科学をめぐる議論の真っただ中にいる。今こそ、真偽、善悪そして美醜の基準を確かめなければならない。カーソンをために非難することは、科学的に間違っているばかりでなく、悪意に満ち、醜い行為なのである。

評・福岡伸一（青山学院大学教授）

Naomi Oreskes　カリフォルニア大サンディエゴ校教授。専門は科学史。
Erik M. Conway　米航空宇宙局（ＮＡＳＡ）ジェット推進研究所研究員。

『痕跡本のすすめ』

古沢和宏 著

太田出版・一三六五円
ISBN9784778312978

本との対話や格闘、生々しく

「函（はこ）欠、背ヤケ、本文点シミ、線引き・書込みあり」。古書店で商品に付けられたこんな注意書きを目にして、あえて購入する人は少数だろう。函がなく傷んでいるうえに、傍線や書き込みなんかがあると読むのに邪魔でしょうがないからだ。

　ところが、こうした古本市場での落ちこぼれ本に新たな価値を見出（みいだ）そうとする人が現れた。「古書　五っ葉文庫」店主古沢氏である。

　氏は、前の持ち主の読書形跡が濃厚に残った本を「痕跡本」と名づけ、古書ならではの楽しみ方を指南している。古本にはさまっていた葉書（はがき）やチラシ、本文に引かれた線や書き込み、表紙裏に貼られたシールや押し花。栞（しおり）代わりに偶然はさまれた物もあるだろうが、それらは、本がある人によってどのように読まれたか、ということを如実に示す場合も多い。

　とくに、本の内容と深く関わる線引きや書き込みは、本と読者との対話（あるいは格闘）を生々しく浮かび上がらせる。本は何より読まれなければ意味がない。読書という行為を通じて、本はまったく別のテクストに変貌（へんぼう）することもある。その意味で、線引きや書き込みがされた本は、唯一無二の価値を持つのだ。

　こうしたことは、実は文学研究の世界ではすでに注目されている。たとえば、芥川龍之介は蔵書に「くだらん小説だ／怪談もこうなっては一向怖くない」などとメモしており、彼の文学観の貴重な資料となるのである。これも、痕跡本といえるかも知れない。

　ただ、痕跡本には個人情報がわかるものがあり、あとがきで忠告されているように、十分な配慮が必要である。無粋な詮索（せんさく）よりも、痕跡から想像を膨らませるほうがずっと楽しい。本書の造りが痕跡本ふうなのも凝っている。

　でも、これからは気に入らない本に「あほ！」などと書き込むのは止（や）めよう、と私は密（ひそ）かに思った。

評・田中貴子（甲南大学教授）

ふるさわ・かずひろ　79年生まれ。愛知県犬山市の古書店「古書　五っ葉文庫」の店主。

二〇一二年三月四日❸

『俺に似たひと』

平川克美 著
医学書院・一六八〇円
ISBN9784260015363／9784022618191（朝日文庫）
ノンフィクション・評伝

介護から見いだす「本当の大人」

東京の下町で町工場を営み、町内会を取り仕切ってきた父親が徐々に衰弱し、死に至る。約1年半の静謐（せいひつ）な介護生活を綴（つづ）った本書は、Ｗｅｂマガジン連載時から大きな話題となっていた。

突然始まった「男ふたり暮らし」は、平穏ながら緊迫している。父の老いは日々進行し、時に「せん妄」の中をさまよう。半覚半睡の状態が続いたかと思えば、突然、大声をあげ乱れる。しかし、その混濁を通り過ぎれば、また小さな平安が戻ってくる。

父のために食事を作り、排泄（はいせつ）や風呂の世話をする。当然、自分の時間は削られる。仕事も制限される。しかし、「おいしいおいしい」と食事を頬張り、「風呂はいいなぁ」と笑顔を見せる父に、著者は自己の実存的根拠を発見する。「俺がたおれたら、父親はどうするんだろうか」。そんな自意識は、必然的に「俺は何者なのか」という問いへとつながる。幸福の尺度が揺らぐ。

実家を片づけ始めると、父と母の戦後が表出する。裸一貫で始めた油まみれの工場。地域を束ねる濃密な町内会。どれも若き日の著者が逃げてきた現実だ。しかし、そこで展開された堂々たる人生に、著者は人間の本質を見いだす。戦後の日本が構築しつつ破壊してきたものは何だったのか？　本当の大人とは、どのような存在なのか？

父を「俺に似たひと」と認識する過程は、現代日本が置き去りにしてきた価値を引き受けなおす覚悟と直結する。人口が減少し、経済成長が困難になった日本で、「俺たち」が生きていく道が父の背後に透写される。

過剰な感傷を排し、生々しい介護生活を静かに描く本書は、清らかな透明感を獲得している。著者が同時出版した『小商いのすすめ』（ミシマ社）は、本書と見事な対をなしている。拡大から持続へと時代のパラダイムが移行する中、著者の示す価値観は、共感の連鎖を生みだすだろう。

評・中島岳志（北海道大学准教授）

ひらかわ・かつみ　50年生まれ。株式会社リナックスカフェ代表取締役。『経済成長という病』。

二〇一二年三月四日❹

『京都の町家と火消（ひけし）衆　その働き、鬼神のごとし』

丸山俊明 著
昭和堂・七三五〇円
ISBN9784812211540
歴史

庶民が支え続けた聖域の防災

火事といえば江戸だが、京都の火事現場も負けず劣らず興味深い。本書は二都の火消制度を比較しながら近代日本の防災を支えた真の主役を明らかにする。

御所や二条城本丸を含め京都を丸焼きにした天明大火（１７８８年）に際し、藤原定家の歌をもじって「見渡せば家も草木もなかりけり、蔵の戸前の焼けの夕暮れ」と詠んだ粋な町衆がいたと聞いては、火事慣れした江戸っ子読者も心中穏やかでなくなる。

京都も江戸も、初期の町火消は義務の放棄や現場からの逃走が多かった。そこで江戸は「いろは四十八組」のチームを鳶（とび）職人に作らせ、京都では町奉行所が直属の火消人足を雇って、経費を町人に負担させた。つまり火消の「プロ」化である。著者は、京都ではその後も町人の自発的消火活動が続いたとみる。

放水の前に雨戸を閉めて酸素供給を止め、家が二次爆発しないよう屋根に上ってガス抜きの穴をあけるなど、当時の火消の技とその働きは「鬼神のごとく」だったが、度を越して喧嘩（けんか）も盛大になった。

火消たちの日常にも驚く。侍火消は火災がなくても火事装束で町に出没、火消人足は眉にまで入墨（いれずみ）したといい、はじめ出動の合図は戦場と同じく法螺貝（ほらがい）を吹いて報（しら）せたそうだ。ただし、江戸が蔵などの防火建築を採用したのに対し、京都は民家を基本的に木造で維持したことにより、町の眺めが大きく乖離（かいり）することになる。

それにしても、天皇と将軍の住まいに神社仏閣が軒を並べる京都では、町人の消火活動に制限は多かったろう。そもそも町人が御所に入って火を消せるのか？

ところが火事場の指揮権を持つ京の町奉行は、聖域であっても町火消を投入した。それも、江戸で町火消が江戸城内立ち入りを許されるよりも早かった。庶民が防災の面でも頼りとなることは、歴史的にも確かなようだ。

評・荒俣宏（作家）

まるやま・としあき　住環境文化研究所代表、1級建築士。『京都の町家と町なみ』。

二〇一二年三月四日⑤

『あの川のほとりで　上・下』

ジョン・アーヴィング 著　小竹由美子 訳

新潮社・各二四一五円
ISBN9784105191139〈上〉・9784105191146〈下〉　文芸

半世紀の逃避行　物語の希望

アーヴィング待望の新作は、ニューハンプシャー州の山の奥、ツイステッド・リヴァーと呼ばれる川を舞台に幕を開ける。丸太流しを手伝っていた少年が川でおぼれて死ぬ。それが予告であるかのように、次々と人が死んでいく。母が、恋人が、息子が、父が。濃密な死の気配が物語には終始つきまとう。

主人公ダニエルは、コックである父ドミニクの愛人を熊と間違えてフライパンで撲殺してしまう。彼女が執念深い保安官の愛人であったことから、二人の半世紀に及ぶ逃避行がはじまる。名前を変えながらアメリカ各地を転々とした後、ついにはカナダのトロントに辿（たど）り着く。

逃亡しながらもダニエルは書くことを学び、作家として名をなす。結婚して子をもうけ、離婚し、子を失う。しかし単なる悲劇ではない。ヴォネガットやカーヴァーらをはじめ、多くの出会いがダニエルを成長させるだろう。

物語の途方もないスケール感は、複数の、数十年にも及ぶ強い感情の持続によって支えられる。ダニエルの母への思慕や死んだ息子への喪失感、ドミニクとケッチャムの奇妙で固い友情、ケッチャムが「左手」にこめた思い、そして保安官の執念。そう、「宿命」とは、持続する感情の別名なのだ。

立体的で緻密（ちみつ）な細部は、まるで精巧な箱庭だ。女たちはみな男勝りの巨躯（きょく）と怪力を誇り、男たちはそんな女をめぐって争う。息子は〝父殺し〟を目論（もくろ）むどころか、いつも父と同じ女を好きになる。アーヴィングの小説にしばしば登場する「墜落」のテーマや、災いをもたらす車（青いムスタング）の存在が象徴的な奥行きをもたらす。

終盤、物語がついに自分自身を語りはじめる眩暈（めまい）のような瞬間に至って、私たちは気づくだろう。希望を語ることが物語なのではない。物語そのものが希望なのだ、ということを。

評・斎藤環（精神科医）

John Irving　42年米国生まれ。作家。『熊を放つ』『ガープの世界』。

二〇一二年三月四日❻

『検証　福島原発事故・記者会見　東電・政府は何を隠したのか』

日隅一雄、木野龍逸 著

岩波書店・一八九〇円
ISBN9784000024699

社会

民主主義と相容れぬ情報独占

東日本大震災発生翌日の昨年3月12日午後2時ごろ、原子力安全・保安院の審議官は東京電力福島第一原発について、記者会見でこう語った。

「炉心の燃料が溶け出しているとみてよい」「炉心溶融でしか考えられないことが起きている」

この審議官は、同日夜の記者会見から説明役をはずれた。13日夕から登場した経産省の審議官は、炉心溶融を否定。当初は溶融の可能性を否定しなかった東電も、4月6日以降、炉心溶融ではなく「炉心損傷」だと説明した。

東電がメルトダウンを認めたのは、事故発生から2カ月後の5月12日のことだった。

東電と政府の記者会見で、何が語られ、何が語られなかったか。本書はそれを具体的に検証する。情報をできるだけ出すまいとする（そうとしか考えられない）東電、政府と報道陣の間でどんな応酬があったのか、メディアは事故をどう報じてきたのか。それらを知るうえで、たいへん有益な本だ。

読み終えて、米スリーマイル島原発事故について論じた朝日新聞社説（1979年4月8日付）を思い起こした。

「関係者が、できるだけ事故を過小評価しようとしたため、かえって（米国の）国民の間に原子力に対する不信感を広げてしまったこと」が「重大な教訓」だ、と社説は述べた。

当時、日本の原子力関係者は「このような事故は日本では起こりえない」などと力説するばかりで、謙虚に事故に学ぶ姿勢は乏しかった。そして今回、東電も政府も、同じ過ちを繰り返した。

原発に関する情報は電力会社や政府が独占している。原発の安全性をチェックするはずの保安院が、実は電力会社と一体であることを本書は明らかにする。

情報隠しを常とする原発は民主主義社会と相容（い）れぬ存在なのではないか。そんな疑問が浮かび上がってくる。

評・上丸洋一（本社編集委員）

ひずみ・かずお　63年生まれ。弁護士。
きの・りゅういち　66年生まれ。フリーライター。

二〇一二年三月四日❼

『考えるとはどういうことか』

外山滋比古 著

集英社インターナショナル・一〇五〇円
ISBN9784797672220

教育／人文

取っつきにくいテーマをわかりやすくコンパクトに伝えるというコンセプトで生まれた「知のトレッキング」叢書（そうしょ）の第一弾である。『思考の整理学』で知られる著者が、編集者との対話をもとに、示唆に富んだ自由な思考を繰り広げる。六つのテーマで構成されているが、特に前半の球面思考や触媒思考の話が面白い。文法では認められていない第四人称に関する話や、ことわざと川柳などをはじめとする言語からのアプローチは、英語雑誌の編集長を務めていた著者らしい指摘で、目から鱗（うろこ）の小さな発見をいくつも得ることができる。

この本が読みやすいのは、具体的な例やエピソードに溢（あふ）れているからだろう。結論めいたことはない代わりに、考えるとはどういうことか、という書名への答えを、著者自身の全身の思考によって体現している。知っているつもりになっていたことを一から覆していく奇跡のおしゃべりを読者はそばで聞いている、そんな本である。

評・石川直樹（写真家・作家）

二〇一二年三月四日⑧

『消費増税では財政再建できない 「国債破綻」回避へのシナリオ』

野口悠紀雄 著
ダイヤモンド社・一五七五円
ISBN9784478017814
社会

本書は日本の財政問題について数々のユニークな見方を提供してきた野口氏による日本の財政の維持可能性に関するエッセー集である。書名を「消費増税だけでは財政再建は難しい」と多少言い換えれば、これはユニークというよりは、いまやきわめて多くの経済学者が共有する意見だと言えよう。

すでにグロスでは国内総生産（GDP）の200％を超える政府債務が存在する。その利払い費が毎年増え続けている。それ以上に深刻なのは高齢化による社会保障費の増加傾向である。消費税率の5％から10％程度への引き上げでは焼け石に水に過ぎない。

本書によれば、消費税増税だけで国債を減らしていこうとすれば、30％もの禁止的な税率が必要になる。従って、財政再建のためには、大幅な消費税率の引き上げと社会保障費のはっきりとした抑制が不可欠である。

このメッセージを当然と思う人にも初耳という人にも広くすすめたい書物である。

評・植田和男（東京大学教授）

二〇一二年三月一一日①

『反原発の思想史 冷戦からフクシマへ』

絓秀実 著
筑摩選書・一八九〇円
ISBN9784480015365
人文／社会

近代にとどまり超克できるのか

戦後日本の反原発論は多様な展開を見せてきた。著者はかつてと同じ隘路（あいろ）に陥らないために、反原発の歴史をたどる必要性を説く。

著者が強調するのは「1968年」の重要性である。以前の反原発運動は地域住民運動であり、反戦反核運動として闘われたため、原発それ自体を否定するロジックは脆弱（ぜいじゃく）だった。しかし、68年をピークとする全共闘以降の新たな主題設定により、運動は「大きな物語」を獲得し、新展開を見せる。

著者が注目するのは、70年の華僑青年闘争委員会による告発である。華青闘は「日本の新左翼に内在する、ナショナリズムと民族差別」を告発し、一国主義的な「戦後民主主義」の欺瞞（ぎまん）を批判した。

「戦後」を懐疑的に捉えた左派は、アジアへ目を向け、毛沢東主義に可能性を見いだす。彼らはそこに、近代を乗り越える意思を発見した。伝統的で土着的な価値が掘り起こされ、ユートピア的コミューンの可能性が想起された。彼らは近代科学を批判し、毛沢東思想の中に反原発の契機を見いだした。この毛沢東の「美しい誤読」が、オルタナティブな世界観と合流する反原発の思想潮流を生み出したという。反原発は、80年代にはエコロジー主義とつながったニューエイジ思想と結びつき、サブカルチャー的展開を見せる。

高木仁三郎は毛沢東へのシンパシーをもとに、エコロジカルな反原発論を開始した。彼は宮沢賢治に思いを仮託し、自然・宇宙との有機的つながりを説いた。そこには市民科学者としての原発批判と共に、近代の超克への志向が垣間見えた。しかし、著者は断言する。「宮沢賢治は『福島』以降のシンボルたりえない」。「われわれは、あくまで近代に踏みとどまるべきであり、そうすることしかできないのだ」

3・11以降、「素人の乱」が主催するデモが活況を呈した。著者は、そこに可能性を見いだしつつ、反原発と反新自由主義を両立させる困難を指摘する。クリーン・エネルギーというベンチャーのように、反原発は新自由主義と合流し、旧第三世界における原発増加を推進しうる。かつて華青闘が告発した一国主義に、反原発運動が陥る危険性があるのだ。

近代にとどまりながら、原発を超克することは可能なのか。著者は資本主義の否定に出口を求めるが、その具体的方策は脆弱で、安易な解決策は存在しない。

日本における反原発論は、新たな段階に入った。今後のヴィジョンを見定めるためにも、我々は過去へと遡行（そこう）することで前進しなければならない。論争的な一冊だが、本書を経ない反原発論は、今後成立しないだろう。我々が立っている場所こそが問われている。

評・中島岳志（北海道大学准教授）

すが・ひでみ 49年生まれ。文芸評論家、近畿大学国際人文科学研究所教員。『吉本隆明の時代』『1968年』『革命的な、あまりに革命的な』など。

二〇一二年三月一一日❷

『メルトダウン　ドキュメント福島第一原発事故』

大鹿靖明 著

講談社・一六八〇円
ISBN9784062174978／9784062774604（講談社文庫）

社会／ノンフィクション・評伝

あの時何が為されなかったのか

あのとき何が起こり、何が為（な）されたのか。本書を読み、自分の不明を恥じ、ついで慄然（りつぜん）とさせられた。

地震直後、まずは安堵（あんど）があった。緊急炉心制御装置が作動し、福島原発はすみやかに停止したと。しかし、4号機タービン建屋の地下に点検のため降りた、二人の若い原発従事者は二度と帰ってくることがなかった。高さ15メートルにも達する津波が、防潮堤を軽々と乗り越え、二人を濁流の中に呑（の）みこんだのだった。全交流電源喪失。

午後3時42分、吉田昌郎所長は原子力緊急事態が起きかねない状況に陥ったと判断した。周辺住民を避難させなければならない最悪の事態。ところが、実際に首相が宣言を発したのはそれから3時間以上あとのことで、3キロ圏内の住民に避難指示が出たのはさらに2時間後のことだった。すでに炉心はむき出しになりつつあった。

時系列を追って克明に記される発言、引用にはすべて巻末に典拠が付されている。「私」という主語を徹底的に排した調査報道。官邸、経産省、東京電力、学者たちの狼狽（ろうばい）ぶりとその間に繰り広げられた壮絶かつ不毛なバトル。1号機爆発の映像を見て班目春樹・原子力安全委員会委員長は「うわーっ」とうめき、頭を抱えたという。「これが日本の原子力の最高の専門家の姿なのか」。統治機能の不全と判断の溶融。文字通り日本はメルトダウンしていったのだ。

私は事故後、関係者が次のようにひとりごちるのを聞いたことがある。もしタイムマシンに乗って過去に戻り、来る3月11日に何が起きるかを絶叫したとしても、誰一人耳をかす者はなかっただろうし、いかなる対策も取られなかっただろうと。

あのとき一体、為されるべきことの何が為されなかったのかを知るための一級資料として、本書は今後長い期間にわたって参照されつづけることは間違いない。

評・福岡伸一（青山学院大学教授）

おおしか・やすあき　65年生まれ。雑誌「アエラ」記者。『ヒルズ黙示録』『堕ちた翼』など。

二〇一二年三月一一日❸

『わたしの小さな古本屋　倉敷「蟲（むし）文庫」に流れるやさしい時間』

田中美穂 著

洋泉社・一四七〇円
ISBN9784862488305／9784480433817（ちくま文庫）

文芸

居場所見つけた しなやかな強さ

実は以前から知ってはいたのです、倉敷にある蟲文庫のことは。女性古書店主ばかり13人を取材した岡崎武志『女子の古本屋』（ちくま文庫）で田中美穂さんの写真を見たときから、気になっていました。少女のまま大きくなったように見える田中さんが、男社会の古書店業界でどのように生きているのだろうと。

偏屈なおじさんが帳場でにらみをきかせているような古書店が多いですが、最近は、若い店主が自分の目でセレクトした品揃（ぞろ）えを誇る個性的な店が増えてきました。田中さんのお店もその一つ。天球儀や置物が並ぶゆったりとした空間は、「なんで本がたくさんあるんですか？」と問う人がいたというエピソードがあるほど古本屋らしくない。

会社を辞めた日、古本屋になろうと思った。田中さんはそう綴（つづ）ります。集団生活になじめず「心身の成長が遅く、愚図（ぐず）と言われ続けた」という田中さんは、店を借り、本棚を自作し、手持ちの本だけで古本屋を始めてしまったのです。時には店の赤字を補うためにアルバイトまでして。それは、店が自分にとってもっとも居心地のよい場所であることを知ってしまったからでした。

本を扱う仕事は体力が必要です。そのうえ、若い女性は甘く見られる。決してやりやすいものではありません。そうした問題を、自分の速度で一つ一つクリアしてきたからこそ、今がある。本のタイトルは甘めですが、内容は甘いものではありません。

でも、田中さんの語る口調はまったく気負いがありません。文章の各所に、苔（こけ）のようにひっそりと印象的なフレーズが光ります。ともに暮らす猫や亀を見つめ、「人とはまるで違う摂理の生き物」の存在を心強く感じ、苔の観察で、日常からこぼれた事柄に向かい合う「少し痛みのある過程」を学ぶ。自分の居場所を見つけた人の、しなやかな強さに惹（ひ）かれます。

評・田中貴子（甲南大学教授）

たなか・みほ　72年生まれ。岡山県倉敷市の古本屋「蟲文庫」の店主。著書『苔とあるく』。

二〇一二年三月一一日④

『3・11　複合被災』
外岡秀俊 著
岩波新書・九〇三円
ISBN9784004313557

『震災と原発　国家の過ち』
外岡秀俊 著
朝日新書・八一九円
ISBN9784022734365

人文／社会／新書

この一年を忘れずにおくために

「あの日」から今日で、ちょうど一年。時代を画する大文字の日付「3・11」を再び迎えて、テレビも雑誌も一斉に震災特集を組んでいる。しかしあまりの情報過多で、被災の全貌（ぜんぼう）はむしろぼやけてしまってはいないか。

著者は朝日新聞の記者をながく勤め、いよいよ退職という年に震災に遭う。やもたてもたまらず現地へ向かい、フリーランスの記者として何度も被災地を歩き取材を重ねた。その成果をまとめたものが『3・11　複合被災』だ。

震災、津波、原発事故が複雑に重なった被災状況、自治体や政府の対応、今後の課題などがコンパクトにまとめられ、「3・11を後世に伝える本」という著者のねらいは十分に成功している。

とりわけ自治体間の相互支援や、災害対策基本法の諸問題など、全体の構図を理解することで位置づけがはっきりする問題がいくつもあった。現場の人々の生々しい証言は、「無名の人のえらさ」が日本を支えている、という中井久夫の言葉を裏付ける。

地を這（は）うような取材の一方で、著者は「3・11」の形而上（けいじじょう）学的な意味を思索していた。その航跡が『震災と原発』だ。被災のもたらす不条理が、さまざまな文学作品と重ね合わせて論じられる。

本書は、良質なブックガイドでもある。声高なジャーナリストにはカミュ『ペスト』を、矛盾した政令で自治体を混乱させた政治家にはカフカ『城』を、デマで人々の不安を煽（あお）る運動家にはモラン『オルレアンのうわさ』を読ませたくなるからだ。東北に生まれた評者としては、何をおいてもノーマン『忘れられた思想家―安藤昌益のこと』を読まねばなるまい。

情緒を抑制した文体は、その行間にジャーナリストの良心をにじませている。ありえないほど長かったこの一年を忘れずにおくためにも、いま読んでおきたい二冊である。

評・斎藤環（精神科医）

そとおか・ひでとし　『地震と社会』など。

二〇一二年三月一一日⑤

『写真の読み方　初期から現代までの世界の大写真家67人』

イアン・ジェフリー 著　内藤憲吾 訳

創元社・三九九〇円
ISBN9784422700281

アート・ファッション・芸能／ノンフィクション・評伝

挑発的に響きあう　熱い含意

著者は、これまで写真史、美術批評の分野で卓越した知見を示してきた。本書では、写真の黎明（れいめい）期から現代までの写真家67人と2度の大戦中に撮影された写真を取り上げ、写真に包含される様々な意味を読み解いている。

タイトルこそ素っ気ないが、中身は写真家の概説に留（とど）まるものではなく、まして や指南書の類でもない。本書はそれぞれの写真家同士の関係を含め、章と章が重奏的に響き合い、強いて言うならば〝写真史に関する挑発的な資料〟といった側面を持っている。

写真家の名によって章立てされているが、その中に「第一次大戦」「再殖民局　農業安定局」「第二次大戦」という項があえて設けられていること、また写真家によって割かれるページ数が異なっていること、さらに取り上げられている図版が誰もが見知っている代表作ばかりでないことなどがその理由である。

著者がアメリカの「再殖民局」と、そこから飛び出してきたウォーカー・エヴァンス、ドロシア・ラング、ベン・シャーンなどを重点的に紹介しているところが、いい。有名なキャパが4ページで簡潔に語られているのに対し、エヴァンスには14ページも割いている。「1929年のエヴァンスの出現は突然であり、それは深く調べるに値する」という言葉通り、その章は熱を帯びていた。

日本人では東松照明、中平卓馬、森山大道の3人が取り上げられている。著者は、写真史において「中平のように、世界の終わりの恐ろしい感覚を持った者は誰もいなかった」と高く評す一方、「中平は操作された痕跡のない図鑑のような純粋な写真で再出発を誓ったが、そのような想像力による未来の遂行は夢想にすぎなかった」と断じる。

『写真の読み方』をどう読み解くか、それは写真家としての自分の立ち位置を相対化するための問いにもなるだろう。

評・石川直樹（写真家・作家）

Ian Jeffrey　ロンドン大などで教鞭（きょうべん）を執る。『写真の歴史』『写真の本』。

二〇一二年三月一一日⑦

『日本の核開発　1939〜1955　原爆から原子力へ』

山崎正勝 著

績文堂・三三六〇円
ISBN9784881160756

歴史／社会

反原爆世論に「平和利用」で対抗

戦時下の原爆開発から、1955（昭和30）年の原子力基本法成立にいたる日本の「核開発」の歴史をたどる。東京電力福島第一原発の事故を機に、日本の原子力開発の歩みを振り返ってみようという方には、やや専門的ながら格好の書物といえるだろう。

54年3月16日、読売新聞は、マグロ漁船第五福竜丸が太平洋のビキニ環礁近海を航行中、米国の水爆実験に遭遇、「死の灰」を浴びて静岡県の焼津港に帰港したことをスクープした。

直後の22日、米国防長官補佐官アースキンは、日本における反米世論の高まりを抑えるために、日本に原子炉を建設するよう国家安全保障会議作戦調整委員会に進言する。

1カ月後、国防総省は次のような対策を立案する。

「『危険な放射能』という日本人の主張を相殺するために、自然放射線の効果と安全に対する工業上の許容基準についての話を公表する」

「日本人患者たち（第五福竜丸の乗組員）の

持続する病状を、放射能であるよりは珊瑚（さんご）の粉塵（ふんじん）の化学的な効果のせいにすることを追求する」

一方、読売新聞を率いる正力松太郎の側近、柴田秀利もこう考えた。

「原爆反対を潰すには、原子力の平和利用を大々的に謳（うた）いあげ、それによって、偉大な産業革命の明日に希望を与える他はない」

米政府と日本のメディアが「原水爆反対」の世論に対抗するため、手を携えて突き進んだのが「原子力の平和利用」キャンペーンだった。正力はその後、科学技術庁の初代長官に就く。

原爆投下で100万人以上の死傷者が救われたなどとする米国の「原爆投下正当化論」がどう成立したか。日本への原爆投下を韓国ではどうみているか。これらに関する論考にも多くを教えられた。

それにしても、原発を導入しないという選択肢は、日本にはなかったのだろうか。

評・上丸洋一（本社編集委員）

やまざき・まさかつ　44年生まれ。東京工業大学名誉教授。『原爆はこうして開発された』など。

『出会い』

ミラン・クンデラ 著　西永良成 訳

河出書房新社・二五二〇円
ISBN9784309205885

母国語の外から新世界を眺める

旧チェコスロバキア出身で、のちにフランスに亡命したミラン・クンデラは、『不滅』などの傑作を書き、世界中に読者を持つ作家であるが、芸術評論についても定評がある。本書は二〇〇九年、クンデラが八十歳になる年に出版された評論集の翻訳である。

ここではベーコンの絵画、ヤナーチェクのオペラといった多様な対象が扱われているが、中心はやはり小説であり、「ある芸術家が他の芸術家について語るとき、その芸術家はいつも（間接的に、遠回しに）じぶん自身について語る」と述べられているように、何を論じても必ず自身と小説との関係が問題になる印象がある。

たとえばベートーベンについての断章。フーガをソナタのなかに導入することで、ベートーベンはバロック時代のポリフォニーと古典派の音楽とを統合し、「ヨーロッパの全音楽の相続者になることを夢み」たと著者が書くとき、ラブレー以来の口承文芸に根を持つ小説と、語り手が消失した十九世紀リアリズム小説との統合が考えられているのは疑えなく、著者こそがヨーロッパ全小説の相続者たらんとする者だ、と読む誘惑に駆られる。またベートーベンの夢が実現したのは、「モダニズムのもっとも偉大な作曲家」であるシェーンベルクとストラヴィンスキーにおいてであると書くとき、二十世紀モダニズム小説において、ヨーロッパ小説は一つの完成を見たのであり、自分はその正統な後継者だとの思いがあるとも理解できる。

文学史を見渡す眼（め）の確かさに支えられた、作品論、作家論はどれも鋭利で刺激的だ。一例のみあげるならば、「偉大な小説の主人公には子供がいない」のは、人間を完結した存在として定着させようとする小説の精神がそうさせるからなのだと論じ起こして、登場人物が「束（つか）の間の輝き」を放つだけのガルシア＝マルケス『百年の孤独』は、小説の時代に決別を告げる作品なのだと指摘したりする。

しかしこれら魅力的な各論以上に印象づけられるのは、著者の小説への揺るがぬ信頼である。新しいものなど本当にあるのか？　といったポストモダン的懐疑や冷笑と著者は無縁である。しかしそれは何故（なぜ）なのか？　一つは彼がキャリアの中途から仏語で書きはじめたことがあるだろう。国民国家の言語――母国語に宿命的に密着せざるをえない小説家が、異質な言語を通じて世界を眺めるとき、新たな美の形式や認識の可能性が眼に映る、そんなことがあるのかもしれない。その形式がもはや私たちの知る小説ではないのだとしても。いずれにせよ作家は絶えず母国語の「外」に出ようと努めなければならない。そうあらためて確信される。

評・奥泉光（作家・近畿大学教授）

Milan Kundera　29年旧チェコスロバキア生まれ。作家。68年以後、著作は国内で発禁。75年にフランスへ亡命し、現在はパリで仏語による執筆を続ける。著書に『存在の耐えられない軽さ』『笑いと忘却の書』など。

二〇一二年三月一八日❷

『昭和の怪談実話　ヴィンテージ・コレクション』

東雅夫編

メディアファクトリー・二六二五円
ISBN9784840143530

文芸

幽霊、化け物…あゝ「怪」だらけ

尾上大三郎という人気絶頂の旅役者がいた。彼が「先代萩」の仁木弾正を演じる段になり、花道のスッポンからドロドロとせり上がってきたが、あれよあれよという間にぐんぐん宙に舞い上がって、ついに天井まで上りつめたところでスーッと消えてしまった。宙づりの仕掛けもないのにあり得ないことが起こって大騒ぎになった。ところが翌日、彼は床下で口に巻物を咥（くわ）えたまま死んでいた。

私が鑑定いたしますには花道から舞い上がったのはすでに死んでいた彼の霊体で、客席の全員が見たのは大三郎の幽霊だったのだ。

こんな話もある。長崎の魔窟で一晩愛欲にひたった十代の娼婦（しょうふ）とロシアの水兵が阿片（あへん）を吸い続けた。数日後に宿の主人が密閉された部屋に入った。阿片の煙だけを残して2人は煙のごとく消えてなくなっていた。物体消滅現象は怪談というより超常現象だ。

このような妖しい怪奇幻想譚（たん）を昭和の戦前戦後の怪談実話から、怪談通の第一人者が採集した30余編を収めたのが本書である。幽霊、化け物、死に神、火の玉、化け猫、狐（きつね）、骸骨とまさに怪談アンソロジー秘宝館は、土着のノスタルジーを現代に蘇（よみがえ）らせる。

怖がりほど怪談に魅せられる。だから幽霊や化け物は人間の心の闇の産物だと科学の外側に片づけられてしまう。一方、信じる者にとっては非現実も現実の一部として「現実」の領域を拡大し、この物質的現実を否定したがる。怪談はそんな踏み絵として前近代と近代を分かつが、この両者は対立するものではなく、われわれの意識の深奥に共存するものとして感受して遊べばいい。

自分の中に「怪」が棲（す）んでいた子供の頃、夜の闇を妄想するだけで住みなれたわが家が「浅茅（あさじ）ケ宿」のような化け物屋敷に変貌（へんぼう）し、軍歌を歌いながら便所に駆け込んだものだった。「怪」不在の現代人はどこか可哀（かわい）そう。

評・横尾忠則（美術家）

ひがし・まさお　58年生まれ。文芸評論家。怪談専門誌「幽」編集長。

二〇一二年三月一八日③

『屋根裏プラハ』

田中長徳 著

新潮社・二一〇〇円
ISBN9784103317319

ノンフィクション・評伝

革命を境にたゆたう古都の光

ウィーンで写真家の古屋誠一さんと話していたときに、田中長徳氏の名を聞いた。他愛（たわい）のない思い出話のなかで唐突にその名が出てきて、チョートクさんへの認識がぼくの中でがらりと変わったのを覚えている。なにしろ今まで124冊の著作があり、それら全てがカメラ関係書ということもあって、カメラ評論家の方とばかり思いこんでいた。しかし、彼は審査の厳しい銀座ニコンサロンで学生時代に個展を開催し、73年に横浜からナホトカ（ソ連）へと船で渡って以来、日本と欧米を行き来しながら写真を撮り続けてきたベテラン写真家なのである。目の前にたゆたう光をカメラという器によって掬（すく）い上げるかのように、世界を見る。鋭いセンサーと高い解像度で世界を見つめつつも、最終的にはモノクロームのフィルムで丁寧に写し取る、そんな風にぼくはチョートクさんのことをとらえている。

「大切なことは、電話では話さない。手紙に書かない。酒場で話さない」けれど、「うまいビールだけはある」という革命前の赤旗が翻るプラハや70年代のウィーン、そして震災後の日本にいたるまで、ページをめくるたび時間と場所が縦横に行き来する。

文中に何度も登場する77年以来の古い友人の写真家P氏や、著者が敬愛してやまないヨセフ・スデクに関するエピソードが特に好きだ。スデクはプラハのパノラマ写真で知られる巨匠の一人である。この二人はチョートクさんが古都プラハを〝視（み）る〟時の二つの軸になっているのだろう。思わずスデクの写真集を図書館で見直してしまった。

本書には未収録だが、手作りカメラで女性の写真を撮り続けたミロスラフ・ティッキーをめぐる「新潮」連載時の一章も、印象に残っている。写真とカメラをど真ん中に据えたチョートク氏の来し方を通して、革命前と後のチェコ周辺における四半世紀を見つめた稀有（けう）な書物であった。

評・石川直樹（写真家・作家）

たなか・ちょうとく 47年生まれ。写真家、カメラ評論家。『カメラに訊け！』『銘機礼讃』。

二〇一二年三月一八日④

『プロメテウスの罠（わな）　明かされなかった福島原発事故の真実』

朝日新聞特別報道部 著

学研パブリッシング・一三〇〇円
ISBN9784054052345

ノンフィクション・評伝

腹立たしい官公庁の愚民観

3・11を検証する「プロメテウスの罠（わな）」は本紙連載中であるが、第6部までが本となった。福島県浪江町で放射能汚染に遭遇した避難民たち、研究者たちの奮闘、官邸の混乱、チェルノブイリで起きたことなどが収録されている。

未曽有の地震と津波だった。現場の混乱と混迷も当然であるが、検証記事を読むとあらためて、なぜに、という思いが深まる。現地の放射能汚染のデータは随分と収集されつつ、現地住民への伝達はまったく遅れた。正確な情報をもっとも必要とし、いち早く伝えられるべき住民はないがしろにされていた。

官公庁は事実を伝えることになぜこんなにも臆病なのか。「パニックを恐れ」という〝愚民観〟は腹立たしい。たとえ小パニックが起きようと、事実の伝達こそより大きな利益にかなうものであるはずなのに。職を賭して観測業務を続け、あるいはデータ開示を行った技術者や研究者がいたことが救いである。

放射能の広がりと影響をキャッチする「S

PEEDI」（緊急時迅速放射能影響予測システム）なるものがある。放射性物質は風向きや地形に影響されつつ、複数の突起を形づくって拡散していく。福島でも予測通りの広がりを見せたが、汚染濃厚地域にはそのことも知らされなかった。官邸中枢はシステムの存在自体を知らず、ただ同心円状に避難区域を拡大していった。外部および内部被曝（ひばく）の影響がはっきり判明するのは今後であるが、そのとき取り返しのつかぬ罪をだれが担うのか。

3・11はメディアのあり方を問い直す契機ともなった。第一報と直後の報道はもちろん大事ではあるが、「出来事の細部にこだわりつつ」「分かりやすく事実をもって事態を語らしめる」調査報道は負けず劣らず大切である。この分野はメディアの中で新聞がもっとも力を発揮しうる領域でもある。連載の息の長い取り組みを期待したい。

評・後藤正治（ノンフィクション作家）

同名の連載記事のうち、2011年10月3日から12年2月6日分までを収録。

二〇一二年三月一八日⑤

『都市と都市』

チャイナ・ミエヴィル著　日暮雅通訳
ハヤカワ文庫・一〇五〇円
ISBN9784150118358

文芸

「認識の壁」生む奇妙な平行世界

SFにおいて、この世界とぴったり重なるようにもう一つの平行世界が存在するという「多重世界」設定は定番中の定番だ。しかし、こんな奇妙な平行世界モノは読んだことがない。

舞台となるのはバルカン半島あたりに位置する二つの都市国家、〈ベジェル〉と〈ウル・コーマ〉。地理的にはほぼ同じ位置を占める二つの国は、ミルフィーユ状に領土が重ね合わされている。領土間にベルリンのような「壁」はないが、代わりに〝認識の壁〟があるのだ。

それぞれの国民は、互いに相手の国が存在しないように振る舞わなくてはならない。ベジェル国民はウル・コーマの住民や建物、車を認識することを禁じられ、逆もまた然（しか）りだ。訓練によって半自動的な「失認」状態を作りだし、それによって〝国境〟が維持される。

それでも時々違法な〝越境〟は起こる。それを取り締まるのが謎の組織「ブリーチ」だ。認識上の国境を侵犯したものは、ただちにブリーチによっていずこかへ拉致されてしまう。ブリーチへの恐怖によって〝国境〟は維持されるだろう。

この奇妙な場所で殺人事件が起こる。ベジェル警察のティアドール・ボルル警部補は、この〝国際犯罪〟の犯人を追いつつ、第三の空間の謎に接近していく。ボルルが逃走する犯人を追うシーンは、同じ道を走る両者が、実際にはそれぞれの国の領土しか走れないという、設定が最大限に活（い）かされたクライマックスになっている。

ミステリとしても十分に面白いが、しかし本作の醍醐味（だいごみ）は、精神医学的には「解離」のメカニズムの政治的応用という、すぐれてSF的な設定にある。本作がヒューゴー賞をはじめ、SF関係の賞をいくつも受賞したのもうなずける。政治的な失認に甘んずることへの戒めとしても、今読んでおきたい一冊である。

評・斎藤環（精神科医）

China Miéville　72年イギリス生まれ。作家。『アンランダン』など。

二〇一二年三月一八日⑥

『資本主義が嫌いな人のための経済学』

ジョセフ・ヒース 著　栗原百代 訳

NTT出版・二九四〇円
ISBN9784757122819

経済／社会

現状変えたい左派こそ勉強を

2008年金融危機に始まる世界不況、さらには震災後には特に、「資本主義はもう終わり」みたいな物言いを無数に見かけてきた。これは特に左派に多いし、その人たちは資本主義の理論的根拠（と思っている）経済学も破綻（はたん）したと言いたがる。

でもそのほとんどは、実は経済学の主張をろくに知らず、自分の主張も考え抜いていない。そしてその無知と怠慢につけこむ保守派の乱暴な議論に反論できず、万年負け犬の地位に甘んじている。

それじゃダメだ。資本主義のダメな現状を改善したいなら、左派もちゃんと勉強しようぜ、というのが本書だ。

というわけで本書は、筋金入り左派哲学者による、むずかしい綱渡りだ。経済学を乱用して既成体制の走狗（そうく）と化した一部論者には鉄槌（てっつい）を。

しかし優しさとか友愛とか、左派の無内容な情緒的議論にも手加減無用。本書の邦題は実に秀逸だ。まさに資本主義が嫌いな人こそ経済学を学ぼう。実は、嫌いな部分を考えるヒントは既存の経済学でかなり議論されているんだから。それが本書の中心的な主張だ。

書き方や主張は実にストレートだ。レヴィットとダブナーの『ヤバい経済学』批判など少し異論もあるが、主張はおおむね納得できる。経済学者が書いたら、上から目線で無知な大衆に説教するような嫌みな本になりがちだが、それもない。

ただし十分な理解には経済学について多少の予備知識はいる。また前半／後半で投げ出さず、全体をバランスよく読んでほしい。特に左派の読者は、ミイラ取りがミイラになったと思うかもしれない。資本主義だの合理的個人だのをかなり擁護する本だから。でも表面的な好き嫌いだけでそれを否定するのでは前に進めないのだ。

本書をきっかけに、それに気がつく人が一人でも増えてくれれば……。

評・山形浩生（評論家）

Joseph Heath　67年カナダ生まれ。哲学者、トロント大学教授。

二〇一二年三月一八日⑦

『生老（しょうろう）病死の図像学　仏教説話画を読む』

加須屋誠 著

筑摩選書・一八九〇円
ISBN9784480015372

歴史／医学・福祉

絵は写実である——現代人の多くはそう考えがちだ。もちろん、鎌倉時代の絵を観（み）て当時の人々の風俗を知ることはできる。しかし、それが絵のすべてと思ったら大間違い。以前『ダ・ヴィンチ・コード』という小説や映画がヒットしたとき、絵に隠された意味を読み解く教授が主人公だったことを思い出してほしい。画面に描かれたモノには、象徴的な意味があるのだ。

本書は、中世の仏教絵画を題材に、隠された意味を読み解いてゆく。この方法についてはプロローグに詳述されるが、敢（あ）えて第一章から読むことをお奨（すす）めする。「生老病死」とは仏教の言葉で、人間に平等に訪れる四つの苦のこと。なぜ老人は子どもと一緒に描かれるのか、出産や死を中世人はどうとらえていたかという疑問が、絵の具体例にそって解明されてゆく。読後、プロローグに戻ると、「絵を読む」理論が頭に入りやすい。

著者の仮説が先走りする傾向があることと、モノクロ図版が見づらいのが残念だ。

評・田中貴子（甲南大学教授）

二〇一二年三月二五日①

『安部公房の都市』

苅部直 著
講談社・一七八五円
ISBN9784062174930

ノンフィクション・評伝

廃墟を取り込み 変転する都市像

『安部公房の都市』。サブタイトルはない。帯には「人気政治学者が読み解く」とある。少しでも安部作品の評論を読んだことがある人なら、手に取るのをためらうかもしれない。安部作品における都市の問題は、すでにいくつもの論があるからだ。いまさら、何か新しい発見があるのか？

著者が安部作品と出会ったのは、小学生の頃、『人間そっくり』か『第四間氷期』のどちらかをSFとして読んだのが最初だという。これは私も同じ体験を有している。安部が満州からの引き揚げ者であることも、共産党員だったことも知らず、無邪気に安部と邂逅（かいこう）してしまうのは、60年代生まれの特徴であろう。高度経済成長のただ中、変貌（へんぼう）した後の都市しか知らない世代が安部作品をどう読むのか、という点がまず関心をひく。

本書では、安部の中期に位置づけられる作品が中心に論じられる。たとえば、都市の無名性に埋没し自分を見失ってゆく男が主人公の『燃えつきた地図』は、前田愛が『都市空間のなかの文学』で取り上げたように、まさに「都市」でしか成り立ち得ない作品とされてきた。しかし著者の読みは、都市の無機性や迷路的な様相よりも、常に流動する都市に着目する。新しいものはすぐに「廃棄物」と化し、都市は「廃墟（はいきょ）」を内に取り込みながら変転を繰り返すしかないのである。

安部作品における「廃墟」や「ゴミ」への指向を満州体験に結びつけてゆくくだりは、本書で最も興味深い部分であろう。奉天（瀋陽）で育った安部は、支配者である日本人が暮らす租界を一歩出れば、荒涼とした原野が広がっていた、と回想している。都市は、恐怖と魅惑に満ちた空間と隣り合って存在した。それが都市の中の「廃墟」とつながっていることを、著者は『けものたちは故郷をめざす』などの作品によって解読してゆく。

また、安部の唯一の歴史小説である『榎本武揚』を3章にわたって論じている箇所も読み応えがある。幕臣から箱館戦争を経て新政府の官僚になった榎本武揚に、共産党離脱という安部の「転向」を重ねて読まれることが多かったこの小説を、信じるべき秩序が崩壊した後の物語として読み直す作業には、著者の政治学者としての視点がよく生かされている。

「何らかの発展史として語られる歴史は、常に勝者の歴史」であるが、敗者の歴史は「史料の断片のままに放置」される、と著者は言う。放置された断片は「廃棄物」として都市に散在するが、それを箱の中に入って失踪する人間の物語へとつなげてゆくのは面白い。

律義なまでに先行研究に配慮する態度がかえって著者の筆の伸びを妨げているのが、少し不満だ。

評・田中貴子（甲南大学教授）

かるべ・ただし 65年生まれ。東京大学法学部教授。専門は日本政治思想史。著書に『丸山眞男 リベラリストの肖像』（サントリー学芸賞）、『鏡のなかの薄明』（毎日書評賞）、『光の領国 和辻哲郎』などがある。

二〇一二年三月二五日②

『図説　尻叩（たた）きの文化史』

ジャン・フェクサス 著　大塚宏子 訳

原書房・三三六〇円
ISBN9784562047680

歴史

愛と人間味にじみ出る奇書

奇書である。先日、野村萬斎氏が演出した『サド侯爵夫人』（三島由紀夫原作）を観劇し、その余韻のなかで本書を手に取った。タイトルに「図説」と銘打たれているとおり、古今東西の尻叩きに関する図版が豊富で、それらを概観するだけでも、この本のぶっ飛び具合が伝わってくる。

著者は元弁護士で、「エル」や「フィガロ」といった女性誌のイラストレーターの仕事をこなし、かつては警察官でもあったという変わり種である。彼の著作の一つ『おなら大全』は、故・米原万里さんが以前書評を書いていたので覚えている。熱心な性の探求者で、しかもマニアックな性格を持ち合わせていることは、多くの図版の提供者に自身の名を挙げていることからもうかがえる。努めて上品かつ生真面目に分析しつつも、書き手の嗜好（しこう）や気持ちがページの随所に滲（にじ）み出しているのが面白い。そうした人間味が垣間見られるからこそ、奇抜なテーマを扱いながら、読み手を不快にさせないのだ。

子どもへのお仕置き、性愛行為、刑罰、宗教上の鞭打（むちう）ちなど、歴史上のあらゆる尻叩きが取り上げられるのだが、難しい理念をこねくりまわすのではなく、具体例のオンパレードであるがゆえに極めて明快だった。

ただ、現代の尻叩きについて触れる最終章では、それまでかろうじて保たれてきた著者の抑制が利かなくなっている節がある。例えば「尻叩きの音は多くの建物内で最新の流行になっている。どのリズムもテクノのリズムに取って代わりうるような音である」という冒頭の文章には、納得しかねる。カバノキ製の鞭の長所を述べられても、もはや普通の読者はついていけないだろう……。

尻叩きの効用について、「万能薬、あるいはそれに近いもの」と言い切ってしまう著者の、尻叩きへの愛情はどこまでも深い。人間の計り知れない欲望を露（あらわ）にする、愛すべき奇書である。

評・石川直樹（写真家・作家）

Jean Feixas　フランス人。とっぴなものの収集家。『うんち大全』。

二〇一二年三月二五日③

『日本の精神医療史　明治から昭和初期まで』

金川英雄 著

青弓社・二一〇〇円
ISBN9784787233349

歴史

隔離されてきた精神病者

本書は、精神医学史に関する類書の中でも飛び抜けてユニークだ。扱う時代は明治から昭和初期とごく短く、官報などからの引用が多い文章はいささか読みづらい。しかし斬新すぎるその切り口で、最後まで一気に読ませる。

特異な点は二つある。第一に、精神医療を隔離・監禁の歴史としてたどっている点。それゆえ感染症の隔離政策に関する記述も多い。第二に、本書の約半分が朝鮮半島における西洋医学導入の歴史に割かれている点。とりわけ韓国の精神医療史のこれほど詳しい紹介は、私が知る限り本書が初めてだ。

著者はまず、わが国の精神医学の礎を築いた東京帝国大学神経病学講座の教授・呉秀三と樫田五郎の著書『精神病者私宅監置ノ実況及ビ其（その）統計的観察』（１９１８年）を詳しく紹介する。

この本に記された、日本の精神障害者が「此（この）病ヲ受ケタルノ不幸ノ外ニ、此邦ニ生マレタルノ不幸」を二重に被っている、という一文はよく知られている。これは精神障害者の「私宅監置」（「座敷牢」など）に対する告発だった。当時、精神障害者の処遇は警察の管轄だったのだ。

呉は日本のみならずアジア全体の精神医療の向上を考えており、朝鮮半島の医療の近代化にも深く関わった。ただしそこには、西洋諸国から流入した「宣教医師」らの活躍も大いにあずかっていた。

セブランス医学校を設立したオリバー・エビスン、精神科を専門とする宣教医師マクラーレン、韓国での医学教育に尽力した沈浩燮（シムホソプ）や李重澈（イジュンチョル）といった、知られざる偉人たちが活躍する第4章は、本書最大の読みどころである。

呉の悲願だった精神科病院の建設は、戦後大いに進んだ。座敷牢は消えたかわりに、精神科病床数は約35万床と先進諸国中でも際だって多い現状がある。「此邦ニ生マレタルノ不幸」は、いまだ過去形ではない。

評・斎藤環（精神科医）

かねかわ・ひでお　東京武蔵野病院外来部長、了徳寺大学兼任講師。『精神病院の社会史』。

『長寿と性格　なぜ、あの人は長生きなのか』

H・S・フリードマン、L・R・マーティン 著

桜田直美 訳

清流出版・一七八五円
ISBN9784860293710

ジョギングよりも勤勉性

高齢化社会の日本ではこれ以上長寿が増加すると問題の上に問題を積み重ねることになるけれど、米国で約1500人を対象に80年間追跡観察した結果、長寿は生き方のパターンにあるというデータを発表した博士がいる。それによると従来の健康に関する常識が通用しないことになる。

医療側の健康論理ではなく健康と長寿のカギを握っているのは性格で、最も重要なのは「勤勉性」だという。ダイエットもジョギングも関係ない。慎重、注意力、責任感、礼節、計画性、ねばり強さ、思慮深さ、社交ネットワークなどなどだ。そこで僕はふと三島（由紀夫）さんの性格を思い出した。だが彼は自死を選んだ。とするとこの研究は当てはまらない。しかし、「この世の終わり」と解釈するタイプの悲観論者は事故や事件、自殺で亡くなる短命の確率が他より高いという。すると彼の憂国の思想が逆転劇を誘発したともいえる。

著者は、専門家の多くが今後、寿命は短くなると予想しているという。理由は、国民が健康のためのアドバイスを守らないためだが、著者によれば健康のための政策の方こそ間違っているのだ。

この研究を行ったルイス・ターマン博士はもともと、才能があって成功した人の秘訣（ひけつ）を探るのが目的だったが、同じことが健康と長寿に関しても言えることを発見した。

本書は長寿の性格と同時に短命の性格も指摘している。芸術家には長寿が多いが、中には長寿の条件に反する性格パターンの持ち主もいるだろう。にもかかわらず長寿なのは、博士の挙げる条件の他にも別の因子がありそうだ。

例えば芸術家は「勤勉性」の他に、創造に伴う本能的な感性や霊感の受信能力が異常に敏感であるというようなことも長寿の条件に加えなければ、芸術家の異端的な性格にもかかわらず長寿であるということが理解しにくくなるからだ。

評・横尾忠則（美術家）

H. S. Friedman、L. R. Martin　いずれも米国の心理学者。

二〇一二年三月二五日⑤

『なぜデザインが必要なのか　世界を変えるイノベーションの最前線』

エレン・ラプトンほか 著　北村陽子 訳

英治出版・二五二〇円
ISBN9784862761200

アート・ファッション・芸能

問題解決への知恵と技術

「デザイン」と聞いたときにすぐ頭に浮かぶのは、「意匠」、つまり、さまざまな製品の色や形、模様のことかもしれない。

だが、英和辞典をひもとけば、考案する、計画する、設計する、といった言葉が並ぶように、実はもっと広い意味を持った言葉だ。本書は、それを豊富な実例で見せるとともに、この言葉が今日の重要なキーワードでもあることを教えてくれる。

本書のもとになったのは、米ニューヨークにあるクーパーヒューイット国立デザイン博物館で行われた、2010ナショナルデザイントリエンナーレ「なぜ今デザインなのか?」と題された展覧会だ。

エネルギー、コミュニティー、健康、豊かさなど八つのジャンルに分け、世界中から選ばれた138のプロジェクトが紹介されている。人々が「より健康に、より豊かに、より快適に暮らし、同時に、人と人の住む地球の生態系とが調和を取り戻す」ためのデザイナーたちの模索、である。

中身は多岐にわたる。構想中、あるいは建設中の未来志向都市があれば、ロサンゼルス地震に備えるためのデザイン、途上国の水浄化システムや呼吸器疾患を防ぐコンロ、さらには、泥の中の生物の代謝を利用してエネルギーを作る泥ランプもある。

日本からは、使い捨てでも美しい「WASARA」食器やホンダの人型ロボットアシモから派生した下半身サポートシステムなど数点だ。

登場する人の中には、建築家やエンジニア、工業デザイナーと呼ばれる人がいれば、市民や起業家もいる。重要なのは、個々の専門を超えて、私たちが持つ知恵でも技術でも総動員して、世界が抱えるさまざまな問題への解決策を見いだそうとする取り組みであり、それこそがデザインだ、ということだろう。

日本の潜在力を生かすためにもっとデザイン力を。そんなメッセージも読み取れる。

評・辻篤子（本社論説委員）

米クーパーヒューイット国立デザイン博物館のEllen Luptonら4人で執筆。

二〇一二年三月二五日⑥

『楽園のカンヴァス』

原田マハ 著

新潮社・一六八〇円
ISBN9784103317517／9784101259611（新潮文庫）

文芸

手だれの美術ミステリー

この作品は、日本ではまだ数少ない、うんちくものの美術ミステリーである。

ニューヨーク近代美術館のアシスタント・キュレーターで、画家アンリ・ルソーの研究家でもあるティム・ブラウンは、休暇を利用してスイスのバーゼルに飛ぶ。著名なコレクター、バイラーから秘蔵するルソーの未公開作品を鑑定してほしい、という招待状がきたのだ。それを、ティムは名前が1字違うやり手の上司、トム・ブラウンに届いたものと判断したが、絶好の機会を逃したくない一心で、トムになりすます。

バイラー邸に着くと、そこにはもう1人同じ招待を受けた、優秀なルソー研究家の早川織絵がいる。2人はバイラーから、ニューヨーク近代美術館が所蔵する「夢」と同じ構図を持つ、未知の作品「夢をみた」を見せられる。バイラーが2人に与えた課題は、1冊の古書を交代で7日間読んだあと、問題の作品の真贋（しんがん）を判定せよ、というものだった。勝った者には、その絵をどう処分してもよいという、取り扱い権が与えられる。

2人は、だれが書いたか分からぬ古書を、交代で読み継いでいく。そこには、ルソーのほかモデルの女性ヤドヴィガやピカソ、アポリネールなどが登場し、知られざるエピソードがつづられていた。その古書は、いったいだれの手になるものなのか。各章の最後に記された、ばらばらのアルファベットは、果たして何を意味するのか。

こうした、ミステリアスな状況設定の中で、ルソーに関する逸話や、ピカソの友情秘話が、しだいに明らかにされる。著者は、本来ミステリー作家ではないはずだが、本作品の構成はまさに手だれのそれであり、終始飽きさせることがない。

中でも「夢をみた」の真贋にまつわる謎解きは、十分に読者を驚かせるだろう。したがって、ここでは伏せておくことにする。

評・逢坂剛（作家）

はらだ・まは 62年生まれ。美術館勤務、キュレーターを経て作家。『カフーを待ちわびて』など。

二〇一二年三月二五日❼

『サラの柔らかな香車』

橋本長道 著

集英社・一二六〇円

ISBN9784087714418／9784087452280（集英社文庫）

文芸

人生よりも大きなゲーム

将棋小説が好きだ。ゲームのルールもよくわからないのに引き込まれてしまうのは、どうしてなんだろう。

現実の人生の中では、才能とか勝敗といったものは、はっきりとした形では目にみえない。将棋というフィルターを通すことで、それが可視化される面白さがある。誰が勝って誰が負けたのか、紛れもない。と同時に、将棋盤の前に座ったとたんに、年齢や性別や国籍や立場といった実人生の要素が一切消え去るところにも惹（ひ）かれる。

この作品の登場人物も全員が様々な物語を背負っている。まともに会話ができなかったり、病を抱えていたり、大きな挫折体験があったり。

だが、作中において将棋は、決して人生の縮図にはなっていない。むしろ、拡大図のように描かれている。そこに強い魅力を感じた。現実世界に本当はあるはずの、けれど埋もれてしまって引き出せない可能性が、将棋というゲームを通すことで初めて姿を現す。世界の側からみると、それは未知の贈り物になるんじゃないか。

そんな可能性の女神のような主人公の少女は、こんな風に描かれている。

〈サラちゃんはですね、世界に類を見ない、前例のない共感覚保持者なんですよ。彼女は将棋の駒を見ると同時に、色や景色や数字や痛みや匂いといったあらゆる感覚を感じているに違いありませんよ〉

その背後には、こんな生い立ちがある。

〈彼はサラに南米のあらゆる美しい風景を見せたのである。そして彼の覚えている限りの文学を朗読しながら、彼女の前で駒を動かしていった。護池は彼がその人生において習得した全てを同時に並行して彼女に伝えたのだ〉

過去に中学生将棋王将戦で優勝した経験をもつ作者は、そのキャリアを生かしたリアリティーと、突飛（とっぴ）なまでの発想のユニークさを、絶妙なバランスで両立させている。

評・穂村弘（歌人）

はしもと・ちょうどう 84年生まれ。本作で小説すばる新人賞。棋士養成の奨励会元会員。

二〇一二年四月一日①

『なみだふるはな』

石牟礼道子、藤原新也 著

河出書房新社・一九九五円
ISBN9784309020945

社会／ノンフィクション・評伝

もの言わぬ山や川　沈黙滲ませる言葉

もちろん言の葉は繁茂しなくてはいけない。絶えてはいけない。しかし、カリウムと間違えてセシウムを取り込んでしまった葉のような、妙に大きく色濃くなった葉のような、そんな言葉ばかりが目に、耳につかないか。不安がつのる。そんな葉のあいだから美しい花が咲くのだろうか。もの言えぬ人たちの、もの言わぬ山や川や畑の沈黙を滲（にじ）ませて、やさしくそよぐ言の葉はどこにあるのか。

そんなとき、この本を開く。声が聞こえてくる。震災後すぐに被災地に入った写真家、藤原新也が語りかける相手は、戦後文学の傑作『苦海浄土』で水俣病の悲惨を描いた石牟礼道子。作家でもある藤原は、イメージや言葉などはるかに凌駕（りょうが）する圧倒的な現実があることを誰よりも知っている。しかしだからこそ写真を撮り、言葉を紡がねばならない。こんな未曽有の現実を出来（しゅったい）させてしまったこの国の近代化とは何だったのか。やはり近代化が生んだもう一つの悲劇、水俣の経験を石牟礼に問い尋ねながら藤原は考える。

苦しみや悪が、「善や優しさという人間の側面を一層磨いてくれる」。被災地で出会った人々のことを思いながら希望を抱く一方で、「人災では憎しみのような人の心のネガティブな面が膨大化する」と言う藤原は、自分の力では統御できないものを生み出した人間は滅びてもしかたないという絶望を完全に振り払うこともできない。

怒りと悲しみに揺れる緊張に満ちた藤原の言葉を、路傍や野辺の草の葉が風や光、動物たちの呼吸を受けとめるように、石牟礼の言葉はやわらかく、温かく、静かに受けいれる。彼女が語る幼い頃の水俣の風景は、それがもはや記憶のなかにしか存在しないがゆえに、貴く美しい。石牟礼の言の葉には、きれいな土や水がついている。複雑な波音を奏でる石垣造りの防波堤。三角頭を波間に出して、お日様に手を合わせるタチウオの群れ。人間が他の生き物だけではなく、見えないものの存在をもたしかに感じていた世界。

しかし近代化は、人のように心を持ち私たちのすぐそばにいたこの目に見えぬ存在を追放し、その代わりに、同じように目には見えないけれど、もっと恐ろしい非人間的なものを連れてきた。それが水俣を、福島を汚染し、多くの人々から故郷の海と山を奪い取ってしまった。「植物、動物、生きているものは千草百草、全部呼吸をしている。その呼吸を人間の力でできなくさせている。人間しかいたしませんもの。そんなこと」

本を閉じてもなお石牟礼が聴いた水俣病患者の言葉が耳から離れない。「知らんということがいちばんの罪。それで、知らん人たちのためにも、自分のためにも祈ります」

評・小野正嗣（作家・明治学院大学専任講師）

いしむれ・みちこ　27年生まれ。作家。『苦海浄土（三部作）』『はにかみの国　石牟礼道子全詩集』など。

ふじわら・しんや　44年生まれ。写真家、作家。『メメント・モリ』『コスモスの影にはいつも誰かが隠れている』など。

二〇一二年四月一日❷

『驚きの介護民俗学』

六車由実 著

医学書院・二一〇〇円
ISBN9784260015493
医学・福祉／社会

ためらいが吹き込む新しい風

書店で本を見つけ、「おお久しぶり」と声が出そうになった。10年近く前、新進の民俗学者として大きな賞を受けたが、次作がとんと出なかった。ある日大学教員をやめ、郷里で介護士として働いていたのだ。理由はさだかでない。が、民俗学者としての〈癖〉が、介護現場でいつしか蠢（うごめ）きだす。そう、認知症を患う高齢者からの「聞き書き」である。

施設での勤務は、2人で10人の食事・服薬・排泄（はいせつ）・入浴の介助、おむつ交換、それに食器洗いと記録付け。1人の世話でも苦労なのに、これは尋常でない環境だ。そのさなか意地でも「聞き書き」を続ける。時代にもみくちゃにされながらも必死で平衡をとってきたその生き様を、体の奥深くに蓄積されながら見過ごされてきたそのぎりぎりの知恵を、証言として書き留め、また自らへの教えとして受けとるために。そしてその歓（よろこ）びを相手に贈り返すために。

そこに浮かび上がってきたのは、「傾聴」「共感」「受容」という観念にがんじがらめになったケア（「聴き取り」）の歪（いびつ）さであり、一方でテーマを先に設定する民俗学調査のまなざしの狭さだった。そこで始めたのが「テーマなき聞き書き」。「驚く」ことを封印しなければやってられないほど苛酷（かこく）な現場で、それでも一人ひとりがくぐり抜けてきた途（みち）に「驚きつづける」。なんと、そこは「ワンダーランド」だから、というのだ。

昔とった杵柄（きねづか）だからだろう、民俗学の話になると言葉が心地よく風を切る。が、介護の話はためらいや迷いで千々にもつれる。彼女はそれでも後者に身を傾ける。そこには、介護と民俗学の双方になにかとてつもなく新しい風が吹き込みそうな気配が漂う。

「女が女を演じると何かが足りない」とかつての名優・杉村春子は語ったが、この本は、ケアワーカーがケアをするとき、民俗学者が調査をするとき、足りないものが何かを深く考えさせる。

評・鷲田清一（大谷大学教授）

むぐるま・ゆみ　70年生まれ。『神、人を喰う』でサントリー学芸賞を受賞。

二〇一二年四月一日❸

『森林の江戸学』

徳川林政史研究所 編

東京堂出版・二九四〇円
ISBN9784490207644
歴史

日本の山 どう再生させたか

戦後の復興期から高度経済成長時代には、目の前の利益だけを考えた量産、拡大政策が推進された。その結果、原子力のみならず多くのものが問題を抱えている。そのひとつが「森林崩壊」である。

森林の過剰伐採が起こり、奥地の開発と人工造林が進められ、広葉樹林からスギ、ヒノキなど針葉樹林へ転換した。雪で倒れてしまうスギやカラマツが豪雪地帯に植えられた。金儲（もう）けが先に立つと自然の摂理が分からなくなる。そして輸入木材の時代が来た。今度は手入れをしなくなり、森林崩壊が始まっている。

そういう時代だからこそ、と刊行されたのが、徳川林政史研究所の長年の蓄積を集めた本書である。戦国時代から江戸時代のはじめまで、日本はやはり過剰伐採をおこなっていた。しかしその結果洪水や土砂災害が起こるようになり、幕府は「山川掟（さんせんおきて）」という達書を出す。草木の根を掘り返すことを禁じ、苗木を植えるように促したのだ。国土の保全と災害防止を念頭に置いた治水、治山に取り組んだのだった。

諸藩も立木の伐採を禁ずる留山（とめやま）を定め、順番に伐採する輪伐制度を作り、盗伐には極刑でのぞみ、植林令を出すなどして、江戸時代に日本の山は見事に再生する。「国の宝は山也……山の衰えは則（すなわ）ち国の衰えなり」と言い遺（のこ）したのは秋田藩家老である。林政論も出て、さらに具体的な技術を伝えるための山林書も出されるようになった。農民たちは、森林資源を枯渇させんばかりの材木商人の請負を一揆でやめさせ、農民自らが森林の手入れをした。

本書は概説編と基礎知識編で編まれている。江戸時代の伐採道具から運搬方法、流通、樹木ごとの用途など極めて具体的で、自然とどのように関わって森林を再生させたのか、よく理解できる。

さて、現代の私たちはどうすれば森林崩壊を止めることができるのだろうか？

評・田中優子（法政大学教授）

徳川林政史研究所は森林の歴史を研究する民間機関。執筆者は竹内誠同研究所所長ら8氏。

二〇一二年四月一日④

『テングザル　河と生きるサル』

松田一希 著

東海大学出版会・二一〇〇円
ISBN9784486018469

科学・生物

がむしゃらに 現場からの発見

テングザルという長い鼻を持つ猿が東南アジア・ボルネオ島の森に棲（す）んでいる。川の近くで寝起きし、水かきを上手に使って対岸まで泳ぐ「川の猿」だ。牛のような「前胃」を持ち、葉を効率的に消化できる反面、甘い物を食べるとガスが大量発生し胃が膨張して死んでしまう等々、話題には事欠かない。その実、野生の様子がほとんど知られていない謎の猿でもあった。本書は、2005年からテングザルを研究する若き霊長類学者からの現場報告。

研究手法は日本の霊長類学のお家芸「個体識別法」だ。1頭1頭、見分けて行動を記録する。著者は「ベジータ群」という群れ（名前を「ドラゴンボール」からとっている）を中心に初年だけで3500時間もの観察に成功し、数々の新事実を明らかにした。

例えば――従来言われていたよりはるかに多様な植物を食べ、中には果実（甘くない未熟なもの）も含まれること。森の中での行動は……日中の4分の3も休んでいること（消化のために必要らしい）。霊長類ではじめて牛のような反芻（はんすう）行動を確認したり、中型ネコ・ウンピョウによる捕食を直接確認したり等々、長時間観察それ自体の強みを活（い）かしつつ、さらに「運という名の必然」（フィールドに出ないと、特別な瞬間に出会う可能性はゼロ）に導かれ、新発見の論文を発表している。

順風満帆に見えるが、背景には泥臭いがむしゃらさがある。ボルネオで調査地に赴くや、8キロにもわたる観察路を切り拓（ひら）く。見分けるのが難しかったメスの識別法をさんざん観察した上で確立する。ヒルやダニだらけの森で、ハチに刺され、ゾウに追われ、洪水の時期もワニを警戒しつつ水に浸って観察を続ける。結果、手にしたデータを使って結論に迫る様は、推理小説を読むような知的興奮をかきたてる。動物学に限らず、現場（フィールド）で活躍したいすべての人に推したい。

評・川端裕人（作家）

まつだ・いっき　78年生まれ。京都大学霊長類研究所特定助教。

二〇一二年四月一日5

『時は老いをいそぐ』

アントニオ・タブッキ 著　和田忠彦 訳
河出書房新社・二三一〇円
ISBN9784309205861
文芸

過去との苦い和解にじませ

タブッキが亡くなってしまった。三年前に『イタリア広場』、昨年は自作批評『他人まかせの自伝』が出版され、我々日本の愛読者は充実した数年を送っていたのだったが。

一般にイタリア文学の代表とされるタブッキだが、作品はポルトガル語やフランス語でも書かれる。その意味でタブッキこそ「ヨーロッパ文学者」と呼ばれるにふさわしい。

実際、九つの短編をまとめた本作にも、〝ドイツ訛（なま）りのフランス語〟や〝クロアチアのリゾート地〟、〝ニューヨークで回想される、モスクワでの元ハンガリー軍将校と元ソビエト軍将校の邂逅（かいこう）〟などが次々と出てくる。

それらの要素はすべてヨーロッパ史の濃厚な記憶をまといつかせ、悔いをともなった懐古の情と、そうでしかあり得なかった過去との苦い和解をにじませて存在する。

多種多様なヨーロッパ人たちの声は異なる時制、話法、感情によって語り分けられ、しかし一文ずつ重ねられて短編ごとの小宇宙に同居するが、もちろんそれはタブッキの高度な技術と繊細さゆえである。

例えば、セリフをカッコでくくらない間接話法の多用によって、同じ言葉が語り手の地の文にも、誰かの発話にも見える。それはまるで複数の勢力による領土の奪いあいのようだ。誰が語っているかをめぐって、せめぎあいが起きるのだから。

やつれた、生気を失った、すべてが蒸発してしまった、といった単語が鏤（ちりば）められた本作は、あらゆる紛争に倦（う）み疲れたヨーロッパ、特に東欧の荘厳な衰退をたえず連想させる。しかし文のレベルでは読む毎（ごと）に生々しい領土の分裂、再統合がやまない。個人がきしみあい続けるように。

だからこそ本作は、甘いノスタルジーの衣をまといながら、衝突の力を今なお糧とするヨーロッパの現在そのものではないか、と故人の見事な幻術に重いため息が出る。

評・いとうせいこう（作家・クリエーター）

Antonio Tabucchi　1943～2012年。現代イタリアを代表する作家。

二〇一二年四月一日6

『オバマを読む　アメリカ政治思想の文脈』

ジェイムズ・クロッペンバーグ 著
古矢旬、中野勝郎 訳
岩波書店・三六七五円
ISBN9784000224185
政治／社会／国際

「哲学せしめる政治家」の背景

弱腰で優柔不断——米国内でオバマ大統領をそう批判するのは保守派に限らない。議会多数派を擁しながら野党に妥協を重ねる姿はリベラル派をも失望させた。議会がねじれ、大統領選を今秋に控えた現在でさえ、オバマ氏は党派的な中傷攻撃には抑制的だ。

それは一体なぜか。

むろん、したたかな政治的な思惑や打算はあろう。しかし著者は、この問いを手軽な政治解説に落とし込むことなく、より広い米国の思想史的文脈のなかで再考する。

例えば、挑発や対立よりも和解や調停を重んじるオバマ氏の政治手法には、米国的なプラグマティズムの伝統が見て取れるという。

実用性や効率性を重んじる即物的思想と矮小（わいしょう）化されがちなプラグマティズムだが、その根底には、原理の絶対性や真正性への懐疑がある。つまり、ある原理が正しいか否かを競い合うことよりも、原理の対立をいかに回避するかが重要だとする視点だ。

もっとも、中庸や熟議を重んじる姿勢や、

プラグマティックな手法がつねに〝正しい〟判断を導くかは微妙だ。民主主義に伴うこうした不安や危うさにオバマ氏はどう折り合いをつけるのか。中庸や熟議を拒む原理主義的な立場に対してどう向き合うのか。

著者は、オバマ氏の著書や演説はもちろん、親近者らの証言を豊富に交えながら、同氏の思考が紡ぎ出された背景や文脈を鮮やかに照射してゆく。とりわけロールズやニーバー、ギアーツらを引きながら、1980年代以降の知的変動が同氏に与えた影響を論じた第2章は秀逸で、巷（ちまた）にあふれるオバマ論とは明らかな一線を画している。

より保守的な思想史解釈に立てば、オバマ氏の位置づけもまた異なったものになり得よう。しかし、少なくとも、著者のような米思想史研究の第一人者をして哲学せしめるほどの政治家が彼の地にいることを羨（うらや）ましく思う。

評・渡辺靖（慶応大学教授）

James T. Kloppenberg 51年生まれ。ハーバード大学教授。

二〇一二年四月一日⑦

『不妊を語る 19人のライフストーリー』

白井千晶 著
海鳴社・二九四〇円
ISBN9784875252870
医学・福祉

望んでも子ができないつらさ

書店で、買いづらい本がある。別に、妙な本でもないし、奇抜な書名でもない。むしろ、まじめな、と言っておかしければ、当たり前のタイトルなのである。

本書が、それである。こういう本を求める人は、まず、不妊の悩みを抱えているか、その治療に踏みきるかどうか迷っている人、あるいは治療中の人だろう。自分が不妊であることを、人に知られたくない。書店でこの種の本をレジに差しだすことさえ、かなりの覚悟を必要とする。そんな馬鹿な、と笑うかたは、結婚して子どもが生まれるのは当然で、しあわせは子を持ち育てること、と疑わぬ人たちに違いない。望んでも子ができない者のつらさを、私たちはどこまでわかっているだろうか。

政府は少子傾向を憂え、夫婦にハッパをかける。かけ声で物事が解決するなら、この世の仕組みは単純だ。本書をひらいてみるがよい。恥ずかしさや劣等感にさいなまれながら、確たる展望もなく、時間や金をかけて治療する人たちが、こんなにもいる。

さいわいにも成功して授かれば、多胎だったりする。排卵誘発剤の使用や、体外受精は多胎妊娠の確率が高い。たとえば三つ子の場合、どんなに子を望む夫婦でも、あれこれ考えてしまう。母体や子の健康の問題、育児の負担、手の確保、経済上の心配、など「きつい」不安がいっぺんに襲ってくる。医師は「減数手術」の選択もありうる、とそれとなく教えてくれる。堕胎に当たるのではないか、母体保護法の人工妊娠中絶なのか、その辺があいまいである。「減数」したら、のちのち愛児を見るたび、決断の正否を問われそうな気がする。誰にも相談できない問題なのだ。

戦時の「産めよ、殖やせよ」運動に限らぬ、懐胎出産はいつの時代も国策である。不妊を非難するまなざしは、国策で作られるのかも知れぬ。

評・出久根達郎（作家）

しらい・ちあき 70年生まれ。日本学術振興会特別研究員。専門は家族社会学。

二〇一二年四月八日❷

『超常現象の科学　なぜ人は幽霊が見えるのか』

リチャード・ワイズマン 著　木村博江 訳
文芸春秋・一六二八円
ISBN9784163749204

科学・生物

進化した脳がお化けを映し出す

このヘンテコリンな本の著者は英国で人気の高い心理学者である。見えてはいけない幽霊を見えるようにする実践的なハウツー本と思わせておいて、じつは超常現象撲滅のキャンペーンを張るといった野暮（やぼ）な企（たくら）みではなく、私たち人類がついに幽霊という実体も根拠もない存在を創造するに至った「心の進化」を検証する。

本書の読みどころは二つ。まずは、今から見れば単純な心理作用にも思えてしまう幽体離脱、念力、交霊などの現象が、人々に簡単に信じ込まれた理由を示すパート。心霊写真を開発した科学者が息子と妻の臨終を待って「魂」の撮影に挑んだ話や、瀕死（ひんし）の患者を天秤（てんびん）に乗せて魂の重さを量った医師の話はすごい。超常現象を調査する欧米の専門家は、とにかく詐術を非情に暴く。評者などは、子ども時代にサンタクロースなんか存在しないよと言われ不愉快になった口だが、そういう読者も惹（ひ）きつける。

第二の読みどころは、超常現象に付随する詐術を解明しつつ、それを逆利用して読者に同じ体験をさせるマニュアルが用意される点だ。それを自分で実験すると、超能力なしで占いや念力が疑似体験できる。人間の脳はお化けを見たがっており、それを見る方法が発達したともいえる近代の背景だ。アメリカの若い姉妹が遊びで始めた「ノック音を用いる心霊との交信法」が、キリスト教社会に革新的な霊魂観をもたらしたことも例示される。

本書はさらにカルトの洗脳など社会問題にも斬り込むが、それよりも締めの話題に選ばれた「夢を巡る尖端（せんたん）理論」が断然おもしろい。夢の役割とは「睡眠を守ること」であって、睡眠時もフル稼働する脳のせいで眠りが中断されないよう、錯綜（さくそう）する思考内容を物語に整理して落ち着かせることだという。訓練すれば夢の続きも見られるとは、すばらしい。

評・荒俣宏（作家）

Richard Wiseman　66年生まれ。英ハートフォードシャー大教授。

二〇一二年四月八日❸

『歴史学者　経営の難問を解く』

橘川武郎 著
日本経済新聞出版社・一九九五円
ISBN9784532317775

『電力改革　エネルギー政策の歴史的大転換』

橘川武郎 著
講談社現代新書・七九八円
ISBN9784062881456

経済／社会

「リアルな原発のたたみ方」とは

『歴史学者〜』と言っても、著者は応用経営史というジャンルを専門とする経済学者だ。産業ごとの歴史から発展のダイナミズムを探り、そこから今日的な問題の解決策を導き出す。その手法を携えて採り上げた業界は、電力や石油、金融、プロ野球など。なぜ成長しないのか。なぜ競争力に乏しいか。各業界の構造問題を分析して改革案を示す。

残念ながらいくつかの業界の記述は紙幅の制約もあって物足りないが、「原発」と「電力システム」は別格だ。それもそのはず、著者は主要電力会社10社中7社の社史の執筆や監修にかかわったプロなのだ。電力王・松永安左エ門らの足跡から9電力再編の経緯や原発推進の歴史まで、背景を含めて熟知している。

だからといって電力業界べったりの守旧的な意見でもない。むしろ業界が嫌がる電力自由化も、エネルギー安全保障のために進めるべきだ、という改革的な立場だ。

　原発では、使用済み核燃料の処理問題を根本的に解決できない以上「たたむしかない」と言う。ただしそのやり方はリアルであるべきだとして、2050年に原発ゼロを想定する。解決案はきわめて現実的だ。こうした点で、同じ主張を盛る新書判『電力改革』に著者の主張のエッセンスがあると言ってもいい。

福島第一原発事故のあと、日本のエネルギー政策のあり方については、政府や有識者の間でも意見が割れている。いまだ答えが見いだせない、まさに難問だ。その折に重厚な業界分析を背景にした硬質の提案が出る意義は大きい。

　ただ、未曽有の原発事故で私たちは核のゴミ処理に数千年、数万年という気の遠くなるような時間を費やすことに気づかされた。仮に「リアルな原発のたたみ方」をすれば、核のゴミをあと数十年は増やし続けることになる。それは人類史的な歴史観からも許容されるものなのか。その点も聞いてみたかった。

評・原真人（本社編集委員）

きっかわ・たけお

二〇一二年四月八日⑤

『相田家のグッドバイ』

森博嗣 著

幻冬舎・一五七五円
ISBN9784344021358

ノンフィクション・評伝

親の老い　乾いた筆致で描く

　かつて揺るぎなく見え「お手本」として導いてくれた親がいつの間にか「弱く」なりむしろこちらが保護者だと気づく瞬間がある。その発見はわりと唐突に訪れる。衰えていく父母を見送る過程で、自分自身の育ちを相対化し家族観・世界観に修正を余儀なくされることも。核家族が普通になって祖父母の老いや死を間近に見てこなかったこともあり、我々の多くが年長者の衰えに「慣れていない」からなおさらだ。本作は現代の我々の社会で普遍的と思われる、しかし、あまり語られないことを、とびきり乾いた筆致で掬（すく）い上げる。

　作中の両親はいずれも一風変わった人々として描かれる。父は、何事にも「理屈が必要」と考えており、例えば二輪車での事故を「二輪故のスリップ」と原因確定すると、自分にも息子にも二輪車を禁じる。同じ過ちを繰り返さない。著者のミステリー作品の登場人物のような思考パターンを示す。一方、母は、家から可燃ゴミ以外、一切外に出さずにため込む。工夫して高密度に収納し、それでもスペースは必要で家をどんどん建て増すことになる。銀行の印鑑や現金などは、収納物の隙間に隠される。ミステリー作品の舞台になりそうな収納屋敷のあるじである。

　息子と両親の関係の移り変わり、両親の老い、衰え、病気、死、その後の「リセット」が語られる。息子は当初、自分の親が変わっていると認識できないほど「当たり前」に感じていたが、結婚を機に（これは究極の異文化交流だ）認めざるを得ない。両親の死で一つのサイクルが終わり、両親の子であった自分も「家」もリセットされ「自然な状態」に至る。

　淡々とした筆致であり、感動を押しつける作品ではない。しかし「言葉にされなかった大切なこと」が独特の論理性、合理性のもとに示され、読む者の心にひたひたと寄せる漣（さざなみ）を感じさせる。

評・川端裕人（作家）

もり・ひろし　57年生まれ。『すべてがFになる』で作家デビュー。工学博士。

二〇一二年四月八日❻

『バナナの世界史　歴史を変えた果物の数奇な運命』

ダン・コッペル 著　黒川由美 訳
太田出版・二四二五円
ISBN9784778312961　科学・生物／社会

ヒトがつくりかえてきた生命

バナナは、あのあまりにもあからさまなカタチにもかかわらず、かわいそうに、一度もセックスをしたことがありません。なぜなら、バナナはタネなしだからです。

バナナの原種は、硬くごろごろしたタネがたくさん入ったとても食べにくい果物でした。ところが自然のいたずらで、あるとき、タネがないのに果実だけが太る突然変異種が出現しました。

とはいえ、タネができない植物をいったいどうやって増やすことができるのか。バナナは地下茎を伸ばすので、これを株分けすると簡単に大規模栽培ができるのです。

なかでもグロスミッチェルは優れた品種でした。大きくて皮が厚く、舌触りはなめらか、味は濃厚でフルーティー。これに目をつけた米国資本が中南米に大規模なプランテーションを作り上げました。グロスミッチェルは売れに売れました。しかし、その背後には乱開発と過酷な労働搾取がありました。

ところが突然、大きな災難が降りかかったのです。ある種のカビがとりついてグロスミッチェルを枯らせはじめました。パナマ病です。グロスミッチェルは株分けで増えた単一クローン植物。多様性のない性質は、いったん崩壊するとひとたまりもありません。パナマ病はグロスミッチェルを滅ぼしてしまいました。

かわりに現在、私たちが食べているのはキャベンディッシュという品種です。しかし単一品種・大量消費という構造は変わっていません。病原体の方も進化して新パナマ病が出現しています。バナナの未来はどうなるのでしょうか。

人口爆発を支える有用な生物資源。それをあまりに恣意（しい）的に利用してきた人類。ヒトがつくりかえた生命に対しヒトはどのように責任をとるべきなのか。バナナをめぐって、私たちの生命観・世界観を問い直す好著です。

評・福岡伸一（青山学院大学教授）

Dan Koeppel　科学、自然などが専門のジャーナリスト。

二〇一二年四月八日❼

『下り坂では後ろ向きに　静かなスポーツのすすめ』

丘沢静也 著
岩波書店・一八九〇円
ISBN9784000226332　人文

ただのハウツーものではない。「より速く、より強く、より高く」という競技スポーツから脱出しよう、という価値観の転換を提起している。競技スポーツは競争社会における仕事と同じ文法であって、「静かなスポーツ」は生命・生活・人生の文法である、という考えだ。三・一一以前にはなかなか言えなかった思想が次々に表明されている。実践し考えてきたことが、ようやく共感を得るようになったからであろう。本書もその一冊、と見た。

ハウツーものとしても充分に役立つ。大事なのは回数や距離ではなく、時間を区切ることだという。泳いでも走っても三十〜四十分でやめましょう、なぜなら人生は短いから、という提案には大いにうなずいた。スロートレーニングを取り入れれば、筋トレもニュースを見ながら時間を区切って充分に効果があるそうだ。著者はドイツ文学者。毎日を生きることと体を動かすことが文章の中でしっかり結合している。

評・田中優子（法政大学教授）

二〇一二年四月八日⑧

『なぜメルケルは「転向」したのか　ドイツ原子力四〇年戦争の真実』

熊谷徹 著
日経BP社・一六八〇円
ISBN9784822248901
社会／ノンフィクション・評伝

福島原発事故の発生から3カ月後、ドイツ連邦議会は、原子力法の改正案を可決し、遅くとも2022年末までに原発を完全に廃止することを決めた。なぜ、ドイツは脱原発への道を開くことができたのか？　本書は、原発をめぐる過去40年間のドイツの歩みをたどりながら、右の問いへの答えを示す。

東独出身の首相メルケルは、かつては研究所に勤務する物理学者だった。ドイツ統一後に政界に転じ、環境相を務めたが、原発は必要だと考えていた。そのメルケルが福島原発事故のあと、自分の考えは誤っていたと率直に認め、脱原発に「転向」した。「日本ほど技術水準が高い国も、原子力のリスクを安全に制御することはできない」のだから、と。

緑の党の穏健化と支持の広がり、原発をめぐる論争の変遷、リスクに対するドイツと日本の意識の違いなど、20年以上ドイツで活動してきた著者ならではの「定点観測」の視点が生きている。

評・上丸洋一（本社編集委員）

二〇一二年四月一五日①

『ナショナリズムの力　多文化共生世界の構想』

白川俊介 著
勁草書房・四二〇〇円　ISBN9784326302086
政治

熟議実現のため　棲み分け型提起

90年代以降、ヨーロッパでは「リベラル・ナショナリズム」に注目が集まっている。新自由主義が拡大し、再配分政策が機能不全に陥る中、国民の帰属意識に基づく共感から、再配分の動機付けを調達しようとする考え方が広まった。人は自分と異なる文化に属する人よりも、言語などの同質性を持った他者にこそ手を差し伸べようとする。リベラル・ナショナリズムは、このナショナルな連帯感を基礎として、再配分政策を立て直そうと試行する。

本書は、リベラル・ナショナリズム論のエッセンスを抽出しながら、その価値を大胆に問い直す。著者が強調するのは、リベラル・デモクラシーの政治枠組みは、単一で無色透明の存在ではないという点である。確かに、自由・平等・民主主義といった価値は普遍性を帯びているが、そのような理念を具体化するプロセスはネイションごとに異なる。各ネイションは、それぞれの慣習や伝統をもとにリベラル・デモクラシーを咀嚼（そしゃく）し、歴史的な政治文化の中に定着させる。個別具体的なリベラル・デモクラシーは、常にナショナルな色合いを帯びる。

近年、デモクラシーの再活性化の方策として「熟議」の重要性が注目される。この熟議デモクラシーの構想は、コスモポリタンな存在として捉えられがちである。しかし、著者が注目するのは、熟議における個別的な言語の問題である。多くの人間は、複数の言語を使いこなすことが難しい。もし外国語を理解できたとしても、語感までも完全に習得することは難しい。政治的熟議では、微妙なニュアンスまでもが重要な意味を帯びるため、土着語を共有することは、重要な前提となる。言語の共有こそ、熟議が成立するための「相互信頼や相互理解の重要な源泉」となり、排除の回避につながる。

しかし、ナショナリズムには文化的他者への排除の力学が含まれる。この点について、著者はナショナリズムに「リベラルな制約」をかけるべきであると説く。移民の排斥やナショナル・マイノリティーの弾圧は、リベラル・ナショナリズムの原理として不正である。著者は「棲（す）み分け型」多文化共生世界の構想を提起する。文化や言語を共有する人間がネイションという政治共同体を構成し、リベラル・デモクラシーに基づく政治的自決を行うことが、実質的な多文化共生につながるというのだ。

ナショナリズムが否定的に扱われがちな日本では、論争を呼ぶ一冊となるだろう。しかし、そろそろ本格的な議論が起きてしかるべき時期である。著者の問題提起をしっかりと受け止めたい。評・中島岳志（北海道大学准教授）

しらかわ・しゅんすけ　83年生まれ。日本学術振興会特別研究員。専門は政治理論、国際政治思想。共著に『グローバル秩序という視点　規範・歴史・地域』など。

二〇一二年四月一五日❷

『ヘルプ　心がつなぐストーリー　上・下』

キャスリン・ストケット 著　栗原百代 訳
集英社文庫・上巻七二〇円、下巻六八〇円
ISBN9784087606416〈上〉・9784087606423〈下〉　文芸

声なき者の声で　境界線越える

60年代前半のアメリカのミシシッピ州。2人の女性の出会いが物語の核となる。白人の裕福な家庭で家政婦、つまり「ヘルプ」として働く黒人女性エイビリーンは一人息子をなくしたばかりだ。一方、作家志望の白人女性スキーターは大学卒業後帰郷した家で驚くことになる。自分をわが子のように慈しみ育ててくれたヘルプ、コンスタンティンがいないのだ。でもどうして？

折しもスキーターの友人で、地元の有力者ヒリーが「ヘルプ衛生法案」をぶちあげる。黒人が白人と同じトイレを使うなんてもってのほか、各家庭にヘルプ用の便所を設置すべし！というのだ。それに異を唱えるスキーター。できもしない家事の相談欄を引き受け、エイビリーンの知恵を拝借してコラムを執筆していた彼女に一つのアイデアが芽生える。ヘルプたちに取材し、その目から見た白人家庭を語ってもらったら？

エイビリーンは躊躇（ちゅうちょ）する。白人家庭の内情を下手に口にすれば、クビにされ、それどころかリンチにあいかねない。南部ではまだ人種差別が猖獗（しょうけつ）を極めている時代なのだ。

だが白人の専横による友人たちの不幸に決意する。白と黒、上流と貧乏を分け隔てる境界線、「それはあたしたちの頭の中にしかないんだよ」と言うエイビリーン。その言葉に動かされ、彼女の陽気な親友で、ヒリーに目の敵にされてきたミニーも、この件に関しては重い口を開き、ヒリーのパイにものすごいもの（さて何でしょう？）を混ぜたことを告白する。そこに次々と他のヘルプたちの声が加わっていく。コンスタンティンが去った理由も明らかに……。

白人である作者が黒人の声で語ることには相当な覚悟がいったはずだ。だが声なき者に声を与える、あるいは返すのが文学なら、勇気をもって境界線を越えねばならないこともある。これは言葉を、言葉が人を支え、助けることを、強く信じる物語だ。

評・小野正嗣（作家・明治学院大学専任講師）

Kathryn Stockett　本書がデビュー作。

二〇一二年四月一五日❸

『落語家　昭和の名人くらべ』

京須偕充 著
文芸春秋・一八三八円
ISBN9784163749402　ノンフィクション

個性と技量　人間臭さに肉薄

これはなんとも、なつかしい本である。

場違いな譬（たと）えに聞こえるかもしれないが、評者はこの本を読んで古きよき時代の、つまり1950年代から60年代にかけての、ハリウッド映画の俳優たちを思い出した。当時の映画は、今はやりのCG、VFXに頼る大艦巨砲主義の作品ではなく、俳優個人の個性とわざを活（い）かした、味のある作品が主流だった。ここに登場する落語家は、時代的にも質的にもそれと共通し、対応する雰囲気があるように思われる。

評者も、子供のころから寄席が好きで、父親に連れられて今はなき人形町〈末広〉に、しばしば足を運んだものだ。したがって、本書に取り上げられた名人の高座は、最年少の志ん朝をのぞき、すべて生で見聞きしている。しかし、著者の落語に対する熱意と傾倒ぶりには、同世代ながらとても及ばない。

志ん生の八方破れ。圓生の端正。文楽の格式。三木助の話芸。小さんの飄逸（ひょういつ）。志ん朝の切れ味。一言で表すのはむずかしいが、こうした6人の際立った個性を、鮮やかに説き明かした著者の力量は、並のものではない。しかも、落語家個人のエピソードにとどまらず、その得意とする演目の分析にまで、目配りをきかせているのが、うれしい。しかも、これら6人を別個に論じるのではなく、互いの関係を対比させたりもしており、当時の落語界の雰囲気が総体として、伝わってくる。

この本の身上は、「昔はよかった……」式の懐古趣味ではなく、落語家の個性と技量に加えて、その人間臭さに肉薄したところにある。レコード会社のプロデューサーとして、これらの名人と直接触れ合った経験が、過不足なく活かされている。

本書を読んだあと、志ん生の〈火焔太鼓（かえんだいこ）〉、圓生の〈鼠穴（ねずみあな）〉、三木助の〈芝浜〉などを今一度聞きたくなるのは、評者一人ではあるまい。

評・逢坂剛（作家）

きょうす・ともみつ　42年生まれ。落語の録音製作を長年担当。著書『圓生の録音室』ほか。

二〇一二年四月一五日❹

『「安南王国」の夢　ベトナム独立を支援した日本人』

牧久 著

ウェッジ・二五二〇円
ISBN9784863100947

歴史／ノンフィクション・評伝

アジア主義の志　波乱の生涯

仏領インドシナ、日本軍の進駐、対仏独立戦争、内戦、米軍の北爆、ゲリラ戦、サイゴン陥落……ベトナムの近現代史は苛烈（かれつ）極まりない。クオン・デと松下光廣。ベトナム独立の夢を追い続けた2人を主人公に、100年にわたる日越交流の跡を掘り起こすノンフィクションである。

長くフランスの植民地にあったベトナムにおいて、日露戦争の勝利国・日本は輝ける国となった。グエン王朝の末裔（まつえい）、クオン・デは亡命者として来日する。以降、独立運動にかかわり、幾たびか帰国の機会は訪れるが悲願果たしえず、滞日四十余年、無念のなかで客死する。

クオン・デの終生の支援者であり、「仏印探題」となったのが松下だった。天草の出身。15歳で渡越し、徒手空拳のなかで「大南公司」を興す。松下は「アジア主義」の国士であり、公司は昼間は商社、夜は独立運動の秘密アジトともなる。仏印進駐から開戦へ。マレー沖海戦に向かった海軍機は松下が開いたサイゴン飛行場から飛び立った。

戦後、松下は国外追放されるが、独立後に復帰する。再び実業家として活躍するが、サイゴン陥落後、「丸裸で」帰国を余儀なくされる。晩年、故郷・天草に戻り、波乱に富んだ生涯を閉じている。

いま、2人の名を知る人は少ない。負の烙印（らくいん）を押されたアジア主義の一幕として忘れられた感もある。『『歴史』とは、いつの時代でも、ある立場から何者かに反対し、何者かに賛成するために語られてきた。その中で、それぞれの時代に生きた生身の人間の〝思い〟は無視され、消し去られる」。読後、浮かび上がるのは、それでもなお消えない人間の志の残照である。

筆者は元日経の記者で、サイゴン陥落時、ベトナム報道に当たった。なめらかで抑制のきいた筆致である。日越にまたがる秘史の発掘は、2人の、また自身の鎮魂の書でもあるのだろう。

評・後藤正治（ノンフィクション作家）

まき・ひさし　41年生まれ。『サイゴンの火焔樹』『特務機関長　許斐氏利』など。

二〇一二年四月一五日⑤

『黒澤明の遺言(いげん)』

都築政昭 著

実業之日本社・一七八五円
ISBN9784408453613

アート・ファッション・芸能

シンプルで一貫した創造哲学

家が近いのを理由に黒澤さんの晩年の数年間、時にはアポなしで訪ね、黒澤さんの映画談議に時間を忘れて長居したものだ。その時に聞いた話の大半が本書から再び黒澤さんの肉声になって耳元でする。だから本書は僕には垂涎(すいぜん)の書と言える。

黒澤明の創造哲学は実にシンプルで核になる思想は「どうして人間は単純に清浄に人を愛してゆけないのか」という定番黒澤ヒューマニズムの原点で一貫しており、その表現は「徹底的に楽しさだけを追求」。理屈で作る映画は下の下と評し、芸術家気取りの難解な映画をつくる芸術家であるよりは「職人」と言われることを黒澤は本懐とした。

だからか通俗映画を否定しない。人間の面白さに通俗が宿り、通俗の真実を描くことで通俗的ではなく「芸術映画にして通俗映画」を完成させた。黒澤は完全主義と言われてきたが、著者は「不評作、失敗作は全て問題作」と定義し、黒澤も自らの不完全性を認めている。

一方、黒澤は何かに命令されてやっている「天の声」を感得し、人間社会を天の視点から俯瞰(ふかん)して人間の業の悲劇性を描くのを自らのテーマとした。自然人としての人間の生き方を描いた「生きる」「生きものの記録」「赤ひげ」の主人公の、内なる声に従って行動する人間を如何(いか)に描くかに際しては例えばドストエフスキーのように、目をそむけないで神の眼(め)で対象に迫る冷静さを忘れない。

が、「赤ひげ」以前の作品は愛や正義や善というフィルターを通して描いたが、それ以後は、内田百閒のように「人間と現実を裸眼で見つめていた」。あたかもそのことを証明するかのように黒澤は晩年、自身のメガホンで完成できなかった「海は見ていた」の創作ノートに、「粋にいきましょう」という自由な境地を記していた。

本書は黒澤研究者による黒澤箴言(しんげん)集である。

評・横尾忠則(美術家)

つづき・まさあき　34年生まれ。評論家(映画・ロシア文学)。

二〇一二年四月一五日⑥

『バイオパンク　DIY科学者たちのDNAハック!』

マーカス・ウォールセン 著　矢野真千子 訳

NHK出版・一八九〇円
ISBN9784140815328

科学

遺伝子組み換えで世界を変える

遺伝子組み換え、と聞いただけでおじけづく人は多いが、その恐ろしい遺伝子組み換えを、いまやそこらのホビイストが平気で始めている。本書はその動きや遺伝子組み換えホビイストたちの実像を描き出すとともに、それに伴う懸念や規制の動きを述べつつも、最後には希望を描く、先駆的な本だ。

そもそも生命の核心たる遺伝子にマッドサイエンティストじみた科学心を刺激される人は多い。そして高価だった遺伝子組み換え用機器は、安くなって中古品も増えた。各種の遺伝子配列情報も容易に入手できる。すでに技術的、価格的には個人でも十分に手が届くのだ。

それがバイオ技術の突破口になるのでは?金と時間に縛られる商用バイオ技術(期待ほどの成果はない)に対し、制約のないホビイストは、意外な性質や用途を見つけるかもしれない。かつての無線や車やパソコンのように!

誰かが殺人ウイルスを作成するのでは、と

いう懸念もある。悪用の懸念から、アメリカではすでに警察の情報収集が始まっているそうだ。でも多くの人々がそうした技術に手を染めることで、かえって社会全体として安全性は高まる。また遺伝子組み換え作物による穀物メジャーの独占を恐れる人々は、それをひっくり返したインドの草の根バイオ技術の活動をぜひ読もう。知識と技術が人々の手に渡るとき、それは確実にいい方向に働く。そして、それを阻害するような遺伝子特許や無用な秘密主義こそを恐れるべきだ、と本書は述べる。

多くの人は本書を読んで、マイコンやウェブの草創期を思い出すだろう。おもしろさだけで動くホビイストたちが新しい世界を開拓し、それが世界を変えた。いま、それが再び起きようとしているようだ。その魅力、懸念、不安、すべてがここにある。科学少年の心を持つ人は、その興奮をぜひ本書で味わってほしい。

評・山形浩生（評論家）

Marcus Wohlsen　米のサイエンスライター。

二〇一二年四月一五日⑦　歴史

『女中がいた昭和』

小泉和子 編

河出書房新社・一六八〇円
ISBN9784309727929

昨年、「家政婦のミタ」というドラマが大ヒットしたことは記憶に新しい。家族の中の他人、という家政婦の微妙な立場をテーマにしたドラマは多いが、「家政婦の〜」では有能だけれどロボットのような主人公が話題を呼んだ。

「家政婦」「お手伝いさん」、その前は「女中」。住み込みや通いで家事を手伝う女性について、本書はサラリーマン家庭にも普通に女中がいた昭和前半にスポットライトを当てて論じている。なぜ女中が求められたのか、待遇はどうなっていて、地方の若い女性が女中として都会に出てきたのにはどんな背景があったのか。プライバシーがなく、主家の男性に犯されるなどの悲惨な事件もある一方で、女中をやってよかったという人の体験談も載っている。さらに、戦後の占領軍の家庭で働いたメードや、朝鮮人の女中についても一章が割かれており、多角的な視点から女中という職業が考察されている。日本の近代化と家事労働について考えさせられる一冊だ。

評・松永美穂（早稲田大学教授）

二〇一二年四月二二日①　社会

『解任』

マイケル・ウッドフォード 著

早川書房・一六八〇円
ISBN9784152092915

『サムライと愚か者　暗闘オリンパス事件』

山口義正 著

講談社・一四七〇円
ISBN9784062175890

企業の闇に迫る内外からの闘い

昨秋、内視鏡シェア世界一の国際的優良企業、オリンパスで組織的な巨額粉飾事件が表面化する。しかもその発端は、国際企業の証しと評価されてきた英国人社長の突然の解任劇だった。そしてこの2月、元会長はじめ粉飾事件にかかわった関係者7人が逮捕され、事件は一応の決着を見る。

2冊は事件の「主役」2人の回顧録である。1人は電撃解任された元社長ウッドフォード。もう1人はこの疑惑をスクープしたジャーナリスト山口義正だ。どちらが欠けても、おそらく元会長逮捕という顛末（てんまつ）に行き着かなかった。

山口はオリンパス社員である友人からのリークを端緒に単独で疑惑取材に乗り出し、ついに昨夏、月刊誌で疑惑を世に問う。ウッドフォードはその記事を読み、社長である自分でさえ知らされていない会社の闇があることに気づく。そこから2人の苦闘のドラマが始まる。山口があげた疑惑追及の火の手は大手メディアに広がらない。ウッドフォードは会長ら日本人経営陣に説明を求めるが相手にされず、揚げ句の果てに取締役会から解任される。

二つの回顧録は図らずも一対のプロットのようだ。別々の視点から同時進行で描いたミステリー小説のようなのだ。主役2人がもがき苦しみながらも、オリンパスという迷宮の秘密を内と外から次第に暴いていく物語である。

2人は自ら見聞きした事実を可能な限り時系列を追って、正確に克明に描いている。ときに感情を抑えきれなかったり、想像をたくましくしたりした部分もあるが、全体として努めて抑制的だ。それがかえって真実を伝えたいという情念となって迫る。

意外なのは、お互いが心の支えとしあった2人の対面は、事件の渦中では記者会見後の控室でわずか20分間、それもたった一度きりだったことだ。

闇を仕切る実力会長はなぜ露見や反逆のリスクを冒してまで外国人社長を抜擢(ばってき)したのか。そこが不思議だったが『解任』で疑問が解けた。隠れ損失を秘密裏に解消するには、早く財務を改善したい。それには稼げる優秀な外国人社長を「雇う」必要があったのだ。

巻末で2人が投げかける言葉はよく似ている。事件は本当に終わったのか、という問いだ。日本全体に同じ問題が起きていないか。銀行や監査法人に責任はなかったか。反社会的勢力の闇はもっと深くないのか、と。

マスコミ批判も共通している。2人が危険を冒し、事件と格闘している当初、マスコミが長く沈黙したことが、いかに彼らをしょげさせたか。それは新聞人の一人として、きわめて重く、適切な指摘だと受け止めざるをえない。

評・原真人(本社編集委員)

Michael Woodford　60年生まれ。オリンパス元最高経営責任者。
やまぐち・よしまさ　67年生まれ。本報道で「編集者が選ぶ雑誌ジャーナリズム賞」の大賞を受賞。

二〇一二年四月二二日③

『批評とは何か』

T・イーグルトン、M・ボーモント著
大橋洋一訳
青土社・五〇四〇円
ISBN9784791766383
社会／ノンフィクション・評伝

率直に語る　総括にして入門の書

いったい、どのくらいの時間をかけたのだろう。本書を手にして、まずそう思った。何しろ、五〇〇ページ近い長大なインタビューなのだ。何週間、何カ月？　とにかく時間をかけてじっくりと話を聞き、イーグルトンのこれまでの批評活動をふりかえりながら現時点での総括をはかろうとする、用意周到な本である。

「文学とは何か」「文化とは何か」「宗教とは何か」という、「何か」シリーズの邦訳タイトルで知られる(とはいえ、原題がこのような問いの形になっているわけではない)イーグルトン。多作で、幅広い関心を持ち、現在も精力的に発言を続けている。彼の半生については自伝『ゲートキーパー』があるが、ほぼ大学時代までの記述で終わっており、その後、研究者としてさまざまな妨害を受けつつもどのように道を切り開いていったかについては、本書の語りで初めてわかることも多い。貧しい労働者の家庭に生まれ、保守的なカトリック的環境で育った彼が、世界的に有名なマルクス主義の文芸批評家になっていく過程は興味深い。

インタビュアーのボーモントはイーグルトンの著作をよく読み込み、うまく論点を整理している。イーグルトンを肯定するばかりではなく、疑問に思ったことは鋭く突っ込み、彼の人物に迫る反応を引き出している。たとえば、なぜヴァージニア・ウルフをモダニズムの正典から外したのかと問われたイーグルトンは「私は恥知らずな無知の輩（やから）だったのです。一九七〇年の時点では間違いなく」と素直に誤りを認めている。あるいは、自分を攻撃する批評家の名前を出されて「こうした哀れな連中の中には、自分自身の本を、君がまだオムツを当ててもらっていた頃から一冊も出していない者もいるのだよ」とチクリと皮肉ったりもする。率直な物言いが魅力的だ。索引や文献リストも充実しており、イーグルトンの仕事を知る上で格好の入門書。

評・松永美穂（早稲田大学教授）

Terry Eagleton　批評家。
Matthew Beaumont　文学研究者。

二〇一二年四月二二日④　科学・生物

『魚は痛みを感じるか？』

ヴィクトリア・ブレイスウェイト 著
高橋洋 訳
紀伊國屋書店・二二〇〇円
ISBN9784314010931

情動や快不快を丹念に検証

精神と肉体を峻別（しゅんべつ）し、人間以外の生物には精神がないと考えたデカルト主義者たちは言った。動物は痛みを感じない。痛みはその意味を理解してはじめて存在するものであり、動物にはその理解はないと。犬を鞭（むち）打つと声を発するのは、身体の中のバネがきしむ音にすぎない。犬自体は何も感じていないと。

もし犬がそうなら魚は？　魚の脳には、情動を司（つかさど）る大脳皮質がない。釣り針から逃れようと暴れる魚は、拘束に対して反射運動をしているだけで痛がっているわけではない。そもそも魚には苦悶（くもん）の表情などないではないか。

このような生物の理解ははたしてどこまで正しいのだろうか。こんな奇妙な問いを真面目に考えるのも、生物学者のあり方のひとつである。

そもそも痛みとは何か。不用意に熱いものに触れると、すぐに指を離す。が、痛みはちょっと遅れてやってくる。つまり傷害を感知し、それを避ける反応と、痛みの発生は分離しうる。傷害の感知のために、皮膚には侵害受容体があり、その伝達に特化した神経が脳に通じている。著者らは、魚に侵害受容体があるか否かを検討した。答えはイエス。しかしここから先が重要だ。傷害が、痛みの感覚に転化するためには、もう一ステップ、つまり侵害の信号を、ダメージを受けた箇所が痛いと感じる情動的な感覚へと変換するプロセスが必要となる。

著者らは丹念な検証によって、魚の脳にも情動を担う部位があること、快不快に基づく行動をとること、ウツボとハタが意識的に協力して餌をとることなどから、外的な刺激を情動に変換する感覚力をもちうると結論する。つまり魚も痛みを感じている。科学がいかにして難問にアプローチするかを示す画期的で痛快な謎解き本である。だからといって著者らは釣りを攻撃しているのではない。人間のおごりを排し、痛みの共有を求めているのである。

評・福岡伸一（青山学院大学教授）

Victoria Braithwaite　ペンシルベニア州立大学教授。

二〇一二年四月二二日⑤ 文芸

『少女は卒業しない』

朝井リョウ 著
集英社・一三六五円
ISBN9784087714425／9784087452808（集英社文庫）

乙女っぽさに かつがれる快感

まんまと、一杯くわされた。と思ったが、考えてみれば、私がまぬけで調査不足だったのである。

まず、タイトルに惑わされた。著者名にも、早合点した。坂本龍馬の妻の龍の字を、無意識に当てていた。何より、表紙の、女高生の横顔写真である。さすがに、作者その人のポートレートとは思わなかったが、書き出しの文章が、いかにも乙女っぽく、描写が女性らしい。登場する小道具が、まず男は気がつかない物ばかりで、たとえば、髪をまとめるピンクのシュシュなど、名称さえ覚つかない。

連作の短編集だが、どれも、高校の女生徒が語り手である。この高校は一年から三年まで、クラス替えがない。今日が、卒業式である。そして明日は、合併のため廃校となり、取りこわされる。

卒業式当日の早朝から夜まで、まる一日の物語である。

特別、変わった生徒がいるわけでない。

ある女生徒は、図書室の貸し出しカウンターに、金曜日だけ座る男先生が好きになってしまった。彼女の場合、図書室の雰囲気が、そういう感情にさせたのかも知れない。静かにしていなければならぬ所だから、小声で話す。先生と話す時は、うんと顔を近づけて、ささやく。当たり前の話をするのだが、秘密めかしい。彼女は当たり前でない話がしたい。

計画する。卒業式の朝、先生とたった二人きり、図書室にいる。本はすべて運びだされていて、書棚しかない。本の無い図書室。誰もいない図書室は、別に大声でしゃべっても咎（とが）められない。だから、女生徒はとまどってしまう。

作者は男ですよ、と知友に笑われた。書評家失格である。でも、大方の読者は何の知識も持たず、本を選ぶだろう。私のように間違っても、書物の世界では許されるだろう。だまされる喜び、かつがれる快感。これも良質の小説ならでは、だ。

評・出久根達郎（作家）

あさい・りょう　89年生まれ。『桐島、部活やめるってよ』で小説すばる新人賞。

二〇一二年四月二二日⑥ 科学・生物／社会

『低線量被曝のモラル』

一ノ瀬正樹、伊東乾ほか 共編著
河出書房新社・三三六〇円
ISBN9784309245782

意見異なる専門家による討論

福島で原発事故が起きてからというもの、放射線が人体に与える影響をどう考えるか、という問題が大きく浮かび上がってきた。

とくに低線量被曝（ひばく）については、専門家の評価が大きくわかれる。被曝による健康被害より、見知らぬ土地に避難することで受けるストレスなどの害の方が大きい、という専門家がいる。原発推進側が総じて放射線の害を小さくみてきたのは歴史的事実だ。

一方で、1986年のチェルノブイリ原発事故後の調査結果などをもとに、低線量被曝の危険性を警告する専門家もいる。両者の隔たりは大きく、双方が同じ土俵で直接、意見を交わす場面は従来ほとんどなかった。

本書は、昨年7月に東大で開かれた学際的な討論会「震災、原発、そして倫理」を軸に編まれている。放射線医学の専門家と、哲学、宗教学などの専門家による討論記録、関連論文が集められている。異なる意見が一書に盛られていること自体、珍しい。

討論者の一人で医師の中川恵一はこう語る。「（患者さんと向き合う中で）心配する必要がないときは、安心してよいと伝えたいのです」

原発事故発生当初、政府が繰り返した「ただちに健康に害を与えるものではない」という言葉と通底するものが感じられる。これに対し、内科学、分子生物学を専門とする児玉龍彦は次のように言う。

「線量の問題というよりも、(放射線によって)遺伝子の切れる場所がどこかということです」

線量が低くても、DNAのどこが切れるかによって深刻な健康障害が発生するというのだ。

低線量被曝の問題は「政治、産業、軍事、歴史、法学、哲学、倫理、社会心理、情報学など」へと広がっている、と本書は言う。放射線の影響をどう語るか。今こそ、人知と人倫(モラル)が試されている。

評・上丸洋一(本社編集委員)

いちのせ・まさき　57年生まれ。東京大教授(哲学)。
いとう・けん　65年生まれ。作曲家。

二〇一二年四月二二日⑦

『マリー・アントワネット　運命の24時間』

文芸

中野京子 著
朝日新聞出版・一六八〇円
ISBN9784022509031

著者の専門はドイツ文学だが、近年は西洋文化史、政治史への傾倒が著しく、絵画を通じて〈絵解き〉をする仕事に、精彩を放っている。

一時、小説への志向を見せた著者は、単なる美術評論をする気など、もとよりない。絵画の背後に広がる、複雑極まりないヨーロッパの裏面史を、華麗な筆で浮き彫りにする。

本書では、フランス革命の象徴的な存在、マリー・アントワネットの一挿話、ヴァレンヌ逃亡失敗事件を取り上げ、追う者と追われる者の迫真の攻防戦を、ドラマチックに再現してみせる。淫乱(いんらん)、贅沢(ぜいたく)、傲慢(ごうまん)などなど、あらゆる悪罵を浴びせられるアントワネットだが、ここでは好意的な王妃像が呈示(ていじ)される。

逃亡を助けるフェルゼン、阻止せんとするラファイエット、優柔不断で頼りにならぬルイ16世、その他関係する人びとが個性豊かに、描き分けられる。脱走と追跡のカットバックは、さながら往時の西部劇を見るようで、手に汗を握らせる。

評・逢坂剛(作家)

二〇一二年四月二二日⑧

『右利きのヘビ仮説　追うヘビ、逃げるカタツムリの右と左の共進化』

科学・生物

細将貴 著
東海大学出版会・二一〇〇円
ISBN9784486018452

この世に「右利きのヘビ」なるものが存在して、右巻きのカタツムリ食に特化しているようだ。カタツムリの大多数は右巻きであり理にかなっているが、右利きヘビの存在は、期せずして、少数派の左巻きカタツムリの登場をアシストしたかもしれない、等々。何重にも「びっくり」な仮説を、大学の学部時代に思いついてしまい、遠く「旅」をして実証するまでを語る。

まさに冒険の旅だ。行動生態学に軸足を置きつつ、解剖学(カタツムリ食のヘビで、下顎(あご)の歯の数が左右で違うことを発見)、沖縄のフィールドでのヘビ採集、屋内での捕食実験、生物統計学を駆使しての論文執筆と進む。白眉(はくび)は、苦労のすえ採集した「右利きのヘビ」が「左巻き」のカタツムリを捕食できないことを実験で示し、大風呂敷な仮説を裏付ける部分か。

フィールドでの工夫、論文投稿の苦労、大学院生の不安等々、過剰なまでの情報が自然に詰め込まれており、人間臭い「冒険書」となっている。

評・川端裕人(作家)

『魂にふれる　大震災と、生きている死者』

若松英輔 著

トランスビュー・一八九〇円

ISBN9784798701233

社会

「生ける死者」と共生するとは？

この拙文は本書に誘発された筆者の考えと思っていただきたい。

あの忌々(いまいま)しい津波にさらわれた死者の魂の行方を案じていた頃、本書と出会った。そして常に関心事であった「生ける死者」と真正面から対峙(たいじ)する著者の真摯(しんし)な眼差(まなざ)しに共感した。「今日は悲しい」と海に向かってつぶやく初老の男性をテレビカメラが捉える。その言葉を導入として著者の「死者論」が展開される。著者は哲学者池田晶子や万葉歌人の言葉を引用しながら、悲しみは「死者を傍らに感じている合図」と解し、この想(おも)いは著者の中で執拗(しつよう)に反復され、常に読者に寄り添い続ける。

3・11に肉親を失った「君」に悲しみについて語りかける著者はその前年に妻を亡くしており、「君」こそが相対化された著者に他ならず、彼は愛する死者（妻）と共生することで愛を育成させ、「悲愛」と共存しながら今を生きようとする。人は一般的に鎮魂という言葉にすでに死者の魂を想定していることから、著者は死者を「亡き存在」とせず、著名な哲学者、作家、思想家、宗教家の言葉を引用しながら、死者の存在を立証する。その内の一人、歴史家上原専禄は、死者との共存は「歴史と社会の理念」というよりも、彼の妻の死という私的経験によるとして、著者も想いを同じくする。

著者は悲しみから逃れようとしない。なぜなら死者は「呼びかけ」を行う主体だからだ。ここで僕はあるテレビ番組を思い起こした。両親と妹を津波に呑(の)まれて孤児になった幼い姉の夢枕に、両親とともに立った妹の霊が、「お姉ちゃんは津波に勝ったんだから」と生きのびた勇気にエールを送る。姉の悲しみを癒やす妹の言葉に触れた時、感涙と共に自分が救済されたような気持ちになった。

この画面からは著者のいう死者の側からの悲しみを伴った「呼びかけ」というよりも、祖父の家に引き取られて笑顔ではにかむ幼い姉が心の奥で感じたものは、むしろ悲しみからの自立ではなかったかと僕は思うのである。それに対して妻に先立たれた著者の「悲愛」を手放さない魂に触れる時、なぜか切ないものがこみ上げてならなかった。

いったん肉体から分離した魂は物質的世界から離脱して非物質的存在となり、本来の自分自身になろうと努め、肉体の支配下にあった人間的意識にとらわれない限り魂の自由を獲得し、離別した現世の地上的磁場からも解放され、生きる死者として死の彼方(かなた)で自立するのではないか。従って著者の言う「悲しみ」の主体は死者の接近によるというより、むしろ生者の側の「悲愛」が作り上げるイリュージョンではないかと思うのだが、如何(いかが)であろうか。

評・横尾忠則（美術家）

わかまつ・えいすけ　68年生まれ。批評家。「越知保夫とその時代」で三田文学新人賞。著書に『井筒俊彦　叡知(えいち)の哲学』『神秘の夜の旅』など。

二〇一二年四月二九日②

『望遠ニッポン見聞録』

ヤマザキマリ 著

幻冬舎・一二六〇円
ISBN9784344021501/9784344423817(幻冬舎文庫)

社会

世界で感じた「おしん」な私

我慢強く、感情を滅多(めった)に露(あら)わにせず、一億人が総「おしん」、というのは外国人が思う日本人(=おしん)像である。17歳の時イタリア留学したことをきっかけに、以来海外で暮らす著者だが、3・11の震災直後にイタリアで出会ったタクシー運転手に、「あなた達(たち)は本当に素晴(すば)らしい。私達イタリア人には、とてもあなた達のマネはできない。でも、苦しい時には暴れたり泣いたりしてもいいとワシは思うんだよ」と言われ、いささか複雑な心境になったという。

海外経験が豊富で、英語を話したりするような日常をおくるという人を祖父に持ち、母親もミッションスクールで教育を受け、「日本だけが世界じゃないから」というのが口癖だったという。そんな外国文化が香る環境で育った著者なのだから、異国を見ても「異」だと気付かないのではと、読み始めに思ったのだが、全くの見当違いだった。

元気かつ陽気、著者曰(いわ)く「矍鑠(かくしゃく)とした」イタリア人の姑(しゅうとめ)に関する章で、彼女の日本人らしさが際立つ。嫁の仕事など気にせず、迷惑な行動を繰り返す姑に呆(あき)れつつも、ひたすら忍耐し、愚痴一つこぼさなかった。

「イタリアではご飯と言えば家族の大事な交流の場」だというご主人に対し、できればディスカッションを避けてご飯をゆっくり味わいたいと考える著者。やはり「だいたい日本の人達はディスカッションしなさすぎだよ」と指摘されてしまう。

その一方、日本での仕事の中で、編集者によってインタビュー記事が、阿婆擦(あばず)れタッチの「外国人」風で喋(しゃべ)る口調に「加工」されるような目にあったりもする。

イタリア、ポルトガル、シリア、アメリカ。宗教も文化も異なる国々での生活をふんだんに取り入れ、各章の終わりに、まとめとして漫画家らしくユーモラスな漫画を添える、――本書はそんな楽しい一冊だ。

評・楊逸(作家)

やまざき・まり 67年生まれ。マンガ家。「テルマエ・ロマエ」で手塚治虫文化賞短編賞、マンガ大賞2010。

二〇一二年四月二九日③

『タダイマトビラ』

村田沙耶香 著

新潮社・一六八〇円
ISBN9784103100720/9784101257129(新潮文庫)

文芸

家族というシステムの外へ

子どもを愛せない母親に育てられた娘の物語。もっとも、ネグレクトなどの虐待を受けているわけでもなさそうで、その分、冷静に自らの欲求を自覚し、将来理想の家族を作ることを目標に据える。

小学生時代、満たされない「家族欲」の高まりを解消するための行為「カゾクヨナニー」(家族自慰、あるいは「家族よ何?」と響く)を開発するのだが、これが性愛を想起させ、興味深い。王子様に見初められ結婚するお姫様の物語に没入しつつ、「ニナオ」と名付けたカーテンとたわむれる描写は、十分すぎるほどエロチックなのだ。

その上で、物語は、制度としてガチガチの枠組みになった「家族」を捉え直す方向に舵(かじ)を取る。実際、家族とは、子にとっては選択不可能な所与のものだ。閉塞(へいそく)感に苛(さいな)まれる例は多かろう。一方、いざ自分が親になると、そこそこ努力して「家族」している面にも気付かされることもあるわけで、これは「リアル家族自慰」を日々行っているともいえるのではないか。

娘は高校時代に年上の恋人を得て、同棲（どうせい）を始め「理想の家族」に肉薄する。しかし、今まさに実現しようとしている家族が、実は「カゾクヨナニー」ではないかと気付いてしまう。恋人との間の性的な違和感を直接的なきっかけに、「ニナオ」と戯れた「王子様とお姫様」の物語も解体され、それどころか、世界に深い亀裂を見いだすに至る。「システムに不備がある」「もっと賢くならないと」と考え「カゾクとしてのシステムの外」に帰ることを選ぶ。どう「帰る」のかは読んで頂くとして、かなり「大風呂敷な認識の外し方」と指摘しておく。

家族のシステムに息苦しさを覚える人は、こういう認識の外し方をすると実際に楽になれるかもしれない。これは昔SFが持っていた役割かもと思い、SFで育ったと自認する評者は、その点でも感慨深かった。

評・川端裕人（作家）

むらた・さやか　79年生まれ。03年『授乳』で第46回群像新人文学賞受賞。

二〇一二年四月二九日④

『フランコと大日本帝国』

歴史

フロレンティーノ・ロダオ 著
深澤安博ほか 訳
晶文社・五七七五円
ISBN9784794967657

イメージの変遷 鮮やかに描く

第2次大戦のヨーロッパ戦線で、日本は銃こそ手に取らなかったものの、中立国においていわゆる武器なき戦い、すなわち外交戦、情報戦を展開した。その一つが、本書の舞台となったフランコ総統治下の、スペインである。

フランコは、第2次大戦の半年前に終結したスペイン内戦で、ヒトラー・ドイツとムッソリーニ・イタリアに、多大の援助を受けた。その恩義もあり、大戦中は終始中立を保ちながら、さまざまな面で独伊に協力を惜しまなかった。そのため、独伊の同盟国たる日本に対しても、当初から好意的な態度を示していた。

本書はまず、セラーノ・スニェル外相が駐西公使須磨弥吉郎の要請に応じて、英米でのスパイ活動を組織展開するため、アルカサル・デ・ベラスコなる人物を紹介したいきさつを、詳述する。その組織が収集した情報は、〈東情報〉と名づけられて、日本へ送られた。もっとも、今ではそれらがおおむね英米の手で傍受、解読されていたこと、またほとんどが二重スパイによる無価値情報か、でっち上げによる虚偽情報だったことが、明らかにされている。

日本に好意的だったスペインも、長年その影響下にあったフィリピンで、日本軍が彼らの権益を無遠慮に侵したことから、しだいに態度を硬化させる。ことに、戦況が連合軍に傾いてからは、日本との関係を断つことによって、英米の歓心を買おうとする。本書は、その経緯に多くの筆を費やして、スペインないしフランコの抱く〈日本のイメージ〉が、どのように変化したかを、鮮やかに描き出す。

従来、戦時中の日本とスペイン（を含む欧州）の関係を、本格的に取り上げた研究書はなかっただけに、本書の価値は大きい。著者は、戦時中の日西関係を研究するため、東京大学大学院に留学して、博士号を取得した気鋭の学者である。この労作の翻訳を、心から喜びたいと思う。

評・逢坂剛（作家）

Florentino Rodao　60年生まれ。マドリード・コンプルテンセ大学教授。

二〇一二年四月二九日⑤　人文

『夢よりも深い覚醒へ　3・11後の哲学』

大澤真幸 著

岩波新書・八六一円
ISBN9784004313564

原子力も世界破壊への信仰

この素敵（すてき）な題名は見田宗介の言葉だという。悪夢から現実へ覚醒するのではなく、夢により深く内在することで覚醒する、という意味で使われている。三・一一の出来事は各々（おのおの）の生の中に深く沈潜し、意識無意識を総動員しながら言葉を探ることでしか、乗り超えられない。あるいはまた生き方を変えることでしか、見えない。本書は、自分の中で何度も反芻（はんすう）してきた事柄を、著者の言葉で確認しながら読むという、そういう本なのだと思う。

著者は言う。「阪神・淡路大震災／オウム事件は、何かの終わりだった。……おそらく、東日本大震災と原発事故は、その終わり始めたものをほんとうに終わらせる出来事である」と。三・一一が阪神・淡路大震災とオウム事件、九・一一などと重なり合ってしまうのはなぜか。震災とサリン、テロとアフガニスタン侵攻、そして震災と原発は、強烈な破局の後に絶望的な状況が続くという意味で、確かに似ている。しかしそれだけではない。著者は世界を破壊する否定の力への信仰がオウムであるとすると、原子力もまた、その破壊潜在力への信仰ではないか、と喝破する。「原爆を連想させる恐怖と、……戦後の数十年間で五〇にも上る原子炉を建設してきた日本人の欲望とは、地続きである」と。恐怖（巨大な力への畏怖（いふ））、破壊（恐怖する対象への衝動）、そしてそれらの根底に横たわる欲望を考えると、それは九・一一にも重なる。それらの中に、終わらせねばならないものが確かにある。

もっともこれは、私が本書から勝手に読み取った断片にしか過ぎない。本書は哲学の本である。カントやヘーゲルや「神の国」論などと往復しながら書かれているのだが、私は自分のわだかまり（悪夢）を、その往復の筋道のなかで考えようとして読んだ。そういう読み方でもよいのではないか。

評・田中優子（法政大学教授）

おおさわ・まさち　58年生まれ。社会学者。著書に『ナショナリズムの由来』『不可能性の時代』など。

二〇一二年四月二九日⑥　政治

『昭（あき）　田中角栄と生きた女』

佐藤あつ子 著

講談社・一六八〇円
ISBN9784062175777／9784062778831（講談社文庫）

「昭和の父母」を問い直す娘

その権勢において、金力において、上昇と下降の劇的さにおいて、田中角栄は戦後最大の政治家だった。公私にわたって寄り添ったのが「淋（さび）しき越山会の女王」こと佐藤昭であったが、彼女も鬼籍に入った。本書は、2人の間に生まれた娘・あつ子による私的な回想記である。

小学生のころ、家に来れば濃い味のすき焼きを好む「おじちゃん」は「お父さん」となった。父はどんどん偉くなり、娘にはいつも使い切れないほどの小遣いを手渡し、海外に出るとまめにハガキを寄越した。すべてにおいて過剰だった。家庭もまた、三つの家族に同時に愛情を注いでいたのだから。

有能な秘書である母もどんどん偉くなっていく。父への電話一本で、千万単位の札束が議員たちに手渡される。いつも周りに人々が群がり、海外への便はファーストクラス、旅の姿を収録するビデオ係も同行させた。

娘もお姫様暮らしが続く。旅先の旅館に忘れ物をしたといえば即、だれかが探しに向かう。スキーをはじめると即、プライベートコーチがつく。多くを与えられつつ、娘は心の問題を抱えていた。リストカット、過度の飲酒、自殺未遂……自身をさらし、父母の私事を記すことにおいて筆はとても率直である。

　娘にとって母はずっと反発と葛藤の対象だった。角栄を失い、財力を失い、孤独のなかで病床についた晩年、ようやく母の人生への思いが深まる。思春期に孤高の身となり、ネオン街に身を染め、必死に生きてきた人。彼女もまた淋しかったのだ——。母への旅は自身の人生を問い直す旅ともなっていく。

　生涯を権力の興亡の渦中で生きた1組の男女。雪国に生まれた2人はともに「克雪」を背負い、安易に語りえない個人史を抱えた「昭和の人」だった。本書を閉じつつ、〈哀感〉という2文字が幾度もよぎった。

評・後藤正治（ノンフィクション作家）

さとう・あつこ　57年生まれ。「文芸春秋」で公表した「田中角栄の恋文」で文芸春秋読者賞。

二〇一二年四月二九日⑦

『キレイならいいのか　ビューティ・バイアス』

社会

デボラ・L・ロード 著　栗原泉 訳
亜紀書房・二四一五円
ISBN9784750512037

著者はスタンフォード大学で法律を講じる女性の教授。いつもセーターにコール天パンツという地味な服装だったが、大学の研究所長に就任した途端にファッションチェックが入り始めた、という個人的な体験からこの本は書き始められている。男性ならスーツさえ着ておけば文句は言われないのに、女性はなぜ化粧や髪形など、男性以上に外見に気をつかわなければいけないのか？

　著者は法律家の目で、アメリカに蔓延（まんえん）する容姿差別を批判し始める。太ることや老いることへの不安をあおるような、過度な美容・ダイエットブームの弊害を指摘し、外見や服装に関して、雇用者が従業員に一方的なジェンダーイメージを押しつけることに警鐘を鳴らす。個人的におしゃれを楽しむことはもちろん否定しないけれど、広告に踊らされ、「美」の強制に自分を見失いそうな人に「待った」をかける。自分自身のなかにある偏見に気づかせてくれる、啓蒙（けいもう）的な本だ。

評・松永美穂（早稲田大学教授）

二〇一二年四月二九日⑧

『イスラムを生きる人びと　伝統と「革命」のあいだで』

歴史

川上泰徳 著
岩波書店・三〇四五円
ISBN9784000221917

94年から17年間にわたる中東情勢の取材をまとめた、本紙記者による現地ルポ。

　エジプトを軸にしながら、イスラム教徒としての多様な生き方を社会の内側から鮮やかに照射する。

　「アラブの春」後の中東情勢の鍵を握る「ムスリム同胞団」の実態。女性割礼や臓器移植など「伝統」をめぐる葛藤や確執。離婚仲裁や被災支援に見られる人びとの知恵や工夫。新鮮かつ濃密な情報にあふれている。

　いつの間にか欧米メディアのバイアスや過激な事件報道に引きずられがちだった自分に気付く。

　イスラム世界を危険視する不幸な誘惑は根強く残るが、「欧米や日本と同様にテロや暴力に直面している社会として理解し、ともに解決策をさぐる仲間として関わっていくことはできるはずだ」という著者の言葉を信じ、心に深く留めておきたいと思う。

　歪（ゆが）んだ他者理解からは歪んだ自己理解しか生まれないのだから。

評・渡辺靖（慶応大学教授）

『2050年の世界地図　迫りくるニュー・ノースの時代』

ローレンス・C・スミス 著　小林由香利 訳

NHK出版・二九四〇円
ISBN9784140815359

国際

北の高緯度地域「新しい中心」に

２０５０年の世界を予測している。「ニューノース」は、北極の変化がもたらす高緯度地域の繁栄のことだ。占いの本ではない。ユーモアにあふれた面白い本だが、実はコンピューターモデルのもっとも手堅いシミュレーションのみを使っている。予測の柱として４つグローバルな力を立てた。第1は人口構造だ。現在の世界人口は約70億だが、２０５０年には92億ほどになる。第2の柱は食糧を含む資源の需要である。２０５０年の人々全員が今の先進国と同じくらい資源を使うのなら、世界の消費は11倍に跳ね上がる。第3は世界経済のグローバル統合である。そして第4は気候変動だ。

もっとも気になるのは気候変動だが、しかしそれは変化をもたらす4つの要因のひとつでしかない。実はもっと深刻な問題がある。人口増加による水不足だ。水が不足すると食糧が不足する。人口増加に対応するためには穀物生産量を増やさねばならないのだが、栽培用の水の確保は難しい。気候変動は地球全体を被（おお）うわけではなく、地域によってばらつきがあることも知った。とくに北極が温暖化の影響を強く受けているので、カナダ北部やアラスカやシベリアではすでに世界平均の10倍のペースで温暖化が進んでおり、動物や魚やプランクトンが移動を始めている。今後も高緯度地方で温暖化が進み、降水量が増える。２０５０年までには生物種が最大37％絶滅するが、北の海には多くの種が入って来て繁茂する。

北で増えるのは動植物だけではない。２０５０年までの人口増加率が最も高いのは予想どおりインドだが、その次はカナダ、アメリカ、アイスランド、ノルウェーである。北緯45度以北に新しい居住地が拡（ひろ）がるだろうと予測している。主要国の中で最も人口が減少するのは日本で、次はロシアだ。しかしこの増減率の意味が後に明らかになる。インド以外における増加は移民を含んでいるのである。ロシアと日本は移民に閉鎖的である現状を反映してもっぱら減少の数値になる。

天然資源でも、これからはアラスカの石油とロシアの天然ガスが注目を集める。著者は、これからは国ではなく企業集団やNGOによる結びつきが、資源問題に関わってくると見ている。カナダ人とアメリカ人は南北ラインで結びつき始めており、北方先住民が気候変動や資源について主張を強めているのだ。気候変動や移民や自由貿易や経済のグローバル統合を条件として、次に世界の中心になるのは高緯度地域である、と著者は言う。が、その「新しい中心」誕生の裏で、多くの人びとが困窮するのも間違いない。

評・田中優子（法政大学教授）

Laurence C. Smith　67年米国シカゴ生まれ。カリフォルニア大学ロサンゼルス校の地理学教授。北半球北部の氷河や氷床、永久凍土の融解が、土壌炭素や湖に及ぼす影響などを研究している。

二〇一二年五月六日②

『マルタの鷹（たか）』講義』

諏訪部浩一 著
研究社・二九四〇円
ISBN9784327377311
文芸

ミステリー分析 目からウロコ

中学生だった1950年代後半、初めて『マルタの鷹』を読み終わったときの高揚感は、今でも忘れられない。

当時は、ハメットの作品もハードボイルドというジャンルも、まだ市民権を得ていなかった。それが今や、歴とした英文学の専門家が、このような成果を発表する時代になった。評者としては、まことに感無量なものがある。

著者は、ミステリーのマニアとしてではなく、純粋に英文学者の立場から『マルタの鷹』を取り上げ、精密な分析を行った。それも、〈牛刀をもって鶏を割く〉式のものではなく、まさに大鷹相手の力戦といってよい。

本書は、『マルタの鷹』の1章分に原則として1講を当て、全20章を23講で説き明かす。評者は、久しぶりに『マルタの鷹』の原書と訳書を手元に置き、対照しながら本書を読み進んだ。評者もこの本を、若いころから繰り返し読んだ口だが、それでも目からウロコの指摘に何度も出くわし、大いに蒙（もう）を啓（ひら）かれた。

著者は軽くしか触れていないが、評者が子供心にもっとも心を動かされたのは、しばらく姿を消していた依頼人の美女ブリジッドが、アパートにもどった探偵スペードに駆け寄り、しがみついてくるシーンだった。この、胸を締めつけられるような場面があればこそ、直後の受け入れがたい結末が、より強烈な衝撃を生むのである。

ラストで、スペードが真犯人を相手に振るう長広舌は、今読み返すと言わずもがなではなかったか、という気もする。次作『ガラスの鍵』の最後で、主人公の賭博師（とばくし）ネド・ボーモンが、友人マドヴィッグの愛する女を連れ去るとき、ボーモンに一言も弁明させなかったのは、ハメット自身もそこに忸怩（じくじ）たる思いが、あったからではないのか。

となれば、著者には『ガラスの鍵』についても、ぜひ新たな講義をお願いしたい、と切望せずにはいられない。

評・逢坂剛（作家）

すわべ・こういち 70年生まれ。東京大学准教授。著書に『ウィリアム・フォークナーの詩学』。

二〇一二年五月六日③

『世界が日本のことを考えている 3・11後の文明を問う 17賢人のメッセージ』

共同通信社取材班 編著
太郎次郎社エディタス・二一〇〇円
ISBN9784811807546
国際

国内言論に足りぬ視点想起

3・11をめぐる海外の識者へのインタビュー集。「賢人もの」にありがちな欧米・男性・学者中心ではない、多様な人選がまず目を引く。

例えば、アマゾン奥地で育ち、16歳まで読み書きができなかったにもかかわらず、ブラジル環境相まで務め上げた女性マリナ・シルバ氏。同じく極貧家庭に育ちながら「インドの核ミサイルの父」の異名を持つ科学者、のちにインド大統領となったアブドル・カラム氏。両者の主張は真っ向から対立する。

イタリアの政治哲学者アントニオ・ネグリ氏が原子力を「リバイアサン（怪物）」に喩（たと）えるのは何故（なぜ）か。アイルランド人の政治学者ベネディクト・アンダーソン氏が震災後の日本に見出（みいだ）した「希望」のナショナリズムとは何か。環境活動家から思想家、映画監督、作家、詩人まで、錚々（そうそう）たる面々が世界各地から問いを投げかけてくる。

それらは3・11後を論じる際のわれわれの

視野狭窄（きょうさく）を自覚させるものであり、かつ国際社会へ向けた真摯（しんし）な回答を要するものでもある。

その意味で、本書は「世界が日本のことをどう考えているか」というよりは、むしろ「日本が世界のことをどう考えているか」「日本がどう思考し、決断するか」を世界は注視している、と読まれるべきかもしれない。

巻頭を飾るミャンマーの僧侶たちへのインタビュー。被災者への温かい言葉に触れながら、ふと思う。4年前に彼の国を襲い、約14万人もの犠牲者を出した巨大サイクローンについて、あるいは途上国で日々起きている惨事に対して、私たちはどれだけ無関心だったのかと。

そうした共感の境界線を切り拓（ひら）いてゆくことも3・11の犠牲者の弔い方の一つに違いない。

書き手も読み手も国内のみに目線が向かいがちな日本の言論空間から欠落しがちな視点を想起させてくれる。

評・渡辺靖（慶応大学教授）

インタビューは共同通信加盟社に2011年6月から10月まで配信。

二〇一二年五月六日❹　『安藤忠雄　仕事をつくる　私の履歴書』

安藤忠雄 著

日本経済新聞出版社・二〇〇〇円
ISBN9784532168162　アート・ファッション・芸能

そのエネルギーの源泉は何？

数人の画家に訊（き）いてみるがいい。「あなたは誰のために絵を描くのか？」。「世のため、人のため」と答える者はほぼいないだろう。霊感を与えてくれるその源泉に対して奉納の気持ちで描く、なんて受けを狙う変わり者は別として、大方は「自分のため」と答えるに違いない。

しかし、ここに世界を舞台に活躍する一人の著名な建築家に同じ質問をしたら「自分のために建てる」とは言わないだろう。本書の著者はその質問に、胸襟を開いて熱く易しく答えてくれる。

ボクサーの経験のある著者の行動と思想は借り物の観念ではなく、その肉体と自前の感性で、肉体派仕事師といわんばかりに仕事のある所、東奔西走、持ち前の野生魂でどこまでも本能に忠実であろうと行動する。

「建築家になるんや」と決めれば即、一念発起、社会的ハードルは彼にはない。大学の建築教科書を手に入れ、4年間で学ぶところを1年で習得。独学安藤の面目躍如。僕も独学だが彼の〈鬼迫〉には負ける。

エゴから入ってエゴを消滅、個の普遍に至るなんて、彼の前では馬の耳に念仏。個我と執着が彼を安藤忠雄たらしめているのだ。画家の内面追求に対して建築家安藤は肉体の皮膚を破って外界へと視座を移し、この混迷する日本の再建と対峙（たいじ）し、時間、空間、創造、行動を捧げる。ケチケチしないそのエネルギーの源泉は何？　日本の未来を託する子供への愛と希望？

彼は才能ある人間を心底愛し、そしてその才能に対して謙虚であろうとする。友人、知人の能力を自らに移植し、換骨奪胎した他力を自力の知恵にしてしまう。3・11以後の日本を憂えると同時に未来と人を信じ、子供の教育に自然観の楔（くさび）を打ち込む。建築家を超えた存在の安藤を隠喩するならその精神は、画家が小乗なら彼は大乗仏教的というところかな。

評・横尾忠則（美術家）

あんどう・ただお　41年生まれ。建築家。「住吉の長屋」で日本建築学会賞。

二〇一二年五月六日⑤

『核燃料サイクル施設の社会学　青森県六ケ所村』

船橋晴俊、長谷川公一、飯島伸子 著
有斐閣選書・二五二〇円
ISBN9784641281264
社会

開発計画から排除された村民

使用済み核燃料を再処理してプルトニウムとウランを回収し、高速増殖炉などで使用する「核燃料サイクル」計画は、エネルギー自立の切り札として長年、政府、電力会社によって推進されてきた。その関連施設が下北半島の青森県六ケ所村に集中する。しかし、1993年に着工した再処理工場は相次ぐトラブルで今も稼働していない。核燃の拠点というより、全国の原発から出る放射性廃棄物の埋設地、貯蔵地となりつつある。

本書は、69年の新全国総合開発計画に始まる六ケ所村の開発史をたどり、地域社会の変容、村民の意識の変化などを社会学の手法によって分析する。98年刊行の『巨大地域開発の構想と帰結』(東京大学出版会)をもとに、その後の調査結果を加え、福島原発事故をふまえて大幅に加筆、改稿している。

六ケ所村の人口は、60年代の約1万3千人をピークに、一時は1万人を切った。それが、93年の再処理工場着工を境に増加に転じ、2000年には約1万2千人まで回復した。村の財政力は県内40市町村のトップだという。

だからといって村民は、核燃施設との共存に異論がないのではない。「別の方法で雇用が確保されるなら、核燃施設は縮小したほうがよい」という村民が6割、施設の安全性に不安を感じる村民が7割近くを占める。

その村民たちは、開発計画の策定、推進の過程から事実上、排除されてきた。声をくみあげて反映する回路がそもそもなかった。村の女性の語る言葉が痛切だ。

「反対なら反対なりに、賛成なら賛成なりにどんどん話をする人や地元の指導者を送りこみ、皆で話し合いをすれば良かったと思う。そうすれば、こんな骨肉相食(は)むような状態にはならなかっただろうに。その場が一つもなかった」

戦後日本の地域開発とは一体、何だったのだろうか。

評・上丸洋一(本社編集委員)

ふなばし・はるとし、はせがわ・こういち、いいじま・のぶこ

二〇一二年五月六日⑥

『新ビルマからの手紙　1997〜1998／2011』

アウンサンスーチー 著
土佐桂子、永井浩ほか 訳
毎日新聞社・一五七五円
ISBN9784620321196

『増補復刻版　ビルマからの手紙　1995〜1996』

アウンサンスーチー 著
土佐桂子、永井浩ほか 訳
毎日新聞社・一五七五円
ISBN9784620321226
国際

明るく粘り強く抵抗する

現在ビルマ(「ミャンマー」は軍事政権側による国名であり、民主化勢力、ならびにそれを支持する者は「ビルマ」と呼ぶ)では補欠選挙で「国民民主連盟(NLD)」が過半数を超える得票をし、アウンサンスーチー氏の下院当選も認められた。かつても大量得票をしながらNLDは国政参加を拒まれたのだから、ビルマ情勢はだいぶ軟化してきたことになる。

いまだ議会のほとんどが軍によって支配されているものの、日本を含む国際社会はこれまでの経済制裁を一気に緩和させ始めており、アジアの成長の中でビルマの位置は大変重要になってきている。

そうしたタイミングで本書『新ビルマから

の手紙』が出版された。アウンサンスーチー氏が毎日新聞に書き続けてきたエッセイで、同時に15年以上前にまとめられた『ビルマからの手紙』も〝増補復刻版〟で出ている。

どちらにもビルマの季節の移り変わりが端正な文章で活写されていてみずみずしく、その分だけ時を問わずに襲いかかる弾圧の過酷さがひしひしと伝わってくる。

「夜ごとに仲間が当局に連行されていた最悪の時代には、誰が消息不明になっているのかを確認することから1日が始まった」

「ビルマでは2200人以上の政治囚が投獄されたままだ」

だが、著者自身が何度も触れる通り、ビルマ民主化運動をになう人たちは〝生来の明るさ〟を持つという。逮捕を恐れずに集まるジャーナリストや民衆たちは決してユーモアを欠かさないのだ。絶望的な状況の中で笑いあう。その態度に人間の尊厳が響く。読む者に畏敬（いけい）の念を起こさせる。

著者アウンサンスーチー氏の毅然とした姿勢、慎み深いまなざし、そして圧倒的な教養はむろんのこと、私たち日本人がビルマから学ぶべきはこの粘り強い抵抗の明るさではなかろうか。

評・いとうせいこう（作家・クリエーター）

増補復刻版は未収録2編を加えて、同時刊行した。

二〇一二年五月六日⑦

『貧困待ったなし！ とっちらかりの10年間』

自立生活サポートセンター・もやい 編

岩波書店・一九九五円
ISBN9784000245159

社会

この社会の貧困の問題に最底辺のところで対応してきた支援グループの、あまりに率直な、そして考えぬかれた地声の中間総括である。

所持金・平均500円で、何もかもが立ちゆかなくなった人びと。その人たちのための定例相談会と、ホームレスの人にとって最難関の問題であるアパート入居時の連帯保証から始めた活動は、やがてネットカフェ難民、虐待から逃げてきた人など相談者も激増して「野戦病院化」するとともに、個人の自由な集まりから組織への移行・拡大を避けられなくなる。その間にスタッフが経験したディレンマはとてつもなく重い。

だれでも入ってゆける小さくて緩くて親密な場所は、濃すぎれば煮詰まる。が、組織化すれば、問題の核にある「人間関係の貧困」への対応がいやでも疎（おろそ）かになる。反貧困は一つのネットワークで担いきれるものではない。この先にある「独りにならずに1人で暮らせる」社会という課題に無縁でいられる人はいない。

評・鷲田清一（大谷大学教授）

二〇一二年五月六日⑧

『未来国家ブータン』

高野秀行 著

集英社・一五七五円
ISBN9784087714432／9784087454543（集英社文庫）

人文／国際

昨年の国王夫妻の来日以来かなりのブームを巻き起こしているブータン。ヒマラヤの小国なのに国民の幸福度は世界一ともいわれ、そのユニークな国情に注目が集まっている。当然、さまざまな「ブータン本」が世に出ているが、辺境探検の第一人者が書いた本書は抜群のおもしろさだ。

ブータンの生物資源を調査するという建前と、雪男など未知の生物について情報収集したいという本音を胸に、著者は首都周辺の「都市部」だけでなく、山間の少数民族の村にまで旅をする。高山病や下痢に悩まされたりしながら四千メートル級の峠も徒歩で越え、行く先々で興味深い伝承を記録し、その土地ならではの風習に触れて、「世界の他の国とはまるでちがう進化を遂げている」ブータンの、知られざる一面を伝えてくれている。ブータンでは若者が進路を決める際の選択肢は多くない。意外にもそれが、迷いなく生きられる背景となっているという指摘に、「うーむ」と考えさせられた。

評・松永美穂（早稲田大学教授）

二〇一二年五月一三日❶　文芸

『母の遺産　新聞小説』

水村美苗 著

中央公論新社・一八九〇円
ISBN9784120043475／9784122060883（中公文庫〈上〉）・9784122060890（〈下〉）

娘の苦しみ含め三代の大河小説

最近は嫁姑（しゅうとめ）よりも、実の母娘の関係の方が難しかったりするようだ。昨今話題の「墓守娘」についての本などを読むと、切実にそう思ってしまう。老後は息子よりも娘に見てほしいと願う親が増えているようだし、自らは果たし得なかった夢を思いきり娘に押しつけて、過干渉を続ける母親もいる。本書に出てくる母親もまさにそんな感じだ。

生い立ちにコンプレックスのある母は、二人の娘に教育を受けさせ、ヨーロッパ留学もさせる。娘たちは結婚し、さまざまな問題を抱えつつも、表面的には幸せそうに暮らしていた。しかし、五十代になったころ、一人暮らしの母にさんざん振り回されることになる。怪我（けが）をした母に付き添い、毎日差し入れをし、あげくは実家を片付けて売却、母が介護付きホームに入る資金を作る。これだけでも大変そうだが、ホームに入ってからも次々と問題が起きる。

物理的な困難だけではない。娘たちはそれぞれ、母に抑圧された記憶を抱えて生きている。ことに、母の世話を主に任されてしまう次女は、少女時代に姉に比べて粗末にされた思い出に苦しみ、父をないがしろにした母の身勝手な行動をいまでも許せない。老いた母と向き合うことは、娘の人生の総括にもつながっていく。

端々に、どきっとするような言葉がある。たとえば、「老いて重荷になってきた時、その母親の死を願わずにいられる娘は幸福である」。母に呪縛された娘たちの苦しみは、単純には解決されない。とはいえ、母をあっさりと切り捨てることもできない。そんなことをしたらしたで、良心の呵責（かしゃく）に苛（さいな）まれるのだ。内心に「エレクトラ」的怨恨（えんこん）を抱えつつ、介護を尽くそうとする葛藤の大きさ！

他人事のように書いてきたが、評者自身、母もあれば娘もいるため、ものすごく身につまされ、心えぐられる小説だった。介護、夫の不倫、経済的不安、自身の老いと体の衰えなどなど、この小説は「女はつらいよ」のオンパレードだ。ただ、ちまちました物語ではなく、生を肯定できる落としどころがあり、女の矜持（きょうじ）を感じさせる、共感できるエピソードがある。母娘三代の大河小説としても読めるし、介護・離婚・女の自立について考えさせてくれる、一つのモデルケースでもある。

さらに本書には、「新聞小説」という仕掛けがある。この小説自体が新聞に連載されたものだが、百十年前の新聞小説である『金色夜叉』が絶えず意識され、主人公たちの生き方にも『金色夜叉』的な要素が盛り込まれている。愛をとるか、金をとるか。究極の問いに対するこの小説の答えはきわめて現代的でありつつ、深い。

評・松永美穂（早稲田大学教授）

みずむら・みなえ　作家。『続明暗』で芸術選奨新人賞、『本格小説』で読売文学賞、『私小説　from left to right』で野間文芸新人賞、『日本語が亡びるとき　英語の世紀の中で』で小林秀雄賞。

二〇一二年五月一三日③

『福島原発事故独立検証委員会調査・検証報告書』

福島原発事故独立検証委員会 著
ディスカヴァー・トゥエンティワン・一五七五円
ISBN9784799311585　社会／ノンフィクション・評伝

「国策民営」の構造と病理を抉る

本書を読み進みながら、まるで丸山真男の「軍国支配者の精神形態」（1949年）を読んでいるような錯覚に襲われた。例外状態によって照らし出される体制のデカダンスという点で、大日本帝国の戦争体制と「原子力ムラ」を中核とするレジームとの間には、数多くの類似点が見いだされるからだ。その病理を、本書の第3部「歴史的・構造的要因の分析」は、「安全神話」「原子力ムラ」「国策民営」をキーワードに鋭く抉（えぐ）り出している。なぜこのようなシビア・アクシデント（過酷事故）が起き、被害はどう経過したのか（第1部）、またそうした事態に対して官邸中枢や原子力行政、原子力事業者さらに現場はどのような対応をしたのか（第2部）、こうした点を理解する上で、あらかじめ第3部に目を通すことを勧めたい。

「安全神話」とは何か。「原子力災害リスクをタブー視する社会心理を上部構造とし、原子力発電を推進する原子力ムラの利害関心を下部構造とする信念体系」のことである。「原子力ムラ」とは、「中央の原子力ムラ」（学界を含む原子力行政・産業）と「地方の原子力ムラ」（原発及び関連施設立地地域）のアマルガム（融合体）であり、それは国が原子力政策を推進し、電力会社が原発を商業運転する「国策民営」によって支えられていたのである。

このレジームは自己欺瞞（ぎまん）と、リアリズムの欠如した「安全神話」の上に君臨し、多くの国民がそれを信じて疑わなかった。原発事故に対する危機管理体制の脆弱（ぜいじゃく）さや場当たり的な対応、規制当局や原子力事業者などの無責任体制と権限への逃避や責任転嫁、さらにリスクコミュニケーションや情報伝達体制の不備など、大小のガバナンスの劣化は、そうした歴史的な累積の上に生じたのである。国と組織とひとの復元は、まさしくこの報告書をたたき台に進められなければならない。

評・姜尚中（東京大学教授）

著者は一般財団法人日本再建イニシアティブが設立した民間事故調。

二〇一二年五月一三日④

『ピダハン 「言語本能」を超える文化と世界観』

ダニエル・L・エヴェレット 著　屋代通子 訳
みすず書房・三五七〇円
ISBN9784622076537　人文

神を持たない民族との日々

読書人生の中でこれほど衝撃を受けたことはあっただろうか。本を閉じて、私は暫（しばら）くそう自問せずにいられなかった。ピダハン――ブラジル・アマゾンの奥地に暮らす民族である。外部との交流が極めて少ないこの民族は、独自の言語を用い、独自の生活スタイル（もっぱら猟と漁による）を貫いてきた。そんな「世界で最も研究されていないほうの部族」の地に、1977年12月、言語学者であるアメリカ人の著者が伝道師としてセスナ機から降り立った。

聖書を訳す使命の著者がさっそくピダハン語に取り組む。しかし友好の意を示そうにも、「こんにちは」や「ご機嫌いかが」、「ありがとう」といった「交感的言語使用」が見つけられず、更に色名も数字もない。外来貿易商に騙（だま）されないように、著者が「算数教室」を開き、ポルトガル語で10までの数え方や算数を教えることに挑んだが、8カ月の間毎晩のように努力した結果、「1＋1」の計算ができた「優等生」はいなかったという。

1日3食、夜に寝、朝に起きるという常識も、もちろんピダハンに通じない。食べ物がある時にたくさん食べ、なければ幾日もじっと耐える。ぐっすり寝るような夜も彼らにはない。夜に交わす挨拶（あいさつ）が「寝るなよ、ヘビがいるから」なのだから。

　守り神も、民族の優越性を意味付けるような創世神話もピダハンにはないのだ。言語は文化によって育まれ、文化や価値観を物語る。「彼らの言葉を話すのは、彼らの文化を生きることだ」と、布教するために入ったはずの著者は、そんな文化を持つ彼らを理解するようになるにつれ、無神論者になっていった。

　世界人口が70億人ある中、ピダハン語を話し、ピダハン文化を生きるという人は400人を割るという。本書が、そんな消滅の危機を如何（いか）にして乗り切るかという課題を、読者に突きつけている。

評・楊逸（作家）

Daniel L. Everett　言語人類学者。米ベントレー大学で教える。

二〇一二年五月一三日⑤

『ネットと愛国　在特会の「闇」を追いかけて』

安田浩一　著

講談社・一七八五円

ISBN9784062171120

IT・コンピューター／ノンフィクション・評伝

過激さの背後にある承認欲求

　在日コリアンに差別的なスローガンを浴びせかけ、過激な行動を繰り返す在特会（在日特権を許さない市民の会）。彼らがデモで叫ぶ罵声は、侮蔑の言葉で満ちている。安田はメンバーへの取材を繰り返し、その実像に迫る。

　在特会の生みの親は、桜井誠。現在も会長として運動の先頭に立つ。しかし、その来歴や素顔は判然としない。安田は、彼の地元を取材し、その「地味」で「目立たない」青少年期を明らかにする。

　無口で物静かな少年は、いかにして冗舌で攻撃的な「ネット右翼のカリスマ」になったのか。桜井は、ネット掲示板で韓国・北朝鮮を批判し、注目を集める。次第に一部で過激なスタイルが受けはじめると、激烈な口調が加速した。

　学歴社会から弾（はじ）かれ、警備員や役所の非正規職員として働いてきた彼は、役所や教育機関に対して攻撃的だ。そして、在日コリアンの「特権」を誇張し、既得権益としてたたく。安田は、過激な行動の背後に、桜井自身の鬱屈（うっくつ）や承認欲求を見いだす。

　「認められたい、見てほしい。そして喜ばれたい」。活動を動画サイトに投稿し、評判や閲覧者数をチェックするメンバーには、社会の中で「うまくいかない人たち」が多い。彼らは、不謹慎な言葉を吐き続けることで、アイデンティティーを確認する。

　そんな彼らは、市民を触発する。昨年夏に起こった「フジテレビ抗議デモ」は「ごくごく一般の人々」が中心となった行動だった。その整然とした高揚の中に、安田は「怖さ」を感じる。

　安田は在特会を他者化しない。彼らは私たちの社会の反映であり、その下には「広大な地下茎」が存在する。そして、それは現在の「橋下人気」にも繋（つな）がっているという。

　私たちの苛立（いらだ）ちはどこへ向かっているのか。本書は、時代の気分と真正面から対峙（たいじ）すべきことを迫っている。

評・中島岳志（北海道大学准教授）

やすだ・こういち　64年生まれ。著書に『ルポ　差別と貧困の外国人労働者』など。

二〇一二年五月一三日⑥

『理系の子　高校生科学オリンピックの青春』

ジュディ・ダットン 著　横山啓明 訳
文芸春秋・一七八五円
ISBN9784163750804／9784167902155（文春文庫）

科学・生物／ノンフィクション・評伝

無邪気な知的好奇心と探究

数学オリンピックのように「理系」の国際大会があることは有名だが、北米で盛んな「サイエンスフェア」についてはあまり知られていないと思う。英語で「フェア」というと、家畜や農作物の品評会を連想するのだが、サイエンスフェアもまさに学生たちが研究成果を持ち寄り優劣を競う。まず地域大会があり、最終的には全米大会（国際大会を兼ねる）へと階段がつながっている。上位入賞者には高額賞金が与えられたり、スポンサーが付いたり、若い才能を発掘する、まさに「品評会」として機能している。

本書は、サイエンスフェアの最高峰である国際学生科学フェアの2009年大会参加者を中心に「理系」高校生の青春を浮き彫りにした爽やかなノンフィクションだ。

まず度肝を抜かれるのは、「出品」される研究の水準の高さ。小型の核融合炉を製作した生徒、ナノテクノロジーの研究で賞を取り18歳にして最先端技術企業を興した生徒、化学企業デュポン社の城下町で、飲料水に工場由来の有害化学物質が含まれることを示し、除去法を確立した生徒、自閉症のいとこのために体系だった教育プログラムをつくり普及させた生徒……。

おおよそ「こども」の研究とは思えないものが目白押しだ。そこに至るまでの試行錯誤、挫折を克服するプロセス等々がいきいきと描かれており、読み物として楽しい。

と同時に、科学の営みが、基本的に無邪気なものなのだと強く印象づけられた。悪用も可能かもしれない核融合炉に象徴されるように、生徒たちの知的好奇心と探究は、それが社会にもたらすことの「善悪」の問題とは無縁だ。興味あることに突っ込んで行って一直線に進む。これは基本的に「大人の科学」も同様だろう。知的好奇心の発露を好ましく思いつつ、科学が応用される時にしばしば発生する問題をいかに統御するかとふと考えさせられた。

評・川端裕人（作家）

Judy Dutton　科学と人間との関わりを軸に取材・執筆活動を続ける。

二〇一二年五月一三日⑦

『股間若衆　男の裸は芸術か』

木下直之 著
新潮社・一八九〇円
ISBN9784103321316

アート・ファッション・芸能

駅前や公園に立つ裸体彫刻を見るたびに「なぜこのようなものがここに？」と不思議に思っていた。申し訳ないが、全く芸術的感動が無いからである。しかし本書を読めば見方が変わる。いや、芸術的価値に目覚めるわけではない。全く別の鑑賞法に気付いてがぜん面白くなるのだ。まず股間に注目する。それこそが、日本彫刻史の要だった。明治四十一年に初めて男性裸体の彫刻が日本に出現する。ギリシャローマ彫刻の歴史的土台がないところに突然裸が現れるわけだから、作る側は西欧崇拝でも、人々はどこを見ればよいかわからなかったろう。その都度警察が来る騒ぎとなる。その結果、股間は曖昧（あいまい）な形になる。「股間若衆」「駅前四天王」「曖昧模（も）っ糊（こ）り」というステキなキャッチフレーズと実に愉快な文章に、笑いを抑えられない。やがて近代日本美術史の基礎知識が身につき、赤羽や前橋駅に下りたくなり、ついに社会における表現と規制の関係に思いを致す。実にお得な本である。

評・田中優子（法政大学教授）

二〇一二年五月一三日⑧　経済

『食の終焉 グローバル経済がもたらしたもうひとつの危機』

ポール・ロバーツ 著　神保哲生 訳
ダイヤモンド社・二九四〇円
ISBN9784478007471

今やスーパーの食品売り場では世界中のあらゆる食材が手に入る。それを支えるのは大量生産・低価格化の流通をひたすら追求する食のサプライチェーンだ。だが筆者はこの食システムの基盤は極めてもろい存在だと言い、早晩破綻（はたん）は必至だと警告する。

たとえば鳥インフルエンザウイルスや食中毒を引き起こす病原菌などの増殖リスクはむしろ以前より高まった。人口膨張、農産物の増産に次ぐ増産は深刻な土壌悪化や水資源問題を引き起こしている。その先に見込まれるのは地球規模の穀物不足という、より深刻でやっかいな問題だ。

食の未来に楽観の余地は少ない。破綻回避に一刻も早く動かねばならない。読者はそう確信するだろう。だが、それもたやすくないことだと、本書で思い知らされる。

改革の道を立ちふさぐのは既得権益を握る巨大食品産業だけではない。その背後にいる究極の「抵抗勢力」は、豊かさや便利さを手放せない私たち消費者自身なのだ。

評・原真人（本社編集委員）

二〇一二年五月二〇日①　歴史／文芸

『人生と運命　1〜3』

ワシーリー・グロスマン 著　齋藤紘一 訳
みすず書房・1巻四五一五円、2・3巻四七二五円
ISBN9784622076568〈1〉・9784622076575〈2〉・9784622076582〈3〉

戦争に揺れる人々、背後に広がる闇

まず喝采したい。20世紀文学という巨大な山脈の最高峰の一つがついに翻訳されたのだから！

これは、第2次世界大戦の趨勢（すうせい）を決したスターリングラードの攻防を背景に、独ソ戦によって運命を翻弄（ほんろう）される人々の愛、希望、苦悩、絶望を、その生と死を、精緻（せいち）にかつ力強く描いた壮大な小説である。実在した人物を含め膨大な数の人物たちが登場するが、彼女ら・彼らの生きる個々の逸話はそれだけで独立した長篇（ちょうへん）小説となりそうなほど波乱に富んでいる。物語を読むことの醍醐味（だいごみ）がここにはある。読者は、シャーポシニコフ一家の長女リュドミーラが負傷した息子を探しに行った先で出会う悲劇に息をのみ、次女マルーシャの娘で、スターリングラードの飛び交う砲弾の下で大きなおなかを抱えて恋人の迎えを待つヴェーラの幸福を願い、三女ジェーニャと、ドイツ軍を包囲すべく戦車軍団を率いて進軍するノヴィコフ大佐との恋の行方から目を離せない。

だが物語の快楽に酔いつつも、不意に目が冴（さ）えてしまうとしたら、それはこの小説の背後に広がる奥深い〈闇〉、すなわち全体主義の恐怖のせいだろう。本書には独ソ両陣営が生み出した「収容所」が登場する。リュドミーラの最初の夫が送られたシベリアの収容所と、ナチスのユダヤ人絶滅収容所である。作中でナチス親衛隊少佐が指摘するように、ナチズムとスターリニズムは互いの鏡像なのだ。二つの体制がともに個人から自由を奪い、〈人間〉を根底から否定するものだという、ナチズムに勝利したソ連当局にとって不都合な〈真実〉を明らかにしていたために、『人生と運命』は出版を許されず、国外で刊行されるまで20年もの忘却を強いられる。

スターリングラード攻防戦のさなか、戦争を経験していないトルストイが『戦争と平和』という傑作を書いたことに驚く将軍が出てくるが、逆に『人生と運命』には、作者グロスマンの生きたすべてが注ぎ込まれている。現ウクライナにユダヤ人として生まれたグロスマンは、従軍記者としてスターリングラードを経験し、西進する赤軍に随行してベルリンに入城する。ユダヤ人絶滅収容所について世界で最初の報道を行ったのも彼である。本書の主人公のユダヤ系核物理学者ヴィクトルの母は、グロスマンの母と同様に、ウクライナに侵攻したドイツ軍によるユダヤ人虐殺で命

を落としている。

だがこの小説が描くのは〈ユダヤ民族〉の悲劇や〈ロシア人〉の悲劇だけではない。「アベル。8月6日」という広島の原爆の犠牲者への共感に満ちた短篇（たんぺん）も書いているグロスマンの念頭からつねに離れなかったのは、苦しむ〈すべての人間〉の人生と運命なのである。

評・小野正嗣（作家・明治学院大学専任講師）

ワシーリー・グロスマン　1905〜64年。本書の原稿は旧ソ連国家保安委員会に没収され、著者の死から16年後にスイスで出版された。

二〇一二年五月二〇日❷

『VANから遠く離れて　評伝石津謙介』

佐山一郎 著

岩波書店・三三六〇円
ISBN9784000222228

アート・ファッション・芸能／ノンフィクション・評伝

先見性を養った人脈と反骨

戦後はじめて10代男子がファッションに心も体もかきむしられた時期がある。60年代、その火をつけたのがVANの石津謙介だ。以後、消費文化がミドルティーンにまで下降し、ファッショナブルという感覚が衣服を越えて生活文化全体にまで広がっていった。著者の言葉でいえば、市場がはじめて「文化的基礎」を必要とした時代であった。

VANにかぶれたこの反抗の世代は、石津に「代理父祖（ゴッドファーザー）」を見た。だからやがて父親殺しの対象にもした。VANは、創業から倒産にいたるおよそ四半世紀間、まるでジェットコースターのような社歴を刻んだ。10代の経験がわだかまったままの著者は、煽（あお）られのさなかにあって自分がほんとうに触れていたものが何かを検証するために、いわば遠近法を組み換えて、晩年の石津と繁（しげ）く向きあう。

石津は3度、無一文になった。家業が立ち行かなくなって天津へと脱出したとき、敗戦後の引き揚げのとき、そしてVANが倒産したとき。が、この倒産には「先見性を使い果たしての『蕩尽（とうじん）』イメージ」があると、著者はいう。

その先見性を養ったものを、著者は、若き日の6年半にわたる大陸での生活、左翼系演劇人との交友、京大事件の瀧川幸辰や考現学の今和次郎らとの意外な接点に探る。くわえて、その生涯を貫く「反骨」と「旦那」のふるまいに。

地べたの意気地も見逃せない。引き揚げの船内で歌謡コンクールがあり、女装までして歌い、優勝をもぎ取った話がある。空腹で泣く子らのために賞品の煙草（たばこ）を2等賞品の乾パンと取り替えてもらうためだった。同じダンディでも、白洲次郎のように貴族的（ノーブル）ではなく、市民的（シヴィル）だった。

VAN主義者に約（つづ）めようのない石津を仔細（しさい）に見つめるなかで、VANから離れても自分のなかで疼（うず）きつづけていた両価感情を解剖しつつ、それを愛惜へと浄化してゆくその筆致が、ちょっと、痛い。

評・鷲田清一（大谷大学教授）

さやま・いちろう　53年生まれ。作家。著書に『東京ファッション・ビート』ほか。

二〇一二年五月二〇日③

『私は東ドイツに生まれた　壁の向こうの日常生活』

フランク・リースナー 著
清野智昭 監修　生田幸子 訳
東洋書店・二六二五円
ISBN9784885959929　歴史／国際

自由を手に入れ、過去を懐かしむ

ベルリンの壁が崩壊した翌年、一つの国が40年という短い「生涯」を終え、世界から消えた。それはドイツ民主共和国——いわゆる東ドイツである。現在は日本に住む、東生まれで、東西統一時に24歳だった著者は、自身の体験を交えながら、豊富な資料や写真を用いて、かつての「母国」を、その成り立ちから社会システム、政治体制、宗教文化、日常生活などについて、わかりやすく語る。同じ社会主義国の出身者にとって、甚だ興味深い一冊だ。

西側への逃亡を防ぐために、1961年から東ドイツ政府によって建設が始まったベルリンの壁、「鉄のカーテン」と呼ばれるその中での生活は貧しいながらも、自家用車を持つこと（外貨さえあれば外国車も買える）や、我が中国では許されなかった西側のファッション（幾多の屈折を経てジーンズは浸透した）を身に纏（まと）うこともできた。ルターの故郷だというからプロテスタントだと思われがちだが、東の宗教は、プロテスタントとカトリックの混合で、むしろ後者の信徒が多かったという。信徒を出世させないだの、給料から教会税を天引きして教会に渡さないようにするだの、都市計画の邪魔だと言って教会を爆破するだのと、あの手この手を使って政府は宗教への弾圧を続けたが、そうした制圧の中で教会は却（かえ）って心の休まる「パラレルワールド」となり、人々の「溜（たま）り場」となっていった。

「東ドイツが血を流している大きな傷口のよう」な境界線が崩壊して20余年、近年東の出身者の間で、Osten（東）とNostalgie（郷愁）の造語「オスタルギー」が流行（はや）っているという。自由で豊かな暮らしが手に入った一方、かつて東になかった失業、あるいは保障されていた女性の地位などに関する問題も顕在している。そもそも問題のない社会など存在しない。過去とは、やはり戻れないからこそ懐かしいのだろう。

評・楊逸（作家）

Frank Riesner　千葉大学などでドイツ語を教える。

二〇一二年五月二〇日⑤

『ドキュメント　テレビは原発事故をどう伝えたのか』

伊藤守 著
平凡社新書・八一九円
ISBN9784582856316　社会／ノンフィクション・評伝／新書

いつ、誰が、何を話したか検証

福島の原発事故とメディアを考えるうえで重要な本だ。この本の出現によって私たちは、テレビの原発事故報道を、単なる印象や記憶ではなく、事実に基づいて批評、批判することが可能になった。

主な分析対象は、東日本大震災が起きた昨年3月11日から17日までの原発事故報道。どのテレビ局で、いつ、誰が、どんな話をしたか、事故の推移にそってたどる。

特に「誰が」について、実名を出して責任の所在を明らかにした意味は大きい。アナウンサーであれ、解説をした専門家であれ、テレビだからといって言いっぱなしでは済まないはずだからだ。

3月12日朝5時44分、政府は周辺住民への避難指示を、それまでの半径3キロ圏内から10キロ圏内へと拡大した。

7時31分、NHK「場合によっては、放射性物質が外に漏れ出す可能性もないわけではないので、拡大したわけです」「人体に大きな影響を与えることはないだろうと考えています」

（東大教授）。

その朝、福島原発がある大熊町では、防護服を着た警官が住民に「早く逃げろ」と指示を出していた。

12日午後3時36分、1号機が爆発した。13日午後5時、TBS「あの原子炉はもう使えないんですけれども、それでも（放射性物質を）閉じこめるという最低限の安全を維持したというのは、これはすばらしいことではないかと思います」（東大特任教授）。

放射性物質が飛散するさなかに、専門家はそう語った。

テレビは原発の危険性を「危機的な事態に至っても覆い隠そうと」した、むしろ危機ゆえに「なおさら」覆い隠そうとした、と著者はみる。

中央のテレビ各局は自局の記者に原発から30キロ圏内へ入らぬよう指示しつつ、「放射線は微量。健康に害はない」と人々に伝え続けたという。自らの報道を検証する番組の制作を各局に求めたい。

評・上丸洋一（本社編集委員）

いとう・まもる　54年生まれ。早稲田大学教授（社会学、メディア・スタディーズ）。

二〇一二年五月二〇日❻

『夢の操縦法』

エルヴェ・ド・サン＝ドニ侯爵 著　立木鷹志 訳

国書刊行会・四七二五円
ISBN9784336054944　人文／科学・生物

フロイトも探した奇書の古典

まさしく幻の著作の初訳である。

かつてアンドレ・ブルトンや澁澤龍彦が夢研究の古典として本書の一部を引用したことがあったが、長らく作者の経歴もその全貌（ぜんぼう）も不明という奇書だった。

ところが近年の発掘で、作者は支那学者として唐代の詩を仏訳し、1855年パリ万博の中国パビリオンを立ち上げた貴族と分かった。

人間は睡眠中でも活発な思考活動を行うと主張した彼は、夢占いもふくめて分析し、夢とは記憶の断片を結び合わせストーリー化する「正調な知的作用」と考えた。

しかし当時の研究者の多くは、夢を「心的能力の低下や混乱が生み出す変調」と捉え、夢遊病や幻覚と区別しなかった。ならば意識で夢をコントロールしてみせようと、数々の実験を試みたのが本書である。

まずは睡眠中に鈴の音を聞かせるなど、外部刺激を使って力ずくで夢に介入する方法。たとえば匂いを嗅がせ、その条件反射を利用して「埋もれていた記憶」から夢に誘導する実験を読むと、あの『失われた時を求めて』で、主人公がマドレーヌを紅茶に浸した香りに刺激され記憶を取り戻す場面を思い出すが、実際プルーストは本作者の妻と知り合いだったそうだ。

この外部刺激法でだめなら、睡眠中に自分の意志を働かせて内部から夢に介入する方法もある。乗馬する夢を見たら、覚醒時と同じように馬を自在に操ってみることだ。それには夢の中で目を覚ます訓練が要るという。

これら夢実験の性格から見て、夢の意味を分析したフロイトも本書に関心を持ったはずだが、丁寧な解説にそこも触れられている。なんと、フロイトは本書を必死に探し回ったが、どうしても入手できなかったのだそうだ。

それが、いま日本語で読めるとは、まさに「夢」のようではないか。

評・荒俣宏（作家）

Marquis D'Hervey De Saint-Denys　1822年生まれ。92年死去。

二〇一二年五月二〇日⑦

『情熱の階段　日本人闘牛士、たった一人の挑戦』

濃野平 著
講談社・一四七〇円
ISBN9784062174442
ノンフィクション・評伝

本書は、途方もない大夢を抱き、しかもそれをみごとに実現した、ある日本人闘牛士の苦闘の物語である。

著者は、闘牛士になるという固い決意のもと、裸一貫スペインへ渡る。ゼロから出発して、何度も挫折を繰り返しながら、ついに日本人として最高の、ノビジェロ・コン・ピカドール（最高位の一歩手前）にまで、昇り詰める。

まさに、努力と執念なくしては実現しえない、生と死のはざまの体験記だ。闘牛に関する本は、ヘミングウェイや佐伯泰英など、多くの作家や研究者が書いている。しかし、現役の闘牛士が体験を綴（つづ）った本は、日本語ではおそらくこれが初めてで、その臨場感には圧倒される。好きだから、と口で言うのはたやすいが、ここまで徹底してやり抜く人は、そうはいないだろう。

「闘牛士と牛の闘いなど、存在しない。牛は、闘牛士の創り出す作品の、素材にすぎない」。この、よくも悪くも冷徹な悟りが、闘牛の本質をよく表している。

評・逢坂剛（作家）

二〇一二年五月二〇日⑧

『イルカの認知科学　異種間コミュニケーションへの挑戦』

村山司 著
東京大学出版会・三五七〇円
ISBN9784130601931
科学・生物

研究目的は「イルカと話すこと」とあっけらかんと述べる。類人猿では手話やコンピュータを使って実現しており、イルカ研究の目標としておかしくない。しかし、ここで身構える人もいるはず。ことイルカに関しては「テレパシーで話した」などと神秘主義的主張も多いからだ。

しかし著者はあくまで認知科学研究として「会話」の可能性に迫る。水族館を拠点に、それまで知見の少なかったイルカの視覚について基礎的な調査をした上で、記憶、数の認識といった能力を探る。更には「自己認知」「他者の心の理解」など、より高度な心的活動の確認へ進む。

ここまで布石を打って「会話」の試みへの準備完了。類人猿の場合、既存のアメリカ手話を使った研究が有名だが、イルカでは聴覚と視覚を用い新たな言語を創る。すでに「物を名前で呼ぶ」「文字を読む」など、初歩的成果があがっているそうだ。「会話」が成立する日は近いかもしれず、夢が膨らむ。

評・川端裕人（作家）

二〇一二年五月二七日①

『毒婦。　木嶋佳苗100日裁判傍聴記』

北原みのり 著
朝日新聞出版・一二六〇円
ISBN9784023310810／9784062776882（講談社文庫）

『別海から来た女　木嶋佳苗　悪魔祓（ばら）いの百日裁判』

佐野眞一 著
講談社・一五七五円
ISBN9784062177641
社会／ノンフィクション・評伝

「透明な鏡」の彼女　男と女の目線映す

事件が明るみにでたときメディアは色めきたった。魔性の女。婚カツ詐欺師連続殺人。練炭女。

それなのに、と北原は思った。ここには凄惨（せいさん）な暴力のにおいがしない。女の犯罪につきものの湿度がない。共感や同情も一切持ちえない。著者は言う。「ただ私は、木嶋佳苗という女が、全く全く全く、分からなかった」。だから裁判の傍聴をはじめた。

北原は女の目線で被告を追う。小柄で清潔で美肌で声が優しく上品。服を変え、髪形を変える。メールが明かされる。最初から直截（ちょくせつ）的に経済的支援を要求する。そしてこう書く。「本気で思って下さるなら交際期間中も避妊しなくても構いません」。男は次々に落ちた。裁判中、被告は終始、他人事のようにたたずむ。ますます釘付けになり、振り回される。気負いのない口調は読みやすい。

　佐野の第一印象も同じだった。どの犯行にも怨恨（えんこん）や血の跡がない。彼は男の目線で被告を追う。「北海道ののどかな酪農地帯で育った女が、（中略）なぜ凶悪な毒婦もしくは女モンスターに変身したのか」。被告の出生地や関係先を丹念に取材し、話を拾う。傍聴では事実の記録者に徹する。あっけなくだまされた男たち。検察のあり方にも言及する。動機が不明瞭で、自白や目撃証言が皆無のこの事件で、検察は奇妙なたとえを持ち出した。朝起きて一面雪化粧だったら「直接雪が降った場面は見ていなくても、みなさんは夜中に雪が降ったということがわかります」。空疎な中心の上を行き来する裁判を活写する筆致は見事だ。

　犯した罪は裁かれなければならない。しかし私たちにはもう一つ考えるべきことがある。了解の不能性。社会性の欠如。その一方で、彼女は巧みにネットを操り、緻密（ちみつ）で、パンクチュアルで、几帳面（きちょうめん）で、極度に清潔好き。生まれながらの資本主義者。これらは何を意味しているのだろう。

　被告は判決前、朝日新聞に手記を寄せた。理知的で語彙（ごい）豊富な文章は、定型的で温度がない。その中で彼女はこう書いている。「私のような人間にとって、この世の中はとても生き難い場所です」

　彼女は独自の方法で、自ら閉ざした全く別の世界を生きているのだ。私たちには彼女の世界が読めない。あえて読もうとすると彼女は透明な鏡になる。著者たちは意識するしないに関わらず、明らかに木嶋佳苗という鏡に映った自分を語っている。それは裁判に関わった、聞いた、見た、すべての人々についてもいえる。嘲（あざけ）りは自らへの嘲りであり、いらだちは自らにいらだつ。勇気ある者は、このあまりにもリアルな記録を読んで、その鏡にいったい何が映るのか、試してみるがよい。

評・福岡伸一（青山学院大学教授）

きたはら・みのり　70年生まれ。著書に『アンアンのセックスできれいになれた？』など。
さの・しんいち　47年生まれ。著書に『あんぽん　孫正義伝』など。

二〇一二年五月二十七日②

『若者の気分　少年犯罪〈減少〉のパラドクス』

土井隆義 著
岩波書店・一六八〇円
ISBN9784000284561
社会

統計を検討　情緒的議論と決別

　20世紀最後の数年、少年による凶悪犯罪が散発し「少年犯罪の増加！」と騒ぎになった。しかし長い目でみて減少傾向が明らかと分かると、世の論は少年犯罪の凶悪化、再犯の増加を問題にする方向に横滑りしていった。今ではどれも現実にそぐわないと分かっているが、２０１０年の内閣府調査では75％もの回答者が「重大な少年犯罪が増えている」とした。

　著者は丁寧に統計を検討し、誤解を解きほぐす。更に諸外国では犯罪増に直結する失業率が日本でも高まっているのに、少年犯罪が最低レベルであることにパラドックスを見いだす。このような視点は従来の論を見聞きしてきた者には意外だろう。しかし事実だ。むしろ、本書の真骨頂は「パラドックス」に社会学的分析を試みる点である。

　キーワードは「宿命主義的人生観の広がり」「人間関係の自由化」など。前者は現状を素直すぎるほど受け入れる態度。後者は、社会があまりに自由になったため、むしろ仲間との絆を求め、空気を読んで自分が浮かないようにする態度につながる。「私（個性）探し」から「友だち探し」へ。ちなみに凶悪犯罪がかつて究極の個性だったことは、神戸連続児童殺傷事件（1997年）に続いた少年事件の聞き取りから分かる。しかしこんな極端な個性はもう誰も欲しくない。少年犯罪は減少し、90年代の特異な事件の再来も抑制される……。

社会学に暗い評者には判じがたい部分もある。また描かれた若者像を固定的に捉（とら）えるのは危険だろう。検証し先に進むには、社会と犯罪の分野で因果関係の解明を目指す社会疫学、犯罪疫学を視野に収めるべきだとも感じた。

いずれにしても安易な若者叩（たた）き言説と距離を取り「今」と真摯（しんし）に向き合う議論をさりげなく実現している点がよい。私たちの社会に跋扈（ばっこ）してきた情緒的若者論との決別のきっかけとなることを期待する。

評・川端裕人（作家）

どい・たかよし 60年生まれ。筑波大学教授。著書に『「個性」を煽られる子どもたち』など。

二〇一二年五月二七日❸

『今和次郎「日本の民家」再訪』

瀝青会 著
平凡社・三三六〇円
ISBN9784582544404
人文／ノンフィクション・評伝

変哲もなく残る大正の家々

今（こん）和次郎の名著『日本の民家』は、大正期の何の変哲もない民家の記録分析として今でも実におもしろい。本書はそこに登場する民家を再訪し、その変化を記述したものだ。

こんな本が成立すること自体が驚きだ。この九〇年を経て、かなりの家がまだ残っている！ むろん消えたものも多く、残った場合でも昔通りではない。だが、その変化こそ本書の注目点でもある。

変化の理由はおなじみのものだ。都市化、経済基盤変化、道路拡幅……。元の本での今（こん）の注目点は、それぞれの民家が持つ自然や経済の環境に対する合理性だった。本書の分析は、周辺の変化と家の変化の関わりを細かく捕らえ、今和次郎の合理的な読みを現在にまで延長するものとなっている。

元が雑誌連載のせいか、文章は時に蛇足めいた文学的な都会人の田舎幻想や内輪の些末（さまつ）な雑記に流れる。だが事実関係の記述は明快だし、限られた資料から家を探し出すいささか冗長な探索プロセスにも時代の変化の記述が散在している。そうこうするうちに、そこから今和次郎の行動原理まで抽出しおおせているのは感心させられる。

しかし……本書に掲載された現存する「民家」の写真は、本当に何の変哲もないのがショックではある。今（こん）のスケッチを見ると、それぞれの民家は実に豊穣（ほうじょう）で美しく見える。が、実際はそこらの地方家屋で、多くの人は前を通っても記録する価値があるとさえ思うまい。

今（こん）とてその個別の家自体の価値よりは、その地域の生活と様式の表現としてそれぞれの民家を見ている。だが、これらの家は当時もこのように何の変哲もなく、今（こん）の慧眼（けいがん）だけがその意義を見抜けたのか、あるいは当時は変哲があったのに、物理的には同じでも、時代の変化とともにそれが消えたのか。そうした見る側の視線の変化についても、本書は考えさせてくれる。

評・山形浩生（評論家）

れきせいかい 中谷礼仁早稲田大教授（歴史工学・建築史）らによる研究者有志の会。

二〇一二年五月二十七日④

『健康不安と過剰医療の時代　医療化社会の正体を問う』

井上芳保 編著
長崎出版・二三一〇円
ISBN9784860954901
医学・福祉

「何かおかしい」と思う人に

現代は江戸時代より「進化」していると言われる。進化のシンボルが科学技術の発展である。確かに江戸時代までは高度医療も保険制度もなく薬は高かった。であるから病気にならないことが重要で、「養生」が生活の上で大切な役目を果たしていた。

一方、今の日本では薬は満腹になるほど出してくれるし、レントゲンやCTは無制限に撮ってくれる。が、何かおかしいと常々思っていた。薬の処方や治療は最後の手段だろう。不安感だけで治療する必要はあるのだろうか？本書はその疑問に答えてくれた。ずばり「健康不安」と「過剰医療」を暴いている。

日本で癌（がん）にかかる人の三・二％は放射線による診断被曝（ひばく）が原因と推定され、検査回数も調査した十五カ国平均の一・八倍である。必要とされない多くの事例でCTが安易に使われているからだという。血圧が高い人に処方される降圧剤も、実は脳梗塞（こうそく）につながりやすい。コレステロールの薬も骨粗鬆症（こつそしょうしょう）の薬も不要な場合が多く、副作用をともなう。バリウムによる胃の検査が本当に安全かどうかは分かっていない。うつ病という診断結果の急激な増加は、向精神薬の解禁と連動している。さらに、病気でない人にお金を使わせるには「健康不安」という武器がある。「メタボ」はじめありとあらゆるものに警告が発せられ、健康商品が大量に消費されている。本来は「ストレスに強い」ことを強要する社会の問題であるにもかかわらず、それは問題としないで医療に金を使わせる構造になっているのだ。本書は、そのような多くの事例が語られている。

本書には賛同する人もしない人もいるだろう。しかし、頭の片隅で「何かおかしい」と思っている人は多いのではないか。医療の過剰を問題化してゆく必要性が高まっているというのが、この本の編集意図だ。ようやくそういう時が来た。

評・田中優子（法政大学教授）

いのうえ・よしやす　56年生まれ。札幌学院大学元教授（臨床社会学）。同氏ら8人で執筆。

二〇一二年五月二十七日⑤

『探求　エネルギーの世紀　上・下』

ダニエル・ヤーギン 著　伏見威蕃 訳
日本経済新聞出版社・各二四一五円
ISBN9784532168315〈上〉・9784532168322〈下〉
科学・生物／社会

地球規模で描く一大叙事詩

エネルギー問題の権威ダニエル・ヤーギンが久々に大作を世に出した。ピュリツァー賞を受賞し世界的なベストセラーとなった『石油の世紀』から20年。エネルギーの一大叙事詩を紡ぎ出すスケールの大きさは、相変わらずだ。

当時『石油の世紀』を書くきっかけになったのはチェルノブイリ原発事故と湾岸危機だった。それと相似を成すように、今回の著書は、福島第一原発事故と「アラブの春」によるエネルギー事情の激変が端緒となっている。

歴史の縦軸、地球規模の横軸を思い切って広げ、登場人物は多彩、興味深い話題も満載で期待を裏切らない。

例えば、テキサス州で30年前、誰も見向きもしない天然ガス層の破砕技術開発を始め、もうかりもしないのに頑固に取り組み続けたジョージ・ミッチェル。彼が生み出したノウハウは近年花開き、天然ガス（シェールガス）革命を引き起こす。それが今や、世界のエネルギー安全保障の地図を塗り替えつつある。

今回も間違いなく、世界のエネルギーを論じるのに欠かせない一級の資料だ。ただ、読者の期待はそこにとどまらないに違いない。目の前の関心事は原発再稼働問題だ。液化天然ガスの輸入急増で貿易赤字に転落し、その影響は日本経済全体に広がる。将来のエネルギーのあり方はどうあるべきか、そのヒントを知りたい読者も多いだろう。

『石油の世紀』でヤーギンはエネルギーの主な選択肢として①化石燃料②原子力③省エネをあげ、原子力ルネサンスの到来もほぼ正確に見通した。「われわれの世紀は依然として石油の時代」というのも正しかった。

「いま」はどうか。事故後の原発を取り巻く環境は一段と厳しい。それでも20年後も、原発を含めさまざまな選択肢を抱え続けなければいけないエネルギーミックスの時代が続く、というのが大家の下した結論である。

評・原真人（本社編集委員）

Daniel Yergin　著書に『石油の世紀』『市場対国家』など。

二〇一二年五月二七日⑥

『近代仏教という視座　戦争・アジア・社会主義』

大谷栄一 著

ぺりかん社・五二五〇円

ISBN9784831513182　歴史／人文／ノンフィクション・評伝

様々な潮流と合流した歩み

古代以来、日本人の精神に大きな影響を与えてきた仏教。しかし、「仏教」という概念が定着したのは、近代に入ってからである。西洋によって「宗教」（レリジョン）という概念が持ち込まれ、宗派を超えた統一的単位としての「仏教」が明確に自覚されるようになった。「宗教」という概念の中核には、どうしてもキリスト教（特にプロテスタント）の影響が反映されている。個人の信仰を基礎とし、儀礼的な要素を排した信仰形態は、「宗教」をビリーフ（信念の体系）中心的に規定し、プラクティス（実践）の側面を捨象した。

大谷は、等閑視されてきたプラクティスの側面を包摂する「広義の近代仏教」を論じる重要性を提起しつつ、ビリーフ中心的な「狭義の近代仏教」がたどった軌跡を明らかにする。

明治20年代、「新しい仏教」を掲げる運動が活発化した。旧仏教界を批判し、社会参加や内的信仰を重視する「新しい仏教」運動は、「青年仏教徒たちによる異議申し立てのユースカルチャー」として拡大した。ここで確立された「狭義の近代仏教」は多元的な展開を遂げていく。

中でも大きな影響力を持ったのが、田中智学の日蓮主義運動だった。智学は国民と国家の統合を世界人類の統一へと敷衍（ふえん）し、仏国土という理想社会の実現を構想した。彼の運動は、高山樗牛や石原莞爾、宮沢賢治らに熱狂的に支持され、影響は血盟団事件を首謀した井上日召にまで及んだ。一方で、同じ日蓮主義者でも「新興仏教青年同盟」を率いた妹尾義郎は、反戦・反ファシズムの仏教社会運動を展開し、利己的な資本主義の変革を求めた。

反戦平和から超国家主義まで、様々な思想潮流と合流した近代仏教。宗教の社会的役割が見つめ直される現在、近代仏教の歩みをたどることは、極めてアクチュアルな作業となるだろう。

評・中島岳志（北海道大学准教授）

おおたに・えいいち　68年生まれ。佛教大学准教授。著書に『近代日本の日蓮主義運動』など。

二〇一二年五月二七日⑦　歴史

『昭和史を陰で動かした男　忘れられたアジテーター・五百木飄亭（いおきひょうてい）』

松本健一 著
新潮選書・一六八〇円
ISBN9784106037009

「乏しきを分（わか）ちつくして除夜の鐘」。作者の五百木飄亭は、「文学に於（お）ける一種の天才あり」と正岡子規が評した、子規の俳句仲間であり、ベースボールの友であった。飄亭が日清戦争に召集され、戦地から「従軍日記」を新聞に連載した。この名文にそそられて、子規は従軍記者を志望する。子規が心を許した友でありながら、司馬遼太郎の『坂の上の雲』には、名前さえ出てこない。なぜだろうか。

著者はこの謎を解明すべく、飄亭という人物の生涯を追う。五百木飄亭の名は、俳界では知られていたが、詳細な伝記は無かった。本書は初めての、飄亭伝である。

文学を離れて政客（せいかく）とつきあうようになった飄亭を、子規はいさめる。しかし飄亭は聞かぬ。彼はいわゆる「浪人」となって生涯を送る。憂国の浪人である。国士の身上は、豊富な逸話だ。惜しむらくは飄亭にはそれが乏しい。影の薄い国粋主義者なのである。

司馬氏が小説の人物に使わなかった理由ではなかろうか。

評・出久根達郎（作家）

二〇一二年五月二七日⑧　人文

『脳はすすんでだまされたがる　マジックが解き明かす錯覚の不思議』

スティーヴン・L・マクニックほか 著
鍛原多恵子 訳
角川書店・二一〇〇円
ISBN9784041101599

著者こそ異なるが、本書は評者がこの欄で1年前に紹介した、『錯覚の科学』と対をなすべき、啓蒙（けいもう）書である。

ここでは、注意力の欠如や記憶の誤りなど、さまざまな理由で起こる錯誤のメカニズムを、マジックの成り立ちをとおして、解明しようとする。周知のとおり、推理小説のトリックは、マジックの仕掛けとよく似ている。読者を、間違った方向に誘導しておき、最後に意外な真相を示して、度肝を抜く例の手法である。

本書は、人がいかにだまされやすいかを、マジシャンのテクニックを紹介しつつ、興味深く解き明かす。関連するマジックの、実技と種明かしが随所に織り込まれているので、素人マジシャンの手引書としても、楽しく読める。

推理小説の世界には、先年亡くなった泡坂妻夫さんという、マジックの名手がいた。もしかすると、本書はミステリー作家を目指す人が、トリックを考えるための参考書として、活用できるかもしれない。

評・逢坂剛（作家）

二〇一二年六月三日②　文芸

『七夜物語　上・下』

川上弘美 著
朝日新聞出版・上巻一八九〇円、下巻一九九五円
ISBN9784022509598〈上〉・9784022509604〈下〉／9784022647771（朝日文庫〈上〉）・9784022647788〈中〉・9784022647795〈下〉

現実とつながる「夜の世界」へ

川上弘美の文章には風が通（かよ）っているといつも思っていた。改行や丸みを帯びた平仮名が多用されているから？　ちがうちがう。言葉が呼吸している。本が生きているのだ。

実際、読書好きの小学校4年の少女さよと、その級友の仄田（ほのだ）くんとともに、本はこの物語の主人公だと言える。さよが図書館で見つけた『七夜（ななよ）物語』という、閉じると読んだ中身を忘れてしまう本が、二人をふしぎな七つの「夜の世界」へと招き入れる。

ふしぎ？　だってそこには、行儀の悪い子をきらうグリクレルというエプロンを巻いた大ねずみや、濃いはちみつ色の謎のかたまりミエルがいて、ちびエンピツやコクバンなどのモノがイキモノのように動き、しゃべるのだから。

だが、私たちの誰もが覚えているように、不思議はすべての子供の友だちだ。さよも仄田くんも「夜の世界」の訪れに怯（おび）える

どころか胸躍らせる。イキモノもモノも分け隔てなく思いやり、知恵を懸命に働かせ、ときに二人の息が合わないことはあっても、手をつないで、降りかかってくる難問に勇敢に立ち向かう。

むしろ、さよの気にかかるのは、離婚した母と父のことだ。母がおらず祖母に甘やかされて育った仄田くんは、友だちのいない情けない自分に悩んでいる。この現実世界ほど不可解で矛盾に満ち、一筋縄で行かないものはない。

「夜の世界」が、物語が、かくも魅力的なのは、そこが現実逃避の場所だから？ ちがうちがう。「いいところも、へんなところも、まじりあってでこぼこで。そういうものが、すてきなんだよ」と登場人物の一人が言う。「夜の世界」はさよたちの現実とつながっている。「完璧な何かなんて、うそこのもの」なのだ。

この物語では、くちぶえが大切な役割を果たす。よくわかる。くちぶえとは息吹、命だから。現実と虚構を結ぶ、光と影の揺れるでこぼこ道を命の風が行き来している。

評・小野正嗣（作家・明治学院大学専任講師）

かわかみ・ひろみ 58年生まれ。『センセイの鞄（かばん）』で谷崎賞。

二〇一二年六月三日④

『アートを生きる』

南條史生 著

角川書店・一八九〇円

ISBN9784048741989

アート・ファッション・芸能

熱い現代美術愛 34年の回想

「アートは大事だ、心の糧だ」と言い続けてきたキュレーターが、現代美術に対する34年間の愛の実践的足跡を回想した半生の記録である。面白いアートがあると聞けば即、機内の人となって世界中どこへでも飛んでいくその好奇心と直感的行動力はエネルギッシュと言うしかない。

著者が国際交流基金に入った頃は日本の現代美術はまだ極東の辺境に甘んじていた。そんな時期の1977年に著者はドイツで見たヨーゼフ・ボイスに「圧倒的な衝撃」を受け、彼を日本に招聘（しょうへい）しようとして行き違ってしまう。

ボイスと決別した著者は元来、「遺跡」を原点としており、「アートの明日のピラミッド」を発掘する旅に立つ。海外で国際展を組織しながら日本のアーティストを世界に送り出し、一方、国内では基金を辞め、ICAナゴヤを舞台にヨーロッパの巨匠たちを紹介して日本のアートシーンに刺激と体力を与えつつアメリカにも視座を移していく。

90年になって著者はアートの座標軸をパブリックアートへと移行しながら都市と建築とアートの対話を演出。そして「空間に対する美的・造形的回答」を探り始める。

さらにヴェネツィア・ビエンナーレのキュレーションやコミッショナーを経て、同ビエンナーレの国際審査員となったMr.NANJOの環境はあわただしく巡り、現在は森美術館の館長として、彼の未来予測を現実化させている。世界の眼（め）が日本から韓国、中国へとシフトする中、彼はインド、インドネシア、中東、ブラジルへと「先手を打ち」ながら目下中東展を準備中だ。

そして「現代アートはわからない、難しい」という人にも、幸福とは、平和とは、生とは、死とは、という人間存在の核にあるものとしてのアートを示し、アートという名のメフィストの魔性の力を得たファウストのように、アートの魔界の扉をさらに開き続けていただきたい。

評・横尾忠則（美術家）

なんじょう・ふみお 49年生まれ。森美術館館長。『美術から都市へ』『疾走するアジア』など。

『収奪の星　天然資源と貧困削減の経済学』

ポール・コリアー 著　村井章子 訳
みすず書房・三二五〇円
ISBN9784622076711
経済／国際

後代に責任とる　合意形成の道

資源は途上国にとって両刃の剣だ。収入は増えるが、利権と汚職の温床になったり、資源収入への過度の依存で国民の勤労意欲まで消えたり。この「天然資源の呪い」を指摘した一人が、本書の著者コリアーだ。

でも、あらゆる国は何らかの天然資源を持つ。それをきちんと活用して、天然資源の呪いから脱するには？　それが本書のテーマだ。

その指摘は単純ながら重い。まず、天然資源の呪いは行政能力の問題だということだ。政治家の汚職を監視し、国富を国民に還元する仕組みが弱いので、資源の利益が外国や汚職政治家に吸い上げられ、無駄な投資が起きる。

さらに著者は、その背後にある思想の問題も指摘する。いまの経済学的な計算方法では、資源は早めに採掘したほうが価値が高い。森林や生物などの環境でもそうだ。だからこそ、乱獲が生じ、温暖化問題も生じる。

これを変えるべきだ、と著者はいう。後の世代にも資源や環境の便益を残せ、と。

ただし何でもかんでも残せということではない。資源自体以外に、そこからの収益をインフラ投資や貯蓄に使ってもいい。重要なのは、価値を残すことだ。そうした後代に対する責任を認識し、地球資源の保護者（カストディアン）としての役割を引き受けろと本書は主張する。

単純な資源問題の本に見えたが、政治的関心向上やら教育の改善、インフラ投資など、みるみる話題が拡大する。そして一見抽象的な議論から具体的な政策が展開され、その一部がすでに実行に移されているというのも驚愕（きょうがく）だ。大局的な世界的合意形成の困難に関する著者の指摘は、暗澹（あんたん）とさせられるが、本書のようにその合意の基盤となる発想を一歩ずつ踏み固めていくしか道はないようだ。資源問題のみならず、今後の国際協力や環境問題に関心ある方もどうぞ。

評・山形浩生（評論家）

Paul Collier　オックスフォード大教授。『民主主義がアフリカ経済を殺す』。

『三つの旗のもとに　アナーキズムと反植民地主義的想像力』

ベネディクト・アンダーソン 著　山本信人 訳
NTT出版・三七八〇円
ISBN9784757141384
政治

ナショナリズムの生成たどる

東京・日比谷公園に見慣れない胸像がある。ホセ・リサール。フィリピン独立運動の父として知られる小説家だ。

本書の主人公はリサール。『想像の共同体』の著者アンダーソンが、その続編的位置づけとして描いたのは、フィリピン・ナショナリズムが19世紀末という「初期グローバリゼーション」の中、国際的ネットワークの網目で創造されていくプロセスである。

リサールは20歳の時、ヨーロッパに旅立ち、スペインを皮切りに各地を転々とする。彼が過ごした1880年代のヨーロッパは、アナーキズムの嵐が吹き荒れていた。アナーキストたちはダイナマイトの発明によって、支配者に抵抗する破壊兵器を手にする。植民地統治下のナショナリストはアナーキストを模倣し、武装蜂起を構想。リサールの小説は、ヨーロッパの革命ムーブメントの中で描かれ、フィリピンの若き闘士の暴力的決起を促した。

リサールの想像力は、キューバの独立運動と呼応する。1895年のホセ・マルティによる蜂起は、同じスペイン支配下にあったフィリピンを刺激し、独立運動が活発化する。時は、折しも下関条約が締結された直後。台湾を領有した日本が、目の前まで近づいていた。

1896年、秘密結社カティプーナンによって、武装蜂起が挙行される。当局は独立闘争の象徴となっていたリサールを銃殺。運動は加速化し、1898年には独立政権の樹立が宣言されるが、今度は新興国アメリカの帝国主義に飲み込まれた。

アナーキストの黒旗、キューバ国旗、そしてカティプーナンの旗。三つの旗はトランスグローバルな人間関係によって交差し、自由への闘争が生起した。アンダーソンはこれを「政治の天文学」と呼ぶ。

アジアのナショナリズムは世界と呼応・連鎖しながら生成した。その姿はダイナミックかつ美しい。

評・中島岳志（北海道大学准教授）

Benedict Anderson　36年生まれ。著書に『定本想像の共同体』など。

二〇一二年六月三日⑦

『月の少年』

沢木耕太郎 作　浅野隆広 絵

講談社・一三六五円
ISBN9784062173636

『わるいことがしたい！』

沢木耕太郎 作　ミスミヨシコ 絵

講談社・一四七〇円
ISBN9784062173674

教育／文芸

沢木耕太郎氏が絵本の原作を書いたと耳にし、手に取った。『月の少年』。冬馬（とうま）は両親を海の事故で失い、彫刻家のおじいさんと湖の辺（ほとり）の家で暮らしている。学校には行かなくなった。満月の夜、湖上に浮かぶ小船に乗って笛を吹く少年を見かける。誘われ、やがて2人の乗る船は、母がいる月へと浮き上がっていく。もう戻れないのか、おじいさんに会えなくなるがそれでいいのか……。

静謐（せいひつ）で澄んだ色調の絵本である。ほのかなメッセージが込められている。過ぎ行く時間が子供の傷を癒やし、やがてまた再出発のときが訪れる。大人たちは静かに時を待てばそれでいいのだと。

『わるいことがしたい！』は、微笑しつつページをめくった。いたずらっ子が好き放題に散らかし、さらに「もっとわるいことしたい！」と続いていく。いい絵本とはまず子供たちが喜ぶ本であろう。お母さんの眼鏡にかなうかどうかはともあれ、こっそり孫娘に手渡してやろうと思う。

評・後藤正治（ノンフィクション作家）

二〇一二年六月三日⑧

『雲の人びと』

ジェミア&J・M・G・ル・クレジオ 著
村野美優 訳

思潮社・一八九〇円
ISBN9784783727590

文芸

表題の「雲の人びと」はモロッコ最南端のサハラ砂漠で雨を追い生活する一族。作家の妻の祖父母が出た部族であり、よそ者には近寄りがたい遠隔地「赤い川」の涸（か）れ谷を本拠とする。長年夢見ながら、戦乱に阻まれ叶（かな）えられなかった「2世代ぶりの里帰り」を描く。

妻の祖父母がラクダと共に歩き通した地を四輪駆動車で遡（さかのぼ）り、作家は砂漠に魅せられる。砂以外何もないようで、実は多様な人々が往来し築いた砂漠の文明、祖先も当事者だった戦争、更には有史以前の地質学的な変遷……。

固有の場所を語りながら普遍に接続する紀行文学のだいご味は、極めて個人的家族的な旅であるが故に深みを得る。始まりの地と言える巨岩から谷を見渡し、一族と砂漠、地球と文明の歴史の重層性を見つつ、結局これは家族の帰還の物語だ。作家は述べる。「本当の帰還というのは……世界の果ての谷の中であなたを待っている人に出会うこと」だと。

評・川端裕人（作家）

『政治的に考える　マイケル・ウォルツァー論集』

マイケル・ウォルツァー 著　デイヴィッド・ミラー 編　萩原能久、齋藤純一 監訳

風行社・五七七五円
ISBN9784862580184

社会

理念と現実交差　議論展開に魅了

いま、現実の政治に希望を抱くのはむずかしい。政治家たちを見れば、目先の出来事におたつき、世間の顔色をうかがうばかりの人々が、己の地位と利権にしがみつき、場当たり的な対応に終始。一方でそれを批判する識者たちも、時に形骸化したスローガンの連呼や現実から乖離（かいり）した抽象論に堕す。だがそもそもこの現実世界の政治とは何をするものなのか？

それを考え続けてきた政治哲学者マイケル・ウォルツァーの論文をまとめたのが本書だ。邦訳は多いが（いやそれ故に）多岐にわたる彼の議論を包括的に見渡すのはなかなか面倒だ。本書はそれを可能にしつつ、現実世界の政治の全体像にも一定の見取り図を与えてくれる便利な本となっている。

とはいえ、簡単な本ではない。高度な議論に加え、例示される各種の事件などについてかなりの予備知識は要る。そして話がすっぱり割り切れることもない。どの論文も、「ああいう立場もあるがこうした点も考慮せねばならず」という具合に、実にうだうだしている。それをたどるだけでも一苦労だ。だが、それがまさに著者の立場でもある。何か普遍的な原理を勝手に想定して、それを安易にあてはめて事足れりとしてはならない、と。

たとえば多くの人は、人権や民主主義が普遍的だと考え、A国は人権蹂躙（じゅうりん）国家だ、などと言って批判する。でも人権は「ある」ものではない。社会的なお約束ごととして、それぞれの社会が自分で「つくる」ものだ。部外者はそれをとやかく言えないし、民主主義を強要するようなこともすべきではない！

その意味で彼は、いま流行のマイケル・サンデルと同じく、社会の独自性を重視するコミュニタリアンなのだが……本書で彼は、それがリベラリズムの進展に対する反動だとも指摘する。そして普遍的原理を疑問視する一方で、自国民を殺したり奴隷化したりするのはダメ、といった、どこの誰でも賛成する普遍原理はあると述べる。その原理を破る国に対しては、外国の軍事介入は正当化される、いや場合によっては戦争で介入する義務すらあるかもしれないと述べる。しかも、必要ならのろまな国連など無視して！

中庸を保ちつつも時に予想外の結論に到達し、理念的な議論が現実の政治評価につながる議論展開はスリリングだ。編者による序論と著者インタビューも理解には実に有用。そして著者の語る市民社会論は、人がいかに政治に関与するかについても、困難ながら明るい見通しを提示している。それは現実の政治の可能性についても、希望を蘇（よみがえ）らせてくれるように思うのだ。

評・山形浩生（評論家）

Michael Walzer　プリンストン高等研究所名誉教授。『正しい戦争と不正な戦争』『寛容について』『戦争を論ずる　正戦のモラル・リアリティ』など。

二〇一二年六月一〇日❷

『レディー・ガガ　メッセージ』

ブランドン・ハースト著　川田志津訳

マーブルトロン・一六八〇円

ISBN9784879196514　アート・ファッション・芸能

生肉ドレスも謎も　全部アート

レディー・ガガが裸身に生肉ドレスで「ヴォーグ」の表紙を飾り、キティの人形を全身にまとって被写体になった時、ある意味でネオポップともポストポップともその出現が話題になったジェフ・クーンズ以上の衝撃を受けた。

彼女は自らの存在をアンディ・ウォーホルの「コピーキャット」と謳（うた）い、そのビジョンや影響を組みあわせて誰もが考えつかなかったものを創（つく）り出し、「予測できない」ポップミュージックに知性を導入した。そんなレディー・ガガのお言葉集が本書「メッセージ」である。

「放心しちゃうくらいでたらめになって、ゴムなしでセックスしなくちゃ」。驚いちゃいけません。彼女の言葉は詩的な比喩を否定したストレートな表現が持ち前だが、その戦慄（せんりつ）的な言葉の「ミステリーもマジックも全部私のアート」で、ガガの謎の解明に「みんなすっかり魅了されちゃっているのよ」と豪語する。

世界的大ヒット「ザ・フェイム」により戦略的成功を収めたガガは名声（フェイム）を現実のものにした。そして、自らの中に棲息（せいそく）する悪魔（原罪）と対峙（たいじ）したアルバム「ザ・モンスター」によって彼女の怪物ぶりはマディソン・スクエア・ガーデンのあの圧倒的なライブ・パフォーマンスになり、ひとつの「事件」として記録された。「芥川賞は事件だ」といった広告コピーなどガガの前ではかなり影が薄いのと違うか。

一方、「過激でデカダンだ」と言われる彼女は自分を憂慮する冷静さもある。父と交わした言葉では「そんな状態で出会う人たちも、できる友達も、いつか全員失うことになるぞ」と釘を刺されたが、ガガは「宇宙に存在する〈より大きな善〉のためにつくす」という自らの使命を固持しながら、「私はもう、普通の人のような人生は送れない」と天と自らの魂に約束。アートと結婚した自分を何よりも誇らしげに語るガガ。

評・横尾忠則（美術家）

Brandon Hust　ライター、作家。『レディー・ガガスタイル』など。

二〇一二年六月一〇日❸

『ブラッドベリ、自作を語る』

レイ・ブラッドベリ、サム・ウェラー著

小川高義訳

晶文社・一九九五円

ISBN9784794967817　ノンフィクション・評伝

火星で僕の本が読まれるだろう

訃報（ふほう）から数日たった今、ネット検索すると、日本語の追悼記事やコメントがすでに数万件にも達している。火星に進出した人類が自らを火星人と認識するに至る『火星年代記』、情報統制社会の危険を描く『華氏４５１度』、少年であることの輝きを閉じ込めた『たんぽぽのお酒』など、多くの作品が「心の一冊」として語られ、20世紀を代表するＳＦの巨匠がいかに愛され惜しまれているか分かる。

本書は２０１０年に米国で出版された自伝的インタビューである。それにしても、90年以上生き、60年以上人気作家でいるということは、自分自身が「歴史」になることなのか。幼年期に大恐慌を経験し、第2次世界大戦も冷戦も自らの時代として生きた。広島の原爆報道が『火星年代記』の中の佳作、全自動の家屋が人間不在のまま稼働し続ける「優しく雨ぞ降りしきる」の着想を与えた話は印象的だ。

時代の負の部分に敏感に反応しつつ、晩年

まで一貫して、おもちゃ好きであり、訪れる町ごとにおもちゃを求めるなど、子どもっぽくあり続けたという。「色彩と運動エネルギーがお祭りになって吹き飛んでいる」と評される無邪気な性格は実に作家のイメージにそぐう。我々が知っている小説家としてだけでなく、様々な博覧会の展示、ショッピングセンターの設計に熱中したことなど、驚きではあるが納得させられる挿話だ。

読了後、偉大な作家の死を悼むより、見事な人生の完結を祝福する気持ちに満たされた。自らの幕引きについて述べる部分に、感極まる。

作家いわく――「二百年後の火星で、僕の本が読まれるだろう……少年が、懐中電灯を用意して、ベッドにもぐり込んだまま、火星で『火星年代記』を読む」「火星に埋葬されたい……墓石のてっぺんに小穴を掘って、その下に注意書きがあるんだ。『献花はたんぽぽに限る』」

評・川端裕人（作家）

Ray Bradbury　1920～2012年。
Sam Weller　ジャーナリスト。

二〇一二年六月一〇日④

『エリア51　世界でもっとも有名な秘密基地の真実』

アニー・ジェイコブセン 著　田口俊樹 訳

太田出版・二五二〇円
ISBN9784778313012

社会／国際

隠し事はどこまで許されるか

ラスベガスから北に1時間ほど車で走ると米国最大の政府管理区域・ネリス試験訓練場に辿（たど）り着く。面積は新潟県とほぼ同じ。空軍基地や核実験場が置かれている。

そのなかでひときわ謎に包まれているのがエリア51と称される軍事施設だ。衛星写真では存在が確認されているが、米政府は認めておらず、政府作成の地図にも一切記載がない。UFOの墜落や宇宙人の遺体回収で知られるロズウェル事件の舞台といえばピンとくる方も多いだろうか。「アポロ11号の月面着陸の映像は実はエリア51に組まれたセットで撮影された」といった陰謀論も後を絶たない。

著者はある日、親族の集まりの席で、遠戚の物理学者がエリア51で働いていたことを知り驚愕（きょうがく）する。つてを頼りながら、同施設内に居住・勤務していた32人を含む関係者の取材に成功した。

そこに、1990年代以降、CIAや軍部によって一部機密解除された情報を重ね合わせながら、秘密基地の実態に迫ったのが本書だ。昨春刊行された原著は全米ベストセラーになると同時に、さまざまな論争を巻き起こした。

キューバ危機の舞台裏や米ソの諜報（ちょうほう）合戦など、冷戦時代の軍事秘史が次々と明らかにされ、吸い込まれるかのように一気に読破した。とくにロズウェル事件の〝真相〟には戦慄（せんりつ）すら覚える。

しかし何より驚いたのは、エリア51で行われている極秘の軍事科学技術プロジェクトについては「知る必要がないこと」として大統領にすら開示が拒まれてきた点だ。

たしかに政治家は私的な意図をもって関与してくるかもしれない。大統領とていずれは私人に戻る存在だ。

国家の安全を守るためには、どこまで隠し事は許されるのか。民主主義と安全保障のあいだに横たわる本源的な緊張関係について改めて考えさせられる。

評・渡辺靖（慶応大学教授）

Annie Jacobsen　調査報道ジャーナリスト。米国ロサンゼルス在住。

二〇一二年六月一〇日❺

『雲をつかむ話』

多和田葉子 著
講談社・一六八〇円
ISBN9784062176309
文芸

「犯人」たちに入り込んでいく

「物事の漠然としてとらえどころのないさま」。「雲をつかむ」の語義として広辞苑にはこう書かれている。そんなタイトルにふさわしく、本書にはふわふわと浮遊するような不思議なエピソードが盛りだくさんだ。一方で、雲のようにもくもくとわき出す妄想から、地上にいてはけっして見ることのできない、新しい風景が広がっていく印象もある。

ある日、見知らぬ男が玄関のベルを鳴らす。ふいに現れ、突然また立ち去っていったその男がある事件の「犯人」だったことが、後になってわかる。刑務所にいる「犯人」から、そのときの気持ちを綴（つづ）った手紙が届いたのだ。「犯人」とのこの遭遇と、果たせなかった再会が、さまざまな他の「犯人」たちとの出会いの記憶へと、語り手の「わたし」を導いていく。

この著者には『容疑者の夜行列車』という作品もあるが、「容疑者」や「犯人」など、一線を越えた人、非日常の世界に属する人々に、どうしようもなく惹（ひ）きつけられてしまう気持ちは誰にでもありそうだ。長年潜伏していた指名手配の人物が逮捕、という報が流れると、その年月をどのようにして暮らしていたのか、想像を逞（たくま）しくせずにはいられない。本書でも、語り手の「わたし」は、どんどん「犯人」の気持ちに入り込んでいく。その人を「犯行」に駆り立てる原因になったストレスや違和感を想像し、その「瞬間」を思い描こうとする。

現代は、自分が気づかないうちに「犯人」になってしまう時代なのかもしれない。ふと隣り合わせた人が「犯人」でないという保証もない。ただし、「犯人」即「罪人」というわけではない。裁く側に「罪」がある場合もある。

漠然とした不安も、雲に喩（たと）えることができるだろう。白にも黒にも灰色にも見える雲のように、多様な読みの可能性を読者に開く小説だ。

評・松永美穂（早稲田大学教授）

たわだ・ようこ　60年生まれ。作家。『雪の練習生』で野間文芸賞など。

二〇一二年六月一〇日❻

『どん底　部落差別自作自演事件』

高山文彦 著
小学館・一九九五円
ISBN9784093798327／9784094061789（小学館文庫）
社会／ノンフィクション・評伝

自分あてに差別はがきを送る

最初のはがきが届いたのは2003年12月初旬だった。

――被差別部落出身の町役場の職員を辞めさせよ。

はがきには、そうした趣旨のことが書かれていた。

その後、5年にわたって計44通の差別はがきが職員の自宅や勤め先に届いた。

この間、職員は、各地の集会や研修会で差別への怒りと悲しみを訴えた。

「みなさんのこの怒りが、うねりとなって、犯人に届くことを願っています。ハガキの差出人は、自分の行為がどんなに醜く、恥ずかしく、あなた自身の心や家族を不幸にしているのか考えてみてください」「不合理な差別をともになくしていきましょう」

涙を流して職員は訴えた。「悲劇のヒーロー」に向けて拍手と声援がわきあがった。それは、職員の人生において、最も高揚した時だったのではなかろうか。

09年夏、「偽計業務妨害」の疑いで当の職員

(52)が逮捕された。職員は自分にあてて差別はがきを送り続けてきたのだった。

職員は役場を解雇され、懲役1年6カ月執行猶予4年の一審判決が確定した。部落解放同盟の糾弾学習会で心境を語ったが、人々を納得させる言葉はなかった――。

重いノンフィクションだ。自分にあてて差別はがきを出し続けるという行為の意味を、どう考えればいいのか。

事実として言えるのは、職員が自分を「被害者」の位置に据えることを自ら選択したということだ。そのためには自分で差別はがきを出すのが手っ取り早い。そう考えての自作自演ではなかったか。

部落差別をめぐっては多様な見解がある。本書が問うものについて、所属や立場を超えて語り合う場が広がるなら本書の意義はより深まろう。藤田敬一『同和はこわい考』『「部落民」とは何か』(阿吽〈あうん〉社)、山下力『被差別部落のわが半生』(平凡社新書)も併せてお勧めしたい。

評・上丸洋一（本社編集委員）

たかやま・ふみひこ 58年生まれ。作家。『火花 北条民雄の生涯』『水平記』など。

二〇一二年六月一〇日⑧

『猫背の虎　動乱始末』

真保裕一 著

集英社・一六八〇円

ISBN9784087714487

文芸

乱歩賞出身の著者は、近年歴史時代小説にも進出し、新境地を開いている。本書はその3作目。

前2作がやや重たい歴史小説だったのに比べ、今回はなじみやすい幕末、それも安政の大地震を背景に、南町奉行所同心がさっそうと活躍する、江戸ものである。雑誌に連載された長編小説だが、地震をテーマにした連作短編集としても、読むことができる。

亡父のあとを継いで、当番方の同心になった大田虎之助は、大地震を契機に臨時の市中見廻（みまわ）り役を、命じられる。大地震の混乱を背景に、虎之助が取り組むのは、板前が人違いで犯した刺傷事件、嫉妬に狂う女の赤ん坊誘拐など、五つの事件。穿鑿（せんさく）好きの母親と、口うるさい2人の姉を適当にあしらいつつ、御用聞きの松五郎らと人情味豊かに、事件の解決に当たる。軽妙洒脱（しゃだつ）な筆の運びが、これまでにない新鮮さを生んでいる。

著者には珍しい、シリーズものになりそうな期待を、抱かせられる。

評・逢坂剛（作家）

二〇一二年六月一七日①

『権力の病理　誰が行使し誰が苦しむのか　医療・人権・貧困』

ポール・ファーマー 著

豊田英子 訳　山本太郎 解説

みすず書房・五〇四〇円

ISBN9784622076810

医学・福祉／社会

社会正義の蹂躙　医師の目で告発

「21世紀のシュヴァイツァー」――しばしばそう喩（たと）えられる著者は、今日、世界でもっとも注目かつ尊敬される人類学者であり医師である。

23歳のとき訪れた中南米ハイチの窮状に衝撃を受け慈善活動に参加、1987年にハーバード大学の同級生ジム・ヨン・キム（今年7月より世界銀行総裁に就任予定）らと著名な非営利組織「パートナーズ・イン・ヘルス（PIH）」を創設した。PIHは貧困地域では絶望視されていた結核やエイズなど感染症の治療で目覚ましい成果を遂げ、現在、世界12カ国に展開している。

1年の半分を大学で過ごし、収入のほとんどをPIHに寄付、ハイチをはじめ世界の貧困地域で無償医療活動に取り組んできた著者。貧しい少年時代からの半生を描いた、ピュリツァー賞作家トレーシー・キダーによる評伝『国境を越えた医師』（邦訳、2004年）は全米ベストセラーとなり、ノーベル平和賞受賞への期待も年々高まっている。

本書は中南米やロシア、米国などでの著者の医療経験をまとめた代表作の一つ。人種差別や階級格差といった〈構造的暴力〉から、その構造と相互依存関係にある〈権力〉、そしてその権力を支える身近な制度や規範まで幅広く射程に据えながら、人権や社会正義が蹂躙（じゅうりん）される現状を告発する。

例えば、医療倫理。議論されるのは脳死や臓器移植など高度医療の是非ばかりで、構造の底辺を生きる人びとへの責務が問われることは少ない。そうしたなかで医療が「費用対効果」など市場原理主義的な概念に絡めとられてしまえば「医学の実践ですら人権侵害に加担しうる」と手厳しい。

著者はまた、貧困地域への医療提供が不十分な理由として挙げられる「無数の強弁」を次々と論破してゆく。例えば、「患者が医師の指示を守らない」という指摘に対しては、「医師が患者に十分に食べるように指示しても、食べ物がなければ患者は『守らない』だろう」と一蹴する。

「地域的慣習」や「中立」を重んじる姿勢が「傍観するための戦術」に成り下がり得ることを危惧する点は同じ人類学者として強く共感を覚える。

本書には著者の盟友であるノーベル賞経済学者アマルティア・センが序文を寄せている。「進歩は、裕福な者がさらにどれだけ豊かになったかではなく、貧困をどれだけ縮小したかによって適切に判断できる」というセンの哲学を著者は共有し、実践している。

日本の論壇などではなかなかお目にかかれない、スケールの大きな、真のリベラルの勇姿（ゆうし）を、私は著者のなかに見いだす。

評・渡辺靖（慶応大学教授）

Paul Farmer　59年生まれ。ハーバード大学最高位の教授職ユニバーシティプロフェッサー。発展途上国での医療提供活動で世界的に知られる。現在はハイチ人の妻や子供たちとルワンダに拠点を置く。

二〇一二年六月一七日❷

『棺一基（かんいっき）』大道寺将司全句集

大道寺将司 著

太田出版・二一〇〇円

ISBN9784778313067

人文

自らの死と向き合うまなざし

『棺一基』という書名は、本書の中の句「棺一基四顧茫々（しこぼうぼう）と霞（かす）みけり」から採られた。霞は春の季語。「四顧」とあるからには、そこにまわりを見渡す者がいる。それは誰なのか？　木棺に横たわる死者か。

私はここに、霞の中にたたずんで自らの屍（しかばね）が入っている棺をみつめる、死者その人のまなざしを感じる。白い闇が際限なく広がる。その中心に木棺が一基のみ、孤絶に、そこにある。このように死と向き合って一日一日を生きる。それが死刑囚の毎日だ。

大道寺将司は「東アジア反日武装戦線」のなかの「狼（おおかみ）」というグループのメンバーだった。一九七四年の三菱重工爆破事件で逮捕され、死刑が確定している。この直前、狼は昭和天皇お召し列車の爆破を計画し、未遂に終わった。それは「虹作戦」と呼ばれていた。一九六〇～七〇年代に運動する者たちは、戦中戦後、東アジア諸国で日本がおこなってきたことを、自らの問題として問うていた。

「狼は檻（おり）の中にて飼はれけり」とい

う一九九七年の句から私は、大道寺がその記憶を身体に刻み込み、決して手放していないことに思い至る。二〇〇二年「国ありて生くるにあらず散紅葉（ちりもみじ）」、二〇一一年「げぢげぢの地を這（は）ひ回り逆徒臥す」。娑婆（しゃば）の経済は忘却で成り立っているが、この句集はますます濃密になる記憶と、季節の移ろいへの鋭敏な言葉で出来上がっている。「水底の屍（かばね）照らすや夏の月」「戻られぬ地の片陰（かたかげ）に笹子（ささこ）鳴く」――二〇一一年の震災後、津波で連れ去られた人を水底に観じ、原発で誰も戻らない場所を全身で受け止めている。そして、幾度も傍らにおこなわれた死刑執行。「垂るる紐捩（ひもねじ）れ止まざる春一番」。季語という共有の場でのみ、唯一無二の彼に出会うことができる。

序文と跋文（ばつぶん）を辺見庸が書いている。一読の価値大いにあり。それこそこの句集のもっとも見事な書評であって、それを越えることはできない。

評・田中優子（法政大学教授）

だいどうじ・まさし　48年生まれ。著書に『明けの星を見上げて』『死刑確定中』など。

二〇一二年六月一七日③

『草枕』の那美と辛亥革命』
安住恭子 著

白水社・二三〇五円
ISBN9784560082041

歴史

奇抜な女の本当の姿 明らかに

夏目漱石著『草枕』冒頭の一節。「情に棹（さお）させば流される」「兎角（とかく）に人の世は住みにくい」。三十歳の画家が東京を逃れて、那古井（なこい）温泉の志保田（しほだ）家に宿泊する。そこに那美（なみ）という、「悟りと迷（まよい）が一軒の家（うち）に喧嘩（けんか）をしながらも同居して居る体（てい）」の娘がいる。風呂上がりで素っ裸の画家に、初対面の挨拶（あいさつ）と共に、背後に回って着物を着せてくれる。画家は、どぎまぎしてしまう。

彼女は短刀を素早く抜き、素早く鞘（さや）に納めたりする。結婚に破れ実家に戻った那美は、奇抜な言動をする女である。彼女にはモデルがいる。

熊本五高教授だった三十歳の漱石は同僚と小天（おあま）温泉に旅行し、前田家に泊まる。この前田家の次女卓（つな）が那美である。卓の妹が中国革命運動を支援した宮崎滔天（とうてん）夫人だったので、卓のことは早くから知られていた。『草枕』の研究書には必ず取りあげられている。

しかし、その生涯は略歴風に紹介され、伝聞が多く、「本当の姿」が見えなかった。何しろ本人が書いた文章や手紙が、一切無い。本書は卓の素顔を明らかにすべく資料に当たり、子孫のかたがたの証言を得て、まとめられたもの。卓がめざしていた生き方、理想としていた仕事などが、推理小説のように解明されていく。卓は晩年『草枕』のモデル問題で、出版社を訴える。その真意は、何だったのか。宮本武蔵の真筆『五輪（ごりん）の書（しょ）』を所蔵していた金持ちの前田家。お嬢様の卓は三度破婚、上京し、のちに民主主義革命を起こす孫文や黄興（こうこう）ら中国人留学生の世話をする。時には彼らの母親に変装して、尾行を煙（けむ）に巻いた。

親分肌でこせつかぬ卓の性格は、奇妙なことに漱石夫人とそっくりだった。晩年の漱石は卓と再会する。そして。『草枕』冒頭の「情に棹さす」の棹の字は文豪の隠語、と某高校生の感想文にあった。漱石は卓に木（気）があった。ために流された、と。面白い！

評・出久根達郎（作家）

あずみ・きょうこ　読売新聞記者を経て演劇評論家。著書『映画は何でも知っている』など。

二〇一二年六月一七日④

『翻訳に遊ぶ』

木村榮一 著
岩波書店・二五二〇円
ISBN9784000247801
文芸

言葉をつなぐ橋ができるまで

翻訳者ほど文学に奉仕する者はいない。異なる言葉を生きる書き手と読者をつなぐ大切な架け橋。橋から見える風景にひたすら心奪われている僕らではあるが、ふと足下の深淵（しんえん）に気づき、橋に畏敬（いけい）と感嘆の念を覚えることがある。

ガルシア＝マルケスの『コレラの時代の愛』、バルガス＝リョサの『緑の家』、ボルヘスやコルタサルの短篇（たんぺん）集などスペイン語文学の傑作を次々と翻訳してきた木村榮一というこの巨大な橋はどんな構造をしていて、どうやって作られたのだろうか？

さぞやハイテク満載の橋かと思いきや、これが職人の手になる実に人間臭いものなのだ。『罪と罰』を読んだとき、榮一少年は作品から発する「白熱する強烈な光」に包まれるのを感じる。だが文学に取り憑（つ）かれ、スペイン文学研究の道に進んだ著者は、決して優等生でもなければ、最初から翻訳が得意だったわけでもなかったというのだ。

訳文の日本語を「クサい」だの「リズムがない」だのカミさんにさんざん言われ、むっとしつつも、作者の言葉を読者に正確に伝える「目立たない黒子」となるべく地道な努力を重ねる修業時代。無理のないペース配分で、コマ切れ時間も無駄にせず、毎日決めた分量をコツコツ訳し続けること。わからない細部に拘泥するのではなく、作品の全体像をつかみ、文脈に部分を位置づけること。本書には具体的な翻訳技術だけでなく、どんな知的作業にも応用可能な知恵が詰まっている。

翻訳をしていると、登場人物たちが動きはじめ、ともに同じ世界を生きている気がすることがあると著者は言う。羨（うらや）ましい。この人にとっては文学と生きることは同じことなのだ。そのことは、この橋を吊（つ）る綱、つまり洋の東西を問わず敬愛する人たちの言葉と親しげに縒（よ）られながら紡がれる本書の言葉から伝わってきて、僕らの体を揺らすこの喜びの波動からも明らかだ。

評・小野正嗣（作家・明治学院大学専任講師）

きむら・えいいち 43年生まれ。翻訳者、神戸市外国語大名誉教授。

二〇一二年六月一七日⑤

『たどたどしく声に出して読む歎異抄』

伊藤比呂美 訳著
ぷねうま舎・一六八〇円
ISBN9784906791002
文芸

生きていた親鸞に近づく言葉

鎌倉時代に唯円が書いたとされる親鸞の思想の粋、『歎異抄』等を詩人・伊藤比呂美が読み、読みあぐね、読み解いていく記録が本著である。

伊藤は「弥陀（みだ）の五劫思惟（ごこうしゅい）の願（がん）をよくよく案ずれば、ひとへに親鸞一人がためなりけり」という壮絶な、〝ぎらぎらしてる〟一文から旅を始める。

実際に生きていた個人としての親鸞、その具体的な身体をより切実に感じるためだろうか、著者はそこに「おれ」というルビを振る。「ひとえに親鸞（おれ）一人がためなりけり」

すると、身体という限界ある物質、厄介な重さ、他人と共有出来ない固有性は、逆に親鸞一人を離れ、著者のものとも重なってくる。

事実、著者は夫と子供が住む米国と、老いた父のいる日本を、くたくたの身体を引きずって往復し続け、その果てしない疲労や苦悩の様子を随筆として『歎異抄』や和讃（わさん）の訳の間に挟み込む。

具体的な凡夫の身体が、やはり実在した親鸞の思想にじりじりと、あるいはよろよろと近づいていくのだ。

肉感的な随筆と、温度の異なる訳文が互い違いに現れるこの形式は伊藤が過去に『読み解き「般若心経」』で提示した方法で、そこでは漢文までが入り交じっていた。

つまり、ひとつの書物に多様な文字の〝共有出来ない固有性〟が共存するのだが、そもそも日本の仏教説話自体がそのような傾向を持つ。

その意味では伊藤比呂美の仕事はかつて日本霊異記を訳して以来、筋が通っている。生死とは何か、日本語とはいかなるものかの核心に、〝じりじりと、あるいはよろよろと近づいて〟いるのである。

さて、今回の著書の大詰めは「正信偈（しょうしんげ）」の訳であり、そこで著者は阿弥陀仏をある言葉で置き換える。まさに身体性の真反対にある言葉によって、仏の果てしない救いが輝くのだが、そこに至る思考の過程を私は次の著作で是非くわしく読みたいと思う。

評・いとうせいこう（作家・クリエーター）

いとう・ひろみ 55年生まれ。著書に『とげ抜き新巣鴨地蔵縁起』など。

二〇一二年六月一七日⑥

『『技術と人間』論文選　問いつづけた原子力　1972-2005』

高橋昇、天笠啓祐、西尾漠 著

大月書店・五四六〇円
ISBN9784272330720

科学・生物／社会

原発批判に孤軍奮闘した軌跡

1972年4月に創刊された雑誌「技術と人間」は、科学技術の独走を市民のまなざしで監視し批判してきた。原発批判に孤軍奮闘するその姿は、「王様は裸だ！」と喝破した子供のそれを思わせた。

本書は、2005年10月の終刊までに同誌に掲載された数多くの原子力関連論文の中から36編を集める。原発の来し方、行く末について考える上で有益な論文集だ。

「二重、三重の安全装置がついているから安全と宣伝されているが、安全装置の数がふえ、複雑化すれば故障もふえそれだけ危険がます」

「巨大装置においては、つねに小事故が大事故につながる可能性がある。連鎖的事故、共倒れ事故がつきものであるのでフェイルセイフなどはありえない」

米スリーマイル島原発事故の直後、物理学者の武谷三男はそう警告していた。

原発労働の実態、チェルノブイリ原発などの事故の教訓、低線量被曝（ひばく）の危険性、高レベル放射性廃棄物処理の問題……など再録された論点は多岐にわたる。それらの多くは、今日も未解決のままだ。反論も含めて、なぜ、もっと広く検討され、議論されてこなかったのか。そんな疑問が改めて浮かんでくる。

何が起きても原子力、何と言われようと原子力。推進側は「聞く耳持たず」の思考停止を長く続けてきた。

本書収録の「原子力技術を考える」で高木仁三郎は次の趣旨のことを述べている。

——原子力は体制そのものである。安全論だけで全面的にやめさせる方向にはいかない。「文明の転換みたいなもの」を獲得しない限り「原発体制」はいくら危険性を主張してもなくならないだろう。

文明の転換よりさきに、福島の原発事故が起きてしまった。それでも「原発体制」は堅持され、密室での「勉強会」が繰り返されてきた。

誰かのつぶやく声がする。

「王様、そろそろ、服を」

評・上丸洋一（本社編集委員）

たかはし・のぼる 26年生まれ。
あまがさ・けいすけ 47年生まれ。
にしお・ばく 47年生まれ。

二〇一二年六月一七日⑦

『死闘　昭和三十七年　阪神タイガース』　ノンフィクション・評伝

塩澤幸登 著
河出書房新社・二五二〇円
ISBN9784309909448

本書は、決して阪神ファンだけのために、書かれたものではない。現に著者自身が、阪神ファンだったのは2年間だけ、と白状している。

この本は、2リーグ分裂以降初めて阪神が優勝した、昭和37年のシーズン戦を、克明に再現したもの。ただ単に戦績をたどるだけでなく、そこに展開された人間ドラマを、当時の新聞報道や回想記、インタビューなどによって、生きいきと再現する。小山と村山の、ライバル関係の裏話。名三塁手三宅秀史が、練習中に逸（そ）れ球を顔面に受け、結果的に野球生命を絶たれたいきさつ。阪神ばかりでなく、他球団の名選手、たとえば2日連続先発して、2試合とも完封した大洋の剛腕秋山の話など、今では信じられないような逸話が、満載されている。プロ野球のオールドファンには、こたえられない本だ。

当時のプロ野球にあって、今のプロ野球にないものは、当時の日本にあったのに、今の日本にないもの、とはまさに著者の至言。

評・逢坂剛（作家）

二〇一二年六月一七日⑧

『居心地の悪い部屋』　文芸

岸本佐知子 編訳
角川書店・一六八〇円
ISBN9784041101278／9784309464152（河出文庫）

タイトルどおり、相当な居心地の悪さ。奇妙で不気味な短編ぞろいで、ここまでそろうと「おみごと！」と叫びたくなる。暴力的シーンの連続、というような悪趣味な恐ろしさではない。むしろ人間という生きものの本質的な不可解さを、短い場面で鮮やかに切り取って見せてくれている。その一方で、登場人物に関する謎が後をひき、いつまでも頭を離れない。

たとえばバドニッツの「来訪者」という作品で、娘の家を訪ねようとハイウエーをひた走っていく父と母。行けども行けどもたどり着けないそのドライブ自体が人間の迷妄の象徴なのか。あるいは、ヴクサヴィッチ「ささやき」の主人公。鍵をかけたはずの自宅の寝室で、見知らぬ男女に遭遇してしまうのは何故だろう。

続きを考えずにはいられなくなり、変な夢をたくさん見てしまった。読者の想像力にしつこく食い入ってくる、創造的な短編集。こんな本を編める訳者が、ちょっぴり羨（うらや）ましい。

評・松永美穂（早稲田大学教授）

二〇一二年六月二四日①

『商店街はなぜ滅びるのか　社会・政治・経済史から探る再生の道』　経済

新雅史 著
光文社新書・七七七円
ISBN9784334036850

排他的経営脱し　公共空間再生を

商店街と聞くと、我々は日本の伝統的存在だと考えがちだが、本書はその常識を崩していく。

時は大正期。当時の日本は第1次世界大戦の終結と共に、深刻な不況に陥った。各地の農村は苦しみ、離農者の都市への流入が相次いだ。彼らは商売を始め、結果、零細小売業が急増し、過密化する。

困ったのは、消費者の側だった。にわか仕込みの小売商には、専門性がない。粗悪品が横行し、価格も安定しない。そこで、消費者たちは協同組合をつくって対抗し、行政は公設市場設置を進めた。繁華街には百貨店が登場し、「遊覧の空間」が誕生した。

零細小売商は追い込まれた。彼らは協同組合・公設市場・百貨店と対立したが、次第にそれらの長所を貪欲（どんよく）に吸収することで生き残りを図るようになる。そこで登場したのが商店街だ。彼らは異業種で連帯し、商店街の空間的集約を図った。専門店の連なりを重視し、「横の百貨店」を目指したのだ。

これは消費者のニーズにも合致していた。人々は、徒歩圏で生活用品や生鮮品がそろう商業空間を望んでいた。商店街は次第にコミュニティーの人々が気軽に集まる公共空間として定着した。

　商店街は戦後、さらなる拡大を果たす。戦地からの引き揚げ者や離農者が大量に小売業に進出し、商店街の構成メンバーとなった。

　しかし、商店街に危機が訪れる。スーパーの進出だ。商店街は一斉に反対運動を起こし、政府には規制の強化を訴えた。そして成立したのが1973年の大規模小売店舗法だった。こうして商店街は衰退の局面を迎えるとともに、既得権益集団と化していく。

　一方、商店街は深刻な問題を抱えていた。後継ぎ問題である。各商店は非親族を排除したため、事業の継続性に支障が生じた。

　そこで広まったのが、店舗のコンビニ転換だった。フランチャイズチェーン方式を導入した大手企業は、零細小売店主をオーナーとすることで店舗数を増やした。コンビニというよろず屋の急増は、商店街の衰退を加速させた。さらに、郊外への大型店の進出が商店街の空洞化を招き、全国にシャッター通りが現れた。

　商店街はこのまま衰退してよいのか。著者は外部の若者の事業参加を促すことで、商店街の再生を模索する。そのためには排他的な経営のあり方を変えなければならない。商店街は長い縁側だ。社会的包摂の重要性が論じられる中、商店街には重要な役割がある。

　歴史をさかのぼることで商店街の特質と問題の構造を明らかにした本書の意義は大きい。未来を見据える画期的な一冊だ。

評・中島岳志（北海道大学准教授）

あらた・まさふみ　73年生まれ。学習院大学非常勤講師（社会学）。共著に『ネットメディアと〈コミュニティ〉形成』『大震災後の社会学』（遠藤薫編著）など。本書が初の単著となる。

『北西の祭典』

アナ・マリア・マトゥテ 著　大西亮 訳

現代企画室・二三一〇円
ISBN9784773812121

新鮮な比喩 生々しい皮膚感覚

　第2次大戦直後の1948年、20代前半でデビューした本書の著者は、2010年にスペインでもっとも権威ある文学賞の一つ、セルバンテス賞を受賞した。

　スペインの現代文学は、同じスペイン語圏でも中南米のそれに比べて、邦訳点数が少ない。それは、一つには30年代後半スペインを席巻した、内戦のせいかもしれない。その後70年代半ばまで続いた、フランコ政府の厳しい言論統制は、反体制的な作品の発表を困難にし、創作活動に大きな制約をもたらした。創作者は、体制批判を声高に行うことができず、別の時代背景や事件に託して、その矛盾を描かざるをえなかった。そのために、スペイン現代文学は妙にシュールだったり、韜晦（とうかい）的だったりして、翻訳されにくい憾（うら）みがあった。

　本書も実は、その時代の作品の一つである。旅芸人ディンゴは、故郷の町を通りかかったおり、子供を馬車で轢（ひ）き殺して、警察に拘束される。ディンゴは、幼なじみの大地主フアン・メディナオに、助けを求める。そこから、一転して著者の視点と関心はフアンに移り、その幼時からの思い出が、綴（つづ）られていく。ことに、父親が使用人に生ませた異母弟、パブロ・サカロとの確執が、緊張感を高める。内戦以来の、スペインの社会状況を知っていれば、フアンとパブロの生き方が何を象徴しているか、容易に想像できるだろう。

しかし、そうした背景を知らなくても、この小説を読むのに、いっこうに差し支えはない。骨肉の争い、個人と集団の戦い、美と醜の対立といった、人間社会に普遍的なテーマが、そこに力強く描き出されているからだ。著者のレトリックは多彩で、比喩表現はまことに新鮮というべく、生なましい皮膚感覚がある。

こうした小説を、閉塞（へいそく）感に満ちた50年代前半、30歳に満たぬ若い女性が書き上げたことに、驚きを禁じえない。

評・逢坂剛（作家）

Ana María Matute　25年生まれ。作家。『忘れられたグドゥ王』など。

二〇一二年六月二四日③

『老化の進化論　小さなメトセラが寿命観を変える』

マイケル・R・ローズ著　熊井ひろ美訳

みすず書房・三二五〇円
ISBN9784622076759

人文

苦労人が説く「老いぬ秘訣」

不老長寿を願わぬ者は、いないだろう。それを謳（うた）った書物が目につくわけだ。折しも世は、声高に「アンチエイジング」、へまをすれば理由は「加齢のせい」、つくづく年は取りたくない。

そこで本書を読んでみた、という次第であります。何しろ著者は、ショウジョウバエの寿命をのばす実験に成功し、老化の要因を発見して注目された進化生物学者である。いかがわしい本ではない。

人間の老化をコントロールし、できる限り遅らせよう、と考えている。そして著者は、アンチエイジング事業を起業しようとする野心家でもある。当然というべきか、学者仲間から反発される。

それらの事どもを、軽い口調で語っている。老化の研究書だが、同時に著者の自伝でもある。エリートの身の上は、決して順風満帆ではない。

一つ下の弟が、二十歳で自殺する。妻の義理の弟が、殺害される。その事件を扱った映画が、一九八三年度アカデミー賞の最優秀ドキュメンタリー賞を受賞する。テレビで映画の一場面が紹介された。殺された弟の車は、著者が新婚旅行で用いたものだった。妻とはうまく行かず、別居生活をしていた。まもなく妻は服毒自殺した。著者は猛烈に仕事に打ち込む。研究が、人生の逃げ場であった。更に二度結婚し、どちらも失敗に終わる。

自分を語る著者の筆勢は、高ぶらず、ユーモアでさえある。一九五五年生まれとは、とても思えぬほど若々しい。

老いぬ秘訣（ひけつ）は何か。ひと口に言うと、食と性の節制らしい。貝原益軒の養生訓、「接して洩（も）らさず」こそ真理のようである。ストレスも大いに老化の原因とか。その他いろいろある。ついでに記すと本書はまず最終章を読み、続いて第二章以降を読んでから、第一章を読むと、わかりやすい。

人間百二十五歳説を唱えた大隈重信は、寿命は努力して得よと。この語、著者に捧げたい。

評・出久根達郎（作家）

Michael R. Rose　55年カナダ生まれ。米国カリフォルニア大学教授。

『ひさし伝』

笹沢信 著

新潮社・三一五〇円
ISBN9784103320715

ノンフィクション・評伝

自筆年譜のずれに創作の秘密

ストリップ劇場でコントを書いて笑いの歴史を変え、放送作家としてテレビ創成期を支え、劇作家として多重構造の言葉遊びで人物の生を多様に描き、奇想天外な小説で日本のありかたを深く構想、その上で社会に対しての発言も積極的だった井上ひさし。

その多彩な才能はどこから生まれたのか、そもそもどのような人生を送っていたのかを仔細（しさい）に、しかも読みやすく追っていくのが本著である。

井上は山形県で生まれ、父は農地解放運動などで何度も検挙されるうちに亡くなり、母と流浪の生活をしながら東北を移動して、やがて弟とともに児童養護施設に入る。ぼんやり知っていた事実も、くわしく調査して書かれてあると改めて感慨深く、その後物書きになっていく裏にどんな信念と努力と反骨精神があったのかがわかると、井上作品に再び触れたいと感じる。

だが、特に芝居ではもう井上の目が光っている公演はない。それが〝消えもの〟だからこその魅力でもあるが、同時代に生きていて観（み）ていない作品が幾つもあるのは切なく、悔しい。だからこそ、こうした評伝がそれぞれの芝居の構造や雰囲気、劇評を残してくれることに意義がある。

もうひとつ面白いのは、本著冒頭でも述べられているのだが、井上自身が書いた「自筆年譜」が本評伝におおいに参考にされていることで、しかしそこには他の事実とのずれが多いというのである。

本人が書いた年譜と、他人の証言のずれ。むしろ事実のわからない部分をたどって評伝を読むことでこそ、井上ひさしの創作の秘密、癖、動機が見えてくるのではないか。

実際、多くの箇所で著者は井上の考え、生き方に共感を寄せ、彼であればこうだったろうと推測する。とすれば、この大著もまだ井上ひさしの一面に過ぎないのだ。別の誰かによる井上の、まったく別の面の伝記に向けて本評伝は重要な基礎となる。

評・いとうせいこう（作家・クリエーター）

ささざわ・しん　42年生まれ。山形新聞社で長く文化欄を担当。98年に退社後、出版社を設立。

『がん放置療法のすすめ　患者150人の証言』

近藤誠 著

文春新書・八一九円
ISBN9784166608577

医学・福祉

どのように生きていきたいか

慶応大学医学部放射線科講師の近藤誠が乳がんでの温存療法を提唱したとき、日本の医学界では異端視されたが、やがて一般的な療法となった。「がんと闘うな」「抗がん剤は効かない」も刺激的言葉であったが、意味するところを正確に理解すれば故ある指摘であった。

このたびの「放置療法のすすめ」もまた刺激的である。肺がん、胃がん、前立腺がん、乳がんなどの「固形がん」、さらにそのなかで主に転移しない「がんもどき」の症例を取り上げつつ考察と提言を行っている。

61歳時、前立腺がんと診断された男性は手術を勧められ、近藤のもとを訪れる。腫瘍（しゅよう）マーカーは高いが、治療の必要なしと放置。以降73歳のいまも元気に暮らす――。

62歳時、スキルス胃がんとなった会社社長。手術を拒否して近藤外来へ。無治療での経過観察を選択、9年間は元気で社長業に勤（いそ）しむ。がんが腹膜へ転移した時点で緩和療法を行う。72歳で永眠――。

多くの症例において、「もどき」であった場合はそのまま放置、転移し生活に障害が出てきた時点で対症療法を行う流儀が採られている。

がんには早期の発見・治療が鉄則とされてきたが、転移がんは初発巣の発生時にすでに生じており、早期に発見・治療がされようがされまいが生存期間とすればほぼ同じこと。それなら少しでも通常の生活ができる日々を多くもったほうがいい、というのが本書の趣旨である。

がんとは遺伝子の変異であり、「老化」であり「自分自身」である。根治という意味では「将来にも、たいした夢も希望もありません」。詰まるところ、残された時間、どのように生き、どのように死んでいきたいのか。がんはいつも哲学的命題を伴ってやってくる。自身の自由意思で人生を選び取っていきたいという人々にとって、本書は〈励ましの書〉ともなっている。

評・後藤正治（ノンフィクション作家）

こんどう・まこと 48年生まれ。慶応大医学部放射線科講師。『あなたの癌（がん）は、がんもどき』など。

二〇一二年六月二四日⑥ 文芸

『雪まんま』

あべ美佳 著

NHK出版・一六八〇円

ISBN9784140056196

地域と食を軸 未来への応援歌

雪まんまは米の品種。低水温に耐えるので、東北地方の山間にも適し食味もよい。主人公ゆきは故郷の稲作を救うため試験栽培に成功し、品種登録にこぎ着ける。もちろん現実には存在しない架空の米だ。

と書くと品種登録の苦労を軸にしたふるさと活性化物語と響く。間違いではないが、作品の焦点は少し違うようだ。

宮城県山間部の農家に生まれたゆきは、大学卒業後、小学校の教員を目指していたものの、ある大事件をきっかけに、米作りへの思いを募らせ祖父の田んぼを継ぐと決める。父はすでに稲作に見切りをつけ役場に勤めており、娘に苦労させたくないとの考えから家族内でも対立が鮮明になる。離農者が増えている地域でも、この対立は別の形で立ちはだかる……。とすると今度は家族や地域の対立を乗り越えての成長物語としての面が強調される。しかし、それだけ、でもない。もっと大きな構えが作品にはある。

新品種申請に訪れた県庁で、「田んぼは、農家のためだけの土地じゃないんです。その地域全体のため」と述べる部分が印象に残る。確かに手入れされた田園風景は、地域全体の資産だ。田が荒れると眺望は台無しになる。観光の観点からは経済的な影響すら持つ。更に「わたしたちが勝てたとしても、他の産地は負ける」と、「地産地消を超えた、地域全体で支え合う」仕組みを構想し、いわば百年の計を語る。その様（さま）は、まさに「未来への応援歌」だ。

初出は日本農業新聞での連載。最終回は2011年3月12日！ その後1年以上かけての刊行だ。ゆきが稲作を志す動機となった大事件に3月11日の大震災を置くなど、物語の骨格に関わる部分に手を入れている。震災について小説がまだ多くを語り得ていない現状で、地域と食を軸に、大きな構えで小さな物語（小説）を紡ぐ試みでもある。

評・川端裕人（作家）

あべ・みか 71年、山形県の専業農家に生まれる。本作が長編小説デビュー作。

二〇一二年六月二四日⑦

『饗宴外交　ワインと料理で世界はまわる』

西川恵 著
世界文化社・一七八五円
ISBN9784418125067
ノンフィクション・評伝

クリントン米大統領を招いての晩餐（ばんさん）会。メニュー内容から席次まで細かくチェックした小渕首相は盆栽を飾るよう外務省スタッフに指示し、こう念押しした。「盆栽は蝦夷（えぞ）松だぞ」。国後島原産の樹齢250年の蝦夷松を見せることで北方領土への関心を引こうという演出だった。だが、本番では思わぬハプニングに見舞われる……。

外交における饗宴（きょうえん）では、料理の素材から飲み物の種類、余興演目、服装、スピーチまで、ありとあらゆる部分にメッセージが込められる。そこに着目して首脳同士の信頼関係や外交の舞台裏を描き出した好著。著者の十八番だ。

玄人顔負けの知日家だったシラク仏大統領をもてなすための苦労。中国の人権問題をめぐる胡主席訪米時のオバマ大統領の巧妙な仕掛け。饗宴は単なる奢侈（しゃし）ではない。

激しく変動を続ける昨今の国際関係。そうした時代だからこそ、国のトップ同士が食を共にすることの重要性を本書が再認識させてくれる。

評・渡辺靖（慶応大学教授）

二〇一二年六月二四日⑧

『墓地の書』

サムコ・ターレ 著　木村英明 訳
松籟社・一七八五円
ISBN9784879843036
文芸

サムコ・ターレ、ウンコターレ。日曜の朝からごめんくさい。スロヴァキアの地方都市コマールノで、バックミラーつきの荷車でダンボール回収をするこのターレが、本書の著者にして主人公だというからとってもこまーるの。

だって、ターレはスロヴァキア人こそ世界最良と信じて疑わないけれど、彼のまわりはお馬鹿な人ばっか。雷に打たれて以来、キノコで人類を救済する使命を帯びたおじさんとか、おさわりさせてくれる女性だけ占うアル中の老いぼれとかほかにもいろいろ。

ぼくは阿呆（あほう）じゃない、と病気のせいで心身ともに成長しないターレが、現実を額面どおりに語れば語るほど、言葉と現実は裏切りあい、その裂け目から瘴気（しょうき）のようにタレてくる黒いユーモアが、読者の正気をも笑いのなかで宙づりにする。共産党独裁の時代、われ知らず密告者だったターレがいまタレこむ相手はたーれ？　もちろんそれは読者であるわれわれ。そうだろう？

そうだとも。

評・小野正嗣（作家）

二〇一二年七月一日①

『「腹の虫」の研究　日本の心身観をさぐる』

長谷川雅雄、辻本裕成、ペトロ・クネヒト、美濃部重克 著
名古屋大学出版会・六九三〇円
ISBN9784815806989
人文

妖怪？　病原体？　正体探る大捕物

九州国立博物館で『針聞書（はりききがき）』という戦国時代の医学書を見物したことがある。いわゆる「腹の虫」を扱った珍しい図が載っているのだ。さながら新種の妖怪か「ゆるキャラ」並みの奇妙奇天烈（きてれつ）な姿をしており、同館でフィギュアになって販売されるほどの隠れアイドルである。「虫の知らせ」「虫が好かない」、あるいは「虫の居所が悪い」というように、ムカムカして腹の虫が納まらない不快感をもたらす病原体なのだが、これはいったい虫なのか化け物なのか？　本書は、謎の虫の正体を追って、精神医学、国文学、人類学、さらに文芸、芝居にまで捜査網を張った知の大捕物である。

たとえば江戸時代に流行した「応声虫」は、その一種。腹の中で急に人の声を発する妖虫だ。薬を飲もうとすると「そんな薬は効かないから飲むな」と腹から警告する。ときには病者と腹の虫とで口論になる。そこで無理に薬を飲むと、声が弱まり、数日後にお尻から「額に角のあるトカゲのような虫」が出てくる。

類似種で有名なのは、膝（ひざ）などにできる「人面瘡（そう）」だ。人の顔に似た腫物だが、やはり口があって、悪口雑言を吐くだけでなく飲み食いもする。

また子供が夜泣きしたり精神不安定になったりする元凶は、「疳（かん）の虫」で、重症の場合は死ぬことさえあった。ある過去帳を調べると、子供の死因の第2位が「疳の虫」だった。この虫に効く薬が、かの有名な孫太郎虫だ。元来は婚礼の酒肴（しゅこう）として供され、子宝に恵まれる効能があると、つい最近まで漢方医薬店の定番だった。そうそう、芝居に出てくる「持病の癪（しゃく）」も、じつは虫の仕業なのだ。

本書によれば、腹の虫は、中国で「三尸（し）九虫」などと呼ばれた霊的な病原体、すなわち邪気あるいは鬼（き）が日本に伝わって独自に進化（？）したものという。当初、日本でもこの疫病神を追い払うのは陰陽師（おんみょうじ）の管轄だったが、戦国時代以降は霊的な物の怪（け）から生きた「虫」へと認識が一変し、治療も医者が引き受けた。医者は解剖までおこなって虫を取り出し、投薬や治療の実験も試みた。舶来した「虫めがね」や顕微鏡の力を借りて、極小の虫どもを突き止めるまでは、現代における細菌やウイルスの発見に近い進展だったのだが、新機器で捉えた「虫」の姿は古めかしい鬼のイメージを補強してしまい、回虫を駆除する西洋の薬サントニンまでも、腹の虫を退治するのに使われたのだった。

これは、中国の道教養生思想から西洋医学までを巻き込んだ日本人の疾病観を解明するための、切り札的題材だ。評者は40年も前から、こういう快著がきっと出現すると信じてきたが、まさに「虫の知らせ」だったと思う。

評・荒俣宏（作家）

はせがわ・まさお　南山大学名誉教授。
つじもと・ひろしげ　南山大学教授。
Peter Knecht　愛知学院大学非常勤講師、元南山大学教授。
みのべ・しげかつ　元南山大学教授。２０１０年死去。

『恩地孝四郎　一つの伝記』

池内紀 著
幻戯書房・六〇九〇円
ISBN9784901998925

「温和な革新者」の創作の秘密

美しい本である。「本は文明の旗だ。その旗は当然美しくあらねばならない」と述べた恩地にふさわしい。カバーは両面カラー印刷で、真ん中の数センチを開けて上下から折り返されている。カバーに印刷されているのは恩地の印象的な二つの作品、「赤について」と「自分の死貌（しにがお）」。

この「自分の死貌」の版画と詩の話から、評伝は始まっている。19世紀末の東京に検事の息子として生まれた恩地孝四郎が、美術に目覚め、竹久夢二に影響を受け、仲間たちと一緒に版画と詩歌の雑誌を立ち上げて、新しい世界を切り拓（ひら）いていく。日本で誰よりも早く抽象画を手がけ、版画で独自の世界を創（つく）りだす。「一版消滅法多色摺（ず）り」という言葉を本書で初めて知った。一度摺った後に原版を削り、別の色をのせて摺るやり方。版画でありながら一点一点が違う作品を生み出す、実験的な創作法なのだそうだ。

恩地は装丁家としても名をなし、たくさんの本を手がけると同時に、自らが撮った写真で『博物志』も編んだ。洒脱（しゃだつ）なエッセーがつけられている。さらに作詞・作曲もおこなったと聞くと、その多才ぶりに目の眩（くら）む思いがする。

戦前のドイツでは、総合芸術学校「バウハウス」に集った芸術家たちがジャンルを超えたさまざまな実験的な試みをおこなっていたが、そんな芸術的交流が、一人の人のなかで実現していたような趣がある。「バウハウス」はナチスにより追放の憂き目に遭うが、恩地孝四郎はきな臭い時代の動きから距離を保ちつつ、自分の芸術の世界を拡（ひろ）げていくとともに、後進の育成にも努めた。骨太で、地に足のついた創作の人だったようだ。

本書は、「温和な革新者」への共感とリスペクトに溢（あふ）れ、恩地の創作の秘密に鋭く迫っている。「版画の青春」の章で解説されている、油絵と版画の違いも興味深い。版画というジャンルの可能性に目を開かれた。

評・松永美穂（早稲田大学教授）

いけうち・おさむ　40年生まれ。ドイツ文学者。著書に『ゲーテさんこんばんは』など。

二〇一二年七月一日③

『K（ケイ）』

三木卓 著

講談社・一五七五円
ISBN9784062176705／9784062903370（講談社文芸文庫）

文芸

愛しい女をうつす文章の魔術

書名は、「ぼく」の妻のイニシャルである。妻はメモの最後に、Ⓚとサインする。自らをマルKと称した。本名、桂子。同年の「ぼく」を、マルミと呼んだ。㊂である。記号のような夫婦だ。Kは癌（がん）を発症し、七十二年の生涯を閉じた。七冊の詩集を残した。「ぼく」はKとの四十七年間の、結婚生活を振り返る。

洗面器と歯ブラシの風呂敷包み一つを抱えて、Kはぼくの住まいに来た。有頂天になったぼくは、風呂をわかして、と頼む。Kは失踪した。風呂のわかし方がわからなかったのである。初めて渡したぼくの月給を、全額、自分の洋服に使ってしまう。小遣いにくれたと思ったらしい。ぼくは途方に暮れてしまう。Kは貧乏の恐ろしさを知らない。

生家は青森県の某市で「三店（さんたな）」の一軒に数えられる大店、何不自由なく成長した。きょうだいが八人、店を仕切る母は子育てに手が回らず、養育費を払ってKを里子に出した。かわいがってくれた乳母は、情が移って返したがらぬ。むりやり離された。Kは生家になじめぬ。さながら『次郎物語』の次郎の心境である。

小説が売れだした夫に、Kは仕事場を用意する。創作に専念できるようにとの配慮だが、夫は仕事場に住むようになる。別居の形で、変則の夫婦生活が三十年に及んだ。

Kは入院する。病室の入り口に腰紐（こしひも）を下げて、とKが頼む。トイレで倒れた時、この紐が目印になって部屋に戻れたと言う。夫は紐を眺めながら考える。紐が結界なら自分はその内にいるのか、それとも外か。夫はKの詩集を読み、妻の本心を探る。夫婦だから、わかりあえない、ともいえる。Kから見たマルミだって謎だろう。「ぼく」という一人称の文体が軽妙なので（エッセーのようだ）、少しも深刻でない。Kは魅力的な「愛（かな）しい女」にうつる。文章の魔術の勝利だ。

これは夫婦物語ではない。変格青春小説であるまいか。

評・出久根達郎（作家）

みき・たく　35年生まれ。詩人、作家。著書『ほろびた国の旅』『北原白秋』『路地』など。

二〇一二年七月一日④

『時の余白に』

芥川喜好 著

みすず書房・二六二五円
ISBN9784622076827

ノンフィクション・評伝

骨太の主張 謙虚な語り口で

美術へのまなざしにはもっと広がりがあってよいとおもう。「芸術的価値」の高い作品を前にしてかしこまるのも結構だ。地域や施設でのワークショップという、生活意識の傍らにアートを溶かし込むというのも大きな意味があろう。けれども美術が、社会の趨勢（すうせい）にひっかかりを感じて、どうしても譲れないところがあるという、距（へだ）たりの感覚を失ったら、それはもう財宝か商品でしかなくなる。

この本には、読売新聞で月1回連載されてきた長めの美術コラムが収められている。いずれも日々のくらしのなかでふと感じた違和から書き起こし、そういえばこんな展覧会があった……というふうに、人びとのまなざしを、時代からしずかに身を退（ひ）く美術家、独立独歩を貫く作家の仕事のほうへ案内する、そんな構成になっている。

定年を前にして仲間が用意してくれた、この、紙面の番外地とでもいうべき場所で、のほほんとした語り口で、じつに骨太の主張をしている。いまの新聞がややもすれば見失いがちな「冷静」と「歯止め」を、この一身でつないでおこうという使命感が、です・ます調の謙虚な語り口に滲（にじ）みでている。「漫然と全体に向き合うこと」が許されない現下の社会では、『ついていく』だの『取り残される』だのは、さっさと卒業することです」。「どうぞ深呼吸を」というふうに。

著者が抑えた声で口にする違和感の断片を星座のようにつないでゆくと、熊谷守一や池田龍雄、早川俊二、谷川晃一らちょっと地味な作家にこと寄せた、著者の矜持（きょうじ）が浮かび上がってくる。身の丈、落ち着き、思慮深さ、待つこと、削（そ）ぎ落とすことといった、人の〈品位〉とでも言うべきものだ。この退きのなかにこそ「感覚をとぎすます道場」があると言わんばかりに。

読みすすむうち、不思議なことに、こちらの息もすこしずつ整っていった。

評・鷲田清一（大谷大学教授）

あくたがわ・きよし 読売新聞編集委員。著書に『「名画再読」美術館』ほか。

二〇一二年七月一日⑤

『群像としての丹下研究室 戦後日本建築・都市史のメインストリーム』

豊川斎赫 著

オーム社・四二〇〇円
ISBN9784274212000

アート・ファッション・芸能

「構想力」支えた最強チーム活写

建築家を語る本は通常、造形デザイン話に社会文明観や哲学談議を接ぎ木する程度だ。本書はそれを遥（はる）かに超える。本書のテーマたる丹下健三が、通常を遥かに超える建築家だったせいもある。彼は個別建築にとどまらず、都市、地域、国土設計にまで大きな足跡を残した。だがなぜそれが可能だったのか？

通常はこれを「壮大な構想力」という一言ですませてしまう。本書の手柄は、その「構想力」の中身を詳細に示したことだ。丹下の構想力の背後には、地域経済の数理統計分析や産業予測があり、それを造形に変換する方法論の開発があったのだ。

それを支えたのは、東大の丹下研究室に集った人々だった。本書はこのチームに着目することで、丹下健三の核心に迫る。彼らが丹下の各種設計の裏付け研究を大量に生産したからこそ、その造形が実現できたのだ。

特にポストモダン以降、建築デザインの一部は空疎で無意味な形態のお遊びに堕している。だが丹下研は形態のすべてに意味と裏付けを持たせようとした。それが彼の構想力の力強さを生んでいる。それを支えるべくあらゆる分野の最先端をカバーするチームの総合力もすごい。本書にはぼくの直接の先生も数人登場するが、その活躍ぶりを読むと自分の大学院時代の不勉強ぶりに忸怩（じくじ）たる思いだ。

疑問は残る。なぜ丹下研にそれができたのか。この実質的な個人設計事務所を国立大学の研究室として国庫補助で運営する異様な体制がなぜ許され、なぜ実際の国土や都市設計に大きく関与できたのか？　ともあれ本書を読むと、いまの建築家や各種プランナーたちの構想力欠如は改めて痛感せざるを得ないが、それが才能の問題ではなく、総合への努力と積み重ねを怠った結果にすぎないことも、本書は示唆している。あの丹下健三にしてこれだけのチームが必要だったのだから……。

評・山形浩生（評論家）

とよかわ・さいかく　73年生まれ。建築歴史意匠、国立小山高専建築学科准教授。

二〇一二年七月一日⑥

『河原ノ者・非人・秀吉』

服部英雄 著
山川出版社・二九四〇円
ISBN9784634150218
歴史

歴史上の人間に生々しく迫る

あまりにも生々しく、時に本を閉じた。歴史の専門書を読んでそういう気持ちになることはほとんど無い。そこに本書の方法的な特徴がある。極めて具体的かつ詳細で、小説を読むような臨場感がある。が、単に面白いというだけでなく、歴史記述の独特な方法が浮かび上がって来る。

たとえば犬追物。本書はこの行事に関わった「人間」に迫る。河原ノ者が登場人物だ。彼らは犬を捕獲し、犬の馬場では犬一匹に河原ノ者一人がついた。犬を縄の中に誘導する。首縄を瞬時に鎌で切る。犬の前を走る。侍が犬を射る。傷ついた犬を処分する。処分された犬を、侍たちも食べた。

現代人が目をおおいたくなる歴史的事実はあふれるほどあるが、それに目を背け都合良い事実だけで「日本人は」と語ってはならないだろう。戦時中のことでは論争になる。しかし古代や中世になると、触れないようにしてきた。だが、それが日本人の紛れもない歴史なのである。

学問は、証拠を並べて真実を証明する競争の場になっている。しかし、それでは浮かび上がって来ないことがある。そのひとつが本書のテーマである被差別民の世界だ。たとえばサンカはいたかいなかったか。言葉に固執すると主張が対立する。本書では無数の呼び名が囲むその中に、社会を流浪する無籍の人々の集団が立ち現れる。

秀吉の出自は何か。これも被差別民という説と農民という説があるが、それは単なる概念だ。秀吉がまるで猿のように栗を食ったという記録から、それが乞食（こじき）として生きていた時の大道芸ではなかったかと著者は推測する。秀吉が身体をもった一人の人間として迫ってくる。本書では、被差別民が多くの分野での職人として社会を支えてきたことが見えて来る。ヨーロッパ人宣教師を始めとする当時の人々の記録を重要視することで、見事に人間を浮かび上がらせた。

評・田中優子（法政大学教授）

はっとり・ひでお　49年生まれ。九州大学教授。著書『峠の歴史学』など。

二〇一二年七月一日❼

『数学ガール　ガロア理論』

結城浩 著

ソフトバンク　クリエイティブ・一九九五円
ISBN9784797367546

科学・生物

夏休みの青春物語、と言っていいだろう。数学好きの中高生が「ガロア理論」を理解しようと一段ずつ階段を上る姿を描くのだから。

20歳で天逝（ようせい）した天才ガロアは決闘で命を落とす直前まで論文を推敲（すいこう）していたという。5次以上の方程式では「解の公式」が求められないことは知られていたが、ガロアはさらに進んで方程式が代数的に解ける必要十分条件を明らかにした。その道具立てが後に花開き「理論」に至る。物語を追えば数学的な高みからの景色を垣間見る所まで連れていってもらえる。

主人公たちが夏休みの課題として取り組む「あみだくじ」の数学的な解釈から始まり、二次方程式の解の公式など中学数学を経て、理論の基礎概念「体」「群」に繋（つな）ぐ絶妙な筆さばきは数学と小説を見事に調和させている。

「ガロアは21歳になれなかった」と少女は憤る。その時、普遍の数学世界と、一度しかない我々の人生や青春が分かちがたく繋がっている残酷さと切なさと美しさが同時に表現されたようで、思わず息をのんだ。

評・川端裕人（作家）

二〇一二年七月八日❷

『燃焼のための習作』

堀江敏幸 著

講談社・一五七五円
ISBN9784062176613／9784062932851（講談社文庫）

文芸

寄り添う言葉に耳を傾けて

〈透明性〉に取り憑（つ）かれた社会では、〈謎〉は解明されるためだけにしか存在しないかのようだ。だから、すぐに正解を欲しがる人には、運河のそばの狭い雑居ビルの4階にあるあの探偵（？）事務所を訪れるのはおススメしない。

何しろ、そこにいる枕木という男は、砂糖とクリープを入れたネスカフェを飲みながら依頼人の話をていねいに聞いてはいるが、哲学的というか雲をつかむような話ばかりするからだ。そこに郷子（さとこ）さんという感じのいいアシスタントが始終茶々を入れてくる。

ところが、この二人のやりとりはなぜか心地よく、離婚した妻と長男の消息の調査を依頼に来たはずの熊埜御堂（くまのみどう）氏はいつしか来訪の目的を忘れ、枕木が経験してきた事件とも言えない事件の顛末（てんまつ）を語るよう促している。たえず「スイッチバック」を繰り返す会話の流れがクリアになることはなく、それをさらにかき混ぜようと、空までもどんよりと黒雲に覆われ、激しい雷雨を降らせる始末なのだ。

自然、その三人と同様に読者は、高架下に暮らすホームレスの老人伊丹さんの安否を気遣い、老人を探すタクシー運転手枝盛（えもり）からの連絡を待ちつつ、枕木がかつて手掛けた不思議な依頼について語る言葉に耳を傾けている。それは、家政婦だった亡くなった母親と画家の男との間に何があったのか知りたいという息子からの依頼だった。では、その手がかりとなる「燃焼のための習作」とは何なのか？

この小説の言語は、薄いが断じて透明ではない皮膜のように読む者の意識にぴたりと寄り添い、透明さや即時性に囚（とら）われた言葉が忘れさせる皮膚と心の襞（ひだ）の感覚を回復させる。消え去らず微細な陰影を震わせながらいつまでも残る、それ自体〈謎〉としか形容しえないこんな言葉が書けるのは、「他者の話に耳を傾けることは、自分の記憶の声を聴き取ることに等しい」と知るこの希有（けう）な作家だけだ。

評・小野正嗣（作家・明治学院大学専任講師）

ほりえ・としゆき　64年生まれ。作家、仏文学者。『河岸忘日抄』『なずな』など。

二〇一二年七月八日③

『続々　アトリエ日記』

野見山暁治 著

清流出版・二五二〇円
ISBN9784860293864

アート・ファッション・芸能

「老人じゃない」90歳の自由

人はなぜ絵を描くのか。絵とは？「正直言ってぼくにはわからん」と深遠な疑問を投げ、ふと「絵を続ける気が失せた」と心の揺れを吐露。さては創造の苦悩や快楽、その秘密が明かされるのかと体を乗り出したが、90歳の画家は「ひたすら健康のため」に医者通い。にもかかわらず老齢を無視する行動力の数々にはただ唖然（あぜん）。突然「ハノイに着く」と、数日後はカンボジアへ。かと思うと「思い立」ってフィリピンのセブ島へ。

人の絵ばかり見に行っていると「自分の絵は描けない、この年になれば人の絵を見ることもない」と言いたいのに驚くほどマメに銀座の画廊通いが続く。その好奇心は年齢を超越。一人暮らしの老画家の外界への関心からか、仲間への義理立てか、友情か、人徳なのだろう、画家の周囲には常に人が集まり、華やぐ。

友人知人の死に接し、「周辺のおぼつかなさが気にかかる」が、暮れ方に死んだ人々の顔が現れ、ぼんやりと消えるのは至福のときだという。亡き妻と同じ病院に入院し、彼女の死に直面しながら眺めた窓外の森を再び眼（め）にしても感傷的になりそうもない画家の強靱（きょうじん）な精神に触れた。

だけれども朝のベッドの中で「妙な空しさ」に襲われるが「年をとった人間の無為、その怖さ」の鋒（ほこさき）はサッと北斎に向け、彼は死の間際まで描き続けたのだろうと結ぶ。老画家はあくまでも死を自らの中に内在化させない。そんな気持ちが「ぼくは老人じゃない」と言わせるのだろう。

「人生行けるときに行き、やりたいことはその時にやる。その日が唯一人生だ」という実感が画家を創作にかりたて、「ぼくはここまで来た、もうとことん生きなくちゃ」と自分の誕生日にも無関心。90歳間近に10年有効のパスポートを申請し、キャンバスを大量に仕入れるこの楽観主義と自由さは、家族を持つこともなく失うもののない強みからだろうか。

評・横尾忠則（美術家）

のみやま・ぎょうじ　20年生まれ。画家、エッセイスト。文化功労者。

二〇一二年七月八日④

『「辺境」からはじまる　東京／東北論』

赤坂憲雄、小熊英二 編著

明石書店・一八九〇円
ISBN9784750335889

社会

東北とは何か、根底から考える

十人の論者による東北論集だが、どれを読んでも、見えなかったものが見えて来る。

山下祐介は「疑似原発群」というキーワードで、中央から地方に持ち込まれるあらゆる地域開発の意味を暴く。大規模リゾート、ダム、道路、福祉や教育に至るまで、常に主導権は中央にあり、利益の大半が東京に還流し、失敗の責任は立地の人々がとらされる。その欺瞞（ぎまん）性は明らかになってしまった。しかしリスクは今や東京そのものにある、と喝破する。

仁平典宏は従来なかった「災間」という発想を提起した。今を災害と災害の間であると位置づける思想である。厄災が何度でも来ることを前提にし、それに耐えうる持続可能な社会を構想している。この発想は個人に強さを求めない。日本社会は今まで、自己責任を言いつのり、個人に痛みを強い、行政は合併で無駄を省き、国は「絆」で国民に責任を転嫁してきた。その結果、個人の生活にも自治体にもボランティア組織にも「溜（た）め」がなくなり、地域は力をそがれてきたのである。

「無駄の無い」避難所がいかに障害者にとって負担であるか、社会の縮図として見えて来る。社会に「溜め」つまり無駄を作ることこそ、繰り返される災害に耐える方法であるという考え方は、極めて現実的で新しい社会観だ。

山内明美は、日本の象徴とされる東北の田んぼの風景が、実は近代における、植民地を巻き込んだ稲作技術高度化の結果であることを、実証的に述べていて実に面白い。米を頂点とする日本観が形成され、東北は多大な犠牲を払いながらそこに向かって努力し、奇跡的に「国土」を形成し、ようやく「国民」になった、という。東北とは何かを、根底から考えさせられる。

末尾に置かれた赤坂憲雄と小熊英二の対談は、原発再稼働がいかに日本の現実にそぐわない愚策であるかを明確にしていて、一読の価値がある。

評・田中優子（法政大学教授）

著者はほかに佐藤彰彦・本多創史・大堀研・小山田和代・茅野恒秀の各氏。

二〇一二年七月八日❺

『読めない遺言書』

深山亮 著

双葉社・一六八〇円

ISBN9784575237726／9784575518269（双葉文庫）文芸

独白の挿入が独特のリズムに

著者は、2年前の〈小説推理新人賞〉の受賞者で、本書が初めての長編になる。

新人とはいえ、並なみならぬ筆力の持ち主で、こなれた語り口は読みやすく、長さを感じさせない。本業は司法書士とのことだが、その経験がよく生かされている。

中学教師竹原は、義絶状態にあった父の死を知らされ、独り暮らしをしていたアパートへ、遺品の整理に行く。竹原が高校生のころ、大衆食堂を経営していた父は、客と争って相手を傷つけ、刑務所にはいるはめになった。それ以来息子と、没交渉のままだったのだ。

遺品の中に、公証人立ち会いのもとに作られた、遺書が見つかる。そこには、全財産を小井戸広美に遺贈する、と書かれていた。竹原には心当たりのない女で、書き込まれた生年月日からすると、自分より三つも若い。亡父に、若い愛人がいたのかと思い、竹原は複雑な気持ちになる。

教師として、不登校児の家を訪ねたり、問題児の相手をしたりと、日常業務をこなしながら、記載された住所を頼りに、広美や2人の立ち会い証人の素性を、調べていく。

このあたりは、いかにもミステリーらしい運びで、読み手の興味をそらさない。教え子とのやりとりも、生きいきとして臨場感がある。せりふとせりふのあいだに、本音とも韜晦（とうかい）ともつかぬ独白が挿入され、それが独特のリズムを生んでいて、なかなかおもしろい。一人称小説にもかかわらず、「私は……」という主語を極力少なくし、主人公の存在感を軽くすることで、逆に読者の感情移入を促す、味な手管を使っている。

純粋のミステリーではないが、広美の正体については二転、三転する仕掛けがある。竹原が、しだいに広美に引かれていく過程にも、無理がない。

結末は、ある程度予測がつくものの、読後感のよい爽やかな小説だ。

評・逢坂剛（作家）

みやま・りょう 73年生まれ。2010年、「遠田の蛙（かわず）」で小説推理新人賞。

二〇一二年七月八日⑥

『原爆症認定訴訟が明らかにしたこと』

東京原爆症認定集団訴訟を記録する会 編

あけび書房・三九九〇円

ISBN9784871541091

歴史

内部被曝否定する国側が敗訴

放射線は人体にどんな影響を及ぼすのか。福島第一原発の事故発生以来、この問題が社会の重大関心事となった。きわめて深刻に考える専門家がいる一方、楽観的にみる専門家もいて判断が難しい。

しかし、司法の場ではすでに一定の考え方が示されている。原爆の放射線による内部被曝（ひばく）や残留放射線の影響をほとんど否定してきた国側はこの10年間、各地の被爆者が起こした集団訴訟で相次いで敗れてきた。

本書はこのうち、東京で起こされた集団訴訟の原告の被爆者や弁護士、証言に立った医師、学者らの手記、座談会記録を集める。この間の経過をたどり、裁判にかけた被爆者らの思いにふれながら、問題の所在を理解することができる。

裁判は、原爆症認定申請を却下された被爆者が国を相手取り、却下処分の取り消しなどを求めて2003年に始まった。国側の証人はこの中で「被爆後、頭髪が抜けたのはストレスのせい、下痢をしたのは衛生状態が悪かったから」などとして放射線の影響を否定。疫学調査をもとに国側は、原告の疾病と被爆の間に因果関係はない、と主張してきた。

これに対し裁判所は、国側が依拠する被曝線量推定方式には限界が含まれると指摘。疾病が放射線に起因するかどうかは被爆者の生活歴、病歴などから総合的に判断しなければならないとして、原告側主張を基本的に認めてきた。

「国は認定却下を繰り返して、被爆者が死に絶えるのを待っているのではないでしょうか」

原告の一人は、そうつづる。原爆投下から67年、多くの被爆者がこれまで援護の対象から外されてきた。一方で国は原発を推進し、今回の福島の事故が起きた。この事実は重い。伊藤直子ほか『被爆者はなぜ原爆症認定を求めるのか』（岩波ブックレット）も参考になる。

評・上丸洋一（本社編集委員）

記録する会は、東友会、原爆症認定集団訴訟東京弁護団、東京おりづるネットで構成。

二〇一二年七月八日⑦

『柔（やわら）の恩人 「女子柔道の母」ラスティ・カノコギが夢見た世界』

小倉孝保 著

小学館・一六八〇円

ISBN9784093897419

ノンフィクション・評伝

まもなくロンドン五輪が開幕する。中村美里ら期待される女子柔道だが、この種目が五輪に認められたのは新しい。一九九二年のバルセロナからである。ユダヤ系アメリカ人の女性ラスティの奮闘による。ラスティは非行少女時代に柔道を知り、その魅力にはまる。当時、柔道は男のスポーツであった。男を装って大会に出場し優勝したが、規則違反と、メダルを返上させられる。この屈辱は性差別だと発奮した。来日し、講道館で修行、技と共に精神を学ぶ。過激な柔道は女らしさがなくなる、レズビアンを助長する、等々の偏見を払拭（ふっしょく）すべく、女性のみの世界大会を開くことに、まず奔走する。

なぜオリンピックに出られないのか。女は柔道着の下にTシャツを着けているから？それだけの違いではないか。ラスティの運動は認められる。かつて取り上げられたメダルが、改めて彼女に贈られた。50年前の物より少し重い、とコメント。小学館ノンフィクション大賞受賞作。

評・出久根達郎（作家）

二〇一二年七月八日❽

『円のゆくえを問いなおす　実証的・歴史的にみた日本経済』

片岡剛士 著
ちくま新書・九二四円
ISBN9784480066633　社会

異様な密度の新書。企業が円高で悲鳴を上げる中、一面的な容認論も聞かれる。本書は為替レートの根本を解説、金本位制から変動為替制への推移などの歴史をたどり、購買力平価やマンデル＝フレミングなど為替の基礎理論を押さえ、近年の円高がなぜ有害かを堅実に説明。そして、理論的な理解をベースに、いまの円高の原因や、それが各種対応策でも改善されない理由が明快に説明され、根底にある今の日本のデフレ経済という大問題へと議論が展開する。

理論、歴史、政策と、これほど盛りだくさんの内容を、手抜きなしで新書につめこめたのは驚き。各種メディアの評論家や学者たちによる変な円高容認議論のおかしさもわかるし、円高にとどまらない経済全体への視点も得られる。むろんそのためには流し読みではすまず、腰を据えてかかる必要はある。が、無内容な凡百の説教新書とは一線を画する本書は、十分にその努力に応えてくれる。

評・山形浩生（評論家）

二〇一二年七月一五日❶

『東京プリズン』

赤坂真理 著
河出書房新社・一八九〇円
ISBN9784309021201／9784309412993（河出文庫）　文芸

忘却された歴史　文学でとらえる

「文芸」連載当時から圧倒的な異彩を放っていた『東京プリズン』が大著としてまとまり、その水準の高い仕掛けの緻密（ちみつ）さ、重みの全貌（ぜんぼう）をこの世にあらわした。

エピグラフにはこうある。

「私の家には、何か隠されたことがある。そう思っていた」

隠されたことのひとつは、現在40代半ばを迎えた主人公、女性作家の過去であり、例えば思春期に米国東海岸に突然留学させられた理由が、母から明瞭に語られてこなかった事実への疑問である。

そしてもうひとつは、日本という〝家〟が戦後、自らどのようにして戦争責任をとらえたのか、あるいはなぜ問題点を忘却したままの経済的な繁栄だけを目指して復興し、やがてバブルを迎えて不況に至りながら、今なお精神的な支柱を失っているのか、だ。

個人史と世界史の双方を緊密なひとつの物語として語ってみせるために、著者は小説ならではの機能を惜しみなく用いる。

そのひとつが時を超えてつながる電話であり、時には1980年のメイン州にいる15歳の「私」が、離婚などを体験して今は一人で生活している2009年の「私」にコレクトコールをしてくる。過去の自分と向き合う「私」はあくまで彼女の母を装う。つまり自分の母を演じることで、やがて主人公は少女時代の「私」を通して母を理解していくことにもなるだろう。

他にも「私」は様々な幻視をする。実際の母親に電話をしながら母しか知らない過去に入り込む。そのSF的な仕掛けによって、主人公は母が東京裁判の資料翻訳をしていた時の様子を〝知る〟。

一方で米国に留学させられている過去の「私」は、授業の一環として「天皇の戦争責任」をディベートしなければならなくなる。周囲にほぼアメリカ人しかいない状況で、少女は天皇とは何かを自分の言葉で言わなければならない。

ただし、窮地に陥った少女の「私」は一人ではない。幻視の力で出会う人々がおり、何よりも母親の証言を得て人生の理解を進めつつある現在の「私」とつながっている。これこそが文学でしかなし得ない歴史のとらえ方である。

ラストに行われる少女の「私」による壮絶な大演説は、天皇論、文明論の核心に触れ、敗戦によって日本が失うべきではなかったと「私」が考えることを強く訴える。

その「私」の中には過去と現在の自分だけでなく、「すべての、声なき人びと」が含まれる。いわば「私」は彼ら〝英霊〟の通訳となって言葉をほとばしらせるのだが、その時同時に「私」はかつて東京裁判で翻訳をした母の身体を逆向きに経験してもいるはずだ。

　これは世界文学である。今すぐ各国語に翻訳して欲しい。


評・いとうせいこう（作家・クリエーター）

あかさか・まり　64年生まれ。作家。95年に「起爆者」でデビュー。2000年に『ミューズ』で野間文芸新人賞。『蝶の皮膚の下』『ヴァイブレータ』『コーリング』などの小説のほか、新書『モテたい理由』などがある。

二〇一二年七月一五日❷　文芸

『女が嘘（うそ）をつくとき』

リュドミラ・ウリツカヤ 著　沼野恭子 訳
新潮社・一八九〇円
ISBN9784105900953

変わるロシア　嘘の中に真実

　虚言癖のある人に、わたしも出会ってしまったことがある。いろいろと約束をして予定を立てた後、相手がいい加減なことを言っていただけとわかったときの失望と脱力感！自分の言葉に責任をとらない人とは二度と会いたくないと思ったけれど、根も葉もないことを言った相手の気持ちまでは推し量れなかった。

　本書には、ありもしない身の上話や架空の家族のことを並べ立てる女性が次々に登場する。タイトルに「嘘」とあるから、読者としても、あ、これはもしかして嘘なのかな、とちょっと予想できてしまうのだけれど、嘘とわかってもわからなくても、彼女たちの話すことはすごく面白い。特に冒頭の短編に出てくる女性の話は滅茶苦茶（めちゃくちゃ）ドラマチックで、呆（あき）れるほど悲劇的だ。

　収められている六つの短編すべてに、ジェーニャという女性が登場する。短編の順序に従ってジェーニャの年齢が上がっていき、家庭環境も変わる。ロシアという国そのものも、共産主義時代の停滞を経て民主化の時代を迎え、さらにソ連が崩壊して「新ロシア」へと変化していく。

　まじめで同情心の強いジェーニャは、嘘に対して潔癖な反応を示す。ただ、本書を読んでいると、嘘といっても道徳的に弾劾（だんがい）されるべきものばかりではなく、深い思いやりや、ひそかな願望の表現でもあることがわかってくる。嘘をつく女性が、だんだん可愛く見えてきてしまうのだ。

　どの短編もすばらしかったが、晩年にこっそり嘘をついた老教授の話はなんだか身につまされた。いつかわたしも思い切り嘘をついて、存在しない本の書評でも書いてみたい。しかし考えてみればそんなことはすべて、すでに作家たちがやっているのだった。

　小説は第一級の嘘。でもそのなかに、なんとたくさんの真実が隠されていることだろう。本書の作者は嘘の名人であると同時に、当代屈指の人生の書き手だ。

評・松永美穂（早稲田大学教授）

リュドミラ・ウリツカヤ　43年生まれ。ロシアの作家。『ソーネチカ』『通訳ダニエル・シュタイン』など。

二〇一二年七月一五日③

『文化系統学への招待　文化の進化パターンを探る』

中尾央、三中信宏 編著
勁草書房・三三六〇円
ISBN9784326102167
人文

絵巻伝本や社会組織の研究も

系統樹と聞くとまず生物進化を想起する。共通先祖から枝別れしていく、樹（き）を思わせる図は有名だ。最近、系統探求の方法を生物以外に使う動きが盛んになり「文化系統学」の旗が掲げられた。

注釈が必要だ。実は進化論より古くから別の分野で系統学があった。文献学や歴史言語学で磨かれてきた、写本や言語の系統を明らかにする方法がそれだ。それらは驚くほど似たものに収斂（しゅうれん）しており、一般的な科学の方法として認識すべきだという。

アブダクションという推論法が重視される。手に入る限られた知識を、最もよく説明する理論を採用する。例えば恐竜の系統は既存の化石から推し量る。新しい化石が発掘されると、当然再検討される。物理法則的な厳密性には欠けるが、絶えず最良の仮説を探し、新しい証拠が出れば更新する点でやはり科学的だ。

本書で語られるのはこの推論法を用いた多様な系統学。「百鬼夜行絵巻」研究では数ある伝本の絵画間距離を数値化し系統を解明した。DNAの塩基配列から系統関係を導く現在の進化生物学に似る。オセアニア社会組織の研究では、首長の有無など社会制度の複雑さの系統関係に切り込む。明治時代の「擬洋風」建築の系統の検討も興味深い。

統一的視座の提供という意味で「系統樹思考」を示しつつ、系統樹の一般型はネットワーク型だとの指摘で「その先」を見据える。生物に交雑があるように、言語や写本にも別系統の合流があり、厳密な樹状にはならない。これをどう処理していくか……。

評者は、編者が言う「文理の壁」の問題に惹（ひ）きつけられた。文化系統学は、現在、進化生物学の応用と考えられており「文側」への普及には壁を乗り越えなければならない。しかしもともと学問に「壁」などなかったと系統学の歴史が示している。壁を破壊してやろうという心意気も透けて見える。

評・川端裕人（作家）

なかお・ひさし　日本学術振興会特別研究員。
みなか・のぶひろ　農業環境技術研上席研究員。

二〇一二年七月一五日④

『精神を切る手術　脳に分け入る科学の歴史』

橳島次郎 著
岩波書店・二八三五円
ISBN9784000258432
科学・生物／医学・福祉

精神外科の役割　検証求める

日本では現在、ロボトミーを含む精神外科手術は、行われていない。少なくとも、そういわれている。

ロボトミーは、前頭葉白質切截（せっせつ）術のことで、神経繊維の束を断つことによって、脳の異常を改善しようとする手術だ。ほかにも、前頭葉の一部を切除するロベクトミー、より侵襲度の低い定位脳手術など、さまざまな手法がある。

精神外科手術は、１９５０年代まではなにがしかの効果がある、と認識されていた。その後、クロルプロマジンなどの向精神薬が開発されて、治療効果のはっきりしないロボトミーは、しだいにすたれた。実は、ロボトミーに対する批判が高まったのは、手術が下火になったあとの60年代後半以降のことだ。72年に、カリフォルニアの刑務所で、受刑者に精神外科手術が行われ、それが治療目的よりも社会防衛目的とみなされて、強い批判を浴びる結果になった、という。

著者は、ロボトミーを初めて行ったモニス、それを大きく発展させたフリーマン、さらに日本での第一人者とされる廣瀬貞雄らの事績を紹介しつつ、精神外科の持つ意味を多面的に問い直す。欧米では、切截の手法を改善した定位脳手術が、今もなお行われているが、日本では日本精神神経学会が75年の学会で、〈精神外科否定決議〉を採択して以来、精神外科はタブーになってしまった。もっともその決議は、手術を受けた患者の予後追跡調査なしに行われたため、医学面での検証が不十分だった、という。

著者は、精神外科を擁護するわけではなく、またその復活を強く主張しているわけでもない。ただ、これをタブー視して糾弾し、否定するのではなく、精神外科がこの分野で果たした役割を見直し、客観的な分析検証を行うことで、いまだ十分に解明されたとはいえぬ脳の研究を、さらに進めるべきだとする。それも一つの見識、といえよう。

評・逢坂剛（作家）

ぬでしま・じろう　60年生まれ。生命倫理政策研究会共同代表。『先端医療のルール』など。

二〇一二年七月一五日⑤

『それをお金で買いますか　市場主義の限界』

マイケル・サンデル著　鬼澤忍訳

早川書房・二二〇〇円
ISBN9784152092847／9784150504199（ハヤカワ・ノンフィクション文庫）

経済／社会

道徳的に正しいか　熟議の場へ

米ハーバード大学「白熱教室」のサンデル教授と言えば今や日本でもおなじみ。とびきりの講義の名手である。

ベストセラー『これからの「正義」の話をしよう』に続く今回の著作のテーマは「道徳」を締め出す「市場」。世の中にはお金で買えないもの、売り買いしてはいけないものがある。にもかかわらず、ほぼあらゆるものが売買される。それでいいのかというのが著者の問いだ。

売買が妥当かどうか怪しいと思われる事例が、これでもかとばかりに示される。米国の一部の刑務所では囚人が82ドルを払うと一晩きれいで静かな独房に入れる。カナダでは約6千ドルで北極地方のセイウチを撃つ権利が買える。

米国ダラスの成績不振校で本を1冊読む児童に2ドル払う制度は、低学力児の成績向上には役立つかもしれない。だが読書が金稼ぎ手段となれば本を愛する心を腐敗させてしまう、と著者は挑発する。

それぞれ正答が用意されているわけでもない。サンデルの「結論」や「提言」を期待すると、がっかりするかもしれない。彼の目的はあくまで「民主的な議論の技術を伝えること」なのだ。

だとしても、この本には読む価値がある。事例を読み進んでいくと、自らの思考停止に気づき、これまで漫然と受け入れてきたさまざまな市場や取引が「道徳的に正しいのか」と考え直さずにはいられなくなるだろう。熟議を引き出す力は十分にある。

たとえば、温室効果ガスを出す枠を売買する排出量取引。国連や欧州連合が導入し、環境派の人々や少なからぬメディアが「必要な市場」と信じ込んできた制度だ。

サンデルはこれにも「温室効果ガスを排出する『罪』を相殺することは正しいのか」と道徳面からの疑問を呈す。反論を試みようと思う読者もいるかもしれない。それこそ、講義の名手の狙いどおり、ということになる。

評・原真人（本社編集委員）

Michael J. Sandel　53年生まれ。ハーバード大学教授（政治哲学）。

二〇一二年七月一五日❻

『絵はがきの別府　古城俊秀コレクションより』

松田法子 著　古城俊秀 監修

左右社・三六七五円
ISBN9784903500751　歴史／アート・ファッション・芸能

画像で辿る　温泉都市の発展

明治30年代から昭和初期に黄金時代を迎えた「写真絵はがき」は、写真による画像記録がまだ少なかった時代の風景を、奇跡的に保存した貴重な素材でもある。だが、なにせ土産物や消耗品扱いであったため、これを史料として活用する機運が生まれにくかった。

本書は、日本一の温泉都市であった別府（大分県）の威容を、観光地に最もふさわしい絵はがき画像によって再現しようとする試みだ。絵はがきをここまで徹底的に読み込んだコレクターと研究者の熱意に打たれる。

昭和9年に丹那トンネルが開通し熱海（静岡県）が急成長するまで、敵なしの大歓楽都市として君臨した別府も、明治初期には長い砂浜で地引き網漁が行われる静かな漁村だった。火葬場なども設置されている。しかし西洋の健康医学の影響で温泉浴や海水浴が奨励されだすと同時に、港湾と定期航路が設置され、一気に大型旅館や観光施設が林立するリゾートと化した。

相場師で宣伝マンでもあった油屋熊八らの活躍、国際規模の博覧会、さらに日本陸海軍の療養施設ができ高級料亭や遊郭の発展に至るといったプロセスを絵はがきで辿（たど）れば、各画像に付された丁寧な解説を助けにして、誰でも思いがけない発見ができる。

一例だが、大阪の福神ビリケンが別府にもあったこと、山本五十六以下海軍相手の料亭が繁栄し、絵はがきにも芸者さんの温泉浴、海水浴姿が登場してくること、奈良の大仏を抜く「世界一の大仏」があったこと、そして怪建築「ひょうたん型の大展望塔」を持つ温泉宿など、興味深い珍景に驚かされる。

絵はがきで重要なのは写真の撮影時期を特定することだが、その方法も簡潔に伝授され、絵はがき収集の基礎ガイドとして使える。

各地各都市に一冊は作成してほしい、近代史の楽しい画像研究だ。

評・荒俣宏（作家）

まつだ・のりこ　78年生まれ。東大大学院職員。
こじょう・としひで　41年生まれ。元郵便局員。

二〇一二年七月一五日❼

『妖怪手品の時代』

横山泰子 著

青弓社・二一〇〇円
ISBN9784787220486　歴史／人文

妖怪研究者として知られる著者の本はいつも注目に値する。今度は手品だ。「妖怪手品」とは、幽霊などを人為的に創（つく）り出す仕掛けのことだ。

江戸時代の日本人は座敷へ天狗（てんぐ）を呼びつけたり、入道を出したり、蝋燭（ろうそく）が宙に浮くのを面白がり、しかも自分でやりたがった。その好奇心の傾向はからくりを生み出した。からくりはいわば日本のロボット文化の基盤だが、江戸時代はそれが浄瑠璃（文楽）や歌舞伎を変えていった。

本書では江戸時代に手品と怪談と歌舞伎が深く関係していたことがわかる。今や高尚な伝統演劇になった歌舞伎を、からくりと曲芸を内在させた一大娯楽だったと考えると、江戸文化の本質が見えてくるのである。

さらに本書は、そのまま明治に入って、江戸川乱歩をも妖怪手品師として観察する。そこに日本の探偵小説の特色が浮かび上がるから面白い。同時代にヨーロッパや中国もまたそういうことに熱中していたという。

評・田中優子（法政大学教授）

二〇一二年七月一五日⑧

『評伝ナンシー関「心に一人のナンシーを」』

横田増生 著
朝日新聞出版・一五七五円
ISBN9784022509772／9784022617989（朝日文庫）

ノンフィクション・評伝

時折、「ナンシー関が生きていたら」と思うことがある。テレビを見ながら、言語化できないモヤモヤ感が残る時、あの消しゴム版画が思い浮かぶのだ。

ナンシー関が亡くなって10年。本書は、ナンシー関の歩みをたどりながら、彼女の批評の核心に迫る。

若き日のナンシーは、「ビートたけしのオールナイトニッポン」の熱心なリスナーだった。ナンシーの武器である「角度」は、このラジオによって生成された。青森で生まれ育ち、高校時代から消しゴムで作品を作り始め、18歳で上京。大学中退後、その才能が話題を呼び、徐々に雑誌の連載を増やした。

ナンシーのテレビ批評は、芸能人を取り上げながら、表層的な芸能ネタに回収されない。その表現は社会批評となり、人間のあり方を捉える。だから、今読んでも全く古くない。ナンシーの角度は、常に普遍を切り取っている。

「心に一人のナンシーを」。いいサブタイトルだ。

評・中島岳志（北海道大学准教授）

二〇一二年七月二二日②

『市場社会と人間の自由　社会哲学論選』

カール・ポランニー 著　若森みどりほか 編訳
大月書店・三九九〇円
ISBN9784272430918

社会

思索の過程　うかがえる論集

「経済成長」という、政治家や企業家の意識をいまなおがんじがらめにしている強迫観念に、はっきりと「失効」を突きつけるべき時期がきていると考えるむきは少なくない。教育や医療や地域生活が市場の論理に呑（の）み込まれ、いまや目を覆わんばかりに疲弊している現実を前に、私たちは、経済あるいは市場というものが社会のなかで占める位相を根本から見なおすという課題と向き合っている。それをまともに語りうる言葉をじりじり求めている。

ポランニー。その名が今年のダボス会議でもさかんに口の端に上り、「グローバル・エリートの集う会場にカール・ポランニーの亡霊が出没している」と報道されたという。国際市場を牽引（けんいん）するエリートですらそのうすら寒さにおののきだしているのだろうか。

ポランニーは、さまざまな社会領域が経済システムに埋め込まれ、増殖する市場の自己調整的なメカニズムに従属させられてゆく過程と、そこから生じたはなはだしい社会的分断に対し社会が試みる「自己防衛」とのせめぎあいを、戦前の経済恐慌、ファシズムの伸長、戦後の東西冷戦といった動乱のなかで凝視しつづけた。社会的な紐帯（ちゅうたい）や呼応行為を求め、利得や等価取引を要求するのではないような経済の別のかたちを歴史的に参照しながら、効率ではなく人間の自由が第一の規範となるような「よき社会」への道筋を模索してきた。社会から離床してしまった経済を、ふたたび社会のなかに埋め込みなおすことを求めてきた。

本書は、比較経済論を中心とする『経済の文明史』の姉妹編で、自由論を中心とした社会哲学論集として編まれている。未公刊の草稿や講演原稿が中心なので、けっして読みやすいものではないが、後者に収録された、レトリックが利き完成度もうんと高い諸論文が、どのような思索過程をへて生まれたかを目撃できるのはありがたい。

評・鷲田清一（大谷大学教授）

Karl Polanyi　1886～1964年。ハンガリー出身の社会科学者。

二〇一二年七月二二日③　文芸

『トガニ　幼き瞳の告発』

孔枝泳 著　蓮池薫 訳
新潮社・一六八〇円
ISBN9784105055530

実在の事件描き社会揺さぶる

濃霧の立ちこめる霧津（ムジン）市で障害児の事故死が相次いでいる。そんな時期に、ソウルから一人の新しい教師、カン・インホがこの地の聴覚障害者学校・慈愛学院に赴任してきた。初めての授業で、弟に死なれ、「沼底のよう」な暗い目をした少年に手話で必死に何かを訴えられたのだが、わからなかった。

「冬休みまでに手話が上手（うま）くなって君たちと話せるようになる」――生徒たちは今、一刻も猶予のできない状況に陥っていることも知らずに、約束をした。

それからというもの、学校のトイレから悲鳴が聞こえたり、生活指導教師が生徒をリンチする場面に遭遇したりという忌まわしいことが続く。そんな中で暴力から一時保護した女子生徒が、インホの手のひらにメッセージを書いて助けを求めたのだった。

実は、生徒たちは口止めされていた。もしここで見たことをだれかに言ったらただじゃおかないぞ――聴覚障害者学校の校長たるものができる唯一の手話だ。自分の悪行が外に漏れることを恐れ、障害者の子どもを嚇（おど）すために覚えたのだろう。

それでもすべてが明るみに出た。これで、生徒たちはひどい仕打ちから救われ、犯罪者も罰せられると胸をなで下ろすはずだった。ところが、地位と権力、金銭を前にした、警察や判事、行政に携わる教育長、弁護士、医者ないし牧師――教養があり、常に正義の味方だと誇る上流社会の「有識者」たちはみな一様に、犯罪を認めようとしない。そればかりか、犯罪者のために隠蔽（いんぺい）工作に加担する始末だった。霧が濃くなるばかりの霧津に光が射（さ）す日は来るのか。

社会派作家と名高い著者による、二〇〇五年韓国の光州市で起きた事件をモデルに書かれたこの小説は、韓国社会で大きな反響を呼び、「性暴力の処罰などに関する特例法」の改正案が可決されたきっかけにもなった一冊だ。

評・楊逸（作家）

コン・ジョン　63年韓国生まれ。作家。邦訳に『私たちの幸せな時間』など。

二〇一二年七月二二日④　文芸

『植物たちの私生活』

李承雨 著　金順姫 訳
藤原書店・二九四〇円
ISBN9784894348561

絶望の奥から紡ぐ家族の物語

すでに世界各国に読者を持つ韓国の作家・李承雨のこの長編小説は、荒々しい暴力で始まって性をめぐり、かなわぬ愛を高らかに謳（うた）い、ひとつの平凡な家族がそれぞれに抱えていた特異な過去を明らかにしながら結末に突き進む。

一度読み始めたら止まらないのではないか。読者は常に主人公とともに新しい出来事に直面し、とまどい、立ち尽くし、わずかな時間のずれをともないながら事態への認識と理解を深めるだろう（例えば、意外な事柄のほんの少し前に印象的な伏線があったり、主人公が読者よりわずか先に何かに気づいたりする）。

この〝時間のずれ〟の抑制が李承雨の語りの巧みさで、読者は誘導に気づかないまま、自分だけが真実を発見し続けているように作品を読み進むはずだ。徹底的に接続詞の使用を避けることも、話のスリルを高める。

各々（おのおの）に傷ついた家族は重なるエピソードの中でやがて、エゴノキや椰子（やし）や庭の植木といった象徴的な樹木を割り当てられていく。タイトルの通り、そもそも言葉を持たないそれら植物たちの、寡黙に生きてきた年月が感動的に伝わるのが本作で、故・中上健次がよく使っていた言葉「切れば血の出る物語」がそこには切り開かれる。

ある種通俗きわきわのドラマ性も包含しながら、展開される人物群の骨格はあくまで太く、西洋の神話にも通じるような壮大さも帯びている。

ただ、既訳『生の裏面（りめん）』の中にも〝人間は現実に対して絶望すると神話に依存したくなる〟とあるように、本書の神話も決して晴れがましいものではない。作者は深い絶望の奥から物語を紡ぎ出す。

さきほど例に出した中上健次がかつて『地の果て　至上の時』で物語の決定的な挫折を導いたような瞬間が、もしも李承雨に訪れるとしたらそれはかつてなく衝撃的だろうと思うと、これ以後の新作も読み逃せなくなる。

評・いとうせいこう（作家・クリエーター）

イ・スンウ　59年韓国生まれ。作家。邦訳に『生の裏面』など。

二〇一二年七月二二日⑤

『「東京電力」研究　排除の系譜』

斎藤貴男 著

講談社・一九九五円
ISBN9784062174176／9784041031490（角川文庫）　経済

体質や構造から浮かぶ〈日本〉

大事故が起きれば、優良企業は一転、欠陥企業となり、「社長」「会長」の座にあるものは社会の糾弾を浴びる。社長・会長が予見しうる過失を見逃す無能者であり、悪意をもった背徳者であるなら話は簡単だが、世の因果関係はそう単純ではない。

多くの場合、事態を招いた真因は、長い時間系のなかで積み重ねられた体質や構造といった深い層の中に宿っている。本書は東京電力の成り立ちと歩みをたどりつつその深層に迫ろうとした書である。

東電の「中興の祖」といわれた木川田一隆は、自由主義者・河合栄治郎に傾倒し、企業の社会的責任を掲げた。木川田の後継者で経団連会長ともなった平岩外四の蔵書は3万冊、財界屈指の読書家だった。ともに教養人であり人品卑しからざる人物だった。

ところで、両人が経営中枢にあった時代に、9電力体制が確立し、労使協調が進み、主力発電の原発への転換がなされた。原子力ムラが形成され、現場の下請け化が進行し、CMを通したマスコミ対策も浸透した。盤石の体制構築のなかで失われたのは、開かれた社風、チェック機能、批判を受け入れる柔軟性、公明正大さ……などだった。フクシマの到来によって、そのツケが一気に来た。

かつて、日本航空もJR西日本も、大事故を契機に企業体質が問われ、類似の指摘がなされた。硬直した体質に無縁な大企業はほとんどない。東京電力とは〈日本そのもの〉という思いがよぎる。そうであるなら、抜本的なエネルギーの転換がそうであるように、あるべき企業への立て直しもまた長い困難な道のりを歩んでいくしかない。

著者は、経済ジャーナリストや旧電産労組役員や工学研究者など、東電本丸には距離のある人々を含めて取材を重ねている。ややもどかしさを伴いつつも、霧の中から東電が、そして〈日本〉がぼんやりと浮かび上がってくる。

評・後藤正治（ノンフィクション作家）

さいとう・たかお　58年生まれ。ジャーナリスト。『民意のつくられかた』など。

二〇一二年七月二二日⑥

『非業の生者たち　集団自決　サイパンから満洲へ』

下嶋哲朗 著
岩波書店・二九四〇円
ISBN9784000245142
ノンフィクション・評伝

「強いられた自発性」が死へ

「非業の」と言えば「死」と続くのがふつうだろう。しかし、この本の題は「非業の生者たち」。戦争中、「集団自決」で死の寸前まで追い込まれながら、かろうじて生き延びた人々に取材して書かれたノンフィクションだ。

著者は、黙して語ろうとしない「生者たち」のもとに通い、その現場で何が起きたかを聞き出し、記録してきた。その30年近くにわたる営為を本書に結実させた。

沖縄・読谷（よみたん）村のチビチリガマ、サイパン島のバンザイ岬、グアム、テニアン、フィリピン、中国東北部（旧満州）の葛根廟（かっこんびょう）。

それらの地で、多くの民間人が、それぞれの家族単位で自決した。敵兵は、女を大勢で陵辱し、男と子どもは股裂きにする。そう聞いていた人々は、「虜囚の辱め」をうけるよりは、と死を選んだ。人々が恐れた「敵の残虐行為」は、日本兵が現に中国などでしてきたことの投影であり「写し絵」だった。

何が人々を集団自決に駆り立てたのか。著者は、明治以来、日本人の内面に刻み込まれた「強いられた自発性」に着目する。強制だけでなく、自発性だけでもない、「強いられた自発性」。集団自決は「世界に例を見ない、日本人特有の死の形」だった、と。

「私たちがいないあと、誰が私たちを語るのでしょうか?」

著者は、沖縄県糸満市にあるひめゆり平和祈念資料館の館長を務めた本村つるさんの右の言葉を引き、「『戦争体験を語り継ぐ』というその根源の意味を突きつける言葉」だと書いている。

「あなたには、私を本気で聞く準備ができているのですか?」

初対面の証言者に、著者はまた、そう問われたことがあるという。

では、私たちは「生者たち」の言葉に何を読みとるのか。読者もまた、そんな問いの前に立たされる。

評・上丸洋一（本社編集委員）

しもじま・てつろう　41年生まれ。ノンフィクション作家。『平和は「退屈」ですか』など。

二〇一二年七月二二日⑦

『世界を救う処方箋　「共感の経済学」が未来を創る』

ジェフリー・サックス 著　野中邦子・高橋早苗 訳
早川書房・二四一五円
ISBN9784152092984
経済

国際経済学の権威である著者は過去の著作で、人口、環境、貧困など地球規模の問題をとりあげ、解決を主導することが期待される米国がそれを果たしていないと批判してきた。今回はそのほこ先を米国社会そのものに向ける。

巨額の財政赤字、政治の機能不全、貧富の格差、教育や医療の劣化。米国は市場と政府のバランスのとり方を誤り、経済的にも社会的にも危機に陥っていると指弾する。

具体的な処方箋（しょほうせん）も示す。要は政府の役割を復活させ、きちんと税金を集めて公共財を提供しなさいという提案だ。

原題の「文明の対価」は、古き良き米国の最高裁判事ホームズ・ジュニアの言葉「私は税金を払うのが好きだ。それは文明を買うことだから」からとった。現代日本の消費増税にも通底するテーマだ。

豊かさの象徴としてずっと世界の目標だった米国。その国家再興が、世界に新しい価値観の目標をかかげる試みだとすれば、「世界を救う～」の邦題にも意味があろう。

評・原真人（本社編集委員）

二〇一二年七月二二日⑧　文芸

『ゾンビ日記』

押井守 著
角川春樹事務所・一四七〇円
ISBN9784758411981／9784758439190(ハルキ文庫)

東京の町を、ゾンビが徘徊（はいかい）している光景を想像してみよう。ただ無表情に、ぞろぞろと。行けども行けどもゾンビばかりで、生者は自分一人。そのことに気づいたとき、あなたならどうするだろう？

本書の語り手は、ビルの屋上からゾンビを狙撃し始める。だがそれは嫌悪感からではなく、死者へのリスペクトゆえであり、死者の生（というものがあるとして）に終止符を打つため、と彼は説明する。彼は戦闘における人間の心理や軍の教育についても大変詳しく、専門家のような考察を行い、狙撃者の心理分析にページを費やしている。

規則正しく狙撃ノルマを達成しようとする語り手の生活はストイックで自己完結しており、ある種の儀式のようだ。その「儀式」が他者の介入によって汚されたと感じたとき、彼は激しい反応を示す。驚愕（きょうがく）のラストは読んでもらうしかないが、クライマックスのあとの冷静な語りはなんとも不気味。静かな狂気の世界だ。

評・松永美穂（早稲田大学教授）

二〇一二年七月二九日①　歴史

『台湾海峡一九四九』

龍應台 著　天野健太郎 訳
白水社・二九四〇円
ISBN9784560082164

生死と離散の人生　語り始めた兵たち

ドイツで暮らす、十九歳の息子が兵役により間もなく入営しなければならない。そんな息子に、母親である著者が、一九四九年の「兵隊さん」を語り出す。戦争の渦に巻き込まれた両親をはじめ、至極普通の人々の、台湾海峡を隔てた土地で繰り広げられていた数知れない生死、離散の人生を。感情を煽（あお）るような過激な表現はなく、むしろ抑えめで、落ち着き払った、淡々とした口調で語り出す。

語る声がしだいに多くなる——疎開学生から志願兵になった者や、軍にさらわれて兵になった者、貧しさがゆえに騙（だま）されるようにして少年兵になった者が、著者の問いかけに次々と口を開いたのだ。六十年もの間に胸に重くのしかかっていた十九歳の時の後悔を、これまでに何度語っても、子どもに耳を背けられ、聞こうとしてもらえなかったあの血みどろの時代を、いずれ胸に抱えたまま世を去るだろうとほとんど諦めていた凄惨（せいさん）な歴史の記憶を、声を詰まらせながら語り始めた。

一緒に国民党の兵隊さんになった二人の幼馴染（なじみ）の少年がいた。うち一人が「解放軍の捕虜となり、軍服を取り替え」、「一八〇度向きを変え、解放軍の兵隊として国民党軍と」戦った。幼馴染が一瞬で敵になった——もう一人の少年も解放軍の捕虜になるまでは。

「人生はときにどこかで誰かの人生と交差する。しかし偶然の一点で交わったあと、それぞれの方向へと遠ざかり、すべてはぼんやりとした全体に含まれて、消える」。無数の水滴からなる大河が目に浮かんでくる一文だ。辛酸を凝縮した水滴はただただ無言で、著者との出会いを待っていた。

「戦友はみなラバウルで死んだのに、どうして自分だけが今日この日までおめおめと生きながらえてきたのか、その理由がわかりました」。その一つの「水滴」である李維恂（りいじゅん）は、著者からの取材依頼を受け、そう言った。

本書は出版後、中華社会で大きな反響を呼んだ。李維恂はラバウルから帰還した戦友の英霊を慰霊祭で迎えることができ、まもなくこの世を去った。ほっとして永眠したのだろう。

六十数年が経ち、著者のように親から聞いた戦争、あるいはその息子のように教科書の中の数行で教わった戦争しか知らない世代の世になった。が、戦争はこの世から消えたわけではなく、若者に兵役を課す国も多々存在している。

国とは。戦争とは。そして戦争に巻き込まれ、家族や故郷を奪われた父祖の代の人生とは。

戦争をくぐりぬけて、命拾いした両親や祖父母が、我々と交わした今の一点から遠ざかっていく前に彼らの語りに、耳を傾けたいと切に思う。

評・楊逸（作家）

りゅう・おうたい　52年台湾生まれ。作家、評論家。85年に評論『野火集』でデビュー。99年から台北市文化局局長、現在は文化省初代大臣。本書は著者の初邦訳。09年に台湾で刊行されベストセラーに。中国では禁書となった。

『ブルックリン・フォリーズ』

ポール・オースター 著　柴田元幸 訳

新潮社・二四一五円
ISBN9784105217150

上機嫌な筆致で語る愚行の物語

本作の主人公にして語り手ネイサンは、大病、退職、離婚ののち、故郷ブルックリンに戻ってくる。時間を持て余し、「人間の愚行の書」（ザブックオブヒューマンフォリーズ）と題して生涯で犯してきたヘマ、ドジ、失態を書き記し始めた彼は折しも、ハリーという初老のゲイの経営する古本屋で、甥（おい）のトムに再会する。

強烈に嫉妬深い夫のいる美人ウェイトレスの笑顔が見たくて近所の食堂に通いつめ、ほれ見たことかトラブルに巻き込まれるネイサン。有望な文学研究者の卵だったのが挫折し、いまではハリーの書店で働きながら将来の展望もなければ彼女もいない、肥満の三十男トム。ニューヨークに来る前の、人には言えない過去に懲りずに、再び「悪だくみ」するハリー。やれやれ。

そこに爆弾登場。トムの行方不明の妹オーロラの娘ルーシーが突然現れるのだ。ところが困ったことに、少女はなぜか一言も発しようとしない。その沈黙の背後には、オーロラの巻き込まれた愚行の影が……。そしてこのルーシー、伯父たちとヴァーモントへ向かう途上とんでもない愚行をやらかす。だがブルックリンを離れたこの小休止が、物語に新しい出会いと思いがけない展開をもたらす。

ネイサンとトムの文学談義はたまらない。とりわけ死期の迫ったカフカと一人の少女のエピソードは感動的だ。そのカフカの行為が、大言壮語の胡散臭（うさんくさ）い人物でありながらロマンチックな夢想＝物語をつねに抱えていたハリーの最後の「大盤振舞（おおばんぶるま）い」とどこか響き合っているのを知るとき、善行と愚行の境界は曖昧（あいまい）であり、大切なのはどれだけ切実に人のことを思えるかなのだと気づかされる。

語り手の上機嫌な筆致が心地よい。そうだ、我々の犯す個々の愚行の大半は、陽気に語り笑い飛ばせる〈物語〉になりうるのだ。無論それが、利他的な善意を装った政治的・宗教的狂信という巨大な愚行に陥らない限りにおいて。

評・小野正嗣（作家・明治学院大学専任講師）

Paul Auster　47年生まれ。米国の作家。『ガラスの街』『幻影の書』など。

二〇一二年七月二九日③　文芸

『あなたが愛した記憶』

誉田哲也 著
集英社・一五七五円
ISBN9784087714524／9784087453782（集英社文庫）

超常現象支える細部の現実感

この著者の作風は、まことに多彩である。警察小説もあり、スプラッターもあり、青春小説もありと、なんでもござれの才筆の持ち主だ。評者は、この作家の警察小説を評価する一人だが、本書には別の得意わざが仕込まれ、緊密な作品になっている。

乳児を殺害、みずから110番通報して逮捕され、裁判が進行中の曽根崎という男を、弁護士が訪ねるシーンから、物語が始まる。冒頭の数章で、異常犯罪に関わる正体不明の男や、事件を追う複数の刑事、あるいは独特の雰囲気を持つ女子高生・村川民代などが順次紹介され、ストーリーの行く手が示される。

曽根崎は興信所の所長で、そこへ民代が人探しを依頼しに、やって来る。しかも、民代はのっけから、曽根崎の娘だと主張する。このあたりから、俄然（がぜん）物語が動き始める。曽根崎は民代に、別れた恋人と同じ嗜好（しこう）や癖を見いだし、ほんとうに自分の娘かもしれない、と思い始める。そこに秘められた謎が、全体を貫く不気味な通奏低音の、微妙な伏線になっている。

本書は、むずかしくいえば遺伝医学的な現象、簡単に言ってしまえば、オカルト的現象をテーマにするものだが、その種明かしは控えておく。そうした、超常現象以外のディテールが、現実感豊かに書き込まれているため、なんの抵抗もなく読める。多視点で描かれているものの、基本的には曽根崎を中核に据えた、私立探偵小説といってよかろう。キャラクターの一人ひとりが、行間から立ち上がる存在感を持ち、この小説を支える骨格をなす。ことに、曽根崎の事務所の下にあるスナックの店主、吾郎と美冴（みさえ）の兄妹がいい。曽根崎を慕う美冴には、ある意味で暗さに満ちたこの小説に、救いの一灯を添えるいじらしさがある。

プロローグから、途中である程度結末が予測できるのは惜しいが、読後に独特の余韻を残す佳作である。

評・逢坂剛（作家）

ほんだ・てつや　69年生まれ。作家。『ストロベリーナイト』『武士道シックスティーン』など。

二〇一二年七月二九日④　ノンフィクション・評伝

『魂の詩人　パゾリーニ』

ニコ・ナルディーニ 著　川本英明 訳
鳥影社・一九九五円
ISBN9784862653567

左翼で異端　背徳的想像力の源

パゾリーニといえば同性愛のレッテルを貼られた左翼的異端のスキャンダラスな映画監督、という印象が強いけれど、どこか呪われた星の下に産み落とされた芸術家として英雄的に崇拝されていませんか。

彼はイタリアのボローニャの田舎の原初的な農民世界の環境の中で絵を描き、詩作を試みながら将来は美術史家か文芸評論で身を立てようと模索の日々をおくる。彼の宗教的世界への郷愁と先天的な異端者としてのエロティシズムと、さらに背徳的な「得体（えたい）の知れない」想像力の混合体によって、彼の文学は形成されてゆく。

その間、同性愛者としての彼は性的衝動からは逃れられないが、その一方で私設学校をつくり、教育者としての顔も持ったりする。この頃彼の政治的な弟は危険な「冒険的な人生」を選択した結果、組織の人間によって虐殺される。このことに起因するわけではないがパゾリーニは共産党員になる。だけど悪徳のDNAをもつ彼は、常にホモセクシュアルという宿命も背負っているためにスキャンダルから逃れることができない。

そんなパゾリーニが終（つい）の棲家（すみか）として映画を選ぶことになる。映画を通して官能を刺激することで肉体的接触を求めようとするそんな彼と、なんとなくわが武智鉄二とは似ていませんか。

パゾリーニはすでにフェリーニの「カビリアの夜」でシナリオ参加をしている。映画という視点を手にした彼は自己の世界観の核である「宗教的叙事詩」を神話的に描くことで「奇蹟（きせき）の丘」を完成。カトリック系の団体から賞を与えられたが、「テオレマ」では猥褻罪（わいせつざい）で作品が没収。

「王女メディア」でマリア・カラスとの蜜月関係を取り沙汰されるが、すでに彼の死は5年後に迫っていた。同性愛のパートナーによって彼の人生が決着づけられたあの有名な事件が待っていたのです。

評・横尾忠則（美術家）

Nico Naldini イタリアの言語研究家で詩人、作家。パゾリーニのいとこ。

二〇一二年七月二九日❺

『ナチスのキッチン「食べること」の環境史』

歴史

藤原辰史 著

水声社・四二〇〇円

ISBN9784891769000

台所に介入する独裁者の恐怖

「飽食」時代の人間は、自分の眼（め）や鼻を信じない。賞味期限の数字を信用する。腐ってもいないのに捨てる。五官が衰えると、人は単純なものしか好まぬ。過激な言辞を喜ぶ。独裁者歓迎の素地は、着々とできあがりつつある。

ヒトラーを信奉するドイツのナチ婦人団は、食は自分だけのものではない、と言った。身体は総統と国家のものだ。健康は義務で、健全な心身を養成する台所は、主婦の「戦場」であり、調理道具は「武器」に他ならない。主婦は台所の兵士である。国家が管理するのは当然、というのが独裁者の言い分であった。

残飯は豚のエサのため回収車に出すよう命じられた。後日、細かい分別リストが配られた。出してよい物。肉や魚、パンやケーキの残り。陶器、ガラスの破片、煙草（たばこ）、ボロ、紙は不可。豚が食わない物ばかり出されたのに違いない。

残飯を供出する家は、役人ばかりだった。庶民には余すゆとりが無い。何と痛烈な皮肉だろう。

ナチスは「母親学校」を設立し、料理や育児、看護、空襲への対応などを教えた。また就職しない二十五歳までの女性は、最低一年、農家などで家事を手伝い、母になる訓練を受ける義務が課された。

主婦の指導には、「マイスター（親方）主婦」が当たった。五年以上の家事経験者で、二年間の修養を積み、テストに合格した人である。試験に落ちても、「主婦学士」の称号がもらえた。兵士のように等級をつけて、主婦たちを奮い立たせたのである。

わが国でも戦時中（昭和一七年）、台所のゴミを養豚に利用した事実がある。ナチスに学んだのである。時の東条首相は、朝早く町に出て、民家のゴミ箱を一つずつ見て回った（阿部真之助『近代政治家評伝』）。平和は民のカマドの煙で判断する。為政者が台所のゴミに介入するようになると穏やかでない。本書を警世の書、と読んだ。

評・出久根達郎（作家）

ふじはら・たつし 76年生まれ。東京大学講師（農業思想史）。『ナチス・ドイツの有機農業』など。

二〇一二年七月二九日⑦

『瓦が語る日本史　中世寺院から近世城郭まで』

山崎信二 著
吉川弘文館・三三六〇円
ISBN9784642080781
歴史

瓦なんて似たり寄ったりと思ったら大間違い。東大寺や法隆寺の修復だけ見てもいろんな地方の瓦があって、それが当時の物質流通をも物語る！　さらに、製法ばかりか瓦職人がいろいろコッソリ落書き（ヘラ書き）していて、そこから職人の個性や勢力、家系までわかり、さらに同じ建物で使われた瓦の出自から、職人集団の活動まで読み取れてしまうとか。

マニアックな世界を描きつつ、瓦にそこまで奥深い世界があったのかと感心させられる。文明論じみたお説教もなく、瓦だけに注目。職人の中でもだれが落書きできるかという力関係があったが、やがて瓦製造と瓦葺（ぶ）き作業の分業と合理化に伴いそうした楽しい落書きも廃れたとか、パソコンソフトの隠し機能の歴史にも通じる物作りの発展段階がここにも見られる。

著者の瓦研究は本書で打ち止めとのことで残念だが、興味がある向きは、古代瓦についての同著者の本も興味深いはず。

評・山形浩生（評論家）

二〇一二年七月二九日⑧

『ガリ切りの記　生活記録運動と四日市公害』

澤井余志郎 著
影書房・二一〇〇円
ISBN9784877144241
ノンフィクション・評伝

ツイッターはもちろん、ワープロも一般化していなかったころ、さまざまな社会活動で活躍したのがガリ版印刷だった。

がりがり音をたてながら原紙に文字を刻む。それを「ガリを切る」といった。一瞬の波及力は望めないものの、そこには文字以上の何かが刻み込まれていた。

著者は、三重県四日市市で、ガリ版を「武器」に長年、大気汚染公害とたたかってきた。その日々を振り返る。

1950年代前半、紡績工場で女性工員とともに生活記録運動に取り組み、社会学者の鶴見和子らと交流を結んだ。工場を解雇されて地区労の事務局員に。60年代から公害の被害住民から聞き取りを始め、ガリ版文集「記録『公害』」を99年まで発行してきた。

「弾圧・圧力があったればこそ継続できたと思う。ほめられていたら、無視されていたら続かなかったと確信する」

評・上丸洋一（本社編集委員）

二〇一二年八月五日①

『有害コミック撲滅！　アメリカを変えた50年代「悪書」狩り』

デヴィッド・ハジュー 著
小野耕世、中山ゆかり 訳
岩波書店・五〇四〇円
ISBN9784000254151
アート・ファッション・芸能

文化破壊を恐れヒーローも悪に

1950年代にアメリカン・コミックは撲滅運動に襲われた。この問題を、同時期に発生した「赤狩り」旋風と比較しながら論じたのが、本書のおもしろさである。

この時期アメリカは青少年に害をなす「悪い文化」を排除しようとした。ターゲットになったのが共産主義と漫画だった。両者に何か共通点があったのか。著者によると、赤狩りは共産主義かぶれのインテリ層を狙い撃ちにし、他方コミック撲滅は愚かな俗悪文化の浸透から保守エリート層の価値観を護（まも）る狙いがあった。だが、こうした「ベクトルの違い」を超えて双方共に、あらゆる弾圧に屈せず好きなものを護って戦い続けると決意した熱烈なサポーターを多数有していた事実が重要という。

アメリカン・コミックは新聞の販売拡大戦略として活用された初期から、自由闊達（かったつ）で賢くて生活力ある「悪ガキ」を好んだ。異文化地域からの移民にも新聞を買わせるという目的ゆえの選択だった。その後「スーパーマン」などの超絶的ヒーローを誕生させ黄金時代に入るが、依然としてエリート保守層からは「たった一人で敵を倒す英雄は、独裁者讃美（さんび）を子供に植え付ける道具」と批判され、女性の英雄「ワンダーウーマン」にしても、「街中を水着で走り回るような不道徳な習慣を伝播（でんぱ）する、心の毒だ」と指弾された。現在映画化されて復活した「バットマン」や「スパイダーマン」は、映画を観（み）れば分かるとおり、単純な正義の味方ではなく、暗い影を背負った複雑な性格の持ち主である。

　したがって撲滅推進派は、子供の眼前で「悪い」コミックを焼くという秦始皇帝まがいの「焚書（ふんしょ）」まで実行した。だが、そこには、不道徳で暴力的な漫画の害毒から子供を保護するという親らしい動機以上の切実さが感じられる。共産主義と同じように理解不能なコミックという「新文化」にむらがった若者たちに、既存の文化秩序を破壊されてしまうかもしれないという恐怖である。本書で引用される14歳のコミックマニア少年などは、確かに恐ろしい。当時の権威ある書評誌が掲載した「コミックの有害性」を糾弾する学者の論文に対し、その子は大人も舌を巻くような堂々たる反論を送りつけてきたというのだ。

　本書は、コミック出版側が展開した禁圧逃れの方向転換を詳細に追跡する。犯罪や暴力がだめならロマンスやホラーに切り替え、刑法では裁けない怪物や宇宙人を登場させるという変わり身の早さに驚かされる。コミックはいわば、子供の大好きな怪物「ゾンビ」のように、倒されても死なない存在なのだ。日本にも波及した有害図書排撃運動の本質が、この本を読むことでようやく判然とする。

評・荒俣宏（作家）

David Hajdu　音楽と大衆文化の評論家。コロンビア大学大学院教授。

二〇一二年八月五日②

『冥土めぐり』

鹿島田真希 著

河出書房新社・一四七〇円
ISBN9784309021225／9784309413389（河出文庫）文芸

静かな充足　透明感ある文章

たいへんたいへん、横暴な親が急増中！　世間はともかく、日本語小説の世界ではそう見える。芥川賞前回受賞作の田中慎弥『共喰（ともぐ）い』は暴力的な性癖で周囲を傷つけまくる父親の話だったし、水村美苗の『母の遺産』にも自己中心的な母親が登場したし。今回の芥川賞に決まった『冥土めぐり』でも、娘を金づるにしようとする我が儘（まま）な母親が描かれている。さらに浪費家の弟のおまけつき！　彼らの言葉も態度もひどすぎて、肉親によるDVというほかない。こんな仕打ちに対して主人公の奈津子はなぜ無抵抗なのか、と読んでいるこちらが熱くなってしまうほどだ。

　徹底的に痛めつけられる奈津子は、自分なりに肉親の束縛から逃れようとする。夫と共に行く一泊二日のつつましい旅行が、彼女にそのきっかけを提供する。

　不治の病に侵され、身体障害者となった夫は、「弱者」以外の何者でもないように見えるが、卑屈さはなく、天真爛漫（てんしんらんまん）で素直なところは、夫というよりもむしろ子どものようだ。もし母親と同じ心根の女性だったら、夫の病気を不幸ととらえただろうが、奈津子は夫の介護をしながら暮らす生活を特別な僥倖（ぎょうこう）のように受けとめていく。

ストーリーはシンプルで、奈津子の心の動きが淡々と、透明感のある文章で綴（つづ）られている。旅行中、美術館で夫の車椅子を押しながら一枚一枚の絵を見て回るときの気持ちの描写は秀逸だ。意味のわからない絵をありのまま受けとめられるようになると同時に、虚飾に満ちた実母の自慢話が一枚の肖像画に収まっていくように感じる。芸術に触れて、気持ちを出し入れできる瞬間。辛（つら）い記憶を乗り越えるチャンスは、こんなにも穏やかに訪れてくるのだ。

バブルの思い出が遠のくなか、いまになって気づく幸せのかたち。人との比較や勝ち負けではない、小さいけれど静かな充足がここにある。

評・松永美穂（早稲田大学教授）

かしまだ・まき 76年生まれ。『六〇〇〇度の愛』で三島賞。本表題作で芥川賞に。

二〇一二年八月五日③

『湿地』

アーナルデュル・インドリダソン 著
柳沢由実子 訳
東京創元社・一七八五円
ISBN9784488013431／9784488266035（創元推理文庫）

文芸

事件で浮かび上がる悲しい過去

アイスランドの首都・レイキャヴィクの一角、ノルデュルミリ（北の湿地）にある集合住宅で老人が殺された。現場に残されたメッセージや、引き出しの奥から発見された古ぼけたモノクロ写真を手掛かりに、犯罪捜査官・エーレンデュルが仲間とともに真相を追う。

陰鬱（いんうつ）な湿地という事件現場に加え、肝心な場面になるといつも大雨が降ってしまう。あたかも時間に埋もれた悲しい過去が訴えかけているかのように。やがて、捜査線上に2組の母子が浮上し、その意外な繋（つな）がりから、40年前から続く凄惨（せいさん）な物語が手繰り上げられることに。

「……母親と娘、父親と息子、母親と息子、父親と娘、望まれなかった子ども、この小さな国アイスランドで死んだ子どものことを考えた。遠くさかのぼれば、だれもがどこかで血のつながりのある、だれもが姻戚関係にあるこの小さな国で」。エーレンデュルが、薬物中毒の身である我が娘と、そのお腹（なか）に宿った赤ちゃんについて考える一文だ。事件の全容が見えてくるにつれ、この父娘の関係にも微妙な変化が起こる。

アイスランド小説を読んだのは、これが初めてだ。北極圏に近い北欧のこの島国では、日々の生活に温泉と魚が欠かせないのが、日本と共通する。一見勤勉で優しい人々の穏やかな暮らしは、この殺人事件によって、人間関係――とりわけ様々な形を呈した親子関係が、アイスランドの特徴を帯びて、浮き彫りになる。

どこかの国を知りたかったら、ミステリ小説を読めばいい、一番的確な案内書だ――「なぜミステリ小説を書いたか」という翻訳者の問いに、著者がイアン・ランキンの言葉を借りて答えたように、まさにこのミステリは、アイスランドの歴史、文化、風土、そして滅多（めった）に見られない人々の悩み苦しむ表情を見事に見せてくれたのではなかろうか、とそんな気がした。

評・楊逸（作家）

Arnaldur Indriðason 61年アイスランド生まれ。作家。

二〇一二年八月五日④

『バイエルの謎　日本文化になったピアノ教則本』

安田寛 著
音楽之友社・二五二〇円
ISBN9784276212589／9784101202860(新潮文庫)

ノンフィクション・評伝

響き合う母子の思い見いだす

評者が幼い頃、ピアノ初学者にはバイエル教則本と決まっていた。長じて子を得、ピアノ教室に通わせたところバイエルは消えていた。90年代「古くさいだけで特に優れているわけでもない（バイエル）教則本を、後生大事に使っているのは日本だけ」と指摘されたのが原因のようだ。

ではバイエル教則本とは何だったのか。本当に「古くさい」だけだったのか。なぜ100年以上も日本で使われ続けたのか。といった疑問が湧く。

作者フェルディナント・バイエル自身、謎の人物だ。分かっているのは生没年月日や、芳しくない音楽的評価くらい。実在の人物かという水準で疑わざるを得ないほど情報が少ない。初版を出版したドイツのショット社にも人物像につながる情報はない。

著者はアメリカのニューイングランド音楽院経由で、明治時代に日本にバイエル教則本が入り、戦後、ピアノの普及と、音感教育など日本独特の教授法の進化に際して、独自に拡張されていった経緯をまずは見いだす。「日本文化としてのバイエル」について理由が示されたといえる。

では、本来の教則本はどんな文脈で生まれ、使われたのか。ドイツ・マインツ市で偶然見つけた自宅の改築届をきっかけに、教会の洗礼記録、文書館の誕生死亡記録を辿（たど）る。作者の実在が示され、プロテスタント一家で楽才豊かな母にピアノの手ほどきを受けたなど傍証が挙がる。

著者が初期の版の教則本に見いだした秘密は心温まる。最初の2曲だけが伴奏付きの変奏曲である不思議な構成を見据えると、教則本の前半ほとんどがその2曲のさらなる変奏曲と捉えられるというのだ。同じ伴奏が適用でき、幼い子が母親の伴奏で弾けるようになっている。当時の家庭環境に根ざしたニーズに応えたのだろうか。日本でも「バイエルくらいは弾けるように」と親が願った時代を思い、響き合うものを感じる。

評・川端裕人（作家）

やすだ・ひろし　48年生まれ。奈良教育大教授。著書に『日本の唱歌と太平洋の讃美歌』など。

二〇一二年八月五日⑤

『いつか、この世界で起こっていたこと』

黒川創 著
新潮社・一七八五円
ISBN9784104444052

文芸

胸に迫る　生きている時間

「震災文学」という、あたかも一過性であるような呼び名は、本書にふさわしくない。

断章形式で時間と空間を自在に移動し、繊細な手つきで人間たちを描写する六本の短編は、確かにどれも東日本大震災につながっている。

関東大震災の後に新感覚派が出てきたことを思いあわせれば、外界の見つめ方や描出の仕方など、著者は「この世界」をとらえる新たな認識を同時に書いたのだと思う。

そこでは例えば、短編の始まりに脇役だった少年が、数十年後に年老いた姿で福島第一原発の事故のニュースをありありと見、過去を思い出す。思い出されるのは年上の女性との淡い一夜である。

また、米国渡航が日常的ではなかった1977年、レコード店の常連や女子学生たちが憧れの地を訪れる「泣く男」では、17歳の主人公が旅気分でマリファナ体験などしながら、長崎に落とされた原爆の原料を作ったハンフォード核施設に行き、そこで米国の核産業の巨大さに直面する。著者はそれを、同年に亡くなったプレスリーに関わる断章と交互に語ってみせる。

「波」では祖母と孫など様々な家族が波に流され、屋根や車の中でたわいもない会話を続けて助けを待つ。その会話は決して劇的ではないが、まさにかけがえのない時間として読者に迫るだろう。

このように、多種多様な人生のひとコマずつを、著者は丁寧に切り取る。その時に胸に迫るのは、人間の生きている時間そのものである。

一方、「放射性物質は、つねに一定の確率で崩壊を続けて、変わらぬ時間を刻んでいく」。人体への影響がなくなるまで数十万年とも言われるこの物質は、〝生命〟が長過ぎて、我々人間が責任をもって及ぼすべき想像の埒外（らちがい）にある。人間の生とは対極的だ。

「この世界」の人間は、結末を想像し得ない物質の利用を目論（もくろ）むべきか。その倫理の低く響く声を私は本書に聞く。

評・いとうせいこう（作家・クリエーター）

くろかわ・そう 61年生まれ。作家、評論家。『かもめの日』で読売文学賞。

二〇一二年八月五日⑥

『詩文集　哀悼と怒り　桜の国の悲しみ』

御庄博実、石川逸子 著

西田書店・一四七〇円
ISBN9784888665582

文芸

牛の遺体のささやきを聴け

被爆2日後の1945年8月8日、医学生の御庄博実は山口県の岩国から広島に入った。知人を捜して一日中、市内を歩き、横たわる瀕死（ひんし）の重傷者の名札をめくって歩いた（御庄『ヒロシマにつながる詩的遍歴』）。のちに御庄は「にんげんをかえせ」の詩人、峠三吉と交流し、広島の病院の院長として韓国人被爆者の救済活動などにあたってきた。

石川逸子に、広島、長崎の死者たち、日本軍に殺されたアジアの死者たちの声に耳を澄ませて、詩の言葉に結晶させてきた。『定本千鳥ケ淵へ行きましたか』などの詩集で知られる。

御庄と石川。二人の詩人が「津波」と「原発」に向きあった詩文集である。

〈着のみ　着のまま／無理やり避難させられた／1日か　2日かの避難と思っていたが／もう帰してもらえないという／牛（べこ）が腹を減らしているだろう／猫のタマもどうしているか〉（御庄「逃げる」から）

これに呼応するかのように、石川が「牛のささやき」と題する詩をつづる。

〈（神国日本は不敗）の次は／（日本の原発は安全）神話の／生贄（いけにえ）になった　動物たち・人間たち／（ハーメルンの男の吹く笛に／いつまで／付いていこうとするのだろうね？）／／深夜　牛舎を照らす月光のなか／ものいわぬ牛の遺体が／ひそと　ささやき交わすのを聴いた〉

この国の総理大臣は、原発の再稼働に反対する人々の抗議の声を聞いて、「大きな音だね」と言ったという。そんな為政者に、牛の遺体の「ひそと　ささやき交わす」声がはたして届くかどうか……。

深い哀悼は、深い怒りにつながる。しかし、詩人は絶望しない。「次代への希望を持ち続けることが（略）放射能という病原からの復活への最強の『免疫力』なのだ」「『詩』もまたその一助でありたい」（御庄）と。

評・上丸洋一（本社編集委員）

みしょう・ひろみ 25年生まれ。詩人、医師。
いしかわ・いつこ 33年生まれ。詩人。

二〇一二年八月五日⑦ 『ロスジェネの逆襲』

池井戸潤 著

ダイヤモンド社・一五七五円
ISBN9784478020500／9784167904388（文春文庫） 文芸

バブル期に銀行マンになった、半沢直樹・金融シリーズの3作目に当たる。今回は、バブルがはじけたあと入社した、ロスジェネ（ロスト・ジェネレーション）と呼ばれる世代の社員が、半沢とともに熾烈（しれつ）な戦いを繰り広げる。

東京中央銀行から、系列の東京セントラル証券へ飛ばされた半沢は、IT企業の電脳雑伎集団による、競合会社東京スパイラルの買収計画に、アドバイザーとして加わる。ところが、せっかく結んだ業務契約を、理不尽にも本家本元の親銀行に、横取りされてしまう。怒った半沢は、ロスジェネの後輩森山や、親銀行の同期行員の協力を得て、反撃を開始する。そして逆に、東京スパイラルとアドバイザー契約を結び、親銀行をぎゃふんといわせる策謀に、取りかかる。その、粘り強さと不屈の精神の発露が、池井戸作品の身上だ。実際にはありえない話かもしれないが、それを単純化した小気味よいストーリーは、猛暑をしのぐ一服の清涼剤、といえよう。

評・逢坂剛（作家）

二〇一二年八月五日⑧ 『村山知義 劇的尖端』

岩本憲児 編

森話社・三九九〇円
ISBN9784864050371 アート・ファッション・芸能

東京の世田谷美術館で「すべての僕が沸騰する 村山知義の宇宙」展が開かれている（9月2日まで）。年初からの各地巡回展だが、なぜ、今、村山知義なのだろうか。

1920年代のモダニズムが新鮮に見える魅力だろうか。村山という人間の謎と、その芸術の未解明部分の多さに、ひかれるからではあるまいか。何しろ村山は「日本のダ・ヴィンチ」と称された、マルチ・アーチストである。本書は演劇と映画、前衛美術、小説等の分野を、編者を含めて十二人の専門家が、村山の果たした役割を評価し、問題点を要領よくまとめている。

たとえば、國吉和子氏は日本近代舞踊史で欠落している、村山と藤蔭（ふじかげ）静枝の関係を指摘している。村山は新舞踊の台本を書き演出もした。これは自伝にも記載されていないという。川崎賢子氏は、忍者ブームを巻き起こした村山の小説『忍びの者』の影響を述べている。他の業績、本の装丁や写真、建築、童画、翻訳等の研究はこれからだろう。

評・出久根達郎（作家）

二〇一二年八月一二日① 『スウィング・ジャパン 日系米軍兵ジミー・アラキと占領の記憶』

秋尾沙戸子 著

新潮社・一八九〇円
ISBN9784104370030 ノンフィクション・評伝

ジャズと日本文学 才磨いた人生追う

太平洋戦争の勃発によって、在米日系人は「敵性国人」となり、強制収容所（キャンプ）へ隔離された。その数11万余人。多くは米国で生まれた2世たちで、17歳のジミー・アラキもその一人である。本書は、アラキの起伏に富んだ旅路をたどった人物ノンフィクションである。

アリゾナ州ヒラリバー。有刺鉄線で囲まれた不毛の地で、日系人は農産物を育て、学校を開いた。ダンス教室もあって、アラキはバンドのメンバーとなる。音楽的才は天賦のもので、母の琴でポップス演奏をやってのけたとある。

合衆国に忠誠を誓うか――。アラキはイエスと答える。「この国で生まれたアメリカ人だから」。陸軍情報部日本語学校の教官となり、終戦後、連合国翻訳通訳部の一員として来日する。

夜はジャズメンとなる。あらゆる楽器をこなし、編曲し、レコードを制作した。日本人ミュージシャンたちは、フレンドリーなアラキを「神様」と敬愛した。

除隊時、軍での評価は「性格」「体力」が優秀、「知識」「任務遂行」は最優秀。エリートへの道が開け、高名な楽団からの誘いもあったが、アラキが選んだのは日本の中世文学を学ぶ道だった。

カリフォルニア大学バークレー校大学院に在籍しつつ、京大などで学び、信長が舞った「幸若舞（こうわかまい）（敦盛）」を郷土芸能として残す福岡地方も訪れている。「日本人の血には何か不思議な魔力がある」。それは自身のアイデンティティーを探る歩みでもあったろう。

研究は能、文楽、芭蕉へ、現代文学へと広がる。ハワイ大学教授時代には、川端康成、井上靖らと親交を深め、井上の『天平の甍（いらか）』などの英訳も手がけている。

著者は、埋もれた資料を掘り起こし、日米各地に足を運んでいる。収容所や敗戦の日々を語れる人は少なくなったが、フットワークの良さで困難をカバーしている。「アラキの目線に沿いながら、北米移民に特化して現代史を複眼的に捉え直す試み」は、その目的を十分達成している。

日系2世の奮闘では、ハワイの志願兵たちによる「442歩兵連隊」を想起する。欧州戦線でドイツ軍と戦い、米陸軍最強とまでうたわれた。自らの血によって〈祖国〉への忠誠を明かした。本書によって収容所世代のもうひとつの航跡を知る思いがする。

ジミー・アラキとは何者だったのか。日系2世で、ジミーと離婚しつつも最期を看取（みと）ったジャネット夫人の「ロマンチスト」という言葉が印象的だ。時代が、彼をジャズと日本文学へと導いた。選択を促したのはロマン的な資質であろう。才は磨かれ、〈二つの祖国〉に恩恵をもたらした。源はともにアリゾナの砂漠に発している。

評・後藤正治（ノンフィクション作家）

あきお・さとこ　名古屋市生まれ。テレビキャスターを経てノンフィクション作家に。ジョージタウン大学大学院外交研究フェローとして米国に滞在したのを機に占領研究を始める。『ワシントンハイツ　GHQが東京に刻んだ戦後』など。

二〇一二年八月一二日②

『昆虫食文化事典』

三橋淳 著

八坂書房・五〇四〇円
ISBN9784896949971

社会

「虫を食う」人の営み 深く考察

前に本欄で書評の出た快著『「腹の虫」の研究』は観念としての虫の話だったが、こちらは本当に腹に入れる虫の話だ。ちなみに入門者には日本のバッタの佃煮（つくだに）からラオスのコオロギ炒めが個人的にはおすすめ。イモムシ系はぼくですらハードル高いっす……

閑話休題、昆虫料理の本は意外と多いが、このシリーズの前著『世界昆虫食大全』は分厚さも網羅性も群をぬく一冊だった。しかもキワもの紹介に終わらず、各地の虫の正確な同定まで行い、実用性ばかりか専門性も高かった。

が、その続編の本書はさらに踏み込み、世界各地の昆虫食の文化を扱う。料理法や味の分析だけではない。虫の捕まえ方、その職能の社会的地位、文化の基盤となる虫自体の分布や気候特性との関わりや、はては経済的な分析まで考察された本当の「事典」だ。楽しさ重視の読み物としては、同著者の『昆虫食古今東西』（オーム社）のほうがおすすめだが、深さでは本書に及ばない。各種研究論文をがっちり参照して網羅的。

その意味で本書は昆虫食を通じて人間を見返し、人間文化自体の多様性や意外性をも教えてくれる。身の回りの手軽なたんぱく源だった昆虫食も、都市化と共に廃れつつあるところも多い。その意味で、本書は失われつつある文化の記録としての面も持つ。

が、映画やマンガなどに登場する昆虫食まで網羅した、懐古趣味に留まらない広がりも本書の魅力だ。一部地域では、いまや昆虫が肉より高価な嗜好（しこう）品として養殖されている。また本書には未載のようだが、カンボジアの一部ではクモを食う。ポル・ポト時代の食糧難での苦肉の策が定着したとか。一方の欧米では、サバイバル系レジャーの一環として昆虫食が市民権を得つつあるようだ。文化も地域や時代と共に変わり、昆虫食の意味も変わる。こうした新しい動きも含めた更新版もいずれは期待したいところ。

評・山形浩生（評論家）

みつはし・じゅん　32年生まれ。著書に『昆虫学大事典』『世界昆虫食大全』など。

『ネゴシエイター　人質救出への心理戦』

ベン・ロペス 著　土屋晃、近藤隆文 訳

柏書房・二三一〇円
ISBN9784760141371　人文

交渉現場の舞台裏　迫力満点

いまや世界の成長産業とさえ揶揄（やゆ）される身代金目的の誘拐。毎年2万件以上報告されるが、当局に通報されるのは1割にすぎない。破綻（はたん）国家が急増し、経済格差が拡大するなか、誘拐は実入りのいい犯罪になっている。

人質交渉の技術と科学はニューヨーク市警を中心に1970年代から発展し、今日では誘拐を対象とした保険や人質交渉がビジネスとして隆盛している。

著者は心理学の博士号を持つプロの人質交渉人。ロンドンからカラチ、ソマリア沖の事件まで、忙しく世界を飛び回りながら、犯人に巧みな心理戦を仕掛けてゆく。

人命を託されたナマの交渉現場の舞台裏を描いた本書は迫力満点。上質の、いや究極のサスペンス・ドラマを観（み）ている気分にさせられる。

ある事件では、頭に銃を突きつけられた夫の映像に動転する妻に「心配することは何もありません」と断言する。銃を構える誘拐犯の裸足の爪先（つまさき）が丸まったからだ。これから誰かを殺害しようとする者の緊張感ではないらしい。

別の事件では、誘拐された妻の安否を気遣う夫の顔の微表情を捉える。心理学的に25分の1秒しか持続しないとされる一瞬の表情から著者は身内の関与を疑う。

経験を積むと「声のトーンやスピード、流暢（りゅうちょう）さから会話の進む方向が予測できる」ようになるという。強気だった犯人をいつの間にか懐柔し、土下座同然にしてしまう交渉術は圧巻としかいいようがない。恐ろしささえ感じる。

とはいえ、やはり著者も人の子。1本の電話回線を介しただけの緊迫した交渉現場では体が震え、ときには気が滅入（めい）る劣悪な環境で何週間も過ごさねばならない。

そんな著者が必ず現場に持参するのは何とゴム製のニワトリ！

そのわけがピンとこない方は、残念ながら、人質交渉人には不向きかもしれない。

評・渡辺靖（慶応大学教授）

Ben Lopez　職業上の理由から仮名で執筆。ロンドン在住。

『笑う親鸞　楽しい念仏、歌う説教』

伊東乾 著

河出書房新社・二一〇〇円
ISBN9784309230870

意味超えて心に届く声、響き

　自力の限界を説き、直接、民衆に語りかけた親鸞。彼は自らを「愚禿（ぐとく）」と称し、人々と同じ目線に立った。

　「愚かなハゲ」と自分のことを言える親鸞は、きっと面白い話し方をしたに違いない――。そう考えた著者は、念仏や和讃（わさん）、説教を追いかける旅に出た。

　著者が関心を持ったのは「節談説教（ふしだんせっきょう）」。僧侶がお寺で行う説教だが、堂内が爆笑の渦に包まれる。そして、漫談が佳境に入ると、突然その語りに「節」がつく。親鸞の教えの本質が、独特の節回しで語られるのだ。

　笑い話で楽しませ、人情話でホロリと泣かせ、信仰の本質が「節をかけ」て語られる。そんな節談説教を行う僧侶は、みんな魅力的な人物だ。よく笑い、よく笑わせる彼らの姿を通じて、著者は「笑う親鸞」というイメージを固めていく。

　浄土真宗は、独特の説教の世界を構築してきた。僧侶たちが目の前にした民衆は、文字を読むことがおぼつかない人々だった。そこでは経典の意味を説くことよりも、声の調子や歌の雰囲気から布教が始まった。信仰は観念としてだけでなく、場として存在する。お寺での儀礼は、エンターテインメント性を伴いながら、人々の救いの場となってきたのだ。

　言葉の意味を超えて心に届く「声」や「響き」。西洋音楽の演奏と作曲を本業とする著者は、一人の住職から「合唱曲を作ってほしい」という依頼を受ける。彼は「笑い」と「楽」のある新しい法要を作るべくプロジェクトをスタートさせた。その過程で発見したのは、伝統的な木造のお寺が、木製のヴァイオリンと同様の響きを増幅させる仕掛けになっていることだった。

　真宗説法の「音」の世界から、等身大の親鸞を想起するプロセスは圧巻だ。目を閉じると、肖像画に描かれた仏頂面の親鸞が、笑顔に変わっていた。

評・中島岳志（北海道大学准教授）

いとう・けん　65年生まれ。作曲家、指揮者。著書に『さよなら、サイレント・ネイビー』など。

『ナリワイをつくる　人生を盗まれない働き方』

伊藤洋志 著

東京書籍・一三六五円
ISBN9784487806263

就職の対極にある生き方を

　仕事に困っている人、必読である。とにかく面白いし、力が湧く。

　ナリワイとは生活そのもの、あるいはそのための仕事の意味だ。本書での定義を要約すると、時間と健康をお金に換えるのではなく、頭と体が鍛えられて技が身につき、個人でおこなえる小規模の、人生を充実させる仕事のこと、である。資本主義社会におけるゲリラ作戦、とも表現する。就職の対極にある生き方の、堂々たる提案なのだ。

　そんな仕事あるわけないと、私は思わなかった。なぜなら江戸時代の仕事の大半はそういうものだったからである。お百姓は自力で家も食べ物も衣類も調達でき、布や紙を出荷する職人兼商人でもあったし、鳶職（とびしょく）は火消しでもあり商売人でもあった。サラリーマン社会が出現したとたん、男は会社一辺倒になり、女は「専業」主婦というものをめざした。著者によると、職業の種類は大正九年に比べて十六分の一に減った。業種を絞り込んで高度成長を果たしたのである。ニートは職種の減少に適応できない人が顕在化しただけ、という説は説得力がある。

さてそこでどうするか、だ。ナリワイは一個、二個と数える。会社勤めしながら一個もつ。ひと月三万円のナリワイを十個もてばそこそこ食べられる、などと数える。著者はモンゴルに幾度も足を運ぶうちにツアーを組むようになり、床張りや木造校舎結婚式プロデュースなどを手がけている。いったん始めた仕事に執着しなくてもよい。なぜなら仕事とは就くものではなく作るものだからだ。世の中に矛盾がある限り仕事は無限にある。それを自分のナリワイにするための方法も、本書では指南している。

ハウツーものか？　と問われればそのとおりだ。ただし、今の価値観に乗るためのハウツーものではなく、未来を見据えた、思想のある批評的ハウツーものである。

評・田中優子（法政大学教授）

いとう・ひろし　79年生まれ。ベンチャー企業やフリーランス記者を経てナリワイ実践者に。

『惜櫟荘（せきれきそう）だより』

佐伯泰英 著

岩波書店・一五七五円
ISBN9784000258463／9784006022754（岩波現代文庫）

人文

修復への好奇心 細部も活写

著者は、雌伏の時期が長かったが、今や華ばなしく雄飛した。本が売れないこの時代に、同世代の作家としてまことに喜ばしいことである。

文庫書き下ろしに徹する著者は、みずからが置かれた今の状況に、複雑な感慨を漏らしている。しかし、希代の読書家であり、佐伯作品の愛読者でもあった、故児玉清氏が喝破したように、〈作家は売れてなんぼ〉である。純文学はいざ知らず、エンターテインメントに関するかぎり、この指摘は間違っていない。

熱海に仕事場を構える著者は、眼下に接する岩波家の別荘、〈惜櫟荘〉が人手に渡ると聞き、これを買い取って解体修復し、永（なが）く保存しようという、不退転の決意を固める。本書は、そのように決心するにいたった経緯、そして建築家や工務店の選定から解体、修復にいたるまでを、入念に記録したリポートである。

その作業は、日常の原稿執筆の合間に行われたはずだが、よくここまで観察したと感心するほど、細かいところまで目が行き届いている。そのあくなき好奇心は、若き日の本業だったカメラマンの血を、如実に思い起こさせる。

惜櫟荘の、解体修理の進行を通奏低音として、さまざまなエピソードが、綴（つづ）られていく。闘牛カメラマン時代に、東奔西走した古きよき時代のスペイン。堀田善衛、永川玲二との親密な交流。雌伏時代の、フラメンコ舞踊家小島章司、小林伴子らとのコラボ。島真一、磯江毅といった画家たちとの交遊。そうした、なつかしくも興味深い話が、惜櫟荘が修復されるにしたがい、その柱や壁の一部のように、織り込まれていく。

対象に注がれる鋭い眼差（まなざ）しは、一連の時代小説作品がただの量産品ではないことを、雄弁に物語っている。愛読者も、そして読んだことがない人も、本書を読めば佐伯泰英という作家を、再認識するに違いない。

評・逢坂剛（作家）

さえき・やすひで　42年生まれ。作家。『密命』『古着屋総兵衛』など。

二〇一二年八月一二日⑧

『たかが英語！』

三木谷浩史 著

講談社・一〇五〇円

ISBN9784062177634

人文

英語上達のノウハウを盛り込んだ本は世にあふれている。だが社内公用語を英語にして、その能力を出世や採用の条件にまでしてしまった企業の大実験の顛末（てんまつ）を書いた本は、おそらく初めてだ。

日本を代表するIT企業、楽天。創業社長の三木谷の目標は「世界一のインターネットサービス企業になる」。そのために2年前、社内公用語を英語にすると宣言した。

英語が苦手なほとんどの社員たちはパニックに陥る。本社界隈（かいわい）の英会話教室はすぐに満員になり、会議は議論が進まない。だが効用もあった。優秀な外国人が採用しやすくなり、海外企業の買収もうまくいくようになったのだ。

この本は、英語を学ぼうとする人々への啓蒙（けいもう）書ではないし、英語公用語化のような大胆な決断が難しいサラリーマン社長への指南書にもならない。まして日本経済復活論とも違う。あえて言えば、「世界一」をめざす経営者の、その本気度を示したマニフェストなのであろう。

評・原真人（本社編集委員）

二〇一二年八月一九日①

『文明　西洋が覇権をとれた6つの真因』

ニーアル・ファーガソン 著　仙名紀 訳

勁草書房・三四六五円

ISBN9784326248407

歴史／人文

博識満ちた語り 複眼的な視点で

かつて東洋の後塵（こうじん）を拝していた西洋は、なぜ1500年ごろから形勢を逆転できたのか。

「近代化に成功したから」「帝国主義を進めたから」といったお決まりの答えがすぐに返ってきそうだが十分とはいえない。まず先に東洋が近代化や帝国主義の牽引（けんいん）役になっていても何ら不思議ではなかったからだ。

この近現代史の壮大な謎に大胆な仮説をもって挑んだのが本書。著者はまだ40代だが、金融史や帝国論の名著を次々に世に問うているスター教授だ。論壇でも国際的な影響力を増しつつある。

古今東西の史話を自由自在に紐解（ひもと）きながら、著者は西洋の覇権を可能にした六つの〝キラーアプリケーション〟――競争、科学、所有権、医学、消費社会、労働倫理――を抽出する。

一見どれも漠然としているが、明の武将鄭和の外洋探検からジーンズの発明、欧州の世俗化に至るまで、博識に満ちた著者のスリリングな語りに誘われるうちに、その奥深い文明史的意義に目を見開かされてゆく。こうした優れたアプリをパッケージとして有していたのが西洋の強みというわけだ。

著者は西洋中心主義を一蹴するが、巷（ちまた）に溢（あふ）れる反西洋主義に迎合することも拒む。たとえば、欧州の統治が及ぶことによってアフリカの奥地で公衆衛生や平均寿命が改善されたとして「ヨーロッパ帝国は、いわば一九世紀版の国境なき医師団だった」と臆することなく評価する。リベラルを自認する著者がときに「新保守主義者」のレッテルを貼られる一因だ。

文明論というと地理的環境、親族構造、識字率、生産様式、軍事力など特定の要因を偏重した決定論に陥りがちだが、著者の複眼的視点には好感が持てる。その半面、「文明」や「西洋」という括（くく）りそのものに根本的な不安を覚えるし、キリスト教プロテスタントの影響力を過大視している印象も拭（ぬぐ）えない。

とはいえ文明を複雑系の一種として捉える著者の視点はユニークだ。小さな刺激が予期せぬ連鎖によってシステム全体を崩壊させるように、文明はゆっくりと衰亡するのではなく「突然に崩壊する」とイメージされている。

西洋から東洋へのパワー・シフトが指摘される現在、著者は西洋が自信を喪失することなく、手持ちのアプリをバージョンアップすることを提唱する。台頭著しい中国とてまだすべてのアプリを手にしたわけではないからだ。

ひるがえって日本。課題は山積し、重大な局面が続く。そうしたときだからこそ、喫緊の政策論議のみに閉じることなく、巨視的な視座から日本の過去・現在・未来を捉え直す営為を大切にしたい。

評・渡辺靖（慶応大学教授）

Niall Ferguson　64年英国グラスゴー生まれ。ハーバード大学の歴史学部およびビジネススクール教授。米国のイラク戦争や経済政策で発言し、新聞や雑誌への寄稿でも知られる。『マネーの進化史』『憎悪の世紀』など。

二〇一二年八月一九日❷

『犬はあなたをこう見ている　最新の動物行動学でわかる犬の心理』

ジョン・ブラッドショー 著　西田美緒子 訳

河出書房新社・二三一〇円
ISBN9784309252681／9784309464268(河出文庫)

科学・生物

飼う側の頑迷固陋が問われる

ペットが家族の一員とみなされるようになって、久しい。家族だからこそ、喪失のショックも深刻である。昔だってペットロスはあったが、現代ほど重大事に考えられていない。それなら私たちは、どれだけペットの心を理解しているだろうか。たとえば、犬。

犬は狼（おおかみ）の子孫だから、群れの習性を持つ、と教えられてきた。群れには統率者がいる。犬のしつけには、リーダーの役割が必要とされた。犬は家族の誰が支配者か、ぬけめなく観察している。ひそかに序列さえつけている。飼いぬしをかむ犬は、自分こそリーダー、と威嚇しているのだ。

飼いぬしより先に、食事をさせてはならぬ。決して、犬に弱みを見せたり、へつらってはいけない。良いことをしたらほめ、悪いことをしたら体罰を与える。その他。

犬のしつけはこうあるべきだと思い、少なくとも評者はそのようにしてきた。大抵の犬の本に如上（じょじょう）の事柄が記されていたからである。

本書の著者は、その認識の多くが誤っている、と主張する。犬の祖先が狼であるには違いないが、狼の性質を犬のしつけに応用するのは間違っている。犬はイヌ科の動物であって、一番近い親戚が狼と考えた方がよい。

これは言われてみて、なるほどと思ったのだが、人間が狼を飼いならして犬にした。その草創期は成長した狼を訓育したのでなく、当たり前のことだが、赤ん坊の狼がかわいいからペットとして育てたのである。どんな獣も最初から凶暴ではない。犬のしつけも生後三カ月から四カ月の間に行うことが肝要、という。犬が人間になつくのは、仔犬（こいぬ）の頃に優しい人間に出会った時に限られる、という（これは人間だって同じだ）。本書の教えがすべての犬に通じるわけではない。犬にも個性がある。むしろ、画一的な見方や考え方は避けよ、という一つの教訓だろう。犬を飼う側の頑迷固陋（がんめいころう）が、問われているのだ。

評・出久根達郎（作家）

John Bradshaw　英国ブリストル大学獣医学部の客員研究員。

二〇一二年八月一九日③

『世界が土曜の夜の夢なら　ヤンキーと精神分析』

斎藤環 著

角川書店・一七八五円
ISBN9784041101162／9784041031643(角川文庫)

ノンフィクション・評伝

悪趣味に潜むふるまいの原型

「なんちゅうても、まっ先に来てくれたのは金髪のにいちゃんらやった」。神戸の震災のときに地の人から聴いた言葉である。地べた座りや車の爆音に閉口していたはずなのに、このとき感じた妙な安堵（あんど）感。それが何かが、17年後この本を読んで腑（ふ）に落ちた。

天皇陛下即位の周年祭典やNHK紅白歌合戦などの国民的行事に、なぜヤンキー系の歌手が活躍するのか。お笑いからポップスまでテレビ界を席巻するのがヤンキー的な美意識であるのはなぜか。ひきこもりから現代美術やおたく文化まで、つねにたましいの〈曲折〉と〈逸脱〉の光景に寄り添ってきた精神科医が、ここでは、かくも国民に浸透しているヤンキー的なものへの欲望を診断する。

リーゼントをはじめとするぎんぎらぎんの身なり、ファンシーグッズや光り物溢（あふ）れる改造ワゴン車……。目立ち、気合を入れ、突っ張り、なめられないことをめざしているうち、とんでもないキテレツへと変容してしまうそのバッドテイスト（悪趣味）と、ヤンキー独特の現実・地元・つながり志向とを仔細（しさい）に追ってゆくうち、著者はこの国の「一般人」のふるまいの原型ともいえるものに突き当たる。

その眼（め）に映るのは、脈絡を無視して人の「生きざま」（キャラ）にかぶれる心根であり、しるし（コピーやパロディ）がいつのまにか本質にすり替わり、シャレとマジの区別もつかなくなる空虚な様式性であり、母娘の関係性にも似たアメリカなるものの屈折した投影である。

その「空虚」をさえ暴かねばどんな形式にもなじむことができるという特性のなかで、若者の反社会性は、芽生えればすぐヤンキー文化に回収され、家族や仲間とのつながりを愛（め）でる保守へと「成熟」してゆく。われわれは無自覚なままに「かくも巧妙な治安システム」を手にしていたのだ、というのが最後に記される苦い認識である。

評・鷲田清一（大谷大学教授）

さいとう・たまき　61年生まれ。精神科医。専門は思春期・青年期の精神病理学。

二〇一二年八月一九日④

『作家魂に触れた』

高橋一清 著

青志社・一六八〇円
ISBN9784905042488

ノンフィクション・評伝

コアを持つ「文士」の精神愛した

一清（いっせい）さんと呼ばれていた著者は、「文学界」「別冊文芸春秋」「オール読物」など、編集者生活のほとんどを文芸誌で過ごした編集者である。水上勉、大庭みな子、立松和平……など担当した作家たちとの交流録であるから、遅筆作家との虚々実々の渡り合いはもちろん登場する。

最たるは井上ひさし。原稿に行き詰まると、頻繁にファクスが入る。夕刻、深夜、明け方……。言い訳の弁であるが、結構、長文でウイットが利いている。「お便りごっこ」を楽しんでいる風でもある。縷々（るる）弁解する暇があったら原稿を書け！　と一清さんに成り代わって言いたくなるのであるが、新しい夫人が産気づいたのでという一文、びっくり仰天する。

すかさず、原稿を「男の約束です」とネン押ししつつ、別稿で「初めて男児の父になられた思い、いま新しい命に出会っての感慨をそのまま綴（つづ）って欲しいのです」と打ち返す編集者であった。

まずは面白交流模様を記しつつ、主題は別

にある。北国に寺久保友哉という純文学作家がいた。同人誌で見出（みいだ）し、サポートを行い、芥川賞の候補作となること4度。ついに受賞には至らないままに亡くなる。支笏湖の畔（ほとり）でゲラに手を入れ、別れた日もあった。そのとき手にした紅葉の一枚を、退社するまで机のガラス盤に挟んでいたとある。

「覚悟」「羞恥心（しゅうちしん）」「官能」「描写」「深度」「一つの歌」……作家たちはそれぞれ「文業の根源」をもっていた。高橋一清は書き手のコアにあるものを凝視し、それがなんであれコアをもつ「文士」たちの精神を愛した。だからゆえに優れた編集者となり得たのだろう。

ラスト、〈「文の力」「言葉の力」は、計り知れない。それを信じて、この仕事を続け、そして、作家魂に触れることができた〉と記している。そう、言葉の力を信じたいと評者も思う。

評・後藤正治（ノンフィクション作家）

たかはし・かずきよ　44年生まれ。文芸春秋を2005年に退社。『編集者魂』など。

『宇宙怪人しまりす　医療統計を学ぶ　検定の巻』

佐藤俊哉 著

岩波科学ライブラリー・一二六〇円

ISBN9784000295949

医学・福祉

医療での因果関係追究に必須

宇宙怪人しまりすは、京都大学医療統計学教室に留学中。圧倒的科学力を誇るりすりす星出身で、戦争ばかりしている地球を征服して平和にしようと来訪した。ところが平和なりすりす星には、風邪や腹痛くらいしか病気がなく、医療統計や疫学の知識が遅れている。征服しても地球人の健康を守ることができない！　しまりすの勉強の日々が始まった……という人を食った設定の統計学入門物語。

医療の世界で統計学がいかに大切か。新しい薬が効くか効かないかを判定するのはもちろん、今、臨床で標準となっている「科学的根拠に基づいた医療」の根幹をなす。密接な関係にある疫学とともに、医療における因果関係を追究するために必須といえる。

シリーズ2巻目の本書のテーマは「検定」だ。観察された現象が、実際にどれだけ確からしいかその程度を推定するとても大事な方法だが、誤解も多い。物語では、地球の風邪薬ヨクナールが、りすにも効くかどうか確かめる。一見効果がありそうでも、検定で「有意でない」（効果ありと断言できない）となることもあるし、有意でなくとも捨て置けない場合もあるという、複雑なさじ加減を理解する。

研究を歪（ゆが）める様々なバイアス（偏り）についても語られる。計画段階から被験者や環境の偏りを排しておかないと結果が変になる。しかし一見バイアスのようで結果を歪めない「偏りのない誤分類」もあり、そこも押さえておきたい……等々、話題はつきない。

なお本書を紹介すると必然的に前作の併読を奨（すす）めることになる。例えば「喫煙者が減ってもがんは増加」と主張する人は、前作で「年齢調整」という概念を知るべきだ。がんは高齢者ほど多く人々の寿命が延びると増える。それを織り込んで評価する基本を知らないと困ったことになる。

しまりすと楽しく学ぶ医療統計は、現実世界を生きるための知識という力となる。

評・川端裕人（作家）

さとう・としや　59年生まれ。京都大学大学院教授（医療統計学）。

二〇一二年八月一九日⑥

『定義集』

大江健三郎 著

朝日新聞出版・一六八〇円
ISBN9784022508102／9784022648334（朝日文庫）

ノンフィクション・評伝

素人にしか知り得ない未来

『「伝える言葉」プラス』についで、朝日新聞紙上での著者の連載がまとまった。

そこには中野重治や井上ひさし、多田富雄やバルガス・リョサなど、様々な他者の言葉が引用され、意味や用法が〝定義〟されている。

六年にわたる連載の間、著者はかつての長編エッセイ『沖縄ノート』の記述をめぐって、それが名誉毀損（きそん）にあたるか否かを法廷で争わざるを得なかったわけだが、その折々の主張の核心を読むことも本書の意義であろう。

だが、長年の読者である私にとって何よりも特徴的なのはまず、このエッセイ集が徹底して〝若い人たち〟に向けられていることである。

「十五年後が生の盛りの、若い人たちに問いかけます」「漢語に慣れていない若い人のためにいえば」など、大江賞の創設も含め、著者は新世代に直接働きかけ、言葉を受け渡していく決意の中にいる。

もうひとつ重要なのは、本書にちりばめられた「アマチュア」という単語で、著者は自分を「アマチュアの読書家」と定義し、「アマチュアとしての知識人」を評価する。

以前から著者は、〝信仰を持たないが、祈りのようなものを持つ〟と発言し、宗教家のようにいわば専門的な存在とは異なると自己規定してきた。

アマチュアであること。それは不安定を選び続け、権威から離れ続け、しかし同時に弱い立場からプロフェッショナルに違和を唱える立場と言えるだろう。

その意味では、作家とはいかなる存在であるべきかが、本書には明確に〝定義〟されている。常に素人として、時にプロ以上に調べ、誰よりも想像力を働かせる人間。

連載時に原発事故が起こった。著者は大規模なデモを呼びかけ、核時代を批判している。原子力技術者や経済団体のプロからすれば、我々は素人である。だが、素人にしか知り得ない未来が確かにある、と著者は本書で示している。

評・いとうせいこう（作家・クリエーター）

おおえ・けんざぶろう　35年生まれ。作家。94年にノーベル文学賞を受賞。

二〇一二年八月一九日⑦

『家族進化論』

山極寿一 著

東京大学出版会・三三六〇円
ISBN9784130633321

人文／科学・生物

気宇壮大な本である。霊長類研究の第一人者である著者が、日本における研究の蓄積や最新の成果を踏まえつつ、霊長類の社会における「家族」の萌芽（ほうが）について、食生活や性行動、育児の仕方などの観点から論じている。これが横軸とすれば、何百万年にもわたる猿と原人の進化の各段階が縦軸。家族の発生の過程に光を当てる。

一口に猿といっても、生活環境によって生態もさまざまであり、生殖に関しても近親相姦（そうかん）を回避するものとそうでないもの、単独行動や乱婚やハーレム状態など、多種多様らしい。類人猿の授乳期間の長さや出産間隔の大きさに驚かされた。自分以外の雄が生ませた赤ん坊を殺してしまうゴリラの話や、群れに定着するために育児に参加するイクメン（イクザル？）の話も興味深い。コミュニケーション手段として言葉以前に音楽があったという指摘も印象的。

家族制度が崩壊しかけている現代の人間社会にまで目配りのきいた内容の濃い一冊。

評・松永美穂（早稲田大学教授）

二〇一二年八月一九日❽

『工学部ヒラノ教授の事件ファイル』

今野浩 著
新潮社・一五七五円
ISBN9784103147633／9784101251622（新潮文庫）

ノンフィクション・評伝

前著「工学部ヒラノ教授」で技術立国・日本を支える大学教授らの表の世界を書いた著者が、こんどは横領やパワハラ、セクハラのような犯罪まがいの裏の生態も描く。

まじめで働き者の工学部の研究者たち。大きな悩みは慢性的な研究費不足だ。だからお金には渋く、弱い。ケガで海外出張に行けず、狭い公務員住宅に1週間隠れて旅費を着服したり、寄付金めあてに出来の悪い留学生に修士号も出したりする。

不正を白状するヒラノ教授とはもちろん著者本人だ。「現役時代には書けなかった」というが、退職後にしてもここまで大学の実態を正直に告白した勇気はすごい。

舞台は著者が歩んだ東京工大や筑波大、中央大、米パデュー大など有名大学ばかり。登場人物には仮名も混じるが「97％は真実」とか。

新聞をにぎわす大学教授らの不正事件が頻発する土壌や、科学大国をめざす日本の最高学府のお寒い実情が、この本でよく分かる。

評・原真人（本社編集委員）

二〇一二年八月二六日❶

『核エネルギー言説の戦後史1945－1960 「被爆の記憶」と「原子力の夢」』

山本昭宏 著
人文書院・二五二〇円
ISBN9784409240946

科学・生物

軍事・平和利用 互いの機動力に

戦後日本は、広島・長崎への原子爆弾投下の経験から、原子力への恐れと平和の願いを抱いてきたはずだった。しかし、被爆の記憶は原子力の夢へと接続する。この逆説は一体、どのようにして成立したのか。

終戦直後、日本の知識人は原爆を唯一保有するアメリカによる平和を期待した。アメリカが世界の警察の役割を担い、戦争を克服するというヴィジョンは世界連邦構想と連動していた。背景には、「世界政府」の必要性を訴えたアインシュタインの影響があった。

人々は様々な希望を原子爆弾に仮託していった。その中心は、「豊かさ」実現のための核エネルギーというものだった。「原子力の平和利用」という考えを推進したのは湯川秀樹だった。1949年11月、湯川がノーベル賞を受賞すると日本国内は沸きたち、彼が唱えた原子力の善用というパラダイムが浸透する。

しかし、この頃から原爆の軍事利用への批判的言説が高まった。ソ連の原爆保有が公開され、アメリカの核兵器独占が崩れると、原爆による平和という構想は瓦解（がかい）した。1950年には朝鮮戦争が勃発。トルーマン大統領が、原爆使用もあり得ると発言したことで、原子兵器全面禁止を主張する平和運動が高揚した。

しかし、この流れは「原子力の夢」を逆に加速させた。言論界では原子力の軍事利用への批判が高まる一方で、原子力の平和利用への希望が語られた。この両者は矛盾として並列していたのではなく、「互いが互いの機動力」となって展開していった。

1954年には第五福竜丸事件が起こった。事件を報じた『読売新聞』は、「恐ろしいもの」を「すばらしいもの」に転化しようと訴え、「原子力の夢」を語った。事件の地元・焼津市議会は声明を決議したが、その中には「原子力を兵器として使用することの禁止」と共に「原子力の平和利用」が掲げられた。原水爆禁止署名運動も原子力の平和利用を歓迎し、「原子力の夢」の膨張を後押しした。

1955年に成立した第三次鳩山内閣では、正力松太郎が原子力担当大臣に就任。以降、国家による核エネルギー研究開発体制が確立していく。1956年に原子力研究所の予定地が東海村に決定すると、水戸市内では「原子力ようかん」が発売され、観光客が殺到する「東海村ブーム」が起こった。

戦後の日本人は被爆の記憶とともに、原子力の夢を抱きしめた。この進歩と成長という戦後的パラダイムを超克しない限り、脱原発の未来を手繰り寄せることはできないだろう。将来を見つめるための足場となる重要な一冊だ。

評・中島岳志（北海道大学准教授）

やまもと・あきひろ　84年生まれ。日本学術振興会特別研究員、京都大・立命館大非常勤講師（現代文化学、メディア文化史）。論文に「『夕凪の街　桜の国』と被爆の記憶」「科学雑誌は核エネルギーを如何に語ったか」など。

二〇一二年八月二六日❷

『気象を操作したいと願った人間の歴史』

J・R・フレミング 著　鬼澤忍 訳

紀伊國屋書店・三三六〇円

ISBN9784314010924　アート・ファッション・芸能

大きすぎる工学に歴史の教訓

著者は雲物理の研究歴があり、気象改変の歴史研究を専門にする科学史家。先住民の雨乞いから始まり、19世紀の大砲を使った降雨技術、各種化学物質を蒸散させる方法、更には20世紀、飛行機で粒子を播（ま）く人工降雨や大気圏遥（はる）か上空で水爆を爆発させる実験まで！　天候改変の試みの歴史書としてまずは興味深い。

その上で現在地球工学と呼ばれる地球規模の気象改変構想に切り込む。例えば「温暖化」に対抗するため、宇宙に鏡を打ち上げ「日傘」にする。硫酸塩を高層大気に散布し太陽光を反射させる。海で藻を大発生させ二酸化炭素を取り込む。結果、空に影ができ、空が白くなり、海がどろっとした緑になるかもしれないが。

これらの構想には、ある種現実離れした滑稽さを感じないだろうか。しかし気候変動への積極策としてこの手の議論は今後増えそうだ。著者は「歴史の前例とは無縁だと思い込んでいる」地球工学者にこそ「歴史的前例」が必要という。なぜなら連綿たる気象改変の歴史は、つまるところそれが単純ではなく、想定通り目標が達成されるのは希（まれ）だし、思わぬ副作用を伴う可能性を示して余りあるからだ。

ノーベル賞学者ラングミュアの挿話が象徴的だ。「病的科学」の概念を提唱した本人が、後半生、自ら病的科学者になった。ハリケーンの進路を変えられると信じ、統計学的に否定されても自説を曲げなかった。彼はおそらく間違っていたが、もし正しかったとしても、人工的にねじ曲げたハリケーンの行き先の都市や国には当然責任が生じる。「病的科学だけでもやっかいだが、病的エンジニアリングは実際に大災害を生み出してしまう」と著者はいう。

大きすぎる工学は思わぬ所で破綻（はたん）する可能性がある。原発事故を経験した我々はすんなり理解できるだろう。十分な謙虚さと畏怖（いふ）を持ちつつ効果的で公正な解決を実現できるか。歴史を通じ問いかける。

評・川端裕人（作家）

James Rodger Fleming　米国コルビー・カレッジ教授（科学技術史）。

二〇一二年八月二六日❸

『韓国 民主化2.0 「二〇一三年体制」を構想する』

白楽晴 著 青柳純一 訳

岩波書店・三六七五円
ISBN9784000258494

政治／社会

分断体制をどう克服するのか

竹島（韓国名・独島〈トクト〉）訪問や天皇陛下への謝罪要求など、韓国大統領の言動が波紋を投じているが、その歴史的かつ構造的な背景を知るためには韓国の置かれた分断体制を知ることが不可欠だ。

本書は、まさしくその分断体制を韓国の民主化の進展とともに理解し、その克服に向けた包括的な指針を提示する、韓国の代表的な知識人による論文・講演集である。

著者によれば、分断体制は、休戦協定によって定まり、軍事独裁に終止符を打った1987年の民主化勝利によって動揺期に入り、そして2000年の南北首脳会談による「6・15共同宣言」でその解体期に突入したことになる。

だが、著者の見立てでは2000年以降も、韓国はまだ「民主化1.0」の段階に留（とど）まっていることになる。なぜなら、韓国内の民主化の深化と「朝鮮半島式統一」への展望との不可分な関係について広範な合意が成り立っていないからである。この場合の「朝鮮半島式統一」とは、武力統一型のベトナム式とも、吸収統一型ドイツ式とも、また内戦型のイエメン式とも異なる、朝鮮半島の分断体制の実情に即した漸進的変革と和解、協力による市民参加型統一を指し示している。

この統一へのプロセスの現実的な担保になるのが、「6・15共同宣言」の第二項で合意された南北連合である。

本書が主唱する韓国における「2013年体制」とは、このような分断体制の克服と連動する民主的な福祉体制としての市民社会の拡大強化を意味しており、「市民参加型統一」は、そのような民主化の進化と密接不可分に結びついているのである。著者が「民主化2.0」と呼ぶゆえんである。この民主化のバージョン・アップに向けて果たして今年末の大統領選挙で野党統一候補が勝利を収めるかどうか、予断を許さないが、韓国内のひとつの有力な論調として注目したい。

評・姜尚中（東京大学教授）

ペク・ナクチョン ソウル大学名誉教授。邦訳書に『朝鮮半島の平和と統一』。

二〇一二年八月二六日❹

『天皇と戦争と歴史家』

今谷明 著

洋泉社・三三六〇円
ISBN9784862489463

ノンフィクション・評伝

皇国史観から自由になれたか

近代日本の歴史家たちは、「天皇」や「戦争」とどう向き合ったのか。

『室町の王権』『信長と天皇』などの著書で知られる日本中世史の専門家が、そうした視点から「皇国史観」の平泉澄（きよし）をはじめ、喜田（きた）貞吉、林屋辰三郎、石母田正ら著名な歴史家の人と学問を描き出す。

なかで興味深かったのは、「権門体制論」の成立をめぐる議論だ。

日本中世の国家体制は、天皇家、公家、大寺社、武家（幕府）などの勢力が競合対立しつつも、相互補完的に構成していた、とみるのが「権門体制論」だ。国史大辞典（吉川弘文館）も岩波日本史辞典も、歴史学者の黒田俊雄（1926～93）が63年に提唱したと記している。

この通説に本書は異議を唱える。権門体制論の骨格部分は、平泉の『中世に於（お）ける社寺と社会との関係』（26年刊）ですでに提示されていた。黒田はそれを下敷きにしながら、平泉の著作からの引用をあえて避けて、自らの論文に仕立てたのではないか、と著者はみる。

ただし、問題は黒田より、「当時の学界全体がそうした黒田の行論を看過し黙認した、その事実である」と著者は指摘する。皇国史観を忌避するあまり、平泉の実証主義的な学説を、平泉個人から切り離して学説として尊重する姿勢を拒むなら、「われわれはまだ『皇国史観』の亡霊から自由になっていない、ということではないだろうか」と。

このほか、「戦時下、歴史家はどう行動したのか」と題する論文や、歴史家を東西（東大と京大）に分けて論じた「西日本と東日本では、どうして歴史観が違うのか」、さらに「網野善彦は戦後歴史研究とどう対峙（たいじ）したのか」などの論文を収録。いずれも、学問上の立場を越えた先学への敬意が行間ににじむ。願わくば、歴史家たちの面貌（めんぼう）（顔写真）にもふれたかった。

評・上丸洋一（本社編集委員）

いまたに・あきら　42年生まれ。帝京大学教授。著書に『象徴天皇の源流』など。

二〇一二年八月二六日⑤

『新しい刑務所のかたち　未来を切り拓くPFI刑務所の挑戦』

西田博 著

小学館集英社プロダクション・一八九〇円
ISBN9784796871105

社会

民間の創意で「塀の中」変革

十年以上前、本書のテーマとなる、公共施設の整備運営を民間に任せるプライベート・ファイナンス・イニシアチブ（PFI）制度の海外事例を調べたことがある。単なる民間事業委託ではない。事業の自由度を高め、民間の創意工夫の活用で、低コスト高サービスの提供がPFIの真骨頂だ。前例主義や形式主義、事なかれ主義のお役所がそうした自由度を容認するかが課題の一つとなる。

そんな自由度の最もなさそうな刑務所で、この制度が導入されたのがまず驚きだ。

だがそれは、うれしい驚きではあった。著者はこのPFI制度の導入を機会に、刑務所自体の大幅な改革を実施する。閉ざされた「塀の中」ではない、開かれたコミュニティー刑務所の取り組みだ。社会に刑務所を開き、その活動を知ってもらうことで、迷惑施設にとどまらない意義（と税収）を持たせる一方で、受刑者の人格を尊重し、生産活動参加を通じた更生支援を強化した、社会復帰促進センターとしての刑務所を著者は見事に実現したという。

欲を言うなら、事業面についてはもっと知りたい。国がやるより安あがりにできたのか？　パフォーマンス指標などは？　他の事例でも参考にしたいところだ。今後の公共インフラの整備運営危機については、本欄でとりあげた根本祐二『朽ちるインフラ』などが指摘した通り。そうしたインフラの一部でもこれだけの工夫が実現すれば、問題の相当部分は解決しそうだ。

だがPFIという制度だけで勝手に改革が実現するという甘い話ではない。PFI導入を口実に、著者は特に公共側の刑務所観変革をも促す。成功の鍵は、PFIよりもその部分にありそうだ。それに読者にも、刑務所の実態と今後のあり方を大いに考えさせる。実用書ながら、制度のアンチョコにとどまらず、法執行やインフラの未来など視野の広がる一冊だ。

評・山形浩生（評論家）

にしだ・ひろし　54年生まれ。法務省大臣官房審議官。

二〇一二年八月二六日❻

『わたしがいなかった街で』

柴崎友香 著

新潮社・一四七〇円

ISBN9784103018322／9784101376424（新潮文庫） 文芸

「いま、ここ」で感じる不思議さ

主人公の砂羽は、大阪出身の30代半ばのバツイチ女性。東京の世田谷に暮らし、小さな会社に非正規社員として勤めている。家に戻れば、ユーゴやイラクなど世界の戦争や紛争を扱ったドキュメンタリーをテレビで見る彼女は、人づきあいが苦手で、周囲からは変わった人だと思われている。

小説を読むとき、我々は主人公の視点から世界を眺めるものだが、本作を読んでいると、だんだん居心地が悪くなってくる。砂羽の物の見方がヘンだから？　いやむしろ、彼女が現実に対して感じているズレを我々自身が少なからず共有していることに気づいてしまうからなのだ。

砂羽には広島で1945年の6月まで働いていた祖父がいた。もし彼が8月までそこにいたとしたら、彼女はいま存在していただろうか？　受験生のころ見ていたテレビには、ユーゴの内戦が映し出されていた。日々歩く世田谷の街もかつて空襲で焼かれた。同じ〈いま〉に、心地よい〈ここ〉と流血の〈あそこ〉が、同じ〈ここ〉に平和な〈いま〉と地獄の〈あのとき〉が矛盾もなく含まれることの不思議さ、〈いま、ここ〉でただ傍観しているだけの罪悪感。

そんなのは遠い土地の他者を思いやる自分に陶酔しているだけだ。己の〈いま、ここ〉を全力で真剣に生きよ。健全な常識はそう命じる。

だがそれが難しい。〈文学〉が想像力によって、一時（ひととき）であれ我々を〈いま、ここ〉から解放する手段だったとしたら、我々の生きる〈いま、ここ〉は、ネットやスマホによってボタン一つで到来する無数の〈別の〉現実に絶えず侵食され、タッチパネルとは言うが、他者に〈触れる〉ことがますます困難になっている。〈文学〉に分の悪いこの時代に、文学的表現によって応答するこの小説は、まさに〈いま〉だから書かれなければならなかった傑作である。

評・小野正嗣（作家・明治学院大学専任講師）

しばさき・ともか　73年生まれ。作家。10年に『寝ても覚めても』で野間文芸新人賞。

二〇一二年八月二六日❼

『カーボン・アスリート　美しい義足に描く夢』

山中俊治 著

白水社・一六八〇円

ISBN9784560082188 人文

ロンドン・オリンピックの陸上男子四百メートルに、初の義足アスリートが登場し話題になった。スキー板に似た、カーボン繊維製の義足は加速装置か否か。スポーツ仲裁裁判所は、証明不備の現段階では健常者の走る国際大会への参加を認めた。切断者が（本書で知ったのだが、これ医学用語という）、健常者と同じ土俵でタイムを競う。画期的な事である。

改札機のカード読み取り部分に携わった製品デザイナーの著者は、人とモノとの密接な関わりの、スポーツ用義足の開発に情熱を注ぐ。障害者のスポーツ大会は客が少ない。デザインによって衆目を集め、かつ選手を奮起させられないものか。機能と、見た目の美。走行中の義足は、瞬間的にその人の体重の倍以上の力が加わる。折れたら危険だ。

著者は学生たちと共に、試行錯誤しながら研究に励む。そのプロセスが感動的につづられる。成果やいかに。二十九日から始まるロンドン・パラリンピックで披露される。

評・出久根達郎（作家）

二〇一二年八月二六日⑧　経済

『なぜ、1%が金持ちで、99%が貧乏になるのか?』

ピーター・ストーカー 著　北村京子 訳

作品社・二三一〇円
ISBN9784861823879

難解な専門用語が飛び交う金融は、専門家たちにまかせておけばいい世界だった。きっと彼らがうまくやってくれる、と人々は信じていた。それは甘すぎる期待だった。

2008年のリーマン・ショックのあと、世界中の人々が目の当たりにしたのは巨大金融機関の身勝手な姿だ。預金者や個人投資家ら「99%の人々」にとてつもないリスクを負わせ、法外な利益を得る。経営に失敗すると、自分たちだけは税金で救済してもらう、というように。

本書は、その理不尽な状況を変えるために何が必要か、それはなぜなのかを、99%の人々に訴える書だ。難解な金融専門用語のやさしい解説や、駆け足でたどる金融史はそのための準備である。

そして最終章で、大きくなりすぎた銀行は解体せよ、あやしげなデリバティブ取引は禁じろ、タックスヘイブン(租税回避地)は閉鎖せよ、などと訴える。過激なアイデアも、現実の前では至極まっとうな提言と読める。

評・原真人(本社編集委員)

二〇一二年九月二日①　人文

『寅さんとイエス』

米田彰男 著

筑摩選書・一七八五円
ISBN9784480015457

実は意外と似ています

「男はつらいよ」をわれわれはどう見たか。僕は登場人物や事物をユングの元型の考え方に当てはめて見ていた。トリックスター、太母、老賢人、アニマ、アニムス、ペルソナ、影、死などの元型が人物に付与されることで個々の性質の説明がついたものだ。毎回、寅さんが見る夢を人類の普遍的神話と勝手に解してユング的世界観で寅さん映画を堪能していました。

ところが、そんな寅さんと実はイエスが類似していると、映画と聖書を比較しながら具体的に実例をあげて神父さんが解明していく書籍に出会った。寅さんもイエスも故郷を捨てた風天である。風天は徹底的に「暇を生き抜く」自由人であるが、女性には触れない。「情欲をもって女を見る者は心の中で姦淫(かんいん)したも同然」(マタイ伝五章)となかなか手厳しい。「男はつらいよ」の最終回で寅さんはリリーさんの肩を抱こうとして肩すかしを食う。姦淫未遂に終わる寅さん? とはいうもののイエスも色気があったと言う。いずれにしても両者とも「野生の革命家」かつトリックスターである。

本書の四章で著者はユーモアについて興味深い考察を展開する。寅さんはユーモアが服を着て歩いているようなものだが、イエスは真逆(まぎゃく)の堅物人間かと思いきや実際はユーモア人間で、絶望の底で苦悩する人々をユーモアで救う道化を演じ、自己を無化し、回心に導いたと著者は言う。

ここで提案。両者がそんなに類似しているのなら、2人のキャラを交換したらどうだろう。寅さんをイエスそっくりにし、話の内容はいつも通りだが、話術はイエスの口調で。またイエスには寅さんばりの下町言葉で民衆相手に説教を。2人とも型破りの生き方を示してきただけに、聖書に面白く書かれ、寅さんイエスは宗教を超えた新しい時代の芸術として人間回復をモットーにした創造的社会を提示する、と夢・幻・現の中で僕は本書を静かに閉じた。

評・横尾忠則(美術家)

よねだ・あきお 47年生まれ。神父として、かつて東京都江東区にあった「蟻(あり)の町」で働いたことがある。現在はカトリック司祭、清泉女子大教授。著書に『神と人との記憶　ミサの根源』など。

二〇一二年九月二日②

『世にも奇妙な人体実験の歴史』

トレヴァー・ノートン 著　赤根洋子 訳
文芸春秋・一八九〇円
ISBN9784163754406／9784167907396(文春文庫)
科学・生物

悲惨でも 人類の幸福のために

ピロリ菌、という名称を私たちが耳にしたのは、そんなに昔のことではない。十二指腸や胃の潰瘍（かいよう）の元凶とされる細菌である。酸性の強い胃の中で生きられるはずがない、と言われていた。潰瘍の原因はストレスや喫煙や誤った食生活や酒だとされてきた。

オーストラリアのバリー・マーシャルとロビン・ウォレンは共同で研究し、ピロリ菌を発見、これが潰瘍に関与しているのでは、と疑った。マーシャルは自らピロリ菌を飲んで確かめた。案の定だった。ピロリ菌を除去すれば快癒することを証明したが、一般の病院で治療が行われるようになったのは、マーシャルの実験から十三年後である。彼らは二〇〇五年にノーベル賞を授与された。

マーシャルの「人体実験」は報われたからいい。病原菌の発見、あるいは治療法を探るため、自らの体を使って試験したあげく、命を失う医師は数えきれないほどいた。

放射能の名づけ親のキュリー夫人や、娘のイレーヌとその夫はノーベル賞の受賞者だが、研究対象による放射性物質に冒された。これだって、自らを犠牲にした尊い人体実験、といえなくもない。

現代の医療ではカテーテルが当たり前に使われているが、心臓カテーテル法は、フォルスマンという外科医が自分の腕の血管を切開し、カテーテルを挿入、レントゲン室で鏡を見ながら心臓まで導いた自己実験のたまものだった。しかし彼は奇人扱いされた。

本書には、さまざまな人体実験の実例が示されている。医学に限らない。漂流者が生きのびるための実験や、水深一万メートルの潜水探検、あるいは成層圏への気球飛行、人食い鮫（ざめ）撃退法など、悲惨な例ばかりだが不思議に不快でない。どんなに突拍子もない実験でも、人類の幸福の為（ため）にという大義名分があるからだろう。軽妙な訳文が読みやすく、仲野徹の解説も要領よく秀逸である。

評・出久根達郎（作家）

Trevor Norton　英国リバプール大学名誉教授（海洋生物学）。

二〇一二年九月二日③

『トマス・グラバーの生涯　大英帝国の周縁にて』

マイケル・ガーデナ 著
村里好俊、杉浦裕子 訳
岩波書店・三八八五円
ISBN9784000258487
ノンフィクション・評伝

「外人」であり続けた近代商人

幕末・明治に武器商人から企業家そして外交官の役割まで果たしたグラバーだが、英国では権威ある日本史書に一切言及されていないという。

しかし彼は、故郷スコットランドのアバディーンで日本向けの軍艦を次々に建造させ、長州や薩摩の英国留学を助けて実家にまで住まわせるなど、スコットランドと日本を強く結びつけた。灯台建設では、その仕事を同郷のスティーブンソン家に依頼し、『宝島』の作者R・L・スティーブンソンが吉田松陰に関心をもつきっかけをも作った重要人物なのだ。

同郷人である著者は、彼が大英帝国の「周縁」たるスコットランド人だった事情がそこに絡んでいると、力説する。しかも日本とスコットランドの立場は似ている。ともに大英帝国の産業力や教育制度の有効性に学ぶ一方、精神的には英国と距離を置き独自性を保とうとしたからである。日本の近代化に協力しながら、「外人」であり続けたグラバーの二面性に、著者は大きな関心を向けるのだ。

それにしても直截（ちょくせつ）で個性的な書きっぷりの本である。グラバーを違法すれすれの不良外国商人と呼び、佐幕派と勤皇派の戦いを「天皇への忠誠競（くら）べ」と喝破し、終（しま）いには『ラスト・サムライ』や『スター・ウォーズ』のキャラクターまでが引き合いに出されるのだ。テーマの絞り方も個性的で、炭鉱経営に失敗し破産した時期の生活、多数いた兄弟姉妹との関係、また彼が育て上げた横浜の国産ビール会社については、その「キリン」マークの由来に関する秘話にまで及ぶ。

だが「伝説破り」の非情な筆は、周縁に活動の場を据えた人物としての悲哀をも浮かび上がらせる。海外に飛躍したグラバー家で子を成した人は誰も故郷に戻らず、その子孫たちが日本やアメリカでスパイ視され、出自を隠さなくては生きられなかったとする結末には、無常観があった。

評・荒俣宏（作家）

Michael Gardiner 70年生まれ。英ウォリック大教授。

二〇一二年九月二日④

『ぼくらは都市を愛していた』

神林長平 著

朝日新聞出版・一八九〇円
ISBN9784022508959／9784022647627（朝日文庫）文芸

「言語」を通して現実を問う物語

デジタルデータのみを破壊する原因不明の「情報震」。それにより世界が混乱に陥り、人類滅亡の危機に瀕（ひん）する悪夢的近未来と、今と大きく変わらない東京、二つの舞台で物語が進行する。

語り手の一人である双子の姉ミウは、日本情報軍観測部隊長であり、「情報震」で無人化した東京に入り込む。そこで、記憶に異常をきたし（人間の脳の働きも突き詰めればデジタルだ）、部下とも接触を失い孤立する。

一見平穏なもう一つの世界で、弟のカイムは、勤務する公安警察上層部の意向で腹部に人工神経網を植え付けられ、疑似的なテレパシー能力を与えられる。仲間同士「腹を読める」だけでなく電脳ネットワークとも接触できるちょっとした超能力だ。ある殺人事件に際し、自分が犯人で同僚女性が被害者だと確信するのだが、自分にはアリバイがあり、同僚も目の前で生きているという不条理に晒（さら）される。

姉弟それぞれの現実は、都市全体が形作る「意識の流れ」と、そこから表出する機械知性の存在が明らかになった時点で転換点を迎える……。

神林の描く物語には常に「何が現実を現実たらしめるか」「きみはどの現実を生きるか」問う部分がある。中心にあるのは「言語」か。本作でも、カイムは「人間にとっての現実とは言語情報であり、言葉、そのもの」と語り、ミウは都市の機能停止を「都市は言葉を失った」と表現する。

評者が繰り返し想起するのは「山月記」で知られる中島敦の小品「文字禍（もじか）」だ。文字が人間の精神活動をトラップして鋳込（いこ）むことを描いたと読める作品だが、神林作品はこれを現代的に深めた所から始まり、今もさらに深め続けている。情報震という着想に現実の震災を結びつけるよりも、むしろ、読者に「現実震」をもたらすテーマの掘り下げに骨太な心意気を感じた。

評・川端裕人（作家）

かんばやし・ちょうへい 53年生まれ。『敵は海賊』『戦闘妖精・雪風』シリーズなど。

二〇一二年九月二日⑤

『福田恆存　人間は弱い』

川久保剛 著

ミネルヴァ書房・三二五〇円
ISBN9784623063888

ノンフィクション・評伝

庶民への愛と知的俗物への嫌悪

今年は福田恆存（つねあり）生誕100年にあたる。近年、福田に注目が集まり、再評価が進んでいる。本書は若手研究者による本格的な評伝である。

福田は東京・神田の下町で職人に囲まれて育った。そこで身に付いた職人気質が、庶民の良識を重視し、俗流インテリへの批判的態度へとつながる。

福田は大学時代、英文学とともに「生の哲学」に関心を寄せた。福田は人間の非合理的な生命の力を直視し、理性の無謬性（むびゅうせい）を疑った。

福田の懐疑は、イデオロギーに身を寄せる知識人への批判となって現れた。そして、文芸批評の先駆者・小林秀雄への痛烈な批判へと展開した。福田にとって、近代人の内面の空虚に迫った小林は、憧れの存在だった。しかし、小林は一般平凡人に見切りをつけ、天才の世界を追った。福田の眼（め）には、小林の姿勢が「現代の苦悶（くもん）」からの逃避と映った。

福田は、保守的であるが故に「大東亜戦争」に与（くみ）しなかった。彼は、自己の出世欲のために政治にすり寄る「知的俗物」を嫌い、戦争指導者たちを言論で「当てこすった」。そして一切の職を辞し、自宅庭の防空壕（ごう）掘りに専念した。

戦後、福田は批評家・劇作家として活躍する。彼は人間の不完全性を洞察し、そこから進歩的文化人たちを斬った。福田は絶対者と人間の二分法を重視した。人間は、理想社会を構築することはできない。なぜならば、絶対者ではないからだ。

この両者の区別がつかない不遜な人間こそ、近代主義者の群れだった。福田は庶民の凡庸な英知を抱きしめる手で、彼らを払いのけた。そこには人間の弱さをいとおしむ眼と共に、理想の高みから庶民を裁くインテリへの嫌悪があった。

人間の本質を見つめ続けた福田恆存。本書は、彼の歩みを辿（たど）る格好の導きとなる。

評・中島岳志（北海道大学准教授）

かわくぼ・つよし　74年生まれ。麗澤大准教授（日本思想史）。

二〇一二年九月二日⑥

『一人ひとりの大久野（おおくの）島　毒ガス工場からの証言』

行武正刀 編著

ドメス出版・二六二五円
ISBN9784810707724

歴史／社会

医師が聞き取った工員の体験

瀬戸内海に浮かぶ周囲4キロの大久野島（広島県）には、戦時中、毒ガス兵器を製造する陸軍の秘密工場が置かれていた。ずさんな安全管理体制の下、工場で働く人々は、毒ガスで体をむしばまれ、火事や爆発事故で命の危険にさらされた。

本書の編著者は、大久野島の対岸、現在の広島県竹原市忠海（ただのうみ）にある病院に1962年から40年近く勤務した内科医。診察に訪れた元工員らから工場での体験を少しずつ聞き取り、カルテの端に書きとめた。それを集めて一冊にまとめた貴重な証言集だ。

工場ができたのは29年。37年の日中戦争全面化で製造量が急激に増え、女性も働くようになった。

「全てが秘密なのでいつも憲兵に見張られ、私語などしませんでした。当時はお国のためお国のためと疑わず働いていましたが、人に言える（誇れる）仕事ではありませんでした」と終戦時、19歳だった元工員が振り返る。

毒ガスは中国大陸に運ばれ、くしゃみ性の

毒ガス兵器「赤筒」を中心に戦場で使用された。

「港では（旧）満州から動員された労務者がいて、われわれの運んだ木箱は彼らが輸送船までの積み出しを行っていました」との証言もある。

「（終戦で）退職して間もない頃、忠海の警察署に呼ばれました。大久野島の物資を横領した上司がいなかったかどうか尋ねられ、怖い思いをしました」

戦争が終わると、中国にいた日本軍は、毒ガス兵器を地中に遺棄した。その毒ガスで負傷した中国の人々が日本政府に損害賠償を求める裁判が近年、相次いでいる。どの裁判でも日本政府は「責任はない」と主張、裁判所は原告の請求を棄却してきた。今月21日にも旧満州チチハルで起きた事件をめぐって東京高裁で判決が言い渡される。

毒ガスの歴史はなお、忘却を拒否している。

評・上丸洋一（本社編集委員）

ゆくたけ・まさと　34年広島県生まれ。09年死去。

二〇一二年九月二日⑦

『映像に見る地方の時代』

人文／社会

村木良彦 著

博文館新社・二三一〇円
ISBN9784861159633

拙宅の本棚に『お前はただの現在にすぎない』という本がある。副題は「テレビになにが可能か」。刊行は1969年。この後まもなく、3人の書き手はTBSを退社し、テレビマンユニオンを立ち上げる。この本を手放さずにきたのは、刺激的でかつ、どこか含羞（がんしゅう）を含んだ表題のせいもあったろう。

随分と時が過ぎた。本書は、書き手の一人、村木良彦がテレビ局のドキュメンタリー作品を論評したエッセー集であるが、遺稿ともなった。「地方の時代・映像祭」がはじまったのは1980年。志と情熱を頼りに、地方局のテレビマンたちは毎年、ドキュメンタリーの秀作を映像祭に寄せてきた。村木は審査委員やプロデューサーとして映像祭にかかわってきた。

ますます刹那（せつな）のメディアとなっていくテレビ界にあって、地域、人々、歴史、時代……を見詰めるなかで〈現在〉を超えんとする仕事が、東京のキー局の外で在り続けてきたことを感慨深く思う。

評・後藤正治（ノンフィクション作家）

二〇一二年九月二日⑧

『147ヘルツの警鐘　法医昆虫学捜査官』

文芸

川瀬七緒 著

講談社・一六八〇円
ISBN9784062178310

昨年度、江戸川乱歩賞を受賞した、2人の女性作家のうちの1人、川瀬七緒の受賞後初の長編。

物語は、放火事件による女の焼死体の、解剖場面から始まる。およそ、女性作家らしくない、不気味な巻頭シーンだ。さらに、死体から球状のウジの塊が出てくる、という強烈な追い撃ちがあって、ますますインパクトが強まる。

事件を担当する、ベテランの警部補岩楯、若手刑事鰐川のコンビに、女性法医昆虫学者（おそらく本邦初）の赤堀涼子が、捜査に加わる。涼子は、周囲の刑事たちにうとまれながら、気後れせずに専門知識を駆使し、独自の捜査活動を展開する。採取されたウジからコカインが検出され、それがどこから由来したものか、ルーツをたどっていく過程が、読み手の興味を引っ張る。主要なキャラクターも、よく描き分けられている。

意外な犯人といった、本格ミステリー的な驚きはないものの、第1長編としては及第点をつけて、いいだろう。

評・逢坂剛（作家）

『この人を見よ』

後藤明生 著
幻戯書房・三九九〇円
ISBN9784901998987

人を喰った構造　脱線につぐ脱線

後藤明生は私にとって特異な作家である。〝人はオリジナルな作品を単独で書くのではなく、何か先行作を読んだからこそ書くのだ〟という文学理論でも有名だ。

だから、後藤はパロディを強く意識した。ただし、先行作の構造や文体を緻密（ちみつ）に模倣するのではない。むしろ身をほぐして骨のみを料理に使うがごとく、時にはつまみ食いのようにも本歌取りをする。その手並みは自由である。

さて、本作『この人を見よ』は文芸誌に連載された時から二十年を経て出版された未完の大著だ。しかも作家本人がすでに前世紀末にこの世を去っているので、なんというか〝突然郵便箱に届けられたぶ厚い手紙が消印を見ると遠い過去に出され、どうやら方々を迂回（うかい）していたらしき〟印象がある。

語り手は数えで五十六歳。単身赴任で東京と大阪を行き来するビジネスマンである。帰京するとカルチャーセンターに顔を出して文学を学んでおり、同席するR子と不倫関係を持つに至っている。

と書けば湿った壮年の小説めくが、とんでもない。後藤はいつものように自由闊達（かったつ）である。語り手が書く日記が作品の基本構造だが、その中で語り手はR子との関係を明かしながら、同時にドストエフスキーの『永遠の夫』や谷崎の『鍵』を読み直し、折々に興味を書きつける。

そしてついには、語り手がR子との関係を疑うBという男を巻き込んで、様々な文学作品に関する三人での「架空シンポジウム」が開催され始める。日記上で。

人を喰（く）った構造。そしてそれを頑強には完成させず、脱線につぐ脱線へと導く手腕。私もこうした後藤節に憧れて試作をしてみたことがあるが、すぐに挫折した。まず巧妙な虚構の骨組みがないと、後藤節を真似（まね）た文は随筆になってしまう。小説にならない。

さらに、後藤は多くの他人の声を文中に導き入れるのが抜群にうまい。随筆でも他人の会話は取り入れるが、結局書き手の声が勝つ。だが後藤明生には語り手の声を小さく保つ至芸がある。本作の「架空シンポジウム」でも、R子やBの声が際立って大きい。日記の書き手はよくやりこめられる。

ある偶然により、私は先日、後藤明生の蔵書の一部、本作にも出てくる荷風『断腸亭日乗』全巻を譲り受けた。後藤の書き込みを見ながら飛ばし読みをしていた時、私はめまいを感じた。自分が読んでいるのが荷風なのか、後藤明生なのかわからなくなったのだ。

テキストが書き手の束縛を離れて自由になるのを、私は感じた。間テキスト性という難しい言葉ではなく、実感で。その自由は明らかに後藤明生の遺作を読んだからこそ、私に訪れたのである。

評・いとうせいこう（作家・クリエーター）

ごとう・めいせい　32年生まれ。「内向の世代」を代表する作家の一人。『吉野大夫』で谷崎賞。代表作に『挟み撃ち』『壁の中』など。89年から近畿大学文芸学部の教授、93年からは同学部長を務めた。99年没。

二〇一二年九月九日②

『長い道』

宮崎かづゑ 著
みすず書房・二五二〇円
ISBN9784622076742
ノンフィクション・評伝

療養所での樹木のような70余年

ハンセン病を発症して10歳のとき（昭和13〈1938〉年）に瀬戸内海にある長島愛生園に入園し、以来70年以上を園内で過ごしてこられた宮崎さんの自伝とエッセー。表題通りの長年の歩みが、温かく謙虚な筆致で綴（つづ）られている。

家族愛に包まれて過ごした農村での子ども時代。入園後、病と闘いながら自立を目指して学び働いた日々。食糧不足で重労働に従事させられた戦時中。戦後は所帯を持ち、片足や手の指を失いながらも料理をし、ミシンを動かした。

懸命に生きてきた一人の女性の話としてももちろん感動的だが、ハンセン病患者の隔離政策や、そのことが人々に与えた苦しみから目を逸（そ）らしたまま読むことは許されないのだろう。本書には元患者に関わる医師や聖職者の声も収められている。全国に13カ所ある国立のハンセン病療養所は、家族との連絡が絶えたまま高齢に達した元患者たちの終（つい）の棲家（すみか）となり、看取（みと）りの場所ともなっている。

元患者のあいだにときに肉親以上の強い絆が生まれることは、親友の死を悼む慟哭（どうこく）のエッセーからもうかがえる。病気の後遺症に苦しみ、さらに癌（がん）という病を得た友人が、愚痴などは一切口にせず「視力が消えそうだけど、でも完全には消えてない。これってうれしいわあ」と、残っている機能を喜びつつ生きたこと。単なる執着とも違う、生への強力な肯定感に圧倒される。

この本に綴られる食べ物の話も心に残る。実家で食べた料理の味、友人のために作り続けたスープ。目にした光景や耳にした言葉と同じくらい強く、食べ物の記憶が人を支え続けることを教えられた。

「自分はまだ成長しつづけている樹木のような気がする」と語る宮崎さん。病気についても「かくあるべく与えられた」と受けとめ、長島という土地に根を張って、豊かに枝を広げている。その木陰で生涯を語っていただいたような、静かな感謝に満たされた。

評・松永美穂（早稲田大学教授）

みやざき・かづえ 28年生まれ。80歳ごろからワープロで文章を書き始める。

二〇一二年九月九日③

『天使のゲーム　上・下』

カルロス・ルイス・サフォン 著　木村裕美 訳
集英社文庫・上巻九四五円、下巻八七二円
ISBN9784087606461〈上〉・9784087606478〈下〉
文芸

現実と夢　めくるめく幻想世界

本書は、著者の前作『風の影』に次ぐ、〈忘れられた本の墓場〉シリーズの、2作目に当たる。舞台は、同じスペインのバルセロナだが、時代背景は1作目より15年以上前の、1920年代。1作目の『風の影』は、本書が終わったところから始まる、という逆順の構成になっている。

若い作家ダビッド・マルティンは、コレッリという謎の編集者から、奇妙な原稿の注文を受ける。〈塔の館〉と呼ばれる、古い屋敷にこもったダビッドは、押しかけ助手のイサベッラという少女に、身のまわりの世話を受けつつ、執筆に取りかかる。ダビッドには別に、クリスティーナという恋人がいるが、彼女はダビッドの友人であり庇護者（ひごしゃ）でもある、ペドロ・ビダルと結婚してしまう。

物語は、コレッリとダビッドの哲学的な会話や、イサベッラとダビッドの、丁々発止の掛け合いで淡々と進み、その合間に活劇まがいの、さまざまな事件が織り込まれる。読み進むうちに、コレッリが実在しない人物のように見え始め、また非業の最期を遂げた〈塔の館〉の、前の持ち主の運命がそのまま、ダビッドの身にふりかかるように、思われてくる。このあたりは、前作同様現実と夢が複雑に交錯して、読む者をめくるめく幻想の世界に引きずり込む。

ダビッドの意に反して、あるいは作者の意に反して、クリスティーナを巡る恋物語よりも、助手イサベッラのいちずな献身の方が、読む者の心を打つ。あるいは作者の思い入れも、イサベッラに対する方が、深いのかもしれない。その証拠に、本書の最後で、イサベッラは〈センペーレの息子〉と結婚し、2人のあいだにできた息子が、前作『風の影』の主人公、ダニエル・センペーレになるのだ。

かかる傑作を、いきなり文庫本で読めるのは幸せなことなのか、不幸なことなのか。昨今の出版事情を考えると、まことに複雑なものがある。

評・逢坂剛（作家）

Carlos Ruiz Zafón　64年生まれ。スペインの作家。

二〇一二年九月九日❹

『世界の99%を貧困にする経済』

経済

ジョセフ・E・スティグリッツ 著

楡井浩一ほか 訳

徳間書店・一九九五円
ISBN9784198634353

進む不平等の階層化　逆転難しく

リーマン・ショックによる大量失業の惨状を尻目に、巨額のボーナスを手にしながら罪にも問われぬ銀行家たち。人々は大いに怒って、ウォール街に抗議行動に出た。それがやがて不平等を問う運動へと発展する。掲げられたスローガンが「我々は99%」だ。

すっかり世界的な流行語になったこの標語の大本（おおもと）こそ、ノーベル経済学賞受賞者でもある著者の「1%の1%による1%のための政治」を批判した雑誌論文だ。

米国の所得増はもっぱら1%層に偏っている。それが中流層を空洞化させ、極貧世帯の急増を招いている。だがこれまで、富裕層に集まる富が下層へしたたり落ちれば経済全体が潤う、という「おこぼれ効果」論が幅をきかせてきた。著者は「それは機能しない」と斬り捨てる。

しかもこの不平等の階層化が進み、逆転も難しくなってきた。米国が「機会均等の国」といわれるのは、おとぎ話にすぎないともいう。

米国では近年、市場さえ正しく機能すれば経済はうまくいく、という自由市場主義に席巻されてきた。著者のように、市場の限界を認め、「持てる者と持たざる者のギャップが狭まる社会」を理想に掲げる経済学者はまれだった。未曽有の経済危機はその傾向を一変させるかもしれない。

本書では、共和党の大統領候補ロムニー氏や保守派らが主張する、緊縮財政、社会保障の縮小、富裕層減税の継続などに真っ向から反対している。耳を傾ける米国民は、以前より格段に多いはずだ。

それでも著者は今後の米国政治を楽観していない。なにしろ4年前、オバマ政権の誕生にいったんは見いだした希望のともしびは、いまや「ゆらゆらと消えなずんでいる」。

日本にも警告する。いまは米国より平等で公正な経済と社会がある。しかし、その過去の成功が今後も続くと当然視するな、というのだ。こちらもカギは「政治」である。

評・原真人（本社編集委員）

Joseph E. Stiglitz　43年生まれ。米国コロンビア大学教授。

二〇一二年九月九日⑤

『その日東京駅五時二十五分発』

歴史／文芸

西川美和 著

新潮社・一二六〇円
ISBN9784103325819／9784101264714（新潮文庫）

静謐感が醸す「戦争のリアル」

「終戦当日、ぼくは故郷広島に向かった。この国が負けたことなんて、とっくに知っていた」という帯文に惹（ひ）かれつつ、本書を手に取ることを少しためらった。巷（ちまた）での「あの戦争」の語られ方にやや食傷感があるからだ。

しかし、そこは現代日本を代表する若手映画監督であり、前作『きのうの神さま』が直木賞候補になった技巧派の著者。賭して読み始めた。

そして、その選択は大正解だった。

物語は終戦間際に通信隊に召集された著者の伯父の手記がもとになっている。わずか3カ月の間に激変してしまった故郷。そこに舞い戻るまでの主人公の心情描写には静謐（せいひつ）感が漂い、心音すら聞こえてきそうだ。そして、それゆえに「あの戦争」がかえってリアルに迫ってくる。

こうした難度の高い作風を可能にしたのは、一文一文の完成度の高さと時間軸の巧みな使い方、そして何よりも〈人間〉に対する著者の炯眼（けいがん）ゆえだろう。

登場人物の「嘘（うそ）」を通して人間の本性——汚さ、冷たさ、愚かしさ、優しさ、逞（たくま）しさなど——を描き出す著者の力量はすでに折り紙付きだが、原爆投下後の広島で出会った「誇り高き火事場泥棒たち」の話一つを取ってみても、その鋭い目線は健在だ。

そして、その広島で耳にしたツクツクボウシの鳴き声から主人公が人生を思案する場面などは、何度読み直しても、深く美しい。

「あとがき」で著者は本書を「終戦と震災、奇（く）しくもその両方に支えられながら書き上がった作品」としている。3・11の一報に接したのは実家のある広島での執筆中だったそうだが、「8・15」と「3・11」の接点についてここまで掘り下げて考察した文章を私は知らない。

巻末に辿（たど）り着くのが惜しく、いつまでも読み続けていたいと思った。文学の力を改めて知らされる一冊だ。

評・渡辺靖（慶応大学教授）

にしかわ・みわ 74年生まれ。映画監督、作家。作品に映画と小説の『ゆれる』など。

二〇一二年九月九日⑥

『みんなの家。 建築家一年生の初仕事』

光嶋裕介 著

アルテスパブリッシング・一八九〇円
ISBN9784903951560

アート・ファッション・芸能

仲間と職人が奏でる「交響曲」

僕たちの時代の建築家が姿を現した。

「みんなの家」とは、思想家・内田樹の自宅兼道場「凱風館（がいふうかん）」。内田は設計をこれまで一軒も家を建てたことがない若者に託した。しかも、ほぼ初対面でいきなり。本書は、若き建築家が設計の依頼を受けてから、一軒の家を完成させるまでを綴（つづ）った記録である。

内田の周りには、自然と魅力的な人が集まる。内田はそれを拒まない。すると自宅は単なるプライベート空間を超えたパブリックの要素を持つ。仲間は「拡大家族」となり、家はみんなに分有される。私的所有という観念が揺らぐ。

凱風館には、自（おの）ずと寄贈品が集まってくる。丸太梁（ばり）から棟木、冷蔵庫、ベンチまで。みんなは自分の家のように愛着を抱き、建築プロセスに関与する。内田は家の一部を開放し、若者にチャンスを与える。つまり、関係性の基盤が、市場的価値ではなく贈与によって成り立っているのだ。

もちろん、お金はかかる。重要なのは、ど

こにお金を流し、何を支えるべきかを吟味することである。山を守りながら丹念に木を育てる林業者、国産材を使い続ける工務店、高い技術を持つ大工、土を知り尽くした左官職人、手作りの瓦屋……。安上がりの大量生産に背を向け、守るべき価値を大切にする職人たちを応援する。

この共同作業は、オーケストラのハーモニーのようだ。相互に敬意を持ち、気持ちいい関係が構成される中、交響曲としての建築は完成する。

住宅は住む人の「自我のメタファー(暗喩)」だ、と著者は言う。だから、「凱風館」が目指すものは内田樹のような建築だ。

「凱風館」は、それ自体が思想である。そして、あるべき社会の方向性が提示されている。この建物は、グローバル資本主義の嵐が吹き荒れても、びくともしない。

希望に満ちた清涼感のある一冊だ。

評・中島岳志（北海道大学准教授）

こうしま・ゆうすけ　79年生まれ。ドローイング集『幻想都市風景』。

二〇一二年九月九日⑦

『満鉄特急「あじあ」の誕生　開発前夜から終焉までの全貌』

天野博之 著

原書房・二六二五円
ISBN9784562048472　歴史／ノンフィクション・評伝

昔、古書即売展に、あじあ号をかたどった鉄製の文鎮を出品したら、客が殺到して驚いたことがある。文鎮でなく、試験乗車した客にのみ配られた記念の紙切り小刀、と本書で知った。珍品だったのである。

満鉄特急あじあ号の人気は、鉄道マニアに限らない。なぜだろうか。

世界一といわれた流線形の高速旅客列車で、豪華な展望車やロシアの美少女が日本語で対応する食堂車、そして全列車に空調が備わっていた。

大連と新京（現長春）の間およそ七百キロを、八時間半で走行した。定員制で、満鉄総裁といえども特急券を購入せねば乗車できなかった。昭和九年から十八年まで活動、満州国と共に終わった。著者の計算によれば、終生の乗客総数は、現在の東海道新幹線の一週間分の客数に満たない。有名な割には、実際に乗った人は多くない。人々の憧れだったのは、富と力の象徴ゆえか。意外にも、あじあ号の文献も少なく、本書は貴重な一冊である。車両側面図つき。

評・出久根達郎（作家）

二〇一二年九月九日⑧

『ロシア宇宙開発史　気球からヴォストークまで』

冨田信之 著

東京大学出版会・五六七〇円
ISBN9784130611800　科学・生物

ロシアの宇宙技術は、テーマとしてはマニアックながら、アメリカとは別の技術的な系譜として興味深いもの。本書はその歴史を、帝政ロシア（いやそれ以前）からフルシチョフ失脚による最盛期の終わりまで、ロシア語文献を駆使しつつ詳細に記述。英語では標準文献のオーバーグ『軌道の赤い星』も邦訳がない現在の日本では、この分野でほとんど唯一無二の本ではないか。一度回収され、満を持しての刊行はうれしい。

神話化しているロケットの先駆者ツィオルコフスキーの業績などもきちんと相対化し、技術と政治と人間ドラマのからみあいの書きぶりも見事。コロリョフも限界はありましたか……。

いずれ本書の先のミールや他国への技術流出の歴史、さらに巻末で触れたソロヴィヨフ哲学の影響などについてもぜひまとめていただきたい。ロシアの宇宙技術にとどまらない、技術伝搬と発達の歴史全般に興味がある方にもおすすめだ。

評・山形浩生（評論家）

二〇一二年九月一六日❶

『ドキュメント　東京大空襲』

ＮＨＫスペシャル取材班 著

新潮社・一四七〇円
ISBN9784104056057

『東京大空襲　未公開写真は語る』

ＮＨＫスペシャル取材班、山辺昌彦 著

新潮社・一八九〇円
ISBN9784104056040　歴史／人文／ノンフィクション・評伝

生々しい被災状況　深み帯びる「記録」

いまも厚いベールに覆われた戦時中の出来事がある。東京大空襲はそのひとつ。死者の正確な数も不明のままだ。理由のひとつに、被災状況を伝える写真がほとんど残されていないことがある。過日、大空襲を収めた写真583枚が発見され、ＮＨＫスペシャルで放映された。発掘から放送に至る取材行を記したのが『ドキュメント東京大空襲』、写真を収録したのが『東京大空襲　未公開写真は語る』である。

ネガは、民家の写真屋の押し入れの木箱に眠っていた。陸軍参謀本部に直属する「東方社」のカメラマンが残したもの。戦時期、「国威発揚」を目的に膨大な写真が撮られていたが、終戦時にほとんどが焼却された。奇跡的に〝置き忘れ〟られていたのである。

燃え上がる民家、バケツリレーによる消火、廃墟（はいきょ）に呆然（ぼうぜん）とたたずむ人々……。空襲の日々が生々しく伝わってくる。取材班は、空襲を体験した高齢者たち、またB29の元搭乗員なども訪ねている。空襲は軍事施設を叩（たた）くことから「その辺へ」、さらに無差別爆撃へと拡大していく。存在の抹殺。それが東京大空襲だった。

一枚、印象的な写真がある。九段界隈（かいわい）の、焼け跡の空き地。板を張り合わせた棺（ひつぎ）の周りを人々が取り囲んでいる。ゲートルを巻いた男が手を合わせ、モンペ姿の婦人が黙祷（もくとう）している。棺の側、セーラー服を着たオカッパ髪の少女が下を向いている。棺に横たわっているのは少女の身内であろう。

虫眼鏡で、棺に貼られた名札が「出浦よし江」と読めた。この手がかりだけで、取材班は少女を捜し歩く。もう少女は故人となっていたが、戦後、２人の娘に空襲のことを語り継いでいた。棺に入っていたのは、焼夷（しょうい）弾の直撃を受けた、当時17歳の姉だった。

撮影者は光墨弘。従軍カメラマンとして南方を転戦し、終戦間際、空襲を撮った。彼も亡くなっていたが、息子がフリーカメラマンとなっていた。父は息子に自分史を語ることはなかった。「酒びたり」「カメラを質屋に」……子に残る父親像である。この一枚を見せられ、息子はつぶやく。

「ちゃんとこういう写真も撮っていたんですね……」

戦後、東方社で活動したカメラマンたちは戦時下の仕事を黙したままに生きた。戦争に負けたからではあるまい。語るに値する仕事ではなかったからだ。だが、この一枚は――。

両書から伝わってくるのは「記録」の力である。一枚の写真が、糊塗（こと）も粉飾もできない、戦争の事実を直截（ちょくせつ）に伝えている。そして、記録に〈物語〉が埋め込まれているとき、記録はより深みを帯びて読み手に迫ってくる。

評・後藤正治（ノンフィクション作家）

ＮＨＫスペシャル「東京大空襲　583枚の未公開写真」は3月18日に放送された。山辺昌彦氏は「東京大空襲・戦災資料センター」主任研究員。

二〇一二年九月一六日❷

『楚人冠　百年先を見据えた名記者　杉村広太郎伝』

小林康達 著

現代書館・三三六〇円
ISBN9784768456873　人文／ノンフィクション・評伝

明治・大正・昭和をリベラルに

「楚人冠（そじんかん）」と聞いて何をした人か、答えられる者は多くないだろう。明治大正昭和の三代にわたるジャーナリストである。奇妙な号は、楚の将軍項羽が、猿が王冠をつけたようなものと嘲笑された史記に由来する。王者にふさわしくない、と卑下した意味だが、新聞記者を無冠の帝王と称する。それにも掛けているかも知れない。朝日新聞社に入社し、多くの業績を残した。記事の正確を期するため調査部を、誤報を防ぐための記事審査部を設けた。初めてグラフ週刊誌を出した。

膨大な文業は、十八巻もの全集に集成された。特筆すべきは、稲わらに火をつけて村人を津波から避難させた豪商浜口梧陵（ごりょう）の伝記だろう。同郷人であり、梧陵の末子と親友のよしみから、大正九年にまとめた本書は、現在も梧陵伝の第一級資料である（全集の七巻に収められている）。

楚人冠の足跡は、近代史であり文学史である。大逆事件の管野スガから、獄中より針文字の手紙をもらっている。昨年の「大逆百年」で現物が公開された。

校正係だった石川啄木は、歌友の弁護士・平出修から、内密に大逆事件裁判資料を借り書き写した。それを楚人冠に貸した。啄木が病臥（びょうが）した時、楚人冠は社内に義捐（ぎえん）金を募った。本人は「なけなしの二十円」を出し、十七名分の合計三十四円四十銭を、貧窮の後輩（十四歳下）に届けた。

仏教革新運動や動物虐待防止会、漱石や南方熊楠との交流ほか楚人冠の活動は広範囲に及ぶ。与謝野晶子の「君死にたまふこと勿（なか）れ」は、楚人冠が訳したトルストイの日露戦争論に触発された（指摘したのは1998年・朝日の記者）。

リベラルな名物記者の一生を、時局と共に語っているが、評者の望蜀（ぼうしょく）の感を言えば、たとえば大逆事件や震災（二児を失う）の事など詳細に知りたい。何より彼の思想である。洒脱（しゃだつ）な文章の魅力をもっと紹介してほしかった。

評・出久根達郎（作家）

こばやし・やすみち　42年生まれ。千葉県我孫子市教育委員会文化課の嘱託職員。

二〇一二年九月一六日❸

『黄金の少年、エメラルドの少女』

イーユン・リー 著　篠森ゆりこ 訳

河出書房新社・一九九五円
ISBN9784309205991／9784309464183（河出文庫）　文芸

社会のひずみ映し、魂に触れる

本書は、村上春樹も受賞したフランク・オコナー国際短編賞の一回目の受賞者であり、いまや国際的評価の高い中国系英語作家イーユン・リーの短編集である。英語圏では英語を母語としない作家たちが素晴らしい仕事を達成しているが、なかでもこの女性作家の活躍はめざましい。

収められた短編の舞台は現代中国である。複雑な事情を抱えた両親に養子として育てられ、人に心を開くことのできない独身女性が過去を回想する「優しさ」。子供を失ったインテリの在米中国人夫妻が、母国の農村で代理母を〈買い〉、再び子供を得ようとする「獄」。「女店主」では、死刑囚の夫との子供を残したいと処刑前の子づくりの権利を申し立てた若い女性を保護する商店主が、新聞記者の取材を受ける。「彼みたいな男」では、老母と二人暮らしの独身の元美術教師が、共産党員の父親の不倫を激しく告発する実の娘のブログに、自らの辛い過去を思い出し、この父親に会いに行く。

各編からは、一人っ子政策の歪（ゆが）み、人権問題、爆発的な経済成長と増大する社会的経済的格差。過熱するネット社会といった、昨今各種メディアでよく報じられている中国社会の姿が垣間見えてくる。

　前作の『千年の祈り』もこれがデビュー作かと嘆息するほどの出来栄えだった。だが、欧米の読者を意識してか、あるいはアメリカで英語で書くことで、本国では書きにくい主題により自由に向き合えるからか、やや批判精神の立ち勝る眼差（まなざ）しで中国が見つめられていたように思う。

　なるほど、優れた小説はどうしても、それが書き・書かれる社会の関心事やひずみを映し出すものだ。だが、そうした問題が、登場人物たちのそばに確かに感じられつつも、固有の苦悩と喜びを抱えた魂の動き、つまり一人一人の人間に触れることを妨げていないところに本書の身震いするほどの完成度はある。

評・小野正嗣（作家・明治学院大学専任講師）

Yiyun Li　72年北京生まれ。作家。現在は米オークランドに暮らす。

二〇一二年九月一六日④

『街場の文体論』

内田樹 著

ミシマ社・一六八〇円

ISBN9784903908366／9784167905804（文春文庫）

教育／人文

学生に伝えた言葉の生成的経験

　官僚による大臣の答弁原稿から企業の謝罪広告まで（ひょっとしたら学校での「自由作文」も？）、だれに宛てて書かれているのかが不明な文章が溢（あふ）れている。ネット上では、暗闇のなかから礫（つぶて）のように言葉が投げつけられる。なんとも寒々とした光景だ。

　言葉の起源はやるせない歌や叫びなのか、あるいは痛いばかりの祈りや願いなのか、よくわからないが、少なくともだれかへの呼びかけであったことはまちがいない。「どれほど非論理的であっても、聞き取りにくくても、知らない言葉がたくさん出てきても、『届く言葉』は届く」。このことの意味をきちんと伝えるべく、ウチダは大学教師としての最後のこの講義で、学生たちのこころの襞（ひだ）に沁（し）み込んでゆくような言葉を、手を替え品を替え紡ぎだす。

　ウチダは、言葉が届くということでもっとも重要なことは、言語における〈創造性〉であるという。そしてそれは「読み手に対する懇請の強度の関数」であるとも。

　言葉をなんとしても届けたいという切迫、それがあれば当然、あれやこれや情理を尽くして語ろうとするものだ。ウチダ自身、エマニュエル・レヴィナスの難解な文章にはじめてふれたとき、「ほとんど襟首をつかまれて、『頼む、わかれ、わかってくれ』と身体をがたがた揺さぶられているような感じ」がしたという。こころを鷲（わし）づかみにされるような読書体験のなかで、自分を組み立ててきたストックフレーズにひびが入り、これまで「味わったことのない感触の『風』が吹き込んでくる」、そういう「生成的」な経験が起こる。

　こうした言葉の生成的経験を学生たちに知ってもらおうと、ウチダは「リーダブルでありながら、前代未聞のことを語る」ことをみずからに課し、「泥臭い」までに言葉を尽くしに尽くす。数あるウチダ本のなかでもとくに気合の入った一冊だとおもう。

評・鷲田清一（大谷大学教授）

うちだ・たつる　50年生まれ。神戸女学院大学名誉教授。専門はフランス現代思想など。

二〇一二年九月一六日❺

『光圀伝』

冲方丁 著

角川書店・一九九五円
ISBN9784041102749／9784041020487（角川文庫〈上〉）・9784041020494〈下〉）

歴史／文芸

今として書かれた歴史の躍動感

水戸黄門として知られる徳川光圀の生涯だが、偉人伝ではない。ひとりの人間が苦しみ、迷い、多くの人の死を直視しながら新しい時代を作ろうとする物語である。

全編に光圀の息づかいが聞こえる。前作『天地明察』でもそうであったが、冲方丁の時代小説には歴史解説が無い。そのかわり今眼（め）の前に生きているかのような切迫した身体の躍動感に溢（あふ）れている。いつの間にか引き込まれ、ともに悩む。歴史を過去として書いているのではなく、今として書いているからである。その方法が、本書では光圀の歴史のとらえ方と重なる。自分が生きてるように史書に記された者たち全てが生きたのだ、という歴史観である。本書の第一のテーマは「歴史とは何か」だ。剣劇が無いかわりに、人々の死の床が丁寧に書かれる。生を最後まで見届けるためである。

第二のテーマは「義とは何か」だ。光圀は兄の子を跡継ぎとするのだが、その理由は幼少から持ち続けた「自分がなぜ水戸藩の世継ぎなのか？」という疑問だった。そして兄に藩政を還（かえ）すことを「義」と考えた。しかしそこから、天皇に国政を還す大政奉還を義とする重臣が出現したのである。光圀はその重臣を刺殺するのだが、それは多くの戦争と同じように、ひとつの正義が別の正義とぶつかって起こったことだった。

第三のテーマは時代の急変だ。戦国時代が終焉（しゅうえん）し、全く価値観を異にする江戸時代が始まった。大量の失業者（浪人）による由井正雪の乱も起こる。さらに明暦の大火があった。本書なかほどに位置する明暦の大火で、火が江戸じゅうをなめまわすその描写は、東日本大震災時の津波のようだ。江戸は大きく変わった。日本も変わる。私たちは新しい義を作り出せるのか？

本書は時代を超えて人が直面する課題をつきつける。偉人伝ではなく、私たちの物語である。

評・田中優子（法政大学教授）

うぶかた・とう　77年生まれ。初の時代小説『天地明察』で吉川英治文学新人賞など。

二〇一二年九月一六日❻

『陳情　中国社会の底辺から』

毛里和子、松戸庸子 編著

東方書店・三二五〇円
ISBN9784497211118

政治／国際

自由と民主主義　命懸けの告発

「道路を造ってほしい」「橋を架けてほしい」

地方議員らが中央官庁や国会議員に「陳情」する。地方は土木工事などでお金がもたらされることを期待し、国会議員は票をめあてに世話をする。うるわしき（？）日本の光景である。

一方、本書がテーマとする中国の「陳情」（中国語では「信訪」）は、日本のそれと違って、ほとんど命懸けともいえる厳しい世界だ。

村の幹部の腐敗に憤って地方から北京へ出てきた一組の夫婦。「憲法を擁護せよ、人権を返せ」と長年訴えてきたが、解決に向けた動きはない。報復が怖いため夫婦は村に帰れない。秩序攪乱（かくらん）などの罪で労働矯正所に数回、送られたが、なおもひるまず、不正を訴え続ける。

土地を奪われた農民、保険金強奪の被害者、福利厚生を削減された退役軍人。様々な問題を抱えた人たちが各地から北京に赴き、政府や裁判所の受付窓口に救済を求める。上京陳情者が増えると、地方政府の評価が下がる。地方政府の委託を受けた民間会社が「陳情者狩り」をして、半ば暴力的に地元へ送り返すことさえ行われているという。陳情が問題の解決につながる可能性はほとんどない。それでも陳情者は後を絶たない。

本書は、この「陳情」の制度と行動を多角的に分析した日中の研究者の論文9編を集める。外からはうかがい知れない中国社会の深部が客観的に描き出される。

筆者（上丸）は2年前、中国・南京の街頭で「要民主選挙、要言論自由」と書いた紙を胸に掲げて、道行く人にアピールしている中年男性を見かけた（写真も撮った）。周りの人は、男性を無視していたが、自由と民主主義を求める声が出口を探していることを実感した。

統治と陳情の軋轢（あつれき）に、中国政府はどう対処するのか。隣国の未来を占うかぎの一つが、本書に示されている。

評・上丸洋一（本社編集委員）

もうり・かずこ　早稲田大学名誉教授。
まつど・ようこ　南山大学教授。

二〇一二年九月一六日⑦

『スパイにされた日本人』

エドナ・エグチ・リード 著
加藤恭子、平野加代子 訳
悠書館・二一〇〇円
ISBN9784903487588　歴史／ノンフィクション・評伝／国際

1920年代、ロンドンに留学中のタキこと、江口孝之は英国女性と結ばれ、娘エドナらの子供に恵まれる。

本書は、エドナによる父親タキの回想、という形式をとる。一家にとって、タキはよき父親ではなく、浮気で身勝手な男、という存在でしかない。真珠湾開戦の前年7月、タキは政治的な理由でスパイの嫌疑をかけられ、逮捕されて収容所に送られる。

その結果、エドナたちは周囲から白眼視され、さらに日英間に戦争が始まるや、敵国人の一家とみなされて、ますます苦境に陥る。そうした経緯からエドナは父親に愛憎半ばする、複雑な感情を抱く。しかし、年とともに思慕の念を募らせ、戦後父親が日本へ送還されると、手紙を出して和解の道を探り始める。

当然のことながら、本書はエドナの視点で構成されているため、タキの心情が十分に描き切れていない。さりとはいえ、氷が解けるまでの長い道のりは、つらい中にも心を打たれるものがある。

評・逢坂剛（作家）

二〇一二年九月一六日⑧

『災害弱者と情報弱者　3・11後、何が見過ごされたのか』

田中幹人、標葉隆馬、丸山紀一朗 著
筑摩選書・一五七五円
ISBN9784480015464　IT・コンピューター／社会／ノンフィクション・評伝

科学技術と社会の関係を研究する「科学技術社会論」の立場から、東日本大震災後、膨大な情報にのみ込まれた我々の社会について検証する。中心的な関心は、我々が「見過ごしたもの」だ。

津波の被災地では、自治体の一人当たり所得が少ないほど被害割合が増えるはっきりした相関を示し「災害弱者」（地域）の存在を発見する。復興の中でも、今後の防災・減災の計画立案でも、考慮しなければならない要素だろう。

既存メディアもネットも程度の差こそあれ「原発事故や放射線問題に目を奪われ…地震・津波の苦しみのなかにある人々を見落としていった」とする部分は胸に刺さる。原発事故の問題は非常に重いが、紙面も人の関心も有限だ。「何かを見る」ことは、別の何かを見ないことでもある。それを自覚した時、我々はどんな眼差（まなざ）しを獲得しうるか。

膨大なデータを解析し、多くの論点を詰め込んでおり、未消化な部分もある。議論のきっかけと捉えたい。

評・川端裕人（作家）

二〇一二年九月二三日❶

『屍者（ししゃ）の帝国』

伊藤計劃×円城塔 著

河出書房新社・一八九〇円
ISBN9784309021263／9784309413259（河出文庫） 文芸

浮かび上がる問い 意識とは人間とは

新世代SFの旗手として世界水準の活躍を期待されつつ夭逝（ようせい）した伊藤計劃のごく短い遺稿をプロローグに据え、生前深い親交があった芥川賞作家円城塔が「本編」を書きつないで完成した大作である。ドラマチックな成り立ちを語りたい欲望は脇に置き、なにはともあれ極上の娯楽作品として、読め！ 楽しめ！ 噛（か）みしめろ！ というのが実感だ。

歴史改変ものというSFサブジャンルの王道をいく。その改変のアイデアが凄（すさ）まじい。死体を蘇（よみがえ）らせる技術が実現し、屍者をロボットのように使役することで高度な発達を遂げた19世紀が所与のものとしてぽんと差し出されるのだ。

死体に「疑似霊素」を注入しパンチカードに記された制御ソフトをインストールする。プラグイン次第で軍事用にも鉱山作業用にも家庭用にも使用可能であり、至る所に屍者が溢（あふ）れる。情報技術的な用語が使われていることからも分かるように、機械式の巨大電算機が全球通信網を構築するまでに進んでいるが、その割にはコレラの病原体が未（いま）だ発見されていないアンバランス。我々が知っているのとは違う世界が、ロンドン、アフガニスタン、日本、合衆国を舞台に描かれる。

語り手はジョン・ワトソン。かの名探偵ホームズの相棒だ。医学部で学び、軍医となったのは表の顔で、実は大英帝国の諜報（ちょうほう）員としての使命を帯びている。アフガニスタンの山岳地帯で、「屍者の帝国」を築き「全死者の復活計画」を構想しているという勢力の調査を請け負う。その首領はなんと「カラマーゾフの兄弟」の三男、善良なアレクセイ！

登場人物の多くが文学作品からの借用だ。そもそも「屍者技術の父」とされるのは、フランケンシュタイン博士で、屍者技術倫理を定めた、ロボット三原則ならぬ「フランケンシュタイン三原則」も考案されている。さらには、主人公を諜報員に導くヴァン・ヘルシング（ドラキュラ）、ヒロイン級の立ち回りを見せるハダリー（未来のイヴ）、彼女とコンビを組むレット・バトラー（風と共に去りぬ）なども。アニメのエヴァンゲリオンを意識させる部分まであってニヤリとさせられる。

当然、実在の人物の活躍も「改変」されている。「進化論を発表しなかったチャールズ・ダーウィン」は物語の核であり、「人間とは」「意識とは」というSFらしい問いに収斂（しゅうれん）していく道標となる。屍者と生者について突き詰めると、結局はそこに行き当たる。

不埒（ふらち）な程はっちゃけた改変・借用と、周到に構築された世界観。次第に主題として浮き上がる深い問い。多くの方に醍醐味（だいごみ）を味わってほしい。

評・川端裕人（作家）

いとう・けいかく 74年生まれ。『ハーモニー』で日本SF大賞など。その英訳版がフィリップ・K・ディック記念賞特別賞。09年没。

えんじょう・とう 72年生まれ。『道化師の蝶（ちょう）』で芥川賞。

二〇一二年九月二三日②　文芸

『今夜の食事をお作りします』

遅子建 著　竹内良雄、土屋肇枝 訳
勉誠出版・三七八〇円
ISBN9784585295174

温かいまなざし　甘くない結末

中国同時代小説のコレクションに収められた短編集。予備知識もなく読み始め、たちまち引き込まれた。中国では最北端の、ロシア国境に接する土地で生まれ育った女性作家だそうだが、北の風土と人情を描いた作品には、特別な情趣が漂っている。一方で都市を舞台にした作品でも、人々の心の動きが細やかに描き込まれ、登場人物が身近に感じられる。中国はさまざまな貌（かお）を持つ隣国だが、その中国の広さや多様性、バイタリティーをひしひしと感じさせられた。領土問題で日中関係は冷え込んでいるが、人と人が共感する場は国家に関わりなく開かれているのだと、あらためて確認したい。

表題作は、地方都市に住む女性新聞記者が主人公。彼女は学芸欄の担当だが、その新聞社は読者獲得のためゴシップ記事にスペースを割くようになり、学芸欄はそのあおりでスペースを削られてしまう。（新聞の各欄が人間の臓器に喩（たと）えられていて笑いを誘う。経済部が肝臓なら学芸部は胆嚢（たんのう）か脾臓（ひぞう）って納得できますか?）学芸欄の削減は彼女の家庭生活にも影響を及ぼし、夫婦は家庭内別居にいたる。そこで彼女は驚くべき行動に出る……。

遅子建の作品に共通するのは、貧しい人々に向けられる共感のまなざしだ。表題作の主人公が夕食を作ってやる、貧しい労働者の話。他の短編にも年越しの餃子（ギョーザ）のためにこそ泥をせざるを得ない男や、老体に鞭（むち）打って働く女性清掃員が登場する。世間から顧みられることの少ない人々に温かい光が当てられているが、結末は必ずしも甘くはない。やるせない現実に、読んでいて思わずため息が洩（も）れる。

権力の腐敗も人間の傲慢（ごうまん）もいまに始まった話ではない。この作家は世界を寓話（ぐうわ）的に描き、長いスパンで人の世をとらえているように見える。絶えず自分の原点である北方に立ち返る素朴さと純粋さも、この本の大きな魅力である。

評・松永美穂（早稲田大学教授）

Chi Zijian　64年中国・黒竜江省生まれ。

二〇一二年九月二三日④　政治／人文

『プラトン　理想国の現在』

納富信留 著
慶応義塾大学出版会・二九四〇円
ISBN9784766419481

「正義なす理由」に迫る意義

「理想」という語は、明治の初頭にプラトンの「イデア」の訳として造語され、「観念」という訳語とともに爆発的に広まった。「理想」は今日では青臭い夢想か、「理想の家庭」「理想的な体重」といった豊かな社会の個人的願望の表現としてしか受けとめられないが、この語がたどった歴史をひもとけば、日本近代史の一路はあぶり出せるはずだ。

納富が本書で問うのは、プラトンの対話篇（へん）の頂とされる『ポリテイア』が『理想国』の表題で抄訳として出版され、続々と解説書が現れ、やがて戦後、それがアカデミズムの議論へと撤退してゆく過程とその意味である。

のちにマルクス主義哲学者となる古在由重と、戦後A級戦犯容疑者として公職追放されたのち総理大臣となった岸信介とが、ともに国家主義者・鹿子木員信のプラトン講義に大きな感銘を受けたと述懐していることは、この国における『ポリテイア』の受容のされ方を象徴する。この書は明治以来、設計主義的な社会改革理論、つまり社会主義の起源、ユートピア思想の原型、民主主義を超える哲人政治思想などとして、一方で国家主義の、他方で社会主義の系譜で解釈されてきた。プラトン思想に潜む全体主義については、戦後ヨーロッパではポパーらが激しく批判したが、日本ではそうした総括はほとんどなしに、非政治的解釈へと逆流する。

背景には、正しい共同体のあり方を説く『ポリテイア』が政治哲学の書か倫理学の書かという論争がある。納富はこの二者択一を排し、議論の骨格はポリスと魂の類比にあり、そこから「正義はなぜなされねばならないか」という問いに執拗（しつよう）に迫る点に、現代正義論を超えるこの書の意義があるとする。そしてこの問題を解かずして、倫理を外しても利益や快を追求する現代人の「貪欲（どんよく）さ」と市民としての「正しい生き方」との溝は埋まらない、と。

評・鷲田清一（大谷大学教授）

のうとみ・のぶる 65年生まれ。慶応大学教授。専門は西洋古代哲学。

『修羅の宴』

楡周平 著

講談社・一八九〇円

ISBN9784062177146／9784062930307（講談社文庫〈上〉）・9784062930314（〈下〉）

文芸／経済

人生と経済の盛衰を重ねる

これは、第一次オイルショックさなかの1974年から、バブル景気崩壊までの約20年間を疾走する、重厚長大な経済小説である。

いづみ銀行の取締役、滝本哲夫は業績の悪化した繊維商社、浪速物産の立て直しを頭取の鏑木修次郎に命じられ、社長として出向する。高卒入社の滝本は、銀行にもどっても頭取にはなれないことを自覚し、浪速物産を自分の牙城（がじょう）にする決心を固める。

その結果、わずか2年で再建に成功した滝本は、浪速物産をわがものにしようと、さまざまな手段を弄（ろう）して業態を広げる。そのため、愛人の小料理屋の女将（おかみ）、下村桐子に因果を含めて、自社の労組幹部の内輪話を、報告させたりもする。不動産や、町金融まがいの仕事にも手を出し、着々と地盤を固めていく。その、えげつないほど強引なやり口が、生きいきとした大阪弁の会話で進められ、滞るところがない。

バブル景気に乗って、地上げをてこにさらに大きなプロジェクトを計画中、滝本は思わぬ落とし穴にはまる。新たに、役員として迎えた真田の口車に乗り、多大の欠損を出してしまうのだ。このあたりのいきさつは、ある程度専門的な知識を必要とするが、著者はそれを分かりやすく会話で処理し、疾走感を失わない工夫をしている。

若い女に取り込まれ、長年の愛人桐子と別れたあと、滝本の運勢もしだいに傾き始めて、ついに経営に破綻（はたん）をきたす。その上、目をかけた部下にも反旗をひるがえされ、取締役会で社長を解任されてしまう。さらに、自社株の買い占め、粉飾決算などが罪に問われ、懲役7年の判決を受ける。その、年老いた孤立無援の滝本に、手を差し伸べようとする桐子に、読者はいささかの救いを感じるだろう。

この小説は、激動期を生きた滝本個人の栄枯に託して、日本経済そのものの盛衰を描いた、渾身（こんしん）の力作である。

評・逢坂剛（作家）

にれ・しゅうへい 57年生まれ。作家。著書に『虚空の冠』『羅針』など。

二〇一二年九月二三日❻

『ヒーローを待っていても世界は変わらない』

湯浅誠 著

朝日新聞出版・一三六五円
ISBN9784022510129／9784022618184（朝日文庫）　政治

面倒な民主主義と向き合う

２００８年末の年越し派遣村で村長として活躍した湯浅誠。彼は通算2年、内閣府参与を務め、現在は大阪を拠点に活動する。民間と行政を経験した湯浅が考える民主主義とは何か。橋下徹現象をどう見るか。

民主制は、どこまでも面倒くさい。多様な人々の異なる意見を闘わせつつ、互いに調整しなければならないからだ。しかし、特定のテーマに強い執着を持っている人ほど、「自分はわかっている」と思っているために、冷静に異なる意見を聞くことができない。相手をすぐに否定したがる。しかも粘り強く調整を行っていると、なかなか物事が決まらない上に、様々な妥協を強いられる。

すると、どうなるか。多くの人々がイライラし始め、「決めてくれ。ただし自分の思い通りに」と考えるようになっていく。ここに利害調整の拒否を伴うヒーロー待望論が出現する。

この現象は、政治システムへの不信と直結し、議会政治や政党政治への否定につながる。とにかく議会制民主主義はまどろっこしい。いい加減、決めてくれよ、という心理が働く。ヒーローは期待に応えて、反対者を叩（たた）き、即断即決で物事を決めていく。

私たちは民主主義の面倒くささに疲れ、システムを引き受けきれなくなっているのではないか。民主主義には時間と空間が必要だ。しかし、現在の社会には「溜（た）め」がなく、みんな忙しい。熟議や調整に参加する時間的余裕もなく、場所も見当たらない。「溜め」のない社会は、貧困を抱える人たちを苦しめるだけでなく、勝ち組をも追いつめる。いつ転落するかどうか分からないという恐怖とストレスを抱え込むからだ。そして、その不安は更なるヒーロー待望論に結び付いていく。

この負のスパイラルを私たちは断ち切ることができるのか。民主主義のあり方が根源的に問われている。

評・中島岳志（北海道大学准教授）

ゆあさ・まこと　69年生まれ。社会活動家。２００９～12年、内閣府参与。

二〇一二年九月二三日❼

『駐在保健婦の時代　１９４２－１９９７』

木村哲也 著

医学書院・二九四〇円
ISBN9784260016780　歴史／ノンフィクション・評伝

戦時下、警察官の駐在勤務にならい、「健民立国」を旗印に、全国に駐在保健婦が配置された。その制度は終戦で解消したが、地勢上、交通不便な高知県は独自に復活させ、地域保健に力を尽くした。これは「高知方式」と呼ばれ、やがて全国に導入されていく。一九九七年、保健所法の改正により、駐在制は廃止された。

本書は、高知県駐在保健婦であった著者の祖母と、その同僚たち十数人からの聞き書きを基にし、草の根の保健衛生活動の歴史をつづったもの。保健婦の手記は多いが、通史と実態を一般人向けにまとめた類書は案外に無い。

酒の害を説明する会合を、酒屋の二階で開いたとか（地区の集会所が酒屋なのだ）、健康体操を教えたあと、皆で歌ったり踊ったりした（楽しませなくては人は集まらない）。受胎調節指導の時は、説得力があるよう老（ふ）け作りをした、など興味深い話が目白押し。惜しむらくは、勤勉な彼女らの報酬が記されていない。従って個人生活が不明。

評・出久根達郎（作家）

二〇一二年九月二三日❽ 『精神論ぬきの電力入門』

澤昭裕 著
新潮新書・七三五円
ISBN9784106104831
社会

原発事故のあと、エネルギー政策論議はある意味で自由度を失っている。「脱原発」の世論が一気に広がり、比較検討されるべき原発再稼働論は討論の場から排除された。だが国民生活の「インフラ中のインフラ」の電気は、どのような姿を理想とするにせよ、目の前の現実や生活と切り離して考えられはしない。

本書は政策を熟知する元官僚の著者が、電力の実情をやさしく解説しつつ、そのあり方を問いかける入門書だ。そのために、さまざまな論点について読者に「不都合な真実」やデータもつきつける。

例えば、電力会社間の競争を促せば料金は下がると言われる「発送電分離」や「電力自由化」。欧米での導入例ではむしろ値上がりした国が多い。まして電気が足りない現状の日本で導入すれば、間違いなく料金は上がるという。

異論反論がある向きは著者に「精神論ぬき」で論戦を挑んでほしい。「いつでも受けて立つ」という気迫のこもった、内容の濃い新書だ。

評・原真人（本社編集委員）

二〇一二年九月三〇日❶ 『タイガーズ・ワイフ』

テア・オブレヒト 著　藤井光 訳
新潮クレスト・ブックス・二三一〇円
ISBN9784105900960
文芸

勇猛な想像力で 普遍性もつ異郷

読後、吠（ほ）えたくなった。あまりにも悲しいから。なのに腹が立つほどパワフルで魅惑的だから。

作者のテア・オブレヒトは、旧ユーゴスラビア出身で思春期にアメリカに移住した女性作家。デビュー作の本書で、25歳にして英語圏の重要な女流文学賞であるオレンジ賞を受賞した。

すべての小説の核には作者の体験があるとはいえ、移民系の作家が英語で書く文学は、どうしても自伝的な要素が強くなる。苦労と困難に満ちた、自身や親の世代の移民体験を作品として昇華する。あるいは英米の読者には異質な世界、異なる文化的伝統を持つ〈自分の土地〉の物語を書く。

本作は後者に属するが、この書き方の強みは、距離と非母語＝英語を介することで、故郷を離れた作者にとって〈自分の土地〉が〈異郷〉となることだ。それが作品に普遍性を与える。もはや存在しない国家出身の作家には、この異郷感覚はより切実であろう。本書にはユーゴという国名は一切出てこない。都市名や人名、描かれる文化的歴史的背景から、戦争で昨日までなかった国境が引かれ、同国人が突然外国人になった東欧の国が舞台だとわかるのみだ。

物語が始まるのはまさに、主人公の医師ナタリアが、この新しい国境線を越えようとしているときだ。医療支援を行うため隣国に向かう途上、彼女は心から敬愛する祖父の死を知らされるのだ。

トラを見るために幼いナタリアを日課のように動物園に連れて行った、やはり医師だった祖父は胸ポケットにいつもキプリングの『ジャングル・ブック』を忍ばせていた。このトラへの深い愛情はどこから来ているのか？ 彼が隣国で死んだのはなぜか？ ナタリアの国境を越える旅は祖父の過去を遡（さかのぼ）る旅となり、それが土地の伝承と歴史を辿（たど）り、分断された国の過酷な現実と向き合う旅ともなる。

破天荒な二つの物語が祖父の人生を決定づける。辺境の山奥だがオスマン帝国以来の歴史に翻弄（ほんろう）されてきた小さな村で、幼い祖父が出会った「トラの嫁」の逸話。そして祖父が人生の折々で邂逅（かいこう）し、『ジャングル・ブック』をめぐり賭けをした「不死身の男」の逸話。

村の無愛想な肉屋、謎めいた薬屋、トラ退治に来た猟師などの忘れがたい人物たち。包囲下のサラエボとおぼしき都市での祖父と不死身の男との最後の出会い。全編に死が満ちた本書は、死者とどのように別れを告げ、どのように共に生きていくかについての書でもある。張りつめた悲しさと物語の快楽の共存。異なる言語、習俗、宗教といった異質な要素を共存させていた土地の夢を、若い小説家は瑞々（みずみず）しい、そしてトラのような勇猛な想像力で引き継いだのだ。

評・小野正嗣（作家・明治学院大学専任講師）

Téa Obreht　85年ベオグラード生まれ。92年にユーゴスラビアを離れ、のちにアメリカに移住。現在はニューヨーク在住。2011年のオレンジ賞を最年少で受賞。全米図書賞の最終候補作にもなった。

二〇一二年九月三〇日❷

『ネアンデルタール人　奇跡の再発見』
小野昭 著

朝日選書・一三六五円
ISBN9784022599919

『化石の分子生物学』
更科功 著

講談社現代新書・七九八円
ISBN9784062881661

科学・生物

あり得たもう一つの「人類」

人権、人命、平等の尊重。我々人類にとってあまりにも普遍的な規範は、実は意外なことに2万数千年ほど前に起きたある偶然の上に成り立っている。ネアンデルタール人の消滅。化石が発見された当時、学者たちは、ヒトの祖先のものだとみなした。

しかしここ十数年のあいだに事態は大きく展開した。全く不可能だと思われていた化石中の残存DNAを解析する方法が編み出されたのだ。

ドイツではネアンデルタール人再検討の機運が高まった。博物館秘蔵の国家的至宝クラスの化石をくり貫（ぬ）いて、DNAを取り出したいと考えた。成功する確率は極めて低い。言ってみれば、日本なら金印の一部を削って元素分析にかけたり、箸墓古墳の発掘を行ったりするような大英断である。情熱が道を開いた。

結果は驚くべきものだった。ネアンデルタール人はヒトの祖先ではない。両者は、並行して進化してきた異なる種。つまり交配は不可能。

発掘された遺構には花が供えられていた。死を悼み、来世を信じるような知性と文化を持ちながら、異なる種としての人類がもう一つ現存していたら。クラスに数人のネアンデルタール人が交じっていたら。世界は全く違ったものになっていただろう。

しかし話はこれで終わらない。広範なDNA解析の結果、ネアンデルタール人とヒトとの間にはわずかな混血の痕跡が明らかになりつつある。一体何を意味するのか。アフリカから旅だったヒトはヨーロッパでネアンデルタール人と出会った。そのとき交流があり、極めて稀（まれ）な確率で、子供ができたということである。しかしその後、ネアンデルタール人は消えた。なぜ。かくして最新科学は私たちの出自と原罪に、新たな問いを投げかけた。『ネアンデルタール人』は若き考古学者の活躍を中心に、『化石の』はDNA解析の現場を丁寧に記述して、どちらも極めてスリリングな本。

評・福岡伸一（青山学院大学教授）

おの・あきら
さらしな・いさお

二〇一二年九月三〇日❸　文芸

『晰子（あきこ）の君の諸問題』

佐々木中 著

河出書房新社・一五七五円

ISBN9784309021232

散文と詩の間　交錯する言語

『夜戦と永遠』という大著でデビューした哲学者・佐々木中は旺盛に創作し続ける。

「行こう、君と一緒なら」と始まる小説は、もはや佐々木文体とも言える見慣れぬ単語の衝突に満ちており（「常闇〈とこやみ〉が毛羽立ちぬらつく染みにじんだ暁鼠〈あかつきねず〉によどれ」）、散文と詩のあわいを行き来するのだが、今回はそこにライトノベルのような現代口語と批評文さえもが混交する。

ここで呼びかけられた「君」とは誰なのか。小説内にいる人物か。それとも読者である我々か。その問いがすでにタイトルの一部である〝君の諸問題〟なのだとも言える。

そもそも語り手はほぼ冒頭で「君は読み間違うだろう」と書く。なぜならこれは「一度きりの書き損じなのだから」と。であれば、この小説は出会うごとに常にアクシデントのように意味を勃発させる文の集積である。

そこに晰子があらわれる。一万年ぶりに訪れた氷河期、夏の来ない季節に。彼女は例えばまとった服に関して「フリフリじゃないっ」などと現代的な言葉でしゃべる。同時に彼女は語り手と同居する家で、ドイツ語詩人パウル・ツェランの論文を書いている。

確かな身体の感触を持った女性像である。小説はこうした〝複層的な言語〟の中を生きる通常の女性を扱いにくい。だが、本著は晰子のツェラン論を大幅に引用するなど、階層の異なる言語を大胆に交錯させて筋を進める。

ツェランは晰子が考察する他者「君」へと詩をもって対話を続ける。晰子がそれを断絶させるまで。そして小説自体は切ない事実を告げながら、またも「行こう。君と一緒なら」と宣言するに至る。

ただ、今度の呼びかけが語り手からのものか、晰子のものかはわからない。確かなのはそれが「様々な喪失の只中（ただなか）で」残った言語であることだけだ。つまり、呼びかけられた「君」は〝あの日〟以来の我々でもあろう。

評・いとうせいこう（作家・クリエーター）

ささき・あたる　73年生まれ。作家、哲学者。『切りとれ、あの祈る手を』など。

二〇一二年九月三〇日❹　歴史

『中国と茶碗と日本と』

彭丹 著

小学館・一八九〇円

ISBN9784093882583

陶磁の謎解き　スリリングに

著者は着物を着て茶をたて、能を舞い、幸田露伴を読み、寺に出入りし、そして日本語で小説も書く日本学者だ。欧米人の日本学者には、伝統文化に身体ごと入り込んでゆく人々が多いが、アジアの日本学者では、ごく少数派である。

本書は茶の湯の陶磁器を素材にしているが、専門家しか分からない類の専門書ではない。著者が茶の湯の体験のなかで驚き、感動し、謎に思ったそのひとつひとつを解明しようとしている。その目の付け所と解明の方法が、ただごとではない。

日本の国宝になっている陶磁器は十四点あるが、そのなかの半数以上が中国製だという。茶の湯の茶碗（ちゃわん）は八点だが、そのうち五点は中国のものなのだ。そこで著者は謎を抱える。なぜ外国製のものが国宝になるのだろうか、と。ちなみに、現存する曜変天目茶碗三点はすべて日本にあり、中国では全く知られていない。

中国では曜変（窯変〈ようへん〉）天目ができるとすぐに壊した。なぜなら窯変は不吉の象徴だからである。しかしそれを助け出した人がいた。著者は中国の古典文献で、八十歳の老人が密（ひそ）かに茶碗を持ち出した経緯を突き止める。そのようにして、茶碗は命からがら日本に渡って行くのだった。

白と藍の祥瑞（しょんずい）は多くの日本人に愛され、今でもその写しはよく使われる。「祥瑞」という名は器の底にある「五良大甫呉祥瑞造」に由来し、この銘のあるものは中国の景徳鎮で焼かれたとされている。しかし著者はここでも謎を抱える。五良大甫とはいったい誰なのか？ 日本、中国双方の文献を自由自在に読みこなしながら、その謎を解いて行く過程はスリリングだ。

青磁や龍文についても書いているが、いずれも茶碗だけでなく、魅せられ、造り、使う人間たちの姿が、小説を読むように活（い）き活きと脳裏に浮かぶ。久々に才能ある書き手の登場である。

評・田中優子（法政大学教授）

ほう・たん　71年中国生まれ。法政大学社会学部講師（日中比較文化・比較文学）。

二〇一二年九月三〇日⑤

『高倉健インタヴューズ』

野地秩嘉　文・構成

プレジデント社・一六八〇円
ISBN9784833420174／9784094700039（小学館文庫プレジデントセレクト）

アート・ファッション・芸能

演技の核の「気」解明に挑戦

18年という長期にわたって行われた高倉健へのインタビュー集である本書で著者は「健さん」の徹底解剖に挑戦するが、その実像は新作映画「あなたへ」の霧に包まれた古城跡のように、全貌（ぜんぼう）が見え隠れする。

自己に忠実で常に自然体の健さんと時間を共有した者の多くは個を取り戻したかのような幸福感を味わうのが本書でもわかる。そんな高倉健は演技の核に「気」という見えない力の存在を設定する。このことが気になる著者は「気」の正体の究明にかかる。

「気」は絵画にあっても不可欠な表現力を有し、絵画が現実を模写することに意味のないように、映画には映画の現実が要求されるが、健さんの求めるリアリティーは違う。演じる人物の心情を共有することで内発する感情をそのまま映画表現に移植する。このことで虚構が現実と同一化するが、その力の源泉が「気」であるように思う。

本書でも触れている「あなたへ」の大滝秀治の、聞き逃してしまいそうな素っ気ない「久しぶりにきれいな海を見た」というセリフを聞かされた健さんは大滝さんにしびれるようなリアリティーを感じ、消えかかっていた自らの俳優生命を延命させる機をつかんだ、と正直に告白する。このセリフの重みと真意はおそらく健さんにしかわからないだろう。健さんは大滝さんの演技に何を見たのか？

過日、放映されたテレビドキュメントで健さんは「幸せになりたい」とポツンと語ったが、この言葉にも重いメッセージが込められていると感じた。優れた一流の表現者にしか吐けない言葉である。優れた表現者は孤独を友とし、仕事を通してしか幸せは得られないという宿命を背負っている。表現者が幸せを望むなら、自らの生き方を反映した自分らしくふるまえる作品に出会うしかないのかも知れない。そして健さんの幸せはファンの幸せでもある。

評・横尾忠則（美術家）

のじ・つねよし　57年生まれ。ノンフィクション作家。『キャンティ物語』など。

二〇一二年九月三〇日❻

『光線』

村田喜代子 著

文芸春秋・一五七五円
ISBN9784163815503／9784167902896（文春文庫） 文芸

胸に迫る夫婦の普通の生活

「東日本大震災」当日、あなたはどこで何をなさっておられただろうか。

『光線』の妻は、ガン（本書の表記に従う。実は評者も漢字が怖い）の疑いで入院している。大震災の翌々日、検査手術をする。前日、福島原発一号機が爆発している。検査の結果は、案じていた通りだった。妻は切らずに、定位放射線治療を選ぶ。ガン細胞にピンポイントでX線を照射して、ガンを消す。最新療法だ。

そのセンターのある南九州K市に夫婦はウイークリーマンションを借りる。二人は毎日センターに通う。妻の治療が始まる合図に、けたたましいブザーが鳴る。付き添いの夫は技師たちと急いで部屋を出る。ぶ厚い電動扉が閉まる。妻だけがベッドに残される。

どんな気持ちになる？ と夫が聞く。身がすくむわ、と妻が答える。でも気にしないで、と続ける。私はガンになったんだもの、あなたはそうじゃないんだから。

妻は浴びる人で、夫は見ている者である。テレビは震災と津波と原発の映像を絶えず流している。放射能と放射線。どこが違うのだろう。警報のブザーを毎日耳にしつつ、たった一人だけの部屋で照射を受ける。

「あとがき」で著者の実体験をもとに描いた、と知った。手術前に書かれた四篇（ぺん）と、術後に創作された四篇を並べた、形式は連作小説集だが、並べ方が絶妙で、異色の長篇小説と読める。当たり前の日常生活が、いかに貴重であるか。朝、通院する妻が、道に捨てられてある生ゴミの袋を目撃する。カラスに破られる、と妻は眉をひそめる。

何でもない描写だが、ここに普通の生活がある、と強く胸に迫る。「ばあば神」と題された一篇は、あの地震を東京で体験した若い母親の物語である。全篇、読点なしの文章でつづられている。読んでいて、今にも文章が崩れそうで、不安定この上ない。地震は、怖いと改めて思う。

評・出久根達郎（作家）

むらた・きよこ　45年生まれ。作家。著書『人が見たら蛙に化（な）れ』『雲南の妻』など。

二〇一二年九月三〇日❼

『弱いロボット』

岡田美智男 著

医学書院・二一〇〇円
ISBN9784260016735 医学・福祉

ロボットと聞くと技術の粋を凝らした人型、ヒューマノイドを想像する。一方、掃除などに特化した実用的な非人型ロボットも普及しつつある。そんな時代に逆行するかのように、単体では何もできない「弱いロボット」を作り、そこから見えるものを追究する。

自分では動き回れず、話しかけられると非分節音（クレイアニメの「ピングー」語！）を返すロボットは、言語の枠を超えてコミュニケーションを成立させる。ゴミを拾えないゴミ箱ロボットは、時々子どもに蹴られたりしながらも、誰かに助けてもらい目的を果たす。それどころかいつの間にか人気者だ。弱いがゆえに社会性に依存し、結果、最新技術を駆使したロボットよりずっと人の輪に入り込む。

福祉や教育の場では、その「コミュ力」をいかした実用も想定できる。また、常に他者を必要とするがゆえ、我々人間も他者を必要としているのだと思い出させてくれる。「弱いロボット」から人間を見る眼差（まなざ）しは柔らかく優しい。

評・川端裕人（作家）

二〇一二年九月三〇日⑧　文芸

『LOVE & SYSTEMS』

中島たい子 著

幻冬舎・一四七〇円
ISBN9784344022294

少子化と労働力不足の問題を解決するために、各国が極端な結婚政策を採り始めた、という設定の近未来小説。結婚制度そのものをなくしてしまって自由恋愛を認め、子どもは国の教育施設でまとめて育てるというF国。国の決めた相手としか結婚できず、女性には社会進出の道が与えられていないN国。移民に頼り、結婚する人が極端に減ってしまった国や、幸福度ナンバーワンを謳（うた）う幻のハ国など、どこかで聞いたような気もするさまざまな国での人々の生き方が、明るいタッチで描かれている。

恋愛という、もっとも個人的なはずの営みが、システムにがんじがらめにされ、自由な思考や決断も妨げられてしまう。恐ろしい話だが、近未来に限らず過去や現在にも、こうしたことは多々あるのではないだろうか。

愛をめぐる制度について、小説の結末のロマンチックラブ（幻想？）をどう考えるかも含め、友人との議論の材料に絶好の一冊である。

評・松永美穂（早稲田大学教授）

二〇一二年一〇月七日①　人文／社会

『千夜千冊番外録　3・11を読む』

松岡正剛 著

平凡社・一八九〇円
ISBN9784582824629

有機体のような本の記憶の記録

東日本大震災以降じつに多くの本が出た。読んだもの読まなかったもの様々あって混乱してくる。それまで気にとめていなかった本が、急に気になり始めた人も少なくない。膨大な関連本を一気に読んだ人も多かった。私もそうだ。改めて、何に自分の気持ちを向けておくべきか、ここでちょっと立ち止まって考えてみる時期だ。そういう時に出たのが本書である。

目次には六十冊が並んでいるが、一冊ずつ一項目としてコメントされているわけではない。そんな構成は松岡正剛らしくない。見出しの本は単なる入り口であって、そこから入ってゆくと次々と別の本が呼び出され、つながってゆく。それが三月十一日およびそれ以降の著者の行動に関わり、その日々のなかで去来した本の記録であることに、やがて気付く。

たとえば、高村薫『新リア王』の小見出しに入る。宮沢賢治、そして赤坂憲雄と東北学が想起され、ベンヤミンとドストエフスキーが参加し、藤原新也と芭蕉が訪れる。それはやがて最終章の「みちのく論」に至る。この章は東北論および、東北を素材にした物語・小説類の宝庫だ。地震や津波や原発だけ追うのでは足りない。考えるべきなのは、なぜ鄙（ひな）は都に奉仕してきたのか、近代化とは何か、をめぐる日本とグローバリズムの根本問題だろう。読書によってこそ、それが明瞭になってくる。

ところで本書には「千夜千冊番外録」というサブタイトルがつき、「1412夜」など、まるで千夜一夜のような番号がふられている。この番号はインターネット上の書評サイト「千夜千冊」の番号である。「千夜千冊」は松岡正剛が二〇〇〇年から始めた書評で、今や一五〇〇夜に迫ろうとしている。インターネットとの連動で読むと、本どうしのつながりはさらに拡（ひろ）がる仕掛けである。

本書は松岡正剛の本棚を3・11で切り取ったものだが、この三年間、より壮大な本棚の試みが東京・丸の内の丸善で行われていた。「松丸本舗」である。このコーナーは、本が分類とは全く別の意味で自らつながっていくことを眼（め）で見られる、刺激的な実験場であり遊び場だった。しかし惜しいことに、丸善はこの希有（けう）な空間を閉じてしまった。そして、その実験の記録『松丸本舗主義』が刊行された。

電子書籍だけが電子時代の本のありようではない。人が本を読む。そこから想定もしない世界が拡がって行く。「千夜千冊」はその動きを可視化する電子時代の知の仕組みだが、松丸本舗では、実際の本が有機体のように触手を伸ばしながらつながっていた。あれは一体何だったのか。『3・11を読む』を始めとする松岡正剛の諸々（もろもろ）の本から、それをもう一度つかみたい。

評・田中優子（法政大学教授）

まつおか・せいごう　44年生まれ。編集工学研究所所長、イシス編集学校校長。科学や芸術、文化など多様な分野でプロデュースや監修、演出を手がける。著書『松丸本舗主義』（青幻舎・1890円）、『知の編集工学』など。

二〇一二年一〇月七日❷

『無声映画のシーン』

フリオ・リャマサーレス 著　木村榮一 訳

ヴィレッジブックス・二一〇〇円

ISBN9784864910057　人文

写真から甦る 忘れえぬ風景

スペインの作家がある日、北部の一地方の鉱山が閉鎖されることを知る。そこは彼が少年の頃に10年ほど暮らした山間の町でもあった。産業を失った町の末路を知る作家は深い郷愁にとらわれ、炭坑町で撮られた写真を見つめながら過去を回想する。

最初の写真は、映画館の前に立った少年の姿だ。移ろいゆく時間に抗して、ある一瞬を刻みつける記憶と写真の親近性は言うまでもないが、作家は、記憶とはとりわけ映画のシーンがいくつかの瞬間に凝縮された古いポスターに似ていると考える。思い出すとは、その瞬間＝シーンを手がかりにして、自分の生きた物語を甦（よみがえ）らせることなのだ。

写真の一枚一枚が、記憶の奥底から次々と小さな物語を連れてくる。冬になると雪が腰のあたりまで積もる長い通学路。喋（しゃべ）るのも困難なほど苦しそうな息遣いで、真っ黒い痰（たん）をそばの金盥（かなだらい）に吐いていた坑夫たち。町で最初のテレビを見ようと酒場に、楽団を聞きに広場に押し寄せた人の波。独裁者フランコの車を見送るべく、小旗を手に沿道に動員させられた人々。ユダと呼ばれ、子供たちから恐れられていた酔っぱらいが抱えていた深い孤独と悲しみ。よくバイクに乗せてくれた、憧れのダンス上手の伊達男（だておとこ）の死。

読む我々まで懐かしさを覚えるのは、それが、時代も場所も違えど、我々の誰もが自分だけの色と形で知っている集合的あるいは個的な記憶だからだ。作家の少年時代そのものであった忘れえぬ風景と人々が、美しく端正で、静かに降り積もる夜の雪のような詩的な文体で綴（つづ）られる。

残された数少ない写真から過去を召喚し、記憶をたよりに、失われた故郷の風景や人々を、そこにつながる自分や家族の人生の大切な瞬間瞬間をていねいに語りつぎ、書き綴ること。そうしたことが何よりも必要とされているいま、本書は届けられるべくして我々のもとに届いたのだ。

評・小野正嗣（作家・明治学院大学専任講師）

Julio Llamazares　55年生まれ。作家、詩人。『黄色い雨』など。

二〇一二年一〇月七日③

『「異端」の伝道者　酒井勝軍』

久米晶文 著
学研・三九九〇円
ISBN9784054051324　ノンフィクション・評伝

貧困を哲学に高めた快男児

酒井勝軍（さかいかつとき）と聞いて、「日本のピラミッド」を発見した人物だとピンとくる奇書マニアでなく、そういう方面にまるで関心のない一般読者に読ませたい大冊である。

明治期、東北で開始されたキリスト教伝道団の学校で苦学した一青年の驚くべき貧乏生活が、本書の前半を占める。一家で男物と女物が一着ずつしかなく、それを交代で着ていたほどの貧困、花札貼りや牛乳配達の仕事に精励するあまり死にかけたほどの苦難。しかし酒井はその貧乏体験を哲学に高めた。

説教よりも実働による自己確立をめざす一方、給料を得て活動する伝道者のありかたには疑問を抱いた。さらに音楽を霊からの声と発想して説教よりも重視するに至り、信仰者として「異端、背教」と批判されるのも構わず、讃美歌（さんびか）を学ぶため決死のアメリカ留学を敢行するまでの前半生は、明治の立志伝として出色といえる。

酒井という快男児をキリスト教の網に掬（すく）い取った東北伝道史こそ、まことに興味ぶかい。野球を日本に根付かせた冒険小説作家押川春浪（しゅんろう）を子に持った押川方義（まさよし）を中軸とし、押川が東北各地に開いた神学校や、教会がつないだ青年たちの奇縁が、詳しく語られる。新宿中村屋を起こした相馬黒光（こっこう）（酒井に淡い恋心を抱いたという）、島崎藤村や岩野泡鳴ら文学者たち、また酒井が留学先でアポなし面会を申し入れた伊藤博文までも、酒井の青年期と接点を結ぶのだ。

この長大な前半を終えて、著者はようやく酒井独特の異端思想を分析し始める。

このあと酒井は戦場を体験し、渋谷で「聖なる幻覚」を見ることで、一転して神秘の日本史にかかわる思想／妄想に憑（と）りつかれるが、著者はそこを極力冷静な手法で解き明かそうと努める。本筋の日本ピラミッドや日ユ同祖説、キリスト日本渡来説に向けた著者の想（おも）いは熱く、本を擱（お）かせてくれない。

評・荒俣宏（作家）

くめ・まさふみ　53年生まれ。専修大学非常勤講師。『図説　異端の宗教書』。

二〇一二年一〇月七日④

『正岡子規』

ドナルド・キーン 著　角地幸男 訳
新潮社・一八九〇円
ISBN9784103317081　ノンフィクション・評伝

詩歌変革した生涯 丁寧に探索

明治が生んだ最大の詩人、正岡子規を描く評伝である。生涯と作品を丁寧に探索していく。筆致は抑制的であるが、考察の跡が選び抜かれた言葉にうかがえ、子規の全体像がよく伝わってくる。

「写生」という方法をもって、詩歌を底から変革した詩人の背後には、「欠伸（あくび）を催す」古俳諧の分類という仕事があった。徒労に似た無形の蓄積があって、日本文学の伝統、「小さい静謐（せいひつ）な美」をよみがえらせ得たのだろう。さらに、新体詩、漢詩、散文をたどることで、この詩人の基軸が覚めたる批評的精神にあったことを知るのである。

脊椎（せきつい）カリエスに冒され、病床のなかで優れた作品を生み出したことはよく知られるが、凝視する表現がまた病の身を支えたのだ。子規は生涯、恋愛詩を書かなかった。自然へ注ぐ愛情の半面、身近な人々への情愛には乏しかった。一個の人間としていえば欠けるものがあったことにも筆は及んでいる。

たまたま先頃、著者のキーン氏に会う機会があり、本書のことも訊（き）いてみた。子規への関心は四十年来のことで、直に全集を読み込むなかで本書をまとめたとのことである。もし子規の仕事がなければ、俳句も短歌も漢詩のごとくに衰退し、人々の身近な詩歌として生き続けてこなかったかもしれない、という指摘にははっとした。

かつて本紙「天声人語」の書き手であった深代惇郎はキーン氏のことを取り上げている（75年1月13日付）。その中で〈「いつになったら私の仕事を、日本文学の〝紹介〟ではなく〝研究〟といってくれるのでしょうね」というのが、この大家の長年の嘆きである〉という一文が見える。52歳の日のこと。いま90歳。もはや「紹介」として本書を読む読者はいまい。日本国籍の取得とはかかわりなく、この間の絶え間ない研鑽（けんさん）が、氏を日本文学研究の高峰へと押し上げている。

評・後藤正治（ノンフィクション作家）

ドナルド・キーン　22年生まれ。日本文学者、コロンビア大学名誉教授。

二〇一二年一〇月七日⑤

『2050年の世界　英『エコノミスト』誌は予測する』

英『エコノミスト』編集部 著
東江一紀、峯村利哉 訳
文芸春秋・一八三八円
ISBN9784163755007／9784167903107（文春文庫）社会

「未来」からみる「現在」の課題

40年後の世界を言い当てることなど、当たるも八卦（はっけ）当たらぬも八卦のたぐいだろう。だが、英エコノミスト誌のダニエル・フランクリン編集長によると「来週や来年を予測するよりたやすい」そうだ。構造変化に最も大きく影響する人口動態が、かなり高い精度で予測できるからという。

本書は、日常的に膨大なデータから世界情勢を分析している同誌の執筆陣が、経済や科学、病気、環境などについて描いた40年後の世界だ。

たとえばこんな具合に。

- 高齢化と肥満化が世界の流れとなる。それに伴って途上国でがんや糖尿病が増える。
- 経済成長を続ける新興国で宗教が弱体化する。
- 世界中で製造業が縮小するが、サービス業が増大する。
- 国際言語としての英語の一極集中は崩れない。ただしコンピューターによる翻訳能力が飛躍的に向上し、外国語学習はペン習字のように時代遅れになる。

専門的で、鋭い理由づけもあるから、それなりに説得力もある。それでもこれは記者たちが書いたSF小説のようなものだ。額面通りに受け止めすぎるのは危険だ。

と同時に、ないがしろにも出来ない。なにしろ同誌は世界中のエリートたちに最も読まれている国際政治経済誌なのだ。たとえSFであってもこれが標準的な世界観として広がらないとは限らない。

40年後に予測された日本の姿は、超高齢化の末に影響力も豊かさも失った、並以下の国だ。勃興したアジア経済は世界経済の半分の規模を占めるまでになっている。日本はひとり存在感が薄い。1人当たり国内総生産（GDP）は韓国の半分になってしまう。

いささか悲観的にすぎると思う。ただ、裏返せばそれが「現在」の日本が直面する課題ということなのだ。対策を怠れば、そういう「未来」がやってくるかもしれない。それを知るには、うってつけの教科書だと言える。

評・原真人（本社編集委員）

「エコノミスト」は1843年に英国で創刊された週刊誌。

二〇一二年一〇月七日⑥

『死体は見世物か　「人体の不思議展」をめぐって』

末永恵子 著

大月書店・一八九〇円

ISBN9784272330775　アート・ファッション・芸能

死者と生者の関係　問い直す

90年代から全国で開催され、話題となった「人体の不思議展」。近くて遠い人体の展示は、多くの観客を動員した。しかし、展示された人体は、特定の誰かの死体である。「その人」は人格を持ち、他者と関係してきた具体的存在だ。その死体が皮膚を剥ぎ取られ、本人の望むはずのないポーズで展示された。著者はこの展覧会に、死体への冒涜（ぼうとく）を読み取る。

展示会のきっかけは、ドイツのハーゲンスが開発したプラスティネーション標本という死体長期保存技術にあった。日本の解剖学者はこの技術に注目し、日本での製作を熱望。その啓蒙（けいもう）活動として、展覧会を企画した。1995年、日本解剖学会は創立100周年記念行事として「人体の世界」展を開催。これはプラスティネーション標本を一般公開した世界最初の機会で、注目を集めた。

展覧会の成功に目をつけたのは起業家たちだった。彼らは死体の商業展示をビジネスチャンスととらえ、「人体の不思議展」を開催。学者のみならず、行政やマスコミも後援し、全国を巡回した。

そもそも展示された死体はどこから来たのか。当初はハーゲンス作製の標本が使用されたが、興行会社との金銭トラブルで関係は決裂。すると、主催者は入手先を中国に求めたが、ここで疑惑が浮上する。死体の出所が不透明なのだ。標本となった死体は誰なのか？本人は生前、確かに献体の意思を示したのか？

商品化された死体と、それを見世物的に消費する来場者。会場には慰霊碑・献花はなく、死体の尊厳への配慮は見られない。一方で、我々は博物館でのミイラ展示をあまり問題視しない。死体展示が許容されるボーダーラインはどこにあるのか。

この境界を見定める作業は、必然的に死者と生者の関係の問い直しにつながる。本書は、極めて重要な哲学的問いを投げかけている。

評・中島岳志（北海道大学准教授）

すえなが・けいこ　65年生まれ。福島県立医科大学講師。『鳥伝神道の基礎的研究』。

二〇一二年一〇月七日⑦

『言語と貧困　負の連鎖の中で生きる世界の言語的マイノリティ』

松原好次、山本忠行 編著

明石書店・四四一〇円

ISBN9784750336466　人文

少数派言語の話者は、貧困に陥りやすい。「たかが言葉で？」と思うなら、それは我々が比較的一枚岩の言語環境に恵まれているからだと、本書を読むと思い知らされる。

19世紀、先住民の子を寄宿校に隔離し英語を強要したカナダや、母語を話した生徒に「罰札」をかけたウェールズの事例は、いずれも文化の喪失と貧困に帰結した。近年でも西アフリカでの西欧言語偏重が識字率など生活の向上を妨げたと報告される。シンガポールのような豊かな国ですら、英語での教育を是としつつ「落ちこぼれ」による社会格差が問題になっている。かといって単純な母語回帰が必ず奏功するわけでもない。

グローバル化が進む世界で、実は我々の言語もマイノリティーだ。英語など優勢言語とどう対峙（たいじ）するかは長年の議論があり、今後より顕在化するだろう。さらにアイヌ語、琉球語など内なる少数派を思い起こすなら、本書で描かれる世界的ジレンマは、まさに我々自身のものである。

評・川端裕人（作家）

二〇一二年一〇月七日⑧

『青い鳥文庫ができるまで』

岩貞るみこ 著

講談社・一二六〇円
ISBN9784062177948／9784062855013（講談社青い鳥文庫）
文芸

「おくれています。このままじゃ、本は出ませんよ。早く書いてください」。咽（のど）から出そうになるこのセリフ。ぐっとのみ込む。作家が必死に書いているのは製品ではなく作品。できないものはできない。

編集者モモタは、売れっ子作家・綾小路さくらの担当。遅筆で有名。出版日程が刻々せまる。なだめ、すかし、はげまし、やっと原稿を取る。もらったら即レス（これは書き手にとって本当にうれしい）。

これが本になって書店に並ぶまでのプロセスを小説仕立てで詳述。入稿、初校、再校、校了といった業界用語が飛び交う。校閲者、デザイナー、イラストレーター、流通、実に数多くの人が関わる。

活字文化にネット言説と一線を画す未来があるとすれば、文字を心から愛する人々の手間ひまが育むこの信頼性しかない。作家、編集者、書店員、文字に関わるすべての人が今、読むべきリアルな書。若い人にとってはキッザニアにない職業の価値を知る実に有益なる一冊。

評・福岡伸一（青山学院大学教授）

二〇一二年一〇月一四日①

『メインストリーム 文化とメディアの世界戦争』

フレデリック・マルテル 著　林はる芽 訳

岩波書店・三七八〇円
ISBN9784000249515　アート・ファッション・芸能／社会

文化の向かう先 巨視的な視点で

低迷を続ける政治や経済を横目に、マンガ・アニメからファッション、料理まで、日本文化はこの10年で影響力を飛躍させた。

しかし、市場の細分化と国際競争が進むなか、10年後には日本を取り巻く文化の地政学が激変している可能性も少なくない。

世界の文化の潮流はどこに向かっているのか。日本の強さと弱さとは。巨視的な視点から考えさせてくれる力作が現れた。

著者はフランスの元・文化外交担当官。世界30カ国を訪れ、ボリウッドからアルジャジーラ、韓流ドラマ、Ｊポップまで、１２００人以上の関係者を取材した。

見えてきたのは米文化のしなやかな底力と、その覇権に挑むアジアやアラブ、中南米の国々のしたたかな世界戦略だ。

米文化については「アメリカ人は見事な文化モデルを築き上げた」とし、たとえば大学やコミュニティー、非営利部門が果たしている役割に注目する。

テレビから映画、演劇、音楽、出版まで、米国が文化大国となった理由を巨大資本の存在のみに帰結させるのは「うわべしか見ない人々の批判」だと一蹴する。

また、米国が他国に文化を一方的に押し付けているとする「文化帝国主義批判」についても、文化の受容をめぐる複雑な現実を示しながら疑問を呈している。

米国赴任中の4年間に全米35州の１１０都市を踏査した著者の実感だけに説得力がある。

本書の後半は身が引き締まるエピソードの連続だ。

たとえば、韓国は北朝鮮の世論に働きかけるべく「中国の闇市場を経由して韓国ドラマを北に送り込む迂回（うかい）戦術」をとっているという。

中東ではサウジアラビアの放送局が同国と冷戦状態にあるイラン向けの放送をドバイ経由で活発化している。イランとのつながりが深いドバイは、欧米の国際放送局にとっても戦略的な拠点だ。

文化に国際政治の厳しい現実が重くのしかかっている点は日本では見過ごされがちだ。

もちろん、文化とはエンターテインメントでもある。

著者によれば、10代前半に声や外見でスカウトし、一人何役もこなせる多目的な「アイドル」として養成するのは日本や韓国に特有の現象だという。

Ｋポップを代表する「少女時代」のように、

世界展開を見据えて複数の言語に対応させる近年の傾向は、グローバル化の実像や本質を読み解くうえでも含蓄深い。

ルポルタージュとしても優れた本書に触れることで、日本の中だけでは気付くことのなかった、もう一つの「ＡＫＢ白熱論争」も可能になるはずだ。

評・渡辺靖（慶応大学教授）

Frédéric Martel 67年生まれ。作家、ジャーナリスト。『超大国アメリカの文化力』でアメリカ・フランス文学賞。パリ政治学院で教えるかたわら、書評・文化情報サイト（nonfiction.fr）を主宰。ラジオでトーク番組の司会も。

二〇一二年一〇月一四日③ 文芸

『夜明け遠き街よ』

高城高 著

東京創元社・一七八五円

ISBN9784488024970

バブルのススキノ 精細に描写

高城高は、１９９０年代半ばに死去した大藪春彦とともに、日本のハードボイルド小説の始祖、と認められている。

もっとも、大藪と違って高城は大学卒業後新聞社に就職し、十分な創作活動ができなかった。そのため、休筆期間がずいぶん長く、執筆を再開したのはようやく、２００７年になってからのことだ。とはいえ、長年のブランクを感じさせぬ円熟した小説世界は、昨今の作家にない独特の厚みを持つ。当然のように、伝統的なハードボイルド小説のファンは、諸手（もろて）を上げてそのカムバックを歓迎した。

本書は、バブル期の札幌ススキノを舞台に、いわゆる黒服の世界をヴィヴィッドに描いた、ヌーヴェル・ノワールである。キャバレー〈ニユータイガー〉の副支配人、黒頭悠介（くろずゆうすけ）を主人公に、札びらの飛び交うススキノの夜の世界を描いて、間然するところがない。時代考証、風俗考証ともに行き届いたもので、ススキノに詳しくない読者でも、この街のたたずまいを生きいきと、感じとることができるだろう。

緩やかな連関を持つ連作短編集で、一つひとつのエピソードに工夫があり、それが全体としてススキノを浮かび上がらせる、凝った構成になっている。登場人物の風貌（ふうぼう）や服装、表情の動きなどを精細に描写し、それによってその人物の性格、心理を描き出す手法は、ハードボイルド小説の古典的なわざだ。

黒頭は、決して無敵のヒーローではないが、どんな修羅場でも節を曲げない。その人物造型は、ハメットが創り出したネド・ボーモンを、彷彿（ほうふつ）とさせるものがある。ことに第5話『マンション・コレクター』で、黒頭がやくざにさんざんにぶちのめされるシーンは、1ページにも満たない長さだが、簡潔にして緊張感にあふれた、秀逸な場面だ。

おとなの小説をお望みならば、ぜひ高城作品の小説世界に、ひたっていただきたい。

評・逢坂剛（作家）

こうじょう・こう 35年生まれ。作家。『X橋付近』『函館水上警察』など。

二〇一二年一〇月一四日❹ 経済

『ヘッジファンド Ⅰ・Ⅱ 投資家たちの野望と興亡』

セバスチャン・マラビー 著 三木俊哉 訳
楽工社・各一九九五円
ISBN9784903063546〈Ⅰ〉・9784903063560〈Ⅱ〉

〝ハゲタカ〟の知られざる実態

市場の大相場の陰でうごめくヘッジファンドはハゲタカに例えられ、死骸にたかる凶暴な脇役とみられてきた。だが近年、国家に真正面から挑んで勝利するファンドもあった。勝負どころで数兆円規模の資金を動かす彼らは、今や市場の主役と言ってもいい存在感を放っている。

にもかかわらずその実態はあまり知られていない。本書はそのプレーヤーたちの興亡を記録した貴重なノンフィクションだ。80〜90年代に活躍した「タイガー」ファンドのジュリアン・ロバートソン、ノーベル経済学賞学者らを束ね金融工学を駆使した「LTCM」のジョン・メリウェザーら伝説のファンド創業者たちの個性的な姿が描かれる。

とりわけ英ポンド危機やアジア通貨危機の仕掛け人として名高いジョージ・ソロスの素顔が詳述されている。無慈悲な投機家であり、国家の改革を助ける慈善家でもあった。その二面性を示すエピソードがいくつも紹介される。

ソロスの通貨空売りには国家を正しい政策に導こうという意図もあった、と著者は見る。タイやロシアの政府との攻防ではそれがあだとなって、みすみす大もうけの機会を逸し、大損もした。

危機のたびに国際的なヘッジファンド規制の強化が検討されている。だが本書のために150人以上をインタビューした著者がたどりついた結論は「規制で抑え込むのでなく、むしろ振興すべきだ」。

なぜなら巨大銀行は危機時に税金で救われるが、ヘッジファンドは過去10年で約5千がつぶれながらも納税者による救済例はない。リスク管理能力も銀行よりすぐれている。市場にとってよほど有益な存在だというのだ。

日本国債の暴落がありうるとすれば、引き金を引くのはヘッジファンドと言われる。これを「忌避すべき悪役」と見るか、「大いなる警告」と受け止めるか。私たちも本書で一度考えてみてもいい。

評・原真人（本社編集委員）

Sebastian Mallaby ジャーナリスト。米国・外交問題評議会の上席研究員。

二〇一二年一〇月一四日❻ ノンフィクション・評伝／新書

『大川周明 アジア独立の夢 志を継いだ青年たちの物語』

玉居子精宏 著
平凡社新書・九二四円
ISBN9784582856514

二元論に収まらぬ 若き主体性

アジア主義者であり、革命家だった大川周明。彼は5・15事件に関与し、獄中生活を送った。そして出所後の1938年、東亜経済調査局附属（ふぞく）研究所（通称、大川塾）を設立し、教育活動を開始する。ここで学んだ若者たちは、卒業後アジア各地に渡り、戦争の裏面や独立運動の展開に関与した。本書は、その若者たちの足跡を追う。

大川は人材育成にこだわった。日本がアジアと共に生きるためには、現地の言葉が出来なければならない。大川塾では、アジア主義の教示と共に、徹底した語学教育がなされた。学生はすべて寄宿生活。学費は無料で、小遣いまで支給された。大川には子供がいなかった。そのため、学生たちを殊のほか可愛がり、時に寝顔を見て回った。

大川は「正直と親切」の重要性を語り、アジアへの不遜な態度を諌（いさ）めた。学校では精神の鍛錬と体力の強化が図られ、分刻みのプログラムが課された。

卒業した若者たちはアジア各地に派遣され

た。語学が堪能で現地に順応した彼らは、戦争がはじまると工作の最前線で活躍するようになる。そこでは、アジア連帯の理想と軍事戦略の乖離（かいり）に直面し、憤りや不満、葛藤を抱えた。

　彼らは、日本をアジアの指導者と見なさなかった。現地社会に埋もれ、主役ではなく媒介となることが、彼らの教えられた生き方だった。

　大川は、塾の運営の一方で、密（ひそ）かに対米工作を進め、戦争を回避しようとしたが、努力はむくわれなかった。彼は「あと10年早く、大川塾を始めたかった」と嘆いた。

　塾生たちは「戦争のために教育を受けたわけではない」と考えたが、否応（いやおう）なく時代の波にのみ込まれた。そこには「侵略か解放か」という二元論からこぼれる若き主体性があった。

　アジア主義の功罪を静かに問い直す好著。

評・中島岳志（北海道大学准教授）

たまいこ・あきひろ　76年生まれ。ベトナムにあった外地校「南洋学院」などを調査。

二〇一二年一〇月一四日⑦　文芸

『茂吉　幻の歌集『萬軍（ばんぐん）』　戦争と斎藤茂吉』

秋葉四郎 編著

岩波書店・二二〇五円
ISBN9784000253116

　戦争末期、歌人の斎藤茂吉は、出版社の「決戦歌集」シリーズに応じて、自ら詠んだ戦争歌の中から、二百二十余首を選び浄書した。『萬軍（ばんぐん）』と命題し、原稿を送った。

　ところが程（ほど）なく終戦となり、これは「幻の歌集」となった。原稿は茂吉の高弟が預かった。ふしぎなことに、いつからか謄写刷りの『萬軍』が、古書店に出回り始めたのである。安い金額ではない。何者の手になるものか。全くわからない。やがて、同歌集は同じ書名で公刊された。

　本書は茂吉の自筆原稿と、二種の歌集及び茂吉全集収録の作の差異を検証したものである。歌の場合、一字違っても意味が変わってしまう。「敵」のルビも全集では「あた」だが、原稿は「てき」である。

　謄写本と公刊本に「あなあらけし」とある語は、原稿では「あなあきらけし」だ。

　本書には自筆原稿の写真版が載せられている。自分の戦争歌は「時が批判する」と茂吉は言った。字句の正誤の次は、内容の再検討だろう。

評・出久根達郎（作家）

二〇一二年一〇月一四日⑧　社会

『戦後日本の人身売買』

藤野豊 著

大月書店・四〇九五円
ISBN9784272350360

　１９４８（昭和23）年12月3日の毎日新聞に「子供を売歩く男」という見出しの記事が載った。東京の上野駅に暮らす24歳の男が、10代前半の子供3人を栃木県の農家に売り込んでいた、と記事は伝えた。この記事をきっかけに、戦後、潜在していた人身売買が大きく社会問題化した。

　警察庁のまとめでは、54年に検挙した被疑者は５５１１人、被害者は８６３５人。このうち売春に関係のある人身売買が85%を占めた。

　本書は、冷害にあえぐ農村地帯や、不況下の炭鉱地帯などにみられた人身売買の実態を当時の新聞報道などから描き出し、これに政府や国会がどう対応したかをたどる。

　日本は人身売買に甘いという海外の批判を受けて、刑法に人身売買罪が新設されたのは、ようやく7年前のこと。国際的な売買組織によって外国人女性が日本に連れてこられる事件が今も後を絶たない。人身売買は政治の問題であり、現代日本の問題である、と著者は強調している。

評・上丸洋一（本社編集委員）

二〇一二年一〇月二一日❷

『上海、かたつむりの家』

六六 著　青樹明子 訳

プレジデント社・一九九五円
ISBN9784833420211

文芸／社会

人物も物語も狂気に暴走して

　家が欲しい——そんな夢を抱き、夫婦がむしゃらで頑張る日本のバブル時代の「家を買う物語」のドラマは、来日初期に幾つも見た。私有地を認めない中国でも、今まさに同じ題材が、特殊な国情を加味して、日々演じられている。

　著者六六は、現代中国を代表する社会派作家である。本作は〇七年十二月に中国で刊行され、〇九年にテレビドラマになって、北京で放送されるや否や大きな反響を巻き起こした。

　地方から上海に進学し、就職も果たした三十過ぎの女性・海萍（ハイピン）は、結婚して一人息子も生まれた。しかし彼らの十平米ほどの「かたつむりの家」では、息子と一緒に暮らすことが困難だ。実家に預けて、年二回しか会えない息子は、自分になつかず、寝ようとすれば必ず祖母と一緒。胸が痛む海萍は、「上海に帰ったら、すぐに家を買うわ！私はこの子と一緒に暮らさなきゃならないの」と決心する。

　しかし物価、とりわけ不動産価格は、「狂乱ともいえる上昇ぶり」を見せていた。年収十余万元の若夫婦は、八十万元台の物件を買おうと、頭金（十六万元）集めに奔走し始める。両家の親の貯金はもちろん、妹の海藻（ハイザオ）の結婚費用まで計算に入れてしまう。追い詰められた旦那・蘇淳（スーチュン）が高利貸に手を出したり、自分の設計図を他社に売って、産業スパイの疑いをかけられたりするし、姉思いの妹・海藻もまた借金をきっかけに、市政府の実権者・宋思明（ソンスーミン）と危ない関係に。海萍自身に至っては副業のために会社を辞めざるをえない状況になった。

　結婚、出産、住宅問題をはじめ、官民の癒着、権力者の腐敗、貧富の差など、今日の中国を悩ませるあらゆる社会問題に触れながら、人物も物語も狂気に暴走していく。

　地雷が多すぎてどこで爆発するかわからない——宋思明のこの嘆きは、果たして作中の人物たちの衝撃的な行く末に限ったものなのだろうか。

評・楊逸（作家）

Liu Liu　中国安徽省出身。作家。現在は上海で暮らす。

二〇一二年一〇月二一日❸

『もう一つの地球が見つかる日　系外惑星探査の最前線』

レイ・ジャヤワルダナ 著　阪本芳久 訳

草思社・二三一〇円
ISBN9784794219213

科学・生物

進化論級の発見　迫る「その時」

　夜空を見上げ、どこかに地球に似た星があるだろうかと考えた事がある人は多いはず。実は、太陽系外の惑星の研究は今や日進月歩で、新たな発見が相次いでいる。誰もが抱く素朴な疑問に科学が迫る様を、主要研究者の一人である著者が解説する。

　「ほんの20年前まで、確実に存在する惑星系は一つだけだった」と著者は冒頭で言う。つまり、我々の太陽系だ。

　遠く離れた恒星に惑星があるか知るのは難しい。なにしろ、大きく明るい恒星に対し惑星はあまりに小さく暗い。しかし研究者は様々な方法を編み出し、不可能を可能にした。惑星の重力で恒星が振幅することで光の色が微妙にずれるのを観察するドップラー法、恒星の前を惑星が横切る時に少し暗くなるのを捉えるトランジット法など。今では惑星を直接見る方法もある。

　最初に見つかった系外惑星は恒星にごく近い軌道をまわる「ホット・ジュピター」（熱い木星）と呼ばれるタイプだった。木星のような巨大惑星が太陽の近くにあるのはそれまでの理論と食い違い、新たな太陽系形成モデルが考案されるほどの衝撃を与えた。さらに「スーパーアース」(大型の地球)と呼ばれる岩石惑星も発見されるようになった。

目下最大の話題は、米航空宇宙局(NASA)が打ち上げた専用の観測衛星だ。15万個の恒星が見える宙域を常に観察し、今年6月までに2300個以上もの惑星候補を見つけた。その中にはハビタブル・ゾーン(生命が存在し得る領域。液体の水の存在が重要)にあるものも多い。生命の可能性が見込めるとなると、今度は生命存在の指標「バイオマーカー」の観測に注力することになる。

地球外生命の「決定的証拠」が発見されればダーウィンの進化論に匹敵する衝撃を人類社会に与えると著者はいう。そして「われわれは生きているうちに『その時』を迎える」と予言する。

評・川端裕人(作家)

Ray Jayawardhana トロント大学教授。惑星の多様性と起源が専門。

二〇一二年一〇月二一日④

『奇貨』

松浦理英子 著

新潮社・一三六五円
ISBN9784103327219/9784101266718(新潮文庫) 文芸

負の感情を糧とする人間こそ

寡作の著者の五年ぶりの小説がやっぱり面白い。

中年男と三十代の女が同居して三年になる。だが、男・本田は女性自体に強い性欲を抱かず、糖尿病によって勃起も十全でない。一方の七島美野はレズビアンで、同僚の寒咲晴香を恨んでいる。中途半端にその世界に興味を持っただけで自分と性交し、以後無視を決め込むからだ。

ここで著者をデビュー以来彩る〝性嗜好(しこう)の多様なありよう〟についてのみ語れば、作品の面白みを閉じてしまう。

むしろ今回のテーマが〝恨み〟であることは冒頭から明快である。本田と七島は恨みという負の感情を肯定して意気投合し、暮らすに至る。本田にとって、七島の感情を追体験することが刺激であり、生き甲斐(がい)となっていく。

七島の恨みの理由もまた明快だ。「うすらぼんやりとした欲求にまかせて他人を慰みものにしちゃいけない」と彼女はいう。倫理的である。

その七島の前に同じレズビアンだが肉体関係を持たない友人・ヒサちゃんが現れる。彼女らが仲睦(むつ)まじく電話で話す姿に、本田は別の負の感情である嫉妬を覚え、ある悪質な行為に手を染めてしまう。

じきに行為は露見し、七島は同居の解消を宣言する。だが、重要なのは七島が本田を恨んでいないことだ。例の倫理で言えば、本田は〝はっきりした欲求で他人を知ろうとした〟のだ。

欲求は新しい状況を生む。七島は別居の前にヒサちゃんと本田と三人で他意なく話す機会を作る。話題となるいつもの寒咲晴香への恨みは、より多角的に生き生きと語られ、七島の感情をあぶり出す。

それは冴(さ)えない中年男・本田の、単純な男女の性関係にとらわれない精妙な嗜好のおかげでもある。「七島、目の前のその中年、負の感情を糧とする人間こそ、かけがえのない『奇貨』なのだぞ!」と作品に呼びかけたくなる。

他に鮮烈な初期短編所収。

評・いとうせいこう(作家・クリエーター)

まつうら・りえこ 58年生まれ。作家。『親指Pの修業時代』『犬身』など。

二〇一二年一〇月二一日⑤

『青い脂』

ウラジーミル・ソローキン 著
望月哲男、松下隆志 訳
河出書房新社・三六七五円
ISBN9784309206011／9784309464244（河出文庫）　文芸

文学の未来映す〝低俗〟ギャグ

　昔の人は、小説のヤワなエッチ描写ごときで発禁だ裁判だと大騒ぎしたもんだが、モロ出し動画がネットでいくらでも見られる現在、もう小説ごときで、下品だエロだ低俗だと騒ぐ時代ではありませんわオホホホホと思っていたところに降って湧いた衝撃作。笑っちゃうくらいのお下劣お下品全開ぶりでありながら（いやまさにそれ故に）いまどき文学への希望と確信を力強く語るという、時代錯誤なのに目新しく、古くさいのに新鮮な代物が本書だ。

　未来ロシアの研究所でスカトロ両刀づかいの変態どもが中露混合の悪態をつきつつ、文学クローンを作って小説を書かせ、謎の物質「青脂」を生産。それがスターリンとフルシチョフがグチョグチョの愛欲相関図を繰り広げる変な二十世紀に送り返され、そしてヒトラーとの野合と対決の末スターリンはついに青脂を自ら……というのがストーリーなんだが、これを知ってもあまり意味はない。本書のだいご味は、あらゆる場面に充満するSMに殺戮（さつりく）にウ×コにチ×コの飛び交う造語まみれの文体にあるんだから。

　造語だけじゃない。青い脂生産に使われる各種文学クローンは文体模写の大傑作。トルストイ風SM小説！　ナボコフ式虐殺小説！　どれも一見普通の書き出しから唐突に異様な世界に突入するソローキンの瞬間芸的作風が全開だ。そして大笑いしつつも、読者は考えさせられる。作中の人々が大騒ぎするこの青脂とは？

　著者はそれを通じて、二十一世紀にあっても文学のもつ力を高らかに歌い上げ、この低俗きわまるギャグ小説自身が、いつしか文学の未来そのものに転ずるという神業ぶりを示す。

　異様（だと思う）な原文を、これまたとんでもない日本語に訳しきった訳者たちの偉業にも敬服。読者諸賢もこの青い脂を注入し、脳を爆発させせんことを！

評・山形浩生（評論家）

Vladimir Sorokin　55年ロシア生まれ。作家。『ロマン』『愛』。

二〇一二年一〇月二一日⑥

『人と芸術とアンドロイド　私はなぜロボットを作るのか』

石黒浩 著
日本評論社・一五七五円
ISBN9784535586246　文芸／科学・生物

分身から知る「自分らしさ」

　外出することが危険になった未来社会、本人に代わって外で働くロボットが「惨殺」されると、本人までもが死んでしまうという事件が起きるのは、映画「サロゲート」である。

　ところが今、自分そっくりのロボットを開発して、逆に「人間とは何か」を探究する研究者がいる。

　本書の著者である大阪大学大学院の石黒教授は、表情から動作まで自分と同じ行動を遠隔操作で行わせることができる「ジェミノイド」、つまり双子の自分を製作した。すると、映画のようなことが次々に発生したのだ。

　実験によれば、自分の分身をカフェに座らせ人目に触れさせると、本人が街を歩いても、「ロボットが街を歩いていたぞ」と噂（うわさ）されるようになる。

　まず分かったのは、より多く社会関係を結んだ方が「本人」と認められる事実だった。したがって本人は、先に認められた分身ロボットのほうから「自分らしさ」を学びはじめ、他人からも「先生、最近ジェミノイドに似てきましたね」と言われるようになる。

衝撃的なのは、ジェミノイドから空気を抜いて操作停止状態にするときの体験だ。手がだらりと垂れ、口を開けて後ろにのけぞる姿を見て、ほとんどの人が機械であることを忘れて、「ジェミノイドが死んでいく」と嘆く。

近未来に家庭で使用される人間型ロボットが、家族のように溶け込めるためには、心を通わせる表現力が必要となる証拠だ。

その実現には、工業技術だけではなく、芸術の感性が不可欠であり、本書にはわれわれ読者に向けた実験もさりげなく紛れ込ませている。

本書のカバーは、夕焼けの中にたたずむ可憐（かれん）な女性のシルエット写真なのだ。いかにも文学的で人間くさいと感じさせるが、もちろん写真のモデルは人造人間なのである！

評・荒俣宏（作家）

いしぐろ・ひろし　大阪大学大学院教授（システム創成）。『ロボットとは何か』。

『マリーエンバートの悲歌』

マルティン・ヴァルザー 著　八木輝明 訳
慶応大学出版会・三三六〇円
ISBN9784766419658

文芸

ドイツの文豪ゲーテが74歳のときに19歳の女性（ウルリーケ・フォン・レヴェッツォー）に求婚したのは有名な話。自分の主君であるカール・アウグスト公に仲介の労をとってもらい、きわめてフォーマルに申し込んだのに、先方からはうまくはぐらかされ、「これからもよいお友だちでいましょう」という雰囲気で別れざるを得なかった。本書は、体よくふられて悶々（もんもん）とするゲーテの気持ちを、執筆当時すでに80歳を超えていたヴァルザーが、微に入り細に入り描いてみせた小説である。

地位と名声を手に入れ、すでに孫もいる大作家ゲーテの片思い。この片思いから美しい詩の数々が生まれたと思えば、まあ、よかったんじゃないのといいたくもなる。ウルリーケが一生結婚しなかったという話は、この本で初めて知った。いつも母親の監視下にあったウルリーケの本心は、どこにあったのだろうか。読了後、そっちの方が猛烈に気になってきた。

評・松永美穂（早稲田大学教授）

『天草の豪商・石本平兵衛　1787−1843』

河村哲夫 著
藤原書店・三九九〇円
ISBN9784894348721

歴史／経済

三井・住友・鴻池に次ぐ江戸期の豪商だが、この人の名を知る人は多くないだろう。

薩摩を始め九州諸藩の御用商人として活躍し、唐津藩主だった水野忠邦に取り立てられる。水野の金主となり、彼の昇進を支援する。水野はやがて幕府の老中となり天保の改革を進めるのだが、石本も勘定所御用達を仰せつかる。冒頭の三商人が占めていた特権を得たのである。

しかし石本の命運は、水野の栄達に左右される。権力との癒着は、消長を共にすることだ。砲術家・高島秋帆と連携し、西洋兵器の輸入をもくろんだ石本は、洋学者を嫌う鳥居耀蔵の手で逮捕される。渡辺崋山や高野長英らを弾圧した「蛮社の獄」の余勢である。石本は獄死し、半年後、水野は強権政治を非難され失脚する。

本書は五百ページの伝記だが、いま一つ平兵衛の姿がはっきりしない。彼の研究は学界で始まったばかりという。最大の謎は、これほどの豪商の名がなぜ忘れられたか、だ。

評・出久根達郎（作家）

『団地の空間政治学』
原武史 著
NHKブックス・一二六〇円
ISBN9784140911952

『レッドアローとスターハウス』
原武史 著
新潮社・二一〇〇円
ISBN9784103328414／9784101345819(新潮文庫) 社会

戦後の地下水脈 掘り起こす発見

昨年まで大阪の千里ニュータウンに暮らしていた。単身赴任ということもあって、10年暮らしても、その地域コミュニティの一員であるという感覚に浸ることはついになかった。床屋の親父（おやじ）とは昵懇（じっこん）になったが、スーパーマーケットのレジ係やキヨスクの店員さんと立ち話をすることもなく、隣人と接触するのは、ゴミ収集日という、よりによって行政によって設定された機会だけだった。関係を紡ぎだそうと動かなかったら、どんどんじぶんのうちに陥没してしまいそうな、そんな生活だった。

こうした暮らしのなかでなんかヘンだなと思いながら問いつめられなかった二つの通説、それがこの本を読んで氷解した。一つは、団地やニュータウンの生活は、コンクリートの壁とシリンダー錠で私的生活を隔離することによって人びとをしがらみから解き放ったが、それとともに地域コミュニティを修復不可能なまでに崩壊させてしまったという説。いま一つは、スーパーマーケットに象徴されるモダンで快適な消費生活が、アメリカの中間階級の暮らしぶりをモデルに構築されたという説。

これに対し著者が提示するのは逆方向からの視点だ。一つは、室内だけでなく団地という空間の全体を見ること。いま一つは、同型の棟の林立する風景が、アメリカの郊外のそれとはまるで違い、旧社会主義国のそれに酷似していること。こうした視角から、自治会報など膨大な資料をもとに実地調査したのは、大阪の香里団地、東京のひばりが丘団地、多摩平団地、千葉の常盤平団地など、賃貸中心の大型団地である。

初期の団地には、私生活主義とは逆ベクトルの自治活動がしかと芽生えていた。働く女性たちによる保育所開設運動から、都心部への通勤手段である鉄道の運行改善要求、さらには行政・公団・電鉄に対する提案や批判へと展開してゆく地域民主主義の活動である。これらは、町内会や隣組などかつての「上」からつくられた組織とは違い、住民自身による「下」からの運動であった。

そこには沿線の「知識人」たちを核とする無党派の市民運動と、支持基盤を炭鉱労働者から新中間階層へ移そうとしていた革新政党の仕掛ける運動とがあったが、いずれも沿線の立地と深く連動していた。とくに共産党細胞の活動と西武資本による独占的開発とが皮肉にも重なり合う西武沿線についての詳細な記述には、これまで語られてこなかった「戦後思想史の地下水脈」をのぞき見るかのような、いくつかの発見がある。

これらの地域はいま住民の高齢化という「過疎」問題を抱える。その取り組みへの「空間政治学」からの提言を次に聴きたい。

評・鷲田清一（大谷大学教授）

はら・たけし　62年生まれ。国立国会図書館職員、日本経済新聞社会部記者などを経て、現在、明治学院大学教授。専攻は日本政治思想史。

二〇一二年一〇月二八日❷

『東京満蒙開拓団』

東京の満蒙開拓団を知る会 著

ゆまに書房・一八九〇円
ISBN9784843339404

ノンフィクション・評伝

大陸へ移住した江戸っ子たち

「目からウロコ」とは、このことだろう。

満蒙開拓団とは旧満州農業移民であるから、長野県や山梨県など農村部の人たちで組織された、と思っていた。事実、そうなのだが、初めての開拓団は東京から送られたのである。これは、知らなかった。

昭和初めの世界恐慌の不況で失業者が増大、農村は冷害による凶作である。人々は都会を頼って流入する。当時に屋外居住者と呼んだホームレスのために、深川の埋め立て地に無料宿泊所が設けられた。農民として更生させる目的で、軍の協力を得て収容者を満州に送り込んだのが昭和七年、これがのちに国策となる満蒙開拓団の最初である。

新聞は、「ルンペン美談」と大きく取り上げる。彼らは地方の次男坊以下がほとんどで（原籍東京は一割未満）、しかし東京発の農業移民ということで注目された。

国策で転業開拓が推奨されると、配給制で商売が立ちゆかなくなった商店街の人たちが、「江戸っ子開拓団」とはやされて満州移住を決意する。

一方、十四歳から十九歳の「青少年義勇軍」が送られる。彼らは「江戸っ子部隊」と称された。満蒙開拓団や青少年義勇軍は、昭和二十年五月までに、全国からおよそ三十二万人が送りだされた。このうち東京からは一万一千人である。これは県別にみると九位の人数である。

このほか義勇軍や独身開拓者のために、「大陸の花嫁」募集があり、国と東京がその養成所「多摩川女子拓務訓練所」を開設した。娘たちには、姑（しゅうとめ）のいない気楽な生活ができる、と暗に謳（うた）い文句にした。開拓団には「東京の女」を売りにしたのではあるまいか。「東京」は宣伝に恰好（かっこう）だったろう。最後の開拓団も東京で、内実は大空襲による疎開だ。

本書は一般の人たちの努力で成った。画期的な研究である。昔の話ではない。原発事故と「棄民」。開拓団の結末同様、国策の怖（おそ）ろしさは今も。

評・出久根達郎（作家）

著者は地域ミニコミ誌「おおたジャーナル」編集責任者の今井英男と多田鉄男、藤村妙子。

二〇一二年一〇月二八日❸

『飛行士と東京の雨の森』

西崎憲 著

筑摩書房・一六八〇円
ISBN9784480804402

人文

中心ではなく、空洞を求める

長さがまちまちな七つの短編が集まって、不思議な光景を作りだしている。描かれているのはもっぱら大都市で生活する人々で、それぞれに寂漠としたものを抱えて生きているようだ。すれ違う人々は、互いに何の関わりもないかのように通り過ぎていくが、数年後に彼らの運命が交錯することに、いまはまだ、気づいていないだけだ。

「淋（さび）しい場所」と題された短編には、乃木坂の廃屋や、郊外の日帰り温泉や、モノレールの高架下に見える、ひと気のない中庭などが出てくる。人間がひしめいているはずの東京とその周辺に、人目につかない、ぽっかりと開いた空間がある。休職中の主人公が特にそうした場所に惹（ひ）かれるのは、彼自身がこれからの人生に対する強い不安を抱いているからであり、「忘れられたもの、顧みられないもの、時間の外にあるもの」を心のどこかで自分と重ね合わせているかのように見える。中心ではなく、空洞を求める物語。この短編集全体にも、そんな特徴が見受けられる。

冒頭に収められた短編「理想的な月の写真」は、自殺した若い女性の父親から、娘が遺（のこ）したものをキーワードにCDを作ることを依頼される音楽家の話である。遺ったのは盲目の写真家が撮った月の写真集や、オルゴールのシリンダー、文鳥の羽やシモーヌ・ヴェイユの『重力と恩寵（おんちょう）』など。音楽家はCD製作の過程で、生死に関するさまざまな考察や対話を重ねていく。

本書の小説が興味深いのは、それが一つのストーリーを提示するよりも、哲学的な問いや省察に伴われており、冒頭にも書いた寂漠とした雰囲気のなかで、静謐（せいひつ）な一枚の絵——まさに月の写真のような——を展開してみせる点にある。

「遠方とはそもそも何だろう」「遠方に行けば淋しさは減るのだろうか」……そんな問いが心に長い余韻を残す、秋の夜更けである。

評・松永美穂（早稲田大学教授）

にしざき・けん　55年生まれ。作家、翻訳家、音楽レーベル主宰。『世界の果ての庭』など。

二〇一二年一〇月二八日⑤

『踊ってはいけない国、日本　風営法問題と過剰規制される社会』

政治

磯部涼 編著

河出書房新社・一六八〇円

ISBN9784309246017

人類的行為を抑圧する不均衡

一般に風営法と呼ばれる法律によって、特にここ数年、大阪を中心としてクラブが摘発され続けている。主に若者を顧客として持ち、DJによる大音響での音楽再生によって踊りを楽しむ方のクラブだ。

これまでも〝午前零時、条例によっては午前一時を過ぎて客を踊らせていた〟罪での摘発はあったが、運用は比較的穏やかだった。それが今、どういうわけか一気に厳格化されつつある。

なぜ踊ってはいけないか。法の運用に恣意（しい）性はないか。表現の自由を抑圧していないか。そうした疑問から「レッツダンス署名推進委員会」が立ち上がり、私も呼びかけ人の一人となっている。

そのような流れの中、本書では多種多様な意見を持つ言論人が風営法の由来や現在でのあり方、時には署名運動の妥当性をも含めて考える。

例えば宮台真司は、地域共同体の空洞化によって、あらゆる事柄に行政による抑制を求めるクレージークレーマーが現れ、いわば監視社会を生んでいると言う。そのひとつの延長がクラブ摘発だというわけである。

「規制内容の曖昧（あいまい）さは、警察にとっては都合がいい」と書くのは松沢呉一で、「ゴミや騒音は条例など別の法律で規制すべきこと」だと冷静に述べながら、このままではカウンターのあるバー、小料理屋、スナックにも摘発の手は伸ばし得ると指摘する。第二条の中に「客の接待をして客に遊興又は飲食をさせる営業」が入っているからだ。

また思想家・千葉雅也は個々の「ダンス」自体に、規律訓練による支配から身体を奪い返す闘いを見る。折しもダンスは学校で必修になったが、それは規律訓練であって真の「ダンス」ではあるまい。

百家争鳴の中、ともかく私たちは「踊る」という人類的行為を夜中以外に、管理下で行うよう指導されている。規制社会の不均衡な現状が、この本で端的にわかる。

評・いとうせいこう（作家・クリエーター）

いそべ・りょう　78年生まれ。音楽ライター。『音楽が終わって、人生が始まる』など。

二〇一二年一〇月二八日⑥

『マルコーニ大通りにおけるイスラム式離婚狂想曲』

国際

アマーラ・ラクース 著　栗原俊秀 訳
未知谷・二六二五円
ISBN9784896423822

文化の壁打ち抜く軽妙な語り口

イーサーとソフィアという男女二人の語り手を交互に登場させて、物語は進められていく。しかし、前者は偽名であり、後者はある種の通称名とでも言えよう。

「テロとの戦い」が欧米社会での合言葉となる中で、ローマにもまた、テロリストが潜伏しているという情報があった。そんな情報を基に、「リトル・カイロ」と呼ばれる反テロ計画が立てられていた。

計画を遂行するために、ネーティブのようにアラブ語を操ることだけでなく、宗教や風習、生活習慣、人々の付き合い方など、ムスリム社会について熟知し、完璧なアラブ人を装うことができるイタリア人スパイが求められていた。そこで白羽の矢が立ったのは、シチリア出身の青年というわけだ。イーサーになった彼は真っ先に、アラブ人の溜（た）まり場であるコール・センター「リトル・カイロ」に向かった。

一方のソフィア（本当はサフィーヤという名だが）は、神の教えに縛られるような伝統的なイスラム女性の生き方から逃れようと、イタリアに住むエジプト人男性と見合い結婚をし、いつか美容師になって自立したいと夢見て、ローマに移り住んだ。そんな彼女がエジプトの実家に電話するため、やはり「リトル・カイロ」に出入りするのだった。

イスラム文化を囲ったような重くて分厚い「壁」を、二人の主人公が——片やソフィアは内側の立場から、もう一方のイーサーは外からの目線で——軽快な語り口で、打ち抜いて見せる。

——イタリアには未来がない！……イタリア人たちは別の未来を求めてイタリアから去っていく！　だってわたしたち移民は、まったく同じ理由でここに来たのよ！

異文化、とりわけイスラムで禁忌とされる政治、宗教、性をめぐる衝突に耐える、移民のそんな痛々しげなセリフが、耳にこびりついて離れない。

評・楊逸（作家）

Amara Lakhous　70年アルジェリア生まれ。作家。95年からローマ在住。

二〇一二年一〇月二八日⑧

『大阪の神さん仏さん』

歴史／社会

釈徹宗、高島幸次 著
140B・一五七五円
ISBN9784903993140

住吉大社、四天王寺、大阪天満宮、石山本願寺……。大阪という都市の形成には、思いのほか、社寺が深く関わっている。本書は、仏教・神道のスペシャリストであり、生粋の大阪人である二人が、縦横無尽に宗教都市・大阪を語り尽くす。

大阪は全国で二番目に寺の数が多く、中でも浄土真宗の寺が多い。釈は大阪商人の勤勉・節約といった商業倫理の源泉を、真宗の教えの中に見出（みいだ）す。

真宗は、しばしばプロテスタントと類似していると言われる。商いに従事し、職務を全うすることこそ凡夫の仏道と説いた蓮如の教えは、プロテスタンティズムの倫理が資本主義の精神を生み出したとするウェーバーのテーゼと重なる。実際、大阪では真宗の寺内町ネットワークが職業共同体を構成し、繊維業や製薬業などを発展させた。

大阪人の気質に宗教的基層を見出す議論は、ユニークかつスリリング。目から鱗（うろこ）の一冊だ。

評・中島岳志（北海道大学准教授）

二〇一二年一一月四日❷

『チャイナ・ジャッジ　毛沢東になれなかった男』

遠藤誉 著

朝日新聞出版・一七八五円
ISBN9784023311213

政治

厚みある情報で事件の謎に迫る

中国共産党のトップ9人による集団指導体制の実態を克明に描いた前作『チャイナ・ナイン』は、日本の中国報道に少なからぬ影響を与えた。それまでメディアで伝えられてきた「胡錦濤（フーチンタオ）VS．江沢民」「共青団VS．太子党」という単純な対立の図ではない、新鮮な分析だった。本書もまた薄熙来（ボーシーライ）事件を、従来の報道にはなかった視点で読み解く。

この2月、重慶市トップの薄の腹心が米総領事館に逃げ込んだ。薄の妻が英国人ビジネスマンを殺害したことも明らかになる。前代未聞で謎多き事件だ。著者は、公開、非公開のあらゆる情報を集め、権力者たちの親世代の因縁めいたエピソードまでひもとき、空白部分を埋めていく。

謎解きの結果、浮かび上がるのは国際サスペンス小説さながらの驚くべき筋書きだ。

毛沢東人気を利用し、民衆扇動の政治運動をおこして最高権力の座を狙う薄。現政権は何年も前からその薄を危険視し、失脚の機をうかがう。だから米総領事館駆け込み事件は千載一遇の機会となる。

一方、薄側は現政権に盗聴を仕掛け、息子の留学先で英国諜報（ちょうほう）機関と薄家との関係が疑われていると知る。あわてて出入りの英国人をスパイと誤解し、殺害してしまう。

事件を受け、現政権は「中国共産党体制の安定維持」という一点でまとまり、薄を切る「チャイナ・ジャッジ」を下す。著者はそう読み解く。

10年ぶりの政権交代をひかえた中国だが、公表情報が少なく、専門家の分析は推測が多くならざるをえない。そのなかで著者の分析のもととなる内部情報は、その厚みや生々しさで際だっている。

著者は中国残留・引き揚げの経験があり、著書を巡って小説「大地の子」に無断利用されたと山崎豊子さんと裁判で争ったこともある（著作権侵害せずの判決）。幼き日にかの地で張った根が、後に学者として耕され、さらに太い人脈となったのではないか。

評・原真人（本社編集委員）

えんどう・ほまれ　41年生まれ。筑波大学名誉教授。『拝金社会主義　中国』など。

二〇一二年一一月四日❸

『新宿、わたしの解放区』

佐々木美智子 著　岩本茂之 聞き書き

寿郎社・二六二五円
ISBN9784902269536

ノンフィクション・評伝

酒場と映画と　女傑の一代記

「女傑」一代記である。

そう言い切ったら、単純すぎる。一人の女の生き方を通して見た戦後史。おおげさすぎるか。一九六、七〇年代の盛り場文化史。いや、文化人酔態録か。まてよ、政治もからむから激動の時代史か。

庶民生活史。学生運動史。映画裏面史。酒場経営史……。

何も定義する必要はあるまい。以上のすべてが納まっていると言えば、間違いない。

北海道根室の裕福な家庭に生まれ、結婚し離婚する。昭和三十一年、二十二歳で上京、新宿でおでんの屋台をひく。

日活に就職、映画編集をする。裕次郎の全盛期である。写真を学び、日大闘争の始終を撮る。「カメラはわたしのゲバ棒みたいなもの」。記録写真で飯は食えない。新宿のゴールデン街にバーを開く。

三坪の店だが、ここを解放区と称した。全共闘の学生や役者が集まった。サバ缶に缶切りを添えてもてなす。おミッちゃん、と呼ばれた。酔客同士の喧嘩（けんか）は日常茶飯だった。
一方で、黒木和雄監督の「竜馬暗殺」製作に参加、スチールを撮る。原田芳雄、石橋蓮司、松田優作らと意気投合する。ブラジルに渡って水商売する。繁盛をねたんだマフィアに襲われ、店の入り口に冷蔵庫でバリケードを築き（わたし学生運動で慣れてたでしょ）、派手な銃撃戦をする。

勇ましいだけがおミッちゃんの身上ではない。日本の本に飢えている日系人のために私設図書館を造ってしまう。趣旨に賛同した沢木耕太郎氏が、二万冊の蔵書を寄贈してくれた。ミモザ館と名づけた。

本書はかくの如（ごと）く破天荒な女性の半生記である。いっそ痛快なのは、人に媚（こ）びない生き方だからである。岩本氏の聞き書きも秀逸で、どうでもいい挿話をそつなく拾いあげ、臨場感を演出した。七十八歳にして尚（なお）、老人が気軽に飲める「解放区」を開きたいと抱負を語る。「本棚を店のうしろに置いたりしてね」。この一言が彼女の真骨頂である。

評・出久根達郎（作家）

ささき・みちこ　34年生まれ。写真集『日大全共闘』。岩本茂之は北海道新聞文化部の記者。

二〇一二年一一月四日④　文芸

『無罪』

スコット・トゥロー 著　二宮磐 訳

文芸春秋・二三一〇円
ISBN9784163816708／9784167903336（文春文庫〈上〉）・9784167903367（〈下〉）

ほろ苦い連帯感にじむ法廷小説

アメリカの法廷ミステリーのファンである。謎解きの妙もさることながら、アメリカの、ひいては現代社会の「いま」をひしひしと伝えてくれるジャンルであるからだ。スコット・トゥローの『推定無罪』は陰影濃い物語で、〈文学〉の域に達していると思った記憶が残っている。23年ぶりに続編『無罪』が刊行され、手に取った。

首席検事補だったサビッチは州上訴裁判所の首席判事となり、かつての事件の傷をなんとか糊塗（こと）しつつ妻バーバラとの家庭を維持している。初老を迎えつつ、「手の届かなかった、幸福の一片をまだ手に入れていない」という疼（うず）きを抱え、調査官アンナと道ならぬ道へと入っていく。

バーバラが死ぬ。抗鬱（こううつ）剤など薬物の常用者だった。薬の誤用による自然死と認められるが、サビッチが外部に連絡を取ったのは1日後であった。なぜだったのか。

地方検事代行のモルトが捜査に乗り出し、殺人罪でサビッチを訴追する。薬物、指紋、パソコンデータ、DNA鑑定……などをめぐり検察と弁護側は激しく争うが、遺恨とポストをめぐる思惑もからまっていた。法曹界の卵となっているサビッチの息子ナットがアンナと親密になり、糸はさらにもつれていく。裁判は司法取引によって一応の決着がつくが、ラスト、どんでん返しが待っている。

法のプロたちはあらゆる法廷戦術を駆使しつつ、一点、法的規範の遵守（じゅんしゅ）にはこだわる。やってもいない罪で収監させてはならぬ。サビッチの保釈に動いたのは宿敵モルトだった。根本においてフェアであろうとする精神がアメリカ的であり、また作品を支える思想性ともなっている。

法の決着は人生のテーマを解くものではない。前作と同じように、決着をみてなお人々を包む霧は深い。読後残るのは、人はだれもその肩に荷物を背負って歩んでいくというほろ苦い連帯感である。

評・後藤正治（ノンフィクション作家）

Scott Turow　49年生まれ。弁護士、元シカゴ地区連邦検察局検事補。

二〇一二年一一月四日❺

『白鳥』

人文

赤羽正春 著

法政大学出版局・三六七五円
ISBN9784588216114

様々に形を変え 文化を紡ぐ

白鳥が白い布となり、飛天となり天使となる。魂は白い鳥に姿を変え、飛び去り飛び来る。世界中で白鳥は様々に形を変えながら人とともに文化を紡いできた。本書ではその全体が見える。

生き物としての白鳥だけを書いた本であれば、私はさほど興味をひかれなかったろう。本書は白鳥の渡りや餌付けや保護の章を置いてはいるものの、そのほとんどで、人間が古代から白鳥に託してきた意味を探索しているのだ。なぜ人は、自らがここにいる意味を動植物、つまり自然に託して語ろうとするのか？ これは文学から彫刻まで、あらゆる芸術の根底にある謎だ。

本書は四十四年の歴史がある「ものと人間の文化史」シリーズの一冊である。本書で百六十一冊目となる。まさに「もの」と「人間」が関わりながら文化を編み出しているわけだが、その背後を支える壮大な自然界が見えることも、このシリーズの特徴だ。本書もその特徴を持っている。

白鳥処女伝説というものがある。複数の白鳥が衣を脱いで水浴びをしている。それを見た青年が一枚の衣を隠す。衣を着られない女性は青年と結婚する。その後のストーリーの展開は様々だが、誰もが一度は聞いたことのあるこの物語は、世界中に分布する。そこで同類の話を比較すれば、白鳥が羽衣、つまり布に変換されることが知れる。日本において神に捧げる布は幣帛（へいはく）で天の羽衣は幣帛と重なり、日常の布が持っていた特別なちからも納得できる。

著者はシベリアのブリヤート人の村で、白鳥を起源とする人々に出会った。つまり、帰れなくなって青年と結婚した白鳥の子供たちである。人が生きるためには自然を受け容（い）れ、動植物と共存しなければならない。それを知っている人々である。私たちもそういう人間であったはずだが、そのことをどこかに置き忘れたまま生きている。それを痛感させられる本である。

評・田中優子（法政大学教授）

あかば・まさはる 52年生まれ。民俗研究者。著書『樹海の民』など。

二〇一二年一一月四日❻

『拉致と決断』

ノンフィクション・評伝

蓮池薫 著

新潮社・一三六五円
ISBN9784103165323／9784101362229(新潮文庫)

極限の24年間 圧巻の心情描写

何度も胸が締めつけられた。著者の境遇に自分を置こうと想像しても、あまりに過酷な現実を前に、つい本能的に思考回路を遮断してしまう。それでも読み続けた。

本書は北朝鮮に関する稀有（けう）な手記である。しかも言葉の一つ一つに拉致被害者として過ごした24年間の歳月が凝縮されている。飢饉（ききん）の後、都会の高層アパートの自室トイレで豚や食用犬を飼育する世帯が多かったことなど、北朝鮮の日常から先軍政治の実態、電撃帰国の舞台裏まで、衝撃的な事実が次々と明かされる。

とりわけ自身の心模様の描写には心を揺さぶられる。

対岸の中国までわずか3メートルの川べりに立った日のこと。招待所で偶然目にした拉致被害者家族会の写真のなかに両親の姿を見つけた日のこと。「たった一度だけ、いっそのこと戦争が起きたらいいと思った」日のこと……。

北朝鮮をめぐる壮大なレトリックが世界を

飛び交うなか、極限状態にあった著者を支えていたのはかくも小さく脆（もろ）い心情だったとは。

「絶望に陥っても、それよりさらに絶望的な状況を想定しながら、自分を慰めようとする」という一文はあまりに圧倒的だ。

自分でマージャンパイを作り、夫婦で楽しんだことなど、微笑（ほほえ）ましいはずのエピソードにも目頭が熱くなる。

前作『半島へ、ふたたび』と比べると、より具体的で踏み込んだ記述が目につく。

しかし、まだ書けないこともあるのだろう。他の拉致被害者への言及はほぼ皆無。北朝鮮の体制内部に関する分析にも極めて抑制的だ。

ただ著者は、いまだ北朝鮮に暮らす拉致被害者とて、先に帰国した著者たちの現状は知っているはずだと結んでいる。そう願いたい。

そして、彼（か）の国の若き指導者には日朝国交正常化のための勇気ある決断を期待したい。

評・渡辺靖（慶応大学教授）

はすいけ・かおる　57年生まれ。新潟産業大学専任講師。著書に『夢うばわれても』など。

二〇一二年一一月四日⑦

『微笑む人』

貫井徳郎 著

実業之日本社・一五七五円
ISBN9784408536071／9784408552613（実業之日本社文庫）

文芸

エリート銀行員の仁藤俊実は、妻子を水難事故に見せかけて殺害した容疑で、逮捕される。仁藤は、最終的に容疑を認め、その動機を「本が増えて家が手狭になったから」と主張する。通常ではありえない動機に、警察は真実を語らせようと追及するが、仁藤は頑固に供述を変えない。

物語は、事件に興味を持った小説家が、勤務先の同僚や知り合いの女性、学生時代の友人らを歴訪し、仁藤の隠された人間像をあぶり出していく手法で、進められる。仁藤は、だれもが認める模範的な銀行員だが、なぜか過去にその身辺で何件か、不審な未解決事件が発生している。果たして彼は正義の味方なのか、それとも異常犯罪者なのか。

この小説には、いわゆるミステリー的な解決がない。人はだれも、不可解なものに無理やり理屈をつけ、納得しようとする。それが真実かどうかは、だれにも分からない。

著者はむしろ、そうした人の心の闇に目を向けよ、と訴えかけているようだ。

評・逢坂剛（作家）

二〇一二年一一月四日⑧

『琉球検事　封印された証言』

七尾和晃 著

東洋経済新報社・一五七五円
ISBN9784492223260

ノンフィクション・評伝

1970年12月20日未明、米軍統治が続く沖縄のコザ市（現沖縄市）で、米陸軍病院に勤務する米国人運転の車が日本人男性をはね、全治10日のけがを負わせた。この事故をきっかけに住民数千人が騒ぎ、車両82台が炎上、21人の逮捕者が出た。

本書は、このコザ事件を軸に、占領下沖縄の刑事司法の実態に光を当てるノンフィクションだ。

証言するのは、72年の本土復帰までの18年間、米国の指名を受けて琉球検察庁の検事長を務めた比嘉良仁と、比嘉のもとで公安部長検事を務めた高江洲歳満。コザ事件は「事前に綿密に計画されたものではないか」と高江洲らは考え、首謀者として、地元の有力政治家と新聞人に目をつける……。

事件について、高江洲は、単に反米、反基地感情が表出されただけでなく、深い根のところに「大和に対する違和感と怒り」があったとみる。今日の沖縄を考えるうえでも一読をすすめたい一冊。

評・上丸洋一（本社編集委員）

二〇一二年一一月一一日❶

科学・生物

『やっかいな放射線と向き合って暮らしていくための基礎知識』

田崎晴明 著

朝日出版社・一〇五〇円
ISBN9784255006765

生産的な議論へ　誠実正確な解説

昨年の東電福島原発事故による放射線の影響で、このぼくを含め日本住民のほぼ全員が、恐怖と不安の中で、この一年半を送ってきた。目に見えず、なじみもない放射線を不安がるのは当然だ。だがお手軽な対応を求めて怪しげな情報に踊らされ、ためにする極論を真に受けて無用に不安をつのらせる例もいまだに多い。

困ったことに、少量の放射線による影響については、まだわからないことも多い。でも、はっきりわかっていることもある。そしてそれを知ることで、極論がどうして極論なのかも理解できる。

本書は、ある科学者がそのわかっている／いないことを調べて、ていねいに説明した本だ。

一読してわかるのは、本書の誠実さだ。読者をバカにしない。不正確な例え話でごまかさず、科学的に高度な内容が必要なら、端折らず説明する。科学者とはいえ、放射線の専門家ではない著者は、国際放射線防護委員会などの報告や提言を活用する。でもうのみにはしない。

その機関が各種結論や提言を出した論拠や考え方もきちんと説明する。原発事故に伴う政府不信や科学不信から、こうした既存機関すべてを否定する論者さえいる。だが否定するにしても、その主張をまず理解しなければ。本書は、そうした否定派ですら議論のベースにできるものだ。

本書は「安全です！」とも「危険です！」とも言わない。本書の記述を受けてどう行動するかは人々の裁量次第で、どういう裁量があり得るかについてまで親切に議論されている。でも、どんな行動についても、本書は自信と安心を与えてくれるだろう。

なお、本書で触れられていないのが放射線の測定。安物測定器を買ってボタンを押し、出た数字に一喜一憂する例も多く見かける。これについては丸子かおり『放射線測定のウソ』（マイナビ新書）で勉強を。また放射能への長期的な対応も、現場レベルでは獅子奮迅の努力が行われているが、情けないことに国としてはいまだにまともな体制やガイダンスが整ったとは言いがたい。『スウェーデンは放射能汚染からどう社会を守っているのか』（合同出版）は、チェルノブイリ後の社会レベルの対策と個人の対応について同国政府がまとめたもので優秀。

まだまだぼくたちは、いや応なく放射線とつきあわざるを得ない。今後、社会的な対策を整備する中でも、本書の水準が共通の前提となれば議論は本当に生産的となるはず。本書はネット上で書かれ、いまも全文ネットで公開されているので、買わない人でもぜひご一読を。これがいま必要とされる放射線のリテラシーだ。

評・山形浩生（評論家）

たざき・はるあき　理論物理学者、学習院大教授。米プリンストン大学講師などを経て現職。「量子多体系の数理物理学的研究」で第1回久保亮五記念賞（1997年）。著書に『熱力学』『統計力学Ⅰ、Ⅱ』、共訳書に『「知」の欺瞞』。

二〇一二年一一月一一日②　文芸

『厳重に監視された列車』

ボフミル・フラバル 著　飯島周 訳

松籟社・二三六五円
ISBN9784879843081

現実と対峙する悲痛な純粋さ

石を詰めた麻袋で背中をどつかれるような衝撃を読書から切実に感じる。汗を始めとする体液の臭いが鼻につく。そういう肉感的な言語体験をさせてくれるのがフラバルやクンデラといったチェコ出身の小説家で、同時にかの国の作家はチャペックのようにいたずらでユーモラスである。

東欧の作品全体にその傾向は強いが、チェコ文学のようなバランスではないと自分は感じる。なぜそうなのか。彼らを読み続けることでしか答えの出ない謎だ。

さて、その偉大な一角、ボフミル・フラバル。今回訳出された作品もやはり強烈な魅力、なれ鮨（ずし）やクサヤのような発酵臭を放っている。

語り手である主人公ミロシュは弱冠二十二歳の国鉄従業員で、ある性的な失敗を苦にして自分の体に決定的な傷をつけている。大人からすれば取るに足りないような不如意を、ミロシュは自死する理由とまで考える。若さは悲痛な純粋さに結びついている。

時は第二次大戦中で、ミロシュの国チェコは、ナチスに支配されている。駅を通過する列車には例えば飢えた豚や山羊（やぎ）や牛、あるいはその死体が載せられ、〝人間を咎（とが）める目で満ちて〟いるのだが、もちろんそれは動物を比喩としたチェコ国民の姿でもあろう。

だが、ミロシュは後半に至るまで、ひたすら滑稽で猥褻（わいせつ）な駅員たちの性的遊戯にかかずらうし、機関車から降りてくるナチス親衛隊員を美しいものとして崇（あが）める。被支配者は抵抗を想像するきっかけさえ奪われているのだ。

その限界ある卑小な若者が、例の悲痛な純粋さによって、現実と対峙（たいじ）せざるを得なくなる。小説はその逃れがたさを描き、人物の忘れられない印象を刻む。一度でいいからこう書いてみたいと思わせる文が頻出する。

ちなみに、題名の横に「フラバル・コレクション」とある。次々に訳されるということらしい。胸はときめく。

評・いとうせいこう（作家・クリエーター）

Bohumil Hrabal　1914～97年。作家。邦訳に『あまりにも騒がしい孤独』など。

二〇一二年一一月一一日③　アート・ファッション・芸能

『西欧古代神話図像大鑑　全訳『古人たちの神々の姿について』』

ヴィンチェンツォ・カルターリ 著
大橋喜之 訳

八坂書房・七一四〇円
ISBN9784896941418

信仰と欲望　明快に示した古典

古代文化が復興したルネサンス期は、キリスト教の側から見ても古代神話の豊かな寓意（ぐうい）や物語を借りて宗教教義に魅惑的な「イメージ」を与える改革期であった。そこで必要になるのは、神々の姿かたち、行為、性格、ファッションなどを一覧できる「神々図鑑」である。

その決定的古典といえる本書の翻訳完成に快哉（かいさい）を叫びつつ、内容がキリスト教の枠をはみ出してワールドワイドである点にも驚嘆した。実際、この時代に日本の天正少年使節が西欧を歴訪し、カルターリ没後の刊に日本の神々すら図示されたのだから。

従って神についての説明も明快で大胆である。獣にはない「信仰心」を具（そな）えた人間は、目に見えない神に形を与え、それを崇拝する技術を有する。たとえば愛の神キューピッド（クピド）は、太陽が何者をも光で触れて温めるように、すべてを情熱的に追い求める男の情欲を表す。

その欲望が強すぎると過ちも犯すので、目隠しをして恋の矢を放ち、光る松明（たいまつ）を掲げた若者に象（かたど）られる。その母親は情欲の女神ヴィーナス（ヴェヌス）であり、父神の睾丸（こうがん）が投げ込まれた海の泡から誕生したゆえに、貝殻に乗った全裸の美女と表現される。海の貝は交接のとき完全に開いてすべてを見せるので性交の悦（よろこ）びをあらわす。ときに、彼女の足元に亀が描かれるのは、交尾するとき腹を上に向けねばならず無防備となって命を落とす危険を知らせ、子を産む以外の情欲を慎むべきだとの訓戒である。

　こうしたセクシーな図像集を介して古代神像は復活し、フィレンツェのように裸体彫刻だらけの街も出現するわけだが、この寓意手法が同時期に神秘学・錬金術の奥義やエジプト象形文字の解読にも活用された。

　私たちも本書を手にすれば、ルネサンス期の神像に隠された信仰と欲望をきっと見透せる！

評・荒俣宏（作家）

Vincenzo Cartari　16世紀イタリアの文人。フェラーラ公の援助を受ける。

二〇二二年一月一日④　経済

『かつての超大国アメリカ』

トーマス・フリードマン、マイケル・マンデルバウム 著　伏見威蕃 訳

日本経済新聞出版社・二五三〇円
ISBN9784532168452

リスク厭わぬ意志こそが希望

　ピュリツァー賞を3度受賞した著名ジャーナリストと国際関係論の泰斗が診断する今日の米国社会。

　それが本書の直接的なテーマだが、その先に照射されているのはより大きな、先進国全体の近未来といってよい。

　たとえば、かつては高価な弁護士集団に委託していた訴訟対策用の書類分析も、今では安価なソフトウエアで容易に代替できるようになった。エリートとて安泰ではない。安定志向の時代は終わった。

　シリコンバレーにある研究所のCEOは「毎日何度くらい重大な決定を下しますか？」と尋ねる日本からの訪問者に対して「決定を下さないのが目標です」と答えた。トップダウンの時代も終わった。

　問われるのはイノベーション能力だ。

　わずか8カ月で立派なコンベンションセンターを完成させてしまう中国と地下鉄のエスカレーターでさえ半年間も修理中になっている米国――巻頭のエピソードからも著者たちの危機感や苛立（いらだ）ちが伝わってくる。

　硬直した利害関係に囚（とら）われた共和党と民主党のどちらにも批判的だ。むしろ第三政党に期待しているほどである。

　また、党派対立を煽（あお）り、政治を劇場化するメディアにも手厳しい。米国の今のメディアが1787年の憲法制定会議を取材したら「われわれはおそらく、べつべつの植民地のままだっただろう」と皮肉る議員の言葉が印象的だ。

　しかし、自らを「失意の楽観主義者」と称する著者たちは、政治家やメディアの「俗言に惑わされない人々」――ボトムアップのイノベーションに挑む兵士、教師、発明家、市民社会の運動家、小規模ビジネスの起業家など――のリスクを厭（いと）わない強靱（きょうじん）な意志のなかに米国の希望を見いだす。

　4年後も米国はその希望を抱き続けているだろうか。

　私たちは日本の希望をどこに見いだすのだろうか。

評・渡辺靖（慶応大学教授）

T. Friedman　ジャーナリスト。
M. Mandelbaum　米の大学教授。

二〇一二年一一月一一日⑤

『弱くても勝てます』 開成高校野球部のセオリー』

高橋秀実 著

新潮社・一三六五円
ISBN9784104738045／9784101335551（新潮文庫） 社会

実験重ねるラブリーなチーム

プロ野球にしてもオリンピックにしても、勝負の世界は結果だけ見れば単純だが、そこに至る過程はなかなか複雑である。強い方が勝つといわれるが、その「強さ」って何だろう？ 強ければ必ず勝てるのだろうか？ 本書は「強ければ勝つ」（つまり弱ければ勝てない）という常識の世界に、鋭く切り込んでくる。

開成高校といえば、東大への進学率の高さで知られる「超進学校」。ここの野球部は野球経験者が少なく、グラウンドでの練習は週1回3時間という悪条件！ にもかかわらず、甲子園予選にあたる東東京大会でベスト16まで勝ち進んだ（2005年実績）。監督と選手たちは、「理屈っぽい」という開成校生の特長を生かし、相手の意表を突く作戦を考え、無駄のない（？）練習方法を編み出したのだ。打席ではバントや細かい守備の練習はしない。打席ではとにかく大振りして長打を狙う。打順も意外な並べ方で、1対0の接戦などではなく、15対0のコールド勝ちを目指す。実際にこの方法で勝ち進んだときは、チーム打率が4割5分だったらしい。

資源（体力や練習量）がなくても創意工夫で勝ち進む、というアイデアはスポーツ以外の分野でも使えそうだ。そもそも日本は、町工場などで働く人々のたゆまぬ努力によって、高度な産業技術を発展させてきたのではなかったか。「条件が悪い」とあきらめずに知恵を絞れば、逆転ホームランが生まれるかもしれないのだ。

本書には開成野球部を率いる青木監督の発言もたくさん収録されているが、グラウンドでやるのは「練習」ではなく「実験と研究」と言い放つ発想がおもしろい。罵声の数々（捕球がおかしいピッチャーに対し「普通の人間生活を送れ！」と叫ぶ）も、愛情あってこその叱咤（しった）激励。選手たちのキャラもほほえましく、思わず応援したくなるラブリーなチームなのだ。

評・松永美穂（早稲田大学教授）

たかはし・ひでみね 61年生まれ。ノンフィクション作家。『ご先祖様はどちら様』で小林秀雄賞。

二〇一二年一一月一一日⑥

『凸凹サバンナ』

玖村まゆみ 著

講談社・一四七〇円
ISBN9784062178570 文芸

法律事務所の下町人情ドラマ

玖村まゆみは、先般紹介した川瀬七緒とともに、昨年度江戸川乱歩賞を受賞したが、これはその受賞後第一作。

主人公の法律事務所長、田中貞夫が法律相談に訪れる人びとの抱える悩みを、一緒に考えながら解決の道を探るという、いわば下町風の人情ドラマである。一応仕立ては長編小説だが、章ごとに独立した短編としても、読むことができる。

持ち込まれるトラブルも、それを持ち込む相談者も、どちらも一筋縄ではいかない。ボニータと名付けたブタに、異常な愛情を注ぐ男の、離婚問題。芸能界のオーディションを受けるために、母親を説得してほしいと頼んでくる、小学生。世話をした元教授の研究資料を、根こそぎ取り上げようとする大学と、一戦交える便利屋夫婦。隣同士で、土地の境界線を巡って争う、主婦と老人などなど。田中は、普通の弁護士が敬遠する、いわば雑用に近いトラブルを積極的に引き受け、誠実かつ几帳面（きちょうめん）に対応していく。

田中には、ぐうたらのわけありげな兄がい

て、過去に暗い影を落としていることが、ほのめかされる。それがこの作品の、ほとんど唯一のミステリー的な要素だから、乱歩賞受賞者という肩書をあてにすると、肩透かしを食うかもしれない。とはいえ、数多い登場人物のキャラクターを、手際よく描き分けるわざはなかなかのもので、その弱点を十分に補っている。

事務所を用意してくれた、ヤクザまがいのキャバクラ経営者、原口。田中が、事務所で飼うはめになった、ブタのボニータ。この、一人と一匹が狂言回しになって、物語を巧みに転がしていく。ことに原口の人物造形は、しぐさや会話に精彩があって、楽しめる。最後に明かされる、田中の秘密にさしたる新味はないが、読後感はすこぶるよい。

久しぶりに、ペーソスという言葉を思い出させる、さわやかな小説だ。

評・逢坂剛（作家）

くむら・まゆみ　64年生まれ。作家。著書に『完盗オンサイト』など。

二〇一二年一一月一一日⑦

『満洲浪漫　長谷川濬（しゅん）が見た夢』

大島幹雄 著

藤原書店・二九四〇円
ISBN9784894348714

ノンフィクション・評伝

額（ひたい）に王の字の模様がある満洲虎の生涯を描いた、亡命ロシアの作家バイコフの『偉大なる王』は、戦前わが国で大いに読まれた。翻訳して紹介したのは、長谷川濬である。

父は佐渡中学で、のちの国家社会主義者・北一輝を教えた。長兄は三つの筆名を使い分け、『丹下左膳』他を書いた流行作家の海太郎、次兄は猫の絵で有名な画家の潾二郎（りんじろう）、弟が『シベリヤ物語』の作家・四郎である。濬は昭和七年に旧満州に渡り満州国外交部に勤めたのち、設立された満州映画協会に入る。理事長の甘粕正彦にひきたてられた。

一方、劇作家・別役実氏の父、憲夫らと、文芸総合誌「満洲浪曼」を発行した。

終戦直後、甘粕は自決し、その現場に居あわせた。戦後は神彰（じんあきら）と組み、ドン・コザック合唱団を招き、日本公演を成功させた。本書は残された百三十冊のノートを基にまとめられた初の評伝だが、バイコフ文学に魅せられた経緯がやや淡泊。濬の本質は『偉大なる王』に重なるはずだが。

評・出久根達郎（作家）

二〇一二年一一月一一日⑧

『かっこうの親　もずの子ども』

椰月美智子 著

実業之日本社・一六八〇円
ISBN9784408536101／9784408551944（実業之日本社文庫）

文芸

語り手の統子は、夫でない男性の精子で授精するＡＩＤ（非配偶者間人工授精）で子を授かった。夫は無精子症で合意の上だったが、気持ちのすれ違いから離婚、ひとり親で4歳の息子を育てている。と書くと複雑な背景を持つ母子物語と響くかもしれないが、むしろ子育ての細部を掬（すく）い上げることで、すっと背筋の伸びた作品に仕上がっている。

「子どもを持った瞬間から、世の中は怖いものだらけになってしまった」と統子は独白する。まさにそれ！　と子育てを「第一責任者」として経験した者なら膝（ひざ）を打つだろう。子のために強くもなり、同時に追い詰められもする。おさなごのいる日々は、様々な価値観に翻弄（ほんろう）されつつ、待ったなしの要求に、心身を引き裂かれることの連続だ。

ある理由から統子が息子と訪れる五島列島の景観、心象風景が心に残る。際限ないようで限りある黄金の日々を通じ、我々は宇宙を、生命の輝きを、掌（てのひら）に包み込んでいると感じさせられる。

評・川端裕人（作家）

『2666』

ロベルト・ボラーニョ 著
野谷文昭、内田兆史、久野量一 訳
白水社・六九三〇円
ISBN9784560092613
文芸

小説を怪物にする死と詩情と俗悪さ

〈寂寞（せきばく）〉ではなく、〈寂漠〉という文字が思い浮かんだ。寂しさの砂漠あるいは砂漠の孤独。チリに生まれ、青年期に母国の軍事クーデターに遭遇、メキシコ、フランス、スペインを渡り歩き、50歳で死んだボラーニョのこの遺作は、星の明滅のような含み笑いで我々をくすぐりつつも、最後には砂塵（さじん）と淡い悲しみでかすむ広大な暮景のなかに置き去りにする。

砂漠の中心には、アルチンボルディという長身のドイツ人作家がいる。よく似た名のイタリアの画家アルチンボルドが描いた、草花や果実からなるあの摩訶不思議（まかふしぎ）な人物画と同様、このドイツ人作家は、つまり5部構成のこの小説はまったく得体（えたい）が知れない。

第1部はこの作家に魅入られたヨーロッパ4カ国の批評家たちの物語である。国際会議で出会うなか、この4人（女1人男3人）は、三角関係プラス1と言うべき奇妙な恋愛関係にはまり込む。目撃情報をもとに敬愛する作家を探してメキシコ北部の街サンタテレサに赴いた3人の男女は、意外な恋の結末を迎えることになる。

第2部の主人公は、批評家たちを迎え入れたサンタテレサ大学のチリ出身で50歳（！）の哲学教授だ。妻に逃げられ、娘と暮らす彼は、まるで街を囲繞（いじょう）する砂漠から、つまり彼の内奥の孤独から届いてくるような不思議な声にたえず取り憑（つ）かれ、読む我々までもが茫漠（ぼうばく）とした不安に胸苦しくなる。

第3部は打って変わり、ボクシングの取材に来たアメリカの黒人記者のサンタテレサ滞在記となる。彼はこの街で猟奇的な連続女性殺人事件が起こっているのを聞きつける。続く第4部を文字通り埋め尽くすのはその死体だ。性器と肛門（こうもん）を凌辱（りょうじょく）されて殺され、砂漠や不法ゴミ捨て場に遺棄された女性たちのほとんどは、街の周囲に林立する巨大な下請け工場群で働くうら若く貧しい女工たちだ。長身のドイツ系アメリカ人が逮捕されるが殺人がやむ気配はない。

そして第5部、ついに謎の男アルチンボルディの過去が、海の底に憧れていたのっぽの少年が、独ソ戦の敗走を経験し、放浪の作家となるまでが明らかになる。老年の作家が最後に向かう先は？

全編に渡って死が、挿話や脱線が、次々と増殖する。心打たれる詩情と練り上げられた思弁が、それを相殺する俗悪さと陳腐さとまぐわいながら、小説をますます異形の怪物にする。美しいが随所に悲惨な戦争の記憶を抱えたヨーロッパの懐かしい風景と、グローバル化の縮図である殺伐としたボーダー地帯の暴力と貧困の日常に、そう、悲しみとしての世界に、巨大な砂漠の真ん中でひとり屹立（きつりつ）して対峙（たいじ）する突然変異。これと交わらない手はない。

評・小野正嗣（作家・明治学院大学専任講師）

Roberto Bolaño　1953〜2003年。作家。本書は著者の死から1年後に刊行された。10以上の言語に翻訳され、英語版で全米批評家協会賞を受けた。邦訳に『通話』『野生の探偵たち』など。

二〇一二年一一月一八日❷

『アグルーカの行方　129人全員死亡、フランクリン隊が見た北極』

角幡唯介 著
集英社・一八九〇円
ISBN9784087815061／9784087452297（集英社文庫）

ノンフィクション・評伝

先駆者の魂宿る　1600キロ踏査

1845年、欧州から北米大陸北側を抜けて太平洋に至る「北西航路」発見のため英国を出発したフランクリン隊は、北極圏で音信途絶、後に乗員129人全員が亡くなったと分かった。極地探検史上最大級の悲劇だ。21世紀の探検家である著者らは、隊の航跡を徒歩で踏破し、さらには、氷に閉じ込められた船を放棄した隊員たちが、生還のため目指した遥（はる）か南方に進む。

その距離、実に1600キロ！　食料などの荷物を載せた橇（そり）を氷上で引き、乱氷帯では段差ごとに橇を持ち上げなければならない。猛烈な寒さに耐え、北極熊の脅威に怯（おび）え、激烈な飢餓のために麝香牛（ジャコウウシ）を撃ち、肉にあたって猛烈な腹痛に襲われる。なぜそこまでしてと思うわけだが、ひとつの目的は、書名にある「アグルーカの行方」を探ることだ。

「アグルーカ」とは勇猛な探検家を先住民イヌイットが敬意を込めて呼んだ名。著者は文献を渉猟するうち「アグルーカ」と呼ばれた人物に率いられた一隊が、フランクリン隊全滅の地とされる「餓死の入江」を脱して歩き続けたという異説を知る。その入江では隊員が人肉食にまで追い詰められた証拠もあり「全滅」にはリアリティーがある。しかし、そこからさらに旅を続けた者らがいたなら……。

極地を旅する意義は「自然にいたぶられ、その過酷さにおののき、人間の存在の小ささと生きることの自分なりの意味を知ることにある」と著者はいう。それゆえ著者は全地球測位システム（GPS）の使用すら冒険の意義を薄めるとしてジレンマを感じる。しかし、19世紀の探検家が持ち得なかった正確な地図は抵抗なく活用する。おそらく地図自体、探検の歴史の中で描かれたものだからか。

通読すると著者ら自身が21世紀の「アグルーカ」に見えてきた。探検の系譜に連なる者として、かつての探検者たちの魂の行方は、確かに「ここ」にある。

評・川端裕人（作家）

かくはた・ゆうすけ　76年生まれ。『空白の五マイル』で大宅壮一ノンフィクション賞など。

二〇一二年一一月一八日❸

『64（ロクヨン）』

横山秀夫 著
文芸春秋・一九九五円
ISBN9784163818405／9784167902926（文春文庫〈上〉）・9784167902933（〈下〉）

文芸

記者と警察　せめぎ合う迫力

著者7年ぶりの長編は、期待を裏切らぬ渾身（こんしん）の力作だ。

D県警警務部の広報官、三上義信警視は元捜査二課に所属する、辣腕（らつわん）の刑事だった。それが、人事抗争の余波で刑事畑をはずされ、広報官に回されたことで、内心鬱々（うつうつ）たるものがある。しかも一人娘、あゆみが家出して行方不明、という悩みを抱えている。

こうした状況のもとで、三上はしたたかな記者クラブを相手に、交通事故を起こした妊婦の匿名問題や、警察庁長官の緊急視察問題を巡り、体を張って対峙（たいじ）する。長官視察には、14年前に発生した未解決事件、〈ロクヨン〉と符丁で呼ばれる少女誘拐事件が、関わっている。どうやら、本庁は地元警察官の花形ともいうべき、県警刑事部長のポストに、キャリアを送り込む算段らしい……。

著者はデビュー以来、犯罪捜査を主体とする従来の警察小説に、斬新な視点を持ち込んできた。本書もまた、記者クラブと警察広報のせめぎ合いを、臨場感あふれる迫力で描き出し、あますところがない。加えて、キャリアと地元警察官の対立、刑事部と警務部のすさまじい軋轢（あつれき）など、さまざまなコンフリクトが同時進行で、絡み合う。

物語は、終始三上の視点で進められ、読者は三上の内省と独白によって、小説世界を引きずり回される。ハードボイルドの観点からは、主人公の心理を書き込みすぎるきらいが、ないでもない。しかし、一人称を避けて三人称を採用したところに、あえて客観の世界に踏みとどまろうとする、著者の姿勢が明示されている。

終盤の、新たな誘拐事件の追跡劇は、圧倒的なスピード感をもって展開され、息を継ぐいとまもない。やや強引な結末も、その熱気の余韻によって、十分なカタルシスとなる。著者雌伏の7年は、ワイン樽（たる）の底の澱（おり）までさらうような、烈々たる本書の仕事によって、十分に報われた。

評・逢坂剛（作家）

よこやま・ひでお 57年生まれ。作家。著書に『半落ち』『クライマーズ・ハイ』など。

二〇一二年一一月一八日⑤

『わたしは菊人形バンザイ研究者』

川井ゆう 著

新宿書房・二五二〇円
ISBN9784880084336　人文／アート・ファッション・芸能

老いも若きも楽しめる珍本

掛け値なしの、珍本である。

何しろ、類書が無い。菊の本は結構ある。菊人形に触れた本もあるにはあるけれど、研究書は無い。同じように私たちは菊人形を見たことはあるが、どのように作られるのかよく知らない。いわんや、その歴史をや。

大抵の人が切り花の菊で飾り立てている、と思っている。水皿が置いてあり、菊が吸い上げる。それで花が生き生きしている。そう考えている。菊人形の菊には根がついていると知らない。表から見えないように細工してあるからだ。菊師という職人が、まる一日かけて製作している。

たとえば姫君の衣装を菊で作るわけだが（菊付けという）、娘らしい丸みを表現するには技巧を要する。特に肩の線を出すのがむずかしい。咲き始めは撫（な）で肩の姫が、満開になると筋骨隆々となりかねない。そこで菊師は様子を見ながら着せ替えをする。

菊の根には水苔（みずごけ）を巻き、イ草で縛って「玉」を作る。この玉に毎日、細い管のついた特別のジョウロで水を与える。やり残した玉は枯れるため、水やりは神経を使う。それでも十日もすると萎（しな）びてくるので、全面的に改めて菊付けを行う。

菊人形の歴史は古く、江戸期に始まる。明治の世に流行した。漱石や二葉亭四迷の小説にも登場する。菊人形見物は、当時の庶民の最大の娯楽だった。菊人形で歴史の偉人や情況を学び、世相を知った。

昭和に入ると、世間を騒がせた「説教強盗」が菊人形の題材になる。しかし、大体は歌舞伎の名場面や、有名な武将がモチーフだった。見立て、である。菊人形は衰微しつつある。見立てが通じなくなったからだ。職人が高齢で、後継者が育たぬ。著者は菊人形研究で博士になった。わが国唯一の菊人形バンザイ（礼賛）研究者である。本書は堅苦しい論文でなく、漫文調研究入門書、老いも若きも大いに楽しめる。ゆえに珍本。

評・出久根達郎（作家）

かわい・ゆう 64年生まれ。武庫川女子大学非常勤講師（家政学）。現代風俗研究会会員。

二〇一二年一一月一八日⑥

『核の海の証言　ビキニ事件は終わらない』

山下正寿 著

新日本出版社・一八九〇円
ISBN9784406056199

社会

高校生らと続けた被曝調査

ビキニで被災したのは第五福竜丸だけではなかった。米国の水爆実験に遭って被曝（ひばく）した日本船の乗組員の多くが、若くして病に倒れ、補償も受けられないまま亡くなっていった。しかも、今日にいたるまで日本政府は、船員の健康状態の追跡調査ひとつ実施することなく、問題を放置してきた。

こうした実態を明らかにしようと、高知県の高校教師だった著者は、１９８０年代半ばから、教え子らとともに活動を続けてきた。元船員らへの聞き取り調査によって、深刻な健康被害が次第に明らかになっていった。地道な調査活動が、先輩から後輩へと30年近く受け継がれ、今に続いている。

そうした活動の成果が本書にまとめられた。そこで改めて問い返されるのは、日本政府の姿勢だ。

54年3月に第五福竜丸が被災したあと、5月までの間に、米国は6回の水爆実験をビキニ海域で繰り返し、のべ約1千隻の日本船が被曝した。

ところが、日本政府は、この海域で水揚げされたマグロの放射線検査を、その年の12月末で打ち切ってしまう。そして翌年1月、米国が日本に２００万ドルの見舞金を払うことで両国政府が合意し、事件に幕が引かれた。米国は事件の法的責任を認めず、放射線の害は小さいと強調した。

「いつの時代もしわ寄せが来るのは底辺にいる者、いつの時代も一緒や」

被災した元漁船員の妻は、そう語る。福島の原発事故によって放射能の災いにまたも見舞われた私たちが、こうした歴史的事実や被災者の体験に向き合うことの意味は小さくない。

同じくビキニの被災船のその後を描くドキュメンタリー映画「放射線を浴びた【X年後】」（伊東英朗監督）も各地で上映されている。高知と福島の高校生の交流も始まっている。

評・上丸洋一（本社編集委員）

やました・まさとし　45年生まれ。太平洋核被災支援センター事務局長。

二〇一二年一一月一八日⑦

『愛と魂の美術館』

立川昭二 著

岩波書店・三五七〇円
ISBN9784000220705

アート・ファッション・芸能

絵と美術をめぐるエッセー集である。作品は、フラ・アンジェリコ「受胎告知」、シャガール「セーヌの橋」、中宮寺「半跏思惟（はんかしい）像」、上村松園「焔（ほのお）」……など54点、古今東西に及んでいる。

ここしばらく枕元に本書があって、画に見入り、その論考を読みつつ寝入る日が続いた。画の残像や想念のかけらがちらつきながら夢路へと導かれるのであった。

著者は、個々の作品に対して「自分なりの思いを自由にくり広げていただければいい。それが本書の目的」と記す。そう、画と文に触発されて自由な思索の旅を楽しんでいい本なのだろう。

最終作品に、石井一男の作品が取り上げられている。50代になって世に出、神戸の棟割り住宅に暮らす孤高の画家である。童女とも野仏とも菩薩（ぼさつ）とも見える「女神」像。評者の好きな画家でもあるが、「ただ無心にたたずんでいる」ゆえに「ふかぶかとした世界」へと誘ってくれるとの指摘、うなずくものがある。

評・後藤正治（ノンフィクション作家）

二〇一二年一一月一八日⑧ 新書

『私とは何か 「個人」から「分人」へ』

平野啓一郎 著
講談社現代新書・七七七円
ISBN9784062881722

学生時代、京都に住んだ時、興味深いことに気づかされた。東京では道路に囲まれた領域が町名・番地だったのに、京都では道を挟んで両側に町がある。社会が人と人の相互作用の上に成り立っているならば、これはとても合理的なこと。タイルでなく、目地に意味がある。

同じことは個人にもいえる。人は内部に実体があるのではなく、関係性の中にその都度、可変的なものとして現れる。そう考えたほうがよいのではないか。個人は、それ以上、分割できないもの(in—dividual)ではなく、無限に分割可能な、動的なもの(dividual)としてである。

言葉の使徒として、芥川賞作家はこれに「分人」と名づけた。なかなかすごい発明である。自分の中に自分を探すな。自分は他人とのあいだにある。著者の小説『ドーン』のやさしい攻略本としても読める。平野啓一郎は小難しい人ではなく、実はユーザー・フレンドリーな分人だったのだ。

評・福岡伸一(青山学院大学教授)

二〇一二年一一月二五日① 文芸

『日本小説技術史』

渡部直己 著
新潮社・三五七〇円
ISBN9784103860020

異次元的な体験 作品の核心つく

坪内逍遥『小説神髄』から横光利一『純粋小説論』まで、半世紀にわたる文学作品を「技術」というテーマで語り抜く。つまり本書は、これまで〝何が語られてきたか〟のみを扱ってきた近代文学史に対し、〝どう語られてきたか〟を徹底して読みとる。「技術以外の何が小説にあるのか?」と、冒頭から我々を挑発しながら。

まず著者は、逍遥がその前近代性を批判した曲亭馬琴の小説制作術「稗史(はいし)七則」のうちの「偸聞(たちきき)」から話を始める。歌舞伎や黄表紙、いやそれどころか逍遥自身の小説にさえ「偸聞」は横溢(おういつ)する。我々も時代劇などで観た「話は全部、そのフスマの陰で聞かせてもらった」というパターンだ。

むろんここには、同じ話を繰り返さずにすませるための「省略」という技術的要請がある。だが、著者はその先にスリリングな小説論を用意している。作品は読者によって読まれているのだから「フスマの陰で聞かせてもらった」のは読者でもあるのだし、いわば同時に登場人物も〝話を読んでいる〟と著者は考えるのである。

その時、小説という空間には我々読者の身体が半分ほどめり込んでいると言ってもいい。また登場人物も半身を現実の我々のそばに現しているのかもしれない。そうした異次元的な体験が読むことであり、そもそも作家は作品の最初の読者なのだから、その異次元性は書くこととも直結している。

一方、逍遥のごく近くにいた二葉亭四迷はこの技術を徹底的に避け、同時に「奇遇奇縁」や「夢」といった古い技法を捨て去って『浮雲』を書いた、と著者は喝破する。そして時間をおいて書かれた『浮雲』第三編で、四迷は〝話者の分裂〟という現代の実験小説でも容易に真似(まね)出来ないハイテクに挑戦し、作品を未完で終わらせざるを得なくなった、と読み解く。

こうして技術という視点から鮮やかに縦横に動く著者の筆は、さらに樋口一葉の、それまでの作家たちからは明らかに分断された「不意」なシーン作りの妙を指摘し、テクストを震動させる分裂的な力に改めて驚嘆してみせる。

大著はユーモアを交えながら、きびきびと鴎外、独歩、漱石、芥川、谷崎など大家たちの作品の核心を突き、と同時に、〝ひとたび「私」と書きこめば、その「私」は「語る私」と「語られる私」に分裂する〟という指摘など、小説のツボを惜しげもなく開陳していく。
最後に著者は、技術とは「創造にまつわる」ある本質の異称だと告白するに至る。だからこそ小説は……と本書は滋味深い小説愛にあふれたフィナーレを迎えるのだが、それは五百ページを超える論考を読み通した者だけが味わうべき一文だろう。「偸聞」は不可。

評・いとうせいこう（作家・クリエーター）

わたなべ・なおみ　52年東京生まれ。文芸評論家、早稲田大学文学術院教授。主な著書に『私学的、あまりに私学的な』『かくも繊細なる横暴　日本「六八年」小説論』『不敬文学論序説』『中上健次論　愛しさについて』など。

二〇一二年一一月二五日②

『天平グレート・ジャーニー　遣唐使・平群広成（へぐりのひろなり）の数奇な冒険』

上野誠 著

講談社・二六二五円
ISBN9784062178648／9784062930161（講談社文庫）

歴史

崑崙へ漂着　信じることで活路

遣唐使といえば、山上憶良、吉備真備、最澄、空海、さらには遣唐使船で渡来した鑑真など、日本史上の人材の宝庫だ。いずれも大陸からの知識を活用し大きな功績をあげた。当時の未熟な技術ゆえ航海は命がけで、彼らは無事に渡海した幸運な成功者でもあった。

本作は2世紀半に及ぶ遣唐使の歴史で、最も過酷な旅路を経て帰還した平群広成の冒険譚（たん）。天平5年（733年）の遣唐使に参加し、玄宗皇帝に謁見（えっけん）は果たしたものの、帰り航海中の嵐で崑崙（こんろん）（現在のベトナム）に漂着。いったん、長安に戻ってから、朝鮮半島に向かい渤海（ぼっかい）経由で、天平11年、帰国した。崑崙に漂着した115人中、生還者は4人だけだった。

冒険物語として、派手な立ち回りがあるわけではない。広成は基本的に相手を信じ、異文化を理解しようとし、分からなくとも身を委ねることで活路を見いだす。長安到着までは唐の役人、崑崙ではどこか裏がありそうな商人の安一族、長安から渤海への脱出では、科挙に合格し皇帝に仕えていた阿倍仲麻呂。裏切りにあっても不思議でない中、外来文化を受け入れた天平の世のおおらかさを身をもって表現しているかのようだ。

期せずして唐・崑崙・渤海を知る身となった広成は、帰国後「北方の熊と北方の虎があい争いましても、東方のどぶ鼠（ねずみ）は、どちらに味方してもよくない」と奏じる。唐における日本の序列は、朝貢国中最下位で、主戦論を押し通せる強国ではありえない。朝鮮半島の覇権争いに関与すべきでないという意見だ。

歴史を材に取った小説は、必ず「今」と照らし合わせて読まれる。昨今、際だって前景化している東アジアにおける日本の立ち位置の問題に引きつけることもできよう。井の中の蛙（かわず）が、世界を見て大局観を得る物語として、つまり、「日本人よ、世界に出よ、自らを知れ！」と背を押されているようにも思える。

評・川端裕人（作家）

うえの・まこと　60年生まれ。奈良大学教授（国文学）。『万葉びとの奈良』など。

二〇一二年一一月二五日③

『万引きの文化史』

レイチェル・シュタイア 著　黒川由美 訳
太田出版・二三一〇円
ISBN9784778313418　ノンフィクション・評伝

れっきとした犯罪なのに

古書店の店員になった直後、万引きを目撃した。あの時の衝撃を、今も忘れない。三つ揃（ぞろ）いの紳士が当たり前のように、雑誌を背広の内側に忍ばせたのだ。そのまま店を出ていくのである。私は足がふるえて、声をかけられなかった。

その後、何十件も遭遇した。もはや、ひるむこともない。咎（とが）めると、冗談だよ、と照れ笑いする者、金を払えばいいだろう、と開き直る者、いろいろだった。捕まえた方が、何だか後ろめたくなる。万引きは、実に妙な犯罪だった。

映画「ティファニーで朝食を」のオードリー・ヘプバーンは、雑貨店で猫のお面をくすねる。同伴者の青年作家も、真似（まね）て彼は犬の面を選ぶ。二人は面をかぶって逃げる。アパートに戻った二人は、お面を外して見つめあい、そして抱き合う。万引きは映画や小説の場面に取りあげられた。

その意味では文化には違いないが、れっきとした犯罪なのである。

人はなぜ万引きをするのだろうか。特別の技を要しない。誰だって、しようと思えば簡単にできる。しかし実行するには理由があろう。本書には種々の事例が出てくる。

裁判官の娘の重役は、自分を貶（おとし）めることが快感だったと語り、小説家の女性は、盗んで集めた品々を見るとスリルを感じる、と告白した。

貧しいから盗むのではない。２００６年ブッシュ大統領の補佐官が、モップなどを万引きして逮捕された。16万1千ドルもの年俸を得ながら、88ドルのステレオを盗んだ。裁判でこう供述した。ハリケーンの被災者に対し、取った政府のまずい態度を自分は恥じていた。自罰意識が恥ずべき行為に走らせたと。

訳者のあとがきによると、わが国書店の損失額は２６０億円以上、この内の73％余が万引きによるものと（２００７年統計）。読んでいて気がめいってくる。最後に訳者のこの一言でやっと笑えた。「この本を買ってください」

評・出久根達郎（作家）

Rachel Shteir　米デポール大学演劇学部の准教授で美術学士課程の主任。

二〇一二年一一月二五日④

『MAKERS（メイカーズ）　21世紀の産業革命が始まる』

クリス・アンダーソン 著　関美和 訳
NHK出版・一九九五円
ISBN9784140815762　経済／IT・コンピューター

誰でも製造業を起こせる時代に

インターネットがもたらす経済の構造変化を解き明かしたベストセラー『ロングテール』『フリー』に続き、著者が今回、世に問うキーワードは「メイカームーブメント」つまり、ものづくり革命だ。

ネット産業の勃興は、蒸気機関や自動車を生んだ第1次、第2次産業革命に次ぐ、時代の節目と言われる。だが著者は、それはまだ画面上の世界の小さな変化にすぎず、現実社会を大きく変える第3次産業革命はむしろこれから起きるのだ、と予測する。

その原動力が、誰でも製造業を起こせる技術の進化だ。大企業のように資金や工場がなく熟練工でないとしても、いまやアイデアや才覚ひとつで製造業を起こせる。

たとえば、自宅のパソコンでオリジナル食器を立体デザインする。ファイルを3Dプリンターに送れば、自動的に樹脂が塗り重ねられ、設計図通りの食器が完成する。3Dプリンターとはいわば紙にインクを吹きつけて印刷する家庭用プリンターの立体版だ。素材をチタンやガラス、金属などで作ることもできる。

技術的にはそこまで来た。となれば、本書が指摘するように、ものづくりが資本集約型の大量生産だけでなく、個人や小企業によるニッチ産業モデルに回帰する可能性は十分ある。目の肥えた消費者だけのために、新しいアイデアや技術を盛り込んだ商品を作る企業が数千、数万の単位で続々と生まれても、けっしておかしくないだろう。

そこまでは著者の見立てに賛成だが、この潮流が新興国に雇用を奪われている先進国の製造業を復活させ、雇用を後押しする、との見解はやや楽観的すぎるのではないか。

労賃の安い中国から製造業を取り戻したとしても、熟練工いらずのデジタル工作機械が生むメイカーズがどれほどの雇用を生むだろう。ネット革命が必ずしも雇用増をもたらしていないように、製造業革命も、そこが気がかりだ。

評・原真人（本社編集委員）

Chris Anderson 「ワイアード」US版編集長。『ロングテール』ほか。

二〇一二年一一月二五日⑤

『のろのろ歩け』

中島京子 著

文芸春秋・1365円
ISBN9784163816302／9784167903206（文春文庫） 文芸

街の急速な発展と日常の矛盾

三つの中編からなる本著。北京、上海、台湾の三都市をそれぞれ背景として、仕事や生活、親子関係に事情を抱える日本人の女性が、一人で異国の町へ出かけるという、いわゆる「三都物語」だ。

第一編「北京の春の白い服」の設定は、一九九八年である。夏美は、かつて留学した地でもある北京へ、若い女性向けのファッション誌を作るために訪れた。たかだか十年の間なのに、まるきり違う都市のように変わっていた北京。開発はなお急スピードで進んでいた。

一方で「慢慢走（マンマンゾウ）（のろのろ歩け）」という北京人の日常の挨拶（あいさつ）がいつも耳にまとわりつく。矛盾に思いながらも、夏美は、翌春の世界の流行になると予測される真っ白のファッションを、黄砂の吹く北京で全面的に押し出そうと奮闘する。作品の時代から更に十数年を経た今、これを読む。北京の急速な発展と「慢慢走」のギャップが一層際立ってしまう。

「時間の向こうの一週間」では、亜矢子は、上海へ転勤した夫と一緒に暮らす部屋探しのため虹橋（ホンチャオ）空港に降り立った。「無関時間（THE OTHER SIDE OF TIME）」、ここに流れているのとはもう一つ別の時間、という語によって亜矢子の上海の印象は作られる。出会った人々は、申し合わせたかのように憧れめいた口調で「ルーザーズ・ヘブン」と言う。上海で暮らす女性、ルー・ビンはこの英語の意味をいったん「失敗者的天堂」と書いて説明し、亜矢子は「負け犬の楽園」という日本語にたどり着く。一見直訳でも、不思議な深みがある。みんなが成功を目指さなくてはいけない都会に疲れて、ルーザーになりたいと願う。今日の中国人の苦悩がこの一語に凝縮されているようにさえ思えた。

死んだ母の不倫相手を探りに台湾へ出かける「天燈幸福」も、胸がほのぼのとしてくる一編だ。

評・楊逸（作家）

なかじま・きょうこ 64年生まれ。作家。『小さいおうち』で直木賞。『眺望絶佳』など。

二〇一二年一一月二五日⑥

『一揆の原理　日本中世の一揆から現代のSNSまで』

呉座勇一 著
洋泉社・一六八〇円
ISBN9784800300195／9784480096975（ちくま学芸文庫）　歴史／ノンフィクション・評伝

現代に通じる　人と人のつながり

一揆というと、農民が竹槍（たけやり）を持って武装蜂起する革命的イメージが共有されている。実際、「前近代日本の固有の階級闘争」という枠組みが与えられ、弱き者の連帯による権力への抵抗という像が確立してきた。しかし、著者は言う。それは「事実に基づくものではなく、戦後の日本史研究者の願望によるもの」だ、と。

著者は、大胆にこれまでの見方を疑い、一揆の実像に迫る。そこで見えてきたのは、暴動や革命といった特殊な運動よりも、人と人とをつなぐ具体的な紐帯（ちゅうたい）にこそ、一揆の本質があるという点だ。

一揆の黄金時代は中世。従来の見解では、中世社会の人間は支配・被支配の封建的上下関係に縛られてきたとされる。しかし、中世の主従関係は、必ずしも絶対的ではない。実際は、互いに義務を負う双務的な関係として成立し、中世ならではの契約関係が誕生した。

この契約は、水平的関係においても成立する。そして、ここに「一揆契約」という観念が立ち現れる。

一揆の結成は、血縁を超えてなされた。人々は旧来の縁を切断し、新たな縁を結ぶことで、仲間を形成した。これまで赤の他人だった人々と契約を結び、疑似的な親子兄弟関係を構成することこそ「一揆契約」だったのである。

一揆は、時に集合せず、目立つ決起集会も行わなかった。熱狂や神的儀礼も伴わず、たった二人だけの契約に留まることもあった。大規模な武装決起だけが、一揆の姿ではない。

「相手にふりかかった問題を自分の問題として考え、親身になって、その解決に協力する」ことこそ、一揆における人間関係だと著者は説く。そして、現代のソーシャル・メディアによる「新しいつながり」との類似性に言及する。

結論は少々強引だが、議論は明快で読みやすい。従来の一揆観を覆す論争的な一冊だ。

評・中島岳志（北海道大学准教授）

ござ・ゆういち　80年生まれ。東京大学大学院人文社会系研究科研究員（日本中世史）。

二〇一二年一一月二五日⑦

『クラウドクラスターを愛する方法』

窪美澄 著
朝日新聞出版・一二六〇円
ISBN9784022510198／9784022647986（朝日文庫）　文芸

両親が不仲だったり、片親が出ていったりした家庭を子どもの視点から描いた小説二編。逃げ場も相談相手もなしにそうした問題を乗り越えていかなくてはならない思春期の子どもたちの、切なさ、辛さ。大人になってからもトラウマを断ち切れず、思い切って人を愛することができなかったりする。

たとえば表題作は、三十歳を目前にした若い女性の大晦日（おおみそか）から一月三日までを描いている。年末年始はふだん離れて暮らしている家族が久しぶりに集まる時期だが、主人公には心から「家族」と思える人がいない。「もうすぐ三十歳になるのに、私は今も母が家を出ていった十二歳のときのまんまだ」と感じる彼女の、人生を振り返る四日間が、温かく柔らかな筆致で、丁寧に描かれている。さりげなさそうで緻密（ちみつ）な構成になっていて、何げない食事の風景や会話にも、人と人の微妙な距離感がうまく出ている。完結しているけれど、続きが読みたくなる小説だ。

評・松永美穂（早稲田大学教授）

二〇一二年一一月二五日⑧

『新農薬ネオニコチノイドが日本を脅かす』

水野玲子 著
七つ森書館・一八九〇円
ISBN9784822812560
科学・生物

ミツバチの大量失踪。謎の異常現象が2000年代後半から世界的に顕在化してきた。ウイルス、ダニ、環境変動など様々な要因が取り沙汰された。

そんな中、いまひとつの物質名が浮上しつつある。ネオニコチノイド。害虫には卓効、人間には無害。少量で効き目が持続するから減農薬になる。画期的な新農薬として日本では水田に大量散布されるようになった。著者はこれを、企業、政府、農協、あるいは食の問題に敏感なはずの生協でさえもが参加して作り上げた「もうひとつの安全神話」だと指摘する。

効果が持続するがゆえに中長期的な影響こそが問題なのだ。実験データはこう告げる。致死量以下でも、ネオニコチノイドを浴びたハチは神経を侵され巣に帰らなくなると。

自然は動的平衡の網目からなりたつ。ひずみは全体に伝播（でんぱ）する。ゆっくり時間をかけて。これは想定外の事象でない。私たちは意識の警戒レベルを上げなければならない。

評・福岡伸一（青山学院大学教授）

二〇一二年一二月二日❶

『昭和戦前期の政党政治　二大政党制はなぜ挫折したのか』

筒井清忠 著
ちくま新書・九四五円
ISBN9784480066879
政治

「劇場政治」の末 翼賛体制に転落

大正末から昭和初期にかけて、政友会と民政党の二大政党制が形成されていった。加藤高明内閣以降の本格的政党政治は、5・15事件による犬養毅内閣崩壊によって潰（つい）える。その間、約8年。戦前期の二大政党政治は、いかに始まり、崩壊していったのか。

著者が着目するのは、普通選挙法施行による政治の質的変化である。政党政治は大衆の支持を追求し、急速に「劇場型政治」へと転換する。そのきっかけになったのが「一枚の写真」だった。

そこに写っているのは1組の男女。男性が椅子に座り、若い女性を抱いている。男性は朴烈で、女性は金子文子。2人は関東大震災の混乱の中で逮捕され、皇室への大逆罪に問われた。1926年、文子は自殺するが、それと同時に報道されたのが問題の写真だった。

世論は沸き立った。「重大事件の犯人が予審調室で抱き合うとは、何たることか」と批判が噴出。死刑判決の2人は、恩赦により無期懲役に減刑されたが、若槻内閣は野党とメディアから「皇室を蔑（ないがし）ろにしている」と叩（たた）かれた。

「朴烈怪写真事件」を仕掛けたのは北一輝。密（ひそ）かに写真を入手した彼は、スキャンダラスな視覚効果が大衆デモクラシーを動かすことを見透（みとお）し、政権打倒に利用した。ここに天皇というシンボルをめぐる「劇場政治」が幕を開ける。

この時、第1回普通選挙が近づいていた。野党は政権奪取のために、メディアと世論のバッシングを利用。若槻内閣は崩壊する。

天皇の政治シンボルとしての有効性に気づいた政治関係者は、同様の手法を繰り返した。しかし、これは政党人にとって、自殺行為だった。二大政党の相互バッシングは、政党政治そのものへの不信を敷衍（ふえん）し、超国家主義者による暴力に正当性を与えた。

決定的だったのはロンドン条約をめぐる統帥権干犯問題。内閣が海軍軍令部の意に反して軍縮条約を締結したのは天皇大権を犯す行為だとして批判が集中し、浜口首相は狙撃された。以降、テロ・クーデターが続き、政党政治は終焉（しゅうえん）を迎える。一方、5・15事件で犬養首相を襲った青年将校は英雄視され、減刑嘆願書が殺到した。

既成政党への不信と昭和維新への渇望は、まさに二大政党による「劇場政治」がもたらした。そして、「政党外の超越的存在・勢力とメディア世論の結合」こそが、のちの軍部台頭と近衛新体制を生み出した。

「『既成政党批判』と『第三極への渇仰』が招いたのは、大政翼賛会という名の『政党政治の崩壊と無極化』であった」と著者は言う。同じ過去はやってこないが、過去を顧みない人間は、同じ過ちを繰り返す。

評・中島岳志（北海道大学准教授）

つつい・きよただ　48年生まれ。帝京大学文学部日本文化学科教授・学科長（日本近現代史）。主な著書に『二・二六事件とその時代』『日本型「教養」の運命』『昭和十年代の陸軍と政治』『帝都復興の時代』など。

二〇一二年一二月二日❷　歴史／社会

『大阪アースダイバー』

中沢新一著
講談社・一九九五円
ISBN9784062178129

笑いの底にある　死者との交流

縄文人が住んでいた海進期の日本は、現在の地形と全く異なり、大都市の多くは海の下にあった。そんな時期に育まれた「野生の日本」の痕跡を歩き回れば、その呪縛がどれほど強く現在の都市社会の成り立ちに作用しているかが分かる。

この「アースダイバー」手法をもって探訪される大阪は、南方や大陸から来る海が押し寄せる文明の孤島だった。その大秘境へ歴史ダイビングを敢行する本書は、大阪こそ日本に成立した「ホンマモンの都市」だったと、スリリングに謳（うた）いあげる。

たとえば、あの自治都市、堺。そこには、濠（ほり）や壁を巡らせた城塞（じょうさい）都市を母形とする、自由を死守する市（シティ）と市民が生まれた。一方、海の中から現れた砂州だった大阪市内では、農地から発生する権力だの地縁だのに属さない、無縁で自由な海民が、壁をめぐらす代わりに物と金銭を機軸とする「市（マーケット）」を築いた。その異質な無縁社会を律する新たな規範、「信用」を武器にして、船場の商人は都市をつくる。

しかし、本書のダイブはさらに深海へと進む。たとえば、大阪のお笑い興行と「差別」の根っこにまでも。

いまミナミと呼ばれる界隈（かいわい）は、笑いや官能や快楽の一大歓楽街だが、かつて広大な墓地や火葬場、刑場にあてられた場所だった。芸能は死者を葬る儀礼から生まれる。通夜の席や死者の口寄せに付き物だった謎かけや「掛け合い萬歳（まんざい）」から、ボケと突っ込みをセットとする大阪漫才が発展する。また上町台地でも、墓地に隣接し巫女（みこ）が神懸かりする場所だった生玉（いくたま）（生國魂〈いくくにたま〉）神社に最初の落語「彦八ばなし」が掛かった。

大阪のお笑いの古層には、神々や死者との交流・交渉を担った「聖地の思考」があるのだ。吉本のお笑い芸や大阪のおばちゃんの性格を通して論証していく語り口が、すでに「芸」の域に達している。

評・荒俣宏（作家）

なかざわ・しんいち　50年生まれ。思想家、人類学者。『アースダイバー』『野生の科学』。

二〇一二年一二月二日③

『これが物理学だ！ マサチューセッツ工科大学「感動」講義』

ウォルター・ルーウィン 著 東江一紀 訳
文芸春秋・一八九〇円
ISBN9784163757704

科学・生物

熱血教授、好奇心わしづかみ

アメリカの名門マサチューセッツ工科大学（ＭＩＴ）の教養課程で、物理学入門の講義を担当する熱血教授がいる。ある日の講義風景はこんなふう。重さ15キロの鉄球をつり下げ、自分の顎（あご）の下まで引き上げてから振り子運動させる。手を離れた鉄球はもの凄（すご）い勢いで戻ってくるが、顎の直前でぴたりと止まり次の周期に入る。決して顎を砕いたりしない。学生は、手に汗を握る実演によって、鉄球が手放された高さまでしか戻らないことを知る。つまり、エネルギー保存の法則を体感する。

講義では毎回なんらかの実演が行われ、教授自らが振り子の重りになったり（力学）、スポットライトを使い室内で青空や虹を再現したり（光学）、様々な方法で学生たちの知的好奇心をかき立てる。本書はその「脳みそをわしづかみにする」講義を熱血教授みずから再現したものだ。

講義の意図は「物理学を好きにさせること」。電気と磁気を統合する方程式を学んだ後、学生に一本ずつ水仙を贈る〝儀式〟が象徴的だ。熱血教授いわく「マクスウェルの方程式四つ全部を初めてこんなふうに目の当たりにし、その完全さ、美しさ…を鑑賞する機会は、きみたちの人生でたった一度、これっきりだろう」。「（方程式を覚えているより）見えたものの美しさを覚えているかどうかのほうが、ずっとずっと重要」と。

もっとも、「楽しさ」「美しさ」を伝えるだけで終わらない。初期講義で物理学の基礎は測定だとし、必ずつきまとう様々な誤差や、その取り扱いを述べる部分は秀逸。自身がかかわったＸ線宇宙物理学草創期の挿話とあいまって、世界を説明しつくそうとする物理学の欲望と方法を鮮やかにイメージさせてくれる。

自分にもこんな先生がいたら！ と思う人も悲観されないよう。講義はすべてウェブ公開されている。検索すれば簡単に見つかるし、本書にも参照サイトが記されている。

評・川端裕人（作家）

Walter Lewin 36年生まれ。マサチューセッツ工科大学教授。

二〇一二年一二月二日④

『バビロンの魔女』

Ｄ・Ｊ・マッキントッシュ 著 宮崎晴美 訳
河出書房新社・二一〇〇円
ISBN9784309909592

文芸

人間の欲望が破壊する古美術

黄金と富こそは戦争の一番の動機である——という名言が、何度も脳裏に蘇（よみがえ）ってきた。

イラク戦争の真っただ中の２００３年、「バグダッドの財宝の館、世界に名高いイラク国立博物館」では、凄（すさ）まじい略奪戦が繰り広げられ、ハトラやコルサバードなどの遺跡から出土した古美術品が狙いの的となっていた。が、盗賊たちが欲する目玉品の「石板」は途中から行方知れずに。

およそその3カ月後、アメリカ・ニューヨークに暮らす世間知らずの若き古美術商、ジョン・マディソンは思わぬ不幸に見舞われた。自分を育てあげた兄を交通事故で亡くして間もなく、今度は幼馴染（なじみ）のハルが殺された。ハルと最後に会ったジョンは容疑者と目され、その上得体（えたい）のしれぬ犯罪グループに追われるようになる。

ストーリーは早くも波乱の道に暴走し始める。ハルの仕掛けたゲームをヒントに、石板の在り処（か）を求めるジョンは、時々刻々と迫ってくる危険を潜（くぐ）り抜けようと、半ば逃亡するような生活に陥って、あげくの果てに、拉致され、イラクまで連れて行かれてしまった。

行間に躍る激しいアクションと緊迫した空気、その描写は、ハリウッド映画を彷彿（ほうふつ）とさせる。ところで肝心の石板とは。「ナホム書の石板」と言われ、失われた旧約聖書の原本だった。

メソポタミア文明、バビロン王女、旧約聖書に登場するナホム等々――サスペンスを解くためのこれらのキーワードから、「2つの川の間の土地（メソポタミア）」の歴史が次第に形を成して脳裏に浮かんでくる。

戦争によって破壊された古美術。たとえ戦火を免れ、平和を享受する豊かな社会に逃れることができたとしても、人間の欲望によってまた破壊されないとは限らない。非常時における文物の保護、という課題を読者に突きつける一冊なのではなかろうか。

評・楊逸（作家）

D. J. McIntosh　カナダの元編集者。本書が初の長編となる。

二〇一二年一二月二日⑤

『ウェブで政治を動かす！』

津田大介 著

朝日新書・八六一円

ISBN9784022734778

政治／社会

新しい民主主義を作るために

タイトルからして、この時期にはおおいに刺激的だ。

しかし、〝すわ、ウェブ党の立ち上げか〟と敏感になった人は、主にマスメディアによる「政局報道」に心奪われている。いわゆる永田町の論理に洗脳されていると言ってよい。ここ数年ほころびが完全に露呈していたその論理は、今回の選挙で一気にまた日本を支配し始めている。

そんな中で、本書はむしろ特定の政治家だけが動かす「政局」に対して、国民がインターネットを通じて「政策」を知り、討議に参加し、常に政治を監視するような社会の到来を後押ししようとする。

豊富な実例通り、すでに東京都の青少年健全育成条例の一部改正案が、〝ツイッターで情報が拡散〟したことなどで論議を呼び、いったん否決。著作権保護期間の延長に関しても、ウェブ上での議論の可視化が問題を先送りにした。我々はそうした「政策」への参加をもう始めているのだ。

逆に「政策」を発信する側の政治家、政府も徐々に方針をネットで開陳するようになっている。事業仕分けをネットで生配信し、視聴者が刻々と意見を打ち込む形などが変化を示しているだろう。

著者はそこで、「ネット選挙」を実現すべきだと説く。ウェブ投票ということではなく、選挙期間中に候補者が自分の考えを次々に発信し、有権者と討議を重ねる。その運動にほぼ金はかからない。

現行の公職選挙法ではウェブサイトの更新さえ許されていない。これは決定的に古い。選挙期間中に現れた問題を候補者がどう考えるかにこそ、彼らの真価が出るのだから。何よりも、我々国民はネットから政治に刻々と圧力をかけることが出来るのである。

むろん「ネット選挙」は入り口に過ぎない。それは永田町の論理に耳を傾けず、新しい民主主義を作るためにある。まず今回の選挙でネット世代が現実の投票をしなくては、それは始まらない。

評・いとうせいこう（作家・クリエーター）

つだ・だいすけ　73年生まれ。ジャーナリスト、メディア・アクティビスト。『動員の革命』など。

二〇一二年一二月二日❻

『ホームレス障害者　彼らを路上に追いやるもの』

鈴木文治 著

日本評論社・一八九〇円
ISBN9784535563094

社会

「排除」の原理に希望の風穴

著者は、川崎市にある日本基督教団桜本教会の伝道師である。盲学校、養護学校の校長を務めた障害児教育の専門家でもある。ホームレスの人々や障害者と「共に生きる」とは、どう生きることか。本書に多くのことを学んだ。

桜本教会がホームレスの人々への支援を始めたのは1994年。当初は住民の反対運動や嫌がらせにあったが、少しずつ理解が広がった。翌年からは週2回、食事や衣類、日用品の提供を始めた。

そうした活動の当初から、著者は、ホームレスの人々の中に、障害者が多くいることに気づいていたという。

若者のバイクにはねられ、72歳で亡くなった「クニさん」は、難聴で知的障害があった。「神様ありがとうございます。アーメン」の祈りの言葉を発することも難しかった。教会では下足番をつとめ、笑顔を絶やさなかった。

「タクマくん」は29歳。相手の話は理解するが、自分から話すことはない。養護学校を卒業後、作業所に10年ほど通ったが行方不明に。1年後、多摩川で水死体となって見つかった。

どうして彼らはホームレスとなったのか。何が彼らを路上へと追いやったのか。

著者は「本人というより周りの支え方に問題がある」と述べている。

「共生」とか「共生社会」といった言葉が使われるようになってすでに久しい。

しかし、現実はどうか。

障害者が路上での暮らしを余儀なくされていること自体、「共生」の対極にある「排除」の原理がなお、社会を支配していることを示している。

本書は、その厳しい現実を描きながら、同時に、その現実に希望の風穴をあけてくれる。著者はこう書いている。

「桜本教会は（略）単なる支援活動ではなく、『共に生きる営み』だからこそ、20年を経て今日まで継続しているのである」

評・上丸洋一（本社編集委員）

すずき・ふみはる　48年生まれ。田園調布学園大教授。『幸いなるかな、悲しむ者』など。

二〇一二年一二月二日❼

『江戸の読書会　会読の思想史』

前田勉 著

平凡社選書・三三六〇円
ISBN9784582842326

教育

江戸時代の子どもは、六、七歳頃（ごろ）から勉強させられた。武家は藩校や私塾へ、庶民は手習い塾の寺子屋へ通う。どちらも最初は素読（そどく）といって、師の読む通りを声に出して読む。次に暗誦（あんしょう）する。この段階で大切なことは、子どもたちが本を嫌いにならぬよう、テキスト選びに注意する。

武士の子は十五歳前後から、講釈と会読（かいどく）を行う。会読は大体十人ほどが一グループとなり、クジでその日の講者を決め、前から指定されているテキストを読んで講義する。他の者は疑義を質問し、講者が答える。全員が予習をしないと成立しない勉強法である。先生は口を出さない。どうしても答えが出ない時や、対立した際に判定を下す。会読は活発な討論の場であった。子どもたちは、いろんな意見や考えがあることを学んだ。

明治以降の学校教育は画一的になった。著者は会読の伝統継承が、現代の閉塞（へいそく）状況を打破することにつながらないかと提案する。望ましい政治家を育てるためには必要か。

評・出久根達郎（作家）

二〇一二年一二月二日⑧

『電波・電影・電視』

三澤真美恵、川島真、佐藤卓己 編著
青弓社・三九九〇円
ISBN9784787220493
社会

テレビ、ラジオ、映画、レコードなどのメディアは、技術、政治プロパガンダ、商業など多様な思惑を受けて発展してきた。本書はその20世紀東アジア各国での動向をまとめた興味深い論文集だ。

独自規格を狙う1950年代NHKの楽しいプロパガンダや「教育」テレビの意義から、中国国民党政府の音楽検閲、各国でのナショナリズム高揚を狙ったメディア育成政策、果ては北朝鮮でのテレビ草創期など、扱う話題は実に多種多様。各国の横並び比較分析ではないが、各国の大きな差を考えれば無理もない。意外に見ないテレビ研究の充実も嬉（うれ）しい。

歴史をたどるだけで変わった事実が次々に現れ、執筆した東アジア各地の研究者たちの興奮が端々にうかがえる。国の科学研究費を投入した成果は十分。各国の相互影響やネット以降の動向も含め、今後まだまだ掘る余地のありそうな分野で、空論哲学に偏らない堅実なメディア論として続きも期待したい。

評・山形浩生（評論家）

二〇一二年一二月九日①

『東日本大震災と地域産業復興　Ⅰ人びとの「現場」から　Ⅱ立ち上がる「まち」の現場から』

関満博 著
新評論・Ⅰ巻二九四〇円、Ⅱ巻三九九〇円
ISBN9784794808875〈Ⅰ〉・9784794809186〈Ⅱ〉
経済／社会

企業取材で見通す　日本全体の突破口

東北震災以来、もう2年近く。ニュースだけ見ていると、初動の遅れ、空疎な文明論を並べて増税の口実にされただけの復興会議、さらに最近判明した復興予算の流用など、特に国レベルの対応のまずさばかりが伝わってくる。また一部では原発事故への過度の不安から、瓦礫（がれき）受け入れなど復興への協力すら拒否しようとする人々がいるのは悲しいことだ。

だがもちろん地元の企業や人々は着実に復興を進めている。本書は震災の直後、東北各地の特に製造業を中心とした産業復興の様子を、中小企業へのたんねんな取材調査で描き出す。それも「がんばりました」の一時的な美談集ではない。多種多様な企業の事業復活が、震災から1年半のそれぞれの時点で東北全体の産業構造変化の中で持つ意味を克明に記述する本書は、被災地全体の復興の歩みを見事に描き出している。

これが可能だったのは、著者が震災以前から20年以上にわたり、東北の中小企業群を調査分析してきたからだ。関満博は、日本の大田区をはじめ中国、アジア、その他世界中の中小企業の集積を実際に足を運んで研究し、現場のダイナミズムに常に注目してきた。個別の企業が地域の中でネットワークを形成し、多様なニーズや急な変化にもその組み合わせで対応できることが、日本やアジアの新興工業地域の活力源だ、というのが彼の定番の主張だ。

そして今回の本でも、その視点は健在だ。震災の被害は、地域の産業ネットワークを破壊してしまった。それは東北内だけの話ではない。震災直後、携帯電話や車など意外なものの生産が世界的にストップして、評者を含め多くの人は驚かされた。そうした企業のつながりが復興の突破口にもなった。その一方で、被災地域が以前から抱えていた過疎、高齢化、交通条件の悪さ、アジア移転といった課題への取り組みも、震災は加速させることになった。それを克服しようとする一次産業まで含めた産業の高度化、重層化、高付加価値化への懸命な取り組み事例は、それ自体が感動的だ。

だが本書の主張はさらに広がる。日本全体も過疎（人口減）と高齢化を迎えている。だから被災地復興の試みは、近い将来の日本産業全体にまでヒントを与える、と。個別事例をとばしてこうしたまとめだけほしい人は、同著者の『地域を豊かにする働き方』（ちくまプリマー新書）を読んでほしい。被災地の課題と取り組みは、実は日本全体の課題でもあるのだ。本書はそれを理解させてくれる。そしてそれこそまさに、震災の教訓を風化させず、自分たち自身の問題としてとらえなおすための不可欠の視点だ。

評・山形浩生（評論家）

せき・みつひろ　48年生まれ。明星大学経済学部教授。著書に『現場主義の人材育成法』『ニッポンのモノづくり学』『「農」と「食」の農商工連携』。サントリー学芸賞（97年）、大平正芳記念賞特別賞（98年）。

二〇一二年一二月九日❷

『ことり』

小川洋子 著

朝日新聞出版・一五七五円
ISBN9784022510228／9784022648037（朝日文庫）文芸

片隅に生きる慎ましい存在たち

我々は小鳥のさえずりを美しいと聴き入っても、その声を発する一羽一羽の物語を想像するまでには至らない。小鳥たちはかくも我々の身近にありながらかくも名もなき存在である。だが我々一人一人の生も同じではないか？

本書は「小鳥の小父（おじ）さん」と呼ばれる独居老人の死から始まる。近所の幼稚園の鳥小屋をボランティアで掃除していた小父さんの過去が、その存在は知りながら、誰も名前も素性も知らない老人の物語が明らかにされていく。

小父さんにはずっと一緒に暮らしていた兄がいた。日課のように幼稚園の鳥小屋の前に行き、毎週水曜に近所の薬局で棒つきキャンディーを買っていたこの兄は、不思議な言語を喋（しゃべ）り、弟以外の誰とも意思疎通できなかった。

兄はどこかに問題を抱えていたのだろうか？　だが小父さんは、兄は「小鳥と同じように皆が忘れた言葉を喋っている」だけだと考えて納得するのだ。では小父さんのほうがちょっとヘンなのか？

両親の残した家にひとり暮らし、バラ園のあるゲストハウスで管理人として働き、図書館で鳥に関連する本だけを借り、鳥小屋を掃除するという決まりきった暮らしを続ける小父さん。図書館司書とのあいだに淡い恋も生まれかける。だが、近所で女児の行方不明事件が生じると、周囲はこの身寄りのない独身男性に疑いの目を向け始める……。

庭の荒れた古い家、ゲストハウスの屋敷や図書館に漂う密室的な怪しさ。小父さんがチョコを食べながら、それをつまむ司書の指まで食べた気になるフェティッシュな描写。この世の片隅に生きる慎（つつ）ましい存在たちの世界は、その底知れぬ不気味さも含めて、どれほど豊かで複雑な小宇宙であることか。この小説の言葉が、淡い温（ぬく）もりと哀（かな）しみを湛（たた）えた透明な光を放って震えているのは、それが小鳥たちが中空に綴（つづ）った儚（はかな）き言葉を書き留めたものだからだ。

評・小野正嗣（作家・明治学院大学専任講師）

おがわ・ようこ　62年生まれ。作家。『博士の愛した数式』『ミーナの行進』など。

二〇一二年一二月九日③

『手紙』

ミハイル・シーシキン 著　奈倉有里 訳

新潮社・二五二〇円
ISBN9784105900977

文芸

生の確認 言葉への強い信頼

大きな小説である。ボリュームが大きいというわけではなく、拡（ひろ）がりがあり、器としての大きさを感じさせる小説。ドストエフスキーやトルストイにつながる豊かな文学の伝統を、現在はドイツ語圏で生活しているロシア語作家がみごとに体現している。

タイトルのとおり、この作品はある男女が交わした手紙から成り立っている。男性は戦場におり、女性は故郷にいる。若い2人のお互いを思い合う手紙は、綿々と綴（つづ）られはするものの、対話というよりも独白に近い。読み進むにつれ、この2人はほんとうに知り合いなのだろうかと奇妙な気がしてくるのだが、そもそもこの手紙が宛てられた「君」「あなた」を特定することにはそれほど意味はない。閉じているはずの手紙のテクストが、読者を含む無数の「君」「あなた」に向かって開かれていることに注目したい。

「あとは、どの戦争にするか決めるだけだった」「新聞の一面は常に戦争の記事」。19世紀末以降、世界各地で戦争は途切れることなく遂行されてきた。そもそも著者が作中で引用しているホメロスの時代から、文学はしばしば戦争を記録するメディアとして機能している。本書には若者が見た戦争の現場が、実感溢（あふ）れる筆致で描かれている。死屍（しし）累々の地と、それとは違う形であれ、やはり争いや生死の現場となっている故郷の日常が、手紙という細い糸でつながれているように見える。それは、生きることの確認のようなものだ。大きな闇を前にしつつも、人間のなかにある「光と温もり」がクローズアップされ、希望が紡がれていく。

「唯一存在する不死は言葉のなかにある」という、言葉への強い信頼に本書は支えられている。シーシキンは文学の言葉を「方舟」で喩（たと）えているが、同時代の人々の心に向けて航行する「方舟」が、日本にも到達したことを嬉（うれ）しく思う。

評・松永美穂（早稲田大学教授）

ミハイル・シーシキン　61年モスクワ生まれ。ロシアの主要な文学賞を受賞、現代を代表する作家。

二〇一二年一二月九日④

『ルポ　イチエフ　福島第一原発レベル7の現場』

布施祐仁 著

岩波書店・一七八五円
ISBN9784000221948

社会／ノンフィクション・評伝

重層的下請け構造と無関心

福島第一原発（イチエフ）の事故現場では、2万3千人を超す労働者が、放射能の恐怖と闘いながら、懸命に作業を続けてきた。しかし、そうした現場の状況は、ほとんど外部に伝わってこない。

本書は、震災発生直後から1年あまりの間に、第一原発で働く労働者50人以上に取材して書かれたルポだ。あの中はどうなっているのか。どんな人たちが、何を思い、どんな作業をしているか。情報の空隙（くうげき）を丹念な取材で埋める。

原発労働のルポといえば、1979年に出た堀江邦夫の『原発ジプシー』が広く知られる。初めてこの作品を読んだときの衝撃は忘れがたい。

そして、今回、本書を読んで、『原発ジプシー』から30年以上たった今も、原発の労働環境が改善されていないことに驚かされる。何重もの下請け構造と賃金のピンハネ、ずさんな被曝（ひばく）線量管理、労災隠し。そうした不公正が長い間、まかり通ってきた。

5年間で70ミリシーベルトの放射線を被曝したある労働者は、多発性骨髄腫を発症して労災認定された。その後、東京電力に損害賠償を求めて提訴したが、東電は被曝と病気の因果関係を否定した。

労働者は法廷で、裁判官に訴えた。

「正直に言ってくれればいいわけですが、(東電は)すべて隠すんです。何もかも隠して隠して隠しまくる。……ほんまに使い捨てですわ」

著者が本書の取材で最もよく耳にした言葉は「使い捨て」だったという。著者も言うように、原発というシステムは、労働者を使い捨てにして成り立ってきた。そうした重層的下請け構造の一番上に座っているのは、実は電力消費者の無関心ではなかったか、と気づかされる。

登場する労働者のほとんどが匿名だ。取材に応じただけで職を失う危険があるからだ。それでも語らずにいられなかった彼らの言葉を聞くことなしに、何も始まらない。

評・上丸洋一(本社編集委員)

ふせ・ゆうじん 76年生まれ。ジャーナリスト。『日米密約　裁かれない米兵犯罪』など。

二〇一二年一二月九日⑤

『訣別(けつべつ)　ゴールドマン・サックス』

グレッグ・スミス 著　徳川家広 訳

講談社・一九九五円
ISBN9784062180801

経済

ウォール街の内実　臨場感で

1990年代以降、米金融業界では規制緩和が進み、銀行や証券の垣根を越えた合従連衡が加速した。今日では六つの巨大総合金融が強大な影響力を行使しており、その一つが老舗ゴールドマン・サックス社である。

1978年生まれの著者は学生時代から同社で働くことを夢み、晴れて入社後も「顧客第一」を矜持(きょうじ)とする同社の気風に誇りを抱き続けた。人望も厚く、キャリアも順風満帆だった。

しかし、2008年の世界金融危機を契機に同社の収益力は激減し、社風も腐食したという。「顧客の恐怖心と強欲を食いものに」しながら、業界以外の人にはおよそ理解不能な金融派生商品が「奇跡の解決策」として売買された。

顧客の利益は追いやられ、社内では顧客を「マペット(あやつり人形)」と呼ぶ新人アナリストまで現れた。

こうしたモラルの低下に耐えかねた著者は、今春、12年間勤めた同社を退社する。「ニューヨーク・タイムズ」紙に寄稿した辞職の手記は全米で話題を呼んだ。

その内実と経緯を詳述したのが本書だが、世界金融の中枢を内側から活写した貴重な証言録でもある。臨場感溢(あふ)れる展開に、驚きとため息、怒りが交錯したまま、一気に引き込まれる。人間味に富む意外な逸話も多く、マンハッタンの息吹を何度も感じた。

ウォール街を「強欲資本主義」の象徴とみなし、その自浄能力の喪失を危惧する声は米国でも強い。「ウォール街を占拠せよ」運動はその典型だが、巨大金融の解体も含め、オバマ政権は金融規制をさらに強化する構えだ。資本主義とフェアプレーの精神は両立し得るのだろうか。

著者の意図や主張については否定的な見方も存在する。本書の影響力を冷笑する向きも少なくない。ウォール街の巨大な現実の前に本書の存在も著者の勇気も抹殺される運命なのだろうか。

評・渡辺靖(慶応大学教授)

Greg Smith 南アフリカ生まれ。米国や英国で先物取引などを手がけた。

二〇一二年一二月九日⑥

『東電OL事件　DNAが暴いた闇』

読売新聞社会部 著
中央公論新社・一四七〇円
ISBN9784120044496

社会／ノンフィクション・評伝

誤りを正し、事実を求めて歩く

東電OLを殺害したとして無期懲役に服していたネパール人のゴビンダ氏が、先頃、DNA鑑定という新証拠を得て再審無罪となった。本書は、先行して報道を続けた読売新聞取材班の足跡をまとめたドキュメントである。

背景に、DNA鑑定が精度を高めていく歳月があった。事件が起きた97年当時は鑑定の「過渡期」で、鑑定結果が別人と一致する確率は2万余人に1人程度であったのが、新検査法の導入で4兆余人に1人まで高められてきた。

警察署の冷凍庫で眠っていた、被害者の体内精液を採取したガーゼから割り出された型はゴビンダ氏とは一致せず、現場に残された1本の体毛とは一致した。すなわち、ゴビンダ氏以外の容疑者がいることを濃厚に示唆している――。検察がこの新証拠の開示を行うかどうか不明であった時点で、読売が記事化し、再審開始への注目度が増すこととなった。

事件から15年。なぜに時間が空費されたのか。取材班は当時の捜査官や関係者を訪ね歩く。答えず、ドア開かず、インターホン越しに……足で稼いだ取材の上に、冤罪（えんざい）の構図が浮かび上がってくる。

DNA鑑定が過渡期であったのは確かだったが、検察も弁護側も有力物証を見逃していた。加えてあったのは思い込みだ。被害者は「売春をしていた女性」、被疑者は「出稼ぎ外国人」。そういう偏見にとらわれなかった関係者は稀（まれ）だった。

あとがきの冒頭、藤田和之東京本社社会部長は「正直に打ち明ければ、ゴビンダ元被告が東電女性社員殺害事件の犯人だと思っていた」と記している。本書でもっとも残る一行である。そう、評者を含め私たちの多くも漠然とそう思っていた。誤りを正すのは事実である。事実を求めて歩き、検証すること。その集積の上にジャーナリズムの意味と役割があることを改めて教えてくれる仕事だった。

評・後藤正治（ノンフィクション作家）

2012年度新聞協会賞を受賞したスクープのドキュメント。

二〇一二年一二月九日⑦

『アメリカの越え方　和子・俊輔・良行の抵抗と越境』

吉見俊哉 著
弘文堂・一二六〇円
ISBN9784335501227

社会／国際

なぜ「アメリカを越える」ことが課題なのか？　東アジアにおいて戦前の日本の植民地主義が戦後、そっくりアメリカの覇権構造に引き継がれた点で、大日本帝国の崩壊と冷戦の激化のあいだには構造的な連続性があるからだ。終戦を迎えた日本と違い、アジアは日本の開国以前から戦後もずっと植民地支配、内戦、独裁といった〝戦時〟にあった。そういうねじれからアジアの未来を見通すことは、だから「アメリカを越える」ことと別でありえない。

問題に切り込むために採ったのは、鶴見という親米エリート一族に生まれた和子・俊輔の姉弟、従兄弟（いとこ）の良行の、三人三様の生涯をかけた思考の道筋を対置するという立体的な手法だ。成長期をアメリカで過ごした彼らは、アメリカを深く内面化しているがゆえにそれと対峙（たいじ）することから戦後を生き始めたが、これはアメリカの傘の下、復興と成長をとげた国民の途の逆を行くものだった……。問題がじつにクリアに浮かび上がる。

評・鷲田清一（大谷大学教授）

二〇一二年一二月一六日❶

『ヴェールの政治学』

ジョーン・W・スコット 著　李孝徳 訳

みすず書房・三六七五円
ISBN9784622076896

政治

仏共和制の矛盾　映し出した排除

2004年、フランス議会は、公立学校において宗教的帰属を「誇示」するアイテムの着用を禁じた法律を可決した。10年には、公共の場で顔を覆い隠す服装を禁止する法律を成立させた。標的とされたのは、ムスリム女性の、前者ではヘッドスカーフ、後者ではブルカである。ブルカを装着している女性が、フランスのムスリム人口の0・01%にも満たないにもかかわらず、である。

人権先進国といわれるフランスが、服装の自由を否定してまで防禦（ぼうぎょ）しようとしたものはいったい何だったのか。なかでもイスラームのヘッドスカーフ（ヴェール）がまず標的になったのはなぜか。

ヴェールは、フランス人の多くにとっては、イスラーム文化の後進性と女性に対する抑圧（家父長制の犠牲）の象徴であり、イスラーム移民の「同化」の挫折の象徴であったが、ムスリムにとってはときに個人のアイデンティティの表明方法であり、ときに集団としての抵抗の防壁でもある。いやムスリムにとってはと言うのは不正確で、とうてい一括（くく）りにはできないほど多義的なものである。にもかかわらず、ヴェールを一つの象徴として、イスラームを無理やり一つの型へと括ろうとするのは、それが「共和国」の理念、「ライシテ」（政治の脱宗教性）という国是の侵犯と映ったからである。

この問題の根には、すべての個人が同じであると仮定することで成り立つフランス特有の普遍主義、いってみれば「人権」の普遍性を掲げるナショナリズムという逆説がある。著者によればこれもまたまぎれもない一つの信仰なのに、普遍性を謳（うた）うがゆえに、これに従わない人たちの存在を事前に否認し、政治という交渉の場所から排除してしまう。

過剰な投影が錯綜（さくそう）するヴェール問題は、共和制もまた一つの信念体系であることに幕をかける。そこに透けて見えるのは、政治的平等と性的差異の矛盾という共和制の根幹の問題であり、フランス社会の歪（いびつ）なジェンダー体制であり（訳者の言うように、慰安婦問題が日本社会内部のジェンダー問題として論じられることも少ない）、深刻化する内政問題の堆積（たいせき）である。ヴェールはこれらを外部に転倒的に映すスクリーンなのであった。

著者はここから、「同化」という、何かを共有することで成り立つ普遍化（「われわれ」の拡張）ではなく、すべての人に共通なるものこそ「差異」であるという視点を対置する。

「普遍」という名の統合は差異を削（そ）ぎ落とし、多文化主義ははてしなき相対主義にはまり込む。そのあいだで排除ではなく交渉を軸とする政治が求められているというのだ。「ヴェール」はもはや彼の国の問題ではない。

評・鷲田清一（大谷大学教授）

Joan Wallach Scott　41年、ニューヨークでユダヤ系の家庭に生まれる。プリンストン高等研究所社会科学部教授（フランス労働史）。英語圏におけるジェンダー歴史学の草分け的存在。著書に『ジェンダーと歴史学』など。

二〇一二年一二月一六日❷

『12月25日の怪物　謎に満ちた「サンタクロース」の実像を追いかけて』

高橋大輔 著
草思社・一六八〇円
ISBN9784794219343／9784794222435（草思社文庫）

歴史

親になって 再び始まる物語

幼い頃クリスマスイブはサンタの到来を心待ちにして眠った。年頃になると同じ夜が〝恋人たち〟のものになる。宗教心があるわけでもないくせに！　ひょんなことからサンタの由来を解明しようと決めた時点で、著者はそう感じていたようだ。

サンタクロースのモデルは、4世紀トルコの聖ニコラウスだという。その信仰が欧州に伝えられ、オランダ人がアメリカに持ち込み、コカコーラの宣伝とともに世界に広がったというのが通説。トルコ、オランダ、アメリカを旅した著者は、聖ニコラウス祭で「よい子」に贈り物を与える習慣が、聖人崇拝を否定するプロテスタントの台頭によってクリスマスに統合された経緯などを発見する。そして根本的な疑問に行き当たる。

サンタがトルコ起源なら、なぜ北国から来ることになっているのか。目下、サンタの本拠とされるフィンランドを訪ね、冬至の頃に人々に贈り物をする古代の「ヤギ男」から現在のサンタまで、厳しい冬の〝贈り主〟の系譜を知る。聖ニコラウスとは別の源流だ。とすると欧州各地に残るキリスト教以前からの冬至祭の来訪神はもとより、著者の故郷、秋田の小正月行事のなまはげまで「サンタクロース＝12月25日の怪物」の同類となる。

たしかに、子の幸せを願いなまはげを信じさせる親と、サンタの秘密を隠匿しようとする親の気持ちは通底する。調査の旅を終え、父親になった著者は自らの変容を交えて述べる。「親になるということは、再び、自分にも新しいサンタの物語が始まること」「子どもがサンタを信じるのも、親になった時に子どもに教えるのも、家族というつながりのため」「（著者の若者時代のように）クリスマスに嫉妬し、反発することさえ、家庭という心の拠（よ）り所を求めているから」。サンタを求める旅は、生まれ、長じ、子を持った著者自身の人生サイクルと共鳴し心温まる幕引きとなる。

評・川端裕人（作家）

たかはし・だいすけ　66年生まれ。探検家、作家。著書に『浦島太郎はどこへ行ったのか』など。

二〇一二年一二月一六日❸

『社会運動の戸惑い』

山口智美、斉藤正美、荻上チキ 著
勁草書房・二九四〇円
ISBN9784326653775

社会

フェミニズムと保守との対話

１９９０年代半ばに登場した「ジェンダーフリー」という言葉は、フェミニストによって政治化され、99年の男女共同参画社会基本法成立を牽引（けんいん）した。しかし、自治体による条例づくりの過程で、保守派の反対運動が顕在化する。彼らは「ジェンダーの解消」を極端な思想と認識し、批判を展開した。本書は、２０００年代のフェミニストと草の根保守の対立過程を詳細に描く。

問題は、ジェンダーフリーという言葉の輸入プロセスに端を発する。日本のフェミニストは、米国の教育学者ヒューストンの提唱する概念として流用したが、彼女はジェンダーフリーを不適切なアプローチと主張していた。この誤読とミスリーディングが、保守派の反発を喚起する。

草の根保守運動は、ジェンダーフリーの極端な部分にターゲットを絞り、誇張を含む形で批判を繰り返した。これは硬直化したフェミニストに違和感をもっていた一般層に届き、一定の支持を獲得した。

フェミニストたちは、保守派の反発を「バ

ックラッシュ」とラベリングし、反動的な無理解と一蹴した。一方、保守派も敵を巨大組織に見立て、扇動的批判を展開した。荻上が言うように「保守運動とフェミニズム運動の対立は、あわせ鏡のような構図だった」。両者が論敵を「悪魔化」し、「怖い人間」だと身構えた。恐怖心は運動を先鋭化させ、バッシングを加速させた。

著者たちは、負の連鎖を乗り越えるために、フェミニズム側に立ちながら、保守運動の当事者と面会を重ねた。そこで見えてきたのは、運動を支える人々の温厚な人間性であり、対話の可能性だった。

私たちは、異なる意見を持った相手に勝手なイメージを押しつけ、不信感ばかりを強化していないか。対話や理解をはじめから捨て、攻撃することに専心していないか。

問いはジェンダーフリー論争を超えて、すべての社会運動を突き刺す。

評・中島岳志（北海道大学准教授）

やまぐち・ともみ　米大学教員。
さいとう・まさみ　富山大学教員。
おぎうえ・ちき　評論家。

二〇一二年一二月一六日❹

『天皇の代理人（エージェント）』

赤城毅 著

角川春樹事務所・一六八〇円
ISBN9784758412032／9784758438209（ハルキ文庫）

文芸

現代史の事件　独自視点で再構築

著者は、ドイツを含む現代史の研究者で、専門の著作もある。そのキャリアを生かして、現代史にまつわる秘話を洗い出し、そこに独自の解釈を加えて構成したのが、この短編集である。

昭和の末ごろ、語り手である〈僕〉は銀座のとあるバーで、津村と名乗る老人と知り合う。津村は元外交官で、若い〈僕〉を相手に、自分が戦前、戦中に体験した数かずの事件を、語って聞かせる。しかも、その話の中では津村自身がまた語り手になり、外務省嘱託を自称する謎の人物、砂谷周一郎の活躍をリポートする。この、複雑な入れ子構造は、遠い過去の事件を現代につなげるための、いわば苦肉の策ともいえようが、事件当時の時代色を描写するのに、うまく機能している。

砂谷は、どんな高官にも遠慮なく直言し、自分の思う通りに事件を処理していく。その行動倫理は、まさに〈天皇の代理人〉のような人物で、最後までその正体を明らかにせず、神のごとく状況を解決に導く役割を果たす。

取り上げられるのは、自殺か他殺かで論議を呼んだ、1929年の佐分利貞男公使の変死事件。36年の日独防共協定締結を巡る、駐英大使吉田茂と在独陸軍武官大島浩の、知られざる会談の報告。41年の、外相松岡洋右訪欧の裏で展開された、虚々実々の諜報（ちょうほう）作戦。巧みなどんでん返しが快い。そして45年、和平の実現を目指した、著名な藤村義一海軍中佐とF・ハックの、スイス工作の裏話。これまた、にやりとさせられるどんでん返しが、待ち構えている。

どのテーマにも、それにふさわしいスパイの暗躍があって、史実を裏から浮き彫りにする役を果たす。いずれも、現代史上著名な事件やエピソードだが、著者はそれを既存の史料にのっとりながら、独自の視点から再構築してみせた。フィクションであることをつい忘れさせる、知的刺激に満ちた作品集だ。

評・逢坂剛（作家）

あかぎ・つよし　61年生まれ。作家。作品に『書物輪舞』『亡国の本質』など。

二〇一二年一二月一六日⑤

『シビリアンの戦争 デモクラシーが攻撃的になるとき』

三浦瑠麗 著

岩波書店・三三六〇円

ISBN9784000258647

社会

文民統制に恐ろしい問いかけ

本書は、ぼくたちが慣れ親しんでいる軍や戦争に関する基本的な考え方に大きな疑問をつきつける。従来の発想では、軍人は戦争大好きだとされる。だから平和を愛する文民が彼らの活動を常に監視し、抑えなくてはならない。これが文民統制（シビリアンコントロール）の発想だ。

でも近年の多くの戦争の実態はちがう、と著者は指摘する。軍人たちは、戦闘で真っ先に死傷する立場だ。だから勝算のない無意味な戦争にはきわめて慎重だ。むしろ文民たちのほうが、独裁政権打倒とか対テロとか、その時の勝手な思い込みと勢いで、軍人たちを（民主主義のおかげで！）戦争に引きずり込んでいる、と。文民統制というのは本当に有効なのか？

恐ろしいことながら、これが正鵠（せいこく）を射ていることは否定できない。今回の選挙でも、国防安保面で勇ましい発言を繰り返す政治家が多い。どれもまさに本書の指摘する、当事者意識のない文民たちの安易な好戦論だ。

むろん軍人が常に慎重ではない。いったん戦争が始まれば、軍は兵員の消耗を抑えたいが故に、逆に一発即決を狙って戦線と軍備の拡大を求める。文民による統制の発想も重要だ。だがどこまで？ そしてだれが文民を統制するのか？

本書は、ここでこれまた恐ろしい提言を持ち出す。戦争抑止には、国民の相当数がその当事者として軍隊的な体験を積むべきだ、と。それがあればこそ、人々は実感を持って平和を主張できる！

右傾化、軍事化を憂慮する人々の最も嫌う徴兵制に近い体制こそが、実は最も平和維持に有効ではという本書の主張に拒絶反応を示す人も多いはず。だが、いかにして人々に平和・戦争の当事者としての意識を持たせるのか？ 文民は平和好きという思い込みが揺らいだとき、ぼくたちは本書のつきつけるこの問題に対する答えを、実は持ち合わせていないのではないか。

評・山形浩生（評論家）

みうら・るり 80年生まれ。東京大学政策ビジョン研究センター特任研究員（安全保障研究）。

二〇一二年一二月一六日⑥

『世界しあわせ紀行』

エリック・ワイナー 著 関根光宏 訳

早川書房・二四一五円

ISBN9784152093295／9784150504663（ハヤカワ文庫NF）

人文

不幸なおばあちゃんの言葉には

人間なら誰しも幸せになりたいと願う。ゆえに生涯たゆまぬ努力をし続けるだろう。しかしそんな努力は、国の制度や社会環境などによって、無駄になってしまうこともあるではないか。世界一幸せな国を求めて、「ニューヨーク・タイムズ」の元記者が旅に出た。

「世界幸福データベース」を運営する幸福学研究の権威、フェーンホーヴェン教授を訪ねるべく、最初に向かったのはオランダだった。「マリファナは合法であり、売春も禁じられていない」この国で暮らす人々ならさぞかし幸せなのだろうと期待して。ところが、「あなたは現在どのくらい幸福に感じていますか」と質問する教授の研究を見れば、「幸福だとされている国ほど自殺率が高い」という不可解な結果が出ている。

幸福度の高い国を巡りながら、「幸福について考えているうちに気分が落ち込んできた」という著者は次の旅行先を、不幸な国とされるモルドバにした。そこでソ連の解体とともに、不幸に陥ったルーバおばあちゃんに出会う。
「フィヴティ・フィヴティ(五分五分)」――ルーバが知っている二つの英語のうちの一つ。彼女の口から出たこの語には、なぜか幸せを考えさせる深い哲学が秘められているように感じてしまう。

幸せは実際にお金で買えると、別の研究でわかった。ただし、年間約1万5千ドル(約120万円)が限度で、それ以上に収入が上がっても幸福度が高くなるとは限らない。

「最後の木が切られ/最後の川が干上がって/最後の魚が捕まったとき/そのときはじめて、人はお金が食べられないことを知る」――ブータンの田舎の道路脇に立つ、意味深い手書きの看板だ。

ユートピアは実在するのか、本を開く前から持っていたこの疑問は、ユーモラスな文章を追って世界10カ国の旅を楽しんでいるうちに、どうでも良くなったのだ。

評・楊逸(作家)

Eric Weiner 米・ジャーナリスト。本書は08年に米で刊行され、ベストセラーに。

二〇一二年一二月一六日❼

『足軽の誕生　室町時代の光と影』

早島大祐 著
朝日選書・一三六五円
ISBN9784022599940
歴史

室町時代とはいったいどんな時代なのか？本書はそれを解き明かし、時代の活気を描き出している。室町時代とは、鎌倉に幕府が置かれて政治機能が分散していた日本に、久々に実質的な首都が生まれた時代だ。しかしその京都には、足軽という強盗集団のような連中がいて、盗み、殺人、喧嘩(けんか)が頻繁に起こっていたという。本書のおもしろさは、その殺伐とした雰囲気から始まるところだ。

このころの京都は、家をとりつぶされたり、雇用先を失った牢人たちの流れ込む都市でもあったことを、『さんせう太夫』の厨子(ずし)王丸の事例を使って描いたところも面白い。章ごとに登場人物が設定され、実に個性的な人々のドラマが展開する。博打(ばくち)や税金対策や一揆のかけひき、そして足軽に身を落としてゆく成り行きなど、華やかで自由な室町文化の背後に、生々しい人間が見える。都市の本質は、時代が違ってもあまり変わらないのだ。歴史的事実が現代社会の問題と重なる。

評・田中優子(法政大学教授)

二〇一二年一二月一六日❽

『みんな「おひとりさま」』

上野千鶴子 著
青灯社・一四七〇円
ISBN9784862280619
社会

『おひとりさまの老後』『男おひとりさま道』(いずれも法研)に続く、「おひとりさま」についての最新著書。さまざまなメディアに発表された文章が集められていて、著者が人生を振り返る「聞き書き」あり、講演あり、対談ありと、中身は盛りだくさんだ。

「おひとりさま」前著に対する男性読者の反応や、団塊ジュニア世代の研究者からの反論を受けて書かれた部分もあり、結果的に男女や世代を問わない広い読者層に向けた内容になっている。前著を読んでいない人でも、現代日本が抱える高齢化社会の問題や、著者が提案する「個」を基本とした生き方の心構えについて、たくさんの情報と、考えるきっかけを得ることができるだろう。わたし自身、年金などのいわゆる「世代間格差」について漠然とした不満を抱いていたが、「高齢者にとって安心できる社会保障制度をつくることは、結果的にニート、フリーターにとってもプラス」といった指摘に大いに蒙(もう)を啓(ひら)かれた。

評・松永美穂(早稲田大学教授)

平成二十五年

2013

『地球温暖化との闘い』

ジェイムズ・ハンセン 著
枝廣淳子 監訳　中小路佳代子 訳
日経BP社・二三一〇円
ISBN9784822249373

『10万年の未来地球史』

カート・ステージャ 著
岸由二 監修・解説　小宮繁 訳
日経BP社・二三一〇円
ISBN9784822249328

科学・生物

原発事故より深刻か　適応も考えるべきか

地球温暖化についての話題が消えた。直接原因は大地震、津波、原発事故だろう。我々が一時に持ち得る関心は有限なのである。また、原発がほとんど停止している今、火力発電に寛容にならざるを得ないことも関係しているかもしれない。ただ、いつまでも無関心を貫くわけにもいくまい。同じ版元から立て続けに出版された対照的な2冊がヒントをくれる。

『地球温暖化との闘い』は温暖化の危険を説いた「言い出しっぺ」の一人、ジェイムズ・ハンセンの著作。活動家でもある彼は「気候の安定化や環境保護のための行動を何もとらない」政府の態度を舌鋒（ぜっぽう）鋭く批判する。事態は後戻りできない「転換点」を迎えており、我々はありとあらゆる策で二酸化炭素排出を抑えなければならない。彼のシナリオでは、海水面が最悪70メートル超上昇することもありうるという。とにかく化石燃料を使うのをやめること。そのためには原子力発電、それも未完の技術、高速増殖炉を使えという。彼の観点からは原発事故よりも気候変動の方が大問題なのだ。

『10万年の未来地球史』の著者は、研究者とジャーナリストを兼ねた立ち位置のカート・ステージャ。我々が既に地球環境に与えてしまった（与えつつある）影響は甚大で「総排出量を控えめの数値に抑えたとしても、5万年後に来る次の氷河期はすっ飛ばされることになる」と述べる。極地や高山の生態系が壊滅するのはもちろん、二酸化炭素が海に溶け酸性化することで、石灰質の「体」を持つカニ、エビなど甲殻類、アワビなど貝類、更には美しいサンゴ礁も滅びるかもしれない。未来ビジョンは厳しい。ただ、ステージャは全く違う提言をする。「慌てない、そしてあきらめない！」と。

変動は一個人の生涯の中ではゆっくりだ。放出された二酸化炭素が吸収され、ふたたび元に戻るまで、我々の子孫は何万年何十万年の長期にわたって、温暖化した環境と、また冷えていく環境を経験する。そして、温暖化した世界に適応した子孫は、我々自身がそうであるように自らの時代と環境を愛し寒冷化を恐れるだろう、と。温暖化は局所的には便益をもたらし、十分適応可能な範囲であろうというのが前提だ。

ハンセンの緩和策とステージャの適応策の間のどこに、着地点を見いだせるだろう。難問だ。ただ確実に言えることもある。日本では、二酸化炭素の排出削減など緩和策ばかり表だって議論されてきた。実はこれだけでは空疎。例えば、豪雨による洪水・土砂災害が頻発する近未来が想定される時、どう適応するか？　このような適応策を実際の施策で、排出削減と同等に扱うことが必要ではないか。

評・川端裕人（作家）

James Hansen　コロンビア大学客員教授。
Curt Stager　生態学者、サイエンスライター。

『伊藤野枝と代準介』

矢野寛治 著

弦書房・二一〇五円
ISBN9784863290815

ノンフィクション・評伝

「奔放な恋の女」の真実に迫る

こんなにも知的な美人、とは意外だった。

伊藤野枝、である。評者の知る野枝は、大正期の婦人運動家で、結婚を破棄して上野高等女学校の英語教師だった辻潤と同棲（どうせい）、無政府主義者の大杉栄と出会うや恋慕し、やがて大杉の子を五人産む。この間、平塚らいてうらの女性文学雑誌「青鞜（せいとう）」に参加、のち発行をひきついだ。大正十二年の関東大震災直後、大杉と大杉の六歳の甥（おい）と共に、憲兵大尉らによって虐殺された。

奔放な恋に生きた女。それが評者の野枝観である。行動からのイメージより、野枝の伝記に添えられている写真で形成されたものだった。

櫛（くし）を入れていない髪。男を誘うようなまなざしと笑顔。伊藤野枝といえば、大抵この写真である。写真で肉感的イメージが固定された。だから本書の表紙写真を見た時、そのキッとした鋭い目と、利発な口元、意志の強そうな顎（あご）、何より毅然（きぜん）とした美女ぶりに意表を突かれた。別人の野枝を見た思いである。容貌（ようぼう）だけではない。

本書は野枝の知られざる行動（「青鞜」を九州で販売）と、叔父の代準介の隠された姿（玄洋社の頭山満に「萬人（ばんにん）に一人」の男と称（たた）えられた代は、十三歳で貸本業から身を起こす）を、代の手書きの自叙伝をベースに、次々と明らかにしていく。著者の義母は代の孫に当たる。身内の証言を織り込みながら、評伝や研究書で誤り伝えられてきた二人の関係を再検し正していく。

代は娘が通う上野高女に野枝を入学させた。野枝は娘をライバル視する。嫉妬から代親子を誹謗（ひぼう）した小説を書く。世人はこれを真実と信じた。「新しき女」は、本音で生きているはずだからだ。

代準介は大燈国師の書幅を頭山に献じ、代わりに愛猫の子をもらった。この猫、人語を解した。代の自伝を『牟田乃落穂（むたのおちぼ）』という。牟田は荒れ地の意。無駄の洒落（しゃれ）でもあるか。自伝以外の代の顔も見たい。

評・出久根達郎（作家）

やの・かんじ　48年生まれ。博報堂のコピーライターを経て、書評家、映画評論家。

『われらが背きし者』

ジョン・ル・カレ 著　上岡伸雄、上杉隼人 訳

岩波書店・二七三〇円
ISBN9784000221955／9784006022815（岩波現代文庫）

文芸

スパイ小説　語りに仕掛け

オックスフォードの元教員ペリーは彼の恋人で弁護士のゲイルと訪れたカリブ海のリゾート地で、ロシア人の富豪ディマからテニスの試合を申し込まれる。だが、武装した護衛に守られ、5人の子供たちと信心深い妻と暮らすこのディマの真の目的は、テニスの試合ではなかった。

ロシアの犯罪組織の幹部でマネーロンダリングの専門家であるディマからメッセージを託されたペリーは、英国諜報（ちょうほう）部に接触する。彼は恋人を危険な企てに巻き込みたくないが、ディマの美貌（びぼう）の娘ナターシャの秘密を知ったゲイルは、ひるむことなくペリーと行動を共にする。そしてこの二人を、一匹狼（おおかみ）的な諜報部上級職員ヘクターが腹心の部下らとバックアップする。

ディマが組織を裏切り、命を賭してまで伝えようとする国際金融市場に関する情報とは？この情報の信憑（しんぴょう）性をめぐって諜報部内に生じる対立の行方は？

思えばスパイ小説ほど不自由なものはない。

国家に脅威をもたらす謎が提示され、その解明が秩序の回復をもたらすというパターンを踏襲せねばならないのだから。にもかかわらず、ル・カレがこれほど〈読ませる〉のはなぜか？

語りに多くの仕掛けがなされているからだ。前半に多用される回想シーンは、先を急ごうとする読者の好奇心をかき立てる。登場人物たちもまた、主人公のペリーとゲイルに劣らず、個々の犯罪者、諜報部員が、内的な苦悩と葛藤とともに立体的に造形されている。冒頭とクライマックスで重要な役割を果たすテニスの試合など、細部が実に有機的に連動している。

だが冷戦期に国家間の対立を軸に発展したジャンルであるスパイ小説は、国家が脱領域・脱中心化されたグローバル市場時代のいま、どのような結末を持ちうるのか？　それが一国家の秩序の回復という終点に〈着地〉できるはずがないのは明らかである。

評・小野正嗣（作家・明治学院大学専任講師）

John le Carré　31年生まれ。『寒い国から帰ってきたスパイ』。

二〇一三年一月六日❹

ノンフィクション・評伝

『評伝　ジャン・デュビュッフェ　アール・ブリュットの探求者』
末永照和 著
青土社・二九四〇円
ISBN9784791766406

芸術の使命は「壊乱」にあり

ヴェネツィアに次ぐ世界最大級の国際展サンパウロ・ビエンナーレに1961年、フランス代表として招待出品の要請を受けたデュビュッフェはあっさり断った。理由は自国の国家宣伝の道具に自分を利用するなんて、そんな「姑息（こそく）な駆け引き」には乗りたくないというのだ。かつてこのような理由で出品拒否をした作家はいただろうか。

デュビュッフェは西洋文化の価値や伝統、制度の中で作られた芸術を「文化的芸術」と呼び、真の画家をめざす自分は職業的画家であってはならず、「文化的軌道」と無関係に存在する子どもの純粋無垢（むく）な精神と同等の絵こそ「文化的な回路」で描かれた以上の効力があると言う。

彼がアール・ブリュット（アウトサイダー・アート）の発掘に力を入れる理由はこんなところにもある。彼は人間と自然の関係と、未開社会の人々の妄想を重視し、自らの芸術は発展途上の精神の深奥に眼（め）を向けると同時に西洋文化の言語による思考伝達よりも絵画の方がそれ以前の思考を伝える手段としてははるかに有効であると説く。

また西洋の美と醜の二者択一の概念を否定し、美や醜はどこにもなく、「あきれて、腹が立つ」と無邪気に言い放ち、美と醜の区別をする西洋の習慣を徹底的に批判する。そして芸術の使命は「壊乱」にあるという。デュビュッフェの思想と生き方には気まぐれの精神が宿っているが、著者とデュビュッフェの考え方は実に示唆に富んだ多くの内容を持つ。

ぼくがデュビュッフェに惹（ひ）かれたひとつは、膨大な作品を制作する傍ら、彼の日常生活の中で普通人以上に生活者であることだ。生活に伴う多くの雑事を片っ端から処理しながら、病弱の妻のためにも自らのためにもたえず走りっぱなしである。絵さえ描ければいいのではない。芸術家以前に立派な生活者であることにぼくは感動するのだった。

評・横尾忠則（美術家）

すえなが・てるかず　31年生まれ。美術評論家。『ジェームズ・アンソール　仮面の幻視者』など。

二〇一三年一月六日⑤

『田中角栄　戦後日本の悲しき自画像』

早野透 著
中公新書・九八七円
ISBN9784121021861
政治

「戦後」を映し出した政治家

田中角栄が世を去って20年がたつ。総理番、派閥番、地元の新潟支局勤務などを通してこの政治家に至近距離で接してきた元政治記者による評伝である。描いてきた角栄像に、よりくっきりと輪郭を与えてもらった感がある。

なによりも戦後という時代の政治家だった。戦争だけは嫌、生活を豊かに——戦後社会が目指した国民的黙契であるが、イコールそれに「ひたすら具体」「実利実用」「現世利益」という角栄の思考と志向にぴったり重なっていた。卓越した馬力で政界の頂点へと上り詰めていく。

ロッキード裁判の被告席にあった時期、著者は志願して新潟勤務につく。角栄王国の構造を知りたく思ってである。旧社会党の支持層までが越山会の熱心な会員となっていた。道路、橋、トンネル……利があった故であるが、それだけではない。「地方」「裏」「雪」……踏みつけられてきた側の情念と「化学反応」を起こしたが故に王国は形成されたのだった。

実利は「自身の実利」にも結びついていた。地元の柏崎・刈羽。地域に交付金を落とす電源3法によって当地は原発集積地になったが、用地売買にかかわって5億円が刈羽村長より角栄邸に運び込まれたという証言も記されている。明の角栄も闇の角栄も、ともにこの政治家のもつ顔だった。

人・田中角栄は魅力的な人だったと思う。「百日の説法屁（へ）ひとつ」「男にとって女は砥石（といし）（苦労して磨かれる）」「おれは木魚だな（叩〈たた〉かれ役）」など、遺（のこ）された語録にもその一端がうかがえる。

副題は「戦後日本の悲しき自画像」。角栄の姿は、戦後の日本社会をそのまま映し出していたという意であろう。その通りだと思う。いま角栄の娘や弟子たちもパワーを失いつつある。比較して器量の差は歴然としていた。「黙契」も「人」も定かに見えぬポスト戦後の日々である。

評・後藤正治（ノンフィクション作家）

はやの・とおる　45年生まれ。元朝日新聞記者、桜美林大学教授（政治ジャーナリズム）。

二〇一三年一月六日⑥

『戦後沖縄と米軍基地　「受容」と「拒絶」のはざまで　1945〜1972年』

平良好利 著
法政大学出版局・五九八五円
ISBN9784588321290
政治

固定化を進めた奇妙な連携

沖縄の米軍基地問題には、多様な主体が絡まる。立場の異なる住民、沖縄の政治リーダー、日本政府、そしてアメリカ。複数の思惑が交錯する中、米軍基地は残存し、現在に至る。問題の枠組みが構造化したのは27年間のアメリカ統治時代。この時期にいかなる交渉が繰り広げられ、基地の固定化が進んだのか。

本書が主に追及するのは、沖縄の政治リーダーの行動である。1950年代に住民が直面したのは、土地代金の問題だった。米軍は既存の基地継続と共に、敷地の拡張を進めたが、その土地の多くは私有地や市町村有地だった。米軍は代金一括払いによる買い上げを計画したが、住民は猛反発。反対運動が激化する。

ここで沖縄の政治リーダーがとった行動は、基地撤退要求ではなく、一括払い政策の廃止と賃貸料の増額の訴えだった。彼らの基本的スタンスは基地の整理縮小であって、全面撤去ではなかった。沖縄の基地関連収入は日本復帰間際になっても約45%を占め、基地なしでは住民の生活が立ち行かない状況に陥っていた。

政治リーダーの要求は、日米安保継続を基調とする日本政府の思惑と適合的だった。本土の政治家・官僚は沖縄の声を巧みに代弁し、日本復帰に向けた対米交渉を進めた。

これは、結果的にアメリカにとっても好都合だった。沖縄の施政権返還に応じることで、アメリカは懸案だった経済的・行政的負担から解放された。しかも、基地は従来通り存続。以後、住民の要求は日本政府に向けられるようになった。基地の固定化は、沖縄側と日本政府、そしてアメリカとの奇妙な連携によって進んでいったのである。

「受容」と「拒絶」のはざまで葛藤し、利害を調整していった沖縄のリーダーたち。著者は、その懊悩（おうのう）の声を丁寧に追い、歴史のパズルを埋めていく。その静謐（せいひつ）かつ情熱的な筆致に、胸を打たれた。

評・中島岳志（北海道大学准教授）

たいら・よしとし　72年生まれ。法政大学非常勤講師。

二〇一三年一月六日⑦　歴史

『国を蹴った男』

伊東潤 著
講談社・一六八〇円
ISBN9784062179911／9784062931151（講談社文庫）

時代小説の中でも、ある程度読者を選ぶ戦国ものの分野に、果敢に挑戦するのが本書の著者、伊東潤だ。すでに一度、『城を噛（か）ませた男』で直木賞の候補にもなり、その筆力はつとに認められている。

本書は、群雄割拠する戦国時代を舞台に、勝者よりもむしろ敗者に焦点を当てて、その生きざまと死にざまを描いた、力強い作品集だ。羽柴秀吉、武田信玄、石田三成などなじみの人物も登場するが、彼らはおおむね引き立て役にとどまる。彼らと関わりを持つ、あまり人に知られていない武将や武士、茶人らが主役を務める。長束正家、佐久間盛政などはまだしも、五味与惣兵衛や那波無理之介となると、たとえ実在しているにせよ、かなり怪しげな人物だ。そうした日陰の人びとに、新しい息吹を与えた著者の着想は、評価されてよい。表題作に出てくる、鞠（まり）くくりの五助は創作だろうが、鞠を蹴る今川氏真は実在の人物で、その人物造形は本編中の白眉（はくび）、といえよう。

評・逢坂剛（作家）

二〇一三年一月六日⑧　歴史

『記念碑に刻まれたドイツ　戦争・革命・統一』

松本彰 著
東京大学出版会・六七二〇円
ISBN9784130210751

こつこつと自分の足で地道に歩いて調査し、記録したドイツとオーストリアの記念碑の数々。記念碑のカタログのようなたくさんの写真にまずは脱帽である。本書は記念碑という、わかりやすく目に見える建造物のあり方から、国家や地域社会が何を共同体の記憶として残そうとしているかを探る試みである。

ベルリンの壁崩壊後に旧東独地域でマルクスやレーニンの像が撤去されたり、通りや橋や広場の名前が変えられたりしたことは記憶に新しい。逆に、新しい記念碑もたくさん造られた。国家主導で記念碑が造られた時代を経て、現在は記念碑についての議論はより開かれたものとなっている。

自分たちは歴史とどう向き合おうとしているのか。本書はドイツ語圏のあり方を紹介するもので、日本との比較の視点があるわけではないが、一昨年の震災以降、地域に残すべきモニュメントが話題になっているなかで、ヒントとなり得る一冊である。

評・松永美穂（早稲田大学教授）

『トクヴィルが見たアメリカ　現代デモクラシーの誕生』

レオ・ダムロッシュ 著　永井大輔、高山裕二 訳
白水社・二九四〇円
ISBN9784560082577
歴史

旅と思索の軌跡 リアルに追体験

1831年春、仏貴族出身の判事修習生トクヴィルは友人ボモンと共に9カ月間の米国旅行に出発した。弱冠25歳。刑務所視察というのはあくまで口実。市民が大国を統治するという、人類初の試みから40年余りを経た米国の実情を探るのが真の目的だった。

そのときの観察記『アメリカのデモクラシー』は高評価を受け、1841年には仏知識人の殿堂アカデミー・フランセーズの会員に選ばれた。

米国でも自国の本質を捉えた不朽の名著とされ、今でも保守・リベラル双方が主張の箔付（はくづ）けに好んで引用している。

本書は当時の関係者の草稿や覚書、書簡をもとに『デモクラシー』の舞台裏を再構成した、いわばメイキング版である。

馬車や蒸気船に揺られ、北米大陸の大自然に抱かれ、先住民の長からボストンの名士、さらには現職大統領まで貪欲（どんよく）に交わりながら米国理解という「生死をかけた真剣勝負」に挑んだトクヴィル。最良の映像評伝を観（み）ているかのごとく、本書はその旅と思索の軌跡を追体験させてくれる。

黒人奴隷や先住民の境遇への憤り。階級・地域・人種の切迫した関係への懸念。ロシアと米国が「いつの日か世界の半分の運命を手中に収める」のではという予感。

民主政と貴族政の狭間（はざま）で心が揺れ動くなか、喜怒哀楽に満ちた米国体験を自らの思想に結実させていくトクヴィルの姿は実にスリリングだ。『デモクラシー』の核をなす「心の習慣」や「多数派の専制」といった概念に込めた彼の想（おも）いがひしひしと胸に響いてくる。

欲を言えば、「アメリカ人の重大な特典は……欠点を自ら矯正する能力をもっていることにある」という『デモクラシー』のなかの重要な指摘、すなわち米国の復元力をめぐる考察の背景にもっと迫っても良かったと思う。

民族・宗教・言語の多様化、連邦政府の肥大化、党派対立の先鋭化、市場主義の遍在化、軍事大国化……。当時と今とでは米国も大きく様変わりした。

トクヴィルはある草稿にこう書き留めている。「政府にとってもっとも難しい課題とは、統治することではなく、人びとにみずからを統治する方法を教えることだ」

彼が賞讃（しょうさん）した米国の市民精神をオバマ大統領は現代の文脈においてどう解釈し、人びとをどう鼓舞してゆくのだろうか。

『デモクラシー』の冒頭には「私はアメリカのなかにアメリカを超えるものを見た」という有名な一文がある。

もしトクヴィルが今日の日本を訪れたのなら、この社会を、そしてこの国のデモクラシーをどう評価するのだろうか。

評・渡辺靖（慶応大学教授）

Leo Damrosch 41年生まれ。幼少期をフィリピンで過ごし米国へ。プリンストン大学で博士号を取得。ハーバード大学名誉教授。著書『ジャンジャック・ルソー　不安な天才』は全米図書賞の最終候補に。

二〇一三年一月一三日③

『経済学に何ができるか　文明社会の制度的枠組み』

猪木武徳 著

中公新書・八六一円
ISBN9784121021854　経済

社会に突きつけられた難題

執筆の動機は「経済学は無力だ」という皮相な批判にこたえるため――。著者がそう語るように、今ほど経済学がつらい立場におかれた時代はないかもしれない。

リーマン・ショック後、主要国は教科書どおりの巨額の財政出動、超金融緩和を繰り出した。だが簡単に経済再生とはいかず、批判はその理論的支柱である経済学にも向けられる。なぜこの事態に適切な処方箋(しょほうせん)を示せないのかと。

著者の説明はこうだ。経済学は「文法」に似ている。まずそれを知ることが必要だがそれだけで、話す、書く、ができるわけではない。

「純粋な経済問題」など、この世には存在しない。さまざまな経済的対立の根源には価値観の違いや政治的問題もある。原発政策がいい例だ。解決には当然、経済学や市場の活用は必要だが、道徳や正義、バランス感覚といったものも求められる。

民主主義はそのための社会的装置だ。それを国民の「知性」によってうまく機能させられるかどうかが現代社会に突きつけられた難題なのだ。

その難しさを十分に知る著者だけに、昨今見られるような一刀両断で経済の論理だけ言いつのる、強すぎる主張には、用心すべしと警告する。

中央銀行になぜ独立性が求められるか、という今日的テーマもとりあげた。金融政策の効果は専門家でも予測が難しい。日本銀行には石橋をたたいて渡る以上の慎重さが必要で、利害関係者から批判されても軽々に判断してはいけない。そうクギを刺す。

アリストテレスからTPPまで古今東西の思想やテーマを織りなしつつ、歴史的視点から社会制度を論じている。この経済思想の泰斗が「半世紀近く向き合ってきた経済学への思いを埋め込んだ」という重い言葉ばかりだ。

一昨年、著者にインタビューで「皮相な批判」を浴びせた一人として、この濃密な仕事ぶりに敬意を表したい。

評・原真人(本社編集委員)

いのき・たけのり　45年生まれ。青山学院大学大学院特任教授。『戦後世界経済史』など。

二〇一三年一月一三日④

『本にだって雄と雌があります』

小田雅久仁 著

新潮社・一八九〇円
ISBN9784103197225／9784101200217(新潮文庫)　文芸

大法螺で包む書物愛と家族愛

本にも雄と雌がある。それが証拠に書架に本を並べておくと知らぬ間に繁殖しているではないか。「書物がナニして子供をこしらえる」のである。この件に合意する読書家は多いはず。実際、本は増える一方だ……と一定のリアリティーを感じつつニヤニヤ読める大法螺(ぼら)話。

相性のよい本が隣り合わせたがために生まれた「子」を「幻書」と呼ぶ。放っておくと鳥のように羽ばたいて飛び去ってしまうので蔵書印を押して鎮めなければならないのだが、それはボルネオ島に住む空飛ぶ白象の牙から作られたものだ。かの島には古今東西すべての本が所蔵される「生者は行けぬ叡知(えいち)の殿堂」幻想図書館があるという。

そのような幻書の蒐集(しゅうしゅう)家、深井與次郎の生涯を、孫の博がさらに自子の恵太郎(つまり與次郎のひ孫)に語り聞かせるのが本作の基本的な構えだ。恵太郎はまだ幼いのに、なぜ曽祖父と幻書のことを伝える必要があるのか。

書籍愛と家族愛ゆえ、なのである。前者に

ついて與次郎は博に言う。「本いうんはな、読めば読むほど知らんことが増えていくんや……わしみたいにここまで来てまうと、もう読むのをやめるわけにいかん。マグロと一緒や……息できんようなって死んでまうんやでェ……字ィ読むんやめたらなあ」

與次郎は電子書籍など見向きもしないだろうが、ここまで書と向き合った者だけが死後に司書として召されるのが件（くだん）の幻想図書館であり、その存在感はどことなくネットの「クラウド的」でもある。

一方、家族愛。幻書は期せずして家族の歴史を記録し、予言のごとく未来を語る。博が恵太郎に語る意味はやがて明らかになるのだが、最後まで読み通したら、なにはともあれ本書の扉に戻ってほしい。表題の隣の部分をよく見るといい。あなたが今読み終えた本は……自らの目で確認すべし。

評・川端裕人（作家）

おだ・まさくに　74年生まれ。『増大派に告ぐ』で日本ファンタジーノベル大賞。

『職業、コピーライター　広告とコピーをめぐる追憶　SINCE1966～1995』

小野田隆雄 著

バジリコ・一八九〇円
ISBN9784862381934

時代を読み、心つかむ言葉

私たちは毎日、数えられないほどの言葉を見聞きしているが、印象に残るものはそう多くない。とりわけ何日も耳にこだまし、心まで響いて、つい突き動かされて消費行動に出てしまうフレーズとなると、なお得難いものだろう。

広告宣伝用のそのような言葉――キャッチフレーズ、つまり人の心をつかむような魅力的な短い文を考案するコピーライターは、今ではかっこいい人気職業となったが、著者がこの世界に飛び込んだ40余年前は「宣伝文案制作者」と呼ばれていた。

大学を卒業したばかりの青年は、大手化粧品メーカーに入社して宣伝部の仕事につく。初仕事は、なんと女性の生理用品だった。いくら書くことが好きだとはいえ、「見たこともなかった」ような商品を、「ひと目見て読み切れる長さ、心をキャッチする魅力がある言葉」で書け、と上司に言われて、四苦八苦する。奮闘し、やっとできたのは、「その日は雨でも、わたしは爽やか」だ。上出来だった。これを機に著者は「女性専科」のコピーライターの道を歩み始める。昭和の高度経済成長とともに、人々の消費意識も日々変化していく。時代の先を読み、消費をいかにリードしていくか、コピーライターとしての鋭い感受性が問われる。

新聞、雑誌が主だった時代から、テレビCMへと舞台は移り変わる。作中に引用されたアメリカのコピーライターによる一文――優れたテレビCMのコピーを書くコピーライターに、印刷媒体のコピーを書かせると、ほぼ役に立たず、その逆の例も多い――から、この仕事の難しさがうかがえる。メディアが多様化していくこれからの時代、更に優れた人材が求められることだろう。

それでも、時代のニーズを先導する商品の魅力を、短いフレーズで語ろうとするなら、何より言葉の魅力を心得ることなのではないか。

評・楊逸（作家）

おのだ・たかお　42年生まれ。主なコピー作品に「ゆれる、まなざし」「さびない、ひと」など。

二〇一三年一月一三日❻

『落語の国の精神分析』

藤山直樹 著
みすず書房・二七三〇円
ISBN9784622077046
医学・福祉

「人間の業」をあきらかに

落語家とは単なる職業ではなく、落語家として生きることなのだ、と著者は言う。落語家が生きる世界。それが「落語の国」である。

本書は、その落語の国に登場する演目や落語家を分析し、それが同時に「人間の業」をあきらかにする過程になっている。「業」とは、亡くなった立川談志の言葉「落語とは人間の業の肯定である」の、あの業である。落語は「不毛で反復的な人間存在をいとおしみ、面白おかしく、愛情をこめて笑うパフォーミングアート」なのである。

著者は精神分析家だが子供のころから落語にとりつかれ、今では演者でもある。複数の人間を演じ分けながら自己を維持しつづける落語は分析の過程そのものだという。

演目の分析も興味深い。『芝浜』はアルコール依存症からの回復の物語である。賢い女房によって立ち直る美談だが、それを違う話にしたのが２００６年末の立川談志の『芝浜』だった。私もそれを聞いたときに、女房が今までとは全く違う人間になって立ち現れてきた。悟りきった賢女ではなく迷いながら懸命に生きる造形ゆえだと考えていたが、分析はそれとは違った。リアルに胸に迫る原因は、むしろ亭主にあるという。亭主が一人の人間として自分の心と頭を使って考えつくし、「断念」の過程を経たその心的体験を、談志が語りきったからである、と。

『文七元結』の吾妻橋のシーンも、私がずっと気になっていた箇所である。なぜ人は自分の最も大切なものを投げ出してまで人を救えるのか？

分析者は「環境としての母親」という言葉を提供してくれた。そして落語の国では、それが「江戸っ子」という概念で説明されているという。これは私の課題となった。与太郎という存在について分析者は「人間の自然」の再体験、という言葉をくれた。

落語に新しい視点を数々与えてくれる本である。

評・田中優子（法政大学教授）

ふじやま・なおき　53年生まれ。上智大学教授。東京で精神分析家として開業。

二〇一三年一月一三日❼

『ゾンビ襲来　国際政治理論で、その日に備える』

ダニエル・ドレズナー 著　谷口功一、山田高敬 訳
白水社・二一〇〇円
ISBN9784560082492
社会

従来の人間ゾンビ関係は、殺（や）るか殺られる（食われる）かの単調な理解を超えるものではなかった。本書は既存ゾンビ資料の徹底的な分析からくる深い知見をもとに、深みのある人間ゾンビ関係理解に先鞭（せんべん）をつけた快著だ。リアリズム、リベラリズム、ネオコン、社会的構成主義など、国際関係論の各種立場を使うことで、ゾンビ襲来への対処法は驚くほど明確になる。人間じゃないし遠慮なく蹂躙（じゅうりん）しろという立場、生死を問わずそこにいるという事実を重視する立場等々。そしてその分析が逆に、それぞれの理論の特徴やゆがみをも浮き彫りにしてくれるという余禄もある。

むろん、各種立場のどれを採用するかはあなた次第。だがゾンビ襲来の日に備え、物理的な武装に加え本書で理論武装もしておけば、対ゾンビ交渉も実り多いものとなろう。さらに知的遊戯として、各種枠組みをゾンビならぬ人間に適用してみるのも高度な読者には一興。この実用性と遊び心の共存も本書の魅力だ。

評・山形浩生（評論家）

二〇一三年一月一三日❽

『中原淳一　美と抒情』

高橋洋一 著
講談社・二五二〇円
ISBN9784062179690
ノンフィクション・評伝

今年は中原淳一の生誕百年である。二月十六日、香川県に生まれた。

この人を語る時、少女画家、ファッションデザイナーの顔が強調されるけど、業績はそれだけではない。十九歳で個展を開き注目された創作人形が彼の出発点である。本の装幀（そうてい）、シャンソンの作詞、手工芸家、演出家、スタイリスト、女優・浅丘ルリ子の発掘者、何より、「ひまわり」「それいゆ」他の雑誌主宰者としての編集センスである。

リンゴの唄で戦後の活気が始まったように、中原の雑誌で若者文化が花開いた。モンペやズボンで戦時下を過ごしてきた少女たちに、ズボンの裾を広げさせた。リフォームの仕方を教えた。服装に限らぬ。工夫一つで変化する室内装飾や小物。美しくなるためのおしゃれは教養だ、と雑誌の執筆者には各界の第一人者を揃（そろ）えた。少女誌に黒沢明、渋沢龍彦、三島由紀夫らである。誌名通り、大輪の明るい花が開いた。本書は中原の入門書、偉業の分析はこれからだろう。

評・出久根達郎（作家）

二〇一三年一月二〇日❶

『冷血　上・下』

高村薫 著
毎日新聞社・各一六八〇円
ISBN9784620107899〈上〉・9784620107905〈下〉
文芸

言葉寄せ付けぬ　むきだしの生命

東京の住宅地で、一家惨殺事件が起こる。犯人はネットで知り合った男性2人。あやふやな苛立（いらだ）ちと無根拠な昂揚（こうよう）感の中で殺人を犯す。明確な犯行理由はない。すべてが行き当たりばったり。いったいなぜ2人は、いとも簡単に残酷な殺人犯となったのか。

逮捕された犯人に迫るのは、合田刑事。事件の検証に緻密（ちみつ）で、犯行時の微細な行動までもが明らかになる。しかし、捜査は行き詰まる。いくら供述をとっても、犯意が見当たらないのだ。

犯人は言う。「歯が痛かった」「ずるずると勢いで」「何も考えていなかった」「目が合ったから」……。どれも、裁判で通用する言語になっていない。これでは調書は作れない。尋問は暗礁に乗り上げ、空転する。しかし、犯人たちが何かを隠しているそぶりはない。嘘（うそ）の気配もない。なのに、なぜ事件が起きたのかがわからない。

合田は「司法の言葉」の限界に直面する。そもそも人間の行動に、合理的な根拠などあるのか。世間が理解できるような筋道など、本当に存在するのか。

しかし、刑事裁判では常に「理由」が問われる。「真の動機」がなければ、最終的な解決には至らない。すると、無理な作文が生まれ、ありもしない物語が構成される。常識の及ばない反社会的人格として、辻褄（つじつま）を合わせる。これは一体、何なんだ。これで解決したことになるのか。

合田の問いは、次第に自己へと向けられる。自分の行動や人生に、明確な目的は存在するのか。自己の生の意味を、調書や判決文のように表現できるのか。

問いは、事件から人間存在の本質的な方向へと脱線していく。すると次第に、自己の根拠のあいまいさが露（あら）わになる。追及のベクトルがねじれる。

人は「なぜ生きているのか」を簡単に言葉にはできない。明確に表現しようとすると、どうしても空虚になり、嘘くさくなる。わかりやすさを追求すると、強引な単純化が生じ、本質がより空洞化してしまうのだ。

しかし、人は生きている。そして、間違いなく死ぬ。そのプロセスには、抽象化された意味を超えて、「むきだしの生命」が存在する。生の叫びが存在する。

物語は、人間の本源に迫りながら、圧巻のエピローグを迎える。犯人に死期が迫ると、生の衝動が疼（うず）き始める。「生きよ、生きよ」という声が聞こえてくるのだ。

身もふたもない世界に、我々は否応（いやおう）なく生きている。その存在の事実をどう引き受けるべきか。読み終えてから、しばらく胸の震えが止まらなかった。

生の意味を問う傑作だ。

評・中島岳志（北海道大学准教授）

たかむら・かおる　53年生まれ。商社勤務を経て作家。『マークスの山』で直木賞。主な著書に『照柿』『レディ・ジョーカー』『晴子情歌』『新リア王』『太陽を曳（ひ）く馬』など。

『フランス組曲』

イレーヌ・ネミロフスキー 著
野崎歓、平岡敦 訳
白水社・三七八〇円
ISBN9784560082454

戦時下の人間描く一大絵巻

1940年6月、ナチスドイツはフランスに侵攻する。フランス軍は敗走を重ね、パリをはじめとする北部はドイツ軍に占領される。道から溢（あふ）れ出すほどの避難民の波。パリの裕福なペリカン一家もその運命を免れえない。

誰もが戦争に翻弄（ほんろう）される。独善的な芸術家とその愛人、衝撃的な死を遂げる神父、母の制止を振り切って志願兵となる若者、出征した息子の安否を気遣う心優しい銀行員の夫婦、重傷の兵士を献身的に看護する農民女性、地方の町を占領するドイツ軍の将校に淡い恋心を覚える美しい人妻、その陰険な姑（しゅうとめ）……。

あらゆる社会階層の登場人物たちの運命が、ときに思いも寄らぬ形で交錯し、しかし喜びよりもはるかに悲痛の結び目を作りながら、そこに彼らから目を離せぬ読者の共感を織り込んでいく。個々の人物の心理の襞（ひだ）を緻密（ちみつ）になぞり、同時にきわめて視覚的で美しい文章は、戦時下のフランス社会そのものを描く〈一大絵巻〉と呼ぶにふさわしい。だが、2部からなる本書は未完の絵巻でもある。

著者のネミロフスキーは、ロシア革命後フランスに移住した裕福なユダヤ人家庭に育った。占領下のフランスはナチスに協力して、外国籍のユダヤ人を検挙し、絶滅収容所に移送した。流行作家であった彼女もまたその例外ではなかった……。もし作家が生きていたら、本作は当初の構想通り、5部構成のさらなる大作になっていたはずだ。

しかし、いまこの残された2部を我々が読めることだけでも奇蹟（きせき）に等しい。生き延びた娘が、母のトランクの底に眠っていた原稿ノートを発見し刊行したのは、作家の死から60年余りを経た2004年のことなのだから！

本書は小説にして、希有（けう）な時代の証言でもある。作家は混乱と絶望のただ中で、自分が生きた社会のすべてを記録しようとしたのだ。ただ自身とその民族の運命を除いて。

評・小野正嗣（作家・明治学院大学専任講師）

Irène Némirovsky　03年キエフ生まれ。42年アウシュビッツで死去。

二〇一三年一月二〇日③

『古事記はいかに読まれてきたか 〈神話〉の変貌(へんぼう)』

斎藤英喜 著
吉川弘文館・二五二〇円
ISBN9784642080811
歴史

宣長は京都通して古代を解読

『日本書紀』が宮中で講義され、正史としてよく読まれてきたのに対し、『古事記』は原本が伝わらず、少ない写本もほとんど読む人がいなかった。いや、読みたい人がいても、伊勢神宮では神道系の古書の閲覧を禁じ、天皇すら読むことができず、文書も櫃(ひつ)に入れられ白蛇に護(まも)られていると噂(うわさ)された。それどころか、『古事記』には長年にわたり偽書疑惑があって、賀茂真淵までが後世の作ではないかと疑っていた。

だが今読み比べれば、教科書みたいで味も素っ気もない『日本書紀』よりも、歌謡やドラマやファンタジーにあふれた『古事記』のほうが断然面白い。江戸時代にようやく版本が出てだれでも読めるようになった『古事記』を、京都の本屋で購入した本居宣長も、一読してそう思った。

『源氏物語』を研究して王朝文学のひらがな文章とロマンチシズムに熱中した宣長は、じつは学問オンリーの堅物ではなく、大都市京都の自由かつ享楽的な環境のすばらしさに惚(ほ)れ込んだ人だったからこそ、『古事記』に描かれたおおらかな古代ロマンに反応できたのだ。そこにあふれる「もののあわれ」こそが「理想の日本」の原点である。

紫式部の感性をもって『古事記』に感動した宣長は、次に、江戸人の合理精神をもって解釈にかかった。そのポイントは、『古事記』を日本最古の史書と立証すること、同時に江戸時代の人が納得するような自然科学的な読み替えを行うこと。宣長は実際、『古事記』本文に使用された上代特殊仮名遣いに、古代和語が保存されていることを見抜いた。また科学的には、たとえばアマテラスの岩屋籠(こも)りを日食という天文現象と解き、「太陽中心の暦」がすでに古代日本にあったと主張した。『古事記』は宣長が創(つく)ったという意見も、まんざら極論ではない。本書からは、京都と古代の新鮮な風が一緒に吹いてくる。

評・荒俣宏(作家)

さいとう・ひでき 55年生まれ。佛教大学教授。『荒ぶるスサノヲ、七変化』。

二〇一三年一月二〇日④

『カラヴァッジオからの旅』

千葉成夫 著
五柳書院・二一〇〇円
ISBN9784901646208
歴史

絵画に肉体で向き合う批評

何か鬼気迫るものを感じる美術批評だった。身体にぐいぐい食い込むような魔力を感ぜずにはおれなかった。絵を前にしていないのに絵の皮膜から発するアウラの洗礼を受けているような身体感覚だ。

現代美術専門の著者が40年前にローマで初めてカラヴァッジオ絵画に出会うその日から「カラヴァッジオからの旅」が始まった。ぼくはカラヴァッジオの絵を自作にしばしば引用してきたので「――からの旅」そのものを自らに当てはめながら著者と随行の旅に赴いた。

本書は「――から」と「――へ」の二重の旅から構成されており、２００３年には10日間の旅でマルタ島、シチリア島、ローマへとカラヴァッジオの足跡を身体化させていく。画家が制作時に頭から言葉を排するように、著者は絵と対峙(たいじ)しながら自らの言葉を黙殺し、肉体感覚を全開することでカラヴァッジオ絵画との一体化を図ろうとする。著者にとって言葉は絵画作品を「感覚の領野」へ変成させるためには足手まといになる。

絵画を物語を表現するものだと考えて言葉

を総動員させている以上は、絵は見られていないも同然である。著者が最も大切にしているのは絵の前で言葉を殺して見ていた時の感覚になることという。この感覚こそ画家の創造の誕生の一瞬の感覚ではないだろうか。

著者はカラヴァッジオの最高傑作として「ロレートの聖母」を挙げる。この聖母は実に現実的で一女性として描かれている。そこで著者は近代と出会う。つまり劇的なものは何もない。物語性も希薄だ。在るのは、リアルと静けさがかもしだす極上の美しさである。そしてこの絵の最大の魅力は「深淵（しんえん）」であると。

そして、カラヴァッジオの色彩の魅力と、何も描かない「暗転」した背景が、さらに彼の芸術を深淵に導いてくれる。本書から読者は多くの示唆を受けるだろう。

評・横尾忠則（美術家）

ちば・しげお 46年生まれ。東京国立近代美術館勤務を経て中部大学教授。『美術の現在地点』。

二〇一三年一月二〇日⑤

『火によって』

ターハル・ベン＝ジェッルーン 著　岡真理 訳

以文社・一九九五円

ISBN9784753103058

文芸

今を生き、死ぬ者に捧げる物語

モロッコ出身にしてフランス語で書く作家、ターハル・ベン＝ジェッルーンは11冊もの日本語訳を持つ、人気のある文学者だ。

夢幻的でエキゾチックなアラブの物語を紡ぎながら、著者はもう一方でフランスでの移民差別をノンフィクションとしてえぐるなど、社会的な視線も保持してきた。

そのふたつの志向の延長線がまさに激しい火を散らして交わったのが、本書『火によって』というきわめて短く強い物語と言える。

主人公はムハンマドという、アラブで典型的な名の青年。大学を出たが家の貧しさを変えることは出来ず、亡父のように荷車を引いてその日の稼ぎを得ようとする。

だが、賄賂を払わない人間、もしくは学があって社会運動に身を染めた過去を持つ者を警官は徹底してマークし、気分次第でいじめ抜く。

これ以上、筋書きを追うことはやめよう。いたってシンプルだから。ともかく物語の根底には、2010年のチュニジアで社会的仕打ちへの抗議のために実際に焼身自殺した青年がいる。彼の死に共感して〝火によって〟怒りを表出する者があとを絶たず、チュニジアからエジプトへと影響して「アラブの春」を導いた。

本書自体には国の名前は一切出てこない。まるで神話のように削（そ）がれた描写で町の活気を描き、親子の情愛があらわされ、弾圧の不当さを訴えかける。短いから、覚えて語る者も存在し得るだろう。

ベン＝ジェッルーンは新しい世紀の〝真実の神話〟を、自らの社会的立場を明らかにしながら書いた。むろんその後シリアの例でもわかる通り、紛争の泥沼化は続いている。民主化運動が絶対的に善であるかどうかはわからない。

だが、著者はそれを承知で貧者の抵抗を描いた。神でなく人であるこの作家は、視点の有限性を引き受けた。今を生き、死ぬ者に物語を捧げた。私はその〝火〟に共感する。

評・いとうせいこう（作家・クリエーター）

Tahar Ben Jelloun 44年生まれ。『アラブの春は終わらない』など。

二〇一三年一月二〇日❻

『虫樹（ちゅうじゅ）音楽集』

奥泉光 著

集英社・一五七五円
ISBN9784087714715／9784087453843（集英社文庫）

文芸

カフカ「変身」ジャズで変奏

カフカの『変身』は、読む人の想像力をかき立てる小説だ。すでにたくさんの文章がこれについて書かれてきたし、作品に触発された絵画も演劇も映画もある。音楽についてはどうなのだろう。『変身』には主人公の妹がバイオリンを弾く場面があるが、作品全体から聞こえてくる音とは？　本書は、『変身』のヴァリエーションをジャズで奏でるすばらしい小説集。活字のあいだからミステリアスなサックスの長音が聞こえてくるようだ。

本書は語り口の違う九つのテクストから成っており、解説風の文章やジャーナリストの報告もあって、どこまで実話なのか、モデルはいるのかと詮索（せんさく）したくなる不思議な物語だ。中心になっているのはイモナベと呼ばれるサックス奏者。全裸や白塗りで聴衆の前に登場し、「変身」したグレゴール・ザムザが自分の部屋の窓から虫の目で外を眺める場面を再現しながらコンサートを続ける奇矯な演奏家（といっても１９７０年代半ばに公の場から姿を消し、多摩川にかかる橋の下で演奏を続けているらしいという設定なのだが）。イモナベはやがて完全に虫の世界に取りこまれていくように見えるが、さらにイモナベに共感するピアニストや「ザムザ」という名を持つアメリカのミュージシャン、亡命したロシア人生物学者、天体の音楽を受信する拠点としての「虫樹」などが出てきて、話は広がっていく。

木や人間の表皮に文字が刻まれる話はカフカの『流刑地にて』を想起させるが、宇宙にまで範囲を広げて「純粋言語」や「純粋音楽」が構想されており、そのスケールに圧倒される。と同時に、「虫樹」の音楽にシンクロする者たちが地上で繰り広げるシーンは狂気に満ちた一種の終末を提示している。笑うべきか、凍りつくべきか。結末にいたっても深まる謎に、衝撃が走る。

評・松永美穂（早稲田大学教授）

おくいずみ・ひかる　56年生まれ。「石の来歴」で芥川賞。『神器　軍艦「橿原」殺人事件』。

二〇一三年一月二〇日❼

『路地裏が文化を生む！』

増淵敏之 著

青弓社ライブラリー・一六八〇円
ISBN9784787233462

政治

「拡大するだけが都市の美徳ではない」。そのとおりである。本書はその思想を背景に、拡大しない「路地裏（バックストリート）」から都市を見た。新宿、渋谷、六本木、原宿、下北沢、秋葉原、吉祥寺、道頓堀、ミナミ、京都、札幌、広島、福岡が、路地と音楽と文学とタウン誌と劇場とカフェから見えてくる。現状ばかりでなく、その変化の歴史も綴（つづ）られる。つまり、路地裏を文化の場として捉（とら）えたとき、そこには金太郎飴（あめ）化している都市への絶望ではなく、新しい可能性が発見できるのだ。

都市、文学、音楽、メディアは別々に論じられているが、しかし「場」から考えるとそれらはともに存在し、相互に関わり合いながら生み出されてきた。そこに私たちは「居場所」をみつけ、消費者であるとともに創造者となり、都市の文化を作ってきたのではないか。インターネットが仮想の場を構築しつつある今、本書は個々の場所の歴史を確認しつつ、そのことを思い出させてくれる。

評・田中優子（法政大学教授）

二〇一三年一月二〇日⑧ 政治

『司法よ！　おまえにも罪がある』

新藤宗幸 著
講談社・一四七〇円
ISBN9784062180627

原発の安全性をめぐっては1973年に始まった伊方原発（愛媛県）訴訟以来、建設中止などを求める住民らによって、数々の裁判が提起されてきた。しかし、住民側の勝訴は2例しかない。ほとんどの訴訟で裁判所は、行政の判断を支持してきた。

なぜ司法は原発をチェックできなかったのか。本書は、行政側勝訴の判決に共通する論理構造を解き明かし、司法の責任を追及する。

著者が着目した問題点の一つに、裁判所と法務省の人事交流がある。これによって法務官僚（訟務検事）に任用された裁判官が、原発訴訟で国側代理人を務めて「原発は安全だ」と主張する。そうした人物が元の裁判官に戻った後、原発の安全性を公正、公平に判断できるのか。人事交流が原発訴訟に「深刻な影を投げかけてきた」と著者は実名をあげて指摘する。

裁判所は誰のために存在するのか。原発事故は根本的な問いを突きつけた。裁判所は本書にどう応えるだろうか。

評・上丸洋一（本社編集委員）

二〇一三年一月二七日① 文芸

『フランクル『夜と霧』への旅』

河原理子 著
平凡社・二一〇〇円
ISBN9784582746129／9784022618986（朝日文庫）

豊かな時代にも「人生の意味」求め

いわゆる〝この一冊〟に、ヴィクトール・E・フランクルの『夜と霧』（原題は「一心理学者の強制収容所体験」）をあげる人は少なくない。アウシュビッツなど四つの収容所をくぐり抜けて生還はしたが、両親、妻、兄を失った。極限的な受難を被りつつ、フランクルは告発を封じ、人間存在への深い考察を記した。

著者は、『夜と霧』の翻訳者、出版人、研究者、読者たち、そして収容所跡やゆかりの人々を訪ねつつ書の意味を探っていく。

ウィーンで出された初版の部数は3千部。やがて絶版となったが、その後40の言語に翻訳され1千万部を数えるに至った。日本では、戦時中に特攻機を見送った体験をもつ臨床心理学者、霜山徳爾が留学先の西ドイツの本屋で薄い原本を見つけ、翻訳する。本邦でも旧新の翻訳を合わせ100万部に達している。

大戦と収容所は歴史となっても書は読み継がれてきた。人はいつの時代も「不条理を抱え」、「人生の意味」を求める。それに応える普遍の書であったからだ。

豊かな時代においても「実存的空虚」は消えない。生きる意味を捉えかねる私たちに、フランクルは答える。「人間が人生の意味は何かと問う前に、人生のほうが人間に問いを発してきている」。意味は自ら見出（みいだ）さねばならない。すべてを奪われてもなお「個の態度」という価値がある。「それでも人生にイエスと言う」と。

著者にとってフランクルへの旅は、自身への旅でもあった。大学時代、『夜と霧』と出会う。収容所を撮った写真は強烈だったが、文章は遠かった。新聞記者となり、母となり、歳月を経て再び本書と出会う。

「……後世の若い読み手だった私にとって、この本は、くり返し読んでいくなかで、書かれていることに気づく、触れていく、もっと奥まで手が届くようになる、そういう本だった」

書物とはそういうものなのだろう。そういう作用を持つものが書物という名に値するのだろう。

どこの国だって別のホロコーストを引き起こす可能性があるのです――フランクルの言葉である。

著者は、収容所の痕跡が消えたバイエルンの森を歩きつつ、「事態が少しずつ進んでいくとき、自分はどうふるまえるだろうか……」と自問する。あるいは「社会がなだれを打つときにあらがえるかどうか」とも記す。

『夜と霧』は、世のありようを問い、自身の生き方をまさぐる人々に、小さくも確かな灯としてあり続けていくだろう。考察は柔らかくて内省的であり、文章は簡素で抑制的である。久々、言葉が胸に染み入る本だった。

評・後藤正治（ノンフィクション作家）

かわはら・みちこ　61年生まれ。朝日新聞編集委員。社会部記者として性暴力被害の取材をきっかけに、事件・事故の被害者の話を聴く。著書に『犯罪被害者　いま人権を考える』（平凡社新書）、共編に『〈犯罪被害者〉が報道を変える』（岩波書店）。

二〇一三年一月二七日❷

『明治演劇史』

渡辺保 著

講談社・二九四〇円
ISBN9784062179218

アート・ファッション・芸能

時代の転換期に息づく人たち

維新後、能や歌舞伎がどう変化し、新しい演劇がどのように出現したか、政治や社会の動きとともに生き生きと見える一冊である。

二〇〇九年刊の同著者による『江戸演劇史』上・下は約三百年の時間を駆け足でめぐる長編で、能、浄瑠璃、歌舞伎、音曲、舞踊、遊郭の有機的な関係を書いた名著である。ものごとが飛躍する所には必ず優れた個人がいることを痛感させられる本でもあった。本書はその続きである。やはりジャンルを縦横に走り巡り、そこに明治という時代が浮かび上がる。その要には実に興味深い個人が、まるで役者のように浮かんでは消える。

明治演劇とその時代の特徴については、著者が「エピローグ」で見事にまとめている。そして本書全体からは人の息づかいが聞こえる。たとえば能の零落と新生。幕藩体制が消滅したとき、そのもとで生きてきた能役者たちは職を失い零落しながらもその中から、何としてでも能を続けようとする者が現れる。そして天皇がご覧になる「天覧」という仕掛けをいち早く使い、岩倉具視を始めとする政治家や財界人の支持を得て、ここに「能楽」という新しい言葉が誕生し「能楽堂」という新空間が出来上がり、安田善之助の収集によって世阿弥の『風姿花伝』が世に知られる。私たちが現在「能楽」として知っている一連の脈絡は、こうして明治に新しくまとめられたものなのである。瀕死（ひんし）の伝統が蘇（よみがえ）る過程が、能だけでも充分に分かる。歌舞伎も文楽も新しさに向かって悶（もだ）えながら、組織と劇場空間を刷新していったのだった。

いかなるジャンルにも属さない破天荒な川上音二郎という天才も実に面白い。笑いの芸能こそが新しい時代の思想を表明し、時代を切り開くきっかけになったのである。

時代の転換期には何が起こるのか？　芸能の変転に人々の熱情と努力が見える。過去のこととは思えない。

評・田中優子（法政大学教授）

わたなべ・たもつ　36年生まれ。演劇評論家、放送大学客員教授。『私の歌舞伎遍歴』など。

二〇一三年一月二七日❹

『昭和天皇のゴルフ』

田代靖尚 著

主婦の友社・一六八〇円
ISBN9784072839140

社会

意外な切り口の昭和史再検証

最近は明治大正の新聞や雑誌がデジタル化され、些末（さまつ）な出来事も自由に掘り返すことが可能になった。こうなると、世の定説の正確度をチェックしてやろうかという気にもなるが、その手本みたいな本が出た。テーマは昭和天皇を主役にした日本ゴルフ史。これがまた、冒頭から定説を根底から覆していくから、怖い。定説って、いったい何？

たとえば権威あるゴルフ史書が一様に「大正6年の春、赤坂離宮で観桜会が催されたとき、皇太子殿下にゴルフをおすすめしようという話が出た」と述べる件からして、当時の新聞記事を調べ直せば大きな誤りがいくつもみつかる。まず、その年に観桜会が行われたのは新宿御苑で、当日に皇太子は出席していなかった可能性が高く、その翌日の後片付けのときに実行委員の一人と友人とのあいだで出た話だったらしいのだ。

そこで本書は自前の調査をベースに昭和天皇のゴルフ史を一から構築するのだが、これがまったく思いがけない「昭和史再検証の切り口」であることが分かってくる。ハイライトは、はからずも実現した日英皇太子による世紀のゴルフ対決である。当時の世界情勢を背負って来日した英皇太子を迎え撃った裕仁殿下のゴルフ技術を、写真や記録から「飛距離は出ないがスコアは安定する」堅実ゴルフと分析してみせる。結局、腕力はあるがフォームを崩しやすく波が激しい英皇太子が1アップで勝利するけれども、じつは知られざる第2戦が予定されていた。

ほかに幻の天覧ゴルフ、満州事変が原因で天皇がゴルフをやめたという説などが検証されるが、では、本書は完璧なのかと問われると困る。じつは田代氏も、以前に書いた日英ゴルフ交流に関し「記述に誤りがある」と厳しく指摘されたからだ。そのシビアな批評家は昭和天皇であった！　ご本人直々の校閲では、致し方ないなぁ。

評・荒俣宏（作家）

たしろ・やすひさ　44年生まれ。文筆業。『知的シングルになるためのゴルフ語源辞典』。

二〇一三年一月二七日❺

『アホウドリと「帝国」日本の拡大　南洋の島々への進出から侵略へ』

平岡昭利 著

明石書店・六三〇〇円
ISBN9784750337005

歴史

南方進出の出発点を検証

「アホウドリ」で思い出すのは、史実に材をとった吉村昭の小説「漂流」だ。江戸時代後期、しけにあって鳥島に流された土佐の船乗り長平が、アホウドリの肉を主食に12年半を生き延び、八丈島、江戸を経て、ついに故郷への帰還を果たす物語だ。

明治になって、そのアホウドリが日本人を南の島へと招き寄せる。日本の南方進出の出発点にアホウドリが存在した。本書は、その事実を歴史的に検証したユニークな研究書だ。

八丈島の大工だった玉置半右衛門が鳥島に上陸したのは、1887（明治20）年のことだった。目当てはアホウドリ。人を恐れぬこの大型の海鳥は捕獲が容易だった。15年間に600万羽を捕獲したというからものすごい数だ。羽毛を欧州に輸出して、玉置は巨万の富を得た。

その後、アホウドリで一獲千金をもくろむ人々が、南海の無人島開発に次々と乗り出していった。その足跡は南鳥島、尖閣諸島から硫黄島、さらには中部太平洋ミッドウェー諸島、北西ハワイ諸島などにまで及んだ。

しかし、乱獲がたたって、アホウドリは、どこでも数年で捕獲数が激減した。1905年ごろからは、肥料の原料となるグアノ（鳥のフンが堆積（たいせき）して固まったもの）やリン鉱が、アホウドリにかわって、南方進出の目的となる。

著者が、この研究にとりかかったのは40年ほど前。地理学のフィールドワークで、沖縄本島東方の南大東島を訪れたのがきっかけだという。

明治期、南大東島を開拓したのは八丈島から来た人々だった。何のために人々は、はるか1200キロの海を越えて、無人の南大東島にやって来たのか？　著者は「長い探究の旅」を続け、本書を書き上げた。

尖閣諸島の開発者、古賀辰四郎については、その履歴をめぐって通説に事実誤認があると指摘している。

評・上丸洋一（本社編集委員）

ひらおか・あきとし　49年生まれ。下関市立大教授。人文地理学、島嶼（とうしょ）地域研究。

二〇一三年一月二七日⑥

『居場所を探して　累犯障害者たち』

長崎新聞社累犯障害者問題取材班 著

長崎新聞社・一六八〇円
ISBN9784904561614

社会

孤立と困窮の連鎖を断ち切る

知的・精神障害がありながら福祉の支援を受けられず、結果的に犯罪を繰り返す「累犯障害者」。服役中の知的障害者の7割が再犯者で、3人に1人は出所後3カ月以内に再び罪を犯すという。『長崎新聞』の連載はこの問題にスポットライトを当て、2012年度新聞協会賞を受賞した。

累犯障害者は出所後、孤立と生活困窮に苦しむ。冷たい地元、追いつめられる家族。受け入れ先となる福祉施設は少なく、結果として再び犯罪に手を出す。

累犯障害者への偏見は根強い。福祉の現場では「扱いにくい人」を避ける「選別」が存在する。行き場を失った累犯障害者は、福祉に接続できなかった「責任」や「報い」を背負わされる。

時に障害は見えにくい。高次脳機能障害は、その人の性格に還元され、「変な人」「怠け者」と誤解される。周りから非難され、突き放される。疎外された彼らは路頭に迷い、また刑務所に戻ってくる。

この負の連鎖をいかに断ち切るのか。罰だけで更生につながるのか。

長崎では、累犯障害者を支援する取り組みがスタート。福祉施設で生活習慣や人間関係を構築し、再犯防止に努める。支援を出所後だけでなく、検察や裁判所の段階から強化する。裁判所には執行猶予を求め、福祉施設での更生を目指す。取り調べには、福祉の専門家が立ち会う。この「長崎モデル」は、累犯障害者に居場所を作る試みとして、注目を集めている。

国のあり方は、弱い立場の人への施策に典型的に表れる。日本は、あらゆる領域で「長崎モデル」を応用すべきだろう。人間のアイデンティティーは、誰かに必要とされているという実感によって支えられる。実存の底が抜けた社会で、新しい居場所を作ろうとする試みこそ、拡大すべきだ。

長崎を抱きしめたい。

評・中島岳志（北海道大学准教授）

11年7月から12年6月まで掲載した連載を収録。12年度新聞協会賞受賞。

二〇一三年一月二七日⑦　文芸

『こころ朗(ほが)らなれ、誰もみな』

アーネスト・ヘミングウェイ著　柴田元幸訳
スイッチ・パブリッシング・二五二〇円
ISBN9784884184308

まず、なんといってもこのタイトルが実にすがすがしく、かっこいいではないか。原題は、God Rest You Merry, Gentlemen。新潮文庫の高見浩訳では「神よ、男たちを楽しく憩わしめたまえ」となっている。ともすれば、マッチョなイメージの強いヘミングウェイだが、翻訳の名手、柴田元幸は一風変わった物語ばかり19を選び、軽やかに訳してみせた。

柴田訳の極意は、原文の言葉をできるだけその出現順に忠実に日本語に置き換える、というところにあると思う。英語と日本語の構文の差の性格上、その操作は短い文の連なりとなって表れる。それが自然に、シンプルなリズム、やわらかな情感、そこはかとないユーモア、暖かい空気となって立ち上がってくる。

クリスマスに病院に集うどこか壊れた人々に注がれる優しい眼差(まなざ)し。ヘミングウェイはほんとうはこういう作家だったのかもしれない。そんなことを気づかせてくれる素敵(すてき)な短編集。

評・福岡伸一（青山学院大学教授）

二〇一三年一月二七日⑧　社会

『僕たちの前途』

古市憲寿著
講談社・一八九〇円
ISBN9784062180825

今売り出し中の20代の社会学者が語る、現代的な「起業家論」。著者の周囲を行き交う、才能豊かな若き起業家たちがたくさん登場する。そこでリアルに描かれる彼らの素顔や日常に、一昔前の起業家に見られたような、脂ぎったホリエモン的な風情はない。

著者自身も社員3人のITベンチャーの一員だ。もうかっても上場しない。社員も増やさない。同じマンションに住み、行き来自由。会社はファミリーのような存在だ。

起業忌避社会は日本の豊かさの象徴と言い、起業礼賛の風潮に冷めた目を向ける。成功はどれだけトランポリンに恵まれているかにかかるが、昨今、その配分がますます不平等になっているからだ。

著者や登場人物らの人生観は、右肩上がり経済の時代を過ごしてきた中高年の胸にはストンと落ちないかもしれない。巻末にある社長・島耕作（漫画主人公）、田原総一朗氏というモーレツ系2人と、著者との対談は当然かみ合わない。そこがおもしろい。

評・原真人（本社編集委員）

二〇一三年二月三日①　ノンフィクション・評伝

『メモワール　写真家・古屋誠一との二〇年』

小林紀晴著
集英社・一七八五円
ISBN9784087815177

なぜ撮ったのか　思考を迫る言葉

小林紀晴は写真家であり、同時に抑制の利いた文章を書く作家である。その小林が取り憑(つ)かれるように写真家・古屋誠一を追った長い年月の記録、思索が本書だ。

最初は1991年。著者は古屋の写真展に出かけ、古屋が精神を病んでいく妻クリスティーネを撮り、〝負のエネルギーが充満〟した風景を撮り、ついには投身自殺直後の妻を撮った写真と出会う。

衝撃を受けた著者はその後、ニューヨークで同時多発テロに出会い、無性に現場を撮りたいと思う。しかし日本で体験した大震災では今度は撮ることを躊躇(ちゅうちょ)する。

なぜ撮るのか。撮っていいのか。なぜ発表するのか。発表していいのか。表現の根幹に潜む倫理、自意識、権利などの大問題を小林紀晴は背負い込む。なぜなら、古屋誠一が妻を撮った写真が、そして古屋が写真集に書き込む言葉が小林に思考を迫るから。

ソンタグの『他者の苦痛へのまなざし』に引用されたプラトンの言葉を、著者は冒頭に孫引きする。「お前たち呪われた眼(め)よ。

この美しい光景を思いきり楽しめ」

悲痛さ、残酷、災いを〈呪われた眼〉は見ようとする。その卑しくも根源的な欲望に私たちは常に突き動かされる。写真家ならばなおのこと、その〈眼〉で記録をしてしまうかもしれない。

2000年。オーストリアの古屋を著者は訪ねる。何が古屋とクリスティーネの間にあり、彼はなぜその狂気を撮ったのか。死を撮ったのか。そして、なぜ発表するのか。問いはそれから10年以上かけて古屋と共に世界を移動しながら投げかけられ、自問自答される。時には事が起きた現場、ベルリンにまで二人は共に足を運ぶ。

その間も、古屋誠一による過去の写真を編んだ書物は出続ける。次第に、写真集にクリスティーネの「手記」からの言葉が引かれるようになり、事実は多層化する。

同時に本書自体にも写真集に載った古屋の文章、聞き書きによる話し言葉の再現、国を越えてやりとりされるメール、写真が無言であらわす事実、クリスティーネのノートからの言葉が錯綜（さくそう）する。

様々なレベルの言語が重なって迫ってくる様子はもはや小説としか言いようがないのだが、そこに一人の女性の狂気と死が確かにあったことは、口絵に印刷された美しくも恐ろしいクリスティーネの写真のまなざしが証している。だから読者は引き裂かれる。何が真実であり、何が思い込みなのか。

しかも本書は古屋によって読まれる。読まれてしまえば古屋の思いに影響が出ないとは言えない。すべてが藪（やぶ）の中に入る。

客観取材のあり得なさを含め、やはりこの本はあらゆる表現論の息苦しい核心を突いてやまない。

評・いとうせいこう（作家・クリエーター）

こばやし・きせい　68年長野県生まれ。95年に『ASIAN JAPANESE』でデビュー。97年『DAYS ASIA』で日本写真協会新人賞。主な写真集、著書に『ASIA ROAD』『写真学生』『ハッピーバースデイ3.11』など。

『ａｂさんご』

黒田夏子 著

文芸春秋・一二六〇円
ISBN9784163820002

読むことの不自由さからの解放

〈読む〉とはどのような行為なのか？　画面をありのままに見ることの困難さを繰り返し述べてきた国際的な映画批評家・蓮實重彦氏が映画について述べたことは、文学にも当てはまる。我々は読んでいるつもりで何も読めていない。『ａｂさんご』を読むとは、我々のまなざしが文字に触れることを妨げる思い込みから自由になることなのだ。

なるほど本書は日本語小説とは思えぬ佇（たたず）まいだ。芥川賞受賞作は横書きで、句読点ではなく、コンマとピリオドが使われる。頁（ページ）は左から右に読まれる。ただそのような形式的な面白さはこの小説の魅力のほんの一部でしかない。

スマホやネットの発達で文字が未曽有なほど日常に溢（あふ）れるいま、我々はなぜか言葉は透明だと疑いもしない。言葉（ａ）は物語内容（ｂ）を運ぶ記号であり、これが気にならず、すっと読めるのがいい小説と思い込んではいないか。ａ＝ｂなどではない。ａ＝ｂの誘惑はかくも強い。「ａｂさんご」の平仮名を多用した文体は、漢字による意味の視覚的把握に慣れた読者を惑わしながらおのずと音読を促し、我々自身の身体とともに、言葉それ自体の血肉を意識させてくれる。

　幼い頃に片親を、そしてその38年後にもう片方の親をなくした〈子〉の記憶に寄り添うようにして書かれたこの小説には、人名を含めた固有名詞がほとんど出てこない。言葉は本来、遠くからゆっくりと手探りするように対象や記憶に近づくしかないからだ。その運動＝時間に付き合うこと。それこそが読書の豊かさであり、いつの間にか読者の〈私〉は、名を持たぬ〈子〉と溶け合い、えも言われぬ感動に包まれるだろう。

　aとbを直結する道はない。そのあいだに、本書のあの忘れがたい、「みぞ」なのか「道」なのかわからない「濃密な茂り道」に足を踏み入れるとき、我々は読むことの不自由さから解放される。


評・小野正嗣（作家・明治学院大学専任講師）

くろだ・なつこ　37年生まれ。史上最年長で芥川賞に決まった表題作、ほか3編を収録。

二〇一三年二月三日❹　人文

『宗教のレトリック』

中村圭志 著
トランスビュー・二二〇〇円
ISBN9784798701332

「語り」への着目　目からうろこ

「かたり」が「語り」でもあれば「騙（かた）り」でもあるということには深い含みがある。マコトの語りとダマシの語りの差をないものにしてしまうからだ。それは「在るもの」と「作られたもの」の区別をさえ失効させてしまう。

　レトリックといえばふつう、口先だけの美辞麗句だとか、まやかしの詭弁（きべん）、人を焚（た）きつける雄弁など、誘導の技だとおもわれている。けれども、新聞はアメリカの大統領のことを「ホワイトハウス」と言い、学術論文は「〜は明らかである」と結論づける。童話には「白雪姫」や「赤頭巾ちゃん」が登場し、日常の会話には「椅子の脚」だとか「タヌキ親爺（おやじ）」「縄のれん」といった表現が無数にある。唯一無比の存在たるブッダやイエスという名もじつはそれぞれ「目覚めた人」「救世主」という役柄を意味する。こういうレトリカルな表現の織物としてわたしたちの現実は編まれている。

　本書はそういう視点から多様な〈宗教〉文化の解剖を試みる。誇張や反語、対句や逆説を駆使した誘惑の語り。それは客引きやたたき売りの口上、やくざの脅しに通じる。けれどもそれは、縮こまったわたしたちの思考を躍動させもする。いいかえると、発想の転換をけしかける。視点をずらす、思考に風穴を開ける、知性をシビれさせる、人の背中をぐいと押す……(これらがみなレトリカルな表現であることに注意)。

　宗教から人生訓、道徳、科学まで、思考のさまざまな局面をあざやかに横断するレトリック。著者はそこから、宗教の語りを人びとの日常の語りをレトリカルに変形したものと批判的に見るとともに、そういう語りこそ世界へのビジョンを開いてゆくバネだと肯定的に捉えもする。そして「ノートの端っこの空白のようにして、神仏の存在や介入の可能性の欄を確保しておこう」という。まさに「目からうろこ」の宗教論だ。

評・鷲田清一（大谷大学教授）

なかむら・けいし　58年生まれ。宗教学者、翻訳家。『人はなぜ「神」を拝むのか?』など。

二〇一三年二月三日⑤

『元素をめぐる美と驚き　周期表に秘められた物語』

ヒュー・オールダシー＝ウィリアムズ 著
安部恵子ほか 訳
早川書房・二九四〇円
ISBN9784152093370／9784150504939（ハヤカワ文庫NF〈上〉）・9784150504946〈下〉）

科学・生物

無表情に見える記号の裏に

学生時代の私にとって、化学は苦手な教科だった。授業ではいつも、元素記号をぼうっと眺め、何のイメージも湧かないまま、先生の言葉を聞き流していた。今となって唯一記憶に残っている分子式は、水を表す「H_2O」だけだ。

かくして敬遠してきた元素。これをめぐる美と驚きがあるというではないか。しかも自称元素コレクターの著者は、硬貨をぶつ切りして銅やニッケルを取り出したり、自らの尿を用いてリンを取り出そうとしたりする「ツワモノ」である。好奇心に駆られるようにして手に取ったこの本、すぐさま読みふけった。

元素周期表は1860年代末にロシアの化学者メンデレーエフによって考案された。当時は空欄が目立っていたが、それを埋めるかのようにガリウムやスカンジウムなどの新元素が次々と発見され、理論的にも立証されつつあった。

しかし、1894年にアルゴンという不活性ガスが発見されて周期表に「元素の族一つがまるごと抜けていた」ことがわかった。これはのちに、ノーベル化学賞をメンデレーエフに授与しない理由にもなったという。

元素そのものも物語の宝庫だ。一見無表情に見える名前だが、ウランは天王星（ウラノス）、プルトニウムは冥王星（プルート）など、原子力関連の元素は惑星などに由来しているという。チタン、ニオブなどは古代の神話に由来する。「豊かな色を生み出す化学的性質」を持つバナジウムは、北欧に伝わる愛と美と豊穣（ほうじょう）の女神バナディースにちなんで名づけられた。

一方、元素にちなんで名づけられた国もある。アルゼンチンは銀を意味するラテン語「argentum」からだ。銀産出のおかげで、かつて「世界で10番めに豊かな国だったことがある」とか。

元素でできた世界に生きている、そんな私たち人間も元素からなっているのだ。

評・楊逸（作家）

Hugh Aldersey-Williams　59年生まれ。英国のジャーナリスト。

二〇一三年二月三日⑥

『梅棹忠夫　「知の探検家」の思想と生涯』

山本紀夫 著
中公新書・八六一円
ISBN9784121021946

ノンフィクション・評伝

「最後の弟子」が追う仕事と生涯

かつて梅棹忠夫氏の『文明の生態史観』や『知的生産の技術』を熟読した一人である。前著の、西欧と日本を「第一地域」として括（くく）る押さえ方にはかすかな違和を覚えつつ、ともに知的な刺激に満ちた本だった。

本書は、梅棹の仕事と生涯を追った評伝である。著者は、大学探検部や国立民族学博物館で梅棹に至近距離で接した「最後の弟子」。それ故でもあろう、梅棹の志向と思考に目線がよく届いている。

梅棹の最後の著は『山をたのしむ』。少年期、京都の北山に親しんだ。「登山が生涯の原点」と記す。「学術探検」を掲げ、ポンペイ島へ、大興安嶺へ、モンゴルの草原へとフィールドを広げていく。細密画を見るようなスケッチが印象的だ。生来「歩き、見て、考えること」が好きな人だったのだろうと思う。

生態学の泰斗・今西錦司に多大な影響を受けつつ、戦後、梅棹は人類学、民族学という新領域に関心を向ける。「二番せんじは、くそくらえ、だ」「未知のものと接したとき、つかんだときは、しびれるような喜びを感じる」

という言葉を残している。

行動のベクトルが常に新たに開拓することへと向かう。原稿の書き方や研究論文の方法についても、その志向は変わらない。パイオニアたらんとすることが梅棹の生涯を貫いてある原動力だった。

65歳のとき、ウイルス性疾患で両眼の視力を失うがくじけない。以降、口述ワープロで全23巻の著作集の完成を果たす。「そこは漢字か、漢字やったらひらいといて」といいつつ作業を重ねたとある。サポートがあったからできたともいえようが、ピアノの練習まではじめたというエピソードには驚く。

梅棹最大のパイオニアは光を失ってからの生き方であったかも知れない。評者の学生時代、居酒屋で席をともにしたことがある。にこやかな温顔が懐かしくよぎる。

評・後藤正治（ノンフィクション作家）

やまもと・のりお　43年生まれ。国立民族学博物館名誉教授（民族学）。

二〇一三年二月三日⑦

『クライシス・キャラバン　紛争地における人道援助の真実』

リンダ・ポルマン著　大平剛訳

東洋経済新報社・二三一〇円
ISBN9784492212035

ノンフィクション・評伝

〈人道援助〉には金科玉条の響きがある。この言葉をかざして正義の代理人を気取るのは容易（たやす）い。しかし、オランダ人の女性ジャーナリストが本書で告発する紛争地の現実はそんな思い上がりを次々と粉砕してゆく。

ドナーや援助機関の注目を集めるための戦争当事者の狡猾（こうかつ）なPR戦略。過激な暴力ほど援助を引き寄せる皮肉。難民キャンプに逃げ込み、援助を搾取し、態勢を立て直す戦士たち。下請けや詐欺や汚職が繰り返されるうちに雲散霧消してゆく巨額の援助資金。戦争当事者に分け隔てなく援助する赤十字の高潔な人道原則が対立を深化させる逆説……。

善意をめぐる玉石混淆（こんこう）の思惑と現実が絡み合うなか、私たちは〈人道援助〉という複雑な連立方程式の解をどう求めてゆくべきか。

ルポの主たる舞台はアフリカだが、人道主義や人権を掲げる外交が注目される昨今、本書が投じる問いの射程は広く、そして深い。

評・渡辺靖（慶応大学教授）

二〇一三年二月三日⑧

『ジャニ研！　ジャニーズ文化論』

大谷能生、速水健朗、矢野利裕著

原書房・一六八〇円
ISBN9784562048816

社会

「SMAP」や「嵐」と同世代の評論家やライターが、1年間かけて6回の研究会を開き、ジャニーズ事務所が半世紀にわたって送りだしてきたタレントを分析し、彼らが与えた影響や事務所のビジネス戦略について論じた座談会形式の本。特に音楽については詳しくて、アイドルの楽曲の元ネタや、作詞・作曲・編曲で関わったスタッフ、演奏や録音技術の話まで、語る語る。デビュー曲がどのCMとタイアップしたかなど、企業やスポーツイベントとのつながりの指摘も興味深い。通信機器やゲーム、自動車のCMでジャニーズタレントがどう起用されてきたか、いわれてみればなるほどと思い当たることばかり。さらに衝撃を受けたのは、ジャニーズが英語ではJohnny'sだったこと（みなさん、ご存じでしたか?）。ジャニー喜多川ことアメリカ生まれのジョン・キタガワ氏が芸能界をここまで大きく変えた（時代がそれを可能にした）ことにあらためて驚嘆した。

評・松永美穂（早稲田大学教授）

『一四一七年、その一冊がすべてを変えた』

スティーヴン・グリーンブラット 著
河野純治 訳

柏書房・二三一〇円
ISBN9784760141760

ノンフィクション・評伝

教会も受容した死を超える快楽

イタリア・ルネサンスの大物が活躍する半世紀ほど前の15世紀初頭、教皇秘書として古典写本の蒐集（しゅうしゅう）翻訳に携わったポッジョ・ブラッチョリーニが、立場を逸脱してまで救済した一冊の「超奇書」にまつわる歴史物語である。

込み入った内容だが、逸話やイメージを随所に提示する手法のおかげで、流れの勘所を見失う不安はない。たとえば巨匠ラファエロの大フレスコ画「アテナイの学堂」が出てくる。古代ギリシャからアジアに及ぶ多彩な哲学者たちが、サンピエトロ大聖堂に参集し自由に議論を闘わせる空想的な場面である。この絵が、教皇の書庫兼執務室の壁に飾られた理由は明白だ。カトリックがどんな哲学や思想をも内部に取り込めるという自負を示したものだからだ。この開明性こそは、ルネサンスを推し進めた精神なのである。

ところが主人公ポッジョは、すこし早く生まれてしまったために、教会はまだ異教弾圧時代であった。そんな時期に彼は、キリスト教どころか、世界の宇宙観を覆すほどの劇薬詩、ルクレティウス作「物の本質について」を、偶然に発見してしまう。が、これは救命薬にもなる可能性があった。

本書の著者グリーンブラットによる本の発見が、ポッジョと重なる。学生時代のある日、著者は天上界のシュールな性行為が表紙に描かれた本を在庫処分品の山から救いだす。価格10セントの見切り品を、読みだしたら没入した。春になってヴィーナスが訪れると、天候は晴れやかに輝き、全世界が子孫を繁殖させようと狂おしい性的衝動に満たされる。この世は生と死の無限連鎖にすぎず、知的な設計者もいないし、人間の死など宇宙の関心事ですらない。

著者は激しい衝撃を受けたという。彼の母は若い頃から死への恐れを抱き続け、母の怯（おび）えが息子にも重荷を負わせた。あの「死への恐怖」とは、何だったんだ?

約600年前、ポッジョが抱いた疑念も、教会による「死への恐怖」の植え付けと、その救済法を独占することで権威を保つ体質だった。「快楽主義」の開祖エピクロスは性的な遊戯にふける淫猥（いんわい）な人物に貶（おとし）められ、その思想を宣伝するルクレティウスの詩をポルノに矮小（わいしょう）化され、作者も「媚薬（びやく）のせいで頭がおかしくなり、四十四歳のとき自殺した」と吹聴され、いったんは抹殺が成功したのである。

さあ、ポッジョは原典再発見を機に、「死に打ち勝つ快楽」の思想をカトリック教義に同化できるのか？ ルネサンスの知られざる暗闘は、やがて詩文を視覚化したボッティチェッリの名画「春」を生み、エピクロスをも加えた「アテナイの学堂」を教皇の書庫に掲げさせるまでになるのだが。

評・荒俣宏（作家）

Stephen Greenblatt 43年米国生まれ。米ハーバード大学教授。世界的なシェイクスピア学者。本書で昨年のピュリッツァー賞ノンフィクション部門受賞。邦訳書に『シェイクスピアの驚異の成功物語』『悪口を習う』など。

二〇一三年一月一〇日②

『セッシュウ! 世界を魅了した日本人スター・早川雪洲』

中川織江 著
講談社・二六二五円
ISBN9784062179157
人文

内助の功が支えた映画人生

先日亡くなられた大島渚監督が、この人を映画化すべく脚本を書いている。わが国初の国際スター・早川雪洲(せっしゅう)。「花はサクラ、男はセッシュー」とアメリカでもてはやされた。ハンフリー・ボガートが共演を望んだ。少年時代のあこがれの男優だったのである。

私たちには「戦場にかける橋」の捕虜収容所長・斉藤大佐の雪洲がなじみ深いだろう。軍人らしい押し出しと、立派な容貌(ようぼう)。寡黙な性格。

本人は脚本を読んだ時、気乗りせず断った、という。いい映画になる、と出演を強く勧めたのは妻の鶴子である。映画は大ヒットし、名画と評された。

本書は八十七年の彼の生涯を克明に追った労作だが、主人公は実は鶴子夫人である。この視点がいい。類いまれなる大スターを作りあげた鶴子の、内助の功を明白にした。

壮士芝居の川上音二郎の姪(めい)である。九歳の時、貞奴(さだやっこ)らと海外公演に参加する。役者の経験は全く無い。ところが金を持ち逃げされ一座は困窮、鶴子は養女に出され米国に残る。養父が亡くなると女優になり自活、日本人初のハリウッド女優である。新米の雪洲に演技を教え、上手な英語で売り込む。二人は結婚する。

雪洲が脚光をあびると、在米邦人から非難された。折からの排日運動をあおるような日本人らしからぬふるまい、と芝居の役所(やくどころ)を咎(とが)められた。

映画草創期らしい騒動だが、国賊扱いに鶴子は「今にわかるから」と慰め励ました。

やがて夫婦は戦争によって国を異(こと)にする。雪洲はフランスに、鶴子は故国日本に。二人に子は無い。鶴子は夫が他の女に生ませた三人の子を引き取り育てる。夫から送金は絶え、売り食いした。芋の買い出しもした。人生はこんなもの、と屈託がない。十三年ぶりに夫と再会する場面は、映画のようである。ちなみに大島の脚本では、鶴子が青木ツルの名で大活躍する。雪洲役は坂本龍一の予定だった。

評・出久根達郎(作家)

なかがわ・おりえ　教育美術振興会評議員。『粘土遊びの心理学』など。

二〇一三年一月一〇日③

『リスクと向きあう』

中西準子 著
中央公論新社・一四七〇円
ISBN9784120044502

『リスク化される身体』

美馬達哉 著
青土社・二五二〇円
ISBN9784791766673
社会

現場から大局から　問題提起

原発事故以降「放射線のリスク」が注目される。当然、それを減らしたいと願う。しかし、気をつけなければならないことがある。この世には様々なリスクがあり、あるものを抑え込むと「頭押さえりゃ尻上がる」的に別のリスクが増える性質(リスク・トレードオフ)があって、一筋縄にはいかないことだ。

『リスクと向きあう』の著者は、公害問題、とりわけ水の問題を通じてこの悩ましい現実に相対してきた。有害な化学物質を無くそうとすると別のリスクが顔を出す。殺菌で生じる発がん物質を嫌い水道水の殺菌をやめ80万人がコレラになった国がある。発がんも感染症も好ましくないが、どこかで妥協点を見つけなければならない。著者は「トレードオフ」の概念を日本に紹介し、質的に違うリスクをいかに「比べる」か現場で考え行動し続けた。原発事故を経た我々の社会で、彼女の経験と、過去の著作で原発について好意的に記述したことへの真摯（しんし）な反省は参照すべきものだ。

『リスク化される身体』はリスク論そのものをまな板に載せて考える。70年代に医学の主流となった「リスク医学」を俯瞰（ふかん）し、リスク概念が予防の名の下「監視医学」を導くと指摘する。メタボリック・シンドロームに象徴されるように、健康増進を名目にした、ライフスタイル、価値観への介入は正当化されるのか、など。

終章は「東日本大震災再考」と副題にある。人々が、専門家やメディアが語るリスクではなく、ネットの「風評」「デマ」を指針にして行動する様を、〝リスク社会への「蜂起」〟と位置づける。

対照的な両著。現場で足掻（あが）くリスク論と、高空から俯瞰する「リスク論」。我々の社会が持つ複眼的視点と言えるが、水と油とも感じる。前者の足掻きの泥くささと、後者の巨視的な問題提起との間のギャップをどう考えるのか、というのも、現在の我々の課題だろう。

評・川端裕人（作家）

なかにし・じゅんこ、みま・たつや

『デイヴィッドの物語』

ゾーイ・ウィカム 著　くぼたのぞみ 訳

大月書店・三三六〇円
ISBN9784272600519

文芸

闇の底から浮かび重なる声

舞台は、ネルソン・マンデラ釈放後の1991年の南アフリカ共和国である。おそらくこの国ほど文学が国民の〈声〉となることが困難な土地はないだろう。長年にわたって人種隔離（アパルトヘイト）政策で国民が深く分断されてきたからだ。

しかも、白人支配層から差別され抑圧されていた黒人たちの闘争と解放の物語を描けば、それがナショナル・ヒストリーとなって一件落着とはいかない。南アには白人と黒人だけではなく、「カラード」という混血層が存在するからだ。この人々の〈歴史＝物語〉を、アパルトヘイト以降の南ア文学は、どのように描けばよいのか？

本書は、「グリクワ」と呼ばれる、先住民とヨーロッパ系移民との混血層出身の主人公デイヴィッドのルーツ探しの物語だとひとまず言える。彼は反アパルトヘイト運動の闘士であり、妻子ある身ながら、活動の中で出会った女性闘士ダルシーが忘れられない。そして今、彼は何者かに命を狙われているようだ……。

土地を収奪されて彷徨（さまよ）うグリクワの失望と挫折の歴史、反アパルトヘイト運動内部での血塗られた対立、拷問されレイプされたダルシーの過去などが、途切れ途切れの声の断片となって、闇の底から浮かび上がっては重なりあう。いったい何が起こっているのか、読みながら何度も立ち止まり、進むべき道を探して、声に耳を傾けなくてはいけない。ところが、その声自体がためらい、正しい道がどちらか断言できないのだ。

でもそう語るほかない。一つの大きな声は、他の無数の小さな声を聞こえなくしてしまうから。ちょうど日本文学なるものがアイヌや移民や沖縄の〈声〉にずっと耳を傾けてこなかったように。文学は政治的・倫理的な役割・使命を担わなくなったと言われて久しいが、このような担い方があったのだ。遠回りで時間はかかるが、風景の見え方・聞こえ方は確実に変わる。

評・小野正嗣（作家・明治学院大学専任講師）

Zoë Wicomb　48年南アフリカ生まれ。単行本の邦訳は本書が初めて。

二〇一三年二月一〇日⑤

『ハピネス』

桐野夏生 著
光文社・一五七五円
ISBN9784334928698／9784334772345(光文社文庫)
文芸

微妙で複雑なママ友の世界

有紗は、3歳になる娘と江東区の巨大な埋め立て地に建つタワーマンションの29階に住んでいる若いママ。離婚を迫るメールが届いたきり、連絡を断った夫の俊平は、アメリカに単身赴任中である。

「上からも下からも横からも前からも、あらゆるところから見られていて、空中に浮かんだ部屋にいる」という、まさに心身とも宙ぶらりん状態に陥っている中で、娘の幼稚園お受験という問題がさらに浮き上がる。何もかも決断しなければならないという人生の節目の時期だ。

大きな不安を抱えながら寂しくて侘(わび)しい日々を過ごす、そんな彼女の頼りになるのは近所のママ友の存在だ。同じ3歳の女児を持つ5人のおしゃれなママ——一見小さなコミュニティーだが、家賃の違いなど微妙な差によって生じた上下関係や親疎の別をしっかりわきまえて成り立った付き合いなのだ。その複雑さと言ったら、どんな大きな集団にも負けないだろう。

我が子を名門幼稚園に入れようとするママ友とつりあうように、有紗は見えを張って嘘(うそ)もついた。にもかかわらず、グループの中で「公園要員」という以上の存在にはなれない。引け目と敗北感に苦しみ、それに、ずっと胸の奥に仕舞っている秘密を仲の良い美雨ママに打ち明けようと、一緒に飲みに出かけたが、逆に思いもよらぬ衝撃的な告白をされてしまう。

「地に足着けて生きていくんだ」と願う有紗。離婚問題と公園要員のポジションに悩む彼女と、ママ友たちを、意外な結末が待ちうけている。

子持ちの私も昔、何度かママ友の集まりに加わったことがある。ママたちのたわいない会話とは裏腹に、なぜかいつも変にピリピリとした空気を感じていた。その空気を汲(く)み取って生き生きと描ききったこの作品を読んでいくうちに、ママ友という独特な世界を初めて理解できるような気がしてきた。

評・楊逸(作家)

きりの・なつお 51年生まれ。作家。『東京島』で谷崎賞、『ナニカアル』で読売文学賞など。

二〇一三年二月一〇日⑥

『月 人との豊かなかかわりの歴史』

ベアント・ブルンナー 著 山川純子 訳
白水社・二六二五円
ISBN9784560082539 人文／アート・ファッション・芸能

多くの優れた芸術生み出す

キース・ヘリングは恋人に呼び掛けるように月に想(おも)いを語り、それをTシャツに書いた。フェデリコ・フェリーニは映画「ボイス・オブ・ムーン」の中で月が自分を呼ぶ声を耳にした男を描いた。

ヘリングもフェリーニも、芸術家はアポロ計画によって神秘のベールを剥ぎ取られ物理的な土の塊としての現実となった月には全く関心を示そうとはしない。

本書は、月の探究を通して私たち自らの謎の解明に迫ることが可能では、という試みでもある。確かに月は、人間の長い歴史の中で芸術家でなくとも想像力の源泉としてあり、月を主題にして多くの優れた芸術作品が生み出されたが、その記録の書である。

人格化または神格化としての月はわが「竹取物語」に代表されるように、人間の運命にも深く関与している。天体と地球の関係は幻想を超えてもっと身近に体感してきた。日頃われわれは月の存在とその重要な働きにはほとんど無関心でいるけれど、月が地球の地軸のバランスをとってくれていることで地球の生命が今の姿で存在しているという事実を知れば知るほど月を見る目も変わるのではないだろうか。

だけれど、一方ではかつての米ソ冷戦時代の対立の中での駆け引きによって皮肉にも人類が驚くほど早く月に立つことができた。このことで夢が未来に一歩前進したかもしれないが、われわれが心の中に宿した人格としての月との対話を失ったことは確かだ。かつての想像力の対象としての月に比べれば「月は退屈」（カール・セーガン）な代物になってしまったのも事実である。

「ボイス・オブ・ムーン」のラストで、野原の井戸に耳をすます主人公に、月の声が囁（ささ や）いていたのを思い出した。「もう少しの静寂があれば、皆も静かにしていれば、囁きの意味がわかるかもしれない」

評・横尾忠則（美術家）

Bernd Brunner　64年生まれ。ドイツの文筆家・編集者。著書に『熊』など。

二〇一三年二月一〇日⑦

『Because I am a Girl　わたしは女の子だから』

アーヴィン・ウェルシュほか 著　角田光代 訳

英治出版・一六八〇円
ISBN9784862761187

ノンフィクション・評伝

青空をバックにいろんな肌の色の女の子たちが佇（たたず）んでいる表紙カバーを見て、可愛らしい声が詰まった短編集なのかな、と手に取った。でもここには、女の子というだけで差別を受けてしまう開発途上国のハードな現実が描かれている。「プラン」というNGOのキャンペーンに協力した世界各国の作家たちが現地を見たうえで書いた作品のアンソロジー。翻訳した角田光代さんも「プラン」の招きでマリやインドに行っている。

女の子たちの現実は想像以上に厳しい。男性社会、宗教の壁、貧困の連鎖。十代前半で妊娠し、教育の機会を奪われてしまう子も多い。どうやって人権を教え、自尊感情を持たせてあげたらいいのだろう。彼らが援助に依存するだけではなく自立するには、どうすればいいのだろう。援助の方法に疑問を持つ作家に対する現地スタッフの回答にハッとさせられた。小さいけれど人々の願いが凝縮された本だ。女性はもちろん男性にも読んでほしい。

評・松永美穂（早稲田大学教授）

二〇一三年二月一〇日⑧

『百人一首で読み解く平安時代』

吉海直人 著

角川選書・一八九〇円
ISBN9784047035164

歴史

百人一首といえば、とかく反射神経を競う早取り競技、という印象が強い。評者も学生時代、それにのめり込んだ口だが、歌そのものにも関心があって、研究書を読みあさったものだった。

本書は、歌の解釈もさることながら、詠者の複雑な出自や人間関係、彼らが生きた時代背景を活写して、すこぶる刺激的だ。著者独自の解釈に加えて、古今の研究書や解釈本にも目を配り、出典を明示してそれぞれの異説を、ていねいに紹介する。その、誠実な博捜ぶりが、快い。

ことに、他の勅撰（ちょくせん）集への収載状況を精査して、なぜ当該歌が百首の中に選ばれたかを検証する、分析の過程が読みどころだろう。選者藤原定家が、自身の歌の好みだけでなく、いわゆる〈平安朝史観〉に基づいて、詠者の出自や親子関係、男女関係、政治的なしがらみなどから、総合的に判断して百首を選んだ、との指摘には説得力がある。

平安時代を、和歌を通して描き出した、好著である。

評・逢坂剛（作家）

二〇一三年二月一七日❷

『地図をつくった男たち　明治の地図の物語』

山岡光治 著
原書房・二五二〇円
ISBN9784562048700

歴史

当たり前の裏側に先人の努力

日本の近代地図の始まりは伊能忠敬の「大日本沿海輿地(よち)全図」いわゆる「伊能図」なのだが、これは大変精度の高い日本地図だと評価された一方、海岸線や主要な街道以外は、点検に用いた遠方の島や高山が描かれているだけで、内陸は埋められていない、とも言われた。つまり「測量しなかったところは、空白のままとした」のだ。

明治維新後の新政府は、欧米諸国に追いつくための改革を模索する中で、もっとも基本的な情報基盤である地図の脆弱(ぜいじゃく)さに直面し、国家の急務として「地図づくり」に取り組み始めた。

より正確な地図を作るためには優れた人材が欠かせない。緯度経度といった地球上の位置を正確に求める測量を日本で最初にした福田半(はん)をはじめ、伊能忠敬以来となる日本領土の実測図「小笠原嶋総図」の作成に活躍した小野友五郎、北海道最北端の聲問(こえとい)でもっとも過酷とされる基線測量の作業をやり遂げた杉山正治など、明治の地図づくりに携わった技術者の群像を取り上げ、数々のエピソードとともに資料写真も添えて語る。

地図作成を担当する陸軍参謀局地図課で、技術者の指導に当たっていた川上冬崖(とうがい)が、のちに清国へ地図情報を売り渡したと嫌疑をかけられる「地図密売事件」の巻き添えとなり、自殺したという一節もある。地図づくりは国家機密として扱われるようになり、終戦後には多くが焼却されたため、大正昭和以降のそれについては取り上げられなかったと著者はいう。

明治維新からの140年の間、世界の先進国へとまっしぐらに突き進んできた日本、その陰で地図が大きな力を発揮していたことは言うまでもなかろう。まさに著者があとがきで述べたように、現在では「あって当たり前」だと思われている地図の裏側には、「時代や社会の制約を受けながらも」努力を重ねてきた先人たちの豊かな成果がある。

評・楊逸(作家)

やまおか・みつはる　45年生まれ。元国土地理院中部地方測量部長。『地図に訊け!』など。

二〇一三年二月一七日❸

『ジャスト・キッズ』

パティ・スミス 著
にむらじゅんこ、小林薫 訳
河出書房新社・二四九九円
ISBN9784309909707

ノンフィクション・評伝

輝かしくあやうい　2人の70年代

1970年代後半から80年代にかけて活躍したロック歌手で詩人、アーティストのパティ・スミスの自伝。自伝といっても、中心テーマは写真家として知られるロバート・メイプルソープとの出会いと、成功にいたるまでの2人の遍歴、そして変わることのなかった2人の絆の強さである。メイプルソープの死で話は終わっており、その後彼女の私生活に起こった変化(夫との死別など)は語られていない。パティ・スミスについては97年にニック・ジョンストンによる評伝が出ている(邦訳は2000年、筑摩書房から)が、この評伝の執筆に彼女は一切協力しなかったという。当時は自分の作品について「シリアスな本を出すのは、まだ早すぎる」と感じていたらしいが、十数年を経て自ら筆を執ったのは、ついに機が熟したからなのか。

彼女がランボーに影響を受けたことや、故郷で工場労働者であったことは周知の事実だ。だがこの本では、最初に手に入れたランボーの詩集が実は万引きしたものだったことや、ニューヨークに出てくるときのバス代が足りなくて、電話ボックスに置き忘れられていた財布から金を抜き取ったことなどが赤裸々に語られている。ナンパされて困っているときにたまたまメイプルソープが通りかかったので助けを求め、親しくなったというエピソードもおもしろい。

金もコネもない20歳の2人は「ジャスト・キッズ」（まだ子ども）に過ぎなかったが、ハングリーに表現を続けていくうちに業界の扉が少しずつ開いていく。綺羅星（きらほし）のようなビッグネームとの出会いもある。若い2人の歩みは輝かしく、そして、あやうい。

まるで小説のような自伝。メイプルソープとの愛を美しく歌い上げるパティの自己演出は徹底している。つっこみどころもあるけれど、「これが私の物語」と啖呵（たんか）を切る彼女の強さには脱帽せざるを得ない。

評・松永美穂（早稲田大学教授）

Patti Smith　46年米シカゴ生まれ。

二〇一三年二月一七日❹

『ニュートンと贋金（にせがね）づくり』

歴史

トマス・レヴェンソン 著　寺西のぶ子 訳
白揚社・二六二五円
ISBN9784826901673

「怖い官僚」になった大科学者

あの大科学者ニュートンは「金」に縁がある。長年ひそかに研究したのは錬金術だったし、当時の錬金術は「贋金づくり」と同義語に考えられた危ない探究だった。また晩年、彼は大バブル事件として有名な「南海泡沫（ほうまつ）事件」に乗っかり、長年蓄えた財産を投資してみごとに失敗した。

だが、王立造幣局の官僚となったニュートンが、英国経済を銀本位制から金本位制に変える方向付けを行ったことはほとんど知られていない。

30歳以前に科学上の大発見を連発したニュートンも、さすがに後半生は静かな思索生活に飽きあきしたらしく、名誉職であり実入りもいい王立造幣局監事という「閑職」を受けるのだが、あいにく当時の英国経済は崩壊の瀬戸際にあり、贋金づくりが横行していた。ハンマーで手打ちされた粗雑な古い硬貨は、縁や表面を削り取れば銀がいくらでも掠（かす）め取れるし、機械で打ちだす新たな硬貨も、肝心の金型がロンドン塔内の造幣局から盗み出されていく。

さらに、金属としての銀も値段が海外よりも安かったので、銀貨が溶かされ国外へ流出しつづける。国内には銀貨が尽き商売もできないのだ。ニュートンは就職早々、英国経済の救世主として陣頭指揮をとらざるをえなくなる。

厳格で完全主義者、しかも信仰あつい英国紳士ニュートンは、ここではじめて天職を得たといえる。いきなり造幣局の全システムを改革し、硬貨の改鋳にとどまらず事実上の紙幣発行を軌道に乗せ、ついに金本位制への転換も視野に入れていく。この改革は役人の生産性など綱紀粛正にも及ぶが、それを阻む最大の敵がいた。怪しげな性具の販売人からしあがって官僚をも牛耳る贋金づくりのボスとなった悪党である。

ニュートンはこの黒幕を死刑台に送るべく恐ろしいほど執拗（しつよう）な捜査を開始する。

こんな怖い官僚、見たことない！

評・荒俣宏（作家）

Thomas Levenson　マサチューセッツ工科大教授、サイエンスライター。

二〇一三年二月一七日⑤

『写真家　井上青龍（せいりゅう）の時代』

太田順一 著

ブレーンセンター・二九四〇円

ISBN9784833905473

ノンフィクション・評伝

ドヤ街に住み、撮影した無頼派

大阪・釜ケ崎は日本有数のドヤ街として知られる。昭和30年代、幾度か暴動も起きた。当地の写真を撮ったことで名を馳（は）せた井上青龍の評伝である。周辺の人々への丁寧な取材と相まって、社会派カメラマンが生きた時代の匂いが濃厚に立ち上ってくる。

井上は高知の人。関西写真界のボス、岩宮武二に師事し、ドヤ街に住みつきながら写真を撮った。個展では「人間そのものが泣きたくなるほど好きになり、死んでしまいたいほど嫌いになる場所」という言葉を寄せている。「結局、釜ケ崎を変えることはできなかった」という言葉も残している。

「狼（おおかみ）が抜き身で歩いているような」男であったが、シャイで俳句に親しむ文学青年でもあった。釜ケ崎以降、テーマに行き詰まる。人間にレンズを向けるとはきつい行為である。とりわけドヤ街においては。長い空白はその〝受傷〟故でもあったのか。

旧式のボロカメラを手にCM撮影へ、終われば競馬場へ。無頼風のスタイルを貫く。釜ケ崎の写真集が刊行されたのは25年後のこと。ようやく新しいテーマ、南島・奄美に取り組みはじめた矢先、水難事故で世を去る。

晩年、井上は大阪芸大の教員ともなった。机に一升瓶をどんと置き、講義が済むと学生を引き連れ、釜ケ崎のホルモン屋へと向かう。いまゼミ生の何人かはドキュメンタリー写真の道に進み、韓国のジャーナリズム界で活躍している。学生たちは、どこかで〝無頼教師〟が宿す心根を受け取っていったのだろう。

著者は、井上とはスタンスが異なるが、在日の女性、内地の沖縄人、ハンセン病などのテーマに仕事を重ねてきた写真家である。井上への違和や作品批判を率直に述べつつ、それでもなお行間から伝播（でんぱ）してくるのは、写真を撮るとは何かという問いを抱え続けて生きた先達への、くぐもった共感と哀惜の念である。

評・後藤正治（ノンフィクション作家）

おおた・じゅんいち　50年生まれ。写真家。『ハンセン病療養所　隔離の90年』など。

二〇一三年二月一七日⑥

『談志が死んだ』

立川談四楼 著

新潮社・一五七五円

ISBN9784104247042／9784101273228（新潮文庫）

ノンフィクション・評伝

恐怖の臨場ノンフィクション

いや、面白い。いい本だ。エッセイとも小説とも思えるこの作品には著者の才能が十全に発揮され、亡くなったはずの談志が、読む者の肌にまとわりついて、払っても払っても消えない。読み終わったときに、読む者の中に談志が生き返ってしまう。

立川談志は二〇一一年十一月二十一日に亡くなった。本書はその次の日、二十二日から始まる。著者はその日から死の噂（うわさ）を追いかけ、そして噂に追いかけられる。死去の情報は徹底的に隠されたので、もっとも近い弟子も知らなかったのである。そのあいだに、最後に会った談志の姿や、テレビ番組で著者が立川流の発祥について語る様子が書かれてゆくのだが、このテレビ番組の再現は、番組じたいより面白いのではないだろうか。ちなみに立川流は、著者である談四楼が真打ち試験に落ちたことで始まった。

談志の思い出を書いた賞賛（しょうさん）に満ちたエッセイだと思って読みはじめたが、まるで違う。突然怒りだす談志に著者の総身が震えると、こちらも震える。怒った理由を探す過程は、こちらも謎でいっぱいになり、まるでミステリーだ。落ち込む著者を支える贔屓（ひいき）も、際だったキャラクターである。談志のケチも想像を絶する。いつの間にか、小説に引き込まれるように読んでいる。だが、フィクションではない。恐怖の臨場ノンフィクションである。

しかし決して暴露本ではない。最後には、著者が談志を「親父（おやじ）だ」と思っていることに気づかされるからだ。ともに生きてきた人間について語る言葉に善悪の判断は要らない。愛も憎も要らない。その人の一挙手一投足に、自分の心や身体が鋭く応えるのであるから、それをいくらか距離をもって書くことこそ、その人を書くことなのだ。

ちなみに立川流一門は談志をはじめとしてよく本を書くので「本書く派」と言われている。

評・田中優子（法政大学教授）

たてかわ・だんしろう　51年生まれ。落語家。『落語家のやけ酒、祝い酒』など。

二〇一三年二月一七日⑦　政治

『政治的思考』

杉田敦 著
岩波新書・七五六円
ISBN9784004314028

巷（ちまた）に溢（あふ）れる政治の時局解説とは百八十度趣を異にする一冊。具体的な政党や人名は一切登場しない。目先の政策提言ともまるで無縁だ。あくまで〈政治〉の原点に私たちを誘い直すことに著者の想（おも）いはある。

「直接投票も一種の代表制なのではないか」「薄っぺらな現実主義は、現実そのものによって復讐（ふくしゅう）される」「私たちが政治から逃げたからと言って、政治は私たちを逃がしはしない」……。文体は極めて平易ながら、炯眼（けいがん）に満ちた言葉を読後も何度も反芻（はんすう）した。

「新しい憲法さえあれば、すべてうまくいく」と期待するのは「政治という営みの特質をふまえていない考え方」と保守派を牽制（けんせい）しつつ、国家と市場を過度に敵対視しがちなリベラル派への違和感も隠さない。冷静沈着な思考展開が説得力を増す。

「政治」と聞くと条件反射的に持論を披露し始める方々にはとりわけ一読をお薦めする。永らく読み続けられるであろう良書だ。

評・渡辺靖（慶応大学教授）

二〇一三年二月一七日⑧　ノンフィクション・評伝

『夫婦の散歩道』

津村節子 著
河出書房新社・一五七五円
ISBN9784309021492／9784309414188（河出文庫）

著者にはすでに、夫君吉村昭の凄絶（せいぜつ）な闘病生活と、それを支えた家族の痛切な記録、『紅梅』がある。これは、小説の形で書かれた作品だが、本書はエッセイのせいか、筆の運びはだいぶ落ち着いている。9割以上が、吉村昭の死（２００６年）以降に書かれたものである。

文学に志した青春期に始まり、夫の死を含む近年までの思い出が、あくまで感情を抑えた筆致で、さりげなく綴（つづ）られていく。随所に、吉村の影が立ち現れるのが、まことになつかしく、そして切ない。妻として夫として、さらに作家同士としての共同生活は、かくも厳しく、かくも温かいものであったのか。それをあらためて、思い知らされる。淡々とした語り口だけに、かえって深く胸に染み込む。

評者はこの世代の作家に、今の作家を超える熱気、志の高さのようなものを、強く感じる。夫君のエッセイ、『東京の下町』『私の文学漂流』などを併読することで、より興味がわくことを請け合う。

評・逢坂剛（作家）

『コモンウェルス　上・下』

アントニオ・ネグリ、マイケル・ハート 著
水嶋一憲 監訳　幾島幸子、古賀祥子 訳
NHKブックス・各一四七〇円
ISBN9784140911990〈上〉・9784140912003〈下〉

社会／国際

「所有」への呪縛　乗り越える概念

冷戦終結後の世界秩序の本質を〈帝国〉という概念で表し、世界的に注目される2人の最新作。

〈帝国〉といっても帝国主義の「帝国」とはまったく違う。グローバル資本主義による新たな支配のあり方、具体的には「領土や境界をもたない、中心をもたない、国民国家をも包摂する新たなグローバルな権力ないしはネットワーク」を指す。

超大国アメリカであってもそこから自由でなく、イラク戦争に象徴される単独行動主義は、〈帝国〉にあっては最初から破綻（はたん）することが運命づけられていたという。

「ありのままの世界」の分析を重んじていた従来の2人の作品に比べ、今回は「あるべき世界」の記述により踏み込んでいる。

その鍵となるのは〈コモンウェルス〉という概念。ただし、ここでは「共和国」ではなく「〈共〉という富（コモンウェルス）」を意味する。

新自由主義は自然資源（水や天然ガスなど）と社会資源（知識や情報、言語、情動など）を際限なく私的所有＝民営化してきた。

一方、社会主義はそれに抗（あらが）うべく国家所有＝国営化を説くが、どちらも〈私〉か〈公〉かという「所有」をめぐる旧来の二項対立に囚（とら）われている。社会民主主義もその折衷案に過ぎない。

つまり、三者とも〈帝国〉のなかに包摂されたままで、持続可能なグローバル民主主義の未来はそこにはないというわけだ。

著者は、〈共〉こそがそうした「所有」への呪縛を乗り越えてゆける概念であり、「人民」や「労働者」といった特定の単位に収斂（しゅうれん）されない多種多様な人びとの集合体＝マルチチュードが依拠し、蓄積すべきものだと説く。

そのためには〈共〉を腐敗させる障壁を壊さねばならない。その代表例として著者は家族・企業・ネーション（＝国民／民族）の三つを挙げる。往年のマルクス主義を彷彿（ほうふつ）させる過激な論法だ。

しかし近年の、とりわけ若い世代の柔軟なライフスタイルやフラットな人間関係への志向はそうした動きへの（意図せぬ）予兆のように解せなくもない。

また、シェアハウスからカーシェア、インターネット上での音楽や講義の共有にいたるまで、〈共〉へ向けた小さな営為が少しずつ広がっているようにも見える。

世界各地で頻発しているデモには「所有」をめぐるマルチチュードによる政治的闘争としての次元もありそうだ。

マルクス主義が軽視した人間の性（さが）＝人間性の現実に本書がどこまで対応できたかは疑問が残る。しかし、時局的な小論が言論空間を浮遊する昨今、現代世界を大胆に描き続ける2人が当代希有（けう）な知性の持ち主であることは確かだ。

評・渡辺靖（慶応大学教授）

Antonio Negri　33年生まれ。イタリアのマルクス主義社会学者、政治哲学者、活動家。
Michael Hardt　60年生まれ。アメリカの政治哲学者、比較文学者。

二〇一三年二月二四日❷

『（霊媒の話より）題未定　安部公房初期短編集』

安部公房 著

新潮社・一六八〇円

ISBN9784103008118

人文

巨大な〈名〉の背後の〈!?〉な世界

文学部で教えていて恐ろしいことがある。安部公房の名前をあげても、〈?〉顔の学生ばかり。いや、この反応に〈!〉顔の教師だって作家の全貌（ぜんぼう）を知っているわけではない。でも学生たちに世界文学の宇宙で燦然（さんぜん）と輝く〈安部公房〉の名くらいは知ってほしいし、その喚起するイメージくらいは共有してほしいと思うものだ。

平易であるが研ぎ澄まされた方法意識に貫かれた文体で、無国籍的で不条理な作品を書いた作家。本書所収の短編を読めばわかるように、地名や人名などの固有名詞のない抽象的な作品設定は、その発想力と言葉の力だけで読者を作品世界に引きずり込む。文化的背景についての知識を持たないまっさらな若い読者に、文学の魅力・魔力を伝えるのにこれほどふさわしい作家もいないのだ。

言葉の力だけで、と書いたが、そんな魔力を持った言葉を、その使い手自身が信用していないようにも見えるのも凄（すご）い。昨年発見された短編「天使」の主人公「私」にとって「天使」が「息子」であり「馬の化物」であるように、あるいは表題作「題未定」の旅芸人の少年「パー公」にとって行きずりの村が「故郷」となるように、あらゆる事象が、仮面を剥いで思いも寄らぬ相貌（そうぼう）を露（あらわ）にする。

未定なのは題ばかりではない。名と本体が分離し齟齬（そご）をきたす安部公房の世界では、言葉はこの不確かな世界を、読者が訪れる束（つか）の間何とか存在たらしめる呪術なのだ。

だから訳知り顔の教師だって、一人歩きしていく「安部公房」という名が夕陽（ゆうひ）を浴びて文学の曠野（こうや）に投げかける長い影を見ているだけなのかもしれない。〈安部公房〉の〈始まり〉の周辺に書かれ、これまでなかなか読めなかったこの短編群は、学生、教師のそれぞれが、巨大な〈名〉の背後にある〈!?〉な世界を再び・初めて体験する絶好の機会を提供してくれる。

評・小野正嗣（作家・明治学院大学専任講師）

あべ・こうぼう　24年生まれ。93年没。48年に24歳でデビュー。『壁』『砂の女』など。

二〇一三年二月二四日❸

『放射能問題に立ち向かう哲学』

一ノ瀬正樹 著

筑摩選書・一六八〇円

ISBN9784480015648

社会

「不明なこと・偽の問題」明確に

放射線被曝（ひばく）の人体への影響という、深刻で、しかも風評が飛び交う議論に、〈不寝番〉の役を買って出る哲学研究者が、ようやっと現れた。

被災地外で子供たちを守るためになされるそれ自体は正しい行動が、被災地の物産や瓦礫（がれき）の搬入を忌避する行動へと裏返り、それがやがて被災地差別や復興阻害につながってゆくという不幸な光景が、被曝限度の法令基準が出された頃から浮き立ってきた。これは、福島の原発事故を機に、不条理、不安、不信といった「不の感覚」と、科学による「客観的」評価という、被曝をめぐる二つのスタンスが、それぞれにぶれたまま捻（ねじ）れあうところに起因すると、著者は見る。安全／危険について何がどこまで確実に言えるかを冷静に見究めないと、無用の被害が増すばかりだ、と。

そこで著者が取り組むのは、「低線量放射線を長期に被曝したら、がん死する」という言明における「たら」が、いったいどのような論理的性質をもつものかを、「因果性」をめぐる哲学の議論をベースに解き明かすことである。精緻（せいち）をきわめた議論をへて導かれるのは、因果関係というものがつねになんらかのシナリオを下敷きにしていること、安全／危険についての議論には（線量の測定から確率の読みまで）断定の不可能性ということが本質的に含まれていることだ。問題はだから、どれほどのリスクかという「程度」にあり、それにもとづいて「より正しい」シナリオをどう模索し、行動に反映してゆくかにある。

予断や「不」の感情に振り回されることなく、何がまだ不明なのか、何が偽の問題なのかを明確にするという「ハエ取り器」の仕事を、著者は哲学の研究者として、そして被曝の不安にさらされた地域の一住民として、見事にやりとげている。世の〈不寝番〉たるべき哲学を象徴するあの「ミネルヴァの梟（ふくろう）」はまだ死んではいなかった。

評・鷲田清一（大谷大学教授）

いちのせ・まさき 57年生まれ。東京大教授（哲学）。『確率と曖昧（あいまい）性の哲学』など。

二〇一三年二月二四日④

『「死ぬのが怖い」とはどういうことか』

前野隆司 著

講談社・一五七五円
ISBN9784062177429

人文

あるのは「今」だけ　あとは幻想

僕は怖いけれど死ぬのが怖くないという人もいる。どうしたら怖くないかを哲学から脳科学まで学問を総動員した著者が理詰めで考えた結果を本書で展開する。この著者は宗教も死後生の存在も前世も輪廻（りんね）も科学的証明がない以上信じないという立場で、かなりのページを割いて死後の世界の否定に費やす。

本書の目的は著者の「生きているのが楽しくて仕方ない」ということを人に伝えるためだそうだ。死を恐れないためには生は幻想であることを認識する必要がある。生も死も大差ない、本来、心もない、もともと何もない、人はすでに死んでいるのも同然。生きていること自体、勘違いで、人間は知情意のクオリアという幻想を持った生物で、人間には過去も未来もない。あるのは「今」だけ。あとは全て幻想。だから今しかイキイキと生きられない、と。

死は想像上の産物で、死の瞬間には主観的な今も死もない。死が怖いのは自分のクオリアが肉体を失うことを恐れるからだと。本来は自己と他者の区別はない（ちょっと唯識的かも）。このように利己と利他を超越した人間を達人と呼ぶ。つまり生きていることは無であり、幻想であるということを体で理解しなければならない。死後の世界も死も過去、未来も現在の意識のクオリアも全て幻想。人間にあるのは「現在」だけということを実に多面的にしつこく述べ続ける。

とにかく死を考えることは生を考えることであり、本書によって生き生きと生きてもらいたいと哲学、思想としての仏教を熱く語る著者。本書の全編にわたって、生の瞬間も永遠の死の時間も愛も「今」をのぞいて全てが幻想であると、耳がタコになるほどお経のように同じことが反復される。どこから見ても死などはない。また人生には意味もないというのだ。「今」を情熱的に生きれば死は怖くない。ダッテ幻想ナンダカラ。

評・横尾忠則（美術家）

まえの・たかし 慶応大教授。『脳はなぜ「心」を作ったのか』『錯覚する脳』など。

二〇一三年二月二四日⑥

『金曜官邸前抗議　デモの声が政治を変える』

野間易通 著
河出書房新社・一七八五円
ISBN9784309246109
社会

個人参加の運動支える実務性

原発の再稼働を許すな。

そう叫ぶ人々が、東京・永田町の首相官邸前に初めて集まったのは、去年3月29日だった。毎週金曜日の夕刻、大勢の人々が官邸前に詰めかけるようになり、夏には「再稼働反対！」を連呼する幾万の声が、官邸と国会議事堂周辺にこだました。

著者は、この抗議行動を呼びかけた反原発団体の連合体「首都圏反原発連合」の発足に参画したフリー編集者。60年安保以来といわれる大規模な抗議運動の生成と発展を内側から描き出す。

この抗議運動の特徴の一つは、論点を「反原発」「脱原発」の一点に限定していることだ。これに関係のないプラカードの類い、例えば、労働組合、市民団体の名前だけを書いた旗などを掲げることは「遠慮」してもらっている。所属より主張をアピールしよう、との考えからだ。

老人や家族連れが参加できて、けが人や逮捕者を出さずに抗議を続けるにはどうしたらいいか。首都圏反原発連合のスタッフが腐心してきたのはそのことだと言う。スタッフの会議で話し合われるのは運動へのロマンではなく、事故を防ぐための具体策。地に足つけた「実務性」こそが個人参加の社会運動を支えていることがよくわかる。

それにしても、デモで原発は止まるのか？　昨年11月2日、国会正門前でマイクを手にしたある男性の発言（本書収録）が、この問いに答える。

「最近ネットの書き込みなどには『官邸前は人が少なくなったのではないか』『叫ぶだけで何が変わるのか』と言うものが見られる。私は敢(あ)えて反論したい。『叫ぶことからすべては始まる』と。今まで叫ばなかった、言わなかったから3・11を招いたのではないのか」

2月の金曜日、官邸前に足を運ぶと、寒風にあらがうように「原発反対！」と叫び続ける人々の姿があった。

評・上丸洋一（本社編集委員）

のま・やすみち　66年生まれ。「ミュージック・マガジン」編集部などを経てフリー編集者。

二〇一三年二月二四日⑦

『夜の底は柔らかな幻　上・下』

恩田陸 著
文芸春秋・各一六八〇円
ISBN9784163292700〈上〉・9784163292809〈下〉／9784167904845〈文春文庫〈上〉〉・9784167904852〈下〉
文芸

舞台設定が極めて高密度。イロと呼ばれる超能力を持つ「在色者」が社会に溶け込み暮らす世界で、特に在色者が多い特異点、途鎖国。周囲に伊予などの地名がありモデルは明らか。現実とは違い独立国だ。

主な語り手である女性捜査官、有元実邦(みくに)は、数々のテロ事件を引き起こした強力な在色者を山中に追う。そこでは、山の王の地位をめぐり問答無用の殺し合いが繰り広げられていた……。

周到な世界観と鮮やかな描写を堪能してほしい。森の清浄な香りから蠅(ハエ)が飛び回る悪臭・異臭まで。漂う不穏な雰囲気、おのずと眼前に立ち上がる光景。強力な在色者が生き物を空中につり上げ一瞬で球状に丸めてしまうグロテスクなシーンすら、作品世界の理の中で活(い)きている。単なる文字列である小説が、かくも鋭い感覚を呼び覚ますとは！

明確な着地点を与えないのは恩田流。物語が決着した後も、宙(ちゅう)ぶらりんの読者は、この特異な世界を彷徨(さまよ)うことになる。

評・川端裕人（作家）

二〇一三年二月二四日⑧

『女ノマド、一人砂漠に生きる』

常見藤代 著
集英社新書・七九八円
ISBN9784087206722 国際

紅海沿岸のハルガダ（エジプト）から車で約2時間奥に入った砂漠で、たった一人遊牧生活を営むホシュマン族の女性とともに生活した記録である。彼女の娘や嫁など、家族たちも登場する。

ラクダや人の足跡で、何が起こっているか読める。動きながらも誰がどこにいるかわかる。ラクダの気持ちも理解できる。周辺の町にいるより安心だという。そのサバイバルも興味深いが、何より、さまざまな女性たちとかわす「砂漠のガールズトーク」が面白い。

婚外交渉はタブーだが一夫多妻の家族は多く、離婚も盛んだ。結納金のやりとり、結婚式、新婚の夜、出産、喧嘩（けんか）、婚約、町での観光の仕事などが、気楽に活（い）き活きと語られる。筆者は、結婚直前の女性の買い物に同行したりもする。姿はすっかりベールに被（おお）われているが、新婚生活のために大量の色とりどりの下着を買う花嫁。

まさに、ベールの下の女性たちの生活が見える本だ。

評・田中優子（法政大学教授）

二〇一三年三月三日①

『沈黙の町で』

奥田英朗 著
朝日新聞出版・一八九〇円
ISBN9784022510556／9784022648051（朝日文庫） 文芸

緊迫感に満ちた いじめ真相解明

奥田英朗は、もともと引き出しの多い作家で、どれを読んでもおもしろく、失望することがない。

この作品は、一昨年から昨年にかけて、本紙に連載された新聞小説である。これを読むと、著者がきちんと自分の小説作法を持ち、読者を最後まで引っ張るための枠組みを、明確に意識しながら書いていることが、よく分かる。

まず、中学生のいじめという、きわめて今日的かつデリケートなテーマを、正面から取り上げた姿勢に、著者の覚悟のほどがうかがわれる。誤解を恐れずにいえば、この作品を問題提起型説教小説ではなく、あくまで手ごたえ十分のサスペンス小説として、書ききったところがすごい。

冒頭、某地方都市の中学生名倉祐一が、部室棟と並ぶ銀杏（いちょう）の木の下で、頭部損傷死体となって発見される。長丁場の小説で、前置きなしにいきなり事件からはいる呼吸のよさは、読み手を否応（いやおう）なしに引きつける。まさに、エンタテインメントの王道、といってよい。

死体の背中には、つねられたと思われる、多数の傷痕がある。ほどなく、携帯電話の受信履歴等から、同じテニス部の市川、坂井、金子、藤田の四人が名倉をいじめていたらしいことが、判明する。名倉は四人に強要され、部室の屋根から銀杏に飛び移ろうとして、転落死したのではないか……。

物語は、生徒たちの親や担任の教師、真相究明に当たる刑事、事件担当の若い検事、さらには取材に当たる女性記者など、複数の関係者の三人称多視点で、書き進められる。いわば、映画のカットバックの手法で、読み手の興味を少しもそらさず、達者につないでいく。そのため、場面転換は目まぐるしいほどだが、著者は一人ひとりの人物を生きいきと、みごとに描き分けてみせる。

中盤、今度はフラッシュバックの手法で、突然話を名倉が生きていた時点にもどし、読み手のペースを攪乱（かくらん）する。それ以降、物語は現在と過去を行きつもどりつしながら、名倉の死後と生前の出来事を、交互に描いていく。この手法によって、いじめる側といじめられる側の実態が、徐々に解明される過程はまことにスリリングで、まさに玄人わざの筆運びだ。

生徒の視点は、被疑者の市川や女子の安藤朋美にほぼ限定され、坂井ら他の被疑者の視点は、取り入れられない。それには理由があるのだが、このあたりはミステリーにとかくありがちな、アンフェアな視点操作を回避するための、たくみな処理といえる。著者はミステリー作家ではないが、そうした気配りにも怠りがない。

　重いテーマを、かくも読みやすく提示する筆さばきは、この作家の独擅場（どくせんじょう）だろう。

評・逢坂剛（作家）

おくだ・ひでお　59年生まれ。作家。97年に『ウランバーナの森』でデビュー。04年に『空中ブランコ』で直木賞、07年に『家日和』で柴田錬三郎賞、09年に『オリンピックの身代金』で吉川英治文学賞をそれぞれ受賞した。

二〇一三年三月三日❷

科学・生物

『人間とミジンコがつながる世界認識　私説ミジンコ大全』

坂田明 著
晶文社・二六二五円
ISBN9784794967640

炸裂する演奏につながる生物

　愛さないと見えないものがあるのかもしれない。この本のなかでさりげなく書きとめられているメダカの姿、水の流れくる方向に頭を向けて必死で止まっているメダカを愛（いと）おしむ坂田明の、その気持ちに惹（ひ）かれた。

　そしてそれよりさらに小さないのち、ミジンコ。坂田は、もう一方で、自力では泳げず、流れに身をまかせるほかない生き物、プランクトン（浮遊生物）にさらに深い思いをよせてきた。いじましいほど微（かす）かな存在であっても、湧くわ、湧くわ、いのちは開かれ、すぐに引き継がれてゆく。いのちのそんなむずむずに魅せられて、ミジンコを育てる装置を作り、「ゾロゾロチョコマカ」動きつづけるミジンコ観察の方法をあれこれ工夫し、顕微鏡をとおしてついに見た「生きている姿をモロに見せてくれる」その透明な体躯（たいく）に感動し、その形を精密に筆写したあと、碩学（せきがく）に会いに行って質問を連発する。

　そのなかで、「人類は自分たちの作ったシステムの巨大な流れの中でプランクトンのように流されながら生きている」、ひとは「人間の都合」でものを決めるがミジンコには「ミジンコの都合」がある、それぞれに「ジグソーパズルのワンピースとしての役割」がある……と思いいたる。

　ミジンコの名は「木っ端微塵（みじん）」の「微塵」に由来するという。「微塵子」は、日本のフリー・ジャズを切り拓（ひら）いてきた「パンク」坂田の、その炸裂（さくれつ）するサキソフォンにそのままつながっていたのだ。ちなみに本書にはCDも付録としてついており、うれしいことに、地下のライブハウスの紫煙のなかでのいななきではなく、透けたミジンコの体内を流れる液体のように透明な泣きにもふれることができる。被災地での鎮魂の儀において坂田が吹いたという〝絶奏〟には、置き去りにされた家畜やペットへの思いも込められていたらしく、それも聴いてみたかった。

評・鷲田清一（大谷大学教授）

さかた・あきら　45年生まれ。サックス奏者。東京薬科大学生命科学部客員教授。

二〇一三年三月三日③

『東北発の震災論　周辺から広域システムを考える』

山下祐介 著
ちくま新書・九二四円
ISBN9784480067036
社会

脱原発ではなく脱システムを

本書を最後まで読むと恐ろしくなってくる。「震災論」とあるが、じつは「広域システム」論だ。ここで言う広域システムとは「ある箇所の生産は全世界で展開されている生産工程に結びついており、一カ所で生じた破壊が全世界の生産活動に直接影響を及ぼす」システムのことだ。電気、ガス、水道、高速道路、新幹線、電話、インターネット等もその一部である。それがあるからこそ私たちは毎日生きている。しかしいったんシステムに問題が生じると、個人はそれをどうにもできない。

ならば専門家や国家がなんとかしてくれるのかというと、誰も責任を持っていない。そういう状況のなかに自分が生きていることを、まざまざと実感する。システムには国家などが動かすもの、企業などの経済社会が動かすもの、自治体や人間関係の網の目もあるのだが、その全体は誰にも見えない。主体が無いので、ほころびが出ると制御も修繕もできないのである。

かつては家々の復興はそれぞれがおこなっていた。それを基盤に経済も自治体も再建された。しかし今は、大きなシステムが動かないと家も個々の生活も成り立たない。そこで、災害が起こるとますますシステムに自分を追い込む。人間のためのシステムが「いつの間にかシステムのための人間になっている」のだ。

著者は震災後の東北での経験や東北の歴史の検証から、地域のシステムが中央のシステムに取り込まれ利用されてきたことに気づく。原発だけでなく、貿易自由化、大店舗乱立、リゾート開発、市町村合併もしかり。小さなものを食いつぶしながら巨大化し、利益は中央が取り、地域にそのリスクを押しつけるのが広域システムの特長である。

脱原発ではなく脱システムこそが必要だという。システムと個人の中間に、小さな共同体の意志を創り出すことが脱システムへの始まりだとも。重要な指摘の書である。

評・田中優子（法政大学教授）

やました・ゆうすけ　69年生まれ。首都大学東京准教授（地域社会学）。『限界集落の真実』など。

二〇一三年三月三日④

『皮膚感覚と人間のこころ』

傳田光洋 著
新潮選書・一一五五円
ISBN9784106037221
科学・生物

触れるとなぜ気持ちいいのか

皮膚感覚という語は日常によく耳にするが、概念に対する身体感覚という意味で認識されているように思う。私たちは普段、皮膚に類する語を比喩的にけっこう無意識に使っている。「鳥肌が立つ」とか、「一肌脱ぐ」とか、「虚実皮膜の間」とか。

「虚実皮膜」は虚構と事実の微妙な境界にこそ芸術の真実が宿るとする考えで、その両極を共有する薄い膜が皮膚じゃないかと想定するならば皮膚がにわかに芸術と深い関係を生じるじゃないですか。

また「皮膚之見（のけん）」という言葉を耳にすることがある。その意味は、表面だけでは分からない皮下にモノの本質があると言いたいのだが、この「皮下」こそ本書のテーマである「人間のこころ」ではないのだろうか。余談になるがアンディ・ウォーホルは「表面が全てで裏には何もない」と、全くこの言葉と真逆のことを言っている。

それはさておき、皮膚は世界と自己の境界を形成するものであり、環境と身体と心と皮膚についての見地から、著者は人間とは、生命とは何かということを多面的に皮膚科学の視点から考察していく。

　僕が特に皮膚を意識する瞬間は、入浴中に自らの皮膚に触れる時だ。「気持ちイイ」のは皮膚感覚が心理に与える影響だ。皮膚の刺激が心に及ぼす影響は母親の皮膚体験により、幼児期の人格形成にさえ影響する。ヴァレリーは「人間にとってもっとも深いものこそ皮膚だ」と語る。

　皮膚感覚は自己と他者を区別する意識と深く結びつく。自分の皮膚に触れるより他人に触れられた時の方が心地いい。つまり皮膚が自己意識を作っているということ。自己が皮膚と共にあるということは普段、意識しないが、本書の読後は皮膚と心が不離一体の関係にあることを脳と共に強く意識する。そして精神の健康と皮膚の健康が密接であることを自らの皮膚に触れながら感じていたい。

評・横尾忠則（美術家）

でんだ・みつひろ　60年生まれ。資生堂研究所主幹研究員。『皮膚は考える』『第三の脳』など。

二〇一三年三月三日⑤　文芸

『アサイラム・ピース』

アンナ・カヴァン著　山田和子訳

国書刊行会・二三一〇円
ISBN9784336056283

不条理への諦め　悲しく、淡々と

　アンナ・カヴァンの作品は、しばしばカフカ的だと評される。抽象的で正体不明な人々。意味不明の裁判。強大な権力を持ち、自分を抑圧する謎めいた組織。理由すらわからない収容施設。その中で主人公「私」はなすすべもなく翻弄（ほんろう）され……。

　その不安、悲しみ、絶望をカヴァンは描く。だが、一方でカヴァンの作品は奇妙な感傷に満ちている。不当な抑圧に怒り悲しむ自分は、単に無力なだけではない。憎み、軽蔑しているはずの抑圧者に、自分は依存している。それどころか、むしろ積極的に協力して自主的にかれらにとらわれているのが自分自身なのだ。

　主人公は、実は自分でもそれを知っている。誰かの助けなど期待できないことははるか昔に悟った。ときに雄々しく抵抗と脱出を夢想したところで、自分がそれをやりぬく意志も気力もなく、やすきに流れるのを知っている。その自覚に伴う自嘲、諦念（ていねん）、そして時に妙な安堵（あんど）感までがそこにはある。

　それが一見単純に見える物語に、突き放したドライな印象をも与えている。彼女の作品、特に後の長編は、ときに散漫で私的な恨み言に流れてウエットになりすぎる。だが、彼女が作風を確立した本書では、それが見事なバランスを保っており、ぼくはこれが彼女の最高傑作だと思う。

　本書にあるのは、後悔と絶望と己の見え透いた弁明だ。やろうと思ってやらなかったあの作業。明日こそ本気を出すと思いつつしぼんでしまったあの決意。それも、誰が止めたわけでもなく、自分自身の尻込み故に何もできなかったという悔悟と絶望。そして、再び「明日こそは」と思いつつも、自分がそれをやらないこと、自分が再び逃げること、状況は決して変わらないことを、本書は諦めとともに淡々と語る。それはまた、読者自身を映すものでもあるのだ。

評・山形浩生（評論家）

Anna Kavan　1901～68年。フランス生まれのイギリス作家。

二〇一三年三月三日⑥

『色川大吉歴史論集　近代の光と闇』

色川大吉 著

日本経済評論社・二九四〇円
ISBN9784818822542

歴史

「歴史の辛さ」ともにかみしめ

天皇制の是非について2人の歴史学者が対談した。

A「これは憲法にあきらかなように、すべて国民に任せるという気持です」

B「国民が望むか望まないかの問題ですね、場合によっては天皇制は無くなってもよい」

A「そういうことだと思います」

B「昭和という元号についてはどうですか」

A「西暦にしたらよいですよ。（元号は）なにかにつけ、とても不便です」

Aは、昭和天皇の弟で古代オリエント史学者の三笠宮崇仁（たかひと）、Bは本書の著者色川大吉である。戦後すぐ、三笠宮は東大文学部で西洋史を、色川は日本史を学んだ。右のやりとりは、もともと1974年に月刊誌に掲載された対談の一節。三笠宮との交友をつづる本書収録のエッセーで紹介されている。

「歴史論集」と題にうたうが、読みやすい内容だ。巻頭の「歴史家の見た宮沢賢治の光と闇」で著者は言う。

——賢治の作品は「暗くて悲しくて、読んでいて辛（つら）い」と学生らは言う。しかし、この辛さは実は賢治が生きた時代の辛さ、「歴史の辛さ」であり、その辛さに共感することが「賢治の時代の人びとへの哀悼なのだ」と。

盛岡高等農林学校で賢治と意気投合した保阪嘉内、帝国憲法制定に先立って民主的な「五日市憲法草案」を起草した民権家の千葉卓三郎、町の芸者屋・鹿島家の「君ちゃん」……。著者は、歴史の闇の中に消え入ろうとする人物に光をあて、「歴史の辛さ」をともにかみしめる。

中世史家の故網野善彦は、東大の3年後輩。日本の近現代にふれた網野の著書『日本社会の歴史』下巻（岩波新書）について、色川は「民衆を全く歴史の客体扱いし」ていると厳しく批判する。

「（網野を）疑ってかかることから、歴史家網野善彦への真の理解もはじまる」

評・上丸洋一（本社編集委員）

いろかわ・だいきち　25年生まれ。東京経済大名誉教授。『明治精神史』『ある昭和史』など。

二〇一三年三月三日⑧

『中国台頭の終焉』

津上俊哉 著

日経プレミアシリーズ・九三五円
ISBN9784532261849

経済／国際

リーマン・ショック後、巨額の財政出動で危機をしのぎ世界経済の主要プレーヤーに躍り出た中国。国内総生産で日本を抜き去ったが、10年以内に米国も逆転する、というのが国際的な大方の見方だ。

経済産業省出身の中国ウオッチャーの手による本書は、おそらく初めてその「常識」を覆す本となる。中国が経済規模で米国を抜く日はやって来ない、というのだ。

根拠として、国有企業の非効率、地方財政の闇、迫り来る超高齢化などの悲観的なデータが詳しく説明される。

ただ著者はそこに希望も見いだす。現在の日中対立の背景には「世界一の経済大国」を見据えて傲慢（ごうまん）になった中国と、その中国巨大化に底知れぬ恐怖を抱く日本という構図がある。だから双方が中国経済の真実を知れば、互いの経済を傷つけあっている余裕はないと知るはずだ、と。

中国という巨大な国家・市場に関心をもつすべての人、とくに日中両政府の関係者にぜひ読んでほしい本だ。

評・原真人（本社編集委員）

二〇一三年三月一〇日❶

『フリーダム』

ジョナサン・フランゼン 著　森慎一郎 訳

早川書房・四二〇〇円
ISBN9784152093479

文芸

壊れゆく家族で〈不自由さ〉描く

小説は何のために読まれるのか？　娯楽？　暇つぶし？　自分が主役の自由な世界をせっせと拡張すべく、スマホの画面の上を滑らせるのに忙しい指先には潰すだけの暇すらないのだから、現代のアメリカの地方都市に暮らす一家を描く800ページ近いこんな分厚い本は読んでられない？

ウォルター・バーグランドはミネソタの田舎町出身。家が貧しかったため苦学を重ね、大学時代に出会い結婚した妻を愛する良き夫だ。アウトローのミュージシャンの親友を持つ一方で、生真面目で堅物な彼は、世の中をよりリベラルで公正な社会に変えたいというやや青臭い理想に忠実に自然保護協会で働いている。妻パティは対照的に、ニューヨーク州のリベラルなインテリの富裕家庭出身。バスケット部で活躍し、虚言癖の友人につきまとわれて困ったことはあるが、経済的な苦労は知らない。結婚後は家庭に入り、男女二人の子供を育てる専業主婦である。

「朝日新聞」ならぬ「ニューヨーク・タイムズ」を読み、共和党ではなく民主党を支持する、典型的なリベラルな中産家庭。だが完璧に幸福な家庭など存在しない。子供が大学に行き親の手元を離れるあたりから、それまで蓋（ふた）をしてきた問題が次々と噴出し、家族がギシギシきしみ壊れ始める。

パティがだんだん鬱（うつ）になっていくのは、溺愛（できあい）する息子ジョーイが名門大に行ったあとも、隣家の庶民の娘と付き合っているからだけではないようだ。どうも夫の親友のミュージシャンのリチャードとのあいだに昔何かがあったようなのだ……。リチャードもまた皮肉なことに、いつの間にか音楽通好みのカルト的価値を持つ〈文化商品〉として〈消費〉されている。

ジョーイはイラク戦争に関わる民間軍事会社の仕事に関わり、社会の「勝ち組」たらんとする彼の言動は父ウォルターを深く失望させる。だがそのウォルターにしても、絶滅危惧種の小鳥の保護団体に転職すると、保護区を作るために住民から土地を収奪せねばならないという矛盾に直面し、妻との不仲が深まるなか、一緒に働く若く美しいインド系女性に激しく性的に惹（ひ）かれていく……。

「もっと自由を！」という理想の追求がいつのまにか功利目的の追求にすり替わり、誰もが己の自由のテリトリーの保全に汲々（きゅうきゅう）として独善的・排他的になり、しかもその個の自由を可能にするために犠牲になっている多くがますます不可視になっている。

一つの家族の危機の物語から、フランゼンが見事に描き出したこの〈不自由さ〉は、9・11以降のアメリカ社会だけではなく、日本のどんな家族であれ鏡となって映し出している、我々のものでもあるのだ。

評・小野正嗣（作家・明治学院大学専任講師）

Jonathan Franzen　59年生まれ。88年にデビュー。3作目の『コレクションズ』で全米図書賞を受賞。10年に米国で刊行された本書は4作目の長編となる。ニューヨークとカリフォルニア州サンタクルーズで暮らす。

二〇一三年三月一〇日❷

『山靴の画文ヤ　辻まことのこと』

駒村吉重 著
山川出版社・一八九〇円
ISBN9784634150249

アート・ファッション・芸能

「居候」の名人の魅力をたどる

辻まこと。この人の著書や絵やイラストの原画、あるいは肉筆原稿などは、古書界でべらぼうに高価である。熱烈なファンが多いということである。亡くなってから、一挙に人気が出て、現在に続いている。何がかくも魅了するのか。そもそも辻まことは、何者であるか。誰にも師事せず、何のグループにも属さず、独自の画境を開いた絵師である。主として、山の絵を描いた。

一方、不思議な語り口の名文を書いた。肩書をつければ画家であり随筆家だが、一概にそう断じられないものが、この人にはある。言葉に表せないそれが辻まことの魅力なのかも知れない。

そのあたりを解明したのが本書で、わかりやすい辻まこと伝であり、辻まこと論である。私たちがまず彼に注目するのは、その生い立ちだろう。

ダダイストの辻潤と、女性解放運動家・伊藤野枝の長男に生まれた。三歳の時、母は離縁し、無政府主義者・大杉栄と再婚する。まことは父の親類や知人宅に預けられ、転々とする。子ども好きの大杉宅にもいた。「大杉ヤのおじさん」と慕い、母は「野枝さん」と呼んだ。満十歳を迎える前に関東大震災が起こる。まことと潤は無事、二週間後、大杉夫妻が安否を心配して訪れた時、まことは家のそばで一人で遊んでいた。お互い気づかなかった。その日の夕刻、夫妻と幼い甥（おい）は憲兵隊に拘引され殺された。大杉ヤのおじさんに会っていたら、彼の人生も終わっていたはずである。

以後のまことは、自ら「居候（いそうろう）」と称する日々を送る。家庭を持ったが、気ままに旅に出る。居候先の一つが、山だった。そして最後に求めた場所は、自死によって得た。

辻まことの魅力とは何か。私たちを引きつけてやまないもの。特異な出自だろうか。不可解な生涯だろうか（本書でも明かされない謎が多い）。著者は一つの答えを呈示する。正しい答えか否か。本書の面白さはそのプロセスにある。

評・出久根達郎（作家）

こまむら・きちえ　68年生まれ。ノンフィクション作家。『ダッカへ帰る日』『煙る鯨影』など。

二〇一三年三月一〇日❺

『飛雄馬、インドの星になれ！　インド版アニメ『巨人の星』誕生秘話』

古賀義章 著
講談社・一三六五円
ISBN9784062181730

経済

ちゃぶ台返しにNG　交渉奮闘記

昨年12月、インドの3大人気チャンネルの一つで、アニメ番組が始まった。番組名は「スーラジ　ザ・ライジングスター」。あの「巨人の星」のインド版だ。本書は、番組の仕掛け人が放送までの紆余曲折（うよきょくせつ）を綴（つづ）る。

学生時代にインドを放浪した著者は、「巨人の星」のインド輸出を思いつく。会社はチャレンジを承認したものの、部署は自分ひとり。不安を抱えたままインドに旅立つ。

問題は山積していた。テレビ局をどうするか？　巨額の制作費は？　原作者は認めてくれるか？　しかし、最大の問題は「巨人の星」がインドでウケるかだった。そもそも国民の大半は野球になじみがなく、ルールも知らない。

そんな中、著者は大胆にも、設定をクリケットに変更し、難関を突破する。クリケットはインドにおける国民的スポーツで、お金持ちからスラムの少年まで浸透している。スター選手の知名度は抜群だ。

若い頃はインド代表に選ばれるほどの選手で、いまはオートリクシャー(三輪タクシー)の運転手である父が、息子をスター選手に導くストーリーとなった。また神話的叙事詩『マハーバーラタ』をモチーフに再構成。「スーラジ」という主人公の名前は太陽神を暗示し、ライバルには雷神のイメージを付与した。

しかし、問題はまだあった。インド側から「大リーグボール養成ギプス」が児童虐待にあたると問題視されたのだ。さらに、ちゃぶ台返しは食べ物を粗末にすると指摘され、父が酒を飲むシーンもNGとなった。一体どうすればいいのか。

著者は、問題を一つ一つクリアし、原作の名シーンを残しつつ、放送開始にこぎつける。そのプロセスは抜群に面白い。

本書は単なるビジネス成功本ではなく、興味深いインド文化論になっている。是非、日本でもスーラジの雄姿を見てみたい。

評・中島岳志(北海道大学准教授)

こが・よしあき 64年生まれ。講談社国際事業局担当部長、「クーリエ・ジャポン」元編集長。

二〇一三年三月一〇日⑥

『漂流老人ホームレス社会』

森川すいめい 著

朝日新聞出版・一四七〇円

ISBN9784023311893/9784022618320(朝日文庫) 社会

表向きの平等が孤立に追いやる

新宿西口にずらりと並ぶ段ボールハウスが話題になった時期があった。都内の大きな公園に、ブルーシートをテントのように使って暮らす人々がいた。公園から排除された後は、河川敷などで暮らしている人を見かける。なかには互いに助け合い、電化製品も使いこなして自由な生活をしている人もいるらしい。

しかし、本書でとりあげられているのは、孤立し、もっとも弱い立場にいる人々だ。認知症、アルコール依存症、知的障がい、統合失調症……。自分の状態が把握できなくなっている人々に声をかけ、医療や福祉の現場に結びつけ、どこでどんなふうに暮らしたいかという、人間として当たり前の希望を口にできるように辛抱強く促していく。本書は、池袋でそのような活動をしているNPOの代表者が、活動の実態と、あるべき支援の形を伝えるために記したものだ。

統計上は、ホームレスの数は減っているのだという。しかし、福祉事業の名のもとに、生活保護費をピンハネされる形で狭い部屋に押し込められている人々も相当数いるに違いない。「経済競争力の糧にならない人間」を、「どこかの施設に入れることで安心していないか」と、著者は問いかける。個々のケースを読むだけでも衝撃的だけれど、この本はさらに、人間の尊厳についての議論に、読者を引き込んでいく。ことに考えさせられるのは、「みんなが平等であることを前提とする社会は、人間を、ホームレス状態に押しやる」という著者の主張だ。表向きの機会均等が、ホームレス状態に陥った人々に「努力不足」のレッテルを貼ることになり、逆にその状態に封じ込めてしまう、というのだ。

現代では誰でもホームレスになり得る。本書にも以前は会社社長だったホームレスが登場する。多くの人が自分の問題としてこのテーマに出会うことを期待したい。

評・松永美穂(早稲田大学教授)

もりかわ・すいめい 73年生まれ。精神科医、NPO法人「TENOHASI」代表。

二〇一三年三月一〇日⑦

『書簡で読むアフリカのランボー』

文芸

鈴村和成 著
未来社・二五二〇円
ISBN9784624610371

一人の男が生きた二つの人生。二十歳まで詩人として駈（か）けぬけた数年と、五年間の放浪のあと、アフリカでコーヒー交易商人、武器商人、僻地（へきち）の探検家として生きた十余年。きれいさっぱり詩作を放棄したこの後半生がもつ意味を、この本は問うている。

家族への近況報告や事務的な書簡ばかりで、「沙漠（さばく）の様に無味乾燥」（小林秀雄）にみえるアフリカからの書簡は、全集のほぼ半分を占める。これを解読しながら、著者は、ランボーは「沈黙」したのではなく、死の床にいたるまで「書く人」だったという。彼の二つの人生は、「〈書簡〉というメディアを用いた書簡作者の変遷」として解釈すべきだと。じっさい、彼の詩の多くは「書簡とともに書かれ、書簡とともに知友に送付され」た（著者による個人訳全集の解題から）。『地獄の季節』がヴェルレーヌを宛先とする自伝でもあったように、詩そのものがだれかに宛てられていた。「書く」ことの意味について深く考えさせる本だ。

評・鷲田清一（大谷大学教授）

二〇一三年三月一〇日⑧

『吉田神道の四百年　神と葵の近世史』

歴史

井上智勝 著
講談社選書メチエ・一五七五円
ISBN9784062585453

まさに吉田神道を主軸に据えた神道各派の「仁義なき戦い」である。

きっかけは、応仁の乱にともなう社会の混乱を利して、日本中の神を統率する「神使いの覇者」を目指した吉田兼倶（かねとも）の野望にあった。この人、社会と人心の荒廃に嫌気のさした伊勢のご神体が「神宮を抜け出して吉田神社の斎場所に飛び移ってきた」と称し、伊勢の権威を奪い取ってしまう。また神道界のトップ神祇（じんぎ）伯・白川家と同等の肩書を創設し、神位・神職の位階を授与する権限を掌握する。

仕上げに、吉田神道は死んだ家康を神に格上げする寸前まで行くのだが、当時ローカルな神道だった「山王一実神道」での祭祀（さいし）を推す天海僧正に阻まれる。

正一位の位階を分霊とセットで供与する伏見稲荷神社の新ビジネスとの対立や、白川家との覇権争いといった、吉田神道をめぐる俗っぽい争いの中で徳川の威光が地に落ち、「天皇」が再浮上するという経緯を解明する試みも斬新だ。

評・荒俣宏（作家）

二〇一三年三月一七日①

『キャパの十字架』

文芸春秋・一五七五円
沢木耕太郎 著
ISBN9784163760704／9784167905163（文春文庫）

ノンフィクション・評伝

「贋」背負い「真」へ　1枚の写真への旅

第二次世界大戦前夜に戦われたスペイン内戦。共和国軍（人民戦線）は反乱軍（ファシズム陣営）に敗れ去るが、多くの人々が身を投じるに価（あたい）すると信じえた最後の戦争として、いまも特別な記憶を残している。

内戦の遺産として、二つの傑出した作品が残された。一つはパブロ・ピカソの絵画「ゲルニカ」、一つはロバート・キャパの写真「崩れ落ちる兵士」。写真は、撃たれた共和国軍の兵士が倒れる瞬間を捉えた〈この一枚〉。『ライフ』に掲載され、報道写真史上、最も高名な「聖画」となった。

これまで著者の沢木はキャパの伝記や写真集を訳してきた。その過程で、小さな疑念を抱く。いつ、どこで、どのように撮ったのか。戦史研究書や新たな写真類が現れ、場所や被写体が判明してくるがなお定かではない。果たして戦場だったのか、そもそもキャパが撮ったものなのか……疑念はさらに膨らんでいく。

スペイン、パリ、ニューヨークへ旅し、地形や古雑誌や写真を繰り返し解析していくなかで、ある結論に達する。写真は、演習中に足を滑らせた兵士の姿であり、撮影者は、戦車に轢（ひ）かれて死んだ恋人、ゲルダ・タローの手になるものだ、と。

本書はまず、極めて上質の、考察と検証のノンフィクションとして読むことができる。ただ、本書の主題は最終章「キャパへの道」にある。

「崩れ落ちる兵士」によって、無名のユダヤ系ハンガリー人の若者は一躍、「偉大な戦争写真家キャパ」となった。虚名に追いつき「負債」を埋めなければならない。以降、キャパは銃弾の飛び交う戦場に身をさらすことを欲し、ノルマンディー上陸作戦では、もう一つの〈この一枚〉、「波の中の兵士」を撮るに至る。

「贋（がん）」から「真」へ。あるいは贋を背負ったが故に真へと上り詰める。初期の沢木作品から一貫してある問題意識、「彼以上の彼」という言葉を改めて想起する。人は生身の自分以上の自分になりうるのか。二十年余、なぜキャパにこだわり続けたのか、その訳が解けてくるのである。

彼以上の彼になった写真家。名声、酒、ギャンブル、世界一の美女イングリッド・バーグマン。すべてを手にしつつ、所詮（しょせん）ブルーなる日常であり、「余生」に過ぎない。「吐息」をつきつつも男は再び戦場に向かう以外になかった。人とはやはりそのような存在であるものなのだ——。

ラスト、インドシナで地雷を踏む直前に撮られた「遠ざかるトラック」が載っている。あたかも、さらなるもう一つの〈この一枚〉のごとくに余韻が深い。

評・後藤正治（ノンフィクション作家）

さわき・こうたろう 47年生まれ。作家。『テロルの決算』『一瞬の夏』『敗れざる者たち』『深夜特急』『檀』など著書多数。訳書に『キャパ その青春』など。

二〇一三年三月一七日②

『統計学が最強の学問である データ社会を生き抜くための武器と教養』

西内啓 著

ダイヤモンド社・一六八〇円

ISBN9784478022214

経済

最速で最善の答えを出すために

挑発的なタイトル。統計学を「最強の武器」と位置づける。「どんな分野においてもデータを集めて最速で最善の答えを出すことができるから」と。一方、広告会社がプレゼンに使うような「統計」はむしろうさんくさく見えることがある。「しょせん統計」と我々は言いがちかもしれない。当てにならないという意味で言及されるわけだが、実際の統計学は「どの程度当てにならないか」自ら述べる力がある。そして、今、研究の諸分野、政策立案の諸分野、経営判断の場でも、必須の知識と方法になっている。これを知らずにいると、個々人の問題としては確実に損をする。著者に言わせれば「合法的な詐欺の被害者になっても文句は言えない」。

本書では、まず伝統的で実践的な応用分野、疫学や公衆衛生施策を導入部に使う。そこから先、様々な例が語られるが、IT分野での「ビッグデータ」の流行と、最近よく行われているA／Bテストのエピソードが印象的だ。ビッグデータを「ビッグ」なままコンピューターで扱いえる現代だが、何が知りたいかを明確にすればスモールデータを適切に集めた方がよい場合が多いと釘を刺す。ウェブの広告バナーなど、どのデザインが多くクリックされるか実験しながら最適なものを選ぶA／Bテストは「ランダム化比較実験」と同等の優れた手法だが、誤差を考慮しないと判断を誤りかねない……。

本書の後半は統計学入門的な内容が増えるが、統計学の威力とその及ぶ範囲を素描した前半について、評者は中高生に読んでほしいと思う。さらに読み進むなら『統計学を拓（ひら）いた異才たち』（デイヴィッド・サルツブルグ著、日経ビジネス人文庫）、『その数学が戦略を決める』（イアン・エアーズ著、文春文庫）、『市民のための疫学入門』（津田敏秀著、緑風出版）など。実務としての必要を痛感した向きは、数ある教科書的入門書に進むべし。

評・川端裕人（作家）

にしうち・ひろむ 81年生まれ。著書に『世界一やさしくわかる医療統計』など。

二〇一三年三月一七日③

『いきのびる魔法　いじめられている君へ』

西原理恵子 著
小学館・一〇五〇円
ISBN9784091791801
教育

胸に響く「うつくしいのはら」

表題作は学校に行くといじめられるので嘘（うそ）をついてでもずる休みをしなさいと作者は反道徳的に子供をあおる。でないといじめられて自殺することになるよと。16歳まで待てば社会に出て働ける。働けば自由になれる。「自由は有料です」と作者は言う。ただでは手に入らないのだと。

かと思うと並録の「うつくしいのはら」では、やたらと学校へ行けとうるさい。字をおぼえれば世の中のことが理解でき「商売ができ」て人に食べ物を与えられなくても働いて食べていけるからだ。

――と判断した若者は戦争に行き、そして外地で戦死してしまう。野原で腐乱死体になった若者を見つけた一人の女の子はこの男と語り合う。彼は「海のむこうのくにから」来てここで殺されたと言う。食べものをもらって家族を養うのは屈辱的だから兵隊になって稼ごうと思った。

でも死んだ「今のほうがもっとみじめじゃないの？」と問う女の子に、男はこの方が青空しか見えなくて「らくちん」だと答える。彼女が死体を埋葬したら次の年にそこから空豆の木が生えた。そして何年かが経った頃、その空豆が彼女のお腹（なか）に宿って可愛い赤ちゃんが生まれた。この子供は「あの時の兵隊さん」であることを彼女は本能でわかっていた。

母親になった女の子は子供の頃、親に言われたように息子に「字をならいなさい」と言う。そんなある晴れた日戦争が起こり、お母さんは死んでしまった。そんな死んだ母が、「今日はどんな字をならってきたの？」と息子に聞く。

「うつくしいのはら」という字を習ったと答えた男の子は成長して軍隊に入り、そして美しい野原の中で敵の銃弾で死ぬ。そして死んだ彼は先に死んだ母と野原の中で対面する。母は「次にうまれて人になるために一つでも多くの言葉をおぼえましょう」と息子を励ます。何度読んでも胸に響く純文学的漫画絵本だ。

評・横尾忠則（美術家）

さいばら・りえこ　64年生まれ。漫画家。「毎日かあさん」などで手塚治虫文化賞短編賞など。

二〇一三年三月一七日④

『ヒップホップの詩人たち』

都築響一 著
新潮社・三七八〇円
ISBN9784103014324
アート・ファッション・芸能

切実でリアルな「路傍の現代詩」

前著『夜露死苦現代詩』の末尾近くで、著者は日本語ラッパーのダースレイダーに取材し、彼の詩を紹介した。いまや多くのラッパーはフリースタイルと呼ばれる即興詩（しかも脚韻を踏む）をリズムに乗せて繰り出し、「からだと直結した言葉」を紡ぐ。

そうしたラッパーたちの生い立ちと、そこからひねり出される切実な詩の世界を丹念に追ったのが今回の『ヒップホップの詩人たち』である。

近世までは俳諧や和歌の他に例えば狂歌があり、いわばストリートに匿名の歌が貼り出され、誰とも知れぬ者が社会や人物を嘲笑していた。現代のラップ用語で言えば痛快に〝ディスっていた〟わけだ。

しかし文明開化の過程でそうした反抗精神も、他の短詩型の文芸と共に評価を下げられ、特に〝地下（じげ）の者たち（庶民）〟が作り出す詩の批評性も消えがちになった。

一方で現代詩が生まれ、優れた詩を世に送り出したが、やがて社会の周縁にいる者の声や、生活や「からだ」からは遠のいた。だからそれを取り戻す現代詩人の戦いも一方では続いている。

そこに都築響一は15人のラッパーたちをぶち当てる。ある者は麻薬の運び屋、ある者は高校2年にしてオレオレ詐欺にかかわって逮捕され、獄中で詩を生み出す。少年院で筆記を許されず、頭の中でだけ長い詩を〝書く〟エピソードなどは想像を超える。

ほとんどが地方で生まれ育ち、東京の洒落(しゃれ)た世界に背を向けた詩人たちだ。彼らは意識的に周縁を選び、そこでリアルな「路傍の現代詩」を、しかも韻の制約があればこそ複雑で新しい日本語として産出し続けている。

紙の上に長く引用される彼らの言葉の重圧を体験したあとで、是非特設サイトから楽曲を聴いて欲しい。言葉が高いレベルで分節されてリズムに乗り、「からだと直結」しながら社会と自己を撃っている様子に驚くはずだから。

評・いとうせいこう（作家・クリエーター）

つづき・きょういち　56年生まれ。編集者、写真家。『ROADSIDE JAPAN』など。

二〇一三年三月一七日⑥

『銀座並木通り』

池波正太郎 著

幻戯書房・二三一〇円
ISBN9784864880145

文芸

心に食い込む不思議なリズム

最後の文士(とあえていおう)池波正太郎は、すでに死して23年になろうとするが、今もなお広く江湖に読み継がれる、稀有(けう)の作家の一人である。

本書には、表題作を含む初期の現代劇が3本、収められている。現代物といえば、亡くなる2年前に発表された小説『原っぱ』がある。この人の現代物は、時代物とはまた異なる、独特のノスタルジックな味わいを持つ。それはいわば、マジックミラーの裏表で、前から見えないものを後ろからすかして見る、ひそやかな感覚を呼び起こす。

めったに、けれんを使わぬ作家だが、その点は小説でも戯曲でも、また時代物でも現代物でも、同じである。一読して、さしたるドラマはないと思えるのに、読後に深く心に食い込んでくるのは、この人特有の不思議なリズムに、酔わされるからだ。

本書で作者は、旧来の脚本の形式にこだわらず、ト書きをしばしば過去形で書いたり、登場人物の心理を〈叙述〉したりする。これらは、後年の小説への萌芽(ほうが)、とみてよい。また『冬の旅』の主人公で、結婚しながら妻の座をおろそかにし、絵の修業にのめり込む女性画家の姿は、玄人はだしの画人でもあった、作者自身の投影であろう。劇中に、おりに触れて音楽の話題がからむのも、作者の嗜好(しこう)を反映して興味深い。

3作の中では、最後の1幕物『夫婦』が、もっとも読みごたえがある。下町の保健所を舞台に、防疫係長の立花と妻の直子の夫婦愛、所員の栗原と恋人真佐子の純愛、それに反発する栗原の父親との確執が、短い舞台の中にきびきびと展開されて、間然するところがない。最後に明かされるエピソードは、読者(あるいは観客)に、粛然とした驚きと感動をもたらすだろう。

若書きながら、本書には後年の池波正太郎のすべて、とはいわぬまでもほとんどの資質が、凝縮されている。

評・逢坂剛（作家）

いけなみ・しょうたろう　1923〜90年。作家。『鬼平犯科帳』『剣客商売』など。

二〇一三年三月一七日❼

『機械との競争』

E・ブリニョルフソン、A・マカフィー 著
村井章子 訳
日経BP社・一六八〇円
ISBN9784822249212
IT・コンピューター

「雇用」こそ、いまの世界経済の最大の課題だろう。本書のテーマもそうだ。ただし扱うのは足元の景気のいかんを問わない、もっと長期的、構造的な問題だ。いずれ人間は機械やロボットに駆逐されてしまわないのか――と。

デジタル技術はコピーや普及を容易にし、勝者はグローバル市場を総取りできる。必然的に多くの負け組が生まれ、失業者が増えやすい。

本書が「テクノロジー失業」と名付けるそうした雇用喪失は、いま空前の規模で広がっている。昨今のコンピューターやインターネットの進歩があまりに速すぎて、企業も政府も、そして人々も対応しきれていないからだ。

それでも著者は未来を楽観する。「コンピューターを使う人間チーム」が世界最強のチェスプレーヤーになったように「機械を味方につけろ、使いこなせ」というのだ。

それはその通り。だが本書が明快な方法論を準備しているわけでもない。深く、重い課題を世に問うのみである。

評・原真人（本社編集委員）

二〇一三年三月一七日❽

『中国の強国構想　日清戦争後から現代まで』

劉傑 著
筑摩選書・一六八〇円
ISBN9784480015662
国際

北京で生まれ、東大に学び、現在、早大で教鞭（きょうべん）を取る著者は、冷静かつ公平な日中関係史の研究で定評がある。

第一次安倍内閣で「日中友好」から「戦略的互恵関係」へと再定義された日中関係だが、目下、国交正常化以来、最悪の状況にある。しかし、著者によれば、江戸時代以来の400年間のうち、関係が平穏だったのはせいぜい正常化直後の20年間程度だという。

日清戦争での敗北以後、強国の再建を夢見た近代の中国にあって「日本」は常にその自画像や国家構想を揺さぶる存在だった。

著者は義和団事件や辛亥革命、汪兆銘や蒋介石をめぐる中国国内の論争を手掛かりに、その自己認識と歴史認識の変容を活写する。特に「普遍的価値」と「中国モデル」をめぐる論争が面白い。

こうした他者への内在的理解を欠くとき「如何（いか）なる外交策も誤解の温床になり得る」のだろう。

1930年代と酷似しつつある日中対立への警鐘としたい。

評・渡辺靖（慶応大学教授）

二〇一三年三月二四日❶

『なめらかな社会とその敵』

鈴木健 著
勁草書房・三三六〇円
ISBN9784326602476

『ルールに従う』

ジョセフ・ヒース 著　瀧澤弘和 訳
NTT出版・六〇九〇円
ISBN9784757142367
経済／IT・コンピューター／社会

社会を変革する遠大な思考実験

『なめらかな社会とその敵』の想定読者は三百年後の未来人。だが古代人たる評者にも、その意気込みはわかる。まったく新しい通貨システム！　しかもお金の意味すら変え、社会自体の変革まで射程に入れる遠大さだ。

著者は、題名通りのなめらかな社会を夢見る。人々の有機的なつながりを保ち、様々な関係性の途切れない世界。現代の金銭取引はそれを荒っぽく分断する。投票も白か黒かの粗雑な選択を迫る。だがインターネットはまったくちがうお金や投票を実現する。個々の取引は投資として影響を持ち続ける。一票を多くに分割して重み付けができる。本書はそうした仕組みを実際に構築して実証する。おかげでそれがもたらす壁なき世界も説得力を持つ。

だが本書の問題点もその世界像だ。なめらかな関係性は、裏返せば全体主義的なしがら

みだ。本書は息苦しい村社会を再構築する反動的な試みでもある。いまの金銭取引や投票制度は粗雑だ。だがその粗雑さは、実は自由や平等などの根拠でもある。本書の新通貨システムで算出される社会貢献度は人々の等級付けに直結しかねない。また新投票制度は、個人が政治的決断から逃げる無責任社会につながる。評者はそうした乱暴な社会像にたじろぐ。

　だが、本書の魅力もまさにその乱暴さにある。それがネットの希望と恐ろしさの両面を示す。それは新しい可能性を見せつつ、既存制度の長所をもあらわにする。いずれの場合にも読者は社会の仕組みについて、予想外の方向から見直しを迫られるのだ。

　そうした社会のこまやかな仕組みを、別の形で示すのが『ルールに従う』だ。人のずばぬけた合理性は進化だけでは説明できないし、人間の個別行動もそんなに合理的ではない。実は人間は文化や道徳構築の中で、合理性に近づくためのルールを開発してきたのだ。道徳こそ合理性を可能にし、そのために言語のような複雑性を持つ、と本書は主張する。哲学や進化生物学、経済学や脳科学まで動員した繊細な議論は実に刺激的。ただし実に難解かつ分厚い本で、巻末の詳細な訳者解説と要約には大感謝だ。

　この二冊を並べて読むと、社会の様々な可能性が浮かび上がる。『ルール～』は単純な理念からの大なたをたしなめたものとして、『なめらか～』と対立関係にあるとすべきか、それとも逆に、制度改変を通じた社会のルール改訂という観点から共闘関係にあるとすべきか。この両者をどう対決／協力させ、発展させるかは、三百年先ならぬ今の読者の大きな宿題でもあり、また楽しみでもある。

評・山形浩生（評論家）

すずき・けん　75年生まれ。東京大学総合文化研究科特任研究員。
Joseph Heath　67年カナダ生まれ。哲学者、トロント大学教授。

二〇一三年三月二四日❷　文芸

『冬の旅』

辻原登 著
集英社・一六八〇円
ISBN9784087714821／9784087453928（集英社文庫）

転落する人生辿り問いかける

　小説なんて所詮（しょせん）作り話の他人事（ひとごと）である。なのにそれが、漠然と誰もが感じている時代の空気を、どんな言葉よりリアルに感じさせる。だからいま我々は『冬の旅』を読まなければならない。ページから目が離せないのは、物語がめちゃくちゃ面白いからなのか、それともそこに我々の〈いま〉に滲（にじ）む漠たる不安や恐れが読めるからなのか。

　小説は、主人公の緒方隆雄が2008年6月に滋賀刑務所から出所するところから始まる。専門学校卒業後、餃子（ギョーザ）のチェーン店に就職した緒方は、若いアルバイト店員とのトラブルから退職を余儀なくされる。その後、関西の新興宗教教団に再就職した彼は、阪神大震災の際に教団が行った被災地の救援活動で知り合った看護婦ゆかりと結婚し、マンションを購入する。

　それなりに幸福な人生をつかんだはずの緒方が、刑務所に収監されるような罪を犯したのはなぜなのか？　小説は彼の人生を克明に辿（たど）り直す。転落を経験するのは彼だけではない。ゆかりにも夫に言えない秘密がある。

あり得ないと思えるほどの人生の転変、転落。なのに緒方やゆかり、そして周囲の人物たちの人生のどれかが自分のものであっても全然おかしくないと思えてくる。

緒方が非正規社員として経験する非人間的な労働環境。震災直後の神戸の惨状と極限状態での人間の行動。緒方が流れ着いた大阪の釜ケ崎のドヤ街の風景と人々の暮らしぶり。克明な資料調査を行うか、実際に足を運ばなければとても書けないような描写の数々。そして我々を震撼（しんかん）させた、90年代から現在にかけて起こった事件が、作品世界にも暗い影を投げかける。

奔放な想像力は厳密で批評的な観察力に支えられている。『冬の旅』は単なる小説ではない。あらゆる優れた小説がそうであるように、我々の〈現実〉に対する真摯（しんし）な問いかけの書でもあるのだ。

評・小野正嗣（作家・明治学院大学専任講師）

つじはら・のぼる　45年生まれ。作家。『許されざる者』『闇の奥』『父、断章』など。

二〇一三年三月二四日③

『階級「断絶」社会アメリカ　新上流と新下流の出現』

チャールズ・マレー著　橘明美訳

草思社・三三六〇円
ISBN9784794219589

社会／国際

「真のエリートとは」を問う

実に挑発的な米国論だ。

貧困や格差に関する本なら山ほどある。しかし、過去50年間に及ぶ豊富なデータを駆使して著者が描き出すのは、もはや同じ米国人としての行動様式や価値をほとんど共有しない今日のエリート階級と労働者階級の絶望的なまでの「断絶」だ。

そのうえで「勤勉・正直・結婚・信仰」という「建国の美徳」を保持しているのはエリート階級であり、幸福の基軸を成す「家族・仕事・コミュニティ・信仰」においても優れているとする。

かたやその対極にあって米社会の伝統的美徳を蝕（むしば）んでいるのが増加の一途を辿（たど）る労働者階級だと結論づける。

これだけでも物議を醸すのに十分だが、保守派（リバタリアン）の論客である著者は、その是正のために政府が介入すべしという、ヨーロッパ型の福祉国家の前提にある人間観や世界観を徹底的に批判する。日本のリベラル派も一考する価値はありそうだ。

「伝統」をめぐる著者の解釈や分析には疑問が残る。神経学や生物学の援用には慎重であるべきだとも思う。

しかし、最終章で著者が展開する「見かけ倒しのエリート」への批判は含蓄が深い。

曰（いわ）く、自らの良識に自信が持てぬまま、悪（あ）しき中立主義に流れ、卑俗な行動様式や価値を甘受する。自らの特殊な世界に籠（こ）もり、市井の米国人からますます孤立する一方、国の命運にはより大きな影響力を行使しようとする……。

そして、この点においてはリベラル派も保守派も同罪という。左右のイデオロギー対立や政治的分断ばかりに目が奪われがちな昨今、米社会が抱えるより構造的かつ根源的な問題を抉（えぐ）り出そうとする知的態度は好感が持てる。

格差社会や社会的紐帯（ちゅうたい）の断章化が進む現代にあって「真のエリート」とは何か。エリート論が忌避されがちな日本の言論界にとっても十分に挑発的な一冊だ。

評・渡辺靖（慶応大学教授）

Charles Murray　43年生まれ。米国の政治学者、コラムニスト。

二〇一三年三月二十四日④

『差別と反逆　平野小剣の生涯』

朝治武 著

筑摩書房・二九四〇円
ISBN9784480885296
ノンフィクション・評伝

平等求め、天皇に託した希望

被差別部落に生まれ、初期水平運動で華々しく活躍した平野小剣。長髪で髭（ひげ）を伸ばし、人一倍、スタイリッシュだった。しかし、その名は忘却され、否定的評価が下される。理由は、後半生が熱烈な国家主義運動に傾斜したからだろう。なぜ部落解放運動を闘った青年が、天皇に希望を託したのか。

福島生まれの平野は、子供時代から厳しい差別を受けた。若き日には、恋人に出自が知られ、絶交された。怒りは絶望に結びつき、自暴自棄の生活に陥った。

平野を救ったのは、社会運動だった。不正義を追及し、支配階級に反逆することがアイデンティティーとなった。

この過程で、注目したのが天皇の存在。周囲の同志が、天皇制を身分差別の源泉と見なす中、平野は天皇こそが人民の平等を担保すると考えたとみられる。曰（いわ）く「我等の上に唯だ御一人在すのみである。他は平等でなければならぬ」。

平野が希求したのは、「一君万民」のイデオロギーだったのだろう。天皇の超越性を認めれば、すべての国民は一般化される。そこに身分の上下は存在しない。国体原理への回帰が、解放を実現する。

この逆説的な希望が、平野の民族主義を激化させたのではないか。大御心を阻害する「君側の奸（かん）」への反逆を天皇への忠誠と捉え、国家への奉仕こそが部落差別の克服につながると考えて、国家主義的闘争に飛び込んだのだろう。

平野にとって許せなかったのは、天皇機関説だった。それは平等の源泉の否定に他ならなかった。彼は内田良平や蓑田胸喜と連携し、排撃運動の先頭に立った。1940年に49歳で他界するが、その葬儀委員長は頭山満が務めた。

平野のアイロニカルな姿は、我々の心を締め付ける。狂おしい情熱は、悲しみを加速させる。しかし、平野を封印しても前には進めない。

平野を忘却の彼方（かなた）から救い出した著者に花束を。

評・中島岳志（北海道大学准教授）

あさじ・たけし　55年生まれ。大阪人権博物館勤務。著書に『水平社の原像』など。

二〇一三年三月二十四日⑤

『誰がJ-POPを救えるか？　マスコミが語れない業界盛衰記』

麻生香太郎 著

朝日新聞出版・一五七五円
ISBN9784023311572
アート・ファッション・芸能

「ボカロ」が育む新しい世代

60年代生まれの評者が物心ついた頃、流行歌とは歌謡曲だった。思春期に出会ったニューミュージックは衝撃的で、後にJ-POPと呼ばれる分野へ発展した。いわゆる洋楽と違い、我々の気持ちに徹底的に寄り添う楽曲にどれだけ勇気づけられただろう。

それが今や壊滅状態という。共通話題になるのはAKB48くらいで裾野が狭い。その背景を、エンタテインメント業界誌編集者が主人公のフィクションの体裁を取りつつも、率直かつディープに語る。

衰退の要因は複雑に絡まっているようだ。ウォークマンなどで若者文化を支えてきたはずのソニーが「ユーザー目線」を忘れ、アップル社iTunesの音楽配信に「敗北」した経緯。音楽番組、ドラマ主題歌のタイアップがテレビとの過剰な癒着を呼び自壊した過程。今の音楽は「音楽映像を核としたサウンドの塊」と割り切るK-POPの台頭。音楽産業が「権利」にこだわるあまり「縛り」をきつくしている現状など。

では誰がこの状況を救えるのか。回答は「平成10年代生まれ」。動画サイトを享受しつつ成長し、ボーカロイド（サンプリングされた声から歌声を合成する技術）で楽曲を作る世代だ。昨年度ネットにアップされたボカロ曲は3万以上にも及び1曲で数百万回の再生も珍しくない。新しい音楽の孵化（ふか）器として無視できないはずだが、音楽業界やマスコミは過小評価しているという。

主役は「若者」としても、年長者には重要な役がある。「世代間の引き継ぎ」「感動の伝言ゲーム」だ。小説でも映画でも音楽でも、自らの若き日の感動を伝えていくこと。それがやがて社会規範や正義や思いやりといった事々すら伝える最強のメソッドだとも論じる。結語で「エンタテインメントだけが地球を救う」と述べる時、業界盛衰史を超えたエンタテインメントの普遍的な役割に思いをはせる。

評・川端裕人（作家）

あそう・こうたろう　評論家、作詞家。「日経エンタテインメント！」創刊メンバー。

二〇一三年三月二四日⑥　社会

『3・11とメディア　徹底検証　新聞・テレビ・WEBは何をどう伝えたか』

山田健太 著

トランスビュー・二二〇〇円
ISBN9784798701349

報道姿勢に反省はあるのか

東京電力福島第一原発の1号機が水素爆発を起こした直後、在京のあるテレビ局は「爆発弁というものを使った意図的な作業」だと伝えた（「デイズ・ジャパン増刊号　検証・原発事故報道」）。「爆発弁」とは何か？　当のテレビ局が釈明なり訂正なりをしたとは聞かない。

昨夏、脱原発を訴える首相官邸前のデモを取材中に、一枚のビラを手渡された。「全国紙不買のすすめ」と題したそのビラは朝日、毎日、読売などの全国紙を「政府の宣伝局」と批判していた。

原発事故報道で噴出したメディア批判。しかも「少なからぬ大メディアは……反省どころか自らの取材・報道姿勢を肯定しているように見える」と著者は指摘する。

〈3・11〉に際し、新聞（全国紙、地方紙、地域紙）、放送（テレビ、ラジオ）、雑誌、ネットメディアはどんな役割を果たしたのか。新聞、テレビなどの「伝統メディア」とインターネットなどの「新興メディア」の間にどんな連携があったのか。

本書は、これらを具体的に検証し、問題の所在と今後への教訓を市民の視点から明らかにする。

問題点の一つとして著者は「（政府や東電など）意思決定過程の不透明性・正当（正統）性についての追及不足」をあげる。例えば、食品の安全基準は「どこでどのような議論を経て決まったのかの報道が不十分」だったと。

その背景に「民間情報や海外情報より、日本国政府の発表や決定を相対的に上位におく体質と、官邸・官僚への絶対的な信頼感」があると著者はみる。伝統メディアが信頼をおく官製情報に、人々は首をかしげた。その落差が不信や批判となってメディアにはね返ってきた……。

メディアにとって本書は、自己検証のためのよりどころとなろう。メディアに不信を抱く方々にも、お薦めしたい一冊だ。

評・上丸洋一（本社編集委員）

やまだ・けんた　59年生まれ。専修大教授（言論法、ジャーナリズム論）。『言論の自由』。

二〇一三年三月二四日⑦

『手話からみた言語の起源』

高田英一 著
文理閣・二九四〇円
ISBN9784892597060
医学・福祉

手話を使う人が身振りと一緒に音声でしゃべることがある。二つの言語の同時使用を「シムコム」と呼ぶらしい。

著者はまず日本手話の起源などを語りながら、「シムコム」を人類が言語を獲得した起源としてとらえる。

音声を当たり前のものと考えてしまえば、言語はまず音から始まり、文字化される。だが、ろう者を参考に思考する著者は、最初に身振り（指さし）があり、簡単な音が同時に発されただろうと言う。

確かに集団で狩猟をする際には、どの獲物を追い込むかを指でさすのは自然だ。人類以外の動物はこの指さしを理解出来ない。猫に指さしをしても、先を嗅ぐだけである。

身振りによって世界を分節した人類は、やがて壁画でイメージ言語を伝えあい、世界に散ってヒエログリフを編集し、単語を増やして音声が複雑化したと著者は推論する。

人類史ゆえ証拠は少ない。だが、身振りと文字を、音声より前に置くというのは、まことに刺激的な論考である。

評・いとうせいこう（作家・クリエーター）

二〇一三年三月二四日⑧

『死と神秘と夢のボーダーランド　死ぬとき、脳はなにを感じるか』

ケヴィン・ネルソン 著　小松淳子 訳
インターシフト・二四一五円
ISBN9784772695343
医学・福祉

「死ぬとき、脳はなにを感じるか」という副題に惹（ひ）かれた。臨死体験を多く扱っているが、怪しい本ではない。著者は脳神経科学者で、本書はかなりしっかりした研究書である。

結論から言うと、臨死体験は全て脳によって引き起こされる。たとえば体外離脱は、脳の右側頭葉の刺激で簡単に起こることが実験で明らかになっている。普段は統合されている体の感覚が断片化されると、意識は視覚の記憶に頼って周囲に見えるものに自らを投影するのだという。

神の観念は、右脳の体験を左脳で解釈することで現れたと仮説している。意識がなくとも脳は活動しているらしい。脳の活動の大半は意識の届かないところに隠されている。霊的体験とは、意識不明でありながら、脳が周りのことを分かっている状態であるという。

ちなみに、本当の脳死とは一千億個の脳細胞が全て破裂して死に絶えたときで、その厳密な瞬間は、実は特定できないそうだ。

評・田中優子（法政大学教授）

二〇一三年三月三一日①

『森鷗外　日本はまだ普請中だ』

小堀桂一郎 著
ミネルヴァ書房・四四一〇円
ISBN9784623064977
ノンフィクション・評伝

破格の人間語る　700ページの「史伝」

取り扱われた森鷗外の事績が膨大に過ぎたのか、それとも著者の側で書くべき材料が溢（あふ）れ返ったのか。たぶん両方が切り結んで700ページに及ぶ大評伝となったのだろう。鷗外の一生全体をほぼ過不足なく語っていくが、副題を「普請中だ」としたのは唯事（ただごと）でない。「普請中」は、「舞姫」の後日談とも読める短編のタイトルで、西洋から日本まで追ってきた恋人の処遇に窮する鷗外らしき官僚が、女に拒絶を言い渡す際に発した「決めゼリフ」だからである。

鷗外がそもそもドイツ留学に出たのは、衛生面から日本を普請するためだった。軍隊を悩ます脚気の病原を細菌とするドイツ先端医学か、あるいは栄養学的な問題だとするイギリス経験医学か。これは陸軍対海軍の代理戦争でもある。また留学先では、元お雇い外国人の地質学者ナウマンが、日本の文明開化は外圧から発したもので舵（かじ）取りが利かないと批判し、世俗でも日本の生活環境は不潔だという誤解が流布していた。論争相手続出で、帰国後は全医学の改造も鷗外の肩にかかる。世界の医学情報を収集する医学ジャーナリズムの確立も急務であった。ちなみに本書は「情報」という便利な術語を造ったのは鷗外だとする見解に与（くみ）しているが、最新の研究で否定する人もいるので要注意。

それにしても破格の人間である。軍人・医学者として日本普請に邁進(まいしん)しつつ、その「片手間」に日本文学をも普請してしまう。天敵とみなした自然主義に向けては、自身の罪を告白することでよしとする風潮が結局は自分の暗部を曝(さら)す露悪趣味に堕すると批判、軍人らしく情報力を活用した戦略に打って出る。まず、ドイツから新聞雑誌を大量に取り寄せ、活(い)きのよい新奇な短編小説を次々に訳出する。そのあとは、自然主義の得意技だった私生活描写を逆手に取り、なんと資料性が勝負の「史伝」として描き上げる実験に挑む。有名な「渋江抽斎」以下、あえて無名の江戸文化人を取り上げ、資料を発掘し取材する作業をも小説の一部に組み込むのだ。だが、取り上げた人物が平凡に死んでいるため、その作風はどこか身上調査書めいていき、肝心の読者がついていけなくなる。本書の著者も、同情と寛容をもって晩年の「史伝」を読むよう求めている。

ならば鷗外は何を普請したかったのか。「史伝」はドラマ化や私生活の暴露ではなく、個人の静かな精神史だ。本書は鷗外の遺書を紹介するが、「石見人森林太郎として死せん」との遺言は、鷗外史伝が目指した無名にこだわることの意思表示だ。そういえば本書の書きざま自体も、これに倣って鷗外を「史伝」として普請する試みであるように感じる。　評・荒俣宏(作家)

こぼり・けいいちろう　33年生まれ。東京大学名誉教授(比較文化・比較文学、日本思想史)。『若き日の森鷗外』『森鷗外 文業解題』『森鷗外 批評と研究』『宰相鈴木貫太郎』『日本人の「自由」の歴史』

二〇一三年三月三一日❷　文芸

『孤独な天使たち』

ニッコロ・アンマニーティ著　中山エツコ訳

河出書房新社・一六八〇円
ISBN9784309206165

ぶつかりあう姉弟はやがて

他人に共感できず、「自己愛性人格障害」と診断された14歳の少年、ロレンツォは、学校で仲間に恵まれず、孤独な日々を過ごしていた。しかし両親は、息子がたくさんの友だちに囲まれるようになってほしいと、塀が落書きでいっぱいの荒れた公立高校に入れて奮闘を続ける。

ある日、一人の生徒がクラスメート数人を別荘でのスキーに招待するのを耳にして、ロレンツォは、親の期待に応えようとしたのか、自分も誘われてスキーに行く、と母に嘘(うそ)をついてしまった。

スキーに出かける日、途中まで送ってくれた母と別れた後、ロレンツォは、誰も使っていない自宅マンション地下の物置部屋に、こっそりと舞い戻り、そこに籠(こも)って「スキーに行った」という時間を消化しようと企(たくら)むのであった。

誰にも邪魔されず、自由気ままに過ごせるはずの一週間が始まって間もなく、思いもよらぬ招かれざる客——異母姉のオリヴィアが現れる。それまで会うこともめったになかった2人が、いきなり地下の暗くて狭い物置部屋で向き合うことになる。昔は「信じられないほどきれいだった」オリヴィアは「空色のベッドの上に伸びた、黒っぽい色の染みのよう」に変わり果てていた。何が起きたのだろう。

回避から始まり、憎悪の念を抱き、危うく殺しそうになるほどの喧嘩(けんか)までした。やがて姉を憐(あわ)れむようになり、助けてやらなければという強い姉弟愛が生まれる。そして10年後、オリヴィアの財布に、ロレンツォの電話番号を書いた紙が残っていたため、2人は衝撃の再会を果たす。

9歳違いの姉と弟、それぞれに孤独を抱えながら、擦れ違い、そして激しくぶつかりあった。著者は迫力のある筆遣いで、半ば暴力的なぶつかりあいの凄(すさ)まじさを、生き生きと描いている。巨匠ベルトルッチ監督もきっとその描写力に魅せられて、9年ぶりに映画を作ったのだろう。

評・楊逸(作家)

Niccolò Ammaniti　66年ローマ生まれ。『ぼくは怖くない』など。

二〇一三年三月三一日③

『カールシュタイン城夜話』

フランティシェク・クプカ 著　山口巖 訳

風濤社・二九四〇円
ISBN9784892193637

歴史／文芸

チェコ宮廷　王と側近らの七夜

カレル四世といえば、14世紀後半の神聖ローマ皇帝で、ボヘミア王、ドイツ王でもあった人物である。現在のプラハではカレル橋やカレル大学にその名が残る。彼は各国の宮廷に華やかな縁戚関係を持ちながら、チェコ人としての自意識を失わず、プラハをヨーロッパの文化都市として発展させた。本書は、そのカレルが宮廷で毒を盛られて療養生活を送っているときに、忠臣たちと七夜連続で物語を聞かせあったという設定。男だけの集団で、話すのは当然（？）女性のことばかり。そのため、一日三話、計二十一話の物語には、それぞれ女性の名前が冠せられている。

最初は地名や人名に馴染（なじ）みがなくてとっつきにくかったけれど、途中からどんどんおもしろくなってきた。男女の出会いと別れがバラエティーに富み、人生への洞察に満ちた話が続くから、だけではない。著者自身が第二版のあとがきで書いているように、この本は「女性への愛」だけでなく「祖国への愛」に貫かれている。カレル四世時代は、チェコが当時の先進国の仲間入りをし、飛躍的に発展した時期だ。物語の登場人物たちからも、チェコ人としてのプライドが伝わってくる。

この本の初版が出版されたのは、チェコがナチス・ドイツに占領されていた1944年。本書は秘（ひそ）かに強制収容所に持ち込まれ、囚人たちのあいだでも回し読みされたという。男たちの無聊（ぶりょう）を慰めるための艶（つや）話、だけではないことがわかってもらえるだろう。

本書では三人の側近が物語を語るのにつられるように、病人であるカレル自身も語り手の側に参加していく。彼の話からは王家の特殊な家族関係も見えてくるが、そんな王であっても、恋人や妻を思う気持ちは庶民と変わらない。

すべての物語が語られたあとで、毒殺未遂の真犯人がわかり、意外などんでん返しが待っている。仕掛けたっぷりの、大人の夜話なのだ。

評・松永美穂（早稲田大学教授）

František Kubka　1894〜1961年。プラハ生まれ。作家、劇作家、詩人。

二〇一三年三月三一日④

『児玉誉士夫　巨魁の昭和史』

有馬哲夫 著

文春新書・九八七円
ISBN9784166609048

ノンフィクション・評伝

米国公文書から足跡を探る

右翼、黒幕、政商……児玉誉士夫に載せられてきた形容である。ロッキード事件の被告となり、CIAとのかかわりも明るみに出たが、いまも実像は霧の中にあり続けている。本書は主に、アメリカの各情報機関が保持する「児玉ファイル」を検索するなかで児玉の足跡に新しい光を当てんとした評伝である。

戦前、児玉は「鉄砲玉」としてテロ事件を起こして収監されるが、陸軍、ついで海軍航空本部と交わり、大陸で「児玉機関」を設立、物資調達にたずさわった。ヘロインも扱った。A級戦犯容疑で巣鴨プリズン入りするも釈放され、政界に豊富な資金を提供し、戦後政治の節目に裏工作者として介在していく……。

CIAとは巣鴨釈放の時点から「協力関係」にあったという。米側からすれば、反共の駒の一つであり、「手のひらの上で踊ら」せていた存在だったのだろう。

戦後、児玉が掲げたのは「自主防衛」であるが、それもお題目であって、占領軍、鳩山一郎、河野一郎……と、時々の権力に吸着することに長（た）けた政商という色彩が濃い。

保守政界とのかかわりは続くが、岸信介以降は密度が薄れていく。権力側がもう裏世界の関与を必要としなくなっていったのだろう。「…推測の域をでない」「…一枚かんでいたのかもしれない」といった言い回しが随所に見られる。個々の事例で児玉がどう介在したかという確証は、ファイル類からも掴（つか）み切れないからだ。

読了し、児玉を包む霧は随分薄くなったように感じるが、依然実像は霞（かす）んでいる。あるいは〈実像〉などないのかもしれないとも思う。児玉にとって必要だったのは〈怪物という虚像〉が独り歩きしてくれることであったろうから。晩年は脳卒中の後遺症が残り、「失見当識」であったという。虚空に視線をやったままに逝った、孤独な老人の姿がふっと浮かぶ。

評・後藤正治（ノンフィクション作家）

ありま・てつお 53年生まれ。早稲田大学教授（メディア論）。『原発と原爆』など。

二〇一三年三月三一日⑤

『インフォメーション　情報技術の人類史』

ジェイムズ・グリック 著　楡井浩一 訳　人文

新潮社・三三六〇円
ISBN9784105064112

人間とは何か　皮肉に悲しげに

人は常に情報に支配されてきた。遺伝子に刻まれた情報がぼくたちのあり方を規定し、情報の扱いが文明の興亡をもたらす。だからこそ情報の蓄積、形式化、伝達は急激に発展し続け、情報の量も増大を続ける。そしてエントロピー概念を通じて情報は物理世界と接続され、この宇宙すべても実は壮大な情報の渦だという情報宇宙論にまで至る――。

これがこの長大な『インフォメーション』の全体像だ。もちろんその大部分は、コンピューターやインターネット、その背後に流れる情報理論の進展となる。だがグリックは、鈍重な年表ではすませなかった。事例の詳細な説明で描きだされるのは、情報という現象の質的な変化だ。その本質は、形式化、機械化、自動化の流れだ。なかでも本書の手柄はその過程で生じた、「意味」の喪失の指摘にある。媒体、情報、意味は不可分だったのに、やがて情報は媒体を離れ、意味は情報量で置き換えられる。それはもう人間を必要としない。いまや情報は自律的に増殖し、人間はそのお守り役でしかない。「情報史」はそこで人類とは決別するのだ。

だが、と最後に本書は問う。意味と切り離された「情報」とは何なのだろう。その情報洪水の中で必死にそのおこぼれのような意味を探す人類とは結局何なのだろう。壮大な構想とは裏腹に、本書はちょっと悲しげだ。情報の主人のつもりで書き始めたのに、気がつくと己が情報の従属物だった衝撃。それでも「意味」にすがり情報につかえざるを得ないという悲哀。そしてそれを伝えるためにさえ、大量の情報に付随する薄氷のような「意味」に頼らざるを得ない――その皮肉への自覚が、本書を単なる技術史以上のものとしている。それは、本書を読む読者――そして書評子たるぼく――が、いやがうえにもつきつけられる皮肉でもあるのだ。

評・山形浩生（評論家）

James Gleick　54年生まれ。作家、ジャーナリスト。『カオス』など。

二〇一三年三月三一日⑥　政治

『危機の憲法学』

奥平康弘 著　樋口陽一 編

弘文堂・四三〇五円
ISBN9784335355394

憲法の対応力を理論的に検討

東日本大震災の発生から2カ月近くたった5月3日の憲法記念日、東京都内で開かれた改憲派の集会に出向いた。そこで何が語られるか、聞いておきたかったからだ。

「自衛隊の災害援助活動は憲法に規定されていない。憲法九条を改正して、国防軍がその任にあたることを明確にすべきだ」

高名な学者が講演した。

確かに憲法にそうした規定はない（そもそも自衛隊を直接、規定する条文がない）。しかし、自衛隊法が災害援助活動を規定している。改憲の必要がどこにあるのか、首をかしげた覚えがある。

現行憲法では、今度の大震災・原発事故のような危機に対応できない、という主張がある。本当にそうなのか。

本書は「『危機』における憲法の対応力を理論的に検討」することをテーマに、憲法学者14人の論文を収録。〈3・11〉後の政治、社会を憲法学の窓から考察する。

民主党政権下、大飯原発（福井県）の再稼働を協議した関係閣僚会議は、議事録を作成しなかった。第3章では、この点を軸に、政府の意思決定と政治家の責任について考える（蟻川恒正執筆）。

また第12章では、被災者の避難行動と避難生活を憲法に照らして分析。原発事故に際しての政府の避難指示は「あまりに住民の生命、身体の安全を軽視した粗雑にすぎるもの」であり、「法的責任を問われてしかるべきもの」と指摘する（葛西まゆこ執筆）。

ほかに、愛敬浩二「国家緊急権論と立憲主義」、鈴木秀美「原子力災害と知る権利」などの論文を収める。

憲法が掲げる理念は、なお実現の途上にあることを本書は語る。ただし、専門性が高く、全体にかなり難解だ。

一般向けには森英樹ほか編著『3・11と憲法』（日本評論社）などがある。折しも、前回衆院選を違憲、無効とする司法判断が続いた。今こそ憲法に向き合う時だ。

評・上丸洋一（本社編集委員）

おくだいら・やすひろ　東京大名誉教授。
ひぐち・よういち　東北大・東京大名誉教授。

二〇一三年三月三一日⑦　歴史

『蟠桃の夢　天下は天下の天下なり』

木村剛久 著

トランスビュー・二一〇〇円
ISBN9784798701356

帯の背に、「山片蟠桃（やまがたばんとう）の生涯」とある。そうに違いないが、普通の伝記と思って読むと面くらうだろう。主人公の顔形が鮮明に見えてこない。

蟠桃は江戸時代の大阪が生んだ町人学者である。米仲買の店の小僧から番頭になった。雅号の由来である。仙台藩の財政立て直しに妙策をもって成功する一方で、本を書く。太陽暦も作った。一年が三百六十五日に設定されている。

大著『夢の代（しろ）』は、江戸期の独創的な思想書といわれ、難解なことでも有名である。本書はいっそこの本の解説書と紹介する方が正しいかも知れない。それでも、取っつきにくい。千三百枚の原稿を半分にした、とあるから縮約しすぎたのかも知れない。ムダが無い分、窮屈になった。

本書はまず「あとがき」から入り、次に最終章を読むとわかりやすい。蟠桃が若い主人にあてた遺訓が、天才商人の人となりを表している。

誰にも長所短所がある。短所は見捨てて長所を評価せよ、人の話には耳を傾けよ……。

評・出久根達郎（作家）

二〇一三年三月三一日❽

『プレジデント・クラブ 元大統領だけの秘密組織』

ナンシー・ギブス、マイケル・ダフィー 著
横山啓明 訳
柏書房・二九四〇円
ISBN9784760142200
ノンフィクション・評伝

どんな組織や役職であれ前任者との距離の取り方は悩ましい。頼りになることもあれば、疎ましいこともある。こと米大統領という権力者間の関係となればなおさらだ。

本書はタイム誌のベテラン記者が第2次大戦後のホワイトハウスの館主間の友情や嫉妬、駆け引きなどを活写した秀逸なルポである。

ニクソンとレーガン、クリントンとカーターはそれぞれ同じ政党ながら関係はなかなか複雑。かたや、党こそ違え、クリントンは深夜の電話でニクソンに外交政策の助言を仰ぎ、大統領選を争った父ブッシュとは今でも深い絆で結ばれているという。オバマと存命する歴代大統領4人との関係も面白い。

こうした権力の中枢の、そのまた舞台裏となると、日本の特派員や学者は到底うかがい知る術がない。イデオロギー対立とは別次元の政治的回路があることがよくわかる。米政治に疎くても、人間ドラマとして一気に引き込まれるだろう。

評・渡辺靖（慶応大学教授）

二〇一三年四月七日❶

『双頭の船』

池澤夏樹 著
新潮社・一五七五円
ISBN9784103753087／9784101318226（新潮文庫）
文芸

桁外れの喪失に言葉与える格闘

「絆」——何か言った気になれる便利な言葉ではあるが、ひとつだけ、はっきりさせよう。「絆」の要件とは、一人一人、ばらばらであることだ。

同じであることではない。たとえば酸素分子があって、隣も酸素分子なら、どこまで行っても酸素。だが、水素分子が隣り合わせると、水という奇跡的な第三のものが生まれる可能性がある。

ばらばらほど、融合するものはない。簡単なことだ、が、盲点である。この冷徹なまでの明晰（めいせき）さから物語は出発する。「船」ほど、それを端的に体現するものはないから。船は乗組員がそれぞれのことをして初めて動く。逆に乗組員が「一枚岩」だったりしたら沈む。

「3・11」直後の被災地沿岸部。小さなフェリー船、しまなみ8は、独自のボランティア活動に乗り出す。やがてさくら丸と名乗るその船は、独自の価値と規範を創（つく）り、独立した共同体のようになり、食物をつくり家族をつくり、歌い踊り祭りをし、死者の弔いをする。やがて船は、意外な姿を読者のうちに結ぶだろう。

もとは狭い港内で転回せずに発着できる、舳先（へさき）と艫（とも）の区別のない双頭の船。それが自らに課した最初のミッションは、日本各地で放置された自転車を回収、船内で整備して、津波の被災地に届けること。そのために呼ばれた知洋がメインの語り部であるのは、当然のことに思える。整備とは、ばらばらにして、ひとつにすることだからだ。それは、摂理をもたらす行為である。だから、別のすこぶる魅力的なキャラクター、熊を本来いる場所に帰したりオオカミに掟（おきて）を教えたりする男、ベアマンとも、違うようで似ていて、どちらにも居場所がある。「それぞれが個性と力を発揮すれば、一人一人がユニークな存在で必ず居場所がある」。よく言われるこのことは、本当なのだ。ただ、楽ではないというだけだ。これをあたかも個人の当然の権利のように喧伝（けんでん）したのは「戦後」の罪ではなかろうか。

「戦後」の罪のもう一つは、大戦の膨大な死に言葉を与えていないことだろう。被災地の「復興」が、進まないどころか忘れられ、国内棄民をつくりつつあるのは、桁外れの喪失に言葉を与える力が社会にないからではないか。池澤夏樹は、これに言葉を与えようと格闘している。寓意（ぐうい）に満ちた語りは神話的で、現実的ではないと言う人もあろう。が、

そのようにしか語れない重層性もあるのだ。

「船は橋のようなものかもしれない」と、私はふと思った。橋に、どちら向き、もない。きちんと過去と折り合うことと、未来を夢見ることとは、等価である。人もまた、双頭の船なのだ。

評・赤坂真理（作家）

いけざわ・なつき 45年生まれ。作家。88年に「スティル・ライフ」で芥川賞。93年、『マシアス・ギリの失脚』で谷崎潤一郎賞、2000年、『花を運ぶ妹』で毎日出版文化賞、01年、『すばらしい新世界』で芸術選奨文部科学大臣賞。11年に朝日賞。

二〇一三年四月七日②

『モダン・ライフと戦争　スクリーンのなかの女性たち』

宜野座菜央見 著

吉川弘文館・一七八五円

ISBN9784642057646

歴史／アート・ファッション・芸能

社会の矛盾とスターの身体

「女性の美」を読み解くことは、難しい。とりわけ政治や経済と結託したとき、その難易度は跳ね上がるようだ。本書は、1930年代前後の日本映画を、「女優」に着目して論じている。表象される「望ましい女性像」を通し、美と資本主義の関係性を、さらには戦争と平和の共犯関係を丹念に書き出した秀作である。

戦間期、後発近代化国・日本は所与の矛盾に突き当たった。産業合理化や民主化の進展に伴う軋轢（あつれき）や、文化的には西洋化とその反作用としての国粋主義も見られた。だがそれらすべてを、大衆の旺盛な消費欲望が飲み込んでいく。日本の「モダン・ライフ」はこのように鵺（ぬえ）のごとき顔をもち、人々を魅了した。この時期、日本映画は大衆文化の王座にあり、同時代の資本主義を肯定し続けた。それは、戦前から戦争初期の「豊かなモダン・ライフ」礼賛基調も、その後の諦念（ていねん）基調も受容し、大衆の「望ましさ」に応えた。

20年代、栗島すみ子は大衆演劇的な女形女性像を楚々（そそ）とした佇（たたず）まいで上書きした。30年代には、田中絹代がナショナリズムの高揚を背景に、オリンピック出場を目指す少女を演じた。原節子は男顔負けに働き恋に破れるワーキング・ウーマンを演じた。いずれも、キーワードは都会の「モダン・ガール」だった。

戦時の文化基調は、一貫して消費抑制基調だったわけではない。むしろ人々の関心は、戦争初期、軍需景気で豊かなモダンライフ享受に向かったのだ。その平和ムードは、「戦死者・障害者を増やし続ける戦争の膨大なコストに対する日本人の批判意識を麻痺（まひ）させた」と筆者は指摘する。だが40年代に入り、戦況悪化や経済的逼迫（ひっぱく）から一気にモダン・ガールは批判の対象とされ、今度は高峰秀子らが農村のけなげな少女を好演する。時代ごとに噴出する社会の矛盾を包摂するスター女優の身体。それらが踊る銀幕の、眩（まばゆ）い闇が見えるだろうか。

評・水無田気流（詩人・社会学者）

ぎのざ・なおみ 映画会社の東北新社を経て、明治大学・大阪芸術大学兼任講師。

二〇一三年四月七日❸

『ギッちょん』

山下澄人 著

文芸春秋・一六二八円

ISBN9784163820200／9784167908294（文春文庫）文芸

時間を跳躍 ほどける「わたし」

ギッちょんは誰にでも居る。彼は記憶の底で朧（おぼろ）げになった、もはや実在したのかどうかさえも定かではない幼馴染（なじみ）、だがそれでいて、けっして完全に忘れ去られることはなく、人生の折々にふと脳裡（のうり）に、いや、目の前に姿を現して、懐かしくも新鮮な、謎めいた何ごとかをおもむろに語りかけてくる、そのような存在だ。

デビュー作『緑のさる』には驚かされた。野性の小説。私たちが漠然と抱いてしまっている「小説とはこんなもの」という決まり事の数々を、思い切り素で破ってしまっているような奔放さ。かといって、いわゆる天然とは決定的に異なる凛（りん）とした佇（たたず）まい。前衛ぶってさえない。これは傑物だと思った。そして山下澄人は思った通り、真に斬新というべき小説を順調に発表し、こうして短編集が上梓（じょうし）された。芥川賞候補にも挙げられた表題作「ギッちょん」は、40歳を超えてからホームレスとなり、62歳で死のうとしている「わたし」の数奇な人生が、細切れかつばらばらに回想される。章の初めにそこで語られる年齢が明記されているのだが、時間は行きつ戻りつを繰り返し、次第にその跳躍は極まってゆく。たとえばこんな具合。

「46・53・62・0・62・08・62・07」。そしてその時々にギッちょんは出現する。だが、彼が本当に居たのかどうかわからないのだとしたら、「わたし」が本当に居るのかどうかだって、わからないのではないか。こうしてすべてが曖昧（あいまい）にほどけてゆく。あるのは時間だけ。いや、時間だって本当にあるのだろうか？

こう書くとなんだか難解みたいだが、全然そんなことはない。文章はとても読み易（やす）いし、読み終えた時には、ひとが生きて死ぬとはこういうことだ、と得心させられる。併録の2編も同様、山下澄人の小説は、他の数多（あまた）の小説と呼ばれているものよりもずっと、私たちの人生に似ている。

評・佐々木敦（批評家・早稲田大学教授）

やました・すみと 66年生まれ。劇団主宰者。『緑のさる』で野間文芸新人賞。

二〇一三年四月七日❹

『七帝柔道記』

増田俊也 著

角川書店・一八九〇円

ISBN9784041103425／9784041042311（角川文庫）文芸

悶絶・失神 寝技に捧げた青春

圧倒的な筆致の力作ノンフィクション『木村政彦はなぜ力道山を殺さなかったのか』の著者増田俊也が、北大柔道部時代を振り返った自伝的小説である。『木村政彦』でも書きこまれていたが、戦前の柔道界には現在主流をなしている講道館柔道の他に、旧制高校や専門学校が中心となった寝技重視の高専柔道というのがあった。体力的に劣る学生たちがエリート柔道家に勝つために編み出したより実戦的な技術体系で、ルールも異なったという。この知られざる高専柔道、実は現在も連綿と受け継がれている。それが著者が所属した北大や東大、京大など旧七帝大の柔道部だ。

あまり馴染（なじ）みのない七帝柔道の内幕だけでもなかなか興味深いが、驚くべきはその練習の過酷さだ。旧七帝大だけが参加する、新聞のベタ記事にしか載らないような大会で勝つためだけに、部員たちは生活のすべてを寝技の習得に捧げる。その様子は地獄そのもの。先輩部員にごりごりと絞め技を極められ、死んだ方がマシだと悶絶（もんぜつ）し、意識を失い失禁する。まさに行間から涙と汗と血と小便が滴り落ちる一大スポ根絵巻である。

この読んでいて苦しいほどの物語を支えるのは著者の柔道に対する熱い情熱だ。それは無償であるだけに愛とさえ呼びたくなる。こうした本を読み、一人の人間の持つ熱量にどっぷり肩まで浸（つ）かるのも悪くない。柔道に興味があるとか無いとかは無関係。山手線の中で私は気がつくと歯を食いしばっていた。目も血走っていたことだろう。

これほど過酷な学生生活の末に見た風景はどんなものだったのだろう。読みながら私は己の過去をつい振り返っていた。自分はこのような濃密な青春を過ごすことができていただろうか。本当にやり尽くしたといえるのだろうか。

人生にはたった一つだけ信じることのできるものがある。それを見つける若者の物語なのかもしれない。


評・角幡唯介（ノンフィクション作家・探検家）

ますだ・としなり 65年生まれ。小説家。著書に『シャトゥーン　ヒグマの森』など。

『漁業と震災』

濱田武士 著
みすず書房・三一五〇円
ISBN9784622077527
社会

「上から目線」の改革論を批判

もしかしたら漁業ほど、東日本大震災後のさまざまな復興論にふりまわされた産業はないかもしれない。たしかに日本の漁業は、大震災によって壊滅的な被害を受けるまえから衰退していた。何よりも担い手の高齢化がとまらない。なかなか漁業だけでは食えず、後継者が育たないからだ。漁業組合も停滞し、いまや補助金なしではなりたたない。水産資源の減少も深刻だ。こうした現状から、漁業は高齢化社会の象徴であり、大震災を契機に再生すべき典型的な産業とされたのである。

そうした復興論のなかには、たとえば漁獲高をより厳しく制限することで漁業の構造転換を図ろうという提案もある。漁獲高を厳しく制限すれば、漁業者は市場で高値のつく大きな魚を選別して獲（と）るようになり、また乱獲も防げるため水産資源も保全されるからだ。私もかつて本紙で同様の提言をしたことがある。

しかし筆者はこうした復興論を、現場を無視した「上から目線」の改革論にすぎないと批判する。筆者は言う。日本の漁業はこれまでも漁業者間の利害衝突を繰り返しながら漁獲制限のルールを作り上げてきたし、そうした内発性を無視して外から漁獲枠を強制しても実効性をもちえない。大型魚の乱獲も始まるだろう。そもそも水産資源の減少の原因は必ずしも漁獲の行き過ぎにあるとはいえない。

筆者の批判は決して漁業の問題だけにとどまらない射程をもつ。事実、今の日本には現状分析をなおざりにし、複雑に絡み合った原因を単純化し、一挙に事態を改善してくれる魔法の解決策をもとめる改革論があふれているからだ。そうした改革論は事態を悪化させることはあれ改善することはない。問題をその複雑さのまま認識する力、そしてその複雑さを解きほぐしながら粘り強く解決策を模索していく思考力。漁業の問題をつうじて本書はそれを私たちに要求している。

評・萱野稔人（津田塾大学准教授）

はまだ・たけし 69年生まれ。東京海洋大准教授（漁業経済学）。『伝統的和船の経済』。

二〇一三年四月七日❻

『アンダルシアの都市と田園』

陣内秀信＋法政大学陣内研究室 編

鹿島出版会・三六七五円
ISBN9784306045835

歴史／人文／国際

支配の変転、混血による創造

国という単位で世界を記述する代わりに、より小さな単位を用いて、世界を記述しようという動きが盛んである。本書もまた、スペインという単位に代わって、新たな単位をさぐる試みである。

発見された小さな単位は、スペイン南部のアンダルシア。紀元前千年頃、その地に花開いたタルテソス文明は、西ヨーロッパ最古の君主国であった。その後、この地域の支配者の変遷は、世界史の縮図そのものである。カルタゴからローマ帝国、そしてゲルマンの西ゴート王国。さらにイスラム支配の８００年の後、キリスト教によるレコンキスタと呼ばれる奪還がある。

政治支配のめまぐるしい転換が、都市、建築に投影されていく様子が圧巻である。「スペイン建築」などというものはどこにもない。ましてや、「ヨーロッパ建築」などというものはどこにもなく、すべてが混血による創造であることが、美しい写真と平面図を通じて伝わってくる。

さらに新鮮であったのは、建築様式と農業形式のパラレルな変化。イスラムが灌漑（かんがい）技術を導入し、集約的な農業を推進した。しかし、レコンキスタによって、土地利用は粗放化し、大土地所有制（ラティフンディオ）をベースとする牧畜中心となって、今日の風景につながる。

その進行にも地域差があり、イスラム的農業が継続した高地アンダルシアでは、小さな集落が生き残り、大土地所有が進んだ低地アンダルシアでは、都市集中が起きた。

この状況が、１９９０年代以降の、観光ブームによって、違うフェーズに移行するとの指摘がおもしろい。小集落、小都市が再び注目されて、スペイン北部に比べて遅れをとっていたアンダルシアが復活しつつあるのである。評者は高地アンダルシアの中心都市グラナダにオペラハウスを設計中だが、なぜこのプロジェクトが立ち上げられたかが、よくわかった。

評・隈研吾（建築家・東京大学教授）

じんない・ひでのぶ　47年生まれ。法政大学教授（イタリア建築史・都市史）。

二〇一三年四月七日❼

『聞き書き　倉本聰　ドラマ人生』

北海道新聞社 編

北海道新聞社・一六八〇円
ISBN9784894536876

アート・ファッション・芸能／ノンフィクション・評伝

電気が無いと暮らせない、と少年が父親に訴える。夜になったらどうするのか。夜になったら、と父が答える。眠るンです。

テレビドラマ「北の国から」第一話の中の会話である。訳があって東京から北海道に移住した、父と二人の子の物語である。ドラマは評判を呼び、同じ俳優たちで二十一年間続いた。放映三十周年の節目に、原発事故が起こる。

作者・倉本聰は、今日あるを予言していた？　ドラマでは、手製の風力発電機が登場する。倉本は自作の手法を、「糖衣錠」と称する。飲みやすくするため外側を甘く作った錠剤だ。包まれているのは、苦い薬である。学童疎開で砂糖に飢えた倉本は、絵の具をなめた。緑や赤は毒といわれ、中間色をなめた。

自らを明かさぬ倉本の、本書は貴重な自伝であり、自作解説書である。ドラマの主人公像は、父親を反映していることがわかる。長谷川伸と遠縁の事実も驚きだし、スターたちの素顔も倉本ならではの見方である。

評・出久根達郎（作家）

二〇一三年四月一四日❶

『色彩を持たない多崎つくると、彼の巡礼の年』

村上春樹 著
文芸春秋・一七八五円
ISBN9784163821108／9784167905033（文春文庫） 文芸

存在し続ける過去 勇気持ち向き合う

発売当日まで他の一切が伏せられていたので、このいささか奇妙な題名は、巷（ちまた）でさまざまな臆測を呼んでいた。だが、謎めいたタイトルは、この小説の内容をきわめて端的に表していたのだった。

多崎つくるは36歳、独身。少年の頃からの駅好きが嵩（こう）じて、鉄道会社の駅舎の設計管理部門に勤めている。名古屋で高校に通っていた頃、彼には男女2人ずつの、親友と呼べる仲間たちがいた。5人は、それぞれタイプはまったく異なっていたが、むしろそれゆえに、まるで正五角形のように完璧な親密さを形成した。つくる以外の4人は、姓に色が入っていた。あだ名は「アカ」「アオ」「シロ」「クロ」。つくるだけ色彩を持っていなかった。そして彼だけが東京の大学に進学した。20歳を前に帰省した際、つくるは突然、4人から一方的に絶縁を宣告される。理由はまったく思い当たらなかった。彼は死を強く望むほどのショックを受け、現実世界に戻ってきた時には、ほとんど別の人間と言ってもいいくらいの変貌（へんぼう）を遂げていた。

それ以来、16年間、彼はかつての親友たちと一度も再会していない。だが彼は、仕事の関係で知り合った、2歳年上の魅力的な女性、沙羅から、遠い昔の、5人組からの追放の真相を、今こそ確かめるべきだと言われる。こうして、多崎つくるの「巡礼」の旅が始まる。

つくるは自分を空っぽの容器のように感じている。自分には「色彩」がないと。だが彼の名前には代わりに「多」の1字がある。空であるということは、多くのものを入れられるということだ。だがそれは良いものばかりとは限らない。「巡礼」は、思いがけぬことに、最終的にフィンランドの片田舎へと、つくるを向かわせる。懐かしい4人の友だちの、16年前の秘密と、16年の間に起こっていた変化と、16年後である現在の姿が、いっぺんに彼に訪れる。痛ましさと優しさに彩られた真実と、それでも解かれることのない、おそらくは解かれるべきでもない謎が、幾つも浮かび上がってくる。

ふと思い立ち、最初の数行を書きつけ、先の展開は何もわからないまま書き継いでいったと、村上春樹はインタビューで語っている。だが、それでもやはり、この小説は、はじまりからおわりに向かって、大きな渦を描きながら収斂（しゅうれん）してゆくように見える。「記憶を隠すことはできても、歴史を変えることはできない」。沙羅はつくるにこう言う。そう、過去はどこかに存在し続けている。だからいつかは必ず、勇気を出して、それに向かい合わなくてはならない。たとえそれが悲嘆と絶望、解けない謎に満ちていたとしても、そうしなくてはならないのだ。村上春樹は、おそらくそう言っている。

評・佐々木敦（批評家・早稲田大学教授）

むらかみ・はるき 49年生まれ。作家。『世界の終（おわ）りとハードボイルド・ワンダーランド』で谷崎賞、『ねじまき鳥クロニクル』で読売文学賞。カフカ賞、エルサレム賞など海外の文学賞も多数受賞している。

二〇一三年四月一四日②

『理想だらけの戦時下日本』

井上寿一 著

ちくま新書・八八二円
ISBN9784480067111

歴史／政治

実情は、わりと好き勝手だった

国民精神総動員運動（精動運動）について、詳しくわかりやすく論じたのが本書だ。精動運動とは、1937年の日中戦争勃発を受けて行われた、「国民を戦争に動員するための官製運動」だ。

具体的には、心身を鍛練（たんれん）すべく体育を推奨、健康のために徒歩での移動を推進、早起きして宮城（皇居）の方角を遥拝（ようはい）、華美な服装や生活を改め、パーマをかけている女性に注意を与える、などの運動である。同時に精動運動には、社会の平等と弱者への想像力を希求する志もあった。

その点はけっこうだが、現在、もしこういう運動が展開されたら、私は途端に落伍（らくご）者になるだろうなあと思う。体育は苦手だし、昼夜逆転生活だし、極度の方向音痴なのでてんで見当ちがいの方角を遥拝してしまいそうだからだ。いまが戦争中じゃなくて本当によかったと思うのだが、実は当時の人々も、精動運動にあんまり従っていなかったし、「それでほんとに戦争に勝てるのか」という批判も多かったことが明らかになる。

たとえば新聞に、「（日の丸を）壁掛けや机掛けに流用するのは以（もっ）ての外である」との記事が載った。わざわざ注意喚起せねばならぬほど、本来とはちがう用途で使うひとが多かったのだ。また、「戦場の労苦を偲（しの）び自粛自省」する日に、温泉街で芸者さんと遊ぶひとも続出した。

戦時中というと、国民は言論の自由がまるでなく、軍部の独走に対してなすすべもなかったイメージがあるが、実情はちょっとちがうようで、人々はわりと好き勝手に、たくましく生活していた。

しかしそれでも、日本は太平洋戦争に突入していった。当時と現在の類似点を、本書は鋭く指摘する。精動運動のような上からの理想（というか幻想）の押しつけを拒否し、正確なデータに基づき過去を分析・論考することが、戦争を回避するために重要なのだと、つくづく感じる。

評・三浦しをん（作家）

いのうえ・としかず　56年生まれ。学習院大学教授（日本政治外交史）。『政友会と民政党』。

二〇一三年四月一四日③

『レジリエンス　復活力』

アンドリュー・ゾッリ、アン・マリー・ヒーリー 著
須川綾子 訳

ダイヤモンド社・二五二〇円
ISBN9784478012338

社会

どんな領域も同時に扱う多様性

まだなじみの無い言葉だが、すでに「レジリエンス　resilience」は新しい目標として世界に広まりつつある。レジリエンスとは、外部から力を加えられて崩壊しかかった人やものやコミュニティーや組織が、立ち直る力のことである。復活力、復元力と訳されるが、完全にもとに戻ることではなく、働きと健全性が維持できる程度に戻ることを意味する。

たとえばいま東日本では、津波対策として極めて高いコンクリートの防潮堤を海岸に巡らす計画が進んでいる。これはレジリエンスとは正反対の方法だ。ひとたび破壊されたら元の状態に戻れない。レジリエンスは防御力ではなく、適応力、敏捷（びんしょう）性、協力、つながり、多様性によって復元する方法なのだ。

多くの事例が書かれている。ジャマイカでは計画漁業をおこなっていたのに、ウニが全滅し藻類が繁茂しサンゴ礁が死滅した。環境保護は多様な生き物全体を捉える必要がある。本書はそれを金融危機と同じだと見る。金融

は同調が起こったときいっきに崩壊する。レジリエンスには多様性が不可欠なのだ。

自然環境、金融、コミュニティー、組織、個人など、危機が訪れるあらゆる領域を同時に扱う。そこが面白い。結核菌とテロ組織は、活動規模を機敏に拡大縮小する能力に見習うべきところがある。三種の樹木層からなる混成森林を育て、中心を動物保護区としたボルネオの事例では、コミュニティー、経済システム、生物多様性、生態系がレジリエンスを取り戻した。井戸にヒ素が混じったバングラデシュでは、現場の生活を知らない外部の介入が差別や争いを生んだ。パラオでは漁業資源が激減したが、ある管理官が漁師たちと対話し、ダイバーから環境税を取り、コミュニティーを回復させた。レジリエンスはボスではなく通訳型リーダーがふさわしい。学ぶこと満載だ。復興の方法を今なら見直すことができる。

評・田中優子（法政大学教授）

Andrew Zolli　ナショナル・ジオグラフィック協会フェロー。

二〇一三年四月一四日❹

『ジョージ・ハリスン　コンプリート・ワークス』

ローリング・ストーン誌編　大田黒奉之訳

TOブックス・五〇四〇円
ISBN9784864721141　アート・ファッション・芸能

脇役から脱却　愛され尊敬され

ジョージ・ハリスンは「静かなビートル」と呼ばれ、ジョン・レノンとポール・マッカートニーの影に隠れた脇役的存在だったが、本書で語る多くの証言者によると彼はむしろジョン的資質に近く、思ったことは何でも正直に口にするタイプで、片方ではウイットとユーモアセンスで誰からも愛され、常に尊敬の対象であった。

彼は名声を好まず、平和を愛する優しい家庭人であり、ビートルズ解散以後はイングランドの広大な土地の家に住み、晩年は趣味の園芸に没頭する隠遁（いんとん）生活を送った。

ビートルズ時代、彼をインド哲学に導いたのはLSD体験で、その結果、現実と分離したもうひとつのリアリティーに遭遇したことで神意識を体感する。そしてインドのリシケシュに導師マハリシ・マヘギ・ヨギを他のメンバーと共に訪れ、さらにラヴィ・シャンカールとの出会いが彼をインド音楽に導き、あの傑作アルバム「サージェント・ペパーズ・ロンリー・ハーツ・クラブ・バンド」に貢献すると同時に脇役から脱却する。が、すでにビートルズの運命は崩壊の予感にあった。

とともにジョージの肉体も崩落の危機にあり、喉頭癌（こうとうがん）、離婚、暴漢の襲撃、ビジネス問題など悩みの種は山積。それでも信仰に支えられた強い信念によって現実と対峙（たいじ）する。また彼の精神世界への傾倒は1960年代の若者にスピリチュアルな世界を示唆したが、一般的にはこのような傾向はうさん臭く見られた。

しかし、ボブ・ディラン、ミック・ジャガー、キース・リチャーズ、エルトン・ジョンらの大物がジョージの人間性と音楽観を尊敬しながら誠実かつ謙虚に、手放しで絶賛する。ぼくが二十代でインドに憧憬（しょうけい）したのもジョージの影響が大だった。やがてぼくは精神世界からドロップアウトしたが、彼はその短い生涯にインドを内在化させ、神との距離を最後まで維持した。

評・横尾忠則（美術家）

ジョージ・ハリスンは43年生まれ。01年死去。

二〇一三年四月一四日⑤

『カール・シュミット入門講義』

仲正昌樹 著
作品社・二一〇〇円
ISBN9784861824265
経済／社会

「決断」の真意 例外状況の今こそ

もし今生きているとしたら誰に現在の状況を診断してほしいかといえば、カール・シュミットである。彼の著作や論文は数多くあるが、独特の文体や教養の深さなどを考慮すると、読者自らがシュミットの著作を読んで、彼が下したであろう21世紀の診断を推察するのは至難のわざだ。

しかし、本書が出たことでシュミットの「例外状況」「決断主義」「独裁」論などの背後に潜む哲学や世界観に迫ることができるようになった。難解なシュミットの著作を原典にあたりながら、例えば有名な「主権者とは、例外状況にかんして決定をくだす者をいう」というわずか1行に関して、著者は詳細でかつ説得的な解説を行うなど、シュミットの翻訳書を読んだだけでは気づかない点を知らしめてくれる待望の書である。

「何が普通なのか?」を、誰かが改めて決めなければならないような「限界状況」でこそ、「主権」の本質が明らかになるとのシュミットの考えは経済でも通用しそうだ。通常の経済では想定していないデフレに陥った今こそ資本主義の本質を考える絶好の機会なのに、日本銀行は市場へ流すお金の量（マネタリーベース）などを「2倍、2倍、2倍」と唱えて問題の本質から目をそらしている。

「秩序」をなによりも重視するシュミットは、国家を成り立たしめる根源的な法秩序よりも深い、本質的な秩序の「層」があると考える。だから、その秩序を裏付ける、何らかの究極の「実在」を中心とする世界観を問題にする。

例外状況が相次いで現出しはじめている21世紀にこそシュミットが生涯を通じて考え抜いた、究極の実在に迫ろうとする哲学的思考が不可欠なのに、安易に「決断」を口にする政治家が多い。こうした風潮に著者は憤慨しているが、評者も同感である。今の政治家の決断の背後にあるのは、シュミットの思索とは似て非なるものだからである。

評・水野和夫（日本大学教授）

なかまさ・まさき 63年生まれ。金沢大学教授。『今こそルソーを読み直す』など。

二〇一三年四月一四日⑦

『カコちゃんが語る　植田正治の写真と生活』

増谷和子 著
平凡社・一八九〇円
ISBN9784582231236
アート・ファッション・芸能

生涯、鳥取県・境港で家族や地元の人をモデルに撮りつづけた植田正治の思い出を、残された作品の別バージョンや家族の撮った写真などを添えて、長女・和子が語り下ろす。ファンにはたまらない一冊だ。撮影現場の様子、仕事のスイッチが入る瞬間、撮影後の遊びなどとともに、家族や仲間が集っていることを何より大事にした植田の姿がいきいきと描かれる。褒められると写真をあげてしまい、ネガの管理も不得意だった植田、その手伝いを表から裏から引き受ける家族。ローカルな場所での写真一色の家族生活、これがなぜ国際的な評価を浴びてきたのか考えるのは、読者へのうれしい宿題だ。

おやつ、遊び、手伝い、総勢13名のかわりばんこの食事……。ひとの信頼の根は、生きることは楽しいという感覚にあることを痛いほど教えられる。信頼があるからリハビリや看取（みと）りにおいても、きつくも軽くもものが言える。「可哀（かわい）そうなものは撮れない」という植田の言葉を思い出した。

評・鷲田清一（大谷大学教授）

二〇一三年四月一四日⑧

『鉄条網の歴史　自然・人間・戦争を変貌させた負の大発明』

歴史

石弘之、石紀美子 著
洋泉社・二五二〇円
ISBN9784800300973

鉄条網は西部劇を終わらせた。その発明者グリッデンが後妻に「花壇が家畜に荒らされるので、何とかして」と頼まれたことから誕生したこの家畜フェンスは、家畜を制御するカウボーイを失職させた。辺境で大牧場を拓(ひら)いた牧場主たちと、後から入植してきた開拓農民も敵対し、農地と家畜を守るのにガンマンと鉄条網を持ちだし、19世紀末にはジョンソン郡戦争のような衝突となる。名作西部劇「シェーン」も、この時代と場所の話である。

家畜の侵入と脱走を防ぐ鉄条網は、次に人間をも束縛する。戦場や強制収容所では人間が鉄条網に囲い込まれるが、ここから現代の環境問題へ飛躍するのが本書の目論見(もくろみ)だ。鉄条網で人を遮断したチェルノブイリや朝鮮半島の軍事境界線では、逆に自然が復活し動物が異常に殖えだす。立ち入りできなくなった福島原発事故区域も含め、鉄条網が創り出した新たな環境の未来がまだ読めない。鉄条網の内側は深刻さを増している。

評・荒俣宏(作家)

二〇一三年四月二一日①

『謎の独立国家ソマリランド　そして海賊国家プントランドと戦国南部ソマリア』

ノンフィクション・評伝

高野秀行 著
本の雑誌社・二三一〇円
ISBN9784860112387

西洋式でない国　嘘のような現実

人がこの地球上で生きるのに、国家というところに所属しなければならなくなってどれくらい経つだろう。それが最良のやり方なのか、時々わからなくなる。

ソマリアと聞けば、無政府の内戦状態にあって、外国人が立ち入ることなど到底出来ないところだと思っていた。それが旧英領ソマリランドの部分だけ「勝手に」独立して、ソマリランドと名乗り、自分たちだけで話し合って内戦も解決し、十数年も平和を保っているという。そんなことができるんだろうか。にわかに信じがたい。

著者はこの国の「平和」を確かめるように歩く。主だった産業もなく、街は貧しいものの、市は立ち、ご飯に困ることはない。武器を携えて歩く者もいない。携帯電話も普及している。海外諸国から正式に国と認められてなくても、独自の通貨は酷(ひど)いインフレもなく安定し、学校もあるし、モノも海外から入ってくる。政府の悪口を言ったらすぐ逮捕されることもない。確かに普通に暮らしている。ただし海外に離散したソマリ人からの仕送りで財政が成り立っているというのがミソ。日本からだって、大使館もなくビザもとれないのに、送金はすぐに出来る。しかもなぜか金券ショップから。

一方隣接する南部ソマリアを歩けば、国連が認める国家にもかかわらず、いまだ無政府状態の紛争中で、海賊が跋扈(ばっこ)するプントランドあり、ガルムドゥッグなる自称国家まで乱立。まるで戦国時代。護衛兵なしでは一歩も外出できないという状況。なのにモガディシオの放送局は、辣腕(らつわん)とはいえ、まだ20代の女の子が支局長となり、年上の男たちと現場を駆け回る。イスラム国なんだが？　彼らの嘘(うそ)のような現実が露(あらわ)になるたびに驚き呆(あき)れ、時に笑い、膨大なページ数も気にならずにぐいぐい読めてしまう。

複雑な氏族社会の歴史など、わかりやすくまとめてあることもさることながら、既存の常識や内戦の悲惨さにひきずられず、ありのままのソマリを知ろうとする著者の視点が心地よいからだろう。

遊牧民として、昔から争いに慣れた彼らは、仲直りをするときに、どちらが先に手を出したのかや原因を問わない。焦点はどれだけの被害があったかに絞られ、人ひとり殺されたらラクダ百頭を遺族に差し出すというような精算方法を伝統的にとって来た。

しかしさすがにソマリランドの内戦被害は大きく、ラクダでは精算しきれない。それでは彼らは何を差し出して解決できたのか。

彼らの伝統を活（い）かしたやり方を、そのまま真似（まね）はできないにしろ、西洋式の平和と民主主義が絶対正しいと思う必要もないんだなと、思えてくる。

評・内澤旬子（文筆家・イラストレーター）

たかの・ひでゆき　66年生まれ。ノンフィクション作家。早稲田大学探検部当時に執筆した『幻獣ムベンベを追え』でデビュー。著書に『世にも奇妙なマラソン大会』『ワセダ三畳青春記』『西南シルクロードは密林に消える』など。

二〇一三年四月二一日❷

『SF JACK』

日本SF作家クラブ 編

角川書店・一八九〇円

ISBN9784041103982／9784041038956（角川文庫）　文芸

「今」を通して、未来を映し出す

日本SF作家クラブが、創立50周年を迎えた。星新一、小松左京、筒井康隆といった初期メンバーが「ジャンル」を確立した時代から半世紀以上が過ぎ、SF的な手法は拡散している。映画、アニメ、ゲームなどのメディアでも、当たり前のように使われる。しかし、核心的なSF小説のコミュニティーも健在だ。

12人のSF作家が書き下ろした本書は「日本のSFの現在」を示す。道具としてSFを使うのではなく、みずからSFの射程を広げ、深めようとする探求心がある作品群。

そのような志を持ったSFは「〝今〟のフィルターを通して未来を映す遠見眼鏡」だ。ここで読む限り、目下、SF的想像力の探求の対象となりやすいのは、昨年話題になったiPS細胞をもとにした再生医療などバイオ関連技術、そして、急速に我々の生活を変えつつある情報技術の2方面であるようだ。12篇（へん）中の半数がこれらのいずれか（時には両方）をテーマとしたり、舞台設定の重要な要素として組み込んだりしていた。

硬軟ある中で万人にお奨（すす）めしやすいものとして、まず「リアリストたち」（山本弘）が印象に残った。ネットが普及した果てに、今の我々のように直接人と会って交流する者「リアリスト」がマイノリティーとなった世界を、自宅から出ずネットのみで生活する「ノーマル」の視点から描く。こういった「倒置」は「今」を逆照射する作用もある。

「楽園（パラディスス）」（上田早夕里）は、同じく情報技術を扱い、人の生死について切り込む。SFの思弁的な面が強く出ている。さらに「宇宙縫合」（堀晃）のような、古くからのSFファンがニヤリとする仕掛けを施したハードSFもある。

なお「50周年」と連動し、早川書房からも、傑作SF短篇を編んだ「日本SF短篇50」が全5巻のシリーズとして刊行中。2013年は、SFの年になるか。

評・川端裕人（作家）

日本SF作家クラブは63年創立。本書は50周年記念出版で、作家12人の書き下ろし短編集。

『世界で一番美しい名画の解剖図鑑』

カレン・ホサック・ジャネスほか 編著
菊田樹子、保田潤子 訳
エクスナレッジ・三九九〇円
ISBN9784767815145

歴史

私たちは絵の何を見ている?

展覧会場で絵を前にした時何を見ますか。色、線、形ですか。それとも構成? また物語ですか。いや作者の人生? やっぱり図像学的知識への関心? 私たちはこのような様々な要因を総動員して何とか「わかろう」と、絵に食らいつこうとする。結果は言語と感性がせめぎ合うだけで答えが出ないまま次の絵に移る。

絵を前にするとテストか禅の公案を与えられた気分になるのは、全て頭の作用の結果だ。絵を言語で読み解こうとするから「わかる」「わからない」という迷妄の世界に墜(お)ちてしまう。

「わかろう」とする以前にどうして「見る」ことに徹しないのか。絵の前で近づいたり離れたりする行為は、まるでアイフォーンで絵をクローズアップして見ることに似ている。本書はそんな鑑賞者の行為をなぞるように、一枚の絵を断片にばらしてクローズアップで紹介する。拡大された部分に私たちは何を見るのか。そこにあるのは物質としての絵の具のかたまりや筆跡でしかない。これはもはや絵ではない。絵かもしれないが抽象形態としての色の痕跡のようなものだ。そう考えるとどんな写実的な絵も抽象の累積にすぎない。つまり私たちが見ているのは図像としてのイメージではなく単に絵の具であることに気づく。

本書は千年前の中国絵画や中世のジョットから現代のキーファーまで、絵画の部分トリミングによって視線をミクロ的部分に釘付けさせる。そこには芸術的美術的感動も精神性も物語性も何もない。

例えばジャスパー・ジョーンズの星条旗の絵を見る時、私たちは眼(め)を皿にしてその部分を見る。その時、星条旗は眼に入らない。眼に映るのは表面のマチエールである。本書のモネ「睡蓮(すいれん)の池」やレンブラント「自画像」も同じ。本書は「絵でない部分」をじっくり見ることでちゃんと絵画の見方を示唆してくれている。

評・横尾忠則(美術家)

英国で美術史の教育や著述に携わる3人による編著。

『ブレイクアウト・ネーションズ 大停滞を打ち破る新興諸国』

ルチル・シャルマ 著 鈴木立哉 訳
早川書房・二三一〇円
ISBN9784152093585

社会

現地調査から探る各国の成長力

ブラジル、ロシア、インド、中国の頭文字からとった「BRICs(ブリックス)」。米金融大手ゴールドマン・サックスがそう名づけたのは10年前だった。もちろん4カ国には成長の素質があったが、このキーワードがあったからこそ、新興国投資ブームに火が付き、高成長が実現した。

そして本書がこれから10年のキーワードとしてあげるのが「ブレイクアウト・ネーションズ」。壁を突破して急成長を続ける国々、という意味である。

名付け親の著者は米金融大手モルガン・スタンレーの投資担当者だ。パソコン画面とにらみ合っている分析家ではない。この15年間、毎月1週間を新興国のどこかで過ごしてきた現地調査重視派だ。地元政治家の演説を聴き、ビジネスマンの習慣を調べ、地下経済を探ってきた。生データを考慮しながらの国家経済の実力判定は説得力がある。

たとえば各都市の高級ホテルの宿泊料金を比べる「フォーシーズンズ指数」。著しく高ければ、サービス価格の暴騰が成長を阻害していて、落ちこぼれる可能性が高い。概して資源輸出だのみの国の成績が悪いという。最悪はモスクワとサンパウロだった。

　見えてくるのはＢＲＩＣｓの時代の終わり、そしてチェコや韓国、トルコといった新・新興国が台頭する光景だ。

　かつてアジアの成長のお手本だった日本は、本書で「見習ってはいけない対象」としてしばしば登場する。アジアの成長モデルは今後、韓国に取って代わられるだろうと、耳の痛い分析もある。

　それでも著者が指摘するのは、ブームに乗ってどの国も繁栄する時代ではなくなる、各国の事情で成長がばらつく、だから前へ進むには自らの足で歩く努力がいる、ということだ。

　それは「突破する国」に向けてだけでなく、「仰ぎ見られてきた国」にも発せられたメッセージのようである。

評・原真人（本社編集委員）

Ruchir Sharma　モルガン・スタンレーの投資担当者。ニューヨーク市在住。

二〇一三年四月二一日⑤

『戦後『中央公論』と「風流夢譚」事件　「論壇」・編集者の思想史』

根津朝彦 著

日本経済評論社・六〇九〇円
ISBN9784818822528

歴史

言論の自由と暴力・自主規制

　伊藤整に『日本文壇史』という素晴らしい仕事がある。文学作品が人のつながりの中で、あるいは新聞など様々なメディアを使って成立してきた過程が見える本だ。

　本書はその評論版「日本論壇史」というべきものだ。歴史といっても戦後、とくに一九六〇年代に絞った論だが、この著者は今後、論壇通史を書けるのではないかと思う。

　対象は単行本ではなく、月刊総合誌である。本にまとめられる前の原稿が掲載される場所だ。生々しい現場である総合誌を通して、論壇の動きを丁寧に追っていて、思想家のみならずメディアとしての雑誌の戦後史と、そこにかかわった編集者たちの動きが見えてくる。

　思想史は思想の中身を問うが、それがどういう経緯や関係や時代と事件の動きの中で生まれてきたかは、あまり問題にしてこなかった。本書の題名になっている風流夢譚（むたん）事件はよく知られた事件だが、本書は事件を戦後の論壇史と思想史の中に置いた。第一章で戦後ジャーナリズムにおける論壇史全体を見渡し、次に総合誌その他のメディアのなかで、天皇制および天皇家がどう扱われていたかを論じ、その上で事件に入ってゆく。天皇制の問題を正面から論じない戦後の思想界、安保問題を背景にした右翼の動き、テレビの登場によって大衆メディアにさらされるようになった天皇家。その時代状況が見える。だからこそ、この事件が結果したメディア全体の「自主規制」が明確になる。

　著者は事件そのものを解説しているのではなく、この事件に日本の出版と言論界がどう対処したかを問題にしているのである。暴力にさらされたときの言論の自由の問題と自主規制の関係は、今に至るまで少しも進展をみせていないのではないか。

　中央公論社を事例に論はすすめられているが、個別の出版社がテーマなのではない。言論とは何か、を問うている。

評・田中優子（法政大学教授）

ねづ・ともひこ　77年生まれ。国立民族学博物館外来研究員。

二〇一三年四月二一日⑥

『卒業式の歴史学』

有本真紀 著

講談社選書メチエ・一六八〇円
ISBN9784062585491

歴史

日本に特有の「涙」はいつから

3月の風物詩といえば卒業式。ふと思い浮かべる曲は何だろう。〈仰げば尊し〉〈贈る言葉〉〈旅立ちの日に〉……。ハレの日にもかかわらず、そこにはうら悲しさが漂う。級友や恩師との別れに涙した人も多いだろう。

しかし、著者によると、そうした雰囲気の卒業式は「ほとんど日本に特有の学校文化」というから驚きだ。

しかも「卒業式で泣かないと冷たい人と言われそう」という斉藤由貴のヒット曲の歌詞とは裏腹に、近代的な学校制度が誕生した明治初期には、卒業式は「涙」や「別れ」とは無縁だったという。

一体いつから、なぜ、どのように卒業式はセンチメンタルな空間へと変容したのだろうか。目から鱗（うろこ）が落ちる史実を丹念に積み重ねながら、そのからくりを鮮やかに解き明かしたのが本書だ。

キーワードは「感情の共同体」。音楽（唱歌斉唱）の援用によって台本（式次第）にある「劇場作品」はより情操的深みを増し「記憶」として共有され易（やす）くなる。

しかし、そもそも何のための「共同体」なのか。それは日本社会における「学校」の位相を改めて問い直すことでもある。

しばしば懐古主義的な精神論や目前の成果主義に陥りがちな教育改革論議。まずは所与の「現実」を歴史的文脈のなかで脱構築する作業が欠かせない。本書の真の醍醐味（だいごみ）はまさにその点にある。

卒業式といえば、スティーブ・ジョブズが人生哲学を論じた演説は世界中の大学生の間で話題になった。

日本の卒業式でも「涙」や「別れ」よりも「言葉」が重んじられる日が来るのだろうか。30年後、卒業式はどうなっているのだろうか。

それは、とりもなおさず学校、そして日本社会の未来を想像し、デザインすることに他ならない。

本書をそのための貴重な契機としたい。

評・渡辺靖（慶応大学教授）

ありもと・まき 58年生まれ。立教大教授（音楽科教育、歴史社会学）。

二〇一三年四月二一日⑦

『幸福の経済学　人々を豊かにするものは何か』

キャロル・グラハム 著　多田洋介 訳

日本経済新聞出版社・二一〇〇円
ISBN9784532355524

経済

幸福は経済学者や心理学者がそれを考察対象とする以前から哲学的な思想のテーマだと著者は主張する。幸福をベンサム的な意味（快楽的な効用）とアリストテレス的な意味（意義深い人生を送る機）の両面から捉え、「幸せな農民と不満な成功者」という謎を解き明かしている。

本書によると、1人当たりのGDP（国内総生産）が概（おおむ）ね3万ドルを超えると生活満足度との間に明確な関係はなくなり、「尊厳」がアリストテレス的な幸福概念と一致する。そして、「所得」は豊かさを担保するものとなる。豊かさとは、欲しい物がすぐ、手近な場所で手に入ることと考えれば、ゼロ金利・ゼロインフレ下の日本は、マクロ的には豊かさを、世界でも最高レベルで実現したことになる。

そうであれば、本書が提言する「主観的な幸福度」に特化すべきは日本だということになって、成長やマネーといった量的指標を追い求めてばかりで大丈夫かという読後感が強く残る。

評・水野和夫（日本大学教授）

二〇一三年四月二一日❽

『諏訪根自子（ねじこ） 美貌のヴァイオリニスト　その劇的生涯』

萩谷由喜子 著

アルファベータ・二五二〇円

ISBN9784871985772

ノンフィクション・評伝

ショックだったのは、この人の死が半年もたってから報じられたことだった。それも外国の新聞が亡き人として取り上げていたため、確認して判明したのである。わが国では彼女は忘れられた「天才ヴァイオリニスト」だった。無理もない。若い音楽ファンでさえ、多くの名前を知らない。独特の名は、根を養えば木は自（おの）ずから育つ、の意を込めて両親に命名されたという。

会社員の娘である。来日した大ヴァイオリニスト・ジンバリストにその才能を認められ、十歳の天才少女と一躍はやされる。十六歳でベルギーに留学、パリからベルリンへ。

ナチス政権下、宣伝相のゲッベルスから名器ストラディヴァリウスを贈られる。

戦後この一件が彼女を苦しめた。名器はナチスの略奪品と非難され、返還すべきとの声もあった。彼女は沈黙する。

本書は伝説の演奏家の初の評伝だが、根自子が大切に愛用した名器については、実妹が興味深い証言をしている。これも衝撃の意外さである。

評・出久根達郎（作家）

二〇一三年四月二八日❶

『昨日までの世界　上・下　文明の源流と人類の未来』

ジャレド・ダイアモンド 著　倉骨彰 訳

日本経済新聞出版社・各一九九五円

ISBN9784532168605〈上〉・9784532168612〈下〉

人文

風土と環境因重視　叡智をたどり直す

朝日新聞が、識者アンケートによるゼロ年代の書物50冊を選んだ際、1位に輝いたのが著者の『銃・病原菌・鉄』だった。その彼が満を持して書いた新刊が本書である。テーマは「昨日までの世界」の叡智（えいち）をいま一度たどり直し、現代の工業化社会に生かすことができないかを模索すること。

「今日の世界」とは、ヨーロッパ化された世界のことである。『銃・病原菌・鉄』ではその理由が問われた。アフリカに起源を持つ人類のうち、ヨーロッパに旅立った一握りの白い人々が今日、政治、経済、文化、あらゆる面で世界を制覇している。白人が生物学的に優れていたからではない。ささいな環境要因の偶発的な差がそれを可能にした。穀物の元になる植物の自生。家畜化に適した動物。動物との接触がもたらした感染症ですら彼らを利した。しかし、成功を収めたはずの私たちの社会は今、新しい課題を抱え行き詰まっている。人間関係と経済、戦争と平和、子育て、高齢者、宗教……。

７００万年にも及ぶ人類史全体から見ると、私たちの文明は、今しがた出来たものにすぎない。それよりも「昨日までの世界」を知った方がよい。人類はこれらの問題群とずっと取り組んできた。昨日まで、とはいえそれは農耕が始まる前、1万年以前のことである。著者はニューギニア、アフリカ、南米に散在する「伝統的社会」の中に「昨日」の名残を見いだせるという。伝統的社会は、問題に対する巧みな解決策を持っている。その叡智に学ばない手はない。

例えば今、日本で問題の体罰。ほとんどの伝統的社会ではいわゆる「体罰」は行わないという。アフリカのアカ・ピグミー族は子どもを絶対に叩（たた）かない。ニューギニアのある部族に至っては、赤ん坊がナイフを振り回しても叱ることとさえしない。放任主義の中で子どもが自律的に学んでいくことに委ねる。日本のように「他人に迷惑をかけてはいけない」という規範を教育の徳目に掲げる集団もほとんど存在しない。他人のことよりまず自分の生存を優先させる。

一方、農耕民の社会はある程度、体罰を行い、牧畜民の集団は体罰を行う傾向が強いように見受けられる。これは集団の生業形態に関係するのではないか。価値の高いものを所有する集団ほど体罰をし、教育を強化する傾向がある。

一言でいえば、著者の立場は、発展史観で

はなく生態史観を採るということ。遺伝的決定論や適応度の物語にも取り込まれない。その意味で、風土と環境因を重視した和辻哲郎や梅棹忠夫にも通じる。ドグマやイデオロギーによらない公平さ、自由さが持ち味。そのスタンスは一貫している。ダイアモンド文明論の決定版的集大成。

評・福岡伸一（青山学院大学教授）

Jared Diamond 37年米国生まれ。カリフォルニア大学ロサンゼルス校（UCLA）地理学教授。『銃・病原菌・鉄』でピュリツァー賞受賞。

二〇一三年四月二八日❷

『自然災害と民俗』

野本寛一 著
森話社・二七三〇円
ISBN9784864050487
人文

伝承からみえてくる自然観

私が探検をする理由を簡単に説明すると、自然を旅して死を身近に感じることで逆に研ぎ澄まされた生の瞬間を味わいたいから、ということになる。しかし似たような活動をしていても、例えば欧米の人などはそんな風に考えるのか以前から疑問だった。自然の本質を人間には制御不能のどうしようもない世界と捉える私の感性の裏には、自然が豊かな半面、その脅威に怯（おび）えてきた日本人の精神の遍歴が反映されている気がする。

本書は地震や津波、河川氾濫（はんらん）、台風などの自然災害に対し日本人がどのような態度で臨んできたのかを民俗の観点から振り返ったものだ。災害は被害が大きく人間と自然が最も鋭く対峙（たいじ）する最前線であるだけに、結果、日本人の自然観そのものが見えてくる内容となっている。

津波の例をみてみよう。昔の人はウミガメの伝説の中に津波で失った最愛の人への未練を断ち切り、改めて生きる決意を込めていた。一方、ジュゴン伝説の中には潮が引いた海岸に魚や貝を獲（と）りに行ったせいで、多くの人が大津波に呑（の）まれたという話を警句的に織り交ぜている。他にも河川の氾濫や山地の崩壊に対処するため居住区域を工夫するなど、私たちの先祖は探検なんぞしなくても生活自体が自然と根っこの部分で結びつき、そこで暮らしていたわけだ。

自然との共生というと昨今では商品の宣伝コピーみたいなキレイごとばかりが幅を利かせているが、本来のそれは生き死にのかかった厳しいものだった。便利さと安全性だけを追求してきた現代の我々は急速に自然から切り離され、震災でも起きない限りその素顔に思いを馳（は）せることはなくなった。しかし一方で生活における生の実感は確実に希薄になっている……。

どちらが良い悪いではなく、単純に自然との関係を考えることは必要なことだと思う。そこにしか生と死の秘密は存在していないのだから。

評・角幡唯介（ノンフィクション作家・探検家）

のもと・かんいち 37年生まれ。近畿大学名誉教授（日本民俗学）。『生態と民俗』など。

二〇一三年四月二八日④

『とうもろこしの乙女、あるいは七つの悪夢』

ジョイス・キャロル・オーツ 著　栩木玲子 訳

河出書房新社・二七三〇円　文芸
ISBN9784309206158

少女の狂気と日常のゆがみ

フランスのゴンクール賞作家に「好きな作家は？」と尋ねると、真っ先にあがったのがオーツだった。長いキャリアを持ち、ノーベル賞候補にも名を連ねるが、日本ではあまり知られていないアメリカ屈指の大作家に触れるには、本書は絶好の入り口である。

読んでいると目の前の何の変哲もない風景が、その背後にぴたりと身を寄り添わせていた別のいびつな風景によってじわじわと浸透され奪われていくような不安が募る。

「化石の兄弟」、「タマゴテングタケ」はともに双子の物語だ。外向的で支配的な健康な兄の人生に、内向的で病弱な弟の存在が、悪夢のように染み込んでくる。「ベールシェバ」では、主人公の男性がかつての養女から忌まわしい過去の罪をつきつけられるが、彼自身にはその記憶がない。同じ現実にありながら2人はまるで違う世界を知覚しているかのようだ。

表題作「とうもろこしの乙女」は素晴らしい。知的な遅れのある金髪の少女マリッサを、同じ学校に通う裕福な孤独な少女ジュードが、インディアンの儀式を真似（まね）て生け贄（にえ）にしようとする物語である。だがここに描かれているのは、単なる少女の狂気ではない。シングルマザーで肩身の狭い思いをしているマリッサの母、ジュードの言いなりになる2人の少女、容疑者扱いされる青年教師など複数の視点が明らかにするのは、少女の心の闇ばかりではなく、アメリカ現代社会の日常に潜むゆがみや亀裂だとも言える。

その感は、中古用品店で働くイラク戦争の若い退役兵に深い同情を傾ける未亡人を描いた「ヘルピング・ハンズ」でいっそう強まる。退役兵と未亡人が生きる現実には越えがたい溝が横たわり、その醜くぎざぎざの切断面を、ひとりよがりな善意と共感によって無理に合わせようとするとき、血とも妄念ともつかぬものが流れ出し、我々の心を暗く染め上げるだろう。

評・小野正嗣（作家・明治学院大学准教授）

Joyce Carol Oates　38年生まれ。作家。『かれら』で全米図書賞。

二〇一三年四月二八日⑤

『永山則夫　封印された鑑定記録』

堀川恵子 著

岩波書店・二二〇五円　ノンフィクション・評伝
ISBN9784000241694／9784062936286（講談社文庫）

100時間のテープ 心の闇に迫る

同世代の犯罪者として、評者はこの人に無関心たりえない。裁判での死刑の基準は、彼に下された判決を拠（よ）り所にしている。「永山基準」だ。

昭和43年、通り魔による連続4件の射殺事件が起こった。被害者は一般市民である。5カ月後、犯人が逮捕された。19歳の永山である。

彼は極貧に育ち、中学を卒業すると「集団就職」の一員として上京、働きながら夜学に通う少年だった。金ほしさの犯罪ではない。しかし彼は何も語らなかった。生い立ちや劣悪な家庭環境が報道され、貧困が原因の犯行と断じられた。

評者は永山より6年早い中卒の集団就職者だが、この事件でずいぶん世間から白い眼（め）で見られた。高度成長の時代で、貧乏が強調された。新藤兼人が事件に材を取って、「裸の十九才」という映画を作った。やはり貧困が根底にある。それと幼時に別れた母親の存在を主題にすえたのが、新藤らしかった。

永山は昭和46年、獄中ノート『無知の涙』を出版、貧困が無知を生むのでなく、資本主義社会が形成すると言い、犯行は自殺するため計画的なもの、と告白した。

『無知の涙』には、「金の卵たる中卒者諸君に捧ぐ」と副題がある。集団就職の中卒者は、経済成長期に貴重な働き手であったから、「金の卵」とはやされたのである。永山に捧げられた評者も読んだ。彼の告白を唐突に思い、真意がわからなかった。計画的犯罪の意味も、自殺の踏み切り板の理由も、全く理解できない。

謎がとけたのは本書のおかげである。著者は永山事件を取材中、裁判で採用されなかった、百時間を超える精神鑑定のテープを入手した。なぜ今まで封印されていたのか。鑑定書を起草した精神科医の葛藤と、永山の複雑な家族関係、心の闇など、著者は絡みあった糸を丹念にほぐす。推理小説の結末さながら、最後のページまで息が抜けない。

評・出久根達郎（作家）

ほりかわ・けいこ 69年生まれ。ジャーナリスト、フリーのディレクター。『裁かれた命』など。

二〇一三年四月二八日⑥

『安井かずみがいた時代』

島崎今日子 著

集英社・一七八五円
ISBN9784087714876／9784087452990（集英社文庫）

アート・ファッション・芸能

恐ろしいまでに愛があるだけ

これまで仲良く遊んでいた友人が、結婚を機にガラリと変わって疎遠になる。よくあることだ。結婚前と後、どっちが本当の彼女なのだろう。

1960年代にデビューした作詞家安井かずみ。派手なメークにサンローランのパンタロンを着こなし、外車を乗り回す。華やかな友人に囲まれ、アバンギャルドな芸術談義を交わし、海外のパーティーにまで出没する突き抜けた暮らしぶりは、女性たちの憧れの的だったという。

それがミュージシャンの加藤和彦との結婚によって、どう変節していったのか。

コシノジュンコ、金子國義、吉田拓郎など、友人や仕事仲間、身内ら二十数人が彼女について語る逸話のすべてに、過ぎ去った時代の風俗がちりばめられる。証言者ごとに彼女の姿は揺れ動き、陰影と厚みを増して描かれてゆく。

華やかで奔放なキャリアの裏で、友人にもなかなか見せなかった苦しみや孤独、焦り。加藤和彦との結婚生活は、その反動からか、いつも2人一緒で、ファッションも保守的に変わる。変わらないのは、すべてにおいてゴージャスであるという一点のみ。以前の友人たちは自然と離れていく。

彼女の変節は80年代の風潮に重なり、一流ブランドを着て高級ワインを飲むおしどり夫婦としてメディアを飾る。

安井が望み、加藤が精いっぱい応えた結婚生活は、本当に幸せだったのか。はたまた互いに依存し、息詰まる地獄だったのか。安井が早世してすぐ再婚した加藤は、浮気をしていたのか。それとも2009年に自死するまで安井を一番愛していたのか。

構成の妙に導かれ、インタビューを読み進めるうちに「憧れの女」へのやじ馬的好奇心は、いずれも断定されないまま、満たされてゆく。

結婚を愛の究極形として、孤高の表現作品であるかのように作り上げた生き様に、嘘（うそ）も本当もないのだ。恐ろしいまでに、愛があるだけ。

評・内澤旬子（文筆家・イラストレーター）

しまざき・きょうこ 54年生まれ。ジャーナリスト。『この国で女であるということ』など。

二〇一三年四月二八日⑦

『ファッションフード、あります。』

畑中三応子 著

紀伊國屋書店・二五二〇円
ISBN9784314010979

人文

何とも元気の良い食文化レビュー本。筆者は流行の食べ物を「ファッションフード」と命名、主として1970年代から2010年までを疾駆して見せた。70年代は、ちょうど日本が消費文化の成熟を見せ始めた時期である。あらゆる商品のメディア形態化は、食文化にも波及した。

特筆すべきは、ファッションフードが、食を既存の性別分業意識から解放したとの指摘である。食文化は望ましい家庭像と表裏一体だが、「おしゃれな食」の浸透は、若い女性を台所から解放し、さらに男性を趣味の料理へと誘（いざな）った。なるほど、消費文化は既存のアイデンティティーを攪乱（かくらん）し、軽やかに越境させる。

若干物足りなかったのは、スローフードや地産地消への目配りか。ただこれも、流行の俎上（そじょう）から軽やかに論じたともいえる。また筆者も指摘するように、食育もファッションフードの観点を取り入れるべきだろう。氾濫（はんらん）する食情報を、「消化」する必要を再認させる快書。

評・水無田気流（詩人・社会学者）

二〇一三年四月二八日⑧

『日本の動物観 人と動物の関係史』

石田戢、濱野佐代子、花園誠、瀬戸口明久 著

東京大学出版会・四四一〇円
ISBN9784130602228

人文

日本の動物観というと仏教の殺生禁忌や徳川綱吉の「生類憐みの令」を思い浮かべるが、どうもほんとうは動物を殺し食べた日本史こそ探究すべきだったようだ。

本書は勇敢にも、雨乞いの儀式に捧げられた犠牲獣の問題、美味な食材として江戸時代にも存続した狩猟獣の内臓を食べる習慣などを考察する。

内臓食ではカモシカ、ムササビ、ウサギ、クマなどが好まれたが、絶品は草食動物の小腸に詰まっている糞（ふん）であり、「極上のソーセージ」だった。明治期以後の肉食はそうした文化の復活でもあった。

野生動物やペットの問題も大胆でスリリング。明治以後に野犬狩りや狼（おおかみ）狩りが徹底的に行われた裏に、動物を管理し有用化する西洋の理論や進化論の影響があり、中西悟堂ら都市から郊外に移り住んだ文化人が主導した「野鳥」への愛と保護という新思潮でも、初期には「カスミ網やカモ猟のような伝統狩猟」が鳥との親交の一つとされた点は興味深い。

評・荒俣宏（作家）

二〇一三年五月五日①

『完全なるチェス 天才ボビー・フィッシャーの生涯』

フランク・ブレイディー 著 佐藤耕士 訳

文芸春秋・二六二五円
ISBN9784163760407／9784167904357（文春文庫）

ノンフィクション・評伝

謎多き流転の人生 棋譜のように記す

稀代（きだい）の天才チェスプレイヤー、ボビー・フィッシャーは奇人とも言われがちな人生を送った。ともかく謎が多い。平気で都合何十年も世界から姿をくらました。そして9年前、実は日本にも長く滞在していたことがわかった。成田空港で逮捕されたからである。

本書は空白の多いボビー・フィッシャーの歴史を綿密にたどり、出来る限り内面に迫ろうとした本だ。誰もわかり得なかった履歴をよくもここまで調べ上げてくれたものだと驚かされる。

母親レジーナがホームレスの状態で産み落とした男児、ボビー・フィッシャーは6歳の頃、姉から1ドルのチェス盤を買ってもらい、自分自身と対局を重ねていく。

やがて棋譜の本を手に入れたフィッシャーは、なんと1年後、有名なチェスクラブに会員として認められる。7歳児が、だ。前代未聞のことであった。

そこからの驚くべき栄光は本書でつぶさに追って欲しいが、彼は29歳にして当時ソ連のスパスキーと死闘を繰り広げ（試合の条件に関してもフィッシャーは細かく闘争し、なかなか会場のアイスランドに行かなかった）、ついに世界チャンピオンとなる。

しかし3年後、彼は世界チェス選手権の条件に異議を唱え、王者の称号を放棄。そこから20年近く、隠遁（いんとん）生活に入ってしまう。同時に自分にもユダヤの血が入っているはずなのに、徹底的な反ユダヤ主義者になり、過去の試合の過程から反ソ連主義者になる。

政治を意図せざるか否か、突然フィッシャーは1992年、20年の沈黙を破って再びスパスキーと対戦。彼は49歳であった。しかし試合の場所がセルビアであり、ユーゴ紛争においてある種の政治勢力の宣伝になりかねなかった。

試合はアメリカ政府から禁止される。だが、フィッシャーは意に介さない。チェスは行われる。以来、彼は母国の敵として追われる。大統領令を破った者として。

その後また始まる流転の中で、フィッシャーがどのような生活を送っていたのか、日本滞在も含めて筆者はその死までを愛情をもって書き記す。まるで長いゲームの棋譜のように綿密に。

だが、これを読み終えた者はより深い疑問へと導かれるだろう。

「彼の生き方はわかった。だが、なぜそうだったのだろう？」

それはまるで、チェスのプロブレムのようである。何手かで詰む問題。考えれば考えるほど、我々はチェスの奥行きに魅了され、脳の働きが拡大するのを実感する。

理解しがたい人生。しかしそれを何らかの信念と共に生きた者がいる。ボビー・フィッシャーはいまや、他者を考えるための、ひとつのプロブレムである。

評・いとうせいこう（作家・クリエーター）

Frank Brady　34年米国生まれ。60年に編集者として「チェス・ライフ」誌を創刊。若き日のフィッシャーを始め、バーブラ・ストライサンド、オーソン・ウェルズなど多くの著名人の評伝がある。

二〇一三年五月五日❷　アート・ファッション・芸能

『漂うモダニズム』

槇文彦 著

左右社・六八二五円

ISBN9784903500867

エース建築家の逆説的希望

20世紀初頭、モダニズムというデザインの潮流が、世界を覆いつくした。コンクリートと鉄とガラスによる、合理的でグローバルな建築デザインが、世界を制覇した。槇文彦は、モダニズム建築の世界的エースであり、80歳を超えて、いよいよ活発に世界で建築を建て続ける。

その当の槇が、近代小説の終焉（しゅうえん）を論じた水村美苗の『日本語が亡（ほろ）びるとき　英語の世紀の中で』を引きながら、モダニズム建築の終焉を語る。モダニズム建築と日本の近代小説の併行（へいこう）性が浮かび上がってくる。

キーワードは、「翻訳」である。20世紀、すなわち工業化社会とは、翻訳者の時代であったというのが、槇と水村の共通認識だろう。翻訳者というエリートが、社会をリードして、誰も文句をいわなかった。なぜなら、工業化社会は、エリートが先端知を運ぶ、成長・拡張の時代であり、誰もが「拡張」のおこぼれにあずかれるから、エリートに対して文句をいわなかった。建築家は、モダニズムという

「大船」に乗っていれば、エリートとして、堂々としていられた。

しかし、すべてがシュリンクする脱工業化の時代は、どんな文化によって支配されるのか。「文化」に代わって、広告代理店的マーケティングの産物である「文化商品」が席捲（せっけん）する、と水村は暗く嘆く。逆に、槇の状況分析は明るい。言語という抽象的なものを扱う文学と、建築という具象的、具体的なメディアの本質的な差異が、評者にはとても面白く感じた。モダニズム＝大船の時代においてすら、翻訳の産物であるそれぞれの建築は、恐ろしいほど多様であったと槇はいう。建築は、現地の材料と技で、その場の環境に適合する形で、血肉化するしかないからである。モダニズムの正統的嫡子（ちゃくし）の槇が、脱モダニズム、脱エリートの、全員が漂流する時代の建築の可能性を指し示すパラドクスは、感動的ですらあった。

評・隈研吾（建築家・東京大学教授）

まき・ふみひこ　28年生まれ。建築家。著書に『見えがくれする都市』『記憶の形象』など。

二〇一三年五月五日❸

『シロアリ』
松浦健二 著
岩波科学ライブラリー・一五七五円
ISBN9784000296021

『アリの巣の生きもの図鑑』
丸山宗利ほか 著
東海大学出版会・四七二五円
ISBN9784486019701

科学・生物

足元に広がるワンダーランド

『シロアリ』の著者は、幼少時、原っぱのベニヤ板をひっくり返して発見したシロアリの巣に魅了された。ここに「もうひとつの世界がある」と。研究者を志す学生時代は、アパートの炬燵（こたつ）で飼うほどの入れ込みぶり。大家さんに知れたら一悶着（ひともんちゃく）あったかもしれないが、幸いトラブルに至らず、まっすぐシロアリ道を突き進んだ。そして見いだしたのは「ワンダーランド」である。

社会性昆虫で最初に研究が進んだアリ・ハチは、女王を頂点とするメス中心の社会だ。オスは生殖のみに生き、死ぬ。一方、著者らが解き明かしてきたシロアリ社会は「男女共同参画」。羽アリになって新しい巣を創った後も王は女王と共に生きる。ワーカー、兵アリなど、アリ・ハチではメスのみの役割も雌雄ともに参加する。それも、ぷっくりした幼虫の状態で！　共同参画はよいが児童労働はいかん！　と思ってもこれが彼らの社会である。良し悪（あ）しではない。

著者が発見した女王の「分身の術」が特異。単為生殖で自分と同じ遺伝子を持ったメスを生むことで、ある意味不老不死となる。副題の「女王様、その手がありましたか！」は他ではお目にかかれない女王の生き様への驚愕（きょうがく）を示す。

シロアリは系統的にはゴキブリに近いそうだが、見た目の繋（つな）がりで『アリの巣の生きもの図鑑』も推したい。アリに依存して生きる「好蟻性（こうぎせい）生物」を網羅的に扱った労作写真集。アリが地面の下に創る「もうひとつの世界」はなんと多様な生命を育んでいることか。シジミチョウの幼虫はアリ自身によって巣内に運ばれ、アリの幼虫を食べ成長する。ある種のツノゼミ、ハナアブ、コオロギなども生活史の一部をアリの巣に依存する。実はシロアリの巣も同様で、本書の最後に紹介されている。「アリの巣」は、主（あるじ）たる「アリ」だけではない、足下に広がる身近なワンダーランドだ。

評・川端裕人（作家）

二〇一三年五月五日④

『もうひとつの街』

ミハル・アイヴァス 著　阿部賢一 訳

河出書房新社・一九九五円
ISBN9784309206141

文芸

無意識の王国へさまよいだす

しばらく前からひとつの噂（うわさ）が囁（ささや）かれているようだ。

1冊の不思議な本がいま書店の棚で息を潜めている。収められた言葉が読者の視線に触れるときに生じるあまりの快楽と衝撃ゆえに、慎み深い小動物にも似たこの本は我々の指に触れるのをあえて避けるかのようだ、と。

遠い異国に憧れやまぬ存在である我々は、この本をチェコの都プラハをめぐるものだと思い、手に取り、開く。そのときかすかに本が震えたのは気のせい？　ページから放たれるこの淡い緑味を帯びた光は目の錯覚？

実際、この本の語り手と同様、我々ははじめ目を疑うだろう。視界に立ち現れてくるのは、プラハ城やカレル橋など確かに〈あのプラハ〉だ。しかしそうした光景を描いているはずの文字が、異教の神々を祀（まつ）る祭典で奉納されるにふさわしい官能的な舞踏を踊り出す。言葉はもはや外側から対象を記述するのに倦（う）んで、対象の内部に、そして我々の視線の片隅に隠されていた思いも寄らぬ空間を次々と明らかにする。

カレル橋を飾る聖人たちの彫像の内部に家畜小屋やバーが現れ、サメやエイが空を舞い、ベッドシーツが平原や山脈となり、図書館の奥にジャングルが現れる。

当然、物語もまた単なる物語だけにとどまることはできず、言葉はときに詩に、ときに絵画となり音楽となりながら、あらゆる事物の、そして読む我々自身の意識の輪郭を曖昧（あいまい）にしていく。ちょうど列車に揺られて眠りに落ちていきながら、暗い夜の支配する無意識の王国へと我々が束（つか）の間彷徨（さまよ）い出すときのように。

本書を読む我々を包むのは多幸感に満ちた夢なのか、それとも永遠に繰り返される悪夢なのか。はっと目を覚まし顔を上げるとき、本書を膝（ひざ）に開いた我々が乗っているのは、「もうひとつの街」へと人々を運び去る、あの緑色の路面電車なのかもしれない。

評・小野正嗣（作家・明治学院大学准教授）

Michal Ajvaz　49年プラハ生まれ。作家、詩人、哲学者。

二〇一三年五月五日⑤

『協力がつくる社会　ペンギンとリヴァイアサン』

ヨハイ・ベンクラー 著　山形浩生 訳

NTT出版・二五二〇円
ISBN9784757142916

人文

共感や協調を引き出す工夫

人を動かす常套（じょうとう）手段といえばアメと鞭（むち）。どちらも人間が私利私欲に満ちた存在だとする性悪説に根ざしている。人間とは「リヴァイアサン」（旧約聖書に出てくる巨大な海の魔獣）というわけだ。

だがネットワーク研究の第一人者である著者は「人間は単なるアメと鞭よりはるかに多くのものに動機づけられている」とし、自発的に協力する存在としての人間に着目する。オープンソースの基本ソフト（ＯＳ）として有名なリナックスのマスコットである「ペンギン」がその象徴だ。

ネットワーク理論の分野では社会科学や自然科学の知見を援用しながら20年ほど前から協調や創発のメカニズムの解明が進んでいる。

著者はその成果を踏まえながら、ウィキペディアのようなオンライン上の協働プラットホームからコミュニティー警備、カーシェアリングにいたるまで、世界各地のペンギンたちによる創意工夫の先端事例を豊富に紹介する。

とりわけ保守派とリベラル派のブログ論壇の運営スタイルを比較しながらオバマ大統領の巧妙な選挙戦略を分析したくだりは秀逸。ネット選挙に関心ある向きは必読だ。

むろん著者は「私たちは天使ではない」とし、ナイーブな性善説には与（くみ）しない。「私利私欲と協力は排他的ではない」とも念押ししている。

協調や創発を意図的に誘引することには危険性も伴う。リヴァイアサンがペンギンを餌食にしないとは限らない。

しかしリヴァイアサンだけでは組織や社会の運営に限界があるのも確かだ。国際関係においてすらハードパワー（アメと鞭）のみならず、ソフトパワー（相手の共感や協力を引き出す力）が注目される時代である。

リヴァイアサンの発想に囚（とら）われるあまり身近な制度や人間関係の潜在能力を押し潰してはいないか。

一度立ち止まって見直すには格好の一冊だ。

評・渡辺靖（慶応大学教授）

Yochai Benkler 64年イスラエル生まれ。ハーバード大ロースクール教授。

二〇一三年五月五日❻

『それでも彼女は生きていく　3・11をきっかけにAV女優となった7人の女の子』

山川徹 著

双葉社・一四七〇円

ISBN9784575305081

ノンフィクション・評伝

〈家族〉と〈企業〉が壊れた世界で

東日本大震災から4カ月ほどのある日、ルポライターの著者が現地でこんな噂（うわさ）を聞く。「被災した女性たちが上京して風俗やAV（アダルトビデオ）で働き始めている」。ここで著者は戦前の東北の〈娘身売り〉を想起した。戦前に東北では貧困ゆえに娘を売った、という話を。

「震災がなければAVの仕事をしなかった」という7人の女の子も聞き手も、ゆるいと言えるほど今風だが、視点に射程の長さがある。そして、つい遠い昔のことと思いがちな〈娘身売り〉の時代は、昭和でありほんの80年前なのだと気づくとき、ある深い理解がやって来る。日本という国は、大戦の痛手から「ちゃんと復興」しないうちに、大きな人災と天災をいくつも浴びたのだ、と。

速やかな経済発展を成し遂げるかたちで戦後復興は、成った。一方で、福祉を家庭と企業に負わせることで公的負担を軽くした。このことが、非常時にとても弱い社会をつくった。すぐに、脱落者を多量に生む。しかも脱落が「自己責任」と言われる。それが、今を生きる日本人すべての生きづらさであり、7人の女の子たちは、特殊というよりは端的なのだろう。

AV女優などの語りはもともと、とても今風なところと古風なところを持っている。それが「生い立ち話」になりやすかったのは、性産業が、家族からこぼれた者の受け皿であり、なおかつ家族を支える手段ともなってきたことによる。7人の話は、日本の経済の影の主役だった〈家族〉と、表の主役であった〈企業〉、両方が壊れた世界で生きるとはどんなことであるかを問いかけている。

「震災の体験を風化させてはいけません」とお題目を唱えながら、すでに「なかったこと」として生きる都市の人間と、何も変わらない被災地の現実とのギャップも、身ひとつのリアルな移動者は教えている。

評・赤坂真理（作家）

やまかわ・とおる 77年山形県生まれ。ルポライター。『東北魂 ぼくの震災救援取材日記』など。

二〇一三年五月五日⑦

『プロイセン東アジア遠征と幕末外交』

歴史

福岡万里子 著

東京大学出版会・六〇九〇円

ISBN9784130262347

オイレンブルク伯爵が率いるドイツ初の日本訪問使節団は、自然から民俗習慣におよぶ幕末日本の貴重な調査資料を残した。ただし、一行は物見遊山に来たのではなく、露仏英蘭米の五カ国と同じ修好通商条約を結ぶ交渉に来たのだ。こちらはきわめて困難な交渉となり、担当した外国奉行堀利熙（としひろ）を理由不明の自刃にまで追い込んだ。本書は自刃の真相にせまりつつ、これまで五カ国との条約成立をもって全面開国と思われた「鎖国」の常識を、外国側文書の検討を軸に突き崩していく。

当時の幕府は、条約締結の結果吹き荒れた物価騰貴や攘夷（じょうい）運動の激化を収拾できず、「先約」のあったポルトガル以外、どことも条約を結べぬ状況にあった。それでも条約締結を迫るドイツに対し幕府は捨て身の妥協案を捻出する。つまり「ドイツ一国」だけ例外扱いにするという条件だが、ドイツがじつは複数の小国群であり「一国」と承認できない事実が発覚してしまう。詳細な裏付けで顛末（てんまつ）を追う。

評・荒俣宏（作家）

二〇一三年五月五日⑧

『フランシス子へ』

文芸

吉本隆明 著

講談社・一二六〇円

ISBN9784062182157／9784062932066（講談社文庫）

個人的なことで誠に恐縮だが、私は吉本隆明さんの講義ビデオ収録のため、お宅に通っていたことがある。愛猫「フランシス子」ちゃんも「シロミ」ちゃんも、見たり撫（な）でたり機材に乗られたりした。その猫たちの気配とともに、歌うような語り口の吉本さんが、見事に再生される本である。

猫は自分の「うつし」だそうである。「猫さんと一致した『瞬間的な自分』と一致できない『人類としての自分』」が、別々に出てくることがある。人間には、人類の枠組みでは収まりきらない何かがあって、どこかに猫類の自分がいるのではないか、とも。

ふと、晩年盛んに「自然」と詩の関係を強調されていたことを思い出した。自然への目配りは、定型詩はもとより、四季派以下の口語自由詩の生命線である。戦後現代詩はある意味これを排してきたが、詩人・吉本隆明は特異なまでに自然を歌った。あれらは猫の視点から書かれた作品であったか……などと感慨に耽（ふけ）りつつ。

評・水無田気流（詩人・社会学者）

二〇一三年五月一二日①

『「幸せ」の戦後史』

社会

菊地史彦 著

トランスビュー・二九四〇円

ISBN9784798701363

喪失感の中から生きた時代問う

生まれて60年余り、日本は豊かになって来たはずなのだが、私は常に「失い続けている」という思いが消えなかった。それは個人的な事情ではなさそうだ。やはり、そのことに向き合わねばならないのだろう。本書を読みながらつくづくそう思った。

著者と私は同じ1952年に生まれた。本の冒頭に出て来るのは「社会意識とは何か」を問う章なのだが、いきなり歌の中に引き込まれる。ふるさとをテーマにした流行歌から明らかになるのは、60年代におけるふるさとの喪失である。地方から都市に出た人々のことだけではない。著者も私も都会の下町の生まれだが、親たちは団地にあこがれた。著者は団地に移り住み、私の家族は抽選から漏れて移り住めなかった。しかししょせん同じことで、下町は崩壊し郊外に出ることになった。至る所にふるさとの喪失はあったのだ。

高度経済成長と裏腹に、「喪失」は60～90年代の特徴である。本書は「壊れかけた労働社会」「家族の変容と個の漂流」「アメリカの夢と影」という三部から成っている。仕事、家族、価値観とライフスタイル、そのいずれにおいても日本人は深い喪失を体験し、それにかわる新しい仕事の仕組み、家族の関係、新時代の価値観を確立したとはとても言えない。しかしその時々に、その喜びも苦悩も矛盾も表現してきた。そのことが本書では、膨大な歌、映画、アニメ、書籍をもって語られる。

歌や映画はもちろん、オタクやエヴァンゲリオンやオウム真理教も、マーケティングと消費社会論も、テレビやロイヤルウエディングやスーパーとコンビニの出現も、同世代である村上龍や村上春樹の世界も、そして戦後日本のアメリカニズムも、それぞれ今までさんざん論じられてきたのだから、本書はその素材において目新しいものがあるわけではない。にもかかわらず、読みながら心に深くこたえるのはなぜか。それは著者自身が、自ら読み、口ずさみ、リストラを体験し、そのただ中で「自分の生きてきたこの時代とは何だったか」を問い続けてきたからである。とりわけTPPから改憲まで噴き出した昨今は、「自分とこの時代にとってアメリカとは何か」を考え、その関係を自分のなかで再構成する作業に迫られている。本書では村上龍や村上春樹を、日本の中に深く食い込んだアメリカの問題として読み解いている。それはこの世代の精神的な根幹に関わっているのである。

著者は外から社会を分析しているのではない。仕事、家族、生活という自らの足もとを問い直しているのだ。同じ時代を生きてきた者にとって、自分を考える絶好の読書である。

評・田中優子（法政大学教授）

きくち・ふみひこ　52年生まれ。筑摩書房や編集工学研究所などを経て、99年、企業の組織課題やコミュニケーション戦略を中心にコンサルティング活動を行うケイズワークを設立。現在、同社代表取締役。共著に『情報文化の学校』。

二〇一三年五月一二日❷

『銀嶺に向かって歌え　クライマー小川登喜男伝』

深野稔生 著

みすず書房・二九四〇円
ISBN9784622077398

ノンフィクション・評伝

名ルートを拓いた登山家の情念

なぜ人は山に登るのか。これは山に登らない多くの人が首をひねり、山に登る多くの人が回答を避ける、人間の実存に関する難問だ。その答えはありきたりな一片の言葉ではなく、山に人生を賭けた人間の行動と情念の中からしか見つからない。

小川登喜男は1930年代に〝魔の山〟谷川岳や穂高岳の岩壁に名ルートを拓（ひら）いた登山界の伝説の存在である。といっても今では多くのクライマーにとってさえ、岩壁登攀（とうはん）のガイドブックに初登者としてその名が記されているから知っている、というぐらいの謎の人物であろう。どういうわけか彼はほとんど山行記録を残さなかったらしい。

東北の雪山や岩山で実績を積んだ小川は、慶応のイデオローグ大島亮吉の言葉に導かれるように谷川の岩壁に足を踏み入れる。鋲靴（びょうぐつ）やしめ縄みたいなロープなど、今では信じられないような貧相な装備で、今でも十分登りごたえのあるルートを次々と切り拓いていった。頼りになるのは蝶（ちょう）が舞うような登攀者としての天賦の才だけだった。

大学山岳部のノートに残された思索的な言葉が印象的だ。彼は言う。登山とは「芸術と宗教とを貫くひとつの文化現象」であり、「強く激しい心の働きは芸術の創造における態度に」近づくと。その言葉は今でも山に命を削る者の気持ちを代弁している。登山家は風景や自然を楽しむのではない。画家が画布に情念をぶつけるように岩壁や氷壁に一本の美しいラインを描くために登るのだ。彼が記録を残さなかったのは山にすべてが表現されていたからに違いない。

山はすべてを与え、同時にすべてを奪いもする。工場事故で指を失い、山を下りざるを得なかった彼の余生は、私には無惨（むざん）に思えた。その後、結婚し平和な家庭生活を送ったというが、そこに本当の笑顔はあったのだろうか。

命の瀬戸際に立つからこそその光と影を見た。

評・角幡唯介（ノンフィクション作家・探検家）

ふかの・としお　42年生まれ。日本山岳ガイド協会所属。『宮城の山ガイド』など。

二〇一三年五月一二日③

『鉞子（えつこ）　世界を魅了した「武士の娘」の生涯』

内田義雄 著
講談社・一六八〇円
ISBN9784062183185
ノンフィクション・評伝

隠れた名著の素性、明らかに

　司馬遼太郎の長篇（ちょうへん）『峠』は、主人公の河井継之助が上京を願って、長岡藩筆頭家老の稲垣宅に日参する場面から始まる。後年、二人は藩の存亡の機に対立する。

　時代が下って、主君に殉じた河井は武士の鑑（かがみ）とはやされ、稲垣は腰抜け者と評された。『峠』の取材に長岡を訪れた司馬は、郷土史家に『武士の娘』という本を教えられた。「大読書家」の司馬も初めて耳にする書名だった。

　作者は杉本鉞子（えつこ）、筆頭家老稲垣の娘である。金太郎のかつぐ鉞（まさかり）の如（ごと）く強い娘になってほしい、と名づけられた。在米の日本人と婚約、英語を学ぶため十四歳で上京し、ミッションスクールに通う。

　渡米後、英語で『武士の娘』を出版、ベストセラーとなる。女の子は「きの字」の形に体を曲げて就寝することや、手習いの師の前では不動の正座であること、など幼少女期に受けたしつけや見聞をつづった。アインシュタインや、インドの詩人タゴールらに愛読された。日本文化論『菊と刀』の著者ベネディクトは、本書に触発されて日本研究に励んだ。

　しかしわが国で知られるようになったのはごく近年である。長岡出身の著者もご存じなかった。人に教えられ発奮して調査、本書をまとめた。鉞子の人となりや家族、経歴を明らかにした。何より『武士の娘』の執筆には、偉大な同性の協力者がいた事実を突きとめた。日本の情緒をアメリカ人にわかりやすく伝えるため、適切な助言をしてくれ、また文章に独特の芳香を加えてくれた。彼女は手紙や日記を残していない。縁の下の力持ちに甘んじ、徹していた。

　鉞子は渡米前、浅草の小学校で准教員をしている。同年の樋口一葉が近くにいた。『武士の娘』が邦訳出版されたのは、戦時下の昭和18年。「敵国」に称賛された本が、なぜ必要とされたか。翻訳者といい、この辺の事情をも少し知りたかった。

評・出久根達郎（作家）

うちだ・よしお　39年生まれ。NHKでスペシャル番組プロデューサーなどを務め、96年退職。

二〇一三年五月一二日④

『江戸絵画の非常識　近世絵画の定説をくつがえす』

安村敏信 著
敬文舎・二九四〇円
ISBN9784906822614
アート・ファッション・芸能

「風神雷神」本当に宗達晩年の作?

　一例をあげる。「風神雷神図屏風（びょうぶ）」（建仁寺）の作者といえば誰もが疑うこともなく俵屋宗達に決まっていると言う。これは常識である。本書はこんな常識に対して異議申し立てをする非常識な研究者がいてもちっとも不思議ではないだろうという論者たちの意見を、美術史家の著者が交通整理しながらその理非を裁量していく手腕が実に鮮やかでスリリングである。

　例えば「風神雷神図屏風」は宗達の晩年の作であるというのが定説であるが、この作品には署名も落款もない。証拠がなければ常識の基盤が揺らぐ。本書の目的は常識の仮面を剥がすことで非常識を歴史の文脈に、新たな顔として位置づけられないかという挑戦である。

　一方〈それがどうした〉、真筆であろうがなかろうが、〈いいものはいい〉ではダメなのかという疑問が起こるかもしれないが、美術史はそう甘くあっちゃいけない。真偽の判定には直感型と状況証拠型があるが、最後はデュシャンの言うように鑑賞者にゆだねることになる場合もあろうか。

さて、建仁寺の「風神雷神図屏風」をフェノロサが「伝宗達筆」として報告するまでは、「風神雷神図屏風」といえば尾形光琳、というのが常識だった。光琳が宗達の「真髄（しんずい）に接する手段としての模写」をしたという研究家に対して、光琳はそのような近代の芸術家肌ではなく、むしろ金銭目的の職人であったと著者。このように回転式ドアのように常識がくるっと非常識に一変する時、歴史が眼（め）を覚ます。

著者は江戸の常識13の事柄を挙げながら、多岐にわたる考証を展開し、検討を重ね、次々と常識の本当を採掘しながらくつがえしていくが、同時に自ら学芸員としても制度化された美術館の常識に疑問を呈し、「美術史学の常識を問い直す」ことを訴える。そして実はこのことが「本書の執筆の主目的であった」と言っている。

評・横尾忠則（美術家）

やすむら・としのぶ 53年生まれ。板橋区立美術館前館長、江戸狩野派の研究者。

二〇一三年五月一二日⑤

『ユーロ消滅？ ドイツ化するヨーロッパへの警告』

ウルリッヒ・ベック 著　島村賢一 訳
岩波書店・一五七五円
ISBN9784000254182
経済／国際

危機への岐路に立つメルケル

ユーロ危機を国家債務危機ととらえた経済学者は「資本の理解者」となって貧者に新自由主義を強いると著者は指摘する。債務危機ではなく、欧州危機なのであって「欧州が排外主義や暴力に回帰せずに、根本的な変化や多大な挑戦に対して解答を見いだせる」かどうかが問題の核心だという。

著者は、現在の欧州はマキャヴェッリが経験した15～16世紀以上の危機に直面しているのであり、「革命前夜のような状況」と認識する。独首相メルケルを、『君主論』の戦略家になぞらえ「メルキアヴェッリ」と称し、これまでの「懐柔戦略としての躊躇（ちゅうちょ）」的な手法をたたえているが、「ドイツによるヨーロッパ」が全面的になると、限界に近づくと危惧し、それを避けるための「公平」「均衡」など四つの原則を提唱する。

現在の危機に対処するには、国民国家的世界観を変え、「ルールを守る小政治」から「ルールを変える大政治」へと転換する必要がある。欧州連合を進めていこうとする著者によれば、「慣れ親しんだルーティンを粉々にする例外の事態」と通常の事態が区別できない「リスク社会」において、秩序の転換には二つのシナリオがある。一つはヘーゲル的、もう一つはカール・シュミット的なそれだ。前者は民主主義が国家の枠を超えて生き残り、後者は独裁への道が待っている。

危機のさなかに、ドイツは意図せずしてヨーロッパの中心に躍り出た。カエサル、ナポレオン、ヒトラーらが強大な軍事力を以（もっ）てしてもなしえなかったことを、メルキアヴェッリが〝壮大な社会実験〟として行っている。翻って、我が国のそれといえば、ベースマネーを2倍に増やすことだという。なぜ日本は「近代の勝利の副次的作用としてのグローバルなリスク」に無頓着なのだろうか、この点を解明しないと日本は周回遅れのトップランナーになりさがるだろう。

評・水野和夫（日本大学教授）

Ulrich Beck 44年生まれ。元ミュンヘン大学教授。社会学者。『危険社会』

二〇一三年五月一二日⑥

『ジェンダーと「自由」 理論、リベラリズム、クィア』

三浦玲一、早坂静 編著
彩流社・二九四〇円
ISBN9784779118753
社会

かくも複雑な性と自由の現在

このところフェミニズムは不人気である。それは皮肉にも、男女平等意識がある程度浸透したことにもよる。一方、当の女性たちはすでに「自由」を掌中にしたのだろうか。この素朴な問いへの解答は、困難かつ見えづらい。最大の要因は、近年自由の難易度が急上昇したことによる。

私たちは、自由をめぐる文化的内戦時代を生きているのだ。それは、性差別を他のマイノリティーへの配慮とともに相対化し、希釈していく。政治的自由を求めた第一波や、社会運動の側面を持ち得た第二波に比べ、第三波以降のフェミニズムは、領域も「敵」もあまりに不透明。鍵は自由と多様性にある。

とりわけ興味深かったのは、編著者・三浦玲一のポストフェミニズムへの目配りである。もはやあえて問われることもなくなるほど浸透した新自由主義だが、それゆえ現在個人、とりわけ女性は、苛烈（かれつ）なまでに自由の名のもとに自己管理を要請されている。この社会はすでに男女平等が達成されたとの前提に立ち、個人主義的に自己を自由に表現・定義することを女性に求める。そこではライフスタイルや消費の自由な選択が称揚され、女性個人による身体の自己管理と、「私探し」が流行していく。かつて性差は抑圧の装置であったが、現在は女性自身の欲望を発露するツールとされ、巧妙に女性を絡め取る。三浦はAKBやプリキュアまで駆使し、この現代的様相を鮮やかに説明している。

第三部クィア・スタディーズに寄せられた論考も興味深い。かつて同性愛者排除は、近代家族を単位とする近代社会の成立に不可欠の要素であった。だが昨今はセクシュアル・アイデンティティーの多様性が論じられ、新たな消費市場概念としても再定義されつつある。だがこの拡散とゆらぎは、果たして差別解消に寄与するのか。再考すべき問いかけに満ちた、刺激的な論集である。

評・水無田気流（詩人・社会学者）

みうら・れいいち　一橋大学教授。
はやさか・しずか　一橋大学准教授。

二〇一三年五月一二日⑦

『歌は季につれ』

三田完 著
幻戯書房・二三一〇円
ISBN9784864880152
文芸

著者の三田完氏は、作家であり俳人でもある。もともとはテレビの音楽番組を作っていたらしい。阿修羅像なみに多様な顔を持つ男……！

よって、このエッセー集では、折々の出来事や風物から連想される歌謡曲と、それに呼応するような名句と、著者が見聞きしたり考えたりした事柄とを味わえる。一粒で三度おいしい。

著者がともに仕事をした阿久悠や美空ひばりの姿。「雪の降る街を」や「渚（なぎさ）のはいから人魚」といった、人々に愛される歌にまつわる思い出。ちなみに、「渚のはいから人魚」に添えられるのは橋本薫の句、「流れ藻や涼しかるらん人魚の血」だ。しびれる。

連載途中で東日本大震災が起きるが、著者の筆致は上擦らず荒ぶらない。俳句や歌謡曲といった、ひとの心から生じた「歌」はすべて、楽しいときもつらいときも私たちのそばにあり、口ずさめば心にほのかな明かりを灯（とも）してくれる。本書もまた、そういう「歌」のようなエッセー集だ。

評・三浦しをん（作家）

二〇一三年五月一九日❶

『マリッジ・プロット』

ジェフリー・ユージェニデス著
佐々田雅子訳
早川書房・三二五〇円
ISBN9784152093615
文芸

不安定で傷つきやすい若者たち

一見スノッブな小説だ。主人公たちはアメリカ東海岸の名門ブラウン大学の学生である。主人公の文学少女マデリン、大柄で才気煥発（さいきかんぱつ）の皮肉屋レナード、思慮深く内気なミッチェルの3人の恋愛を軸に、80年代初頭のアメリカに生きる若者たちの心象風景が端正に描かれている。

マデリンとレナードが出会うのは、フランス現代思想のゼミである。だが〈進歩〉や〈人間〉などの〈大きな物語〉は死んだと宣言し、あらゆる既存の秩序に対する疑義を提示したこの知の〈潮流＝流行〉に感化された若者たちが、人生という〈物語〉、つまり〈学校〉〈家族〉〈結婚〉〈信仰〉といった既成の価値観にとことん縛られて右往左往する姿はとても他人事（ひとごと）には思えない。結局マデリンが愛読するのは、マリッジ・プロット、あえて言えば〈婚活〉を主題とした19世紀のイギリス小説なのだ。

そうした古典的恋愛小説さながら、本作では人物たちが細部に至るまできっちり書き込まれている。大学学長の父と教養のある母を持つマデリン。他方、レナードとミッチェルは地方出身で、前者の家庭は崩壊し、後者の両親は勤勉を尊ぶ普通の人たちだ。全く異なる社会背景を持つ3人が惹（ひ）かれあい反発しあう様子は読みごたえがある。

超一流の研究所に採用されたもののレナードはひどい躁鬱（そううつ）に苦しみ、〈魂〉の問題に深い関心を寄せるミッチェルは旅に出て、インドのマザー・テレサのもとでボランティアとして働く。さあマデリンはどちらを選ぶでしょう？

ある時代の、ある一定の階層の〈アメリカ〉しか描かれていないが、この小説が我々にとってかくもリアルなのは、いつの時代でも変わらぬ、不安定で傷つきやすい〈若者〉の姿がそこにあるからだ。かつて若者だったあなた、そしていま若者であるあなたも、ひりつくような懐かしさを覚えるにちがいない。

評・小野正嗣（作家・明治学院大学准教授）

Jeffrey Eugenides　60年生まれ。『ミドルセックス』でピュリツァー賞。

二〇一三年五月一九日❷

『ソウル・マイニング　音楽的自伝』

ダニエル・ラノワ著　鈴木コウユウ訳
みすず書房・三九九〇円
ISBN9784622076940
アート・ファッション・芸能

「魂の採掘」でサウンドを革新

ダニエル・ラノワは、カナダ出身のミュージシャン、レコーディング・エンジニアである。鬼才ブライアン・イーノとの共同作業――とりわけアイルランドの世界的ロック・バンドU2のアルバム――や、ボブ・ディラン、ニール・ヤング、ネヴィル・ブラザーズといった有名アーティストとの仕事で知られている。本書は、とはいえ音楽ファン以外にはあまり知られていないラノワが、自ら半生を振り返った一冊である。

カナダの仏語圏ケベック州で生まれたラノワは、10歳までフランス語しか話さなかった。両親の離婚によって英語圏のオンタリオ州に引っ越して以後、幼い頃から身近にあった音楽を一生の仕事にすると決め、兄と自前のスタジオを開設する。安くて上手（うま）くて創意工夫に富んだエンジニアとして名を馳（は）せたラノワに、ブライアン・イーノと名乗る男からコンタクトがある。既にイーノは非常に有名だったのだが、カナダの片田舎に居たラノワはまったく知らなかった。スタジオにやってきたイーノとラノワはすぐに意気投合し、以来コンビで革新的なサウンドを創（つく）ってゆくことになる。こうして世に知られることになった才人ラノワに、次々と大きな話が舞い込んでくる。そう、これは典型的なシンデレラ・ストーリーだ。

本人の自由闊達（かったつ）な筆によって語られるビッグ・アーティストたちとの思い出話は、それだけでも垂涎（すいぜん）ものではある。だがこの本の肝は、数々のエピソードから立ち上がってくるラノワの人柄だ。相手がどれだけ大物であろうと自分の意見に自信と責任を持ち、伝統を大切にしながらも既成概念にとらわれず、常に前向きに新たな仕事に取り組んでゆく。彼は音楽をソウル・マイニング＝魂の採掘と呼ぶ。ラノワはギタリストでもあり、自分のアルバムも出している。本書を読んでから彼の音楽を聴く人がいてもいい、そう思った。

評・佐々木敦（批評家・早稲田大学教授）

Daniel Lanois　51年カナダ生まれ。音楽プロデューサー。

文芸

『不浄の血』

アイザック・バシェヴィス・シンガー 著
西成彦 訳

河出書房新社・二九四〇円
ISBN9784309206172

民話、呪い、魔物が入り交じる異物

アイザック・B・シンガーは1978年に米国人作家としてノーベル文学賞を受賞した。英語作家としてではなく、多くの地に散るユダヤ人の共同体が守り伝えてきたイディッシュ語作家として。

短編を1、2本、私も大学生の頃に読んだ記憶がある。だが当時私はアイザック・B・シンガーの持つ言語的な事情をうまく想像出来なかった。だから、少し風変わりな話だったという印象しかない。

ところが、今回出版された『不浄の血』は風変わりどころではない。民話と呪いと旧約聖書の言葉と多くの魔物たちと超人と村人が入り交じった異物としての文学である。

著者はポーランドから米国に移住し、イディッシュ語で書き、それが英語に訳されて流布するうち、自らも英訳に参加するようになる。

例えばその際、「訳しづらい部分」が削除されることがあった、と「解題」では述べられている。つまり、ユダヤ共同体の特殊な儀式や言い回しなどが、作者自らが参加した翻訳からも消えたのだ。

大学生の私は、他国の人間でもわかりやすいバージョンの日本語訳を読んだわけだ。

もしもあの時、イディッシュ語のオリジナル版にこだわった今回の試みに出会っていたら、私の文学観は今とはかなり違っていただろう。少なくとも近代文学の理性といったものが決して常識的なものではない、と若い私は揺さぶられる思いをしたはずだ。

今はむしろ、カリブ海やアフリカからの移民たちの小説、米国の中のスペイン語での文学などが多数存在している。時代がアイザック・B・シンガーに近づいているのだ。

読者市場に受け入れられるために特殊性を自ら排除した英語版の様々な既訳と共に、今回の短編集を読んで欲しい。最近、世界文学が身近になって喜ばしい分、他文化間の「わかりやすさ（グローバリズム）」が作家、翻訳家への圧力になっている可能性に思いをはせて。

評・いとうせいこう（作家・クリエーター）

Isaac Bashevis Singer　1904〜91年。16の短編を収めた傑作選。

二〇一三年五月一九日④

『犬の伊勢参り』

仁科邦男 著
平凡社新書・八四〇円
ISBN9784582856750
歴史

群衆と動物が入り交じった時代

犬が伊勢参りをした最初の記録は一七七一年だそうだ。それ以来まさに「ぞくぞくと」犬の参宮が見られたのだった。本当なのか？ それにしてもいったいなぜ？

本書は数々の疑問に答えながら、その全体で江戸時代の人と動物の関係を描き出した。江戸時代の犬は里犬だった。個人が飼っているのではなく、町や村が放し飼いで育てていたのである。つまりハチ公のような忠犬はいなかったのだ。食べ物と眠るところがあればどこへでも行く。誰かが首に参宮と書いてある木札といくらかの銭をかけておけば、多くの人々が宿と食べ物を世話し、次に送り出したのである。この送りかたは、抜け参りの人々の送り方と同じである。さらに人々は、参宮犬が通ると他の犬が吠（ほ）えない、伊勢に着くと拝礼するという伝説を作ってゆく。

犬だけではない。田畑で働く牛も、当時はほとんどいないはずの豚も、伊勢参りをした。豚は日常では食べないので家畜としては飼われていないのだが、朝鮮通信使を迎える広島や岡山では放し飼いになっていたという。そこで豚の伊勢参りとなる。

こうなると人々は一種の奇跡、神の意思を信じることとなって伊勢はさらに賑（にぎ）わう。そのムードを盛り上げたのが、天からお札が降ってくるという奇瑞（きずい）である。こちらは仕掛けがある。高い山や木に登り、葦（あし）でお札をはさみ、下の方に団子や油揚げを串刺しにしておくと、カラスやトンビがくわえる。食べてしまったあとでお札が下に落ちる、という仕掛けである。

本書の全体から聞こえてくる聖域の静寂と喧噪（けんそう）、厳粛と猥雑（わいざつ）、群衆と犬や豚や鳥たちが入り交じる生活のエネルギーが実に楽しい。

近代になると犬は個人が飼うものとなり、その他は野良犬とされて殺されるようになった。近代的秩序というものだ。どちらが犬にとって良い世の中なのだろう。

評・田中優子（法政大学教授）

にしな・くにお　48年生まれ。毎日新聞記者を経て元毎日映画社社長。著書に『九州動物紀行』。

二〇一三年五月一九日⑤

『「グローバリズム」の歴史社会学　フラット化しない世界』

木村雅昭 著
ミネルヴァ書房・三六七五円
ISBN9784623065332
社会

今なお基底的　国民国家の論理

グローバル経済の進展によって国家は衰退するだろう。これまで幾度となく表明されてきた見解だ。国家は市場経済にできるだけ干渉してはならず、規制緩和こそがあらゆる国家がめざすべき共通の課題である、という主張もその一つである。経済の領域だけではない。私の専門である人文思想の世界でも同じような見解がさんざん繰り広げられてきた。

本書はしかし、こうした見方に対して批判的な立場をとる。はたしてグローバル経済の進展は実際に国家を後退させ、フラットな世界を実現しつつあるのだろうか。決してそうなってはいないことが、さまざまな事例の分析を通じて本書で示されている。その論証は十分に説得的だ。

たとえば欧州連合（ＥＵ）はしばしば、グローバル経済の進展に近代国民国家が対応しきれなくなったことで生まれた地域共同体であると位置づけられる。しかし、国民国家の境界でコントロールできなくなったグローバル経済の流れを地域共同体の境界でならうまくコントロールできると想定すること自体、無理がある。債務危機におちいったギリシャの救済策においてEU各国の思惑が入り乱れたのも、国民国家の論理のほうがいまだ基底的でありつづけていることを示している。

グローバル経済が進展しても国家は決して後退しないことを理解するためには、資本主義経済において国家がはたしている根本的な役割を考察しなくてはならない。なぜ2008年の世界金融危機のとき、あれほど「政府は市場から出ていけ」と主張していた金融機関に、公的資金の注入がなされたのか。歴史的な事実として資本主義が国民国家のもとで発展してきた理由についても説明を試みている本書は、そうした国家の役割を考えるうえで極めて重要な論点を提供している。通俗的なグローバリズム論から脱却するための必読の書である。

評・萱野稔人（津田塾大学准教授）

きむら・まさあき　42年生まれ。京都大学名誉教授。『帝国・国家・ナショナリズム』。

『ミック・ジャガー　ワイルド・ライフ』

クリストファー・アンダーセン 著

岩木貴子、小川公貴 訳

ヤマハミュージックメディア・二七三〇円

ISBN9784636892499

アート・ファッション・芸能

彼は悪魔で神である

1969年、あの殺人事件が起こった悪名高きオルタモントのロックフェスティバルでのローリング・ストーンズは、僕の中に決定的な悪徳と危険の種子を移植させた。彼らに対する蠱惑（こわく）と拒絶！　ストーンズの脳神経であるミック・ジャガーは一体何者？　その本性が本書で開帳されるに従って、彼の存在は悪魔とも神とも見分けがつかなくなってくる。

バイセクシュアルなミックは手をひらひらさせながら卑猥（ひわい）なモンローウオークで聴衆をSEXショーに導き、自らは性の伝道者に変身。彼と悦楽を共にした足の長い美女たちに彼をカサノヴァともドンファンとも言わしめたが、そのSEXライフは性別・人種を問わない超人的性豪の域に達しており、子供もいながら結婚の形態は完全無視。本書の活字はほぼ全編、SEX労働者絶倫男ミックの女性遍歴で埋め尽くされている。

ローリング・ストーンズが結成されて半世紀。70歳を目前にミックはデビュー当時と変わらぬ体形で今や世界最高のロックスターである。ところが彼がオルタモントの件で殺人容疑者の抗弁に力を貸さなかったことから秘（ひそ）かに命を狙われる場面もあったとか……。しかし、過去をふりかえらず今を肯定する彼、『あっという間だった』とも思わない。俺にとってまだ終わってないからだ」。常に体調管理は万全、いつでもツアーのスタンバイOK。

彼は富豪を目指し極めてケチだが、頭脳明晰（めいせき）で洗練されていて世渡りがうまい。今や皇太子からナイト位を授かり、権力と特権の座に君臨する一方、反逆者の象徴的存在。ストーンズのアナーキーな反社会的メッセージとミックの創造的カリスマの源泉は、性を回路とするカーマスートラやタントラの性秘技を「女」の肉体から無意識に自らの内に受胎しながら女性原理と男性原理を合体させ、芸術の美神との秘教的なコラボレーションを行っているようにしか見えない。そんなミックの前に現れたアンディ・ウォーホル。二人は互いに一目惚（ひとめぼ）れ、共作版画まで制作。

彼がステージで尻（ケツ）を振り振り、大きい口唇を突き出して吐き出すように歌う時、聴衆は彼の享楽主義の魔法にまんまと掛かり、性の共犯者にさせられてしまうのである。

評・横尾忠則（美術家）

Christopher Andersen　「ピープル」の編集者で作家。クリントン夫妻やマドンナ、英国ウィリアム王子とケイト・ミドルトンら多くの著名人の伝記を著す。

二〇一三年五月一九日⑦

『怪獣文藝』

東雅夫 編

メディアファクトリー・一九九五円
ISBN9784840151443

文芸

我々の社会にとって「怪獣」は特別であるようだ。テレビでウルトラ怪獣が活躍(?)し、ゴジラが映画の定番だった頃に育った世代でなくとも思い入れを持つ人は多い。日常を逸脱した破壊のカタルシスと、秩序の外側と直結しているが故のぞわっとした感覚。人外の尋常ならざるものとして、怪獣は時に我々が抱える根源的な不安をも暴いてしまう。

本書は、怪獣小説というべき短編を中心に編まれている。帯には「17大怪獣作家総進撃!」。レトロでウルトラ的(?)な装丁もあって、派手に街を壊しまくる話かと思うとやや違う。怪獣と「文芸」が切り結ぶ場では、むしろ不穏で不安でぞわっとした肌触りの方が際立つようだ。

民俗学者と俳優の対談で、「神話的想像力」「日本的物語の定型」とのつながりが指摘される。「怪獣」を通じて、今、世に問われるべきものは何か。語り直されるべきものは何か。不安な作品群から、感じ取ることができる。

評・川端裕人(作家)

二〇一三年五月一九日⑧

『黒澤明の十字架 戦争と円谷特撮と徴兵忌避』

指田文夫 著

現代企画室・一九九五円
ISBN9784773813043

アート・ファッション・芸能

映画監督の黒澤明は壮健な偉丈夫だったが、徴兵体験はない。軍務経験もゼロである。自伝で、徴兵司令官が父の教え子だったため兵役を免れた、と書いている。著者は徴兵制度に情実があり得たか、と疑問を抱く。

調べると召集延期の条件には、××に従事して必要欠くべからざる者、という項目があることを知る。続いて戦時下の映画会社の実態を調べる。黒澤の会社では、極秘で航空教育用の映画を製作していた。教官不足のため、映画を教材に用いたのだ。軍部の御用だから、余ったフィルムを劇映画に流用できる。黒澤は会社の宝であり、戦病死した山中貞雄の先例をくり返したくなかった。本人に内緒で軍部に手配りをした。

黒澤は兵役未体験が心の負担になった。「静かなる決闘」の主人公の描き方に、その辺の心理が現れている。およそ黒澤映画らしからぬ、うじうじと悩む男――という風に兵役義務の観点から考察した、新鮮な黒澤作品論である。

評・出久根達郎(作家)

二〇一三年五月二六日①

『隣人が殺人者に変わる時』

ジャン・ハッツフェルド 著
ルワンダの学校を支援する会 訳

かもがわ出版・一九九五円
ISBN9784780306095

『ゆるしへの道』

イマキュレー・イリバギザ、スティーヴ・アーウィン 著 原田葉子 訳

女子パウロ会・一四七〇円
ISBN9784789607216

ノンフィクション・評伝/国際

ルワンダの悲劇 目を閉ざさずに

1994年のルワンダ虐殺。フツ族の過激派によってわずか3カ月間に80万人のツチ族と穏健派フツ族が殺害された。

ジェノサイド(根絶を目的とする計画的殺戮(さつりく))という点ではナチスのホロコーストと同じだが、ルワンダの場合、二つの民族は同一の由来を持ち、同じ言語を話し、隣人として長く共存していた。

曖昧(あいまい)だった両者の差異を固着化させたのは宗主国ベルギーによるツチ優遇策。62年の独立後も政情不安の源泉となった。

『隣人が殺人者に変わる時』は重い口を開き始めたツチの生存者14人の証言集。隊列を組み、大鉈(おおなた)や手榴弾(しゅりゅうだん)を手に近づいてくるフツ。そこには顔なじみの教師や医者、聖職者の姿もあった。虐殺は

毎日朝9時半から規則正しく行われ、ツチの多くは泥沼に茂る葉の下に身を沈め続けた。殺害の様子をここに列挙することは控えたい。ただ、その残忍さたるや、死体を食べる動物でさえ逃げ出すほどだった。そして、被害者に背を向け、逃げ出したのは国際社会も同じだった。

剥（む）き出しの現実を意味づけしようともがく生存者の姿は、人間の精神が受容できる苦しみの限界点を示しているかのようだ。

『ゆるしへの道』の女性著者は当時22歳。同じツチの女性7人とともに、穏健派フツの牧師宅の1畳もないトイレに無言のまま91日間身を隠し通した。彼女を支え導いたのは信仰だった。

ところが、解放後、彼女は自分の家族を殺戮（さつりく）したフツを許すにいたる。それは一体なぜか。そして可能なのか。そもそも「許し」とは何か。

彼女はやがて国連で仕事を見つけ、良き伴侶に恵まれ、ニューヨークに移住する。想像を絶する悲劇のなかにも希望と愛を感じさせてくれる一冊だ。

その彼女は今も祖国の孤児への支援を惜しまない。曰（いわ）く「子どもたちが新しいルワンダをつくっていくからです。子どもたちに投資しなければ未来はありません」と。

6月1日から横浜で開催されるアフリカ開発会議（TICAD）。豊富な資源をもとに急成長するアフリカには各国の「戦略的」な熱い眼差（まなざ）しも降り注がれる。

しかし、アフリカの過去や窮状に目を閉ざすとき、善意に基づく営為でさえ搾取や暴力を誘発する逆説に陥りかねない。

ルワンダ虐殺については映画「ホテル・ルワンダ」など優れたドキュメンタリーも多いが、国際社会の自戒も含め、アフリカ・ブームに沸く今、改めて想起される必要があろう。日本は世界の140カ国以上が加盟するジェノサイド条約を未批准の唯一の先進国だ。

評・渡辺靖（慶応大学教授）

Jean Hatzfeld　49年生まれ。ジャーナリスト。
Immaculée Ilibagiza　ルワンダ生まれ。著述家。
Steve Erwin　トロント生まれ。作家。

二〇一三年五月二六日❷

『アマン伝説　創業者エイドリアン・ゼッカとリゾート革命』

山口由美 著

文芸春秋・二〇四八円
ISBN9784163762807　歴史／経済／ノンフィクション・評伝

格差をビジネス化　悲しき成功

アジアン・リゾート・ブームの仕掛け人である、現代のホテル王のノンフィクションにもかかわらず、華やかな成功譚（たん）というより、壮大な悲劇的神話に似ていた。タイトルは、さしずめ「悲しき熱帯」。

登場人物のほとんどは、西欧とアジアの間を漂う。無国籍、多国籍な「ヒッピー」である。彼らこそ、20世紀の西欧中心的な工業社会の限界に気づき、アジアの「気持ちよさ」に最も早く気づいた、繊細で感性豊かな人々であった。その「気持ちよさ」をビジネスにつなげることに最も長（た）けていたのが主人公、アマンホテルのエイドリアン・ゼッカである。

なぜ、アジアン・リゾートがビジネスになったか。格差が存在するからである。人件費の安さ、土地の安さ、建設費の安さ。それゆえにアジアン・リゾートは現在の経済と文化をリードする。かつて、その格差を「商品」を媒介として、ビジネスにしたのが、ヨーロッパ近代であった。今、ポスト近代の「ヒッピー」達（たち）は、「サービス」を媒介として植民地ビジネスを展開し、富を築いた。アジアの最高の理解者である彼らが、格差を利用して富を築き、結果としてアジアを西欧化し、格差を平準化した。しかも、彼らは、自分が何をしているのか一番わかっている。だからこの物語は二重の意味で悲しい。

なかでも一番悲しく見えたのは、登場する日本人達であった。格差をビジネス化するに際し、日本の旅館的サービス、環境と融和する日本建築のデザインが大きな役割をはたした。ゼッカ達は、日本から大きなヒントをもらい、日本文化を最大限利用した。しかし当の日本人はゼッカ達のずっと後でビジネスに参入し、ばばをつかまされ続けた。登場する日本企業で破綻（はたん）したものも少なくない。日本人は、日本に対して、自分の文化に対して自信がなく、乗り遅れた。リゾートに限らず、すべての領域での現代日本人の悲しさを感じて、つらくなった。

評・隈研吾（建築家・東京大学教授）

やまぐち・ゆみ 62年生まれ。作家。『ユージン・スミス』で小学館ノンフィクション大賞。

二〇一三年五月二十六日③

『民俗と民藝』

前田英樹 著

講談社選書メチエ・一六八〇円

ISBN9784062585521

歴史／社会

「暮らしの真実」透視した2人

学術用語の初期の翻訳例に、今は「真理」「真実」と訳されるtruthの訳語として「本真（ホンマ）」というのがあった。嘘（うそ）みたいな話だが、ホンマのこと。ものごとを貫く「まこと」の道理を、（関西の）生活のなかに染みわたった語で訳そうとしたのである。

著者によれば、柳田國男の民俗学と柳宗悦の民藝（みんげい）運動という、ほぼ同時期に展開された知の二つの動きも、まさに人びとが無名のままで培った「民俗」と「民藝」のなかに「暮らしの真実」を透視しようとするものであった。

ところがこの二つの動き、呼応しあう「民俗」と「民藝」という概念を軸としながら、そして事件の継起として語りだされる歴史学のなかで人びとの暮らしの連続が「無歴史」とされることに強く抗（あらが）いながら、さらに後年、これまたともに沖縄に深く思いを寄せながら、なぜか論争も参照も協力もした跡がない。たった一度きりの対談も疑義の交換で終わった。

労働と歌と祭りと道徳が一体となった「常民」の暮らしを郷土の記憶のなかに探った柳田と、李朝の器や木喰（もくじき）仏や沖縄の染織に「無事の美」と「正しい工藝」を見いだした柳。著者は、不幸にもすれ違いに終わったこの二つの仕事を、一つところから生まれ、一つところへ収斂（しゅうれん）してゆくものとして、「輪唱のように歌わせたい」と願う。

二人の仕事の要を搾り込んでいった果てに浮き立ってくるのは、「自然と共に働くことを惜しまない」、「慎（つつ）ましい暮らしの内側にいつも和やかな道徳を育てている」などとても単純なこと。ここに著者は、「大陸の南の端から東の島々にわたるアジアの文明を貫いて働き、絶えず生成され、結果として〈日本〉と呼ばれることになる」一つの「潜在的原理」を見とどける。

最終章で二人の仕事をつなぐものとして引かれる河井寛次郎の澄みきった言葉は、おまけというには深すぎる。

評・鷲田清一（大谷大学教授）

まえだ・ひでき 51年生まれ。立教大教授。『沈黙するソシュール』ほか。

『カフカと映画』

ペーター＝アンドレ・アルト 著　瀬川裕司 訳
白水社・三五七〇円
ISBN9784560082744　歴史／ノンフィクション・評伝

『城』の舞台発見？ 踏み込む論証

前世紀のはじめ、若きフランツ・カフカは、昼間は公務員として働き、夜はのちに文学史上の大事件と見なされることになる数々の小説と、そのもとになる創作メモ、日記や手紙などを書いていた。ではそれ以外の時間、彼は何をしていたのか。カフカはプラハの街に繰り出し、友人と語り、呑（の）み、食事し、そして映画を観（み）ていた。

ベルリン自由大学の学長を務める著者は、カフカの日記や手紙から映画にかんする記述を拾い出し、そこで言及されているカフカが実際に観たとおぼしき映画を調べ上げ、カフカの小説が、ちょうど揺籃（ようらん）期にあった同時代の映画に、いかに影響されていたかを検証してみせる。同様の観点に立つ本は過去にもあったが、この本の論証と推理がもたらす知的スリルは半端ではない。なにしろカフカの『城』のモデルになったかもしれない実在する城を発見してしまったのだから。

当時まだ生まれてまもない映画の特性（撮影と映写のメカニズム、ショットとその編集という技法など）と、無声映画の他の芸術とは異なる感情表現やドラマツルギーの、カフカの小説との類似性。あの独特な文章と、奇妙だが生々しい叙述は、言われてみれば確かに映画的だ。だがそれを単なる同時代性としてではなく、更に踏み込んで論じている点に本書の白眉（はくび）がある。

1921年の夏、カフカは肺病治療のためサナトリウムに滞在した。そこから遠くない場所にオラヴァ城という城があった。カフカがその城を訪ねたという証拠はない。だが『城』の舞台は確かにオラヴァ城に似ている。そしてこの城は、F・W・ムルナウ監督の傑作「吸血鬼ノスフェラトゥ」の撮影場所だった。つまり私たちはムルナウの映画でカフカの小説の「城」を見ることが出来るのだ。そう著者は推論している。大胆な仮説だが、実に面白い。カフカの読み方が変わってしまいそうである。

評・佐々木敦（批評家・早稲田大学教授）

Peter-André Alt　60年生まれ。ベルリン自由大学学長。

『平和主義とは何か　政治哲学で考える戦争と平和』

松元雅和 著
中公新書・八六一円
ISBN9784121022073　政治／社会

武力行使を考え抜く道筋示す

改憲論議が再び活発化している。その根幹にはもちろん、憲法が掲げる平和主義を今後も維持していくべきか、という問題がある。事実、憲法の平和主義は国際貢献や集団的自衛権といった、現代の国際社会が突きつける課題にさらされてきた。そうした状況のもと、国際関係の指針となりうる説得的な平和主義のあり方を政治哲学的に探ろうとしたのが本書である。

本書の大きな特徴は平和主義を二つに分けている点だ。一つは、いかなる場合でも武力行使を拒否し非暴力をつらぬく「絶対平和主義」であり、もう一つは、平和的手段による問題解決を最優先としつつも場合によっては例外的に武力行使の必要性を認める「平和優先主義」である。本書が軸足をおくのは後者の平和優先主義のほうだ。そのうえで、平和主義の可能性を三つの非平和主義の主張をぶつけながら探っている。三つの非平和主義とは、「戦争には不正な戦争もあれば正しい戦争もある」と考える正戦論、「戦争の正・不正を議論すること自体意味がない」と考える現実主義、そして「著しい人権侵害を阻止するためには武力行使も必要だ」と考える人道介入主義である。

　驚くのは、これら非平和主義と平和主義がときとして極めて接近し、共通点さえ示すことだ。これは著者が「平和優先主義」に立脚して議論を展開していることに由来する。とはいえ、このことは決して本書の瑕疵（かし）にはならない。逆である。これまで議論がなかなかかみ合わなかった平和主義と非平和主義のあいだに共通の議論の土台をつくり、論理性を重視した合理的な思考によって武力行使の問題を考えなおす道筋をつけること。これこそが本書の最大の意義である。平和「主義」という特定の立場を性急に選びとるだけでは、決して平和主義を強化することにはならないし、平和そのものを進展させることにもならないのだ。

評・萱野稔人（津田塾大学准教授）

まつもと・まさかず　78年生まれ。島根大学准教授。『リベラルな多文化主義』。

二〇一三年五月二六日⑦

『迷い迷って渋谷駅　日本一の「迷宮ターミナル」の謎を解く』

田村圭介 著

光文社・一六八〇円
ISBN9784334977375　人文

表参道駅で銀座線から半蔵門線に乗り換えるつもりがうとうとした隙に乗り過ごし、渋谷駅に着いた。さあ大変。表参道駅で隣り合わせだった路線は、渋谷駅ではかたや地上３階（著者によれば4階）、かたや地下3階に入る。渋谷駅は文字通り、すり鉢地形の谷底に位置し、今や九層構造に9路線が立体交差し、一日２８０万もの人が行き来する一大地下迷宮。最近も副都心線と東横線が連結され、その変容は留（とど）まるところを知らない。それは環境に適応して動的にふるまう生物に似ていると本書はいう。かつて建築運動として喧伝（けんでん）されたメタボリズムの具現は渋谷駅だと。08年、サルが迷い込み、捕獲大作戦が展開されたが、忽然（こつぜん）と姿を消してしまったそうな。まるで小説のようだ。そう、駅が好きな多崎つくるなら、どう読み解いてくれるだろう。建築学者の著者の筆致はちょっとカルト的で、SF的でもあり、図や写真も多数。十分楽しめる都市文化論の好著。私はこういう本が好きだ。

評・福岡伸一（青山学院大学教授）

二〇一三年五月二六日⑧

『そのとき、本が生まれた』

アレッサンドロ・マルツォ・マーニョ 著
清水由貴子 訳

柏書房・二二〇五円
ISBN9784760142491　歴史／国際

１９８７年ヴェネツィアの小さな教会図書館で、コーランが発見された。刊行は１５３８年以前。世界で最初に印刷されたコーランだった。グーテンベルクが活版印刷を開発し、42行聖書を刊行したのが１４５５年。それから百年も経たずに、ヴェネツィアではアラビア語活字が作られ使われていたことになる。

　アラビア文字は、ラテンアルファベットに比べて1文字ずつ繋（つな）げて鉛活字を組むのが非常に難しい。ルネサンス期のヴェネツィアには、それに挑戦できる資金、技術、人材、販路に加えて言論の自由があったことを示す。一時はドイツをしのぐほどの隆盛ぶりだったという。

　アラビア語だけでない。アルメニア語、ギリシャ語、ヘブライ語、キリル文字など多言語に対応。さらに地図や新聞、楽譜、美容、料理にポルノまで。需要の多彩さが、当時のヴェネツィアそのものということなのか。出版史からたどる、ヴェネツィアの知られざる魅力にあふれた一冊。

評・内澤旬子（文筆家・挿画家）

二〇一三年六月二日①

『脳のなかの天使』

V・S・ラマチャンドラン 著　山下篤子 訳

角川書店・一九九五円
ISBN9784041101049

科学・生物

なぜ美を感じる？ ヒトの特性に迫る

ルリボシカミキリの青を、私は限りなく美しいと感じるが、ルリボシカミキリ自身は、仲間の背中の模様を、私が感じるように感じてはいない。おそらく彼らにはそれは青色ですらない（虫は色彩をもたない）。美とは一体何だろうか。この思考実験からわかるように、美は客観的な存在ではなく、私たちの心の作用としてある。美術家の森村泰昌は、芸術の本質は「まねぶ」ことにあるといった。まねすることは学ぶこと。

意外なことに、脳科学の進展は、芸術家の直感と極めて近いところに焦点を結びつつある。本書は、ベストセラー『脳のなかの幽霊』の著者が、美の起源とヒトの脳の特性を縦横無尽に論じた最新作。読まずにはいられない。

美を感じることは、生物学的に根拠がある。生存に必要なことを自然界から抽出する操作として。青に美を感じるのは、海や大気の色だから。ダイヤモンドの輝きが美しいのは、水の反射を想起させるから。

その抽出方法を、著者は美の原理を順に挙げ論じていく。ひとつは単離。複雑なものから輪郭、色、形状、動きなど少数の要素を取り出してみせること。もうひとつはピークシフト。単離されたものがもつベクトルをさらに強めること。ラスコーの壁画はなぜ忘れがたいほど美しいのか。バイソンは輪郭線だけで表現され（単離）、小さな頭と大きな背の盛り上がりが見事に誇張されている（ピークシフト）から。ピカソの絵が破調に見えて、なおそこに美があるのも、それが天才による極端な単離とピークシフトだから。

ではなぜヒトは自然からことさら美を抽出する必要があったのか。進化の光を当てると見えてくる。ここからが本書の核心部分。それはある光景を思い浮かべるとき、実際にそれを見ているのと同じ体験が可能だから。バーチャルリアリティーによってリハーサルできることがリアリティーと直面したときの準備を与え得るから。

著者はここに、近年の脳科学の最大の発見、ミラーニューロンを結びつける。この神経細胞は特定の動作をしているとき活性化されるだけでなく、その動作を他の個体が行っているときも同じように活性化する。いわば「まねぶ」の回路。この回路を脳の他のしくみと連携させたおかげで、ヒトは遺伝子の束縛から脱し、サルと袂（たもと）を分かって短期間のうちに文化と文明を築き得た。

米国では『ゲーデル、エッシャー、バッハ』の著者D・ホフスタッターの新著『Surfaces and Essences』が評判だ。テーマはアナロジー能力がヒトをヒトたらしめたこと。まねぶ意義がにわかに注目を集めているのである。

評・福岡伸一（青山学院大学教授）

V.S. Ramachandran　神経科学者。カリフォルニア大学サンディエゴ校の脳認知センター教授及び所長、ソーク研究所兼任教授。共著に『脳のなかの幽霊』、著書に『脳のなかの幽霊、ふたたび』など。

二〇一三年六月二日❷

『アンネ・フランクについて語るときに僕たちの語ること』

ネイサン・イングランダー 著　小竹由美子 訳
新潮社・一九九五円
ISBN9784105901011
文芸／人文

生還者は「人間的」になったのか

艱難（かんなん）汝（なんじ）を玉にす。だが、途方もない災厄を経験した者はその分だけ人格者になれる、とナイーブに考えるのは幻想である。ヨーロッパで約600万人が虫けらのように殺戮（さつりく）されたユダヤ人虐殺（ホロコースト）の地獄から生還した者たちは、より〈人間的〉になったのだろうか？

自身も厳格なユダヤ教徒の家庭に育った著者の意見はどうやら否定的だ。

表題作の短編では、正統的ユダヤ教徒となりイスラエルに移住したマーク夫妻を、フロリダに暮らすユダヤ系の主人公夫妻が迎え入れる。そこで語られるマークの父親の逸話は強烈である。ゴルフ場のロッカールームで同じ絶滅収容所の生存者に再会した父親が示す反応は、決して心温まる〈いい話〉などではない。

ヨルダン川西岸のユダヤ人入植地が舞台の「姉妹の丘」では、度重なる戦争で夫と子供を失った女性リーナが、労苦と悲しみによって頑迷さを深め、パレスチナ人から土地を奪うのみならず、過去の約束を盾に若い女性の未来を奪う。「キャンプ・サンダウン」は、サマーキャンプに集うユダヤ人の老人たちを描くものだが、ホロコーストの被害者である彼らは偏狭な思い込みから無実の老人を迫害するのである。

「覗（のぞ）き見ショー」の主人公アレンを苛（さいな）む深い罪悪感は、妊娠中の妻がいるにもかかわらずいかがわしい店に入ることに加えて、改名までして自らのユダヤ性を捨て去ろうとしたことに由来する。

本作の短編群には、アウシュビッツ以降の世界でユダヤ人であることの生きづらさが示されている。だが、ユダヤ人にも様々な宗教的、思想的立場があり、その不条理や矛盾に葛藤する人物たちの姿こそが〈人間的〉なのだ。ホロコーストによる個人的あるいは集団的な深い傷を抱えた人間が、我々と同じくらい愚昧（ぐまい）さを抱えてもいると知ることは、我々をより〈人間的〉にしてくれる気がする。

評・小野正嗣（作家・明治学院大学准教授）

Nathan Englander　70年米国生まれ。本書でフランク・オコナー国際短編賞。

二〇一三年六月二日❸

『少子化論　なぜまだ結婚、出産しやすい国にならないのか』

松田茂樹 著
勁草書房・二九四〇円
ISBN9784326653805
政治／社会

従来の対策の根本的な転換を

少子化は、日本社会の抱える問題の集積点である。しかしながら経済・社会・家族関係などと不可分の関係にあるため、客観的に論じることは難しい。自明視されているがゆえに見えない問題に本書は一つ一つ光を当てていく。

このまま少子化が進めば、社会保障制度は破綻（はたん）し、労働力も消費力も大幅に損なわれる。次世代を産み育てる若年層に優しい政策が必要だが、肝心の投票率は高齢者層が高いため、政治は「高齢者シフト」が起こっている。また地域社会は学区など子どもを媒介にしたつながりを基盤としてきたが、これも解体の危機に瀕（ひん）している。なるほど少子化とは、単に次世代人口が減少することのみを意味しない。総体としてこの国を崩壊に導く時限爆弾なのだ。

それに対し、従来の少子化対策には根本的な誤りがあったと筆者は指摘する。少子化の最大の要因は未婚化であり、若年層の非正規雇用増加などが背景にある。それゆえ、制度に守られず生活も不安定な非正規雇用者こそ優先的に賃上げし、同一労働同一賃金を目指すべきである。また雇用の場でも子育て当事者しか念頭に置いていないのも問題だ。日本の育休制度は先進諸国の中では中程度だが、育休取得中の社員の穴埋めを求められる他の社員の負担増は見えていない。むしろ有給休暇の取得促進や残業削減策など、総合的な労働時間減少と効率性向上が肝要。女性個人の育児と就業だけではなく、総合的な協業と次世代再生産の両立が目指されるべきだ。

通読して、あまりにも育児当事者（母親）支援に偏った現行制度の問題を再認した。これは裏を返せば、子育ては個人責任との認識から来るものだろう。昨今話題の「女性手帳」も問題は同根である。諸外国に比べ、日本は公共交通機関などで子連れに冷淡だという報告も気になる。この国の、今ここにある危機を読み解くガイドとなる一冊。

評・水無田気流（詩人・社会学者）

まつだ・しげき 70年生まれ。中京大学教授（社会学）。『何が育児を支えるのか』など。

『旅立つ理由』

旦敬介 著

岩波書店・二四一五円
ISBN9784000258845

文芸

旅の醍醐味 粋に描いた短編集

旅をテーマにした本を手に取るには、特別な気力を振り絞らねばならない。

旅というものは、本来実にわがままな娯楽にすぎない。異郷の地について知るのだったら、定住までの記録や専門知識にのっとった調査による紀行文を読むほうが格段におもしろく外れが少ない。しかしそれらは、純粋な旅の記述とはちょっと違うものだ。

旅人は、異国の地でほどよく初心者であってほしい。そして、購（あがな）って得る対価以上の「なにか」は、求めずして偶然に降ってくるからこそ、響くもの。だからこそそういう出会いを求め歩いていることが透けて見える文を読むと、一気に興ざめる。ついでに言えば旅の自慢もナルシスティックな旅の言い訳も、苦手だ。

偏屈極まりない読者であることは自覚している。ならば読まなければいいのだが、極上の「旅」が読める機会を逃すのは惜しい。

タイトルから警戒して開いた本書であるが、旅に出る理由を語るような野暮（やぼ）とは無縁の、実にクールな旅の短編小説集だった。

国境を越え両替もしないうちに入ったウガンダの食堂。次の国に行くための予防接種。ビールを求めてやっと見つけたザンジバルのバー。

旅の途上で誰でも出会うような出来事と、人々のなにげないしぐさや会話から、彼らの民族的な流浪の背景を鮮やかに切り取り、読み手をふと浮き立つような切ない気持ちに導く。自分が移動のさなかに味わうあの気持ち。言いたくないけど言ってしまえば、旅の醍醐味（だいごみ）。それが小説全21編にわたって嫌みなく粋に鏤（ちりば）められている。登場する土地に対する知識や語学力、観察眼や人生経験を備えているだけで書けるレベルの文ではない。こんな風に書けたらどんなに素敵（すてき）だろうと、嫉妬も忘れ素直に憧れる。唯一の難点は、旅心に火が点（つ）いてしまうこと。良書の証しとはいえ、困る。

評・内澤旬子（文筆家・イラストレーター）

だん・けいすけ 59年生まれ。作家、翻訳家、ラテンアメリカ文学研究者、明治大教員。

二〇一三年六月二日⑥

『「自然主義」と呼ばれたもの達　失われた近代を求めてⅡ』

橋本治 著

朝日新聞出版・二三一〇円　文芸／ノンフィクション・評伝
ISBN9784022510549

「外来の流行」あてはめた不幸

あなたが外国語に堪能で、最近は日本語のほうがおぼつかないくらいだ、とする。それでも、故郷の信州の風景とそこで育んだ「私」の心情を書きたい衝動が内に湧いたとき、外国語では決して触れられないものを発見するはずだ。

これが、現代日本語そのものの生成過程だったと知ると驚く。母国語そのものが、そういう渇きや不備を抱えていて、その解消に、ある人々が苦闘した時代が、ほんの百年ほど昔にあった。そしてそのことを、今の私たちはなんにも知らないし、教えられない。

だから橋本治が、書かなければならなかった。

日本は長らく、公文書には漢文つまり中国語を使い、日本固有の物語を著すのには、漢字を音で一字一字当ててみたり、やがて仮名との「和漢混淆（こんこう）文」をつくったり……と、書き言葉と話し言葉は長らく一致しなかった。「翻訳」ではなく「訓読み」というかたちで、異物を異物のまま内化しつつ、常に生成途上のような言語とともにあり、ようやく言文一致体を手にした。

日本という国は、何かへの内発的欲求と、外部状況に巻き込まれた否応（いやおう）なしの変化とが、一緒にやってくることが多い。そのため「新しい文体」も「新しい物語」も、名付ける言葉は内側からは出てこずに、「自然主義」と外来の流行概念をあてはめるしかなかった。だから「自然主義と呼ばれたもの達（たち）」であり、それは一種の不幸である。こういう不幸は日本の至るところにある。憲法だって、そうである。こういうことが空前の規模で起きたのが、明治という時代だったとは言えるだろう。私たちはまだ、そのつけを払っている。

これは、日本語と、それで表される物語に関する本であると同時に、すぐれた歴史書である。本当は、こういうことが学校で教えられなければいけない。

評・赤坂真理（作家）

はしもと・おさむ　48年生まれ。作家。『巡礼』『蝶のゆくえ』など。

二〇一三年六月二日⑦

『彼女たちはなぜ万引きがやめられないのか？　窃盗癖という病』

竹村道夫 監修　河村重実 著

飛鳥新社・一六八〇円　教育／医学・福祉／社会
ISBN9784864102407

一見遠い話のようだが、この本で引かれた手記を読んで、ハマってしまってどうにも抜けられない窃盗癖患者の苦しみが立ち上がるその足許（あしもと）が、自身のそれと地続きでないと言い切れる人がどれだけいるだろう。動機も発動の仕方も相当に複雑だが、彼らが「これまでの人生で、自分に責任があるとは思われない、割に合わない役割を背負わされた体験者」であるのは間違いないと竹村医師はいう。

議論は、高い比率でみられる過食嘔吐（おうと）型の摂食障害と窃盗癖とのクロス・アディクション（多重嗜癖（しへき））に限定されているが、この嗜癖は自身を蝕（むしば）むだけでなく、はっきりと他者に被害を及ぼす。だからそれへの対応も、係争と治療のあいだを揺れ動いてきた。治療の実際のみならず、自助グループの活動、「治療的司法」への地道な取り組み、弁護活動の過程なども丹念に紹介されている。患者さんみずからが作った、万引きをやめるための「具体策」の真っ直（す）ぐさに目頭が熱くなった。

評・鷲田清一（大谷大学教授）

二〇一三年六月九日❶

『量子革命　アインシュタインとボーア、偉大なる頭脳の激突』
マンジット・クマール 著　青木薫 訳
新潮社・二九四〇円
ISBN9784105064310／9784102200810（新潮文庫）
科学・生物

謎の世界に挑んだ物理学者らの百年

原子以下の階層を支配する量子の世界。そこには私たちが日常目にする連続的な世界とは異なる不思議な世界が広がっている。例えば電子はある場所で消えたかと思うと、中間地点を経由することなく別の場所に突然現れたりする。この理解しがたい現象の解釈と理論を巡り物理学者たちはこの百年、激しい議論を戦わせてきた。

謎めいた量子の世界に関する論争は「量子の王」と呼ばれたボーアとアインシュタインという天才物理学者の間の意見の違いに集約される。そしてこの論争の先に、物質の実在に関する哲学的な問いが横たわっていることが明確になった途端、本書のテーマは突如、物理学の枠にとらわれない普遍性をもつことになる。

ボーアら量子陣営によると、電子や光子などミクロの粒子は客観的な意味で実在しないという。それらは人間の観測という干渉を受けた時にだけ実在するものであり、それ以外の時は厳密な意味で実在しない。過去や未来に実在しているかはあくまで可能性の問題に過ぎない。一方アインシュタインはそれに反論した。観測者がいなくても月がそこにあるように、自然は観測とは無関係に存在している。量子力学の考えは不十分であり、ミクロな自然をも包括しうる統一的な理論があるはずだ。量子力学の立場を認めると世界の根本は無秩序な確率に支配されることになると考えたアインシュタインは、後に象徴的な言葉を使った。神はサイコロをふらないと。

神はサイコロをふるのか、ふらないのか。この謎が駆動力となり物語は一気に加速する。この問題がスリリングなのは根底に因果律の問題を含んでいるからだ。物事には原因があって結果がある。当たり前だ。しかし量子力学はその因果律を否定したのだ。電子は今そこにあっても過去にあそこにあったとは限らない。過去がそうだったからといって、未来もそうであるかは分からない。だとしたら私たちは何を信じたらいいのだろう？　時間が流れ物質が適切な位置を占めることで世界は構築されているのではなかったのか？

二人のどちらの主張が現代の物理学界に受け入れられたのか、その決着を明かすのは妥当ではないだろう。ただ論争は彼らの死後も続けられた。有名な物理学者ファインマンは言ったという。「『こんなことがあっていいのか？』と考え続けるのはやめなさい」。なぜならその問いへの答えは誰も知らないのだから。だがそれでも問わずにはいられないのだ。本当にこんなことがあっていいのかと。

中盤以降の畳み掛けるような構成。落ち着いた語り口。確かな世界観の広がりを感じさせてくれる読後感。完成度の高い読書だった。

評・角幡唯介（ノンフィクション作家・探検家）

Manjit Kumar　ロンドン在住のサイエンスライター。アートとサイエンスを扱う学際雑誌「Prometheus」創刊編集長を務める。共著に「Science and the Retreat from Reason」。

二〇一三年六月九日❷

『天堂狂想歌』

莫言 著　吉田富夫 訳
中央公論新社・二七三〇円
ISBN9784120044946
文芸

農民の苦難 ユーモラスに

　昨年ノーベル文学賞を与えられた中国の莫言が、20年以上前に書いていた長編小説が翻訳された。ガルシア＝マルケスに影響を受け、であれば遡（さかのぼ）ってフォークナーに手法を学んだ作家である。

　本作の背景には実際にニンニク農家が起こした暴動があるというのだが、そこに至るまでの数名の農民が体験している貧困、周囲の役人からの社会構造的な抑圧、そして監獄の様子から裁判までを、さすが莫言ならではの時空間の歪（ゆが）みの中でとらえている。

　親がたまたま地主になったことから弾圧されて低い身分に落とされている高羊（ガオヤン）。恋した女・金菊（チンヂュイ）が家族によって政略的に結婚させられることに命がけで反抗する高馬（ガオマア）。夫を役人の車で轢（ひ）き殺されたことを恨み泣く四（スー）おばさん。

　それらニンニク農家の苦しい生活を、莫言はしかしある時は幻想的な風景描写で、ある時は食べ物をすする音、放屁（ほうひ）、失禁の感触、そして何よりも村々に満ちるニンニクの芽の腐った臭いで表現する。と同時に、過去と現在、または別の空間を自在に移動して事態を構成的にとらえ、語りの重層性によって神話の領域にまで農民を連れていく。

　構成的であることは、事実から心理的距離を取ることだ。一方でげっぷや尿を描いて肉体に寄り添いながら、莫言は各人の逃れがたい苦難を時に突き放し、苦く甘くユーモラスに描く。

　しかし、だからこそ卑小な農民のささいな抵抗が、巨大な英雄の行為に見える時がある。ユーモラスに伝える語り手のその口調が口承文学に接し、歴史上の人物が出現しているように感じるのだ。

　章の頭に必ず、ある盲目の芸人が歌う抵抗歌が引用されていることも、同じ効果を引き出す技巧であり、語りたいことの熱い表現となる。

　この激しい官僚批判を発禁から守るためであろう末尾の構成の、外から見たら見事な皮肉もピリリと利いている。

評・いとうせいこう（作家・クリエーター）

モオイェン　55年中国山東省生まれ。85年デビュー。『赤い高粱（コーリャン）』『転生夢現』など。

二〇一三年六月九日❸

『経済と人類の1万年史から、21世紀世界を考える』

ダニエル・コーエン 著　林昌宏 訳
作品社・二三一〇円
ISBN9784861824296
経済

事後に過ち正せぬ時代が到来

　本書はフランスで2009年に上梓（じょうし）された『悪徳の栄え』（原題）の邦訳である。1万年前の新石器革命において「神」が発明された事情から始まって、近代に西欧が中国を圧倒した理由、そして9・11に象徴されるように暴力が共同体の想像力へと向けられるに至った背景など、誰もが漠然と不可解だと思っていたことに明快に答えている。

　近代社会になって生産性は飛躍的に向上し、モノの価格は安くなったが、モノの数は急速なテンポで増え続けていると著者は指摘し、「使い捨て経済」を躍進させていると警告する。まさに、日本がその典型例だ。コンビニは陳列商品の賞味期限を厳格に守り、食べられるであろう食品を惜しげもなく廃棄しているし（日本全体では食べられるのに廃棄されているのは5〜10％）、良質で安価なTシャツを売っている店では必要な1着だけを買えるような雰囲気ではなく、ついつい余分な衣類も購入してしまう。

　米思想家スーザン・ソンタグは『火山に恋

して』で、蒐集（しゅうしゅう）とはつねに必要を超えたもので、必ず過剰・飽満・過多に行き着くと西欧の指導者を皮肉っていたのだが、元々そうした考えを持たない日本で「使い捨て経済」が花開いている。仏人の著者がこうした傾向に警告を発するのは、伝統的に蒐集の過剰性を有しているからだろう。だから逆に、有していない日本では安直に成長至上主義に走る。

本書の結論はとても考えさせる。つまりサイバーワールドの時代に入って、人類は事後に自らの過ちを正すことはもはや許されない。これは人類史上初めてのことで、人類は18世紀以降欧州が辿（たど）って来た道筋を精神的には逆方向に走破すべきだと。すなわち、世界は無限だという考え方から閉じているという方向にである。今の日本は、21世紀が20世紀の延長にあると信じて疑わず激走しており、著者のいう方向と正反対だ。

評・水野和夫（日本大学教授）

Daniel Cohen　パリ第1大学・パリ高等師範学校教授。パリ経済学校副学長。

二〇一三年六月九日④

『亡びゆく言語を話す最後の人々』

K・デイヴィッド・ハリソン 著
川島満重子 訳
原書房・二九四〇円
ISBN9784562049073

ノンフィクション・評伝

敬意をもって耳を傾け記録

アメリカ先住民ナバホ族のディネ語の吹き替えによる「スターウォーズ」が今夏公開される。ナバホ族自身によるディネ語保存のための画期的な試みだ。アメリカ先住民の中で最も人口の多いナバホ族でも、半数がもうディネ語を話さないそうだ。

この本で紹介されるのは、ディネ語よりももっともっと小さな、世界の辺境にひっそり散在し、あと数年で滅びてしまうかもしれない、そんな超マイナー言語の話者たち。文字を持たず、口承が大半だ。

辺境でずっと自然に寄り添って暮らしてきた彼らから、豊かな土地を奪い、教育という名目で他言語を押し付け、彼ら独自の言語や文化が恥ずべきものであると抑圧したのは、ロシアやアメリカ、中国、ブラジル、オーストラリアなどの近代国家たち。日本だってアイヌと沖縄に同じことをしてきた。しかしその一方で視点をマクロにとれば、日本語もまた英語に脅かされるマイナー言語とも言えないか。

言語学者である著者はアメリカ人であり、多言語を話すとはいえ、母語は英語。彼は最後に残された話者たちを訪ね、敬意をもって彼らの語りに耳を傾け記録する。例えばシベリアのトゥバ族の「行く」は、現在地から一番近い川を基点にして上流に行くか下流に行くかを分けて言う。環境とともに保存して意味を持つ言葉もあるのだ。

家畜の状態、植物や天候を細かく見分けることが前提でついた膨大な名前たちは、知恵の宝庫であり、失われてからでは遅いのだと訴える。

鮮やかに描かれる辺境の地の言語文化の豊かさに、著者と一緒になって感嘆する一方で、時々逆の、著者に訪ねてこられる者の視点にスライドしてしまう自分を発見し、複雑な気持ちになった。

この先グローバリズムの果てに日本語が淘汰（とうた）されないためにも、今亡（ほろ）びゆく言語文化を知り、耳を傾けることが大切なのかもしれない。

評・内澤旬子（文筆家・イラストレーター）

K. David Harrison　スワースモア・カレッジ言語学科助教授。

二〇一三年六月九日⑤

『立身出世と下半身　男子学生の性的身体の管理の歴史』

澁谷知美 著
洛北出版・二七三〇円
ISBN9784903127187
社会

「性的充溢＝男らしさ」の矛盾

「1890〜1940年代において、男子学生の性的身体は、教育者や医者らによって、どのように管理されたのか」を、資料分析や当事者へのアンケートを通して論考した本。

男子学生たちは、「性的なことにかまけている場合ではない」と有形無形の圧力を受けてきた。なぜかまけてはいけないかというと、勉学がおろそかになり、国家に有用な人材に育たないからだ。恋や性的行いは、立身出世を果たしてから思う存分すればいいのである。

そんな無茶（むちゃ）な。しかし大人は（女遊びしている自身を棚に上げ）、「花柳界に足を踏み入れるな」「自慰をするな」と学生たちに要求する。しまいには、高等学校などの入試において、身体測定とともに性病検査（通称「M検」）が行われる。全裸の男子学生の性器に、医者などがじかに触れて、性病にかかっていないかチェックするのだ。余計なお世話感満載！

M検体験者へのアンケート結果、当時の受験雑誌に寄せられたM検への不安の声や性的な悩み相談が非常に興味深い。著者の丁寧な分析によって、「男らしさ」という幻想（と言っていいだろう）のもと、無視され抑圧されつづけてきた、男性の（というか人間の）繊細で言語化できない領域の存在が浮かびあがる。

性的エネルギーの充溢（じゅういつ）は「男らしい」こととされるのに、学生に対してのみは、その「男らしさ」を封印するよう要求する。男性の性的身体は、常に矛盾にさらされてきた。本書は、その事実を明らかにした労作だ。「性的充溢＝男らしさ」という幻想を都合よく押しつけられ、野獣めいた性欲あふれる生き物であるかのように扱われることに（例：「男はストレスを性的行為で解消する必要がある」といった無礼千万な言説）、男性はそろそろ「否！」の声を上げていいころだ。その際の理論武装にも最適な一冊。

評・三浦しをん（作家）

しぶや・ともみ　72年生まれ。東京経済大准教授（教育社会学、社会学）。『日本の童貞』など。

二〇一三年六月九日⑥

『〈驚異の旅〉または出版をめぐる冒険』

石橋正孝 著
左右社・四四一〇円
ISBN9784903500904
ノンフィクション・評伝

ヴェルヌ対版元　タフな闘争

ジュール・ヴェルヌの豪華挿絵入り冒険物語は〈驚異の旅〉と総称され、日本を含む全地球、いや宇宙までも舞台とした科学的幻想小説大系である。が、その舞台に、肝心のフランスが出てこない。書いても版元から出版拒否されたのだ。じつはヴェルヌは母国で異質でタフな「出版をめぐる冒険」を繰り広げていた。仏人研究者も驚くほど膨大な原資料を駆使して語られた本書は、ヴェルヌの出版大冒険こそ「驚異の旅」と呼ぶに足るという事実を証明した。

評者も作家だから版元相手にタフな闘争を行うが、ヴェルヌ作品の版元エッツェルの剛腕ぶりを知って驚愕（きょうがく）し、この有名作家が気の毒になった。あの『海底二万里』を、エッツェルの雑誌に連載した当時ですら、ヴェルヌは版元から月給で書かされる「サラリーマン作家」だったのだ。ようやく1875年になって、それまでの挿絵版の著作権収入を放棄するかわりに、以後出版する挿絵版に関し5％の印税を認められた。

だが、それは序の口で、新作を書くごとに

ストーリーやキャラクターに遠慮のない注文が付く。そのために内容修正用の棒組みゲラを別に組んだほどだった、たとえば『海底二万里』の主人公ネモ船長は国籍を変更させられた。当初作者の構想では、ネモをロシアの弾圧に恨みを抱き抵抗する独立派ポーランド人とし、物語終盤でロシア軍艦を容赦なく沈める背景としていたが、ロシアでの発禁を恐れたエッツェルにより、軍艦は奴隷船にネモは奴隷解放主義者に修正するよう迫られる。そんな押し問答の結果、ネモ船長の国籍は謎となった。

このような横暴とも見える版元の要求や修正は、双方の息子の代になっても継続する。なぜヴェルヌはそこまで譲歩しつづけたのか。これが月へ行くよりも多事多難な仏国出版事情にあり、ヴェルヌ作品の鑑賞法を一新させる有益な示唆を得る。

評・荒俣宏（作家）

いしばし・まさたか 74年生まれ。立教大学助教。『大西巨人　闘争する秘密』。

二〇一三年六月九日⑧

『女子プロレスラーの身体とジェンダー　規範的「女らしさ」を超えて』

合場敬子 著

明石書店・二九四〇円
ISBN9784750337937

社会

女らしさや美の規範。これらは、今なお多くの女性を拘束する見えない鎖である。とりわけ、「強さ」の問題は複雑だ。近代社会は男性には身体的な強さを奨励し、他方で女性の身体性にはむしろ抑圧的に作用してきた。近代スポーツが合理的な暴力性発揮を主として男性だけに許容してきたことは、この証左である。

一方、昨今では女性もまた強くあることが奨励される。だがその実態は、あくまでも社会が容認する範囲に留（とど）められる。女性が身体的強さを高め、そこから逸脱したらどうなるのか。本書はその先端事例として女子プロレスラーを取り上げ、検証している。

一見突飛なこの題材は、この社会で女性が強さを目指す際に生じる軋轢（あつれき）を見事にあぶりだしていく。性的見せ物から始まった女子プロレスだが、それぞれの時期ごとに、女性にとっての強さの意味や価値が示唆される点が興味深い。「女性も強くていいんだ」と開眼した少女たちの、熱いまなざしを思いつつ。

評・水無田気流（詩人・社会学者）

二〇一三年六月一六日①

『南無ロックンロール二十一部経』

古川日出男 著

河出書房新社・二五二〇円
ISBN9784309021874

文芸

時の断層をつなぐ　巨大で真摯な物語

あの「二〇一一年三月十一日」によって、福島出身の古川日出男は、小説家としての根本的な転生を強いられることになった。それは無論自ら望んでのことではない。意識的な選択でさえなかったかもしれない。だが、その後に書かれた『馬たちよ、それでも光は無垢（むく）で』や『ドッグマザー』、現在も継続中の朗読と音楽による「銀河鉄道の夜」のプロジェクトには、彼の不可逆的な変貌（へんぼう）が刻印されている。では古川は、それ以前とはまったく違う作家になったのか。そうではない。彼は確かに変わった。だが変わらない、変わりようのないものもある。本作は、そのことをまざまざと教えてくれる。

巨大で複雑な小説である。三つのパートから成る「書」が七つ積み重ねられる。だから「二十一」。「私」が、病室で昏々（こんこん）と眠り続ける「彼女」を見舞う「コーマW」。牛頭馬頭（ごずめず）の怪物に占拠された、いつとも知れぬ荒廃した「東京」を舞台に、「お前」と呼ばれる存在が、獣たちから人間へと7度生まれ変わる「浄土前夜」。そして六つの大陸と一つの亜大陸で「ロックンロールの物語」が壮大に奏でられる「二十世紀」。一見バラバラにも思える三つのパートが、読み進むうちに有機的に絡み合ってゆき、読者は思いも寄らない場所へと連れてゆかれることになる。それは、わたしたちの、そして古川日出男の現在である「二十一世紀」よりも以前、あの「三月十一日」でも「九月十一日」でもない、「二十世紀」の終わりの忌まわしく痛ましい出来事、それが起こった、起こってしまった場所である。

ひどく曖昧(あいまい)な書き方をお許しいただきたい。この複雑で巨大な小説が、荒唐無稽な想像力の限りを尽くして、最終的に「何」を描こうとした作品なのか、ここではっきりと述べるわけにはいかない。それは読んでもらうしかない。ただ、最後のページに至った時、私はほとんど茫然(ぼうぜん)としていた。かつてこのような規格外の方法で、あの事件に取り組んでみせた小説があっただろうか。感嘆するとともに、なぜ古川日出男が、彼の郷里である「東北」を主題とする2008年発表の傑作『聖家族』に匹敵するヴォリュームで、この小説を書いたのか、いや、書かねばならなかったのか、考えざるを得なかった。

それはおそらく「二十一」と「二十」の間に横たわる深い断層を、あらためて縫合する、ということだったのではないか。すなわち「二〇一一年三月十一日」以後の現在から「一九××年」の「あの日」を捉え返すこと……災厄は、悲劇は、時間を、以前と以後に分割する。だが実のところ時間は連続している。この巨大で複雑で大胆で真摯(しんし)な「ロックンロールの物語」は、そのことを教えてくれる。

評・佐々木敦(批評家・早稲田大学教授)

ふるかわ・ひでお 66年生まれ。作家。『アラビアの夜の種族』で日本推理作家協会賞。『LOVE』で三島由紀夫賞。主な著書に『ボディ・アンド・ソウル』『gift』『ベルカ、吠(ほ)えないのか?』など。

二〇一三年六月一六日②

『永続敗戦論 戦後日本の核心』

歴史

白井聡 著

太田出版・一七八五円
ISBN9784778313593／9784062816519(講談社+α文庫)

対米従属を続けたい人だらけ

書名以上に、本書の内容は刺激的である。読んだあと、顔面に強烈なパンチを見舞われ、あっけなくマットに仰向けに倒れこむ心境になった。こんな読後感は初めてだ。

本書にいう「永続敗戦」とは、「敗戦を否認しているがゆえに、際限のない対米従属を続けなければならず、深い対米従属を続けている限り、敗戦を否認し続けることができる」状況を指す。本書の目的は「永続敗戦」としての「戦後」継続を「認識の上で終わらせること」にある。

現実には、「永続敗戦」の構造が政官財学、そしてメディアを中心に執拗(しつよう)に維持されている。官邸に陣取る外交アドバイザーが米日関係を「騎士と馬」に擬(なぞら)えていたり、3・11による原発事故に際して日本気象学会のトップがその主体性において屍(しかばね)と化した発言をしたり、財界のトップにいたっては原発の建屋爆発後に「千年に一度の津波に耐えているのは素晴らしい」と言い放っているのは、滑稽でさえあると本書はいう。

　著者は「平和と繁栄の時代」が終わったのだから、それを与件としてしか成立しえない「戦後」も終わったと確信する。9・11によって米国がカール・シュミットのいう「例外状態」に突入したように、小泉総理大臣が北朝鮮を電撃訪問したことで日本も同じ状態に入ったと主張するのだ。「例外状態」とは戦争状態をいうのだから。

　本書は経済学にも重い課題を突きつけている。1956年に経済白書が「もはや戦後ではない」と宣言したが、この国の「戦後」は続いていたのである。この誤認にバブル崩壊後、政府の目的と化した「成長戦略」が失敗に終わった理由があるといえよう。「永続敗戦」を甘受した結果「世界によって自分が変えられてしまう」ことを断固拒否する著者の姿勢を、評者は断固支持する。そうしないと、TPP参加や沖縄問題などどれも失敗に終わるだろう。

評・水野和夫（日本大学教授）

しらい・さとし　77年生まれ。文化学園大学助教（社会思想・政治学）。『未完のレーニン』。

二〇一三年六月一六日③

『制度　人類社会の進化』

河合香吏 著
京都大学学術出版会・四四一〇円
ISBN9784876982820

社会

進化史の根源に迫る長い射程

　私たちはさまざまな慣習や規則のなかで生きている。わかりやすい規則といえば法律だが、それだけが規則ではない。たとえば言葉を話すということ自体、言語規則にしたがうことで可能となる。子どもの遊びにもルールがあり、ルールがあるからこそ、その遊びに熱中する。私たちは大切な人が死ねば葬式をあげる。ただしこれは法律によって義務づけられているものではない。かといって葬式をないがしろにすることもできない。その意味で葬式は、明確な規則であるとまでいえないが儀礼化された慣習ではある。

　こうした慣習や規則を「制度」としてとらえ、それが人類社会においてどのように生成し、進化してきたのかを考察したのが本書である。本書の特徴を一言でいえば、可能なかぎり「制度」という言葉の意味を広くとり、人類が「集団で生きる」ということによって示す社会事象の根源的で本質的な性質を明らかにしようとしていることである。したがって、チンパンジーなどの霊長類と人類との比較研究などもそこには含まれており、本書が対象とするタイムスパンはとても長い。論集という性格上、扱われているテーマも幅広い。その広さと深さにおいて、本書はまさに人類進化史の根源に迫る射程をもっている。

　これまで制度が論じられるとき、その多くは「官僚制研究」のような個別の実証研究か、言説分析にもとづいた制度批判であった。とりわけ制度を「言語によって社会的に構成されたもの」として片づけるポストモダン思想の影響は大きかった。しかし言語も制度の一つである以上、それは「制度は制度によってつくられている」と述べているだけで、制度の生成や進化について実際には何も論じることができていない。こうした空虚なポストモダン的制度論と決別し、制度をめぐる議論をより深化させていくためにも、本書は必読の書である。

評・萱野稔人（津田塾大学准教授）

かわい・かおり　61年生まれ。東京外大アジア・アフリカ言語文化研究所准教授。

二〇一三年六月一六日❹

『ダメをみがく　〝女子〟の呪いを解く方法』

津村記久子、深澤真紀 著
紀伊国屋書店・一五七五円
ISBN9784314011051／9784087455359（集英社文庫）

人文

「降りる」は生きやすさへの鍵

女性の人生が持つ自然な多様さ。それは経済一点突破主義が折れかけの男性的生き方に対して、本来は、風穴となるべきだった。が、「女子」をめぐるメディアや国策が相互にエスカレートした結果「すべてをできる女性がいちばんえらい！」（今、すべての女性誌はそんなでかなり病んでる）となり、他人の期待に敏感な女性は、それに応えようとして折れている。

妊娠出産に最も適した時期に求人などすべてを集中させ、そうでなければ市場から閉め出すことを続けながら、少子化が問題であると言うのは、本当は社会がおかしい。

この本は、現代日本社会の諸問題が、女性の中に端的に出ていることを扱っている。社会の問題は、構造の弱い部分に必然的に出る。だから「女性」なのであり、女性が女性に向けた「女子本」ではない。〈草食男子〉の名付け親・深澤真紀と、派遣やニートを文学に高めた津村記久子の対談。こうしたことを言語化できる著者の2人は、「ダメ」というより、まっとうで等身大であろうとする人たちである。

現在、「女子力」と言えば「女性が主に外見的魅力で異性を惹（ひ）きつけることで有利な人生を取り付ける力、より具体的には経済的に有利な結婚をする力」。これが、婚活市場などともあいまって一大産業にされた。一方で女性は、横並びで突出しないように張り合う特性を持つ。「自分が有利に」と「周囲から浮かない」の両立はかなりむずかしく、これが女子をややこしくする。そしてこの自己矛盾ゆえに「女子」はこれからも産業に利用されやすいだろう。特性や構造をよく把握したうえでそこから積極的に降りる「ダメ」は、生きやすさへの鍵である。そして2人の言を借りれば、生きやすさへの努力ではなく、工夫。

繰り返すけれど、これは女性だけの問題ではない。すべての女と男におすすめする。

評・赤坂真理（作家）

つむら・きくこ　78年生まれ。小説家。
ふかさわ・まき　67年生まれ。コラムニスト。

二〇一三年六月一六日❺

『生まれ変わる動物園』

田中正之 著
化学同人・一七八五円
ISBN9784759813524

『標本の本』

村松美賀子、伊藤存 著
青幻舎・三三六〇円
ISBN9784861523854

科学・生物

展示だけじゃない　研究意欲も

動物園は博物館法で定められた施設だ。社会的使命として「種の保存」「教育・環境教育」「レクリエーション」に加え「調査研究」がある。これまであまり強調されてこなかった役割で、長らく改善すべきだとされてきた。日本で2番目に古い京都市動物園で、変化の兆しがあるという。

『生まれ変わる動物園』の著者は、執筆時は京都大学の准教授。しかし職場は京都市動物園。職員と机を並べ作業服も着る。見た目は飼育員そのものだが、その実、プロの研究者である。5年間の動物園勤務の中、著者はまず自分の専門である霊長類の認知実験に取り組む。タッチパネルのコンピュータを使い数の認識について調べるなど。また、飼育動物の夜間行動観察で、キリンが首を折って眠るのがせいぜい数分であると確認し、野生では難しいバクやヤブイヌの出産の観察を子細に行う。動物園での研究は、より深く動物を理解することから、飼育環境の改善や種の保存にもつながりうる。

動物園には潜在的な研究者が他にもいる。好奇心旺盛で、担当動物を理解したいと願う飼育員たちだ。研究の方法を知るプロが核となって研究マインドが加速する様は読んでいて楽しく頼もしい。著者はこの春、京都市動物園の研究センター長に転身した。

一方、博物館。京都大学総合博物館の地下収蔵室を解説した写真読本『標本の本』は、研究の場としての博物館を描き出す。博物館では学芸員が調査研究をする建前だが一部を除いて難しいと聞く。大学直属ゆえ研究への使命感が強い施設の収蔵庫は、標本を蓄積し研究することが動植物学・地学などを支えていると実感させる。

動物園と博物館にはそれぞれ固有の事情がある。しかし、収集展示の流れの中に研究を含めると一本スジが通る。古都京都からの二つの報告に、力強い研究マインドの発露を感じた。

評・川端裕人（作家）

たなか・まさゆき、むらまつ・みかこ、いとう・ぞん

二〇一三年六月一六日⑥

『おかしなジパング図版帖　モンタヌスが描いた驚異の王国』

宮田珠己 著

パイ インターナショナル・一九九五円
ISBN9784756243157
アート・ファッション・芸能

こんなお辞儀見たことないよ

図版がたくさんの楽しい本。なんの絵が載っているかというと、主に、「1669年にオランダ人モンタヌスが著した『日本誌』の挿絵」だ。

当時のヨーロッパでは、未知の国の文化や風俗への関心が高まっていた。そこでモンタヌスは、挿絵をふんだんに使った本を出版し、好奇心旺盛な読者に「日本」の情報を伝えようとしたのだった。

問題は、モンタヌスには来日経験がなかったことだ。文献を収集し、実際に日本を見たことのあるひとに話を聞き、と精いっぱいの努力はしたのだが、できあがった本の挿絵はどうしたってヘンテコになった。いま見ると、これらの絵が爆笑の不可思議日本を形成しているのである。

海外のひとにとっては、「お辞儀」が奇異なものに映るらしい。『日本誌』のなかにも、お辞儀をする日本人があちこちに描かれるのだが、立ったまま体のまえで両腕をぶらんと下げ、腰を折っている。「立位体前屈をするも、体が硬くて地面に全然手が届かないひと」みたいだ。こんなお辞儀、見たことないよ！

著者の宮田氏は挿絵の隅々にまで目をこらしており、「茄子（なす）のヘタのような兜（かぶと）」をかぶるサムライなど、妙ちくりんな人物を次々に発見し、楽しく紹介してくれる。建物も乗り物も着物も、ほぼすべてが変で、過去の日本ではなく、べつの惑星の光景を眺めているかのようだ。

だけど、いやな感じはしない。情報を速く正確に伝達できるようになった現在でも、未知の国やひとや事物について、一方的な思いこみやイメージを抱いてしまうことはよくある。モンタヌスを笑えないなと思ったし、資料と想像力を武器に、見知らぬ世界になんとか迫ろうとした当時の人々の、情熱と好奇心と冒険への憧れの念に、なんだか胸が熱くなった。

「こんなトンチキ日本に住んでみたかった」と、つい思ってしまう一冊だ。

評・三浦しをん（作家）

みやた・たまき　64年生まれ。作家、エッセイスト。

二〇一三年六月一六日❼『アイドルのいる暮らし』

岡田康宏 著
ポット出版・一五七五円
ISBN9784780801972　アート・ファッション・芸能

アイドルが好きと公言する大人が増えた。現実の異性と縁がない人がハマるというイメージは、既に過去のものだ。

20代から50代まで、既婚、子持ち、バツイチも含めた、普通の大人であり、筋金入りのファンでもある男性9人女性1人。彼らのロングインタビューからわかるのは、アイドルがまるで競馬やサーフィンのような普通のレジャー、大人の娯楽のひとつとして定着しつつあるということ。

楽しみ方は実に多様だ。ライブコンサートも人気次第で巨大なものから路上のものまである。まだメジャーになりきらないアイドルならば、握手どころか実際に話し、顔を覚えてもらえる。ファン同士の交流で友達もできる。

面白いことに、楽しさは文面からはちきれそうなくらい伝わってくるのに、アイドルの何が好きなのかを語られても、わかるようでいて、やっぱりよくわからないのだった。それが娯楽というものなのかもしれない。ともあれ皆さん楽しそうで、じつに羨（うらや）ましい。

評・内澤旬子（文筆家・挿画家）

二〇一三年六月一六日❽『ビッグデータの覇者たち』

海部美知 著
講談社現代新書・七九八円
ISBN9784062882033　社会

この10年ほどで激増したデジタルデータ量は、人類数千年の歴史で蓄積した書物や絵図の情報量をはるかに上回る規模になった。そこから、とらえどころのない消費者需要を読み取ったり、病気の流行を早期予測したりする。それが「ビッグデータ」だ。

廃棄メールやツイッターのたわいのないつぶやきなど、従来「ゴミ」とみなされていたものも蓄積することで「宝の山」になる。この競争で先行するグーグルとアマゾンは、無料メールサービスを充実させ、空振り承知で「あなたのための商品」をお薦めしまくる。すべてが彼らの血となり、肉となるからだ。

消費者には便利で手放せない。だが誤った使われ方をすれば深刻な事態を招く恐ろしさもある。個人が丸裸にされ監視を受けるプライバシー問題、情報が一極集中して、そこから得られる知的所有権が独占されてしまう問題だ。

「人類の英知」か「巨大なリスク」か。両面を理解し、考えるのに格好の入門書だ。

評・原真人（本社編集委員）

二〇一三年六月二三日❶『海を渡った人類の遥かな歴史　名もなき古代の海洋民はいかに航海したのか』

ブライアン・フェイガン 著　東郷えりか 訳
河出書房新社・三〇四五円
ISBN9784309252834　歴史

冒険性を否定する　人と海との親密さ

人間の住む世界から遠く離れた北極の氷の中や太平洋に浮かぶ孤島を訪ねた時、いつも考えることがあった。はるか昔、何千、何万年という昔に、海図も六分儀もないのに、ここまで来た人たちがいたのだ。水平線のはるか向こうを目指した古代の人たちの胸の内に思いをはせた時、私はいつも心が震えるような思いがした。

陸地を離れて海へ出る。人類がアフリカを出て世界へ拡散していく歴史の中で、それは確かに最も想像力を刺激する一歩だった。本書はそのことについて書かれた本だ。歴史の教科書に太字で記される華々しい海戦や探検家の航海について触れたものではない。天体を見て遠洋に漕（こ）ぎ出したポリネシア人や、大三角帆を操り材木を運んだインド洋の商人、皮舟で巨獣を仕留めた北極圏の先住民の物語である。船上の会話、胸の鼓動、そして町のざわめき。それらが聞こえてくるような物語なのだ。

ある意味、本書により私のロマンチックな

幻想は覆された。私が感動したのは古代人が危険を承知で、それでも海に一歩踏み出したのだと考えたからだ。ところが著者は膨大な考古学的成果と、8歳の時から帆を操ってきた船乗りとしての経験から、彼らの航海の、その冒険性を否定する。彼らが水平線の先に向かったのは好奇心やロマンからではないという。

冒険性の否定。実は著者が最も訴えたかったのはそのことだ。天体の位置、潮のうねり、鳥の動き、島に伝わる伝承。総合的な知を蓄積し海を体験的に解読することで、古代人はいつでもどこからでも帰れるという自信を持って外洋に漕ぎ出した。つまり外洋航海は日常的な沿岸航海の延長線上にあり、未知への旅立ちが冒険でなくなるほど彼らは海と親密な関係を築いていたというのである。

数万年かけて築き上げてきた、この人と海との関係は、つい先頃まで保たれてきた。少なくとも1世紀前、考えようによっては十数年前まで。しかし……。

著者がこの本を書きあげた動機はエピローグにたっぷりと書かれている。あるいは、それこそ彼が最も書きたかったものなのかもしれないと思えるほど、強い筆致で。端的に言うと、それはGPSに象徴される現代機器に知を外部化させて、何の省察もないまま自然との深い関係を放棄した現代に対する深い憂慮の念だ。

「海は再び人間から遠い存在になった」と著者は書く。それは嘆きのようにも聞こえるし、人類は今まさに有史以来の転換点に立っているのだという警鐘のようにも聞こえる。そしてその結語は、同じ思いからGPSを使わずに北極を旅している私にとって賛同せざるを得ないものだった。

評・角幡唯介（ノンフィクション作家・探検家）

Brian Fagan　イギリス生まれ。カリフォルニア大学サンタ・バーバラ校の人類学名誉教授。『歴史を変えた気候大変動』『アメリカの起源』など。

二〇一三年六月二三日❷

『高岡重蔵活版習作集』

高岡重蔵 著
烏有書林・三九九〇円
ISBN9784904596067

アート・ファッション・芸能

本場顔負けの欧文組み版の技

ワインのラベルや古い洋書の文字が好きだ。強い主張はないのにきちんと美しい。パソコンで英文を打っても、あの雰囲気は決して出せない。

きちんと設計された欧文活字書体を使い、伝統的なルールに従い、文字を組み合わせているからだと知ったのは、嘉瑞（かずい）工房という小さな印刷所を訪ねてからだ。

鉛で鋳造された凸版活字をひとつずつ並べて版面を組む、活版印刷。現在では希少となったが、一昔前までは書籍も新聞も楽譜すらもこの印刷方式で刷られていた。なかでも欧文は、日本語より活字化の歴史が何倍も長く、文字数が少ないこともあり、数千もの活字書体が作り出されてきた。それぞれ製作経緯にまつわる用途があり、混ぜて使うときの相性もあるという。

嘉瑞工房の相談役である高岡重蔵氏は、今年92歳。デザイナーではなく「一介の欧文組版工」として、レターヘッドやカレンダー、年賀状や小冊子など、沢山（たくさん）の欧文印刷物を、海外に出しても通用する品質で製作してきた。ルールや歴史が身についていない日本人が欧文を組んでも、大概の場合どこか野暮（やぼ）ったくなる。海外のレストランで日本語のメニューを見たときのちぐはぐした感じとまではいかないまでも、それと似たことが起きてしまうのだ。

　この本に収められた「習作」たちは、ドイツの書体デザイナー、ヘルマン・ツァップも唸（うな）らせたという、「本場顔負け」の組み版技が光る印刷物ばかり。特に連作は欧文書体と組み版の歴史をたどれるようになっていて、何度見ても見飽きない。著者はどれだけの努力を払ってこれらの知識と技術を身につけたのか。

　巻末の解説から、活字書体の簡単な用途や歴史も学べるけれども、なによりまず著者が窮めた欧文組み版の技を虚心坦懐（きょしんたんかい）に眺めてほしい。美しさを知る人がひとりでも増えて、この技が次世代にも必要とされるよう、切に願う。

評・内澤旬子（文筆家・イラストレーター）

たかおか・じゅうぞう　21年生まれ。欧文組み版工。著書に『欧文活字（新装版）』など。

二〇一三年六月二三日❸

『プライドの社会学　自己をデザインする夢』

社会

奥井智之 著

筑摩選書・一六八〇円

ISBN9784480015716

所属の不安定化で源泉がゆらぐ

　プライドとは、個人的な満足によるものなのだろうか。それとも、社会的な評価を要するものなのだろうか。たとえば、尊敬される地位、高い学歴、美しい容姿……等々は、個人的な資源でありつつも、社会の中で他人にその価値を共有されねば評価されない。自分や自分が属すものへの評価体系。本書はそれをプライド・システムと呼び、一般には心理的な問題とされているプライドを、社会学的に問い直すことを眼目としている。

　なるほどプライドとは、誠に魅力的で厄介な代物だ。たとえば、ジェーン・オースティン『高慢と偏見』の、「高慢」の原語はまさに「プライド」。「高慢」ならば悪徳だが、「自負」ならばどうだろうか。むしろ向上心の表れではないのか。この両義性を逆手に取るように、物語のヒロイン、エリザベスの自負は、ダーシーの高慢を凌駕（りょうが）し、ハッピーエンドに至る。

　プライドの源泉は一見多様である。家族、地域、階級、容姿、学歴、教養等々。だがそれらは、総じて「わたしたち」意識で結ばれた所属集団＝コミュニティーを基盤とする。それゆえコミュニティーこそがプライドの源泉だと本書は指摘する。昨今の社会状況を鑑みれば、家族、地域社会の解体、若年層の非正規雇用化などにより、個人の所属の基盤は多くの面で不安定化している。こうした事態が、個人のプライドの源泉をゆるがせる。

　キャリアデザインなどに惹（ひ）かれる若者が真に求めているものも、実は「プライド」のデザインかもしれない。交流サイトなどの流行も、自己のプライドの源泉を他者からの評価に委ねる他ない現実社会の表象であるともいえよう。かつてサルトルは「他人という地獄」を論じたが、現代ではフェイスブックの「いいね！」に数量化された評価が、プライド・システムを補強するのか。なるほど、現代社会を読み解く最重要キーワードはプライドかもしれない。

評・水無田気流（詩人・社会学者）

おくい・ともゆき　58年生まれ。亜細亜大学教授（社会学）。著書『近代的世界の誕生』など。

二〇一三年六月二三日④

『なぜ人間は泳ぐのか？　水泳をめぐる歴史、現在、未来』

リン・シェール 著　高月園子 訳
太田出版・二五二〇円
ISBN9784778313661　歴史

水と人間の驚くべき雑学百科

著者はごくふつうの女性スイマー。70歳を前にしてヨーロッパとアジアをつなぐヘレスポントス海峡6・5キロの横断泳に挑んだ。その訓練の間に聞き知った「水泳と人間の歴史」や、水泳に関する驚くべき雑学が、本書を完璧な水泳百科に仕立てた。都会の黒人女性が水泳をしない理由の一つに、苦労して伸ばした縮れ髪を濡（ぬ）らしたくない思いがあること、水着の試着に抵抗がある女性の気持ちなど、水が苦手なカナヅチ組の本音まで探っている。

まずはご多分に漏れず、水泳の起源にかかわる恋愛神話がある。大昔レアンドロスという若者がヘレスポントス海峡の対岸に住むヘロという巫女（みこ）に恋をした。彼は毎夜海峡を泳ぎ渡って彼女と密会するようになる。しかし嵐の夜に若者は溺死（できし）し、悲しんだヘロも塔から海に身を投げたという。西洋ではこの海峡を泳ぎ渡ることが英雄の勲章となったが、中世以後水に入ることが禁忌とされ水泳の習慣も消滅した。だが、水泳をギリシア文明の遺産と崇拝する詩人バイロンが1810年、横断泳に成功し、詩才よりもこの偉業を誇りとしたことなどで、水泳愛は復活する。

西洋の泳法は古代から平泳ぎ一辺倒であったが、19世紀半ばにアメリカ先住民からまったく異質な泳法がもたらされ、水面を這（は）うように泳ぐので「這う（クロール）」と名がついた。船舶事故などで溺死者が多かったのと、海水浴が健康にいいと言われだした時期とも重なって、水泳は瞬く間にひろがった。アメリカの歴代大統領が素っ裸で水泳を楽しんだ逸話も興味ぶかい。一方、女性は「陸上よりもっと大げさな衣裳（いしょう）」で体を覆うことを条件に水泳が許されていたが、アネット・ケラーマンが勇敢にもレオタードだけの姿で登場した結果、泳ぎやすい水着が女権拡張のシンボルともなったという。では、水泳百科を書き上げた著者は海峡横断に成功したのか？

評・荒俣宏（作家）

Lynn Sherr　ニューヨーク在住の放送ジャーナリスト、作家。

二〇一三年六月二三日⑤

『「朦朧」の時代　大観、春草らと近代日本画の成立』

佐藤志乃 著
人文書院・三七八〇円
ISBN9784409100325　アート・ファッション・芸能

厳しい批判　やがて礼賛へ

誰が言い出したか「朦朧（もうろう）体」。日本美術院・岡倉天心の肝煎りではじめた横山大観、菱田春草らの日本画の新様式。形態（事物）のエッジを曖昧（あいまい）に暈（ぼか）すことで空気や光の表現を試みるがその評価は最低最悪。怪奇的で今にも化け物が出そう。〝濁っている〟〝汚い〟〝不明瞭〟、そんな批判が「朦朧体」という言葉を生んだ。

ではターナーの傑作は全部朦朧体じゃないですか。批判は〝汚い〟だけでなく日本画の西洋化が自国の美術の喪失になると言う。そんな伝統主義者の批判に屈しない春草は「考えを画（か）く」と主張することで正統派西洋の写実至上主義と真っ向から対立。

絵画の革新的な動きは文学界、思想界とも同調。朦朧体批判は「神秘趣味」「夢幻派」の泉鏡花、夏目漱石をも巻き込むが、このことは日本文学の「長所」でもある。こうした傾向は「文明開化以後の西洋合理主義への反発、反省」となる一方、「朦朧」礼賛にもつながる。鏡花の怪異譚（たん）の数々、漱石の『吾輩

（わがはい）は猫である』の文中「霊の交換をやって朦朧体で……」云々（うんぬん）とか、『草枕』では「朦朧たる影法師」など「朦朧」の言葉が目立つ。このように「朦朧」は明治30年代以後の日本文学・美術と切り離せない。美術での「朦朧体」は神話や仏教を主題にするが、批判は相変わらず、稚拙で奇異と片付けられる。が、時代や社会の変化の波に「朦朧」批判もやがて失速。それにともないナショナリスト大観は「魂の抜けた」西洋美術の価値は「零」と切り捨て、「朦朧」は次第に生気を取り戻す。

以後「朦朧体」は西洋との対立の中でギクシャクしながら皮肉にも西洋絵画と融合して今日に至り、現代美術の中にわれわれは「朦朧」の亡霊をしばしば垣間見ることができる。このモーローとしたテーマを多角的に研鑽（けんさん）した著者の粘着力と力量に感服！

評・横尾忠則（美術家）

さとう・しの　68年生まれ。横山大観記念館学芸員、立教大学講師（近代日本美術史）。

二〇一三年六月二三日❻　国際

『統合の終焉　EUの実像と論理』

遠藤乾 著
岩波書店・三九九〇円
ISBN9784000258999

柔軟で奥深い多面的な政治体

昨秋、欧州連合（EU）加盟国の対外文化機関の連合体であるEUNICの本部（ブリュッセル）を訪れる機会があった。ときはユーロ危機の真っただ中。EUへの悲観論が支配的だった頃だ。

ところがスタッフは意にも介していないようで、いたって楽観的。すっかり拍子抜けしてしまうと同時に、EUという存在の捉（とら）えにくさを改めて実感した。今も英国がEU脱退を検討する一方、来月にはクロアチアが新たに加盟する。

EUを動かしている運動律＝論理とは一体何なのか。

EUの形成過程からその実像、思想的含意までを精査しながら、著者は「欧州合衆国」のような大文字の「統合」はもはや望むべくもないものの、EU以前の世界に戻れないほど小文字の「統合」が進んでいると説く。

曰（いわ）く「国家でも単なる国際組織でもない宙ぶらりんの状態のままそれなりに安定」しているのがEUであると。曖昧（あいまい）さは柔軟さやしたたかさの裏返しでもある。

この指摘は重要だ。社会学者ダニエル・ベルが「国民国家は大きな問題を扱うには小さすぎ、小さな問題を扱うには大きすぎる」と評したのは四半世紀前だが、依然、私たちは国家単位で「主権」「市民権」「憲法体制」などをイメージし、リアル・ポリティクスを論じる癖があるからだ。

とりわけ米国と中国という2大大国の行方に目を奪われがちな昨今、EUという政治体の奥深さと影響力はもっと想起されてよい。政治や経済の統合を推し進めるアフリカ連合（AU）がモデルとするのもEUである。

本書は欧州委員会での勤務経験を持つ著者が過去10年ほどの間に発表した論考を中心に編まれているが、密度の高い12のパーツ（章）が有機的に結びついた曼荼羅（まんだら）のように仕上がっている。まさにEUという多面体を映し出しているかのようだ。

評・渡辺靖（慶応大学教授）

えんどう・けん　66年生まれ。北大教授（国際政治、ヨーロッパ政治）。編著『ヨーロッパ統合史』。

二〇一三年六月二三日❼

『歴史哲学への招待　生命パラダイムから考える』

科学・生物

小林道憲 著
ミネルヴァ書房・三二五〇円
ISBN9784623066391

「歴史的事実」という言葉がある。歴史教科書に記述されていることは、あたかも事実のように私たちは思っている。しかし一方、歴史が物語であることも承知している。ではいったいどのようにして私たちは「事実」をその中から発見したり、出来事の歴史を記述すればよいのだろうか？

本書は、「出来事と出来事は独立したものではなく、縦横に影響し合い、連動しながら」激変するものであり、「おのずと自己自身を形成していく自己組織系」であるという。その、因果関係に収斂（しゅうれん）させようとしない複雑系の歴史イメージが面白い。この歴史観のなかでは偶然も大きな要因となる。そこから、可能性の「分岐」も考えねばならなくなる。つまり歴史を貫く普遍的な法則はなく決定論もない、となる。歴史の非決定性、予測不可能性、一回性、不可逆性、偶然性の主張が過激だ。量子力学の不確定性原理等の説明を用いながら、その不確定性によって歴史学と科学の共通性が見えてくる。

評・田中優子（法政大学教授）

二〇一三年六月二三日❽

『主婦と演芸』

人文

清水ミチコ 著
幻冬舎・一四七〇円
ISBN9784344023703／9784344424333（幻冬舎文庫）

文章を書くのが好きという清水さん。コトバの上下動が心地いい。まるで空中ブランコの下に張られた大きなネットをゆらゆらと歩いているみたい。主役を張らない〝モノマネ芸人〟、そして二十数年やってきた主婦としての眼（め）は、さわやかで、確かで、鋭い。

モノマネが仕事だから人を観察する眼は並でない。芸能人の楽屋裏やオフの話が多いが、私生活公開といった空気はつゆなく、仲間のヒトとしてのおかしさ、不思議さを、さりげなく描き、えらそぶらずにちくりと刺す。コトバは柔らかいが相当な辛口、でもイヤミがなく、言われてうれしいというような批評は、そうそうあるものじゃない。

贅沢三昧（ぜいたくざんまい）の旅行を楽しむ芸能人への感想――「生きる知恵ってなものを全然使わないから、ただただ快適なだけで、笑いあえるユーモアがぜんぜん生まれなくなります」。

〝便利〟や〝快適〟をひたすら追い求めてきた果ての社会のつまんなさを、思い知らされました。

評・鷲田清一（大谷大学教授）

二〇一三年六月三〇日❶

『主役はダーク』

須藤靖 著
毎日新聞社・一七八五円
ISBN9784620321950

『科学を語るとはどういうことか』

科学・生物

須藤靖、伊勢田哲治 著
河出ブックス・一五七五円
ISBN9784309624570

怒り心頭の物理学者　科学哲学者と大激論

『主役はダーク』は破格の科学エッセーだ。最新の天文学、宇宙物理学を独特の諧謔（かいぎゃく）を交えて語る。

宇宙は膨張しており、物質は希薄になっていくはずなのに、我々の世界（例えば地球）が物質に満ちているのは、ダークマターのおかげらしい。いまだ直接観測されていないが宇宙の22％を占め、局所的な密度を上げるのに貢献しているという。一方ダークエネルギーはさらに圧倒的で宇宙の74％！　万有引力ではなく、互いに反発する斥力を働かせ、宇宙が一貫して膨張する性質を与えてきた。どちらも物理学で真面目に議論される有力仮説だ。

ともすれば難しくなりそうなテーマだが「最近の世の中は何か暗い」の一文で始まり、国家予算の赤字やら大学生の就職率について嘆きつつ、気づけば宇宙のど真ん中に誘われている。爆笑、苦笑と科学が隣り合わせる筆さばきだ。

なお、本書には「仮想敵」が配されている。それは科学哲学。現代科学から周回遅れになっており、なおかつ、見当外れだというのだが、その問題意識が、著者（物理学者）と科学哲学者の対談『科学を語るとはどういうことか』として結実した。

物理学者は「科学者が受け入れられないような科学像」を科学哲学が作っていると怒り心頭だ。例えば、素粒子の存在を疑う極端な反実在論（構成的経験主義）など意味不明であり、科学哲学は科学者に役立つ提案をすべきだと訴える。

一方、科学哲学者は、長い間、同じ問題をいろいろな角度からつつきまわしているのを認めつつ、なぜ科学が成功しているのか、科学とはどのような営みなのか知りたいという。「鳥に対する鳥類学者」とよく言われるそうだ。しかし、研究の結果が科学者にとっても刺激を与えるものであればさらによい、とも。実際、科学の新分野の立ち上げに科学哲学が参照される事例が、脳科学、認知科学、分類学などであるという。

結局、議論は見事なまでにかみ合わずに終わる。ただ、無益というわけでもなく、読者は哲学系の粘り強い（それどころか、ねちっこい）考え方を知るだろうし、物理学者が科学哲学についてダメ出ししているうちに哲学者めいてくるのも目撃する。『主役はダーク』とあわせて読めば、宇宙物理学の最先端が「哲学」めいていることも分かりさらに興味深い。

なお、本書では追究されないが、科学哲学が社会における意思決定に役立つかどうかという問題もある。これについては、著者（科学哲学者）らが編んだ『科学技術をよく考える』が4月に出たばかり。一連の著述をひとつながりのものとして捉えたい。

評・川端裕人（作家）

すとう・やすし　58年生まれ。東京大学教授（宇宙物理学）。
いせだ・てつじ　68年生まれ。京都大学准教授（科学哲学）。

二〇一三年六月三〇日❷

『スカル・ブレーカ』

森博嗣 著

中央公論新社・一八九〇円
ISBN9784120044939／9784122060944（中公文庫）

ノンフィクション・評伝

時代小説の形借りた言語ゲーム

強さとは何か。この主題には古今多くの作品が取り組んできた。ましてや剣豪の若者が主役の時代小説とあれば、一般的には自己鍛錬を通した成長物語となるのが必定。だが、本作の眼目はそこにない。本作は、「ヴォイド・シェイパ」シリーズ第三作目。タイトルも英語で、人物名もすべてカタカナで綴（つづ）られる。主人公・ゼンは、師匠・カシュウが亡くなったのを機に、幼少から暮らした山を下りる。まるで一から主人公を育てるロールプレーイングゲームのようだ。

ゼンは、自分の正式な名前も年齢も知らない。本名は初巻で禅之助と分かるが、あまり気にかけていない。そもそも、名と実を取り結ぶことに興味のない主人公なのだ。それゆえ、人名もただ音として反響するのみ。だが読み進むうち、読者には次第にゼン独自の研ぎ澄まされた言語感覚が明らかになってくる。他人と交わる中、ついに本巻でゼンは言語が社会秩序を構築していることに気づく。だが、同時に思う。「剣には言葉はない」と。それゆえゼンは、空無（ヴォイド）にして強靭（きょうじん）なのだ。

さて、一般に時代小説の豊潤さは、その虚偽性が濃密であるほど現実味を増す。いわば、想像／創造された過去の言語体系が、リアリティーを増幅するジャンルともいえる。だが、その増幅装置をすべて取り除いたら世界はどのように見えてくるのか。本作は、時代小説の体裁を借りた言語ゲームのようでもある。

また、本作は典型的な貴種流離譚（たん）であり、ゼンの出生の秘密が物語の中軸をなすが、当人はそれを知ってなおその価値に興味を示さない。なるほど、あらゆる「隠されたもの」の価値は、他者による解明への欲望によって高められるが、ゼンはそれと相容（あいい）れない求道者だ。ミステリーという秘匿性の王国を描いてきた筆者が、ついに秘匿性そのものへの問いに行きついたということか。この異色で美しい言語世界を堪能されたい。

評・水無田気流（詩人・社会学者）

もり・ひろし　57年生まれ。作家。著書『すべてがFになる』『スカイ・クロラ』など。

二〇一三年六月三〇日③

文芸

『神は死んだ』

ロン・カリー・ジュニア著　藤井光訳

白水社・二三一〇円

ISBN9784560090275

絶望の極点で希望は紡げるか

ショッキングな題名だが、内容そのままなのだ。表題作で、本当に「神」は死ぬ。スーダンのダルフール地方の難民キャンプ。ディンカ族の若い女に姿を変えた「神」は、理由あって弟の行方を探している。彼女は「神」なのだが全知全能ではない。むしろ人間たちの蛮行に対して、ほとんど何も手を出せず、ただ見守ることしか出来ない。紛争は熾烈（しれつ）を極めており、たくさんの罪なき人々が動物のように命を奪われている。

スーダンを訪れていたブッシュ政権のコリン・パウエル国務長官（実名で登場する）は、偶然「神」と出会い、彼の人生に隠された最大の後悔を贖罪（しょくざい）するために、自らの立場をなげうって、彼女を助けようとするのだが……。

ロン・カリー・ジュニアの処女作は、このようなひどく奇妙で哀切な物語から始まる。続く各編も、いずれも突飛（とっぴ）なアイデアと醒（さ）めたリアリズムが混交する、不思議な感触を持っている。当然のことながら「神の死」は人間たちに甚大な影響を及ぼした。信仰の対象を喪（うしな）った聖職者は死を選び（「橋」）、ゲームめいた集団自殺が横行する（「小春日和」）。「神を食べた犬へのインタビュー」には、死んだ「神」の肉を食べたせいでいくぶんか「神」になってしまった犬が登場する。

9編は人物や時系列が緩やかに繋（つな）がっており、「神の死後」をめぐるSF的なヴィジョンが展開する。語りも一作ごとに工夫が凝らされており、重いテーマを考え込む隙を与えず最後まで読み切らせてしまう。だが、それこそが作者の狙いなのだ。

全編を読了してしばらく経ち、いま私はこの書評の言葉を連ねながら、そこに何が描かれていたのかを思い出し戦慄（せんりつ）する。神の死んだ世界。いかにして絶望の極点にありながら希望を紡げるのか。これは宗教の問題ではない。現代を生きるわれわれ全員に突きつけられた問いである。

評・佐々木敦（批評家・早稲田大学教授）

Ron Currie Jr.　75年米生まれ。本書でニューヨーク公立図書館若獅子賞。

二〇一三年六月三〇日④

『脊梁山脈』

乙川優三郎 著
新潮社・一七八五円
ISBN9784104393053／9784101192277（新潮文庫）

歴史／文芸

国や民族揺さぶる木地師の系譜

日本の山中にはかつて木地師という集団がいた。轆轤（ろくろ）を回して木でお椀（わん）やこけしを作り、良材を求めて山中を漂泊していた人たちだ。

第2次大戦後に中国から復員する主人公がその木地師の男と出会うことから物語は始まる。人を殺すのが嫌になった、これからは山に籠（こも）る。男の言葉に強い印象を受けた主人公は、彼が山に籠る理由を知りたくて、自らも信州の山村に分け入り木地師の系譜を調べだす。

冒頭からしばらくは山と日本人の関係を描く小説なのだと思って読み進めた。ところがやはりその見通しは甘かったらしい。主人公は調査の過程で木地師の成り立ちに朝鮮半島から渡来した秦氏が関わっていたことを確信するのだが、そのあたりから物語は急に混沌（こんとん）としはじめる。さらにその秦氏と日本の古代王朝との深い繋（つな）がりから、話は古代史最大の事件ともいわれる大化の改新の秘密に突き進む。天皇家の政治的基盤が確立したあのクーデターには大いなる歴史の欺瞞（ぎまん）が隠されていたというのである。

着地点が見えないまま物語は進行する。その過程で読者はこれまで抱いていた国とか民族に対する理解が揺さぶられることに気づくだろう。木地師が暮らした山の文化と天皇家に象徴される歴史により、日本人の精神性は育まれてきた。それなのにその双方で渡来系の血が濃く関わっていたとしたら、我々日本人とは一体何なのか、よく分からなくなってくるのだ。

それでも私たちの内側には日本人としての原形質が形作られている。木地師の生き様を求めて山中を彷徨（ほうこう）する主人公の旅は、作られたストーリーのさらに向こうで皆が共有している根源的な何かを探り当てる試みのように見える。おそらくそこにこそ私たちの内部を芯から貫くこの国のぶっとい脊梁（せきりょう）があるのだろう。読み終わった時にそれが少しだけ見えてくるのである。

評・角幡唯介（ノンフィクション作家・探検家）

おとかわ・ゆうざぶろう　53年生まれ。作家。「生きる」で直木賞。

二〇一三年六月三〇日⑤

『人口減少社会という希望　コミュニティ経済の生成と地球倫理』

広井良典 著
朝日選書・一四七〇円
ISBN9784022630018

経済

比重増すローカルで内的な生

成長至上主義者は本書を読んで、どう反論するだろうか。これまで幾度となく成長戦略が打ち出されてきたものの「失われた20年」は、なぜかいまだに終わらない。本書が指摘するように、そもそも経済成長が「信仰のようなもの」だったのだと考えれば合点がいく。官僚や財界にやる気があるとかないとかいうことに問題があるのではない。

本書は斬新な「資本主義論」を語る経済書であるばかりでなく哲学書、宗教書であり、科学史、人類史をも扱っており、近年稀（まれ）にみるスケールの大きな書である。そして、現在日本が直面している諸問題が、数撃ちゃ当たる式の経済成長策で解決できるほど生易しいものではないことがよく理解できる。

同時に、著者が10年以上にわたって構想してきた「定常社会論」構想の集大成版とも位置づけることができる。人類史20万年のなかで、「三つのサイクル」を著者は見いだし、各々（おのおの）のサイクルの前半が「物質文明の拡大期」で人口増加の時代であり、後半は

「内的・文化的な発展」期であると同時に人口減少の時代であると結論づけている。

その後半期に「定常社会」を迎えるのであり、現在は「三度目の定常期」を迎えようとしている。こうした過渡期においては「情報の時代」がいつも生ずるのであって、現在のデジタル革命の先には『「生命／生活（life）」というコンセプトに象徴されるような、ローカルな基盤に根ざした現在充足的な生への志向が比重を増していくだろう』と指摘する。

グローバル化の先にローカル化を見る著者は「鎮守の森・自然エネルギーコミュニティ構想」を提唱している。本書を読んで強く感ずるのは、政府の成長戦略にはこうした壮大な構想力が決定的に欠けているということである。本書のような視点があれば、人口減少を「希望」だと自信をもって言えるのである。

評・水野和夫（日本大学教授）

ひろい・よしのり 61年生まれ。千葉大学教授。『コミュニティを問いなおす』など。

二〇一三年六月三〇日⑥

『忘れられない日本人移民　ブラジルへ渡った記録映像作家の旅』

岡村淳 著

港の人・一八九〇円

ISBN9784896292602

ノンフィクション・評伝

〈家〉なき存在の現実を映す

著者の岡村淳は1987年にブラジルに移住して以来、小型ビデオカメラを片手にたった一人でドキュメンタリーを撮り続けている。彼の初期の代表作が、ナメクジの生態を記録した番組であることの意味は大きい。

カタツムリが平気でも、ある意味〈家なし〉のカタツムリであるナメクジを嫌悪する人は多い。「無視され、あるいは偏見を浴びせられている存在」に視線を傾けずにはいられないところにこの希有（けう）な記録映像作家の特質がある。

日本からブラジルに渡った移民は二つの国の言語・文化の〈あいだ〉を生きざるをえない、いわば〈家〉なき存在である。労苦を重ね、ひどい差別を受けながらも、たくましく生き抜いてきた名もなき日本人移民たちの〈痕跡〉を、岡村は映像ではなく、〈言葉〉で記録する。

大地主や権力者に搾取・迫害される〈土地なし農民〉たちの闘争運動のリーダーとなった石丸さん。60年ぶりに帰国し姉と再会する80歳の陽気な妙子さん。私財を投じて、広島・長崎での被爆経験のある移民を支援する高潔な森田さん。軍国日本を嫌い、ブラジル移民の父・水野龍の書生となってかの地に渡った石井さんと、70歳にして陶芸家となった妻の敏子さん。どの方も忘れがたい魅力を備えて読者に迫ってくる。

移民の記録映像作家として、〈あいだ〉にあることの辛酸を嘗（な）めてきた著者は、売るためのステレオタイプや〈社会的弱者の救済〉というお題目を羅列する商業主義的なテレビやジャーナリズムと一線を画し、同時に移民社会内部の中傷や差別を指摘することも忘れない。だがそうした批判が返す刀で、移民の現実を映す〈鏡〉たらんとする自身の文章もまた予断や偏見から自由ではないのだと、自らの愚かさと醜さへと向けられているところが潔い。それが本書をきわめて忘れがたく美しい書物にしている。

評・小野正嗣（作家・明治学院大学准教授）

おかむら・じゅん 58年生まれ。記録映像作家。主な映像作品に「郷愁は夢のなかで」。

二〇一三年六月三〇日⑦　科学・生物

『記憶をコントロールする　分子脳科学の挑戦』

井ノ口馨 著
岩波科学ライブラリー・一二六〇円
ISBN9784000296083

「記憶は死に対する部分的な勝利である」とはカズオ・イシグロの名言である。記憶だけが、流転し消滅しつづける世界に私をつなぎ止め、私が私であることを示してくれる唯一の証（あかし）。では記憶とは何か。著者は最初、この問いを哲学から考えようとし、ついには脳のシステムとして捉えなければならないと思い詰め、米国に旅立った。私たちが何かを体験すると、脳の海馬でシナプスが回路を作る。それが記憶の元型となる。そして、ここからが重要なのだが、海馬で作られた記憶は、大脳皮質に書き写され、海馬の方はクリアされる。しかも、大脳皮質に保持された記憶の回路は、思い出すたびにいったん不安定化され、再度、固定化されることも明らかになった。記憶の美化や目撃証言の信憑性（しんぴょうせい）、あるいは意識とは何かまで議論は及ぶ。本書は、著者の一匹狼（いっぴきおおかみ）的な個人史の道のりを縦軸に、脳科学の展開を横軸として描かれた、最も新しい記憶研究の見取り図である。語り口も平易。

評・福岡伸一（青山学院大学教授）

二〇一三年六月三〇日⑧　社会

『わが盲想』

モハメド・オマル・アブディン 著
ポプラ社・一四七〇円
ISBN9784591134573／9784591143087（ポプラ文庫）

アフリカ・スーダンから1998年に来日した著者は、留学をしながら鍼灸（しんきゅう）を学ぶ。その時、視覚の病は進行中で〝物の影がかすかに見えるほど〟でしかない。そして……。

とびきり明るい筆致で初めての日本を描写し、祖国の政治情勢を書き、情熱的な日本人教育者たちの営為と自らの奮闘を記す本である。

そもそも私たちは世界各国から盲人を受け入れていることを知らないのではないか。彼らが歩く道を、まず「歩行訓練士」が共に行き、途中にどんな注意点があるかを念入りに示すことも、視覚に障害のある外国人に日本がどう聴こえる国であるか、も。

どんどん日本語を習得していく著者は、すぐにダジャレ好きになる。それは同音異義語が多い日本語の中で生きていくために必須の能力なのだ、と読者は知る。本の題名自体が「妄想」と「闘争」「盲目」から作られた造語だ。

さらっと読めるエッセーの奥に、私たちを新しく導く発見がたくさん詰まっている。

評・いとうせいこう（作家）

二〇一三年七月七日①　ノンフィクション・評伝

『輸血医ドニの人体実験　科学革命期の研究競争とある殺人事件の謎』

ホリー・タッカー 著　寺西のぶ子 訳
河出書房新社・二九四〇円
ISBN9784309252827

血は畏怖の対象 生命の定義問う

現代では、ごく当たり前の処置方法である輸血だが、他人の血を注入することに対して、どこかで怖いとも思う。血に対して抱く畏怖（いふ）心は、本能なのか文化なのか。

いずれにせよ、血液型や免疫や消毒、細菌の知識があるからこそ、医師に腕を差し出せるというもの。本書はそれらがまだなにもわかっていない17世紀に英仏で行われた輸血実験にまつわるブラッディな歴史ノンフィクションだ。

17世紀の科学はまだ黎明（れいめい）期。迷信や錬金術も跋扈（ばっこ）する。中世まで教会は死体解剖に否定的で、学問として盛んに行われたのはルネサンス期からのこと。

けれども死体はあくまでも死体。生存中の心臓や血液の動きなどはわからない。そこで行われたのが、動物による生体実験だ。犬猫、果ては蛇や鰻（うなぎ）を生きたまま切り開いて心臓を観察し、血液の流れを追うことを繰り返した末に、ようやく17世紀初頭に血液は身体中を循環しているのだと「わかる」。そうしてやっと、流れる血に別の生物の血を足し入れたらどうなるか、つまり輸血への第一歩がはじまる。

英仏で競うように動物から動物への輸血、そしてフランス人医師ドニによって動物から人間（！）への輸血実験が行われ、いったん成功したかに見えたものの、3度目の実験の後、被験者は死亡する。しかもあとからそれが毒殺であったことが判明したにもかかわらず、輸血実験はその後150年間も凍結してしまう。ドニの野心も、潰（つい）える。

現代の知見からすれば、早すぎた実験かもしれないが、殺人をしてまで1世紀半もタブーにしたことの意味は、重い。自然哲学と迷信、イングランドとフランス、カトリックとプロテスタント、医学界の政治と功名心、そして多くの貧民を生み出していた大都市パリとロンドンの階級社会。丹念に叙述されたこれらの対立項を追っていくと、科学主義の登場に揺れながらも、やはりまだ多くの人々にとって、血は畏怖の対象であったことが読みとれる。

人の命を救いうるなにかが実験によって「できそうになる」たびに私たち社会を構成する全員が、人間や生命をどう定義するのか、無理やり考えさせられることになる。それは現代の先端医療でも全く変わらない。あまりにも難しい問いだ。発見されなければ考える必要もないのにと、思うときすらある。だからこそ、この事件を読めて良かったと思う。現代懸案の先端技術も数世紀経てば輸血のように「当たり前」になるのだろうか。

ともあれ、被験者はもちろんのこと、実験初期の被験動物たちが流した大量の血潮に感謝しつつ、輸血技術を享受したいものだ。

評・内澤旬子（文筆家・イラストレーター）

Holly Tucker　ヴァンダービルト大学医療・健康・社会センター、フランス・イタリア語学部准教授（医学史）。「ウォールストリート・ジャーナル」「クリスチャン・サイエンス・モニター」に寄稿。米テネシー州在住。

二〇一三年七月七日❷

『シッダールタの旅』

ヘッセ著　竹田武史 構成・写真　高橋健二 訳

新潮社・一五七五円
ISBN9784103340317　アート・ファッション・芸能／国際

煩悩と解脱 輪廻の天地を活写

三島由紀夫氏の死の3日前の電話で「インドには呼ばれる者とそうでない者がいる。君はやっとインドに行く時期が来た」。なにやら呪術めいた言霊に背を押されて1974年にインドに発った。この年に奇（く）しくもこの写真家が生まれている。彼は私がしたようにヘッセ芸術の結晶『シッダールタ』を伴侶にバイクに跨（またが）り、カメラを手に「仏陀との対話」の40日間の旅に出た。私は7度渡印したが、著者の写真が語るような濃密な魂体験には及ばなかった。

彼のインドを凝視する裸眼は、禁欲的、瞑想（めいそう）的、求道的な隠者ヘッセと、解脱の境を求めて呻吟（しんぎん）するシッダールタを二重写しにしているが、そんな写真は見る者の眼（め）を浄化する力を宿している。

著者はインドの早朝、生きとし生ける万物が眠りから覚め、プラーナの霊気が辺り一帯を支配し光の粒子と混じる頃と、日没の長い影が夕闇の中に姿を晦（くら）ますのを待ちかまえるかのように、どこからともなく聞こえてくるアリ・アクバル・カーンのラーガの楽曲に導かれ、夜の帳（とばり）が天と地をひとつにする瞬間をカメラにより見事に活写する。そんな静寂の中、「女が何であるかまだ全く知らない愚かな沙門（しゃもん）」であるシッダールタは快楽を求めて美妓（びき）との性愛の陶酔へと下降していく。古代インドでは人生の三大目的のひとつに性愛（カーマ）を通した解脱の道を説く。著者はこの性愛をカジュラホの性愛像の写真で説明するが、シッダールタの快楽と苦悩の狭間（はざま）で魂が裂かれようとする、愛なき性愛の描写に他に如何（いか）なる表現があろうか。

灼熱（しゃくねつ）の下、瞑想的で宗教的なインドの静寂と反対に、喧噪（けんそう）と悪臭、人と物の過密空間の中で沸騰する人間の欲望。これもインド時間だ。輪廻（りんね）と涅槃（ねはん）、煩悩と解脱を分かつのではなく、これらを一体化する時、シッダールタは老いを前に生死の時間の束縛から脱するのだった。

評・横尾忠則（美術家）

たけだ・たけし　74年生まれ。写真家。文化、歴史をテーマに旅のルポを手がける。

二〇一三年七月七日❸

『少女と魔法　ガールヒーローはいかに受容されたのか』

須川亜紀子 著

NTT出版・三九九〇円
ISBN9784757143098　アート・ファッション・芸能／社会

日本生まれの強く可愛い魔女

日本の魔法少女物アニメ番組は、過去40年以上にもわたり放映されているという。少女メディア文化において、これは世界的にも稀（まれ）なケースだと筆者は指摘する。西欧では魔女は成人女性の力、美、知の象徴であり、それゆえ恐怖の対象として描かれてきた。たとえ善き魔女が描かれても、「奥様は魔女」のように白人美女が定番。だが、日本のアニメ世界に輸入されたとき、魔女は少女と合体し、可愛らしく活発な「ガールヒーロー」に変身した。筆者は1960年代から近年までの魔法少女物を分析し、女性へ向けられた複雑な要請と眼差（まなざ）しを鮮やかに解析して行く。

60年代の「魔法使いサリー」は、あくまでも女性らしさを手放さず乱暴者の男子も静かに諭し、それも無駄であった場合にのみ魔法を行使。最終的には自己犠牲の精神で友人を救う。その姿は、同時代の西欧におけるパワフルな女性の表象とは対照的だ。魔法とは、当初ガールヒーローの過剰な男性化を回避するべく与えられた安全な武器だった。

もっとも、このような優等生的魔法少女像はその後変遷を遂げる。そもそも、成人女性ではなく少女が好まれる背景には、女性の過剰なセクシュアリティが忌避される日本の文化気風がある。セクシーな女性キャラが大抵敵役なのもその証左であろう。だが、80年代の「魔法の天使クリィミーマミ」は、女性らしさ規範をめぐる葛藤を経て、異性からの承認に依らない自己肯定へとたどり着く。最終回の「優は優だもん！」の台詞は、少女向けアニメ史上に残る名台詞である。後の社会に訪れる承認欲求の問題に、いち早く取り組んだのは魔法少女たちだったのか。90年代の「セーラームーン」や00年代以降の「プリキュア」シリーズに見られる、女性同士の絆と母性の位置づけについての分析も秀逸。強く、可愛く、カッコよく、かくも複雑な欲望を詳解する秀作である。

評・水無田気流（詩人・社会学者）

すがわ・あきこ　関西外国語大学専任講師。専門はメディアとジェンダー、文化研究。

『天気と気象についてわかっていること いないこと』

筆保弘徳、芳村圭 編著
ベレ出版・一七八五円
ISBN9784860643515
科学・生物

「空のカラクリ」に挑む熱意

天気・気象は、社会的な関心事だ。明日、雨が降るかどうかということはもちろん、台風や集中豪雨がもたらす被害まで、気にせず済ますことはできない。しかし、こと科学的な知識については、中学校理科で止まってしまうことが多い。高校では気象学は地学の一部となり、他の理科諸分野よりも選択されにくいようだ。「空のカラクリを詳しく学べないまま」大人になる人が多いと編者は嘆く。

本書では、その「空のカラクリ」を解き明かす7人の気象研究者が最先端の知識を報告する。著者の多くが70年代後半生まれ。充実期にさしかかった気鋭の研究者である。

冒頭の「温帯低気圧の研究」は、日本列島近傍の海洋が「ホットスポット」として大気に熱を伝えることで、地球規模での熱移送に寄与することから説き起こす。温帯低気圧は、天気図で毎日のように見るが、気象学の世界ではまさに旬の話題のようだ。

続く各章では、台風、集中豪雨、梅雨、竜巻、水循環、天気予報などの最新研究。台風は「地球上で最大最強かつ長寿の渦巻き」で、梅雨前線は5千キロに及ぶ「世界最長の前線」だ。見方を変えると、我々は結構、極端な場所に暮らしていると分かる。日常的体験と地球規模の現象がつながり、ミクロな視点とマクロな視点が交錯することが気象学の醍醐味（だいごみ）かもしれない。

随所に配された著者らのコラムは気象研究者の現場の息づかいが伝わり秀逸。例えば、台風の雨がどの海域由来のものか突き止めるために、世界ではじめて台風の目の中の水蒸気をサンプリングする「台風の中心でEYEを叫ぶ」など、小じゃれていて、しかし、熱い。気象学の核心のひとつは「熱」であることと関係するのか知らないが、著者らの熱容量は相当である。

著者らが熱っぽく伝える「空のカラクリ」を心に抱いて空を見上げれば、これまでとは違う景色が見えてくる。

評・川端裕人（作家）

ふでやす・ひろのり　横浜国立大学准教授。
よしむら・けい　東京大学准教授。

『友罪』

薬丸岳 著
集英社・一七八五円
ISBN9784087714937／9784087453799（集英社文庫）
文芸

友達が、あの少年犯罪の犯人？

重い課題を突きつけられて思わず言葉を失った。

ある町工場に益田と鈴木という2人の若者が同時に入社する。鈴木には独特の近づきにくさがあり誰も彼とは打ち解けない。だが1人、益田だけは鈴木との距離を縮め、鈴木もまたそんな益田に心を開くようになる。そして2人の間では友情が育まれていくのだが、しかしふとしたことで益田に恐ろしい疑念がわき上がる。鈴木はメディアを騒がせた、あの少年犯罪の犯人なのではないか？　考えてみるといくつもの不審な証拠が思い出された。そしてどうも事件の犯人は実社会に復帰しているらしい。疑いを深めた益田は、疑念を打ち消したい一心で独自の調査を開始する。

この小説があの神戸で起きた猟奇的な児童殺人をモチーフにしていることは明らかだ。過去に苦しむ事件の犯人。同時に他の登場人物たちも彼の苦悩と共振する、消してしまいたい過去を抱えている。中学時代の同級生の自殺が今も重くのしかかる主人公。そして流れ着くように工場の事務員に収まった元AV女優。

過去と今が激しく交錯し物語は突き進む。互いの過去を隠したまま、かけがえのない友となり恋人となった今。しかしひた隠しにしてきた忌まわしい過去はいつか表に出る。その時、かけがえのない今は忌まわしい過去を赦（ゆる）すことができるのか。友の罪はあなたにとっても罪なのか。

伏線や謎の配置によって読ませる小説ではない。読者は登場人物に己を重ね合わせることで共感し、自分がほのかに抱える暗部をのぞき見るような気持ちで読み進め、そして切っ先の砥（と）がれたような鋭い問いを突きつけられ身震いせざるを得なくなるのだ。

人間は過去から逃れることはできない。しかし友なら……理解することはできるはずだ。それでも赦すことができないのはなぜなのか。ラストの文章が心に響いた。

評・角幡唯介（ノンフィクション作家・探検家）

やくまる・がく　69年生まれ。作家。05年に『天使のナイフ』で江戸川乱歩賞。『逃走』など。

二〇一三年七月七日❻

『ヒトはなぜ太るのか？　そして、どうすればいいか』

ゲーリー・トーベス 著　太田喜義 訳

メディカルトリビューン・二九四〇円

ISBN9784895893985

科学・生物／医学・福祉

我々の遺伝子に適したご飯は

摂取カロリーより消費カロリーが少ないから太る。私たちの多くはそう信じ、肉よりもカロリーの少ない野菜や穀類を食べるよう心がけ、なるべく運動しようとする。

しかし、長続きしない（少なくとも私は）。摂取カロリーを減らすと空腹でいらいらするし、運動するのは楽ではないからだ。「意志薄弱で怠惰なひとなのね」と周囲から白眼視されているのを感じつつ（被害妄想？）、着々と太っていく。

だが、「『摂取カロリー＞消費カロリー』が肥満と過体重の原因」という言説は、そもそも本当に正しいのか？　実験データや医学界での論争を参照し、生物学的に論考したのが本書だ。

本書によれば、「摂取カロリーを減らし、運動量を多くしても、体重は減らない」。「やせた状態を維持したり、現在ある余分な脂肪をなくしたりする」のに有効な方法は、「炭水化物と糖類の摂取を避ける」ことしかないらしい。「なんですと!?」と私は叫んだ。ちょうど、おかわりした三杯目のご飯を食べながら本書を読んでいたからだ。

炭水化物と糖類を避けるかわりに、脂質（肉）や蛋白（たんぱく）質（卵など）なら、いくら食べてもいいとのこと。農耕民族には合わない食事法ではと懸念されるが、人類が穀類を栽培し食べはじめたのは1万2千年前。それ以前の250万年間は狩猟採集生活だったので、我々の遺伝子は穀類摂取に適応していない。そのため、炭水化物を摂（と）るとインスリンが分泌されやすくなる。そしてインスリンは、体脂肪の蓄積を促す物質なのだ。

なるほど、説得力がある……。

とはいえ、炭水化物や糖質の摂取制限については、リスクを指摘する声もあるそうだ。自分に合った健康法を見つけるのはむずかしい。白米（やパスタや芋）をやめるべきか、太りを受け入れるべきか。私はいま、ハムレットなみに苦悩している。

評・三浦しをん（作家）

Gary Taubes　科学、薬学、健康が専門のライター。

二〇一三年七月七日⑦

『第一回普選と選挙ポスター　昭和初頭の選挙運動に関する研究』

玉井清 著
慶応義塾大学法学研究会・六九三〇円
ISBN9784766420180

政治

参議院議員選挙が始まった。今回から候補者はインターネットを使って運動することが認められた。

選挙運動の研究書は意外に少ない。ビラや挨拶（あいさつ）状などを収集する者がいないため、実態が解明できないのである。

このたび慶応義塾図書館から、第一回普通選挙で用いられたポスターやビラなどの資料が発見された。本書はそれらの紹介と共に、選挙戦の様相と有権者の投票意識を分析した。時宜に適（かな）った出版といえる。カラーのポスター図案が楽しい。「投票スレバ明（あかる）クナリ　棄権スレバ暗クナル」。これは内務省の棄権防止ポスター。「選ぶ人正しければ選ばれる人正し」。朝日新聞社が募集した標語の入選作。図案と標語は候補者が無断で複製使用できた。選挙運動ではポスターに限らず、レコード、芝居、映画など種々のものが活用された。ネット選挙もこの流れにある。驚くのは、「昭和維新」という語が好んで使われたこと。昭和新政の意で普選の成功を謳（うた）ったもの。

評・出久根達郎（作家）

二〇一三年七月七日⑧

『『グレート・ギャツビー』の世界　ダークブルーの夢』

宮脇俊文 著
青土社・一六八〇円
ISBN9784791767052

文芸

ニューヨークの金持ちたちの華やかな世界。映画で上映中の「華麗なるギャツビー」にはそういう印象がある。しかし小説『グレート・ギャツビー』には、どこかやりきれない暗さがあるのだ。その理由を、本書は明確に指し示してくれる。ミネソタの底冷えする寒さから始まる。「なぜ?」と思いながら引き込まれる。実は語り手であるニックも登場人物のギャツビーも、アメリカ中西部の出身なのである。副題である「ダークブルー」は、彼らが夢を育んだ中西部の夜空のこと。そしてその夢を抱いて大都会に出て行く。そこは金銭的富裕が価値をもつ世界だ。

小説では、砂ぼこり舞う灰の谷に暮らす自動車修理工が、ブラックホールのように読者を暗黒に吸い込む。デイジーはその場所で夫の愛人をひき殺し、ギャツビーはその修理工に撃ち殺される。

とめどなく夢を追い続ける。著者はそれをアメリカの宿命だという。その宿命が哀（かな）しく思える切ない本である。

評・田中優子（法政大学教授）

二〇一三年七月一四日②

『□（しかく）』

阿部和重 著
リトルモア・一四七〇円
ISBN9784898153642

文芸

ホラー映画への偏愛が凝集

阿部和重という小説家が著した、最も奇抜な小説だろう。作品ごとにスタイルや文体を一変させる、周到な準備と緻密（ちみつ）な設計に基づく凝りに凝った作風で知られる阿部は、今回あえて「何も決めないで書く」という一種の挑戦（?）をしたのだという。その結果、本書は当代きってのクセ者作家の根の部分と素の部分を鮮やかに晒（さら）け出しつつ、異様なムードと謎だらけの展開で読者をラストまで強引に引きずってゆく、ジャンル分け困難な問題作となった。

春夏秋冬に分かれた4話構成である。主人公「水垣鉄四」のところに、苦手に思いながらも関係の切れない得体（えたい）の知れない男「烏谷青磁」からある依頼（というか命令）がもたらされる。菜の花を食べたら「角貝ササミ」が死んでしまった。蘇（よみがえ）らせるには「まずは三六五日以内に、特定の四つのパーツをすべてそろえなければならない」。「角貝ササミ」が何者であるのかとか、蘇りとはどういうことなのかとか、なぜ四つのパーツなのかとかは一切説明されない。つまりほとんどわけがわからないのだが、かくして二人の調査が始まる。

スピーディーな文章に乗せられて読み進んでいくと、やがてこの小説の世界が、われわれの現実とは似て非なる、カニバリスト（人肉喰〈くら〉い）たちが跳梁跋扈（ちょうりょうばっこ）し、超常現象が頻発し、残虐な暴力と非道な殺人が横行する、まったくもって常軌を逸した状況にあることが明らかになってくる。

「水垣鉄四」は「烏谷青磁」に強制され、パーツの獲得に奔走する。第1は目、第2は歯、第3は耳、第4は臍（へそ）。どれを奪うのも命懸け。荒唐無稽な舞台が待ち受けている（特に「夏」のサイコ歯医者の場面は秀逸）。そして四つのパーツがついに揃（そろ）った時……。

無類の映画狂でもある作者のホラー映画への偏愛が凝集した、不気味だが痛快、シュールだが妙にリアルなダークファンタジーである。

評・佐々木敦（批評家・早稲田大学教授）

あべ・かずしげ　68年生まれ。作家。『グランド・フィナーレ』で芥川賞。『ピストルズ』で谷崎賞。

二〇一三年七月一四日❸

『聖痕』

筒井康隆 著

新潮社・一四七〇円
ISBN9784103145301／9784101171531（新潮文庫）　文芸

明るいニヒリズムの喪失譚

1973年、5歳の葉月貴夫は突如襲われ性器を切断される。彼の神々しいまでの美貌（びぼう）に魅入られた変質者による凶行であった。「聖痕」、貴夫は喪失の跡をそう名づけ、やがて自らの存立基盤として受容していく。

石油危機の年に開始されたこの喪失譚（たん）は、高度成長という高揚感時代の終焉（しゅうえん）を示唆する。東京タワーのごとく高く新幹線のごとく速く。これらの欲望を実現させてきた高い成長率は、たしかにこの年失われた。だが人々の欲望はなおもいきり立ち、拡大し続ける。日本人にとって73年とは、欲望とそれを可能にしていた条件とが分裂し始めた年であったのだ。

やがて貴夫の美しさは、男女問わず周囲の人間の欲望を喚起し、運命を翻弄（ほんろう）していく。一方、他人の欲望を理解できない貴夫は、芸術表現にすら下等な性欲衝動を感じ、興味を抱かない。自己表現への根源的欲望も欠落しており、唯一純粋な美を感じるのは美食のみ。幼児期の口唇期的快楽が純粋培養されたかたちだろうか。貴夫は、まるで実験動物を観察するように他者の欲望を観察し、淡々とその媒介者となる。その姿は、清らかなメフィストフェレスだ。バブル期も、リーマン・ショック以降もそれは変わらない。唯一衝動的に行動したのは3・11。ボランティアとして被災地に赴き、偶然、聖痕を刻んだ犯人と再会するが……。

読後感が恐ろしい小説である。あらゆる暴力は予測されたような連鎖を生まず、ことごとく鎮静が訪れる。この明るいニヒリズムは、欲望の沸点が低下した現代社会を象徴するかのようであり、甘美な安楽死への誘（いざな）いにも見える。時代に先んじて性／生への欲望の完全な不在を体現した貴夫は、両性具有ならぬ無性の天使である。末尾に語られたように、私たちは滅びへと向かいつつあるのだろうか。だとすれば、貴夫は人類に遣わされた神の究極の鎮痛剤かもしれない。

評・水無田気流（詩人・社会学者）

つつい・やすたか　34年生まれ。作家。『聖痕』は2012～13年、朝日新聞に連載された。

二〇一三年七月一四日④

『素顔の新美南吉　避けられない死を前に』

斎藤卓志 著
風媒社・二三一〇円

ISBN9784833120784　ノンフィクション・評伝

聞き書きで創作の実態明らかに

「里にいでて手袋買ひし子狐（こぎつね）の童話のあはれ雪降るゆふべ」。美智子皇后の御歌（みうた）である。新美南吉の童話「手ぶくろを買いに」を詠まれている。

今年は新美の生誕百年、そして没後七十年である。すなわち、たった三十年の短い生涯であった。「ごんぎつね」や「おじいさんのランプ」「牛をつないだ椿（つばき）の木」など、子どもから大人まで幅広く愛読される作家だが、その実像は意外に知られていない。短命であったためと、劇的な生涯でなかったのが理由だろうか。面白いエピソードに欠ける。ということは、まじめな人物であったのである。

こういう人の伝記をまとめるには、特別な視点と、些細（ささい）な事柄を興ずる心が無くてはいけない。本書の著者は、文学畑の人ではない。民俗学者である（『刺青墨譜』や『稲作灌漑（かんがい）の伝承』等の著がある）。

既成の概念に捉われず、民俗採集の技法の聞き書きを用いて、新美の創作の実態を明らかにした。

二十四歳の新美が、愛知県安城高等女学校の教諭になる。以後の年月が、童話作家を形成する重要な日々と筆を費やす。本書の大半が教師時代である。これが成功した。

新美は新任して、一年生を受け持つ、翌年は二年生を、次の年は三年生、そしてまたあくる年は四年生を担任した。つまり、教師として初めて接した生徒たちと、四年間を共にして、無事卒業させ、翌年、病気のため亡くなったのである。生徒らに、新美先生はどう映ったか。

本書の最も感動的なエピソードは最後にある。『校定新美南吉全集』に収録されていない詩を紹介している。原稿もメモも残っていない幻の作品だ。新美の教え子たちが、黒板に記した詩を、うろ覚えに覚えていた。皆で記憶にある語句を思いだし、復原したのである。「ちちは老いたまふ」と始まる詩だ。彼女らはまた焼かれようとした師の日記を、大切に保管していた。

評・出久根達郎（作家）

さいとう・たくし　48年生まれ。愛知県安城市の元学芸員。著書『刺青　TATTOO』など。

二〇一三年七月一四日⑤

『欲望の美術史』

宮下規久朗 著
光文社新書・九六六円

ISBN9784334037451　アート・ファッション・芸能／新書

「食欲」から「死」までの美の小径

画家が主題の選択に迷い、その拠（よ）りどころを一体どこに求めるべきかと心を煩悶（はんもん）させる経験は誰にもある。そんな時、本書があれば難なく画家は寸善尺魔の地獄から這（は）い上がれたのに。

そーなんだ、「あらゆる人間の営みは欲望によって成り立っている」、そんな自明の理がわかれば、自らの欲望を描くことで簡単に問題解決じゃないか。

画家の欲望がそのまま主題になることに、この時初めて画家は気づかされるのである。著者は美術史の深い森に分け入り、多様な主題と様式の中から美の欲望を二十八のお話にシステム化し、読者を欲望の小径に案内しながら、まるで寓話（ぐうわ）でも聞かされているような気分にさせ、気がついたら「欲望の美術史」が私たちの中に位置づけられているのだった。

さて、全二十八話の中で私が特に関心を抱いたのは、「『私』に向き合う」と題する自画像の項だった。私も時に自画像を描いてきたけれど、自画像ほど自己の欲望と真正面から向き合う対象はほかにないのである。この不可知な謎の対象は内なる他者であると同時に逃れることのできない自己でもある。人間の五欲を仏教は戒めるが美の追求は五欲の吐露によって解脱に至るか？ 果たして……。

触ることはできるが自らが見ることのできない自己を如何（いか）に表現するか。フィレンツェのウフィツィ美術館に自画像が所蔵されることになった際、私は触覚と視覚を両立させた彩色デスマスク（ライブマスク？）を画面に張りつけ、自画像に対する解答とした。

次の興味は、第二十八話の「よき死への願い」だった。私にとって死への欲望は生への欲望を手放すことである。天国も来世も求めない欲望。本書は生への欲望「食欲」から始まって生の欲望を手放す「死への願い」で終わる。本書は全体が欲望の連歌になっているように思えた。

評・横尾忠則（美術家）

みやした・きくろう 63年生まれ。美術史家、神戸大学准教授。『カラヴァッジョへの旅』。

二〇一三年七月一四日❻

『蘇生した魂をのせて』

石牟礼道子 著

河出書房新社・一八九〇円

ISBN9784309021775

『石牟礼道子 魂の言葉、いのちの海』

石牟礼道子 著

KAWADE道の手帖・一六八〇円

ISBN9784309740492

人文／ノンフィクション・評伝

「公」とは何か 水俣から学ぶ

藤原書店から出ている全集も大詰めを迎えつつある石牟礼道子。行動をともなったその思索、そして言葉に関する本が幾つか出てきている。

『蘇生した魂をのせて』は講演や対談をまとめたもの。そして『魂の言葉、いのちの海』は様々な書き手による石牟礼道子論と、全集未収録エッセーが掲載された本である。

御存知（ごぞんじ）のように石牟礼は故郷熊本で水俣病患者に寄り添い、『苦海浄土』という貴重な記録文学を成した。そこには何よりも方言が踊り、震え、出来事に耐えている。

体の中に水銀を貯（た）めざるを得なかった患者の苦しみはいまだ終わっておらず、そもそも近代化にともなう技術の一方的な〝進歩〟が、世界をどう不均衡にしてしまうかは、私たちの抱える原発事故問題に一直線につながっている。

公害とはなんであるか。一体その「公」とは何か。本当にそれは公であるか。日本という国のために毒を排出し、誰かがそれを受け入れる、ということがあってよいのか。

原発事故は公害である。その簡潔な視点に立てば、過去の公害をめぐる論議は私たちの礎になる。それを後退させてはならない、答えに窮して黙り込んではならない、と石牟礼の言葉を前に思う。

特に何度も繰り返して考えたいのは、抗議運動を続けて来た患者たちの「自分たちの絶対的な加害者のために祈る」（『蘇生した魂をのせて』）という到達点だ。それはどれほどの苦難からしぼり出された深く重い言葉だろうか。

また、『魂の言葉、いのちの海』で池澤夏樹は言っている。「水俣病の苦痛というのは世界中の人間にとって大事な財産なんですね」（2010年4月）。そして今、世界どころか、まさに日本の私たち自身が水俣から学び直さねばならない。

学ばなければ、公害はとどめようもなく続く。「公」とはつまり、私たちを含む「絶対的な加害者」ではないか。

評・いとうせいこう（作家・クリエーター）

二〇一三年七月一四日⑦

『白い人びと ほか短篇とエッセー』

フランシス・バーネット 著 中村妙子 訳

みすず書房・二九四〇円
ISBN9784622085072

文芸

子供に大人には見えないものが見えるのは、生まれる前の、だからまだ生が死と未分化な状態の記憶が残っているからなのか。表題作「白い人びと」の主人公イゾベルは、小さな子供さながら死を現実的に想像できない。

スコットランドの辺鄙（へんぴ）な古城に暮らす彼女は、幼いころから折々目にしてきた〈白い人びと〉が周囲の者には見えていないことに気づく。作家ヘクターと結ばれ、〈白い人びと〉と初めて出会ったヒースの茂る丘の中腹を愛する夫と歩くとき、イゾベルは不意に、圧倒的な歓喜と美に光輝く「何ものにも捉われない自在さ」の感覚に包まれる。

死とは恐ろしい虚無ではなく目覚めなのだと悟るイゾベルには、児童文学の名作『小公女』や『小公子』の作者として知られるバーネットの死生観が反映されているのだろう。生と死がたがいを否定しない本書の世界においては、鳥も麦粒も庭の草花もみな等しく美しい魂を持ち、人の魂と親しげに交流する。

評・小野正嗣（作家）

二〇一三年七月一四日⑧

『東大理系教授が考える道徳のメカニズム』

鄭雄一 著

ベスト新書・八四〇円
ISBN9784584123997

教育／新書

子育てでは必然的に善悪の区別を教える羽目になる。例えば、喧嘩（けんか）や他人を傷つける行為はダメ！など。ところが実際の世界は「ダメ」なことばかりである。国際紛争は大きな喧嘩で、しばしば人が死ぬ。学校ではいじめも起きる。それでも我々の心の中には守るべき善悪のルール「道徳」が存在しているようで、親としてよく考え、ごまかさず伝えたい。

著者は双子の父親で医学と工学の融合分野の研究者。古今東西の思想家の考えをかみ砕き（先行研究の解析）、道徳の原理をモデル化する。モデル化というのは、複雑な現実から本質的に効いてくるメカニズムを抽出し、よりよく機能する考え方を組み立てること。道徳の専門家からすると暴挙かもしれないが、親が子に何をどう伝えるかという切実な問題を、手持ちの道具で解決しようとする姿勢に共感。子どもに「これはダメ！」と言う自分自身にイラッとしたりモヤモヤしたりしたことがある多くの大人に勧めたい。

評・川端裕人（作家）

二〇一三年七月二一日①

『世界を回せ 上・下』

コラム・マッキャン 著 小山太一、宮本朋子 訳

河出書房新社・各一九九五円
ISBN9784309206226〈上〉・9784309206233〈下〉

文芸／ノンフィクション・評伝

綱渡りへの視線 境遇越えつなぐ

１９７４年８月７日の早朝、マンハッタンの今はなき世界貿易センターのツインタワーの間で綱渡りした男がいた。地上４００メートル（！）に張られたワイヤーの上を歩いたのは、フランス人綱渡り師のフィリップ・プティ。だが本書は彼の物語ではない。彼に注がれた驚愕（きょうがく）の視線、言葉、吐息と混じり合い、ある意味で彼を包み支えていた空気を、あの日共有していた人々がむしろ主人公なのだ。

じじつ各章は、それぞれが独立した物語として読める。深い傷や悔恨を心に抱えた人物たちの視点から書かれた人生の物語を、中空の小さな一点（プティ）が、いわば世界の中心となって奇蹟（きせき）的に結び合わせる。その世界は悲しく切なく、強く抱きしめると壊れてしまいそうなほどはかなく美しい。

小説が展開される時代、アメリカではベトナム戦争により多くの若者が命を落としている。戦死した息子を持つ母親の会を通じて知り合う白人のクレアと黒人のグロリア。プテ

ィが綱渡りを決行した日、マンハッタンの超高級街の豪奢（ごうしゃ）なマンションに暮らすクレアを、ブロンクスの荒廃した公営アパートで生活するグロリアが訪問する。目にも明らかな階級と貧富の差が、同じ傷を持つ者同士を結びつける絆を分断しようとする。

奇（く）しくもその日、地方判事であるクレアの夫は、逮捕されたプティの審理の直前に、グロリアの隣人である売春婦ヘンダーソンの審理を行っている。38歳にして二人の孫を持つヘンダーソンを苛（さいな）む悔いは、娘ジャズリンを自分と同じ暴力とクスリまみれの仕事につかせてしまったことだ。審理の直後、その娘に悲劇が……。

グロリアがクレアに言うちょっとした冗談が、扉を開くように二人の心を通い合わせる瞬間は感動的だ。同じ時空間にありながら、天と地ほども境遇の異なる人物たちが生きる全く別種のリアリティを克明に描き出し、それらを一つにつなげる作者マッキャンこそ、魂の綱渡り師だと言いたくなる。

プティはツインタワーの間を水平に渡ることで、人々の耳目を上空に向けさせ、天と地を結んだ。マッキャンもまた、ジャズリンら売春婦の生活改善に献身的に取り組むアイルランド人修道士コリガンが、天なる神への垂直的な愛と地上的・肉体的な愛との間で煩悶（はんもん）する姿を描くことで、どんな人間の魂のなかでも崇高さと凡俗さがつながっていることを示す。

天と地、美と醜、善と悪だけではなく、ジャズリンの成長した娘の〈いま〉を描くことで、小説は過去と未来もつなぐ。世界は回り続ける。共存しえないものがそれでも均衡点を見出（みいだ）し、人間と世界への信を許してくれる恩寵（おんちょう）的な瞬間がこの小説には満ちている。

評・小野正嗣（作家・明治学院大学准教授）

Colum McCann　65年アイルランド・ダブリン生まれ。本書で2009年度の全米図書賞、11年の国際IMPACダブリン文学賞。フィリップ・プティは実在の人物。ほかの邦訳に『ゾリ』。

二〇一三年七月二一日❷

『「大菩薩峠」を都新聞で読む』

伊東祐吏 著

論創社・二六二五円

ISBN9784846012113

歴史

大長編の謎に迫り　問題提起

『大菩薩峠（だいぼさつとうげ）』という長篇（ちょうへん）小説をご存じだろうか。文庫で全二十巻もある。大衆小説の古典と呼ばれている。作者は、中里介山（かいざん）である。芥川龍之介や谷崎潤一郎が名作と称（たた）えた。

評者は第一巻の半分も読まずにバンザイした。文体に馴染（なじ）めなかったのが理由である。それと主人公の剣術使いが、行きずりの老巡礼を斬る。人を斬るよりほかに楽しみがない、生き甲斐（がい）もない、とうそぶく剣客に、感情移入ができなかった。何より、はっきり言って、物語が面白くない。『大菩薩峠』を論じる本は、次から次に現れる。皆さん、よくお読みになられるなあ、と感心しきりだった。しかし途中で読むのをやめる人は、評者だけではないことを知った。世評高い著作がどうして自分に合わないのか。そのように考える人はいても、なぜなのか調べてみる人は珍しいだろう。この著者はまことに奇特なかたである。文学に詳しくなく（ご本人が言う）、普通の読者のお一人である。第一巻を読みだしたが、話の内容がよくわからない。

難解なのでなく、描写や展開がぶっきらぼうすぎるのだ。場面が断片的で、ストーリーの運びが雑なのである。どこが傑作なのか。

　困惑した著者は『大菩薩峠』の初出紙に当たってみる。百年前の大正二年から十年まで都新聞（現・東京新聞）に連載された（前半の一部）。作者の介山は同社の記者であった。当時の時代背景や空気を感じつつ発表紙を読めば、読後感もまた違うだろうと考えた。

　すると思いがけない発見をした。現在私たちが読んでいる『大菩薩峠』は、新聞連載時の三分の二に縮められたダイジェストであったのだ。

　なぜこのようなことが行われたのか。作者の意図は何か。

　本書の著者はいくつかの考察を示す。そして書き換えられた部分の詳細な一覧表を作った。この表は労作であり、今後の研究者に有益である。本書を問題提起の書と推す。

評・出久根達郎（作家）

いとう・ゆうじ　74年生まれ。専門は日本思想史。著書『戦後論』。

二〇一三年七月二一日③

『進化するアカデミア　「ユーザー参加型研究」が連れてくる未来』

江渡浩一郎、ニコニコ学会β実行委員会 著

イースト・プレス・一三六五円
ISBN9784781609959

文芸／政治

学会ネット中継　視聴者も参加

　研究者が集う学会は創造性を加速させる場として古くから機能してきた。論文で研究成果を共有し、年次大会などを通じて研究者をつなげる。では、それを現在のネット環境を前提に補完するとどうなるか。著者が実行委員長をつとめる「ニコニコ学会β」はまさにその分野に切り込む。

　「ユーザー参加型研究の場」であり、論文よりも分かりやすいという理由で動画での研究発表が推奨される。既存の学会で重要視される「新規性」を緩く考えるなど参入ハードルを下げ、何よりも楽しく知的想像力をくすぐる内容が評価される。シンポジウムをネット生中継しユーザー（視聴者）がコメントする仕組みは画期的で、2011年の立ち上げからこれまで数十万人が視聴・コメントした。通常、万の単位の人が参加し発言する学会など想定しがたい。

　看板コンテンツのひとつ「研究してみたマッドネス」が象徴的だ。通常の学会に属さない経歴学歴不問の「野生の研究者」が主役。本能の赴くまま、気がつくと研究開発をしてしまっている人は世の中にはたくさんおり、しかし、その成果を共有することはこれまで難しかった。ここでは、まさにそういった「研究者」たちに発表の場が与えられる。

　例えば――ロボットの統合操作ソフトを開発し4トンの巨大ロボットを簡単に扱えるようにしたり、クリスマスが苦痛な人たちのためにメディアに溢（あふ）れる情報を差し替え・遮断する「クリスマスキャンセラー」なるものを実現したり……。前者はともかく後者はふざけすぎ？　いや、これも「減損現実技術」と呼ばれる立派な研究。無駄にハイスペックに見えても、それは将来性の証しかもしれない。

　ネットの「ユーザー」である我々はこういった研究の場にいつでも参加出来るし、支援の仕組みもできつつある。興味を持った方は本書を、いや、それ以前にすぐにネット検索し関連動画を確認すべし。

評・川端裕人（作家）

えと・こういちろう　産業技術総合研究所主任研究員。メディアアーティスト。

二〇一三年七月二一日④　歴史

『江戸の風評被害』

鈴木浩三 著
筑摩選書・一七八五円
ISBN9784480015723

うわさの陰に思惑がうごめく

テレビやインターネットがない時代は、情報の伝達速度が遅いし、そのぶん噂（うわさ）も広まりにくかったのではないか、と漠然と思っていた。しかし江戸時代にも、噂はかなりの速度で広まったし、なかには風評被害を引き起こすような噂も多々あったということを、本書を読んで知った。

「蕎麦（そば）を食べると中毒死する」という噂が出まわり、お蕎麦屋さんが商売あがったりになる。「上水に毒が投入された」という噂が流れ、汲（く）み置いた水を捨てたり、「水源からここまで毒が流れてくるのには間があるだろう」と慌てて水を汲んだりと、人々がパニックに陥る。江戸の町は噂に振りまわされ、幕府はそのつど律義に、「大丈夫だから落ち着け」と、お触れを出すのだった。

「貨幣が改鋳される」という噂も、幕府が否定しても否定しても浮上した。江戸時代は「金・銀・銭」の三貨制だったうえに、江戸では主に金貨が、上方では主に銀貨が流通していたため、両替商がおおいに活躍し、金銀銭の交換レートは刻々と変動した。そのため、改鋳によって金や銀の含有率が変わるとなると、商機ととらえるひとも、損を恐れるひとも出てくる。著者は、貨幣改鋳の噂の背後にある、両替商をはじめとする「市場関係者の思惑や意思」を丁寧に解き明かしていく。

噂には、景気をよくする効果もあった。「あのお稲荷さんは霊験あらたかだ」と噂されれば、参拝客が押し寄せる。収入増をもくろみ、「霊験あらたか」の噂をわざと流布させるしたたかなものもいた（しかし欲張りすぎ、寺社奉行に摘発されてしまったりもした。残念!）。

江戸時代も現代と変わらず、噂は流れつづけた。噂はときに、社会や経済を混乱させることもあるが、その陰には、人々の思惑や、漠とした不安や期待が蠢（うごめ）いている。それを読み解くスリルと楽しさに満ちた本だ。

評・三浦しをん（作家）

すずき・こうぞう　60年生まれ。経済史家。『震災復興の経済学』『江戸のお金の物語』など。

二〇一三年七月二一日⑤　政治

『私たちはなぜ税金を納めるのか　租税の経済思想史』

諸富徹 著
新潮選書・一四七〇円
ISBN9784106037276

税制の歴史から国家を考える

日本の税収は経済規模に比べて小さく、先進国最小の政府だ。そして日本は最も増税できない国である。消費税率5％は先進国で際だって低い。世界最速で高齢化が進み、社会保障費を一番必要とするこの国で、増税はなぜこれほど避けられてきたのか。

欧州では、国家は王のものでなく、市民によって担われるべきだという文脈で税が生まれた。米国の所得税も下からの運動が始まりだ。一方、明治期に政府が欧米税制を輸入した日本の税は、市民にとって「仕方なく応じるもの」にすぎなかった。当然、みずから国家を創るために必要な財源を担おうという感覚は育たない。増税は常に市民の「負担」だったのである。

それでも戦後財政が維持できたのは右肩上がり経済のおかげだ。税収が自然に増え、正味増税せずにすんだ。ところがいま直面する人口減少、超高齢化のもとでは、そうはいかない。積み上がる巨額の財政赤字は、もはや増税なしに解決できなくなった。

租税は国家が市民の生命と財産を保護することへの対価だと哲学者のホッブズやロックは考えた。本書がそうした17世紀からの租税思想史をたどるのは、そこから考え直そうというメッセージだ。

そして近未来の税制をめぐる著者の問いかけはいっそう深く大きく、射程が長い。

グローバル化が進み、巨大な国際金融は国家でさえ制御できなくなった。多国籍企業は租税回避のためにやすやすと国境を乗り越えてしまう。この時代に税とは何か、国家とは何かと改めて問うなら新たな思考実験が必要になる。

本書が提案するグローバルな共通課税権力の樹立、いわば「世界国税庁」構想は夢物語と言ってもいい。だがユーロ危機を機に欧州連合が決めた、国境ごえの投機取引にかける超国家的な税に、著者は一つの可能性を見いだす。

「税」と国家、市民について考えるのに必読の書だ。

評・原真人（本社編集委員）

もろとみ・とおる 68年生まれ。京大教授（財政学）。『思考のフロンティア　環境』など。

二〇一三年七月二一日❻

『四つの小さなパン切れ』

マグダ・オランデール＝ラフォン 著
高橋啓 訳
みすず書房・二九四〇円
ISBN9784622077510
文芸／ノンフィクション・評伝

対岸の傷ではない痛みの記憶

年齢を問われ16歳を18歳と言ったマグダは「ならば右！」。母親と妹は「ならば左！」で、左には死が、右には強制収容所があった——。

家族で唯一、ハンガリーのユダヤ人でも数少ないホロコーストの生き残りとなった彼女が、記憶をフランス語で紡いだとき、身近な人さえ驚いた。

実の子にも言わないことを、いる確証もない誰かに向かって静かに語り出すこと。この態度が、彼女の詩であり散文であるような文章に、特異な風と光を与えている。それはかつて彼女が受けた光への返礼なのではないか。「いのちは奪われてしまったけれど、最後までわたしたちに生きる勇気を与えようとしてくれた人々」の思い出を生かすため、彼女は痛みをこらえて記憶の橋を渡る。「わたしたちはけっして癒えることはない。わたしたちはいつも癒（いや）しの途上にいる」

あまりの悲惨さ、悲惨であればあるほど輝きを増す光。

私はしかし、ここでふと考えこむ。ヨーロッパ現代文学に「ナチス」「ユダヤ人」「ホロコースト」がなければ、どれだけ層が薄くなるのかと。かの世界的ベストセラー、シュリンクの『朗読者』だって、ナチスの戦犯がらみでなければああも感動的ではなかった。

マグダは言う。「ハンガリーの傷はあまりに痛ましくて、わたしはその記憶を閉じこめてしまった」。そのハンガリーを日本に換えても同じではないだろうか？　原爆や大空襲はホロコーストと言わないだろうか？　なぜ私たちは、あたかも年月が蒸留する光のような語りを手に入れられないのだろう？

ここに私たちが置かれたむずかしさが照らし出される。ドイツのようにナチス（党）とドイツを切り離せず、明確な悪者がいない、という。

8月を迎える。対岸の傷や光としてではなく、読んでみてほしい。

評・赤坂真理（作家）

Magda Hollander-Lafon 27年生まれ。児童心理学者。

二〇一三年七月二一日⑦

『深海魚ってどんな魚　驚きの形態から生態、利用』

尼岡邦夫 著
ブックマン社・三七八〇円
ISBN9784893088000
科学・生物

ただの子ども向け学習図鑑と思ってはいけない。これは大人も驚かす本である。

これまでの深海魚本はピンボケ写真と干物のような標本写真に失望させられたが、博物画に似せた白地の背景に実物標本が見苦しくなく切り抜かれたビジュアルがようやく実現した。透明な頭部と球状の眼（め）を持つ奇魚デメニギスの鮮明な写真は、見るだけで世界観が変わる。

最新の写真を駆使し、これだけ細かに形態の仕組みや種類識別の手がかりを説明してもらうと、異次元の形態をした生物の心まで読めるような気分になる。

たとえばチョウチンアンコウの類。極小のオスが巨大なメスに寄生するのは有名だが、眼も鰭（ひれ）も失いイボ同然の姿で一生お世話になる「真性」型もいれば、繁殖期だけ寄生する「一時付着」型、自立が可能な「任意」型もいる。

発光する種類は、真っ暗な深海で発光器の数や配列を鍵に、異性や仲間と出会う。

彼らは生物の鑑（かがみ）である。

評・荒俣宏（作家）

二〇一三年七月二一日⑧

『新大陸主義　21世紀のエネルギーパワーゲーム』

ケント・E・カルダー 著　杉田弘毅 監訳
潮出版社・三二五〇円
ISBN9784267019395
政治／社会

最近、主要国首脳の外遊先を見るにつれ、エネルギー問題の重みが一段と増していることを実感する。

こうした印象を裏付けるかのように、著者は、過去四半世紀の間に、ユーラシア大陸内部の相互依存が深化し、エネルギー資源を原動力とする「新大陸主義」が誕生しつつあると説く。

ここでの「ユーラシア」とは中東・旧ソ連の資源国から東・南アジアの新興消費国までを指す。内部に複雑な不協和音を抱えながらも、経済的補完性を急速に高めつつある事実に著者は着目する。

その一方、この地域に内在するエネルギー中心の重商主義は、第2次世界大戦後、欧米主導で形成されてきたリベラルな国際秩序の優位を揺るがしかねない。

国際関係を左右する要因は他にも多いが、エネルギー地政学の地殻変動というグローバルな視座は欠かせない。

ユーラシア外交のあり方に再考を迫る、大胆な知見に満ちた一冊だ。

評・渡辺靖（慶応大学教授）

二〇一三年七月二八日①

『幸福の文法　幸福論の系譜、わからないものの思想史』

合田正人 著
河出ブックス・一五七五円
ISBN9784309624587
人文

「問い」を問い直すラジカルな人間論

「幸福だった」というふうに、幸福は失ってはじめてわかる。あるとき幸福を感じても幸福感というものは長続きせずに凡庸な日常へとすぐに均（なら）されてしまう。幸福への問いは難儀なものだ。

幸福というテーマは、西洋の歴史において、19世紀までずっと哲学思想の核心にあった。ところが20世紀も四半世紀過ぎたころから、不幸論はわずかながらあっても、幸福へのパスポートのようなマニュアル本はあっても、幸福の思想は消えてしまう。世界大戦、アウシュビッツ、スターリン体制下での粛清、ヒロシマ・ナガサキなどの〝殲滅（せんめつ）〟がくり返され、人間性というものが再起不能なまでのダメージを受けたということがあるのだろうか。

ところが昨今、「国民総幸福量」（GNH）という国家発展の評価軸や、「幸福経済学」という名の実証研究など、幸福論のインフレーションが起こりつつある。それらを横目で見ながら、著者は、幸福の思想史に正面から取り組む。

まず、古代ギリシャの幸福観をいくつかの原型に分類し、近代西欧社会へのそれらの残響を細かに確認しつつ、いくつかの系譜とそれらの交叉（こうさ）を描きだす。この見取り図はとても勉強になる。

次に、19世紀末から1930年にかけて出版された、ヒルティ、アラン、ラッセルの3大幸福論を読み解く。多くの人がきれいごとばかり書かれているのだろうと読まずして思い込み、正面から論じられることもめったになかった3書の学史的ないし政治的な背景を仔細（しさい）に探ることで、これらを歴史の文脈のなかへ置き戻す。

最後に、「幸福とは何か」「人はいつ幸福となるか」といった問いが無意味である理由が論じられる。人間の本質とか本性といったものを前提として、その属性として幸福を語ることはできず、逆に、幸福という「何だか分からないもの」への問いが人間性なるものの問いなおしを促すのだ、と。

人びとが深く執着してきた幸福という観念が、社会のなかでいわば疑似餌（ルアー）のような役割を果たさせられてきた事実に対抗するかのように、著者は『幸福』という語は、人知れず生まれて消えてゆく個体のあるかなきかの、しかし無限な『特異性』の肯定である」と書きつける。

わたしたちは「私」という自己理解を溢（あふ）れ出る波動のようなものとして、いつもすでに他者たちのそれと細部にいたるまで交差しあい干渉しあっており、その界面に浮かび上がる波紋の一つとして幸不幸はあるということだろうか。幸福論はここで、遊牧民のように異郷を旅してきたこの哲学者ならではのラジカル（根底的）な人間論となっている。

評・鷲田清一（大谷大学教授）

ごうだ・まさと 57年生まれ。明治大学教授（哲学・思想史）。著書に『レヴィナスを読む』『ジャンケレヴィッチ』など、訳書にレヴィナス『存在の彼方（かなた）へ』、メルロポンティ『ヒューマニズムとテロル』など。

二〇一三年七月二八日❷ 文芸

『パウリーナの思い出に』

アドルフォ・ビオイカサーレス 著
高岡麻衣、野村竜仁 訳
国書刊行会・二五二〇円
ISBN9784336048417

謎と愛が絡み合う これぞ短編

ボルヘスの友人にして共作者、そしてあの究極の幻想恋愛小説『モレルの発明』の作者でもあるアドルフォ・ビオイカサーレスの、本邦初となる短編集である。博覧強記のボルヘスとは違って、ビオイカサーレス個人の作品は予備知識抜きに読めるものが多い。だが滑らかな語りに乗せられて軽快にページを繰っていくと、思わぬところで足をすくわれることになる。そう、彼もまたボルヘス同様、言葉の超絶技巧の使い手なのだ。

ベスト・オブ・ビオイカサーレスと呼ぶべき作品集である。「ぼくはずっとパウリーナを愛していた。人生の最初の記憶のひとつも、彼女との思い出だ」と書き出される表題作は、幼馴染（なじみ）との恋愛がライバルの出現によって望まざる終わりを迎える顛末（てんまつ）を淡々と物語りながらも、いつしか記述はゴシック・ホラーのごとき妖しい雰囲気を纏（まと）ってゆき、あっと驚く結末を迎える。思わず舌を巻く上手さ、巧（うま）さ、そして美味（うま）さ。短編小説の見本のような傑作である。

「愛のからくり」では、冬のアンデス山脈のホテルに集った、いずれ劣らぬ奇矯な人々の間に起こる神秘的な事件が、事件に傍観者的にかかわった「私」の回想として描かれる。「墓穴掘り」は、若い夫婦がふとした事から殺人を犯し、急激に人生を踏み外してゆく経緯を、切り詰められた文体で一直線に綴（つづ）ったサスペンスフルな佳品。そのままハリウッド映画になっても良さそうである。「大空の陰謀」や「雪の偽証」では、ラテンアメリカ文学ならではの凝りに凝った仕掛けを存分に堪能出来る。特に前者はいわゆる「並行世界」を半世紀以上も前に提示していた複雑精緻（せいち）な秀作であり、その現代性には驚くばかりだ。

「謎」と「愛」が、ビオイカサーレスの2大テーマである。この二つの要素が出会い、絡み合うとき、意外性とロマンに満ちた、奇跡のような小説が生まれる。

評・佐々木敦（批評家・早稲田大学教授）

Adolfo Bioy Casares 14年生まれ。アルゼンチンの作家。

ノンフィクション・評伝

『対話集　原田正純の遺言』

朝日新聞西部本社 編

岩波書店・二三一〇円
ISBN9784000244725

『原田正純の道』

佐高信 著

毎日新聞社・一八九〇円
ISBN9784620322063

水俣病患者に学んだ半世紀

福島原発事故によって人も社会も海も被害を受けた。いまだ何も乗り越えられていない。にもかかわらず再稼働が次々と審査申請された。こういう時こそ、水俣を思い起こさなくてはならないだろう。

原田正純は二〇一二年六月に亡くなるまで、医師として五十三年間にわたって水俣病患者に寄り添い続けた。『原田正純の遺言』は、亡くなる直前までおこなわれた対談を集めたものだ。またその生い立ちや研究の過程、そしてその人柄については『原田正純の道』がじつに丁寧に描いている。この両方を同時に読むことをおすすめする。

水俣を医学からのみ見ている人ではなかった。「圧倒的に被害者のほうが弱いんですからね。中立ってことは『ほとんど何もせん』ってことですよね。『何もせん』ってことは結果的に、加害者に加担しているわけです」「医学も必要だけれども、この人をどうやって救済するかというのは、きわめて政治的、行政的問題でしょう?」。これは、原発に直面している私たちこそが、問われている姿勢だ。

ほとんどの生物が遭遇しなかった大量の有機水銀が体内に入ってきたとき、遺伝子はそれを処理できなかったばかりか、「胎盤は毒を通さない」という医学の常識に反して胎児性水俣病が発生した。原田はこれを「人類が初めて経験したこと」だと語る。「教科書はない。……彼らから学ぶしかな」いと、原田は患者の家に通いつめた。この二冊の本は、原田が患者たちから学び続けた記録だとも言える。

三池炭塵（たんじん）爆発、カネミ油症事件、土呂久砒素（とろくひそ）公害にも関わり、それも対談に収録されている。田中正造の「谷中学」にちなんで、あらゆる分野を巻き込んだ「水俣学」を確立した。それは今も継承されている。ここから「福島学」が生まれる可能性がある。

人類が直面した危機に、笑顔を絶やさずまっすぐ向き合い続けた人だった。

評・田中優子（法政大学教授）

さたか・まこと 45年生まれ。

二〇一三年七月二八日④

『ヨーロッパ文明の正体　何が資本主義を駆動させたか』

下田淳 著
筑摩選書・一六八〇円
ISBN9784480015730
経済

解明の鍵は「棲み分け」にあり

鉈（なた）で一刀両断されたような良い意味での重い読後感が残り、あらゆるものを数値と結びつけて考えたがる「理系バカ」が支配する現代社会から脱しなければ、日本の未来はないという著者の主張にとても共感できる。

ヨーロッパ文明は12世紀に始まり、これを解明する鍵は「棲（す）み分け」にあるとするのが本書の核心である。とりわけ富の棲み分けと職の棲み分けが農村に「貨幣関係のネットワーク」を成立させ、資本主義をもたらしたという。

そして、資本主義を効率化させていったのが「時間・空間の能動的棲み分け」だった。これは聖俗の棲み分けに他ならない。「教会という空間を整理整頓して礼拝のみの空間とし、礼拝の時間と俗生活の時間をタイムスケジュール化して分離する」からである。この棲み分けは必然的に「均一化」と「排除」を生み、空間を棲み分けて最終的に到達したのがナショナリズムだった。資本主義およびナショナリズムを理解するにはキリスト教、とくにカトリックの理解が不可欠だということがよく理解できる。

なぜ非西欧では日本だけが明治維新で西欧化に成功したのかについても説得的である。日本でも江戸時代から富、職の棲み分けがある程度は行われていたからだと、具体例を挙げて証明している。

富の棲み分けは理系人間、すなわち「職人」という技術者を重用し、17世紀の「科学革命」へと繋（つな）がって、あらゆるものを数値化していった。

しかし、「理系バカ」が主導する「理系資本主義」はもはや限界に達し、ここから日本が脱することから始めなければいけないと本書は主張する。「過度」と「速さ」の理系型ではなく「適度」「遅さ」の「文系資本主義」の道をとれというのだ。18歳のとき数学ができないという理由だけで文系コースに進んだ評者としては、再チャレンジのチャンスだと勇気が湧いてきた。

評・水野和夫（日本大学教授）

しもだ・じゅん　60年生まれ。宇都宮大学教授、歴史家。『ドイツ近世の聖性と権力』。

二〇一三年七月二八日⑤

『ふたごと教育』

東京大学教育学部付属中等教育学校 編
東京大学出版会・二五二〇円
ISBN9784130530859
教育

遺伝と「個の確立」を問う研究

東京大学教育学部付属中等教育学校は「ふたごの学校」として知られる。中高一貫の課程に「ふたご枠」があり、60年間で９００組が学んだ。

ふたごの研究は世界的に注目されている。「双生児法」という手法では、遺伝的にほぼ完全に等しい一卵性双生児と平均的に50％等しい二卵性双生児を比較することで、人間の性格や能力などに遺伝と環境がどんな割合で影響するか調べる。身長体重などの身体的特徴は8割、学業成績など知的能力は5割前後が遺伝で説明できるという。

最近では、特定の遺伝子と特定の気質が対応づけられた例もあり「この遺伝子を持つ人はこう」と決めつけられる未来を想像してしまう。本当にそうなのか。今、我々は新たな知識を受け入れる足腰を鍛えなければならない。

評者の見立てでは本書がまさに役に立つ。多くの紙幅が割かれているのは個々のふたごペアの成長について。エピソード的で、科学というより「ごく普通の教育活動を通じた研究」だ。ふたごであること、その保護者であること、教員であることなど、様々な立場を概観する章は「ふたごの学校」の面目躍如。こと遺伝要因が重く語られそうな世で、発端の研究対象であるふたごを個々人として丹念に見ると違った視野が広がる。

ふたごが多くいるこの学校は「自分とは何か、人間が成長するということはどういうことか……『個の確立』とは何かを問い続けている」と述べる部分で膝（ひざ）を打った。これは、遺伝子とその表現型が解明される時代の「個の確立」についてのヒントではないか。単純化して言えば、遺伝的な差異を所与としても、個性は環境との交互作用で多彩になりうると確信させられる。

なお双生児法については本書内の概説より『遺伝マインド』（安藤寿康、有斐閣）が詳しいので併読を推奨。ふたご研究が我々に見せる問題系がより明確になる。

評・川端裕人（作家）

同校は48年創設。53年度から毎年約20組の双生児を募集し、教育に関わる研究を実施。

二〇一三年七月二八日❻

『10万人のホームレスに住まいを！』

青山佾 著
藤原書店・二三一〇円
ISBN9784894349148
社会／ノンフィクション・評伝

市場原理を活用する自立支援

市場原理を忌避することなく、むしろ適切に活用することで社会問題の解決を目指す〈社会企業〉。日本でも若い世代を中心に起業が相次いでいるが、スケールアウト（規模拡大）に苦心している良質な事業も少なくない。

本書は社会企業大国アメリカにあって、ホームレスの自立支援をリードする起業家ロザンヌ・ハガティ氏の経験談を収めた一冊。

彼女はたった一人でＮＰＯを立ち上げ、官民の資金を集め、マンハッタンの荒廃したホテルの建物を買い取り、周辺のホームレスのための恒久的な生活な場——一時的なシェルターではない——として見事に蘇生させた。

アメリカでは13万人が自助努力の遠く及ばない深刻なホームレス状態にあるが、彼女はうち10万人に安定的な住居を提供し、社会的排除や貧困・医療・教育・雇用の問題を改善しようと、全米１３０以上の地域でコミュニティー再生事業を展開している。国際的なネットワークづくりにも意欲的だ。

住居の提供には1人当たり年間平均約1万5千ドルかかるが、他の支援手法よりはずっと割安。万一、刑務所や病院に収容された場合の高額な費用とは雲泥の差だ。周辺の不動産価値の下落も防げる。

市場や政府を批判するだけの人や旧態依然とした左右の観念論から抜け出せない人は日本にも多い。

しかし、彼女は違う。たとえば行政の非効率さに辟易（へきえき）しながらも、その中で「一人卓越した人を見つける」ことが大切だと前向きで具体的だ。

都庁職員として長年、山谷の日雇い労働者の問題に取り組んできた著者による日米比較も説得力がある。

「大きな政府」という選択肢が消えつつある今日、理想主義と現実主義が交差する新たな公共領域のフロンティアを開拓し続けるハガティ氏の言動は私たちに勇気と希望を与えてくれる。

評・渡辺靖（慶応大学教授）

あおやま・やすし　43年生まれ。明治大教授、元東京都副知事。『石原都政副知事ノート』など。

二〇一三年七月二八日⑦

『モネ、ゴッホ、ピカソも治療した絵のお医者さん　修復家・岩井希久子の仕事』

岩井希久子 著

美術出版社・二三一〇円
ISBN9784568221367

アート・ファッション・芸能／ノンフィクション・評伝

名画を修復する職業があることを、大抵のかたがご存じないのでは？　肝心の修復家が仕事の内容や生活を、発言しないせいもある。もっともわが国では美術館に修復部門が、ほとんど無い。従ってこの道に携わる人は少ない。

本書の著者はイギリスで技術を学び、モネやゴッホの修復を手がけた。新しい絵画の保存方法も考案した。若い人たちに仕事の魅力を伝えたくて、独自の技法を惜しげもなく披露したという本書は、一般の読者にも興味つきない。

修復の第一歩は絵の表面の汚れを取ることで、それには唾（つば）を用いる。綿棒や筆の先に唾液（だえき）をつけ、転がしたりなでたりする。また消しゴムも用いる。固形の消しゴムをおろし金でおろし、画面にまいて刷毛（はけ）で払う。のっけから、驚きの「秘法」公開である。

著者はディズニーアニメのセル画も修復した。剥がれた絵の具の欠片（かけら）を拾い、パズルのピースを埋めるように元に戻した。修復前と後の山下清の絵を見ると、技の凄（すご）さに惘然（ぼうぜん）。評・出久根達郎（作家）

二〇一三年七月二八日⑧

『神の島　沖ノ島』

藤原新也、安部龍太郎 著

小学館・二九四〇円
ISBN9784096820810

アート・ファッション・芸能

びっくりしたという意味では近年まれに見る本だ。本書は写真家の藤原新也氏と作家の安部龍太郎氏が、玄界灘のど真ん中に浮かぶ沖ノ島を訪ねた時の写真と文章をまとめた大型本だが、こんな島が日本に残っていたことに驚かされた。

本の題名が示す通り、沖ノ島はまさに神の島だ。何しろ島そのものが御神体。海の神に対して捧げられた宝物が多数発掘されており、「海の正倉院」と呼ばれるという。おまけに今でも女人禁制で、上陸の際には全裸で海に入り禊（みそぎ）をする必要がある。そんな神秘の地が福岡県のわずか60キロ沖合にあるなんて、この国も捨てたものではない。

その島に藤原氏は島を畏（おそ）れそして祀（まつ）った古代人の目となって上陸する。収録された多数の写真は島に封印された彼らの情念や霊気がにじみだしてくるかのようだ。島にあつい信仰を寄せた宗像一族について著した安部氏の掌編小説も興味深く、見応えと読み応えのある作品となっている。

評・角幡唯介（作家・探検家）

二〇一三年八月四日①

『国家はなぜ衰退するのか　権力・繁栄・貧困の起源　上・下』

ダロン・アセモグル、ジェイムズ・A・ロビンソン 著　鬼澤忍 訳

早川書房・各二五二〇円
ISBN9784152093844〈上〉・9784152093851〈下〉／9784150504649〈ハヤカワ文庫〈上〉〉・9784150504656〈〈下〉〉

政治／経済

自由・公平な制度が経済発展もたらす

世界には豊かな国と貧しい国がある。その差はどこから生まれるのだろうか。素朴だが、深遠な問いだ。つい決定論に走りやすいこの設問に、本書は、国家の経済的命運は経済的な制度が決める、つまり自発的な努力によって豊かになれるのだという仮説を示す。

ノーベル賞受賞の経済学者たちから大きな反響があったこの話題の書は、著者らが15年かけた共同研究の成果を一般読者に向けてまとめたものだ。英国の名誉革命や日本の明治維新、世界各国の過去３００年の歴史を「制度」という視点から解釈し直した。

これまで国家間の格差の要因にはもっともらしい説がいくつもあった。地理説は進化生物学者のジャレド・ダイアモンドも提唱しているし、信仰や風習などの文化的要因、遺伝的要因に理由を求める説もあった。為政者無知説は経済学者に支持が多いという。本書は

そのいずれも退ける。

実証研究から浮かびあがるのは豊かな国には自由で公平、開放的な経済制度があることだ。所有権が守られ、分配ルールが確立した社会では技術革新が起き、新産業が勃興（ぼっこう）しやすい。逆に貧しい国には権力者が国家を食い物にして民衆から収奪する経済制度がある。

本書がもう一つ強調するのは、経済制度を決めるのはその国の政治制度だということだ。豊かな経済をつくりあげたとしても、法の支配や政権交代が可能な民主制度の支えがなければ、結局それを維持できず国家は衰退してしまう。

本書の制度説は、一見ごく当たり前のようにも見えるのだが、実は多くの「常識」を覆す問題提起をはらんでいる。

たとえば米国の対中外交やイラク政策の根底にある近代化理論。すべての社会は成長とともに民主化に向かう、というこの考えを、本書は「正しくない」という。

また近年急成長する中国などの新興国は、いずれ先進国の経済水準に追いつくだろうと多くの人は信じている。ならば日本もやがて中国に追いつかれ、賃金や物価は中国並みになるのだろうか。それまで日本のデフレは続くのか。

本書の見解に従うなら、必ずしもそうとは言えない。中国の国家資本主義はいまは強さが目立つものの、民主化されていない政治制度のもとでバラ色の未来は描けない、と著者らはみる。私たちは中国発のデフレに極度におびえる必要はないのかもしれない。

昨今、世の中では効率が悪い民主主義や、政府の意にそわない頑固な中央銀行への批判が絶えない。だがそれらは長い目でみるなら、豊かな経済社会の礎を築くのに必要な機能なのだ。そんな点も含め、この本には、そこかしこに論争のタネが仕込まれている。

評・原真人（本社編集委員）

Daron Acemoglu　マサチューセッツ工科大学エリザベス&ジェイムズ・キリアン記念経済学教授。James A. Robinson　ハーバード大学デイヴィッド・フローレンス記念政治学教授。

二〇一三年八月四日②

『「昭和」を送る』

中井久夫 著

みすず書房・三二五〇円
ISBN9784622077695　歴史／ノンフィクション・評伝

精神への「圧力」減圧の工夫

時代の流れにふと、えもいわれぬ違和を感じるとき、あの人ならどう受けとめるだろうかとその発言にふれたくなる、そんな書き手がだれにも数人はあるのではないか。わたしにとってはずっと、中井久夫がその一人であった。

いまも気にかかっている過去の診療のふり返りや、震災時対応についての助言、ときどきの政治状況への発言から、恩師・友人の追悼文や医局や家庭での「手抜き料理」のレシピまで、本書の内容はじつに多彩である。けれども、他のエッセイ集でもそうだが、ひとの精神にかかる〈圧力〉についての診断とその減圧の工夫の提案が、どの文章からも伝わってくる。

人に自然治癒力があるように「事態」にも自然治癒力があると言い切る中井にとって、さまざまな出来事の重なりのなかから予兆や徴候（ちょうこう）を読む視力が、問題の解決策以上に大きな意味をもつ。ある一線を越えると事態が一変するという、その見えない臨界を視（み）る中井の「臨床眼」は、精神医療の現場だけでなく、それを潜（くぐ）り抜けて時代精神にまで向かう。その推力となるのが、人類学的事実、詩文、政治史・戦史まで、時空を超えて広がる照合軸の遠大さであり、乳児からペットまで触診しようという濃（こま）やかな想像力だ。

昭和天皇の最後の和歌二首と、終戦のときに一歳でありながら、天皇の吐血の翌日に十二指腸潰瘍（かいよう）で千ミリリットルの吐血をして緊急入院し、天皇逝去の三日後に退院した知人の話とから始まり、発表ののち二十数年間、単行本に収録しなかった理由についての付記で閉じられる長い表題作は、昭和という時代にもろもろの精神にかかった凄（すさ）まじい〈圧力〉がまるで鎮魂歌のように綴（つづ）られていて、その言葉の重量に圧倒される。

社会評論でも随想でも雑記でもないこの独自のエッセイ集、「エッセイ」の原義どおり、不二の「臨床眼」による〈試み〉の記録としてある。

評・鷲田清一（大谷大学教授）

なかい・ひさお 34年生まれ。精神科医。『臨床瑣談』『私の日本語雑記』ほか著書多数。

二〇一三年八月四日③

『身体を躾（しつ）ける政治　中国国民党の新生活運動』

深町英夫 著

岩波書店・三九九〇円

ISBN9784000259026

政治／国際

蒋介石の「指導」は定着したか

公共のマナーを守らない者や不潔な者に対して、私たちは不寛容だ。きちんと守られれば、たしかに居心地は良くなるが、絶対的に正しいと言えるのか、マナーに対して緩い国を旅するたびに不快に感じつつも、考えてしまう。

本書は列をなさずに殺到する国民性を自他共に認める中国が、1934年から中国国民党政権下で試みた新生活運動を紹介している。

蒋介石が発布した「新生活須知」では、所構わず痰（たん）を吐くな、ぶつかったら謝る。切符を買うときは一人ずつ順番に。水は沸かして飲む。服のボタンは留めるなど、日常生活における身体の始末を95か条にわたって実に具体的に規定する。約束の時間は守れなんて、わざわざ国家から言われることかと、首を傾（かし）げたくなる。当時からそんなことより経済発展が先、という批判はあったようだ。

それでも蒋介石は、まず国民の身体を躾けることにこだわる。留学したときに、日本人が質素に暮らし、冷水で顔を洗い、冷飯を食べるのを見て、徴兵後すぐに兵士として使えると合点したからだ。

国民即兵士化だけではない。身辺を清潔に保てば、乳幼児の死亡率も下がり、人口は増加する。勤勉かつ健康な兵士と労働者の育成、これこそが近代的国民国家に求められるものだからである。

蒋介石の本意はきわめて監視、統制的で、窮屈な気分に陥ってもおかしくないのに、なぜか微笑（ほほえ）ましく読めてしまうのは、現代の中国人に、この15年にわたる運動の成果が、あまり定着していないからだろう。当時のアメリカ人や日本人の視点も面白い。

西洋人が作り、明治期以降日本人が懸命に遵守（じゅんしゅ）した「身体の近代化」。それを迂回（うかい）しながらも国家を大きく発展させた中国。食のグローバル化や伝播（でんぱ）力の強い感染症の登場で、今後この齟齬（そご）の行方は、ますます目が離せないものとなることは間違いないだろう。

評・内澤旬子（文筆家・イラストレーター）

ふかまち・ひでお 66年生まれ。中央大学教授。『近代中国における政党・社会・国家』など。

二〇一三年八月四日⑤

『羽　進化が生みだした自然の奇跡』

ソーア・ハンソン 著　黒沢令子 訳

白揚社・二七三〇円
ISBN9784826901697

科学・生物

謎だらけ　W杯より熾烈な論戦

鳥はなぜ飛ぶのか。この問いから出発した人間は飛行機を発明した。同様にして、鳥がどのようにして羽と翼を獲得したかという問いに答えが出せたら、進化史最大の謎のひとつは解ける。だが、こちらはまだ模索中なのである。

始祖鳥の化石が発見され、近年は中国で羽毛のある恐竜化石が続々とみつかり、鳥は恐竜から出たというのが定説化しつつあるが、BAND派（鳥は恐竜ではない、の略語）と称する抵抗集団がまだバトルをやめていない。最大の問題は、軸が中空になっている鳥の羽が平たい恐竜の鱗（うろこ）から進化した理由が説明できない点にある。本書はその熾烈（しれつ）な仮説合戦を熱く伝えており、サッカーのワールドカップ決勝戦を見るより興奮できる。

単に飛ぶだけなら他の脊椎（せきつい）動物も飛ぶ。しかし鳥以外はすべて、鱗と同じ起源をもつ皮膚の膜を使って飛ぶのだ。この問題を巡っては、地上派と樹上派が目下激闘を繰り広げている。地上派は、地面を二足で走り回りジャンプすることから飛行の進化は始まった、と主張する。いっぽう樹上派は木や崖の上から落下し滑空する体験から始まったと反論するのだが、地上派は飛べない鳥が坂を駆け上がる際に翼をはばたいて登る事実を発見、二足歩行していた鳥の祖先が高速で坂を駆け上がるとき、斜面にしっかり足を押しつけられるよう翼を使ったと考えついた。F1の車に水平翼が付いているのと同じ理由だ。かくて鳥は、飛ぶ前から翼を持っていた可能性が浮上する。だとすれば羽は飛ぶために生まれたのではない？

著者はハヤブサと一緒に空中飛行しながら羽の謎を研究する人をはじめ、フウチョウ（極楽鳥）の羽で着飾るニューギニアの男たち、羽の色や模様の意味、イカロス神話にまで探究の枠を広げる。

一本の羽を「自然の奇跡」と呼ぶ帯のキャッチコピーがけっして誇張ではないことを納得させる快著だ。

評・荒俣宏（作家）

Thor Hanson　保全生物学者、米スウィッツァー財団環境研究フェロー。

二〇一三年八月四日⑥

『私たちが、すすんで監視し、監視される、この世界について』

ジグムント・バウマン、デイヴィッド・ライアン著　伊藤茂 訳

青土社・二三一〇円
ISBN9784791767038

社会

「我見られる、ゆえに我あり」

高速で移動する資本や情報、流動化する雇用のあり方などを踏まえ、現代社会の特性を、液状化する近代（リキッド・モダニティー）と論じたジグムント・バウマン。情報化とともに巧妙さを増す監視社会化の問題を論じたデイヴィッド・ライアン。この二人の社会学者による、刺激的な対談書である。原題は「リキッド・サーベイランス」。監視（サーベイランス）が全面的に浸透した現代の社会状況を意味している。

かつて監視者とは、ジョージ・オーウェル「1984年」のビッグブラザーのごとき、プライバシーの収奪者とみなされていた。近代化の当初、監視の原理はもっと堅牢でその分目につきやすいものだった。この原理をミシェル・フーコーは「パノプティコン（一望監視システム）」と呼んだが、今やそれははるかに複雑で見えにくいものとなった。本書の眼目は、その見えにくさそのものへの問いである。

今や人々は自ら進んでプライバシーを明け渡す。たとえば注目を集めるため、購入記録を増やしてクレジットの利用金額を拡大するため、あるいはソーシャルメディア上で心地よい承認を得るために。情報技術の進展により接続過剰が常態となった現代。もはや秘匿に価値はなく、「我見られる、ゆえに我あり」なのだとバウマンは指摘する。

だがそうした社会状況は、人々の連帯に寄与する以上に、新たな斥力を生み出しているという。資力のない消費者の排除や、セキュリティー・システムに守られた高級住宅地に暮らす富裕層とそれ以外の貧困層の分断のように。監視の浸透は、異なる者同士の相互排除を増進させる。さらに、虹彩（こうさい）や指紋など生体認証システムの普及は、個々人の人間性を介さない選別を可能としていく。今やこうした監視の様態は、社会の存立基盤と化しているのだ。現代社会の問題を開示する、鋭利な切断面のような書。

評・水無田気流（詩人・社会学者）

Zygmunt Bauman、David Lyon　それぞれ英国とカナダの社会学者。

二〇一三年八月四日⑦

『メディアとしての紙の文化史』

歴史

ローター・ミュラー 著　三谷武司 訳

東洋書林・四七二五円
ISBN9784887218130

中国起源の紙はアジアで広まり、パピルスはヨーロッパで広まったと思っていた。しかしそうではなく、パピルスは消え去り、紙が世界を席巻したという。集積された語り物である『千夜一夜物語』も紙に記録されて集められたのだが、紙が次第に西へ伝わってゆく過程で、紙を語りつつ成立したのだという。

書物は紙と印刷術の組み合わせで発展したと思っていたが、その前の写本も紙の出現によって大いに効率が増したのだという。紙の普及は本だけでなく、木版やそれを使ったトランプの出現も促したし、書類のやりとりによる統治ももたらした。また、複式簿記による経済合理性も、紙がデータを流通させ過ぎてしまうことが原因だった。データ管理が複式簿記を産んだのである。印刷技術について書かれた本は多いが、製紙技術についてこれほど詳しく書かれた本は珍しい。ヨーロッパの製紙がぼろ布をふんだんに使ったものだったとは知らなかった。発見満載の本である。

評・田中優子（法政大学教授）

二〇一三年八月四日⑧

『日中対立　習近平の中国をよむ』

国際

天児慧 著

ちくま新書・八八二円
ISBN9784480067210

米中・米韓・中韓の首脳会談が続くなか、日中・日韓に関しては開催の見通しすら立っていない。中国とは尖閣問題に加え、ガス田開発問題も浮上している。

高まる世論を背景に双方の政府は一歩も引けず、盧溝橋事件の再発を危惧する専門家も少なくない。中国研究の第一人者である著者が本書において人民解放軍の尖閣上陸のシナリオを真剣に分析していることの意味は重い。

著者によると、２０１０年を境に、中国は「東アジア共同体」構想を放棄し、「大中華圏」構想へと舵（かじ）を切ったという。日中関係も歴史的に「新しい段階」に入った。

相手を敵視すれば本当の敵になるという「安全保障のジレンマ」に陥ることなく、日本は中国といかに向き合うべきなのか、そして向き合い得るのか。

日中間の危機管理枠組みの構築や日米中の安全保障対話フォーラムの創設など、傾聴に値する具体的提案も豊富に盛り込まれている。

評・渡辺靖（慶応大学教授）

二〇一三年八月一一日❶

『ルイス・ブニュエル』

四方田犬彦 著

作品社・五〇四〇円　ISBN9784861824425
アート・ファッション・芸能／ノンフィクション・評伝

反転と逆説の映画　妖しい輝きを活写

ルイス・ブニュエルは、1900年にスペインに生まれ、1983年に没した映画監督である。彼はシュールレアリスム映画の金字塔とされる第1作『アンダルシアの犬』から遺作となった『欲望のあいまいな対象』まで、生涯に32本（数え方によっては37本）の映画を発表した。『忘れられた人々』『ビリディアナ』『砂漠のシモン』『皆殺しの天使』『ブルジョワジーの秘（ひそ）かな愉（たの）しみ』等々、傑作、名作とされるフィルムは数多く、ここ日本においても繰り返し特集上映がなされてきた。

にもかかわらず、ブニュエルという映画作家は、これまで十分に論じられてきたとは言い難い。他の巨匠名匠たちと比べると、どこかキワ者扱いというか、別枠という印象さえある。これは取りも直さず、ブニュエルの作品の一筋縄でいかなさ、底知れぬ奇怪さ、通り一遍の分析への抵抗、要するに語りにくさを示している。と同時に、ある意味で、日本の映画批評の偏向性を物語ってもいるだろう。

著者は、過去の多くの仕事でも明らかな、ほとんど超人的と言ってよい批評家としての胆力を駆使して、この特異なシネアスト（映画人）にかんする膨大な資料（記録と証言）を総覧し、古今東西のブニュエル研究をあまねく踏まえた上で、しかしあくまでも1本ごとのフィルムに徹底的に寄り添うことによって、この長大にして重厚なルイス・ブニュエル論を完成させた。

ブニュエルの語りにくさとは、涜神（とくしん）的、反道徳的、スキャンダラスなどと評される彼の映画が、しかし表面的な過激さ、あからさまな危険さに留（とど）まらない複雑精緻（せいち）な回路を内在させていることによる。それはいわば反転し続ける逆説であり、尽きせぬパラドックスである。本書でも繰り返し言及されるブニュエルの有名な言葉「わたしが無神論者であるのも、ひとえに神のおかげである」に、それは端的に表れている。

敬虔（けいけん）なカトリック教徒として育ちながら、信仰を嘲弄（ちょうろう）するかのような映画を撮り続けたブニュエル。富裕層の低劣さを強烈に描きつつ、貧者の善良さも鮮やかに否定してみせたブニュエル。現実と幻想が、完璧に同等の存在として存在する世界を創り上げたブニュエル。1本のフィルムが、単線の物語やテーマに収斂（しゅうれん）することなく、文字通りの「あいまいな対象」として妖しく輝き出す瞬間を、著者は驚くべき筆力で生け捕っている。

幸いにもブニュエルの多くの作品は今やDVDで見られる。本書を捲（めく）りながらフィルモグラフィーを辿（たど）ってみるのも良いだろう。　評・佐々木敦（批評家・早稲田大学教授）

よもた・いぬひこ　53年生まれ。映画史家。主な著書に『映画史への招待』『モロッコ流謫』『見ることの塩』『ラブレーの子供たち』『日本のマラーノ文学』『大島渚と日本』など。

二〇一三年八月一一日❷

『日本のタコ学』

奥谷喬司 編著

東海大学出版会・三九九〇円
ISBN9784486019411
科学・生物

「頭」か「腹」か　から「心」まで

ここ20年で大飛躍をとげた日本の「タコ学」。その成果を集めた論文集となれば一読せずにいられない。たとえば「タコの体」は、どこが頭でどこが背中なのか？　最新の理解によれば、一般に坊主頭と思われている部分は、内臓が入っているので「腹」。眼（め）と口と脳がある場所は8本足の股座（またぐら）に収まっているが、「頭」に当たる。

その頭に8本足がくっ付いているから、彼らは「頭足類」と呼ばれる。一方、口がある部分を「体の尖端（せんたん）（前）」とすると、坊主頭の先っぽは体の後端となる。また、ふつうは内臓がある方が腹（表〈おもて〉面）なので、その逆側に付いている足や口は背（裏面）にあると言うしかない。要するにタコと人間の体は別の進化系統に拠（よ）っているのだ。

ところが、謎だらけのタコの体も、その設計図が腹側に神経を置き背側に内臓を置くという点でクラゲ（刺胞動物）やハエ（節足動物）などと一致している。我々人間を含む脊椎（せきつい）動物だけがその配置を逆転させ、内臓を腹側に置いているのだ。また、食べるための口はどの動物でも体の前方にある。ここまでは設計図が同じでも、タコの場合は肛門（こうもん）が後ろへ行かずに折り返され、口と隣り合う形になる。

胚（はい）の段階で前後に延びていたタコの神経は両方の端が丸まって脳という塊になる。ここに視覚、五感などの知覚中枢が集まるので、じつは人間とタコの脳は同じプランを持っていることになる。ということは、「心」についても同一の基礎に立つのではないか？

さぁ大変だ。話はここからタコに人間的な自意識があるかどうか、否、タコの脳を通じて人間の脳のカラクリが解明できるかという哲学的展開となる。本書の後半には懇切丁寧な最新タコ図鑑が付され、イイダコの学名（種小名）決定において江戸の俳諧書『海乃幸（うみのさち）』と『和漢三才図会』が役立った話など、美味（おい）しい話題の大皿盛りである。

評・荒俣宏（作家）

おくたに・たかし 31年生まれ。東京水産大学名誉教授。『軟体動物二十面相』など。

二〇一三年八月一一日❸

『歌舞伎座界隈（かいわい）』

藤田三男 著

河出書房新社・一五七五円
ISBN9784309909899

社会

下町の「失われた時を求めて」

下町とは何かと考えさせられた。そして東京にとって、下町はどのような役割をはたしてきたのか。さらに歌舞伎座にとって、日本文化にとって、下町とは何だったのだろうかと、考えが、ひろがった。

著者は旧京橋区木挽町一丁目、洋傘職人の家に生まれた。

山の手と下町、川（隅田川）の向こうとこちら。われわれは、東京に限らず、都市を対極的原理の抗争の場と捉えるくせがある。たとえば権力対自由、資本対市民。

著者の描く木挽町は、この二分法を否定し、曖昧（あいまい）で、両義的で、複雑である。木挽町と銀座、日本橋、月島、その微妙な差異が執拗（しつよう）に語られる。言葉すら違った。同じ木挽町の中も、一、二、三、四丁目でニュアンスが異なる。都市とはニュアンスの集合体であり、善の中に悪が、悪の中に善がひそむ、連続的複合体であることが、ディテールと、ヒストリーを通じて語られる。

著者の描く下町は、空間的に融（と）けあうだけでなく、時間的にも溶け合い、現在の中に過去があり、過去の中に、未来が予見される。その意味で本書は、東京下町版の『失われた時を求めて』である。過去と現在の交錯を描いたテキストといえば、日本版「失われた時」ともいえる吉田健一の『金沢』があるが、著者が装丁者として『金沢』にかかわったことは、偶然ではないと納得した。

空間的にも、時間的にも複雑に融けあった「木挽町」が、スケールの大きな「異物」――たとえば歌舞伎座、戦争など――に遭遇する時、下町はそのおどろくほどにねばり強い本質をわれわれに見せる。評者は新しい歌舞伎座を10年かけて設計しながら、「劇場」という都市的スケールのハコを、どう木挽町という小さなスケールの集合体になじませるかに腐心したが、この町のねばり強く柔軟で変幻自在な本質があってこそ、歌舞伎座がひきたてられているのだと、あらためて納得した。

評・隈研吾（建築家・東京大学教授）

ふじた・みつお 38年生まれ。編集者。「棒地和」の名で装丁も手がける。

二〇一三年八月一一日❹

『消費税日記　検証　増税786日の攻防』

伊藤裕香子 著
プレジデント社・一七八五円
ISBN9784833420495
経済

「最強の根拠」は財務省の発案

野田佳彦内閣が消費税増税法を成立させて、昨日（10日）でちょうど1年たった。本書は2010年6月17日、菅直人総理（当時）の参院選での消費税10％発言から法案成立までの786日間を追った迫真のドキュメンタリーである。そして、行間に様々な歴史の教訓が隠されており、とても奥深い。

本書を読んですぐに浮かんだのは、ビスマルクの「政治は可能性の芸術」である。1年1カ月だけ重なって民主、自民両党のトップだった野田と谷垣禎一が、多くの人の「増税の前にやることがある」との反対意見を押さえて成立させたのは、政治的現実のなかでまさに限界ギリギリまで可能性を追求したからだ。

しかし、第4章の初め、いつから野田前総理が「政治生命を懸けて」増税を決意するようになったかというあたりから、本当に「可能性の芸術」だったのか疑問に思えてきた。09年、野田が財務副大臣に就く直前に著した『民主の敵』（新潮新書）には「消費税」の言葉は2カ所だけで、10年6月以降の財務相時代も、記者会見での発言で判断する限り、「他人事（ひとごと）」のようだったと指摘している。

加えて、野田がマニフェストに書いていない消費税増税に踏み切る「最強の根拠」としたのが、財務省が鳩山総理時代の政府税制調査会への諮問文に「さらっと、忍び込ませた」11年度中の増税法案提出をうたう条項だった。そうなると、「可能性の芸術」を追求したのは野田ではなく、財務省ということになる。

ここまでくるとブルクハルトの世界である。フランス革命で「自由のための専制」が正当化され、王政の比でない恐怖政治がおこなわれた状況を、この19世紀のスイス人は「歴史の危機」（危機が次の大きな危機を呼ぶ状況）という。今の日本では「財政再建のための国土強靱（きょうじん）化計画」という理屈が「可能性の芸術」を吹き飛ばすかもしれない。

評・水野和夫（日本大学教授）

いとう・ゆかこ　朝日新聞記者。現西部本社報道センター次長（経済担当）。

二〇一三年八月一一日❺

『「少女小説」の生成　ジェンダー・ポリティクスの世紀』

久米依子 著
青弓社・三二五〇円
ISBN9784787292155
社会／ノンフィクション・評伝

規範と逸脱の麗しき輪舞

近代日本の「少女小説」。このジャンルの独自性は、日本の近代化と文化表象の特異性を裏書きしている。少女小説が登場したのは、明治30年代のこと。その系譜は近年のコバルト文庫に至るまで、百年にもわたる歴史をもつ。だがその内容や領域に一貫性はなく、ときに相反する特性をも包摂する。これは、いわゆる欧米の「家庭小説」などとも一線を画すと筆者は指摘する。

明治後期、いわゆる少女向け読みものとしての少女小説が誕生。だが同時期書かれた田山花袋「少女病」等、青年と若い娘の恋愛小説もまた、少女小説と呼ばれていた。無垢（むく）なる性愛対象という「少女」は、後発近代化国・日本の成人男性にとって、抑圧された自らの自然を回復するための救世主でもあった。このあり方は、その後次第に教育的配慮とは齟齬（そご）をきたす。

近代教育における少女への要請もまた、二転三転を繰り返した。学制公布当初は、欧化思想のもと男女平等志向が伸展するかに見えたが、その後儒教的倫理観の揺り戻しが起こる。教育勅語発布や日清戦争勃発等の社会情勢は富国強兵路線強化へと結びつき、結果的に少年から少女を隔絶し、その価値を低減させるに至った。高等女学校令の公布により「良妻賢母」教育が浸透し、少女性は家の娘規範と同一視されていった。その過程で少女小説から異性愛的要素は排除され、日本独自の耽美(たんび)的な友愛、つまりシスターフッドの世界観が形成された。それは恋愛代替物としてのモチーフから、次第に吉屋信子のごとき独自の美学様式を獲得していった。

なるほど少女小説の百年とは、ジェンダー規範強化と、その美的な逸脱の相克史でもあったのだ。それは宝塚や昨今の「男の娘(こ)」と呼ばれる女装美少年等、異性装の美学へも受け継がれていく。規範と逸脱、周縁性と大衆性の交錯する麗しき輪舞を堪能されたい。

評・水無田気流(詩人・社会学者)

くめ・よりこ　目白大学教員(日本近代文学・日本児童文学)。共著『天空のミステリー』など。

『ドゥルーズの哲学原理』

國分功一郎 著

岩波現代全書・二二〇五円
ISBN9784000291019

人文

相手の考えの奥に潜り込む

フランス現代思想は難解だ、と我々の多くは考えているはずだ。特にジル・ドゥルーズはその最高峰だ。難しい。

そのドゥルーズを快刀乱麻を断つごとく、簡潔に読みほどいていくのが若き哲学者・國分功一郎である。かといって、わかりやすい解説書にありがちな〝超訳〟は一切ない。

著者はバディウの指摘した、ドゥルーズにおける自由間接話法の多用から話を始める。他者の発言をカッコにくくらず、「と言った」とも受けず、裸のまま地の文の中に置く手法である(この評の冒頭、3行目「特に」以下がそれにあたる。「我々の多く」がそう言うのか、書く私の発言なのか、決定不能になる)。

すると、評する主体と評される主体は交じり合う。まるで相手の考えの奥に潜り込むようにして、ドゥルーズは対象を思考する。

その上で、哲学研究は何をするべきか?というドゥルーズの問いを著者もまた問う。そこには著者ならではの「自由間接話法」も働く。問いはどちらのものでもある。

〝哲学者本人にすら明晰(めいせき)に意識されていない〟問いを描き出すこと。とドゥルーズは、あるいは著者は答える。哲学研究とは哲学者の意識を超えることなのだ、と。

こうした原理的な構えから、ヒューム的な主体、フロイトからラカンに至る精神分析的知見、フーコーの権力論を欲望から読み解くことなど、ドゥルーズを巡って難解な用語で語られてきた概念が、徹底的な平易さで説かれる。

すると、生活から果てしなく遠かった現代思想がここで必要だとヒリヒリ感じられてくる。例えば以下の言葉。

「服従を求める民衆が他の者にも服従を強いる、というありふれた(中略)、あのおぞましい現実」

これこそ今の日本ではないか。それがさらに「なぜ人は自由になろうとしないのか」と言い換えられて初めて、我々の目は覚める。明るい。

評・いとうせいこう(作家・クリエーター)

こくぶん・こういちろう　74年生まれ。高崎経済大准教授(哲学・現代思想)。

二〇一三年八月一一日⑦

『考えすぎた人 お笑い哲学者列伝』

清水義範 著
新潮社・一六八〇円
ISBN9784103915034／9784101282206（新潮文庫） 人文

神託をもとめ「ソクラテスより頭のいい人間はいますか」と訊（たず）ねるところを、「頭の強い人間」と言い損ねたあとの顛末（てんまつ）から、サルトルを被告とする恋愛裁判まで、12名の哲学者の滑稽譚（たん）。「プラトンの対話ヘン」といった駄洒落（だじゃれ）の章題に、講釈あり、インタビューあり、子どもとの対話、合コンの中継ありと、著者の文章擬態は快調だ。

意味はちんぷんかんぷんだけど人の心をぐいと鷲掴（わしづか）みにするような殺し文句が哲学書にはある。が、相手の顔色もおかまいなしに、論理を一貫させ、すべてを言い切らないと気がすまない、そんな哲学者のふるまいがとんちんかんを生む。言っていることは正しい（みたいだ）けどやっぱり違っているのでは……と、なかなかに痛いところを著者は突いてくる。

著者は「哲学入門」の門口まで読者を誘う「笑い話」集だと言うけれど（人はこれを「敬して遠ざける」ともいう）、哲学研究者こそ一読しておいたほうがいいかも。

評・鷲田清一（大谷大学教授）

二〇一三年八月一一日⑧

『グローブトロッター 世界漫遊家が歩いた明治ニッポン』

中野明 著
朝日新聞出版・一九九五円
ISBN9784023312104 歴史／国際

19世紀末の欧米にグローブトロッター（世界漫遊家）と呼ばれる人々が出現する。交通機関の進展と低廉化にともない、旅が消費の一形態として、貴族だけでなく、多くの民間人に開放されたのだ。

鉄道や汽船を乗り継ぎ、世界各都市から辺境まで、どこでも行ってみたい、見てみたいという欲求に突き動かされて歩き回る彼らにとって、開国されたばかりの日本は、いわばレアアイテム。多くの旅の記録が残されている。

本書はそれらの旅の記録から、開国から数年刻みで刻々と発展してゆく明治期の日本の様子を追う。

明治期の旅施設の整い具合も興味深いが、グローブトロッターたちのタイプ別分析が面白い。快適さを人脈で得るか、お金で購（あがな）うか。多くの土地を急いで踏破するか、ニッチな目標に沿ってじっくり滞在するか。

人が旅になにを求めるのか、当時もより便利になった今も、あまりにも変わらないことに驚かされる。

評・内澤旬子（文筆家・挿画家）

二〇一三年八月一八日①

『ミシンと日本の近代 消費者の創出』

アンドルー・ゴードン 著 大島かおり 訳
みすず書房・三五七〇円
ISBN9784622077701 アート・ファッション・芸能

小さなモノに光 大きな歴史照射

米国の「知日派」というと、最近は外交・安全保障の専門家のみ注目されがちだが、著者は歴史研究における筆頭的存在だ。

ある日、彼は、ふと1950年代の日本の既婚女性が毎日2時間以上も裁縫に費やしていた事実を知り驚愕（きょうがく）する。それが今回の知的探究の出発点となった。

ふつうの日本家庭に入った最初のミシンはジョン万次郎が母親へ贈ったもの。シューイングマシネ（縫道具）がマシネと略され、さらに2音節に縮まって「ミシン」となった。

その出現は〈洋裁〉と〈和裁〉という新語を生み、キモノを〈洋服〉に対する〈和服〉とし、〈日本〉と〈西洋〉が対峙（たいじ）する独特の世界観を固着化した。

とりわけ「世界初の成功した多国籍企業」と称される米シンガー社の家庭用ミシンは10年代までに日本でも無敵の存在となった。それはまた「セールスマン」という近代的職業、女の「自活」という発想、消費者（割賦）信用という制度の拡張を意味した。

しかし、同社がその「グローバル」な販売

システムを頑（かたく）なに固守するなか、32年には日本の従業員が「ヤンキー資本主義」に抗（あらが）うべく大規模な労働争議を起こす。同社を去った従業員は国内メーカーへと移り、逆に海外の現地システムへの適応を徹底することで、戦後、米国市場を席巻した。

興味深いのは、戦時中にあっても（旧約聖書の句をもじった）「踏めよ　殖やせよ　ミシンで貯金」といった広告が数多く出回っていた点だ。近代的生活への渇望は戦火に絶えることはなかった。

それゆえ戦後、高度成長期に「専業主婦」という言葉が一般化する頃には「洋装店」が激増し、「洋裁学校」は花嫁修業所としても大繁盛した。当時、欧米に比べて日本の既製服の割合は半分以下だったというから凄（すご）い。

ミシンは「営利のためであれ家族のためであれ、生存のためであれ余暇のためであれ」という多様な意図を有する使用者を「大衆中流階級」へと統合していった。ミシンが労働者の窮乏や分断を促すと『資本論』で警告したマルクスの懸念は日本には該当しなかったと著者は説く。

膨大な一次資料の収集と精査。安易な日本特殊論を忌避する比較史的視座。歴史を美化も卑下もしないバランス感覚。プロの学者としてのプライドを感じる。

ミシン裁縫に励む女性と戦後の政党イデオロギーとの関係など、さらに知りたい点もある。

しかし、小さなモノに光を当てて歴史の大きなうねりを照射するという、魅力的ながらも、実はかなり困難な研究手法の見事な成功例であることは間違いない。

評・渡辺靖（慶応大学教授）

Andrew Gordon　52年生まれ。ハーバード大教授（日本近現代史）。著書に『日本労使関係史　1853－2010』『日本の200年』など。東日本大震災のネット情報を保存する「2011東日本大震災デジタルアーカイブ」に参加。

二〇一三年八月一八日②

『世紀の名作はこうしてつくられた』

エレン・F・ブラウン、ジョン・ワイリー2世 著
近江美佐 訳
一灯舎・三三六〇円
ISBN9784903532943
文芸

『風と共に来る』だったのかも

五百七十四頁（ページ）を、一気に読了した。読んでいる最中も興奮したが、読み終わった今も同じくらい興奮している。

本書は、『風と共に去りぬ』という名作の歴史を、根掘り葉掘り調べあげてつづったものである。面白いはずだ。これまで知られなかった事実を、次々に明かしている。

マーガレット・ミッチェルという二十五歳の主婦が、足の古傷が悪化し外出がままならなくなったため、気晴らしに小説を書き始めた。題名は無い。南北戦争から戦後にかけ目まぐるしく変動する社会を背景に、美人で勝ち気なスカーレットの成長を描く。最終章から書き上げ、あとは気ままに、書きたいと思う章を執筆する。十年、かかった。

彼女の親友が出版社の副編集長になった。完成したら拝読したい、と手紙をよこした。第一章のみ未完成だったが、ミッチェルは親友に原稿を託した。読者第一号のこの親友とやりとりした私信が発掘されたことが、本書の大きな魅力である。従来の研究書に無い、

出版までの過程が克明に語られる。タイトルも一向に決まらない。「ラッパが悲しく響く」「この世ではないどこかで」など二十二もの案をミッチェルは出した。出版社は最初「風と共に来る」だったらしい。去りぬ、は著者の希望だった。初版は一万部。一千頁もあって定価三ドル。安くない。著者は無名。出版社にとって賭けである。

大当たり。四週間で二十万部、六カ月で百万部に達した。

本書の読みどころは、このあとの騒動である。外国で海賊版が発行される。ミッチェルは「わが子」を守るため、著作権闘争に挑む。映画化に際しても、細かく注文した。

本書の著者二人は古書収集が趣味、ジョンは『風と共に去りぬ』関係の大コレクターである。グッズの写真が楽しい。初版本を模した文鎮の書名が「風と共に去らない」。

ちなみにミッチェルは、交通事故で「千の風」になった。

評・出久根達郎（作家）

Ellen F. Brown　米国のフリーライター。
John Wiley Jr.　米国の収集家。

二〇一三年八月一八日❸

『爪と目』

藤野可織 著
新潮社・一二六〇円
ISBN9784103345114/9784101202716（新潮文庫）　文芸

「あなた」が気づかない欲望

人体を覆う表皮のうち特別な存在が二つある。爪と目である。前者は自由な両手の指先を保護し、後者からは外界の情報の8割以上が入る。

かくも重要だからこそマスカラやマニキュアで飾り立てねばならぬし、「爪を剥（は）ぐ」「目を潰す」というように人間を傷つけ損ねる残虐性の特権的な標的ともなるのだ。

この二つの部位に、疑似家族の母と娘を重ねあわせた表題作の着眼点は見事である。

語り手の「わたし」は、三歳のときに経験した出来事を回想する。ある日、実の母が謎の死をとげる。すると、父は母の存命中から不倫をしていた若い女性「あなた」を家に迎え入れるのである。

「わたし」は「あなた」という家庭内に混入した異物へのストレスからか、爪をしきりに噛（か）むようになる。一方、極度の近視の「あなた」は、そのせいでもあるまいが、対象との距離の取り方がいびつである。目に入れたコンタクトレンズが遮蔽（しゃへい）膜であるかのように、恋愛にせよ、親子・友人関係にせよ、すべてが表層的で実のある像が結ばれることがない。

その「あなた」が、「わたし」の実母が日常を綴（つづ）ったブログを発見してから変わる。そこに、そして同種のブログに表明された女たちの「固定化された欲望」に憑（つ）かれ、それを模倣し始める。ネットで北欧家具を注文し、健康によい食材を買い、室内を美しく見せる収納術を学ぶ。外国の絵本を部屋に飾り、「わたし」の実母の欲しがっていた観葉植物をリビングに置く。

なるほど、我々の欲望とはみな他者の欲望なのだ。こうして「あなた」は「わたし」の実母の上質な趣味を獲得できたかもしれない。だが実母のいちばん本質的な欲望を模倣することには失敗する。その欲望に気づきさえしない。それは一人娘への愛である。

あとは明朗だ。あの二つの器官が接するときに、起こるべきことが起こるだけだ。

評・小野正嗣（作家・明治学院大学准教授）

ふじの・かおり　80年生まれ。06年に「いやしい鳥」で文学界新人賞。本書の表題作で芥川賞。

二〇一三年八月一八日⑤

『アメリカ経済財政史 1929－2009』

経済

室山義正 著

ミネルヴァ書房・一〇五〇〇円
ISBN9784623066032

建国理念の実現は中間層の肩に

Ｅ・Ｈ・カーの「歴史は、現在と過去との対話である」という定義をうけ、清水幾太郎は「現在が未来へ食い込むにつれて、過去はその姿を新しくし、その意味を変じて行く」という。近代の本質を理解するには中世の理解が不可欠であるように、米国の建国当時の歴史を理解しなくては、米国の時代だった20世紀を理解することはできず、21世紀も見通せない。本書を読んでそう確信した。

米建国時の理念である「マニフェスト・デスティニー（明白な天命）」それ自体に「自由と民主主義を世界に拡大し伝搬していく」使命が内包され、第2次世界大戦とソ連解体で世界の普遍原理になったかにみえた。しかし9・11以降「テロとの戦い」が長期化するに及んで、グローバリゼーションの意味がどう変じていくかを見極めることが21世紀を見通す鍵となる。

また本書は、経済政策と財政政策を重層的に関連づけながら米国の経済構造および所得分配構造の変遷を解き明かしている。

民主党の福祉重視のリベラルな政策から共和党の保守主義への転換が所得格差の拡大をもたらしたというのが通説であるが、財政関連データはこの見解を支持していない。人的資源支出（社会保障・福祉・教育など）が国防支出を下回っていたのは１９７０年までで、71年に両者の支出規模が逆転し、その差が開いていった。

保守主義の時代では通常、人的資源支出は切り詰められそうだが、現実には保守化した白人高齢者を味方につけるために、どの政権も社会保障支出を増やしたのである。

同時に、若者や母子家庭から高齢者へ所得移転する形で「貧困の配分」も実施されたので、中間層は没落した。

米建国の理念は、21世紀も指針であり続けるのか。まさにオバマ大統領のいう「中間層の広い双肩にかかっている」（第2期就任演説）。

評・水野和夫（日本大学教授）

むろやま・よしまさ 49年生まれ。拓殖大学教授（地方政治行政）。『米国の再生』。

二〇一三年八月一八日⑥

『「空気」の構造 日本人はなぜ決められないのか』

社会

池田信夫 著

白水社・一六八〇円
ISBN9784560082829

タコツボ組織を変えるとき

仲間内の暗黙の合意をこわすような発言をすれば「空気を読め」とたしなめられる。日本社会のそんな特質を初めて「空気」という言葉でとらえたのは評論家・山本七平の『「空気」の研究』だった。

あれから40年近くたって、空気はあいかわらず私たちの社会を支配しているらしい。大震災や原発問題で迷走する政府。消費増税でなかなか決められない政治。いずれも根本原因はそこにある、と本書は指摘する。

空気を読んで組織内の調和を保ち、やる気や忠誠心を維持する。それは日本社会の強みでもあったが、空気そのものが絶対権威となって論理的な主張や反論を抑えこんでしまう愚も繰り返されてきた。

タコツボ組織の集合体である日本企業でもそれは同じだ。タコツボ内の空気をこわさぬよう終身雇用や長期安定取引が大事にされ、強すぎるリーダーは嫌われる。そこでタコツボそのものを破壊するような大変革などできない。

本書は、今こそ組織の存続ばかりを考える同質な閉じた企業社会を開放せよ、デフレの一因でもある日本的雇用を捨て人本主義を卒業せよ、ふつうの資本主義に戻れ、と提言する。その主張には当然、反対論もあるだろう。

ただ著者は単純な市場至上主義だけでそう言っているわけではない。グローバル経済の荒波にもまれる日本企業は、ただでさえ空気を共有できる正社員を減らし、タコツボに入れない非正社員を増やさざるをえなくなっている。これでは内部者と外部者の格差がますます広がってしまう。そう危ぶむからなのだ。

著者はネット言論界を中心に、世の空気に水を差す論争を仕掛けてきた「闘論家」である。けっして空気にしばられることのなかった著者が、なぜ今こういう本を書こうと思ったのかが興味深い。論争だけではなかなか変えられない日本社会に、少しいらだちを募らせたのだろうか。

評・原真人（本社編集委員）

いけだ・のぶお　53年生まれ。アゴラ研究所所長。『電波利権』など。

二〇一三年八月一八日⑦

『犬心』

伊藤比呂美 著

文芸春秋・一六二八円
ISBN9784163764603／9784167905569（文春文庫）　文芸

かつて子育てエッセーというジャンルを切り開いた詩人・伊藤比呂美が、今度はペットロス・エッセーを書きあげた。14年間、カリフォルニアでともに暮らしたジャーマン・シェパードのタケ、その最期の1年間の記録である。

とはいえ、これは感涙を誘う愛犬物語などではない。そこにあるのは、むき出しに展開する生老病死。かつて強く誇り高かったタケが徐々に弱り、好きなものに興味を失い、やがて肛門（こうもん）の筋力まで失って粗相をするようになる様はなんともせつない。伊藤の実父もまた要介護で、タケより少し前に亡くなってしまう。浮き彫りになるのは、人間の老いへの動揺に対して老いても変わらぬ「犬心」。だが、死は確実に日常を侵食して行く。

動物病院で、あるいは遺骨の引き取りの際に、伊藤は「タケの母」を名乗る。ふと子育て時代を思い出すが、今回は介護し看取（みと）る母だ。一方、当時作品に書かれた長女カノコさんは出産し、伊藤は祖母に。逞（たくま）しい命の騒乱記は続く。

評・水無田気流（詩人・社会学者）

二〇一三年八月一八日⑧

『たそがれ・あやしげ』

眉村卓 著

出版芸術社・一四七〇円
ISBN9784882934479　文芸

70年代の傑作ジュブナイル「なぞの転校生」「ねらわれた学園」。21世紀になってからも再刊され読者を得ている「司政官シリーズ」。子ども目線に寄り添ったり、官僚組織の中から壮大なSFを描いたり、著者の作品は常に「視点の置き所」を意識させる。

本書に収録されている21の短編の語り手たちは、定年や再雇用契約切れ、さらには配偶者との死別などで、これまでの人生を顧みる時期にいる。いわば「たそがれ視点」の体現者たちだ。壮年期には見向きもしなかったであろう日常の隙間に引き寄せられ、幽霊、タイムスリップといった事象に出会いつつも日常に戻ってくる奇妙な味わいの作品群。若者言葉が行きすぎて大幅に言葉が変わった未来に迷い込む「新旧通訳」や、人生のやり直しをテーマにした「やり直しの機会」あたりが、例としては分かりやすいだろうか。しかし、各掌編ごとにそれぞれ視点の妙があり、新たな発見をさせてくれる。また、胸に滲（し）みる。

評・川端裕人（作家）

『折口信夫の青春』

富岡多恵子、安藤礼二著

ぷねうま舎・二八三五円
ISBN9784906791163

ノンフィクション・評伝

対談で描き得た人物像の新地平

折口信夫は、長らく私の気になる人だった。今や私のアイドルと言っていいが、彼自身の著書は、ぐっとくると直観はしても、とっつきにくい。しかし、折口に共振した人が紡ぐ言葉には、読んで心をわしづかみにされるものがあり、私が折口に近づいたのも、本書の対談者、安藤礼二や富岡多恵子の著作を通してだった。

折口信夫には、謎が多い。柳田國男の弟子というのが広く知られた顔だ。しかし、柳田に出逢（であ）う前に、折口の世界はすでに豊穣（ほうじょう）だったのであり、言語学、宗教学、のみならず短歌、小説など、これだけ多くの領域で一流の著作をなした人は、そうはいない。本書では、主に柳田以前、折口という「人」が形成される幼年期から青春期を、著作等を手がかりに追っている。

折口は同性愛者だった。その点も、二人は追う。暴露趣味ではなく、ごく自然に、人と人が出会い惹（ひ）かれ合い別れた記録として。すべての人間関係は恋愛に似る。そしておよそ「個」などというきらめきは、他者との圧倒的なかかわりの中からしか出てこない。

私が、他の折口論にいまひとつ興味を持てなかったのは、ほとんどの論者が、折口のセクシュアリティを、あたかもないかのように扱い、結果、どこかが薄かったからだ。富岡や安藤は、それほどに大きなファクターが、人生と表現に影響を与えないほうがおかしいと考える。折口は、同性愛者であることを隠さず、要職に就き、愛する者たちと共同生活を営み、磁力を放つ著作をなし続けた。家父長制の強かった時代において、想像を絶する勇気である。無視するほうが失礼ではないか。

驚くべきことに、この種の人材は、今日の日本社会においてさえほとんどお目にかかれない。異性装タレントには驚くほど寛容な一方、喧伝（けんでん）される幸せのかたちは、「男女が結婚して子供をつくり育てる家庭」ばかりであり、それ以外の物語はほとんど話題にもされない。それは多数派だろうが、そのかたちばかりが強調されて多様性がなく息苦しさを覚えることも、少子化の大きな原因ではないだろうか？

読めば読むほど引き込まれる本である。謎がさらに大きな謎を呼ぶミステリーのようであるし、明治から昭和という激動の時代と一人の人間のドキュメンタリーとしても、人間の孤独や愛を普遍的に描いた文学作品としても読める。資質も性別も世代もちがう二人の論者が、補完しあうようにピースをはめ、そうでなければ完成しない像があったと思わされる。

閉塞（へいそく）感や疎外感に苦しむ、すべての人に。私は、折口信夫がこの国に生きていたという事実、それだけで、励まされる。

評・赤坂真理（作家）

とみおか・たえこ 35年生まれ。詩人、小説家。01年、『釋迢空ノート』で毎日出版文化賞。
あんどう・れいじ 67年生まれ。文芸批評家、多摩美術大学准教授。02年、『神々の闘争 折口信夫論』で群像新人文学賞優秀作。

二〇一三年八月二五日❷

『「AV女優」の社会学　なぜ彼女たちは饒舌に自らを語るのか』

鈴木涼美 著
青土社・一九九五円
ISBN9784791767045

社会

語ることと語り得ぬことの相剋

おそらくAV（アダルトビデオ）ほど、日常的に消費されながらも、あえてその構造や意義を真摯（しんし）に検討されない分野も少ないだろう。その言説の多くは、（主として男性）消費者の性的ファンタジーや好奇心に訴える範疇（はんちゅう）に留（とど）まり、たとえ表象される女性に「語り」の役割が与えられたにしても、それは消費者の望む役割を引き受けたにすぎない……。本書を精読するまで、私はそのように理解していた。そしてその予測は、良い意味で裏切られた。

女性が「体を売る」ということ。１９８３年生まれ・東京文化圏育ちの筆者にとって、このことは日常と地続きの風景だったという。放課後、部活動に勤（いそ）しむように「ブルセラ」に踏み込む同級生を横目に高校生活を送り、AVやキャバクラのスカウトマンの闊歩（かっぽ）する地域で大学生活を送り、やがて彼らとのネットワークをもった筆者は、AV業界の観察ポイントを確立する。

本書の視角はAV業界を超え、奇妙に現代社会の縮図を描き出す。それは、より「替えの効く」「自己責任を問われる」立場の者の痛覚を突くだろう。とりわけ女性は、これらに加え「性的対象である」ことが日常に浸透している。いわゆる性の商品化の一言で語られる問題の複雑な澱（おり）がここに綴（つづ）られる。なるほどAV女優とは、これら矛盾の結節点である。出演動機などを語ることによって、当初「AV女優になる」ことを述べた彼女らが、「AV女優である」ことそのものへと転化する。その過程や構図が、本書の中で開示されていく手法は見事。

若干疑問が残ったのは、果たして本書で取り上げられたような語りが、現在のAV市場の主たる需要分野なのかという点である。匿名性が高く、語る機会すら与えられない女優こそが多数派ではないのか。もっとも、それゆえの「語るAV女優」の切実な饒舌（じょうぜつ）さ、と考えれば納得できる。語ることと語り得ぬことの相剋（そうこく）に立つ、異才の書。

評・水無田気流（詩人・社会学者）

すずき・すずみ　83年生まれ。09年、東京大学大学院学際情報学府修士課程修了。専攻は社会学。

二〇一三年八月二五日❸

『ペンギン・ペディア』

デイビッド・サロモン 著
出原速夫、菱沼裕子 訳
河出書房新社・三九九〇円
ISBN9784309252841

科学・生物

全種を撮影　資料性も「お見事」

日本の動物園や水族館でのペンギン飼育数は世界一。ペンギン好きが多いとされる日本で、この写真集の翻訳を歓迎しつつ「してやられた！」と思うファンも多いだろう。評者もその一人だ。

アメリカ・ダラスの不動産業者がペンギンに魅せられ、南極、亜南極、南米大陸、ガラパゴス諸島、アフリカ、ニュージーランド……世界各地の棲息（せいそく）地に出かけ、ペンギン全種の撮影に成功した。日本にも、藤原幸一、中村庸夫、両氏ら全種の作品集を出した写真家がおり、写真の出来栄えでいえば、それらの方が上だと評者は感じるが、本書のオリジナリティーはタイトルに示されるように、ペンギン事典的な資料性にも富むところだ。

原著が出版された２０１１年時点での研究を踏まえ、各種の特徴・行動・生活史について詳しく述べている。論文ごとに多少ある違い（例えば、抱卵日数や遊泳速度など）を表にして示すマニアックさ。おまけに各種ごとの研究論文の文献リストも巻末にあり、そこからペンギン研究の森に分け入ることもできる。ここまでやられると、さすがに「お見事」と言わざるを得ない。

なお、今、大型の水棲（すいせい）動物研究の世界では、体にセンサーを装着させて水の中でのデータを取得するいわゆる「データロギング」が全盛期を迎えつつある。日本の国立極地研究所などが世界的にリードしており、それについては『バイオロギング――「ペンギン目線」の動物行動学』（成山堂書店）が詳しい。

本書は、一部バイオロギングの成果に触れつつも、まだ記述は薄い。おそらく5年後、10年後に、同種の本が出る時には、多くの定説が書き換えられ、ペンギンの「水の中」での様子が、より生き生きと描かれるだろう。その時は、日本の研究者による成果が多く引用されることになるはずで、できれば日本の著者によるものを読みたいとも思うのだ。

評・川端裕人（作家）

David Salomon　米国出身。不動産業の傍ら写真家としても活動。

二〇一三年八月二五日❹

『青鞜』の冒険　女が集まって雑誌をつくるということ』

森まゆみ 著

平凡社・一九九五円

ISBN9784582836271／9784087455595（集英社文庫）

ノンフィクション・評伝

面白さ・難しさ「編集」から迫る

平塚らいてうが中心となり、日本で初めて女性たちの手によって刊行された雑誌『青鞜』（一九一一年創刊）を、編集という側面から徹底的に追った本である。表紙、目次、編集後記を丹念にみつめ、編集にたずさわった人、事務や営業に関わった人、資金のこと、もちろんその内容、執筆者たちの生き方と考え方、そして校正のずさんさに至るまで、眼（め）の前に浮かび上がるかのように書かれていて、実に面白い。

著者も女性たちで『谷中・根津・千駄木』（通称、谷根千〈やねせん〉）を立ち上げ、二十年以上、その編集を継続してきた。『青鞜』も『谷根千』も大手出版社が出す雑誌ではなく、同人誌でもない。執筆者を探し、自らも執筆し、広告をとり、読者を拡（ひろ）げ、書店をめぐって出し続けた雑誌である。だからこそ、著者はその難しさも面白さもわかっている。『青鞜』が全く違う観点から見えて、数々の発見がある。

編集者たちが走り回った明治大正の東京が立ち現れてくる。上野、谷中、染井（駒込）、護国寺に囲まれた範囲に『青鞜』編集部は転々とし、漱石や一葉の生きた時空と重なりながら、女性たちがそれぞれの芸術的才能を開花させることを目的に活動した。『青鞜』は文芸誌であるとともに、女性も自らの能力と努力で自信をもって生きていくことができる、というメッセージを送り続けたのである。政治雑誌ではなく、女性たちが言葉をもつ場を作ったのだった。そこには全国から女性たちが訪れ手紙が集まった。『谷根千』もまた、地域を観光地としてではなく、暮らす町としてその価値を見直す全国の動きの先駆となった。雑誌の刊行とはほんらい運動である。その果たした役割の大きさを改めて考えさせられる。

著者は自分の経験から、らいてうの編集努力の限界や、エリート女性特有の考え方への批判もして、容赦が無い。それもまた魅力のひとつだ。

評・田中優子（法政大学教授）

もり・まゆみ　54年生まれ。地域雑誌『谷中・根津・千駄木』が09年に終刊するまで編集人。

二〇一三年八月二五日⑤

『美味（おい）しい革命　アリス・ウォータースと〈シェ・パニース〉の人びと』

トーマス・マクナミー 著　萩原治子 訳

早川書房・二五二〇円

ISBN9784152093806

ノンフィクション・評伝

食を通じて学校教育にも影響

20世紀後半のアメリカ西海岸は、「革命」の大産地であった。「美味（おい）しい革命」は、そのひとつである。20世紀工業化社会は食の領域においても、人間を大いに抑圧した。大量生産、平準化の原理によって、ファストフードが世界を制覇し、家庭での食事も、農薬、遺伝子操作にまみれた食品群によって、貧相で不健康なものとなった。特に、アメリカの食文化は壊滅的な状況だった。

主人公アリス・ウォータースはこの状況に異を唱え、小さな革命を起こした。1971年、カリフォルニアのバークリーに小さな実験的レストランをオープンした。有機野菜など地元産の食材を使ったシンプルな料理。はじめは小さな革命でも、大きな意味、大きな射程があれば、小さな革命はあっという間に世界に広がり、世界を実際に変えてしまう。それが20世紀後半のメディアのシステムであった。アリスの革命も、そのような性質をもつ革命だった。彼女はカリフォルニア・クィジーヌ（料理）の母と呼ばれ、彼女がはじめた「シェ・パニース」は、アメリカの20世紀後半のレストランビジネスのベンチマークとなった。革命は成就し、彼女は成功を手に入れた。

問題はその後である。20世紀後半、アメリカの革命は、社会を変える以前に、ビジネスの爆発的成功という形をとった。現代の革命の悲しい宿命である。

ビジネスの成功のあとに、何を社会に残せるのだろうか。お金だけが残る悲しい革命が山ほどあった。アリスの真のすごさは、彼女がビジネスの成功に全くこだわらずに、食を通じて、アメリカの教育を変えようとしたことである。クリントン夫妻が称賛し、学校教育にも、アリスの思想は影響を与えつつある。

もうひとつ、アリスが残したのは、レシピかもしれない。そのレシピのディテールが満載されていることで、この本は革命のあとの日常でも、読まれ続けるであろう。

評・隈研吾（建築家・東京大学教授）

Thomas McNamee　47年米国生まれ。作家、ジャーナリスト。

二〇一三年八月二五日⑥

『ミレナへの手紙』

フランツ・カフカ 著　池内紀 訳

白水社・三四六五円

ISBN9784560082805

文芸

返事が待てない、障害だらけの恋

カフカの魅力は小説に尽きない。『ボヴァリー夫人』を書いたフローベールの『書簡』と並び、カフカの『日記』と『書簡』は世界中で作家たちに読まれ続けてきた。

手紙という私的な文章ながらも、そこには創作行為の普遍的な真理があらわにされているからだろう。〈書かれた言葉〉と〈書く自己〉への深い懐疑、〈書くこと〉に対する徹底的な謙虚さである。

この謙虚さが自己と他者への辛辣（しんらつ）さへと至るフローベールと違い、「流刑地にて」で囚人の身体に文字を刻む拷問機械を描写し、他者からの賞賛（しょうさん）を拒む「断食芸人」を書いたカフカの場合、厳しさはただ己へと向けられる。〈書くこと〉も〈恋すること〉も〈生きること〉と同様に巨大な「不安」の源でしかない。

本書に収められた恋文の宛名人のミレナは、ジャーナリストで翻訳も手がけていた。カフカの作品を訳したいと二人は出会う。作家は一回り以上年下のこの才女に惹（ひ）かれていく。その証拠に手紙の数が増えていく。返事が待てない。一日に何通も手紙が書かれる。このあたりは、恋人からメールの即レスがないと居ても立ってもいられない現在の恋する若者も同じか。

しかしミレナは人妻でウィーンに暮らし、プラハ在住のカフカは結核を病み、婚約者もいる。緊張と障害だらけの恋は一筋縄で行かない。返事がなければ不安だが、あればあったで内容に動揺する。

心を静めようと手紙を書く。だが逆効果だ。手紙を書くこと、つまり〈書くこと〉はどうしても己を欺いてしまうからだ。真実には「血が通っていて、だからたえず表情を変える」。それを言葉でどうやって捉えられるのか？

我々と違い、その事実に鈍感でいられなかったところにカフカの悲しさと美しさがある。我々がカフカを読むのをやめられないのは、「いちばん深い地獄にいる者ほど歌声が清らかだ」からだ。

評・小野正嗣（作家・明治学院大学准教授）

Franz Kafka　1883〜1924年。チェコの作家。

二〇一三年八月二五日⑦

『最後のクレイジー　犬塚弘』

犬塚弘、佐藤利明 著

講談社・一五七五円
ISBN9784062184472　アート・ファッション・芸能

戦後の日本が焼け跡から復興していくとき、人々の傍らには音楽と笑いがあった。

その代表が言わずと知れた「ハナ肇とクレイジー・キャッツ」である。音楽ライブから始まって、彼らは創成期のテレビ、日本映画の新しい潮流を一気に作り出してゆく。

江戸の粋な文化とつながった洒脱（しゃだつ）なジャズ感覚で。

本書はクレイジー唯一のメンバーとなってしまった犬塚弘氏へのロングインタビューである。そこにはコミック・バンドの根底にいかに深い教養があったか、強い矜持（きょうじ）を保っていたか、同時にそれらすべてをチャラにするような底抜けの悪戯（いたずら）心があったかが、事細かに再現されている。

いや、クレイジーを囲むテレビマン、映画監督、放送作家など、昭和の大衆文化を形成する者たちすべてに右のことは当てはまるだろう。揶揄（やゆ）されがちな娯楽産業こそが戦後の民度を引っぱり上げていたことの、これは証言だ。

全体に犬塚弘氏のリベラル感覚が横溢（おういつ）する。

評・いとうせいこう（作家）

二〇一三年八月二五日⑧

『「幸せ」の経済学』

橘木俊詔 著

岩波現代全書・一七八五円
ISBN9784000291026　経済

経済学はもともと豊かで幸せな経済社会をつくるための学問である。ところが昨今は「幸せ」そのものが研究対象になってきた。成長がそのまま幸福度アップにつながった時代と、必ずしもそうでない現代社会では、求められるものも変わってきたためだ。

貧しくても国民の幸福度が高い「幸せの国」ブータンはこれまで世界の研究対象だった。だが最近、豊かな先進国の情報が入るようになると、国民の幸福度は急落した。「幸せ」はそれほどつかみどころがなく難しいテーマだ。

ノーベル経済学賞学者のセンやスティグリッツは、だからこそ仏政府の要請で幸福度を測る指標づくりを試みた。そして格差社会研究の先駆者である著者も1万人規模のアンケートに取り組み、日本人の幸福感を探っている。

内外の幸福調査が示すものを探り、古今東西の経済学者が幸せをどうとらえたかを解読する。幸福をめぐるさまざまな情報をバランスよく、そして誠実にまとめた本だ。

評・原真人（本社編集委員）

『微生物ハンター、深海を行く』

高井研 著

イースト・プレス・一六八〇円
ISBN9784781610061

『ぼくは「しんかい６５００」のパイロット』

吉梅剛 著

こぶし書房・一八九〇円
ISBN9784875592761

科学・生物

潜水艇が切り開く研究現場を追体験

日本には世界に誇る有人潜水艇しんかい６５００がある。海洋研究開発機構（ＪＡＭＳＴＥＣ）によって運用され、１９８９年から四半世紀にわたり深海底の調査に活躍してきた。

『微生物ハンター、深海を行く』は、同機構の微生物研究者の青春物語。一人の「ナニモノでもない」（しかし威勢の良い）学生が、いかに道を見つけ「青春を深海に捧げよう」と誓うに至ったか。情熱と挫折、偶然と必然、障害と突破を赤裸々に述べる。表紙は青い海に潜行するしんかい６５００で、涼感溢（あふ）れる造りだが、騙（だま）されてはいけない。中身はこれでもか！というほど暑苦しく、猛烈な筆圧を感じさせる。インド洋での潜行の様子を描く章では、新種の生き物を発見して「キタァァァァァー!!…ボクは無意識に叫んでいた。興奮して…ガンガン唾（つば）を飛ばしながら、コックピットの床をドンドン足で蹴飛ばし、自分の太ももを手でバシバシ鳴らしながら、叫びまくった」とくる。そして、このテンションがずっと落ちない。

加えて、本書で追究される学術的テーマも魅力的。「人類究極のテーマ」といえる生命の起源の探究で、深海が注目されて久しいが、著者はその中でも「ウルトラＨキューブリンケージ」という特定の条件（ある種の岩石、熱水、水素）を満たす場所が重要だったと考える。従来、太古の地球にそのような場所はほとんどなかったとされていたものの、地質学、地球化学といった異分野との横断的な研究の中で、常識がひっくり返り、むしろ普遍的に有り得たと認められていく。その過程は研究の醍醐味（だいごみ）を伝えてくれる。

同時期に出版された『ぼくは「しんかい６５００」のパイロット』の著者は、表題通り潜水艇パイロット。前書と表紙写真まで同じだが、内容はほとんど重ならない。巨大深海魚に体当たりされる手に汗握る体験、熱水に集まるユノハナガニの産卵を偶然目撃する挿話などは、研究者に比べて圧倒的に長い潜水時間ゆえ遭遇したものだし、艇の運用の実際を述べる部分は細部の記述が楽しい。潜水艇は何度も装備を刷新しており、深海のサンプルを採集するための「腕」（マニピュレーター）のコントローラーが、代を経るたびにゲーム機に似てくるのにはニヤリとさせられた。さらに立場上、様々なタイプの研究者を横断的に見ているのも面白い。深海に行ったドイツ人研究者が「海は生き物のスープ」と表現するのは『微生物ハンター…』の著者とは違ってクールな印象だが、それでもやはり通底するものを感じさせられる。

視点の違う両書で、今非常に注目される深海探査を追体験できる幸せは格別である。

評・川端裕人（作家）

たかい・けん　69年生まれ。海洋研究開発機構の研究者。

よしうめ・つよし　68年生まれ。海洋研究開発機構の「しんかい６５００」元潜航長。

二〇一三年九月一日❷

『特派員ルポ　サンダルで歩いたアフリカ大陸』

高尾具成 著

岩波書店・二六二五円
ISBN9784000230513

ノンフィクション・評伝

ひとつながりの希望と絶望

２００８年３月、毎日新聞記者の著者は、南アフリカのヨハネスブルクに赴任する。以後４年にわたって、この広大な大陸の10近くの国に足を運んだルポが本書である。

６月には横浜でアフリカ開発会議が開かれ、この「最後の巨大市場」への経済的な関心は高まるばかりのようだ。だがいま一つそこに暮らす人々の姿が見えてこない。

本書の良さは、南アフリカであれば、サッカーのＷ杯をめぐる喧噪（けんそう）、ウガンダであればテロや少年兵など痛ましい問題、ジンバブエであれば大統領選挙での国内対立など、各国が抱える主要トピックを、現地の人々の〈声〉に耳を澄ませながら浮かび上がらせているところだ。

アフリカには、貧困、エイズ、内戦のイメージがつきまとう。あるいは大自然、野生動物といった紋切り型。むろんそうした現実もある。だがそれが決して〈すべて〉ではないことを、履いていたサンダルがボロボロになるまで著者が聞き歩いてきた人々の〈声〉が物語っている。

ジンバブエでは報道規制と年率10万％（！）のハイパーインフレに悩まされながら取材を続ける記者魂。マンデラ元大統領を語る言葉はまっすぐな敬意に満ち温かい。

それにしても著者の〈つながる力〉はすごい。来日したジンバブエ首相に故郷の村に住むその母親の写真を渡し、「お前、いつ行ったんだ！」と感動させる。リビアで内戦を取材中に「３・11」を迎えた著者は、反カダフィ派の義勇兵たちから「日本は必ず立ち上がる」と励まされる。

ルワンダで大虐殺を経験した生存者を取材した際に著者の脳裏をよぎるのは、長年取材してきた広島の被爆者たちの姿であり言葉である。そしていま著者は被災地・釜石に赴任している。希望は絶望とひとつながりであり、悲しみや怒りや苦悩を経ているから笑いや喜びは尊い。そこにアフリカも日本も違いはない。

評・小野正嗣（作家・明治学院大学准教授）

たかお・ともなり　67年生まれ。91年、毎日新聞に入社。08年度ボーン・上田記念国際記者賞。

二〇一三年九月一日❸

『雑誌の王様　評伝・清水達夫と平凡出版とマガジンハウス』

塩澤幸登 著

河出書房新社・三一五〇円
ISBN9784309909912

政治／社会

天才的な編集者の時代の証言

『平凡』『平凡パンチ』『アンアン』『ポパイ』『ブルータス』などなど、時代を先駆けた雑誌を作り続けてきたマガジンハウス（平凡出版から１９８３年に社名変更）。そこに清水達夫という天才的な編集者がいた。

本書は清水と共に「出勤時間も取材費の精算も仕事の進め具合も服装も自由、食事代は会社の負担」という驚くべき雑誌の王国を作り出す岩堀喜之助たち、戦後の個性豊かな出版人の来歴、発言を丹念に追う。同時に、著者の雑誌論も強く打ち出されるから、編集に興味のある者、携わる者には必読の書だろう。

特に清水の先見性、編集方針のブレなさは学ぶべき点だらけで、新雑誌創刊によって「社会の文化の質や構造、大衆の生活内容まで作りかえてしまう」こと、マーケティングよりは「身近な誰かをモニターにする」こと、「雑誌は表紙だ」など、のちにファッション雑誌などの常識になっていくことが清水の哲学によって古くから導き出されていた様を、著者は描き出す。

そして、広告収入が販売収入を上回る「八十年代の中ごろ」から、出版界全般で雑誌がマーケットの後追いになっていく姿も。つまり雑誌が売れなくても広告で収益が上がるシステム以降のことも。

こうして、本書は清水達夫の精神を克明に浮かび上がらせながら、木滑良久、石川次郎と続く編集人脈を写し出し、同様に時代を伴走したスターや文学者のエピソードにもすいすい寄り道する。その筆致はまさに雑誌的である。

評者である私も、実は雑誌編集から仕事を始めた。先輩に「雑多な情報をうまくまとめるから雑誌なんだ」とよく教えられた。だからなのか、本書を読みながら、先輩編集者から教えを乞うような気分が続いた。楽しく味わい深い時間だった。「雑誌が王様」だった時代の、それは貴重な証言であり、これから再び王国を作る時の忠告でもある。

評・いとうせいこう（作家・クリエーター）

しおざわ・ゆきと　47年生まれ。作家、編集者。70年に平凡出版に入社、01年に退社。

二〇一三年九月一日❹

『世界が認めたニッポンの居眠り　通勤電車のウトウトにも意味があった！』

ブリギッテ・シテーガ著　畔上司訳

阪急コミュニケーションズ・一七八五円

ISBN9784484131078

社会

会議でも目をつぶる仮眠の国

パリに留学中、私はよく地下鉄の車内で居眠りをしたが、あるとき、車内で眠っている人は他に誰もいないことに気がついた。地下鉄だけではない。カフェでうとうと眠ってしまうと、すぐにウエーターがきて「大丈夫ですか」などときいてくる。どうやらカフェで眠るのはご法度らしい。大学の授業でも居眠りしている学生は見当たらない。何人もの学生に「授業中に居眠りすることはないのか」ときいたところ、全員から「ない」という返事がきた。小中高の授業でも居眠りする人はいないという。要は、他人がみている環境のなかで眠るという発想そのものがないのである。

そうした常識をもつ多くの欧米人にとって、電車内でも授業中でも喫茶店でも会議中でも居眠りをする日本人の姿は驚きの対象にちがいない。本書はその居眠りを、表題から予想されるものとは異なり、社会人類学的にまじめに考察した本である。

それによると日本の社会は、夜間の睡眠時間が比較的短く、昼間に各自がうたた寝や居眠りをする仮眠文化圏に属する。これは、一日の睡眠が夜間の一回だけで、睡眠そのものがプライベートな領域に閉じ込められた、ヨーロッパなどの単相睡眠の社会と著しい対照をなす（中間にシエスタ＝昼寝文化圏がある）。日本では睡眠時間が短いことが勤勉さの証（あかし）とされる一方で、会議中などでの居眠りに比較的寛容なのはそのためだ。

睡眠は一日のうちでもっとも時間をかける活動の一つである。だから、ある社会の睡眠のとり方について考察することはそのままその社会の時間のつかい方やそれをめぐる規範意識を考察することにつながる。私たちが日ごろ当然のようにおこなっている居眠りを考察することが、ここまで日本社会の特質をあぶりだすことになるのかということを発見させてくれる、とても知的で楽しい本だ。

評・萱野稔人（津田塾大学准教授）

Brigitte Steger　65年生まれ。英ケンブリッジ大准教授。

二〇一三年九月一日⑤

『破局論』

飯島洋一 著

青土社・二九四〇円
ISBN9784791767113

歴史／社会

近代の絶望からの逆説的救済

一言でいえば、近代とは、大地震と、大革命の「余震」を止めようがない、悲惨で不安定な時代であったと、著者は要約する。

ここでいう大地震とは1755年11月1日のリスボン地震のことである。6万人が死に、神は人を見捨てたかのようであり、安定した世界が崩壊して、人々は絶望した。その絶望から30年後にフランスで大革命が起き、旧世界はすべての意味でひっくり返った。

その後の250年、この大地震の余震はおさまらず、大革命の余震ともいえる政治的混乱が連続したと、著者は数々の、一見無関係ともみえるエピソードを連ねる。ああ、あれも「余震」のひとつだったのかと、膝（ひざ）を何度もたたいた。余震としての3・11があり、それすら来るべきさらに大きな破局へのプロセスに過ぎない。

政治的にもフランス革命の余震は続いているという指摘――レッテルのはりかえだけが永々と繰り返されて、政治的地面はますます液状化しているという指摘は、昨今の政治状況をあまりに正確にいいあてている。

余震としての疑似革命、複製革命は、政治のみならず芸術にもおよんで、振れ幅はむしろ拡大している。

ところが本書は絶望で終わらない。最後に突如として状況の反転が示される。画家フランシス・ベーコンの登場によってである。ベーコンは余震の連鎖を、賭博によって、ロシアン・ルーレットによって、昇華した。いずれ、より大きな地震が来て、世界は破滅し、死は避けられないとしたら、それに耐えるための唯一の方策はルーレットである。すべての余震が、すべての革命が、われわれにとってはロシアン・ルーレットそのものであり、世界の本質が賭博であると了解できた時、われわれは逆に救われる。少なくとも絶望による自死からまぬかれる。筆者は、近代を、そのようにして、見事に逆転し、救済する。

評・隈研吾（建築家・東京大学教授）

いいじま・よういち　59年生まれ。建築評論家、多摩美術大学教授。『建築と破壊』など。

二〇一三年九月一日⑥

『民族衣装を着なかったアイヌ　北の女たちから伝えられたこと』

瀧口夕美 著

編集グループＳＵＲＥ・二六二五円

文芸

それぞれの語りに耳を傾ける

本書は、アイヌの母と日本人の父とのあいだに生まれ、阿寒湖のお土産屋さんで育った四十代前半の著者が、自らのルーツとアイデンティティーについて真摯（しんし）に考えた記録だ。

著者は、親戚をはじめとするアイヌの人々、樺太の少数民族ウイルタの老女など、さまざまなひとから話を聞く。冬の川の様子。サケ漁や狩猟の思い出。夫婦や家族の歴史。語り手たちの人柄が生き生きと伝わってきて、読んでいて何度も笑い、涙した。

かれらの語りや、著者がたどる先祖の足跡から浮かびあがるのは、明治期以降の「同化」政策と戦争がもたらした影だ。アイヌだけでなく樺太に住む少数民族も、日本語を話し、日本式の生活をしなければならなくなった。

しかし同時に、かれらは強制的な「日本化」に静かに激しく抵抗し、民族の言葉や文化風習を決して捨てなかった、という事実も浮かびあがってくる。著者の曽祖父は同胞と会い、ほとばしるようにアイヌ語でしゃべりだす。それまで家族ですら、彼がアイヌ語を話せることを知らなかったのに。「アイヌは滅んだのではなくて、生活スタイルを変えながら今に至ったのだ」と著者は言う。

「自分とは」「民族とは」と常に問いつづけなければならない苦しみは、私などが察しきれるものではないと思うが、しかし本書を読んで、その一端を知り、感じることはできた。決して声高にならず、「アイヌ」や「少数民族」と大雑把にくくることなく、そのひとそれぞれの語りに耳を傾け、熟考し、感じ、書物の形で我々に届けてくれた著者のおかげで。

親子、言語や文化、歴史について、改めて考えるきっかけにもなる、普遍性を持った一冊だ。アイヌの老女が語る壮絶すぎる夫婦げんかなど、笑い事ではないが笑ってしまう話も随所にある。一読を強くおすすめしたい。

評・三浦しをん（作家）

たきぐち・ゆみ　71年生まれ。

二〇一三年九月一日⑦

『書淫日記　万葉と現代をつないで』

人文

上野誠 著

ミネルヴァ書房・二五二〇円

ISBN9784623066551

「書淫（しょいん）」は、著者によれば、本を読むこと、買うことに過度に傾くことで、オタクと似て内向きの幸福に浸るところがあり、つい鼻白んでしまいもする。ところが著者は、他人を歓（よろこ）ばせることで幸福感に浸るという珍しい書淫。専門の万葉研究のことでも、瑣末（さまつ）なほじくりを自虐的に描いて、逆に読者をぐいと引き込む。千年を優に超える万葉解釈のバトンリレーの一員をみずから任じ、ちょっと愉快な現代訳にも精を出す。

そんな研究の周辺を、ぷっと噴きだすようなエピソードふんだんに書き綴（つづ）る。古事記から高橋是清の自伝、阿部定の予審調書、吉村昭の文体まで32の読書記は、美でなく笑いの絢爛（けんらん）となる。今ではほとんど知られない本も多く、それを全部すぐにも注文したくなる。語り部というより語り芸の人なのだ。自分を貶（おとし）めても人を歓ばせたい、そこのところが、私、関西人としてはちょっと切なくないでもないが。博多に住む母親の話には身を洗われる。

評・鷲田清一（大谷大学教授）

二〇一三年九月一日⑧

『ドレのロンドン巡礼　天才画家が描いた世紀末』

谷口江里也 著　ギュスターヴ・ドレ 絵

講談社・一九九五円

ISBN9784062183987

アート・ファッション・芸能／ノンフィクション・評伝

ギュスターヴ・ドレは一八六九～七二年のロンドンにいた。フランス人だが、故郷のアルザスはその間にドイツの支配下に入った。ロンドンで描かれたのは、産業革命の始まりの風景である。ガス工場や蒸気船や通勤列車などの新しい道具が見えると同時に、テムズ河畔で大量の荷揚げをする労働者たち、ビリングスゲートにぎっしり並ぶニシンやタラ、船着き場で働く人々、大喧嘩（おおげんか）が起こっている夜のドックの活気が、まるで映画のように立ち上がってくる。ボートレースやダービーの熱狂も声が聞こえてくるようだ。

その一方で花やオレンジやマッチやぼろやがらくたを売る最下層の生活がリアルに描かれる。「国民国家と産業化社会というツイン・エンジンによって駆動する近代」で、マルクスが『資本論』を著し、ドレはロンドンの貧富の差を描いた。そして二人は同じ年に没した。単なるドレの版画集ではない。その背後に始まった近代資本主義社会を、著者は丁寧に案内してくれる。

評・田中優子（法政大学教授）

『HHhH　プラハ、1942年』

ローラン・ビネ 著　高橋啓 訳

東京創元社・二七三〇円
ISBN9784488016555

迷いや不安と共に 歴史を物語ること

歴史小説と呼ばれるジャンルは、我が国の出版界においても、一大マーケットを築いている。それは事実と関係しているが、しかしノンフィクションではない。歴史小説の作者は、資料や記録を駆使して、過去に実際に起こった出来事を描き出す、あるいは物語る。そう、それもやはり物語なのだ。つまり歴史小説に描かれた「歴史」は、当然のことながら、ほんとうの事実とは違っているし、あちこちに穴が開いている。明らかに出来なかった欠落を、作者は自らの想像力や推論によって埋めてゆく。むしろそこにこそ歴史小説を書く、そしてそれを読む醍醐味（だいごみ）があるのだと言ってもいいかもしれない。

だが、この小説の語り手である「僕」は、自分にそのような「作者の横暴」を許すことが出来ない。彼が書こうとしているのは、1942年のプラハで実際に起こった、ユダヤ人大量虐殺の発案者にして責任者であり、「金髪の野獣」と呼ばれたナチスの高官ハイドリヒの暗殺事件である。実行犯はチェコ人のヤン・クビシュとスロバキア人のヨゼフ・ガブチーク。2人の青年は当時ロンドンにあったチェコスロバキアの亡命政府によってプラハに送り込まれる。フランス人でありながら、この事件を小説にしようと思い立った「僕」は、可能な限りの調査を尽くして、この歴史上の事件を再現しようとする。だが、すぐさまたくさんの壁が彼の前に立ちはだかる。ハイドリヒという怪物の半生と暗殺計画の経緯は、かなりの部分まで辿（たど）ることが出来た。だが、クビシュとガブチークはどんな会話を交わしたのか、2人の心境はどうだったのか、彼らを助けた名もなき人々の肖像、等々、資料にも証言にも残っていない、だが確かに存在したはずの無数の出来事、いや、「過去」そのものが「僕」を苦悩と逡巡（しゅんじゅん）に陥れる。それでも彼は書き出し、幾度となく脇道に逸（そ）れながらも、なんとか書き続けようとする……。

この小説の独創性は、何よりも「歴史を物語ること」自体を主題にしている点にある。「見て来たように語る」のが歴史小説家の課題であり権利であるとするなら、「僕」にはどうしてもそうすることが出来ない。なぜならそれは結局のところ嘘（うそ）だからだ。すこぶる感動的なのは、にもかかわらず彼が書いてゆくこと、迷いや不安や怖（おそ）れを隠すことなく、むしろそれらと共に過去に向かっていこうとすることである。そしてこの小説は、最後についに「その日」の一部始終を物語る。それがいかなるものになっているかは、ここで述べるわけにはいかない。だが間違いなく言えることは、それが限りなく誠実で、真摯（しんし）で、繊細で、勇敢な行為であるということだ。読後、震えの来るような傑作である。

評・佐々木敦（批評家・早稲田大学教授）

Laurent Binet　72年パリ生まれ。初の小説作品の本書で、10年度ゴンクール賞最優秀新人賞、リーブル・ド・ポッシュ読者大賞。

二〇一三年九月八日②

『首里城への坂道　鎌倉芳太郎と近代沖縄の群像』

与那原恵 著

筑摩書房・三〇四五円
ISBN9784480818362／9784122063228（中公文庫）　歴史

調査・史料に残った戦前の文化

明治12（1879）年の「琉球処分」と首里城明け渡しによって王国が崩壊したあと、琉球文化が衰亡の一途をたどるなか、昭和初期、空前の「沖縄ブーム」が起こり、その後一転して戦時下「本土防衛」の島とされ、王国の記憶をとどめるものの大半が戦塵（せんじん）に消えた沖縄。「本土」に翻弄（ほんろう）され続けるなかで、遺（のこ）された琉球文化の痕跡を入念に探る調査と史料収集を、16年にわたり黙々とやり通した人がいた。大正10（1921）年、美術教師として東京から赴任した鎌倉芳太郎である。

もし彼がいなかったら、そして彼が撮りためた乾板写真と手書きで複写された史料がなかったら、首里城の取り壊しの阻止も後の復元も、紅型（びんがた）染織の技法の再生もありえなかった。が、その縁の下ともいうべき仕事は、死後30年ほとんど忘れ去られている。

10代で両親をあいついで亡くした著者は、両親の生地、沖縄に足繁（しげ）く通うようになる。そのなかで鎌倉の存在を知り、その生涯を賭けた仕事を虱（しらみ）つぶしに調べ、宮古、八重山へとその足跡をことごとく辿（たど）りなおした。鎌倉がフィールド調査に身を捧げたのとほぼ同じ期間を費やして。

祭祀（さいし）空間や工芸品の調査・収集、古文書や建物の設計図の筆写、そして夥（おびただ）しい人びとへの聴き取り。鎌倉の仕事はしかし、孤独の作業ではなかった。沖縄の下宿先で母のように首里の言葉と習俗を教えてくれた婦人、行く先々で助けてくれた無名の人びと、末吉麦門冬（すえよしばくもんとう）、伊波普猷（いはふゆう）ら「沖縄学」の同志、本土から後方支援した学者たち。そして彼自身の晩年の大仕事。それらの糸が、鎌倉が35年ぶりに沖縄を訪れたときに一つに撚（よ）り合わさってくる結末に、深く心を揺さぶられた。

何かを記録しようという欲望は、その大きさ、深さに圧倒されることで立ち上がるが、著者の場合、それは自身の生存の未生と未来を探る旅でもあった。

評・鷲田清一（大谷大学教授）

よなはら・けい　58年生まれ。ノンフィクション作家。『まれびとたちの沖縄』など。

二〇一三年九月八日③

『醤油（しょうゆ）と薔薇（ばら）の日々』

小倉千加子 著

いそっぷ社・一六八〇円
ISBN9784900963597　人文／社会

女性を暗くする「成長」の強要

著者は前著『結婚の条件』（2003年）で「少子化とは『結婚の条件』の問題」だと看破した。結婚の条件は女性の学歴に応じて階層化し、「それぞれのカテゴリーの女性が求める結婚は異なる。が、その条件に叶（かな）う男性は一様に見つからない」。その結果、「あらゆるつまらない労働から、若い女性が総撤退を始めている」と、日本の抱える問題を一刀両断した。

本書も期待を裏切らない。問題が深刻化するに応じて著者の主張は益々（ますます）冴（さ）えわたる。扱うテーマは1992年放映の安田成美が「薔薇って書ける？」と問う醤油ＣＭから始まるので、本書は「失われた20年」論でもある。檀れいの第三のビールＣＭで、『仕事』か『結婚』か」の二者択一は「『仕事』か『仕事と仕事』か」になり、女性たちは暗澹（あんたん）たる思いを抱くと著者はいう。

若い女性がなぜ、道を歩きながら煙草（たばこ）を吸うのか。喫煙とはストレスを和らげるための「安価な『依存』対象」なのであって、現在の若い女性は将来の健康よりも現在のストレス解消のほうが喫緊の課題だと著者は指摘する。車内の化粧も同じで、「なんで、今さら素顔を隠さなければならない」と思い、何の希望も見えず「頽廃（たいはい）」が進行する。

こうした分析から読み取れるのは、日本の近代システムがきしみをたてて崩れ始めているということだと思う。

近代化の過程で国家から望ましき母親像を強制された母親をみて育った娘たちが結婚しない、母にならないというかたちで「静かに反乱を始めている」（前著）からである。

思えば、この20年、政府はやっきになって「成長」を強要し、今も女性にもっと活躍の場を、と叫び続けている。女性たちが反乱する本当の理由を理解しないと、事態は悪化するばかりだ。「事実は真実の敵」（『ドン・キホーテ』）。成長のための会議を繰り返し、事実を複雑化すると真実を見誤ることになる。

評・水野和夫（日本大学教授）

おぐら・ちかこ　52年生まれ。評論家。『セックス神話解体新書』『結婚の才能』。

二〇一三年九月八日④

文芸

『チャイルド・オブ・ゴッド』

コーマック・マッカーシー著　黒原敏行訳

早川書房・二一〇〇円
ISBN9784152093813

善悪超えたその先にあること

1960年代に米国で実際に起きた事件をもとにした連続殺人犯の物語だ。レスター・バラードは父親が自殺し、母親が他の男と駆け落ちする悲惨な家庭環境に育ち、幼い頃から残忍な性向が顕著で周囲の人間から疎んじられてきた。ある日、彼は車中で死亡した半裸の男女を発見し、女の死体を家に持ち帰り共同生活を始める。しかし暖炉の火が家に燃え移り、その奇妙な同棲（どうせい）生活は終わりを告げた。そこから彼は完全に孤独な男となって世界に放り出され、山野を根城として次々と無秩序な殺人に手を染めていく。

物語は一読して非情だ。殺人や屍姦（しかん）の描写は残忍そのもので、少なくとも中学生の読書感想文に相応（ふさわ）しい本だとは言い難い。だがそれでも読後にすごい物語を読んだとため息が漏れるのは、善悪や価値を超えたその先にある何やら本当のことをこの小説が描いているように思えるからだ。

コーマック・マッカーシーの小説を読むと、どれも人間が簡単に死んだり殺されたりするので、まるで生が軽く扱われているように感じられるが、それは間違いだ。人間が次々と死ぬのは、この作家が死は常に生の隣に存在するという、現代社会ではタブー視され、見えにくくなった真実を前提に物語を構築しているからである。死の領域に近い世界で生きている者が、死を取り込み、死を喰（く）らいながら、それでもどうあっても生きていかなければならないという、人間が皆、存在した時点で孕（はら）んでいる罪悪を描いているから、重たい。

読点を排し内面感情を描写せず、風景と動作と会話だけで物語が進展する彼独特の文体は決して読みやすいわけではない。しかしこの文体があるからこそ一切の弁明は排除され、ただ人間と世界が向き合った局面だけが純粋に描かれている。そしてそこには深い物語がある。それは時に読み手の人生を狂わしかねないほど、深い物語である。

評・角幡唯介（ノンフィクション作家・探検家）

Cormac McCarthy　33年生まれ。米国の作家。『ザ・ロード』など。

二〇一三年九月八日⑤

『縄文人に学ぶ』

上田篤 著
新潮新書・七五六円
ISBN9784106105241

歴史／社会

時代ごとのユートピアを映す

われわれは、第2次大戦後2回目の「縄文ブーム」の中にいる。1回目は1960年代で、中心人物は岡本太郎。2回目は、90年代以降の「環境の時代」に呼応する形で盛り上がった。「環境にやさしい文明」としての縄文評価で、焦点がはっきりと異なっている。

著者は1回目の縄文ブームに、当事者の一人として立ち会った。70年の大阪万博のお祭り広場の計画に携わった著者は、万博の総合プロデューサーをつとめた建築家丹下健三の事務所を訪ね、広場の中心に屹立（きつりつ）する太陽の塔をデザインした岡本太郎に出会う。塔の模型を見て「これは何ですか」と問うた著者に対し、岡本は、「縄文だ！」といったきり黙ったそうである。マッチョな高度成長時代にふさわしいエピソードである。

一方、90年代以降の縄文ブームの縄文は本書が詳述するように、女性的でやさしい文明として定義される。その本質は男性的で血なまぐさい狩猟文明でもなく、効率重視の農業文明でもない、繊細な採集文明であった。日本独特の地形の中で食料、エネルギー共に自給自足する縄文の小集団は、3・11以降の社会の理想モデルなのかもしれない。男女関係でいえば、妻問い婚を基本とする母系社会で、今日はやりの、女性依存型の頼りない男性像の原型を見ることもできる。

細部の記述にはバイアスがききすぎた推測も多々見受けられる。しかし、これは学術書でなく、今という時代が求めるユートピアを「縄文」という形をかりて描いた一種の神話だとわりきって読めばいい。

時代が危機に遭遇すると、日本人はそれぞれが理想の「縄文」を創造して軌道修正をし、精神的バランスをとってきた。別の危機がくれば、また別の「縄文」が創造されるであろう。日本人は「縄文」というガス抜き装置のおかげできびしい今日をしのいでいる。そのしぶとさこそが、まったくもって縄文的というべきか。

評・隈研吾（建築家・東京大学教授）

うえだ・あつし 30年生まれ。建築学者、評論家。著書に『五重塔はなぜ倒れないか』など。

二〇一三年九月八日⑥

『ライス回顧録 ホワイトハウス 激動の2920日』

コンドリーザ・ライス 著 福井昌子ほか 訳
集英社・四二〇〇円
ISBN9784087734836

国際

臨場感あふれる外交の舞台裏

人種差別の激しかった米南部アラバマ州に育った著者は国際政治学者として頭角を現し、30代半ばにして国家安全保障会議（NSC）に参画、ブッシュ前政権下では大統領補佐官と国務長官を務めた。まさに現代のベスト・アンド・ブライテスト。おまけにピアノの名手でもある。

経歴はキッシンジャーと似ているが、同氏とは対照的にあくまで大統領に忠実な閣僚たちとの仲介者に徹した。

在任中は9・11の惨劇からテロとの戦い、中東和平交渉、イランや北朝鮮の核問題まで、次々と複雑な連立方程式への対応を迫られ、知的にも体力的にも想像を絶する重圧の日々が続いた。

加えて、政権内部の権力闘争にも悩まされる。とりわけイラク開戦をめぐってインテリジェンス機関の情報を鵜呑（うの）みにしたことや、チェイニー副大統領やラムズフェルド国防長官などのタカ派、いわゆる「ネオコン」の影響力を排除できなかったことには無念さを隠さない。

たとえば9・11から2カ月後には、NSCを担当する自分の知らぬ間にテロリストの拘禁に関する大統領令が署名されていたというから恐ろしい。目下、日本版NSC創設へ向けた動きが加速しているが、指揮系統の混乱・乱用の防止は大丈夫だろうか。

その日本に対する評価は辛口だ。曰（いわ）く「日本は、停滞し老化しているだけでなく、周辺諸国からの憎悪で呪縛されているように思えた」「日本人は過敏で不安なのだ」等々。

本書には、各国首脳との駆け引きや応酬を含め、息をのむような外交の舞台裏が生々しく綴（つづ）られている。回顧録ゆえの恣意（しい）性は否めないが、あまりの臨場感に700頁（ページ）近い大著を一気に読破した。

著者はまだ50代。共和党内には政治の表舞台への復帰を待望する声も強い。

シリア情勢が緊迫するなか、著者は米国による軍事介入を強く提唱している。

評・渡辺靖（慶応大学教授）

Condoleezza Rice 54年生まれ。スタンフォード大教授、元・米国務長官。

二〇一三年九月八日⑧

『スバらしきバス』

平田俊子 著
幻戯書房・二三一〇円
ISBN9784864880244 社会

公共の乗り物でありながら、徒歩のような気安さを感じさせるバス。電車に乗るよりも敷居は低いが、確実に私たちを運んでくれるバス。通常、人は生活圏の範囲内で必要に応じてバスを利用する。だが平田はときに、いやかなり頻繁に、あえて日常を脱線するためバスに乗るようだ。

たとえば、目的地とはまったく別方向行きのバスが停（と）まっていても、扉が開くとふらふらと吸い込まれてしまう。「お酒の好きな人が赤ちょうちんの前を素通りできないのに似ている」。とくに好きなのは人の出入り。空のバスに乗客が満たされ、やがていなくなる。「何て寂しく、同時に安らぐ光景だろう」と。

ふと、日常と非日常の間を淡々と行き交う平田の詩を思う。元来人は、日常生活を精密に認識しているわけではなく、ところどころに空隙（くうげき）がある。平田は、空隙をその姿のままにとらえ記述する詩人である。バスの速度と空間に込められた、非日常への扉を開けてみてほしい。

評・水無田気流（詩人・社会学者）

二〇一三年九月一五日①

『血盟団事件』

中島岳志 著
文芸春秋・二二〇五円
ISBN9784163765501／9784167906207（文春文庫） 歴史

独善に傾いた正義 内部から覗き見る

冒頭から一気に引き込まれた。話は五・一五事件で元陸軍軍人の西田税を狙撃した血盟団員・川崎長光へのインタビューから始まる。血盟団事件の関係者が存命していたことにまず驚いたし、本人を探し出して話を聞き出したところに著者の並々ならない気魄（きはく）が感じられて目が離せなくなった。

血盟団事件とは昭和7年に宗教家井上日召に率いられた若者たちが引き起こした連続テロである。元蔵相の井上準之助と三井財閥総帥の団琢磨が暗殺され、陰惨なテロの時代の引き金を引くことになった大事件だ。血盟団というおどろおどろしい名前の得体（えたい）の知れない集団が、「一人一殺」という禍々（まがまが）しいスローガンを掲げたことで、この事件には暗い昭和のイメージが強くまとわりついている。

時代はちょうど世界恐慌の影響で経済が悪化の一途をたどった頃だった。農村は貧しさで疲弊し、富を独占する財閥と無力な政党政治への民衆の不満は頂点に達していた。井上日召は資本主義体制を破壊することによってしか社会の秩序は回復できないと結論し、同じように煩悶（はんもん）する農村の若者や学生らを糾合し、国家革新を志向する海軍の青年将校らと結託しながらテロへの道を突き進んでいく。

事件の詳細はさておき、本書の特徴はその語り口にある。興味深いことにこの本には血盟団員の側から見た時代に対する憤懣（ふんまん）と、彼らのかなり一方的な言い分しか書かれていない。こうした歴史的な事件を扱った作品では通常あるはずの批判や論評の類が、ラストをのぞいて一切なされていない。バランスを取ることを避け、ただ血盟団員の個々の来歴や行動や思想などを、資料からの引用を多用しながら、厳選された文章で正確に記述しているだけなのだ。

だがそれにより物語は極めて高度な臨場感を持つことになった。読みながら私は血盟団の一味になったような感覚に陥った。井上日召や海軍青年将校らの謀議を横で耳をそばだてて聞きながら、ひたひたと革命が近づく現場に同居しているような気分になってきた。彼らの理想が高邁（こうまい）なだけに、途中から思わずその考えに共鳴しそうになって、確かにこのような腐敗した体制は打倒せねばならぬと拳を握りそうになっているぐらい、記述は迫真に満ちている。

当然だが血盟団の正義は独善に傾いていく。そうした一方的な正義が独善に傾く過程を、読書を通じて内部から覗（のぞ）き見ることができるところに本書の功績はある。そして著者が言うように当時と現代の世相との間に通底する何かに思いをはせた時、この事件が歴史の埃（ほこり）の中に埋もれた出来事だと突き放すことのできない底光りを放っていることに気づくのである。

評・角幡唯介（ノンフィクション作家・探検家）

なかじま・たけし 75年生まれ。北海道大学准教授（南アジア地域研究、日本思想史）。『中村屋のボース』で大佛次郎論壇賞。『インドの時代』『パール判事』『秋葉原事件』など。

二〇一三年九月一五日❷

『死後に生きる者たち〈オーストリアの終焉〉前後のウィーン展望』

マッシモ・カッチャーリ著　上村忠男訳

みすず書房・四二〇〇円

ISBN9784622077794

ノンフィクション・評伝

めくるめく思弁の「連作歌曲」

著者は、ネグリ、アガンベン等と並ぶ現代イタリアを代表する思想家であり、大作オペラ「プロメテオ」など作曲家ルイジ・ノーノ（故人）との共同作業でも知られ、更にはイタリア下院議員及び2度にわたりベネチア市長を務めた政治家でもある。だが本書が扱うのは、19世紀末から20世紀初頭、いわゆる転換期のオーストリア、ウィーンにおける文化・芸術だ。

ニーチェに由来する「死後に生きる者たち」という印象的な題名（もっともこれは英語題名で、原題は「シュタインホーフから」。シュタインホーフはウィーンの森に位置する精神科病院敷地内にある有名な教会）は、この本の主役のひとりであるウィトゲンシュタインの次の言葉と響き合っている。「自分のいる時代に先んじているだけの者は、その時代にいずれは追いつかれる」。私たちは著者の博覧強記に誘われて、それから1世紀後の、ウィーンから遠く離れた日本という国で、「死後に生きる者たち」のめくるめく思弁に触れることになる。
召喚される作家、芸術家は、ホーフマンスタール、クラウス、ヴァルザー、トラークル、ムージル、ロース、ベルク、ヴェーベルン等々。著者は本書を〝連作歌曲〟になぞらえている。論理を尽くして主題を収斂（しゅうれん）させてゆくことよりも、荒々しい泉のごとく湧き出る連想を、自由に、だが厳格に押し広げていって、やがて叙述はそれ自体が、豊饒（ほうじょう）な意味が折り畳まれた音楽、複雑に織り重なりあった建築物のような様相を呈する。

本書は有用な知識や省察を得るためのものではない。おびただしい固有名詞と、その交点から導き出される無数の光輝を浴びるための書物である。その輝きは、ただ時代に先んじようとしているだけの者には価値がないのかもしれない。だが、本書が語っているように、あからさまに反時代的であるからといって、死後を生き延びないとは限らない。

評・佐々木敦（批評家・早稲田大学教授）

Massimo Cacciari　哲学者、政治家。著書に『必要なる天使』など。

二〇一三年九月一五日③

『流動化する民主主義　先進8カ国におけるソーシャル・キャピタル』

ロバート・D・パットナム 編著　猪口孝 訳

ミネルヴァ書房・五〇四〇円
ISBN9784623053018

政治／社会

重要な地域社会の人間関係

絆やつながりの大切さ。東日本大震災以降のひと頃、これが盛んに強調されたのは記憶に新しい。震災より少し前には、孤独死や無縁死が社会問題として大きく取り上げられた。背景にあるのは、地域社会の人間関係希薄化にともなう不安の蔓延（まんえん）。もっとも、これは日本に限らず先進諸国共通の悩みのようである。

代表作『孤独なボウリング』で、地域社会の良好な人間関係を「社会関係資本（ソーシャルキャピタル）」と呼び、それがもたらす計り知れない恩恵について論じたパットナム。その彼が、今度は各国の研究者たちとともに、先進8カ国の過去50年にわたる市民社会の変化を、社会関係資本を軸に比較検証した。対象となったのは、イギリス、アメリカ、フランス、ドイツ、スペイン、スウェーデン、オーストラリア、そして日本。表題が示すように、眼目はこれら先進諸国における民主主義の機能整備と社会関係資本の密接な関係にある。

パットナムは指摘する。民主主義社会の形成とともに訪れた個人主義化や市民の政治離れが、皮肉にも実効性を伴う民主主義存続のための基本的な社会的・文化的前提を風化させている、と。この指摘は、アリストテレスまで遡（さかのぼ）る政治理論――民主主義の定立基盤として、市民による地域社会への積極的参画が不可欠――と共鳴する。

とりわけ、日本の社会関係資本に関する猪口孝の検証が興味深い。独自の「市民社会指標」を用いた地域ごとの比較精査や、社会関係資本の変遷史等により、その特性について明確に論じている。近年日本では、他人への信頼感や政治参加意識は向上する一方で、政治家への一任意識は低下傾向にある。だがそれを具体的な社会参加へと結びつけるためには、市民意識高揚のための物理的・社会的なスペースや、心理的な動機付けが必要といった指摘も重要。民主主義の実効性そのものに取り組む、巨大な詳解書。

評・水無田気流（詩人・社会学者）

Robert D. Putnam　41年生まれ。米国ハーバード大学教授。

二〇一三年九月一五日④

『安部公房とわたし』

山口果林 著
講談社・一五七五円
ISBN9784062184670
ノンフィクション・評伝

覚悟感じる切実な自己回復の書

まず驚かされるのは、カバーの4枚の写真の著者の表情だ。やさしく柔らかでさりげない。そこにどれほど親密な時間が共有されていたかが手にとるようにわかる。同時にこのときかろうじてバランスを保っていたであろう均衡の危うさを思うと心が痛んだ。

私は一時期、安部公房作品を熱心に読んでいた。しかし作家の身の上に何が起きていたのか全く知らないでいた。

2人は、演劇を学ぶ学生とその師として1960年代に出会い、徐々に接近していく。「未熟な私のどこに、安部公房は引きつけられたのだろう」「そのドライブで、次の段階へ進むことになるだろうとの予感があった。私に覚悟はできていた」。著者は連続テレビ小説の主役に抜擢（ばってき）されスターに、作家は世界的な評価を受けノーベル賞にも擬せられるようになる。深まって行く関係。やがて妻の知るところとなり作家は家を出る。

数々の秘密の暴露がある。堕胎。癌（がん）告知。手術。作家は女優のマンションで倒れる。しかし抑制の利いた筆致が凡百の暴露本に堕してしまうことを避け、貴重な資料的価値を生み出している。

「私は安部公房の手に魅せられた」「好みには、ある傾向があるのに気づく。ちいさい世界で完結するものどもだ」。密会は重ねられ、方舟（はこぶね）はさまよい、作家はカンガルーの軽やかさに憧れていた。帯の印象的な言葉「君は、僕の足もとを照らしてくれる光なんだ——」は本文になかったが、いつ語られたものなのか。

著者との関係は、年譜からも一人娘による伝記からも注意深く、そして完全に消しさられている。このような本には批判があるだろう。しかし私は本書を、透明な存在にされた著者の、ようやく到達できた切実な自己回復の書として読んだ。彼女には覚悟があるのだ。「安部公房は私を守りとおしてくれたのだと思っている」。作家の全身像は、ここに補完されたのではないか。

評・福岡伸一（青山学院大学教授）

やまぐち・かりん　47年生まれ。女優。俳優座、安部公房スタジオなどの舞台に出演。

二〇一三年九月一五日⑤

『日本の「ゲイ」とエイズ　コミュニティ・国家・アイデンティティ』

新ケ江章友 著
青弓社・四二〇〇円
ISBN9784787233578
社会

愛こそが、最大のリスク?!

1981年、朝日新聞に「ホモ愛好者に凶報」という記事が載る。エイズに関する日本初報道だった。評者は当時14歳。以来、恐怖と思春期の好奇心に駆られ、記事を読み漁（あさ）り、気がついたら日本の男性同性愛者たちに向けられていた偏見や彼らの実像を伝える記事や書籍を読んでいた。これまでフィクションでしか知らなかった日本の同性愛者について、現実の隣人として想像できるようになれた。エイズ流行がきっかけだったのだと、本書を読んではじめて気づいた。

本書はエイズをめぐる言説の変遷と、国家がとった予防対策、感染リスクの認知促進などの政策に、当事者である男性同性愛者たちが、どう関わったのかをこまかく検証した論文をもとに書かれた。

エイズは感染する。公衆衛生（国家）の立場からは、防疫の対象。感染の危険が高い場所や行為を特定し、リスクを数値化して把握せねばならない。しかも感染源は空気でも大腸菌でもなく、体液。性行為のバリエーションや交渉人数という、個人のプライバシーにまつわる領域に深く踏み込んでの調査が必要だった。

外側からの非難や差別、管理介入される屈辱に抗するため、同性愛者たちの多くはコミュニティーを作り、実態調査や予防のための啓蒙（けいもう）に主体的にかかわり、社会の中で可視化される存在になる道を選んでゆく。一方国家は国家で彼らのアクションを予防に効果的と歓迎し、国家予算を投入していったという。ある種の利害一致というべきか。

なるほどそういうことかと思う一方、著者が最後に投げかける、感染は必ず避けねばならないものなのかという問いが重く響く。評者自身、癌（がん）に罹（かか）って以来、病と死を積極的に受け入れたいと願うようになった。ならば感染の可能性をお互い承知で受け入れる生き方も、刹那（せつな）的だと否定するのもおかしいのかも。「愛こそが、最大のリスク」？

評・内澤旬子（文筆家・イラストレーター）

しんがえ・あきとも　75年生まれ。名古屋市立大学男女共同参画室プロジェクト推進員。

二〇一三年九月一五日⑧

『原風景のなかへ』

安野光雅 著
山川出版社・一六八〇円
ISBN9784634150447

アート・ファッション・芸能

安野光雅が描くと、花も森も写実的なようでいて、なぜかだれの絵とも違う、淡く、澄んだ色調になる。独特の安野ワールドになるのだ。それは水彩やパステルの独特のタッチのせいだとずっと思っていたが、この本でそれだけではないと知った。

昭和の面影が残る千葉県佐原の街並み。土蔵や郵便ポストまでていねいに描いたその水彩画を著者は「一見写生風に見えたらお慰み」といい、実は一軒一軒バラバラにスケッチして組み合わせた「仮想の町」だと明かす。みる側にそれと知られぬ巧（たくら）みが施されているのだ。

絵は「むしろ見えないものを描くもの」と著者はつぶやく。収められた日本の原風景34作をそうやってながめ直すと、何げない風景にも魔法が隠されているようで楽しい。

当代の名文家でもある著者の一作ごとのエッセーもニヤリ、ほろりとさせられる逸品ぞろいだ。いや、画の手の内まで明かすのだから、本書の主役はむしろこちらかも。

評・原真人（本社編集委員）

二〇一三年九月一五日⑦

『江戸創業金魚卸問屋の金魚のはなし』

吉田智子 著
洋泉社・一八九〇円
ISBN9784800301598

文芸／科学・生物

大抵の人が一度は飼った覚えがあるはずだが、その結末は記憶に無い。ふしぎな「ペット」である。はかない生き物だと思っていたら、寿命は平均15年くらいで、最長寿45年の記録があるという。

飼い方のコツは、過保護にしない。つまり、水を換えすぎない、エサを与えすぎない。水がきれいすぎると、金魚の赤色が「飛んでしまう」。

東京本郷の住宅街にある創業350年の、金魚卸問屋七代目女将（おかみ）のお話である。加賀藩のお屋敷（東大の場所）に納めていた。殿様の観賞用と毒味用であった。やがて養殖が盛んになり、富裕層から庶民の愛玩物となる。金魚は夏の風物詩として定着する。先の戦争では、金魚を飼っている家には爆弾が落ちない、という流言が東京中に広がったという。生きた金魚は入手がむずかしく、代わりに陶器の玩具が作られた。赤い色は魔よけの意味がある。

本書には多くの種類がカラー写真で収められている。眺めていると、幼心に還る。

評・出久根達郎（作家）

二〇一三年九月二二日❶

『カッパ・ブックスの時代』

新海均 著

河出ブックス・一五七五円
ISBN9784309624594

人文

熱い本作りの場 暗転の軌跡描く

１９７０年代、小学生のときにはじめて手にした大人向けの本といえば、カッパ・ブックスだ。『頭の体操』『ウンコによる健康診断』など、居間に転がっていたのを夢中になって読んだ。子どもにも分かる文と構成で書かれていた。

この「大衆向け教養路線の新書」が作られた背景には、知識人向けブランドとして既に確固とした地位を築いていた岩波新書への対抗心があったのだという。

本書は敗戦の年に創業した光文社の軌跡を、54年に創刊したカッパ・ブックスを中心に据えて描くノンフィクション。

高度経済成長期、本そのものが、良く売れた時代のなかでも、カッパ・ブックスはダントツの売り上げを誇っていた。子どもだった私でも知っているベストセラータイトルが沢山（たくさん）ある。

前半はそんな黄金期。ベストセラー、ミリオンセラーと、それをたたき出した伝説の編集者たちが魅力的に描かれる。才能、個性、いやなにより絶対にいい本を作るという熱くて強い信念が漲（みなぎ）り、熱血漫画を読むような心地よさだ。

けれども出版「社」というものは、本を作って売ればそれでよしというわけにはいかないようなのだ。後半の暗転ぶりが強烈だ。同じ業界にいる者として小耳に挟んでいた横領事件など噂（うわさ）の数々が、生々しい実名と数字入りで容赦なく書き進められる。

カッパ・ブックスを作ったカリスマ社長神吉晴夫への反動が、激しい労働争議となり、優秀な人材が流出し、さらに時代の変化とともに社内のドル箱は、カッパ・ブックスから「ＪＪ」など女性ファッション誌へ移行。

ファッション誌出身の並河良が社長になり、凋落（ちょうらく）気味であったノンフィクションの部署に厳しい鉈（なた）を振るう。「週刊宝石」をつぶし、デザイン性の高い週刊誌や新書を創刊させる。週刊誌は失敗して20億赤字となる一方、光文社新書は売り上げを伸ばし、カッパ・ブックス編集部は廃部となる。

著者は最後のカッパ・ブックス編集部員で、２０１０年の大規模リストラ敢行時に退社している。

一時代を築いたシリーズの寿命だったのだと思う。けれども著者からすれば、会社組織ならではのいざこざで、あれほど熱かった本作りの場がいつのまにか冷えきり、挽回（ばんかい）の機会が必要以上に奪われてしまったという悔しさが、大いに滲（にじ）む。リストラ後、光文社の経営は雑誌広告収入などにより好転したという。

会社が最後に守るべきものは何か。社名か、従業員か。「わからない」と並河元社長はつぶやく。社が作ってきた「本」という製品は、守るべき対象には入らないのか。聞いてみたくなった。

評・内澤旬子（文筆家・イラストレーター）

しんかい・ひとし 52年生まれ。75年、早稲田大学卒業後、光文社入社。カッパ・ブックス編集部に配属され、月刊「宝石」編集部を経て、99年から05年の終刊までカッパ・ブックスの編集に携わる。著書に『深沢七郎外伝』。

二〇一三年九月二二日②

『「東洋の魔女」論』

新雅史 著
イースト新書・九〇三円
ISBN9784781650098
歴史

紡績業通して語る日本戦後論

本書の途中でページをめくることができなくなった。「女工に負けたら恥じよ」と当時強豪の女子校チームに野次（やじ）られ、「女工」という烙印（らくいん）を押されたことで、しどろもどろになった日紡チームは負けてしまう。ここで、涙腺が緩んでしまったのである。

本書は書名から連想されるスポ根論ではない。企業を通してみた日本の近代経営論であり、第2次大戦に出征し、命からがら帰国した将兵のその後の「大きな物語」である。

日本のエスタブリッシュ企業である紡績会社のバレーボールチームは、戦後、義務教育修了年限に達した大量の女子を「いかに就職させるかという問題」を解決する手段として生まれた。

1950年代まで、女子社員の勤続年数は短かった。当時、女子中卒者の多くは20歳前後で離職し、その後「音信不通」になっていった。

そうした社会状況を改善するため当時の繊維業界は官民あげて「絶え間ない努力」を行った。「工場の近代性・安全性を喧伝（けんでん）し（略）面倒見のよい職場であることをアピールしようと」、米国でレクリエーションとして考案されたバレーボールを採用した。

60年代、当時のエリートである高卒女子の日紡貝塚チームを率いた大松博文監督は、他の一般労働者と同等の工場勤務をこなす彼女たちに睡眠時間を削っての猛練習を課し、ステートアマであるソ連の女子バレーに挑んだ。

大松は彼女たちの望んだ「結婚」、すなわち女性性を取り戻すためにいったんそれを否定して「鬼」と化し、金メダルを取ることで「魔女」から「解放」したのだった。

翻って、グローバル時代の21世紀には「泳げない者は沈めばいい」を標榜（ひょうぼう）するグローバル企業のトップが名経営者としてもてはやされる。この彼我の差は時代の差に帰すことはできないというのが本書を読んだ実感だ。今の経営者にぜひ一読を薦めたい。

評・水野和夫（日本大学教授）

あらた・まさふみ　73年生まれ。大学講師（社会学）。『商店街はなぜ滅びるのか』。

二〇一三年九月二二日③

『境界なき土地』

ホセ・ドノソ 著　寺尾隆吉 訳
水声社・二二〇〇円
ISBN9784891769529
文芸

無意識と抗えぬ血が湧き出す

南米チリの作家ホセ・ドノソは前世紀の終わり頃に亡くなっている。作品が日本に紹介されたのは主に70年代のことだったが、他のラテンアメリカ文学者たちほどには人口に膾炙（かいしゃ）されず、どこか通好みの作家という印象が強いのではないか。

それもこれも、代表作『夜のみだらな鳥』の圧倒的なグロテスクさ、現実の変容ぶり、自由で複雑な語りなどによるだろう。確かにそれは、奇怪な有機体の中へ迷い込んだような錯覚を誘う大長編である。

今回訳出された『境界なき土地』は、まさに『夜のみだらな鳥』を書きあぐねていたドノソが、その〝原稿用紙の裏に〟書いたという伝説を持つ。難航する創作の合間にふと浮かび上がった世界を、デッサンするかのように。

舞台は小さな村の売春宿。訪れる乱暴者や権力者が〝ヒロインの家族〟を脅かし、魅了し、破滅に導く様が簡潔に、しかしひと筋縄ではいかない屈折の中で描かれている。

いかにもラテンアメリカ文学の王道的な世

界だが、ドノソ作品には他にも『三つのブルジョワ物語』などがあり、そこでは都会的で洒落(しゃれ)た不条理劇が展開する。したがって、今回の『境界なき土地』はドノソの無意識や抗(あらが)えぬ血のようなものが湧き出てしまった短い物語のように見える。

読みやすく魅惑的な本作はドノソ世界への入り口として申し分のない悲痛さ、ユーモア、暴力性をたたえている。この鮮烈なイメージ群、物語の切れ端こそが、のちに出現するドノソ世界という「境界なき土地」の見取り図ではないかと思わせるほどだ。

訳者のあとがきによると、同じ「フィクションのエル・ドラード」シリーズで『夜のみだらな鳥』が復刊され、別な出版社からも長編『別荘』が出る予定だそうだ。

大作を待つ間に、この『境界なき土地』を数度楽しみ、ドノソ世界を経巡(へめぐ)る体力をつけておくことをお薦めする。

評・いとうせいこう(作家・クリエーター)

José Donoso 24年生まれ。96年没。チリの作家。

二〇一三年九月二二日④

『ハモの旅、メンタイの夢 日韓さかな交流史』

竹国友康 著

岩波書店・二七三〇円
ISBN9784000244732

社会

海を挟んだ豊かな交流をたぐる

日本からはスケトウダラやヌタウナギが、韓国からはヒラメやハモやアナゴが、毎日海峡をまたいで大量に行き来する。京都のハモ料理の上物は韓国産だし、釜山名物のコムジャンオクイは日本産のヌタウナギを焼いたものだ。

意外と知られていないこの事実が発端にあった。明太(ミョンテ=スケトウダラ)は朝鮮の「正系の魚」、その干物は朝鮮の祭祀(さいし)になくてはならないものだった。コムジャンオクイという庶民料理の普及には、朝鮮戦争時に釜山に避難してきた人びとの生活難があった。そして魚類の交易には、日本統治期における水産技術開発・魚類学研究と、解放後の市場経済の強圧とが、前史としてあった。

事件で語られる日韓関係ではなく、日々の交易の現場で見ること、聴くことから始めた著者は、日韓各地に散在する資料を読み込むなかで、〈開発〉か〈収奪〉かという歴史論争の背後に、それらがともに前提している「成長」の論理を見抜く。自分たちが食べるためでなく、ましてや神に捧げるためでもなく、「売るため」だけに魚たちを獲(と)る、そのような「成長」と「領有」の発想が、「無主の海」という公共性と、魚たちとともにある人びとの海を挟んだ豊かな交流を崩した、と。

足元にある小さな事実から出発し、だれも踏み込んだことのない森に分け入り、膨大な聴き取りと資料の検索を手弁当でやり続けるなか、発端の事実がうんと厚い遠近法のなかに置きなおされ、そしてそこから是が非でも守らなければならないものが見えてくる……。そんな「調べること」のすがすがしさを、この書物に感じた。と同時に、大学における学術研究のいくばくかの頽廃(たいはい)を思った。

歴史を読むことは、人びとと関係を紡いでゆくことから始まる。米国の日系人社会を論じた『リトルトウキョウ物語』以来35年間、著者のこの姿勢は揺るがない。

評・鷲田清一(大谷大学教授)

たけくに・ともやす 49年生まれ。河合塾で現代文を担当。『韓国温泉物語』など。

二〇一三年九月二二日⑤

『ギャンブラー・モーツァルト　「遊びの世紀」に生きた天才』

ギュンター・バウアー 著
吉田耕太郎、小石かつら 訳
春秋社・四七二五円
ISBN9784393931868

ノンフィクション・評伝

社交の主役　ゲームの魔術師

今まで読んだ何冊かのモーツァルトの伝記でも、彼の常軌を逸した遊びには面目躍如たる異端児ぶりに思わず瞠目（どうもく）してきたが、そんなモーツァルトの「遊び」の世界をさらに徹底的に眺めることで、〈遊ぶ天才〉を文化史的に、平易な文章で探ろうとするのが本書の狙いである。

モーツァルトの生きた18世紀はそのまま遊びの世紀でもあった。全ての遊びに通じて社交の場の主役になり、舞踏会のハシゴを繰り返しながら貴族の家々を訪ね、人々の称賛と名声の輪の中をスイスイと魚のように泳ぐモーツァルトの華麗な姿がまるでロココ絵画のように彩られていく。

遊びの達人モーツァルトは舞踏の名手であり、熱狂的なビリヤードプレーヤーでありカードプレーヤーでもある。「海千山千の不屈のゲームプレーヤー」のモーツァルトは遊びの森深く建造された魔宮に棲（す）む魔術師でもある。文化の中に遊びが存在するのではなく、遊びはあくまでも文化に先行しているとするホイジンガの哲学をそのまま先取りしているようなモーツァルトだ。

遊びは真面目と対立する概念であり、私がツイッターを通じてしばしば芸術の遊戯性に触れる時、返送ツイートの中には、真面目を道徳的にとらえ、逆に遊びを不真面目な悪ふざけのように認識する人たちがいるのも事実である。私は、芸術家の遊戯性を排除した芸術作品は存在すべきでないとさえ思っています。

遊びが日常生活からはみ出した存在であることを理由に悪（あ）しき文化とする傾向に対しては、抵抗しなければならないと思うが、一方では過剰な遊びを大衆文化の核として受け入れ、文化に先行した遊びを自由と勘違いして、いつの間にか創造の精神を喪失してしまっているような気がしないでもないのである。遊びと真面目の真の関係の回復のためにも今、本書を必要としたい。

評・横尾忠則（美術家）

Günther G. Bauer　28年生まれ。ドイツの作家、研究者。

二〇一三年九月二二日⑥

『政令指定都市　百万都市から都構想へ』

北村亘 著
中公新書・八八二円
ISBN9784121022240

社会

大都市戦略の欠如と課題説く

かつては日本を代表する「１００万都市」の象徴だった政令市。日本経済全体の牽引（けんいん）役であり、かつその果実を周辺地域に再分配すべく、広域自治体（道府県）に属しつつも、かなりの自律性を認められた特別な存在だった。

ところが制度が導入された１９５６年から２０１２年までに、その数は当初の4倍の20都市へと膨張し、今では日本人の5人に1人が暮らす身近な存在になった。なかには東京都の区より人口が少ない政令市さえある。海外でなかなか理解してもらえない不思議な制度である。

著者によれば、その一因は「人口50万以上の市」としか要件規定のない地方自治法にあるという。具体的な都市名も移行手続きも明記されぬまま、いつのまにか市町村合併促進などの手段となり、近年の膨張を誘発した。

しかし、政令市の多くは昼間に流入してくる人口への行政サービスの提供、税収の激減、都市インフラの老朽化、生活保護者への対応などで支出圧力のみが高まるばかり。著しい機能低下に直面しているのが皮肉な実情で、その最たる例が大阪市だという。

目指すべきは道府県主導の一元化（都構想）か、あるいは政令市の独立（特別市構想）か、それとも……。

海外の事例にも目を配りつつ、20の政令市を丁寧に類型化し、それらを一括（くく）りに論じる愚を戒める。地方自治論の俊英による鋭い分析に何度も唸（うな）らされた。

首長のリーダーシップばかりが問われがちな昨今、一個人の力量を超えた、よりマクロの制度的な観点から、日本の根幹を成す大都市戦略の欠如や課題を説き、今後の改革の方向性を論じる姿勢には好感が持てる。

経済や文化をめぐる大都市間のグローバルな競争が熾烈（しれつ）さを増すなか、本書は政令市のみならず、日本の都市の未来をデザインするうえで必読の一冊となろう。

評・渡辺靖（慶応大学教授）

きたむら・わたる 70年生まれ。大阪大教授。『地方財政の行政学的分析』など。

二〇一三年九月二二日⑦

『平家物語』の再誕　創られた国民叙事詩

大津雄一 著

NHKブックス・一〇五〇円

ISBN9784140912065

歴史

『平家物語』が叙事詩であり平清盛は英雄として描かれているという評価は大学生のころに読んだ。しかし日本には「叙事詩」はなく、英雄という概念もない。『平家物語』には日本の武士道が描かれているという評価もあったが、武士道という概念は中世には無い。いずれも明治以降の欧米化にともなって、西欧文学・文化の基準を日本文学に当てはめた評価だったのである。

日本の文学や文化を研究する者は常に時代の言葉に巻き込まれる。注意深く言葉を使わねばならない。もっとも気をつけるべきなのは、伝統が政治に利用される場面だ。武士道は国体と合体して、あたかも伝統であるかのように振る舞った。『平家物語』も国民道徳、国民精神を研究する資料とされたことがあって、皇国文学とか国民文学と呼ばれた。それが蘇（よみがえ）らないとも限らない。著者が言うように、日本の特殊性を語るためにではなく、人類の普遍的な課題を語るための方法こそ、模索されねばならないのだ。

評・田中優子（法政大学教授）

二〇一三年九月二二日⑧

『日本建築集中講義』

藤森照信、山口晃 著

淡交社・一九九五円

ISBN9784473038852

アート・ファッション・芸能

建築史家の藤森照信と画家の山口晃が、法隆寺、松本城、修学院離宮など、十三の建築物を見物してまわった本。素人にも見どころがよくわかり、現地へ旅したくなる。

なにより、藤森氏と山口氏のコンビが最高！ 的確な解説をしつつも、建物内はせかせかと通り過ぎ、なぜか電柱やら柿の実やらばかりを熱心に眺める藤森氏。「藤森先生のペースに合わせたほうがいいのか……」「昼はどこで食べる段取りになっているんだろう」といったことにあれこれ気を揉（も）みつつ、結局は心ゆくまで建物を堪能する山口氏。二人のやりとりが楽しく、それぞれの専門分野における経験や知見に基づく発言が刺激的で（金箔〈きんぱく〉をどう使うべきかなど）、読んで笑ったりうなったりすることしきりだった。

愉快で「観（み）る」力のある両氏のおかげで、「観光地」として漫然と眺めるだけだった建物も、鮮やかに躍動しはじめる。世界を見る「眼差（まなざ）し」を変えるコツにあふれた好著だ。

評・三浦しをん（作家）

二〇一三年九月二九日②

『混浴と日本史』

下川耿史 著
筑摩書房・一九九五円
ISBN9784480858047/9784480434487（ちくま文庫）
歴史

みんなで楽しんでなにが悪い

古代から現代までの「混浴」の歴史を、文献にあたって詳しく解き明かしたのが本書だ。温泉の絵はがきなど、混浴を楽しむ人々の図版も多数掲載。

古来、日本では混浴が基本なのだそうだ。火山列島で、河原や海辺を掘れば湯が湧く土地もあるのだから、そりゃあ老若男女関係なく、とりあえずみんなで湯に浸（つ）かろうか、ということになるなと納得する。入浴は庶民の娯楽であり日常だった。

もちろん、のんびり入浴してる場合じゃない事態に発展することもあった。古代では「歌垣（うたがき）」といって、たとえばきれいな泉のほとりで宴会をし、気に入った相手と仲良くなりもしたという。江戸時代には、「湯女（ゆな）」という性的サービスをする女性がいるお風呂屋さんもあった。

また、寺や権力者が、庶民に風呂を振る舞いもした。それによって功徳を積むためでもあったし、福利厚生を充実させて民衆からの支持を得ようという目論見（もくろみ）もあった。庶民が入浴好きだからこそ、風呂を振る舞うことに意味と効果が生じたのである。

こうして、入浴（＝混浴）文化は延々と続いてきた。風紀を乱すとして混浴が禁じられだしたのは、江戸時代だそうだ。明治になると、西洋人に「野蛮」と見なされてはかなわんと、政府はますます混浴の禁止に躍起になった。しかし、庶民は聞く耳を持たなかった。のべつまくなしにムラムラするわけじゃなし、入浴という気持ちいいことをみんなで楽しんでなにが悪い。

こうして、混浴はいまも生きのびている。「裸＝卑猥（ひわい）」というのはあまりにも短絡的な見方だ。権力者の意向になど従わず、民衆はいつも楽しく、周囲のひとに親しみと適度な慎みの念を抱きながら、思う存分湯に浸かっている。

真剣で痛快な、混浴文化論だ。読みながら、山中の温泉で混浴した、楽しくのどかな記憶がよみがえった。

評・三浦しをん（作家）

しもかわ・こうし　42年生まれ。著述家、風俗史家。『遊郭をみる』『盆踊り　乱交の民俗学』。

二〇一三年九月二九日④

『那覇の市場で古本屋　ひょっこり始めた〈ウララ〉の日々』

宇田智子 著
ボーダーインク・一六八〇円
ISBN9784899822417
文芸

本を介して地に足をつける

8年ほど前、沖縄の版元ボーダーインクの方に、東京の版元で人文書を出す場合、初版3千部も珍しくないと話したら、驚愕（きょうがく）された。本土よりずっと小さく人口が少ないのに、沖縄県産本の初版部数も同じくらいだという。沖縄の人は沖縄の本をじつによく読むのだ。今度はこちらが驚嘆し、無知を恥じた。

そのボーダーインクから、那覇の牧志公設市場の向かいで、ちいさな古本屋を営む女性のエッセイが刊行された。

著者の宇田智子さんは、神奈川生まれ。東京の大学を出て、ジュンク堂書店に入社、池袋本店に配属される。膨大な点数の書籍が並ぶ巨大書店で、地方出版社のフェアを行ったのをきっかけに、地域に密着した「県産本」と出会う。

地元の本を地元で売ってみたい。２００９年、ジュンク堂書店の那覇出店と同時に異動願いを出す。

沖縄に対して長年培った縁や思い入れがあ

ったわけではない。けれどもそれに怖気（おじけ）づくことなく、ひたすら本屋の職業精神を発揮して、沖縄本を求めて動き出す。

ジュンク堂那覇店で沖縄本を置く棚は、55列にもなる。他県ではありえない量だ。

沖縄では版元だけでなく学校や自治体、個人も本を出す。本土と比べてすべての刊行物を把握するのが難しい。また年中行事に関する新刊本を餅屋に置いたら週に100冊売れた、なんてこともある。作り手も売り手も買い手も、本土の常識では計り知れない自由さがあるようなのだ。

その後ジュンク堂を辞め、極小の古書店をはじめてからも、彼女が本を求めて一歩一歩進む姿勢は変わらない。沖縄と本の独特な事情に静かに驚きながら、拒絶反応を起こすことなく、土地の人々となじんでゆく様子が、心地よくわかりやすい文章で綴（つづ）られる。夢のようにかわいらしい店の主の足は、本を介して沖縄の地面にしっかりとついているのだった。

評・内澤旬子（文筆家・イラストレーター）

うだ・ともこ　80年生まれ。ジュンク堂書店を経て11年、市場の古本屋ウララ開店。

科学・生物

『炭素文明論　「元素の王者」が歴史を動かす』

佐藤健太郎 著

新潮選書・一三六五円
ISBN9784106037320

希少元素をめぐる人類の争い

炭素は人類にとってなくてはならない元素である。人類の存在はまさに炭素のもとでなりたっているとさえいっていい。たとえば人体から水分を除いた体重の半分は炭素によって占められているという。人類が生存するためには食物とエネルギーが不可欠だが、それらも炭素を基本とした化合物（炭素化合物）によってできている。私たちの暮らしをみまわしても、炭素を含んでいないのは金属やガラス、石ぐらいだ。私たちの文明社会そのものが炭素なしには考えられないのである。

本書はその炭素に注目し、人類がどのように炭素を活用してきたか、そしてそれによってどのように文明が発達し、歴史がくりひろげられてきたのかを概観した本である。デンプン、砂糖、ニコチン、カフェイン、エタノール（つまり酒だ）、ニトロ、石油など、とりあげられる炭素化合物は数多い。これらの物質をめぐって人類は激しい獲得競争を展開してきた。なにしろ地表には重量比でいうと0・08％しか炭素は存在しないのだ。そうした希少性をめぐる争いは今後もけっして解消されることはないだろう。むしろ食糧危機やエネルギー危機に直面することでいっそう過酷なものとなるはずである。末尾で著者は、炭素を活用する新しい可能性にはどのようなものがあるのかを示しながら、人類の未来はまさに炭素をマネジメントする技術にかかっているという。その言葉の意味はひじょうに重い。

本書を読むと、文明とは人類が炭素を活用する仕方によってそのかたちが定まってくるものであることがよくわかる。炭素によって組成された人間身体がさまざまな炭素化合物を手に入れ、活用し、つくりだしていくという地球史的な営みのなかに、人類史は位置しているのだ。そうした壮大な歴史観、人間観にまで本書は読者をいざなってくれる。記述はやさしく、それでいて知的刺激に満ちた良書だ。

評・萱野稔人（津田塾大学准教授）

さとう・けんたろう　70年生まれ。サイエンスライター。『医薬品クライシス』。

二〇一三年九月二九日⑥

『マチュピチュ探検記　天空都市の謎を解く』

マーク・アダムス 著　森夏樹 訳

青土社・二九四〇円
ISBN9784791767137

国際

漂う熱気　発見者の足跡たどる

広大な荒野を苦労して旅しても面白い物語を書くことは難しい。危機一髪の出来事なんてそうはないし、単調な風景をだらだら記述しても退屈なだけだ。だからこうした探検記には、自分の旅にその土地の謎や過去の探検の過程を絡めて、読み物としてスリリングに仕上げた作品が案外多い。本書もそうした一冊で、マチュピチュ遺跡を「発見」し、インディ・ジョーンズのモデルとも言われた探検家ハイラム・ビンガム三世の足跡をなぞったものだ。

有名なマチュピチュだが、建造された目的は今も不明である。スペインに追われた落日期のインカ皇帝が秘密裏に建造した幻の都なのか、あるいはただ単に全盛期に造られた山上の避暑地に過ぎないのか。著者はビンガムが見た風景を自らの足でたどり、この謎に愚直に取り組んでいく。

本書で描かれるビンガムはどことなくピーターパン的だ。発見といったってインカの歴史は書物にしっかりと記述されているわけだし、遺跡だって地元の人にとっては昔からそこにあったものだ。自分が見つけた遺跡を過大評価し、幻の都どころかインカ帝国発祥の地でもあったと主張するに至っては滑稽とさえいいたくなってくる。

それでもビンガムのことが羨（うらや）ましく思えるのは、彼の行動に滑稽なところがあっても、そこから未知とロマンが醸成した熱っぽい空気がむせ返るように立ち昇ってくるからだ。たとえ後世の人から墓泥棒と罵（ののし）られようと私はビンガムに嫉妬する。おそらくそれは著者も同じで、時代を揺るがす発見のチャンスがあった百年前の探検家と、解釈することしか許されない現代の我々との間に横たわるこのどうしようもない彼我の差を、著者は確信犯的に自らの行動と筆であぶり出すのである。

できれば百年前に生まれたかった。私は心からそう思う。そうすればビンガムのような探検ができたのに。

評・角幡唯介（ノンフィクション作家・探検家）

Mark Adams　米国の作家、ジャーナリスト、編集者。

二〇一三年九月二九日⑦

『未来の食卓　2035年　グルメの旅』

ジョシュ・シェーンヴァルド 著　宇丹貴代実 訳

講談社・二三一〇円
ISBN9784062177566

科学・生物

20年後の消費者の舌と胃袋を満足させる食材は何か。著者はさまざまな食材開発に挑む研究者、市場関係者らを端から訪ね歩く。食にハイテクをもちこむことに抵抗感があった著者だが、取材を重ねるうちに考えを変えていく。

いまや遺伝子工学を利用すれば野菜の栄養素を強化するのはたやすい。「第二のサーモン」の呼び声高い白身の塩水魚スギは陸上養殖場での大量生産が試みられている。

さらに遠大な取り組みも紹介される。オランダの研究チームは試験管で鶏や豚の細胞から疑似肉を作り出そうとしている。米国防総省は、兵士が何日も過ごせる錠剤食の開発に取り組んでいる。

私たちの健康や生命にかかわる話だけに空恐ろしい気持ちにもなる。ただ、著者が言うように有機農法だけで途上国の栄養不良は救えないし、増え続ける世界人口は養えない。たとえ不快かつ奇抜な試みだとしても長期持続可能な未来を築く機会をつぶすな、という著書の指摘もわかる。

評・原真人（本社編集委員）

二〇一三年九月二九日❽

『「山月記」はなぜ国民教材となったのか』

佐野幹 著
大修館書店・二三一〇円
ISBN9784469222326
文芸／人文

戦後高校に通ったほとんどの者が中島敦「山月記」を教材に国語の授業を受けた。教科書の最多掲載回数を誇り「国民教材」とまで呼ばれるそうだ。しかし教員である著者は、授業をしつつ「ふと、今、自分が何をしているのか分からなくなる瞬間」があるという。その違和感を追い、1951年以降の203の教科書や、教師用「学習の手引き」を精査、時代ごとに作品がどう教えられてきたか炙（あぶ）り出す。

80年代に高校教育を受けた評者の記憶では、「李徴が虎になった理由」を問われ「人間性の欠如」を一つの解として与えられた。これは、主題の読解を目的とした教授法として一時代を築き、同時に大いに批判に晒（さら）されたものであるという。確かに本来の「古譚（こたん）」4作品の一つとして「山月記」を読めば唐突な解釈だ。それなのに教育現場で受け入れられた理由は……。

教育とは何か、教科書とは何か問い直す機会となる好著。

評・川端裕人（作家）

二〇一三年一〇月六日❶

『「自分の子どもが殺されても同じことが言えるのか」と叫ぶ人に訊きたい　正義という共同幻想がもたらす本当の危機』

森達也 著
ダイヤモンド社・一六八〇円
ISBN9784478006832
ノンフィクション・評伝

当事者の代弁に隠れている欺瞞

とても長い、しかも問いかけの形を採った題名。その言葉の響きは挑発的でさえある。では、いったい何を問おうというのか。BS放送の対談番組で死刑廃止論を展開した際に（森氏の死刑論は『死刑』に詳しい）一部の視聴者から寄せられた批判の多くが、「死刑制度がある理由は被害者遺族のため」という論調であったことに対して、著者はこう問う。「もしも遺族がまったくいない天涯孤独な人が殺されたとき、その犯人が受ける罰は、軽くなってよいのですか」。詭弁（きべん）のように聞こえるかもしれないが、続けて読んでいくと、著者がこだわっているのが、いわゆる「当事者」性という問題であることがわかってくる。「被害者遺族の思いを想像することは大切だ。でももっと大切なことは、自分の想像など遺族の思いには絶対に及ばないと気づくことだ」と著者は続ける。もしも著者の身内が誰かに殺されたら、彼は犯人を憎み、死刑にならないなら自らの手で殺したいと思うかもしれない。それは当然だ。なぜならそのとき自分は「当事者」になっているのだから、と率直な感情を記した上で、著者はしかし、こう続ける。「でも今は当事者ではない」

2007年に開始され、現在も連載の続いているコラムを加筆修正し、順序も入れ替えて一冊にまとめたものである。死刑制度、領土問題、戦争責任、レイシズム、9・11以後、原発事故、等々、扱われている事象は多岐にわたっているが、著者の姿勢は一貫している。副題に「正義という共同幻想」という言葉があるが、これを裏返すなら、著者の目には「共同幻想としての正義」と映る空気の蔓延（まんえん）に（まさに「空気が読めない」と誹（そし）られることを覚悟で）ストップをかけ、もう少しだけ各々（おのおの）が自分の頭で考えてみてはどうかと提言すること。死刑制度に限らず、幾つかの問題に関して著者はかなり明確な意見を持っているが、それと同時に常に悩んでもいる、悩み続けている。正義とは正答の別名であるとするなら、一足飛びに答えを見いだそうとせず、その場に踏みとどまって考えてみることの意味と価値を、この本は訴えている。

当事者ではない者が当事者を代弁してみせる行為の内には、まぎれもない善意と同時に、一種の無自覚な欺瞞（ぎまん）が隠れていることがある。私たちは、自分（たち）とは絶対的に無関係な他人、文字通りの「他者」たちの悲嘆や絶望に共感する術は、実のところは、ない。だがそれでも、だから最初から諦めるとか、どうでもいいということではなく、それでも、それだからこそ、他者を思いやる能力が必要なのではないか。その能力を「想像力」と私は呼びたい。森達也は貴重な想像力の持ち主だと思う。

評・佐々木敦（批評家・早稲田大学教授）

もり・たつや　56年生まれ。映画監督、作家。映画作品に、オウム真理教を取り上げたドキュメンタリー「A」「A2」など。著書の『A3』で講談社ノンフィクション賞。

二〇一三年一〇月六日❷

『海外で建築を仕事にする　世界はチャンスで満たされている』

前田茂樹 編著

学芸出版社・二五二〇円

ISBN9784761525552　アート・ファッション・芸能／国際

ジリ貧日本から飛び出す若者

これは現在の「出稼ぎ物語」である。

かつて東北の貧しい農村の人々が、豊かな都市へと働きに出ることを「出稼ぎ」と呼んだ。東北の人たちは働き者で、能力は高く、しかも実直であった。この本に登場する、日本の若き建築設計者たちは同じように能力が高く、働き者である。わが事務所にも、世界中から就職志願者が訪れるが、設計図をかかせる試験をすると、日本人が圧倒的に高い点数をマークする。同じ与えられた時間の中で精度の高い模型まで作ってしまって、国によってこれほどレベルが違うのかと、しばしば唖然（あぜん）とする。

実際にも、世界中の有力な設計事務所で、日本人は、中心的役割をはたしている。建築設計という仕事に必要な、きめ細かさ、スケジュール遵守（じゅんしゅ）、3次元空間への把握力……どれをとっても、日本人のレベルは世界のトップといっていい。しかも、安い給料でも文句をいわず、夜中まで集中力が切れずに働き続ける。

なぜ、日本人の建築家はこれほど、海外で多くの仕事ができるのかとしばしば質問されるが、スター建築家だけが突出しているわけではなく、日本人が実は世界の建築デザインを支えているのである。

これほど能力が高いのだから、ちょっと外で仕事をする気になれば、いくらでもチャンスが拡（ひろ）がる。しかし、昔は、残念ながら外に行く勇気のある日本人が少なかった。

今や勇気に後押しされてというより、日本のジリ貧に押されて若き建築設計者は突如海外に進出をはじめた。日本は貧しいだけでなく、大手のゼネコンや設計事務所がしがらみや強引な営業力で、才能ある若者から仕事を奪っている。こんな日本を捨てたくなる気持ちは、いたいほどわかる。ここに登場する「出稼ぎ」の若者たちは、未来の日本人のモデルになりえると感じた。組織に頼らず、企業に頼らず、個人の能力と努力だけを頼りに飛び出したからだ。

評・隈研吾（建築家・東京大学教授）

まえだ・しげき　74年生まれ。建築家。本書では17人の建築家・デザイナーの体験談を集めた。

二〇一三年一〇月六日③

『ホリイのずんずん調査　かつて誰も調べなかった100の謎』

堀井憲一郎 著
文芸春秋・一八九〇円
ISBN9784163760001
社会

金と銀のエンゼルは何枚なのか

まずは著者から紹介しよう。ピーナツ入り柿の種（俗に言う柿ピー）の、柿とピーの比率を、わが国で初めて調査した人である。チョコボール（これは菓子）を一千個買って、金と銀のエンゼルが何枚入っているか、調べた人でもある。これも本邦最初だろう。最初で最後だね、たぶん。

別に細かい物の割合を研究しているわけでない。いろんなことを調べている。

鮨（すし）を「カン」で数えだしたのはいつからか。「冷やし中華始めました」の告知はいつ貼りだされるか。郵便ポストの回収は表示時間通り来るか。

郵便を使わない人には、何それ？だろうけど（手紙を書かない世代が多いというから無理もないけど）、懸賞の応募者には、「当日消印有効」の規定があって、最終便の時間は死活問題なのである。大げさではない。大げさです。

著者は応募者のために、九日間、定点観測している。ポストの横に立って、回収車が来るのを待っていた。台風の日も立っていたというから、どうかと思う。思わなくても、どうかです、ハイ。

結果はどうであったか。そちらのどうかは本書で確かめていただきたい。一番きつい調査であった、と述懐しております。そうだろうと思います。思わなくても、そうだ。

いやはや、著者の口癖がうつってしまった。この本は軽薄な文体で読ませる。調査はどうでもよろしい。週間天気予報の当たり確率を出しているが、明治の世に斎藤緑雨がすでに、間違いっこないのは天気予報の「所により雨」と皮肉っている。どうでもよい調査ばかりではない。子のつく名前の女子はいつ頃から少なくなるかとか、「バブル」という言葉はいつから使われたか、など後世珍重されるだろう。そう、本書は今和次郎（こんわじろう）の考現学の一種とみてよい。十年後の古書店で珍本の値がついているはず。さらば今のうち買い占めるべし。十年。東京五輪の三年後。楽しみです。

評・出久根達郎（作家）

ほりい・けんいちろう　58年生まれ。コラムニスト。著書『ねじれの国、日本』など。

二〇一三年一〇月六日④

『ヴァスコ・ダ・ガマの「聖戦」　宗教対立の潮目を変えた大航海』

ナイジェル・クリフ 著　山村宜子 訳
白水社・四二〇〇円
ISBN9784560082973
歴史

今とつながる15世紀末の大変化

一般的には、文字を通してよりも映像のほうが迫力あるように思うが、本書を読めば、映像を超える壮大な絵巻物が瞼（まぶた）に浮かんで想像（妄想）をかき立てる。欧米人の深層心理の構図として、なるほどと妙な合点がいく。

例えば、9・11の際ブッシュ米大統領（当時）は「これは十字軍の戦いだ」と叫んで、テロリストだと疑うだけで外国人を逮捕できる〝軍事命令〟を公布した。

11世紀末に始まった「聖戦」たる「十字軍」は「イスラームとの戦い」を「地の果てまで続けなければならない」と確信するがゆえに「不信、異教徒というだけで」攻撃してもいい。そういう理屈で1415年、ポルトガルは地中海西端にあるアフリカのセウタを奪還した。これが、ヨーロッパが世界に君臨する「すべての始まり」であって、中世後期と近現代は心性において繫（つな）がっている。

近代は、経済的にはオランダ東インド会社の設立（1602年）、政治的にはウェストフアリア条約（１６４８年）に始まるとされるが、古代、中世、近代といった区分は時に歴史の本質を理解するのを妨げることになる。歴史は「今」に至るまで水面下で脈々と繋がっている。それが１４９０年代、世界を変える三つの出来事として一気に水面上に噴出したのだった。グラナダ王国の消滅、コロンブスの「新大陸発見」、そしてヴァスコ・ダ・ガマの「インド航路発見」である。本書は三つの中でもガマの功績が大という結論を導く。

21世紀の10年間で、9・11、9・15（リーマン・ショック）、そして3・11とやはり世界を揺るがす三つの出来事が起きた。15世紀末に起こったことに匹敵するような大きな変化が現在起きているのではと想像が膨らむ。歴史書を読む楽しみの一つはタイムマシンに乗って過去と現在を自由に行き来することであり、本書はその典型である。

評・水野和夫（日本大学教授）

Nigel Cliff　英国の歴史家、伝記作家で「エコノミスト」誌に批評を寄稿。

二〇一三年一〇月六日⑤　歴史

『猿まわし　被差別の民俗学』

筒井功 著

河出書房新社・一九九五円
ISBN9784309225944

あがめられ差別された祈る人々

人と猿の関係を解く書物は今までにもあった。猿とは何かを民俗学的に解説する書物も存在する。むろん、芸能民としての猿まわしや猿引きについても、民俗芸能のテーマとして、あるいは差別の問題として書かれてきた。

本書がそれらと何が異なるかというと、一つは猿まわしが担ってきた「隠密」、つまりスパイとしての役割をはっきり書いたことである。そしてもうひとつは、猿まわしが牛馬の祈祷（きとう）に特化したシャーマンであったことを、明らかにしたことである。

江戸時代の浅草には、弾左衛門（だんざえもん）屋敷を中心とする特別な町があった。ここには死牛馬の皮を扱う職人を中心に、木綿を売る店、質屋、湯屋、髪結い、公事宿（くじやど）などがあり、猿飼の家も十数軒あったという。

しかしそれは猿が芸を見せてお金をもらう芸人とは異なる役割をもっていた。将軍家、御三家、旗本、大名屋敷などに出向いて、その厩（うまや）をお祓（はら）いし、猿舞を見せるのである。つまり馬の無事と健康を祈る祈祷者としての猿なのだ。

そこは被差別の町である。しかし江戸時代の被差別民は、社会が必要とした職人たちであった。皮や竹細工の職能もそうだが、祈祷者もまた欠かせない存在だったのだ。それを著者は「イチ」という言葉を軸に展開する。市場を意味するイチのほかイチコ、イタコ、イタカ、ユタ、猿を意味するエテコウそしてエタは、同じ類いの言葉なのではないかと仮説を立てる。確かに斎宮（イツキノミヤ）などで使うイツは神に仕える神聖な力を意味する。祈る人々、祝福する人々が、この世と別の世の境に立つ者としてあがめられ、同時に差別されたのではないか。

差別は制度の観点のみではなく、重層的に成り立っていた複雑な社会の、祈りの志とともに考えるとき、深い理解が生まれるのだと思う。

評・田中優子（法政大学教授）

つつい・いさお　44年生まれ。民俗研究者。著書『サンカの真実　三角寛の虚構』など。

二〇一三年一〇月六日⑥

『北方領土・竹島・尖閣、これが解決策』

岩下明裕 著

朝日新書・八一九円
ISBN9784022735140

歴史／国際

「国境とは何か」が見えてくる

本書の著者はかつて『北方領土問題』（中公新書）で北方領土の「三島返還」を提起し、マスコミや国政をも巻き込んだ議論を引き起こした。その議論は著者の予想を超えてセンセーショナルにあつかわれたが、「三島返還」というアイデアそのものは一つの見識ある解決案として定着したといっていい。その著者が、竹島や尖閣諸島の問題もふくめて、日本の国境画定の問題をめぐって解決策を考察したのが本書である。

竹島や尖閣の問題について解決策を導きだすために著者が手がかりとするのは、北方領土問題をめぐるこれまでの経験だ。なぜなら、竹島や尖閣をめぐる問題では当事者の一方がそもそも領土問題が存在するということすら認めていないのに対し、北方領土問題においては交渉のための確固とした枠組みが日本とロシアのあいだで共有されているからである。日ロ間には、国境画定にかかわるさまざまな条約や協定が存在するだけでなく、地域の利益や問題解決を支援するための取り組みも蓄積されてきた。そこでの歴史的経験から導かれる著者の解決策は具体的で説得的であり、真剣に検討するに値するものである。

ただし、本書のなかで個々の解決策より注目されるべきは、その前提となっている国境をめぐる考え方のほうである。これまで日本には、国境問題を解決するための、そしてすでに画定している国境を安定的に管理し、維持していくための統一的なヴィジョンが存在しなかった。もとより日本の国土は海に囲まれているため、そのヴィジョンには海洋秩序をどう形成するか、海をどう利用し、地域の発展に生かしていくか、といった観点が不可欠だ。著者は個々の事例に即しながらそうした統一的なヴィジョンを確立しようとする。日本の国境政策を少しでも前に進めようと思うなら、著者の考察を無視することはできないだろう。

評・萱野稔人（津田塾大学准教授）

いわした・あきひろ　62年生まれ。北海道大学スラブ研究センター教授（国境学）。

二〇一三年一〇月六日⑦

『東京百景』

又吉直樹 著

ヨシモトブックス・一三六五円
ISBN9784847091797

人文

場所の記憶は、つねに更新されていく。スクラップ・アンド・ビルドな風景が広がる東京は、巨大な記憶の脱臭装置であり、私たちは集団的記憶喪失者として暮らす。だが、ときに重ねられる記憶の層を、静かに剥がす本に出会う。

筆者は芸人で、18歳で上京。本書を書き終えた時には32歳になっていた、という。だが芸能界の喧騒（けんそう）とは対照的に、その視線は淡々と、静謐（せいひつ）だ。所収された場所の記憶は、住んでいた三鷹、友人を訪ねた立川、挑戦するかのように歩く原宿、母を連れていけずじまいだった東京タワー……。多くの固有名詞に、個人的な意味をもたらす言葉が並ぶ。

場所を生かすものは、いつも人の記憶だ。稽古に通った場所、仕事で行った場所、変な人に絡まれた場所、そして恋人がいた場所。あるときは記憶が場所性を貫き時間をねじまげ、またあるときは時間を切断する言葉が並ぶ。頁（ページ）をめくるたびに記憶の擦れ落ちる音が聴こえるような、東京の記録書。

評・水無田気流（詩人・社会学者）

『サリンジャー　生涯91年の真実』
ケネス・スラウェンスキー 著　田中啓史 訳
晶文社・四八三〇円
ISBN9784794969088
ノンフィクション・評伝

禁欲的な隠遁者　執筆と祈りの日々

J・D・サリンジャー。『キャッチャー・イン・ザ・ライ』、ご存知（ぞんじ）『ライ麦畑でつかまえて』で全世界の反抗する若者たちに影響を与え続けてきた作家。斬新な口語体などを駆使し、ウィットと翳（かげ）りに彩られた作品を生んだ人。

3年前、91歳で亡くなったサリンジャーはしかし、「禁欲的な隠遁（いんとん）者」としても神話化され、事実30代半ばにニューヨークからコーニッシュという田園地帯に越すと、人目を避けるように暮（くら）し、本に自分の写真が載ることも大げさな売り文句も嫌った。

そしてついに40代後半からは著作を発表しなくなる。しかし、それでもサリンジャーが「老齢になるまで変わらない日課」として仕事場で毎日書いていた様子を本書は明かしている。沈黙の大作家は日々朝早く起き、ベンガルの聖者ラーマクリシュナの教え通り瞑想（めいそう）とヨガをし、発表しない作品を書き続けたのだ。

珍しくサリンジャーが受けたインタビュー（とはいえ30分）から本書はこんな言葉を抜き出す。「発表しないとすばらしい平安がある。安らかだ。静かなんだ」。この不思議な境地は、別の箇所ではこうも書かれる。「仕事と祈りのふたつは区別がつかなくなっていた」と。では一体、サリンジャーはどんな小説を執筆していたのだろうか。

著者はサリンジャー関係のウェブサイトを続けている大ファンで、作家の生い立ちからデビューに至る行程、デビュー後にも様々な雑誌に掲載拒否されたり、タイトルの勝手な変更をされたりしたことなどを細かく記録していく。

そこにはサリンジャーが米軍諜報（ちょうほう）部員としてノルマンディー上陸作戦に参加し、独軍との最も過酷な戦いを強いられた部隊にいた時の模様も描かれる。すさまじい数の死者を作家は見たはずだ。

戦火の下、サリンジャーは従軍作家ヘミングウェイに会いに行く。その記録は短いが興味深い。ヘミングウェイはのちにも戦争を多く語ったが、サリンジャーは「詳細はいっさい語らなかった」。軍人として実際戦った者は心に傷を負い、作品としてのみ外に出すしかなかったのかもしれない。

本書はこうした示唆に富むが、作品すべてに関しても網羅的な紹介を怠らない。したがって「ライ麦」のサリンジャーしか知らない読者でも、人と作品の全体像を把握することが出来る。

そしてなんと、本書には間に合わなかったが、サリンジャーの遺言により、未発表の5作が再来年から出版される報道がつい先日あった。5作の中では戦争も、東洋思想も、最初の結婚についても語られていると予想されるらしい。

予習としても本書は有益だ。

評・いとうせいこう（作家・クリエーター）

Kenneth Slawenski　米ニュージャージー州生まれ。04年にサリンジャーのサイトを創設。本書は10年に出版。ベストセラーとなり、12年度ヒューマニティーズ・ブック賞を受けた。15カ国語に翻訳、20カ国で出版された。

二〇一三年一〇月一三日❷

『自民党と公務員制度改革』

塙和也 著
白水社・一七八五円
ISBN9784560083154
政治

背筋が凍る　近代日本の衰亡史

本書が対象とする時期は2008年2月から公務員関連法案の廃案が決まる翌年7月までだ。著者は「古い時代の政治を取り扱っている」と謙遜するが、決してそんなことはない。評者は10年9月から12年末まで内閣府大臣官房審議官、内閣官房内閣審議官の職にあり、本書が指摘するような事態を目のあたりにして愕然（がくぜん）としたからである。

本書には、01年の公務員改革に派遣された民間職員による回顧録が出てくる。08年の国家公務員制度改革推進本部事務局に配属された民間出身者は、そこに描かれた「戦争」のような縄張り争いに、「背筋が凍るような思い」をするが、実際、出身官庁の異なる幹部間に重大な亀裂が入るのを目の当たりにして、「腰が抜ける思いがした」。

福田内閣の閣僚の一人は、総理を突然の辞任に追い込んだ原因は「官僚のサボタージュ」だという。こうした例は評者が民主党政権下でまさに見たり聞いたりしたことである。元総理の一人から「一部官僚にサボタージュがあった」と直接聞いた当時は耳を疑ったが、自民、民主政権にかかわらず宜（むべ）なるかなである。

本書をよむと、「私には公務員に相応（ふさわ）しい人事制度とはどのようなものなのかついに分からなかった」という十数年前の回顧録に、つい相槌（あいづち）を打ちたくなり、暗澹（あんたん）たる思いになる。「誰もがその必要性を認識する」ような経済対策を打ち出している間に、「公務員の人事に関する権限を政治の側に再配分しようという試みであり、官僚制全体を相手」にする公務員制度改革は先送りとなる。

「政治家がしっかりすれば今でも政治主導になる。政治家がしっかりしないから役人主導になる」というような生易しい問題ではない。官僚が肝心なところでサボタージュする一方、人事院は人事制度に関して「政治側の介入」を退けようとする。本書は近代日本の衰亡史である。

評・水野和夫（日本大学教授）

はなわ・かずなり　77年生まれ。日本経済新聞記者。『鉱毒に消えた谷中村』。

二〇一三年一〇月一三日❸

『沖縄の自立と日本　「復帰」40年の問いかけ』

大田昌秀、新川明、稲嶺恵一、新崎盛暉 著
岩波書店・二二〇五円
ISBN9784000259095

『夕凪の島　八重山歴史文化誌』

大田静男 著
みすず書房・三七八〇円
ISBN9784622077350
歴史

沖縄の側から日本を語る

『沖縄の自立と日本』は、2012年11月に法政大学でおこなわれたシンポジウムをもとにした本である。

座談会をそのまま起こしたものではない。会場で語られた主張をさらに鮮明にするため、沖縄県知事、参議院議員を歴任した大田昌秀、沖縄タイムス社長を経て現在もジャーナリストとして活躍する新川明、企業家であり沖縄県知事も務めた稲嶺恵一、沖縄大学学長であった新崎盛暉（あらさきもりてる）の四氏が、それぞれの言葉で書き改めた文章を収録し、さらに座談を深めた一冊だ。

東京からは分からない沖縄の強い「自立」の意志が見える。大田は、復帰とは日本国憲法への復帰を意味したのであって、今日もなお憲法は沖縄の拠点になっていることを強調した。新崎は尖閣諸島が国境地域住民の生活

圏である事実を述べ、国は共同活用のための協議をこそ仲介すべきだと提案している。稲嶺は、アジアのエネルギーを沖縄に活（い）かすハブ空港構想を語る。

新川は、沖縄の人々の中にある「祖国復帰」の考え方を批判する。そして今年4月28日に政府がおこなった「主権回復の日」を「屈辱の日」とする沖縄の姿勢を、「祖国」憧憬（しょうけい）の延長線上にあると見る。その上で新川は、「主権回復の日」は「祖国」と呼んできた国がどういう国なのかをはっきり見抜く絶好の機会であったと述べる。この論点は沖縄独立論につながるだけではない。新川は日本と沖縄が相互依存関係にあると考える。日本こそ、沖縄の米軍基地に依存し米国に隷属しているのだから、日本国の人々は沖縄からの自立をめざすべきだ、と主張するのだ。徹底して沖縄の側から日本を語った刺激的な本だ。

同じころ出た『夕凪（ゆーどぅりぃ）の島』は、尖閣に近い八重山諸島に立って軍事化の危機を見据えている。住民は常に国境を越えて交流してきた。「国境を武器で閉ざすべきでない」という言葉は重い。

評・田中優子（法政大学教授）

二〇一三年一〇月一三日⑤

『ドキュメント電王戦　その時、人は何を考えたのか』

ノンフィクション・評伝

羽生善治ほか 著

徳間書店・一六八〇円

ISBN9784198636586

人間対人間のドラマだった

この春開かれたプロ棋士とコンピューター将棋ソフトの5対5の団体戦「電王戦」を２００万人がニコニコ動画でみた。棋戦を超えた「人間対機械」という意味合いに関心も高まったのだろう。

結果は棋士側の1勝3敗1分け。チェス王者がソフトに敗れてから16年。より複雑な将棋でもついに人間が負かされる時代がやって来た。本書はこの戦いに参加した棋士やソフト開発者らの証言集だ。

将棋ファンである作家の宮内悠介や海堂尊、漫画家の柴田ヨクサルらによるインタビューが秀逸だ。技術面だけでなく、哲学的な質問も次々とぶつけ、次第に選手たちの精神世界をあぶり出していく。

棋士たちは「対戦相手の表情から苦しいのは自分だけじゃないと思えるのだが、コンピューターは顔が見えず苦しんだ」「１００メートル走なら人間が車に負けても当たり前。なのに将棋では同じ気持ちになれない」などと打ち明ける。

一方で、ソフト開発者たちも自局以外では棋士たちに負けて欲しくないと思ったり、対局に正装で立ち会ったり、ウエットな一面を見せる。

作家の夢枕獏は観戦していて「無駄なことを考えないのが人間。意味のないことまで考えるのがコンピューター」と気づく。そして、その機械を制御して戦うのはあくまで人間であり、「これは人間対人間のドラマだ」という。

ただ完全解析が可能なゲームなので、いずれ人間が勝てなくなる日は来る。それは、将棋の終わりを意味することだと皆どこかで恐れている。

三冠・羽生善治の感想がふるっている。そのときはルールを一つ変えるだけでいい、解明された答えが遠のき、また新たな問いが浮かぶ、と。

産業革命以来、人間はずっと機械と能力を競ってきた。ＳＦ映画では、人類の未来の敵と言えば、宇宙人か機械と相場が決まっている。本書はその戦史に刻まれる、貴重な「人間たち」の記録である。

評・原真人（本社編集委員）

30人近くの対談、インタビュー、執筆で構成されている。

二〇一三年一〇月一三日❻　文芸

『翻訳がつくる日本語　ヒロインは「女ことば」を話し続ける』

中村桃子 著
現代書館・二二〇〇円
ISBN9784768479513

なぜ性別が強調されるのか

現代日本で暮らしていて、「私は賛成ですわ」「俺はかまわないぜ」といった言葉づかいをするひとに、私は遭遇したことがない。しかし、日本語に翻訳された外国人の発言（あるいはセリフ）で、過剰な「女ことば」や「気さくな男ことば」、どこの方言だか不明な「ごぜえますだ」といった言葉が使われていても、なんとなく受け入れている。

日本語への翻訳の際、なぜ、「女性」「気さくさ」「黒人」といった性別、性質、人種を強調するような表現が採られてきたのか。その変遷をたどり、分析研究したのが本書だ。

「日本語および日本語を使っている人々に、翻訳が与えた影響」という観点が非常に興味深い。我々は日々翻訳物に接しているため、実際にも「女性は女ことばを使っている」ように錯覚する。その錯覚がまた、翻訳家が外国人女性の発言を「女ことば」で訳す原因にもなる。つまり、翻訳表現と日本語は相互に影響しあっている。

これは私も、おおいに思い当たる。小説を書く際、女性の登場人物のセリフの語尾に、無意識のうちに「わよ」などの「女ことば」を使用してしまい、慌てて修正することがあるのだ。

「女ことば」を使うと、「話者の性別」を簡単に明確化できるという利点はあるが、現実を鑑みると「リアル」な表現とは言えない。ではなぜ、実際にはあまり使われていない「女ことば」を無意識に書いてしまうかというと、やはり「女性は女ことばを使うはず」という「錯覚・幻想」が、体に染みついているからだろう。翻訳物からの影響ももちろん大きいと思う。

日本語は日本語のみで完結し成立するものではなく、外国語、そして外国語を「翻訳する」工夫と営みの影響下にあるのだと気づかされる。言語がはらむ差別や権威性の問題をも視野に収めた一冊だ。

評・三浦しをん（作家）

なかむら・ももこ　関東学院大教授（言語学）。『ことばとフェミニズム』など。

二〇一三年一〇月一三日❼　文芸

『銀行強盗にあって妻が縮んでしまった事件』

アンドリュー・カウフマン 著　田内志文 訳
東京創元社・一二六〇円
ISBN9784488010072

銀行強盗が、そこに居合わせた人たちに、お金ではなく「もっとも思い入れのあるもの」を要求する。母が大学卒業時にくれた腕時計、高校時代から使っている電卓、子どもの写真など。それらを奪うことで「魂の51％」が失われ、不思議なことが起こるという。また、魂を自分で回復しないかぎり、命を失うことになるかもしれぬとも。

各人に襲いかかる「不思議」は様々。語り手の妻は身長が日々縮む。夫が雪だるまになったり、足のタトゥーからライオンが飛びだして追いかけられたり、母親が98体に分裂してしまったり……ユーモアに包まれつつダークでビターなエピソードが続く。

「魂の回復」に成功する者と悲劇を迎える者の岐路はどこか。様々な深読みが可能だ。2度読めばそれだけで印象が変わる。この奇妙な味わいの作品は、読み手側に多くが委ねられており、想像力をフル回転させてはじめて完成する。読書の喜びの原点ともいえる興奮を味わわせてもらった。

評・川端裕人（作家）

二〇一三年一〇月一三日❽

『アメリカはアートをどのように支援してきたか』

タイラー・コーエン 著　石垣尚志 訳

ミネルヴァ書房・四二〇〇円
ISBN9784623066834

アート・ファッション・芸能

芸術支援のために庶民の税金は投じられるべきか。右派は民間の自助を、左派は福祉の拡充を求める立場からともに懐疑的だ。

「人はパンのみにて生くるにあらず」「戦闘機一機の値段と比べれば文化は安上がりだ」「文化は国や地域の威信を高める」とは芸術愛好家や批評家の決まり文句だが、審美的価値は経済的価値の前では決め手を欠きがち。

本書はその両者を和解させようとする試みである。特定の芸術や組織を対象としない間接的助成（優遇税制や大学を通した助成など）を通して、価値論争に振り回されることなく創造的で幅広い芸術活動を支援する米国の事例が多面的に考察されている。

かたや日本。経済的価値しか顧みない「事業仕分け」の光景に驚愕（きょうがく）した海外の芸術関係者は少なくない。

東京五輪開催を控え、世界を魅了するような画期的な文化政策は打ち出せるか。

そのための頭の体操としても有益な一冊だ。

評・渡辺靖（慶応大学教授）

二〇一三年一〇月二〇日❶

『科学と人間　科学が社会にできること』

佐藤文隆 著

青土社・一九九五円
ISBN9784791767175

『科学者が人間であること』

中村桂子 著

岩波新書・八四〇円
ISBN9784004314400

科学・生物

数値化が進める近代文明の落日

この2冊は、どちらも科学がますます専門化そして数値化することに対する警告の書である。日本を代表する量子力学の第一人者・佐藤と「生命誌」を提唱する生命科学者・中村から奇（く）しくも同じタイミングで上梓（じょうし）されたのは偶然ではないであろう。科学こそが近代文明を最も特徴づけているのだから、近代を問い直す時代にきているのである。

もちろん、2人の論点は異なる。佐藤は科学を四つの領域に区分し、「科学と民主主義」の関係を中心に据えて「社会が科学をもっとは？」を考察している。中村は「人間は生きものであり、自然の中にある」のであって、「科学や科学技術を『自然の側から』見る必要がある」との立場だ。もっとも、佐藤の「四つの科学」の一つである「ワールドビュー」は「自分と外界の関係」のイメージを支えるものだから、両者の視点は水面下では繋（つな）がっている。

そして、どちらも近代固有の「数値化」を問題視している。佐藤は、民主主義が「多数」という数字を重要視するなら、「数は独立性（自由）と等質性（平等）を前提としなければ意味をなさない」という。そして民主主義は「改造」や「進歩」などにおいて明らかに科学の近代化路線と整合的であると指摘する。しかし、エコロジズムに目覚め、「自然との一体感が強調されると」、生命体論は「革新を掲げる民主主義とは根本的な方向が違う」。

中村は「科学的とは多くの場合数字で表せる」から、お金で測った豊かさが手に入るようになる変化を「進歩」と呼び、そのような社会を「先進国の象徴として評価」するようになったという。しかし、「人間は生きもの」であるという観点で見た時には、これこそが「生きることの否定になる」。速くできること、手を抜くことが、時間を紡ぐ、すなわち生きることに逆行するからだ。そして、地球全体を一律にするグローバルな科学技術文明は多様性を否定するので、あきらかに文明の定義から外れていく。

佐藤によれば「民主主義は『大量』の物質を必要とする」。王様しか味わえなかった「珍味・珍体験」に対し、「万人のアクセスを可能にして平等化と画一化をおしすすめる」ものだからである。だが、平準化は民主主義から革新性を奪う。「絆が叫ばれる世相などをみれば、民主主義の終焉（しゅうえん）が射程に入ったかもしれない」という。

別々のアプローチながら結果として「大量」や「過剰」性が問題となるのは、近代システムが機能不全に陥っているからであろう。アドルノがいった「近代自身が反近代をつくる」ということが、まさに今、起きている。

評・水野和夫（日本大学教授）

さとう・ふみたか 38年生まれ。甲南大学教授（物理学）。著書に『科学と幸福』など。

なかむら・けいこ 36年生まれ。JT生命誌研究館館長。著書に『「生きもの」感覚で生きる』など。

二〇一三年一〇月二〇日②

『天國のをりものが 山崎春美著作集 1976-2013』

山崎春美 著

河出書房新社・二五二〇円
ISBN9784309022109

文芸

アングラ雑誌 彩った早熟少年

1970年代後半から80年代前半にかけて、山崎春美という名前は常にエキセントリックな輝きと共にあった。彼が率いたガセネタとタコというバンドは、日本の音楽シーン、それも非常にアンダーグラウンドな音楽の世界において、登場した時から伝説と化していた。

そして彼があちこちのやはりアンダーグラウンドな雑誌に書き散らしていた種々雑多な文章は、偶然目にするたびに異様な吸引力を発揮して私を捕らえた。彼はいつも、清新かつ邪悪な視線で世界を見回しながら、当時凄（すさ）まじい勢いで数量を増しつつあった音楽や書物から対象を選び出しては、直観的でありながら強靱（きょうじん）な分析力を発揮して、独創的なレトリックを駆使した華麗な文体で誌面の隅を秘（ひそ）かに彩っていた。殊更に熱心に彼の文章を渉猟していたわけではないが、私はライター山崎春美のファンだった。もちろんその前に音楽家としての彼に魅せられていたのだけれど。

本書は山崎の初の著作集。書名は彼がその昔、主戦場としていた自販機本「HEAVEN」に由来する。76年のデビュー原稿から2013年の書き下ろしまで、ぎっしりとテキストが詰め込まれている。序文にはこんな文章がある。「コトバは飛来し付着する。または旋回しウィルスみたいに伝染する。伝播（でんぱ）し憑依（ひょうい）し唾（つば）も飛ばすし口角も泡立つ」「やたら無駄遣いされたあげく、打っちゃられちゃったりもしよう」。この言語＝ウイルス説はウィリアム・バロウズに由来するが、山崎が登場した時代の条件でもあった。それは、言語が情報と同義になって高速かつ膨大に流通するようになった時代ということである。

言語を信じることなく、むしろ憎悪さえしながらも、それと戯れ、玩（もてあそ）び、慈しみさえすること。30年以上に及ぶ執筆時期の隔たりは全くと言っていいほど感じられない。早熟な少年として現れた山崎春美は、今も若々しい。

評・佐々木敦（批評家・早稲田大学教授）

やまざき・はるみ 58年生まれ。ミュージシャン、ライター、編集者。

『摘便とお花見　看護の語りの現象学』

人文／社会

村上靖彦 著

医学書院・二一〇〇円
ISBN9784260018616

「ケアとは何か」を語る言葉

摘便(てきべん)、とは耳慣れない言葉だが、看護用語であろうか。摘芽、摘花はある。芽や花を摘むことである。便を摘むのが摘便。では「お花見」とは。

何だかむずかしそうな副題の本だが、ひと口に言えば「ケアとは何か」であって、四人の女性看護師さんが、日々の仕事や看護師を志した動機などを「自由に」語った。それを現象学者が分析し、語りの哲学、語られた事柄の深層にあるもの、などを研究した。そう言っては何だが、分析より、看護師の語り口が興味深い。録音された話を整理せず、そのまま活字化している。あの、なんか、なんだろうな、なんかその、という具合である。言葉に表すと嘘(うそ)になってしまう、適確な表現が見つからない、もどかしい。そのあいまいな部分が、人が人を看護する世界であって、私たちが考えている以上に複雑きわまる。

がん患者を担当するCさんは、死んだら終わりでなく、死後の希望を考える。遺(のこ)された者が思いだす故人は幸せな笑顔が多い。そこで末期の患者に笑顔になってもらうため、過去の良い場面を思いだし語ってもらう。語っている際の豊かな気持ちは、来世に持っていける、と伝える。すると患者は、いっぱい思いだすわ、と。Cさんはこれを演出という。善意の「ごっこ遊び」と。

透析室に勤めたDさんは、働く場所がワンフロアだから患者も看護師も全部見えた。見えるから干渉しすぎる。塩分やカリウムを制限されている患者の採血の結果で、生活が見えてしまう。禁じられている物を食べたな、とわかる。医療の言葉で注意すると権威的になるので、Dさんは無害な食べ方をさりげなく助言する。患者の生活を支える意識。

訪問看護師のFさんは、人への不信感丸だしの患者を、梅見に連れだす。心を閉ざしていた患者は、いつも世話してくれている妻にみやげを買って帰った。病を治すのは薬や医術、更にお花見なのだ。

評・出久根達郎（作家）

むらかみ・やすひこ　70年生まれ。大阪大学准教授。専門は基礎精神病理学・精神分析学。

『孤立無業〈ＳＮＥＰ〈スネップ〉〉』

社会

玄田有史 著

日本経済新聞出版社・一五七五円
ISBN9784532355777

人間の孤立が就労意欲を奪う

日本の若年無業者を「ニート」概念を用いて論じた玄田有史が、新たな分析視角を提唱した。ニートが15歳から34歳の無業者を指すのに対し、本書が取り上げる「孤立無業(Solitary Non-Employed Persons、ＳＮＥＰ)」は、20歳以上59歳以下の在学中を除く未婚無業者のうち、ふだんずっと一人か、一緒にいる人が家族以外にいない人々を指す。

鍵となるのは孤立。ニートが就労を軸とした概念であったのに対し、孤立無業は他人とのつきあいの有無が眼目である。他人との交際を持たないがゆえに、通常その姿が認識されない人々を可視化する分析概念といえる。私見では、無業者問題を検証するに当たり、孤立無業はニート以上に現実味のある年齢設定だ。いわゆる高齢ニートや、高齢未婚者の孤立問題等を検証する上でも示唆に富む。

２０１１年現在、60歳未満の未婚無業者は２５５．９万人で、その6割以上を占める１６２．３万人が孤立無業だという。一方、ニートは60万人、フリーターは１７６万人と近年減少傾向にあるが、彼らは安定した職を得たというより、単に35歳を超えて統計上の区分から消えただけかもしれない。失業率が低下した時期にも、孤立無業は増加の一途をたどっているという。

さまざまな分析視角から明らかになるのは、いかに孤立状態が、人間から求職動機や就労意欲を奪うかという事実だ。一方、たとえば友人とのつながりは、人脈以上に就労への客観的な助言や「気づき」を与えてくれる、と筆者は指摘する。これは家族のように身近すぎる相手ではかえって難しい役割だ。独り暮らしよりも、家族と同居している孤立無業のほうが、就労意欲が低いとの指摘もある。2000年代に入り、誰もが無業者になれば孤立しやすくなるという「孤立の一般化」が広がっている。孤立と無業の根深く緊密な関係を、再認されたい。

評・水無田気流（詩人・社会学者）

げんだ・ゆうじ　64年生まれ。東京大学社会科学研究所教授（経済学）。

二〇一三年一〇月二〇日⑤

『さようなら、オレンジ』

岩城けい 著

筑摩書房・一三六五円
ISBN9784480804488／9784480432995（ちくま文庫）

文芸

言葉の壁と格闘する女性たち

開くのをためらう本がある。こんな小説をずっと読みたかったのだ！と心を鷲掴（わしづか）みされる予感が読む前からあるからだ。そしてほら、予感はすでに確信に変わっている。

本書は2つの物語からなる。一方の主人公はサリマというアフリカ人女性。内戦を逃れ、英語が話される大きな島国に難民としてやって来た。夫には逃げられ、知識も技能もない彼女は、スーパーの生鮮食品加工場で肉の解体に従事し、2人の息子を育てている。英語クラスに通い、思うようにならぬこの外国語と格闘している。

クラスには彼女が「ハリネズミ」と呼ぶ東洋人女性がいる。字も読めず帰る故郷もなく、生きるために働くしかないサリマと違って、主婦のかたわら勉強、という恵まれた境遇だ。サリマは羨望（せんぼう）と怒りすら覚える。ところが、ある痛ましい出来事をきっかけに2人の距離が近くなる……。

小説のもう一つの物語を形作るのは、オーストラリアに暮らす日本人女性の「私」が恩師へ宛てた手紙だ。夫の都合で海辺の町に引っ越してきた彼女は、職業訓練学校の英語クラスに通い始める。

彼女は英語で小説を書こうとしているが、書きあぐねている。日々の生活、新しい出会いについて手紙は報告する。この移民の国に暮らす隣人たちが抱えた孤独に寄り添うように繊細に感応する彼女の孤独。娘を出産した喜びも束（つか）の間、不幸が彼女を打ちのめす。立ち直ろうと働き始めた職場で、かつてクラスメイトだったナキチというアフリカ人女性と再会する。

そのナキチがアフリカについて英語で書く恐ろしく稚拙だが心に迫る作文が、「私」に〈書く〉ことの本質を啓示する。それは、越えがたい言語や境遇の壁にもかかわらず、他者へと手をのばそうとすることなのだ。その手がいま、サリマとナキチの物語を一つに結び、読者一人一人の〈私〉へと届けてくれる。

評・小野正嗣（作家・明治学院大学准教授）

いわき・けい　71年大阪生まれ。大学卒業後に渡豪。本作で太宰治賞を受賞。

二〇一三年一〇月二〇日⑥

『剣術修行の旅日記　佐賀藩・葉隠武士の「諸国廻歴日録」を読む』

永井義男 著
朝日選書・一六八〇円
ISBN9784022630063
ノンフィクション・評伝

青春きらめく、藩士の「留学」

嘉永6年（1853年）、佐賀藩士・牟田文之助（満22歳）は武者修行の旅に出た。彼が記した日記（『諸国廻歴日録』）をもとに、北は宮城、秋田、新潟まで及ぶ、2年間の旅の軌跡を明らかにしたノンフィクション。

「武者修行」と聞くと、他流派の道場に殴りこみをかけ、相手をこてんぱんにして看板を奪い去り、悠々と引きあげる途中の辻で反撃を食らって斬り殺される、というイメージがあるが、実際は全然ちがうことがわかった。

藩公認で武者修行するひとは、各藩の城下にある「修行人宿」に無料で宿泊できた。文之助青年も修行人宿を利用しつつ、道場に礼儀正しく手合わせを申し入れ、各地の剣術家と交流を深めた。気の合う相手と酒を酌み交わしたり、他藩の修行者と仲良く旅をしたりと、楽しそうだ。

つまり武者修行は、現代で言うところの「留学」みたいなものだったのだろう。見聞を広げ、さまざまなひとと出会って人間的に成長する機会として、諸藩は公費で若者に旅をさせた。

文之助青年は、手合わせした道場の印象を、「格別の者はいない」と率直に日記に書いたり、歓待を受け二日酔いに苦しんだり、律義に礼状を書いたりと、憎めない人柄だ。そのためか、次なる目的地への出立（しゅったつ）の際には、30人ぐらいが見送りにきたほどだ。「見送り」のレベルを超えている……。彼らと別れの盃（さかずき）を交わしたせいで、またも酔っ払う文之助青年。

武者修行の実態がわかると同時に、青春のきらめきに満ちた、貴重な旅の記録だ。生まれた場所がちがっても、ひとはだれかと理解しあい親しくなれる。旅人を受け入れるおおらかさ。別れたらもう二度と会えないだろう互いの立場を知りつつ、心底からの親愛を表す人々。文之助青年が残した楽しく切ない旅日記を、著者の永井義男氏は、見事に現代によみがえらせた。

評・三浦しをん（作家）

ながい・よしお　49年生まれ。作家。97年『算学奇人伝』で開高健賞。

二〇一三年一〇月二〇日⑦

『ポラロイド伝説　無謀なほどの独創性で世界を魅了する』

クリストファー・ボナノス 著　千葉敏生 訳
実務教育出版・一八九〇円
ISBN9784478908116
ノンフィクション・評伝

アップル社のスティーブ・ジョブズが深い尊敬のあまり、アメリカの「国宝」とまで呼んだ科学者兼企業家、あの「ポラロイド・カメラ」を発明したエドウィン・ランドの伝記。

営業販売よりも研究開発に精力を注ぐ会社を創業したが、若いころは学籍もないのに大学の研究所に夜中忍び込んで思いつきを実験で確かめたというから超天才だ。ランド最初の成功といえる「偏光板」も、それぞれ方向の異なる偏光シートを自動車の前ガラスとヘッドライトに貼り付け「光のぎらつき」を消す当初設計から飛躍し、これを眼鏡に応用し偏光眼鏡で観（み）るカラー立体映画のシステムまで発明してしまうのだ。ランドの驚くべき発明群が世界をおもしろくした顛末（てんまつ）を一望させる本だが、三色でなく二色ですべての色相を表現できる夢のカラー映写法に憑（つ）かれた話だけは、不十分。もっとも、この発明は目と脳の生理的特質まで活用し、今も理論的によく分からないらしいので、仕方ないか。

評・荒俣宏（作家）

二〇一三年一〇月二〇日⑧

『「曽良旅日記」を読む もうひとつの『おくのほそ道』』

金森敦子 著

法政大学出版局・五六七〇円

ISBN9784588325076

文芸

本当に江戸時代の旅をしているようで、わくわくする一冊だ。「曽良（そら）旅日記」とは芭蕉の奥州、北陸の旅に同行した弟子、河合曽良の日記のことである。『おくのほそ道』が再構成された文学であるのに対して、同行した曽良は場所、天候、時刻まで詳細に記録した。すでに翻刻され研究書も複数出ているが、旅の研究者による本書は従来のものとは異なり、曽良と芭蕉の旅の体験を、実際に歩きながら確認するような本となった。

たとえば関所を通る体験とはどういうものなのか、別の旅記録も参照しながら詳細に描く。仙台藩を出るとき、道を変えて歩いたり、関所を通ることが困難だ、と記述している。4、5日で抜けられる旅程を13日も滞在していたことが、関所で不審に思われるからだ。その旅の実際を、著者はミステリー小説を書くように解いてゆく。芭蕉の旅は、やはり通常の旅ではなかった。宿泊した旅籠（はたご）や庄屋の環境も、改めて実感する。専門的だが楽しい本だ。

評・田中優子（法政大学教授）

二〇一三年一〇月二七日①

『スーパーマン 真実と正義、そして星条旗（アメリカ）と共に生きた75年』

ラリー・タイ 著 久美薫 訳

現代書館・四二〇〇円

ISBN9784768457115

文芸

時代とともに変身 壮大な英雄の秘史

不屈のアメリカン・ヒーロー、スーパーマン。ミッキーマウスと並ぶ米大衆文化の肖像が誕生したのは1938年。御年めでたく75歳を迎えた。

原作者のシーゲルとシャスターはともに東欧出身の貧しいユダヤ系移民。勉強も女の子も苦手で、いつも不良の餌食になっては、空想の世界に逃避していた。

シーゲルが18歳のとき、父親が強盗に殺害される。守護者を失ったシーゲルは自警団的正義に目覚め、「超人」の原型を生み出す。視力障害のある相棒シャスターが懸命にそれにイラストを付けた。

200人以上の関係者に取材、未完の回想録から裁判記録まで渉猟しながら、著者は壮大なスーパーマン秘史を探り描く。

「真実と正義と星条旗」というお馴染（なじ）みの標語はユダヤ教の口伝律法「ミシュナー」に酷似するという。惑星クリプトンの唯一の生き残りとして赤子のスーパーマンが米国に逃げてくる設定はホロコーストと重なる。ヒトラーからスターリン、人種差別結社、悪徳経営者、妻を虐げる夫まで容赦なく懲罰し、つねに弱者の味方に立ち続けてきたスーパーマン。時代の雰囲気を掴（つか）み取ることにも長（た）けていた。大恐慌後のニューディール政策を熱烈に支持し、冷戦末期には核兵器廃絶を独力で遂行しようとさえした。

興味深いのは一昨年のコミックス版。スーパーマンは「国連で米国籍の破棄を表明する」と宣言する。イランの民主化デモを支援する自分の行動が「米政府の手先」と見られることに「うんざり」しての決断だった。米国内では激しい論争が巻き起こった。

いみじくも昨今のシリア情勢をめぐり、オバマ大統領は「米国は世界の警察官ではない」と明言する一方、必要とあれば軍事介入を厭（いと）わない「例外的な存在」でもあるとも述べ、やはり国内で賛否の声が相次いだ。

オバマ氏自身を含め、米国の自己認識が大きく揺らいでいる近年の状況をスーパーマンはとうにお見通しだったのか。

グッズやメディアを通してスーパーマンは際限なく商品化され、キャラクターや物語設定も複雑化を極めた。原作者は130ドルで著作権を譲渡したことを生涯悔やみ、失意の晩年を過ごす。

勧善懲悪の華やかな舞台の裏を襲った不条理な現実の数々に心がひたすら切なくなる。みなし子で、正体を明かさず、超人的な能力を備えた正義漢。スーパーマンを模したヒーローも世界各地で続々と誕生し、子どもたちを魅了していった。

大衆文化論としても実に含意に富む力作。訳文や訳者あとがきも素晴らしい。

評・渡辺靖（慶応大学教授）

Larry Tye 元「ボストン・グローブ」記者。現在は、ボストンで医療報道の人材育成計画に参加。黒人の名投手サチェル・ペイジの評伝を著し、米でベストセラーになった。長年にわたるスーパーマン好き。

二〇一三年一〇月二七日②

『石原慎太郎を読んでみた』

栗原裕一郎、豊崎由美 著

原書房・一八九〇円

ISBN9784562049356

ノンフィクション・評伝

浮かび上がる小説家の肖像

舌鋒鋭い書評家の豊崎由美と歯にきぬ着せぬ評論家の栗原裕一郎が、石原慎太郎の小説を片っ端から「読んでみた」本である。もとは月1回で1年間続いたトークイベントであり、後半では映画評論家の高鳥都と作家の中森明夫がゲストに迎えられている。

確かに近年の石原慎太郎は、政治家としての顔が圧倒的に知られており、小説はいまだに芥川賞受賞作『太陽の季節』か、石原裕次郎を描いた『弟』ばかりが挙げられる。そこで2人は入手困難な作品も含め、次から次へと「石原慎太郎の小説」を読んでゆく。ルールとされたのは、「政治家・石原慎太郎」と「元芥川賞選考委員・石原慎太郎」をカッコに括（くく）るということ。あくまでも一人の作家として評価しようというのである。そしてその結果、おそらく両人とも事前には想定していなかった「小説家石原慎太郎」の肖像が、じわじわと浮かび上がってくるのだった。

デビュー作「灰色の教室」から始まり、「『太陽の季節』は本当に芥川賞にふさわしかったのか？」、三島由紀夫との比較、知られざる長短編の数々、そして知る人ぞ知る傑作『わが人生の時の時』まで、毎回テーマを掲げて「メッタ斬り」してゆく様子は痛快であると同時に、2人の読み手の公平さと誠実さを窺（うかが）わせる。「一人の作家として評価」と述べたが、正確には作品ごとに評価がなされており、つまり是々非々ということだ。

当たり前のことだが、埋もれた良作もあれば酷評されるものもあり、一編の小説においてさえ魅力と瑕疵（かし）が両方ある。ここで下される判断に異を唱える者もいるだろうが、2人とも自己の評価が絶対だとは思っていまい。だが確実に言えることは、本書を読んで「石原慎太郎の小説」を読みたくならない者はいないだろう、ということである。愛も尊敬も無関係な、これこそあるべき「文芸評論」の姿である。

評・佐々木敦（批評家・早稲田大学教授）

くりはら・ゆういちろう 65年生まれ。評論家。
とよざき・ゆみ 61年生まれ。ライター。

二〇一三年一〇月二七日❸

『島田清次郎　誰にも愛されなかった男』

風野春樹 著
本の雑誌社・二六二五円
ISBN9784860112455

ノンフィクション・評伝

「天才」は入院後も書き続けた

　大正時代は、スケールが大きすぎ話も赤裸々にすぎて胡散（うさん）くさく思われてしまう「天才」が多数輩出した、ある種の文化的黄金時代だったらしい。精神病院から詔勅を発した芦原将軍しかり。ロシア皇太子侍従の落とし胤（だね）としてロシア革命の修羅場を実際に体験した異色の混血作家・大泉黒石しかり。そして本書が描く島田清次郎の短い人生も、彼が残した小説に負けないほど超人的だった。

　島田清次郎は極貧の生活を送りながら、わずか20歳で刊行した自伝的小説『地上』が若い読者に支持され、大ベストセラー作家となった。本人がモデルの苦学生時代から始まる物語は、巻を重ねるに従い舞台を世界に広げ、全人類の幸福達成を妄想する「天才」の苦闘記へと発展する。その情熱に触れた女性も彼を崇拝せずにいられなくなるという身勝手きわまりない筋だが、著者によれば、中学生だった中原中也ら10代の読者の渇きを癒やす青春小説として迎えられ、清次郎のような「天才」になることが文学少年たちの目標になった。

　だが、この天才作家は、膨大な印税収入を投じて、H・G・ウェルズやゴールズワージーら世界的作家と会見する旅を敢行、本気で世界改造を論じだすのだ。故郷や学校の人脈も無遠慮にこき使い、結婚すれば妻に暴力を振るい、彼を無視する文壇とも敵対した。また自分の愛読者だった海軍少将令嬢を「誘拐監禁」し結婚を迫るに及んで逮捕・告訴され、ついに精神病院に入院となる。精神科医でもある著者が特段力を注ぐのは、彼の入院後の生活である。早発性痴呆（ちほう）（現在の統合失調症）と診断され抹殺状態に置かれた彼が、じつは死の直前まで著述をつづけ復活を期していた事実が新たに掘りだされる。愛されなかったかどうかを越えて、当時の青年に現実を突き破る妄想の力を示した「天才」の挫折伝として、これは読める。

評・荒俣宏（作家）

かざの・はるき　69年生まれ。精神科医、書評家。専門は精神病理学、病跡学。

二〇一三年一〇月二七日❹

『いまを生きるための政治学』

山口二郎 著
岩波現代全書・二二〇五円
ISBN9784000291095

政治

失敗ふまえ〝新・政権交代論〟

　著者は「生活が第一」のスローガンを提言し、4年前の政権交代に一役買った民主党のブレーンだ。理想の政治の実現を夢みた著者にとって、民主党の挫折は痛恨事だったろう。市民に政治へのあきらめ気分を広げてしまった罪は重い、と政権を総括する。

　ただ本書のテーマは失敗政権へのうらみ節でも、知恵袋としてのざんげでもない。蓄えた知識と思想をフル動員し失敗体験もふまえ、あせた政権交代論を刷新し、理想の政治論を再生することだ。

　政治状況の変化もそれを必要としている。第一に20年前に始まった政権交代可能な政党政治への歩みが振り出しに戻ってしまったことがある。自民党以外の勢力を何でもいいからかき集め、対抗勢力を作る路線はついに頓挫した。

　第二は民主党政権の失敗の反動で、政権安定と景気の回復だけを望む短絡的な民意が広がっていることだ。これが政治の矛盾を深めているという。その民意に乗る安倍政権はグローバリズムとナショナリズムという異質な土台に足場を置き、実は不安定だ。

著者の主張は、理念や理想で結集する政党政治の基本に立ち返れ、といたってシンプルだ。ただその先が難しい。理想主義に走りすぎるな、というのだ。ベストを追うあまり微温的なものを排除していけば、往々にして最悪の結果を招き寄せてしまう。

「2030年代に原発ゼロ」を打ち出したのに足元の再稼働を認めた野田政権。これを脱原発勢力が見放したのがいい例だ。その結果30年代ゼロ目標は安倍政権によって葬られてしまう。なかなか理想に近づけないまどろっこしさに耐えないと、本当に求めるものを失うこともある。

目の前の政治を見放すのはたやすい。批判しつつも見守ることはずっと難しい。それでも私たちは、私たち自身のためにその努力を必要としている。そこに気づかせてくれる市民のための手引き書だ。

評・原真人（本社編集委員）

やまぐち・じろう 58年生まれ。北大教授（行政学・政治学）。『戦後政治の崩壊』など。

二〇一三年一〇月二七日⑤

『生理用品の社会史 タブーから一大ビジネスへ』

田中ひかる 著

ミネルヴァ書房・二五二〇円
ISBN9784623066919

社会

意識変えた使い捨てナプキン

以前に生理用ナプキンを燃やそうとしたことがある。百円ライターを壊しても火すらつかなかった。高分子吸収体って何者なんだ。そしてこういうものがなかった時代、女たちは毎月どうやって経血の処置をしてきたんだろう。

あまり公に語られてこなかった生理用品の歴史。類書も少なく、常々知りたいと思っていた。

古代から太平洋戦争までの長い期間、経血処置に何がどう使われてきたか、不浄とみなされ、タブー扱いされていたことなどが書かれた前半も興味深いが、白眉（はくび）は第3章、使い捨てナプキンを日本人の体形に合わせて開発、商品化したアンネ社の登場。

1961年、当時口にするのも憚（はばか）られた月経を「アンネ」と呼ぶ提案と、水洗トイレに流せる使い捨て紙ナプキンは、多くの女たちに衝撃と喜びをもって、受け入れられた。しかも快適な経血処置を提供したいという信念のもとに、この製品と呼称を創り出したのは、坂井泰子（よしこ）という27歳の女性社長。

若く美人であるために、世間から必要以上に騒がれもてはやされ、一方で男性スタッフとのやりとりには、苦労した様子がうかがえる。当時宣伝を担当した渡紀彦の回顧文は、使用済み脱脂綿（ナプキン登場以前、広く使われていた）を見て「女性の恥部の乱舞」「業の集積」など、悪気は全くなく、むしろ善意と使命感に燃えていたのだろうが、見当違いな言葉ばかり。60年代に入っても月経に対する暗いタブー意識は、まだ色濃く残っていたのだ。

こんな混乱を経て、使い捨てナプキンはあっという間に定着発展し、タブーを超え、日本は世界一のナプキン先進国となったのだ。そして現在のトレンドは、布ナプキン。使い捨てナプキンを批判する声もあるが、こうして俯瞰（ふかん）すると、日本人の意識改革に果たした役割の大きさが、しみじみとわかる。

評・内澤旬子（文筆家・イラストレーター）

たなか・ひかる 70年生まれ。横浜国立大大学院で社会学専攻。『月経と犯罪』など。

二〇一三年一〇月二七日❻

『「老年症候群」の診察室　超高齢社会を生きる』

大蔵暢 著

朝日選書・一三六五円
ISBN9784022630056

医学・福祉

人間の全体を見る医療を取り戻す

高齢の母が複数の病院に通い、たくさんの薬を服用していた。それでもひどく具合が悪くなったことがあった。「何かおかしい」と自分で感じていくつかの薬をやめ、いくつかの医療機関をやめたら調子が良くなった。そういう経験をちかごろ良く耳にする。

本書を読んで、すとんと心に落ちた。五つの医療機関にかかり十七種類もの薬を処方されていた高齢者の話が最初に出て来る。これは希（まれ）な例ではない。やはり変だ。著者は「医学モデル」から「生活モデル」への転換が必要だと言う。高齢者の不調は若者の病気とは異なり「虚弱化」の結果なのだ、と。具合が悪くなるとその部分の専門の病院に行くが、ひとつひとつ別々に治療しようとしたら何種類もの薬を飲むことになり、その副作用は尋常ではない。

ではどうしたら良いか。全体を「老年症候群」と捉え、別々にではなく、老化全体と向き合いながら、生活を楽しむのがいちばんだという。自分の身に引きつけてもそのとおりだ。

高齢になればなるほど人間の多様性が増して来る、という指摘に納得した。症候群の出方はそれぞれ、趣味も思想もまちまち。医者もそれを心得て柔軟に対応しなければならないのは、その通りだろう。この多様性は、高齢化社会の豊かさでもある。

老年医学には「包括的高齢者評価」という概念が必要だそうだ。身体的な問題が心理的な問題と関わっていたり、その逆もあり、その原因が生活環境であったりと、全体の生活の質を知らないと、もはや医療は対応できないのである。個々の人間をみつめることになる。

近代医学は人間の同質性を前提に部位を分け、分析することで発達した。しかし高齢化社会を迎えることでようやく、かつてのような人間の全体を見る医療を取り戻せるのではないか。その可能性を感じることのできる本だ。

評・田中優子（法政大学教授）

おおくら・とおる　東京ミッドタウンクリニックのシニア医療部長。

二〇一三年一〇月二七日❼

『三面記事の歴史』

ロミ 著　土屋和之 訳

国書刊行会・三九九〇円
ISBN9784336057464

ノンフィクション・評伝

「三面記事」は、いまの日本でいえば、スポーツ新聞や夕刊紙のゴシップ欄やセンセーショナルな記事にあたる。奇矯な事故や犯罪、スキャンダルや痴情の果ての惨事といった、人がついのぞき見したくなるような記事だ。

親族やライバルの殺害、テロリストによる暗殺、見せしめの虐殺……。本書の冒頭に掲げられた1035年から1934年までの殺人リストは、全部で百数十項目。殺人が政治を動かしてきたという事実に、背筋が寒くなる。その一方で、「3分間でワインを4リットル飲み死亡」とか、食膳のグリーンピースを鼻に詰め猿轡（さるぐつわ）をかませて自殺した囚人の話とか、あきれるような事実が満載。これにはいやでも胸が躍り、騒ぐ。

三面記事は時代を超えて同じ型を踏む。面白すぎる話のヴァリエーションににやりとしながら、他人の失敗を嗤（わら）うみずからの低き性（さが）を突きつけられもして、読者はふと我に返る。そういう意味ではちょっと意地悪な書でもある。

評・鷲田清一（大谷大学教授）

二〇一三年一〇月二七日⑧

『木琴デイズ　平岡養一「天衣無縫の音楽人生」』

通崎睦美 著
講談社・一九九五円
ISBN9784062185929
ノンフィクション・評伝

評者には木琴は、昭和の音色である。戦後六、七年頃（ごろ）、小学校の音楽室で聞いた。田舎の子の耳にはハイカラな響きだった。平岡養一の名は、ラジオで知っていた。こんな字を書くとは本書で教えられた。養生第一を願っての、命名者が伯父のひろしで、この人は日本野球の祖である。

養一は独学で木琴を学び、アメリカに渡る。やがて毎朝十五分間のラジオレギュラー番組を持つ。全米の子らは平岡の木琴で目をさました。放送は約十一年続いた。

戦争になり帰国する。平岡は民謡歌謡タンゴ等なんでも弾けた。指揮者の岩城宏之は平岡の木琴で音楽に導かれた。マリンバ奏者の著者は、十歳の時に平岡と共演、彼の人生に興味を抱き、資料を集めて本書をまとめた。木琴の歴史（すでに江戸期に存在）も面白い。ブリヂストンと関係があるなんて誰も知らないだろう。著者の旺盛な好奇心が、充実した人物伝を完成させた。木琴奏者・平岡養一、もって瞑（めい）すべし。

評・出久根達郎（作家）

二〇一三年一一月三日①

『流星（りゅうせい）ひとつ』

沢木耕太郎 著
新潮社・一五七五円
ISBN9784103275169／9784101235226（新潮文庫）
ノンフィクション・評伝

行間に思い広がる　人間・藤圭子の姿

先日自殺した藤圭子。本書は作家の沢木耕太郎氏がかなり前に、彼女に対して行ったインタビューをもとに書かれた作品だ。

ことの起こりは34年前。当時、人気の頂点を極めた歌手の藤圭子が28歳の若さで突如引退を表明。沢木氏はその真相を聞き出すため、ホテルニューオータニのバーで彼女にインタビューを試みる。まもなく原稿は書き上げられ、公刊の手筈（てはず）も整ったが、しかし沢木氏は直前になってこの作品を世に出さずに封印したという。

書き方はきわめて挑戦的だ。この本は沢木氏と藤圭子のカギかっこによる会話文だけが延々と続き、地の文による背景説明や情景描写が全然ない。しかしそれでいて５００枚にも及ぶボリュームの原稿が質の高い作品として成立しており、読む者を飽きさせない。駆動力を持たせているのは本音を聞き出す沢木氏の巧みなインタビュー術と、スリリングな文体によるところが大きい。さりげない会話を装っているが、その実、巧みな構成で人間藤圭子の歩みが自然と分かるようになっている。

ここに描かれている藤圭子は少女のように純真で、前向きであり、時に力強く、だが可憐だ。あきれるほど天真かと思えば実直に一途でもある。彼女は自らの生い立ちから、両親と流しの浪曲師を続けた子供時代、それに芸能界のこと、最初の夫である前川清のこと、恋人たちのことを赤裸々に話す。その流れの中で沢木氏はゆっくりと引退の真相を聞き出していく。そして浮かび上がってきたのはあまりにも真摯（しんし）な彼女の歌への姿勢だ。私は世代的に彼女の歌手時代のことについてまったく知らない。だがその歌への思い、言葉のもつ力のつよさと清らかさには胸を打たれるものがあった。

封印されたはずの作品がなぜ陽（ひ）の目を見ることになったのか。それはもちろん当の藤圭子が自殺したからだ。とりわけ実の娘である宇多田ヒカルの言葉が鍵となっている。藤圭子が亡くなった時、宇多田ヒカルは彼女が精神的に病んでいたこと、小さい頃からそれを見てきたことを明らかにした。その言葉に衝撃を受けた沢木氏は、自分の知る藤圭子の姿を伝えるため本書を出すことを決めたのだ。

この宇多田ヒカルの目は、読者にとっても意識せざるを得ないものとなってくる。沢木氏にとっての藤圭子。宇多田ヒカルにとっての藤圭子。その間に一体何があったのか。あれほどまでに輝いていた人間がなぜ自殺に追い込まれなければならなかったのか——。

　この本の外側には、そのような途方もない行間が広がっている。読者がそこに思いをはせた時こそ、この作品が物語として結実する時なのかもしれない。


評・角幡唯介（ノンフィクション作家・探検家）

さわき・こうたろう　47年生まれ。作家。『テロルの決算』（大宅壮一ノンフィクション賞）、『一瞬の夏』（新田次郎文学賞）、『バーボン・ストリート』（講談社エッセイ賞）、『キャパの十字架』など。

科学・生物

『ヒッグス　宇宙の最果ての粒子』
ショーン・キャロル 著　谷本真幸 訳
講談社・二九四〇円
ISBN9784062186070

ノーベル賞もたらした大発見

　今年のノーベル物理学賞は、ヒッグス粒子なるものの存在を半世紀前に予想した2人の理論物理学者が受賞した。昨年、スイス・ジュネーブ郊外の欧州合同原子核研究機関（CERN）の実験で、同粒子が実際に「発見」されたことが直接の理由だ。米国の理論物理学者の手になる本書は、素粒子理論の構築と発見をつぶさに追った科学読み物。

　では、ヒッグス粒子とは何か。これが一言では語りにくい。粒子と対になったヒッグス場のおかげで、この世界に「質量」が生まれたとか、必ずしも正確ではない（間違いともいえない）解説が流布していて、本書はそのあたりを丁寧に解きほぐす。中学の理科第1分野が大嫌いだったという人にはあえてお奨（すす）めしないが、原子模型を興味深く眺めたことがあるような人なら、自分自身の読解力に応じた理解が得られるはずだ（多少差が出るのは仕方ない）。

　著者はこの発見を「終わりであり始まり」と述べる。ヒッグス粒子は「標準模型」という理論で予想される素粒子の中で唯一未発見だった。つまりパズルの最後のピースがぴったとはまり、標準模型はある意味、完成した。その一方、標準模型だけでは説明できないことも多くあり、ヒッグス粒子の挙動を知ることが、新たな謎解きの第一歩となる。

　本書は科学解説に留（とど）まらず、素粒子物理のように巨大化した科学の社会的な意義をも問う。ヒッグス粒子を発見した装置は、数千億円を費やして建設され、膨大な電力を使い、数千人もの研究者がかかわる。宇宙の成り立ちを解き明かすためとはいえ、それだけのコストをかける意義があるのか。米国人の著者は90年代、テキサス州で建設途中に中止されたSSC（超伝導超大型加速器）の苦い記憶を持つ。この時、米国には「ノー」と言う声が多かったわけだ。ヒッグス粒子発見がもたらすものを垣間見た後で、考えるのにふさわしい課題だ。

評・川端裕人（作家）

Sean Carroll　米カリフォルニア工科大学の理論物理学者（宇宙論）。

二〇一三年一一月三日③

『病の皇帝「がん」に挑む　人類4000年の苦闘　上・下』

シッダールタ・ムカジー著　田中文訳

早川書房・各二二〇五円
ISBN9784152093950〈上〉・9784152093967〈下〉

医学・福祉

情熱的に描く、生への希求の歴史

著者のムカジー氏は、アメリカでがんの治療と研究にあたっている医師だ。彼は娘の誕生を、注射器片手に待ち受けた。臍帯血（さいたいけつ）を採取し、がん患者の治療に役立てるためだ。そんなムカジー氏が、専門家として、多くの患者さんと向きあってきた一人の人間として、「がんとはなんなのか」「人類はがんにどう挑みつづけているのか」を、科学的かつ情熱的に解説する。

上下巻の大著だが、ぐいぐい読める。私のように医学的な知識がないものが読んでも、わかりやすい。いまから約4千年前、古代エジプトの時代に、人々は乳房にできる「しこりの病」の存在にすでに気づいていた。紀元前500年ごろ、ペルシアの王妃アトッサは、乳房の腫瘍（しゅよう）摘出手術を受けた。

その後も人類とがんとの戦いはつづく。まじない、体から血を抜く瀉血（しゃけつ）など、さまざまな「治療法」が生みだされた（現代の感覚からすると、瀉血はされたくない）。それはほとんど、人類の絶望の歴史だった。だがいま、がん研究は着実に進歩し、的確な手術、放射線療法、化学療法などによって、多くの患者さんの命が救われている。

とはいえ、がんの根絶には至っていない。がんは「細胞の病的な増殖」であり、生命活動と密接に絡んだ複雑な疾患だからだ。絶望と希望のあいだで揺れる医師、研究者の姿が、本書では描かれる。患者さんたちの姿も、それぞれに印象的だ。小児がん研究基金のイコンとなったジミー少年。彼がたどった運命は、本書の大きな読みどころのひとつだろう。

がんの歴史を知ることとは、人類の「生」への希求の歴史を知ることだ。本書の言葉を借りれば、そこには「何一つ、無駄な努力はなかった」。敗者は一人もいない。知りたいし生きたいと願いつづけて生きる、人間の輝きと苦難と喜びについて、考えずにはいられなかった。

評・三浦しをん（作家）

Siddhartha Mukherjee　インド出身の腫瘍（しゅよう）内科医。本書でピュリッツアー賞。

二〇一三年一一月三日④

『ルポ　虐待　大阪二児置き去り死事件』

杉山春著

ちくま新書・八八二円
ISBN9784480067357

社会／ノンフィクション・評伝／新書

浮かび上がる有象無象の矛盾

2010年夏、大阪の繁華街近くのマンションで、3歳と1歳の子どもたちが遺体で見つかった事件は、記憶に新しい。当時23歳のシングルマザーだった母親の育児放棄（ネグレクト）による死と報道された。繰り返し映される子どもの元気だったころの写真と、風俗店勤務だった母親の宣伝写真。50日間にわたり子どもを放置した、その間遊びまわる姿をSNSにアップしていた、リビングの外から粘着テープを貼り、玄関に鍵をかけて出た……等々、身勝手な母親の姿を先鋭化する情報が、メディアに躍った。

彼女は、本当に子どもたちを殺す気だったのか？　重く複雑な問いを軸に、筆者は丹念に取材を重ねていく。「虐待」の一言で片づけられる問題の背景にある、有象無象の矛盾。浮かび上がるのは、母親の半生に詰め込まれた不条理だ。精神的に不安定な実母と実父は離婚、自分の問題と正面から取り組むために必要な精神的後ろ盾もなく、対処法も学べず、家出を繰り返した少女時代。彼女もまたネグレクトされた被虐待児である。おそらくそれに気づく機会さえ、与えられなかった。

19歳で結婚し、20歳で母になった彼女は、当初布おむつや母乳にこだわり手の込んだ育児をしていたという。だが、22歳で離婚。家族会議で彼女は、子どもたちを一人で責任を持って育てることを言い渡され、「家族には甘えない」「夜の仕事はしない」等の誓約書まで書かされていた。

浮き彫りになるのは、良い母であろうという理想と現実との落差。その間を埋める手段や問題対処能力の欠落。さらに就労も住居も不安定な親は、行政の救済網からも零（こぼ）れ落ちてしまうという問題。本件は、今春懲役30年の判決が確定した。積極的ではなくとも殺意が認められるとの事由からである。妥当か否かの判断も含め、虐待問題の複雑な位相を理解するために、ぜひ一読されたい。

評・水無田気流（詩人・社会学者）

すぎやま・はる 58年生まれ。フリーのルポライター。著書『ネグレクト』など。

二〇一三年一一月三日⑤

『匠たちの名旅館』

稲葉なおと 著

集英社インターナショナル・二三一〇円
ISBN9784797672534　アート・ファッション・芸能

信頼が生んだ木造建築の奇跡

日本にこんな宿が残っているということ自体が、一種の奇跡と思えてきた。建築デザイン上の共通点も列挙できる。天井の低さ、柱の細さ、屋根の薄さ、木材の吟味が、美しさに直結している。しかしそれ以上に、建主（施主）と建築家（あるいは棟梁（とうりょう））との間の信頼関係が奇跡を生んだことを知った。筆者は、当事者から、信頼の核心を聞き出すことに成功した。インタビューという形をとらず、多くの場合、宿泊客とおかみ、という関係が会話をなめらかにし、施主と建築家との関係の「質感」が伝わってくる。すぐれた宿には、人と人との特別な信頼関係がある様子に、感動すら覚えた。エピソードの中から、何本もの映画やドラマがすぐにでも製作できそうである。

信頼とは、一方的なものではなく、お互いに刺激しあい、育てあう人間関係なのだということも教えられた。その相互作用の結果が、空間の豊かさ、サービスの充実という形に結実するのである。

かつての日本では、建築を作る時、必ずこのような人と人との信頼関係が存在していた。それが日本建築の美と質を支えて、日本建築を奇跡と呼べるレベルにまで上昇させたのである。

それがいま失われ、日本の景観が壊滅的な状況におちいったのはなぜか。人と人との信頼が失われたからである。良い材料がなくなったからでも、いい職人がいなくなったからでもない。つきあいが組織対組織になって人間が消えてしまった。そこにいい宿は生まれない。匠（たくみ）と施主との信頼関係は、客と宿との信頼関係にまで伝染し、日本の木造旅館という奇跡が生まれた。

信頼が失われて、日本からいい宿は絶滅しつつあり、日本は観光の最大の武器を失った。文化の核のひとつが消えた。国の大事なエンジンが消えたに等しい。その失われたものの豊かさの秘密が、ここに輝いている。

評・隈研吾（建築家・東京大学教授）

いなば・なおと 作家、写真家。著書に『遠い宮殿 幻のホテルへ』など。

二〇一三年一一月三日⑥

『連続シンポジウム　日本の立ち位置を考える』

社会／国際

明石康 編

岩波書店・二二〇五円
ISBN9784000242981

日米アジア識者の良質な議論

戦後日本の民間国際交流の草分け・国際文化会館（東京）で行われた日本・米国・アジアの有識者19人による連続シンポジウムの抄録。

例えば、日米中の関係一つ取っても多様な視点が提示されている。

近代史をひもときながら「日本とアメリカとの関係は中国問題によって規定される」と説く加藤陽子。その中国は「日米両国を同時に相手にして戦うことはできない」として、日中関係が悪化しているときは米中関係の安定化を図ると指摘する王緝思。「アメリカも日本も日米同盟にばかり集中しない方がいい」と意外な提言をするエズラ・ヴォーゲル……。

日中関係については、五百旗頭真とヴォーゲルが、過去の戦争への反省を土台にしながらも、戦後日本が中国に行った償いや善行については堂々と筋を通すべきだと見解を一にしている。

加えて、トミー・コーは自国（シンガポール）がマレーシアとの領土問題解決を国際司法裁判所に付託した例を引きながら、国際法遵守（じゅんしゅ）の姿勢を前面に打ち出すことが日本の利益になると助言する。

パワーの移行と拡散が著しい今日の国際関係にあっては、現状規定や課題設定、規範形成の能力――例えば、「自衛」や「中立」などの「概念や用語の定義をめぐる闘争」（加藤）――が国家の命運や存在感を左右する。問われるのは自国の政策・理念・制度の正当性、信頼性、そして魅力だ。

「仮想敵を求めてみたい気持ちに駆られることへの強い自戒の念」（明石康）に裏打ちされた本書は、そのための鋭い指摘やユニークな処方箋（しょほうせん）に富んでいる。

リベラル派と保守派の有識者双方が、左右の極論に走ることなく、良質の議論を展開している点も貴重だ。似た者同士だけで「対話」しがちな日本の論壇の閉塞（へいそく）状況とは異なる開かれた言説空間がここにはある。

評・渡辺靖（慶応大学教授）

あかし・やすし　31年生まれ。国連事務総長特別代表などを経て、国際文化会館理事長。

二〇一三年一一月三日⑦

『民家日用廣益（こうえき）秘事大全　江戸庶民の生活便利帳』

歴史

三松館主人 著　内藤久男 訳

幻冬舎ルネッサンス・二三一〇円
ISBN9784779010132

江戸時代の「やっ、これは便利だ」日用百科事典である。

こんな内容。シャックリを止める法。冷水に寺と三回書き、その水を三口で飲む。

大便をこらえる法。男は左、女は右の掌（てのひら）に指で大と書き、舌で三度なめる。小便の場合は同様に小と書く。

ばかばかしい教えばかりではない。炭火をはねさせない法は塩をつまみ入れる、とか、溺れた人を助けるには後ろから抱く、前から抱くとしがみつかれて共に沈みかねない、など理に適（かな）った記述もある。

いや、正否の問題ではない。当時の人々が何を考え何を求めていたか、どんな不安を抱き悩み苦しんでいたか、本書の約一千項目を読めば見えてくる。白毛の染め方がある。毛生え薬や抜け毛の薬もある。昔の人も髪には苦労していたのだ。海水に浸（つか）った本は、表紙を外して、塩を入れた水桶（おけ）に浸（ひた）して塩抜きをし……。

船で読書中に本を落としたのだろうか。いろんな想像がわいてくる。庶民生活を知る珍書である。訳文も読みやすい。

評・出久根達郎（作家）

二〇一三年一一月三日⑧

『日本の農業を破壊したのは誰か　「農業立国」に舵を切れ』

山下一仁 著
講談社・一六八〇円
ISBN9784062185851

社会

日本の農業をめぐっては、「誤った常識」を前提に政策が議論されることが多い。「小さい農家は貧乏」「関税がなくなれば農業は壊滅する」「米国や豪州とは規模が違うので競争にならない」のたぐいだ。

実際は農業収入が少ない兼業農家の方が大きな専業農家より平均所得が高い。野菜や花などは関税がほとんどないが競争力がある。高関税のコメも米カリフォルニア産と国内産の内外価格差は接近しており今の価格でも台湾や香港に輸出されている。本書はデータをふんだんに用いて論理的に〝農業ムラ〟の不都合な真実を明らかにしていく。

著者は元農水官僚だが、自由化を主張しつづけてきた筋金入りの改革派だ。最近もTPP賛成論を掲げ、反対派との論争の先頭に立ってきた。

農協組織や農政の甘えの構造を指摘する著者の舌鋒（ぜっぽう）は鋭く厳しい。ただそれを徹底的に見直せば農業の明るい未来を設計することは十分可能、と目が見開かれる一冊。

評・原真人（本社編集委員）

二〇一三年一一月一〇日①

『11（イチイチ）／22（ニイニイ）／63（ロクサン）上・下』

スティーヴン・キング 著　白石朗 訳
文芸春秋・各二二〇五円
ISBN9784163824802〈上〉・9784163824901〈下〉／9784167907211〈文春文庫〈上〉〉・9784167907228〈〈中〉〉・9784167907235〈〈下〉〉

文芸

過去を変えれば幸せになるのか

わかりにくい題名だが、つまり一九六三年十一月二十二日という意味だ。この日（日本時間で二十三日祝日）、私は確かにテレビでケネディ暗殺のシーンを見た。親戚の家を訪問中で、その部屋の様子まで鮮明に覚えている。暗殺は日本の未明だから、その後のニュースだったのだろう。このニュース番組は、日米間初の衛星中継試験放送だった。私は当時十一歳。後の九・一一や三・一一とともに、「あのとき私は」を記憶するような出来事だった。一九四七年生まれの著者のキングは十六歳であった。

主人公ジェイクは二〇一一年のアメリカ北東部メーン州アンドロスコッギン郡リスボンフォールズ（実在の町）に住むリスボン・ハイスクールの教師で、作文の添削や演劇の指導をしている。その作文の中に、社会人学生の書いた、父親の家族殺人が綴（つづ）られた一篇（ぺん）があった。このことが物語の伏線になる。ジェイクはトレーラーハウスを改造したハンバーガーショップのなじみ客だ。この店、あまりに安い価格で人が寄りつかない。その金額には理由があった。癌（がん）で死が間近に迫る経営者アルは、ある日ジェイクを食品庫に案内する。

読者も主人公もここで同じことを想像する。もしかして猫の死体が並んでる？　いや、そうではなかった。アリスの兎（うさぎ）の穴のように、別世界に入る穴があったのである。その別世界とは、一九五八年のアメリカだった。

このトレーラーがある場所にはそのむかし紡織工場があったので、穴を抜けると工場の乾燥小屋に出る。幾度も時代を行き来しながら、ジェイクはアルの熱望「ケネディ暗殺を止める」ことを実行しようとする。そのために過去の世界で、テキサス州にまで移動して五年間生活することになる。

この小説自体がアリスの穴のようで、引き込まれたら出られなくなる。まず六〇年代の住居、飲食、ファッション、ジャズにロック、そして歴史である。日本人なのになつかしい。出て来る町や施設は実在に近い。リスボンフォールズの紡織工場は、調べればこの町の歴史の重要なトピックとして見つかる。では、と向こうの世界でジェイクが暮らすテキサス州デンホーム郡を調べてみたら実在しなかった。しかしダラスの町やオズワルドの毎日は実にリアルだ。

キングの小説の面白さは、生活の中でふと出会う異常体験にある。日常と異常が実は隣り合わせで、そこに突然穴があく。それはキングの作品に共通している。

本書は人の心の中にある「悔恨」を刺激する。あの時あれを止めていれば、と。では過去を変えればもっと人は幸せになるのか？ 夢中で読んだ後、「今」が無二の瞬間であることを、深く納得する。

評・田中優子（法政大学教授）

Stephen King　47年米国生まれ。74年に『キャリー』でデビュー。モダン・ホラーの巨匠として世界中にファンをもつ。本書は11年に刊行され、国際スリラー作家協会最優秀長編賞などを受賞。代表作『IT』など。

二〇一三年一一月一〇日②　歴史

『ビルマ・ハイウェイ　中国とインドをつなぐ十字路』

タンミンウー著　秋元由紀訳
白水社・三二五〇円
ISBN9784560083123

辺境の変化　歴史掘り起こし報告

中国とインドの国境近くの峡谷を探検したことがある。最初は98年。粗末なあばら家が並び、人々は火縄銃で猟をしていた。ところが5年後になると高速道路みたいな立派な道路が延び、その7年後には人々は携帯電話で山一つ向こうの友達と気軽に連絡を取り合っていた。それを見て私は驚愕（きょうがく）したものだ。この間まで火縄銃だったのにと。

中国とインド、ビルマ（ミャンマー）の国境付近は世界の最辺境であり続けてきた。ヒマラヤの高峰や深い峡谷、不快な密林や疫病が障害となり中印両国の支配が及んでこなかったのだ。そのためこの地域は山ごとに異なる少数民族が暮らす、両大国の緩衝地帯の役割を果たしてきた。

それがついに変わろうとしている。本書は経済力を手にした中印両国がいかにこの辺境に進出しているのかを、歴史の襞（ひだ）を掘り起こしながら明らかにしていく。とりわけ中国の影響力の増大は目覚ましく、雲南省からビルマを突っ切ってベンガル湾まで鉄道とパイプラインを通す計画が進行中だ。しかも中国にとってインド洋への進出は漢の武帝以来の計画だというから時間的スケールが半端ではない。本書の視点はそうした長大な歴史に支えられている。

それにしても、ついこの前まで混沌（こんとん）としていたこの辺境地帯でも街路がきれいに整備され、日本の郊外と同じようなどこにでもあるショッピングモールが建設されつつあることを思うと、個人的にはやるせない。臆面もなく各民族固有の生活様式や文化を押しつぶすように広まっていく中国の旺盛な経済活動に著者も憂慮の念をにじませている。

だがこれは中国一国の問題ではない。ヒト、モノ、カネの動きがついに最辺境に波及した、現代の消費主義が行き着いた果ての話でもあるのだ。その意味でビルマ辺境にとどまらず、今世界で起きていることの最先端の報告としてとても興味深い一冊だ。


評・角幡唯介（ノンフィクション作家・探検家）

Thant Myint-U　66年生まれ。ケンブリッジ大で博士号（歴史）取得。歴史家。

二〇二三年一一月一〇日❸

『自然を名づける なぜ生物分類では直感と科学が衝突するのか』

キャロル・キサク・ヨーン 著
三中信宏、野中香方子 訳
NTT出版・三三六〇円
ISBN9784757160569

科学・生物

魚類は「科学的」に存在しない?

魚類という分類群が「科学的」には存在しないという主張をご存じだろうか。生物の系統を明らかにする分岐学の立場で分類を考えるとそうなる。分類はある共通祖先から出た生き物を一括（くく）りにするべきで、魚類は「単系統」ではないから自然分類として適切ではない。どうしても魚類と言いたいなら、そこから出た両生類も爬虫（はちゅう）類も哺乳類もみな魚類だ。恐竜ファンなら「鳥は恐竜だ」という主張に触れたことがあると思うが、あれも分岐学の立場。我々が素朴に「魚」と感じる魚類など存在しないのである!

直観的におかしな話だ。我々は、海や川や池で泳ぐマグロやアユやコイを見て、ごく自然に魚だと受け入れる。世界中の言語で魚に相当する言葉があり、だいたいのところ、我々はああいうものを見ると一まとめに分類するようになっているらしい。それが日本語ではサカナで、英語ではFishだ。

著者は、近代分類学の祖リンネから説き起こし、ダーウィンの進化論を経て、現代の分子生物学を梃子（てこ）に、直観と「科学」の齟齬（そご）が顕在化してきた流れを追う。そして、それを読む限り分岐学の立場は実に「正しい」のである。

一方、著者は、我々が自然を直観的に分類するやり方が、進化を反映しないとしても、我々の生きる世界において役立ってきたと位置づける。エドワード・ウィルソンが言う「生命愛（バイオフィリア）」にもつながる、自然の中に秩序を見いだす力として。「生物界を眺めるわたしたちが行っているさまざまな分類はそれぞれ価値がある。科学による分類もそのひとつである」というのが、著者による落としどころか。系統の探究と、我々が意図せずとも行ってしまう分類という行為の違いに自覚的になるべきだ、とも読める。

この手の議論は、踏み込むとすぐに哲学的で難解になりがちだが、一貫して平易な語り口に引き込まれる。

評・川端裕人（作家）

Carol Kaesuk Yoon　米の進化生物学者。

二〇二三年一一月一〇日❺

『昭和の犬』

姫野カオルコ 著
幻冬舎・一六八〇円
ISBN9784344024465/9784344424203（幻冬舎文庫）

文芸

立ち向かうだけが人生ではない

読んですぐに、爽快感でいっぱいになるわけでも、泣き崩れるわけでも、ない。

読み終えて、一旦（いったん）記憶の底に仕舞（しま）い込んだ数日後、夜道を歩いているときなど、ふと思い出し、引き戻される。彼女はなぜ怒らないでいられるんだろう。

昭和三十三年。柏木イクは生まれる。父親はシベリア抑留経験者。旧日本陸軍の武官だった。敗戦から十年経って、引き揚げ船もこれで最後かと家族があきらめかけた頃に、故国へ戻ってきた。

彼がシベリアでの生活を語る場面はほとんど描かれない。ひとに尋ねられて、口を閉ざす。抑留時の夢を見て、うなされて、起きる。あとは、娘や妻に向かって激しい癇癪（かんしゃく）を爆発させる様子ばかり。そしてイクと恐怖を分かち合えたはずの母も、不幸な結婚を呪い、心を病み、娘を愛そうとしない。

玉突きのように、心の闇が連鎖して、イクにどしりとのしかかる。けれども、彼女は親に対して受けた理不尽を訴えるわけでもなく、恨みも育てない。内面の激しい葛藤すらも、描かれない。

両親を「歪（ゆが）んでしまうだけの目に遭ったのだろう」と許し、結果として幸薄くならざるをえなかった自分の人生をも、静かに受け入れる。

それでいいのかと、何度も何度も思う。けれどもそれが、親から精神的虐待を受けた（昭和生まれの？）ひとたちの、現実なのかもしれない。

受け入れたところで、やり場のない気持ちが解消することもなく、成人して両親を看取（みと）る立場になってからも、イクの身体を蝕（むしば）む。

そこに犬がいるのである。犬に笑いかけられて、犬と暮らした少女期を思い出し、すっと苦しい気持ちが吸い取られる。寂しいけれど、温かな気持ちになる。

立ち向かうだけが人生ではないのかもしれない。じわじわと滋味溢（じみあふ）れる、忘れがたい小説である。

評・内澤旬子（文筆家・イラストレーター）

ひめの・かおるこ　58年生まれ。作家。著書に『受難』『ツ、イ、ラ、ク』『終業式』など。

二〇一三年一一月一〇日❻

『ファントマ　悪党的想像力』

赤塚敬子 著

風濤社・三三六〇円
ISBN9784892193705

アート・ファッション・芸能

なぜ百年を経て人気があせないか

ファントマを知ったのは、ルネ・マグリットの画集を手にした1960年代であった。以来、心を去らず、自作の主題にもしてきたのは、マグリットの絵にたびたび描かれる黒タイツ姿の怪しい人物や、スタラーチェ描く〝FANTOMAS〟の表紙絵をそっくり模写したマグリットの「炎の逆流」のファントマに、少年の頃熱中した怪人二十面相や怪盗ルパンの原型を見たからであろう。

マグリットやアンドレ・ブルトンを入り口としてシュルレアリスムに感応し、それが深化していく過程で僕のファントマ意識は芸術の根幹と親和性を結んでいった。ファントマを換骨奪胎したマグリットを端緒として他の作品を見渡していくと、例えばブルトン執心のクロヴィス・トロウィユの作品にも〝FANTOMAS〟の表紙を飾った「切断された手」（マグリットも引用）が頻繁に登場するし、黒マスクに全身黒タイツの女ファントマが盗品を手に逃走する絵や、ピカビアの全身黒タイツを着用したようなシルエット人物もファントマを連想させずにおかない。

本書は、シュルレアリストたちの仕事やフイヤードの映画「ファントマ」のシリーズ化で、ファントマがいかに大衆のイコンとなり、百年を経た今でも人気が衰えないか、人間性、犯罪、非道徳性、低級さ、芸術性、破壊的魅力などの背景を探り、歴史的に解明していく。手際は実に鮮やかだ。ベルエポックのパリを震撼（しんかん）させたファントマの存在をここまで幅広く深く探究した文献は、わが国では『ファントマ幻想』（千葉文夫・青土社）と本書のみであろう。

一ファントマファンとして本書の出現には随喜の涙を誘われるが、この常軌を逸した非道な悪党がなお愛されるのは、芸術の創造と自由な精神への無制限にあり、ファントマの存在こそ、もうひとつの「シュルレアリスム宣言」とはいえないだろうか。

評・横尾忠則（美術家）

あかつか・たかこ　80年生まれ。東京大学大学院博士課程在籍。専門は表象文化論。

二〇一三年一一月一〇日❼

『民謡の発見と〈ドイツ〉の変貌　十八世紀』

吉田寛 著
青弓社・二七三〇円
ISBN9784787273369
歴史／ノンフィクション・評伝

一見すると難解な「ドイツ音楽論」風だが、じつはその改革が音楽の専門筋からでなく哲学・文学からの幅広い運動に負っていた事情を解き明かす刺激的な本だ。

近代的な国家・国民意識が最後まで確立せず、音楽もイタリアやフランスの折衷模倣で急場を凌（しの）いできた「遅れた国家」ドイツは、専門家が蔑視していた粗野な農民の歌謡を、その「遅れ」を逆手にとって、新たなドイツ国民精神の基盤に据えようとした。

ドイツ民謡の価値を発見した哲学者ヘルダーが、音楽について素人であった点も、先進国コンプレックスを覆す力となった。

この発想は、音楽を芸術的な洗練ではなく、粗野で大衆的な「野生の歌」を復活させる方向へ発展した。同様に「新しい国家」建設中だったアメリカや日本は、ドイツの民謡復活やロマン主義思潮に影響を受けたわけで、柳田國男が日本の民俗に目を向けた意義などもこの視点から再検討するとおもしろそうだ。

評・荒俣宏（作家）

二〇一三年一一月一〇日❽

『イギリスに学ぶ商店街再生計画』

足立基浩 著
ミネルヴァ書房・二五二〇円
ISBN9784623067190
経済／社会

シャッター通りを甦（よみがえ）らせ、中心市街地を再生させることが、今後の政治・経済の最重要課題である。日本においてのみならず、世界において、危急である。なぜなら、街の中心に人々を呼び戻すことで、自動車依存の郊外居住という、20世紀を支配した生活スタイルを転換できるからであり、街を歩き回る楽しくコンパクトな生活は、地球環境問題への貢献ともなる。

しかし、残念ながら、この分野において、ここ20年の日本は、世界と比較しても、大きく後れをとった。見識と長期的ビジョンを欠いた政策的失敗が要因であったと、この本は明かす。

同時に、今からでも遅くはないという希望もいだかせる。感銘を受けるのは、最近のイギリスのしぶとさである。過去の政策的失敗を修正しながら、だましだまし前へと進み、保守党、労働党とも、前政権を全否定しない。全国チェーンも味方にひきこむやり方の大人さにも舌をまいた。

評・隈研吾（建築家）

二〇一三年一一月一七日❶

『ビスマルク　上・下』

ジョナサン・スタインバーグ 著　小原淳 訳
白水社・各四八三〇円
ISBN9784560083130〈上〉・9784560083147〈下〉
ノンフィクション・評伝

大帝国を育んだ天才性と悪魔性

鉄血宰相オットー・フォン・ビスマルクには、様々な冠がつく。「天才」「レアルポリティークの実践者」といった好意的なものから、平気で恩人を裏切ることから「冷徹、冷酷」、原理原則をもたない「融通無碍（ゆうずうむげ）」、知人から「気違いユンカー」の称号を得て、フロイトからは「不気味なもの」、ヴィクトリア女王には「邪悪」と呼ばれた。敬虔（けいけん）なカトリック信者の「悪魔」は本書を読むと、褒め言葉かと思えてくる。

本書の原題は「ビスマルクの生涯」であるが、18世紀のフリードリヒ大王からヒトラーの独裁、そして現在の欧州連合（EU）にいたるプロイセン（ドイツ）の近現代史を描き、その中心にビスマルクを据えている点に特徴がある。

ビスマルクが継承したのは、啓蒙（けいもう）専制君主をいただく時代遅れのプロイセン。彼の幼少期には「未開の野」などといわれたが、その首相期間（1862〜90年）中に3度の戦争に勝利し、宗主国であるハプスブルク帝国の影響力も削（そ）ぎ、「ドイツ統一」を成しとげた。そのうえドイツ帝国を「ヨーロッパにおいて至上の地位」に押し上げる。まさに「天才」政治家の面目躍如たるものだった。

ビスマルクの「悪魔」性は、「フランス革命の技術をその革命目標の達成を阻むために利用した」点にある。すなわち、当時民主化の流れを加速させるはずの普通選挙を、彼はオーストリアのドイツ介入という目論（もくろ）みを阻止するために実施したのである。決して、国内の自由主義者たちの要求を取り入れたのではなく、彼の立場からすれば「悪魔」と取引してでも「半絶対君主制」を維持することが目的だった。

しかし、ドイツ国民はプロイセンの陸軍元帥だったヒンデンブルクをワイマール共和国の大統領に選出する。「ビスマルクの遺産はヒンデンブルクを経てドイツが生んだ最後の天才的政治家アードルフ・ヒトラーに受け継がれ、ビスマルクとヒトラーはこの遺産継承を通じて直線的に結び合わされたのである」

話がそこで終わらないのが歴史のおもしろさである。ビスマルクは「半絶対主義的な君主制」を維持させ「ひじょうによろこばしいはじまり」だったが、失意のうちに退任するとき「不機嫌で敵意に満ちた労働者階級が登場」、それをヒトラーが利用したことで「かなしむべき、結末」を招いた。ところが1世紀半を経てユーロ統一で、「小ドイツ」は事実上「大ドイツ」へと変貌（へんぼう）しつつある。

ビスマルクは自ら質素な墓の墓碑銘に「皇帝ヴィルヘルム一世に忠実に仕えた一人のドイツ人」と書かせ、誇り高き「ユンカー」としての生涯を貫徹したのだった。

評・水野和夫（日本大学教授）

Jonathan Steinberg 34年生まれ。米国の歴史家。専攻は近現代欧州史。米ハーバード大学を卒業後、英ケンブリッジ大学で博士号を取得。同大で長く教壇に立ち、現在は米ペンシルベニア大学教授。本書が初の邦訳となる。

『坪井正五郎　日本で最初の人類学者』

ノンフィクション・評伝

川村伸秀 著
弘文堂・五二五〇円
ISBN9784335561207

多彩な交遊から浮かぶ人間像

坪井正五郎とは、何者であるか。彼が「コ字付け歌」と題して詠んだ狂歌で知れる。「古物（こぶつ）古跡コロボックルは好めどもコ字の病ひこれでコリゴリ」。コの字の病とは、コレラのことである。

コロボックル、は耳にしたことがおありだろう。アイヌ語で、フキの葉の下に住む人を意味する。坪井はアイヌ以前の日本列島先住民だと主張した。現在はＤＮＡ研究によって否定されているが、坪井といえばコロボックル、と受けとめられている。不幸なことに誤った学説を唱えたために、坪井の業績と生涯がかすんでしまった。日本人類学のパイオニアなのに、その業績は狭小化され、世間から忘れられてしまった。

本書は坪井正五郎の復権を願って、初めてまとめられた伝記である。ユニークなのは、坪井と交流した人物たちから見た伝記であること。どんな者とつきあっていたかを見れば、その人の本質がわかる。

本書に登場する八百余人の顔ぶれは、なじみのない人物が多い。一方、へえ、この人がこんな所に、と意外な場面で意外な顔に出会う楽しさがある。バラエティーにとんだ交遊こそが、坪井の隠れた業績かも知れない。

民俗学者の柳田国男と、粘菌学・博物学者の南方熊楠（みなかたくまぐす）を結びつけたのは坪井だし、『世界お伽噺（とぎばなし）』の巌谷小波（いわやさざなみ）にその材料を提供した関係で、三越呉服店のブレーン組織「流行会」の一員になる。世界各国の流行を研究する会で、坪井はまた児童用品研究会にも参加した。燕（つばめ）の形をしたブーメラン（商品名は、飛んでこい）や、カレンダーつき筆入れほか、種々の玩具や学用品を発明し販売に協力した。

冒頭の狂歌でわかるように、遊び心に満ちた学者であった。その人柄を慕って、鳥居龍蔵や金田一京助ら後輩が集まった。坪井は人材を発見し育てた学者といえる。大正二年ロシアで客死して、今年は百年になる。記念の書である。

評・出久根達郎（作家）

かわむら・のぶひで 53年生まれ。山口昌男『敗者学のすすめ』などを編集したフリーの編集者。

二〇一三年一一月一七日❸

『ＪＢ論 ジェイムズ・ブラウン闘論集 1959-2007』

ネルソン・ジョージ、アラン・リーズ 編著
押野素子、佐藤信夫 訳
スペースシャワーネットワーク・二九四〇円
ISBN9784906700103
アート・ファッション・芸能

黒い音楽を変えた男のファンク

ジェイムズ・ブラウン、米国の〝黒い〟音楽を変えた男。世界中からＪＢと親しみをこめて呼ばれるシャウトの達人。彼がでっぷりした腹で踊り出し、爪先（つまさき）で移動し、一瞬にして縦に股割りして元に戻れば観客は必ず絶叫した。

生前の彼のキャッチフレーズをもっと挙げよう。「リズム&ブルースの王」「ソウルのゴッドファーザー」「業界で一番の働き者」などなど。

ホーン・セクションを入れたそのバンドは、フェイマス・フレイムズからＪＢズ、と名前こそ変わるものの、はじめから凄腕（すごうで）ミュージシャンの出入りが激しく、いわば彼らはＪＢの薫陶を受けては〝虎の穴〟を出て活躍した。

また、演奏中に指や声で曲の展開を指示することも有名で、そのきっかけを逃すまいとメンバーはＪＢの一挙手一投足に集中する。だから当然、集団は規律的になる。遅刻で罰金、演奏ミスで罰金。

それどころか、出身地南部の習慣からか、メンバーは互いに苗字（みょうじ）で呼びあい、なれなれしさを遠ざけた。

そうしたＪＢ周辺、またはＪＢそのものに関して米国の新聞や音楽雑誌に書かれた1959年から2007年までのコラム、評論、インタビューを集めたのが本書だ。

毀誉褒貶（きよほうへん）あったＪＢである。例えば、キング牧師暗殺で暴動寸前のアフロアメリカンたちに「家に帰ってテレビを見ろ」と言い、局は事実ＪＢのライブを放送。暴動をまぬがれたと言われる。一方、ショットガンを持って妻の車を穴だらけにしたし、薬物使用で投獄され、大借金も背負った。

その毀誉褒貶は繰り返し書かれ、ＪＢ自身によって語られる。時にはエピソードに変奏が加わり、何が本当で何が嘘（うそ）かわからなくなる。

だが、その繰り返しが次第にリズミカルなフレーズの、終わらぬ反復に思えてくる。

ああ、ＪＢ。これもあなたのファンク。彼の永遠のしもべである私は、そう読む。

評・いとうせいこう（作家・クリエーター）

Nelson George, Alan Leeds

二〇一三年一一月一七日④

『石田徹也ノート』

石田徹也 著
求龍堂・三一五〇円
ISBN9784763013071
文芸

強い視力で描かれた世界

石田徹也の作品を初めて直（じか）に見たのは2008年、「僕たちの自画像」展だった。見終えて出ると、視界が変わっていた。現実への焦点の絞り方が書き換えられ、日常と見慣れぬものが淡々と交錯していった。石田はこれより少し前、05年に亡くなったと聞いた。

本書には「石田徹也展」出品作を中心に、代表作が多数所収。下絵やメモも盛り込まれ、創作の意図や方法論がうかがわれる。思考の跡を記した「ノート」は51冊に及び、綿密に計算しつつ一気に離陸し、かと思えば日常と奇妙に接続する世界観に触れることができる。90年代によく描いた機械と融合する無機質な人物像から、00年代の有機的な生生流転モチーフに至るまでの濃密な時間が展開する。

繰り返し描かれる自画像は、自我や主体を表明するよりも、むしろそこから離脱し、日常性を脱臼させていく。テレビと、トイレと、戦闘機と、あるいはダンゴムシと……、さまざまなモチーフと融合する「自分」。これらの作品が描かれた90年代は、確固たる主体や自我が疑問視された時期だ。また70年代初頭生まれの石田や評者は、最後の戦後昭和的量産型の子どもたちである。石田は、ノートにこう綴（つづ）っていた。「他人の中にある自分という存在を意識すれば、自分自身によって計られた重さは、意味がなくなる」。その没個性や匿名性について「落たんするのでなく、軽さを感じとること。それがユーモアだ」と。

オリジナリティーそのものへの真摯（しんし）な問いは、やがて没我の極みともいえる自然の生成力や死と再生を想起させるモチーフ――幼児やベビー用品、植物や海へと至る。痛み、悲しみ、怒り、そして諧謔（かいぎゃく）など、さまざまな表現で説明される石田の作品だが、なぜかどれもしっくりこない。ただひたすら強い視力で見た世界を、その強度のままに描いて見せてくれたことに、感謝と哀悼の意を表したい。

評・水無田気流（詩人・社会学者）

いしだ・てつや　73年生まれ。画家。05年踏切事故で死去。著書『石田徹也遺作集』など。

二〇一三年一一月一七日⑤

『謎の蝶アサギマダラはなぜ海を渡るのか？』

栗田昌裕 著
PHP研究所・一五七五円
ISBN9784569813820
科学・生物

2千キロも移動 奇跡的な邂逅

世界でも類を見ない海を渡る蝶（ちょう）アサギマダラの謎に満ちた行動を記録したドキュメントである。著者は数学を愛する医師で、理性と科学知によってアサギマダラの生態と自らの行動を通し、読者を冒険小説の世界に誘ってくれる。

日本列島を二千キロも移動しながら、秋になると南下（春は北上）の旅を続けるアサギマダラの翅（はね）にマーキング（標識）して放した数は十数万頭（凄〈すご〉い！）。福島県のデコ平から放蝶したアサギマダラは台風などの悪天候にもかかわらず、小笠原諸島父島、与那国島、さらに国境を越えて台湾まで移動する。

アサギマダラの性質と能力を知れば知るほど、その予想を超えた知力、体力、行動力に唖然（あぜん）としてしまう。それ以上に、福島県で著者がマーキングしたアサギマダラをとてつもない遠方で再捕獲するという奇跡的な邂逅（かいこう）にも驚く。

アサギマダラの寿命は羽化後4～5カ月で、

与えられたその生涯時間内で二千キロを移動するのだが、彼らがどこで死んだかは特定しにくいらしい。それにしてもアサギマダラの一生はただただ飛び続ける運命なのだろうか。海を渡った先に着地するのが目的というのではなく、想像を絶する距離を飛行する、その行為自体が目的なのかもしれない。このことは創造すること自体を目的とする芸術家に似ているといえないだろうか。

著者がアサギマダラに興味を抱くのは、彼らが「何を思っているのか」という「心の謎」の探究であるという。それにしても自らが放ったアサギマダラの捕獲のために空間的、時間的条件を如何（いか）に予測するのか、その直感と出会いの確率にも驚く。アサギマダラが人間の意識（心）に何かを伝達でもしているのだろうか。著者はアサギマダラとの遭遇という物質界での現象はすべて「数学現象としてとらえられ、数式で表現」できるという。芸術創造の謎も数式で表現できませんかね？

評・横尾忠則（美術家）

くりた・まさひろ　51年生まれ。群馬パース大学教授（内科学）。

二〇一三年一一月一七日⑥

『ナウシカの飛行具、作ってみた』

八谷和彦、猪谷千香、あさりよしとお 著

幻冬舎・一四七〇円
ISBN9784344024502

『宇宙へ行きたくて液体燃料ロケットをDIYしてみた』

あさりよしとお 著

学研・一三六五円
ISBN9784054057029

科学・生物

大空を駆ける「素人」の熱意

『ナウシカの飛行具、作ってみた』は、映画「風の谷のナウシカ」の軽快な飛行具メーヴェに触発され、実際に人が乗って飛べるものを実現したアーティストの著。10年かけて、構想、設計、製作、さらにテストを繰り返し、航空局の試験飛行許可を得た。そして、飛行場内での小飛行も成し遂げた。プロジェクト名はオープンスカイ。「開け、空！」

なぜ？という問いに著者は「いつか現れるナウシカのため」と答える。未来に夢を持ちやすかった1960年代生まれとして、まだ見ぬ子どもたちが育つ社会がより良いものであれ、とも。素人が飛行機を造る苦労を語る時ですら、常に突き抜けた開放感を感じさせる筆致に、清々（すがすが）しいメッセージ性を感じる。

さて60年代前後生まれの世代には、宇宙やロケットに熱中した人が多い。21世紀には誰もが宇宙に行けると信じていた。しかし現実は肩すかし。そこで「誰も連れていってくれないのなら、自分たちで」と当該世代の元少年らが「なつのロケット団」を立ち上げた。『液体燃料ロケットをDIYしてみた』は活動報告。著者は漫画家で最初期からのメンバーだ。他にも小説家、ジャーナリスト、イラストレーター、事業家、エンジニアらが加わりロケットを造る。本気度はネット検索で打ち上げ動画を見れば分かる。

その上で本書の醍醐味（だいごみ）は「ないものは作ってしまえ」という発想と、次々と現れるハードルを乗り越える熱。エンジンに燃料を通す前の「水流し試験」ではタンクに水を充填（じゅうてん）することにすら苦労し、初期の作業場だった自宅を水浸しにした。ロケット開発にはつきものの燃焼試験の失敗（爆発）も経験し、歴史を追体験しつつ実用ロケットへの道を進む。

両著に共通するポジティヴに空を見上げる心は、時代の閉塞（へいそく）感と無縁だ。開けた青空（オープンスカイ！）を上昇するロケットの姿を思い描く。

評・川端裕人（作家）

はちや・かずひこ、いがや・ちか

二〇一三年一一月一七日⑦

『哲学者が走る』

マーク・ローランズ 著　今泉みね子 訳

白水社・二三一〇円
ISBN9784560083215

人文

印象的だったのは、トルストイが『懺悔（ざんげ）』で書いたという心の動揺だ。財産があるからといってどうした？　有名になったからといってどうなる？　子孫の幸福を願うのはなぜだ？　この三つの質問に答えられない限り生きていくことはできないはずだ。そのことに文豪は動揺した。

この動揺は、生きることの究極の意味はどこにあるのかという本書のテーマに直結する。何らかの見返りを求めて行動を起こすのは実は虚（むな）しい。勉強するのは大学に入るため。大学に入るのは就職するため。就職するのは安定するため……と考えていくと、最後は生きるためという出発地点に戻ってしまうのだ。

人生には何かのためではない内在的な意味がある。それと同様、走ることにもそれ自体に意味があり、ランニングを通じて著者は人生の秘密に迫る。前著『哲学者とオオカミ』と比べると、こじつけに感じられるところもあるが、哲学上の難問を読みやすい文章で記すところはさすがだ。

評・角幡唯介（作家・探検家）

二〇一三年一一月一七日⑧

『変り兜　戦国のCOOL DESIGN』

橋本麻里 著

新潮社とんぼの本・一六八〇円
ISBN9784106022494

歴史

とにかく、何はともあれ見て欲しい。日本人のデザイン感覚を改めて「すごい！」と思うはずだ。

兜（かぶと）や甲冑（かっちゅう）は今までも博物館で見ることができた。しかし問題は見せ方である。本書には「ロボットアニメやSF映画のデザインソース？」という章がある。欧米の日本美術研究者は兜や甲冑に注目してきた。私はそれを不思議な思いで見ていたことがあるが、彼らのまなざしに映った驚愕（きょうがく）のデザインは、実際に映画その他に応用された。

黒、赤、金の目覚めるような色、そして鹿＝写真＝、兎（うさぎ）、昆虫、鳥、植物、カニや貝などの迫力からは、当時の日本人が「自然」の力をどう感じ、それをどう自らに取り込もうとしたか、その自然観がはっきり分かる。兜からは戦争ばかりではなく、日本人と自然の関係を読み取るべきなのだ。

評・田中優子（法政大学教授）

二〇一三年一一月二四日①

『晩年様式集　イン・レイト・スタイル』

大江健三郎 著

講談社・一八九〇円
ISBN9784062186315／9784062935333（講談社文庫）

文芸

絶望でなく希望　深く透明な感動

「三・一一後」と端的に表現される日々、作中で自らを「後期高齢者」と幾度となく記すことになる老作家は、およそ半世紀前に障害を持ってこの世界に誕生し、これまで彼が書いてきた数多くの小説で常に中心的な存在であり続けてきた息子を始め、十数年前に自ら命を絶った幼なじみの映画監督の妹でもある妻、気丈さと不安定を併せ持った長女、小説家が繰り返し物語の舞台としてきた、彼らが生まれ育った「四国の森のへりの谷間」に今もひとり住む妹、すなわち彼の「登場人物」たちによって「逆襲」されることになる。

具体的には、妹アサが妻千樫、娘真木と結成した「三人の女たち」が、長年にわたって彼の小説に一方的に描かれてきたことに対する「反論」を次々と書き送ってくる。そこで老作家は、彼自身が書き進める連載小説『晩年様式集』の各回に「三人の女たち」による文章を添えていくことを思い立つ。こうして開始された連載は、彼と家族たちの「三・一一後」の日々を綴（つづ）りながら、過去の小説で語られてきた幾つかの出来事の（何度目かの）再検討の様相を帯びてゆく。

やはり以前の作品の重要な「登場人物」だった「ギー兄さん」の息子で、テレビ番組プロデューサーの「ギー・ジュニア」がアメリカからやってきて、彼らへのインタビューを記録し出すと、そこで語られた証言や告白も自在に取り込まれ、小説は刻々とポリフォニック（多声的）になってゆく……。

「逆襲」などという、いささか強い言葉を使ったが、実際この小説は、大江健三郎の多くの著作に書かれてきたことを幾つも覆す。なにしろ息子のアカリでさえ、これまで描かれてきたものとは、まったく違った顔を覗（のぞ）かせるのだ。もちろん、これはこれまでのすべての作品と同じく「小説」なのだから、そもそもが事実そのままであるわけがないし、老作家自身が作中で明確に断っているように、これはいわゆる「私小説」ではない。

けれどもしかし、それでもやはり、大江小説の長年の読者であれば尚更（なおさら）、この明らかに切羽詰まった、時として混乱してさえいるかに映る、畳み掛けるような「再検討」には、ひどく動揺させられるに違いない。これはどうしたことか？　いったいこの偉大な老作家に何があったのか？

大江健三郎が最初に「最後の小説」というフレーズを用いてから、長い年月が過ぎている。その間に彼は何作もの「最後の小説」を著してきた。だが、彼は今や正真正銘の「後期高齢者」であり、世界は「三・一一後」である。晩年の様式とは、そういう意味だ。だがしかし、それでも老作家は、絶望ではなく希望を、最後の最後に記す。深く透明な感動が遺（のこ）される。

評・佐々木敦（批評家・早稲田大学教授）

おおえ・けんざぶろう　35年生まれ。作家。58年、「飼育」で芥川賞。67年、『万延元年のフットボール』で谷崎潤一郎賞。94年、ノーベル文学賞。著書に『取り替え子（チェンジリング）』『水死』『定義集』など。

科学・生物

『人類が絶滅する6のシナリオ　もはや空想ではない終焉（しゅうえん）の科学』

フレッド・グテル 著　夏目大 訳

河出書房新社・二三一〇円
ISBN9784309252872

地球史レベルでみる「私たち」

人類の絶滅というとどこかSF的な話にしか聞こえないかもしれない。しかし、たとえば1億年後にも人類が生存していると断言できる人はどれぐらいいるだろうか。なにしろ地球に生命が誕生してから40億年、現生の人類であるホモ・サピエンスがあらわれてから数十万年しか経っていないのだ。1億年後には大気中の酸素濃度だって今と同じとはかぎらない。事実、24億年前までは地球上の大気にはほとんど酸素がなかった。

本書は題名のとおり、その人類が絶滅するシナリオを六つあげて論じている。人類も地球上の生物種の一つである以上、他の生物種と同じようにいつかは絶滅する。ただし本書が描くのは、火山の大爆発や巨大隕石（いんせき）の衝突といった自然のプロセスによって引き起こされる人類の絶滅ではない。そうではなく、人類がみずからの利益のためにしていることが、その意図に反して地球に災厄をもたらし、その結果として引き起こされる人類の絶滅である。食肉の大量生産によって発生のリスクが高まってしまったスーパーウイルスの脅威や、人類が放出する温室効果ガスによって突然引き起こされうる気候変動の危険性など、人類自身がみずからの絶滅を早めてしまうかもしれない要因を論じることがそこでのテーマである。

人類の絶滅について考えることは、人類とは一体何なのか、私たち人類は実際には何をしているのか、ということを地球史のレベルで考えることにほかならない。24億年前に、光合成によって酸素を放出することで地球上の大気の組成を激変させ、当時存在していた嫌気性の（酸素が毒になる）生物をほとんど絶滅させてしまったシアノバクテリアと、大気の組成を変えてしまうほどの温室効果ガスを放出しつづけている人類は、地球史的にみてどこが違うのだろう。とても読みやすい科学の本だが、投げかける問いはすぐれて哲学的だ。

評・萱野稔人（津田塾大学教授）

Fred Guterl　米科学誌「サイエンティフィック・アメリカン」編集長。

二〇一三年一一月二四日❸

『兎とかたちの日本文化』

今橋理子 著
東京大学出版会・二九四〇円
ISBN9784130830614
歴史

かわいい！の奥に深い事実

お皿、文房具、お菓子など、うさぎ柄やうさぎをかたどった品物はたくさんある。うさぎは、かわいい雑貨のデザインとしてのみならず、飾りとして兜（かぶと）に乗っかっていたり、日本画に描かれたりと、ほうぼうに登場する。

なぜ日本では、これほどうさぎが愛されているのか。人々は「うさぎ」をどう認識し、「うさぎ」はなにを象徴してきたのか。「うさぎ＝かわいい！」と、つい条件反射で思ってしまいがちだが、実は日本人とうさぎのつきあいは、もっと深く豊かなものだった。その事実を、うさぎという「かたち」を通し、多くの図版を使って多面的に掘り下げた本だ。

特におもしろいのが、江戸時代中期の画家、葛蛇玉（かつじゃぎょく）の「雪夜松兎梅鴉図屏風（せつやしょうとばいあずびょうぶ）」を解釈しなおす項だ。この屏風には、うさぎとカラスが描かれているのだが、従来はうさぎが右に、カラスが左になる形で屏風を置き、展示してきた。しかし著者は、屏風の置きかたが逆なのではないかと指摘する。

指摘の根拠は、非常に明快で理にかなったものだと私には思われる。詳しくはぜひ本書をお読みいただきたいが、ヒントは「古来、中国をはじめとする東アジア世界では、うさぎは月を、カラスは太陽を象徴している」事実だ。うさぎという「かたち」に着目するだけで、絵画への理解がぐんと広がり、深まる。

本書のおかげで、うさぎが登場する日本画や工芸品を、これからは新たな目で眺めることができそうだ。うさぎ好きとしては感に堪えない。

ちなみに本書の著者は、「兎好き（ウサギマニア）」ではないそうだ。こんなにうさぎグッズを集め、これほど真剣にうさぎの「かたち」と向きあっているのに⁉　ほんとはうさぎ好きのくせに（勝手に断定）、あくまでクールさを装いつつ、情熱的にうさぎの秘密に迫る著者の研究者としての姿勢に、好感と信頼を覚えた。

評・三浦しをん（作家）

いまはし・りこ　64年生まれ。学習院女子大学教授。『江戸の動物画』など。

二〇一三年一一月二四日❹

『ウォール街の物理学者』

ジェイムズ・オーウェン・ウェザーオール 著
高橋璃子 訳
早川書房・二一〇〇円
ISBN9784152093974／9784150504335（ハヤカワ文庫NF）

科学・生物

市場に潜む法則 科学で挑む

2008年、リーマンショックなどの金融危機が世界を襲った時、著者は物理・数学の博士課程の学生だった。金融危機の元凶として数理モデルへの過信を糾弾する声に耳を傾けつつも、別の物理学的方法で危機を生きのびた（むしろ利益をあげた）投資会社があることも知る。金融を学んだ者、投資会社などに勤めた経験者はお断り。物理・数学の学位取得者を優先して採用するヘッジファンドだ。

サイエンスライターとなった著者は、まず物理学的な手法が金融を変えてきた歴史を辿（たど）る。フラクタル理論のマンデルブロによる金融・経済の統計的分布の研究（60年代）、アポロ計画の中止による解雇や、就職先がなくなった物理学の学生がウォール街に向かったこと（70年代）、サンタフェ研究所に代表されるカオス理論、複雑系研究の勃興（80年代）などなど。研究の蓄積は相当なものだ。

その一方で、金融の数理モデルに不信を唱える者は今も多い。例えば、金融危機の際、優良とは言い難い不動産ローンを切り分けて証券化しリスクを分散させ、あたかも絶対安全であるかのように見せかけた罪状。CDO（債務担保証券）と聞いて、苦々しい思いを抱く金融関係者は少なくないはずだ。しかし、著者はそれを踏まえた上で、世界経済を動かす責任ある立場の人々・機関が「その上を行かなければならない」とする。

世界規模の金融・経済は、すでに数理的な方法と切っても切り離せない域に達している。評者の理解では、統計物理的な検討に堪えるほど巨大化した通貨市場などでは、背後に潜む法則を暴こうとする試みが進んでいる。理念的なモデルに沿って数式であらわしましたという水準の経済学理論とは一線を画し「観測データ」を見ることから始まるサイエンスだ。願わくば、著者の楽観的なビジョンが現実のものとなりますよう。

評・川端裕人（作家）

James Owen Weatherall 米の物理学者、哲学者、数学者。

二〇一三年一一月二四日❺

『カミキリ学のすすめ』

新里達也 編著
海游舎・三五七〇円
ISBN9784905930266

科学・生物

野性味たっぷりの「虫屋」讃歌

筋金入りのカミキリムシ好きが集まって書き上げた「カミキリ屋」讃歌（さんか）である。

昆虫採集といえば生物趣味界でも専業化がたいへんに進んだ濃密な分野であり、ある古書店主によれば古い博物学書も昆虫関係だけは確実に売れるという。実際、本書を読んで執筆者個々が語るカミキリ人生の破天荒ぶりに恐れをなした。じつは評者も魚類の観察と採集に半世紀を費やしており、先日も台風30号が直撃するパラオでワニの出没するマングローブ帯を潜ってきたばかりだが、とてもそんなものではない。

保育園児にもかかわらず独りで裏山に登り虫捕りに熱を上げたため3か月もたずに園を中退させられたとか、謎めいた珍品の正体を突き止めるためロンドン自然史博物館にまで調査に出かけたなどの「伝説」は当たり前で、カミキリ好きの特性を買われてJICA（国際協力機構）の熱帯研究事業に参加した一著者の実体験などは、正直、血の気が引いてしまう。カリマンタンのある演習林でカミキリの採集調査を行うはずが、乾燥した演習林が火災に見舞われ焼け野原に一変してしまう。これで逃げ出てきたのがとんでもない数の熱帯ヘビだった。しかし根が生物好きの著者はこれ幸いとヘビの標本作りに励み、飼育すら始めるのだが、あまりに多くなり過ぎついに食用にする。電流が流れるニクロム線の上で感電しながらヘビを焼き、コブラ酒を造った瓶の口に蛇の頭を取り付け、コブラの舌先から酒を注いで飲む。その後にジャカルタで暴動が起き邦人に帰国勧告が出て、一時退避。それでも、立派な目録を製作できるほどのカミキリ採集をやり遂げるあたり、じつにワイルドというほかない。

むろん本書の本筋はカミキリの詳細な分類や生態の知見にあるが、カラー図版などがないため、評者には十分に魅力を伝達できないことが口惜しい。

評・荒俣宏（作家）

にいさと・たつや　57年生まれ。日本甲虫学会会長。共著に『日本産カミキリムシ検索図説』。

二〇一三年一一月二四日⑦　ノンフィクション・評伝

『アルプ』の時代

山口耀久 著

山と渓谷社・三四六五円
ISBN9784635340236

串田孫一、尾崎喜八、深田久弥、畦地梅太郎、辻まこと……。かつて名だたる文人、詩人、岳人が寄稿した「アルプ」という山岳文芸誌があった。1983年の廃刊時には一般紙が大きく扱うほどファンが多かったという。本書は創刊時からその編集に携わった著者による回顧録である。

登山のスタイルには流行（はや）り廃りがあり、評価の基準も時代の変化を受ける。しかしどんな登山にも一貫しているのが人間と山との心の対話だ。そこをうまく表現できた時に登山は文学になりうるわけで、「アルプ」の寄稿者たちが謳（うた）いあげてきたのは、その山との心の対話だったという。

回顧録と書いたが、そう呼ぶには憚（はばか）られるほど読ませる本だ。著者の味わい深い文章からは「アルプ」ののどかな誌面作りと、60～70年代の余裕のあった時代の雰囲気が横溢（おういつ）している。まさにこの本自体に「アルプ」の特別復刊号！といった趣があり、箱入りの趣味のいい装丁も含めて風格を感じさせる一冊である。

評・角幡唯介（作家・探検家）

二〇一三年一一月二四日⑧　文芸

『薬と文学　病める感受性のゆくえ』

千葉正昭 著

社会評論社・二三一〇円
ISBN9784784519095

たいていの小説に種々の薬が登場する。何気なく読みすごしているが、果たして薬の成分は何なのか。実際の薬効は文章の通りなのか。

明治二十八年に発表された泉鏡花の「外科室」に、手術を受ける伯爵夫人が麻酔剤を拒否する場面がある。麻酔剤はうわごとを言うから怖い、自分には心に一つの秘密がある、それを知られたくない、という理由である。鏡花は麻酔剤に、ねむりぐすりとルビを振っている。眠り薬の認識だったのだろう。麻酔剤はクロロホルムかエーテルと考えられるが、うわごとを言うだろうか。著者は追究する。

松本清張の「点と線」は昭和三十二年に発表された。前年に中野好夫が「もはや戦後ではない」と論文を書き、流行語になった。小説では殺人の手段に青酸カリが使われる。著者の調べによれば、この頃は工業界の生産高が飛躍的に発展し、青酸ソーダが大量に製造されている。青酸カリも同様と推測し、入手が容易と見る。薬で見る文学の裏側。

評・出久根達郎（作家）

『都会で聖者になるのはたいへんだ　ブルース・スプリングスティーンインタビュー集　1973−2012』

ジェフ・バーガー 編　安達眞弓 訳

スペースシャワーブックス・二六二五円
ISBN9784906700974　アート・ファッション・芸能

はぐれ者のスター　肉声が映す米国

16歳の冬、学校へ行く道で車のラジオから流れるブルース・スプリングスティーンの曲「ハングリー・ハート」が支えだった。車で出かけ、違うふうに曲がり、妻子を置き去りにした男の歌だ。それが奇妙にあっけらかんと明るい。

私は一人でアメリカの北東部の小さな町にいて、学校でもホストファミリー宅でも、最高によるべなかった。その頃の私には、アメリカ白人にも労働者階級がいて働くだけの日々を送っているなんてことへの想像力はない。でも私が反応したのはそんな世界の、さらに「はぐれ者」の音だった。

本書は、アメリカン・ドリームの体現者とも言えるスター、ブルース・スプリングスティーンの40年間の肉声を集めたものである。こういう本は初めてだという。

極貧のデビュー前後、創作の内幕、アメリカの夢と現実、父との葛藤、仲間や家族、ゲイ・レズビアン誌のインタビュー（出色である！）から大統領選応援演説まで、幅広い。好きな一言を挙げるなら断然「自分の子供が同性愛者だと告白してきたらなんと言うか？」の質問に対する「そうすることで幸せになれるなら、必ず幸せになれる道を探せ」だ。

読んで気づくのは、彼はアメリカと音楽のすべての混成物（アマルガム）であるということだ。それをたった一言で表現するなら「ロックンロール」。ロックンロールの誕生は、アメリカ史においてアメリカ独立と同じくらいの事件であったと私は思う。それが、建国者たちが奴隷にした黒人の音楽を母胎としたところが、歴史の皮肉であり、希望だ。

だから彼のバンド「Eストリートバンド」は、黒人サックスプレーヤー、ビッグマンことクラレンス・クレモンズを自然と象徴としたのだろう。工場と矛盾の吹き溜（だ）まりのようなニュージャージー。川の対岸、摩天楼のニューヨークとの格差。そこで奴隷の末裔（まつえい）と白人労働者階級の落ちこぼれたちが出会い、運命は本格的に動いた。

エンターテインメントを政治の道具とすべきじゃないと語り、かつてそうされかかった傷も持つ彼だが、2004年に打倒ブッシュを胸にケリー候補、08年にはオバマ候補の大統領選の応援に立っている。

オバマへの応援には、全人格的な感応が感じられる。異文化を存在として併せ呑（の）むオバマに、彼は、未来であると同時に本来のアメリカを見たのではないか。もっと言えば、大統領史上のロックンロール誕生を。とともに、アメリカ政治というものの本質が、世界へと発信される大掛かりな「ショー」であることも、この類いまれなショーマンは教えてくれる。

評・赤坂真理（作家）

Jeff Burger　ライター、編集者（米国）。ポピュラー・ミュージック界を見つめるジャーナリストとして40年以上のキャリア。ロサンゼルス・タイムズ紙など多くの新聞・雑誌に寄稿。

『スモールマート革命　持続可能な地域経済活性化への挑戦』

マイケル・シューマン 著　毛受敏浩 監訳

明石書店・二九四〇円
ISBN9784750338729

経済

小さいことは、いいことだ

経済成長と規模の拡大。一般にこの二つは不可分の関係にあると信じられている。たとえば巨大小売企業による大規模な流通支配や、ショッピングモールなど巨大施設の数々は、この「巨大信奉」の結果だろう。筆者はこれを真っ向から批判する。「大きければ大きいほど、激しく倒れる」のだ、と。たしかに、日本の過去20年を振り返れば、不動産バブル景気とその崩壊による長期デフレ、原子力ムラと呼ばれる巨大利権団体の体質を露（あら）わにした原発事故など、巨大ゆえの脆弱（ぜいじゃく）性が露呈し続けている。一方、規模の小ささは、今日大いに利点となる。それはコミュニティーとの密接な結びつきをもち、地域経済の自立性を高める。それゆえ、一般に評価されるより実際の競争力は高いのだ。

筆者は提唱する。最も経済的貢献度の高い企業は、地域に根差した小規模ビジネスを展開する会社だ、と。この原理を「地元オーナーシップ・輸（移）入代替主義（LOIS：Local Ownership and Import Substitution）」と呼ぶ。同業種の場合、地元企業は非地元企業に比べ、地域経済に2～4倍の収入、富、雇用を生み出すという。また、1人あたりの収入の成長率に寄与するのは小規模企業で、非地元の大企業では、むしろネガティブに作用してしまう。

地域での自立型経済は単に経済発展のみならず、グローバル経済が引き起こし得る問題――たとえば資本の逃避や通貨危機――による被害を、最小限に食い止めることにも役立つ。この点は日本がＴＰＰ交渉参加で直面する問題への対処にも役立つだろう。高度な自立は決して孤立主義を意味しない。購買力が上昇した地域では、地元で作れない産品を積極的に輸入するため、むしろグローバル経済の価値を向上させる。地域の価値を見直し、消費者、起業家、政策担当者などさまざまな立場の人に向けて提言を行う、新機軸のビジネスモデル書。

評・水無田気流（詩人・社会学者）

Michael H. Schuman　米国の弁護士、経済学者。地元所有企業の専門家。

『トップシークレット・アメリカ　最高機密に覆われる国家』

デイナ・プリースト&ウィリアム・アーキン 著
玉置悟 訳

草思社・二七三〇円
ISBN9784794220097

政治

多すぎる機密がむしばむ民主制

9・11以降、米国では国家安全保障の最高機密（トップシークレット）を扱う政府機関や企業が倍々ゲームのように増殖している。ピュリツァー賞を2度受賞した辣腕（らつわん）記者と、ベテラン軍事アナリストがタッグを組み、その実態に切り込んだのが本書だ。

数百人の関係者への取材、百カ所以上の施設への視察、数十万件の文書や記録の収集など、2年半に及ぶ徹底した取材に舌を巻く。巷（ちまた）に溢（あふ）れる即席の扇情ルポとは明らかに次元を異にする。

カーナビを遮断する「地図に出ていないアメリカ」の急増。軍産インテリジェンス複合体が集積する富裕地域の誕生。米国上空を飛行する無人機の増加。強まる全米各地の礼拝所への監視。ＣＩＡによる指名殺害の内幕……。「秘密への強迫観念的な依存」を深める現実が次々と活写され「ワシントン・ポスト」紙での連載時に掲載を見送られた情報も数多く開示されている。

機密の緩和・解除は容易ではない。政治家にとって大きなリスクになるからだ。むしろ「念のため」という判断がさらなる機密を生み出す。自らの不正行為を隠すために機密指定されるケースも珍しくないという。

テロリズムの最大の目的が恐怖心や不安感によって相手を萎縮させることにあるならば、実は、米社会は「テロとの戦い」に着実に敗北しつつあるのではないか。

「あまりにたくさんの情報が機密にされたために、そうすることで守ろうとしたシステムをかえって動けなくしてしまっている」と著者は米民主制の行く末を案じる。

それはもはや大統領個人の人格や力量を超えた、制度的な宿痾（しゅくあ）にすら思えてくる。ネットワーク化が進む今日、日本の未来予想図ではないとは言い切れない。

ジャーナリズムの本道が、姑息（こそく）な世論誘導ではなく、調査報道に基づく権力監視にあることを再認識させてくれる出色の現代米国論だ。

評・渡辺靖（慶応大学教授）

Dana Priest　ジャーナリスト。
William M. Arkin　元アメリカ陸軍情報局分析官。

二〇一三年一二月一日④

『罪人を召し出せ』

ヒラリー・マンテル 著　宇佐川晶子 訳
早川書房・三二五〇円
ISBN9784152094001
文芸

危機的状況に断を下す者描く

時はF・ブローデルのいう「長い16世紀」（1450〜1640年）の真っ只（ただ）中、1535年9月の不気味な鷹（たか）狩りに始まってイングランド王妃アン・ブーリンが斬首刑に処せられる翌年の夏まで。主人公はヘンリー8世の秘書官トマス・クロムウェル。ローマ・カトリック体制・欧州文明の辺境にあったこの島国は「ささやかな自由、そして、動物のように扱われてきた過去を葬り去って、イングランド人らしく扱われること」を長く切望してきた。

ヘンリー8世は、アンの前に王妃として迎え入れたスペイン王の叔母キャサリンを離縁、離宮に幽閉している。当時の世界帝国スペインの大使から王妃を粗末に扱えば貿易を止めるぞと脅されたり、ウェールズでは追いはぎや海賊が跋扈（ばっこ）したりして、一歩間違えば王家がこの地上から消えてなくなるかもしれないという危機的状況にあった。

ごろつきの家に生まれヘンリー8世に抜擢（ばってき）されたクロムウェルは、そうした状況下で諸大臣を抑え、事実上の宰相として、「単一国家、単一貨幣……そしてなによりもすべての民がただひとつの言語をしゃべり「君主とその国家は調和している」国をつくるという理想を追求した。その過程で、彼は、アン王妃と対決して不義による国家反逆罪にしたてあげていった。王の子でないと噂（うわさ）されるアンの子エリザベスを王位継承者から外さないと、正統性を巡って内戦が起きるからだ。

本書を読むと、まさにカール・シュミットのいう「主権者」（例外状況にかんして決定をくだす者）がクロムウェルなのだと思う。彼はアン王妃や彼女との仲を疑われる廷臣たちを「妄想が意思のなせるわざなら、その意思がよからぬものなら？」と、有罪に追い込む。正常な状況からみれば無茶苦茶（むちゃくちゃ）だが、例外状況では、常軌を逸した者しか国家、国民を救うことはできないのだと思い知らされた。

評・水野和夫（日本大学教授）

Hilary Mantel　52年英国生まれ。作家。『ウルフ・ホール』。

二〇一三年一二月一日⑤

『沈むフランシス』

松家仁之 著
新潮社・一四七〇円
ISBN9784103328124

美しい文体から届く不穏な雑音

タイトルが謎めいている。沈むフランシス？

だが冒頭、視界に飛びこんでくるのは、水の流れに運ばれていく人間の体だ。死体？　水に浮かぶこの体の持ち主がフランシスなのだろうか？

謎を宙づりにしたまま、東京の世田谷を離れ、北海道の安地内（アンチナイ）村という小さな村に暮らす撫養（むよう）桂子の物語が始まる。三十代半ばの桂子は離婚後、ここで非正規の郵便局員として働いている。

美しい川の流れや木々の葉ずれの音に寄り添われるように配達をするなか、桂子は川岸の木造平屋の一軒家にひとり暮らす寺富野（てらとみの）和彦という同世代の男性と出会う。寺富野は謎めいた男だ。こだわりのある洗練された調度品に囲まれ、趣味はヨーロッパ、アメリカ、日本各地の粋な場所で録音したさまざまな音を高性能スピーカーで臨場感たっぷりに聞くことなのだ。そして少し坂を上がったところのあの木造の小屋。あそこには何が隠されているのか？

桂子は二度目の訪問ですでに彼に体を許す。二人は恋に落ちる。恋に落ちる？　だが物語は桂子の視点から語られるため男が本当には何を考えているのかはわからない。

低収入で非正規の独身女性と、外国各地に旅行できるほど自分の時間がたっぷり持てる仕事をし、富裕層とでも形容しうる生活を送る男。一見共通点などない二人が共有するのは趣味のよさ、自らの人生にスタイルを与えようとする意志と、様式化された生に対するささやかな満足感だ。

いま各自がその収入なりに自分の生を〈作品化〉し、幸福を見出（みいだ）そうとするような空気がある。この小説はそうした風土を肯定しているようだ。だが、それ自体スタイリッシュな音楽のような美しい文体の狭間（はざま）からは、プア層である桂子が有閑富裕層である寺富野に都合よく利用されているだけではないかという、我々の時代の底にくぐもる不穏な雑音が確実に届いてくる。

評・小野正嗣（作家・明治学院大学准教授）

まついえ・まさし　58年生まれ。作家。『火山のふもとで』で12年度の読売文学賞。

二〇一三年一二月一日⑥

『どっこい大田の工匠たち　町工場の最前線』

小関智弘 著
現代書館・二一〇〇円
ISBN9784768457153

経済

技能が磨いた底知れぬ謙虚さ

五十年の職人生活を送った旋盤工であり、作家でもある小関智弘さんは、職工の世界を内と外から同時に見られる人だ。だから従業員数名といった小さな町工場が集積する町、東京・大田区での職工さんたちの仕事と人生を聴き語るにあたっても、そのまなざしはとても厚い。

人工心臓、新幹線や原子炉の制御装置に使う部品、はては切り子細工やスティールパン（ドラム缶の楽器）の製造まで、先端の技術、継承された技術がどんなレベルのものなのか、わかりやすく説明してくれるし、下請けの下請けということで受ける理不尽な仕打ちや、裸一貫でここへと流れついたがゆえの苦労、そしてそれゆえに編むほかなかった（下請け、孫請けのような上下関係ではない）〝横請け〟という相互扶助のネットワークなども、技の話から透かし見えて、何もかも呑（の）み込んだような文章には、深い慈愛のようなものさえ感じた。

「空洞化ってのは真ん中のヤワなところがす

っぽり抜けて空洞になることだろう。それなら俺たちは、まわりの枠になって残ろうよって」……

確かなものをつくる、他所（よそ）ではできない仕事をやる、頼まれたら赤字でもやるという気概が、踏み倒し、ピンハネ、不渡り、やっかみ口といった理不尽を抑え込む。景気に踊らされ吹けば飛ぶような存在だからこそ、どんなことがあっても納期を守り、加工賃の安さにも工夫で耐える。陰で黙って手を差しのべてくれたひとたちへの恩義も忘れない。それが石頭がつくほど頑固なのに、底知れず謙虚な人柄を生んできた。

中学校に「技術・家庭」という科目がある。受験とは関係のない脇道の授業と思われがちだが、これからは、倫理というのはこういうところでこそ学ぶものだとおもう。

日本人は普通のひとが偉い、と言ったひとがいる。そのことを確認させてもらい、ほっと一息つけた一冊である。

評・鷲田清一（大谷大学教授）

こせき・ともひろ　33年生まれ。『大森界隈職人往来』で日本ノンフィクション賞。

二〇一三年一二月一日⑦

『日本人はなぜ存在するか』

社会

與那覇潤 著

集英社インターナショナル・一〇五〇円
ISBN9784797672596

通説にとらわれない新鮮な日本史観を提示してきた気鋭の歴史学者が、こんども多くの読者が興味をそそられるであろう「日本人とは何か」というテーマに迫った。ありがちな日本人論を想定して読むと、その先入観はことごとくひっくり返されるだろう。

まずは「集団主義的な日本人」というイメージ、「日本の伝統文化の起源は奈良や京都」といった常識を次々と覆す。それも心理学や社会学、文化人類学などの研究手法をあの手この手で駆使してだ。

過去に「本当の日本人」を見つけに行っても見つかるわけがない、最初から実在していないのだから、と著者は言う。では〝日本人〟とは何か。著者が探ろうと試みるのはそれが存在するかのごとく人々を信じさせた「物語」がどうやって生まれたか、だ。

まるで哲学入門を読んでいる気分にさせられる本だ。そうか、歴史をたどるとは哲学的な作業だったのだ。歴史の見方の殻をまた一つ破ってくれた。與那覇潤、恐るべし。

評・原真人（本社編集委員）

二〇一三年一二月一日⑧

『フットボール百景』

文芸

宇都宮徹壱 著

東邦出版・一五七五円
ISBN9784809411571

サッカーライターで写真家の著者はサッカーを追って旅をする。本書はほぼ１００の随想と写真で切り取った「サッカーのある光景」。

人気の高い日本代表やJリーグはもちろん、草の根の地域リーグ、女子リーグ、東欧、北米、東南アジアのあまり知られていないプロリーグ、視覚障害者サッカーまで。さらに、ピッチの内と外、プレーする選手と彼ら・彼女らに思いを託す者……。著者の眼差（まなざ）しは貪欲（どんよく）だ。

文筆と対をなす写真も、例えば鳥取でのスナップの次ページがウズベキスタンに飛んで、読者の頭の中に思いもしないサッカー地図を浮かび上がらせる。

地図を描くことはそのまま自らの位置を知ることだ。熱烈なサッカーファンは、声高ではない議論の中に、根源的な批評精神を感じ取るだろう。それはきっと読者を映す鏡だ。

一方サッカーにそれほど興味がない者は、この競技の広がりと多様性に驚きを覚えるに違いない。

評・川端裕人（作家）

二〇一三年一二月八日❶

『動きすぎてはいけない　ジル・ドゥルーズと生成変化の哲学』
千葉雅也 著
河出書房新社・二六二五円
ISBN9784309246352

社会

繫がり過ぎる時代　あえて留まること

　思想家を論じるには大きく二通りの方向がある。「〇〇は何を考えていたか」と「〇〇から何が考えられるか」。もちろんどちらかを選ぶということではなく、両者は分かち難く絡み合っているのだが。前者を「解説と分析」と呼ぶなら、後者は「応用と展開」ということになるだろう。たとえばフランスの哲学者ジル・ドゥルーズであれば、その著作をつぶさに読み込み、別の言葉に丁寧に置き換えてゆくのが前者であり、そこから思い切って離脱し跳躍し、しかしドゥルーズを越えようとするのではなく、いわばドゥルーズと共に新たな思考を始めることによって、ドゥルーズの哲学から何が考えられるのか、いや、もっと踏み込んで言えば、実際にはそうしていなくても、ドゥルーズならば更に何が考えられた筈（はず）なのか、を問うことが、後者の試みの核心だと言える。

　刊行前から各所で話題となっていた気鋭の哲学者・批評家による初の単著は、明らかに後者に属する書物である。ジル・ドゥルーズという可能性を徹底的に押し開くこと。そこで鍵となるのは、書名にもなっている「動きすぎてはいけない」という文言である。今は亡きドゥルーズが、単独で、そして盟友フェリックス・ガタリと共に著した、輝くばかりの書物群に記された思考を簡略に述べることは出来ないが、日本への紹介にかんする限り、それは1980年代前半に浅田彰や中沢新一が主導した「ニューアカ（デミズム）」と密接にかかわっていた。バブル景気へと邁進（まいしん）する時代であり、資本主義と情報化が凄（すさ）まじい勢いで加速していた当時の日本で、「ニューアカ」が魅力的に導入したドゥルーズ（とガタリ）の哲学は、ひたすら動くこと、どんどん変化することへの奨励として機能した。それがドゥルーズ解釈として正しいのかどうかは必ずしも問題ではなかった。ただ、そのように受け取られたのだった。

　しかし、それから30年の月日が過ぎ去り、ドゥルーズもガタリも亡くなり、日本も世界も、その姿を大きく変えた。そこで本書の著者は言うのだ。もちろん動くのはいい。だが、動きすぎてもいけない。そして繫（つな）がり過ぎてもいけない。グローバリゼーションとインターネットに覆い尽くされた社会で、いま新たにドゥルーズを読むこと。その思想を現在形に変換すること。こうして、かつて浅田彰の『構造と力』がそうであったように、本書は鋭利なドゥルーズ論であると同時に、私たちが生きる「いま、ここ」を明視するものになっている。そこでは「中途半端」であることが力強く肯定される。それは過剰と限界の一歩手前にあえて留（とど）まることだ。スリリング、かつジョイフルな哲学書である。

評・佐々木敦（批評家・早稲田大学教授）

ちば・まさや　78年生まれ。立命館大学准教授。フランス現代哲学の研究や、美術・文学・ファッションなどの批評も手がける。本書は博士論文を改稿したもの。

二〇一三年一二月八日❷ アート・ファッション・芸能

『死小説』

荒木経惟 著

新潮社・一九九五円

ISBN9784103800101

文字使わず遍歴つづる能の物語

荒木経惟が「死小説」と題する小説を書いたというが文字は一字もない。だからといって小説ではないとは言えまい。著者の言いたいのは「視小説」ではないのか。写真も立派な視覚言語（ビジュアルランゲージ）である。

撮った写真を順番に並べたら物語ができて「小説が生まれた」と本の帯で吐露する。

荒木は「センチメンタルな旅」と題した自らの新婚旅行を暴露的に撮った写真集で話題になって以来、現在もまだ「センチメンタルな旅は終わっていない」と言う。

ぼくはこの「死小説」を眺めながらあることにフト気づいた。つまり著者は能のワキであるということだ。ワキは旅をすることで異界に出合うのである。彼が旅先で出会った人の数は数え切れないほど多い。彼は同じ場所に留（とど）まることもあるが移動しながら見え隠れする人々を盗み見する。実はこの人々こそがシテ（霊）である。

シテは一種の地縛霊で、常にその場所に留まる。その霊は荒木の中ではカダフィであったり淡島千景であったり、寛仁さまであったりサッチャーであったり、時には荒木夫人であるように、全て死者である。そんな死者にワキである荒木が接する時、ワキは自らを語ろうとしない。「荒木経惟」の名さえ無為の存在にしなければ異界と接触することはできないからだ。

ワキである著者の写真の中の卑猥（ひわい）な裸婦たちは常に1カ所に留まり、あらわな舞を舞いながらシテとしての存在を、今なお如何（いか）に憂世（うきよ）に恋いこがれているかをアピールする。しかしすでにワキは自らを無化した存在である。

「編集だとか、構成だとか、デザインだとか、そんなことはいっさいなし」でなければこの「死小説」の著者、即（すなわ）ちワキは無の旅人として遍歴を続けることはできない。

著者のいう「センチメンタルな旅」はぼくには旅の僧が書いた（撮った）「死小説」という能の物語として映る。

評・横尾忠則（美術家）

あらき・のぶよし 40年生まれ。写真集に『わが愛、陽子』『愛しのチロ』『さっちん』など。

二〇一三年一二月八日❸ 歴史

『少国民戦争文化史』

山中恒 著

勁草書房・三五七〇円

ISBN9784326950515

消された愚行の実体に迫る

「少国民」とは、第二次大戦中の呼称で、年少の国民のことである。もったいぶった言い方が戦時用語の特色だけど簡単に言えば、少年少女のこと。昭和十二年十一月、大毎小学生新聞・東日小学生新聞が、「少国民愛国歌」の歌詞を募集した。これが少国民という語の使われた最初である。ただし一般化するのは四年後の太平洋戦争になってから。

本のタイトルに、『少国民の日本史』『少国民の国体読本』『少国民文化大日本史』と少国民がつく。内務省が指導し文部省や陸軍省他が加わって、児童雑誌の規制が始まる。

たとえばルビの廃止。ルビは児童の目によくないという論法である。実は漢字や漢語優位の偏向ではなかろうか。少国民などという固い造語から、そう思える。

かくして昭和十六年に「社団法人・日本少国民文化協会」が、翌年には「財団法人・少国民文化協会（少文協）」が結成される。官民一体の少国民文化運動が発足した。運動の実態は謎の部分が多かった。協会員の作家たちが、戦後、口を閉ざしたからである。語られた事柄も真実か否か、容易に判断できない。

著者は「ボクラ少国民」シリーズで、これまで少文協の果たした役割を追究してきた。本書はその延長線上にある。昭和十九年以降の少文協の内部事情は、未（いま）だに手がかりがないそうだ。そして恐らく今後この問題は論じられることはあるまい、と言う。どのように「少国民」が作られたか。究明することは重要だ。きなくさくなってきた昨今、同じ愚行が繰り返されない為（ため）にも。

著者のライフワークに対して、心ない悪口を放つ者もいる。戦時中の本を集め、鋏（はさみ）と糊（のり）でまとめただけだ、と。

少国民図書の内容を紹介してくれただけで偉業である。戦時中の本は集めようとしても集まらない。愚行の「証拠」は消されたから。私たちは氏の著によって、少国民文化の実体を知ることができる。

評・出久根達郎（作家）

やまなか・ひさし　31年生まれ。児童読み物・ノンフィクション作家。『戦時児童文学論』など。

二〇一三年一二月八日⑤

『民主主義のつくり方』

宇野重規 著

筑摩選書・一五七五円
ISBN9784480015839

政治

〈習慣〉から未来への展望探る

こんな柔らかい言葉で現代政治について論じる人は、日本の政治学者のなかではめずらしいのではないか。

以前、この人が〈身体〉という概念を用いて政治史を論じている文章にふれて、とても新鮮に感じたことがある。近代という時代に、社会を人体のように一つにまとめる「超越的な秩序」が不在となって、統合ではなく対立や分断を内に抱えていることがむしろ社会の構成要件になってゆくそのプロセスが、〈脱身体化〉としてとらえられていた。本書ではその視点が、民主主義の未来を展望するなかで、〈習慣〉という視点へと深められている。

現代は、社会を基礎づける「確実性の指標」が消滅した時代だという認識が出発点にある。だからこそ熟議が必要なのに、市民はいま、かつてないほど世間の動きに流されやすくなっている。そして他方には、政治への深い不信と無力感。そのなかで「あまりに狭くなった政治の回路」を再びどう切り拓（ひら）いてゆくかという問題意識である。

ここでプラグマティズムに着目するのは、「十分な判断材料がないにもかかわらず、何らかの選択をしなければならない」という状況下で、「実験による社会の漸進的改良」を説いたのがデューイらのその思想だからである。そしてアメリカン・デモクラシーの最良の部分は、この思想を習慣として内面化してきた地域コミュニティーでの自治の経験にあると著者は見る。

そしてそのあと、隠岐諸島や釜石など中央から遠く離れた地域でいま取り組まれつつある、先住者と新たな移住者との協働による起業やソーシャル・ビジネスなどに、一気に眼（め）を転じる。そこに新たな「民主主義の習慣」を見ようというのだ。

富の再配分ではなく、負担の再配分（痛みの分かち合い）をこそ語らねばならない「収縮時代」に送り届けられた、一冊の希望の書である。

評・鷲田清一（大谷大学教授）

うの・しげき　67年生まれ。東京大学教授（政治思想史、政治哲学）。『西洋政治思想史』。

二〇一三年一二月八日❻

『スズメ　つかず・はなれず・二千年』

三上修 著
岩波科学ライブラリー・一五七五円
ISBN9784000296137

科学・生物

身近な鳥には驚きがいっぱい

部屋の窓から、スズメが遊ぶ姿を眺めるのが好きだ。ある日、スズメのヒナが地面をよちよち歩いているのを発見した。おおいに気を揉(も)むも、親スズメがちゃんと餌を運んでおり、翌朝にはヒナも見事に飛ぶことができたようだった。ほっ。

それにしてもなぜ、うまく飛べないくせにヒナは巣から出たんだ?　身近な鳥なのに、スズメのことをよく知らないなと思い、本書を読んでみた。スズメの生態はもちろんのこと、スズメと人がどうかかわってきたのか、農業や文化の面からも多角的に説明されていて、とても楽しく、驚きがいっぱいだ。「うまく飛べないくせに巣から出るヒナ」の謎も解けた。けっこうスパルタ。詳しくはぜひ本書をご覧ください。

スズメは、人の生活圏のそばでしか繁殖しないのだそうだ。だったら、この愛らしい小鳥とぜひとも共存共栄したいところだが、スズメは実った稲を食べる農害鳥でもある。人間側は当然、案山子(かかし)を立てたりザルを使った罠(わな)で捕らえたりと、さまざまな手段で反撃してきた(スズメの焼き鳥は、特に冬が美味とか)。

それでも旺盛な繁殖力を見せていたスズメだが、近年、個体数が半減している。著者は観察と調査を重ねたすえ、最近の高気密をうたう住宅には、軒下などにスズメが巣を作れるような隙間がないためではないか、と推測する。餌場である草ぼうぼうの空き地が減って、スズメの子育てが困難になったことも一因のようだ。

スズメが暮らしやすい町とはなにかを考えることは、私たちにとって息をしやすい町とはなにかを考えることにもつながるだろう。本文のみならず著者プロフィールまでもユーモアにあふれていて、子どもも大人も楽しめる。俳句に詠まれ、昔話にも登場する親しみ深い隣人(隣鳥?)が、ますます身近に感じられること請け合いだ。

評・三浦しをん(作家)

みかみ・おさむ　74年生まれ。岩手医科大講師。著書に『スズメの謎』。

二〇一三年一二月八日❼

『スーパー・サッド・トゥルー・ラブ・ストーリー』

ゲイリー・シュタインガート 著　近藤隆文 訳
NHK出版・二四一五円
ISBN9784140056387

文芸

冴(さ)えない中年男が、若く美しい女性に恋をした。だが、さまざまな障壁が立ちはだかり、真実の愛を試されて……。などという古典的な設定にそぐわぬ大量の仕掛けが疾走する、異色ラブストーリー。舞台は近未来のアメリカ。経済破綻(はたん)後に独裁政権が軍事化を進め、人々はクレジット評価から性的魅力まで、あらゆる面で数値化されている。誰もが評価の奴隷だ。主人公のレニーは39歳。クレジット評価は悪くないが、性的魅力は最低ランク。彼が一目惚(ぼ)れした24歳のユーニスは、生意気で低クレジット階層だが、とびきり魅力的だった。

ジェットコースターに乗って交錯する恋愛、経済、メディア、軍事、政治、生命、そして人生の優先順位。恋愛の障壁と世界の障壁が無理やり同期させられていくさまは、本当に「超」悲しい。随所に散らばる評価経済のメタファーは、私たちの日常を執拗(しつよう)に戯画化する。無残すぎてやがておかしい、近未来のロミオとジュリエット。

評・水無田気流(詩人・社会学者)

二〇一三年一二月八日⑧

『劣化国家』

ニーアル・ファーガソン 著　櫻井祐子 訳
東洋経済新報社・一六八〇円
ISBN9784492314395
政治／経済

昨今、政治も企業経営も短期的な利益や思惑だけで動くことが増え、それが思わぬ機能不全を引き起こしている。経済危機の頻発といった症状がまさにそうだ。しかも困ったことに、根本原因も処方箋（せん）も見つからないありさまだ。

歴史学者である著者は数百年単位の視点をとることで、問題の本質が西洋世界の「大いなる衰退」にあるととらえる。そして西洋文明の発展を支える四つの基幹装置が壊れつつあると指摘する。

たとえば「民主主義」は政府債務の膨張を通じ将来世代への負担の先送りを許している。「資本主義」の下の複雑な金融規制は弱肉強食の経済をうまく制御できていない。「法の支配」は法律家の支配に成り下がり、自由な「市民社会」には衰えが目立つ。

世界的な発信力をもつ著者の英BBC放送での講義が元になった本だ。そのためか解説ぶりはいたって大胆かつ簡潔。緻密（ちみつ）さが少々欠けても、歴史的な潮流変化をざっくりつかむにはむしろありがたい。

評・原真人（本社編集委員）

二〇一三年一二月一五日①

『ミッキーはなぜ口笛を吹くのか　アニメーションの表現史』

細馬宏通 著
新潮選書・一六八〇円
ISBN9784106037351
歴史／アート・ファッション・芸能

黒板の絵が動く　驚く創造の歴史

「世界で最初のアニメーション映画は」と始まる本書は「愉快な百面相」という3分の作品を紹介する。黒板にチョークで描かれる数々の顔が変化してゆく、と。

著者によれば、それは米国で当時流行していたヴォードヴィル芸から来ているのだという。つまり芸人たちは寄席で黒板を使って素早く似顔絵などを描き、ひとつの線をまたたく間に別の意味に変化させて観客を楽しませていた。

そのネタは「チョーク・トーク」、のちに「稲妻スケッチ」と呼ばれたのだそうだ。今でも我々は日本で似たネタを見る。スケッチブックを使って笑いを作っていく手法だが、元は19世紀末から存在していたのである。いや、ケーシー高峰の芸を思い出せば「チョーク・トーク」は古くから我が国にも広がっていたと推測される。

また、著者はウィンザー・マッケイという精緻（せいち）な線の漫画家の作品を教えてくれる。再録された絵は今でも新しさに満ちており、漫画の可能性の奥行きを感じる。

さらに驚くべきことに、新聞漫画で一世を風靡（ふうび）し、のちにアニメーション「リトル・ニモ」を製作するマッケイは、なんと芸人でもあるという。例の「稲妻スケッチ」から始まり、やがて自身のアニメを舞台上での芸に組み込むのだ。動く画面の脇に立って、彼は口上を述べたというのである。

くわしいことは是非本書で読んで欲しい。ともかくここでは〝口上と画面の絵がシンクロして観客を驚かせた〟とだけ書いておこう。つまり、アニメはその時、見世物小屋の仕掛けそのものだった。事実、著者はウィンザー・マッケイが19世紀末、サーカスが移動式になった時代に全米で「博物館」と呼ばれる見世物小屋のポスターを描き続けていたことを明かす。

こうして遡（さかのぼ）られるアニメーション映画の淵源（えんげん）はメディア史上の刺激的な事実として、人間の娯楽がいかにいかがわしさと奥底で強く結びついているかを証明するし、これから再びメディアミックスが起きる可能性をも示唆している。

さて、ここまででまだ本書は始まったばかり。著者はこのあと、アニメの技法において実験につぐ実験が実現すること、音とのシンクロを果たすためにどれほどの発明が重なるかなど、今では考えもつかない創造の歴史をたどる。

その中には劇場で〝歌詞をスライドで写し、横でピアノが伴奏〟する「イラストレイテッド・ソング」などもある。20世紀初頭の観客は映画を単独で観（み）ず、他の芸と共に楽しんだし、流行歌は聴くものでなく歌うものだったのだ！

目からこれほど多くのウロコが落ちるのかと思う名著である。題名の謎についても、読者ご自身が読み、ウロコを落として欲しい。

評・いとうせいこう（作家・クリエーター）

ほそま・ひろみち　60年生まれ。滋賀県立大学人間文化学部教授。ことばと身体動作の時間構造、視聴覚メディア史を研究する。著書に『浅草十二階』『絵はがきの時代』など。今月下旬に『今日の「あまちゃん」から』が発売予定。

二〇一三年一二月一五日❷

『売女の人殺し　ボラーニョ・コレクション』

ロベルト・ボラーニョ著　松本健二訳

白水社・二五二〇円
ISBN9784560092620

文芸／ノンフィクション・評伝

この世の夕暮れ 描き出す言葉

ロベルト・ボラーニョの小説を読んでいると、いつも強く感じさせられるのは、世界が終わっていっている、という印象である。終わりに向かっている、のではなくて、今まさに終わりつつある、という、進行形の感覚。しかし、それは終末論的などと呼ばれるような大仰なものとは違う。もっと仄（ほの）かで、切なくて、甘やかでさえあるような、延々と続く夕暮れのような、それをずっと眺めているような、不思議な感覚。

チリ出身の作家ボラーニョは、2003年、50歳で没した。その早過ぎる死の少し前から、著作が相次いで外国語に翻訳され、彼は世界から「発見」されつつあった。遺作として出版された『2666』は、長編小説5冊分という分厚さにもかかわらず、各国で読まれ、高い評価を受けている。日本でも、ささやかなベストセラーになったことは記憶に新しい。

「ボラーニョ・コレクション」の第1弾は、生前最後に出された短編集。冒頭の「目玉のシルバ」で、作家自身と同じくチリからメキシコにわたり、その後ヨーロッパへと向かった語り手の「僕」は、旅先のベルリンで、仲間内で「目玉」と呼ばれていた同性愛者のカメラマンと偶然再会し、彼の半生の話を聞く。それはインドから始まる、悲哀と絶望に彩られた物語だ。続く「ゴメス・パラシオ」、これはメキシコ北部のさびれた町の名前で、「僕」はそこの創作教室で教えることになり、「ぎょろ目で小太りで中年の女所長」と微（かす）かな触れ合いを演じる。そして「この世で最後の夕暮れ」と題された短編は、1975年、「BとBの父」がアカプルコに旅行した時の回想である。

どの作品にも、他の誰にも似ていない魅力が滲（にじ）み出ている。世界の終わりを、いつまでも終わりゆく風景を、平明で簡潔な、だがひどく感情を揺さぶる言葉が、鮮やかに描き出してゆく。

評・佐々木敦（批評家・早稲田大学教授）

Roberto Bolaño　53年生まれ。作家。著書に『通話』『野生の探偵たち』など。

二〇一三年一二月一五日③

『福島第一原発収束作業日記　3・11からの700日間』

ハッピー 著

河出書房新社・一六八〇円
ISBN9784309246369／9784309413464（河出文庫）

政治／社会

混乱する現場の実態　赤裸々に

東電福島第一原発で働くベテランの下請け作業員である著者は、事故直後からツイッターでつぶやき続ける。いつしか原発について“本当のこと”を知りたい人々に支持され、フォロワーは9万人近くまでふくらんだ。本書はその700日間のつぶやき集だ。

“歴史”は往々にして権力によって作られる。政府や国会の事故調査委員会の分厚い報告書はあるが、それらが政権の解釈に影響されるのは避けられない。自由で私的な立場の本書には、だから別の意味の歴史的資料価値がある。

もちろん一作業員の報告にすぎないから、説明や解説に事実誤認がまじっている可能性もある。それでも最前線の状況をここまで赤裸々に生々しく語れるのは、危険と背中合わせの作業現場に生身で携わっているからこそなのだ。

迷走する首相官邸や東電本社に翻弄（ほんろう）され、混乱する現場の様子がよくわかる。震災直後の菅直人首相の原発訪問は明らかに現場の作業をじゃましていたし、政府が工程表や収束宣言を発表するたびに、現場の人々は実態とのズレに驚き、不安に思っていた。

下請けの立場は弱い。予算削減で給料が減らされ、被曝（ひばく）線量が規定に達すると簡単に切られる。その後の補償もない。そこで著者は心配する。もし他の原発が再稼働すればもはや福島第一に作業員は集まらないのではないか、と。

事故収束は本当に民間企業に担っていけるのかと疑問に思う著者は、福島第一を東電から切り離し、官民あげての新組織でコストを度外視して対応すべきだと考える。そして、そもそも原発事故が「人間がコントロール出来る代物じゃない」と思い至るのだ。

小泉純一郎元首相は権力者の視点から「原発ゼロ」が可能だと唱え、それが机上の空論だと考えていた人々に衝撃を与えた。本書の現場目線のアプローチも、原発ゼロ社会の必然性を、説得力をもって読者に届けることだろう。

評・原真人（本社編集委員）

ハッピー　福島第一原発で大震災に遭い、収束作業にあたるキャリア約20年の原発作業員。

二〇一三年一二月一五日④

『ガガです、ガカの　ロシア未来派の裔ゲオルギイ・コヴェンチューク』

片山ふえ 著

未知谷・二六二五円
ISBN9784896424195

人文／アート・ファッション・芸能

天と通じた芸術家　宿命の試練

ガガといえば歌手のレディー・ガガが有名だが本書のガガはロシアの現代画家で、子供のころ本名の発音が難しく、自らをガガと呼んだ。僕は本書で初めてガガなる作家の名と作品を知った。ひょんなことで彼を知った著者は彼のことを親しみをこめて「ガガさん」と呼び、サンクトペテルブルクまで訪ね、その波瀾（はらん）万丈の伝記を執筆した。

「ガガさん」は第2次大戦後、収容所に送られた父のあらぬ汚名で〈人民の敵の子〉の烙印（らくいん）の下、画家活動に入るが、彼の反社会主義リアリズムの絵画はもろ、攻撃の対象になる。だけど生来の強運と楽天性を味方にしてあらゆる苦境を乗り切る。

大戦下、ドイツ軍の侵入を逃れ、7歳のガガと母はレニングラードを去って遠縁の親戚のいるクイブイシェフに向かうが、最低最悪の条件下、母の直感によって奇跡的に守護される。「ガガさん」も母のDNAを受け継いでいるのか、常に間一髪の苦境を乗り越えて新たなチャンスを引き寄せる資質があるようだ。

そのようなことは芸術家に与えられた宿命的な試練として常に語られてきた。だけどいつも苦境を背負わされているわけではない。本書で唯一、不思議な逸話が語られる箇所がある。それは2000年、パリにいた時、19世紀の画家ドーミエが夢に現れ、「ガガさん」に『洗濯女』の記念碑を建ててくれ」と頼む。感動した「ガガさん」は、それを達成すべく奔走する。そのプロセスには思わず感嘆させられる。内面の声に忠実に従う彼の正義感のようなものを感じざるを得ない。芸術家が天と通じた瞬間である。

ガガの絵はどのジャンルにも分類し難い。新表現主義、グラフィティ、アールブリュット、ロシア構成主義、ロシア未来派、そのどれでもあり、どれでもない。実に無邪気、無頓着、大雑把、即興、開けっぴろげ、正直、自由、そして全てに詩情が漂っている。

評・横尾忠則（美術家）

かたやま・ふえ　大阪外国語大ロシア語科卒業。著書に『オリガと巨匠たち』など。

二〇一三年一二月一五日⑤

『ハンナ・アレント〈世界への愛〉その思想と生涯』

中山元 著

新曜社・五九八五円
ISBN9784788513419

人文

世界は他者とともに作るもの

先ごろマルガレーテ・フォン・トロッタ監督による映画も公開され、再評価の進むハンナ・アレント。政治哲学者として、またユダヤ人として、全体主義との数奇な格闘を余儀なくされたアレントの思想が、丹念に詳解されていく。

アレントの主著『人間の条件』のタイトルは、当初『世界への愛（アモールムンディ）』とする予定だったという。この逸話を軸に、「世界」と「愛」についての思想が展開する。アレントの世界概念は、歴史性、持続性、他者性の三つの特徴をもつが、それらは「天としての世界の歴史」「地としての大地の持続」「装う者としての他者」にそれぞれ対応させられないか、と筆者は論じる。それらはちょうど、因縁の師・ハイデガーが世界の四元と呼んだもの——天、地、死すべきもの、永遠なるもの——と鮮やかに対照する。ハイデガーにおける他者との関係性を象徴する概念は「頽落（たいらく）」であり、大衆社会に埋没するひとの様態である。

一方、アレントは他者へと向かう能動的なかかわりを基点として世界を立ち上げる。愛の内包する矛盾とは、世界や他者とのかかわりにおいて宿命的に表れる問題でもある。西欧思想史におけるこの問題を指摘しつつ、それでもなお、「世界は他者とともに作るもの」だという姿勢。それは、ハイデガーがアレントと袂（たもと）を分かって後、何度か言及しつつも確証し得なかった、単独性の難問を解く鍵のようにも見える。

アレントは言う。単独性は孤独、孤立、孤絶の三様を持つ。孤独とは孤立ではなく、自分自身とともにあるということ。思考のために孤独は必要だ。一方、孤立とは大衆の中にあって孤独の契機さえ奪われていること。さらに仕事をしているとき、人間は孤絶の状態にあり、自分自身と向かい合うことすらできない、と。透徹した孤独と、世界への愛。両者が引き合う場を開く、大著である。

評・水無田気流（詩人・社会学者）

なかやま・げん　49年生まれ。哲学者、翻訳家。著書『思考のトポス』『フーコー』など。

二〇一三年一二月一五日⑥

『ミツバチの会議　なぜ常に最良の意思決定ができるのか』

トーマス・D・シーリー 著　片岡夏実 訳
築地書館・二九四〇円
ISBN9784806714620
科学・生物

多様な解答を探り、優れた結論へ

コーネル大学で学科長をしている著者は教授会を極めて民主的に運営している。それはミツバチから学んだことなのだ。ではいったいどんな風にミツバチは社会を運営しているのだろう。

本書は、働きバチのうち約三%を占める探索バチの行動分析の本だ。探索バチとは次の巣作りの場所を探す役目のハチのことで、複数が飛び回り、ふさわしい広さと天敵や風雨から集団を守る最適な場所を探す。それぞれは、ここぞと思った場所を発見すると、巣に帰って尻振りダンスによるマニフェスト戦を展開し、各提案に支援者を取り込む。場所が決まると他のハチは動かなくなり、そこへ全員で移動する。

かなり専門的な研究書だが、民主主義のプロセスとは何であるかを考える知恵がつまっている。たとえば、討議の初めにリーダーが行うべきことは「集団の繁栄にみんなが関係している」と気付かせ、「問題の範囲、解決のために使える資源、手順の規則」など中立的な情報を与えることだ。その後「リーダーが集団の考えに及ぼす影響をできるだけ小さくする」ことで「自由に質問ができる雰囲気を作り出し」「疑問や異議の表明を奨励」することこそ重要なのだ、と。なぜなら「集団が選択肢を探す能力は、一個人の力に勝る」からである。

ここで集団とは同じ方向を向く人々のことではなく、選択肢を可能な限り拡（ひろ）げることのできる、アイデア集団のことを意味する。その選択肢を必ず表現することで情報を共有し、もっとも優れた結論を出すことができる。著者が挙げている正反対の例は、ブッシュ大統領による二〇〇三年のイラク侵攻決定である。リーダーを喜ばせようと、周囲が早すぎる合意をした事例だという。

ミツバチから学ばねばならないほど、今や人間は、多様な解答を探ることをしなくなっている。

評・田中優子（法政大学教授）

Thomas D. Seeley　52年生まれ。米国コーネル大学教授（生物学）。

二〇一三年一二月一五日⑦

『箱根駅伝　青春群像』

佐藤三武朗 著
講談社・一六八〇円
ISBN9784062186483
ノンフィクション・評伝

「箱根駅伝」が、あと3週間足らずでやってくる。たとえ贔屓（ひいき）の大学がなくても、観（み）入ってしまうのはなぜだろう。そんな疑問に明快に答えを出してくれるのが本書だ。

箱根駅伝に参加しているのは襷（たすき）をつなぐ10人だけではない。背後には監督、部長、部員たち、付き添い、補助役員、救護係、予選で負けた大学の選手がいる。そして警察や数限りないボランティアに支えられて来年で90回という時間の襷もつないできた。

コースには「上り坂」、「下り坂」に加えて想定外の「魔坂（まさか）」も待ち構えている。展開するドラマに観る側は自分の人生を重ね合わせる。箱根駅伝は「総合力」「組織力」を競うスポーツであると同時に「日本人の精神」を凝縮した「総合芸術」なのだ。

この芸術は、正月の行事として、近年さらに特別な輝きを放っている。それは「失われた20年」で日本の失ったものが、GDP(国内総生産)だけではなかったことを示していると思えてならない。

評・水野和夫（日本大学教授）

二〇一三年一二月二二日❶

『そして最後にヒトが残った』

クライブ・フィンレイソン 著 上原直子 訳

白揚社・二七三〇円
ISBN9784826901703

科学・生物

もうひとつの人類 なぜ絶滅したのか

ネアンデルタール人と聞くだけで心が動かされるのはなぜだろう。たぶん気づかないうちに想像してしまうのだ。我々の他に高い知能をもつ人類が生きていた、その時代の、その風景のことを。

本書は千万年前に始まる人類の歴史を包括的にたどったもので、特にネアンデルタール人の絶滅と現生人類の拡散に焦点が絞られている。これまではネアンデルタール人が絶滅したのは現生人類の干渉や侵略を受けたためだと考えられがちだったが、しかし著者によると、それは我々が知性や情緒において彼らに勝っていたという固定観念の裏返しにすぎず、さほど根拠のある話ではないらしい。そのかわり著者が用いたのが気候変動と環境変化というより大きなダイナミズムだ。

森林に暮らしていたネアンデルタール人は筋骨を発達させ、大型動物を狩るのに適した体型になっていった。ところが当時の地球は寒冷乾燥化が進み、平原が広がり始め、彼らの居住域である森林が狭くなっていった。しかしその変化が逆に現生人類にはプラスに作用する。我々の体はしなやかで持久力に富んでいたため、平原での狩猟にも対応できたという。

著者の主張は明快だ。つまりある生物種が生き残れるかどうかは適正な時に適正な場所にいたかどうかにかかっている。その意味でネアンデルタール人は誕生の時点で絶滅を宣告されていたようなもので不運だった。しかし考えてみると現生人類が身の程もわきまえず現在の地球で支配者然としていられるのも、単に運がよかったからともいえる。状況によっては今頃、筋骨が逞（たくま）しく脳容量の大きな人たちが、もう少し節度ある文明を築いていたかもしれないのだ。

気になるのは両者の間に接点があったのかどうかだ。現生人類が登場した時点ですでにネアンデルタール人は後退を余儀なくされていたのだから、大きな接触はなかったというのが著者の見方だ。だが巻末の解説によると、両者の間には遺伝的変異が共有されていることが最新のゲノム研究から明らかになっており、交雑していた可能性が高いらしい。

交雑！ つまり我々の体には、ほんの少しネアンデルタール人の血が流れているのだ。思い浮かぶではないか。広い平原のどこかで我々は自分たちとは異なる身体をした人々を遠くで見かけていたのだ。その時、お互いに何を思ったのだろう。危険を感じて森の中に隠れたのか。遠巻きに見つめただけか。それとも何か友好的なやり取りがあったのだろうか。

地球には我々以外に複数の人類が暮らす多様な世界が広がっていた。そこに想像力の翼がはばたくだけでも一読の価値はある。

評・角幡唯介（ノンフィクション作家・探検家）

Clive Finlayson 55年生まれ。ジブラルタル博物館館長。長年にわたってジブラルタルにあるゴーラム洞窟の調査を続けているネアンデルタール人研究の第一人者。

二〇一三年一二月二二日②

『脳病院をめぐる人びと　帝都・東京の精神病理を探索する』

近藤祐 著

彩流社・二六二五円
ISBN9784779119194　科学・生物／医学・福祉

別角度の文学史が見えてくる

日本近代の精神科病院は、公立施設に限定するならば、都市の美観と治安を守るために路上生活者を一掃する政策から誕生した。明治5年にロシア皇太子が訪日するのに合わせ、困窮者や病者を収容すべく設置された「養育院」内の「狂人室」が起源である。

病者には背に「狂」の字を染めた衣服が着せられ、手枷足枷（てかせあしかせ）を付けられた。明治12年にはこれが独立して東京府癲狂（てんきょう）院となるのだが、やがて有名な相馬事件が発生、発狂と称して癲狂院に押し込められた旧相馬藩主を忠臣が救いだすという大騒動となった。

監獄まがいの悪いイメージを嫌った病院側も、癲狂という語句を抹消するが、「内分泌の多い患者の睾丸（こうがん）を別の患者の腕に移植する」怪実験が行われた戸山脳病院が業務停止になるなど、おぞましい話に付き纏（まと）われた。

本書は知られざる脳病院の歴史を東京エリアに絞って詳述した後、後半で精神科病院が林立する大正期前後に精神を病んだ著名文学者の運命を検証する。

芥川龍之介や宇野浩二の眼（め）に「死ぬまで出られぬ監獄」と映った脳病院の情況を筆頭に、高村光太郎が妻の智恵子を入院させることを最後まで躊躇（ちゅうちょ）し、結局は入院後すぐに彼女を亡くした事情、その脳病院で治療する側にいた歌人斎藤茂吉の心情などを読み進むうちに、精神科病院を介して意外なほど多数の文学者が深く関係を結んでいたことに驚かされる。この文脈で別角度の文学史が語れる。

ただ、本書では作家たちの病歴や妄想幻覚の深い分析が慎重に控えられている。精神科病院に入院させられた中原中也が自宅の屋根に座って弟を見送る場面で、芥川龍之介最後の映像がやはり高い木に登っているシーンだったとする指摘などが興味深いだけに、もう少し突っ込んでもよかった。蛇足だが、中村古峡や石井柏亭の人名が誤植のままなのは、稀（まれ）な書だけに残念。

評・荒俣宏（作家）

こんどう・ゆう　58年生まれ。建築家、文筆家。『物語としてのアパート』『洋画家たちの東京』。

二〇一三年一二月二二日④

『HELLO WORLD　「デザイン」が私たちに必要な理由』

アリス・ローソーン 著　石原薫 訳

フィルムアート社・二七三〇円
ISBN9784845913091　アート・ファッション・芸能

消費して生きるという原罪性

デザインの現在がわかるだけでなく、時代の核に直接さわる臨場感、スピード感があった。今やデザインが、企業の命運だけでなく、時としてコミュニティーや国の未来を、決定し始めたからである。ジョブズが率いたアップル社のデザイン戦略は、そのようにして、この10年の世界をふりまわした。ジョブズも、秦の始皇帝のデザイン政治とともに、この本の主役である。

ではデザインの何がどう変わることで、世界を動かすようになったのか。まず「物」をデザインする時代が終わり、人と人とのコミュニケーションという非物質的領域が、デザインの主戦場となった。

さらに主役がデザイナーから、「みんな」へと変わった。ネット時代においては、誰もが自分自身でデザインしたいし、それが可能になった。デザインが特定の「物」や企業にのみ奉仕して、「みんな」や環境に害を与えると、即座に糾弾され、炎上する。デザイナーは、この決定的に新しいデザインの拡散と民主化の状況の中で、依然として特権的専門家から抜け出せない自己矛盾に苦悶（くもん）し、新しい領域に挑戦して、自己を解体していく。

　結果として浮き彫りにされるのは、デザインという行為の本質的犯罪性である。いいかえれば、私と「みんな」、個と環境に横たわる大きな裂け目であり、矛盾である。

　なかでも象徴的な一節は、著者自身が愛用する、某電動歯ブラシへのクレームである。白い歯を作る性能において非の打ちどころがないが、無駄なパッケージと、分解不能なプラスチックの利用において、環境破壊的な、最低のデザインだと、著者は絶叫する。そこまでわかっていながら、そのブラシを使っているあなたって、いったい何なの？

　著者は、自分の矛盾を告白するだけでなく、デザインというものの矛盾を、さらに、物を消費していくしか生きられないという、人間存在の原罪性までをも、さらけ出す。

評・隈研吾（建築家・東京大学教授）

Alice Rawsthorn デザイン評論家。米紙などにコラムを執筆。

二〇一三年一二月二二日⑤

『近代世界システムⅣ　中道自由主義の勝利　1789–1914』

I・ウォーラーステイン 著　川北稔 訳

名古屋大学出版会・五〇四〇円

ISBN9784815807467

歴史／国際

真骨頂の「自由貿易は保護主義」

「長い16世紀」を扱った1巻刊行が1974年、やっと待望のⅣ巻が出た。本書ではフランス革命の衝撃を吸収する過程である「長い19世紀」（1789～1914年）を扱い、「世界帝国」から「資本主義的世界経済」への移行プロセスを解き明かす。

　仏革命以降、保守主義、自由主義、急進主義（社会主義）という三つのイデオロギーが生まれた。1830年の7月王政で自由主義が勝利する。ルイ＝フィリップは「国王」ではなく「フランス人の王」を名乗ろうとした。

　当初の「左翼」的スタンスから「中道」へと軸を移した自由主義者は、穀物条例を廃止し、1848年の欧州革命の試練を乗り切ったことで、英国では自由貿易帝国を形成し、仏国がそれを補完した。

　「近代世界システム」論の真骨頂のテーゼの一つに、「自由貿易は、じっさい、もうひとつの保護主義」がある。「それは、その時点で経済効率に勝（まさ）っていた国のための保護主義」だからである。

　そんなことは新古典派の始祖アルフレッド・マーシャルでさえ気がついていたのだが、21世紀の新自由主義者は、「レッセ・フェール＝自由放任」という神話と「進歩」を信奉し続けている。

　近代世界システムの根幹をなす資本主義的世界経済は中核・半周辺・周辺から成り立ち、「不等価交換」を前提に「世界的分業」を展開する。国内にも非正規社員という「周辺」を作り出す、21世紀のグローバリゼーションはそれを地でいっているのだ。

　近代はあらゆることを細分化し、専門家が主役となった。しかしもはや市場の研究のための経済学、国家にかかわる政治学、市民社会を対象とした社会学など再結集しないと、「個人主義という羊の皮を被（かぶ）った、強力な国家のイデオロギー」に他ならぬ自由主義の本質はつかめない。

　Ⅴ巻、そしてⅥ巻を一刻も早く読みたい。

評・水野和夫（日本大学教授）

Immanuel Wallerstein 30年生まれ。米国の社会学者。

二〇一三年一二月二二日❻

『野生のオーケストラが聴こえる　サウンドスケープ生態学と音楽の起源』

バーニー・クラウス 著　伊達淳 訳
みすず書房・三五七〇円
ISBN9784622077947　アート・ファッション・芸能

耳を澄ませば現れる「音の風景」

バーニー・クラウスは、スタジオ・ギタリストとしてキャリアをスタートさせた。ポール・ビーヴァーと出会い、二人で『地獄の黙示録』『ローズマリーの赤ちゃん』などの有名映画やテレビの音響を手掛けると共に、ビーヴァー&クラウスとして5枚の不思議なアルバムを発表した。

だがビーヴァーが急逝し、独りになったクラウスは、40歳で音楽業界を去って大学院で海洋生体音響学を専攻、クリエイティブ・アートの博士号を取得した。本書は「サウンドスケープ（音の風景）」の先駆者であるクラウスの半・自伝であり、彼の考えを開陳した一冊である。

「自然の音を求めて音楽業界を後にしたと思われるかもしれないが、そうではなく、音楽業界にいたからこそ自然の音を発見できたのである」。彼が取り組んできたのは「音の哲学」ではない。あくまでも「聴くことの実践」である。レコーディング・スタジオで得た技術や知識、マイクとヘッドホンは、サウンドスケープの探究に欠かすことの出来ないものとなる。

音とは物理的な振動現象だ。人間の耳を機械的に拡張すること。そこには「音の風景」が、聴覚的な「自然」が、つまり「世界」が鮮やかに立ち上がる。クラウスはそれをオーケストラと呼ぶ。本書には、彼が発見した「音の風景」のエピソードが記述されている。豊かで、複雑で、美しい、自然が奏でる音楽。それらの音響は、インターネット経由で読者も聴くことが出来るようになっている。

だが、ほんとうに重要なのは、実はそのことではない。「レコーダーはレコーダーなしでどう聞くかということを学ぶための道具」だとクラウスは言う。誰もが彼のように集音マイクを抱えて密林に入っていけるわけではない。ただ、その場で、耳を澄ましてみればよいのだ。すると必ず何かが聞こえてくる。サウンドスケープはどこにでもある。

評・佐々木敦（批評家・早稲田大学教授）

Bernie Krause　38年生まれ。ナチュラリスト、音響生態学者。

二〇一三年一二月二二日❼

『イン・ザ・ヘブン』

新井素子 著
新潮社・一五七五円
ISBN9784103858034／9784101426051（新潮文庫）　文芸／ノンフィクション・評伝

いずれは訪れる個々人の死や人類の終焉（しゅうえん）を主題にした作品からなる短編集。と紹介すると非常に重たいが、36年前、高校生作家としてデビューした頃と同様、筆致は軽妙。

星新一の有名ショートショートを意識した「ノックの音が」は、殺人的ウイルスの保有者が隔離される施設の外側で、さらに致死性の高いウイルス兵器が使用され人類が滅亡に瀕（ひん）するというダークな状況。語り手のウイルス保有者は、外界からの食糧供給がなくなり飢え死にする直前で、外の世界からの「ノックの音」を聞く。

「あけみちゃん」では、どこか邪悪な「神様」が保育園児を利用して世界を破滅させようとする。

救いのなさげな設定の中で、「一般市民を、なめるんじゃねえっ。神様が何を思おうが、神様を名乗る何かが何を思おうが、んなこと、知ったことじゃ、ないんです」とタンカを切る。そういう作品が生まれるこの世界は、捨てたもんじゃない。

評・川端裕人（作家）

二〇一三年一二月二二日❽

『キノコ切手の博物館』

石川博己 著

郵趣サービス社・一六八〇円

ISBN9784889637588

文芸／科学・生物

40年近くも「世界のキノコ切手」を収集しつづけている著者による、キノコ愛&切手愛あふれる本。キノコをモチーフにした各国の切手が、フルカラーで紹介される。

著者は、実物のキノコを野山で観察するのも大好きなのだそうだ。実感に基づき、切手に登場するキノコを親切かつ丁寧に解説してくれる。本書の隅々まで神経が配られていて、色鮮やかなキノコ切手を、図鑑のようにも美術書のようにも味わえた。「こんなに奥深く楽しい趣味があるのか」と、キノコ切手収集の道に覚醒してしまいそうだ。

いや、著者の情熱を、「趣味」の一言で片づけていいのか？　自身のコレクションに抜けがあることに気づいた著者は、「慢心していたわけでもなかったのですが」と内省するのだった。趣味であるはずの切手収集が、ほとんど修行の域に達している！

だれかの情熱に触れると、なぜかひとは幸せを感じる。眺めるうちに笑顔になった一冊だ。

評・三浦しをん（作家）

平成二十六年

2014

二〇一四年一月一二日❶

『遠い鏡　災厄の14世紀ヨーロッパ』

バーバラ・W・タックマン 著　徳永守儀 訳

朝日出版社・五〇四〇円
ISBN9784255007397

歴史／社会

怒りと不安の中　準備された未来

「遠い鏡」こそが現在を映し出す。本書を読むと、いま起きている問題は、14世紀に端を発した矛盾が、姿・かたち・役者を変えて噴出したもので、人間の「強欲さ」は変わらないということがよくわかる。14世紀半ばから世紀末にかけて欧州は何度も黒死病に襲われ、最初に流行した１３４８〜50年だけで「概算で人口の3分の1死亡」するなど「これぞ世紀の終わりだ」と人々は慄（おのの）いた。

しかし、黒死病だけが災厄ではなかった。14世紀はフランスの絶頂期であったと同時に「四つの不吉な出来事が次々と続いた」時期でもあった。まずは仏王による教皇への攻撃、１３０９年に教皇聖座がアヴィニョンに移転、次いで14年仏王は富を蓄積したテンプル騎士団を鎮圧、20年には飢饉（ききん）をきっかけに高位聖職者らを標的とした羊飼い・労働者らの一揆（パストゥロ）が起こる。

38年以降は英仏百年戦争に覆われる。貴族は国土防衛に失敗するし、戦争で没落した貴族がコンパニー（盗賊）となって農民を襲う。「徳が死に、悪徳が勝利し、貪欲（どんよく）が広がり、混乱が圧倒し、秩序が消滅」する事態となるのだ。

かくて14世紀は「怒りと不安の時代、災難と悲惨の時代」「狂気の時代」などと表現されるが、著者は「社会のどんな局面にも必ず逆流があ」り、「14世紀は不毛ではなかった」という。たとえば、機械的時計が使われ、紙が生産され、中産階級が台頭した。さらに、「偶然の副産物」ではあるが、戦費調達で貴族が自由の特許状を売りに出すことで自治都市が誕生し、民主化が促進された。

「遠い鏡」を覗（のぞ）くと、英国でジョン・ウィクリフが教会の権威を否定した79年に「現代世界の出発点」が見え、82年、新税に反対して、パリやフランス諸都市の市民たちが引き起こした暴動は、４００年後の革命を準備するものだったことが分かってくる。ただ、改革は早すぎたのだ。「理想と現実の隔たりが大きすぎると、制度は崩壊する」と著者は指摘する。その点で「人間は常に繰り返す」（トゥキディデス）のである。

「歴史の天秤（てんびん）の慣性は、変化より重くかかる」のであり、「社会の変化は時と共に目に見えない状態でやってくる」。14世紀の教訓を現在に当てはめれば早急すぎる改革は失敗するということだ。本書の主人公「彼の時代の最も価値のある君主」アンガラン7世（１３４０〜97年）は十字軍で捕虜となり、失意のうちに死ぬ。しかし、彼の理性は遺伝子を介して、「ナントの勅令」で国内融和を図った名君アンリ4世に引き継がれていく。時代のせいにしてはいけないし、人生「終わりよければ全てよし」は嘘（うそ）である。

評・水野和夫（日本大学教授）

Barbara W. Tuchman　１９１２〜89年。米国の歴史家、作家。戦前東京に1年間滞在した時の日記が『歴史の実践』に収められている。他にも『決定的瞬間』『八月の砲声』『愚行の世界史』など著書多数。

二〇一四年一月一二日❷

『あかんやつら　東映京都撮影所血風録』

春日太一 著

文芸春秋・一九四三円
ISBN9784163768106／9784167906412(文春文庫)

人文／アート・ファッション・芸能

底抜けに痛快　豪傑映画人たち

血風録という芝居がかった副題と、表紙の写真に使われた犬吠埼の派手に砕け散る白波が内容をよく表している。本書は65年に及ぶ太秦の東映京都撮影所の歴史を綴（つづ）ったものだが、著者の狙い通り、水滸伝さながらに豪傑映画人たちが躍動する読み応えある歴史絵巻に仕上がっている。

東映といえば時代劇。同社は戦後間もなく中村錦之助らスターを前面に押し出し黄金期を迎えた。ところがその後、時代劇は凋落（ちょうらく）。すると次は任侠（にんきょう）映画、それが落ち目になると今度は『仁義なき戦い』などの実録ヤクザ映画と当たりそうな路線に次々と鞍替（くらが）えしていった。粗製濫造（そせいらんぞう）で節操も何もなかったわけだが、しかしそれは映画とは大衆娯楽に徹すること、高尚や前衛はクソ食らえという反体制的なエネルギーが満ち溢（あふ）れていたことの裏返しでもあった。ヒロポンを打ってもらう監督や背中に刺青を背負ったヤクザみたいなスタッフ、それに鶴田浩二、若山富三郎といった無頼派の俳優が、そこのけそこのけとばかりに豪快なエピソードをまき散らして立ち回るあたりは、底抜けに痛快だ。

象徴的なのが脚本作りで、東映では「ヤマ場からヤマ場へ」が鉄則だったという。つまり起承転結の「承」を省き、「転」を続けてごろんごろんと展開させるのが東映の映画作りのやり方だった。面白いのは本書もまたその手法を踏襲していることで、チャンバラ映画を見ているみたいに息をつかせぬ逸話の連続で一気に読まされる。

全体的にアツい時代へのノスタルジーが溢れているが、執筆の動機はそれだけではなく、近年精彩を欠く東映映画への叱咤（しった）激励も込めたそうだ。しかしその思いが映画というジャンルだけに留（とど）まるはずがない。これはきっと、スマシタ顔のいい子ちゃんやつまらん草食系ばかりが数を増やした、去勢された現代に対する著者からの痛烈な往復ビンタでもあるに違いない。

評・角幡唯介（ノンフィクション作家・探検家）

かすが・たいち　77年生まれ。映画史・時代劇研究家。『天才　勝新太郎』など。

二〇一四年一月一二日❸

『ブラック企業ビジネス』

今野晴貴 著

朝日新書・七九八円
ISBN9784022735317

社会／ノンフィクション・評伝

信頼を食い潰すビジネスの論理

昨今頻繁に目にする「ブラック企業」という言葉。だがその実態や社会背景は、今なお正しく認識されているとは言い難い。『ブラック企業　日本を食いつぶす妖怪』で、単なる違法企業の問題ではなく、私たちの社会そのものに巣食う悪弊として問い直した筆者による続作。本書ではより具体的に、ブラック企業の業態を助けるさまざまな「ビジネス」を詳解している。

たとえば、ブラック企業を法制度面から支える弁護士や社会保険労務士のような「ブラック士業」という存在。彼らは過酷な雇用環境に対し声をあげた当事者を、脅しや法制度の意図的誤用などの手法を用い追い込んで行く。企業も士業も、利益を生むための行動はすべて「正義」というビジネスの論理。だが、社会全体からすれば部分の最適化に過ぎず、結果として弊害をもたらすと、筆者は警鐘を鳴らす。

学生の就職率を上げたい学校も、ブラック企業ビジネスの加担者となる。なるほど、大量の新卒者を採用して使い潰すブラック企業は、学卒時点での就職率かさ上げに大いに寄与する。大学教員として勤務する評者にとっても他人事（ひとごと）ではない。またブラック企業の実態を知らず、正社員の座を死守せよと叱咤（しった）激励する家族も、結果としてブラック企業ビジネスの隆盛に寄与する。このような現状を、筆者は日本の社会システム全体のブラック化と呼ぶ。

ブラック企業は、従来の社会関係の「信頼」や「善意」を食い潰すことで自らの利益を得ている。好業績な企業の正社員であれば一生安泰との信頼感は、既存の安定した社会関係の中で育まれてきた社会的資産だ。これを悪用するブラック企業とは、究極のフリーライダー（ただ乗り）かもしれない。背景にあるのは、ビジネスの論理の社会への浸透。本書で語られた、ビジネスとは別種の社会正義の論理に基づく専門知識と対抗策は、極めて重要である。

評・水無田気流（詩人・社会学者）

こんの・はるき　83年生まれ。NPO法人POSSE代表。『ブラック企業』で大佛次郎論壇賞。

二〇一四年一月一二日❹

『わたしはマララ　教育のために立ち上がり、タリバンに撃たれた少女』

マララ・ユスフザイ、クリスティーナ・ラム 著
金原瑞人ほか 訳
学研パブリッシング・一六八〇円
ISBN9784054058460　ノンフィクション・評伝／国際

本とペンこそが私たちの武器

十六歳の少女の自伝である。侮ってはいけない。自伝は生きてきた年数でなく、体験の重さである。

少女は十五歳で、イスラム武装勢力タリバンの暗殺の標的となった。下校中のスクールバスにテロリスト二人が乗り込み、「どの子がマララだ？」と聞いた。答える間もなく、マララは左目のわきを銃で撃たれた。隣席の級友二人も撃たれた。マララたちは奇跡的に一命をとりとめた。

タリバンは、女性が笑い声を上げること、白い靴をはくことを禁じた。教育を受けるのは、もっての外だった。マララは十一歳の時から、パキスタンのラジオやテレビで、彼らの考えは間違っている、と主張した。どうして人間の基本的な権利を奪おうとするのか。私たちからペンや教科書を取りあげても、考える力を奪うことはできない。

タリバンはマララを暗殺する声明を発した。イスラムに反する考えを民衆に広めようとしているのが理由だった。

マララは言う。誰だって人生で一度や二度は過ちをおかす。「だいじなのは、そこからなにを学ぶかだ」

マララは十四歳で国際子ども平和賞の候補にあげられた（二年後受賞）。パキスタンで最初の国民平和賞も受賞した。タリバンは少女が有名人になりすぎるのを危惧した。

しかし、少女へのテロは、皮肉にも少女を国際的有名人にした。二〇一三年七月十二日は、マララの十六歳の誕生日である。国連はこの日を、マララ・デーと定めた。当日、マララはニューヨークの国連本部でスピーチを行った。本とペンこそが私たちの武器である。一人の子ども、一人の教師、一冊の本、一本のペンが世界を変える。教育こそ解決策と。

「どの子がマララだ？」と私たちは咎（とが）められない。安穏な国にいるしあわせを思うべきだろう。本書は五部に分かれている。第三部の銃撃事件から読み、最後に冒頭に戻った方がわかりやすい。

評・出久根達郎（作家）

Malala Yousafzai　97年生まれ。共著者はジャーナリスト。

二〇一四年一月一二日⑥

『『ユダ福音書』の謎を解く』

エレーヌ・ペイゲルス、カレン・L・キング 著
山形孝夫、新免貢 訳
河出書房新社・二五二〇円
ISBN9784309226026　歴史／ノンフィクション・評伝

イエスの死に異説　新たなユダ像

子供の頃、キリスト教は魅惑的で、少し恐怖だった。その素朴で複雑な感情を言葉にすればこんなだ――〝拷問されて死んだ男のイメージを崇（あが）めるとは!?〟

イエス・キリストが、ローマ帝国によって十字架につけられ拷問され死んだ。仮にここまでを史実とするなら、「キリスト教」はその死の解釈が核となった宗教である。「イエス・キリストは人類の罪を償うために犠牲となった」「そして復活した」。もしそうなら、人類に罪や苦しみはもうないはずだ。

が、その考えは実際にはさらなる暴力装置、訳者の言を借りれば〈犠牲のシステム〉とされていった。殉教の称揚は、ひいては王のため国家のために死ぬ者を、尊い犠牲として称賛する。と、そのために進んで命を投げ出す者が現れる。権力者にとって、これほどうまい話もない。

本書では、二つのことが鮮やかな変容を見せる。ひとつはこの〈犠牲のシステム〉。もう一つが、もちろんユダ像。かの「裏切り者」ユダ。しかし、『ユダ福音書』では、ユダこそ唯一、イエスを理解した弟子である。イエスを引き渡すことによって他の弟子を凌（しの）ぐ存在になるとイエスに告げられる。

『ユダ福音書』にも「犠牲」の語はある。しかし「霊的変容の文学」のそれとして。

『ユダ福音書』と響き合うテキストとして引用された詩が美しい。一般には「最後の晩餐（ばんさん）」にあたる場面。そこでイエスは弟子たちの輪の中に入り、こんなふうに吟唱する。「私は、私を知るあなたの鏡」「私は、私を叩くあなたの門」「語る私のなかにあなた自身を見るがよい……」

本書に出逢（であ）えてよかった。もし今、私たちの心にこうしたイエスが響くなら、多神教と一神教、一神教と一神教、私と彼ら……断絶して見えるものたちの間にも一筋の橋がかからないだろうか。

評・赤坂真理（作家）

Elaine Pagels、Karen L. King　ともに米国の宗教研究者。

二〇一四年一月一二日⑦

『復興文化論　日本的創造の系譜』

福嶋亮大 著
青土社・二三一〇円
ISBN9784791767335　歴史／ノンフィクション・評伝

柿本人麻呂から『平家物語』『太平記』『椿説弓張月』、三島由紀夫、太宰治、村上春樹、手塚治虫、宮崎駿まで盛りだくさんの文化論である。壬申の乱から源平合戦、応仁の乱、日露戦争、第二次大戦など数々の戦乱に震災、中国の動乱の影響など、日本社会は「慢性的負傷」状態にあり、「復興期においてたびたびイノベーションを引き起こしてきた歴史それ自体が、日本の文化活動の一段深いところにある動力」だとする。

戦争や災害とその復興という軸で日本を捉えると、確かに新しい側面が見えてくる。そのナショナリズムは「日本ならざる何か」への「モラルも目的もない変身願望」であり、愛国に見えるものを天皇への恋情としたところも斬新だ。そのような個々の論が復興といかなる因果関係があるか明確でないところもあるが、自力で全体を見通そうとする意欲と才が光る。「無常」を日本の美として語ることに批判的だが、それを笑った文化もまた、日本にはあった。

評・田中優子（法政大学教授）

二〇一四年一月一二日❽

『歌舞伎座五代　木挽町風雲録』

石山俊彦 著

岩波書店・二二〇〇円
ISBN9784000259248　歴史／アート・ファッション・芸能

まず江戸時代以来、「歌舞伎座」という名の大劇場が、脈々と伝統を継承してきた、という誤解が解かれる。第1代歌舞伎座（明治22年）以前は、小さな芝居小屋たちが盛衰を繰り返していた。

外国通の人々が、ヨーロッパの首都に聳（そび）えるオペラ座という文化の殿堂を見て、「日本」を発揚するために、国家を背負った大劇場が必要だと感じ、「歌舞伎座」という文化装置を発明した。

その後の紆余曲折（うよきょくせつ）が楽しい。この庶民的な、軽やかな芝居と、国家、経済との間に横たわるギャップゆえに、緊張、軋轢（あつれき）のドラマが連続し、多様な登場人物が華をそえた。最新の第5代歌舞伎座の設計に携わったこの僕自身が驚いてしまうほどに、この劇場の歴史はスリリングであった。

しかし、逆に見れば、それだけエキサイティングなエピソードの連続だったからこそ、歌舞伎座は緊張感を保ち続け、歌舞伎座は東京の中心として輝くのだと感じた。

評・隈研吾（建築家）

二〇一四年一月一九日❶

『政治の起源　人類以前からフランス革命まで　上・下』

フランシス・フクヤマ 著　会田弘継 訳

講談社・上巻二九四〇円、下巻二八三五円
ISBN9784062171502〈上〉・9784062171519〈下〉　政治

巨視的な視点で〈いま〉捉え直す

国内外問わず、時局的な政治解説に日々接していると、ふと巨視的な視点から〈いま〉を捉え直したくなる。

「政治制度の発展と衰退のメカニズム」に鋭く切り込んだ本書はそのための格好の書だ。

まず何よりも評価すべきは、先史時代の社会や部族社会に関する人類学の知見を真摯（しんし）に取り入れながら、西欧近代の政治理論が前提としてきた合理主義的な人間観を客体視している点である。

それゆえ、近代的な政治制度の発展には「国家」「法の支配」「政府の説明責任」の三つの均衡が必要だと説く際も、ホッブズやロックやルソー、あるいはギリシャやローマから語ることはしない。

例えば、人類初の「近代国家」（＝能力本位の官僚制をもとにした中央集権国家）は紀元前3世紀に中国の秦に出現したという。欧州より約1800年も前だ。

ただ、中国では国家権力を制限する「法の支配」と「説明責任」が創出されることはなかった。それは一体なぜか。逆に、それらが西欧で確立したのはなぜか。インドから中東、ロシアまで広く視野に入れながら、著者は目から鱗（うろこ）が落ちるような斬新かつ明晰（めいせき）な解釈を次々と披露してゆく。

その一方、政治が衰退する要因として、制度の「硬直化」と「再世襲化」を挙げる。自己革新できないまま、強力な利益集団が国家を占有してゆく状態だ。そこでは米国のみならず、日本に対しても厳しい目線が注がれている。

人類の政治制度はリベラルな民主主義に収斂（しゅうれん）してゆく、と冷戦終結直後に著者が『歴史の終わり』で示した楽観的ビジョンは本書では影を潜めている。とりわけ巨大な国家権力を伝統とする中国の台頭は「小さな政府」を基調とする米国の論客である著者に本源的な不安を与えているようだ。

個別事例に関する著者の解釈には異論もあろう。例えば、米国の独立革命は宗主国・英国からすれば「法の支配」を踏みにじる蛮行だったのではないか。特定の利益集団に牽引（けんいん）されない「革新」などあり得るのか……等々。

しかし、本書の魅力はそうした細かな疑問を補って余りある。歴史を大鉈（おおなた）で斬り、世界の新たな見方を提示し、課題を設定してゆく能力は日本の知識人にもっとも欠ける資質かもしれない。

壮大な叙述から紡ぎ出された「今日の政治にかかわる人々の多くは（中略）いま直面している問題が過去に起きた問題といかによく似ているかを理解していない」という著者の言葉が心に響く。

著者との親交が深い訳者の翻訳と解説も実に的確。大学のゼミで学生たちとじっくり精読してみたい一冊だ。

評・渡辺靖（慶応大学教授）

Francis Fukuyama　52年アメリカ・シカゴ生まれ。スタンフォード大シニア・フェロー、ハーバード大政治学博士。フランス革命から現代までを読み解く原著続編の刊行が、今年予定されている。

二〇一四年一月一九日❷

『寿命100歳以上の世界　20××年、仕事・家族・社会はこう変わる』

ソニア・アリソン 著　土屋晶子 訳

阪急コミュニケーションズ・二二〇五円
ISBN9784484131207

科学・生物／社会

150歳まで死なない未来を予測

もし私たちの平均寿命が150歳になったら、生き方や社会のあり方はどのように変わるだろうか。働き方ひとつとっても、65歳定年とはいかなくなるだろう。家族についても、孫やひ孫だけでなく玄孫や来孫の姿もみることができるようになり、他方で離婚・再婚も増えるだろうから、家族は拡大し、そのあり方も複雑になるにちがいない。人口動態さえ今とは違ったものになるだろうし、必要な社会政策も現在とは大きく異なってくるはずだ。

本書はそうした変化がけっして絵空事ではないことを強調する。医学やバイオテクノロジーの革命的な進歩によってヒトの平均寿命はこれから劇的に延びていくだろう、と。本書が予測するヒトの平均寿命は150歳だ。それにともない健康寿命も延びていく。もちろんこの予測に対しては、にわかには信じられないという意見もあるにちがいない。しかし、20世紀の前半でさえ、その数十年後には先進国の平均寿命が80歳に届くなんてことを多くの人は予想できなかった。事実、過去2世紀のあいだにヒトの平均寿命は全世界的にみても2倍以上延び、その内容も子どもの死亡率が低下しただけに留（とど）まらなかったのだ。

寿命が劇的に延びれば、私たちの生き方だけでなく世界観そのものも大きく変化するだろう。死が遠のけば、宗教のあり方だって変わらざるをえない。そもそも人類がこれ以上寿命を延ばすことは、幸福という点からいっても地球環境の点からいってもよいことなのだろうか、という疑問もわく。いつか死ぬのが人間ならば、これ以上のあがきは人間の本質を崩壊させてしまうかもしれない、と。しかし他方で、死を何とか遠ざけようとしてきたのも人間だ。最新の科学の動向から経済社会の動態、哲学的な問題まで、本書は寿命の延長という視点から人間という存在について多くを考えさせてくれる。

評・萱野稔人（津田塾大学教授）

Sonia Arrison　米国の研究機関の上席研究員、コラムニスト。

二〇一四年一月一九日❸

『ひとりの体で 上・下』

ジョン・アーヴィング 著　小竹由美子 訳
新潮社・各二一〇〇円
ISBN9784105191153〈上〉・9784105191160〈下〉　文芸

過去形の甘さを引き出した傑作

アメリカを代表する作家アーヴィングの長編がコンスタントに書かれ続けている。

今回はヴァーモント州の小さな町に生まれたビル少年が、地域のアマチュア劇団に所属する家族（とはいえ、多くのアーヴィング作品に頻出するように実の父は〝不在〟なのだが）と共におおいに混乱しながら少しずつ年齢を重ね、やがて作家になっていく様子を丁寧に、しかも私小説めいた一人称で描く作品である。

ビルは思春期にすでに男女双方に惹（ひ）かれている自分に気づく。彼は「男とも女ともセックスしたいという欲望」を持つのだ。ひとりの体で。

そんな主人公の性的興味はまず図書館員ミス・フロストへと向かい、少年にとって小説そのものとの出会いが導かれる。劇団は母の次のパートナー、アボットを演出に迎えるから、そこでビルはシェークスピアやイプセンなどに触れ、広範な文学を身をもって〝読んでいく〟ことになる。

さすがアーヴィング、登場人物は例外なく印象深く、女装好きのハリーお祖父（じい）ちゃん、憎まれ者のキトリッジなどが人生を色濃く生きる。中でもビルが焦がれるミス・フロストの性への手引きは苦くロマンティックである。

そのミス・フロストの言葉を引いて、下巻でビルは言う。「それは私たちの物語だった——一緒にいられる時間があまりない、というのは」。

二人の関係が終わってしまう切なさを指しながら、ここで小説と読者の蜜月の終わりが示される。まさにそれは「私たちの物語」なのだ。

実はもう十二分に老いている主人公は若かりし日々に繰り返し回帰し、自らを微笑（ほほえ）みながら見つめる。だから読者である我々もいつの間にか、ビルの少年時代を懐かしんでしまう。この「私たちの物語」を作る名人の技術と愛情！

過去形そのものの甘さを存分に引き出した傑作。アーヴィング好きの私の中でも、これはたまらない一編だ。

評・いとうせいこう（作家・クリエーター）

John Irving　42年生まれ。作家。『ガープの世界』など。

二〇一四年一月一九日❹

『国境〔完全版〕』

黒川創 著
河出書房新社・三七八〇円
ISBN9784309022178　歴史／文芸

いかなる線からも自由な視線で

読めば、作品ひいては世界への向き合い方に靴に砂でも入ったみたいな違和が生じ、各自に足下を見直させる。卓越した文学評論の名に値するすべてが本書にはある。

我々は漱石や鷗外を教科書に載る〈国民作家〉として読みがちだが、それでは彼らの作品が〈美しい日本語・日本文学〉という凡庸な紋切り型に押し込められたままだ。

そもそも漱石や鷗外はどんな時代に書いていたのか？ 植民地的野心を抱く生まれたばかりの近代国家が、戦争のたびに変動する国境のうちに、異質な言語や文化を持つ人々を暴力的に抑え込んでいた時代である。漱石は1909年に満州と朝鮮を旅行するが、その帰国直後に伊藤博文がハルビン駅頭で安重根に暗殺される。著者は漱石が記した「韓満所感」という新資料を発掘し、漱石を植民地という文脈で読み直す。

さらに鷗外の詩や泉鏡花、佐藤春夫の小説を当時の歴史状況に置き直し、日清・日露戦争、大逆事件、関東大震災など国家的事件と照らし合わせながら、思いも寄らぬ光景を露

〈あら〉わにする。国境の内部に均質性と一元性を捏造〈ねつぞう〉し、それを強制する国家の思惑に収まりきらないテクストの微細な動きを本書は見逃さない。

文学作品は一つの言語や文化に回収されえず、そこには砂粒のように異質な要素が、多様な他者の声やまなざしが紛れ込んでいる。だがそれは植民地の時代に限られた話ではない。我々の〈現在〉そのものがそうした砂なしには成り立ちえないからだ。

それを誰よりも知る著者は、朝鮮半島出身者や、満州や台湾やブラジルへの日本人移民が日本語で書いた作品にも光を当て、近代文学の古典に対する以上の深い敬意と愛情を傾ける。差別や国境など人を分け隔てるいかなる線からも自由なその視線をなぞるとき、不安な美しさと豊かさに満ちた〈日本語文学〉の懐かしい風景が浮かび上がる。

評・小野正嗣（作家・明治学院大学准教授）

くろかわ・そう 61年生まれ。作家。本書の新資料を取り込んだ小説『暗殺者たち』など。

二〇一四年一月一九日⑤

『福島第一原発観光地化計画』

東浩紀 編

ゲンロン・一九九五円

ISBN9784907188023

社会

「ここにあるもの」と向き合う

表紙を見ただけで時代の大きな転換を感じずにいられなかった。震災、原発事故で大きなダメージを受けた福島をテーマにした本が、これほどに派手で、サブカル系ムックを思わせる表紙をまとったことに。中も図版が多く、しかも同じ調子で明るく楽しく、いわゆる震災本の暗く沈んだ反省調とは対照的である。しかも知識人が集まりながら、議論に終わらず、具体的提案満載であるところがすごい。何かを提案すること自体に、臆病で及び腰になってしまった昨今の日本を突き抜けている。個々のデザインがあまりに1960年代風であるのがちょっと気になったが、とりあえず、形にしてしまう勇気がさわやかである。

明るさの裏には、観光化によって、工業化社会を超えていこうという、強いメッセージがある。工業化社会のあとを生きているという冷静な時代認識に基づき、観光化の可能性が追求されていて、説得力がある。

20世紀において、観光は、本業（工業）の脇の息抜きであった。しかし今、観光こそ経済の主役であることが認識され、観光を通じて文化の本質へと接触する方法が追求され、観光を通じての文化の再構築の可能性すら示唆される。

この本は、編者、東浩紀自身の力強い告白と読むこともできる。今までの自分は、「ここにはないもの」を探して、哲学、文学、ネット、サブカルの世界にいたが、これからは、「ここにあるもの」とも向き合っていこうと。「ここにあるもの」から、この表紙にみなぎるポジティブな明るさが発散されるのだろう。高度成長以降数十年の「ここにはないもの」を中心に動いてきた日本の文化を転回させようという本とも読める。「ここにあるもの」と向き合い、哲学、文学を復興させようとする東は頼もしい。震災と原発事故が、ポジティブに時代を展開させる可能性が、われわれを大いに勇気づける。

評・隈研吾（建築家・東京大学教授）

あずま・ひろき 71年生まれ。批評家、作家。著書に『動物化するポストモダン』など。

二〇一四年一月一九日❻

『「流域地図」の作り方　川から地球を考える』

岸由二 著
ちくまプリマー新書・七七七円
ISBN9784480689078
社会／新書

人工的境界　取り払ってみると

昨夏の日本は高温多雨で、台風も多かった。水の被害も相次いだ。その際、警報などの範囲が市区町村であることに違和感を抱いた人はどれだけいるだろうか。多くの水害は、行政区ではなく流域単位で起きるのに……。

著者は「流域思考」を提唱し、流域単位での生物多様性の保全を提案実行してきた。東京都町田市を源流に横浜市で海に注ぐ鶴見川。三浦半島の全長1・2キロメートルの川が作る森。この2カ所の保全に力点を置く書籍をこれまで上梓（じょうし）している。その際、対になって語られてきた「治水」が本書で前景化した。

基本となるのが「流域地図」だ。通常の地図では、道路や鉄道、行政区分が重視される。小さな川や蓋（ふた）をされた暗渠（あんきょ）は省略されている場合が多い。市境など「人工的」な境界は分かっても流域の境界、分水界は分からない。一方、流域地図は「自然な」位置について良好な見通しを与える。

著者が表記する「自然の住所」の例。

――日本列島・本州島・関東平野・多摩三浦丘陵群・鶴見川流域・矢上川支流流域・松の川小流域・まむし谷流域・一の谷北の肩。

人工的区分を使わずに自分の足下と世界がつながる。水災害で言えば、１００キロ離れた上流の豪雨が下流にとって脅威だと直観できる。さらに進めて治水と保全をセットで行う実践としては、鶴見川流域の「水マスタープラン」が詳述されている。自治体の枠を超えて健全な水循環を実現することは、今後の我々の大テーマとなるだろう。

さらに地球温暖化についての重要な指摘。温室効果ガス削減による「緩和策」では追い付かず「適応策」が必要という科学的合意があるのに、なぜか日本では「緩和策」ばかり議論される。昨夏のような水災害が増える見込みは高く、流域単位での「適応」はその意味でも必須なのだ。

評・川端裕人（作家）

きし・ゆうじ　47年生まれ。慶応大名誉教授（進化生態学）。著書に『自然へのまなざし』。

二〇一四年一月一九日❼

『うな丼の未来　ウナギの持続的利用は可能か』

東アジア鰻資源協議会日本支部 編
青土社・一九九五円
ISBN9784791767373
科学・生物

ついこの前までスーパーの惣菜（そうざい）コーナーにあると思っていたら、急に高騰したうなぎの蒲焼（かばやき）き。養殖で安定供給されていると思い込んでいたニホンウナギが、絶滅の危機に瀕（ひん）しているという。一体どういうことなのか。

本書は昨年7月に書名と同じタイトルで、東京大学にて開催されたシンポジウムでの講演やアンケートなどを忠実に再現したもの。

実は野性の稚魚を獲（と）ってきて大きく育てたものを「養殖」と呼んでいたことをはじめ、人工孵化（ふか）は、どこまで可能になってきたのか、そもそもどういう生態なのか、「絶滅危惧種」に指定されたらどうなるのかなどなど、ニホンウナギとうなぎ食にのしかかる現状と問題点が、22人の研究者、漁業関係者の発表から明らかになる。

稀少（きしょう）な野生種をあまりにも雑に食べてきたことを反省しつつ、今後うなぎをどう食べるべきか、理性的な消費を促すためにも、多くの人に読んでほしい。

評・内澤旬子（文筆家・挿画家）

二〇一四年一月一九日⑧

『浸透する教養　江戸の出版文化という回路』

鈴木健一 編
勉誠出版・七三五〇円
ISBN9784585290612

人文

日本人は難しい話を図像化して理解する、と幕末期に長崎医学伝習所で医学を教えたオランダ海軍軍医ポンペも驚いていた。神道家平田篤胤には2歳の門弟までいたが、絵図を上手に使い分かりやすく古学を教えたとの話も聞く。

江戸庶民はこぞって教養好きだった。本書によれば、これには識字率の高さと図像読解力を礎にした江戸の出版文化が関係していた。専門的な医学書を和文でやさしく解説した手引書が数千点も出たため、一冊読んで「医者にでもなるか」という藪（やぶ）医者が横行したそうだ。

一方、外国語、とりわけ漢文は江戸の教養の基本だったが、これを日本語として読む「訓読法」が浸透し、暗誦（あんしょう）しやすいが不規則で「テニヲハ」も省略した奇妙な日本語を産みだした。明治以後の言文一致も単に便宜の問題でなく、不自然極まった漢文体への批判を含んでいた。

各論題が興味深い内容だけに、主題の通り「易しく」書いてほしかったが。

評・荒俣宏（作家）

二〇一四年一月二六日②

『医学的根拠とは何か』

津田敏秀 著
岩波新書・七五六円
ISBN9784004314585

科学・生物

身近で難解な問題を問い直す

福島第一原発事故以降、私たちはこれまで耳に馴染（なじ）まなかった「シーベルト」「ベクレル」等の単位を聞く機会が増えた。一般市民の関心は何より健康への影響だが、専門家の回答は釈然としないものばかり。実は何か重大な危機を隠蔽（いんぺい）しているのではないか？　そんな猜疑心（さいぎしん）も煽（あお）られたが、事態はもっと構造的な問題から派生しているようだ。

疫学を専門とする筆者は、昨今の１００ミリシーベルトを目安として「がんの増加が見られない」とする報告の問題点を指摘する。単に「リスクの上昇が証明されていない」との言及が、いつの間にか発がんの閾値（しきいち）（刺激となる最小限の値）のように考えられてしまっている、と。一方、ＷＨＯ（世界保健機関）の健康リスクアセスメントは、１００ミリシーベルト以下であってもがん発症の可能性を指摘。この食い違いは、ＩＣＲＰ（国際放射線防護委員会）勧告の「統計的有意差がない」ことと「影響がない」ことの混同から来たようだ。またＰＭ２・５などの大気汚染も、すでにヨーロッパでは人体への影響の程度を測定し発表しているが、日本では大気汚染の程度を発表するに留（とど）まっている。これらは医学的根拠の問い直しを要する問題だ。

医学的根拠は、直感派、メカニズム派、数量化派の三つに分類できる。直感派は医師としての個人的な経験を重んじ、メカニズム派は動物実験など生物学的研究の結果を重視。そして数量化派は、統計学の方法論を用い人間のデータを定量的に分析した結果を重視する。筆者は日本の医学研究において、これらがばらばらに存立していると批判。とりわけ人間を対象に医療行為を行う上で科学的根拠となるのは数量化だが、他二者との連携も遅れているという。医学の高い専門性が思考の硬直化を招き、弊害に気づく契機に乏しいのも問題だ。私たちも、この身近で難解な問題をともに見直していきたい。

評・水無田気流（詩人・社会学者）

つだ・としひで　58年生まれ。岡山大学大学院環境生命科学研究科教授（疫学・環境医学）。

二〇一四年一月二六日❸

『鮭鱸鱈鮪 食べる魚の未来』

ポール・グリーンバーグ 著 夏野徹也 訳

地人書館・二五二〇円
ISBN9784805208670

科学・生物

生存可能な環境と方策を検証

もうすぐ鮪（まぐろ）が食べられなくなるようだ。その前に一度だけ大トロを食べてみたいと、始発電車に乗って築地卸売市場内にある寿司屋（すしや）に行った。

あれから10年近く経つ。鮪は相変わらず何事もなく出てくる。それどころか寿司は日本だけでなくアジアや欧米でも大人気だ。そんなに沢山（たくさん）食べていて本当に大丈夫なんだろうか。

本書の俎上（そじょう）に載ったのは、鮪の他に、鮭（さけ）、鱸（すずき）、鱈（たら）、合計4種の大きい食用魚。釣り好きのアメリカ人エッセイストである著者は、乱獲によって絶滅の危機に近づきつつあるこれらの魚たちの漁や養殖の現場に出向き、それぞれの魚が生存するのに必要な環境がどれくらい保全されているのか、どんな方策がとられているかを検証していく。

一番衝撃だったのは鮭だ。卵が大きいこともあり、どの魚よりも早く養殖技術が開発された。陸の家畜飼養で培った技術を元に、ノルウェーでたった14年で成長速度を2倍になるよう品種改良されていた。3キロ弱の餌で1キロの鮭が育つ。ちなみに豚も3キロの餌で1キロ肥（ふと）る。それが鮭の自力では水温が高くて越えられない赤道を越え、チリで大量に生産されているのだ。牛を船に乗せて南米大陸に持ち込んだスペイン人の姿と重なる。

しかも狭い場所で大量に飼養すると、疫病が発生するし、海を汚染もする。大規模畜産と養殖がこんなに似ているとは思わなかった。

長らく畜肉を主に食べてきた欧米人著者と魚食民である我々では、鯨についてなど見解の異なる点は多々ある。

けれども世界有数の魚食いであるからには、海洋資源の現状に目を向け、環境に影響を及ぼさない養殖の方法など、野生種の生存を保全しながら、魚を食べ続けるための真摯（しんし）な提案に耳を傾けたい。海洋は陸上ほどは開発されておらず、野生種の生息地の多くがまだ再現可能だそうだから。

評・内澤旬子（文筆家・イラストレーター）

Paul Greenberg 67年生まれ。エッセイスト。漁業や環境問題などを執筆。

二〇一四年一月二六日❹

『呵呵大将』

竹邑類 著

新潮社・一四七〇円
ISBN9784103348511

ノンフィクション・評伝

自由で無邪気 素の三島由紀夫

三島由紀夫には複数の仮面がある。どの仮面の三島と親交を結ぶかはその人間の資質が決める。相手によって三島は如何（いか）なる仮面をも手品のように着け外しできる。まるで主題によって変幻自在の様式を駆使する画家のように。

著者は業界で「ピーター」の愛称で呼ばれ、多くの仲間からその人柄と才能を愛された振付師であった。そんなピーターが三島に出会ったのは1960年代の新宿で、当時アングラ文化が若者の時代精神に決定的な核反応を起こさせ、街に祝祭の火を消すことなく燃え続けさせていた、そんなさなかだった。

2人の邂逅（かいこう）をピーターは「奇跡」と呼ぶが、両者にとって出会うべくして出会った運命なのではないか。本書で見せる三島の仮面はピーターのために誂（あつら）えた特注品であるが、言い方を変えれば〈素顔という名の〉仮面である。ピーターの前での三島は籠から逃げた鳥のように自由で無邪気な子供のようにはしゃぐ。

本書では顰（しか）めっ面した文学者の顔や

社会的立場としての鉄仮面も捨てた素の三島由紀夫がエーテル体のように透明に浮かび上がる。従って三島文学や思想を探ろうとする研究者は肩すかしを食わされるかもしれないが、もし三島が生きていれば俺の精神の裸像は全てここにある、藷（いも）に真意が通じてたまるか、と呵呵大笑（かかたいしょう）する、というのは評者の勝手な推測ではあるが。

　ピーターは色のついた知性を超えた独特の肉体的言語と感性で、無意識のうちに三島から衣裳（いしょう）をもぎ取ってフォルムとしての三島像を彫塑（ちょうそ）して見せた。そんな被写体としての三島を読者は観賞させられているのかもしれない。

　ピーターが三島を追っかけたのではなく、三島こそがピーターの追っかけであったように思える。本書を読みながら久しぶりに彼に会ってみたいなと思ったが、本書を閉じた次の日、ピーターは三島の元に足早に走り去った。

評・横尾忠則（美術家）

たけむら・るい　42年生まれ。演出家、振付師。昨年12年11日死去。

『白洲正子　ひたすら確かなものが見たい』

挾本佳代 著

平凡社・一八九〇円
ISBN9784582836363

ノンフィクション・評伝

型を通してこそ、個性が現れる

　これは白洲正子「論」なのだろうか？　読みながら、白洲正子が触れた日本文化の肌触りを、感じるようになってくる。そのまなざしがとらえたものを、共に見たような気がしてくる。論じているというより、白洲正子の内面に導いていくような本なのだ。「確かなものが見たい」という熱望が、読む者の熱望になる。

　重要なのは「型」であった。著者は白洲が「確かなもの」を見極めようとしたその根幹に「型」の習得があったことに注目する。白洲は能や香道の型を体得することで、そこにのみ個性が現れることを知る。徹底的に型を身体に刻み込み、型が重なって舞となり、舞が重なって能となることを悟る。能では人間が自然の象徴として現れたり、過去を生きた亡霊として現れたりするが、型を通してこそ、そこに個性が出現するとともに、自然と人間の関係にかかわる普遍的なかたちもまた、顕（あらわ）れるのだった。

　個と普遍の両方をつかむ、そして自然に対する畏敬（いけい）の念を顕す、そのための文化の基本となる型を、この社会は捨ててきた。そのことの大きな損失と、そこに由来するさまざまに荒（すさ）んだ心持ちを、改めて考え込んでしまった。

　東京オリンピックの年、白洲は西国三十三カ所観音巡礼の取材を開始する。オリンピックに沸き、新幹線が走り過ぎる日本を尻目に、千数百年の時間をめぐる旅に出たのだ。著書『かくれ里』から立ち上がる集落の記憶も開発とは無縁の土地に通い続けて獲得したものだった。著者はこのことに注目し、白洲の言葉は「人間や集落が自然と折り合いをつけながら生き延びてきた……土地に染み込んだ言葉」だと説く。

　再び東京オリンピックがやってくる。招致や開発や富や軍事力はよその国でも手にできるが、本書が白洲正子から受け取り、次に受け渡そうとしたものは、この国にしかない。

評・田中優子（法政大学教授）

はさもと・かよ　64年生まれ。成蹊大学教授（社会学）。著書『社会システム論と自然』。

二〇一四年一月二十六日⑥

『ヴェルヌの『八十日間世界一周』に挑む』

マシュー・グッドマン 著　金原瑞人、井上里 訳

柏書房・二九四〇円
ISBN9784760142989　歴史／ノンフィクション・評伝

対照的な女性記者2人が競う

1889年の11月、ヴェルヌ『八十日間世界一周』に書かれた架空の「早回り記録」を破るべく、アメリカから2人の女性記者が同時に旅立った。

そもそもアメリカの出版メディア2社が画策した「賭け」と「懸賞」の販促イベントに駆り出されたのが、ともに新時代を切り開く若き女傑同士だったから、本家ヴェルヌそこのけの冒険となった。

まず、この冒険の発案者で良くも悪くも突撃潜入ルポを得意とするネリー・ブライ。当時監獄以上に恐れられた精神病院に潜り込み虐待の実態を暴露した女性だ。もう一方は、南部出身のインテリ文芸記者エリザベス・ビズランド。ニューオーリンズで同僚だったラフカディオ・ハーン（小泉八雲）の憧れの女性だった！　彼女から日本のすばらしさを直接聞いたハーンは、即座に日本に向かった。

交通手段と時刻表の活用具合も気にはなるが、やはり本題は「いけいけ」と「インテリ」、2人の対照的な眼（め）で見る世界の実情だろう。女性ははっきり物を言う。ブライ嬢は、世界を制覇した大英帝国の港の不潔さ暗さを平然とこき下ろす。しぶしぶ会見に応じたヴェルヌ夫妻までも、この奔放なアメリカ娘に毒気を抜かれる。他方、古典や東洋文化に知識のあるビズランド嬢は、最初に訪れた日本で富士の神秘さに感激し、馬車がないために静けさを保つ都会地には「失われた楽園」を見いだすのだ。

この2女性、じつは旅の巡り方が違っていた。地球を西回りと東回りに分かれて旅した意義が、本文と巻末解説できちんと説明される。つまり、暗澹（あんたん）たる産業大国イギリスか、それとも機械文明以前の楽園・日本か、どちらを先に訪れるかの問題だ。

いま民間段階に達した宇宙旅行の先陣リポートも、こんな勇敢な女性が体当たりで報じてくれたら、きっと盛り上がるに違いない。

評・荒俣宏（作家）

Matthew Goodman　ニューヨーク在住のノンフィクション作家。

二〇一四年一月二十六日⑦

『本を愛しすぎた男　本泥棒と古書店探偵と愛書狂』

アリソン・フーヴァー・バートレット 著
築地誠子 訳

原書房・二五二〇円
ISBN9784562049691　文芸

一九八八年春、骨董（こっとう）品の大箱を十五ドルで買った郷土史家が、『タマレーン、その他の詩集』と題された小冊子を発見した。作者は「ボストン人」と記されていた。郷土史家はサザビーズのオークションに出品した。それは十九万八千ドルで競売にかけられた。一八二七年に出版されたエドガー・アラン・ポーの最初の詩集だったのである。現在までに十四冊しか発見されていない。

このような掘り出し奇譚（きたん）の好きなかたなら、本書を面白く読むだろう。高価な稀覯（きこう）本を盗みまわる四十代半ばの男の物語だからである。彼が一向に捕まらないのは、転売しないからだ。彼は本を読まない。本に性的魅力を感じて盗み、盗品を並べて眺めて楽しむ。著者はなぜこんな男に執着し、本を書いたのだろう。

あと味の悪い本なのである。それなのに評者があえて取りあげた理由は、電子書籍の時代なら絶対にありえない内容だからである。紙の本ならではの利点美点が満載なのだ。

評・出久根達郎（作家）

二〇一四年一月二六日⑧

『銀座にはなぜ超高層ビルがないのか』

竹沢えり子 著
平凡社新書・八四〇円
ISBN9784582857061
社会

銀座のど真ん中で、つい最近、こんなバトルがあった。大手ディベロッパー対銀座の旦那衆のバトルである。

実は、その裏に、今日の世界を二分する大きな対立、分裂がひそんでいる。銀座は、一種の代理戦争でもあった。

一方は、グローバルで、匿名性の高い金融資本主義。彼らが求めるのは、資金回収の容易なシンボリックな超高層。対するは、場所と密着した、顔の見える家業的ネットワークで、中層の街並みの継続を望んだ。

金融資本主義という巨大な力から、いかに地域の生活や家族を守るかは、われわれ全員の課題でもある。同時に家業が時間をかけて築き上げた場所の文化を利用しない限り、金融資本主義も競争に勝てない、という現代的逆説も見える。

長いバトルの結果、中層の街並みは守られることになった。チームワークが印象的で、われわれの街でも使える教訓がたくさんある。

評・隈研吾（建築家）

二〇一四年二月二日①

『デモクラシーの生と死　上・下』

ジョン・キーン 著　森本醇 訳
みすず書房・各六八二五円
ISBN9784622077435〈上〉・9784622077442〈下〉
政治／社会／ノンフィクション・評伝

証拠を突きつけ 過去の常識覆す

本書を読むと、古代・中世・近代を区分することになんの意味があるのか、そうすることで歴史の水面下で脈々と過去を未来につなげようとする人々のダイナミックな動きを抹消してしまうのではと強く思う。「過去のものごとの記憶を、デモクラシーの現在・未来に不可欠なものとして扱い」、従来の「西欧デモクラシーのドグマ」、なかでもデモクラシーを「非時間的」なものとして扱う『歴史の終わり』（F・フクヤマ）やデモクラシーを19世紀の発明とする『第三の波』（S・ハンチントン）を退けている。

これまで多くの人が当たり前だと思っていたことを、著者は次々と証拠を挙げて否定する。集会デモクラシーの起源は、紀元前6世紀末のギリシャ・アテナイではない。なんと前2千年の古代ミケーネ文明に「デーモス」（民衆）の直接の語根があり、東方にその起源があったことを、考古学的な新証拠によって指摘する。

驚きはこれだけにとどまらない。代表デモクラシーも英仏の市民革命で突然変異的に誕生したのではない。スペイン北部で12世紀になって「後に代表デモクラシーと呼ばれるようになるものの中核的構成要素の一つが誕生した」。それはコルテス（議会）であり、その起源にも東方、すなわちイスラムがかかわっている。20世紀後半に始まり、今なお生起しつつあるさまざまな非政府組織による権力監視システムを取り入れた「脱代表デモクラシー」（モニタリング・デモクラシー）の始まりはインドで、デモクラシーの生成には中産階級の存在や、共通の文化で結束しているデーモスの存在が必要不可欠だというこれまでの常識をくつがえした。

しかし、デモクラシーを支えたものが時代に適合できなくなったとき、デモクラシーもまた死す。古代ギリシャの集会デモクラシーは「帝国から利益を得た」ことで、結局、マケドニア軍によって断ち切られた。

本書によれば、代表デモクラシーは、貨幣経済の拡大と軌を一にしている。中世後半のイタリア北部の資産家階級は自らを「市民債権者」と考え、「統治機関に自分のお金を貸すという原理を実験した」。彼らが税金を支払う条件とは「そうした金が利息付きで払い戻される」ことだった。

その創設原理に鑑みると、ゼロ金利時代が到来し、近代の代表デモクラシーはすでに破綻（はたん）していることになる。代表デモクラシーが「多数派の規制なき意思による統治として語られる時代は過ぎ去った」のに、今の資本主義は、むしろ「多数派の規制なき意思」への依存を強めている。この裂け目の帰結はどうなるのだろうか。

評・水野和夫（日本大学教授）

John Keane 49年オーストラリア生まれ。政治学者。豪アデレード大、加トロント大、英ケンブリッジ大などで学ぶ。現在、豪シドニー大と独ベルリン科学センター（ＷＺＢ）の政治学教授。

二〇一四年二月二日②

『失われた名前 サルとともに生きた少女の真実の物語』

マリーナ・チャップマン 著　宝木多万紀 訳

駒草出版・一八九〇円

ISBN9784905447221

ノンフィクション・評伝

互いが慈しみあう生活を求めて

英国に住む今は平凡な主婦となった女性の回想録だが、内容は驚愕（きょうがく）の一言に尽きる。

マリーナ・チャップマンは自分が出生時に何と名付けられたのか知らない。名前だけでなく生まれた場所もわからない。5歳ぐらいの時に何者かに誘拐され、それ以前の記憶が残っていないからだ。

誘拐された後、彼女はジャングルに置き去りにされた。花柄のワンピースを着たひとりぼっちの少女が何年も密林で生き延びることができたのは、ひとえにサルの群れと出会うことができたからだった。最初は同じ物を食べ、鳴き声を真似（まね）るなどしただけだったが、そのうち家族同然で過ごすようになり、サルの感情や言葉を理解できるようになる。ある時などサルは明確な意思をもって病気の彼女を助けたことさえあった。

失礼かもしれないが、本書はまるでサルが書いた本のようだ。もちろん悪い意味ではなく視座がサルのそれと同じなのだ。彼女の描くサルは人間のように会話をし、愛情たっぷりで個性豊かだ。それは言葉を覚えたサルによるサルの生の報告であり、どんなに優れた研究者の本にもこんなサルは出てこない。一方、サルから見た人間の姿は残酷で獰猛（どうもう）で傲慢（ごうまん）で不条理だ。人間が現れた時、サルたちは恐怖に怯（おび）えて警戒するが、それを読むと動物にとって人間がどういう存在なのかよくわかる。

それにしてもこれは本当の話なのだろうか。人間社会に戻った後も彼女の人生は売春宿に売られ、路上生活をし、犯罪者家族から命を狙われ……と転変を極める。居場所が変わるたびに別の名前を与えられる、そんな奴隷のような生活から何度も逃走を試みるが、それはただサルと暮らしていた時のような互いが慈しみあう、愛情のある生活が欲しかったからだった。

14歳で初めて彼女はそれを人間から与えられるのだが、その件（くだり）を読んだ時は胸に熱いものがこみあげてきた。

評・角幡唯介（ノンフィクション作家・探検家）

Marina Chapman 50年ごろ南米で生まれる。現在はイングランド在住。

二〇一四年二月二日③

『地図と領土』

ミシェル・ウエルベック 著　野崎歓 訳

筑摩書房・二八三五円
ISBN9784480832061

文芸

純然たる絶望　奇妙な清々しさ

フランス現代文学の鬼才、いや、鬼っ子の新作『地図と領土』は、世界と人間への強烈な侮蔑と、それを自らに許す作家自身のあまりにも魅力的な傲慢（ごうまん）という持ち味を遺憾なく発揮しつつ、新たな境地へと鮮やかに突き抜けてみせた、紛（まご）うかたなき傑作である。

主人公はジェド・マルタン、アーティスト。若き日の芸術的理想を捨ててリゾート開拓の分野で成功を収めたが、既に引退している寡黙な老父が買ってくれたパリのアパルトマンにひとり住みながら、孤独に作品制作をしている。だがジェドの孤独は彼自身が望んだことでもある。彼は一個人としては、他人にも社会にも興味を抱いていない。だが、にもかかわらず彼はフランスという国と、より大きな視野での現代文明と人間生活にかんする、独創的と言ってよい芸術作品を創り出し、本人の意志とは無関係に、あっという間に美術界のスターになってしまう。写真、絵画、ビデオと媒体を変えながら、ジェドは共感とは無縁のまま、世界を冷徹かつ克明に描き出すことで、それらと否（いや）応無しにかかわってゆく。まず何よりも、この小説は、一風変わった「芸術（家）小説」である。

だが、ここにもうひとりの人物が登場する。それはなんと「ミシェル・ウエルベック」である。世間のイメージそのままのスキャンダラスで嫌われ者のウエルベックに、ジェドは自分の展覧会カタログへの寄稿を依頼し、作家の肖像画を描くことになる。孤独な芸術家と孤立した小説家は不思議な交流を結ぶ。だが、そこに或（あ）る事件が起こる……予想もつかない展開に、読者の多くは驚愕（きょうがく）することだろう。それはまるで、小説のジャンルが一変してしまったかのようでさえある。だがその後には、深く苦い納得が待ち受けている。完璧な、決然としたペシミズム。純然たる絶望。だが、それはなぜか奇妙に清々（すがすが）しいのだ。

評・佐々木敦（批評家・早稲田大学教授）

Michel Houellebecq　58年仏生まれ。小説家。『素粒子』『ある島の可能性』など。

二〇一四年二月二日④

『穴』

小山田浩子 著

新潮社・一二六〇円
ISBN9784103336426

文芸

獣を追いかけて落ちた先には

文学を読むとは、作家が想像力で掘った〈穴〉にはまることなのだろう。『不思議の国のアリス』が落ちた深い穴、カフカの複雑に入り組んだ〈巣穴〉。そしていま、小山田浩子が掘った、いわば等身大の穴に、我々は主人公の「私」とともに落ちたのだ。

地方都市に暮らす「私」は、夫の転勤に伴い仕事を辞め、田舎にある彼の実家の所有する借家に引っ越す。隣の母屋には夫の両親と祖父が住んでいる。姑（しゅうとめ）は親切だし、やや惚（ぼ）けた感じの義祖父は雨の日でも庭に水を撒（ま）く。非正規の不安定な労働環境から解放されたものの、専業主婦の生活にも「私」はなんとなく欠落感を覚えている。

夏の暑い日、姑に頼まれた使いに出た「私」は川沿いの道で奇妙な獣に出くわす。獣を追いかけているうちに、そう、穴に落ちるのだ。

胸のあたりというこの穴の深さが絶妙である。頭の位置が地表すれすれになっただけで物の見え方・聞こえ方が変わる。そのことを、不意にカメラをズームアップし、音量つまみをぐいとひねるかのようなユニークな文体が見事に示す。夫の家族は異なる相貌（そうぼう）を見せはじめ、裏の物置からは、いることすら知らなかった夫の兄まで現れる！

20年も物置で暮らす〈ヒキコモリ〉のこの「義兄」の存在はあまりに荒唐無稽だ。彼は「私」の幻覚や妄想なのか？　だが彼の世間からの徹底的なズレぶりは、田舎であれ都会であれ、我々が口にせずとも日々の生活で感じているかすかな違和感や不安をズームアップあるいはフルボリュームにしたものではないか。

妻と話すときも携帯をいじる夫、水撒きのホースを手から離さない義祖父、壁の穴から「義兄」の手を握る隣家の子供。誰もが人とつながりたいが、つながり方と対象が微妙にズレている。だからこそ我々は穴に落ちる。あなたの伸ばした手を握り引っぱり上げてくれる人は必ずいるから。

評・小野正嗣（作家・明治学院大学准教授）

おやまだ・ひろこ　83年生まれ。10年に「工場」で新潮新人賞。本書収録の「穴」で芥川賞。

二〇一四年二月二日⑤

『花森安治伝　日本の暮しをかえた男』

津野海太郎 著

新潮社・一九九五円

ISBN9784103185321／9784101202815（新潮文庫）

ノンフィクション・評伝

「まちがった後」を生きる

花森安治といえば、センス抜群のイラストとグラフィックデザイン。そして広告を潔く排し、地道すぎるほど地道に行われた商品テストを載せた雑誌「暮（くら）しの手帖」。

1980～90年代、広告収入に依存した雑誌全盛の時代、すでに花森亡き後であるが、この雑誌の、消費社会に徹底抗戦するかのごときたたずまいは、書店で孤高のオーラを放っていたのだった。それが世紀が変わり、景気の悪さも板に付いた頃か、若い世代からのいわゆるロハス的な視点の再評価が始まった。嬉（うれ）しい一方、何か引っかかる。

本書を読んで腑（ふ）に落ちた。花森安治には、第2次大戦時に大政翼賛会の宣伝部に在籍し「お国のために」懸命に働いていた時期があった。

後年、「暮しの手帖」が百万部越えの国民雑誌となり、女装の反戦論者として有名になると、戦時中はあんなことをしていたくせにという揶揄（やゆ）があがったという。黙してなにも語らなかった花森の真意はどこにあったのか。裕福でなかった家庭、帝大在学中の就職と結婚、化粧品会社広告部に就職するも、1年で出征。そして病で除隊となり大政翼賛会へ就職。著者は丹念に戦前からの花森の軌跡を追い、才能に恵まれながらも妻子を抱え、先の見えない世情に翻弄（ほんろう）される若者の姿を浮かび上がらせる。

戦後、花森は「女性の暮し」を良くすることで日本を変えようと「暮しの手帖」を作る。個人の責任で判断し発信するため、一点の妥協も許さずすべての組織と無縁に、君臨する。まるで「紙の砦（とりで）」。そんな偉業をなし遂げた万能編集長、どこにもいない。長らく編集長を経験した著者ならではの花森への共感と距離感が心地よく響く。

人はだれでもまちがう。その後、どう生きるかだと著者は説く。今度こそまちがわないという、狂気じみた覚悟で花森は「まちがった後」つまり戦後を生ききったのだ。

評・内澤旬子（文筆家・イラストレーター）

つの・かいたろう　38年生まれ。評論家。「季刊・本とコンピュータ」総合編集長などを歴任。

二〇一四年二月二日⑥　教育／社会

『教育委員会　何が問題か』

新藤宗幸 著

岩波新書・七九八円
ISBN9784004314554

タテ行政に組み込まれた現実

教育委員会とその事務局を区別して言葉を使っている人がどれだけいるだろう。メディアでも、本来サポートする側の事務局をそのまま教育委員会と呼ぶ場合が多い。教育行政の核でありながら、我々はその仕組みと実情に無関心ではないかと考えていたところ、本書に出会った。

戦後「教育行政の一般行政からの分離・独立」のために制度化され、レイマンコントロール（民衆統制）を旨とするが、実際には「タテ行政系列」に組み込まれている現実。議会の承認を要する教育委員は、根回しにより事実上、行政側の思惑通りに決まる。公開が原則の委員会の前に「研究会」などと称し、事務局側の意向を説明する機会が設けられる。事務局はエリート教員の「インナーサークル」であり、トップに立つ教育長は「全国都道府県教育長協議会」などを通じて文科官僚と定期的な会合を持つ。まさに〝「民衆統制」を「隠れ蓑（みの）」とした中央から地方教育委員会にいたる事務局支配〟。第2次安倍内閣の教育再生実行会議が提言した〝首長による教育長任命〟も、現状を「あらためて制度化しようとするもの」と皮肉を述べる。

打開策として、著者は、現行のタテの行政系列の廃止、直接参加民主主義による学校運営を主張する。中央機関は最低限守るべきナショナルミニマムと、実現が望ましいナショナルスタンダードを策定することに専念。一方で、子どもたち、保護者、教員、校長、学区住民などからなる「学校委員会」が、個々の学校、自治体での教育についての決定権を持つ。現行の学校運営協議会を連想する方もいるかもしれないが、こちらは「タテ行政」の中に組み込まれた諮問機関であり、異質だ。

様々な異論はあろう。しかし、教育委員会制度について、無関心や単なる思いつきレベルではない、制度と実情の理解を伴った議論の呼び水となることを期待する。

評・川端裕人（作家）

しんどう・むねゆき　46年生まれ。千葉大学名誉教授（行政学）。『司法官僚』など。

二〇一四年二月二日⑦　科学・生物

『気が遠くなる未来の宇宙のはなし』

佐藤勝彦 著

宝島社・一二六〇円
ISBN9784800201119

一晩に一章ずつ読めば、最新の研究に基づく宇宙の姿を、六晩で楽しくわかりやすく把握できる、というつくりの本。なかなか寝つかれぬ夜には、「老後の貯蓄が……」など、つい悶々（もんもん）としてしまいがちなもの。そんなときはぜひ本書を手に取り、壮大な宇宙に思いを馳せていただきたい。太陽だっていずれは死ぬ！　それに比べりゃ、私の憂いなんて塵（ちり）以下だ（とはいえ、憂いを感じる本人にとっては大問題であることに変わりはないが）！　と、妙に前向きな気持ちになる。

なによりすごいのは、「1862億年後、宇宙はどうなっているのか」といったことを、真摯（しんし）に研究する人々がいるという事実だ。宇宙の成り立ちについて「知りたい」「解き明かしたい」と願うことは、「存在」の不思議を問うことにほかならない。未知の領域に挑む人間の精神と知性の輝き、宇宙に比べればはかない存在かもしれない我々に、しかしたしかに宿る尊厳の輝きを、本書から強く感じ取った。

評・三浦しをん（作家）

二〇一四年二月二日❸

『バリの息吹　王族と庶民生活の融合』

小野隆彦 撮影・文

東京農工大学出版会・二六二五円
ISBN9784904309100　アート・ファッション・芸能／国際

単なるバリの観光写真集ではない。副題にあるように、バリの王族が、保護しているその伝統芸能や儀式を軸に、庶民とともに毎日を生きている貴重な記録である。

具体的に言えば、芸術村ウブドの隣にあるプリアタンの情景だ。王族が結成したガムラン楽団ティルタサリとグヌンサリ歌舞団の日常に密着した。地域の子供たちも勤め人も主婦も踊る。皆がバリの信仰と芸能に親しみ、愛し、楽しんでいる。その日常が暖かく面白い。

その王族マンデラ家には日本人女性が嫁している。そのマンデラケイコさんによる日々のお供えや祈りの生活もとらえられている。村の結婚式や祭りも見られるが、圧巻は葬式だ。約二十五メートルに及ぶ九重塔の葬式塔を組み、きらびやかに装飾して棺をおさめ、二百五十人で担いでゆく。多くの人がご詠歌を歌いながら随行し、最後は作りものの巨大な聖牛の中に遺体を収めて火葬にする。さながら祭りの賑（にぎ）わいもまた、バリ文化だ。

評・田中優子（法政大学教授）

二〇一四年二月九日❶

『兵士たちの肉体』

パオロ・ジョルダーノ 著　飯田亮介 訳

早川書房・二三〇五円
ISBN9784152094063

『イエロー・バード』

ケヴィン・パワーズ 著　佐々田雅子 訳

早川書房・二三〇五円
ISBN9784152094155　文芸

日常と交錯する現代の戦争描く

戦争について、現実の戦場を体験した一介の兵士たちが残した証言の言葉が目に触れ、読まれ続けることは存外少ない。虐殺や災厄の被害者がそうであるように、経験があまりに生々しく凄惨（せいさん）で〈言葉にならない〉からだろう。

そこに逆説的だがフィクションの役割がある。物語と表現というまさに〈言葉の力〉によって、悲惨な現実を世代を超えて読者一人ひとりが共感し思考しうる〈作品〉という場を作り出すのだ。

その好例が、国際治安支援部隊としてアフガニスタンに派兵されたイタリア陸軍の若者たちを描いた『兵士たちの肉体』である。著者のジョルダーノ自身には従軍体験はない。だが、イタリアで大ベストセラーとなった『素数たちの孤独』を書いた気鋭の作家は、俯瞰（ふかん）的な視点を取るのではなく、前哨基地フォブ・アイスで任務につく一部隊の兵士たちの視点に入り込み、彼らの戦争前の生活と戦争の現在を交錯させながら、その人間臭い〈生〉を立体的に浮かび上がらせることに成功している。

マザコン気味ののっぽの兵士イエトリ、彼をいびる勇猛なチェデルナ、彼らを統率する有能なレネー准尉、家族や恋人との問題で心を悩まし抗鬱（こううつ）剤を手放せない軍医のエジット中尉。彼らの基地での日常生活は、滑稽で下世話なエピソードに満ちている。しかし物語のクライマックスとなる「薔薇（ばら）の谷」での戦闘のあと、レネーとエジットの人生は劇的に変化する。

一方、ケヴィン・パワーズのデビュー作『イエロー・バード』は、イラク戦争に従軍した2人のアメリカ兵、21歳のバートルと18歳の新兵マーフの物語である。バートルが過去を回想する形で書かれていることからも、本書に作家自身の従軍体験が色濃く影を落としていることが窺（うかが）える。

色濃く？　たしかに語り手の記憶に刻み込まれた、血塗られた戦場と化したイラクの街路や果樹園の光景は、まるで夢の出来事のように恐ろしく鮮明だ。だがそこから紡がれる思考は頼りなげに彷徨（さまよ）い、帰国後もなお、砂塵（さじん）と熱気に覆われたイラクの大地から離れられず、消し去りたくてもできないトラウマ的な記憶に戻っていく。

作家は自らの過酷な従軍体験を見事に〈作品〉化している。それは、戦争の前後を語る章の合間に、語り手の人生を変える決定的事件が起こる「２００４年」のイラク従軍の〈現在〉についての章が、強迫観念のように回帰してくる書き方からも明らかだ。

　興味深いことに、まったく独立に書かれたこれら2作品ともに、主人公は戦場での行為を罪に問われる。現代の戦争を描く二つの力作をつなぐこの不思議な符合を皆さんはどう解釈するだろうか？


評・小野正嗣（作家・明治学院大学准教授）

Paolo Giordano　82年イタリア生まれ。
Kevin Powers　80年アメリカ生まれ。本書でガーディアン新人賞など。

『座談の思想』

鶴見太郎 著

新潮選書・一四七〇円
ISBN9784106037368

魅力引き出す優れた「しきり」

「だらだら書いてから字数調整するのは素人よ。私なんか書き終えたときには字数がぴったり合っている。プロだから」。そう平然とのたまう作家に会って、縮こまったことがある。同じ意味で、この本は言論のプロの話である。

　座談は垂れ流しのおしゃべりではない。もっと立体的なものだ。一言一句も疎（おろそ）かにしないそんな文章のプロが、ふと舞台裏をのぞかせ、迷いやすきを見せたり、あるいは逆に、思わぬ展開に身をまかせて大胆な仮説を口にしたりするのが、座談の魅力だ。そして文章家からそんな気前のよさを引きだすのが、座談の優れたしきり手だ。

　話がばらけるのはだめ、話を手際よくまとめるのもだめ。「話し手の口が自然にほぐれていく」よう気遣いながら、議論としては研ぎ澄ましてゆく、そんな場を拓（ひら）く才人として、著者は、融通とデリカシーを併せもった菊池寛、「大きく掴（つか）み、小さく掴む」力量をおおらかに発揮した桑原武夫、心底「雑談好き」の丸山真男、言いよどむことの多い「寡言な〝鈍才〟」竹内好らを挙げる。それぞれに、「その人物からしか聞けない言葉を引き出すこと」「思いがけない話が聞けること」に長（た）けた面々である。これと対照的に、最後まで慄然（りつぜん）と対峙（たいじ）したままの柳田国男と石田英一郎の対談や、明晰（めいせき）な洞察のあいだに「間欠泉のように感情を爆発させる」中野重治の例も気をそそられる。

　著者は、これらの座談をきっともっと詳しく写し取りたかっただろう。かわりにこれらの座談から著者がいわば反照的に向きあわされたのは、座談における「誠実さ、そこから生まれる相互の信頼が試されることのない状態がかくも長く続いている現在」の言論への憂いである。

　書物の装幀（そうてい）へのこだわりと並んで、対談が雑誌の巻頭を飾ることが多いこの国の出版文化の特質についても、あらためて考えさせられる。

評・鷲田清一（大谷大学教授）

つるみ・たろう　65年生まれ。早稲田大学教授（日本近現代史）。『柳田国男入門』など。

二〇一四年二月九日③

『殺人犯はそこにいる　隠蔽された北関東連続幼女誘拐殺人事件』

清水潔 著

新潮社・一六八〇円
ISBN9784104405022／9784101492223(新潮文庫)

ノンフィクション・評伝

執念に満ちた取材で闇に迫る

たいへんな問題作である。著者は桶川ストーカー事件で犯人を突き止め、警察の怠慢を暴いた記者。彼の嗅覚（きゅうかく）は栃木県足利市で1990年に起きた幼女誘拐殺人事件を巡る経緯の不自然さを捉えた。

パチンコ店から4歳の女児が連れ去られ、翌日、無残な姿で発見された。91年、市内に住む45歳の独身男性が逮捕された。本書は、著者がこの事件を調べ始めた07年から始まる。

執念に満ちた取材で、自供の矛盾点、捨て去られた目撃証言、最有力証拠だったDNA型鑑定の問題点を次々とあぶり出す。著者のナイーブなまでの正義感、過剰な自分語りがねっとりとまとわりつくが、それが却（かえ）って読む者をわしづかみにする。報道が奏功し、DNA再鑑定の道が開かれ、ついに09年、無実の罪で17年間獄中にあった男性、菅家利和氏が釈放される。

ならば真犯人は？　本書の核心はここにある。実は菅家氏逮捕後、類似の事件が隣市で起きていた。著者はある人物を突き止めた。ルパン三世に似た男。警察に情報を提供したが動かない。なぜか。著者は疑う。もし真犯人が逮捕されれば、過去のDNA型鑑定の誤りが明白になる。すると同じ鑑定で死刑が執行された飯塚事件はどうなるか（警察は「犯人のDNA」は鑑定で全量消費されてしまったと言う。本当か。DNAは簡単に増幅できる。試料を全量使うことと半量使うことの間に質的な差は出ない。慎重な研究者なら原試料の一部を保存しているはずだ）。著者の推測通りなら、司法の威信が根幹から揺らぐ。隠蔽（いんぺい）された闇は限りなく深い。

ただ本書には重大な欠陥がある。どうやってルパンを特定できたのか。機微なことが一切書かれていない。ひょっとしてそれは欠陥ではなく意図的？　そうか、著者は全く諦めていないのだ。最強のカードを切る瞬間を計っているのだ。これから何かが始まる。そんな予感がする。

評・福岡伸一（青山学院大学教授）

しみず・きよし　58年生まれ。日本テレビ報道局記者・解説委員。『遺言』など。

二〇一四年二月九日④

『ナチュラル・ナビゲーション　道具を使わずに旅をする方法』

トリスタン・グーリー 著　屋代通子 訳

紀伊国屋書店・二一〇〇円
ISBN9784314011105

社会

自然の摂理　理解するための知恵

最近の探検界では現代機器に頼らず自然物を利用して旅をするのが好まれている。有名なポリネシア人の伝統航海術のように、機械化される以前の人類が保持していた身体知を駆使することで、現代人が知らない地球の未知の位相を見ることができる。要は探検とは時代の枠組み（システム）の外側を目指す行為なのだから、地理的にどこかに到達するという昔ながらの発想より、手法を駆使して未知の位相に到達した方がよっぽど現代的でスタイリッシュだというわけだ。

本書はいわばそのマニュアル本だ。GPSや通信機器どころか地図やコンパスさえ使わず、太陽や星々、砂漠の砂丘の向き、極地の雪の風紋、海のうねりのでき方などを読み解き、方角を知るための方法を並べたものである。

ただし実用的かどうかと問われると微妙だ。普通はこの本を読んでも、コンパスを持たずに砂漠を歩こうとは思わないだろう。しかしだからといって読む価値がないわけではないし、探検や旅に関心がない人にとっても得るところは決して少なくない。

　ここには旅の方法というより自然の摂理を理解するための知恵が書かれている。実は自然によるナビゲーションには方角を知る以上に重要な意味があって、太陽がここにあるから今はここにいる、というように対象と関連づけて自分の空間的位置を把握することで、逆に自分の実体的な存在が自然から与えられているという感覚を持つことができるのだ。地球とガッチリかみ合っているという感覚。それはGPSを使っていては絶対に得られないし、一方で昔の人はそれを当たり前の前提として生活を営んできた。

　そうだ。そう考えると、この本には現代人がスマホやGPSのかわりに何を切り捨ててきたのかが書かれているのだ。と読みながらそう思い至ったが、それはあまりにも皮肉な見方に過ぎるだろうか。

評・角幡唯介（ノンフィクション作家・探検家）

Tristan Gooley　作家、探検家、英国の旅行会社Trailfinders副会長。

二〇一四年二月九日⑤

『ジェフ・ベゾス　果てなき野望　アマゾンを創った無敵の奇才経営者』

ブラッド・ストーン著　井口耕二訳

日経BP社・一八九〇円

ISBN9784822249816

ノンフィクション・評伝

「顧客体験の優先」貪欲に追求

　1994年創業、2000年に日本上陸した時、アマゾンは「オンライン書店」だった。それが今では、音楽、映画などのコンテンツ、衣料、家電、飲料、サプリまで、驚異的な拡大を遂げた。本書は謎に満ちた創業者、ジェフ・ベゾス氏について書かれた初の〝半公認〟評伝。特異なリーダー像と社の特質をあぶり出す。

　実際、アマゾンは変だ。書籍購入の際に壁となる配送料をいち早く無料にした時には、果たして利益は出るのかと議論になった。商品検索すると中古出品（売り手は個人も多い）が同時に表示される。場合によっては他社サイトのリンクまで出るので、比較して買うことも可能。一体アマゾンは何を考えているのか……。

　ベゾス氏の経営哲学は「顧客体験の優先」で、顧客に還元できない無駄は省く主義という。幹部でも飛行機のビジネスクラスは禁止。新製品の会議では、パワーポイントなどスライドを嫌い、最初からプレスリリースの形で顧客視線を意識させる。直接会った者なら忘れられないという強烈な笑い声、理念の貪欲（どんよく）な追求。社員の福利厚生にはほとんど投資しないが、企業を買収しては時に失敗する。それでも生き残る。恐怖政治が恒常化し、社員はしゃにむに働き続けるのを余儀なくされる。それがネットビジネス界の古参となり、今や「小売り」では収まらない「テクノロジー企業」として羽ばたく。著者はアマゾン社の取材を許された立場だが、しばしば辛辣（しんらつ）な筆致で「ベゾスのアマゾン」を描き出す。

　なおベゾス氏は個人の夢として宇宙開発を挙げ、民間宇宙開発企業を既に創業している。毎週水曜日午後をこの会社のために使う習慣で、テキサス州の広大な所有地では、宇宙ロケットの開発が進んでいる。「なぜ」と思う人もいるかもしれないが、これもまた複雑にして孤高の経営者の一つの顔だ。

評・川端裕人（作家）

Brad Stone　米誌のシニアライター。米IT企業などについて執筆。

二〇一四年二月九日❻

『誕生日を知らない女の子　虐待―その後の子どもたち』

黒川祥子 著
集英社・一六八〇円
ISBN9784087815412／9784087453829(集英社文庫)
ノンフィクション・評伝

「根っこが張れる場所」を社会に

本書は虐待の後遺症を、事実をもって詳細に書いたドキュメンタリーである。

本書の最初に「一体どれほど、子どもの側に立って虐待を見ていたのだろう」という著者の述懐がある。私自身もしだいに、自分の虐待への視点が間違っていたことに気付いた。「なぜ親はこんなことをしたのか？」と問うことは、子どもにとって意味をなさない。では虐待という事実をみつめよう。その場から子どもを救い出しさえすれば問題は解決する。しかしそれも違っていた。脳や心に深い傷を負った子どもたちは、その後も容易には生きられないのである。幻視や幻聴に苦しむこともある。自分を守るために心に生じた乖離（かいり）にふりまわされることもある。彼ら自身の責任ではない。子どもの側に立ったとき、虐待がいかに人間を生涯にわたって傷つけてしまう行為であるか、とことんわかってくる。

一章ごとに名前がついている。ひとりひとりの子どもに寄り添って書いているのだ。ファミリーホームと呼ばれる多人数養育をする里親の家でも取材している。里親たちの苦労はひととおりではない。しかし各章の末尾で、娘が里母と一緒に笑い、息子がふつうにご飯をぱくぱく食べ、リビングで身を寄せ合って夜を過ごす、という当たり前の姿を垣間見るとき、どれだけ深く傷ついていても信頼できる人間に囲まれた安心できる場所、本書でいうところの「根っこが張れる場所」さえあれば、子どもたちの障害は必ず軽くなる、それどころか強い共感能力さえ育つのだ、という確信が持てる。そういう希望に満ちた本でもある。

人というものは社会で生きることの困難さを抱えている。だからこそ「根っこが張れる場所」を、子どもに用意することがいかに大切であるか、痛感させられる。個々の家庭に期待するだけではもう難しい。社会全体で取り組むべき問題であろう。

評・田中優子（法政大学教授）

くろかわ・しょうこ　59年生まれ。フリーライター。本作で開高健ノンフィクション賞を受賞。

二〇一四年二月九日❼

『ロングウォーク　爆発物処理班のイラク戦争とその後』

ブライアン・キャストナー 著　安原和見 訳
河出書房新社・一九九五円
ISBN9784309206363
ノンフィクション・評伝／国際

スーサイドボム（自爆）という言葉を聞くたびに、これまで抱いていたイメージとは違うきつさが、昨今の爆発物処理の現場にあるのだろうと、漠然と思っていたが、予想を上回る過酷さであった。

著者はイラクに実際に赴いた爆発物処理班の兵士。プロの書き手ではない。戦地での体験と、帰国後に襲われる精神疾患と後遺症に苦しみ立ち向かう終わりなき日々が交互に綴（つづ）られる。

爆弾を積んでいる〝かもしれない〟トラック。車から降りて〝何か〟を隠し持って駆け寄って来る男。「もしも爆弾だったら」という可能性で攻撃のゴーサインを出し、無実の人を殺す現実。爆発が起きれば起きたで現場検証のために、飛び散る肉体をかき分けて爆弾の欠片を探す。

仮に身を挺（てい）して爆発を防いだとしても、救われたイラク人からは感謝もされない軍事介入の現実も、切ない。

呼吸も忘れるほどの恐怖と絶望を読者に叩（たた）き付ける描写力に、ひたすら圧倒される。

評・内澤旬子（文筆家・挿画家）

二〇一四年二月九日⑧

『世界一素朴な質問、宇宙一美しい答え』

ジェンマ・エルウィン・ハリス 著
西田美緒子 訳
河出書房新社・二六二五円
ISBN9784309252926

教育／人文

子どもたちが投げかけた100個の質問に、各界の専門家（チョムスキー、ドーキンスなど、超豪華！）がまじめに、ときにユーモアを交えて回答した本。「自分だったらどう答えるだろう」と考えをめぐらしても楽しいし、子どもの「なんで」攻撃にさらされたときのあんちょことしても活用できる。

質問がふるっていて、「ミミズを食べても大丈夫?」「ウシが1年間おならをがまんして、大きいのを一発したら、宇宙まで飛んでいける?」など、子どもたちが日々なにを考えて暮らしているのか、よくわかる。

ちなみにミミズの質問に答えているのは、ベア・グリルス（冒険家）。「このひとしかおらん!」と膝（ひざ）を打った（彼のサバイバル番組はサイコーにおもしろい）。私が好きなのは、「どんなふうに恋に落ちるの?」へのジャネット・ウィンターソン（作家）の回答。ロマンティックかつ真実をついていると思えるから。老若男女で語りあえる本だ。

評・三浦しをん（作家）

二〇一四年二月一六日①

『フェアな未来へ　誰もが予想しながら誰も自分に責任があるとは考えない問題に私たちはどう向きあっていくべきか』

W・ザックス、T・サンタリウス 編
川村久美子 訳・解題
新評論・三九九〇円
ISBN9784794808813

社会／国際

「予防的公正」は処方箋となるか

「公正（フェア）」とは何か。これは倫理的な問いに留（とど）まらず、私たち自身の利益に直接影響を与える問題だと本書は述べる。たしかに私たちは、世界規模での不公正には関心が向かいづらい。目前の欠乏や不利益である予算不足や失業率にはすぐに影響されるが、気候変動や貧困、さらには国際的な資源競争などについては、自分たちの手に負えない話のように考えてしまう。だが、この見解そのものを改めるべき時期が来たようだ。

今の世界では、資源争いは局地的な問題にとどまらない。たとえば近年の中東の歴史は国際世界の石油問題と密接な関わりを持つ。巨大な人口規模を誇る中国やインドが海外資源を大食いしていくことも、世界に影響を与えずにおかない。これらは単なる資源不足の問題でも、安全保障の未整備でもなく、最終的には、公正（フェア）か不公正（アンフェア）かの問題に行き着くという。

印象に残ったのは「予防的公正」という概念である。人類史を紐解（ひもと）けば、古代ギリシャの時代から、成功した社会の維持に不可欠なものは「公正の原則」である。今日公正さは、グローバル化により一国内のみならず世界規模で考えねばならない課題となった。これまでグローバル化の推進者たちは、自らの利権の追求にばかり野心を燃やし、公正さを念頭に置いて来なかった。この結果出来上がった不公正な世界では、新たな紛争の火種やテロの脅威が蔓延（まんえん）し、社会の成立基盤までもが脅かされる事態となった。だがテロ撲滅の旗印と紛争地域への軍事介入は、結局のところ「予防的戦争」を招くものでしかない。これに代わり、公正と環境への配慮から成る介入によって、テロも紛争も平和的に予防すべきだと本書は述べる。公正はもはや慈善事業の問題ではなく現実的な政策理念なのだ、と。

公正さの見直しは、「豊かさ」そのものの見直しへと結びつく。いわゆる「幸福のパラドックス」、つまり経済成長が一定水準を超えると個人の幸福感はむしろ低減するという皮肉な事実が示唆するように、もはや時代遅れになった豊かさモデルが、亡霊のように世界にうごめいているのを実感した。公正さを無視し、旧来の豊かさモデルを刷新することなく放置すれば、世界はやがて一部の国に資源が集中した「グローバルアパルトヘイト」となるだろう。これを防ぐためには、すべての人々を包摂し、かつ居住可能な環境を保持する「グローバル民主主義」を目指すべきだ――本書では、エコロジカルで公正な社会を作り上げることの意義が、繰り返し真摯（しんし）に説かれていく。この意見を理想主義的と一笑に付すか、現実を変える処方箋（せん）と見るか。判断は読者諸氏にお任せしたい。

評・水無田気流（詩人・社会学者）

Wolfgang Sachs ドイツの環境シンクタンク「ヴッパータール気候・環境・エネルギー研究所」のベルリンオフィス所長。

Tilman Santarius フリーのサイエンスライター。NGO「グリーンウオッチ」理事。

二〇一四年二月一六日②

『ヘンリー・ミラーの八人目の妻』

ホキ徳田 著

水声社・三三六〇円

ISBN9784801000063

ノンフィクション・評伝

軽薄体で語るゴージャスな交流

ホキ徳田というと、私のような〝遅れてきた世代（ただ今50代前半）〟には、妙になまめかしいイメージがある。彼女が結婚した文豪ヘンリー・ミラーの『北回帰線』が性的描写の赤裸々さゆえに米国で発売禁止になったこと、当時50歳近い年（とし）の差婚（さこん）であったことなど、スキャンダラスな話題が先行していたからだ。

そのホキ徳田が80年代から90年代にかけて書いていたエッセイが一冊にまとまった。なぜこのタイミングに?と思ったのは私も同じだが、読み進めばすぐに〝エッセイストとしてのホキを評価するには、時を経た今こそ適切なのだ!〟と気づくだろう。

例えば、「とうとうヘンリー・ミラーさんと結婚する羽目にアイナッタ。まどろっこしいディテールはカット。生まれながらの即決主義の因果デアル」とか、「大文豪夫人という、うすらイヤミな肩書きと、なれないポーズを演じていたホキのウップンは一挙に晴れたのでゴザリマス」などなど。その文体の威勢のよさ、権威によりかからない潔い感覚は実に気持ちがいい。

いわゆる「昭和軽薄体」である。嵐山光三郎や椎名誠が主導していたこのスタイルの見本のひとつが、(編集者など当時の出版人との共同作業があったとしても)ホキ徳田において見事に実現していることに注目し直すべきだろう。

そしてその軽薄体で語られる内容はゴージャス！ 同じく文豪ローレンス・ダレルの気さくさ、シナトラ一家のカジノでの遊び方、ハリウッドの女優たちのパーティでの振るまい、さらに同時代の日本人作家たち（野坂昭如、五木寛之などなど）や女優（太地喜和子、春川ますみなど）との洒落（しゃれ）た交流の数々。

つまり日本の芸能人が海外と交流していた時代のビビッドな記録が、まったく気負いなくここには描かれている。

ホキ徳田という女性のしなやかで軽々とした強さに、読む者はシビれるに違いない。

評・いとうせいこう（作家・クリエーター）

ほき・とくだ 37年生まれ。歌手、バー経営。67年にヘンリー・ミラーと結婚、その後離婚。

『日本インテリアデザイン史』

鈴木紀慶、今村創平 著
オーム社・三四六五円
ISBN9784274214370

闘争から離れ 浮遊する美しさ

現在日本のインテリアデザインは、その質とユニークさにおいて、世界でもトップのレベルにある。しかし、今まで、その包括的な歴史をカバーする書物がなかった。その意味で本書は画期的であり、その意義は大きい。

しかし、読み終えて、なぜ、今までインテリアデザインの歴史が書かれなかったかも、納得した。一言でいえば、日本のインテリアデザイン自体が「歴史」というものが伴うはずの葛藤、その結果としての、ダイナミズムを欠いているのである。すなわち、日本のインテリアデザインはポスト「歴史」、ポストヘーゲル的な真空状態を漂っているのである。世界史を見渡してみれば、インテリアデザインとは、本来闘争の場だった。階級や貧富の差異、都市と地方との格差、様々な対立、ギャップが、インテリアという立場を通じてせめぎあっていたのである。

そのような緊張が、日本でも70年代の一瞬にだけあったことが本書からも伺える。その時、「商業空間だってインテリアというアートになりえる。」という発見、いや革命があった。68年に端を発する革命の時代が、日本のデザインの最も輝いた時代であった。倉俣史朗、内田繁、杉本貴志たちの世代がこの革命の主役であった。革命を突き抜けた後も、デザインの質が落ちたわけではない。世界をリードする、繊細で抽象的空間を日本は発信し続けた。しかしそこには、「敵」というものの姿がどこにも見えない。無重力空間を一人浮遊しているような美しさなのである。

どこかで似たものを見た気がした。上質な数奇屋である。美しく、繊細で、日本人以外には到達しようのない境地。しかし、そこには敵が見えない。「それがなんなの？」という種類の孤立した洗練が、ただただ継続するのである。それが日本という閉じた場所の宿命なのだろうか。それともポストヘーゲル的な時代の産物なのだろうか。

評・隈研吾（建築家・東京大学教授）

すずき・のりよし 56年生まれ。編集者。
いまむら・そうへい 66年生まれ。建築家。

『白熱光』

グレッグ・イーガン 著 山岸真 訳
早川書房・一六八〇円
ISBN9784153350120

「あなたはDNA生まれですか」

綿密な科学考証を元に大きな物語をつむぐハードSFを紹介したい。当代屈指のSF作家、グレッグ・イーガンの最新翻訳長編だ。

奇数章と偶数章で別々の物語が進行し、いずれも舞台は超未来の異質な世界。その「世界観」を楽しむことがひとつのポイントになる。

奇数章は、冒頭で主人公が「あなたはDNA生まれですか？」と問われるところから始まる。有機的な「生物」として進化した知性も、電子的な情報世界から出（い）でた知性も、区別なく暮らす「融合世界」が銀河に広がっており、人々は事実上の不死を謳歌（おうか）している。ただし銀河中心部には外との連絡を一切拒絶する「孤高世界」が存在する。この謎めいた銀河の核への旅を描く。

偶数章は、ブラックホールの周りを回る岩の中に洞窟を張り巡らせて住む異形の知性の物語。岩の内部からは天体観測できないため、宇宙についての知識は乏しい。力学の概念もない。しかし、岩の自転などで生じる重力パターンを観測することから、力学の基本概念を発見し、一世代で相対性理論にまで至る。地球とは全く違う環境で、知性がいかに物理学をものにするかという点を分厚く描いているので、物理学に詳しいほど楽しめる。こと物理学的な記述は、だいたいの人が途中で置いて行かれる水準だと思うが（評者を含めて！）、奇数章とも通底する「発見の喜び」「探求心」の発露を楽しめば十分報われる。

　二つの物語が直接合流する終わり方はしないものの、「孤高世界」の起源をめぐって両者は交錯する。謎は謎と残したまま、超絶的なスケールで想像力を喚起してくれる。

　なお、本評の段階でハードルが高いと感じた人は、短編集『しあわせの理由』『ひとりっ子』などから始めるとよい。同時代に生きながら未読の人は幸せだ。これから出会えるのだから。イーガンは、そう断言できる作家だ。

評・川端裕人（作家）

Greg Egan　61年オーストラリア生まれ。作家。著書に『順列都市』など。

二〇一四年二月一六日⑤

『私のなかの彼女』

角田光代 著

新潮社・一五七五円

ISBN9784104346059／9784101058320（新潮文庫）文芸

紡いでいる「物語」がちがうから

　祖母が生前、小説を出版していたことを知った和歌は、自身も新人賞に応募し、作家として身を立てるようになる。イラストレーターである恋人の仙太郎との齟齬（そご）、作家になった和歌を認めない母親との軋轢（あつれき）。

　20年に及ぶ和歌の恋愛と仕事の変遷を、文章は臨場感をもって映しだす。心身の温度やにおいが迫ってきて、和歌が、仙太郎が、マンションの隣室の住人であるかのように、いや、私自身であるかのように思えてくる。

　この小説を読んで、「創作」という行いにひそむ壮絶さを感じ取るひともいれば、女性の生きづらさや働くことの難しさに思いを馳（は）せるひともいるだろう。

　しかし、本作はもっと普遍的で本質的な部分をも撃ち抜いていると感じる。たとえ、ものを作る仕事に就いていなくても、和歌と性別や立場がちがっても、この小説が静かに、だが実は奔流のごとく語ろうとしていることと、無縁でいられるひとはいない。

　それは、私たちは「物語」から逃れられない、ということだ。事実はひとつだが、私たちは各自にとって都合のいい「物語」を紡ぎ、それこそが「真実」だと信じる。信じたふりをして日常を送る。

　「まったく同じ言語で会話して」いても、私たちがしばしば断絶を感じるのは、紡いでいる「物語」がちがうからだ。それぞれが紡いだ異なる「物語」を通してしか、私たちは世界を認識できず、愛や希望を感じられない。この残酷、滑稽、非情な理（ことわり）を、本作は容赦なく描きだす。

　さびしさの根源を白日のもとにさらし、しかしそれでも、だれもが「物語」を紡ぎつづけるほかないのだと暗示する本作は、通じあえる一瞬の到来を願って、「物語」の檻（おり）のなかでもがき生きる私たちのために、この小説を読むあなたのために紡がれた、哀（かな）しいほどうつくしい物語なのだ。

評・三浦しをん（作家）

かくた・みつよ　67年生まれ。作家。05年『対岸の彼女』で直木賞。『かなたの子』など。

二〇一四年二月一六日❻　歴史

『天皇と葬儀　日本人の死生観』

井上亮 著
新潮選書・一六八〇円
ISBN9784106037375

古代から「極力質素に」望む

天皇・皇后両陛下の意向により従来の天皇葬儀を見直し、土葬を火葬に改めるという報道が、昨年流れた。「国民生活に影響を与えぬため」という理由を含めて大改革と受け取れそうだが、じつは古代から天皇は自身の葬儀に関し、極力質素に行うよう遺言を残していた。中には山に散骨することを望んだ天皇までいたのである。

古代の天皇は葬儀万端を宮中の専門職に仕切らせ、各自の考えにより土葬か火葬かを決した。それも神道VS．仏教という宗教理念が基本になったのは天武朝あたりからで、古くは大陸文化への憧れなどスタイル問題だった場合も多いらしい。さらに長い殯（もがり）の期間には、天皇位をめぐって壬申の乱のような後継者争いが生じ、内乱になることもあった。本書はそうした「忘れられた天皇葬儀」の歴史を分かりやすく一望させるだけでなく、この視点から日本史を読み解く試みも加えており、読んで退屈させない。

たとえば北朝四代の後光厳天皇からは、泉涌寺が「皇室専用葬儀社」となり、天皇の葬儀を寺の専業とする。

その裏事情を知って仰天した。このとき北朝は、譲位するべき光厳上皇の身柄も三種の神器も南朝側に押さえられており、践祚（せんそ）の儀式が行えない。窮余の策として、後光厳には上皇の生母から譲位するという前代未聞の方式がとられた。後光厳は37歳で病死するが、これでは葬儀を寺に丸投げするしかなかったろう。

歴代天皇の「死因」も興味深い。本書では、臣下に殺された天皇、呪い殺された天皇、自殺した天皇などの例が語られるが、できればもっと詳細に読みたかったのが「感染症」の解説である。

とりわけ飛沫（ひまつ）・接触感染の「王者」といえる天然痘は古代から多くの天皇の命を奪っており、南北朝争いでひどい目に遭った、じつに気の毒な後光厳もこの病気で亡くなっている。

評・荒俣宏（作家）

いのうえ・まこと　日本経済新聞社編集委員。『非常時とジャーナリズム』『焦土からの再生』。

二〇一四年二月一六日❼　人文／科学・生物／新書

『科学VS.キリスト教　世界史の転換』

岡崎勝世 著
講談社現代新書・八九三円
ISBN9784062882415

既存の価値観を変える意識革命は一人の天才によってなし遂げられるものではない。本書は17世紀の「科学革命」から「博物学の世紀」（18世紀）に至るまで、多くの天才がいかにして「世界（宇宙を含む）」「人間」「時間」の観念を変革し、キリスト教的普遍史を打破していったか、その格闘の物語である。

ガリレオも信じていた「閉じた宇宙」（コスモス）をデカルトが崩壊させ、「無限の宇宙」へと変えた。ビュフォンはニュートンの絶対的時間を人類史に持ち込み、「人類史6千年」を否定した。リンネは、長く神と自然の「中間の環（わ）」だった人間を、自然界の一員に「降格」させた。

18世紀末には、今の科学者からは異界の住民に見えるガッテラーとシュレーツァーが「普遍史」を「世界史」へと変換させた。聖書が与えた時間以上に生きたアダムも「科学革命」に「緩慢なる死」を看取（みと）られたのである。本書は真実追究に命を賭けた科学者のロマンが香り高く漂う。

評・水野和夫（日本大学教授）

二〇一四年二月一六日❽

人文

『父の戒名をつけてみました』

朝山実 著
中央公論新社・一五七五円
ISBN9784120045639

現代の日本人はどう葬送されるのがいいのか。熱心な仏教徒である場合を除き、多くの人がお寺に払う葬儀費用を「妥当」とは思っていない。かといってその場で強く主張できるほどの知識も興味もないし、揉（も）め事は避けたい。心の底では納得しないまま、葬儀社や檀那寺（だんなでら）にいわれるままに段取りを決め、支払う。周囲でもよく聞く話だ。

島田裕巳『戒名は、自分で決める』を読んだ著者は、父親の死に際して自分で戒名をつけると檀那寺の住職に宣言。住職は激怒。揉め事は葬儀だけでなく法事や墓地に広がり、さらに親族間の遺産相続問題まで勃発する。

著者の体験以外に、後半には葬儀関係者や戸籍名を戒名にした体験者などを取材。

一番意外だったのは、戒名料の相場が宗派によって、違うこと。一般人がつけることに寛大な宗派もある。戒名を自分でつけたいならば、本人の意向だけでなく周辺事情もぬかりなく調査した上で、決行すべしということか。

評・内澤旬子（文筆家・挿画家）

二〇一四年二月二三日❶

科学・生物／ノンフィクション・評伝

『セラピスト』

最相葉月 著
新潮社・一八九〇円
ISBN9784104598038／9784101482279（新潮文庫）

心理療法への問い　自分巻き込み取材

競輪選手、絶対音感、青いバラ、生命倫理、東大応援団、そして星新一。最相葉月がこれまで集中的に取材してきた対象だ。ノンフィクション作家としての最相の、七変化のようなテーマの交替にいつも驚かされる。そして惹（ひ）かれる。その眼（め）のつけどころに、体を張った取材の集中力に。

このたびは、心理療法の一つとしての「箱庭療法」と「風景構成法」。焦点を当てられる人物は河合隼雄と中井久夫である。

みずからも心療内科を受診した経験をもつ最相はじめ、カウンセリングに、漠としたいかがわしさを感じていた。「三分診療」にしかも値段はばらばら。カウンセラーを転々と替える知人もいる。身体接触をめぐる事件もあった。呼称や資格は乱立しているのに、犯罪や事故、災害が起こればすぐ「心のケア」の大合唱が起こる……。

そして取材は開始された。戦後のカウンセリング導入期の関係者の話を聴き、そのキーパーソンとおぼしき米国人と手紙のやりとりをし、やがて一念発起、臨床心理学の大学院に通い、専門の研修機関でも学ぶ。そしてついに「精神医学界のドクターズ・ドクター」とよばれる中井久夫を訪れ、絵画療法の被験者になる。

ふだんの取材とは異なって、まさに自分を問題に巻き込むなかで、クライエントの言葉をオウム返しにするだけだという心理療法への表層的な理解や、「受容」「共感」という概念の教条的なしこり、さらにはその背景への問いかけが、形を変えていっそう深まってゆく。河合隼雄の「箱庭療法」でもそうだが、クライエントが描いた風景画や箱庭をともに鑑賞する、そんなことでなぜ治るのか。いやそもそも治るとは？

そんな問いをくり返すなかで、河合と中井が強調した「解釈しないこと」「言葉によって意味を固定しないこと」のもつ意味について考えを重ねる。「治す」という観念では掬（すく）いようのない心の不調の深さと、それに（河合や中井のように）時間をかけて向きあうことが困難になっている精神医療の現場に、思いを向けてゆくのだ。さらに、対人恐怖から引きこもりへ、境界例から解離性障害へ、発達障害へと、心の不調が時代に沿って変化してきたその理由にも。

中井は、立場を転じてみずから最相の風景構成法の被験者になることで、クライエントでありながら取材者でもあるという最相の二重性に、大きな膨らみを与えた。
そう、傍らでいっしょに考える……。心の不調にかぎらず、就労環境から原発まで、専門家にまかせず当事者として専門家とともに考える、そんな市民のこれからの課題にまっさきに取り組んだ仕事として、この本はある。

評・鷲田清一（大谷大学教授）

さいしょう・はづき　63年生まれ。『絶対音感』で小学館ノンフィクション大賞、『星新一　一〇〇一話をつくった人』で大佛次郎賞、日本SF大賞など。ほかに『ビヨンド・エジソン　12人の博士が見つめる未来』など。

『渡良瀬』

佐伯一麦 著
岩波書店・二三一〇円
ISBN9784000259408

労働の日々　淡々と活き活きと

1993年から96年まで、月刊文芸誌「海燕（かいえん）」に連載されたが、雑誌の終刊によって中絶したままになっていたのを、このたび17年ぶりに続きが書き下ろされて完成の運びとなったのが本書である。佐伯一麦の他の小説と同様、いわゆる私小説であり、主人公はほぼ作者自身だと言ってよい。物語られるのは、88年の9月から89年の春先まで、すなわち昭和の終わりから平成のはじまりにかけて、である。

まだ20代だが妻と3人の子を持つ南條拓は、思う処（ところ）あって東京から茨城県西部の古河市に移り住み、配電盤の製造工場に勤め始める。妻の神経過敏、長女の緘黙（かんもく）症、息子の川崎病といった複数の家族の問題を抱えながら、彼は様々なタイプの工員たちと触れ合いつつ、労働の日々を過ごしてゆく。題名は、拓が休日に赴く渡良瀬遊水地から採られている。

私小説であるから、ドラマチックな物語性などは、ほぼ皆無である。淡々と、だが活（い）き活きと描かれる工場生活の背景には、しかし常に、昭和天皇の刻々と変化する病状と「自粛」の様子が存在している。また、言うまでもなく渡良瀬遊水地は足尾銅山鉱毒事件による渡良瀬川の汚染浄化のために造られた遊水池である。しかし、かといってそれらは、たとえば「私」と「国家」の対峙（たいじ）などといった大がかりな主題には、少なくとも表面上は展開していくことはない。

そうではなくて、もっとも言葉を尽くされているのは、明らかに配電盤それ自体の描写である。これほどまでに精緻（せいち）かつ詳細に電気配線のことが書かれた小説は、まず他にないだろう。作者の筆致は、ほとんど優雅でさえある。新たに書き足されたエピローグは、凜（りん）とした美しさを放つ。と同時に、ここからすでに四半世紀が過ぎているのだと思い出し、私はいささか愕然（がくぜん）とする。読み終えてから、じわじわと高まってくるものがある、そんな小説である。

評・佐々木敦（批評家・早稲田大学教授）

さえき・かずみ　59年生まれ。作家。『鉄塔家族』で大佛次郎賞。『ノルゲ』で野間文芸賞。

二〇一四年二月二三日③

『シェアをデザインする』

猪熊純、成瀬友梨、門脇耕三 編著
学芸出版社・二三一〇円
ISBN9784761525644
社会

私有からの転換 日本に好機

私有からシェアへという、パラダイム転換が、今、あらゆる領域、あらゆる場所で話題になっている。その転換で、われわれの生活、社会はどう変わるのか。実践者たちの声を通じて、その実体が、具体的に語られる。

なかでも、最も耳目を集めているのは、シェアハウスという、一種の共同生活スタイルのアパートである。多少、家賃が割高でも、仲間とリビングやダイニング、水周りを共有して暮らせる、この新しい集合住宅は、若者のみならず、中高年の単身者からも、さみしくない老後のための新しい共同体のあり方として、がぜん注目されている。しかもシェアという方法が、居住スタイルにとどまらず、生産、消費、創造を含む社会のすべての領域に拡大しつつある現状を、本書は生々しく記述する。

日本は、このシェアという方法で、世界をリードできるのではないかという可能性も感じた。少子高齢化で、高度成長期に築きあげた莫大（ばくだい）なボリュームの建築群が、一気に余り始めているからである。シェアは日本の都市自体をリノベーションする、新しい方法論でもありうる。

シェアが日本的であると感じたもうひとつの理由は、日本人の持っているやさしさが、日本社会のセキュリティーの高さ、犯罪率の低さが、シェアというゆるいシステムに適合しているからである。シェアハウスは、実は、日本の昔ながらの下宿屋の再来という説もあって、シニアには昭和のなつかしい香りもする。

1990年代以降の社会、経済的停滞、特にかつて日本をリードしていた大企業の不振と無策とによって、シェアシステムが活躍する隙間が、無数に出現したことも、本書から見えてきた。その意味で、シェアは日本社会にとって、起死回生の策となるかもしれない。経済のグローバル化に乗り遅れたかに見える日本が、再び先にたつための、強い武器になるかもしれない。

評・隈研吾（建築家・東京大学教授）

いのくま・じゅん　建築家。
なるせ・ゆり　建築家。
かどわき・こうぞう　明治大専任講師。

二〇一四年二月二三日④

『木材と文明』

ヨアヒム・ラートカウ 著　山縣光晶 訳
築地書館・三三六〇円
ISBN9784806714699
社会

人は森とどう付き合ってきたか

木材や森林のことというと、読む前から何が書いてあるのか、なんとなく想像をつけてしまう。緑豊かに茂る葉や腐葉土の役割。多様な生物。木材加工の伝統技術。もしくは熱帯雨林の乱伐や酸性雨による枯死。針葉樹林を大量に植栽する弊害。人手不足で荒れゆく山林。森林浴。どのトピックスも繰り返しメディアに登場する。私たちは余程森と樹木が好きなのだろう。

いまさら何をという気持ちで本書を開いて反省。先史時代から現代にわたりヨーロッパ、主にドイツ圏で、人々が森とどう付き合い、木材を利用してきたのか。歴史学者が開帳する人々の営みは、驚かされるものばかりだ。

とりわけ中世から近世ヨーロッパの森を大きく左右した三つの営み、造船、放牧、そして狩猟。戦争や貿易に向かう大型木造船を作るために、まず森を手に入れる権力者。さらに異様なほど狩猟を愛好し、獲物を増やしたい諸侯と、森の木の実に頼って豚を育てていた農民は、森林動物の管理を巡って、しばしば争いになったという。

この三つ、日本の近世では鎖国と肉食の公的禁止があったためか、慎（つつ）ましく周縁的に行われたため、余計に西欧での蕩尽（とうじん）っぷりには舌を巻く。

炊事などの火力をまかない、タンニンやガラスや塩や鉄や風車などの簡易な機械まで、当時はなにもかも木々に依存して生きていたのだ。当然森は減り大木は消え、不安になる。このままではまずい。というわけで、産業革命のはるか前から木を消費し過ぎないよう、人々は節約と植栽を繰り返し、持続可能な道を模索していたのだった。それにしては進歩ないなと思うのは筆者だけではあるまい。

人は森とどう付き合い、管理するのが正しいのか。守るべき「自然」とは何か。答えはいまだに出ていないからこそ、歴史を振り返り、視点を広げることが必要なのかもしれない。

評・内澤旬子（文筆家・イラストレーター）

Joachim Radkau　43年ドイツ生まれ。ビーレフェルト大名誉教授（環境史）。

『図説　滝と人間の歴史』

ブライアン・J・ハドソン 著
鎌田浩毅 監修　田口未和 訳
原書房・二五二〇円
ISBN9784562049479

原始と文明　イメージの変化は

滝の研究書が国内で出版されるのは大変珍しい。かつて滝の絵はがき1万3千枚を収録した私のコレクション集を出したことがあるが、それはビジュアル本である。ある時期、頻繁に滝の夢を見たことがあり、夢に導かれるように諸国滝巡りが始まった。その結果、滝のシリーズ作品が生まれた。

滝は観光スポットであると同時にわが国では信仰の対象でもあり、修行の場としても古くから聖地として崇敬されてきた。時には他界への入り口として自殺の名所にも。

ところが海外では事情が異なる。ピクチュアレス的（絵になる風景）な瀑布（ばくふ）は、アドベンチャー体験を目的として滝壺（たきつぼ）近くまで遊覧ボートやヘリを大接近させ、観客の肝を冷やすかと思うと、樽（たる）の中に入って滝を落下したり綱渡りに挑戦したり。また目を奪うような華麗な光のショーを演出して観光客を魅了する。

本書は滝と人間の歴史をたどりながら、原始と文明の狭間（はざま）で滝イメージがどう変化したか、多くの写真や図像で示しながら論考を展開する。滝は文学、絵画、映画などの題材にもなり、シャーロック・ホームズのライヘンバッハの滝は有名、三島由紀夫の『沈める滝』、「ナイアガラ」やターナーやドレの絵、モンローのロマンを描いた作品は枚挙にいとまがない。

滝が大気に放つ潤いは精神に安らぎを与えるが、滝はまた死や性を想起させる。落下する滝、受け入れる滝壺は両性具有の象徴でもある。

滝はその崇高さと神秘的な美観により人々を魅惑し続ける一方、現在は水力発電のためのダム建設や工業化に伴って滝の生命の「略奪が急速に増加」し、枯渇の運命をたどっている。

人間と自然の繋（つな）がりの中で滝の持つ意義は大きい。ありきたりな言い方になるが、滝の消滅は生物の生存の危機の予兆でもあるのだ。

評・横尾忠則（美術家）

Brian J. Hudson　オーストラリアの土木工学研究者。

二〇一四年二月二三日❻

『民間交流のパイオニア　渋沢栄一の国民外交』

片桐庸夫 著

藤原書店・四八三〇円
ISBN9784894349483

社会

米・中・韓との関係改善に腐心

「日本資本主義の父」として名高い渋沢栄一（1840〜1931年）。

黒船来航による西洋の衝撃に触発された彼が生涯に設立した企業は何と500社余り。医療福祉や教育など社会組織の数は600に及ぶ。

「企業の社会的責任」や「社会起業家」への関心が高まる昨今、倫理と利益の両立による経済発展を説く渋沢の『論語と算盤（そろばん）』は改めて脚光を浴びている。

その一方、彼が人生最後の四半世紀、まさに身を削る思いで取り組んだ民間交流＝「国民外交」については十分に理解されているとは言い難い。本書はその実像と本質にフェアな筆致で迫った力作。

渋沢の「国民外交」の射程は日仏会館（東京）の創設から「民間の国際連盟」を目指した太平洋問題調査会（IPR、ホノルル）への関与に至るまで多岐に亘（わた）った。ノーベル平和賞の候補に2度も挙がったほどである。

その彼がとりわけ腐心したのが米国・中国・朝鮮との関係改善。政治・軍事的な国益論とは一線を画し、通商・実業上の関係緊密化こそが安全保障の確保や平和の達成に通じるとの信念から、その知的基盤を成す対話や交流を次々と手がけていった。

本書で特に興味深かったのは、当代随一の国際派だった渋沢でさえ、中国や朝鮮の民衆の民族主義を過小評価したという著者の分析だ。

それゆえ、例えば中国に対して渋沢は「政経分離」の原則の無謬性（むびゅうせい）を過信する結果となり、徐々に政治・軍事的な国益論に接近していったという。現代的な含意に富む鋭い指摘である。

今日、日本にとって米中韓の重要性は一段と増している。しかし、その半面、財界における民間交流の牽引役（けんいんやく）の老齢化や先細りを懸念する声は少なくない。

渋沢の志に少しでも共鳴する若手中堅の経済人に薦めたい一冊である。

評・渡辺靖（慶応大学教授）

かたぎり・のぶお　48年生まれ。群馬県立女子大教授（国際関係学、外交史）。渋沢研究会顧問。

二〇一四年二月二三日❼

『国家のシロアリ　復興予算流用の真相』

福場ひとみ 著

小学館・一三六五円
ISBN9784093798563

社会

十九兆円の大震災復興予算の大半が、国会議事堂や合同庁舎の修繕をはじめとする、被災地と関係のない事業に使われた。その事実は多くの人が知っている。なぜそんなことが可能だったのか。本書ではその仕組みがわかる。

著者は二〇一二年七月に流用に気づき週刊誌で取り上げた。そこから波紋が広がった。秘密情報を入手したわけではない。一般に公開されている予算書を見て疑問を抱いただけなのだ。しかし関係者の誰もが違法ではない、と語る。その理由は、復興対策本部が策定した復興基本方針に則（のっと）っているからだという。政府は復興という言葉を利用してこの時とばかり使った状況が見えてきて、一頁（ぺージ）ごとに怒りがこみ上げてくる。著者は言う。国家のシロアリを生む最大の要因は国民の無関心である、と。五〇％にも届かない都知事選の投票率からも、その無関心は明白だ。私たちが日々働きながら支払っている税金が、今もどこかでシロアリに食い荒らされている。

評・田中優子（法政大学教授）

二〇一四年二月二三日⑧

『暮らしのなかの植物』

文芸

斎藤たま 著
論創社・三二五〇円
ISBN9784846012595

昔は「ガキ大将」というものが子どもの世界で牛耳を執っていて、年下の者に遊びのルールだけでなく、生活の知恵まで伝授していた。たとえば、有毒植物の存在。シキミやヒマの実は猛毒であること。青梅はかじるな。ジャガ芋の芽は毒。

いなかでは大抵の家の庭に、アセビの木があった。毒の木、とガキ大将に教えられた。便所にこの枝葉が沈められていた。本書によれば、ウシコロシの別名がある。ウシのシラミを退治したからである。ウシはウジの意でもあったようだ。庭木や草花は、それぞれ用途があって植えられていた。生活が近代化すると共に、本来の役割は忘れられていった。ガキ大将の伝承も絶えた。本書はいわば昔のガキ大将の代役を果たしている。一本の草や木が、日本各地でこんな風に有効に用いられていた、という記録は、父祖の暮らしの証言であって、現代人が知っておいて損はない。植物に頼らざるを得ない世がこないとも限らぬ。

評・出久根達郎（作家）

二〇一四年三月二日①

『〈世界史〉の哲学　東洋篇（へん）』

大澤真幸 著
講談社・三三六〇円
ISBN9784062187565
歴史／人文／国際

贈与の論理で解く西洋と東洋の違い

「世界史」と聞くと広大すぎて難しそう、と思うかも知れない。そこに「哲学」なのだから敬遠される題名だ。しかし、それではもったいないくらい面白い。

なぜヨーロッパはアジアを凌駕（りょうが）したのか？ これは様々な人が問うてきた。ダイアモンドやウォーラーステインなど日本で馴染（なじ）み深い論者たちは、まさにそういう問いをもって近代世界論を展開してきた。しかしそれに対抗するアジアの論者はなかなか出て来なかった。自分たちが敗者だから？ しかし本当にそうなのか？ 歴史学の手法では年代的な因果関係と、その結果としての勝敗があるかも知れないが、哲学として位置づけたとき、視点が違ってくる。哲学は勝敗ではなく論理あるいは構造を明らかにしようとするからだ。

ではその哲学的思考によって捉えられる西洋と東洋の違いは何か？ 著者は「贈与」というキーワードによってそれを考える。東洋における贈与は、中国のような広さへの意志をもつ皇帝権力と、その周辺王国の間では朝貢システムというかたちで現れる。

一方、多数の自律的な集団で成り立つインドでは、カーストのかたちで現れる。そこにおいては王と不可触民はともに、自然界との贈与関係にかかわる神の子として、上下関係ではなく相補的な関係になるのだ。本書は日本に言及していないが、日本史でもすでに天皇と被差別民についてそのことが論じられていて、同じ構造であることが興味深い。しかし本書の特色は、それをすべて贈与の論理で解いていくところだ。

本書が参照する範囲は、贈与論を語り続けてきた文化人類学をはじめとして、曼荼羅図（まんだらず）と磔刑図（たくけいず）の対比や、物理学、小説、演劇、ミステリー、そして現代中国の政治にまで及ぶ。身近で馴染みのある素材によって、中国とインドのもののとらえ方が、どのようにキリスト教圏と異なっているかが、次々と分析される。

本書のもうひとつの要は、「生をどのようなものとして捉えたか」の歴史こそが実在としての歴史を作ったという観点である。そこで参照されるのは仏教だ。食物連鎖としての贈与の連鎖を苦としてとらえ、その社会を許容した上でその外に出ようとするシッダルタに対し、そのような社会に敵対し革命しようとするキリストを、本書は描いてみせる。歴史学なら事実かどうか問題になるが、本書では考察に値するエピソードなのだ。

贈与とは相互承認であるとともに戦いでもあり、まさに関係そのものだ。それを柱に、名前とは？ 文字とは？ 普遍概念とは？ 等々、絶え間ない問いのもたらすスリリングな興奮が本書の真骨頂だ。評・田中優子（法政大学教授）

おおさわ・まさち　58年生まれ。社会学者、思想誌『THINKING「O」』主宰。著書『社会は絶えず夢を見ている』など。『〈世界史〉の哲学』シリーズは「古代篇」「中世篇」に次いで3冊目。

二〇一四年三月二日②

『種痘伝来　日本の〈開国〉と知の国際ネットワーク』

アン・ジャネッタ 著　廣川和花、木曾明子 訳

岩波書店・四二〇〇円

ISBN9784000259361　人文

日蘭交流で瞬く間に受け入れ

江戸の蘭方（らんぽう）医がジェンナー式種痘を導入するまでのドラマを、海外からの視点で検証していく点に鮮度が感じられる一冊。牛の病とされた「牛痘（ぎゅうとう）」が、乳牛飼育に使役される男女を通じて人に感染することは、以前から知られていた。ただ、人に出る症状は軽く、回復した後も天然痘に感染しない。ならば予（あらかじ）め人に牛痘を植えて、天然痘を防ぐことができるはずだ。

ジェンナーはこの発想から牛痘種痘を発明し、それに「牛」を表すワッキーナエなる学名を与えた。これが「ワクチン」の由来である。だが問題は、痘苗を生かしたまま遠方まで運ぶことの困難さである。初期には、未感染の子どもを次々と牛痘に感染させながら運ぶ「人体リレー」の方法すら取られた。

当時、植民地争いで対立していた列強は種痘伝播（でんぱ）のために協力体制を布（し）き、十年のうちに中国の広東まで伝播させた。残すは門を閉ざし続ける日本国だけだ。ナポレオン戦争中に独立を失っていたオランダは、戦後再開した日蘭貿易船に、バタビア製の痘苗を積んで送る。またシーボルトも着任時にこれを運んだ。しかし長旅で痘苗の活力が失われ、植え付けには失敗する。

ここで偶然の幸運が作用する。事態が遅滞している間にオランダ商館は、日本人蘭方医との私的な交流網を築き、日蘭辞書の編纂（へんさん）や種痘書の翻訳も実現したのだ。ゆえに、最初の「生きた痘苗」が長崎に到着すると、準備万全となった日本全国へ瞬く間に伝播した。導入に尽力した蘭方医楢林宗建はまず息子らに試し、そこから佐賀藩主鍋島直正の嫡子（ちゃくし）に植えられた。表紙にもなった油絵を見ると、幼い嫡子が堂々と腕を出し、恐れるところなく種痘を受ける姿に驚かされる。ここに子どもと種痘の深い因縁が開示され、「ジェンナーが我が子に試し植えした」との誤解が生まれた背景も納得。読みやすい訳文で興味倍増する。

評・荒俣宏（作家）

Ann Jannetta　32年生まれ。米ピッツバーグ大学名誉教授。

二〇一四年三月二日③

『「おネエことば」論』

クレア・マリィ 著

青土社・二二〇〇円

ISBN9784791767564　人文／アート・ファッション・芸能

規範の刷新　いやーン、楽しみ♥

今や、メディアを席巻する「おネエ」な人たち。女装していてもいなくても、みな現実の女性を超えた女性らしさを醸し、ときにズバッと辛口コメントをするのが定番だ。彼女たちが駆使する最大の武器、それこそが「おネエことば」である。本書は、その魅力と社会背景に迫った秀作だ。おネエことばは単純な女性の物真似（ものまね）ではなく、日本のメディア特有の言語文化だと筆者は分析する。それは日本語表現の性差を基盤に独自のスタイルを確立し、時代とともに変遷を遂げてきた。

たとえば１９５０年代は美輪明宏の「メケメケ」がヒットし、60年代にはピーター（池畑慎之介）が映画『薔薇（ばら）の葬列』の主役に抜擢（ばってき）。70年代はおすぎとピーコの双子キャラが「オカマタレント」として人気を集めた。80年代は「ニューハーフ」が注目され、90年代にはゲイ・ブームが起こり、ドラァグ・クイーンの派手なパフォーマンスも耳目を引くようになった。

さらに00年前後からは、「メイクオーバー・

メディア」の浸透が、彼女たちの活躍を後押しした。これはたとえば、ファッションチェックなど生活の中の何かを改変することにより、個人の幸せを高めるノウハウを伝授する手法のことである。なるほどおネエことばは、従来の性差や価値規範を越境する特質を持つ。それゆえ、旧来の価値規範をユーモアにくるみつつ、華麗に撃破するのに最適な言語だ。

さらに00年代は、ネット言語の普及とともに、テレビ番組ではテロップが多用されるなど言語の視覚化がなされ、それにともない言語のパロディー化が進んだ。一方、現実の女性のことば遣いは中性化し、女性性のパロディー化もまた進んだ。社会の中性化と、メディアの女性化ならぬおネエ化の同時進行は、極めて興味深い。この現象は現実の価値規範をどれほど、いやどんだけ～刷新していくっていうの。いやーン、楽しみ♥

評・水無田気流（詩人・社会学者）

Claire Maree　メルボルン大学アジアインスティチュート准教授、言語学者。

『グローバリゼーション・パラドクス　世界経済の未来を決める三つの道』

ダニ・ロドリック 著　柴山桂太、大川良文 訳

白水社・二三一〇円
ISBN9784560082768

破綻した「信じがたい仮説」

先日、米連邦準備制度理事会が公開した２００８年の議事録によれば、金融グローバリゼーション推進の舵（かじ）取りを任されていたバーナンキ議長（当時）はリーマン・ショックの翌日、金融政策を決定する会合で危機感を抱いていなかった。また、アベノミクスの成長戦略の重要な柱であるＴＰＰ交渉が、日本が最も強固な同盟国だと信ずる米国との間でまとまらない。

これらはグローバリゼーション礼賛者からすれば苦々しい事態であるが、本書を読めば、起こるべくして起きたということになる。

金融グローバリゼーションは「市場には、自発的な参加者がいれば、ほかに必要とされるものはほとんどない」という「信じがたい仮定」の上に成り立っている。発展途上国は望み通りの変化を起こす「魔法の杖のようなものを持っている」とも。それを信じたアルゼンチンは破綻（はたん）した。

貿易と投資のグローバリゼーションの象徴であったＴＰＰに関しては、「貿易によって激しい分配上の対立が生じる」にもかかわらず、主流派経済学者はそうしたことは話そうとはしない。本当は誰かが「１ドルの『純』利益を得るごとに、諸集団間に50ドルの所得移動が起こる」。すなわち貧しくなる人が出る。「痛みなき利益はない」のだ。

著者の結論は明快だ。「ハイパーグローバリゼーション、民主主義、そして国民的自己決定の三つを、同時に満たすことはできない」のだから、必要なのは「ハイパー」ではなく統治可能な「賢いグローバリゼーション」なのだ。

評者はこの結論に賛成である。当時主流派の名だたる米国経済学者は著者の関心を「あざ笑った」そうだが、リーマン・ショックを契機に宗旨替えした。それにひきかえ「アメリカ出羽の守」である日本の主流派経済学者たちは頬かむりを決め込んでいる。「最終的な審判を下す」経済学者として信義則違反だ。

評・水野和夫（日本大学教授）

Dani Rodrik　57年トルコ生まれ。米プリンストン高等研究所教授。

二〇一四年三月二日⑤

『滅亡へのカウントダウン　人口大爆発とわれわれの未来　上・下』

アラン・ワイズマン 著　鬼澤忍 訳

早川書房・各二一〇〇円
ISBN9784152094254〈上〉・9784152094261〈下〉／9784150504977〈ハヤカワ文庫NF〈上〉〉・9784150504984〈〈下〉〉

社会／ノンフィクション・評伝／国際

「人類が存続できる世界」とは

いま世界の人口は200年前の7倍の70億人。今世紀中には100億人超となる。食物連鎖の頂点にいる人類はますます生息領域を広げ、地球から資源をしぼり取ろうとしている。だが100億人がハンバーガーを食べられるほど地球の許容量は大きくない。

前作で「人類なき地球は今よりずっと健康になる」と唱えた著者が、20カ国以上の取材から「人類が存続できる世界」の可能性を探った。人口が野放図にふえれば、食糧や水、エネルギーが足りなくなる。必然的に人口抑制は避けられないという。

その危惧はもっともだが、耳を貸す為政者はそういないのが現実だ。かつて経済学者マルサスが予測した人口増による食糧危機は、化学肥料などによる穀物生産力の革新的な向上で幸運にも的中しなかった。その成功体験から、人口増にともなう困難は技術革新で乗りきれる、という楽観論を生んでしまったのだ。

とはいえコメ、小麦など少数穀物への過剰依存は、たった一つの病害で大厄災に見舞われる危うさも抱える。それでも世界がこの難題に向き合えないのは、「人口増なくして成長なし」という成長至上主義の呪縛からだろう。

ここで紹介される国々も、国力を強くするには人口増が必要と考えている。日本も例外でない。政府もメディアも人口減少は政策的失敗と受け止め、少子化対策に必死だ。

これに対し本書は、人口減少がはじまった日本を「現実的な転換へと世界を導く最初の国」と肯定的にとらえる。国家的強制でなく個人意思による避妊が重要と考える著者にとって、日本社会は未来に希望を見いだす存在らしい。

その視点はユニークだが本質をとらえている。本書が示す「地球がまかないきれる範囲で生きられる経済」「量でなく質が改善する文明」という座標軸は、悩める日本が進むべき道に大いなる示唆を与えてくれるのではないか。

評・原真人（本社編成局長補佐）

Alan Weisman　47年生まれ。米国のジャーナリスト。

二〇一四年三月二日⑥

『ラヴ・レター』

小島信夫 著

夏葉社・二三一〇円
ISBN9784904816110

文芸

この相変わらずの新しさは何だ

第三の新人、という言葉をあえてここで使おう。日本文学史における分類としてではない。七十を過ぎ、八十九歳までに書かれた小島信夫の単行本未収録短編を読みながら、この相変わらずの新しさは何だろうと目をみはるような思いにとらわれるからだ。

第一でも第二でもない。むしろ常に分類からはみ出すゆえに、いつまでも新人であらざるを得ない故・小島信夫。

例えば、老作家と自分らしき者を呼びながら始まる小説は、決しておのれを把握しきらない。途中で急に「みたいだった」と突き放す。

また、幾つかの作品はあたかも突然ハシゴを外されるように終わり、読者は慣性の法則みたいなものでつんのめりながら思わずふっと笑うだろう。それは未知のエンディングを知る体験であり、既知の小説形式を捨て去る喜びにも通じている。

私小説や随筆のようでいて、短編群がそう簡単にジャンルにおさまらないのは、筋が要約出来ないような次元で文章が推移するからでもあり、弱ったことにそれがまたするすると楽しく読めてしまう。読めるが、時にいつの間にか何を言っているのかわからなくなる。どこから文意を取れなくなったのか、と我々は何度もその平易な言葉の前で行きつ戻りつする。そして読み切る。これこそ、小説の理想のあり方ではないか。

　ある短編で作者は創作についてこう表現する。「小説としてマトマリがよい、ということにはこだわらなくて、気持のよい感じだ、と思えるもの。その中では、思い切った自由ともいえるものが出来るといいね」

　いかにもたやすそうに小島信夫は極意を開陳する。だが、実際は物語の遠近法がゆるやかに外れ、主語は分裂する。とぼけた調子でベケットのようなことを行う。

　国語を揺るがすもの、それが文学だと我々は永遠の新人から諭され、ふっと笑う。


評・いとうせいこう（作家・クリエーター）

こじま・のぶお　15年生まれ。06年没。作家。『抱擁家族』『残光』など。

二〇一四年三月二日⑧

『父　吉田健一』

人文

吉田暁子 著
河出書房新社・一八九〇円
ISBN9784309022505

　吉田健一の娘・暁子による父が描かれる。われわれの知らない父・健一の新しい顔が見えたというより、父の文学自体が、少し違ったニュアンスを帯びて見えてくるような新鮮さがあった。

　吉田の文学に、一種の陰影がついたように感じたのである。吉田の文学の最も重要なテーマは時間であった。上質の酩酊（めいてい）状態と同様の、終わりなく永遠に流れる時間を吉田は描こうとした。高度成長期の日本の仕事一筋、「まじめな時間」に対する批評が、根底にあると感じていた。

　しかし吉田は実際の人生において、驚くほどに禁欲的な時間割りを自らに課して執筆に励んだことが明かされる。そしてその密度の高い執筆活動の只中（ただなか）で、あたかも過労死のようになくなった。その節制と、死の様子を知ることで、吉田が描いた流れ続ける時間がより陰影を伴った、彫りの深いものに見えてきた。人生の本質である悲しみに縁どられ、それゆえにより輝くものに見えてきたのである。

評・隈研吾（建築家）

二〇一四年三月九日②

『俗都市化　ありふれた景観　グローバルな場所』

フランセスク・ムニョス・ラミレス 著
竹中克行、笹野益生 訳
昭和堂・四二〇〇円
ISBN9784812213407

社会／ノンフィクション・評伝

再編されゆく都市へのまなざし

　近年都市論は、グローバル化や消費社会化の影響により均質化・平板化した都市のあり方を批判的に検証したものが多い。気鋭の都市地理学者である筆者はこの流れを汲（く）んではいるが、さらに踏み込んで都市景観や人々の時間の使い方の平俗化まで省察している。異なる特性をもつ4都市、ロンドン、ベルリン、ブエノスアイレス、バルセロナそれぞれのあり方を具体的に検証した点も参考になる。

　ユニークなタイトル「俗都市化（Urbanalization）」は、スペイン語の「都市化（urbanización）」と「平俗な（banal）」を合成した造語である。この訳語を考案した訳者の技量に感嘆した。今日平俗化された大衆文化・消費は、「美味（活発・愉快）」と「光沢（柔和・清潔）」の二つの座標系をもつという。たとえばシュガーレスガムや低ニコチンタバコのように、「美味」だが「光沢」をもつ、つまり愉快だが清潔で危険のない平板な商品の普及は、そのまま都市景観の平俗化の定義に援用できるという。さらに今日の世界では、巨大都市の住人ではなくとも、都市的な景観や機能をもとに築かれた社会環境を脱することは困難だ。都市はシンボルであり、生活の基盤であり、それらの生成する過程そのものである。

筆者は最も成功した都市モデルとされるバルセロナの研究者であり、バルセロナモデルを真摯（しんし）に再考している点も興味深い。1992年のバルセロナ・オリンピックを機に、固有のブランドイメージを打ち出すため、バルセロナの過去の要素が、いかにして理想化・神話化されていったのか。なるほど歴史も風土性も、みな現在の景観に収斂（しゅうれん）する。

ふと6年後の東京五輪を思う。私たちは、この後どのような東京の景観と出逢（であ）うのだろうか。再編されゆく都市イメージのただ中で目をこらす筆者のまなざしは、今後私たちにこそ必要なものだろう。

評・水無田気流（詩人・社会学者）

Francesc Muñoz Ramírez　バルセロナ自治大学で地理学を教える。

『生命（ゼーレ）の哲学　知の巨人フェヒナーの数奇なる生涯』

岩渕輝 著

春秋社・四二〇〇円
ISBN9784393361252

人文／ノンフィクション・評伝

「光の世界」求め唯物論と激闘

19世紀の「知の巨人」フェヒナーは、科学、哲学、美学を「光の世界観」という概念で統合しようとした。だが、その領域が広すぎて、死後の生存から「植物の内面生活」までに及んだため、宗教やオカルトとも誤解され、真価を把握するのが困難だった。だが、その業績の全貌（ぜんぼう）を徹底的に紹介できる研究家が、ついに日本にも登場した。この仕事のためにドイツ語を一から学んだという情熱も尋常ではない。

フェヒナーは世界を、科学的に実体を探究できる「物質面」と、探究しえない「ゼーレ面」とから構成されると考えた。ドイツ語のゼーレは心や霊という心理学的な意味もあるが、生命現象をもたらす生理学的な原理をも意味する。

ところが彼の時代に優勢となる唯物論は、生物を死物の機械として取り扱い、色彩や音響も脳が作りだす幻であって「世界の実相は無色無音の暗黒だ」と唱えた。一方フェヒナーは色彩や光の研究で目を痛め、闇の世界で暮らした体験からも、そうした闇の世界観を受け入れ難かった。この世が生命体であり、目に見える通りの色や音に満ちた「光の世界」であることを実証すべく、彼は文字どおり近代唯物論と激闘した。

本書最大の成果は、生命をめぐる19世紀科学思想史をフェヒナーの生涯と並行させつつ巧みに要約した点にある。ここまで書き込んだからこそ、彼の巨大さが一般読者に伝わった。本書を読んで改めて驚愕（きょうがく）したことも多い。フェヒナーは、西田幾多郎により『善の研究』の冒頭で言及されたのを始め、黒と白に塗った独楽（こま）を回すと色彩が現れる「ベンハムの独楽」の真の開発者であり、心の活動を計測的に捉える精神物理学の創始者としては、ついに美感覚までも「黄金分割」のように数値化して正統科学に貢献した。その一方、ロマン派由来の世界観はフロイトからマーラーまで多数の後進に影響を与えているのだ。

評・荒俣宏（作家）

いわぶち・あきら　62年生まれ。明治大学情報コミュニケーション学部准教授（生命論）。

二〇一四年三月九日④

『〈そうだったんだ！日本語〉　じゃっで方言なおもしとか』

木部暢子 著
岩波書店・一七八五円
ISBN9784000286299
文芸／社会

人と人との距離感を縮める

書名をぱっと理解できる人は日本語話者でも少数派だろう。方言を研究する著者の拠点となってきた鹿児島で「だから方言はおもしろい」の意。

著者が鹿児島で経験した自動車免許の学科試験の話が秀逸だ。例えば「軌道敷内を通行してはいけない」という○×問題に「×」と答えてしまい（正解は○）、何度も試験に落ちる人がいる。否定の表現を含む質問に対して、標準語的には「いいえ〜肯定、はい〜否定」だが、鹿児島弁では、英語の「YES〜肯定、NO〜否定」と同じ発想で、つまり、試験問題に正答すると間違いになってしまうのだ！この種類の方言は、鹿児島だけでなく各地にあるという。

さらに、質問文の文末を下げる方言（よその人には質問なのか分かりにくい）、「お目にかかりません」を意味する言葉が「おはようございます」になる方言、「わたしたち」と言う時に、話をしている相手が入るかどうかで違う単語を使う方言、等々、本当に方言は多様だ。「おもしろい」というのはその多様性を肯定的に捉える態度からくる。

かつて、方言は抑圧され、学校教育でも排斥された。方言を使うと「方言札」なるものを首から提げさせられた地域もある。しかし、今、方言の価値を再評価するべきだという。「方言はその地域の人々を和ませ、人と人との距離感を縮める」からだ。その一方で、そのことが他者の排斥に繋（つな）がる可能性にも言及し、「言語を絶対視」することの危険性も説く。これまでの方言軽視が、標準語の絶対視から来ているなら、この危険性についても我々は学習済みだとも。

なお、日本語の方言のいくつかは、独立言語の国際基準を満たし、かつ「消滅危機」を危惧されている。世界中で起きている言語の消滅の問題など、昨今の方言や少数派言語をめぐる議論の背景を知ることもできる。日々、我々が使う、ことば、について考える契機となるだろう。

評・川端裕人（作家）

きべ・のぶこ　55年生まれ。国立国語研究所教授。『日本語アクセント入門』など。

二〇一四年三月九日⑤

『デレク・ベイリー　インプロヴィゼーションの物語』

ベン・ワトソン 著　木幡和枝 訳
工作舎・五〇四〇円
ISBN9784875024545
人文／ノンフィクション・評伝

世界に向きあう自由のレッスン

デレク・ベイリーは英国のギタリスト。1930年に生まれ、2005年に没した。彼はフリー・インプロヴィゼーションと呼ばれる特異な音楽の創始者のひとりとされている。著者ワトソンは、ベイリー本人と関係者への取材を基に、この大部の評伝を書き上げた。原著の刊行以来、音楽ファンの間では邦訳が待ち望まれていた。日本語にしたのはベイリーの不朽の名著『インプロヴィゼーション』の訳者でもあり、本人とも長年に及ぶ親交があった木幡和枝氏である。

典型的な労働者階級の一家に生まれ、やがて音楽に興味を持ち、ギター奏法を独習し、プロのギタリストとして稼ぐようになったベイリーは、10年近い月日を商業的な音楽の世界で過ごした後、ジャズのアドリブとは全く異なる「即興演奏」の可能性を発見し、追究し始める。それは過去には存在していなかった決定的に新しい音楽だった。だが彼は孤独ではなかった。60年代半ばという時代の気風もあってか、彼の周囲には同志というべき音楽家が何人も居た。ベイリーはやがて商業音楽と完全に決別し、自ら「フリー・インプロヴィゼーション」と名付けた「新しい音楽」に残りの人生を捧げることになる。

ワトソンの質問に答えるベイリーの言葉は、率直でありながら、ユーモアとウイットに富んでいる。同時に、真摯（しんし）さと厳格さに溢（あふ）れてもいる。「インプロヴィゼーション＝即興」であるからといって、それは出鱈目（でたらめ）とは全く違う。ギターであれ何であれ、その楽器に徹底的に習熟した上で、それを乗り越えるようにして、ありとあらゆる「音楽」の起源に潜在する一度切りの「自由＝フリー」に賭けること。「フリー・インプロヴィゼーション」とは「世界」に向き合う「自由」のレッスンでもあるのだ。つまりこれは、けっして「音楽」だけの話ではない。

評・佐々木敦（批評家・早稲田大学教授）

Ben Watson　56年ロンドン生まれ。音楽・文化批評家。

二〇一四年三月九日⑥

『睡眠のはなし　快眠のためのヒント』

内山真 著

中公新書・七九八円
ISBN9784121022509

社会／ノンフィクション・評伝

眠れる、眠れぬ　それが問題だ

睡眠は生命維持にとって不可欠な生理現象である。特に現代生活にとって睡眠が抱える問題とその影響は、しばしばメディアでも関心事のトップ項目に挙げられる。

今日の激しい環境の変化が睡眠障害を引き起こすだけでなく、複雑な人間関係や仕事のストレスによる不眠は深刻な社会問題でもあり、五人に一人が不眠症であるという。

若い頃から不眠気味の人生を送ってきた自分には、眠ったか眠れなかったかは世界観が二分されるほどの人生の主要テーマであり、睡眠に対する必要以上の執着が、「不眠恐怖症」を無意識のうちに義務づけてしまっていた。

本書は人間にとっての睡眠のメカニズムと意味、さらに不眠症や過眠症（うらやましい！）が如何（いか）に健康（と不健康）に深く結びついているか、臨床の現場から最新の睡眠学を一般的にわかりやすく解説する。

睡眠にはノンレム睡眠とレム睡眠があるが、このメカニズムがわかったからといって不眠がすぐ解消されるわけではないし、例えば高照度光療法といって早朝の太陽光を目に感じることで、12時間程度心身を活動に適した状態に保ち、14時間後くらいから睡眠を誘うようにするという不眠対策もあるという。

睡眠に関心を持つ人の大半は睡眠障害者ではないだろうか。睡眠の悩みは環境的なもの、心理的なものと個人差があるが、本人にとっては切実である。私も不眠症解消本を何冊も読み、医師にも相談したことがある。不眠がうつ病のリスクになることが、ここ20年の間にわかってきたという。うつ病には不眠が伴うことが多く、不眠がうつ病の原因なのか、結果なのか、断定にはまだデータ不足だというが、睡眠によってうつ病の予防ができるなら、朗報だ。

睡眠を研究することで人間が如何に複雑な存在であるかに目覚め、また新たな人間への興味が生まれよう。

評・横尾忠則（美術家）

うちやま・まこと　54年生まれ。日大医学部精神医学系主任教授（精神神経学・睡眠学）。

二〇一四年三月九日⑦

『ルポ　MOOC革命　無料オンライン授業の衝撃』

金成隆一 著
岩波書店・一八九〇円
ISBN9784000022309
社会／ノンフィクション・評伝

MOOCとは Massive Open Online Courses の略で、無料で公開されている大規模オンライン講座のことだ。米国などの一流大学の英語による講義の場合、受講生は世界中に約百万人いる。受講者たちが自ら組織する学習会もあり、単に講義を聴くだけでなく議論も深めている。これでは大学はやっていけなくなる、という危機感も拡（ひろ）がっているが、学位をとれるわけではなく「大卒」にはならない。ただし受講生の情報を企業に公開し、採用に至れば仲介料が入るという仕組みで経営されている発信組織もあり、学位ではなく実力で企業に採用される人もいる。小学校から大学まで教育機関も取り入れ始めており、少人数教育をおこなうための予習教材としても使われている。

本書は無料オンライン講座の現状を世界中でルポした記録だ。経済的、地理的に不利な立場に置かれている人々が自ら勉強しはじめている。その熱意こそが、日本の大学生たちの脅威だろう。

評・田中優子（法政大学教授）

二〇一四年三月九日⑧

『無形民俗文化財が被災するということ』

高倉浩樹、滝澤克彦 著
新泉社・二六二五円
ISBN9784787713209
社会／ノンフィクション・評伝

3・11で甚大な震災被害を被った沿岸部地域は日本でも有数の無形民俗文化財（民俗芸能や祭礼など）の宝庫である。しかし、無形ゆえに再開は難しく、それゆえに地域住民の葛藤も深い。

本書は宮城県沿岸部の地域社会がこの難題にどう向き合ったかを描いた民俗誌であり、当事者や行政関係者による思弁の記録でもある。

祭礼の中に敢（あ）えて震災の苦しみを閉じ込めることで、日常においては震災を忘れることができる……といった言葉のなかに〈文化〉の奥深さと重みを改めて思い知らされる。新聞やテレビが伝えきれていない、小さくも大切な言葉に満ちた一冊だ。

毎年、世界のどこかが自然の猛威に見舞われては、地域の伝統芸能や儀礼が存亡の危機に晒（さら）されている。人間の尊厳に関わるこうした文化的次元について3・11の教訓を広く世界と共有し、叡智（えいち）を積み重ねてゆくことも「積極的平和主義」が忘れてはならない課題の一つである。

評・渡辺靖（慶応大学教授）

二〇一四年三月一六日①

『0（ゼロ）葬　あっさり死ぬ』

島田裕巳 著
集英社・一二六〇円
ISBN9784087815320／9784087454079（集英社文庫）
社会／ノンフィクション・評伝

究極の葬送法で軽やかな気分に

我々は生命維持に必要であるよりもずっと大量の生物を犠牲にし、摂取し生きている。飽食の果ての最期くらいは、適（かな）うならば山野で人知れず鳥獣に食い荒らされ虫に喰（く）われ腐敗し土に還（かえ）りたい。

ほぼ妄想、実現の可能性は限りなくゼロに近い死に方である。

それでも夢見てしまうのは、飽食のツケを払拭（ふっしょく）したい気分の他に、闘病および葬儀で縁者にかけてしまうであろう多大なる負担を極力避けたい気持ちが強く渦巻いているからだ。

ひとは独りで生きることもできないが、現代では独りで病み死ぬことも、なかなか難しい。親は別として自分の葬儀なんて、簡略どころかなくていいのに。仏教には敬意を抱くも、形骸化した仏教式葬儀習慣に興味はない。

常々そう考えてきたため、宗教学者である著者が、葬儀／戒名／墓と、不要および低コスト化を説く本を次々と上梓（じょうし）し、仏教界を騒然とさせても、当然の流れと思い、驚かなかった。

しかしいくらこれらを回避簡略化しても、火葬が義務付けられている以上、遺骨は残る。そこで驚愕（きょうがく）の本書がついに登場。

遺骨処理で真っ先に思い浮かぶのは、墓地に山海に骨を撒（ま）くなどの自然葬だろう。法的にも認められるようになったが、縁者に強いる負担が難点。やはり基本的には墓埋法（墓地、埋葬等に関する法律）に従い墓所に骨を入れるしかないのか。

ところが戦後の社会は変化し、都市化によって、墓を持たない家が急増。家墓はもちろん、納骨堂を新たに確保するにも費用がかかる。年間の管理費も必要。高齢化が進み、年金以外の収入が絶えて以降の人生が長くなる分、この費用を捻出できない人が出てきてもおかしくない。

かくして現在、墓を持てないために骨壺（こつつぼ）に入った遺骨を自宅に置いたままの家が急増、およそ百万柱の遺骨が自宅にあると言われているとか。衝撃の数字である。

著者は簡潔に日本に於（お）ける仏教式葬儀の歴史を振り返り、ぼったくりビジネス化した葬送の現状が仏教の教えに則していないことを指摘したうえで、究極の遺骨処理方法を提案する。合法でありつつ、これ以上の低コスト化は無理！というその具体的手順は本書を読んでいただきたい。

遺骨への執着を完全に捨て去るこの方法、受け入れ難い人も多いかもしれない。しかし筆者はこの葬送方法を知ることでとても軽やかな気分になれた。実は大変仏教的な方法なのでは、と思えてならない。自分の遺骨は、自分の中で最後の「捨てられない」と決め込んでいるものだったのかもしれない。


評・内澤旬子（文筆家・イラストレーター）

しまだ・ひろみ　53年生まれ。宗教学者、葬送の自由をすすめる会会長。東京大大学院人文科学研究科博士課程修了（宗教学）。日本女子大教授などを経て、東京女子大非常勤講師。著書に『葬式は、要らない』『島田裕巳の日本仏教史』など。

二〇一四年三月一六日❷

『彼女の家計簿』

原田ひ香 著

光文社・一五七五円

ISBN9784334929251／9784334773205（光文社文庫）

文芸

「規格外」の女たちを救う絆

暮らすこと、食べていくこと、そして子どもを育てること。それらのいとなみを覆う「主婦」「妻」「母」といった名称と内実との間に横たわる深い溝は、どこから来るのだろう。

この物語に登場するのは、みな規格外の生活を送る女たちである。未婚の母として生きてきたプログラマーの里里（りり）、水商売や元AV女優などの経歴をもつ女性たちの就労支援を行うNPO代表の晴美、そして家庭というものから奇妙に縁遠い里里の母、朋子。彼女たちがふとしたきっかけから見つけた古い家計簿をめぐり、邂逅（かいこう）する。

戦中から戦後間もない時期につけられた家計簿の主は、加寿という大正生まれの女性だ。夫を戦地に送り、姑（しゅうとめ）を助けながらやがて代用教員として子どもたちを見守ることとなる。そのいとなみの端々には、加寿の細やかな息遣いが宿る。やがて夫は戦地から帰還したものの、仕事もせず横柄に振る舞い、夫婦仲も思わしくない。そんな折、お互いに心惹（こころひ）かれた優しい同僚の男性教員が、加寿に駆け落ちを申し出るのだが……。

戦後、バブル期、平成の世と、物語は時代を行き交う。その過程で、女性の生きづらさについての世代的な問題と普遍的な問題の双方が、静かに浮き彫りになっていく。規格外の女を救うのは、いつも女同士の絆だ。それは、家族関係からこぼれ落ちた女性たちの生活を掬（すく）い上げていく。

男への所属という命題を失った女にしか見えない風景が、丁寧に素描された作品である。掟（おきて）破りならぬ家族破りの罪は、いつも女に過酷だ。不倫の末心中した、と最悪の家族破りの罪を着せられていた里里の祖母の真実の姿がやがて物語をまとめ上げていくが、読後はそれすらもこの社会の見えにくい闇に比べれば、よほど明るい。「家計簿」の表題に込められた思いは、言葉にならないこの罪の余白を、暮らしの中に吸い上げる意図、かもしれない。

評・水無田気流（詩人・社会学者）

はらだ・ひか　70年生まれ。作家。著書『人生オークション』『母親ウエスタン』など。

二〇一四年三月一六日③

科学・生物

『ブラックホールに近づいたらどうなるか？』

二間瀬敏史 著

さくら舎・一五七五円
ISBN9784906732654

二度と戻れぬツアー　疑似体験

今年の春（つまり今この瞬間にも）、我々の天の川銀河の中心「いて座Aスター」にある巨大ブラックホールに、地球の3倍の質量を持ったガス雲の一部が落ち、爆発的に輝くと予想されている。見た目に華やかな天体ショーになるかはともかく、専門家の観測レベルでは、間違いなく、謎にみちたブラックホールに迫る好機だ。関連ニュースを目にすることも多くなるだろう。

本書は肩の力を抜いて読めるブラックホール入門書。理論的な発見と存在証明の章を経て「ご近所のブラックホールを訪問」したり、様々な種類のブラックホールの「ツアー」に出かけたりする。

「ご近所」では、やはり天の川銀河の「いて座Aスター」が興味深い。まさに銀河の中心であり、我々の太陽系の付近よりもずっと星々が密だ。向かう途中の景観自体素晴らしいだろう。そして、高速で回転する3本のガスの腕の中心に太陽の400万倍の質量を持つブラックホールがある、というのも凄（すご）いイメージだ！

タイプ別ツアーは、理論的には一番単純なシュワルツシルト・ブラックホールという種類から始める。危険を伴う半径の3倍以内の軌道へ進入。漆黒が視界の大部分を占め「深い井戸の中から外を見上げたように、円形に圧縮された全宇宙が猛烈な明るさで輝いている」のを仰ぎ見、操船ミスでブラックホールに落ち込んで「中」も体験する。宇宙船も乗員も二度と戻れないまさに「ブラック」なツアーだが、読む分には楽しい……。

なお、ブラックホールは、極端な天体だけに、宇宙の起源や成り立ちに迫る示唆を与える。本書の後半で、ヒッグス粒子との関連や、私たちが認識している3次元空間はある種の幻で、「無限の遠方にある2次元面の境界」に書きこまれた情報から現れる映像のようなものとするホログラフィック原理も紹介されている。興味を持ったら、さらに専門的な書籍に進むとよい。

評・川端裕人（作家）

ふたませ・としふみ　53年生まれ。東北大学教授（宇宙論）。『日本人と宇宙』など。

二〇一四年三月一六日❹　文芸／人文

『ヴィクラム・ラルの狭間の世界』

M・G・ヴァッサンジ 著　小沢自然 訳
岩波書店・三三六〇円
ISBN9784000222266

いびつな社会生きる「よそ者」

最初は戸惑うかもしれない。主人公はヴィクラム・ラルという、国家的な汚職事件に関わって逃亡中のインド系の男。そして彼の追憶が向かうのは、まだ大英帝国の植民地であった1950年代のケニアの地方都市なのだから。

支配者のイギリス人、鉄道建設の労働者として来たインド系住人、マサイやキクユやルオなどの現地人から成るケニアの複雑でいびつな植民地社会。しかし人種や階級の分断線を子供は越える。ヴィクラム少年が、妹のディーパ、ケニア人の親友ンジョロゲ、イギリス人の兄妹ビルとアニーと夢中で遊ぶ姿を追っていくうちに、我々はぐいぐい小説世界に引き込まれている。

しかしイギリス人兄妹の死をきっかけに、美しい幼年時代は終わる。ケニアは独立を遂げるが、ヴィクラムらインド系住民は、たとえケニア国籍であろうが、〈よそ者〉として差別される。だがインドに帰ってもアフリカ育ちの彼らは〈よそ者〉である。

アフリカとインドの〈狭間〉で生きるのを余儀なくされるヴィクラム。商人として成功するが、それは彼の意志ではなく、限られた選択肢しかない〈狭間〉で、ケニア人支配権力の顔色を窺(うかが)いながら振る舞った結果でしかない。

どこまでも受動的なヴィクラムとは対照的に、妹のディーパと親友ンジョロゲは、主体的に運命をつかもうとする。幼年期の淡い思いが、燃える本物の恋に変わる。だが愛し合う二人の前に、アフリカ移住後も故郷の宗教と伝統に固陋(ころう)するインド系コミュニティーが立ちはだかる。そして独裁化していく政権に対して批判を強めるンジョロゲの身にも危険が迫る……。

ヴィクラムは何をしたのか？　イギリス人兄妹の死の背後には何が？　忘れえぬ魅力的な人物たちと、息をつかせぬ、だが我々に思考を促す深みのある物語。政治小説、歴史小説、教養小説、恋愛小説のすべてがここにはある。

評・小野正嗣（作家・明治学院大学准教授）

M. G. Vassanji　50年ケニア生まれ。カナダ在住。本書が初の邦訳。

二〇一四年三月一六日❺　社会

『第五の権力　Googleには見えている未来』

エリック・シュミット、ジャレッド・コーエン 著
櫻井祐子 訳
ダイヤモンド社・一八九〇円
ISBN9784478017883

ネット先導者が示す明と暗

インターネット社会の未来を描く本はあまたあるが、本書はそんじょそこらの解説書ではない。なにしろ高度情報社会の最強企業、グーグルのエリック・シュミット会長がみずから書いた本なのだ。

シュミットらはネット空間を「とてつもない善を生み出すとともに、おぞましい悪をもはらんでいる」存在だとみなす。夢をふりまいてきた先導者が暗部についてもふれたのはやや意外だったが、現実世界では証明ずみのことではある。ネットは「アラブの春」で独裁国家をひっくり返す力になったが、米国が他国や個人から情報を集め監視する道具にもなっている。

とはいえ本書は基本的にその未来を楽観している。テロリストがより多くのテロ手段を手にしたとしても、ネット社会の監視の目をくぐり抜けて潜伏するのはずっと難しくなる。サイバー戦争が増え、攻撃や防御の方法はより複雑になるが、仮想戦線が現実の戦争を抑

止する可能性もある。そう正当化するのだ。

グーグル首脳が政治社会や安全保障への影響をここまで丹念に予測し分析していたことには正直、薄気味悪さも感じる。同社の軍事ロボット企業の買収やメガネ型端末の開発も行き当たりばったりの判断でなく、確信にもとづく投資だったのだ。未来技術を生みだしていく者たちの動機をうかがい知るのに、本書は貴重な資料になると思う。

ただし、ここで語られていないこともある。膨大な個人情報を集めるグーグル自身によるプライバシー保護はどうなのか。ビッグデータ独占の弊害は考えられないか。米政府の個人情報収集に協力したのではないか。そういう疑問や疑惑に対する説明がない。

もし巨大情報産業が陰謀を巡らしたら、ネット社会はどうなるのだろう。邦題「第五の権力」は将来ネットとつながる80億人の市民を意味するが、まるでグーグルのことを暗示しているようでもある。

評・原真人（本社編成局長補佐）

コーエンは81年生まれ、グーグルのシンクタンク創設者兼ディレクター。

『昭和の子供だ君たちも』

坪内祐三 著

新潮社・一八九〇円
ISBN9784104281046

時代の断層に傷ついた者たち

「世代」をちゃんと定義した世代論を初めて読んだ気がする。物心つく六歳くらいから成人前後にその目に何を映し、どんな空気を吸ったか。それが世代感覚をつくる。

最初の昭和生まれは、終戦の年に18歳前後。「昭和の子供たち」は、まず「戦争との距離」で世代をはかられることになる。そして、戦争の空位を埋めた「政治（共産主義）」との距離で。その指標が「趣味」「サブカル」に移り、平成へと至る。

時代精神をあぶり出すにあたって、坪内祐三がおそらく本能的にとったアプローチは、「時代の断層に反応すること」だっただろう。たとえ1歳違いでも、あるいは同年の早生まれと遅生まれというだけでも、見える風景が全くちがってしまう切り口が、どんな時代にも存在する。そこを、当人たちの目や声を借りながらあぶり出す。「断層」をさぐり当てる様は、さながらミステリーのようなスリリングさである。

「断層」には時に、最も傷ついた者たちがいる。時代に、信じたものに、裏切られた者たち。そしてなんの補償もされなかった者たち。たとえば予科練帰りは、同世代の中でも心情を共有できる者が極端に少ない。あるいは、はぐれ者たちの絆たる任侠（にんきょう）仁義にも裏切られた者たち。共産党の方針転換に最も傷つけられた者たち。彼らの絶望。自ら生命を絶った者もいるだろう。しかし、彼らの中にこそ、最も心を打たれる表現があったことに、私は不思議な救いを感じた。

印象的な著者の叫びがある。〝戦後システム〟に代わる「新たなシステムを作りあげて行くことが私たち昭和生まれの使命だ（年金問題をはじめとする老後の心配などしている場合ではない）」

『昭和の子供だ君たちも』は、安易な連帯感のタイトルではない。「君たちも『昭和の子供』なら、責任がある」。そう私は受け取った。

評・赤坂真理（作家）

つぼうち・ゆうぞう　58年生まれ。「東京人」編集部を経て執筆活動に。『靖国』など。

二〇一四年三月一六日⑦

『パンダが来た道　人と歩んだ150年』

ヘンリー・ニコルズ 著　池村千秋 訳

白水社・二五二〇円
ISBN9784560083437

科学・生物

上野動物園のパンダが発情したらしい。果たして交配がうまくいくかどうか。ファンはかたずを呑（の）んで朗報を待っている。こんなことも、いまだ研究途上なのである。ようやく、幼い時の母との関わりの多少が、何かと影響することがわかってきた。オスの繁殖行動は、母親と一緒に生活した期間が長いほど活発と推測されている。

パンダたちは声によって、互いの性や年齢や体格などを識別しているらしい事実もわかってきた。また、一部の色を視認することや、顔の模様を覚えているらしいことも判明してきた。

パンダの生態の謎が解明されると、パンダはしあわせになれるのだろうか？　本書はパンダが発見されてから、人々がこの稀少（きしょう）動物をどのように扱ってきたか、を要領よく面白くまとめている。「政治的動物」という言葉が重い。

題字といい造本といい、花ぎれ、ページに至るまでパンダ模様（白黒）、パンダファンは随喜だろう。

評・出久根達郎（作家）

二〇一四年三月二三日①

『意味としての心　「私」の精神分析用語辞典』

北山修 著

みすず書房・三五七〇円
ISBN9784622077855

人文／医学・福祉

言葉による治療　別の物語に変換

過去に書いた論考や随筆や事典原稿を集めたら精神分析の用語辞典になった。それほど著者は言葉による治療にこだわってきた。

心のあがき、軋（きし）み、焦り、躓（つまず）き、へたれ……。ひとの心は千々に乱れ、もつれる。やりきれないこと、割り切れないこと、鬱憤（うっぷん）や塞ぎがどんどん溜（た）まってくる。

そこには「心の台本」というべきものがあり、それを「悲劇やまずい筋書き」として、つまりは失敗や転倒として反復しているうちに、ひどくこじれて問題行動や症状になって出る。

なぜ何をしてもいつもこうなんだろう……。そんなふうに吐きだされた言葉を聴き、そこに潜む「心の台本」を探り、それをともに読みながらさらに別の物語へと変換してゆく。これが著者のいう精神分析療法の基本だ。

ただ、それらの言葉とほんとうに言いたいことのあいだには、つねに「変質や変換」の操作がはさまり、あいだにずれや隔たりが生まれる。表と裏、表面と深層の齟齬（そご）がつねにそこにはある。そしてそうした二重性を抱え込んだまま、他人とのコミュニケーションが、自己の理解が進行する。

が、「ほんとうは……」と語ることじたいが騙（かた）りである可能性はいつもある。意味不明なところ、どうでもとれるところ、在不在のあわいに、ひとはおのれの取り消しがたい思いを込めるからだ。だから読むということが必要になる。

そういう綾（あや）は、ちょっとした冗談や言い損じ、あるいは言葉遊びや戯れ歌のなかに、曖昧（あいまい）なままに表現されもする。そのすべてが精神医療の対象であり、かつ治療にヒントを与えてくれる。だから著者は長い治療歴をふり返り、日本語こそが先生だったという。

この辞典には同音異義語がよく出てくる。語源的に根拠があるかないかに関係なく、語は連想を煽（あお）る。そこには病理的な誤解もあれば創造的な誤解もある。たとえば「ち」の項。チは霊／血であり、チチは乳／父である。そして、知、痴、チンチン、チツ、クチ……と連想が破天荒に広がる。が、これらの語、じつはみな精神分析の重要な対象だったのである。

この辞典から人生指南を学び取るには「羨（うらや）ましい」を、精神科医の仕事を知りたいなら「売春婦」を、考現学として読むなら

「なれ」を、哲学的思考の種がほしければ「橋」を、駄洒落（だじゃれ）の深い意味にふれるには「ゆ」の項を、まずはお読みいただきたい。

治療においても、自分のやりなおしにおいても、「腑（ふ）に落ちる」ということが大事。そのヒントがこの本のなかには詰まっている。霜山徳爾、多田道太郎らが試みてきた日常の基本語からする人間論に連なる書物である。

評・鷲田清一（大谷大学教授）

きたやま・おさむ　46年生まれ。精神科医、ミュージシャン、作詞家。著書に『悲劇の発生論』『劇的な精神分析入門』『最後の授業』など。「戦争を知らない子供たち」でレコード大賞作詞賞。

二〇一四年三月二三日❷

『ピース』

ジーン・ウルフ著　西崎憲、館野浩美訳

国書刊行会・二五二〇円
ISBN9784336057884

文芸

なんと魅惑的な曖昧と不安定

ジーン・ウルフは、まったくもって一筋縄でいかない作家である。日本でもマニアックな人気を誇る彼は、あえてジャンル分けをするならSF／ファンタジーの小説家ということになるのだろうが、フィクションに、生半可な理解や納得よりも謎と混乱を求める、全てのすれっからしの読者に、過剰なまでの満足を与えてくれる。『ピース』は、ウルフが1975年に発表した比較的初期の長編小説である。

語り手の「ぼく」は、オールデン・デニス・ウィア、アメリカ中西部の片田舎の町キャシオンズヴィル（ちなみに架空の地名）に独居する老人である。この土地の旧家の最後の末裔（まつえい）であり、裕福な実業家として人生をまっとうし、すでに引退しているらしい彼は、広大な屋敷内をうろつきながら、幼年時代から現在までの自らの過去を、とりとめもなく、むやみと断片的に、だが濃密に回想する。少年の頃に同居していた美人の叔母オリヴィアと、その3人の求婚者たちの思い出は、やがて複雑怪奇な渦を描いて、あっけなく時間と空間を跳び越え、無数の不可思議な物語を紡いでゆく。神話や幻想、妄想や夢に属するとおぼしきエピソードが、次々と語り出されては、横滑りし、枝分かれし、肝心な所でなぜか中絶し、いつのまにか別の話に変化してしまったりする。すべての出来事が、どこからどこまでが本当にあったことなのか、誰が本当のことを話しているのか、そもそも「ぼく」の語りは、果たして信頼に足るものなのか、まるきり定かでなくなってゆく。だがしかし、その曖昧（あいまい）と不安定の、すこぶる魅惑的なことといったら！

訳者の西崎憲は、解説でこう述べる。「ウルフは嘘（うそ）をつかない。ただ描写するだけだ。嘘をつく人間を」。これこそ、まさにウルフの真骨頂だ。小説を読む悦（よろこ）び、物語を読む愉（たの）しみ、その底なしの深み、そのおそろしさを、とことん味わわせてくれる傑作である。

評・佐々木敦（批評家・早稲田大学教授）

Gene Wolfe　31年生まれ。作家。『ケルベロス第五の首』など。

二〇一四年三月二三日❸

『国際メディア情報戦』

高木徹 著

講談社現代新書・八四〇円
ISBN9784062882477

政治／社会

世界の舞台裏での熾烈な戦い

1992年の大統領選。現職のブッシュ(父)に挑むクリントン。テレビ討論会。会場から女子学生が国家財政の赤字について質問をした。カメラはスタジオ全体を広く捉えていた。その画面の隅で、質問の最中、ブッシュはチラリと腕時計を見た。この一瞬が命取りになった。この場面は繰り返し放送されることになる。「そんな質問は時間がもったいない」といわんばかりの傲慢（ごうまん）なイメージが人々の脳裏に深く刻み込まれた。

これが本書のキーワードのひとつ「サウンドバイト」である。長い映像からワンシーンだけを意図的に切り出し、敵を倒す武器、あるいは味方を称揚する戦略として活用する。ブッシュはこれにやられたが、小泉純一郎は最大限に利用した。今や世界の舞台裏では、銃弾を使わないもうひとつの戦い、つまり情報戦が密（ひそ）かに、かつ熾烈（しれつ）なまでに見えない砲火を交わしている。

ボスニア政府をクライアントとするPR会社ルーダー・フィン（PRとは広告のことではなく、イメージ戦略）のエキスパート、ジム・ハーフは、外相のテレビ出演における間の取り方を指導し、民族浄化という言葉を編み出してセルビア側にレッテルを貼り、ミロシェビッチ大統領をサダム・フセインに勝るとも劣らぬ極悪人に仕立て上げた。

オバマの選挙、アルカイダのオープンソース・ジハード、はては五輪開催地争奪戦にいたるまで、あらゆる局面の背後にプロの仕事師たちが暗躍している。彼らはことを有利に進めるため、イメージを演出し、メディアを巧みに操作する。本書はその知られざる現場を活写して、テレビのスペシャル特番のごとく読者の関心を一気にわしづかみにする。それもそのはず、著者は大宅賞など総なめのノンフィクション界の旗手で、現役のＮＨＫ敏腕ディレクター。ときに、メディア情報戦で劣勢続きの自分の職場についてはどう捉えているのだろうか。

評・福岡伸一（青山学院大学教授）

たかぎ・とおる　65年生まれ。90年にＮＨＫ入局。『ドキュメント　戦争広告代理店』など。

二〇一四年三月二三日❹

『潮の騒ぐを聴け』

小川雅魚 著

風媒社・一五七五円
ISBN9784833131650

文芸

地方色豊かな随筆の傑作

著者に会ってみたい。これは読後感で最大のほめ言葉だろう。読み終わって、著者が身近な人に思える。酒を酌みながら、お話をしたい。もっともっと、いろんなことを聞きたい。著者の顔を見てみたい。

こんな気持ちになったのは、久しぶりである。久しぶりに面白い本を読んだ。エッセイ集の、傑作である。書名もいい。潮騒（しおさい）を聴けでなく、潮の騒ぐ、である。もっともなぜいいのか。理由を問われると答えられぬ。ひいき目というやつだろう。

著者の名は本名だろうか。「まさな」と読むようだが、むずかしい。漢字は異なるが、まさなは正しくないことで、まさなごとは、戯れごと、冗談ごとをいう。本書の三分の一は、本文の注釈ページである。注釈が、もう一つの本文になっている。つまり、読み応えのある内容なのである。

たとえば、著者の故郷・渥美半島の大アサリについて、話が始まる。アサリの潜水漁から、ミル貝の美味に話が移り、突然、美空ひばりの名が出て、ここで注釈番号が入る。読者は急いで指示の注釈ページを開かねばならぬ。すると、ひばりが三歳で百人一首をそらんじていた、という話題がある。伝説でなく、ひばりの守(も)りをした人の直話とある(百首のうち九十五首、九十二首、七十五首との説も)。

ひばりのジャズが絶品で、ミル貝を肴(さかな)に聴けば地上の楽園と述べ、潜水病の話になり、潜水名人の体験談となる。海の底は案外に騒がしく、網を引く滑車が海底を転がる音、漁船のエンジン音、格段にうるさいのが、伊勢湾に入ってくる駆逐艦の超音波探信儀の音という。

著者の話法は縦横無尽で逸脱自在、注釈ページが必要なわけ。インド学者松山俊太郎の博学ぶりから、元投手の池永正明訪問に及ぶ。支離滅裂のようだが、どっこい、一本の綱に綯(な)ってある。地方色豊かで、世間知の宝庫。これぞ随筆の王道。著者は、何者。

評・出久根達郎(作家)

おがわ・まさな 51年生まれ。椙山女学園大学教授(英米文学と文芸社会学)。

二〇一四年三月二三日⑤

『英子の森』

松田青子 著

河出書房新社・一五七五円
ISBN9784309022567

文芸

〈わたし〉は空虚な器なのか

〈大人になる〉とは、自分の前に広がる無数の可能性のほとんどを諦めることだ。だが、商品であれサービスであれ情報であれ現代社会が提示するおびただしい選択肢は、自分は万能細胞のようにまだ何にでもなりうるのではないかと幻想・妄想させる。松田青子は誰もが抱えるこの幼児性、未成熟への固執を意地悪なほど浮き彫りにする。

暗闇で職業当てゲームをする人たちを描いた短編「わたしはお医者さま?」では、各人は医者や消防士など既存の職業に飽き足らず、〈ペンギンナデ〉とか〈切手専門の額装屋〉といった自分が本当になりたい職業(?)を紙に書き、自ら掲げる。それらは自分だけのユニークな「夢の職業」に思える。だが紙を照らす懐中電灯が渡されるたびに、受け取った当人が「わたしは……」と、一様にその夢を語り出す。結局どの〈わたし〉も己の現実を受け入れられないという点で、懐中電灯と同様に交換可能なアイテムにすぎないのである。

では我々はどこに自我の拠(よ)り所を求めればよいのか。表題作の主人公の英子にとっては英語である。そんな娘を、母・高崎夫人は応援する。英語は娘が、自分や姑(しゅうとめ)のような主婦としての一生から逃れるための手段なのだ、と。だが短期留学1年程度の彼女くらいの英語力の人間は掃いて捨てるほどいる。英子の周囲には正規社員にはなれないが、英語を使う仕事を諦めきれない〈痛い〉同類ばかりだ。

作中で英子が訪れる「森」とは、各人物たちの夢や無意識の世界なのだろう。それが人工的な色調や模様で彩られたとことん薄っぺらい場所なのが不気味である。

〈わたし〉とは、メディアやネット空間を満たす紋切り型の言葉や欲望を載せた空疎な器に過ぎないのか。現代社会の表層をそっくりコピペして突きつけられたかのような居心地の悪さ。もちろん松田青子は確信犯である。

評・小野正嗣(作家・明治学院大学准教授)

まつだ・あおこ 79年生まれ。著書に『スタッキング可能』がある。

二〇一四年三月二三日⑥

『ル・コルビュジエ　生政治としてのユルバニスム』

八束はじめ 著

青土社・二九四〇円
ISBN9784791767557

政治／人文

反転する地域主義と普遍主義

モダニズム建築の「神様」としてたてまつられてきたル・コルビュジエが、フーコー的な権力分析の手法によって、見事なまでに解体され、裸にされた。

従来のコルビュジエ評価は二分される。19世紀以前の旧態依然とした様式建築、装飾的建築を粉砕した、合理主義者、改革者としてのコルビュジエ。対極の評価は、20世紀流、工業社会流の殺伐とした非人間的空間の原型を作った、犯罪者としてのコルビュジエである。

著者は、そのどちらでもない新しいコルビュジエ像を提示する。天使でもなく、悪魔でもない。著者は、それをコルビュジエの中の矛盾として説明せずに、コルビュジエの必然的、宿命的遍歴として示す。

一般にコルビュジエは、国際主義者、グローバリストと考えられてきた。しかし、著者の描くコルビュジエは、スイスの片田舎のユグノーの家に生まれ、地域主義者としてスタートし、活動領域の拡大につれて、１９２０年代に国際主義者に転じ、30年代には、地中海人というアイデンティティーにめざめ、再び地域主義に復帰する。コルビュジエのトレードマークとも呼べるフラットルーフの白い箱が、国際主義の象徴から、地中海の地域主義のシンボルへと反転したのである。

地域主義と普遍主義は対立するものではなく、カードの裏表のように容易に反転可能であるという、フーコー的認識が視座にある。普遍主義の権化とも見えるナポレオン3世が、いかにフランスの地域主義を育てたか、そしてフランスの植民地政策が拡張主義でありながら、いかに地域主義的であったかが示される。

この複雑なネジレがコルビュジエ建築の強さを生んだ。地域主義を目的として海外からも建築家を招いた、熊本アートポリスに著者は関わった。このプロジェクトの「ネジレ」に対する、著者の個人的感想も聞きたくなった。

評・隈研吾（建築家・東京大学教授）

やつか・はじめ　48年生まれ。芝浦工業大学教授（建築論）。『メタボリズム・ネクサス』など。

二〇一四年三月二三日⑦

『女は笑顔で殴りあう　マウンティング女子の実態』

瀧波ユカリ、犬山紙子 著

筑摩書房・一二六〇円
ISBN9784480815194／9784480434319（ちくま文庫）

人文

カフェやレストランの女子会で、あるいは学校や職場で談笑する女たち。だが笑顔の下では、血みどろの戦争が繰り広げられている……。相手より下に見られたくない、という心理は男女問わず持っている。だが、とかく女同士は複雑だ。「善意」でコーティングされた言葉や態度で、決して自分は悪者になることなく相手を貶（おとし）め、自らの優位性を確保する。本書はこれを「マウンティング」と呼ぶ。本来、動物が自分の優位性を示すための行為だが、これを女同士の共生の作法に見出（みい）だしたのは絶妙な比喩だ。

身につまされるシチュエーションの数々に、爆笑しつつ一抹の寂寥感（せきりょうかん）も感じた。私たちは、なぜこんなさもしい行為をせねばならないのだろう。男性ならば、社会的地位や所得など客観的な指標で勝負できる資源が、女性には乏しいというのも一因か。笑顔で殴りあうがごときこの女の性（さが）。殺し合いを避けるための「知恵」であり、「知恵者ゆえの悲劇」との達観に感服。

評・水無田気流（詩人・社会学者）

二〇一四年三月二三日⑧　歴史／人文

『カクレキリシタンの実像　日本人のキリスト教理解と受容』

宮崎賢太郎 著
吉川弘文館・二四一五円
ISBN9784642081009

「隠れキリシタン」と聞くと、弾圧に耐え信仰を守ってきたキリスト教徒を想起する。しかし、聖書もなく宣教師もおらず、何代もの間、教義は正しく伝承されたのだろうか。筆者は、彼らが「何か大切なものを命がけで守り通した」ことを認めつつ、それが本当にキリシタン信仰であったかと問う。実際、有名な口承のオラショ（キリスト教の祈祷〈きとう〉）は、唱える側も意味が分からないものに変貌（へんぼう）していた。

「カクレキリシタン」とカタカナにするのは、「隠れているキリスト教者」ではなく祖先信仰など日本の民俗と混合したものだとの立場から。フィールドワークでは、様々な従来の神々の中に「カクレ」の神も併存する様子が描かれる。既成概念を覆すことに重きをおいた筆さばきだが、描かれる共同体にはやはり特別な雰囲気がある。

今、消滅しつつあるという「カクレ」を、何百年も守り抜いた力とは何か、改めて考えさせられた。

評・川端裕人（作家）

二〇一四年三月三〇日①　文芸／社会

『辞書になった男　ケンボー先生と山田先生』

佐々木健一 著
文芸春秋・一八九〇円
ISBN9784163900155／9784167906856（文春文庫）

編纂者2人の訣別　語釈に現れる心理

小説よりも面白い。評言は、この一言に尽きる。

何が、面白いか。小説のような事実だからである。

辞書が小説とは思わなかった。神聖な学術書、だと信じていた。何しろ私たちが日常用いる言葉の、正しい意味や、正しい用い方を教えてくれるのである。辞書を編纂（へんさん）する人たちは神さまだと思い込んでいた。

そう、人たちである。国語辞典は大勢の学者が集まって作るのだ、その中の代表者が監修という名目で、表紙や奥付に記載されているのだ、とてっきり思っていた。そうではないことを本書で知った。そして一生を懸けた辞書編纂の仕事が、国語学界では評価されていないどころか、軽んじられている事実も。

何より驚いたのは、辞書の語義がそれぞれ微妙に異なることである。それは「暮しの手帖（てちょう）」事件以来なのだ。どんな事件であったのか。辞書の内容を一変させた事件の詳細は、本書をひもといてもらうしかない。

本書のすばらしさは、ある辞書の一語の不可解な用例に注目したこと。いや、この用例の奇妙さを指摘したのは、赤瀬川原平氏の『新解さんの謎』であった。著者は氏の「何か私小説を感じる」という直感に触発され、その何かを追求していく。謎の一語とは、「じてん」である。辞典でなく、時点。

二人の著名な辞典編纂者が登場する。著名と言ったが、果たして一般人にどの程度知られているか。

一人は、「ケンボー先生」こと見坊豪紀（けんぼうひでとし）。もう一人は、「山田先生」こと山田忠雄（やまだただお）。見坊が二歳上。二人は東大国文科の同級生である。仲の良い友だち同士、一冊の辞典を作りあげた。それがある「時点」で、突然、たもとを別（わか）つ。何があったのか？　誰もが戸惑った事件。謎を解く鍵は、「時点」という言葉の用例にあったのである。

どうです、面白いでしょう？「時点」だけではない。二人は訣別（けつべつ）したあと、それぞれの名による独自の辞典を編纂するのだが、著者は二つの辞典の語釈や用例の違いに注目。その記述の変遷から両者の心理の動きを解剖する。

この辺りは上質の推理小説を読むような感興である。作り事でないから、尚更（なおさら）、興が募る。

たとえば、「ば」という語の用例をケンボー先生は、こう記す。「山田といえば、このごろあわないな」。山田という個人名が使われている。一方、山田先生の辞書で、「ごたごた」の語例を引くと、「そんなことでごたごたして、結局、別れることになったんだと思います」。

二人は辞書を用いて対話を試みているのだ。そして意外な、驚くべき真相。二人の学者の奇妙な友情。字引は小説より奇。名言なり。

評・出久根達郎（作家）

ささき・けんいち　77年生まれ。NHKエデュケーショナルのディレクター。「にっぽんの現場」「仕事ハッケン伝」を担当。本書のもとになった番組は昨年4月、NHKBSで放映され、ATP賞最優秀賞に。

二〇一四年三月三〇日②

『ホーム』

トニ・モリスン 著　大社淑子 訳

早川書房・二五二〇円

ISBN9784152094353

文芸／人文

人生取り戻す「故郷への帰還」

トロイア戦争から帰還する英雄の遍歴を歌った古代ギリシアの『オデュッセイア』のように、文学は〈故郷への帰還〉を好んで描いてきた。ノーベル賞にも輝いた黒人女性作家が、80歳を越えたいま、選んだのがまさにこの主題だというのは興味深い。

主人公の黒人青年フランクは、朝鮮戦争での兵役を終えて帰国後、愛する妹シーの消息を伝える一通の手紙を受け取る。「遅れたら、彼女は死んでますよ」。妹を取り戻し、彼女を故郷ジョージア州ロータスに連れて帰るためのフランクの旅が始まる。

モリスン版『オデュッセイア』？　だが叙事詩の英雄とはちがい、フランクは戦争で心に癒やしがたい傷を負っている。ともに従軍した幼なじみたちの最期、戦場で犯した忌まわしい暴力の記憶が不意に甦（よみがえ）っては彼を混乱させる。

この故郷への帰還が、フランクだけでなく、女性たちの視点からも描かれた物語でもあるところは、さすがトニ・モリスンである。自分の家を持とうと奮闘する、フランクの元恋人リリーや、ロータスに生きる女たちの姿が読者の心を強く打つのは、彼女たちが人種差別や貧困のなかでも、己の人生に、そして自分を必要とするものすべてに、責任を持とうとしているからだ。

兄に救出された瀕死（ひんし）のシーは、ロータスの女たちのおかげで回復するが、子供を産めない体になる。彼女がその悲しみを受けとめ、自立した女性として覚醒していく光景は神話の一場面のように美しく、兄にもまた己の過去と直面することを促す。

物語の最後、兄と妹は幼い頃に目撃した暴力の犠牲者の骨を探しあて、シーの作ったキルトに包み、一本の木の根元に埋葬する。そう、そこからなら二人は人生をもう一度生き直すことができる。〈死者〉と〈未（いま）だ生まれぬ者〉とが〈生者〉によって結ばれる場所。そここそが文学がつねに立ち返るべき〈ホーム〉なのだ。

評・小野正嗣（作家・明治学院大学准教授）

Toni Morrison　31年米国生まれ。93年にノーベル文学賞。『ビラヴド』など。

二〇一四年三月三〇日③

『高学歴女子の貧困　女子は学歴で「幸せ」になれるか？』

大理奈穂子、栗田隆子、大野左紀子、水月昭道 著
光文社新書・七七七円
ISBN9784334037840
社会

大学院出ても万年非常勤とは

周知のように、日本では大学院修了者の就職の間口は狭い。専門にもよるが、一般に人文社会科学系の研究職志望者は、専任教員になれなければ低所得の不安定雇用、研究費も自弁の悲惨な生活が待っている。しかも女性の場合、一般企業でも障壁となる数々の問題が立ちはだかる。本書は、こうした大学院修了女性たちのリアルな窮乏を描いた力作である。大学院は出たものの、今なお万年非常勤講師の評者にとって他人事（ひとごと）ではない。

大学院進学者の女性比率は年々高まっており、現在、大学院博士課程在籍者は女性が三割を占める。だが、専任教員の女性比率は二割に留（とど）まるという。職階が上がるごとに女性比率は低下し、講師三割、准教授二割、そして教授に至っては一割となる。一方、国公私立大学の全教員に占める非常勤講師の割合は女性が男性の二倍以上。本務校のない「専業非常勤講師」も女性に多い。「非常勤講師という職は、大半の男性教員にとっては単なるアルバイトの一部なのに、大半の女性教員にとっては生活をそれ一本で支えなければならない『生業』となっている」という大学業界の現況は、もっと世間一般に知られるべきであろう。

また業績が多いほど専任職に就く者も増加する傾向があるが、それも男性の場合だけであり、女性は業績が多くても非常勤に留まる割合が高いという残酷な事実も……。女性は一般企業でのキャリア形成と同様、学究生活も紆余曲折（うよきょくせつ）を経やすい。学歴中断経験のある者は、女性が男性の倍。背景には、結婚・出産・育児・介護などによる家庭責任の重さが指摘できる。

欲を言えば、この構造上の問題について、筆者たちの個人史を基軸としてより具体的かつ客観的に検証できたはずだ。また学術業界特有の問題と女性労働一般の問題を横断的に検証すれば、さらに深い問題提起となっただろう。この点は、次作に期待したい。

評・水無田気流（詩人・社会学者）

大理　一橋大学非常勤講師。／**栗田**　ライター。／**大野**　文筆家。／**水月**　筑紫女学園評議員。

二〇一四年三月三〇日④

『1971年　市場化とネット化の紀元』

土谷英夫 著
NTT出版・一九九五円
ISBN9784757123311
IT・コンピューター／社会

ドルが動き、すべてが動いた

つくづく「グローバル化には明確な定義はない」（『グローバル・トランスフォーメーションズ』D・ヘルド他編）と思う。定義がないから必然でもあるし、そうでもない。本書は必然の立場にたち、後者の代表が『グローバリゼーション・パラドクス』（ダニ・ロドリック）だ。

どちらを支持するにせよ、いま進行中の「ネット社会」や「グローバル化」の起源が1971年にあるという本書の主張に異論は出ないであろう。71年8月にニクソン米大統領（当時）は「不動のドルに各国通貨が決まった比率で釘付けされて」いたブレトンウッズ体制を崩壊させ、その1カ月前には、中国訪問計画を公表して世界を驚かせていた。この二つの「ショック」はベトナム戦争の苦境から脱するための切り札だった。

太陽（ドル）が動いたことで、シカゴマーカンタイル取引所のレオ・メラメド会長が通貨先物取引を始めた。少年時代に経験したナチスからの「逃避行」が彼に通貨先物を思いつかせたのだった。

「情報と市場は切っても切れない関係にある」から「市場化」が加速・深化するには「情報化」の技術革新が必要となる。71年にインテルがマイクロ・プロセッシング・ユニットの開発に成功しなければ、そしてレイ・トムリンソンが「@」を入れたメールで異なるPC間のネットワーク化に成功しなければ今の世界経済システムはなかった。

情報技術のその後の発展はメラメドの「先物市場は場立ち取引でのみ成功する」との予想を覆し、ニクソンの「投機家を封じ込める」との思惑も吹き飛ばした。人間の制御が及ばない領域に入った「市場化」（「情報化」）に身を委ねるのか、引きとどめるのか。その違いが克服できない以上、グローバル化の定義は定まらないし、先住者や民族文化を蹂躙（じゅうりん）するという「原罪」を抱えたまま、グローバル化は良くも悪くも進んでいく。

評・水野和夫（日本大学教授）

つちや・ひでお　48年生まれ。日本経済新聞で編集委員、論説委員などを歴任し昨年退社。

二〇一四年三月三〇日⑤

『熊野・新宮の「大逆事件」前後　大石誠之助の言論とその周辺』

辻本雄一 著

論創社・三九九〇円

ISBN9784846012991　人文／ノンフィクション・評伝

木の国に新思想の奇人が結集

和歌山県は、木の国である。近代まで森林の恩恵で経済と文化を繁栄させてきた地域だが、その森林がいま急激に荒廃しつつある。原因の一つは、南方熊楠が体を張って阻止しようとした放埒（ほうらつ）な森林伐採にあるが、林業の不振で森が放置されだしたことも大きい。そうした紀州熊野の一角、新宮市で1910年、「明治天皇暗殺計画」の容疑者逮捕事件が起きた。だが、この「大逆事件」も、林業の盛衰を事件に重ね合わせることで、事実を超えた「真実」が見えてくる。

明治末期、新宮は木材の集散地として繁栄を極め、その平均地価が東京日本橋の半分に達していた。当然ながら金で牛耳る実業家が現れ、新思想の革新派がこれに対抗する。熊楠が田辺に現れた頃、新宮では熊楠以上に個性的な「紀州の奇人たち」が、すでに結集していたのだ。

県内で禁じられていた娼館（しょうかん）設置が新宮で強行されると、医師であり文化人でもあった大石誠之助、僧侶の高木顕明、牧師の沖野岩三郎らが、人道の立場から廃娼を主張して立ち上がる。後に熊楠とともに神社合祀（ごうし）反対を叫ぶ社会主義的な「牟婁（むろ）新報」も、管野スガや荒畑寒村に論陣を張らせ、詩人・佐藤春夫や文化学院の創設者・西村伊作ら若い世代を燃えあがらせる。これに幸徳秋水らが加わったところで、官憲も弾圧の網を張るしかなくなった。

新宮出身の著者ならではのアプローチである。知れば知るほど、「真実」が闇から浮上してくる。夏目漱石、石川啄木、中上健次らの関わりがあぶりだされ、また書評子が加えるならば、廓（くるわ）の女性を讃美（さんび）した永井荷風、都々逸から骸骨集めと道楽を極めた奇人・三田平凡寺にまで繋（つな）がっていくからだ。

「牟婁新報」では植字工が十代の少年ばかりで、しかも全員社会主義者だったとする指摘など、驚くべき真実の一例だろう。

評・荒俣宏（作家）

つじもと・ゆういち　佐藤春夫記念館館長。共著に『「改造」直筆原稿の研究』『海の熊野』。

『教養としての冤罪論』

森炎 著
岩波書店・二七三〇円
ISBN9784000259415

市民が誤判を回避する方法論

人を裁くことには責任がともなう。その責任はこれまで職業裁判官が一手に引き受けてきた。しかし裁判員制度の導入によって、一般市民もそれを引き受けなくてはならなくなった。

これは、もし冤罪（えんざい）が起こったら、その責任も私たち自身が負わなくてはならなくなった、ということを意味する。本書でも述べられているように、冤罪の最終的な責任は捜査機関ではなく、判決を下した裁判官にあるからだ。

冤罪の責任を負うということは、同時に、それを回避する責任を負うということでもある。では、専門的な司法の知識も経験もない市民はどうしたら誤判を回避することができるだろうか。その方法論を示そうとしたのが本書である。

本書の特徴は、戦後日本の主要な冤罪事件を分析して、冤罪が発生するメカニズムを俯瞰（ふかん）的にとらえようとしている点にある。個々の事件を細かく論じるのではなく、冤罪はどのような特徴をもっており、どういうかたちで発生しやすいのか、ということを概念として抽出しようとする。『冤罪とは何か』という概念をもつことこそ、市民が誤判を避けるためにもっとも重要なことである、という著者の認識がそこにはある。

著者はまた、刑事裁判は真実発見の場ではないともいう。犯罪は、科学的真理のように観察や実験で検証することができないからだ。そこにはすでに推論をつうじた「事実」の再構成がある。言い換えるなら、刑事裁判にはつねに冤罪が発生するリスクがあるのだ。それを踏まえることも、冤罪を避けるために必要な姿勢にほかならない。

本書を読むと、冤罪は私たちが思っている以上に数多く発生していることがわかる。先日も、無実を訴えながらも死刑判決を下された袴田巖さんが48年ぶりに釈放されたばかりだ。それだけ冤罪は私たちにとって身近で、かつ重要な問題なのである。

評・萱野稔人（津田塾大学教授）

もり・ほのお　59年生まれ。裁判官を経て現在弁護士。『司法権力の内幕』『死刑と正義』。

『人間と動物の病気を一緒にみる　医療を変える汎動物学の発想』

バーバラ・N・ホロウィッツ、キャスリン・バウアーズ 著　土屋晶子 訳
インターシフト・二四一五円
ISBN9784772695381

がんや心臓病、性感染症、自傷行為や摂食障害など、人間だけが罹（かか）ると思いがちの、病気、実は多くの動物も罹患（りかん）したり、よく似た症状を見せるという。乳がんに罹るジャガー、捕獲の恐怖から心臓発作で死ぬヘラジカ。自分の羽根を抜き続けるインコ。

症例の比較結果を読んでいくと、驚くほど動物と人間の病気は共通している。心臓専門医とジャーナリストによる本書は、人間独自の生活習慣などに根差すと思われてきた病気も、実は種を越え進化過程で組み込まれた何かが関与している可能性を示唆する。

皮肉なことに、医学は20世紀以降、ヒトと動物とを厳密に分けてから急速に発展したため、両者の疾患をまとめて考慮する視点に欠けていたという。

「汎動物学（ズービキティ）」と名づけられたこの新しい学問が、さまざまな疾病の治療や予防に新しい展開を与えるだけでなく、患者や家族が陥りがちな「因果探し」にも、別の視点を提示してくれることに期待する。

評・内澤旬子（文筆家・挿画家）

二〇一四年三月三〇日❽　教育

『数学　想像力の科学』

瀬山士郎 著
岩波科学ライブラリー・一二六〇円
ISBN9784000296229

数学の教科書が、この本であればいい！　回り道で理解が深まるからではない。こっちが数学の本質だから。

始まりからしびれる。「数とは想像力の産物だ」。数をものに対応させることはできるが、数そのものは実在しない。「虚数（イマジナリーナンバー）」という不思議な概念があるが、すべての数は、想像力が生んだもの（イマジナリー）なのである。

想像力の科学。想像力の言語と言ってもいい。じっさい数学は、世界中でいちばん境界がなく、いちばん正確に伝わる、外国語かもしれない。

想像力は、人に自由をくれる。たとえば、この世界では体験できない4次元、5次元……n次元までを、数学は想像し、記述できる。ないものをありありと思い浮かべる力。直観力のジャンプ。その世界に触れる前に公式を教わることの、なんて味気ない損失だろう！

数学ができる人も私のようにからきしの人も、この本を楽しめる。だって想像力こそ、人間を人間たらしめているのだから！

評・赤坂真理（作家）

二〇一四年四月六日❶　政治／社会

『人間は料理をする　㊤火と水　㊦空気と土』

マイケル・ポーラン 著　野中香方子 訳
NTT出版・各二八〇八円
ISBN9784757160583㊤・9784757160590㊦

人類進化の鍵握る　料理の本質を考察

本書は古代の四大元素、火、水、空気、土に絡めて、肉を焼く、煮る、パンを作る、発酵させるという料理の基本を実践的に考察している。ほかならぬファストフード発祥の地アメリカにおいて、食文化を歴史的に振り返りながら、人類の進化の鍵をも握っていた料理の本質に迫ろうとする姿勢は「スローフード運動」と同様のカウンターカルチャーと位置付けられる。著者は各料理ジャンルのエキスパートに弟子入りし、嬉々（きき）として忘れられかけた料理法の再現を試みる。食料の生産現場に立ち返り、食生活の原点回帰を目指すのは食の快楽の追求の仕方としては手間がかかるが、安価で手軽な加工食品でブロイラー化した人間が自らの努力によって地鶏に戻ろうとする試みといえるかもしれない。

自然状態にあるものを生で食べる原始的な摂食から火を熾（おこ）して肉を焼くという料理の発明へ。これは人類史上の最初の飛躍だったわけだが、バーベキューはまさに遠い先祖の記憶を呼び起こす儀式ともなっている。神話を紐解（ひもと）けば、人類最初の料理の記録に行き着く。肉を焼く煙とニオイを神への捧げものとし、こんがり焼けた肉は人間が食べる。中国では火の不始末から家が全焼し、焼け跡から出てきた豚の丸焼きのおいしさが忘れられず、ことあるごとに家を焼いていたという仰天のエピソードが語られる。

次に人類は土器を開発し、水で煮るというさらに高度な技術を獲得し、生では食べられないものをも食べられるようにした。さらに穀物を粉にし、水で練り、それを焼く、また発酵させて空気を取り込み、ふっくらと体積を増やすことを学び、極めて効率のよいカロリー摂取の方法を確立する。また微生物を利用し、発酵の技術を磨き上げ、独自の旨（うま）みを引きだし、飛躍的に保存性を高めた。

人間は料理技術の洗練により、今まで食料探しに費やしていた膨大な時間を短縮し、より創造的な仕事にかまけられるようになり、文明を築いてきた。生産や分配という観点から社会や経済の発展段階を論ずる考古学的考察は、マルクスやモースが行ってきたが、料理という切り口から人類史を振り返ると、生活に身近な分、一般的な説得力が増す。「初めにコトバありき」ではなく、「初めに料理ありき」の観点に立てば、一皿のカレーライスやサンドイッチにさえも人類史や経済史の複雑な背景が透けて見えるのである。

若干、食い足りないところがあるとすれば、刺し身のような生食の奥義や魚介発酵食品、乾物の魅力に触れられていない点だが、そこは私たちに任せてもらうとしよう。

評・島田雅彦（作家・法政大学教授）

Michael Pollan　55年生まれ。米国のジャーナリストで、「ニューヨーク・タイムズ・マガジン」常連寄稿者。邦訳書に『雑食動物のジレンマ』『ガーデニングに心満つる日』『欲望の植物誌』『フード・ルール』など。

『私の方丈記』

三木卓 著

河出書房新社・八二一円
ISBN9784309022635／9784309414850（河出文庫）

歴史／人文

長明の感慨に重ねて想いつづる

世の中はなかなか変えられない。戦争は悪だと皆が心底憎らしく感じているのに、世界の各所で争いが続き、罪なき人が犠牲になるのを止めることができない。また世の中よりもさらに畏（おそ）るべきは自然であり、3・11では地震や津波の怖さを思い知らされた。磨きあげてきた科学技術は地球のたった何時間かの変化に対応できず、原子力発電の安全神話は崩壊した。

中世において、出家は容易であった。頭を丸めても生活は変わらない。たとえば甲斐の戦国大名、武田晴信は39歳で出家して信玄を名乗ったが、当主として働くことは旧の如（ごと）くであった。女性・酒・贅沢（ぜいたく）にも十分に親しんだ。

では社会のありように異議を申し立て、日常と一線を画そうとする行為は何かといえば隠遁（いんとん）であり、鴨長明はその隠遁者であった。彼が生きた時期はまさに激動の世であり、地震・大火・大風・飢饉（ききん）などの災害が猛威を振るった。何年にもわたる源平の合戦があり、貴族が没落し、粗野な武士が力をもった。貴族社会の一員であった長明は、後鳥羽上皇に認められた歌人としての俗世を捨て、京都の郊外に庵（いおり）を結び、自己と対話しながら『方丈記』を著した。

著者も栄耀栄華（えいようえいが）とは無縁の人生を歩んできた。第二次世界大戦下の満州に暮らし、父と祖母を失って身一つで日本に引き揚げてくる。貧困の中で学生生活を送り、やがて文筆活動に従事する。

著者と長明の共通点は少なくない。大きな戦いを体験していること、知識人であること、宮仕えを辞したこと、小さな家に籠（こ）もっていること、人生のまとめの時期にあること。彼は『方丈記』を現代語訳することによって掌中に収め、長明の感慨に重ねて想（おも）いをつづっていく。折々の観察と思索が一冊の本にまとめられている。熱さを内包しながらの、静謐（せいひつ）で端正な文章が何とも魅力的である。味読すべき一冊といえる。

評・本郷和人（東京大学教授）

みき・たく　35年生まれ。詩人、作家。著書に『K』『北原白秋』『路地』など。

二〇一四年四月六日❸

『「問い」としての公害　環境社会学者・飯島伸子の思索』

友澤悠季 著
勁草書房・三七八〇円
ISBN9784326602643
政治／社会

人間の苦しみ和らげる学問

学校教育の社会科で誰もが習う「公害」問題。戦後高度成長の裏側で激甚な公害問題が起き、多くの人々が被害で苦しんだ。しかし今やこれは「克服」され、地球環境問題の時代に移ったとされる。しかし本当に私たちは、公害を過ぎ去った歴史上の一頁（ページ）としてしまってよいのか。本書は、飯島伸子という稀有（けう）な社会学者が生涯をかけた公害研究の探求を通じて、戦後日本の経済社会思想、学問のあり方に問い直しを迫る書である。

飯島は、1960年に九州大学を卒業後上京、会社勤めを経て、公害問題研究のために東大大学院に入った。現代技術史研究会に飛び込んで星野芳郎や宇井純といった科学者から影響を受け、現地調査による実態把握という手法を学んだ。東京都立大学（当時）教授として日本の環境社会学の確立に尽力、初代環境社会学会会長を務めたが、2001年に63歳で逝去した。

著者は、飯島の最大の功績が「被害構造論」にあると強調する。それがもっとも遺憾なく発揮されたのが、彼女が東大助手時代に心血を注いだ「薬害スモン事件」であった。飯島らは、神経障害に侵された患者から丹念に聞き取り調査を行った。そこからは、職を失い、社会から排除され、果ては家族にすら離別される患者の苦悩が浮かび上がってきた。「被害」とは、単に身体的、金銭的被害に留（とど）まらない。医学や経済学の観点ではみえない人間・社会関係の変容、これを捉えられるのが社会学の強みである。

本書は、つねに被害者や生活者の視点に寄り添った飯島の人生に重ねて、学問とは何かを鋭く問いかける。それは、生きることそのものではないのか。人間の苦しみを少しでも和らげることが学問の使命だとすれば、抽象理論ではなく、人々の苦痛を言語化していく公害論こそが重要だ。「理」と「情」を学問に昇華させた若い著者の素晴らしい仕事に拍手を送りたい。

評・諸富徹（京都大学教授）

ともざわ・ゆうき　80年生まれ。立教大学社会学部プログラムコーディネーター。博士（農学）。

二〇一四年四月六日❹

『難病カルテ　患者たちのいま』

蒔田備憲 著
生活書院・二三七六円
ISBN9784865000191
医学・福祉／社会

当事者の人生　丹念に聞き出す

ある日。毎日新聞佐賀県版で連載されていた記事が目に留まった。内容に圧倒され、既に掲載されていた数十回分を一気読みした。

連載名は「難病カルテ」。著者の蒔田は、多くの難病当事者に会い、生活を描写し続けてきた。感動的な闘病記でもなく、告発的なルポルタージュでもない。当事者の「顔」を、抑制された筆致で伝え続けた。当事者らを他者化せず、隣人として想像して欲しいという願いが伝わってくる。

難病は、現代の医学では治療が困難な病気の総称だ。原因が不明で、治療法が確立されておらず、経過は慢性的。身体的にのみならず、精神的にも経済的にも負担が大きい。医療費だけでなく介助も必要となる。制度も複雑。手続きは煩雑。理解は不足。「困ること」づくしだ。

患者の人数は、定義次第で変わる。医療費の一部助成がなされる難病は56疾患（約81万人）だが、指定されていない病気も多く、広くは5千から7千種類とする研究もある（すごい幅だ）。「数万人に一人の難病」というフレーズはよく聞くが、「何かしらの難病にかかる可能性」は意外に高い。

各病状の説明を欄外の短文で済ませ、本文では各人の人生に焦点を当てていく。人は「特定の当事者としての人生」のみを生きるわけではない。その人たちにとって、難病がどういう意味を持つものなのか、丹念に聞き出している。難病と一口に言っても、ALS(筋萎縮性側索硬化症)と皮膚筋炎ではニーズが大きく異なる。生活に注目することで、向かうべき社会の形も浮かんでくる。

支援者インタビュー、当事者座談会、用語解説にコラムも充実。丁寧な作りだ。難病研究だけでなく、地域生活に密着する報道のサンプルとしても金字塔となろう。潰瘍(かいよう)性大腸炎という難病を持つ当事者でもある安倍首相も読んで欲しいな。いま、難病政策も大きく動こうとしている。

評・荻上チキ(「シノドス」編集長・評論家)

まきた・まさのり 82年生まれ。05年毎日新聞社入社。佐賀支局などを経て4月から水戸支局。

『ジャン＝ジャック・ルソーの政治哲学 一般意志・人民主権・共和国』

政治／社会

ブリュノ・ベルナルディ 著
三浦信孝 編 永見文雄ほか 訳
勁草書房・三七八〇円
ISBN9784326102297

意外なほど現代的な思想家

フランス革命の源流としてのルソー。こうした像を覆す近年の再解釈の中心人物がベルナルディであり、本書は日本での彼の連続講演に基づく。周到なテキスト読解から浮かび上がるのは、意外なほど現代的なルソーである。

共和主義という言葉は、それ自体が多義的だが、共和国を構成する市民に「徳」を求めるのが一般的である。ところが、ルソーの『社会契約論』には徳への言及がほとんどない。それは、「人は自由であるにふさわしいから自由なのではなく、自由だからこそ尊厳ある存在になる」と彼が考えたからだとベルナルディは指摘し、移民を政策的に選別しようとした近年のフランスの動向と対比する。

ルソーは、政治が実現すべきは全体の利益にかかわる「一般意志」であるとしたが、人間が自己利益を図る存在であるとも認めており、この間の関係をどうとらえるかは常に問題となってきた。ベルナルディによれば、後のカントらのように理性の啓蒙(けいもう)のみに期待する立場と異なり、情念をふまえ、習俗・慣習に訴えつつ、多様な回路で人びとに働きかけようとした点にルソーの特徴がある。経済や環境をめぐってリスク負担がふえる不愉快な現実を、人びとにどう受け入れてもらうかが政治的難問である現在、参考になる論点である。

ベルナルディらが発掘したというルソーの戦争論も注目される。「一般意志」が一国の市民のものである以上、それが正当化するのは自衛戦争だけである。国家はそれ自身が拡大傾向をもつが、そのための戦争は市民の意志では正当化されないという。自衛を名目とする侵略的戦争が絶えない以上、こうしたルソーの区分の限界は明らかである。

しかし、戦争をめぐって市民と国家の利益が相反しうるという彼の洞察は、自衛権のあり方をめぐる今日の議論にまで、光を投げかけるものといえるだろう。

評・杉田敦(政治学者・法政大学教授)

Bruno Bernardi 48年生まれ。仏国立科学研究センター研究員。

二〇一四年四月六日❻

『線路はつながった　三陸鉄道　復興の始発駅』

冨手淳 著
新潮社・一二九六円
ISBN9784103352716

経済／社会

無数の声に耳傾ける民主主義

今日（4月6日）、三陸鉄道北リアス線の小本——田野畑間が開通する。昨日、南リアス線の吉浜——釜石間が開通したのに続いてこの区間が開通することで、三陸鉄道は完全復旧を果たした。

東日本大震災から3年あまり。この間、被災した東北太平洋岸のJR線の復旧は遅々として進まなかった。いまなお、鉄道の復旧自体が明らかでない区間もある。なぜ三陸鉄道だけが、これほど早く完全復旧できたのか。社長とともに復旧に尽力した一人の社員が、本書でこの素朴な疑問にこたえている。

著者は、震災から2日後、社長とともに車で被災した沿線の視察に出掛けた。予想以上の惨状を目のあたりにして、2人は言葉を失う。だが次の瞬間、社長は著者にこう言ったという。「とにかく列車を走らせよう」

震災から5日後に一部区間の運行が再開されたのは、社長のトップダウン的な決断によるところが大きかった。確かにトップダウンは「民主主義」とは異なる。しかし、もし社員が集まるのを待って会議を開き、一人ひとりの意見を聞きながら対応を検討していたならば、運行再開が遅れるどころか、廃止に追い込まれる可能性すらあったと著者は回想する。

著者は津波で流された島越（しまのこし）駅の跡地で、「三鉄、いつ動くんだ?」と呼びかけられ、この一人の声の背後に復旧を待ち望む無数の声があると感じた。言い換えれば、そうした声に耳を傾けることこそが、真の「民主主義」ではないかと考えたのだ。この思考の転換は感動的である。

三陸鉄道には、都市部の鉄道と違ってICカードもなければ自動改札もない。窓口で切符を買ったり、運転士の前で運賃を支払ったりする。その一見原始的な方法が、社員と乗客の間に会話を生み、強い絆を作り出してきた。鉄道の原点とは何かを、本書は読者に鋭く問いかけてくる。

評・原武史（明治学院大学教授）

とみて・あつし　61年盛岡生まれ。三陸鉄道旅客サービス部長。車掌・運転などの現場を経て現職。

二〇一四年四月六日❼

『おさなごころを科学する　進化する乳幼児観』

森口佑介 著
新曜社・二五九二円
ISBN9784788513747

教育／人文

「大人とは異なる存在」として

本書の終わりに近い第8章「仮想する乳幼児」で、〈空想の友達〉に関する著者自身の研究が紹介されている。小さな子供たちはときどき、そこに架空の生き物がいるかのようにふるまう。話しかけ、ともに遊ぶ。『となりのトトロ』の世界である。一見不気味な現象だが、さほど珍しいものではないという。

なぜ子供はこのようなことをするのか? 著者はそこに積極的な意義が存在するはずだと追究していく。ひとりでいる寂しさをまぎらせ、楽しさを作りだし、みずからの認知能力を高める訓練にもなっているのかもしれない、と。そして、大人に見られる神の概念との共通性を考察する。とてもスリリングな知的エンタテインメントだ。

そこに至るまでの各章では、認知科学や発達心理学による乳幼児観の変遷が、豊富な研究例の紹介とともに描かれている。かつて、何もできない受け身の無能な存在とされていた乳幼児は、20世紀後半の一連の研究により、その底知れぬ認知能力が次々と明らかにされた。生後数か月の赤ちゃんが足し算ができたり、合理的な推論をしていたり、自己認識や他者認知ができていたりするというものだ。

これらは従来の「無能な乳幼児」観をくつがえす画期的な研究ばかりだが、著者はそこにある種の行き過ぎを見てとる。こんな小さな赤ちゃんが！というセンセーショナリズムが先に立つと、科学のあり方がよからぬ方向に進んでしまう。

著者は、子供たちはそれぞれの年齢、それぞれの発達段階で必要とされるパフォーマンスをおこなう、大人とは異なる存在なのだと主張する。それが、彼自身のユニークな〈空想の友達〉研究の根っこにある。専門用語の頻出が気になるが、現代の発達心理学が描き出した、科学的な「〈子供〉の誕生」に拍手を送りたい。

評・佐倉統（東京大学教授）

もりぐち・ゆうすけ　上越教育大准教授（発達心理学）。著書に『わたしを律するわたし』。

『革命と反動の図像学　一八四八年、メディアと風景』

小倉孝誠 著

白水社・二五九二円
ISBN9784560083451

歴史／社会

19世紀の民衆は「英雄」か「蛮族」か

もし、タイムマシンがあって一度だけ過去に連れ戻してくれるのなら、迷わず、1789年のフランス革命から1870年の普仏戦争までを選ぶ。本書とも重なるこの約80年間を、スイスの美術史家ヤーコプ・ブルクハルトは「歴史の危機」と名付けるが、危険を承知の上でのぞいてみたいと渇望させるだけの魅力が、この時代にはある。そして、19世紀の大動乱期を生きたフランスの代表的な知性が己の時代をどう意義付けたかが、後世に大きく響いてくる。

ミシュレの『フランス革命史』（1847〜53）は仏革命に関しての「最も価値ある記念碑的な労作のひとつ」だ。7月王政（1830〜48）末期、仏革命をめぐる論議が沸騰するなかで保守派が民衆を「社会の秩序を脅かす危険な階級」とみなしたのに対して、ミシュレは「主役は民衆」だとし、中世から革命の時代への移行は「歴史を解読しようとする意志が要請した必然的な流れ」であって「解読の中心となるのは『民衆』という存在」だと確信していた。

1848年のフロベールにとって、同年に起こった2月革命は「滑稽な出来事」でしかなかった。2月革命を仏大革命の「頽廃（たいはい）的な反復」と見なす態度は、ヴィクトル・ユゴーや自由主義者トクヴィルにもみられた。社会主義者プルードンですら、「歴史的偉大さが欠落していると嘲笑し」、マルクスも「茶番」だと断罪した。

ミシュレとフロベールの間では民衆の定義が決定的に異なる。ミシュレにとっての民衆は「特定の社会階層を指し示すというよりも（略）理想の共同体」なのである。他方、フロベールのそれは、同様「社会の危険分子からなる無秩序な集合体」であり、「蛮族の群れ」だった。

結局、この差はエミール・リトレの「労働者階級の社会上昇は、18世紀までのカトリック的統一性が破綻（はたん）したことによる当然の帰結」との歴史哲学的考察に賛同するか否かに帰する。民衆を歴史の英雄と見なしたミシュレは、第2帝政に敵対的であるとされ、1852年コレージュ・ド・フランスの教授職を罷免（ひめん）されるが、70年に成立した第3共和制は彼を「共和国の精神的な父」と称（たた）えた。

最終章まで読んで急に序章が気になった。「過剰な自己満足と矜持（きょうじ）、進歩に対する無邪気なまでの信仰が、フランス人に謙虚さという伝統的な美学を忘却させた」から、19世紀は「愚かな世紀」だと保守派のレオン・ドーレが「きびしく糾弾した」とある。1世紀半を経て「失われた20年」への対処や原発再稼働と輸出が、3・11以後日本の成長に寄与するというのでは、日本の21世紀も「愚かな世紀」なのではと思わざるを得ない。

評・水野和夫（日本大学教授）

おぐら・こうせい　56年生まれ。パリ・ソルボンヌ大学で文学博士号取得。慶応義塾大学教授（近代フランス文学・文化史）。著書に『歴史と表象』『身体の文化史』『パリとセーヌ川』『犯罪者の自伝を読む』『愛の情景』など。

二〇一四年四月一三日③

『「家族」難民』生涯未婚率25%社会の衝撃』

山田昌弘 著

朝日新聞出版・一七二八円
ISBN9784023312616

人文／社会

行き着く先は年間20万余の孤立死

「パラサイト・シングル」「婚活」といった流行語を世に送り出し、家族問題を検証してきた筆者による新刊。今回のキーワードは、「難民」と穏やかではない。家族とは「自分を必要とし、大切にしてくれる存在」であり、それは経済的・心理的両面のケアをしてくれる人を意味すると筆者は述べる。それゆえ家族を持てない人や家族の支援が期待できない人の抱える困難は極めて大きい。もはや難民と呼んでいいレベル……というのは、決して誇張ではない。

これまで日本社会は、家族を標準単位として、社会福祉等の制度を整備してきた。だが周知のように、現在「シングル（単身）」つまり配偶者のいない人が急増している。しかも、その多くが積極的に選択した結果というよりも、望んでも結婚できない人である点が問題だ。とりわけ男性は所得水準が家族関連行動に直結するため、低収入の場合は「結婚しにくい」「離婚しやすい」「再婚しにくい」の三重苦となる。この傾向は、1990年代以降顕著となってきている。

シングル化の波は、現在広く日本社会を覆っている。この趨勢（すうせい）に沿って、社会保障制度も早急に家族ではなく個人を単位とすべきだが、その場合家族世帯を営む人からの反発も必至だ。世帯のあり方によって、社会が分断される可能性も危惧される。

家族難民の行き着く先は孤立死だろう。未婚者と孤立死した人の多くが重なっているとすると、今の生涯未婚率（50歳時点未婚）では、25年後に年間20万人以上が孤立死すると筆者は推計する。さらに、家族や社会に包摂されない人の増加から、社会不安の高まりも予期される。離別や死別が新たな難民をもたらす可能性も示唆される。鍵は、シングルであっても難民化しない社会づくりとの指摘は、まさにその通り。家族と社会の関係性を問い直すためにも、ぜひ一読されたい。

評・水無田気流（詩人・社会学者）

やまだ・まさひろ　57年生まれ。中央大学教授（家族社会学）。『近代家族のゆくえ』など。

二〇一四年四月一三日④

『憎むのでもなく、許すのでもなく　ユダヤ人一斉検挙の夜』

ボリス・シリュルニク 著　林昌宏 訳

吉田書店・二四八四円
ISBN9784905497196

歴史／ノンフィクション・評伝

心の「戦後」を乗り越えるまで

東アジアで国家がいま、政治の道具として語る戦争に辟易（へきえき）していたとき、この本に出会った。個人にとっての戦争には、心の傷とたたかう無数のなまなましい物語がある。

著者はフランス生まれのユダヤ人で、精神科医。本書は、1944年、6歳半で強制収容所へ送られる直前に逃げ出してから、長く続いた心の「戦後」を乗り越えるまでをつづった自伝である。

ポーランド出身の両親は、ドイツに協力したビシー政権下にあったフランスの警察に捕らえられ、アウシュビッツ収容所に送られて亡くなった。彼自身も、食堂の大鍋や輸送中のジャガイモの袋に隠れて非常線を突破し、終戦まで農場や学校の校舎に潜んで生きながらえた。

だが、戦後も心は解放されないまま過ぎていく。「戦争中は命を守るために口に出せないことがある。戦争が終わっても、他人に理解してもらえそうなことしか語れない」。ドイツに抵抗した歴史でつながりあうフランス人を「加害者」とみなしかねない記憶は、心の「地下礼拝堂」にしまいこんだ。

90年代に入り、「空気」が変わる。ビシー政権の高官の責任を問う「パポン裁判」などを通じて、タブーがほどけて歴史の暗部がえぐりだされた。立場はいろいろでも、議論が始まった。本書では触れていないが、背景には「統合」を速める欧州で、歴史が国家の中のつじつまあわせですまなくなったこともある。

そして、著者が心の奥底に凍らせていた言葉を受け止める聞き手も現れた。語ることで「過去の囚人」から脱し、自分を取り戻していく。

邦題は、最終段落の見出しからの引用だ。深い心の傷を抱えた著者が、「憎むのでもなく、許すのでもなく、理解する」境地にたどり着いたのは、聞く力をもつ社会があってのこと。その包容力は、戦争に限らず、暴力の連鎖を抑えるかぎに思える。

評・吉岡桂子（本社編集委員）

Boris Cyrulnik　37年仏ボルドー生まれ。トラウマに詳しい精神科医。

二〇一四年四月一三日⑤

『驚くべき日本語』

ロジャー・パルバース 著　早川敦子 訳

集英社インターナショナル・一〇八〇円
ISBN9784797672657

人文／国際

世界言語にもなりうる可能性

一種の日本礼賛本かと読みはじめたら、見事に裏切られた。筆者は、日本語を礼賛するが、現在の日本、日本人に対して批判的である。日本語と日本人は別物であり、日本語は「驚くべき」であるが、日本人はもっとタフになって、自分を開き、国を開けと、筆者は提案する。

日本語の持つ大きな可能性に対しての分析は、4カ国語を自由にあやつる筆者ならではの説得力がある。極めて限られた語彙（ごい）をベースにしながら、そこに接頭語、接尾語などを自由に付加することで、他の言語では達成できないような効率性、柔軟性を持つ日本語は、充分に英語にも匹敵する世界言語たりえるという分析である。日本語を他言語に通訳する場合、同一内容が倍の長さになるともいわれるが、日本語の本質的な効率性、機能性ゆえだったのである。オノマトペの多用も、日本語の表現力を倍化させているらしい。

しかも日本語は曖昧（あいまい）な言語ではないと、筆者は断定する。国際的な場へ出る勇気がない臆病で怠慢な日本人が、閉鎖的な自分を守る口実として、「曖昧」といっているだけというのだ。

　言語としてみると日本語は全く曖昧ではなく、周辺の文脈によって、明確に意味が規定される。だからこそ、短いセンテンスで、多くの内容を伝えることができるそうである。

　「曖昧だ」とか、「こんな丁寧な言語はない」というのは、世界を知らない日本人の自己陶酔的な言い訳にすぎず、しばしば日本語の敬語や丁寧表現は、直訳すると、とんでもなく図々（ずうずう）しい表現に聞こえるらしい。日本人であることを自己否定して、しかも日本語のグローバルな可能性にかけろというのが筆者のアドバイスで、模範とすべきはなんと宮沢賢治である。実例も満載で、彼の国際性を再発見した。「おもてなし」に必要なのは勇気と努力である。

評・隈研吾（建築家・東京大学教授）

Roger Pulvers　44年生まれ。作家、劇作家、演出家。

二〇一四年四月一三日❻　文芸

『教授と少女と錬金術師』

金城孝祐 著

集英社・一二九六円
ISBN9784087715507

ギャグか耽美かフェチか?

　実に奇妙な読書体験だった。あらすじは、ちゃんとある。主人公は、油脂の研究を志す薬学部の大学院生。親戚が薬局をしていた店舗を借りて、調剤室で食用油を精製し、こっそり小金を稼いでいる。そこに指導教授から研究課題を押し付けられる。テーマはオメガ3脂肪酸と育毛。

　しかし育毛の研究者であるはずの教授の頭部には、毛髪どころか毛根すら絶えて久しい。そして研究のヒントになるからと紹介された卒業生の先輩の頭部も、その照り輝きが悪魔的に美しく、誰もが愛さずにいられない禿頭（はげあたま）。

　毛髪の研究はそっちのけで、つるつるぴかぴかを素敵（すてき）にすれば、育毛の必要はなくなるから究極の解放、といわんばかりにツルツルピカピカの魅力が書き連ねられる。

　おや、天然油脂を素材にした化学コメディーなのかと思っていたのだが、笑うどころか、「完璧な禿の輝きの美学」を読まされるうち、洗脳され、一体どんな禿かと焦がれるように。なのに脳内で画像を結ぶことができない。質感だけは妙に具体的に、ああそのつやはアレだ!とわかるのに。

　そしてこの物語は、どこに帰着したいのか。錬金術の現代解釈? それとも化学オタク青年の恋路? ゴスロリ少女愛? 油と水? 光と色彩? ギャグか耽美（たんび）かそれともフェチか。かっこいいのか悪いのか。

　著者がこの話をどう読まれたいのか全くわからないのに、面白くて面白くて頁（ページ）をめくる手は止まらない。

　気が付くと教授は頭から髪ではない謎の物体をにょろにょろ生やして光に包まれ……。え、ファンタジー?な展開のあとに訪れる唐突なラスト。まるですべての〝ジャンル〟に対して拒否と同時に求愛しているかのよう。

　黒い栞（しおり）が3本ついた造本が、頼りなくも尊い残り毛に見えてきたら、ハマった証拠です。

評・内澤旬子（文筆家・イラストレーター）

かねしろ・こうすけ　85年生まれ。武蔵野美術大大学院油絵コース修了。本作で、すばる文学賞。

二〇一四年四月一三日❼　人文／社会

『ヴァギナ』

ナオミ・ウルフ 著　桃井緑美子 訳
青土社・三四五六円
ISBN9784791767649

アメリカのフェミニスト、ナオミ・ウルフの日本での新刊がずばり『ヴァギナ』。大胆、かつ簡潔なタイトルだ。

本書の中で、ウルフは自分が患った骨盤神経の圧迫から話を始める。治療の過程で、彼女は医師から驚くべき事実を知る。骨盤神経にはヴァギナの様々な場所から伝達があり、脊髄（せきずい）から脳に届く。オーガズムはそこで生まれる。

そしてなんと「同じような骨盤神経のもち主は二人といない」というのだ！　女性一人ずつそれぞれが、別な神経のネットワークを持つ、と。

ウルフはここで「ヴァギナ」を医学用語より幅広く使う。膣口（ちつこう）を指すだけでは一人ずつ違うオーガズムの発生系統を限定してしまうからだ。神秘を覚える女性の身体の精妙さを単純化しないように。

快感が脳に直結している以上、女性の心を脅かすことは大きく豊かな性的経験を阻害するともウルフは言う。創造の源であるヴァギナを解放することは、個々の人間の差異を肯定することでもある。

評・いとうせいこう（作家）

二〇一四年四月一三日❽　歴史／人文

『異端の皇女と女房歌人　式子内親王たちの新古今集』

田渕句美子 著
角川選書・一九四四円
ISBN9784047035362

『百人一首』にも入っている式子内親王の和歌、「玉の緒よ絶えなば絶えね長らへば忍ぶることの弱りもぞする」は、「内親王自身の、秘めた恋心を歌ったもの」と解釈されることが多い。しかし実際は、「忍ぶ恋に苦しむ男性になりきって歌った和歌」なのだそうだ。

式子内親王は、後鳥羽上皇の文学サロンの一員だった。そこには和歌の才能にあふれた人々が集い、互いに切磋琢磨（せっさたくま）していた。身分や性別に関係なく、歌の実力のみによって認められる世界があった。

「創作物の内容＝作者自身の経験や感情」という平板な思いこみが、本書を読むと見事に覆される。いまよりもずっと行動範囲が制限されていた中世初期の女性たちは、異性になりきってその心を歌い、まだ見ぬ風景のなかで羽ばたいていた。歌は、彼女たちの魂に自由をもたらす表現方法だったのだ。

歌に生きた女性たちの、誇り高く自由な精神、熱く切実な思いを現代によみがえらせた良書だ。

評・三浦しをん（作家）

二〇一四年四月二〇日❶　歴史／社会

『市川房枝と「大東亜戦争」　フェミニストは戦争をどう生きたか』

進藤久美子 著　法政大学出版局・一〇二六〇円
ISBN9784588327049

過去をあとづけ「可能性」に注目

１９６２年生まれの私にとって、市川房枝といえば参院選の政見放送で見た、眼鏡をかけた白髪の女性が浮かんでくる。市川は、全国区から出馬した74年の選挙で2位、死去する前年に当たる80年の選挙でトップ当選を果たした。当時の私には、なぜ無所属の女性がこれほど大量の票を集めるのかが不思議でならなかった。

その後、市川が大正期から女性の政治参加を求める息の長い活動をしてきたことを知った。自民党の金権腐敗体質が明らかになればなるほど、クリーンな政治を理想として掲げる市川に票が集まったこともわかった。

しかし本書は、戦中期の市川が満州事変当時は明確に掲げていた反戦平和の主張を貫けず、国策に協力して戦争を肯定してゆく過程を、多くの一次史料を駆使しながら丁寧にあとづけている。そればかりか、市川は晩年になってもなお、満州事変を起こした石原莞爾を評価していたように、自らの態度の矛盾に気づいていなかったことも明らかにされる。

著者は、こうした市川の過去を告発しようとしているわけでは決してない。むしろ、石原が唱えた東亜連盟に共感し、日中戦争期にも中国の女性との連携を探り続けたことに、ナショナリズムを超えるフェミニズムの可能性を見いだそうとしている。このような、戦争の長期化により摘み取られてしまった可能性のなかに注目すべきものがあるというのだ。

太平洋戦争の最中にあっても、市川は首相の東条英機と鋭く対立した。女性の徴用は家族制度を破壊するという東条を封建制度から一歩も出ていないと批判し、女性の勤労の必要性を力説した。その批判はやがて、兵役すら女性に負わせるべきだとする主張に行き着くことになる。

だが、本書を通読して最も心に残ったのは、市川房枝の過去それ自体ではなかった。市川という一人の女性を通してあぶり出された、この国の変わらない男性的な政治のあり方こそを、著者は問題にしたかったのではないか。

かつて政見放送で見た市川の姿には、岩盤のような日本政治の壁に穴を開けようと孤軍奮闘する生涯が反映していたのだ。いまでも日本の女性国会議員の比率は、先進国中最低水準である。「婦人の事といへば面白可笑（おもしろおか）しく、誇大に報道し、直（じ）きに有名婦人をつくつてしまふ」。本書で引用された、39年3月5日の「婦女新聞」に市川が書いたこの言葉は、依然として少しも色あせてはいない。

最後に苦言をひとつ。本書は誤植が目につく。人名や地名はもとより、簡単な熟語や句読点の誤りまで散見される。力作であるだけに残念だと思う。　評・原武史（明治学院大学教授）

しんどう・くみこ　45年生まれ。東洋英和女学院大特任教授（アメリカ史、ジェンダー・スタディーズ）。80年、立教大大学院文学研究科博士課程満期退学。著書に『ジェンダーで読む日本政治』『ジェンダー・ポリティックス』など。

『最後の恋人』

残雪著　近藤直子訳

平凡社・三三一三円

ISBN9784582836462

文芸

夢や幻が交錯する言葉の奔流

残雪と書いてツァン・シュエと読む。彼女は現代中国文学を代表する作家であり、日本にも熱烈なファンがいる。私もその一人。少し前にも短編集『かつて描かれたことのない境地』が出たが、本書は十五年以上も昔に訳された『突囲表演』以来、日本語では二冊目の長編小説である。

残雪の小説はとてつもなく変だ。文章も物語も人物も、とにかく普通ではない。なにしろ作者自身がこう書いている。「一般の読者にとってこれは奇妙な小説であるかもしれない。常軌を無視し勝手気ままでなにものにも縛られない、またとらえどころのなさすぎる小説」。まったくその通りなのだが、にもかかわらず本書は、摩訶不思議（まかふしぎ）な魅力と、えたいの知れない情熱に満ちている。

舞台は「西方」にあるA国のB市。度を超した本狂いの「古麗」服装会社の営業部長ジョーは、いつも仕事中に隠れて本を読んでいるが、社長ヴィンセントからの信頼は厚い。或（あ）る日、彼は顧客である「南方」の農場主リーガンからクレームを受ける。ジョーの会社の服のせいで、ゴム農園の入り江で労働者二人が溺死（できし）したと。リーガンは、東南アジアから来たアイダという娘に惹（ひ）かれている。ジョーはヴィンセントの妻リサに、社長の不埒（ふらち）な秘密を聞かされるが、おかしいのはむしろリサのようにも思える。「北方」の牧場主キムが登場する。残忍な顔つきをしたキムはジョーを謎めいた体験に誘う。ジョーの妻マリア、息子ダニエルも、物語に絡めとられていき……なんとか粗筋を記そうとしてみたが、到底不可能だ。この小説では、登場人物たちの夢と妄想と幻想が互いに複雑に絡み合い、さながら迷宮と化している。その中で、全員が熱に浮かされたように欲望をたぎらせ、混乱の極みへと突進してゆく。理解しようとしてはならない。ただ、奔流のごとき言葉に身を任せることだ。

評・佐々木敦（批評家・早稲田大学教授）

ツァン・シュエ　53年中国生まれ。作家。カフカやボルヘスなどの批評も手がける。

『犬が私たちをパートナーに選んだわけ』

ジョン・ホーマンズ 著　仲達志 訳

阪急コミュニケーションズ・二七〇〇円
ISBN9784484141015　社会／ノンフィクション・評伝

自然からの使者　関係が一変

この冬、一匹の若い犬を連れて一緒に橇（そり）をひきながらグリーンランド北西部を旅していた。白熊が来た時に吠（ほ）えてもらうための番犬だ。賢いのかどうかはよくわからなかったが、でも複雑な感情を有する大事なパートナーであることにまちがいはなかった。

考えてみると不思議な動物だ。人間と共存することを選択し、人間から友と呼ばれるまでの信頼を勝ち取った唯一の存在。もともと私は「猫派」だが、先史時代に人間と犬がいかに協力して生き抜いてきたのかには興味はあった。しかし本書には犬の起源の他にも、人間と犬を取り巻くそれ以上のことが報告されていて考えさせられた。

なるほどと唸（うな）ったのは犬が人間にとって自然との橋渡しをする存在だという指摘だ。先史時代の遺跡には人間と犬が一緒に埋葬されていた例もあるらしく、オオカミから進化した犬は文字通り自然からの使者だったという。ところが現代においてその関係は一変した。犬を愛玩犬として飼うしかなくなった人類は自分の好みに合わせて様々な犬種を造りだし、気がつくと周りは障害をもつほど奇形化した犬種ばかり。さらにペットとして不要と判断すれば見えないところで大量に殺す。

こうしたことを私たちは知ってはいたが、気づかないふりをしていた。あるいはどうでもいいことだと考えていた。だがそこには自然から切り離された人間が自然からの使者を持て余し、扱いきれなくなった異様な姿が映し出されている。もはや人間には犬を飼う資格はないのではないかと思わずにはいられない。

翻って、今度の旅での自分と犬との関係を振り返った。氷点下40度の寒さの中で殴ってでも橇を引かせることは、人間と犬の本来的な関係であれたといえるのか。過剰な動物愛護には辟易（へきえき）だ。でも原始人の時からの友の将来に思いをはせることは我々の責務なのかも……とも思う。

評・角幡唯介（ノンフィクション作家・探検家）

John Homans　米国のジャーナリスト。

『歳月』

鄭智我 著　橋本智保 訳

新幹社・一九四四円
ISBN9784884001063　文芸／社会

老いに焦点　人間の必然描く

重力の強い文体と描写、人間の愚かさ純粋さへの透徹したまなざし、あるいは哀れみや共感によって、読む者を足元の土へと引きつけ続ける韓国女性作家の短編群である。

解説によれば鄭智我は１９９０年両親を描いた『パルチザンの娘』を発表するが、国家保安法により発禁。自身逃亡生活をせざるを得ず、実際のデビューは6年後だという。

この短編集にも麗水（ヨス）14連隊に所属して反乱を起こす男や、韓国が単独政府を樹立することへの反対闘争に身を投じた男女、つまり作家の両親に似た人間が出てくるが、しかし決して政治が前景にある小説にはならない。

人が老いていくこと。8編はすべてそこにぴたりと焦点を合わせる。記憶のない母と2人だけで山に暮らす寡黙な男、ボケていく父を見つめる初老の男と母、あるいは出会った女の若さに心地よく翻弄（ほんろう）される中年女とさらに年を取った女からの視点など、自分と他人の老いをそれぞれの微妙な関係の中でがっちりと描きながら、悔恨と諦めとあきれ笑いで包み込むのだ。

作家から日本の読者へのメッセージも末尾についていて、彼女に限らず多くの韓国人読者が日本作家の作品を受容していることがわかるが、反対のことも彼女を通して起きなければならないだろう。

「限りなく軽快になっている今の時代に似合わない小説かもしれません」とも鄭智我は言葉を寄せている。確かにそこには日本で書きにくくなった近代小説の骨頂がある。書きにくさはどうやら韓国でも同様なのかもしれない。

だが、この世に生まれてきてしまった者が、食べなければ命を保てず、どうあろうが育ち、働かざるを得ず、心は時に傷つき、やがて親や兄弟が老い、自分もまた年月に吹きさらされていくのは世界中のあらゆる人間の必然である。

書かれなくなりつつある必然から目をそらさないこの作家の小説が我々には必要だ。

評・いとうせいこう（作家・クリエーター）

チョン・ジア　65年生まれ。作家。著書『幸福』『春の光』など。

二〇一四年四月二〇日⑥

『サリン事件　科学者の目でテロの真相に迫る』

Anthony T. Tu 著

東京化学同人・一九四四円

ISBN9784807908431　社会／ノンフィクション・評伝

真に誠実な科学的態度とは

著者は、アメリカでヘビ毒を研究する毒物学者だ。日本の科学雑誌に神経毒に関する解説記事を書いたことがきっかけで、「松本サリン事件」「地下鉄サリン事件」に深くかかわるようになった。

具体的には、事件で使われた毒物がなんなのかを突き止めるため、日本の警察からの問い合わせに対し、さまざまなアドバイスと協力を行ったのである。原因物質を特定できなければ、被害に遭ったひとに適切な治療を施すことも不可能だ。

一連のオウム事件が起きるまで、大半のひとは「サリン」という単語を聞いたこともなかった。そんなものを作って犯罪に使うひとがいるとは、ほとんど想定されていなかったわけで、一刻を争う状況のなか、著者をはじめとする科学者がいかに動き、原因物質特定に努めたか、専門的な視点で、しかし素人にもわかりやすく書かれている。

著者はその後も、サリン製造に関与した中川智正死刑囚と複数回面会している。科学的な見地から事件の真相に迫りたい、という科学者としての誠実さが感じられる。中川が、深い化学知識を有した優秀な人物であること、明るく理性的で「感じのいい」ひとであることが、面会記録から伝わってくる。そういうひとが、なぜ罪を犯すに至ったのか。他人事（ひとごと）にせず、さまざまな資料に基づいて、私たちそれぞれが考えていかねばならないことだろう。

サリンの製造過程についても、科学警察研究所の論文と教団関係者の供述に食い違いがあり、「若干の疑問点」が残っているそうで、このあたりの解明も望まれる（解明の義務は、もちろん著者ではなく日本の警察にあるはずだ）。

ＤＮＡ鑑定などで、科学捜査の信頼性が揺らぐ事態が頻発している。真に専門的で公正かつ誠実な科学的態度とはなんなのかを考えるうえでも、本書はとても貴重な記録だ。

評・三浦しをん（作家）

アンソニー・トゥー（杜祖健〈と・そけん〉）　30年台湾生まれ。米コロラド州立大学名誉教授（毒性学）。

二〇一四年四月二〇日⑦

『図説　人体イメージの変遷　西洋と日本　古代ギリシャから現代まで』

坂井建雄 著
岩波現代全書・二二六八円
ISBN9784000291279
科学・生物／ノンフィクション・評伝

人はみずからの〈内側〉を、どのように描いてきたのか？　著者が収集した古今東西大量の人体解剖図の特徴を、編年的に総覧したのがこの本だ。百数十点の図版を眺めているだけでも、描き手が何を考えながら人体図を描いていたのか、精細で壮観な図に込めた彼らの思いが気になってくる。

前半ではヴェサリウスやレオナルド・ダ・ヴィンチ、ビドローなど、ヨーロッパの素材を中心に、CTを使った現代までの解剖図／写真が集められており、技術の進歩とともに図版が精密になっていく様がよくわかる。一方でそれは〈人体〉が喪失されていく過程でもあるようだ。

最後の第4部は日本の解剖図について。西洋と比べると解剖場面を描かないとか、遺体を遺族に返却するとか、いろいろな違いが指摘されていて興味深い。

淡々と素材が並べられているという趣の本なので、読者が人体や死についてのイメージを描く材料として役立つだろう。

評・佐倉統（東京大学教授）

二〇一四年四月二〇日⑧

『書庫を建てる　1万冊の本を収める狭小住宅プロジェクト』

松原隆一郎、堀部安嗣 著
新潮社・二〇五二円
ISBN9784103352914
アート・ファッション・芸能／ノンフィクション・評伝

狭い空間をいかにうまく使って大量の蔵書を収め、使い勝手の良い書斎を作るか。タイトルと副題から、そういった工夫を開陳する内容なのだと思っていた。

冒頭から良い意味で裏切られた。施主であり著者の一人である松原隆一郎は、まず自分の家の歴史を丹念に綴（つづ）る。

戦前に裸一貫から造船などの事業を次々と興し財を成した祖父から父親に継がれた生家は、阪神淡路大震災で全壊し、新築される。しかし父親の死によって、その家土地も相続問題で分断を余儀なくされる。

祖父をはじめとする先祖が生きた証しが消えゆくなか、せめて仏壇だけは守り継ぎたい。先祖あっての施主と家屋と、その集合体である町並み。この三つの連なりを生かし、仏壇を擁した書庫づくりプロジェクトは始まるのだ。

後半に繰り広げられる建築家堀部安嗣の手腕に舌を巻きつつ、すべての家屋それぞれに宿る、暮らしの軌跡に改めて思いを馳（は）せた。

評・内澤旬子（文筆家・挿画家）

二〇一四年四月二七日①

『いちから聞きたい放射線のほんとう』

菊池誠、小峰公子 著　おかざき真里 絵
筑摩書房・一五一二円
ISBN9784480860798

『原発事故と放射線のリスク学』

中西準子 著
日本評論社・一九四四円
ISBN9784535586505
科学・生物

データを積み重ね落としどころ提案

東京電力福島第一原子力発電所における甚大な事故発生から3年が経過した。事故は大量の論点を放出し、私たちはそれぞれの立場に分断された。再稼働やエネルギー基本計画を巡っては、容認と反対のグラデーションの中でそれぞれの主張が続けられてきた。食の安全、居住基準、除染目標などについてもまた、それぞれの「見積もり」をめぐる衝突が生じてきた。

現状を安全と捉えるのか。危険と捉えるのか。被曝（ひばく）への漠然とした考え方は、科学的な理解とはまた別に、各人の身体的な感覚と密接に結びつく。事故直後、聞きなれない言葉が氾濫（はんらん）する中、細かいことを知る前に、自分の立場を決断する必要に迫られた。あれから時間が経ち、様々なデータが集まってきた。地域ごとの線量、食品の線量、各地住人の被曝量など、被曝に関して議論する論拠が蓄積されてきた。「測って分かったこと」を元に、丁寧な議論をすることができるようになりつつある。

　そんな今、2冊の本が発売された。いずれも被曝をめぐる丁寧な議論が行われている。まずは『いちから聞きたい放射線のほんとう』。物理学者・菊池誠と福島県出身のミュージシャン・小峰公子との対話で構成されている。菊池が「原子とは何か」「ベクレルとシーベルトの違いは」といった基礎的な知識を解説。対して小峰が、生活上の不安を想定しながら質問をぶつける。「なんとなくの知識」や「耳なじみのいい言葉」で判断してきた人も、これを機会に頭を整理できるはず。読みやすく、ユーモラスで、誠実な1冊だ。

　次いで、中西準子『原発事故と放射線のリスク学』。放射線リスクについて考える基礎理論を説明し、データをまとめたうえで、議論に必要な推計を重ね、具体的な落としどころを提案している。

　中西は除染費用を1・8兆円以上と推計。一方で経済学者の飯田泰之との対談では、事故によって失われた被害総額を1・7兆円前後と推計。除染をすれば、被害額のうち1兆円程度は便益を回復できるが、除染費用から考えると赤字。町は事故前と同じ価値には戻らないが、「全員帰還」を目指す考え方もありうるし、何割かを個人賠償に回し、移住選択権の確保とのバランスを調整しなおすという考え方もある。「全員帰還」をあきらめ、見積額分を個人賠償にあてれば、1人2500万円。1家族では1億円前後ともなる。さて、どうするか。ほかにも論争的だが重要な議論が目白押し。中西の結論に同意できない人も、出された推計は参考になるはずだ。

　今に追いつくための菊池・小峰本。未来に踏み込むための中西本。あわせて読み終わると、あなたはもやの向こう側に立っている。


評・荻上チキ（「シノドス」編集長・評論家）

きくち・まこと、こみね・こうこ、おかざき・まり（漫画家）。
なかにし・じゅんこ　38年中国・大連生まれ。独立行政法人産業技術総合研究所フェロー。

『剣の法（のり）』

前田英樹 著

筑摩書房・二四八四円
ISBN9784480894106

「刀身一如」が開く玄妙の世界

○武道の高段者ってナニ？　強いのは若いうちでしょ。
○活人（人を生かす）剣ってナニ？　おためごかし？
　常々そんな風に勘ぐっていた自分の浅はかさを、この本は厳しく戒めてくれた。

　剣術諸流派は、念流、新当流、陰流の三つにたどりつく。16世紀の人、上泉伊勢守（かみいずみいせのかみ）は陰流を学んで新陰流をたてた。筆者は長く新陰流を学んだ人で、その刀法を実技に即して教えてくれる。

　人は前に出るとき、後ろ足で地面を後ろに押し出す。前に出るために、後ろ方向に力を入れる。これが行動するときの自然な「反発」の原理であって、この原理は日常の動作にしみこんでいる。ところが、剣をふるう「兵法」の理想である「刀身一如」の境地に達すると、身体の動きから「反発」が消えるという。

　刀を振るときを考えてみよう。刀が前に振り出されれば、身体はそれと反対方向、後方に引かれるのが普通である。だが、この「反発」から抜け出す意志をもち、腕の振りの方向に身体も移動させる。刀の重みを全身に感じて、それに引っ張られるように身体を動かす。そうやって鍛錬していくと、腕と胴体、身体と刀の「反発」は消え、人は「刀身一如」への第一歩を踏み出すことができる。

剣を極めることが「刀身一如」を完成させることだとすれば、その鍛錬には長いながい時間が必要となる。年齢とともに段位の階梯（かいてい）を昇っていくのは、むしろ自然なことである。また、剣を以（もっ）て対峙（たいじ）する相手への「反発」から抜け出した時、単に相手を斬るのではなく、相手を活（い）かす、という概念が生まれてくる。なるほど、これが「活人剣」か。

いや私は、本当のところは何も分かっていない。でも筆者は工夫を凝らして、本物の剣の実践を「ことば」に変えて伝えようとしている。くり返し読んでみよう。私たちの全く知らなかった玄妙の世界が、手招きをしてくれている。

評・本郷和人（東京大学教授）

まえだ・ひでき　51年生まれ。立教大学教授。著書『日本人の信仰心』『絵画の二十世紀』など。

二〇一四年四月二十七日④

『MAKINO』

高知新聞社 編

北隆館・二三七六円
ISBN9784832609792　科学・生物／ノンフィクション・評伝

植物に愛と情熱を注いだ「天才」

牧野富太郎は、生涯で40万点の植物標本を収集し、1500種類の植物を命名した、偉大な植物学者だ。彼が監修した植物図鑑は、細密でうつくしいカラー図版が魅力で、いまも愛用されている。「うちにもその図鑑ある！」というかたも多いだろう。

本書は、牧野氏の業績と足跡のみならず、人柄を知ることもできる、「牧野愛」にあふれた好著だ。植物への愛と情熱が強すぎる牧野氏なので、「植物採集に出かけた利尻山であわや遭難」「死後、新聞紙に挟まれた膨大な植物標本をまえに、みんな途方に暮れる」など、周囲の人々を困惑させたエピソードにも事欠かない。植物に魅入られた牧野氏の、破天荒で嫌味（いやみ）のない、愛すべきキャラクターが非常によく伝わってくる。

著者は、牧野氏の周辺人物にも丹念に取材し、牧野氏が行った土地にも足を運んでいる。その結果、本書は、「一人の天才をめぐる群像劇」かつ「旅行記」の趣もあって、読者を飽きさせないし、牧野氏の魅力を多面的に提示することに成功している。

遺（のこ）された標本をコツコツと整理したかたの熱意。家族から見た晩年の牧野氏の姿（やっぱり庭の植物を観察している）。少年の日、牧野氏主催の植物採集会に参加したひとが語る、輝くような思い出。牧野氏は天才だけれど、「孤高のひと」ではなかったのだと思う。植物への愛を周囲に伝播（でんぱ）させ、周囲の人々の人生によき影響を与える情熱を持った、「愛される天才」だったのだ。

「生まれつき植物に愛を持って来た（中略）その幸福を天に感謝している」と牧野氏は書く。本書を読んで、私は牧野氏がこの世に生を受け、研究に邁進（まいしん）されたことに感謝した。そのおかげで私たちは、図鑑を片手に身近な植物を愛（め）で、興味を持って接することができる。植物に生涯をかけた牧野氏の愛と情熱は、いまも生きつづけている。

評・三浦しをん（作家）

12年11月から13年5月までの新聞連載をまとめた。高知新聞社の竹内一記者が主に執筆。

二〇一四年四月二十七日⑤

『女のからだ　フェミニズム以後』

荻野美穂 著

岩波新書・八四二円

ISBN9784004314769

科学・生物／社会

女性の自由と、産む性との相剋

昨年、妊娠や出産の知識を広める目的で政府が導入を検討したものの、「余計なお世話」と散々な不評をもって終息した「女性手帳」問題は記憶に新しい。ライフスタイルの押し付けという批判はしごくまっとうだが、医学の観点からすれば加齢とともに妊娠しづらくなることは事実。根底には女性の自由や自己決定権と、産む性としての「からだ」の相剋（そうこく）が横たわっている。本書は、この厄介な問題に真正面から取り組んでいる。

1960年代から70年代にかけ、「ウーマン・リブ」の語で広く知られるようになった第二波フェミニズムは、「女の健康運動」と総称される流れを派生させた。それまで男性が大半を占める医学専門家の管理下にあった女のからだを、女たち自身の手に取り戻すことを眼目とした運動である。とりわけ争点となったのは、中絶の是非をめぐる問題だ。リブが産む性である女のからだと中絶の権利にこだわったのは、母性賛美のためではなく、母性を女の「自然」として押し付けようとする社会の「母幻想」への反撃の意図からであった。それらは一定の成果をあげたが、今なお問題は山積している。

筆者は問う。たしかに「女の健康運動」時代に比べれば、今の女性は自由になった。もっとも、からだを美しく飾り立てる情報は溢（あふ）れているが、生殖に関する正しい知識が浸透したとはいえず、摂食障害や自傷のようにからだとの折り合いのつかない女性は増加している。昨今女のからだをめぐる自由や解放の多くは医療テクノロジー依存により成立しているが、それらは市場経済と絡みつねに欲望が煽（あお）り立てられている。生殖技術は代理出産ビジネスを活性化し、サプリメントや美容整形など望ましいからだを追い求める市場も活況だ。何が本当の「女の利益」なのかが見えにくい現在だからこそ、歴史に学び、選択の糧としてほしい。

評・水無田気流（詩人・社会学者）

おぎの・みほ　45年生まれ。3月まで同志社大学教授（ジェンダー史）。著書『生殖の政治学』など。

二〇一四年四月二十七日⑥

『長女たち』

篠田節子 著

新潮社・一七二八円

ISBN9784103133636

文芸

娘に降りかかる看取りの理不尽

やっぱり最後に頼りになるのは実の娘。娘に看取（みと）られたい。高齢者どころか、四十代の友人までもが平然と口にする。とりわけ長女にかけられる期待は大きい。

三つの中編作品に登場する長女たちは、いずれも配偶者も子どもも持たない。社会の中で自立し、自由に働いていた。それが親を看取る歳（とし）となって、従来の家族観に引きずり戻される。

「家守娘」の直美は、母親の認知症を介護するために仕事をやめ、「ミッション」の頼子は母親に死なれ、娘に代わりを強要する父親を放置して仕事に邁進（まいしん）するうちに父親を孤独死させたことに悩み、「ファーストレディ」の慧子は、糖尿病の母親の看病にとりこまれていく。

これまで外での仕事を持たない主婦が引き受けさせられてきた介護。単身で働いてきた者にとって、仕事を失い、社会から隔絶される不安と焦燥に加え、無償で弱者の世話を看ることにうまく適応できないもどかしさ。さらに「娘だから」と持ち駒のように扱われる理不尽がのしかかる。

三者三様ながら、彼女たちの「地獄」は決して特別な例ではなく、明日には自分に降りかかってもおかしくない。だからこそ恐ろしく、読みながら胃が冷たくなる。

本書は現代医療の在り方にも鋭い疑問を投げかける。医療で死を先延ばしにすることが、果たして本人や家族にとって本当に幸せなのか。

「ミッション」で描かれるチベット仏教系の山岳民は、極端に偏った食生活のため突然死が多い。高齢まで生き延びれば巡礼に出て、そのまま村には戻らず路上で朽ちる。前近代の、野蛮とも言える生き方死に方をあえて提示した作者の意図は明確であろう。

「女たちのジハード」から十七年。著者が描く女性たちの背中を眺め追うように生きてきた。ここまで来たら、次は彼女たちの死に様を読んでみたい。そう願う年頃となった。

評・内澤旬子（文筆家・イラストレーター）

しのだ・せつこ　55年生まれ。市役所勤務を経て『女たちのジハード』で直木賞。『仮想儀礼』など。

二〇一四年四月二七日⑦

『教育を家族だけに任せない　大学進学保障を保育の無償化から』

大岡頼光 著

勁草書房・三〇二四円
ISBN9784326653867

教育／人文

知識社会化で大卒の労働者の重要性が増している。加えて少子高齢化が進む日本では、貧富に関わらず、幅広い層の若者に大学進学の機会を保障する必要がある。ところが、日本の財政支出は年金など高齢者に偏り、若者への「投資」が少ない。日本の公的教育支出の対GDP比は、主要国で最低水準だ。私的負担が重いため、所得水準で大学進学率に明確な格差がある。

貧富の差で高等教育機会の均等化を損なわないためには、実は就学前教育が重要だというのが、本書の最大のメッセージだ。しかし興味深いのは、本人が卒業後に稼ぐ所得に連動して返済するローン給付奨学金導入をめぐるスウェーデンの論争だ。

本人負担への転換で親からの独立を促し、低所得者対策だった奨学金に「人的資本投資」としての意味を与え、さらには親の資力調査を廃して普遍主義的な政策に転換することで、誰でも給付を受けられるようにすることが重要だとの指摘は、刮目（かつもく）に値する。

評・諸富徹（京都大学教授）

二〇一四年四月二七日⑧

『図説　朝食の歴史』

アンドリュー・ドルビー 著　大山晶 訳

原書房・三〇二四円
ISBN9784562049868

歴史

朝食は、ありふれた日常だけではない。旅先の驚きもあれば、別れの涙の味もある。そして、ときに色っぽい。

時代や地域、家庭によって大きく異なる朝食だが、個人レベルでは毎日同じものを食べる傾向があるそうだ。本書では、こうした事実を紹介しながらも、こだわりは「朝食は思いがけない経験をするためにある」。

商談を兼ねた朝食は、対象から外すと宣言。ジョイスの『ユリシーズ』やカフカの『変身』、ロレンスの『チャタレイ夫人の恋人』――。古代ギリシャから現代まで、文学作品に描かれる場面をちりばめて、愉快に語る。

モネやロートレックの油絵、ケロッグのポスター、インドネシアのナシ・ゴレンの写真など、目にも楽しい。

著者は、食物史に詳しいイギリスの言語学・歴史学者。日本については、旅館の献立の写真、みそ汁、納豆にも触れている。英米中心なので、日本文学に登場する朝食も読みたくなった。

評・吉岡桂子（本社編集委員）

二〇一四年五月四日①

『自由か、さもなくば幸福か？　二一世紀の〈あり得べき社会〉を問う』

大屋雄裕 著

筑摩書房・一六二〇円

ISBN9784480015952

社会

監視社会化を積極的に評価

全ての人間の身体にGPS機能付きのチップが埋め込まれた社会を想定してみよう。GPSとは、人工衛星を用いてその対象が地球上のどこにいるのかを正確に測定するシステムのことだ。つまり、あらゆる人間がいつ、どこにいるのかがつねに測定され、コンピューターに記録される社会である。

こうした社会では、犯罪が起こってもすぐに犯人は特定されるだろう。たとえ殺人犯が遺体からチップを取り除いて犯行を隠匿しようとしたとしても無駄だ。チップが取り除かれたときにそこにいた人間は特定されるからだ。生体反応によって稼働するチップならば、よこしまな人間が自分の身体からチップを取り除いた時点で、警察に取り締まられるだろう。

究極の犯罪防止社会である。これによって私たちの治安は、完璧にとまではいえないにしても、かなりの程度保障されることになるだろう。もちろんこうした社会に対しては強い批判もあるにちがいない。究極の監視社会である、と。

本書はしかし、そうした究極の監視社会を、正義にかなった、今後のありうべき一つの可能性として考察する。それも、自由と幸福はどこまで両立するかという19世紀以来の大問題を検討しながら、政治哲学的に考察しているのである。

とまどう読者もいるかもしれない。なぜ究極の監視社会が正義にかなった今後の進むべき方向性になるのか、そこでは国家権力の専横によって人びとの自由は大きく損なわれるのではないか、と。当然の疑問である。

とはいえ、監視によって犯罪が徹底的に取り締まられるとき、そこで損なわれるのは「犯罪をする自由」だけかもしれない。また、国家権力の専横といっても、究極の監視社会では権力の担い手もまた監視される。もしその担い手が記録された情報を不正に入手・利用しようとしたら、それすらGPSの位置情報とコンピューター上の記録で糺（ただ）されるだろう。

それに、いまある全国の監視カメラのほとんどは実は政府ではなく民間によって設置されたものである。現在私たちの位置情報と行動をたえず記録している携帯電話のGPS機能、各種の交通カード、SNS、ネットショッピングのログ機能などもほぼすべて民間によって設置されたものだ。現実には私たちは政府以上に他人の行動を監視し、記録しているのである。監視社会の責を国家権力に帰すことはできない。

こうした状況を踏まえつつ、監視の強化がもたらしうる可能性を積極的に評価しようとする本書の試みは、きわめて挑発的だ。それは同時に、監視技術がますます発達する今後の社会にとって避けて通れない問いかけでもある。

評・萱野稔人（津田塾大学教授）

おおや・たけひろ　74年生まれ。名古屋大学大学院法学研究科教授（法哲学）。『法解釈の言語哲学』『自由とは何か』など。

二〇一四年五月四日②

『人口の世界史』

マッシモ・リヴィーバッチ 著

速水融、斎藤修 訳

東洋経済新報社・三〇二四円

ISBN9784492371169

社会

繁栄、安定、安全に迫る危機

人口の増減が経済・社会に与える影響を述べた書は数多（あまた）あるが、「人間の歴史を通して、人口は繁栄、安定、安全と同義だった」と書き出す本書は、人口増減の理由を根源的に問い、人口現象の「内的メカニズム」に迫る。

出生率と死亡率の劇的変化は社会変容の反映である。ホモ・サピエンス（現生人類）の誕生以来、「人口の世界史」の大転換期が2度あった。

最初は1万年前。新石器時代への移行期の「生産能力の劇的な拡大」による人口増だ。これは「バイオマス（ある空間に存在する生物の量）の制約」からの解放だった。狩猟採集生活から農耕生活へ移行し、定住という安定が出生率を上昇させ人口が増加した（死亡率も上昇）。

第2は18世紀後半から欧州で起きた「人口転換」だ。産業革命により「土地供給と限られたエネルギー量（動植物・水・風といった）」から解き放されたことで、「不経済（多産多死）から節約へ」、「無秩序（子が親より先に死ぬ）から秩序へ」と移行し、経済は繁栄を極めた。

ホッブズが「闘争状態」を終わらせるために1651年に著した『リヴァイアサン』の社会的影響は18世紀後半になってようやく表れ、ホイジンガが『中世の秋』で述べたように「新しい時代がはじまり、生への不安は、勇気と希望とに席をゆず」ったのだ。

だが、その後先進国では出生力の「後戻りできない低下」が始まり、貧困国は人口増加が続く。本書は転換と収斂（しゅうれん）の過程が終了する将来の人口の潜在的増加率を「±1%」とみているが、既に出生した若年層の多さに負うところが大きい。「人類史はいま新たな歴史局面に入りつつあり、（略）現在の人口増加は危険な道路を疾走する車のようなもの」と著者は警告する。

英歴史家ホブズボームは20世紀を「極端な時代」とみた。21世紀には、さらに予想のつかない未来が待つ。

評・水野和夫（日本大学教授）

Massimo Livi-Bacci　36年生まれ。伊フィレンツェ大学名誉教授。

『半自叙伝』

古井由吉 著

河出書房新社・一八三六円
ISBN9784309022574／9784309415130（河出文庫）

人文／ノンフィクション・評伝

幼年との往復　積み重なる記憶

人は生き続ける限り、心の奥深くにいくつもの記憶を少しずつ積み重ねる。それらの記憶は、たいてい年齢を経るごとに移ろい変容してゆく。輪郭がぼやけて忘れてしまう場合もあれば、逆に輪郭がぼやけることで、かえって生涯にわたる意味合いを帯びてくる場合もある。

古井由吉は、本書で自らの人生における二つの時期の記憶について語っている。第1部は2012年に発表された文章を、第2部は1982年から83年にかけて発表された文章を収めている。一方は40代、他方は70代になって来し方を振り返り、記憶に残った出来事や場面を、「矛盾はなまじ整合させずに」描き出している。

当然、両者には記憶の重なりがある。例えば、70年11月25日の三島由紀夫の自決を、著者は肺がんの母親を見舞いに訪れた実家のテレビニュースで知った。40代では三島由紀夫という文字そのものにまがまがしさを感じたのが、70代ではもう少し落ち着いた記憶になっている。ここには三島に対する心境の変化が反映しているように見えた。

その一方、敗戦直後の45年10月に岐阜から上京してきたとき、東京駅の連絡通路で遭遇したアメリカ兵がかじりかけの林檎（りんご）を子供に渡したときの記憶は、40代よりも70代のほうが「戦後の始まり」として認識されている。

両者に共通しているのは、記憶の根底にある空襲の体験である。45年5月の空襲で東京の自宅を焼かれ、父親の実家があった岐阜県の大垣に逃げたが、大垣もまた7月末の空襲で町全体が炎上した。

7歳の古井由吉が、赤々と燃えさかる大垣の町を慄（ふる）えながら眺めている。この体験こそ、たとえ40代になろうが70代になろうが、幼年の自己との間を無限に往復するこの作家の人生を宿命づけたのではないか。本書で語られる著者の生涯そのものが、まるで小説のように思えてくる。

評・原武史（明治学院大学教授）

ふるい・よしきち　37年生まれ。作家。『古井由吉自撰（じせん）作品』全8巻、近著に『鐘の渡り』。

二〇一四年五月四日④

『東北を聴く　民謡の原点を訪ねて』

佐々木幹郎 著
岩波新書・七九九円
ISBN9784004314738
ノンフィクション・評伝

祈りの空間に耳を傾けてみる

「がんばろう東北」。あなたは本当はそんなことが言いたいのだろうか？　言葉が見つからないだけではないだろうか？　ならば、いっそ沈黙し、耳を傾けてみてはどうだろうか。東北に。東北が何を語りかけてくるかに。

空元気を押し付けることで、豊かな機会を失っているのは、実は東北以外の人々ではないだろうか。

本書は、津軽三味線の名人・二代目高橋竹山に密着し、東日本大震災の直後に、被災地の村々を行脚した、稀有（けう）なドキュメントである。初代竹山はほぼ全盲の男性で、昭和8年に東北を襲った大津波から、彼を先導した人の機転と手助けで生き延びた経験を持つ。機転とは、視覚障害者は草の原には足をとられるだろうから、藪（やぶ）の斜面を掴（つか）んで登る道を選んだことである。

手助けした当の女性の語りがテープで残されているのを、著者たちが発見するシーンは圧巻である。そしてそこから流れ出す、方言の豊穣（ほうじょう）。そのままの起こしと訳があるので、ぜひ味わってほしい。それ自体、失われた唄のようである。じじつ明治期に、各地の方言は弾圧された。

災害などとっさの時に、古い呪文などがよみがえるのも面白い。唄や伝承は生きられている。共同体の知恵を伝えるものでもある。そしてそれは、日本をも超えた広がりを感じさせるのである。

また、彼らはまるで、現代の琵琶法師のようだ。滅んだ魂たちを慰め、生きている人に、知恵を伝えてゆく。願わくは、魂たちが安らかであるように。すべての人がその生を全うできるように。それは、古代からの祭りのようでもある。死者と生者が一緒になって唄い踊る空間。嬉（うれ）しいでなく、悲しいでもなく、強いてひとことで言うなら「泣き」に近い、そんな祈りの空間であると思う。

現代日本が失ってしまったもの、それは、他ならぬ日本の中にある。

評・赤坂真理（作家）

ささき・みきろう　47年生まれ。詩人。詩集に『蜂蜜採り』『明日』、他に『中原中也』など。

二〇一四年五月四日⑤

『心の流浪　挿絵画家・樺島勝一』

大橋博之 著
弦書房・二三七六円
ISBN9784863290983
アート・ファッション・芸能／ノンフィクション・評伝

「ペン画の神様」の生涯と時代

生前、山田風太郎氏宅を訪ねた時、応接間に『樺島勝一ペン画集』が飾られていた。風太郎さん世代から僕たち戦中、戦後世代にかけて樺島勝一は「ペン画の神様」としてその存在は熱血少年の魂の源泉であり、血湧き肉躍る野性と科学的理性の両極で時代精神を形成した。

風太郎さんが小説家になった動機は挿絵だったという。挿絵が小説を凌駕（りょうが）することさえあった。「船の樺島」の異名に安住せず森羅万象を、その科学知と超越的技法によって海洋ロマン、密林、戦記、歴史物、マンガまで描き分けた。

本書の著者は樺島時代を生きたわけではないが、その作風に惹（ひ）かれ、樺島の知られざる生涯と時代、行動と当時の出版状況などを追跡して評伝を執筆した。当時の僕たちは樺島の個人情報にはうとく、どうでもよかった。絵が全てを語っていたからだ。

本書で初めて知った樺島家の貧困は、「前世の悪行の報い」と樺島が言うほどに悲惨な生活の中で、独学独歩の精神を鍛え上げた。空いた時間は全て読書に捧げ、その博覧強記によって大学卒以上の知識を得、無類の話し好きが原稿を取りに行った編集者を困らせた。一方、吃音（きつおん）のため人前を避け、友人もなく、もっぱら読書を友とした。

樺島が台頭してくるのは日刊「アサヒグラフ」に入ってからだ。戦後は「漫画少年」「冒険少年」「少年クラブ」で活躍。死ぬまで現役だった。

自らを職人と名乗り、純粋芸術と一線を画して応用芸術を主張。新しさに無関心で、「物を美しく観（み）」、気品を第一義とし、品格の向上に努力を怠らず、気品の高さが人に感動を与えると信じた。

また、絵が構成する力の底にあるデザイン力を無視しなかった。デザインが大衆の心理をつかみ、「芸術的良心と道徳的概念」こそ応用芸術の王道だとして、挿絵画家のプライドを守った。

評・横尾忠則（美術家）

おおはし・ひろゆき 59年生まれ。ライター。『SF挿絵画家の時代』など。

二〇一四年五月四日❻ 人文

『日記で読む文豪の部屋』

柏木博 著

白水社・二三七六円
ISBN9784560083505

「私」と自宅の関係を徹底分析

名だたる文豪のユニークな自宅が題材となっているが、日本人にとって自宅とは何なのか、人間にとってそもそも家とは何なのか、が本書の真のテーマである。文豪はサンプルであり、わが家をめぐって思い悩むわれわれの分身である。

本書の成功の鍵は、日記と自宅の相似の発見である。どちらも基本的には私的なメディアだが、他人に見られたい気持ちがないわけはない。日本人はこのねじれた感情をベースにして、世界に例のない独自な「私」文化を築いてきた。「私」を見せたい気持ちがストレートに表出される西洋人の家とは違う、世界に類のないユニークな自宅文化が生まれたことが明かされる。日記の延長に日本独特の私小説が成立した事情にも、どこか似ている。日本人は、あいまいで複雑な「私」を、文化へと転換したのである。

複雑な「私」の産物である家は想像を超えた多様な形をとる。たとえば、夏目漱石は、家本体よりは庭、しかも植物が主役だった。庭を体験するための縁側、テラスに身を置き、室内にも庭にも属さぬ中間領域からの斜めな視線を送る。漱石ってヴェランダ文学だったのかと思い当たった。

『断腸亭日乗』の永井荷風はさぞや家にこだわったと思いきや、東京という都市自体を自宅として暮らした。家は、殺風景でペンキ塗りだったから偏奇館と呼んだ。都市散策と小さな家の組み合わせも日本的である。

関東大震災で半壊した家に愛着を示した北原白秋は、茶室的廃墟（はいきょ）趣味かもしれない。童謡作家と壊れた家の組み合わせも意外である。

文豪の自宅は、それぞれにひねくれ、私と公、家と都市、生と死といった二項対立の間で、どちらともつかぬねじれた空間が創造されていた。

日本文学の謎が少し解けた気にもなった。

評・隈研吾（建築家・東京大学教授）

かしわぎ・ひろし 47年生まれ。武蔵野美大教授。著書『日用品の文化誌』『探偵小説の室内』など。

二〇一四年五月四日❽

『迫りくる「息子介護」の時代　28人の現場から』

平山亮 著

光文社新書・九五〇円
ISBN9784334037857

社会

この国で進行中の超高齢社会は、確実にこれまでの介護の常識を変えるだろう。本書は、主要な介護の担い手とは考えられてこなかった、働き盛りの男性による老親介護に光を当てた。現在、同居の主介護者が「息子」の割合は12%。過去30年で6倍の増加という。昨今は既婚男性であっても、妻も実の親の介護に手一杯などの理由から、自身が介護を担う場合が増えている。

社会心理学が専門の筆者は、介護する息子たちの聞き取り調査を軸に、彼らの心理状態や、家族・地域・職場などの人間関係を省察。今まで「ブラックホール」であった息子介護の実態や、複雑な男心が浮き彫りになっていく。まだまだ少数派である彼らと、職場の男性たちとの温度差は胸が痛い。介護専従のための制度よりも、介護しながら今まで通り仕事ができる制度を、との声も切実だ。生涯未婚率急上昇中の昨今、今後も増加の見込まれる「息子介護」という現実を見据えるため、ぜひご参照されたい。

評・水無田気流（詩人・社会学者）

二〇一四年五月一一日❶

『地球温暖化論争　標的にされたホッケースティック曲線』

マイケル・E・マン 著　藤倉良、桂井太郎 訳

化学同人・四八六〇円
ISBN9784759815764

アート・ファッション・芸能／科学・生物

産業界との「戦争」　科学者の告発の書

本書は、「クライメートゲート事件」に巻き込まれた気候学者により、憤りをもって書かれた告発の書である。著者は、ペンシルベニア州立大学気象学教授で、IPCC（気候変動に関する政府間パネル）報告書の科学的知見に大きな貢献を行ってきた。

著者の専門は、古気候学である。樹木の年輪、氷床コア、サンゴなど、自然界に刻まれた過去数世紀の気候の痕跡を示す代替データを取り出し、主成分分析という統計手法を用いて、過去の気候変動パターンを再現する。20世紀に入ると測温データが豊富に入手できるので、それで統計モデルの信頼性をテストし、その精緻（せいち）化を図ることで説明力を高める。

この方法で著者は、過去千年間の北半球の気候を再現することに成功した。結果、1990年代が、過去千年間で最も温暖な10年だったことが明らかになった。これを図示すると、20世紀以降に気温トレンドが急上昇するため、その形状から「ホッケースティック曲線」と名づけられた。

人為的要因による温暖化という結果は、温暖化否定論者をいたく刺激し、批判の標的となった。それが最高潮に達したのが、コペンハーゲン気候変動枠組み条約締約国会議直前の2009年11月に起きたクライメートゲート事件だ。気候研究の世界的拠点である英国イーストアングリア大学気候研究所のサーバーから1千通以上のメールが盗み出され、公開された。

否定論者は、ジョーンズ所長が著者らに宛てたメールの中に「（気温の）下降を隠す」、「トリック」という言葉があるのを発見、彼らによる陰謀の証拠だと喧伝（けんでん）した。主要メディアはこれに乗って温暖化懐疑論を一挙に広め、IPCCの権威を貶（おとし）め、著者自身も身の危険を感じるほどの脅迫を受けた。

だが著者はすぐに、これは「戦争」だと気づく。背後では化石燃料産業など産業界の資金提供を受けた財団が暗躍、シンクタンク、メディアと連携しつつ組織的に中傷キャンペーンを張って、科学に打撃を与えようとしていた。その最終目標は、オバマ政権による排出量取引制度導入の阻止だった。

ところが結局、本件に関する全ての公的な調査結果で、関係者に不正はなく、イーストアングリア大の分析結果も正しかったことが

判明した。対照的に、著者を攻撃したウェグマン報告書は盗用、剽窃（ひょうせつ）、統計の恣意（しい）的操作が明るみに出て自壊、潮目は変わった。

本書は、暴風雨を潜（くぐ）り抜けた著者による、新たな闘いへの決意表明で結ばれる。来年にかけて、重要な気候変動政策決定上の節目を控えるいま、再び世界は前進を始める時だという本書の強いメッセージを、正面から受け止めたい。

評・諸富徹（京都大学教授）

Michael E. Mann ペンシルベニア州立大学教授（気象学）。IPCC第3次評価報告書の「観測される気候の変動と変化」の章の代表執筆者。

二〇一四年五月一一日❷

『女のいない男たち』

村上春樹 著

文芸春秋・一七〇〇円
ISBN9784163900742／9784167907082（文春文庫）文芸

祟りのように拡散 喪失の物語

独断と偏見だが、本書は祟（たた）る。一見そんなおどろおどろしさはなく、むしろ珍しくのし紙をきちんと巻いたような「まえがき」つき。だが紐解（ひもと）くと不定型なパズルである。読み終えると、このように評者までが修辞法なしに文章が書けなくなる呪いを帯びる点が恐ろしい。だが、それは本書の恐ろしさの序章にすぎない。個人的に呪うのではない。類として、読者に祟るのである。

いずれも女との「適切な」関係を結ぶことに失敗し、相手を永久ないしは半永久的に失った男たちの物語だ。たとえば、妻に不倫された上に先立たれてしまう（「ドライブ・マイ・カー」）、独身主義者が珍しく本気で人妻に恋をするが、彼女が別の不倫相手と去っていく（「独立器官」）、妻の不倫現場を目撃したことをきっかけにすべてを失っていく（「木野」）、といった風に。

これらの喪失を祟りのように拡散させ、読者に感染させていくのが、最終話「女のいない男たち」だ。「ある日突然、あなたは女のいない男たちになる。その日はほんの僅（わず）かな予告もヒントも与えられず」と書き出されるこの一節は、個としてあったはずの自己が、あっけなく類へと回収されていく過程を端的に示している。それは、他の物語に綴（つづ）られたさまざまな暗喩——アウシュヴィッツへ送られた内科医や、芦屋生まれで標準語を話す主人公と田園調布生まれで完璧な関西弁を話す友人との交錯した友情など——を経てなお収斂（しゅうれん）しない。「木野」の主人公が蛇に追われ、「レコード・コレクション」や「青山の落ち着いたバー」などの記号を脱ぎ捨て、あたかも村上春樹が村上春樹を脱皮するかのように逃亡する場面もまた、不定型な一ピースだ。パズルは完成せず、物語は完了せず、ただ読後は一切が共振する。「シエラザード」が暗喩する千夜一夜物語のように。「悪魔払い」だと、筆者はまえがきで語った。字句通り、その通りである。

評・水無田気流（詩人・社会学者）

むらかみ・はるき 49年生まれ。作家。カフカ賞やエルサレム賞など海外の文学賞も多く受賞。

二〇一四年五月一一日③

『哲学入門』

戸田山和久 著

ちくま新書・一〇八〇円

ISBN9784480067685

人文

「文学」に背向け「科学」と歩む

何のヒネリもない直球の題名に思えるが、読み始めてすぐ、この「哲学」と「入門」の二語の合体には、きわめて野心的かつ挑発的な意味が込められていることを知らされる。

著者は本書には「歴史上有名な哲学者」がほとんど出てこないと述べ、ミリカン、ドレツキ、ペレブームといった、耳慣れない哲学者の名前を挙げる。そして、この本が、「科学の成果を正面から受け止め、科学的世界像のただなかで人間とは何かを考える哲学」の「入門」であると宣言する。「科学的世界像」とは別の言葉で言えば「物理主義／自然主義／唯物論」だが、著者はこれを「モノだけ世界観」と言い換え、右の意味での「哲学（者）」にとっては「存在もどきをモノだけ世界観に描き込む」ことが課題であると言う。では「存在もどき」とは何か。それは「ありそでなさそでやっぱりあるもの」、たとえば「意味」「機能」「情報」「表象」「目的」「自由」「道徳」、そして「人生の意味」である。いずれも「哲学」が問題にしてきた概念と言っていいだろう。

先ほどの課題を逆に言えば、「モノだけ世界観」によって「存在もどき」を説明することが、本書のミッションである。「哲学」や「現代思想」について何となく共有されている、高尚で抽象的なテーマを特殊な言葉遣いを駆使して延々と云々（うんぬん）する、といったイメージに挑戦している。従来の「哲学」はともすれば「文学」に接近するが、そちらの方向には敢然と背を向け、日進月歩の「科学」の達成と歩を同じくしようとする「哲学」。そして著者は、これこそが本物の「哲学」だと言うのである。

分析哲学、認知科学、進化論などの先端的な知見を武器に、著者は「存在もどき」に次々と挑んでゆく。必ずしも読み易（やす）くはないし、個々の論証の成功の度合いにかんしては意見が分かれるかもしれない。だが、まずはこのすこぶるユニークな『哲学入門』の登場を言祝（ことほ）ぎたい。

評・佐々木敦（批評家・早稲田大学教授）

とだやま・かずひさ　58年生まれ。名古屋大学教授（科学哲学）。『科学哲学の冒険』など。

二〇一四年五月一一日④

『山下清と昭和の美術　「裸の大将」の神話を超えて』

服部正、藤原貞朗 編

名古屋大学出版会・六〇四八円

ISBN9784815807627

アート・ファッション・芸能

美術と福祉のはざまにある偶像

山下清の作品を初めてじっくり見たのは、3年前、長野県茅野市の《放浪美術館》を別用のついでに訪問したときだ。その緻密（ちみつ）、繊細、艶（つや）やかな作品群は、ぼくが漠然と抱いていた無骨で素朴という山下清のイメージを根こそぎくつがえした。さらに驚いたのは、山下清の作品や生涯を俯瞰（ふかん）した手頃な研究書が、美術館の売店でほとんど見当たらなかったことだ。

なぜ、ぼくは、それまで山下清の作品は素朴だと勝手に決めてかかっていたのか？　なぜ、見通しのよい山下清論が書かれていなかったのか？　この二つの謎が、以来、喉（のど）にささった魚の骨のようにずっと気になっていたのだが、ようやくこの本によって、それらについての明快な回答が得られた。読み終わって、ぼくはとても満足している。

山下清は美術界からは「精薄の特異作家」としてまともに相手にされず、福祉の世界では「健常者と対等に渡り合える例外的存在」としてやはり特別視された。美術と福祉、両者のはざまにぽとりと落ちてしまった存在は、両方の世界を俯瞰しなければ定位できず、それはとてつもなくも困難な作業だったのである。

　著者二人はこの難事を、膨大な資料を収集し、丁寧に論述を積み上げていくことでなしとげた。社会に定着した山下清の偶像を洗い直していくその手際は、見事である。

　山下清は鏡のような存在だ。あるときは天才的な狂人としてゴッホになぞらえられ、またあるときは自由に放浪する特異画家、あるいは社会的タブーについても歯に衣（きぬ）着せず発言する《裸の大将》となる。これらのイメージには、語る者たちが障害者を思う姿こそが反映されている。

　本書は、その《鏡》に映る自分の姿を改めて見つめ直す契機にもなる。二〇二〇年にはパラリンピックが東京で開かれる。今から心の準備をしておいても、早すぎることは決してないだろう。

評・佐倉統（東京大学教授）

はっとり・ただし　甲南大学准教授（文学）。
ふじはら・さだお　茨城大学教授（文学）。

二〇一四年五月一一日⑤

『運動部活動の戦後と現在　なぜスポーツは学校教育に結び付けられるのか』

中澤篤史 著

青弓社・四九六八円
ISBN9784787233745

教育／人文

部活嫌い生む犯人見たり！

「7割以上の中学生と5割以上の高校生が運動部活動に加入し、ほぼすべての学校が運動部活動を設置しており、半分以上の教師が運動部活動の顧問に就いている」。本書の序章に登場するフレーズだ。運動部活動がこれほどまでに根付いているとは。で、その実態は？

　ページをめくるたびに見えてくるのは、日本の運動部の特殊性だ。国際比較によれば、一部有志の競技力向上を目指す米、一般生徒のレクリエーションを志向する英と異なり、日本では一般生徒の人間形成・教育指導が重視されてきた。種目数や試合数などは多いが、技術や経験がない教師も顧問役に就かされがちで、勤務時間増に不満の声も。生徒は生徒で自由時間削減に愚痴をこぼす。それでもあくまで「全生徒の自主参加」が建前として掲げられる。

　一部エリートのものとして明治時代に始まった運動部活動。戦後は、運動部への加入者が右肩上がりに増えていった。管理主義が強まった1980年代には「非行防止」の手段として強調されたが、今は学校スリム化の流れを受け、部活動の地域化をめぐる議論が再燃している。ただし、あくまで課外活動という位置づけであるため、政策的影響は少ない。

　そもそも部活動は制度的な基盤が脆弱（ぜいじゃく）で、現場の慣習によって成り立ってきたものだという。あいまいかつ非合理な理由で継続し、空気を読みながらの参加を促される部活動。うう、いかにもという感じだ。

　堅い論文調ではあるが、論旨はシンプル。平易な新書になるとうれしいが、並ぶデータを眺めるだけでも認識が変わる。部活嫌いだった者はきっと「犯人見たり！」という思いで本書を読み終えるだろう。東京オリンピックを控える一方で、いまだ残る体罰やハラスメントが問題視される今こそ、スポーツの在り方を問い直すための一助として活用されてほしい。

評・荻上チキ（「シノドス」編集長・評論家）

なかざわ・あつし　79年生まれ。一橋大大学院専任講師。身体教育学・社会福祉学専攻。

二〇一四年五月一一日⑥

『〈働く〉は、これから　成熟社会の労働を考える』

猪木武徳 編
岩波書店・二〇五二円
ISBN9784000244756
経済／社会

魔法の解決策はないからこそ

日本の社会で、働くということがここまで盛んに論じられるようになった時代もめずらしいかもしれない。拡大する非正規雇用やリストラの問題、ブラック企業の内実、女性の就業や高齢者の雇用など、そのテーマも多岐にわたる。それだけ、労働をとりまく社会環境が大きく変化しているということだろう。バブルの時代には日本経済の強さの秘密としてあれほどもてはやされた終身雇用や年功序列賃金といった慣行も、いまでは日本経済の長期停滞の元凶として槍玉（やりだま）にあげられるようになった。

働くことをめぐって数多くの書籍が出版されるなか、本書の特徴は、論集のかたちをとりながら働くことの意味をできるだけ広い視野のもとで位置づけようとしているところにある。就労の形態も仕事の内容もますます多様化し、ライフコースの「標準」といったものがもはやなりたたなくなった時代状況において、働くことの価値をどのように考え、労働の現状をどのように改善していくべきか。こうした問いが本書を貫いている。といっても、けっしてそこでは抽象論が展開されているわけではない。統計的なデータを重視し、現場への訪問調査をいとわない姿勢が随所ににじみでている。

本書のなかでも私がとくに関心を惹（ひ）かれたのは、ありうべき雇用改革を論じた清家篤の論考だ。雇用制度の改革というと、終身雇用をやめれば日本経済は再生するといったような、これまでのやり方を百八十度転換すれば問題は一気に解決するかのごとき勇ましい議論ばかりが目立つ。これに対し清家の論考は、広い視野にたてばそのような魔法の解決策は存在しえないこと、地道な努力だけが真の改革を進めることができることをていねいに説く。勇ましい議論になびきたくなる閉塞（へいそく）した時代だからこそ、謙虚に受けとめるべき貴重な提言である。

評・萱野稔人（津田塾大学教授）

執筆者は猪木武徳、杉村芳美、清家篤、岩井八郎、藤村博之、宇野重規の各氏。

二〇一四年五月一一日⑦

『「アイドル」の読み方　混乱する「語り」を問う』

香月孝史 著
青弓社・一七二八円
ISBN9784787233721
アート・ファッション・芸能

昨今はAKB48をはじめとするアイドル全盛の世である。だが、このアイドルという存在、論者によって、微妙に解釈がずれる。だから、畏（おそ）れ多くも菩薩（ぼさつ）に比される山口百恵、かしこくもキリストを超えたとの評がある前田敦子。どちらが真のアイドルか、という議論は白熱するが、決着を見ることがない。そこで新進気鋭の文化社会学者である著者は思い立った。アイドルとは何かを、微に入り細に入り、徹底的に考えてみよう。みんなの議論の土俵を、整えてあげようじゃないの。

小難しく考えるなよ。所詮（しょせん）はあれだ、ちゃらちゃらかわいくて、歌って踊るヤツでしょう。いや、それではダメなのだ。今はテレビがアイドルであることを保証してくれる時代ではなくなったから。

著者の行き着いたアイドルの新しい定義とは、「饗宴（きょうえん）の場」であること。……？　人ではなく場って何のこと？　それは読んでのお楽しみ。さあ、本書で予習して、大いにアイドルを語ろう！

評・本郷和人（東京大学教授）

二〇一四年五月一一日⑧

『おじさんの哲学』

文芸

永江朗 著
原書房・一九四四円
ISBN9784562050581

本書でいうおじさんはいわゆるオッサンではなく、父母の兄弟のおじさんのこと。おじさんは父親とちがって自由な風を運んでくれる存在だと誰かから聞いたことがあるが、本書は様々な著述家の言動や考え方を紹介し、そこからおじさん的なものを読み取る作家論、おじさん論である。

常識にとらわれず、本流からも外れ、本業が何かすらよく分からないくせに、その言葉に妙な説得力があるのがおじさんの魅力。でもおじさんだって自分の家では常識的なお父さんとして振る舞っているはずだから、たぶん他人の家に来て、少しいい加減になっているぐらいが人間ちょうどいいのかもしれない。

本書で紹介された著述家たちはどこか肩の力が抜けていて、声高に正論を述べることに野暮ったさを感じている雰囲気があり、そこがおじさんっぽい。そう、つまりこれはかっこいい男論でもあるのだ。読んでいてこんな大人になりたいと思う、おじさんっぽい本である。

評・角幡唯介（作家・探検家）

二〇一四年五月一八日①

『九月、東京の路上で』

歴史／政治

加藤直樹 著
ころから・一九四四円
ISBN9784907239053

『ルポ　京都朝鮮学校襲撃事件』

中村一成 著
岩波書店・一九四四円
ISBN9784000259644

差別への「慣れ」暴力生む下地に

関東大震災の際、「朝鮮人が井戸に毒を入れた」といった流言が拡散し、多くの朝鮮人、および朝鮮人と間違われるなどした日本人や中国人らが虐殺された。1923年の出来事だ。この出来事は、災害時の流言の危険性を呼びかけるうえでもしばしば参照される。

だがこれは、「善良な市民が誤った流言をうのみにしてパニックを起こした」という単純な話ではない。災害という特異な環境のみが流言を拡散させたのでもなければ、流言だけが虐殺を引き起こしたのでもない。日頃から、多くの市民に差別心が根深く共有され、メディアもその空気を助長する報道を繰り返したという環境があってこそ、流言は広く受容され、暴力を生む要因の一つとなった。

『九月、東京の路上で』は、先行研究や証言集などを整理し、この事例から何を学ぶべきかを解説した一冊だ。軍や警察の関係者も虐殺を黙認し、時には積極的に加担したこと。事件後は司法や政府も虐殺への対応が甘く、加害者への裁きも軽微に済ませがちであったこと。虐殺の参加者が裁かれることに対し、同情的な世論もあったこと。こうした当時の空気感が、立体的につづられていく。類書は数あれど、入門書としての読みやすさは群を抜いている。

本書のポイントは、同事件と現代との連続性を強調する点だ。虐殺現場の現在の写真を多く掲載していることからも、事件を「遠き時代の惨事」ではなく「身近な前例」として想像してほしいという願いが伝わってくる。なにせ昨今では、この虐殺事件すらも歴史修正の矛先が向けられている。日本人の「加害性の値引き」を試みるその行為は、むしろ日本人への「信頼性の値引き」を加速することになるのだが。

今、ヘイトスピーチや排外デモを分析する書籍が相次いで出版されている。中でも『ルポ　京都朝鮮学校襲撃事件』は、「誰がどう襲われているのか」を知るうえで重要な一冊だ。2009年、「在日特権を許さない市民の会」らが朝鮮学校を訪れ、「スパイの子ども」「キムチ臭い」「たたきだせ」といった罵詈雑言（ばりぞうごん）を浴びせ、器物損壊を行った。この事件が、児童や保護者、教師や地域に対してどのような衝撃を与えたかを、勢いのある筆致で描写している。

多くのユーザーは、ネット上での差別的な書き込み・コピペに慣れてしまったかもしれない。だが、その言葉を向けられた者がどれだけの傷を負うかは、本書が克明に伝えている。そうした言辞への「慣れ」がさらなる暴力を生みうることは、約90年前の出来事が示している。この2冊を手に取る人が増えれば、それもまた差別へのカウンターとなるだろう。

評・荻上チキ（「シノドス」編集長・評論家）

かとう・なおき　67年生まれ。出版社を経てフリー。今作が初の著書。

なかむら・いるそん　69年生まれ。ジャーナリスト、元毎日新聞記者。

二〇一四年五月一八日❷

『学生との対話』

小林秀雄 講義　国民文化研究会、新潮社 編

新潮社・一四〇四円
ISBN9784103082071／9784101007113（新潮文庫）人文

臨場感と熱気あふれる話し言葉

生前、小林秀雄は口話の録音を許可しなかった。講演原稿も推敲（すいこう）を重ね、書き言葉へと変換してから公表した。それゆえ、本書は明らかに小林の意図に反した作品だろう。実際、もし知られたら小林の逆鱗（げきりん）に触れることを覚悟の上、こっそりとテープは回されたという。だが、いやだからこそというべきか。不思議な臨場感と熱気に溢（あふ）れた、稀有（けう）な言行記録となっている。

「対話」との表題通り、本書の大部分を占めるのは学生との生きた対話だ。昭和36年から53年にかけ、計5回行われた講演には、全国60余の大学から集まった大学生らが300～400名集い、聴き、質問した。その様は、まさに小林自身が意識したソクラテスの対話法である。学生たちも、講義や小林の著作の内容はもとより、時に「戦後民主主義」や「現在の教育制度」といった大きな問題への問いが出るかと思えば、学生自身の不安や焦り、人生の指針を求める質問までさまざま。それらに対し、小林は安易な回答をよしとせず、問うことそれ自体の意味を、学生自身の思考力に訴え、問い直していく。

「本当にうまく質問することができたら、もう答えは要らないのですよ」とは、講義「信ずることと考えること」の後で語った言葉である。「僕ら人間の分際で、この難しい人生に向かって、答えを出すこと、解決を与えることはおそらくできない。ただ、正しく訊（き）くことはできる」と。質問するとは答えを求める以上に自分で考えることが重要である。考えるとは、本居宣長によれば「か身交（むか）ふ」、つまり、〈自分が身をもって相手と交わる〉ことであり、人間を考えるときには、その人の身になってみるだけの想像力が要る……。この明快な言葉は、書き言葉の小林秀雄とは人格ならぬ筆格が異なるが、魂は等しく読む者に語りかけてくる。学問や知識の細分化が進む今だからこそ、ぜひ一読されたい。

評・水無田気流（詩人・社会学者）

こばやし・ひでお　1902～83年。評論家。著書『ゴッホの手紙』『本居宣長』など。

二〇一四年五月一八日③

『庭師が語るヴェルサイユ』

アラン・バラトン 著 鳥取絹子 訳
原書房・二五九二円
ISBN9784562049905
歴史

壮大だがやわらかくて人間的

正直いって、大きすぎ、まっすぐすぎて退屈な庭だなあと感じていた。そんな「フランス庭園の最高峰」ヴェルサイユ宮殿が、全く違った、やわらかくて人間的なものに見えてきたし、フランスという国自体も、変わって見えた。

一番興味をひいたのは、ヴェルサイユの壮大さを作り上げた、太陽王ルイ14世と、ヴェルサイユの関係である。絶対王権の象徴、史上最高の権力者の一人といわれる彼の、意外なほどの弱さが発見できた。貴族の反乱（フロンドの乱）に疲れ果てた彼が、貴族達（たち）からエスケープするために13キロ離れたヴェルサイユに、巨大な自分の「庭」を造ったのである。

15世の孫、16世にオーストリアから嫁いだマリー・アントワネットが、パリの貴族達になじめずに、ヴェルサイユに逃避し、閉じた自分の世界の中で浪費生活を送ったというのは有名な話だが、絶対的に「強い」と思われていたルイ14世自身が、一種の「ひきこもり」だったのだ。権力とは、意外にも「ひきこもり」の生成物かもしれない。

ルイ14世が庭を造りながら成長する様子もおもしろい。弱い人間が、強さにあこがれて壮大な庭を造ると、今度は庭が彼を励まし、強くしてくれる。その相互作用、相互成長は現代人も反復している。

庭が生き物であるから、そんな共振現象が起きる。ルイ14世は、もうひとつの大事な生き物「女」もたっぷりと、愛した。彼は庭とともに相互成長しただけではなく、女（愛妾〈あいしょう〉）とも相互成長をとげた。

ヴェルサイユの庭がいかにナマな生き物であったかの、庭師の著者ならではの、専門的記述にも圧倒された。ル・ノートルのデザインによる究極の幾何学的フランス庭園、というのが従来の理解であったが、ル・ノートルと同時代のラ・カンティニが追求した、植物が作る有機体としてのヴェルサイユが描かれ、すぐに確認したくなった。

評・隈研吾（建築家・東京大学教授）

Alain Baraton　庭師、作家。ヴェルサイユの庭園で30年以上働く。

二〇一四年五月一八日④

『JR上野駅公園口』

柳美里 著
河出書房新社・一五一二円
ISBN9784309022659／9784309415086（河出文庫）
文芸

排除される側も巻き込む天皇制

その男の人生に、天皇や皇后は大きな影を落としていた。そもそも生まれたのが現天皇と同じ昭和8年。妻の名は貞明皇后の名と同じ漢字の節子。息子が生まれた日は、現皇太子と同じ昭和35年2月23日だった。

男は、常磐線の鹿島という駅に近い福島県八沢（やさわ）村（現・南相馬市）に住んでいた。昭和22年8月5日、天皇を乗せた列車が鹿島の隣の原ノ町駅に停（と）まったとき、天皇陛下万歳を叫んだ2万5千人のなかに、その男もいた。

東京オリンピック前年の昭和38年12月27日、男は出稼ぎのため、常磐線に乗って上京した。昭和天皇が皇太子時代に狙撃された虎ノ門事件から40年目の日であった。それから息子が死に、妻が死んだ。帰郷していた男は、孫娘に面倒をかけるのが耐えられなくなり、再び上京して上野恩賜公園でホームレスになる。

平成18年11月20日、現天皇と現皇后が上野の日本学士院を訪れるのに先立ち、「山狩り」が行われた。ホームレスの暮らす「コヤ」が立ち退きを迫られたのだ。男は、自分と同じ年齢の天皇が皇后と車に乗り、手を振っているのを見て、反射的に手を振り返す。その瞬間よみがえったのは、昭和天皇を原ノ町駅で迎えたときの光景であった。

天皇、皇后が外出することを行幸啓という。行幸啓は、明治から敗戦までの天皇制を継承するものだ。民主主義という名目のもと、ふだんは見えない天皇制の権力が露出するとき、その権力は本書の主人公のような、排除される側の人々すらも熱狂の渦に巻き込んでゆくのだ。

そしてあの震災が起こる。故郷は津波にのまれ、男は帰るべきところを失う。東京オリンピックの開会を宣言する昭和天皇の声が男の胸に迫る。男にとって、天皇制の呪縛から逃れるには、もはや命を絶つことしか残されていなかった。暗く重い余韻がいつまでも消えない小説である。

評・原武史（明治学院大学教授）

ゆう・みり 68年生まれ。『魚の祭』（岸田國士戯曲賞）、『家族シネマ』（芥川賞）など。

二〇一四年五月一八日⑤

『日本を再発明する 時間、空間、ネーション』

テッサ・モーリス＝スズキ 著　伊藤茂 訳

以文社・三〇二四円　政治／社会

ISBN9784753103195

虚をつく「発明」、明治期の国家

すぐれた外国人研究者による日本研究には、ひとことで、鮮やかに本質をつき、同時に、日本人の虚をつくものがある。この場合、それがすでにタイトルだったので、さらに衝撃的だった。

なぜって？ 「日本を『再発明』する」というからには、日本は一度「発明」されているからである！ いつ？ 明治に。明治国家の樹立は、「発明」である、という視点を、私を含めて多くの日本人はとらないし、そう歴史の授業で習いもしない。しかし実のところ、ほとんど無理に近い「発明」だ。このことが、多くのひずみを生み出して今日にも影響していると思えてならない。国家と神と政治と軍隊を一本化した、その国家がなしたことを説明するのはむずかしい。今でも外交でつまずいたりするとき、根底にはそれがないだろうか。硬直してしまった「発明」を解きほぐすヒントが、本書にある。

ネーション（国民）とは、人種とも自然とも文化とも空間とも異なる。この定義自体、西欧の発明である。この発明も大きなひずみを生んだ。日本の場合は、海で隔絶された地理条件と、移動の自由が少なかったことから、その境界は自然のもののように見える。が、その国境線もやはり「近年の発明」であり「現在係争中のところもある」のである。

一面で、やすやすとできたように見える国民が、その半面で支払わなければならない代価について語るのは、むずかしい。しかしむずかしいからこそ、語ってみないとさらなる混迷を生む。「日本」をかたちづくってきたことを縦横無尽にキーワードで語り、それを解きほぐそうとする。中でも出色は「ジェンダー」だろう。日本ではなぜか多くのことがジェンダーじみた論になり、天皇制なども、なぜかその本質が性別であるかのような転倒が生まれる。繰り返し現れるパターンはどこから来るのか？ 現在必読の書。

評・赤坂真理（作家）

Tessa Morris-Suzuki 英国生まれ。豪国立大学教授。『北朝鮮へのエクソダス』。

二〇一四年五月一八日⑥

『身の丈の経済論　ガンディー思想とその系譜』

石井一也 著

法政大学出版局・四一〇四円
ISBN9784588603358

経済

21世紀を展望する思想的源泉

本書は、インド独立の父ガンディーによる経済思想の解明を通じて現代文明の再考を迫る、問題提起の書である。

ガンディーの経済思想は、近代化、工業化への根底的な批判と特徴づけられる。彼は、西欧の機械化・工業化がインド経済の独立を奪い、貧困化をもたらしたと批判する。他方で、非暴力の観点から社会主義・共産主義を否定し、インド初代首相のネルーが推進した社会主義的工業化に反対の立場を明確にする。

こうした反近代ともいえる姿勢は、同じインドの知識人タゴールやアマルティア・センらの批判を招く。だが著者は、ガンディー思想を単なる反近代ではなく、人々が連帯しつつ、適正技術を生かして環境と共生するオルターナティブな経済システムを目指すものと積極的に評価する。

その具体論として、「チャルカー（手紡ぎ車）運動」と「受託者制度理論」がある。前者は、当時のインド綿布市場を席巻していた機械製製品に対抗し、手織りの綿布生産による協同組合的社会の構築を通じて、貧者救済を図る運動である。これはあえて、非効率的だが簡素な生産手段を用いることで、貧者が生産に参加し、所得をえるシステムだ。

これが生産の理論だとすれば、受託者制度理論は分配の理論であり、富者が神から信託を受け、その財産を貧者のために、自発的に用いるという考え方である。左派からは、階級闘争や財産国有化を回避する体制擁護論だとの批判を受けたが、ガンディーにとっては経済的非暴力主義こそが、譲れない根幹だったのだ。

こうしたガンディーの経済思想は、「スモール・イズ・ビューティフル」で有名なシューマッハーに影響を与え、経済システムと生態系の共存を説く「定常経済論」にもつながっていく。その意味で彼の思想は、21世紀のオルターナティブな経済システムを展望する思想的源泉として、改めて再評価されるべきだろう。

評・諸富徹（京都大学教授）

いしい・かずや　64年生まれ。香川大学教授（経済学）。

二〇一四年五月一八日⑧

『尼のような子』

少年アヤ 著

祥伝社・一四〇四円
ISBN9784396460440

文芸

ブログで人気を博した著者の初単行本。身体は男であるけれど、自我は男でもなく女でもなく、可愛くて綺麗（きれい）なものが大好きなのに、自分の容姿に自信がない。性体験もない。勇気を振り絞って告白したクラスメイトの男子には振られ、美大を卒業してからはニート。つまり職もない。ついでに肛門（こうもん）や睾丸（こうがん）には不幸なトラブル。

そんなないないづくしの著者が依存したのは、俳優や韓流アイドルたち。大枚をはたいては写真を集めまくり、コンサートやファンミーティングに通い倒す。

自己評価が低くコンプレックスにまみれ「こじらせ」る若い世代の書くあまたの文章の中で、本書が頭抜（ずぬ）けて光るのは、極端に走る熱い行動が面白いからだけでは決してない。卓越した自己分析から繰り出す残酷な客観化と滑稽化と、美しく切ない隠喩が絶妙のタイミングで交錯する、そんな華麗にして秀逸な文章そのものに心揺さぶられるからだ。

評・内澤旬子（文筆家・挿画家）

『世界の見方の転換〈1〜3〉』

山本義隆 著

みすず書房・1巻2巻三六七二円、3巻四一〇四円
ISBN9784622078043〈1〉・9784622078050〈2〉・9784622078067〈3〉

科学・生物

近代科学が開いた「無限成長」への道

経済学を専門とする評者が、なぜ近代科学の道を開いたコペルニクスやケプラーらを扱った本書を取り上げるのか。2001年の9・11（米国同時多発テロ）や11年の3・11による東京電力福島第一原発事故に象徴されるように、21世紀は近代システム自体が綻（ほころ）びを見せていると評者は考え、近代成立の原点を理解しない限り、将来を思索できないと思ったからである。

F・ブローデルの提唱した「長い16世紀」（1450〜1640年）には、ルネサンス、宗教改革、大航海、17世紀科学革命など、数々の歴史的大事件が起こっている。しかし、近代の幕開けに際して、これらの関連づけが評者にはいま一つ不明だったが、本書を読んでそれらの関連性が明確に理解できた。

キリスト教とアリストテレス自然学で強固に武装された中世の観念を打破するには、近代科学の誕生が不可欠だった。「ルネサンスのパラドックスのひとつは、それが科学的な運動ではなかった」ことだと本書はいう。「究極的には時代遅れになるところの古代の理論の再発見であった」。またルターの主張は「人文主義に通ずるところがあった」ものの、「まぎれもなく中世思想の継承者だった」。すなわち、ルネサンスと宗教改革は近代の立役者ではない。

そうした認識のもとに著者は「15世紀中期から30年戦争にいたるまでの、北方人文主義と宗教改革を背景として中部ヨーロッパを舞台に展開された（略）総じて世界認識全般の復活と転換」を語る。人文主義はイタリアからドイツに輸入されて宗教改革への道を準備する。宗教改革はメランヒトンらの大学改革を引き起こし、後に独天文学隆盛の礎を築くこととなる。

15世紀ポーランド生まれのコペルニクスが「科学革命の最初の主導人物」となったのは「太陽中心説VS.地球中心説」の対立を導いたからではない。不動だと信じられていた地球を惑星の仲間入りさせ、「高貴なる天体と同一に扱ったことにより、天上から地上へと連なる貴賤（きせん）のヒエラルキーを破壊した」ためである。その結果、彼はキリスト教世界の「階層的秩序を解体」させ、「世界の均質化」をもたらし、「近代の真のはじまり」の栄誉に浴した。

16世紀に独ルター派の貧しい家庭に生まれたケプラーは教育改革のおかげでティコ・ブラーエの膨大な天文観測データの利用機会に恵まれ、「天文学の物理学化」に成功し、「近代力学の思想の原型を生みだした」。

資本主義の生成と限界を考えるうえでも本書は「広大無辺」のアイデアを与えてくれる。コペルニクスは「世界の無限」の概念をもたらし、ケプラーは宇宙に散らばる天体には常に「遠隔力が働く」という新しい見方を提唱した。これにフランシス・ベーコンが近代に持ち込んだ「進歩」という「イデオロギー」（前著『一六世紀文化革命』の終章）を考え併せることで、17世紀初めに誕生したオランダ東インド会社がそれまでの一度限りの事業清算型合資会社ではなく永久資本の株式会社として設立されたのもうなずける。無限に延びる時間と空間が会社に永遠の命を与え、近代は「成長」の時代となったのだ。

だが、「長い16世紀」は一方で自然への「畏怖（いふ）の念」を抱え持っていた。純粋実験室の小世界で成り立つことを「生産の大規模化」に適用しようとする近代人の驕（おご）りが今の閉塞（へいそく）感を招いている。原発事故を「想定外」という軽々しい一言で済ませるのはその証左だ。本書あとがきの最後の1行にはしびれた。

評・水野和夫（日本大学教授）

やまもと・よしたか　41年生まれ。『知性の叛乱（はんらん）』『熱学思想の史的展開』など著書多数。本書は、大佛次郎賞を受けた『磁力と重力の発見』全3巻、『一六世紀文化革命』全2巻に続く3部作の完結編。

二〇一四年五月二五日❷　文芸

『杜甫のユーモア　ずっこけ孔子』

興膳宏 著

岩波書店・二〇五二円
ISBN9784000259606

本物の学者が創り出す桃源郷

職業を尋ねられるたび、私は慌て、赤面する。「歴史学者、ですね」「滅相（めっそう）もない。ぼくの研究対象は日本の中世だけです。だいたい、ぼくが学者なんて、おこがましい」「じゃあ何ですか?」「中世史研究者ということで」「（面倒くさいなあ）はいはい」

本書の著者、興膳宏は中国文学の泰斗で、まさに「ザ・学者」である。京都大学に学び、吉川幸次郎・小川環樹に師事。中国文学理論、六朝文学研究の第一人者で、杜甫や荘子にも造詣（ぞうけい）が深い。

本書は著者が折々に記したエッセイを集めたもの。中心には、自らを微笑（ほほえ）みながら見つめる杜甫と、荘子が描くところの、盗跖（とうせき）（大盗賊）にしてやられる孔子のズッコケがある。文章は平明。悠揚として迫らず、読後感が心地よい。それは一文節・一表現の裏にある教養が分厚いから。分かりやすく工夫された文章のそこここから、学問が溢（あふ）れだす。「学者」の仕事である。

日本の知識人は、古代から一貫して漢文に親しんできた。漢学者は自在に漢詩を創作したが、その風は昭和にまで及び、本書が紹介する豹軒（ひょうけん）鈴木虎雄（吉川・小川の師）は夥（おびただ）しい量の漢詩を遺（のこ）したという。ところが近年、「英語を学べ」の大合唱のかげで、実益に直結しない漢文の習得は「はやらぬ学問」になってしまった。日本人、とくに若い層の漢文読解の能力は凋落（ちょうらく）の一途をたどっている。

研究者はというと、以前に比べとても忙しい。大学経営の業務に追いまくられ、能力はあってもなかなか本物の学者になれない。大学は自助努力をせよ、との社会の要求は正しいが、人生を豊かにする人文系の学問を、せちがらく実利で計量するやり方は、いかがなものか。私にはこうした風潮と、漢文学の等閑（なおざり）とが、軌を一にするように思える。

人文科学に吹く風は厳しい。でもそれだけに、本物の学者が創り出す桃源郷に憩う楽しみは、かけがえがない。

評・本郷和人（東京大学教授）

こうぜん・ひろし　中国文学者。京都大学名誉教授。『中国古典と現代』『杜甫』など。

二〇一四年五月二五日❸　アート・ファッション・芸能

『ドレス・アフター・ドレス　クローゼットから始まる冒険』

中村和恵 著

平凡社・一七二八円
ISBN9784582836523

素敵で深い「着ること」の裏側

何を着るか。ずっと考え続けてきた。うきうき楽しく選んだり、何を着ていいのかわからなくて深刻に迷ったり。服が大好きで、憎い。

纏（まと）うことの楽しさと不自由さはどこから来るのか。ファッション誌や服飾に関する本を渉猟しても、物足りない。流行の着こなしもスタイリング術もいいけれど、服はもっと広く、いつでもどこでも愛され、着用されてきたはず。

そんな想（おも）いをようやく存分に共有できたエッセイが本書である。小説の描写から二十世紀初頭のヨーロッパの都市で働く若い女性の服飾事情に思いを馳（は）せたかと思うと、北方狩猟民の鮭革（さけがわ）でできた衣の素敵（すてき）な風合いに触れ、カナダのビーバー乱獲と環境保護運動の経緯から毛皮との付き合いを考察する。日本の着物も登場。古今東西南北、博物館や書物からオーダーメードショップまで、被服があるところどこでも軽々と、漂着する。かっこいい。

もちろん単にあれが素敵これが素敵だけでは終わらせない。比較文学者でもある著者の語学力と知識が旺盛な好奇心をしっかりと支え、服の裏側に潜む歴史や心理、女性性や社会問題にまで行き着く。

着ることは、自分が何者であるかを自分以外の他者、社会に表明することでもある。

フランスの公立学校で問題になったムスリム女子生徒のスカーフ着用については、少女たちが現代フランスとイスラム系移民居住区との二つの文化の視線に対抗する二重戦略と読み解き、どちらに帰属するかではなく、どちらも彼女らの一部なのだと説く。

服が規定しようとする体形も然（しか）り。巻末では身体に話が及ぶ。「痩身（そうしん）」という単一の文化的価値観を崇（あが）めるよりも、たくさんの種類のきれいやかわいいや美しいがあったほうが、いい。しかもそういう視点は練習で獲得できるものだから、やってみて、と誘いかける。同感。きっとそのほうが楽しい世界になる。

評・内澤旬子（文筆家・イラストレーター）

なかむら・かずえ 66年生まれ。明治大教授（比較文学・比較文化など）。『地上の飯』など。

二〇一四年五月二五日❹

『初音ミクはなぜ世界を変えたのか?』

柴那典 著

太田出版・一七二八円

ISBN9784778313968

IT・コンピューター／社会

「音楽」再生のための新たな革命

音声合成ソフトウエア「ボーカロイド」の一種として生まれながら、ネット上の不特定多数のユーザー（ボカロPと呼ばれる）に育まれることで、姿かたちを与えられ、幾つもの名曲を歌い、やがてネットを飛び出して様々に活躍し始め、気付けば一種の社会現象を巻き起こしていた「初音ミク」。本書はその誕生から現在に至る歴史を、ミクの開発者や有名ボカロPたちへの取材によって繙（ひもと）きつつ、ひとつの大胆な主張を行っている。それは、ミクが登場した（発売された）二〇〇七年から起こった出来事は、史上三度目の「サマー・オブ・ラブ」だった、というものである。

六〇年代末、アメリカ西海岸で、ヒッピーイズムを背景にして勃興した若者文化のムーブメント、それは「サマー・オブ・ラブ（愛の夏）」と呼ばれた。六九年のウッドストック・フェスティバルが、その頂点だった。それから二十年後の八〇年代末、イギリスで「セカンド・サマー・オブ・ラブ」が起こる。それは大規模野外フェスを中心に、当時注目されていたテクノやハウスなどのクラブ・ミュージックと、一部の人気ロック・バンドによって形成されたブームを、かつての「愛の夏」の再来として名付けたものだった。そして本書の著者は、それから更に二十年後の「初音ミク現象」を、三度目の「愛の夏」として捉えようとしている。つまりこれは、一種の紛れもない革命なのだと。瀕死（ひんし）の「音楽」の新たなる再生、そして文化の「未来」が、ここに芽吹いているのだと。

「初音ミクは世界を変えるか?」ではなく、既に「なぜ世界を変えたのか?」になっているところに、著者のスタンスが窺（うかが）える。むろん、賛否はあることだろう。だが、ミクが「愛の夏」のヒロインであるのかどうかは、実はどうでもいいことなのかもしれない。問題は、世界が本当に変わったのか、いや、変わるのかどうか、であるのだから。

評・佐々木敦（批評家・早稲田大学教授）

しば・とものり 76年生まれ。ライター、音楽ジャーナリスト。「ナタリー」などに執筆。

『ブルーシート』

飴屋法水 著
白水社・二二六〇円
ISBN9784560083628
文芸／ノンフィクション・評伝

その場、その時 代替不能な核心

80年代の短い期間、東京グランギニョルという劇団を率いた飴屋法水は、解散後に現代美術の前衛として刺激的なインスタレーションを数多く提示。しかし、〝動物商〟となって発表をやめてしまう。

私が実際の姿を見たのは10年ほど前、光の入らない白い箱の中に必要最小限の水と食料をもって24日間こもるという〝展示〟で再び現れた飴屋（とはいえ姿は見えない）が、箱から出てきた最終日のことだったと思う。過激なことをするけれど、他人の話によく耳を傾ける優しげな人物で、ますます興味がわいた。

パフォーマンスや演劇に再び関わり始めた飴屋は、制作過程そのもの、舞台そのものの仕組みを根底から変えていく。例えば「わたしのすがた」では観客が1人ずつ地図を持ち、巣鴨の廃屋や廃ビルを回り、そこに実際にいた人物に思いをはせ、自己に照らした。

今回岸田戯曲賞を受賞した『ブルーシート』でもそれは変わらない。いわきの高校生と作った公演には、そこで生きのびた高校生の身体と、震災で亡くなった人の遺体の記憶が渾然（こんぜん）となる。いわきの学校のグラウンドで上演されたことも代替不能な核心だ。

賞の審査員たちの選評がパンフとなって挟まれていて、そこには〝未来の上演を前提とするのが戯曲ではないか〟〝これは演劇ではあるが、芝居だろうか〟といった、誠実で根源的な疑義が載っている。その場でこそよりよく成立する仕組みを飴屋は自然に選んでいくのだから、疑いは当然だ。

併載された戯曲『教室』も実際の自分のパートナーと当時6歳の子供の3人で〝家族〟を演じる児童劇で、交わされる会話や行為の肌触りは、確かに別の座組で上演して再現出来るかどうかわからない。

その場、その時、その関係を捨象せず、眠っている小鳥を持つような手つきで差し出す飴屋はしかし、確実に我々に経験をもたらす。読むことでもそれは心の底で起きる。

評・いとうせいこう（作家・クリエーター）

あめや・のりみず 61年生まれ。演出家、劇作家。『キミは珍獣（ケダモノ）と暮らせるか？』など。

『評伝 バルテュス』

クロード・ロワ 著 與謝野文子 訳
河出書房新社・二五九二円
ISBN9784309255538
アート・ファッション・芸能

秘められた鏡の向こうに…

画家はその作品において自ら伝記作家になり得る場合がある。バルテュスも作品を通して人生を記録し続けた。一般的に彼は作品の神秘と謎によって人生の秘境を制する孤高の画家と思われているが果たしてそうだろうか。

もし彼の絵画を覚醒した網膜に映し出すなら、隠蔽（いんぺい）した秘密など何ひとつ存在しないことがわかるはずだ。絵画はその作者以上に正直である。絵画は画家の心の秘密さえ暴く魔力をその本質に有している。従って伝記作家は画家の生い立ちに関与した環境や事実や人物を歴訪する以前に徹頭徹尾、作品の凝視から怠惰であってはならない。作品はすでにその本性を裸出しているからである。

さて、本書の多くはバルテュスの少年期に言及されている。特に芸術家は少年期にその人格が形成され、その時期の非言語的で不透明な感覚がその後の作品の源泉になるとすれば、彼が執拗（しつよう）に主題にする複数の変奏バージョンこそ彼の内なるアンファンテリスム（幼児性）であろう。児童文学の挿絵や絵本のスタイルの引用、または意図的に素朴で稚拙な表現、そして非西洋的な中国の風景、東方からやってきた奥方、画家の早過ぎる成熟期を彩る性的な戯れを暗示する少女王国の世界！

この秘められた鏡の向こうの夢幻的、演劇的日常の「スキャンダル性を含みもつ」作品の作家は「快楽の画家」としての世間的「レッテルを定着させる」。だがこのような評価は女性を性的欲望の対象として見る男の視線である。

むしろ少年期に「アリス」を愛（め）でた少年バルテュスの私的な体験による未知なる女性への憧憬（しょうけい）が、鏡や猫（バルテュス本人）と共にあの灰色の画面の中で永遠の未完を呼吸し続けることだろう。

四年に一度しかやってこない日を誕生日とするバルテュスをリルケは、クラック（隙間）に入る者は時間の外に出ることに成功すると言った。

評・横尾忠則（美術家）

Claude Roy　1915～97年。フランスの文学者。戦後の代表的知識人。

二〇一四年五月二五日❽

『亡国の安保政策　安倍政権と「積極的平和主義」の罠』

柳澤協二 著

岩波書店・一五一二円

ISBN9784000247863

政治

安倍政権が進める憲法の解釈変更。その問題点はどこにあるのか。元防衛官僚で、第1次安倍政権では官邸の中枢にいた著者が、専門的な安全保障論の観点から徹底的に批判を加える。

国連PKO活動参加、9・11後の「テロ対策」、イラク戦争への対応などの政治の要請に対し、著者や内閣法制局は個別的自衛権の枠内で何とか考え続けた。それは不要な枠に縛られた、不毛な努力だったのか。そうではない。

日本が個別的自衛権に自己限定することは、冷戦終結後の今、「戦争に巻き込まれないという消極的な意味」をもつだけではない。集団的自衛権は、実際には自衛を超え、大国の恣意（しい）的な介入を正当化し続けてきた危険な概念だからである。

安倍首相らの前のめりの姿勢は、安全保障上の要請でなく、「敗戦の歴史のリセット」への執念から来るとする著者の洞察は鋭い。今後の国民的議論のために、必読の一冊である。

評・杉田敦（政治学者）

二〇一四年六月一日❶

『ハンナ・アーレント』

矢野久美子 著

中公新書・八八六円

ISBN9784121022578

『戦争と政治の間　ハンナ・アーレントの国際関係思想』

パトリシア・オーウェンズ 著

中本義彦、矢野久美子 訳

岩波書店・四九六八円

ISBN9784000259576

歴史／政治

世界の複数性　思考し続けて

映画でも話題になった政治思想家アーレント。ドイツ哲学に学んだ後、ナチス迫害を逃れてアメリカに亡命した彼女について、簡にして要を得た評伝が出た（『ハンナ・アーレント』）。理論中心の従来のアーレント論とは異なり、本書では、2度の結婚の相手を含む友人たちとの交流が丹念に跡づけられる。厳しい条件の中で、人びととの具体的なつながりが、彼女にとっていかに大切であったかが読む者に迫ってくる。

ところが、悲劇的なことに、ナチスの元高官アイヒマンの裁判をきっかけに、アーレントは、大事な友人たちのほとんどを失う。アイヒマンを「怪物的な悪の権化」と見なしたいユダヤ人社会の意向に背き、彼女が彼を「思考の欠如した凡庸な男」として描き、一部のユダヤ人のナチス協力にさえふれたからである。「ユダヤ人への愛がないのか」と非難された彼女は「自分が愛するのは友人だけであって、何らかの集団を愛したことは」ないと応える。

彼女はユダヤ人を自認し、「ユダヤ人として攻撃されるならばユダヤ人として自分を守らなければならない」とつねに強調していた。しかし、人を特定の集合的なアイデンティティーと一体化させてしまうことは、一人一人の存在の独自性、彼女の言葉で言えば「世界」の「複数性」という最も大切なものを脅かすと考えたのである。

従来、あまり紹介されてこなかったアーレントの国際政治論・戦争論を、現代の事象と関係づけて考察する本格的な試みが翻訳された（『戦争と政治の間』）が、そこでも鍵となるのは、複数性への彼女の関心である。

20世紀には、政治の特徴を「敵対性」に見いだし、政治と戦争とを同じようなものとするカール・シュミットなどの見方が強まった。これに対しアーレントは、人びとが自らの独自性を言葉によって表現しあう場を、政治的な空間とした。そして、そうした空間にあらわれるものを権力と呼び、他者を支配する暴力と厳密に区別する。

こうした暴力批判は、戦争批判に直結しそうにも思える。ところが、実際には彼女は、戦争を全否定する絶対平和主義とは距離を置き続けた。反ナチスなどのパルチザン闘争に加え、イスラエル建国のユダヤ軍さえ、一時は支持したのである。それは、ある人びとを根絶し、人間の複数性を否定しようとする「民族浄化」の動きがある以上、対抗的な戦争が正当化されうると考えたからであった。

個々の判断の妥当性はともかくとして、民族や戦争といった概念が改めてせり出しつつある今こそ、物事の両面を思考し続けたアーレントの姿勢に学ぶものは多いのではないだろうか。

評・杉田敦（政治学者・法政大学教授）

やの・くみこ 64年生まれ。フェリス女学院大教授。著書『ハンナ・アーレント、あるいは政治的思考の場所』。

Patricia Owens 75年生まれ。英サセックス大准教授。

二〇一四年六月一日②

『海うそ』

梨木香歩 著

岩波書店・一六二〇円
ISBN9784000222273

文芸／人文

魂を浄化し「永遠」へと結ぶ光

南九州に臨む遅島は、島内の気候が変化に富み、豊かな緑であふれている。昭和初期、人文地理学を専門とする一人の青年が島を訪れた。植生や民話を調査するためだ。

遅島の風景と人々の暮らしが、青年の目を通して鮮やかに語られる。島には古来、修験道の大寺院が存在した。だが、明治の廃仏毀釈（はいぶつきしゃく）によって、いまは木々に覆われた遺跡になっている。青年が島の若者とともに、遺跡を目指して山中を旅するシーンは、冒険小説としてもこのうえなく楽しく切なくうつくしい。

遅島はむろん、著者の梨木氏が文章の力のみで海上に現出せしめた架空の島だ。だが、思わず手持ちの地図を広げて探してしまったほど、リアリティーがある。濃厚な緑のにおい、夜の湖面を照らす月の光、洞窟の奥に蠢（うごめ）く深い暗闇。主人公の青年と一緒になって、私も島のあちこちを歩きまわり、呼吸した。

一見、静かに感じられるこの小説を満たしているのは、実は逆巻く波の音のように激しいぶつかりあいだ。遅島は太古から、客人や異文化を受け入れ、ときに亀裂を生じさせながらも融合してきた。

青年もまた、苦しみを抱え、心に走った亀裂をなんとか埋めたいと願っている。同時に、亀裂をさらにこじ開け、暗い深淵（しんえん）を覗（のぞ）き見たいという誘惑にもかられている。彼の遅島調査旅行は、さびしい魂の彷徨（ほうこう）であり巡礼の旅でもあるのだ。相棒となった島の若者に導かれ、彼は島の最奥、ひとの心の奥深くへと分け入っていく。

隆盛を誇った寺すらも遺跡と化したように、時の流れのまえではすべてがむなしい。だが、むなしさを超える標（しるべ）となる、かそけき光はたしかに存在する。ひとを真に生かし、救い、「永遠」へと結びつけるものとはなんなのか、この小説は物語る。繰り返し打ち寄せる波のように、情熱を秘めて。魂はゆるやかに浄化される。

評・三浦しをん（作家）

なしき・かほ　59年生まれ。作家。著書に『西の魔女が死んだ』『家守綺譚（いえもりきたん）』など。

二〇一四年六月一日③

『死ぬふりだけでやめとけや　谺雄二詩文集』

谺雄二 著　姜信子 編

みすず書房・四一〇四円

ISBN9784622078302

歴史／社会

忘却と闘争　たたき込む詩の力

5月、全国ハンセン病療養所入所者協議会会長の神美知宏（こうみちひろ）（80）、ハンセン病国賠訴訟の原告団協議会会長の谺雄二（82）が、相次いで亡くなった。お2人とも、元ハンセン病患者の尊厳回復に尽力してきた中心的人物だ。今、療養所に入所している元患者の平均年齢は80歳を超えた。凄惨（せいさん）な歴史の語り部が少なくなっている現状を痛感する。

国は長きにわたり、ハンセン病患者への強制隔離政策を続けてきた。子をつくらないようにと断種手術や堕胎を強制し、尊厳を奪い続けた。現在では治療法が確立され、隔離政策の根源「らい予防法」も廃止された。だが、それでハンセン病問題が終わったわけではない。幼少のころから隔離され、療養所で人生の大半を過ごしてきた元患者にとって、社会復帰や名誉回復は容易なことではなかった。

本書には、詩人である谺の歩みが濃縮されている。詩や小説、評論だけでなく、裁判での意見陳述書や座談会の様子も時系列順に掲載されている。憤りを包み隠さず、容赦なく言葉のハンマーを振り下ろし続けるような谺の作品は、数多くある「ハンセン病文学」の中でも突出して告発的だ。「癒やしとしての文学」「闘わない詩」から批判的に距離をとり、命ある限り叫び続ける「鬼」のごとき姿。《オレたちが　この世から　滅べば　汚点（しみ）が消えたと　笑うやつらが　いる　笑わせてたまるか　生きてやれ》。表題作の一節だ。差別にあらがう重い言葉は、人権侵害と闘うあらゆる運動を鼓舞するだろう。

最近では、公務員削減の流れを受けて、全国の療養所の職員が削減されかけ、当事者たちが窮状を訴えた。記憶の風化を防ぐため、証言のアーカイブ化や施設の復元なども進められている。谺の言葉は、読書体験そのものを強烈な記憶としてたたき込む力がある。差別や偏見だけでなく、忘却と闘争する詩の力がここにある。

評・荻上チキ（「シノドス」編集長・評論家）

こだま・ゆうじ　1932〜2014年。『鬼の顔』『ライは長い旅だから』など。

二〇一四年六月一日❹

『犬と、走る』

本多有香 著

集英社インターナショナル・一九四四円
ISBN9784797672725／9784087454161（集英社文庫）

人文／社会

一期一会大事に 人生を楽しむ

なまじっか著者と面識がないわけではないので、実は読む前はこの本の書評をするつもりはあまりなかった。でも読んでみて気が変わった。これはいい本だ。多くの人に紹介されるべき本である。

本書は単身、カナダとアラスカにわたり犬ぞり師になった著者の半生をつづったものだ。見ず知らずの土地に飛び込み、あてもなく犬ぞりの師匠を求めて彷徨（さまよ）い歩き、無数のアルバイトで窮乏生活に耐え、40代になった女性のある種の冒険譚（たん）である。

それだけに破天荒なエピソードには事欠かない。好きなビールを飲むためホームレスと宿を共にしたり、稼ぎがいいというだけでオーストラリアのトマト畑に飛んでいったりともう滅茶苦茶（めちゃくちゃ）。その原点について厳格な父の軛（くびき）から逃れて枠にとらわれない生き方をしたかったからだと書いているが、いくらなんでも枠にとらわれなさすぎである。

でもこの本の読ませ所はそうした破天荒な逸話より一期一会をどこまでも大事にする著者の人柄にある。20年間の苦心の末、ついに彼女は目標の犬ぞりレースを完走する。もちろん苦労を楽しめるユーモア精神と行動力があったからだが、それだけでなく出会った人の好悪も含めてすべてを受け入れ、愛情と敬意をもって接する強さと優しさがあったからこそ、異国で、しかも女性一人でこんな生き方ができたのだ。要するにこんな恥ずかしい文章をぬけぬけと評者に書かせる不思議な力が、この本にはある。

彼女は今もカナダの山奥の電気もない小さなキャビンで26匹の犬とともに暮らしている。なぜそんなことを？と問うのは愚問だと思わない。でも読んでも答えは見つからないだろう。わかるのは彼女が誰よりも人生を楽しんでいるということだけだ。

私は彼女のファンになった。あなたもきっとファンになるだろう。こういう生き方は、素晴らしいと思う。

評・角幡唯介（ノンフィクション作家・探検家）

ほんだ・ゆか 72年生まれ。98年、犬ぞり師になるためカナダに渡る。

二〇一四年六月一日❺

『チャイナズ・スーパーバンク　中国を動かす謎の巨大銀行』

H・サンダースン、M・フォーサイス 著

築地正登 訳

原書房・三〇二四円
ISBN9784562050598

経済／社会

先兵役からみる国と金融の蜜月

国家の腕力と、その危うさが曇りガラスの向こうで絡みあう中国経済は、どこから見るかで風景が変わる。

本書が焦点をあてたのは、中国の国家開発銀行。国内からアフリカ、中南米まで広がる貸出残高が、日本円にして１００兆円を超える「怪物」国策銀行だ。主役は、昨春まで15年間、総裁を務めた陳元。毛沢東とともに建国に携わった「八大元老」のひとり、陳雲の息子である。

著者の米メディアの北京特派員ふたりと同様、現地で取材をしていた私は、この設定でまず、読みたくなった。共産党が率いる「中国株式会社」の姿が、経済のみならず、歴史や政治を含めて見渡せると思ったからだ。

中国は世界第2の経済大国となったいまも、経済の命脈である金融を国家が牛耳る。マネーの勢いを外交にも存分に活用する。その実情を「国家資本主義」という言葉で丸めず、先兵役を担う中国開銀の動きを通じて描いている。国家の信用を背景に低い金利で調達したお金を、地方政府がつくった金融会社や中国企業に回す。道路や港、工場用地を整備し、戦略産業を育てる。赤字の太陽光メーカーにも巨額の融資枠を与え、国際競争を後押しする。担保の土地は、バブルで急騰していた。それに、国家が破綻（はたん）しない限り、お金は無限にある。

途上国に貸したお金は、現場で事業を請け負う自国企業への支払いで還流させる。資源国なら、返済は石油や鉱物で受け取る。総裁の陣は、ベネズエラの反米だった故・チャベス大統領や、エチオピアで強権のもと成長を目指した故・メレス首相ともわたりあう。国家首脳のごとく。

肝心なことを書いていない決算書を読みこみ、広報窓口もない同行の職員や取引先を追いかける。アフリカにも足を運んだ労作。成長が鈍り始めた中国で、権力とカネの蜜月はいつまで続くのか。第2幕の予習にも役立ちそうだ。

評・吉岡桂子（本社編集委員）

2013年の原著刊行当時は著者は2人ともブルームバーグ・ニュースの記者。

二〇一四年六月一日⑥

『エンジニアリングの真髄　なぜ科学だけでは地球規模の危機を解決できないのか』

ヘンリー・ペトロスキー 著　安原和見 訳

筑摩書房・三二四〇円
ISBN9784480860774

科学・生物

科学と技術の違いを深く考察

幼稚園のころ、レタスとキャベツの区別がつかなかった。間違えて笑われたことがある。分かっている人からしたら当然でも、そうでない人には違いがまったく分からない——。そういう存在、結構あるように思う。

この本でテーマにしている科学と技術（エンジニアリング）も、その典型だ。実にしばしば混同され、同一視されている。しかし、両者はその根っこも中身もまったく異なるものである。

科学は、自然の謎を解明する、「知る」活動だ。対するエンジニアリングは、何らかの問題を解決する営み。そのための便利な道具や解法を「作る」ことである。

著者は、古今東西の興味深い事例に通じている技術史家。どちらかというと小ネタの開陳が得意な人だが、ここでは科学とエンジニアリングの違いについて、深みのある理論的な考察と分析を展開している。環境問題やエネルギー問題など、現代の難問を打破するためには、しばしば「科学的方法」が重要とされる。そうではない、大事なのは現実解を見つけるエンジニアリング的発想と方法である、と。

しかし一方で、エンジニアが事前にすべての条件を予想できるわけではない。ある技術的成果を実装した後になって、はじめて欠点が明らかになる場合も多い。ときにはそれが、「気づいたときにはもう手がつけられないほど重大な問題を引き起こしていたりするのである」。福島原発事故を予見していたかのような一節（原著出版は二〇一〇年）。

その他、科学は崇（あが）められ、エンジニアリングは格下と思われてばかりとか、基礎研究から応用研究と直線的に進むものではないなど、示唆に富む話題が詰まっている。

翻訳は、正確で読みやすい。ただ、訳語として「工学」ではなく「エンジニアリング」を採用した理由は、訳者からの説明を聞きたかった。

評・佐倉統（東京大学教授）

Henry Petroski　42年生まれ。米デューク大学教授（土木工学・建築土木史）。

二〇一四年六月一日⑦　社会

『日本人は、どんな肉を喰ってきたのか？』

田中康弘 著

枻出版社・一六二〇円

ISBN9784777931613

長年秋田県のマタギの取材をしてきた写真家が、南は西表島から北は礼文島まで、各地に息づく狩猟を取材し、獲（と）れた獣肉を猟師と共に喰（く）う。

狩猟と一口に言っても、地域の気候や地形、餌となる野生動植物や農作物で、その方法は実にさまざま。

理屈ではわかっていたし、イノシシ・シカの狩猟取材経験もあったが、第一章の西表島のカマイ（イノシシ）猟から仰天。小舟に獲物を乗せてマングローブ林を進む写真に釘付けとなった。罠（わな）の形もかけ方も肉の調理法も、まるで違う。日本は広い。

ハクビシンやトドにアナグマと、比較的珍しい野生獣の美味を紹介しているのも面白いが、全国で農作物被害が深刻化し、「猟」が「駆除」になりつつある問題点にも言及。今後各自治体を超えた取り組みも必要と思わされた。

地域の結束材料の一つでもあった狩猟と共食（きょうしょく）。各地の多様さを知ることは、これからの野生獣との付き合い方を考えるヒントにもなるだろう。

評・内澤旬子（文筆家・挿画家）

二〇一四年六月一日⑧　社会

『アメリカ医療制度の政治史』

山岸敬和 著

名古屋大学出版会・四八六〇円

ISBN9784815807696

オバマ政権が2010年に、米国にとって初の国民皆保険制度を創設したのは画期的だ。だがそれは、日本のような公的保険制度ではない。米国社会に深く根づいた民間保険制度を前提とし、個人にその加入を義務づけるものだ。皆保険実現のため、低・中所得者には財政支援が行われ、民間保険業者には、既往症を理由とした加入拒否が禁じられる。抜本改革を避けた穏当な改革だが、激しい政治的対立が引き起こされた。なぜ米国で公的保険制度は導入できないのか。

本書は20世紀米国の医療制度発展史を辿（たど）ることで、この問いに回答を与える。ルーズベルト、トルーマン両政権による公的保険制度導入の挫折後、民間保険制度が浸透、政府介入を嫌う医師会がそれを支持し、米国医療制度の方向性が決定づけられたことが、丁寧に描かれている。同テーマの好著、天野拓『オバマの医療改革』（勁草書房）と併読することで、より理解が深まるだろう。

評・諸富徹（京都大学教授）

二〇一四年六月八日①　政治／社会

『スノーデンファイル』

ルーク・ハーディング 著　三木俊哉 訳

日経BP社・一九四四円

ISBN9784822250218

『暴露』

グレン・グリーンウォルド 著

田口俊樹ほか 訳

新潮社・一八三六円

ISBN9784105066918

自由の国揺るがす　諜報機関の暴走

諜報（ちょうほう）機関員のイメージは中年女たらしのジェームズ・ボンドや引退間際の英国紳士スマイリーに代表されてきたが、エージェントの主な活躍舞台がIT世界になった今日は、エドワード・スノーデンによってこそ、代表されるのかもしれない。

その人物像は、評伝的要素が盛り込まれた『スノーデンファイル』に詳しく描かれている通り、痩せぎすで、髭（ひげ）が似合わない童顔で、ITスキルの高い、大雑把には「おたく」と分類される内気な青年である。さらにその思想的背景を追えば、小さな政府と個人主義の徹底を主張する共和党リバタリアン支持者である。日本の米軍基地にも勤務したスノーデンは国家安全保障局（NSA）の極秘情報を閲覧できるIT管理部門に籍を置き、その行き過ぎた情報の専横に違和感を覚え、逮捕されることを覚悟の上で内部告発に打って出た。

暴露された最高機密の一部はスノーデンの最初の接触者であるジャーナリスト、グリーンウォルドの『暴露』に公開されている。

NSAはサーバー各社、電話会社など一般企業をも傘下に置き、友好国の政治家や一般人のプライバシーをも完全に掌握することで、アメリカのみならず世界をその支配下に置こうとするまで暴走した。9・11以降のテロ対策という大義を最大限に拡大し、情報の透明性を高めることを公約に掲げたオバマの政権になってからも、さらにNSAは情報の占有を極めた。なぜそんなことをしたのかに対する前共和党大統領候補のマケインの私見が笑える。「できるからしたのだろう」

日本でもつい先ごろ、アメリカと安全保障上対等になりたいがためか、「国家安全保障局」を中核とする国家安全保障会議が発足し、秘密保護法に基づき、情報の秘匿に本腰を入れ始めた。

国家や企業の不正を内部告発する者が一人もいない世界……それはほとんど北朝鮮か、中国であるが、それらの国家を批判するアメリカや日本は内部告発者が正義を発揮しやすいわけでもない。逆にいえば、スノーデンや彼に協力したジャーナリストたちがいたからこそ、辛うじてアメリカにおける報道の自由、あるいは国家の専横に個人が対抗しうる自由を行使できたわけである。

冷戦時代に旧ソ連からの亡命者を保護していた「自由の国」アメリカは、冷戦構造の終焉（しゅうえん）が宣言されてから二十年後、検閲や盗聴により、国民を監視下に置く全体主義の国に成り果てた。そのアメリカから追われる身になったスノーデンの亡命を認めたのがロシアだったというのは何という皮肉か。

冷戦は終わっていなかった。ただ、目立たなかっただけだ。

評・島田雅彦（作家・法政大学教授）

Luke Harding 「ガーディアン」海外特派員。
Glenn Greenwald ジャーナリスト。報道サイト「インターセプト」を今年設立。

二〇一四年六月八日②

『人類5万年　文明の興亡　なぜ西洋が世界を支配しているのか　上・下』

イアン・モリス 著　北川知子 訳

筑摩書房・各三八八八円
ISBN9784480861276〈上〉・9784480861283〈下〉　歴史

決め手は、時々の地理的条件

英国の歴史学者ホブズボームは20世紀を「極端な世紀」と名付け、「8千年の歴史の終わり」と位置付けたが、本書を読むと前世紀は「狂気の世紀」だと思えるし、人類に100年後の未来はあるのかと不安が募った。

本書は氷河期が終わった紀元前1万4千年から現在に至るまで、エネルギー獲得量や都市化度合いが示す「社会発展の鼓動」を基に著者が独自に指数化した「社会発展指数」を駆使しながら、西洋と東洋の興隆と衰退を解明する。

従来、西洋の優位性について、「長期固定」理論と「短期偶発」理論が対立してきた。前者は西洋人は「他民族よりも文化的に優れている」と考え、後者は西洋が「アヘン戦争間際の1800年代に入ってはじめて一時的に東洋をしのいでいるのであって、それすらほとんど偶然の出来事だった」と主張する。

著者は両説とも誤りだと断定する。「どこへ行こうと何をしようと、人間は、大きな集団として考えれば、みな同じ」。6世紀半ばから

18世紀後半にかけて東洋が西洋をしのぎ、その後、西洋が東洋を圧倒したのは、いずれも当時の政治上、経済上の地理的条件の違いが決め手だった。

産業革命が「何もかも」の時代、すなわち「貪欲（どんよく）に夢見る以上のものが得られる物質的豊かさの時代」を到来させた。21世紀には、東洋が西洋を再逆転するとみられるが、本当の問いは「私たちはどこへ向かうのか」だという。

氷河期後から2000年までに西洋の社会発展指数は、900点上昇している。20世紀の100年だけで736点増えたこと自体驚異的だが、21世紀末には東洋の点数は、4千点以上上昇すると著者は予測する。「私たちは、歴史における最大の断絶点」に近づきつつある。「新しい存在に進化する」のか、「夜来たる」なのかは、「時代が必要とする思想」を手に入れられるかどうかにかかっている。

評・水野和夫（日本大学教授）

Ian Morris　60年英国生まれ。米スタンフォード大学教授（歴史学）。

二〇一四年六月八日❹　社会

『神と肉　日本の動物供犠』

原田信男 著

平凡社新書・九二九円
ISBN9784582857306

米の豊作を願い捧げられた命

肉が好きだ。しかし、日本では明治になるまで、ほぼ肉食はしなかったと聞いたことがあり、「すみません、動物をばくばく食べちゃって」と少々うしろめたく思っていた。

だが本書によると、日本人は縄文時代からずっと、肉を食べてきたのである。「これを持っていれば、肉を食べても許される！」という、諏訪大社が発行するお札（ふだ）（「鹿食免（かじきめん）」）まで存在した。やっぱりなあ、肉はおいしいもん。抜け道を探してでも、食べたいものです。

ではどうして、表立って肉を食べにくい風潮があったのかというと、飛鳥時代から国家が殺生と肉食を禁じてきたからだ（ただし、当初は猪〈いのしし〉や鹿などの野獣を食べるのは許されていた）。禁令が出た背景には仏教思想もあるようだが、一番の要因は、米を安定的に生産するためだった。稲は栽培が難しく、豊作を目指して、さまざまなタブーが人々に科された。「動物を殺生したから、米が不作になったのだ」という理屈で（現代人の観点からすれば「迷信」だが）、肉食は禁じられていった。

同時に、動物を殺して神に捧げる儀式（動物供犠）は、稲作と密接に絡みながら、日本各地で行われつづけた。米を作るのに、どうして動物を捧げる必要があるんだ、と怪訝（けげん）に思う気持ちも、本書を読み終わるころには氷解するだろう。著者は、現在も残っている祭りを実地調査し、文献も詳細に読み解いて、「米と肉」「国家と民間儀礼」について明快に論じる。はじめて知ることばかりで、非常に興味深かった。

大切な米を安定生産するために、動物の大切な命を捧げて祈る。人々がどれだけ真剣に、天候や動植物のサイクルのなかで暮らしてきたかが、動物供犠を調べることから浮かびあがってくる。今後もありがたく、肉（むろん、米も）を食べようとつくづく思った。

評・三浦しをん（作家）

はらだ・のぶお　49年生まれ。国士舘大学教授（日本文化論）。『歴史のなかの米と肉』など。

二〇一四年六月八日⑤

『南方熊楠の見た夢　パサージュに立つ者』

唐澤太輔 著
勉誠出版・四五三六円
ISBN9784585220763
ノンフィクション・評伝

「境なき男」の柔らかな肖像

熊楠が取り組んだ領域は膨大だ。ゆえに今まで研究書等を読むと、かえってとりとめないことがあった。全部合わせるとほとんど一人の人間に思えなかったことすらある。

いや。熊楠とは本当に、一人の人間ではないのではないか？

なんと。本書の根底には、こんな反転的に鮮やかな問いがある。この問いこそが、私にとっては初めて、熊楠の大きすぎる全貌（ぜんぼう）をかいま見させるものだった。まるで、熊楠へのきらびやかな形容たちは海に浮かぶブイで、熊楠は海だったのだ、というように。

このような存在の在り方を、著者は「パサージュ（通路）に立つ者」と呼ぶ。

そんな存在を描き出すのに著者が着目したのもまた、意外な通路だ。夢。自己と他者が、生と死が入り交じる場所。「熊楠は、しばしばこの領域に立っていた」。熊楠は粘菌を採集するように夢を採集した。著者もまた、夢を熊楠のまったき現実として扱うのである。正しいと思う。

熊楠はもともと、そういう「境のなさ」を生きていた。そのような熊楠だからこそできたことがある一方、その在り方は、統合失調症に酷似している。残された膨大な記録、写生、夢日記、それらは彼の飽くなき好奇心の発露であると同時に、彼をこの世につなぎとめる手段であった。

従来、強靭（きょうじん）さが強調されやすかった熊楠であるが、本書では、輪郭がもっと淡く柔らかく、奔放でありつつ悩み苦しみもする熊楠が描かれている。ことに、彼自身が恐れながらも発症を免れた統合失調症を、愛息の熊弥が発症してしまう悲しみには、胸を突かれる。不思議なことにそこには、かつてなく「等身大」の熊楠がいる。

熊楠は矛盾を矛盾ともせず生きた。二項対立を無化した。南方熊楠の生と所業は、私たちも含め未来の人類へのギフトだったのではないか、そんなことを思わせる本だ。

評・赤坂真理（作家）

からさわ・たいすけ　78年生まれ。早稲田大学助教。専門は哲学・生命倫理学。

二〇一四年六月八日⑥

『素顔の孫文　国父になった大ぼら吹き』

横山宏章 著
岩波書店・四一〇四円
ISBN9784000010825
歴史／政治

歴史を動かした革命家の実像

三民主義を掲げ、辛亥革命をリードした近代中国の国父孫文。日本の歴史の教科書にも威厳のある口ひげを蓄えて登場するこの偉人が、実は大言壮語ばかりする困った人物だったらしいというのは何かで読んだことはあったが、まさかこれほど際どい人物だとは思わなかった。

とにかく変わり身が早い。柔軟というよりむしろ無節操。状況によって提携相手を次々と変え、裏では借款との引き換えに革命後の租界割譲を密約するなど、裏切り者と言われても仕方がないことを平気でした。看板の三民主義も想像からはほど遠い。鼻につくほどの漢民族中心主義で、少数民族の自治を排し、人民を愚か者と決めつけ個人の自由を認めず、革命後の政体も軍部と行政府による独裁型を志向していたという。

自前の軍隊を持たず蜂起と敗走を繰り返し、流れ者のように日本に亡命を繰り返した姿を読むと、実務能力に乏しく周囲が見えていなかったとしか思えない。「革命だ！　革命だ！」と叫び続ける裸の王様を思い浮かべてしまう。申し訳ないが、革命家以外の職業は無理だったろう。

謎なのは彼がなぜ国父と呼ばれるほどの政治的権威を身につけたのかということだ。

何しろほとんど何も成功していない。辛亥革命勃発時も実は外遊中で、慌てて文無しで帰国し、後は俺に任せろと言わんばかりに他人が作った政権の上にチョコンと乗っかっただけらしい。一体何様ですか？と思うが、逆にそれができるのが偉大なところ。それぐらいの個性がないと中国のような大国の歴史を動かす星にはなれないのだ！とでも思うよりしょうがない。

筆者も指摘しているが孫文が志向した政治は現在の共産党政権によりかなり実現されている。歴史にイフは禁物だが、孫文がいなかったら今の中国は一体……という疑問はどうしても湧く。色々な意味で興味の尽きない傑物だ。

評・角幡唯介（ノンフィクション作家・探検家）

よこやま・ひろあき　44年生まれ。北九州市立大大学院社会システム研究科教授。

二〇一四年六月八日⑦　人文

『おいしそうな草』

蜂飼耳 著

岩波書店・一八三六円
ISBN9784000259552

言葉は文字通り言の葉。豊かで目に鮮やかな表象が、「葉」の字を当てさせたのだろうか。だが、筆者はあえて「草」を選ぶ。その低い視線は、通常視界に入らないものを、丹念にとらえて見せてくれる。引用される言葉は、八木重吉、西脇順三郎、中原中也、高橋睦郎、石原吉郎、左川ちかなど、百花繚乱（ひゃっかりょうらん）。だが、単なる解説とは一線を画す。

圧巻は、表題となった「おいしそうな草」の一節。鈴木志郎康（しろうやす）の詩「雑草の記憶」を引き、言葉なき雑草が「私」を通して言葉になろうとする刹那（せつな）を切り取る。そのとき「私」が雑草になりかけ、言葉がそれをおしとどめる、とも。「言葉が、人間とその他のものを区分して、限られた生を言葉の灯（あか）りで生きるようにと、うながす」が、「牛や馬、羊ならば思うだろう。おいしそうな草、と」。草を掻（か）き分け食らう動物と、言葉とともに繁茂する人間との差異。言葉の表皮を削（そ）ぎ落とし、内在する生成力そのものへの注視が連ねられた文集である。

評・水無田気流（詩人・社会学者）

二〇一四年六月八日⑧　医学・福祉

『寄生虫なき病』

モイセズ・ベラスケス＝マノフ 著　赤根洋子 訳

文芸春秋・二三七六円
ISBN9784163900353

寄生虫を身体に入れ、自己免疫疾患やアレルギー疾患を治す。一見突飛（とっぴ）に思える方法を入り口に、アトピーやぜんそく、膠原病（こうげんびょう）、がん、うつ病など文明病といわれる病の原因を探る。

かつて人体は、不衛生な環境で雑多な微生物を体内に取り入れ共生したまま、進化してきた。ところが19世紀後半、感染症の原因となる細菌を発見。抗生物質を作り出し、徹底的に「病原菌（虫）」を滅亡させるべく動き出す。

衛生対策で感染症の犠牲者は激減するが、替わって増加したのが、先にあげた文明病。これらは微生物たちが突然「不在」となって、免疫機能が誤作動して発症するという。にわかには信じ難い内容だが、膨大な実験研究結果をわかりやすく誠実に紹介しているので、驚きつつも納得。

かつていたはずの全微生物が生息する腸に返ることが、真の健康につながる。地球環境も体内環境も、待ったなしで多様性を取り戻すべき時期に来ているのかもしれない。

評・内澤旬子（文筆家・挿画家）

『江戸・東京の都市史　近代移行期の都市・建築・社会』

松山恵 著

東京大学出版会・七九九二円
ISBN9784130266086

歴史／社会

地図や図面からあぶり出す歴史

　明治維新によって、京都にいた天皇は東京に移動し、将軍がいなくなった江戸城は東京城、そして皇城と改称され、東京遷都が実現された――私たちは、江戸から東京への変遷を、何となくこんな感じで思い描いているのではないか。だが実際には、正式に遷都を宣言したことは一度もない。東京はなし崩し的に「帝都」になっていったのだ。

　では、いかにして東京は近代国家の首都へと改造されてゆくのか。この壮大な歴史的問いに答えるには、当時の文字史料を読み込むだけでは十分でない。東京という都市を空間からとらえる視点が重要になる。本書で多く使われている地図や絵図、図面は、その端的な証左であろう。

　著者によれば、明治初年の東京の都市空間には「郭内」と「郭外」という二つの区域があった。このうち、実質的な遷都の場となったのは、武家地が新政府に収用された前者であり、その中心には皇城があった。しかし、すべての官庁を皇城に集約させることはできず、太政官と宮内省以外は郭内で移動を繰り返した。このいかにも場当たり的な過程そのものが実におもしろい。その一方で、後の宮中三殿に相当する賢所は維新直後から皇城につくられており、現在の皇居の基礎が早くから固まっていたのがわかる。

　もうひとつおもしろかったのは、1880年に落成した皇大神宮（こうたいじんぐう）遥拝殿（ようはいでん）に関する考察である。本書は、当時の絵図や図面を通して、この遥拝殿が伊勢神宮を体現しつつ、人々の天皇に対する崇敬を高めるための建築物となったことを解き明かしている。

　当時の神道界は、伊勢神宮を中心とする伊勢派と出雲大社を中心とする出雲派の間で、オオクニヌシ（大国主神）の神格をめぐる祭神論争が展開されていたが、伊勢派が勝利をおさめた背景として、こうした建築物を東京に建てることで自らを神道界の中心と認知させるイメージ戦略があったとの分析にはうならされた。

　それだけではない。著者は、遥拝殿が造営される前の地図から、当時の大蔵卿、大隈重信の名前を発見する。伊勢派の計画には、都市改造を目指す新政府が加担していたことが判明するのだ。1枚の地図や図面から歴史の裏側をあぶり出す著者の手腕は本書の随所で発揮されており、歴史研究の醍醐味（だいごみ）を堪能させてくれる。

　大学入学までずっと地方に住んでいて、東京を客観的にとらえる習慣がついていたこと、工学系の大学や大学院で学んだことが、若手によるこの稀有（けう）な歴史研究を生み出した要因ではないか。空間と政治の関係を考える上でも、見逃せない一冊だと断言できる。

評・原武史（明治学院大学教授）

まつやま・めぐみ　75年長崎市生まれ。明治大学文学部専任講師。東京理科大学工学部建築学科卒。東京大学大学院工学系研究科博士課程単位取得退学。共著『江戸の広場』、論文『「郭内」・「郭外」の設定経緯とその意義』など。

二〇一四年六月一五日②

『王朝小遊記』

諸田玲子 著

文芸春秋・一七二八円

ISBN9784163900513

歴史／人文

「ホンモノの平安人」の冒険活劇

　少し前までは、テレビをつければどこかで時代劇を放映していて、舞台はほとんどが江戸時代であった。古文書、物語、歌舞伎に浮世絵。残された情報が豊富なので、江戸社会を復元するのは、比較的容易なのだ。

　かかる風潮の中で、きわめて例外的に、著者は千年も前の平安時代にチャレンジする。例えば『王朝まやかし草紙』『髭麻呂（ひげまろ）』『末世炎上』。加えて、本書である。その勇気に、先（ま）ずは拍手を送りたい。

　平安というと、一般には衣擦（きぬず）れの音麗しきお姫様の世界で、歌舞音曲に彩られた絢爛（けんらん）たる王朝絵巻が繰り広げられて……というイメージがあるらしい。そのため私も参加した「平清盛」という長編ドラマが当時の京の様子を史実重視で再現したところ、さる県知事さんから「画面が汚い」とお小言を頂戴（ちょうだい）した。

　けれども裕福な貴族は現代の議員さんより数少なくて、人口の大半を占める庶民の家にはトイレもフロもなかった。いや家のない人も大勢いて、いったん病がはやろうものなら、人はバタバタと死んでいく。こんな社会が「汚く」ならぬわけがあるまい。

　そうした苛酷（かこく）な環境にあっても、屍肉（しにく）をあさる「野犬・カラス」（この物語の裏の主人公）と格闘しながら、人は懸命に生きようとする。著者がやさしく見つめるのは、まさに「ホンモノの平安人」たちなのである。

　ときは万寿二年（１０２５年）、藤原道長の晩年。物売女、没落官人、主（あるじ）のない女房、貴族の不良少年、太宰府帰りの勇士。ひょんな事がきっかけで彼らは出会い、右大臣藤原実資（さねすけ）（その日記が小遊記ならぬ『小右記（しょうゆうき）』）の勢力下に集う。そして相互の絆だけを武器にして、都の闇に跳梁（ちょうりょう）する鬼に立ち向かっていく。果たして彼らは、恐るべき鬼の正体を暴けるのか。みごと鬼を退治できるのか。軽妙で暖かい冒険活劇を、ぜひ味わっていただきたい。

評・本郷和人（東京大学教授）

もろた・れいこ　54年生まれ。作家。小説『其（そ）の一日』『奸婦（かんぷ）にあらず』など。

二〇一四年六月一五日③

『幻想のジャンヌ・ダルク　中世の想像力と社会』

コレット・ボーヌ 著　阿河雄二郎ほか 訳

昭和堂・六四八〇円

ISBN9784812213506

歴史／社会

中世の終わりを刻印した乙女

　１４３０年5月、ジャンヌ・ダルクは仏コンピエーニュ郊外でイギリス＝ブルゴーニュ派の手に落ち、翌年5月、英国支配下の仏ルーアンで異端裁判を受け火刑に処された。しかし、その後も生存説が信じられ、何人かのジャンヌが再来した。本書は「ジャンヌはイエス＝キリストを徹底して模倣して同一化するところまで行った」とみる。

　近代の始まりがコペルニクス革命（１５４３年）だとしても、それが自動的に中世の終わりを意味しない。評者には、ジャンヌに対する異端告発の無効裁判が行われた１４５６年こそが、最も相応（ふさわ）しい区切りと思える。

　ジャンヌは、キリスト教世界のなかで特別な存在である仏国王の聖別式を行って「王の血の権利を視覚化」した。パリ大学がジャンヌを異端のかどで裁くことを求めてきたとき、仏王シャルル7世は彼女のためになにもできなかったが、死後4年たった35年の百年戦争の和平交渉のとき、ジャンヌの「英国人はこの地を去る」という預言（よげん）は的中する。これを受けたランス大司教による「仏国での権利を放棄し、英国民をすべて英国へ」との提案は、国民国家への進展を意識させるものだ。

だが、それはジャンヌのもう一つの使命、「キリスト教世界全体に向けられ」た聖地奪回という中世的理想の放棄につながる道筋でもあった。そして、近代へ移行する節目には、ウエストファリア条約や東インド会社の登場のみならず、中世の墓銘として、ジャンヌの「魔女」「女魔術師」「聖女」幻想の決着が求められたのである。

61年7月のシャルル7世の死は「預言者ブーム沈静の合図」となった。『乙女』は存在しなくなった」のであり、「民衆の声が神の声であるような必要の時代は過ぎ去っていた」。英仏百年戦争や教会大分裂の「危機の時代」が終わって、新しい「国民の時代」が芽吹き始める。

評・水野和夫（日本大学教授）

Colette Beaune 43年生まれ。パリ第10大学名誉教授（中世仏政治・思想史）。

二〇一四年六月一五日④

『アメリカの家庭と住宅の文化史 家事アドバイザーの誕生』

サラ・A・レヴィット 著
岩野雅子、永田喬ほか 訳
彩流社・四五三六円
ISBN9784779120015

歴史／社会

「家庭を作る」行為を掘り下げる

メディアでお馴染（なじ）みの、暮らしを美しく演出する「家事アドバイザー」。この職業には、アメリカ生活文化史との深い関わりがあったのだ。本書は、1850年から1950年にかけてアメリカで家事アドバイザーが扱ってきた文化的テーマを詳解する。

18世紀末、アメリカ人は生活の知恵を英国からの輸入頼みではなく、独自に開発し始めた。背景には、白人中産階級の人口増加と女性読者層の増大があげられる。やがて19世紀中期から後期にかけて、家事アドバイザーは女性向けの小説や料理本の系譜を発展させ、家庭生活に関するアドバイスという分野を確立させていく。この時期家事アドバイザーは、家庭・女性・キリスト教の間の理想的な関係性を強調した。日常的に繰り返される家事に信仰心や愛国心の表現を盛り込むことにより、世界各国から集められた人々は、生活感情から「アメリカ人」になっていったのだ。

20世紀に入ると、宗教から科学へと権威の基盤は移る。合理的で衛生的な家事の理念はやがて「アメリカ化」と結びつき、移民の教化に活用されていく。家事アドバイザーたちは、家庭の行動様式を変えることにより、社会を改善することができると信じた。それは弱者への慈善や啓発活動とも結びつき、ソーシャルワークへと発展した。

筆者は述べる。「家具やカーテン、浴室備品そのものに、倫理的な特質や特徴があるわけではない」が、家事のアドバイスこそが「これらの物質に文化的な意味と特徴とを与えるのである」と。家庭を作るという行為とその文化的理想を掘り下げることは、単に女性たちの狭く私的な世界を解明することにとどまらない。それは国家的な課題や、ときに公共性の矛盾をも浮き彫りにする。その重要性は今日でも変わらない。戦後アメリカ型家庭生活を追い求めてきた私たちにとっても、誠に示唆に富む。

評・水無田気流（詩人・社会学者）

Sarah A. Leavitt 米ナショナルビルディング博物館キュレーター。

二〇一四年六月一五日❺　人文／社会

『壽屋コピーライター　開高健』

坪松博之 著
たる出版・一九四四円
ISBN9784905277101

庶民を代弁し簡潔に時代を貫く

やっぱり最後は開高健という本好きは少なくないと思う。釣り、酒、旅に酔った自由な生き方。そこから生まれるズドンと腹に堪（こた）える言葉の数々。同じ文筆でメシを食っている人間に自分の文章を恥ずかしいと思わせるほどの豪華な文体。男の格好よさがあれだけにじみ出た作家は確かに他にいない。

本書はその開高健の広告人としての側面に光を当てた異色の評伝だ。開高が壽屋（現サントリー）のコピーライターだったことはよく知られているが、あの言葉の職人の原点がこの時代にあったのか、という発見があり興味深い。

本書に描かれているのは、一企業と一人の人間との最も幸福な関係の一形態であるように思われる。あらゆる事象、その周りの空気までも焼き尽くすかのように描写しきろうとした若い作家が、宣伝コピーを手掛けることでいかに洗練されたか。同時に庶民の心を代弁し、簡潔に時代を貫く開高のコピーを得ることで、サントリーのウイスキーがいかにお茶の間に浸透したか。時代が許したのかもしれないが、その関係は幸福としか形容しようがない。

読んでいて思い浮かんだのは有機的という言葉だ。分裂と増殖を繰り返す細胞間結合のようにお互い成長したからこそ、開高の死に佐治敬三はあれだけ悲嘆したのだろう。人間として付き合った両者の関係は、開高なくしてサントリーなし、サントリーなくして開高なしといった感があり、「なにも足さない。なにも引かない」のコピーでも知られる同社のシングルモルトウイスキー山崎のようだ。

読後に清々(すがすが)しい風が吹き抜ける人間賛歌の好著である。同社の社史的性格も漂うが、しかしそれでもお薦めだ。ただ、気をつけて欲しいのは通販サイトでつい開高本をポチッと押したくなること。私は二冊の未読本を購入した。

あと山崎も飲みたくなるので、これもご注意を。

評・角幡唯介（ノンフィクション作家・探検家）

つぼまつ・ひろゆき　60年生まれ。開高健記念会理事。元「サントリークォータリー」編集担当。

二〇一四年六月一五日❻　人文／社会

『テキヤはどこからやってくるのか？　露店商いの近現代を辿る』

厚香苗 著
光文社新書・八二一円
ISBN9784334037956

洗練された相互扶助のシステム

神社の縁日などで露店を連ね、綿あめやタコ焼きを売る「テキヤさん」。わくわくするようなムードを運んできてくれる、お祭りには欠かせない存在である。

かれらはいったい、どこからお祭りにやってくるのか。映画『男はつらいよ』の主人公・寅さんもテキヤさんで、全国を旅している。そのイメージもあり、お祭りを追って旅から旅の毎日を送っているのかなと思っていたのだが、実はかれらは、基本的には近所（十二、三キロ圏内）から来ていたのだ！

著者は実際にテキヤに同行し、関係者に取材をして、テキヤの縄張りやしきたりを調査する。また、近世・近代の文献や絵画を調べ、テキヤのあいだにどういう信仰や言い伝えがあるのかひもといていく。外部からはなかなか見えにくく、明文化されにくい、テキヤの日常や風習に見事に迫った一冊だ。

縁日で、神社の境内のどこにどんな露店を配置するかを、だれが指示しているのか。縄張り以外の場所へ行って商売するときは、地元のテキヤにどう挨拶（あいさつ）し、どこに泊まればいいのか。非常に洗練された、テキヤ間の相互扶助的なシステムが構築されていることがわかる。西国、東国、沖縄とで、それぞれ微妙にテキヤの慣習がちがうらしいというのも、興味深い。いろんな地域の縁日に行って、ちがいを見わけられるか試みたくなってくる（素人にはむずかしそうだが）。

露店は家族経営で、女性も一緒になって働く。テキヤ界で、女性がどういう立ち位置にあるのかに光を当てたのも、本書の非常に重要な部分だろう。著者は取材対象者との距離感が適切で、それゆえに相手から信頼され、公正で充実した研究として結実したのだと思う。

テキヤさんの生活や伝統を知ることができ、その存在にますます魅力を感じた。今年の夏祭りが楽しみだ。

評・三浦しをん（作家）

あつ・かなえ 75年生まれ。文学博士。慶応大学、立教大学非常勤講師など。

二〇一四年六月一五日❼

『これを語りて日本人を戦慄（せんりつ）せしめよ 柳田国男が言いたかったこと』

人文

山折哲雄 著

新潮選書・一四〇四円
ISBN9784106037436

経済効率が至上となったこの国で、忘れられたのは、「経済」というまさにその語が、「経世済民（世を経〈おさ〉め民を済〈すく〉う）」の略だったことではないだろうか？ 法制局参事官として「経世済民」を考え挫折した柳田国男は、未（いま）だ近代化の及ばざる山と山里に出かけ、まったく新しい学問を日本に拓（ひら）いた——民俗学。

本書の衝撃的なタイトルは、『遠野物語』の冒頭にある「これを語りて平地人を戦慄せしめよ」から来ている。一体、山に何を見たのか？ 人里から追われ、飢餓線上をさまよう山人たち。彼らの生きる様を「偉大なる人間苦」と柳田は呼んだ。著者は「人類の生存に課せられた業のような重荷」ではないかと言う。そこにあるのは仏陀（ぶっだ）のような視点でありはしないか。

「経世済民」を離れて「経済（エコノミー）」となった活動は、獰猛（どうもう）で、私たちを呑（の）み込み、その内にいるも苦、外れるは、さらに苦。今こそ柳田国男を読み、戦慄しつつ、未来を紡ぎなおす時ではないか。そう思う。

評・赤坂真理（作家）

二〇一四年六月一五日❽

『謝るなら、いつでもおいで』

社会

川名壮志 著

集英社・一六二〇円
ISBN9784087815504

本書の題材は、10年前に起きた「佐世保・小6同級生殺害事件」。被害者は、著者の上司である新聞社支局長の娘だった。本書は「衝撃の真実を追う」といった性格の本ではない。誰が誰を殺したかは、事件が発覚した当初からわかっている。一方で、その背景を説明しようとする言葉（例えば「心の闇」！）は、当事者たちが受けた衝撃に比して、あまりに軽い。図らずも事件に関わることになった記者たちはそこで懊悩（おうのう）する。

通常、事件が起きると、記者たちは手さぐりで記事を書き始める。警察発表や関係者取材などの断片的な情報を頼りに、事のあらましを整理していく。そのうえで事件の「教訓」を模索し、旬を過ぎると、また次の事件を取材する。

だが著者は、「取材する側」であると同時に「取材される側の身内」となったことで、自らの仕事の意味を問い直す。その姿を通じて、事件報道の役割とその限界があぶりだされる。

評・荻上チキ（「シノドス」編集長）

二〇一四年六月二二日❶

『ペンギンが教えてくれた物理のはなし』

渡辺佑基 著

河出ブックス・一五一二円
ISBN9784309624709

科学・生物

動物に発信器つけ生活の実態さぐる

バイオロギングを知っていますか？　動物に小型の発信器を装着し、その行動を記録する研究分野だ。渡り鳥の長距離移動や魚の潜水など、今までデータが取りにくかった行動について、正確で詳細な実態が明らかになりつつある。特に近年、発信装置が格段に進歩したため、ワクワクするような結果が続々と明らかになってきた。たとえば、ハイイロミズナギドリの渡り移動は6万5千キロに及び、クロマグロは8千キロ泳いで太平洋を横断し、アカウミガメは10時間も水に潜っている！

このようなワクワクをぎゅーっと凝縮し、あふれんばかりに詰め込んだのが、この本だ。表紙から裏表紙に至るまで、科学のおもしろさに満ち満ちて、あふれている。

著者はバイオロギングの専門家。あるときはウ（鵜）の飛行の研究でインド洋の真ん中の孤島に、あるときはペンギンの生態を調べに極寒の南極に、またあるときは常夏のバハマでサメの調査と、動物の生活実態を知るために、地球上どこにでも出掛けていく。

フィールドでの苦労も並大抵ではない。高価な測定器の回収に失敗したり、自分の話せないフランス語ばかりしゃべるチームの中で4カ月間の孤独に耐えたり。

だけど、それらを通して得られた成果の、おもしろいことったりゃ、ありゃしない。マンボウとペンギンの泳ぐメカニズムは基本、同じであるなんて、こういう調査をしなければ分かりっこない。

書き手が、心の底から研究を楽しんでいる。それが読み手のぼくたちにもガンガン伝わってくるので、こっちまでうれしくなってしまう。勇猛果敢ですがすがしい科学精神の発露。

とはいえ、単に好奇心のおもむくままに突き進むだけではない。冷静で沈着な計算もきちんと働いている。とくに素晴らしいのは、自分の研究を先人たちの業績との関係の中に明確に位置づけていることだ。研究分野全体における自分の立ち位置が、はっきりと認識できている。学問領域の全体像が分かるから、この本はおもしろい。

著者は英文の原著論文を一流の専門誌に多数発表している優秀な研究者だが、その彼が、このような一般向けの本を書いてくれたことに、一読者として感謝したい。

研究者は、多忙だ。一般向けの著作は後回しになりがちである。だけど、科学の喜びは、専門家にこだわらずできるだけ多くの人と分かち合い、楽しむものだとぼくは思う。そうしないともったいない。この本が体現しているのは、まさにそういった喜びである。

口絵には珍しい動物の写真が載っているが、ちょっと小さい。この著者の、写真を中心にした読み物なども読んでみたいものだ。

評・佐倉統（東京大学教授）

わたなべ・ゆうき　78年生まれ。国立極地研究所生物圏研究グループ助教。２００７年、東京大学総長賞。10年、南極観測隊に参加し、ペンギン目線のビデオ撮影に成功。11年、学術分野で優れた実績を上げた研究者に贈られる山崎賞を受賞。

二〇一四年六月二二日❷

『スクリプターはストリッパーではありません』

白鳥あかね 著
国書刊行会・三〇二四円
ISBN9784336056825

アート・ファッション・芸能

映画愛に溢れた記録係の一代記

スクリプターという職業をご存知（ぞんじ）だろうか？　語感が似ていてもストリッパーとは全く違う。映画の撮影現場で監督につきっきりとなり、ワンカットごとの記録を採るのが仕事である。だが実際には単なる記録係に留まらず、監督の相談役、「女房役」ともいうべき重要な役割を担っている。本書は、日本映画を代表する名スクリプターの、聞き書きによる自伝である。

戦前のリベラルな家庭に育ち、大学では仏文学を専攻、新藤兼人監督の現場に参加したのをきっかけに映画にめざめ、日活に入社、斎藤武市監督の〈渡り鳥シリーズ〉や『愛と死をみつめて』等、日本映画黄金期を彩る大ヒット作、名作の数々でスクリプターを務め、日活がロマンポルノに転じてからも神代辰巳、根岸吉太郎、池田敏春など才気溢（あふ）れる監督の現場で活躍した。日活退社後もフリーランスのスクリプターとして手塚眞や岩井俊二など気鋭の新人監督の作品に参加、現役を引退してからはスクリプター協会の設立や、市民参加型の映画祭の運営に尽力している。

白鳥氏は現在八十一歳。あとがきには「映画人生をスタートさせた新藤兼人監督の『狼（おおかみ）』から今年はおよそ六十年目になります」とある。だが、ここには「失われたもの」へのノスタルジーは感じられない。確かに映画製作の苦楽を共にした監督たちの何人かは既に亡く、映画界も映画環境も大きく様変わりした。しかし数々の映画のエピソードを語る言葉は、あくまでも快活でユーモラスで、友愛に満ち（それゆえに時に辛辣（しんらつ）で）、とにかくシャキッとしている。スクリプターのみならず、シナリオライターや出演までこなした白鳥氏のユニークなキャラクターと破格のヴァイタリティが、一言一言から響いてくる。全編、映画愛のみならず、人生を力強く肯定するエネルギーに溢れている。無類に面白く、そして感動的な一代記である。

評・佐々木敦（批評家・早稲田大学教授）

しらとり・あかね　32年生まれ。元スクリプター。第37回日本アカデミー賞協会特別賞。

二〇一四年六月二二日❹

『孤高の守護神　ゴールキーパー進化論』

ジョナサン・ウィルソン 著　実川元子 訳
白水社・三〇二四円
ISBN9784560083581

『マラカナンの悲劇』

沢田啓明 著
新潮社・一六二〇円
ISBN9784103356318

ノンフィクション・評伝

W杯　深く楽しむための2冊

まったくもって寝不足である。地球の裏側で開催されているW杯のせいだ。そんな今、熱狂の起源をたどるような2冊の本を紹介したい。試合の合間に読むと、サッカーへの理解が深まるだろう。

『孤高の守護神　ゴールキーパー進化論』は、タイトルの通りキーパーの役割がこの１５０年でどう変遷してきたのかをまとめた大著。同著によれば、黎明期（れいめいき）のサッカーには、キーパーそのものが存在しなかった。キーパー導入後も、そのポジションは絶対的に不人気だった。下手なプレーヤーが罰ゲームとしてゴール前に置かれるような有り様で、キーパーになりたがる者は変人扱いされた。ダイビングもせず、チームメートへの指示だしもしない。その役割は、極めて限定的だった。

今ではキーパーには、多くの能力が求めら

れるようになっている。だが、国によってもキーパーの意味づけは異なると同著は言う。ブラジルでキーパーがスケープゴートになりやすいという指摘は、なるほどと思いつつ同情を禁じ得ない。日本のキーパー論については触れられていないが、日本版を誰かが受け継いでもよさそうだ。

今大会では、しばしば「マラカナンの悲劇」というフレーズが使われる。1950年のブラジルW杯、初優勝をかけて臨んだ決勝戦において、ブラジルはまさかの逆転負けを喫した。この経験が、ブラジルにおける大きなトラウマになっているというわけだ。

『マラカナンの悲劇』では、W杯に至るまでの過程、当日の試合展開、優勝国ウルグアイによる「マラカナンの奇跡」の受け止め方などが丁寧に解きほぐされていく。今大会でブラジルは悲劇を乗り越えられるのか。まあ、決勝に行く段階で既に「奇跡」なので、なんてぜいたくなんだ、とも思ったり。両著とも、画像や動画での検証が困難な時代のプレーを、資料や証言を収集して活写した力作。

評・荻上チキ（「シノドス」編集長・評論家）

さわだ・ひろあき

二〇一四年六月二二日⑤

『小学4年生の世界平和』

ジョン・ハンター 著　伊藤真 訳

KADOKAWA・一七二八円
ISBN9784041107379

ノンフィクション・評伝

ゲームが育む、勇気、独創、貢献

一人のアフリカ系アメリカ人の男性が、人種差別の1950~60年代に少年時代を過ごし、あえて白人教区の教会に粘り強く通った両親の静かな勇気を見、ヴェトナム戦争に徴兵される危機を肌身で感じ、諸国を放浪して禅などに影響を受け、帰属するコミュニティーに帰った。彼は教師となって、小学4年生を教えるのにひとつのゲームを着想・開発した。名を「ワールド・ピース・ゲーム」。そこには私たちが「アメリカ型」と思いがちな力まかせの正義はない。しかし「勝利」はある。

何が勝利なのか？　——問題が解決され、すべての国の資産が前より上がること。

そんなことが、可能なのか？　——可能であると、35年間のゲーム結果は言っている。それも、「問題」が起こり、状況が最も危機的に見えるときにこそ、個人の勇気が、独創が発揮され、全体が生命体のように動き出すという。大切なのは、何もない（エンプティ）スペースから創造性が現れるのを待つこと。

「問題」とは、原発メルトダウン、ハリケーン発生、あるいは一首相が撃った大陸間弾道弾による環境破壊、などなど。「問題」の影響は一国にとどまらない。参加する誰もが、どこかの時点で、全体に貢献しない限りは「勝利」はないと気づく。不思議なことに、全体への貢献を考えた時、人は最も独創的となり、本人さえ思いもかけない素晴らしい資質を開花させる。

私生活で仲間はずれにされるリスクを負いながらも、驚くべき方法で大国の膨張を止めた少女、自ら武器の商いをやめた武器商人役たち。勝っても暴力の連鎖に巻き込まれると気づいた少年……。戦争の最高指揮官は、戦死した兵士の親たちに、心からの手紙を書かなければならない。それを読む時、すべての参加者が敗者となる……。

子供にも大人にも、わが国の首相と閣僚たちにもぜひ、やってもらいたい。

評・赤坂真理（作家）

John Hunter　教師、教育コンサルタント。

二〇一四年六月二二日⑥

『東京自叙伝』

奥泉光 著

集英社・一九四四円
ISBN9784087715590

文芸

「地霊」が語る都市の根本原理

通常、私たちは東京に住んでいるという言い方をする。多くの人間が集まることで東京という都市ができているのであり、都市は人工的に構成されていると考える。小説でも、東京に住んでいる個別具体的な人間が主人公となる場合が多いだろう。

しかしこの小説は違う。太田道灌が江戸城を築く前から東京には地霊が住んでいて、その地霊が人間以外の生物に乗り移っていたと考える。そして幕末からは人間にも乗り移り、現代に至るまで世代の異なる6人の身体を通して、地霊そのものが東京で起こるさまざまな出来事について語り尽くす。一応、6人には固有の氏名がついているものの、主人公はあくまでも「私」という一人称で語られる東京の地霊なのだ。

なんとも破天荒な試みと言ってよいだろう。だが、著者があえて実験的な小説を書かなければならなかった背景には、とりわけ3・11以降の東京を中心とした日本に対する強い危機感があったのではなかろうか。

その危機感は、最終章によく表れている。「私」に言わせれば、メルトダウンを起こした福島第1原発もまた東京の飛び地にほかならない。あの廃虚と化した光景は、東京の将来の陰画でもあるのだ。にもかかわらず、「私」は早くもそのことを忘れ、再びオリンピックに浮かれようとしている。その根底には、「なるようにしかならぬ」を金科玉条とする、この都市の根本原理がある。

本書を読みながら頭をかすめたのは、政治学者・丸山眞男の著作であった。具体的にいえば、イデオロギー的に限定されない「国体」の魔力を分析した『日本の思想』や、日本人の思考様式を「つぎつぎになりゆくいきほひ」という言葉で表した論文「歴史意識の『古層』」などだ。本書は、こうした学説を小説に昇華させようとする、果敢な試みともいえるのである。

評・原武史（明治学院大学教授）

おくいずみ・ひかる　56年生まれ。作家。『石の来歴』『シューマンの指』『虫樹音楽集』など。

二〇一四年六月二二日⑦

『加工食品には秘密がある』

メラニー・ウォーナー 著　楡井浩一 訳

草思社・一九九八円
ISBN9784794220486

経済

資本主義の原理に忠実たろうとすれば、安価に大量生産でき、保存が利き、均一の味と香りが保てる食品が最も有利である。その結果、食は自然から離れ、完全な工業製品になった。その流れを決定づけたのは十九世紀末以降のいくつかの発明、たとえば、コカ・コーラのような飲料、プロセスチーズ、シリアルなどである。

身体によい幻想を与えるビタミンのほとんどは中国製で、しかもビタミンDの原料は羊毛についている獣脂であるとか、冷凍食品の肉の中には文字通り「水増し」されているものもあるとか、食品業界の知られざるハイテクを知るにつけ、自分がこれまでに無意識に取り込んできた添加物の多さに唖然（あぜん）とした。

加工食品は滅多（めった）なことでは腐らない。私たちは日々の食生活を通じ、保存料や防腐剤をふんだんに取り込んでいるので、死んでも腐らない……というのが冗談にならないほど、加工食品は謎の物質で調整されている。

評・島田雅彦（作家・法政大学教授）

二〇一四年六月二二日⑧

『性を超えるダンサー　ディディ・ニニ・トウォ』

福岡まどか著　古屋均写真
めこん・四三二〇円
ISBN9784839602789
アート・ファッション・芸能

ガムランや影絵芝居など、インドネシアの伝統芸能は日本でもよく知られている。しかし現代のパフォーマーの活躍となるとどうだろう。

DVD付きの本書はディディ・ニニ・トウォという極めて稀有（けう）な才能を持つ女形のダンサーの軌跡と全容を伝える。

ジャワ島出身の五十九歳。拠点はジョグジャカルタ。華人の父とジャワ人の母を持つ。かつてジャワ島にあった女形の伝統を復活させようと、島をまたいで複数の女性舞踊家に教えを受け、さらに能楽や中国舞踊、西洋の要素も取り入れ、独自の舞踊を作り上げる。厳しい身体鍛錬が必要な芸術性の高い踊りで世界から評価される一方、トランスジェンダーを笑いにするコメディーでインドネシア中の人々を笑わせる。

インタビューでは、イスラム色の強い国で女形であることよりも、華人系として受けた迫害に強くストレスを感じてきた様子が胸を打つ。現代インドネシアを知るための書としても大変面白く読めた。

評・内澤旬子（文筆家・挿画家）

二〇一四年六月二九日②

『枕草子』の歴史学　春は曙の謎を解く

五味文彦著
朝日選書・一六二〇円
ISBN9784022630162
歴史

自然の背景に人間の営みを見る

著者・五味文彦は私の師である。去年、本書を執筆中に体調を崩し、大好きな酒を控えた時期があった。五味は穏やかに微笑（ほほえ）みながら言った。「お酒がおいしく飲めないんだよ。だから私の楽しみは、勉強することだけになってしまった」。その言葉を聞いた時、私は大げさでなく、ああこの人には、どうやっても追いつけない。そう実感した。

ある時、一条天皇と中宮藤原定子に、内大臣（定説では定子の兄の伊周〈これちか〉だが、藤原公季〈きんすえ〉が正しい）が紙を献上した。当時、紙は高級品である。天皇の方ではこれに中国の歴史書『史記』を記すことにした。さて、私たちは何を書く？　中宮がそう尋ねたので、清少納言は「枕にこそは侍（はべ）らめ」と答えた。そうして成立したのが『枕草子』である。

五味は『史記』から「四季」を連想する。すると、清少納言の中宮への提案は「史記にあやかり、四季を枕として和風の文章を書いてみましょう」という意味にとれる。彼女は和漢の豊かな教養と鋭い感性を以（もっ）て、自然や宮廷を観察し、文章を綴（つづ）っていった。だからこそ、『枕草子』は「春は曙（あけぼの）」「夏は夜」「秋は夕暮れ」「冬はつとめて（早朝）」と、四季の風景から始まっているのである。

療養に努めながら、朝と夕は散歩をしつつ、昼と夜は枕を友として、五味は『枕草子』を読み進める。そして瑞々（みずみず）しい自然描写を体感し、驚嘆する。この生き生きとした表現の背景には、いったい何があるのだろう？　答えは「冬はつとめて」に書かれてあった。

五味は解釈する。「冬の寒さの中、二人で臥（ふ）して鐘の音を聞き、逢瀬（おうせ）を楽しむのが良い」。「春は曙」以下の四季の風景は、枕を交わした二人で見るのが趣き深い。それが『枕草子』の真意なのだ、と。

清少納言は自然の背景に人間の営みを見る。彼女の卓越した自然観と人間観とは、平安時代を彩るとともに、現代に継承されるのである。

評・本郷和人（東京大学教授）

ごみ・ふみひこ　46年生まれ。東京大学名誉教授（日本中世史）。『書物の中世史』など。

二〇一四年六月二九日③

『人類進化700万年の物語 私たちだけがなぜ生き残れたのか』

チップ・ウォルター 著 長野敬、赤松眞紀 訳

青土社・三〇二四円
ISBN9784791767731

科学・生物

手間をかけた教育 命運分ける

絶滅危惧種の保護と生物多様性の維持に努力するのは、地球上でもっともはびこった人類の罪滅ぼしかもしれない。しかし、当の人類はといえば、ほかの動物のように種の多様性を保つことができなかった。ここ180年間の発掘調査で27種のヒト族の骨が発見されたが、今日まで生き延びて来られたのはホモサピエンスだけで、ほかの系統の種は全て絶滅してしまった。

人類の直立歩行が脳の発達を促し、遠距離の移動や外敵からの逃走能力を向上させたことはよく知られているが、直立歩行に有利に働いたのは足の親指の奇形だったという議論も興味深い。木の枝をつかむには不利な真っ直（す）ぐな親指は人類を森の外へ誘い、さらには地球上のあらゆるところに新天地を切り拓（ひら）く素質を与えた。しかし、直立歩行をしていたほかの系統も滅び、現生人類だけが生き残ったのはなぜかという疑問が残る。

その謎解きの現時点での答えを報告しているのが本書である。筆者がとりわけ熱心に紹介するのは、ヒトが未熟な状態で生まれてくることが環境適応に有利に働いたという説である。人類に特徴的な長い幼年時代は、生まれてすぐに立ち上がる馬などと較（くら）べて、親子で過ごす時間が極めて長い。教育や学習に膨大な時間と手間をかけることで、より多様な環境、状況に臨機応変に対応できるようになったことが、生き残りのカギになったというわけである。ホモサピエンスとある時期までは共生し、交雑もあったネアンデルタール人が滅んだのは、彼らがより早く大人になるように進化したことが裏目に出たからだという。

氷河期到来で生存環境が厳しくなると、高度な知性の磨き上げが生き残りに有利に働いた。それはより具体的には互助の知恵であり、問題解決能力であり、また自然界にないものをも作り出す言語能力であった。民族存亡の命運もそこで分かれるに違いない。

評・島田雅彦（作家・法政大学教授）

Chip Walter 科学ジャーナリスト。AllThingsHuman.netを創設。

二〇一四年六月二九日④

『謎ときガルシア＝マルケス』

木村栄一 著

新潮選書・一四〇四円
ISBN9784106037474

文芸

魔術的魅力の背景 誠実に解説

今年の4月に87歳で亡くなったラテンアメリカ文学の巨匠、ノーベル文学賞受賞者でもあるガブリエル・ガルシア＝マルケスに関しては、すでに幾つかの書物が訳出されて店頭に並んでいる。

その中でも本書は、無数と言いたいほど多くのラテンアメリカ文学を長年にわたって翻訳してきた著者が、ガルシア＝マルケスの背景にある歴史、文学、人間関係を広範囲にひもとくものである。

ファンの一人として、こまぎれに知っていたエピソードが、ここでは誠実に漏らさず記述され、例えばいわゆる魔術的リアリズムがマルケスの故国コロンビアに染み渡るカリブ海的な文化、あるいは祖母に流れるケルト人の血によっても裏打ちされることや、奇跡的に才能を見いだされるまでの貧しさの中でも変えなかった信念などが改めて魅力的に伝えられる。

それは個人史にとどまらない。なにしろ、第1章は「新大陸発見」であり、続くのは「植民地時代から独立へ」である。輝かしいラ

テンアメリカ文学が生まれるには、スペイン帝国の拡張があり、そこからの南米の解放がある。

移民、混血、支配、革命、軍事クーデター、迷信、各種宗教、そして流入する文学。それらが絡み合い、反発し合う力の中でこそ、マルケスのあの魅惑的で実験的な小説、ルポルタージュが生まれた事実を、私たちはよくよく噛(か)みしめなければならない。

マルケスは何度も故国から外へ出た。政治的な問題で命を狙われたし、他国の革命に肩入れもした。あくまでもそのような過酷な現実を生きながら、ユーモラスで辛辣(しんらつ)で非常識、かつ人間的な作品をマルケスは書いたのである。

今後、日本の作家にとりわけ政治的苦難が訪れる時、ガブリエル・ガルシア＝マルケスはこれまでと違う世界標準の読み方をされ、ますますその偉大さをあらわすだろう。

本書を胸に書こう。

評・いとうせいこう（作家・クリエーター）

きむら・えいいち 43年生まれ。翻訳家。『ラテンアメリカ十大小説』など。

『境界の町で』

岡映里 著

リトルモア・一七二八円
ISBN9784898153864

「膜」を介して被災地に触れる

言葉が、深く、読み手の心に沁(し)み入ってくる。ずんずん突き刺さるのでも、がんがん飛び込んでくるのでもなく、じわり、と膜を通して浸潤してくる。そんな本だ。

著者は原発事故の被災地に通い続け、現地の人たちとちょっと不思議で濃密な交流を続けてきた。そこで経験した生活や交わした言葉の記録である。だが、生々しい感覚はない。著者自身も描かれる側に置かれる。

原発作業員の元締をやっている下請け会社の社長と懇意になって愛を告白したり、その社長の父親が国政選挙に立候補するのを手伝ったり、震災ニートの若者から10万字のメールを受け取ったり。

相当深くどっぷりと現地と関わっているのだが、描かれた出来事や人物と、描く著者との間には、薄い皮というか膜が一枚はさまっているような感じがする。淡々と描く、というのとも、ちょっと違う。

登場人物の感情を直接表す場面や表現が少ない。著者自身について描写するときでも、そうである。現地にどっぷり浸(つ)かる著者と、その自分を突き放して見ている著者と、両方の視点が交錯する。ちょっと失礼な表現になるが、この交錯が読み手に、まるで著者が幽体離脱しているような印象を与え、描かれている世界とこちら側との間に薄いけれども突き抜けることのできない強固な膜を現出させる。

「境界の町」とは、もちろん、警戒区域とそうでない地域の「境界」だが、書き手によって描かれた世界と読み手との間にも「境界」がある。著者はそれを言葉で描くのではなく、その存在そのものを読み手に直接感じ取らせることに成功している。

この境界は、ときには読み手の側の人間を無関心や忘却へと誘うが、一方で、これを意識することで、ぼくたち「よそ者」が被災地と触れ続ける装置としても作動する。これからの日本に必要な半透膜なのではなかろうか。

評・佐倉統（東京大学教授）

おか・えり 77年生まれ。編集者や週刊誌記者などを経て作家になった。

二〇一四年六月二九日⑦

『黒猫のひたい』

井坂洋子 著

幻戯書房・二五九二円
ISBN9784864880503

文芸

妙に言葉の座りが悪い日がある。正確に書いたつもりなのだが、その正しさがいけない。事物が上手（うま）く捕まえられない。そんな時、染み入る言葉を持つ人である。普段見えない空隙（くうげき）を縫い取るように紡がれる文集。日常の断片というより、日常の先に口を開けている名づけ得ないものたちが、丹念に描かれていく。

飼っていた黒猫が、親友の猫を亡くし眠り続けた日の思い出。「黒い額に私の額をつければ、しんとした回廊がつながった」。裏磐梯の風景に響き渡る風の音は、「雨より不安定で少々不穏だ。その不穏さが、ぞくぞくするようでいい」。あるいは、ある老人が亡くなるまで過ごしたという部屋を見たときの感動。「その部屋の物たちは、人の空虚を見事に埋めていた」。その「矜持（きょうじ）の匂い」。それは釈迦が寂滅する時に、周囲を取り囲み見守った動物たちのようであるという。人の心の澱（おり）、と呼ぶには爽やかすぎ、機微、というには重厚な言葉たちが琴線に触れ、鳴る。

評・水無田気流（詩人・社会学者）

二〇一四年六月二九日⑧

『神や仏に出会う時　中世びとの信仰と絆』

大喜直彦 著

吉川弘文館・一八三六円
ISBN9784642057769

歴史

日本の中世を生きた人々は、神仏をどうとらえていたのか。どのような形で、日常のなかに信仰があったのか。文献だけではなく、絵や言い伝えなどからも迫った本。

『平家物語』や謡曲を読み解き、異界（神仏の世界）の時間は、人間界の時間よりも遅く流れる、と当時の人々が考えていたことが判明するくだりは、なるほどと思う。精巧な時計がない時代の時間感覚に思いを馳（は）せるのは刺激的だし、実は現在の身体的・心理的時間感覚と通じる部分があるのだなと気づかされた。

檀家（だんか）制度が確立する江戸時代以前に、僧侶と信者がどう結びついていたのかがわかるのもおもしろい。交通手段も通信網も限られていたにもかかわらず、お坊さんは広範囲をマメに歩き、信者の家を訪ねたりお葬式をあげたりしている。そういう宗教者の存在は、民衆にとってどんなに心強かったことだろう。

信仰が身近にあった時代の息吹を知り、現代の信仰の在り方をも考えることができる好著だ。

評・三浦しをん（作家）

二〇一四年七月六日①

『荒野の古本屋』

森岡督行 著

晶文社・一六二〇円
ISBN9784794968456

『偶然の装丁家』

矢萩多聞 著

晶文社・一六二〇円
ISBN9784794968487

ノンフィクション・評伝

生き方はそれぞれ　背中押すシリーズ

晶文社が一九八〇年代に刊行していた「就職しないで生きるには」と冠したシリーズの存在を知ったとき、すでに私は組織に属さずに生計を立てていた。もっと早く出会えていたら、どんなに心強かったことか。

数十年前、「サラリーマン」になりさえすれば、一生安泰と信じられ、大学生は就学中に企業を回り、内定をとっていた。あれから世紀が変わり、「サラリーマン」はこれから先の生活を保障してくれる生き方ではなくなった。景気は上向いていると言われるけれど、先行きの不安はまるで消えない。かといって会社員に代わる人生のロールモデルも見いだせないまま、大多数の学生は相変わらず就学中に企業説明会を駆け回っているようだ。かつてのシリーズは「就職しないで生きるには21」と改まり、再び始動。前世紀からなにか変わったのだろうか。

第二弾の著者は古書店主、第三弾の著者は装丁家。縮小を加速させる本の業界に関わり、本好きの若者たちの憧れを集め、大活躍中の二人だ。

共通点は、新卒で企業に就職していないくらいのもので、今の仕事につくまでの紆余曲折（うよきょくせつ）も、既成の社会通念に対する屈託も、まったく異なる。前者は無為の日々の中で古書に関わりたいという意思が固まるのを待って老舗古書店に就職し、後に独立する。本人からすすんで社会と距離を置いていたようで、具体的に疎外された記述はない。不安もあったようだが一貫した意志の強さが印象的で、世俗離れした日々を送ってきた日々から一転、独立開業してからは、写真集という極めてニッチな需要を的確に探り当ててゆく。

一方後者は、気の毒なことに小学生時から学校教育と反りが合わずに疎外され気味。途中で素晴らしい先生に出会うものの、中学で不登校になってしまう。インド滞在を経て画家となり、タイトル通り偶然の出会いに誠実に応えるうちに、装丁の仕事にたどり着く。

基本的には前世紀からなにも変わらない。後者の著者が強調するように、不登校ならインドに行けば解決という話ではない。こうすれば生きていけるという正解やマニュアルは、どこにも存在しないのだ。生き方も生計の立てかたも、その人の数だけ存在する。結局はできることを、やりたいようにやるしかない。

そうは思っても、これで自分はいいのかと惑う。私もいまだに迷ってばかりだ。そんなときに本書を読むと、もう少しだけやってみようかと背を押される。就職していない人も、おそらく現在就職している人にも。

先日出た第四弾の小出版社起業の話も、楽しみに読みたい。

評・内澤旬子（文筆家・イラストレーター）

もりおか・よしゆき 74年生まれ。東京・茅場町の古書店「森岡書店」店主。
やはぎ・たもん 80年生まれ。画家、装丁家。著書に『インド・まるごと多聞典』（春風社）。

二〇一四年七月六日②

文芸

『連邦区マドリード』

J・J・アルマス・マルセロ 著　大西亮 訳

水声社・三七八〇円

ISBN9784801000384

虚実ないまぜの語りに導かれ…

フアン・ヘスス・アルマス・マルセロはアフリカ大陸の北西に位置するスペイン領グランカナリア島出身で、現在はマドリード在住。本書が初の長編小説の翻訳である。

「私」は冒頭から畳み掛けるように謎めいた述懐を始める。幾つもの固有名詞が矢継ぎ早に登場し、これから物語られることになる一連の、或（ある）いはバラバラの事件が列挙される。読者はそのあまりの性急さに戸惑いを覚えながらも、あっという間に小説の内に取り込まれていく。「私」の友人レオ・ミストラルは、肖像画家でもあるウンブロサ伯爵の妻エバ・ヒロンと懇ろになり、どうやら伯爵の事故死に関与しているらしい。彼はまた自ら監督する予定の映画『カバーリョ・リー・フォックス』の主演を依頼するべくティフアナに隠遁（いんとん）中の名優スティーブ・マックイーンを、小説『極地の空』の映画化権を求めてタンジールに作家ポール・ボウルズを訪ねる。ミストラルは「私」に顛末（てんまつ）を話して聞かせるが、あらゆる出来事の背後にはローレンス大佐とパトリシオ・クラウンという石油ブローカーが居て、ミストラルのみならず全ての登場人物を操っているのだという。「私」は真偽を確かめようと、独自の調査を開始するのだが……。

「私」は、ミストラルが「反駁（はんばく）の余地のない真実と見紛（みまが）うばかりの作り話をでっちあげるという驚くべき才能」を持っていると繰り返し述べる。つまり彼の話をそのまま信用することは出来ない。存在さえあやふやな（「私」は会ったことがない）ローレンス大佐の陰謀という要素もある。そしてそもそも、ジャクソン・ポロックの摸倣（もほう）画家である「私」という語り手を、われわれは信用していいのだろうか？

嘘（うそ）と騙（だま）しと謀り事が全編に張りめぐらされ、何もかもが混沌（こんとん）としたまま、印象的なエンディングへと向かっていく。謎また謎の、怪しくも魅力的な物語である。

評・佐々木敦（批評家・早稲田大学教授）

J.J. Armas Marcelo 46年生まれ。スペインの作家、批評家。『神々自身』など。

二〇一四年七月六日③ 社会

『「平成」論』

鈴木洋仁 著

青弓社ライブラリー・一七二八円
ISBN9784787233752

すべての事象がフラットな時代

他者に意志を伝えるとき、「高さ」は相当に大事な要素となる。学生や聴衆より一段高いところに立って話す。するとビックリするほど場の隅々まで見通せるのだが、聞き手からの反応は鈍くなる。意見を「申し上げる」体になるためか。一方で、平坦（へいたん）なところから、則（すなわ）ち同一の目線で話しかけると、活発な意見交換が期待できる。ところが今度は全体に目が配れない。声はすれども姿は見えず、である。

著者は平成を「オレがオレが」の時代、一人一人が主体性を入手して一斉に発言する時代であると捉える。すべての事象は「フラットである」、すなわち秩序なく雑然と横並びに存在するが、これを「平成的である」と評価し、そのさまを的確に描写していく。フラット（平坦）であるものへの適切な対応は、右に述べたとおり、なかなかに困難である。経験的に痛感しているので、著者の腕の確かさには、とても驚かされた。

私たちが不況のただ中にあることは、何とはなしに合意ができている。ところが「平成不況」「バブル崩壊後」「失われた十年」など、それを表現する言葉は互いに整合性をもてず、議論はかみ合わない。

他の分野には合意すら見出（みいだ）せない。歴史は冗長になり、文学は拡散し、ニュース報道は「ツマラナ」くなり、批評はレビューにかたちを変えた。それぞれ、いっときはキーワードが立ち現れるが、十分に吟味されぬまま、ひたすら消費され、忘れられていく。

全体を統合するシステムは、どうやらなさそうだ。それを実生活の中で感得した著者は、高みに昇って分析を試みるのではなしに、フラットであることを選択する。雑踏のただ中に分け入り、身もだえしながら考察を進めていくのだ。そして著者は再び言う。これこそが「平成的」なのだ、と。私には、それはきわめて、誠実な方法と思えた。若者らしい生真面目さに溢（あふ）れた、好感のもてる一冊といえよう。

評・本郷和人（東京大学教授）

すずき・ひろひと 80年生まれ。国際交流基金に勤務。専攻は歴史社会学。

『屋根屋』
村田喜代子 著
講談社・一七二八円
ISBN9784062187749
文芸

不可思議な夢と現実の隙間へ

中年の主婦が、自宅の雨漏りの修理を頼んだところ、やってきた屋根屋は夢を見る達人だった。主婦は屋根屋に導かれ、眠りの世界で冒険を繰り広げる。夫にも子どもにも気づかれないまま、夢のなかであちこちの屋根を旅する主婦だったが……。

夜に見る夢の話をするのも聞くのもきらいなひとは、けっこういるだろう。「筋道やオチがなくて退屈だ」という理由だと思うが、そういうひとにこそ、この小説をおすすめしたい（夢好きのひとには、言うまでもなくおすすめだ！）。夢特有のわけのわからなさやにおいのようなものが活写されているし、物語が進むにつれ、夢がはらむ不可思議さや欲望や刺激が色鮮やかに迫ってくるからだ。本書を読んで、「夢なんて退屈だ」と言うひとはいるまい。

夢について考えることは、現実について、生と死について考えることだ。私たちは毎晩、死に似た睡眠をむさぼる。もし、夢を見る仕組みを脳が持っていなければ、人類は「死後の世界」を想像することはなかったのではないか、とすら思える。そう考えれば、さまざまな宗教も、まだ見ぬ世界への憧れと畏（おそ）れの気持ちも、夜に見る夢が生みだしたものだと言えるかもしれない。

それに気づかせてくれるのが、本書だ。主婦と屋根屋は、夢と現実の隙間、純情と欲望の狭間（はざま）に迷いこんでいく。つまり、ひとの心の深淵（しんえん）に。互いの距離を探りあう二人の会話は、いつも不穏にユーモラスで、スリリングだ。もう二度と帰れないかもしれなくとも、どこかへ飛翔（ひしょう）したいと願う瞬間の、圧倒的な自由とさびしさ。

本書を読み終えたら、家々の屋根の連なりが、夜に見る自分の夢が、これまでとはちがった景色として感知されるようになっていた。夢のなかに留（とど）まるか否か、実は私たちは毎夜、ぎりぎりの綱渡りをしているのだ。

評・三浦しをん（作家）

むらた・きよこ　45年生まれ。作家。著書に『故郷のわが家』『ゆうじょこう』など。

『儒学殺人事件　堀田正俊と徳川綱吉』
小川和也 著
講談社・三〇二四円
ISBN9784062189330
歴史／人文

学説めぐる闘争　大胆に描く

ＮＨＫで放映された韓国の歴史ドラマ「トンイ」では、臣下の官僚が朝鮮国王の粛宗（スクチョン）を諫（いさ）める場面が出てきた。時は17世紀の後半。朝鮮半島では、中国にならって朱子学を支配イデオロギーとする朝鮮王朝のもとで、国王と臣下がともに儒教を学ぶ体制が確立されていたが、学説の違いから官僚の間に党派が生まれ、党派間の権力闘争が激化しつつあった。

翻って同時代の日本はどうだったか。戦国時代の最終的な勝利者として樹立された江戸の武家政権は、朝鮮とは根本的に体制が異なっていた。朱子学は支配イデオロギーにはならず、将軍に仕える臣下も科挙によって選抜されたわけではなかった。

だが本書は、粛宗の時代に日本でも朝鮮と一見よく似た光景が、将軍の徳川綱吉と大老の堀田正俊の間に繰り広げられていたという、驚くべき説を唱えている。貞享元（1684）年に正俊が江戸城で刺殺された背景には、儒教政治の理想である「仁政」をめぐる綱吉と正俊の解釈の違いがあり、それが両者の確執へと発展して事件を引き起こしたというのだ。

2人のうち、朱子学に深く通じていたのは、正俊のほうであった。正俊は、粛宗が綱吉の将軍職就任を祝賀するために遣わした朝鮮通信使の一行と、漢文で儒学に関するやりとりを交わし、自らの学問を一層強固なものにしている。日朝両国の政治体制の違いを超えて、これほどレベルの高い学問的交流が両国の間に成り立っていたこと自体が感動的である。

正俊の子孫に会い、堀田家に代々伝わる小箱に収められた原本を閲覧しないではいられない行動力。先行研究を踏まえての大胆な推理。そしてそれを平易な文章でドラマチックに展開する構成力。どれをとっても、並の学者にできることではない。知的興奮をかきたてずにはおかない力作といえるだろう。

評・原武史（明治学院大学教授）

おがわ・かずなり　64年生まれ。中京大教授（日本思想史）。『鞍馬天狗とは何者か』など。

二〇一四年七月六日⑥

『協同組合は「未来の創造者」になれるか』

中川雄一郎、JC総研 編
家の光協会・二四八四円
ISBN9784259521806

経済

社会的課題くみ上げるために

経済を動かす主体は、株式会社だけではない。農協、漁協、森林組合、生協、信金などの協同組合は、地域再生、環境、エネルギー、食料、就労など、社会的課題の解決に向けて、ますます重要な役割が期待される経済組織だ。

出資比率に応じて「声の大きさ」が決まる株式会社とは異なり、組合は一人一票制により構成員の平等性が貫かれる。彼らによる民主的な組織コントロールの存在は、社会的公正を目指す経済組織としての可能性の証しだ。

しかし現実の組合は、そうした社会的要請に十分応えているだろうか。本書は、12年の国際協同組合年を機に編まれた共同研究の成果であり、さらなる発展への途（みち）を探る。

とりわけ教えられるのが、第5章と第8章だ。第5章は、「組合員民主主義」の理想と現実を論じる。組合は、その事業成功ゆえに大規模化すると、管理業務の集中化・集権化が進み、組合員によるフラットな参加型民主主義から遠ざかる。より深刻な問題は、組合が所期の目標を見失い、「単一利害集団の閉鎖的組織」に陥ることだ。本章は、組合がつねに新しい社会的ニーズをくみ上げ、事業を通じて社会問題を解決する柔軟な組織体として、「組合員民主主義」を深化させることを提案している。例えばドイツでは近年、組合が再生可能エネルギー事業に参入し、原発からのエネルギー転換という社会的使命の一翼を担いつつ、事業的な成功も収めている。

もっとも、こうした新しい展開を図る上での障壁となるのが、根拠法の欠如だ。一般法が存在するドイツと異なり、日本では個別組合法しか存在しない。このため、再生可能エネルギーのような新しい社会的課題に進出するには別途、個別法制定が必要になり、事実上の参入障壁となる。第8章が指摘するように、組合の健全な発展のためには「協同組合基本法」の制定が急務だ。

評・諸富徹（京都大学教授）

なかがわ・ゆういちろう　46年生まれ。明治大学教授。

二〇一四年七月六日⑦　科学・生物

『エピジェネティクス　新しい生命像をえがく』

仲野徹 著
岩波新書・八四二円
ISBN9784004314844

生命科学領域で注目を集めているエピジェネティクスについての、格好の入門書。

エピジェネティクスとは、遺伝子（DNA）の塩基配列は変化しないけれども、生物の形や生理などの表現型に安定的な変化がもたらされる現象である。DNA情報のどこを読むか、その制御の仕方が変化し、それがある程度安定して維持されるために生じる。

本書には、そのメカニズムと実例が分かりやすく紹介されている。遺伝子名や物質名がたくさん出てくるところが難しければ、そのへんは飛ばして先に進もう。

実例は、アサガオの品種改良やネズミ類のつがい行動の変化など、そして人間の病気と続く。生活習慣病もエピジェネティクスかもしれない。

しかし、エピジェネティクスは生命観を根底から変革するものではないと著者は釘を刺す。斬新な現象を記述しながらも、手綱をきちんとしめるのが清々（すがすが）しい。この人の書くものなら信頼できる――そう確信できる筆致である。

評・佐倉統（東京大学教授）

二〇一四年七月一三日①　文芸

『夜は終わらない』

星野智幸 著
講談社・一九九八円
ISBN9784062189668

物語を欲望するニセ暴君の時代

『アラビアンナイト』はご存じのように千夜もの間、暴君に物語を語って聞かせ、自らの命をながらえるばかりか、それなしではいられなくしてしまうシェヘラザードという女性が主人公であった。

よき文芸は先行作品をたたえ、笑い飛ばし、価値をひっくり返す。星野智幸がまさに千夜ほどの時間をかけて書き上げたのは、反対に「出逢った男たちに物語を語らせる」玲緒奈という女性を〝暴君〟とした小説である。

玲緒奈はスタイリッシュな服や宝飾品で自らを飾って男たちをだまし、金を奪い取り、命を奪う。メールを利用し、睡眠薬を溶かし、パソコンからデータを消去しては結婚詐欺を繰り返す。

まさに今どきの犯罪者・玲緒奈だが、『アラビアンナイト』のシャフリヤール王とはまるで違う。性別だけではない。玲緒奈はやんごとなき家柄に生まれたわけでも、宝物のように育てられたのでもなさそうだ。「印象の薄い顔」に見事なメークをし、罪を犯して転々と移動している。

つまり、彼女はあらかじめ何ひとつ持っていないのだ。まるで、我々読者がほとんどそうであるように。だからこそ、玲緒奈は物語を欲する。殺そうとする男たちから、それが一夜の遊びのごときふりをして、夜伽（よとぎ）を求める。

シェヘラザードが命をつなぐために物語を切実に語ったように、玲緒奈はそれを聞く。物語がわずかでも自分に関係し、世界に小さなよりどころを見つけ、生きる実感に触れられる時間を求めて。

彼女が必要とするのは、逃避のための物語ではない。文学周辺で物語批判が徹底される一方、経済がそれを細切れにしてネットで数分ごとに更新する日々。政治は甘いだけのキャッチフレーズで粗雑なお話を語ってやまない。

これでは人生を構造化する契機がないのだ。玲緒奈にも、我々にも。ゆえに、よく似た物語を別な者が生きているという比較も出来ず、他者を構造化出来ない。

つまり、なんでも手に入るように見え、ボタンひとつでそれが自宅まで届き、意見はすぐに書き込めて発表出来るかのごとき時代の我々は、ニセの〝暴君〟なのだ。玲緒奈と私たちは重なっている。

そこに、物語が必要になる。生きる方法を認識するために。

本書では男たちが縦横無尽におとぎ話をす

る。話の中で〝語る者と聞く者〟のペアは分裂し、男女の境をなくし、動物と同一化し、入れ子の逸話を発生させる。それを聞く者は玲緒奈であり、読む我々でもある。物語は複雑に〝重なる〟。

さて、生きのびるために物語を語る者は命を救われるだろうか。また、生きのびるために〝聞く〟我々は。それは読んでのお楽しみ。

評・いとうせいこう（作家・クリエーター）

ほしの・ともゆき 65年米ロサンゼルス生まれ。新聞記者を経て、『最後の吐息』で文芸賞を受賞し、作家デビュー。『目覚めよと人魚は歌う』で三島由紀夫賞。『ファンタジスタ』で野間文芸新人賞。『俺俺』で大江健三郎賞。

二〇一四年七月一三日❷

『死の都の風景　記憶と心象の省察』

オトー・ドフ・クルカ 著　壁谷さくら 訳

白水社・二三七六円

ISBN9784560083529

歴史／社会

収容所での生活「美」と「郷愁」

ユダヤ系の歴史学者である著者は、十歳のころ、アウシュビッツの「家族収容区」へ入れられた。長い年月を経て、はじめてその経験を語ったのが本書だ。

「家族収容区」は、赤十字の査察団の目を誤魔化（ごまか）すための施設で、大人と子どもが一緒に暮らし、私服を着ることが許された。歴史の授業も、劇や合唱（「歓喜の歌」！）の練習時間もあった。だが査察が終われば、半年後には全員がガス室に送られる。その運命を、みんな知っていた。著者はたまたまジフテリアに罹（かか）り、病棟に移されたので、ガス室送りを奇跡的に免れた。

アウシュビッツの悲惨で残酷な実状は、これまでにも多くの書物が伝えている。本書も淡々と収容所内での生活を語るのだが、そこには不可思議な「美」と「郷愁」が感じられる。

鉄条網に本当に電気が通っているのか、友だちと試して遊んだ記憶。病棟で死の床にあった青年から、ドストエフスキーの『罪と罰』をもらい、貪（むさぼ）り読んだこと。遺体を燃やす煙が煙突から絶え間なく上るかたわらで、収容された人々はなんとか楽しみを見出（みいだ）そうとしつつ、期限付きの「日常」を送っていた。絶望のなかで、子どもたちに大切なことを伝えようとするひとも、たしかに存在した。

著者は、少年の日にアウシュビッツで見た夏の青い空を、美しい永遠の風景として心に刻み、何度も何度もそこへ還っていく。「すべてを支配する大いなる死が隆盛を極める中で感じる美から、逃れるすべはないのだ」

あふれかえる死と残酷のなかでも、著者の美と文化への感性、思考しつづける強靱（きょうじん）な知性は、決して失われなかった。そこに希望を感じると同時に、収容所を「故郷」として生きざるをえない、著者の壮絶な経験を思って、粛然とした。なぜ、と神や良心の存在について真剣に問わずにはいられない一冊だ。

評・三浦しをん（作家）

Otto Dov Kulka 33年生まれ。ヘブライ大学名誉教授（歴史学）。

二〇一四年七月一三日③

『皮膚　文学史・身体イメージ・境界のディスクール』

クラウディア・ベンティーン 著　田邊玲子 訳

法政大学出版局・五一八四円
ISBN9784588352294

医学・福祉／社会

近代的人間観への変容を映す

自己と世界との境界線を象徴する、皮膚。それは表面でありつつ内面を映す鏡であり、同時に他者との接触面でもある。本書は18世紀以降の文学、芸術、科学等さまざまな領域を横断しつつ、皮膚のもつ文化的な意味や価値の変遷を丹念に検証する。筆者は述べる。皮膚は遅くとも20世紀には、「個」として分断された人間の象徴として用いられるようになった。それは、18世紀以降の社会変化によりもたらされたものだ、と。なるほど、他者との境界のないところに、近代的な主体や個の生成もない。皮膚は個人の外枠を決定しつつ、自ら知覚する主体性を生起させる。皮膚に投影されるのは、近代化にともなう人間観の変容そのものである。

18世紀、臨床・解剖医学の始まりとともに、神秘的な領域とされてきた「皮膚の下にあるもの」が可視化されるようになった。この過程で、肉体についての知覚が根本的に変化し、個人の肉体の境界としての皮膚という観念も成立した。それまで単なる視覚的イメージとしてとらえられていた皮膚は、より複雑な意味を重ねられるようになった。

当時、古い皮膚は旧態依然とした人間観の象徴とされた。このため、ゲーテをはじめ近代人の理想像を追求した文学者たちは、「脱皮」し真の自己を獲得することを、人間解放の象徴として描いた。だがそれは、男性にのみ許された救済イメージであった。女性は美しい皮膚（外見）こそに価値があるとされ、内実のない容器であることが称揚された。女の皮膚は仮面。皮膚を脱ぐことは、化けの皮が剥がれると言うように、おぞましいこととされたのである。

このあり方は、今日変わっただろうか？今なお、女性が旧来の仮面を捨て去るのは難しい。「ありのままの姿見せるのよ」と涙ながらに「アナと雪の女王」の主題歌を絶唱する女子小学生の集団を眺めつつ、嘆息。

評・水無田気流（詩人・社会学者）

Claudia Benthien　65年生まれ。独ハンブルク大学教授（文化理論）。

二〇一四年七月一三日④

『好奇心の赴くままに　ドーキンス自伝I　私が科学者になるまで』

リチャード・ドーキンス 著　垂水雄二 訳

早川書房・三〇二四円
ISBN9784152094575

科学・生物／社会

自然に誕生した『利己的な遺伝子』

ドーキンスは、世界の見方を変えた人である。彼の退官記念論文集の副題は、「ひとりの科学者が私たちの思考様式をどのように変えたか」という。優秀な科学者は大勢いるが、世界観を変えることができた人は、そう多くない。

１９７６年、当時35歳の彼は、動物の社会行動の進化に関する入門書、『利己的な遺伝子』を出版した。そして、生物の進化と生物そのものに関する見方を一変した。進化は遺伝子が自己の複製をたくさん残すように進むものであり、その根本は遺伝情報の振る舞いとみなされるようになった。巧みなレトリックと華麗な文体のおかげもあって、彼の著作は生物学以外の分野でも幅広く読まれ、以後、社会全般に大きな影響を与え続けて今日に至っている。

この自伝は、そんな知的革命の仕掛け人が、マニフェストたる『利己的な遺伝子』を出版するまでを回顧したものである。

世界を変える書物がどのようにしてできた

のかは、むしろ、自然に誕生したような様相を呈している。彼が所属していたオックスフォード大学の研究室は、当時の進化生物学研究の結節点に位置していた。ドーキンスは学生への講義の準備などを通して、その編集能力とコピーライター能力を遺憾なく発揮し、耳に入ってくるさまざまな研究のエッセンスを凝縮したのである。それが『利己的な遺伝子』となっただけのこと——この本からは、そんな風に読める。

　幼少期から、哲学的な志向と言葉に対する鋭敏な感覚を発揮していたというのも興味深い。後の理論家肌の名文家、栴檀（せんだん）は双葉より芳（かんば）し。

　しかし、大学以前の学校の成績はぱっとしないものだった。それを開花させたのもまた、個人指導を重視するオックスフォード大学という、知識涵養（かんよう）の場であった。

　知の革命は一日にして成らず。心しよう。

評・佐倉統（東京大学教授）

Richard Dawkins　41年生まれ。英国の生物学者。本書は2部作の第1部。

二〇一四年七月一三日⑤

『ナショナリズム入門』

植村和秀 著

講談社現代新書・九〇七円
ISBN9784062882637

政治／社会

どううまれ、歴史に作用したか

「愛国無罪」を叫ぶ反日デモを中国で幾度か取材し、政治が重用するナショナリズムを目の当たりにした。日本に戻ってみると、書店に「反中嫌韓」棚と「日本ってすごい」本が、増殖している。

　私自身も、サッカーのワールドカップ観戦ならいざ知らず、「国」をやどかりに考えたり、気持ちが動いたりする機会がなんとなく増えていないだろうか。争いの種として耳にすることが多いナショナリズムってなんだろう——。

　この本では、国家、国民、民族などの意味をもつ「ネイション」にたいする肯定的なこだわり、と説明する。正義でもないが、悪でもない、と。そして、どううまれ、歴史に作用したかについて、各国の例をあげて示している。

　戦争などによって地理的な国の形や統治者が変わるとき、国力が大きく動くとき、移民に触れるとき……。日本を出発点に、ドイツを始めとする欧州を厚めに紹介し、米国、ロシア、トルコ、アラブへと地球儀を回す。そのうえで、中国、朝鮮半島へと戻ることで、東アジアの現在地が相対化されていくようだ。ナショナリズムには、季節があると言う。

　近代化が中途半端な時期こそ、盛り上がる。強大化した実感はあっても、自分の生活は、それほどでもない。力強さと一体性へのこだわりが強くなり、「ネイション」にすがって暮らしをよくしてもらおうと期待する。

　その意味で、日本の昭和の戦前期に似る現在の中国は旬にある、と指摘する。これに対して、日本の場合は「失われたプライドや何とも言えない心細さへの補償」を期待して膨らんでいるのではないか、と感じた。双方の「期待」を、権力がまとう。

　著者が「エゴイズムを破局に転じさせない決意も仕組みもない」と心配する東アジアで、ナショナリズムを前向きにいかす知恵は何か。考える入り口にいざなう一冊だ。

評・吉岡桂子（本社編集委員）

うえむら・かずひで　66年生まれ。京都産業大学教授（ナショナリズム論・政治思想史）。

二〇一四年七月一三日⑥

『フルサトをつくる　帰れば食うに困らない場所を持つ暮らし方』

伊藤洋志、pha 著

東京書籍・一五一二円
ISBN9784487808120
文芸／社会

現代の参勤交代が日本を救う

参勤交代を復活すべきだというのが、養老孟司の説である。都市と地方の格差解消策、過疎化対策として有効なことはわかるが、現実的に無理だろうと思っていた。

しかしこの本を読んで、参勤交代は復活できると確信した。しかも、上からの強制によらず、各自が勝手に、自分たちの帰る場所を見つけ、それを自分のフルサトとして再定義することができれば、結果としてそれが現代の参勤交代となり、日本を救うかもしれないのである。

2人のニート、ギーク（オタク）っぽくてゆるめな若者の主張が説得力を持つのは、2人が縁もゆかりもなかった熊野という場所に通って、新しいフルサトつくりを実践し、それなりの成果を獲得し、かなり充実した感じで実際に「交代」しているからである。

2人がフルサトつくりに成功したのは、骨を埋めようという面倒臭いことは考えず、可能な限り軽くて、気楽に場所をエンジョイし、友達を作ったからである。都市の再生に用いられるシェアハウス、シェアオフィスという新しい概念も、彼らは地方でこそ有効だと考えて、実践した。

まず2人は熊野が好きになって通いはじめた。その「通う」感じがまさに参勤交代で、「通う」距離感が、地域と東京との新しい関係性を作り、おかみに頼らず、補助金にも大資本にも依存しない、地域のお気楽な活性化の鍵となる。移動によって、シェアによって「小さなお金を」生み出す具体的秘策ももりだくさんである。「小さなお金」で満足できれば、フルサトは誰でもつくり出せる。

これは定住とも遊牧とも異なる第3の道である。読み終わって、日本人にはそもそも、こんな軽いフルサトが似合っていたような気がしてきた。日本人は縄文の頃から、採集生活が得意で、物を拾い集めて場所を渡り歩くような、軽やかな生き方をしてきたのだから。

評・隈研吾（建築家・東京大学教授）

いとう・ひろし 著書に『ナリワイをつくる』。
ファ 著書に『ニートの歩き方』。

二〇一四年七月一三日⑦

『谷川雁　永久工作者の言霊』

松本輝夫 著

平凡社新書・九五〇円
ISBN9784582857351
人文／社会

筑豊の炭鉱で闘争を組織し、「原点が存在する」「連帯を求めて孤立を恐れず」など、鮮烈な言葉を放った谷川雁。彼の文化活動「サークル村」は、全共闘や石牟礼道子らにも強い影響を及ぼした。

しかし、谷川はその後、闘争をやめて東京で子ども向け語学教育会社の経営に携わる。それは「転向」だったのか。谷川と出会い、彼の会社で働き、自らも経営者となった著者は、彼の生涯にひそむ一貫性を描き出す。

主婦が子どもを教育する集団を「パーティ」（党派の意味もある）と呼んだだけではない。希代のアジテーター谷川が古事記や宮沢賢治に取材して書いた教材に、子どもたちは熱狂した。教育が本来アジテーションであるとすれば、それも自然な流れだったのかもしれない。

あえて問えば、労働者、女性など、弱い立場の人びとへの「工作」につきまとう「権力性」を谷川はどこまで意識していたのだろうか。謎の人、谷川雁に迫る労作である。

評・杉田敦（政治学者）

二〇一四年七月一三日⑧

『AIDで生まれるということ』

非配偶者間人工授精で生まれた人の自助グループ、長沖暁子 編著

萬書房・一九四四円
ISBN9784907961008

医学・福祉／社会

AID＝非配偶者間人工授精（夫以外の第三者から提供された精子を用いた人工授精）で生まれた者たちが、その事実を知らされてからの苦悩を語り合う貴重な一冊。

複数の当事者が、「出自を知る権利」が確保されないために、遺伝性疾患への気構えができないことや、遺伝上のルーツをたどれぬことの不安感などを口にし、さらに自分たちの声を社会が無視し続けたことへの批判をつづる。苦悩を周囲に理解されないつらさも重い。不妊問題が、出産した時点で「決着」するわけではないことが分かる。

本書の外側にはまた、親による「産んで以降の苦悩の声」や「自己正当化のための物語」もあろう。不妊に悩む当事者の声に耳を傾けるべきだという意見はよく耳にするが、社会が結局、「産ませる」までにしか関心を払わないなら、新たな問題を放置することになる。技術の倫理的意味と必要なケアについて、しっかりと議題が共有されなくては。

評・荻上チキ（「シノドス」編集長）

二〇一四年七月二〇日❶

『身体巡礼　ドイツ・オーストリア・チェコ編』

養老孟司 著

新潮社・一六二〇円
ISBN9784104160075／9784101308425（新潮文庫）

医学・福祉／社会

連続していた生死　共同体消えて分節

こんなグロテスクな死体の処理があったのかと、驚かされ、背筋が寒くなった。ドライな火葬方法に慣れた現代日本人にはショックの連続である。ヨーロッパを代表する貴族ハプスブルク家では、心臓、内臓、それ以外の部位を丁寧に切り分け、3つの場所に保管した。なぜなら死体は死んでも「生きて」いて、物ではなかったから燃やせなかったのだと、解剖学者である著者は冷静に結論づける。各臓器の中には各機能が死なずに残っていると信じられていた。たとえば心臓には間違いなく心、精神が生きているはずだから、分離して、大事な場所に保管した。

ハプスブルクの埋葬法は共同体が崩壊中途の、移行期の産物であると感じた。本書は、単なるメメントモリ（死を忘れるな）の書ではなくて、死のあり方、人間の死の受け入れ方の変遷を俯瞰（ふかん）して、整理してくれる。読み終わって、死の意味が腑に落ちて、僕自身、救われた。家族をはじめとする共同体が完全に機能していた時代には、人は死んでも、共同体の中では生き続けていたから、それぞれの個人は死を恐れる必要はなく、死体の保存にこだわる必要もなかった。マダガスカルでは、人は祖先になるために生きたので、死といわず、「祖先になる」といって、死をこわがらなかった。

そのように共同体が強い時、死と生の境界は曖昧（あいまい）である。この日本でも江戸時代には、「死体の生死」は決定できなかった。自宅で医者にも機械にも頼らずに死んだ僕の祖父の死も、生と連続していて分節できなかった。

しかし共同体という時間を超越した居場所がなくなって、生と死は分節され、人はさびしく死ななければならなくなった。老いて死ぬ人が共同体のかわりに何に頼るのかも、この本は教える。社会保障と立派なお墓である。

しかし経済が成長し続けられなければ、社会保障は破綻（はたん）すると、著者は断言する。20世紀は、石油という偶然のおかげで、社会保障システムが機能し、人は共同体がなくても「死ぬ」ことが可能になった。しかし、石油がなくなったら、人はどうやって死んだらいいのだろうかと、本書は問いかける。

立派な墓も、共同体が消えたことの補完物であった。共同体がしっかりしていれば、墓はどうでもよかったのである。墓の延長上に、建築や都市というモニュメントがある。本来の仏教は、墓を重要視しない。安らかに死ね

ない人が、立派な墓を作り、その延長として立派な建築を作るのである。安らかに死なないから、立派な建築や、都市を作って、死を隠蔽（いんぺい）しなければならないのだと、僕は感じた。そのデザインにたずさわる、自分の人生も見返してみた。

評・隈研吾（建築家・東京大学教授）

ようろう・たけし 37年生まれ。東京大学医学部卒業後、解剖学教室に入る。95年から東京大学名誉教授。『解剖学教室へようこそ』『日本人の身体観』『バカの壁』など著書多数。

二〇一四年七月二〇日❷

『短編を七つ、書いた順』
片岡義男 著
幻戯書房・二〇五二円
ISBN9784864880473

『ミッキーは谷中で六時三十分』
片岡義男 著
講談社・一八三六円
ISBN9784062187442

文芸

人生の一場面 鮮やかに切り取る

片岡義男の筆にかかると、東京は、まるで外国の都市みたいに見えてくる。登場人物は皆、几帳面（きちょうめん）に姓と名を持たされており、女性の多くは下の呼び名がカタカナで、男たちは作家か編集者か俳優、女性の職業のバリエーションは多彩だ。彼ら彼女らの人生の一場面、連続しているような、そうでもないような出来事たちが、字義通りの意味でハードボイルド的というべき筆致で、鮮やかに切り取られる。

『短編を七つ、書いた順』は「作家生活40周年書き下ろし」。「せっかくですもの」では、二十八歳で実家に戻った「宮崎恵理子」が、二年後に就職が決まって再び家を出る準備をしていた或（あ）る日、最寄り駅のドトールと駅の改札で二度、父親と出くわす。二度の偶然の間に彼女は友人の「倉本香織」とスペイン料理を食べ、二人で新居を見に行き、電車を乗り継いで帰ってくる。題名は、そのまま父と家には戻らずに寄った店で、バーテンダーが彼女に言う一言だ。「なぜ抱いてくれなかったの」は、五十三歳で独身、作家の「三輪紀彦」が、高校時代のクラスメイトの「中条美砂子」と再会する。卒業後一度だけ二人はデートをした。彼女はその後、女剣劇の世界に入り、引退後の今は喫茶店を営んでいる。題名は彼女が彼に言う台詞（せりふ）である。彼が返答を思いついたところで、小説は終わる。

『ミッキーは谷中で六時三十分』の表題作は、二十八歳独身でフリーライターの「柴田耕平」が、偶々（たまたま）入った喫茶店のマスターから、娘付きでこの店を切り回さないかと持ちかけられる。その娘は「楠木ナオミ」といい、ビリヤードが上手（うま）い。ナオミは柴田をかつてはポルノ女優をしていた母親がやっている食堂に連れていく。以下、作者いわく「コメディの試み」の七編が収められている。二冊を足して十四編、どの人物も実に「小説の登場人物」らしい。だがその〝らしさ〟は、他の作家が書くそれとは全然違っている。

評・佐々木敦（批評家・早稲田大学教授）

かたおか・よしお 40年生まれ。作家。

二〇一四年七月二〇日③

『ファストファッション　クローゼットの中の憂鬱』

エリザベス・L・クライン 著　鈴木素子 訳

春秋社・二三七六円

ISBN9784393333327

社会

現代社会の消費文化の縮図

今や私たちの日常生活を覆い尽くしている、「ファスト」な消費文化。規模の拡大と、時間やコストの削減を至上命令として、その伸展は留（とど）まることを知らない。とりわけ目を引くのは、H&MやForever21、Zaraなど世界規模で展開する格安ファッションチェーン（ファストファッション）だ。これは「問題の多い現代の消費文化の縮図」と著者は述べる。

ファストファッションが普及し、衣料品の単価が安くなるのに反比例し、購入点数は増加の一途を辿（たど）っている。アメリカでは、過去20年間で国民一人が年間に購入する衣料品の数は倍になった。それにともない、繊維ゴミの量も約10年で4割増加したという。日本も他人事（ひとごと）ではない。

近年ファストファッションの生産拠点は中国やバングラデシュなどに移されているが、繊維産業に用いられる殺虫剤や合繊染料などの有害物質は、現地の大気や水質を汚染している。下請け企業は厳しい納期やコスト削減を強いられ、労働環境は劣悪だ。近年、ダッカの衣料品工場が崩落事故や火災を起こし、多くの死傷者を出して問題視された。メーカー、アパレル企業、そして消費者の間に横たわる物理的・文化的な隔たりこそが、これらの悲劇の遠因であると著者は指摘する。

先進諸国の消費者たちは、消費の社会的意義に気づきつつある。リサイクルや手作りなどスローファッションや、現地工場の労働者の待遇まで気を配るエシカル（倫理的）消費への関心の高まりは、この証左であろう。本書の魅力は消費者目線から懺悔（ざんげ）に満ちた買い物遍歴が忌憚（きたん）なく語られる点にもある。著者はかつてファストファッション中毒患者だった。安価な服の魅力に抗（あらが）うことは大変に難しい。自宅は洋服であふれ、日常的に身に着けるのは、そのうちたった4％程度。おかしい？　そう思ったら見直してみるべきだ。評者も……頑張る。

評・水無田気流（詩人・社会学者）

Elizabeth L. Cline　米国の作家、編集者。雑誌「ニューヨーク」などに執筆。

二〇一四年七月二〇日④

『サルなりに思い出す事など　神経科学者がヒヒと暮らした奇天烈な日々』

ロバート・M・サポルスキー 著　大沢章子 訳

みすず書房・三六七二円

ISBN9784622078326

科学・生物／社会

アフリカとの裸のつきあい

ケニヤの森で20年以上にわたりヒヒの群れを観察した神経科学者の回想録だ。裏表紙にある「抱腹絶倒のノンフィクション」という謳（うた）い文句は看板倒れではない。ニヤニヤ笑いが込み上げるという点では近年屈指の本だった。

まずヒヒの研究を開始した理由が振るっている。著者の研究はストレスが人間の身体にどんな悪影響を及ぼすか。その調査にヒヒを選んだのだが、なぜヒヒかというと、彼らは1日4時間しか狩りをせず、あとはお互いを精神的に煩わせることに使っているからだという。つまりそこは人間と同じ、というわけだ。

ヒヒに旧約聖書由来の名前をつけて諧謔（かいぎゃく）的に語るあたりは大笑いだ。ただヒヒのことばかりではなく、むしろヒヒの観察を縦軸にして、東アフリカの文化や人間や諸々（もろもろ）の不条理な出来事を縦横無尽に語ったエッセイだといえる。

驚いたのはこの著者がきれいごとを一切書

かないことである。例えばマサイ族のような先住民のことを書く場合、普通の書き手は先住民文化に対して寛容な人間だと思われたいので、どちらかといえば礼賛したり理解を示したりという書き方をすると思う。だがこの著者はそういうことはしない。マサイ族が最悪だと思ったら最悪だと書き、臭いと思ったら臭いと書き、勇敢だと思ったら勇敢だと書き、憎い時は憎いと書く。こんな書き方は自分の観察眼や理解力によほどの自信がないとできることではないし、それが不快ではないのは、著者のアフリカに対する愛を文章の内側から如実に感じることができるからだろう。つまり本書はアフリカと裸の付き合いをした男の正直な記録なのだ。

ストレスを下位の個体に押しつけるヒヒの行動は人間社会に対する強烈なあてつけだろうか。最後にヒヒの群れは崩壊の危機に瀕（ひん）するが、それも何かの黙示に思えてくる。ユーモアの中に辛辣（しんらつ）な批評をしのばせた奥深い一冊だ。

評・角幡唯介（ノンフィクション作家・探検家）

Robert M. Sapolsky　米国の神経内分泌学者、行動生物学者。

二〇一四年七月二〇日⑤　社会

『エラスムス　人文主義の王者』

沓掛良彦 著

岩波現代全書・二二六八円

ISBN9784000291323

現代を予見した「もの書く男」

エラスムスはルターとの対比で語られることが多い。行動派で勇猛果敢な後者に対して、前者は思索的で優柔不断な人と、どちらかといえばエラスムスに分が悪い。しかし、本書を読むと、こうしたイメージは一変する。

「もの書く男」としての生涯を貫いたエラスムスは、当時の絶対権力者、ローマ教皇を「世界のキリスト教会の疫病」と呼んだ。『痴愚神礼讃（らいさん）』では「どれほどさまざまな商売、どれほどの莫大（ばくだい）な収穫と、大海をも埋め尽くすほどの財貨」と、言い尽くせないほどの利権を手にした教皇を、類いまれな筆力で痛烈に批判している。この本が出版されたのは、ルターが宗教改革の狼煙（のろし）を挙げた1517年より8年も前のことである。

「エラスムスが卵を産み、ルターがそれを孵（かえ）した」宗教改革は、ルターによって「似ても似つかぬ雛（ひな）」（プロテスタントという巨大な怪鳥）となった。腐敗した巨大権力を撃ったのは、聖書を絶対とするエラスムスのキリスト教観であり、宗教改革の第一の栄誉は彼に帰してしかるべきだったのに、消し飛んだ。そのうえルター派からも教皇派からも敵視された。党派性を明らかにしなかったエラスムスに「安住の地はなかった」。

しかし、本書を読むと、そんなことはエラスムスにとってはどうでもよいとさえ思えてくる。彼の夢は「平和裡（り）にひとつの知的・文化的共同体が築かれること」だった。5世紀を経てその夢はカトリック・プロテスタントの和解と「不完全な形ながら、EU、『ヨーロッパ連合』という形でひとまずは実現を見た」。

エラスムスの現代性はこれだけにとどまらない。「『正義の戦争』という観念の虚偽性を暴」いた彼にとって「狂信と偏狭なナショナリズムこそが生涯の敵であった」

現代に必要なのは、時の権力にペン一本で立ち向かった、この絶対的平和主義者の強い意志なのである。

評・水野和夫（日本大学教授）

くつかけ・よしひこ　41年生まれ。東京外国語大学名誉教授。『サッフォー　詩と生涯』。

二〇一四年七月二〇日❻

『街の人生』

岸政彦 著

勁草書房・二一六〇円
ISBN9784326653874

社会

優しく聞きとる　隣人の生活史

著者の岸政彦は、前著『同化と他者化』において、丁寧な聞き取りと見事な分析で戦後沖縄の社会を浮き彫りにした、いま最も注目すべき社会学者だ。最新作『街の人生』は、実にユーモラスな一冊に仕上がっている。

本書の構成はとてもシンプルだ。外国籍のゲイ、ニューハーフ、摂食障害の女性、シングルマザーの風俗嬢、ホームレスの男性の5人の生い立ちを聞き取り、インタビューの模様をほぼそのまま掲載するというもの。分析らしいものはほとんど加えられない。にも関わらず本書は、読み終えた者の社会認識を改めさせる力を持っている。

「我々が空想で描いて見る世界よりも、隠れた現実の方が遥（はる）かに物深い」――。本書冒頭では、柳田国男『山の人生』のこのような一節が紹介されている。『山の人生』は、「山へ入って還って来なかった人間」や山間部で生きる少数者たちの逸話を聞き取った柳田の初期作品。社会の周縁を漂泊しながら生きていた者たちの姿を通じ、「日本国民」の歩みの多層性を浮かび上がらせた。

対して『街の人生』では、「山」などの地理的条件に着目せず、それぞれの「街」を生きる者たちの「普通の人生」に焦点を当てていく。

「たまにお酒飲んで、おもっきし泣いて、あはははは。で終わり。また頑張るわ」（外国籍のゲイ　ルイス）

「すべての差別がなくなればいいなぁ。なくなったらまた何か困ることでもあんのかなぁ？」（ニューハーフ　りか）

私たちはそれぞれの「街」の中で、散り散りに漂泊している。ルポを通じてそれらをのぞき見するというのではなく、また「当事者」という枠で問題化するのではなく、隣人の人生として耳を傾ける。そのことで、既に多様な住人たちが暮らしている「この街」の姿を想像させるのが、本書の大きな魅力だ。そのまなざしは、とても優しい。

評・荻上チキ（「シノドス」編集長・評論家）

きし・まさひこ　67年生まれ。大阪在住。龍谷大学社会学部准教授。

二〇一四年七月二〇日❼

『音楽の進化史』

ハワード・グッドール 著　夏目大 訳

河出書房新社・三四五六円
ISBN9784309274911

歴史／人文

古代の骨笛からボーカロイドまで、洞窟の宗教儀礼からiTunesまで、偶然の発見や複雑な体系化を経て、音楽は紆余曲折（うよきょくせつ）の進化の道筋を辿（たど）ってきた。私たちは現在、壮大な音楽アーカイブを私有し、時と場所を選ばず、あらゆる時代と地域の音楽を聞くことができるし、どんな風変わりな音楽にも耐えられる耳を獲得したが、どのような経緯と理由によって、この音楽の多様性に行き着いたかほとんど何も知らない。

音楽にまつわる歴史的因果を解き明かす本はこれまでありそうでなかった。本書は主に西洋音楽の音階や和声、リズムやジャンルがどのようにして発見され、洗練されてきたかをなぞってみせる。

ヴェネチアのサンマルコ広場の素晴らしい音響効果がオペラやブラスバンドの揺り籠になったこと、1オクターブが12音で構成される背景、対位法芸術の極致ともいうべきバッハの楽曲の秘密などが謎解きされてゆく過程は凡百のミステリーを凌（しの）ぐ面白さだ。

評・島田雅彦（作家・法政大学教授）

二〇一四年七月二〇日⑧

『ＳＦを実現する　３Ｄプリンタの想像力』

田中浩也 著

講談社現代新書・九〇七円

ISBN9784062882651

科学・生物／社会

タイトルの「ＳＦ」は、通常の「サイエンス・フィクション」に、「ソーシャル・ファブリケーション」という新しい意味がかけられている。社会を組み換える、鋳掛け直す、というニュアンスである。

３Ｄプリンターの出現は、情報だけでなく、モノの遠距離伝送も可能にした。設計情報を送って、向こうでそれを打ち出せばよいのだ。

そうすると、送られてきた情報をそのまま使うのではなく、地域や状況に合わせて修正し、使いこなしていく作業が自然に始まる。今までにはなかった人と人のつながりが出てくる。その社会に溜（た）まっている「凝り」や「澱（おり）」が、少しずつほぐされていく。これが、著者の目指す「ＳＦ」。この本には、そんな実例が、たくさん紹介されている。

新技術の負の側面についても触れた方が、読者はより身近な出来事として受けとめやすかったかもしれない。

読み終わったとき、未来は明るいと確信できて、前向きな気持ちになれる本だ。

評・佐倉統（東京大学教授）

二〇一四年七月二七日①

『明治の表象空間』

松浦寿輝 著

新潮社・五四〇〇円

ISBN9784104717026

歴史／文芸

時代の言説を横断的に俯瞰

例えば、福沢諭吉の専門家が樋口一葉の小説にも精通しているというのは考えにくい。日本の学問体系では前者が政治学や歴史学、後者が文学に分類され、大学なら前者は政治学科や日本史学科に、後者は国文学科に専門の学者が属していることが多いからだ。

だがよく考えてみれば、福沢も一葉も同じ明治という時代を生きていた。既存の学問体系に安住して「個人」の思想や作品を追究するのではなく、一つの「時代」に焦点をあて、その時代に産み落とされた言説を横断的に俯瞰（ふかん）することができれば、「個人」に還元されない「時代」の断面が浮かび上がるはずである。

言うまでもなく、こんなことを考える学者はまずいない。それが一人の学者の手に負えないことは、あまりにも自明だからだ。ましてや、「前近代」と「近代」がせめぎあい、ありとあらゆる言説が氾濫（はんらん）する明治という時代ならばなおさらであろう。

松浦寿輝は、50代のすべての時間を、この無謀ともいうべき課題に挑戦することに費やした。742頁（ページ）におよぶ本書には、福沢や一葉のような「有名人」の文章や教育勅語のような有名な公文書ばかりか、警察官の心得や旧刑法の条文や植物園の規則や辞書の項目といった、通常あまり目にすることのない言説までもが次々と引用されてゆく。読者は、これまでに見たことのない時代の一大パノラマが眼前に展開されてゆく現場に立ち会うことになる。

もちろん著者は、決して無秩序に言説を並べるわけではない。それどころか、明治末期に漱石と鴎外によって確立された言文一致体に「近代」の完成を見る通説に対して、著者は一葉や北村透谷、幸田露伴ら漢文体を骨格とする文章のなかに「近代」の可能性を見いだそうとする。同様に、啓蒙的（けいもうてき）理性を信奉する福沢より、理性を超越する普遍性に向かおうとする中江兆民の思想にもう一つの「近代」を見ようとする。

その一方で、著者は明治以降に猛威を振るうことになる「国体」という表象について、序章で概観している。しかし著者も認めるように、そもそも「国体」とは言説化しきれない表象であり、「国体」を他の言説と同じ表象空間に配置しようとしても、明らかに限界がある。この点で序章と本論の間には齟齬（そご）が生じているという印象を拭いきれなかった。

重厚な内容もさることながら、作家、詩人、仏文学者、そして批評家という四つの顔をもつ著者のその場に応じて自在に変わる文体もまた、本書を魅力あるものにしている。読者は深く考え込んだかと思えば、次の瞬間には大声で笑わずにいられなくなるのだ。

評・原武史（明治学院大学教授）

まつうら・ひさき　54年生まれ。作家、詩人、仏文学者、批評家。東京大教養学部卒業。同大、パリ第3大で博士号取得。12年、東京大教授を退任。著書に『冬の本』『半島』『平面論』『知の庭園』など。

二〇一四年七月二十七日❷

『モンフォーコンの鼠』

鹿島茂 著

文芸春秋・二二六〇円

ISBN9784163900681

歴史／人文／社会

奇想天外　汚物から始まる理想郷

舞台は七月革命直後のパリ。冒頭に登場するのは小説家バルザック。名無しの貴婦人からのファンレターに鼻の下を伸ばす。いかにも「おフランス」な風景。ところが舞台は一気にパリの舞台裏、屎尿（しにょう）の行きつく先へと下降する。フランス史に明るい人であれば、タイトルにつけられた「モンフォーコン」という地名だけでわかるという。パリ中の屎尿および廃馬を処理していた場所だ。

人口は密集しながら、下水道も浄化槽もなかった時代。屎尿は野積みで自然乾燥に任せていた。おまけに自動車もなく物資の輸送と人々の移動は馬力に頼っていた。馬は現在の自動車並みとまではいかなくても、パリとその近郊で多数使役され、病気や事故で死ぬことも頻繁にあった。廃馬処理の汚物も、当然積みっぱなしで腐敗。臭気は風向き次第でパリの街に漂った。

19世紀、ヨーロッパの大都市はどこも似たような危機に瀕（ひん）し、政府が対策を考え始めた、いわば公衆衛生の黎明（れいめい）期。この時期の蘊蓄（うんちく）と描写だけで私としては一冊すべてが費やされてもいいくらい楽しいが、話がバルザックの書く小説の中に融解していくあたりから、史実から逸脱し（バルザックの他にも公衆衛生学者など実在の人物が何人も登場）、想定外に大きく展開。

モンフォーコンの乾燥汚物や屍肉（しにく）に群がり大量繁殖していた鼠（ねずみ）、そして地下に広がる採石跡の坑道や空間を利用して、空想社会主義者フーリエの弟子たちが絢爛（けんらん）にして奇怪なユートピアを作りあげてしまうのである。モンフォーコンへの著者の並々ならぬ愛を感じる。

パリの地下に広がる理想郷を探検していく様子は、まるで江戸川乱歩の「パノラマ島奇談」のよう。博覧強記の知識から繰り出される蘊蓄に加えてお色気あり、革命活劇あり、恐怖ありの、奇想天外な娯楽大作。フランス史に疎い人でも十分楽しめる。

評・内澤旬子（文筆家・イラストレーター）

かしま・しげる　49年生まれ。明治大教授（仏文化論）。『馬車が買いたい！』『渋沢栄一』など。

二〇一四年七月二十七日❸

『浅田孝　つくらない建築家、日本初の都市プランナー』

笹原克 著

オーム社・三〇二四円

ISBN9784274215384

人文／社会

環境をテーマに時代を先取り

去年、生誕100年の丹下健三がブームである。「国立屋内総合競技場」をオリンピックのために設計した丹下は、日本が最も輝いた時代を、見事に建築へと昇華させた。

丹下は弟子もすごかった。槇文彦、磯崎新、黒川紀章。戦後日本をデザインしたのは彼ら丹下軍団だった。その軍団の中で、もっともミステリアスな天才が、浅田孝である。

先輩が「浅田はすごかった。キレすぎた」と、口を揃（そろ）えるから僕も興味を持った。しかし、スター的弟子に較（くら）べて無名で、建築をほとんど残していない。だから甥（おい）にあたる哲学者浅田彰も、「結局は失敗した建築家だったというべきだろう」と総括した。しかし、彰は、孝に「モダニズムというものの弱さを、そして栄光を見る」とも付け加えた。「キレる」こと、すなわち知的で合理主義者（モダニスト）であることが、なぜ「失敗」につながったのだろうか。

最も興味深いヒントとなったのは、浅田孝が「つくらない」ことに価値を見いだしたという筆者の指摘である。「こどもの国」「香川県五色台」という大規模プロジェクトにおいて、浅田は、建築を「つくらない」ことを最重要視して、時代を先取りし、環境をテーマとした。

浅田は過剰に知的で合理的であったがゆえに、高度成長のただなかに、建築をつくらないことを選択したのである。逆に、建築の形態操作にすぐれ、「つくること」に長（た）けていた丹下やスターキッズは、前近代性を巧みに使いこなしたともいえる。それゆえ中途半端な近代日本に受け入れられたという逆説。

20世紀の高度成長とは、建築をつくるという一種の非合理的欲望をエンジンとしたのではないかと、僕は感じた。経済というもの自体が、人間の非合理性によって、動き、流れているからである。超合理主義者浅田は、アベノミクスとオリンピックの盛り上がりをなんと評するだろうか。

評・隈研吾（建築家・東京大学教授）

ささはら・かつ　49年生まれ。オイコス計画研究所代表取締役。共著に『建築家の名言』など。

二〇一四年七月二十七日❹　歴史

『潜伏キリシタン　江戸時代の禁教政策と民衆』

大橋幸泰 著

講談社選書メチエ・一七八二円
ISBN9784062585774

曖昧な存在だった異端の信仰者

「江戸時代、キリシタンは徹底的に弾圧され、『潜伏キリシタン』は明治に至ってようやく堂々と信仰表明できたんだろうなあ」と漠然と思っていたのだが、それは非常に単純な物の見方なのだと気づかせてくれるのが本書だ。

幕府や藩がキリシタンを警戒し、厳しく禁制したのは事実だ。厳しいがゆえに、「キリシタン」の実像に対する認識が曖昧（あいまい）化し（禁制によってキリシタンは圧倒的少数派となり、触れあう機会がほぼ皆無なため）、異端的なものはなんでも「切支丹」だと見なされるようになった。独自に加持祈祷（きとう）をしていたグループが、（私には、キリスト教とは全然関係ない宗教活動に思えるのだが）「切支丹」を自称したので処刑される、という事件も起こっている。

一方で、「潜伏キリシタン」は牛肉を食べたり、クリスマスなどの信仰暦を維持したりしつつ、村の行事（お祭りなど）にも参加し、檀那寺（だんなでら）で葬式をあげ、と地域社会の一員として暮らしていた。

当然、「あいつ、切支丹じゃね？」と詮議（せんぎ）される事態に陥ることもあったが、キリシタンと非キリシタンが、村内で代々協力して生活を営んできたことは、お上としても織りこみずみなので、「模範的な百姓だから」という理由でお目こぼしされた。為政者は、体制や社会秩序を揺るがす恐れがないと判断すれば、キリシタンを含む「異端」の信仰者の存在を許して（というか、見て見ぬふりをして）いたのである。

ひとは、信仰心によってのみ態度を決定するわけではないし、「なにを信仰しているか」によってのみ相手を判断するのでもない。そこには、社会や経済の情勢、人間関係が複雑に影響しているのだ。

近代化以降顕著な、「曖昧さ」を排除する傾向を一考するうえでも非常に有益な、「国家と民衆」、「公的抑圧と内的自由」の問題までも視野に収めた一冊だ。

評・三浦しをん（作家）

おおはし・ゆきひろ　64年生まれ。早稲田大学教授（日本近世史）。

二〇一四年七月二七日❺

『協力と罰の生物学』

大槻久 著
岩波科学ライブラリー・一二九六円
ISBN9784000296267　人文／科学・生物

罰する行動　進化のなかで説明

つくづく人間というのは罰することが好きな生き物だと思う。たとえば日本では死刑を容認する人が8割以上にのぼる（2009年内閣府世論調査）。もちろんそんな大げさな数字をだすまでもなく、私たちは日常的に、自分でもそうとは気づかないうちに誰かを罰している。叱ったり、成績や人事の評価を厳しくしたりする場合だけではない。いうことをきかない人を仲間はずれにしたり、冷たくしたり、その人の悪評をたてたりすることだって十分「罰すること」だ。

なぜ人間はこんなにも罰することが好きなのだろうか。理由は簡単だ。それは人間が他の人間たちと協力しなくては生きていけないからである。誰かを罰するということは、その人を改心させるためにせよ、排除するためにせよ、他の人への見せしめにするためにせよ、人間たちのあいだで協力を維持するということにほかならない。逆にいえば、協力の裏にはつねに罰がある。罰することは、協力しながら生存してきた人間の存在様態そのものに組み込まれているのである。

本書が教えるのは、その罰することがどれほど深く人間存在に組み込まれていても、それは決して人間固有の行動形態ではない、ということだ。人間に近い哺乳類だけでなく、魚類や昆虫、さらには植物や細菌類まで、生物の世界にはさまざまな罰と協力の行動がある。生物学的にみて人間は何も特別なことをしているわけではないのだ。それどころか「あまりに人間的な」ものにみえる罰と協力の行動がじつは生物の進化のなかで説明されるべきものであることを本書は明晰（めいせき）に示している。

本書で紹介されているさまざまな生物の事例や、人間の行動をめぐる研究はどれもとても興味深い。それらを楽しく読み進めていくうちに、人間中心主義的な世界観を見事に脱色してくれる、とても含蓄の深い本だ。

評・萱野稔人（津田塾大学教授）

おおつき・ひさし　79年生まれ。総合研究大学院大学助教（数理生物学）。

二〇一四年七月二七日❻

『恐怖の作法　ホラー映画の技術』

小中千昭 著
河出書房新社・三〇二四円
ISBN9784309274898　人文

手の内さらす　怖さの教科書

日本では、夏はホラーの季節ということになっている。ホラーファンにとっては喜ばしい習慣だ。財布のひもを緩めすぎると、それはそれでぞっとする結果にもなるが。

ホラー映画はいかにして恐怖を伝えているのか。そもそも「人が恐怖を感じるもの」の構造はどういったものか。本書ではホラー脚本家の小中千昭が考える「ホラー映画の技術」が丁寧に種明かしされている。小中のホラー映画論が、高橋洋監督や黒沢清監督によって「小中理論」と命名され、広く参照されてきたことは映画ファンの間でよく知られている。

「明白な因縁」がある怪談話は怖くない。霊能力者をヒロイックに扱わない。ショック演出は恐怖とは違うものの、怖がっていい映画なのだというメタメッセージとなる。廃屋で出くわすのは人骨や腐乱死体であってはならず、「かつて人体であったもの」である髪の毛が「ほど良い」――。観客に「怖い」というエモーションを与えることに献身的な映画を追求するために構築された、独特の演出理論の数々に、いちいちひざを打つ。

本書は3部構成。1部は、品切れとなっている『ホラー映画の魅力』（2003年）の加筆再掲。2部は、2ちゃんねるのオカルト板を中心に拡散されていった「怖い話」など、現代的な怪談についての総覧や分析。そして3部では、自作を振り返りながら、「小中理論2.0」へのアップデートを試みている。小中自身が「（ホラー脚本家の）手の内を全て晒（さら）してしまった」とまで述べているように、ホラー作品を創る者にとっても見る者にとっても、教科書的な一冊になろう。

「心霊動画」「クトゥルー神話」「ことりばこ」といったオカルト用語に引かれる人にも、小説や映画の深読みが好きな人にもおすすめだ。ホラー映画、そして小中理論の魅力に感染してみてほしい。

評・荻上チキ（「シノドス」編集長・評論家）

こなか・ちあき　61年生まれ。脚本家、作家。『深淵を歩くもの』『稀人』など。

二〇一四年七月二十七日❽

『読書礼讃』

アルベルト・マングェル 著　野中邦子 訳

白水社・四一〇四円
ISBN9784560083574

政治／人文

博覧強記な愛書家と世界の本の虫たちが慕うマングェルの39のエッセー集。各章の扉におかれたルイス・キャロルの「アリス」からの引用とさし絵が「読書道」へと誘う。

原題は「A Reader on Reading」（読書入門）。ボルヘス、セルバンテス、ダンテなどの物語を通じて、読むことの意味と「私」を語る。『図書館　愛書家の楽園』や『読書の歴史　あるいは読者の歴史』に比べて、アルゼンチンのユダヤ系家庭に生まれた著者の半生が身近に感じられる。

イスラエル大使も務めた外交官だった父は軍事政権下で逮捕され、自身は大学生で故国を離れた。のちに政治弾圧による友人の死と恩師の裏切りを知った衝撃や専制への怒り、文学に対する期待をつづる章の強い言葉が印象深い。

読みこむことで得る内省と疑問は、社会への反抗と変化への希求につながりかねず、権力にとって「危険な企て」と言う。ならば、もっと読まなければ。

評・吉岡桂子（本社編集委員）

二〇一四年八月三日❶

『神と黄金　イギリス、アメリカはなぜ近現代世界を支配できたのか　上・下』

ウォルター・ラッセル・ミード 著
寺下滝郎 訳

青灯社・各三四五六円
ISBN9784862280701〈上〉、9784862280718〈下〉

歴史

「変化＝進歩」の驚くべき楽観性

書名のとおり、本書の中心テーマは宗教（神）と資本主義（黄金）の関係にある。著者はかつて外交問題評議会（CFR）の上級研究員だった。CFRにはキッシンジャーら米外交政策の大物が名を連ねており、米保守本流の考え方を窺（うかが）い知ることができる。

原著は2007年に出され、リーマン・ショック（08年）や、オバマ米大統領の「米国は世界の警察官ではない」発言（13年）の前であるという点を割り引いても、米指導層が世界および米国の将来に関して、いかに楽観的であるかに驚かざるを得ない。本書は次のように締めくくられる。アメリカは「奇異なる標語の旗を手にして突進を続けていくことだろう。旗に綴（つづ）られし言葉はただ一言、『エクセルショー！』」。

1841年、H・W・ロングフェローの詩にうたわれた「さらなる高みへ（エクセルショー）！」は、米国読者に熱い共感を生んだ。著者はいう。詩に描かれた英雄にとって「普通の暮らしを追い求めることは、（略）不道徳（ヴィシャス）な欲望なのである」と。

この高み志向が「なぜアングロ―サクソン人がかくも素早く、かくも徹底的に資本主義を取り入れたのか」を解きほぐす。

資本主義には「変化と発展が不可避」である。本書によると、資本主義台頭後、歴史は「循環の記録であることをやめ、西へ西へと進み続ける旅とそれを阻む壁の破壊の物語に変わった」。また、哲学者ベルクソンの「開かれた社会」「閉ざされた社会」を論じ、蜜蜂の「閉ざされた」社会には「必ず終わりがくる」が、「変化と成長」を取り入れ「開かれた」人間社会は「閉ざされた社会」より進んでいると断言する。

16世紀に起こった宗教改革は「進歩的変革」という概念を誕生させ、変化は「教会は日々新たに改革されなければならない」という呼びかけに対する応答、あるいは進歩と理解され、それ自体が崇拝の対象となったと著者はいう。

世界の変化に応じて変化した信者は「神に近づく」。経済においても精神面においても「変化＝進歩」教は、アングロ―サクソン世界の頂点に立つ。変化が「永続的で、必要な、さらには神聖視されるべき要素」として捉えられたことで、己の過去を捨て、神の示す未来に従えという「アブラハムの物語」と「資本主義の物語」が一体化したのである。

クリントンの「変化」とオバマのそれとは真逆の関係にあるが、いずれも「もっと速く駆け上がれ」と変化を強要した。その結果がサマーズの「長期停滞論」の原因なのではと評者は思う。変化を拒むことができない社会は本当に自由で健全な社会なのか本書を読んで大いなる疑問が湧いてきた。

評・水野和夫（日本大学教授）

Walter Russell Mead　米バード大学外交・人文科学教授。論壇サイト「アメリカン・インタレスト」総合監修者。「フォーリン・アフェアーズ誌」の定期的書評筆者。ニューヨーク・タイムズ紙などにもしばしば寄稿している。

二〇一四年八月三日❷

『眠る魚』
坂東眞砂子 著
集英社・一四〇四円
ISBN9784087715699／9784087455434（集英社文庫）
文芸

震災後　日本と家族への葛藤

今年一月に癌（がん）で急逝した坂東眞砂子の小説が二冊刊行された。『瓜子姫（うりこひめ）の艶文（つやぶみ）』（中央公論新社）は、著者が長年書き続けてきた男女の性愛がテーマ。江戸後期の松坂を舞台に女が一生で味わう性の極みの甘さと暗闇との変転を描いた完成度の高い作品。

一方未完の絶筆となった『眠る魚』は、東日本大震災後の物語。日本社会から飛び出し、バヌアツに暮らす女性が主人公。父親が亡くなり関東の田園地帯にある実家に一時帰国し、海外のニュースサイトで報じられてきた放射能汚染の深刻さとは裏腹に、たいしたことないと言い張る人々に茫然（ぼうぜん）とする。不安を口にし、行動を起こせば村八分にされる。錯綜（さくそう）する情報の中、安全と危険の両軸のどちらにもつけずに茫漠（ぼうばく）とした不信と不安を抱え、突き付けられる。私たちは何をなくしたのか。

亡父が生前に付き合っていた女性を相続人に指名していたことが判明し、主人公は実家と土地の相続権を失う。そこではじめて、故郷の土地に依拠していた自分を見出（みいだ）す。個人性を押し殺す日本の感覚を嫌悪し、故郷を守る親兄弟を敬遠してきたにもかかわらず。しかもその最後の砦（とりで）のはずの土地は放射能で汚染されてしまった。葛藤の末、今後の身の振り方を心に定めたところで、舌癌が見つかってしまう。

　あくまでもフィクションであり、日本の現実とぴたり重なるわけではないし、バヌアツに住み故郷に特別な愛情を抱き続けてきた著者の実体験そっくりそのままでもない。

　けれども主人公の葛藤の一言一言が、著者の心の叫びのようにも、私自身が抱く屈託を抉（えぐ）るようにも聞こえ、時々読むのが苦しくなった。

　現実の話をすれば、余命宣告を受け、著者は東京での治療を切り上げ、自力では歩けない状態を押して帰郷する。

　書き手を失った物語の続きは、私たち読み手の今後の生き様に引き継がれる。

評・内澤旬子（文筆家・イラストレーター）

ばんどう・まさこ　1958〜2014年。高知県出身。『山妣（やまはは）』で直木賞。『死国（しこく）』など。

二〇一四年八月三日③　文芸

『やや暴力的に』

石原慎太郎 著

文芸春秋・一六二〇円

ISBN9784163900780

生への執念で描く不可解な死

　富士山沿いの樹海で、年に一度の自殺者の捜索団を仕切らされる男が、ふとしたことから既に死んでいた男、つまり亡霊と行き交い、男の自殺に隠された物語を探り当ててゆく十年越しの中編「青木ケ原」を筆頭に、収録された六つの作品は、いずれも濃厚な死の匂いを放っている。五つの掌編から成る表題作にも、三人の男の長年の友情を回顧する「僕らは仲が良かった」にも、題名通りの夢日誌というべき「夢々」にも、警官のひとり語りの「世の中おかしいよ」にも、末尾のごく短い「うちのひい祖父さん」にも、とにかく夥（おびただ）しい数の死者たちが登場する。病死、事故死、自殺、殺人、暗殺等々、死のヴァリエーションも実に多彩だ。やや極端に言えば、この一冊で描かれる人々のほとんどは、今はもう死んでいる。

　だが、膨大な死者たちを物語る作家の筆は、すこぶる健康なのだ。壮健、頑健と言ってもいい。彼は時に異様なまでに淡々と、時に意外なほどの憐憫（れんびん）を込めて、彼が出逢ってきた死を語る。そこには、彼や彼女は死んでいったが私はまだ生きている、という謳歌（おうか）とも、自分だけが生き残ってしまった、という慨嘆とも、全く異なる感覚が宿っている。それを仮に健康と呼んでみる。それは死の対義語でもある。とにかく私は健康であるので、こうして死者たちの挿話を書きつけているのだ。ここには無常観はない。ペーソスも存在しない。健康であるしかない者にとって、死は謎である。だがその彼の人生には、数え切れないほどの死が存在している。だから彼はいわば自分には不可解な謎を書きつけているのだ。

　しかしこの健康を生来の丈夫さと錯覚してはならない。「うちのひい祖父さん」は「生き抜くということは。わしの体験からのことだがね、執念というのは強くて美しいものだよ」と言う。執念こそ、死に対峙（たいじ）する健康のエンジンなのだ。

評・佐々木敦（批評家・早稲田大学教授）

いしはら・しんたろう　32年生まれ。作家、衆院議員。『太陽の季節』『生還』など。

二〇一四年八月三日❹ 歴史

『江戸〈メディア表象〉論 イメージとしての〈江戸〉を問う』

奥野卓司 著

岩波書店・二九一六円
ISBN9784000222907

現代人の願望が作りあげた

「ありがたし」は、滅多にないこと。「しあわせ」は、めぐりあわせ。殿が「そちの働き、みごと。褒美を遣わす」と仰せになる。謙虚な侍は「私だけの力ではなく、滅多にないめぐりあわせで、うまくいきました」の意味で、「有難(ありがた)き仕合(しあ)わせ」と申し上げ、褒美を拝領する。

このやり取りが江戸の時代劇で頻用された結果、「ありがとう、幸せです」の侍言葉になった。某大河ドラマでは、平安末期の武士がしばしばこの言葉を使った。私は違和感を覚えた。「あ、江戸だ！」。けれども本当は、江戸時代の侍も右の意味では、そんな表現はしなかっただろう。

私たちが江戸の代名詞と疑わない様々なものは、このように、実は現代のイメージの産物であることが少なくない。それを徹底的に解明してみせるのが本書である。鎖国も、いぶし銀のモノ作りも、エコな生活も、人情味あふれる人付き合いも、伝統芸能としての歌舞伎も、みな本来の江戸とはつながらない。それは「そうあってほしい」という私たちの願望を引き受けた、メディア表象が創出した作品たちなのだ。

右の「江戸」は一つには「江戸時代」であるが、「江戸の町」をも意味する。近世は江戸の町によって代表される、という理解がそもそも幻想であって、この時代を特徴づける経済・産業・文化は、上方をはじめとする他の地域から生起したのだ（著者は、さぞ東京嫌いなんだろうな……）。

本書は「歴史は『ヒストリー』である以上、人間の作ったストーリー、つまり『物語』である。何が正確な『江戸文化』なのかを延々論じていても、意味のないことである」と清々(すがすが)しく言い切る。社会学者がホンネで語ってくれているのだから、歴史学者は知らないよ、ではなく、きっちり反論せねばなるまい。……え？ おまえもだろう、ですって？ いえ、ぼくはその、中世史担当なので……。

評・本郷和人（東京大学教授）

おくの・たくじ 50年生まれ。関西学院大学教授（メディア表象論）。『情報人類学の射程』など。

二〇一四年八月三日❻ 歴史

『アデナウアー 現代ドイツを創った政治家』

板橋拓己 著

中公新書・八八六円
ISBN9784121022660

「国父」の生涯から描く戦後史

ドイツが気になる。第2次世界大戦後の償いや歴史認識をめぐって、中国が優等生のドイツと落第生の日本という宣伝を世界中で繰り広げている。そう単純じゃないよと言い返したくもなるだけに、ドイツの戦後史をもっと知りたくなった。

主人公アデナウアーは敗戦後、73歳で西ドイツの初代首相に就任し、1963年までの14年間、荒廃から復興に導いた。「国父」とも呼ばれる保守政治家だ。同時代の日本を担った吉田茂・元首相との共通性も指摘される。彼の人生を通じて、1世紀近いドイツ史がつづられる。

伝記は対象とする人が同じでも、書き手はもちろん、書かれた時代の違いで見え方が変わる。この本で言えば、著者があとがきで説明するように、二つの「偏り」がある。

まず、早くから仏との協調を模索し、米国とも組む「西側結合」で、西ドイツを再び「欧州」へ埋め込むことを優先した外交に力点がおかれている。もうひとつは、イスラエルとの和解を「過去の克服」の出発点と位置づけて、それなりの紙幅をさく。

東西ドイツの統一を願う民意やナショナリズムを退けたり、閣内の異論を独断で押し切ったりすることも。ナチ体制についてドイツ人の集団としての罪を公には否定したことを、「過去の忘却」と批判する声もある。

そうした側面を描きつつも本書が残す印象は、国際社会で力を得ようとするとき、手にした権力を用いて「内」の反発を抑えながら「外」に通じる言葉と行動を選ぼうとした姿勢である。変わる内外の政治力学の中で、かけひきして得た評判や和解は国力を高める基盤になるのだ、と。

いまの日本の政治へのメッセージにも思えてくる。時代や環境の違いばかり強調し、見ないふりはもったいなさすぎる。一直線ではなかったはずのドイツの戦後を知る手始めになる一冊だ。

評・吉岡桂子（本社編集委員）

いたばし・たくみ　78年生まれ。成蹊大学准教授（国際政治史）。『中欧の模索』など。

二〇一四年八月三日⑦

『戦後河川行政とダム開発』

梶原健嗣 著

ミネルヴァ書房・八一〇〇円
ISBN9784623070701

経済

本書は、民主党政権下で「脱ダム」の象徴となった八ツ場ダムと利根川水系を中心に、膨大な資料の検証を通じて、戦後日本の河川行政の根底的な批判を試みた労作である。

本書の醍醐味（だいごみ）は、著者が一歩一歩、階段を上がるように国交省によるダム建設の論理を突き崩していく、その過程を追体験できる点にある。本書を通じて河川工学に基づくダム建設の論理がその実、きわめて根拠薄弱で、時には誤謬（ごびゅう）を含む曖昧（あいまい）なものだということが次々と明らかにされていく瞬間は、思わず嘆息せざるをえない。その結論が現実から大きく乖離（かいり）し、説明能力をもたないのは、用いられる「科学」そのものが根本的に誤っているか、あるいはダム建設を正当化するよう歪（ゆが）められているかのどちらかだ。

著者は、「何が何でもダム」ではなく、社会的弱者に被害が集中する最悪の「破堤」を回避する堤防強化こそが急務だと強調する。若い著者渾身（こんしん）のデビュー作の刊行を歓迎したい。

評・諸富徹（京都大学教授）

二〇一四年八月三日⑧

『構造デザインマップ　東京』

構造デザインマップ編集委員会 編著

総合資格・二〇五二円
ISBN9784864171212

アート・ファッション・芸能

建築って、どういう仕組みで、地震でも倒れないのか。なぜあんな高くて細いビルが地震で揺れても壊れないのか。市民にとっても、興味深いテーマである。とくに、地震、津波が他人事（ひとごと）ではない今日この頃、建築のデザインより、構造の方が熱いテーマになってもおかしくない。

その切実な視点で東京を見渡すと、この都市はこんなに多様でクリエイティブな構造的工夫に満ちあふれていたことを再確認できた。さすが地震国、さすが日本人、数学に強い！　見えない裏方の部分でも必死にがんばって、すごい仕掛けがいっぱいである。東京タワーとスカイツリーの構造哲学の比較もおもしろい。次第にコンピューターの計算の裏に哲学があることがわかってくる。地震や津波とたたかうためには哲学がいるのだ。自然とは何か、災害とは何か、人とは何かという哲学が。建築構造の世界は大災害とコンピューターのせいでデザイン以上に大転換していて、これから大注目である。

評・隈研吾（建築家）

二〇一四年八月一〇日❶

『養護教諭の社会学　学校文化・ジェンダー・同化』

すぎむらなおみ 著

名古屋大学出版会・五九四〇円
ISBN9784815807719

教育／社会

「保健の先生」が直面する学校の闇

「保健の先生」として知られる養護教諭。誰もが学校でお世話になる身近な存在だが、その職務は複雑な課題を抱えている。もともとは20世紀初頭、感染症予防など児童生徒の健康面を支えるため、「学校看護婦」「学校衛生婦」などとして導入された専門職。当初は学校や自治体で呼び名や職務内容もまちまちであり、何より教育現場の主流の座を占める学校文化の中で、常に周辺的な立場に置かれてきた。それゆえ従事者たちは、さまざまな葛藤に苦しみ、教員と同等の立場を要請する「職制運動」を経て、ようやく現在の姿となった。だが、その葛藤は今なお解消していないどころか、むしろ深刻化している側面すらある。

筆者は養護教諭として勤務しつつ大学院で学び、養護教員の抱える葛藤を検証し、一つの結論を出す。それは、養護教諭は「移民」だ、というものである。なるほど、他の専門領域から「移住」してきたマイノリティーであるがゆえの葛藤は、主流文化への「同化」を要請されつつ排除される移民の姿に通じる。養護教諭の圧倒的多数が女性であることから、ジェンダー格差の問題も根強い。筆者も指摘するように、60年代に養護教諭たち自身が発した「（私たちは）学校のお嫁さん」との発言は的を射ている。他家から嫁いできたよそ者である嫁は、婚家のしきたりへの同化を要請されつつ、家族のケアに従事する。それは、学校文化に従順でありつつ、子どもたちの心身のケアに勤（いそ）しみ「学校のオアシス」を提供すべし、との養護教諭への期待と酷似している。

一方で、子どもたちの身体や心という生きた現実への対処は、「周辺」に甘んじていては間に合わない。怠学や保健室登校など、問題行動が見られる児童生徒たちの中には、家庭環境をはじめ私生活に深刻な問題を抱える者も少なくない。とりわけ闇が深いのは、性被害の問題である。養護教諭たちへの聞き取り調査から明らかになるのは、現代の性関係の歪（ゆが）んだ側面だ。望まない妊娠、援助交際、近親相姦（そうかん）、当の学校教員による性暴力など、多種多様な闇が広がる。子どもたちの心身と向き合う養護教諭の声は、今以上に学校教育の場に活（い）かされる必要がある。

昨今はダイバーシティー（多様性）や女性活用が称揚されているが、こんな身近な女性専門職すら包摂し得ていない、この国の組織の偏狭さについて改めて考えた。次はより平易な解説書を期待したい。教育とは、子どもたちが自らの力で幸福になる方途をつかみとるための導きであってほしい。自らの心身と向き合う力を身につけることは、教科学習と同等かそれ以上に重要だ。必要とする読者が、必ずいる分野である。　評・水無田気流（詩人・社会学者）

すぎむら・なおみ　65年生まれ。私立高校勤務を経て、現在は愛知県立高校の養護教諭。著書『エッチのまわりにあるもの　保健室の社会学』、共著『発達障害チェックシートできました　がっこうの　まいにちを　ゆらす・ずらす・つくる』。

二〇一四年八月一〇日❷

『ボラード病』

吉村萬壱 著

文芸春秋・一五一二円
ISBN9784163900797／9784167907891（文春文庫）

社会

寓話を超えて迫り来るリアル

これは寓話（ぐうわ）ではない。

最後に教訓は語られず、呪詛（じゅそ）で終わる。

そしてどんなノンフィクションよりもリアルであり、切実に心のどこかに迫る。あたかもカフカの短編のように。

一人の少女が日本にいる。

かたくなな態度で日々を送る狂気じみた母と、少女は生活している。

海塚市という場所で。人がぽろぽろ死に、だが死因が明かされないような町の中で。

同調圧力に満ち、自分たちの共同体が受けた傷を無理やり忘れ去ってしまおうとし、かえってわけもなく誇りを持つことを強要し合い、町の行事ではその賛歌を歌い、学校ではきれいごとだけを教え、その奥底で破滅がひたひたと低い波音をさせている事実に目をつぶり、耳をふさぎ、だからこそ他人にも同じように〝絆〟を求め続ける土地。

これは寓話ではない。

すでに起きてしまい、毎日進行している本当のことだ。

大きな災害がどうやらあり、以来私という少女の身の回りには、こわばった集団心理が壁のようにそびえ、違和感を口に出来ない者の孤立が深まっていくばかりだ。

東日本大震災後の社会そのものの硬直、痙攣（けいれん）を小説でしか出来ない方法で描いた作者は、作品が〝戦前〟へ転がるように近づく一国の核心までつかむことになるのを果たして望んでいただろうか。そこまで〝ボラード病〟が進むのを。

そうならないことを願いながら鬱勃（うつぼつ）とした気持ちで書いたに違いないと思う私は、最小の関係を描く小説という病が、大きな社会の病の全貌（ぜんぼう）を余すことなく映してしまうことの恐ろしさにも震える。

小説という病は、社会を解毒する特効薬ではない。だが、相手の仕組みを明らかにする。色や匂い、菌の組成を。そして、時には抵抗力になる。

であれば、『ボラード病』は日本中に蔓延（まんえん）する〝ボラード病〟のワクチンとして、多くの人の体内に侵入して欲しい。

評・いとうせいこう（作家・クリエーター）

よしむら・まんいち　61年生まれ。作家。03年、『ハリガネムシ』で芥川賞。

二〇一四年八月一〇日③

『白熱講義　これからの日本に都市計画は必要ですか』

蓑原敬ほか著

学芸出版社・二三七六円
ISBN9784761525712

社会

縦割り崩れた今を刺激的に

都市計画の世界が、またおもしろくなってきた。ということは、裏を返せば、いままではつまらなかったということで、その裏の理由も、本書は明かす。

一言でいえば、日本的縦割りが、本来諸分野を串刺しすべき都市計画をつまらないものにし、機能不全に陥れていたのである。様々な縦割りのひどさに唖然（あぜん）とした。ひとつは、行政の縦割り。都市計画とは人間の生活全体をデザインすべきなのに、「農林」「公園」「道路」という名のガチガチの役所の縦割りが、人間自体を分断していた。統合的マスタープランを作らなくてはいけない法律があっても、内実、マスタープランは団子の細い串でしかなく、実際の計画は道路団子とか公園団子などの、ジューシーで利権たっぷりの団子に委ねられていたのが、戦後日本の寒い姿だった。

もっと寒かったのは、開発型、計画主義型、グローバリズム型などのイケイケの都市計画と、保存型、まちづくり型、非計画型の草食系都市計画との縦割り。2派が不毛な議論を続け、都市をつまらなくしてきたとも指摘される。

これらの戦後的縦割りが、今崩れつつあるナマな状況を本書は伝える。縦割りの裏のエンジンであった開発圧力、不動産圧力自体が消滅したからである。その結果、日本の都市は一種の無重力状態にあり、やがて、無重力が世界を覆うことはまちがいなく、日本がモルモットになる。拡大するスプロール都市から、虫食いだらけのスポンジ都市への転換という一大ドラマが日本をおそっているのである。

本書はこのスポンジに挑戦する「今の都市計画」を刺激的に描く。市民参加、ビッグデータ、環境テクノロジーがスポンジに挑む様子も具体的で迫力があった。60年代、開発圧力のスタートに、丹下健三を中心として都市計画ブームがあった。開発時代の終わりの今、もう一回都市に目を向けるきっかけを作る本だ。

評・隈研吾（建築家・東京大学教授）

みのはら・けい　33年生まれ。本書は蓑原と70年代生まれの7人による研究会の記録。

二〇一四年八月一〇日❺　文芸

『SF的な宇宙で安全に暮らすっていうこと』

チャールズ・ユウ 著　円城塔 訳
新ハヤカワSFシリーズ・一七二八円
ISBN9784153350151

創作者が翻訳した小説の浮遊感

創作者にとって、他人の作品を翻訳するというのはどのような意味があるのだろうか？形而上（けいじじょう）的脱力系SFの鬼才にして芥川賞受賞作家の円城塔、初の翻訳である。

原作は、これまた風変わりな、円城塔の世界に近いSF。注目赤丸急上昇中のチャールズ・ユウによる初長編だ。

自己言及をベースにしたタイムスリップものだが、オタクっぽいタイムマシン技術者の成長譚（たん）とも読めるし、家族の絆について考える物語とも読める。軽い語り口は一見取っつきやすそうだが、物語が前提としている特異な世界（物理法則が93%しかインストールされなかった……）になじみがない人には、読みにくいかもしれない。

ただ、筋立てが重要な作品ではない。どこに連れていくか分からない浮遊感や、メビウスの帯のような言葉遊び、凝りに凝った細部の仕掛け、そういったもろもろを楽しむべき本なのだと思う。

それだけに、どのような文体の日本語に翻訳されるかはきわめて重要であり、またチャレンジングな作業でもあったはずだ。

正直に告白すれば、ぼくは円城塔の良い読者ではない。彼の独特の世界観に、ちょっとついていけない感覚が今まではあった。だけど、この『暮らすっていうこと』はとても楽しく読めた。

チャールズ・ユウの原文は、やはり脱力系ではあるが、そうすらすらと読めるものでもない。うねうねと続く長い文は、関節の付き方がずれているような妙な感覚を読む者に生じさせる。円城塔はそこのところはうまく処理していて、むしろ柔らかさと軽みを醸し出している。

この日本語版『暮らすっていうこと』は、ユウ単独とも円城だけとも異なる、第三の表現世界を現出させることに成功したと言ってよいだろう。ぼくたち読者にとっては、大いなる幸せをもたらしてくれる翻訳である。

評・佐倉統（東京大学教授）

Charles Yu　76年生まれ。米国の作家。両親は台湾出身。

二〇一四年八月一〇日❻　社会

『寝そべる建築』

鈴木了二 著
みすず書房・四一〇四円
ISBN9784622077916

いまだ廃墟にもなれない原発

詩人・立原道造は、建築家でもあった。早すぎる死ゆえに、建てられたものは何もないが、彼が残したわずかな図面や断片的な建築論には、その後の建築史の展開に逆行する「もう一方の方向性」がひそんでいたと著者は見る。

立原は壮大な「産業建築」「公共建築」との対比で、「住宅建築」を文章表現としての「エッセイ」になぞらえ、自らの仕事を「住宅／エッセイ」に見いだしたが、これは、しばしばそう誤解されたような自己卑下ではない。むしろ、既成の建築・文学の枠組みでは軽視されがちな領域こそを、人生の根幹にかかわるものとして追求したのである。

彼の図面は「うすぼんやり」とした印象で、野心や自己顕示欲がないし、自分のために設計した住宅は、「突っ立っているのではなくごろんと寝ころんでいる」ようにしか見えないとしつつ、そこを著者は評価する。立原は廃墟（はいきょ）の美学をも論じ、建築は製図の瞬間から「ただたえまなくくづれ行くために作られた」とさえした。国策に乗って巨大建築を競った同世代や後輩らとは、いかにも対照的である。

本書では、自ら著名な建築家で、エッセイでも知られる著者が、こうした立原論の上に、ル・コルビュジエら近代建築史上の人物を次々に評していく。その彼を打ちのめしたのが、津波の映像や破壊された原発の姿であった。

「いまだ廃墟になれず、かといってもはやもとにも戻れない」状態で、死ねずに「不気味な発熱さえ帯びている」原発。建築でも建物でもなく、何と「建屋」と呼ばれる、デザインもされない「哀れ」な建造物。その背後にある、技術文明の自己運動としての「テクノニヒリズム」にどう抗していくべきなのか。本書のカバー画は、著者による原発石棺化計画である。「寝そべる」ことも廃墟となることもままならない建築の現在がそこにある。

評・杉田敦（政治学者・法政大学教授）

すずき・りょうじ 44年生まれ。建築家、早稲田大教授。著書『建築零年』など。

二〇一四年八月一〇日⑦

『地下からの贈り物　新出土資料が語るいにしえの中国』

中国出土資料学会 編
東方選書・二二六〇円
ISBN9784497214119

歴史／社会

古い時代の中国では、地中に冥界があり、人は死ぬと第二の生活を始めると観念されていたらしい。そのため、墓の中にはありとあらゆるもの——奴隷や牛馬の模型から日用品に至る——を副葬品として収めた。墓の主が読書人だったり、文書行政に携わる役人であると、多くの書物やレポートがそこに含まれた。

現代中国ではそうした遺跡が次々に発掘されていて、そこで発見された文字情報（紙の発明前なので木・竹や絹布に書かれる）を復元・分析することにより、古代社会を解明する作業が進んでいる。

本書は現役ばりばり、日本の学者47人が、新出土資料から何が分かってきたか、新出土資料はどこから来たかをまとめたもの。今まさに伸び盛りの学問だぞ！という感じが直（じか）に伝わってきて楽しい。

かの国の「いけいけどんどん」に乗って大丈夫？といらぬ心配をしていると、末尾は辛口なコラムが締めてくれる。発掘のロマンと学究的興奮を同時に味わえる一冊。

評・本郷和人（東京大学教授）

二〇一四年八月一〇日⑧

『1969　新宿西口地下広場』

大木晴子、鈴木一誌 編著
新宿書房・三四五六円
ISBN9784880084381

歴史／社会

日本では諸外国と異なり、首都に「広場」と名のつく空間が少ない。有名な広場といえば、皇居前広場と新宿西口地下広場ぐらいだろう。どちらも、政治的な集会が何度も開かれながら、警官隊や機動隊に強制排除されたのを契機に、広場の性格が大きく変わった。その年は、前者が血のメーデー事件が起こった1952年、後者が69年だった。

69年の集会はフォークゲリラと呼ばれた。本書には、当時の模様が克明に記録された映画がDVDとして付いている。現在と一見変わらない新宿西口地下広場が若者たちで埋まり、討論の輪が生まれたと思えば、機動隊が彼らに催涙弾を浴びせて追い払おうとする。日本の現代史のなかで定着することのなかった「広場の政治」の高揚感が、見る者に迫ってくる。

特に大学生に本書を強く薦めたい。そして本書を読んだら、新宿西口地下広場に足を運んでみてほしい。雑踏のなかから、45年前の光景が浮かび上がるはずだ。

評・原武史（明治学院大学教授）

二〇一四年八月一七日❶

『「ニセ医学」に騙されないために 危険な反医療論や治療法、健康法から身を守る！』

NATROM 著
メタモル出版・一四九〇円
ISBN9784895958646

社会

インチキ予防に「読むワクチン」

「水に汚い言葉をかけると壊れた結晶になる」だの、「EM菌なるものを河川などに投入すると浄化作用がある」だの、今でも多くのニセ科学が広がっている。根拠がないにもかかわらず、科学のフリをするニセ科学。荒唐無稽のようでいて、その伝播（でんぱ）力は侮れない。

本書が取り扱うニセ医学も、ニセ科学の一種だ。「医学のふりをしているが医学的な根拠のない、インチキ医学」であるニセ医学は、人々に無駄な努力を促し、治療機会を逃すことに加担する。時には、具体的に人の健康を損なう。

がん治療を否定する独自理論、ワクチン有害論、医療介入を極端に避ける自然分娩（ぶんべん）至上主義、ホメオパシーや瀉血（しゃけつ）などの代替医療、米のとぎ汁乳酸菌や超ミネラル水といった怪しい健康食品など、本書ではよく聞くニセ医学が列挙されており、一つ一つに論理的な批判が加えられていく。ニセ医学は、近代医学を否定し、一方で高い治療効果をうたう。「この治療法を認めると、医療関係者がもうからなくなるから隠している」といった陰謀論も好む。その割には、代替医療の方が高くつきがちだ。ニセ医学はビジネスになるからこそ、後を絶たない。

主要な学会では認められていない、波動だのなんだのといった「独自理論」を強調し、万能さをアピールする。時には、難病にも治療効果があるとうたう。こうしたパターンに慣れておくだけでも、「新種のニセ医学」に対する耐性が身に付くだろう。

感染症には、多くの人が予防接種をして免疫力をつけることが重要だ。流言についても実はそうで、あなたが本書を読むことが、自身を助けるのはもちろんのこと、得た知識を身近な人と話すことで、他人がニセ医学をうのみにすることを防げるかもしれない。本書こそ、「健康にいい」一冊なのだ。よくわからない健康グッズを買うのをやめて、こっちを買いましょう。

NATROM氏はネットで有名なブロガー。社会に蔓延（まんえん）する様々なニセ科学・ニセ医学について、論理的な発信活動を続けている。本業は医師であり、患者によりそうからこそ、ニセ医学に飛びつく人の気持ちを頭ごなしに否定しない。その代わりに、その矛盾を丁寧に解説し、選ぶ前に知ってもらう。インフォームド・コンセントの習慣が本書でもいかされている。

なお、版元であるメタモル出版は、多くのニセ科学本を出版してきたが、「きちんとした内容の本も出している」と、氏を説得したという。いいセンスです。「あやしい本」を売っちゃった自覚ある書店員の方も、「きちんとした内容」の本書をぜひ、目立つ位置に置いてください。

評・荻上チキ（「シノドス」編集長・評論家）

なとろむ　内科医。医学部卒業後、大学病院、大学院などを経て、市中病院に勤務。昭和40年代生まれの男性。ブログ『NATROMの日記』でニセ医学について発信。本書の解説はサイエンスライターの片瀬久美子。

『透明な迷宮』

平野啓一郎 著
新潮社・一六二〇円
ISBN9784104260096／9784101290430（新潮文庫） 文芸

「現実」をあぶり出す虚構の物語

6つの中短編を収めた小説集。いずれも平野啓一郎の作家としての際立った個性が光る、ユニークな作品揃（ぞろ）いだ。

完璧な筆跡模倣能力を持った田舎の郵便配達夫の物語「消えた蜜蜂」。悪夢そのものと化した「人捜し」を描いた「ハワイに捜しに来た男」。ブダペストで共にショッキングな「事件」に遭遇した女性との不可能な恋愛の顛末（てんまつ）を綴（つづ）った「透明な迷宮」。作家自身が育った北九州を舞台とする、祖父の葬儀から始まる濃密な家族劇「family affair」。「火」にしか性的欲望を抱けないひとりの男の告白「火色の琥珀（こはく）」。そして最も長い、交通事故がきっかけで或（あ）る異常な状態に陥った天才演出家の悲劇「Re：依田氏からの依頼」。どれも通常言うような意味での「リアリズム」とは呼べない、突飛（とっぴ）であったり奇怪であったり不可思議であったりする要素があからさまに入れられているのだが、しかし同時に、それらは妙に「リアル」でもある。平野の個性とは、他でもない、そのような小説の如何（いか）にもな虚構らしさ、絵空事としての物語性を、あっけらかんと、半ば強引に導入することで、いわば炙（あぶ）り出しのようにして、私たちの「現実」や「社会」や「時代」を晒（さら）け出してみせる手腕に存している。

その意味でも、いちばん読み応えがあるのは末尾に置かれた「Re：依田氏からの依頼」だろう。かつて三島由紀夫と特異なファシズム文学者エルンスト・ユンガーの知られざる邂逅（かいこう）を描いた舞台「反作用」で注目された「依田氏」から、年下の小説家である大野は或る依頼を受ける。それは依田氏の聞き書きを元にして、彼の身に起こった俄（にわか）には信じ難い現象を小説化することだった。その「現象」が何かは敢（あ）えて述べないが、或る種のSFや幻想小説のごときアイデアを用いつつ、作者の語りは、それ自体が「透明な迷宮」と化している。すらすらと面白く読み終えられるが、後には謎が残るのである。

評・佐々木敦（批評家・早稲田大学教授）

ひらの・けいいちろう 75年生まれ。作家。『日蝕』『空白を満たしなさい』など。

『キルギスの誘拐結婚』

林典子 写真・文
日経ナショナルジオグラフィック社・二八〇八円
ISBN9784863132818 アート・ファッション・芸能

蛮行を写す 静かで断固たる怒り

かくも虚（うつ）ろな目をした女性の写真を、見たことがあったろうか。ぼくはそう、自分に問いかけずにはいられなかった。これは本当に、つらく、悲しい顔だ。

なぜ彼女たちが一様に生気のない表情をしているのかというと、ろくに面識もない、もちろん愛してなどいない男に拉致され、彼の大勢の血縁者に取り囲まれて結婚を迫られているから。チョルポンも、アイティレックも、ディナラも、みなキルギスのアラ・カチュー、「誘拐結婚」の当事者だ。いや、あえて書き直そう。「被害者」なのである。

中央アジアの国キルギスは日本の半分ほどの国土に540万人が生活している。その7割を占めるクルグズ人の女性の3割が、誘拐により結婚している。警察などは助けてくれないし、運良く家に帰れても、純潔がすでに汚されたと噂（うわさ）される。観念して結婚すると、男の家に囲い込まれ、家事労働を強制される。必然的に、今までの生活や将来の夢からは切り離される。

さて歴史研究者たる私は、この辺で鷹揚（おうよう）に史書を繙（ひもと）くべきだろうか。ガラシャ夫人などを例に、日本でも同様なことを行っていた過去はあるから私たちはこれを奇異な風習といたずらに驚き呆（あき）れるのではなく自分のこととして受け止めよう、的なことを述べて責めを果たすべきだろうか。

いや、やめた。これはあまりにひどすぎる。女性の権利がかくも無惨（むざん）に否定されて良いわけがない。誘拐結婚は20世紀になり、ソ連の支配下に入ってから急激に増えた。決して伝統や習慣などではない。まさに蛮行なのである。

読み手の私が図らずも興奮してしまったが、本書はあくまでも冷静に、事件を追っていく。つねに客観的にカメラ越しに事態を見つめるのだ。けれどもその写真には、著者の静かで、だが断固たる怒りが写っているように私には感じられた。ぜひ本書を手にとって、確かめていただきたい。

評・本郷和人（東京大学教授）

はやし・のりこ　83年生まれ。フォトジャーナリスト。

二〇一四年八月一七日④

『100％再生可能へ！　ドイツの市民エネルギー企業』

村上敦、池田憲昭、滝川薫 著

学芸出版社・二三七六円
ISBN9784761525736

科学・生物

「無数の小さな主体」が変革担う

ドイツでは、２０１３年に総電力消費量のうち、太陽光や風力などの再生可能エネルギー比率が何と、25％を超えた。これは、日本がモデルとした再エネ固定価格買い取り制度が顕著な成功を収めた証しだ。しかし、その成功要因は何か、誰がどのように再エネ拡大を担ったのか、といった点については意外に知られていない。ドイツ・スイス在住の3名の日本人ジャーナリストによる本書は、現地での豊富な調査に基づいて、再エネに取り組む人々を生き生きと描くとともに、その成功を支える組織、制度、そして政策理念を説得的に提示した良書だ。

本書で特に蒙（もう）を啓（ひら）かれるのは、次の3点である。第一に、再エネの飛躍的拡大を担ったのは大電力会社ではなく、市民、農家、中小企業、自治体エネルギー公社など「無数の小さな主体」だった。第二に、彼らが再エネ事業に参加するために、「市民エネルギー会社」、「エネルギー協同組合」など様々な組織形態が工夫されたほか、「自治体エネルギー公社」も強力に再エネを推進した。そして第三に、こうした再エネ拡大は、「地域を潤す」ことが明らかになった。再エネ事業を地域から自力で立ち上げれば、売電収入、雇用所得、税収が地域に還元される。さらに、化石燃料を地産の再エネで代替すれば、燃料費節約で実質所得増が生み出される。

それにしても深く印象づけられるのは、反原発運動を担ってきたドイツ市民が、反対運動に留（とど）まらず、再エネ事業という未来を切り開く建設事業に乗り出し、社会を後戻り不能な地点まで変革してきたその粘り強さである。とはいえ日本でも、そうした変革はすでに始まっている。その点では、和田武ほか著『市民・地域共同発電所のつくり方』（かもがわ出版）、および環境エネルギー政策研究所編著『地域の資源を活かす再生可能エネルギー事業』（金融財政事情研究会）の併読をお奨（すす）めしたい。

評・諸富徹（京都大学教授）

むらかみ・あつし、いけだ・のりあき、たきがわ・かおり

二〇一四年八月一七日⑤

『ローマ帝国の崩壊　文明が終わるということ』

歴史

ブライアン・ウォード＝パーキンズ 著
南雲泰輔 訳
白水社・三五六四円
ISBN9784560083543

豊かな古代の「終焉」を実証

近年の欧米の主流歴史学の表現では、ローマ帝国は「崩壊」したのではなく「変容」したということになる。この立場は「古代の教養は死に絶え、『暗黒時代』の軛（くびき）のなかに取り残された」という伝統的な見方を否定し、「200年ごろに始まり8世紀まで続く新しい時代としての『古代末期』を（略）活気に満ちた宗教的・文化的議論の時代として定義した」。

そうした「正統教義」に対して、ローマ生まれの考古学・歴史学者である著者は異を唱える。陶器、屋根瓦、貨幣など考古学的証拠から「5世紀から6世紀にかけて、帝国西方の生活水準が驚くほど衰退した」と結論づけている。例えば、鉛・銅・銀の精錬がローマ期の水準に戻ったのは、16～17世紀ごろになってからだと最近実証された。ローマの「崩壊」は、まさに「ひとつの文明の終焉（しゅうえん）」だったのである。

著者は「文明」を「複雑な社会とそれが生み出すもの」と定義する。古代ローマ文明は「自分が必要とする品物の多くを、ときには何百マイルも離れた場所で働く専門家（略）に依存する」複雑で洗練されたネットワークをつくりあげた。そのシステムは5世紀以降、ゴート族をはじめとする蛮族の相次ぐ侵入で「死」を迎えることとなる。

蛮族はローマの「高い生活水準を共有したい」と望んだ。だが、ローマが築いた古代経済は「複雑につながりあったシステム」であるがゆえに「その洗練が、システムの変化（蛮族の侵入）に対して脆弱（ぜいじゃく）で融通の利かないものにしていた」のだった。

近年の「変容」説はユーロに新たな一体感を醸成するための「物語」のようなのだが、著者によれば、500年にわたるパックス・ロマーナのもとでは、中間層や下層の人も豊かさを享受できた。格差を抱えた「テロの21世紀」と、高度な現代「文明」の隆盛は両立しないのである。

評・水野和夫（日本大学教授）

Bryan Ward-Perkins　ローマ生まれ。英オックスフォード大学フェロー。

二〇一四年八月一七日⑥

『世界で一番美しい猫の図鑑』

科学・生物

タムシン・ピッケラル 著　五十嵐友子 訳
エクスナレッジ・四一〇四円
ISBN9784767817354

芸術家の霊性を引き出す力も

本書は猫の肖像写真集である。日本で刊行される猫の写真集は、生活環境の中で日常的に振る舞う様々な猫の姿態をスナップ的に撮ったものが多いが、ここに登場する50種以上の猫は精密な機械写真のようでもあり、まるで西洋の古典絵画を見ているような優美な魅力をたたえている。

アストリッド・ハリソンの写真は猫の魔性を魔術的リアリズムによって見事に描ききっており、愛猫家なら手放せない一冊になろうか。

猫と人間の歴史は1万年ほどさかのぼるが、その間、猫はその神秘性、優美性によって愛された一方、その魔術的性格から魔女狩りの儀式の犠牲にもなってきた。が、東方では幸福の象徴として愛されてきた。猫は本能的にネズミを捕獲する習性のため、船と共に航海したり、官庁などで飼われたりすることになる。エルミタージュ美術館では常時60～70匹の猫が飼われ、観客動員にも貢献している。

芸術家の多くは猫を愛し、アトリエで猫を飼う画家も多い。ウォーホルは25匹も飼っていた。ダビンチも愛猫家のひとりである。時には猫は芸術家の霊性を引き出す何らかの力を持ち、その行動様式においても芸術家の資質と一つにするところがある。特に猫のわがままは芸術家が最も愛するところであろう。猫はいかなる環境の中でも遊ぶことを忘れない。そんな点も芸術家のお気に入りなのである。

また猫は人間の知覚不可能な感覚器官を持ち、肉体感覚を超えた超自然的な予知能力を発揮したり、遠方の見知らぬ土地からでも帰還したりすることがある。猫には芸術家の創造の源泉と共通する領域に接触する能力が、本能的に備わっているのかもしれない。猫と生活を共にしていると、理不尽で不可知なできごとにしばしば遭遇することがあるが、その都度、芸術家のセンセイである猫の存在の偉大さに、つくづく思いを致してしまうのである。

評・横尾忠則（美術家）

Tamsin Pickeral　獣医科の看護師の後、作家に。

二〇一四年八月一七日❽

『シャバはつらいよ』

大野更紗 著

ポプラ社・一四〇四円

ISBN9784591140826／9784591148266（ポプラ文庫）

ノンフィクション・評伝

第1作『困ってるひと』では若くして突然始まってしまった自らの難病（自己免疫疾患系の希少な病）と、過酷な入院生活を驚くべきユーモアで描き、現在の医療制度、医師と患者の戦いを軽いタッチで伝えて多くの読者を得た。

今回の新作で、著者はついに病院を出て、近所に一人暮らしをする。故郷・福島では彼女の難病に対応出来ず里帰りは不可能。かといってずっと入院はしていられない。

そこに立ちふさがる諸問題の数々を、私たちはほとんど想像出来ないのではないか。布団や低い床には起き上がれない可能性があるから寝られない。感染症が危険だから食器は洗えないし、掃除にも手をつけられない。年末年始に調剤薬局が閉まることが命取りになりかねないなどなど。

さらに著者は東日本大震災に遭い、実家は原発事故の近隣で被害を受ける。

だが、そこで「難」は同じだと立ち上がる著者。さて苦難の中で大学院にまで入り直す彼女のこれからは、次作。

評・いとうせいこう（作家）

二〇一四年八月一七日❼

『「インクルーシブデザイン」という発想 排除しないプロセスのデザイン』

ジュリア・カセム 著　ホートン・秋穂 訳

フィルムアート社・二三七六円

ISBN9784845913022

アート・ファッション・芸能

包摂を意味する「インクルーシブ」。この語がデザインに冠される背景には、普通のデザインが無意識のうちにはらむ排除の問題がある。著者は日本留学経験をきっかけに、この国に氾濫（はんらん）する不可思議なデザインを省察し、すべての人々を排除しないデザインを追求するに至る。それは、あらゆるエスニシティー、文化、年齢、障害の有無などを、企画から製造段階まで包み込むデザインへの挑戦である。

とりわけ興味深いのは、障害者向けデザインへの注視だ。著者自身子どもの障害と向き合い、既存の障害者向け製品の醜さを脱却すべく奮闘した経験からこう語る。障害とは、既存の問題に対して「新たな解決の扉を開くように、素晴らしくわくわくするものである」と。また日本ではユニバーサルデザインなど、障害者への配慮を眼目とした設計は、コンプライアンス（法令順守）ばかりが重視され、「平凡で醜い」点を指摘。文化特性や協業への視点が、細やかで強い。

評・水無田気流（詩人・社会学者）

二〇一四年八月二四日❶

『戦後日本公害史論』

宮本憲一 著　岩波書店・八八五六円

ISBN9784000259842

科学・生物

下からつくられた日本の環境政策

公害研究の第一人者の手による決定版がついに出版された。今後、本書を繙（ひもと）くことなしに公害を語ることはできなくなるだろう。冒頭で著者は、高度経済成長を成し遂げた日本人の成果とまったく同様に、公害克服に努力した日本人の成果が高く評価されるべきだと述べる。まったく同感だ。本書はたしかに戦後公害史だが、何よりもそれは、私たち戦後社会の軌跡そのものである。

それにしても凄（すさ）まじい被害だ。本書の筆致はあくまでも冷静だが、自殺者が出るほど理不尽な被害を受忍させられた人々の苦しみと悔しさは、筆舌に尽くし難かったに違いない。水俣病など四大公害にしても、原因企業は因果関係を真っ向から否定、被害者は救済されるどころか差別され、地域で孤立したという。今では想像できないこうした雰囲気の中で、妨害に打ち勝って裁判を起こすとは、並大抵のことではなかった。

被害者が期待した政府や自治体の政策は遅々として進まず、時には産業側に立って公害を隠蔽（いんぺい）しようとすらしていた。1967年成立の公害対策基本法は、「経済調和条項」が入った結果、骨抜きとなり、かえって汚染が拡大してしまったと著者は厳しく断罪する。

こうした状況を打破したのが、公害裁判であった。本書の大きな貢献は、これら公害裁判で闘わされた論争を大変わかりやすく整理し、素人でも理解可能な形で判決の意義を示したことである。これは、幾多の公害裁判で研究者として証言台に立ってきた著者であればこそ、可能だったといえる。

こうして、被害者にとっては大変苦しいプロセスを経てようやく、彼らは勝訴を勝ち取っていく。それは国と産業界に衝撃を与え、環境政策を大きく前進させた。そればかりでなく、怒った国民は住民運動を背景に、国政レベルでは不可能だった「政権交代」を自治体レベルで成し遂げ、革新自治体に、条例を通じて国を上回る実効性の高い対策を実施させた。

著者は日本の環境政策が決してトップダウンではなく、ボトムアップ型で形成された点に特徴があると強調する。それは、世界でも類例のない公害問題を手探りで克服する中から、新しい法理論が生み出され、画期的な被害者救済制度が創出され、今では当たり前になった「原因者負担原則」が打ち立てられる創造的な過程でもあった。

結局、日本経済は公害を克服することで、一層の成長を遂げた。たしかに、そのために多額の費用がかかったが、それ以外に選択肢があっただろうか。福島第一原発事故後の世界に生きる私たちは、本書から限りない教訓を引き出せる。著者のいうように、まさに「歴史は未来の道標」なのだ。

評・諸富徹（京都大学教授）

みやもと・けんいち　大阪市立大学名誉教授、滋賀大学名誉教授（財政学、環境経済学）。『日本社会の可能性』『維持可能な社会に向かって』『環境経済学新版』など。

二〇一四年八月二四日❷

『サマータイム、青年時代、少年時代　辺境からの三つの〈自伝〉』

J・M・クッツェー 著　くぼたのぞみ 訳

インスクリプト・四三二〇円

ISBN9784900997424

文芸

作家の孤独浮かぶ自伝的小説

南アフリカ共和国出身（現在はオーストラリア在住）のノーベル賞作家による自伝的フィクション三部作。自伝的フィクションという意味は読み進むうちにわかってくる。

少年ジョン（クッツェーのファーストネーム）が家族と共にケープタウンからヴスターという田舎街に転居してくる。過保護の母親への反撥（はんぱつ）、クッツェー家の経済を崩壊させた父親への嫌悪、芸術への憧れと自意識の芽生え、南アではアパルトヘイトが刻々と押し進められている。人種や宗教や貧富にかかわる複雑な環境の中で、「彼」と記されるジョンが屈折と屈託を抱えながら育ってゆく『少年時代』。念願かなって渡英した「彼＝ジョン」が、IBMでコンピュータ・プログラマーとして働きながら、詩人になろうとする、いや詩人であろうとする理想と現実の乖離（かいり）と、恋愛に徹底的に不向きな自らを思い知らされる『青年時代』。作者の年譜と照らし合わせてみれば、すでに幾つかの意図的な差異が物語に紛れ込んでいるのだが、それでも自伝的色彩が濃厚な連作が、一挙に「フィクション」へと跳躍するのが第三作『サマータイム』である。なんとクッツェーは亡くなっており、彼の伝記を書こうとする者が、前二作に続く青年期の、小説家として出発したばかりの「ジョン」を知る五人の人物にインタビューする内容になっているのだ。あからさまな虚構。だがこれは単なるフィクションとも違う。この手法を作者は「他者による自伝」と呼んでいる。肝心なことは、この「他者」は「自己」でもあるのだということである。

三つの小説の中から浮かび上がってくる「ジョン・クッツェー」の肖像は、あまりにも孤独で、孤独であるしかないような人物である。実際のクッツェー自身がどうなのかは重要ではない。ただ言えることは、小説家は自分自身の人生も容赦なく素材にするのだということである。

評・佐々木敦（批評家・早稲田大学教授）

J. M. Coetzee　40年生まれ。南アフリカ出身のノーベル文学賞作家。

二〇一四年八月二四日③

『トワイライト・シャッフル』

乙川優三郎 著

新潮社・一五一二円

ISBN9784104393060／9784101192284（新潮文庫）文芸

文章の波間に身を任せる快楽

房総半島の、太平洋に面した町。小さな漁港があり、かつては海女がたくさんいた。高台は別荘地として造成され、新たに定住するひともいる。夏はサーフィンなどを楽しむ観光客でにぎわい、それ以外の季節は波が打ち寄せるばかりの町。

その土地を舞台に、訪れるひと、去るひと、どこへも行けないひと、さまざまな人生の瞬間を切り取った十三編が収められた短編集。いずれも高密度・高水準で、素晴らしいとしか言いようがない。

静かに見える海にも必ずうねりがあるように、端整（たんせい）な文章はときに逆巻き、ときにたゆたいリズムを刻んで、登場人物の情熱や寂寞（せきばく）を明らかにする。読者は波間に漂うように、文章という名の海に身を任せる快楽に浸れる。暗い海底へとひきずりこむうねりもあり、登場人物とともに読者自身も自分の内面と向きあうことになるだろうが、大丈夫。海の底にも、うつくしく澄んだ月の光が差している。

本書を読んだら、どの短編が特に好きだったか、語りあわずにはいられなくなるはずだ。私はいま、語りたくてたまらない。だれにも聞かれていないのに自分の好みを言おう。喪失でも選択でもない観点から見事に恋愛を描いた「サヤンテラス」、創作物が人間にもたらす豊饒（ほうじょう）について、これ以上なく考えさせられる「ビア・ジン・コーク」、この町と、町に住む多様な人々の魅力、生と死から迸（ほとばし）る力と崇高さを活写した「私のために生まれた街」が大好きだ！（「特に好き」と言いつつ三つも挙げて恐縮だが、到底一編に絞りきれるものではない！）

みなさんのお好みはどれですか？　ぜひ本書をお読みになって、身近なひとと語りあってみてください。

読書とは、本を媒介に自分の心の奥底を知り、登場人物とともに生き、語らいあうことなのだ。改めてそう感じる、至福の時間を味わった。

評・三浦しをん（作家）

おとかわ・ゆうざぶろう　53年生まれ。作家。『生きる』で直木賞、『脊梁山脈』で大佛次郎賞。

二〇一四年八月二四日⑤

『死者たちの七日間』

余華 著　飯塚容 訳
河出書房新社・二四八四円
ISBN9784309206530
文芸

この世の絶望　冷めた表現で

新聞記事のスクラップなのか。それとも、ガルシア・マルケスや魯迅のような味わいなのか。

著者は、ノーベル文学賞をうけた莫言(モーイエン)とともに中国を代表する作家である。大躍進や文化大革命から改革開放後の欲望全開な現在にいたる壮絶な現代史を、庶民の日常を通じて描いてきた。

7年ぶりの新しい長編小説(原題・第七天)も、昨年6月に中国で出版されたとたんに議論を呼んだ話題作だ。

物語は、食堂の火災に巻きこまれて死んだ主人公楊飛(ヤンフェイ)の携帯電話に、葬儀場から火葬の催促が入るところから始まる。生前、お金も権力もなかった楊飛ら登場する死者たちは墓地を用意できず、安息の地へと旅立てない。あの世とこの世のぼやけた縁をさまよう7日間がつづられる。

彼らの死に方がふつうではない。強制立ち退きによる生き埋め、冤罪(えんざい)で拷問のうえ死刑、一人っ子政策のための強制中絶で医療廃棄物にされた赤ん坊、愛人だった高官の汚職や金ほしさの腎臓の売買にかかわる死――。食の安全にも触れ、汚染米や毒入り粉ミルクまで飛び出す。中国のいまを知る参考書のようだ。

前作『活(い)きる』『兄弟』などが20カ国語以上に翻訳されるほど世界的に注目を集める作家だけに、知識人からは「中国の現実離れした現実を知らない外国人好みに書かれている」との反発もある。

想像を絶する事件が相次ぐ中国は、作家にとって創作力が試される「受難」の地なのかもしれない。著者も原著の帯に「現実のはちゃめちゃぶりに比べれば、小説のはちゃめちゃなんてたいしたことはない」と寄せている。

この世の絶望を「死者」ゆえの少し冷めた表現で吐露させながらも、家族や恋人、友人、隣人とのつながりや愛情のぬくもりを奏でる。格差や理不尽への強烈な風刺をくるむように、物語は流れていた。

評・吉岡桂子(本社編集委員)

ユイ・ホア　60年生まれ。作家。『血を売る男』『ほんとうの中国の話をしよう』など。

二〇一四年八月二四日⑥

『ちいさな城下町』

安西水丸 著
文芸春秋・一五一二円
ISBN9784163900865/9784167907341(文春文庫)
歴史/ノンフィクション・評伝

間を生かし　味わい深い旅の記憶

○歴史学者A「いいよなあ、小説家は。ろくに調べもしないで書けるんだから」
○小説家B「ふん。いいよな、歴史学者は。調べさえすりゃあ、書けるんだから」

有名なやりとりだが、AとBの具体名は存じ上げない。

猿飛佐助より霧隠才蔵が好き、映画の主役より脇役が好き、奇妙な芸術性に傾いていくものより安価で素朴な民芸品が好き、読売ジャイアンツより中日ドラゴンズが好きという著者は「10万石くらいの城下町が好き」である。

「東京生れで東京育ちのくせに中日なんかを応援するってのは、(おまえが)心がねじ曲った子供だったって証拠だ」(by嵐山光三郎)という言葉に大いに納得しながら、著者は地方都市に一人足を運んでは、気の向くままに名所旧跡を散策する。その旅の記憶が、味わい深い一冊としてまとめられた。

たとえば群馬県安中市は、安中藩3万石の城下町。徳川四天王の一人・井伊直政の嫡男

（ちゃくなん）・直勝がここの藩主となった。彦根は弟の直孝が嗣（つ）ぎ、兄の履歴を削除した。歴史研究者の私なら、この史実にこだわり、資料を調べ、裏事情の解明を試みる（実際にそうしたことがあった）。でも著者は違う。直勝が病弱だった（つまり有力藩の主にふさわしくない）と指摘するにとどめ、より広い視点に立って、いくつもの話題、安中藩士だった新島襄の話など、を拾い集め、立体的に話を進める。

どちらが良いか。調査の徹底や情報の密度を重んじる以前の私なら、自分の正当性を言い張ったろう。でも、違う。広く人々に読まれ、かつ社会に浸透するには、ある種の「間」が必要だ。オタク的な探究心より、ゆとり。それがあってこその「味わい」であり、「読書の愉悦」である。

県庁の置かれる中心都市でなく、地域4番手くらいの「ちいさな城下町」。そうか、それ自体が、そういうことなのだ。

評・本郷和人（東京大学教授）

あんざい・みずまる 42年生まれ。イラストレーター、作家。今年3月に脳出血のため死去。

二〇一四年八月二四日⑦

『声の世界を旅する』

人文

増野亜子 著

音楽之友社・二七〇〇円
ISBN9784276371095

声の芸術芸能がなかった民はない。人間は、泣いて生まれてきて、死ぬときに息をひきとる。声とは息。歌は息とともにある人間の、最古の表現の一つだろう。そして最古の歌とは「泣き」であり、それはそのまま（祝福や追悼の）祭祀（さいし）だったのではないか？

冒頭にある「泣き歌」は、コントロールできない感情を、歌というかたちに収め「泣く」ことにより共同体全体で悲しみを共有する。人や共同体が復活させるべきは、こんな祭祀ではないだろうか。

本書の旅は時空を超え、体と感情とにダイレクトに響く。口だけで楽器を演じ分ける芸能、声を意味から切り離した歌、歌を「ヨム」ことで男女の結びつきと豊穣（ほうじょう）を寿（ことほ）いだ歌垣、動物とのコミュニケーション、果てはボーカロイドまで巡りながら、生活に即した歌を思い出させてもくれる。例えば子供の長縄跳びのときの歌は、ちゃんと全員がタイミングをとれる仕掛けになっていた。声の世界はとてつもなく深く豊かだ。

評・赤坂真理（作家）

二〇一四年八月二四日⑧

『インフォグラフィックで見る　138億年の歴史』

歴史

ヴァレンチナ・デフィリッポ、ジェイムズ・ボール 著　北川玲 訳

創元社・二九一六円
ISBN9784422202709

まずは手にとって、中を見ていただきたい。新しい発見の連続で、楽しめること請け合いだ。

インフォグラフィックとは、情報を一目で分かるように表現する技法、また、そうやって表現された絵や図などのこと。

地図やグラフもその一種だが、この本には、さまざまな工夫を凝らして、宇宙の始まりから現代社会の特徴までを224ページのインフォグラフィックス（複数形）で表現しきろうという意欲的な試みが詰まっている。

たとえば、古今東西の「帝国」を表現した図がある。横軸が存続した時間（年代）、縦軸が最盛期の面積。単純な試みだが、古代ペルシャからナチス・ドイツまでを同じ一枚の図に表現することで、大英帝国の異様な巨大さや、モンゴル以降グローバル化が進んだ様子など、今まで見えていなかった「統治」の一面が、浮かび上がってくる。

百聞は一見に如（し）かず。デザインと視覚表現の勝利。

評・佐倉統（東京大学教授）

二〇一四年八月三一日❶

『現代の起点　第一次世界大戦　1世界戦争、2総力戦、3精神の変容、4遺産　全4巻』

山室信一、岡田暁生、小関隆、藤原辰史 著

岩波書店・各三九九六円
ISBN9784000287111〈1〉・9784000287128〈2〉・9784000287135〈3〉・9784000287142〈4〉

歴史

今につながる起点　幅広い視点で考察

ドイツ国境に近いフランス・ベルダンの丘で、双方の国旗がともに秋めく風にたなびいていた。100年前の夏に始まった第1次世界大戦の激戦地である。同時に、30年前には、両国首脳が手をつないで哀悼した和解の象徴の地でもある。1世紀の区切りの今年、訪れる人は例年より多いという。

英仏などで第2次大戦以上の死者を出した欧州は、暗い過去を統合の「起点」となる踏み台にも用いる。これに対して、悲惨さも政治・外交の失敗も第2次大戦の記憶が際だつ日本で、第1次大戦を知る意味はなにか。

そんな思いで、このシリーズを手にとった。共同研究を得意とする京都大学人文科学研究所が、異なる分野の研究者を集めて7年かけて仕上げた。

貫く問題意識は、第1次大戦を欧州に限らず、米国やアジア、トルコ、中東まで世界のいまにつながる「起点」とすることだ。48人の筆者が国家や地域、社会、暴力のありようについて、大戦が変え、残したものを論じる。

そのうえで、カネもモノも人の心までもが戦争へと動員される総力戦の姿を浮かびあがらせる。対象は移民や捕虜、銃後を支えた人々の生活、音楽や文学など芸術、医療、思想、宣伝と多岐にわたる。

「あらゆる営みの蓄積が、国家指導部によって『労働力』と名付けられ、戦争へと回収」(第2巻)されていく「総力戦」の道行きを、山室信一・同研究所長はシリーズ総括でこう、書く。「国民統合という強迫観念にとらわれることにおいて国内における『敵国性』の排除へと突き進むものでもあった」。そして、「一体感を感じるようになった国民」が「次なる大戦を呼び寄せる」。

第1次大戦が残した米国の覇権がゆらぎ、中国は列強に虐げられた過去への復讐（ふくしゅう）心のように軍備を増強している。既存の秩序がぐらつき、新たな「戦前」の懸念まで語られる。自らの内側に現れる戦争の気配に敏感でいるためにも、過去を知る重みは増している。

いっぽう、日英同盟を理由に参戦した日本は、中国・山東省に攻め込んだ。ドイツから奪った利権の確定などを求めた「21カ条の要求」をのまされた5月9日は、中国で「国恥（こくち）記念日」と呼ばれる。日本がナショナリズムの向かう「主要敵」となった「転換点」(第1巻)だった。

この大戦は、中国からみれば日中関係の「起点」でもあったのだ。政治も経済も人の流れも国境を越えて交わる時代には、正誤や善悪を求めるためだけではなく、違う立場や角度から歴史を考えてみる必要がある。かつてない幅広い視点で大戦を意味づけたこのシリーズは、その糧になるだろう。

評・吉岡桂子（本社編集委員）

編者は4人とも京都大学人文科学研究所所属。
やまむろ・しんいち　51年生まれ。法政思想連鎖史。
おかだ・あけお　60年生まれ。西洋音楽史。
こせき・たかし　60年生まれ。英国・アイルランド史。
ふじはら・たつし　76年生まれ。農業史。

二〇一四年八月三一日❷

『マリー・アントワネット　ファッションで世界を変えた女』

石井美樹子 著

河出書房新社・二五九二円
ISBN9784309226125

歴史

時代を作った象徴的な身体

歴史上の著名人とは、煌々（こうこう）とまばゆい闇である。ましてや、滅び去った側の者は歪曲（わいきょく）がまかり通る。文芸作品、映画、そして日本では漫画や宝塚でもお馴染（なじ）みの、フランス革命で処刑されたルイ16世の王妃、マリー・アントワネットはどうだろう。思い浮かぶのは、お洒落（しゃれ）や仮面舞踏会にうつつを抜かし、浅はかで遊び好き。財政破綻（はたん）に瀕（ひん）していたフランスで庶民の窮乏を理解せず、「パンがなければ、お菓子を食べなさい」と言い放ったという逸話……。

著者は、これら誰もが知っているマリー・アントワネット像を、一つ一つ検証し実像に迫る。焦点となるのは、当時のファッションやメディアと政治の緊密な関係だ。当時、王の身体は、単に生身の肉体であるのみならず、統治する政治体であり、さらに肖像画や彫刻などで表される象徴的な身体でもあった。それゆえ、革命の完遂のためには、その身体を処刑せねばならなかった。ヨーロッパ史上、統治権を持たない王妃が処刑されるのは異例なこと。だがマリー・アントワネットは、かつてフランス王室の「ファッションリーダー」であり、その身体は実に象徴的な意味を持っていた。

たとえば、高く結い上げた「プーフ」と呼ばれる髪形は、大きく膨らませたドレスに合わせ視覚効果を狙ったものだが、瞬く間に流行。その後簡素な「シミーズ・ドレス」を流行（はや）らせ、女性の身体をコルセットから解放するのに成功するが、根底にはルソーの思想「自然に帰れ」の影響があったという。さらに、新古典主義の芸術の育成にも貢献したというから、革命後の文化や気分を先取りしていたのは間違いない。最後まで気高く断頭台についた姿に鑑みれば、醜聞の数々は革命のスケープゴートとして捏造（ねつぞう）されたものとの見解は、信憑性（しんぴょうせい）が高い。時代の空気を作り出したがゆえに、時代にのまれた悲劇の王妃を再評価されたい。

評・水無田気流（詩人・社会学者）

いしい・みきこ　42年生まれ。神奈川大学名誉教授（中世英文学・演劇）。『エリザベス』など。

二〇一四年八月三一日❸

『紙つなげ！　彼らが本の紙を造っている　再生・日本製紙石巻工場』

佐々涼子 著

早川書房・一六二〇円
ISBN9784152094605/9784150504861（ハヤカワ文庫NF）

社会

被災社員が救った出版の危機

本の造作の良し悪（あ）しは、本文紙で決まると思っている。本を構成する紙の中でも体積重量ともに大半を占めるのが本文紙なのだ。地味ではあるけれど、１００枚の束になったときの表情は、実に多様。めくり具合、重さ、色や風合いなど、本の用途に合わせて配合を変えて作られている。本を読み進める気分にだって強く影響する。

東日本大震災の1カ月後だったろうか。拙著を増刷するにあたり、紙の入手が難しく、初版と種類を変えねばならない旨を版元から聞かされた。あの紙は石巻で作られていた紙だったのだろうか。

本書は日本製紙石巻工場が２０１１年3月11日に被災し、巨大津波に呑（の）まれ、完全に機能停止となってからごく短期間で奇跡的復帰を果たすまでのノンフィクションである。石巻工場の「8号」とよばれる抄紙機（しょうしき）は、単行本や文庫本の本文紙を作る。日本製紙はこの「8号」を、まず半年後に稼働かせることを決める。

いくら出版社と紙を供給しつづけると約束したからといって、不可能だ。石巻ではないけれど、抄紙機は見学したことがある。とにかく巨大なのだ。機械の端から端まで、遠すぎてかすんでしまうほどの距離があった。そこが塩水を被り、さらに瓦礫（がれき）と泥でいっぱいになって、遺体だってあって。電気も水道も通っていないところを、社員たちが、彼らとて被災者なのに、ひたすら手で泥を掻（か）き出すところから始まるのだ。力を合わせ、実現に近づけていく。切れの良い文章に引き込まれ、無理はまさかになり、ひょっとしてと思ううちに、信じられない奇跡まで、息つく間もなく連れていかれる。

本書でも触れられているように、出版業界は収縮傾向にある。本は以前ほど売れない。それなのにまず8号を動かすことに力を尽くしてくださったことは、忘れまい。本を書き読み、愛する者は。

評・内澤旬子（文筆家・イラストレーター）

ささ・りょうこ　68年生まれ。12年、『エンジェルフライト』で開高健ノンフィクション賞。

『史料としての猫絵』

藤原重雄 著

山川出版社・八六四円
ISBN9784634546912

歴史

芸術の深淵への知的な冒険

ここに1枚の猫絵がある。リアルに描かれた猫は白地に黒いぶち。首には赤くて太い首輪を結び、金の鈴を下げている。からだを丸まるとかがめたまま静止し、顔をかしげて右ななめ上方を注意深くさぐっている。耳とヒゲはぴんと立っていて、視線の先にある何ものかに集中している。

「かわいい」で済ませてはもったいない。まっとうな好奇心をもつ大人には、たくさんの「知りたい」が生じるはずだ。だれが、いつ描いたのか。だれに向けて、なにを目的として描いたのか。こうしたモチーフにはどんな歴史的背景があるのか。それから何より、猫が見つめる先には何があるのか、等々。これらを考え・調べる営みが、絵画史という学問ジャンルに他ならない。

芸術には素直な心で接するべし、との意見がある。能書きは必要ない。それは往々にして、真の理解をそこなう要因となる、という。あなたの感想ってライナーノートのコピーね。コンサートの帰路、妻にそう笑われた経験をもつ私は、かつてその意見に一定の理を認めていた。

だが今は、それは違う、と断言したい。作品と向きあうべき自分とは、実は情報の積み重ねに他ならない。感情や感動もまた、自己の中の理論だとか体験を経由して、相対的に生み出される。だから、芸術の深淵（しんえん）をうかがおうとしても、自分以上のものを見て取るのはむずかしい。その代わりこちらが勉強を続ければ、奥行きのある作品はきっとそれに応えてくれる。

その時にどういう手順をふめば良いか。どういう性質の考察を重ねるべきなのか。本書は猫をテーマに、それを的確かつ楽しく教え示す。しかも1枚の猫絵からスタートして、さまざまな猫たちに会わせてくれる。コンパクトでありながら、豊富な図版を駆使していて（著作権の処理がさぞたいへんだったろう）、知的な冒険へのすてきな招待状に仕上がっているのだ。

評・本郷和人（東京大学教授）

ふじわら・しげお　71年生まれ。東京大学史料編纂所助教（日本中世史）。

二〇一四年八月三一日❺

『戦争に隠された「震度7」 1944東南海地震・1945三河地震』

木村玲欧 著

吉川弘文館・二二六〇円
ISBN9784642082563

社会

教訓の継承阻む報道規制

1944年の東南海地震、45年の三河地震。いずれも震度7相当の大きな揺れに襲われ、津波も発生し、多くの犠牲者を出した大災害だ。戦時下の日本。物資が少ない中での支援・復旧は容易ではなかった。だが、さらなる問題が被災地を襲う。この二つの災害は、政府及び報道機関によって「隠された」のだ。

死者・行方不明者がそれぞれ千人を超える大災害。だがいずれの場合も、翌日の新聞では「被害微小」と、事実と異なる報道がなされた。政府も報道機関も、被害状況は把握していた。にもかかわらず、戦力低下が国民や外国に知られることを恐れ、検閲の徹底を優先したのだ。

「事前検閲が励行され、被害に関する数値は留保された。被害程度は局地的な放送のみ許され、公的施設の被害についての報道は規制された。被害内容のメモを記者に渡した調査員は「貴様、非国民や」「地震情報を漏らした」と、失神するまで拷問を受けた。

報道規制は、支援や復旧を遅らせるばかりでない。活字化が禁止されることで、証言や教訓を次世代に残す試みをも阻害するのだ。実際、この二つの災害を知り、教訓として語り継ぐ者は少ない。なお、そうした「努力」もむなしく、諸外国は災害の実態を正確に把握していたのだが。

これらの制約がありながらも、地元紙は支援情報などを連日取り上げる努力をしてはいた。本書は、報道の記録をたどり、メディアが何を伝え、何を伝えられなかったのかを浮き彫りにする。また、被災者にインタビューを行い、災害状況を再現・検証し、そのうえで防災ワークシートのひな型を提案する。「隠された」ことへの告発に終始せず、未来志向の防災教育につなげる手並み。さすがは防災研究者だといえよう。

戦後69年、防災の日、南海トラフへの備え。この機に本書を読む意義は、どれだけ強調しても大げさにはならない。

評・荻上チキ（「シノドス」編集長・評論家）

きむら・れお 75年生まれ。兵庫県立大准教授（防災心理学）。災害関連の共著多数。

二〇一四年八月三一日❻

『人類が永遠に続くのではないとしたら』

加藤典洋 著

新潮社・二四八四円
ISBN9784103312123

ノンフィクション・評伝

欲望と有限性が折り合う思想

私たちはいま、人類そのものの「有限性」を真剣に受けとめるべき時期にさしかかっているのではないか。『敗戦後論』などで、日米の非対称的な関係を分析してきた著者が、この論点を意識するようになったきっかけは、福島の原発事故であったという。科学技術は後戻りすべきでないと反原発運動を批判した哲学者・吉本隆明に寄り添っていた著者は、社会学者・見田宗介らの知見を再解釈しつつ、新たな思考へとふみ出す。

地球環境が外部から経済成長を制約することは、ローマ・クラブの「成長の限界」報告やエコロジー論などにより、すでに指摘されていた。しかし、それだけではなく、技術発展の結果として、産業事故に伴うリスクが大きくなり過ぎ、まさに原発に代表されるように、民間保険がリスクを引き受けられなくなったことを著者は問題にする。それは、経済活動をいわば内部から限界づける要因である。

したがって、従来の科学技術文明は維持できないが、その一方で、エコロジー論などが、人間の欲望を否定してきたこともまた問題であると著者はいう。「人はパンだけで生きる」ものではないが、パンも大切だからである。ミシェル・フーコー、ハンナ・アーレントらの現代思想との関連でいえば、人は言葉を用いる理性的な生活としての「ビオス」だけを生きるものではなく、動植物と同じく生命種としての側面（「ゾーエー」）も重要である。

こうした考察の上に著者は、人間のもつ欲望と「有限性」とを何とか折り合わせるための、小資源・小廃棄を基本とする技術の出現や、人間の可能性の限界をふまえた新たな思想の誕生にかすかな希望をつなぐ。

誰もがその存在に半ば気づいていながら、そのままにしている問題を正面からとらえ、手探りで取り組もうとする著者の姿勢が強い印象を残す一冊である。

評・杉田敦（政治学者・法政大学教授）

かとう・のりひろ　48年生まれ。文芸評論家。『アメリカの影』『3・11　死に神に突き飛ばされる』。

二〇一四年八月三一日⑦　アート・ファッション・芸能

『日本の色の十二カ月　古代色の歴史とよしおか工房の仕事』

吉岡幸雄 著
紫紅社・二四八四円
ISBN9784879406118

著者は、江戸時代からつづく京都の染屋さんの五代目だ。天然染料を使って布を染めると同時に、伝統染織の研究にも打ちこんでいる。

その成果を、素人にも親しみやすいよう、季節にわけて綴（つづ）ったエッセーが本書だ。カラー写真も多数掲載され、眺めるだけでもうっとりする。

さらに、著者の知識が半端ない。歴史、文化、行事、植物など、語られる範囲は多岐にわたる。たとえば、徳川吉宗は染色工房を作って、古い技法を再現しようとしたとか。「へえ！」と興味を引かれるエピソードばかりだ。しかし、著者の筆致は穏やかかつ淡々として、決して知識の「ひけらかし」感はない。

古代の庶民がどういう色の衣を着ていたのか、団栗（どんぐり）で実際に染めてみる項もわくわくする。どんな染めかたをして何色になるかは、読んでのお楽しみ。「色」というものの鮮烈さ、それを生みだす植物の懐の深さ、うつくしい色を求めつづけてきた人間の探求心と知恵のすごさを実感することができた。

評・三浦しをん（作家）

二〇一四年八月三一日⑧　経済

『フードトラップ　食品に仕掛けられた至福の罠』

マイケル・モス 著　本間徳子 訳
日経BP社・二一六〇円
ISBN9784822250096

よく米国の食事情を表すときに、貧困層ほど肥満が多くエリートほど健康だ、ということが言われるが、はたしてそれは本当なのだろうか。本書を読むと、どうやらそれはある程度本当のようだ。スナック菓子や朝食用シリアル、清涼飲料水などの加工食品を製造している食品メーカーの幹部たちには、自分たちが手がけた商品を避ける食生活を送っている人が多いという。なぜ避けるのかといえば、それらの商品には、安価に食品の「魔力」を高めてくれる塩、脂肪、糖が大量に使われているからだ。塩は味蕾（みらい）の刺激を増大させるし、脂肪は食べる量がつい多くなるという作用をもつ。最も恐るべきは糖の作用だろう。糖は脳に興奮作用をもたらすからだ。脳のスキャンで調べると、糖に対する脳の反応は薬物への反応と類似していることがわかるという。これら三つを組み合わせて味覚の「至福ポイント」をみつけることが加工食品の開発だということを、本書は圧倒的な取材によって示す。

評・萱野稔人（津田塾大学教授）

二〇一四年九月七日❶ 『テクニウム　テクノロジーはどこへ向かうのか？』

ケヴィン・ケリー 著　服部桂 訳

みすず書房・四八六〇円
ISBN9784622077534　科学・生物／IT・コンピューター

慣性で組織化するテクノロジーの系

最近テクノロジーについていけないと感じることが増えてきた。過剰とも思われる便利さや本当に必要なのかと首を傾（かし）げたくなる複雑な機能。それゆえ煩雑になる日々。その進展は今や使用者である人類のニーズを超え、進展自体が自己目的化しているのではないかと疑いたくなるほどだ。

この直観はあながち的外れでもないらしい。テクニウムとはテクノロジーを生み出す巨大な系（システム）を言い表した著者の造語である。テクノロジーは発明が発明を生み出すという自己生成の鎖の輪で互いがつながっており、それらが複雑に網目状に絡みあうことで全体的に鵺（ぬえ）のようなものと化した運動体がテクニウムだといえる。

本書の白眉（はくび）はこのテクニウムの運動原理を宇宙や生物という別の系のそれと同列に論じているところにある。宇宙の成長や生物の進化には特定方向に収束しようとする傾向があり、その慣性に従って自律的に組織化すると著者は説く。同様にテクニウムも内部の慣性に従って自己組織化するため、テクノロジーもそれに従い、あらかじめ決まっていたかのように発現する。つまり今この世界があるのは偶然ではなく必然であり、仮に千年、時計の針を戻したとしても人類は似たような車や携帯電話を発明し検索マシンにピコピコ文字を打ちこむだろうというのだ。

だとすると人類は将来もテクノロジーを制御できないということだろうか。確かに近年、記憶や判断、人間関係という脳の領域に属することまでテクノロジーに任せた結果、人間の生き方からは重々しさや手応えのようなものが急速に失われつつある。それでもこの流れは止められないし、止められないことに我々自身も薄々気づいている。そういう世の中になることを望むと望まざるとにかかわらず、世の中はそういう方向に向かうのだ。そして本書によると、それはテクニウムが望んでいるからということになる。

本書の主張には科学的ではないという批判もあったという。また著者がテクノロジーに寄せる絶対的な信頼も評価が分かれる点だ。テクノロジーは我々の選択肢を増やすのだから、それが人間自身も良くすると著者は断言するが、テクニウムが指向する方向性に引きずられることで我々の選択肢は事実上狭められるし、それに個人の能力や感性の劣化は避けられないと反論することも可能だろう。それでも世の中がなぜそうなのかを説明するのが良書なら、本書は圧倒的な洞察でその条件を満たしている。構造を解き明かしたうえで、それでお前はどうするのだと問いかけてくるのだ。

瞠目（どうもく）に値する本だ。現代人必読といっても差し支えあるまい。

評・角幡唯介（ノンフィクション作家・探検家）

Kevin Kelly　著述家、編集者。93年に雑誌Wiredを共同で設立し、99年まで編集長。現在、ウェブサイトCool Toolsを運営。著書に『ニューエコノミー勝者の条件』『「複雑系」を超えて』など。

二〇一四年九月七日❷

『ファーム・コミットメント　信頼できる株式会社をつくる』

コリン・メイヤー 著　宮島英昭 監訳
NTT出版・三〇二四円
ISBN9784757123342
経済

儲けるために存在するのでなく

「株式会社は誰のために、そして何のために存在するのか」という古典的な問いに対する現在の通説的な回答は、「株式会社は株主のために存在し、その価値最大化を目的とする」というものだ。株主に最大利益を保証できる会社こそが、良い会社だというわけだ。実際英米法は、取締役に対し、法令違反を犯さない限り、あらゆる手を尽くして株主価値を最大化するよう義務づけている。日本でも会社法が改正され、コーポレートガバナンス・コードの導入が議論される背景には、株主価値最大化を促す企業統治改革に狙いがある。ところが本書は、こうした動きを正面から批判し、代替的な企業統治改革を提案する斬新な書だ。

なぜ、株主価値最大化には問題があるのか。それは企業が、株主の短期的利益の最大化に邁進（まいしん）する結果、企業と深い関わりをもつ様々なステークホルダー（利害関係者：労働者、消費者、地域住民など）の長期的利益が失われるからだ。つまり従業員、消費者、地域社会、環境や生態系など利潤にはつながらないが、社会にとっては大切な要素の切り捨てにつながるのだ。

では、どうすればよいのか。著者は三つの提案を行う。第1は、企業の「使命」の明確化だ。企業は儲（もう）けるために存在するのではなく、使命を果たした結果、儲かるのだ。そのためにも企業が、ステークホルダーの信頼をえて使命を実現する「コミットメント」が重要になる。第2は、取締役会から独立し、ステークホルダーの長期的利害を反映させるよう取締役会を監督する「受託者評議会」の導入だ。第3は、株式の長期保有者により多くの議決権を付与し、企業の長期志向を促す意思決定メカニズム改革だ。

グローバル化でますます多国籍化し、一国を凌（しの）ぐ力をもつ巨大企業まで出現した今日、本書の視点で株式会社の本質を問い直す意義は、一層高まっているといえよう。

評・諸富徹（京都大学教授）

Colin Mayer　58年生まれ。オックスフォード大学教授（企業金融）。

二〇一四年九月七日❸

『奇想の発見　ある美術史家の回想』

辻惟雄 著
新潮社・二三七六円
ISBN9784103358114
アート・ファッション・芸能／ノンフィクション・評伝

「奇の人」と画家　異端の出会い

「ノブちゃんのオデコは大きいオデコ、雨が降っても傘がいらない」。近所の魚屋のお兄さんが著者の子供時代をこうからかった。そういえば「マルコメ君」に似たノブちゃん、どこか不安げなとまどった表情の写真が冒頭に掲載されているが、本書の様々な人生の局面で、実に効果的にこの表情が癒やしてくれるのである。だから著者の人生にいかなる理不尽なことが起ころうとも「偶然」という運命におまかせして、読者は次のページに目を移せばよろしい。偶然がさらなる偶然を招く。読者が著者の人生と同化するに従って「先生」はやはり「奇の人」であることがごく自然に納得できる。

幼い頃の祖母の不思議な霊体験から始まって生きた心地のしない空襲、死者のうめく身の毛もよだつ地獄絵図的現実をくぐり抜けて、長い長い時間の果てに巡り逢（あ）う「奇想の画家」たち。両者の邂逅（かいこう）は親和性によるもので、単なる偶然ではなくノブちゃんに生まれながら内在する宿命的な因子の成せる必然であろう。

さて本書の後半では、「めそめそピーピー」のノブちゃんはやがて「奇想の系譜」（1970年刊）を引っさげた美術史家として美術界に震動を巻き起こすことになるのだが、世はモダニズムの全盛期。業界からは単なる「奇の人」、異端の美術史家として斜めに見られる存在だった。日本文化の根底には「飾る」文化とそうでない文化があり、「あそび」「かざり」「アニミズム」という日本美術のキーワードが真面目な美術史家の間では恐らくまだ受容されない時代であった。

あのノブちゃんの写真をもう一度眺めてもらいたい。奇の相が刻まれていないか？　梅原猛氏が辻氏をミホ美術館長に推挙する時、会長にこの人は「奇人」だと告げた。会長は「奇人は正直だから」良いと言われた。本書の魅力は全編ノブちゃんの持って生まれた正直さで貫かれている。

評・横尾忠則（美術家）

つじ・のぶお　32年生まれ。MIHO MUSEUM館長。『奇想の系譜』など。

二〇一四年九月七日④

『江戸しぐさの正体　教育をむしばむ偽りの伝統』

原田実 著

星海社新書・八八六円

ISBN9784061385559

人文

眉つば「ニセ歴史」にツッコミ

「江戸しぐさ」なるものがはやっている。要約すると、〈すれ違う際に傘を傾けてすれ違う「傘かしげ」など、江戸時代には優れたマナーがあった。商人たちは小さなしぐさの中にも思慮深い行動哲学を込めていた。それが今や、数々の江戸しぐさが失われている。今こそ江戸しぐさに学ぶべきでござる〉といったもの。

ほほう、すばらしい伝統じゃないの。やっぱりお江戸はユートピア。今後の「お・も・て・な・し」に活用しましょう……って、おっと危ない、そのままうのみにしてはなりません。なにせこの江戸しぐさ、最近つくられた「ニセ歴史」なのですから。

本書は「傘は江戸時代には今ほど一般的ではなかったよね」といった事実確認を重ね、江戸しぐさの矛盾点を指摘。根拠もない江戸しぐさが、いかに広がったのかという「偽史拡大の歴史」までまとめた。ネット上では江戸しぐさに懐疑的な声が徐々に広がり、著者もツイッター上で積極的に検証・発信してきた。それらのツッコミが、ようやく「まずはこれを読め」と言える一冊にまとまった。

江戸しぐさが失われたのは、幕末・明治期に薩長勢力の「江戸っ子狩り」が行われたからだとか、戦争によって「隠れ江戸っ子」が途絶えてしまっただとか、当時の資料は焼き捨てられたので記録がないとか、もう完全にオカルト。記録がないなら、どうやって江戸しぐさが分かるのよ。これだけでもう眉つばもの。

しかしこの江戸しぐさ、文部科学省の道徳教材をはじめ、複数の教科書会社の副読本や公民教科書に掲載されたり、テレビ番組や新聞各紙（朝日新聞でも！）で好意的に取り上げられたり、大手企業に講習として採用されたりしてきた。流言研究としては興味深いが、こうした言説が検証なしに拡散される現状には背筋が凍る。流言を元に道徳を説く、実は非・教育的な江戸しぐさの蔓延（まんえん）にご用心を。

評・荻上チキ（「シノドス」編集長・評論家）

はらだ・みのる　61年生まれ。歴史研究家。著書に『オカルト「超」入門』など。

二〇一四年九月七日⑤

『空き家問題』

牧野知弘 著

祥伝社新書・八六四円
ISBN9784396113711

『「空き家」が蝕む日本』

長嶋修 著

ポプラ新書・八四二円
ISBN9784591140840

社会

人間が空間を私有するこわさ

2040年の日本では、10軒のうち4軒が空き家になるそうである。

ショックである。少子高齢化とか出生率の低下というと、何かヒトゴトで抽象的な社会現象に思えて、リアリティがない。しかし「町に空き家が溢（あふ）れる」と聞き、さらに、これが地方の過疎地だけの問題ではなく、東京も空き家だらけになるという科学的予想に接し、暗澹（あんたん）たる気分になった。読了して町を歩くと、空き家ばかりが目にはいってきて、東京が低層スラムにみえてきた。空き家率3割を超えると、途端に治安も悪化するらしいから、すぐ明日の話である。

原因についての分析も興味深い。高度成長が終わり、少子高齢化の低成長時代に突入しているにかかわらず、家を新築させることで、景気を浮揚させるという政策が惰性的に続いたこと。その政策に頼って収益をあげてきた民間企業も、政策に甘え、新しいライフスタイルに挑まなかった。この「戦後日本持ち家システム」とも呼ぶべきものがついに決定的破綻（はたん）を迎えつつあり、それが「空き家」という具体的な形で、僕らの目の前につきつけられたわけである。

しかも、ここには戦後システムの劣化という直近の難題を超えた、深い問題が顔をのぞかせているようにも感じた。人にとって、本当に「家」というハコは必要なのかという大問題である。「家」という高価なハコを所有していれば、とりあえず一人前であり、「幸せ」であることになっていたけれど、その「幸せ」の実態は何だったのか。さらにその先には、「家」という器のベースである「家族」の必要性、家族形態のあり方はこれでいいのか。さらに深掘りすれば、人間が空間という曖昧（あいまい）で手のかかるものをそもそも私有できるのか。私有してどんないいことがあるのか。人類史の根本にまで、思考が到達せざるを得ないようなこわさがあった。

評・隈研吾（建築家・東京大学教授）

まきの・ともひろ、ながしま・おさむ

二〇一四年九月七日⑥

『かつては岸』

ポール・ユーン 著　藤井光 訳

白水社・二四八四円
ISBN9784560090343

文芸

もやの向こうに歴史の爪痕

作者ポール・ユーンは韓国系アメリカ人で、訳者あとがきによればO・ヘンリー賞も獲得している若手作家。

透明感のある文章で貫かれた短編集の背景はすべてソラ島という架空の場所（済州島がモデルらしい）であり、そこで交差するアメリカ人、韓国人、日本人の内面の翳（かげ）りを作者は鮮やかに伝える。

作品にかつてのアジア作家の土着感はない。むしろ国や地域にとらわれない越境的な感覚で、淡々と物語は進む。

例えば、架空のソラ島には、作者が敬愛するというマイケル・オンダーチェの『イギリス人の患者』を思わせる幻想的な病院が出てくるし、作者注には他にも様々な先行テクストの存在が書き込まれている。

ソラ島で人種が出会って別れるように、テクストもまた美しくより合わされたのだ。

ただ、それが机上の実験に終わらないのは、作者が歴史の交差をも積極的に書き込んでいるからだろう。そもそも表題作「かつては岸」には、日本のえひめ丸の悲劇が響いているという。他にも第2次大戦後に島から日本軍が撤退したあとのアメリカ軍との交流が出てくるかと思えば、そのアメリカ軍の戦後の爆撃事件が物語をよぎる。

歴史は不可逆的な時間の爪痕を残し、想像の中の現在を生み出す。文章の質や話の設定には非歴史的なポストモダン感覚が流れているのに、端々に作者では取り返しようのない過去が刻まれる。そこにこそ作者のアイデンティティーが強く感じられる。

この融合の具合がポール・ユーンの真骨頂なのだろう。幻想的な靄（もや）の向こうで短編は展開する。けれども点々とした血の赤さが、割れた大地の黒さがかすかに、ほんのかすかに浮き上がってくる。

こうした若いアジア系作家が次々と世界文学の地平に出現している。彼らから学ぶことは、上の世代の世界中の作家から学ぶことと同義だ。

評・いとうせいこう（作家・クリエーター）

Paul Yoon　80年ニューヨーク生まれ。作家。最新作は『Snow Hunters』。

二〇一四年九月七日⑦

『貴様いつまで女子でいるつもりだ問題』

ジェーン・スー 著

幻冬舎・一四〇四円
ISBN9784344026049／9784344424647（幻冬舎文庫）

人文

「女子」の単語がメディアを賑（にぎ）わすようになって久しい。この現象、男性からは冷ややかな視線を送られ、当の女性の間では賛否両論。若さや可愛らしさに固執する女は見苦しいと断罪する同性も多い。だが、著者はあえて語る。女たちよ、汝（なんじ）自らの内なる少女性と和解せよ、と。なぜなら、「私たちは生涯、女子の墨を背負って生きていく」しかないのだから。放置すれば、ゴジラのごとき「巨大な女児」と化し、周囲も当人も苦しめかねない!?

繰り出されるのは、テンポの良い説法のジャブ、そしてときにクリーンヒット。四十路を超えて初めて見えてきた物は、自らも無意識のうちに呪縛されてきた「普通」イデオロギーの恐ろしさだ。それらをえぐるように掬（すく）い上げ、場外へかっ飛ばす筆力は爽快。単なる女子論でも、ましてや女の生き方指南書でもないのだが、読み進むうち、笑いながら不思議と背筋が伸びていく。身をゆだねるのが心地いい、音楽のようなエッセー。

評・水無田気流（詩人・社会学者）

二〇一四年九月七日⑧

『老人と子供の考古学』

山田康弘 著

吉川弘文館・一九四四円
ISBN9784642057806

歴史／社会

考古学は机上の空論を嫌う。地味な遺跡の発掘に膨大な時間を費やし、確実な根拠を積み上げようやく一つの学説に辿（たど）り着く。本書は考古学界の現場報告と学説の文脈解説にかなりのページを割きつつ、埋葬跡の発掘から緻密（ちみつ）に縄文人の死生観を裏付けようとしている。子ども、犬、老人の葬られ方から、縄文時代の家族のあり方、社会における子どもと老人の位置づけ、家畜との関係、さらには縄文時代の階層構造、生と死が循環的につながる原初的死生観が浮き彫りにされる。

すでに生産活動の一線から退いた老人と、これから生産、労働に従事する子どもは、死と再生の円環のつなぎ目になっている。だが、子どもが早死にすれば、循環に亀裂が生じ、共同体にとっても大きな損失となる。そのため特別な埋葬の仕方をし、呪術によって、その亀裂を埋め合わせようとした。その呪術に代わる何らかの思想を少子高齢化時代の日本において、磨き上げることが求められる。

評・島田雅彦（作家・法政大学教授）

二〇一四年九月一四日❶

『嘘と絶望の生命科学』

榎木英介 著
文春新書・八六四円
ISBN9784166609864

『〈科学ブーム〉の構造』

五島綾子 著
みすず書房・三二四〇円
ISBN9784622078401

科学・生物

今や日本の科学は金もうけに堕した

ピペド。

この耳慣れない言葉が、今の日本における生命科学の研究現場を象徴していると、榎木英介は言う。

「ピペット奴隷」の省略形だ。大学院生や大学院を終えた後の研究員（ポスドク）たちが、朝から晩まで、黙々と実験道具のピペットを使って実験にいそしむその姿を、奴隷になぞらえた表現である。

国からの多額の研究費を獲得することに血道を上げる教授。その下で成果を出すために奴隷のように使い捨てられていくピペド。生命科学は労働集約型の研究活動なので、手を動かせば動かしただけ、成果が出る。だからピペドたちは、朝から晩まで、酷使される。実験室には監視カメラが設置され、トイレに行くのも申告制。

もちろん、こんな研究室ばかりではない。良心的に知的活動に邁進（まいしん）している教授も大勢いる。だが、今の日本の生命科学を取り巻く構造そのものが、産業化という名の金もうけのタネを見つける作業に堕していると、榎木は喝破する。

捏造（ねつぞう）と剽窃（ひょうせつ）と自殺で世の話題を呼んだSTAP細胞騒動は、この業界の闇の深さを垣間見（かいまみ）せてくれた。だが、あれは決して例外ではない。鬼子かもしれないが、このような構造の産物のひとつに過ぎない。そして、製薬会社と大学医学部の癒着事件など、もっと根深い悪を体現している事例も存在する。

生命科学だけではない。五島綾子は、化学業界においても、似たようなバブル現象と科学ブームが生じてきたことを、丹念に示している。古くはDDT、最近ではナノテクノロジー。ナノテクを化学史の文脈に位置づけたのは本書のユニークなところだが、ここでも生命科学と同じく、自然現象の謎を追究するという知的好奇心が科学を駆動しているのではなく、産業界や政治の動きが、学問領域の隆盛（と衰退）を決定づけている。

興味深いのは、榎木も五島も、それぞれの領域の動向と、福島第一原発事故との共通性を指摘していることだ。榎木は、生命科学の現場が原子力業界と同じように「ムラ化」していると言い、五島は戦後日本の原子力政策は科学ブームが長期間続いていたようなものだと見立てている。

両書は、このような泥沼から抜け出るための方途も示してくれている。榎木は、市民が自宅で生命科学研究をおこなう「DIYバイオ」によって、科学の知的喜びを取り戻すことを提案する。五島は、DDTの害悪を世に知らしめたレイチェル・カーソンの振る舞いに範をとることを示唆する。

3・11に続いてSTAP騒動で、日本の科学界の信用は地に落ちた。この二冊が、そこからの脱却の導きの糸となることを祈る。

評・佐倉統（東京大学教授）

えのき・えいすけ　71年生まれ。近畿大学医学部病理学教室講師、病理医。
ごとう・あやこ　元静岡県立大学教授（コロイド化学、化学史、科学技術論）。

二〇一四年九月一四日❷

『男一代之改革』

青木淳悟 著

河出書房新社・一七二八円
ISBN9784309023052 文芸

これは小説か「変」な作家の企み

青木淳悟は変な作家である。しかもその「変」さは、ちょっとやそっとではない。彼の小説はどれもこれも、他の作家たちの書くものとは、まったく違っている。極端に言えば、彼の作品が「小説」なのかどうかさえ、いまだ定かではない気がしてくるほどだ。

「男一代之改革」は、江戸時代中期の〈寛政の改革〉で知られる老中、松平定信を題材にしている。ならばいわゆる時代小説なのかといえば、よくわからない。擬古文というか戯作（げさく）調と、隙を突いて顔を出す今っぽさと、奇妙に没個性的な資料文体があっけらかんと入り交じり、読む者はこれはいったい誰が語っているのかと不安になってくるのだが、すぐにそれさえもどうでもよくなる。定信は田沼意次の政治手法に異を唱えて改革を断行したが、老中として腕をふるった時期は短かった。彼は光源氏に強い憧憬（しょうけい）を抱いており、『源氏物語』を何度も全巻筆写したとされている。叙述は次第に松平定信を通して光源氏を描くことで「江戸」と「平安」をダブらせながら続いてゆく。しかしそこには史実への興味も、歴史的人物の生き様へのドラマチックな感慨も、ほとんど存在していない。あるのはただ、書かれたもの（資料、物語）を駆使しながら「過去」をスカスカにしていく言葉の営みと企（たくら）みばかりである。

「鎌倉へのカーブ」は、都内から一念発起して神奈川県の大船に転居したが、あまりの遠さに妻がノイローゼになり、仕方なく彼女は都内で一人暮らし、自分は大船に留（とど）まる別居生活を余儀なくされて云々（うんぬん）という、おそらくは半ば以上事実を語りながら、実際には延々と路線や地理のことが書かれてある。その記述は詳細なようで極めて恣意（しい）的であり、要するに「変」だ。「二〇一一年三月――ある記録」は、あの震災の一日の体験を書いたエッセーだが、この作家にとって随筆と小説の区別はたぶんない。

評・佐々木敦（批評家・早稲田大学教授）

あおき・じゅんご 79年生まれ。作家。『私のいない高校』『このあいだ東京でね』など。

二〇一四年九月一四日❸

『春の庭』

柴崎友香 著

文芸春秋・一四〇四円
ISBN9784163901015／9784167908270（文春文庫） 文芸

言葉の物質性を極限まで磨く

「生活」と「暮らし」の間には、見えない壁が聳（そび）えているらしい。現実と虚構の落差、といいかえても良いが、壁の強固さに反し、現在その境界線はひどくあいまいだ。何より、私たちは日々メディアに映し出される理想の暮らしを、すでに心の故郷としてしまっている。主人公「太郎」が住むのは、この現実と虚構のエアポケットに建つような、取り壊し間近のアパートだ。思いがけず、同じアパートに住む風変わりな女性「西」の話から隣の水色の洋館に関心をもつようになり……。

表題の「春の庭」は、その洋館を舞台にした写真集の名前だ。かつて住人だった、ＣＭディレクターの夫と小劇団女優の妻との共著。ＣＭ作品とは対照的に個性的で自然な暮らしの風景が並び、夫婦の親密性を強調している。この写真集を愛読してきたという西は、洋館を近くで見たい一心でこのアパートに住んでいるという。そこでの暮らしは彼女には決して手に入らないが、それゆえ純粋に愛（め）でる喜びを培ってきた。この想（おも）いのひとつひとつが、魅力的で興味深い。人は完遂し得ない欲望を、こんな風に受け止めて愛し続けることもできるのだ。それは、すでに離婚してしまった写真集の夫婦の家庭生活の儚（はかな）さと対照的に、持続的で執念深くすらある。

　物語の中では、あらゆるものが完遂か終了の直前で絶妙なバランスを保ち、凍結される。言葉の持つ物質性を、極限まで研磨し得るがゆえの離れ業といえる。加えて、研磨が及ばぬものへの目配りも清々（すがすが）しい。その最たるものが、「庭」である。庭とは、自分のものでありながら完全な「所有物」とはいかないもの。人目にさらされ、風景を切り取り掌中におさめたつもりが、繁茂する自然の生成力に圧倒されるものの象徴である。人間の欲望も、こんな風に思いもよらぬ方向へと繁茂するのだろうか。その過剰さを、静かな言葉が枠づけ、彩る。

評・水無田気流（詩人・社会学者）

しばさき・ともか　73年生まれ。作家。本書は芥川賞受賞作。著書『ビリジアン』など。

二〇一四年九月一四日❹

『アダム・スミスとその時代』

ニコラス・フィリップソン 著　永井大輔 訳

白水社・三〇二四円
ISBN9784560083697

経済

「真の人間学」追究した哲学者

　本書は哲学者アダム・スミスの「思想の伝記」である。スミスは経済学の父と一般的にいわれるが、それはほんの一面を表しているにすぎない。彼が生涯をかけて成し遂げようとしたのは「人間の本性と歴史を観察することで、真の人間学を創り出すこと」にあった。だから、彼の研究は修辞学や法学、倫理学、天文学など広範囲に及んでいる。

　そうした姿勢はデイヴィッド・ヒュームの哲学との出会いによって決定づけられた。学生時代にヒュームの『人間本性論』（1739年）を夢中で読んだスミスは、「社会の進歩を決定づけるのは（略）自身の境遇をよくしようとする個人や政府の努力である」という考え方を、強く信奉するようになる。

　その成果が『道徳感情論』（59年）や『国富論』（76年）になって表れるが、これらの著作はあくまで「人間学という、時間的・体力的に扱いきれなくなってしまった、より大きな計画の一部だった」のである。

　スミスは「人間本性を学ぶ者」には「社交性の原理の諸相として」の修辞学と「社会の維持に欠かせない伝達の原理として」の言語や文体を扱って欲しいと考え、『道徳感情論』においては道徳感情の交換される様を、『国富論』においては財やサービスが交換される様を」説得の諸相として描くような「新しい言語論」を用意していたと著者は主張する。

　だが、後継者たちは経済学だけを継承し、彼の偉業を矮小（わいしょう）化した。「人間学者」スミスは『国富論』で「豊かさの進歩は分業の程度による」と書き、『法学講義』では「低価格は豊かさの必然的結果」だとした。分業が進み、資本ストックも豊富な日本。長期のデフレも経験した。今こそスミスが高く掲げた「真の人間学」を目指すべき時、と評者は思うのだが、現政権は異次元のインフレ政策をとり、反スミスの急先鋒（きゅうせんぽう）となっている。

評・水野和夫（日本大学教授）

Nicholas Phillipson　歴史家（思想史）、英エディンバラ大学名誉フェロー。

二〇一四年九月一四日⑤

『民主党政権とは何だったのか　キーパーソンたちの証言』

山口二郎、中北浩爾 編

岩波書店・二五九二円　政治
ISBN9784000248730

躓きの石となった財源問題

本書は、民主党の政権獲得から政権転落への栄光と挫折を、インタビュー記録と編者による対談で浮かび上がらせた好著である。

本書を貫くモチーフの一つは、政権交代の原動力となり、また躓（つまず）きの石ともなった「マニフェスト」と財源の関係である。強調されるのは、２００４年岡田マニフェストから09年小沢マニフェストへの変質だ。後者では、消費増税がマニフェストから落とされ、財源面の裏付けのないマニフェストとなった。

印象深いのは、その実現可能性に疑問をもつ議員たちも、「政権を取って無駄を切れば、財源は何とかなる」という当時の小沢代表の迫力に押され、納得してしまったとの証言である。しかし、政権を取ってみると現実には毎年、新たに約1兆円分の社会保障費が増加する一方、リーマン・ショックの影響で所得・法人税収が激減、無駄を省くだけでは予算を組めない事態に陥った。危機感をもった菅元首相は、消費増税を唐突に掲げて10年の参院選に臨んだが大敗、民主党はついに財源問題をコントロールできずに党分裂、下野へと突き進んだ。

本書が高く評価するのが、野田政権である。大飯原発再稼働を決め、「自民党野田派」などと批判されながらも、画期的な討論型世論調査に基づき、２０３０年代原発ゼロへの道筋をつけた。財源面では、社会保障・税一体改革に関する三党合意をまとめるなど、理念を少しでも実現する粘り強さを発揮し、民主党政権の可能性を示したという。

民主党の将来については、10〜15年の時間幅で考え、まずは次の衆院選で議席を3桁に戻し、さらに次の衆院選で再度の政権交代を目指すこと、そのためにはナショナリズムとビッグビジネスに傾く安倍政権としっかり対立軸を作ることが重要だと、編者の山口は指摘する。「必ず夜は明けるのです」という彼の締め言葉が印象的だ。

評・諸富徹（京都大学教授）

やまぐち・じろう　法政大学教授（政治学）。
なかきた・こうじ　一橋大学教授（日本政治史）。

二〇一四年九月一四日⑥

『「孟子」の革命思想と日本　天皇家にはなぜ姓がないのか』

松本健一 著

昌平黌出版会・一九四四円　人文
ISBN9784846013424

あらゆる物語　引き受けうる器

天皇家には、なぜ姓がないの？　子供みたいな問いだからこそ、根源的である。

本書を読み進むにつれ、天皇とは「何者であるかを意図的に隠した」存在であることがわかってくる。松本健一は平明な語り口で、日本の最大の謎へと私たちをいざなう。

意図的に素姓を隠した存在にアクセスするのはむずかしい。そこで著者は、ある補助線を引く。孟子である。すると、孟子もまた意図的に隠された思想家であることが見えてくる。権力者に重用された孔子の思想と異なり、孟子は権力者に隠された形跡が随所にある。そして時に特異的に浮上する。孟子の思想の核は革命論で、徳を失った君子は討たれてよいとするものだ。

中国では易姓革命と言い、王朝ごとに姓が変わる。これは日本にはふさわしくないと考えた誰かがいつのころか、天皇家の姓をなくしたらしいのである。

しかし、姓がないからこそ、「万世一系」のフィクションも生まれ、天皇はどんな物語も引き受けうる器となったのではないか。歴代の覇者たちは、いかに覇権を極めようと天皇を討たず、むしろ「利用」した。姓をなくした「発明」の影響は、日本史を貫いている。ざっと大化の改新から二・二六事件まで。

とりわけよくわかるのは「明治維新」である。実質上の革命。にもかかわらず、「維新」と言い換えた、と著者は言う。「維（こ）れ新（あらた）」にしたからには革命の立役者は「維新」の敵対者とされなければならなかった。これが西郷隆盛に起きたことだ。

「戦後のかたち」「国のかたち」がゆらぎ、それを問う機運が高まっている。領土問題や憲法解釈のあり方、日本とは何かが根本から問われている。その問いは古代から、すでにあったものだ。民主主義にしてみても、欧米由来以外の道筋があり歴史がある。そこから考えてみなければ始まらない。

評・赤坂真理（作家）

まつもと・けんいち 思想家、麗沢大学教授。『評伝 北一輝 全五巻』『官邸危機』。

二〇一四年九月一四日⑦

『名人』

梅佳代 写真・文

静山社・二九一六円
ISBN9784863892781

アート・ファッション・芸能

「飴（あめ）細工」「コウノトリ飼育」「ワカサギ釣り」など、さまざまな分野の名人に会いにいき、話を聞いたり実際に体験させてもらったりしたリポート（写文集）。著者はカメラマンなので、一瞬の表情や動きをとらえた写真が生き生きしているのはもちろんだが、文章も相当おもしろい。

しょっちゅう、「暑い」とか「むずい！」とか音を上げる。でもがんばる。がんばるけど、名人以外のものに気を取られちゃったりする（名人とは全然関係なさそうな猫の写真なども載っている）。

対する名人たちが、これまた奔放だ。「グラウンドゴルフの約束が入っている」とか「作業は昨日済ませてしまった」とか、取材予定をまったく無視した自由な振る舞いを見せる。脱力と笑いに満ちたエピソードがてんこ盛り。

そりゃそうだ。名人といえど、常に眉間（みけん）に皺（しわ）を寄せてるわけではなく、日常を生きているんだもんなあと、なんだか安心した。日々の暮らしにひそむ楽しさとパワーにあふれた一冊だ。

評・三浦しをん（作家）

二〇一四年九月一四日⑧

『「自由」はいかに可能か　社会構想のための哲学』

苫野一徳 著

NHKブックス・一四〇四円
ISBN9784140912188

人文

いま私たちは、自由・平等であることを、ともすると当たり前のように思っている。それゆえ自由を実現するための「責任」の方を強調してみたり、自由を「もてあます」風潮すらある。

かかる趨勢（すうせい）を踏まえ、著者は「自由の相互承認」などのヘーゲルの哲学に基づき、自由を徹底的に再検討していく。著者がたどり着いた自由の本質とは「諸規定性における選択・決定可能性」への〝感度〟、というモノ。これだけでは「なんのこっちゃ？」だが、本書を読んでみると、なるほど！とてもよく分かるのだ。さらに著者は、自由を社会に定着させるため「法」と「教育」と「福祉」の必要を説き、その具体的なあり方を提唱する。

自由は思想の中枢に位置するので、本書はヘーゲルからあのサンデル教授に至る哲学者たちの列伝としても読むことができる。気鋭の著者が、気持ちよく生きることをめざし、自由を存分に語り尽くした痛快な一冊！。

評・本郷和人（東京大学教授）

二〇一四年九月二一日②

『ひねくれ古典『列子』を読む』

人文

円満字二郎 著

新潮選書・一四〇四円
ISBN9784106037535

物語を愛し求めた心に共感

いきなり漢文を読めと言われても腰が引けるが（というか無理だが）、中国の古典の世界を知りたい。欲を言えば、『論語』や『老子』ほどメジャーではない書物について知り、ちょっと通（つう）ぶってみたい。

そんな、「初心者のくせにひねくれもの」におすすめしたいのが本書だ。『列子』の魅力と読みどころについて、とても楽しく紹介してくれる。初心者にとってわかりやすいつくりで、当時の時代背景や登場人物についての解説はもちろん、『列子』に収録されたエピソードから、この書物の編纂（へんさん）過程を推測したりといった、ややマニアックで好奇心をくすぐる項もある。

なによりもわくわくするのは、やはり『列子』に記された奇天烈（きてれつ）エピソードの数々だろう。馬の性別も毛色も判別できない名馬鑑定師。「無闇（むやみ）に才能をダダ漏れにしちゃいかん！」と列子を叱りつける（いちゃもんをつける？）先輩。人間顔負けの歌や踊りを披露したうえに、美人に向かってウインクまでしてみせるロボット。それを見て激昂（げっこう）し、ロボットの製作者を死刑にしようとする王様。

なんだか間抜けでダメ人間っぽい登場人物（ロボット含む）のオンパレードなのだ。しかしだからこそ、ページをめくる手を止められない。本書の著者は、同一エピソードが収録された別の書物も参照し、『列子』において、ストーリー展開や細部の設定がどう変えられているのかも検証する。その結果、『列子』が物語性を重視し、人々が思わず話に惹（ひ）きこまれるような語り口になっていることが明らかになる。

本書を読んで、何千年もまえに生きていた人々への親近感と、いまと変わらず物語を愛し求めていた心への共感を覚えた。「通ぶりたい」という我欲はいつしか消え、しまいには夢中で、笑ったり考えさせられたりしながら、『列子』の世界に没入していた。

評・三浦しをん（作家）

えんまんじ・じろう　67年生まれ。フリー編集者。『常用漢字の事件簿』『漢和辞典に訊け！』。

二〇一四年九月二一日③

『文明と文化の思想』

人文／ノンフィクション・評伝

松宮秀治 著

白水社・三四五六円
ISBN9784560083758

新しい神話を生んだ西欧近代

評者が漠然と感じていたグローバリゼーションなどの不気味さの正体を知らしめてくれたのが、前著『ミュージアムの思想』（2003年）と『芸術崇拝の思想』（08年）だった。第3弾の本書は、西欧近代の価値観の本質とその限界を解き明かしている。

西欧近代思想が世界を席巻したのは、神話的な根拠を失った善や正義に、「進歩」と「文明」「文化」という概念を通して、時代に即応するような「絶対性を与えることができた」からだと著者はいう。

著者によれば、「進歩」の観念に沿って「人間の世俗活動」を、物質的豊かさである「文明」と、精神的内面的活動の成果である「文化」で再構成したものが「世界史」である。これを語りうるのは「西欧の近代思想のみ」。ヘーゲルの「自由」とウェーバーの「合理精神」が、西欧圏の「非西欧圏に対する優越性の主張の論拠」となる。

「世界史」はまた、「記憶を創り出す作業」でもある。そこで西欧は記憶の基となる未知なるものを「全世界から蒐集（しゅうしゅう）」

した。世界は「西欧近代（略）の価値体系によって、整序され、分類され」ねばならなかった。

「文明」は、知や合理的思考が輝かしい未来を約束するという、「文化」は、国民や民族が価値基盤を与えるという〝幻想〟を発明し、西欧近代思想は世界に向かうところ敵なしとなる。ここに「西欧『近代』の最大のパラドックス」があると著者はいう。神話から解放してくれたはずの近代が新たな神話を生む。

21世紀のはじめに起きた9・11など様々な「未曽有の出来事」は、著者のいう「『世界史』がそれ自体ひとつの壮大な虚構の価値ではなかったか」を暗示していると思うが、世界遺産登録やオリンピック誘致に熱狂しているのを見ると、西欧近代思想は、実際まだまだ強力だ。本書を読み、つくづく21世紀には新しい理念が必要だと痛感した。

評・水野和夫（日本大学教授）

まつみや・ひではる 41年生まれ。元大学教員。『ミュージアムの思想』『芸術崇拝の思想』。

二〇一四年九月二一日④

『敗戦とハリウッド　占領下日本の文化再建』

歴史

北村洋 著

名古屋大学出版会・五一八四円

ISBN9784815807757

米国映画浸透の歴史 多面的に

ハリウッド映画は、米国が第2次世界大戦で打ち負かした日本に、「良きアメリカ」を埋めこみ、そのパワーの傘下へと導く装置となった。

本書は、戦勝国から押しつけられたともいえる映画が日本社会に歓迎され、浸透していった歴史を多面的につづる。事例として、ヒチコック監督の作品やゲーリー・クーパー、エリザベス・テイラーらが出演した懐かしい作品が数多く登場する。映画好きにはとりわけ興味がそそられる占領の外交史であり、文化、社会史となっている。

連合国軍による占領（1945～52年）の約7年間で、ハリウッドが配給した長編映画は600本を超える。民主主義を教育し、啓蒙（けいもう）するため注意深く選ばれ、検閲された。たんなる娯楽を超えて、民主、人権や自由など米国が掲げる価値観を潜ませた。政界の腐敗に触れた作品は「見習うべき米国の民主主義が不当に描かれている」と上映が見送られたように。

日本映画については、戦中の厳しい統制がとかれ、思想や芸術を表現する幅が格段に広がる。だが、あくまでも米国の検閲が前提である。原爆の描き方に強い注文がつき、封建を排する理由で時代劇には否定的だった。

米国の政府、軍、映画産業の動機は、自らの利益にもとづく。しかし、日本の一部の文化人、ファンは米国の価値観を模範と感じて、すすんで普及に加わる。興行者は商機に突き動かされる。「映画の『消費』を通してアメリカの指揮下での日本再建を肯定する『感情の構造』」が形成されていく。ハリウッドと日本社会の化学反応が興味深い。

著者は「親米的」社会が日本にうまれたメカニズムの解明を目的とし、是非は問うていない。ただ、通読すると、勝者と敗者という圧倒的な力の不均衡のもとに産み落とされた戦後の日米関係は、脈々と今につながっていることを思い知らされるのだ。

評・吉岡桂子（本社編集委員）

きたむら・ひろし 71年生まれ。米ウィリアム・アンド・メアリー大学准教授（歴史学）。

二〇一四年九月二一日⑤

科学・生物

『サイボーグ昆虫、フェロモンを追う』

神崎亮平 著

岩波科学ライブラリー・一二九六円
ISBN9784000296281

「完全形生物」の驚異的世界

昆虫は、地球上で最も繁栄している種である。いわば、神の手で開発され、自ら進化・適応した完全なサイボーグ。その「最新型」が、そこにいる。唐突なほど自然に、静かに。昆虫にぎょっとする人が多いのは、もしかしたら「彼ら」が、あまりに完全形だからではないだろうか？

昆虫内部をさぐる前に、著者は驚きの世界に私たちをいざなってくれる。すなわち、「私たちが昆虫になったなら、その体感はどうなのか？」を、体験させてくれる。こうした想像力と描写が、本書の大きな魅力のひとつだ。昆虫のサイズになったなら、空気はまるで「蜜の中にいる」ように重く粘りがあるものだという。その中を、彼らは歩き、飛ぶのだ。

また昆虫は、ある意味で我らより賢い。どんな生物より地球や植物たちとの共生の仕方を知っている。人にあまり愛されないかもしれないが、この惑星の、尊敬を払うべきはるか先住民。彼らに学ぶべきことは、あまりに多い。

著者が「師」とも仰（あお）いだのは、カイコガのオスである。わずか米粒一つほどの脳、口もなく、羽は飛べない。羽化すると、メスの出すフェロモンを感知し、場所を特定して到着するだけの個体。しかし、どんな邪魔をしようとそのつど適応して、フェロモンの場所へと到達する。

筆者はカイコガの神経活動をつぶさに計測し、神経回路モデルをコンピュータに構築し、それをロボットに接続する。世界に類を見ない。探索・救助ロボットとなるかもしれない。それだけでなく、カイコガの脳自体をロボットに接続して、まさに世界初の「サイボーグ昆虫」をつくったりもする！

ワンダーと叡智（えいち）と謙虚さにあふれた本。著者は、昆虫たちが、この先も人類がこの星に住み続けられるテクノロジーを教えてくれる——そんなふうに、昆虫に目と耳と知性を傾けているように見える。

評・赤坂真理（作家）

かんざき・りょうへい　57年生まれ。東京大学先端科学技術研究センター副所長。

二〇一四年九月二一日⑥

科学・生物

『裏山の奇人　野にたゆたう博物学』

小松貴 著

東海大学出版部・二二六〇円
ISBN9784486019947

自然の不思議が「見える」人

スーパー・ナチュラリストの作り方、といった趣の本である。なにしろ著者は、二歳のころから真剣にアリを観察していたというのだから、筋金入りの虫オタク。長じてプロの昆虫研究者となり、今まで気づかれなかったような現象を次々と明らかにしている。

こんなに、自然の不思議が「見える」人も珍しい。研究対象はアリに寄生したり共生したりする生物が中心だが、それだけではなく、およそ目につくさまざまな生物を調べて、身の回りの不思議を見つけ出し、当たるをすべて薙（な）ぎ倒していくかのような勢いで、謎を解き明かしていくのである。自然の姿を隅々まで知り尽くしていて、骨の髄まで染みこんでいるから、ごくわずかな不思議を感知することができる。そこに彼の身体と頭脳が鋭敏に反応する。

こういうところは、今は亡きウィリアム・ハミルトンと同じ匂いを感じる。進化生物学に革命を起こしたイギリスの理論的研究者だが、彼も根っからのナチュラリストであった。偉大な理論家とは誰よりも事実のすみずみにまで習熟した人なのである。

小松貴も、普通の人なら見逃してしまうような裏山の身近な現象に潜む謎を察知する。「裏山の奇人」たる所以（ゆえん）である。なお、研究のあり方や自然保護などに関する著者の感覚はきわめてまっとうで、およそ奇人というようなものではない。

あと、写真が恐ろしく上手。口絵のアズマオオズアリとスティロガステルの写真には、思わずため息が出た。どうしたらこんなに生々しくも美しい写真が撮れるんだろうか？

残念ながら、生物の種名索引がない。楽しいエピソードを後で読み直そうと思っても、該当箇所をなかなか見つけられないのは不便だ。

物事を創造的に考えるためには、身体に染み込んだ膨大な知識が出発点となる。そのことを改めて痛感させられる、豪快で痛快な一冊だ。

評・佐倉統（東京大学教授）

こまつ・たかし 82年生まれ。九州大学熱帯農学研究センターの研究員。

二〇一四年九月二一日⑧ 政治／社会

『「平等」理念と政治 大正・昭和戦前期の税制改正と地域主義』

佐藤健太郎 著

吉田書店・四二一二円
ISBN9784905497233

本書の対象である神戸正雄は戦前、京都帝国大学教授として財政学を講じ、戦後は京都市長や地方行政調査委員会議議長を務め、国・地方の行政事務配分に関する「神戸勧告」で名を残した経済学者だ。

神戸は、同僚の河上肇の影響で社会主義思想に親近感を抱きながらも傾倒せず、資本蓄積の促進を通じて日本の国力伸長を願う、「折衷主義」的立場をとった。この立場は、神戸の提唱する「統一的奢侈（しゃし）税」と「財産税」構想にも表れている。

資本蓄積への打撃を回避しつつ、高所得者層の不労所得に重課することで、経済成長と公平性を両立させる神戸の立ち位置は、やはり折衷主義と呼ばれた、19世紀イギリスにおけるJ・S・ミルのそれと重なり合う。

折衷主義は、思想的一貫性のなさで過小評価されがちだが、本書の功績は、理想を少しでも実現しようと政策現場で奮闘する神戸の姿を描くことで、その積極面を浮き彫りにした点にあるといってよい。

評・諸富徹（京都大学教授）

二〇一四年九月二八日① 文芸

『荒神』

宮部みゆき 著

朝日新聞出版・一九四四円
ISBN9784022512048

貪欲が怪物と化し人の思いを食らう

徳川綱吉治政の江戸時代。東北地方南部の小平良山（おたらやま）を挟んで隣接する永津野（ながつの）藩と香山（こうやま）藩は、かつては主従の関係にあった。関ケ原の合戦の際、西軍についた永津野を裏切り東軍についた香山藩は、領地を安堵（あんど）されて現在に至る。永津野からすれば香山藩は、自分を裏切った配下の土豪がかすめとった領地。香山藩からすれば永津野藩は、敵愾心（てきがいしん）の対象……、とすでに太平の世にありながら、いやそれだからこそ余計に不穏な空気が渦巻いている。その最中、香山藩の山間にあり、永津野藩との国境に近い仁谷（にだに）村で、農民の謎の逃散が起きる。この事件には、ただならぬ怪物の気配が潜んでいた。

物語の中軸を担うのは、貪欲（どんよく）だ。その権化のような永津野藩重臣の曽谷弾正（そやだんじょう）が人の業を見事に体現する。弾正は、養蚕業を起こすなど永津野藩の財政を立て直す手腕に長（た）け、藩主の信頼を勝ち取り、やがて「牛頭馬頭（ごずめず）」と呼ばれる角の生えた黒面をつけた武装集団を率いて、従わぬ者には圧政を敷くに至る。中盤から後半にかけ、弾正とその双子の妹・朱音（あかね）に幾重にも課せられた過酷な宿命も明らかになる。

貪欲へと結実せざるを得なかった人々の切なる願いが、やがて闇に飲まれ、おどろおどろしく膨れ上がるように、「荒ぶる神」のもとに集結する。仁谷村の生き残り・蓑吉（みのきち）の語る「がんずく」の語感が表すように、がつがつと恨みを放ちながら、どこまでも食らいつくし、腹がくちくなれば吐き、そして食らう。決して満たされることのない怪物の姿は、恐ろしくもやがて哀れだ。

怪物に相対した時の、登場人物の思惑の違いもまた、物語に百花繚乱（ひゃっかりょうらん）の火花を散らせていく。恐怖、力、使命、好奇心、そして慈愛……。すさまじい臭気を放ち、見る者の心情まで同期し描かれる怪物は、主体なき欲望の器であるがゆえに、あらゆる者の感情を激しく振幅させる。他方、感情を排し、匿名の役割と化した弾正の牛頭馬頭は、彼らと対照的だ。異形の仮面をかぶる牛頭馬頭と、有象無象の恨みの塊と化した化け物はともに人を狩る。固有性なき力の発動は、ただひたすら相手を破壊するのみ。圧倒的な剥奪（はくだつ）から生まれたからこそ、荒ぶる神は貪（むさぼ）ることを宿命づけられているのだ。

気配から痕跡へ、やがて実体化してくる怪物との戦いの描写が、中盤から後半にかけ速度を増し、業の深さやおぞましさを突き破り、爽快ですらあった。やがて怪物は、人々の理性の彼岸に立ち、技術と貪欲を架橋してしまう。真におぞましいのは、人か、怪物か……？その顛末（てんまつ）は、ぜひ本編でお読みいただきたい。最後に一言、ゲーム化を待望する。

評・水無田気流（詩人・社会学者）

みやべ・みゆき　60年生まれ。作家。著書に『火車』（山本周五郎賞）、『理由』（直木賞）、『模倣犯』（毎日出版文化賞特別賞）、『名もなき毒』（吉川英治文学賞）など。この小説は2013年3月から14年4月まで朝日新聞に連載。

二〇一四年九月二八日❷

『エヴリシング・フロウズ』

津村記久子 著

文芸春秋・一七二八円
ISBN9784163901121／9784167908485（文春文庫）文芸

勇気ある正義描いた「中二小説」

ヒロシは中学三年生。平均より小柄で、離婚した母親と二人暮らし。絵を描くのが好きだが、自分よりも上手（うま）いのではと思う女子、増田の存在にややめげている。クラスでは地味な方だが、ソフトボール部の異様に明朗快活な女、野末のことが気になっている。学年が上がってクラス替えがあり、矢澤という男と話すようになった。ヤザワは背が高く、妙に大人びた雰囲気のある、口数の少ないヘンな奴（やつ）だ。二人は席順が前後ろだったのだが、不思議と気が合った。少なくともヒロシの方は、そう思っている。これは、そんなヒロシと、その周囲の少年少女たちの、一年間を追った物語である。

二年前の『ウエストウイング』では小学生だったヒロシは、思春期を迎え、高校受験を控えて、年相応にあれこれ思い悩んでいるが、思い悩んでいる様子を表に出したくない、というこれまた思春期ならではの自意識も、人一倍強く持っている。そのせいもあって、日々はたぶん実際以上に、面倒なものになっている。ヤザワにはよくない噂（うわさ）があった。ヒロシは信じていないが、噂は次第に大きくなり、或（あ）る事件に至る。小説の前半はその話が中心で、後半は、中学最後の文化祭に向けて、ヒロシとヤザワ、野末、増田、そして野末と同じソフト部の大土居が、野末のゴリ押しで、何故（なぜ）か大土居の家で一緒に準備作業をする顛末（てんまつ）が描かれる。大土居には小学一年の妹かえでがいる。ヒロシは前から大土居のことが苦手だったが、或る出来事以後、ますます不可解に思うようになった。どうも女たちの動きには、隠された理由があるらしい……。

　作者はこれまでも、ほぼ一貫して、弱い立場の者たちの勇気ある正義を描いてきた。この作品も例外ではない。これはすぐれた「中三小説」であると同時に、それだけではない。痛みを押し流すような、爽やかな風が吹いている。

評・佐々木敦（批評家・早稲田大学教授）

つむら・きくこ　78年生まれ。作家。『ポトスライムの舟』『ワーカーズ・ダイジェスト』など。

二〇一四年九月二八日③

『別荘』

ホセ・ドノソ著　寺尾隆吉訳
現代企画室・三八八八円
ISBN9784773814187
文芸

終わりなき征服と抵抗の物語

　金箔（きんぱく）取引で富を築いた一族は、毎夏、地方の広大な別荘で、使用人たちにかしずかれ、蕩尽（とうじん）を続けた。しかし、その日々は、大人たちが日帰りの（はずの）ハイキングに出たのをきっかけに一変する。壁の騙（だま）し絵や遊び歌の中にひそんでいた秘密が次々にあらわとなり、別荘に取り残された33人の子供たちを翻弄（ほんろう）するのである。「食人習慣」をもつと恐れられ、蔑（さげす）まれてきた「原住民」たちの真の姿とは。そして、彼らと白人一族との間には、いったい何があったのか。

　『夜のみだらな鳥』で知られるチリの作家ホセ・ドノソの、もう一つの代表作である本書は、1973年9月のクーデター直後に、その執筆が開始されたという。

　大人たちがいない中、原住民と子供たちは、生産を軸とした生活を共に始める。ところが、それを「食人習慣」の復活と見なす大人たちは、使用人らに命じて、血なまぐさい弾圧にふみ切る。命令されて動いた使用人たちは、それまでの「顔のない」存在から、顔をもち権力をふるう存在にいつしか変わり始める。こうしたすべては、原住民に寄り添うアジェンデ政権が、ピノチェト将軍らによって打倒された経緯をふまえているように見える。

　しかし、この小説を特定の事件だけに結び付けるのは、適切ではあるまい。大人たちの一日が子どもたちの一年に相当するという具合に、ここでは時間が伸縮し、ねじ曲げられている。時間を超越した物語は、征服や支配が一回かぎりのものではなく、たえず繰り返されてきたことを示しているのではないか。

　そうであるなら、抵抗にも終結はない。夏の終わりに無数の綿毛を吐いて人びととの呼吸を奪う奇怪な植物。運命を象徴するかのような、この植物の攻撃に抗して進もうとする子供たちの姿が眼（め）に焼き付く。類いまれな想像力が生み出した、現代の古典である。

評・杉田敦（政治学者・法政大学教授）

José Donoso　24年チリ生まれ。各国で小説を執筆、81年帰国。96年没。

二〇一四年九月二八日④

『死者を弔うということ　世界の各地に葬送のかたちを訪ねる』

サラ・マレー 著　椰野みさと 訳

草思社・二九一六円
ISBN9784794220592

文芸

葬儀埋葬不要でいられるか

人はいかに人を葬ってきたか。ニューヨーク在住のイギリス人ジャーナリストが、世界各地の葬送習慣を訪ねながら、父親の看取（みと）りと葬送を回顧し、来るべき自分自身の葬送方法を考えていく。

どんな人も自殺以外の死に方を自分で選ぶことはできない。けれど死後の葬送や死体の処理及び保管方法については、選ぶことができる。骨を宇宙に打ち上げようが、海に撒（ま）こうが、凍結保存しようが、自由だ（法規制はあるけれど）。

一方で強い信仰を持っていたり、伝統的な共同体の中で暮らす人々にとっては、葬儀や埋葬方法を選ぶという行為自体がありえないはず。評者は信仰を持たないが、「自分らしい葬送」を遺（のこ）される人に押し付けることにもためらいがある。

けれどもシチリアのカタコンベやアメリカのエンバーミング、バリ島の火葬、香港の清明節など、古今東西のさまざまな葬儀と死体処理方法を読み進めるうちに、人間にとっていかに死が受け入れがたいものであるのか、生と死の間に儀式を挟むことで悲しみや恐怖を緩和できるかを痛感する。死後にも世界は続くのだと、多くの民族は考え、考えた結果がこれかと目を剥（む）くような儀式を執り行う。死生観が違うので他民族の葬儀はどうしたって奇妙に映る。自分は不要と思っているけど、こんな葬儀なら面白いかな、などと思えてくる。

もちろん現代では死後の世界を信じない人は多い。死ねばただの物質になるだけとばかりに徹底した無神論者を貫き、葬儀全般を否定した著者の父親もそうだった。

それが死を目前にして変節、遺灰のやり場を遺言するのだ。圧倒的な無を前に、何を思ったのだろう。死後の世界を信じない者としては、このシーンは一番考えさせられた。死を前にしても自分は葬儀埋葬不要でいられるのか。死ぬ直前まで答えは出ないのかもしれない。

評・内澤旬子（文筆家・イラストレーター）

Sarah Murray　作家、ジャーナリスト。英米の有力経済紙誌などに寄稿。

二〇一四年九月二八日⑥

『バンヴァードの阿房宮　世界を変えなかった十三人』

ポール・コリンズ 著　山田和子 訳

白水社・三八八八円
ISBN9784560083857

ノンフィクション・評伝

敗れ去ったひとなどいない

本書は、「敗れ去ったひと」についてのノンフィクションだ。「地球空洞説の提唱者」「新放射線（N線）を発見した科学者」「『ロミオとジュリエット』の舞台で、斬新すぎるロミオを演じた役者」など、十三人の男女の人生が語られる。当時は注目の的だったのに、のちに誤りが発覚したり飽きられたりして、歴史の波に消えていってしまった人々だ。

アメリカ人の著者によると、「忘れられた人々や事物」に関心を示す出版社を見つけるのが大変だったそうだ。恐るべし、サクセス・ストーリーの国。アメリカには「判官びいき」に類するような言葉はないのか？　こんなにおもしろい本なのに！

著者は、登場する十三人の社会的な「功績」（のちに評価が反転するわけだが）だけではなく、生い立ちなどの私的な面にも光を当てる。そのため、読者は十三人をとても身近に感じ、手に汗握って、あるいは切なく、かれらの運命を見守ることになる。

私が特に好きだったのは、前述した十九世

紀のロミオ役者、ロバート・コーツと、台湾人だと自称して十八世紀のロンドンを騒がせたジョージ・サルマナザールだ。コーツ氏の珍妙な舞台衣装と熱演ぶり（および観客の戸惑いと怒号）の描写は、腹の皮をよじれさせずに読むのが困難だ。見たかったよ、こんなすごすぎる『ロミオとジュリエット』！　サルマナザール氏に至っては、数奇な人生すぎて、ここでは説明しきれない。彼は日本人を自称したこともあるのだが、実際はアジア人では全然なかった。

本書に登場する人々は、ほとんどが失意と悲しみのうちに世を去り、死後の栄誉や称賛とも無縁だ。だが、著者の丹念な筆致は、大切な事実を浮き彫りにする。情熱を持って精一杯生きたひとのなかに、「敗れ去ったひと」など本当は一人もいないのだ、ということを。

評・三浦しをん（作家）

Paul Collins　69年米国生まれ。作家、編集者。『古書の聖地』『世紀の殺人』など。

二〇一四年九月二八日⑦　歴史

『検証　長篠合戦』

平山優 著
吉川弘文館・一九四四円
ISBN9784642057820

天正3（1575）年5月、織田信長・徳川家康軍と武田勝頼軍は、設楽原（したらがはら）（愛知県新城市）で決戦した。信長は鉄砲3000丁を用意、「三段撃ち」により戦国最強の武田騎馬隊に完勝した、という。だが近年は研究が進み、「三段撃ち」は虚構、そもそも馬に乗ったまま戦う部隊はない、など異論が出されている。

本書はまず「利用できる歴史資料は何か」を考察した上でそれを縦横に駆使し、先の疑問を含む様々な論点に答えていく。織田軍と武田軍の属性に根本的な差異はない、信長は大量の鉄砲を集中的に活用した、武田軍の騎馬突撃は史実である等々、長篠の戦いの実像が復元されていく。

本書は実にフェアである。戦国時代の合戦本は、読み手にも書き手にも人気が高いだけに、叙述が熱を帯びすぎるきらいがある。それに対して本書はきわめて冷静に、意見を異にする立場への敬意も忘れることなく、実証的に叙述される。私も歴史研究者だが、歴史研究書はかくありたい。

評・本郷和人（東京大学教授）

二〇一四年九月二八日⑧　歴史

『満蒙　日露中の「最前線」』

麻田雅文 著
講談社選書メチエ・一九九八円
ISBN9784062585835

東へと膨張したロシアが敷いたシベリア鉄道につながる中東鉄道。その一部を日本が日露戦争の戦果として獲得した南満州鉄道（満鉄）。「満蒙」と呼ばれた中国の東北地方と内モンゴルを走る鉄道の利権をめぐって、日本、ロシア、中国は20世紀前半、軍事、外交で激しくぶつかりあった。

本書は鉄道を領域支配の道具としてとらえ、その動きをロシアと東アジアの「国際政治絵巻」に仕立てた。小村寿太郎とウィッテから昭和天皇、蒋介石とスターリンまで、各章ごとに複数の人物を主役に選び、物語を際だたせる。地図を手元に読むと、車窓から歴史を眺めるようだ。

モスクワからウラジオストクまで7つの文書館に眠るロシア側の史料がいきる。たとえば、伊藤博文・元首相がハルビン駅で朝鮮独立運動家に暗殺された事件も、ロシアからの視点が厚めに語られる。日本が満蒙を「生命線」としていた時代を、角度を変えて考えるヒントがあった。

評・吉岡桂子（本社編集委員）

二〇一四年一〇月五日❶

『未闘病記　膠原病、「混合性結合組織病」の』

笙野頼子 著
講談社・一九四四円
ISBN9784062190169

ノンフィクション・評伝

心も体も揺さぶる圧巻な痛みの描写

膠原（こうげん）病という病名を知ったのはいつ頃だったろう。十五年くらいは前。「よくわからない病気」というのが当時から長らく持ち続けている感想。

そう、膠原病だという人に会うたびにどんな症状なのかを聞くのだが、統一性がないのだった。リウマチ症状が出る人もいれば、熱が出たり、食べ物の制限が異様に大変そうな人もいた。たしか砂糖が一切だめだった。かと思うと「調子がいいから」と、一緒にレストランで食事をすると、油も肉も何でも食べる人も。

ホントに病気なのかと、チラリとでも思うと、ほとんどの方が私の表情を敏感に読み、顔をこわばらせる。周囲に理解されず苦労されているのは明らかだった。

どうも「よくわからない病気」の人は微増しているように思える。いや、単に私が歳（とし）を重ね、さらに癌（がん）を得たおかげで持病を告白されることが増えたせいなのか。

膠原病だけではない。私が直接見聞きした限りのことだが、「よくわからない」病気を持つ人のほとんどが治療のためステロイドを大量投与されていた。それはどうやら自己免疫疾患という枠に入るようなのだ。目や筋肉、神経と患部と炎症はさまざまなのに、ステロイド投与で軽減するという不思議。

せめて相手の顔をこわばらせないようにと、最低限の検索をし体験記などを読み、理解されない不自由さと、周囲のサポートの必要性は、足りないながらも理解したつもり。ただしそれでもどうにもわからないことがあった。

私小説という形をとった本書を読んで、ようやく、「ああっ」となったのは、痛みそのものだ（厳密には著者個人の痛みだが）。

そもそも著者は、これまでの小説作品の中で疎外感や不全感などの気持ちのささくれを的確に言葉にして物語にちりばめてきた。時として激しい頭痛など身体の痛みの描写があり、比喩なのだろうけど、リアルだと思っていたのだが。

「膠原病」と診断されるはるか以前から、この病気による症状に悩まされ続けてきたことに、著者本人が気づいて驚いているのに驚く。個人差はあるだろうけれど、患者本人も病気と気づきにくく、「自分が怠け者のせい」と思い込んできたとは切ない。

圧巻は、症状があまりにもひどくなり、つたい歩きどころか寝床から起き上がれなくなって、やっと病院に駆け込むまでのくだり。

身体を丸め「いいいい」と呻（うめ）きながらページをめくった。体験したことのない痛みなのに体感している。言葉が、文が、心だけでなく身体にまで揺さぶりかける。壮絶。さすが。なのにタイトルは奥ゆかしく「未闘病記」。文学を恐ろしいと、はじめて思った。

評・内澤旬子（文筆家・イラストレーター）

しょうの・よりこ　56年三重県生まれ。81年「極楽」で群像新人文学賞、94年『タイムスリップ・コンビナート』（文芸春秋）で芥川賞など受賞多数。『海底八幡宮』（河出書房新社）、『てんたまおや知らズどっぺるげんげる』（講談社）など。

二〇一四年一〇月五日❷　文芸

『結婚』

橋本治 著
集英社・一六二〇円
ISBN9784087715668

人生の大問題 矛盾した感慨

すぐそこに締め切りが迫っていることは分かっているが、具体的に何から始めていいのか分からない。今の社会で、未婚女性たちが漠然と抱えている「結婚」への期待と、それを上回る巨大な不安。言葉にすると、やれ婚活すればいい、家庭的な所をアピールすれば、などとお定まりの解決法が返ってくるが、どれもこれも身の丈には合わない。最大の問題は、結婚という自分の人生の大問題に近づこうとすると、なぜかそこから「私」がぼろぼろと零（こぼ）れ落ちていってしまう点だ……。そんな、結婚がなんだかしっくりこない女性の心情を丹念に、かつ身も蓋（ふた）もないほど正直に描いた秀作である。

旅行会社に勤める倫子（りんこ）は、仕事もそこそこ頑張って、恋人もできたり別れたりしながら28歳を迎える。「凡庸」だが「普通」からは遠い、そんな女性を描かせたら、おそらく著者の右に出る書き手はいないだろう……と感嘆するほど、倫子の日常は一見平穏で、それゆえ展開や救いに乏しい。本作には、結婚についての矛盾した感慨が次々と並ぶ。

卵子老化の話題に、なぜみんな平気でいられるのだろうと思いつつ、兄が30歳になろうとする恋人の年齢を慮（おもんぱか）って急いで結婚する話を聞けば、「結婚は、年齢でするものじゃないだろうに」。結婚したいのかと自問すれば、〝そうじゃないな〟。女は男と結婚するのではなく「自分の結婚と結婚する」との指摘も鋭い。

かつて女性は、結婚する理由など問わなかった。だが今や女性にとって結婚は、「するもしないも自由で、いくつでするのも自由」となった。それでも否応（いやおう）なく訪れる出産時期の限界や、将来への不安。『自由』という言葉を三回繰り返せば、そこから『無責任』という和音も聞こえ、『自己責任』という足枷（あしかせ）の音さえも聞こえて来る」との一文は、静かに突き刺さる。倫子が下した驚きの決断に、吹きだしつつも震撼（しんかん）。

評・水無田気流（詩人・社会学者）

はしもと・おさむ　48年生まれ。作家。著書『蝶（ちょう）のゆくえ』など。古典の現代語訳も多い。

二〇一四年一〇月五日❸　歴史

『京城のダダ、東京のダダ　高漢容と仲間たち』

吉川凪 著
平凡社・二三七六円
ISBN9784582744323

日韓の若さの輝きと悲しさ

京城、と植民地時代に日本が呼んでいた現在のソウルに、一人のダダイストがいた。本名は高漢容（コハニョン）。〈高ダダ〉と名乗って、朝鮮の新聞や雑誌にダダを紹介したという。すなわち「既成の権威、道徳、形式を拒否する芸術運動」を。

だが、当の韓国でも「高漢容についてまともに調べた人もいなかった」。本人の孫でさえ、彼がダダイストであったことを「少し前まで全く知らなかった」。謎の人物だ。

その高の足跡を著者は追い、同時に彼に影響を与えた東京のダダイストたちの青春を活写していく。つまり、若き高橋新吉や辻潤がどのように常識に逆らい、放浪し、不自由さの中を生きたか。

それは半島の側から見れば「近代以後の朝鮮文学が、初めて持った国際的同志意識」に触れ直すことでもあるし、大正時代に日本を訪れた留学生が少なからず大学でアナキズムに魅了された事実の確認にもなろう。高ダダはその空気のまっただ中にいた。

日本ではこの大正の終わり方（1923年）に関東大震災が起こり、2週間ほどのちに辻潤の元妻がアナキスト大杉栄と共に憲兵に連れ去られ、扼殺（やくさつ）される。伊藤野枝である。

高漢容もまた「震災でひどい目に遭って帰ってきた」と書いており、その頃には高橋新吉も辻潤もダダから離脱している。反対に震災の翌年から、2年だけ「韓国のダダ」があったことを著者は記す。

まるで大正精神の奥に日本のダダにつながる何かがあったかのように見える。その時期、反抗的で無垢（むく）で狂躁（きょうそう）的な人間たちが日本に生まれ、韓国に同志を生み、震災で実質的に終息を迎えるのだ。

著者があぶり出す歴史には、ダダイスト詩人・秋山清も吉行エイスケも萩原朔太郎も石井漠も交差する。高ダダの文章も再録される。

そこには東アジアが硬直化する直前の、闊達（かったつ）で未到達な若さの輝きと悲しさがある。

つまり、両国のダダが。

評・いとうせいこう（作家・クリエーター）

よしかわ・なぎ　大阪生まれ。翻訳家。新聞社を経て韓国留学。訳書に姜英淑『リナ』など。

二〇一四年一〇月五日④

『ブラックウォーター　世界最強の傭兵企業』

ジェレミー・スケイヒル 著

益岡賢・塩山花子 訳

作品社・三六七二円

ISBN9784861824968

社会

許されるのか　私企業の武装

戦争とは国と国とが争うものだと常識的に考えていたが、最近ではそうとも限らないらしい。イラク戦争を機にブッシュ政権が要人警護や兵站（へいたん）輸送の分野で民営化をつよく押し進めた結果、世界の紛争地では戦闘の一端を軍ではなく私企業が担うようになっている。その先頭を突っ走るのがブラックウォーターという巨大な傭兵（ようへい）企業だ。

同社の評判を一気に落としたのが2007年にバグダッドで起きた「血の日曜日」事件と呼ばれる虐殺事件である。これは銃器で武装した同社の契約要員が、まったく罪のないイラクの一般市民14人を殺害、18人に傷害を負わせるという悲惨な事件だった。

同社の傭兵の言い分はこうだ。テロや戦闘が頻発し混沌（こんとん）を極めるイラクでは相手が一般人か兵士かを見極める暇などなく、少しでも怪しい挙動があったら有無を言わさず殺さないとこっちが殺（や）られる——。なるほどそういうことはあるだろう。だが彼らが民意や法律によって制約を課せられた国軍兵士ではなく、単なる私企業から俸給を受け取る民間人にすぎないという存在の前提を考えたとき、その言い分は恐ろしく空回りして聞こえる。民間人ゆえに軍法会議にかけられることもなく事実上免責されていたため、ブラックボックスのなかでやりたい放題だったのだ。

本書が提起する重要な問題は戦時と平時の境界線はどこにあるのかということだ。そもそも何を根拠に平時の存在である一企業が戦時の兵器で武装することが許されているのかがわからない。それに対テロ戦争が戦争なのかも疑問だ。自分に都合の悪い集団を一律に除去するためにテロリストというレッテルを張りつけただけの、平時を戦時に変える言葉のレトリックにすぎなかったのではないか。

この本には恐ろしいことが書かれているが、それが知らぬ間に進展していたことの方がさらに恐ろしい気がする。

評・角幡唯介（ノンフィクション作家・探検家）

Jeremy Scahill　74年生まれ。調査報道ジャーナリスト。

二〇一四年一〇月五日⑤

『浮浪児1945　戦争が生んだ子供たち』

石井光太 著
新潮社・一六二〇円
ISBN9784103054559
社会

存在を消された者たちの物語

「浮浪児」とは主に戦災孤児、戦後最も存在を消された戦争被害者である。子供が生き延びるのは「自己責任」だった。政府は彼らに保護や安全を与える代わりに、「浮浪児狩り」をした。70年代ごろまで表現作品に数多くあった「みなしごもの」。それは「浄化」され消えた者に与える慰撫（いぶ）だったのではないか。

本書の前半部分には、元浮浪児の目を通してみた現実の風景が描き出されている。特に戦略爆撃（民間人の無差別殺戮〈さつりく〉だが）を受けた都市での、極度の飢えと混乱。幼い子供が自力で生き抜くのは想像を絶する苛酷（かこく）さだ。いい話はむしろ裏社会のそれだった。ヤクザが仕事ぶりをほめてくれたこと。盗みを学べる「スリの学校」。スリの親分は読み書きや計算も教えてくれた。独立したほうが実入りがよくても、大半の子供たちが去ろうとしなかった。

目の前で落命し、あるいは殺され、あるいは自殺した子供たち。最も小さく無防備な者たち。秩序が戻るとヤクザにも捨て駒にされていく。

後半は、そんな子供たちに居場所と食べ物と愛情を与えた女性のつくった孤児院を中心に話が進む。「一番の成功者」と言われる卒園者の半生は圧巻である。バブル期に鉄鋼業で年商数十億、芸能人のパトロンになりニューヨークで宝石を買い漁（あさ）るも貧しさが身に刻印されていた。ここにあるのは実は、戦後日本人の象徴的姿である。バブルは好景気のよい時代などではなかった。底なしの闇を知るからこそ天井知らずに舞い上がらずには気がすまなかった悲痛な日本人たちの狂騒だった。

これはがむしゃらに生きざるを得なかった人たちのドキュメントである。彼らを政府が放置したことが、どれほどの混迷を生んだか、という痛ましさの物語でもある。

私たちは、あの戦争の余波を生きている。まだ完全に立ち直れない。新しい戦争をする余力などどこにもない。

評・赤坂真理（作家）

いしい・こうた　77年生まれ。幅広いテーマで執筆。『絶対貧困』『遺体』。小説『蛍の森』。

二〇一四年一〇月五日⑥

『出使日記の時代　清末の中国と外交』

岡本隆司、箱田恵子、青山治世 著
名古屋大学出版会・七九九二円
ISBN9784815807788
歴史

列強支配に揺れ動く外交官

大使ら外交官が赴任先の政治、経済、社会情勢や相手国との交渉について、本国・外務省への報告を前提に書いた日々の記録。「出使日記」をいまふうに言えばこうなる。その意味で、日記といえども私的なものではない。この本では、見聞録にとどめず、外交の一大史料群として読み解く。いまや他国を翻弄（ほんろう）するようになった中国外交の由来を訪ねる作業でもある。

日記が書かれたのは、清朝末期の1870年代から1890年代。西洋列強は利権を求めて押し寄せ、日清戦争には敗れる。「辺境の小国・朝貢国に対し歴代、深い仁徳、厚い恩恵で」遇してきたと自認する中国流は壁にぶつかる。法律も外交の武器に用いる欧米流より「はるかに勝っている」とも言い切れず、情報収集の必要性が高まった。

書き手は、皇帝の使臣として欧米や日本などに派遣され始めた外交官たち。「『公法の外』にある害、『内』に入る利をみすごしてきた本国」への苦言や、コネやカネで官位を得る風潮への愚痴も記す。列強が支配する国際秩序と、国内の混乱に右往左往する王朝の論理との板挟みに格闘する姿が浮かぶ。

ソトを知る外交官は国内の社会から浮きあがりがちだ。対外意識が揺れ動く当時の中国では、顕著だったようだ。米国に赴任し、華人迫害事件をめぐって国務長官とわたりあった張蔭桓は、明治維新にもならう体制改革「変法」を支持して、辺境ウルムチで殺されてしまったという。

日本にかかわる日記は一時期を除いて、他国と比べて学術的な調査が目立ち、文化的な優越感からか日本のなかに日本を見ず、中国自身や西洋の近代を探そうとしたとする指摘は興味深い。

著者たちは数百にのぼる史料を10年以上かけて丹念に読みくらべた。難解な部分もあるが、専門家の労苦の粋をいただく読書の楽しみに、改めて気づかされる本でもある。

評・吉岡桂子（本社編集委員）

岡本氏は京都府立大准教授、箱田氏は宮城教育大准教授、青山氏は亜細亜大講師。

二〇一四年一〇月五日⑦ 社会

『「サル化」する人間社会』

山極寿一 著

集英社インターナショナル・一二八八円
ISBN9784797672763

私たちは家族という集団が人間の社会に存在することを当たり前のことだと思っている。しかし、人間のように一生涯つづく家族をもつ種は動物全体をみてもほかにない。ならば家族は近代社会が生みだした人工的な制度なのかといえば、そうでもない。家族の起源は初期人類にまで遡（さかのぼ）れる。では、人間の家族はどんな条件のもとで何のために生まれてきたのだろうか。その問いを解くカギはゴリラやチンパンジーなどの類人猿の生態にあると著者はいう。たとえばゴリラのメスは、成長すると生まれ育った群れから離れ、別の群れや単独のオスのもとに移動する。このことと人間社会の結婚とはどのようにつながっているのか。家族や言語など、人間を人間たらしめているものが人類の進化のなかでどのように生まれてきたのか、家族制度が崩壊しつつある現代の変化は人類史的にどのような意味をもつのかを、世界的な霊長類学者がとてもわかりやすく、楽しく解き明かしてくれる。

評・萱野稔人（津田塾大学教授）

二〇一四年一〇月一二日① 歴史

『石の虚塔　発見と捏造、考古学に憑かれた男たち』

上原善広 著

新潮社・一六二〇円
ISBN9784103362517

科学的議論ではなく自己実現の場と化す

毎日新聞による2000年の旧石器捏造（ねつぞう）事件スクープは今も記憶に鮮やかだ。数十万年前の石器を次々と掘り当て「神の手」とまでもてはやされた男が、明け方こっそり偽物を土の下に埋めている姿は、人間の浅ましさを余すことなく晒（さら）しており、怖いぐらいだった。

その男、藤村新一が事件後どうなったのか気になっていただけに読み応えがあった。著者は元々この事件を追っていたわけではなく、岩宿遺跡発見で有名なアマチュア考古学者・相澤忠洋とその盟友・芹沢長介という旧石器研究をリードしてきた二人について取材を進めるうち、図らずも捏造事件に辿（たど）り着いてしまったという。

日本の旧石器時代の扉を開くことになったのは戦後間もない岩宿遺跡の発見で、それが芹沢によるさらに古い前期旧石器時代の研究へとつながっていく。しかしこの前期旧石器時代は現生人類の前の原人の段階で、石器も黒曜石を選ぶなどという高度なことはせず、その辺の固い石を砕いただけだった。そのため自然の礫（れき）と見分けがつきにくく、プロの学者の間でも本当に石器なのか議論が絶えなかったという。そのわかりにくいグレーゾーンで藤村という特異なキャラクターが「出たどーッ」という朴訥（ぼくとつ）とした掛け声とともに次々と「石器」を発見したものだから支持派ならずとも飛びついた。

本書に登場する考古学者は皆、魅力的だ。私生活をなげうち真摯（しんし）に、そして純粋に日本人の起源を解き明かそうとする姿勢は感動的ですらある。ところが、それが偏屈に、視野が狭まっていき、最後は捏造という奇形した姿に変容したのは何故（なぜ）なのか？　結局、岩宿発見の時点で捏造を生む病巣は宿されていたのだ。学者たちは学閥にとらわれ、業績に執着するあまり目が曇り、考古学は科学的な議論ではなく単なる自己実現の場と化していたのである。

著者は福島県にある藤村の自宅を何度も訪れ、事件の真相を質（ただ）す。藤村は藤村という姓を捨て、藤村と「神の手」に関連する一切を文字通り切断してしまう。その異様な姿は人間が半分壊れてしまったようで、衝撃だ。

最後のほうである研究者が事件の後も何も変わらなかったと話す場面があるが、それが事実なら日本の考古学会は一人の人間を怪物に仕立て上げ、そして壊しただけだったということになるだろう。確かに事件を引き起こしたのは直接的には藤村だが、彼を調子に乗らせて躍らせ続けたのは考古学会の歴史と体質でもあるからだ。

長い取材を通じて人間的な関係を築いた著者と藤村との別れのシーンは憐（あわ）れみを誘う。人間の没落とはかなさを見せつけられた気がして、なぜか悲しかった。

評・角幡唯介（ノンフィクション作家・探検家）

うえはら・よしひろ　73年大阪府生まれ。10年、『日本の路地を旅する』で大宅壮一ノンフィクション賞受賞。著書に『被差別の食卓』『異形の日本人』『聖路加病院訪問看護科』『差別と教育と私』ほか。

二〇一四年一〇月一二日❷

『アベノミクス批判　四本の矢を折る』

伊東光晴 著

岩波書店・一八三六円
ISBN9784000220828

政治

狙うは「戦後体制からの脱却」

本書は19世紀のドイツ国民ならぬ21世紀の「日本国民に告ぐ」憂国の書である。リベラル派の立場を鮮明にする筆者の「アベノミクス批判」に対して政権は反論するすべもない。これ以上明晰（めいせき）な批判はないと思われるほど理論的かつ説得的であるからである。

アベノミクスの第一の矢、異次元金融緩和は円安・株高をもたらした点で一般的には一応の評価を得てはいるが、著者は具体的なデータを基に「株価の上昇も円安も（アベノミクスとは）別の要因に基づくものであると断言」する。

だから、日銀副総裁に指名された岩田規久男氏が、通貨供給量の増加に伴う「人々の期待に働きかけ」を「おまじないのような話」と発言せざるを得なくなり、その講演録を読んだ著者は「戦争中の『皇道経済学』」を思い出す。

まさに、カール・シュミットが19世紀に向けた「宗教の魔術性は技術の魔術性へと転化した」との指摘が、21世紀の日本で実現したのである。

近代とは経済的側面からみれば成長の時代である。その成長政策（＝第三の矢）という「技術」につなげるはずの金融緩和が幻想であるが故に第三の矢も「飛ばず」、名は勇ましい国土強靭（きょうじん）化政策＝第二の矢は「予算上実現することはない」と「折った」。

「経済産業省の関係者が書いた」第三の矢を予算で財務省が「無視する」ので、後はイノベーションに期待するしかなく「いつ実現できるかわからないプランが並んでいるだけ」になる。それでも安倍総理が構わないのは「隠された第四の矢」が本命として用意されているからである。

それは「戦後レジーム（戦後体制）からの脱却」である。政治家にとって命より大事な言葉を蔑（ないがし）ろにしたり、財務省が「問題を先送り」したりして現政権は「戦前社会を志向している」という。命を削ってまで世を正そうとする著者の魂の叫びを政治家は真摯（しんし）に受け止めるべきだ。

評・水野和夫（日本大学教授）

いとう・みつはる　27年生まれ。京都大学名誉教授（理論経済学・経済政策）。『ケインズ』。

二〇一四年一〇月一二日③

『少子化時代の「良妻賢母」　変容する現代日本の女性と家族』

スーザン・D・ハロウェイ著　高橋登ほか訳

新曜社・三九九六円　人文

ISBN9784788513945

日本の「母」の基準は高すぎる

「良妻賢母」とは、一般に慎み深く勤勉で、母性あふれる伝統的な日本の母の理想像とされる。だが、この語は明治維新後の近代化の中で、人工的に作られたイデオロギーであり、今なお形を変えながらも文化規範として機能している。本書は聞き取り調査や先行研究をもとに、日本の女性たちを拘束するこの「母の理想像」に検証を加えている。

もともと「良妻賢母」は、愛国的な活動に従事し家庭収入も増やしつつ進んで育児もし、新しい近代国家建設に役立つ女性像と考えられた。だが意味は変質し、公的領域から女性を排除することと同義となり、戦後は専業主婦の増加とともに母親の役割の強調の意味で用いられるようになった。著者は問う。この文化モデルが真剣に受け止められてきたならば、日本は今も子どもがあふれているはずだが、現実は異なるのはなぜか。

心理学・教育学を専門とする著者は、日本の文化規範と女性心理との緊密な関係を再考し、女性たちの抱える葛藤を精査する。国際比較からみれば日本の既婚女性は母親の役割へのこだわりが強いが、家庭生活への満足度は低い。大変きめ細やかな育児を行っているにもかかわらず、育児に自信がなく不安感も高い。これは日本の文化規範が求める母親役割の基準が高すぎることが主たる原因である、と。

興味深いのは少子化対策への視角だ。育児と就労の両立支援はもちろん必要だが、女性が仕事に育児にがんばりすぎることが結果的に母の役割のハードルを押し上げている点にも注意すべきだ。加えて、「出生率の低下は、（女性の）結婚生活に対する幻滅の反映」との指摘は胸が痛い。不満の矛先は、心理分析からすれば、夫の家事育児の分担不足よりも、手伝おうとしない「夫の性格」そのものへと向かっている、とも。海外からみれば、かくも矛盾だらけな日本の妻・母の現状を知り、ぜひ問題解決の糸口にしたい。

評・水無田気流（詩人・社会学者）

Susan D. Holloway　米カリフォルニア大学バークレー校教育大学院教授。

二〇一四年一〇月一二日④

『曽根中生自伝　人は名のみの罪の深さよ』

ノンフィクション

曽根中生 著

文遊社・四二一二円
ISBN9784892571084

映画のような人生、多角的に描く

曽根中生は１９３７年生まれ。東北大学を卒業後、日活に入社、助監督や脚本家を経て、日活がロマンポルノ路線に転じた71年に『色暦女浮世絵師』で監督デビュー、以来数々の傑作を発表。70年代後半からは日活以外の映画会社でも監督するようになり、『嗚呼（ああ）!!花の応援団』は大ヒット作となった。

ところが、１９９０年に映画業界から引退し、そのまま消息を絶つ。失踪とも呼ばれ、さまざまな噂（うわさ）が飛び交った。死亡説さえ流れた。

ところが、２０１１年8月26日に湯布院映画祭のゲストとして突然、表舞台に登場し、映画ファンを驚かせた。しかも「失踪」とされていた20数年もの間、大分県臼杵市でヒラメの養殖事業を行ない、その後は同地の会社の役員として燃料製造装置の開発に従事し、環境に配慮した「磁粉体製造装置」で特許まで取得していたのだ。

本書は、曽根氏本人の筆による、幼少の頃から始まる「自伝」と、監督へのインタビューが、交互に配されている。分量としては後者の方が圧倒的に多い。やや特殊なこの構成には事情があったようだが、結果として曽根氏の数奇と言ってよい人生を多角的に描き出す形になっている。あの鈴木清順の脚本家グループの一員でもあった曽根監督の映画的センスの妙は、一言で述べるなら、虚実入り交じる人間心理の複雑さを踏まえた上での思い切ったケレン味にある。本人の文章＝語りで回顧される名作のエピソード群は、どれもこれも無類に面白い。

三たび、ところが、と記さねばならないのだが、２０１４年8月26日、奇（く）しくも３年前の「復活」と同じ日に、曽根中生は臼杵市の病院で亡くなった。享年76歳。8月17日初版第一刷と奥付にある本書には当然、監督の死の記述は一文字もない。なんという意想外の出来事の連続に満ちた人生だろうか。まるで彼の撮った映画みたいだ。

評・佐々木敦（批評家・早稲田大学教授）

そね・ちゅうせい　37年生まれ。映画監督。日活ロマンポルノの中心的役割を担う。8月に死去。

二〇一四年一〇月一二日⑤

『松居直自伝』
『松居直と『こどものとも』』
『翻訳絵本と海外児童文学との出会い』

ノンフィクション・評伝

松居直 著

ミネルヴァ書房・「シリーズ・松居直の世界」全3巻
一九四四〜三〇二四円
ISBN9784623060948（松居直自伝）
ISBN9784623064816（松居直と『こどものとも』）
ISBN9784623071234（翻訳絵本と海外児童文学との出会い）

名作絵本を生みだした「目利き」

昔読んだ（読んでもらった）絵本についての記憶は、驚くほど鮮明だ。『ぐりとぐら』『どろんこハリー』『いたずらきかんしゃちゅうちゅう』『おおきなかぶ』……。名前を聞いただけで、リズミカルな言葉と、ちょっとユーモラスな絵が、またたく間によみがえってくる。

これらの名作絵本をプロデュースしていたのが、福音館書店の名編集者だった松居直である。彼が見いだしてメジャーになった作家は、安野光雅、加古里子、長新太、寺村輝夫、中川李枝子、山脇百合子など数知れず。

この「目利き」は、幼少期に親しんだ日本美術と、文学や芸術に造詣（ぞうけい）の深い家庭環境によって培われた。むさぼるように展覧会に通ったさまが、「松居直の世界」第1

巻の『自伝』に描かれている。当時から、世評に左右されない独自の審美眼を持っていたようだ。後に編集者になってからは、絵であれ文であれ、相当な大物作家にもダメ出ししているのが印象的である。

「松居直の世界」第2巻は、彼が創刊して日本絵本界の金字塔となった「こどものとも」シリーズのうち149冊についての、成立背景の解説。一冊一冊について、貴重な証言が語られている。同第3巻は、海外作品や海外絵本作家との交流について。

どのページも、懐かしさでいっぱいだ。自分の思い出を紡ぎ出し、湧き出てくる記憶に浸るためにページを繰る。そんな読書体験があってもいいじゃないか。

そしてこの懐かしさは、ぼくの息子や娘についても類似のものだったようだ。松居直の世界は、彼らにとってもまた魅力的なのである。よい絵本は、世代を超えて受け継がれ、社会の共通文化となる。

私事ながら、松居さんとぼくの父が同年生まれであることを、初めて知った。良い絵本をたくさん与えてくれた亡き父に改めて感謝しつつ、松居さんの御健勝を祈りたい。

評・佐倉統（東京大学教授）

まつい・ただし 26年生まれ。

二〇一四年一〇月一二日⑦

『殺人出産』

村田沙耶香 著

講談社・一五一二円

ISBN9784062190466／9784062934770（講談社文庫）

文芸

10人産めば1人を殺してもいい。そんなルールが埋め込まれた社会。男性も、人工子宮を使うことで制度を利用できる。そこでは、条件付きで「殺意」が受け入れられ、社会を維持するための尊いものだとたたえられる。

「産み人」になった姉を持つ育子は、当初その行為を「狂ってる」と拒絶する。一方の姉は、肥大する殺人衝動に若いころから苦しみ、「産み人」制度を救いだと受け取っていた。そんな姉のことを思い、日々を過ごすうちに、育子の中で「産み人」制度についての意味が変化していく。

村田沙耶香の小説は、「狂気」と「正常」の線引きを揺るがす。現代と異なる科学発達を描き、読者に倫理的な課題を突き付ける点で、極めてSF的でもある。現代社会でも、暴力は条件付きで許可されている。国家が行う死刑。戦地での戦闘行為。少し前であれば、家族内暴力は看過されてしまっていた。「正常」はどこにあるのかと読者に迫る、破壊力たっぷりの作品。

評・荻上チキ（「シノドス」編集長）

二〇一四年一〇月一二日⑥

『男色の日本史　なぜ世界有数の同性愛文化が栄えたのか』

ゲイリー・P・リュープ 著　藤田真利子 訳

作品社・三四五六円

ISBN9784861821172

歴史

あったことは感得できる。けれど、どう説明したらいいのか分からない――ということが、歴史にはよくある。その昔は中世の仏教がそうであった。八百万（やおよろず）の神々を祀（まつ）る朝廷で盛んに法会が催され、僧侶が政治的影響力をもつ。これを1970年ごろ、黒田俊雄は「権門体制論」の中でスパッと説明してみせた。

仏教寺院を一大拠点として隆盛を見た（この点でキリスト教の教会とは異なる）男色（なんしょく）も、まさにそうしたものである。高貴な階層から庶民まで、日本人は男色を好んだ。これは疑いなさそうだ。でも、その理由は？　実態は？　そこで本書の出番と相成る。

日本史を専攻するタフツ大学教授による本書は、これまで研究者が語らなかった男色に正面から向き合い、真摯（しんし）な分析を試みる。「権門体制論」ほどの切れ味はないが、それでも私たちに、男色を論じるに当たっての確実な足場を与えてくれる。豊富な実例が収録されているので、資料集としても活用できる。

評・本郷和人（東京大学教授）

二〇一四年一〇月一九日❶

『ドキュメント平成政治史 ①崩壊する55年体制 ②小泉劇場の時代』

後藤謙次 著

岩波書店・各二四八四円
ISBN9784000281676〈①〉・9784000281683〈②〉

政治／社会

権力闘争の実相 舞台裏から検証

目下の日本の政治はほとんど戦前の大政翼賛会の様相を呈してきた。過去の自民党の体質を知る人々も、保守主義の変質、リベラリズムの衰退、寛容さや多様性の欠如を指摘しているが、その原因はやはり平成以降の政治的混乱にあるだろう。本書は平成の十七人の首相の功罪、権力闘争の内幕、永田町の人間関係、政策決定までの道程などを舞台裏ウオッチャーの眼差（まなざ）しで検証したクロニクルである。政治家たちの経歴や性格、個人的な恨みや欠点まで見据え、日本の政治的決定がいかに戦争、占領、経済成長といった過去や政治家個人の履歴に縛られているかが如実に示されている。すでに近過去の出来事も忘れられつつある中、平成の政治も歴史記述の対象となったが、人材劣化の歴史を追いかけざるをえないようである。

一九五五年の結党以来、ほぼ六十年にわたり政権中枢に居座り続け、よくも悪くも保守主義の温床であり続けた自民党はもともと、占領時代に民主化を進めたリベラル派と占領時代に公職から追放されていた戦前回帰志向の保守派の野合によって生まれた経緯がある。それゆえ、護憲派VS．改憲派、国際協調派VS．独自路線派、あるいはハト派VS．タカ派といった対立軸を内包していた。立場を同じくする政治家たちは折々で、宏池会とか、青嵐会とか、経世会といった派閥を形成し、熾烈（しれつ）な権力闘争を展開するようになった。本書の記述を忠実になぞれば、『仁義なき戦い』の政界シリーズが作れる。

中庸の保守政権が続いた昭和末期から平成になると、田中角栄の弟子たちによる経世会が数的優位を生かし、その領袖（りょうしゅう）である竹下登に代表される調整型の政権運営が中心になる。海部内閣や宮沢内閣を背後で操るような経世会の「院政」がしばらく続く。平成初期は昭和天皇崩御、湾岸戦争、ソ連邦崩壊と世界の激動があり、次いで阪神淡路大震災などの天災、オウム真理教事件など人災があり、またバブル経済が終焉（しゅうえん）を迎え、アメリカの一極支配の時代を迎えた。

国民からは誰がやっても同じと思われ続けた首相の座には、内外の混乱に対応するにはあまりに内向きかつナイーブな人々が座ってきた。平成の二十五年間だけで十七人。野党の攻勢も強かったし、自民党内部でも異論、反論が多かったので、説得力のある理念や政策なしには政権運営ができなかった。だが、今この時期なら、誰が首相を務めても長期政権になるだろう。周りはお友達だらけだし、野党からの突き上げも恐れるに足りないし、露骨に国家主義を振りかざしても高い支持率を維持できるのだから。だが、次の政権はその尻拭いに大いに苦慮することは確実だ。

評・島田雅彦（作家・法政大学教授）

ごとう・けんじ 49年生まれ。共同通信社記者からフリージャーナリストに。82年から政治の現場を取材。著書に『日本の政治はどう動いているのか』『竹下政権・五七六日』『小沢一郎50の謎を解く』など。

二〇一四年一〇月一九日❷

『コールド・スナップ』

トム・ジョーンズ 著　舞城王太郎 訳

河出書房新社・二二六〇円
ISBN9784309206578

社会

生々しい「声」で綴る魂の物語

舞城王太郎が登場した時、何よりもまず、その文体に、いや、その声＝ヴォイスに衝撃を受けたものだった。それ以前に読んできた、いかなる小説とも全く異なった、畳み掛けるようなリズムと、切羽詰まったスピード感を持った超個性的な「声＝文体」。それはいわゆるリアルな口語体とは実は違う。舞城の小説のように喋（しゃべ）る人間はいない。にもかかわらず読者は、彼の書く文章を限りなく生々しい「声」として聴く。そこに彼の作家としての才能と、他人に真似（まね）を許さない秘密が宿っている。

そんな舞城王太郎が初翻訳に選んだのは、アメリカの小説家、トム・ジョーンズである。一九四五年イリノイ州に生まれ、海兵隊に入隊したがベトナム戦争に派遣される前に除隊となり、アイオワ大学の創作科を卒業、シカゴの広告会社のコピーライターを経て作家デビューした。これまでに短編集ばかり三冊出しており、本書は九五年に出版された第二作品集である。表題作はこんな風に始まる。

「クソったれのボケってなもんだ。急な寒波（コールド・スナップ）がやってきたから俺はおらーっと家中の水道を流しっぱなしにする」。読み始めてすぐ、舞城のデビュー作を読んだ時の名状しがたい感銘が蘇（よみがえ）った。ここからは、紛れもないあの「声」が聴こえてくる。アフリカで原住民相手にグローバルエイドの医師をしていたが重度のマラリアに罹（かか）って帰国したばかりの「俺」は、自分自身も躁鬱（そううつ）病なのだが、妹のスーザンはもっと酷（ひど）く精神を患っている。ある日「俺」はスーザンを病院から連れ出す。家族の問題と心の病は現代アメリカ文学の二大テーマだが、ジョーンズも例外ではない。全十編、極めて私的なトーンに貫かれた、矢鱈（やたら）と性急かつ騒々しい「声」によって、傷つけられた魂たちの痛ましくも奇妙な物語が綴（つづ）られてゆく。舞城王太郎は翻訳家としてもめざましいデビューを飾った。

評・佐々木敦（批評家・早稲田大学教授）

Thom Jones　45年米国生まれ。作家。『拳闘士の休息』など。

二〇一四年一〇月一九日❸

『海賊たちの黄金時代』

マーカス・レディカー 著　和田光弘ほか 訳

ミネルヴァ書房・三七八〇円
ISBN9784623071104

『海賊と資本主義』

ロドルフ・デュランほか 著　永田千奈 訳

阪急コミュニケーションズ・二二六〇円
ISBN9784484141121

社会

時代の先を進んだ荒くれたち

『海賊たちの黄金時代』は生きるために海賊にならざるを得なかった最下層の人々が、資本主義社会への移行期において自らの思うままに生きた姿を「階級闘争」という視点から描いている。一方、『海賊と資本主義』は海賊を組織として捉え、「必要悪としての海賊組織があったからこそ、資本主義は発展を遂げてきた」と主張する。

「劣悪な労働条件」におかれた商船の船乗りたちの多くは「餓死したり奴隷扱いされるのはまっぴらごめんだ」という理由で海賊となった。従来の「船長を頂点とする絶対服従の階級社会」に反旗を翻し、反権威主義的で平等主義的な船内運営を行った。

たとえば、搾取的な賃金制度を改め、まず医者や大工、そして負傷者らに優先的に配分し「残りは人数で割って平等に」分けた。「資本の蓄積プロセスの根幹をなす賃金関係を排し」、海賊は一般社会に先んじて「独自の社会保障制度を創出」したのである。

レディカーによれば、海賊は「人類共通の敵」ではなく「人類の解放者」であり、「暴君や強欲な輩（やから）を懲らしめ、勇敢に自由を守る者」だった。海賊はフランス革命の先駆者だったのである。

一方、デュランらがいうには、「資本主義は、境界の曖昧（あいまい）な部分、規格化がまだ進んでいない部分に新しい領域を開拓することで拡大を続け」「国家が規格化を進めれば進めるほど、『規格外』となった者たちは、海賊組織のなかに吸い込まれていく」。

「激動の時代」にこそ活躍の場がある海賊。デュランらは「バイオ・パイレーツ」や「ハッカー」らが現代の海賊だという。また、海賊は規格化されていないグレーゾーンに出没する。ならば、超高速取引を繰り返す株式市場や労働の解雇特区（案）で一儲（ひともう）けしようとする輩も海賊か。18世紀の海賊が髑髏（どくろ）の旗に込めた「死をものともせず」の気概はありそうもないが。

評・水野和夫（日本大学教授）

二〇一四年一〇月一九日❹

『マラソンと日本人』

社会

武田薫 著
朝日選書・一七二八円
ISBN9784022630230

明治以来の「走る」異端児たち

マラソンと駅伝。どちらも日本人には人気の高いスポーツである。前者は明治末期から、後者は大正期から国内で大会が開かれている。

しかし、前者はオリンピックやボストンマラソンなどが目標となるのに対して、後者は国内で完結している。前者は個人、後者は団体という点も異なる。両者の違いに目配りしつつ、明治以来の「走る」歴史を、膨大な資料やデータを通して明らかにしたのが本書である。

もちろんオリンピックには、日本という国家の影がまとわりつく。だが本書に登場するマラソン選手の多くは、国家や組織に反抗し、自己流を貫く異端児であった。例えばベルリン大会で金メダルを獲得した孫基禎は、君が代を聞きながら悲しみの涙を流した。メキシコ大会で銀メダルを獲得した君原健二もまた、必ず日の丸を揚げると意気込むコーチに反発した。逆に東京大会で銅メダリストとなった円谷幸吉は、「島国の重い大気」に押し潰され、メキシコ大会直前に自決した。

著者が史上最強と認める瀬古利彦も、組織に媚（こ）びない徹底した独立心のある中村清と出会うことで強くなった。そしてポスト瀬古の一番手となる中山竹通（たけゆき）こそは、誰にも追求できない方法論を確立させたランナーであった。

だが、1992年のバルセロナ大会を最後に、日本の男子マラソンは低迷期に入る。その背景として、著者は箱根駅伝やニューイヤー駅伝に代表される駅伝の隆盛を指摘している。選手自身が、「外」よりも「内」を優先させる傾向が強まったのだ。これは昨今のナショナリズムの台頭や海外留学の減少とも無縁ではないように見える。

この閉塞（へいそく）状況を打破する選手として、著者は実業団に属さない川内優輝や藤原新（あらた）の名を挙げる。日本マラソン史における異端児の系譜が途切れたわけではないのが、せめてもの救いといえようか。

評・原武史（明治学院大学教授）

たけだ・かおる　50年生まれ。スポーツライター。テニス、野球等も取材。『ヒーローたちの報酬』。

二〇一四年一〇月一九日❺

『徘徊タクシー』

坂口恭平 著

新潮社・一四〇四円

ISBN9784103359517／9784101207513（新潮文庫） 文芸

のぞいてみたい 別次元の世界

認知症の高齢者が一万人も行方不明になっていると知り、衝撃を受けている。彼らはどこに行ってしまったのだろう。いや、どこに向かって行こうとしていたのだろう。

介護する側、残される側の心痛に思いを馳（は）せる一方で、やっぱり気になるのは徘徊者（はいかいしゃ）の意思のありよう。「どこに」も「なぜ」も脳内から消失しても、なおかつ「行くのだ」と強く希求できるものなのか。不思議でしょうがない。

本書を読んで、脳の異常な病態であると分類することに、違和感があったことに、気が付いた。そうそう、私もね、心のどこかでホントはボケてるんじゃなくて、半分だけ別の次元に足を踏み入れてしまっただけなのではと思っていたみたい。

根拠のない妄想である。けれども、案外たくさんの人が一度はちらりと頭に浮かぶのではないだろうか。優しくしっかりしていたおばあちゃんが、外見も身体能力も変わらないのに、人格だけが壊れ、日常生活ができなくなる。「こちら側」の現実に引き戻して正そうとすればするほど、辛（つら）くなるけれど、壊れつつあるのではなく、シフトしつつあると思うと楽になるような気がする。

こういう妄想こそ小説という場で育てるのにふさわしい。主人公恭平は、認知症の曽祖母との散歩をきっかけに、徘徊者を車に乗せ、行きたいと願う場所へ連れてゆくタクシー会社を開業する。

徘徊者が足を踏み入れているとする別の次元の世界。それはその人が生きた年月の記憶が積み重なってできている。ビルの並ぶ道が、建て替わる前、さらにその前の姿が同時に見えていたり。

こちら側にいるはずの恭平は、彼らの世界に自分も行ってみたくてしかたがないのだ。おかげで私たち読み手も存分にその世界を垣間見ることが許される。好奇心と紙一重の不思議なおせっかいが、読後は妙に愛（いと）おしくなる。

評・内澤旬子（文筆家・イラストレーター）

さかぐち・きょうへい 78年生まれ。建築家、芸術家。『0円ハウス』『独立国家のつくりかた』など。

二〇一四年一〇月一九日❻

『おだまり、ローズ 子爵夫人付きメイドの回想』

ロジーナ・ハリソン 著

新井潤美 監修 新井雅代 訳

白水社・二五九二円

ISBN9784560083819 社会／ノンフィクション・評伝

主従でも家族でもない貴い関係

アスター子爵夫人ナンシーは、イギリス初の女性下院議員で、才色兼備な社交界の花形だった。彼女にメイドとして三十五年間も仕えたのが、本書の著者（ローズ）だ。

豪勢な社交生活、衣装を山ほど持って世界中を旅するさま、アスター子爵夫妻と有名人（チャーチルやヨーロッパ各国の王族が登場する）との交流ぶりなどが、庶民出身の著者の目を通して、ユーモアたっぷりに語られる。

想像以上の華やかな暮らしを読むと、お姫様気分になってうっとりできる。しかし、アスター家の奥様（ナンシー）は、ボーッと富を享受するだけのお姫様ではない。わがままで気まぐれで毒舌、だが行動力と聡明（そうめい）な頭脳と優しい心を持っていた。つまり、一筋縄ではいかない人物。最初は奥様に振りまわされてばかりだった著者も、そのうちガンガン言い返すようになる。

二人の丁々発止のやりとりがとても楽しい。お出かけまえに、ダイヤモンドを身につけて盛装した奥様に感想を求められ、「カルティエの店先ですね、奥様」と答える著者。本書のタイトルは、そういうときに奥様が発する一言なのである。

　貴族の親子関係がどんな感じなのかとか、第二次世界大戦中にアスター子爵夫妻がどう行動したのかとか、上流階級の義務と生活を知るうえでも、現代史の目撃証言としても、非常に有意義な一冊であるのはまちがいない。

　だが私はなによりも、ナンシーとローズの関係性に胸打たれた。主従でも家族でも友人でも恋人でもない、言葉では定義できないけれど貴い関係性を、二人は生涯を通して築きあげた。それは、互いへの信頼と尊重が生みだした、二人のあいだだけに通う「輝くなにか」なのだ。立場や身分がちがっても、ひとはだれかと深く結びつくことができる。人間が宿す善と希望の形が、本書には記されている。

評・三浦しをん（作家）

Rosina Harrison　1899〜1989年。

二〇一四年一〇月一九日⑦

『チューリングの妄想』

エドゥムンド・パス・ソルダン 著
服部綾乃、石川隆介 訳
現代企画室・三〇二四円
ISBN9784773814170
文芸

　著者はボリビア出身の中堅作家。ラテンアメリカの文学といえば、魔術的リアリズムや祝祭的多声性が連想されるが、この作品はそれらの系譜を引きつつも、独自の世界を新しい感覚で展開する。

　語り手というか主人公というか、は七人。ボリビア政府暗号解読機関の窓際族、コードネーム「チューリング」を中心に、その家族、上司、反対派など、絶妙の距離感をもった顔ぶれだ。それぞれの視点からの物語が順番に入れ替わりつつ進行し、交錯する。まさに祝祭的な構成であり、暗号解読とインターネット・テロリズムという題材自体が、魔術性を盛り上げる。

　さぞや幻想的で夢の世界のように複雑かと思いきや、これが正反対。全体があたかもひとつの視点から語られる物語のように、一気呵成（いっきかせい）に読み通せる。多声性を満喫しつつ一本筋を通す構成力には、感嘆する。

　翻訳のすばらしさも、この成功に一役買っている。平明で、とても美しい日本語だ。

評・佐倉統（東京大学教授）

二〇一四年一〇月二六日①

『ブレトンウッズの闘い　ケインズ、ホワイトと新世界秩序の創造』

ベン・ステイル 著　小坂恵理 訳
日本経済新聞出版社・四九六八円
ISBN9784532356026
経済／ノンフィクション・評伝

新通貨体制めぐる英米闘争鮮やかに

　本書は、膨大な文献、会議資料、当事者の手書きメモまで駆使し、1944年に米国で開催されたブレトンウッズ会議における英米間の闘争を描いた大作だ。この会議は、世界経済の中心が大英帝国から米国に移ることを決定づけた分水嶺（ぶんすいれい）でもあった。

　この移行作業を遂行するのに、米国財務省官僚ホワイトほど適任の人物はいなかった。経済学者である彼は、国際通貨問題の本質を理解し、アメリカの国益に沿う形で国際金融秩序を構想する力と、国際会議でそれを具現化する実務能力を兼ね備えていた。彼は、「連合国国際安定基金」（現在の国際通貨基金）と「連合国国際復興開発銀行」（現在の世界銀行）の創設に加え、金と交換性をもつドルを支配的な国際通貨の地位に押し上げる構想を練っていた。

　ホワイトは、実務面でも入念な準備を怠らなかった。彼にとって最大の難敵は、イギリス代表団の団長を務める高名な経済学者ケインズであった。ケインズがドル本位制に強く反対することをホワイトは知り抜いていたので、彼はまず、この問題を取り扱う基金委員会の議長を自分が取り、ケインズには銀行委員会議長を割り当て、この問題から遠ざけた。さらに各委員会には、米国政府選（え）りすぐりの精鋭官僚が研修を受けて配置され、議事進行を取り仕切る体制を整えた。こうして彼らはケインズ、ロバートソン、ロビンズといった当時世界第一級の経済学者を擁したイギリス代表団を迎え撃ち、見事に撃破したのだ。

　基金委員会では、ケインズが事前協議で意味不明として何度も採用を拒否した「金兌換（だかん）通貨」という言葉が再び持ち出された。その定義を明確にするよう求めるインド代表に対し、イギリス代表のロバートソンが、単なる帳簿上の問題と勘違いして不用意に「それなら『金および米ドル』と表現してはどうか」と提案する。この千載一遇の機会をホワイトが見逃すはずがない。彼は巧妙にそのまま議事を確定させ、金・ドル本位制という野望を実現してしまったのだ。

　しかし、意外な側面も明かされている。ホワイトは、実はソ連のスパイだったのだ。彼自身は議会証言で否定するが、著者は公表されたソ連の暗号電文の解読結果に基づいて、ホワイトがなんと、米国政府の機密情報をソ連に流していたことを明らかにしている。

　総じて本書はブレトンウッズ会議をアメリカ側の視点から捉え、ケインズについてもその卓越性だけでなく欠点を指摘して多面的な人物像を浮かび上がらせている点が新鮮だ。本書はしたがって、ケインズとイギリスに肩入れしがちな日本のブレトンウッズ会議観への「解毒剤」ともなるだろう。

評・諸富徹（京都大学教授）

Benn Steil　米外交問題評議会シニア・フェロー、国際経済学ディレクター。著書に『Money, Markets, and Sovereignty』（2010年ハイエク・ブック・プライズ受賞）。

二〇一四年一〇月二六日②

『フリープレイ　人生と芸術におけるインプロヴィゼーション』

スティーヴン・ナハマノヴィッチ 著
若尾裕 訳
フィルムアート社・二八〇八円
ISBN9784845913084　アート・ファッション・芸能

やっていることに成りきる

「新しいものの創造は、知性によって達成されるものではない。内面の必要性から、直感的におこなわれる遊び（プレイ）によって達成される」（ユング）

　本書は人生と芸術におけるインプロヴィゼーション（即興）のこころの内側を発掘する即興ヴァイオリニストの探究の書である。

　著者は創造時に即興的体験によって、音楽的行為の範疇（はんちゅう）を超えたスピリチュアルな領域に自己を見いだし、インプロヴィゼーションこそ創造の「マスターキー」と考えた。そして全ての芸術がインプロヴィゼーションを核としていることに気づき、創造を「至上の遊び」と規定する時、制約から解放され、自由な精神を獲得する。

　芸術が創造される時、私たちは子どもが遊ぶ時のように夢中になり、私が消える必要があり、自己と環境が一体化する。この瞬間、私たちは知性や知識から完全に解放された〈サマディ（三昧〈さんまい〉）〉状態になり、恍惚（こうこつ）と感覚の覚醒を体験することになる。

私がキャンバスに向かい、一種の陶酔を覚える時、頭の中から言葉が追放され、ものが考えられない状態を味わい、身体的な技術のみの動作に体をゆだねることがある。この瞬間は描く目的も手段もなく、筆先が勝手にキャンバスと戯れているのを、他力と自力の中間で見つめている。創造意識からも離脱して、やっていることに成り切っているとしか言いようがない。

このような瞬間、インプロヴィゼーションは〈自由〉になるために「限界を越える手段として形式や制限を使」うと著者は言う。無意識の享受を恐れる者にとってはインプロヴィゼーションは危険である。しかし失敗こそ芸術神の恩寵（おんちょう）でもある。

著者は「失敗の力は、創造を阻むものの枠組みを変え、それらを逆転させることができる」と語る。創造的側面に限らず、人生においてもインプロヴィゼーションの力は働く。

評・横尾忠則（美術家）

Stephen Nachmanovitch　米国のヴァイオリニスト、作曲家、詩人。

二〇一四年一〇月二六日③　歴史

『島原の乱とキリシタン』

五野井隆史 著

吉川弘文館・二八〇八円

ISBN9784642064606

史料をして歴史を語らしめる

1637（寛永14）年10月に始まった島原の乱は、日本史上最大の一揆であった。3万人あまりが蜂起して原城に立てこもり、10万人以上の幕府軍と戦った。4カ月の攻防の末に城は陥落。一揆勢の大半は殺害された。

一揆勢とは何ものか。その中核部分は浪人（つまり武士）であるという。あるいは、重税に苦しむ農民であるという。さらにはキリシタン、ともいう。島原半島や天草はキリスト教の信仰が盛んな地域で、幕府は弾圧をくり返した。追い詰められたキリシタンたちは、武器を手に立ち上がったのだ、と。本書はおもにこの理解に立つ。キリシタンの動向を詳細にあとづけながら、乱の様子を精査する。

歴史を叙述するとはどういう作業か。エピソードをちりばめ、わかりやすく人物や事件の様子を伝える。これは一つのやり方。従来の解釈を紹介し、問題点を指摘して、それに換わる自身の考えを推し出す。これも一つのやり方。だが、異なる方法がある。自分は後ろに退いて出しゃばらず、歴史資料を厳選して論旨を構成する。史料をして語らしめる。これが一番むずかしい。だが、もっとも客観的に歴史を語り得る。史料を熟知する著者が選択したのは、まさにこのやり方である。

著者は長くイエズス会資料の編纂（へんさん）に従事した、キリスト教史の第一人者。彼が信頼すべき史料として選んだのは宣教師のレポートであり、これを基軸とした、精緻（せいち）な分析が展開される。その成果は今後の研究の道しるべとなろう。

史料は日本語になっているが、読むのが容易であるとは言いがたい。だから、いつもより少しだけ時間を多めにとって、チャレンジしてほしい。大げさな身ぶり手ぶりや慨嘆はない。だがそれゆえに、キリシタン迫害の凄惨（せいさん）さがいっそう胸をうつ。本を閉じるときには、名もなき人々の、悲痛な運命を思わずにいられない。静かで重い一冊である。

評・本郷和人（東京大学教授）

ごのい・たかし　41年生まれ。東京大学名誉教授（キリシタン史）。『支倉常長』など。

二〇一四年一〇月二六日④

『現代の超克　本当の「読む」を取り戻す』

中島岳志、若松英輔 著
ミシマ社・一九四四円
ISBN9784903908540
人文

歴史の現場へ立ち返る批評家

ここ数年、気鋭の批評家と言われる人の本をふと手に取り、たましいが震えるような体験をすることが多くあった。何が起きていたのか。本書を読んで、理解した。私は、「批評の再生」というべきものに立ち会っていたのだと。

「批評」は誤解や過小評価をされやすい。創作に対して二次的で、対象に対して距離のある批判である、というふうに。ちがう。すぐれた批評家とは、あるものが生まれた地平に身を置き、共振し、今ここととして生き直し、ゼロから言葉を紡ぐ人々である。昨今そういう批評家が、多く登場、というより「再来」した。なぜ、今なのか？　あえて言うなら、今ほど彼らが必要とされている時代はないからだろう。そこには、個人の想（おも）いや能力を超えた大きなはからいがあるようにも感じられる。

「今」とは？　――急ごしらえの近代国民国家が侵略と植民地化の恐怖に怯（おび）えつつ、恐怖を振り払うには同じ恐怖を実行すること、とばかり戦争に突き進み、それが大量喪失で終わると世間は手のひらを返した、しかし世間とは、自分たち自身である。日本人は、自らを語ることができなくなった。歴史に自らを位置づけることができなくなった。そして忘れたふりも綻（ほころ）びはじめた頃、大震災と大津波とフクシマの原発事故は起きた。

本書は、小林秀雄らが1942年に行った座談会「近代の超克」に由来する。「近代とは、社会の有機性を担保する超越的価値まで失い、自己の存在意義を確認できなくなった時代」が出席者を貫く問題意識だった。世界的な問題だが、日本人にこそ、死活問題だったろう。私達（たち）は東洋にも西洋にも国体にも天皇にも、自分を結びつけられない。

近代は超克も血肉化もされていない。だからこそ、2人の著者は歴史の現場に立ち返った。そのような営為だけが、死者と私達、そして未来の他者を、出会わせる。

評・赤坂真理（作家）

なかじま・たけし　75年生まれ。北海道大准教授。
わかまつ・えいすけ　68年生まれ。批評家。

二〇一四年一〇月二六日⑤

『粒でできた世界』『空気は踊る』

結城千代子、田中幸 著　西岡千晶 絵
太郎次郎社エディタス・各一六二〇円
ISBN9784811807744（粒でできた世界）
ISBN9784811807751（空気は踊る）
科学・生物

科学の驚異を再現する挑戦

科学は、世界の見方、ぼくたち自身に対する見方を変えてくれる。驚きをもたらしてくれる。コペルニクスの地動説、ガリレイの等速落下、ダーウィンの進化論……。

でも今では、これらは中学高校で習う、当たり前の常識と化している。それゆえ理科の授業は、「すでにわかっていること」の暗記に追われ、自然への畏怖（いふ）とは無縁の時間になってしまった。

そこをなんとか工夫して、科学が世界の見方を一変させた驚きをもう一度再現しようと挑戦し、見事に成功したのが、この2冊だ。

その方法は、簡潔で明晰（めいせき）な文章とイラストの組み合わせという、正攻法である。だが、どちらも水準が高い。

イラストは、「科学」という言葉から連想しがちなのとは正反対の、童話調の線画。これで科学の表現の幅が、ぐんと広がった。そして、説明したい点を強調できるという、写真にはない利点を存分に活用している。たとえば『粒』の冒頭、一枚のイラストを描き方を変えて再掲することで、世界は粒（＝原子）でできているという話につながる。引き込まれる導入だ。

一方の文章は、丹念に彫琢（ちょうたく）されて、簡潔さと明晰さを極めている。科学現象の説明には論理が不可欠なので、その驚きの真髄を表現するには映像や瞬間芸だけでは限界があり、文章がとても重要だ。しかし、「科学的な」文章が足を引っ張るというのも、よく見られる現象。この2冊は、印象に残る具体例の選定にも成功して、その難関を見事にクリアした。

さらに本の体裁。判型は小型、厚さは100ページほどの薄さ。手触りも絶妙で、用紙の選択にもこだわった跡がうかがえる。書物というメディアのパッケージの特性を最大限に活（い）かし、本ならではの表現形態を結晶化させた。

小さいけれども、いや、小さいがゆえに、いつも手元に置いておきたい2冊である。

評・佐倉統（東京大学教授）

ゆうき・ちよこ、たなか・みゆき　科学読み物の執筆・翻訳を一緒に手がける。

二〇一四年一〇月二六日❻

『離陸』

絲山秋子 著

文芸春秋・一八九〇円
ISBN9784163901220／9784167908287（文春文庫）文芸

時空をも超え　はるか遠くへ

絲山秋子の小説はいつも、始まりからは想像もつかないほどの遠くへと、読者を連れてゆく。その「遠く」を示すのは、登場人物の関係の変化であったり、意想外のストーリーであったり、エモーショナルな高まりであったりする。彼女の最新長編は、それら全てに加えて、時間と空間の「遠く」をも、その内側に取り込んでみせた意欲作である。

国交省の若きキャリア官僚である「ぼく」は、群馬県の矢木沢ダムに勤務している。ある冬の夜、湖が凍結して職員以外は誰も居ない筈（はず）のそこに、巨躯（きょく）の黒人が突然やってくる。イルベールと名乗った男は「ぼく」に話しかけ、女優を探していると言う。「女優」と呼ばれているのは彼の昔の恋人。五島出身で、印象的な美人だった。だが、一方的に別れを告げられて以来、もう何年も消息を知らない。マルティニーク出身のフランス人だというイルベールは何故わざわざ「ぼく」を訪ねてきたのか。「女優」は今どこにいるのか。何もかも不可解だが、パリのユネスコ本部に「ぼく」が出向することになり、物語は急激に走り始める。

この作品が書かれたきっかけは、伊坂幸太郎の「絲山秋子の書く女スパイ物が読みたい」という要望だったという。だが、この言葉から予想されるような内容とは全然違う。パリで「ぼく」はイルベールと再会し、女優こと乃緒が失踪した経緯を知る。しかしそれは俄（にわか）には信じ難い話だった。暗号文書に記録された1930年代のパリで暗躍した謎の東洋人女性。乃緒が残した息子ブツゾウ。無差別連続殺人事件。次から次に不可思議な出来事が起こり、やがて舞台はパリから熊本県八代市に移動する。

めくるめく展開の果てに待っているのは、『離陸』という題名に込められた、深く切ない意味である。読者はこの小説に乗せられて、はるか遠くまで来てしまったことに気づく。

評・佐々木敦（批評家・早稲田大学教授）

いとやま・あきこ　66年生まれ。作家。06年、「沖で待つ」で芥川賞。

二〇一四年一〇月二六日❼

『開発主義の時代へ 1972-2014 シリーズ中国近現代史⑤』

高原明生、前田宏子 著

岩波新書・八四二円
ISBN9784004312536

歴史

中華人民共和国が台湾に代わって国際連合に加盟した直後から現在にいたる42年間を、本書は開発主義の時代と呼ぶ。人々の欲望をエンジンとした経済成長が共産党の統治を支え、情報統制のもとで醸成したナショナリズムを求心力としてきた。

改革開放を権威を示すシンボルにもちいた鄧小平（トンシアオピン）から、積み上がる社会矛盾を国家の「夢」で埋めようと力む習近平（シーチンピン）まで、頂点にたつものが最も優先するのは自らの権力の維持だ。それが、経済も外交も政策選択の出発点である。「経済も社会も政治から自由ではいられない」という立場から、この時代が描かれる。

対日政策は、政権基盤の安定をはかる「バロメーター」という。安定していれば友好的、不安定なら厳しい、と。権力を支えてきた成長にかげりがみえるいま、その行方は日本とも濃密にかかわる。

社会主義を融通無碍（むげ）に変質させ、開発に突き進んだ次にくるのは、どんな時代か。考える発射台になる一冊だ。

評・吉岡桂子（本社編集委員）

二〇一四年一〇月二六日❽

『宙・有 その音』

那珂太郎 著

花神社・三二四〇円
ISBN9784760220298

文芸

今年6月に亡くなった詩人・那珂太郎の遺作。最後の本になるだろうとつけられた題名の「宙」とは自分の周りの無限を思わせる空間、「有」とはその空間に存在するであろう、多数の多様な物たち。それらを通じ無に帰す宿命の生を描いた、という。

本書を通読し、あらためて生涯を通じ、その詩論も作品も、音韻やリズムへの傾倒により貫かれた詩人と確信した。詩の言葉や詩作することそのものを先導する「音」の磁力。それは、萩原朔太郎をはじめ多くの先達を読解する際、独自の視点をもたらした。現代詩のほか、評論、追悼文、そして真摯（しんし）な対談の数々には、短詩型の評価と現代詩との差異、さらに双方の可能性についてのエッセンスも盛り込まれている。さらに近年編んだ俳句作品も所収。贅沢（ぜいたく）な本だ。「さゆりてふ名のゆかしさよゆらゆるる」。しみじみ、那珂調の音韻俳句。「春うららいのちあるものみなかなし」。本当に。心より、ご冥福をお祈りする。

評・水無田気流（詩人・社会学者）

二〇一四年一一月二日❶

『磯崎新インタヴューズ』

磯崎新、日埜直彦 著

LIXIL出版・三七八〇円
ISBN9784864800112

『挽歌集 建築があった時代へ』

磯崎新 著

白水社・三〇二四円
ISBN9784560083932

アート・ファッション・芸能

日本を世界化した謎解く戦後建築史

磯崎新は戦後日本を代表する建築家の一人である。戦後第一世代と呼ばれる丹下健三が、東京オリンピック、大阪万博を頂点とする戦後復興に形態を与え、磯崎、槇文彦、黒川紀章らの第二世代が、高度成長期の日本建築を、世界レベルにひきあげた。その結果、日本の建築デザインは、今や世界をリードしている。

高度経済成長と公共建築主導のケインズ政策が原因というより、磯崎の魔術的な手つきが、日本の建築デザインを「世界化」したのではないか。『インタヴューズ』を読んで、戦後建築史の謎が融解した。

建築家は、アーティストの手法に学ばなければ、20世紀を支配した官僚主義、技術主義、グローバル資本主義の中で消滅していくと、磯崎は世界でいちはやく気づいた。建築家だけではなく、建築という文化自体が消滅していくと、彼は見抜いた。アーティスト的手法の詳細は本書に詳述されるが、それは一種の過激主義であり、単純な造型原理を抽出して、それを激化する方法である。対立する2派があったなら、両者とも否定し、対立の枠組み自体に揺さぶりをかけるのが、アーティストから学んだ磯崎流のケンカ術だった。戦後日本の建築界のみならず、日本文化全体がこの手法で揺さぶられた真相も語られる。

この手法は、既成左翼が失速した戦後史にも、ぴったりはまった。日本の若い建築家はすべて、磯崎に励まされ、「過激な自分」が社会に受け入れられないことが、反体制の証明であるという、都合のいいエクスキューズも手に入れたのである。

全共闘産（う）みの親といわれる吉本隆明や、新左翼自体への共感も言及され、柄谷行人、浅田彰と親交する磯崎とは別の、独自な思想的な立ち位置の発見もあった。

磯崎の方法は、日本の若い建築家を鼓舞し、アーティスト化しただけでなく、世界中の建築家に対しても、多大な影響を与えた様子もうかがえた。すさまじい磯崎のオルグによって、世界中の建築家が、アーティストへと変身したのである。そして見事にアーティストとしてのキャラの獲得に成功すれば、世界資本主義に拾い上げられ、一夜にして、世界を飛びまわるスターとなる。アーティスト建築家が、実際のユーザーや環境に貢献したかどうかは別の話だが、それを意に介さない磯崎の大物ぶりも爽快である。

この「世界のイソザキ化」――社会の全員のモンスターアーティスト化は、既成左翼解体後の人々の不満、不安を吸収して加速し、建築界のみならず、文化、政治、経済界にも吹き荒れたように、僕には読めた。建築史というよりも、ひとつの戦後史であった。

評・隈研吾（建築家・東京大学教授）

いそざき・あらた　31年生まれ。建築家。建築作品に水戸芸術館など。

ひの・なおひこ　71年生まれ。建築家。編著に『手法論の射程』など。

『挽歌集』は丹下健三、吉本隆明ら50人への追悼集。

二〇一四年一一月二日②　文芸

『繁栄の昭和』

筒井康隆 著

文芸春秋・一二九六円
ISBN9784163901268

過去を慈しむ過激な前衛

冒頭に置かれた表題作では、モダンな二階建ての、法律事務所と探偵社と芸能事務所が入居しているビルで、殺人事件が起こる。法律事務所で経理をしている「私」は、あれこれ推理をめぐらせる。彼女は探偵小説作家「緑川英龍」の大ファンなのだ。緑川が長年のブランクを経て新作に着手したというニュースを知って彼女は胸躍らせている。被害者は三つの事務所の誰も知らない男だった。「私」はビルの構造や、そこに出入りする人々を描写する。そしてふと、この全てが緑川の小説の雰囲気によく似ていることに気づく……。

「科学探偵帆村」では、戦前の人気作家、海野十三の登場人物である「帆村荘六」が意外な活躍を見せる。最後まで読むと、これまた高名な探偵小説作家の某キャラクターの誕生譚であったことが判明する「大盗庶幾」、作家本人に酷似した人物が俳優として撮影中の暗黒映画を実況中継する「メタノワール」など、いずれも一筋縄でいかない捻（ひね）り具合である。先行する作家や紋切り型のパターンを換骨奪胎するパロディーの手法や、小説の虚構性を前面に押し出したメタフィクション的方法は、筒井康隆のお家芸と言ってよいが、ここには濃厚なノスタルジーが加わっている。繁栄の昭和への懐旧。過去を慈しみながらも尚（なお）、過激な前衛であり続けるという類（たぐ）い稀（まれ）な態度が、この短編集からは感じられる。

そればかりではない。末尾の「高清子（こうきよこ）とその時代」は、永井荷風のお気に入りの女優だった高清子にかんするエッセーである。いかにも筒井氏らしい好奇心と探究心で、知る人ぞ知る女優の伝記が綴（つづ）られていくのだが、そこに一貫しているのは「妻に似た女優を好きになるというのはどういう精神機構なのか」という問いなのだ。そう、この文章は一種の「愛妻小説」としても読める。だからこそ、ここに併録されているのである。

評・佐々木敦（批評家・早稲田大学教授）

つつい・やすたか　34年生まれ。作家。『文学部唯野教授』『聖痕』など。

二〇一四年一一月二日❸

『感情労働としての介護労働　介護サービス労働者の感情コントロール技術と精神的支援の方法』

吉田輝美 著

旬報社・五四〇〇円
ISBN9784845113613

医学・福祉／社会

介護職への無理解の解消を

「超」高齢化の進行する日本で、介護職の担い手確保は焦眉（しょうび）の急である。その一方、介護職の離職率は2割程度と他の職業と比較して非常に高い。理由としては、低賃金や社会的地位の低さなどが指摘されるが、それ以外にも根本的な問題が横たわる。この仕事の「感情労働」としての側面への認識不足である。

感情労働とは、従来の肉体労働や頭脳労働に対し、自己の感情管理によって他者の感情に働きかける仕事といえる。この目に見えない感情作業は、これまで賃金を得るための労働とはみなされてこなかった。代表的なものが、家事労働である。家庭という私的な場で、心からの笑顔を見せ、家族に対し疲れた顔を見せないこと……。周知のように、これは主として女性に期待される労働である。

家事労働から社会分業化したものが保育士や看護師、さらに介護などケアワーク全般といえる。これら「女性向き」とされる職業は、高度な感情労働が必要とされるが、報酬も評価も高くはない。背景には、女性ならば誰もが自然に高い感情管理能力が備わっていてしかるべき、との社会通念があるからだ。この無理解こそが、感情労働従事者の高いストレスの源泉である。

本書の調査によれば、実に介護労働者たちの9割が、利用者とのかかわりの中でストレスを感じているという。暴言など否定的発言により傷つき、ストレスを溜（た）め、やがて無力感から「バーンアウト（燃え尽き）」して離職に至ることを防ぐためには、深層の感情が傷つかないよう高度な感情管理技術が必要だ。さらに、保育士や看護師と異なり、介護職には終期が見えない。それゆえ、他のケアワーク以上にこの技術が必要との指摘は重要である。著者の述べる「人を幸せにする職業に従事する者が、その仕事を通してみずからの幸せを体験できない」不条理が、正されることを切望する。

評・水無田気流（詩人・社会学者）

よしだ・てるみ　養護老人ホームの介護員などを経て現在は昭和女子大学准教授（社会福祉学）。

『日本人の身体』

安田登 著

ちくま新書・八八六円

ISBN9784480067944

境界が曖昧「能」で自在に展開

24歳、上京するなり業界の先輩が喫茶店で「注文、何にする?」と聞いた。「何でもいいです」と曖昧（あいまい）に答えたら「東京では白黒はっきりすべきだ」と一喝を食らった。もし今、同じ質問をされても同じ答えをするだろう。

何でもいい時は何でもいいのよ。そして東京も、知的近代主義みたいなのもヤだなと思った。曖昧さは僕の持ち味として白黒の境界を生き、創造を反復させてきた。曖昧でいることは僕にとって最も自由な状態で、白黒はっきりさせることは僕の中から遊びを追放することであり、創造を否定することにもなる。

さて、幸運にも本書に出会い、目からウロコ。曖昧さを日本の特性として日本人のおおらかな身体観と捉え、自分と他者、生者と死者の境界線も曖昧という。著者は能楽師として能の世界に例をとりながら幅広い領域で新しい現代の古典的身体論を展開する。

能も如何（いか）に境界が曖昧である芸能であることか。シテとワキの間に流れる時間の境界が次第に曖昧になり、同時に観客の時間も意識と無意識の怪しい境界に誘われる。このような時間の境界体験は西洋のものではない。

さらに能が「こころ」の芸能ではなく「思い」の芸能であり、表層の対立する「こころ」ではなく深層にある思い、つまり「共話」のもつ力であると、著者は読者に語りかけてくる。

さて、日本人の身体とは?古典が語る日本人の身体は「からだ」を死体とみた。一方、生きている身は心と魂とひとつのもので、さらに「こころ」でも「思い」でもない深層にある「心（シン）」を手に入れれば自由自在に宇宙と戯れ、差異を超えて、心も行いもない状態へ導かれるという。

また人は老境に至るにつれ曖昧を生き、「老い」を「生（お）い」と考え、成長ととらえる。老齢になると確かに自他の区別も曖昧になりますね。

評・横尾忠則（美術家）

やすだ・のぼる 56年生まれ。下掛宝生流能楽師。『身体能力を高める「和の所作」』。

『言論抑圧 矢内原事件の構図』

将基面貴巳 著

中公新書・九〇七円

ISBN9784121022844

今も切実 真の愛国心とは何か

東京帝大の矢内原忠雄教授が、雑誌での反戦発言などをめぐって辞職に追い込まれた事件（1937年）は、滝川事件、天皇機関説事件と共に、自由主義的知識人への一連の政治弾圧の一コマとされがちである。しかし著者は、歴史を複眼的に見る「マイクロヒストリー」の手法を用い、この事件のさまざまな顔を明らかにする。

矢内原の反戦論が、社会科学者としてよりも、むしろ敬虔（けいけん）な無教会派の「キリスト者としての使命感」から来たのではないかとの著者の指摘は、この事件が「学問の自由」だけにかかわるものでないことを示す。

矢内原失脚の要因として、所属学部内の勢力争いや、大学総長のリーダーシップの欠如などが指摘されてきたが、教授処分の権限がどこにあるかにつき、当事者間に誤解があったことが核心だと著者は述べる。大学が十分な自治能力をもたなかったからこそ、権力の介入を招いた面もあるというのである。

雑誌などで矢内原らを攻撃し、弾圧のきっかけをつくった蓑田胸喜（みのだむねき）は、従来、狂信的右翼として切り捨てられてきた。

しかし著者は、蓑田の言説も真剣に受け止め、彼と矢内原との対立は、愛国心をめぐる原理的な相克に由来するという。蓑田らにとって、愛国が「あるがままの日本」の賛美であったのに対し、矢内原は、日本を理想に近づけることこそが愛国だとした。歴史認識をめぐって、厳しいせめぎ合いが続く今、真の愛国心とは何かは、切実な問いであり続けている。

しかも自由な言論は、一度失われると、失われたことさえ見えなくなる。「沈黙させられている人は、沈黙させられているという事実についても発言することができない」からである。異端宣告された中世ヨーロッパの思想家を専門とする著者からの、これが現代日本へのメッセージである。

評・杉田敦（政治学者・法政大学教授）

しょうぎめん・たかし 67年生まれ。ニュージーランド・オタゴ大准教授。『反「暴君」の思想史』。

二〇一四年一一月二日❻

『突破者　外伝　私が生きた70年と戦後共同体』

宮崎学 著

祥伝社・一七二八円
ISBN9784396615031

政治／社会

自由と共同体の間で揺れて

共同体は自由としばしば対立する。家族でも地縁共同体でもいい。共同体はたしかに個人に居場所を与えてくれるし、いざというときには互助的な精神によって個人を守ってくれる。ただ、その一方で共同体はさまざまな拘束を個人に課してくる。介護や子育てのために多大な献身が求められるのはその一端だ。理由のよくわからない理不尽なしきたりもあれば、わずらわしい人間関係もある。

本書はそんな共同体をなんとか現代に蘇生させようとする試みに貫かれている。著者は一九四五年にヤクザの親分の子として生まれ、学生時代には共産党のもとで左翼運動に身を投じ、さらにその後はかたむいた家業をたて直すために実家にもどった。ヤクザといういわば古い生存共同体と、近代資本主義を乗り越えるためにつくられた闘争組織という、市民社会からみれば両極端な二つの集団に著者はどっぷりと浸ってきたのである。その経験をふりかえりながら、著者は市民社会の欺瞞（ぎまん）や限界を指摘し、新しい共同体の可能性について考察を深めていく。

著者のその経験は、戦後の日本社会の歩みと大きく重なっている。それは一言でいえば共同体が解体されていく過程であった。なぜ共同体は解体されてきたのか。それは、わずらわしい共同体の関係に頼らなくても人びとが生存していけるほど社会が豊かになり、福祉などの社会制度もそれに応じて整えられてきたからだ。自由で自立した個人、という市民社会の原理の勝利である。

共同体の可能性を最大限肯定しようとする著者もまた、その両者のあいだで揺れてきた。その自己の姿を著者は終章で「中途半端」だったと総括している。これまで「突破者」として世間の偽善と対峙（たいじ）してきた著者が、内にかかえる忸怩（じくじ）たる思いを吐露するその箇所は、本書のなかでもとりわけ心を打つ。

評・萱野稔人（津田塾大学教授）

みやざき・まなぶ 45年生まれ。作家。『突破者』『続・突破者』など。

二〇一四年一一月二日⑦

『どろにやいと』

戌井昭人 著

講談社・一四〇四円
ISBN9784062191050

文芸

森敦『月山』、太宰治『津軽』、井上ひさし『吉里吉里人』など、東北を舞台にした小説は多い。本書もまた、地名をタイトルに掲げてはいないが、山形県の出羽三山とおぼしき山が舞台となっている。「天祐子霊草麻王（てんゆうしれいそうまおう）」というお灸（きゅう）を売りながら各地を歩く行商人が、バスでしか行けない山里に入るや、怪しげな男女に次々と出会い、そこから脱出できなくなる。

どうやらそこは、明治以降の太陽暦的な時間が通じない固有信仰の息づいている世界のようだ。単に登場する村の男女が官能的であるだけではない。行商人が泊まった温泉宿の風呂場にせよ、村のはずれにあるお堂にせよ、まるで記紀神話を思わせる性の生々しさが、文章の行間から立ち上ってくるのだ。

実は私自身も20年以上前に同じ日本海側のある温泉町で、行商人と似たような体験をしたことがある。フィクションでありながら、どこか実話のようでもあるところが本書の魅力ではないか。

評・原武史（明治学院大学教授）

二〇一四年一一月二日⑧

『京都に残った公家たち　華族の近代』

刑部芳則 著

吉川弘文館・一九四四円
ISBN9784642057851

歴史

明治になり、天皇は東京へ居を移すことになった。それに伴い、多くの公家華族が京都から東京に引っ越した。

しかし、京都（または奈良）に残った公家華族もいた。住み慣れた土地を離れたくないとか、高齢の親を介護しなければならないとか、それぞれに理由があった。政治の中心地（東京）と地理的距離があるゆえに、彼らはなかなか官職に就くことができず、困窮のあまり犯罪に手を出すものまでいた。もちろん、貴族院議員となって東京と京都を意欲的に往復したり、貴族の文化を熱心に次代に伝えたりするひともいた。

「京都に残った公家」が果たした役割、経済的実情や人間関係について、本書は詳細に分析論考する。狭い世界を研究対象にした本のように思えるかもしれないが、読んでみると、時代と国策に振りまわされながらも、懸命に自身の居場所を見いだそうとした人々の奮闘ぶりが伝わってくる。その姿は、いまを生きる我々とも決して無関係ではないだろう。

評・三浦しをん（作家）

二〇一四年一一月九日①

『大格差　機械の知能は仕事と所得をどう変えるか』

タイラー・コーエン 著　池村千秋 訳

NTT出版・二五九二円
ISBN9784757123267

政治／経済

科学が魔と化す天才マシン時代

前著『大停滞』（２０１１年）で、著者は「イノベーション（技術革新）が停滞しているせいで」アメリカは「大停滞」していると主張した。その証拠に「人口当たりのイノベーション件数は１８７３年を境に減少に転じている」のであり、21世紀よりも「19世紀の人々のほうが重要な発明を生み出す確率が高かった」のである。

19世紀末にイノベーション件数がピークアウトした時期に「電気と自動車の時代への移行が始まった」のだから、20世紀の高成長とそれに続く21世紀の「大停滞」は19世紀の発明の遺産を食いつぶしたことに原因があるという。

本書は、前著同様、説得的だ。「産業革命の核をなした主要な発明の多くは、アマチュアによるものだった」のに対して21世紀の「成熟した分野では、学ばなくてはならない知識が膨大な量にのぼるから、（略）知識を仕入れている間に、フロンティアがさらに前に進んでしまっている」。だから「大格差」はさらに広がる。「労働市場から脱出、正確には追放されはじめた」成人男性の賃金は1969年から2009年までの間、28%も下落した。労働市場の悲惨さは景気の循環や中国など低賃金国との競争にあるのではなく、テクノロジーが「人間の労働者を代替する」からだという。

「天才的なマシンの時代」である21世紀は、機械と一緒に働ける15%の大金持ちには「胸躍る」未来であるが、それ以外の人には「恐ろしい」時代となる。それでも著者は「未来の政治の姿は奇妙に平穏な時代」だと予想する。「保守主義はますます、経済的に取り残された人々のイデオロギーになりつつある」から、知識層が予想するような「政治的革命」は起きないと著者は自信たっぷりだ。

政府は財政の制約から所得の二極化を縮めることはできず、「多くの働き手の実質賃金が下落し、新たな下層階級が出現する。それを回避する手立てはおそらく見いだせない」。その一方で遠い未来に「安価もしくは無料の娯楽がふんだんに登場し（略）ユートピアに少し似たような社会がいつか生まれるかもしれない」。ただ「それは、暗い時代の先に見える光明」だ。それまでの長くて暗い「時代に生きる私たちは覚悟を決め」ろと手厳しい。でも、マシン相手となると納得させられてしまう。

さらに合点がいったのは、「科学は『理解困難』という点で宗教や魔術に近いものになる」という指摘だ。まさにヘドリー・ブルが『国際社会論』（1977）で提唱した「新中世主義」の到来である。17世紀「科学の時代」に幕を開けた近代は、20世紀「テクノロジーの時代」が生んだPCによって引導を渡されようとしている。

評・水野和夫（日本大学教授）

Tyler Cowen 62年生まれ。米ジョージ・メイソン大学経済学教授。11年に英エコノミスト誌で「世界に最も影響を与える経済学者の1人」に選ばれた。『大停滞』のほか、邦訳書に『インセンティブ』など。

二〇一四年一一月九日❷ 文芸

『傲慢な婚活』

嶽本野ばら 著

新潮社・一八三六円
ISBN9784104660056

自意識をめぐる百花繚乱の物語

人間の自意識が極限まで引き伸ばされると、壮絶なラブコメになってしまうらしい。赤裸々を超えた露悪性を開示する主人公は、44歳のノイジシャン。あえてくくれば音楽家だが、文字通りノイズを鳴らす前衛芸術家である。それで食べていくのは難しく、以前書いた小説がいきなり芥川賞候補となったこともあり、文筆家としての知名度のほうが勝っている。もっとも、最近ではそちらも落ち目気味だ。

その彼が、長年パトロンだった「ママン」に死なれ、彼女に住ませてもらっていた高級マンションを追われる羽目に。部屋探しをするものの、自らの社会的信用のなさを思い知らされ、パトロンになってくれる結婚相手を探し始める。条件は、美少女で、金持ちで、同居しなくてもいいというひどく都合の良いもの。だが突如、なぜかそんな理想の相手が現れて……!?

本書では「傲慢（ごうまん）」という言葉の孕（はら）む根源的な意味が、めまぐるしく展開する。自分は何を選択し、何を選択しないのか。人間の自意識とは、そもそも傲慢なものではないのか。自意識の塊である主人公が、なぜかリスペクトするのは「大岡越前」や「水戸黄門」のようなエンターテイメント作品だが、その対極性が創作と自意識の関係を浮き彫りにする。時折、吉増剛造の詩をサンプリングしたかのごときノイズが炸裂（さくれつ）するのだが、それらは物語に収斂（しゅうれん）せず、ひたすら併走し、ときに同期する。タイトルからしてジェーン・オースティン「高慢と偏見」を想起させ、他にもさまざまな小説や音楽からの本歌取り・再構築が並び、百花繚乱（ひゃっかりょうらん）に振動する文体だ。

　ふと、この社会を秩序だて、個々の人間の傲慢さを隠蔽（いんぺい）するシステムの数々に思い至る。個人の自由を前提としながら、情緒性や感情も既定の枠内にきれいに格納してしまうという意味では、結婚も音楽も同義なのかもしれない、などと思いつつ。

評・水無田気流（詩人・社会学者）

たけもと・のばら　作家。著書に『下妻物語』『シシリエンヌ』『米朝快談』など。

二〇一四年一一月九日❸

『明治の「性典」を作った男　謎の医学者・千葉繁を追う』

赤川学 著

筑摩選書・一六二〇円

ISBN9784480016065

歴史／ノンフィクション・評伝

時代と格闘した人を再発見

　千葉繁といっても、あの高名なアニメの声優ではない。幕末・明治を生きた医学者であり、『造化機論』という本を訳出した。造化機とは生殖器のこと。性交を科学的に解明した日本初の本であり、男女の交わりを詳しく説明するとともに、自慰が有害であること、「交合の快楽は電気に基（もとづ）く」という「三種の電気説」などを説く。ポルノグラフィを題材として社会学の新地平を切り拓（ひら）いてきた俊英・赤川学は、本書において、生殖器に大まじめに取り組んだ明治の一知識人を追った。

　千葉は浜松藩に生まれ、父のあとを継いで藩医となった。明治維新時に千葉県の鶴舞に移住し、鶴舞藩の解散により井上家家臣の地位を失った。そこで彼は医師として神奈川県に出仕し、また病院に勤務する安定的な日常を得て、横浜医学界創成の中枢を担う。業務のかたわら翻訳した『造化機論』四部作はベストセラーとなった。

　千葉は自分の人生を積極的に語り残す人ではなかった。日記もなければ、写真もない。だから様々な工夫と手間が必要になった。残された数少ない手がかりを蒐集（しゅうしゅう）し、一つ一つを徹底的に洗いだし、赤川は千葉の事績を追いかける。その方法と経過が、極上のミステリーの如（ごと）くに、実にスリリングで興味深い。史料学・文献学・古文書学など、学問の区分を易々（やすやす）と越える、みごとな腕の冴（さ）えである。

　とはいえ社会学者を本質とする赤川は、問いかけるのを忘れない。なぜ、私たちは千葉を忘れてしまったのか、と。人間は社会の中でしか生きられない。だから社会が時とともに変化すれば、時代と懸命に格闘した人の足跡は、過去のものとして忘却される。ならば、千葉を捨て去った時代から更に時を経た私たちが、彼をもう一度発見することにも意味があるはずだ。その熱い訴えに、私は何度もうなずいた。赤川学おそるべし。異能の人というべきである。

評・本郷和人（東京大学教授）

あかがわ・まなぶ　67年生まれ。東京大学准教授。著書『セクシュアリティの歴史社会学』など。

二〇一四年一一月九日④

『天人　深代惇郎と新聞の時代』

後藤正治 著

講談社・一九四四円
ISBN9784062191821　政治／ノンフィクション・評伝

沈思黙考を促し　にじむ余韻

新聞の一面コラムを読み、執筆者の苦悩と呻吟（しんぎん）に思いをはせることがある。コラムは新聞の顔。日々味わい深い文章で時代を切り取らねばならないし、駄文を書くと新聞そのものが読者から見損なわれる。むごい仕事である。想像しただけで吐血しそうだ。

朝日の場合はもちろん天声人語。深代惇郎（ふかしろじゅんろう）はその朝日の顔を１９７３年から3年弱の間、担当した名記者だ。ただ激務が祟（たた）ったのか、脂ののった46歳という若さで急死。本書はその深代を新聞史上最高のコラムニストと考える筆者による、彼の記者人生をたどった評伝である。

著者が描く深代像には、どこか霧中の人物を遠視しているような掴（つか）みどころのなさがある。コートの襟を立て異国の石畳の道をカツカツと靴音をたてて歩く孤独と憂愁を漂わせた男、そんな人物が思い浮かんだ。実際の彼がどうだったのかは知らないが、しかし、この深代像は、彼のコラムが醸し出す雰囲気と妙にマッチしていて違和感はない。

たしかに彼のコラムには読者を立ち止まらせて、沈思黙考を促す独特の力がある。見識や経験の深さや思考の広さが感じられることは言うに及ばず、何より文章から滲（にじ）み出る余韻が読む者の心に静かな鐘の音を響かせるのである。

何がこの余韻を生み出すのだろう。哀切をくみ取る感性か。他者を赦（ゆる）す包容力か。余白を残す度量の広さか。本書の裏のテーマは新聞記者とはどうあるべきかということのように思えるが、私にはこの余韻にこそ、その答えの一端があるように思えてならなかった。借り物の言葉に逃げるのでなく、ふと立ち止まり自分の言葉で記事を書くことの責任と困難さを深代のコラムと人生は語っている。

朝日新聞が非難を浴びている今こそ読む価値のある本だろう。深代惇郎が天から降臨したのではないかとさえ思える。まさに天人。時宜を得たタイトルだ。

評・角幡唯介（ノンフィクション作家・探検家）

ごとう・まさはる　46年生まれ。ノンフィクション作家。『奇蹟の画家』『節義のために』など。

二〇一四年一一月九日⑤

『渋谷系』

若杉実 著

シンコーミュージック・一七二八円
ISBN9784401640089　文芸／アート・ファッション・芸能

今はなき音楽都市へのレクイエム

渋谷系とは、90年代前半に音楽シーンを席巻した、当時次々と現れた新鋭ミュージシャンによる一連のポップ・ミュージックを指す。なぜ渋谷なのかといえば、彼らが渋谷出身だったからでも、渋谷を拠点に活動していたからでもなくて、彼らのリリースがもっともよく売れていたのが渋谷のＣＤショップであり、その多くが音楽マニアでもあった彼らが新旧の音盤を買い漁（あさ）っていたのが、もっぱら渋谷だったからである。実際、あの頃の渋谷、特に宇田川町では、古今東西のありとあらゆる音楽を買い求めることが出来たし、隠れた名盤や出来たてホヤホヤの新譜を耳にすることの出来る場所もあった。ジャンルごとに細分化された無数のレコード店と、ＤＪやミュージシャンたちが夜ごととっておきの音を披露するクラブがひしめきあっていた音楽の街、それが渋谷だった。そしてそんな渋谷、渋谷系の渋谷は、今はもうない。

著者は、主に音楽ライターとして、渋谷系と呼ばれた現象に、リアルタイムでかかわった人物である。本書の第一の特色は、その歴史を繙（ひもと）くにあたって、時間を遡（さかのぼ）って60年代末にルーツを置き、90年代という時代に限定されない渋谷という街の音楽文化の変容を、長いスパンで捉え直している点にある。そのことによって、ともすれば単なる一過性の流行とされがちな渋谷系を、より大きな視点から再評価することに成功している。また、これは著者の個人的嗜好（しこう）によるものだと思うが、ロックやポップスよりも、アシッド・ジャズやレアグルーヴなど、クラブ系の音楽に紙数を多く費やしていることも、これまでの渋谷系論の余白を埋める結果となっている。

実を言えば私自身、渋谷宇田川町に事務所を構えて、そろそろ20年になる。渋谷は本当に変わった。本書は、かつて世界有数の音楽都市だった或（あ）る街へのレクイエムである。

評・佐々木敦（批評家・早稲田大学教授）

わかすぎ・みのる　音楽ジャーナリスト。CDやDVDの企画なども務める。

文芸

二〇一四年一一月九日⑥

『葉巻を片手に中南米』

渡邉尚人 著

山愛書院・一六二〇円

ISBN9784434195983

文化の豊饒　ほとばしる葉巻愛

本書の著者は外交官で、三十年以上、中南米諸国で勤務している。そのあいだに出会った人々との交流、現地の文化や特産品などを、ユーモアたっぷりに紹介した本。写真も多く掲載され、「行ってみたいなあ」と読んでいてわくわくした。

特筆すべきは、著者が葉巻愛好家であることだ。喫煙者は肩身が狭い昨今だが（それは中南米でも同様らしい）、「葉巻は紙巻きとはちがう！　もっと奥深い嗜好（しこう）品なのだ！」という著者の葉巻愛がほとばしっており、熱い、熱すぎる一冊となっている。なにしろ著者は、標高二八五〇メートルの高地でも（息をするのも苦しい環境なのに）葉巻を吸うのだ。ちなみに、この標高でゴルフをすると、空気抵抗が少なく、ボールがよく飛ぶのだそうだ。著者はといえば、「あらぬ方向に」ボールを飛ばしまくるのであった。

本書の内容は、「外交官としての中南米での活動」から次第に逸脱していき、「葉巻のたしなみかた」へと眼目が移る。葉巻の箱を開け、その香りを楽しむあたりの描写など、まさに恍惚（こうこつ）といった感があり、「まだ吸ってもいないのに……」とあまりの葉巻愛に爆笑した。だが、著者はあくまでも真剣かつ真摯（しんし）だ。葉巻の歴史や文化の豊かさ、葉巻を通して現地の人々と仲良くする様子を読むうちに、こちらも俄然（がぜん）、葉巻に興味が湧いてくる。葉巻というと渋い男性の嗜好品といったイメージがあるが、中南米では女性も吸うのだそうだ。

葉巻以外にも、マテ茶や銀細工など、楽しくうつくしい中南米の文化に詳しくなれる。その土地が生んだ文化に親しみ、現地のひとと同じように満喫する著者の姿を見て、「食わずぎらい」は愚かしいことだなと痛感した。葉巻は、人々が互いに通じあい、同じ時間を味わいあうために生まれた。世界の多様性と、文化の豊饒（ほうじょう）について思いを馳（は）せさせてくれる本だ。

評・三浦しをん（作家）

わたなべ・なおひと　56年生まれ。在ウルグアイ日本大使館参事官。

二〇一四年一一月九日⑦

『うつの医療人類学』

北中淳子 著
日本評論社・二五九二円
ISBN9784535984127
医学・福祉

ここ十年ほどで誰でも罹（かか）りうる病気として知られるようになったうつ病。本書では主に国内におけるこの症状を巡る治療方法や原因、社会との関係などの歴史的変遷を簡潔にたどる。

前近代の鬱（うつ）、神経症、神経衰弱、メランコリア、躁鬱（そううつ）病。呼び名も定義も実にあやふやで、これからも変わりゆく可能性が高いというから驚いた。

癌（がん）のように体内に発生した異物を死滅させれば治るという明快に生物学的な病気ならば、治療方法や手段がいかに変遷しても「確実に進歩している」と思えるのだが、うつ病は違う。定義も原因も治療方法も薬も、なにもかもいまだに流動的。社会とともに症状自体も変わるようにも思え、読めば読むほどわからない病だということがわかる。

近年、患者の立場など近視眼的に書かれたうつ病本が多く出版され話題になった。歴史を振り返り俯瞰（ふかん）する本書で、さらに理解を深めてゆく時期なのかもしれない。

評・内澤旬子（文筆家・挿画家）

二〇一四年一一月九日⑧

『偶然の日本文学　小説の面白さの復権』

真銅正宏 著
勉誠出版・三〇二四円
ISBN9784585290773
文芸／ノンフィクション・評伝

現実には偶然がつきものである。偶然が日々を作り出していると言ってもいい。

ふと駅のホームで昔の知人と会ってとか、たまたま同じバッグを持っていて話が弾んでとか、親が同郷でとか。

しかし、それを小説に書くと途端に〝嘘（うそ）くさく〟、通俗的になる。そもそも虚構である小説が、偶然という現実をなぜ受け入れにくいのか。

この疑問は私自身にとってもいまだに大テーマなのだが、横光利一はそれこそが日本の純文学の陥った「通俗」から来るとした。偶然を排除する私小説が高等なのではない。偶然を積極的に描け、と。

本書ではその『純粋小説論』から始まり、同年の中河与一『偶然の毛鞠』を発端とした「偶然文学論争」、九鬼周造『偶然性の問題』などを取り上げながら、虚構の自由が志向される。その復権が。

同時に筆者は、右の論文群が小林秀雄『私小説論』を含めてすべて昭和10年に発表されたことに注目し、その時代性にも触れる。刺激的だ。

評・いとうせいこう（作家・クリエーター）

二〇一四年一一月一六日②

『考古学崩壊　前期旧石器捏造事件の深層』

竹岡俊樹 著
勉誠出版・三四五六円
ISBN9784585220916
社会／ノンフィクション・評伝

「神の手」断罪だけで何も変わらず

事情や流儀があるのだから、隣家の夫婦ゲンカには首をつっこまない方がいい。まして一方の主張の鵜呑（うの）みは御法度で、必ず各々（おのおの）に理があるものだ。だから一介の中世史研究者たるぼくがこの本について偉そうに何を語れるか、悩んだ。でも覚悟して書く。

20世紀最後の四半世紀、旧石器考古学は活況を呈していた。「神の手」が遺跡の古い地層から、次々に旧石器を掘り出したのだ。日本の旧石器時代の始まりは、どんどん古く書きかえられた。発掘は自治体の町おこしと密接に結びつき、経済的利益を生んだ。

学界は疑問を持たなかった。ごくごく少数を除いては。その一人が本書の著者、竹岡俊樹であり、彼のアドバイスを受容したジャーナリズムによって「神の手」の捏造（ねつぞう）が明るみに出た。竹岡はここで一旦（いったん）、安堵（あんど）する。これで学界は生まれ変わるだろう、と。

ところが14年がたった今、学界は何ひとつ変わっていない。竹岡は半ば絶望しながらそう断じ、糾弾する。学界は「神の手」一人を罪人とし、誰も責任を取らなかった。偽造を検証したといいながら、石器そのものを検討しなかった。石器を読み解く方法論を確立しなくては、客観的な学問にならないではないか！　この竹岡の血を吐くような訴えは、ぼくには至極もっとものように受け取れた。

　圧倒的多数の考古学者は、今日も真剣に発掘に努めている。旧石器考古学の方々。あなたたちは彼らの名誉を守るためにも、明らかにする義務がある。あなたたちは旧石器を解釈し損ねたのか。あるいは「おかしい」とは知りながら利益を優先したのか。竹岡は武士の情けだろうか、それについては明言を避けた。能力に問題があったのか。それともインチキをしたのか。それが問題の核心だろう。

　この本を無視してはいけない。必ず読んで反論してほしい。その時ぼくたちは、居住まいを正して拝読するだろう。

評・本郷和人（東京大学教授）

たけおか・としき　50年生まれ。共立女子大学非常勤講師（考古学）。『旧石器時代人の歴史』。

二〇一四年一一月一六日④

『イチョウ　奇跡の2億年史　生き残った最古の樹木の物語』

ピーター・クレイン 著　矢野真千子 訳

河出書房新社・三七八〇円
ISBN9784309253022

科学・生物

人類を魅了する「生きた化石」

イチョウの葉が黄色く色づく季節がやってきた。銀杏（ぎんなん）がおいしい季節もこれからだ。

　日本全国の道路脇に、あるいは神社仏閣の敷地内にイチョウはある。いくら樹木に興味のない人でも、イチョウだけは識別出来るだろう。

　だが、そのイチョウが2億年も前からほとんど今の形で生きており、いまだに花粉管の中で精子をつくるという古代的な生殖方法をとることは知られているだろうか。

　はたまた、かつては世界中に生存していたこの植物が、700万年から500万年前に一度「減退」し、我々ヒトが出現する大氷河時代に「ほとんど絶滅寸前」となって、5万年前ごろには「氷床の影響を免れていた中国南部に散在する谷間」で生きながらえていたことは？

　そしてイチョウはヒトを利用した。特徴ある葉の形で人類を魅了し、種子や油を使わせたり長寿に憧れさせたりしながら、「仏教や道教、儒教において象徴的な存在」となってあの中国南部の「谷間」から抜け出ると、朝鮮半島、日本へと広がっていくのだ。

　私たちが神社仏閣でイチョウを見るのは、その結果である。なぜか東洋人はあの樹木をあがめてしまうのである。

　18世紀、イチョウはついに長崎からオランダへ渡る。今度はヨーロッパ人たちがそれを「東洋の象徴」としてあちこちに植え始める。なんとイチョウはヒトの手によって「数百万年前にいちど消えてしまった土地」に帰還する！

　ここまでで300ページを超える大著の、冒頭の20ページを要約したに過ぎない。著者は植物学的に、考古学的に、比較文化的にイチョウを縦横無尽に語る。そこには明治時代に「泳ぐ精子」を発見した日本の平瀬作五郎も、化石研究で1億数千万年前のイチョウの仲間の分布を証明した中国の周志炎も出てくる。

　イチョウもすごい。が、こんな書物をなす著者を含めて人間もなかなかだ。

評・いとうせいこう（作家・クリエーター）

Peter Crane　54年英国生まれ。米イェール大学林学・環境科学学部長。

二〇一四年一一月一六日❺

『パンダ　ネコをかぶった珍獣』　科学・生物

倉持浩 著

岩波科学ライブラリー・一六二〇円
ISBN9784000296304

飼育係が観察した生態、舞台裏

パンダは、基本的にはただのクマだ。

上野動物園でパンダの飼育係に「意に反して」なってしまった著者の言葉に、ぐっときた。40歳になるいまも、自宅の近くや園内で虫を探しているという、動物好きでプロの曇りなき眼（め）である。

私は2011年冬、リーリーとシンシンがふるさと四川省の静かな山奥から日本へ旅立つ前、取材した。彼らはそれぞれ中国名、比力（ビーリー）、仙女（シィエンニュ）と呼ばれていた。遊び場は、こんもりした裏山ぜんぶ。東京でがらりと変わる生活が心配になった。

中国の「国宝」は、戦国時代の政略結婚、いや養子縁組さながらに外交色を帯びた友好の特使の役割を担う。繁殖研究を目的に貸し出すから、子作りも使命である。しかも、とかく波風が立ちやすい日中関係を思うと、彼らにとって、日本行きはアタリだったのか。

この本を読んで安心した。DNAやたたずまいはクマであるいっぽう、手の骨格や腸など「珍獣」としての特性をもつパンダを、ふつうの動物としてみる抑えた愛情と好奇心にあふれていたからだ。

手や眼などカラダの特徴やルーツ、白黒の毛並みの秘密、繁殖の舞台裏、中国での生息のようすなどがつづられている。多くの発見もある。鼻はイヌみたいにぬれている。さわると大人はブタみたい。怒るとワンとなく……。

出産や死亡にあたってメディアの動物園に対する強引なお願いへの怒りには、反省した。日中関係の悪化で「不要説」も飛び交うが、「日々接して汗を流す者にとっては、政情も何も関係はない」。協力を続ける中国の担当者たちも同じ気持ちに違いない。

そういえば出発をひかえて「比力！」と声をかけた私に「ぶひいいいん」と返事をした。何を言いたかったのか。教えてほしいことが次々でてくる。パンダを動物として知りたい人におすすめの本だ。

評・吉岡桂子（本社編集委員）

くらもち・ひろし　74年生まれ。上野動物園職員。『パンダもの知り大図鑑』など。

二〇一四年一一月一六日❻

『じゅうぶん豊かで、貧しい社会　理念なき資本主義の末路』　社会

ロバート・スキデルスキー、エドワード・スキデルスキー 著　村井章子 訳

筑摩書房・三〇二四円
ISBN9784480867254

蓄積した富で何を実現するか

本書は、ケインズ評伝で有名なR・スキデルスキーとその子息による現代資本主義批判の書である。彼らはまず、「孫の世代の経済的可能性」と題したケインズの1928年講演の世界がなぜ今、実現していないのかと問う。ケインズは当時の経済成長率や技術進歩率を考慮すれば、百年後には経済問題は解決され、生活の必要性を満たすには僅（わず）かな労働で済むので、人々は余暇を生活の楽しみや創造的な活動に使えるようになると予想した。

しかし、現実にはそうなっていない。欲望には限りがなく、常に大きな豊かさを求めて労働に、そして成長に拍車がかかるのが資本主義の本質だからだ。富は蓄積されど、それを用いて何を実現するのかは問われない。手段と目的が転倒しているのだ。

では、所得や富ではなく、幸福を分析の対象として近年注目を浴びる「幸福の経済学」は、この問題を根本的に捉え直すことに役立つのか。著者の回答は残念ながら、否定的だ。

そもそも幸福は、幸福の経済学が想定するような「心地よい精神状態の積み重ね」ではなく、何か根本的な「善きもの」を意味し、しかもそれは主観的なものではなく、客観的なものではないかと問題提起する。結論として彼らは、よい暮らしを構成する七つの基本的価値（健康、安定、尊敬、人格または自己の確立、自然との調和、友情、余暇）に行き着く。

ベーシックインカム、累進支出税、広告費課税、閉鎖経済への移行といった彼らの政策提案は、たしかに論争の余地がある。しかし、我々はすでに「稀少（きしょう）性」の世界から「十分」の世界に移っており、したがって経済学も、「稀少資源の配分問題」を扱う科学から脱却し、すでに十分に蓄積された富の下で、いかに善き社会を構築するかを分析する科学に移行すべきだという著者のメッセージは、大いに傾聴に値する。

評・諸富徹（京都大学教授）

ロバートは39年生まれ、英国の経済歴史学者。エドワードは政治哲学者。

二〇一四年一一月一六日⑦

『西アフリカの王国を掘る　文化人類学から考古学へ』

竹沢尚一郎 著

臨川書店・二二六〇円
ISBN9784653042402

社会

西アフリカ、マリのサバンナ地帯で、紀元前のものも含む、さまざまな年代の遺跡を発掘した記録。

近年、トゥアレグ人の独立運動が起きるなどして、情勢が不安定だが、ニジェール川の恵みのもと、古代から文化が発達し、ひとの交流や交易が盛んな地域だった。遺跡からは、うつくしい模様の土器、ガラスのビーズや黄金などがざくざく出土する。

発掘隊メンバーである現地の人々も、個性的で楽しい。なぜかゴミ捨て場ばかりを掘り当てるシセ君、作業中なのにダンスをはじめるカラポさんとボンカナさんなど、愉快で自由奔放な魅力が生き生きと紹介される。発掘現場や人々の様子がわかる写真も、モノクロだが多数掲載。

著者は、アフリカから世界史をとらえなおす必要がある、と言うが、もっともだと納得できる内容だ。発掘を通し、アフリカの過去の姿を解き明かそうとする研究者の、静かだが熱い思いに満ちた一冊。考古学門外漢でも楽しめる。

評・三浦しをん（作家）

二〇一四年一一月一六日⑧

『スポーツ遺伝子は勝者を決めるか？　アスリートの科学』

デイヴィッド・エプスタイン 著　川又政治 訳

早川書房・二二六八円
ISBN9784152094773／9784150504694（ハヤカワ文庫NF）

科学・生物

スポーツの秋。手に汗握る熱戦の数々。だが、その勝敗や成績が遺伝子であらかじめ決まっているとしたら、ちょっと興ざめかもしれない。

運動能力を決めるのは遺伝か環境か？　この古くて新しい問題に、著者は正攻法で迫る。まずは学術論文をくまなく精査して、研究成果を総覧する。次に、興味深い研究者に直接取材をおこなう。さらに、独特の遺伝的素因を持っている世界中のアスリートたちにも、インタビュー調査を敢行する。かくして、厳密な科学研究の分厚い成果と、ジャーナリスティックな物語性を、見事に融合させた。

遺伝的要因も環境要因も、どちらも大きな役割を果たしているという結論は、穏当で真っ当なものである。

著者がこの領域で仕事をすることになったきっかけのひとつは、遺伝的疾患によって若くして亡くなった、高校時代の友人への追悼の念だという。いい話だ。

翻訳も読みやすい。読書の秋にお薦めの一冊。

評・佐倉統（東京大学教授）

二〇一四年一一月二三日❷

『トリュフォー　最後のインタビュー』

山田宏一、蓮實重彦 著
平凡社・三二四〇円
ISBN9784582282603
社会／ノンフィクション・評伝

映画愛に満ちた会話の応酬

フランソワ・トリュフォーは、一九八四年に五十二歳の若さで亡くなった仏の映画監督。ゴダールやシャブロルと同じくヌーヴェルヴァーグの一員であり、没後三十年となる今年、日本でも映画祭が行われ、長編第一作『大人は判ってくれない』以来、監督の分身として度々主演を務めた盟友／名優のジャン＝ピエール・レオーが来日を果たした。

「最後のインタビュー」とあるのは、八二年、トリュフォーが何度目かの来日を果たした際、編者二人がじっくりと時間をかけて、この類い稀（まれ）なる映画作家のフィルモグラフィーを通覧するべく臨んだ会話が、本書の大半を占めているからだ。そこに、初めて三人が語らった七九年のインタビューと、遺作となった『日曜日が待ち遠しい！』についてパリで山田、蓮實両氏別々に行われた会話が添えられている。

シネフィリー（映画愛）という言葉がある。映画を観（み）ることに身も心も囚（とら）われたさま。本書の二人の聞き手は、日本におけるその先駆的かつ代表的な存在である。山田とトリュフォーは長年の友人でもあり、深い理解と共感に満ちたその関係は何冊もの本に刻印されている。蓮實の映画批評の尖端（せんたん）は、常に無償で豊饒（ほうじょう）な愛に支えられている。そんな二人が、シネフィリーが嵩（こう）じて監督となり、シネフィリーを抱えたまま映画を撮り続けた人物に投げかける問いと、リラックスしながら自作のエピソードを次々と開陳する答えの応酬は、滅法（めっぽう）面白い。初期短編からレオー扮する「アントワーヌ・ドワネル」連作、映画狂映画『ピアニストを撃て』『アメリカの夜』、純愛映画の名作『突然炎のごとく』『アデルの恋の物語』『緑色の部屋』等々、一作ごとに観直しながら、少しずつ読み進めたくなってくる。かつて批評家時代のトリュフォーがヒッチコックに対して行ったインタビュー本『映画術』と並ぶ、歴史に残る名著である。

評・佐々木敦（批評家・早稲田大学教授）

やまだ・こういち、はすみ・しげひこ　『定本　映画術』『わが人生・わが映画』などを共訳。

二〇一四年一一月二三日❸

『電氣ホテル』

吉田篤弘 著
文芸春秋・一八九〇円
ISBN9784163901305
文芸

世界の深淵に触れる予言の書

これほどあらすじの説明が困難な小説はない。巻末の「登場人物名鑑」には、70人が載っている。本文は226ページほどなので、平均すると約3ページに1回、新たな人物（駱駝〈らくだ〉や猿も含む）が物語に登場する計算だ。

どんだけめまぐるしい話なんだ、と思われるかもしれないが、そうではない。多数の登場人物が入り乱れつつも、非常に緊密な構造を持った小説で、ユーモアあふれる語り口に爆笑するうち、不思議な世界に自然と入っていける。

我々の頭上には、「電氣ホテル」が浮遊しているのだそうだ。地上の電力を拝借しながら移動する電氣ホテルは、どんどん巨大化し、ついには都市に大規模停電を引き起こしはじめた。暗闇のなかで、現実と虚構の境目は次第に曖昧（あいまい）になっていく。

詩的な文体、あふれだすイメージ。これは予言の書だ。電気を盗んで肥大する建造物、町を埋めつくす6万羽の白い兎（うさぎ）。本書が連載されたのは東日本大震災より何年もまえだが、作家の想像力が、なんらかの深淵（しんえん）に触れる瞬間が刻みつけられている。

むろん、本書は決して世相を批評する小説ではない。楽しく読める内容でありながら、小説技法の粋を極めているという、すごい境地に到達した傑作だ。同時に、どこかさびしさが漂ってもいる。

登場人物は暗い町を逍遥（しょうよう）し、世界の、ひとの心の、謎に迫ろうとする。けれど、肝心なところで互いに触れあえず、伝えあえない。唯一の希望は、物語を生みだし、味わい、物語に呑（の）みこまれていく恍惚（こうこつ）を共有することのみ。本書において、私が最も予言的だと感じるのは、その「さびしさ」、物語が世界に及ぼす影響力に関する部分だ。

造本も含め、隅々まで神経が行き届いた、めくるめく夜の物語。笑いの向こうで息をひそめる研ぎ澄まされた静けさに、ぜひ耳を傾けてみていただきたい。

評・三浦しをん（作家）

よしだ・あつひろ 62年生まれ。作家、装丁家。『つむじ風食堂の夜』『空ばかり見ていた』など。

二〇一四年一一月二三日④

『ネコ学入門 猫言語・幼猫体験・尿スプレー』

クレア・ベサント 著 三木直子 訳
築地書館・二二六〇円
ISBN9784806714828

科学・生物

実は人がしつけられている

つい最近わが家の猫が死んだが、もっと早く本書と出会っていれば後悔も反省もせずに猫に評価される人間になれたかも。猫にとって魅力的な存在になることは、人間社会においても好感の持てる価値ある存在になり得る可能性があると言うんです。

猫をペットとして一方的な愛情を押しつけ、猫を私物化することであなたは猫の最も軽蔑すべき対象となり、追えば追うほど猫から無縁の存在になっていくのだ。猫が好む人間はむしろ猫に無関心。猫は独立、独歩、自立心が強いために余計なお世話には耐えられない。大方の愛猫家は過剰なおせっかいをし、その結果は嫌がられるのが落ち。

猫は、体の大きさと比較した脳の大きさが霊長類やイルカと同等でそれ以外の哺乳類より大きく、記憶力抜群、引っ越しなどした遠方から元の家に帰還したり、暗闇の中でもぶつからずに敏速に行動する驚異の方向感覚を持っていたり、家人の帰宅をその正確な体内時計で出迎えたり。

また天変地異を前もって予知して安全な場所に幼猫を誘導したり、時には人間にその危険を気づかせる超自然的な能力を発揮したりという例は世界中枚挙にいとまないほど報告されている。このような第六感的な感覚は人間が文明の進化と共に喪失した野性の自然感覚である。

人間は猫をしつけていると思っているが実は猫にちゃっかりとしつけられている。人間は猫を飼育しているつもりでいるが猫は飼い主を下僕扱いしているのである。猫は常に縄張り内で行動し、人間のように他人の縄張りを侵略したりしない。自分の縄張り内が全世界でそれ以上のテリトリーは不要。与えられた環境で人間と共存しながら、過不足なく受け入れることのできるキャパシティーには悟性すら感じないか？ 人間が猫から学ぶことは「好きなことはするが嫌なことはしない」という思想である。

評・横尾忠則（美術家）

Claire Bessant 英国のインターナショナル・キャットケア代表。

二〇一四年一一月二三日⑤

『批判的工学主義の建築　ソーシャル・アーキテクチャをめざして』

藤村龍至 著

NTT出版・一九四四円

ISBN9784757160620

社会

既成インフラとの接続を提案

建築設計もweb2・0型にならって、ユーザーや市民が参加できる直接民主主義型にしなければいけないという、ありがちな主張の本かと思って読み始めたら、いい意味で予想を裏切られた。建築に限らず、その手の2・0型本は溢（あふ）れているのだが、ITにおもねった感じに、がっかりさせられることが多い。

しかし、若手建築家最強の論客で、東浩紀たちと福島第一原発観光地化計画で共働する著者は、大胆に、一線を越えて、2・0の先にいった感じがあって、すっきりした。

web2・0は、そもそも建築（アーキテクチュア）という、一種の空間構造化作業をモデルにした、情報空間の再編成だったのだから、建築が2・0にコンプレックスを抱く必要は全くなく、堂々と建築することに開き直れというのである。しかし、昔のように大きなハコモノを、建築家の独断で作ればいいといってはいない。設計の民主化の様々な実験もとりあげている。メンテに金のかからない既成インフラに建築を接続させれば、そこにユーザー、市民の参加が自動的に誘発され、大量のコンテンツが流れ込むという提案も目をひいた。「ソフト優先」などと弱音をはかずに、しっかりと、つながった建築を作ればいいのだ。

既成インフラの中で、著者はJRに期待をかける。駅と建築を有機的に複合させれば、2・0同様、あとは勝手にユーザーがコンテンツをアップしていくというのである。結果、福島と広島と沖縄をつなぐ国土軸と新幹線が連動し、さらに台湾からアジアへと延びれば、日本再生の新しいプラットフォームの道が開ける。戦前の「満蒙」へ延びる北西軸や、田中角栄の列島改造の北西論を90度回転させた希望の南西軸で、これぞ「列島改造論2・0」だとまで、いい切った。3・11後の暗い建築界に、一石を投じるのは間違いない。

評・隈研吾（建築家・東京大学教授）

ふじむら・りゅうじ　76年生まれ。建築家。著書に『プロトタイピング』ほか。

二〇一四年一一月二三日⑥

『知ろうとすること。』

早野龍五、糸井重里 著

新潮文庫・四六四円

ISBN9784101183183

『非除染地帯』

平田剛士 著

緑風出版・一九四四円

ISBN9784846114145

社会／ノンフィクション・評伝

「測り続ける」先にある課題

原発事故により、大量の放射性物質が拡散した。それらがどれだけの影響をもたらすのかを知るためには、とにかく「測り続ける」ことが必要だ。空気を、水を、食品を、そして人を。そうして測った数値によって、はじめて私たちは「現状」を理解することができる。

『知ろうとすること。』は、物理学者の早野龍五と糸井重里の対談本。早野は原発事故以降、ツイッターで積極的に情報提供してきた。初期は原子炉の状態や空間線量の情報整理を行い、その後も子どもたちの給食を測り、住民の被曝（ひばく）量データを検証するなど、調査・発信を続けている。情報が錯綜（さくそう）していたあの頃、淡々とデータを整理する早野のツイッターは、フォロワー数が急増していた。糸井の軽妙な合いの手のお陰で、とても読みやすい。

事故直後はよくわからなかった、様々なカタカナ用語。それも時間が経つと、生活に深く関わる数値、たとえば空間や食品の線量に関しては、「だいたいこんな感じなのね」という判断をそれぞれでしてきた。「気にしかた」には幅があれど、数値は日々の中で確かに活用されている。しかし、「非除染地帯」の抱える難題は、他地域と一線を画している。

ルポ『非除染地帯』は、除染対象から外れた地域の山や川と向き合い、数字を測り続ける人たちの姿を淡々と描いた一冊。原発事故は、生態系にも変化をもたらした。人がいなくなり、田畑や山が手入れされなくなると、害獣の活動範囲が広がった。猟師たちが地元を去り、狩猟離れが進んだ。撃った獣を食べられなくなり、出荷も不可能になった。

「消費者目線」で気にする数値には慣れたが、生産現場や非除染地帯で起きていることを、知る機会はあまりない。「測り続ける」その先にも、まだまだ課題はあると思い知る。

評・荻上チキ（「シノドス」編集長・評論家）

二〇一四年一一月二三日⑦

『肥満　梟雄(きょうゆう)　安禄山の生涯』

東郷隆 著

エイチアンドアイ・一九四四円

ISBN9784908110009　歴史／ノンフィクション・評伝

時代小説の妙手・東郷隆が、果敢に新しい分野に挑戦した。舞台は多民族国家である唐。主人公はソグドと突厥(チュルク)の血を受けた、一世の風雲児、安禄山。彼は傾国の佳人・楊貴妃とのロマンスで有名な玄宗皇帝に重く用いられ、栄達する。だが、やがて反乱を起こし、一時は帝位に即(つ)くが、破滅の道をたどる。

日本の前近代史は（アイヌと琉球を除いて）一言語・一民族、「われわれ日本人」の盛衰を以(もっ)て語られる。故に比較的、おとなしい。一方、中国史は多数派たる漢民族の他に、遊牧民たちが時代を造形する。だから変化は激しく複雑で、権力の推移を追うことがむずかしい。ところが本書はこの難題をさらりとクリアし、その上で「生きるため貪(むさぼ)り食う」ことを自らに課した、魅力的な主人公を準備する。その力量は、ただ事ではない。

多様な民族・宗教・文化が登場し、美姫が舞い踊る。安禄山は善も悪も、美も醜も、褒(ほう)も貶(へん)も食べ尽くす。虚々実々の物語の幕が開く。

評・本郷和人（東京大学教授）

二〇一四年一一月二三日⑧

『ナパ　奇跡のぶどう畑』

ダグ・シェーファー、アンディ・デムスキィ 著

野澤玲子 訳

阪急コミュニケーションズ・二一六〇円

ISBN9784484141176　社会／ノンフィクション・評伝

カリフォルニアのナパヴァレー。有名なワイン生産地だ。本書はナパヴァレーがまるで無名だった1970年代初頭、50歳を前に脱サラして土地を買い、ブドウを植え、ワインを作り始めた父と、後を継ぎ世界最高のワイナリーに高めていった息子との二人三脚の記録。

勤勉さと慎み深さや家族愛を美徳とした、企業人が好みそうなファミリービジネス成功譚(たん)でありつつ、無の状態からワインという廉価にも高額にもなりうる商品をどう作って売るかの煩悶(はんもん)、著者のワイナリーだけでなくナパヴァレー全体がブランド化してゆく様子が、分かりやすくかつ興味深く描かれる。

土地の風土に合ったぶどうの美味(うま)みを生かして醸造する。それだけのことがいかに大変か。蛇足であるが評者はワインの膨大な蘊蓄(うんちく)が苦手で何も覚えずにきたが、本書を読み終え、何故膨大になるのかを理解し、ブドウ品種の名前も覚えた。退屈しないワイン入門書としてもおすすめ。

評・内澤旬子（文筆家・挿画家）

二〇一四年一一月三〇日❶

『処刑までの十章』

連城三紀彦 著
光文社・二〇五二円
ISBN9784334929725／9784334773632（光文社文庫）

『女王』

連城三紀彦 著
講談社・二四八四円
ISBN9784062095648

文芸

たおやかで繊細「物語り」の大技

ごく短い掌編であれ、大作であれ、連城三紀彦の小説はどれも、とにかく大技という感じがする。強烈な芳香を放つ謎と、めくるめくどんでん返しの連続は、この作家のトレードマークだったが、そのような時として殆（ほとん）ど異常とさえ映る「物語り」の構え自体が、比類無く大きく、強い。だがそれはマッチョなものでは全くなくて、ふと俯（うつむ）いた表情に射（さ）し込む影や、微（かす）かな衣（きぬ）擦れの音のような、たおやかさと繊細さの内に宿っている。稀有（けう）な小説家であったと思う。

『処刑までの十章』は、癌（がん）が作家の命を奪う一年半前まで雑誌連載されていた、実質的な遺作長編である。ある朝、一人の中年男が、いつもと同じように会社に向かうため家を出て、そのまま姿を消す。弟の直行は義姉に乞われて一緒に兄の行方を追い始める。平凡と言っていい兄の唯一の趣味は蝶々（ちょうちょ）で、アサギマダラという蝶がきっかけで、高知県の同じ趣味の女性とやりとりがあった。失踪の日の早朝、高知県土佐清水で放火殺人事件があった。男が焼死し、女が現場から逃げ去った。事件は一枚の絵葉書（えはがき）によって予告されていた。そこには「午前五時七十一分」という謎めいた記述があった……まさに連城節全開の序章から、物語は直行と義姉の禁断の恋を孕（はら）みながら、思考が追いつかないほどの反転劇を繰り広げてゆく。連城小説のキーワードのひとつである「疑心暗鬼」が極限まで突き詰められた、凄（すさ）まじい作品だ。

『女王』は、九〇年代後半に連載されたまま単行本化されていなかった大長編。冒頭、語り手の「私」が精神科医の診察を受けている。「私」は戦後生まれの筈（はず）なのに何故（なぜ）か東京大空襲の記憶があるのだ。そんなことは絶対にあり得ないのだが、両親は相次いで死んだと聞かされ、古代史学者の祖父に育てられた「私」と、精神科医の瓜木（うりき）も空襲の日に記憶があった。そのとき「私」はこう言っていた。「今僕は何才なんですか？」。祖父の不審な死をきっかけに「私」は、癌を患った老齢の瓜木、祖父・祇介（ぎすけ）の弟子だった妻・加奈子とともに、記憶の迷宮、歴史の迷路へと入り込んでゆく。それはなんと魏志倭人伝に記された邪馬台国と、その女王・卑弥呼（ひみこ）をめぐる謎だった。異形の歴史ロマンであり、男女の複雑極まる情愛のドラマであり、連城ミステリーの要素が全て注ぎ込まれた巨編である。

連城三紀彦は二〇一三年十月十九日に没した。一周忌を記念して刊行された二冊は、どちらも大技中の大技というべき作品である。作家生活を通して読者への騙（だま）しと謀りを駆使し続けたこの作家は、そのなまめかしくも殺気立った筆によって、人生の、人間の、隠された真実を抉（えぐ）っている。

評・佐々木敦（批評家・早稲田大学教授）

れんじょう・みきひこ　48年生まれ。作家。『戻り川心中』で日本推理作家協会賞、『恋文』で直木賞、『隠れ菊』で柴田錬三郎賞。13年10月に死去。

二〇一四年一一月三〇日❷

『馬の自然誌』

J・E・チェンバレン 著　屋代通子 訳

築地書館・二二六〇円
ISBN9784806714835

科学・生物

人との歩み　縦横無尽に考察

かつて私たちは馬の力に依拠して生きてきた。農耕だけでなく移動も戦争も、馬がいなければ成し遂げられなかったことは多い。アレクサンドロス率いるマケドニア軍で最重要の軍備は馬であった。彼は馬を大事に扱い、週に一度の放牧休暇をとらせ、収穫期に合わせて、つまり馬の餌を確保できるようにスケジュールを組み進軍したという。ウマがいなければ彼は覇者になれなかったと言えよう。

鉄道ができ、自動車や戦車、飛行機の発明と普及により、現在の馬は、人類にとってなくては生活がたちゆかない、という存在ではなくなった。街はもちろん、田園からも馬は姿を消し、日本に現在生存する馬のほぼ九割がサラブレッド、つまり競馬の競走馬である。馬と言えば騎手を乗せ馬場を競走する姿を思い浮かべる人がほとんどであろう。

本書は馬の生態や優れた能力を説明するとともに、有史以来、馬がどのように生き、人と関わってきたのかを考察する。人がまだ馬を道具として利用する以前に野生馬を追い込んで肉を食べていた頃から、馴（な）らしてはみや紐（ひも）や鞍（くら）をつけ、荷物や荷車を曳（ひ）かせたり、人を乗せるようになってからは戦争だけでなく狩猟にも使われてきた。

他の家畜と比べても馬は図抜（ずぬ）けて用途が複雑多岐にわたる。人々に愛され、芸術の対象にもなった。しかも世界ほぼ全域で濃密な文化を築いてきた。本来単行本一冊で書ききれるテーマではない。

著者は膨大な知識と馬への愛を駆使して、アメリカ大陸における先住民、イスラーム、ペルシャ、モンゴル、アフリカ少数民族、ヨーロッパ、中国などなど、地域も文化も時代も攪拌（かくはん）するかのように引き出しては自由に比較し、この難題を成し遂げている。

莫大（ばくだい）な電力を使う暮らしに慣れきった現在、いま一度馬力と共に生きてきた人類の営みを知ることで、未来の生き方を考えたい。

評・内澤旬子（文筆家・イラストレーター）

J. Edward Chamberlin　カナダ生まれの文学者。トロント大学名誉教授。

二〇一四年一一月三〇日❹

『愉楽』

閻連科 著　谷川毅 訳

河出書房新社・三八八八円
ISBN9784309206608

文芸

権力を恐れぬケタ外れの腕力

閻連科。とんでもない腕力の作家である。もちろん創作が人間という大地を掘る力であり、想像という砲丸を限りなく遠くまで届かせる力のことだ。ユーモアが起こす笑い声の大きさ、あるいは泣き声が震わせる範囲の広大さ、共にケタ外れと言っていい。

『愉楽』は中国河南省西部の架空の村を舞台とする。そこはもともとの管理区域からも外れた孤立した村で、積み重なる経緯から住む者のほとんどがあらゆる身体的障害を持っている。耳が聴こえない、目が見えない、言葉をしゃべれない、足を引きずる、背丈が伸びないといった具合に。そのような人々が「四方八方の村」から「押し寄せて」来て仲良く暮らしていたのだ。

村人は自然の豊かさを享受した。その精髄が「受活」と小説内で呼ばれる悦楽である。村の名を「受活村」という。

このような神話的な設定の中に、閻は政治的な歴史を切れ目なく組み込む。元紅軍の女兵士で母と共に行軍していたが、孤児になった茅枝（マオジー）。所属していた軍のトップが党と分裂したために彼女は雪山をさまよい、片足が動かなくなって村を指導するに至る。

語りは時にしゃべり言葉になり、文語になる。その法則性などどこへやら、自由自在に宙をゆく龍のごとく物語はうねり、年月を遡行（そこう）し、時におおげさで時に繊細な比喩を身にまといつつ動き回る。

そこに支配層のわがまま、中間搾取する者たちの非道、支配される者の卑しさ、正義に忠実であろうとする茅枝が引き起こしてしまう取り返しようもない悲劇、を闇はこれでもかとちりばめる。

例えば他作品『人民に奉仕する』では性的なシーンに共産党の政治信条をからめ、『丁庄の夢』では売血でエイズ患者だらけになった村を描き、何度も作品が発禁・販売差し止めとなってきた閻連科。彼の腕力は、巨大な中国を相手に一歩もあとへ引かない。

他翻訳が待たれる。

評・いとうせいこう（作家・クリエーター）

えん・れんか　58年中国生まれ。今年、フランツ・カフカ賞を受賞。

二〇一四年一一月三〇日❺

『スクールセクハラ　なぜ教師のわいせつ犯罪は繰り返されるのか』

池谷孝司 著

幻冬舎・一五一二円

ISBN9784344026513／9784344425859（幻冬舎文庫）

教育／社会

生徒らの性被害　丹念に取材

スクールセクハラという言葉を知ってほしい。「学校で起きる性被害」のことだ。わいせつ行為で処分される教師の数は毎年、１００人を超える。これでも、氷山の一角だろう。「加害が認定され、対応が行われたケース」だけで数百件あるというのだから。

ただでさえ性被害は、なかなか他人に相談しがたいという実情がある。被害を口にするのも苦痛である上に、適切な対応がなされるかは確実ではない。「相手に報復されるのではないか」「周囲から自分が責められるのではないか」「家族に迷惑をかけるのではないか」と苦悩し、一人でトラウマを抱えてしまうという状況に陥りがちだ。

児童の場合はなおさらで、しかも相手は教師なのだ。自分の成績を評価し、毎日顔を合わせなくてはならない大人を、子どもが告発するというのがどれだけ難しいか。被害者は沈黙を強いられる一方で、加害者は今でも教育現場に携わり、新たな被害者を生んでいるかもしれない。

一部の生徒を狙い撃ちしたセクハラの場合、他の生徒や親が「そんな先生ではない」と擁護することもある。セクハラが部活動のしごきの一環になっている場合、それが伝統だと信じられていることも。女子生徒だけでなく男子生徒も被害者になりうるし、勇気を出して告発しても、心無い言葉が2次被害をもたらすことがしばしばある。

本書は、こうした典型的な事例を丹念に取材することで、スクールセクハラの構造的問題点を浮き彫りにしたルポルタージュ。うんざりするようなケースばかりで、正直に言えば、読んでいて不快感しかない。本書で告発している元生徒たちは、この何倍もの苦痛を味わったのだろう。子を持つ親、教育に携わる者を中心に、全ての人に読んでほしい。こうした事例を再生産しないために、「これは社会問題だ」という認識が共有されなくてはならない。

評・荻上チキ（「シノドス」編集長・評論家）

いけたに・たかし　65年生まれ。共同通信記者。共著に『ルポ　子どもの貧困連鎖』など。

『革命のつくり方　台湾ひまわり運動――対抗運動の創造性』

港千尋 著
インスクリプト・二三七六円
ISBN9784900997486

閉じこめられていた声を解放

香港で抵抗の雨傘がひらく半年ほど前、台湾には見事なひまわりが咲いていた。

台北で3月18日夜から23日間、日本でいえば国会議事堂にあたる立法院が学生たちに占拠された。中国とサービス業を開放しあう経済協定の強行審議に抗議したものだった。非暴力を貫いた運動は、議場中央にかざられた一本のひまわりが象徴となって「太陽花（ひまわり）運動」と呼ばれる。

著者は、群衆や記憶などをテーマに、1980年代からブラジルや欧州など各地のデモや集会の現場を歩いてきた。本書は、3月末の5日間、台北の議場や路上で「人間、モノ、言葉」を取材、撮影し、思索した記録である。

市民にまで広がった運動を考える視点を、中国との政治、経済や感情の問題だけに閉じこめない。「今日の革命とは代表制の限界を明らかにし、別の政治のつくり方を考えること」として、人々が街に出て、声をあげる意味と可能性を語る。

その「つくり方」を、黒箱（ブラックボックス）、議会、ひまわり、配置図など21のキーワードで分解し、解説する。議場の占拠は、政治の「黒箱」を壊し、言葉を取り戻すきっかけとなった。「閉じこめられていた声を解放し、共鳴を生み出してゆく。そこから政治は始まる」

著者のレンズがとらえた運動の場は、現代芸術のギャラリーのようだ。

扇風機をロープでしばって積み上げたバリケード、黒いTシャツにはえる黄色いヒマワリ、「自由民主」という文字と握りこぶしを描いた黒白の木版画、読み手の想像力をそそる大きな空白をもうけた手作り新聞……。デジタルな表現に、ユーモアや伝統文化が共存する。台湾の市民運動の蓄積をも示す。

民主主義のあり方を模索する動きが、日本や中国を含めた東アジアで共振する日はくるのか。「ひまわり」の先が気になる。

評・吉岡桂子（本社編集委員）

みなと・ちひろ　60年生まれ。写真家、評論家。『ヴォイドへの旅』など。

『世界内政のニュース』

ウルリッヒ・ベック 著
川端健嗣、ステファン・メルテンス 訳
法政大学出版局・三〇二四円
ISBN9784588010163

『危険社会』で、現代社会の特性を、富と同時にリスクも大量に生み出す社会と論じ注目を集めた社会学者による、同時代の観測記録。新聞掲載コラムを中心に、近年の多層な世界の切断面が躍る。「世界内政」とは、政治理論や規範的な哲学の構想ではなく、今なお強固な国民国家の境界線を越境する「あるがままの現実」と、著者は述べる。それは、グローバル化の名の下に一括（ひとくくり）にされる抽象的な視点からではなく、「下からのモグラのような視点で発見され解明されなくてはならない」と。

切り抜かれていくのは、グローバル化と貧困問題、欧州の政情、エコロジーやエネルギー問題の指し示す課題……。マツタケの輸入から国境を超えた代理母や臓器売買にいたる生命の部品化まで、私たちは「外部」なき世界に生きているのだ。「互いの距離は益々（ますます）小さくなり、互いの無理解が益々大きくなる」時代のただ中で、危機と可能性の双方に目配りする、賢人の視線に同期してほしい。

評・水無田気流（詩人・社会学者）

二〇一四年一一月三〇日❽

『江戸時代の医師修業　学問・学統・遊学』

海原亮 著
吉川弘文館・一九四四円
ISBN9784642057899
歴史

江戸幕府は医療に責任を持たなかった。その働きは各地の藩に委ねられ、いくつかの藩は医師を育てるシステムを作った。だが、それは機能しなかった。システムは中だるみの状態を呈し、円滑な医師の供給は実現しなかった。

では、規制のないこの時代、誰でも医師になれたのか？　そうではない、と筆者はいう。地域に根ざした医師のコミュニティー、「医界」が次世代の医師を育てたのだ。

医師を志す者は日々の勉学に励む。学が成らなければそこで退場。医界に認められた者だけがその後援を受け、師を求めて遊学に旅立つ。京や大坂などで修業の日々を送り、名の知れた学統に連なり、新しい医学を郷里に持ち帰る。かくて彼は医界に一定の位置を占めることになる。

本書は医師になるための研鑽（けんさん）を、史料を駆使して解き明かす。お上のシステムより人。人の熱意こそが、修業をやりとげるカギになる。それは現代も江戸時代も変わらぬようで、微苦笑を禁じ得なかった。

評・本郷和人（東京大学教授）

二〇一四年一二月七日❶

『孝謙・称徳天皇　出家しても政を行ふに豈（あに）障らず』

勝浦令子 著
ミネルヴァ書房・三七八〇円
ISBN9784623071814
歴史

制度変革試みた大胆な女性天皇

東京・大手町にある和気清麻呂（わけのきよまろ）像は、紀元２６００年に当たる１９４０年に建てられ、「万世一系」の天皇の血統を守った忠臣として、清麻呂を称（たた）えている。その背景には、僧侶でありながら天皇になろうとした道鏡を逆賊と見なす歴史観がある。

道鏡を自らの後継者にしようとした女性こそ、称徳天皇にほかならない。この女性は、奈良時代に2度天皇になっている。1度目は孝謙天皇、2度目は称徳天皇として。しかし平安時代以降、孝謙・称徳天皇は道鏡との男女関係におぼれた淫乱な女性という言説が広がってゆく。

本書によれば、こうした言説は女性天皇を否定するために作り出された臆説にすぎない。それは同時に、孝謙・称徳天皇が歴代のどの天皇もなし得なかった、天皇制の大胆な変革を試みたことを物語っている。

孝謙・称徳天皇は、聖武天皇と光明子（こうみょうし）（光明皇后）という傑出した天皇と皇后の第1子として生まれ、仏教経典の『最勝王経（さいしょうおうきょう）』を写経するなど、両親からの影響を受けつつ21歳で史上唯一の女性皇太子となる。そして32歳で天皇となるや道鏡を重用して出家し、男装した「変成男子（へんじょうなんし）」となることで、女性としての限界を克服する。

当然、孝謙と道鏡の体制に危機を感じて男性天皇の復帰をもくろむ勢力もあり、孝謙はいったん淳仁天皇に譲位する。だがまもなく淳仁を廃位させ、再び出家したまま称徳天皇となる。

称徳天皇は、道鏡を法王にする一方、多くの女性を登用した。天平神護元（７６５）年には、位階が男性54人に対し女性44人に、勲等が男性28人に対し女性15人に授けられている。この数字を見ても、称徳がいかに画期的な天皇であったかがわかろう。

それだけではない。仏教ばかりか神祇（じんぎ）や儒教にも精通したこの女性天皇は、歴代天皇のなかでも珍しい政治思想家であった。たとえ血統を受け継がなくても、「天」が授ける者であれば天皇になれるとする思想は、「万世一系」を否定する論理を兼ね備えていた。

本書の白眉（はくび）は、その思想に到達するまでに孝謙・称徳天皇がいかに研鑽（けんさん）を重ね、自らを加護する神仏について考え抜いたかを生き生きと描き出したところにある。

道鏡を天皇にしようとする称徳の野望は、宇佐八幡に送られた和気清麻呂が、それを否定する神託を受けたと報告することで、はかない夢と消えた。しかしもし宇佐八幡が、称徳が期待する通りの神託を下していたら、日本も中国や朝鮮のように王朝が交代する歴史を歩んでいたに違いない。本書からは、そうした歴史のイフを探る楽しみも湧いてくるのだ。

評・原武史（明治学院大学教授）

かつうら・のりこ　51年生まれ。東京女子大現代教養学部教授。専攻は日本古代史。博士（文学）東京大。高知女子大助教授などを経て現職。著書『女の信心』（女性史青山なを賞）、『日本古代の僧尼と社会』など。

二〇一四年一二月七日❷　文芸

『朝露通信』

保坂和志 著

中央公論新社・二二六〇円

ISBN9784120046711

とめどなく語られる記憶の塊

「たびたびあなたに話してきたことだが僕は鎌倉が好きだ」。こんな印象的な一文から本作は開始される。だが呼び掛けられた筈（はず）の「あなた」はあっけなく姿を消してしまい、それから「僕」は三歳十一カ月から大学を六年かかって卒業するまで住んだ鎌倉での思い出を語り始める。しかしそれはすぐさま、それ以前に一家が住んでいた親戚たちの居る山梨から鎌倉への引っ越しの記憶を扉として、更にそれ以前の、つまり「僕」の生まれてまもない時間へとすべり落ちてゆく。以後、鎌倉と山梨という二つの場所をあっちこっちしながら、思い出される時もあっちこっちめまぐるしく経巡りつつ、「僕」と名乗る人物の、主に幼少時から少年期の記憶が、とめどなく語られてゆく。そして冒頭に登場した謎めいた「あなた」が、そのあちこちに不意に顔を出しては「僕」を現在に引っ張り込もうとするだろう。

　保坂和志のすべての小説と同じく、これはメモワール、自伝、あるいは私小説と呼ばれるものに似ているようでいて、決定的に異なっている。その違いの最大の要因は、まさに「とめどなく」という点にあるだろう。新聞小説として書かれた本作は、見開きが一日一回分になっているのだが、次頁を開くと時間も空間も跳んでいたりする。だがそれは驚きを狙った唐突さというよりも、そういえば、そういえばと、思い出が自然に、とめどなく引きずり出されてくるという感じなのだ。読み進む内に読者は、記憶というものが、時系列に沿ったものではなく、いわば塊のような、海のような、雲のような何かとして、丸ごと提示されようとしていることに思い至る。

　「蓮（はす）の葉の上でキラキラ光る朝露の一滴が世界を映す」（あとがき）。だが、これは部分に全体が宿るということではない。部分と全体という区別が、ほんとうはないのだ。無数の、そして一滴の「世界」そのものである小説。

評・佐々木敦（批評家・早稲田大学教授）

ほさか・かずし　56年生まれ。作家。『未明の闘争』で野間文芸賞。『季節の記憶』など。

二〇一四年一二月七日③

『キリスト教とローマ帝国　小さなメシア運動が帝国に広がった理由』

ロドニー・スターク 著　穐田信子 訳

新教出版社・三四五六円
ISBN9784400227236

人文

初期信徒は中・上流の都市住民

ここ数年、不思議に思っていたことが二つある。一つは1215年にローマ・キリスト教会が利子率を容認してわずか50年後に生まれた詩人ダンテは、なぜお金を「神の僕（しもべ）をして道を誤らせる花」と言い、これに執着する人を「強欲」だと批判したのか。

第二に、キリスト教は霊魂を資本主義はモノを「蒐集（しゅうしゅう）」することで社会秩序を維持してきたが、ローマ・カトリックと資本主義との間には一体どういう関係があるのか。

本書を読んで、二つの疑問の答えが実は同じことに起因するのだとわかった。

キリストの死から3日後、キリスト教はユダヤ教内の「セクト」から新しい「カルト」運動へと変化したとされる。近年の新約聖書歴史学の流れでは、その基盤を「中流ないし上流階級」に求めている。俗に言われる庶民の「奇跡的な」集団改宗があったわけではなく「離散ユダヤ人にかぎらず（略）4世紀まではユダヤ人が大きな源としてキリスト教徒への改宗者を供給し」、紀元40年の帝国内に1千人（人口比0.002%）だったキリスト教徒は350年には3400万人（同56.5%）へと急速に普及した。

都市に住んだ上流層であったキリスト教徒の中から、貨幣経済化が進んだ13世紀以降、資本家になって成功した者が多数出たと考えられる。「蒐集家たちの層序の頂点」に立つ支配層はキリスト教徒であり、同時に資本家でもある。彼らが「命も金も」と要求したことで「蒐集」は際限のない「強欲」となった。

本書によると、キリスト教がギリシャ・ローマの多神教に勝利したのは「カルト過多」な多神教の神殿が「絢爛（けんらん）豪華」となり、維持するのに金がかかったせいだ。と同時にキリスト教の「教義」が危機や苦難に打ち勝つすべを教えたからだと著者は強調する。

モノ的には超「過剰」、しかも「教義」はない日本。その将来が心配になってきた。

評・水野和夫（日本大学教授）

Rodney Stark　米国の宗教社会学者。

二〇一四年一二月七日④

『人間、やっぱり情でんなぁ』

竹本住大夫 著

文芸春秋・一八三六円
ISBN9784163901381

アート・ファッション・芸能

人間の真実詰まった文楽を体現

文楽（人形浄瑠璃）は、江戸時代の大坂で生まれ、現在まで上演されつづけている芸能だ。大夫、三味線、人形遣いの三業から成り、物語を通して、人間関係の複雑な情感を描きだす。現代人が見ても心を揺さぶられる、一大エンターテインメントだ。

竹本住大夫は、文楽の大夫を六十八年間務め、今年五月に、多くのファンに惜しまれながら引退した。現代の文楽を代表する最高峰の大夫であり、情感あふれる語りで、文楽の魅力と真髄（しんずい）を観客の心に刻みつづけてきたひとだ。

そういう偉大な大夫が、これまでの人生と芸について語ったのが本書だ。修業時代の厳しい稽古の様子。芸に対する真摯（しんし）な姿勢。「気合いを入れ直して生きます！」と、我が身を省みてぶるぶる震えてしまうような、重い言葉が満載だ。しかし、決して説教臭くはない。

謹厳実直なだけではないのが、住大夫師匠の魅力なのだ。爆笑エピソードもてんこ盛りで、「毛の生えた動物」全般が苦手な師匠は、なんと「毛布」すらも身辺から遠ざけ、真冬も使用しないことが判明。まさに、毛を毛嫌い。「師匠、毛布は動物じゃないので、掛けても噛（か）みついてこないです」と、思わず本に向かって話しかけてしまった。

師匠が幼少期を過ごした、大正末から昭和初期にかけての大阪の情景も活写され、風俗や町並みについての貴重な証言にもなっている。「語り」のプロだけあって、とにかくすべての言葉が生き生きとしており、町のにおいまでもが感じられるようだった。

文楽をまだ見たことがないかたにも、ぜひ本書をお読みいただきたい。「こういう魅力的なひとが、人生をかけて追求している文楽って、どんな芸能なんだろう」と、きっと興味が湧くはずだ。真剣で、でも笑えて、人間の真実が詰まっている。竹本住大夫は全身で、生きかたで、文楽そのものを体現している。

評・三浦しをん（作家）

たけもと・すみたゆう　24年生まれ。元人形浄瑠璃「文楽」大夫。14年に文化勲章。

二〇一四年一二月七日⑤

『日韓歴史認識問題とは何か　歴史教科書・「慰安婦」・ポピュリズム』

木村幹 著

ミネルヴァ書房・三〇二四円
ISBN9784623071753

国際

論争史を整理する良質な地図

どんなものであれ、「論争」を取り扱う際には注意が必要だ。論争史そのものを踏まえないと、周回遅れのコメントで議論を停滞させてしまう。論争を眺めるにも、一種の「土地勘」が必要だ。だから最初は、良質な「地図」に巡り合いたいと誰もが願う。しかし必ずしもそうはいかない。特に「歴史認識問題」は不毛な言説も多く、市場に並ぶ「地図」も玉石混交だ。そんななか、多面的な「地図」が登場したことを喜びたい。

本書にはまず、〈「歴史認識問題」史〉の側面がある。ユニークなのは、各論点への言及回数が年代ごとに表にまとめられていることだ。

例えば朝日新聞の記事データベースだと、戦後すぐは「東京裁判」「戦争犯罪」「戦犯」が頻出するのに対し、「靖国」はむしろ2000年代以降に多く登場する。一方、「朝鮮日報」では、80年代まであまり論点化されていなかった「強制連行」「慰安婦」といったキーワードが90年代に増加。00年代は「独島」が急増した。かように歴史認識問題の変化が、実証的に解き明かされている。

また、〈論争当事者一覧表〉の側面もある。複数のプレーヤーが論争に参加してきた経緯が、分かりやすく紹介される。日韓の歴史認識問題は、「韓国」と「日本」が衝突しているといった大ざっぱなものではない。各国内にも多様な発言者がいることを見落としては、的確な分析や生産的な提言は出てこない。論争史や各当事者の歩みを追う体験は、外交問題を検討する上で必須の、複眼的な思考のレッスンにもなるだろう。

なお本書は、「人権」「ジェンダー」「国際法」「史料発掘」「ナショナリズム」といった変数をあえて脇に置くことで、各プレーヤーの力学を粛々と記述することに成功している。読者諸氏には、良質な鳥瞰図（ちょうかんず）を眺めた上で、省略された各論を深掘りする旅に出てほしいと願う。

評・荻上チキ（「シノドス」編集長・評論家）

きむら・かん　66年生まれ。神戸大大学院教授。『韓国現代史』など。

二〇一四年一二月七日⑥

『帝国の慰安婦　植民地支配と記憶の闘い』

政治

朴裕河 著

朝日新聞出版・二二六八円
ISBN9784022511737

根源は家父長制・国民国家体制

いわゆる従軍慰安婦問題をめぐっては、日本軍の関与を強調し、政府の責任を追及する立場と、それを単なる売春であったと見なし、政府の責任を否定する立場とが厳しく対立し、外交関係にまで影を落としている。

本書で著者は、政治的な争いの中で、肝心の当事者である女性たちが置き去りにされがちなことを問題とし、韓国の運動団体側の資料からも引用しつつ、女性たちの生の声に耳を傾けようとする。

著者によれば、無垢（むく）な少女たちの一方的受難というイメージは一面を伝えるにすぎず、植民地構造の中で、女性たちが軍の協力者としてもふるまうよう追い込まれたことこそが、むしろ深刻なのである。兵士たちも、意に反して動員されたという意味では被害者の面ももつとされる。

戦地への移動手段等を提供した日本政府に構造的な責任があることは決して否定できないが、募集や運営を直接手がけた、朝鮮人を含む業者の責任も問うべきだという。

こうした内容を含む本書の韓国語版は運動団体から告訴され、著者は韓国で攻撃の的となっている。ナチス高官の弁明をも受けとめ、一部のユダヤ人によるナチス協力にさえ言及したハンナ・アーレントが、ユダヤ人社会で孤立した経緯が思い出される。

そもそも日本の植民地支配がなければ女性たちが戦地に赴くこともなかったろうし、彼女たちの運命は、支配の記憶と重ねられてきた。しかし、欧米や韓国が日本だけを責めたために、女性差別的な家父長制や、利益のために戦争を行う国民国家体制に問題の根源があることが見失われてしまったと著者はいう。

責任を広くとらえすぎて、責任追及を困難にするとの批判もあろう。しかし、苦境の中で、複雑な問題に極力公平に向き合おうとした努力は特筆に値する。この問題提起に、日本側がどう応えていくかが問われている。

評・杉田敦（政治学者・法政大学教授）

パク・ユハ　57年生まれ。韓国・世宗大学校教授。『和解のために』で大佛次郎論壇賞。

二〇一四年一二月七日⑦

『君は山口高志を見たか　伝説の剛速球投手』

ノンフィクション・評伝

鎮勝也 著

講談社・一六二〇円
ISBN9784062192606／9784062816748（講談社＋α文庫）

山口高志。約170センチの（野球選手としては）小柄なからだをぎりぎりまで大きく使って、最も速いスピードボールを投げた男。ぼくが記憶している彼のタマは打者のヘソのあたりからググッとホップした。打者のバットはタマの下側を振って空を切った。

山口は関西大学から社会人野球に身を投じ、二年後に鳴り物入りで阪急ブレーブスに入団。直ちに先発に、救援に、大車輪の活躍を見せた。4年連続リーグ制覇、うち3度の日本一に貢献。でも実質4年、たった4年で燃え尽きた。引退後は長く投手コーチを務め、藤川球児らを育てた。

本書は山口の球歴を克明に、だが淡々と描く。そして山口自身に「太く短いプロ生活に悔いはない」と語らせる。だが、なんともったいない！　アメリカでは、投手の分業制が既に確立していた。なぜそれに学ばなかったか。もしも山口がクローザーとして、大事に使われていたら、どれ程（ほど）のことをしていたか。それを思うと、悔しくてならない。

評・本郷和人（東京大学教授）

『科学・技術と現代社会　上・下』

池内了 著

みすず書房・各四五三六円
ISBN9784622078340〈上〉・9784622078357〈下〉

科学・生物／社会

研究者の倫理問う　著者畢生の科学論

科学と社会の関係について積極的に発言を続けてきた著者の集大成。池内了、畢生（ひっせい）の科学論である。

この宇宙物理学者は、1995年の地下鉄サリン事件をきっかけに、科学の社会的側面に関心を持ち始めた。それから20年。真摯（しんし）に、誠実に、この問題に向き合ってきた思考の神髄がここにある。科学と科学者の文化的・倫理的成熟が必須であるという、その論旨の直球ど真ん中っぷりが清々（すがすが）しい。

論点は多岐にわたる。75ページに及ぶ長い序章は、福島の原発事故について。以後、科学と技術の関係、科学と技術の歴史、戦争と科学、エネルギー問題、環境問題、生命技術、情報化技術など、およそ科学・技術と社会の関係と言ったときに含まれる、ありとあらゆるテーマが論じられている。

自然科学の背景をもつ研究者が、ひとりでこれだけ多くの社会的問題について思考を深め、見解をまとめて開陳した事例は、今の日本では珍しい。単独の著者による視点が貫かれているからこそ、全体を覆う構造的な問題が浮かび上がってくる。その意義は大きい。

一方で、扱う範囲が広くなれば、当然、出来不出来がばらつく。誤りも散見される。放射線防護のＩＣＲＰ（国際放射線防護委員会）基準についての記述は首をかしげるところがあるし、情報化社会への考察も目新しさはない。

だが、こういった瑕疵（かし）は、全体の論旨を大きく損ねるものではない。本書全体の厚みと充実した内容に比べれば、目くじら立てる必要はないだろう。

むしろぼくが問題にしたいのは、筆者にとっての「善」とは何か、そしてそれを実現するための駆動力と方法は何か、である。

「〜するべきである」「〜ねばならない」、という著者の論理は正当なものだが、読み進めるうちに息苦しさのようなものを覚えるのも事実だ。著者は、この社会と人類がどこに向かう「べき」だと考えているのだろうか？そして、その目標はどうすれば読者と共有できるのだろうか？

著者は専門家の倫理観を拠（よ）り所としつつ、科学者が市民と科学の媒介役になるという提案をしている。それはそれで良い。だが、科学者ではない市民や生活者たちは、この問題にどのように関わっていけばいいのか？また、科学者や技術者の倫理観と社会的態度を涵養（かんよう）するには何が必要なのか？著者が理想とする規範や社会を実現するためにはどうすればいいのか？　これらを実現する方途と道筋は読者に委ねられたままである。

ぼくたちは、この本を読み終えたところから、さらに先に進まなければならないのだろう。そのための橋頭堡（きょうとうほ）として、しかと受けとめるべき重みをもった本である。

評・佐倉統（東京大学教授）

いけうち・さとる　44年生まれ。宇宙物理学者、名古屋大学名誉教授。著書『お父さんが話してくれた宇宙の歴史1〜4』『科学は今どうなっているの？』『宇宙論と神』『転回期の科学を読む辞典』『寺田寅彦と現代』など。

二〇一四年一二月一四日②

『哲学散歩』

木田元 著

文芸春秋・一六二〇円
ISBN9784163901510

社会

強烈な個性と印象深い逸話

今夏亡くなった哲学者によるエッセー。古代ギリシャから20世紀にいたる哲学者たちの逸話が飄々（ひょうひょう）と綴（つづ）られ、そこから思想の解説へとすんなり繋（つな）がる筆力は見事。

たとえば、アリストテレスは同時代の人々からの評価は芳しくなかった。曰（いわ）く、体格は貧相で、人を小馬鹿にしたような顔立ち。服装も髪形も凝り過ぎで、指輪をいくつもつけて自慢していた。極めつきの悪評は、プラトンに対する「忘恩の徒」呼ばわり。だが著者は、「いつもニコニコしている人柄のいい思想家」が、世界を転覆させるような思想を提起することの方がありそうもないのでは、と擁護。もっともアリストテレス自身も、プラトンへの辛辣（しんらつ）な批判が反発を招くことは覚悟していたようだ。真理のためには師にも背くとの真摯（しんし）な姿勢は、敵も多かったに違いない。

ショーペンハウアーは、人気作家だった母とは不仲で喧嘩（けんか）が絶えず、友人のゲーテもろとも母に階段から突き落とされたこともあった。その生い立ちのせいか、彼は大の女嫌い。自室の前で大声で話していた老女に腹を立て、階段の下まで突き落として怪我（けが）をさせ、彼女が死ぬまで毎月慰謝料を払わせられた。彼女が死んだときには、重荷からの解放を喜んだ……とは、解脱としての倫理学を探求しつつも、厭世（えんせい）に彩られた人生を象徴するかのようだ。

強烈な個性と印象深い逸話の数々は、哲学者たちの生きた時代や人となり、さらに息遣いすら感じさせる。頁（ページ）をめくると目に浮かぶのは、白いキトンに身を包みエジプトを周遊しイデア論を構想するプラトン。エトナ火山に身を投じて青銅のサンダルを残したエンペドクレス。ダヴォスのセミナーでカッシーラーと哲学史に残る世紀の対決を演じつつ、晩餐（ばんさん）会場にはあえてスキー服のまま入り、盛装した紳士淑女の間を練り歩いたハイデガー……。歩調を合わせ、読み進めたい。

評・水無田気流（詩人・社会学者）

きだ・げん　28年生まれ。哲学者。著書に『現象学』『ハイデガーの思想』など。今年8月逝去。

二〇一四年一二月一四日③

『オウリィと呼ばれたころ　終戦をはさんだ自伝物語』

佐藤さとる 著

理論社・一七二八円
ISBN9784652200506

文芸

戦時下 志したファンタジー

子ども時代、コロボックルという小指くらいの人が出てくる物語に夢中になった。自分の側（そば）にもいるのではないかとカーテンをめくってみたものだ。似たような経験を持つひとは、たくさんいるはず。

本書は、その不朽の名ファンタジー童話を書いた、佐藤さとるの自伝物語である。

自伝、とはいえ物語のほとんどは、昭和二十年から二年ほどの時期に割かれている。旧制中学を卒業したての十七歳。海軍に志願するものの、病気が見つかり自宅待機、空襲、北海道への疎開、そして敗戦。ふくろう（オウリィ）と呼ばれながら占領軍の兵舎で働く日々。公私ともに過酷で異常な時期であるから、鮮烈な記憶があるのだろう。けれども、ほぼ七十年も前のことを、八十六歳というご高齢で、よくもまあここまで緻密（ちみつ）に書き上げたと驚愕（きょうがく）する。空襲を避けながら北上する列車と青函連絡船の記述なぞ、恐ろしさで息が詰まる。しかもあとがきによれば当時日記もつけていなかったというではないか。

著者の視点は、コロボックルが着る服や食べ物を細かに描いたのと似て、いかに生活していたかを緻密に描くことに徹底する。厳しく先の見えない状況下で、童話を書きたいと願い、コロボックル物語の雛型(ひながた)となる話を着想するところも、物語に出てくるエピソードのもとになる体験も、感動的に誇張せず、淡々と、暮らしに沿ってつつましやかに描かれる。それが逆に往年の読者の心を強く揺さぶる。

評者がコロボックル物語を読んだ頃、戦争児童文学とよばれる作品が数多(あまた)出版された。それらは劇的かつ感情的に反戦を訴えかけていた。同時期に反戦とは距離を置きファンタジー童話を一貫して書き続けていた著者が今、現在になってあえて戦時下の生活を詳(つまび)らかにする。意図はないのかもしれない。けれどやっぱり今こそ戦時下の暮らしを振り返れと言われているように思えてならない。

評・内澤旬子(文筆家・イラストレーター)

さとう・さとる 28年生まれ。『だれも知らない小さな国』など数々の童話で親しまれる。

二〇一四年一二月一四日❹　文芸

『献灯使』

多和田葉子 著

講談社・一七二八円
ISBN9784062191920

震災後の不吉な未来を予言

本書収録の「不死の島」を最初に読んだときの、深く暗い深淵(しんえん)にたたき落とされるような衝撃は、今も忘れられない。東日本大震災と原発事故以後の時間に小説家たちがどう対峙(たいじ)するかをテーマとしたアンソロジーに、長年ドイツ在住の多和田葉子が書き送った、ごく短い作品は、それ自体が彼女がこの出来事から受け取った衝撃の強さを物語っていた。多和田が行ったのは一種の予言だった。それもこの上なく不吉な。小説家の想像力とはこれほどまでに鋭く厳しくあり得るのかと、そこに描かれた異様な光景に震えを抑えることが出来なかった。

多和田は同一の設定のもとにその後も作品を書いてゆき、ついに一冊に纏(まと)まったのが本書である。冒頭に置かれた表題作「献灯使」が最も長い。震災後のあるとき、更なる大災厄に襲われた日本。政府は民営化され、鎖国状態に入っている。都市機能は完全に喪(うしな)われており、外来語は禁止で、インターネットも使えない。「事故」時に老齢だった人々は死ぬことがなくなり、代わりに若い世代は脆弱(ぜいじゃく)で病みやすく、すぐに死んでしまう。老人が若者を介護する社会。百歳をとうに超えた作家の義郎は、曽孫の無名と二人暮らし。無名は刻々とからだを衰えさせてゆくが、美しく賢い。やがて十五歳になった無名は、鎖国をくぐって秘(ひそ)かに海外に派遣される「献灯使」に選ばれる……。

多和田は日本に生まれた日本人で、日本語で小説を書いている。だが彼女はベルリンに住んでおり、ドイツ語でも小説を発表している。そんな二重の存在だからこそ、日本語と日本人と日本のおそるべき未来を描いた、こんな小説を書くことが出来たのだと思う。これは予言だと先に述べた。そんなことはない、あくまでも小説でありフィクションだ、そう思うのは勝手だ。だがそう思う人だって、この本を最後まで冷静に読むことは出来まい。

評・佐々木敦(批評家・早稲田大学教授)

たわだ・ようこ 60年生まれ。作家。『雪の練習生』で野間文芸賞。『雲をつかむ話』など。

二〇一四年一二月一四日⑤

『経済政策で人は死ぬか？　公衆衛生学から見た不況対策』

デヴィッド・スタックラー、サンジェイ・バス 著
橘明美、臼井美子 訳
草思社・二三七六円
ISBN9784794220868

経済／社会

無謀な緊縮策は生命に悪影響

「借りたものは返す」、これは社会常識だ。しかし経済危機下ですべてを犠牲にしても、債務返済を最優先すべきだろうか。この書物は、著者たちが公衆衛生学の観点から経済・財政政策に問い直しを迫る、問題提起の書だ。その基礎は、「ランセット」をはじめ、科学・医学系専門誌に掲載された著者たちの学術論文だ。

彼らは世界各国で実施された経済・財政政策の影響を、丹念にデータを拾って検証する。その結果、人の生命と健康に決定的な悪影響を及ぼすのは、不況そのものではなく、不況期に採用される無謀な緊縮政策だということを実証研究に基づいて説得的に示す。

興味深いのは、経済危機下でも住宅、医療など社会保護への支出を維持・拡大した国は、経済を刺激して不況からの脱却が早まり、結局は債務返済まで可能になる点だ。これに対して、緊縮政策をとった国は、急激な予算削減で需要が落ち込み、セーフティーネットが崩壊して財政はかえって悪化、債務も膨張する。

この点で、リーマン・ショックで大きな影響を受けたアイスランドとギリシャの対比は劇的だ。両国とも危機に陥り、ＩＭＦに支援を求めたが、アイスランドは国民投票で、投資に失敗した銀行の債務を納税者に尻拭いさせる提案を拒否、銀行を破綻（はたん）するに任せ、医療等の社会保護支出をむしろ増加させた。この結果、アイスランド経済は急速に回復、ＩＭＦへの返済も始まった。ところがギリシャは、ＩＭＦの処方箋（せん）をそのまま受け入れて医療費など財政支出を大幅に削減、結果として国民健康の大規模な悪化を招き、肝心の経済も、ＧＤＰが約4分の3に縮小、失業率も27％と記録的水準に達した。

もはや、両政策の優劣は明らかであろう。経済危機下の財政緊縮は、かえって事態を悪化させる。危機下でも社会保護支出を怠らないことが経済回復への近道だ。「人的資本投資」は、割に合うのだ。

評・諸富徹（京都大学教授）

スタックラーはオックスフォード大教授。バスはスタンフォード大助教。

二〇一四年一二月一四日⑥

『重層的地域としてのアジア　対立と共存の構図』

大庭三枝 著
有斐閣・四二一二円
ISBN9784641149106

社会

複雑に折り重なり、「共同体」へ

とかくアジアはややこしい。

アジア太平洋、東アジア、東南アジア、北東アジア……。境界は幾重にも交錯する。さらに、それぞれを基盤に、アジア太平洋経済協力会議（ＡＰＥＣ）、東アジアサミット、東南アジア諸国連合（ＡＳＥＡＮ）などさまざまな制度が存在する。環太平洋経済連携協定（ＴＰＰ）といった通商の枠組みも錯綜（さくそう）する。域外とおぼしき超大国、米国も重要な「一員」としてパワーゲームに精を出す。

そんなややこしいアジアを、著者は「重層的地域」と呼ぶ。互いをしばるルールがゆるく、共通のビジョンがないことの証左でもある。

とはいえ、欧州ほど明確ではないにせよ、アジアでも安定と繁栄の実現には政策を含めた協調を得策とする考えでは一致している。決定的な争いを避け、全体の利益を図る経験も積んできた。大国でも一国の利益を目的に一方的に押し切れる状況にはない。つまり、一緒にいることに政治的な意思を共有する

「地域」が複雑に折り重なり合いながらうまれている。

こうした認識に立ち、本書はつづられている。ぼんやりとした輪郭ながらもしぶとく「地域共同体」へ向かいつつあるとみて、冷戦期から現在までの流れを子細に分析する。域内の大国、日中の不仲もあってASEANを軸に、日米中や豪州などが合従連衡や牽制（けんせい）しあいながら、「地域」のありようが固められていく力学にも詳しい。台頭する中国が新しい秩序作りを唱えはじめ、近隣への強硬な外交が目立つことを指摘、均衡のゆらぎも予感させている。

長く圧倒的な経済力をもっていた日本は、アジアの一員という意識が微妙だった。「われわれ」として共存できる「地域」作りに向けて、どんな役割を果たせるのか。その覚悟を問う本書には、重要性が増す多国間外交を考えるヒントが詰まっている。

評・吉岡桂子（本社編集委員）

おおば・みえ　68年生まれ。東京理科大学教授（国際関係論）。

二〇一四年一二月一四日⑦

『いとの森の家』

東直子 著

ポプラ社・一六二〇円
ISBN9784591142073／9784591154342(ポプラ文庫)

文芸

福岡市内の団地に住んでいた小学4年生の主人公が、父の決断で郊外の糸島半島の丘の上に建てられた一戸建てに引っ越してくるところから物語は始まる。そこは、都会の福岡とは時空の異なる世界への入り口であった。

主人公の住む集落には森があり、そこにはおハルさんと呼ばれる謎のおばあさんが住んでいる。森の奥には、氏神でもある神社がある。引っ越してすぐ、主人公が姉とともに神社を訪れると、社の中にあった女性の写真の目が光る。再び訪れたときには、不思議な木の幹や井戸を見つけ、それらが「よろい着て戦争に行った」神功（じんぐう）皇后に由来していることを知らされる。

著者は実際に小学生時代、糸島半島に一年ほど住んでいたという。このときの体験が本書のもとになっている。多感な少女が半島の伝説に出会い、まるで神社の巫女（みこ）のようなおばあさんとの交流を深めるにつれ精神的な成長を遂げてゆく物語に、心の底がじんわり温まるのを感じる。

評・原武史（明治学院大学教授）

二〇一四年一二月一四日⑧

『狂講　深井志道軒　トトントン、とんだ江戸の講釈師』

斎田作楽 著

平凡社・三〇二四円
ISBN9784582654097

ノンフィクション・評伝

深井志道軒の名前は、浅草で付き合いの長い人たちからよく聞いている。18世紀中盤、浅草寺の境内によしず張りをし、軍談を講釈した。

フツーの講釈師ではなかった。書名にも「狂講」とある通り、話は筋道から外れ、その過激な社会批判と猥談（わいだん）ゆえに僧侶と女性は顔をそむけた。

だがその「フリートーク」が「歌舞伎役者二世市川団十郎（海老蔵）と天下の人気を二分した」と本書にもある。よくわからない男根状の棒を持って「トトントン」と机をたたいてみせた男が江戸のスターなのだ。

著者はこの人物のあらゆる記録を一冊にまとめあげた。

だが、真実は薄闇に包まれている。種々の伝説をまとって姿をくらまし続ける志道軒は、歴史の中でも〝狂講〟をしているように見える。その煙幕は奇跡的な術だ。

こうやって権威と戦い、良識を笑え。そのメッセージが伝わってくることだけが確かである。トトントントンという音が耳元に聞こえてくる。

評・いとうせいこう（作家）

『21世紀の資本』

トマ・ピケティ 著
山形浩生、守岡桜、森本正史 訳
みすず書房・五九四〇円
ISBN9784622078760

富の格差鋭く分析　分配問題を核心に

資本主義の格差拡大傾向を鋭く分析した世界的ベストセラーの邦訳版が、ついに出版された。本書は、富の格差や社会階級の問題に関心を失った現代経済学を批判、分配問題を経済分析の核心に戻すと宣言する。これは、19世紀までの古典派経済学が持っていた良質な問題意識の復活でもある。18世紀から21世紀初頭の膨大な各国データで歴史的実証分析を行い、そこから資本主義に内在する傾向法則を掴（つか）み出そうとする。そのタイトルはもちろん、マルクスの『資本論』を意識したものだ。

本書の分析結果が国際的に敬意を払われているのは、ピケティが、「分配論」（第Ⅲ部）の科学的基礎として「資本蓄積論」（第Ⅱ部）を、詳細な実証分析に基づいて展開しているからだ。格差拡大傾向の指摘だけなら、本書がここまで影響力をもつことはなかったであろう。彼はまず、20世紀に二つの世界大戦による破壊と、平等化を目指す公共政策の導入で打撃を受けた民間資本の蓄積が１９７０年以降、本格的に復調してきたことを確かめる。そしてシミュレーションで今世紀末までには、国民所得に対する資本の価値比率（資本／所得比率）が、格差の大きかった19世紀末の水準にまで高まると予測する。

もっとも、資本蓄積が高度に進むと、資本の限界生産性（収益率）が低下するという矛盾が生まれる。だからこそマルクスは、利潤率低下で資本主義は崩壊すると予測した。だが資本主義は、想定以上の柔軟性を発揮し、収益率低下を上回る技術進歩や、より収益性の高い資本用途の発見により、国民所得に占める資本シェアの低下を回避することに成功してきた。

しかし、資本蓄積は別の問題を引き起こす。格差の拡大だ。ピケティの功績の一つは、歴史上ほぼすべての時期で「資本収益率（r）」＞「経済成長率（g）」が成立していることを明らかにした点にある。これは、資本の所有者に富を集中させるメカニズムが働いていたということだ。民主化と平等化が相伴って進展した20世紀は、例外的な時期だったと振り返られる可能性すら出てきている。

資本蓄積が高水準に達し、しかも低経済成長レジームに入った21世紀では、新たに付け加えられる富よりも、すでに蓄積された富の影響力が相対的に強まる。これは、「r＞g」による格差拡大メカニズムをいっそう増幅させる。ピケティは１９８０年以降、国民所得に占める相続と贈与の価値比率が増加に転じたことを確認、相続による社会階層の固定化に警告を発する。

だが「r＞g」は、20世紀がそうだったように、資本主義に不可避的な経済法則ではない。特に国家による資本（所得）課税のあり方は、資本収益率に決定的な影響を及ぼす。１９８０年以降、グローバル化で各国間の租税（引き下げ）競争が強まり、資本課税は弱体化してしまったが、ピケティは、国際協調に基づく「グローバル資本税（富裕税）」の導入が不可欠だと強調する。これは、個人が国境を超えて保有する純資産総計への課税だ。その実現は、夢物語ではない。ＯＥＣＤで租税情報の国際的自動交換システムの構築が進展しているからだ。

こうした課税システムは、経済と金融の透明性を向上させ、資本の民主的統制を可能にする。21世紀をどのような世界にするかは結局、市場と国家に関する我々の選択にかかっている。その意味で本書は、格差拡大に関する「運命の書」ではなく、資本主義の民主的制御へ向けた「希望の書」だといえよう。

評・諸富徹（京都大学教授）

Thomas Piketty　71年フランス生まれ。パリ経済学校教授。

『理不尽な進化　遺伝子と運のあいだ』

吉川浩満 著

朝日出版社・二三七六円
ISBN9784255008035

絶滅と繁栄　分かれ道の無常

「進化」は「弱肉強食」というコトバとほとんどセットになっており、社会ダーウィニズムの通俗解釈に基づいて、資本の原理や効率主義の正当化に使われたりする。どんな種も生き残りを懸けた熾烈《しれつ》な競争を勝ち抜いた結果、「自然淘汰《とうた》」や「適者生存」が行われたという認識に基づいて、常に勝者が正しいといった歴史認識上の短絡も生じた。

本書はまずかつて地球上に生息した生物種の九九・九％が絶滅したという古生物学の知見から出発し、絶滅に至った様々な要因を検証しつつ、淘汰の理不尽さが語られる。絶滅と繁栄を分けるのは単なる運でしかない。その奇跡に感謝するか、残酷極まる生命史を呪うか、自分が生き延びた罪悪感から絶滅した種に祈りを捧げるか、そのスタンスによって、「進化論」の解釈や活用法は大いに違ってくる。進化論は生物学の世界だけでも主流派と非主流派を生み出し、別領域でも様々な分派、異端を生み出す源にもなった。「自然の説明」と「歴史の理解」の中間に位置する進化論は、要素還元しきれない問題を常に提起するし、生命史の理不尽さに対する自己認識を常に要求する。

多領域で用いられる「適者生存」というコトバの用法やトートロジー的本質を検証しつつ、グールドやドーキンスらダーウィン以後の進化論専門家による論争をなぞるが、それだけならば、本書は非常によくできた進化論ガイドブックにとどまる。しかし、筆者の筆はよく走り、時には哲学的、随想的逸脱も恐れず、この理不尽さに向き合った結果、さわやかな無常観が浮かび上がってくるのが面白かった。

カントの著作に『人類の歴史の憶測《おくそく》的起源』という創世記神話を考古学的に読み替えた論文があるが、本書は『種の起源』を生物学の要素還元主義にとらわれず人文科学的なオープンスタンスで論じた結果、多くの思考のヒントを供する寓話《ぐうわ》に仕上がっている。

評・島田雅彦（作家・法政大学教授）

よしかわ・ひろみつ　72年生まれ。山本貴光との共著で『心脳問題』『問題がモンダイなのだ』。

『古事記　日本文学全集01』

池澤夏樹 訳

河出書房新社・二一六〇円
ISBN9784309728711

脚注と文体　野心的な新訳

「日本文学全集」の第一巻として、この全集の個人編集を手掛ける池澤夏樹自身の訳による『古事記』が登場した。日本最古の「文学」といわれる『古事記』の現代語訳には幾つもの偉業が存在しているが、本書の試みはまったくもって野心的である。挑発的と言ってもいいかもしれない。

八世紀のはじめ、太安万侶《おおのやすまろ》が元明天皇の命によって編纂《へんさん》し献上した、この国の成り立ちと進みゆきを纏《まと》めた書物が『古事記』である。本書の冒頭で池澤は、太安万侶への手紙という形式で翻訳の方針を述べている。脚注を全面的に導入して語彙《ごい》や語源を補足・解説すること。文体はオリジナルの語調を尊重しつつも思い切って今風にすること。主にこの二点によって、池澤版はこれまでの『古事記』訳とは大きく異なる風情を獲得することになった。

イザナキとイザナミの会話は、こんな具合。「きみの身体はどんな風に生まれたんだい」「私の身体はむくむくと生まれたけれど、でも足りないところが残ってしまったの」「俺の身体もむくむくと生まれて、生まれ過ぎて余ったところが一箇所ある。きみの足りないところに俺の余ったところを差し込んで、国を生むというのはどうだろう」「それはよい考えね」。万事がこの調子で、なんだかくすぐったくなってくる。『古事記』は上中下巻から成り、創世神話・伝説から歴史・記録へと徐々に移行してゆく。その記述は、膨大な名前（漢字の羅列による長い長い名前）の連鎖と、神＝人が折々に詠む歌謡が大半を占めている。池澤の脚注は先達の研究を踏まえつつも、大胆な推論や想像を恐れず、千三百年も昔の書物に現在からの視線を充てることに挑戦している。

『古事記』は日本人なら誰でも知っている。だが読み通したことのある人は少ないのではないか。だが本書なら大丈夫。読み出したら止（や）められない。

評・佐々木敦（批評家・早稲田大学教授）

いけざわ・なつき　45年生まれ。作家、詩人。『世界文学全集』の個人編集、『カデナ』など。

二〇一四年一二月二一日④

『夜また夜の深い夜』

桐野夏生 著
幻冬舎・一六二〇円
ISBN9784344026506
文芸

心の闇を癒やす不幸また不幸

生活への不安。満たされない焦燥。それらを他者にわかってもらえない絶望。

桐野夏生の作品を読むとき、自分の中に燻（くすぶ）る闇が、じんわりと解放される。なぜだろう。これまでの作中に、幸福そうな主人公がいた記憶はない。誰が見ても悲惨などうにもならない状況で生きる者から、傍（はた）から見れば恵まれた環境であっても孤独や嫉妬にもがき苦しむ者まで。まるで不幸の大博覧会といった具合。

本作の舞台はナポリ。主人公の少女舞子は日本人の母親とスラム街でひっそりと暮らす。何かから逃亡しているように見える母親は整形を繰り返し、少女に事情を語らない。国籍もなく、本当の名前も父親も不明。虐待と呼んでさしつかえない状況下から飛び出し、ナポリの地下で出会うのは、リベリアの内戦を逃れてきた少女と、両親に捨てられモルドバの施設を追い出された少女。祖国自体が貧困および不安定にあり、とてつもない修羅場を潜（くぐ）り抜けてきた。最底辺でのたうち、なんのセーフティーネットもないまま、マフィアの搾取からすり抜け、力強く生き抜いている。

三人の少女たちは、寄り添うように生きながら、お互いに抱え込まされた不幸を比べ合う。日本は経済的にも政治的にも安定していて、上記の二国に比べれば、国民はまともな生活を享受できているはずなのに、舞子に手を差し伸べる者はいない。彼女の「自己責任」ではないはずなのに。

後半、母親の謎が明らかになるにつれ、舞子が背負う日本ならではの、埒外（らちがい）にいる人間に対する冷淡さ、生き辛（づら）さが浮かび上がってくる。

心が締め付けられるような不幸が、これでもかと大量に冷徹に描かれるなかで、どうして私は癒やされてしまうのか。それは説明しようのない辛さ、誰にもわかりえない、どんな光も届かない不幸すらも描いてしまう著者に深いやさしさを感じるから、なのかもしれない。

評・内澤旬子（文筆家・イラストレーター）

きりの・なつお　『柔らかな頬』で直木賞。『OUT』『グロテスク』『魂萌え！』など。

『日本銀行と政治　金融政策決定の軌跡』

上川龍之進 著
中公新書・九五〇円
ISBN9784121022875

政治

秩序のゆらぎ　生き生きと描く

政治であれ、経済であれ、どんなシステムも秩序が維持されて初めてうまく機能する。秩序維持には、生命の安全、信義、そして財産権の保護が不可欠である。日銀の目的である「金融システムの安定」（もう一つは「通貨価値の安定」）は、信義が守れなくなると、不安定化する。

最初の綻（ほころ）びは1971年の金とドルの交換停止（ニクソンショック）だった。その後の列島改造ブームと石油危機に端を発した狂乱物価、ついで80年代に生じた土地・株式の巨大バブル、そしてその崩壊過程で問題先送りの結果生じた金融システム危機とデフレ……これらの危機に直面して日銀は独立性の確保に苦慮しながら、いかにポピュリズムに陥りやすい政治とたたかってきたのか、そしてなぜ「最終的にはリフレ論者に執行部を乗っ取られ、『異次元緩和』の実施に追い込まれた」のか、本書はあたかも現場にいたかのように生き生きと描いている。

ハッとしたのは「民主党が変節（略）まさに民主党政権が、アベノミクスへの道を舗装した」というくだりである。野党時代の民主党は、量的緩和は効果がないという日銀を支持していた。しかし、政権を奪取した民主党はインフレ目標を掲げ金融緩和を模索し始める。評者が民主党政権下で霞が関にいたとき、日銀との共同声明「デフレ脱却に向けた取組について」の発表を聞き、とても違和感を覚えた。豹変（ひょうへん）の理由は詳しく本書に書かれている。

民主党は信義をどのように考えているのか。同様に、国債購入を制限する「銀行券ルール」をこれまで自らに厳格に課してきた日銀は、黒田体制になると「一時的」に停止した。「一時的」なら1年がめどと思ったが、もう2年になる。似非（えせ）リアリズムの下、信義がいとも簡単に破られていく。これを「歴史の危機」といわずしてなんというのか。著者の悲痛が伝わってくる。

評・水野和夫（日本大学教授）

かみかわ・りゅうのしん　76年生まれ。大阪大学准教授（政治過程論）。『小泉改革の政治学』。

『いと高き貧しさ　修道院規則と生の形式』

ジョルジョ・アガンベン 著
上村忠男、太田綾子 訳
みすず書房・五一八四円
ISBN9784622078531

人文

所有権を否定して生きる試み

ヨーロッパで発達した修道院は、厳格な規律で知られる。厳密な時間管理の下、共同の労働に勤（いそ）しむ姿は、産業化されたわれわれの社会にまでつながっているように見える。

しかしながら本書で、イタリアの哲学者ジョルジョ・アガンベンは、初期のフランシスコ会修道院での実践が、消費社会的な現代文明とはかけ離れた、もう一つの生のあり方を示していたとする。

『ホモ・サケル』『例外状態』などの著作で、著者が一貫して追究したのは、法とは何かという主題である。とりわけ、法はその外部さえ内部に取り込むしぶとさを備えているとされた。

本書でもその主題は受け継がれる。罰則をもつ修道院規則は法に類似しているし、共同体を新たに創設するという意味では、政治社会をつくる憲法のような役割をもつ。しかし、法が人の個々の行為を問題にするものであるのに対し、修道院規則は、人の生き方の全体にかかわるので、両者は根本的に異なると言うのである。

「修道士は個別の行為に対して義務を負うのではなく、むしろ神の意思を自らのうちで生きる義務を負う」。かくしてフランシスコ修道会は、主キリストがあえて「貧しさ」を生きた後を追って、所有権を正面から否定するという選択をした。

しかも彼らは、所有権が否定されても、必要な物資の「使用」は妨げられないというラジカルな主張をした。所有権などなくても、生きてゆく上で最低限の食べ物などを確保する権利があるとしたのである。

このように法の外部に出ようとする試みは、教皇などに攻撃され、結局は所有権を正当化する法的文脈の中に回収されてしまう。しかし、歴史の闇の底からここに発掘された物語は、所有権の暴走が格差を生み、人びとの生存さえ脅かされつつある今、深く心に訴えかけてくる。

評・杉田敦（政治学者・法政大学教授）

Giorgio Agamben　42年生まれ。哲学者。『人権の彼方に』など。

二〇一四年一二月二一日⑦　社会

『最貧困女子』

鈴木大介 著

幻冬舎新書・八四二円
ISBN9784344983618

今年は報道番組や評論などで女性の貧困問題が注目を浴びた。「プア充」と呼ばれる、低収入でも楽しく暮らす若者も耳目を引いている。だが本書は、これら貧困論からも零（こぼ）れ落ちる最下層の女性たちの生活実態に迫る力作である。

風俗業の面接も容姿で落とされ、フリーの売春で二児を養うシングルマザー。知的障害を抱えながら路上売春で食べている女性、実母に売春を勧められた経験をもち17歳で子どもを産んだ風俗嬢……。皮肉にも、身体を売ることができるという事実が、彼女たちの貧困を不可視化している。彼女たちは、低所得に加え「家族の無縁・地域の無縁・制度の無縁」、さらに「精神障害・発達障害・知的障害」により、貧困層からも排斥される。自己責任論が前提とする「自己」がすでに壊れている、との言葉はあまりにも重い。それゆえ、就業でも恋愛でもつまずきやすい。実態にあわせ、福祉制度の網の目を、細かく柔軟に再編すべきだ。一刻も早く。

評・水無田気流（詩人・社会学者）

二〇一四年一二月二一日⑧　歴史

『〈報道写真〉と戦争　一九三〇―一九六〇』

白山眞理 著

吉川弘文館・五一八四円
ISBN9784642038348

本書は、満州事変で始まった１９３０年代から戦争の影をひきずる60年代まで、理想と現実に揺れつつも時代と社会に寄り添った写真家たちの物語である。名取洋之助、木村伊兵衛、土門拳らの生きざまを通じて、写真と権力、人々との距離をはかりながら、歴史のすきまをうめていく。

数枚の組み写真と短い説明で情緒に訴える「報道写真」は、戦中の激しい宣伝戦で報国の道具として活用された。写真家は、たんに国家にからめとられた被害者とは描かれていない。多くは「良い写真を撮りたい」という欲求を、時勢にのって実現させてもいた。だが、戦争責任は総括されないままだという。

時の「クライアント」への順応性は、占領期も戦後も共通する。著者はそれを責め立てず、写真資料や公文書から引き出した史実を積み上げ、突きつけていく。そして、失敗や挫折は知に変換されたのか、と問う。メディアに「報国」を求める声が響き始めた今に向けて。

評・吉岡桂子（本社編集委員）

平成二十七年

2015

二〇一五年一月一一日❶

経済

『大脱出　健康、お金、格差の起原』

アンガス・ディートン 著　松本裕 訳

みすず書房・四二〇四円

ISBN9784622078708

進歩と格差の間の終わりなきダンス

風変わりな表題は、1963年公開の映画「大脱走」(The Great Escape)にちなんだもの。第2次大戦下、ドイツ軍の捕虜となった英米兵士たちが収容所地下にトンネルを掘り、脱走を図る物語だ。結末は、運よく逃げおおせたらしき一握りの兵士以上に、再び囚(と)らわれ非業の死を迎える大多数の兵士たちに焦点があたる。世界では、「貧困と死」からの脱走をめぐり、この映画のような物語が進行していると著者は指摘する。「脱出した者のあとには取り残される者がいて、運は全員に平等に与えられるわけではない」。この世界の繁栄と進歩は脱走の機会を生み出したが、それをつかむための備えはすべての人々に平等に与えられるわけではないのだ、と。

たしかに近代化以前に比べ、世界は物質的には豊かになった。人々の健康状態も改善した。平均寿命は延び、乳幼児死亡率は低下。医療技術の飛躍的な向上で、疫病や疾病の脅威も小さくなった。だが一方、格差の問題は厳然と横たわっている。それは経済的格差のみならず、「健康格差」の問題として、多くの人々を苦しめ続けている。著者はこれを「進歩と格差の間の終わりなきダンス」と呼ぶ。

人類が、この脱走劇へと雪崩を打って参加しだしたのは250年ほど前からのこと。産業革命の号砲が鳴り響いた後の祝祭と悲劇は、その後の人類史に延々と刻まれている。著者は、たとえ成功する者が稀少(きしょう)であったとしても、脱走の魅力が薄れるわけではない点も指摘。格差の問題を単に批判するのでも、経済成長を全面的に肯定するのでもない。その構造や世界への影響力を、富と健康をキーワードに丹念に読み解いてゆく。

「脱走」の機会は平等に訪れるわけではなく、むしろ近年拡大傾向にある。富裕国と貧困国の大きな差は成長度合いのばらつきにあり、後者の間では前者に比べ格差が大きい。たとえば、中国、マレーシア、シンガポール等では1960年から2010年の間に平均所得を7倍まで増やせるほどの成長率を見せた。だが、中央アフリカ、ギニア、ハイチ等では、2010年の方が半世紀前より貧しくなっている。HIV/エイズの蔓延(まんえん)したアフリカ諸地域では、近年平均余命も短くなった。飢饉(ききん)や紛争も依然世界から消えてはいない。

これらは一部の不運な国々の、特殊な事例なのだろうか。映画「大脱走」が見せた一時の解放感同様、現在の世界の豊かさも一時的な救済にすぎないのかもしれない。新たな脱出は新たな格差を生む可能性もある。「それでも、そのような失敗もいずれは克服されると私は信じている。私たちは、過去にもそうしてきたのだから」との著者の言葉を、胸に刻みつつ。

評・水無田気流（詩人・社会学者）

Angus Deaton　英国生まれ。米国プリンストン大学経済学部教授。2009年に米国経済学会会長。専門分野は健康と豊かさ、経済成長の研究。現在のテーマは富裕国と貧困国における健康状態の決定因子など。

二〇一五年一月一一日❷ 新書

『アルピニズムと死 僕が登り続けてこられた理由』

山野井泰史 著
ヤマケイ新書・八二一円
ISBN9784635510073

死の危険漂う妥協なき人生

山野井泰史が日本登山史上、最も傑出したクライマーであることに異論をはさむ者はいないだろう。単純な登攀（とうはん）技術なら彼より優れている者が何人かいる。しかし彼ほど死の危険を漂わせた者はいない。登山とは死の危険なるものが優劣の尺度になる唯一の行為であり、彼が傑出しているのは生き残っているからである。本書は短い本だが、山野井泰史が過去四十年間の登山活動で邂逅（かいこう）した死の経歴をつづったような内容になっていて、私は顔を強張（こわば）らせ、手に汗をにじませながら通読した。

最初に語られるのは中学生の時に千葉の鋸（のこぎり）山の小さな岩壁で体験した墜落のことだ。この時、登攀に行き詰まった少年はもろい岩を抱えて空中を舞った。城ケ崎海岸で墜落したパートナーを両手で受け止めて大けがしたこともあれば、腕の中で他人が白目をむき痙攣（けいれん）して死んだこともある。世界的なビッグクライムに成功したことや、何本もの指を失った有名なヒマラヤでの生還劇など、どれをとっても彼の人生には常に死がまとわりつき、絶えずそれを意識することで生き残ってきた。

山に登らない一般の人はこの本を読んで何を感じるだろう。それはたぶん狂気だと思う。妥協せずに生き抜くことを選択した人生は、それをしなかった者の目には狂気にしか映らない。山であれ何であれ、生を希求すればするほど、その人は死に近づくことになるからだ。

淡々と率直な表現で紡がれる彼の文章は美しい。だが、その美しさは冬山の美しさと同じである。言葉の一つ一つに、切れ落ちた岩壁の中で的確に選ばれたロックピトンのような確かさがある。彼の文章は彼のクライミングそのものだ。研ぎ澄まされていて、張りつめた糸のような緊張感があり、恐ろしい。

刺激とか憧れとか、そんな生易しい感情ではなく、人間存在の極限まで行こうとする姿に慄然（りつぜん）とするだろう。

評・角幡唯介（ノンフィクション作家・探検家）

やまのい・やすし 65年生まれ。2000年、K2の南南東リブを単独初登攀など。

二〇一五年一月一一日❸ 文芸

『キャプテンサンダーボルト』

阿部和重、伊坂幸太郎 著
文芸春秋・一九四四円
ISBN9784163901947

才気と技術が融合した合作

合作小説という試み、先例がないわけではない。だが、阿部和重と伊坂幸太郎という、当代きっての人気作家二人の合作となると、話は別である。期待するなという方が無理な話だし、ともすれば期待は膨らみ過ぎて、読むのが怖くなってしまうかもしれない。だが大丈夫。これは両者の才気と技術が見事に融合し、更にそれ以上のケミストリーも生じた、実に痛快無比な作品だ。

阿部の「神町サーガ」の舞台、山形と、伊坂小説の特権的なトポス（場所）である仙台の、ちょうど中間に位置する蔵王が、物語の中心に据えられている。東京大空襲の夜、B29が蔵王に墜落したという謎めいた史実。蔵王連峰が抱える火口湖「御釜（五色沼）」付近で撮影された戦隊ヒーロー物『鳴神戦隊サンダーボルト』の映画のお蔵入り事件。何らかの目的で過去の出来事を探っている正体不明の女性。彼女に秘（ひそ）かに雇われた、沈着冷静なコピー機リース会社営業の男。その幼馴染（おさななじみ）で、行動力抜群だが性格が災いしてとかく他人から誤解されやすい男。もう若くはない二人の男は、かつて野球少年であり、ともに「サンダーボルト」のファンだった。そして二人とも、それぞれの理由で大至急、金を必要としていた。偶然に偶然が重なり、彼らは不気味な怪人に追われる羽目になる。次から次へと事態は展開し、やがて隠された巨大な陰謀が顔を覗（のぞ）かせる……。

とにかく物語が抜群に面白い。荒唐無稽と呼んで差し支えない内容を、二人の小説巧者が持てるテクニックを駆使してスピーディーに語り切る。好対照の主人公二人を始め、ほんのちょい役に至るまで、キャラの立ち具合もめざましい。夢中になって読み進めている内に、これが誰と誰が書いた小説であったのかも、だんだんどうでもよくなってくる。もちろんそれだって二人の作者の術策に他ならないのだが。

評・佐々木敦（批評家・早稲田大学教授）

あべ・かずしげ　68年生まれ。『ピストルズ』。
いさか・こうたろう　71年生まれ。『死神の浮力』。

二〇一五年一月一一日❹

『日本型クリエイティブ・サービスの時代』

小林潔司、原良憲、山内裕 編

日本評論社・三四五六円
ISBN9784535557994

経済

生産者と消費者が「価値共創」

きわめて斬新な経営学書だ。本書は、先進国経済の中で重要性を増す「サービス」に着目し、目に見えず、触ることもできない非物質的な「創造的価値」の創出過程を、明瞭な言語と概念で、初めて我々の目の前で解き明かす。

本書最大のメッセージは、「日本型の創造的価値の本質は、『価値共創』にある」というものだ。世界市場を相手にする製品とサービスは標準化と普遍性を追求する半面、場所性、歴史性、そして文化性を削（そ）ぎ落とす。対して日本旅館や江戸前鮨（ずし）などの日本型クリエイティブ・サービスは、サービスの提供される「場」、そして生産者と消費者が共有する歴史・文化等の「コンテクスト」を重視する。そして創造的価値は、生産者と消費者の長期にわたる相互作用から生み出され、両者の切磋琢磨（せっさたくま）を通じて高められる。

挑戦的課題は、こうした「創造的価値」が、海外への展開可能性をもち、製造業へも適用可能か否かという点にある。この点で著者たちは、①クリエイティブ・サービスの特徴である個別性、同時性を多少犠牲にしても海外マスマーケットを狙う日本茶の伊藤園、②北米進出を果たしても規模を追わず、「香」という製品にまつわる歴史性、文化性を重視し、それを理解してくれる客層を開拓する松栄堂、③日本人の繊細な味覚との価値共創過程で鍛え上げた高品質ウイスキーで世界的評価を得たサントリー、の3事例分析に基づいて「それは可能だ」と回答する。

重要なのは、日本人には暗黙の了解事項であった「コンテクスト」を言語化し、海外の文脈に合わせて移転することだ。そして「コンテクスト」を理解し、その価値を評価できる消費者を育て、現地で彼らとの新しい価値共創プロセスを創出することが、製品・サービスを鍛え上げる。ここに我々は、日本の産業発展の将来像に関する多くのヒントを見いだせるだろう。

評・諸富徹（京都大学教授）

小林と原は京都大学経営管理大学院教授。山内は同講師。

二〇一五年一月一一日⑤

『見てしまう人びと　幻覚の脳科学』

オリヴァー・サックス 著　大田直子 訳

早川書房・二四八四円
ISBN9784152094964

科学・生物

なにが「現実」か 脳の不思議

多くのひとが、自分の目は現実に存在するもののみを映しだしている、と信じている。ところが実際は、かなり多くのひとが「幻覚」を見ているらしい。本書では主に、当人も幻覚（や幻聴や幻肢〈げんし〉）だとわかっているのだが、それでも「見える」（あるいは「聞こえる」「感じる」）という事例が、多数紹介されている。

たとえば、視力を失って数年経つおばあさんが、突然「東洋風の衣装を着た人たち」が見える、と言いだす。これは「シャルル・ボネ症候群」といって、しばしばあることらしい。失った視力の代わりに脳が紡ぎだした光景、つまり幻覚なのだ。なんで「東洋風の衣装を着た人たち」がいる光景を紡ぎだす必要があるんだ、と脳を問いただしたいところだが、このおばあさんの場合は、なぜかそういう幻覚だったのだ。

入眠時に幻覚を見るケースも多く、「模様と形が万華鏡のようにたえず変化し続け」などの証言が集められている。ここを読んで、「えっ」と思った。それなら私も、寝しなにけっこう見ています！　みんな見てるのだろうと思っていた……。ちなみに私は、極度の寝不足に陥ると、オーケストラが奏でているような音楽が聞こえるのだが、こういう幻聴の事例も本書で報告されている。よかった、私だけじゃなかったのね。仲間がいる心強さよ。

語られる幻覚が多種多様でおもしろいし（本人は困惑し、恐怖を感じている場合もあるが）、脳の不思議さ、人間の認識がいかにあやふやなものであるかが、とてもよくわかる。また、宗教の起源や神秘的体験にも、幻覚や幻聴は深く関わっていそうだ。と言ってしまうと、ロマンがない感じになるが、ひとの心、すなわち脳自体が、充分（じゅうぶん）にロマンあふれる謎の物体なのだと痛感させられた。

なにが「現実」なのやら、自信がなくなってくるなあ。

評・三浦しをん（作家）

Oliver Sacks　33年生まれ。脳神経科医、作家、ニューヨーク大学医学部教授。

二〇一五年一月一一日⑥

『敗者の身ぶり　ポスト占領期の日本映画』

中村秀之 著

岩波書店・三四五六円
ISBN9784000244770

アート・ファッション・芸能

重みを消化しようとするしぐさ

あの時代の日本社会の空気を知りたくて、手に取った。映画は、新聞の縮刷版とは違うにおいの歴史を見せてくれると思ったからだ。

この本は、日本が第2次世界大戦の敗戦後、連合国の占領から脱した１９５２年前後に作られた日本映画を、登場人物の視線や表情、しぐさから論じたものである。小津安二郎の「晩春」「麦秋」、黒澤明の「生きる」「七人の侍」「生きものの記録」、谷口千吉の「赤線基地」、成瀬巳喜男の「浮雲」などをとりあげている。

著者は、サンフランシスコ講和条約の発効による日本の「独立」を、米国の世界戦略への「従属」の始まりと認識する。本書が扱うポスト占領期の映画を通じても晴れやかさよりも、のしかかる重みを消化しようともがく姿を凝視する。セリフを伴わない「身ぶり」を丹念に追い、言葉として紡ぎだす。

原節子の正座に、日本的な絆にからめとられる女性をみる。仰ぎ見る「エノケン」からは、見上げる小さな者と見上げられた大きな存在を感じとる。「伴淳」が出演する「二等兵物語」の笑いと涙は、情けない男たちによる敗北を許し、葛藤に満ちた過酷な過去を慰めに変える符号と読み解く。そうして、記憶を書き換えながら高度経済成長に向かって国民に再び統合を促した、と。

映画に潜む「とらえがたい歴史の夜を取り集めて未知の世界を創り出す」力が、著者によって引き出されていく。見ている作品であれば、自らの記憶や解釈と比べながら読みすすめる楽しみがある。見ていなくても、映画を通してある時代を集中して考えることで、現実の歴史に向き合うための想像力を鍛えられる。

スクリーンに限らず、大事なことは大声で語られず、どこかにこっそりと隠れているかもしれない。自分だけでは気づかなかった世界へと案内してくれる本だ。

評・吉岡桂子（本社編集委員）

なかむら・ひでゆき　55年生まれ。立教大学教授（映画研究）。『映像／言説の文化社会学』など。

二〇一五年一月一一日⑧

『たった独りの外交録　中国・アメリカの狭間で、日本人として生きる』

加藤嘉一 著

晶文社・一六二〇円
ISBN9784794968579

社会

外国で恥をかき捨てた日本人も多かったが、外目には自分たちがどう映るのかを学び、礼儀正しく、親切な日本人というイメージをある程度、定着させたのは民間外交に尽くした一般の人々であった。外交は何も外務省の専売特許でも、定義が曖昧（あいまい）な「国益」に奉仕することでもなく、個々の倫理や善意を発揮し、相互理解と信頼関係を築くことである。しかし、身の置き場によっては、大きな困難を伴う。そこにいる日本人が自分一人なら、その気はなくとも日本を代表させられ、誤解と偏見を増幅させる危険もある。言論統制と反日感情が逆巻く完全アウェイの中国で緊張と恍惚（こうこつ）を味わい尽くした青年の主張は、小田実の「何でも見てやろう」や江藤淳の「アメリカと私」を思い出させる。対米従属以外の選択肢を持たない日本外交の限界を超えるには、体当たりの論戦を重ねながら、個人としての正義の発揮の仕方を模索するこの青年を見習うほかない。

評・島田雅彦（作家・法政大学教授）

二〇一五年一月一八日①

『「立入禁止」をゆく　都市の足下・頭上に広がる未開地』

ブラッドリー・L・ギャレット 著

東郷えりか 訳

青土社・四五三六円
ISBN9784791768264

アート・ファッション・芸能

強硬な都市探検で真の姿を多角的に

以前、新聞記者をしていた時に埼玉県の地下水路を探検したことがある。住宅地を流れる都市河川の源流を探り、記事にするのが名目だったが、本音は単に覗（のぞ）いてみたいだけ。電灯を頼りに壁に囲まれた暗闇の中を進み、水の深い所はボートで越えた。ゲリラ豪雨にやられたら溺死（できし）は免れず、デスクの首が飛ぶことは必至だったが、個人的には面白い取材だった。

崩れゆく廃虚、知られざる地下水路、人間にはそうしたものに惹（ひ）きつけられる傾向がある。本書は市民の日常生活からは見えない都市空間に足跡を残した欧米の探検家たちの活動の物語だ。

野晒（のざら）しとなった工場や建設直後の高層ビル、巨大な高架橋やビクトリア朝時代に建設された下水路網など、彼らは実に様々な場所に入りこんでいる。無論、許可はなく、やり口も錠前をピッキングし作業員姿で工事関係者を装ってロープで勝手に侵入など、盗賊団さながらだ。活動報告にも極めて積極的で、想像し得る限りの隙間に潜りこみ、都市のあらゆる姿をブログや写真で公開する。当然、無断で侵入するわけだから当局の摘発と常に背中合わせだが、そのことが彼らに行動を躊躇（ためら）わせる要因には決してならないのである。

恐らく読者の多くは何故そこまでして？と疑問に思うだろう。私も思った。同じ探検なら極地や山岳のほうが面白いのではと。

だが著者によると探検されなければならないのはむしろ都市である。都市探検の意義は市民に自分たちの都市の真の姿を認識させることにある。言われてみると都市とは人間の身体のようなものだ。我々が普段の生活で内臓器官の状態を把握できないのと同様、都市の内部構造や病巣も探検されないと分からない。探検で市民は新たな視点を獲得し、都市を多角的に捉えることができるのだ。

それにしても思ったのは、日本人にここまで強硬な都市探検は可能だろうかということだった。

彼らの行動の裏には公共の空間に市民がアクセスできないのはおかしいという強固な信念があるように思える。つまり民主的な社会ではあらゆる秘密は暴かれるべきだという共通理解が、彼らの行動とそれに賛同する市民の側にある。その意味で都市探検は非常に政治的だ。そこには自由と権利は個人の力で獲得すべきものという欧米の伝統的理念が反映されており、それが法律を破ってまで建造物に侵入するという日本では到底是認されないような行動に正当性を与えている。

何にせよこの本を読んで以降、私は道端のマンホールの蓋（ふた）が気になって仕方がない。この下には一体どんな空間が広がっているのだろうかと。

評・角幡唯介（ノンフィクション作家・探検家）

Bradley L. Garrett　オックスフォード大学の研究者、ライター、写真家。カリフォルニア大学で人類学を学び、オーストラリアなどで働いたのち、都市探検家として米欧の立ち入り禁止の都市空間を撮影している。

二〇一五年一月一八日❷

『自然主義と宗教の間　哲学論集』

ユルゲン・ハーバーマス著　庄司信ほか訳

法政大学出版局・五一八四円
ISBN9784588010187

人文

新たな寛容の作法を探求する

本書を読み進める最中、パリの新聞社襲撃事件の悲報を聞いた。悲劇の根幹には、宗教共同体的な「善」と、民主主義国家の「正義」との深い亀裂が横たわっているのを再認した。近代国民国家の輝かしき表通りの地下には、あらかじめ宿命づけられた暗渠（あんきょ）が広がっている。それは、文明史とともに古く、強固な根をもつ。

今日の世界では、行き過ぎた科学主義による「自然主義」が流布していると、著者は述べる。たとえば、生物発生学や脳研究は自然を客観化し「世界像」へと変え、人間自身も操作可能な道具と見立てる。他方、宗教共同体は宗教意識を再活性化させ、政治化していく。人工中絶や同性愛への態度は、信仰の問題からしばしば政治的争点となる。これらは西洋近代の「ポスト形而上学（けいじじょうがく）」的な思考枠組みへの批判であり、合理化によりもたらされた「世俗化」に対する反発でもある。

近代化が内包する啓蒙（けいもう）のプロジェクトを考察したフランクフルト学派の矜持

（きょうじ）として、著者は自然主義を啓蒙の無批判な継承、宗教的共同体を啓蒙の断絶ととらえ、その両者を架橋する新たな理論を探求する。訳者が指摘するように、本書ではかつて著者が帯びていた反宗教的なイメージは払拭（ふっしょく）され、宗教的共同体のエートスは豊かな源泉、「意味創出」の資源の一つとしてとらえ直されていく。その際に、宗教改革の時代にドイツ語圏に取り入れられた「寛容」概念の今日的位置づけを検証し、世俗的市民と宗教的共同体との対話可能性を模索していく。「偉大な諸宗教は理性そのものの歴史に属する」というヘーゲルの命題を冒頭に掲げ、本書は問いかける。異なる文化背景をもち、理性的には一致できない者同士でも、互いの信念に基づき生活を構成するために、何が成し得るのか。価値をめぐる闘争史に、終幕は訪れるのだろうか。その可能性を丁重に考証する姿勢に敬意を表したい。

評・水無田気流（詩人・社会学者）

Jürgen Habermas　29年生まれ。ドイツを代表する哲学者、社会学者。

二〇一五年一月一八日③　文芸

『ルンタ』

山下澄人 著

講談社・一七二八円

ISBN9784062191913

「生まれてはじめて」の気持ちで

「ルンタ」を読むときは、生まれてはじめて小説を読むような、いや、生まれてはじめて言葉を読むような気持ちで読まなくてはならない。今まで読んできたあらゆる言葉を、文章を、物語を、小説を、すべて忘れて、まるでどこか遠い外国で路（みち）に迷っている内にふと辿（たど）り着いてしまった未知の風景が目の前にあるみたいなつもりで、まっさらな心で臨む必要がある。

　といっても別に外国の話ではない。「わたし」はある日、思い立って、独り暮らしの家を出て、山へと向かう。今はスニーカーを履いているが、やがては「裸足になり、ゆくゆくは着ている服も捨てて、思いつく限りにおいて何からも自由な生活をしようと目論（もくろ）んでいる」。なぜなら「わたしはもう人間としての暮らしのあらゆるにうんざりなのだ」。この小説は、そんな「わたし」の道行きを物語る。物語ろうとするのだが、いきなり死んでいる筈（はず）の叔母から電話がかかってくるし、過去の出来事、それも自分と自分でないかもしれない者の区別が甚だ曖昧（あいまい）な過去のあれこれが、次々と入り込んできて、あっという間に「今」の方が、「わたし」自体が怪しくなってしまう。「中西」という友だち。二カ月前まで「わたし」と一緒だった「ユ」という女。老人。それから「ルンタ」という黒い馬。たぶんチベット語で「風の馬」という意味。

　確かに「わたし」の物語らしきものが、むしろ他の数多（あまた）の小説よりもはるかに豊かな物語ぽいものが、ここにはある。だが本当に重要なことは別にある。生きていることと死んでいることの区別のなさ。「わたし」と「わたし以外」の区別のなさ。因果や辻褄（つじつま）の拘束から、ほとんどあらゆる意味で外れているこの小説は、しかし生まれてはじめての気持ちで読んでみれば、必ず深い驚きと清新な感動をもたらすだろう。その驚きには透明な叙情が宿り、その感動は少し哀（かな）しい。

評・佐々木敦（批評家・早稲田大学教授）

やました・すみと　66年生まれ。劇団主宰者。『砂漠ダンス』『コルバトントリ』など。

二〇一五年一月一八日⑤

『鳥たち』

よしもとばなな 著

集英社・一四〇四円
ISBN9784087715828

文芸

磁石のように魂を引き合う2人

この物語は惑星の内部が空洞になっている世界でのできごとのように僕は空想する。空洞の内部の壁には駅前も並木道も、2人の思い出のシャスタやサンフランシスコ、セドナの地もしっかりへばりついている。そんな世界の一角に2人の恋人「まこ」と「嵯峨」が磁石のように魂を引き合いながら生きている。

2人は子供時代に複雑な環境のもと無二一体の関係を運命的に強いられる。ある時期、2人は2人の母親とアリゾナのセドナに住んでいたが互いの母親が1人の神秘主義者に惹（ひ）かれ、嵯峨の母は男の病死と共に自らも命を絶つ。さらに取り残されたまこの母も後追い自殺。もともと父親不在の幼い2人は長い年月の末、今ではパン職人と演劇女子大生だが、まこは一種の理想主義者で70年代前後のカリフォルニアのニューエイジと通底しており、スピリチュアルな、ある種、意識の弱さのような部分に自らの重い過去を背負わせている。

嵯峨を愛し続けるまこが欲しいのは嵯峨の赤ちゃんだが、なかなか授からない。そんな2人はいつも鳥を追っている。2人にとって鳥は幸せの象徴であり祈りの対象？

読者の僕は2人の成り行きにかったるくなる。が、そんな時、まこが学ぶ教授が出てきて「特定の時代の影響を受けすぎてる、現代に生きろ」とやんわり諭す。そう、過去の物語を背負いすぎている。早くいまと解け合ってもらいたいと思わず願いたくなる。

まこが彼女の子宮内空洞に嵯峨の子供を孕（はら）んだ時、シャスタ山のように空洞の内外の世界が幻ではなく現実でひとつになるだろう。その時、僕もこの物語の鳥たちの一羽になって、2人の世界を俯瞰（ふかん）してみたい。まこの憧れる神聖なシャスタ山は空洞内と外部の世界の通路である。いつかシャスタで出会った老人の霊が2人を、過去といまの物語をひとつに結びつけてくれるに違いない。

評・横尾忠則（美術家）

よしもと・ばなな 64年生まれ。87年、「キッチン」で海燕新人文学賞を受賞しデビュー。『アムリタ』など。

二〇一五年一月一八日⑥

『病いの共同体 ハンセン病療養所における患者文化の生成と変容』

青山陽子 著

新曜社・三八八八円
ISBN9784788514126

政治／社会

「みんな」に奉仕する自治会

西武池袋線と西武新宿線にはさまれた東京都の西東京市から東村山市にかけての一帯には、独特の風景が広がっている。関東ローム層の堆積（たいせき）する平坦（へいたん）な台地に、大団地や結核療養所を母体とする病院が点在している。国立のハンセン病療養所、多磨全生園（たまぜんしょうえん）もこの地域にある。

多磨全生園は、療養所である点では結核療養所と似ており、隔離された患者たちが暮らす集合住宅が何棟も建てられた点では団地と似ている。本書は、この療養所で患者たちが長年にわたりどのような文化を形成してきたのかを、多くの元患者へのインタビューを積み重ねることで初めて浮き彫りにした。

療養所内の最大の生活組織が患者自治会である。自治会は、執行委員会、評議委員会などからなる本格的なもので、執行委員会の下には厚生部、文化部などが置かれていた。すべての患者が入会するこの組織には広範な権限があり、療養所長をはじめとする施設との交渉に当たった。自治会の役員となった患者は、「みんなの奉仕者」として献身的に働いたという。

本書によれば、患者自治会と施設側の間には、概して良好な関係が保たれていた。患者が騒動を起こしたことは、戦前の一時期を除いてなかった。この点は、隣接する結核療養所の患者自治会に日本共産党が進出し、自治会が療養所の経営管理まで行ったのとは異なる。その背景には、ハンセン病療養所の方に皇室からの手厚い「仁慈」があったことが挙げられよう。

1950年代後半以降、療養所の周辺には大団地が建てられてゆく。こうした団地に結成される自治会との比較も興味深い。患者自治会の組織は、団地自治会の組織を先取りしているように見えるからだ。ハンセン病患者というフィルターを外してみると、多磨全生園にも西武沿線の風土が反映していることを、本書は教えてくれる。

評・原武史（明治学院大学教授）

あおやま・ようこ 成蹊大ほか非常勤講師。主な論文に「地域生活支援の現場で働く」など。

二〇一五年一月一八日⑦　人文

『人喰いの社会史　カンニバリズムの語りと異文化共存』

弘末雅士 著

山川出版社・二八〇八円
ISBN9784634640733

現実に影響及ぼす「物語」の機能

本書は、「人間は（中略）人喰（く）い話が好きである」という文章ではじまる。ぎくり。ひとを食べたいとも、ひとに食べられたいとも思っていないはずなのに、私もまんまと、カンニバリズム（食人）を題材にした本書を手に取ってしまったくちだ。まさか、無意識のうちに人肉を欲しているのか……？

どきどきしながら読み進めたのだが、とてもおもしろく、着眼点が新鮮な本だった。本書では、食人の風習が本当にあったのかについては、あまり重視しない。それよりも、だれが、なぜ、どういう歴史的社会的背景があって、「人喰い族」の話をしたのか、ということを、主にスマトラ島の事例を中心に解き明かしていく。

東南アジアでは、古くから交易が盛んだった。産出される香辛料などを求めて、洋の東西を問わず、外界からの訪問者があり、港町はにぎわった。港町の有力者や通訳たちは、貴重な資源を産出する内陸部に住む人々のことを、「人喰い族」である、と訪問者に語った。

当然、訪問者は恐れて、内陸部には足を踏み入れない。おかげで、港町の人々は交易にまつわる利権を独占できるし、内陸部の人々は訪問者が持ちこむ病気や奴隷狩りから身を守れる。食人が事実だったかどうかとはべつに、「人喰い」話には、右記のような機能（効能）があったようなのだ。

「人喰い」がいる、と語られはじめた時期から、実際に「人喰い」の風習をはじめた人々がいるらしいとか、かつて「人喰い族」だった（とされる）ことを前面に押しだして観光地化している村とか、興味深い事例がたくさん取りあげられる。

ひとは、どんな動機や意図のもとに、なにを「語る」のか。その「語り」が、どういうふうに現実に影響を及ぼしていくのか。「物語」の発生、変化、展開について考えるのに最適な一冊だ。

評・三浦しをん（作家）

ひろすえ・まさし 52年生まれ。立教大学文学部教授。『東南アジアの港市世界』など。

二〇一五年一月二五日❶

『折口信夫』

安藤礼二 著

講談社・三九九六円

ISBN9784062192040

人文／社会

画期的な天皇論 新資料交え分析

総索引が付いた全集ばかりか講義録まで完備している。個人の思想を研究するのに、一見これほど恵まれた環境はない。けれども、いったんその「森」に足を踏み入れるや、あまりに鬱蒼《うっそう》としていて方向感覚を見失ってしまう――折口信夫とは、そんな思想家だ。一体これまで幾人が踏破を試み、失敗を重ねてきただろうか。

安藤礼二は、2002年に「神々の闘争――折口信夫論」を世に問うて以来、一貫して批評家としてこの巨人と向き合ってきた。テキストを厳密に読み抜き、読み破った者でなければ見えてくることのない新たな地平を、独力で切り開いてきたのだ。本書は、10年以上にわたる安藤折口論の集大成として大きな意味をもつ。

第1章から劇的である。これまでの研究で空白のままだった大学時代に、折口は本荘幽蘭《ゆうらん》という女性と出会い、神風会という神道系の団体と関わっていたことが、新資料を交えつつ論証される。驚くべきは、同時期に大本教（正式には大本）の出口王仁三郎もまた神風会と関わっていたことである。折口も王仁三郎も、自らをスサノヲになぞらえていた。国家神道が持ち上げた伊勢＝アマテラスでなく、出雲＝スサノヲが神道の中心に据えられたのだ。さらに折口の場合は、本荘との関係がアマテラスとスサノヲに重ね合わされる。何という大胆な解釈だろうか。

柳田国男との出会い以前に、折口の思想はすでに固まっていたのである。あえていえば、柳田は折口の思想をさらに発展させる触媒としての役割を果たしたにすぎないことが説得的に論じられる。例えば、柳田は天皇については直接言及しなくなるが、折口は積極的に言及し、ついには「天皇霊」という、万世一系のイデオロギーを原理的に否定するところまでたどりついてしまった。柳田も折口も南西諸島に出掛けたが、折口の場合は琉球王国で宗教的権威を担う聞得大君《きこえおおぎみ》の「秘儀」に触れたことが、神と天皇の中間に中天皇（ナカツスメラミコト）と呼ばれる女性がいるという画期的な天皇制論につながっていった。

こうした論の運びを追ってゆくと、折口は本荘幽蘭のほかに、同時代を生きた別の女性を意識していたのではないかと思いたくなる。その女性とは、大正天皇の妃で、折口が中天皇と見なした神功皇后に強い思い入れをもち、折口の最晩年に当たる1950年と51年の歌会始で相まみえた皇太后節子《さだこ》（貞明皇后）である。

なぜ折口だけが、現実の天皇制にこれほど深く迫ることができたのか。この謎はいまだ完全に解かれたとはいえない。が、本書が多くのヒントを与えてくれたことだけは間違いない。

評・原武史（明治学院大学教授）

あんどう・れいじ 67年生まれ。文芸評論家、多摩美術大美術学部准教授。早稲田大第一文学部卒業。著書に『神々の闘争 折口信夫論』（芸術選奨文部科学大臣新人賞）、『光の曼陀羅 日本文学論』（大江健三郎賞、伊藤整文学賞）など。

二〇一五年一月二五日❷

『九年前の祈り』

小野正嗣 著
講談社・一七二八円
ISBN9784062192927
文芸

読者の心を浸食する「リアス式」

表題作が今回の芥川賞を獲得した本書には四つの、すべてが大分県の「リアス式海岸が独特の地形を作る海辺の土地」を舞台とし、近い時を基点とする短編が入っている。

各短編は自在に語りの時間を飛び回り、過去、さらに過去、現在と次々に景色を変えながら、ひとつのテーマに寄り添った色を重ねていく。あたかも数々の入り江の脇の道路をゆっくりとドライブするように、文章はやがて懐かしい既視感を読者に与え始め、場面の突然の変貌（へんぼう）によって人生の影を印象づけもする。

こうして小野正嗣が語り手を変えながらひとつの土地の長い時間を遡行（そこう）し、現代の諸問題とつなぎ、移動していく方法を〃リアス式〃と呼ぼう。

表題作では、体が硬直して「引きちぎられたミミズ」のようになってしまう息子を持つ母親さなえが、「保守的な片田舎」に戻って家との軋轢（あつれき）に耐え、しかし片田舎だからこそ引き継がれて来たのであろう〃妹（いも）の力〃に励まされる。みっちゃん姉（ねえ）をはじめとする近所の女性たちの、時にのんびりし、時に辛辣（しんらつ）なユーモアはさなえを抱きしめるし、突き放しもする。「おーとーし！」（恐ろしい）などと、土地のなまりを音としては外国語のように、しかし平仮名であたたかく表記する方法は、〃リアス式〃の骨頂だろう。それはクレオール文学が征服者の言語を換骨奪胎したのと同じ、発明的な工夫である（「おーとーし！」の翻訳を考えればいい。訳者もまた必ず新しい言語を発明せねばならない）。

4作目の「悪の花」では老婆・千代子が我々読者を自らの〃入り江〃に誘う。集落でタイコーと呼ばれる、おそらく心身に障碍（しょうがい）を持った者の訪れを千代子は待っている。現れないタイコーへ寄せる思いは慟哭（どうこく）として震え、読者の心を浸食する。すさまじい迫力で。

〃リアス式〃で描かれる世界には根底に悲しみがある。悲しみは重ねて語られることで風景として地にしみていく。

評・いとうせいこう（作家・クリエーター）

おの・まさつぐ　70年大分県生まれ。『にぎやかな湾に背負われた船』で三島賞。

二〇一五年一月二五日❸

『知識欲の誕生　ある小さな村の講演会1895−96』

アラン・コルバン 著　築山和也 訳
藤原書店・二二六八円
ISBN9784894349933
歴史／社会

啓蒙の原点　歴史の手法で再現

『記録を残さなかった男の歴史』で十九世紀のフランスの農村に暮らしていた木靴職人の人生を蘇（よみがえ）らせたアラン・コルバンが本書で試みたのは、第三共和政下、アフリカの植民地化を進めていた十九世紀末にモルトロールという農村で小学校教師が行った連続講演を再現してみせることだった。講演原稿は残されていないが、コルバンは、教師の人となりを示す資料や手紙を史料館から発掘し、その頃の出来事や世相、当時読まれていた書籍から時代背景を浮かび上がらせ、教師の語り口や講演内容、さらには聴衆の反応まで鮮やかに描き出す。

時代の空気や歴史の情景を描く「手口」は本来、小説が得意とするところだが、歴史と小説の境界線はどの辺りに引かれるのだろうか？　古文書や資料の解読、吟味を徹底する態度に変わりはないし、真実に接近しようとする欲求も共通している。だが、前者は創作を排し、実際に起きたことの忠実な再現を意図し、後者はあらかじめ創作を加えることを意図している。コルバンは歴史家としての姿勢は保ちつつ、小説との境界を少しだけ越えた。歴史家が背景的事実を十分に調査し、その時代にタイムスリップしようと試みれば、一人の小学校教師の人物像や口調を真似（まね）ることは可能であることを示した。十九世紀末の農村における大衆への啓蒙（けいもう）のあり方、歴史の共有のされ方を再現することで、知識欲の満たし方の原点を探り当てようとしたのだ。

講演は村人の知識欲を満たす唯一といっていい機会だった。新聞や本を読む習慣がまだ根付いていない時代、歴史は感動を伴う物語にアレンジされることで、大衆に共有され、「良識ある愛国」が醸成されていったことがよくわかる。歴史記述が不都合な真実を隠蔽（いんぺい）し、安易な自己正当化に傾く今日、啓蒙の原点を見つめ直すことは反知性主義や衆愚政治への地道な対抗策になり得ると思った。

評・島田雅彦（作家・法政大学教授）

Alain Corbin　36年生まれ。「感性の歴史家」と称される。『においの歴史』など。

二〇一五年一月二五日④

『毛利元就　武威天下無双、下民憐愍（れんびん）の文徳は未（いま）だ』

岸田裕之 著

ミネルヴァ書房・四一〇四円

ISBN9784623072248

歴史／人文

戦国の巨人にストイックに挑む

広島県の西半分を、かつて安芸国といった。同国の国人領主（小大名ほどの存在）から身を起こし、安芸一国の主（あるじ）となり、やがては中国地方一帯に影響力を及ぼす大大名にのし上がる。一代でそれを成し遂げたのが、戦国大名・毛利元就であった。本書は彼の生涯に肉薄していく。

元就は時代を代表する成功者だったから、江戸時代には物語が多く作られた。著者はそれらを潔く、ゴミ箱に捨てる。創作や臆測が含まれているから（だから本書には、有名な厳島合戦の顛末〈てんまつ〉は出てこない！）。信頼度が低い素材ではなく、膨大な古文書・記録や綿密な現地調査だけ。良質な資料を以（もっ）て、著者は巨人・元就に挑む。おまえは何者であったか、と。そのストイックな姿勢がすがすがしい。

本書は元就の「政治」「経済」「意識」を解明する三部構成になっていて、それぞれが著者の個別の研究書を基礎にもつ。第一部では毛利家の成長を跡づけながら、その過程でいかにして「法による統治」が行われていったかを探る。第二部では海や河川などを舞台に活発な経済活動を行う領主（たとえば村上水軍）のありようを復元しながら、毛利家が彼らとどう付きあい、あるいはどう取り込んでいったかを示す。

第三部こそは、本書の白眉（はくび）である。元就は戦国大名の中で飛び抜けて、（書状のかたちで）肉声を後世に残してくれた。著者は丹念にそれを読み込み、大名・元就の思考を明らかにする。毛利領国という「国家」と京都を中心とする「天下」の関係が、主君に求められる器量が、人材登用の要諦（ようてい）が、統治のあるべき姿が、元就の生の声をなぞりながら語られていく。

著者は長く毛利家を研究してきた。本書はその上澄みであり、枢要である。一書の中に良心的な研究者の何十年もの歳月が詰まっている。こうした本にめぐりあえることは、読書の喜びに他なるまい。

評・本郷和人（東京大学教授）

きしだ・ひろし　42年生まれ。広島大学名誉教授（日本中世史）。『大名領国の経済構造』。

二〇一五年一月二五日⑤

『さまよえる町　フクシマ曝心地の「心の声」を追って』

三山喬 著

東海教育研究所・一九四四円
ISBN9784486037866　社会

地方に対する中央の無関心を突く

物語は一人の男が群馬県の渡良瀬川を訪ねるシーンから始まる。男が訪ねたのは百年以上前に起きたあの足尾鉱毒事件の現場だ。事件の記念碑を見て男は物思いに沈む。なぜなら彼の故郷は原発事故があった福島県大熊町だからだ。昔、消滅したその村と自分の故郷を重ねあわせ、胸を詰まらせていたのである。

突然の事故で住み慣れた故郷を追い出された大熊町の住民たちは、今も自宅に戻ることができず、会津若松市やいわき市などの避難先で暮らしている。故郷に戻れるかどうかもわからず、戻れるとしてもそれは遠い未来のことだ。現実問題、町の将来の選択肢として一体何があるというのか？　著者は現代社会のディアスポラとなった町民たちのこうした苦しみ、もがきの声を震災直後から拾い、一緒になって苦しみ、彼らの痛切な言葉を聞き取ろうとする。

結論などはない。この本にあるのは現状の報告だけである。考えてみると、ひどい話だ。震災から四年近くが経ち、私は彼らのことを忘れていた。いきなり過去と分断され、未来の修正を余儀なくされた者たちがいたことに、すっかり無関心になっていたのだ。

本書が突くのはその無関心の構造かもしれない。福島だけではない。足尾もそうだったし、沖縄もそうだ。近いうちに消え去る無数の限界集落もそう。中央の人間は常に地方のことに無関心だったし、これからもそれは変わらない。福島はその無関心の隙間から噴出した事故だったのだ。福島に原発をおしつけて東京で電力消費する産業構造自体、無関心の産物だし、東京に原発を造れという極論に対する有効な反駁（はんばく）を我々はいまだに持ちえていないのだから。

今このタイミングで、このテーマの本を出したことにジャーナリストとしての信念を感じた。伝えなければならない人の声というのはあるのだ。きわめて誠実な日本の現在に関するリポートである。

評・角幡唯介（ノンフィクション作家・探検家）

みやま・たかし　61年生まれ。元朝日新聞記者。著書に『ホームレス歌人のいた冬』など。

二〇一五年一月二五日⑥

『偽装された自画像　画家はこうして嘘をつく』

冨田章 著

祥伝社・一七二八円
ISBN9784396615062　人文

自らを死者としてさえ描く確信犯

なぜ画家は自画像を描きたがるのだろう。という僕も例外ではない。自画像を描くことは自らを「偽装する」ことで「画家はこうして嘘（うそ）をつく」と本書は断言する。

ちょ、ちょっと待って下さい。絵画は画家の本性を映す鏡として、画家が如何（いか）に偽ろうと裏切ろうとしても、絵画はそれ自体、画家の魂に忠実であろうとするために、そう簡単に偽装することは不可能なのである。この事実を前提として本書に耳を傾けよう。

さて筆者が語ろうとする画家の嘘とは、かなり確信犯的な画家の行為を指しており、自画像に秘められた意図的な「偽装」を見事に手際よくあぶり出し、直感的想像力によって自画像に潜む謎を解き明かそうと試みる。もともと画家には謎の隠蔽（いんぺい）と同時に暴露されることの期待も想定内にある。そんな画家の相反する両面を解明することで、作品と鑑賞者の間に橋を架けようとするのが本書の趣旨。

本書で最も興味を惹（ひ）くのは自らを死者

として描き、そして埋葬することで再生を希求する自虐的行為とも自己愛ともとれる画家の眼差（まなざ）しであるが、まずミケランジエロの、己の肉体をペラペラの皮一枚の物体として嘲笑的に描いたシスティナ礼拝堂の「最後の審判」を取りあげる。

次はカラヴァッジョの「ゴリアテの首を持つダヴィデ」で、斬り落とされた首を画家は自己証明として描く。さらにアンソールは自分の顔に骸骨を埋め込むことで死を偽装し、スピリアルトは青白いそげた頬に眼（め）が洞窟のようにポッカリ空いた亡霊の姿として出現する。フリーダ・カーロは裸身に無数の釘を打ち込み、殉教者に変身した。

さて、では生を謳歌（おうか）するピカソは？「青の時代」の若い自画像はなぜか老成しているが、最晩年の自画像はなんと幼児にフェイクする。ピカソの到達した芸術観が、そのまま証明されたようなもんだ。

評・横尾忠則（美術家）

とみた・あきら　58年生まれ。美術史家、東京ステーションギャラリー館長。

二〇一五年一月二五日⑦

『妄想彼女　頭の中で作りあげた僕の恋人』

地主恵亮 著

鉄人社・一二九六円
ISBN9784865370188

社会

恋人との幸せそうな写真をＳＮＳに載せて自慢したい。現実には恋人どころか友達も少ないほぼ無職男性。かわいらしい女性と出会い、恋人となり、一緒に暮らし……という妄想を膨らませ、手にマニキュアを塗り、女性用カツラや三脚などを駆使して、あたかも彼女とデートしているような擬装写真を撮る。

本書の上段には仮想恋人との幸せそうな写真と微笑（ほほえ）ましいラブストーリーが、そして平行して下段には理想とかけ離れた現実の寒々しい状況と写真術の種明かしが綿々と明かされる。まさに天国と地獄。

街中でひとりカツラを抱きしめながらセルフシャッターを押す姿は、ホラーじみていて猛烈に気持ち悪い。が、たくさん見せられるうちに滑稽も通り越し、なぜか応援したくなってくるのは、本人が妄想世界に飛ばず、現実の自分から目をそらさず客観的視点を維持しているからだろう。妄想は平和に孤独を癒やす。うまく使えば人生の強い味方となる。とはいえ奇書である。

評・内澤旬子（文筆家・挿画家）

二〇一五年一月二五日⑧

『〈ルポ〉かわいい！　竹久夢二からキティちゃんまで』

青柳絵梨子 著

寿郎社・一九四四円
ISBN9784902269727

社会

今や国内はもとより、海外にも知られるようになった「かわいい」カルチャー。大正時代に竹久夢二の絵から始まり、中原淳一、内藤ルネ、田村セツコらの少女画により醸成されたこの少女文化の精神は、いかにして現代に受け継がれたのか。

戦時中、時勢にそぐわないと排斥されつつも、かわいいものをこっそり愛（め）でた少女たちの逸話。異性からのまなざしではなく、自分らしさをかわいい価値観の中心に据えた「オリーブ」。口が描かれないことで感情を押し付けず少女たちの気持ちに寄り添うキティ。著者が注目するのは「かわいい」のはらむ権力の無効化だ。少女たちが渇望した、少女たち自身のための美意識。それは、主流文化が少女／女性たちに強いてきた規範的女性らしさを拒否するための武器であり、抵抗運動でもあった。「かわいい」が発動すれば、戦わずして戦いそのものを消し飛ばし、共感の力で互いの個性を協力に導くことも可能となる。その魅力、恐るべし！

評・水無田気流（詩人・社会学者）

『工作舎物語　眠りたくなかった時代』

臼田捷治 著
左右社・二三七六円
ISBN9784865281095

俊才に迷いなし もの作りの気概

80年代後半、学生だった私は、アルバイト先のグラフィックデザイナーの松田行正（ゆきまさ）の事務所から、よく工作舎にお使いに出された。

およそ出版社のイメージにそぐわない瀟洒（しょうしゃ）な洋館に、『キルヒャーの世界図鑑』や『平行植物』など知的かつ遊び心溢（あふ）れる刊行物の数々。この世離れした本を作って生きる大人たちに、衝撃を受けた。

「昔はもっとすごかったんだから」。かつて工作舎に君臨した編集者松岡正剛（せいごう）と、デザイナー杉浦康平が71年に創刊した雑誌『遊』の現場伝説は、本のデザインに関わる人間なら、一度は耳にしたことがあるのではないだろうか。

『遊』の濃厚な組み版デザインは、当時多くの若者たちに衝撃を与え、身ひとつで会社に転がり込んでは不眠不休の雑誌作りを手伝うこととなる（松田行正もまさにそのひとりだった）。

本書は松岡正剛と、工作舎に集結しその後独立し名を成した俊才デザイナーたちのインタビュー証言から、70年代から80年代後半までの工作舎の軌跡を追う。グラフィックデザイン分野での著書を重ねてきた著者により、専門用語は抑え気味に、門外漢にもわかりやすく書かれている。

パソコンが一般化する90年代以前、グラフィックデザインは、紙に文字を切り貼りするという手作業に支えられていた。若者たちは、憧れのクリエイターたちの鬼気迫る仕事を間近で見て、自らも手を動かし、デザイン能力を身につけていった。なかでも『遊』をはじめとした工作舎の刊行物は手間がかかっていた。

けれども一方で、良いものを作ろうとこだわり時間をかけても、報酬らしきものは、あるようなないような、という具合。それではブラック企業と変わらないと思う人もいるだろう。比較的短期間で工作舎を去った人も少なくない。

お金がなければ生きてゆけない。けれども、効率を考え労力を惜しんでは、真に良いものを作り上げることはできない。誰でも陥るジレンマだ。しかし当時の松岡はそんなレベルを超えていたようだ。「は、お金？　それが何？」と言わんばかりの吹っ切れたテンションが証言の端々から読みとれる。

自分だったら、どうしただろう。机の下で寝てパンの耳を食べながら、居続けられるか。もちろん、工作舎から受けた影響が独立後の活躍の基礎となっていることも、全員が強調する。悩ましい。

最後に登場する祖父江慎のインタビューが圧巻だ。「大学に行く意味があるのか」と松岡に迫られ、美大を中退。それでも彼の口調は、恨み節もなく、ひたすら楽しそうに面白おかしく手掛けた本や現場の思い出を語る。天才は迷わないのだなと、納得。戦慄（せんりつ）した。

評・内澤旬子（文筆家・イラストレーター）

うすだ・しょうじ　43年長野県生まれ。元「デザイン」（美術出版社）編集長、女子美術大非常勤講師。文字文化やグラフィックデザインの分野で執筆活動中。著書に『装幀時代』（晶文社）、『杉浦康平のデザイン』（平凡社新書）など。

『図説・大西洋の歴史　世界史を動かした海の物語』

マーティン・W・サンドラー 著　日暮雅通 訳
悠書館・六四八〇円
ISBN9784903487946

歴史

奴隷と妄想を積み　大海を渡る

「必要は発明の母」はイノベーションのみならず制度にも当てはまる。ハンムラビ法典の時代から存在した奴隷制度だが、「人種に根ざした奴隷制度などほぼどこにも存在しなかった」。大西洋が海路となって、過去例をみない「大海を渡るアメリカ大陸への奴隷移送」が生まれた。最初に着手したのは15世紀のポルトガルだった。新大陸における「良好な農園システム」に唯一足りないのが膨大な労働力だったからである。

同じ時期、ヨーロッパでは理性を重んじる「啓蒙（けいもう）思想」が浸透し、「市民と君主や国家との適切な関係を定め」ようと格闘していた。しかし、アフリカ奴隷は埒外（らちがい）におかれた。「繊維産業が世界規模で発展した時期」に「大もうけできるとなると、どんなに情け深かろうとも、手持ちの奴隷を解放する農園主はいないに等しかった」からだ。情けより儲（もう）け優先であるのは奴隷解放後も基本的には変わりないようだが。

もうひとつ、本書を読んで痛感したのは、妄想や訳のわからないことが時代を動かすということだ。喜望峰を迂回（うかい）した最初の欧州人バルトロメウ・ディアスは「プレスター・ジョンと呼ばれる伝説のアフリカの君主を見つけ出し、友好関係を結ぶ」ために出航し「大西洋には出口があることを、身をもって証明した」。そのおかげでヴァスコ・ダ・ガマはインドに到達した。

「新大陸」でも仏国王の命をうけた探検家ジャック・カルティエが膨大な金や銀山があるという「サゲネーという王国」を発見することに執念を燃やし、仏国の広大な北米領土支配に貢献した。米国独立のきっかけの一つとなった「ボストン虐殺事件」（1770年）が起こった理由は、弁護人にもわからなかった。

酸鼻な歴史を紡ぎ出してきた「大西洋は人間世界の中心でありつづける」世界観など壊れたほうがいいと思うのは非西洋人の妄想だろうか。

評・水野和夫（日本大学教授）

Martin W. Sandler　米国史研究者。マサチューセッツ大で講義もしている。

『冬を待つ城』

安部龍太郎 著
新潮社・二一六〇円
ISBN9784103788096

『鳳雛（ほうすう）の夢』

上田秀人 著
光文社・二〇五二円
ISBN9784334929794

歴史

奥州の大義求める苦難の戦い

東北の戦いの歴史は、苦い。「征夷（せいい）」大将軍・坂上田村麻呂の侵攻、源頼義・義家父子による前九年の役、鎌倉武士が大挙して押し寄せた平泉の討滅、豊臣秀吉の「奥州仕置（しおき）（征服）」、錦の御旗を翻す官軍に敗れた戊辰戦争。中央権力は東北の自由を許さず、いつも屈従を強いてきた。このうち、秀吉の「奥州仕置」をテーマにする時代小説が、前後して2冊刊行された。

まず安部龍太郎氏の『冬を待つ城』。天正19（1591）年、秀吉に敢然と反旗を翻し、15万の大軍に包囲されて滅んだ九戸政実（くのへまさざね）（南部氏の一族）を描く。主人公は政実の弟、久慈政則（くじまさのり）。彼の目を通して、九戸城（岩手県二戸市）に立てこもる政実の、どう見ても無謀な戦いの真相が次第に明らかになる。

政実は、私利私欲から判断を誤ったのでは

ない。「奥州の大義」のために命を懸けたのだ。一方で、これを滅ぼそうとする豊臣政権の側にも、特別な思惑があった。普通、秀吉による天下統一の総仕上げ、といわれるこの戦いは、実は朝鮮出兵を見据えてのものだった……。著者による謎ときの秀逸さに、何度もうならされる一冊である。

政実の知名度は高くないが、伊達政宗の名は歴史好きなら誰もが知る。彼の活躍と苦難を描くのが、上田秀人『鳳雛の夢』。生母に愛されず、父と弟を犠牲にしながら、政宗はひとり覇業を歩む。その彼に仕え、親友のように、時に兄のように、支え続けたのが片倉小十郎であった。

二人の夢。それは「奥州制覇」、そして奥州の自立。強大な中央政権が二人の前に立ちはだかる。だが政宗は夢をあきらめない。秀吉・徳川家康、二人の天下人と渡り合いながら、彼はいかにして伊達家を、また東北を守り抜いたのか。周知のように、政宗と小十郎の夢はかなわなかった。けれども著者のけれんのない筆致は、とてもすがすがしい読後感を与えてくれる。

評・本郷和人（東京大学教授）

あべ・りゅうたろう、うえだ・ひでと

二〇一五年二月一日④

『なぜ生物時計は、あなたの生き方まで操っているのか？』

ティル・レネベルク 著　渡会圭子 訳

インターシフト・二三七六円

ISBN9784772695428

科学・生物

夜型人間が自信を取り戻せる本

ぼくは、かなり夜型の人間だ。仕事などの制約がなければ、4時頃寝て11時頃起きるのが、いちばん快調である。

夜型人間はぐーたらで、朝型はまじめな働き者というのが、一般のイメージのようだ。だが、そうではないのだと、本書の著者、睡眠研究の世界的権威、レネベルク博士は断言する。夜型なのはその人の持って生まれた遺伝的性質だ、怠け者ではないのだ、と。むしろ、現代の生活リズムが過剰に朝型に偏重しているとまでおっしゃってくださる。夜型人間がこんなに自信を取り戻せる本は、他にない。

朝型か夜型かは、生物学的な要因によって決まっている。具体的には、遺伝的要因と日光だ。ドイツでの膨大なデータをもとに、人々の生物時計が日の出・日の入りによって決定されていることを示す第17章は、圧巻だ。

遺伝的に決まっている人間の生物時計は、ぴったり24時間の周期ではない。むしろ多少の「ゆとり」をもって、ざっくりとリズムを決めておき、細かいところはその土地の日の出・日の入りのパターンに合わせるという仕組みになっているようだ。

日の光に当たることは、それだけ、人の生物時計を決めるのに大きな役割を果たしている。したがって、現代の産業社会で、とくに都市生活者の多くが日中の大半を屋内で過ごしていることが生物時計のリズムを乱し、ひいては体調不良をもたらしている原因だと著者は言う。屋内照明は日光の200分の1以下の強度しかない。つまり現代に生きるぼくたちは、日周リズムを整える環境からの刺激（日光）を、ほとんど受けないで暮らしていることになるのだ。

時差ボケや不眠に苦しむ人にとっては目からウロコの連続である。そして、あなたが夜型であれば自信と誇りを取り戻すために、あなたが朝型であれば夜型人間への理解と共感をもってもらうために、是非（ぜひ）ともお読みいただきたい。

評・佐倉統（東京大学教授）

Till Roenneberg　独ミュンヘン大学医療心理学研究所教授。

二〇一五年二月一日⑤

『サラバ！ 上・下』

西加奈子 著

小学館・各一七二八円
ISBN9784093863926〈上〉・9784093863933〈下〉
文芸

波瀾万丈 自伝的「和解」の物語

サラバとは、日本語の「さらば」とアラビア語の「マッサラーマ（さようなら）」を掛け合わせて、この小説の語り手である「僕」こと圷（あくつ）（のちに今橋）歩と、彼が小学生の時に家族で住んでいたエジプトで親友になったヤコブが、別れ際に交わしていた合言葉、それはいつしか「魔術的な言葉」になっていった。西加奈子の直木賞受賞作は、この言葉を題名に据えた波瀾（はらん）万丈の大作である。

「僕」は1977年に、父親の赴任先イランで生まれた。姉は幼い頃から大変な問題児で、「僕」は内心迷惑がっている。79年のイラン革命によって、いったん一家は帰国して大阪に住んだが、やがてエジプトに赴く。突然、両親が離婚することになり、母親に引き取られて日本に戻った「僕」は、東京の大学に進学して独り暮らしを始める。姉の変人ぶりは、ますます増していく。母親は新たな恋愛に夢中だ。父親は出家して僧侶になってしまう。大阪で世話になった「矢田のおばちゃん」が「サトラコヲモンサマ」という謎の宗教（？）を興し、姉も深く関わっていく。そんな家族からは距離を置き、「僕」は売れっ子ライターとして人生を謳歌（おうか）するのだが……物語は「僕」が37歳を迎えた2014年まで続く。1995年も2011年も、重要な年として描かれる。そして、すべての出来事の後ろで「サラバ！」が響いている。

「僕」の経歴は、作者自身とよく似ている。むろんこれは自伝ではあるまい。けれども、この小説が「僕」の長い時間をかけた和解の物語であり、その「和解」の相手とは、第一に姉、それから母、父、そして彼自身であること、また「この小説は何故書かれたのか」が重要なテーマであることを思えば、自伝的と呼ぶことは許されるのではないか。『サラバ！』は小説家生活十周年を迎えた西加奈子の、自伝的な傑作である。

評・佐々木敦（批評家・早稲田大学教授）

にし・かなこ 77年生まれ。作家。『ふくわらい』『舞台』など。本作で第152回直木賞。

二〇一五年二月一日⑥

『公会堂と民衆の近代 歴史が演出された舞台空間』

新藤浩伸 著

東京大学出版会・九五〇〇円
ISBN9784130201537
歴史

政治集会や娯楽でつくる「公」

明治以降の日本では、天皇を中心とする政治体制が確立される一方、公園、広場、図書館、駅など、不特定多数の見知らぬ人々が集まる空間がつくられていった。公会堂もその一つである。

読んで字のごとく、公会堂とは公衆が出会う場所を求めた近代国家の論理を体現する空間であった。本書は、これまで注目されてこなかった公会堂の歴史的役割を、東京の日比谷公会堂に焦点を当てて鋭く分析している。

日比谷公園は、宮城前（皇居前）広場に隣接するとともに、1905年に日比谷焼き打ち事件が起こったように、民衆運動の舞台にもなった。29年、この公園内に開館したのが日比谷公会堂である。公会堂は政治的討議を行う講堂として、また娯楽を享受する劇場として用いられた。さらには、皇室関連行事を中心とする儀礼空間としても用いられるようになった。

これを同時代の宮城前広場と比較してみると面白い。昭和初期の宮城前では、天皇自身が広場や二重橋に何度も現れ、万単位の人々を集めた親閲式や記念式典、戦勝祝賀式などが行われた。天皇はめったに肉声を発さず、広場には厳粛な空気が漂っていた。一方、日比谷公会堂では天皇が現れる代わりに、政治集会や宮城前を補完する儀礼が行われるとともに、演芸会や音楽会などの大衆向け娯楽もまた続けられた。宮城前と日比谷双方があいまって、戦時下東京の「公」ないし「公共」空間が形成されたわけだ。

　本書の分析は49年で終わっており、天皇が日比谷公会堂をしばしば訪れて肉声を発するようになる戦後に公会堂が果たした役割については十分触れられていない。占領期の宮城前が連合国軍や左翼勢力によって大々的に利用されたように、公会堂も時代の影響を受けた。その点についての分析がもっとあれば、戦前と戦後の連続面と断絶面が一層はっきりしただろう。

評・原武史（明治学院大学教授）

しんどう・ひろのぶ　78年生まれ。東京大大学院教育学研究科講師。

二〇一五年二月一日❼　文芸

『寺山修司未発表詩集　秋たちぬ』

寺山修司 著　田中未知 編

岩波書店・一七二八円
ISBN9784000240451

　没後三十二年を経てなお色あせない、寺山修司の美学。それは舞台美術や前衛短歌などの領域を飛び越え、さまざまな表現に影響を与え続けている。本書は、寺山が十四、五歳のころノートに綴（つづ）った未発表詩集。彼の短詩型の特徴である鮮やかな言葉の切っ先は、初期から萌芽（ほうが）していたのを確信した。レイアウトや挿絵に凝った原典の写真も添付され、貴重な資料となっている。

　本作が書かれた一九五〇年代前半は、谷川俊太郎をはじめ、現在まで続く現代詩の潮流がうねりを上げていた時期と重なるが、不思議と寺山の詩にその影響はない。むしろ色彩の対照性や時間を大胆に圧縮する技法は戦前の口語自由詩に近いが、やはり一筋縄ではいかない。表題は堀辰雄『風立ちぬ』から。頁（ページ）をめくると目に飛び込むのは、「あかい笛」の鳴り響く「かなしい景色」。「魔法で話す」黒猫たちに、「裏がえしに飛」ぶ飛行機。耳を占拠する「白い風の胡弓（こきゅう）」……極彩色の抒情（じょじょう）が、滴り落ちていく。

評・水無田気流（詩人・社会学者）

二〇一五年二月一日❽　政治／社会

『追跡・沖縄の枯れ葉剤　埋もれた戦争犯罪を掘り起こす』

ジョン・ミッチェル 著　阿部小涼 訳

高文研・一九四四円
ISBN9784874985564

　枯れ葉剤が入っているとみられるドラム缶が、腐食した状態で、２０１３年に沖縄市のサッカー場から大量に発掘された。ベトナム戦争で米軍が使用した枯れ葉剤は、基地のある沖縄にも運びこまれていたらしい。

　著者はアメリカ政府に情報公開を求め、この問題を徹底的に追及する。基地で勤務していた米兵のなかには、いまも枯れ葉剤による甚大な健康被害に苦しむひとが大勢いる。ベトナム戦争当時、基地関連の仕事をしていた沖縄の人々に至っては、被害の実態把握は行われていないままだ。また、県内の米軍訓練場で枯れ葉剤が使用された形跡があるのだが、環境への影響も調査されていない。

　これは、綿密な調査に基づく告発の書だ。日米両政府は、事態を直視すべきだろう。戦争は敵味方関係なく、多くのひとを長年にわたって苦しめつづける。沖縄の基地問題や戦争の非道さを、「対岸の火事」ではなく「自分のこと」として考えるためにも、必読だ。

評・三浦しをん（作家）

二〇一五年二月八日❶

『加藤周一と丸山眞男　日本近代の〈知〉と〈個人〉』
樋口陽一 著
平凡社・一九四四円
ISBN9784582836769

『学問／政治／憲法　連環と緊張』
石川健治 編
岩波書店・四一〇四円
ISBN9784000259927

社会

個人・社会・国家　あるべき姿探る

自民党改憲草案では、現憲法の「個人」という言葉が「人」に差し替えられている。些細（ささい）な違いとも見えるが、個人を基礎とする国家という近代の基本枠組みの否定となりかねないというのが、樋口陽一ら憲法学者たちの見解である。

戦後日本を代表する知識人たちと自らとの関係を述べた『加藤周一と丸山眞男』で、樋口は若き丸山の「弁証法的全体主義」という謎の概念に注目する。国家が個人をのみ込む全体主義と、欲望追求だけの個人主義との双方を批判し、個人は国家をつくるが、「しかも絶えず国家に対して否定的独立を保持」すべきだと丸山は述べた。樋口は、これを、自らが重視するルソーの思想と結びつける。

単なる欲望の担い手たる「人」は、「市民」となって国家を構成することで、宗教や経済などの社会的圧力から解放される。しかし、その一方で市民は、国家に吸収されないように、国家への距離感も持ち続けなければならないというのが、樋口の立場である。

同書では、加藤周一が「雑種文化」論で、「個人の尊厳と平等の原則」にもとづく民主主義の普遍性を認めつつ、伝統が異なる日本では「西洋と同じ形にならない」とし、「外来」と「内在」の接合を図ったことが引かれ、日本の文脈で思考する意義も強調される。

樋口の薫陶を受けた学者たちの論集『学問／政治／憲法』も出た。樋口の師、清宮四郎の理論的背景をハンガリーまで辿（たど）る石川健治など、興味深い論文ばかりだ。山元一は、状況に合わせて力点を移す樋口理論のしたたかさを描く。国民主権の理解をめぐる杉原泰雄との1970年代の論争の際には、権力への対抗を論じた樋口だが、90年代には、市場主義への対抗上、国家の重要性をより強調するようになったという。

蟻川恒正は、太宰治の「走れメロス」等を素材に、近代的な個人の尊厳とは、古代ローマ以来の身分的な特権の普遍化であることを示す。人びとが名誉を重んじて行動する限りで、尊厳は成り立つ。とすれば、尊厳を強調する樋口は、実は権利だけでなく、市民に義務をも厳しく要求しているのでは、というのが蟻川の示唆である。

大学の教職を擲（なげう）って釜ケ崎に入り、労働者たちの弁護を務める遠藤比呂通（ひろみち）は、いわば地べたから師に問いかける。野宿者の生存の権利を認めず、申請するまで保護対象としないような法の運用は、「個人の尊厳が強調する自己決定の論理」の帰結ではないのかと。

現実の権力を監視しつつ、理念としての共和国を遠望する樋口と、それに連なる人びとは、法解釈学の枠を超え、個人・社会・国家のあるべき関係という根本問題に取り組んでいる。

評・杉田敦（政治学者・法政大学教授）

ひぐち・よういち　34年生まれ。憲法学者。東北大、東京大などで教授を歴任。国際憲法学会創設委員を経て、現在、名誉会長。
いしかわ・けんじ　東京大教授（憲法学）。

二〇一五年二月八日②　文芸

『営繕かるかや怪異譚』

小野不由美 著
角川書店・一六二〇円
ISBN9784041024171

ひとの想い解放する「建築小説」

この連作短編集の主役は「家」である。いや、すまいと言った方が正しいかもしれない。全六編、いずれの物語でも、それぞれのすまいの中で、或（ある）いはそのすぐそばで、ふと妙な出来事が起こり始める、そこをすまいとする者たちは、最初は気にしないようにするのだが、出来事は次第にエスカレートしてゆき、ある時を境に、紛れも無い怪異としての姿を露（あら）わにする。祟（たた）りではなく障り。何かが、誰かが障っているのだ。そこに営繕屋が登場する。尾端（おばな）というまだ若い男で、名刺には「営繕かるかや」とある。つまり彼は家を修繕・改築するのが仕事だ。だが尾端には不思議な評判がある。彼はすまいに手を入れることで、障りを直すことが出来る。かといって彼は霊媒師ではない。障っている誰かの想（おも）いを推し量り、そこに宿る無念や悲哀を慮（おもんぱか）って、営繕によって介抱／解放してあげるのだ。

冒頭の「奥庭より」では、亡くなった叔母から相続した町屋に独り住まいの女性が、奥庭に面した狭い廊下の向こう、開かずの間と化した奥座敷の襖（ふすま）が、閉めた筈（はず）なのに開いていることに気づく。何度閉めてもいつのまにか開いている。そして或る日、そこから女が出てくる。ものすごく怖い。怪異がぬうと顔を出す瞬間の切れ味は、この作家ならではである。だが、かるかやの処置は、あくまでも家に、すまいに対するものであり、従ってこの種のお話にありがちな理屈抜きの神秘性とは一線を画している。尾端は文字通り、すまいを直す／治すだけなのだ。それぞれの主役である家の構造や設計は、緻密（ちみつ）かつ明晰（めいせき）に書かれている。かるかやが施す営繕もきわめて具体的だ。この趣向が本書に凡百の怪談、心霊、ホラー小説とは全く異なる新しさを与えている。いわばこれは一種の建築小説である。しかしそこでは同時に、ひとの心も建築として、すまいとして扱われている。

評・佐々木敦（批評家・早稲田大学教授）

おの・ふゆみ　作家。「十二国記」シリーズ、『屍鬼』など。『残穢』で山本周五郎賞。

二〇一五年二月八日③　政治

『生そのものの政治学　二十一世紀の生物医学、権力、主体性』

ニコラス・ローズ 著　檜垣立哉 監訳
法政大学出版局・五六一六円
ISBN9784588010170

今日的な課題を検証し体系立てる

１９８４年に亡くなったミシェル・フーコーによる「生政治（biopolitics）」という術語。それは、近代化以降の統治のあり方を示す重要な概念である。かつて政治権力は、人々を生かすか殺すかの厳しい選択を通して行使された。だが近代化以降、権力は人々の生の管理を要請し、人口規模と質、生殖と人間のセクシュアリティー、家族関係、健康と病気、誕生と死などの課題にとりくむ必要性に迫られてきた。この詳解や現代的意義について論じた言説は多いが、本書は今日的課題を果敢に検証し体系立てた点で、類書から一頭地を抜く。

著者は21世紀の生政治の分析のため、「分子化」「最適化」「主体化」「専門知識」「生（バイオ）経済」の5系統からの分析を提唱する。今日、生物医学は生を「分子」レベルまで分解して理解し、バイオテクノロジーは「最適化」のため生物学的な有機体の概念そのものまでも変化させる。それは、病気治療のように問題に後付けで対処するのではなく、ＤＮＡ解析に代表されるように、予見的に生命の未来を形成しなおすのである。それらは個々人の身体へと働きかける選択を通じ、「主体化」される。ダイエット、タトゥー、美容整形、性転換、さらには臓器移植に至るまで、今や身体と生命力は人間にとって「自己をもちいた実験をおこなう特権的な場所」となった。同時に安楽死やヒトクローンなど倫理学の俎上(そじょう)に載る事例も増えた。

健康への視角は、政治家以上に医学の専門家たちによってもたらされている。各種療法士やカウンセラーなど新しい専門家たちは、より広範囲に生そのものへと介入していく。構造を下支えするのは、巨大資本による「生経済」だ。成長著しく、グローバルに展開する生命市場。批判はたやすい。だが私たちは、もはやこの渦中で自己の身体や生そのものを形成している……繰り返される主張に、新たな人間学の必要を思う。

評・水無田気流(詩人・社会学者)

Nikolas Rose 47年生まれ。英国の社会学者。著書『魂を統治する』など。

二〇一五年二月八日④

『HIROSHI HARA:WALLPAPERS 空間概念と様相をめぐる〈写経〉の壁紙』

原広司 著

現代企画室・三七八〇円

ISBN9784773814231

アート・ファッション・芸能

境界が融け 写す豊かさを堪能

本を開くと、文字も紙も色も、見たことがないほどに不思議で、しかも美しい。著者は、日本を代表する建築家で、京都駅などの未来的な作品と、地の果ての集落と現代建築を重ねたユニークな思想で知られる。しかし、ここで原は作品も思想も語らない。というより、ほとんど何も語らずに、ひたすら写経して、その結果が本になった。といっても、仏典を対象とするのは「法華経」だけ。建築を考える上で重要とされたテキスト群が、原の手で書き写される。古くはホメロス、荘子から、新しきは大江健三郎まで及び、そのチョイス自体が多くを語る。

プロセスも尋常ではない。まず朝夕の雲を撮影し、その複雑な色を文字が懸命になぞり、トレーシングペーパーの上に、テキストが写されていく。実際に原が用いた特殊な薄紙が、製本でも使われ、本自体が聖典のようだ。原と対比される磯崎新のかたさや強い輪郭と対照的である。これは、そもそも著作というべきか、アートというべきか。

その絵とも字ともつかないもやもやとした雲のようなものから、何かが確実に伝わってくる。原の、どの著作よりも、強く、こちらに響いてくる。

原が病の中で、執念をもってこの写経を続けたこと以上に、デザインは曖昧(あいまい)さに向かうという原のメッセージが、人を打つ。世界と建築との境界が融(と)け、他人と私、先達と自分との境界も融ける。環境や、先人との切断をめざす攻撃的なモダニズム(近代主義)に代わって、先達をなぞり、写していく受動性が美しい。

結果、写すことの豊かさ、深さを堪能する。現代とは、コピーという一瞬のワンクリックで、すべてが覆いつくされた時代である。写すことをこそ、心を込め、時間をかけてやらなければならない。写経を通じて、クリックに支配され、すべてが切断された現代が批判される。

評・隈研吾(建築家・東京大学教授)

はら・ひろし 36年生まれ。建築家、東大名誉教授。著書に『空間〈機能から様相へ〉』など。

二〇一五年二月八日❺

『詩的で超常的な調べ　霊界の楽聖たちが私に授けてくれたもの』

ローズマリー・ブラウン 著　平川富士男 訳

国書刊行会・三一三二円
ISBN9784336058317

アート・ファッション・芸能

死んだ作曲家たちの「新作」⁉

すでに亡くなった著名楽聖が次々と著者に口述筆記をさせながら霊界から新作を送ってくる。その一団のリーダー格のフランツ・リストが計画した霊界プロジェクトであり、それを受信して克明に記録したローズマリー・ブラウンの自伝的エッセーがコレ。

リストとの出会いは彼女の7歳の時で、すでに以前から死者の霊を見るのは日常だった。幼い彼女はリストの名も知らないが、彼は生きていた時は作曲家でピアニストだといい、「君が大きくなったらまた会いに来る。そのときは君に曲をあげよう」という言葉を残して40年後、再び現れ、プロジェクトが始まる。

彼女は口述筆記の準備は整っていたが、専門的な音楽教育は皆無、ピアノは弾くものの技術は不十分、もっぱら曲の口述筆記が中心。それゆえ、苦痛を伴う激務であった。

その結果、数百の楽曲を残した。霊界の彼らの目的は彼女を作曲家として世に送ることではなく、死んだ作曲家たちの新作の存在を実証させ、世に認識させながら、「この世の人々の考えを変えたい」という天界芸術作戦（?）にあった。

さらにリストは彼女を媒介に死後の実相を広く世の中に伝えると同時に、現世の人間の生き方にも示唆を与え続けた。当然ながら彼女の行為に対し懐疑的な人々も多いため、彼女は自分に起こった出来事を克明に忠実に正直に語り続ける、そんな姿勢が本書の大半を占めているといっていい。しかしイギリス社会には心霊問題に対する理解がかなり浸透しており、BBCが彼女の特番を組んだり、バーンスタインが好意的に彼女に接したりし、複数の出版社が楽譜を出版、自筆譜は大英図書館に寄贈されている。

本書を読むと同時に、CD発売されている「ローズマリーの霊感」収録のベートーベン、シューベルト、リストらの曲を聴いた。偏見のない音楽家の感想を聞いてみたい。

評・横尾忠則（美術家）

Rosemary Brown　1916〜2001年。英国人。

二〇一五年二月八日❻

『プーチンはアジアをめざす』

下斗米伸夫 著

NHK出版新書・七九九円
ISBN9784140884485

『アジア・太平洋のロシア』

加藤美保子 著

北海道大学出版会・六四八〇円
ISBN9784832968097

国際

中国の存在の大きさ浮かぶ

ベテランのロシア専門家が豊富な蓄積から自在に見立てを展開した新書。かたや、30代の研究者が博士論文をもとに分析を積み上げた初めての単著。両書に共通するキーワードは、アジアだ。

冷戦終結後も、大国の地位に執着するロシア。米国の覇権を牽制（けんせい）しつつ、台頭する隣国、中国には過度な依存を避けようと腐心する。世界の経済成長の中心にあり、中国の潜在的な脅威にともに向き合うアジアの国々との関係は重要度が増している。日本も、その方程式のなかにある。クリミア併合など「ウクライナ危機」に伴う欧米からの制裁が、ロシアを東方へとさらに押し出す。

こうした現況を、下斗米氏は「脱欧入亜」と表現する。前半は、ロシアの視点で見たウクライナ問題を中心に描く。書名でもある第5章「プーチンはアジアをめざす」で、アジア太平洋経済協力会議（APEC）のウラジオストク開催に象徴されるシベリア・極東地域の開発強化と、その背景にある中国の存在を浮かびあがらせる。続く最終章で国際政治の均衡の変化を指摘し、日本にはロシアとの関係深化を説く。

　いっぽう、加藤氏は、ロシアが東南アジア諸国連合（ASEAN）とのつながりやAPECへの加盟、北朝鮮の核問題をめぐる6者協議といったアジアの多国間の枠組みを利用し、「地域からの政治的・経済的な孤立を克服」しようと動いてきた姿をみる。米国を重要な構成員とする、面として広がるアジアとのかかわりを丁寧に追う。そして、これからも対外強硬路線は捨てないものの、対話と政策を表明する場を確保するために「多国間主義」は維持すると見通す。

　いずれも、ロシアの対中外交を特別にとりあげた仕立てではない。にもかかわらず、中国の存在の大きさを読後に残す。視点を変えて中国を考えるきっかけにもなる。

評・吉岡桂子（本社編集委員）

二〇一五年二月八日⑦

『「進撃の巨人」と解剖学　その筋肉はいかに描かれたか』

布施英利 著

講談社ブルーバックス・九七二円
ISBN9784062578929　アート・ファッション・芸能

日本中で、いまもっとも多くの人々が「謎とき」に悩み、かつ楽しんでいるコミック『進撃の巨人』（単行本累計発行部数4千2百万部）。この深遠で魅惑的な謎に、「美術解剖学」を武器として敢然と立ち向かうのが本書である。

　美術解剖学とは、人体の解剖学的な構造を美術制作や美術批評に用いるための、科学と美術を融合する知識体系であり、ダビンチや森鴎外とも深い関わりをもつ。

　「からだ」を解剖学的に認識することでその構造や美しさを正確に把握しようとするために、「からだ」の形状に直接的な影響を与える骨格と筋肉を凝視する。この視座をもって巨人を解剖すると、巨人は①「人間型」、②「通常種」、③「奇行種」に分類できる。さらに各々（おのおの）の特徴を解析すると、その成果は巨人出現の秘密の近傍にまでたどりつく。

　著者の振るうメスは鋭利であり、説得的。『進撃の巨人』の副読本としてだけでなく、「からだ」の美しさを知るために、おすすめの一冊である。

評・本郷和人（東京大学教授）

二〇一五年二月八日⑧

『昭和の結婚』

小泉和子 編

河出書房新社・一九九八円
ISBN9784309750125　人文

結婚式や婚礼衣裳（いしょう）は、戦前・戦中・戦後でどう変遷したのか。戦前の農村では、どういう結婚が多かったのかなど、結婚にまつわるあれこれについて、多角的に検証し紹介した本。

　超豪華な嫁入り道具や、戦前の婦人雑誌に掲載された「新婚さんの一日」的グラビアといった、興味深い図版が多数載っている。当時の雑誌によると、「お寝坊旦那様」を「穏やかに親切に」起こせとのことで、「無理でございます！」と思いました。

　楽しく写真を眺めつつ、制度や法律が人々の考えかたにいかに影響を及ぼすのか、具体的に知ることができるつくりになっている。「好きなひとと結婚するのがあたりまえ」と多くのひとが認識している現在は、とてもいい時代なのだ。

　今後も、より多様で自由な「結婚」のありかたを追求できる社会を築くことが、各人の幸せのために、とても重要だと感じた。身近な疑問や問題を掘り下げる資料として、貴重な一冊。

評・三浦しをん（作家）

『批評メディア論　戦前期日本の論壇と文壇』

大澤聡 著

岩波書店・二三七六円
ISBN9784000245227

政治／社会

浮動する言葉たち　現在の状況に酷似

本書の企図はある意味でシンプルだ。それは一行目に掲げられている。「言論でも思想でもよい。もちろん批評でも。それらの名に値する営為は日本に存在しただろうか?」。存在した、とも、存在しなかった、とも、著者はすぐには答えない。その代わりに、書名に冠されているように、とりあえず「批評」の一語に問題を代表させつつ、その歴史的な存立要件をひたすら掘り起こし、根本から問い直してゆく。発掘の現場となるのは、一九二〇年代後半から三〇年代中盤までの一時期、大正末期から昭和初期、いわゆる戦前期である。その理由は「現在もこの時点で構築されたパラダイムの只中（ただなか）に批評はあり続けている」からだ。しかし「獲得される成果の効力の射程は特定の歴史段階に局限されるものではない」とも著者は断言する。そうして膨大な資料と文献を駆使して、言説のメディアとしての「批評」の構成要素を、ひとつひとつ掴（つか）み出してゆく。

取り上げられるのは「論壇時評」「文芸時評」「座談会」「人物批評」「匿名批評」の五つのジャンルである。雑誌と新聞におけるこれらの発生から、黎明（れいめい）期／転形期ならではの混乱や摩擦や紛糾、その原因や結果や影響を——あくまでも当時の「批評」の担い手たちの言葉に語らせつつ——描写し推理し考察する。そこから俄（にわか）に、われわれがいま現在、ごく曖昧（あいまい）に「批評（＝言論＝思想）」と呼んでいる営みが、さまざまな外的要因や下部構造によって半ば無意識の内に強く規定されてきたという事実が、まざまざと浮かび上がってくる。有象無象の「証言＝言説」を鮮やかに整理しながら、その背後に形成される不可視のメカニズムを炙（あぶ）り出してゆく著者の論理構成は、短いパッセージを畳み掛けるような文体の妙も相俟（あいま）って、ほとんど探偵小説的、いや、ハードボイルドだ。

それにしても読み進めながら、これは本当に戦前の話なのか、と何度も慄然（りつぜん）とさせられた。本書に描かれてある風景は、現在の「批評」の状況に酷似している。マーケットと業界事情の変数によってふらふらと浮動し、内外の流行や圧力から如何（いか）ほども自由で（あろうとし）ない言葉たち。ここにあるのは反復ではなく持続だ。だとすれば無論、本書自体も現在も続く「風景」の一部であらざるを得ない。そのことも著者は当然よくわかっている。

じつに画期的な論である。野心的と言ってもよい。と同時に、何故（なぜ）この著者が登場するまで、このような画期を成す野心を表立った場所では誰ひとり持ち得なかったのか、という疑問も湧いてくる。そしてこの問いに解答を与えるためのヒントも、本書の中にある。

評・佐々木敦（批評家・早稲田大学教授）

おおさわ・さとし　78年生まれ。日本学術振興会特別研究員を経て、近畿大学文芸学部講師。専門はメディア史。ジャーナリズムや文芸に関する批評・論文などを発表。

『晩鐘』

佐藤愛子 著

文芸春秋・一九九八円
ISBN9784163901787

文芸

元夫にこだわる作家の心情とは

私事で恐縮だが、家内は同級生で同業者（中世史家・東大教授）。みな「本郷には過ぎたる女性」と評する。加えて新年度から上司になる。その妻が、これ面白いわよ、とにやにやして奨（すす）めたのがこの本。にやにやの理由はすぐ分かった。

老境にある作家・藤田杉はある日、畑中辰彦の死を報（しら）される。彼らは文学を志して青春の日々を送り、夫婦になって15年の歳月を重ねた。杉は作家として成功。かたや辰彦は売れずに実業界に転身する。だが、そこでもみごとに失敗し、莫大（ばくだい）な借金を作り、杉の原稿料を次々に巻き上げる。あげく、負債を分担するのは心苦しいと偽装離婚をもちかけ、杉がこれに従うとすぐに別の女性を籍に入れた。

離婚後も杉は支払い義務のない辰彦の借金を背負い、がむしゃらに働いた（持ってけ！ドロボーの啖呵〈たんか〉がすてき）。辰彦はそんな前妻や娘と、悪びれる風もなく交流をもち続けた。やがて杉は借金地獄から何とか抜け出すが、気がつくと文学の師も仲間もみな亡くなり、辰彦も旅立った。晩鐘を聞きながら、彼女は考える。私の夫だったあなた、あなたは何者であったのか。

でもなあ、とダメ夫のぼくは思ってしまう。「辰彦」は実はそこここにいるのではないか。辰彦はなまじ恵まれた境遇にいたから、大きなお金を動かすことが可能で、そのぶん破滅もまた大きかった。彼のようなコネをもたぬ男たちは、女に貢いだり、酒に溺れたり、ギャンブル（無計画な株取引を含む）にはまって、救いの手がさしのべられることもなく、小説のネタにもなれずにひたすら消えていく。いや、私がその一人ですと告白する義理はないのだが……。

著者・佐藤愛子は91歳。文体はみずみずしく、昭和の世相の描写は的確である。畏（おそ）れ入るほかはない。それを認めた上で、ぼくは問いたい。そうまでして辰彦にこだわる藤田杉よ、佐藤愛子よ、あなたこそ何者なのか、と。

評・本郷和人（東京大学教授）

さとう・あいこ 23年生まれ。作家。著書に『戦いすんで日が暮れて』『血脈』『院長の恋』など。

『熱風の日本史』

井上亮 著

日本経済新聞出版社・一九四四円
ISBN9784532169442

歴史

「私たち」動かす「空気」を探る

このごろとみに思うのは、現在の問題を知るには、戦後だけでなく、少なくとも、開国から明治政府の成立期にまでは遡（さかのぼ）らないといけない、ということである。現在の問題のひな型は、すでにその時期には出尽くしている。私たちは、驚くほど変わっていないし歴史から学んでもいない。その事実には、呆然（ぼうぜん）とするばかりである。

この本は、開国～明治期から現在までの歴史の本ではあるが、「正史」というよりは、変わらぬ「私たち」のほうに焦点を当てたものである。「私たち」の気分がどう揺れ、何に駆動され、いつ一気に熱風のようになり、終われば冷めてしまうか。どれほどそれを繰り返してきたか。

集合としての日本人の一面は「神話をつくって勝手に熱狂しやすい人たち」である。神話はいつしか「空気」となって、内と外から私たち自身を縛り、あるいは駆動してきた。皇国神話、不敗神話、成長神話、土地神話、等々。

現代語の「空気を読め」が実は同調圧力と

同じなように、戦争に向かった当事者たちも、のちには言うのだ「空気に抗（あらが）えなかった」と。だったら空気の研究を、資料からまじめに説き起こしていくことには重大な意味がある。

こういうことを扱うのは、実はむずかしい。とらえどころのないものをとらえる必要があるからだ。そのために本書は、新聞、雑誌、錦絵（ニュースメディアだった）、果ては流言飛語や噂（うわさ）、美談まで、たんねんに拾う。流言飛語や噂は、「歴史」とは従来みなされてこなかった。

しかし、流言飛語や噂にこそ、人々の本質は宿らないだろうか。それらに人々は煽（あお）られ、あるいは焦（じ）らされ疑心暗鬼となり、大きく動いてきたところが、あるのではないか（株価変動の本質は噂ではないか）。我が胸に手を当ててもこれを否定できない。歴史とは、そういう「私たち」が織りなすドラマなのである。

評・赤坂真理（作家）

いのうえ・まこと 61年生まれ。日経新聞・社会部編集委員。『天皇と葬儀』。

二〇一五年二月一五日④

『経済と人間の旅』

宇沢弘文 著

日本経済新聞出版社・二二六〇円
ISBN9784532356255

経済

効率より人を重んじた思想家

宇沢弘文は経済学者の枠には収まらない。思想家と呼んだほうがふさわしい。ある時宇沢は「本来は人間の幸せに貢献するはずの経済学が、実はマイナスの役割しか果たしてこなかったのではないかと思うに至り、がく然」とし、そして確信する。「経済学は、人間を考えるところから始めなければいけない」

米国の主流派が「人間疎外の経済学の必然的な帰結」となったのは「平等、公正といった社会的、人間的な含意をもつ概念は無視され、効率という経済的なもののみが、形式論理のわく組みの中で論じられてきた」からである。

人間疎外の萌芽（ほうが）は66年、マクナマラ米国防長官が議会公聴会で「もっとも効率的な、経済的な手段によってベトナム戦争を行ってきた」と証言したときにあり、著者は「ことばに言いつくせない衝撃を受けた」。遡（さかのぼ）れば32年にライオネル・ロビンズが「経済学者は、目的の正当性について語る資格はない」と考えた時にすでにその予兆があった。

その後の経済学の発展は、著者が71年に書いた新古典派経済学に疑問を投げかける論文や、ジョーン・ロビンソンの「経済学の第二の危機」講演での警告を無視し、「ケインズ以前の新古典派理論の復活」の形を取っていった。

著者は90年夏、ローマ法王からの手紙をうけとり、翌年の新たな「レールム・ノヴァルム」（革命）のテーマとして「社会主義の弊害と資本主義の幻想」を提案し、採用された。直後にソ連が崩壊、今、格差を問題視するピケティの『21世紀の資本』が世界的ベストセラーとなって顕在化している。まさに宇沢の慧眼（けいがん）が証明されたのである。

評者の臆測では、スウェーデン王立科学アカデミーは、たとえ受賞させたくても、混沌（こんとん）とする時代を憂いリベラルアーツや倫理学を重要視する宇沢には、ノーベル経済学賞を贈れなかっただろう。思想賞があれば別だが。

評・水野和夫（日本大学教授）

うざわ・ひろふみ 1928〜2014年。経済学者。『近代経済学の再検討』。

二〇一五年二月一五日❺

『租税抵抗の財政学　信頼と合意に基づく社会へ』

佐藤滋、古市将人 著
岩波書店・二四八四円
ISBN9784000287364
経済

格差と再分配　真正面から議論

若き財政学者2人による、意欲的な一冊。ピケティブームで日本でも格差論が再燃する中、「では、どういう租税&再分配パッケージがいいのか」という疑問に対し、真正面から提言している。

日本は他国と比べ、租税負担が最も小さな部類に属している。一方で、増税することへの反発、すなわち租税抵抗がとても強い。日本は長らく、セーフティーネット機能を家族福祉と企業福祉に任せてきており、国家が国民の貧困解消に責任を持つべきだという意見もなかなか支持されないできた。「税金は公共的に使われるだろう」という信頼が醸成されないまま、いよいよバランスが崩れそうだとなった今、社会保障などの財源の削りあい競争が展開されているというわけだ。

無駄を省け、パイは限られている——。そんな声が響き渡る中で、「権利」ではなく「施し」として位置づけられているかのような社会保障も削られつつある。「受益者負担」の名のもと、貧困は自己責任化・家庭責任化されている。しかも日本では、社会保障制度によって、かえって格差が拡大することさえあるのだ。かくして再分配システムへの信頼は離れ、ますます租税抵抗が強まるという悪循環。もはや「詰んでる国」のような気もしてしまうが、一体どうすればいいのだろう。

本書が重視するのは、逆進性のある消費税ではなく、累進的な所得税だ。例えば本書推計では、減税が行われる前の1987年の所得税率に戻すだけで、5兆円以上の増収が見込めるという。再分配の理念を丁寧に構築することなく、租税抵抗から目を背け続けた結果、公助の理念を築けなかった歴史にも本書は目を向ける。そのうえで、累進的な租税システムと、社会保障制度の普遍化・拡充を提言する。脱デフレや経済成長のプランに加え、貧困や格差と向き合うビジョンの示しあいが加速してほしい。

評・荻上チキ（「シノドス」編集長・評論家）

さとう・しげる　東北学院大経済学部准教授。
ふるいち・まさと　帝京大経済学部講師。

二〇一五年二月一五日❻

『現代の建築家』

井上章一 著
エーディーエー・エディタ・トーキョー・三四五六円
ISBN9784871406895
アート・ファッション・芸能

従来の建築史覆す　勇気ある論

「現代の建築家」が、1867年生まれの長野宇平治、伊東忠太から始まるのに驚いた。現代建築家は、第2次大戦後という通常の建築史の書き方を井上はなぜ逸脱したのか。

建築デザインにおいても戦前と戦後とがつながっていることを示したかったのである。戦前を全否定して、戦後は断絶した反転、というのが現代史の大前提であった。しかし、40年体制論をはじめとする「断絶史観」を覆（くつがえ）す論が建築史にもあらわれた。

従来の建築史は、戦前の悪（あ）しき民族主義が、コンクリートに瓦屋根をのせた和風建築を生み、戦後の民主主義が、コルビュジエ派のモダニズム建築を生んだと説いた。

井上は正しいはずのモダニズムのリーダーたちの戦前を分析し、彼らこそが国粋主義によっていて、その国家総動員的発想が、戦時下におけるスピードとコストを重視したシンプルなモダニズム建築に直結したと看破する。

明治以来、日本のエリートは一貫して西洋崇拝であり、それが明治にはギリシャ・ローマ風を生み、西洋の主流が、モダニズムへ転換するのと平行し、日本でもモダニズム建築が主流になったと井上は説く。合理主義と国家総動員の遭遇が転換のバネになったというわけである。西洋崇拝の伝統は、1980年代の磯崎新のつくばセンタービルの、ギリシャ・ローマ風のポストモダニズム表現にしっかりと受け継がれたという指摘は、目からウロコだった。

戦後建築家は、難解な言説を駆使して、「反権力、反国家の自分」を演出し、建築界はその洗脳下にあった。井上は、その構図自身をくつがえし、日本の建築家は、西洋に追いつけという明治以来の大いなる国家意志を、何者にも強制されることなく、自発的に体現していった「いい子」だったと総括する。日本の現代建築史を覆す勇気ある論である。

評・隈研吾（建築家・東京大学教授）

いのうえ・しょういち　国際日本文化研究センター教授。

二〇一五年二月一五日❼

『詩についての小さなスケッチ』

小池昌代 著

五柳書院・二五九二円
ISBN9784901646260

文芸

詩は難しい、という。評者も幾度となく言われてきたが、本書は詩の懐深くに滑り込み、心音を聴き、その魅力の鼓動を伝える詩論である。一般に、言葉は発話者が何かを伝えるため使用されるが、詩はその前提すら覆す。詩は「自分のなかの他者の存在」への驚きが先立つものであり、「私」の範囲すら軽く飛び越えてしまう。だから「詩の言葉が誰かに伝わるとき、それは、わたしの言葉であって、そのひとの言葉である」と。

詩が読まれるとき、書き手も読者も、ともに詩が開け開く「場所」を共有するのだ。この現象を裏づけるように、多くの詩人が語られる。たとえば大量の作品の細部がやがて「全体たろうとしていることばの運動体」となっていく大岡信、「おいしい『だし』が出そうな」谷川俊太郎、読み終えてから時間差攻撃のように「血のなかを、ひっそりと流れていく」茨木のり子……。定型詩と現代詩に見る「自然」の検証も興味深い。多彩な光線が照らし出す、詩の現象学。

評・水無田気流（詩人・社会学者）

二〇一五年二月一五日❽

『中年の新たなる物語　動物学、医学、進化学からのアプローチ』

デイヴィッド・ベインブリッジ 著
成田あゆみ 訳

筑摩書房・二三七六円
ISBN9784480860804

科学・生物

中年はつらい。体力は衰え、もの忘れはひどくなり、若者からも年長者からも煙たがられ、増えるのは体重ばかり。良いことなんかひとつもない。

いや、違うんだ、中年期の変化はプラスの面が多く、進化の結果として人類が獲得してきた適応的な性質なんだ、というのがこの本の主張。

たとえば、熟達した技能はむしろ筋力を必要とせず、脳は細かいことにはこだわらず全体を俯瞰（ふかん）して社会総体の利益を的確に判断する。共同体を安定化させ、経験知を次世代の若者に伝えていく、それこそが中年の役割という。いわば進化的ポジティヴ・シンキングのすすめ。

まあそうかもしれないけど、でもさ、と中年者としては思わなくもないが、一般向け科学書のお手本のような書き方に免じて、そこは問わずにおこう。多数の原著論文にもとづき、どこまでが既知でどこからが未知なのかを明確に区別している点は、是非（ぜひ）とも見習いたい。翻訳も秀逸。

評・佐倉統（東京大学教授）

『旧満洲の真実　親鸞の視座から歴史を捉え直す』

張鑫鳳 著
藤原書店・二三七六円
ISBN9784865780048
ノンフィクション・評伝

痛み伴い描いた美しき異形の国

満洲国というものを、考えてみてほしい。善悪の判断は、ひとまず横において。

1932(昭和7)年2月16日。「奉天（現・瀋陽）のヤマトホテルで『満洲建国会議』が開かれた。（中略）馬占山を除く出席者は、全員『満洲国建国案』にサインした。この会議で、満洲国の国名・元首・年号・国旗・首都・政体などが論議され」た。

白紙から国のかたちを描き、つくる。「発明国家」アメリカでさえ、ここまでまっさらから国を描いてはいない。満洲国は民が国民になる近代の「国民国家」ではない。壮大な実験であり、最初から〝近代の超克〟を夢想した。それはある種の「偉業」であり「異形」である。その観点からの満洲国研究は、むしろ欧米でさかんなのだと、研究者に聞いたことがある。

著者は、母親が満洲映画協会でタイピストをしていたため、幼い頃から満洲国や甘粕正彦のことを聞いて育った中国人女性。長春に生まれ、青春期と青年期は文化大革命の中。文化大革命時には自身は加害者でもあったと告白する。

物語は、2010年に著者が故郷の長春（満洲国・新京）に帰省したところから始まる。上からみれば、さながら黒い大地の一塊の翡翠（ひすい）、大地に立てば、満洲国由来の堂々たる街路、中国の人々もこの街を愛する。

そして、読者の眼前に繰り広げられる歴史記述。日本がおそらく無自覚に深入りした、国・共・日の「新三国志」。壮絶ながら淡々と進む。蒋介石の粘り強さ、国際世論を味方につけることに成功しながら犠牲に苦しむ姿。満洲国と日中の火種をつくりながら、それを止めようともした石原莞爾。戦術以前の問題で兵士を死に追いやる日本軍。国・日が共に疲弊するのをゲリラ戦で待つ共産党・毛沢東、後に想像を絶する数の同胞を死に追いやりながら、自分では一人も殺さない支配者。人殺しのレッテルとは裏腹に優しい甘粕正彦。両親の話、そして著者自身……。大きな話と小さな話が交錯する。

植民地に育った人が、現地側であれ宗主国側であれ、独特の陰影と複雑さを帯びた文章を書くことがある。誤解を恐れず言うが、私は、そういう文章が好きだ。

痛ましくはあるが、美しいものがある。本当に美しいが、痛みが付随していなかったらと願わずにいられない、しかしあの痛みや悲惨がなかったところにこの美はなかったろう。そんな気持ちは、人に簡単に善悪を語らせない。そして、そのように、信じがたいほどに重いものを抱えながら生きていく人がいることに、読者は不思議と励まされ、慰められる。

そのような深い作用を人に持つ本を、文学というのだと私は思う。

評・赤坂真理（作家）

チャン・シンフォン　中国・長春生まれ。文化大革命の後、下放。農村教師・工場労働者を経て、大学に入学。中国文学専攻。後に独学で日本語を学ぶ。日本文学の翻訳に取り組む中で親鸞思想と出会う。著書に『中国医師の娘が見た文革』。

二〇一五年二月二二日❷

『書物の夢、印刷の旅 ルネサンス期出版文化の富と虚栄』

ラウラ・レプリ 著　柱本元彦 訳
青土社・三〇二四円
ISBN9784791768318
社会

「速く遠く」が開いた近代の扉

原題は『富か栄誉か』。中世から近代への移行期を、印刷産業を通して記述した「歴史ノンフィクション」である。舞台は16世紀のヴェネツィア、主人公は校正者。編集者である著者と重なる。

1469年、ドメニコ会修道士は「ペンで書かれた文字は純潔だが印刷は汚れている」と糾弾した。その頭越しに、ヴェネツィア政府がドイツ人に「書籍の印刷術」を遂行する特権を授与した時「近代への門を開いたのである」。俗語がラテン語に勝利し宗教改革の帰趨（きすう）が決まった。

近代は出版業の勃興とともに幕を開けた。直前のヴェネツィアは「イタリアの書籍の半数以上」が出版される「世界で最も豊かなところ」だった。「200ページほどの豪華本が26ドゥカート」。校正者の月給が「4から6ドゥカート」だったことからすれば、現在の自動車にも相当する額だ。

ベネディクト・アンダーソンは『想像の共同体』で国民国家形成のプロセスにおいて「出版資本主義のはたした中心的役割」を述べているが、本書を読むとそのことがよく理解できる。近代の特徴は「より速く、より遠くに」にある。この時代の人々が「驚き、魅了された」のは「新しい機械（印刷機）がもたらした速度であり、修正の困難さ」であった。19世紀の動力革命や21世紀のIT革命は印刷革命の原理・原則の延長上にある。

だから、印刷業が当初から抱えていた両立しがたい問題、「栄光か富か」は21世紀になっても未解決のままである。16世紀初めの「容赦のない熾烈（しれつ）な〈競争〉が印刷の世界を支配し破壊」する、かつ「心の奥底にいわば醒（さ）めた部分を保持し」ながらも「蒐集（しゅうしゅう）熱にうかされ」る状況は、今や「財やサービスの競争力を凌（しの）ぎあう状況」となって全ての産業を覆いつくしている。

周囲は「進歩」に埋め尽くされたが、果たして人類は進歩したといえるのだろうか。

評・水野和夫（日本大学教授）

Laura Lepri　イタリア・フィレンツェ出身。同国屈指の編集者として知られる。

二〇一五年二月二二日❸

『古代の女性官僚　女官の出世・結婚・引退』

伊集院葉子 著
吉川弘文館・一九四四円
ISBN9784642057905
歴史

従来の「女官」のイメージを覆す

時代小説やドラマでお馴染（なじみ）の「女官」。絢爛（けんらん）たる宮廷に咲く才色兼備の女性たち……というイメージが先立つが、実像はどのようなものだったのか。本書は、古代の女官（＝女性官僚）たちの選抜から業態、出世、俸給、結婚から引退に至るライフコースを詳解し、日本最古のワーキングウーマンの素顔に迫っていく。

特筆すべきは、女官に代表される古代日本の律令（法体系）の独自性である。日本の律令は唐の法体系を手本に作られたが、女官については彼我でまったく異なっていた。「唐の女官は後宮という隔絶した空間のなかで皇帝の『家』のために奉仕したが、日本の古代女官は、律令によって規定された行政システムの一部」だった、と著者は指摘する。なぜなら、日本では村や共同体から宮廷、さらに国政に至るまで、マツリゴト（政治）に女性が関与してきた歴史は、律令が導入されるより古く、国家システムの基盤を担ってきたからだ。

それゆえ日本の古代女官は、皇帝や国王に

属す側妾（そくしょう）候補ではなく、結婚もタブー視されてはいなかった。それどころか、奈良時代には官僚のトップである大臣の妻が女官という夫婦は、ごく普通に見られたという。従来「夫の七光り」で送り込まれたと見られてきた女官だが、むしろ夫の死後目覚ましく出世する妻も目立つことから、古代日本の共働きエリート夫婦は、実力本位の「二人三脚型」だったことも推測される。

日本に去勢した男性官吏である宦官（かんがん）がいなかったのも、もともと男女がともに働いていたため導入する理由がなかったから、と著者は指摘。原則として上位階層の「氏」から一人ずつ、厳しく選抜され出仕した女官たちは、一族の浮沈を一身に背負い懸命に務めたに違いない。日本社会の基底部に根差す女性の役割について、既存のイメージを一つ一つ覆す著者の説明は、精到にして爽快である。

評・水無田気流（詩人・社会学者）

いじゅういん・ようこ　59年生まれ。川村学園女子大学などの非常勤講師（日本古代史）。

『日本経済の構造変化　長期停滞からなぜ抜け出せないのか』

須藤時仁、野村容康 著
岩波書店・二七〇〇円
ISBN9784000287340

税制による所得再分配強化を

日本経済の構造と問題点を、長期的な視点から実証的に解き明かしてくれる好著だ。読者は、目の前の霧が晴れる気分を味わうだろう。

まず本書は、日本経済の長期停滞要因として、GDPの約6割を占める消費低迷を指摘、その背景に1970年代後半以降、雇用者報酬の伸び率が一貫して低下し、98年以降はマイナスとなった事実を明らかにする。その原因が「産業構造の転換」と「労働分配率の抑制」だとして分析を進める点に、本書の特徴がある。

進行する「経済のサービス化」で、第3次産業は付加価値額と従業者数で経済全体の約6割を占める。ところが機械化が難しいため、その労働生産性の伸び率は低いのが実情だ。したがって、その従業員の所得もなかなか伸びない。産業構造転換で第3次産業の比重が高まれば高まるほど、日本経済全体として生産性上昇が鈍り、所得も伸び悩むという構図があらわになる。

それに加えて本書は、労働生産性の上昇にもかかわらず労働分配率が抑制されたのに、他方で、資本分配率は資本生産性の低下にもかかわらず維持されたことを指摘する。ところが90年代以降、資本収益は実物投資に回らず、留保利潤として企業内部に溜（た）め込まれ、それを原資として「株主還元」が手厚く行われるようになったのだ。

問題は、こうした傾向がマクロ経済を結局、縮小均衡に陥らせている点にある。現在の株高の演出は、たしかに株式を保有する資産家層を潤わせて高額消費を喚起するが、マクロ経済を動かすには規模が小さい。そして、何よりも勤労者と資産家層の格差を拡大させる。重要なのは、労働生産性改善に見合った適正な雇用者報酬の引き上げだ。これこそが消費を動かし、マクロ経済を活性化させる。本書がこの視点から、税制による所得再分配の強化を説いている点は、今後の税制改革論議にとって傾聴に値する。

評・諸富徹（京都大学教授）

須藤氏は62年生まれ、独協大教授（マクロ経済学）。
野村氏は70年生まれ、独協大教授（財政学）。

二〇一五年二月二二日⑥

『ハリウッド・スターはなぜこの宗教にはまるのか』

ジョン・スウィーニー 著　栗原泉 訳

亜紀書房・二三七六円
ISBN9784750514222

ノンフィクション・評伝

困惑にじむ　貴重な取材報告

はやりの自己啓発書みたいなタイトルだけれど、原題は「恐怖の教会」(The Church of Fear)。サイエントロジー教会という新興宗教に対する取材経験をつづったルポだ。

ちょっと邦題詐欺のようなところがあって、トム・クルーズやジョン・トラボルタといった名だたるハリウッドスターがこの宗教に「なぜはまるのか」という理由は解き明かされていない。けれど、貴重な取材報告であることは間違いない。

アメリカのSF作家、L・ロン・ハバードがつくったこの宗教は、精神医学を否定し、独自の歴史観を有している。7500万年前、銀河連合の長である「ジヌー」は、セイタンと呼ばれる生命体を地球に送り、火山の中で水素爆弾を用いて吹き飛ばした。その際に散った魂により人類は汚されている。ある段階までたどり着いた信者だけがこの真実を知ることができるが、そうでない者には徹底的に伏せられる。

著者はBBCのドキュメンタリー番組のリポーターとして、幹部や脱退者に話を聞き、教義の内容や、内部で行われた暴力事例について尋ねていく。教会の全容が分かるわけではない。だが、異様さは伝わってくる。

著者を激高させようとあおり、カメラを向ける信者たち。教会の命令で尾行してくる信者や私立探偵。脱退者の一人は本書で、教義について「お粗末なSF」と表現したが、著者の体験もなかなかだ。ちなみに終盤で、教会の元スポークスマンが、教会内での暴力の存在や、著者への尾行の事実、混乱を誘うためにあおる手法も認めている。

時系列通りにルポが進まない構成のせいもあるが、読後にはとらえどころのなさが残る。それはおそらく、取材体験を通じて著者が感じた「困惑」が、そのまま本書に託されているからだろう。

評・荻上チキ（「シノドス」編集長・評論家）

John Sweeney　英紙オブザーバーを経てBBC記者。昨年、同局を退職。

二〇一五年二月二二日⑧

『少女のための秘密の聖書』

鹿島田真希 著

新潮社・一七二八円
ISBN9784104695058

文芸

一人の少女がいて、中学1年生で思春期で、血のつながらない父と血のつながった母と暮らし、裏のアパートの店子である浪人生の青年の部屋へ、彼が滞納している家賃を取りに行く。青年はパンティー泥棒だと噂（うわさ）されている。

「お兄さん」と呼ばれる青年は、訪ねてきた少女に旧約聖書の話をする。少女は月に一度ずつ、創世神話やモーセの出エジプト、さまようイスラエルの民のことを知り、自分の周囲の世界との比較をしながら、彼女なりのとても肉感的な理解を進めていく。

義理の父は性的ないたずらを仕掛けてくる。母は女であることを枠組みとして押しつけてくる。やがて現れる一人の少年は、少女に暴力的な言葉を吐くことで世界の曖昧（あいまい）なベールを切断してみせる。

女からの、それも少女からの聖書。理不尽な「父」の命令の中で、女性たちが血肉化し、ひとつの体に受け止め、食べ尽くしてきた矛盾。鹿島田記、というべき言葉の顕（あらわ）れが本書である。

評・いとうせいこう（作家）

二〇一五年三月一日❶

『イスラーム国の衝撃』

池内恵 著

文春新書・八四二円

国際

ISBN9784166610136

あおりには分析 渦巻く情報整理

中東関連のニュースと言えば、テレビでは数字も取れず、雑誌の特集も注目されない状況が続いてきた。が、「イスラム国」（以下IS）の日本人人質殺害事件は状況を大きく変えた。日本人を狙うテロ集団はどんな存在なのか。今、中東で何が起きているのか。社会的関心が一気に高まった。

事件の背景をわかりやすく解説してほしい。そんな需要に応えるように、IS関連の書籍が一挙に刊行された……のだけれど、急ぎ足でつくったような本も多く、当たり外れがあまりに激しい。そうした中、群を抜いて光る良著が『イスラーム国の衝撃』だ。著者の池内恵氏による長年の研究成果を新書サイズにまとめたもので、ISの成り立ち、思想や主張、広報戦略、戦闘員の実態、過去の活動歴などを、多角的に議論している。読みやすく、それでいて深い。まずは本書を熟読したうえで、セカンドオピニオンとして2冊目を探すのが吉だろう。

本書ではISの台頭を、〈政治的要因〉と〈思想的要因〉とに分けて説明する。「アラブの春」以降、各地の既存権力の弱体化が進んだ一方で、「統治されない空間」があちこちに生まれたという〈政治的要因〉。現在の国境線の引かれ方を否定し、ジハードによって彼らなりの理念を達成させようとする、イスラム過激派の〈思想的要因〉。それぞれの要因が折り重なる格好となり、ISが台頭することとなった。

9・11以降の「対テロ戦争」は、確かに過激派勢力の力を奪っていった。しかし過激派勢力は、自律分散型のネットワーク型組織へと転換。共鳴する小規模組織や個人をつなげ、おのおのの「個別ジハード」を「グローバルジハード」へと結合させていく。そんな中でISは、イラクやシリアなどの一部地域を制圧。「国家」樹立および、全世界のイスラム教徒の政治的主導者を規定する「カリフ制」復活を一方的に宣言し、世界に衝撃を与えることとなる。対して米国覇権は希薄化し、地域の流動性はますます高まっている。

ISはメディア広報に力を入れ、各国から不満層をリクルート。実際には欧米出身の戦闘参加者は少数だが、広報動画に出演させるなどしてメッセージ性を高めている。こうしたプロパガンダからは、メディアも冷静に距離をとる必要がある。「過剰反応」によって敵意を醸成し、少数者を迫害するなどして人権思想を自ら傷つけるようなことをすれば、テロリストの企図に加担することになると本書も警告する。「あおり」には「分析」で応じるべきだと言わんばかりの本書のスタンスは、錯綜（さくそう）する情報の渦に酔ってしまった私たちにうってつけだ。

評・荻上チキ（「シノドス」編集長・評論家）

いけうち・さとし 73年東京生まれ。東京大学先端科学技術研究センター准教授。専門はイスラム政治思想。02年、『現代アラブの社会思想』で大佛次郎論壇賞。09年、『イスラーム世界の論じ方』でサントリー学芸賞。

二〇一五年三月一日❷

『教団X』

中村文則 著

集英社・一九四四円

文芸

ISBN9784087715903

思索と欲望 人間の底抉る戯画

狭義の「文学」の範疇（はんちゅう）には留まらない話題作、問題作を連発している中村文則だが、彼のキャリアにおいて最も長大なこの小説は、極めつきの問題作と言っていいだろう。

とつぜん消えてしまった恋人、立花涼子の行方を追って、楢崎（ならざき）透は松尾正太郎という人物を教祖とする新興宗教の拠点を訪れる。松尾は一風変わった老人で、哲学と宇宙論と脳科学が入り交じったユニークな説法で信者を集めていた。楢崎は松尾の教えに興味を抱くが、涼子はすでにそこには居なかった。確かに以前は出入りしていたが、彼女は実はもうひとつの宗教、松尾と旧知であるらしい沢渡という男が教祖のカルト教団「教団X」のスパイであり、何人かの松尾の信者を引き連れて今は沢渡のもとに戻っているというのだ。程なく「X」の方から楢崎は接触され、教団が所有するマンションに連れていかれる。そこで彼を待っていたのは、時間感覚さえ失われるほどの性的な快楽の日々だった。「X」は一種のセックス教団であり、公安にもマークされている。楢崎と涼子、そして「X」に所属しつつ秘密の計画を進めようとしている高原、松尾の信者でありながら高原を深く愛してしまった峰野、以上の四人の男女を軸に、物語は展開してゆく。

松尾は「思索」を、沢渡は「欲望」を象徴している。だが二人（の教え）は対立しているわけではない。むしろ思索と欲望がお互いに、否応無（いやおうな）しに貫通し合うさまが、ここには描かれている。中村文則の小説の登場人物は、混乱と苦悩に責めさいなまれながらも、こと重要な場面になると、直情や本能に進んで身を任せるようにして、みずから過激な運命へと飛び込んでゆく。楢崎たちも例外ではない。その行動原理は奇妙なまでに切羽詰まっていて、時として戯画的でさえある。だが、この戯画は「人間（性）」の底を抉（えぐ）っているのだ。

評・佐々木敦（批評家・早稲田大学教授）

なかむら・ふみのり　77年生まれ。「土の中の子供」で芥川賞、『掏摸（スリ）』で大江健三郎賞。

二〇一五年三月一日③

『新　クリエイティブ資本論　才能（タレント）が経済と都市の主役となる』

リチャード・フロリダ著　井口典夫訳

ダイヤモンド社・三〇二四円

ISBN9784478024805

社会

創造性を引き出す条件とは何か

人間の創造性は経済発展の鍵である。ではその創造性を引き出すため、具体的に何が必要なのか？　2002年発刊の前著『クリエイティブ資本論』を大幅に刷新した本書は、この問いに対し豊富な資料をもとに答えてくれる。

経済活況を呈する地域には「クリエイティブ・クラス」に属す人々が多く集う。彼らは、新たな価値を生み出す主軸となる人々、たとえば科学者、技術者、大学教授、詩人、小説家、俳優、デザイナー、建築家、編集者らと、彼らの周辺にいて知識集約型産業で働く人々に分類される。クリエイティブ・クラスは所得水準が高く、柔軟で多様性に富んだ生活スタイルや雇用形態を好む。コミュニティーへの参加意識も高く、お仕着せの消費を嫌い、豊かで創造的な体験を重視する。それゆえ、地域社会をより開放的で魅力的なものにするが、このことがさらなる発展を呼ぶ。

労働力人口の40％以上をクリエイティブ・クラスが占める地域は、三つのT――技術(technology)、才能(talent)、寛容性(tolerance)が備わっている。大規模な組織中心の時代には同調が重視されたが、今日必要とされるのは、個性や異質なものへの寛容性だ。それは地域特性に関与するため、本書は新たに四つ目のT「縄張り（territory）の資産」と呼ぶ場所の重要性も強調する。

本書の最大の貢献は、クリエイティブ・クラスに限らずあらゆる人々の創造性を引き出すことを主張し、そのために必要な新しい社会契約を論じた点にある。開放性、多様性、受容性を経済課題の中心に据え、柔軟な働き方を可能にする社会的セーフティーネットを構築し、創造性を抑圧する教育制度を脱するなど、様々な方途が語られる。翻って、日本の課題は技術や才能以上に寛容性であろう。硬直化した企業慣行や評価制度、さらには社会規範等を刷新する必要を痛感しつつ。

評・水無田気流（詩人・社会学者）

Richard Florida　カナダのトロント大学教授（都市経済学）。

『道徳性の起源　ボノボが教えてくれること』

フランス・ドゥ・ヴァール 著　柴田裕之 訳
紀伊国屋書店・二三七六円
ISBN9784314011259
科学・生物

人間と他の霊長類の連続性

人間の思考というのはきわめて自己中心的にできている。地動説を人間がなかなか受け入れられなかったのはその一例だが、いまでも人間を生物のなかで特別な存在だとみなす考えは根づよい。なぜ特別な存在だとみなされるのかといえば、それは人間が他の生物とは異なり、理性や意志によってみずからの本能や欲望を制御できると考えられているからだ。ひとが本能や欲望のおもむくままに行動すれば「獣（けだもの）のよう」だといわれる。つまり、他者との調和や秩序のために本能や欲望を制御するという道徳性こそ、人間を特別な存在だとみなす大きな根拠となっているのだ。

しかし、その道徳性は私たちが思っているほど人間固有のものではないことを本書は明確に示す。本書を読むと、人間以外の動物がいかに共感能力にすぐれ、欲望を制御し、利他行動をとるのかに驚かされるだろう。とりわけ人類の仲間であるボノボやチンパンジーといった霊長類は他者を気づかう行動をとるだけでなく、傍観することもできる他者同士の諍（いさか）いを仲裁するなどして、自らのコミュニティーの調和にも配慮する。たしかに人類の知性は生物のなかで卓越している。しかし道徳性にかんしては他の霊長類との強い連続性にあるのだ。

このことは、人類が類人猿と分化してきた進化のかなり早い段階で道徳的な感情を発達させてきたことを示唆している。道徳は人類の生態的な特性からうまれてきたのであって、けっして理性や啓示によってうみだされたものではないのだ。逆に宗教のほうがそうした道徳感情に立脚して発達してきた。もちろん、だからといって宗教の価値が低下するわけではないと本書はいう。宗教はさらにその道徳性を個別の利害をこえた普遍的基準へと高めることに寄与したからだ。人間という存在を私たちが自己認識するために不可欠で、かつ本質的な論点を本書は提供している。

評・萱野稔人（津田塾大学教授）

Frans de Waal　48年生まれ。米エモリー大学心理学部教授。

『文体の科学』

山本貴光 著
新潮社・二〇五二円
ISBN9784103367710
人文

文章の生態系に肉薄する野心作

大学浪人時に通っていた予備校の国語の先生が、こんなことを言っていた。単語と単語の関係についての規則、つまり文法は、だいぶ体系化されているが、文と文の関係についての規則は、まだほとんど手つかずだ。これを明確に考えることが、読解力を高めることに他ならない、と。目から鱗（うろこ）がバリバリと落ちた。

本書は、この問題に肉薄した野心作である。法律、科学論文、辞書、批評、小説など、さまざまなジャンルの文体を取り上げ、ばっさばっさと解剖していく。厳密に比較考量するというより、文体を肴（さかな）にして、文章によるコミュニケーションのあり方を自由に論じるエッセイ風論稿といった趣である。あなたが本好き、文章好きであれば、著者の博識と、インターネットを駆使する技術の華麗さに誘われ、文体の海で快適に遊ぶことができよう。

辞書と法律文書と科学論文が、いずれも、書かれている内容の普遍性を担保するために主語を明確にしない文体を採用しているという指摘も興味深い。一見なんのつながりもない文章たちが、実は知識の生態系の中でよく似た位置を占めていることが、こんなところに表れている。

　また、文章のスタイルだけでなく、媒体である書物や携帯端末の形とか、そこに配置されている文章のレイアウトなども考察の対象にしていて、目を引く。文章についての文体論と、テキスト・レイアウトについてのデザイン論とを融合しようという、果敢で華麗なる挑戦。

　雑誌などの誌面の写真は、もう少し大きくしてほしかった（字が読めない）。そのほか、個々の話題に対する掘り下げをもっと読みたい気もするし、対象の広がりという点でも、カタログや取り扱い説明書なども含めてほしかったとも思う。だが、これはあくまでも「序説」なのだ。文体の科学はまだ緒に就いたばかりだ。今後の発展に期待しよう。

評・佐倉統（東京大学教授）

やまもと・たかみつ　71年生まれ。文筆家、ゲーム作家、ブックナビゲーター。共著『心脳問題』など。

二〇一五年三月一日⑦

『2040年の新世界　3Dプリンタの衝撃』

ホッド・リプソン、メルバ・カーマン 著
斉藤隆央 訳
東洋経済新報社・二三七六円
ISBN9784492581056

IT・コンピューター

　3Dプリンタが個人レベルでも利用できる時代が到来した。どんな形状のものでも一個単位から作ることができると言われても、技術に想像力が追い付かない。これから製造業がどう変わるのかもわからず、漠然と不安だ。

　そんな人に向けて本書は懇切丁寧に、3Dプリンティングという技術の全貌（ぜんぼう）と現状を紹介する。機械的な仕組みや素材、設計ソフト、医療や建築、料理、教育などの用途、エネルギー効率、環境にかかる負荷、知的所有権など、現在どこまでが可能で、今後何が課題となるかまで指摘。

　読後に感じたのは、ある種の安堵（あんど）。パソコンやタブレット端末黎明（れいめい）期の混乱と高揚にどこか似ているのだ。義肢やアクセサリーのような、今あるモノをより精密に個人に合わせて作るだけにとどまらない、さらにドラスティックな変革が訪れようとしているのだろうけれど、基本はデジタルとウェブの文脈でのことと判（わか）り、肚（はら）は据わった。怖がるよりは楽しみたいと思えた。

評・内澤旬子（文筆家・挿画家）

二〇一五年三月一日⑧

『外交ドキュメント　歴史認識』

服部龍二 著
岩波新書・八八六円
ISBN9784004315278

歴史／国際

　本書は、歴史教科書、靖国神社の参拝や従軍慰安婦、河野談話や村山談話などの「歴史問題」について、日本外交の視点から、政策の決定過程をたどる。1980年代以降の中国や韓国との関係を中心に振り返り、共有できる議論の土台を作ろうとしている。

　首相の名前を冠にした「談話」も、本人の熱意に牽引（けんいん）されてはいるが、個人の心情の表現ではない。「村山談話」の経緯からは、政治家や官僚など多くの意見から練り上げられていることが分かる。ただ、「対外関係における言葉の重みを政策に活（い）かした」成功例とはいえ、国会で審議もせず、国家の見解として国際的に大きな影響力を持ちえてしまう危うさも感じる。

　戦後70年にあわせて安倍晋三首相が出す「安倍談話」に注目が集まる。「歴史認識」は外交の利害調整でもあるだけに、片方の完勝は難しいと指摘する。提言は書き込まれていないものの、将来を語る前に顧みるべき過去が記録されている。

評・吉岡桂子（本社編集委員）

『「講談社の絵本」の時代　昭和残照記』

永峯清成 著
彩流社・二〇五二円
ISBN9784779120701

歴史／社会

克明な記憶、驚異的な観察力

「講談社の絵本」は昭和11（1936）年、僕の生誕年に創刊、翌12年には年間45冊と驚異的な刊行数に達した。当時の一流画家を総動員、子供の絵本ではこれ以上の贅沢（ぜいたく）はない。企画においても国家的事業並みで昭和16年まで年間30～40巻の刊行を続けていたが、太平洋戦争勃発翌年の17年、突如休刊する。

真珠湾攻撃で国中が戦勝ムードに沸き立ち、「講談社の絵本」も一気に刊行数が跳ね上がるはずだった。なぜなら17年、ミッドウェー沖海戦でも大勝利が伝えられたからで、休刊は腑（ふ）に落ちなかった。しかし現実は、日本軍の大惨敗を大本営が秘匿したのだ。

この時、「絵本」の休刊とミッドウェーの捏造（ねつぞう）された勝利の関係に疑問を抱いた者がいなかったはずがない。休刊が日本の敗戦の予兆だったという事実を国民の前に黙殺しなきゃならないほど日本の戦況は悪化の途にあった。

以上は、本書の主題ではない。著者は僕より4歳年長だけあって、この時代の様相をまるで鈴木御水の細密ペン画を見るように実に克明に記憶・記録している。著者の関心は幼児の頃から歴史画にあり、「絵本」の「国史絵話」全作を驚異的な観察力によって描写する。ついでに言うと僕の「絵本」への興味は、幼かったせいか神話とお伽噺（とぎばなし）が中心だった。

著者は後に歴史家に、片や僕は物語的画家（?・）。本書は「講談社の絵本」の「時代」を歩みながら、幼少年期のまだ平和で豊かな戦前の美しい「日本の故郷」という原風景を表層から無意識まで博覧強記的に掘削し、今や歴史の記憶から忘却されつつある僕たち後期高齢者のみが魂で体感したあの「昭和」の時代をもう一度、「残照」の中で蘇（よみがえ）らせてくれるのである。

人は老齢と共に、初原的な魂の故郷を終（つい）の住処（すみか）にしたがる。本書は戦争を知らない世代の人たちにはどう映るのだろうか。

評・横尾忠則（美術家）

ながみね・きよなり　歴史作家。『楠木一族』『上杉謙信』『ハポンさんになった侍』など。

『オカザキ・ジャーナル』

岡崎京子 著
平凡社・一七二八円
ISBN9784582836820

『レアリティーズ』

岡崎京子 著
平凡社・一五一二円
ISBN9784582287974

アート・ファッション・芸能／ノンフィクション・評伝

この時代を射貫く空気感の塊

河川敷で殺害された中学生のやりきれないニュースを聞き、岡崎京子の『リバーズ・エッジ』（1994年）を思った。表層と内実のずれ、一見平穏な日常に潜む過酷な現実……それらを、岡崎はウィリアム・ギブスンの詩の一節を引き、「平坦（へいたん）な戦場」と呼んだ。あれから約20年経ち、漫画の中で放置されていた隠喩のような死体は、現実の中学生の悪夢となった。96年、日本社会にいよいよバブル後の低迷感が浸透した時期に事故で活動を休止した岡崎は、今の日本をどのようにながめているのだろうか……。

この2冊は、「戦場」に至る岡崎の、貴重な道程である。『オカザキ・ジャーナル』は、91年から92年までのエッセイ、ならびに宗教人類学者・植島啓司との刺激的な化学反応を見せる往復通信を収録。八〇年代を「〃解体と終焉（しゅうえん）、それに対する期待と待機〟の時代」と呼び、『平成』と『九〇年代』という解体と終焉にさえ見はなされた時代にどっこいそれでも私たちは生きています」と語る。鍵は「どっこいそれでも」にあり、と。海の向こうの戦争と、日常のピンチ、資本主義やメディア、旅行や買い物を並置していく岡崎の言葉。時代固有のものたちが、やがて時代を穿（うが）ち、突き立ってくる。

『レアリティーズ』は、初期の未完成作品など、荒削りだがその分奇妙に鋭く時代をスライスしていく作品集。切られてちぎれて跳ねていくのは、性、愛、音楽、映画、文学、暴力……色とりどり。インディーズバンドのデモテープのように低密度な絵柄から繰り出される現実への接近戦は、軽くて薄くてせつなくて、でも爆発力は十分。女の子たちの堕落の果てに待つ有終の美を、せつなく魅惑的に、そして残酷に描く視点は、ずっと通底していたのだと確信する。やがて結実した「岡崎京子」を知る人も知らない人も、この時代を射貫く空気感の塊に触れてほしい。

評・水無田気流（詩人・社会学者）

おかざき・きょうこ 63年生まれ。

二〇一五年三月八日❹

『日本木造遺産 千年の建築を旅する』

藤森照信、藤塚光政 著

世界文化社・二七〇〇円
ISBN9784418142415

アート・ファッション・芸能

「木というナマモノ」を宣言

木造建築が突如ナマモノに感じられて、ドキドキした。

木造建築は日本の宝である。世界を見渡しても、日本の木造技術は段違いであり、そのレベルが保たれていることに、たびたび驚かされる。

しかし、この日本の木造のすごさ、その迫力の本質を伝える本が、今までなかった。木造建築に限った話ではないが、建築を伝える本といえば、昔は、様式論であった。書院造（しょいんづくり）対数奇屋造（すきやづくり）、といったグルーピングをして、特徴を記述するのである。

様式論の次に、日本建築を構成で語る時代があった。日本の伝統建築と、20世紀ヨーロッパで生まれたモダニズム建築とが、ともに面と線のシンプルで美しい構成をベースにしているという論法である。日本でモダニズム建築がはやり始めた1950—60年代にこの構成論がはやった。最近、写真集などで話題になった『TANGE BY TANGE 1949—1959』は、モダニズムのエース丹下健三自身が、構成論的な見方で桂離宮の白と黒の美しいデザインを写真におさめている。

その後80年代のポストモダニズム期には、桂離宮を華やかな装飾の集合体とする論も出た。時代によって、日本建築が違って見えたのである。

そして、今、日本建築は様式でも構成でも装飾でもなく、ナマモノになったと、この本が宣言している。木というナマモノに雨や雪が降り、刻々と姿が変わって、まるで生き物である。様式論、構成論の時代とはレベルの違う高解像度がナマさを引き出している。藤塚は、小さなブツの撮影から始めて、インテリアを撮り、建築に到達したユニークな写真家で、その動物的な目で木造建築をブツとしてとらえた。撮影現場でナマモノが刻々と変化していく様子の藤塚自身によるレポートも、ナマモノのこわさを伝える。藤森は大歴史家であったはずなのに、ここでは子供のようにナマモノとたわむれる。

評・隈研吾（建築家・東京大学教授）

ふじもり・てるのぶ 建築史家、建築家。
ふじつか・みつまさ 写真家。

二〇一五年三月八日⑤

『台湾の歓び』

四方田犬彦 著

岩波書店・三四五六円
ISBN9784000610100

ノンフィクション・評伝

自由を最大限与えてくれた土地

還暦になったとき、四方田犬彦は一つの決断をした。大学を辞め、日本から、いや国家そのものからしばらく離れることである。そして向かったのは、日本や米国や中国が正式の国交を結ぼうとせず、国家として認めていない台湾という地域であった。

もちろん、完全なフリーになったわけではない。台湾の大学や研究所で映画史を講義する客員教授という肩書はついていた。しかし、永遠の旅人と呼ぶべき著者の足は勝手に動き出し、滞在していた台北や台南の市街を歩き回る。あるいは自転車に乗り、徒歩では行けないところまでくまなく回ってしまう。還暦を過ぎてなお少しも衰えない知力と体力と好奇心に、ただただ圧倒される。

このような著者の本領が最も発揮されているのが、第二部の「黒い女神を求めて」である。海の女神で、航海の守護神でもある媽祖（マーツ）をまつる廟（びょう）が台湾に多いばかりか、媽祖が民衆にあつく信仰されていることに気づいた著者は、毎年春に台湾中部の大甲から新港まで、媽祖像を乗せた大轎（みこし）とともに人々が巡礼の旅を行う進香という儀礼に参加した。数日間ほとんど不眠不休のまま歩き続けるなかで見えてきたのは、世俗的な時空から離脱し、個人性が棄却された恍惚（こうこつ）感のなかで、あたかも媽祖と一体になったかのような境地であった。

媽祖信仰は、台湾ばかりか中国大陸や沖縄、九州などにも広く分布している。ここには東アジアの民俗の「地下水脈」が流れているという鋭い直感が、旺盛な行動へと駆り立てる原動力になっているように思われた。

四方田犬彦は群れない。学界の権威にもボスにもなりはしない。その徹底した生き方が、本書の伸びやかな文章を支えている。『台湾の歓（よろこ）び』の「歓び」とは、何よりもこうした自由を最大限与えてくれた土地に対してこそ向けられた言葉なのだろう。

評・原武史（明治学院大学教授）

よもた・いぬひこ　53年生まれ。映像と文学を中心に文化現象を考察。『アジア全方位』など。

二〇一五年三月八日⑥

『放射線被曝の理科・社会　四年目の『福島の真実』』

児玉一八、清水修二、野口邦和 著

かもがわ出版・二二六八円
ISBN9784780307436

科学・生物／社会

国民の「自覚なき容認」を問う

福島原発事故の後、低線量被曝（ひばく）についての良い本がたくさん出版されたが、書名に「社会」と銘打ったものはこれが初めてである。事故から4年が経ち、「放射能」は理科から社会の領域に移ってきた。

本書出版の直接の動機になったのは、人気漫画の『美味しんぼ』で、福島は放射線汚染のために危険な状態にあると強調され、登場人物たちが福島県民に避難を呼びかけたことにある。福島を訪問した主人公が鼻血を出す場面も話題になった。それらの記述と主張のどこが誤りなのか、この本の著者たちは、さまざまなデータにもとづいて、丹念に丁寧に指摘している。事実としてどちらが正しいかは明らかだ。

正しい見解に到達するために重要なのは、適切なデータに依拠すること、結論先にありきで考えないこと、政治的信条を事実より優先させないこと、議論のテーマを拡散させないこと。

正しい結論を得たからといって、放射線を不安に思う気持ちがなくなるわけではない。なにより被災地では、心の中に一抹の不安を宿したまま、普通の生活を取り戻そうとしている方々が毎日の暮らしを送っている。それだけに、福島の外に住むぼくたちが主観的な感覚や誤った情報を拠（よ）り所にして、福島の人々の努力に敬意を払わず、足を引っ張るような発言をしてはいけないのだ。それは礼を失し、品位を欠いた行為である。

今やるべきことは、福島もそれ以外の地域も協同して事故の経緯と責任を明確にすることであり、これからの日本のエネルギー政策を真摯（しんし）に考えることではないか。

戦後の日本で原発を増殖させてきたのは、国民の「自覚なき容認」だと著者らは指摘する。つまり、福島事故にも、誰もが相応の責任があるのだ。このことを認識していないと、その行き着く先が『美味しんぼ』の鼻血になるという指摘は秀逸である。

評・佐倉統（東京大学教授）

こだま・かずや　医学博士。／**しみず・しゅうじ**　元福島大副学長。／**のぐち・くにかず**　日大准教授。

〈訂正〉　2015年3月22日朝刊（「訂正・おわび」の掲載日）8日付『放射線被曝（ひばく）の理科・社会』の書評で、福島原発事故の後に出版された低線量被曝についての本で、書名に「社会」と銘打ったものは本書が「初めてである」としたのは誤りでした。2012年には安斎育郎著『原発事故の理科・社会』（新日本出版社）も刊行されています。訂正しておわびします。

二〇一五年三月八日⑦

『武士の奉公　本音と建前　江戸時代の出世と処世術』

高野信治 著
吉川弘文館・一八三六円
ISBN9784642057936
歴史

戦国時代、武士は合戦で名を挙げ、高い地位と豊かな収入を手にした。命がけのつらい奉公ではあったが、立身の機会はみなに開かれていたし、示された武功にはだれもが納得せざるを得なかった。

ところが泰平の江戸時代、合戦はなくなった。一方で武士は、依然として武士のままであった。則（すなわ）ち建前として、武勲を立てることを目的とする「戦士」であり続けた。

働きたくとも、仕事場はない。存在自体に矛盾をかかえた彼らは、いかにして働きがい・生きがいを見つけ、出世の欲望と向き合ったのか。

鎌倉時代初め、上位の武士すら読み書きができなかった。だが、次第に成長した武士たちは、江戸時代には文字を操り、あれこれ考え、思案を巡らしていく。その様子は私たちそっくりである。

世襲か能力か。人格重視か成果主義か。現代社会の難問は、そのまま彼らの悩みでもあった。本書はそれを、実に生き生きと描き出す。時の流れを体感できる一冊である。

評・本郷和人（東京大学教授）

二〇一五年三月八日⑧

『れるられる』

最相葉月 著
岩波書店・二〇五二円
ISBN9784000287296
ノンフィクション・評伝

「生む・生まれる」「支える・支えられる」「絶つ・絶たれる」など、六つの動詞の能動と受動を往還するエッセイ。

ひとは無意識に「こちらがわ」にいると思いがちだ。傷ついていない。被災していない。病んでいない。いつなんどき社会から取り残され孤立するかもしれない。頭ではわかっても見えない境目に阻まれ、当事者の立場に立って考えることを阻む。

著者はこの境目をじっくりと見据えるように出会ったひとたちの生き様を描く。一番印象に残ったのは、出生前診断に悩む女性たち。心の準備も知識もないままに気軽に検査を受ける。胎児に障害が認められた場合、産むか産まないか、どちらの選択をしても、自ら選択をしたことが、その後の人生に重く響くはず。

辛く重い話が多いけれど、どんな選択もみだりに批判しない慎重さと知性に加え、境目を越えていった誰も絶対に切り捨てない、暖かいまなざしに救われる。わたしも、そしてあなたも。

評・内澤旬子（文筆家・挿画家）

二〇一五年三月一五日❶

『暴力の人類史　上・下』

スティーブン・ピンカー 著
幾島幸子、塩原通緒 訳
青土社・各四五三六円
ISBN9784791768462〈上〉・9784791768479〈下〉　人文

本性の「天使」を信じられるのか

経済活動や衣食住、セックス、芸術など様々な切り口から人類史を振り返る論考は少なくないが、本書は暴力に焦点を絞り、旧約聖書の昔からモンゴル帝国の世界征服、中世の暗黒時代、そして、二十世紀の大戦に至る殺戮（さつりく）の歴史を振り返り、我々は意外にも人類史七千年の中で最も平和な時代に暮らしていると述べている。原題は「我らの本性のよりよき天使」とあるように、人間は暴力を誘発する五種類の「内なる悪魔」と暴力を抑制する四種類の「善なる天使」があり、かろうじて天使が悪魔を打ち負かすことで平和を獲得してきたというのである。

人類の蛮行の百科全書としてのページ数と資料的充実には圧倒される。心理学、歴史学、人類学、社会学、脳科学などあらゆる領域から集められた統計は人類がいかに殺戮マニアであったかを静かに示す。また女性や子どもに対する扱い、戦争の技術的変遷など、切り口も多彩で、ハリウッド映画百本分のネタが満載といった感じである。

天使と悪魔の戦いは、人権思想が浸透し、独裁者の暴政が覆され、リヴァイアサンたる国家の暴走を国際連合が牽制（けんせい）する現代においても、終わらない。私たちが永遠平和の境地に到達できるとすれば、それはあの世に行った後だろう。なぜなら、どちらかが全滅してしまうような「最終戦争」も、その後にもたらされる「歴史の終焉（しゅうえん）」もヘーゲル的妄想に過ぎず、実際には歴史は反復されているし、「人類のはしか」（アインシュタイン）であるナショナリズムも各国で幅を利かせ、ヘイトスピーチや人種偏見、テロリズムとも日常的に向き合っているからだ。ただ、そうした好戦的な連中が目立つのは、逆に彼らの行動に呆（あき）れる良識派が確実に増えたからだともいえる。

私たちはおのが本能に抱え込んだ死の欲動により、いつの時代にあっても先祖返りし、大虐殺や無謀な戦争、隣人への暴力に加担してしまうが、自己抑制や権利獲得の営為を積み重ねることによって、確実にそのリスクを軽減するように社会を変えてきた。このこと自体、第三次世界大戦前夜に暮らしている私たちの不安を幾分（いくぶん）か和らげてくれる。だが国益や国家の威信を守るとか、聖戦だとか、秩序維持のためだとか、「やられたら、やり返せ」などと単純な論理で武力行使に踏み切る悪魔の誘惑は絶えないので、暴力の抑止のための戦いをさぼることはできない。敵は目に見える他者というより、自分自身の中に潜んでいて、その内なる悪魔を制御する限りにおいてかろうじて文明的でいられるのである。戦争準備に余念のない政府関係者必読の一冊。

評・島田雅彦（作家・法政大学教授）

Steven Pinker　54年カナダ生まれ。認知科学者、進化心理学者、ハーバード大心理学教授。著書に『言語を生みだす本能』『心の仕組み』『人間の本性を考える』（いずれもＮＨＫブックス）など。

二〇一五年三月一五日❷

『寝ても覚めても夢』

ミュリエル・スパーク 著　木村政則 訳

河出書房新社・二〇五二円
ISBN9784309206684
文芸

映画監督の周囲はハチャメチャ

有名映画監督を主人公にした映画制作の現場に巻き起こるスラップスティックな事件の数々は監督を核に網の目のように、連鎖的に周囲の人間を巻き込みながらあらぬ方向に「物語」を展開させ、撮影中にクレーンから墜落して瀕死（ひんし）の重傷を負った監督が病院で打たれた麻酔剤からまだ覚めず、夢と現実の狭間（はざま）が永遠のように続く境域で妄想の虜（とりこ）となって読者をシュルレアリスム的世界にナビゲートするその手法はまさに映画的だが、とっちらかった断片を引きずりながら映画のような虚構的現実をかいま見させてくれるその常套（じょうとう）手段には騙（だま）されませんよと著者スパークさんに伝えたいと思いながら、でもこの先はどうなるの？と気になって本書の訳者あとがきを盗み読みしたら、なんと見事な内容紹介と、これぞ書評のお手本というような文に触れた私は書評をする自信を失い、わが無力さに愕然（がくぜん）としながらも、この物語の登場人物を俯瞰（ふかん）してみると、なんとなんとひとりの人間に宿る多面性の縮図であることに気づき、登場人物全員が「私」なんではと思い当たったとたん、人の中に棲（す）みつく魑魅魍魎（ちみもうりょう）が跳梁（ちょうりょう）し、まるで悪霊に踊らされている、そんな人間図鑑の中にひとり監督は冷静な視点を、かと思うと妄想家にも早変わりする、悪魔と芸術神の手の中で、ハチャメチャな場面をスパークさせるスパークの映画的手法に喝采、でもあなたは英国きっての名監督、有名女優と寝ることしか頭にないとは情けない、だからロクでなしの我が娘（こ）に振り回され、おかげでこの小説は面白くなるのだが、一方、聖女のような監督夫人に身辺をまかせ切り、自由な芸術家気取りのつもりが、実は監督さん、あなた以上にあなたの夫人はあなたに知られず、実は不透明な悪徳人間かもしれませんぞ。

「寝ても覚めても夢」。だからこそ人間は生きていけるんですよネ。

評・横尾忠則（美術家）

Muriel Spark　1918～2006年。現代英国の代表的詩人、作家。

二〇一五年三月一五日❸

『たまきはる』

神藏美子 著

リトル・モア・三二四〇円
ISBN9784898153949
アート・ファッション・芸能

愛という業 隠さず、手放さず

今から十年くらい前のことだろうか。写真家の神藏さんにお会いしたときに「次のテーマは神様」と打ち明けられ、しばらく言葉がでてこなかった。

写真は、目に見えるものしか映すことができないと思っているわけではない。けれども見えないどころか、自分の言葉で語ることすらとても難しい、宗教を、神を撮ると？

前作の「たまもの」の中にある、彼女の前の結婚相手と今の結婚相手が、にこやかに並び写る、その現場にたまたま居合わせた縁で、彼女に会い、作品を手にして、一気に魅せられた。既婚の女性が別の男性と恋に墜（お）ち、夫との別れを決断し、新しい相手と生きることを選ぶまでの懊悩（おうのう）が、写真と文章で綴（つづ）られていた。生々しいけれども、露悪的ではなく、愛を隠さないことを隠さずに伝える姿に、ひたすら圧倒された。

どうやって神様を撮るの？と思わず聞いたのだったか。そのときの彼女は本当になんの方策も見通しもなさそうで、全然わからないのと微笑（ほほえ）まれ、また度肝を抜かれた。

彼女ならば、それでも撮ってしまうのだろう。見当もつかないが、どんなに時間がかかっても、その間目立った活動が伝わってこなくても、ずっと確信していた。ただ時間が経てば経つだけ重圧がかかるはず。それは私の想像を超える苦しみだったようだ。

聖書を読み、イエスの方舟の千石剛賢（たけよし）に会い、田中小実昌の父の教会跡を訪ねる。彼女は愚直に、貪欲（どんよく）に神様を求め、苦しむ。父親をはじめとする親しいひとたちの死。そして軋（きし）む夫、末井昭との関係。

業とも言い換えられる愛情の深さを、彼女はやっぱり隠さず、手放さず、荒ぶる自意識をさらけ出し、言葉を紡ぐ。

極私的な交友や活動の断片のような写真のすべてに映っているのは、神様を、愛を乞う彼女のまなざし。読み終える頃にはきっと愛する人の幸せを、祈りたくなる。心から。

評・内澤旬子（文筆家・イラストレーター）

かみくら・よしこ　『たまゆら』（マガジンハウス）、『たまもの』（筑摩書房）。

二〇一五年三月一五日❹　　政治／社会

『女性たちの貧困　〝新たな連鎖〟の衝撃』

NHK「女性の貧困」取材班 著

幻冬舎・一五一二円

ISBN9784344026810

「見えない」貧しさを告発する

昨年は、女性や子どもの貧困に関する報道や書籍が話題となった。その端緒を開いたのが、NHKクローズアップ現代「あしたが見えない～深刻化する〝若年女性〟の貧困～」である。本書は、この番組などの書籍化。反響を呼んだ「20～64歳の単身女性の3人に1人が年収114万円未満の貧困状態」とのデータが示す現状はあまりに過酷だが、これは今まで「見えない」貧困だった。かねてより専門家の間では女性の貧困が問題視されてきたが、世間一般の見方は今なお異なる。若い女性の華やかな外見や、いずれ結婚し男性の被扶養者となるはず……というイメージと、現実との落差はなかなか埋まらない。想像力の貧困も深刻だ。

登場するケースは、父親の死で母子世帯になり生活が一転した女性や、10年近く夫からの深刻なモラルハラスメント（精神的DV）を受け耐えかねて離婚したシングルマザー、多額の奨学金の返済を抱え非正規雇用の職にしか就けずにいる女性……。社会が想定する「安定した家庭生活」からこぼれ落ちる女性は、近年増加の一途を辿（たど）っている。離婚率は上昇し、母子世帯数もまた増加。同時に、女性の非正規雇用比率も上昇し続けている。女性は家族に養われているはずとの前提が崩れているのに、低賃金・低待遇の雇用環境は改善されない。非正規雇用で、年収200万円未満の収入しか得ていない若年女性（15～34歳）は、全国に289万人もいる。このまま座視するのは、この国の未来を見殺しにするに近しい。

わずかなきっかけで「普通の暮らし」から突き落とされる女性たちの現状は、この国の制度や慣行が穴だらけであることの証左だ。本書が指摘するように、女性たちを安価な労働力とだけみなし貧困の中にとじこめる構造を変革しなければ、「超」少子化の解消は不可能だろう。政府が謳（うた）う「女性が輝く社会」以前に、なすべき課題は山積している。

評・水無田気流（詩人・社会学者）

NHKクローズアップ現代「あしたが見えない」は2014年1月に放送された。

二〇一五年三月一五日⑤

『素晴らしきソリボ』

パトリック・シャモワゾー 著
関口涼子、パトリック・オノレ 訳
河出書房新社・二三七六円
ISBN9784309206707
文芸

違和感こそクレオールの醍醐味

「語り部ソリボ・マニフィークは言葉に喉(のど)を掻(か)き裂かれて死んだ」と冒頭にある本作は、作者のデビュー間もない80年代後半に書かれた。つまり、のちにクレオール文学と呼ばれる潮流の始まりに。

クレオール文学とはクレオール語で書かれた小説、詩。そしてクレオール語とは一般に、植民地化された地域の民が宗主国の言語を強いられ、現地語との混交によって生み出した別種の言語のことである。奪われた者が奪い返す、と言ってもいい。

ただそれは見事な奪還というわけではない。複雑な状況の中での妥協でもあり、喪失の余韻でもあるのだから。

本書においても、「語り部」はまず死ぬ。そして死んだあとで書き手によって文字で人生を再現される。果たしてそれは歌われ、踊られ、語られていた言語より豊かな実りだろうか。豊かでないとしたら、なぜ書くのか。

舞台はアンティル諸島のマルティニークだが、「言文一致」が何を得て何を失うかという主題で言えば、これは世界全体の問題である。まして主人公のクレオール語にも正式なそれと方言が混ざり合うとすれば、発話は階級間の生々しい政治的ふるまいだ。

ただ、カリブ海では辛気臭い追究はしない。スラップスティックな暴力、明るい嘆き、意味不明な音、虫、酒などを伴いながら、死んだ語り手ソリボの物語は書記される。

その時、語りの痕跡は洒落(しゃれ)という多言語の重なりや、歌になる。つまり、訳せない領域にある語りを書き手は文字に訳し、その文を翻訳者がさらに訳すことになる。

その訳出の違和感こそがクレオール文学の醍醐味(だいごみ)だろう。音を文字で書き取ることが本来は不可能であること、書くことは常に何かを殺す切ない行為だと、翻訳が思い出させる。その認識のために、書くことに意味がある。

クレオール文学は良き翻訳の場に現れる。

評・いとうせいこう(作家・クリエーター)

Patrick Chamoiseau　仏海外県マルティニーク出身。

二〇一五年三月一五日⑥

『日本語の科学が世界を変える』

松尾義之 著
筑摩選書・一六二〇円
ISBN9784480016133
科学・生物

英語に頼らずにすむ知的蓄積

日本語を母語とする人にとって、科学の分野でノーベル賞を受賞するにはどれぐらいの英語力が必要だろうか。たとえば２００８年にノーベル物理学賞を受賞した益川敏英は、その受賞講演会で「アイキャンノットスピークイングリッシュ」と冒頭で述べて、日本語で講演した。逆に、高い英語力をもった研究者が多い韓国ではなかなかノーベル賞受賞者が生まれず、なぜ日本がこれほど多くの受賞者を生みだせるのかに強い関心が寄せられている。英語がどこまで堪能なのかは、科学の分野で世界的な仕事をなすうえで本質的な問題ではないのだ。

では何が本質的なのか。本書によれば、それは日本では英語に頼らなくても日本語で科学することができる点にある。じつは、欧米以外の国で、英語に頼らなくても自国語で最先端の科学を学び、研究することができる国はそれほど多くない。江戸末期以降、日本は西洋から近代文明を必死にとりいれ、新しい単語を創出しながら日本語のなかに近代的な知の体系をつくりあげてきた。その蓄積が日本語で科学することを可能にした。さらに本書は、日本語の特性が科学の探求や発展に大いに資したのではないかとも指摘する。もちろんそれを論証することは困難だが、その状況証拠となるような具体例を本書は数多くあげている。

ことばとは知の活動におけるもっとも基本的な土台である。私たちはことばをつうじて考え、認識する。それは科学の分野でも変わらない。日本の創造的な科学者たちにとって最大の武器は日本語による思考だと本書はいう。たしかにそこでは英語力も必要だろう。しかし、いまの日本のアカデミズムや教育行政ではその最大の武器が忘れられ、英語で論文を書くことばかりが重視される。日本の国際競争力を高めるには英語力をつけるべきだとナイーブに考えてしまう人にこそ読まれるべき重要な本だ。

評・萱野稔人（津田塾大学教授）

まつお・よしゆき　51年生まれ。元「日経サイエンス」副編集長。『日本の数字』など。

二〇一五年三月一五日⑦

『人の心は読めるか？』

ニコラス・エプリー 著　波多野理彩子 訳

早川書房・一九四四円
ISBN9784152095176／9784150504960（ハヤカワ文庫NF）

人文

私たちはふだん、相手のことも自分のこともなんとなくわかったつもりで、会話したり生活したりしている。たまに誤解が発覚し、喧嘩（けんか）になる。「わかったつもり」の規模が大きくなれば、戦争や偏見や差別が生じかねない。

たとえば、「年を取ると、身体的にも認知力にも衰えがくる」と、お年寄り自身も含め、多くのひとが「わかったつもり」になっている。だが、「老人を賢く思慮深い存在として敬う文化」がある地域では、お年寄りの認知機能を測るテストの結果がいいそうだ。つまり、安易な「わかったつもり」を取り除けば、萎縮することなく、各人が充分（じゅうぶん）に能力を発揮できる場合がある、ということだ。

では、どうしたら「わかったつもり」に陥らず、相手と自分の感情や思考を、より正確に認識し、受け止めることができるのか。さまざまな実験や研究をもとに、本書はわかりやすくコツを教えてくれる。著者の優しさと誠実な姿勢がにじみ、実用的かつ胸に迫る内容だ。

評・三浦しをん（作家）

二〇一五年三月二二日①

『日本まんが〈壱〜参〉』

荒俣宏 編著

東海大学出版部・各三七八〇円
ISBN9784486020493〈壱〉・9784486020509〈弐〉・9784486020516〈参〉

政治／社会

生きた歴史語る　巨人たちの肉声

一大表現ジャンルとなった「日本まんが」。だが、誕生から変遷に至る道筋は平坦（へいたん）ではなく、下位文化としての逆風にさらされてきた。今日のような隆盛を可能にしたのは、描き手の才能と熱意、そして読者の圧倒的な支持である。本書は、この日本まんがの立役者たちが語る、生きた歴史書である。歴史が浅いジャンルゆえに、黎明期（れいめいき）の巨人たちの肉声を聞くことができる幸運に感謝したい。

冒頭に指南役として登場するまんが史研究家・清水勲編では、古今東西のまんがが表現の変遷や社会背景が明確になる。とりわけ、江戸時代の浮世絵や黄表紙、『北斎漫画』のような戯画本などの源流と、文明開化による西洋まんがの輸入、新聞などマスメディアの隆盛との関係は興味深い。個人的には、福沢諭吉もまんがの原作を書いていたとの話は衝撃的であったが、民主化を進める上で、まんがの可能性を理解していたからに違いない。風刺画のように権力を脱臼させる手段としても有効である。

描き手の戦争や戦後復興期の体験が日本まんがに与えた影響について再認させられたのは、やなせたかし、水木しげる、松本零士らとの対談だ。やなせ編では、『アンパンマン』はもともと大人向けであり、作家自身、子ども向けの作品は描けないと明言しての作品だったと語られる。俗悪だと絵本評論家に酷評されたとも。だが、戦争体験と倫理への問いから生まれ、透徹した風刺精神から従来のヒーロー像を覆したアンパンマンは、子どもたちの人気者となった。

水木は戦後、生活のために貸本まんがを量産したという。まんが市場が貸本から出版社へと移行する歴史的転換期に、「鬼太郎」シリーズが立ち会った。松本の陸軍パイロットだった父の話も、強烈な印象を放つ。戦後公職追放となった父を頼らず、高校時代からまんがを描いて学費を稼ぎ、戦後社会を生き抜きながら鋭く観察した目線には圧倒される。

他にも、戦後日本の男性性を形作るにあたり、少なからず影響を与えたちばてつや、さいとう・たかを、平田弘史、バロン吉元。異彩を放つみなもと太郎に水野英子。少女まんがの巨星、里中満智子、竹宮惠子、萩尾望都、高橋真琴、さらに少女恐怖まんがを語る楳図かずお……。里中の「状況に泣く女の子」ではなく、「自分で考えて生きて、決心できる女の子」を描きたかったとの談話は力強い。萩尾の性規範や家族像の転倒に彩られた作品の根底にある、共同体への問いも深く静かで、強靱（きょうじん）。

彼らの情熱を、同じ熱量をもって受け止める編著者の力量にも感服する。今この瞬間も生成しつづける日本まんがの源流を語る、熱い、熱い本である。

評・水無田気流（詩人・社会学者）

あらまた・ひろし 47年生まれ。作家、翻訳家、博物学者、図像学者、幻想文学研究家、路上観察学会会員、妖怪評論家。主な著書に『世界大博物図鑑』『ファンタスティック12』、小説『帝都物語』シリーズなどがある。

二〇一五年三月二二日❷ **歴史**

『蒙古襲来』

服部英雄 著

山川出版社・二五九二円
ISBN9784634150614

「神風」が吹いたのは真実か

私の師、中世史家・石井進がもっとも愛した弟子がこの本の著者・服部英雄である。地域に密着しての綿密な取材には定評があり、著書は数々の賞に輝く。その彼が日本が体験した数少ない外国との戦いの一つ、元寇（げんこう）の解析に挑む。

元寇研究には、石清水（いわしみず）八幡宮の周辺で作成された『八幡愚童訓（はちまんぐどうくん）』を用いるのが従来のやり方であった。だが著者はこの史料を欺瞞（ぎまん）に満ちたものとして斥（しりぞ）け、貴族・藤原兼仲（かねなか）の日記『勘仲記（かんちゅうき）』、従軍した武士たちが記した文書（軍忠状〈ぐんちゅうじょう〉と称する）、また竹崎季長（たけざきすえなが）が描かせた絵巻物『蒙古襲来絵詞（えことば）』を分析の基軸に据えた。

蒙古軍は文永11（1274）年10月20日に初めて来襲するが、その翌日には退却した、と言われてきた。だが本書によると、7日ほどの戦いがあり、そこに嵐があって退却していった、という。また蒙古の船団は900艘（そう）と記されるが、著者独自の計算によれば、実際には112艘という数字が妥当である。

元寇は二回あり、文永の役の後に弘安の役が起きるが、この時も暴風雨があった。本の帯には「『神風』が吹いた。果たして、それは真実か」とあるが、本書は暴風雨の存在自体を否定するものではないらしい。弘安の役に際してのそれは、日本軍にも被害をもたらした自然災害であった。

ともかく迫力に満ちた本であり、賞賛を集めるのだろう。だが学問的「突っ込みどころ」は多い。何より冒頭で、フビライの出兵意図を、十分な根拠も示さず「日本の硫黄が欲しかったため」と決めつけたのには驚いた。

元は伝統的な華夷（かい）秩序の樹立を望んだ。だから幕府が対応を誤らなければ元寇はなかった、というのが主流学説ではなかったか。だが硫黄の入手を切望していたなら、攻撃は不可避だったことになる。

大事なのは神風の有無か、元寇の目的を東アジア情勢の中で考えることか。本書は考察の力点を誤っていまいか。

評・本郷和人（東京大学教授）

はっとり・ひでお 49年生まれ。九州大学教授（日本中世史）。『河原ノ者・非人・秀吉』など。

『猪変（いへん）』

中国新聞取材班 編

本の雑誌社・一七二八円
ISBN9784860112660

海を渡る厄介者 苦闘今なお

昨年秋ごろ。瀬戸内海を泳ぐ猪（いのしし）の映像が全国ニュースで流れた。コミカルな音楽付きで、女性アナウンサーの「微笑（ほほえ）ましい」といわんばかりの口調に、気が遠くなった。

海を泳ぐ猪の姿は、都会の住人には健気（けなげ）でかわいく映る。けれど、瀬戸内の島に住む者にとっては、疫病神上陸警報でもある。昨夏小豆島に移住したばかりの私には、どちらの気持ちもわかる。小豆島では疫病で絶滅したはずの猪が、ここ4、5年で増え始めている。

本書の元となる連載が中国新聞で始まったのは2002年。中国地方はもともと猪の多い地域で、猟も盛んだった。90年代ごろから猪が山から里に下り、田畑を激しく荒らし、とうとう芸予諸島を泳ぎ渡る姿が目撃されたことを受け、企画された。

そもそも何故急に増え始めたのか、生息数や被害額はどう数えているのか、昔と今とで何がどう違うのか、高齢化が進む地方で里山の荒廃にどう対応するか、海外ではどうしているのか、獲（と）れた肉の活用がなぜ広まらないのか。湧き上がる疑問をひとつひとつ潰すように各地を訪ねて回り、データを集め検証。

野生獣との関わり、特に狩猟は、各町村どころか集落や個人ごとに独自のやり方を踏襲してきた。猪は研究者も少なく、生態もわかっていないことが多いまま、各自治体も、ハンターも、住民たちも、ほぼ無手勝流に、場当たり的に対峙（たいじ）してきた様子が浮かび上がり、驚かされる。

地域で対策（税金の使い途〈みち〉とも言える）が違って当然だ。しかしそろそろ本書のような（中国地方中心とはいえ）各地の成果を比較検討する、マクロな視点を共有したい。いまだに猪の害に苦しむ地域は一向に減っていないのだから。

やみくもに殺すだけでも、可愛がるだけでもない、自然との関わり方の今後を模索するために、地方／都会、どちらの人にも読んでほしい。

評・内澤旬子（文筆家・イラストレーター）

ちゅうごくしんぶんしゅざいはん 02年12月から約半年にわたり中国新聞朝刊で連載。

二〇一五年三月二二日④

『すべては1979年から始まった　21世紀を方向づけた反逆者たち』

クリスチャン・カリル 著　北川知子 訳

草思社・二四八四円

ISBN9784794221025　政治／社会

「革命」「進歩」の近代に幕引き

本書によれば、21世紀は1979年から始まった。この年、五つの出来事（物語）が17～20世紀を規定してきた近代に挑戦したのだった。

それは、中国文化大革命を終わらせた前年の「第十一期三中全会」を受け、①79年から始まった鄧小平の「社会主義的近代化」（経済改革）であり、②1月のイスラム革命、③5月サッチャーが英国首相に就任したこと、④6月ローマ法王ヨハネ・パウロ二世の母国ポーランド訪問、⑤クリスマスに開始されたソ連のアフガン侵攻、の五つだ。

これらは一見偶然が重なっただけのようにみえるが、本書はそうではないという。

①と④、⑤は仏革命が生み出した社会主義を終わらせ、②は宗教が頂点にたつ中世を終わらせた近代理念を否定、宗教の政治化を招来させた。一方、③は仏革命が生み出したリベラル派を新保守主義者が葬った。これら五つはすべて反革命なのである。

イスラム革命はアフガンに影響を及ぼし、ポーランドの「連帯」を誘発し、ソ連を解体させた。同じ「革命」でも「世俗の近代化推進者による成果」だった仏、露の革命とは正反対である。他の出来事も近代化の「成果」に対する「反逆」、「進歩」のもつ「傲慢（ごうまん）」性を拒絶した人々の物語だと筆者は読み解く。

21世紀の始まりとともに進歩を最高理念に頂く近代が終わったのである。欧州で中世が終わったときも偶然が重なったかのように重大事件が東西で起きた。東で1453年にビザンチン帝国が崩壊し、西では英仏100年戦争を終わらせたジャンヌ・ダルクの異端告発の無効裁判が1456年に行われ、彼女の「魔女」幻想への決着をつけた。

既存システムが耐えられないほどにこれまでの矛盾が全地球規模で蓄積されると、ある時一斉にあちこちでそのエネルギーが爆発する。それが「歴史の危機」だ。歴史はSF小説より面白い。

評・水野和夫（日本大学教授）

Christian Caryl　ジャーナリスト。「ニューズウィーク」元東京支局長。

二〇一五年三月二二日⑤

『ヒトラーと哲学者　哲学はナチズムとどう関わったか』

イヴォンヌ・シェラット 著

三ツ木道夫、大久保友博 訳

白水社・四一〇四円

ISBN9784560084120　人文

言葉生み出す行動にも責任を

冒頭に哲学はドイツの文化の象徴であり哲学者は名士であるとの言葉が出てくる。これまで精査されてこなかったナチスと哲学者との関係に著者が切り込んだ背景には、まさにこのような理由があった。ドイツ人の想像力に甚大な影響を与えてきたのは紛れもなく哲学者だ。ならば彼らがナチに如何（いか）なる態度で接したのかを検証することは、ドイツそのものを浮かび上がらせる作業となるだろう。

第一部ではヒトラーに協力した哲学者の振る舞いが詳述され、第二部ではヒトラーに屈せず抵抗し、亡命や処刑といった憂き目にあった哲学者の苦悩と悲劇を描いている。衝撃が大きいのは第一部、特にシュミットやハイデガーといった大物がナチに魂を売り渡していった経過であろう。

当初はナチに反対していたシュミットは国内の哲学界が国民社会主義支持を鮮明にするうちに総統に忠誠を誓うようになり、反ユダヤ主義的傾向を露（あら）わにしたという。二十世紀の最大の哲学者ともいわれるハイデガーの場合、ナチとの結びつきはさらに深刻だ。フライブルク大学の総長就任演説で軍人服を身にまとい、鉤（かぎ）十字の旗がはためくなか、自ら学術機関の新総統と称したというその姿を想像すると、ゾッとするものがある。

言葉というものが思考と経験を通じて生み出されていくものならば、知識人はその母体となる行動にも責任を負わねばならないことになる。著者は、戦争が終わりナチの犯罪が断罪されるなか、自らの恥ずべき過去に蓋（ふた）をして、ずる賢く責任逃れに立ち回った哲学者たちを厳しく非難する。そして最終的にその矛先はシュミットやハイデガーの業績をたたえ、その過去を免罪しようとする現代の知的潮流にも向かう。

学術的にどのような業績があっても行動に内実が伴っていなければ言葉は空疎なものとなる。行動と知の関係に一考を促す好著といえる。

評・角幡唯介（ノンフィクション作家・探検家）

Yvonne Sherratt　英ブリストル大学上級講師。

二〇一五年三月二二日⑥

『老北京の胡同（フートン）　開発と喪失、ささやかな抵抗の記録』

多田麻美 著　張全 写真

晶文社・二二六〇円
ISBN9784794968678

歴史／社会

路地は相互扶助・情報交換の装置

中国の路地のことを胡同（フートン）という。暗いグレーのレンガの壁が延々と続き、狭く、長く、全く迷宮である。レンガ壁の裏側に、大小様々な中庭型住宅が並び、これが北京の住宅地の基本形式であった。

なぜこのモノトーンの狭く汚い路地を歩くと心がなごむのか。その謎に、この本が答えをくれた。

ヴィジュアル、すなわち見かけだけでは、胡同はわからないという答えである。景観論的、建築家的な評価方法では、全く見えないものがそこには隠れていた。路地の裏の生活システム、社会システムがすごかったのである。核家族を前提とする、人間がぶつ切りにされた20世紀流システムとは対極の、相互扶助と情報交換の強靱（きょうじん）なシステムがそこに存在していた。著者は14年にわたる自分自身の胡同生活、そこで出会った中国人との結婚―夫は、胡同の生活の魅力を伝える、文中の写真の撮影者でもある―を通じて発見したのである。

時々の為政者による上からの抑圧的システムにかかわらず、中国人は、胡同という装置によって自らを支え続けてきた。その具体的な様子も、胡同の老人たちの昔語りを通じて、活写される。

中国に昔から存在していた貧富の差や地方の格差の問題の解決にも、都市の中の胡同という装置が大きく寄与していたことに驚いた。地方から出てくると、まず胡同という迷宮に入り込んで、同郷人で助けあう。住居の形式が、デザインが、社会的格差から人間を救い出していたのである。

だから、胡同が近年の不動産ブームで激減したことは、文革の時以上の、中国システムの破壊だと、僕は感じた。中国政府がここに到（いた）り、突然、胡同保存に目を向けたのは、海外メディアの圧力によるばかりではないだろう。僕自身、これを読んで、自分の北京事務所を胡同の中に移そうと決めた。

評・隈研吾（建築家・東京大学教授）

ただ・あさみ　ライター、翻訳者。北京在住。
ジャン・チュアン　フリーカメラマン。

二〇一五年三月二二日❼

『「日本人と英語」の社会学　なぜ英語教育論は誤解だらけなのか』

寺沢拓敬 著
研究社・二八〇八円
ISBN9784327378219
政治／社会

グローバル化の進展によって英語の必要性はますます高まっている――。教育現場でも、職場でも、マスコミでもよくいわれることだ。こうした言説にはしかし、何の根拠もないことを本書は緻密（ちみつ）なデータ分析によって示す。それどころか２０００年代後半には英語の必要性は減少さえしていると。英語ができればいい仕事につけたり収入がアップしたりする、という言説についても同じことが当てはまると本書はいう。さらには、日本人はアジアどころか世界でももっとも英語が下手である、といった言説や、女性は英語学習への意欲が高い、といった言説も、本書の緻密なデータ分析によって誤謬（ごびゅう）であることが示される。どうやら私たちは日本人と英語との関係について相当誤ったイメージをもっているようだ。問題は、そうした何の実証性もない、誤ったイメージにもとづいて実際の英語教育政策もなされてしまっていることだ。日本の英語教育のこれからを考えるうえで極めて重要な本である。

評・萱野稔人（津田塾大学教授）

二〇一五年三月二二日❽

『島と人類』

足立陽 著
集英社・一四〇四円
ISBN9784087715965
文芸

冒頭からしばらく続く語りが小説の面白さのメディア的核心を突いていて、小魚が罠（わな）の奥へ動いて行ってしまうように、私たち読者もこの優しい追い込み漁に引っかかるに違いない。

語りはまさに南の島の「川のほとりに立って」いることをさらりと私たちに提案し、しかしそこから別世界（大学の教室。しかも目の前には全裸の人物というトンデモなさ）へといざなう。映像であればネタばれになりがちだ。文字という貧しい環境だからこそ、別世界を伏せておける。情報を少なくしておけば、その分を読者が補うからだ。

こうしてついてくる読者が次の行、次の行で驚くこと。それこそが「小説の面白さのメディア的核心」である。

第38回すばる文学賞を授けられた本作は裸、裸、裸のオンパレードで読む者をくすぐり、楽しませ、人類と国家の未来などをちょっと考えさせながら、結局世界が語りのテクニックによって動いていることを「丸裸」にする。

評・いとうせいこう（作家）

二〇一五年三月二九日❶

『狗賓童子（ぐひんどうじ）の島』

飯嶋和一 著
小学館・二四八四円
ISBN9784093863445
歴史

「辺境」から見たもう一つの維新

隠岐に島後（どうご）と呼ばれる円形の島がある。古来、流人の島と呼ばれたこの島に、大坂近郊の河内（かわち）から一人の少年が送られてくる。少年の名は西村常太郎（じょうたろう）。父の履三郎（りさぶろう）は大塩平八郎の高弟として乱に加わり、江戸で死んだ。常太郎は父の罪をかぶる形で、数え15歳で島後に流されたのだ。

本書は、天保8（１８３７）年に大坂で起こった大塩平八郎の乱から、慶応4（１８６８）年に起こった隠岐騒動までの激動の時代を、主人公で医者となる常太郎の視点を通して描こうとする歴史小説である。まず大塩乱を描いた章で、民衆側につく大塩勢VS.腐敗した幕府という対立の図式が明確に示される。この大きな国政レベルの対立の図式は、本書全体を貫くモチーフとなる。

島後では、島を支配する松江藩との権力関係に加えて、庄屋と農民や漁師との関係などが複雑に絡んでいた。けれども常太郎は、島の外から持ち込まれる恐るべき伝染病に敢然と立ち向かう医者として、そして何よりも民衆とともに立ち上がった西村履三郎の子として、広く慕われていた。

島後は、単に将軍を頂点とする幕藩体制の末端に位置していたわけではなかった。後醍醐天皇が流された伝説が残るこの島には、もともと土着的な尊王思想があったからだ。ペリー来航をはじめとする異国船の出没は、こうした尊王思想を一段と活発にする役割を果たすことになる。

王政復古とともに、ついに島後では松江藩の役人が追放され、尊王攘夷（じょうい）派による自治会議が支配権を握るが、それはまた島内に新たな対立を生み出す。新政府や長州藩、そして松江藩に隣接する鳥取藩との息詰まる駆け引きもまた、本書では克明に描かれている。辺境から見たもう一つの明治維新のドラマがここにある。

常太郎は、最後に罪を許されて島後を離れ、故郷の河内へと戻ってゆく。この結末はあたかもブラームスの交響曲第3番のごとく、壮大なシンフォニーが第4楽章の最後に第1楽章の第1主題へと帰ってゆくような趣がある。

歴史学者は往々にして、歴史小説というものを見下す。小説は所詮（しょせん）フィクションであって、実際の歴史ではない。自分の研究こそが「客観的」かつ「実証的」という暗黙の前提がそこにある。だが、少なくとも私はそうした前提を共有しない。断言してもよいが、本書の著者は並の学者には到底及ばないほど綿密な調査を積み重ね、島後を歩き尽くしている。フィクションに相当する部分は、このしっかりとした「土台」の上に築かれているのだ。歴史叙述のスタイルという点でも、学ぶところの多い作品だと考えるゆえんである。

評・原武史（明治学院大学教授）

いいじま・かずいち　小説家。52年生まれ。「汝（なんじ）ふたたび故郷へ帰れず」で文芸賞、『始祖鳥記』で中山義秀文学賞、『出星前夜』で大佛次郎賞。ほかに『雷電本紀』『神無き月十番目の夜』など。「狗賓」とは、深山にすむ天狗のこと。

二〇一五年三月二九日❷

『オートメーション・バカ　先端技術がわたしたちにしていること』

ニコラス・G・カー著　篠儀直子訳

青土社・二三七六円
ISBN9784791768448

政治／社会

機械任せで加速度的に能力が劣化

ネット検索、スマホにカーナビ。近年、加速度的に進化する情報技術により我々の生活は大きな変貌（へんぼう）をとげた。だが変わったのは生活だけではない。あらゆる作業が自動化（オートメーション）されることで我々自身も大きな変化の波を受けている。

その変化とは端的に言って人間の能力の劣化だ。本書にはいくつもその象徴的な例が紹介されている。例えば自動操縦機能の進化で手動操縦できなくなった飛行士、GPSの登場により自力で旅ができなくなったイヌイット、決定支援ソフトに診断を仰ぐようになった医師などである。

能力の劣化は我々が行為をしなくなり、世界と関与する機会が失われることでもたらされる。昔の飛行士は操縦桿（かん）を握ることで機体を直接動かす感覚を持てた。世界に働きかけると必ず反応があり、その反応が思考、感性、技術を磨く生成効果をもたらした。ところが操縦が自動化され、世界と関与しなくなることでその効果を喪失した。自動化は我々と世界との間に壁を作り、自分では何もできない薄い人間ばかり生み出すのだ。

何も難しいことを言っているのではない。あなたも携帯が登場するまで知人の番号を何件も記憶していたはずだ。しかし今はきっと妻の番号も覚えていないだろう。もちろん私も覚えていない。

確かに人類は原始より石器や土器など様々な道具に労働を代行させてきたが、それは筋肉機能の代替にとどまっていた。しかし情報技術の進展により機能の代替は知的領域にまで及んでいる。記憶、判断、思考、欲望、そして今では道徳に関する判断まで我々は機械任せにしつつある。

本書を読むと次の疑問を抱かずにいられない。はたして人間はいつまで人間でいられるのか？　この傾向が進むと、いずれ脳内に入出力されるあらゆる情報は自動化され、人間は脱身体的存在となるだろう。だが、それが人間と言えるのだろうか、と。

評・角幡唯介（ノンフィクション作家・探検家）

Nicholas G. Carr　著述家。『クラウド化する世界』『ネット・バカ』ほか。

二〇一五年三月二九日③　科学・生物

『フューチャー・オブ・マインド　心の未来を科学する』

ミチオ・カク 著　斉藤隆央 訳

ＮＨＫ出版・二七〇〇円
ISBN9784140816660

科学の力で「超能力」も現実に？

「ひもの場の理論」で知られる理論物理学者のミチオ・カクは、先端科学の達成を一般向けにわかりやすく解説するノンフィクションを旺盛に執筆してきた。『サイエンス・インポッシブル』は、ＳＦ小説の世界が刻々と実現しつつある現状をリポートしたものだったが、本書が取り上げるのは「心」の未来。心や意識と呼ばれている何かが、如何（いか）にして生じているのか、そもそもそれは「在る」と言えるのか、長々とした哲学的論議が存在するが、本書はあくまでも現実の科学に即して、心をめぐるテクノロジーがどこまで来ているかを軽快な筆致で記してゆく。

ブレークスルーは脳科学である。ＭＲＩをはじめとする最新の脳スキャン技術によって、心と脳がどのように繋（つな）がっているかを具体的に検証することが可能になった。そうして得られた研究成果にコンピューターの飛躍的な進化が掛け合わされれば、テレパシーやテレキネシス（念力）などと呼ばれてきた「超能力」が現実のものとなる。けっして絵空事ではない。たとえば四肢麻痺（まひ）患者にとって、この技術は奇跡にも相当する。口に出さなくとも会話が出来て、思うだけで物が動かせる未来は、すぐそこまで、いや、もうここまで来ている。著者はそこから更に飛躍して、夢や記憶のスキャン、ＡＩ（人工知能）の行き着く果て、意識と脳の分離、エイリアン（異星人）の心まで論じていく。

インターネットもスマートフォンも、昔から見たら完全にＳＦのガジェットである。だが私たちは今やそれらをごく普通に使っている。本書で描かれる「心の未来像」も、出発点になっているのが実際の科学技術である以上、どれほど荒唐無稽に思えようと、数十年後には実現されているかもしれない。だとすれば後の問題は、それが明るい未来なのか、ということだろう。超能力であれ科学技術であれ、それを使うのは人間である。

評・佐々木敦（批評家・早稲田大学教授）

Michio Kaku　ニューヨーク市立大学理論物理学教授。『超空間』など。

二〇一五年三月二九日④

『古代末期のローマ帝国　多文化の織りなす世界』

ジリアン・クラーク 著　足立広明 訳

白水社・二四八四円
ISBN9784560084090

歴史

衰亡か変容かを超えゆく理念

古代末期に関する研究はここ50年で急速に進展した。ギボンが18世紀後半に『ローマ帝国衰亡史』で唱えたローマ帝国は蛮族（ゲルマン民族）の侵入で「衰亡」したという定説に挑戦する一派が現れたからだ。1970年代に台頭した彼らは、ローマは没落したのではなく、新しい社会に「変容」したと主張する。

本書は「古代末期とは、ローマの没落と存続の双方を経験した時代」と位置付けているように、どちらかの説にくみするものではない。また、本書を読むと没落説、変容説どちらが正しいかという問題は些末（さまつ）に思える。歴史家が「過去の諸社会の何を評価するか」で違ってくるからだ。

古代末期の終わりは800年カール大帝の戴冠（たいかん）式とされる。始まりにはいくつかの考え方がある。本書にいう「善にも悪にもなる力としての宗教」を重視するなら、最初のキリスト教徒皇帝、「コンスタンティヌスの治世が始まる4世紀初頭」になるだろう。

キリスト教は、476年西ローマ帝国皇帝の廃位のあと、「共同体のリーダーとしての司教」などを覇者の社会に提供し、「ローマとポスト・ローマ（衰亡説における中世）期の社会を変容させた」。非ローマ人の国でもローマ文化は続いたのだった。

この時代の偉大な哲学者アウグスティヌス（354〜430）が『神の国』を説いたのは「善に作られたが人間の罪によって歪（ゆが）められた世界」すなわちこの世において「人々は自分勝手に支配しようとする」からである。どの時代にも希求されるのは平和と秩序であり、正義である。

古代末期はその与え役をキリスト教が担い「断絶」と混乱を防いだ。アウグスティヌスによれば、誰かが神の国と地上の国のどちらに属しているかは、「何を愛するのか」で決まる。神か欲望なのか。21世紀の現在も同じだ。何を愛するのかによって、変容か断絶なのかが決まるのだ。

評・水野和夫（日本大学教授）

Gillian Clark　英国の歴史学研究者、ブリストル大学名誉教授。

二〇一五年三月二九日⑤

『民のいない神』

ハリ・クンズル 著　木原善彦 訳

白水社・三一三二円
ISBN9784560090381

文芸

場所のサーガ紡ぐ地球文学

インドの血を引くイギリス作家、ハリ・クンズルの長編が面白い。舞台はいかにもアメリカらしいアメリカ、カリフォルニア州南部の砂漠である。そこに映画「未知との遭遇」に出て来たデビルズ・タワーのようにミステリアスな「ピナクル・ロック」という3本の尖塔（せんとう）状の岩山がある。

2段組みの小説はこの岩山を巡って1947年（大戦時に飛行機の整備士だった男がそこに来る）、2008年（イギリスのロックミュージシャンがバンドに嫌気がさして近くのモーテルに居つく）、1958年（ニューエイジ宗教団体はそこでUFOと交信しようとする）、2008年（インド人金融エンジニアで自閉症の息子を持つジャズがうっかり紛れ込んでしまう）、はたまた1920年（保安官と先住民とがそこで軋轢（あつれき）を起こす）といった具合に時代を行き来しながら進む。

筆致やテーマのサブカルチャー性にピンチョンやデリーロを感じる人もいるだろう。私はボラーニョやウエルベック、さらにインド系アメリカ人のシャマラン監督作品にも通じる奇怪でユーモラスで人間の奥底にある意地の悪さを描く力量に引き込まれた。

作者はこの〝場所のサーガ〟と言ってもいい魅力的な物語群を次第に交差させて語りわけながら、アメリカという土地と歴史を多民族的にとらえ、イラク人少女や主人公的なインド系金融関係者、その妻であるユダヤ系アメリカ人を通して、ひとつになれない国の緊張を正確に書く。

もし多民族国家アメリカ、ひいてはこの地球の人類をひとつにするとしたらそこに超越的な視点が必要で、ピナクル・ロックが常にそうした神秘性を秘めて人々を惹(ひ)きつけるのも理解出来る(だからこそ、そこが反発を強める場所であることも)。

きわめて娯楽的でもありながら政治的でもあり、SFにして新しい地球文学でもある本作は何かへの扉だ。


評・いとうせいこう(作家・クリエーター)

Hari Kunzru 69年ロンドン生まれ。現在はニューヨーク在住。

二〇一五年三月二九日❻

『成瀬巳喜男 映画の面影』

川本三郎 著
新潮選書・一二九六円
ISBN9784106037603
文芸

目立たなさこそが魅力、実力

よい映画論とはどのようなものだろうか。理論的に、もしくは美学的に、深く映画を分析していくのも映画論のひとつの方向性かもしれない。しかし、対象となっている当の映画をみているような心地よさで読み進めることができる映画論というのも、よい映画論のひとつのあり方にちがいない。

本書はそんな映画論の見本のような本である。成瀬巳喜男の映画について論じる川本三郎の文章には、まさに成瀬巳喜男の映画をみているような心地よさがある。そこには気張ったところがまったくない。映画の内容や制作上のエピソードなどを紹介しながら、成瀬映画の魅力がどこにあるのかを、本書は大げさな物言いは決してせずに語る。

成瀬巳喜男の映画もそうだった。女性を主人公とした恋愛映画を数多くつくりながらも決してメロドラマにはおちいらなかった。号泣や絶叫、大仰な悲しみといった、メロドラマにありがちな誇張された演出を排し、熱演しようとする役者をおさえて、できるだけ静かに演技をさせた。芸者を主人公にする場合も、そこで描かれるのは華やかな生活ではなく、金策に腐心したり、落ちぶれた昔の男に金を無心されたりする芸者の姿である。

成瀬巳喜男は、溝口健二や小津安二郎、黒澤明といった日本映画の巨匠たちと比べるとどうしても影が薄い。たしかに地味な作風のもとで貧乏を好んで描いた成瀬の映画には、溝口のような絢爛(けんらん)さや黒澤のような派手さはないかもしれない。しかし、その目立たなさこそが成瀬映画の魅力であり、また彼の映画監督としての実力でもあることを本書は示す。成瀬の映画にも黒澤の映画にも出演した俳優の仲代達矢は、黒澤が「最も尊敬しているのは成瀬さんだ」といっていたと証言している。そんな目立たない成瀬の魅力と実力を追体験させてくれる、すばらしい映画論だ。

評・萱野稔人(津田塾大学教授)

かわもと・さぶろう 44年生まれ。評論家。『荷風と東京』『林芙美子の昭和』など。

二〇一五年三月二九日⑦

『新種の冒険　びっくり生きもの100種の図鑑』

クエンティン・ウィーラー、サラ・ペナク 著
西尾香苗 訳
朝日新聞出版・三〇二四円
ISBN9784023313095
科学・生物

過去十年間に発見され命名された生き物の新種は、二十万種（！）ほどいるのだそうだ。そのなかから百種を選び、生態や命名の由来などを丁寧に解説してくれる本。

掲載された写真が美麗で、迫力がある。黒地に目玉焼きそっくりの斑点がついたミミズとか、ふくふくで真っ赤な巨大ヒトデとか（こんな座布団があったら欲しい）、指先にちょこんと乗るサイズの超ミニカメレオンとか、ページをめくるたびに、「ぎゃっ」や「飼いたい！」という思いが襲いかかってくる。

いまこの瞬間も、不思議な形状をした生き物が、地球のどこかで人知れず食べたり寝たりしてるのだなあと思うと、すごい星に生まれたものだと感じる。「生物の存在自体を知らなければ評価も保護もあったものではない」という著者の言葉に納得した。新種を探し、分類するのは、とても重要な学問なのだ。

愉快で親しみやすい記述と、眺めるだけでも楽しい写真。プレゼントにしても喜ばれそうだ。

評・三浦しをん（作家）

二〇一五年三月二九日⑧

『三成の不思議なる条々』

岩井三四二 著
光文社・一八三六円
ISBN9784334929862
歴史

ある人が、日本橋の筆の立つ町人に頼みこんだ。天下分け目の関ケ原合戦をレポートしてくれ、と。真の依頼主の名は明かせない。表面的なことではなく、事の実相を何とか聞き出してもらいたい。

町人は様々な人物を訪ね、西軍の実質的な主将・石田三成について聞き取りを行う。いかなる人物だったのか。なぜ主将になれたのか。どんな戦略を構想していたのか。そして三成と徳川家康、道理はどちらにあったのか。

関ケ原を生きた人たちとの問答の中で、戦いの本質が浮かび上がってくる。同時に敗北し滅びていった、三成という人物が見えてくる。それはどんなものだったか。それから、依頼主はだれか。彼の目的とは何か。……ああ、ここでバラしてしまいたい。

歴史屋である私は、著者が大好き。隙のない歴史小説を書く人だから。初歩的なミスなどあり得ず、常にしっかり。本作品もその通り。堅牢でいて、おもしろい。安心して岩井ワールドに遊んでほしい。

評・本郷和人（東京大学教授）

二〇一五年四月五日①

『後美術論』

椹木野衣 著
美術出版社・五一八四円
ISBN9784568202663
アート・ファッション・芸能

音楽との関係解読　ジャンルの解体へ

本書の第一印象は、20世紀のポピュラー音楽を美術的な文脈から解読するものに見えるだろう。例えば、第1章「音楽と美術の結婚」では、二つの半身が求め合うように夫妻となったジョン・レノンと現代美術家オノ・ヨーコを通じて、彼女のアートが彼の音楽にあたえた影響を指摘している。またロック・バンドU2による1992年のZOO TVライブが、メディア・アートに先駆けて、冷戦後の世界体制に対応した大規模なメディア・インスタレーションだったと論じたり、パティ・スミスと写真家ロバート・メイプルソープの交流、パンク・バンドのセックス・ピストルズの仕掛人マルコム・マクラーレンは美術の勉強をした後に状況主義者の方法論を誤用したことなどを語り、考古学者のごとく、美術史上のミッシング・リンクを次々と発掘していく。

だが、本書は単に美術と音楽を交差させるものではない。アカデミックな美術史では捉えきれない、歴史に埋もれた事象を拾いあげながら、美術そのもののジャンルを解体する試みだ。もともと椹木は、デビュー作の『シミュレーショニズム』のほか、『ヘルタースケルター』や『原子心母』の著作で、ハウス・ミュージック、ヘヴィ・メタル、プログレッシブ・ロックなどを横断する批評を展開して

いたが、600ページを超える大著となった『後美術論』はその集大成というべき内容である。本書の冒頭で、彼は「ART」でも「美術」でもない、「アート」という言葉が和製英語であることを積極的に捉えなおし、「歴史や定義の重力から解き放たれた」響きを活用して、「自由で無方向な文化の運動を思い描くことはできないか」という。それが新しい表意概念としての「後美術」である。

椹木の批評は、個人的なエピソードを交えながら、思考を飛翔（ひしょう）させていくが、本書のもとになった連載の途中で、3・11を迎えており、第3章では文脈を遮って、そのときに感じたことを唐突に挿入している。社会の動きと『後美術論』がシンクロした瞬間だろう。第6〜8章「次は溶解（メルトダウン）だ」を経て、既成の制度にもとづくジャンルの壁は瓦解（がかい）する。最後は、人間＝機械のテクノポップを志向するPerfume／クラフトワークと放射能／ギルバート＆ジョージの歌う彫刻／マイケル・ジャクソン／自身を作品化したアンディ・ウォーホルのトピックが鮮やかに連鎖していく。誰も読んだことがない野心的な現代美術論だ。そして帰るべき家＝ジャンルを失った椹木は、現在、『後美術論』の第二部として直接的に震災を論じる流浪篇（へん）を連載している。

評・五十嵐太郎（建築批評家・東北大学教授）

さわらぎ・のい　62年生まれ。美術批評家、多摩美術大学教授。著書に『日本・現代・美術』『シミュレーショニズム』『戦争と万博』、手がけた展覧会に「日本ゼロ年」展など。

二〇一五年四月五日❷

『宰相A』

田中慎弥 著

新潮社・一七二八円

ISBN9784103041344

文芸

制度と図式に対抗する小説

田中慎弥の小説『宰相A』は、コッポラ監督の映画「ゴッドファーザー」やカフカの小説「城」、三島由紀夫にも言及しながら、人間を取り巻く制度とその図式に、果敢に対抗する。制度を成り立たせるのは言葉だが、そこに疑念を差し挟むことを可能にするものもまた言葉なのだ。

駅に到着した弾みで目を覚ました「私」は、降り立った場所になぜかアングロサクソン系の人間ばかりがいることに気づく。みんな緑色の制服を着ている。日本国民であることを証明するN・P（ナショナル・パス）を所持していないことを指摘され、軍に引き渡される。そして取り調べを受け、自分が「旧日本人」に分類されることを知るのだ。旧日本はかつて戦争をし、負けると同時にその社会は一掃され、代わってアメリカが島国に根を下ろし「現在の日本国」が誕生したという。

居住区で抑圧されて生きる旧日本人たちは、政府への抵抗の拠（よ）りどころとして、伝説的な人物Jの再来を待っている。Jに似ている「私」は政府と居住区民たちとの衝突に巻き込まれる。すべては「私」の与（あずか）り知らぬところで進んでいく。そんな「私」の希望といえば、母の墓参りをし、紙と鉛筆を入手して小説を書くこと。それだけだ。「私」の職業は作家。ところが、この国では芸術活動も認可を得なければおこなえない。

人々は「虚実のはっきりしない物語」の中に「私を無理やり登場させようと」する。そのとき、「私」は認識する。「周りが勝手に仕立てて稼働させる物語が気に食わないなら、自分の手で物語を産み出し、対抗すべきではあるまいか?」。とはいえこの小説には抵抗が容易に運ばないことを明かす醒（さ）めた視線もある。

作者はそこで、ためらわずに読者を突き放す。だからあとは、読者は自分の中に抱えて見つめるのみだ。知っているはずの世界こそ未知の図式で成り立っているのだから。

評・蜂飼耳（詩人・作家）

たなか・しんや　72年生まれ。作家。著書『切れた鎖』『図書準備室』『燃える家』など。

二〇一五年四月五日③

『遊廓のストライキ　女性たちの二十世紀・序説』

山家悠平 著
共和国・三四五六円
ISBN9784907986063
歴史

労働者としての娼妓の姿

1920年代から30年代初め頃、日本各地の遊廓（ゆうかく）で、娼妓（しょうぎ）の逃走やストライキが頻繁に起きた。彼女たちはなにを求め、いかに、どんな気持ちで闘ったのだろう。新聞雑誌の記事や投稿、娼妓の日記や聞き書き等から、実態を探っていく。学術論文を元にした本だが、文章はわかりやすい。大正から昭和初期の、揺れ動く法律や国際情勢、社会思潮に左右される、労働者としての娼妓の姿が浮かび上がってくる。

過去の日本の公娼制度の実態を具体的に知ることは、現在の日本の足元を照らすことでもある。1872年の芸娼妓解放令布告が外圧によるものだったことは、いま改めて一考に値する。「解放」後の娼妓登録は「自由意思」によるものだ、という建前も。

実態とかけ離れたこの建前は、しかし「自由廃業届」が受理されれば娼妓をやめられる、という希望も生んだ。その方法を新聞や雑誌に学び、怒れる娼妓たちは逃亡や待遇改善を求めるストライキを、大胆に実行に移していく。そう、彼女たちは怒っているのだ。いやな稼業に、腐った飯に、暴力と搾取と横領に。

1931年末、3600人以上の娼妓を抱える大阪・松島遊廓でのハンスト騒動の模様には、思わず笑ってしまった。政治家に経営陣、娼妓と婦人同盟が入り乱れ大乱闘、そこに労働運動の争議団が駆けつけ、ワッショワッショ、命がけのお祭り騒ぎ。

廃娼運動家の目標は廃娼。しかしやめられない事情を抱えた娼妓たちの多くは、待遇改善を第一に掲げる。廃娼運動家の「賤業（せんぎょう）視」は娼妓たちを「人間から除外」するものと批判した伊藤野枝の意見には、いまも賛否両論あるだろう。ただ、娼妓たちに気概と希望があったことは確かだ。

切り抜きで格子窓を模した二重の表紙カバーを外すと、着物姿のおねえさんたちが大勢、両手をあげ、わーいと笑っている写真が現れた。

評・中村和恵（詩人・明治大学教授）

やんべ・ゆうへい　76年生まれ。大手前大学学習支援センター勤務。専攻は日本近代女性史。

二〇一五年四月五日④

『生活合理化と家庭の近代　全国友の会による「カイゼン」と『婦人之友』』

小関孝子 著
勁草書房・三二四〇円
ISBN9784326602759
社会

家庭が奉仕すべき「公共」とは

本書が議論の対象とする「全国友の会」は雑誌「婦人之友」の読者を中心に1930年に結成された歴史ある女性組織だ。だが創設者の羽仁もと子が信仰の有無や理念の共有にこだわらず、支部ごとの自主的運営を尊重したために全体像の把握が難しく、本格的な考察がまたれていた。

著者は「生活合理化」という概念に注目し、旗幟（きし）が必ずしも鮮明ではない「友の会」の輪郭を描き出そうとする。

第2次大戦前の「友の会」は産業界に広まる合理化の気運と歩調を合わせ、知識階級の妻たちが家庭生活の合理化を啓蒙（けいもう）する拠点となった。

戦後の高度経済成長期になるとサラリーマンの妻たちが家庭生活の改善を競いあうサークル活動へと会の性格は変わってゆくが、家事のムダを徹底的に省こうとする妻の姿を見たトヨタ自動車の大野耐一氏が後に「カイゼン」の名で世界的に知られる生産効率化の着想を得たという「伝説」の存在は、「友の会」

の合理化追求が社会の規範でもあり得た事情をうかがわせる。

消費社会化が進むと世帯単位で生活を合理化する志向は薄れ始め、80年代以降、「友の会」の入会者数は減少してゆく。だが、ひとたび震災などが起きれば全国ネットワークを通じて物資を集め、会員施設「友の家」を拠点に炊き出しに腕前をふるうなど手際のよい支援活動を展開。その実力を示して来た。

なお、公共奉仕ということでは、「友の会」が日中戦争開戦後に国家総動員体制を支えるべく献身的に協力していた史実も著者はきちんと拾い上げている。言うまでもないことだが、奉仕すべき「公共」とは市民社会であり、時の政権の政策ではない。こうして「公共」とは何かをきちんと定義する作業を怠っていると、家庭は再び国家主義の暴走を許す温床になりかねない。「友の会」の歴史をたどった本書から、そんな危うさについても学ぶべきだろう。

評・武田徹（評論家・恵泉女学園大学教授）

おぜき・たかこ　71年生まれ。一般社団法人社会デザイン研究所特別研究員。

二〇一五年四月五日⑤

文芸

『元気で大きいアメリカの赤ちゃん』

ジュディ・バドニッツ 著　岸本佐知子 訳

文芸春秋・二七〇〇円
ISBN9784163942100

現実をヒントに現実を超える

アメリカの女性作家ジュディ・バドニッツは奇妙な作品を書く人だ。短編集では2冊目の邦訳となる本書も、現実ではありえない出来事がモチーフとなっている。「わたしたちの来たところ」は4年も胎内に留めて巨大な男の子を産む女の話。「優しい切断」では縫合と切断の名医が、切り落とした腕を地面に植えると育っていく。「奇跡」は白人カップルから石炭のように真っ黒な赤ん坊が生まれる。

荒唐無稽のようだが描写は精密で一語一語が切実な感情を呼び起こす。寓話（ぐうわ）とはちがうし、ファンタジーのように甘くもなく、また風刺を目的としたものとも異なる。生きることの違和感や、偽善を見抜くシニカルさや、社会情勢への批判眼が、ユーモラスな筆致のなかに隠されている。

つまり旺盛な批評精神の持ち主なわけだが、現実界を見下ろすような高踏的なところはなく、その逆の自分好みの世界を作りあげようとする内向性とも無縁だ。現実への鋭い眼差（まなざ）しを手放さずに、寓話とSFとおとぎ話を串刺しにしたような独自の作品世界を展開していく。

もしかしてこの手法は、彼女が現実界の出来事に敏感すぎるゆえに選択されたのではないか。きっとそのまま描いたのではぬるすぎて歯がゆいのだ。「わたしたちの来たところ」の母親がなかなか出産しないのは、アメリカで生んだ子はアメリカの国籍がもらえるので密入国しようと試みるうちに時間が経ったからで、社会的現実がヒントになっているのは明らかだ。特に今回は扱われる現実が広がり、人種、文化摩擦、戦争、非常事態などが独自の視点により浮き彫りにされていく。

赤ん坊がよく登場するのも特徴で、読みながら最近子供を産んだ友人の「自分の中から出てきたのに知らない人だった」という名言がよみがえった。バドニッツの小説を支えているのは、まさにこのような感受性である。

評・大竹昭子（作家）

Judy Budnitz　73年生まれ。『空中スキップ』など。

二〇一五年四月五日⑥

『ぼくが映画ファンだった頃』

和田誠 著
七つ森書館・二二六〇円
ISBN9784822815233　アート・ファッション・芸能

映画の快楽伝える記憶の蓄積

どこの町にも映画館があった頃、映画というものは単なる娯楽を超え、20世紀文化の華であった。劇場まで足を運んで見るという行為が、映画産業という枠組みにとっては必須だったが、映画館が激減した現在、シネマ・コンプレックスという今どきのシステムに戸惑う映画ファンは部屋でDVD鑑賞にひたる。

この変化が「映画文化」を揺るがしてから久しい。著者自身も劇場に行かなくなり、「映画ファンであることを放棄した」と言う。映画を映画館でしか見ることのできない時代、映像を記憶に刻むことが「映画体験」であり、それはいい作品があったからこそできた。1940年代、グローバル化する前のハリウッドにはまだ映画各社の「社風」があり、面白い映画を作る創意を競い合っていた。

そんな黄金時代の映画を享受できた楽しさが本書から伝わってくる。MGMのライオンや20世紀フォックスのサーチライトなど、映画会社のロゴにさえワクワクしたという著者の喜びはぼくにも共感でき、自分の映画にまつわる記憶を呼び起こしてくれる。映画の記憶が「色彩につながっている」というのも新鮮だ。イラストレーターで映画を4本監督した著者らしく、映画の楽しさは、誰もが知る20世紀の名作や硬軟織り交ぜた膨大な数の映画を、解説ではなく、その目と耳で楽しんだ心象から語られる。また、その視線は映画の構図や伏線にも向けられ、ぼくもよく見たMGMのミュージカルでさえ、その細部の記憶には追いつくことができない。

「放棄」したとはいえ、それでもやはり「映画ファン」という姿勢は全編に貫かれ、映画に対するオマージュには圧倒される。映画史に残る日本の名士との交流記やジェームス・スチュワートとの対談も希少。まさに映画ファンになるための極上の手引書ではないだろうか。映画ファンが高じればプロになるのだ。

評・細野晴臣（音楽家）

わだ・まこと　36年生まれ。イラストレーター、映画監督。『シネマ今昔問答』など。

二〇一五年四月五日⑦

『火花』

又吉直樹 著
文芸春秋・一二九六円
ISBN9784163902302／9784167907822（文春文庫）　文芸

苦しむ漫才師が苦悩を相対化

これは、若いミュージシャンの話であってもまったく違和感がない。美術家でもいい。小劇場の俳優でもいい。

それでもなお、漫才師の話でなければならなかったのは、そうでなければ小説にならないからだ。

べつの言い方をするなら、それをどう必然とするかについて書かれた小説だ。小説の役割には、書かれる素材やテーマを、いま語るにふさわしいと納得させるための技術を、そうであると示すことがあるように思える。主人公の徳永は、まだ売れない漫才師だ。熱海の花火大会のイベントの仕事で、のちに師匠と仰ぐことになる同じ漫才師の神谷と出会う。神谷は破滅型の芸人だ。徳永は、自分にないそうした破滅型の人間を、ときに憧れ、ときに冷ややかに見つめつつ、芸人としての自分を考える。かつてなら、苦悩という言葉で語られるものだったはずだが、それに有効性があるだろうか。先にあげた美術家や俳優をはじめ、芸術家がいくら苦悩したところで、いまでは笑い話にしかならない。作者は現在を生きる者として、苦悩や懊悩（おうのう）を芸人という器に入れ、そうすることによってようやく、語りは小説であることを許された。なぜなら漫才師の苦しみなど誰も理解しようと思わないからで、苦悩は異化され、それは笑いに転化する。いくつかの場面でわたしは笑ったが、言葉の面白さというより苦しむ漫才師の姿が愚かだからだ。苦悩する彼ら自身が苦悩を相対化する。漫才師はトリックスターとして出現する。後半、笑いをつきつめるあまり、異形へと自分を追いつめる神谷の姿は、かつて読んだことのある芸人小説にも通じるが、それもまた、現在的に書かれるのは、芸人の持つ、ほんとうの姿としての暗さもまた対象化されるからだ。

そのように書かざるをえなかった。作者のなかにある、表現することへの含羞（がんしゅう）だ。

評・宮沢章夫（劇作家・演出家）

またよし・なおき　80年生まれ。お笑い芸人。著書に『第2図書係補佐』『東京百景』など。

二〇一五年四月一二日❶

『西太后（せいたいこう）秘録　近代中国の創始者　上・下』

ユン・チアン 著　川副智子 訳

講談社・各一九四四円
ISBN9784062194020〈上〉・9784062194037〈下〉

歴史／政治／社会

「悪役」の像崩し　人間性浮き彫り

20世紀初頭までの中国の歴史のなかで、女性が皇帝となったのは武則天（則天武后）しかいない。だが、19世紀から20世紀にかけての清末の時代、事実上の皇帝の座に40年近くも君臨し続けた一人の女性がいた。慈禧太后（じきたいこう）、すなわち西太后である。

従来の評価では、西太后は「悪役」とされてきた。明治維新以来急激な近代化を進めた同時代の日本とは対照的に、離宮である頤和園（いわえん）再建のため巨額の予算を流用して日清戦争の敗北を招いたばかりか、光緒帝（こうしょてい）の支持のもと、康有為（こうゆうい）や梁啓超（りょうけいちょう）により進められた政治改革「戊戌（ぼじゅつ）の変法」も挫折させた。しかし本書によれば、西太后の頑迷なイメージは、彼女の死後に中国を共和制にした勢力によって作り出された虚像にすぎない。「戊戌の変法」を提言したのは西太后であり、晩年には立憲君主制を導入するなど「中華」の伝統から決別しようとしていた。この点では彼女こそが、近代中国の創始者にほかならないというのだ。

中国、台湾、欧米での史料収集や膨大な参考文献に基づく学説のフォローなど、著者が本書に傾けた精力を否定するつもりはない。だが本書には、これまで「クロ」とされてきた人物を「シロ」に覆そうとするエネルギーが、いささか過剰なように感じられる。例えば、著者は「戊戌の変法」を指導したとされる康有為を、「野狐（のぎつね）」と呼んではばからない。さらにエピローグでは、唐突に毛沢東が言及され、西太后の失敗による損害は「毛沢東が国家に負わせたそれに比べたら何十分の一にも満たない」と断言される。最後にこうした文章を読まされると、本書を書いた真の目的はどこにあったのかという疑念すら湧いてくる。

本書が解明した西太后の人物像は、決して近代中国の創始者に収斂（しゅうれん）されるわけではない。その人物像は、近代日本の皇后や皇太后と比べてみると、実に興味深い。日清戦争では朝廷でただ一人戦争の継続にこだわり、義和団の乱でも奇跡を信じて連合軍に宣戦布告した。これは太平洋戦争における皇太后節子（さだこ）（貞明皇后）の態度に似ていなくもない。光緒帝を幽閉することで皇帝が祭祀（さいし）を行う天壇に行けなくなり、天の怒りを買うのを恐れていたところも、祭祀に執着した節子を彷彿（ほうふつ）とさせる。

西太后は近代化を進めても、自らの前で官吏を跪（ひざまず）かせる礼式を変えるつもりはなかった。運転手が跪かず、座ったままの自動車に乗らなかったのはこのためである。日本の皇室に比べれば、しきたりの壁はあまりに厚かった。本書の面白さは、著者自身の意図に反して、西太后の生身の人間性を浮き彫りにした個々の文章にこそ求められるべきだろう。

評・原武史（明治学院大学教授）

張戎（Jung Chang）　52年中国四川省生まれ。紅衛兵を経験後、農村に下放。鋳造工などを経て四川大の講師に。78年に英国・ヨーク大へ留学。著書『ワイルド・スワン』、共著『マオ　誰も知らなかった毛沢東』など。

二〇一五年四月一二日❷

『老耄（ろうもう）と哲学　思うままに』

梅原猛 著

文芸春秋・一九九八円

ISBN9784163901985

文芸

遊びと自由と笑い　原動力に

有象無象、森羅万象、永久不変の造化を著者の驚異の好奇心に巻き込んで、ぐるぐる回転させる万華鏡を覗（のぞ）いているような言葉と思想を、23年間、新聞のコラムに連載し、今年90歳を迎えた著者の、このシリーズ10冊目の本。

僕はこの目眩（めくるめ）く言語空間の中で常に想像的刺激を養ってきた読者の一人で、このシリーズを哲学の書であると同時に芸術の書として、「ドラクロアの日記」と共に愛読してきた。

西洋哲学では人類を導けないと直観した著者は、40歳を過ぎてから日本文化の中核思想として「草木国土悉皆成仏（そうもくこくどしっかいじょうぶつ）」なる仏教思想で、西洋の人間中心の思想を脱し、「新しい人類哲学」を打ち立てながら、西洋の哲学体系に挑むべく、その対決のさまは本書にも随所に見て取れる。

以上の理念に発心し、すでに年月が経つが、その間にも著者は小説、戯曲をはじめスーパー歌舞伎、スーパー狂言、スーパー能などを書き、芸術家の顔を貫きながら、その絶えざる意欲と好奇心は、すでに「老耄（ろうもう）」の域を飛び越えており、想像力は神がかり的で天の助力によってか霊力が増す一方。「古都に棲（す）む怪物」以外の何者でもない。

著者の数々の名著は本人の言葉を借りるまでもなく「天から降りてきた霊感によって書かされたもの」である。普遍的な芸術はおおむね霊感によって生まれるもので、従って芸術家は予言者であると同時に、霊媒的な資質を有する。

そして驚くのは著者が長命であることだ。夫人の「仕事をやめて！」という願いを無視。健康を心配される夫人だが、創造エネルギーが燃焼を止めない限り、精神的肉体的にも長寿を約束される。

著者の場合、創造的行為に内在する遊びと自由と笑いがその原動力で、また夫婦円満の秘訣（ひけつ）でもある。梅原哲学が笑いの絶えない家庭薬であり、家庭こそが哲学の生まれる場所なのかもしれない。

評・横尾忠則（美術家）

うめはら・たけし　25年生まれ。哲学者、国際日本文化研究センター顧問。

二〇一五年四月一二日❸

『くりかえすけど』

田中小実昌 著

幻戯書房・三四五六円
ISBN9784864880640

文芸

しなやかさと頑迷さが混交する

エッセイと小説の違いはどこだろう。一つは現実からの離陸度ではなかろうか。

本書は田中小実昌の単著未収録の10作品を収めたものだが、いわゆる小説的な筋はなく、エッセイと呼ばれるものに近い。冒頭の「アセモの親玉」は「食事をしてると、目の前で、なにかがひらひらした」とはじまる。そこから食事に使っている洋裁机のこと、汗っかきなこと、母が「アセモの親玉」という言葉を使ったことなどがイモヅル式に出てくる。著者も言う通りの「だらだら調子」だが、読むうちに時間感覚がおかしくなるような不安感が襲う。

田中は旧制高校在学中に召集された学徒出陣の最後の世代だ。「軽列車と旅団長閣下」は夜間の斥候中、誤って軽列車に乗車中の旅団長にションベンを引っかけた話。「列車」とは名ばかりの乳母車のような乗り物が夜中にからからと走ってくる様子をくりかえし語り、それに放尿した心理を理屈っぽく分析する。

戦地の苦しさや悲惨さをそのまま言葉にはしない。戦争を扱ったどの作品もそうだが、今回、「アセモの親玉」に続けてこれを読み、時間がばらばらになったり、ある事柄だけが屹立（きつりつ）してしまうようなこの不安感は、戦争体験と無縁ではありえないと感じた。

とりわけ、彼のように無意識の働きに任せて書くなら、体験のすべてが地下水のように染みだし、エッセイと小説の境界はおのずと消えるだろう。「くりかえすけど」を何度も使って「だらだら調子」に楔（くさび）を打ちながら、簡単にはケリのつかない記憶の迷路を石橋を叩（たた）くように進んでいく。しなやかさと頑迷さが混交した稀有（けう）な文章は、こうしか書けないゆえに現実からの離陸度も高い。

本書は新シリーズ「銀河叢書（そうしょ）」の一冊。同じくオリジナルな文体をもつ小島信夫の『風の吹き抜ける部屋』が同時刊行、その中の「コミさん」についての2作も必読だ。

評・大竹昭子（作家）

たなか・こみまさ 1925～2000年。作家、随筆家、翻訳家。『ポロポロ』など。

二〇一五年四月一二日❹

『恋する文化人類学者　結婚を通して異文化を理解する』

鈴木裕之 著

世界思想社・二三七六円
ISBN9784790716457

人文

学問の掟破り的暴挙が面白い

学問は客観的で普遍的な知識の体系を目指している。そこから得られる展望はとても豊かなものがあるのだけど、普遍的であるが故に、日々の生活や個別の実感とは結びつかないことも多い。学問が進めば進むほど、そういう傾向が強くなっていくので、専門外の人からしたら、学問なんて自分たちとは関係ないものなんだな、つまらないな、ということになってしまう。

こうして、世に言う科学離れや反知性主義がじわじわと広がってくる。つまり学問とはその成り立ちからして必然的に、発展すればするほど人々から背を向けられ、反感を買う宿命にあるものなのだ。

この、学問の宿痾（しゅくあ）に敢然と立ち向かったのが、著者の鈴木裕之だ。西アフリカでストリート音楽を研究する文化人類学者である彼は、調査をしている間に現地のスター歌手と恋仲になり、結婚する。そしてなんと、「私の結婚物語」を「文化人類学」という客観的学術体系で読み解き、解説するという、学問の掟（おきて）破り的暴挙に出たのである。

掟破りだから、これはもう、めちゃくちゃ面白い。結婚についてだけでなく、〈私〉とは何なのか？　民族とは？　国家とは？……など、文化人類学の（ということは今の時代を考えるための）重要な概念を次々と考察していくので、波瀾（はらん）万丈、破顔一笑の物語を楽しく読み進んでいくうちに、自然と文化人類学の基礎が身についている（かもしれない）。マニアックな参考文献案内も読み応えがある。

だけど、結婚については詳しく描写されているのに、書名に反して、どんな恋愛をして、どういった気持ちだったのかは、ほとんどなにも描かれていない。これはどうしたことか。当事者からの報告には常に情報の偏りが潜んでいるという、これまた文化人類学の原則を示しているのか。

この先、『家庭をもつ文化人類学者』などの続編が登場するのだろうか。楽しみだ。

評・佐倉統（東京大学教授）

すずき・ひろゆき　国士舘大学教授。著書『ストリートの歌』など。

二〇一五年四月一二日⑤

『ドクター・ハック　日本の運命を二度にぎった男』

歴史

中田整一 著
平凡社・一八三六円
ISBN9784582836806

善意のスパイ？　歴史への償い

日本がアジア太平洋戦争で破滅の道を辿（たど）った最大の要因は日独伊三国同盟への参加であったというのは左右どちらの歴史観にも共通の認識に違いない。アメリカを牽制（けんせい）しようとした日独の意図とは裏腹に、連合が結成され、アメリカも応戦したことで日本の命運は決まった。

三国同盟に先立ち、日独防共協定締結の糸を引いていた武器商人、フリードリッヒ・ハックに焦点を当てた本書は、二・二六事件前後の外交交渉の楽屋裏を見せてくれる。表向きは十六歳の原節子をヒロインにした日独合作映画「新しき土」の制作に関わる文化使節的役割を演じながら、スターリンに日本政府の動向を報告していたスパイ、リヒャルト・ゾルゲとも接触していたハックは、三国同盟締結時に逮捕されるが、奇跡的に釈放され、反ナチスへと転向する。その後はスイスに亡命し、日米間の和平工作に関与する。日本語を話す事情通として、のちに講和条約締結時の米国務長官顧問になるダレスの実弟と交渉を進めるのだ。

ハックの和平工作が早期に奏功していたら、日本は原爆投下やソ連の参戦も免れていたかもしれないが、日本の軍人、外交官の多くは判断停止状態に陥り、最悪の結果を招いた。賭博的な戦争を始めるのは容易だが、終わりにするのは難しい。講和もアメリカとのあいだに成立しただけで、アジア諸国との講和も戦争責任もうやむやにされたまま歴史は繰り返されるのだろうか？　日本を破滅させた責任を取らなかった軍人、閣僚、外交官ら当事者たちと日本をナチスとの同盟関係に導いてしまった罪を個人的に償おうとしたスパイ、どちらが道義的だったかと聞かれれば、いわずもがな後者であろう。歴史の趨勢（すうせい）を読み誤れば、首相といえども、売国奴になり下がり、逆に異国のスパイに国家存亡の危機に救われることもあるとこの本は教えてくれる。

評・島田雅彦（作家・法政大学教授）

なかた・せいいち　41年生まれ。元NHKプロデューサー。『満州国皇帝の秘録』など。

二〇一五年四月一二日❻

『正義はどう論じられてきたか　相互性の歴史的展開』

デイヴィッド・ジョンストン 著
押村高ほか 訳
みすず書房・四八六〇円
ISBN9784622078906

政治／社会

連帯立て直す人びとの「感覚」

正義とは何か。アメリカの哲学者ジョン・ロールズの多大な影響の下に、近年では正義は、ある社会全体での富の正しい分配の仕方として論じられてきた。これに対してジョンストンは、歴史をひもとけば、正義論の主要なテーマは、個人と個人の関係の相互性にあったと主張する。

古代メソポタミアに始まる正義論では、平等な者の間では等しい交換が、不平等な者の間では等しくない交換こそが正しいとされていた。平等者間では、功績には、それに比例して報酬があり、罪には応報があるものとされた。

著者によれば、古代ギリシャなどをへて受け継がれていた流れを決定的に断ち切ったのが功利主義である。功利主義者たちは社会全体の福利の増進を目的とし、私的所有と分業をその手段として正当化したが、個人がふさわしいものを受け取るかどうかには関心をもたなかった。

これに対しカントは、個人が法によって平等に扱われることを最重要視する相互性の哲学者だったと著者は見る。

ロールズはどうか。彼はカントに依拠し、功利主義を批判している。機会の平等を保障した上で、個人の功績を重視する議論もある。しかし、「もっとも不遇な成員たちの最大の利益」のための分配のルールを探る彼の立場は、結局は、相互性より社会全体の都合を優先させる点で、功利主義に近いと著者はいう。

国内で助け合うという福祉国家的な合意がほころび、グローバルな格差もますます広がる今日、社会的な連帯を立て直し、さらにグローバルに広げて行くことが可能か。

鍵となるのが人びとの「正義の感覚」であろう。功績に応じた報酬を求める人びとの感覚をふまえつつ、不利な条件にある個人や国家には、より多くの分配こそが正義であるという論点が、共有されるかどうか。これまでの正義論の視野の外にあった、重要な課題を本書は示している。

評・杉田敦（政治学者・法政大学教授）

David Johnston　51年生まれ。コロンビア大政治科学部教授。

二〇一五年四月一二日❼

『裏が、幸せ。』

酒井順子 著
小学館・一六二〇円
ISBN9784093884105

文芸

近代日本は国民国家として統合されるのと同時に「表」と「裏」の分断を経験した。重工業中心の国土開発から取り残されがちだった日本海側、いわゆる裏日本は雪に閉ざされる冬の厳しさもあり、過疎化を深めた地域も多い。

しかし、そんな日本海沿岸を旅行して現地の人々と交わり、それぞれの地に縁のある人物の生きざまや文学作品に触れた著者は、改めて「裏」の魅力に惹（ひ）かれ始める。

それは弱者に同情する「判官びいき」ではない。たとえば輪島塗の漆器には暗さの中でこそ浮かび上がる美がある。光よりも陰翳（いんえい）を味わおうとするその感性は、輝かしい未来を無邪気に夢見た経済成長期を終え、限りある条件の中での成熟を目指すことになるこれからの日本に必要なものだろうと著者は指摘する。

折しも北陸新幹線開通とタイミングが一致。親しみやすい文体も相まって観光指南書として楽しく読めるが、実は価値観の本質的な転回を迫る野心的な一冊でもある。

評・武田徹（評論家）

二〇一五年四月一二日⑧

『風俗で働いたら人生変わったｗｗｗ』

政治／社会

水嶋かおりん 著
コア新書・八五〇円
ISBN9784864367196

まとめサイトのようなタイトルだが中身は濃厚。風俗嬢である著者が、風俗業界の生態系を構造的に描き出す。著者は、風俗嬢という職業一般が「性の被害者」であるかのような語りを一笑に付し、逆に風俗嬢の「面白さ」を強調。「女にはいざとなったら風俗がある」といった語りにも異議を唱える。事実、風俗産業はハードなサービス業であり、高度なスキルも求められる。「女ならだれでも勤まる」なんて単純なものではない。

著者は、風俗嬢のあいまいな法的位置づけについて疑義を唱え、トラブルやリスクを抑えるためにこそ、売春の「非犯罪化」を行うべきだと主張。他の労働一般と比べて、風俗業界の課題が語りづらい状況があるなら、そこには紛れもない「差別」があるのだと。一方で、風俗業界内でも「格差」の開きがあり、労働環境の改善も必要となっているという。風俗嬢を「いまなお弱い存在」としている社会的位置づけを見直すきっかけにしてほしい。

評・荻上チキ（「シノドス」編集長）

二〇一五年四月一九日①

『ある日の画家　それぞれの時』

文芸／人文

酒井忠康 著
未知谷・四三二〇円
ISBN9784896424683

能の旅僧のごとく 想いの丈引き出す

画家に転向した35年前、美術評論家の故・東野芳明氏に「君は今の美術的動向しか知らない」と頭から水を浴びせられたことがあって、あわを食って西洋美術史を繙（ひもと）いたものだ。そして今、日本戦後美術について書かれた本書にも再び首が竦（すく）む思いである。（前記東野さんも日本美術にはうとかったけどね）。

まあ、いいや。本書では画家の生活（人生）と作品を分離して作品至上主義的に自律した美術批評を主張する人たちに対して、著者は一貫して、関心を抱く作家の人と作品を分離させず、むしろ両者の一体化を模索することで「極端に走る」のではなく、中庸というか両義性を保とうとする。特に麻生三郎に顕著だが、著者は美術の「外とのかかわり」で画家との交流を深化させる。

それには著者が文学への造詣（ぞうけい）が深いことも一役買っていて、各所に文学者の言葉が絶妙に引用されるのは愉（たの）しい趣向だ。

さらに絵画と文学の間に横たわる物語に著者は注目する。人間の存在のあり方と世界の構造自体が物語を核として形成されていることを考えれば、ロマン派に限らず人は生死の輪廻（りんね）の物語から脱却できないのではないだろうか。

著者は物語を求めて旅を続ける。興味を抱く作家がいれば、労苦をいとわずどこへでも旅人になる。僕は特にこの旅人に興味を持つ。そんな旅人を僕は能の旅の僧であるワキの姿と重ねる。

能のワキはシテの前では自己を語ることが少なく、むしろ相手から言葉を引き出す手助け役になる。この場合シテはいうまでもなく、画家その人である。ワキである著者にとって画家は異界の住人だ。ワキはもともと生者であるが、シテは幽冥世界の死者である。現実側の著者が画家に会うことは「一刻」の夢幻体験でもあろうか。

その時シテは絵の中で想（おも）いの丈を吐き出しながら舞を舞う。実際に訪問を受けた画家の描く世界は時に「仏教世界」であり、「幻想的世界」であり、「魔術的」であり、「霊性の沼」であり、と、能の主題を髣髴（ほうふつ）とさせる。

さて、現実世界に戻ろう。前記の麻生、宮崎進、そして著者の「食わず嫌いだった」岡本太郎を含め、「批評の垣根」を越えて画家たちの多義的な側面が、著者の洗練されて高密度な軽やかなスベスベした言語空間の中でその寛容さを示す。

最後に現代美術の可能性をパリ、ニューヨークで探り続けた堂本尚郎は「より根源的」に向かいながら絵画の可能性の「選択」をしてきたが、彼の遺伝子は今日の日本の現代美術の中で如何（いか）に還元されていくのだろうか。

評・横尾忠則（美術家）

さかい・ただやす　41年生まれ。美術批評家。神奈川県立近代美術館長を経て、世田谷美術館長。著書に『若林奮　犬になった彫刻家』『彫刻の庭』『早世の天才画家』『ダニ・カラヴァン』『覚書幕末・明治の美術』など。

二〇一五年四月一九日❷

『恋するソマリア』

高野秀行 著

集英社・一七二八円

ISBN9784087715842

社会／ノンフィクション・評伝

異文化と通じた瞬間　深い喜び

アフリカ東部のソマリア連邦共和国は、無政府状態が二十年以上つづき、「ソマリランド」「プントランド」「南部ソマリア」に分裂していた（現在も、ソマリランドは事実上独立国家らしい）。いずれも、ソマリ語を話すソマリ人が大多数を占める土地だ。

ソマリ人がどういうひとたちで、どんな暮らしを送っているのか、詳しい現状はほとんど報じられない。しかし著者は、ソマリ人とソマリ社会に魅せられ、複雑怪奇なソマリ語を習得して、現地での取材を行っている。

とはいえ本書は、決して堅苦しい内容ではない。著者はソマリの文化や実情を知りたくてならず、恋愛のごとき情熱をもってアタックするのだが、ソマリ人は独立独歩かつ喧嘩（けんか）っぱやく、情に厚くて合理的という、なんかようわからん破天荒なお人柄。こちらの常識などまるで通じず、著者の「恋心」はむなしく空回りすることも多い。結果、本書では爆笑の珍道中が繰り広げられる。

あれよあれよというまに、著者が戦闘の前線地帯に案内されてしまう場面は、本書の白眉（はくび）だろう。緊迫感と呑気（のんき）さが絶妙にブレンドされたソマリ人の言動と、折悪（おりあ）しく襲来した「恐怖の大王（＝超弩級〈ちょうどきゅう〉の便秘）」に振りまわされる著者の姿に、腹の皮がよじれた。なにしろ前線なので、笑いごとじゃない事態も勃発するのだが、その顛末（てんまつ）はぜひ実際にお読みいただきたい。

ほかにも、ソマリの家庭料理を教えてもらったり、長老が語る「妻とのなれそめ」を聞いたり（胸が熱くなる、驚きのエピソードだ）、人々の魅力が活写され、愉快な旅の時間がページからきらきらあふれてくるかのようだ。

ソマリ社会に恋して悔いなし。自分とは異なるひとがいるからこそ、世界は輝き、通じあえた瞬間の深い喜びも生まれるのだ。体当たりで悪戦苦闘する著者の姿は、そう物語っているように思えた。

評・三浦しをん（作家）

たかの・ひでゆき　66年生まれ。作家。『謎の独立国家ソマリランド』で講談社ノンフィクション賞。

二〇一五年四月一九日❸

『戦国の日本語　五百年前の読む・書く・話す』

今野真二 著
河出書房新社・一七二八円
ISBN9784309624792
歴史／社会

繊細に変わる「ことば」を探求

平安時代、ことばを自在に操ることができたのは、貴族と上級の宗教者に限られていた。鎌倉時代になると教養を獲得した武士が自己を主張するようになり、室町時代には多くの庶民もぎこちなくかな文字を書き始める。下克上の戦国時代、これらの動きは渾然（こんぜ ん）一体となり、ことばは列島に生きる人々みなのコミュニケーション・ツール、共有財産となった。本当の意味で、日本語が成立したのだ。

戦国時代には、どのような日本語が書かれ、読まれ、話されていたのだろうか。本書は、和風漢文で叙述された貴族（とくに三条西実隆〈さんじょうにしさねたか〉という人物）の日記に文章表現の形態をさぐり、当時の辞書である『節用集』を用いて「生のことば」とその背後にある文化を考察する。また宣教師が遺（のこ）した文献を用いて発音や読みの実態にせまり（横文字で書いてあるので、発音がリアルに分かる）、農民から関白へ駆け上った豊臣秀吉の手紙を分析して、天下人（彼は基礎的な教育を受けていない）のことばの再現を試みる。

大河ドラマ「平清盛」の時代考証をしていたとき、私はよく質問された。清盛は京の人間なのに、なぜ関西圏の言語を使わないのか、と。歴史資料で確認できるのは「書きことば」だけで、それは「話しことば」とは異なるから、清盛がどうしゃべったかは分かりません。そう答えるのが精一杯だった私は、ならば簡便に戦国時代の話し方を知ろう、と本書にすがった。

もくろみは、みごとにはずれた。本書は安直、かつ大ざっぱな説明を旨としない。精密に、様々な角度から「500年前のことばの世界」を探求し、その成果を私たちに伝えようとするものである。「神は細部に宿る」という。時代・社会とともに繊細に移り変わることばを語るとき、著者の着実でけれんのない視点は、その本質に迫るアプローチとして、まことにふさわしいといえるだろう。

評・本郷和人（東京大学教授）

こんの・しんじ　58年生まれ。清泉女子大教授（日本語学）。『辞書をよむ』など。

二〇一五年四月一九日❹

『狩り狩られる経験の現象学　ブッシュマンの感応と変身』

菅原和孝 著
京都大学学術出版会・四九六八円
ISBN9784876983247
社会／ノンフィクション・評伝

人間と動物の対等な駆け引き

南部アフリカのボツワナに住む、通称ブッシュマンの一集団グイは、時代の変化にさらされながらカラハリ砂漠で動物を狩り、ときには逆に狩られ、それでもつねに動物を「おもしろがり」、動物について語り継いできた。その様子を30年以上見つめてきた文化人類学者が、狩人たちが語る動物神話や狩猟経験などを紹介し、解釈し、かれらと共に過ごした自らの経験や、先行研究の成果を織り交ぜて考え、論じていく。

人間と動物の関係論は「いまや西洋と日本にまたがる知の流行」だが、元々キリスト教に根ざした西欧思想は動物と人間を峻別（しゅんべつ）してきた。その二元論を超越しようとする近年の思想潮流にも、ときに自然を人間側の都合で理想化する危うさがある。他方グイは動物を人間と対等とみなす。罠（わな）をかけて動物を騙（だま）すが、ハイエナも人間を騙し獲物を奪う。ライオンとの勝負は怖いが、まさに腕の見せどころでもある。グイと動物たちは互いの出方を知っていて、一定の方法で「駆け引き」を行っている。その意味では狩りも一種の「コミュニケーション」なのだ。

ヴィヴェイロス・デ・カストロやティム・インゴルドほかの先行研究を批判的に分析する序章は、人によっては後回しにしたほうがわかりやすいかも。現在の文化人類学の動向を問う終章には異論もあるか。などと考えながら入りくんだ議論を追ってしまう、その牽引（けんいん）力は「世界をいかに記述すべきか」という問題にまさに心身を傾けていく著者の思いのつよさだろう。いつもの生活を離れ、遠く異なる社会の他者に近づいていく。かれらの目を追い、知り得たことを持ち帰り、自分のことばで伝えようと試みる。そのとき、自明だったはずの見慣れた世界もまた、問い直されなくてはならない。あえて自らの足元を危うくして世界の語り方を探る思索者の、熱が伝わる。

評・中村和恵（詩人・明治大学教授）

すがわら・かずよし　49年生まれ。京都大学名誉教授。『ことばと身体』など。

二〇一五年四月一九日❻

『ニッポンの個人情報　「個人を特定する情報が個人情報である」と信じているすべての方へ』

鈴木正朝、高木浩光、山本一郎 著

翔泳社・一九四四円
ISBN9784798139760

社会

誤解あり!?　守る仕組み作ろう

本書のサブタイトルにご注目。ちょっとわかりづらいかもしれないが、

Q「ビッグデータをどんどん利活用しよう！」

A「個人情報の取り扱いはちゃんと行ってね」

Q「住所や電話番号とかだろ。それはちゃんとやるよ」

A「検索履歴とか図書館の貸し出し履歴とかは？」

Q「それらは個人情報じゃないでしょ？」

A「え？　もしかして個人情報＝個人を特定する情報だけだと思ってるの？」

という文脈で唱えられるフレーズだと思っていただきたい。このQにあたるような人向けに、異論をぶつけ解説するのが本書の役割だ。

現行法で個人情報とは、広く「個人に関する情報」を指す。収集したデータ群から氏名等を削っても残りもすべて個人情報となる。だがそれを誤解した企業も多いらしい。どの情報を渡していいかは人によって異なるだろうが、合意した覚えなくデータがとられてたなんてこともざら。複数の情報をつき合わせ「名寄せ」すれば、個人の識別なども可能になる。今こそ「利活用」の議論だけでなく「自分に関する情報を管理する権利」の獲得も重要だろう。

「ビッグデータ」ブーム批判かって？　そういう側面もあるけど、むしろ本書の主張は、様々なデータを活用するためにも、丁寧なルールを作り、守らせる仕組みを考えていこうというもの。合意形成抜きにやるのがけしからん、というシンプルな主張であり、実際に発覚した「こっそり抜き打ち案件」がたくさん紹介されてもいる。

鼎談（ていだん）形式で読みやすいが複雑なテーマであるため、欲を言えば章末に「論点や事例のまとめ」なども欲しかった。とはいえ、書籍としてこの議論がまとめられたのは貴重。個人情報に関する問題を「啓蒙（けいもう）」し続けてきた高木浩光氏をはじめ、「国内最強」の布陣といえる組み合わせだし。

評・荻上チキ（「シノドス」編集長・評論家）

著者3人は個人情報保護を議論するため結成された「プライバシーフリークの会」メンバー。

二〇一五年四月一九日⑦

『日本文学の大地』

中沢新一 著
KADOKAWA・一七二八円
ISBN9784046533319
文芸

古典とは五百年後、千年後に爆発する一種の時限爆弾である。伝統とは単に先祖が作った型や技を踏襲することでなく、現代の行き詰まりを打開する秘術として用いることも含まれる。井原西鶴が「源氏物語」をリサイクルすることで、江戸町人文化の起爆剤にしたように、古典には時代ごとに新たな息吹を吹き込まれてきた。自然と文化、夢と現実、感覚と論理、信仰と生活が表裏一体だった時代の日本人は、それらが切り離された近代以後を生きている私たちと較（くら）べ、実におおらかで、思考のスケールが大きい。私たちの直接の先祖でありながら、その繊細な感覚や大胆な行動に圧倒される。標準化され、飼い馴（な）らされた現代人の限界をやすやすと乗り越える知性が古典には秘められているが、それを発見するには、それこそ今日の現実の外に生きている人の力を借りる必要がある。たとえば、自身の脳の中にタイムマシンを内蔵している中沢新一のような人の力を。

評・島田雅彦（作家・法政大学教授）

二〇一五年四月一九日⑧

『環（めぐ）りの海　竹島と尖閣―国境地域からの問い』

琉球新報、山陰中央新報 著
岩波書店・一九四四円
ISBN9784000249546
社会

立つ位置しだいで視点が変わる。暮らす場所によって、風景は変わる。国境の海は地図の上では線が引かれているが、そこで暮らす人の目に映るのは生活をはぐくみ、ゆさぶる波である。

この本は、日本と中国や韓国との間で対立がつづく尖閣諸島や竹島問題の「地元」、琉球新報（沖縄県）と山陰中央新報（島根県）の両紙がともに企画した連載に加筆し、出版したものだ。

隣国と領土をめぐる紛争や衝突が起きれば、真っ先に被害を受ける当事者としての目線を貫く。漁業者ら地域の人々を取材し、さらに、対岸からのまなざしを知ろうと、中国、台湾、韓国にも出向く。

歴史的な背景や東南アジア、欧州での紛争解決に向けた取り組みも検証しながら、国どうしの対立やナショナリズムを超えて自らができる一歩を探る。空間を共有する隣人に向き合う姿は、すべての日本人への問いかけである。

もとになった連載は、2013年度の新聞協会賞を受賞。

評・吉岡桂子（本社編集委員）

二〇一五年四月二六日①

『それはどっちだったか』

マーク・トウェイン 著　里内克巳 訳
彩流社・四三二〇円
ISBN9784779120947
文芸

憎悪にとらわれ怪物化する凡人

マーク・トウェインが、ドストエフスキーら近代小説の本格派と並ぶ作家であることを示す、傑作である。晩年に書かれたこの未完の大作は、長らく不遇をかこってきたが、その内容たるや、現代の新作小説と言ってもよい。

舞台は19世紀半ば、アメリカ南部の片田舎。名家のハリソン家は落ちぶれ、高齢の当主アンドリューは、もう一つの名家フェアファクス家の通称〈旦那〉に借金をしていた。だが紳士であったはずのアンドリューはその借金をニセ札で返そうとして発覚、再度の返済を要求される。後で〈旦那〉は自分の厳しさを恥じ、借金をチャラにしてニセ札も返すことを決めるが、行き違いが重なってハリソン家に伝わらない。一方で憎しみに心を支配されたアンドリューは正気を失い、あることないことを息子のジョージに吹き込む。やはり人格者として人望の篤（あつ）かったジョージは、その言葉に翻弄（ほんろう）されるうち、自分の歯止めが外れるのを感じる。それは父が説く、意志の強い人間になるには、誘惑に身をゆだね、それに屈する経験を経る必要がある、という奇怪な理論の実践にほかならなかった。

ジョージはフェアファクス家に忍び込んで札束を盗もうとするが、同じく盗みに入っていた自分の使用人と鉢合わせし、殺害してしまう。すぐに逃走したため、嫌疑は家主である〈旦那〉にかかる。以降、ジョージはさながら『罪と罰』のラスコーリニコフよろしく、ひどく怯（おび）え続けながら、いびつな理屈で内省し、自首する機会を失い続ける。

ジョージが怯えているものの一つが、体面である。自らの犯罪が次々と無関係の人を巻き込んで取り返しのつかないダメージを与えていくさまを、「過ちの系統樹」として図に描くジョージは、そのおおもとを「偽りのプライド」と断定する。その最たる言葉が、小説内に満ちて登場人物たちの行動を決めさせる「男らしさ」だ。ジョージは、潔く名乗り出られない自分を「男ではない」と断罪し、罪を被（かぶ）せられても堂々としている〈旦那〉の「男らしさ」にうちひしがれる。自覚しても、偽りのプライドからは逃れられない。

物語は途中から、ジョージが突然相続することになる財産を狙う者たちの陰謀や、白人への復讐（ふくしゅう）の念に凝り固まった「自由黒人」の復讐譚（たん）もからんで、錯綜（さくそう）していく。

この小説世界を陰惨にしているのは、どの人物ももとは善良で親切な凡人たちであったという事実だ。普通の善人たちが、いかにして利己的な欲望や憎悪に囚（とら）われて怪物化していくのか、その過程の容赦なく克明な描写こそが、この小説の恐るべき魅力である。

評・星野智幸（小説家）

Mark Twain　1835〜1910年。米国生まれ。代表作に『トム・ソーヤーの冒険』『ハックルベリー・フィンの冒険』。本作は、作者の死後半世紀以上たって米国で出版された。短編「インディアンタウン」も本書に収録。

二〇一五年四月二六日❷

『相互扶助の経済　無尽講・報徳の民衆思想史』

テツオ・ナジタ 著
五十嵐暁郎 監訳　福井昌子 訳
みすず書房・五八三二円
ISBN9784622078890
経済

したたかな現実主義と弱さ

講、無尽、頼母子（たのもし）、もやいなど、さまざまに呼ばれる民衆の相互扶助組織。「契約」を交わした人びとが互いに資金を出し合い、抽選などによって貸付（かしつけ）を受け、一定期間で返済する仕組み。千年遡（さかのぼ）れるとされるこの営みは、江戸時代に広まり、近代日本でも大きな役割を果たした。

大坂町人の学問所、懐徳堂の研究で知られるナジタは、日本の代表的な生命保険会社が懐徳堂の跡地に立っていたことを知り、この国における人びとの助け合いの歴史を研究し始めたという。

無尽という言葉には仏教とのつながりもあり、実践の背後には、海保青陵、安藤昌益、三浦梅園らの思想があった。二宮尊徳が創始した「報徳」運動もその系譜上にある。しかし、ふつうの人びとが自主的な実践を続けたのは、飢饉（ききん）や災害、伝染病などの緊急事態に「天が人を救うこと」はなく、藩からの支援もないので、「村は自分たちの資源に頼る」しかないという厳しい認識があったからだという。

実際には「謝金」という形がとられたとはいえ、利子が禁じられ、経済的行為であると同時に道徳的行為と見なされていた無尽は、維新後、資本主義原則に沿った形で制度化されるよう求められた。農商務省の官僚であった柳田国男もそうした改革の必要性を説いたが、「貧者は貯蓄できず、貸付を受けるための担保もない」状況では、それは弱者救済の放棄を迫るに等しかったと著者は批判する。

無尽会社、相互銀行などと形を変えながら生き延びたこの実践に、著者はしたたかな現実主義を見てとるが、村のつながりしか信じられなかった点に、この社会の弱さを指摘することもできるだろう。

しかも、著者はふれていないが、いまの都会で「むじん」といえば、消費者金融の機械窓口の名前である。村の連帯さえ失われた後、あらゆるリスクは個人の肩にのしかかっている。

評・杉田敦（政治学者・法政大学教授）

Tetsuo Najita 36年ハワイ生まれ。シカゴ大名誉教授。

二〇一五年四月二六日③

『誰をも少し好きになる日　眼めくり忘備録』

鬼海弘雄 著

文芸春秋・一九九八円

ISBN9784163902159

社会

ひとの根源に光を当てる魔法

シャッターを押せば、私でも写真は撮れる。しかし、「真実を写す」ことはできない。写真家・鬼海弘雄氏の作品を目にするたび、本当の意味での「写真」とはなんなのかが感受される。氏の写真には、圧倒的な静謐（せいひつ）と不穏が、被写体の魂の底にやわらかく触れるような眼差（まなざ）しが、生と死が宿すパワーが、二度と巡り来ぬ永遠の一瞬が、たしかに刻みつけられている。

氏はまた、エッセーの名手でもある。硬質で淡々としていながら、そこはかとないユーモアも漂っているのは、氏の写真と同様だ。本書は、鬼海氏の写真と文章を併せて味わえる随想集だ。

氏の文章は、時代も国も超えて自在にさすらう。子どものころに見たサーカスの思い出。インドの宿に住む老犬が、歩くときにたてる爪の音。浅草で何度も写真に収めた、忘れがたいひとにまつわる物語。ものすごく細部までピントが合っているのだが、霧のなかに佇（たたず）むような、湿度に似た気配が濃厚に漂ってもいる。決して感傷に流れぬ筆致がやみつきになり、心地よい高揚を必死に抑えつつじっくり読んだ。

そうか、氏は「目」がいいんだ、と気づく。物理的な視力ではない。記憶力、あるいは時間感覚とでも言えるものに優れているのではなかろうか。なぜ優れているのかといえば、いずれは死んでいく「生き物」の営みすべてに、鋭敏かつ深い興味と共感を抱いているからだと思える。

「孤独でないと感じたり知ることのできない本質的な『領域』があるのかもしれない」と氏は書く。その「領域」が、氏の写真と文章にはたしかに存在している。一瞬を永遠に変え、ひとの根源に光を当てる、魔法のような力。私たちが気づかぬふりをしているさびしさが、深い陰影を伴って静かに浮かびあがる。

さびしさは豊饒（ほうじょう）と同義なのだ。本書を読むあいだ、私の心は満たされ自由だった。

評・三浦しをん（作家）

きかい・ひろお 45年生まれ。写真家。『PERSONA』で土門拳賞、日本写真協会賞年度賞。

二〇一五年四月二十六日❺

『対華二十一カ条要求とは何だったのか 第一次世界大戦と日中対立の原点』

奈良岡聰智 著

名古屋大学出版会・五九四〇円
ISBN9784815808051

社会

報道と世論が衝突をあおった

日本史の教科書でいえば1頁（ページ）ほどの記述なのに、中国では日本から屈辱的な要求をのまされた「国恥（こくち）記念日」として語り継がれる日がある。1915年5月9日。まもなく100年を迎える。

いきさつをおさらいする。

日本は、第1次世界大戦に日英同盟を理由として直ちに参戦を決めた。ドイツに宣戦し、中国に対して山東省のドイツがもつ利権の継承や南満州の権益の強化など21項目にわたる要求を突きつけた。欧米列強にアジアからの後退を強いた大戦を、「天佑（てんゆう）」とみなして権益拡張を目指す日本は、辛亥革命後の中国の新しい国づくりを妨げる単独敵として急浮上していった――。

中国における「反日」の源流とも言える歴史を、筆者は「日中対立の原点」とみなす。そして、対中強硬派におされて要求内容が膨らんでいった日本の政策決定過程と、日中の交渉を検証する。

手堅い歴史書でありながら映画を見るように読みすすめられた。日本の外相だった加藤高明を主役に、各国の政治家や外交官、記者らの動きが、史料や当時の内外の報道をもとに謎解きのごとくつづられる。とくに、英国の視点がスパイスになっている。

日本の露骨な膨張熱は、秘密主義があいまって英米からの不信も招いた。内政干渉といえる内容を含む「要求」について、中国の袁世凱政権は欧米メディアへ巧みに情報を流し、国際世論を味方につけようとする。いっぽう、日本の駐北京公使は取材に応じず「アイ・ドント・ノー（私は知らない）」というあだ名で呼ばれていたという。情報戦で日本が「包囲」されるにつれ、国内の報道は反発を強めて扇情的になっていく。

戦時の政策に与える世論の影響が印象に残る。沸き立つ世論にあおられて先鋭化した日中の対立は、次の衝突の呼び水となった。第2次世界大戦敗戦から70年の今年、「原点」をたどる意義は深い。

評・吉岡桂子（本社編集委員）

ならおか・そうち 75年生まれ。京都大学教授（日本政治外交史）。

二〇一五年四月二十六日❻

『「共倒れ」社会を超えて 生の無条件の肯定へ！』

野崎泰伸 著

筑摩選書・一六二〇円
ISBN9784480016188

社会

生命に優劣つけていませんか

船が沈没しつつある。救命ボートには乗船者全員が乗れない。で、どうするか。

サンデルの「白熱教室」が契機となったのか、生死を分ける極限状況を想定した思考実験を最近よく見かける。

著者はそうした傾向に批判的だ。全員が助からないのなら、より有為な人材が優先的に救助されるべきだとする功利主義的判断がそこでは導かれがち。それは裏を返せば障害者のように生産力に乏しい人間は救われなくても仕方がないとみなすことでもある。思考実験はそうした思考パターンを予習させ、定着させかねない。

そうではなく、生命という交換不可能なものを「有為な」人材の生命と交換するために差し出す「犠牲」の構造自体を問題視すべきではないか。現実に厳しい選別がありえることは著者も認めるが、それをただ受け入れるだけでなく、全員が救命ボートに乗れるような社会作りになぜ挑まないのかと訴える。

弱者と彼らを支える者が共倒れを強いられ

ることなく、誰もが豊かに共生できる社会を作るためには「生の無条件の肯定」が必要。そう考えて独自の障害学を展開してきた著者が本書で改めて「ですます」調の敬体を採用した思いも受け止めたい。

たとえば「生命の尊厳」は常套句（じょうとうく）だが、生命と尊厳は常にセットなのではない。尊厳のある生命とない生命が実は区別されており、後者へ至る経路を、死をもって断つのが尊厳死なのだ。いつしか生命に優劣をつける思考に自らが染まっていた読者は、こうした指摘に目から鱗（うろこ）が落ちる思いがするだろう。

で、どうするか。責任（レスポンシビリティ）とは応答（レスポンス）に始まるとする説も著者は紹介している。著者の考える正義にかなった社会を実現するための倫理を噛（か）んで含めるごとく丁寧に伝える本書にどう応答するか。読者の責任が問われている。

評・武田徹（評論家・恵泉女学園大学教授）

のざき・やすのぶ　73年生まれ。立命館大非常勤講師（倫理学、障害者問題）。

二〇一五年四月二六日⑦　歴史

『日本発掘！　ここまでわかった日本の歴史』

文化庁 編

朝日新聞出版・一七二八円
ISBN9784022630308

考古学は人文科学の中で一風変わった学問である。本の山に埋もれるより、身体を用いての作業が重視される。現場をしっかり掌握し、土中の遺物と対話を重ねて学びを深化させる。テストで良い点を取るだけの受験エリートではつとまらない。だから大学の研究室が絶対ではない。むしろ地方公共団体が主導して地域と連携し、広範囲での発掘を実現する。その成果をもとに議論が生まれ、そこに研究室も加わって、分析が進む。

その考古学は、いま、何をして、何を考えているのか。その結果、日本列島の歴史はどのように見えてくるのか。それを端的にまとめたものが本書である。ベースとなるのは、「発掘された日本列島」展20周年を記念する連続講演会「日本発掘！」（2014〜15年、江戸東京博物館で開催）。旧石器時代、縄文時代、弥生時代、古墳時代、古代、中世。各時代を代表する研究者が、最新の情報に基づいて、考古学の最前線を熱く、わかりやすく語りかける。

評・本郷和人（東京大学教授）

二〇一五年四月二六日⑧　経済

『資源の循環利用とはなにか』

細田衛士 著

岩波書店・三〇二四円
ISBN9784000610124

天然資源の価格乱高下のたびに、日本経済は大きな影響を受ける。また、中国との関係では、レアメタルの禁輸措置が、日本を外交的に揺さぶる効果的な手段として用いられたことも記憶に新しい。資源のない日本の宿命である。しかし筆者によれば、この弱点を克服する方途はある。

使用済み製品に含まれる鉄、銅、レアメタルなどの「静脈資源」を回収し、再び動脈経済に投じる「資源の循環利用」を確立することだ。そのためには、廃棄物減量のために導入された自動車、家電などのリサイクルシステムを、静脈資源の回収という観点から再設計しなければならない。

日本の廃棄物・リサイクル政策はこうした「統合的資源政策」の視点が弱い。これまで廃棄物問題の解決に専心してきた結果、資源問題への対応の視点が欠落していたのだ。両問題を統合的に解決することは、資源枯渇問題への日本経済の耐性を強化することにもつながるのだ。

評・諸富徹（京都大学教授）

二〇一五年五月三日❶

『重力との対話　記憶の海辺から山海塾の舞踏へ』

天児牛大 著
岩波書店・二二六〇円
ISBN9784000610308

人文

自らと向かい合い言語化された身体

私はけっして、舞踏カンパニー山海塾のいい観客とは言えないが、舞踏、あるいはダンスと、そして私が主に関わっている演劇と、領域のちがいはあっても、身体表現をする者として、天児牛大が本書に記す言葉、繊細に整えられた砂粒の表面に自身の舞踏へのアプローチを、丁寧な指の動きで、砂を散らさないほどゆるやかに、ゆっくり、けれどしっかりした文字となって記された言葉として本書を読んだ。

だからこそ勇気を与えられる。創作意欲を掻(か)き立てられる。

かつて、ある演劇のワークショップを見学したことがあった。外国人の演出家が、参加している俳優たちに、「あなたは水に浮かぶ木の葉です」と。申し訳ないが笑った。そんなはずは絶対にないからだ。あるわけがないじゃないか。なぜなら、そこにいるのは人間だからだ。「木の葉」をイメージし、からだを解放するという意味だろうが、どうも釈然としない。そうした種類の「ワークショップ」は一般的らしいとあとで知ったが、それと比較したとき、天児牛大の思考の深さ、身体へのアプローチの長い時間と蓄積に感服する。たしかに天児牛大もまた、「仮想」という言葉でイメージする行為を似たように語るが、「木の葉」のイメージとはあきらかにちがう。視線によって遥(はる)か遠くまで、「長い線」を「仮想」し、そのための内面の訓練について次のように記す。

「仮想の設定は意識による所有であり、実際物を所有しないことで他の所有への移行、変化を可能にする。所有しない所有である。これはそこに不在であるからこそ世界にかかわり、世界を現前させるものとしてコスモロジカルなものである」

たしかに、「あなたは水に浮かぶ木の葉です」と同様、これもまた、わけのわからなさ、難解さを持つものの、言語化の過程が圧倒的に異なっている。山海塾と天児牛大が長時間にわたって自らの身体と向かい合い、やがて出現しただろう、言語化された意志する身体があるからだ。「ある種のワークショップ」が生み出す身体とはまったく異なる。つまり、表現する、しないに関わらず、人の身体の成り立ちは、工業製品のような自動的生産(＝規格化されたワークショップの方法)ではないからだ。

これは自明である。

世阿弥の「風姿花伝」がそうであるように、すぐれた身体表現についての言説は、専門的な枠内で閉じたまま語られるのではなく、表現の枠を越え、ある思想の体系として読むことができるように思えてならない。天児牛大の本書もまた、そのような言葉として外部に開かれている。

評・宮沢章夫(劇作家・演出家)

あまがつ・うしお　49年生まれ。山海塾主宰、振付家、演出家。80年から海外でも公演し、おもにフランスと日本で創作活動。82年以降、パリ市立劇場との共同プロデュースによる創作活動やオペラも演出している。

二〇一五年五月三日②　社会

『止まった時計　麻原彰晃の三女・アーチャリーの手記』

松本麗華 著
講談社・一五一二円
ISBN9784062194808

「教祖の娘」が社会で生きるとき

つらく、重い内容だが、引き込まれて最後まで一気に読める。現代の日本で起きた出来事でありながら、現実とは思えない数奇な運命が語られる。著者はオウム真理教の麻原彰晃の三女である。当時、アーチャリーと呼ばれ、強制捜査のときにアッカンベーをしたことで有名になった少女が、20年後に松本麗華として半生を振り返った。

幾つかの観点から、彼女の手記を読むことができるだろう。第一に、日本を震撼（しんかん）させたテロを実行した団体の内幕を描いたドキュメントである。しかも、サティアンの窓から、こちらをのぞいていた視点だ。彼女にとって信者たちは、遊び相手であり、勉強を教えてくれる兄や姉だった。第二に、父と娘、そして精神を病んでいく家族の物語。たとえ犯罪者になっても親子の関係は変わらない。が、優しく強かった父は、監獄の中の弱い障害者になる。第三に、宗教団体を存続させる組織論。カリスマを失った教団がいかに迷走し、ときには教祖の子供を担ぎだしたりしてその名前を利用したか。第四に、国家権力に睨（にら）まれた人間が、どのように扱われるか。そして第五に、麻原の娘という呪縛を受けたための社会的な制裁。メディアによる攻撃、度重なる転居、そして複数の大学から入学を拒否されたこと。一方で、彼女に普通の生活をさせてあげようと、支えてきた弁護士や元信者。彼女はアレフや母との関係が切れたことを「解放」と表現し、社会で生きる道を選んだ。

事件当時、子供だった松本麗華も、本当は何が起きたのかを知りたいと思う一人だ。が、廃人同様になった麻原は何も喋（しゃべ）らなくなった。終章で彼女はひとつの仮説を立てているが、それを批判する人も多いだろう。最後に事件が解決するフィクションとは違い、結論はない。だが、オウムの諸問題を持続的に思考するうえで、さまざまな入り口を与える本である。

評・五十嵐太郎（建築批評家・東北大学教授）

まつもと・りか　83年生まれ。大学で心理学を学び、心理カウンセラーの勉強を続けている。

二〇一五年五月三日③　文芸

『アーティストが愛した猫』

アリソン・ナスタシ 著　関根光宏 訳
エクスナレッジ・一七二八円
ISBN9784767819525

とっておきツーショット写真集

私事ながら、昨年愛猫タマの死のあと体調に異変をきたしたほど僕にとっては猫は生活必需品であります。猫不在の生活は実に味気なく憂いを伴うのである。

本書に登場する55人のアーティストは猫を想像力の源泉とした愛猫家たちで、ウィリアム・S・バロウズは「猫たちから計り知れないほど学んだ」と、自らを映す鏡としての猫を「心の友」と言明し、猫の私物化を憚（はばか）らない。

非協力的、我儘（わがまま）、気まぐれ、孤独癖、内向的、遊戯性、自立性、反抗的、神秘、不可解、超俗的、曖昧（あいまい）、両義性、霊的、衝動的、直感的、怠惰、非妥協性、個人主義、無邪気、猜疑心（さいぎしん）、無愛想、自由、あゝきりがない。以上は猫の性質であるが、そのままアーティストに当てはまる。

僕は芸術家の理想的サンプルとして極力、猫を模倣することに努め、猫と相似形になることを目的にしてきた。そして猫を愛することは自己愛の変形であることを知った。

本書は読み物というよりアーティストと猫

のとっておきツーショット写真集である。ほぼ全員が猫を宝物のように胸に抱いて自慢げな表情で写っている。そして写真に付記された短文もまちまちで、資料的にアーティストを紹介したもの、写真家について語ったものが中心で、写っている猫についての文が少ないのが変というか不思議であるが、本書の著者がアーティストなので、猫的性格を帯びてか、勝手気ままに統一感のない文を寄せている。まあこれも愛敬としましょう。

いずれにしても猫との共同生活の心得としては上から目線で猫に接するのではなく、自らが下僕に甘んじることで初めて猫と共生共存が許されることを知る必要がある。まず猫の飼い主であるという考えは放棄しましょう。猫の側からすれば、猫のテリトリー内に人間が間借りしているということを忘れてはなりません。以上。

評・横尾忠則（美術家）

Alison Nastasi　米国在住のアーティスト、ジャーナリスト。

二〇一五年五月三日④

『地平線』

文芸

パトリック・モディアノ 著　小谷奈津子 訳

水声社・二二六〇円

ISBN9784801000834

何者でもなかった頃の懐かしさ

こんなことを言うとミステリー好きに怒られそうだが、ミステリーは事件が解決にむかうと退屈になる。謎こそが魅力なのだから、解かないで欲しいと思う。昨年ノーベル文学賞を受賞したフランスの作家、パトリック・モディアノの小説はその心配は無用。次々と提示される謎は最後まで解かれず、本を閉じたときにはあたりに霧が立ちこめている。自分はいったい何を読んだのかと、玉手箱を開けた浦島太郎のような疑問符が灯（とも）る。あんなに興奮して読んだのにその訳が言えない。

ボスマンスは60年代のパリでマルガレットと知り合うが、彼女は突然に失踪、40年後、記憶の破片を集めながら彼女を探し求める。男女の偶然の出会い、見え隠れする互いの過去、親子関係の希薄さ、いかがわしい人間につきまとわれる恐怖……。これらモディアノにおなじみのモチーフが過去と現在を行き来しながらつづれ織りのように編まれるスタイルは、ナチス占領下のパリを生きのびたユダヤ人の父の体験や、自分の不安な子供時代と無関係ではないことを、作家自身が語っているし、研究の対象にもなっているようだ。だが、そのような自伝的事実を知らずとも深く引き込まれてしまうのはなぜか。同じテーマが繰り返されてもまただとは思わないのはどうしてか。

夕方7時ころ、オペラ大通りを歩いているボスマンスのなかに、ある名前が甦（よみがえ）ることから話は始まる。記憶の糸は、街の中で建物を見上げるとき、カフェの隣の人にふと目をやるときにほどかれる。目的のない歩行が「人生にどんな確かな基盤も持っていなかった」頃に立ち返らせるのだ。そう、モディアノを読むとき襲ってくるのはこの感覚、自分が何者でもなかった心もとない状態への親しみなのである。不安と隣り合わせの感情に懐かしさがある。きっと何者でもないことが人間の本来の姿だからだろう。

評・大竹昭子（作家）

Patrick Modiano　45年生まれ。『暗いブティック通り』など。

二〇一五年五月三日⑤

『現代アメリカ連邦税制　付加価値税なき国家の租税構造』

関口智 著

東京大学出版会・六九一二円

ISBN9784130461146

社会

「強いドル」「小さな政府」の行方

現代アメリカ税制研究の決定版ともいうべき本書は、クリントン政権以降の米国税制を理論的、歴史的、制度的に徹底解明し、その展望を与えてくれる刮目（かつもく）の書である。

日本はかつてシャウプ勧告を受け入れ、米国税制をモデルとしたが、今やそれはOECD諸国中の例外的存在となっている。米国の対GDP比租税負担率は先進国で最も低い部類に属し、直接税依存度が高く、そして先進国で唯一、付加価値税（消費税）を導入していない。他の先進国は、増大する社会保障を賄うため、付加価値税依存をますます強めているというのに。

著者は、これらを成り立たせる要因を、対外的な「準備通貨国の論理」と対内的な「国民統合の論理」がせめぎ合う過程として描き出す。つまり、アメリカは「準備通貨国」であるため、「強いドル」を維持することで国際的な資金還流を促し、民間消費や政府支出をファイナンスできる。このために公債発行が容易になり、付加価値税導入なしでも財政運営できるのだ。

しかし、「強いドル」と「小さな政府」の組み合わせは、輸出産業に打撃を与え、福祉削減による格差拡大を生み出す。これらを財政拡張ではなく、減税政策の徹底利用で解決を図るのがアメリカである。国内製造業へは法人税減税を、個人の社会保障支出に対しては所得税減税を用意する。こうして民間の経済・福祉活動を活発化させ、政府は支出を増やさないのだ。

だが著者は、こうした米国税制が曲がり角に来ていると考える。高齢化による支出増や、アメリカへの資本流入の持続可能性に懸念の高まってきたことで、米国内に連邦付加価値税導入を支持する意見が広がっていると指摘する。もし、アメリカが付加価値税導入に踏み切れば、それは著者の指摘するように歴史的転換である。これにより、直接税を中心とする20世紀型税制は、名実ともに終焉（しゅうえん）を迎える。

評・諸富徹（京都大学教授）

せきぐち・さとし　72年生まれ。立教大学教授（経済学）。

二〇一五年五月三日⑥

『天上の虹　全23巻』

里中満智子 作

講談社・第23巻は五七二円

ISBN9784062606820（講談社漫画文庫〈1巻〉）／9784063409499（KC　K-SS〈23巻〉）

コミック

愛や苦悩　古代の人々と交感

小学生のころから愛読しつづけてきた漫画『天上の虹』が、このたびめでたく、連載開始から三十年以上かけて、二十三巻で完結した。

主人公は、飛鳥時代の女帝・持統天皇だ。天智天皇の娘であり、天武天皇の妻である彼女は、自身も天皇となり、中央集権体制を築きあげようと奮闘する。だが本作は、持統天皇を「英雄」や「単純な善人」としては描かない。彼女は愛に悩み、重い責任にあえぎ、ときに非情な判断を下しながら毅然（きぜん）と歩む、「人間」なのだ。

古代日本の歴史が華やかかつドラマチックに展開し、多数の登場人物が織り成す愛憎や恋愛模様におおいに共感できる。私は友だちと何度、「登場人物でだれが好み？」と語りあったことだろう（ちなみに私は天智天皇だ）。

古代の権力者は、ほとんどみんな血縁関係にあり、「政治＝家族間抗争」でもあったのだなということも、本作を読むととてもよくわかる。歴史はどうしても、「公的な男性の視点」から語られがちだが、家族や恋人との関係が政治に影響を及ぼすこともあろうし、個人としての物思いや苦悩が政治的決断の陰には必ず存在するのだという視座を、私は本作から授かった。

史実を大切にしつつ、作者が想像力を羽ばたかせ、物語と登場人物に生き生きとした命を吹きこんだ傑作だ。ラストで持統天皇は崩御するのだが、「亡くなった夫が迎えにくる」といった甘っちょろい展開は皆無。愛とはなにかを考えつくし、気高く生ききった一人の人間の死がそこにはあり、涙せずにはいられなかった。古代を生きた人々と交感できた気がした。繊細な心理描写とダイナミックな視覚表現を併せ持つ、優れた漫画のみが誘（いざな）える境地だ。

完結を機に、より多くのかたに読んでいただきたいと願う。古代と現在は地続きなのだと実感できる、魅力的な登場人物たちに出会える。

評・三浦しをん（作家）

さとなか・まちこ　48年生まれ。漫画家。『アリエスの乙女たち』『海のオーロラ』など。

二〇一五年五月三日⑦

『火と灰　アマチュア政治家の成功と失敗』

マイケル・イグナティエフ 著
添谷育志、金田耕一 訳
風行社・三〇二四円
ISBN9784862580771
政治

良き政治学者は良き政治家たりうるのか。著者は体験から答える、「ノー」と。思想史をふまえ福祉国家を論じた『ニーズ・オブ・ストレンジャーズ』などで知られるイグナティエフは、アメリカの有名大学から、ある日突然、故郷カナダの政界に連れ出される。学識に加え、幼少時から政界中枢に接触した経験をもつ彼には自負があった。

しかし、実際の政治の世界は、理念など通じない「身体的」なものであった。有権者は政治家を仲間として信用しなければ耳もかさない。目の前の問題に答えをもたなければ相手にしない。発する言葉はすべて監視され、敵陣営によって曲解され攻撃される。かくしてイグナティエフは、「アメリカ人」「訪問者」と批判され、彼が率いる野党は大敗北を喫して終わる。

そもそもマキャベリなど、高名な政治思想家はことごとく政治的な敗北者であった。それを確認しながら、なお「天職」としての政治への敬意を著者は失わない。

評・杉田敦（政治学者）

二〇一五年五月三日⑧

『骨相学　能力人間学のアルケオロジー』

平野亮 著
世織書房・三四五六円
ISBN9784902163773
社会

頭の形を見れば、その人の能力が分かる——。こんな怪しげな主張で19世紀前半のヨーロッパやアメリカを席巻したのが骨相学である。今でこそ疑似科学の典型ともされるが、提唱者らが目指したのは、実証的・合理的に人間の〈能力〉を分析する、最先端科学の構築だった。それゆえ、文豪ゲーテや社会学の祖コントらからも大いに称揚されたのだった。

そして、骨相学が中心にすえていた「能力（ファカルティ）」の概念は、さまざまに形を変え、現在の能力心理学の中でも生き続けていると著者は指摘する。もっと個性を重視せよ！　生徒の能力にあった教育を！　という、一見もっともらしい主張は、一歩間違えれば骨相学のように能力差別の温床ともなりかねない。歴史に学ぶ意義は、同じ轍（てつ）を繰り返さないためにこそあるだろう。

であればなおのこと、骨相学が人種差別や階級差別に援用された点などについても、もう少し突っ込んだ記述が欲しかった。

評・佐倉統（東京大学教授）

『人工知能は人間を超えるか』

松尾豊 著

角川EPUB選書・一五一二円
ISBN9784040800202

『エニグマ　アラン・チューリング伝　上』

アンドルー・ホッジス 著
土屋俊、土屋希和子 訳

勁草書房・二九一六円
ISBN9784326750535

科学・生物

「計算」の概念を変え　新世界の扉開いた

ここのところ、人工知能がめきめきと賢くなっている。将棋で一流のプロ棋士と対等に渡り合うほどになり、やがては人類を滅ぼすかもしれないと警告する科学者もいるほどだ。ちょっと前は、計算とか繰り返し作業とかには滅法（めっぽう）強いが、常識的な判断ができず、ましてや芸術作品を作るとか言葉を自然に操るとか、とてもではないが不可能と思われていたのだから、隔世の感がある。

松尾豊の『人工知能は人間を超えるか』は、最近の人工知能の技術的進歩を分かりやすく解説していて、この分野の格好の水先案内になってくれる。何が人工知能をそこまで賢くしているのか、明快で見通しの良い整理は、予備知識がない人でも読みやすい。

キーワードはビッグデータと深層学習（ディープラーニング）。この二つによって、人工知能は50年来のブレークスルーを達成したという。外界や環境とのやりとりにおいて、何をどう学習したら良いか、以前は人間が方向性を定めなければいけなかったのが、人工知能みずから決めることができるようになったのだ。

その上で著者は、この先に開けている社会が、今までとはまったく違ったものになると力説する。人工知能技術の社会的影響に多くのページを割いて考察しているのはとても有意義だが、技術の変革が人間そのものに及ぼす影響については、やや単純化のし過ぎのようにも思う。

人工知能の根本的な原理を発見した研究者のひとりが、イギリスの数学者、アラン・テューリングである（「チューリング」と表記されることが多いが、ここでは「テューリング」とする）。

彼を主人公にした伝記映画《イミテーション・ゲーム》が話題を呼んでいる。アカデミー脚色賞を受賞したこの映画の着想のきっかけになったのが、アンドルー・ホッジスによる浩瀚（こうかん）な伝記、『エニグマ』だ。

テューリングは、「計算」という行為の概念を変えた男と言っていいだろう。数字記号の操作からビット列の操作に、つまり、数学から情報へ。それが暗号解読にもつながったし、人間の思考や意思決定を計算過程として論じることのできる世界への扉を開いた。この扉の先が、現在どれだけ豊穣（ほうじょう）な世界になっているかは、松尾が描いてくれたとおりである。

この伝記、まだ上巻のみで下巻の出版が待ち遠しいのだが、残念ながら翻訳が良くない。下巻では修正されていることを望む。

種を蒔（ま）いた人の孤独や苦労と、その種が半世紀後にどこまで育ったか、一度に合わせて俯瞰（ふかん）することができるのは、現在のぼくたちならではの特権だ。これを楽しまないという手はない。

評・佐倉統（東京大学教授）

まつお・ゆたか　75年生まれ。東京大学特任准教授（人工知能）。
Andrew Hodges　49年ロンドン生まれ。数理物理学者。

二〇一五年五月一〇日❷

『廃墟の残響　戦後漫画の原像』

桜井哲夫 著
NTT出版・二二六八円
ISBN9784757143425
文芸

敗戦や原爆が喚起した創造力

南方の戦争で腕を失った水木しげるの話がなぜか序文で語られる。続く第一章は日本が行った満州政策の顛末（てんまつ）から始まり、それがかなり的確にまとまった歴史認識なのだ。その満州で地図作りの技能を買われ、関東軍の情報活動の特殊任務に就いていたのが長井勝一という人で、後に青林堂を立ち上げ、ぼくらの世代に多大な影響を与えた漫画月刊誌「ガロ」を創刊した。

ここで初めて序文の水木しげるの話が布石と気づき、戦後に至る日本の漫画家の運命が見えてくる。高井研一郎、上田トシコ、ちばてつや、森田拳次、古谷三敏、北見けんいち、そして赤塚不二夫ら満州にいた漫画家のそれぞれが敗戦を機に大陸を脱出する。この錚々（そうそう）たる漫画家らが皆、満州で子供時代を過ごしたという事実に驚かされる。

一方、日本本土は米軍による大空襲で大阪も東京も焼け野原となった。その廃虚の中に学生だった手塚治虫、小松左京、野坂昭如らがいた。手塚は廃虚の大阪に灯（とも）る電飾を見て「漫画家になれるかも」と直感した。白土三平は戦中戦後の過酷な生活を経て「忍者武芸帳」を描くに至った。また昭和30年代、後年の人気漫画家が集うことになる「トキワ荘」に手塚治虫を招いたのが当時の雑誌「漫画少年」の編集者加藤宏泰だった。

そんな混乱の時代を俯瞰（ふかん）しながら希代の才人に焦点を絞る著者の話法に引き込まれ、まるで上手に編集されたドキュメンタリー映画を見た心地になる。戦後の日本文化は、漫画家が牽引（けんいん）したのかもしれない。それがその後のアニメ文化隆盛に繋（つな）がっていく。

本書は漫画家に限らず、戦後文化を活気づけた人たちの活動の大きな根源が敗戦や満州、原爆だったことを改めて考えさせる。戦後の日本の荒涼とした廃虚が彼らの創造力を喚起したことは記憶に留めておきたい。本書の通奏音でもあるその響き、廃虚の残響は今も鳴り続いている。

評・細野晴臣（音楽家）

さくらい・てつお　49年生まれ。東京経済大学教授。著書に『一遍と時衆の謎』など。

二〇一五年五月一〇日❸

『下中彌三郎　アジア主義から世界連邦運動へ』

中島岳志 著
平凡社・二五九二円
ISBN9784582824742
社会

透明で一元化した理想郷の危うさ

勇気ある本だ。それは、平凡社の創業者である下中彌三郎の評伝を当の平凡社から出すにあたって、ときには厳しい批判の目を向けながら、一切の留保なしにその正と負の言動を描いたからではない。つかみどころのない下中彌三郎が残した膨大な文章にねばり強くつきあい、いわば包摂しながら批評しようと、途方もない労力をかけた作品だからだ。私にはその姿勢は、ヘイト的な言説を吐き散らす者の言葉に根気よく耳を傾け、その人を受け入れつつ批判しているのと同じ姿に見える。

支離滅裂すぎて誰もが評伝を書くことを断念したという下中の言葉は、確かにめまいをもたらす。例えば、徹底した男女の平等を説きながら、それは厳格な役割分担のもとでこそ実現できるという。日露戦争を、日本の平和のために必要な戦争だとあおりながら、一方で戦争の暴力性を糾弾する。生涯にわたる思想の遍歴が左右に激しく往還するだけでなく、矛盾して同時には成り立ちえない主張を、エキセントリックに展開する。

中島岳志は、その矛盾をカッコにくくって、下中の情熱がどこを目指しているかを見極める。それは一種のユートピア志向である。誰もが隠しごとを持たない「透明な」人間関係をベースとしたヒエラルキーなき共同体が、天皇の大御心（みこころ）によって実現していくというビジョンである。中島は、すべてが一元化された平等への意志を下中に感じ取り、それが戦前のアジア主義に埋め込まれたつまずきの石であることを批判する。

貧困からのし上がった下中には、特権階級への憎悪と、最下層への共感があったように思う。均質な理想世界への欲望とは、いい目を見た者たちを没落させたいという復讐（ふくしゅう）心でもあったかもしれない。その真摯（しんし）さと欺瞞（ぎまん）に全身全霊でつきあって批判する中島の態度は、今の対立社会を中和させるための重要なヒントとなるだろう。

評・星野智幸（小説家）

なかじま・たけし　75年生まれ。北海道大学准教授。『中村屋のボース』で大佛次郎論壇賞。

二〇一五年五月一〇日④

『遊楽としての近世天皇即位式　庶民が見物した皇室儀式の世界』

歴史

森田登代子 著

ミネルヴァ書房・三〇二四円

ISBN9784623071890

「広場」に変貌した御所の南庭

江戸時代の天皇は幕府の厳重な管理のもとに置かれ、京都御所に事実上幽閉されていて、生身の姿を一般庶民にさらすこともなかった。そう思い込んでいる人々は多い。天皇の研究をしているにもかかわらず、かく言う私もまたその一人であった。

ところが本書は、図像を含む多くの史資料を通して、江戸時代の天皇の即位式では一般庶民が京都御所の南庭に集まり、思い思いの姿で見物していたことを明らかにする。見物人は男性よりも女性の方が多く、授乳している女性までいる。彼女らの席から即位式が行われる紫宸殿（ししんでん）までは距離があったため、天皇の姿をとらえるのは難しかったが、式の後に天皇が着座した高御座（たかみくら）などを見物することは誰でもできた。南庭には見物人が殺到し、死者も出た。

禁域のはずの京都御所が、即位式に際しては一般開放され、南庭は誰もが集まることのできる「広場」へと変貌（へんぼう）したわけだ。江戸時代にこうした広場があったこと自体、注目に値する。大正天皇と昭和天皇の即位式もまた紫宸殿で行われたが、南庭から天皇の姿を見ることができたのは政府関係者に限られていた。一般庶民は江戸時代と同様、式の後に御所内に立ち入ることが許されたものの、式の当日は首相が南庭で天皇陛下万歳を三唱するのと同じ時間に、御所の外側で見えない天皇に向かって万歳を叫ぶことしかできなくなる。

京都御所の南庭を定点観測することで、近世から近代にかけての天皇制の断絶面と連続面を探る視点を、本書は提供している。この視点が、主婦業を続けつつ、「中年になって」研究を始めた一人の女性によって出されていることを強調しておきたい。授乳中の女性の絵図を見た衝撃をきっかけとして研究に入るというのも、男性にはなかなかないことだろう。自らの無知を気づかせてくれた本書に、改めて感謝したい。

評・原武史（明治学院大学教授）

もりた・とよこ　武庫川女子大大学院博士後期課程単位取得。『はじけてダンス！』。

二〇一五年五月一〇日⑤

『友は野末に　九つの短篇』

色川武大 著

新潮社・二二六〇円
ISBN9784103311058

文芸

困惑と屈託を味方につけて

学校になじめずにグレて、博打（ばくち）にのめりこむ。ナルコレプシーという睡眠に関係する持病のため、幻覚に襲われる。色川武大の『友は野末に』は、そんな作家の生活と人生を織りこんだ九つの短編を収める。哀感とユーモア、そして独特のサービス精神に満ちた文章の数々。

「私はこのまま学校へ行かずに、永久に体制の外へはみ出てしまうとしても、それ以外に道がないと思うことができた」という箇所がある。「思った」ではなく「思うことができた」なのだ。可能性の意味合いを、そっと含み持たせるこんな表現一つとってみても、この書き手の心の角度が伝わってくる。

「私は生家を出て、外をほっつき歩いていて、道路に寝たり、あちこち流れ歩いていた期間が長いが、といってまるっきり生家に寄りつかなかったわけでもない」。いつも鍵のかかっていない家。そっと戻ると、留守にした間に自分の部屋は野猫の巣となっている。「かなりの数の猫がこの部屋に出入りすることを知った」。虫たちも入ってくる。眼前に現れては消える生き物たちとの距離を「私」は「交際」と呼ぶ。

表題作は、子供のとき親友だった大空くんを語る。幼稚園や小学校で、大空くんもまた周囲となじめない。納得できないことがあると、大声で「いやだ」と叫ぶ。先生をてこずらせる。大人になるにつれて、理由もなく離れていった大空くんから、三十年ぶりの来信。山の宿をやることになった、よろしく。「私」は大人になってからの大空くんの生活を知らない。でも、記憶にはたしかに大空くんの「熱い表情」が残る。

どう生きればいいかわからない。そんな思いを、幼いころから抱えてきた人は、色川武大の文章を読めばきっと自分の心と重なる傾きをそこに見出（みいだ）すだろう。困惑と屈託を、突き放すよりも、むしろ味方にして進む世界だ。

評・蜂飼耳（詩人・作家）

いろかわ・たけひろ　29年生まれ。『離婚』で直木賞。阿佐田哲也名で『麻雀（マージャン）放浪記』など。89年死去。

二〇一五年五月一〇日⑥

『ドメスティック・バイオレンスと民間シェルター』

小川真理子 著

世織書房・四五三六円
ISBN9784902163766

社会

支援者の視点から見える課題

本書は民間シェルターへの調査を中心に、日本のDV（ドメスティック・バイオレンス）被害者支援の現況を整理。そのうえで、今後のDV対策を考えるために必要な思考法を提供する力作である。

DVは90年代初めごろから社会問題だと認識されるようになった。２００１年には「DV防止法」が制定されたが、それまで夫婦間暴力は、家庭内の痴話喧嘩（ちわげんか）として放置されてきた。それが今では、「DVは許されることではない」という合意が拡（ひろ）がりつつある。

認知が進んだのは、女性運動の貢献が大きかった。運動は、社会的な啓蒙（けいもう）に限らず、防止法の成立以前より具体的な民間シェルターの開設などを進めてきた。男性恐怖に陥りがちな当事者に配慮して女性スタッフを中心に運営すること。支援者と当事者の間に権力関係が発生しないよう慎重たらんとすること。様々な工夫が行われてきた。

DV対策は、相談や一時保護だけでなく、

「人生の再出発」への支援が欠かせない。シェルター退所後も裁判などを闘わなくてはならず、加害者から身を隠して生活することも必要となる。カウンセリングを受けながら、新しい土地で雇用を獲得するなど、生活を再建するには困難が多い。民間シェルターが今なお果たす役割は大きいが、著者によるアンケートではその多くが、財政面や人材面での課題を抱えている。本書が訴えるように補助金の在り方を再検討することが急務だろう。

「調査者」として一方的に研究して終わるのではなく、状況を変えるため、自らの当事者性と向き合いながら関わる「フェミニストリサーチ」の手法を採用している本書のスタンスからも、DV対策に関わる者が共有すべき「思想」の形が示唆される。アンケートデータの開示もありがたい。「支援者の視点」への寄り添いを通じて、多くの課題が見えてくる。

評・荻上チキ（「シノドス」編集長・評論家）

おがわ・まりこ　66年生まれ。お茶の水女子大学基幹研究院リサーチフェロー。

二〇一五年五月一〇日⑦　歴史

『ラ・ミッション　軍事顧問ブリュネ』

佐藤賢一 著
文芸春秋・一九九八円
ISBN9784163902135

歴史小説を書く作家は、表面的な事象を学ぶのに十分に忙しく、時代の特徴を見極めるところまではなかなか手が回らない。だからたとえば国の興亡を描く物語であれば、等しく日本の戦国時代的なテイストになってしまいがち。

これに対して少数ではあるが、舞台となる時代・社会の本質をしっかりつかんで土台を形成した上に、ストーリーを構築していける人がいる。ヨーロッパ史における佐藤賢一は、まさにその代表である。

本書で彼が描くのは、幕末・維新の戊辰戦争を敗残の幕府軍とともに戦った「ラスト・サムライ」、フランス軍事顧問団（ラミッションミリテール）のジュール・ブリュネ大尉。戊辰戦争は単なる日本の内戦ではなく、列強の利害がダイレクトに作用する世界史の一コマであった。強大な権力の思惑の中で、ブリュネと友人たち―オオトリやイジカタら―は、自らの士道（エスプリ）を誇りをもって貫いていく。そのさまが震えるほどにかっこいい。どこぞの「イケメン大河」に物足りぬ方は是非！。

評・本郷和人（東京大学教授）

二〇一五年五月一〇日⑧　社会

『ショッピングモールの法哲学　市場、共同体、そして徳』

谷口功一 著
白水社・二〇五二円
ISBN9784560084106

著者はニュータウンを走る私鉄に乗り、巨大アウトレットモールの脇を通って勤務先大学に通うという。今やそこかしこで見られるこうした「郊外」状況。著者はそれと真摯（しんし）に対峙（たいじ）し、現代社会における共同性、公共性のあるべき規範を描き出そうとする。

例えばショッピングモールを共同体を破壊する商業主義の象徴とみなして批判する立場がある。しかし悪（あ）しき郊外化に抗（あらが）うべく共同体メンバーは「公民的徳性」を備えよとするサンデルらの主張は「松茸（まつたけ）」の人工栽培を前提として献立を作るようなものではないかと著者は書く。

こうして奇抜な比喩をちりばめ、荻生徂徠『政談』やホラー映画『ゾンビ』までも「郊外」論として解してゆく大胆にして斬新な公共性論は、著者自身も認めているがまだ中間報告段階だ。だが松茸の大量栽培が簡単にできると信じてかかるがごとき拙速な議論が多い中で、着実な論証の姿勢は印象的。読み続けてゆきたいと思わせる。

評・武田徹（評論家）

二〇一五年五月一七日❶

『宗教と政治の転轍（てんてつ）点　保守合同と政教一致の宗教社会学』

塚田穂高 著

花伝社・三七八〇円
ISBN9784763407313

政治／人文／社会

政党作る団体に切り込む行動力

泡沫（ほうまつ）候補という言葉がある。選挙で当選する見込みがきわめて薄い候補者のことだ。彼らは、たとえ一時的に話題に上がることはあっても、時間がたつにつれ忘れ去られてゆく。政治学の世界でも、泡沫候補に関する研究というのは皆無に等しい。

本書は、宗教政党に属した候補という限定付きながら、昭和から平成にかけての泡沫候補に関する初めての本格的な研究である。もっとも本書は、その研究自体を目指してはいない。戦後日本の宗教運動を、独自の政党を作らず、既存の政党を支持するだけの「政治関与」型と、独自の政党を作って選挙に立候補する「政治進出」型に大きく分け、両者の事例について考察しているからだ。けれども圧倒的に面白いのは後者で、各教団の内部資料を集めるばかりか、選挙に打って出る宗教政党の会見にまで出席するなど、ただならぬ努力が費やされている。政治学者が避けてきたテーマに切り込もうとした著者の研究姿勢は、高く評価されるべきだろう。

創価学会、浄霊医術普及会、オウム真理教、アイスター（和豊帯〈わほうたい〉の会）、幸福の科学が、「政治進出」型に属する宗教団体として取り上げられる。このうち、創価学会を除く四つの団体は、国政選挙への挑戦を何度か試みるものの、議席獲得には遠く及ばないまま今日に至っている。この点ではすべてが泡沫候補と呼ぶべきなのだが、言うまでもなくオウム真理教と幸福の科学の著名度は突出している。本書では、１９９０年の総選挙での惨敗を機にオウム真理教が陰謀論的思考を深めてゆく過程や、２００９年の政治進出と連動して幸福の科学で「霊言」が復活する過程についても、興味深い分析がなされている。

こうした分析を踏まえると、同じ「政治進出」型の宗教団体に属するにもかかわらず、なぜ創価学会だけが泡沫候補を出さずに政界に進出できたのかという疑問が、改めて湧いてくる。けれども本書は、この疑問に十分にこたえてはいない。「政治進出」型の宗教団体は、いずれも日本の伝統尊重や天皇・皇室への崇敬を中核とする「正統」的宗教ナショナリズムからは距離を置く「異端」性をもっているとされるが、この仮説だけで創価学会とオウム真理教の間に横たわる振幅の大きさを解明することはできまい。

本書を読んでいると、文章の表現などに良くも悪（あ）しくも「若さ」が目につく。だが、若さゆえになし得た研究ともいい得る。幸福実現党の会見に一人乗り込んだ著者の勇気と行動こそが、本書を生み出した原動力になっていることは間違いない。今後のさらなる研究に期待したいと思う。

評・原武史（明治学院大学教授）

つかだ・ほたか　80年生まれ。国学院大研究開発推進機構日本文化研究所助教。東京大大学院博士課程修了。専門は宗教社会学で、新宗教運動・政教問題・カルト問題などに取り組む。共編著に『宗教と社会のフロンティア』など。

二〇一五年五月一七日②

『草木成仏の思想　安然と日本人の自然観』

末木文美士 著
サンガ・二二六〇円
ISBN9784865640090
人文

人間の傲慢がもたらす自然の怒り

ひところ「山川草木悉皆成仏（さんせんそうもくしっかいじょうぶつ）」という言葉がよく使われた。成仏とは仏になること。また心の働きをもつ「有情」に対し、心の働きのない植物などを「無情」という。そうすると、「山川草木悉皆成仏」とは、無情であっても仏になれる、との意味になる。

哲学者の梅原猛が仏教思想の中からこの言葉を見つけ出し、中曽根康弘首相（当時）が政治の場でしばしば引用した。私たちはすべての生物・自然と調和し、共棲（きょうせい）してきた。「共存の哲学」こそが日本民族の生き方である、と説いたのだ。日本人は自然に優しい、環境を大切にする、という表現は現代でも耳にする。

その思想は真実だろうか。著者は忘れ去られていた安然（あんねん）（８４１?〜９１５?）という学僧の事績を発掘する。彼の手になる『斟定（しんじょう）草木成仏私記』を現代語訳し（たいへんに困難で、それだけに得がたい仕事である）、その他の著作も吟味しながら、この問題を考察していく。そして「真如（しんにょ）」という概念に着目し、安然が「草木が自ら発心・修行し、成仏する」との理解に至ったことを解き明かす。

著者の論点はさらに、日本人と自然の関係へと進んでいく。日本人は本当に環境に優しく、自然を大切にしてきたのか。いや、そんなことはない。私たち日本人は昔から、開発と称して自然を破壊してきたではないか。自然の大部分はどんなに科学が発達したとしても了解不能な領域に属しているのだから、「原子力を制御できるなどというのは傲慢（ごうまん）以外の何ものでもない」。

安然が説く「真如」とは、「かたちのある何か」ではない。有情・無情が生成し、帰滅していくところであり、それに思いをいたし接近していくことこそが信仰である。その意味で、人間の思い上がりや不勉強が自然（無情）の怒りの元となり、天災をもたらす、という考え方なり信仰は、十分に成立すると著者は説く。傾聴すべき提言であろう。

評・本郷和人（東京大学教授）

すえき・ふみひこ　49年生まれ。国際日本文化研究センター教授。『日本宗教史』『現代仏教論』など。

二〇一五年五月一七日③

『遠すぎた家路　戦後ヨーロッパの難民たち』

ベン・シェファード 著　忠平美幸 訳
河出書房新社・五〇七六円
ISBN9784309226262
歴史／国際

数百万人　大戦最大の「後遺症」

欧州は歴史のかさぶたに覆われている。乾いて癒えたように見える皮膚もあれば、血がにじんでいる傷口もある。

その一枚をめくると、第2次世界大戦が欧州に残した数百万人の難民の苦難の物語があった。英国のテレビプロデューサーだった著者が、大戦最大の「後遺症」をドキュメンタリーのように描く。戦争の記憶や記録は「民族ごとに構築されてきた。客観的に書くのは容易ではない」と自覚しながら、民族や国家の枠を超えた歴史の俯瞰（ふかん）に挑んだ。

舞台は、１９４５年の終戦をはさんだ約10年間のドイツ。主役となる「難民」は、ヒトラーの大虐殺を生きのびたユダヤ人だけではない。ナチス時代に欧州各地から強制連行された労働者、自発的な出稼ぎ、戦争捕虜、共産主義の旧ソ連から逃れようとした人……。ポーランド、ウクライナ、ユーゴスラビア、バルトの国々など、さまざまな背景を持つ人々が難民として吐きだされ、迫害や伝染病、飢えの恐怖にさらされた。

彼らはどこからどのようにやって来たのか。そして、どこへ行ったか——。時が過ぎたからこそ出てきた記録や当事者の証言を生かしながら構成する。外国人への嫌悪や差別をあけすけに語る人がいる。連合国が設けた難民を支援する国際機関の収容所には、「上から目線」の偽善もある。悲劇に潜むきれいごとだけではない生々しさが、欧州の大きな歴史を人々の物語に紡ぎ直している。

難民は、米国が深くかかわった欧州の復興や東西冷戦、イスラエルの建国といった世界の歴史の渦の中にありながら、その潮流を作る存在にもなったという。著者が戦後の出発点とする「難民危機」を追うと、和解と統合の「優等生」では語り切れない欧州の苦悶（くもん）と打算が見える。戦時の強制労働の問題、移民の受け入れや民族主義への向き合い方など、日本がいま抱える課題への示唆に富んでいる。

評・吉岡桂子（本社編集委員）

Ben Shephard　48年生まれ。歴史・科学ドキュメンタリーを多く手がける。

二〇一五年五月一七日④

『大瀧詠一　Writing & Talking』

大瀧詠一 著

白夜書房・四八六〇円

ISBN9784864940481

アート・ファッション・芸能

世界的視野でポップス分析

アルバム「ロング・バケイション」をはじめ、多くのヒット作を残し、二〇一三年に惜しまれて亡くなられた、音楽家の大瀧詠一による、さまざまな種類の言葉が網羅された大著だ。

日本のポピュラー音楽の構造を明らかにした「分母分子論」をはじめ、かつて読んだ文章もいくつかあるが、通読して初めて大瀧詠一の思考の動きを理解できたのを感じる。そこには、アメリカンポップスをはじめ、膨大に聴いた音楽による分厚い教養とともに、音楽そのものへの大きな愛情がある。いや、愛情がすべてかもしれない。しばしば口にしていたティーンエイジャーだった頃の無邪気な音楽ファンに回帰したい思いが、裏がえって綿密なポップミュージックの分析になったのではないか。だから、日本において、ポップスやロックンロールという言葉で語られる音楽をアメリカを中心にした外国からどう輸入し、消化してきたか、そこにどんな誤解があって現在に至ったかがクロニクル的に語られる。本書で大瀧詠一が強調して書くのは、日本人としてポップミュージックを世界的な視野で考えたときの、「自惚（うぬぼ）れない精神」だ。

日本のポップミュージックがどこからやってきたか。たとえば、明治初期まで遡（さかのぼ）り、「蛍の光」はスコットランド民謡が原曲だと明示するように、ロックはどのように形になったか、フォークの祖はなんであったか、自身を含めた日本のポップミュージックを遡り、繰り返し何度も対象化する。その態度に妥協はない。

FMラジオで大瀧は、「アメリカン・ポップス伝」という番組を何年かにわたって断続的に放送してきたが、一三年の死によって中断された。その先を聴きたかった。いまでも悔やまれる。けれど、本書を通読することで大瀧が語ろうとした内容を想像することは可能だ。それは感動的ですらある。

評・宮沢章夫（劇作家・演出家）

おおたき・えいいち　1948～2013年。70年「はっぴいえんど」でデビュー。プロデュースも多数。

二〇一五年五月一七日⑤

『ノヴェル・イレブン、ブック・エイティーン』

ダーグ・ソールスター 著　村上春樹 訳
中央公論新社・一八三六円
ISBN9784120047121
文芸

奇妙で熱心な生の探求者

村上春樹がノルウェー滞在中に出会い英語版から訳出した日本で初紹介のノルウェー作家の小説だ。重訳になっても訳さずにいられなかったと訳者あとがきにあるが、そう思うのも当然に感じられるほど奇妙な傑作である。やはり世界は広い。

話の大筋は最初の2ページでつかめる。家庭を捨ててある女と14年間暮らし、別れたのちに、どうしてあの女に惹（ひ）かれたかわからないと自問する50男の話だ。

ありふれた設定だが、過去を振り返る主人公のねちっこい考察と論理がふつうでなく、凡庸な話が凡庸でなくなる。彼の論理を支えているのは、2人の人間性を囲んでいる状況を人はただくぐり抜けていくに過ぎないという醒（さ）めた意識だ。そんな男なら家庭を捨てて別の女に走りそうもないが、実行してしまうのがこの男の奇妙なところ。人生に設定をほどこしそれにダイブして生を駆り立てるのだ。「この世で最も素晴らしい幸福は短い幸福である」と心の底でわかっていながらも。いや、それがために……。肉体に陰りが見えてきた今、彼はある計画を思いつき実行する。後戻りができないゆえに創造的ですらあるその行為の内容は読んでのお楽しみだ。

人が何かの行動を起こす時、真の動機はわからない。確かなのは、その時々に切実に思うことを実践することだ。このわかりきった事柄を、皮肉のこもったユーモアを散りばめて論理的に畳みかけていく書き方は、人間存在の孤独に生命力を吹き込んでいくようで圧倒される。また、奇想にとりつかれた主人公が、エキセントリックに、演劇的に、人生を創造していくさまは、芸術行為にも通じるところがあり、主人公の年齢を自身に近づけて設定し、11冊目の小説、18冊目の著書という意味のタイトルを与えた作家への興味もそそられた。主人公同様に愛すべき「変人」にちがいない。

評・大竹昭子（作家）

Dag Solstad　41年生まれ。本書でノルウェー文芸批評家賞受賞。

二〇一五年五月一七日⑥

『人工授精の近代　戦後の「家族」と医療・技術』

由井秀樹 著
青弓社・三二四〇円
ISBN9784787233851
科学・生物

「子を産むべき」の呪縛の強さ

人工授精、体外受精、代理母……。次々に新手が現れる不妊対策。その背景に「結婚と出産を一体」のものと認識し、「夫婦と血のつながりがある子を妻が出産する」ことを規範とする家族観があると著者は考える。そしてこの規範の履行が危ぶまれた時、代替手段として不妊対策が様々に模索されるのだと。

本書が議論の対象に選んだのは人工授精だ。先端科学的イメージの強い生殖補助医療だが、日本で人工授精を紹介した文献は、明治時代に刊行された『人工妊娠新術』にまで遡（さかのぼ）れる。以後、近代日本の人工授精史を各種資料を用いて丁寧にたどる著者の筆致は、生殖補助医療の問題点を声高に糾弾して、科学技術社会の未来を憂える激しさこそないが、伝統的家族観の堅牢さを実証的に示した点で画期的だ。

「産めよ、増やせよ」を国是とした戦中から一転して終戦後の日本では人口抑制の必要が唱えられるが、不妊対策への情熱は冷めない。初の非配偶者間人工授精（ＡＩＤ）の施術は

1948年。当時、第三者の精子を用いる是非が議論されたが、AIDを婚姻を維持する「非常手段」とみる見解が出された。以後も新しい生殖補助技術が登場するたびに伝統的家族観は揺らがされつつも結局は強化され、それがまた新しい生殖補助技術を求める循環が作られる。

著者は後書きに「『男性』のあなたがなぜこの研究をするのか」と何度も問われたと記している。妊娠・出産を女性の身体の問題に限定して意識するところにも社会の出産中心主義的な家族観が反映しているのだろう。そこでめげずに著者が研究を重ねたことを評価したい。過度の出産中心・血統優先的家族観は時に個人を苛（さいな）む。家族はもっと多様となるべきだが、誰をも深く支配している伝統的家族観の呪縛を正しく認識せずには次の新しいステップは踏み出せないはずだ。

評・武田徹（評論家・恵泉女学園大学教授）

ゆい・ひでき　87年生まれ。立命館大学専門研究員（科学史、生命倫理学）。

二〇一五年五月一七日⑦

『牛と土　福島、3・11その後。』

社会

眞並恭介 著

集英社・一六二〇円
ISBN9784087815672

食べられない肉牛、売れない乳を出す乳牛に、経済的価値はない。しかしそれでも、牛は生きている。原発事故が起き、政府に安楽死させるよういわれたからといって、大切に飼ってきた牛を無駄に殺せない。そう感じた牛飼いたちは、「なんとしても、被曝（ひばく）した牛が生きていく理由、生きていく意味を見いださなければならない」と考える。生き物について長年考えてきた著者も一緒に考えつづける。殺処分の現場、餓死や野生化の様子、牛とともに動き変化する土壌を見つめ、研究のため、除染のため、農地の除草、里山の荒廃防止と、牛を生かす道を見いだしていく。

いずれ殺して肉にするはずだった牛だ、結局みんな人間のためではないか、そういうこともできるだろう。しかし牛はモノじゃない。恐れ、泣き、愛し、信頼する、やっぱり家族だと福島の牛飼いは感じるのだ。率直なことばが、巨大な矛盾に対峙（たいじ）する。家畜とは、農業とは、人間とはなんなのだろうと思う。

評・中村和恵（明治大学教授）

二〇一五年五月一七日⑧

『ウィーン大学生フロイト　精神分析の始点』

金関猛 著

中公叢書・一九四四円
ISBN9784120046902

ノンフィクション・評伝

フロイトの精神分析は、しばしば胡散臭（うさんくさ）く非科学的とされる。だが本書は、ウィーン大学の学生時代にフロイトが何をどう学んだかを丹念に復元することにより、そのような見方が皮相的であることを明らかにする。彼は生理学の学徒として唯物論的実証主義の精神と手法をみっちりと叩（たた）き込まれ、終生変わらず、厳格な自然科学者だったのだ。

一方で、人の心を物理化学に還元して解明することはまだできないため、心を科学的に扱う新しい手法が必要だと確信して、精神分析を開発したのである。

つまりフロイトは、合理性と不条理の境界の上での綱渡りに成功した人なのだ。両方の必要性を喝破した洞察と、綱渡りを成功させる知的基礎体力は、学生時代の師や友との交流を通じて培われた。

この本で描かれているのは、学生フロイトをめぐるウィーンの群像劇でもある。学問的厳密性と物語的面白さとの綱渡りに、著者もまた、成功している。

評・佐倉統（東京大学教授）

二〇一五年五月二四日❶

『長田弘全詩集』

長田弘 著　みすず書房・六四八〇円

ISBN9784622079132　文芸／人文／ノンフィクション・評伝

人生で大切なこと　深く見つめた言葉

今月初めに、詩人の長田弘は亡くなった。その少し前に刊行された全詩集は、これまでにまとめられた詩集のすべてを集大成したかたちだ。『われら新鮮な旅人』（1965）から『奇跡―ミラクル―』（2013）までの18冊・471編を収録する。およそ半世紀に及ぶ時間のなかで、この詩人がどのように歩んだか、改めてたどることができる。著者によって書かれた言葉と、じっくりと向き合える場がひらかれた。

単独の存在としての各詩集が集まって、一冊になることは、新たな「一冊の本」の誕生を意味する。著者による「結び」の言葉を引けば、「まったくちがって見えるそれぞれの詩集が、見えない根茎でたがいにつながり、むすばれ、のびて、こうして一つの生き方の物語としての、全詩集という結実に至った」ということだ。

全詩集を通して読むと、著者が繰り返し詩に書いた事柄が浮かび上がって見えてくる。生と死、日常、本と読書、自然、樹木、風景と人との深い関わり。生きていくなかで何を大切だと思うか。詩を通して著者が表したかったことは、それに尽きるといっていいだろう。人生とは一日一日を生きていくことだという、シンプルだけれど、だからこそ困難でもある人間のすがたを見つめる。

第一詩集の鮮烈さは、詩の読者のあいだではいまも記憶されている。『深呼吸の必要』（1984）も刊行当時、話題になった。けれど私は、著者の60代以降の詩集に、陰影の深まりを感じる。『一日の終わりの詩集』以降だ。それ以前にすでに書かれたモチーフも扱っているのに、なぜ、深まりを感じるのか。その点について考え、思い至った。著者の思考は、年齢を重ねることとなじむ方向性をもっていたのではないかと。

「人生は、何で測るのか。／本で測る。一冊の本で測る。／おなじ本を、読み返すことで測る。」「一体、ニュースとよばれる日々の破片が、／わたしたちの歴史と言うようなものだろうか。／あざやかな毎日こそ、わたしたちの価値だ。」

古今東西の文学や哲学にふれる詩も少なくない。一読者としてどんなふうに読んだかを、著者は詩にして、その味わいを伝える。長田弘の詩がひろげるのは、大きな木の下にいて静かに本のページをめくるような時間だ。これは一貫している。批判や警句を秘める詩も、おだやかな言葉の流れのなかに展開する。「死は言葉を喪（うしな）うことではない。沈黙という／まったき言葉で話せるようになる、ということだ」。そんな箇所もある。ならば、全詩集をひもといて、この沈黙に耳を澄ましたい。読まれるたびに、詩はよみがえる。

評・蜂飼耳（詩人・作家）

おさだ・ひろし　39年生まれ。詩人。65年に『われら新鮮な旅人』でデビュー。『世界はうつくしいと』で三好達治賞、『奇跡―ミラクル―』で毎日芸術賞。15年5月死去。

二〇一五年五月二四日❷

『芹沢光治良戦中戦後日記』

芹沢光治良 著

勉誠出版・三四五六円

ISBN9784585290865　歴史／文芸／人文

いい小説を書くことが命の証し

真珠湾攻撃による太平洋戦争開戦の年の1月から終戦後3年までの「死路を辿（たど）る」想（おも）いで綴（つづ）った日記である。

連日連夜「日本中の空がB29でおおわれたよう」な空襲下で死の恐怖に脅かされながら、何のためでもなく、考える必要も、幸福もない、ただ「いい作品を書く」以外ないというこの想いは死線を越えた、まるで肉体を離脱した人間の発するような言葉である。

小説を書く手を止めず修羅のごとく創作に突き進み、常に自分の病弱と「家の中に暴風を吹きよせ」る妻とのはざまで神の恩寵（おんちょう）にすがり、祈りながら、ひとときも心の安らぎのない状況。創作を唯一の生命の証しとして書き続ける孤高の精神に、空襲は容赦なく日本全土に拡大していく。

著者の創作意欲と西洋文学への強い関心は現実逃避のようにも思えるが、死を覚悟した芸術家には最後の砦（とりで）でもあろうか。さらに、芹沢の神への深い想いは、森羅万象に宿る自然の法則と摂理によって神が創造と結びついた命の根源であることを信じているゆえであろう。

終戦の年の3月10日、10万を超える死者を出した東京大空襲。その後、芹沢は軽井沢に疎開し、空襲からは免れるが、毎日の開墾生活は病弱の身には過酷で、貧困と空腹に苦しむ日々が続く。少数の指導者が日本を戦争に導いたことに怒りをおぼえながらも、日記の執筆はやまない。発表のあてもないだけに「己をごまかしたりせずに、魂のいぶきを」作品として残したいという彼の人間主義は、崇高でさえある。

芹沢はあくまでも芸術の力を信じ、戦争が終結するならば「ほんとうに活動すべきは芸術家だ」と書く。さらに「自分を神の殿堂としなければならない」とも。その答えこそが晩年の、長大な『人間の運命』や、『神の微笑』ほかに結実する「神」と「人間」への思索なのだ。今再び僕は「人間」シリーズを読み始めた。

評・横尾忠則（美術家）

せりざわ・こうじろう　1896〜1993年。作家。日本ペンクラブ会長なども務めた。

二〇一五年五月二四日❹

『日常に侵入する自己啓発　生き方・手帳術・片づけ』

牧野智和 著

勁草書房・三二三二円

ISBN9784326653935

社会

片づけも儀式　流行が社会を映す

自己啓発書は実に幅広い。仕事術はもちろん、何歳までにこれをしようと煽（あお）る「年代本」に、上手な時間管理を促す「手帳術」。さらには、人生さえも変えるという「片づけ術」。共通しているのは、成功もスキル獲得も、本人の努力や自己管理によって達成できるとささやくことだ。家庭環境や今置かれている状況などは無視し、「たった一つの習慣」や「気持ちひとつ」で人生が変わると説く。

無論、ほとんどには科学的根拠がなく、筆者の体験談を元に、キャッチーなフレーズを駆使して読者のハートを揺り動かす。その「胡散（うさん）臭さ」にツッコミを入れるのもいいだろう。とはいえ、これだけの自己啓発書が流通するということは、相応の社会的機能があるはずだ。

果たして自己啓発書に、いかなる社会的機能があるのか。本書は、膨大な自己啓発書を整理しながら、その流行変化が社会の何を映し出しているのかを考察する。人は、手帳術を学ぶことで「時間感覚」を、片づけ術を学ぶことで「空間感覚」を再編する。男女、年代の違いによっても、「自己啓発」に求めるものは異なる。男性向けのものは仕事や趣味における上昇志向を刺激し、女性向けは美の追求を通じて自分磨きを要求する。典型的なイメージながら、人はそれに癒やされる。直接読むと「うへぇ」と投げ出しそうだが、本書のように客観的に分析されると、雑多な書籍たちが星座を形作っているように見えて面白い。

「片づけ本」を整理した5章は最近でもベストセラー多発の分野だけあってタイムリーだ。主に男性経営者向けには、精神浄化の儀式としての掃除を。主に女性向けには、ありのままの自分を取り戻すための片づけを。現在の自己に不満を抱く人は、何かしらの儀礼を求めている。片づけのように些細（ささい）なことであっても、大層な儀式に変わってしまうものだ。

評・荻上チキ（「シノドス」編集長・評論家）

まきの・ともかず　80年生まれ。大妻女子大学専任講師。『自己啓発の時代』など。

『はじめての福島学』

開沼博 著
イースト・プレス・一六二〇円
ISBN9784781613116 経済／社会

データを共有し「イメージ」正す

東日本大震災の年に『「フクシマ」論』で衝撃のデビューを果たし、以後、被災地の「内側」からのメッセージを全力で発信し続けてきた著者の、震災から4年目にしての新境地。

元来彼は質的な調査を身上としてきた人だが、この本ではたくさんの統計データをもとに、一部で流布している福島のイメージがいかにズレているかを分かりやすく解説している。たとえば、福島県は農業県のイメージがあるが、実は一次産業従事者は1割以下で、二次産業が3割、三次産業6割である、など。

研究者が自分のスタイルを変えるというのは、相当な覚悟と努力が必要な一大事である。そんな「変身」を開沼にもたらしたのは、震災後4年間の経験だったようだ。全国各地での講演会やメディア出演の際の反応は、福島の姿がほとんど知られていないという現実を、彼に突きつけた。

基本的に前向きのトーンを保ってはいるものの、行間からは、開沼の静かな怒りや、かすかな諦念（ていねん）が、ほの見える。福島を政治問題化するな。事実を認識せずに結論先にありきで語るな。福島に住んでいる多くの人たちに迷惑をかけるな。どうして、こんな初歩的で常識的なことが分かってもらえないのか。

難しいことではないはずだ。この本を読み、虚心坦懐（たんかい）にデータを受け入れればよい。自分の限られた経験や感覚だけに基づいて何ごとかを主張することは、やめよう。その代わりに開沼が提案するのは、科学的な前提にもとづく限定的な相対主義である。最低限の客観的事実を共有し、その上で、各人の価値観の違いを容認し、できれば共存すること。

基本的なことである。だが、それすらできなくなっているとは、ぼくたちは、なんと狭量な人間になってしまったのだろうか。この先の福島学は、日本学は、どこへ向かうのだろうか。

評・佐倉統（東京大学教授）

かいぬま・ひろし 84年生まれ。社会学者。『漂白される社会』など。

『日本の官能小説 性表現はどう深化したか』

永田守弘 著
朝日新書・八四二円
ISBN9784022736093 文芸／人文／ノンフィクション・評伝

戦後社会見わたす格好の手引書

終戦直後から現在までのあいだに、官能小説はどのような変遷をたどってきたのか。官能表現の進化および深化、読者の好みの変化、さまざまな作家の持ち味や魅力を紹介する本。

実際に多数の作品の一節が引用されているので、下心から本書を読みはじめたのだが、「すごい本だ」とすぐに襟を正した。なにしろ1945年から2014年まで、一年単位で社会の動向や情勢や流行が解説され、それを反映し象徴するような官能小説が引用とともに提示されるのだ。官能小説を通して戦後の現代日本を見わたす内容になっており、毎年300編は官能小説を読むという著者にしかできない、大変な労作だ。

1970年代まで、官能小説は取り締まりを受けることがあったそうで、検閲と表現の自由についても考えさせられる。裁判沙汰になった作品も引用されているが、いま読むとまったくエッチじゃない。感受性と想像力が（ある意味では）豊かな人々が摘発したのだろうか……。また、女性作家がどんどん増え、新しい表現や観点を官能小説界にもたらしていることもわかった。

　性を扱った作品は、評論の対象になりにくく、記録されないまま消えていってしまう傾向にある。だが、読者に楽しい時間を与え、記憶に残る作品が、実は無数に存在している。著者は本書で、それらを見事に記録、評論した。私は、「エロスを味わうなら活字」派なので、「わあ、読んでみたい！」という作品がたくさんあって、いまうれしい困惑のなかにいる。本屋さんや古本屋さんで探さねば！

　著者の官能小説への愛と、たゆまず官能表現を磨きつづける作家たちへの敬意にあふれた一冊だ。時代とともに歩みつづける官能小説の世界へ導いてくれる、格好の手引書でもある。「おっぱい派」と「お尻派」についても、真剣に論考されてます！

評・三浦しをん（作家）

ながた・もりひろ　33年生まれ。評論家。編著に『官能小説用語表現辞典』など。

二〇一五年五月二四日⑦

『写真のボーダーランド　X線・心霊写真・念写』

浜野志保 著

青弓社・二五九二円
ISBN9784787273734

人文／アート・ファッション・芸能／科学・生物

　目には見えないものを撮ったX線・心霊写真・念写の歴史を繙（ひもと）きながら、写真とは何かを問う。写真はそこに在るものが写る、だから写真に写っていれば存在することになる、というわけで写真は肉眼で見えないものの存在証明になった。解（わか）りやすい例は体内を写しだすX線写真だが、読者の関心を引くのは心霊写真や念写のほうだろう。これらは人の手が入っているにもかかわらず、そうとは見なされずに一つの神秘として時代を越えて人々を魅惑してきた。写真とは何かとは、つまるところ人間とは何かなのだ。

　写真が超常現象と相性がいいのは、自然現象を応用した仕掛けだからで、人の「手」を超えているがために心を操作されやすい。この点がもう少し強調されてもよかったが、ルイス・キャロルが念写の本をだしていることや、少女たちが自作した妖精の写真を、かのコナン・ドイルが信じてしまった話など、英文学専攻から写真に越境した著者らしい指摘はおもしろい。

評・大竹昭子（作家）

二〇一五年五月三一日①

『忘れられた巨人』

カズオ・イシグロ 著　土屋政雄 訳

早川書房・二〇五二円　ISBN9784152095367　文芸

不穏な世を舞台に 記憶とは何か問う

　ストイシズムか、あまのじゃくか、挑戦好きか、たぶんそのすべてだろうが、カズオ・イシグロは新作ごとに異なるスタイルで読者を驚かせてきた。長編としては十年ぶりの本作も同様。1ページ目に「当時まだこの土地に残っていた鬼たち」という言葉を見つけてびっくりした。これは一体どういう小説？ファンタジーと呼ぶのは簡単だがそうはしたくない。何と言ってもイシグロの小説なのだからと、この形式が取られた意味を考えつつページを繰っていく。

　舞台はアーサー王統治後のブリテン島。つまり伝説の設定を借りてその後の世界を想像している。法や協定が破られ、王のもたらした平和がほころび、ブリトン人とサクソン人の信頼が損なわれている。主人公は村を去った息子に会う旅に出たアクセルとベアトリスというブリトン人の老夫婦。旅の途上で、アーサー王のおいの老戦士ガウェインや、サクソン人だがブリトン人とも親しい屈強なウィスタンや、同じくサクソン人で将来を期待される少年エドウィンなどに出会う。一夜の宿を借りた修道院からの脱出、悪をはびこらす雌竜の退治、ガウェインとウィスタンの決闘など、イシグロならではの卓越したストーリーテリングだが、その底を静かに流れているのは記憶というテーマだ。

これまでも人間に記憶がどう作用するかが探究されてきた。孤児たちが主人公の『わたしを離さないで』しかり。ピアニストが招待先の町で謎めいた状況に引き込まれる『充（み）たされざる者』も、成功した画家が戦後の価値の変化に困惑する『浮世の画家』もそうだった。ファンタジーの衣を借りた本作も例外ではなく、不穏な空気に包まれる世を舞台に、記憶とは何かを問うている。

　アクセルとベアトリスは蝋燭（ろうそく）を取り上げられ、村の周縁でひっそり暮らしてきた。息子が去ったのもその事に関係あるらしい。だが、ふたりはそうなった事情を憶（おぼ）えていない。いや、彼らのみならず、国全体が健忘の霧に覆われ、起きたこと、存在した人を忘れている。過去を語り合うことに意味がなくなっているのだ。

　「喜んで霧にくれてやりたいことも多いが、息子の顔はな……大切なものを思い出せないのはつらい」とアクセルはつぶやく。だが記憶に分け隔ては不可能である。憎しみの連鎖を起こす民族対立の記憶も、夫婦愛を育てる思いやりの記憶も、どちらも等しく記憶の姿なのだ。ウィスタンは少年に言う。「（恐れる）理由を失えば、そのぶんだけ恐怖は怪物的になる」。憎しみの記憶を超えるには、恐れの種を取り除くしかないわけだ。大文字の歴史においても、個の歴史においても。　評・大竹昭子（作家）

Kazuo Ishiguro　54年長崎生まれ。5歳でイギリスに渡り、英国籍を取得。『遠い山なみの光』で王立文学協会賞。『日の名残り』でブッカー賞。ほかに『わたしを離さないで』『浮世の画家』など。

二〇一五年五月三一日②

『幻燈スライドの博物誌　プロジェクション・メディアの考古学』

早稲田大学坪内博士記念演劇博物館 編

青弓社・二五九二円
ISBN9784787273727

アート・ファッション・芸能

見ているだけで楽しい怪しさ

　映画館のスクリーンや、家庭用の液晶モニターと比べ、「幻燈（げんとう）」という言葉を目にして感じるのは、また異なった映像メディアについて語られる印象だ。といっても本書があつかうのは、「幻燈」と表記したとき文字面に現れる、どこか懐かしいレトロ感とは無縁だ。「幻燈」は、「映画」の誕生によってその役目を終えたとはいえ、その後も様々な場所で活用されたと、本書が掘り起こす「幻燈（＝スライド）」の歴史や系譜によって教えられるが、よく覚えているのは町内の子供の集まりで「手洗い」について、「教育」として上映された幻燈だ。手洗いの衛生的な大切さを教えられる内容より、どこかほの暗い絵柄と、それが醸し出す怪しさが印象に残った。「手洗い」の教育に怪しさは必要がない。けれど怪しさは子どもを惹（ひ）きつける。いや幻燈は暗い絵ばかりではない。

　本書は、早稲田大学演劇博物館が所蔵する幻燈のタネになる、「写し絵」の歌舞伎絵や、観光地の写真、漫画、演劇、あるいは幽霊写真などが豊富に掲載されて見ているだけでも楽しい。日露戦争の前後からいかに幻燈が活用されたか、あるいは興行として広められたかを追い、興行性は「映画」にその座を奪われたが、簡単な構造ゆえ家庭で楽しまれたと、いくつかの資料が語る。ある時期まで私は「幻燈（＝スライド）」を舞台でよく使った。35ミリのフィルムを、現代の洗練された明るいランプで投射すると、映し出された絵の色は抜けがよくとてもきれいだった。

　プロジェクションマッピングをはじめ、映像表現は機材も技術も高度化される。それらはすべて、「幻燈（＝スライド）」に人が抱いた興味や、映像から得られる遠くのものを、いま、ここで見ることの欲望から始まったのを本書によって知ることができる。なぜ人はそれを欲望したか。映像メディアへの原初的な問いがここにはある。

評・宮沢章夫（劇作家・演出家）

早稲田大学演劇博物館は1928年に坪内逍遥によって創立された。約100万点の資料を所蔵。

二〇一五年五月三一日③ 『シフト&ショック 次なる金融危機をいかに防ぐか』

マーティン・ウルフ 著 遠藤真美 訳

早川書房・二八〇八円
ISBN9784152095350

経済

不可避の危機 その根源を探る

フィナンシャル・タイムズ紙の論説主幹を務める第一級の経済ジャーナリストによる、2007~08年に発生した世界的な金融・経済危機の徹底分析と将来展望の書だ。

冒頭で著者は、経済理論に基づく政策運営能力が高まり「大いなる安定」が実現、世界はもはや再び大恐慌に陥ることはないと過信していた、その誤りから学ぶ必要があると訴える。徹底的に自由主義的なオーストリア学派を信奉していた著者はいまやケインズを越えて、ミンスキーの「金融不安定性」理論に接近する。新古典派とは異なり、危機が経済システム内部から生じると説明する理論だからだ。

著者が引き出した教訓は第一に、危機に際してはアクティブな財政金融政策で経済ショックを和らげねばならないということだ。危機後、各国はこの線に沿って果敢に対応したが、その後すぐ、膨らんだ財政赤字抑制のため緊縮財政に走った。これが回復を遅らせた。事態はドイツが影響力を持つユーロ圏で特に深刻だ。

第二は、現在のシステムの下では金融ショック再来は避けられないと自覚し、ショックへの「耐性」を強化することだ。著者の核心的な提案は、銀行の自己資本比率基準を大幅に引き上げ、投資の元手を十分に積ませることだ。これで、危機の原因となった、少ない元手で何十倍ものリスク投資を行い高収益を上げるビジネスモデルを抑制できる。

究極的に著者は、これまで当然とみなされてきた「金融グローバル化」を止め、各国が独自の財政・金融政策を発動する余地を復活させることを提案する。規制と安全装置が「世界化」されないまま金融グローバル化を推進したことが、今回の危機の根源にあると著者は考えるからだ。これは実は、ケインズのビジョンに他ならない。リーマン・ショックの記憶が遠ざかる今、「次なる危機」に備えて我々は何をすべきか、大いに考えさせてくれる書物である。

評・諸富徹(京都大学教授)

Martin Wolf 英フィナンシャル・タイムズ紙の経済論説主幹。

二〇一五年五月三一日④ 『ナチスと精神分析官』

ジャック・エル=ハイ 著

高里ひろ、桑名真弓 訳

KADOKAWA・二三七六円
ISBN9784047317123

文芸

なぜ悪を為すのか 重い問い

1945年、ニュルンベルク裁判にかけられる直前のナチス高官たちを、刑務所内で診察した精神科医がいた。アメリカ人のダグラス・マクグラシャン・ケリーだ。本書は、ケリーの人生を追ったノンフィクションである。

ケリーともっとも馬が合ったのは、ヒトラーに次ぐ権力者で国家元帥のヘルマン・ゲーリングだ。ゲーリングは非常に家族思いで、愉快な男だった。しかし一方で、残酷な政策を次々と実行してきもした。この矛盾はなんなのか。

ゲーリングと会話を重ね、精神鑑定やロールシャッハ・テストを行ったケリーは、ナチス高官たちは精神異常ではないという結論に至った。「彼らは世界中のどこにでもいるような人々でした。その人格パターンは不可解なものではありません」。だとすると我々も、ナチスのように残酷な行いをし、あるいは見て見ぬふりをしてしまう可能性があるということだ。

アメリカに帰国したケリーは、精神科医と

してばりばり働き、名声を得て、家族と幸せに暮らした。少なくとも、傍（はた）目にはそう見えた。ところが１９５８年に、彼は衝撃的な死を迎える。

ケリーの息子の証言を読むかぎり、ケリーは「大悪人」ゲーリングよりも、父親としてはいかがなものかと思う部分のある人物だ。だが私だって、ゲーリングより家族思いである自信はない。

仕事に邁進（まいしん）し、よき家庭人であろうと努め、ユーモアと知性を兼ね備えたケリーと、ゲーリングとのちがいは、いったいどこにあるのだろう。そして、私たちとのちがいは。ちがいなど、なにもない。その事実がケリーを苦しめ、恐怖させた。

ひとはなぜ悪を為（な）すのか。「狂気の所業」という一言で片づけず、ケリーは重い問いかけに向きあいつづけた。己のなかの悪にいかに打ち克（か）つか、私たちもまた、考えつづけなければならない。

評・三浦しをん（作家）

Jack El-Hai　元米国作家、ジャーナリスト協会会長。

二〇一五年五月三一日⑤

『人びとはなぜ満州へ渡ったのか　長野県の社会運動と移民』

小林信介 著
世界思想社・二七〇〇円
ISBN9784790716570
歴史

「貧しさゆえに」の移民像を覆す

関東軍の武力を背景に日本が中国東北部で建国を宣言した「満州国」。版図内に一時は百万人を超える日本人が暮らしていた。本書はその約三分の一を占める開拓団員、青少年義勇軍ら、「農業移民」を研究対象とする。

移民たちは「貧しいがゆえに、新天地を求めて自ら満州に渡った」とされてきた。だが、全国最多の農業移民を送出した長野県各地域の経済状態と移民数を詳細に検討した著者は両者の間に因果関係は存在しないと考える。

その代わりに仮説として示されるのが「バスの論理」、つまり「あの村が行くのなら自分の村でも」と移民送出を競い合う構図だ。実際、高送出地域は県道等で繋（つな）がり、競争心理が連鎖的に広がっていった事情をうかがわせる。

もうひとつ、注目されるのが教育の関与である。多くの教員が社会活動で検挙された「二・四事件」が１９３３年に起きた後、長野県の教員組織「信濃教育会」は身の潔白を証し立てるかのように国策追従色を強める。教師たちは次男、三男のいる農家を回って「一人ぐらいは行ってくれ」と家族を説得した。

このように農業移民が国境を越えたのは「貧しさ」のせいではなく、「自発的」な選択でもなかった。それを実証的に示した意義は専門的な研究領域に留（とど）まらない。競争心を駆り立てたり、教育を媒介に動員を図ったりするメカニズムは戦時下の長野県に限られず、どこにでも発動しうる。開拓移民の前例が広く知られれば、それに対して注意深い検証の構えが取れよう。

農業移民は残留邦人問題に通じ、帰国定住や就業上の困難は今も消えていない。国境を跨（また）いで長く影を落とし続ける満州植民活動の実態を確かめる本書の作業は、歴史認識の違いを非難しあって対話が成立しにくくなっている東アジア圏の現状に向けて、共通の議論の場を提供する機会にも繋がるはずだ。

評・武田徹（評論家・恵泉女学園大学教授）

こばやし・しんすけ　72年生まれ。金沢大学准教授（近現代日本経済史）。

二〇一五年五月三一日❻

『ヘイト・スピーチという危害』

ジェレミー・ウォルドロン 著
谷澤正嗣、川岸令和 訳
みすず書房・四三二〇円
ISBN9784622078739
政治／社会

抑圧にならぬ規制は可能か

特定の人種・民族・宗教集団を差別し排撃するヘイト・スピーチは、近年、日本社会でも見られ、問題となっている。ヘイト・スピーチ規制はカナダ、デンマーク、ドイツ、ニュージーランド、イギリスなどにあるが、アメリカ合衆国では、連邦憲法修正第1条で規定された「言論の自由」を絶対視する立場から、見送られてきた。

これに対し、アメリカの法学者ウォルドロンは、ヘイト・スピーチを、民主的社会の市民としての尊厳を奪う危害と位置付け、規制論を正面から展開する。ポルノグラフィーの氾濫（はんらん）する空間で女性が安心して暮らせないように、立場の弱いマイノリティーは、自分たちが社会の平等な構成員だという確信を、差別表現によって脅かされやすいというのである。

こうした議論に対しては、何をヘイトとするかは、不快かどうかという主観的な感情によって左右されるとの批判もあるが、ウォルドロンは、ある表現が尊厳への危害と見なされるかは客観的に判断できると応答する。

ただ、表現規制を大幅に拡大していくことには、彼も警戒的である。先日のパリのテロ事件の際には、イスラム教の預言者ムハンマドの風刺画の是非が議論になった。こうした類の風刺について著者は、信者の尊厳を奪うものとまではいえず、宗教体系への批判なので容認されるべきだとする。宗教批判を、自らのアイデンティティー自体への攻撃と同一視するのは過剰反応だというのである。

宗教と信者との関係は各宗教によって異なり、難しい区分と思うが、言論規制がもたらすコストを考慮してのことなのであろう。

翻って、分断が深まるこの社会で、ヘイト・スピーチに苦しむ人びとにどう寄りそうか。権力による言論抑圧の手段とならない形で、規制は可能なのか。議論を始めるために、必読の一冊である。

評・杉田敦（政治学者・法政大学教授）

Jeremy Waldron　53年生まれ。ニューヨーク大教授。『立法の復権』。

二〇一五年五月三一日❼

『広告を着た野球選手　史上最弱ライオン軍の最強宣伝作戦』

山際康之 著
河出書房新社・一九四四円
ISBN9784309275741
ノンフィクション

プロ野球はまずはプレイヤーのものであり、ついでファンのものである。野球が好きなんだか商売に熱心なんだか分からぬ「えらいさん」（特定の個人をイメージしているわけではない）はお願い！　引っ込んでいて。そう念じてきた。けれど冷静に考えてみると、興行である以上、収支を第一に考える企業人がいなくては球団経営が成り立たぬ道理である。

プロ野球の草創期、東京下町に「ライオン軍」というチームがあった。スター選手はいなかった。すごく弱かった。それでも経営陣は「広告」という概念をゲームに持ちこむことによって観客を集め、なんとか球団を維持していった。本書は世の風潮（職業野球はキワモノ扱いされた）と戦い、戦争へと進む時流に抗（あらが）いながら、知恵をふりしぼってプロ野球史の一ページを切り拓（ひら）いていった男たちの物語である。埋もれていた歴史を再現する著者の力量はみごとの一語。野球ファンならぜひにも読んでほしい。

評・本郷和人（東京大学教授）

二〇一五年五月三一日⑧

『辰野金吾　美術は建築に応用されざるべからず』

河上眞理、清水重敦 著
ミネルヴァ書房・二七〇〇円
ISBN9784623073603
アート・ファッション・芸能

東京駅を設計した辰野金吾は、日本で西洋式の建築教育を受けた一期生だった。本書は、『滞欧野帳』などの新資料を活用し、新しい辰野像を提示する。お雇い外国人の教師コンドルよりも、イギリスで師事した建築家バージェスの影響が強かったこと。また、そこで彼から学んだ建築と美術が一体化した「美術建築」の概念が重要だったことが明らかにされる。実際、辰野は画家や彫刻家と交流し、美術界と関わりをもったほか、大学教育に絵画実習を導入したり、装飾と不可分の様式を学ぶ建築史に力を入れたりしていた。20世紀後半以降も、壁画、パブリックアート、現代美術など、建築とアートの融合は語られてきたが、明治の辰野にまでさかのぼる構図が見えて興味深い。また彼の作品分析において、「これは〜様式」というレッテル貼りで終えるのではなく、細部の変容や、比例の効果をていねいに言語化する本書の姿勢にも好感をもった。

評・五十嵐太郎（建築批評家・東北大学教授）

二〇一五年六月七日①

『詩に就いて』

谷川俊太郎 著
思潮社・一六二〇円
ISBN9784783734673
文芸／ノンフィクション・評伝

ウィットと軽み　原点を見つめる

谷川俊太郎の新詩集。タイトルはずばり『詩に就いて』だ。六十年以上詩を書き続けてきた著者が、八十代のいま、改めて投げかける問い。それがこの詩集だ。

どの詩も言葉の立ち姿がくっきりとしていて、驚くほど軽やかだ。軽やかだけれど、重さがないという意味ではない。一編ごとに、抱えられている出来事、対峙（たいじ）する問題があって、言葉はそこに書かれていることの中心へ向かってぐっと引きしめられていく。

たとえば「待つ」という詩の最初の二行。「詩が言葉に紛れてしまった／言葉の群衆をかき分けて詩を探す」。あるいは「脱ぐ」という詩にはこんな二行がある。「脱ぎ捨てられた言葉をかき集めて／詩が思いがけないあなたになる」。さらっと読めそうでそうはいかない言葉に出会い、行ったり来たりする時間も楽しい。

詩のなかで観察する目が動く。その動きをなぞり、追うとき、すうっと詩の影が立ち上がる。たとえば「詩よ」の一連目。

「言葉の餌を奪い合った揚げ句に／檻（おり）の中で詩が共食いしている／まばらな木立の奥で野生の詩は／じっと身をひそめている」

また「木と詩」という一編では次の言葉に立ち止まる。

「木は木という言葉に近づこうなどとは思っていないが、詩は詩という言葉に近づこうとして日夜研鑽（けんさん）に励んでいる、のは私に限らない。」

この詩集を読みながら何度笑ってしまったかわからない。ウィットがある。この軽みの境地は、読者を楽しませるものだ。詩とはなにかを見直し、考え直しながら、人を楽しませる。同時に、未知の場へ連れていく。現状において著者でなければとれない方法が実現されていると思う。

詩についての詩、つまり詩を対象とする詩作品を書くことを、著者は「あとがき」でこう語る。「本来は散文で論じるべきことを詩で書くのは、詩が散文では論じきれない部分をもつことに、うすうす気づいていたからだろう」。詩集の冒頭の一編「隙間」は、詩と散文を並べて、ながめる。

「チェーホフの短編集が／テラスの白木の卓上に載っている／そこになにやらうっすら漂っているもの／どうやら詩の靄（もや）らしい／妙な話だ／チェーホフは散文を書いているのに」

「あとがき」では詩作品（ポエム）と詩情（ポエジー）との違いが強調される。言葉で詩を書くとは、詩作品を書くということ。散文との違いはどうか。著者の目は、この詩集で改めてその原点へ向けられている。初めての書き下ろし詩集。その初々しさ、脱皮し続ける力。毒と愛嬌（あいきょう）、瞬発力。触れれば心が動き出す。

評・蜂飼耳（詩人・作家）

たにかわ・しゅんたろう　31年生まれ。詩人。21歳の時に第1詩集『二十億光年の孤独』を刊行。『日々の地図』で読売文学賞。『世間知ラズ』で第1回萩原朔太郎賞。詩作のほか、翻訳や作詞なども手がける。

二〇一五年六月七日②　歴史

『帳簿の世界史』

ジェイコブ・ソール著　村井章子訳

文芸春秋・二二〇〇円
ISBN9784163902463

国家の繁栄と没落　分ける法則

教会法で金貸しが禁じられていた一四世紀のイタリアで、最後の審判を恐れる商人や金融業者が少しでもその罪を軽くするために会計の透明性を高めようとしたという歴史的事実には微笑を誘われる。粉飾のない会計帳簿と生前の罪を告白する懺悔（ざんげ）はまさに表裏一体だったのである。利益と損失の厳密な記録である帳簿は会社の経営や国家の統治の実態を如実に示す証拠になる。不都合な真実は隠蔽（いんぺい）したがるのは人間の常だが、赤字だらけの帳簿もその一つだ。財布を握っている者が権力を持つことは自明だが、権力者はしばしば粉飾の誘惑に駆られるようである。本書ではローマ帝国からルネッサンス期のメディチ家、一六世紀のスペイン、東インド会社、ブルボン朝、建国期のアメリカ、ナチスドイツ、大恐慌、リーマン・ショックに至るまで豊富な破綻（はたん）例をフォローし、繁栄と没落を分ける法則を帳簿の扱い方に見出している。

国家存亡の危機は侵略や戦争、内乱、失政によってもたらされるが、いずれの場合も会計の破綻が直接的な引き金になっている。施政者が国庫の状態を顧みず、借金を重ねれば、どれだけ繁栄を謳歌（おうか）した国家でも没落する。この歴史的法則を踏まえれば、施政者に最も求められる資質とは、何はさておき会計に対する健全な感覚や知識であるということになる。目下の日本の財政は国債依存度が突出していて、税収が五十兆円ほどなのに、GDPの二倍、一千兆を超える借金を抱えている。年収が五百万しかないのに借金が一億円以上ある家庭と同じ状態だ。財政的にはすでに国家存立の危機に瀕（ひん）しているが、さらに地震、津波、火山などの災害、原発事故がそれに追い討（う）ちをかける。そんな中で、他国の戦争の応援に駆けつけるカネが何処（どこ）にあるというのか？　増税と福祉の削減は覚悟しなければならないが、国民の貯蓄まで供出させられることになりかねない。

評・島田雅彦（作家・法政大学教授）

Jacob Soll　68年米国生まれ。南カリフォルニア大教授（歴史学・会計学）。

二〇一五年六月七日❹

『セルデンの中国地図　消えた古地図400年の謎を解く』

ティモシー・ブルック 著　藤井美佐子 訳
太田出版・三〇二四円
ISBN9784778314392
歴史

自由な海こそ富や文化の源泉

雲のように波がうねる緑がかった海原を、中国沿岸部と東南アジアの島々が取り囲む。淡い砂色の陸地には、薄い青と茶に塗られた山々。シダや竹、アヤメが繊細に描かれ、ゴビ砂漠にはチョウが舞う。心象風景のごとくあいまいな陸に対して、港を結ぶ航路は細かく記されている。

幅1メートル、長さ1・6メートルの山水画風の地図は、400年ほど前に作られたとみられている。この時代に、海洋にかかわる国際法を先駆的に論じた一人である英国の法律家セルデンが手に入れ、オックスフォード大学に寄贈していた。本書は、東アジア史、とりわけ中国に詳しい著者が、地図の来歴を探る物語である。

地図の真ん中に位置するのは、南シナ海。近年は、領有権をめぐって国益が激しくぶつかりあう海域だ。だが、著者は、この地図から国家の、ましてや現代の争いを解析するわけではない。商人に行き先を示す「海図」として、国際紛争とは無縁のものとみなしている。国力の増大につれて所有を声高に主張する中国には「(地図の存在が)外交ゲームの切り札にはならない」と注意深く釘をさす。

主役は「地図と交差した物語を持つ人々」。富を求めて命をかけて海を渡った商人や船乗り、海の向こうの文化や宗教に好奇心を抱いた東西の知識人である。スチュワート朝の英国から明代の中国、香辛料の権益をめぐって欧州各国が争ったインドネシア東部の島々へと舞台は回る。東インド会社が商館を置き、欧州や中国の人々が住んでいた長崎・平戸も登場する。

著者が仕掛けた羅針盤に従って読み終わると、序章の言葉を思い出した。「愛国心や国益は、純粋な知識の探求を阻む強力な要因になる」。異なるものが共存し、行き交う自由な海は、富や文化の源泉となってきた。国家の威信から海を解き放てるか。セルデンの地図はいま、そう問いかけているような気がする。

評・吉岡桂子(本社編集委員)

Timothy Brook　カナダの大学教授(中国史)。『フェルメールの帽子』。

二〇一五年六月七日❺

『戦艦大和講義　私たちにとって太平洋戦争とは何か』

一ノ瀬俊也 著
人文書院・二二六〇円
ISBN9784409520611
政治／社会

欲と運命背負い　今も飛び立つ

海に沈んだ大和が宇宙戦艦ヤマトになって、人類を救う。子供のとき、この奇妙なアニメに没頭し、大人になって、これは敗戦した日本の精神を満足させる壮大なSF偽史だったのではないかと考えるようになった。本書を手にとったのも、「宇宙戦艦ヤマト」の分析が含まれていたからである。が、その内容は単なるサブカルチャー批評ではない。著者は日本近代を専門とする歴史学者として、近代以降、そもそも日本にとって戦艦は何だったかを縦横無尽に論じる。

第1部は、黒船のトラウマを受けて、精神的な巨艦主義に向かう時代背景を軸に、大和から日本の近代史を読みとき、第2部は、戦後の映画、アニメ、漫画、小説などで繰り返し登場した大和のイメージから日本人の欲望の在処(ありか)を探る。大和は、科学、美など、さまざまな「神」に祀(まつ)りあげられた。そして第3部は、バブル期以降の現代を扱い、アメリカに勝利する仮想戦記、もうひとつの消費ネタである零戦の物語、戦艦が少女に擬人化されたゲーム・アニメの「艦隊これくしょん」などを扱う。

明治時代から軍艦が擬人化されていたこと、「宇宙戦艦ヤマト」以前の1960年代にすでに大和が空を飛ぶ漫画が存在していたことなど、興味深いエピソードは尽きない。また、「さらば宇宙戦艦ヤマト」で特攻を成就したのに、これを改変し、続編ができるよう死なない「宇宙戦艦ヤマト2」を制作した金儲（かねもう）け主義に日本の姿を重ねあわせる。

本書で一貫しているのは、戦争への批判的な視点だろう。第1部では、日本軍が暗澹（あんたん）とするような戦略を遂行し、大和が近代日本の背負った悲しい運命を象徴したことを論じる。また第2部では、大和のキャラ化を通じて、死んだ乗組員の存在が消されたことを指摘した。そして著者は、戦死者がわれわれをどう見るかをつきつける。

評・五十嵐太郎（建築批評家・東北大学教授）

いちのせ・としや　71年生まれ。埼玉大准教授。『銃後の社会史』『日本軍と日本兵』など。

二〇一五年六月七日❻

『四月は少しつめたくて』

谷川直子 著

河出書房新社・一五一二円
ISBN9784309023748

文芸／ノンフィクション・評伝

自分の言葉を取り戻すために

例えば、戦争に荷担（かたん）する法律を作るのに、なぜ、「平和のため」という言い方をするのか。その言い方にはごまかしが入っているとわかっているのに、なぜ、消極的にでも受け入れてしまうのか。

さまざまな原因の一つに、言葉がまともに機能しなくなっていることが挙げられる。言葉と心が、深いところで断ち切られているのだ。

このテーマを真っ正面から扱った小説が、本作だ。

詩人の藤堂孝雄は、二〇〇一年以来、詩を書けない。そこに編集者の今泉桜子が、新作の依頼に来る。藤堂に断られながらもやりとりを重ねるうち、桜子は、互いが死者に対して負い目を抱えて身動きできなくなっていることを知る。藤堂は妻に対して、桜子は産んですぐ死んだ子どもに対して。死者に正直になろうとすると言葉が出てこない。

一方で、藤堂は詩の教室の講師を務めている。その講座に通い始めた清水まひろは、娘が、自殺未遂をした中学の同級生から、いじめの主だと濡れ衣（ぎぬ）を着せられて以来、口をきかない、という悩みを抱えている。なぜ、同級生は嘘（うそ）をついたのか。本当のことは何なのか。どうしたら娘の苦しみを取り除けるのか。

追求すればするほど、まひろは混乱していき、ついには言葉が意味を失っていると感じ、だから娘も言葉を話せなくなったのだと気づく。

桜子もまひろも、言葉を取り戻すために必死で藤堂の詩を読む。作中に登場するそれらの詩は、詩人でもある谷川直子の真骨頂だ。二人はその過程で、自分の言葉を獲得する。そして、二人から学んだ藤堂も、虚無から抜け出すための発見をする。

読み終われば、強い感銘とともに、「詩の言葉」とは、私たちが生きるなかで最も身近で大切な、日常の私的な言葉を指すと気づくだろう。あらゆる言葉が無意味と化した、詩の機能しないこの社会にあって、必読の小説である。

評・星野智幸（小説家）

たにがわ・なおこ　60年生まれ。『おしかくさま』で文芸賞、『断貧サロン』など。

二〇一五年六月七日⑦

『琉球史を問い直す　古琉球時代論』

吉成直樹、高梨修、池田榮史 著
森話社・三二三二円
ISBN9784864050784
歴史

沖縄の歴史を論じる時に二つの態度があり得る。①他国（日本を含む）との関係に配慮するが、沖縄の内発的な発展を重視する。②東アジア諸国、とくに日本との交渉を重視する。本書は①を批判して②の立場に立ち、グスク時代の始まり（11世紀ごろ）から琉球国への島津氏の侵攻（1609年）まで（古琉球時代という）を再検討する。

歴史学は科学であり、客観的な考察を身上とする。だが古琉球時代については文字史料が乏しく、日本中世史の通常の分析方法が有効でない。そのため史像の解明には様々な工夫が必要であり、それは時として現代的な思想信条（沖縄は独立すべきだ等）と抜き差しならぬ連関をもつ。

グスク時代の幕開けは喜界島（奄美群島）からの住民の移住を契機とする。琉球の尚王朝の誕生は倭寇（わこう）の活動の産物である。そう本書は説く。その史像は到底①とは相いれないが、まずは虚心坦懐（きょしんたんかい）、こうした説が「ある」ことを知るところから始めたい。

評・本郷和人（東京大学教授）

二〇一五年六月七日⑧

『境界を越えて』

C・L・R・ジェームズ 著　本橋哲也 訳
月曜社・三二四〇円
ISBN9784865030228
文芸／人文／ノンフィクション・評伝

『ブラック・ジャコバン――トゥサン＝ルヴェルチュールとハイチ革命』の著者として知られるジェームズの故郷は、カリブ海のイギリス植民地、西インド諸島のトリニダード島。家の窓からはクリケット場が見えた。行商人から買う雑誌や母の本で英文学とクリケット批評に親しみ、学校で古典と英国式規範を教えこまれた黒人少年は、やがて英国を理想とする植民地的価値観に反発、カリブ海の現実を書き始める。文学、歴史、そしてクリケットについて。

1963年の刊行以来読みつがれてきた本書は、著者の半生、植民地社会の精神構造、教育、人種階級、経済、芸術を、クリケット論として語る。選手ら人物の細かな描写は、英文学の引用を多用しながらも、ユーモアと反骨心に貫かれ、まさにカリブ海文学。クリケットおよびジェームズについては巻末の競技概要、さらにポール・ビュール『革命の芸術家――C・L・R・ジェームズの肖像』も参考になる。

評・中村和恵（明治大学教授）

二〇一五年六月一四日①

『S, M, L, XL＋（プラス）』

レム・コールハース 著
太田佳代子、渡辺佐智江 訳
ちくま学芸文庫・一五一二円
ISBN9784480096678
文芸

まるでSF小説　挑発的な建築論

世界的に活躍する建築家の主著がついに邦訳された。背表紙の厚さが約8センチに及ぶ巨大な原著は辞書のような作品集であり、文字と図版の組み合わせも斬新。モノとしてカッコいいために、どこのデザイン系の事務所に行ってもこの本があった。が、著者はすぐれた書き手でもある。かつてル・コルビュジエが膨大な著作を通じてモダニズムの理念を広げたように、20世紀末以降、コールハースの論考が大きな影響を及ぼしている。

現在、グローバル都市やショッピングモールの商業空間を論じることは珍しくなくなったが、いち早く目をつけたのは彼だろう。獰猛（どうもう）な資本主義が空間をいかに変容させるか。従来の良識的な建築家はそれを非人間的だと批判し、懐古的になるのに対し、コールハースはあえて否定せず、むしろそれがもたらす新しい現実を直視し、挑発的な建築・都市論を提示する。

さて、今回の邦訳は、著者の意向からいきなり文庫として出版された。原著『S、M、

L、XL』の装丁を維持した日本語版は困難と判断し、コールハースお気に入りの日本のコンパクトな本の形式を選び、図版を外して、文章中心の本に変えたという。すなわち、XLの原著からSサイズの文庫版である。その際、原著以降の主要な論考を幾つか加え、思想家としての彼に焦点を当てた。邦訳された文章を通読すると、都市の観察と調査にもとづくノンフィクションでありながら、巧みな表現によって、SF小説を読んでいるような気分になる。建築が巨大化すると今までのデザイン手法が無効になるという「ビッグネス」、歴史保存と解体が同時進行する「クロノカオス」ほか、「ジェネリック・シティ」、「ジャンクスペース」など、新しい概念を示す言葉や造語も豊富だ。

シンガポール、ドバイ、ラゴス、アトランタ、そして東京など、急激な都市化や開発が続く場所、あるいはスマートシティ、ソビエトやベルリンの壁などに出現した人工的な空間をとりあげ、彼は「建築家」の終焉（しゅうえん）や近代的な都市計画の不可能性を指摘する。

本書はユートピア的な都市計画を提案したメタボリズムの建築運動に言及しているが、最近、その中心メンバーである黒川紀章の伝記『メディア・モンスター』も刊行された。日本でもっとも有名だった建築家の知られざるエピソードも拾いながら、ていねいにまとめた労作である。彼がメディアを利用し、晩年まで建築家として本気で東京を改造しようとしたことがうかがえるだろう。だが、もはや一人のスター建築家が巨大都市を計画することは不可能だった。ここに両者の認識の違いがある。コールハースは建築家もさらに変容する未来を見据えている。

評・五十嵐太郎（建築批評家・東北大学教授）

Rem Koolhaas　44年オランダ生まれ。脚本家、ジャーナリストを経て建築家に。プリツカー賞、世界文化賞などを受賞。『錯乱のニューヨーク』など。

（『メディア・モンスター』は曲沼美恵著、草思社、二九一六円。）

二〇一五年六月一四日②

『世界〝笑いのツボ〟探し』

ピーター・マグロウ、ジョエル・ワーナー 著
柴田さとみ 訳
CCCメディアハウス・二三七六円
ISBN9784484151120
文芸

様々な笑い　根本は万国共通

笑いとは何か？　常日頃から興味があったが、いまだに明解な答えはないらしい。この謎を少々偏屈な2人の米国人が解き明かそうと試みた。理論派で行動経済学が専門の大学教師と、暗い事件が嫌いなジャーナリストである。

最初に閃（ひらめ）いたのが「無害な逸脱」理論だという。ぼくが最も気になっていた「くすぐり」という不意を突いた侵害行為も、その理論で説明できそうだ。見知らぬ人からくすぐられたら笑うどころではないが、仲のよい知人のものなら無害な逸脱なので笑える、と。だがこの理論はユーモア研究の権威から批判されたという。そこで著者の一人が証明すべく、あるクラブのステージに立ったのだが……。

笑いは、思考実験だけで解明できるほど単純ではなかった。失意の著者2人は研究所を飛び出し、タンザニアなど世界各地にフィールドワークの旅に出る。米国のお笑い芸の華、スタンダップ（一人漫談）は演者と観客との

駆け引きで勝負が決まる笑いの修羅場ともいえるが、話術が主の笑いの世界は、言葉の壁が厚い。ぼくもその面白さを知りたいのだが、全く笑えない。スラング連発の米国ジョークは翻訳が不可能なのだ。

日本の大阪へも足を延ばした。だが案の定、言葉の壁、文化の壁に戸惑う。落語は眠くなるばかり。日本の商業的な笑いは異質と思ったが、大阪の居酒屋で体験した言葉を超えた飲みニケーションや東京で見た芸から、人間の根本的な笑いは万国共通と学ぶ。

おまじないや呪術はある共同体の中でしか有効ではないが、人間関係を潤すジョークも世界標準（グローバルスタンダード）はなさそうだ。だから彼らの探訪はスムーズに行かず、探訪自体がコメディーに思えてくる。笑いを相対性理論のように理論化することは到底不可能だが、本書には興味深い社会学・人類学的考察も多い。各地の「笑い」の哲人が披露する持論は面白く、ぼくには収穫である。

評・細野晴臣（音楽家）

Peter McGraw　米コロラド大学准教授。
Joel Warner。

二〇一五年六月一四日③

『日本海ものがたり　世界地図からの旅』

中野美代子 著

岩波書店・二一六〇円
ISBN9784000610407

歴史

他者の物語　問いかける内海

出発地は『西遊記』の女人国。地誌と伝承、歴史と妄想、各国の思惑の間をすいすいと海流に乗り、想像力の船が進む。ガリヴァーの地図、シーボルト事件、英仏の本初子午線争い、バルチック艦隊と多彩な逸話のクルーズだ。

話の舳先（へさき）は次第に北の海へ。オットセイなどの海獣は遠くアラビアまで、毛皮や薬、あるいは伝説（ときに女人）になって運ばれ、各地の物語に潜りこんだ。「日本海が、かくも豊かな他者の物語（ストーリー）＝歴史（ヒストリー）をはらんでいたとは」

他方、江戸時代の漂流譚（たん）がもっぱら太平洋側の話なのは、日本海が日本人にとって「内海」的で、『他者』あるいは『他者意識』を、いっさいもたらさなかった」からだと著者はいう。異なる文化が存在する実感、そして異文化の側から自らを省みる多層的で交流的な自他認識を阻む内海とは、どうやら油断ならぬ論争的概念だ。

18世紀ヨーロッパの世界地図に残った数少ない空白のひとつが、日本の北だった。フランス海軍将校ラペルーズ率いる探検隊は、そこを目指す。しかし彼や間宮林蔵がサハリンを「発見」したわけではない。アイヌやニヴフ、ウィルタら先住諸民族は、その地を知りつくしていた。

友好的なアイヌの長老は槍（やり）で図を描き航路を矢印で示して、ここが島であることを明確にラペルーズに伝えたという。さすが交易の民。一方、白人の所持品に無関心だった17世紀オーストラリアの先住民族は、異民族には不慣れでモノでないものを重視した。両者の間に差異はあるが優劣はない、とわたしは考える。

宗谷海峡の別名はラペルーズ海峡。複数の名は複数の歴史、複数の思いの表れだ。こうした状況を紛争の種ではなく、文化的豊かさとする可能性を、この本の旅は直接間接に示している。その豊かさに影を落としてきた力による異民族支配の実態を、さらなる航海で確かめたく思う。

評・中村和恵（詩人・明治大学教授）

なかの・みよこ　33年生まれ。北海道大学名誉教授。著書に『中国の妖怪』『三蔵法師』など。

二〇一五年六月一四日❹

『多数決を疑う　社会的選択理論とは何か』

坂井豊貴 著

岩波新書・七七八円

ISBN9784004315414

政治／社会

「選挙で勝ったから民意」の危険

２０００年の米大統領選では優勢だったゴアがブッシュに敗れた。支持者が重なる市民運動家ネーダーの出馬で票が割れた結果だった。

多数決は必ずしも多数の意思を反映しない。いち早くそれに気づいた数学者ボルダはフランス革命前の１７７０年に修正案を提起していた。候補者が3人なら支持順で1位に三票、2位に二票、3位に一票を投じる彼の投票法は票割れに影響されない。冒頭の米大統領選で採用されていれば総得票数でゴアが勝ち、歴史は変わっていただろう。

より正確に民意を示す集約ルールを模索するボルダ以来の社会的選択理論の取り組みを本書は紹介し、具体的事例について分析する。たとえば現行憲法96条は衆参両院で3分の2以上の賛成を得た改憲案Xに対して国民投票で過半数が得られれば現行憲法Yを改めてよいとする内容だ。だがそこで問われていない別の改憲案ZをXと競わせたらZが国民投票で勝っていたかもしれない。更にそのZとYを比べるとY、つまり現行憲法のままでよいとする人が多数となると「三すくみ（サイクル）」状態になる。

こうして実は決定不能だったのに決めてしまう危険を回避し、本当の多数意見としての正当性を得るには約64％の支持がXに必要だと社会的選択理論では考えられている。それに照らせば国民投票で過半数の賛成を条件とする96条は、一部の世評とは裏腹に「弱すぎ」る。より改憲しにくい方向への改正が必要と著者は書く。

本書が示すのは確かな検証を経ずに「多数決で決めたから民主的」「選挙で勝ったから民意」とする強引な姿勢がむしろ民主主義を壊す逆説だ。「右」「左」などの立場の違いを超え、誰もがその警告を傾聴すべきだ。読解に多少の数的処理力が必要だが、それは「自分たちのことを自分たちで決める」民主主義を守る知的コストだといえよう。

評・武田徹（評論家・恵泉女学園大学教授）

さかい・とよたか　75年生まれ。慶応大学教授（社会的選択理論）。『マーケットデザイン』。

二〇一五年六月一四日❺

『イザベルに　ある曼荼羅』

アントニオ・タブッキ 著　和田忠彦 訳

河出書房新社・二二六〇円

ISBN9784309206714

文芸

うつろう時の流れに棹さす写真

２０１２年に他界したタブッキのたくらみに満ちた遺作。どこに反応するかは人それぞれだろう。『レクイエム』との重なりにうなずく人、文学的引用を絡めつつリスボン、マカオ、スイスと主人公が移動するさまにひざを乗り出す人。刺激されるツボが異なるところに、現実のとらえどころのなさを主題に書き続けたタブッキ作品の特異な魅力が感じられる。

昔知っていたイザベルという女の消息をある男が尋ね歩く。彼とイザベルとの関係は分からないが、彼女の姿は様々な人の語りにより明らかになっていく。寄宿学校の親友、親代わりを務めた老女、サクソフォン奏者の女友だち、刑務所の看守……。どうやら反ファシストの活動により投獄され、もうこの世にはいないらしい。

一方、彼女を捜す主人公の素性は一向につかめない。どこから来たかと人に問われて彼はおおいぬ座と答える。これをジョークだと読み飛ばした私は、途中でそうではないと感づき、5話で写真家が登場したところで思わずあっと声を上げた。まさしくこここそ自分のツボだった。

写真家は彼にイザベルの写真を持たせてポラロイドで撮影する。だが彼の姿だけが現れない。「どこ出身ですか?」と問われて彼は「明るすぎるところから来ました」と返す。ここから物語は「私」と「あなた」の境界が不明瞭な光あふれる領域に進入し、砂に描いた円に息が吹きかけられる最後のシーンでは、中心に置かれたイザベルの写真を残してすべてが消える。

1996年に口述された後人に託され、11年、推敲（すいこう）のために作家の手に戻されたが、病に侵され未刊のまま亡くなった。変化しうつろう時間の流れに一瞬だけ棹（さお）を差し入れる写真の不思議さ。軽やかに移動した作家の遺作としてあまりに出来すぎなエンディングに、偶然の計らいとはいえ、頭がくらっとした。

評・大竹昭子（作家）

Antonio Tabucchi　1943～2012年。現代イタリアの代表的作家。

二〇一五年六月一四日⑥

『古地図に憑かれた男　史上最大の古地図盗難事件の真実』

マイケル・ブランディング 著　森夏樹 訳

青土社・三八八八円
ISBN9784791768547

文芸

空白地帯からの甘美な呼び声

アメリカ人のエドワード・フォーブス・スマイリーは、コレクターに古地図を販売する業者だった。ところが実際は、図書館から古地図を盗み、正規のルートで入手したふりをして売りさばいていたのだ。彼は二〇〇五年に逮捕され、三年間服役した。

本書は、スマイリーの栄光と転落を追ったノンフィクションだ。彼は古地図の目利きで研究熱心だったから、顧客や図書館員の信頼が厚かった。その信頼を、なぜ裏切ったのか。貴重な文化財であり美しい芸術品である古地図を、稀覯（きこう）本から切り取って盗む。そんなことを、なぜしでかしたのか。著者は本人や関係者への取材を重ねる。

本書にはカラー図版が多数掲載されているので、古地図の美麗な装飾や、いま見るとおかしな大陸の形などを堪能できる。地図とは、まだ見ぬ土地への憧れの象徴であり、世界を認識し把握するためのツールであり、他者の土地を征服した証しでもあるのだ。

ロマンと野心が詰まった古地図は、あやしい輝きを放ち、スマイリーを魅了した。愛と業が渦巻く古地図業界で、彼がやがて盗品販売へと至る軌跡は、息苦しいほどスリリングだ。地図に興味がなくてもぐいぐい読み進められるし、地図が持つ魔力を痛感させられる。

地図上では、未踏の地は空白になっている。それと同様、ひとの心にも、言語では説明できない空白地帯がある。著者はその場所へ果敢に分け入り、なにかを熱烈に愛する心が罪を呼ぶという矛盾、大切な相手をときとして簡単に裏切れてしまう人間の不思議について、粘り強く思考をめぐらせる。

スマイリーは、古地図という名の愛と欲に憑（つ）かれた。いったいだれが、彼の行いを他人事（ひとごと）だと言い切れるだろう。愛と欲に無縁のひと、空白地帯からの呼び声に甘美な響きをまったく感じないひとが、はたしているだろうか?

評・三浦しをん（作家）

Michael Blanding　ジャーナリスト、米ブランダイス大学調査報道研究所の研究員。

二〇一五年六月一四日⑦ 文芸

『界』

藤沢周 著
文芸春秋・一二九六円
ISBN9784163902500

例えば、「市民」という政治学の用語がある。男だろうが女だろうが市民は市民であり、そこに違いがあってはならないはずだ。

しかし現実はより複雑である。この連作短編集は、男女の間に横たわる深淵（しんえん）を、絶妙な筆致で浮かび上がらせる。日本各地の謎めいた地名とともに語られる、齢（よわい）五十を過ぎた男の漂泊歴。佐渡の宿根木（しゅくねぎ）に近い床屋では日本海の波濤（はとう）を聴きながら理容師の女の剃刀（かみそり）に死の影を見いだし、愛知県の知立（ちりゅう）では夫から逃れてきた人妻と一晩をともにする。女からすれば身勝手な男のように映るだろう。だが、この榊（さかき）と名乗る男にいつしか肩入れしてしまう自分がいることもまた否定しようがない。

政治学者の丸山眞男にならっていえば、この種の小説には狭い日常的現実にとじこもる「実感信仰」がある。けれども人間というものの複雑怪奇さを文学から学ばずして、どうして「市民」という普遍的な理念に到達できようか。そんな読後感が残った。

評・原武史（明治学院大学教授）

二〇一五年六月一四日⑧ 文芸

『人は火山に何を見るのか 環境と記憶／歴史』

寺田匡宏 著
昭和堂・二七〇〇円
ISBN9784812215081

副題の三語をキーワードに、著者の書評や映画評を集めた論集。単なる寄せ集めではなく、連作書評集とでも言うべき形式だ。

「本を読む」という行為によって、人は広い意味での環境、つまり、周りの人たちや共同体や過去の歴史などとつながることになる。そこからぼくたちは何を記憶し、どのように歴史を紡ぎだし、どんな環境を作り出すのか。真摯（しんし）で深く、しかし温かい思考が立ちのぼってくる。

舞台はベルリンから始まり、神戸やニューヨーク、アウシュヴィッツ、沖縄、プノンペンなどを巡り、テーマも人間と動物、震災、語り（ナラティヴ）、表現、身体、ホロコーストなどを論じていく。

だが、慌ただしさも駆け足感もまったくないのは、著者の眼差（まなざ）しが、同じ問題をしっかりと見すえて、その上にとどまっているからだ。この優れた着眼と感性が、災害や突発事象でない、まったりとした日常をどのように語るのかも読んでみたいものだ。

評・佐倉統（東京大学教授）

二〇一五年六月二一日① 歴史／社会

『ある国にて 南アフリカ物語』

ローレンス・ヴァン・デル・ポスト 著
戸田章子 訳
みすず書房・三六七二円
ISBN9784622078982

差別への絶望と良心の相克描く

舞台は1930年代の南アフリカ。アパルトヘイト体制確立前夜。ボーア戦争で負けたオランダ系白人は勝者のイギリス人に見下され、世をはかなみ、その屈折した思いをさらに原住民の差別へと増幅させる。憎しみが憎しみを、卑屈さが卑屈さを、不幸が不幸を引き起こしていく、暗い連鎖に満ちた時代と社会。

若きオランダ系の主人公は、その豊かな感受性から、黒人差別への違和感を強めていく。一方で過激な反体制活動にも共感できず、共産主義者で暴力革命も辞さない友人とは意見が合わない。

主人公には著者ヴァン・デル・ポストの若き日の面影が重なる。後にイギリスの首相チャーチルや王室からの信頼も厚く、賢人とも導師（グル）とも讃（たた）え称された知識人。彼もまた、この主人公のように、南アフリカの都会で時代と群衆に翻弄（ほんろう）されつつ、己の自我を鍛えていったに違いない。

本作で描かれるのは、圧倒的に大きな時代

の流れの中にあって、個人の良心だけではいかんともしがたいという絶望と、しかしそれでも最後に拠（よ）り所になるのは、ひとりひとりの良識しかないのだという一縷（いちる）の希望とである。差別は人種によるものだけではない。思想信条も生活の価値観も、相互理解を阻み、ときに憎しみをもたらす。わずかな歯車の狂いが大きな悲劇を生むさまが、冷徹に描かれる。

ひるがえって80年後の今の世の中に目を向ければ、人種差別は、もちろん過去の出来事ではない。主人公のつぶやき。「時間はまったく静止しているように感じられる」

ヴァン・デル・ポストは死後、いくつかの問題行動が暴かれて名声が揺らいだ。だがそれも、完璧な人間などいない、だから人種差別もなくならないということを暗示しているかのようだ。彼の端正で明晰（めいせき）な文体は、自己を相対化する視点を彫琢（ちょうたく）しているし、翻訳は、それを日本語に移し替えることに成功している。

評・佐倉統（東京大学教授）

Sir Laurens van der Post　1906～96年。作家、探検家、思想家。

二〇一五年六月二一日②　経済／社会

『日本の納税者』

三木義一 著
岩波新書・七九九円
ISBN9784004315445

「納税は権利」根付かぬ背景は

「納税は国民の権利だ」というと、怪訝（けげん）な顔をされる読者も多いだろう。「納税は義務だ」というのが、我々の常識的な受け止めだからだ。実際、日本国憲法第30条には、国民の納税義務が謳（うた）われている。

だが、欧米では実は、市民革命を経て納税は「国民の権利」として確立したのだ。つまり、王政（国家）の無謀な課税から保護される権利、国民の同意なしに課税されない権利、納税するからには予算編成に参画し（議会の役割）、支出を監視し、コントロールする権利である。これは「主権者」としての国民の権利行使を、財政面から担保している。

にもかかわらず、本来は国家に対して納税者主権を要求すべき議会が、日本では逆に戦後憲法の制定過程で、政府原案にもなかった納税義務規定を入れさせたというショッキングな事実も、本書によって明かされている。

この結果、納税者の権利保護はきわめて薄弱である。驚くべきことに、つい最近（2012年）まで、税務署は納税者に事前通知することなく突然、税務調査を行うことが許されており、さらに何と、理由を明記することなく課税処分を行うことすら可能だった（同年まで）。ここに、我が国における国家と市民社会の関係性が集中的に反映されている。つまり根強い「お上」意識であり、国家の「無謬（むびゅう）性」の前提である。

民主党政権下で、1970年代から世界各国で制定されつつある「納税者権利憲章」を策定、日本の納税者主権を前進させようという試みはあった。しかし嫌がる財務省をはじめ、「権利」への強い抵抗が各方面から起きて座礁したという。だが、納税者の権利を保障し、国民の財政論議への参画を促してこそ、税金の使い道への関心を高め、ひいては財政再建への国民の協力を引き出すことにつながるのではないか。税金を通じて国家と国民の関係を考えさせる、示唆に富む一冊である。

評・諸富徹（京都大学教授）

みき・よしかず　50年生まれ。青山学院大法学部長。『日本の税金』『給与明細は謎だらけ』など。

二〇一五年六月二一日③

『ロッパ日記代わり　手当り次第』

古川緑波 著
河出書房新社・一九四四円
ISBN9784309023816
人文／ノンフィクション・評伝

喜劇人の柔らかく鋭い批評眼

表紙のカバーを取ると、そこに古川緑波（ロッパ）が書いたのだろう生原稿が印刷されている。四百字詰めの原稿用紙だ。筆者はディレッタントであることを誇らしげに書く。ディレッタントは、「好事家」とか、「趣味人」と訳すべき言葉だろう。それだけだったら鼻持ちならない印象も受けるが本書を読むと、ディレッタントぶりが、（ロッパ風に表現させてもらえば）堂にいっている。

古川ロッパの名前は、私の世代の喜劇好きなら辛うじて知っていても、さすがにその舞台を観（み）ることは叶（かな）わなかった。亡くなられたのは一九六一年の一月だ。かといって、映画にその面白さが記録されていたのかよくわからない。喜劇人の魅力がもっとも表れるのは舞台だと語られることが多く、私もその意見に共感する。だからロッパの魅力がいまひとつわからず、随筆をはじめとする文章に触れることを避けていた。

それはたまたまだったのかもしれないが、手にした随筆をいまの目で読むと、書き方が、時間に耐えていないと感じたからだろう。けれど『ロッパ日記代わり　手当り次第』のような、短文によって、まさに「手当たり次第」に書くスタイルは鋭さを随所に感じる。

映画雑誌の編集者だった過去にふさわしく映画について書く。歌舞伎をはじめとする舞台について書き、読んだ本に触れ、そして、書き手の喜びをもっとも感じるのは、食について語るときだ。語り口が見事で名文家と言われたのも肯ける。柔らかい筆致でありながら、ときとして鋭い批評眼を読むことができる。たとえば、「之（これ）からの新劇だって、所謂（いわゆる）大衆劇だって、努力主義（汗を流して熱演する主義）一点張り」では観客の共感を得られないと主張する。書いたのが一九二九年頃であることに驚かされる。

古川ロッパの魅力を文章だけでしか知ることができないのはさびしいが。

評・宮沢章夫（劇作家、演出家）

ふるかわ・ろっぱ　1903～61年。喜劇役者・エッセイスト。『あちゃらか人生』ほか。

二〇一五年六月二一日④

『困難な選択　上・下』

ヒラリー・ロダム・クリントン 著
日本経済新聞社 訳
日本経済新聞出版社・各二一六〇円
ISBN9784532169411〈上〉・9784532169428〈下〉
人文／ノンフィクション・評伝

女性初の米大統領？　実績と自信

来年秋の米国大統領選に再び立候補するヒラリー・クリントン氏（67）の回顧録である。弁護士、ファーストレディー、上院議員、そしてオバマ政権の一期目で外交・安全保障の要となる国務長官を務めた。妻であり、母であり、祖母にもなったヒラリー。「最も高く、最も手ごわい」と彼女自身が表現した米国大統領という「ガラスの天井」が今度は、砕けるのか――。

そんな注目も集めるなかで邦訳が出版された。112カ国を飛び回った国務長官時代、2008年からの4年間を中心に振り返り、米国の指導力の方向性を展望する。まだなまなましい「世界史」の事件が、「ヒラリー史観」でつづられる。全25章のうち2章分が中国。「呉越同舟」に例える中国とのかかわりは、気候変動やイランの核問題など他章でもしばしば登場する。

ミャンマーとの関係改善にかかわる章が印象に残る。民主化運動の指導者、アウンサンスーチー氏との会談や交流を通じて、民主主義や女性の権利といった、彼女が長くこだわりをもってきたテーマが浮かび上がる。人権を扱った最終章も、女性の権利を話すと相手国の指導者の目が「どんより」するとか、思慮深い人でも「にっこり」するだけとか、言葉に体温がこもる。

今春の大統領選への出馬表明後、初の大規模集会で、こう語った。「最も若い候補ではないが、米国の歴史上、最も若い女性大統領になる。初めてのおばあちゃん大統領になる」。前回は控えているようにみえた「女性初」の歴史的な意義を、強調するようになった。

国際テロ組織アルカイダのオサマ・ビンラディン容疑者への急襲、アフガニスタンやイラクの紛争処理、シリアへの対応……。この本に周到にちりばめてある「強さ」の実績と自信が、「女性初」を解禁させたのかもしれない。原著は昨年6月の出版。将来への野心にあふれる自伝だ。

評・吉岡桂子（本社編集委員）

Hillary Rodham Clinton　米国の前国務長官。

『権力の空間／空間の権力　個人と国家の〈あいだ〉を設計せよ』

山本理顕 著

講談社選書メチエ・一八三六円
ISBN9784062586009

社会

建築家が読む斬新なアレント

政治というのは抽象的な思考に回収されない。そうではなく、複数の人間が共生するための実践行為である以上、必ず具体的な空間を伴うはずである。だが、政治思想史の研究者の多くは、思想家が残したテキストを丹念に読み込み、政治概念を抽出することには努めても、政治が住居や都市のような空間とどれほど深く関係してきたかを考えようとはしなかった。

建築家の山本理顕は、思想家のハンナ・アレントが著した『人間の条件』を、これまでの政治思想史研究とは全く異なる視角から読み解いた。それが本書である。著者の読みはきわめて斬新であり、建築家がアレントを精読するとこうなるのかという新鮮な発見に満ちている。

著者によれば、アレントほど空間のもつ権力性に敏感な思想家はいなかった。そのアレントが古代ギリシャで注目したのが、公的領域（ポリス）と私的領域（オイコス）の間にある「無人地帯」、つまり「閾（しきい）」だというのだ。この指摘にはびっくりした。確かに『人間の条件』には、それに相当する文章がある。しかし、政治思想史の分野で、ここまで「閾」に注目した研究は見たことがない。

著者はアレントの思想に、私的空間と公的空間が厳密に区画され、官僚制的に統治された都市空間、すなわち「権力の空間」に生きることに慣らされている私たちの日常を根本的に改めるための突破口を見いだしている。『人間の条件』は、決して政治思想史の「古典」と定まっているわけではなく、未来へと開かれた「予言」としての意味をもつことになる。

もし本書の問いかけに、政治思想史の側から何の応答もなされないのであれば、あまりにも空しい。著者にならって言えば、それこそ学問のタコツボ化がもたらした「権力の空間」に安住していることに無自覚になっている表れと判断されるからだ。

評・原武史（明治学院大学教授）

やまもと・りけん　45年生まれ。建築家。著書に『新編　住居論』、共著に『地域社会圏主義』など。

二〇一五年六月二一日⑦

『人類五〇万年の闘い　マラリア全史』

ソニア・シャー 著　夏野徹也 訳
太田出版・二五九二円
ISBN9784778314385　社会

抜群の適応力でマラリア原虫はつねに人類を出し抜く。七変化して薬やワクチンをすりぬけ、蚊の唾液（だえき）からヒトの赤血球へ。推定感染者は年3億人、死者百万人。

マラリアは民族地図を塗り替え帝国を支配し戦争を左右した。人類が中央アフリカで農耕を始めると、水たまりと人口が増え原虫が激増。蚊に慣れ免疫をつけた農耕民は領域を拡大、狩猟採集民は砂漠や密林の奥へ。ヨーロッパ低湿地にも原虫は蔓延（まんえん）、ローマの熱病は「悪い空気（マラリア）」ゆえといわれた。白人はアメリカ大陸に原虫を持ちこみ、豊かな湿原は悪夢の「瘴気（しょうき）」地帯に。熱帯の熱病に関する誤解は人種差別を増長させ、差別的対策が感染を拡大した。

現在の問題は貧困だ。対策も治療も金がかかる。闇市場に出回る薄められた治療薬や防虫剤では原虫も蚊も死なず逆に耐性をつけて、ぷいーんと戻ってきてしまう。人類の歴史をマラリアとの闘争史として語り直すヴィジョンは、顕微鏡的にして壮大。

評・中村和恵（明治大学教授）

二〇一五年六月二一日⑧

『一流の人は本気で怒る』

小宮一慶 著
文春新書・七七八円
ISBN9784166610167　社会

喜怒哀楽とくくるけれど、「怒り」はちょっと別物に思える。その場だけでは完結せず、必ずあとから後悔の念が襲ってくるからだ。あんなに怒鳴（どな）らなければ良かった、とか。自分の器の小ささが怨（うら）めしい、とか。つきあいが台無しになり、二度と仕事が来なくなることも（悲しい体験談）。

そこでお勧めしたいのが、闇雲に当たり散らすのではなく、「正しく」「本気で」怒れ、と説くこの一冊。松下幸之助やジョブズら達人の事例を引きながら、望ましい仕事のしかたと人間関係の作り方、あらまほしき怒り方を懇切丁寧に教えてくれる。

正しく怒るには真っ当な考え方が必要であって、それには古典を読んで自己を磨くのがもっとも有効である、か。うーん、なるほど。著者の力強いことばはシンプルでありながら、心地よく腹に落ちる。読後感は実に爽やか。

ちなみに一流の人だから正しく本気で怒るのであって、本気で怒っている人が一流とは限らない。ご用心、ご用心。

評・本郷和人（東京大学教授）

二〇一五年六月二八日❶

『女たち三百人の裏切りの書』

古川日出男 著
新潮社・二七〇〇円
ISBN9784103060765　歴史／文芸／ノンフィクション・評伝

改竄された「源氏」「現代」映す物語の妙

王朝物語の最高傑作として読み継がれてきた『源氏物語』に古川日出男が挑む。小説『女たち三百人の裏切りの書』の舞台は、平安時代後半から院政期にかけての時代だ。紫式部が『源氏物語』を書いたころからは百余年が経過している。登場人物たちは『源氏物語』との縁を生き、紫式部の怨霊に翻弄（ほんろう）され、物語の力を知る。

ある日。紫苑（しおん）の君は病の床に伏す。そばには麗景殿（れいけいでん）の女房ちどりと、病の原因である物（もの）の怪（け）を移すための人間、つまり憑坐（よりまし）の少女うすきが侍（はべ）る。護摩が焚（た）かれ、阿闍梨（あじゃり）の祈祷が続く。そこへ紫苑の君を愛する三位中将建明が登場。物の怪は、自分は紫式部だと名乗る。小説はここからはじまる。

紫式部の怨霊は、いま流布する『源氏物語』は改竄（かいざん）されたものだと告げる。そして、五十四帖のうち最後の十帖、光源氏がこの世を去った後の物語「宇治十帖」が本当はどういう物語なのかを語る。小説を読み進めるうちにこれらは愛ゆえに仕組まれたことだとわかる。けれど、小説が動き出すのはそこからだ。仕組まれた線を越えて、人々の現実が展開する。

先に触れたように、この小説の舞台となる時代は武家が力を持ちはじめる時代。その「現代」を取り入れる『源氏物語』として、公家以外の人々の動向を含んで展開するところに、ひろがりと臨場感がある。西海の海賊衆を統べる人神・由見丸。山陰の沖の島で生き、南都の大寺院に武力を提供する蝦夷（えみし）の末裔（まつえい）たち。黄金や奥州の馬を商う商人・金屋犬百。平氏、そして源氏。両者のあいだにあって盛衰を眺める藤氏（とうし）。著者が、小説の舞台をあえて紫式部のころから百余年経った時期に設定した意味も、見えてくる。

思いがけない関係の糸、裏切りの糸が錯綜（さくそう）して、物語の内にも外にも、新たな物語を生んでいく。紫式部の怨霊が三人になり、それぞれの怨霊が語る「宇治十帖」、つまり複数の筋が巷間（こうかん）に流布しはじめる。ついには物語に出てくる「早蕨（さわらび）の刀」の実物までもが出現。人々は物語を生きる。

原典が尊重されるとは限らなかった時代、物語は、筆写によって広まる中で、書き換えられたり、書き継がれたりした。そうした行為も享受の方法と楽しみに数えられた。物事の「説明」には常に「間隙（かんげき）」がある。「単に語られていないだけ」のことが含まれているのだ。そこを「隙見」するなら「物語の不思議に触れる」ことができる。著者は、物語に備わるそんな性質を見据える。『源氏物語』を享受する人々とその時代を描きながら、同時に「宇治十帖」の読みに挑戦し、従来にない方向から光を当てた大胆な力作。紫式部も驚くに違いない。

評・蜂飼耳（詩人・作家）

ふるかわ・ひでお　66年生まれ。作家。『アラビアの夜の種族』で日本推理作家協会賞と日本SF大賞。『LOVE』で三島由紀夫賞。『ベルカ、吠（ほ）えないのか？』『聖家族』『冬眠する熊に添い寝してごらん』など。

『紙の動物園』

ケン・リュウ 著　古沢嘉通 編・訳

早川書房・二〇五二円
ISBN9784153350205／9784150121211（ハヤカワ文庫SF）

未来と郷愁と 生の意味を紡ぐ

話題のSF作家による短編集。つよいノスタルジアの感覚が、巧みなプロットの15編を包んでいる。

表題作「紙の動物園」に、SFエンターテインメントを期待する読者は戸惑うかもしれない。英語がへたな中国人移民の母がつくってくれた、生きて動く折り紙の話だ。アメリカ人として生きるため母を疎んじた息子の前で、紙の老虎が再び動き出す。

つづく「もののあはれ」は宇宙船の危機を日本人主人公が救う話だし、「どこかまったく別な場所でトナカイの大群が」では人類のほとんどが意識だけになって、データセンターにアップロードされている。だがこうしたいわゆるSFらしい設定は、世界各地の神話や伝統文化、そして現代社会の諸問題と結びつけられ、寓話（ぐうわ）的な奥行きをストーリーに与えている。

たとえば「結縄（けつじょう）」ではアメリカの科学者が、縄の結び目で記録を残す古代の技に長（た）けたある民族の老人を、たんぱく質の構造研究に利用する。お礼は収穫量は多いが翌年は発芽しない、遺伝子組み換えの種籾（たねもみ）。古い米の遺伝子、螺旋（らせん）状に縒（よ）りあわされた古（いにしえ）の結縄は、忘れられ失われていく。

異なる文化・信条に葛藤する親子が、時空を超え繰り返し登場する。漢字や中医学、台湾や日本との歴史的関係、合衆国の反共政策も重要なモチーフ。著者は11歳で中国甘粛省から米カリフォルニアへ家族で移住したという。郷愁の源は祖先の国とのつながりか、未来の物語それ自体が懐かしい過去を欲するのか。

「月へ」では亡命申請中の中国人男性の娘が、新米弁護士に、こういう。「大きくなったら、あなたみたいになりたいな。生きていくためにお話をするの」。暗黒の世界／宇宙へ向けて、物語る人はことばの網を投げかけ、人々が生き延びるのに必要な意味を紡ぎ出す。人の生存には水や食べ物や科学だけではなく、物語が必要だから。

評・中村和恵（詩人・明治大学教授）

Ken Liu　76年中国生まれ。米国の作家。ヒューゴー賞など受賞。

二〇一五年六月二八日③

『マイ・フレンド　高田渡青春日記　1966—1969』

高田渡 著

河出書房新社・二七〇〇円
ISBN9784309275901　アート・ファッション・芸能

信じるものへと向かう瑞々しさ

本書を一言で表現しようとすれば、たとえば、「フォークシンガー高田渡の青春記」とか、「フォークソングがいかに日本で受容されたかという貴重な証言」といったものになるだろう。けれど、私は次のような言葉で表現したほうがより適切だと考える。

「十七歳の少年が日々を率直な言葉で綴（つづ）ったノート」

だから、本書のどこを読んでも瑞々（みずみず）しい言葉の魅力を感じるし、自分が信じるものに向かって、ときには積極的に足早に、ときにはゆっくり歩き出す少年の姿がある。誰だって同じような若い時期を経験しているだろう。

書名にもなっている「マイ・フレンド」と名づけられた少年が書いたノートは、一九六六年の三月十三日からはじまり、いったん翌六七年の九月で終わる。それから編者（渡の長男、高田漣）の手によって、六九年のノートが三日分収められているのはそこに特別な意味があるからだ。最後に記されるのは六九年の八月十四日。初めてのソロアルバムのタイトルを、「汽車が田舎を通るその時」と自身の手で書く。少しの照れくささと誇りをこめて。

高田渡がフォークシンガーとして誕生した瞬間のようにそれを読んだ。

あらためて考えると、日本において、ある時代の「フォークソング」とはなんだったかという問いのヒントが本書にあるように思えた。いかに十代の高田渡が熱心にフォークソングを吸収し、ウッディ・ガスリーやピート・シーガーから学ぼうとしたか。この国にまだお手本がほとんどなかったなかでそれを模索する。

日々のノートはたいてい、ウッディ・ガスリーの歌の一節で終わる。"So long, it's been good to know you." アバヨ、あんたと知りあえてよかったよ。本書を読みながらそれをいつまでも反芻（はんすう）した。ここでの「あんた」は歌のことだと私には思える。

評・宮沢章夫（劇作家・演出家）

たかだ・わたる　1949〜2005年。フォークシンガー。アルバム「ごあいさつ」など。

二〇一五年六月二八日④

『ニュルンベルク裁判』

芝健介 著

岩波書店・三四五六円
ISBN9784000610360

『ニュルンベルク裁判　ナチ・ドイツはどのように裁かれたのか』

アンネッテ・ヴァインケ 著　板橋拓己 訳

中公新書・八八六円
ISBN9784121023131

歴史／国際

「勝者の裁き」と平和への意義

今夏、問い直される日本の責任。しかし、しばしば比較されるドイツの歩みを、われわれはどれだけ知っているのか。ナチス裁判に加え、協力者への裁判も詳述した研究書と、ドイツの学者による入門書が相次いで出版された。

戦争犯罪を問う前例は、第1次大戦後にすでにあったが、第2次大戦後も、関係諸国の思惑が激突する中で、紆余曲折（うよきょくせつ）があった。イギリスのチャーチル首相らはドイツ将校の即時銃殺を主張し、裁判が当然の前提ではなかったというのは興味深い。

軍事裁判が不公平な「勝者の裁き」だという不満はドイツでも渦巻いたが、米政治家スティムソンによれば、「釈放するか、即決処罰するか、裁判手続きをおこなうか」という三つの選択肢しかなかった（ヴァインケ著）。検事を務めたジャクソンは、裁く側の「われわれも歴史に裁かれることになりましょう」と、その覚悟を述べたという（芝著）。

印象に残ったのは、裁判へのドイツのかたくなな姿勢だ。講和時に東京裁判を受けいれた日本に対し、「歴代の西独政府はニュルンベルク裁判の判決を公式には受けいれてこなかった」という芝の指摘は衝撃的である。裁判にあたり、ナチスをかくまったりかばったりする動きも当初は根強かったという。

それでも1960年代以降に責任追及の動きが活性化し、90年代の旧ユーゴ国際戦犯法廷などをきっかけに、ニュルンベルク裁判の意義がドイツでも再認識された。

「勝者の裁き」には限界があり、原爆投下などの犯罪は不問に付されている。しかし、誰も裁かれないよりはましであり、それによって戦争犯罪の違法化が一歩進んだのではないか。事後法への批判も可能だが、国際法は未曽有の経験を受けて発展してきた面もある。一連の裁判の記録にふれながら、平和と正義をめぐって考えを深めたい。

評・杉田敦（政治学者・法政大学教授）

しば・けんすけ　東京女子大教授。
A. Weinke　イエナ大助手。

二〇一五年六月二八日⑤

『宝塚・やおい、愛の読み替え　女性とポピュラーカルチャーの社会学』

東園子 著

新曜社・三六七二円
ISBN9784788514164

政治／アート・ファッション・芸能／社会

同性の友愛　サブカルが映す

女性が「男役」と「娘役」を演じる宝塚歌劇に女性観客が嬌声（きょうせい）をあげる。漫画やアニメの男性キャラクターを同性愛関係に仕立て直した「やおい」を女性が同人誌に投稿し、多くの女性読者を得る。

本書はこうした現象を対象として同性、異性それぞれの間の恋愛（性愛）と友愛のあり方を分析してゆく。

封建時代の一族郎党による血縁支配を打破すべく近代社会は公的領域の非「性」化を建前とした。一方、近代社会は男性支配社会でもあり、男同士が権力のネットワークを築くが、非性化原則のもとで彼らは自分たちが同性愛者でない証しを立てなければならなかった。そこで私的領域では女性を異性愛の対象とすることが男性には求められ、女性もまた異性間恋愛を社会から強制されることになる。

このような構図の中で宝塚は一種の「特区」だった。女性ファンたちは舞台上で演じられる異性間恋愛劇に、舞台裏でタカラジェンヌたちが育んでいるだろう女同士の友愛の光景を重ねて見る。こうした「愛の読み替え」は異性間恋愛が強制される中で軽視されがちだった女同士の友愛の絆を女性たちが自ら確かめる作業なのだ。やおいも男同士の友愛を禁断の恋愛関係に読み替える解釈を通じて女同士の絆を確かめ、育む場として機能している。

こうして宝塚ややおい人気の背景に控える抑圧の構造が示されてゆく。本書の守備範囲外だが、よく指摘される日本で女性の議員や管理職が少ない問題も、公的領域に張り巡らされたオヤジの絆が女性の参入を阻む例なのだろう。そうした事情に思いが至らぬ男性政治家や官僚が抑圧のはけ口だった宝塚ややおいを含むサブカルチャーを「クールジャパンの誇るべきコンテンツ」と礼賛する姿は滑稽だ。

サブカルは社会の質を映し、優れたサブカル論は普遍的な社会論の礎になる。本書はその好例だろう。

評・武田徹（評論家・恵泉女学園大学教授）

あずま・そのこ 78年生まれ。大阪大学招へい研究員（文化社会学・ジェンダー論）。

二〇一五年六月二八日❻

『ハトはなぜ首を振って歩くのか』

藤田祐樹 著

岩波科学ライブラリー・一二九六円

ISBN9784000296373

科学・生物

鳥とヒト それぞれの二足歩行

駅前や公園で、「ぐるっぽぐるっぽ」とぼやきながらたむろしている。首のあたりがぎらついている。そして、その首を振って歩く。私はやつらがやや苦手だ。やつら――そう、ハト。

苦手な理由はまさに、右に挙げた特徴のせいだ。襲撃されそうで、なんかこわい。しかし本書を読み、私の恐怖心は、かれら（ハト）に対する無知から来るものだったのだと、深く反省した。ハトが首を振って歩くのは、我々人類を威嚇するため、ではなかったのである！

じゃあなぜ、首振りをするのか。詳しくはぜひ本書をお読みいただきたいが、おおまかに言うと、①目②歩きかた③食べ物が関係しているようだ。著者は、鳥類と人類の骨格を比較し、ハトをはじめとするさまざまな鳥を観察して、門外漢にもわかりやすいよう丁寧に研究成果を説明してくれる。文章にユーモアがあふれ、「変」としか言いようのない写真のキャプションもちらほらあるので、油断できない。思わず噴きだすこと多数で、楽しい読書の時間を味わえた。

驚くべきことに、ハトの首振り研究は1930年までさかのぼれるそうだ。人類（の一部）は八十年以上も、ハトの首振りに魅了されつづけてきたのだ。「ほかにもっと研究すべきことがあるんじゃないか」と最初は思ったのだが（失敬）、読み進むうちに、「歩く」ってなんだろう、と考えさせられた。「つねに二足歩行をする動物は鳥とヒトだけ」とのことで、言われてみればそのとおりだ！ しかし鳥の場合、ハトとスズメでは歩きかたが全然ちがう。ふだんなにげなく行っている「歩く」という行為は、まだまだ謎に満ちた、非常に奥深いものなのだ。

本書を読んで以降、私はハトに親しみを感じるようになった。それぞれのスタイルに合った歩きかたで、仲良く駅前広場を横切ろうぜ。

評・三浦しをん（作家）

ふじた・まさき 74年生まれ。沖縄県立博物館・美術館学芸員（人類学担当）。

二〇一五年六月二八日⑦

『新宿ベル・エポック　芸術と食を生んだ中村屋サロン』

石川拓治 著

小学館・一九四四円
ISBN9784093884068

ノンフィクション・評伝

母の勤務地が新宿だったので、子どもの時分、たまに中村屋のカレーを食べに連れて行ってもらった。うちは貧しかったから、それはたいへんなご馳走（ちそう）だった。本書はその中村屋の物語。創業者夫婦の相馬愛蔵・黒光（こっこう）と、夫妻を慕って集まった芸術家たち、なかでも彫刻家の荻原碌山（ろくざん）が織りなす人間模様を記す。

愛蔵と碌山は同郷で、信州安曇野の人。地域一の名家・相馬家に仙台藩の上士の家から嫁がくる。農家の五男坊だった碌山少年は、彼女を憧れのまなざしで見つめていた。話はそこから始まる。

三人は互いを大切に思い、認め合った。それは三角関係という言葉でひとくくりにできるものではない。彼らの濃密な連関の向こうには、百年ほど前の、外国に向きあう日本社会の姿が見えてくる。

中村屋サロンは異文化の接合点であった。インドの志士ボースのカレーも、ロダンに学んだ碌山の彫刻もその好例である。相馬夫妻は新しい文化の揺り籠を用意したのだ。

評・本郷和人（東京大学教授）

二〇一五年六月二八日⑧

『保存修復の技法と思想　古代芸術・ルネサンス絵画から現代アートまで』

田口かおり 著

平凡社・五一八四円
ISBN9784582206432

アート・ファッション・芸能

保存修復と聞くと、地味なテーマと思われるかもしれない。だが、本書はきわめてアクティブな美術論になっている。なぜなら、保存とは、時間、作品の同一性（アイデンティティ）、そして記憶とアーカイブをめぐる哲学的な問いを内包しているからだ。

著者は、イタリアの美術史家チェーザレ・ブランディの修復理論を主軸に据え、古美術から現代アートまでを射程に入れ、様々な事例を検討する。わざと古く見せる「古色」、ときに作品を傷つける「洗浄」、絵を剥いで貼り替える「支持体移動」などを考察するが、そもそもこうした技法は破壊・偽造・贋作（がんさく）と紙一重だ。バーネット・ニューマンの絵画切り裂き事件の処置をめぐる論争。そして脆（もろ）い素材を使う現代アートがもたらす新しい課題。美術の本質とは何かを考えさせられるだろう。

徹底的にアカデミックな書籍なのだが、推理仕立ての歴史小説のネタにも使えそうなエピソードが多く、楽しんで読むことができる。

評・五十嵐太郎（東北大学教授）

二〇一五年七月五日②

『勝者なき戦争　世界戦争の二〇〇年』

イアン・J・ビッカートン 著　高田馨里 訳

大月書店・三八八八円
ISBN9784272530434

歴史

後引く犠牲と損害　勝敗とは？

日露戦争で日本は勝利したことになっているが、賠償金も、領土割譲も期待を遥（はる）かに下回り、国民に大いなる失望をもたらした。そもそも、アメリカが調停に乗り出したのも、満州における日露双方の権益拡大を牽制（けんせい）する意図があったからで、結果からすれば、自国のアジア戦略を戦わずして有利に導いたアメリカが日露戦争の真の勝者だったともいえる。

第二次大戦はドイツ、日本の敗戦に終わったものの、両国はともに民生中心の復興に専念し、戦争に加担しなかったため、「奇跡の復活」を遂げ、戦後三十年にして、経済大国になった。P・K・ディックは『高い城の男』で日独が戦勝国になったパラレルワールドを描いたが、米英が不況に喘（あえ）いでいた時期は、そのSFの通りの皮肉な結果になったといわれた。

本書はここ二百年のあいだに起きた戦争がもたらした結果に公正な歴史的評価を下そうとしているが、その結論は歴史上のどんな戦争も、得られる利益より失う犠牲の方が大きいということである。多くの場合戦勝国の損害も甚大であり、歳月の経過とともに勝利や敗北の意味は薄れるどころか、逆転しさえもする。

アメリカが矛盾だらけの中東軍事介入を行い、実質、タリバンやISなどのテロリスト集団を育成する結果となった今日、戦争は国家間の武力衝突から、テロやサイバー攻撃、経済戦争の形で日常に潜在するものになった。戦争で勝利した国も平和維持のための軍事負担によって滅びたという世界史の法則を顧みれば、どんな国家も極力敵を少なくすることでしか平和を維持できないことは自明である。連合国が作った二十世紀の後半の世界秩序も、旧植民地や共産国の逆襲によって綻（ほころ）びが出ている。軍需産業を抱える連合国とその協力国が国益をかざし、さらなる戦争に踏み切れば、おのが没落を早めることになる。

評・島田雅彦（作家・法政大学教授）

Ian J. Bickerton　38年生まれ。ニューサウスウェールズ大学名誉教授。

二〇一五年七月五日③

『陸前高田　2011―2014』

畠山直哉 著

河出書房新社・四二一二円
ISBN9784309275956

アート・ファッション・芸能／ノンフィクション・評伝

受容の意志の厳かさ　美しさ

「僕には、自分の記憶を助けるために写真を撮るという習慣がない」。かつて畠山直哉はこのように書いた。写真を撮ることは自分の住む世界をよりよく知ることと同義だった。だが東日本大震災で故郷の陸前高田の風景を喪失すると、この考えは変容を余儀なくされる。故郷にレンズを向け記憶との対話が始まる。

震災前後を収めた『気仙川』に続く本書では、町が再建されるさまがとらえられている。まずは瓦礫（がれき）が撤去されなくてはならない。機械による破壊とはまったく異なる姿を晒（さら）す何百台もの押しつぶされたクルマ。波が瓦礫を持ち上げ鉄骨に引っ掛けて去った後の体育館天井の凄（すさ）まじさ。白砂の浜に林立する松の木の根っこも人間の手が造り出せない猛々（たけだけ）しい形状だ。これら破壊された事物の姿を、彼は厳粛なまでに「津波」の目になって撮っていく。

後半を占めているのは町が再建される様子だ。嵩（かさ）上げされた土地、土を運ぶために巡らされたベルトコンベア、それが川をまたぐためのつり橋、防潮用の鉄板の列。これら人間の技術力を証する、目を引きつけてやまない造形美が、考え抜かれたアングルと色彩で抽出される。そして最後のページに来て気づくのだ。ここに写っている風景は町が完成した暁には消えてなくなるということに。しかもその町が再び津波に呑（の）み込まれないという保証は、どこにもないということに。

写真はどれも非常に美しく、そう感じていいのだろうかと戸惑う人もいるかもしれない。だが、本書は長大な自然史的時間と個人の時間が交差する地点に立たされた人間の報告なのだ。自然の力にもそれに負けまいとする人間の営みにも等価な視線を注いで歩こうとする者の。写真集に流れる美しさの本質は、その受容の意志の厳かさだ。批評ではなく問うことの大切さを伝える。巻末のエッセイが素晴らしい。

評・大竹昭子（作家）

はたけやま・なおや　58年岩手県陸前高田市生まれ。97年、木村伊兵衛写真賞。

二〇一五年七月五日④

『歩道橋の魔術師』

呉明益 著　天野健太郎 訳

白水社・二二六八円
ISBN9784560090398

文芸

響き合う人生と都市の回想

台湾の台北にはかつて中華商場というショッピングモールが存在した。一九六一年に完工、八棟の建物に千軒以上の商店があり、にぎわった。九二年に全棟が解体されたが、いまもなお当時を知る人々の記憶に残る場所だ。

呉明益『歩道橋の魔術師』は、中華商場を舞台とする連作短編集。各編の語り手が、中華商場で過ごした日々を語る。棟と棟を繋（つな）ぐ歩道橋でマジックを見せて商売をしていた魔術師を、覚えている人もいれば、記憶していない人もいる。中華商場の回想は必ず、語り手の現在と響き合う。現在と過去の間に言葉の歩道橋がかけられていく。

恋や事件、家族の問題、不慮の死、失踪、子どもたちの希望と失望、それでも続く生活。読み進めるうちに、中華商場が自分の中に築かれていく感覚がある。九十九階を示すエレベーターのボタン、〈元祖はここだけ　具なし麺〉という店、鍵屋、眼鏡屋、街娼（がいしょう）。夜の闇を飾る色とりどりのネオンサインが胸に染みる。まさに都市そのものが主人公であるような小説。

ゾウの着ぐるみを着て風船を配るバイトをした経験を語る男。ある日、バイト中に彼女が通りかかる。その背中が見える。「ぼくは、彼女の名を呼ぼうとした。でもはたと、今、自分はゾウなのだと思い出した。ゾウは人間の言葉を使って、誰かの名前を叫ぶだろうか？」。ためらううちに信号が青に変わり、彼女は横断歩道を渡って消える。たとえば関係の亀裂や時の流れを、著者はそんなふうに繊細に描いてみせる。

人生や都市の暗部を簡潔で静かな筆致によって浮かび上がらせる著者の小説は、台北・中華商場という固有の場をこまやかに切り取るものでありながら、同時に、どんな都市にも通じる感情を湛（たた）えている。淡々とした語り口に、親しみのもてる短編集。言語の違いを超えて、読書の喜びを確かにもたらす作品だ。

評・蜂飼耳（詩人・作家）

ご・めいえき（Wu Ming-Yi）　71年台湾生まれ。作家。邦訳は本書が初。

二〇一五年七月五日⑤

『スタニスワフ・レム　コレクション　短篇ベスト10』

スタニスワフ・レム 著
沼野充義、関口時正、久山宏一、芝田文乃 訳

国書刊行会・二五九二円
ISBN9784336045058

文芸

SFをダシに哲学　今も新鮮

スタニスワフ・レムは、いろいろな顔をもつ作家だ。映画化された長編『ソラリス』のように知性とは何かを追求したり、情報と生命はどこが違うのかを真っ向から扱ったり、自我意識の虚構性をあっさりと料理してみせたり、機械化が進んだ星での精神世界のありかたをユーモアたっぷりに描いたり。実に多彩。

この『短篇ベスト10』は、レムの間口の広さと奥行きの深さをカバーしていて、レム入門にも、改めてレムを見直すにもとても便利な一冊だ。原書は読者による人気投票をもとに、批評家と著者自身によるチョイスも加えて編まれたものという。

いわゆるSFではあるけれど、どの作品も科学技術の細部が前面に出てくるタイプではない。科学技術がとことん進歩したら人間や世界はどうなってしまうのか、想像力と博覧強記をフル回転させて全体のパターンを哲学的に描くのが彼のスタイルだ。科学技術をダ

シにして哲学する、とでも言えようか。レムの哲学好きは筋金入りで、彼自身、ウィーン学団の論理実証主義から大きな影響を受けたと述懐している。

この作戦がうまくはまると、時代を超越した思考が生き生きと羽ばたき出す（一方で作品世界のリアリティーは損なわれるが、これはいたしかたあるまい）。レムの哲学的関心については大学1年生向けなどと揶揄（やゆ）されることもあるが、むしろその本質を突いた単純さゆえに、新鮮さを失わないのではないか。

本書収録の作品は60年代に書かれたものが多いが、詩を作る人工知能が引き起こす悲喜劇や、人間と機械の融合が進んで宗教の意味が一変してしまった社会の描写など、コンピューターが人間の能力を凌駕（りょうが）しつつある今こそ論じられるべき問題だと思う。

原作は難解とされるポーランド語。見事な日本語に翻訳した訳者たちの力量と苦労には、心から賛辞を呈したい。

評・佐倉統（東京大学教授）

Stanisław Lem　1921〜2006年。作家。

二〇一五年七月五日⑥

『鴨居玲　死を見つめる男』

長谷川智恵子 著

講談社・一七二八円

ISBN9784062195065

ノンフィクション・評伝

伝説の画家　芸術ゆえの孤独

鴨居玲は没後、伝説の画家になったのではなく、生前から彼は伝説の人だった。彼に接した大抵の人は彼の不思議な磁力に魅入られ、誰もが彼に会いたがったようだ。本書は画家の作品を論じるより、もっぱら彼の人物像を語る伝記的エッセーである。

鴨居のルックスとファッションセンスは西洋人の中にいてもきわ立っていた。画壇へのデビューは決して早くはなかったが、いきなり頂点を極める権威の賞を立て続けに手にする。が、彼には成功欲も金銭欲も全くない。画壇の誰とも群れず、市井の生活を愉（たの）しみ、成功後もデッサン教室に学び、特にスペインの田舎の人々との素朴な生活を愛した。彼の人間的魅力と人気は内外を問わず人々を魅了し続けた。彼に声をかけられると深夜遅くでも飛んでいきたくさせる引力は一体どこから来るのだろう。

彼の飛び切りのオシャレはどこに行ってもグラマラスな存在で、その場の空気を華やぐものに一変させるが、内心は恥ずかしがり屋で、酒を愛する一方、大人になりきれない少年の魂は常に芸術に悩んだ。彼を孤独に導く芸術と生活の間で常に自由を求め、創造と苦悩との往還を繰り返す、そんな彼の心は常に死と隣り合わせ。

スペイン人の楽天的な生き方を愛する一方、闘牛の死の儀式に美を求めた。そこには死を恐れぬ無関心の強みがあった。彼は自ら悲劇の主人公を演じ、「一晩三日」と人が嗤（わら）う狂言自殺の茶番劇の道化を好んだ。死を弄（もてあそ）んだというより、死に魅入られていたと思えてならない。

もう30年以上になるかな、僕は後に彼の死のあとを追って自殺した彼の親友のひとりである美術評論家・坂崎乙郎と鴨居の2人に誘われて展覧会の審査に招かれたことがあった。伝説の主を前にやや緊張しながら、彼の驚くほど謙虚な人柄と淋（さび）しげな笑顔は今も記憶の底に揺曳（ようえい）している。

評・横尾忠則（美術家）

はせがわ・ちえこ　44年生まれ。日動画廊副社長。『世界美術館めぐりの旅』など。

二〇一五年七月五日⑦

『日本農業は世界に勝てる』

山下一仁 著
日本経済新聞出版社・二二六〇円
ISBN9784532356378　経済／科学・生物

「日本の農業は競争力がない、だから保護が必要」という論理は、私たちにとって半ば常識と化している。ところが著者は、日本の農業には高い競争力を発揮する条件が、潜在的に備わっていることを説得的に示す。

確かに日本の農家一戸当たりの農地面積は国際的にみて小さく、競争優位はない。だが、土地の肥沃（ひよく）度、豊かな水資源、年二回の作付けが可能な気候、そして土壌流出を防ぐ自然環境は、世界でも有数の好条件だという。これに、日本の優れた製造業やサービス業の先端技術やノウハウを組み合わせ、年間を通じた作業平準化や効率化を達成できれば、十分国際的に戦える。

グローバル化は脅威でもあり、チャンスでもある。新興国の所得上昇にともなって質の高い日本の農産物への需要はむしろ増えている。この機会を掴（つか）む農政に転換するのか、それともこのまま保護を続けて、国内市場の縮小とともに衰退を甘受するのか。著者の答えはもちろん、前者である。

評・諸富徹（京都大学教授）

二〇一五年七月一二日①

『二重螺旋　完全版』

ジェームズ・D・ワトソン 著　青木薫 訳
アレクサンダー・ガン、ジャン・ウィトコウスキー 編
新潮社・三〇二四円
ISBN9784105068912　科学・生物／ノンフィクション・評伝

生命科学の時代と露骨な競争の幕開け

著者のジム・ワトソンは生命科学界のスティーヴ・ジョブズだ。本質をズバリとつかみとる強烈な直観力、高速回転する頭脳、沸き立つエネルギー、身体中から放射されるオーラ、なんとしても目標を達成する強い意志、そして周囲の人間から蛇蝎（だかつ）のごとく嫌われる。だが、生命科学や情報社会に一大革命を起こしたのは他ならぬ彼らであり、彼らのような人だからこそ、革命が達成できたのである。

ワトソンは1953年にフランシス・クリックと共にDNAの二重らせん構造を発見して、後にノーベル賞を受賞した。その単純で美しい構造は、生命現象の根幹の物質的メカニズムを明らかにし、以後今日にいたるまでの生命科学大発展の起点となっている。

この本の原著は68年にアメリカで出版された。二重らせん構造発見に至るまでの科学者たちの人間ドラマを、ワトソンの視点から描いた回想記である。そのあまりに率直な物言いと科学者の日常の赤裸々な描写、そしてワトソンたちがノーベル賞獲得レースに血道を上げている様子が「象牙の塔で真理を探究する科学者」という世間一般のイメージとあまりに異なっていたことなどから、賛否両論をよんだ。日本でも江上不二夫と中村桂子による名訳（講談社ブルーバックスなど）が出てロングセラーになっている。

その原著に、最近見つかった大量の書簡が明らかにした背景情報と、多数の写真資料を追加したのが、この《完全版》である。今回の新訳もとても読みやすい。これらの解説や注釈は、本書に新たな命を吹き込んだ。すべてが「ここ」から始まっていたのだと、改めて実感させられる。

この本は、生命科学の時代の幕開けであると同時に、科学者たちが実際にどのようにして研究をおこなっているか、その知識社会論についても時代の先駆けとなるものだった。優秀な研究者同士の交流と頻繁なディスカッション、食事やテニスでの気分転換、知識の統合化へのあくなき欲求……。大発見というのはこういった日常の積み重ねであり、これらを軽視して偉大な科学的成果はありえないと納得させられる。

それはまた、名誉と栄光をしゃにむに追いかける露骨な競争としての科学の時代の幕開けでもあった。批判する向きも多いが、これは一方で、科学者といえども生身の人間であ

ることが世の中に知れわたり、科学活動の現場の実態を誰もが目の当たりにできるようになったということでもある。

新しい分野をひとつ切り開くだけでもとてつもなく大変なのに、ワトソンはそれを二つもやってのけた。しかもたった1冊の本で。やはり並大抵の天才ではない。

評・佐倉統（東京大学教授）

James D. Watson　28年米国生まれ。ニューヨークのコールドスプリングハーバー研究所名誉所長。62年に、他の研究者2人とともにノーベル医学生理学賞を受賞した。

二〇一五年七月一二日❷

『寺院消滅　失われる「地方」と「宗教」』

鵜飼秀徳 著

日経BP社・一七二八円
ISBN9784822279172

政治／人文／社会

25年後に35％減⁉ 実情率直に

若年女性の減少や、都市への人口流出を理由として２０４０年までに消滅する可能性のある都市（市区町村）のことを消滅可能性都市といい、その数は８９６になる。

都道府県（福島県をのぞく）に所在する宗教法人の数は17万６６７０。このうち消滅可能性都市にあるものが約6万。都市がなくなれば、宗教施設も生き延びられない。つまり、あと25年すると、寺院・神社・教会などの約35％が消滅するかもしれない。

本書の著者は記者でありながら、僧侶の資格をもつ。仏教の前途にショックを受けて全国の寺院を綿密に取材し、現金収入が乏しく生活が成り立たぬ僧侶や、子孫が来なくなって荒れ果てた墓地や、建物が崩壊しかけている寺院の惨状を克明に伝えてくれる。

いや、待ってほしい。でもそれは寺の課題というより、人口減少の問題ではないのか。しかのみならず本書には「先祖の供養は大切だ」とか「お寺は地域の人々によって保護されるべきだ」という大前提が隠されてはいまいか。

先祖供養はなくて良い、金のかかる葬式は必要ない、という考え方が注目を集めているのが「いま」である。著者のレポートは哀切だが、鵜呑（うの）みにしてはいけないな、と本の中ごろで気を引き締めた。

だが、それはとんだ誤解だった。著者は僧侶のあまり芳しくない実態や、仏教界がすすんで太平洋戦争に協力したタブーなどにも果敢に斬り込んでいく。懸命に生き残りを模索する寺院・僧侶の活動例を紹介し、消滅にあらがう具体的な手立ても提案している。その責任ある叙述態度は、何者にも媚（こ）びず、何者にも依（よ）らず。みごとである。

現代の仏教・お寺・お坊さんを題材として、これほど率直に実情を披陳（ひちん）し、考えさせる本はまたとない。人は死を避けることができない。本書を読んで、身近な人々の、それに自身の終焉（しゅうえん）について、ぜひ思いを巡らしてほしい。

評・本郷和人（東京大学教授）

うかい・ひでのり　74年生まれ。僧侶。報知新聞記者などを経て日経ビジネス記者。

二〇一五年七月一二日③

『百貨店で〈趣味〉を買う　大衆消費文化の近代』

神野由紀 著
吉川弘文館・二七〇〇円
ISBN9784642082754

政治／社会

紳士が愛したキッチュな「国風」

かつて百貨店は女性のものではなかった。現在は化粧品や婦人服の売り場が中心になっているように、女性の消費に支えられている。だが、著者が論じるのは、近代都市に出現した新中間層、すなわち「良い趣味」を求めた大衆の主体が、江戸時代からの気質を受け継ぎながら購買力をもっていた男性だったことだ。

西洋の「紳士」の概念がもたらされた当時、手軽に形から入るためのアイテムとして、「紳士必携」のファッションや商品が流通した。そして近代に一部の趣味人が牽引（けんいん）した茶の湯、骨董（こっとう）趣味、玩具収集は、明治末に百貨店が関わることで大衆化する。

しかし、その過程でデザインはキッチュ化していく。昭和初期になると、日本的スタイルの「国風」が流行し、だるま形の火鉢や米俵形のボンボン入れなど、トホホな和風の商品までも登場する。また人形玩具の収集や創作への趣味は、今のオタク文化の状況とも似ていよう。

本書は近代の美術・デザイン論としても興味深い視点を与える。百貨店の美術部は、日本家屋の床の間に飾る調度品として、絵画や工芸品を販売した。例えば、竹内栖鳳（せいほう）、富岡鉄斎、川合玉堂、横山大観らの日本画家の作品が扱われている。彫刻家の平櫛田中（ひらくしでんちゅう）も、木彫りの節句人形を制作していた。現在、ファインアートとして美術館で鑑賞するような作家が、百貨店を介した大衆の趣味の流行とつながっていたのである。

デザイン史の教科書において、近代はモダニズムが流布していく時期として語られるが、実際、多くの中間層は和洋折衷のライフスタイルにあわせて、和風インテリアや「国風家具」を求めた。本書は、こうした傾向に導いた事例として、建築家の中村順平の和風アールデコを位置づけている。欲望を喚起する百貨店というメディアが、近代のデザインに与えた影響を解き明かす一冊である。

評・五十嵐太郎（建築批評家・東北大学教授）

じんの・ゆき　関東学院大学人間環境学部教授。『子どもをめぐるデザインと近代』など。

二〇一五年七月一二日④

『ウイダーの副王』

ブルース・チャトウィン 著　旦敬介 訳
みすず書房・三六七二円
ISBN9784622079088

文芸

波乱にみちた奴隷商人の生涯

19世紀初頭のアフリカ西部ダホメー王国の奴隷積み出し港ウイダーに、ブラジルから一人の奴隷商人がやってきた。王に捕らえられ、不吉な白い肌を黒く染めるためインディゴ（青藍）の樽（たる）に漬けられた男は、救出してくれた王子のクーデターを支援して特権的な地位を得、「西アフリカで最も富裕な男」になったのだが――。ダホメーの、またヨーロッパの伝承がこのように伝える歴史上の人物に材をとった本作は、1980年に刊行されたブルース・チャトウィン二作目の小説。

1970年代、社会主義を掲げていたベナン人民共和国時代のウイダーで、フランシスコ・マノエル・ダ・シルヴァの一族が追悼式典を行う場面から話は始まる。土地の人々と結ばれて子孫が増え、事実上アフリカ人となっても、かれらはブラジルを祖先の地として心に抱きつづけている。ジジジと回るセピア色のフィルムが鮮やかな原色を映し出して見る者を驚かすように、細部の描写がなによりつよい印象を残す。かれらの肌色や手指や髪のかたち、豪華だが荒廃した邸宅、衣装や車や建築の色と手触り。肖像画や遺物の数々が、波乱にみちた一族の物語を誘導する。

ダホメー王の残虐ぶり、奴隷商人の冷酷さ、互いを利用し裏切る各国政府や商人たちの確執は、事実（物語上の）に即して、淡々と述べられる。感情の波はむしろ、ブラジルへの帰還や出世の約束が果たされず、着ることのない夜会衣装や必要のない懐中時計のコレクションをひとり見つめる胸に逆巻くのだ。

眩惑（げんわく）的なほど華やかだが緻密（ちみつ）で簡明な文章。読み終えた手元を見て、思いのほか短い本であることに驚く。西アフリカとブラジルを自ら行き来する訳者による巻末解説は、複数の民・複数の土地が交錯する物語の背景、史実とフィクションの境目、奴隷制の実態、さらには現在の観光地ウイダーにも及び、秀逸だ。

評・中村和恵（詩人・明治大学教授）

Bruce Chatwin　1940～89年。『パタゴニア』『ソングライン』など。

二〇一五年七月一二日⑤

『国体論はなぜ生まれたか　明治国家の知の地形図』

米原謙 著

ミネルヴァ書房・三四五六円
ISBN9784623073443

歴史／人文

近代の鬼門　今を議論する礎に

国体は近代日本史研究の鬼門だ。言論や政局を支配する強力な理念だったが、その内実が捉え難かったからだ。

本書はそんな「国体」の成立過程を辿（たど）る。その語を初めに用いたのは対外関係の中で「天朝」を意識した近世の儒者や国学者で、会沢正志斎『新論』はキリスト教の政教一致に対して日本独特の祭政教一致体制を国体と呼んだ。

しかしペリー来航後、その語は強制された開国の屈辱を補償しようとする様々な心性の受け皿となり、国家の体面、国家の独立、万世一系の皇統の存在など多彩な内容がそこに盛り込まれる。国体概念はやがて明治憲法と教育勅語をセットにして擬似的に政教一致を実現させる「国家神道」体制の象徴となるが、国家への危機感が高じると真正の政教一致（つまり天皇親政）を求めるパトスがその語を合言葉として奔出する。

こうして内実が不定形の国体の語が「パニック状態になったときに、身体の不随意運動」が生じるような不合理的な活動の旗印となる経緯を本書は示した。明治期までの分析に限定した内容の研究書だが、例外的に日本のポツダム宣言受諾が国体護持を条件として進められたエピソードに触れた箇所がある。国体といえば今や国民体育大会の略で、戦前の国体は死語となった感があるが、確かに戦後日本がそれときちんと決別を宣言したことはない。

たとえば戦後70年の首相の談話内容が話題になる一方で天皇がパラオなどに慰霊に向かう現状に至って「国体」と「政体」の関係はどう変わったのかなど、戦前の国体論との連続と断絶の両面を意識しつつ議論されるべき課題は少なくないはずだ。昭和期の国家総動員体制下での国体研究や、国体を「主体なき権力」とみなしてミシェル・フーコーなどの権力論と接続可能なかたちで明治期の国体を論じた本書は、そうした議論の確かな礎ともなろう。

評・武田徹（評論家・恵泉女学園大学教授）

よねはら・けん　48年生まれ。元大阪大学教授（日本政治思想史）。『徳富蘇峰』など。

二〇一五年七月一二日❻

『国際協調の先駆者たち　理想と現実の200年』

マーク・マゾワー 著　依田卓巳 訳
NTT出版・四九六八円
ISBN9784757143388　歴史／政治／社会

教科書的通史離れ　歴史を再構築

ギリシャの近現代史や20世紀の欧州史を専門とする気鋭の歴史家として、数々の話題作を生み出してきたマーク・マゾワー氏の著書が、初めて邦訳された。ナポレオン後から現在まで、世界の平和を目指す理想と力の政治との間の緊張や補完が描かれる。

カント、メッテルニヒ、ウィルソン、マルクス、ルーズベルトら哲学者や政治家の思想の潮流を読み解きながら、教科書的な通史を離れて国際協調の観点から再構築された歴史が新鮮である。

一段とおもしろく読んだのは、二つの世界大戦の戦勝大国の支配を平和的に維持するために生まれた国際連盟、国際連合と、米国との関係をつづった後半部分だ。覇権国として、狭い意味での国益実現と世界統治のゲームのなかで、距離を定めていく。

とりわけ第2次大戦後、米国は、最大出資する国連や世界銀行、国際通貨基金などを通じて、自国に有利な自由貿易や開発援助、金融のルールを拡散してきた。市民社会、すなわちNGOも統治に組み込み、一部には米情報機関の資金を流し、国際世論を動かす。人道介入や国際司法の現場では、大国と弱小国で人権や主権が「二重基準」だ。こうした仕組みが機能するのは、米国の「価値観」が世界の利益にかなうと多くが信じたからでもあるという。

新興国が存在感を高め、価値観は多様化し、多国間の協調はより面倒になった。米国は外交の道具として魅力が減った国際機関とは距離を置く流れにある。いっぽう、台頭する中国は自ら主導し、国際金融機関の設立を急ぐ。動く秩序のなかで、越境する課題は増えている。力の均衡にとどまらない新たな統治の思想を生み出せるだろうか。

国連設立70周年の今夏以降、著者の『国連と帝国』、20世紀の欧州史『暗黒の大陸』と邦訳出版が続く。誠実な歴史家は予言をしない。だが、将来への観望台を与えてくれる。

評・吉岡桂子（本社編集委員）

Mark Mazower　58年英国生まれ。歴史家、コロンビア大学教授。

二〇一五年七月一二日❼

『女装して、一年間暮らしてみました。』

クリスチャン・ザイデル 著　長谷川圭 訳
サンマーク出版・一七二八円
ISBN9784763134363　文芸／ノンフィクション・評伝

本書は、1人の男性が「女性性を着る」物語であり、同時に「男性性を脱ぐ」物語でもある。風邪をひきやすい体質の著者が、寒さ対策にと女性用ストッキングを購入したことをきっかけに、女装を極めていくユーモラスな体験記。著者は、女性服のレパートリーの多さに驚き、男性服のレパートリーの少なさを発見する。そして、男性性の窮屈さを自覚し、性から自由であることの喜びと困難を知る。

女装した「彼女」が街を歩いていると、売春をもちかけられ、胸を触られ、つばを吐きかけられ、罵声を浴びる。多数の好奇なまなざしを浴び、家族からの非難を受ける。多くの仲間を手に入れるが、多くの敵意も向けられる。あらゆる話を、「セックスの話」に結びつけられる。これらは、現に多くの性的少数者が受けている攻撃と重なる。本書を通じて読者は、自由と差別を追体験する。その後、どちらに憧れるべきか。答えはすぐわかる。

評・荻上チキ（「シノドス」編集長・評論家）

二〇一五年七月一二日❽

『世阿弥の世界』

増田正造 著

集英社新書・八二一円
ISBN9784087207873　アート・ファッション・芸能／新書

能に興味を持ったのは、二十年ほど前だが、様々な演劇論を読む仕事のなかで、『風姿花伝』の面白さ、世阿弥という人物の魅力に出会って驚かされた。

本書はその興味をより広げてくれる。能を「極北の演劇」と著者は記す。それが強く印象に残ったのは、人物の個性や系譜、社会的背景にまったく興味を持たない劇作法だと分析されるからだ。「男性そのもの」「女性の慕情そのもの」を抽象化して表現する。いま演劇の課題はそこにあると私は考えている。というのも、グロテスクな人物造形が、この国の現代演劇の主流としてあり、そこからどう遠ざかり、また異なる演劇を試みるかというヒントが本書にあるからだ。たとえば、死者が、生きる者と同じ空間に登場しても許される、世阿弥が発明した「夢幻能」はきわめて豊かな演劇的な領野だ。

本書はそうした世阿弥の魅力を穏やかな筆致で語りかけてくれる。

評・宮沢章夫（劇作家・演出家）

二〇一五年七月一九日❶

『トットひとり』

黒柳徹子 著　人文

新潮社・一六二〇円　ISBN9784103550075

「もっと自由に」現代へのエール

生きるテレビ史、黒柳徹子。テレビ放送がはじまった時代。伝説的な音楽番組、クイズ番組、ニュース番組、トーク番組の舞台裏。俳優たちや作家たちとの交流。その風景を生き証人として語れる人は他にいない。

『トットひとり』は不思議な本で、書かれていることの大半は、極めて個人的なことだと言える。向田邦子さんの部屋によく遊びに行っていたこと。森繁久彌さんにたびたび誘われていたこと。沢村貞子さん、大橋恭彦さんを「母さん」「父さん」、渥美清さんを「兄ちゃん」と呼び、親しんでいたこと。でも、こうしたエピソードの行間から「テレビの時代」の匂いや息遣いが伝わってくる。

テレビ黎明期（れいめいき）ならではの、実験的な演出やトラブルの数々。生放送中、到着した飛行機から、松田聖子さんがタラップを降りてきてそのまま歌う。田原俊彦さんが、歌いながらテニスボールを次々と打ち返し、最後はネットを飛び越える。なぜその演出なのかはわからない。しかしとにかくインパクトがある。徹子さんも、歌詞を忘れた歌手には助け舟を出し、マイクコードが絡んだ時にははいつくばってほどきにいく。自由な時代、と片づけるのは単純か。メディアはもっと自由でいいと、現代へのエールも受け取れる。

音楽番組『ザ・ベストテン』でのひとコマ。シャネルズに対し、一人の少年が「どうして、黒人のくせに、フランスの香水の名前をつけてるんですか?」と聞いた。徹子さんはCM明けにひとりで語りだす。「あなたが、そのつもりがなくても、人を傷つけてしまう言葉なんです。皮膚の色や、国籍で、『何々のくせに』と言うのは、やめてほしいと思います」。久米宏さんの合いの手もさりげない。「黒柳さんが泣いていますから、もうやめて下さいね」。出演者たちは拍手を送り、放送後も激励の手紙が多数届いたという。

生放送で、とっさにこのように切り返せる人が、どれほどいるだろう。差別に対する嫌悪感が芯に備わっていないと、なかなかこうはいかない。「ひっかかる発言」を見聞きした時、進行や出演者の反応など、あれこれ考えているうちにスルーしてしまう。そうした体験を持つ番組司会者は多いのではないか。黒柳徹子さんが評価されているのは、技巧的な側面からではない。勤勉さや優しさが、テレビ画面からも伝わるからだ。

もっと自由に、楽しく生きていい。この本からは、そんなメッセージを受け取れる。ゴシップ的に消費するのはもったいない。不自由な空気を感じている人は、ぜひ手に取って。テレビ論の教科書にも、生き方のお手本にもなるはずだから。

評・荻上チキ（「シノドス」編集長・評論家）

くろやなぎ・てつこ　33年生まれ。女優、タレント、ユニセフ親善大使。トーク番組「徹子の部屋」は同一司会者による最多放送記録としてギネス世界記録に認定された。著書に『窓ぎわのトットちゃん』『トットチャンネル』など。

二〇一五年七月一九日❷

『キャプテン・クックの列聖　太平洋におけるヨーロッパ神話の生成』

ガナナート・オベーセーカラ 著　中村忠男 訳
みすず書房・七三四四円
ISBN9784622078609
歴史／社会

西洋近代の世界観を徹底批判

これは稀（まれ）な声である。誤謬（ごびゅう）もあるし曲解もある。だが無視できない、重要な声だ。

ポリネシアの「発見者」と目されるクック船長は、1779年ハワイ島上陸の際、土地の神ロノとして迎えられた——。スリランカの人類学者オベーセーカラは本書で、この説に正面から異を唱える。クック＝ロノ神説は西洋の神話、つまり「十八世紀、およびそれ以降のヨーロッパ人の想像力によって産み出されたものであり、『現地人』の神となる畏（おそ）るべき探検家＝文明の使者という先行する『神話モデル』に基づいていた」。

これを証明すべく著者はアメリカの人類学者マーシャル・サーリンズを徹底批判。反論の応酬がつづき議論は沸騰、サーリンズ対オベーセーカラは、サモアについてのミード対フリーマン論争に比すべき大論争に発展した。その経緯は訳者解題に詳しい。

主に第三回航海の記録など当時の資料から、結論が導き出される。いわく、生前クックに与えられたロノの呼称は神だけでなく、高位の首長にも用いられる。クックの厚遇には当時内戦中だった現地の政治・軍事的思惑が関わっている。神格化は生前ではなく死後に起きた。一連の出来事のヨーロッパ人による解釈は、当時もいまもキリスト教的枠組みにとらわれている。のちのハワイ社会もその解釈をとりこんでいく、と。

なぜスリランカ人がポリネシアの歴史を、これほどの怒りと情熱をもって書き直そうとするのか。西洋による非西洋の「発見」と支配が、いまの非西洋諸社会に、否応（いやおう）なく影響しつづけているからだ。クックとは一見無関係なスリランカ内戦への言及も、イギリスの植民地政策がそこに深く関わっていることを考えると、つながりが見えてくる。西洋近代中心の「世界史」を非西洋の世界観によって転覆させようとする批判精神が、遠く離れた複数の「世界の果て」を結びつける。

評・中村和恵（詩人・明治大学教授）

Gananath Obeyesekere　30年生まれ。米プリンストン大学名誉教授。

二〇一五年七月一九日❹

『雨の裾』

古井由吉 著
講談社・一八三六円
ISBN9784062195218
人文

老いの時間に渦巻く死と官能

古井由吉はこれまでも、夢と現（うつつ）の境、過去と現在の境を踏みこえる小説を書いてきた。その世界は、揺らぐ幻の像と確固とした質感を併せ持ち、独自の展開を見せる。『雨の裾』はいよいよ極まろうとする著者の方法と持ち味が、前人未到の境地をかいま見せる小説。老いの時間に渦巻く死と官能の色合いを、ここまでこまやかに炙（あぶ）り出した小説があっただろうか。

冒頭の「躁がしい徒然」はタイトルも粋だが、「ある境を越すとしばらくは自分から、空足でも踏んだように前のめりに、上機嫌に年を取っていく」という一文など、著者らしい観察で、心動かされる。重いものは軽く、軽いものはむしろ持ち重りのする手触りで、著者は扱う。

老いと病、入院などで時間の感覚の変わる感じが、繰り返し描かれる。「我に返るとは、我身の内の死者の時間に、さかのぼって感じる境のことか。これからも幾度となく我に返って覚めた心地がしてはまた紛れて、年を取っていくのだろうと思った」

我とは誰か、どこにいるのか。日常の輪郭がほどけて、途方に暮れて立ちつくす時間。その匂いと色合いを、描き切る著者の文章。それは、他の言葉では描かれたものが必ず別物になってしまう、という深い認識から、決して逸（そ）れることなく進む。

表題作は、死の床につく母とその息子である男を描く。男には、母が死病を得てから関係の出来た女がいる。頼まぬうちから入院先へ赴いて母の世話をする女。「人は自分の行為の、ほんとうの由来は知らない」「あなたとのことは、後悔しません」

因果と呼ぶほかない関係を、眺める眼差（まなざ）しの先にひろがる、死の静けさ。洗練された穏やかさの底にぞっとさせる妙味を潜める文章が、生と死を渾然（こんぜん）一体のものとして浮かび上がらせる。読めば読むほど、どこともつかぬ気の遠くなる境へ引かれていく。

評・蜂飼耳（詩人・作家）

ふるい・よしきち 37年生まれ。71年「杳子」で芥川賞。近著に『半自叙伝』『鐘の渡り』など。

二〇一五年七月一九日⑤

『中国環境汚染の政治経済学』

知足章宏 著

昭和堂・二三七六円
ISBN9784812215104

社会

歓迎される汚染企業 構造探る

中国の環境問題は依然として深刻だ。中国由来のPM2・5（微小粒子状物質）が日本にも飛来、話題となったのは記憶に新しい。中国では、女性記者がPM2・5問題を告発したドキュメンタリーがネット公開され、人々に大きな衝撃を与えた。企業は汚染を垂れ流し、成長優先の中で環境保護部はそれを取り締まろうとしない。結局、被害が集中するのは、弱い立場の市民だ。

本書が読者を引き込むのは、こうした問題の根っこにある政治経済構造を掴（つか）み出そうとしているからだ。いま、北京・天津両市に隣接する河北省が中国最大の汚染源になっているという。2008年の北京オリンピックに向けて中国政府が強制的に閉鎖させた汚染企業がこぞって移転したからに他ならない。

とりわけ鋼産業が集中、莫大（ばくだい）な量の石炭が基準を守らずに燃やされ、汚染物質がまき散らされている。河北省が汚染企業を受け入れる背景には、この地域の貧困がある。そうしてでも、彼らは所得と雇用を増やしたいのだ。おのずと環境規制は緩められる。

しかも、経済成長に乗り遅れた省はどこも、汚染企業の誘致に熱心だ。彼らの間で環境規制の切り下げ競争が始まり、事態はますます悪化する。著者はこれを、「底辺への競争」と呼ぶ。汚染企業の製品の販売先は、実は日本を含めた先進国企業であり、中国の汚染がグローバルな産業連関の中で起きている問題であることも明らかにされる。

では、どうすればよいのか。著者は、環境NGOの存在が決定的に重要だと指摘する。彼らは、汚染企業とサプライチェーンでつながる先進国企業の責任を提起することで、国際的連携の中で問題解決を図ろうとし、成果も上げつつある。

中国環境問題の解決が、単なる技術問題ではなく、その政治経済構造の変革に直結する課題であることを明らかにした好著だといえよう。

評・諸富徹（京都大学教授）

ちあし・あきひろ 兵庫県生まれ。京都大学アジア研究教育ユニット研究員。環境経済・政策学。

二〇一五年七月一九日⑦

『言葉と爆弾』

ハニフ・クレイシ 著　武田将明 訳

法政大学出版局・三〇二四円
ISBN9784588603396

社会

伝統と世代交代を縦糸に、ドラッグや同性愛、排他主義、移民のイスラム信仰などが横糸に絡む多文化共生社会独特のカオスは二十世紀末に実に多彩なポップカルチャーを生み出した。本書の作者ハニフ・クレイシ自身も映画のシナリオや小説を通じ、ロンドンの移民社会の表と裏を描いてきた。

「テロとの戦争」以来、欧米社会が排他主義を強化すればするほど、それを鏡に映したようにイスラム原理主義が広がった。イスラム過激派に身を投じる欧米出身の移民の子たちの意識に何が起きたのか？　その屈折の原点をパキスタン系移民の子としてロンドンに生まれ、ポップカルチャーの洗礼を受けつつ、移民差別にも晒（さら）された作者自身の告白に垣間見ることもできる。差別と復讐（ふくしゅう）、どちらの根も深いが、他者の理解を拒めば、傷口はさらに深くなり、自分で自分の首を絞める結果となる。社会の健全さと活力は多様な主義主張を何処（どこ）まで許容できるかに懸かっている。

評・島田雅彦（作家・法政大学教授）

二〇一五年七月一九日⑧

『終戦詔書と日本政治　義命と時運の相克』

老川祥一 著

中央公論新社・三〇二四円
ISBN9784120047138

歴史／社会

1945年8月15日の玉音放送は、天皇自身が詔書を読み上げることで儒教的な「天子」として振る舞おうとするものだった。だからこそ、陽明学者の安岡正篤（まさひろ）は「義命ノ存スル所」という言葉にこだわった。降伏は、天皇自身の良心が命ずるところでなければならなかった。

だが、閣議では言葉が難解すぎるという理由で、「時運ノ趨（おもむ）ク所」に修正される。安岡によれば、これだと風の吹き回しで降伏することになり、天子の言葉ではなくなってしまう。究極の支配者は時間となり、天皇もまた時間の流れには逆らえなかったという言葉が、終戦詔書のなかに織り込まれたのである。

詔書の草稿を丹念に調べ、この修正箇所に注目した著者の眼力は高く評価されよう。著者も引用する丸山眞男に言わせれば、これこそが「なりゆき」の論理に基づく政治といえる。本書が対象とする近現代に限らず、広く日本の政治を考えるうえで重要なポイントを提供していよう。

評・原武史（明治学院大学教授）

二〇一五年七月二六日①

『喜劇映画論　チャップリンから北野武まで』

佐藤忠男 著

中日映画社・二二三八円
ISBN9784908290008

『映画で日本を考える』

佐藤忠男 著

中日映画社・二二三八円
ISBN9784908290039

社会

森繁登場の鮮やかさ、小津演出への賞讃

まず『喜劇映画論』が主に触れるのは「喜劇人」だ。小津安二郎のいくつかの作品にみる、「ギャグの三段返し」や、斎藤寅次郎の技法も書かれるが、喜劇人への言及が大半を占める。エノケン（榎本健一）の逃げ足、あるいは珍芸と表現される滑稽味を語るのは当然だとしても、ここでも、森繁久弥の登場の鮮やかさは特筆される。その後の喜劇人に与えた影響、さらに映画の作り手もまた、森繁久弥を通じて喜劇人の魅力に気づく過程が記される。それは森繁久弥に影響を受けた喜劇人の生き方を肯定する方法にもなる。

珍芸から出発した喜劇人が森繁久弥の生き方に触発され、シリアスな演技を目指す。そして、俳優としての格を上げるような態度への否定はいまでは当然のように語られる。私もそう考える。けれど、『喜劇映画論』で著者

は、それも演技の豊かさとして寛容に受け入れ、またべつの視点によって喜劇人のシリアスな演技を映画のなかから救い出す。

北野武がいる。映画作家としての資質と、俳優としてのあり方、その自由な姿に現在を見るからではないか。

こうして著者は豊富な鑑賞体験を通じて喜劇人を論じ読み応えがあるが、さらに『映画で日本を考える』に著者の本来の仕事を感じるのは、佐藤忠男の映画を観る視点の鋭さがそこに込められ、大島渚や溝口健二を通じてこの国の深層へ迫る、数多く書かれた映画評に通ずる思想だからだ。『映画で～』はタイトルに反し、アメリカ映画に多くが割かれる。つまり、アメリカを考えることが、日本を考えることになるというメッセージだ。

そして、どちらの著書にも大きな名前として取り上げられるのは小津安二郎である。

数多い傑作を生み出した一九五〇年代、小津作品は外国に輸出されなかったが、その後、外国人の目によって価値を再発見される。とはいえ、小津は外国向けに受けるような映画を作っていたのではない。丁寧な演出によって日本的な家庭の姿を鮮やかな映像にした。そのことが世界的に評価される。芸術作品とはそのようなものだ。著者はそうした映画作家たちに惜しみない賞讃（しょうさん）を送る。

そして本書の白眉（はくび）は、戦前・戦中に公開された日本映画を網羅した、朱通祥男編、永田哲朗監修『日本劇映画総目録』について触れ日本人の精神性を解く章だ。芸術性や興行成績によって歴史に残された作品ではない数多くの映画、たとえば「忠臣蔵」を扱った作品がなぜこれほど数多く作られたかを考えることによって、それを求める観客の意識を分析する。きわめて刺激的な作業だ。

評・宮沢章夫（劇作家・演出家）

さとう・ただお 30年生まれ。映画評論家、日本映画大学学長。文芸・大衆文化なども幅広く評論。『溝口健二の世界』『映画の中の東京』など。

二〇一五年七月二六日❷

『「からゆきさん」』海外〈出稼ぎ〉女性の近代

嶽本新奈 著

共栄書房・一八三六円
ISBN9784763410641

社会

理解を妨げる「悲惨な女性」像

「からゆきさん」の語を広く知らしめた山崎朋子『サンダカン八番娼館』の副題は「底辺女性史序章」だった。山崎は近代日本史上最も悲惨な存在として「海外に連れ出され」「異国人を客」とした「出稼ぎ」女性に注目した。

本書はこうした〈からゆきさん＝底辺女性〉とする価値観の生成過程を辿（たど）る。例えば福沢諭吉は海外移住する日本人のため公娼（こうしょう）制が必要と考えたが、「天は人の下に人を造らず」の言葉とは裏腹に娼妓（しょうぎ）たちを欧米のように「人類の最下等」扱いせよと主張した。

存娼派の福沢と立場は異なるが、キリスト教徒を中心とする廃娼（はいしょう）運動家たちも差別意識の形成では足並みを揃（そろ）えた。性交が女性の体質を変え、以後の出産でも最初の相手の形質が発現すると考える非科学的なテレゴニー説が導入されると、廃娼派は海外「出稼ぎ」女性を日本人の「純潔」と「純血」への脅威とみなして廃絶を求め始める。

しかし、彼女たちはただ受動的に「底辺」

に追いやられただけの存在ではなかった。山崎に先んじて元海外「出稼ぎ」女性への聞き取りを行った森崎和江は、彼女たちが異国の地にいてなお日本人のアイデンティティーを持ち続け、結果として自らが日本の海外膨張主義の「先兵」となってしまう屈折した自縛の構図を浮かび上がらせていた。

「抑圧された性」のひと言では括（くく）れない海外「出稼ぎ」女性の実態を「いたましげに寄りそいつつ、自らの生活態度をくずそうとはしない市民的なまなざし」は見失う。そう批判していた約40年前の森崎の言葉を著者は引く。

確かに初めから「悲惨」と決めつけて対象に向かい合う姿勢は排除を進めてきた価値観に相乗りしがちだし、感傷が勝ると問題の複雑さを見失わせ、解決を遠ざける。からゆきさんは過去の存在となったが、新たな差別を対象に同じ轍（てつ）を私たちは今なお踏んでいないか検証すべきだろう。

評・武田徹（評論家・恵泉女学園大学教授）

たけもと・にいな　78年生まれ。一橋大学院・言語社会特別研究員（日本近代ジェンダー史）。

二〇一五年七月二六日③

『世界に分断と対立を撒き散らす経済の罠』

ジョセフ・E・スティグリッツ 著　峯村利哉 訳

徳間書店・二二六八円
ISBN9784198639464

経済／社会

格差見つめる冷静さと温かさ

本書は、ノーベル経済学賞を受賞した米国の碩学（せきがく）による現代資本主義への深い憂慮の書である。大きな話題となったピケティ『21世紀の資本』が1980年以降の格差拡大を証明したことに、スティグリッツは深く同意する。もっとも、ピケティが強調するように、格差拡大傾向は確かに資本主義の本性だが、70年代までは経済的規制と高度な累進税制、そして平等な社会が、高度経済成長と両立しえた。

しかし、レーガン政権の成立した80年代以降、規制緩和、金融自由化、そして累進税制の「フラット化」により、資本主義は大きく変質した。起きたのは、不平等の顕著な拡大と経済の金融化だ。その果てに、バブルの生成と崩壊を繰り返し、格差を常に拡大させる社会が生まれた。所得から消費に回す比率が小さい富裕層に富が集中した結果、GDPの最大項目である民間消費は落ち込み、資本主義は著しく不安定化した。

資本主義の再生に重要なのは、「機能する政府」だ。富裕層に課税し、弱者に対するセーフティーネットを強化し、教育と技術とインフラへの投資を増額しなければならない。それが、未来を引き寄せる鍵だ。

本書では彼の「原点」が語られる。とりわけ「キング師がわたしの研究に与えた影響」と題する格調高く美しい一文は、我々に感銘を与える。人種差別、貧困、社会的不公正への怒り、問題意識を育んだ彼の生い立ち、人種統合を目指した学生時代、社会問題解決のために物理学から経済学に転じたこと……。

彼は何よりも、大統領経済諮問委員会の長、世界銀行チーフエコノミストなどへの奉職を通じて、社会的公平性のために闘ってきた。スティグリッツこそ、近代経済学の祖であるマーシャルが理想とした「冷静な頭脳と温かい心」の絶妙な結合の見本であり、我々は、現代における最良の経済学者の姿をここに見出（みいだ）す。

評・諸富徹（京都大学教授）

Joseph E. Stiglitz　43年生まれ。コロンビア大学教授。01年ノーベル経済学賞。

二〇一五年七月二六日④

『芥川賞の謎を解く　全選評完全読破』

鵜飼哲夫 著

文春新書・八九六円
ISBN9784166610280

文芸

真剣勝負の選考が文学を豊かに

又吉直樹さんが芥川賞を得て世間が沸いている。私もこそこそと『火花』を一冊買ってきた。そんなお父さんがたくさんいるに違いないが、彼らは芸人・又吉を知るまい。賞を取ったからこそ、どれどれと本に手を伸ばす。時代に乗り遅れまいと身銭を切る。つまりそこには芥川賞への信頼が作用しているわけだが、それはいったいどういうことか。本書はその秘密に迫る。

1935（昭和10）年に芥川賞は始まる。著名な作家を委員に選び、選考会を開く。委員ごとに選評を書き、「文藝春秋」誌上に発表するというシステムを取る。蓄積された選評は1400以上。著者の鵜飼哲夫はすべてを読破し、芥川賞を解析する。彼は読売新聞・編集委員で、長く芥川賞を取材してきた。文芸に携わる者なら誰もが知る名物記者であり、本書の書き手はこの人を措（お）いて他にない。

私が高校生の時、個人情報を記す用紙が配られた。そこに、親しい友人3人を書け、とある。友だちに順位を付けさせるとは何事か。無性に腹が立った。それに、記した友人がこちらの名を書かなかったらどうしてくれる。私は結局、その欄を埋めなかった。

だが、芥川賞の選考は容赦なくそれをやる。選考委員は自分の名を明記した上で、時に若手をぼろくそにこき下ろし、新進の彼や彼女の行く手に立ちふさがる。いや、この作品が読めてないのはあなたの方だろう、という罵倒（同じ選考委員からの、あるいは広く世間からの）を浴びる覚悟を以（もっ）て。これほど自分をさらけだし、傷つける振る舞いはまたとあるまい。だが「若者でバカ者でよそ者」である次の世代を育てるため、文学の火を絶やさぬため、選考委員は80年間、候補者に真っ向勝負をいどんできた。その緊迫感の中では、「審査は絶対公平」は当たり前。己を賭けての真剣な戦いが、文学を、芥川賞を豊かでおもしろいものにしているのである。

評・本郷和人（東京大学教授）

うかい・てつお　59年生まれ。読売新聞文化部編集委員。91年から文化部記者。

二〇一五年七月二六日⑤

『トマス・クイック　北欧最悪の連続殺人犯になった男』

ハンネス・ロースタム 著　田中文 訳

早川書房・三〇二四円
ISBN9784152095442

社会／ノンフィクション・評伝

率先した「自白」冤罪生む現場で

トマス・クイックは、スウェーデンの人々を震撼（しんかん）させた凶悪な連続殺人犯だ。三十人以上を殺したと自白し、有罪判決を受けた。ところが、精神科病院に収容されているクイックと面会した本書の著者は、驚くべき告白をされる。実は、俺は一人も殺していない、と。

ジャーナリストである著者は、警察の取り調べや捜査の方法、裁判の内容を詳細に検証しはじめる。その結果、これまた驚くべきことに、クイックはどうやら本当に一人も殺していないらしいと判明する。小説のような展開だが、本書はノンフィクションだ。著者の粘り強い調査は、どうやって冤罪（えんざい）が生みだされるかを浮き彫りにしていく。

厳しい取り調べを受け、やってもいないことを「やった」と自白させられてしまうケースがあるのは周知の事実だ。しかし、クイックの場合はちがう。前科（殺人ではない）があり、精神科病院に入院中だったクイックは、医者や心理カウンセラーに注目される存在になりたかった。重大事件の犯人だと言えば、思いどおりに薬を処方してもらえることにも気づいた。そのため、率先して自白したのだ。

捜査関係者と医療関係者のなかに、「こいつならやりかねん」という偏見と、手柄を立てたいという気持ちがあったことも否定しがたい。かれらは半ば無意識のうちに、「犯人しか知り得ない秘密」をクイックに漏らし、現場検証で犯人にふさわしい振る舞いをするよう誘導した。

それぞれが己の信じたいものだけを見て、事実をねじ曲げた結果、真犯人を捕り逃すことになった。ひとは、ときとして自分自身すらだます。だからこそ、物的証拠の積み重ねと、取り調べの透明性の高さが大切なのだ。クイックの騒動は、決して「対岸の火事」ではない。犯罪捜査や精神医療のありかたを考えるうえで、本書は非常に示唆に富んでいる。

評・三浦しをん（作家）

Hannes Råstam　1955〜2012年。スウェーデンのジャーナリスト。

二〇一五年七月二六日⑥

『正義のゲーム理論的基礎』

ケン・ビンモア 著　栗林寛幸 訳

NTT出版・四五三六円
ISBN9784757122338

社会

最適な選択重ね　公平に達する

人びとが共存するには、限られた資源をどう分け合うかを決める必要がある。分け方のルールは、公平と見なされなければ長続きしない。人びとは、公平と思えるルールにいかにして到達するのか。

カントは、自分にしてもらいたいように相手にもせよという内容の「定言命法」を人びとが受け容（い）れることに期待したが、ビンモアはデイヴィッド・ヒュームを引きつつ、そうしたやり方はうまく行かないとする。

彼によれば、お説教などなくても、人びとがさまざまな条件の下で、各自に最適と思われる選択を繰り返して行くうちに、やがて公平で効率的な均衡に達するのである。こうした自らの立場を彼は進化倫理学と呼ぶが、ここでの進化とは、人間の遺伝子にかかわる生物学的な進化よりも、ルールが次第に形成されるという文化的・社会的な進化を指している。

一定の条件下で各プレーヤーが選択をすると、どのような結果になるかを記述するのがゲーム理論である。これを駆使しつつ、互恵性など、人間に固有の属性として抽象的に論じられてきたものが、動物の行動とも連続的な形で数理的に説明できることをビンモアは示そうとする。

ジョン・ロールズは、各人が自らの社会的な地位や資産状況、能力などを知らない「原初状態」を想定する。そして、そこで各人が自己利益を図ろうとすれば、誰もが自分が実は「最も不遇な」人になる危険性を考え、弱者に優しい配分ルールを選ぶだろうと主張した。ビンモアは、ロールズのモデルをさらに精緻（せいち）化した上で、右のような選択が机上の空論どころか、あらゆる所で人びとが実際に行っている選択と符合するという。

個人の自己利益と自発的な選択から出発しながら、競争的な市場を絶対化するハイエクらとは逆に、平等主義的な合意の可能性を導き出す興味深い一冊だ。

評・杉田敦（政治学者・法政大学教授）

Ken Binmore　40年生まれ。ロンドン大名誉教授（経済学）。数学者から転身。

二〇一五年七月二六日⑦

『意識はいつ生まれるのか　脳の謎に挑む統合情報理論』

マルチェッロ・マッスィミーニ、ジュリオ・トノーニ 著　花本知子 訳

亜紀書房・二三七六円
ISBN9784750514505

科学・生物

意識とは何か？　この永遠の謎に、俊英2人が挑む。

意識研究は哲学や心理学、情報科学などさまざまな分野が関係し、さらに厄介なことに「誰もが自分の意識については専門家」なので、議論は混迷の一途をたどる。だが著者らは、難解な哲学的議論を切って捨て、「科学的に意識を扱うにはどうしたらいいか」のみを追求し、突破口（少なくとも彼らがそう思うもの）を見つけた。そして、地道な実証的研究を続けている。

意識が生じるためには、膨大な情報量を処理することと、処理系（たとえば脳）の内部で相互に連携が密におこなわれていて、処理系が全体として統合されていることが必要だという。だから機械には難しい。昨今人工知能の発展が取りざたされているが、この本によるかぎり、機械が意識をもつのは、なかなか大変そうである。ちょっと安心。

一方で、著者らの研究が進むと認識論／存在論の区分にも影響が出てきそうだ。翻訳は読みやすく滑らか。　評・佐倉統（東京大学教授）

二〇一五年七月二六日⑧

『マンガの論点　21世紀日本の深層を読む』

中条省平 著

幻冬舎新書・一八三六円
ISBN9784344983809

社会

フランス文学者の著者が２００６年7月から14年10月まで連載したマンガの時評をまとめたものである。１００回分のテキストをテーマ別に分けることなく、そのまま時間軸で配列し、新書ながら７７４ページのボリュームになった。

大きな特徴は、社会背景と照らしあわせながら、マンガを読み解いていること。例えば、『デスノート』とテロリズム、『へうげもの』と安倍晋三『美しい国へ』の比較、震災とゾンビ・ブームなどである。また専門を生かした、フランスのマンガ紹介と同国における日本マンガの受容、あるいは最新のマンガ研究のレビューも興味深い。

物語の内容だけでなく、構図やコマ割りなど視覚的な要素も分析しながら、歴史意識をもったマンガ批評を成立させようと試みる。正直、本書で紹介されている膨大なマンガのうち、せいぜい3分の1くらいしか知らないのだが、それでも多くの作品を読みたくなった。ブックガイドとしてもすぐれた本である。

評・五十嵐太郎（東北大学教授）

二〇一五年八月二日①

『善と悪の経済学』

トーマス・セドラチェク 著　村井章子 訳

東洋経済新報社・三六七二円
ISBN9784492314579

経済／社会

神話・宗教に探る「人間学」の水脈

経済学が社会科学の一部であることは、疑いない。では経済学は、自然科学と人文科学のどちらに近いのか。社会科学の中で唯一、ノーベル賞が授与される学問分野の経済学は、自然科学をモデルとし、それに近づこうとしてきた。結果として、現代経済学は高度に数学化され、大量の統計を扱う実証科学として発展してきた。

しかし、経済学がどんなに自然科学に近づこうとも、それは完全に自然科学にはなれないし、またそうなるべきではない、と主張するのが本書である。人間は、原子のように自然法則にしたがって動くわけではない。天体の運行に関する予測と異なって、経済予測がほとんど当たらないのは、人間行動の複雑性や、その背後にある動機の多様性のためだ。残念ながら経済モデルは、これらすべてを記述し尽くすことに成功していない。リーマン・ショック後に英国のエリザベス女王が、「なぜ経済学者は、誰も経済危機を予測できなかったのか」と問うたのは、有名な話となっている。

ここから道は二つに分かれる。一つは、人間の複雑な行為動機をさらに詳細に分析し、現実をよりよく説明できる理論を再構築する道である。もう一つは本書の立場だ。つまり、「科学的方法論」に則（のっと）れば「真理」に到達できるという前提そのものが誤りであり、そうした見果てぬ夢を経済学は捨てねばならないというのだ。では、どうすればよいのか。

豊かな水脈を求めて著者は、4千年以上前のギルガメシュ叙事詩に始まり、旧約聖書、古代ギリシャ、キリスト教を経て近代思想に至るまで、経済学的思考の痕跡を見出（みいだ）していく。また、経済学の祖アダム・スミスが、『国富論』とともに『道徳感情論』の著者であったことも想起される。彼は、「神の見えざる手」という有名な言葉の下で、利己的で、自己中心的なホモ・エコノミクスを正当化したと理解されている。しかし彼の考える社会倫理とは、利他的動機を重視し、人間相互の共感の上に成り立つ。ここでは、経済学と倫理学が統合されている。

経済学に求められているのは、「価値中立的な客観科学」を装うことではない。むしろ「善き社会」や「よい暮らし」とは何か、その価値判断を提供できる学問でなければならない。経済成長ですべてを解決できなくなった今、富の公正な分配とは何か、物質的な豊かさと異なる「真の豊かさ」とは何かが、改めて問われている。その答えは、数学に求めても得られない。むしろ経済学は、哲学、歴史学、心理学、社会学などの人文科学と結びついた「人間学」であるべきだ、というのが本書最大のメッセージである。

評・諸富徹（京都大学教授）

Tomáš Sedláček　77年生まれ。チェコ共和国の経済学者。大学在学中にハベル大統領の経済アドバイザーを務める。同国の銀行ＣＳＯＢのチーフストラテジスト。09年発表の本書はドイツのベスト経済書賞を受賞。

『スクープ』

イーヴリン・ウォー 著　高儀進 訳

白水社・二五九二円
ISBN9784560090070

勘違いで特派員、ワハハな笑劇

パタゴニア滞在記で有名な流行作家ジョン・ブートは、内乱の兆しがある東アフリカのイシュメイリアに行きたいと知人に頼みこむ。有力者の推薦である新聞社がブートを特派員にした、はずだった。ところが勘違いで派遣されたのは別人の田園のコラムニスト、ウィリアム・ブート。現地情勢もなにも知らないこの男がスクープをものにする、呆然（ぼうぜん）ワハハな笑劇だ。

1938年の小説だからインターネットどころか、電話や電報、無線機はあるけどまだ高価で、長い記事のやりとりはなかなか大変な時代、誤報と曲解は日常茶飯事。なかった煙がそこから立って対立や暴動が起きちゃったりもする。でもロンドンやパリが欲しがる扇情的事件が打電できなければ首。そこでイギリス人は裏で手を回しアメリカ人は実力行使、フランス人は断固抗議と、各国各様になんでもあり。さらに現地の鉱物資源を狙うロシア人やドイツ人のスパイが暗躍し、大統領一族支配の転覆をたくらむ勢力を裏で操る諸外国の策略ありと、結局もとの独裁政権のほうがましじゃないのといいたくなるような大混乱。あら、最近どこかで見たような。

　わたしがイシュメイリア人だったら、ウォーにこういいたい。ご自身も特派員としてエチオピアにいらしたそうですが、あなたのアフリカ人描写、随分失礼ね。しかし、と、にやりと笑ってつけ加える。あなたのヨーロッパ人の描き方、とくにイギリスの権力者やジャーナリストへの意地悪な皮肉は、実におもしろい。ガセネタにつられた記者たちがブートひとりを残し全員でたらめな名前の町に行っちゃうところとか、新聞社社長主催の宴会の解説とか。「コパー卿は、宴会のあらゆる瞬間を堪能した。（中略）普段はほかの主人に仕える奴隷が、一晩自分の奴隷になると、コパー卿は感じていた」。イギリス人が書くイギリス人の悪口ってまさに的を射（い）てますね。

評・中村和恵（詩人・明治大学教授）

Evelyn Waugh　1903〜66年。英国の作家。『回想のブライズヘッド』など。

二〇一五年八月二日③

『レノンとジョブズ　変革を呼ぶフール』

井口尚樹 著

彩流社・一九四四円
ISBN9784779170324

社会／ノンフィクション・評伝

破格の「大愚」に通じる文化の髄

　智恵（ちえ）のシンボルである林檎（りんご）を、かつて2人の有能な「フール」が取り合った。今や伝説のビートルズのジョン・レノンと、アップルの創設者スティーブ・ジョブズである。ビートルズのアップル・レコードが商標権を主張し、米アップル社を訴えたのだ。

　ビートルズやアップルが生まれたのは、チャック・ベリーら、それ以前の「ロックンロール」世代が活発だったからだという。彼らは、元気で賑（にぎ）やかでクレージーだった。なるほど、この指摘はぼくにとって新鮮であった。レノンら第2次大戦中の1940年から45年までに生まれた多くの才能を本書で見ると、彼らに伝搬した先行世代の影響力の大きさがわかる。

　さらに、ビートルズの後期に制作された不思議な映画「マジカル・ミステリー・ツアー」の元ネタも、先行世代や「ビートニクス」にあると解き明かす。そもそもレノンがオノ・ヨーコと出会い、ジョブズが禅に傾倒していたことも、ビートニクスからヒッピームーブメントへと受け継がれて育った「カウンターカルチャー（対抗文化）」の影響が濃厚だったからだ。そしてそこには、日本の禅や俳句がひっそりと介入していた。

　敗戦後の日本に生まれ育ったぼくは自分が今どこに立っているのか思いを巡らすが、こうしてみると、確実にビートニクスから波及した流れの中にいることを感じる。だが現在の日本のカルチャー、特に音楽の中にその流れは感じられない。そのことが気になって仕方がないのだが。

　本書は今更ながらのレノンとジョブズに光をあて、共通項や背景を探る形で、彼らが今更どころか破格の「大愚」であることを明らかにする。欧米のロックとパソコンという今時っぽい糸口から、日本の禅に入り込んでゆく語り口は軽妙で、カウンターカルチャーの神髄にとどまらず、日本の精神に触れるまたとない楽しみを提供してくれる。

評・細野晴臣（音楽家）

いぐち・なおき　52年生まれ。芸術新聞社編集委員。20〜30年代のモダン東京を研究中。

二〇一五年八月二日④

『夜が来ると』

フィオナ・マクファーレン 著　北田絵里子 訳

早川書房・二三七六円

ISBN9784152095473

文芸

老女とヘルパーの奇妙な関係

オーストラリアに虎はいないはず、いや、生息地ですら数が減っているのに、それが夜中に家に侵入してくる気配で小説は始まる。ルースは五年前に夫を亡くし、いまは夫婦で別荘として購入した海辺の家に独りで暮らしている。息子が母のあいまいな認識力を案じて電話をしてくるが、ルース自身は支障を感じておらず、細々した家事のタイミングを寄せては返す波の数で占って決めるような、だれからも指図を受けない生活を楽しんでいる。

だが、虎の気配を感じた翌日、自治体から派遣されたというヘルパーが現れて日常は一変する。掃除好きで何事にも悠然と取り組むフリーダは、幅広の体格、褐色の肌、真っすぐな黒髪などがフィジー島出身を思わせる。ルースは毎日変化する彼女の髪形やはっきりと物を言う態度に驚きつつも、惹（ひ）かれていく。

宣教師だった父の仕事の関係で子供時代をフィジーで過ごしたルースにとって、フリーダは島の記憶を甦（よみがえ）らせる存在だ。初恋の人リチャードに家に来ないかと手紙を書いたりするのも、独りならばしなかっただろう。だが、枯れかかった人生を活気づけるマレビトはミステリアスな雰囲気をもまとっている。それはフリーダのキャラクターによるものなのか、それとももっと違う何かなのか。

ルースの視点で書かれる描写はリアリティーにあふれ、現実と幻の境界は難なく飛び越えられていく。エンディングの筋書きは読者を現実界に戻すのに必然の仕掛けだろうが、市街から離れた海辺の家でふたりが築いていく密室的関係と、それが運んでいく世界のほうが圧倒的に力強い。その明暗のはっきりしない領域を、虎という生き物が見事に表象している。

老女の心理をこれほど生き生きと描く作者はどんな人物かと思えば、１９７８年シドニー生まれ。この若さで畏怖（いふ）すべき想像力と構成力だ。

評・大竹昭子（作家）

Fiona McFarlane　78年生まれ。初の長編の本書で様々な文学賞を受賞。

二〇一五年八月二日⑥

『暴力と適応の政治学　インドネシア民主化と地方政治の安定』

岡本正明 著

京都大学学術出版会・三八八八円

ISBN9784876988808

政治／社会

「やくざ」社会を体張って考察

インドネシアの世論を二分した大統領選挙から1年になる。軍や政治家一族ではない庶民派として、地方政治家からのぼり詰めたジョコ・ウィドド氏の当選は、民主化の定着と安定を示す象徴とも持ち上げられた。いっぽうで、過去の体制から続くカネと暴力にまみれた非民主的な勢力の特権を、温存したからこその安定との指摘がある。

スハルト独裁政権の崩壊から17年。2億5千万人という人口を抱えて民族、宗教ともに多様な大国、インドネシアの民主化はほんものか——。

本書は、独立を宣言した１９４５年から現在まで、バンテンというジャカルタの隣の地方を舞台に、カネと暴力、そして民主化に伴う分権化を基盤とした安定のメカニズムを分析する。細分化された自治体への権限移譲が地方政治を安定させたことを示していく。各章の扉には20年来のフィールドワークをいかした写真や読みやすいコラムを配し、本文にもりこまれた個人的な経験が興味深い。

調査の重要な対象は、「ジャワラ」と呼ばれる暴力集団、いわゆる「やくざ」。露天商の配置、土地紛争から選挙まで裏に表に利権を差配する「民主社会」のプレーヤーだ。著者は好奇心をたぎらせ、体を張って飛び込む。

あるときは、地元やくざ主催の交流会でインドネシア風ムード歌謡にあわせて若い女性と舞台で踊る。あるときは、霊界と携帯電話で交信でき、銃で自分の手を撃っても平気だと言う拳術の達人やくざとお茶を飲む。

著者は汚職や暴力がはびこる民主主義を肯定はしないが、「政治に万能薬はない」として切り捨てもしない。反汚職運動に踏み出した独立委員会、NGOやメディアなど市民社会の変化を紹介しながら、次へ向かう希望をみる。

民主主義って何だろう。そんなことを問い直す機会が増えた夏、息長く、視角を広げて考えようと思わせる本だ。

評・吉岡桂子（本社編集委員）

おかもと・まさあき 71年生まれ。京都大学東南アジア研究所准教授。

二〇一五年八月二日⑦ 人文

『文学の空気のあるところ』

荒川洋治 著

中央公論新社・二一六〇円
ISBN9784120047312

「文学は実学だ」と現代詩作家の荒川洋治は繰り返し強調する。人間性に係（かか）わり、人間をつくるものという意味で虚学ではない、と。けれど、それを「必要以上に軽んじようとしている空気がある」。

初の講演集『文学の空気のあるところ』は、日本近代文学館主催「夏の文学教室」での講演を中心に、七つの講演を収録。昭和の文学、日本各地の地域性と絡む作品、読者の数は少なくても確実に読まれてきた作品、あまり読まれない作品にも目を向ける。

「標準に合わせたものだけを見る」態度に対して疑問と警告を投げかける。これは一貫した姿勢だ。「知識を求めない世界」でも人は生きられるが、「知識が乏しいと、感性も狭まっていきます」。知ることの喜び、読書の方法、散文だけでなく詩にも触れることが必要な理由など。本書に書かれていることは、他に誰も書かず、書こうともしない内容ばかりだ。日本語による文学を見渡し、手渡す。読書に深さをもたらす本だ。

評・蜂飼耳（詩人・作家）

二〇一五年八月二日⑧ 歴史／人文

『アメリカ文化外交と日本 冷戦期の文化と人の交流』

藤田文子 著

東京大学出版会・六三七二円
ISBN9784130203029

「情報戦」の一環としての米国の対外文化広報は冷戦期に再び活発化する。日本でも各地にアメリカ文化センターが作られ、反共意識の醸成等、占領中の政策を引き継いだ。著者はこうした活動を総合的に調査し、戦後日本史における米国の影響力を描き出す。

だが史実を網羅した結果、本書は同時に文化の政治利用の限界をも示したといえる。たとえば米国肝いりで実現したボストン交響楽団の公演を堪能した浅沼稲次郎社会党委員長が、それでも60年安保反対闘争を続けていたエピソードは印象的だ。彼にとって政治と文化は別物だった。

芸術文化は皮下注射のように思想を注入できるわけではない。むしろイデオロギーの差異を超えた多彩な交流や共感の場を提供する。それを実証した本書を踏まえれば、文化外交の焼き直しであるクールジャパン政策など最近のソフトパワー戦略も、覇権争いではなく、多様な価値観の包摂と対話を通じた国際貢献を目指すべきかもしれない。

評・武田徹（評論家）

二〇一五年八月九日❶

『この世界が消えたあとの科学文明のつくりかた』

ルイス・ダートネル 著　東郷えりか 訳

河出書房新社・二四八四円
ISBN9784309253251

科学・生物／社会

思考実験で問う　もの作りの原点

冷戦時代の世界終焉（しゅうえん）イメージは核戦争による破局とその後の世界を想像することで磨き上げられた。放射能汚染された廃墟（はいきょ）で、どのようにサバイバルするのか、通俗的に定着したのは、「マッドマックス」やその焼き直しでもある「北斗の拳」に見られる弱肉強食の無法地帯のイメージだった。

現在は核戦争に加え、化石燃料の過剰消費による地球温暖化やパンデミック、未曽有の大地震や大津波、原発事故など「大破局」をもたらす要因は増えたともいえる。私たちは人命救助や避難生活、都市インフラの復興には想像力が及ぶ。誰しも戦時下の窮乏生活や経済封鎖下で、あるいは震災や大停電を通じて、百年、二百年前の生活に逆戻りした経験があるからだ。人類はそのような「小破局」には馴（な）れている。だが、「大破局」は文字通り人類と文明の滅亡であるから、その先のことを考えても意味がないと思い倣わしてきた。

それでも「大破局」後を生き残る者もいるだろう。彼らは罪悪感や義務感から、あるいはいつまでも石器時代にとどまっていたくないという思いから、失われた文明の保存あるいは復活を目指すかもしれない。それは高度な分業を自明としてきた現代人には大いなる試練となる。今までスーパーやホームセンターで簡単に手に入れられたものを全て自分で作り上げなければならないからだ。最初の何年かは廃墟での狩猟採集でしのげるだろうが、やがて、農業を始めなければならず、それに伴い、様々な道具、部品、機械を自分で作り、労働効率を上げたくなる。その場合は燃料や電力も手に入れたくなるし、ほかの生き残りとの接触を図るために移動や輸送、通信の手段を確保する必要が生じるし、病気になれば、薬がいる。

本書は石器時代から古代オリエント文明、中世を経て、一気に産業革命まで一人で駆け抜ける思考実験であるが、ＳＦではない。今日の文明生活を支えているあらゆる技術や道具を開発された時点にさかのぼって、ものつくりの原点を検証する極めて実用的な書なのである。近頃の狩猟や農業、家内制手工業への回帰傾向は、単なる懐古趣味にとどまらず、消費文明の黄昏（たそがれ）の後に巡ってくる危機の時代に対処するための準備となる。むろん、文明の再建はゼロからは始められない。過去の技術や叡智（えいち）を蓄積する図書館や博物館は再建の出発点になる。知性なしに文明は築かれない。このあまりに自明なことが、弱肉強食を声高に叫ぶ新自由主義者と反知性主義者の結託によって、忘れられようとしている。しかし、破局によって、真っ先に滅びるのは彼らであることも確かである。

評・島田雅彦（作家・法政大学教授）

Lewis Dartnell　80年イギリス生まれ。英レスター大学イギリス宇宙局の研究者。専門は宇宙生物学。新聞や雑誌に科学記事を執筆する傍ら、講演やテレビ出演などの活動もこなしている。

二〇一五年八月九日❷

『「聖戦」の残像　知とメディアの歴史社会学』

福間良明 著
人文書院・三八八八円
ISBN9784409241011
歴史／社会

迫力映像が変える戦争の「リアル」

スティーブン・スピルバーグの映画『ジュラシック・パーク』を観（み）た時、多くが「恐竜が本物っぽくて驚いた」と感想を述べた。これは実はおかしな話だ。誰も本物の恐竜を見たことはないのだから。

そんな話を枕にして著者は終戦60周年の２００５年に公開された『男たちの大和』を論じ始める。原寸大のロケセットと高精細なCGを使い、当時では破格の25億円の製作費を掛けたその映画も戦争をリアルに再現したと評判を呼んだ。だが、その評価は果たして妥当だったのか。

たとえば本当の戦場では僅（わず）か数センチの立ち位置の差で生死が分かれる。こうした偶然と恣意（しい）に強く支配された戦争の不条理は、「男同士の絆」の確かさを感動的に描く映画の中でむしろ隠蔽（いんぺい）されてしまうと著者は考える。

にもかかわらず、特に人口の大半を占めるようになった戦争非体験世代にとっては、巧みな演出と迫力溢（あふ）れる映像で描かれた戦争の物語（シミュラークル）がリアリティの水準を変えてしまう。ジュラシック・パークと同じ構図だ。

戦後70年の節目となる今年もまた戦争関係の映画や番組などの企画が多く組まれる。折しも国会では安保法制が審議中でもあり、戦争と平和について、正義や犠牲の在り方を巡って、いつにも増して意見が百出しよう。だが戦争のリアリティ自体が書き換えられてゆく中で、深く、普遍性ある議論が果たして可能なのかは気になるところだ。

その点、本書は、先に引いた戦争映画論以外にも「聖戦」を演出した戦時中の戦争博覧会の考察や『はだしのゲン』が戦後の平和運動の「正典」となる過程の分析などを集め、論文集だからこそ多彩な視点と論点が示された。描かれた戦争像がいかに自分たちの戦争観を変化させてきたか。それを意識しつつ戦争について考え、語る。冷静な議論に不可欠な「相対化」の視点を学ぶ優れたテキストとなろう。

評・武田徹（評論家・恵泉女学園大学教授）

ふくま・よしあき　69年生まれ。立命館大学教授（歴史社会学）。『二・二六事件の幻影』など。

二〇一五年八月九日❸

『戦場カメラマン　沢田教一の眼』

沢田教一 撮影　斉藤光政 編集
沢田サタ 協力
山川出版社・二七〇〇円
ISBN9784634150737
人文／社会

「戦争とは」「生とは」を凝視

私は「写真を見る」作法を知らない。だが、ずぶの素人である私が見ても、この本に収められた写真の名状しがたい「すごさ」は分かる気がする。そこには、ぎりぎりまで研ぎ澄まされた「生のすがた」が、ほんのちょっとしたきっかけで死の領域に転がり落ちかねない危うさをともなって写しこまれている。

カメラマン沢田教一は１９３６（昭和11）年青森市生まれ。65年にライカとローライフレックスを携え、ベトナムに赴いた。戦場カメラマンは戦闘機や戦闘車両に同乗し、最前線に赴く。ベトナム戦争時は少佐待遇であったというからたいへん大事にされたわけだが、交戦相手の攻撃はもちろん斟酌（しんしゃく）してくれない。銃弾や爆撃や地雷で落命しても自己責任。命がいくつあっても足りぬ仕事である。

綿密な取材を欠かさぬ沢田は、戦闘の大事な局面に必ず居合わせた。決定的なシーンを次々に撮影して、瞬く間に頭角を現していった。ピュリツァー賞を始めとする数々の栄誉に輝いて「世界のＳＡＷＡＤＡ」となった彼を、人は「死に神に見放された男」と呼んだ。けれども戦場を離れることを決めた矢先、銃撃に斃（たお）れる。34歳であった。

本は3部構成をとる。1・3部はカラーで、多くは未発表のもの。ふるさと青森と、インドシナの平和な風景がそこにある。2部が戦場のモノクロ写真。戦争と平和というコントラストを見せながら、「人間が生きている」という点で両者は繋（つな）がっている。

平和というのは戦争を準備するための期間をいう、という実にイヤな言葉がある。私たちの日本は戦争を放棄したからもうその言葉とは縁切りだ、と言ってやりたい。でも昨今の安保情勢を見ていると、人間は何かと戦い続けなければ平和を得られぬのだな、と痛感させられる。まさにそんな時期だけに、戦争とは何か、生とは何か、を凝視し続ける本書は必読である。

評・本郷和人（東京大学教授）

さいとう・みつまさ　東奥日報編集委員兼論説委員。
さわだ・さた　沢田教一の妻。

二〇一五年八月九日④

『チャップリンとヒトラー　メディアとイメージの世界大戦』

大野裕之 著
岩波書店・二三七六円
ISBN9784000238861
人文／社会

笑いと全体主義の攻防　今なお

映画を通じて世界に笑いを届けた喜劇王のチャップリン。一方、全体主義によって世界を恐怖に巻き込んだ政治家のヒトラー。2人は1889年にわずか4日違いで生まれ、ともにチョビ髭（ひげ）がトレードマークだった。そして1940年、チャップリンは一人二役で、ユダヤ人の床屋とヒトラーをほうふつさせる独裁者を演じた映画『独裁者』を発表した。本書は、チャップリン映画の日本語版の監修を担当した劇作家の著者が、傑作『独裁者』に焦点をあてながら、宿命的な2人のメディア戦を論じたものである。

それは1930年代から40年代にかけて、映画と戦争、すなわちいずれもアメリカ、ヨーロッパ、日本を巻き込んだ世界を舞台とする大立ち回りだった。チャップリンについては、生い立ちをたどり、その思想の形成過程を確認しつつ、紆余（うよ）曲折や修正を経て、ラストの有名な演説シーンが完成したこと、また公開後の各国の多様な反応について、詳細に分析している。

これに対し、ナチスはチャップリンを攻撃した。彼がユダヤ人だとデマを流し、ヒトラーとのチョビ髭比べの風刺を徹底的に禁じ、様々なルートを用いて『独裁者』の制作や海外の公開を妨害している。笑いこそが、自由を制限する政治に対抗する武器になると恐れたからだ。

しかし、これは決して昔話ではない。現在、ネットでは気に食わない人物に「在日認定」のレッテル貼りが行われ、アーティストの会田誠がどこかの首相の物まねスピーチを行う作品が変更を要請され、反日とされた映画は公開が困難になっている。今の日本と重ねて読むことができるだろう。ただし、ナチスのような明快な命令はなく、いわば空気がこうした風潮をもたらすのが日本的かもしれない。なお、本書は最後に果たしてヒトラーは『独裁者』を見たのかを考察している。見たとしたら、彼は笑っただろうか？

評・五十嵐太郎（建築批評家・東北大学教授）

おおの・ひろゆき　74年生まれ。日本チャップリン協会会長、劇作家、映画プロデューサー。

二〇一五年八月九日⑤

『武器ビジネス　マネーと戦争の「最前線」上・下』

アンドルー・ファインスタイン 著
村上和久 訳
原書房・各二五九二円
ISBN9784562051816〈上〉・9784562051823〈下〉　社会

秘密主義の闇　かき分ける執念

執念に満ちた力作である。

原題は『THE SHADOW WORLD（影の世界）』。戦争や紛争に影のようにつきまとう武器の取引は、安全保障の名のもとで国家権力に覆い隠されるだけでなく、武装勢力やテロ組織など非公式な集団の暗闇にあって見えにくい。「金と腐敗と欺瞞（ぎまん）と死のパラレルワールド」では、合法と非合法の境目があいまいで、あやしげなディーラーも暗躍する。

この本は、その闇をかき分けて、誰がどのように携わり、利益を得て、その果てに起きている現実を説き起こすことに挑んだノンフィクションだ。南アフリカの国会議員だった著者は、同国軍の武器購入をめぐる収賄事件の調査を上層部から止められたことに抗議し、2001年に辞職する。その後、10年以上かけて集めた数十万ページの記録や公文書をもとに執筆した。

舞台の中央にいるのは、英米だ。世界的な軍需大手、英BAEシステムズが大口顧客であるサウジアラビアの契約を得ようと、王族に賄賂をおくった疑惑をめぐる記述はドラマを見るようだ。80年代のサッチャー政権下での戦闘機の取引にかかわる贈収賄事件は、司法やメディアの手で表面化したものの、ブレア政権の06年、捜査は打ち切られた。その後の展開を含めて、この世界の真実に迫ることの困難さを思い知る。

さらに、第2次世界大戦を経て生まれた米国の「軍・産業・議会」複合体が、「回転ドア」と呼ばれる天下りシステムで巨大な力を拡大しながら、世界の紛争に油を注いで稼ぐ姿が丹念に描かれる。

著者は、武器取引につきまとう秘密主義は、腐敗や国家安全保障上の不適切な選択をも「おおい隠す」と指摘する。読み終えて、「武器輸出三原則」を昨春に撤廃した日本を思った。このぬかるみにひきずりこもうとする力は、どこから来たのだろうか。

評・吉岡桂子（本社編集委員）

Andrew Feinstein　64年南ア生まれ。同下院議員の後、英国で執筆活動。

二〇一五年八月九日⑥

『〈サーカス学〉誕生　曲芸・クラウン・動物芸の文化誌』

大島幹雄 著
せりか書房・二五九二円
ISBN9784796703420　アート・ファッション・芸能／社会

特別な技芸の進化を多面的に

本書によれば、昭和八年に「ハーゲンベック・サーカス」がドイツから来日するまで、日本のサーカス団は「曲馬団」と呼ばれていたという。こうして「曲馬団」と書くと、どこか妖しげな匂いが漂うし、そもそも、日本のサーカスは「天然の美」の哀愁あふれる音楽、中原中也が「サーカス」に書いた「ゆあーん　ゆよーん　ゆやゆよん」から感じる、どこか特別な世界を想像させる。

たしかにサーカスは特別な世界だ。けれど本書に登場するサーカスは、ヨーロッパで進化し洗練された一大エンターテインメントである。冒頭、かつてニューヨークにあったツインタワーの屋上をワイヤーで結び、ワイヤーの上で演じられた大道芸人フィリップ・プティの「綱渡り」が記されるが、その芸には、「曲馬団」にある妖しさなどかけらもない。きわめて危険を伴う地上四百十一メートルで演じられるぞっとするような芸だ。

あるいは、「クラウン」や「熊」「象」といった、サーカスと聞いてすぐに思い浮かべるイメージごとに語り分けられ、語りから広がる様々な話題によって、本書は「サーカス」を多面的に描く。

興味深いのは、第四章の「ロシア・アヴァンギャルドとサーカス」だ。旧ソ連でサーカスは国家によって庇護（ひご）されていた。サーカスを演じる者らの卓越した身体が、「革命」の初期、芸術運動が持っていた前衛性とシンクロしていたからだ。のちにスターリンによって粛清されたメイエルホリドをはじめ、前衛的な創作者たちはサーカスの演者の身体にインスピレーションを受けた。それは輝かしい演劇の到達点だった。けれど、「革命」は裏切られ、サーカスの前衛性も消える。

演劇の側からサーカスを見るのとは逆の視点が本書にはある。著者が語る〈サーカス学〉はそうした位置から始まるのだろう。

評・宮沢章夫（劇作家・演出家）

おおしま・みきお　53年生まれ。海外のサーカス団を招聘（しょうへい）する会社に勤務。

二〇一五年八月九日⑦

『下流老人　一億総老後崩壊の衝撃』

社会

藤田孝典 著

朝日新聞出版・八二一円
ISBN9784022736208

インパクトのあるタイトルだ。下流老人とは「生活保護基準相当で暮らす高齢者およびその恐れがある高齢者」とのこと。昨今なにかと「若者VS.老人」といった構図を見かけるが、本書を手に取ると、その図式の大体が雑だと分かる。裕福な老人も多数いる一方で、貧困な老人も多い。単身世帯の場合、男性は4割近くが、女性は5割以上が相対的貧困となっている。医療、介護のニーズは、若者にとっても明日は我が身。備えていたつもりでも、自身や家族の病気によって貯蓄を切り崩し、貧困状態に陥るパターンも頻繁に発生している。

著者は、貧困対策を行うNPO活動の経験から、具体的なケースと統計データを駆使し、高齢者の置かれている貧困実態を活写する。貧困老人を「飼い殺し」にする貧困ビジネスの実態などにも触れながら、ナショナルミニマムの再構築を訴えているが、他方で個人として必要な「備え」も列挙している点などは、現場経験を持つ著者ならでは。

評・荻上チキ（評論家）

二〇一五年八月九日⑧

『秋山祐徳太子の母』

ノンフィクション

秋山祐徳太子 著

新潮社・一九四四円
ISBN9784103393214

生まれながら世間と折り合いのつかない人がいる。そういう人物には、あんたはそのままでいい！という応援者がいると、その力がユニークな方向に爆発する。都知事選に出馬し、グリコならぬダリコと描いたシャツで走るなど、60年代から反芸術活動を行ってきた現代美術家、秋山祐徳太子の母千代がそうだった。

東京芝の生まれで生粋の江戸っ子だが、秋山が1歳のときに夫と長男を相ついで亡くし、母ひとり子ひとりに。戦前戦後と新富町で汁粉屋を営んで息子を育てた。ふつうならひとり息子の立身出世を夢みるだろうが、千代はちがう。彼の性格を見抜いており枠にはめない。過激なパフォーマンスで彼が当局から追われたときも、こそこそしないで堂々と捕まれ！と叱咤（しった）する真の芸術心の持ち主。胸がすくような筋の通った江戸言葉がぽんぽん飛び出す。

今年80歳になった著者のためらいのない母へのオマージュは、明治生まれの女性への挽歌（ばんか）にも聞こえた。

評・大竹昭子（作家）

二〇一五年八月一六日❶

『生きて帰ってきた男　ある日本兵の戦争と戦後』

小熊英二 著　岩波新書・一〇一五円

ISBN9784004315490　歴史

父が息子に託す 希望こそが指針

小熊英二という人はどこまでも前向きだ。3・11のあとに反原発デモが高まり、一時は官邸前に20万人が集まったのに、2012年12月の総選挙では自民党が圧勝した。脱力感が漂うなか、著者は選挙の結果だけが民意ではないとして、運動の成果を強調した。

なぜ自分たちの運動にも問題があったとは考えないのか、この希望を捨てない姿勢はどこから来るのかが、ずっと気になっていた。しかし本書を読み、疑問が氷解した。著者にとっては、父である小熊謙二の生き方こそ、最大の「指針」となってきたのではないかという感を抱いたからだ。

小熊謙二は1925年に生まれ、戦争末期に召集されて旧満州で終戦を迎えた。戦後はシベリアで抑留生活を送り、帰国してからは結核療養所で過ごし、退所後は高度成長の波に乗ってスポーツ用品店の事業を軌道に乗せた。そして仕事の一線から退くや、同じくシベリアに抑留された中国在住の元日本兵とともに戦後補償裁判を起こしている。

本書は、こうした父の生涯を息子である著者が長い時間をかけて聞き取ったオーラルヒストリーであり、小熊謙二・英二父子の共著としての性格をもっている。戦中から戦後にかけて、幾度も死の淵（ふち）に立たされながら、そのたびに生還する謙二の生涯は劇的ですらある。シベリア抑留や療養所体験という、これまで必ずしも十分に語られてこなかった戦後史の一証言としても貴重である。

けれども私には、個々の証言以上に、自らの生涯を振り返った父が、最後に「希望だ。それがあれば、人間は生きていける」と息子に語りかける場面が印象に残った。この「希望」こそ、父が息子に託そうとした最大のメッセージではなかったか——。

私事で恐縮ながら、著者と私は同じ年齢である。私の父は1931年生まれで召集はされなかったが、東京大空襲で九死に一生を得ている。つまり私たちの世代は、親が何らかの戦争体験をもつ最後の世代に属している。そうした記憶の大部分は、いまだに埋もれたままだ。近現代史の生き証人がごく身近にいることを、本書はまざまざと示したのである。

革新勢力が強かった東京の西郊で育った点でも、著者と私は共通している。だが小熊家は車を持っており、自由に移動ができた。家の周辺には常に米軍基地があり、著者は戦後史をマクロに眺められる環境で育った。車を持たず、西武バスや西武鉄道がなければ生活が成り立たない団地の立地に深く規定されていた私とは、体験があまりに違っている。「小熊歴史社会学」の原点を知る上でも興味深い一冊といえよう。評・原武史（明治学院大学教授）

おぐま・えいじ　62年生まれ。慶応大総合政策学部教授。87年に東京大卒業後、出版社勤務を経て、同大大学院博士課程修了。著書に『社会を変えるには』『1968 上・下』、『〈民主〉と〈愛国〉』『単一民族神話の起源』など。

二〇一五年八月一六日❷

『たまたまザイール、またコンゴ』

田中真知 著

偕成社・二四八四円

ISBN9784030034204　歴史

命がけの旅、許す意味を悟る

文字通り命がけ、でも呆然（ぼうぜん）とするほどのんきで愉快な、実践哲学的コンゴ河旅行記。

1991年当時、著者夫婦が住んでいたエジプトの政情不安が高まり、旅行でも、とモブツ独裁政権下のザイール（現コンゴ民主共和国）へ。クルーズ船に乗るはずが、姿を現したのは乗客5千人超のはしけ船。甲板に熱帯雨林の動植物と人間があふれ、トイレのドアには体長1メートル級の鰐（わに）と豚がつながれている。

しかも2人はその船を途中で降りて、丸木舟を1カ月漕（こ）ぎ河を下る。ボート歴は都内の公園で1時間の著者、最初はホテイアオイと共にただ流れゆくのみ。蚊の猛攻でマラリアに罹（かか）り、川沿いの電気も水もなく医者もいない村に泊まって、笑われたり助けられたり。奥さんも泣くよね。

2度目の旅は国名も河の名もモブツの勝手な命名によるザイールからコンゴに戻った2012年、日本人のシンゴ君やガイドのオギーらとまた丸木舟。「こんな旅するの、バカですよ」というシンゴ君、まさにね。21年を隔てた2度の珍道中に大笑いするうちに、コンゴ紛争の正体が豊かな天然資源を奪い合う「世界戦争」であること、植民地支配と産業構造の問題、日本の支援のあり方など、複雑でハードな話が整理され、するする頭に入ってくる。

東隣のルワンダで起きた大虐殺の余波を契機とする紛争でついにモブツ政権は崩壊、その後の泥沼化でコンゴは540万人の犠牲者を出した。2度目の丸木舟は軍人の厳しい審査や役人の賄賂要求の中を進む。一行は交渉や演技、ときにはナマズ料理で接待と「外交戦略」で切り抜ける。

どうしようもないことばかりの旅で、怒りと心配の連続の後、著者は悟る。「世界は偶然と突然でできている」。どこだっていつだって未来は不確かなのだ。だから、ゆるす。今日もあては外れた。「でも完璧な一日だった」。そう思えればいい。うん。

評・中村和恵（詩人・明治大学教授）

たなか・まち　60年生まれ。作家、翻訳家。『アフリカ旅物語』『美しいをさがす旅にでよう』など。

『世界の果てのこどもたち』

中脇初枝 著

講談社・一七二八円
ISBN9784062195393

人生を支える「優しさ」の記憶

ある場面の記憶が、その後の人生を通して残り続け、生き方を支える。中脇初枝『世界の果てのこどもたち』は、人の優しさを身にしみて感じた記憶が、どのように胸に留（とど）まり展開するかを描いた小説だ。その意味で、物語の描線と著者の願いは一致する。

物語は、満州で出会った三人の少女を中心に進む。戦時中、家族と高知県から渡満して、開拓団村に暮らす珠子（たまこ）。朝鮮人の美子（ミジャ）。横浜から来た茉莉（まり）。三人は国民学校の一年生だ。懸命に働く人々と生活の厳しさを描きながら、著者はそこに、子どもたちが友情を育んでいく様子を織りこむ。民族や言葉の違いを超えて親しくなる子どもたちの姿に、著者が託したものを読み取ることは難しくない。

ある日、三人は遠くの寺へ出かける。片道数時間かかる場所。到着後、大雨となり、周辺は洪水に見舞われる。身を寄せ合って凌（しの）ぐ間に、美子は一つだけ残っていた自分のおむすびを三つに割り、二人にも分ける。この記憶を、三人はその後、何十年も持ち続けることになるのだ。

ソ連軍の満州侵攻。関東軍の撤退。敗戦。開拓団の日本人は逃げる途中で次々と命を落とす。現地人の襲撃や病気や飢えによって。珠子は撫順の収容所にいるときにさらわれ、売られる。中国人夫婦に買われて、幸いにも愛情深く養育される。けれど、それは日本語を見失っていく過程でもある。横浜大空襲で家族を失い、孤児となって施設で育つ茉莉。家族と日本へ渡り、差別と闘いながら自分の生きる道を切り拓（ひら）く美子。

翻弄（ほんろう）されながらも精いっぱい生きようとする三人に訪れる、四十年後の再会の瞬間。「忘れようとしても忘れられない、つらい記憶。でもそれ以上に忘れられないものがあった」。戦争や東アジアの歴史と向き合う、子どもたちの物語。どんな時代も、人を生かすものは人の気持ちなのだと伝える作品だ。

評・蜂飼耳（詩人・作家）

なかわき・はつえ　74年生まれ。『きみはいい子』『わたしをみつけて』など。

二〇一五年八月一六日❹

『田園回帰1%戦略　地元に人と仕事を取り戻す』

藤山浩 著
農山漁村文化協会・二三七六円
ISBN9784540142437
政治／社会

「田舎の田舎」が示す人口増の光

日本創成会議の人口予測に基づく「地方消滅論」は、人々に衝撃を与え、多くの議論を呼んだ。だが、本当にこの報告書の結論は正しいのか。著者は、使用されたデータや前提に問題があると指摘し、予測は必ずしも正確ではないと強調する。著者らの独自人口予測によれば、近年Uターン、Iターンの多い島として有名な島根県海士町は、「消滅の恐れ」から一転、2039年時点で増加予測になるという。

背景には、人口回帰の静かな潮流がある。著者らは島根県の全県中山間地域における近年の人口動態を分析、なんと、3分の1を超える地域で2010年以降、30代夫婦やその赤ちゃんが増えているという。しかも興味深いことに、増加傾向は中心部より「田舎の田舎」で目立つ。

「わが町はもうダメかもしれない」と思い詰める必要はない。重要なのは、人口安定化に向けた具体的な処方箋（しょほうせん）を示すことだ。著者は、毎年人口の1%を移住者という形で取り戻していくだけで、2040年頃には8割方の地域で人口安定化が見えてくるという。

ヒントは、イタリアの山村にある小規模自治体だ。なぜ彼らが元気なのか。人々は衣食住を自ら生み出し、専門職人としての誇りを持ち、お互い取引しあうことで所得の域内循環を実現している。

毎年1%の人口増加を支えるには、毎年1%の所得増加があればよい。そのために必要なのは、結局は所得の域外流出を生み出す派手な開発プロジェクトや企業誘致ではなく、域内経済循環の強化による所得の取り戻しである。中山間地域はいまや、食料や燃料の多くが外部依存である。これを一部でも自給に戻せば、所得1%を取り戻せる。

こうして目標が具体化し、それが意外に手の届きそうだとなれば、何から着手すべきかが見えてくるだろう。「消滅論」で意気消沈した自治体にぜひ、本書で次の一歩を踏み出すきっかけを得てほしい。

評・諸富徹（京都大学教授）

ふじやま・こう　59年島根県生まれ。島根県中山間地域研究センター研究統括監。

二〇一五年八月一六日❻

『ヴェール論争　リベラリズムの試練』

クリスチャン・ヨプケ 著
伊藤豊、長谷川一年、竹島博之 訳
法政大学出版局・三二四〇円
ISBN9784588603402
政治／社会

自由か抑圧か　欧州のジレンマ

イスラム女性が身に着けるヴェールをめぐって、ヨーロッパ各地で法的・政治的な紛争が起きた。特にヨーロッパで論争が激しいのはなぜか。ヨプケによれば、そこで世俗化が進み、自律性を重視するリベラリズムが深く浸透しているからである。神と男性への従属のシンボルとも見えるヴェールは「リベラルな価値観への挑戦」であるが、ヴェール着用への「抑圧も反リベラル」となりかねず、ヨーロッパはジレンマに苦しむことになったという。

論争のあり方は国ごとに異なった。公的領域と私的領域との区分を強調し、宗教を私事と見なすフランスでは、市民を育てる学校のような公的領域から宗教は排除される。こうして、公立学校で生徒が「これ見よがしの」宗教的標章の提示が法的に禁止されることになった。しかし、リベラリズムにとっては公私二分論と共に個人の権利も大事であり、両者のいずれをより重視するかをめぐりフランス内部でも争いがあることをヨプケは示す。

ドイツでもヴェールは規制されたが、こちらでは生徒でなく教師の着用が問題になった。生徒の自由は広く認められるが、教師は宗教的に「中立」であるべきだとされたのである。しかし、一連の規制法では、ドイツ国家が「キリスト教的—西洋的」であることは当然視され、「中立」性の欺瞞（ぎまん）はあらわとなった。

これに対しイギリスでは、各宗教や文化が「相互に無関心」を貫く「分離された多元主義」の考え方が強く、ヴェール等は容認されてきた。顔を覆う「過激な」ヴェールの出現により論争が生じたが、その焦点は、本人確認ができないといった治安上の懸念であった。

普遍主義をかかげるリベラリズムは、実は特定の文化を前提とし、自らの「敵」には不寛容なのではないか。覆い隠されている問いを、ヴェールは明るみに出す。

評・杉田敦（政治学者・法政大学教授）

Christian Joppke　59年生まれ。ベルン大教授。

二〇一五年八月一六日⑦

『声　千年先に届くほどに』

文芸

姜信子 著

ぷねうま舎・一九四四円
ISBN9784906791460

たとえば漂泊を続ける朝鮮民族の末裔（まつえい）たち、あるいは戦争や公害の犠牲となった沖縄や水俣の人たち。艱難辛苦（かんなんしんく）に象（かたど）られた彼らの「声」を訪ねて聴いた、それ自体が一篇（ぺん）の長い詩のような旅行記。

特に紙幅が多く割かれるのが終生隔離を強いられた元ハンセン病者の文人との交わりだ。自らを土に埋もれた石と見立てた「魂の俳人」村越化石。自らを蝕（むしば）む諦めに鉈（なた）を振り下ろした「詩の鬼」谺（こだま）雄二。雪深い草津の療養所で著者を交えた句会が突如始まる。

文字の言葉は紙に載り、書いた人の手を離れて漂う。声は発した人から離れないから声の主が死ねば声も死ぬ。しかし今や故人となった化石と鬼の生命の「声」を著者は千年後まで響かせようとする。

むろん自らが身代わりになって彼らの人生が語れるわけではない。それでも哲学者ウィトゲンシュタインの定言を逆立ちさせて「語りえないことだからこそ語られねばならない」と書く。圧倒的な背理を生きようとする気迫が鮮烈だ。

評・武田徹（評論家）

二〇一五年八月一六日⑧

『ホワット・イフ？　野球のボールを光速で投げたらどうなるか』

文芸

ランドール・マンロー 著　吉田三知世 訳

早川書房・一六二〇円
ISBN9784152095459

こういう小ネタ集は面白くても書評しにくいんだよなあ、と思いながら読み始めたら、なんとまあ、その面白さの破格であることよ！　これを紹介しないのは罪であると確信した。著者のウェブサイトに寄せられた、さまざまな科学的質問への回答をまとめたものである。翻訳も絶好調。

面白さの秘訣（ひけつ）は、著者のユーモアのセンスと、読者から寄せられた問いの奇抜さにある。たとえば、世界中のレーザーポインターで月を照らしたら明るさはどうなるかとか、ヨーダの力（フォース）はどれくらいの強さかとか、どれくらいの高さから肉を落とせばステーキが焼けるかとか。

質問を広く集めることや、何事にもユーモアをもって軽く対処するっていうのは、ネットのメリットを最大限に活（い）かすコツかもしれない——などとシチメンドクサイことは考えずに、素直に笑いながら読むが吉。ついでに元のサイトと著者のTEDトークも見れば、英語の練習もできて夏休みの宿題もバッチリだ。

評・佐倉統（東京大学教授）

二〇一五年八月二三日❷

『映画は絵画のように　静止・運動・時間』

岡田温司 著

岩波書店・三二三二円
ISBN9784000222945

アート・ファッション・芸能

野心的イメージ論 的確な記述で

オリンピックのエンブレム問題が引き金になって、ネット上ではデザインのコピペ探しが過熱している。その様子を眺めていると、創作とは100%オリジナルであるという誤解が意外に根強いと改めて思う。本書は、映画が過去の絵画や彫刻からどのような着想をえたり、類似のイメージを共有したか、あるいは映画が現代美術に先駆けたことを、膨大な事例をもとに論じる。だが、ここでパクリという侮蔑的な表現は使われない。

誕生して100年以上過ぎた映画、そしてルネサンスから数えても600年近い歴史をもつ絵画。当然、映画はゼロから出発したわけではない。画家の築いた手法や構図の宝庫は、同じ視覚芸術である映画に継承され、様々に展開した。著者は西洋美術史の研究者である。ゆえに、基本的には美術的な視点から読み解く映画論になっているが、同時に映画を通じて美術の意味も再読し、神話のエピソードと共通する人類の抱くイメージの普遍性を視野に入れる。

理論編というべき第1章は主要な映画論と絵画論を整理しながら、両者の接点を探る。残りの6章は、それぞれ影、鏡、肖像画、彫刻、活人画（扮装した人間が絵画のようなポーズをとること）、抽象画のテーマを扱う。いずれも的確なディスクリプション（作品記述）によって、その創成期から映画が絵画と深い関係をもっていたことを指摘する。作品を挙げると、肖像画と横顔をめぐるヒチコック「めまい」のほか、タルコフスキー「鏡」、ロッセリーニ「イタリア旅行」、ゴダールの「軽蔑」や「パッション」、アントニオーニ「赤い砂漠」などである。

映画と絵画、それぞれの見方を変えてくれるような意欲作だ。ただし、最近のハリウッド映画、邦画、あるいは芸術的な作品を撮るキューブリックやグリーナウェイなどはない。この野心的なイメージ論は今後さらに包括的な領域で検証することが可能だろう。

評・五十嵐太郎（建築批評家・東北大学教授）

おかだ・あつし　54年生まれ。京都大教授。『イメージの根源へ』『フロイトのイタリア』など。

二〇一五年八月二三日❸

『独りでいるより優しくて』

イーユン・リー 著　篠森ゆりこ 訳

河出書房新社・二八〇八円
ISBN9784309206752

文芸

不信と孤独の連鎖を凝視する

解決しない事件が、それに関わった人たちの人生を変えてしまい、生き方を縛りつける。米国に住み英語で執筆を続ける、中国出身の作家イーユン・リーの長編『独りでいるより優しくて』は、人間の孤独と向き合う小説。孤立の状態を選ばざるをえない生き方とその経緯を、冷徹な筆致によって凝視する。

少艾（シャオアイ）という名の女子大生が、何者かに毒を盛られ、深刻な後遺症を抱えることになる。毒は大学の化学研究室から盗まれたものとわかる。三人の高校生たち、泊陽（ボーヤン）、黙然（モーラン）、如玉（ルーユイ）の誰かが犯人と思われる状況の中、事件は迷宮入りに。友人だった三人は事件を機に離散。それから二十一年後、ついに少艾は亡くなる。三十代後半になっている三人のうち二人が再会し、真相の一端が明らかとなる。

三人は、一九八九年、天安門事件の年に高校一年生という設定。少艾は民主化運動に関わり、周囲に波紋を起こす。とはいえ、そのことと毒混入事件は、単純に直結するわけではない。そして、この小説の視点の鋭さはまさにそこに宿る。なぜなら、それによって、この小説は特定の場所や時代による限定を抜け出て、普遍的な構図を得ることができているからだ。

つまり、未解決事件が与える疑心暗鬼の状態、人々があえて自身を一種の隔離状態に置いて生きるとはどういうことか、読者がさまざまな立場から思い描けるように書かれているといえる。「最悪の闘いは純真な者たちの間で起こる、と如玉は思った」。

著者はこの作品で、不信と孤独の連鎖を炙（あぶ）り出してみせた。糾弾の視線を交えずに淡々と。小説においては、糾弾や告発よりも、凝視の方がずっと有効だ。凝視は、読者に対しても、そこに描かれている出来事をじっと観察する余地を与えるからだ。この小説には、短絡的な希望は描かれていない。そして、その方法にこそ希望があるのだ。

評・蜂飼耳（詩人・作家）

Yiyun Li　72年北京生まれ。作家。『千年の祈り』など。

『エクソダス症候群』

宮内悠介 著

東京創元社・一八三六円
ISBN9784488018184

滅亡への欲動　火星舞台に描く

産業革命以後、自然を搾取し尽くし、地球環境を悪化させてきたのは人類であるが、一連の科学技術開発の営為そのものが緩慢な滅亡のプロセスでもあった。核兵器や人工知能によって人類が滅ぼされるのも自ら天敵を発明した自業自得の結果である。地球滅亡を見越し、火星への移住も研究されているが、生き残りの想像力を逞（たくま）しくできるのは科学万能主義者だけだろう。

人を乗せた宇宙船は青い地球の沿岸から離れた経験はない。しかし、火星は遠洋の彼方（かなた）にある。地球はどんどん小さくなり、やがて地球から見た火星のように、その他多くの星に紛れてしまう。孤立無援の宇宙で、宇宙飛行士がいつまで正気を保っていられるか、行ってみなければわからない。ＮＡＳＡでは、データ集めのために、外界との接触を遮断した実験モジュールで、三年間にわたり共同生活をするという過酷な実験が行われたことがあった。七人中五人は深刻な疎外感や被害妄想に悩まされ、記憶喪失に陥ったり、自身のうちに別人格の声を聞いた人もいたという。

地球から隔絶された場所で人が暮らすにはそれに適した自我の開発が必要で、予想される精神疾患は宇宙精神医学によって管理下に置かれるだろう。だが、本作の設定では、火星開拓地に設置された病院でエクソダス症候群なる病が集団発生する。死の欲動を科学の力で抑えようとしても、人が逸脱と死を求めるのは、生来的にカタストロフ・マニアだからだろう。滅亡の緩やかな行程を嬉々（きき）として辿（たど）る人類のダークサイドを作者は冷徹に突いてくる。

開拓地での生活、設備にまつわる細部のリアリティは秀逸だが、淡々と並列的に叙述されるスタイル自体が統合失調的で、主観と客観の調和が意図的に崩されているところも注目に値する。火星生まれの主人公の自我を描くためにはこの語り口でなければならない。

評・島田雅彦（作家・法政大学教授）

みやうち・ゆうすけ　79年生まれ。『盤上の夜』『ヨハネスブルグの天使たち』など。

二〇一五年八月二三日❺

『中国 狂乱の「歓楽街」』

富坂聰 著
KADOKAWA・一二九六円
ISBN9784040601084１

『性からよむ中国史』

スーザン・マン 著
小浜正子、L・グローブ 監訳
平凡社・三〇二四円
ISBN9784582482218

政治／社会

類似と差異 考えるヒントに

性の観点から中国をみる。同コンセプト、だが異なるアプローチの本が同時期に出た。どちらも、日本と中国の「類似」と「差異」について考えるヒントにもなろう。

『中国 狂乱の「歓楽街」』の著者は、中国取材を続けるジャーナリスト。「性」をテーマに、取材で得た情報をまとめた。

性産業の都として拡大し、一斉摘発を受けて打撃を受けた「東莞」の変化。愛人ビジネスで豊かな暮らしを獲得する若い女性たち。母乳が長寿や若返りに効くという迷信が蔓延（まんえん）する中、母乳を売り込む貧困女性。失業者対策として当局にお目こぼしされ、様々な形態の性産業が生まれている。あからさまな格差社会であり、また法治の行き届きにくい環境の中、性産業を「活用」して生きていく女性たちの存在があぶりだされる。

一人っ子政策により、女性１００に対して男性１１７といういびつな男女比となった中国。その結果、２０２０年には3千万人の男性が独身になるとみられると報道もなされた。こうした状況が新たな性産業、人身取引を生む土壌ともなるという予見も本書は提示している。

『性からよむ中国史』は、ジェンダー史の研究者による歴史学的アプローチ。古代中国から、性がいかに語られてきたのかを振り返ることで、中国史を塗り替えていく。古代から形を変えて続く性暴力。近世にはありふれたものであった同性愛。女性を隔離することで付加価値をつけてきた富裕層文化。実は多様性を含む性文化に光を当てる。

こちらでも、一人っ子政策の生んだ、男女比のゆがみが取り上げられる。一方、女性への教育意識なども徐々には変化し、「一人娘」の教育に多額の教育投資を行う家庭が増えている現状も指摘する。但し著者は、教育投資が子供への過剰期待となり、それが新たな抑圧となる可能性について警鐘を鳴らしてもいるが。

評・荻上チキ（「シノドス」編集長・評論家）

とみさか・さとし、Susan Mann

二〇一五年八月二三日❻

『ネアンデルタール人は私たちと交配した』

スヴァンテ・ペーボ 著 野中香方子 訳
文芸春秋・一八九〇円
ISBN9784163902043

科学・生物

現生人類と恋? 太古に思い馳せ

ネアンデルタール人は、約40万〜30万年まえに出現し、3万年ほどまえに地球上から姿を消した。我々現生人類とも、「ご近所さん」として暮らしていた時期がある。

ネアンデルタール人と現生人類（ホモ・サピエンス）は、どんな仲だったのだろうか。つまり、交際（?）して、両者のあいだに子どもができることはあったのか、ということだ。生物学者である本書の著者は、ネアンデルタール人のゲノム解読に挑んだ。ネアンデルタール人の骨からＤＮＡを抽出し、塩基配列を調べたのだ。

結果は、書名のとおりだ。ネアンデルタール人のＤＮＡは、現生人類に受け継がれている。両者のあいだに、確実に子どもは生まれていた!

専門的な内容も含まれており、詳しいことは私には到底説明できないので、ぜひ本書をお読みいただきたい。読み物としても非常におもしろいので、（私のような）門外漢でも、「へえ!」と興味を持てる内容だ。ネアンデルタール人のＤＮＡを抽出する際には、他の（たとえば研究者の）ＤＮＡが混入してはいけないので、クリーンルームでの作業が要求される。完璧なクリーンルームを渇望する著者の情熱は余人には計り知れぬものがあり、「そこまで……」と、読んでいておかしかった。また、著者自身の恋愛事情も、かつてのネアンデルタール人＆現生人類に負けず劣らず複雑かつ活発な様相を呈しており、「バイタリティーあるな」と感心した。憎めない人柄が伝わってくる好著で、こういうひとだからこそ大きな発見に漕（こ）ぎ着けられたのだと納得する。

　ネアンデルタール人がなぜ絶滅したのかは、まだわかっていない。だが、我々のなかに、かれらの痕跡はわずかながら残っている。現生人類とのあいだで恋が芽生えるような、平和的関係であったのならいいのだがと、遠い過去へと思いを馳（は）せた。

評・三浦しをん（作家）

Svante Pääbo　55年生まれ。ドイツの進化人類学研究所の生物学者。

二〇一五年八月二三日⑦

『上海36人圧死事件はなぜ起きたのか』

加藤隆則 著

文芸春秋・一六二〇円

ISBN9784163902913

歴史／政治／社会

　上海の観光名所・外灘（バンド）で新しい年を迎えようと集まった群衆が押し合いとなって転倒し、36人が圧死、49人が負傷した。発生時間は２０１４年12月31日午後11時35分――。

　今年元日に世界をかけめぐった惨事の記憶は、多くの人にとって中国で続く別の事件で上書きされているかもしれない。だが、著者は立ち止まり、この事件を万華鏡ののぞき穴にして、隣国に累積する矛盾を見つめ、描き出す。

　カウントダウンの映像ショーが中止されていたはずの現場に、31万人もつめかけたのはなぜか。犠牲者名簿に記された死者たちの隠された素顔に迫りながら、格差や情報統制、日本との関係、そして個人の幸せより国家の強さを重んじる習近平（シーチンピン）体制のもろさを浮かび上がらせる。天津の爆発事故とも共通する構図だ。

　新聞記者として今春まで約10年、中国に駐在していた著者の街とそこに暮らす人々に対する愛着がにじむ。まばゆさゆえに影が濃い、21世紀の上海の物語としても読める。

評・吉岡桂子（本社編集委員）

二〇一五年八月二三日⑧

『動物たちの武器　闘いは進化する』

ダグラス・J・エムレン 著　山田美明 訳

エクスナレッジ・二三七六円

ISBN9784767820286

科学・生物

　たとえばカブトムシの角、ゾウの牙、シオマネキのハサミ。身体に不釣り合いに大きな器官が、動物にはよく見られる。単に生き延びることを考えればむしろ邪魔になりそうだ。なんでこんなものが進化してきたのか？

　その答えが本書で詳しく紹介されている進化的軍拡競争である。オス同士が1対1で争って、その勝者をメスが好んで選ぶ場合、武器としての角や牙だけが、どんどん大きくなっていくのだ。

　著名な生態学者一家の生まれである著者は、実に博覧強記、フィールドでの経験も豊富な上に膨大な原著論文を読みこなして、動物界の軍拡競争を、おもしろく語ってくれる。これぞ闘いの自然誌。

　人間における軍拡競争についても考察していて、現在の武器の破壊力は不自然に強大だと指摘する。「私たち人類が、次の軍拡競争を生き延びる可能性は少ない」。政治や外交の世界にも、進化論の成果をもっと取り入れていただくことを切に願う。

評・佐倉統（東京大学教授）

二〇一五年八月三〇日❶

『オープンダイアローグとは何か』

斎藤環 著・訳

医学書院・一九四四円

ISBN9784260024037

医学・福祉／社会

対話の力で治す 希望の鍵は言葉に

薬物をほとんど使わずに対話の力で統合失調症さえも治す「オープンダイアローグ」という方法がフィンランドで着実に効果をあげ、公的医療の一つとして無料で提供されているという。この治療法を、実践者の論文とともに精神科医の斎藤環氏が紹介している。

フィンランドと日本では状況がちがうのではと半信半疑だったが、「自閉の利用」で有名な神田橋條治氏に著者が、どう思うかと尋ねた箇所ではっとした。いちばん開いているときだから効くだろう、と氏が即答したというのだ。統合失調症になると自分と他者の境界があいまいになり、考えていることがだだ漏れになったり、他者の考えが入り込んでくるような感覚になる。いわば自己を守る安全弁が機能せずに開放状態になるのだが、開いているゆえに対話が効果を上げるとも考えられる。

手順としては、患者や家族から相談の連絡が来ると24時間以内に患者本人と家族、医師、看護師、心理士たちが集まり、患者の言葉を聞き考えを交換する。診断ではなく対話の場を持つのだ。

家族療法に似ていると思うかもしれないが、家族の構造を変えようとはしない。重要なのは「患者の苦しみの意味がよりはっきりするような共通言語」をグループ内で作りあげることで、その手応えが得られるまで繰り返し対話を重ねる。治癒はその副産物としてやってくるのだ。

根底に言葉への圧倒的な信頼がある。これは沈黙、しぐさ、息づかい、会話のリズム、表情など非言語的なものも含んだ言葉のことだ。分析結果の交換ならスカイプでも出来るが、かけがえのない固有の身体を持ち寄ることが必須であり大きな意味をもつ。対話により個から問題を解き放って、みんなが感じ取れるレベルに昇華するよう場の力に恃(たの)むのだ。

もし二十歳でこの本に巡(めぐ)り会っていたら、別の人生を歩んでいたかもしれないと思った。学生時代、精神科病院で医療ケースワークの実習をしたが、患者の言葉やしぐさに魅了されてしまい、これでは治療する立場は無理だと諦めたという過去があるのだ。

完全に健康な人間はいない。いたら人間とは呼べないだろう。病を抱えていても、その症状に煩わされることなく社会生活が送れればいい。それには病理の分析だけでは不十分だ。症状が他者と分かちあわれ人間全体の事象として受け止められたとき、患者のなかに安心感が芽生え、結果として症状が消える。その鍵が言葉にあるという考え方は大きな励ましだ。希望を抱きにくい時代への希望の書であり、教育や介護、ワークショップやトークショーなどにも大きなヒントになるだろう。

評・大竹昭子(作家)

さいとう・たまき 61年生まれ。精神科医。専門は引きこもりなど思春期・青年期の精神病理学。爽風会あしたの風クリニック診療部長。『「ひきこもり」救出マニュアル〈実践編〉』『世界が土曜の夜の夢なら』など著書多数。

二〇一五年八月三〇日②

『大転換　新しいエネルギー経済のかたち』

レスター・R・ブラウンほか 著　枝廣淳子 訳

岩波書店・二〇五二円
ISBN9784000610605

経済／科学・生物

太陽光と風力への潮流　力強く

環境保護の旗手レスター・ブラウンによる「現役最後の書」。化石燃料や原子力による「古いエネルギー経済」から、太陽光と風力による「新しいエネルギー経済」への大転換を力強く描き出す。同時に、原発再稼働と石炭火力発電の大増設に突き進む日本への警告の書でもある。本書の表現でいえば、それは「座礁資産」の積み上げに他ならない。

なぜ、こうした「大転換」が始まったのか。石油がますます採掘困難に陥り、生産費の上昇に見舞われているからだ。石炭は、大気汚染と温室効果ガス排出のため、世論と政策のプレッシャーを受けて、各国で減少が始まった。

原子力は、2006年に世界全体の発電量がピークに達し、13年までに10%以上減少した。福島第一原発事故も大きな影響を与えたが、根本原因は費用だ。通常の発電技術は、時間とともに費用が低下するが、原子力は逆に上昇している。発電所の建設期間の長期化や安全規制の強化が響いている。廃炉にも桁外れの費用がかかり、さらに「放射性廃棄物の処分」という難題が横たわる。このため、原子力はもはや最盛期を過ぎ、衰退過程に入ったという。

これに対し、世界的に興隆しつつあるのが再生可能エネルギーだ。動因は、風力と太陽光発電における驚くべき価格低下。いったん稼働すると、燃料費がかからず圧倒的な競争力をもつ。再エネは当初、費用が高く、政府の刺激策で推進された。しかし技術進歩と規模の経済により予想以上の速さで費用低下が進み、いまや既存電源を凌駕（りょうが）しつつある。将来的には最も低廉なエネルギー源になる見通しも出てきたため、投資資金はいまや、再エネに向かい始めた。

著者は「化石燃料／原子力から再エネへ」という大転換が太い流れになり、次の10年で50年間分の大変革が生じると確言する。この潮流から目を背ければ、我々は大きく針路を誤ることになるだろう。

評・諸富徹（京都大学教授）

Lester R. Brown　34年米国生まれ。環境学者。『プランB』『エコ・エコノミー』。

二〇一五年八月三〇日③

『鈴木さんにも分かるネットの未来』

川上量生 著

岩波新書・九七二円
ISBN9784004315513

IT・コンピューター／社会

理詰めで解説　先行くヒント

著者はニコニコ動画で急成長したネット企業の経営者でありながらスタジオジブリの見習社員となった。その入社時に師匠の鈴木敏夫プロデューサーから「ネットとはなにか」をネット事情に疎い自分にも分かるように書けという宿題を出されたという。

「答案」である本書の価値は、しかし、分かりやすさだけにとどまらない。従来のネット論では「ビジネス的なご都合主義が未来への理想主義に装いを変え」「イデオロギー的な主張にすぎないことが、科学的な真実であるとして喧伝（けんでん）され」ていた。そう考える著者は臆見を排し、事実に基づく論理的な議論に徹する。

たとえば書籍の未来を論じた章では現在の電子書籍の弱点が技術的に解決可能である以上、紙の本が電子書籍に代替されてゆくのはもはや時間の問題と断じる。動揺する「紙の本好き」の感情を置き去りにするかのようにどんどん先に進んでゆく筆致には一見、冷たい印象も伴うが、読み込むと論理的必然を明示することで逆に未来の改変可能性を際立たせる論法に気づく。

電子書籍の時代にはアマゾンとアップルがコンテンツを流通させる仕組み（プラットフォーム）を寡占する確率が高い。それは現在のネット界の勢力図から導かれる論理的必然だ。ではその時に職業作家や既存出版社はどうなるのか。内容が刻々と変わる動的コンテンツで、そのデータ利用権に対して課金するスタイルがネット時代には有利だと著者は考える。それはニコニコ動画で経験的に学んだことか。あるいは魅力的な作品を有するコンテンツホルダー自身がプラットフォームを持つと強いとも書く。こちらは任天堂の前例がある。

こうして紹介される事例や著者の理詰めの分析を更なる独創をもって乗り越えた者がネット社会に新しい地平を開くのだろう。未来に手を差し伸べるヒントが満載されている、その意味では心優しいサービス精神に満ちた一冊だ。

評・武田徹（評論家・恵泉女学園大学教授）

かわかみ・のぶお 68年生まれ。KADOKAWA・DWANGO社長。『ニコニコ哲学』など。

二〇一五年八月三〇日❹

『新版 軍艦武蔵 上・下』

手塚正己 著

太田出版・各二九一六円

ISBN9784778314477〈上〉・9784778314484〈下〉

歴史／ノンフィクション・評伝

訓練や生活を再現、共同体描く

評者が手塚氏にお会いした時、本作の取材秘話を伺ったことがある。武蔵の元乗員の方に話を聞きに行き、インタビューとして収録した時間は数千時間。文字起こしも自ら行い、膨大な関連資料も収集する。氏はさらに「体験」も重視した。沈没現場の海まで船で向かい、服を着たまま水の中に飛び込み、丸太につかまりながら漂流してみる。あるいは戦死者を多く出したルソン島にて「死の谷」を飲まず食わずで歩いてみる。まさに執念、命を懸けた取材。その渾身（こんしん）の集大成が本書だ。

『軍艦武蔵』は単行本化された後に文庫化され、このたび新版として登場。その間にも大きく加筆・修正が施された。25年以上の時間をかけ、ひとりの人生がつぎ込まれてきた。

そんな本書では、上下巻千ページを超える記述のほか、付録として戦没者名簿や武蔵の縮尺図、年表、地図などの資料も多数掲載されている。大作ゆえ、通読して得られる感想はさまざまだろうが、素晴らしいのは何より、「武蔵」という共同体を描き出している点だろう。

軍艦での生活描写や兵たちのやりとりの再現が文章の多くを占める。なるほど、多くの兵にとって、戦争体験のうち「戦闘体験」はわずかな時間であって、多くの時間は共同体の中での訓練や生活に費やされる。もちろん本書においては、作戦や戦闘の描写も丹念ではある。だが本書の役割は決して、軍艦としてのスペックを再現することにあるのではない。兵たちがなぜ武蔵に乗り、どう暮らし、轟沈（ごうちん）後はいかにして生き延びたのか。人々の息遣いを通じて、存在としての武蔵、体験としての武蔵が、多角的・立体的によみがえってくる。

2015年。戦後70年という節目の年。フィリピン・シブヤン海の底にて、沈んでいた武蔵が発見された。それ以前より武蔵の証言をサルベージしてきた手塚氏の仕事に、心からの敬意を表したい。

評・荻上チキ（「シノドス」編集長・評論家）

てづか・まさみ 46年生まれ。長編ドキュメンタリー映画『軍艦武蔵』を製作監督。

『下山事件　暗殺者たちの夏』

柴田哲孝 著
祥伝社・二一六〇円
ISBN9784396634704

社会／ノンフィクション・評伝

昭和史最大の謎 執着する覚悟

1949年7月5日に初代国鉄総裁の下山定則が行方不明となり、6日に遺体が発見された「下山事件」は、昭和史最大の謎の事件と言われている。そもそも下山は自殺したのか、それとも他殺だったのかすらわかっていない。仮に他殺だとしても、首謀者をめぐって共産党からGHQまでさまざまな説が飛び交ってきた経緯がある。

著者は、祖父がこの事件に関係していると親族から聞かされたことをきっかけに、独自の取材を進めるようになった。そして、祖父が籍を置いていた「亜細亜産業」という貿易会社が、下山の暗殺に深く関与していたという確信をしだいに深めてゆく。

14年間に及んだ取材の成果は、『下山事件最後の証言』（2005年）と同書の完全版（07年）にまとめられた。この2冊はいずれもノンフィクションであった。

けれども、他殺説が確定したわけではない。この点で、著者はどこまでも謙虚な姿勢を崩さない。たとえどれほど取材を積み重ねても、下山事件の「闇」はとてつもなく深い。だから、どうしても解明できない部分が残ってしまう。その部分は「事実」とは言えず、推論が混じらざるを得ない。そうなると、ノンフィクションとは呼べなくなる。本書の冒頭で著者自身が「あえて、この物語はフィクションである」と断ったのは、こうした思いがあるからだ。

だが一体、著者の言う「事実」とは何だろうか。言うまでもなく、過去を100％再生することは不可能である。著者の厳しい基準に照らしてみれば、ほとんどの歴史学研究はフィクションと見なされてしまうだろう。

そんなことは、著者も承知のはずである。著者は、本書で下山事件の研究を終えたとは思っていないのだ。「事実」に執着する姿勢からは、下山事件を永遠のテーマとして自らに課そうとする覚悟のようなものが伝わってくる。

評・原武史（明治学院大学教授）

しばた・てつたか　57年生まれ。著書に『TENGU』『渇いた夏』『異聞　太平洋戦記』など。

『竹内敏晴』

今野哲男 著
言視舎・三二四〇円
ISBN9784865650242

ノンフィクション・評伝

要約を拒否した「新しい人」の姿

六〇年代演劇の、そのひとつ前の世代として、「代々木小劇場＝演劇集団・変身」の創作活動ののち、「竹内演劇教室」という場で、「からだ」への思考を深め、特別なレッスン空間を中心に、それを演劇のみならず思想のレベルにまで高めた竹内敏晴の評伝である。

これまでも、竹内敏晴によって書かれた著作、竹内が語る「からだ」についての考えに触れてきた。正直、それらの言葉には、正しく理解したのか不安にさせる「なにか」があった。そのことを著者は、人や概念を「要約すること／されること」こそ竹内が拒否するものだったこと、単純化した理解こそ、竹内的ではないと強調する。

本書によって竹内敏晴の姿がいくつもの側面から描かれる。それは同時に、著者自身と、私たちの「からだ」を語ることになると読める。

竹内敏晴をどう語るか、竹内が、最後まで考え続けた身体論からなにを学んだか、本書の大きな意味は、著者が近くにいたからこそ可能だった客観的視点による、竹内レッスンの核へのアプローチだ。筆者は竹内が望んだように、単純にそれをまとめ、紹介するのではなく、深いところから竹内の姿と、竹内が舞台創作からレッスンの場へ活動の中心を変えていった意味を問う。六〇年代の演劇変革の背後には政治性の対立の図が浮かぶが、竹内が語ったという「新しい人」は、それらとも異なる場所から生起した。そこに、竹内敏晴を理解する手がかりがある。竹内が幼少の頃より抱えていた耳の病によって声を失った経験を見据えた上で、けれどもまた生まれ変わることのできた竹内の、生み出しては壊すことで前方へ身を乗り出す、「新しい人」の姿を、やはり要約ではない方法で語る。それでようやく、竹内敏晴という特別な存在を読者は理解できる。

そこからなにを継承するかを本書は問う。

評・宮沢章夫（劇作家・演出家）

こんの・てつお 53年生まれ。編集者、ライター。78年、竹内敏晴演劇研究所に入所。

二〇一五年八月三〇日⑦

『真説・長州力　1951-2015』

田崎健太 著
集英社インターナショナル・二〇五二円
ISBN9784797672862　ノンフィクション・評伝

昭和も終わりに近い1982年、「かませ犬じゃない」という名セリフを吐いたとされる長州力。「ここではないどこか」を、常に求めているように見えたプロレスラーだ。

長州は山口県の在日家庭に生まれた。レスリング選手として高校時代から活躍し、専修大学在学中には韓国代表で五輪に出場。プロレス入りした時には、競技者の強さをすでに身につけていた。だが、それだけでプロレスラーにはなれない。長州によれば、観客を捕まえることができるかどうかで決まる。「感情をどれだけ出せるか」とも語る。

そばには「指の第一関節だけで苦しみを伝えることができる」カリスマ、アントニオ猪木がいた。強い磁場のような力が長州のプロレス観と行動に絡みつき、揺さぶった。

最近のプロレスブームの担い手「プ女子」を興奮させるのはもっと明快なファンタジー。鬱屈（うっくつ）した闘志を見せつけてきた「革命戦士」長州のたたずまいとは隔たりを感じる。昭和は遠くなりにけり、か。

評・鈴木繁（本社編集委員）

二〇一五年八月三〇日⑧

『歴史の仕事場（アトリエ）』

フランソワ・フュレ 著　浜田道夫、木下誠 訳
藤原書店・四一〇四円
ISBN9784865780253　歴史

1970年代、アナール学派の第3世代と呼ばれる歴史学者が台頭してくる。本書の著者であるフランソワ・フュレはその主要な一人である。

歴史研究の作業には三つがある、と本書は説く。第一に手稿史料（昔の人が手で書いた史料）を刊行する(1)。それから、史料を時間軸上に並べて物語を作り、歴史像を復元する(2)。もう一つ、歴史学者が自らの解釈にしたがって各々（おのおの）の史料を選び出し、歴史像を構築する(3)。

アナール学派とフュレは、(1)を凡庸であると斬って捨てる（『大日本史料』という史料集の編纂〈へんさん〉を日々の業務とする私は悲鳴を上げる）。次に(2)を復元の歴史学、(3)を解釈の歴史学として対置する。そして、学者が現代社会との対話の中で育んだ問題意識や思索に基づいて展開する(3)を、高く評価する。これこそ歴史学だ、と。

「歴史認識」がしきりに話題となる今日、議論を深めるために、心ある方にぜひチャレンジしてほしい一冊である。

評・本郷和人（東京大学教授）

二〇一五年九月六日❶

『劉邦　上・中・下』

宮城谷昌光 著
毎日新聞出版・各一七二八円
ISBN9784620108117〈上〉・9784620108124〈中〉・9784620108131〈下〉
文芸

果敢に動き決断　辛労分かち成長

人は置かれた環境から多大な影響を受ける。同じく「百金を盗んだ」二人がいても、環境の違いにより一人は死刑になり、一人は無罪になる。生き生きとした歴史小説の叙述に、時代への深い洞察が必須である理由がここにある。

宮城谷昌光は、古代中国を描ける稀有（けう）な書き手である。かつて『重耳（ちょうじ）』を読んだ時、私は感動して呻（うめ）いた。そこには春秋という時代がみごとにあり、時代に根ざした人物があった。以来、私は愛読者の一人となり、安んじて宮城谷の世界に遊ばせてもらっている。

本書の主人公の劉邦は現在の江蘇省徐州市豊県に生まれ、若き日は侠客（きょうかく）として生きた。時は秦の始皇が中国を統一し、苛烈（かれつ）な政を布（し）いていた頃。縁あって沛（はい）県・泗水（しすい）の亭長（警察分署長）に納まったが、下級官吏に過ぎなかった。

やがて始皇帝が没し世が乱れると、40代半ばを過ぎた劉邦がようやく歴史に登場してくる。彼は沛県の県令となって地域をまとめ、反乱軍に加わった。彼とその仲間たちは失敗を繰り返しながら、次第に軍政に習熟していく。反秦勢力の中で頭角を現し、勇将・項羽と競いながら、ついには秦の本拠である関中を占拠した。

殊功を挙げた劉邦だが、いったんは左遷されて西方の漢中王に任じられる。だが、そこから東進。英布や彭越（ほうえつ）ら外様の勢力を味方に付けながら項羽を追い詰める。そしてついに垓下（がいか）の戦いで項羽を滅ぼし、漢帝国の皇帝に即位する。

本書があまり重視しない将軍・韓信がいう。私には兵を率いる才がある。兵は多いほどいい。陛下（劉邦）は十万の兵の将がせいぜいである。だが陛下は「将に将たる」才能をもつ。だから天下が取れたのだ、と。つまり劉邦は良く言えば大器であるが、ありていにいうなら、軍事の才に乏しい。

劉邦と項羽の戦いは、これまで何度も小説に描かれてきた。その際、劉邦像の基軸となったのが、この韓信による評価である。卓越した軍才を顕（あらわ）す項羽に対し、劉邦は凡庸である。周囲に奉られる人であり、受け身の人にすぎない。しかし、本書は全く異なる。

「宮城谷」劉邦は、果敢に動く。自ら考え、決断する。沛や豊など郷里の友や配下と手を携え、少しずつだがともに成長していく。

「狡兎（こうと）死して走狗（そうく）烹（に）らる」。劉邦には功臣粛清のイメージがつきまとうが、その理解は一面的にすぎる。蕭何（しょうか）も曹参（そうさん）も樊噲（はんかい）も周勃（しゅうぼつ）も、古く劉邦と辛労を分かち合った人々は、漢で重きを成した。憎んで余りある雍歯（ようし）でさえ許された。

劉邦とその仲間たち。時宜を得なければ一地方に逼塞（ひっそく）して終わったであろう人々の大いなる飛翔（ひしょう）を描く本書は、人間のもつ可能性を、高らかに歌いあげている。

評・本郷和人（東京大学教授）

みやぎたに・まさみつ　45年生まれ。出版社勤務のかたわら創作を始め、『天空の舟』で新田次郎文学賞、『夏姫春秋』で直木賞、『重耳』で芸術選奨文部大臣賞。ほかに『奇貨居くべし』『三国志』など著書多数。

二〇一五年九月六日❷

『神秘列車』

甘耀明 著　白水紀子 訳
白水社・二〇五二円
ISBN9784560090404
文芸

浮気な神さま　懐かしい郷土

台湾の現代作家、甘耀明（カンヤオミン）の短編集。生まれ故郷の苗栗（ミャオリー）県が主な舞台だ。土地の神さま・伯公（バッゴン）の夜遊びを止めようと（!?）、廟にお妾（めかけ）さんの神像を迎え入れる村長。とめどなくズルズル喋りつづける素麺婆（そうめんばあ）ちゃんと、彼女の受け皿である洗面器おじさん。山の獲物を売る漢人と、そこに集まる先住諸民族。不思議な伝説や箴言（しんげん）を語り、にょきにょき伸びていくお話の木にアメリカのロケットやアントニオ猪木まで接ぎ木してしまう、そんな超ローカルで魔術的、なのにごくリアルでグローバルな人々の物語。魅了される。

前書きによれば、作家の祖母は客家（はっか）人だが、先住民族の住む山地から嫁いできたそうだ。隣人の物語を彼女は自然と聞きおぼえたのだろう。甘耀明の文体は客家語を多用するだけでなく、台湾の多民族多言語文化をよく反映し、複合的であるという。最初はやや生硬に感じた訳文も、漢字文化を共有する日本人ならではの手法で原文の特徴を巧みに伝えていることが次第にわかり、とても楽しくなった。

祖父が乗ったという幻の列車を少年が探しに行く表題作は、政治の暴力による家族の分断を一瞬の美しい映像に凝縮し、映画のよう。しかしやはり「伯公、妾を娶（めと）る」のわけのわからなさがわたしにはおもしろい。浮気な神さまに村人たちは大笑い、口が「茶碗くらいに大きくなって、おかずなしでもご飯を蒸籠（せいろ）三つ分はゆうに平らげそう」。だが客家の伯公は、大陸中国の福建からきたお妾さんとはことばが通じないことが発覚。大問題だ！　しかし目下、小学校では外国人花嫁のための客家語クラスで「ベトナム、インドネシア、タイ、マレーシア、ミャンマー、カンボジア、大陸など八か国女性部隊」が勉強中。伯公のお妾さんもここで勉強すればいいのだ。

大きく変化しながらも物語をつないでいく人々がいる。懐かしい郷土が続いていくとはそういうことなのですね。

評・中村和恵（詩人・明治大学教授）

カン・ヤオミン　72年生まれ。台湾の作家。『殺鬼（鬼殺し）』が来年、邦訳予定。

二〇一五年九月六日❸

『中谷宇吉郎　人の役に立つ研究をせよ』

杉山滋郎 著
ミネルヴァ書房・三七八〇円
ISBN9784623074136
ノンフィクション・評伝

雪氷の科学者の意外な一面

「雪は天から送られた手紙である」。中谷宇吉郎といえばこの一節。世界に冠たる雪氷の研究者だ。彼と同じ北海道大学で教鞭（きょうべん）をとっていた科学史家の筆になるこの評伝は、地の利を活（い）かして新資料を駆使し、今まであまり知られていなかった中谷の素顔を明らかにすることに成功した。

中谷の著作や既出の伝記からは、むしろ怜悧（れいり）で透徹した知性の持ち主というイメージが強いが、この本で著者・杉山が描き出したのは、活動的で「やり手」のプロデューサーとしての中谷である。

戦時中は、基礎研究ではあるが軍とも密接に協力していたし、戦後の日本初の深海調査船も中谷がプロデュースした。積極的にあちこち飛び回り、知人にかけあって予算を獲得し、研究環境を整備していく中谷の姿が浮かび上がってくる。明朗で快活な性格も幸いしたのだろう。ときに粘り強く、ときに搦（から）め手から、手を替え品を替え、夢をかなえていくさまは圧巻である。

ある意味、強引な辣腕（らつわん）を駆使していたわけで、当時は批判する向きもあったようだ。しかし彼自身の生涯を通してみると、権力におもねったり大衆人気に媚（こ）びへつらったりした印象はほとんどない。著者も指摘しているように、すべてが中谷自身の知的好奇心から発しているからであろう。予算や権力を獲得するためではなく、純粋に、自分の興味関心を実現するために彼は動く。戦前から戦中、戦後へと、社会の仕組みは大きく変わっても、中谷自身の軸はまったくぶれていない。その様には爽快感すら覚える。

　科学者としての専門性と社会的活動を両立させるためには何が重要か。当時と今とでは、経済の規模も知識人層の人数も大きく異なる。だが、時代は変わっても中谷の行動から学ぶべきことは多い。このような先達を持ち得たことを、そしてその姿を伝えてくれる書き手がいたことを、深く感謝したい。

評・佐倉統（東京大学教授）

すぎやま・しげお　50年生まれ。北海道大学名誉教授（科学史）。『日本の近代科学史』。

『権力の終焉』

モイセス・ナイム 著　加藤万里子 訳

日経BP社・二二六〇円
ISBN9784822250980

社会

三つの「革命」で変容した社会

　国家権力による安全保障の強化や経済への介入が声高に語られるいま、われわれは、権力はより集中し、強まっていると考えがちだ。しかし、著者ナイムによれば、この認識は誤りで、権力はあらゆるところで分散し、衰えつつあるのである。

　何らかの「参入障壁」を設けて対抗者を排除し、既得権を守ることに著者は権力の本質を見いだす。20世紀までは、主権国家や大企業のように規模が大きく、効率的な官僚制的組織をもつ主体が、この点で圧倒的に優位であった。

　ところが、いまでは小規模な主体が大組織の「邪魔をし、弱らせ」「封じ込め」たりすれば勝てるようになってしまった。その背景にはITなどのテクノロジーの変化に加えて、社会的な三つの「革命」があったという。

　第一に、最貧国でさえ貧困が相対的に減少し（「豊かさ革命」）、政府の言うことをきかない中間層が生まれた。「アラブの春」も、この結果である。第二に、ヒト・カネ・モノ・情報の移動の増加（「移動革命」）に伴い、囲い込まれた国民を管理する主権的な権力は陳腐化した。第三に、より豊かで移動可能な人びとは、従来の価値観を疑い、権威や権力に挑戦するようになる（「意識革命」）。

　結果として、政治の世界では求心力がなくなり、政権は短命となり、単独政権は減る。在来政党は没落し、小規模な政治集団が勢いを増す。単なる武装勢力が軍事大国を悩まし、大国の政治的影響力は低下する。経済の世界でも、新興企業が大企業を駆逐し、企業トップもすぐにその座を奪われる、というのである。

　こうした権力の分散は、社会をより多元的で自由にする半面、無政府状態にもつながりうると著者は憂慮し、政党改革などいくつかの提案を行う。しかし、著者が活写する権力の変容は、むしろその現象の不可逆性を示しているようにも思われてくる。

評・杉田敦（政治学者・法政大学教授）

Moisés Naím　カーネギー国際平和財団特別研究員。『犯罪商社.com』。

二〇一五年九月六日⑤

『新宿二丁目の文化人類学　ゲイ・コミュニティから都市をまなざす』

砂川秀樹 著

太郎次郎社エディタス・三二四〇円
ISBN9784811807843　人文／社会

無名のパイオニアたちの歩み

急速に反動化する最近の日本社会の中で、性的少数者の権利については、渋谷区が同性愛者のカップルを結婚相当と認める条例を作るなど、比較的改善が進んでいる。

この背景には、同性カップルの姿が次第に特別なものではなくなり、普通のこととして受け止める人が相対的に増えたことがあるだろう。当事者の側からすれば、それは大きなリスクと心理的葛藤を乗り越えて、同性愛者であることを隠さない生き方を選ぶ人が増えたことを意味する。

この変化を、新宿二丁目という日本を代表する「ゲイ・タウン」が、この20年前後で「ゲイ・コミュニティ」へと変質していく過程として研究したのが、本書だ。

コミュニティ化とは、私なりの理解で言えば、その街、その共同体を、自分のアイデンティティを保証する場と感じるようになること。例えば、ゲイは昼間はゲイであることを隠して生き、夜、二丁目のゲイバーにいる時間のみ自分らしくいられるという意味で、自己が引き裂かれている。それが、二丁目を自分の属するコミュニティと感じることによって、昼の時間でも、ゲイである自分という一貫したアイデンティティを保てる。

特に、そのような感情が多くのゲイの心に生まれた瞬間である、レインボー祭りをめぐる第1章の証言と考察からは、自分を肯定することの歓喜が伝わってきて胸を打つ。そこには、同性愛が交換不能な「性的指向」であると認知されることも重要だった。

著者は文化人類学者であると同時に、当事者として、東京レズビアン&ゲイパレードの責任者を長く務めるなど、二丁目のコミュニティ化を大きく推し進めた人でもある。繊細で血のかよった画期的な民族誌を実現できたのは、今を作り上げてきた無名のパイオニアたちを記録に残しておきたいという情熱だろう。都市論としても優れた本書の魅力は尽きない。

評・星野智幸（小説家）

すながわ・ひでき　66年生まれ。共編書に『カミングアウト・レターズ』。

二〇一五年九月六日⑥

『スクリプトドクターの脚本教室・初級篇』

三宅隆太 著

新書館・二一六〇円
ISBN9784403120244　アート・ファッション・芸能

ひとの心と向き合う指標に

スクリプトドクターは、映画やドラマの脚本が行き詰まったとき、主にプロデューサーから依頼を受けて、問題点を客観的に分析し、助言やサポートをする。つまり、「体調不良に陥った脚本を治療するお医者さん」だ。

本書を読んで、「ここまで作り手の気持ちに寄り添い、的確な指摘をし、作品をより良い方向へ導こうと全力を尽くしてくれるひとがいるのか！」と驚き、感動した。それもそのはず、著者の三宅氏は多数の作品を手がけてきた脚本家・映画監督であり、心理カウンセラーの資格まで取得ずみ。「生みの苦しみ」を知るゆえに、スクリプトドクターとして仕事をするときにも、実作者の迷いや悩みを深く感受し、具体的な解決策を提示することができるのだろう。

本書は、スクリプトドクターという珍しい職業を紹介すると同時に、脚本の書きかた、読みかたについて、かなり詳細かつ実践的に指南してくれる。「はじめに」で、脚本家志望者が書きがちな作品を四つのタイプに分類しているのだが、たしかに私もそのうち二つを、小説で、プロになってから、書いたことある！　的確すぎる分析に爆笑かつ背筋が凍った。

脚本とは、映画やドラマを作る人々の思いや人間模様が反映した、複雑で奥深いものなのだ。まるで、ひとの心そのもののように。そして、その脚本を「治療」する三宅氏の姿勢は、きわめて慎重で繊細だ。だれかの心を解きほぐすには、じっくりと話に耳を傾ける必要があるのと同じように。

本書は、実は脚本ではなく、ひとの心について語っているのだとも言える。「物語」に関連する職業のひとに限らず、人間関係とはなんなのか、考えたり悩んだりしたことがあるひとは必読だ。実生活で他者や自己の心と向きあう際にも、重要な指標となる内容だからだ。嗚呼（ああ）、私もドクターに往診を頼みたい！

評・三浦しをん（作家）

みやけ・りゅうた　72年生まれ。脚本家、映画監督。映画『クロユリ団地』の共同脚本など。

二〇一五年九月六日⑦

『インテリアデザインが生まれたとき』

鈴木紀慶 著

鹿島出版会・二三七六円
ISBN9784306046238

アート・ファッション・芸能

建築では建築史という学問が確立しており、それをもとに作品が位置づけられ批評的な言語がつくられているが、インテリアデザインにはそれがなく、一過的に消費されてきた。が、この数年ようやく歴史をまとめる研究書が登場し、編集者の著者によるこの本も一連の流れに含まれる。

戦後しばらくは百貨店の室内装飾部が商業空間のデザインを牽引（けんいん）し、1960年代後半に「インテリアデザイン」の言葉が定着した。その領域を確立した剣持勇と彗星（すいせい）のごとく現れた天才・倉俣史朗を軸に、本書は創成期の歴史を語る。とくに興味深いのは、アートとの交流という視点を導入したことだ。倉俣はデュシャン、ジャッド、田中信太郎に影響を受け、高松次郎、横尾忠則、三宅一生らと共同作業した。その後も杉本貴志が若林奮（いさむ）、川俣正らと仕事を行う。おそらく倉俣は建築の軽やかなデザインの動向にも影響を与えているが、本書は将来書かれるであろう横断的なデザイン史の礎になるものだ。

評・五十嵐太郎（東北大学教授）

二〇一五年九月六日⑧

『私の恋人』

上田岳弘 著

新潮社・一二九六円
ISBN9784103367321

文芸

近年、科学的分析技術の向上により、なぜ現生人類が生き延び、ネアンデルタール人が滅びたのか、人類はどのように拡散し、交雑したのかが明らかになってきた。ここ数万年間には、気候の変動や破局的な火山噴火、飢饉（ききん）や部族間戦争があり、淘汰（とうた）が繰り返されてきた。人類史は種としての人間の営みを考察するが、人類史の末端にいる私たちは個の営みに一喜一憂している。宇宙や人類史のマクロ的視点に立てば、ヒトは自（おの）ずと気宇壮大になるが、我に返れば、金銭のトラブルや人間関係のもつれなどせこい現実が待っている。しょせん、自分はDNAに宿を貸しているだけで、繁栄するにせよ、滅亡するにせよ、天命に従うだけだと達観するのが関の山である。上田岳弘はかつてシャーマンや詩人がそうしたように、自身が受け継いだDNAを語り手にして、淘汰の無常をぼやきつつ、恋人に尽くすのである。折々の自画像はミクロとマクロ、主観と客観が二重螺旋（らせん）をなしている。

評・島田雅彦（作家・法政大学教授）

二〇一五年九月一三日❶

『伊勢神宮とは何か』
植島啓司 著　**松原豊** 写真
集英社新書・一五一二円
ISBN9784087207965
『神都物語』
ジョン・ブリーン 著
吉川弘文館・一八三六円
ISBN9784642058056

歴史

変容続ける聖域　国家との関係も

20年に1度建て替えの儀式を行う伊勢神宮は、いつも新しい現代建築であると同時に古代を想像させる特殊な建築だ。そしてミステリアスな存在ゆえに、各ジャンルの論者を様々な解釈に誘う。建築からは、磯崎新、川添登、井上章一、丸山茂の刺激的な論が登場した。宗教人類学の植島啓司の新刊『伊勢神宮とは何か』は、床下の心御柱（しんのみはしら）をめぐって、機能にこだわる建築学とは異なり、根源的な宇宙軸だという見解を示した。この本は神域、近郊の神社、川や湾などのフィールドワークをもとに論じたエッセイで、伊勢の神々は海からやってきたのではないかという。

実は明治以降、伊勢神宮の意味は劇的に変容してきた。ジョン・ブリーンの『神都物語』は、国家との関係から、伊勢神宮が歴史的にどう受容され、周辺のエリアがどう変化したかを論じる。明治期は、意外だが、歴史上初めて天皇が伊勢を参拝し、王政復古を権威づけ、立ち入り禁止の空間を増やし、清々（すがすが）しい神苑（しんえん）のイメージをつくり、各地域とつなぐ御師（おんし）を廃止した。一方で江戸時代のような庶民に親しまれた巡礼地ではなくなっていく。内宮（ないくう）と外宮（げくう）が位置する宇治山田では仏教を完全に排除する計画がたてられ、仏教的な地名が変更された。大正・昭和時代は、1929年の式年遷宮を国民儀礼として演出し、外苑に各種の文化・運動施設を建てる宇治山田の「大神都聖地計画」が持ち上がった。戦後は一転して宗教法人となり、国家と切り離されるが、国会の議論などを通じて、再び公的な性格を獲得しようとする。90年代はおはらい町の修景、おかげ横丁の開発、ブランド化の戦略が起き、2013年は安倍首相が戦後初の遷御（せんぎょ）参列をした。

伊勢神宮は「永久不変」のイメージをもつが、遷宮を機に「常に変容する新しい存在」なのだ。例えば、1904年、木材の入手が困難で、これからは文明開化にふさわしいコンクリート造りにするという案が明治天皇に提出されたという。結局、材料は変わらなかったが、そのイメージは一定ではない。興味深いのは、本書が各社の新聞、週刊誌、教科書、神宮の広報など、戦前戦後のメディアにおける記述を分析していることだ。朝日新聞についても、1953年、73年、93年の式年遷宮に関連した記事の内容と量、用語や写真の使い方、掲載面、座談会企画などを軸に比較し、その変化を探り、聖なるイメージが再び浸透していることを指摘する。

神宮を訪れても隠された場所が多く、正殿は幾重もある垣根越しに屋根の先端の千木（ちぎ）や堅魚木（かつおぎ）がわずかに見えるだけだ。直接見えないからこそ、想像力をかきたて、メディアが重要になるのだろう。

評・五十嵐太郎（建築批評家・東北大学教授）

うえしま・けいじ　47年東京都生まれ。京都造形芸術大教授。
まつばら・ゆたか　67年三重県生まれ。
John Breen　56年ロンドン生まれ。国際日本文化研究センター教授。

二〇一五年九月一三日❷

『「人間国家」への改革　参加保障型の福祉社会をつくる』

神野直彦 著
NHKブックス・一四〇四円
ISBN9784140912317
政治／社会

人への投資が生む　新たな経済

「失われた20年」の間、いくら経済政策を打っても経済成長率は高まらなかった。とはいえ、私たちの経済社会も過去20年間、大きな構造変化を遂げた。その認識なしに経済政策を打っても、効果が出ないのは当然ではないか。

本書はいま私たちが「歴史の『峠』」に立っていると説く。つまり、①産業構造の変化（脱工業化、知識集約型産業への転換）と、②消費者の欲求の高度化・多様化、という、二つの大きな地殻変動が生じているというのだ。こうした変化に対して、生産現場に求められるのは、工業社会時代の均一性、正確性、規律から、多様性、柔軟性、創造性へと大きく変わりつつある。

そこで重要なのが、人間の「人間的能力」（対人能力や創造性）を高めることだ。そのためにも社会インフラを、工業社会対応型から、知識社会対応型へと張り替える必要がある。最も重要なのは、教育制度と社会保障制度だ。政府は増税を行ってでも、将来、確実に果実を生む「人への投資」を怠ってはならない。

新しい経済社会の創造には、「参加型」民主主義の充実も重要だ。会社、学校、家庭で人々が隔離されるのではなく、地域で多様な人々が触発しあい、自発的に組織（サークル）をつくり、学び、協力し合って成長していく場をつくる。それらを通じて人々が政治、経済、社会の営みに参加する回路を保障していくことが、豊かな社会をつくる鍵だ。そうした社会こそが実は、多様性、柔軟性、そして創造性を生み出す。経済成長は結局、こうした知識社会への対応に成功した証しとして、もたらされるのかもしれない。

時代の大きな構造変化を読んだうえで的確な時代診断を下すその切れ味は、著者の真骨頂だ。何よりも、市場に翻弄（ほんろう）されるのではなくそれを制御して「人間的」な社会を築こうという著者の熱いメッセージが、一人でも多くの人々に届くことを願ってやまない。

評・諸富徹（京都大学教授）

じんの・なおひこ　46年生まれ。東京大名誉教授。財政学専攻。『「分かち合い」の経済学』。

二〇一五年九月一三日❸

『颶風の王』

河崎秋子 著
角川書店・一七二八円
ISBN9784041029619
文芸

馬と一族の宿命　体感的に描写

馬との宿命的な関わりを、こんなふうに大胆且（か）つ体感的に描いた小説がかつてあっただろうか。河崎秋子『颶風（ぐふう）の王』は、馬とともに歩む一族の、六世代にわたる足取りを追いかける作品だ。

舞台は東北そして北海道。時代は、明治から平成へ。新天地での仕事を求めて、東北から北海道に移住する捨造は、母から受け取った紙切れを読む。そこには、捨造が生まれる以前のこと、雪崩で遭難した母がいかにして生き延びたかが綴（つづ）られていた。一頭の馬と遭難した母は、雪の中、とうとう大切なその馬を食べて命を繋（つな）いだのだ。凄絶（せいぜつ）な場面だが、心打たれる。

時は移る。捨造とその家族は、根室の沖に浮かぶ花島で放牧させていた馬を失う。台風で道が崩壊し、馬たちは崖上に取り残されてしまったのだ。崖上の馬たちはそこで生き、繁殖し、野生化していく。島に置き去りにした馬を、年月が経っても気にかけ続ける和子は捨造の孫。その孫であるひかりは、現代を生きる大学生。馬との関係は祖母から聞かされている。

「ひかりから数えて五代前の女性は、冬山で遭難した際、馬を食べて生き延びたのだそうだ。真偽については確認しようもないが、多少の誇張はあってもあり得ない話ではないとひかりは思っている」。真に迫る描写で肉感的に描かれた出来事が、五代後の子孫には伝説めいたこととして伝わる。この伝承と伝播（でんぱ）の描き方も、興味深い。

ある日、花島にまだ馬が生きていることを知ったひかりは、その調査に参加し、確認しに行く。そして生き残った最後の一頭と出会う。馬と人の辿（たど）ってきた道が時を超えて重なり、また離れる。感動の波紋が胸にひろがる。著者は、羊飼いをしながら小説を執筆している。その経験に裏打ちされた細部と、ずしりとした手応え。スケールの大きさとともに、近くも遠くも眺める視線をもつ小説だ。

評・蜂飼耳（詩人・作家）

かわさき・あきこ　79年生まれ。羊飼い（酪農に従事）。本作で三浦綾子文学賞。

二〇一五年九月一三日④

『図説　ホモセクシャルの世界史』

松原國師 著

作品社・四一〇四円

ISBN9784861820793

歴史

真の成熟社会　実現のために

大変な労作かつ大充実の一冊。豊富な図像がちりばめられた本文だけで567ページ、さらには詳細な索引と文献一覧が加わって、「世界史上において男たちが、どのように愛を交わしてきたか」を、地域ごとに眺めることができる。「男性の同性愛の歴史について調べたい」と思うひとは必携の書だし、文献案内としても非常にすぐれている。

本書を読むとつくづく、同性愛を否定することはすなわち、人類の歴史を否定することに等しいんだな、と実感される。あらゆる時代と地域で、男性は男性を愛してきた。同時に、男同士が仲良くしているかたわらで、女性がボーッとしていたはずはなく、女同士のコミュニティーや愛や文化が存在していた（いる）のもほぼまちがいあるまい、ということも浮き彫りになってくる。

個人的には、「中国すごいな」と思った。3世紀ごろから男色がますます盛んになり、「大勢の夫婦が離婚した」ほどだそうだ。しかし妻も負けてはおらず、男と逢（あ）い引（び）きする夫に対して、痛烈な一言を放つ。どんな言葉だったかは、ぜひ本書をご覧いただきたい。ううう、「ぐぅ」の音も出なかっただろうなあ。

例外的に、男性の同性愛を罪悪視したのが、ユダヤ教およびキリスト教だ（とはいえ、その社会でもやはり同性愛は存在しつづけていたのだが）。同性愛を「ふつう」じゃないと感じるかたは、その根拠が那辺にあるのか、本書を読んでいま一度考察してみるのもいいだろう。

「真に成熟した社会とは、性的指向や性愛の行動スタイルなどに関係なく、万人が快適に暮らしていける精神的・文化的に豊かな世の中を実現させるもの」との著者の言葉に、全面的に賛同する。それを実現するべく、人類の来し方や多様な文化を知り、現在と未来に活（い）かすための、重要な資料となる一冊だ。しかも、見て読んで楽しいよ。

評・三浦しをん（作家）

まつばら・くにのり　52年生まれ。西洋古典学研究者。『西洋古典学事典』『男色の日本史』など。

二〇一五年九月一三日⑤

『わたしの土地から大地へ』
セバスチャン・サルガド、イザベル・フランク 著
中野勉 訳

河出書房新社・二五九二円
ISBN9784309276120

文芸

都市と異なる視座 問いかけ

サルガドの写真がすごいのはわかる。ブラジルの金鉱掘り、ルワンダの難民、大規模製造業の手仕事、自然保護区の生態系。地球的規模で撮影された写真は一目で記憶に焼き付くほど強く、世間の高い評価を得ている。だがその評価を少しばかり疑う気持ちも私の中にはあるのだ。

一九四四年、ブラジルに生まれ、軍事政権下で抗議活動をしてパリに亡命。経済学者から写真に転向し、以来パリを拠点に活動している。

家はブラジル内陸部の谷で農園を経営していた。風景は大きく、光は多彩で、移動は徒歩しかない。金持ちも貧乏人もいない自給自足生活。大自然のなかで人が調和ある暮らしをしていた光景が、彼の記憶の根底を支えているのがわかる。

写真は声の小さい揺らぎやすいメディアだという認識を私は持っている。それを思うと彼の写真は言葉に接近しすぎのように思えたが、これはもしかしたら彼と私の視覚体験の違いのためかもしれない。現実を写し撮る写真では撮り手の視座が周囲の現実に左右される。動きが静止した彼の構図は大自然の中で人の動きが小さく見えることと無関係ではないし、地球的規模の撮影も故郷で長距離移動してきた身には親しい。貧困問題に敏感なのも南半球出身の知識人なら当然だし、アフリカへの関心の高さも故国との生活習慣の近さを思えば納得する。

つまり、彼の写真はポルトガルの国土に匹敵するほど巨大な故郷の谷からすべて始まっているということだ。世界の中心が人間にあり、速度ある変化を生み出している都市とは異なる視座がそこで育まれ、ブラジルが工業化に向かった青春期に抱いた疑問が生涯のテーマになった。サルガドの写真のすごさは審美的価値にあるのではない。亡命者として自分の出自と時代に問いかけてきた生き方のすごさなのである。

評・大竹昭子（作家）

Sebastião Salgado、Isabelle Francq　サルガドはブラジル出身の写真家。

二〇一五年九月一三日⑦

『楳図かずお論　マンガ表現と想像力の恐怖』
高橋明彦 著

青弓社・三八八八円
ISBN9784787292285

社会

『漂流教室』等の恐怖マンガで知られる楳図かずおは、一方で『まことちゃん』のようなギャグも描き、赤白の縞（しま）シャツを着てTV出演するコミカルな姿も印象的だった。

それは決して分裂ではない。追われる側は怖くて必死に逃げるが、追いかける側は逃げる人が転んだりするのを見て笑う。距離によって恐怖と笑いは入れ替わると考える「遠近法主義」こそ、楳図の真骨頂だと著者は考える。

1980年代以降には神＝超越的なテーマを好んで描くようになるが、そこにも断絶はない。「なぜ子どもは悪夢にうなされるのか」「世界の果てはどうなってる」のかといった「謎」を巡って想像力を駆使し、巨視と凝視を往復しつつ自在に表現してきた点で楳図は一貫している。

本書はそんな楳図作品の魅力を余すところなく論じようとする。ポストモダン哲学を引く思弁的な箇所を含め。憑（つ）かれるように読ませてしまう訴求力は楳図譲りか。装丁の赤白縞は伊達（だて）ではないのだ。

評・武田徹（評論家）

二〇一五年九月一三日⑧

『鉄道デザインの心 世にないものをつくる闘い』

水戸岡鋭治 著

日経BP社・二一六〇円
ISBN9784822275419 経済

水戸岡鋭治さんは鉄道のデザイナーとして有名だが、全国の鉄道に乗っているわけではない。京浜工業地帯を走るJR鶴見線に同乗したときには、首都圏にもこんな線があるのかと驚かれ、運河や工場の夜景を眺められる車両をわざとゆっくり走らせるなどの案を次々に披瀝（ひれき）された。

本書を読むと、水戸岡さんが現在の鉄道業界にあっていかに孤高の存在であるかがよくわかる。ブルートレインの全廃に象徴されるように、鉄道のサービスが速さと効率に集約される風潮に敢然と異を唱え、鉄道の車内で過ごす固有の空間と時間にこれほどこだわるデザイナーはほかにいない。このデザイナーに全幅の信頼を置くJR九州の度量の広さも称賛に値しよう。

かつて九州の薩摩や肥前などの西南雄藩は、江戸幕府を倒して明治維新を起こした。水戸岡さんが九州を舞台に起こした「革命」が、いつの日にか日本の鉄道全体へと波及してゆくことを、本書を読みながら夢想した。

評・原武史（明治学院大学教授）

二〇一五年九月二〇日①

『日本鉄道歌謡史 1 鉄道開業〜第二次世界大戦、2 戦後復興〜東日本大震災』

松村洋 著

みすず書房・1巻四一〇四円、2巻四五三六円
ISBN9784622079347〈1〉・9784622079354〈2〉 歴史

国土意識を形成 民衆の声も代弁

キューロクが9600形蒸気機関車の愛称であることを知っている人は、よほどのマニアだろう。本書の冒頭で、著者は八高線にキューロクやデコイチ（D51形蒸気機関車）の撮影に出掛けた過去を懐かしげに語っている。明治から現代までの鉄道を題材とする流行歌や愛唱歌を手掛かりに、この国の人びとが体験した近代化の諸相を探ろうとする本書の原点には、首都圏でSLがなくなる時期に少年時代を過ごした著者の体験があったのがわかる。

本書が2冊の構成からなっていることからも察しがつくように、鉄道が出てくる歌は実に多い。明治時代には、「鉄道唱歌」や「電車唱歌」のように、沿線の地名や名所を連ねて歌う唱歌がつくられた。こうした唱歌を繰り返し歌うことで、日本国の国土や帝都東京に対する空間意識が形成されたと著者は指摘する。

だが、歌が常にナショナリズムや天皇制と一体だったわけではない。例えば、出征に伴う別れを歌った流行歌がある。「軍国の母」に、著者は「戦場に息子を送り出したくないという母親の心情」を聴きとろうとする。言論の自由が極端に制限された時代のなかで、歌は表向き国家に従いつつ、公然とは語られない民衆の声を代弁する場合もあったのだ。

駅での別れは、出征だけに限らない。戦後も集団就職に伴う上京や恋人との別離など、しばしば別れが歌われた。本書で言及される「ああ上野駅」や「津軽海峡・冬景色」はその典型である。どちらも東京駅でなく上野駅、新幹線でなく上野発着の夜行列車が歌われている。上野駅や夜行列車には、国家の中心たるべき東京駅や高度成長の象徴というべき新幹線にはない、流行歌を生みだす磁場や磁力があったのである。

本書で新幹線が出てくる歌は、「シンデレラ・エクスプレス」しかない。平成になると、東京駅を中心とする新幹線網が全国的に確立される一方、上野は単なる通過駅となり、上野発着の夜行列車の全廃も決まった。それが日本鉄道歌謡史の上でいかに大きな変化をもたらすことになったかを、著者は静かに訴えかけている。

最後に著者は、東日本大震災が与えた衝撃について紙幅を費やしている。本書のテーマからはやや外れることを承知の上で書かずにはいられなかったのは、大量の電力を消費する点で、原発の再稼働と親和性が高いリニア

中央新幹線に対する危惧があるからだと思われる。鉄道のサービスが速さと効率へと集約されるその果てにあるのは、明治以来受け継がれてきた一つの文化の死滅にほかならない――こんな読後感が、重くずっしりと残った。

評・原武史（明治学院大学教授）

まつむら・ひろし 52年生まれ。音楽評論家。ポピュラー音楽全般、とくに沖縄や東南アジアの音楽文化、日本流行歌史などを考察。著書に『ワールド・ミュージック宣言』『アジアうた街道』『唄に聴く沖縄』など。

二〇一五年九月二〇日❷ 文芸

『冥途あり』
長野まゆみ 著
講談社・一六二〇円
ISBN9784062195720

『出来事の残響』
村上陽子 著
インパクト出版会・二五九二円
ISBN9784755402555

妙なる小世界 原爆の記憶

東京の下町生まれの父と、その弟妹《きょうだい》、それぞれの子どもたちが暮らす、ゆるやかに水の流れる土地。ゆきかう小舟、江戸時代とじかにつながって息づく、小さな神さまや職人たちの営み。長野まゆみの筆の先からさらさらと生まれ出た日本語の妙《たえ》なる小世界である。日本語、と外からの目線でいうよりも、内輪向きに国語、と呼んだほうが多分しっくりくる、繰り返し読み愉《たの》しめる、細やかな文章。

だがそこには異なるものの影が映りこんでいる。空襲の記憶、半ば封印されていた祖父の故郷・広島の物語が、父の葬儀をひとつの契機として確かめられ、静かに織りこまれていく。あの日、父は広島に疎開していた。これはひとつの原爆小説でもある。

第2次大戦と敗戦の記憶は日本文学の風土になったのだとこれを読んでおもった。生々しい傷、異物として抱きつづけた経験は、70年を経て日本語の体組織にとりこまれ、くっきり跡を残しつつもなめらかにつながった。痛みは薄らいでいく。でも自らの一部になったこの傷が、忘れられることはない。

『出来事の残響』は原爆文学と沖縄文学からいくつかの作品を、戦後日本の読者が「自分のものではない痛みを受け取る」場として論じる。最初の三章は大田洋子論。「被爆者の個人的な痛みや絶望を描く」「文学的な価値の低い」私小説と批判され、あまり読まれなくなった作家をこうして見直すと、60年前の日本を支配していた気分がよく見えてくる。文学的な価値とは、なんなのか。まさにそれを考えさせられる。

アメリカ中西部で一学期、翻訳で日本の女性作家たちを読む授業をしたとき、大田洋子をとりあげた。アメリカを許せない、という主人公のことばに、日本文学など読んだこともなかった学生たちがうなずいた。こんなことがあったら、自分もそうおもう、と。それもまた文学の力だ。

評・中村和恵（詩人・明治大学教授）

ながの・まゆみ 作家。
むらかみ・ようこ 成蹊大学特別研究員。

二〇一五年九月二〇日③

『吾輩は猫画家である ルイス・ウェイン伝』

南條竹則 著

集英社新書ヴィジュアル版・一二九六円
ISBN9784087207910 アート・ファッション・芸能／新書

漱石も見た?「猫たちの楽園」

本書の主人公ルイス・ウェインは、夏目漱石が留学したころの英国で人気絶頂だった挿絵画家で、「吾輩（わがはい）は猫である」に貢献したかもしれないと知れば、多少の好奇心も湧いてこよう。

猫博士でもあるウェインは猫を愛する人は「素直な優しい気性」で神経病にかからないと、愛猫家にとって嬉（うれ）しいことを言ってくれる。実際、かれは我欲のない人間に映る。彼にはピーターという飼い猫の霊感が、運命の源泉になっていたようである。

本書の3分の2以上を埋める猫の挿絵を見てみよう。ほとんどの猫は四頭身で二足歩行。その表情は人間同様、如何（いか）なる感情をも表現する。多くの猫は素裸のままで、特に職業や地位を表す場面のみ衣服を着用する。たいていが裸足だが、時には靴を履く。

しかし、どこを探しても人間の姿は見当たらない。まるである日突然、人間が猫に化けたか、猫に殺されたか、要するに人間は地上から消えてしまったことだけは確かだ。そして猫の生活様式や環境は人間社会をそのまま踏襲し、特に猫の文明や文化が持ち込まれた気配もない。

さて、一世を風靡（ふうび）した猫画家ウェインだが、その晩年に近づくに従って家庭生活に暗い影が宿り始め、かつて「愛猫家は神経病にかからない」と言っていたにもかかわらずウェイン自身が心の病に侵されて、精神病院で生涯を終えることになる。

そして、「陰険な、悪意を帯びたような」猫の絵はアールブリュット風サイケデリックな芸術的?作風に変容。「万華鏡猫」と呼ばれる一連の絵に以前のような売り絵の大衆性はもはや失われ、そこには猫の習性同様、わがままで自由な精神の世界で勝手気儘（きまま）に戯れている猫に変身したウェインがいるだけだ。

原色の自作を「猫たちの楽園」とウェインが言うように、彼自身も自由の楽園の住人になったのであろうか。

評・横尾忠則（美術家）

なんじょう・たけのり 58年生まれ。作家。『人生はうしろ向きに』など。

二〇一五年九月二〇日④

『日々の光』

ジェイ・ルービン 著　柴田元幸、平塚隼介 訳

新潮社・三二三二円
ISBN9784105053727 文芸

肌の色や宗教を越えた〝母と子〟

書き方のスタイルはオーソドックスだし、「母探し」というテーマも新しいものではないが、母と子に血のつながりがなく、しかも肌の色が異なるとなれば話はちがう。

戦前に北米に移住した野村という日系人一家、なかでも気丈さと愛情深さを併せ持った光子という女性が話の中心だ。彼女は移住先で子連れのアメリカ人男性と短い結婚をするが、戦争が勃発して独りで日本に帰国。父の元にもどされたビリー少年は、幼くてその女性がだれかも判断できないまま、彼女への強い思慕の念だけを体の奥に秘めて成長し、大人になって光子を訪ねる旅をする。

強制収容所の箇所が印象深い。光子は夫から預かった幼いビリーとともにミニドカの収容所に移る。この不条理な処遇のことは知識では知っていたが、リアリティーがあったとは言えない。人里離れたへき地に建てられた簡易住宅に1万人もの日系人が詰め込まれたのだ。そこに金髪の少年が交じっている奇妙さ。いじめにあう彼を必死にかばう光子。彼女の経験を追ううちに収容所の細部が体に染

み込み感情移入していた。これぞ小説の力である。

後半は留学生として来日したビリーの目で、1959年から東京オリンピック前年までの日本が描かれる。光子を探す九州の旅、そこで探り当てた事柄が未知の事実を明らかにし、ビリーに新しい出会いをもたらすエンディングは光子の戦後にようやく光が射(さ)し込むようで感動を呼ぶ。

北米では光子はクリスチャンで結婚相手は牧師だった。帰国して宗教を離れ、戦禍に苦しむ母国の人々と「怒りに包まれてたがいに愛しあう」道を選ぶ。「ザ・サン・ゴッズ(太陽神)」という原題にもうかがえるように、唯一神信仰への強い疑念が示されている。夏目漱石や村上春樹などの翻訳者として深く日本文化と関わってきた著者の、ひとつの主張がここにある。

評・大竹昭子(作家)

Jay Rubin　41年生まれ。ハーバード大学名誉教授、翻訳家。

『ケネディはベトナムにどう向き合ったか』

松岡完 著

ミネルヴァ書房・三四五六円
ISBN9784623073719
歴史

米国が仕掛けたもう一つの戦争

1963年5月8日、古都フエで政府と仏教徒の衝突が起きる。ベトナム共和国(南ベトナム)のゴ・ジン・ジェム政権はそこから崩壊に向けて転げ落ち始め、軍のクーデターでジェムと、実質的に権力を独占していた弟のニューが11月2日に殺害される。

この政変はアメリカの影響下で起きた。共産主義勢力と共に戦っていたはずのケネディとジェムが水面下で繰り広げていた「戦争の中の戦争」を本書は描き出す。

圧倒されるのは記述の精密さだ。体制への反発感情の高まりを恐れて米国は軌道修正を求めるが、ジェムとニューに手綱をうまくかけられない。一方、米国側の内部でも大統領と駐越大使、CIA等の間で不協和音が生じていたし、もはや政権交代もやむなしとする米側の意向を受けた南ベトナム軍の将軍たちの思惑も複雑だった。こうした入り組んだ権力構造はクーデター後に更なる混乱を招き、ベトナム戦争の泥沼化を深める遠因となってゆく。

約半世紀前の半年間に起きていた「太平洋を挟んだ暗闘」を日録のように細かく再現できたのはケネディ政権のベトナム政策を長く研究してきた著者ならではだが、研究に応える資料の蓄積があった事情も大きい。政府関係者の著作や公文書も網羅されるが、デイビッド・ハルバースタムやニール・シーハンらジャーナリストの仕事が多く引かれているのも印象的だ。脂の乗った時期の米国ジャーナリズムが後世の歴史研究に堪える深度と精度で同時代を報道していた証左と言える。

もちろん米国の「冷戦外交」はベトナムだけを対象にしていたわけではない。たとえば日本の60年安保反対運動や岸信介首相退陣要求を巡っても日米間でなんらかのやり取りが水面下であったのではないか。ベトナム戦争史の研究水準が上がると、翻って十分に調査がなされていない空白が改めて気になり始める。

評・武田徹(評論家・恵泉女学園大学教授)

まつおか・ひろし　57年生まれ。筑波大学教授(アメリカ外交史)。『ケネディと冷戦』。

二〇一五年九月二〇日⑥

『聞き書 緒方貞子回顧録』

野林健、納家政嗣 編
岩波書店・二八〇八円
ISBN9784000610674

ノンフィクション・評伝

「人道」と「現実」タフに融合

それにしても、タフな人である。好きなジントニックを一、二杯飲めば、眠れない夜はなかったそうだ。

イラン、トルコ、ボスニア、セルビア、ルワンダ……。国連難民高等弁務官(UNHCR)として1991〜2000年までの十年、地域紛争や内戦で難民が大量に流出する各地を、防弾チョッキを着て飛び回ったころも。

当時の記録は自著を含めてすでにあるが、本書は生い立ちから満州事変研究を出発点とした国際政治学者としての歩みを含めて書かれている。ふたりの教え子による延べ30時間の聞き取りをまとめたものだ。

昭和初期に首相を務めた犬養毅を曽祖父にもち、祖父はその内閣で外相、父親も外交官。太平洋戦争や日中戦争が重なる幼少期を米国や中国で過ごした。育った時代と家庭環境を背景にした経験にタフさが加わり、徹底した人道主義と現実主義を備えた「緒方貞子」になっていく過程が語られる。編者はあとがきで、「柔軟だが透徹したリアリスト」と評している。

緒方氏は、国家中心の安全保障に代わる概念として、紛争や貧困などあらゆる脅威から人々の生存や尊厳を守る「人間の安全保障」の重要性を提起したことで知られる。国家の枠組みから外れた難民を支援する現場の実践から生まれたものだ。「人道主義と政治的リアリズム」を共存、融合させる姿勢は、欧州でまさにいま起きている難民の問題への対処はもちろん、日本の今後への示唆に富む。

いまの日本の対外関係が抱える最も重要な課題として、中国をあげる。「中国とどう付き合うのか」は、実は「日本が自分の国とどう向き合うか」と同じ問いだ、と。

日中戦争の時代から始まる本書は、中国を再び課題として閉じる。全体を通じて、回顧でありながら、未来へとつながる言葉がちりばめられている。

評・吉岡桂子(本社編集委員)

おがた・さだこ　27年生まれ。
のばやし・たけし、なや・まさつぐ　ともに一橋大学名誉教授。

二〇一五年九月二〇日⑦

『たすけて、おとうさん』

大岡玲 著
平凡社・一九四四円
ISBN9784582836912

文芸

著者が『ピノッキオの冒険』など誰もが知る名作を読み、その解釈を下敷きにして新しい物語を紡ぐ12の短篇(たんぺん)集。

やわらかな語り口とひらがなの多い文章は童話風で、内容は自己とは何か、社会的成功とは、男と女は、など多岐にわたる。短時間で読み通せるがいったん本を閉じ、書評と創作とを一度に楽しめたなと、それで終われる人はまずいまい。得体(えたい)の知れぬ何ものかに引っかかり二度、三度読む。この違和感は何だろう、これは何を意味するのだろうとくり返し読む。それくらい本書は重く深く、こわい。

書評とは、ここにこれほどにすばらしい本があると紹介できる喜びが一方でありつつ、おまえは本当に内容を理解しているかと厳しく問われる営為である。著者は私には想像できぬほど(様々な意味で)豊かな環境の中で育っていて、だからこそなしえる描写が本書のそこかしこにある。かかる著者との対峙(たいじ)は、真底(しんそこ)こわかった。だから、「たすけて、おとうさん」。

評・本郷和人(東京大学教授)

二〇一五年九月二〇日⑧

『暗渠マニアック！』

吉村生、高山英男 著
柏書房・二三七六円
ISBN9784760146093　歴史／ノンフィクション・評伝

本書における暗渠（あんきょ）とは、「地下に水の流れが残っている、いないにかかわらず、『もともと川や水路（あるいはドブ）があったところ』」のことだ。アスファルトに覆われて道になっていたり、近隣住民お手製の蓋（ふた）でふさがれていたりする暗渠を見つけ、さまざまな角度から味わうのが暗渠マニアだ。

本書では、「歴史掘り下げ型」の吉村氏と、「俯瞰（ふかん）・分析型」の高山氏が、主に東京都内を中心に、いろんな暗渠へ案内してくれる。写真も豊富で、暗渠を大氷河やフィヨルドに見立てて観賞するところなど、奥深さと着眼点のよさに笑いながら感動した。

私は子どものころ、水路で遊んでいた。本書の分類に従うと、あれは「はしご式開渠」だ。子どもだけが入りこんで冒険する、秘密の通路だった。本書を片手に、ひさしぶりに訪ねてみよう。

暗渠という観点から町並みを眺めると、見慣れた景色が一変し、地図に書かれるのとはちがう世界が浮かびあがってくる。

評・三浦しをん（作家）

二〇一五年九月二七日①

『ニッポン大音頭時代 「東京音頭」から始まる流行音楽のかたち』

大石始 著
河出書房新社・二三七六円
ISBN9784309276137　アート・ファッション・芸能

時代に求められた陽気なダンス音楽

民謡として歌い継がれた「伝承音頭」と、その後生まれた「新作音頭」のあいだに線を引き、まず著者は、「新作音頭」を象徴する作曲家、中山晋平に焦点をあてる。

中山の代表曲は、誰もがよく知る「東京音頭」だ。新作音頭の誕生には、故郷を持たぬ都市住民にとっての、盆踊りという「輪」を作ること、つまりコミュニティの新たな形成という意味があったし、夏の一夜の享楽を求める気分もきっとあった。けれど、「東京音頭」が大ヒットした時代の空気を考えると、この歌と踊りの存在はひどく奇妙だ。いまとなっては、どこか滑稽味も感じる「ドドンガドン」の音頭のリズムを、なぜこの時代の人々が求めたのか。発表されたのは一九三三年（昭和八年）だ。満州事変ののち、満州国建国をきっかけに日本が国際連盟を脱退した年だ。この国が戦争に向けて大きく動いた年に、なぜ、「東京音頭」のような、ご陽気な音楽が生まれたか。豊富な音源や資料をもとに「東京音頭」の意味が解かれるが、そこに学術的な重さはない。「炭坑節」を、「ダンス・ナンバー」として「完璧だ」と書くように、ロックンロールやディスコに限定せず、音頭もまた、きわめてすぐれたダンスミュージックだと書く柔軟さが著者にはある。

かつて大瀧詠一は、自身が作った「日本ポップス伝」という、日本の歌謡の系譜をたどるラジオ番組を「総論」だと語って、「各論」をまとめる作業を予告したが、突然の死によってそれは適（かな）わなかった。けれど、この数年、大瀧とは異なる視点による「各論」ともいうべき書籍が立て続けに発表されたのは、ただの偶然とは思えない。輪島裕介の「演歌」や「リズム」、辻田真佐憲の「軍歌」、そして本書の「音頭」と並べたとき、それぞれの著者に共通しているのは、30～40代とまだ若いことだ。この国の歌謡を「各論」として新しい視点から解く手つきがある。

さらに本書は、「音頭」がどのように誕生したかという音楽論として、あるいは、高度成長期以降、ニュータウンを中心にした地域振興を目的として音頭が生まれる傾向を語る都市論として読むこともできる。つまりそれは、盆踊りが作る「輪」の変化のことではないか。時代ごとに「輪」の性格は変わる。古賀政男が作曲した「東京五輪音頭」、大瀧詠一の「ナイアガラ音頭」、大友良英の「ええじゃないか音頭」と、具体例を少し挙げただけでもそのことがわかる。

けれど、「輪」の姿がどんなに変わっても、「音頭」がいまだに作られるのは、この国の人々を魅了してやまない、享楽とセクシーさがあるからにちがいない。

評・宮沢章夫（劇作家・演出家）

おおいし・はじめ　75年生まれ。ライター、編集者。世界の大衆音楽や日本の祭り・伝統芸能を訪ね歩く。著書に『関東ラガマフィン』、編著書に『大韓ロック探訪記』。旅と祭りの編集プロダクション「B.O.N」所属。

二〇一五年九月二七日❷　文芸

『砂の街路図』

佐々木譲 著
小学館・一六二〇円
ISBN9784093864121

時間が止まり 静寂な街に靴音が

主人公は32歳、東京の高校の国語教師。2カ月前に母が亡くなり、遺品には亡き父に関するものがあった。横浜生まれの父は北海道の郡府（ぐんぷ）の大学に学んだ。卒業後は東京で堅実に働き、良き家庭人であった。ところが20年前、多くを語らず郡府に行き、同地で水死体となって発見された。警察は事故と判断したが、主人公は割り切れぬ思いをもった。父はいったい何をしにこの街に向かったのか。父の過去に何があったのか。主人公はひとり郡府を訪れる。

舞台となる郡府は想像の産物であり、「品のいい老嬢」と形容される「時間が止まった」街である。二つの大学を擁し、路面電車が通り、歴史的にロシアとのつながりが深く露人街がある。細密に描写されるその町並みを巡り、住人と関わりを持ちながら、主人公は父の謎を追っていく。

著者の佐々木譲は言わずと知れた、とびきりのストーリーテラー。幅広いジャンルを手がけ、2010年には円熟の筆の冴（さ）えに対して直木賞を受けている。主に北海道を舞台に展開する物語は、読み手を夢中にさせずにおかない。

……と紹介してきて、妙なことに気づいた。熱烈な佐々木ファンたる私が、いま何故（なぜ）はしゃがず、淡々と、文章を書いているのか……？　そうか、それは本書が異色作であるからだ。波瀾万丈（はらんばんじょう）の事件と熱い男（と女）の躍動を活写する佐々木作品と、今作は趣を異にする。石の街路に革靴の音がコツコツと響く。本書はそうした静寂の中にある。

「主人公の父」は佐々木と同年齢。不思議な幽霊船も夢幻のごとく現れる……。もしかしたら、精力的に走り続けてきた佐々木は郡府にしばしの憩いを求め、来し方を見つめているのではないか。そしてそこでの思索をもとに、新しい分野に踏み出そうとしているのかもしれない。この予測が的外れでないならば、本作はまさに分水嶺（ぶんすいれい）となる。見逃すことは、ますますできない。

評・本郷和人（東京大学教授）

ささき・じょう　50年生まれ。『廃墟に乞う』で直木賞。『エトロフ発緊急電』『警官の血』など。

二〇一五年九月二七日❸　科学・生物／医学・福祉

『その〈脳科学〉にご用心　脳画像で心はわかるのか』

サリー・サテル、スコット・O・リリエンフェルド著　柴田裕之 訳
紀伊国屋書店・二二六〇円
ISBN9784314011297

心は複雑 成果の真偽見抜く力を

脳科学の進歩はものすごい。今や人の心はすべて脳で説明できると言わんばかりの勢いだ。商品のマーケティングから薬物中毒、選挙の投票行動、学校教育、法廷での証言のウソを見抜くことまで、脳科学と結びついている。

そんな趨勢（すうせい）に、きっぱりと待ったをかけるのがこの本だ。脳のことはそんなにわかっていない。心についてはっきり言えることなんて、ほとんどない、と。

著者のサテルは精神科医、リリエンフェルドは心理学者で、共に、それぞれの専門分野と社会や思想との関係についての思索を続けてきた論客として高く評価されている。本書での大立ち回りも迫力満点、論旨は明快、学術的成果をしっかり踏まえているので骨太の説得力がある。

著者らの批判の要点は、人間の心は非常に複雑なので、脳だけに原因を還元できない場合が多いということだ。環境の影響や、その

ときそのときの状態の変化によるところも多い。また、何らかの心理的現象の際に脳の特定の部位の活動が見られたとしても、それは相関関係であって、因果関係を意味するものではない。常に脳が心の原因とは限らず、逆もありうる。

　このような状況のもと、著者たちは脳科学リテラシーの重要性を強調する。科学的成果の応用例の真偽を見抜く眼力である。ただ、それを高める具体的な方策があまり述べられていないのは、残念なところだ。

　本書は脳科学の意義を低めるものではない。真面目な脳科学者もたくさんいるし、なんといっても問題なのは研究成果の適用のしかたであって、研究そのものではない。著者たちも脳の基礎研究は、もっと必要だと述べている。脳科学がさらに進めば、著者たちが指摘する問題の多く（あるいは、いくつか）は解決されるだろう。だが今はまだ時至らず。みなさん、もうちょっと冷静に。

評・佐倉統（東京大学教授）

Sally Satel　イェール大学講師。
Scott O. Lilienfeld　エモリー大学教授。

『ヒトはこうして増えてきた　20万年の人口変遷史』

大塚柳太郎 著
新潮社・一四〇四円
ISBN9784106037733
歴史／人文

生存力拡充の歩み　近付く飽和

　狩猟採集時代、人口は野生動植物の量に規定されていた。だが、石器を使い、狩りの成功率を高め、土器を用い、食用可能範囲とカロリー摂取効率を高めたことで、ヒトはほかの動物よりも生き残りに有利になった。また、新天地への移住も人口増加の重要な要素だったが、移住は火の使用、乱獲による環境の急激な変化をもたらしたし、気候変動という要因も加えると、狩猟採集時代の人口支持力には限度があった。

　農耕の始まりとともに定住が始まり、生存基盤が拡充されると、人口が飛躍的に増える。古代文明が成立すると、社会階層が生じ、食料生産に関わらずとも、政治と戦争にかまけていられる市民と、その居場所である都市が出現する。さらに都市が結びつき、帝国が生まれる。人口が密集すると、疫病が発生し、帝国が版図を広げると、戦争が起きる。産業革命以前は自然、人為両方の人口調節装置が機能していた。人口増加曲線は産業革命以降に急カーブを描く。生産効率が上がり、流通が発展すると、安定的な食料供給が可能になり、また公衆衛生観念が浸透したことで、死亡率が下がり、今日の人口爆発に至った。

　私が小学生だった四十数年前、世界人口は約三十六億人と習ったことを覚えているが、現在は七十二億人と倍に増えている。地球はいったいどれくらいの人口を養うことができるのか？　諸説の平均を取ると、およそ百二十億くらいだというが、その前に戦争か、パンデミックか、気候変動か、大天災か、大淘汰（とうた）が起きることへの漠然とした不安がある。本来、文明とは自然淘汰への抵抗であったが、人口が飽和状態になれば、総人口の一パーセントに過ぎない富裕層の生き残りのために残り九十九パーセントの人口の調節を図られるような人為的な淘汰が行われるのだろう。それを考えると、私はにわかに早死にしたくなる。

評・島田雅彦（作家・法政大学教授）

おおつか・りゅうたろう　45年生まれ。自然環境研究センター理事長。専門は人類生態学。

二〇一五年九月二七日⑤

『ピンポン外交の陰にいたスパイ』

ニコラス・グリフィン 著　五十嵐加奈子 訳

柏書房・二八〇八円
ISBN9784760146208

文芸

米、英、中、ソの劇場 脇役に日本も

日本語に「ショック」という言葉が加わったのは、その瞬間だった——。

この一文には苦笑いした。1971年7月、米国のニクソン大統領が訪中計画を緊急発表した時のことだ。冷戦下で反共ブームに染まっていたはずの米国と、文化大革命の大混乱にあった中国の急接近は、日本をふくむ世界の対中外交を塗り替えた。

本書は、その導火線となった「ピンポン外交」にかかわる男たちの物語である。前半の主役は、英国貴族のアイヴァー・モンタギュー。ヒチコックの映画制作にもかかわった早熟の御曹司は、なぜか学生時代から共産主義にのめり込む。政治思想を広める道具として、英国生まれの卓球に目をつけ、ルールを作り、国際組織を立ち上げる。

「インテリゲンツィア（知識階級）」というコードネームを持つソ連のスパイとなった彼は、卓球の普及を掲げて冷戦下の東西両陣営をすいすいと往来する。そこに目をつけたのが中国だ。国内の労働者の団結や統制を超えて国際政治に活用できるスポーツとして、卓球を選ぶ。

米中国交回復前後を描いた後半の主役は、両国の政治家や代表選手だ。卓球をソフトパワーとして使いこなした周恩来首相の外交手腕に舌を巻く一方、そのことが大躍進や文革を世界の視線からそらし、悲劇を拡大した皮肉も感じた。名古屋で開かれた世界選手権で握手を交わし、ピンポン外交の立役者となった二人のその後も、印象的だ。グレン・コーワンは精神を患い、荘則棟は政治への野心を燃やし、そして失脚した。

米国、英国、ソ連に中国という大国がそろうピンポン劇場に、日本も渋い脇役として随所に登場する。敗戦国日本の卓球の躍進が中国を刺激したり、日本選手が周首相を執務室に直接訪ねたりと、興味深いエピソードにでくわす。卓球が転がした歴史の妙を味わえる本だ。

評・吉岡桂子（本社編集委員）

Nicholas Griffin　英国生まれ。米国在住の作家、ジャーナリスト。

二〇一五年九月二七日⑥

『写真幻想』

ピエール・マッコルラン 著　昼間賢 訳

平凡社・三四五六円
ISBN9784582231243

アート・ファッション・芸能

無意識写す「道具による文学」

「写真は文学にもっとも近い芸術なのです。」という帯の引用文にえっ！と驚く人が多いのではないか。写真と文学はむしろ遠いというのが現代の感覚だろう。

ピエール・マッコルランは澁澤龍彦や生田耕作らが愛した文学者。とはいえ本国フランスでも忘れられかけている。なにせ手がけたものが多い。小説、詩、ルポ、イラスト、評論、作詞、そして写真……。やりすぎて印象が薄れたのかもしれない。

本書はそのマッコルランが両大戦間に書いた写真関係の文章を集めたもので、本人が撮影した写真も載っている。

「写真は今日、もっとも完成した芸術であり、幻想と、われわれを取り巻く雰囲気のなかの、そして人間の人格のなかの奇妙にも非人間的な要素の実現に適している」

絵画と違い、機械が写すゆえに写真は非人間的なものを暴きだす。ならば、それに「近い」文学とは?「強力だが不完全な動機」が供給するエネルギーで「物事の限界を超えたいと思う人間に誘いかける」行為。つまり無意

識の領域をも射程に入れた創造という点が両者の「近さ」なのである。

「写真の力強さは、一枚の絵やデッサン画を見るのにかかる時間より長い時間見ていられることにある」という言葉は画家の反発を買いそうだけれど、現代風に言えば写真は絵画より情報量が多いということ。時を止めて肉眼に見えない物の姿を写しだす、「道具による文学」なのだ。

アジェ、ケルテス、マン・レイ、クリュルなどの写真が文学的創造力を駆使して他のジャンルとの比較において考察されるのは、さすがボーダーレスの人だが、見逃せないのは彼が見ていたのはモノクロ写真だということ。色がないゆえに想念が広がる。これもまた文学の想像力に近いと言える。カラーの時代になって写真と文学の関係は遠ざかっていったのだ。

評・大竹昭子（作家）

Pierre Mac Orlan　1882〜1970年。著書に『恋する潜水艦』など。

二〇一五年九月二七日⑦

『管理栄養士パパの親子の食育BOOK』

成田崇信 著

メタモル出版・一四九〇円
ISBN9784895958820
教育／科学・生物／医学・福祉

怪しい「食育情報」が氾濫（はんらん）している。「肉、砂糖、牛乳は体に悪い」「パン食よりもご飯の方が栄養がある」「化学調味料や食品添加物は怖い」「カット野菜は栄養ゼロ」「できるだけ長く母乳だけで育てるべき」――。あなたも聞いたことがあるのでは？

こうした情報は、人々の食生活を変化させる。ある食べ物を避けようとか、こういう食生活をとりいれようといった具合に。本人はあくまで健康を目指して実践するのだが、実は根拠がなかったり、逆効果だったりする。しかも育児の場面においては、それが「あるべき親の姿」と結びつきがちであるため、親子の心身を追い込んでいく場合も。

本書は、福祉施設で管理栄養士をしている著者による食育の入門書。食育本といえば、やたらと意識が高いイメージがあるかもしれないが、本書はその逆。科学的根拠を重視しながら、広まってしまっている俗説・デマをなぎ倒し、親子を情報氾濫から解き放っていく一冊だ。

評・荻上チキ（評論家）

二〇一五年九月二七日⑧

『クロニクル　日本の原子力時代　一九四五〜二〇一五年』

常石敬一 著

岩波現代全書・二二六〇円
ISBN9784000291705
歴史／科学・生物

年表は無味乾燥に見えて、多くを語る。ある出来事があったから、次の出来事があったのだということが明瞭になる。そして、同時期の二つの事象は、無関係のようでいて、しばしばつながっているのである。

本書は、原爆投下から現在までの、原子力関係の事柄や、それにまつわる言説を年代順に淡々と記述する。戦中の日本の科学者は、連合国の核兵器開発を「デマ」と見くびった。原発導入前から、日本では地震が大問題となるという警告があったが、それは無視され続けた。

「豊かさ」を求め、人びとは、左右を問わず「原子力の平和利用」に飛びつく。核燃料についての日米原子力協定が結ばれた年には、原爆で廃虚となった長崎の浦上天主堂の撤去作業が始まる。スリーマイル島事故も、チェルノブイリもやり過ごされた。希望的観測によって維持・推進されてきた原子力体制から、過酷事故後も引き返せない社会の背景が浮かび上がる。

評・杉田敦（政治学者）

二〇一五年一〇月四日❶

『あなたを選んでくれるもの』

ミランダ・ジュライ 著　岸本佐知子 訳

新潮社・二四八四円
ISBN9784105901196

人文／社会

自分が他ならぬ　自分である奇跡

例えばメキシコの市場で、身動きもとれないほどの人波にもまれながら、はてしない永遠の感覚にとらわれてめまいを覚えることがある。私は仕事に疲れ、日本社会に疲れ、つかの間の離脱を求めて、メキシコに来ていた。でも市場で私とすれ違うメキシコ人は、私のそんな人生の流れなど、みじんも知らない。同様に、私は自分の周りにいるメキシコ人たちが、今どうしてその市場にいるのか、まったく知らない。でも、その人たちも全員、濃厚でそれなりに長い人生の経緯を抱えているのだ。

小説を書く人間である私は、そこで虚無感にとらわれる。すべての人間の人生など、とても表しきれない、と。日本で満員電車に乗っていても無限さにたじろぐことがあるし、津波の被害が私の心を破壊したのもその感覚からだ。

映画作家にして小説家でもあるミランダ・ジュライも同じだ。

「世界には無数の物語が同時に存在していて、ジョーとキャロリンもその一つに過ぎないのだと思うと、なんだか胸が苦しかった」

映画の人物造形で行きづまったジュライは、フリーペーパーに自分の持ち物を売りに出している人たちと接触し、人生を尋ねるというインタビューを、半ば衝動的に始める。出会った人たちは、地味でささやかなマイナーな存在なのに、どの一人も例外なく、世界すべてに匹敵する重さの人生を持っていた。それぞれの重さと魅力を優劣なく描き出すジュライの筆致は、読み手を巻き込む魔力に満ちている。最後に出会った老夫婦ジョーとキャロリンが、ジュライに深い感銘を与え映画作りに決定的な影響を及ぼすくだりには、激しく胸を揺さぶられるだろう。

「登場人物を誰もかれも入れることができないのは、なにも映画にかぎったことではない。他ならぬわたしたちがそうなのだ。人はみんな自分の人生をふるいにかけて、愛情と優しさを注ぐ先を定める。そしてそれは美しい、素敵（すてき）なことなのだ」。しかし一方で「わたしたちが残酷なまでに多種多様な、回りつづける万華鏡に嵌（は）めこまれたピースであることに変わりは」ない。つまり、私たちは自分の人生の主役として物語を生きると同時に、全員が主役である世界で、誰もが脇役にすぎなくもあるのだ。

ジュライもその例外ではない。インタビューを受けた人たちと同等に、しばしば自分から逃れようとしてきた人生を、受け入れる。「だってわたしはわたしの物語を信じていかなければならないのだから」

自分であるということの奇跡をこんなにまで美しく生々しく繊細に描いた作品を、私は知らない。

評・星野智幸（小説家）

Miranda July　74年米国生まれ。作家。05年、脚本・監督・主演を務めた映画「君とボクの虹色の世界」でカンヌ国際映画祭のカメラ・ドール（新人監督賞）を受賞。著書に『いちばんここに似合う人』。

二〇一五年一〇月四日❷

『ゴッホ・オンデマンド　中国のアートとビジネス』

ウィニー・ウォン・イン・ウォング 著
松田和也 訳
青土社・四一〇四円
ISBN9784791768554
アート・ファッション・芸能／ノンフィクション・評伝

伝統産業の複製画に創造性？

中国の経済特区、深圳（シンセン）市郊外の大芬（ダーフェン）村は、世界の複製画の6割を産する土地である。そう聞いて、違法な偽造業者と闇工場を想像する人は、この本が伝える実態と考察に、考えこんでしまうだろう。

大芬村の油絵は田舎から出てきた画工とその家族による家内制手工業的な零細工房でつくられることが多い。大量受注時の「流水線」すなわちラインを組んだ流れ作業でも基本的に手作業だ。そっくりに真似（まね）るのではなく自由闊達（かったつ）に描くよう指導される。かれらは非人間的に疎外された工場労働者だという先入観は、肩すかしをくらう。

ゴッホの複数の絵を合わせて新しいゴッホの肖像画をつくるというのはまさに、独創的な創作活動ではないか？　パロディやレディメイドで作家性に疑問を投じるポストモダン・アートと大芬村の絵画産業の類似点に、著者は注目する。他方、大芬村に関心を持つグローバルなコンセプチュアル・アーティストらの活動には、画工たちを一種の見せ物に仕立て上げたり、西洋絵画の崇拝者と誤解したりするような側面もある。しかし大芬村アートの最大の消費者は、アメリカの大手スーパーやヨーロッパのホテルチェーンだ。そして中国の欧州向け輸出用絵画制作は、18世紀以来の伝統産業なのである。

概念的論考が骨子をなす本だが、画工たちの元締である老闆（ラオパン）たちとの面談、ゴッホの「専門家」への弟子入り体験など、具体的な話がおもしろい。「向日葵（ひまわり）」の描き方の懇切な指南など、わたしでも訓練すればゴッホが描けそう。さらに知的財産保護を意識するようになった中国政府の創造的生産奨励キャンペーン、エリート美術学院卒生の複製蔑視と写生（シェシェン）偏重の価値観は、政治と芸術の密接な関係を照らす。

オリジナルとは、優れた技法とは、芸術の目的とはなにか。異なる価値観がいくつも衝突する現代中国を舞台に、刺激的な問いが浮上する。

評・中村和恵（詩人・明治大学教授）

Winnie Won Yin Wong　米カリフォルニア大学バークレー校助教授。

二〇一五年一〇月四日❸

『ミシェル・ルグラン自伝』

ミシェル・ルグラン、ステファン・ルルージュ 著
高橋明子 訳　濱田高志 監修
アルテスパブリッシング・三〇二四円
ISBN9784865591224
ノンフィクション・評伝

心から離れない音楽の秘密

ミシェル・ルグラン。この類いまれな音楽家の何を聴いていたのだろうと思う。1980年代に流行（はや）っていたボサノバ風のイージーリスニングだったか、あるいは映画も主題曲もヒットしていた「シェルブールの雨傘」だったか。

ぼくは子供の頃、毎朝ラジオで流れてくる音楽に魅了されていた。番組のテーマ音楽だったために、演奏者は不明のままだった。しかしそれがシャンソンの「ア・パリ」だったことは、程なくして知った。フランシス・ルマルクが作り、イヴ・モンタンで知られるようになった歌である。だが毎朝聴いていたその器楽版は特別だった。民族楽器のミュゼットと口笛で始まる音色は、それ以来片時も心から離れることはなかったが、その演奏がルグランと判明したのはつい数年前だった。

職業音楽家の道を歩んだルグランのスタイルは多岐にわたっていて、全貌（ぜんぼう）が知られているとはいい難い。多感な幼少期にピアノに没頭していったのは、遊び人だった

父の不在という環境の中、フランスもナチスの脅威にさらされていたからだ。そのうちにパリ国立高等音楽院（コンセルヴァトワール）でナディア・ブーランジェという師に引き立てられる。彼女はドビュッシーやフォーレと親交があるだけでなく、その作品への評価も厳しく、音楽の神髄を知る人だった。彼女の存在なくしてルグランの才能が花開くことはなかったろう。

32年生まれのルグランの素養はフランス近代音楽に連なる。彼が名声を得たのは50年代半ば、22歳の時だった。時はレコード産業全盛期。ＳＰ盤からハイファイへの過渡期だった。音質が売り物のＬＰを米コロンビア社が企画し、ルグランが指名された。それは「観光音楽」ともいうべき「アイ・ラブ・パリ」というアルバムで、そこに「ア・パリ」が収録された。ぼくはこの自伝に触れ、「心から離れない音楽」の謎が解かれていくのを感じた次第である。

評・細野晴臣（音楽家）

Michel Legrand’ Stéphane Lerouge

二〇一五年一〇月四日④

『南洋と私』

寺尾紗穂 著

リトルモア・一九四四円
ISBN9784898154168

歴史

「日本時代」の人々に向き合う旅

書き出しは大学時代の「恋人」と訪ねた屋久島の海岸から。日本語を話すパラオの少女が登場する中島敦の作品を海の家で読み、著者は眼前に広がるエメラルドグリーンの海の彼方（かなた）に思いをはせる。「南洋の海はもっともっと青いのだろうか。そこに響く日本語は、そこに眠る日本統治時代の記憶はいったいどんな色をしているんだろう」と。

「大東亜共栄圏」の一部だった頃の南洋群島で営まれていた生活はほとんど知られていない。その欠落を埋めるべく著者は「日本時代」を知る人を訪ね歩く。たとえば内地で日本企業に勤めていたサイパンの老人は「あの時日本人がもっと開けていたら」「南洋は日本のものになっていただろう」と著者に述べた。仮定法でしか語れないところに「大東亜共栄圏」の真相が示される。

一方で大日本帝国の周縁を伝うように南洋へ移り、現地の人々と親しく交わった沖縄出身者もいた。南洋の若者に教育の機会を与え、戦後は南洋からの引揚者（ひきあげしゃ）を受け入れる工場を八丈島で開いた日本人僧侶もいた。彼らの足跡を追う著者は日本統治という枠を超えて「南洋」で繰り広げられた人々の交流を描き出す。

書名にあるように「私」のことも記される。冒頭の「恋人」やサイパンへの最初の旅で一緒だった「相方」のこと。八丈島調査は生後4カ月の三女と別れ難く、子連れの旅となったこと等々。音楽家でもある著者の多才な活動の芯にある生身の「個」を感じさせる記述は、その「個」こそが、かつて国家や戦争に翻弄（ほんろう）されつつも個々の人生を生きた人々と向き合う根拠となっているのが分かるから、煩わしさを感じさせない。

原発労働者を取材した前著にあった、社会の問題を「ひとごと」にせずに「わがこと」として問い、考えると誓う言葉が印象的だった。本書でも著者は自らに課した約束を果たそうとしている。

評・武田徹（評論家・恵泉女学園大学教授）

てらお・さほ　81年生まれ。ミュージシャン。著書に『愛し、日々』『原発労働者』など。

二〇一五年一〇月四日⑤

『スタニスラフスキーとヨーガ』

セルゲイ・チェルカッスキー 著　堀江新二 訳
未来社・一九四四円
ISBN9784624700973
ノンフィクション・評伝

深く人間を追求した演出家

少しとっつきにくい面もあるし、演劇の知識も要求されるが、これはとんでもなく面白い本だ。

言うまでもなく、書名にあるスタニスラフスキーは旧ソ連邦の演出家である。本書で著者は繰り返し、この類いまれな演出家とヨーガの関わりについて、怪しい秘儀のようなものではなく、魅力的なものとして語る。いかに演出家が柔軟な考えでヨーガを解釈したか。だから興味深いのは、演出家のミハイル・チェーホフがヨーガに惹かれたのに対して、ワフタンゴフが「一種の道具として、演劇的目的のために利用した」とした部分や、ポーランドの演出家、グロトフスキがヨーガの思想を追求するあまり、「ある段階で袋小路に陥った」と記された箇所だ。スタニスラフスキーはそうではなかった。いかにしてヨーガの身体論と演劇を接続するかに、このすぐれた演出家の主眼があった。

それは、俳優が身体表現するとき、意識の動きを考えることにより、深い部分になにがあるかを発見する過程だ。

けれど、スタニスラフスキーの言う俳優の意識の深い部分、ヨーガから学んだ「プラーナ」という概念は、演劇でよく使われる、役の内面とか、意識の流れよりもなお、難解な思想だ。実際、それはよくわからない。スタニスラフスキーでも「演技」と呼ばれる方法に解釈できない領域があるとしたら、それは人の内部の深い場所にある「超意識」だった。だからこそ、その手がかりを求めるために、長い歴史によってヨーガが探求した、意識の技法が必要だった。

演劇と俳優について追求するスタニスラフスキーが晩年、演技によって得られる「幸福」を語ったと著者は記す。スタニスラフスキーシステムは、正直、私にはよく理解できない方法だが、そこに、俳優というより、人間への深い追求の歴史を感じる。

その姿勢はけっして否定できない。

評・宮沢章夫（劇作家・演出家）

Sergei Tcherkasski　演出家。『スムイシュラエフ　俳優、演出家、教師』ほか。

二〇一五年一〇月四日⑥

『民主主義ってなんだ？』

高橋源一郎、ＳＥＡＬＤｓ 著
河出書房新社・一二九六円
ISBN9784309247328
政治

「私たち」ではなく「私」の言葉

「憲法守れ」
「国民なめんな」
「勝手に決めるな」

国会議事堂の前で今夏、ずんちゃか鳴ってる太鼓の音にあわせ、安保法案反対をラップする若者の姿が浮かぶ。問いかけの決めゼリフが「民主主義ってなんだ？」。「なんだ！」と返す声はいつしか、「これだ！」に変わった。

彼らのご両親とたぶん同世代の私が大学生だった１９８０年代は、ラップはまだ走りで、学生の政治運動は沈没していた。テーマの違いをわきに置けば、あのころの尾崎豊のライブのような「青春」も漂わせながら、時代を創っていく彼らの姿を眺めていた。

そして、読み始めた。

安保法案に反対する抗議活動を続けてきた90年代生まれの10～20代のグループ「自由と民主主義のための学生緊急行動（ＳＥＡＬＤｓ〈シールズ〉）」。この本は、中心メンバーの奥田愛基さん、牛田悦正さん、芝田万奈さんと、奥田さんの大学の先生でもある高橋源一郎さんとの対話でできている。

「私たち」ではなく「私」の言葉が際だつ。前半は、3人の背景を含めて、SEALDsとは何かを語る。その成り立ちから、デモをなぜ始め、どう広げ、広がったかが分かる。安保法案をめぐる社会現象のなかで、重要な一角を占める当事者らの時代の証言である。後半は、古代ギリシャを「ヤバイ」と掘りさげて、民主主義を考える。アテネの丘での高橋先生を囲むゼミみたいだ。

言葉と行動、自分と他者との相互作用を、先へ進む力の源泉にしている。この本も、共感反感、上から目線にありがた迷惑いろんな意見を誘発するだろう。「日常レベルまで降りてきた」政治の議論にまたひとつ、種をまいた。きっと、続きがあるはずだ。

聴衆としてきかせていただくより、割って入りたくなる対談本だ。へえ、そうかな、言わせて、きかせてと。

私の言葉で。

評・吉岡桂子（本社編集委員）

たかはし・げんいちろう　51年生まれ。作家、明治学院大学教授。

二〇一五年一〇月四日❼　科学・生物

『なぜドイツではエネルギーシフトが進むのか』

田口理穂 著

学芸出版社・二二六〇円
ISBN9784761526030

日本では失敗と「誤報」されることも多いドイツのエネルギーシフト。だが、2014年の総電力消費における再生可能エネルギー比率は26.2%、他の電源を抜いてトップに立った。本書は、その秘密を解き明かしてくれる。

カギを握るのは、住宅と公共施設の省エネだ。ハノーバー市では市が主導し新築の3割がパッシブハウス（太陽光と自然の熱を取り入れ、断熱をしっかり行う建物。暖房エネルギー消費を8割方削減できる）になった。条例で公共施設のパッシブ化も進める。

日本の自治体の参考になるのは、ドイツの自治体が「エネルギー公社」を保有している点だ。そこに技術、制度、政策に習熟した専門家集団がいるため、省エネ、再エネ開発、電力と副産物の熱の併給といった独自政策に取り組める。

もちろん、抱える課題も詳しく取り上げられている。しかし自治体がしっかりイニシアチブを取り、市民がそれを支持する限り、ドイツは今後も前進し続けるだろう。

評・諸富徹（京都大学教授）

二〇一五年一〇月四日❽　ノンフィクション・評伝

『鷗外と漱石のあいだで　日本語の文学が生まれる場所』

黒川創 著

河出書房新社・三二四〇円
ISBN9784309023939

近代の日本語文学史を、東アジア全域を視野に入れる方法で辿（たど）る。日露戦争や大逆事件等によって揺らぐ二十世紀初頭、日本語による読み書きはすでに日本人だけのものではなかった。本書はその様相を考え、捉え直す。

日本統治下の台湾での文学運動と日本語の作品執筆の試み。中国の近代文学に重要な足跡を刻む魯迅や、朝鮮の近代文学の体現者・李光洙にも影響をもたらす漱石。「悪」への視線をもつ鷗外。扱われる事柄は幅広い。重層的に捉えるべき話題と事例の集積が独自の構図を編み出す。

日本近代で「もっとも深く大きな精神史上の転換が進む」時期を、著者は一九〇五年から一九一〇年へと至る数年と考える。この視点から語られる、言葉や知識の共有と往来。「ここにある世界でさまざまな人がどうにか互いの言語を交え合わせた轍（わだち）」のかたちと価値に、著者は目を凝らす。新鮮な構図は、いまとこれからを考える上での問い掛けに満ちている。

評・蜂飼耳（詩人）

二〇一五年一〇月一一日②

『レールの向こう』

大城立裕 著
新潮社・一七二八円
ISBN9784103740063
文芸

人生の足元　確かめ拡がる世界

沖縄の歴史や文化を主題として執筆を続け、戦後の沖縄文学を牽引《けんいん》してきた大城立裕の作品集。表題作は、八十九歳の作家が綴《つづ》る私小説。

妻が脳梗塞《こうそく》を患って那覇の病院に入院する。記憶障害とリハビリの日々。衣替えの時期が来ても、「私」は秋に着られるシャツがどこにしまってあるのか見当がつかない。「私はお前に訊《き》くのを諦めて、しばらく薄着で我慢することにした」。思いついて箪笥《たんす》から引っ張り出したのは、五十年も前にハワイで買った厚手のアロハシャツ。

ある日、雑誌から、急逝した真謝志津夫《まじゃしづお》への追悼文を依頼される。追悼を書く余裕はない状態の中、よみがえるのは、真謝が手掛けた一連の船舶小説のこと。「ただメカの説明が詳しすぎて、ときにそればかりを書いているように見えた」。船舶に拘《こだわ》り続けた真謝の姿勢や面影が「私」の脳裡《のうり》を往来する。死者との距離感を測りかねているような人物の立ち位置は、じつは誰にとっても親しいものではないか、と思う。

「病棟の窓」という一編は、「私」の病気を描く。病院は思いがけない再会の場ともなる。「あの可愛らしかった娘も、もうそういう歳《とし》なのだ！」と、廊下で五十年前の旧知に呼び止められて感慨を抱く。体の動きが不自由になって、行動に制限が生じても、目に映る景色はむしろ新鮮なくらいだ。日常を淡々と綴る筆致は、思い出に変わっていく瞬間を書きとめる。

他の四編は、家族と沖縄の葬制、ハワイへの移民一世と子孫のこと、見えない世界に通じる巫女《ゆた》と那覇市新都心の空虚感などを描き出す。いずれも沖縄の風土に根ざす作品だが、そうした地域性の濃さによるある種の限定が作風を狭めはしないことを、この小説集は力強く告げる。観察は掘り下げられ、拡《ひろ》がる。どこに生きているのか。その足元を、繰り返し確かめながらかたちを成していく世界だ。

評・蜂飼耳（詩人・作家）

おおしろ・たつひろ　25年生まれ。表題作で川端康成文学賞。『カクテル・パーティー』で芥川賞。

二〇一五年一〇月一一日③

『兵士とセックス　第二次世界大戦下のフランスで米兵は何をしたのか？』

メアリー・ルイーズ・ロバーツ 著
佐藤文香 監訳　西川美樹 訳
明石書店・三四五六円
ISBN9784750342344
歴史／ノンフィクション・評伝

戦争が誘発する性暴力とは

1944年夏、フランスのノルマンディー。ここで米軍が行った上陸作戦は、しばしば軍事的側面からのみ取り上げられる。その後のフランスで、米兵がどのような生活を営んでいたのかについては、ほとんど焦点があたらない。本書は、性という観点から、第二次大戦下の米仏関係を読み解く一冊。三部構成で、一部では「恋愛」を、二部では「売買春」を、三部では「レイプ」を取り扱っている。

ノルマンディー作戦は、ナチスからフランスの女の子たちを救い出し、キスの嵐で迎えられるといったジェンダー表現でたびたび受容された。この物語はフランスに対する支配意識とも結びつき、兵士たちの性的幻想を強化した。

そんな中、兵士たちの性的衝動は、多数の売買春や強姦《ごうかん》事例をひきおこしていく。日本のように軍公認の慰安婦制度こそとらなかったものの売春宿の利用は「お目こぼし」された。強姦も深刻な問題となり、米軍はそれを、多くが「有色人種」によるものだと説明することで、人種問題にすり替えた。実に複雑な問題を前に本書は、多くの資料に基づき、背景にある差別などを見事に整理していく。

著者はフランス史・ジェンダー史が専門。そして監訳者の佐藤は『軍事組織とジェンダー』の著者でもあるジェンダー研究者。フェミニストのバトンリレーがつないだ本書が現在の日本で大きな意義を持つことは言うまでもない。

慰安婦問題から出発した諸研究は、今やより普遍的な「戦時性暴力研究」の枠組みに位置づけられる。巻末の「監訳者解題」では、慰安婦論争の文脈において本書がいかに受け止められるべきかを丁寧に綴（つづ）っており、「よその国でもやっていたじゃないか」という言い回しが「反論」になるという思い込みがいかに周回遅れかについても説明しつくしている。戦争はいかなる性暴力を誘発するのか。今こそ手に取るべき本だ。

評・荻上チキ（「シノドス」編集長・評論家）

Mary Louise Roberts　ウィスコンシン大学マディソン校教授。

二〇一五年一〇月一一日④

『中欧の詩学　歴史の困難』

ヨゼフ・クロウトヴォル 著　石川達夫 訳

法政大学出版局・三二四〇円

ISBN9784588010316

人文／ノンフィクション・評伝

弱さ自覚して精神の自由保つ

ドイツとロシアにはさまれた、オーストリア・チェコなどの地域は、しばしば自らを中欧と定義する。大国によって翻弄（ほんろう）され続けたこの地域では、独特の文化が育まれた。チェコの評論家クロウトヴォルは、その特徴を深い愛情と共に書き記す。

そこでは、「時として外圧があまりにも強いので、この閉鎖的空間に住んでいる諸民族の存在そのものが脅かされる」。西欧で人間の作為としての歴史が順調に流れ、東欧で専制権力の下で歴史が「永遠のように」停滞するとすれば、中欧では、歴史は「不条理な」ものとなる。それは自分たちの手で切り開けるリアルなものというより、「壮大な見世物」のように映るのだ。

かくして、中欧では笑劇や人形劇、そしてアネクドート（風刺的な小話）が高度に発達する。チェコの代表的な作家の一人ハシェクは、兵士シュヴェイクをめぐる物語で、「戦争の概念をひっくり返し」た。シュヴェイクが経験する戦争とは、「軍事的栄光」を伴う英雄的なものではなく、「行きつけの飲み屋に座ってビールを飲み、お喋（しゃべ）りを」するような日常的な逸話の連なりにされてしまう。

チェコを代表するもう一人の作家カフカは、一見したところ、ハシェクとは対照的である。ハシェクの小説が「冗談そのもの」なら、カフカの小説は「深刻さそのもの」だから。しかし、カフカの『審判』の主人公ヨーゼフ・Kもシュヴェイクも、「静かで、几帳面（きちょうめん）で、規則正しく、小市民的」な人物である。それが突然、わけのわからないところに、すなわち前者は裁判所に、後者は軍隊に呼び出される展開はまったく同じだとクロウトヴォルは指摘する。

巨大な力によって操られる自らの弱さを自覚することで、巨大な力を相対化し、精神の自由を保とうとする。それが中欧の文学であるとすれば、そのしたたかさに学ぶべきことは多いだろう。

評・杉田敦（政治学者・法政大学教授）

Josef Kroutvor　42年生まれ。評論家。『メドゥーサの首』など。

二〇一五年一〇月一一日⑤

『ナチスと自然保護　景観美・アウトバーン・森林と狩猟』

フランク・ユケッター 著　和田佐規子 訳

築地書館・三八八八円
ISBN9784806714958
政治／科学・生物／社会

政権に接近した郷土愛の理想

ナチスが悪であることは世界の共通認識だろう。だが、ナチスが先進的に打ち出した政策の中には、現在良いイメージをもたれているものがある。例えば、喫煙と肺がんの因果関係が証明され、健康な国民＝兵士を確保するため先駆的な禁煙運動を展開した。本書がとりあげるのは、自然保護運動である。1935年、ナチスの政権下において、画期的な帝国自然保護法が制定され、国家レベルの自然保護ブームが到来した。これが美しい景観設計にも連動したことは特筆すべきだろう。

ドイツではロマン主義から自然保護の理念がもたらされ、それが郷土を守る運動となり、景観の保存はドイツ人の力の基礎だというヒトラーの言葉に近接していく。むろん、両者は同じではないが、熱狂的な郷土愛、自由主義への批判、「集団の利益は個人の利益に優先する」など、共闘しうる部分もあった。実際、自然保護論者は、ナチスの政策に疑念を抱いたとしても反対せず、むしろ自らの理想を実現すべく、ナチスのレトリックを利用し、政権と友好関係を結ぼうとした。

本書は、南部の山と採石場の問題、蛇行する川と治水事業、渓谷と水力発電などの具体例を慎重に分析する。ナチスの関与と成果は一様ではないが、東ヨーロッパを征服し景観をドイツ化する東部総合計画には、自然保護の専門家が関わっていた。

ドイツを旅すると、戦争の記憶が都市の随所に蓄積されており、歴史と向きあう国だと納得するが、このテーマが検証されたのは意外に最近で2002年のシンポジウムからという。本書もそれを契機に執筆された。「たとえ苦痛なことであろうとも、自分の過去に正面から目を向けることは基本的なことだ」。居心地が悪くても、歴史的な真実を知ったうえで未来に進むこと。今後の環境保護運動に教訓を与える本だが、戦後70年の日本にとっても同様だろう。

評・五十嵐太郎（建築批評家・東北大学教授）

Frank Uekoetter　70年ドイツ生まれ。環境研究家。英バーミンガム大学准教授。

二〇一五年一〇月一一日⑥

『死者の花嫁　葬送と追想の列島史』

佐藤弘夫 著

幻戯書房・二五九二円
ISBN9784864880794
人文

死生観は時代や社会で変化する

墓参りの際、私の内心に去来する思いを強いて言語化すると、「お元気ですか（相手は死んでいるのに妙だが）。我々はなんとかやっています。見守っていてください」となる。眼前にあるのは直方体の石なのに、そこが死者の住居かのように、死者が身近に漂っているかのように、私は認識している。日本に住む多くのひとが、死者や墓に対して同じような感覚と認識を抱き、「これが日本の伝統的な死生観だ」と考えているのではないだろうか。

ところが、「伝統的な死生観」ではないことが、本書を読むとわかる。墓にだれが埋葬されているのかが明確化し、「死者は身近に留（とど）まる」と人々が認識するようになったのは近世以降のことで、中世のひとは遺骨あるいは遺体を霊場や共同墓地に運んだら、あとはそれまで（むろん、故人を懐かしく思い起こすことはあったにちがいないが）。死者はどこかにある理想世界（極楽浄土）に行くべきで、いつまでも身辺に留まる死者がいたとしたら、それは「まだ救済が確定していない、哀れむべき人々」だと考えられていたのだそうだ。

著者は文献の分析や現地調査を通し、中世から近世にかけて、死生観や宗教観に一大変化が生じたことを明らかにする。つまり、常識・伝統だとされる供養のしかたや死者への認識と距離感は、時代や社会によって変化するものだったのだ。

著者の筆致は穏やかでうつくしく、人間味と深い思考に裏打ちされた目から鱗（うろこ）の研究成果が、素人にものみこみやすく伝わってくる。散骨や樹木葬を希望するひとが増え、死生観が何度目かの変化の局面を迎えているいま、本書を読むことができてよかった。墓や葬送儀礼の変転を知り、死と死者について考えることは、自分がいかに生き、他者とかかわり、どのような社会を築いていきたいのかを考えるのと等しい。

評・三浦しをん（作家）

さとう・ひろお　53年生まれ。東北大学大学院文学研究科教授（日本思想史）。

二〇一五年一〇月一一日⑦

『雑誌『第三帝国』の思想運動　茅原華山と大正地方青年』

水谷悟 著

ぺりかん社・七五六〇円

ISBN9784831514141

歴史

第三帝国をナチスが名乗る前に同名の雑誌が大正時代の日本で刊行されていた。本書はその発行人・茅原華山と読者たちを対象とする「集団の思想史」研究の報告である。

選挙工作を一切しない「模範選挙」を謳（うた）って立候補。落選すればそれも「模範落選」と称して党利党略に明け暮れる藩閥政党批判を展開する機会に使う。したたかでしなやかなその人物的魅力だけでなく、茅原の唱える「益進主義」ももっと広く知られてよい。

あくまでも個人に根ざして自我の覚醒を促し、イデオロギーに走らずに実生活の充実を通じて内側からの国家再創造を求める。ナチズムとは異質の漸進的かつ堅実な改革ビジョンへ地方の青年たちが熱い期待を寄せていた。そんな事情を示す数多くの投書を載せた同誌が短命に終わらず、明治維新に続く「第三の」建国運動の拠点たりえていたら、日本は全体主義化とは別の道を辿（たど）っていたのではないか。敢（あ）えて歴史に「イフ」を持ち込み、考えてみたくなる。

評・武田徹（評論家）

二〇一五年一〇月一一日⑧

『〝ひとり出版社〟という働きかた』

西山雅子 編

河出書房新社・一八三六円

ISBN9784309247182

政治／人文／社会

全力投球で10冊、本を書いてきたけど売れないなあ。そうぼやいたら、向かいの席の編集者が呻（うめ）いた。ぼくなんか、キミ並みには誠実な著者10人とつきあっているけどヒットが出ないよ……。

それくらい本は売れない。本ってもはや時代遅れの代物？と疑いたくなるこのご時世に「ひとりで」本作りをしている人たち10人の姿を、本書は丁寧に紹介していく。

こんな本があったら面白いと企画し、ふさわしい書き手を捜し、執筆を依頼する。装幀（そうてい）をデザインし、販売部数や価格を定め、書店への働きかけやイベントの企画など売り方を考える。もとより潤沢な資金はないので、どの段階でも工夫が必要になる。

10人の編集者はみな個性的。経歴と今後への抱負はそれぞれ。本へのスタンスもいろいろ。その差異を尊重する著者の姿勢が心地よい。けれども、そのいろいろな思いは最終的に「良い本」にギュッと凝縮していく。本好きにぜひお薦め、の一冊である。

評・本郷和人（東京大学教授）

『ガイトナー回顧録　金融危機の真相』

ティモシー・F・ガイトナー著　伏見威蕃訳

日本経済新聞出版社・四三二〇円
ISBN9784532169626　社会／ノンフィクション・評伝

逆風そして逆風　資金注入の決断

本書は、ニューヨーク連銀総裁、第1期オバマ政権の財務長官として、世界金融危機と格闘した男の、緊迫感に満ちた物語である。

「ニューエコノミー」ともてはやされた2000年代の米国、好景気の終焉（しゅうえん）は、突然やってきた。07年に住宅価格が下落に転じ、住宅ローンの貸し倒れが広がった。当初著者は、事態を楽観していた。だが問題は、燎原（りょうげん）の火のごとく広がり、大変だと気づいた時にはもはや手遅れとなっていた。

住宅金融の内部崩壊は、米国金融システムの中枢を直撃したのだ。投資銀行メリルリンチ、世界最大級の銀行シティグループが次々に火を噴き、巨額損失を出した。政府系住宅金融機関のファニーメイとフレディマックは、公的資金注入を受けてようやく生き延びた。だがこの救済は、世論のすさまじい憤激を呼び起こす。なぜ、「悪い奴（やつ）ら」を救うのかと。

著者の立場は一貫している。彼らを見殺しにすれば、金融市場のパニックが起き、連鎖倒産と大量解雇が生じる。数百万の人々が家を失い、貧困線以下に滑り落ちる。それを防ぐには、危機を終わらせるべく行動するしかない。

08年、国民の怒りが渦巻く中で、投資銀行リーマン・ブラザーズが経営危機に陥る。著者は、救済スキームの構築に奔走するが、民間金融機関は、火中の栗を拾わず、公的資金注入はタブー化していた。最後の頼みの綱は、英銀バークレイズによる買収策だった。それが成案になりかけた瞬間、今度は、英国監督官庁が不承認を伝えてきた。英国金融システムへの悪影響を恐れたのだ。

万策が尽き、リーマンは崩れ落ちた。株式市場を激しい動揺が襲い、株価が急落した。弱った金融機関からは、大量の資金が流出し始め、実体経済が奈落の底にずり落ち始めた。ここに来てついに議会は、政府による不良資産の買い上げ予算と、財務長官に無限の権限を付与する「不良資産救済プログラム」を、超党派で可決した。

これが転機となった。財務長官に就任した著者は、「ストレステスト」によって金融機関の健康状態を正確に把握した上で、上記プログラムを使って資本を注入した。金融市場の動揺は収まり、経済は底を打って上昇し始めた。政府は何と、投下した公的資金を回収しただけでなく、収益を得たのだ。

本書の叙述の随所に、バブル崩壊後の日本が、反面教師として出てくる。日本は戦力の逐次投入で問題の根本解決に失敗し、10年以上、金融危機に苦しんだからだ。これを、米国がいかに大量の公的資金を集中的に投下して問題解決したかを示す図（本文460ページ）と、ぜひ比べてほしい。我々は、「次」はうまくやれるだろうか。

評・諸富徹（京都大学教授）

Timothy F. Geithner　61年米国生まれ。財務官僚として90～92年、東京に駐在、クリントン政権下では国際担当次官。03年、42歳でニューヨーク連邦準備銀行総裁に就任。09～13年、第75代財務長官。

二〇一五年一〇月一八日❷

『欧米社会の集団妄想とカルト症候群』

浜本隆志 編著

明石書店・三六七二円
ISBN9784750342436

社会/ノンフィクション・評伝

悪夢の歴史 いまだ終わらず

人類が犯してきた古今東西の虐殺に関する歴史書を読んだり、ドキュメンタリーを見たりすることに学生時代から関心があった。その非道さに憤り、残酷さに恐怖し、「なぜこんなことになるのか」の問いが頭から離れない。時間を忘れてのめり込んでいると、虐殺を楽しむ異常性癖が自分にはあるのではないかと恐れおののくこともあった。

ただ、今までこの血塗られた歴史は、自分の身近な生活につながっていない安心感があったが、本書を読んで、それがグラグラ揺れ始めた。

題名の「集団妄想」は、特定集団や地域全体がパニックを起こし、異常行動をとる現象で、15~18世紀に蔓延(まんえん)した魔女狩りなどを指す。「カルト症候群」は、宗教、イデオロギーを核とした狂信的集団が反社会的行動に走ることで、最大ではヒトラー率いるナチスがあった。おどろおどろしい題名通り、欧米の文化論などの研究者7人が、虐殺が繰り返された悪夢の歴史を解きほぐす。難解ではない。魔女狩りの発生、連鎖のメカニズム、ナチスの人種差別の理論や大衆洗脳の術が構築される経過が資料にもとづく丹念な検証作業で明かされる。

本書が扱う千年近い歴史の中で共通点が見えてくる。魔女狩りの章で言及されたように、被害者について「いじめの場合とよく似ていて、矛先は弱者に向けられることが多かった」。ユダヤ人を大量虐殺したナチスの蛮行も、ユダヤ人をスケープゴートとして迫害してきた欧州史の延長上にあった。集団妄想やカルトは、天災、飢饉(ききん)、戦乱に苦しむ民衆の不満のはけ口として繰り返し発生したという。

マイノリティーへの憎悪をあおり迫害する。これは昨今の在日韓国・朝鮮人に対するヘイトスピーチと確実に重なるものがある。悪夢の歴史と一線を画したつもりが、悪夢が終わっていないことを、本書は欧米の歴史的事実の検証をもって伝えているのだ。

評・市田隆(本社編集委員)

はまもと・たかし 44年生まれ。関西大学名誉教授。『拷問と処刑の西洋史』など。

二〇一五年一〇月一八日❸

『自衛隊のリアル』

瀧野隆浩 著

河出書房新社・一五一二円
ISBN9784309247229

社会/ノンフィクション・評伝

「軍隊らしさ」求める安保法制

今夏、可決された安保法制は自衛隊に今まで以上に「軍隊らしく」働けと要請する。この「らしさ」は「自衛隊らしさ」と隔たりがある。創設当初、「存在」自体が違憲と言われた自衛隊は国民に愛されようと「軍隊らしくない」災害救援などに粉骨砕身努力してきた。こうして60年かけて自衛隊は国民の9割が認める組織になったのだから。

著者は防衛大学校出身の異色の新聞記者。自衛隊を内部から垣間見た貴重な経験と豊富な人脈を生かし、「らしさ」と「らしくなさ」の間で揺れる自衛隊のリアルな姿を描き、自衛隊史の新たな頁(ページ)を開く安保法制の行方に注目する。

国会審議ではまず隊員のリスクが質(ただ)された。だが首相は安保法制とリスクは「関係ない」と逃げた。一方でリスク増を問題視する野党の姿勢にも既視感があった。イラク派遣前にも劣化ウラン弾の危険が散々指摘されたが、派遣実施後にその話は霧消した。リスクを巡る論戦は、結局は法案を成立させるか阻むかの「ためにする」議論なのだ。

やがて集団的自衛権の行使について違憲論が再燃する。その経過を見ながら著者が聴いていた音楽はＡＫＢ48の「僕たちは戦わない」だったという。なぜ「戦わない」のか。歌詞は「愛を信じてる」からと続く。「諸国民の公正と信義に信頼して」「安全と生存を保持」する決意を述べた憲法前文にどこか通じるようだが、耳に心地よい言葉を繰り返すだけで歌は終わる。

法案成立後には違憲論議も流行歌のように消えてしまうのか。国民的合意を得られぬまま現場に送り出された自衛隊員が銃口の前に立たされる。あんまりだと著者は書く。

「もう一歩考えを深めていただきたいと思う。私たち自身、国の平和と独立を、どう守っていくかについての具体策を」。こらえ切れず、絞り出すような筆致には、安保法制への賛否を超えて読者に迫る力が確かにある。

評・武田徹（評論家・恵泉女学園大学教授）

たきの・たかひろ　60年生まれ。毎日新聞社会部編集委員。著書に『出動せず』など。

二〇一五年一〇月一八日❹

『介護民俗学へようこそ！「すまいるほーむ」の物語』

六車由実 著

新潮社・一六二〇円
ISBN9784103395119

社会

「聞き書き」を活かし、共生目指す

著者は気鋭の民俗学者でありつつ、介護の現場で働いている。彼女は今、沼津市のデイサービス、すまいるほーむの管理者を務める。同所には15人のお年寄りが登録していて、かわるがわるやって来ては入浴・食事・娯楽などのサービスを利用し、一日を楽しくすごしている。

著者はお年寄りを対象として、民俗学の手法である「聞き書き」を試みる。彼ら彼女らが語り出す、忘れられない思い出の味、戦争体験、過ぎ去りし昭和の生活、おおらかで切ない恋バナ……それらが介護の様々な場面に活（い）かされたとき、認知症の老人も、つらい労働をこなすスタッフも、生き生きとした表情を取り戻していく。介護者と被介護者が同じ地平に立ち、「共に生きる」ことを目指す。これが著者のいう「介護民俗学」であり、その成果である。

江戸幕府の重職は「大老」に「老中」。各藩のそれは「家老」。訓はみな「おとな」。経験知が重視される前近代では、老人は社会のリーダーであった。老人になるとは、人として成熟することであった。だが産業社会である現代、経験知は価値を減じ、技術知が優先される。「老い」は尊敬の対象たり得ない。

多くの苦難を経験しながら生きぬいた老人が疎外され、介護が政府の冷徹な「対処すべき課題」と化する。それはあまりに酷だ、と著者は訴える。教員という職業柄、高齢者層と若年層の世代間格差（若者は年金をもらえるかどうかすら定かではない）を意識する機会の多い私は、実は著者の主張を十分に理解できていない。老人がすばらしい理由として「お年寄りを大切にしよう」以上の論理を読み取れず、有限の富の分配をどうするか、技術知重視の産業社会を維持するのか変えるのか、というところで立ち停（ど）まってしまう。だが、だれもが「老い」ていくことは疑いない。本書を熟読し、介護について改めて考えよう。

評・本郷和人（東京大学教授）

むぐるま・ゆみ　70年生まれ。社会福祉士、介護福祉士。『神、人を喰う』でサントリー学芸賞。

二〇一五年一〇月一八日⑤

『Masato（マサト）』

岩城けい 著
集英社・一二九六円
ISBN9784087716214

文芸

異国の地 母の孤独と子の成長

タイトルでもある語り手の真人は、父親の転勤により、12歳前後でオーストラリアに引っ越し、英語ができれば将来有利だからという理由で、現地の小学校に入れられる。最初は話せずにからかわれた英語も、子ども特有の吸収力でたちまち使いこなし、友だちもできてサッカーチームに加入するなど、急速に現地に馴染（なじ）んでいく。

だがこの作品の本当の主人公は、どこにも属せなくなる母親の遼子である。夫の海外転勤のために仕事を辞めたものの、日々は駐在員の奥様方とのつきあいばかり、使わないので英語は上達せず、真人の学校の先生たちとの意思疎通もままならない。

読み書きの問題により真人の成績が低下していることと、日本語力が低下し始めたことで、遼子は真人を日本の側に奪回しようとする。中学から日本に戻れるよう、サッカーを禁じて日本語の補習教室に通わせる。そこで真人が知り合うのは、自分と同じような、内面が半ば現地人化している子どもたちだった。そのさまは、どんな場面で英語が自然に出てしまうかの書き分けに、リアルに表される。真人の曖昧（あいまい）な立ち位置は、友だちからの呼び名「マット」と、母からの呼び名「まあくん」に示されもする。

かくして、真人と母親の間には理解のできない隔たりが開く。さらに夫は真人に理解を示すものだから、遼子はすっかり孤立する。その背後に、遼子を追いつめた日本社会の同調圧力が、透かし絵のように書き込まれる。

多感な年齢の真人がオーストラリアの自由な空気を吸って伸び伸びと成長していくさまと、遼子の窒息しそうな痛々しいまでの孤独との対比が、読む者の胸を締めつける。だが、書き手の言葉は優しく繊細で、誰をも断罪することなく、喜び悲しみに寄り添う。現実の明暗を直視しながら、なお明るさを失わない強さが印象的だ。

評・星野智幸（小説家）

いわき・けい 71年生まれ。大学卒業後に渡豪。『さようなら、オレンジ』で太宰治賞、大江健三郎賞。

二〇一五年一〇月一八日⑥

『新宗教と総力戦』

永岡崇 著
名古屋大学出版会・五八三二円
ISBN9784815808150

社会／ノンフィクション・評伝

天理教と国家の関係をさぐる

幕末以降、日本では新たな宗教が次々と起こった。本書が対象とする天理教もその一つであり、昭和初期には新宗教のなかでも最大の教団へと発展する。しかし、これまでの研究では大本（いわゆる大本教）や天理教から分派した天理研究会（現・ほんみち）のような、国家と対立して弾圧された教団が学者や作家に高く評価されてきた。

それらとは対照的に見えるのが天理教である。明治期に政府の公認を受け、昭和になると全面的に戦争に協力したからだ。2度も弾圧された大本に比べて天理教の研究が目立たないのもうなずけよう。だが本書を読むと、決してはじめから体制寄りだったわけではなく、教祖の中山みきからひ孫の中山正善へと受け継がれる過程で、天理教の教義や信仰の形態が不断に変容していったことがわかる。

とりわけ大きな変化が起こったのが戦中期である。本来は勤労奉仕を意味する教団用語「ひのきしん」の意味が拡大され、戦時体制への動員が正当化された。例えば炭坑には毎日1万人を超える信者が入り、体制を底辺で支える役割を果たした。天理教は明治以来の教義や信仰を変容させることで、「聖戦」のイデオロギーを下からつくり出したのだ。だが他方、こうした変容について行けず、教団を離れる信者も戦中から戦後にかけて激増した。

　したがって著者は、教団の国家本位の立場はあくまでもたてまえにすぎず、それとは別に信仰次元で本来の立場があるとする「二重構造」論を批判する。その批判の射程は、「二重構造」論を採用する戦後の天理教の歴史認識にまでおよんでいる。

　本書によって、私は初めて天理教の歩みをきちんと認識できた気がする。いや天理教だけではない。近代日本の新宗教全体の国家や戦争との関係をめぐる視座を与えられたように思う。恐るべき若手研究者が現れたものである。

評・原武史（明治学院大学教授）

ながおか・たかし　81年生まれ。日本学術振興会特別研究員、博士（文学）。

二〇一五年一〇月一八日⑦

『秘島図鑑』

清水浩史 著

河出書房新社・一七二八円
ISBN9784309276151

社会

　もはや秘境は何処（どこ）にもないといわれるが、島国日本にはまだ行くのが困難極まる島々が少なからずある。植民開拓の機運高まる明治時代にはアホウドリの羽毛や肥料になる糞（ふん）の堆積（たいせき）物などを求めて、絶海の孤島を目指した冒険的事業者もいた。島国に暮らす者なら誰でも無意識のうちにロビンソン・クルーソー幻想を抱えているに違いない。

　本書で紹介されている無人島に行くには相当の無理をしなければならない。そこは人が暮らすことができないからこそ無人島なのであり、実際に行ったところで生存の危機に晒（さら）されるだけなのだが、それゆえに誘惑される。それは単なる現実逃避を超えたタナトスの発露かもしれない。また、実際に行ったことのある人を羨（うらや）む心理は、無人島を無人のままにしておいて欲しいという願いとセットになっている。秘島は本来、自然状態のまま保護されるのが理想だが、領有権が絡んだとたんに紛争地に変わってしまう。

評・島田雅彦（作家・法政大学教授）

二〇一五年一〇月一八日⑧

『「偶然」の統計学』

デイヴィッド・J・ハンド 著　松井信彦 訳

早川書房・一九四四円
ISBN9784152095602

経済

　「なぜ奇跡は起こるのか？」を説明する本である。もう少し正確に表現すると、「人はなぜそれを奇跡と思うのか？」を、分かりやすく面白く解説してくれる本である。

　人間の直観は、物事の起こる確率については、まったくといっていいほど頼りにならない。ロト宝くじに2回当たる人がいれば裏には陰謀を嗅ぎ取るだろうし、雷に7回当たる人は神さまに嫌われているとでも思いたくなる。ところが本書によれば、こういった現象の確率は実はそれほど低くない。なぜそうなのか、著者の語り口はどこまでも明晰（めいせき）で優しく、面白い。

　だけどぼくたち人間の頭は、これらの確率を客観的に見積もることが苦手にできていて、しばしばころっと騙（だま）される。精神分析家のユングも騙された口だったようだ。

　統計と確率は、人生の必須科目だ。わけの分からないことだらけのこの世の中を、心安らかに生き抜くための強力な武器になる。その最初の一冊として、お薦め。

評・佐倉統（東京大学教授）

二〇一五年一〇月二五日❶

『職業としての小説家』

村上春樹 著

スイッチ・パブリッシング・一九四四円
ISBN9784884184438/9784101001692(新潮文庫)

ノンフィクション・評伝

文体革命もたらし 矛盾や変化を刻む

村上春樹の自伝的小説論&小説家論。既出の情報も多いが、ファンなら読んで損はない。

彼は、日本語小説の文体に革命をもたらした人だ。文体を変えるということは表現の手法を変えることで、すなわち物の見方や考え方を変えることである。つまり、拠(よ)るべき価値観や規範を変えるということである。

初めて小説を書くに当たって、新しい文体を開拓するためにどのような作業をしたか、本書に詳しく書かれている。劇的な出来事が起こらない日常生活を題材として小説を書くためには、「これまでの作家が使ってこなかったような(中略)軽量ではあっても俊敏で機動力のある」文体がどうしても必要だった。そのために彼は、一度英語で書いてから日本語に翻訳し、さらにコツコツと叩き上げていくことによって、望む文体を作り上げていった。

村上のこの試行は、大瀧詠一や山下達郎たちによる、日本語でポップスを不自然でなく歌う音楽語法の模索に符合する。戦後の日本人が、自分たちの生活や心情を適切に表現する言葉と歌を手に入れたのは、1970年代から80年代初頭にかけてと言えそうだ。

村上は、みずからの心の奥底(スピリチュアル)に「降りて」いき、物語の素材を持って帰ってくる。自己の無意識を意識化して、小説に仕立て上げていく。現実世界に「何も書くことがない」のだから、心の深層を掘り下げて探しにいくしかない。

一見、何事もなく見える日常の、一皮むいた下には社会の潜在的な矛盾や変化が渦巻いている。村上作品とは、その矛盾を鋭敏に察知した彼の無意識を文章に彫り込んでいったものなのである。実際、本人の実感として、彼の小説は社会が地滑り的に変革している国でよく読まれているらしい。だとすると、村上の作風を嫌う人たちというのは、社会のこのような変化自体を快く感じていない向きなのではあるまいか。

今回、彼の最初期と最新の長編を2編ずつ読み直して改めて気づいたのだが、新しい文体は最初期のそれと明確につながっている。両者大きく異なるという印象をもっていたのだが、そうではない。最近作の文体は軽量な俊敏さはそのままに、非現実的世界の劇性を語るのに適した稠密(ちゅうみつ)さと濃密さを兼ね備えている。文体と描かれる世界の有機的融合。これはやはり、成長あるいは円熟と呼ぶべきなのだろう。

しかしそのルーツは、やはりデビュー作『風の歌を聴け』にある。であれば、この作品こそが金字塔と位置づけられるべきなのか。

評価は時にまかせよう。今はただ、彼の作品をリアルタイムで楽しめる特権を享受しておきたい。

評・佐倉統(東京大学教授)

むらかみ・はるき 49年生まれ。作家、翻訳家。79年に『風の歌を聴け』で群像新人文学賞を受賞しデビュー。『ノルウェイの森』『1Q84』『色彩を持たない多崎つくると、彼の巡礼の年』など。翻訳書も多数。

二〇一五年一〇月二五日❷

『欧州解体　ドイツ一極支配の恐怖』

ロジャー・ブートル 著　町田敦夫 訳
東洋経済新報社・一九四四円
ISBN9784492444177
社会／国際

EU離脱の利害　英の目線で

最近のギリシャ危機で、EU（欧州連合）への懐疑が広がってきた。リーマン・ショック前まで、EUは一大経済圏として世界の気候変動政策を先導していた。しかしそれも、内的統一がとれてこそ。いまでは経済低迷と南北間対立ですっかり内向きになった。

こうしたEUに、イギリスは留（とど）まるべきか。本書は、EUの根本的な改革が無理なら解体し、イギリスは離脱すべきだと説く。以前なら過激思想として一顧だにされなかっただろう。だがその主張は、意外に説得的だ。英国は、2017年末までにEU離脱を問う国民投票を実施する。有力エコノミストのこうしたEU離脱論がどれほど影響力をもつのか、目が離せない。

なぜ、EUは駄目なのか。これまで、巨大経済圏の創出こそがパワーの源泉だとの（誤った）信念のもとに、域内市場統合を推進してきた。だが他方で、ビジネスに過干渉し、予算を無駄に使い、経済的基盤の強化を怠ってきた。世界を見渡すと、EUが経済的に停滞する一方、小国は相対的に経済パフォーマンスがよい。しかも、ユーロ導入は域内の経済格差を広げ、それを為替レートで調整する手段を各国から奪ってしまった。

根本的な解決策として著者は、ユーロの南北間分割、EUの役割を真に欧州的な仕事に限定し多くを各国の自主性に委ねること、そして、さらなる統合深化を放棄すること、この3点を提唱する。

だが、これが困難だとみる著者は、英国のEU離脱の利害得失を検討する。結論は、EUを離脱して北米や新興国とつながる方が、衰退するEUと運命を共にするより将来展望が開ける、というものだ。

きわめて英国的、しかも経済的視点からのEU論だという限定は、確かにある。ただ、一時は「東アジア共同体構想」も真剣な俎上（そじょう）に上った同じ島国の日本にとって、EUの運命は決して他人事ではない、と感じさせる一冊だ。

評・諸富徹（京都大学教授）

Roger Bootle　英シンクタンク「キャピタル・エコノミクス」を創業・経営。

二〇一五年一〇月二五日❸

『琥珀のまたたき』

小川洋子 著
講談社・一六二〇円
ISBN9784062196659
文芸

脆くはかない人間の生の輝き

母が作り出した閉塞（へいそく）的な環境で、子どもたちはどのように生き、育つのか。小川洋子の長編小説『琥珀（こはく）のまたたき』は、その環境での日々とやがて訪れる崩壊を、何かを糾弾する視点からは離れた方法によって描く。

四人の子どものうち、妹が病で命を落とす。それを機に母は引っ越しを決意する。行き先は、父が残した別荘。母のアイデアで、子どもたちは『こども理科図鑑』のページを指さして自分の新たな名前を決める。三人はオパール、琥珀、瑪瑙（めのう）となる。「壁の外には出られません」。母の決めたルールは他にもある。小さな声で話すことなどだ。

子どもたちが母に逆らわないのは、妹の死という衝撃を共有しているからでもある。外界からほとんど遮断された場でも、遊びは次々と編み出され、物語が生まれる。どんなに閉じられている場にも、想像の自由はある。

庭の雑草を食べるために連れて来られるロバのボイラー。自転車に品物を積んで訪れるよろず屋ジョー。外の空気を運び入れるものにも触れて、子どもたちはそれぞれ成長する。最初は完璧な均衡を見せていたかのような環境が、少しずつ綻（ほころ）びる。いつまでも子どもたちと閉じこもっていたい。そんな母の願望は、打ち砕かれる。

　この小説は、アンバー氏と呼ばれる晩年の琥珀の姿も捉える。「芸術の館」に暮らす氏は、図鑑の片隅に描いた絵を「一瞬の展覧会」として人々に見せる。それは家族との過去を思い起こさせるものであり、氏にとって、とても大切な営みだ。氏は自らを琥珀に閉じ込めているのだろう。容赦ない変化に対する、無自覚な抵抗のかたち。

　地層の中でゆっくりと形を成し、いつか掘り出されるもの。三人の鉱物や化石の名には、時間の手に握られている人間の脆（もろ）さ、はかなさがある。ひっそりとした生の輝きを、物語の器が受けとめる。

評・蜂飼耳（詩人・作家）

おがわ・ようこ　62年生まれ。『博士の愛した数式』で本屋大賞。『薬指の標本』『ことり』など。

二〇一五年一〇月二五日④

『オルフェオ』

リチャード・パワーズ 著　木原善彦 訳

新潮社・三二三二円
ISBN9784105058753

文芸

遺伝子の描く音楽の本質

　主人公ピーター・エルズは七十歳で独り身。オンラインで注文したDNAで自宅でゲノム改変を試みる、日曜遺伝子工学者だ。一方で彼は作曲家でもある。一見無縁に思える二つがエルズのなかでどう結びついたのか。七十年の人生と現代音楽史をより合わせながら明らかにしていく着想は、さすが分子生物学と音楽の両方に通じたパワーズだ。

　人間がいなくともこの世に音は存在する。それに秩序と意味を与える形式が音楽ならば、彼の求める音楽は別物だ。「音楽は〝何か〟そのものであって、何かを〝意味〟しているのではない」のだから。

　若い頃の観念先行は次第に後退するが、調性音楽には向かわない。妻子を捨て、得かかった名声を放棄しても音楽の極北へと突き進み、最後には遺伝子の描く「美の譜面」こそに音楽の本質があるという考えに到達する。

　ケージやライヒなど現代音楽家の活躍を同時代に体験した影響は小さくないが、それだけではこの生き方の説明はつかないだろう。結局こうしか生きられなかった人間なのであり、名を残す作曲家の下には彼のような前衛性と奇矯さを併せ持った無名の生が埋まっているのを感じさせる。

　孤独な人生である。だが、その姿は昔とは異なっている。かつては大自然の中や孤立した室内で求心的に癒やされたが、現代ではデジタルの編み目で外と繫（つな）がり、自己の発信するものが無限に増殖される。家宅捜索されてバイオテロの容疑で指名手配された彼が、追いつめられた意識を電子の海のなかで解放するのはその意味で象徴的だ。

　一つのセンテンスに歴史認識と理念が濃縮され噛（か）み応え十分だが、詩的なシーンも少なくない。ライヒの『プロヴァーブ』が流れるカフェで、この曲に気をとめる女性客とエルズが一瞬のやりとりをするシーンは美しく、音楽とは何かと問う著者の声が聞こえたような気がした。

評・大竹昭子（作家）

Richard Powers　57年生まれ。作家。『エコー・メイカー』で全米図書賞。

二〇一五年一〇月二五日⑤

『死刑冤罪　戦後6事件をたどる』

里見繁 著
インパクト出版会・二七〇〇円
ISBN9784755402609
歴史／社会

大きな理不尽に苦闘する人々

やってもいないことを「おまえがやったんだな」と決めつけられ、こちらの言いぶんをまったく聞いてもらえなかったら、どんな気持ちがするだろう。「あまりに理不尽だ」と、怒りと悔しさとむなしさがこみあげるはずだ。ましてや、身に覚えのない殺人の罪を着せられ、死刑を宣告されるとなれば、絶望という言葉では生ぬるい事態だ。

本書は、戦後の代表的な死刑冤罪（えんざい）事件を取りあげ、どのようにして無実のひとが殺人犯に仕立てあげられたのかを解説する。自白の強要、証拠の改竄（かいざん）、ずさんなDNA鑑定。それらをろくに検討・検証せず下される判決。警察、検察、裁判所の問題点が明確に指摘される。

著者は丹念に取材をし、冤罪を晴らしたひとが、その後どのように暮らしているのかも報告する。何度も再審請求し、何十年もかけて無罪判決を勝ち取ったのに、待っている現実は厳しい。家族とうまくいかなくなってしまったひとも、深い人間不信に苦しむひともいる。

犯した罪は、法によって公正に裁かれる。その信頼を根底から覆す冤罪は、当然ながら一件だってあってはならないはずだ。「自分には関係ないもんね」と言っている場合ではない。関係ないのに、身に覚えのない罪を着せられたひとが、現にいるのだから。

私だって国民であるからには、国の主権者だ。まずは、「自分だったら」と真剣に想像しようと思った。国家によって、無実のひとに死刑（を含めた有罪）が宣告されることの重大さに、もっとちゃんと気づくために。

本書には、大きな理不尽に翻弄（ほんろう）され、苦闘する人々の姿が記されている。かれらの言葉に耳を傾け、かれらを支え、捜査や裁判の誤りを検証し追及しつづけた人々の姿も。理不尽をなくすには、どうしたらいいか。冤罪について知り、考えるための一歩として最適な一冊だ。

評・三浦しをん（作家）

さとみ・しげる　51年生まれ。関西大学社会学部教授（映像ドキュメンタリー）。

二〇一五年一〇月二五日⑥

『第三帝国の愛人　ヒトラーと対峙（たいじ）したアメリカ大使一家』

エリック・ラーソン 著　佐久間みかよ 訳
岩波書店・二八〇八円
ISBN9784000610698
歴史／ノンフィクション・評伝

なぜ流れを変えられなかったのか

この時代を読む本はたくさんある。狂気と魔性に胸がかき乱される。そして、凍り付くのは、日常に触れるときである。いまも、どこかに種が潜んでいるような気になるからだ。そこから目をそらさぬようにと、また手に取る。

本書は、ヒトラーが台頭し、ナチの独裁が急速にすすんだ1930年代のベルリンを、米国大使ドッドと魅惑的な長女マーサの視点で描いたノンフィクションだ。ルーズベルト大統領が指名した大使は、シカゴ大学歴史学部教授。外交官にはめずらしく中産階級出身で、愛車シボレーと家族とともに赴任する。大国の外交官の社交の「日常」へと入っていく。

政権をとったヒトラーが長年の盟友レームと幹部らを粛清した34年の「長いナイフの夜」事件。流血の数日後、米国大使館が開いた米国の独立記念日を祝うパーティーには約300人が集まった。「まだ、生きている人の側にいるね」。オーケストラの音楽をバックに、グラスを傾けながら皮肉を言いあう。

現地では、狂気は静かに進行していた。ユダヤ人への迫害だけでなく、米国人もヒトラー式の敬礼を怠ったとして暴行される事件が相次いだ。異常を訴える大使の公電とはうらはらに、本国の最大の関心事はずっと、ドイツから借金を取り返すことだった。

ヒトラーの流れをなぜ、変えられなかったのか――。本書の問いでもある。欧州の安全は米国には関係ないとする伝統的な孤立主義だけが理由だっただろうか。自国にもあった反ユダヤ主義や黒人への差別、官僚主義など、「日常」的なことも化学反応した結果ではないか。そう思わせる発言に淡々と触れている。

さて、ナチ幹部やソ連の外交官ら数々の男性と浮名を流し、ヒトラーにも手にキスされたマーサ。彼女はいったい何者だったのか。膨大な資料から著者が紡いだ物語にひたって、確かめてほしい。

評・吉岡桂子（本社編集委員）

Erik Larson　米国のノンフィクション作家。『悪魔と博覧会』など。

二〇一五年一〇月二五日❽

『水曜日のアニメが待ち遠しい』

人文／国際

トリスタン・ブルネ 著
誠文堂新光社・一六二〇円
ISBN9784416315088

フランス生まれの著者は、幼少期から日本のアニメ文化に触れながら育った。フランスではこれは決して珍しいことではない。1970年代、テレビ局は国営放送しかなく、その局が日本アニメを連続して流していたため、その視聴が多くの子どもたちの原体験となった。民放ができてからも、各局の競争の中で、日本のアニメが児童向けプログラムとして好まれた。それは日本アニメが格安で放映できたということもあるし、いくつかの作品がフランス文化にマッチしたということもある。

2014年、フランス国内での日本漫画の売り上げは、漫画全体の売り上げの約3割。日本のサブカルチャーは、この間どのように受容されてきたのか。本書は、ビジネス構造、物語構造、社会状況など、多角的な目線からそれを解説していく。大上段に構えた論調ではなく、あくまでいちオタクとしての語りが心地よい。注釈も丁寧で、サブカルチャーを通じた優れたフランス文化史にもなっている。

評・荻上チキ（評論家）

二〇一五年一一月一日❷

『ジミ・ヘンドリクス・エクスペリエンス』

文芸

滝口悠生 著
新潮社・一五一二円
ISBN9784103353126

「遠景」感じつつ「最低」を生きる

二〇〇二年に作られた、ある映画を観（み）たのはごく最近だが、印象に残ったのは遠景に原子力発電所の姿が見えることだった。それはなにかのメッセージか、けれどあの三月のあとで観ることになった者は、その映像から遠景が表現する意味を考えざるをえなかった。本作は、まずはじめに、ニューヨークのテロという遠景が描かれ、さらにそれより過去、東北をバイク旅で走った記憶が話の中心を占める。旅の途中、福島の原子力発電所が遠景として描かれる。けれど、語られる出来事や人物はきわめて近景の存在であり、そこに巧みな仕掛けがあるとすれば、近景と遠景のあいだにある模糊（もこ）としたものについて、読者はいつのまにか想像することになるからだ。

だから主人公の「私」は、バイク旅行の途中、仙台駅の近くで会った、ジャンベという打楽器を叩（たた）く蒲生さんについて、「蒲生さんの話の内容を私は詳しく覚えていない」と語り、蒲生さんが、ニューヨークのテロ事件に対するアメリカの態度、それに同調する日本政府への批判を口にしたらしいが、さらにこう続ける。

「私が思い出したいと思いながらも思い出せないのはその言葉の前やその言葉以外にどういう言葉があったのか」

読者のわたしもそこを知りたい。そこが遠景と近景のあいだだからだ。そして、「私」はかつて、房子と桃江先輩という女性にも微妙な距離感を持っていたし、「私」と高校の同級生だった新之助もまた、いま付き合っている女との関係はいい加減だ。その女の言葉を借りれば、誰もかれもが「最低」だ。

そこには、近景だけがある。

遠くになにかが見えることを感じながら、人は「最低」な生き方をする。それを描くことで作者は、中景を見る。小説によって、それをどう表現することが可能か模索する。これは小説だ。ジミ・ヘンドリックスのギターの音のようにノイズにまみれている。

評・宮沢章夫（劇作家・演出家）

たきぐち・ゆうしょう　82年生まれ。「楽器」で新潮新人賞。本作で第153回芥川賞候補に。

二〇一五年一一月一日③

『ロマネスク美術革命』

金沢百枝 著

新潮選書・一五一二円

ISBN9784106037757

アート・ファッション・芸能

かわいい　楽しい　中世の独創

母が中世のロマネスク美術を研究していたので、若いときから、本書で論じられている「枠組みの法則」を知っていたが、その印象を大きく変える内容だった。これは美術史家アンリ・フォションが提唱したもので、柱頭やアーチなどの建築の枠組みに縛られ、彫刻が不自然に歪（ゆが）んでいることをさす。が、著者の金沢は、必ずしも彫刻が建築の部位に依存しない事例を紹介し、枠組みこそが独創的な表現と形態を生みだしたと積極的な評価を与える。いや、広義の意味において、枠組みに縛られないことが、ロマネスク美術の魅力なのかもしれない。

例えば、古典主義、あるいはゴシックの建築では、柱のデザインは決まったパターンだが、ロマネスクではほのぼのした犬などの様々な動物や物語が入り込む。おしなべてそれらは自由で、かわいく、そして楽しい。また近世の著名アーティストの傑作とは異なる表現をもつロマネスクは、20世紀に再評価されたという。本書は美術のモチーフをすべてキリスト教と結びつけるテキスト偏重主義の解釈ではなく、かたちそのものを鑑賞する愉（たの）しさを思い起こさせる。例えば、写本の装飾文字、海獣の姿の変遷、北欧教会を飾るドラゴン。教会建築に対する見方も示唆的だ。

従来は、ゴシックへの過渡期、あるいは稚拙で素朴な表現とみなされたロマネスクは、独自の感覚的な表現を創造した美術革命だったと著者は指摘する。社会の安定化、農業の発展、巡礼の流行によって聖堂の建設ブームが起き、古代建築のリサイクルでは追いつかなくなり、新しい美術がもたらされたという。写実でもなく、定型の洗練でもない。規格品の量産とも違う、手作りによる工夫の数々。「ロマネスクを見ることは、美の多様性へと眼（め）をひらくこと」だと教えられるだろう。著者のロマネスク美術に対する愛も随所に感じられ、読書体験を楽しいものにしている。

評・五十嵐太郎（建築批評家・東北大学教授）

かなざわ・ももえ　68年東京都生まれ。東海大学文学部教授。著書に『ロマネスクの宇宙』。

二〇一五年一一月一日❹

『ぐにゃり東京　アンダークラスの漂流地図』

平井玄 著

現代書館・二三七六円
ISBN9784768457344

ノンフィクション・評伝

2度目の五輪　尊厳なき社会で

「空も水も詩もない日本橋」。1964年の五輪に向けて都市改造が進むなかで、川の水は黒く淀（よど）み、上空を首都高速道路に覆われてしまった橋のことを開高健はそう書いた。

そんな名作ルポ『ずばり東京』から約半世紀。本書は2度目の五輪を迎える東京を描く。埼玉県境に近い駅からその日の「現場」に向かう著者の頭上を覆う首都高速は「頭が三つある巨大な竜がのたう」つ三段重ねとなり、道の下を流れる「コーヒー牛乳色の長い溜（た）め池」のごとき川には「これ以上錆（さ）びたくても錆びられないような鋼材が延々と打ち込まれ」続けている。

そして殺風景なのは今や景観だけではない。指定された場所に集まったのは著者と同じく校正バイトで食いつなぐ面々。作業の合間に交わす言葉は彼らがなかなかのインテリであることを示すが、その教養が一切の商品価値を持たなかった事実も彼らの非正規人生に明らかなのだ。

著者は「冷蔵庫の下に逃げるゴキブリ」のように校正ゲラの下に潜り込み、あたりの様子をうかがい続ける。3K職場だった印刷所も、経済成長とバブルを経てセキュリティー対策万全のこぎれいなハイテク工場となった。そこでインクにまみれることなくパソコンを操作するオペレーターたちの多くも実は校正バイトと大差ない派遣や契約社員なのだが、言葉をかけてみれば自分の方を向く監視カメラに気づいている。だが気づいている自分に気づかないようにして「平常心」を保とうとしてもいる。それが「成熟した格差社会」の心象風景なのだ。

北風の厳しさよりも太陽の温（ぬく）もりを装って「尊厳」という外套（がいとう）を少しずつ脱がしてゆく、そんな時代と社会の「ぐにゃり」と捉えどころのない輪郭を描くには、地を這（は）う虫の目線から見上げる険しい角度が必要だった。それを実践を通じて示した比類なきルポ作品だといえよう。

評・武田徹（評論家・恵泉女学園大学教授）

ひらい・げん　52年生まれ。批評家、エッセイスト。著書に『愛と憎しみの新宿』など。

二〇一五年一一月一日❺

『ルシファー・エフェクト　ふつうの人が悪魔に変わるとき』

フィリップ・ジンバルドー 著
鬼澤忍、中山宥 訳

海と月社・四一〇四円
ISBN9784903212463

人文

「悪の凡庸さ」にあらがうために

スタンフォード監獄実験。非常に有名な心理学実験だ。被験者を看守と受刑者とに分け、刑務所に模した施設で過ごさせる。役を演じているうちに看守は傍若無人に、受刑者は従順かつ無力に振る舞うようになっていった。

この実験の考案者であるジンバルドーの大著は、大きく4パートに分けられている。実験の全容を分析するパート。類似の社会実験を紹介するパート。イラクのアブグレイブ刑務所で起こった、イラク兵士に対する米兵の拷問の背景を分析するパート。そして、これらの分析を社会においていかに生かすべきかを論じたパートだ。

本書では、ハンナ・アーレントの言葉が繰り返し引用される。アーレントはユダヤ人虐殺を手掛けたアイヒマンの姿に「悪の凡庸さ」を見いだした。残虐な行為は、悪魔のような人間が引き起こすのではない。凡庸な人間が「状況の力」によって悪魔のような行為に手を染めるのだ、と。

ジンバルドーは、スタンフォード実験とアブグレイブ刑務所との間に類似点を見いだしていく。没個性化されやすい環境、監督者の目の緩さ、退屈さ。そして、本書は次のような結論にたどり着く。アブグレイブ刑務所での拷問は、一部の腐ったリンゴが引き起こしたものではない。たるが悪いからこそ、必然的にリンゴが腐るのだ。

本書ではこうした現象を「ルシファー・エフェクト」と呼んでいる。直訳すれば、堕天使効果。善人も「状況の力」によってたやすく悪魔となる。その事実を指摘した上で「悪の凡庸さ」を反転させ、「英雄の凡庸さ」の可能性を示唆する。多くの英雄的行為だって、ごく普通の人によって行われている。ならば人々がルシファー・エフェクトに対して自覚的になり、「状況の力」にあらがうことができたなら？ 日常の中でも次々と立ち現れる悪と対峙（たいじ）するための、普遍的な一冊。

評・荻上チキ（「シノドス」編集長・評論家）

Philip Zimbardo スタンフォード大学名誉教授。『現代心理学』など。

二〇一五年一一月一日⑥

『日本人にとって美しさとは何か』

高階秀爾 著

筑摩書房・二〇五二円

ISBN9784480873842

アート・ファッション・芸能

東西で異なる自然観、美意識

冒頭いきなり、日本人と西洋人の美意識の差異が「言葉とイメージ」という主題で、日本は自然に、西洋は反自然に従うという、二つの感性の比較から語られる。

西洋では言葉とイメージを分離して考えたが、日本ではすでに古今和歌集の時代から両者は合体しており、「扇面法華経冊子」、「金字宝塔曼荼羅（まんだら）」、そして宗達VS.光悦へと時代を下りながら言葉＋イメージを絵画的効果として発展させ、「書画」という馴染（なじ）みのある言葉が生まれた。西洋に先駆けること千年。西洋がこのことに気づいたのは19世紀末である。

また日本人がそれと気づかないうちに、かつて西洋にジャポニズム旋風を巻き起こした。今日の現代美術が頻繁に作品中に導入する言葉は、元をただせば日本の伝統的美意識を源泉としていることに気づく。マグリットやミロ、ポップアートが多用するイメージと言葉のルーツこそ日本の遺伝子では？

さらに日本のマンガが到達したあの「シーーン」という静寂を表す感性の表現の前では、さすがの西洋も沈黙を守ったままだ。歌舞伎の雪の降る音や、幕の背後に川の存在を暗示させる太鼓の音は、彼らにとっては物質世界を超えた四次元表現にしか映らないんじゃないだろうか。

著者は、日本人さえ気づかない非西洋的独自性を、帽子の中からハトを出すように次々と取りだし、驚かせてくれる。「複眼の視点による日本文化論」と著者は本書を規定するが、この「複眼の視点」こそが日本人の感性ではあるまいか。

ぼくは東西の自然観の相違に最も興味を抱いた。西洋の、見えるものへの物質的信仰に対して、日本の、物質の背後に見えざる精霊「アニミズム」を認め、人間と自然を同一に考える日本人の宇宙観に日本の独自性が宿っていることを本書から示唆されたような気がする。

評・横尾忠則（美術家）

たかしな・しゅうじ 美術評論家、岡山県倉敷市の大原美術館館長。『ゴッホの眼』など。

二〇一五年一一月一日❼　歴史

『鬼神の如く　黒田叛臣伝』

葉室麟 著
新潮社・一七二八円
ISBN9784103280132

江戸時代はじめ、筑前（福岡県）福岡藩の第二代藩主・黒田忠之（有名な軍師・官兵衛の孫）は、倉八十太夫（くらはちじゅうだゆう）を抜擢（ばってき）して専制を行った。そのうちには、大型船の建造、足軽の大量雇用など、幕府の警戒を招く事業が含まれていた。

1632（寛永9）年、首席家老の栗山大膳は「忠之に反逆の意志あり」と幕府に訴えた。忠之と大膳が江戸の法廷で争った結果、幕府は逆意なし、と裁決を下す。大膳と十太夫がともに失脚する一方で、黒田藩は存続を許された。

これが「三大お家騒動」の一つ「黒田騒動」であるが、その全体像はいまだ明らかではない。時に忠臣、時に大悪人とされる大膳はなぜ、何を目的として主家の謀反を訴え出たのか。本書はそのナゾを追う骨太なフィクションである。福岡藩や幕閣の人物が丁寧に描かれ、秀吉の朝鮮出兵やキリシタンの動向が事件に深く関与する。宮本武蔵や凜々（りり）しいヒロインも登場し、武士の生きざまが存分に語られる。読み応え十分な一冊。

評・本郷和人（東京大学教授）

二〇一五年一一月一日❽　ノンフィクション・評伝

『イルカ漁は残酷か』

伴野準一 著
平凡社新書・九〇七円
ISBN9784582857856

とかく理念先行で感情的なすれちがい論争になりがちなイルカ漁問題。本書は漁師、保護活動家、日本の水族館、世界動物園水族館協会（WAZA）などの、対立する見解に耳を傾け、追い込み漁の現場から最新の国際的動向までを解説、日本のイルカ漁問題を分析する。あくまでも具体的で偏らず高ぶらず、わかりやすい書き方だ。

日本におけるイルカやクジラ漁の歴史は古いが、現在の漁法は古式とは異なる。近年捕獲されるイルカのほとんどは食用ではなく水族館用だ。だったらいいじゃないか、と簡単にはいえない。捕獲法を知ることも必要。行政の考え方、国際世論の仕掛け人、水産資源の枯渇、水族館と動物園の違い。問題は複合的だ。

イルカのためと思えば中傷も嘘（うそ）も辞さない、そんな保護活動家は許されない。その一方、不可避なグローバル化の潮流の中、日本のイルカ漁や水族館のあり方も、見直しを迫られている。動物と人間の関係は大変化の最中なのだ。

評・中村和恵（明治大学教授）

二〇一五年一一月八日❶　文芸／ノンフィクション・評伝

『服従』

ミシェル・ウエルベック 著　大塚桃 訳
河出書房新社・二五九二円
ISBN9784309206783／9784309464404（河出文庫）

変化を受け入れる　人々と社会の怖さ

途方もない冗談だ。

けれど、気むずかしげな表情で語るユーモアを笑うのは難しい。ウエルベックはそんなふうに小説を書くが、また一方で、これはぞっとするほど怖い話である。というのも、主人公の「ぼく」にとって悪夢のように進行するフランス社会と政治が、読んでいるうち、なぜかユートピアを描いているかのように読めてしまうからだ。いつのまにか、人は悪夢をあたりまえのこととして受け止める。だが、よく読めばきわめて荒唐無稽だ。

正しい読者の反応は、「ぼくは黙った。本当のことを言うと、開いた口がふさがらなかったのだ」という、登場人物の一人ルディジェに対する「ぼく」の言葉がもっともふさわしい。

時代は少しだけ未来だ。極右政党「国民戦線」が国民の支持を集め、また一方で左翼がそれに対抗するが、「国民戦線」へ反対する者らの声は、イスラームの思想へ接近し、やがてイスラーム政権が誕生する。けれど飛躍した想像とも言えない。そしてこれが、ルディジェが語る、凋落（ちょうらく）したヨーロッパの事件だけではなく、いま、わたしがいるこの国で起こっている現実を少し誇張して書いているようにも読める。恐怖は自然だけがもたらすのではなく、社会のシステムと人々の共時的に生まれる意識の変化のなかにある。なにより怖いのは、わたし自身がそうした変化になんの感慨も抱かず、あたりまえのこととして受け止めることだ。

ウエルベックが持っているのは、まさにそうした種類の出来事への、稀（まれ）に見る想像力と、きわめて醒（さ）めた視線、シニカルに見る力だ。ふと遠くから微（かす）かな銃声が聞こえ、やがてそれとはっきりわかる爆発音がする。だがパリ第三大学の教員として、「ジョリス＝カルル・ユイスマンス」という十九世紀の作家を研究する知識人の「ぼく」は驚かない。同僚のアリスはあしたの朝が早いのですぐに帰らなければならないと気にしている。テロがいまそこで起こっているにも関（かか）わらず。

そして「転向」と「服従」の話だ。なにが人を「転向」させるか。なぜ人はそれを選択したか。多くの「転向」の例によって知っているつもりだったが、絶対的な力、それはたとえば神だが、その力に「服従」していることを人は気づくことができず、なんとか合理化しながら生きる。それこそが「賢い知恵」であるかのように。ほんとうに気づかないのか、わかっていながら「服従」に甘んじるのか。だが、それは個人の資質とは関係なく、メカニズムとして、外部にあるものが人を動かすのだと、ウエルベックはきわめてアイロニカルに、見事な手つきで描いてみせる。

評・宮沢章夫（劇作家・演出家）

Michel Houellebecq 58年生まれ。フランスの作家。長編『素粒子』がベストセラーになり、各国で翻訳・映画化。『地図と領土』でゴンクール賞。ほかに『ランサローテ島』『プラットフォーム』『ある島の可能性』。

二〇一五年一一月八日❷

『けもの道の歩き方　猟師が見つめる日本の自然』

千松信也 著

リトルモア・一七二八円
ISBN9784898154175

人文／ノンフィクション・評伝

現代が忘れた技能 今こそ光を

猟師ほど多方面の技能を要する仕事はない。猟師は罠（わな）や銃を扱える技術者であり、登山に長（た）け、里山の管理をする林業の知識も備え、仕留めた獲物を絶命させ、解体するブッチャーでもあり、動物の生態、特性を知り尽くし、環境、気象の変化にも敏感な自然科学者でなければならない。猟師に較（くら）べれば、産業、情報社会のどんな職業も単純労働に分類されるほどだ。効率化や分業化が徹底された分、個々の人間が潜在的に持っていた能力は活用されることなく、忘れられていったので、明日から猟師になろうと思っても、熊に襲われるのが関の山である。狩猟で暮らした先祖への回帰には容易ならぬリハビリテーションが必要だ。筆者は猟師修業を通じて、それを実践し、学んだことを本書に記しているが、狩猟に対する一般的な思い込みを改める実用的な啓蒙（けいもう）書になっている。樹木とミツバチと熊の持ちつ持たれつの関係、単一種の植林がもたらした山野の環境変化と里に出没する動物の相関関係、狩りの方法の多様性、畑を荒らすイノシシのしたたかさなど、人とけものがせめぎあう現場からの報告に興味は尽きない。

昨今、里山や農村はかなり様変わりしている。例えば、各地で均一な針葉樹林から広葉樹林への移行が進み、イノシシや鹿の餌になるドングリが増えた。また、山林と耕作地の境界が曖昧（あいまい）になり、またけものみちが道路の敷設によって分断されることによって、里にたびたび野生動物が出没するようになった。観光客が多い名勝地にも熊が現れ、東京郊外の我が家の周辺でもたびたびタヌキと目が合う。狩猟免許を持つ友人は自宅のそばに罠を仕掛け、イノシシを捕っている。ほかにも様々な事情からかつてないほどけものみちは身近になっている。熊よけの鈴をぶら下げてハイキングにいそしむ人にも、文明滅亡後のサバイバルを考える際にも、必読の書といえる。

評・島田雅彦（作家・法政大学教授）

せんまつ・しんや　74年生まれ。運送業の傍ら猟を行う。著書に『ぼくは猟師になった』。

『レイシズムを解剖する　在日コリアンへの偏見とインターネット』

高史明 著

勁草書房・二四八四円
ISBN9784326299089

人文

誤情報の流れ　丹念に検証・否定

本書は数式の頻出する学術書であり、一般向けの文体で書かれたものではない。それでもなお、広く手に取られるべき書物だ。ネットでもストリートでも「ヘイトスピーチ」がまき散らされている現在。若手の社会心理学者である著者が、レイシスト（人種差別主義者）を学術的に解剖し、レイシズム（人種差別主義）を低減するための処方箋（せん）を探っていく。

著者は「古典的レイシズム」と「現代的レイシズム」という二つの概念を軸にして分析を進めていく。「〇〇は△△人より劣っている」といった「古典的レイシズム」の影響力は、未（いま）だに軽視できない。加えて現代では、「差別は既に解消しているにもかかわらず、彼らは自分たちの努力不足による結果による〝区別〟を受け入れないどころか、不当な特権を得ている」という考えに基づいた差別的言説も蔓延（まんえん）している。

こうした二つのレイシズムは、主にインターネット上でどのように流通しているのか。それを口にする者はどのような人物なのか。本書は統計的手法を活用し、丁寧に論じていく。その結果、例えば現代的レイシズムは、誤った情報の取得などによって強化されうる、「2ちゃんねるまとめブログ」を利用することで加速する可能性がある、といった考察が明らかになる。誤情報に触れる機会が多いほど偏見が深まるのだとすれば、メディア上で丹念に検証・否定していく作業がいかに重要かがわかるだろう。

本書は、差別対象となっている人々と知り合いになるなどの経験が、レイシズムを弱める効果があることにも着目する。偏見を生み出す情報を丹念に取り除き、「得体（えたい）の知れない他者」として扱わないためには、文字通り「歩み寄る」ことが重要となるわけだ。小さくも確かな一歩を踏み出したいあなたに、足元を照らしてくれる力強い一冊。

評・荻上チキ（「シノドス」編集長・評論家）

たか・ふみあき　80年生まれ。神奈川大学非常勤講師、社会心理学者。研究テーマは偏見など。

二〇一五年一一月八日④

『財務省と政治　「最強官庁」の虚像と実像』

清水真人 著
中公新書・九五〇円
ISBN9784121023384
政治／社会／新書

官→政「力」の移行と銀行救済

古代律令制以来の「大蔵省」の金看板を、省庁再編で2001年に降ろした「財務省」。なぜこの省は、長らく「最強官庁」であり続けたのか。あらゆる政策は、予算の裏づけがなければ「形」にならないからだ。したがって政治は、予算の立案、調整、執行のすべてで、財務省の協力を仰がなければならない。彼らは、予算編成を通じてあらゆる政策に関与し、官邸、霞が関、永田町の要所に人材を配置、情報網を張り巡らせる。情報は「力」であり、それを握る者が優位に立つ。

90年代の政権交代でも、経験の浅い細川連立政権の予算編成を助け、政策実現の道筋をつけたのは大蔵省だった。それが自民党の怨念を生み、日銀の独立性強化や金融検査・監督機能の分離（「金融監督庁」の成立）など、大蔵省解体につながったのは皮肉だ。

日本の不良債権処理がかくも長きにわたったのは、大蔵省に責めを帰すべきか、それとも統治構造の問題か。本書は、当時の「改革」至上主義の下、不透明な銀行救済が排除される過程を描く。その象徴が、1998年の長銀・日債銀破綻（はたん）だった。大蔵省から独立した金融監督庁が、自らの独立性の証しとして、大蔵省の嫌がる両行破綻を強行した、との説明は興味深い。

だが結果として、破綻認定なしに公的資金を投入できなくなり、問題銀行への予防的な公的資金注入が難しくなった。それが可能になったのは、小泉政権による2003年の「りそな銀行」処理であった。これを市場は好感、ようやく株価は上昇に転じた。

本書は、首相主導型権力の確立を目指す「統治構造改革」が、「政」と「官」の関係を変え、「政」優位に傾かせたと結論づける。消費増税延期、軽減税率導入など、たしかに最近、財務省が官邸に押し切られる場面が相次ぐ。これは著者の主張を裏づけ、「最強官庁」の落日を意味するのか。興味は尽きない。

評・諸富徹（京都大学教授）

しみず・まさと　64年生まれ。日本経済新聞で政治部、経済部などを経て経済解説部編集委員。

二〇一五年一一月八日⑤

『みんな彗星を見ていた　私的キリシタン探訪記』

星野博美 著
文芸春秋・二一〇六円
ISBN9784163903460
歴史／ノンフィクション・評伝

「信じる」とは　殉教者の心に迫る

約四百年前、日本では南蛮文化が花開いた。しかし、江戸初期にかけてキリスト教の禁教令が徹底していき、外国人修道士や日本人信徒が弾圧され、拷問を受け、大勢殺された。本書は「東と西が出会った時、その現場に居合わせた人はどのような葛藤を感じたのか。異文化はどう受容され、拒絶されたのか」をめぐるノンフィクションだ。

とはいえ、四百年前の出来事にどう迫るのか、と思ったのだが、著者のアプローチはまことに真摯（しんし）かつ愉快だ。ローマから帰国した天正遣欧使節（伊東マンショら）が、秀吉のまえで演奏したというリュートを、自分でも習ってみる。むろん、彼らの気持ちに近づくためだ。こんなにキリシタンのことが気になるのは、先祖にキリシタンがいたからではないか、と（根拠なく）思いこみ、島原の乱で有名な原城跡をはじめ、長崎のあちこちを旅してまわる。文献を丹念に調べ、熱心に現地へ赴く著者の姿を通し、四百年前に生きた人々の喜びと悲しみが、だんだんとリアルに浮き彫りになっていく。

そして著者はついに、処刑された修道士たちの故郷（スペイン）を訪れる。本書の終盤では、そこで出会った人々との交流が描かれ、遠い昔に日本で殉教した修道士の人柄が解き明かされる。時空と距離を超えて、四百年前の人々と現代に生きる人々の心が結びつく瞬間が、著者の情熱によって到来するのだ。私は強く胸打たれ、もうもう涙で文字が曇って、しゃくりあげながらページをめくるありさまだった。

現在も世界中で、宗教に起因する争いがつづいている。かつての日本にも、信仰ゆえに殺されていった人々がたくさんいた。町はもうすぐ、クリスマスムードに覆われるだろう。キリシタンを弾圧したことなどなかったみたいに。

「信じる」とはなんなのか、もう一度深く考えるために、ぜひ本書をおすすめしたい。

評・三浦しをん（作家）

ほしの・ひろみ　66年生まれ。『転がる香港に苔（こけ）は生えない』で大宅壮一ノンフィクション賞。

二〇一五年一一月八日❼

『ペルシア王は「天ぷら」がお好き？　味と語源でたどる食の人類史』

ダン・ジュラフスキー 著　小野木明恵 訳

早川書房・二三七六円
ISBN9784152095640

歴史／国際

著者は、米国のスタンフォード大学で言語学とコンピューターサイエンスを教えている。料理パーティーで知りあった中国系の妻と新婚旅行に出かけたベトナムの島で、漂う魚醤（ぎょしょう）の発酵臭を「ロマンチック」と言う人である。

東と西、言葉と数値、そして、頭と胃袋を抱擁する好奇心が、この本を満たす。

発酵技術を東南アジアから取り入れてうまれた説が有力とされるすし。現代の米国で、セックス・オン・ザ・ビーチ・ロールなどと、セクシーな命名が目につくのはなぜか。何百万ものレストランのレビューから分析する。

また、ペルシャの牛肉の煮込み「シクバージ」が、日本で天ぷら、英国ではフィッシュ・アンド・チップスに。中国の魚醤が米国で大量生産されるトマトケチャップへと転生する歴史を説き起こす。

文化や民族、宗教の「混沌（こんとん）としてときに痛みを伴う境界」で生まれた食の言葉から、グローバリゼーションと伝統の長く続く共存を味わった。

評・吉岡桂子（本社編集委員）

二〇一五年一一月八日❽

『繭』

青山七恵 著

新潮社・一九四四円
ISBN9784103181026

文芸／ノンフィクション・評伝

美容師として自分の店を持って働く舞は、仕事の続かない夫・ミスミに度々暴力を振ってしまう。関係の歪（ゆが）みを認識しながらも、変えることができない。この夫婦と同じ集合住宅に住む希子は、美容院の客でもあるが、次第に接触の機会が増えて、関係は複雑さを増していく。

舞の態度に抵抗しないミスミは一見、弱々しい男性のように描かれる。じつは、暴力を許容することで相手を支配する人物なのだ。相互依存が作り出す関係の繭。謎の多い恋人・道郎を逃亡中の犯罪者だと思いこみ始める希子もまた、相手に支配される状態から抜け出せない。

ともに三十代前半の舞と希子は、互いの問題や悩みを知り、いつしか手を差し伸べ合う関係になる。これまでの関係や生活を棄（す）て、変わろうとする女性たち。前向きだ。縺（もつ）れる距離感をあぶり出し、終わりが始まりであることを告げる長編小説。関係の糸が作り出す繭の外に、これからの時間があると示唆する。

評・蜂飼耳（詩人・作家）

『電気は誰のものか』

田中聡 著
晶文社・二〇五二円
ISBN9784794968906

『核の誘惑』

中尾麻伊香 著
勁草書房・四一〇四円
ISBN9784326602803

科学・生物／社会

巻き込む魔性の力 夢と理想の裏面史

電気はあって当たり前。今の日本なら誰もがそう思う。そして電力事業者は、そういう社会を目立たないところで支える役回りを演じている。だが、事態はもっと複雑で生々しいものだということを、田中聡は気づかせてくれる。電力事業者は地味にインフラを担っているだけの存在ではなかった。20世紀になって電気が日本で「当たり前」になる前は、電気を通してやるから言うことをきけとばかりに威張って庶民を見下し、やくざまがいの闘争と恫喝（どうかつ）を繰り返していたのである。

考えてみれば当然のことだ。売り手市場であれば供給側が主導権を握る。まして、電気は近代化のシンボルである。村に煌々（こうこう）とともる電灯は新時代の息吹を感じさせる憧れであり、羨望（せんぼう）の的であった。わが村がそうなれるかどうかは、すべて電力会社が電気を通してくれるかどうかにかかっている。そんな状況だから、富山県では電力供給を公営化しようとする自治体と電力会社との血みどろの「電灯争議」が続き、長野県では村民みんなの取り決めを抜け駆けしてひとり電灯をつけた家が焼き討（う）ちにあう。電気は、共同体を分断し、人々を争いに巻き込んでいく。魔性の力（フォース）。

電灯が普及し始めたころ、それは羨望の的である一方で、得たいの知れない、怪しげなものでもあった。原子力も、同じ両義性をもつ。日本の社会が「核」をどのようにイメージし、受け入れ、そこに「夢」を見てきたのか、中尾麻伊香は史料を駆使し、柔軟な発想力と鋭い共感力を全開にして、社会の深層を掘り起こしてくれた。

ラジウム温泉や、仁科芳雄らが開発を進めていたサイクロトロンなど、「核」の周辺には、近代科学技術へのあこがれと伝統文化への回帰、双方のベクトルが常に絡み合って複雑に共存している。日本と日本人にとって、「核」は理想の社会を実現する魔法の道具だったのだ。そして、科学者とマスメディアと一般大衆が三位一体となって、その「原子力ユートピア」のイメージを作りあげてきたのである。

一方で、詩人の萩原朔太郎がその向こうに病や恐怖を見て取っていたように、「核」の負の側面を感じ取る「原子力ディストピア」も、並行して存在していたのではないかと思われる。戦後の原発反対運動もその系譜につながるのかもしれない。このあたりは、もう少し分析してほしかった。

こうしてみると、福島原発事故は、電気と「核」、それぞれが日本の社会に溜（た）めてきた澱（おり）を噴出させてしまったようである。戦後の経済成長による封印を解いてしまったのかもしれない。歴史を知ることの重要さを、改めて教えてくれる二冊である。

評・佐倉統（東京大学教授）

たなか・さとし 62年生まれ。ノンフィクションライター。著書に『美しき天然』『不安定だから強い』など。
なかお・まいか 82年生まれ。立命館大学衣笠総合研究機構専門研究員。

二〇一五年一一月一五日❷

『民間社会の天と神仏　江戸時代人の超越観念』

深谷克己 著
敬文舎・二五九二円
ISBN9784906822171
歴史／社会

民衆意識への浸透を実証的に

天と神と仏の「超越観念」が民間社会にどう浸透していったか、民衆は超越観念にいかなる崇敬を捧げたかを、江戸時代を舞台として探る。

著者の視線は為政者ではなく、民衆に注がれる。そのため、当時の学者の理論はひとまず措（お）く。宮崎安貞の『農業全書』、田中休愚の『民間省要』、大塩平八郎の『檄文（げきぶん）』など、民衆の生活の中から生まれ、民衆の精神を解き明かす資料を読み解きながら、日常における名もない人々と超越存在の関わりを実証的に明らかにしていく。その作業は緻密（ちみつ）で、説得的である。

幕府は儒学を重んじた。この学は「聖人の政は教養の二事に尽きる」と強調する。「教」は民を教え諭すこと。「養」は民を富ませること。順序は「養」が先で「教」があと。民が十分に腹を満たし、その後に教えが展開される。この現実的な特徴ゆえに儒学は民間社会に受容され、儒学が説く「天」は神や仏より相対的に上位の存在として立ち現れると本書は考察する。

中国思想史の溝口雄三は、「日本の天」と「中国の天」とは全く違うものだ、と言い切る。日本の天は茫漠（ぼうばく）とした超越存在であるが、中国の天は統一的な意思をもつ。それはキリスト教の「天なる父」＝絶対神に近く、善なる行いに祝福を与える一方で、自らに背く者を討ち滅ぼす。

だが本書はそうした解釈を採用しない。視野を大きく広げ、あえて日本の天と中国の天をあわせ捉え、民衆の意識を探る。それは東アジア史の一環として日本史を位置づけたい、という著者の強烈な意図が創出した方法論である。

日本は近代から「脱アジア」を標榜（ひょうぼう）してきた。けれども、それは正しい道なのか。中国由来の天、日本固有の神、インドに淵源（えんげん）を持つ仏。超越観念が織りなす入り組んだ構図からは、日本の民間社会が確実に東アジアと連携していることが読み取れる、と著者は力強く説いている。

評・本郷和人（東京大学教授）

ふかや・かつみ　39年生まれ。早稲田大学名誉教授。著書に『東アジア法文明圏の中の日本史』ほか。

二〇一五年一一月一五日❸

『人体600万年史　科学が明かす進化・健康・疾病　上・下』

ダニエル・E・リーバーマン 著　塩原通緒 訳
早川書房・各二三七六円
ISBN9784152095657〈上〉・9784152095664〈下〉
医学・福祉／社会

発達し退化する私たちの神秘

本書は自然と文化の産物である人体の多様な移り変わりを説明するメカニズムを集大成した労作である。人体は進化、適応、文化、環境、食事、病気、習慣など様々な要因が複雑に絡まり合うことで、形成されてゆくが、スポーツでの鍛錬や生活習慣病のように短期的に獲得される特質もあれば、直立歩行や耐寒性など長い期間を要する変異もある。直立歩行を始めた人類の祖先が地球上のあらゆる場所に生息域を広げたのはとりもなおさず走る能力のお陰であった。獲物を追うにせよ、敵から逃げるにせよ、まだ見ぬ土地へ向かうにせよ、股関節や足の親指の変異、土踏まずやアキレス腱（けん）、臀（でん）部の筋肉の発達が必要不可欠だった。まさに走るために生まれてきたのが人類なのであった。狩猟採集時代のヒトの運動量はサッカー選手や長距離ランナーに匹敵していた。後には戦争がヒトの身体能力維持を要求しただろう。直立歩行はまた手先の器用さ、好奇心、美的センスを育み、自らの手で自然環境を変えてゆくことにつながり、ひいては農耕、牧畜文明を生み出すに至る。

人体は何を、どう食うかによっても、変容してゆく。体の大きさ、体型、体質は食習慣によって左右されるところが大きいが、教育、訓練による身体の変化もある。自然、文化の両方の影響により、柔軟に進化し、また退化するのが人体という「畑」なのである。産業文明はヒトの暮らしを快適なものにし、寿命を延ばしてきたが、食料の過剰摂取や運動量の低下、さらには機械化、自動化によって、自らの身体を退化させてもきた。人類史の六百万年を進化史的に辿（たど）りつつ、結論として、ヒトにとって適者生存とはどういうことなのか、多くの関心を引き寄せる健康への眼差（まなざ）しを忘れずに「後ろを向きながら、前へ進め」と提言している。にわかに自分の体を慈しみたくなる大淘汰（とうた）時代の「人体の神秘」。

評・島田雅彦（作家・法政大学教授）

Daniel E. Lieberman　米ハーバード大教授。「裸足への回帰」を提唱。

『ルポ風営法改正　踊れる国のつくりかた』

社会

神庭亮介 著
河出書房新社・一九四四円
ISBN9784309247267

ダンスはけっして滅びない

長年ダンス営業を規制してきた風俗営業法は戦後、売春や賭博など「風紀の乱れ」を正すためにできた。その改正法が今年6月に参院本会議で可決成立、条文から「ダンス」という文言が削除された。

それまで、客にダンスをさせるのは「風俗営業」で許可が必要だった。条件は床面積66平方メートル以上。厳格にいえば、ちいさなレストランで銀婚式カップルがチャチャチャを披露しただけで、アウト。認可団体の指導者がいないダンス教室もだめ。ただ実際の運用は比較的緩やかだった。

ところが2010年以降、なぜかこの法によるダンスクラブの摘発が全国で相つぐ。規制は高齢者の社交ダンスやタンゴにまで及ぶ。男女ペアで踊るダンスは「享楽的雰囲気が過度にわたる可能性」があるとか。アルゼンチン大使館での説明会では怒りの声があがったという。

大阪の元クラブ経営者が裁判を起こす。身体を揺するのはダンスか、うどん踏みならいいのか、なんて冗談みたいな議論が続出。SNSでの情報拡散や署名活動に加え、多くの法律関係者が関わり、メディアや議員を動かして、勝訴、法改正へと道を開く。

摘発を歓迎した地元住民が求めたのは騒音や違法行為の解消改善で、ダンス撲滅ではないし、ましてや街の不活性化ではなかった。他方、規制強化の原因には、行政に過剰依存する「新住民」の出現があるのでは、と宮台真司を引用して著者はいう。「引き受けて考える作法」を捨て、リスクは行政が排除すべきだと「任せて文句垂れる作法」が横行する社会は、不愉快で危うい。真の意味での常識を圧殺する硬直化したルールは、無意味に緊迫した「空気に縛られる」人間関係を生む。

問題含みとはいえ、法は改正された。そのことを著者は評価する。ダンスを規制する為政者は倒れる。ダンスは、けっして滅びない。これは比較文化史的事実なのだ。

評・中村和恵（詩人・明治大学教授）

かんば・りょうすけ　83年生まれ。朝日新聞記者。音楽や放送を担当、現デジタル編集部。

二〇一五年一一月一五日❺

『私の1960年代』

山本義隆 著
金曜日・二二六八円
ISBN9784865720044
社会／ノンフィクション・評伝

沈黙を破り東大闘争を回顧

1968年を頂点とする大学闘争とは一体何だったのか。この問いに対する十分な答えは、いまだに得られていない。最大の原因は、闘争の中心人物が長らく沈黙を保ってきたことにあろう。

本書は、東大全共闘の代表であった山本義隆が、ついに沈黙を破り、60年安保闘争から69年の逮捕を経て予備校教師となるまでの歩みを振り返ったものである。著者は東大で物理学を専攻して大学院に進んだが、しだいに学問を続けてゆくことに疑問を抱くようになった。その背景には、明治以来の日本の科学技術の歴史に対する批判的な眼差（まなざ）しがあった。科学は価値中立であるどころか、いとも簡単に時々の体制と結託するのであり、その総本山こそ東大にほかならないという深刻な反省が、著者の一貫した行動を支えていたのだ。

しかし著者は、決してエリート主義に陥ってはいない。当時の東大総長の対応を厳しく批判する一方、日大全共闘を高く評価し、権威の象徴だった安田講堂を成田空港の建設に反対する農民にまで解放するなど、学外の動きとも連帯しようとした。東大闘争は、決して学生運動として完結していたわけではなく、同時代的に起こったさまざまな社会運動の一環として位置付けられるのである。

本書を読むと、著者らが唱えた「自己否定」という言葉から連想されるアイデンティティー探しとして東大闘争をとらえる見方が、どれほど浅薄かがわかる。著者はインタビューで最近の国会前での学生の行動に刺激を受けて執筆を決意したと語っているが、それに劣らずこうした見方に対する我慢のならない思いがあったのではないか。

東大教授として嘱望された将来を犠牲にして、なぜ一人の物理学徒が「叛乱（はんらん）」を起こしたのか。いまこそ私たちは、当事者から発せられる言葉の一つひとつに注意深く耳を傾けなければならない。

評・原武史（明治学院大学教授）

やまもと・よしたか 41年生まれ。科学史家。『磁力と重力の発見』『福島の原発事故をめぐって』。

二〇一五年一一月一五日❻

『Killers（キラーズ） 上・下』

堂場瞬一 著
講談社・各一九四四円
ISBN9784062197526〈上〉・9784062197533〈下〉
文芸

変貌続ける街が生む殺人衝動

大規模再開発が進む今の東京・渋谷。物語は、その一画で時代に取り残された古アパートの一室から老年男性の遺体が発見される場面から始まる。この男性は、東京オリンピック開催前の1961年から続く連続殺人事件の容疑者・長野保なのか――。

「殺人者」長野は、高度成長期、バブル期と刻々変わりゆく地元の街・渋谷をこよなく愛する人物だ。その変化を愛するからこそ、「老廃物」を排除し、浄化するという使命感で青年時代から老人などをターゲットに殺人を繰り返す。

長野は有名政治家の次男として生まれ、「東大開闢（かいびゃく）以来の天才」と言われた時期もあった。小説の中で優秀な頭脳にこの狂った使命感がいつ宿ったかは判然としない。殺人を正当化する独白を繰り返すが、衝動的に犯行に及ぶことが多く、不可解だ。

しかし、読み進めていくと、50年以上にわたって古いものを壊し、ひたすら新しいものを求める渋谷の節操なき変貌（へんぼう）に、この殺人衝動が合ってくることに気がつく。渋谷の変化が長野を刺激し、狂気に走らせる。その殺意は、欲求不満を抱えた他の青年たちにも伝染していく。

活気あふれ、変化を好む大都市の裏側に、人々の発散できない不満や欲望を吸い込み、殺人衝動さえ生まれる暗部があることを示す著者の仕掛けを感じた。小説の真の主人公は渋谷の街そのものなのかもしれない。

殺人者側と、刑事や新聞記者の追跡者側の関係は、血縁など複雑に入り組み、3世代にまたがる攻防を繰り広げる。追跡者は何度も挫折を繰り返すが、徐々に殺人者を追い詰めていく過程はスリリングで、エンタメ小説としての魅力は十分だ。

本書は、警察小説を中心に発表し続ける著者のデビューから100冊目の作品。改めて犯罪の深層に切り込もうとする意欲作となった。

評・市田隆（本社編集委員）

どうば・しゅんいち　63年生まれ。『8年』で小説すばる新人賞。『刑事・鳴沢了』シリーズなど。

二〇一五年一一月一五日⑦　アート・ファッション・芸能

『アートは資本主義の行方を予言する』

画商が語る戦後七〇年の美術潮流

山本豊津 著

PHP新書・九〇七円

ISBN9784569826172

物々しいタイトルだが、アートほど資本主義の仕組みを先鋭的に表しているものはないだろう。価値があってないような曖昧な「商品」に売買が成り立つのだから。

この動きが顕著になったのは戦後。日本初の現代美術の画廊「東京画廊」の2代目で、創業者の父を通してそれを目撃した著者による日本の現代美術の回想記だ。最初の企画展は斎藤義重。美術史の生き字引のような人だが当時は極貧状態。54歳の初個展で作品が売れて注目され、今や日本を代表する美術家だ。以後、李禹煥や高松次郎などを意欲的に紹介、70年代には、いま世界の市場で人気のある素材や物自体を美と捉える「もの派」の活動の発表拠点となる。

ここまでが父の時代。81年に家業を継いだ著者はアジアに進出。土地の売買が無理な故に投機の対象として現代美術が注目される中国で、北京に弟が画廊を開設する。清濁合わせ飲む立場から活写された現代美術の70年。資本主義のエキスは確かに濃厚だ。

評・大竹昭子（作家）

二〇一五年一一月一五日⑧　アート・ファッション・芸能

『現代美術キュレーター・ハンドブック』

難波祐子 著

青弓社・二一六〇円

ISBN9784787273819

キュレーターとは一般的に学芸員のことだが、近年はもっと広義に情報を整理したり、各分野で企画をたてる人も意味する。本書は国内外で美術展を手がけた著者が企画展におけるキュレーターの仕事を丁寧に解説したものだ。

これまで華やかな展覧会の企画やコンセプトに焦点をあてた本はあるが、これは借用、保険、輸送、撤収など、裏方の地味な作業を含むすべてを網羅的に記述しようと試みたのが特徴だ。個人的に監督や監修の立場で展覧会に関わる機会が増え、見よう見まねでキュレーター業務の一部を経験したが、確かに現場でしか学べないことが少なくない。が、こうして細部に至るまで活字化されると、改めてこの職業の大変さと魅力がよくわかる。なお、本書は巻末にすぐ活用できる書類のひな型も付すが、ただ実務を淡々と解説しているわけではない。失敗談、名言、幸運な出会い、育児との両立などの個人的なエピソードも挿入し、読み物としても面白い。

評・五十嵐太郎（東北大学教授）

二〇一五年一一月二二日❶

『戦後入門』

加藤典洋 著　ちくま新書・一五一二円　歴史

ISBN9784480068569

「左折の改憲」で対米従属脱する

加藤典洋は、果敢な批評家である。その果敢さが、時に大きな反発や誤解を巻き起こす。1997年刊行の『敗戦後論』が、当時台頭していたナショナリズムの流れに位置付けられて批判されたのは、まだ記憶に新しい。

本書も一見右派的な視点に立っている。45年8月の原爆投下に対する日米双方の反応を検証し、原爆投下によって日本は無条件降伏したとする「神話」がつくられる過程を描く第三部は、今年8月刊の竹田恒泰『アメリカの戦争責任』とも重なり合うからだ。

だが、著者が原爆に言及したのは、85年刊行の『アメリカの影』にまでさかのぼれる。原爆が対米従属を決定づけられた「戦後」を考える上で避けて通れない問題だという著者の思考は、この30年にわたり一貫しているのだ。

逆に言えば、対米従属に終止符が打たれたときこそ、「戦後」が終わるときを意味する。

著者は、そのための方法として、憲法9条に着目する。第1次大戦以降の世界史的な観点のなかで9条がとらえ直され、9条が国連中心主義と適合的であることが論証される。そして護憲ではなく9条を改正し、米軍基地撤廃を条文に書き加えることで、憲法制定権力としての米国を国外に撤退させることを最後に提案している。

それを著者は、「左折の改憲」と呼ぶ。安倍政権が目指しているような右折の改憲ではなく、より平和主義を徹底させるための憲法9条の改正を、こう呼んでいるのだ。右派の主張と一見共通する原爆投下の問題をわざわざ持ち出したのは、それが日本を対米従属から国連中心主義に転換するために必要な思考回路の一環を形成しているからである。

著者は近代天皇制を「顕教」と「密教」という概念で分析した哲学者の久野収にならい、吉田茂が作りあげた戦後システムを「顕教」と「密教」で分析しようとする。前者は日本が独立国家として米国と対等の関係にあるとする解釈、後者は日本が米国の従属下にあるとする解釈を意味する。そして著者の見るところ、現在の安倍政権は「密教」であるはずの後者が「顕教」化し、前者を「征伐」しつつある。この切迫した危機感が、本書全体を支えていると言っても過言ではあるまい。

実際の国連は機能していないではないか、改憲よりも護憲の立場を徹底させるべきではないか、「顕教」と「密教」の関係はもっと複雑だったのではないかなどの批判もあり得よう。だが本書は、「戦後」とは何かを考え抜いた一人の人間の思考実験として、読むに値する内容をもっている。この批評家を孤立させてはならないという感を強くする。

評・原武史（明治学院大学教授）

かとう・のりひろ　48年生まれ。文芸評論家、早稲田大学名誉教授。著書に『アメリカの影』『敗戦後論』『さようなら、ゴジラたち』『3．11　死に神に突き飛ばされる』『人類が永遠に続くのではないとしたら』など。

二〇一五年一一月二二日❷

『世界の権力者が寵愛（ちょうあい）した銀行　タックスヘイブンの秘密を暴露した行員の告白』

エルヴェ・ファルチャーニほか 著

橘玲 監修　芝田高太郎 訳

講談社・一七二八円

ISBN9784062195522

ノンフィクション・評伝

脱税支える巨大銀行との闘い

「事実は小説より奇なり」とは、まさに本書のことを指すのか。これは、世界最大級の銀行ＨＳＢＣから、約13万人分の機密顧客リストを引き出した元行員の物語だ。各国政府によるＨＳＢＣへの訴追、巨額罰金へとつながり、スイスの銀行の守秘性に大打撃を与えた。

それにしてもなぜ、著者は巨大銀行への挑戦を決意したのか。彼はモンテカルロで育ち、銀行員の父を通して銀行とは何か知る。カジノ勤務で資金洗浄の実態を知り、資金監視の重要性を痛感した。請われてＨＳＢＣで働き始め、行内の情報システム構築に携わった彼は、「何のために」という問いに直面する。

銀行の中を、巨額の「汚れた金」が通ってタックスヘイブンへ向かう。堅牢な情報システムで監視すればこれほど有効な道具はない。だが正直なところ、ＨＳＢＣ幹部にとってそんな道具など必要なかった。ＥＵ法令すら脱税を合法化し、銀行はそれを活用したサービスで儲（もう）けていたのだ。

目も当てられないこの惨状を知り、著者は銀行と対決する途を選ぶ。不思議なことに、行内だけでなく、警察、司法、諜報（ちょうほう）機関の協力者が現れた。彼はＨＳＢＣの機密データ引き出しに成功したが、真の困難はその活用にあった。フランスの捜査当局が動き出すと、なんとサルコジ大統領が出てきて潰したからだ。

命を狙われスイス政府からも情報漏洩（ろうえい）罪で追われた著者は、スペインに逃れ、投獄された末、自由を勝ち取る。大統領選でサルコジが敗れオランドに代わると、捜査は再び進展しだした。彼の持ち出したファイルはＨＳＢＣによる脱税幇助（ほうじょ）の決定的証拠となり、巨額の脱税回収を可能にした。

障がいをもつ娘を見つめながら彼は、「カネの価値ですべてを測り、強者が弱者を蹂躙（じゅうりん）するような現実の中で娘に育って欲しくない」と念じる。著者の思いは実現するのか。いまも彼の闘いは続く。

評・諸富徹（京都大学教授）

Hervé Falciani　72年生まれ。伊仏国籍のＩＴエンジニア。

『異世界の書　幻想領国地誌集成』

ウンベルト・エーコ 編著　三谷武司 訳

東洋書林・一〇二六〇円
ISBN9784887218215

地球の神秘を衒学的にガイド

人は宇宙に存在しないものを創造することは不可能である、と言った人がいた。創造の源泉は無からではなく有からであると。我々が認識する現実世界は全て物質からなり、非物質的世界は存在しないことになっている(?)。

例えばガリヴァーが旅した場所は想像世界の虚構で、現実には存在しないという約束のもとにある。本書は小説や映画などの架空の場所や虚構の場所は対象外で扱わない。

ではアトランティス、ムー、レムリアは？過去の地球に存在していたかもしれないこれら古代文明と並び、著者エーコが本書で最も多くページを割くのは、われわれの立つ地面である「地球の内部」と「極地神話」と「アガルタ」である。一般に知られる地球空洞説と極地の内部に通じる穴、そして内部の王国アガルタの存在を、エーコは各国の伝説や宗教から多くの実例を挙げ喜々として語る。

ジュール・ヴェルヌの『地底旅行』を始め実に多くの小説家や冒険家が地球内部についての作品や記録を残している。空洞説を下敷きにした創作なのか実話なのか、ノルウェーの漁師のヤンセン親子による見聞記は、本書には詳しくは出てこないが面白い。集められた資料には驚異の世界が展開され、これがもし事実であれば地球の秘密と人類の歴史に大波乱を巻き起こしかねないが、残念ながら地球の内部は灼熱（しゃくねつ）のマグマがつまっていると知らされてきた。

にもかかわらず空洞説は終焉（しゅうえん）を迎えそうにない。というのもエーコの言うように、これらの場所は〈想像された架空の場所や虚構の場所ではない〉という考えを受け入れている人々がいるからである。エーコ自身は、異世界をガイドしつつ存在には、衒学（げんがく）的に態度を保留したままである。

本書を科学知で読むか、想像の実現を試みる芸術知で読むか。それにしても人間を取り巻く世界の謎と神秘には終わりがない。

評・横尾忠則（美術家）

Umberto Eco　32年生まれ。伊ボローニャ大学教授、作家。『記号論』など。

二〇一五年一一月二二日④

『事件! 哲学とは何か』

スラヴォイ・ジジェク 著　鈴木晶 訳

河出ブックス・一六二〇円
ISBN9784309624877

社会

恋も革命も気づく前に起きる

「すべての安定した図式を覆すような新しい何かが突然に出現すること」、それがここでいう「事件」である。事件によって「われわれが世界を知覚し、世界に関わるときの枠組みそのものが変わる」。事件をキーワードに、ジジェクは哲学や精神分析学のエッセンスを平易に説く。

哲学史においてプラトン、デカルト、ヘーゲルの登場はそれぞれ事件であったが、これら3人はまた、事件の哲学者でもあった。そしてベルクソンは、〈新しいもの〉が出現するとき、〈新しいもの〉はそれ自身の「原因／諸条件を遡及（そきゅう）的に創造する」ことを明らかにした。つまり、結果に合わせる形で、跡付け的に原因は特定されるのである。

ジジェクによれば、同じことは恋愛についてもいえる。恋愛は当事者にとって事件である。そして、「恋に落ちることは偶然的な遭遇だが、ひとたびそれが起こってしまうと、それが必然だったように思われてくる」。恋という現在の出来事が、過去を変える。逆に恋が破綻（はたん）した時には、それまでの関係のすべてがいつわりとなる。政治的事件も同じで、革命はつねに「時期尚早」であり、起きた後になって初めて、それが発生する条件があったことになる。

言い換えれば、私たちが気づく前に事件は起きている。「彼女はすでに彼を愛している。まだ自分では気づいていないが」。テヘランの交差点で、示威行為を制止する警官を男が無視した瞬間、イラン革命は発生していた。そこでゲームは根本から変わっていたのだから。

最後にジジェクは、苦難に遭っても誰も助けてくれないような、現代における「快楽主義的利己主義」の蔓延（まんえん）と公的空間の喪失が、「近代化という解放的〈事件〉」の終わりを示しているとする。「ずっと事件前夜のような状況」の中、グローバル資本主義を相対化する事件の姿は、一向に見えてはこないようだ。

評・杉田敦（政治学者・法政大学教授）

Slavoj Žižek　49年生まれ。哲学者。『イデオロギーの崇高な対象』など。

二〇一五年一一月二二日⑥

『ナディア・ブーランジェ　名音楽家を育てた〝マドモアゼル〟』

ジェローム・スピケ 著　大西穣 訳

彩流社・三〇二四円
ISBN9784779121364

ノンフィクション・評伝

20世紀の音楽を育んだミューズ

本書は音楽に人生を捧げ、マドモアゼルと呼ばれた伝説的なフランスの女性、ナディア・ブーランジェの伝記である。著者は声楽家。20世紀初頭から70余年、芸術にとって奇跡の時代に生きたナディアの圧倒的な存在感が、目の前にありありと迫ってくる。

彼女はロシア生まれの厳格な母に音楽への献身を強要されたが、その運命を従順に受け入れていたようだ。前半はチャイコフスキーやフォーレとの逸話が目を引き、歴史的な音楽家とブーランジェ家との関わりから彼女の才能が芽生えた背景を伝える。

そして、若くして有能なオルガン奏者として成長した彼女は作曲家や指揮者としても頭角を現すが、女性ゆえか、自身の熱意ほどには認められなかった。サン＝サーンスやドビュッシーは、彼女の野心的な行動を戒めてさえいる。

そんな経緯もあり、彼女は音楽教育者の道に進んだようだが、作曲はやめなかった。1910年、ストラヴィンスキーの「火の鳥」

がオペラ座で初演された。ナディアは斬新な音楽に衝撃を受け、この作曲家に対しては生涯、敬愛の念を持ち続けた。

第1次大戦を境に彼女の音楽教育者としての本領が発揮される。その豊富な知識と閃（ひらめ）きは和声学を超え、ジャン・フランセが「時計職人」に例えるほど、ナディアは的確に「音楽そのもの」を生徒に伝えた。天賦（てんぷ）の才は未来の才能を発見し、フランス現代音楽の潮流を育んでいく。

戦争をはさみ、米国の音楽家にも霊感をもたらした。コープランド、バーンスタインしかり。その流れはハリウッド映画にも通じていくだろう。ナディアはまさに20世紀の音楽に霊感を与えた「ミューズ」だった。その霊感はガーシュインやルグラン、ピアソラにも及んだ。

貴重な手紙や写真からは、各界から尊敬されたナディアの飾らぬ姿が伝わる。こんな人物、他に見当たらない。

評・細野晴臣（音楽家）

Jérôme Spycket 1928～2008年。仏の声楽家。『クララ・ハスキル』など。

二〇一五年一一月二二日⑦ 文芸

『涙の通り路』

アブドゥラマン・アリ・ワベリ著　林俊訳

水声社・二七〇〇円
ISBN9784801001060

かつてのフランス領ソマリランド、現ジブチ共和国の独立年に生まれた双子の兄弟。十数年間国外で暮らし多国籍企業に雇われた兄は、ウラン鉱脈の存在をにらんだ現状視察のため、故郷に戻る。過激派に身を投じ、刑務所で師の言葉を書き取って過ごす弟は密（ひそ）かに情報を集め、家族を捨てた兄への報復をたくらむ。

どちらも権力／暴力に操られる存在。だから対立構造は図式的な印象だ。しかしこの作品にはもうひとつの軸がある。正反対の2人をつなぐ西洋の文学や哲学、とくにヴァルター・ベンヤミンのテキストだ。兄は恋人を、弟は上書きされた羊皮紙を通じて、ベンヤミンと対話を続ける。

画家クレーにふれたベンヤミンの文章にある進歩という語を、兄はアフリカ側から読み直す。近代化という傷を非西洋世界は修繕できるのか。

ワベリは双子と同じ国に生まれ、フランスで学んで作家になった。現代社会は植民地支配の余波を生きているのだと、改めて思う。

評・中村和恵（明治大学教授）

二〇一五年一一月二二日⑧ 文芸

『我が家のヒミツ』

奥田英朗著

集英社・一五一二円
ISBN9784087716252

人生には色々あって一人で生きていくのは時にしんどい。でも家族がいれば、結構何とかなるんだよね……。本を閉じたときに、うまく説明できないのだけれど、というより、あれこれ説明すると台無しというかもったいないような満ち足りた気持ちになっている。そんな珠玉の一冊。

勤務する歯科医院に、大好きなピアニストが、患者として来ちゃった―「虫歯とピアニスト」。相容（あいい）れぬ同期との出世争いに、くそ、ここで負けるのか！―「正雄の秋」（僕の一推し）。結婚できる16歳になったから、ホントのパパに会いに行こう―「アンナの十二月」。母が急逝した。父さんと二人きりはいや、という妹の頼みで実家に帰った―「手紙に乗せて」。産休中で家にいるのだけれど、隣の夫婦の様子がどうもおかしい―「妊婦と隣人」。活動的な妻が、市議会議員に立候補すると言い出した。おいおい―「妻と選挙」の六編。

なかなか彼女を作らない息子に、すすめてみようかな。

評・本郷和人（東京大学教授）

二〇一五年一一月二九日❶

『アメリカは食べる。アメリカ食文化の謎をめぐる旅』

東理夫 著

作品社・四一〇四円

ISBN9784861825439

歴史

「広さ」と「移動」克服する料理たち

著者はカナダの日系2世の両親を持つ日本育ち。グレイヴィソースのかかった肉料理とか、コーンビーフ・キャベッジとか、食卓には一風変わったメニューが並んだ。その記憶をたどりながら、北米を車で旅し、土地の食堂に入り、人々の食べるものを口にする。おいしいものを探すのではない。食べて、調べて、考えて、アメリカとは何かを問うために。

本屋で店主が言う。トウモロコシがこの国を創ったと。最初に来たインディアンはトウモロコシの栽培に成功してこの土地に定着し、イギリス人は本国から持参した種子が根付かないという危機を小魚を肥料にこれを育てる彼らのやり方を学んで乗り切った。制限の多い環境下で本国のメニューに似たものが工夫がされる。トウモロコシをイギリスの調理法で料理したコーンプディングは典型だがほかにもチーズをまぶして焼いただけのマカロニグラタン、塩漬け牛肉の残りをジャガイモと炒めたコンビーフ・ハッシュなど、なるほどアメリカの味には他の文化圏とのハイブリッド料理が多い。

イタリアのスパゲティーはアメリカから世界に広まった、という話もうなずかせる。値段が安いのに、満腹感のあるワンプレートフードになるという利点が若者に歓迎され、全土に広まった。日本にもイタめしブーム以前に、アルデンテではないふにゃふにゃのものが赤いチェックのテーブルクロスと共に到来している。

買ったものを立ったまま食べるという今や当たり前になった習慣も、アメリカの影響なくして考えられない。カウボーイの野営料理や野外のバーベキュー料理などが、指でつまんで食べられるフィンガーフードを生み、その移動可能の食のあり方がストリートフードにつながり、さらには家族団欒（だんらん）や行儀作法など、食を巡る固定観念をも突き崩したのだ。

ケイジャンやクレオールやソウルフードなどのローカルフードには地域ごとの違いがあるものの、ハイウェイ沿いの店はたいがい同じメニューで同じ味で、ステーキの焼き方もほぼ一定だ。料理人にプロとアマの差が見られず、食べる方も家庭料理の延長で構わないと思っている節がある。

なぜだろう、と考える著者の頭に灯（とも）るのは、アメリカの「広さ」と「移動」だ。広い土地を移動するのは生の可能性を拡大するのに等しい。どこでも同じ程度のものが手に入るという公平感はその広さを克服する力になる。隣人と同じものを安心して食べることが、明日の旅立ちへのファイトを生み出すのだ。

厚さ4センチの本にアメリカ化した各国の料理のルーツがたどれる。願わくば索引があれば！

評・大竹昭子（作家）

ひがし・みちお　41年生まれ。作家、エッセイスト、ミュージシャン。料理や音楽に造詣が深く、著書に『アメリカは歌う。』『ケンタッキー・バーボン紀行』『5弦バンジョー教本』など。訳書に『ミリオンダラー・ベイビー』など。

二〇一五年一一月二九日❷

『心の平安』

アフメト・ハムディ・タンプナル 著
和久井路子 訳
藤原書店・三八八八円
ISBN9784865780420
文芸

東西の接点（イスタンブール）で苦悩する青年たち

舞台は1939年のイスタンブール。独立戦争後の混乱で父母を失い、従兄（いとこ）イヒサンを師と仰いで育った文学青年ミュムタズは、二つ年上の美しい女性ヌーランに恋をしていた。離婚したばかりの彼女は、トルコ伝統音楽に造詣（ぞうけい）の深い、旧家の娘だった。

ミュムタズはイスタンブールの街を歩く。古書店街で革表紙の雑誌をめくり、幾重にも時代を経た書きこみから、亀の甲羅や柘榴（ザクロ）やサフランを使う呪（まじな）いの処方箋（せん）を知る。何世紀もの混沌（こんとん）が交差する骨董（こっとう）街の迷路を抜け、獰猛（どうもう）な美しさで輝く冷たい宝石に見入る。ヌーランと二人でスルタンの離宮やモスクをめぐり、ヤヒヤ・ケマルの詩を諳（そら）んじる彼の後を追って、読者もトルコの旧家に誘われ、美食と季節の遊び、古典文学と伝統音楽の世界を垣間見る。

しかしオスマントルコ帝国の残滓（ざんし）が輝くその街を、いま支配しているのは貧困と不衛生、崩壊と疲労だ。青年たちは議論を繰り返す。戦争と革命、ヨーロッパと新しいトルコについて。マラルメを引用し、ドビュッシーのレコードを買う彼らの中には、イヒサンのようにヨーロッパで学んだ者もいる。西は、すぐそこなのだ。二つの文化の間で悩む知識人青年。その主題は近代日本にも通じている。

ヌーランが伝統文化の鏡だとすれば、絶望に苛（さいな）まれる青年スアトは、近代化の混乱と荒廃の体現者だ。二人はイスタンブールがもつ二つの顔なのだ。夜の街でミュムタズは死んだはずのスアトに会う。死者たちが行きかう街に、戦争勃発のニュースが流れる。

侵略と支配の歴史を指摘しヨーロッパの危機は自ら招いたものではないか、という友人にミュムタズは、大切なことは、という。「不当なものと闘う時に、新たな不当を犯さないということだ」

東西の接点で紡がれた、近代トルコ文学の古典的名作。古びていないどころか、まさにいま読むべき物語だ。

評・中村和恵（詩人・明治大学教授）

Ahmet Hamdi Tanpınar　1901～62年。トルコの作家、詩人。

二〇一五年一一月二九日❹

『にもかかわらず　1900－1930』

アドルフ・ロース 著　加藤淳 訳
みすず書房・五一八四円
ISBN9784622078876
アート・ファッション・芸能

「装飾は犯罪」今も刺さる主張

とんでもない一文に出会う。「建築家を毒殺せよ」。建築嫌いの批評家が気まぐれに書いた文章ではない。20世紀初頭のウィーンで活躍した建築家、アドルフ・ロースが一貫した思想のもとで記したものだ。彼は本書に収録された「装飾は犯罪である」という過激な主張で知られ、モダニズムの先駆者とされる。パプア人は当然のように刺青を入れるが、現代人が同じことをすれば、犯罪者か変質者になると述べて、文化の発展は装飾を削（そ）ぎ落とす過程という。

ロースの立場がねじれているのは、19世紀末に登場したウィーンの分離派も攻撃していることだ。彼らは応用芸術と称し、過去の様式にとらわれない新しい装飾を生みだす。が、ロースは、メディア受けする美しい図面を描く建築家の芸術的な意匠を批判し、叡智（えいち）が凝縮された農家の伝統的なかたちや本物の材料を高く評価する。ゆえに、無装飾の上着やシガレットケースなど、職人のしっかりとした仕事の方が、近代の時代精神に基づくという。だから、建築家は職人に「口出しするな！」、時代に合った日用品を求めるなら、彼らを毒殺せよ、と書く。すなわち、近代都市が生みだした、移り変わる表面上の目新しさという「装飾」にも否定的だ。21世紀を迎えた現在も、ネットが流行の変化を加速させていることを考えると、彼の批判はわれわれにも突き刺さるだろう。

本書は、ロースが30歳だった1900年から29年までのエッセーを時系列で並べた主著の初の全訳である。建築以外の内容もかなり多く、礼儀作法、ベートーヴェンやシェーンベルクなどの音楽、服飾や髪形など、様々な切り口から近代やウィーンを論じる。これをきちんとした日本語で読める翻訳環境に感謝したい。また最後の文は、彼の設計する住宅の仕事を支えた最高の家具職人に哀悼の意を捧げている。ロースが亡くなったのは、その4年後だった。

評・五十嵐太郎（建築批評家・東北大学教授）

Adolf Loos　1870年、モラヴィア地方（現チェコ共和国）生まれの建築家。

二〇一五年一一月二九日⑤　文芸

『ラーメンの語られざる歴史』

ジョージ・ソルト 著　野下祥子 訳

国書刊行会・二三七六円
ISBN9784336059406

不満や憂さ　ほぐし続ける国民食

東アジア史専門の米国人学者がラーメンを研究する。これは現実の話なのか。塩味が利いているような著者名はネタではないのか。告白すると最初は少し疑っていた。

しかし調査の手際はまっとうな歴史家のものだ。たとえば占領軍関係文書や公電にも著者は分析対象を広げる。冷戦の幕開けとともに日本への食糧供給は共産主義の台頭を防ぐ意味をもった。米国提供の小麦を原料とするラーメンは労働者や学生たちの心身両面の飢えを癒やし、社会に対する憤懣（ふんまん）を鎮めて復興から高度経済成長へのプロセスを支える活力源となった。

こうした普及過程でラーメンは位置づけを変える。明国人・朱舜水が徳川光圀に教えたとする起源伝説のように中国との関わりで語られることが多かったラーメンが、次第に日本文化が生んだ国民食と謳（うた）われるようになった。このような伝統の再創造については速水健朗『ラーメンと愛国』も触れていたが、本書の場合、政治経済史的な背景を見る姿勢が新味となる。

食材と味にこだわってマスコミの寵児（ちょうじ）になる「ラーメンシェフ」が続々と登場した風潮についても、長引く不況の中でラーメンによる起業が貴重な「成功談」資源だったから注目が集中したとして「下部構造」からの説明を試みる。

こうした成功談や、やがて「クール・ジャパン」の食としてラーメンが海外進出を果たした事実は日本の若者に成功の夢と民族的な誇りを提供した。だが著者はその存在が占領期から一貫して「工業労働者を封じ込める政策」と分離できないと考える。

確かに、工業労働者に限定されないが、ラーメンを食べて格差化を深める社会の憂さを忘れたという人は少なくないだろう。ラーメンという緩衝装置なかりせば、果たして戦後日本はどうなっていたか。スープの湯気の向こうに、そんな大それた想像をしてみたくなる一冊だ。

評・武田徹（評論家・恵泉女学園大学教授）

George Solt　ニューヨーク大学准教授。現代日本や政治経済、食物史が専門。

二〇一五年一一月二九日⑥

『K 消えた娘を追って』
ベルナルド・クシンスキー 著 小高利根子 訳
花伝社・一八三六円
ISBN9784763407405
文芸

虐殺はこうして生み出される

1970年代半ば、軍政時代のブラジル。サンパウロ大学助教授の女性が失踪し、その父で作家のKが捜索を始める。まず近所の人々に相談すると、警察に伝手（つて）があるという者が何人か現れる。そこで初めてKは、日常の中に密告屋がたくさん潜んでいる現実に気づく。行方不明の若者は増え続けるが、政府は逮捕した事実もないと言い張る。Kは手がかりになりそうな話にかたっぱしからすがるも、何の事実にも行き当たらない。ブラックホールの淵（ふち）を周回するような日々に、次第に消耗していく。

これは実在の事件であり、拉致殺害された女性は著者の妹である。ノンフィクションではなく小説として書くしかなかったのは、あまりにも事実が残されていないためだろう。つまり、軍事政権は、個人の存在を消すことで歴史を消したのだ。

事件を、著者は父の視点から描いた。繰り返されるのは、娘にもっと関心を払っていれば悲劇は回避できたのではないか、と自分を責める言葉だ。著者は、この「生き残ってしまったことへの良心の呵責（かしゃく）」を遺族や身近な人が抱えるのは、軍政が罪の意識を遺族たちにまで共有させようとしたせいだと批判する。

もう一つの読みどころは、虐殺に直接間接に関わった人の、それぞれ追い詰められた内面を、多視点で描いている部分だ。反政府活動から寝返ってスパイになった者。治安警察の実働部隊。拷問殺害を行っていた家で働かされた囚人。さらには、反対する同志を粛清して武闘路線を継承し、より多大な犠牲を出した反政府活動のメンバー。

私が戦慄（せんりつ）を覚えたのは、長期欠勤を理由にKの娘を解雇するサンパウロ大学教授会の模様である。軍事政権の圧力に、大半の教員が保身のために協力する。これは私たちが今目にしている日本社会の姿ではないか。そう、本書は日本のありうる未来なのだ。

評・星野智幸（小説家）

Bernardo Kucinski　37年生まれ。本作でポルトガル・テレコム文学賞など。

二〇一五年一一月二九日⑦

『ハイデガー哲学は反ユダヤ主義か』
ペーター・トラヴニー、中田光雄、齋藤元紀 編
水声社・三二四〇円
ISBN9784801001244
人文

20世紀最大の哲学者の一人ハイデガーは、「黒ノート」と呼ばれる一連の冊子を遺（のこ）し、全集の最後に刊行するように指示していた。それらのノートには、一見して反ユダヤ主義的な記述が複数発見され、ナチスに協力したハイデガーの経歴もあって物議を醸している。ノートの編纂（へんさん）にあたったドイツの研究者と日本のハイデガー学者らが集中討議を行った記録が本書である。

そこでは、ユダヤ人批判のように見えるハイデガーの議論が、実はマルクス主義から「アメリカニズム」まで、「一切を合理的計算のもとに平均化してしまう」ような「近代性」への徹底した批判であった可能性が検討される。「反ユダヤ主義」かどうか、という切り口が、かえって哲学に民族を持ち込むことになりかねないとの論点もある。

それにしても、現に迫害されている少数派を名指しすることが、ハイデガーの議論にとって必要だったのか。それが最大の疑問であろう。

評・杉田敦（政治学者）

『コトラー 世界都市間競争』
フィリップ・コトラー、ミルトン・コトラー 著
竹村正明 監訳
碩学舎・二五九二円
ISBN9784502139215

『資本主義に希望はある』
フィリップ・コトラー 著 倉田幸信 訳
ダイヤモンド社・二一六〇円
ISBN9784478064887

政治／社会

大都市圏の浮沈 多国籍企業が鍵

「大阪ダブル選挙」が大いに注目を浴びた。だが大阪の抱える、企業と若年人口の東京流出、貧困問題、財政危機といった諸課題は、「二重行政の解消」では簡単に解決できない。真にチャレンジングな課題は、どう大阪の産業基盤を再構築して税収をあげ、住民の生活基盤を確立するかだ。そして、何に優先的に投資すべきかを、決定せねばならない。大阪の問題は、決して他人事ではない。他都市もいずれ直面する課題を、先取りしているだけなのだ。

『コトラー 世界都市間競争』は、大阪のような大都市圏が、さらなる発展を遂げるための都市経営指南の書といえる。コトラーはマーケティング研究の大家であり、本書は実弟との共著である。その主たるメッセージは、①富を生み出すのは都市であり、国家ではない②都市経済を牽引（けんいん）するのは多国籍企業であり、彼らこそが所得と雇用をもたらす③結局、都市の浮沈は、多国籍企業を吸引する力にかかっている、というものである。

そのために都市は魅力を磨かねばならない。対象は、インフラ整備などハード面から、人材の質、政策や制度、生活の質などソフト面に及ぶ。都市はこれまで中小企業支援を重視してきたが、グローバル経済が多国籍企業に担われ、彼らの成長が国家よりも速いという冷厳な現実を受け入れるなら、その本社や事業部の誘致に焦点を移すべきだと著者は警告する。

コロラド州の州都デンバー市の事例には瞠目（どうもく）する。当初彼らは、周辺自治体との合併に失敗。方向転換して近隣自治体との協力関係を再構築し、「デンバー大都市圏」の発展計画を策定した。国際空港の建設に成功し、圧巻は2004年、高速公共交通機関を建設するため売上税増税を住民投票で問うて、過半数獲得に成功したことだ。こうした過去30年間の営々とした努力により、デンバー大都市圏は様々な産業のハブとなり、全米有数の大都市経済圏に成長した。

こう書くと、著者は情け容赦のない競争賛美論者かと思われるだろう。実際彼は、都市が生き残るには企業の力を求めて激烈な都市間競争の海に漕（こ）ぎ出せと叱咤（しった）激励している。しかしその同じコトラーが、『資本主義に希望はある』では、14項目も資本主義の弊害を挙げる。アメリカ資本主義の病ともいえる「所得・資産格差の拡大」、「金融化」、「広告による消費操作」、「短期利益重視」への批判、そして「真の豊かさの探求」など、その筆致はかつてのガルブレイスを髣髴（ほうふつ）させる。両書を併せ読むことで、フリードマン、サミュエルソン、ソローと、思想的傾向の異なる3人のノーベル経済学賞受賞者に師事した著者の全体像が浮かび上がるだろう。

評・諸富徹（京都大学教授）

Philip Kotler 31年生まれ。市場経済学者。「現代マーケティングの父」と呼ばれる。
Milton Kotler コトラー・マーケティング・グループの創設者。

『1★9★3★7(イクミナ)』

辺見庸 著

金曜日・二四八四円
ISBN9784865720068

歴史／社会

おまえなら殺さなかったのか

書名の由来は日中戦争に突入した「1937年」。同年12月に南京大虐殺が起きた。「おまえなら果たして殺さなかったのか」。著者は、日本兵による殺害、略奪、強姦（ごうかん）があった戦時に立ち返り、自らにその問いを突きつける。それが戦争と日本人を掘り下げる本書の出発点となった。

そこに立ち塞がるのは、著者を苦しめる事実の数々だ。

中国で従軍した作家武田泰淳の小説「審判」には、兵士らが上官の気まぐれな命令で、罪ない中国の農民2人を一斉射撃で殺す場面がある。泰淳の「従軍手帖（てちょう）」にはこの場面と重なる記述があるという。また、兵士らの証言記録には、強姦しながら戦友に手を振る男たち、しばられた中国人を刺し殺す訓練の光景も。著者は、正気を保つことに「自信がない」ともらす。

絶望に満ちた事実に正面から向き合った文章を読むのはつらいが、目が離せなくなる。読者にも過去の出来事を自らの問題としてとらえさせる力があるのだ。

さらに、この思索は、中国で将校として従軍した、今は亡き実父の残影を見極めようとする試みに及ぶ。

戦後に地方紙記者になった父が書いた従軍記。その中に中国人を拷問する部下に中止を命じた記述があり、偽善の臭いをかぎとった。「（拷問は）あなたの指揮下で生じたことではないか」。ひとつの行為の責任さえ曖昧（あいまい）にする父の姿。しかし、同じ状況下だったら、自分も「大差なかったのではないか」。

著者は苦悩の末、どんなに残酷な行為に対しても「これが戦争というものだ」「戦争が人間性をゆがめた」とする責任転嫁に満足し、無責任体質が蔓延（まんえん）した戦後日本の問題性を提示していく。責任を曖昧にすることを許さない「戦争考」には、重すぎるほどの説得力がある。この歴史を繰り返さないためにも、本書を読み、改めてまわりを見渡すことが必要に思えた。

評・市田隆（本社編集委員）

へんみ・よう 44年生まれ。作家。78年、中国報道で日本新聞協会賞。『自動起床装置』で芥川賞。

『ブラッドランド　上・下』　ヒトラーとスターリン　大虐殺の真実

ティモシー・スナイダー 著　布施由紀子 訳

筑摩書房・上巻三〇二四円、下巻三二四〇円
ISBN9784480861290〈上〉・9784480861306〈下〉

歴史／社会

戦闘によらぬ犠牲者1400万人の声

史料に埋もれて数値や史実を探りあてた歴史家は、そこからはい出して世に何を問うのか。本書は、「犠牲者」として丸められた数値を「人に戻す」意志をもって、「大量殺人政策」を考察した戦史である。「数」をなお焦点に政治のかけひきが続く東アジアを思うと、研究者として、人間として、過去に向き合う著者の姿勢が強く印象に残る。

ヒトラーのナチス・ドイツとスターリンのソ連は、第2次世界大戦が終わる1945年までの12年間で、1400万人の命を奪った。殺戮（さつりく）の舞台となった「ブラッドランド（流血地帯）」は、いまの国名でいえば、ポーランド、ウクライナ、ベラルーシ、バルト諸国とロシア西部を指す。

ここには、戦闘による死者は含まれていない。ウクライナでソ連に飢えさせられて亡くなった300万人をはじめ、政策による餓死や銃やガスなどで殺された民間人と戦争捕虜たちである。本書によると、第2次大戦中の

独ソの戦死者の合計を上回るという。救いのない現場を、これでもか、とたたみかける。ナチスによる惨劇の象徴として注目が集中しがちな強制収容所の内側の「ホロコースト（大量虐殺）」から、そのソトにあった死へと視界をひらかせる。国家や民族ごとに仕切られてきた歴史を綴（と）じ合わせることで、各国の数字の誇張や歪曲（わいきょく）を暴く。権力がもつ残虐性と、時勢が求める「真実」に寄り添ってしまう人間の弱さを見せつける。

国家の暴虐の記述にはさみこまれた、犠牲者の手紙や日記、教会での最期の言葉が記憶にこびりつく。受難者の立場をめぐる民族や国家の間の「競争手段」に使われ、死者が匿名の数値の一部となってしまうことを阻もうとしているかのようだ。

歴史が「点」から「面」へと仕立てなおされていく。闇から現れた史実の重みにふれるとき、思いは「人」へと向かった。

評・吉岡桂子（本社編集委員）

Timothy Snyder　69年生まれ。イェール大学教授。

二〇一五年一二月六日④

『首切りの歴史』

フランシス・ラーソン 著　矢野真千子 訳

河出書房新社・三四五六円
ISBN9784309206851

歴史／社会

ひとの残虐性　心の変遷を知る

ひとは、「切断された頭部＝首」に引きつけられる、と本書の著者は言う。そんな残酷で物見高い精神は持ちあわせていない、と反論するかたもおられると思うが、人類（のかなり多く）は脈々と、首への興味を維持してきたことが、本書を読むとわかる。

フランスでは、斬首刑を人々が見物するのがふつうだったそうだが、死刑執行人の手腕によっては、スムーズにことが運ばないこともあった。そこで考案されたのがギロチンだ。ところが、はじめてギロチンによる処刑を見た人々は、なんと不満を漏らした。「すばやく通り一遍に仕事をこなす機械では、見るべきものがない」と。

第2次世界大戦中、南の島で戦死した日本兵の頭蓋骨（ずがいこつ）を持ち帰ったアメリカ人もけっこういたらしい。居間に飾られた頭蓋骨に、家族も次第に愛着を感じ、そこにあって当然の存在として接した。

著者は古今東西の首にまつわる事例を取りあげ、さまざまな角度から考察する。残酷だとか、倫理にもとるとか、一言で片付けるのは簡単だけれど、その時代と社会の文化や差別意識、生と死への探求心などが複雑に絡みあい、人々は多様な態度と感性で首と対峙（たいじ）してきた。

たとえば現在でも、医学部では学問のために人体解剖を行う。それを残酷だと言うひとはいないだろう。本書では、頭部を解剖する学生たちの葛藤と知的好奇心、そして検体となった死者たちへの思いも、詳しく報告される。

人間が持つ残虐性から目をそむけるのではなく、首を通して見えてくる歴史と、人々の心の変遷を知ろうとする著者の姿勢は、極めて真摯（しんし）だ。

本書を読むと、人類は理不尽な暴力に憤りを感じ、残酷な行いに抗議の声を上げる精神を持ちあわせた生き物でもあるのだ、ということもわかる。歴史を知り、歴史に学ぶことは、自他の尊厳を尊重することへの第一歩だ。

評・三浦しをん（作家）

Frances Larson　人類学者、オックスフォード大学名誉研究員。

二〇一五年一二月六日⑤

『「宇宙戦艦ヤマト」をつくった男　西崎義展の狂気』

牧村康正、山田哲久 著
講談社・一六二〇円
ISBN9784062196741
人文／ノンフィクション・評伝

アニメに賭けた波乱の人生

「宇宙戦艦ヤマト」のプロデューサーであった西崎義展氏。彼の幼少時代から事故死までの歩みを追ったルポの読後感は、「なんてめちゃくちゃな人生だ」というものだ。序章のタイトルは「いつ消されてもおかしくない男」で、冒頭は「彼は悪党であった」との文から始まる。アニメプロデューサーを表現するのに、「消される」「悪党」という言葉が用いられるなんて、ただごとではない。

昨今、漫画『ブラック・ジャック創作秘話』のように、漫画やアニメの現場を追うルポ漫画などが多く描かれている。だが本作には、クリエーターたちがいかに「ヤマト」に創造的情熱を注いだかといった美談形式の描写は出てこない。代わりに、西崎氏をめぐる逸話の数々が深掘りされるのだが、それがあまりにも波乱に満ちたものばかり。

手塚治虫の会社「虫プロ」の再建に関わりながら、あまりに傍若無人な振る舞いと権利トラブルにより、スタッフばかりでなく手塚をも激怒させる。それでも西崎は、「海のトリトン」でアニメプロデューサーデビュー。その後、「ヤマト」をはじめとして様々な作品に携わるも、その強引な手腕により、周囲と衝突したことは数知れず。社内の会話を録音して「盗聴」する。クルーザーやクラブで散財する。その一方で、１００円ライターすら値切り交渉する。松本零士氏との著作権トラブルを招く。薬物、銃刀法違反による逮捕スキャンダル。そして海上での事故死。

人物評伝としても面白いが、金にうるさく、破天荒なひとりのプロデューサーの姿を通じて、アニメの興行的側面も浮き上がる。アニメもビジネスである以上、「当たるか、当たらないか」の世界。作品表現そのものにこだわるばかりでなく、コネクションやグレーな手法までも駆使して「当てる」ことに腐心する姿は、読む者のアニメ業界観をも変えるかもしれない。

評・荻上チキ（「シノドス」編集長・評論家）

まきむら・やすまさ　フリージャーナリスト。
やまだ・てつひさ　アニメ制作会社代表取締役。

二〇一五年一二月六日⑥

『あこがれ』

川上未映子 著
新潮社・一六二〇円
ISBN9784103256243
文芸

恋愛よりも深い奇跡的な間柄

小学校中学年の「ぼく」は夏休みのある日、スーパーのサンドイッチ売り場の女性をミス・アイスサンドイッチとひそかに名づける。水色に塗られたまぶた。独特の化粧のために大きく見える目に、なぜか強く心をひかれる。その目や仕事ぶりが見たくて、何度もサンドイッチを買いに行く。ところが、そんな「ぼく」を悩ませる事態が起きる。学校の教室で、数人の女子がミス・アイスサンドイッチの顔を酷評したのだ。

ヘガティーというあだ名の女の子が、「ぼく」のミス・アイスサンドイッチに対する感情をずばりと指摘する。そして提案する。「みにいくんじゃなくて、会いにいくんだよ」。小学校中学年の女の子らしい、ませた感じ、でも当人にとっては思ったままの言葉。その微妙な角度が、ぴしりと捉えられ、描かれる。それまでの「ぼく」は見ていただけ。話しかけてみる、会う、という発想はなくて。

第二章で、ヘガティーは語り手「わたし」となる。父と二人暮らし。あるとき、父は離婚したことがあり前妻との間に女の子がいると、ネットの情報で知ってしまう。動揺し、悩むけれど「お姉ちゃんという人をこの目でみてみたい」と願う。居所をつきとめ、偶然を装って会いに行く。同行するのは「麦くん」（第一章の「ぼく」）。さまざまな事実や変化に圧倒されて泣いてしまう「わたし」を「麦くん」はせいいっぱい受けとめる。親友なのだ。

ヘガティーと麦彦の関係は恋愛とは違う。というより、思春期以前の、恋愛感情よりも幼なじみであることから来る親しみの深さの方がずっと大事だという間柄。二人は、難しいことに直面すればそばへ寄り、気持ちを支え合う。ごく自然な感じで。その奇跡的な時間や距離感を、川上未映子の筆致はぐいぐいと、的確に描き切る。過ぎ去るものを書きとめる『あこがれ』、すばらしい小説だ。

評・蜂飼耳（詩人・作家）

かわかみ・みえこ　76年生まれ。作家。「乳と卵」で芥川賞、『愛の夢とか』で谷崎潤一郎賞。

二〇一五年一二月六日❽

『フォトアーカイブ　昭和の公団住宅　団地新聞の記者たちが記録した足跡』

長谷田一平 編

智書房・二二六〇円
ISBN9784434211546

社会

戦後の慢性的な住宅不足を解消すべく、高度成長の始まりとともに華々しく登場したものの、低成長へと移行した1970年代には住宅不足が解消され、早くも使命を終えてしまった集合住宅。それが公団住宅、いわゆる団地である。団地の黄金時代は、20年間も続かなかったわけだ。

本書は、その時代に首都圏の団地で撮られた貴重な写真を集めたものである。画一的な住棟が並ぶ団地独特の風景をバックに遊ぶ子供たちや母親たちの表情は、思いのほか生き生きとしている。同じ集合住宅でも、ややもすれば隣人すら誰かわからない現在の民間マンションとは異なり、団地全体が一つの地域共同体となっていたことが、いや応なしに伝わってくる。

団地に40年以上住んだ私にとって、郷愁を誘わずにはおかない写真集である。いや、ただ郷愁に浸るだけでなく、二度と戻ることのない団地の黄金時代を後の世代にきちんと伝えてゆく上でも、必須の一冊となるに違いない。

評・原武史（明治学院大学教授）

二〇一五年一二月六日❼

『米軍医が見た　占領下京都の600日』

二至村菁 著

藤原書店・三八八八円
ISBN9784865780338

歴史／ノンフィクション・評伝

主人公は1947年から約2年間、京都に赴任していた若き米国人軍医。彼が自ら撮った写真、両親に送った手紙等を手がかりに著者は日本での軍医の生活を再現しつつ、当時の医療状況を描き出す。

軍医は占領政策の最前線で感染症、特に性病対策に明け暮れる。その描写には貧しさ以外に戦争の影が案外と希薄だ。京都が空襲を逃れたこと、インターン直後に来日した軍医に戦場での経験がなく、日本人と屈託なく交われた事情もあったのだろうが、終戦を境に日本人の意識が大きく変化した様子もうかがえる。

人体実験と生物兵器開発に携わった七三一部隊の元隊員と米軍との接触を実名で記述した箇所は刊行前に削除を検討したが残したという。医学と戦争の関わりを示す重要な記録であり、英断を讃（たた）えたい。他にもハンセン病者を強制隔離せず外来で治療した京大医師に米軍医が薬品を融通したことなど、親しみやすい文章の中に価値ある史実が数多くちりばめられている。

評・武田徹（評論家）

『北京をつくりなおす　政治空間としての天安門広場』

ウー・ホン 著
中野美代子 監訳　大谷通順 訳
国書刊行会・五八三二円
ISBN9784336059499

歴史／政治／社会

巨大空間めぐるイメージの闘争

以前、ヴェネツィア・ビエンナーレで世界都市を比較する展示を見たとき、人が集まる重要な場所としてヨーロッパの各都市が代表的な広場を紹介したのに対し、東京は絶えず人が行き交う渋谷のスクランブル交差点を紹介した。実際、日本は広場が成立しにくい。建築家も公共施設のデザインで試みたが、うまく機能しない。皇居前広場については、政治空間史から読む原武史の『皇居前広場』（2003年）が刊行された。その後、広場研究会に参加し、アジアにヨーロッパ的な空間装置を20世紀に導入しつつ、ナショナリズムを発動した、天安門広場が改めて特異な存在であることに気づいた。

本書は「政治空間としての天安門広場」を多面的に論じた大著だ。興味深いのは、著者の専門が中国美術史であることから、図版や写真が多く、政治史と絡めながら、建築、都市計画、アート、イベントなど、視覚的な側面から分析したことだ。1章では、そこがいかに政治的な広場になったか。かつては名前がない小さなT字形の場所だったが、20世紀半ばに周囲の歴史的建造物を破壊しつつ、現在の巨大な空間に改造された。1958年、その中心に古代の石碑を参照した人民英雄記念碑が設置され、天安門と対峙（たいじ）する。一方、89年のデモでは、新しいシンボルとして美術学生が民主の女神を持ち込んだが、政府によって破壊された。2章は都市の顔としての天安門とそこに掲げられた毛沢東の肖像の変遷、またそれらのイメージ戦略を読み解く。3章は「十大建築」と呼ばれる50年代の国家プロジェクトに注目し、そのデザインと建設された位置を考察する。そして十大建築の半分は展示施設であると同時に、建築そのものが都市におけるディスプレイなのだと指摘する。4章は近代以前の鼓楼（ころう）、近代の時計塔、そして香港返還までの時を示す天安門広場のデジタル時計を通じて、時間と政治の関係を扱う。5章は文化大革命が終了した後、今度は天安門広場が前衛芸術の格好の素材となったこと、さらに90年代以降の新しいとらえ方も射程に入れて、様々な作品を紹介する。

つまり、天安門広場をめぐって、視覚イメージの闘争が繰り広げられてきた。それらは単に新しい現象であっただけではなく、過去の中国で類似する事例が存在したことも指摘されている。

ところで、本書は歴史記述に関して実験的な手法を採用している。各章でテーマと連動する著者の個人的な体験や記憶のエピソードを挿入しているのだ。それを読むと、公式の資料から拾いにくい歴史の奥行きが感じられ、また彼が天安門広場を研究したことが必然だったと納得できる。

評・五十嵐太郎（建築批評家・東北大学教授）

Wu Hung（巫鴻）　45年生まれ。北京育ち。父は経済学者、母はシェークスピア研究家。中央美術学院で学び、文化大革命での禁錮後、故宮博物院職員に。米シカゴ大学教授と同大東アジア芸術センター所長を兼任。

二〇一五年一二月一三日❷

『〈お受験〉の歴史学　選択される私立小学校　選抜される親と子』

小針誠 著
講談社・一八九〇円
ISBN9784062586122

歴史／教育

時代の要望がわかる「教育史」

高校受験、大学受験はみなが知る。中学受験も都市部では普通に行われている。けれども小学受験は他に比べ特殊である。あまり話題にならないし、どの家庭でも参加できるとは、主に経済的理由からいい難い。本書はこの受験―恵まれた層がチャレンジするので皮肉を込めて「お受験」と呼ばれる―の実態を歴史的にあますところなく、かつ冷静に追いかける。

私立小学校に入るには何倍もの競争を勝ち抜かなくてはならない。加えて学費は高額である。それでも親たちは①学校の教育理念に惹（ひ）かれて、②子どもの良好な成長環境を求めて、③受験や進学に有利であるから、等々の理由で私立小学校を選択する。高い学歴と豊かな経済力を有する彼ら彼女らの多くは、公立小学校に対しては「適切な教育をしてくれないのではないか」との不信感をもっている。私立小学校を選択することは、公立小学校から「脱出」することでもあるのだ。

親や子が学校に選抜（テスト）される一方で、学校もまた、親たちに「この小学校こそ」と選ばれねばならない。歴史学的に見ると、私立小学校は明治時代から存在した。ある学校は現在も栄え、ある学校は廃校の憂き目を見た。本書はそれらの変遷を跡づけることで、各時代にどんな私立小学校が望まれたのか、つまりはどんな教育が人々に求められたのかを明らかにする。それはまさに、上からの教育制度史ではなく、社会の側からの生き生きとした教育史である。

本書は緻密（ちみつ）に分析し、冷静に叙述する。読者たる私たちは、各々（おのおの）が体験してきた受験や教育をふり返り「いや、私なら」と夢中になって考えを巡らしていく。私もその一人で、熱くなっては我に返り、あまた筆者に乗せられた、と苦笑した。かかる筆者と読者との関係は、練達な指揮者と聴衆のそれに似ているように思う。「教育のいま」を知るために、必読の書である。

評・本郷和人（東京大学教授）

こばり・まこと　73年生まれ。同志社女子大学准教授。著書に『教育と子どもの社会史』ほか。

二〇一五年一二月一三日❹

『優しい鬼』

レアード・ハント 著　柴田元幸 訳
朝日新聞出版・一九四四円
ISBN9784022513137

文芸

人生をつなぐ静かな声が流れる

アメリカの作家は、自分のヴォイスが見つかるまで書き出せなかったという言い方をよくする。文体ではなくて、声。これが何なのか気になっていたが、本書を読んで目先が明るくなった。物語の底をたしかな声が流れている。その声のトーンと波動に導かれ、超現実的な気配の漂う世界へと引き込まれていく。

奴隷制が存在した南北戦争以前のケンタッキーが舞台だ。14歳でジニー・ランカスターはある男の家に後妻に入る。聞いていた話とちがってそこは「鬼たちの住む場所」で苦しみの人生が待っていた。だが時がたち、老いて動けなくなったいま、ジニーは当時を振り返って言う。「わたしも鬼のひとりだった」と。

邪悪さだけにおおわれた人はいない。ジニーの夫は横暴で独断的で、2人の奴隷娘を手込めにしているが、歌う声は美しく「ひとの背中から皮をはいでべつのひとの背中にはりつける力があった」。奴隷娘たちは新しい家に慣れるようジニーを助けたが、夫と関係していると知るとジニーは彼らを虐待し、夫の死後は今度は彼らがジニーを監禁して報復する。

だれもが少しずつ鬼で、少しずつ優しい。どちらか一方だけでは人生を生き抜いていけない、とでも言うように。

そして過去を振り返るいま思うのは、互いに切りようのない糸によってつながれているという思いなのだ。

回想が甘美にすぎたり、暴露的になったり、単純な因果律に陥ったりしないよう、著者は時間を前後させながら、ゆっくりと、深い声で彼らに語らせる。血生臭い残虐なシーンがたくさん出てくるのに、驚くほど静かで声がよく通る。そしてその声の中から、人を暴力に向かわせるのではなく、心を鎮めさせる美しきものが立ち現れるのだ。

1度では解（わか）りにくいところがあって2度読んだ。ときには声に出して、訳文の美しさに感謝しながら。

評・大竹昭子（作家）

Laird Hunt　68年生まれ。作家。『インディアナ、インディアナ』など。

二〇一五年一二月一三日⑤

『舞踏、まさにそれゆえに　土方巽　曝かれる裏身体』

河村悟 著
現代思潮新社・二五九二円
ISBN9784329004949
アート・ファッション・芸能／ノンフィクション・評伝

語り得ないものを語る試み

土方巽は死の前年（一九八五年）、最後の言葉を、「肉体という巨大都市を肉体という埋没史が尾行する……」と書き遺（のこ）したという。

正直なことを書けば、うまく理解できない。けれど、この言葉の響きが魅力となって、「舞踏」という表現へ人を誘うと思える。土方巽は一九五〇年代が生んだ、いかにも時代にふさわしい存在だ。「舞踏」は、「BUTOH」として世界的に、土方に固有の名辞としてある。本書は、著者の土方巽解釈の言語的表現として、特別な姿で読者の前に現れた。

その特別性は、土方巽の存在と同等にある。舞踏の表現と同様、土方巽が語る言葉に漂う詩性、けれど、言語化できないものを、素早くつかまえ読む者の前に見事に提示する。だから触発される。それまでの身体論とは異なる考えを、創作を通じてべつの側面からアプローチし実践した者がいたことを、本書の著者はまたべつの方法で書き直すと読めた。

とはいっても、単純な解説ではない。土方の言葉の翻訳でもない。著者自身が、土方巽を通じて、「肉体」とどのように格闘しているかが記されている。

さらに、「超越下降」という土方の言葉もまた晦渋（かいじゅう）だが、単純化してしまえば、西洋の舞踊のジャンプとは逆に下にベクトルを向ける身体技法のことになるとはいえ、著者はそれにもまた、べつの視点を加え、「超越下降」を再検討する。しかも、著者による「超越下降」の読解もまた、なにが語られているのかよくわからない。

繰り返しになるが、見えないものを見ようとし、語りえないものを語ろうとする試みがここにある。本書を読む経験は、土方巽と舞踏についての単純な理解ではなく、著者の言葉に揺り動かされることだ。刺激ともちがう。読みつつさまざまな想像が浮かぶ。読むのに時間がかかる。その時間がとても贅沢（ぜいたく）だ。

評・宮沢章夫（劇作家・演出家）

かわむら・さとる　48年生まれ。詩人。『聖なる病い』『肉体のアパリシオン』ほか。

二〇一五年一二月一三日⑥

『越境者の政治史　アジア太平洋における日本人の移民と植民』

塩出浩之 著
名古屋大学出版会・六八〇四円
ISBN9784815808204
歴史／政治

「移動」に焦点「日本人」とは

明治時代から第2次世界大戦の敗戦まで、「日本人」はどこへ移り住んだのか。そして、地域の秩序にどのような影響を与えたのか――。

北海道や樺太から、ハワイ、旧満州、朝鮮半島、台湾、南北アメリカと、移住先での国籍、市民権、参政権をめぐる動きと政治や民族意識のありようを包括的にとらえようとした本だ。

前提となる日本人を、北海道アイヌ、沖縄人、小笠原の欧米・ハワイ系住民、樺太アイヌと、明治維新のおりにすでに日本政府が統治の対象にしていた「大和人」に分けて、考察する。この分解が、日本の移民や植民を考えるときにも、見落としがちな日本のなかにある「民族」の視点を取り戻してくれる。

「日本人」が広く移住した時代は、日本が主権国家として国境を画定し、外国に触れ、富を外に求め、そして戦争とともにあった。

日本が支配した旧満州で日本人は、「在満日本人」だったのか、「日系満州国民」だったのか。ハワイで最大の民族集団だった日系人は、米国に対して中国や朝鮮半島からの移民とも連帯する東洋人系市民だったのか、それとも帝国日本の植民者だったのか。

敗戦後、日本や米国統治下の沖縄へ戻った「引き揚げ」を、戦勝者の連合国側は「送還」と呼んだ。人の動きに焦点をあてた問題意識が、領土の争奪とは異なる戦史を描くことにも通じている。

著者の関心の出発点がナショナリズムだったとするあとがきを読んでなるほど、と思った。いま日本列島に積みあがるナショナリズムと「大和人」の民族意識の関係など、現在の課題を考えるヒントが潜んでいる気がしたからだ。

対象に据えた民族と地域の変数の多さから、約500ページの大著となっている。ぐんぐん広がる領域を本書で着地させたあと、どこへ向かうのだろうか。読み終えてはや、次作が楽しみになった。

評・吉岡桂子（本社編集委員）

しおで・ひろゆき　74年生まれ。琉球大学准教授。『岡倉天心と大川周明』など。

二〇一五年一二月一三日⑦

『脳はすごい　ある人工知能研究者の脳損傷体験記』

クラーク・エリオット 著　高橋洋 訳
青土社・二五九二円
ISBN9784791768851
科学・生物／ノンフィクション・評伝

例えば駐車場の車まで歩くのに、まず右足を出して、次に左足を出して、また右、そして左、などと意識しなくてはならないとしたら、日常はとてつもなく重くなるだろう。

この本の著者は、車の追突事故で脳震盪（のうしんとう）になってから、それまで無意識に行っていた日常の動作の大半を、自動的にはできなくなっていく。

脳震盪になって以来、見慣れたものが、見慣れたものとして見えなくなったという。ひどいときは、自分の家が自分の家と感じられず、入ることが怖くなる。自分と空間の関係を見失う。そして、そんな自分が人間に思えない。

人工知能学者である著者の、精緻（せいち）な自身の記録から見えてくるのは、脳は私たちが意識しないところで、とてつもない量の情報を処理し、判断し、私たちの自然さを支えているという事実である。

この障害はしかも、視覚矯正とパズルを解く訓練で、治ってしまう。自分そのものである脳の可能性の壮大さに、未来を感じる一冊だ。

評・星野智幸（小説家）

二〇一五年一二月一三日❽

『緊縮策という病 「危険な思想」の歴史』

マーク・ブライス 著
若田部昌澄 監訳 田村勝省 訳
NTT出版・三四五六円
ISBN9784757123410

経済／社会

「債務が多すぎるから今のうちに削減しておこう」という主張は、欧州はじめ様々な国で叫ばれた。この手の緊縮策は、「痛みを伴う」「身を切る」といったフレーズと共に、日本の一部でも人気だ。だが、本書は緊縮策を「危険思想」と断ずる。答えは単純。緊縮策は、実際に機能してこなかったから。

実証的に問題がある（理論的に死んでいる）のに、世に生き残っている経済思想は「ゾンビ経済学」と呼ばれる。著者は緊縮策というゾンビ経済学を、代替医療・えせ医学の比喩を用いて批判する。実際には金融政策や財政政策が効いたにも関（かか）わらず、効いたのは緊縮策なのだとうそぶく姿は、確かにえせ医学者らの振る舞いに似ている。

必要なのは成長、緊縮は回復を妨げる。そう論証していく本書は、緊縮策に共感を示す人には劇薬だろう。だが求められるのは、覚悟や勇気より、確かな効果。増税と歳出削減が叫ばれる今、緊縮の意味を考え直したい。

評・荻上チキ（評論家）

二〇一五年一二月二〇日❶

『天国でまた会おう』

ピエール・ルメートル 著 平岡敦 訳
早川書房・三四五六円
ISBN9784152095718／9784151814518（ハヤカワ・ミステリー文庫〈上〉）・9784151814525（〈下〉）

歴史／文芸

称えられる戦死者 捨てられる帰還兵

日本で爆発的な人気を博した海外ミステリーの作者が、初めて手がけた文芸作品。フランスで最も権威ある文学賞のゴンクール賞に選ばれた。期待を裏切らない、読者を魅了する豊潤な物語だ。

休戦間近の第1次世界大戦の最前線にいた若い仏軍兵士2人。功を焦る上官プラデルの悪計で不必要な戦闘に巻き込まれ、元銀行経理係のアルベールは、砲弾が巻き上げた土砂で生き埋めに。大富豪の息子エドゥアールは瀕死（ひんし）の彼を救い出した瞬間、砲弾片で顔の下半分をもぎ取られた。

戦後、離れられなくなった2人はパリに戻り、過去の生活を失ったまま極貧にあえぐ。やがて、全国に戦没者の記念碑を建てる架空事業で大規模な詐欺を企てた。

物語はさらに重層的だ。2人を不幸に追いやったプラデルは英雄として凱旋（がいせん）した後、戦没者埋葬ビジネスで一もうけをたくらむ。また、エドゥアールは冷め切った関係の大富豪の父に会いたくないため、戦死を偽装したが、それを信じた父は初めて息子に尽きせぬ愛情を感じている。それらの支流も波風を立てて物語の大河に合流していく。二転三転する物語の行方は、誰も予測がつかない。

この長編小説は、古典的名作を想起させた。夢も希望も失い、最前線で不毛な殺し合いを続ける若きドイツ軍兵士の視点から第1次大戦を描いたレマルクの『西部戦線異状なし』（1929年）だ。その続編を敵側の仏軍帰還兵の物語として紡いだようにも思えた。

『西部戦線』である独軍兵士がこう話す。「僕らはもう戦争のおかげで何をやろうとしても駄目にされちゃったんだね」

この無念は、本書の主人公2人の思いとも重なる。顔の形成手術を拒み、自ら作った仮面をかぶり続けるエドゥアールは、戦争に「宣戦布告」するため詐欺を企てた。善良なアルベールはそれを止めようとするが、生活に絶望した末に計画に加わった。

彼らが敵視する社会は、戦死者を称揚し、愛国心をあおる一方で、落ちぶれた帰還兵を余計者と切り捨てる。『西部戦線』でも銃後の独国民が最前線の実態を知らず、戦争に浮かれる場面があったが、どの国も似たような問題性を抱えることがわかる。戦争を生んだ国に対する作者の強い批判が、全編を通じて感じられた。

本書が選ばれたゴンクール賞は1903年に始まった伝統ある文学賞だ。過去の受賞作には難解な作品もある中で、本書は読みやすく、フランス本国で「大衆性と文学性を両立させた作品」の賛辞もあった。エンタメ、純文学のジャンルにとらわれない、人間の本質に迫る物語が評価されたということだろう。

評・市田隆（本社編集委員）

Pierre Lemaitre 51年パリ生まれ。『悲しみのイレーヌ』でデビュー。そのヴェルーヴェン警部シリーズの第2作『その女アレックス』はインターナショナル・ダガー賞など。日本でもベストセラーに。本作でゴンクール賞。

二〇一五年一二月二〇日②

経済／社会

『震災復興の政治経済学 津波被災と原発危機の分離と交錯』

齊藤誠 著

日本評論社・二三七六円
ISBN9784535558298

費用負担のあり方 鋭く問う

東日本大震災の復興政策の枠組みを根本的に問い直す、優れた著作がついに現れた。高名なマクロ経済学者である著者が、現実と格闘して真実を掴（つか）み出そうとするその姿は感動的ですらあり、引き出された知見は衝撃的で、そのメッセージは我々に重く響く。

とりわけ重要なのは、福島第一原発事故とその費用負担スキームの分析だ。事故で発生した損害賠償費用および廃炉費用について政府は、東京電力に無過失・無限責任を負わせたかに見えて、実際は、政府（「エネルギー対策特別会計」）が費用を負担している事実を鋭くえぐり出す。著者の試算によれば、損害賠償費用の真の負担割合は、税金や電力料金を通じて納税者（消費者）が82％、東電（東電株主）はなんと、わずか14％しか負担していないという。

政府事故調の報告書など膨大な資料を読み解く中から著者は、大津波到来直後の状況は、非常時対応マニュアルで定められていた範囲と程度に収まっており、「想定外」とは言えなかったと指摘する。さらに、状況に応じてどう振る舞うべきかを定めた規範（「事故時運転操作手順書」）も定められていたのに、東電本社、吉田所長をはじめとする現場、原子力安全・保安院はそれを遵守（じゅんしゅ）せず、状況誤認に基づく誤った運転操作によって、本来は避けえたはずの炉心損傷と水素爆発を引き起こすに至ったことを次々と明らかにしていく下りは、圧巻だ。

こうした経緯から、東電の経営者、株主、債権者（銀行）が当然引き受けるべき負担を事実上免責としてきた根拠は失われる。いまや、廃炉費用のために積み立てられた資金は枯渇しつつあり、現在の費用負担スキームは限界に達した。消費者や納税者になし崩し的に費用負担を強いるのではなく、株主、金融機関に対し、正当な費用を負担させる新しいスキーム構築を議論すべき時だ、という著者のメッセージは、傾聴に値する。

評・諸富徹（京都大学教授）

さいとう・まこと 60年愛知県生まれ。一橋大学大学院教授。『原発危機の経済学』など。

二〇一五年一二月二〇日❸

『イケアとスウェーデン　福祉国家イメージの文化史』

サーラ・クリストッフェション 著
太田美幸 訳
新評論・三〇二四円
ISBN9784794810199
経済／社会

共感と消費を呼ぶ「物語」の力

家具や雑貨を販売する巨大なイケアの店舗に足を踏み入れると、印象的なディスプレーとカタログ、開放された倉庫、簡単な組み立て商品など、独特の雰囲気にのまれ、つい思っていた以上に多くの商品を購入してしまう。今やイケアは世界28カ国に展開する企業として成功し、経営やデザインの視点から論じられてきた。が、本書は、イケアがどのような「物語」をつむぎだし、文化的なイメージを形成したかを分析している。

国旗の青と黄を外装の色としたように、特徴はスウェーデンらしさの強調だが、スウェーデンも国家のブランド戦略としてイケアを利用するようになったという。もっとも、初期のイケアはフランス風の綴（つづ）りを社名に使い、商品名にもイタリアやアメリカを連想させるものがあり、本格的に世界進出した70年代からスウェーデンらしさを前面に出すようになった。

イケアは、マッチ売りの素朴な少年が創業した自社の歴史を繰り返し書き、社内で価値観や行動の指針を共有し、広報戦略を練って対外的なイメージをつくりだしている。勤勉、節約、忍耐。あるいは、「より快適な毎日を、より多くの方々に」や「贅沢（ぜいたく）の民主化」。これらはデモクラシーや公正さといった福祉国家のイメージと重ねあわせられた。世界的に高く評価された北欧のモダニズムが築いたイメージも受け継ぐ。

本書の著者は、こうした物語を批判的に検証し、必ずしもイケアの言う通りではない部分も指摘するが、非難することが目的ではない。われわれが機能的かつ経済的なモダニズムの商品を購入しているつもりが、実はポストモダン的に物語を消費していることを明らかにしている。そしてグローバリズムの時代において、軍事や経済のハード・パワーではなく、文化によって人々の共感を得る、企業と国家が相互補強するソフト・パワーの効果を描いているのだ。

評・五十嵐太郎（建築批評家・東北大学教授）

Sara Kristoffersson　72年生まれ。スウェーデン国立美術工芸大学教授。

二〇一五年一二月二〇日❹

『香港パク』

李承雨 著　金順姫 訳
講談社・一九四四円
ISBN9784062196765
文芸／社会

見えないもの暴く、精神の深層

韓国の作家・李承雨の小説は、たたみかけるように重なる叙述がやがて未知の場を拓（ひら）いてみせるところに、無類の魅力をもつ。そこにある言葉は、見えないものを暴こうとする方向を向き、冷厳で、粘り強い姿を見せる。

短編集『香港パク』は初期の作品八編を収録。表題作は一九八〇年代と思われる韓国の小出版社が舞台だ。社長は横暴極まりない人物。社員の中に、香港パクと呼ばれる男がいる。「香港から船さえ入港してみろ、こんな職場辞めてやるよ」と彼は宣言する。

社員たちは詳細を知らぬまま、なぜ香港なのかもわからず、けれど、いつしかその船が来ることに望みをかけるようになるのだ。ある日ついに香港パクは退社してしまう。いつか船が来るという悲しい確信だけを残して。信じることで、日常をなんとか凌（しの）ぐ。それは人間がもつ能力の一つかもしれない。著者は、そのシンプルな素材によって普遍的な構図を描出する。

「首相は死なない」は、噂（うわさ）や白昼夢、演技と事実の隙間を縫って進む。首相は、自分が死んだという噂が流れるたびにマスコミを通して健在ぶりを示す。「彼は数限りなく死んだが、一度も死ななかった」。小説家のK・M・Sは捕縛され、取り調べを受ける。どこまでが白昼夢で、どこまでが現実なのか。それらが逆転するかのように動いて、出口は塞がれる。

クレタ島の迷宮と怪物ミノタウロスをめぐる「迷宮についての推測」や、太陽が昇るかどうかで不安と恐怖に振り回される人々を描く「太陽はどのように昇るのだろうか」など、神話や寓話（ぐうわ）の要素を軸として人間性に迫る作品にも、引き込まれる。

読むうちに思いがけない闇の縁に立たされ、愕然（がくぜん）とする。李承雨が扱う世界で、精神の深層にふれないものはない。いま急速に忘れられつつある、小説という表現の大切な性格が、ここにはある。

評・蜂飼耳（詩人・作家）

Lee Seung-U（イ・スンウ） 59年韓国生まれ。作家。『生の裏面』『真昼の視線』など。

二〇一五年一二月二〇日⑤

『誰が「橋下徹」をつくったか 大阪都構想とメディアの迷走』

松本創 著

140B・一五一二円

ISBN9784903993232

政治／社会

「言葉」を乗っ取られた社会

「彼が政治家になった7年半で、ずいぶん荒っぽい言葉が社会に蔓延（まんえん）するようになった。それまではネットの中にとどまっていた攻撃的で排他的、汚い言葉遣いで誰かを罵（ののし）るような人が増えた。彼の悪影響は大きいと思います」

彼とは、橋下徹・前大阪市長。大阪のテレビ局で行政を取材してきたベテラン記者の感想である。

橋下氏が大阪府知事選に出馬してから現在に至るまでの、メディアとの関係を詳細に検証した本書を読んで、私がまず思ったのも、橋下行政最大の負の遺産はヘイトスピーチの隆盛だということだ。

著者によれば、報道メディア、特にテレビ局は橋下氏をタレントとして育てたとの身内意識があるから、政治家転身の際に親身にサポートする姿勢が強かった。だが、熱狂を呼び起こすその弁舌に異例なまでのスポットライトを浴びせ続けるうち、メディア自らが、敵を作って支持を集める橋下氏の手法の餌食になっていく。橋下氏に依存状態になったメディアは、どれほど侮蔑的で事実無根の罵倒を浴びせられても、それを批判して影響力圏を脱することはできなくなっていた。橋下氏が維新の党の公式文書を通じて、都構想に批判的な識者を出演させるなとテレビ局に圧力をかければ、その意向を汲（く）んだ配慮をするありさまだった。

橋下氏は、民主主義、言論の自由、公正中立といった「マスメディアが食いつき、賛同しないわけにはいかない言葉」で己を武装し、「メディアが機械的に唱えるうちに空洞化してしまったその言葉の意味を、自らに都合よくねじ曲げて声高に主張する」、と著者は分析する。メディアは「『言葉』を橋下に乗っ取られてしまった」のだ。

橋下氏をなぞるように暴力的な物言いをし、表現の自由だと主張する者たちも、それを黙ってやり過ごす私たちも、言葉を乗っ取られている。

評・星野智幸（小説家）

まつもと・はじむ 70年生まれ。元神戸新聞記者。『日本人のひたむきな生き方』など。

二〇一五年一二月二〇日⑥

『証言で綴る日本のジャズ』

小川隆夫 著

駒草出版・五六一六円

ISBN9784905447535　歴史／アート・ファッション・芸能

質問が引き出す「時代の空気」

ジャズについてそれほど詳しくなくても、ミュージシャンや評論家らの証言を読むことで、浮き彫りになる時代の空気を感じる。ジャズだけではない。この国のポピュラーミュージックの歴史を理解するためにも興味深い好著だ。

もちろん、「証言」から多くを知るが、同時に、著者がミュージシャンらに投げかける質問にも意味がある。以前から、インタビューはそれを受ける人を描くだけではなく質問者の姿が出現すると感じていた。本書で著者は、日本のジャズに関わった様々な人から話を聞く。的確な質問によって語り手はジャズと時代を物語るが、著者の質問がそれを見事に引き出す。

つまりこれは、インタビュアー小川隆夫が表現された本だ。

もちろん、書名にあるように「証言で綴（つづ）る日本のジャズ」だが、それを引き出したのは著者の該博なジャズへの知識と、強い熱意だろう。それが本書を豊かにする。なかでも興味深いのは、著者はしばしば、「幻のピアニスト」と呼ばれ一九五五年に自ら死を選んだ不遇の「守安祥太郎」について質問し、謎に包まれた姿を証言によって理解しようとする。たとえば、録音エンジニアとしてジャズに深く関わった岩味潔は、「当時の秋吉さんは守安さんに教えてもらっていました。だから秋吉さんは守安さんを『お兄ちゃん、お兄ちゃん』と慕っていたんです」と著者の質問に応じる。秋吉さんとは、もちろん「秋吉敏子」だ。同様に多くの証言者が守安について語る。だが不思議なのは、著者の小川が、秋吉に対してはその質問を一切しないことだ。もちろんインタビューは編集をされているだろうが、それは奇妙だ。質問することだけではなく、質問しないことによってなにかが出現する。

これはあきらかに、インタビュアーである著者、小川隆夫が描かれた本だ。

評・宮沢章夫（劇作家・演出家）

おがわ・たかお 50年生まれ。整形外科医、ジャズジャーナリスト。『ブルーノートの真実』ほか。

二〇一五年一二月二〇日⑦

『お菓子の図書館 ドーナツの歴史物語』

ヘザー・デランシー・ハンウィック 著　伊藤綺 訳

原書房・二二六〇円

ISBN9784562052523　歴史

ドーナツはむろんご存じだろうが、それを定義すると？

これが実にたいへん。「ドーナツとは、卵を加えることもある、（100字略）内側はしっとりふんわり、ケーキのような食感の揚げ菓子をいう」。なぜこんなに面倒かというと、アメリカに定着するはるか昔から、人類は各地でドーナツ「らしき」ものを食べてきたから。本書はそれを丹念に追いかけ、ドーナツを愛した国や社会や人々の動向を明らかにしていく。

ふと考える。日本のスイーツの歴史を語れる研究者がどれだけいるのか、と。私は朝廷の裁判制度史を研究したが、法廷とは縁のない人生を送りそうだ。一方でスイーツは毎日食べているのに、その来歴を何も知らない。多くの人に歴史学に親しんでもらうためにも、いま日本では本書のようなアプローチこそが求められているのではないか。身近なところに素材を求め、世界を視野に入れてしっかり考え、読み手を少し幸せな気持ちにする。そうした研究が。

評・本郷和人（東京大学教授）

平成二十八年

2016

二〇一六年一月一〇日❷

『ロゴスの市』

乙川優三郎 著
徳間書店・一六二〇円
ISBN9784198640422
文芸

「友人で同志」の清冽な交わり

昭和五十五年初夏、「せっかち」な女と「のんびり」な男は大学のサークルで出会った。ともに二十歳・英文科二年生、英語漬けの毎日を送っていた。女がせっかちなのは性分もあろうが、育った家庭の事情が深く関わっていた。彼女は少しでも早く社会に出ることを冀（こいねが）い、英語を瞬時に日本語に変換する同時通訳をこころざした。将来に格別な展望をもっていなかった男は女から多大な刺激を受け、時間をかけて英語と向き合える翻訳家への道をゆっくりと、しかし着実に歩み始める。

「学生時代からの友人で同志」とある。加えて私には、自らに厳しい武士のように思われた。話し言葉と書き言葉と差異はあれ、二人はそれぞれに言葉と格闘しながら己（おのれ）を磨く。女は世界を飛び回る洗練された通訳に成長し、男は最もふさわしい翻訳のありようを追い求めて悩み、考え尽くす。そして彼らは日々の成果を携えて対峙（たいじ）し、真摯（しんし）に容赦なく斬り結ぶ。清冽（せいれつ）な交わりは時の経過につれて、さていかなる像を結ぶのか。私の拙（つたな）い表現で紹介してしまっては台無しと言うほかない。ぜひ直（じか）に確かめてほしい。

私は古い資料の読解を生業とする。室町幕府四代将軍足利義持はでき物を掻（か）き破り、雑菌に毒され没した。さる貴族の日記に「室町殿、雑熱あり、馬蹄（ばてい）」とあり、室町殿は義持で雑熱はでき物だが、馬の蹄（ひづめ）が何を意味するか、どう調べても誰に聞いても分からなかった。だが、先日ふと、そうかおできの形状の説明を試みた言葉だ、と思い至った。コロンブスの卵だが三十年ごしの謎が解けた。

私は主人公のように熟達し得なかったが、それだけに凡庸ながら同じロゴス（論理的に語られたもの。言葉）の徒として、強い憧憬（しょうけい）を彼に抱いた。更にいうと男と女と私、また「学生時代からの友人で上司」である妻は同い年となる。私にとり間違いなく、近年読んだ小説の随一である。

評・本郷和人（東京大学教授）

おとかわ・ゆうざぶろう　53年生まれ。作家。『生きる』で直木賞、『脊梁山脈』で大佛次郎賞など。

二〇一六年一月一〇日❸

『植物は〈知性〉をもっている　20の感覚で思考する生命システム』

S・マンクーゾ、A・ヴィオラ 著　久保耕司 訳
NHK出版・一九四四円
ISBN9784140816912
科学・生物／社会

石炭も薬も 人類を育んだ歴史

人間は木々や花を愛（め）でる一方で、生活の都合やエネルギー源として利用してきた。動物はペットのごとく人間社会に組み込まれているが、擬人化するには異質な植物は、都市において群生を必要とされず、計画的に公園や道路に配置されているばかりである。なぜ異質なのか。植物には知性がないと思われているからだ。しかし本書は植物にも知性があると主張している。

知性とは問題を解決する能力、と定義づけるならば、植物は人間の能力を遥（はる）かに超えている。何よりも、植物は30億年前に超えている。

「光合成」という生命に欠かせない機能と共に地球に現れ、進化上の新米である人類を育んできた。石炭や病気を治す薬も、植物が提供してくれる。それでもなお、人間は進化の頂点にいるという自尊心から植物を見下してきた。まず、その歴史を本書は紐（ひも）解いてゆく。

旧約聖書創世記では植物への言及が乏しいが、ノアは1本のオリーブの葉を咥（くわ）え

たハトに生存の希望を見いだした。植物への対応は、無生物扱いされたり、時には崇（あが）められたりと矛盾だらけなのだ。なぜなら人間と植物は進化のサイクルが異なるからだという。動かないように見えるのは、それがあまりにも遅いからなのだ。根っこは地中で動き回るし、それは脳と同じ機能があるように見える。

だが、そもそも植物は動き回る必要がないともいえる。植物はインターネットのようにつながり、分割や交換が可能なモジュール構造を持っている。種子は動物や風に運ばれ、化学物質を駆使して昆虫を操る。そして人間の五感を遥かに超える20もの感覚を持っていることが示される。

植物は人間がいなくても生きていける。だが人間は、植物が太陽と共に準備した環境の中でしか生きていけないのだ。このことは今後の地球にとって最重要な課題である。世界観の転回を突きつける、刺激的な本に出会った。

評・細野晴臣（音楽家）

Stefano Mancuso　伊フィレンツェ大学教授。
Alessandra Viola　記者。

二〇一六年一月一〇日④

『ゲルダ　キャパが愛した女性写真家の生涯』

イルメ・シャーバー 著　高田ゆみ子 訳

祥伝社・二二六八円
ISBN9784396650551

ノンフィクション・評伝

生を燃焼させる魔力に魅入られ

戦争写真が人々の目に触れるようになったのはスペイン内戦からである。新進のグラフ誌が写真を掲載し、カメラマンの意欲に拍車をかけた。近年女性戦場カメラマンの先がけとして注目されているゲルダ・タローもそのひとりだ。これまでは「ロバート・キャパの恋人」という惹句（じゃっく）に紛れていたが、実際は彼を職業写真家に仕立てる役を果たし、本人もまたすぐれた写真を数多く残していることを本書は詳（つまび）らかにする。

東欧系ユダヤ人で体は小柄だったが、男が二の足を踏む前線にも平気で赴き、しかも美人。戦地では目立つカップルだったようだ。しかし、ゲルダ撮影の写真の多くがキャパとクレジットされたために埋もれる結果になった。キャパだけのせいではない。当時は写真家は素材を提供するだけでそれをどう扱うかは雑誌社に任されていたのだから。

キャパを一躍有名にした両手を広げて倒れる「崩れ落ちる兵士」の写真が巻き起こした実戦を撮ったものではないという後の論議や、この撮影者はゲルダの可能性が高いという沢木耕太郎が解説で触れている自説は、そうした時代状況抜きには理解しえないだろう。雑誌は人々の見たがるイメージを競って掲載し、社会の側にもその信憑（しんぴょう）性を問うという姿勢がなかった。

添える言葉によって見え方が一変し、社会を一方向に動かしたり人々の感情を煽（あお）り立てる側面が写真にはある。突き詰めればそれは人間自身がもっている意識の不安定さや揺らぎやすさの顕（あらわ）れであり、写真は単にそれを正直に映しだすだけなのだ。

内戦当時ゲルダは26歳、キャパは22～23歳。刻々と変化する戦況に生身で反応することを求める写真に深く魅入られたことは想像できる。抵抗心をもった若者の生を燃焼させるのにこれほど最適な道具はなく、その魔力を知ってしまった彼らは写真と契りを交わしたも同然だった。

評・大竹昭子（作家）

Irme Schaber　56年生まれ。ドイツの歴史学者、作家。

二〇一六年一月一〇日⑤

『プーチンの実像　証言で暴く「皇帝(ツァーリ)」の素顔』

朝日新聞国際報道部、駒木明義、吉田美智子、梅原季哉 著

朝日新聞出版・一九四四円
ISBN9784022513229　政治／社会／国際

強権志向者が抱える孤独

長らくチェチェン紛争からロシアを見てきた私には、最高権力者であるプーチンとは、強権志向の半独裁者であり、暗殺の横行する社会を許す冷血漢だと映っていた。なぜロシアの人々はそんな指導者を求めるのかを知りたくて、本書を開いたら、危うくプーチンの魅力の虜(とりこ)となりかけている自分に気づいて、驚いた。

関係者約20人の証言からなるこの本を読んで、私はプーチンという人間をよけいわからなくなった。ステレオタイプなイメージで捉えると、足をすくわれてしまう。何しろ、人によって見え方がまったく違うのだ。冷たく、笑わず、内心の読めない人物だという者もいれば、ざっくばらんで率直で誠実だという者もいる。

例えば、冒頭や4章では柔道の山下泰裕氏や森元首相との絆が詳細に描かれるのだが、ここでのプーチンの言動は、読者が心酔しそうになるほど魅力的だ。私はこんな姿のプーチンを知らなかった。

現在はソ連時代への回帰をあからさまにしているように見えるプーチンだが、そもそもはKGBに属しながら、共産主義イデオロギーには批判的だった。その志向には、欧州への強い憧れがあるという。プーチンがしきりに口にする不満がある。冷戦崩壊でロシアは自らの影響圏を理性的に手放し、自由主義経済に切り替え、民主体制になった。にもかかわらず、欧州は我々を信用せず、同じ仲間として受け入れないばかりか、旧東欧諸国をNATOに加えて軍事的に包囲しようとさえする。リスボンからウラジオストクまで、というスローガンを掲げて、極東に至る大欧州経済圏を提唱しても、無視される。この失望と恨みが、今のプーチンを過去へと向かわせているのではないか、と本書は説く。

独裁と孤独が表裏一体であることを小説で描いたのはガルシア＝マルケスだが、本書はプーチンのそんな孤独を探り当てたといえよう。

評・星野智幸(小説家)

こまき・あきよし　66年生まれ。
よしだ・みちこ　74年生まれ。
うめはら・としや　64年生まれ。

二〇一六年一月一〇日⑥

『愛の顛末　純愛とスキャンダルの文学史』

梯久美子 著

文芸春秋・一五六六円
ISBN9784163903606　文芸／ノンフィクション・評伝

無私の愛　追い求めた作家たち

小林多喜二、三浦綾子、梶井基次郎、寺田寅彦など、明治以降の十二人の小説家、歌人、俳人を取りあげ、かれらがどんなふうにひとを愛したのかを浮き彫りにするノンフィクション。著者は、対象となる各人の作品や手紙といった文献資料をひもとくだけでなく、現地に赴き、作家の足跡をたどることもしている。

爆笑なのが、「情痴作家」と呼ばれた近松秋江だ。彼はいまで言う「ストーカー」を主人公にした小説を書いたのだが、これがなんと私小説。つまり近松氏本人も、かなり迷惑なひとだったのだ。友だちの正宗白鳥は、近松氏の尻ぬぐいに疲労困憊(こんぱい)。正宗白鳥を疲れさせるほどの迷惑力とは、相当のものだ。ううむ、近松氏の作品を、俄然(がぜん)読みたくなってきた！　憎めない人柄で、小説に真剣に向きあっていたことが伝わってくるのは、本書の著者が近松氏のストーカーぶりに困惑しつつも、愛情と共感を持って書いているからだろう。

私は原民喜の小説が好きだが、晩年に近所

の少女と親交があったことを知らなかった。愛する妻を亡くし、広島で原爆に遭い、壮絶という言葉では足りぬ人生を歩んだ原民喜。それでも彼は、他者を大切に思い、この世に美と善を見いだすことをやめなかったのだと知り、改めて胸打たれた。

同じことは、妻子を愛した中島敦や、死の床にあっても短歌を詠みつづけた中城ふみ子と、彼女を見いだし、心のこもった手紙を送って励ましつづけた中井英夫にも言える。かれらの作品には、孤独の影が濃い。しかしそれゆえに、無私の愛を他者に与え、無私の愛を信じ追い求めたのかもしれない。

我々はみなさびしい。だからこそ、一瞬の快楽ではない愛を探す。愛を探索する軌跡が投影され、ひとの心の叫びがこだまし結晶となっているから、私たちは文学を愛するのだと、本書を読んで思う。

評・三浦しをん（作家）

かけはし・くみこ　61年生まれ。『散るぞ悲しき』『昭和二十年夏、子供たちが見た戦争』など。

二〇一六年一月一〇日⑦　社会

『鉄道への夢が日本人を作った　資本主義・民主主義・ナショナリズム』

張彧暋 著　山岡由美 訳

朝日選書・一七二八円
ISBN9784022630377

鉄道は、学校や軍隊などとともに、近代になって初めて整備される社会インフラの一つである。この点では明治になって近代化が始まる日本も例外ではない。

しかし、例えばアメリカでは20世紀初頭に早くも鉄道が廃れて自動車の時代を迎えたのに、なぜ日本では新幹線に見られるごとく、いまなお鉄道への根強い「信仰」が存在するのか。本書の著者である外国人の眼（め）には、鉄道は単なるインフラの一つではなく、まさに近代日本のナショナリズムを規定する「下部構造」として映ったのだ。

本書は歴史社会学の視点を取り入れた政治思想史の研究書でありながら、主人公は有名な思想家ではなく、あくまでも鉄道という「モノ」である。鉄道が物神崇拝の対象となり、そこから言説化されない政治思想が形成されてゆく過程を、本書は見事に描いている。それは同時に、既存の学問体系に安住している日本のアカデミズムへの反省を鋭く迫ってもいる。

評・原武史（明治学院大学教授）

二〇一六年一月一〇日⑧　文芸

『ウォーク・イン・クローゼット』

綿矢りさ 著

講談社・一五一二円
ISBN9784062197571

著者が描く若い世代の物語に、50代中年男の私でも、ついつい引き込まれてしまうのはなぜか。

本書所収の中編2編のうち表題作では、28歳のOL、早希が失恋の心の隙間を埋めるべく、「対男用」ファッションに身を包んで恋活に励むが、なかなか実らない。もう一編「いなか、の、すとーかー」では、故郷に戻ってきた若手陶芸家の透が、仕事は上り調子なのに、現れた女ストーカーに振り回される。

著者は、柔らかい言葉を重ね、かゆいところに手が届くような心理描写が巧みだ。彼らの内面の起伏に同化し、一喜一憂を味わう感覚になる。主人公たちはやがて、周りの人とのつながりの中で再生していく。

失われたものへの憧憬（しょうけい）、同じ悩みを持つ者への共感、読者の立場によっていろいろ感じ取っていいだろう。大上段に構えず、親しみやすい作品世界にしばし身をゆだねる時間が貴重に思えた。小説本来の楽しみがある佳作だ。

評・市田隆（本社編集委員）

二〇一六年一月一七日❶

『21世紀の不平等』

アンソニー・B・アトキンソン 著
山形浩生、森本正史 訳
東洋経済新報社・三八八八円
ISBN9784492314708

政治／社会

上手な再分配策を！ 明快で具体的提言

それにしても、政府はいつになったら再分配政策に本気を出すのだろう。経済政策の三本柱といえば「安定」「成長」「再分配」。だが、アベノミクス「第一の矢」でも「第二の矢」でも、「再分配」だけがごっそりと抜け落ちている。かと思えば野党も、整合的な経済ビジョンをつくれぬままか、緊縮に熱心な様子が目立つ。

再分配モドキとして取りざたされている軽減税率論議も、「低所得者対策として効果があるのか」という論点が掘り下げられぬまま進んでいる。経済学者の大半が反対しているにもかかわらず、政局的な側面ばかりをとりあげる報道も問題だ（せっかくの新聞書評欄なので書いておくと、新聞購読者は非購読者よりも平均所得が高いので、消費税の逆進性緩和が名目の軽減税率論議に入れること自体おかしい。仮に活字文化を保護したいと言うなら、補助金を求めればいい）。つまり日本では、真正面からの「再分配政策論」が圧倒的に不足しているのだ。

2014年12月、トマ・ピケティ『21世紀の資本』が発売された。「トリクルダウンは（自然発生し）ない」という分析部分や、「グローバルな資産課税を」といった提案部分のインパクトが強いが、「まじめに再分配政策を考えよう」という議題を真正面から再設定した、意義ある一冊だった。

アトキンソンは、そんなピケティの師匠にあたる。格差論の大家で厳格な研究者が一般向けに書き下ろした本書の主張は実に明快。格差の現状を分析する第一部、格差是正のための15の政策提言（＋五つの検討アイデア）を論じる第二部、想定される反論に対して応答する第三部を通じて、シンプルに「もっと上手な再分配政策を！」と訴えている。

無論、ただの一般論ではない。累進税率はもっとあげよう。相続税や贈与税も見直そう。児童対象のベーシックインカムを導入しよう。政府は失業者を最低賃金で雇用しよう。雇用を奪う技術ではなく増やす技術を推進しよう。成人時点で全員に資本給付（相続）をしよう。富裕国は国民総所得の1％を公的開発援助（ODA）にあてよう。豊富なデータと経済理論をベースに、具体的提案を、連続パンチのように浴びせていく。

本書は英国を対象として書かれた。しかし内容は重要かつ普遍的で、今の日本に求められる議論でもある。もちろん現状の日本では、「非緊縮・経済成長重視・再分配重視」の「リベラル・左派」は少数派で、その受け皿となる国政政党もないのだが、いずれはこのような「真正面からの再分配論議」を、国会論戦でも見てみたい。市民も議員も、未来をつくるためのアンチョコとしてどうぞ。

評・荻上チキ（「シノドス」編集長・評論家）

Anthony B. Atkinson 英オックスフォード大ナフィールドカレッジ元学長。現在は同大フェロー。所得分配論の第一人者。所得と財産の分配の歴史的トレンド研究で知られる。

二〇一六年一月一七日②

『新カラマーゾフの兄弟　上・下』

亀山郁夫 著

河出書房新社・上巻二〇五二円、下巻二三六八円
ISBN9784309024226〈上〉・9784309024233〈下〉　社会

混沌の時代「父殺し」の今を問う

ドストエフスキーの愛読者であった黒澤明は『白痴』を映画化しただけでなく、『酔いどれ天使』や『悪い奴ほどよく眠る』にもドストエフスキーの作中人物を脚色したようなキャラクターを登場させている。黒澤は登場人物たちの激情や愚行にリズムと振り付けを施すことによって、原作のスケール感やエンターテイメント性を際立たせようとしたに違いない。黒澤がムイシュキンを敗戦後の日本に出現させたように、カラマーゾフの兄弟たちを一九九五年の東京に解き放ったのが、本作である。登場人物たちの姓名も日本化し、父殺しの衝動と謎を語り尽くす。会話中心に進行するエンターテイメント的語り口も作中劇『大審問官』にあたる章も原作を踏襲しながら、同時に野方や北区の東京外大の旧キャンパス周辺を舞台にした私小説でもある。

時代設定を一九九五年にしたのは、やはりオウム真理教による国家転覆計画があったからか？　それはバブルが崩壊し、アメリカの一極支配が強化され、インターネットが国境を越え始めた時代でもあった。国家間で行われていた戦争をテロリストたちが私物化し、世界秩序を混沌（こんとん）に陥れようとする一方、国家は権威を維持しようと躍起になる。他者への無関心が進み、あらゆる信用が失墜してゆく。そんな風潮が静かに広がり出したのが一九九五年だった。

アメリカの傀儡（かいらい）でしかない日本の父親はもはや殺すに値しないが、世界の厳父たらんとするアメリカに牙をむく者たちこそがアリョーシャの末裔（まつえい）にふさわしいのかもしれない。このような歴史の反復を嫌う者は父殺しの欲望自体を葬るしかない。オイディプスやドストエフスキーの呪いは家族や国家、そして若者が滅びない限り消えないはずだが、どうやら、それらも滅びつつある現在、六十六歳の若者である亀山氏がこれを書かずにはいられなかった事情はよくわかる。

評・島田雅彦（作家・法政大学教授）

かめやま・いくお　49年生まれ。名古屋外国語大学長。『磔（はりつけ）のロシア』。

二〇一六年一月一七日④

『清水幾太郎　異彩の学匠の思想と実践』

庄司武史 著

ミネルヴァ書房・七〇二〇円
ISBN9784623074181　社会

多作の思想家　忘却した言論空間

生前90冊余の著書を出した清水幾太郎だが、今や「忘れ去られた思想家」と言われる。覚えている人にしても60年に安保反対運動を率い、80年代には核武装論を唱える等、突出した政治的姿勢を断片的に記憶している程度だろう。

著者はそんな清水を忘却からすくい上げる。本書で採用した方法は人文学研究の王道、つまり清水の論文の網羅的かつ徹底的な読破だ。

清水の研究者人生は「個人」が「社会」という有機体の一部となると論じた社会学者コントへの検討から始まった。そしてデューイと出会った清水は、社会に作られる受動性だけでなく、自ら社会を作っていく実践的側面を人間が備えていることを学ぶ。

こうして形成された清水の思想には「自分」と「自分を超えるもの」との間で往来する志向を含んでいたと著者は考える。「自分を超える」理想への献身を重視する時には、社会の有機的秩序に従う必要性を唱える。戦前に書いた翼賛的な社説や、晩年に国家の安全のためには結社の自由の抑制もやむを得ないとし

た主張がこれに当たる。一方でプラグマティズムへの共感が勝ると「自分」の経験を踏まえて体制の革新を目指す。これが戦前のマルキシズムへの傾倒、戦後の日米安保反対闘争や核保有をも含む再軍備を求める姿勢となる。

清水の人生を鳥瞰（ちょうかん）する上で、彼が大立ち回りを演じていた時代に立ち会えなかった著者の若さは有利に働き、感情に流されず、そこに貫かれている思想の軸を浮き彫りにした。そんな本書の成果を踏まえれば、清水の振幅に一度は「左」「右」のラベルを貼って毀誉褒貶（きよほうへん）の対象とし、そうしたイデオロギー的な解釈が無効になると、清水という存在自体をも忘れてしまった近代日本の言論空間の「質」を分析する道も開けよう。今、清水は忘れ去られるよりも、むしろ思い出されるべき思想家なのかもしれない。

評・武田徹（評論家・恵泉女学園大学教授）

しょうじ・たけし　78年生まれ。サイバー大学IT総合学部客員講師。

二〇一六年一月一七日⑤

『パクリ経済　コピーはイノベーションを刺激する』

K・ラウスティアラ、C・スプリグマン 著
山形浩生ほか 訳
みすず書房・三八八八円
ISBN9784622079408

経済／社会

複製は悪か　利益と創造の源か

本書が一貫して主張するのは、コピーは必ずしも創造性を萎縮させるのではなく、むしろイノベーションを刺激するケースが存在することだ。１９７０年代にビデオデッキが登場したとき、映画産業がこれを撲滅しようと訴えたが、米最高裁は1票差で容認したという。その後、映画産業は縮小どころか、新しいホームビデオ市場でさらなる利益を得るようになった。本書では、著作権が認められていないために、創造活動が活性化しているファッション、料理、コメディー、アメフトの戦術、フォント、金融商品、データベースなどの分野のメカニズムを解析している。いずれも誰かの創造が独占されず、クリエーターの集団によって改良が繰り返され、競争的なプロセスが促進されているのだ。

ときとしてコピーは流行を生み、オリジナルの宣伝になり、オリジナルへの探求に導く。また分野によっては、法に頼らずとも、創造者コミュニティーの規範が不当なコピーを制御する。コピー禁止の強化と著作権の拡大さえすれば、単純にコンテンツ産業が育成されると思い込みがちだが、本書は説得力ある事例とデータによって異なる実態を明らかにする。

「音楽と音楽産業は同じものではない」という指摘は印象的だった。なるほど、監視の目を光らせるのは、レコード会社や著作権協会である。クリエーターは金だけが動機で制作するわけではないし、デジタルツールの発達で制作や流通のコストも下がった。現在、体験をコピーできないライブの重要性と収益が増加し、ネットを通じた音楽受容の変革が進む。新しい上映技術を進化させ、映画館の観客を増やしているのに対し、音楽がCDなど正規品の品質を向上させていないのも怠慢かもしれない。パクリを敵視するのではなく、どう付き合い、抱き込むかが、次世代の産業の鍵になるのだろう。

評・五十嵐太郎（建築批評家・東北大学教授）

K. Raustiala　カリフォルニア大教授。
C. Sprigman　ニューヨーク大教授。

二〇一六年一月一七日⑥

『私たちはどこから来て、どこへ行くのか』

森達也 著

筑摩書房・一六二〇円
ISBN9784480818430

科学・生物／社会

〝納得〟求め、科学ととことん格闘

圧巻の面白さと圧倒的な違和感が同居する。しかも両者は同じ現象の裏表。であれば、読み出したら止まらなくなるのは当然だろう。

著者は言わずとしれた、オウム真理教を対象にしたノンフィクションで社会に一石を投じた人。その森達也が、人間とは何か、私とは何かを、科学はどこまで説明できるのか、さまざまな研究者へのインタビューを通して探っていく連作対談集である。対談相手は、日本を代表する当代きっての科学者たちだ。

森は、先の問について、あくまでも己の直観と皮膚感覚にもとづいて、科学者たちに肉薄していく。そのたびに科学者たちは誠実に科学的な回答を繰り出していくのだが、森は納得できない。「理屈としてはわかる。でも『理屈としては』だ」

実は科学者たちも同じ思いを抱いている。自分は何者かへの科学的な回答には腑（ふ）に落ちていないと彼らも明言し、脳科学者はそのような問いかけ自体、人間の脳が生み出した副産物であり、問題として意味がないとまで言う。

だが、それでも森は、あくまでも自分の腑に落ちる言葉を探し求めていく。自身の直観や感覚をここまで強く深く信じることができるというのは、どういうことなんだろう。ぼくには、そこまで自分を信じることはできない。だって、ぼくの直観は太陽や星が動き、自分は止まっていると告げている。地動説には納得がいかない。科学的知識と人間の直観は、そもそも合わないものなのだ。ここで神を持ち出しても、何の解決にもならない。

しかしぼくは、森のこのような「格闘」は、現在の科学と社会にとってなくてはならないものだとも思う。科学の生み出す知識が人々の直観や納得から離れたままでいるのは、社会にとっても不幸なことだと信ずるからだ。この分野での彼の今後の健闘に、期待するところ大である。

評・佐倉統（東京大学教授）

もり・たつや 56年生まれ。映画監督、作家。著書に、オウム事件を扱った『A3』など。

二〇一六年一月一七日⑦

『限界費用ゼロ社会〈モノのインターネット〉と共有型経済の台頭』

ジェレミー・リフキン 著　柴田裕之 訳

NHK出版・二五九二円
ISBN9784140816875

社会

社会主義経済体制は崩壊、資本主義にオールタナティブはないと我々は思い込んできた。しかし本書は大胆にも、それが「共有型経済」にとって代わられると予言する。

変化を引き起こすのは、「モノのインターネット（IoT）」だ。生産性を極限にまで高め、製品・サービスの供給にかかる追加的な費用（限界費用）をゼロに低下させる。企業はこれらの販売による収益を失うが、消費者は物的欲求をほぼ無料で充（み）たせるようになり、モノを所有する意義が失われる。

人々はプロシューマー（生産消費者）として技能や才能をシェアしつつ、協働型経済組織を発展させる。そこで蓄積されるのは、利潤動機による「私的資本」ではなく、相互信頼と評価格付けに基づく「社会関係資本」だ。素人が互いに手元の空き資産を活用する、配車サービスのUber（ウーバー）や宿泊場所提供のAirbnb（エアビーアンドビー）など、新しいビジネスモデル台頭の背景要因が、ここに見事に説明される。

評・諸富徹（京都大学教授）

二〇一六年一月一七日⑧

『童謡の近代　メディアの変容と子ども文化』

周東美材 著
岩波現代全書・二七〇〇円
ISBN9784000291767
社会

本書がまず語るのは、「童謡」を手掛かりにして、その誕生と拡大にメディアがどのように関わってきたかだ。同時に、「子どもの身体」がメディアになにをもたらしたか。こうして本書は、この国のポピュラー音楽史をたどる貴重な論考になる。著者は、「近代日本の大衆的なメディア文化の変容のなかで、子どもの存在は、傍流であるどころか、一貫して中心に位置していた」と書く。大正時代にさかのぼり童謡の起源や系譜を追うだけではなく、新しいメディアが登場するとき、子どもがどのような働きをしていたかを考察する。さらに、「童謡は、日本における都市化や大衆社会化といった複製技術時代の本格的な幕開けのなかで生み出されていった」と語る。つまり、童謡の広がり、それを支える考え方の変容、レコード産業をはじめとするメディアの変化のなかに、いまのポピュラー音楽の要素がほとんど含まれているのがわかる。アイドルはここから誕生した。

評・宮沢章夫（劇作家・演出家）

二〇一六年一月二四日①

『つかこうへい正伝　1968−1982』

長谷川康夫 著
新潮社・三二四〇円
ISBN9784103397212
文芸

流れる劇的な動力　特別な情感を構築

つかこうへいの劇作の基本が、ほとんど「口立て」だったのは有名な話だ。

即興で次々と台詞（せりふ）を俳優に伝える姿は本書でも随所に描かれる。言葉だけではない。台詞のリズムや抑揚まで俳優は「口立て」された通りに再現する。そうした演出法は、能や歌舞伎など、少なからず過去にもあったと想像するが、結果として、一九七〇年代の半ばからはじまった、いわゆる「つかブーム」を巻き起こす一連の作品群の魅力、圧倒的な観客の支持は、当時としては斬新だった、この「口立て」の、つかこうへいの鋭い感覚にあったのだろう。

身近な場所でその仕事を手伝っていた者による、つかこうへいの肖像は、シニカルでありつつ、深い敬愛をこめて描写される。著者の目に映るその男はとんでもない人物だ。いくつかのエピソードに驚くと同時に、巧みな描写によって興味深い物語になる。笑ったなあ。著者が手にしていたタバコの束をなにも告げず自分のものにしてしまう初対面の男とはいったいなんなのだ。

もちろん見事な作劇術として語られるつかこうへいの「逆説」、たとえば『熱海殺人事件』なら、犯人の物語をドラマチックに仕立ててあげなければ事件は解決しないと思いこむ部長刑事の不条理な論理だ。当時、それら一連の作品に触れた者は、その飛躍した論理、いわばでたらめさを狂喜し笑って迎えた。

けれど、こうした「つかこうへい像」や「笑いの方法」と同様に興味深いのは、本書だからこそ分析される、つか作品に固有のドラマツルギーと呼ぶべき劇的な動力ではないか。つかこうへいならではの、特別な「情感」の構築だ。その男の肖像によって知る傍若無人さと、作品にある、情感や劇的な欲動の高まりは、どこか不似合いだ。けれど、なんら齟齬（そご）はないのだと著者は語る。つまり、ねじれた愛情だ。人に対するシニカルな視線から生み出された距離だ。ここで触れる情感の高まりは、憐（あわ）れみや、愛（いと）おしさ、人が背負い込んだ哀（かな）しみのことではなかったか。とはいえ、つかこうへいはそれをまともに描かなかった。スターの座を奪われた老女優ヴィヴィアン・リーの悲劇をモチーフにしても、ねじれた姿になって、『蒲田行進曲』という作品が構想される。

「銀ちゃんは銀ちゃんで、ヤスの中に自分への哀れみを感じたとき、激高し、異常なまでの昂（たか）ぶりで、彼を足蹴にしてしまう」

たしかに、見事なほど、つかこうへい作品の核心だ。そして著者も書くように、それは、つかこうへいが演じたかった、「つかこうへい」である。

評・宮沢章夫（劇作家・演出家）

はせがわ・やすお　53年生まれ。演出家、脚本家。早大入学後、劇団「暫」に入り、つかと出会う。「蒲田行進曲」などのつか作品に出演。映画「亡国のイージス」で日本アカデミー賞優秀脚本賞。脚本作品に「起終点駅ターミナル」など。

二〇一六年一月二四日❷

『インディオの気まぐれな魂』

エドゥアルド・ヴィヴェイロス・デ・カストロ 著
近藤宏、里見龍樹 訳
水声社・二七〇〇円
ISBN9784801001367
人文

「野蛮人学」からの大転回を牽引

16、17世紀、ブラジル沿岸部の民族トゥピナンバの「気まぐれ（インコンスタンシア）」に、宣教師たちは悩まされた。気軽にキリスト教徒になり、すぐまた「悪習」に戻る。とくに戦争、捕虜の殺害・食人儀礼、報復戦という一連の慣習は戦士たちの生きがいで、なかなか止められない。イエズス会士ヴィエイラは、いわば植物性の手なずけにくさを先住民族に見いだしたという。矯（た）めやすく一見従順だが、すぐに枝葉を伸ばし、元の姿に戻ってしまう。

「野蛮人」は矯正しなくてはいけない、という考えはいまも根強い。反対に先住民族こそ「自然」という理念もまた、強固だ。いずれも見る側が見たいものを先住民族に投影して生じたイメージによるものである。重要なのは、と著者はいう。宣教師たちの記録が、彼らが体験した異文化のなにがしかの実態を反映しているということだ。「気まぐれ」と呼ばれたものは、たしかに在った、ヨーロッパとは異なる世界観の影だ。

食人習慣が植民地行政府による厳罰（死刑）により急速に廃れていった頃、トゥピナンバの多くがキリスト教への改宗を望んだ。その動機はじつは食人と同じではないか、と著者は推察する。他者（捕虜／司祭）と対話し、他者をとりこみ（食人／改宗）、未来に挑む（報復され報復し名誉を得る／白人のような力を得る）。ならば彼らは屈したわけではない、ともいえる。

ポストコロニアリズムの猛攻に遭い、「野蛮人学」からの大転回を余儀なくされた結果、人類学はいま、ものすごくおもしろい学問になっている。著者はこの新潮流の牽引（けんいん）者のひとり。ヨーロッパが構築した知の体系にとらわれず、と同時にその構造体として積まれた記憶を足がかりにして、まさにブラジル出身の文化人類学者が、母国の過去の影の手前にあったはずの宇宙観や身体感覚を探り当てていく。訳文・解説も含め、明瞭かつスリリング。

評・中村和恵（詩人・明治大学教授）

Eduardo Viveiros de Castro　51年生まれ。ブラジルの文化人類学者。

二〇一六年一月二四日❸

『芭蕉の風雅　あるいは虚と実について』

長谷川櫂 著
筑摩書房・一六二〇円
ISBN9784480016270
文芸

世俗を超越し　現実の世界に遊ぶ

俳聖・松尾芭蕉の名を知らぬ者はいない。だが俳句の名人・上手という評価は正確ではない。彼はこう言ったという。「（現代でいう）俳句であるならば、私と同じようにうまく詠む人はたくさんいるのだ。俳諧こそが私の骨髄。この年寄りが全霊を打ち込んできたものである」

俳諧とは歌仙のこと。何人か（連衆という）で長句（五七五）と短句（七七）を交互に三十六句つけあって一巻としたもの。本書はいくつかの歌仙を取り上げてその風情を解き明かしながら、「芭蕉の風雅」に迫っていく。

芭蕉はまた、言う。「予が風雅は夏炉冬扇（かろとうせん）のごとし」。私の風雅は夏の炉・冬の扇のようなもので実生活には何の役にも立たない。だから風雅の世界は「虚」である。「言語は虚に居て実をおこなふべし」。言語、すなわち俳諧（歌仙）は風雅に心を置いて、現実の世界に遊ぶべきである。

風雅とは具体的には、日本古来の精神や文化を学ぶことである。日本の精神世界に枢要な位置を占めているのは禅の概念であり、それは他人をおしのけて出世したい、大金持ちになりたいというようなむやみな欲望を捨て去ることを説いている。名利を脱して和歌や連歌、あるいは絵画や茶と向き合う。それが風雅である。風雅に心を置いて歌仙が巻かれるとき、そこにまさしく文学が生まれるのだ。

　芭蕉が生きた時代と現代と、どちらが生きにくいかは判定が難しい。芭蕉の世は科学が発達しておらず、交通の便が悪く、食糧が不足し、寿命も短い。現代はこうした状況は改善したが、世界を相手とする過酷な競争があり、時の進みが異様に早い。心ある人はみな世俗にまみれることを嫌ってはいるが、「実」を超越して風雅に属することは、昔も今も容易ではない。本書を読んで芭蕉を理解する正しい手がかりを得ることで、「わたしの風雅」への第一歩を踏み出したいものだ。

評・本郷和人（東京大学教授）

はせがわ・かい　54年生まれ。俳人、「朝日俳壇」選者。句集『虚空』のほか『俳句の宇宙』など。

二〇一六年一月二四日❹

『グアンタナモ収容所　地獄からの手記』

モハメドゥ・ウルド・スラヒ 著　中島由華 訳

河出書房新社・三〇二四円
ISBN9784309226439

文芸

冤罪・虐待　米国の矛盾が集約

　めくっても、めくっても続く、一面黒く塗りつぶされた頁（ページ）。それが本書の成り立ちと、著者の苦境とを何より雄弁に物語る。ドイツで働くエンジニアであった著者は、母国モーリタニアで捕まり、ヨルダンなどを経て、キューバでアメリカが運営するグアンタナモ収容所に移送された。

　彼の容疑は、１９９９年の「ミレニアム・テロ」計画への関与だが、その証拠は一切見つからなかった。90年代初頭のアルカイダへの参加も問題にされたが、それは、アルカイダがまだアメリカの盟友であった時代のことである。しかし、尋問と拷問は果てしなく繰り返され、２０１０年に人身保護請求が通った後も、未起訴のまま拘禁されている。長い交渉の末に公開された、検閲済みの手記を編集したのが本書である。

　著者が紹介するのは、「オンドリ恐怖症の男」という民話だ。「私はオンドリにトウモロコシだと思われているんです」と騒ぐ男に、精神科医は「君はトウモロコシじゃない」と告げる。「わかっています、先生。でもオンドリはわかっていない」

　アメリカの尋問者は著者に言う。「犬のように見え、犬のように歩き、犬のようなにおいがし、犬のように吠（ほ）えるなら、それは間違いなく犬なんだ」。著者は気づく。「犬ではないことはわかっているが、それでも犬にされてしまうのだ」

　冤罪（えんざい）事件に一般的な、こうした決めつけの構造に加えて、非白人への差別や反イスラム感情も、そこでは明らかに作用している。

　特筆すべきは、すさまじい虐待の中でも、相手を冷静に観察する著者のまなざしである。焦って暴力に訴え、苦しまぎれの言葉に振り回される尋問者たち。関係国の主権をふみにじり、人権の原理を放棄したあげく、情報もなく袋小路に入るアメリカ。「テロとの戦い」がはらむ矛盾が、そこに集約されている。

評・杉田敦（政治学者・法政大学教授）

Mohamedou Ould Slahi　70年生まれ。02年、グアンタナモ収容所に収監。

二〇一六年一月二四日⑤

『初日への手紙 Ⅱ 『紙屋町さくらホテル』『箱根強羅ホテル』のできるまで』

井上ひさし 著

白水社・三六七二円
ISBN9784560084236
文芸

天皇の密使を柱に戦争末期再現

一昨年に公開された「昭和天皇実録」には、1945年6月12日、「海軍戦力査閲使長谷川清に謁（えつ）を賜（たま）い、第一回・第二回の戦力査閲に関する復命を受けられる」とある。同年7月18日にも「長谷川清に謁を賜い、第三回の海軍戦力査閲計画につき奏上を受けられる」とある。天皇が第三回の戦力査閲に関する復命を受けたのは8月13日だった。

長谷川清は海軍軍人で、45年に天皇の特命を帯びて戦力を調べるため全国を回った。その結果、戦争遂行能力が失われていることを6月と8月に報告したのだ。

たとえ関係史料を見ていたとしても、2010年に死去した井上ひさしが「実録」を読んでいたはずはない。だが本書を読むと、まるでこの箇所に鋭い視線を注いでいたかのように錯覚してしまう。本書は第一部「紙屋町さくらホテル」と第二部「箱根強羅ホテル」という二つの戯曲ができるまでの著者の膨大な私信やメモを収録したものだが、第一部では長谷川清が天皇の密使として登場するからだ。

長谷川清と天皇の関係を柱に、戦争末期の緊迫した場面を再現しようとする著者の構想力が、時に肉筆のメモを交えつつ読者に生々しく迫ってくる。その背景には、もし天皇の決断がもっと早ければどれだけの人々を救うことができたかという著者の強いこだわりがある。天皇の戦争責任を問う姿勢もまた、ここから生まれてくる。

もし著者が生き返って「実録」を読んだら、第一部の構想が裏付けられたと感じただろう。いやそれだけでなく、天皇が長谷川清に会った翌々日の45年6月14日に皇太后（貞明皇后）にも会っていたという「実録」の記述に目を留めたに違いない。

実は本書の第二部に、皇太后が少しだけ出てくる。著者は、「実録」の他の記述にも留意しつつ、第二部を書き直したのではないか。そんな想像すらかき立てられた。

評・原武史（明治学院大学教授）

いのうえ・ひさし 1934〜2010年。『吉里吉里人』など小説、戯曲、エッセーを多数執筆。

二〇一六年一月二四日⑥

『日本の食文化史 旧石器時代から現代まで』

石毛直道 著

岩波書店・三四五六円
ISBN9784000610889
文芸

食材も作法も 驚きの変化たどる

日本列島では旧石器時代から現代まで、何がどのように食べられてきたか。いまでは海外でも人気の高い日本食。本書はその変遷を辿（たど）り、見渡す通史。一般的に歴史学で採用される時代区分とは異なる、著者独自の巨視的な区分方法によって描き出される。「王朝や政府の制度が変わったからといって、民衆の食事の慣習がすぐに変化するわけではない」からだ。

狩猟採集の時代から稲作社会の成立へ。古代から中世の終わりに近い時期までを、本書では「日本的食文化の形成期」とする。肉食のタブーと仏教・神道の関係、牛乳を飲まないことなど、多様な視点から食文化の特徴が説かれる。中世には鍋・釜が普及して温かい料理が増えたことや、一日二食だった食事が一七世紀末までに全国的に三食化したことなど、驚くような変化への言及が随所に織りこまれていて興味は尽きない。

発酵食品のナレズシがかたちを変えて江戸時代には握りズシとなる。保存食品から出発してファストフードに変化したのだ。「それでも、スシ飯には酢を加えて、かならず酸味をつけることに、古代からの伝統がかろうじて残存している」。二〇世紀の日本人の食事の変化については「外来の要素をうけいれて日本的に変形することによって、伝統的な食事を再編成していった」と指摘される。

歴史を辿る第一部に続く第二部では、食卓・食事作法・台所用品などが取り上げられる。たとえば、二〇世紀初頭に普及しはじめたチャブ台だが、一九七〇年代ごろにはイスとテーブルの方が優勢となったことなどは、社会の変化を映し出す例だ。

いまの人々は「かつては祭のときにしか食べられなかったような、さまざまな料理を日常的に食べている」。私たちは摂取するもので出来ている。当然だが、不可思議でもある事実。親しみやすい記述による、食文化の入門書だ。

評・蜂飼耳（詩人・作家）

いしげ・なおみち　37年生まれ。農学博士、国立民族学博物館名誉教授。『食卓の文化誌』など。

二〇一六年一月二四日❽

『集合住宅30講』

植田実 著

みすず書房・四五三六円
ISBN9784622079248

アート・ファッション・芸能

集合住宅は世界中どれも似たり寄ったりだ。住戸の寄せ集めで中心がなく、象徴的な表情に欠ける。ならそれを逆手にとって集合住宅の共通項である窓、バルコニー、玄関、屋上などで横に切ってみようという発想。そのほうが集合住宅の何たるかが浮き彫りになるところが面白い。

たとえば戸建て住宅の顔が門だとすると集合住宅のそれは窓。一つ一つの窓に明かりが灯（とも）る夕暮れの光景を思い浮かべればわかる。またバルコニーは外気に接する場のみならず、周辺に対して開かれた表情を示す役をするという指摘もなるほどと思う。

こうやって世界中の集合住宅の細部が収集され、写真入りで紹介されるが、著者がその目で確かめているから言葉に重みがある。また、前は首を傾（かし）げていたものが時間がたってよく見えてきたりと、批評より対話に近いスタンスで建物を見て、感じて、考える歓（よろこ）びに連れ出してくれる。仏文から建築に移った著者の文章力に負うところも大だ。

評・大竹昭子（作家）

二〇一六年一月二四日❼

『空海の文字とことば』

岸田知子 著

吉川弘文館・一八三六円
ISBN9784642058124

人文

空海は五筆和尚（ごひつわじょう）とも呼ばれた。長安にあった王羲之（ぎし）の書の剥落（はくらく）を口と左右の手足で五本の筆を同時に操り、瞬時に修復したことに由来する異名だという。

儒教から漢字文化へ研究を進めた著者によればこの伝承はもちろん事実ではない。篆書（てんしょ）・隷書・楷書・行書・草書の五書体に通じていた空海への畏敬（いけい）の念が生み出した変形・誇張のようだ。

本書が示す現実の空海は人間味溢（あふ）れる。「弘法は筆を選ばず」とは逆に各書体ごとに筆を使い分け、自ら筆作りまで嗜（たしな）む趣味人だった。そんな空海が神話的存在となったのは、単なる字画の組み合わせなのに意味を宿し、思想や詩情を育む漢字の不思議な力を見事に引き出す書家だったからだろう。

当時の共通語であった漢字の化身のように軽々と国境を超えて活躍する空海。その姿を活写した本書を読んで、対話に困難を来しがちな最近の東アジア情勢へと改めて思いをはせる。

評・武田徹（評論家）

二〇一六年一月三一日❶

『ムシェ　小さな英雄の物語』

キルメン・ウリベ 著　金子奈美 訳

白水社・二四八四円
ISBN9784560090428

文芸

移民や難民支えた庶民たちの叙事詩

日本の文学を読んでいて、常々、決定的に欠けていると感じる分野がある。移民や難民の小説である。在日朝鮮人だけでなく、日本には少なくない数の、ルーツを異にする移民、難民が存在しているのは、最近のスポーツ界や芸能界でその二世たちが活躍しているのを見てもわかるだろう。

目に見える氷山の一角の下には、その何倍もの本体がある。90年代ごろからは、日本語ネイティブではない書き手たちの小説が登場しているが、まだ多様な移民難民の表現を実現できているとは言いがたい。そのことと、日本社会が移民難民に対してどこか他人事のような態度を取り続けることは、深く関係していると思う。

海外の優れた現代文学に目を向けると、移民難民をテーマや題材とした作品の何と多いことか。当然である。必ずしも自らの意思ではない数多（あまた）の移住が、現代世界の歴史を作ってきたのだから。

『ムシェ』が扱うのは、まさにそんな難民の歴史である。小説に書かれなければ、誰も知らない。なぜなら、バスクというマイナーな民族の出来事だから。

スペイン内戦期に、ファシストに倒されたバスク自治政府は、ジェノサイドを逃れるため、バスク人の子ども約2万人を船で他国へ逃したという。リベラルな理想家のベルギー人作家ロベールは、その一人カルメンチュを養子として迎え入れた。だがカルメンチュはバスクへ戻され、音信不通となる。ロベールは結婚して娘をもうけ、彼女の名前をとってカルメンと名づける。幸福な日々もつかの間、ベルギーはナチスに占領されてしまう。ロベールは家族と離れてレジスタンスに身を投じ、行方不明になる。半世紀以上がたってから、カルメンはふとしたきっかけで父の歴史を知り、カルメンチュのその後を知ることになる。

実在の人物たちを描いたこの小説は、評伝ではなく、無名の庶民の叙事詩である。時間や場面は断片化してちりばめられ、伝説の場面のように語られていく。バスク語作家の著者ウリベは特に、フラマン語というやはり迫害された少数言語の書き手だったロベールと、その親友の作家ヘルマンに、同一化していく。事実を書きながら、空白の部分を、まるでロベールとヘルマンを生き直しているかのようなウリベ自身の人生で埋めていく。見知らぬ他人の歴史を書くことが自分を書くことになるという、奇跡のような合致のもとで誕生した作品なのである。

ウリベはまた、そのまま亡命してバスクに戻らなかった世界中のバスク人と、かれらを受け入れた世界中のロベールを、この小説で書こうとしたのだろう。その英雄たちの存在の証（あかし）として。

評・星野智幸（小説家）

Kirmen Uribe　70年スペイン・バスク自治州生まれ。01年に詩人としてデビュー。初の小説『ビルバオ―ニューヨーク―ビルバオ』はスペイン国民小説賞を受け、国内外の言語に翻訳された。本作は小説第2作。

二〇一六年一月三一日❷

『片手の郵便配達人』

グードルン・パウゼヴァング 著
高田ゆみ子 訳
みすず書房・二八〇八円
ISBN9784622079637

文芸

ナチス時代 17歳が直視した群像

森に囲まれたドイツ中部の七つの村を回り、ヨハンは郵便を配達する。1944年、17歳で入隊した彼は、すぐ前線に送られ、左手を失い、故郷に戻った。郵便鞄（かばん）を提げて彼が歩く道は美しい。花々や小川、乳搾りの描写は、絵本のような印象を残す。そんな地方にも戦争の暗雲は、確実にその影を押し広げていく。

戦地からの消息を待つ人々に、ヨハンは戦死通知を届けなくてはならない。降伏までの10カ月、その数は増え続ける。キーゼヴェッターさんは、孫の戦死を受け入れられない。オットーはナチス親衛隊員で、彼に密告された人々やその家族に深く恨まれていたのだが、祖母にとってはかわいい孫なのだ。彼女はなかば意識的に、ヨハンをオットーとり違えるようになる。

村々には、負傷して帰郷し将来に絶望して死ぬ青年もいれば、戦地で英雄になることを望む無邪気な少年もいる。知的障害のあるヴィリは正直に、戦争もヒトラーも「クソったれ」と罵（ののし）る。助産師だったヨハンの亡母は、命を奪う暴力全般に批判的な人だった。年表や政治家の演説には浮上しない、文学にしか描けない人々の姿である。

平和が戻るまで、ハリネズミや熊のように、外界と縁を絶ち冬眠できたらいいのに。そんなことを考えながらも、ヨハンはそれぞれの思いを受け止める。村人たちをみんな知っている彼の目を通して、ひとりひとりの気持ちや事情が、丁寧な筆致で静かに描かれ、一種の寓話（ぐうわ）性を帯びていく。昨年出た小説だが、著者はヨハンと同世代。長い時間をかけてこの物語は練り上げられ、磨かれてきたのだろう。

ヒトラーは死に、平和が戻る。だが結末は衝撃的だ。緊張と不安を抱えながらも牧歌的だった雰囲気から、ほとんどサスペンスのようなまさかの急展開。だからこそ、説教くささなど一切なく、鮮烈な過去が蘇（よみがえ）る。70年後の17歳は、人間を直視している。

評・中村和恵（詩人・明治大学教授）

Gudrun Pausewang 28年ドイツ領ボヘミア生まれ。『みえない雲』など。

二〇一六年一月三一日❹

『微生物が地球をつくった』

P・G・フォーコウスキー 著 松浦俊輔 訳
青土社・二四八四円
ISBN9784791768929

『生物界をつくった微生物』

N・マネー 著 小川真 訳
築地書館・二五九二円
ISBN9784806715030

科学・生物

石油よりも人類に必要なもの

これらの本を読むと、人類がいかに微生物に依存し、限りない恩恵を与えられたかがよくわかる。病気になるのも、健康でいられるのも微生物次第というわけで、全ての動植物は生殺与奪の権を微生物に委ねているのだから、生物圏の支配者は人類などではなく、大気や土壌、海洋、湖沼河川、森林などあらゆる領域を形成し、維持している微生物の方なのである。地球を動かすナノマシンとしての微生物こそが創造主なのである。

人類は目が悪いせいで、ごく最近までそれに気づかなかった。光の画家フェルメールと同郷のレーウェンフックが高倍率顕微鏡を発明し、自分の口腔（こうこう）粘膜を球形のレンズを通して眺めてみた時、ミクロコスモスへの回路が開いた。レーウェンフックは自分の体が無数の微生物たちの乗り物になっていることに気づいた最初の人物ということになる。その後、ナノ世界にまで観察の目が届くようになると、この地球に生命が誕生し、それが進化していったプロセスが明らかになってきた。地球がメタンに満ち、マグマに覆われた過酷な環境だった頃に現れたシアノバクテリアは光合成を行い、大気中に大量の酸素を放出した。このように微生物は酸化と還元のように電子の移動を行うことで地球環境をつくり変えてきた。そのプロセスで地球上の生物は五回以上の大量絶滅の試練にさらされたが、完全に滅びずに済んだのは、微生物が多様なＤＮＡ交換を生物圏全体に及ぼしたからである。ヒトが乳製品や海藻を消化できるようになるといった変異も微生物にうながされたのである。

　ノーベル医学生理学賞の大村智先生は各地の土壌サンプルを宝物のように持ち帰っていたそうだが、微生物は医薬品の開発のみならず、食料やエネルギーへの活用、さらに地球温暖化対策の鍵さえ握っている。今後、人類が頼るべきは石油より微生物である。

評・島田雅彦（作家・法政大学教授）

Paul G. Falkowski’ Nicholas P. Money

『科学思想史の哲学』

金森修 著

岩波書店・三九九六円
ISBN9784000610766

科学の偏り　権力との関係を批判

　本を読む楽しみのひとつは、著者との対話にある。その際、意見や価値観が自分とまったく同じでも違いすぎてもおもしろくない。ほどよい距離感が不可欠だ。著者の金森修は、専門分野も近く、職場の同僚でもあり、ぼくにとってはそういう「適度な距離感」関係にある思索家のひとりだ。彼の方はそうは思っていないかもしれないけど。

　本書は、彼の既発表論稿を中心に、題名に関係するものを選んでまとめた論集だ。「科学思想史」というのは、なじみのない言葉かもしれない。自然科学の知識生産がどのような思想的枠組みや規範にもとづいて行われているかを、科学研究の実態に即して明らかにし、その歴史的変遷を辿（たど）り直すものである。

　専門的な点はおくとしてここで注目しておきたいのは、しばしば「普遍的」「客観的」とみなされる科学の知識が実は必ずしもそうではなく、ある種の「クセ」や「偏り」を持っているということだ。金森は、とくに生命関係の諸科学を対象としつつ、それらの背景、基盤にあるものの考えかたを明らかにしていく。そして、現在の科学のあり方や科学者の振るまい、科学者と政治的権力の関係などを批判的に論じていく。

　このような金森の視点と枠組みは、科学技術と社会の関係が密接になっている今、とりわけ重要である。科学技術に関わる様々な問題について、もはや専門家だけで何かを決めることはできず、社会との意思疎通や価値観のすり合わせが求められている。金森の思索は、その作業に思想的基盤を提供するはずだ。

　だが彼は、現在の自然科学と科学者のありように対して、あまりにも批判的にすぎるように思う。専門的な知識の信頼性は、もう少し高いとぼくは思うのだ。

　このあたりの問題は、いずれ御本人とじっくり議論したいものである。その時をお待ちしていますよ、金森さん。

評・佐倉統（東京大学教授）

かなもり・おさむ　54年生まれ。東京大学大学院教授（生命倫理学など）。『知識の政治学』など。

二〇一六年一月三一日⑥

『温泉の平和と戦争 東西温泉文化の深層』

石川理夫 著
彩流社・二一六〇円
ISBN9784779121791

政治／社会

「極楽」保つ大切さ 歴史でみる

古来、人類は（そして、たぶん猿や鹿や鳥などの動物たちも）、温泉の気持ちよさと効能に気づき、温泉を大切にしてきた。本書は文献や実地調査を通し、古今東西の温泉が人々のあいだでどう位置づけられているのかを、丁寧に解き明かす。

とはいえ、小難しい「研究書」ではない。全編に著者の温泉愛が充満しており、紹介される温泉に行ってみたくなる。時空を超えた温泉ガイドであり、温泉の歴史書であり、「人間にとって温泉とはなんなのか」を社会学、文化人類学、政治学的に分析してもいるという、楽しく刺激的な本だ。なにかを好きだという思いがあると、こんなにおもしろくて深い学問の境地に到達できるんだなあと、著者の着眼点と温泉へのあふるる愛に感動した。まさに源泉かけ流しレベルの温泉愛だ。

洋の東西を問わず、温泉は「アジール（避難所・聖域）」として扱われてきた。戦で傷を負った兵士たちは、敵味方関係なく、同じ温泉に浸（つ）かって療養したらしい。温泉場はつかのまの平和を味わえる休戦地帯だったのだ。

同時に、温泉の「発見」には、領土拡大や戦争が絡んでいることも多い。アメリカでは、先住民が部族を問わず大切にしてきた温泉を、ヨーロッパからの移住者が「発見」し、土地を買いあげてしまった。日本でも、戦国武将の「隠し湯」があるように、戦いと温泉は密接な関係にある。近代戦以降は、政府が温泉場を傷病兵の保養所にしたり、子どもたちの疎開先として指定したりした。

温泉は心身を癒やすがゆえに、いざ戦争となると権力者の意向に振りまわされる。平和な共有の場が、占有の場に転じてしまう危機を、古今東西の温泉は何度も経験してきたのだ。「極楽、極楽」と温泉に浸かり、見知らぬひとたちと楽しく会話する。温泉の平和を保つのがどんなに大切か、本書は教えてくれる。

評・三浦しをん（作家）

いしかわ・みちお 47年生まれ。温泉評論家。『温泉法則』『温泉巡礼』など。

二〇一六年一月三一日⑧

『議会の進化 立憲的民主統治の完成へ』

ロジャー・D・コングルトン 著
横山彰、西川雅史 監訳
勁草書房・七七七六円
ISBN9784326504169

政治／社会

本書は、王政から議会制民主主義への移行という統治構造の変化に対し、首尾一貫した理論的説明を与える試みである。

本書が採用するのは、「合理的選択」という視点だ。合理的な個人が、利己的な視点からより合理的な制度・ルールを選択し、合意形成を図る結果として、民主的な制度進化がもたらされる。しかも著者は、歴史データに基づく定量的検証で、この理論の妥当性を「証明」しているのだ。

本書の議論が面白いのは、時代とともに「権力の分有／民主化」と「社会制度の効率化」が進む、と結論づけている点である。たしかに王は、王政の永続を願うからこそ、より有能な貴族への権限移譲に同意する。また、より多くの税収をあげたいからこそ、納税者に参政権を与え、統治への参加を促す。これらはみな、当事者の合理的な選択なのだ。

「統治構造の進化に関する一般理論」を打ち立てようとする野心的な試み、新しい研究分野を拓（ひら）く画期的業績といえる。

評・諸富徹（京都大学教授）

二〇一六年二月七日②

『アメリカの真の支配者　コーク一族』

ダニエル・シュルマン 著　古村治彦 訳

講談社・三四五六円
ISBN9784062195249　政治／社会／ノンフィクション・評伝

富豪兄弟　大統領選にも存在感

「コーク兄弟」の名を知ったのは、アメリカで気候変動対策としての「排出量取引制度」導入が挫折した背景に、彼らの巨大な影響力があったと知った時だ。兄弟は、父から引き継いだ事業を巨大ビジネス帝国に育てた。アメリカの非上場企業で、カーギルに次ぐ第２位の規模、彼ら自身も世界で第６位の大富豪だ。しかしこれだけなら、本書が書かれることはなかった。

彼らの存在を際立たせているのは、豊富な資金にもとづくアメリカ政治への深い浸透だ。ティーパーティー運動の急速な台頭、債務上限引き上げへの徹底した抵抗、共和党内で生じている深刻な路線対立、すべてコーク兄弟の存在なしには理解不能だ。いったい彼らは何者か、それを解明するのが本書の目的である。

父から受け継いだ反共産主義に基づき、「自由の敵」である政府の膨張を阻止しつつ、市場に基づく徹底した自由主義社会を実現するのが、彼らの目標だ。とはいえ、彼らは狂信的ではない。次男で、会社の実質的支配者のチャールズは、寸暇を惜しむ大変な読書家であり、ハイエクやミーゼスといったオーストリア学派経済学に造詣(ぞうけい)が深い。

彼らは、きわめて戦略的だ。大学を支援して自由市場経済の理論を「製造」し、シンクタンクを通じて、生み出されたアイデアを、現実の問題を解決できる知見に鋳なおして、理論を「梱包(こんぽう)」する。そして「マーケティング」により、その実現のための運動体を組織し、政治家に働きかける。

これが奏功して共和党内で大きな発言力を獲得した兄弟は、「建国以来最も急進的な」オバマ政権に危機感を覚え、２０１２年大統領選で、総力を挙げた「全面戦争」に突入する。敗れたチャールズだが、年頭にフォックス・ニュースのインタビューに登場し、相変わらず頭脳明晰(めいせき)、意気軒高な姿を見せていた。今年は大統領選挙の年。彼らにとっても死闘の季節が再び訪れる。

評・諸富徹（京都大学教授）

Daniel Schulman　米国誌「マザー・ジョーンズ」調査報道部の創立メンバー。

二〇一六年二月七日③

『異類婚姻譚』

本谷有希子 著

講談社・一四〇四円
ISBN9784062199001　文芸

夫婦を冷徹に見通す普遍性

異類が婚姻するというタイトルを見たぼくは『南総里見八犬伝』の伏姫(ふせひめ)と八房(やつふさ)のような話かと思って読み始めた。違った。結婚した男と女が自分のろくでもない部分を相手にさらけ出すうちに「個」としての輪郭が溶け出し、わけの分からぬもの＝異類になっていくという話だった。

男と女はなれ合いながらそっくりになっていく。二匹の蛇が互いのしっぽを食い合う「蛇ボール」のたとえも用いられる。だから、二人は異類ではなく同類なのではないかと思った。だが、実は同じ穴のムジナであるのに相手を異形・異類と忌避するとなると、事態はますます救いがたいということか。いやひとごとではない。「あなたこんなはずじゃなかったでしょ」と罵(ののし)られてもすててこ穿(は)いてへらへら笑っているぼくは、妻の眼(め)にどう映っているのか。

歴史的に見ると大きな氏族集団から「家」が生まれ、家は大家族から単婚小家族に変化する。この趨勢(すうせい)からすると、やがて生活単位が夫婦でなく個人になるのは避けられまい。婚姻自体は残るだろうが、共白髪まで、という大前提は崩れよう。あなたとの婚姻期間は何年です、に始まり、浮気をしたら、年収が下がったら、何キロ太ったら罰金いくらです、の如（ごと）き「契約結婚」に移行するのではないか。そうすると、男と女は似ないですむのだろうか。いや、別個の人間が共同生活をする以上、問題は常に生じてくるに違いない。その意味で、本書は普遍性をもつ。

一つだけ。この夫婦は二人の間に「挟むもの」としての子どもを作らなかった設定である。だが、子はかすがいとは限らず、夫婦を破綻（はたん）させる素因にもなる。知人宅のネコのサンショは粗相をするからと山中に捨てられた。だが、まさか子どもを捨てるわけにはいかぬのだ。夫婦を冷徹に見通す作者が次のステップで子どもをどう描くのか、とても興味がある。

評・本郷和人（東京大学教授）

もとや・ゆきこ　79年生まれ。作家、劇作家。『自分を好きになる方法』で三島賞、本作で芥川賞。

二〇一六年二月七日④

『革命とパンダ』

張予思 著

イースト・プレス・一八三六円

ISBN9784781613772

歴史／政治／社会

中国をステレオタイプ化する日本

２００９年に中国から来日した著者を出迎えたのは書店に氾濫（はんらん）する「嫌中本」だった。ことほどさように対中感情は今やひどく悪化している。

だが戦後日本には「親中」の時期もあった。著者は１９６０年代末に全共闘学生を中心に中国の文化大革命への期待が広がったこと、70年代には国交回復を記念して贈られたパンダが中国への好感度を高めた事実に注目する。

そうした「親中」が「嫌中」に変わる分水嶺（ぶんすいれい）となったのは80年代末。変革を望む若者に政府が銃口を向けた天安門事件を機に「革命中国」の輝きは失せ、経済改革路線を歩み始めた中国は「パンダの国」の素朴なイメージを損なう環境問題大国になってゆく。

もっとも、それは起こるべくして起きた変化ではなかったか。「親中」の時期の日本人は自分たちに欠けるものを中国という「他者」に投影していた。米国と共に冷戦構造の一翼を担う日本では不可能な文革に憧れ、国土を乱開発した日本と異なり、自然と繁栄を調和させている（らしい）中国の象徴にとパンダを祭り上げる。つまり「革命中国」も「パンダの中国」も理想を勝手に投影したステレオタイプのユートピアであり、幻想に過ぎない以上、いつかは消える定めだったのだ。

こうして中国イメージの興亡を描く修士論文を完成させた著者は、今は日本の放送局で働く。最近では領土を侵犯する「脅威」か、爆買いする「成金（なりきん）」か、相変わらず中国をステレオタイプ化するメディアに「二日に一回」は「腹を立て」つつ、自分もその「共犯者」になっていないかと悩んでいるという。

その逡巡（しゅんじゅん）する思いが、いつか画一的なイメージを超えて日中間の多様な対話を実現させる仕事へと結実することに期待したい。修士論文の成果をまとめ直した本書は、そんな著者の仕事を待つ間に読まれる格好のメディア・リテラシーの教科書となろう。

評・武田徹（評論家・恵泉女学園大学教授）

ちょう・よし　86年中国・南京市生まれ。09年来日、13年テレビ朝日に入社。

二〇一六年二月七日⑤

『図書館大戦争』

ミハイル・エリザーロフ 著　北川和美 訳

河出書房新社・三〇二四円
ISBN9784309206929

文芸

現実を塗り替える読書の魔力

この作家は、言葉の呪術的な力を熟知している。麻薬のような本書は、書物自体が教祖と化して、いくつもの教団が形成され、謀略と裏切りに満ちた血なまぐさい抗争を繰り広げる物語だ。その教団は「図書館」ないしは「読書室」と呼ばれ、信者は「読者」と称される。突飛（とっぴ）な比喩だと思うなかれ、読書とはまさに信者が教典を読むのと等しい行為なのだから。

ソ連時代、社会主義リアリズムに基づいて教条的な作品を書いていた地味な作家がいた。ほとんど誰にも顧みられなかった彼の6冊の作品は、ソ連崩壊後、たちまち世から忘れ去られる。その本の異様な魔力に目覚めた、一部の熱狂的読者を除いて。

各作品は異なる力を持ち、例えば「権力の書」は、読了した者に、他人を統率する驚異的なカリスマ性を覚醒させる。「記憶の書」は、読み手に自分のものではない過去の記憶を蘇（よみがえ）らせる。それは誰もが全体のために奉仕しているソ連時代の理想郷の情景で、「読者」に強い郷愁をもたらす。

対比されるように私小説風のリアリズムで描かれる、20代後半の主人公アレクセイの惨めな人生は、現在のロシアで若者が置かれている社会環境そのものだろう。仕事も希望もなく、友人との関係は表面的、自暴自棄になるばかり。

だがその生活は、ひょんなことから小さな「読書室」に主宰者「司書」として迎え入れられた時から一変する。そしていくつもの抗争を経て、幻の7番目の書「意味の書」に出会ったことにより、永遠の読み手となることを運命づけられる。アレクセイが読み続ける限り、悪夢のような理想郷は存在し続け、この空虚な現実を否定し続けるのだ。

読むことで、その作品世界は現実と拮抗（きっこう）するもう一つの現実となる。それは私たちが普段行っている読書そのものであると同時に、架空の愛国神話を「信仰」するこの社会の姿でもあるだろう。

評・星野智幸（小説家）

Mikhail Elizarov　73年ウクライナ生まれ。本作でロシア・ブッカー賞。

二〇一六年二月七日⑥

『都市と暴動の民衆史　東京・1905－1923年』

藤野裕子 著

有志舎・三八八八円
ISBN9784903426983

歴史

暴力を誘発「男らしさ」の論理

1905年、日露戦争の講和条約に反対する集会をきっかけとして、日比谷焼打（やきうち）事件が起こった。この事件から18年の米騒動までの間、東京をはじめとする都市では民衆暴動が相次いだ。だが普通選挙運動が活発となる20年代になると秩序化が進み、表面上は暴動が見られなくなる。それはなぜかを解き明かそうとしたのが本書である。

日比谷焼打事件の背景には政治集会の屋外化というべき時代の変化があった。集会が開園間もない日比谷公園で行われ、参加者が増えたことが暴動を誘発したのだ。しかもその参加者は、ほぼ全員が若年労働者を中心とする男性だった。著者は「男らしさ」をキーワードに、この時代に起こった暴動に共通する論理を掘り下げてゆく。

ところが20年代になると、民衆自身が政治主体となる権利を要求するため、暴力を抑えようとした。つまり普通選挙運動それ自体のうちに暴動が終息する要因があったというのだ。だが著者が触れていない要因として、天皇制の転換がある。大正天皇が体調を崩す代わりに、皇太子（後の昭和天皇）が視覚的にも大きな存在となる。それを象徴するのが、21年に訪欧の旅から帰国した直後に日比谷公園で開かれた市民奉祝会である。3万人あまりが集まったこの奉祝会は、幅広い国民が整然と皇太子を迎える先駆けとなった。これ以降、皇太子が屋外の政治空間にしばしば現れ、そこに女性も動員されることで「男らしさ」が排除され、秩序化が進む側面にも注意を払うべきだろう。

著者は、一見秩序化が進む20年代の日本でも、関東大震災直後の朝鮮人虐殺に見られるような暴力が振るわれることから目をそらしていない。そのまなざしは鋭く、かつ柔らかい。交通事故の後遺症に苦しみ、文字を追うことも難しかった自らの7年間を振り返る本書のあとがきが、読者の胸を強く打つ。

評・原武史（明治学院大学教授）

ふじの・ゆうこ　76年生まれ。東京女子大学准教授。共著『震災・核災害の時代と歴史学』など。

二〇一六年二月七日⑦

『誰がネロとパトラッシュを殺すのか』

A・ヴァン・ディーンデレン、D・ヴォルカールト編著　塩崎香織 訳

岩波書店・二八〇八円

ISBN9784000610858　文芸

「パトラッシュ、疲れたろう……僕も疲れたんだ……なんだかとても眠いんだ」

ネロの最期の言葉は日本ではネットスラングと化し、ツイッターでも頻繁につぶやかれる。英国の作家が19世紀に書いた原作は、明治時代に「清（きよし）」と「斑（ぶち）」を主人公に翻訳されて以来、絵本やアニメで親しまれた悲しい物語だ。

しかし、その舞台であるベルギー・フランダース地方では、ほとんど読まれていない。さらに、原作や日本のアニメ、結末をハッピーエンドに変えた米国の映画に触れる機会を得た人の多くは、違和感やいらだたしさを感じるという。たとえば、日本のアニメで感動的とされる大聖堂でネロと犬が昇天する場面に飛ぶ天使を、「笑止千万」と。

編著者のベルギーの学者たちは、現地と英国、米国、日本における物語の解釈の違いを通じて、それぞれの社会の価値観や自己認識を探る。虚構と現実の丹念な追跡と比較から、物語と「フランダース」に映る日本を再発見した。

評・吉岡桂子（本社編集委員）

二〇一六年二月七日⑧

『圏外編集者』

都築響一 語り

朝日出版社・一七八二円

ISBN9784255008943　社会

モノだらけゆえに超個性的な若者の部屋を紹介した写真集『TOKYO STYLE』など、ユニークな本の企画・執筆・撮影で知られる都築響一が、その半生を語る。

本書に役立つマニュアルを期待してはいけない。編集会議や読者層を想定するといった定石を否定するからだ。すでにネットにあるような情報は二番煎じ。ストリートや現場にこそ、ネタが転がっている。重要なのは、自分が本当にそれを面白いと思っているかだという。さらに本書では出版界の未来も見据える。

改めて彼の仕事をたどると、境界線のアートに対する感度が高い。世界各地のロードサイドの珍風景、ラブホテル、死刑囚の俳句、地方のラッパー、エロ雑誌の投稿画。アカデミックな評価を期待せず、必要に迫られて絞りだされた表現には、芸術の制度から生産される作品とは異なる、根源的な力がある。様々な業界批判を通じて、露（あら）わになる現実を直視せよ、というメッセージが全編から伝わってくる。

評・五十嵐太郎（東北大学教授）

『世界文学論集』

J・M・クッツェー 著　田尻芳樹 訳

みすず書房・五九四〇円
ISBN9784622079439

文芸

古典も率直に検証　南ア出身者の透徹

かつて「世界文学」とは、まず西ヨーロッパとイギリス及びロシアの巨匠、北米・中南米の著名作家、最後にその他が若干、といったものだった。いまや「その他」こそが世界文学の活発な拠点だ。現英語圏、いや世界で最も重要な作家のひとりであるクッツェーも南アフリカ出身である。

鋭い文学研究者でもある著者のこの評論集に編まれた14編が論じる作家のうち、「その他」はやはり南アのゴーディマ、ブライテンバッハに、レッシング、ルシュディぐらい。しかしクッツェーの観点は旧来のものとは違う。それはT・S・エリオットの講演についての容赦ないほど率直な冒頭の考察でよくわかる。

アメリカ人からイギリス人に「なった」エリオットは、そのことに触れず、自らをローマ起源の西ヨーロッパ文明の正統な末裔（まつえい）と位置づける。この行為を「文化的重みの横領」とクッツェーは呼ぶ。だが彼はエリオットの背後に、自身が育った植民地的な文化状況を見いだしてもいる。違う時代、違う場所に生まれたかったという思いは、「宗主国の高い文化」を仰ぎ見て同化しようともがく、植民地の若き知識人に珍しくない。

15歳のときケープタウン郊外の裏庭で、隣家から流れてきたバッハにクッツェーは衝撃を受けたという。この経験はバッハに権威づけする教育によるのか、音楽自体の価値によるのか？　バッハの評価は変遷を経た。つまり古典とは、攻撃され権威を奪われても再検証に耐え、生き延びるものだ。こうしてクッツェーは特権的中心（巨匠）と周縁（その他）に分断されない、ひと連なりの平原に立つ。この世界文学の平原に古典は投げ返され、再検証されるのだ。

つづくベケットとカフカの分析は高度に抽象的で、作家の背景などはおそらく意図的に棚上げされている（しかしこのカフカの現在形の用法、断絶した瞬間の連続から永遠の現在が生じる様相の分析は、難しいがじつにおもしろい。カフカの文章のどこがどう変なのか、初めて腑〈ふ〉に落ちた！）。さらにトルストイ、ルソー、ドストエフスキーの告白で反復される自己認識と自己懐疑／欺瞞（ぎまん）を論じる際も、根源的なはずの各人の宗教的感覚には、あまり触れられない。

論じられる主題の多くは、じつはクッツェー自身の小説の主題でもある。彼が立つ文学の平原は、やはりアパルトヘイト下の南アで培われた土壌の上にあるのだ。そこで作家は検閲官にも革命家にも与（くみ）せず、自分を英雄視もせずに、隘路（あいろ）を進まなければならない。単一の解釈とナイーブな論調をつねに警戒しながら、どこまでも覚醒した自己と世界の認識へと、クッツェーは自分を追い立てていく。

評・中村和恵（詩人・明治大学教授）

J.M. Coetzee　40年南アフリカ生まれ。03年ノーベル文学賞受賞。著書に『マイケル・K』『恥辱』（ともに英国のブッカー賞）、『夷狄（いてき）を待ちながら』『遅い男』『サマータイム、青年時代、少年時代』など。

二〇一六年二月一四日❷

『毒親の棄て方』

スーザン・フォワード 著　羽田詩津子 訳
新潮社・一六二〇円
ISBN9784105069612

『謎の毒親』

姫野カオルコ 著
新潮社・一七二八円
ISBN9784104277032

歴史／社会

呪縛を解けず　まるで妖怪

子どもに精神的、肉体的な害悪を及ぼす親がいる。アメリカの精神医学者スーザン・フォワードはこれを「毒になる親（toxic parents）」と呼び、日本では2013年頃（ごろ）から「毒親（どくおや）」という言葉が用いられるようになった。

『毒親の棄（す）て方』はスーザンの最新の本で、母と娘の問題を扱う。ここで彼女は毒親である母を①自己愛が強い　②過剰に関わってくる　③支配しようとする　④世話することを要求する　⑤ネグレクト・虐待をするの五つのタイプに分類し、実例を示す。その上で毒親の害悪をいかに乗り越えるかを説明する。

「母性神話の否定」がキーとなる。母親は（無条件に）子どもを愛するものだ、というのはウソだ。そうスーザンは言う。この神話があるがため、母親から攻撃された子は「私が悪いからだ」と自分を責める。神話を葬り「親が悪いのだ」と正しく認識することで、子どもは長きにわたる親の呪縛から解放されるのだ。

スーザンの教説を仕入れたばかりのぼくは『謎の毒親』のプロローグを読み、「よし。日比野光世さん（本書の主人公。著者の分身か）を救ってみせるぞ」と意気込んだ。日比野さんの両親の毒を分析し、謎を解き明かすのだ、と。

甘かった。甘すぎた。スーザンが紹介する毒親は理解しやすい一般例である。だが日比野さんの両親は妖怪の風格をもつ。重苦しくて薄気味が悪い。何が何だか、分からない。正体が見通せないので、対処法も見いだせない。ぼくのような素人が祓（はら）うなんてとてもムリ、というシロモノ。

日本には長い歴史がある。家や親の伝統的な支配力には年季が入っていて、強大な力を有する。一方で戦後の近代化は社会を、人間を、急速に変化させてゆく。伝統と変化のギャップ。それが親と子の対決に姿を変えたとき、妖怪のような毒親が生まれる。しかし、何ともすさまじい本である。救いは、ほぼない。

評・本郷和人（東京大学教授）

Susan Forward

ひめの・かおるこ　58年生まれ。作家。

二〇一六年二月一四日❸

『帝国日本の生活空間』

ジョルダン・サンド 著　天内大樹 訳
岩波書店・四七五二円
ISBN9784000240499

歴史／社会

ささやかな日常で描く世界地図

人とモノが激しく移動し、文化が混交・変容していく、ダイナミックな世界地図が浮かびあがるような研究だ。が、グローバリズムの現代を分析したものではない。これは20世紀前半の大日本帝国に関する歴史学である。

まず近代に朝鮮と台湾からの多数の労働者や留学生が日本で暮らし、西洋の知を習得する拠点となった一方、日本が植民地のほか、アメリカ大陸やハワイに多くの移民を送りだしたことを確認する。また東京の観光ツアーを通じて、西洋人には近代性、植民地下の民族には軍事施設、そして日本人には皇居、明治神宮、靖国神社などの帝都の名所を誇示していたという。

本書の醍醐味（だいごみ）は、大きな歴史としての政治ではなく、住まい、家具、衣服や靴、ふるまい、食品など、一見ささやかな日常生活に密着した文化から帝国に発生した複雑なネットワークを描いた点だろう。

例えば、西洋、アジア、そして日本の過去に対する三重の意識が反映された洋館。大正時代に流行し、アジアにも影響を与えた世界水準としての「文化住宅」。床座と椅子座がせめぎ合うなかで仲介的な役割を果たした、熱帯から生まれた籐（とう）椅子。公の場で靴を脱がず、西洋性を体現した天皇と、日本の草履が戦後に白人サーファーのゴム草履となり、それが日本に導入されたエピソード。世界の食卓に広がった味の素や、沖縄人の豚肉とアメリカ軍の関係。めまぐるしく場所を越境していく手法は、歴史記述の実験も試みている。とくに1908年前後に環太平洋を様々なルートで往来したバンガローの住文化を扱う第3章は、50の断片的なテキストを連鎖させながらちりばめていく。

　著者はアメリカで教鞭（きょうべん）をとる日本近代史の研究者だ。本書の射程は、日本とアジアだけではなく、アメリカとの関係にも及ぶ。そうした視点が、空間と時間の枠組みにさらなる広がりを与えている。

評・五十嵐太郎（建築批評家・東北大学教授）

Jordan Sand　60年生まれ。ジョージタウン大学教授。『佃に渡しがあった』など。

二〇一六年二月一四日④

文芸／社会

『未成年』

イアン・マキューアン 著　村松潔 訳

新潮社・二〇五二円

ISBN9784105901226

「意思」と「生命」尊重すべきは

　イギリスを代表する小説家イアン・マキューアンは、次はどんなテーマで来るかと毎度固唾（かたず）を飲ませる人である。彼のものなら内容の如何（いかん）にかかわらず手にとるという読者は多いはずだ。今回はイギリスの法曹界が舞台、主人公は女性裁判官フィオーナ。白血病の少年が宗教上の理由で輸血を拒む。十八歳以上ならその意思が尊重されるが、それには三カ月足りない。彼の判断が適切かを決める裁判をフィオーナが担当する。

　この社会的なテーマに、間もなく還暦を迎える夫婦の危機という彼女自身の問題が絡められる。ふたつを結びつけるのは年月と成熟というテーマだ。法は成人に三カ月足りないことを理由に少年の意思に介入し、間もなく六十の夫は、忙しさを理由に彼と七週間と一日も（！）ベッドを共にしていない妻にキレて家出する。

　前半でフィオーナの有能さが語られたあと、判決のために彼女がとった大胆な行動が引き起こしたさまざまな事象へと話が移っていく。ネタバレになるので詳しく書けないが、この後半部についてはさまざまな議論が可能だろう。私は友人と一時間以上にわたって口論した。意思と生命とどちらを尊重すべきかという社会的なテーマが個人的な問題に収斂（しゅうれん）される終わり方に、人生の大半をアメリカで過ごしてきた友人は批判的だった。確かに彼の地ではこのような結末は受容されにくいかもしれず、この小説がイギリスの作家によって書かれたことを噛（か）みしめたのだが、それでも読みながら興奮したことには変わりない。

　法は月日が人を成熟させるという前提のもとに作られる。未成年という概念の根拠もそこにあるが、一方、ふたりの私生活は法の期待とは裏腹の事態となっている。理性と感情、仕事と私生活、生命と個の意思など、いろいろなテーマが抽出できるだろう。読書会に最適な一冊！

評・大竹昭子（作家）

Ian McEwan　48年生まれ。『アムステルダム』でブッカー賞。『贖罪』『初夜』など。

二〇一六年二月一四日⑤

『墨痕　書芸術におけるモダニズムの胎動』
栗本高行 著
森話社・四八六〇円
ISBN9784864050883
文芸

文字か形象か　本質捉える挑戦

書は文字か、それとも形象だろうか。何という言葉が書かれているかを読もうとするならば、それは文学作品に通じる視点。一方、文字がどんな輪郭や線で構成されているかに着目するなら、それは視覚的な芸術として対する視点となる。「書作品の本質を十全に把握するためには、多面的な解釈によって、複数の方向から迫っていくしかない。全ての要素が一挙に思考に提供されるとは、考えにくい」と著者はいう。

「文字を書かない」書を追求した比田井南谷（ひだいなんこく）を嚆矢（こうし）とする前衛書。欧米の抽象絵画をめぐる動きへの注目が、従来は自明のものとみなされていた「言語と書表現」の関係に自覚的な距離を生じさせた。そのあたりから、書作品が字なのか絵なのか、読めるのか、読まなくてもよいのかという問題が先鋭化する。

伝統や過去の蓄積を踏まえるだけでは成り立ちがたい現代の書。著者は、戦後の書を美術作品と同様の態度で扱う方法を採る。書家たちの理論と実作を紹介しながら、その葛藤、限界と可能性を考察する。とくに、東京大空襲を書の作品にし、その後現代文を書くことにも取り組み続けた井上有一については丹念に論じられている。

情報産業の進展によって圧倒的な平均化・均質化がもたらされている現代、書とはなんだろう。「書く」行為そのものがリアリティーを希薄化させつつある中、書の宿命は「芸術ジャンルとしての自己省察」にある、という。

本書の試みは、これまでほとんど誰も踏みこまなかった位置への挑戦だ。その視点の方法や姿勢は、他の分野にも有効な部分を持つ。たとえば、私自身が日ごろ身を置く詩の領域は常に「それは詩か散文か」といった問いにさらされている。線引きが容易ではない領域をどう考えるか、という意味においても、本書は示唆に富む。文章も読みやすく、引きこまれた。

評・蜂飼耳（詩人・作家）

くりもと・たかゆき　84年生まれ。多摩美術大学特別研究員。近現代の書の歴史や美術史を研究。

二〇一六年二月一四日⑥

『アトランティスへの旅　失われた大陸を求めて』
マーク・アダムス 著　森夏樹 訳
青土社・二八〇八円
ISBN9784791768981
歴史／文芸

愛の影に取り憑かれた人々

アトランティスは、プラトンの著作のなかで言及された島だ。とても栄えていたのに、一晩で海に没したという。大半のひとは、アトランティスなんて作り話だと思っているだろう。

ところが、アトランティスの実在を信じ、熱心に探しつづける人々が、世界中にたくさんいるのである！　モロッコ説、スペイン説、マルタ島説、クレタ島説、アメリカにあった説（！）などなど、説が百花繚乱（ひゃっかりょうらん）状態。しかも、統計学を駆使したり、地形を分析したり、神話を研究したり、考古学的にアプローチしたりと、それぞれの説には「なるほど」と思わせる根拠がある。

本書の著者は、説得力のありそうな説を唱える人々のもとを訪ねて話を聞き、アトランティス候補地を見て歩き、自分でもあれこれ検証しはじめる。アトランティスを探し求める人々に、惹（ひ）き寄せられるかのように。

本書に登場する人々の情熱といったら！　家庭生活は円滑に営めているのだろうかと心

配になるほど、熱意と時間（と、たぶん金も）をアトランティス探しに大幅に傾注している。熱気にあてられ、私も著者とともに、各説について真剣に考えださずにはいられなかった。「業（ごう）」という言葉が思い浮かぶ。本書で描かれるのは、アトランティスという業に取り憑（つ）かれた人々の姿だ。かれらは愛するもの（＝アトランティス）の影を追いつづけている。楽しくも孤独な旅だ。でも、うらやましい気がする。一生をかけても悔いがないぐらい、心奪われるもの。かれらはそれに出会えたのだ。

本書に登場する人々が虚脱してしまうといけないから、アトランティスにはこのまま海底で眠りつづけてもらったほうがいいのかもしれない。個人的には、「作り話」ではないと思うに至りましたが！本書を読んで、ぜひみなさまも考えてみてください。

評・三浦しをん（作家）

Mark Adams　米国の作家、ジャーナリスト。『マチュピチュ探検記』など。

二〇一六年二月一四日⑧

『アンドロイドは人間になれるか』

社会

石黒浩 著

文春新書・七八八円
ISBN9784166610570

石黒浩は型破りの研究者だ。マツコ・デラックスのそっくりロボット製作者として御存知（ごぞんじ）の方も多いかもしれない。あれが彼のやり方である。人間そっくりのロボット（ジェミノイド）を作り、それらと生身の人間が関わるときにどんな反応が生じるか、それを分析することで「人間とは何か？」を模索、追求する。こんな方法をとっている研究者は、世界で彼だけだ。

石黒が思い描くのは、ロボットが普及し、人間と共存する社会である。そのとき、社会は、人間は、どのように変わるのか。自分自身も実験台になり、ジェミノイドと「交流」するときの感覚や心理について、実感を込めた報告がなされていく。

本書は石黒の語りを編集したもので、本人の文章がもつ独特の生々しさはないけれど、その分、良い意味で毒抜きがされていて読みやすい。内容はいつものごとく、独断と偏見に満ちた石黒ワールド全開である（褒め言葉です）。他の石黒本への良い入門書だ。

評・佐倉統（東京大学教授）

二〇一六年二月一四日⑦

『2時間で走る　フルマラソンの歴史と「サブ2」への挑戦』

人文

エド・シーサ 著　菅しおり 訳

河出書房新社・一九四四円
ISBN9784309276588

人間はエベレストに登頂できたが、フルマラソンの記録はいまだ2時間を切れない。その「神の頂」に迫るトップランナーたちの生き様を追ったノンフィクションだ。

マラソン界をリードするのはケニアやエチオピアの選手。主要なレース前の4、5カ月間は週に200キロ超走る特別練習をしたうえ、本番では常人なら数秒で脱落するハイペースで延々と走り続ける。超人たちが生まれた背景には、高額賞金がかかったレースに挑むことが、貧困から抜け出す唯一の道となっている東アフリカの現状がある。

頂点を極めながらアルコールにおぼれた末に若い命を散らした選手、過酷な練習に耐えた先の幸福感をかみ締める選手、彼らの栄光と苦悩を長期間の取材をもとに描きつくした英国人ジャーナリストの仕事は尊敬に値する。

今までマラソンに関心がなく、本書に登場した選手たちを全く知らなかった。だが、今はその走る姿を見たいと熱望している。そういう本だ。

評・市田隆（本社編集委員）

二〇一六年二月二一日❶

『わが記憶、わが記録　堤清二×辻井喬オーラルヒストリー』

御厨貴、橋本寿朗、鷲田清一 編

中央公論新社・三四五六円
ISBN9784120047770　人文／ノンフィクション・評伝

自覚的に背負った矛盾とユートピア

晩年の辻井喬さんに何度かお会いしたことがある。御茶ノ水や銀座や北京のホテルで、私が勤める大学の大教室で、さらには朝鮮学校無償化除外に反対する会場などで対話を重ねてきた。

もっぱらペンネームである辻井喬として活動されていたので、私は「辻井さん」と呼んでいた。けれども聞きたかったのは、本名の堤清二として、つまり西武というグループ企業の経営者として活躍していたころの話であった。なぜなら私自身が、中学時代まで西武沿線の団地を転々とし、鉄道、バス、百貨店、スーパー、遊園地などを経営する西武の文化にどっぷりと浸（つ）かってきたからだ。

本書は、御厨貴、橋本寿朗、鷲田清一という、政治、経済、文化の各分野を代表する3人の学者が聞き手となり、戦後日本に巨大な刻印を残した堤清二＝辻井喬が自らの生涯を語った膨大なオーラルヒストリーの記録である。

冒頭で、辻井さんは「私のヒストリーは、ある意味ユートピアイズムの消滅の歴史ではなかったか、と感じています」と語っている。若き日に信仰した社会主義ばかりか、経営者になってからもユートピアを追い求めたのは一つの矛盾である。だが本書を読むと、辻井さんはさまざまな矛盾を自覚的に背負っていたことがわかる。その矛盾は、西武グループを率いる父の堤康次郎に反抗して共産党に入りながら、衆議院議長となる父の秘書になったときから始まっていたのかもしれない。

だから一方でソ連をユートピアと信じながら、他方で渡米するや米国流の資本主義の論理をいち早く取り入れる。一方で三島由紀夫や右翼と関係をもちながら、他方で除名された共産党の関係者とも付き合う。そうした矛盾を3人の学者から衝（つ）かれると、辻井さんはあっさり認めてしまう。それは結局、「堤清二」と「辻井喬」という二つの人格の間に生ずる分裂に起因していたのだ。

辻井さんは、父の康次郎については饒舌（じょうぜつ）だが、父の死後に鉄道事業を引き継いだ弟の堤義明氏の話題になると寡黙になる。私は辻井さんに、もし弟に代わって鉄道事業を引き継いでいたら、西武沿線はどうなっていたかと質問したことがある。辻井さんは考えたこともなかったと言いつつ、JR中央線に匹敵する沿線イメージをつくれたかもしれないと答えた。この点では、東急グループの創業者、五島慶太の事業をそっくり継承した息子の五島昇がうらやましく見えたのではないか。

本書からは、辻井さんばかりか橋本寿朗さんの肉声も聞こえてくる。いまはなき橋本さんの風貌（ふうぼう）が、活字から浮かぶ舌鋒（ぜっぽう）の鋭さを通してよみがえってきた。

評・原武史（明治学院大学教授）

みくりや・たかし　51年生まれ。放送大学教授。
はしもと・じゅろう　1946～2002年。元法政大学教授。
わしだ・きよかず　49年生まれ。京都市立芸術大学長。
つつみ・せいじ＝つじい・たかし　1927～2013年。実業家、詩人、作家。

二〇一六年二月二一日②

『不明解日本語辞典』

高橋秀実 著
新潮社・一五一二円
ISBN9784104738052

教育／社会

コミュニケーションの実相描く

「あ、高橋秀実です」。この「あ」に始まり、わ行の「私」まで、日常的に口にする32の「言葉」に注目。辞典の語釈風解説を寄せた内容だ。

だが「言葉についてきちんと考え」れば、高尚な結論が引き出せると信じるほど著者は甘くない。前書きからして「言葉を言葉で考える」作業は対象と手段が同じで「いきなりつんのめる」と告白。「考える」といっても、せいぜい「言葉を言葉で言う」作業にしかなるまいと書く。

とはいえ「言葉を言う」と「言葉で言う」はほぼ同内容だし、そもそも言葉以外で「言う」ことは不可能。重複を整理してゆくと「言う」しか残らないではないか……。という塩梅（あんばい）に単刀直入に切り込む鋭利な論調とぼやき口調を交えた独特の文体で、著者は「言う」自分が、何を、誰に言っているのか、「言う」ことでどこに赴こうとしているのかを示そうとする。

たとえば冒頭の「あ」。文法的には感動詞とされるが、名乗りつつ感動しているわけではない。古来は呼びかけに答える言葉だったというが、お呼びもかからずに登場しては「あ、どうも」と挨拶（あいさつ）しているのはどうしたものか。

あれやこれやと考えた結果、著者は「あ」が日本人のコミュニケーションの原型ではないかと「言う」に至る。言葉に意味が「ある」のではない。言葉が不明解だからこそ、私たちはそれを口にして意味を「なす」ことを求める。それゆえ呼ばれてもいないのに「お互いに『あ』『あ』と言い合って、何が『あ』なのかと言葉を引き出そうとしている」のではないか、と。

ノンフィクション作家が言葉を論じることを意外に感じる人もいよう。だが言葉の位相をまず見極めずには、それを媒介させずして伝えられない世界の真相に手が届くはずもない。本書は辞書の体裁を装って日本語コミュニケーションの実相を描く本格的ノンフィクション作品なのだ。

評・武田徹（評論家・恵泉女学園大学教授）

たかはし・ひでみね　61年生まれ。『「弱くても勝てます」開成高校野球部のセオリー』など。

二〇一六年二月二一日③

『共存の模索　アメリカと「二つの中国」の冷戦史』

佐橋亮 著
勁草書房・四五三六円
ISBN9784326302468

社会／国際

「敵国」と「同盟国」均衡を追求

本書は、国共内戦が収束していく1940年代末から、米中和解が進んだ70年代末まで、政権で言えばトルーマンからカーターにいたる米国の対中政策の変遷を描く。同盟相手の蒋介石（チアンチエシー）率いる台湾の信頼を裏切らず、いっぽうで共産中国との軍事衝突のリスクを避けながら、「均衡を追求」する姿が浮かぶ。

著者の問題意識がはっきりしていて、読みやすい。

ひとつは、政策当事者の「証言」の扱いだ。米中和解の物語は、電撃訪中したニクソン大統領、その約7年後に米中国交正常化を果たしたカーター大統領のもと、それぞれの国家安全保障担当補佐官を務めたキッシンジャー氏やブレジンスキー氏ら政策当事者の回顧録が大きな影響力を持つ。本書は、これらについて、時代を追うごとに明らかになる公文書や新しい歴史研究などを加えて相対化させながら、語り直している。

その結果として、米中接近の転換点とされ

るニクソン政権の前から、両国は対立一辺倒ではなかったことが指摘される。中国が核開発に成功し、米国が北ベトナムを爆撃した60年代も、強硬派による批判合戦に隠れて外交シグナルを送りあっていた、と。

もうひとつは、グローバルな意味づけで語られる台湾の存在である。米国は台湾を支援する傍らで、大陸への反攻をあきらめない蔣介石の挑発的な行動を抑えた。「敵国」中国に核開発を認めながらも、同盟先には「不拡散」を期待した。ほかの同盟国への影響もみこんだコストに見合うリスクはどこまでなのか。大国と小国の同盟のあり方を考える意味でも示唆に富む。

本書に続く80年代以降も、米国は中国に対して、イデオロギーや価値観の違いを認めつつも、その重要性から「共存を模索」してきた。力をつけた中国が大国の自信を深めるなか、今後、どう向き合うのか。議論の前提をブラッシュアップできる一冊だ。

評・吉岡桂子（本社編集委員）

さはし・りょう 神奈川大学准教授（国際政治学）。共著に『朝鮮半島と東アジア』など。

二〇一六年二月二一日❹

『刑法と戦争 戦時治安法制のつくり方』

歴史／社会

内田博文 著
みすず書房・四九六八円
ISBN9784622079576

今も続く閉鎖的社会への危機感

侵略や災害などの緊急事態の際に、首相に権力を集中するため、憲法に条項を設けるべきだとの議論が出ている。ここで思い起こされるべきは、死刑導入を含む治安維持法の厳罰化（昭和3年）が、明治憲法の緊急事態条項で定められた天皇の緊急勅令を使って、議会審議を迂回（うかい）して行われた事実である。

「解釈改憲」による平和安全法制の成立など、現在の日本の状況は当時とよく似ており、「私たちは『ルビコン川』の岸辺に立っている」と著者は指摘する。

そもそも、戦後の刑法改革は不徹底で、根幹は戦前のままである。さらに、戦争遂行にあたり治安強化を図るため、検察官に与えられた強い権限は、戦後の新刑事訴訟法にも移植された。裁判官より検察官が権限をもち、検察官が裁判を事実上主導する状態は、無罪率の低さや令状却下率の低さを見れば、今も続いている。起訴・不起訴を陪審で決める制度がなく、無罪判決が出ても検察官が上訴できるなど、日本の検察権力は外国に比べても強力である。

「国家は意図的に『非国民』を作り出し」、「社会での居場所そのものを奪い」、国民全体を威嚇することもある。ハンセン病患者は「兵士の健康を損な」う「非国民」として扱われ、彼らへの裁判も差別に満ちていた。隔離体制は戦後、治療法が確立しても長く維持された。分断による統制という権力手法は、この問題に限定されるものではない。

学生が、軍飛行場の存在について、公知の事実を知り合いのアメリカ人夫妻に話しただけで逮捕され、拷問の末に投獄された「宮澤・レーン夫婦事件」のいきさつは、緊急事態を想定した秘密保護法制の効果が、一般の人びとにまで及ぶことを示している。

戦前からの連続性をもつ法制度を基盤として、閉鎖的な社会が再び築かれるようなことがあってはならない。著者の危機感を共有したい。

評・杉田敦（政治学者・法政大学教授）

うちだ・ひろふみ 46年生まれ。九州大学名誉教授（刑事法学）。著書『自白調書の信用性』など。

二〇一六年二月二一日⑤

『菌世界紀行　誰も知らないきのこを追って』

星野保 著
岩波科学ライブラリー・一四〇四円
ISBN9784000296458
科学・生物／社会

あなたも雪腐病菌のファンに

雪が積もると、草が枯れる。寒さにやられちゃったのかな、と思っているかたも多いことでしょう。実はそれ、寒さのせいではなく、雪腐病菌の仕業かもしれません。

ゆきぐされびょうきん！　四十年ほど生きてきたが、はじめて知った言葉だ。そして、声に出して言いたくなる、得体（えたい）の知れぬ迫力に満ちた言葉だ。うーむ、なんなんだ、雪腐病菌って。と思い、本書をぐいぐい読み進めるうち、私はすっかり雪腐病菌と著者と著者の周辺人物のファンになってしまった。すごくおもしろいんですよ、雪腐病菌も、この本も！

本書の著者は菌類の研究者で、雪腐病菌を探し求め、北極圏やシベリアや南極へ調査に赴く。そして、虫の糞（ふん）に酷似した直径一ミリの「菌核」を、枯れ草から採集しては大喜びする。変人だ（失敬）、と思ったのは私だけでなく、著者はほうぼうの調査地で、地元民から怪しまれている（夢中で草地に這〈は〉いつくばってるから）。人間ばかりかペンギンにまで、「なにしてんの？」という目で見られ、ジャコウウシに追いかけられる。でも、めげない。命がけで雪腐病菌を集めまくる。

なぜそこまで……。最初は笑いながらあきれていたのだが、あまりにも情熱的に研究に邁進（まいしん）する著者の姿に胸打たれ、私もだんだん、「すごいぞ、雪腐病菌！」という気持ちになってきた。研究仲間も愉快なひとばかりで、特にロシア人のオレグ氏（ケチ）が最高に魅力的。著者とともにKGBの尋問を受けたり、泊めてもらった民家で大変なことになったりと、爆笑の珍道中を繰り広げる。

なじみのない菌類の世界と、研究者たちの奮闘ぶりを、楽しくわかりやすく紹介する好著。著者の菌類への愛が、読者の好奇心を刺激し、未知への扉を開けてくれる。著者自身が描いたイラストもいい味だし、隅々まで笑いと工夫に満ちている。

評・三浦しをん（作家）

ほしの・たもつ　64年生まれ。産業技術総合研究所バイオ変換グループ長。

二〇一六年二月二一日⑥

『台湾生まれ　日本語育ち』

温又柔 著
白水社・二〇五二円
ISBN9784560084793
社会／ノンフィクション・評伝

母語というルーツを探る旅

限りなく小説に近いエッセイの秀作だ。フィクションという意味ではなく、言葉では説明できないこの社会での力関係やマイナーな感覚を、それでも言葉で示そうと格闘し、成し遂げた文章だからだ。

両親とともに3歳で日本に来て以来、日本で生きている著者は、初めて覚えた言葉として中国語、台湾語を話した記憶を持ちながら、日本語話者として育つ。だが、著者はそれを「母語」とは素直に呼べない。台湾人である自分、中国語、台湾語、日本語を混ぜこぜに話す親、日本語ネイティブで中国語が不得手だった祖父母。そのような環境で育った自分にとって、「母語」とは、国語とは、国とは何か、と著者は考え続ける。

著者がそんな疑問を持つのは、日常の中で「日本人」や「日本語」が当然の前提として扱われるたびに、孤独と違和感を抱かされるからだ。これらは抽象的な問いなどではなく、自分にとっての普通を生きるための闘いなのだ。

その例が選挙。日本では政治的権利がない

ことにやるせない思いでいた著者は、台湾でなら選挙権があることに興奮する。しかし文章からは、その興奮を支えている感情は、理不尽な疎外を強いられていることへの怒りであることが、静かに伝わってくる。

最終章で著者はついに、自分の母語が、3つの言語を混ぜて話す母親の言葉であることを見いだす。個人的な言語こそが母語だったのだ。このかけがえのない発見に、日本語が豊かになる瞬間を見て、私も深く胸を打たれた。

世のすべてを言葉として捉え、言葉として表現し尽くそうとする著者を、私は「文学の鬼」だと思うが、その文章は楽天的でとても優しい。

今年の1月に行われた台湾総統選挙で、著者はついに初めての投票を体験した。その模様は、このエッセイ集の番外編として、白水社のウェッブサイトに掲載されている。併せて読んでほしい。

評・星野智幸（小説家）

おん・ゆうじゅう　80年台湾・台北市生まれ。09年、「好去好来歌」ですばる文学賞佳作。

二〇一六年二月二一日⑦　人文／ノンフィクション・評伝

『道程　オリヴァー・サックス自伝』

オリヴァー・サックス著　大田直子訳

早川書房・二九一六円
ISBN9784152095893

『レナードの朝』や『妻を帽子とまちがえた男』などの著作で知られる著者は豊富な臨床経験と繊細な観察眼を持つ優れた生理、神経学者だったが、同時に自己顕示欲の強い野心的表現者でもあった。晩年の仕事として自伝を書くにあたり、感情に溺れやすい性向を含め、冷徹に自身の臨床報告を行っている。戦後から六十年代にかけての、英国、アメリカの青春群像を背景に、スピード狂のバイク乗り、スーパーヘビー級のウエイトリフターにして、同性愛者である自分を包み隠さず披瀝（ひれき）していて、微笑を誘われる。自伝、回想録というジャンルは武勇伝の度合いが高い方が面白い。その一方で、世の少なからぬ「偉人」は役職や利権にしがみつき、「メンツ」を気にするあまり、不祥事や失敗を隠蔽（いんぺい）し、堕落してゆく。誰も読まない栄光の自分史に陶酔する類は所詮（しょせん）「小物」に過ぎず、おのが愚行や妄想を赤裸々に告白し、自己批評を徹底する者こそが「偉人」にふさわしいのである。

評・島田雅彦（作家・法政大学教授）

二〇一六年二月二一日⑧　文芸

『きみを夢みて』

スティーヴ・エリクソン著　越川芳明訳

ちくま文庫・一五一二円
ISBN9784480432988

スティーヴ・エリクソンの長編小説が邦訳され、文庫版で出た。LAの一家がオバマの大統領当選に湧くシーンではじまる。白人夫婦とその息子、エチオピアから養子に迎えた黒人少女シバの四人家族。少女の生みの親探しをきっかけに、一家がヨーロッパやアフリカで巻き込まれていく出来事が物語のメイン。そこに「よろめきながら物事を行う国」アメリカの熱狂と失望の歴史が編み込まれる。

過去・現在・未来の時間区分は無視され、あっという間に別の時代や空間に話がワープするという、通常なら混乱の極みになるはずの筋がそうならないのは、独特の〝声〟を秘めた密度の高い語り形式の力だ。

根源にあるのは「アメリカとは何か」ということ。実際の国ではなく、人類の実験場としてのアメリカだ。歌が夢の暗喩として登場する。「共通して歌えるような一つの歌があるかどうか」という設問に答えながら、彼の音楽観をも語っている。

評・大竹昭子（作家）

『完本　信長私記（しんちょうしき）』
花村萬月 著
講談社・三四五六円
ISBN9784062198257
『信長の肖像』
志野靖史 著
朝日新聞出版・一五一二円
ISBN9784022513366
歴史／人文

正面から描く力業　内面理解し軽妙に

織田信長は歴史の変革者である。だが日本史学界は今、信長はごくごく普通の戦国大名だったと大合唱している。唯物史観を信奉する人たちは「英雄はいらない」し、手早く成果が欲しい人たちは、とりあえず世間と違うことを言っておこう、というところか。

けれど冷静に考えてみれば、そこに無理があることはたちどころに分かるはずだ。信長のほかに、宗教の総本山たる比叡山を焼いた人物がいるか。万を超える民を虐殺した人物がいたか（但〈ただ〉しこれらは全く褒められた話ではない）。だれが石垣を積み、天守閣を創造したか。茶の湯を政治に取り入れたか。そして何より、他の何者が、日本は一つであるべしと考え、天下の統一を試みたか。

『信長私記』は名刀・圧切長谷部（へしきりはせべ）を描写する際にいう「文字は個々の具体的な姿かたちから、おおむね世間一般に通用している共通した姿かたちだけを取りだして、このようなものであると提示する……けれど、伝わらぬ」。歴史の読解には古文書などの歴史資料（即〈すなわ〉ち史料）は不要、と説く人がいる。それは全くの世迷（よま）い言であるが、史料さえ読めば歴史事象が自（おの）ずと理解できるわけでもない。

史料をただ現代語に置き換えてみても「伝わらない」。研究者がなすべきは、問題意識を磨き、それに基づき史料を再構築することである。その時に初めて「人に伝わる」歴史叙述が生まれる。だから「歴史」研究者は、謙虚に「文学」に学ばねばならない。

この意味で、『信長私記』はすばらしい。吉法師（きちほうし）を名乗ったうつけの幼少期から本能寺前夜までを信長自身が語るのであるが、圧倒的な説得力をもつ。神がかった戦略家ではないし、大政治家でもない。だが当時としては類を見ない合理性を有していて、何も信じない。何の呪縛も受けない。それゆえに良くも悪くも常人では思いもよらぬ決定を下していく信長を正面から描いている。信長が内包する膨大なエネルギーと対峙（たいじ）し、破綻（はたん）がない。みごとな力業である。

一方『信長の肖像』は雪舟流の絵師、狩野小次郎の目を通して信長の人となりを軽妙に描く。小次郎は信長の肖像を「似せ絵」として描く。その写実は、すがた形を写し取るだけでなく、内面の理解に及ぶ。こちらの信長はごく日常的で、覇王の重苦しさをみじんも感じさせない。気持ちの良い読後感を運んでくれる一冊である。

最後に、紹介する時期が遅れたが『帰蝶』（諸田玲子著、ＰＨＰ研究所）が秀逸。タイトルは正室たる女性の名で、彼女の視点から配偶者を掘り下げる。ここでの信長はまさに抜き身の刀。得体（えたい）の知れぬ恐怖を放射する。やはり信長はただ者ではない。納得の一冊である。

評・本郷和人（東京大学教授）

はなむら・まんげつ　55年生まれ。作家。『ゲルマニウムの夜』で芥川賞。

しの・やすし　71年生まれ。早稲田大学在学中に漫画家デビュー。本作で朝日時代小説大賞。

二〇一六年二月二八日②

『失われた世界の記憶　幻灯機がいざなう世界旅行』

C・フィール、J・R・ライアン 著

光村推古書院・五四〇〇円
ISBN9784838105410

歴史

切り取られた19世紀の時間へ

写真は眺めるだけで色々な感覚を喚起する。それは音楽を聴くことにも通じ、写真から曲想を得ることもある。写真集は本の形を取ってはいるが、2次元の枠を超えて迫ってくる。音楽がCDそのものではないのと同じだ。そして写真や音楽は「時間」を切り取った缶詰でもある。見た途端、聴いた途端に過去や未来が蘇(よみがえ)る。切り取られた時間の断片は、その時代の全てを含むホログラム(立体映像)ではないか、とも思える。

さて、この写真集の素材は19世紀に流行したスライドショーに使用されたものだ。スライドの原型は19世紀中ごろにほぼ完成されたマジック・ランタン、つまり幻灯機である。今の映画のように、当時の西欧では幻灯機のショーがもてはやされていた。

19世紀末にリュミエール兄弟が映画を発明しても幻灯機の人気は衰えなかった。なぜなら、当初は高級だった映写機が家庭でも買えるほど普及したから。事実、我が家でも1950年代までスライドを楽しんだ。当時、米国留学から帰国した伯父が撮りためた写真をスライドにして親族に公開したのである。外国との行き来が困難な時代、スライドの中身は主に風景であり、暗くした部屋の壁に映し出される異国の映像に、家族そろって見入ったものだ。

本書ではそうした世界中の写真を800余点も見ることができる。複製技術が完成する以前の、一枚一枚丁寧に彩色が施された貴重な写真もある。とくに日本の写真が美しく、他の国との違いが明白である。浮世絵の伝統が受け継がれたのだろうか、美女たちが明らかに演出された空間で形を決めている。本書の表紙もその日本の写真が使われている。当時の幻灯機ショーは同時代の世界を旅するという目論見(もくろみ)があったが、1世紀以上経た今、膨大な過去が集積された写真のアーカイブを見ることで、我々は時間旅行が楽しめるというわけだ。

評・細野晴臣(音楽家)

Charlotte Fiell　出版ディレクター。
James R. Ryan　英エクセター大学准教授。

二〇一六年二月二八日③

『移民からみるアメリカ外交史』

ダナ・R・ガバッチア 著　一政(野村)史織 訳

白水社・三四五六円
ISBN9784560084755

歴史

建国神話の裏に出身地との絆

「今日、アメリカ合衆国の政策議論において、移民は主に国内の問題であると見なされており、(中略)本書が提案するのは、移民政策を国内のみの視点からではなく、グローバルな視点から議論すべきだということである」。えっ、これは意外。移民をもっぱら国内問題とみなす、その姿勢こそアメリカ的、なのか。

各章で年代順に語られる移民政策と国内世論、国際情勢を、まずは追ってみる。移民問題が通商外交の問題だった時代、帝国の成長と人種主義、戦争と移民排斥、そしてグローバル化。そこに一貫して在るのはアメリカの自意識形成に関わる、恐れの感情だ。

旧世界を捨て新天地へ、というアメリカの建国神話は強固で、相当数の移民が帰還したことや、アメリカ市民になっても出身地を「文化的故郷」とみていた事実を覆い隠してしまう。この神話は、アメリカは世界から孤立した国家だ、あるいはそうあるべきだという、もうひとつの強固な神話に結びついている。神話の根に著者は、独立直後の不安定な若い国の心理をみる。

新移民の脅威から自分たちを守らなくては、という排外主義への固執は、かつて先住者を追いやった入植者の子孫が抱く、既視感と不安ゆえだろうか。メキシコの牧場を地元農民に奪われまいと、夫亡き後ひとり銃をもって見回ったアイルランド系アメリカ人女性の例は、印象的だ。じつは本書の特徴は、こうした個人のライフヒストリーと、政策史の交差にある。20世紀初頭の中国商人チャンの一族年代記など、まさに小説より奇。

移民が出身地との絆を代々維持してきたことを、著者は繰り返し強調する。故国のために行動する移民の子は昔からアメリカにいたのだ。だが「ほとんどのアメリカ人は、移民たちが故郷の政治闘争にかかわってきた長い歴史について知らなかった」。この認識からどう進むかが、アメリカの今後を左右するのだろう。

評・中村和恵（詩人・明治大学教授）

Donna R. Gabaccia　カナダ・トロント大学教授（ジェンダー、労働、食文化）。

『キャラの思考法　現代文化論のアップグレード』

さやわか 著

青土社・一九四四円
ISBN9784791769018

社会

時とともに移ろう属性・価値

現在、漫画やアニメ、ゲームなどのオタク文化を論じる人文書はすでに珍しくなくなったが、本書の特徴は、キャラの概念を更新しながら論の枠組みを広げ、小説、音楽、映画、演劇、芸能などの分野も横断する批評を試みた点である。

本書は、伊藤剛の漫画批評が二次創作を視野に入れて提示した「キャラクター／キャラ」論に依拠し、キャラクターが登場人物を指すのに対し、キャラはその人物の特徴を指す。が、ユニークなのは、コミュニケーションによってキャラが書き換え可能になるという動的な見方を提示したことだ。すなわち、キャラが時間的な推移の要素をもつことを重視する。そして、コンテンツ消費が衰退しコミュニケーション消費に移行したという単純な図式で近年の動向が語られるのに対し、本書はコミュニケーションが物語に組み込まれていくという新しい分析のモデルを提示する。

ゲーム史やアイドル史をひもときながら、現在を読み解く本書の射程は広い。例えば、公式なキャラが設定されていない白紙の存在ゆえに多くのユーザーが理想の姿を描くことができる初音ミク。電子紙芝居化した『ひぐらしのなく頃に』や『ラブプラス』においてプレイヤーの物語への介入がゲーム外部で行われること。したがって、作品がパッケージ化された完成形をもたず、継続的な時間を作って提供されるようになったという。また残念なイケメン論では、もはやイケメンも残念な特性も等価なキャラ要素となったことを指摘し、自分はイケメンというキャラだと勘違いしたキャラで人気を博した狩野英孝をとりあげる。

確かに大所帯のアイドル、学校生活、ロックバンドなどでも、キャラの獲得が求められるが、それは固定化するものではなく、改変可能な自由さももつのだ。時間性をもったキャラ概念は、もっと過去の作品分析にも応用できるのではないかと思われた。

評・五十嵐太郎（建築批評家・東北大学教授）

著者は74年北海道生まれ。ライター、物語評論家。『僕たちのゲーム史』『一〇年代文化論』など。

二〇一六年二月二八日⑤

『南シナ海 アジアの覇権をめぐる闘争史』

ビル・ヘイトン 著 安原和見 訳

河出書房新社・三二三二円
ISBN9784309226453

政治／社会

長い時間軸で示す 不測の危険

岩礁を埋め立て滑走路を造り、地対空ミサイルなどを展開して「軍事拠点化」を進める中国。秩序への挑戦に「航行の自由」を掲げて軍艦を派遣する米国――。「小さな岩や暗礁」の連なる南シナ海が、中国の「野心」と米国の「戦略的意志」とがぶつかる場所となったのはなぜか。

本書は、この地域をめぐる先史時代から今にいたる覇権の歴史を、国際法、資源、ナショナリズム、外交、軍事とあらゆる角度から解説する。原著が出版された2年前よりさらに緊張が高まるなか、長い時間軸で考えるための材料がもりこまれている。

国境や所有の意識を持たない海の遊牧民がかつて、インドから遠くマダガスカルまで海洋ネットワークを築いていた史実を説き起こす。沿岸の国々が主権国家として国境の意識を強め、領有権を主張しあう紛争が増えたのは、20世紀以降のことだった。

「古代から中国に属する」とする、中国が領有権の主張で必ず持ち出す「神話」をまず、否定する。あわせて、それが必要な彼らの事情を指摘する。国内政治では共産党支配の正統性と一体化しているうえ、米中の力の差が明白なうちは「中国脅威」論が実力以上に国力を大きくみせる価値ある戦略とも考えられているからだという。

米中「二大勢力」の対立の深まりと、地域内の領土紛争との「相互作用」がもたらす予測できない危うさへの懸念が、くりかえし示される。

著者は、ベトナムやミャンマーで報道に携わった経験を持つジャーナリスト。米中の間でかけひきする東南アジアの国々の微妙な立場の差や、対立にむしろ利益を求める政治家や軍需産業の動きもエピソードをまじえてつづる。

中国が英語を訳してつけたとされる島の名前も興味深く、地図を拡大コピーして手元に置いて読んだ。それでも、世界を揺さぶる「島々」は黒い点のようだったが。

評・吉岡桂子（本社編集委員）

Bill Hayton ジャーナリスト。「BBCワールド・ニュースTV」勤務。

二〇一六年二月二八日⑦

『都市をたたむ 人口減少時代をデザインする都市計画』

饗庭伸 著

花伝社・一八三六円
ISBN9784763407627

社会

日本では人口の91・3%が都市に住む。この世界最大の都市化国家は経済成長と共に形成された。都市に移り住む人々が土地と住宅を求めた結果、巨大なマネーフローが生まれ、経済成長に拍車が掛かると更に人々が都市に惹(ひ)きつけられる循環がつくられた。

だが都市と経済の蜜月は終わった。「青い鳥」を追うのは止(や)めよと著者は書く。理想のニュータウンを求めてきた行政主導の手法を踏襲し、人口減少社会に相応(ふさわ)しいコンパクトで高効率の都市を夢見ても画餅(がべい)に終わる。それより空き家、空き地の穴があちこちに開き始めたスポンジ状の都市の現状を真摯(しんし)に見つめ、そこにあるコミュニティーを活(い)かす道を探るべきだ、と。

「上」から与えられる都市に生活をあてはめるのではない。目指すべき豊かさは何かを考え、それを実現する手段として都市を使う方法を生活の水位で検討する。都市と人の関係に転換を促す本書の筆致には、右肩上がりの時代への未練を断たせる力強さがある。

評・武田徹（評論家）

二〇一六年二月二八日⑧

『へろへろ　雑誌『ヨレヨレ』と「宅老所よりあい」の人々』

鹿子裕文 著
ナナロク社・一六二〇円
ISBN9784904292648
政治／医学・福祉／社会

　腹の底から愉快な気分になりたいけれど、今の世の厳しい現実を見下すような笑いはゴメンだ、とお悩みの方には、本書を勧める。

　認知症の高齢者を管理するのでなく、その混乱にただつき合うという、地域包摂型のケアを行っている福岡の「宅老所よりあい」が、老人ホームを作ることになった。スタッフは建設費1億6千万円を捻出するため、資金集めに奔走。仕事にあぶれてくすぶっていた中年のフリー編集者である著者は、「よりあい」で利用者たちが起こす抱腹絶倒を集めた雑誌「ヨレヨレ」を創刊し、資金を稼ぐ羽目に。

　せっぱ詰まった者たちの能天気なパワーが生き生きと描かれ、読者を高揚させるのだが、かれらを支えているのは、誰にでも老いは来るのだからぼけたって普通に暮らしていいじゃないか、という怒りだ。人生行き詰まったかのように見えても、できることはこんなにあるんだということを、著者は怒りを笑いに変えて教えてくれる。

評・星野智幸（小説家）

二〇一六年三月六日②

『森は考える　人間的なるものを超えた人類学』

エドゥアルド・コーン 著
奥野克巳、近藤宏 監訳
亜紀書房・二九一六円
ISBN9784750514628
人文／社会

現代人が忘れてしまった知恵

　森や山、川などを人と見做（みな）し、鳥や草木が人に語りかけてくるという感覚を古代の日本人は持っていた。それは単なる擬人化にとどまらない自然観の現れであり、「森は考える」という本書の思想とよく通じ合う。著者はアマゾン河上流域に暮らす原住民に寄り添う調査活動をベースに、従来の人類学や哲学、生命科学、生態学の枠組みを創造的に逸脱する思考を組み立てている。我々が無意識に踏襲している「思考するのは人間だけ」という前提そのものを排し、植物、昆虫、動物が自然界で織りなす行動は、自他を区別したり、自己意識を持つといった「記号過程」を経ていると捉える。たとえば、捕食者の目を欺くナナフシの擬態、森で人と遭遇したジャガーがその人を襲うか素通りするかの判断、鳥のさえずりによるコミュニケーション、これ全て自己認識をともなった「思考」なのだという考えを受け容（い）れたとたん、「自然と人間」といった二元論や「人間中心主義」を軽やかに超えた知的展望が開けてくる。

　古典文学ではまだ人と自然の距離が近かった。風景描写とは自然との対話であり、自己認識と表裏一体だった。自然科学者と詩人の分業は曖昧（あいまい）で、繊細な自然観察者は植物や虫に共感したり、森に欺かれたり、動物に救われたりすることもできた。最高の人智（じんち）とは天命を知ることであり、自然の複雑さの中に神を見ることであった。そうした才能はシャーマンに授けられて来たのだが、その知は体系化されることなく、近代以降は忘れられてしまった。人類学者はその伝統の残滓（ざんし）の再発見に努めたが、森に暮らす狩人の生態報告にとどまり、彼らの思考法に則（のっと）って、自己を再認識するところまでは踏み込まなかった。人間が「人間的なるもの」を超えるためには、ＡＩを頼る以外にも、狩猟採集時代のエデンの園たる森に回帰し、失われた思考を辿（たど）り直す方法もある。

評・島田雅彦（作家・法政大学教授）

Eduardo Kohn　68年生まれ。カナダ・マギル大学准教授。

二〇一六年三月六日③ 文芸

『夜、僕らは輪になって歩く』

ダニエル・アラルコン 著　藤井光 訳

新潮社・二三七六円
ISBN9784105901233

ペルー内戦、損なわれた心の記録

ペルーのロスト・ジェネレーション（失われた世代）を描いた本作は、これから我々が失うものを予言している。

ペルーでは1980年代から90年代初頭にかけて、極左組織による無差別テロの嵐が吹き荒れた。対抗する国軍も残虐非道の限りを尽くし、住民の心は恐怖に蝕（むしば）まれた。特に、その時代に育った世代は、心に大きな欠落を抱えた。

この小説の主人公ネルソンもそんな青年で、アメリカ合衆国へ移住した兄が自分を呼び寄せてくれることを信じて、希望のない日々を乗り切ろうとするが、願いはついえる。癒えない傷を抱えたネルソンは全てを捨て、内戦期に名を馳（は）せた伝説の劇団の俳優となって、国内を回る旅に出る。その劇団では、政府に睨（にら）まれて投獄され、恐怖と無力感から現実に背を向けた劇作家と出会う。各人が自分を取り戻そうともがくうち、過去が亡霊のように生きている村で内戦の傷の底なし沼にはまり、悲劇に巻き込まれていく。

小説は、ネルソンと同世代の若きジャーナリスト「僕」によって語られる。間接的に語らざるをえなかったのは、著者アラルコンが3歳でペルーからアメリカに移住し、失われた時代を生きてはいないからか。後ろめたさを償うかのように、現在のペルーの基層にありながら忘れられようとしている空虚を記そうと努める。末尾でネルソンは「僕」に、「誰が奪ってきたのか、誰が奪われてきたのか、ここではっきりさせておこうじゃないか」と言う。小説が、奪われた者の声になりきろうと肉薄しながらもその声は代弁できないことを、著者は痛感している。それでも言葉にしようという強い情熱に、私は深く感銘を受けた。

じつは日本にも、90年代に内戦を逃れて「デカセギ」に来た日系ペルー人が大勢いる。これは隣人の物語でもあると同時に、紛争と強権という似たような未来へ進もうとしている私たちの物語でもある。

評・星野智幸（小説家）

Daniel Alarcón　77年ペルー生まれ。米国在住。『ロスト・シティ・レディオ』。

二〇一六年三月六日④ 文芸

『ムーンナイト・ダイバー』

天童荒太 著

文芸春秋・一六二〇円
ISBN9784163903927

「忘れるな」呼びかける海底の光景

東日本大震災から5年。原発事故による避難生活が長引く福島の人々、終わりが見えない原発の後始末、いまだ問題は解決していないのに、日常生活の中で発生当時の感覚が薄れ、記憶の風化が止まらないのを感じる。本書は、その風化にあらがう力を持った文学作品だ。

原発事故後に立ち入りが一定期間禁じられた福島の海を思わせる海域が、物語の重要な舞台。海岸にほど近い海底には、津波で引き込まれた住宅の屋根、電柱、車などの残骸が広がる。40代のダイバー・舟作は夜中、その海域に禁を犯して潜り、「人々の大切な暮らしが刻印された」品物をひそかに引き上げる仕事を遺族グループから請け負った。この地に漁師として住んでいた舟作も両親と兄を津波で失った。自分が偶然にも命を永らえたことへの自問自答を繰り返しつつ、ライトで照らした海底に潜り続ける。

この夜の海底の光景は、著者の想像力が生み出したものだが、震災の爪痕がくっきりと残された、無残な残骸ひとつひとつの描写が、読者にも「忘れるな」と繰り返し呼びかけているように思えた。

かけがえのない人の死の意味をわかり得ないまま、どうやって再び歩み出し、生きていけるのか。震災が生んだ空白に向き合う中で、舟作の潜り続ける作業は、亡くなった人、生きている人とのつながりを見つめ直すことになる。

著者は、不慮の死を遂げた人々の鎮魂のため、全国を旅する若者を描いた直木賞受賞作品『悼む人』など、「救済」と「祈り」をテーマにした小説の執筆を続けており、本書もその延長上にある。

被災後に身を寄せた関東の海辺の町での妻子との暮らし、行方不明の夫が身につけていた指輪にこだわる女性との出会い。読了した時、全ての要素が共鳴し合う完成度の高い物語だったことを知る。

被災地の人々は、この物語をどう受け止めるだろうか。

評・市田隆（本社編集委員）

てんどう・あらた　60年生まれ。『家族狩り』で山本周五郎賞、『悼む人』で直木賞。

『医療政策を問いなおす』

島崎謙治 著

ちくま新書・九九四円
ISBN9784480068637

『貧困大国ニッポンの課題』

橘木俊詔 著

人文書院・一八三六円
ISBN9784409241059

経済／医学・福祉／社会

「人々の幸福」見据えた改革とは

日本の医療制度が様々な問題を抱えているのは事実だ。他方でそれは、世界で最も成功している医療制度でもある。国際比較に照らしてみれば、日本の医療は国民皆保険のもと、誰もが医療機関にアクセスでき、比較的高い水準の医療を保ちつつ、医療費の制御に成功している。問題は、今後もその成功が続く保証はないことだ。

経済成長は低迷し、人口は今後減少して、高齢化が急速に進む。医療費の膨張は必至だ。それを支える財源は、今後先細りになる。その行きつく先を冷静に分析し、改革に着手しなければ、日本の優れた制度の崩壊は避けられない、というのが島崎の警告だ。

改革の柱は財源論だ。社会保険料については、現役世代に比べて軽減されている高齢者の保険料負担を引き上げ、保険料収入を増やす努力が必要だ。消費税は、税収が安定しており、輸出還付で日本企業の国際競争力に影響を与えない点で優れている。消費増税は、今後の医療費膨張を賄う上で、不可欠だ。

橘木もまた、日本の貧困・格差問題が深刻化する中で、社会保障を充実し、それを消費増税で賄う必要を説く。特に彼が強調するのが、教育と児童・家族への支援で、日本の財政負担比率が先進国で最低水準となっている点だ。日本の社会保障支出は高齢者に偏っている。貧困・格差是正には、若年層への公的支出をむしろ強化する必要がある。

公的支出増大論は、成長にマイナスだと批判を受けがちだ。だが橘木らは、教育が賃金上昇にもたらすプラスの影響を実証的に確かめている。教育への公的支出拡大を通じて、国民の広い層の人的資本形成を促すことが成長に寄与し、将来の税収増につながる。なによりも社会政策の充実がもたらす安心感は、経済の本来の目的である「人々の幸福（満足度）」を高めるのだ。これが、本書の最大のメッセージである。

評・諸富徹（京都大学教授）

しまざき・けんじ　社会保障政策。
たちばなき・としあき　労働経済学。

二〇一六年三月六日⑥

『小倉昌男　祈りと経営　ヤマト「宅急便の父」が闘っていたもの』

ノンフィクション・評伝

森健 著

小学館・一七二八円
ISBN9784093798792

なぜ福祉に情熱を注ぎ込んだのか

伝説の経営者、小倉昌男。ヤマト運輸の宅急便事業を成功させ、運輸規制と闘い、福祉事業に力を注いだ。そんな功績をたたえ、経営手腕などを分析する記事や書籍は後を絶たない。だが、なぜ小倉は、福祉の世界に尋常ならざる情熱と財産を注ぎ込んだのだろう。どの記事を読んでも、そんな謎が残る。

古今東西、成功した経営者が、福祉の分野に興味を持つことは珍しくない。最近でも、新たな成功者たちが慈善事業に進出している。小倉自身は生前、福祉分野への参入について、「はっきりした動機はありません」と説明してきた。しかし、やはりそこには、何か強い動機があるのではないか。そんな疑問にあえて立ち止まり、真正面から挑む本がいよいよ現れた。それも、気鋭のジャーナリスト、森健氏による力作である。

小倉は、自身を「気が弱い」人間だと認識していたようだ。「闘士」といったイメージもある小倉だが、本書では、実に「人間くさい」一面が掘り下げられていく。家族内のトラブルに悩み、クリスチャンとして熱心に教会に通い、晩年は心を許した女性に甘える。親しかった人物たちから、不格好ながらも必死で生きてきた小倉の姿が、親愛の情を込めて語られていく。

肝はなんといっても、小倉の妻と娘に関する記述だろう。娘は若いころから理不尽に「キレて」暴れて、小倉を困らせた。その理由は、取材を通じて次第に明らかになっていき、本書の結末近くになってようやく謎が解ける。妻にもまた、不安定な側面があったことがわかる。

小倉が「困っているひと」に寄り添うようになったのは、それが自身の問題であったためではないか。大きな正義のためでなく、身近な困りごとのために、闘わざるを得なかったひと――。そう捉えると、途端に小倉の姿が身近に感じられてくる。小学館ノンフィクション大賞受賞作。

評・荻上チキ（「シノドス」編集長・評論家）

もり・けん　68年生まれ。ジャーナリスト。『「つなみ」の子どもたち』で大宅賞。

二〇一六年三月六日⑦

『クローザー　マリアノ・リベラ自伝』

ノンフィクション・評伝

マリアノ・リベラ、ウェイン・コフィー 著
金原瑞人、樋渡正人 訳

作品社・一九四四円
ISBN9784861825583

カットボールをご存じだろうか。速球のようにホームベースに近づき、打者の手元で小さく、鋭く曲がる、もしくは沈む。打者は芯でとらえることができず、空振りするか、凡打に終わる。

この変化球を究めたのがニューヨーク・ヤンキースのクローザー（リリーフ・エース）、マリアノ・リベラである。パナマで父と漁船に乗っていた貧しい青年マリアノはヤンキースのテストに合格したものの、優れた制球力だけが取り柄の並の投手だった。

だがある時、ふとした拍子にカットボールを覚え（敬虔〈けいけん〉なキリスト教徒の彼は神の思〈おぼ〉し召しという）、以後は大活躍（投球の80パーセントがカットボール）。２０１３年の引退までに６５２のセーブをあげた（メジャー記録）。

本書はリベラの自伝である。勝つための理論とか、ビジネスに通じる野球哲学などは書かれてない。けれどもベースボールの興奮や楽しさがぎっしりと詰まっている。スポーツファン必読の一冊。

評・本郷和人（東京大学教授）

『幻の東京五輪・万博 1940』

夫馬信一 著

原書房・三七八〇円
ISBN9784562052738　歴史／社会／ノンフィクション・評伝

1940年の東京にも五輪の開催計画があった。本書は丁寧な資料考証を通じて、謎の多いその実態に迫る。

五輪誘致の決定は36年。夏冬同国開催の慣例により冬季五輪も札幌に決まったし、万博も40年開催とされた。

豊富な収録図版はそれらが情熱的にかつ具体的に準備されていた事情を雄弁に物語る。にもかかわらず全面中止に至った理由を「日米開戦が近づいたため」と説明するだけでは不十分だろう。皇紀二六〇〇年記念に三つの大イベント開催を企てた背景には満州事変後、求心力を強めていた総力戦体制と肥大する国威顕示欲があった。その意味で戦争の影の中に浮かび上がり、幻と消えた祭典だった。

40年五輪の施設は64年五輪に生かされた。2020年五輪も東京万博会場予定地が競技場となる。本書が示す多くの戦前戦後の連続性を乗り越え、次の五輪をいかに新しい時代にふさわしい大会にするか。未来への課題も意識させてくれる一冊だ。

評・武田徹（評論家）

『曝（さら）された生　チェルノブイリ後の生物学的市民』

アドリアナ・ペトリーナ 著
粥川準二 監修　森本麻衣子、若松文貴 訳

人文書院・五四〇〇円
ISBN9784409530504　科学・生物／社会

知識が生きる力に　福島との共通点も

ぼくたちが大規模な災害の被害者となったとき、生活再建の拠（よ）り所（どころ）になる／なれるのは、何だろう。国か自治体か、地域の共同体か専門家か、はたまた事故の責任者か自分自身か。

1986年、旧ソ連でチェルノブイリ原発が爆発し、人類史上最悪規模の放射能汚染事故が起こった。本書は、この事故の後これらの救済システムがどう機能しなかったのかを、現地の人々への長期参与観察と聞き取り調査をもとに丁寧に描き出した民族誌（エスノグラフィ）である。著者はアメリカの人類学者だが、ウクライナ語にも堪能で、現地生活者の細かい心の襞（ひだ）まですくい取ることに成功している。

事故後、ソ連内外から専門家が多数訪れ、住民の健康被害について調査したが、その結果はまちまちであり、住民が納得できるものではなかった。東西対立という当時の政治的背景もあるが、端的に言って専門家はほとんど役に立たなかった。

そうこうしているうちに、事故から5年後に国（ソ連）がなくなってしまい、別の国（ウクライナ）になる。ウクライナはチェルノブイリ関連の膨大な補償を引き継ぎ、財政的にも社会的にも不安定な国家として出発した。ウクライナ政府は、ソ連とは異なる放射線リスクの基準を採用し、対外的にも事故への補償を主張していくことになる。これは当然、対内的には大きな混乱を助長してきた。

こんなにも頼るべき存在のない状況下では、人々は自衛せざるをえない。放射線や生物学についての知識を学び、したたかな交渉術を身につけ、時には医師たちへの心付けも忘れずに、彼ら彼女らは自らがいかに放射線による被害を受けており、「被災者」として認定されることが正当かを主張していく。そうやって金銭的補償や職業斡旋（あっせん）を優先的に受けることが、生活を建て直し、社会の中での居場所を固めていくための一番確実な方法なのだ。著者はそのようなあり方を「生物学的市民（権）」と称している。

生物学の知識といえば、差別を助長し弱者を抑圧する決定論というのが今までの通り相場だった。だがチェルノブイリ後のウクライナ市民は、むしろ生物学によって生きる力を獲得している。

さて、気になるのは福島原発事故との比較である。2013年版の著者序文や、監修

者・粥川準二による行き届いた明快な解説で指摘されているように、福島とチェルノブイリでは事故の規模や被害の実態がまったく違うのに、事故後の社会的反応には驚くほどの共通点が見られる。「放射能」や原発事故だからなのか、大規模災害であれば共通の特徴なのか、考察していくべき課題であろう。

評・佐倉統（東京大学教授）

Adriana Petryna　66年生まれ。米国のペンシルベニア大学教授。専門は医療人類学や東欧地域研究。本書で医療人類学会の新世紀著作賞、米民族学会のシャロン・ステファンズ最優秀賞を受賞。

『戦国大名の兵粮事情』

歴史

久保健一郎 著

吉川弘文館・一八三六円
ISBN9784642058155

武士たちは いかに食べ 戦ったか

戦争は戦術・戦略・兵站（へいたん）の3要素から成る。戦術とは戦場でどういう作戦をとるかであり、戦略とは政治や外交を含む幅広い視野のこと。対して兵站とは物資（武器や馬など）の補給であるが、その根本は食料である。「腹が減っては戦はできない」のだ。

戦国の合戦を語るとき、私たちはつい戦術に目を奪われる。桶狭間の戦いは奇襲だったか否か、長篠の戦いの鉄砲三段撃ちは本当か、等々。戦略が語られることは少なく、足利義昭の信長包囲網などが辛うじて当てはまるのみ。兵站となると、もう具体的な様相がまるで分からない。これではいけない。「戦争のプロは兵站を語り、戦争の素人は戦略を語る」（石津朋之氏）というではないか。

戦国大名はどのようにして、どれくらい、兵粮（ひょうろう）を調達していたか。それを知りたければ本書を読もう。そんな感じで書評すればいいかな、と実は思っていた。だが、読み進むうちに、自らの重大な誤りに気がついた。確たる兵站の理論など、戦国時代にはなかった！　いや、それが十分に成熟していないことこそが戦国の合戦、さらには戦国という社会の特色なのだ。

兵粮は時に食料としてのコメそのものであり、時に経済をまわす貨幣、カネであった。大名は戦に勝つためにコメとしての兵粮を備蓄し、富を得るためにカネとしての兵粮を流通させる。それは相反する行動だが、状況に追われてかかる矛盾を解決する余裕を与えられずに、兵粮に対処せざるを得なかった。それが戦国大名という権力であった。

著者は小田原・北条氏を中心とする様々な史料を深く読みこみ、鋭く分析することにより、従来ほとんど語られてこなかった兵粮事情の具体的なありようをみごとに復元してみせる。たいへんな労作である。戦国の軍隊はいかに食べ、戦ったか。「イメージとしての戦国」に飽き足りぬ方々に、おすすめの一冊である。

評・本郷和人（東京大学教授）

くぼ・けんいちろう　62年生まれ。早稲田大学文学学術院教授。『戦国大名と公儀』ほか。

二〇一六年三月一三日③

『レモン畑の吸血鬼』

カレン・ラッセル 著　松田青子 訳

河出書房新社・二九一六円
ISBN9784309206967

文芸

生の断面鮮やか　奇想天外な物語

カレン・ラッセル『レモン畑の吸血鬼』は、一作ごとにまったく違う味わいの、八編の小説を収める。「お国のための糸繰り」は、明治期の日本、製糸場と女工の労働への関心から発想されたという。一部、史実を下敷きにしているが、怪奇性も感じさせるファンタジックな作品だ。

製糸場に集められた女たちは〈蚕女工〉となる。蚕の化け物のような存在。その体から出てくる生糸が機械に巻き取られていくのだ。熱湯に手を入れると「すぐに指先の肌は柔らかくなり、皮膚がはじけ、そこからきめ細かい繊維がゆらゆらと立ちのぼる。わたしの静脈から緑色の糸がじかに出てくる」。労働とその環境の仕組みにまつわる問題が、著者の想像力によって未知のかたちに仕立て直され、語られる。〈蚕女工〉の奇抜さはずしりと響いて、読めば忘れがたい。

イラクの戦闘地域から戻った男と、マッサージの仕事をしているベヴァリーの交流を描く「帰還兵」は、心の傷を扱う。ザイガー軍曹は苦しんでいる。イラクにいたとき、不意に起きた爆発で、同じ小隊にいたマッケイが命を落とした。現場にいた軍曹はその記憶に深く取りつかれ、逃れられない。軍曹の背中全体にタトゥーが入っている。それは、爆発の日の景色だという。マッケイの記念碑を、肌に刻んだのだ。身体（からだ）と記憶と景色が一体となり、傷となっている場に、ベヴァリーは直面する。他人の苦痛を引き受ける彼女は、自分の弱さとも向き合う。小説にできることとは何か、作品自体が考えているような作品だ。

血を吸う代わりにレモンにかじりつく吸血鬼夫婦を描く表題作や、馬に転生したアメリカ歴代大統領が登場する「任期終わりの廏（うまや）」なども、著者の筆力の幅を伝える。いま切り出されたばかりの生の断面、と呼びたい短編の数々。奇想天外。けれど、じつになまなましく、鮮やかだ。

評・蜂飼耳（詩人・作家）

Karen Russell　81年生まれ。作家。『スワンプランディア！』など。

二〇一六年三月一三日④

『ルシアン・フロイドとの朝食　描かれた人生』

ジョーディ・グレッグ 著
小山太一、宮本朋子 訳

みすず書房・五九四〇円
ISBN9784622079446

アート・ファッション・芸能／ノンフィクション・評伝

破天荒な人生　危険なオーラ発散

画家は一枚の絵を完成させるために描くのではない。絵を描く目的は、いかなる絵を創造するかではなく、いかなるプロセスを歩み続けるかという行為それ自体を目的にする以外に画家の存在理由はないのである。したがって、絵は最初から完成が放棄されており、未完こそが絵の生命であると言えよう。

画家にとって絵のゴールはない。常に不完全性においてのみ絵は成立するのである。画家ルシアン・フロイドも、「創造のプロセスがおそらく絵そのものより必要になる」と言う。鑑賞者は完成された作品を見ているのではなく、画家の創造におけるプロセスの時間の推移を見ており、絵の購買者はその集積された時間に大金を支払っているというわけ。その時間は絵の具の重なり合いであり、画家の気まぐれの筆致であり、画家の感情の乱れに付き合わされているに過ぎない。

イギリスの画家ルシアンは長い間フランシ

ス・ベーコンの陰に隠れ、二線級の国内画家に甘んじていた。彼が国際舞台に登場するのは新表現主義、ポストモダンの画家の後退期。にわかにアメリカで評価され始め、国際スターとしてその地位を確立した。

著者は、ルシアンの人生の終焉（しゅうえん）まで35年間も追いかけ、本書でその破天荒で驚異的な生きざまをあぶり出した。画家の創造と不離一体の女性との赤裸々な性生活はそのまま反社会的だ。彼は反道徳的な行為を肯定することで自らの芸術を昇華させていった。

彼にとって芸術こそ最優先されるべき価値あるもので、家族や恋人、美術界の人間関係は彼の本能が許さないかぎり、すべて否定的な対象となる。にもかかわらず、その魅惑的な魔力によって常にカリスマ的存在であり続けた。

ルシアンの人生の価値は創造のプロセス同様、不完全性にある。ゆえに彼は謎と不可解、それ以上に危険なオーラを発散し続ける存在だった。

評・横尾忠則（美術家）

Geordie Greig　60年生まれ。イギリスのジャーナリスト。

二〇一六年三月一三日⑤

『あの日』

小保方晴子 著

講談社・一五一二円

ISBN9784062200127

ノンフィクション・評伝

ポエムと推理　キメラ的複合

いささか書評しにくい本である。検証実験で科学的には決着した事件だが、今度は手記が発表された。自伝的な文書は、真実を告白する形式をとって正当性を主張する。が、本書は主観的な記述に終始し、具体的な証拠や科学的な反論があるわけではなく、STAP問題はもはや彼女を信じるかどうかという信仰の領域に近い。そこで真偽の議論から離れ、文章そのものを、引いた視点で読み解く。

大きな特徴は、異なるタイプの文章が交ざっていることだ。例えば、細胞の研究を説明するための科学入門書的な解説、ラットへの「頑張ってくれて、ありがとう」や、「この子たち（＝緑に光る細胞塊）に会えてよかった」といったリケジョ的なポエム、そして誰が黒幕で犯人なのかという推理小説などである。通常、出会わないはずの要素が、まさにキメラ的に複合することによって、ユニークな文章が出現している。

プロットも興味深い。豊かな発想の主人公が、その才能を認めたバカンティ先生、絶妙の手技をもつ若山先生、天才的な論文構成力をもつ笹井先生と出会い、彼らのサポートを得て、一流の科学雑誌に画期的な論文が掲載される成功物語が前半だ。だが、一躍スターとして注目された直後、彼女によれば、ささいなミスによって論文の正当性が疑われ、仲間に裏切られ、マスコミの餌食にされ、科学者の道を悲劇的に断たれてしまう。

いわば、まわりの大人たちに振り回されながら、その期待に応えようとして、本人は一生懸命頑張る涙と根性の物語である。研究者の複雑な人間関係、主人公が女性であるがゆえの周囲の特別視といった側面からも読めるだろう。あえてジャンル名を与えるとすれば「少女サイエンス〝ノン〟フィクション」とでも呼ぶべきか。あまり読んだことがなく、だからこそ面白い。が、これが現実とリンクしていることが最大の驚きだ。

評・五十嵐太郎（建築批評家・東北大学教授）

おぼかた・はるこ　83年生まれ。早稲田大学理工学部、米国留学を経て理化学研究所に。14年退職。

二〇一六年三月一三日⑥

『死んでいない者』

滝口悠生 著
文芸春秋・一四〇四円
ISBN9784163904122
文芸

通夜の場の気配を束ねる文学

第154回芥川賞受賞作。まずタイトルで首をひねった。頭に「もう」をつけたらここに居ない死者に、「まだ」ならばこの世に留（とど）まっている生者になる。どちらともとれるが、この両義的なタイトルこそが作品のキモだ。

八十五歳で亡くなった老人の通夜の出来事が描かれる。故人は子ども五人、孫十人、ひ孫三人という大家族。通夜が終わって宴会がはじまり、気の利く若者が老人たちに酒を注いでまわる。注がれた方は相手がだれかわからない。「お前さんは誰の息子?」

通夜の席ではおなじみの光景だ。故人とつながっているはずなのに、その結び目がわからない。血縁ではない配偶者同士でも顔が似ている人がいるからややこしい。孫の知花は自分の父親と伯母吉美の連れ合いがそっくりなのを感慨深げに眺めている。

だが登場者の関係がつかみにくいのは意図的だ。全体を俯瞰（ふかん）する視点を著者はあえて避けている。「自分が生まれる前のことは何度聞いても記憶が定着しない」というのは知花の視点だが、すぐにそれが薄れて第三者に近づくなど、眼差（まなざ）しが揺らぎ移ろう。

そうやって視点を固定せずに（ときに主語を隠しながら）登場者の背景が語られるうちに、個の輪郭はぼやけ、反対に場の気配が強まってくる。関係がほぐれて細々とした思い出がよみがえり、死者への親しみに人々の心が一つに束ねられていく通夜に特有の空気に包まれたところで、起こるはずのないことが、ごく当たり前のようにして起きるのだ。

川端康成の「雪国」冒頭、「国境の長いトンネルを抜けると雪国であった」は主語が明らかでないため英語にすると印象が変わるが、この作品も訳すと同じことが起きるかもしれない。本当の主人公は死者と生者の交感する場なのだ。主語なしに成立する日本語の特性を活（い）かした、画期的な「日本語文学」である。

評・大竹昭子（作家）

たきぐち・ゆうしょう 82年生まれ。『愛と人生』で野間文芸新人賞。本作で芥川賞。

二〇一六年三月一三日⑦

『資本の専制、奴隷の叛逆（はんぎゃく）』

廣瀬純 編著
航思社・二九一六円
ISBN9784906738151
社会／国際

南欧の思想家8人へのインタビューと、彼らが最近発表した論考を交互に配し、ヨーロッパがいま直面する危機を分析する。議論の核は、広場での自発的抗議運動から反ネオリベラリズム政党が台頭したギリシャとスペイン。渦中の意見だから各人各様だが、みな「ドイツ的ヨーロッパ」とは明白に一線を画している。南北ヨーロッパは地理的な敵対関係にあるというメッザードラは、欧州連合（EU）内に植民地の構造を見いだす。

ラッザラートはこれをグローバルかつドメスティックな対立モデルに敷衍（ふえん）、ギリシャ危機とシリア難民問題の関連性を指摘。両者とも植民地化同様、政治・経済・軍事をひとつに束ねた資本＝国家複合体と、そこで生活を営む住民との「戦争」なのだという。

右傾化や若者の貧困、労働者（生かされ搾取される）と奴隷（死ぬまで収奪される）の分断など、他人事（ひとごと）ではない。南欧の思考は、ときに絶望しあるいは妥協し、なお「別」のありかたを探り続ける。

評・中村和恵（明治大学教授）

二〇一六年三月一三日❽

『戦国争乱と巨大津波　北条早雲と明応津波』

金子浩之 著
雄山閣・二三七六円
ISBN9784639024002
歴史

北条早雲は津波に乗じて伊豆を制圧したのではないか。わずか30日で平定した従来説に疑問を投げかけ、発掘で調べた戦いや大津波の痕跡を史料と照らして検証した。

筆者は、静岡県伊東市で市史を担当する職員。津波でできた地層を研究する地質学者とも協力して、15世紀に大津波が短期間に2回襲来した可能性を示している。

疲弊した被災地は外敵に抵抗する力も弱く、復興支援も必要。歴戦の武将が、この機を逃すはずがない。すると、千頭の牛の角にたいまつを着けて大軍を装った伝承も、大津波のことではないのか。

貞観津波の再来と言われた東日本大震災後、過去に学ぼうと、歴史学や地質学と融合した地震研究が注目される。

筆者は、天災と人の歴史を別に論じてきた歴史学に疑問を投げかける。本書が示す多様なデータと既存説の見直しは、歴史の転換の起因としての災害への関心を高める。その視点で他の歴史災害の影響や3・11後を考えたくなる。

評・黒沢大陸（本社編集委員）

二〇一六年三月二〇日❶

『海をわたる機関車』

中村尚史 著
吉川弘文館・四二一二円
ISBN9784642038515

『帝国日本の交通網』

若林宣 著
青弓社・二一六〇円
ISBN9784787220608
歴史

後発の強み生かす　拡大の野心と失敗

日本と中国が世界のあちこちで高速鉄道の輸出競争を繰り広げている。その勝敗は、経済力のみならず国力の物差しのように語られる。ときに、線路の敷設は利用者の視点を離れ、地域を「支配」する概念に変換されていく。鉄道は、ナショナリズムを目に見える形で刺激する。

『海をわたる機関車』は、日本が明治以降、後発としての強みを生かし、先進国から技術の模倣と収斂（しゅうれん）を続けて独自の技術を高めていく過程が、当時の国際環境とあわせてつづられている。トップを走っていた英国は、職人的な製品の造りこみにこだわる。生産システムや技術の急な変化についていけなくなり、しだいに政治力頼みとなって米独に追い越されていく。

著者はあとがきにこう、書く。「盗用」「模倣」と批判される中国の高速鉄道だが、「導入した複数の技術を徹底的に模倣し、すり合わせていくという手法で技術を蓄積する」代表例は、日独だと。時代はめぐり、いま、鉄道輸出に力を入れる日本に対して、国際市場を「正確に認識」し、「成功体験を乗り越え」るように促す。

その機関車も飛行機も十分には造れなかった明治のころから第2次世界大戦敗戦にいたるまで、日本の版図拡大の野心と失敗を、交通網の視点で描いたのが『帝国日本の交通網』。副題を「つながらなかった大東亜共栄圏」とするように、補給、物資を流通させ、支配を実現するはずの鉄道、海運、港湾、航空のネットワークの貧困ぶりを、時刻表や路線図、統計などを用いて具体的に記す。

たとえば、１９４２年に浮上した「大東亜縦貫鉄道」構想。日本から朝鮮半島、中国、シンガポールからビルマへ続く構想は、車両や線路の規格の違いを配慮しないばかりか、長大過ぎて沿線を管理しきれなかった。一貫輸送はできないまま、「砂上の楼閣」に終わる。南洋まで支配を広げても、軍需に汲々（きゅうきゅう）とする輸送では地域を「有機的に結合」できず、生活を維持できなくなって敗走に転じた日本をあぶり出す。

さて、大国の野心を隠さない中国は、かつての「大東亜」と地理的な重なりも持つ広い地域を「シルクロード経済圏」と定め、勢力の拡大を狙う。冒頭の高速鉄道の積極的な輸出も、その一部である。ただ、彼らとて、自国の利と国威のみにとらわれて現地の生活に思いが至らなければ、交通が本来もつ結合効果を生み出せず、「砂上の楼閣」に終わるだろう。

両書とも、薄っぺらなナショナリズムを超えて、現在に歴史をたぐりよせて考える機会をくれた。前者は機関車、後者には著者秘蔵の当時の乗り物の絵はがきの写真が数多く掲載され、楽しめる。

評・吉岡桂子（本社編集委員）

なかむら・なおふみ　66年生まれ。東京大学教授。『地方からの産業革命』ほか。
わかばやし・とおる　67年生まれ。歴史・乗り物ライター。『羽後交通横荘線』ほか。

二〇一六年三月二〇日②

『開発なき成長の限界　現代インドの貧困・格差・社会的分断』
アマルティア・セン、ジャン・ドレーズ 著
湊一樹 訳
明石書店・四九六八円
ISBN9784750342818
政治／経済

民主主義が開く貧困層の未来

世界が経済の変調に翻弄（ほんろう）される中、インド経済が好調だ。2015年度成長率はなんと7・6％。いまや中国を上回り、最も急速に成長する国の一つだ。だがその成長の果実は公平に分配され、人々の暮らしを改善しているのか。本書は、インドの現状への深い憂慮と舌鋒（ぜっぽう）鋭い批判の一方で、インドへの愛情に包まれた一冊でもある。

著者たちは、インドの高度経済成長を称賛してやまない。他方で、顧みられない巨大な貧困層がなお存在し、階層間格差が広がりつつあると指摘する。経済成長の質を高め、人々の生活条件を改善するには、「成長」を「開発」（人間の自由と潜在能力の拡大）につなげる必要がある。

そのためには政府が、成長の生み出す財源で教育、保健医療、公共インフラなどに投資しなければならない。だが、インドの公共サービスは惨憺（さんたん）たる現状で、特に教育と保健は機能不全だと彼らは嘆く。こうした事情が、衛生、識字率などの社会指標で、インドがサハラ以南アフリカ諸国にすら劣る惨めな結果をもたらしている。

対照的に、隣国バングラデシュが社会開発面で躍進しつつある。その背後には、女性の「行為主体化」があるという。初等・中等教育で女性が男性を上回り、その労働参加率もインドをはるかに凌（しの）ぐ。女性の地位向上と社会的役割の拡大が、社会指標の好結果に反映されている。

インドの虐げられた人々は、不平等や不公正を静かに耐え忍んできた。だがもう我慢せず声を上げるべきだ、と著者らは説く。たしかにインドの民主主義には特有の歪（ひず）みがあり、メディアも問題を覆い隠しがちだ。にもかかわらず、彼らに機会を開くのも民主主義しかないのだ。全編、抑制の利いたトーンだが、行間からは著者らの情熱がほとばしり出る。「温かい心と冷静な頭脳」が絶妙に組み合わさった、傑作といえよう。

評・諸富徹（京都大学教授）

Amartya Sen　インド生まれ。ノーベル経済学賞受賞。
Jean Drèze　経済学者。

二〇一六年三月二〇日③

『食糧と人類　飢餓を克服した大増産の文明史』

ルース・ドフリース 著　小川敏子 訳

日本経済新聞出版社・二五九二円
ISBN9784532169817
歴史／科学・生物

革命と繁栄の歩み　その表と裏

文明史とはすなわち食糧増産の歩みである。人口の増加曲線は現在に近づくほど急になるが、これも飢餓の克服の成果だ。本書は太古の地球に生じた捕食関係、炭素、窒素、リンの循環から始まり、狩猟採集から農耕、産業へと移り変わる文明の折々で生じた食糧革命を辿（たど）りながら、人類繁栄の表と裏を見据える。中でも肥料の変遷についての記述が面白い。人糞（じんぷん）から海鳥の糞や硝石への転換はちょうど、陸上の覇権から海上の覇権への移行に対応する。そして、二十世紀に入り、画期的な窒素固定技術により、化学肥料が登場するが、これは爆薬の原料にもなった。この技術の開発者ハーバーは食糧増産の功労者であると同時に戦争犯罪人であるという皮肉！

労働と食事によるカロリー消費と摂取の収支も大きく変化した。人の労働と家畜に頼ってきた農業は、燃料や電気を用いた動力を導入することで、大規模化、効率化が図られた。品種改良もまた長い試行錯誤の歴史があり、トウモロコシや米、ジャガイモなど現在、我々が口にしているものは野生種とは似ても似つかないものになっている。さらには農薬の使用、遺伝子組み換えも二十世紀の人口爆発を促した。結果的に過剰生産、飽食につながり、環境と健康の悪化という副産物をも生み出した。私たちは飢餓というものの実態を知らないが、破局的な火山の噴火や放射能汚染が起きれば、食糧の備蓄は半年ほどで尽き、長期にわたり耕作が不可能になることもありうる。軍備など後回しにしても、食糧の安全保障体制の構築をこそ最優先させるべきだ。実際に戦争になれば、食糧の輸入が止まるはずで、我々は兵糧攻めに遭う。戦国時代の足軽は常時、そばの種を持ち歩いていた。そばは痩せた土地でも三カ月で収穫できるから、飢えをしのぐ保険になるのだ。今後は危機に応じて農夫になれる「足の軽さ」が求められるのかも。

評・島田雅彦（作家・法政大学教授）

Ruth DeFries　米ニューヨーク在住。コロンビア大学教授。

二〇一六年三月二〇日⑤

『触楽入門　はじめて世界に触れるときのように』

テクタイル　仲谷正史、筧康明、三原聡一郎、南澤孝太 著

朝日出版社・一七〇六円
ISBN9784255009056　科学・生物／ノンフィクション・評伝

心にも影響　「触る」驚きや喜び

最近、自分の腕を体の下に敷いて寝る癖がついてしまったようで、目が覚めると手がしびれまくっている。その状態で枕もとの眼鏡を取ろうとしても、指さきの感覚がほとんど失われており、力の加減がよくわからなくて、うまくつかめない。そういうとき、「触覚」って重要なものなんだなあと思い知らされる。

ふだんは「あって当然」と思いがちで、改めて意識することの少ない触覚・触感について、多角的に迫ったのが本書だ。「細胞という最小単位に還元しても、生命の続くかぎり触覚はあり続ける」そうで、生き物は「触る」ことを通して外界を（同時に自己を）認識しようとする。

触覚から得られる情報は、私たちの心にも影響を与える。もふもふしたぬいぐるみを撫（な）でると安らぐ、というひとは多いと思うが（私もだ）、交渉事の際には、硬い椅子よりもやわらかいソファに相手を座らせたほうが、こちらの要求が通りやすい、という実験結果

があるらしい。やわらかい触感が、相手の態度を文字通り軟化させるのである。全国の社長よ、いますぐ御社の応接室のソファがふかふか確認してください！

しかし触覚は、案外いいかげんなところもあるようで、しょっちゅう錯覚もする。本書では、手軽に体感できる「触覚の錯覚」がいろいろ紹介されているので、ぜひ試してみてほしい。実は本書の装幀（そうてい）にも仕掛けがあって、私は本のカバーを撫で撫でしては、「おおー、ほんとだ！」と触覚の錯覚を楽しんだ。

新しい技術やデザインに、触覚・触感がどう採り入れられているのかなど、未来への希望を感じさせる話題も多く、わくわくする。視覚や聴覚をサポートする新技術が、続々と開発されているのだ。「触る」ことを意識すると、こんなに驚きや喜びがあるんだと、読みながら目から鱗（うろこ）ならぬ肌から余分な皮脂が落ちた（?）一冊だ。

評・三浦しをん（作家）

「技術に基づく触感のデザイン」の研究や開発、活用法の提案に携わるプロジェクト。

『たんぽぽ団地』

重松清 著

新潮社・一七二八円
ISBN9784104075140

時空を超える不思議な一体感

児童文学作家の古田足日（たるひ）は1972年に『ぼくらは機関車太陽号』を出版した。「赤旗日曜版」に掲載されたこの物語は、学校行事について自ら考え行動する団地の小学生たちを主人公とし、彼らが団地を背景として本の表紙に大きく描かれていた。

それから43年後、重松清は『たんぽぽ団地』を出版する。「しんぶん赤旗日曜版」に連載された団地を舞台とする物語という点で、確かに『ぼくらは機関車太陽号』と似た面はある。しかし表紙に団地は描かれても、小学生たちは描かれない。たそがれの迫る団地の棟々を見守っているのは給水塔だけだ。

1960年に完成したつぐみ台三丁目団地、通称たんぽぽ団地は、スターハウスと呼ばれる斬新な棟が八つあり、73年には少年少女向けのドラマの撮影まで行われたが、老朽化のため建て替えが決まった。この40年あまりの間に団地の小学生は激減して高齢者ばかりになり、空き家も増えた。だがなくなる前に、もう一度団地でドラマを撮影することになり、現在の小学生やかつての小学生、そしてその親や教師たちが時空を超えて次々と立ち現れる。

この点で面白いのは、「時空たつまき」というSF的な装置が取り入れられていることだ。これによって団地の風景が2014年から1973年へと切り替わる。団地にいたことのある住民がみな給水塔の下に集まってくる最後の場面は感動的である。

私も団地に長年住んできた。73年当時の団地がどれほど輝いていたか、その光景はいまでもありありと眼前に浮かんでくる。一戸建てとも民間のマンションとも異なるあの不思議な一体感は何だったのか。20世紀後半の日本の大都市郊外に一時的に出現したコミュニティー空間は、決して郷愁だけで語られるべきではない。著者が本書で最も訴えたかったのも、まさにこのことではなかったか。

評・原武史（明治学院大学教授）

しげまつ・きよし 63年生まれ。作家。『エイジ』『ビタミンF』『峠うどん物語』など。

二〇一六年三月二〇日❼

『かなわない』

植本一子 著

タバブックス・一八三六円

ISBN9784907053123　文芸

著者はフリーのカメラマンで、ラッパーECDの妻で、二人の娘の母親。育児の辛（つら）さ、家計の苦しさを家計簿付きで綴（つづ）った『働けECD』に続く、二〇一一年から一四年の日記だ。大地震後の放射能汚染や、仕事復帰への思いにこれまで以上に苛立（いらだ）ちをつのらせている。子どもを怒鳴りつけて大泣きさせ、自分も号泣する。親子ほどの年齢差がある夫はめったに動じず、それに救われつつも孤独になり自己を嫌悪するという悪循環を断ち切れない。キャリアの途上で若くして母親になった女性ならば、共感しない人はいないだろう。

子どもが成長すれば少しは楽になるかと思えば、ページが進むほどに落ち込みと混乱は激しくなっていく。その背景にある事柄を明かした書き下ろしのエッセイは、綱の上に足を下ろし進んでいくような不器用な生き方しか出来ない彼女が、自分の身に起きたことを凝視しようとする勇気に満ちている。ページのどこかに自分がいる、そう思わせる本だ。

評・大竹昭子（作家）

二〇一六年三月二〇日❽

『獅子吼（ししく）』

浅田次郎 著

文芸春秋・一五一二円

ISBN9784163903842　文芸

人情味豊かな著者の最新短編集。高度成長期の若者、戦時の兵士が、それぞれの時代の中で生きる姿には、ほのかな光を帯びた、確かな存在感がある。著者の練達の文章に加え、自らの手で作り出した登場人物への慈愛に満ちているからこそ、読者にそれが伝わるのだろう。

6作品の中で最も読ませたのは「うきよご」。私生児を示す隠語だという。1960年代後半の東大紛争後、京都から東京に来た「うきよご」の受験生・和夫と、東京で暮らしていた異母姉の昭子。姉弟愛とも男女愛ともつかぬ微妙な愛情を交わす2人は切なくて、著者でないと描き得ない深い境地に達している。

表題作は、太平洋戦争末期の動物園で飢えに苦しむ獅子が主人公。獅子は、軍の上官から動物の射殺命令を受けた兵士たちを子供のころから知っている。その邂逅（かいこう）の悲しみが胸に迫る。

過ぎ去った時代の哀切な物語。各短編には物語が閉じた後も漂う余韻がある。

評・市田隆（本社編集委員）

二〇一六年三月二七日❶

『バラカ』

桐野夏生 著

集英社・一九九八円

ISBN9784087716467　文芸／社会

震災の暗黒郷を描き 時代を照らし出す

あの日の震災で、福島第一原発がすべて爆発した。東京は避難勧告地域に指定されて住民は西に逃げた。首都機能は大阪に移り、天皇も京都御所に移住した。2020年のオリンピックは大阪に開催地が変更された。震災から8年がたち、放射線量が下がってもまだ住民の半分以上が戻らず、東京の空き家では地方から来た若い日本人や外国人労働者がルームシェアしながら住んでいる。

もちろん、これは現実の出来事ではない。だが桐野夏生の手にかかると、架空のはずの小説が禍々（まがまが）しい現実感をもって読者の前に立ち現れる。これまでもそうした作風で、あり得たかもしれない現実を鋭くあぶり出す小説を世に問うてきた著者が、ついにあの震災をテーマとする長編小説に挑んだのが本書である。

タイトルの「バラカ」は、震災後に警戒区域で発見された一人の少女の名前を意味する。日系ブラジル人として生まれながら、中東のドバイで人身売買により日本人夫妻の子とされたバラカは、東京で震災にあい、被曝（ひばく）して甲状腺がんの手術を受ける。そして日本各地を転々とするうち、自分たちの運動のシンボルとして利用しようとする原発推進派や反原発派と次々に遭遇する。こうしていつしか原発をめぐる生々しい政治の渦中に巻き込まれてゆく。

　興味深いのは、日本という国家自体が西日本と東日本に事実上分断されていることだ。西日本は大阪を首都として震災前の国家を維持しているのに対して、東日本は震災であたかも別の国家のようになった。ここには、震災後も東京一極集中が強まり、東京でオリンピックまで開かれようとしている現在の日本に対する強烈な批判が込められている。

　関係者が相次いで消えてゆくなか、バラカはさまざまな人間の欲望や権力の網をくぐり抜け、強靭（きょうじん）に生きようとする。エピローグでは、国家の周縁に当たる北海道の東端でようやく安住の地を見つけたバラカの姿が描かれる。

　古来、洋の東西を問わず、思想家はあるべき政治や社会の理想像を語ってきた。だが桐野夏生は、ユートピアではなく、ディストピア（暗黒郷）を徹底して描こうとする。一見正反対なその手法は、現実を逆照射する点で、思想家に通じるものがあると思う。

　かつては松本清張の推理小説が現実との鋭い緊張関係を保っていた。清張が昭和という時代を照らし出す小説家だったとすれば、桐野夏生もまた平成という時代を照らし出す小説家といえる。すぐれた小説家は同時にすぐれた思想家でもある。小説をフィクションとしか見なそうとしない学者にこそ読んでほしい一冊である。

評・原武史（明治学院大学教授）

きりの・なつお　51年生まれ。作家。著書に『OUT』（日本推理作家協会賞）、『柔らかな頬』（直木賞）、『グロテスク』（泉鏡花文学賞）、『東京島』（谷崎潤一郎賞）、『ナニカアル』（読売文学賞、島清恋愛文学賞）など。

二〇一六年三月二七日②

『琉球王国と戦国大名　島津侵入までの半世紀』

歴史／社会

黒嶋敏　著

吉川弘文館・一八三六円
ISBN9784642058216

丹念に追った　変化する関係

　1609年、鹿児島藩主の島津家久は、3000人の軍兵を琉球（中山）王国に派遣した。ほとんど戦闘を経ることなく島津軍は首里王城を制圧。国王尚寧（しょうねい）は鹿児島を経て江戸に赴き、徳川将軍家に対し従属の礼を執った。また家久に対しては「琉球は古来島津氏の附庸（ふよう）国である」と記した起請文（きしょうもん）を提出し、これ以後琉球は鹿児島藩の間接的な支配を受けることになる。

　附庸国、というのはありていにいえば属国ということか。だが、歴史をひもとき、史料をきちんと読んでみると、「島津氏が上、琉球が下」という固定した関係があったわけではないのだ。島津氏には島津氏の事情がある。琉球には琉球の事情がある。もちろん琉球が頭（こうべ）を垂れることはあったが、時に島津氏が下手に出ている事例も確認できる。本書は東アジア情勢の確かな理解を踏まえて、状況とともに変化する両者の関係を丹念に追っていく。

柄谷行人氏は本欄（２０１４年９月21日付『琉球独立論』書評）で「理解しがたいのは、琉球が日本から独立しないでいることである」と書いた。この一文を読んだときの衝撃はいまだに忘れられない。米軍基地をめぐり沖縄と官邸とがぎくしゃくし、沖縄独立がしきりに唱えられている。その中で責任を引き受けてかかる発言をする勇気を、今の私は到底もてない。

歴史を勉強してきて漸（ようや）くつかめたのは「日本は一つの国である」という常識には疑う余地がある、という感触である。たとえば古代の東国に朝廷の威令は届いていまい、戦国大名は独立した地域の王と捉えられる等々。歴史研究者たる私は、日本はいかなる国だったかを見据えた上で、沖縄にどう向き合うかという問いへの答えを探していこうと思う。その一環として史実を正確に知ることは不可欠であり、そのために本書は有意義な情報を与えてくれる。信頼できる一冊である。

評・本郷和人（東京大学教授）

くろしま・さとる　72年生まれ。東京大学史料編纂所助教。『中世の権力と列島』『天下統一』。

二〇一六年三月二七日❸

『これで駄目なら　若い君たちへ　卒業式講演集』

カート・ヴォネガット著　円城塔訳

飛鳥新社・一七二八円

ISBN9784864104081

教育／人文

皮肉とユーモアあふれる語り口

あらためて書くまでもないが、カート・ヴォネガットは、『猫のゆりかご』や『スローターハウス５』といった代表作のあるアメリカの作家だ。

初めて読んだのは『スローターハウス５』だ。学生のころだった。作中にしばしば書かれる、諦念（ていねん）のような、あるいは混沌（こんとん）とした世界を見てしまった人間が呟（つぶや）くような、「そういうものだ」と反復する言葉に、作家の冷ややかな一面を見るようだった。たしかに、第二次世界大戦中、捕虜として拘束されていた独ドレスデンで連合国側の激しい爆撃を体験した強烈な記憶は作品に強く反映している。作家もしばしばそのことを語った。けれど、いや、だからこそ、一方でシニカルなユーモアに満ちた語り口が魅力的だった。

本書は、ヴォネガットが、大学の卒業式をはじめ、請われて聴衆に向かってスピーチをした記録だ。随所に織り込まれる冗談は、皮肉まじりで、いまにも「そういうものだ」と口にするのではないかと気が気ではない。学生たちの前できっぱり宣言する。

「お願いだから、わたしを信頼しないでくれ」

そんなふうに宣言された者はどう受け止めればいいのだ。ヴォネガットには、どこかふくみ笑いをするような調子で語るイメージがある。

それが方法だ。

リベラルさ、いや敬虔（けいけん）な宗教家のような態度で、その思想と意志を言葉にこめる。だから、「そういうものだ」が生まれたと感じるし、本書のタイトル「これで駄目なら」も同じような場所から生まれたと想像する。ヒューマニズム思想と厭世（えんせい）観のあいだに浮遊する、けれど時流にふらつかない意志だ。語り口はいつだってユーモアにあふれ、真っ正直なことを笑いをまぶして平気な顔で語る。羨（うらや）ましいほどの態度だ。なぜならそれこそが、ほんとうに彼が語りたいことであり、語ろうとする方法だったからだ。

評・宮沢章夫（劇作家・演出家）

Kurt Vonnegut　１９２２～２００７年。米作家。『タイタンの妖女』ほか。

二〇一六年三月二七日④

『江戸時代の通訳官　阿蘭陀通詞の語学と実務』

片桐一男 著
吉川弘文館・三七八〇円
ISBN9784642034722
歴史／ノンフィクション・評伝

言葉を武器に　未知に触れる努力

以前から不思議だったことがある。ちゃんとした学校も教科書も辞書もない時代において、人々はどうやって外国語を身につけたのだろうか？　ただでさえ語学習得のセンスに決定的に欠ける私からすると、それって途方に暮れるほかない状況に思えるのだが。

そんな疑問に答えてくれるのが本書だ。江戸時代、長崎の出島にあるオランダ商館が、海外に開かれたほぼ唯一の「窓」だった。商館のオランダ人とやりとりするには、オランダ語ができなくてはならない。そこで、町人身分である「阿蘭陀通詞（オランダつうじ）（通訳）」が大活躍した。

通詞の家に生まれたら大変だ。「ア・ベ・ブック（ABブック）」でアルファベットの読み書き、オランダ語の初歩を学ぶのにはじまり、単語や日常会話例を覚えたり、作文をしたり、算術を学んだりと、段階的にオランダ語の「稽古」に励む。語学の才がなかったひとは、絶望的な気分だったろうなあ……。

オランダ商館長（カピタン）が江戸で将軍に会うとなると、もちろん通詞も同行する。将軍が馬を所望したら、通詞がオランダ語で細々と特徴を記した注文書（馬の絵入り）を、カピタンに渡す。長崎見物をしたがるカピタンを案内する。遊女の手配もしてあげる。

仕事面だけでなく個人的にも、通詞とカピタンのあいだには心の交流があった。書簡がたくさん残っていて、通詞はカピタンに砂糖などをおねだりしている。なんだかかわいいし、信頼関係を築いていたんだなとわかる。

いつの時代にも、言葉を武器に、未知の世界、新しい世界と触れあおうとする人々はいた。かれらの努力と好奇心が積み重なって、いまがあるのだとつくづく感じた。阿蘭陀通詞の研究を長年つづけ、門外漢でも興味を抱ける本を書いてくれる本書の著者もまた、過去と現在を結ぶ「通詞」だと言えるだろう。

評・三浦しをん（作家）

かたぎり・かずお　34年生まれ。青山学院大学名誉教授（文学博士）。『伝播（でんぱ）する蘭学』など。

二〇一六年三月二七日⑤

『震災学入門　死生観からの社会構想』

金菱清 著
ちくま新書・八二一円
ISBN9784480068781
医学・福祉／社会

「幽霊」も現実　当事者のケアを

震災について考えた本は数多くあるが、とりわけユニークな一冊が登場した。これまであまり注目されなかった事例を紹介し、被災者という当事者性について考えることの大切さに気づかせてくれる。

心のケアの重要さが叫ばれる。多くのカウンセラーが被災地を訪問する。しかし地元では、「精神科の先生のお世話になるほど、おかしくなっていない」と拒否される。精神科にも、カウンセリングにも、忌避感があるためだ。そこで、メンタルヘルスとは関係のないレクリエーション活動などで被災者とつながる工夫が行われている。

病院に通うように促す、あるいは医師が自ら啓発活動に足を運ぶ。それだけが「心のケア」の方法ではない。地域の自治会を立ち上げ、お茶を飲みながら語らえる場所をつくる。被災体験を文章にまとめてもらい、肩の荷をおろしてもらう。こうした小さな試みの数々も、心のケアの役割を担っている。

「幽霊を見た」という語りがある。震災によって、身近な者の死を実感しがたい人がたくさんいる。そんな人たちにとって、霊に関する語りはどう聞こえるだろう。死者からのメッセージをもらったと捉え、それで生きる力を得る者もいるのではないか。現代において幽霊語りは、不合理なものの象徴だが、それに触れたと感じた当事者にとっては、自分が喪失したものについて考える契機にもなっている。偶発的な、心のケアの機能とも言える。

これまで、専門家の立場から、様々な復興提言が数多くなされた。しかし、当事者不在と思える議論も少なくない。外から「合理的な結論」を押し付けるのではなく、断片的エピソードの数々から、まずは被災した当事者のリアリティーに寄り添ってみる。すると、一見「不合理」に聞こえるような話から、幅広い「震災の教訓」「復興のヒント」が見えてくる。

評・荻上チキ（「シノドス」編集長・評論家）

かねびし・きよし 75年生まれ。東北学院大学教授（社会学）。『震災メメントモリ』など。

二〇一六年三月二十七日⑥

『シベリア最深紀行　知られざる大地への七つの旅』

中村逸郎 著

岩波書店・二五九二円

ISBN9784000611114

社会／国際

辺境に息づく多様な精神文化

ロシアはイワン雷帝の時代からシベリアという辺境を抱え込むようにして、領土拡大と資源開発を行ってきた。地球の二酸化炭素の吸収源ともいわれるタイガや地球温暖化のバロメーターでもあるツンドラは単に天然ガスや木材の宝庫であるだけでなく、多くの文学者、芸術家に大きな影響を及ぼす精神文化の宝庫でもあり続けた。

シベリアに流刑経験のあるドストエフスキーはシベリアに根を張った異端派の思想にのめり込んだ一人である。『カラマーゾフの兄弟』や『悪霊』で、革命結社を作る時、異端派の力を借りる陰謀がなされる。異端派はロシアにおいては一種のカウンター・カルチャーとして機能しており、皇帝の専制に対する反逆の思想の根拠たりえたのである。実際、十九世紀末から二十世紀初頭にかけて、異端の一派である鞭身（べんしん）派への言及が知識人のあいだで広まっていたという。二十世紀以降も、カンディンスキーやマレーヴィッチ、ストラヴィンスキーらが西洋絵画や西洋音楽の伝統を逸脱し、石器時代のビジョンを開示したのもシベリア巡礼の後だった。シベリアはアーティストにとって聖地であり、アヴァンギャルドやモダニズムの母体にもなった。

そこには狩猟採集文化を維持する少数民族と彼らの宗教であるシャーマニズム、そして、彼らの文化伝統を今に伝える言語、さらにタタール人とイスラム教の文化、ユダヤ教徒たちが住む第二のエルサレムまである。画一化、グローバル化により、文化的活力が衰えている現代においても、シベリアはその活力を取り戻すための聖地たり得ている。その言語的、宗教的、民族的多様性は過酷な自然環境、交通の便の悪さによって守られて来たのだろう。本書はシベリアへの旅情を駆り立てるガイドブックとして、また辺境文化研究の入門書として最適である。

評・島田雅彦（作家・法政大学教授）

なかむら・いつろう 56年生まれ。筑波大学教授。『ろくでなしのロシア』など。

二〇一六年三月二七日⑦

『「文系学部廃止」の衝撃』
吉見俊哉 著
集英社新書・八二一円
ISBN9784087208238
教育／社会

昨年六月に文部科学省が出した「国立大学法人等の組織及び業務全般の見直しについて」の通知は、各メディアによって「国が文系学部を廃止しようとしている」と報じられ、大きな波紋を広げた。著者は騒動を分析し、その背景にある「文系は役に立たない」という社会的通念に異を唱える。文系の知は「目的や価値の軸」を発見したり創造したりする性質を持ち、長期的には役に立つと強調する。コンピテンス（活用や処理の能力）を重視する教育が広がる一方で、その核となるべき知識・教養への関心が減退し、空洞化しているとの見方は、文系の価値の再考をうながす指摘といえるだろう。

「人生で三回、大学に入る」などのユニークな提言もある。大学が開かれたものとなり、人類に奉仕する普遍的な価値を創造する場であり続けるためには何をするべきなのか。理工系偏重の環境の中で、文系の有用性をどう説明すればよいのか。本書には、明るいヒントが詰まっている。

評・蜂飼耳（詩人・作家）

二〇一六年三月二七日⑧

『グッド・フライト、グッド・ナイト』
マーク・ヴァンホーナッカー 著　岡本由香子 訳
早川書房・一九四四円
ISBN9784152096036
人文

飛行機に乗る前は、いつもちょっとわくわくする。非日常的な空間に浸る楽しみが待っているからだ。

ぼくはこんな月並みで無粋な表現しかできないが、747のパイロットである著者は五感をフルに活用して、空の旅にまつわるあれこれを繊細で美しいエッセーに仕立て上げてくれた。夜の町の光のうつろい。気温と機体の温度。行く先々のにおい。雲や霧や太陽。風の肌触り。

横糸には全体のパターンを広く把握する想像力。縦糸には記憶の物語。これらを絶妙な手つきで絡ませながら、非日常空間の物語が、美しく、淡く、綴（つづ）られていく。翻訳が、またすばらしい。

機械を語るときも冷たくならず、人間を語るときもべたべたしない。近すぎず、よそよそしすぎず。暖かく適度な距離感が保たれる。

機上で読むのがベストだろうが、地上で読んでも、1ページごとに自分の想像力が澄んでいくのがよくわかる。そして、飛行機に乗りたくなる。

評・佐倉統（東京大学教授）

二〇一六年四月三日①

『プラハの墓地』
ウンベルト・エーコ 著　橋本勝雄 訳
東京創元社・三七八〇円
ISBN9784488010515
文芸／社会

陰謀論の嘘にどう向き合うか

今年2月19日に亡くなったウンベルト・エーコは、記号論学者であり、『薔薇（ばら）の名前』など世界的なベストセラーを残した作家でもあった。エーコが2010年に発表した本書も、知的好奇心を刺激する仕掛けの中に、現代の日本とも無縁ではないテーマを織り込んだ一級のエンターテインメント小説である。

ユダヤ人を憎む祖父に育てられ、イタリア統一戦争で父を亡くしたシモニーニは、祖父の死後、遺産を公証人に騙（だま）し取られた。仕方なく公証人の下で働き始め、文書偽造の才能を開花させる。偽の証拠を使ってでも政治犯を排除したい各国の秘密警察の目にとまったシモニーニは、やがてパリに向かい、ナポレオン3世の独裁、普仏戦争、パリ・コミューンの成立、そしてドレフュス事件など、歴史的な大事件の裏で暗躍していく。

謀略に加担したことで、祖父の言葉が真実だと確信したシモニーニは、プラハの墓地でユダヤ人が世界征服を計画したとする文書を偽造する。この文書が、ヨーロッパの反ユダヤ思想と共鳴し、ナチスのユダヤ人虐殺の根拠になった偽書「シオン賢者の議定書」へと発展するプロセスが、後半の鍵となる。

シモニーニは架空の人物だが、それ以外の登場人物はほぼすべて実在している。そのため、虚実を混交して現実の歴史と矛盾しないフィクションを紡ぐ伝奇小説としても、テロリストや秘密警察といったアンダーグラウンドの住人が、シモニーニの周囲で怪しい動きをするサスペンスとしても秀逸である。

物語は、シモニーニの手記をなぞることで進むが、彼が意識を失っている間は、イエズス会士のピッコラが手記を書いているらしい。やがて二人は死体を発見。二人の関係は何か。死体は何者で、誰に殺されたかを推理するところは謎解きの面白さがあり、どのジャンルが好きでも満足できるだろう。

著者は、シモニーニの完璧な偽造文書や、意識を失ったシモニーニの手記をピッコラが書き継ぐエピソードを使って、ユダヤ人が社会を裏側から動かしているという荒唐無稽な陰謀論が、歴史の中に紛れ込み、事実として広まるメカニズムに迫っている。しかもユダヤ人への憎悪と偏見が根強い当時のヨーロッパでは、陰謀論の嘘(うそ)に気付くのが難しかったのだ。

現代の日本でも、太平洋戦争はコミンテルンの工作で引き起こされたので、日本に責任はないとする陰謀論が語られ、特定の人種、国籍、宗教を排斥するヘイトスピーチの嵐が吹き荒れている。本書は、いつの時代も跋扈(ばっこ)するシモニーニ的なものと、どのように向き合うべきかを問い掛けているのである。

評・末國善己(文芸評論家)

Umberto Eco　1932〜2016年。記号論学者、評論家、哲学者、文学者、作家。イタリア・ボローニャ大学名誉教授。『開かれた作品』『記号論』『フーコーの振り子』など。

二〇一六年四月三日②　　文芸／社会

『イサの氾濫』

木村友祐 著

未来社・一九四四円

ISBN9784624601195

東北人の重い口から叫びが届く

この小説(の原型)が文芸誌に載った2011年11月から、本になるのを私は待っていたのだよ。そうだよ。もう4年以上も。

そりゃあ、震災や原発事故を取材した作品はその後たくさん書かれたし、木村友祐も『聖地Cs』という佳編を出してはいる。でも震災直後の割り切れない感情を『イサの氾濫(はんらん)』ほど刺激する作品はなかった。

物語は震災後、40歳にして会社を辞めた将司が故郷の八戸(青森県)に帰るところからはじまる。

帰省の目的はイサこと叔父の勇雄について調べることだった。イサは傷害罪の前科をもつ途方もない乱暴者で、一族は迷惑をかけられっぱなしだった。

だが、イサをよく知る老人はいうのである。「今の東北には、あいつみてぇなやづが必要だ」と。「こったらに震災ど原発(げんばづ)で痛(いだ)めつけられでよ。(略)そったら被害こうむって、まっと(もっと)苦しさを訴えだり、なぁしておらんどがこったら思いすんだって暴れでもいいのさ(に)、東北人づのぁ

（というのは）、すぐにそれがでぎねぇのよ」

「東北人は、無言の民せ」と彼はいう。蝦夷征伐で負げで、ヤマトの植民地さなって、米、ムリクリつぐるごどになって、はじめで東北全域が手ぇ結んで戦った戊辰戦争でも負げで、つまり西さ負げつづげで。「ハァ、その重い口（くぢ）ば開いでもいいんでねぇが。叫（さが）んでもいいんでねぇが」

あれから5年たって、状況は変わっただろうか。震災だけではない。東京の生活に挫折し、故郷にも居場所がない将司は格差社会の犠牲者とも重なる。蝦夷（えみし）の血を受け継いだかのようなイサ。ふと将司は考える。おらが、イサだっ！

小説は東北じゅうの「イサ」たちが結集して永田町になだれ込み、国会議事堂に矢を放つイメージで閉じられる。私たちに必要なのもイサの精神ではないか。何が東京オリンピックだ。何が「がんばれニッポン」だ。冗談こぐでねぇ。んだべ、イサのじちゃん。

評・斎藤美奈子（文芸評論家）

きむら・ゆうすけ　70年生まれ。作家。『海猫ツリーハウス』ですばる文学賞。「イサの氾濫」で三島賞候補。

二〇一六年四月三日③　政治／国際

『アメリカの排日運動と日米関係　「排日移民法」はなぜ成立したか』

簑原俊洋 著

朝日選書・一七二八円

ISBN9784022630421

愚かな政策　後世に歴史の汚点

米国が「トランプ現象」に揺れている。政争の渦のなかで人種差別と排外思想が勢いづいている。

異様な大衆扇動にも見えるが、そう新しい動きでもない。この国では、特定の移民への不満が間欠泉のように噴出した歴史がある。

そもそもアメリカ政治は気まぐれだ。戦略に満ちた政策があれば、誤算の産物にすぎない決め事もある。

日米開戦の遠因となった1924年の排日移民法の成立は、その後者だった。新興国日本の懐柔を企てた米政府の思惑は、予想外の成立に翻弄（ほんろう）される。

本書はその源流を、サンフランシスコでおきた日本人学童隔離事件から読み解く。そこから「排日」が州へ、全米へと連鎖した背景には、連邦と州の確執、政治家間の諍（いさか）い、選挙狙いのポピュリズムがあった。

日系4世の著者は、あとがきで断じる。「恐怖と不安から生まれた政策は愚行にしかならず、必ず歴史の汚点として後世に残る」。移民をめぐる現代の不寛容な政治への警鐘だろう。

著者は歴史の通説にも挑む。法案成立を決定づけたのは本当に、日本大使が送った抗議書簡だったのか。膨大な史料分析は、議会の裏取引をうかがわせ、書簡自体が米政府の手によるものだった疑いを導く。

真相が何であれ、米外交当局の懸念は的中した。排日移民法は日本を対米協調から遠ざけ、アジア侵略へ走らせる一因になった。

そこには戦後もずっと変わらぬ光景が読みとれる。それは、国際社会に協調するも、背を向けるも、日本外交の決定要因は常に対米関係だという構図だ。

米政府は移民問題を、日本の外交ツールの一つとみていた。だが日本側には全く別の本質があった。それは、列強と並ぶ一級国家として遇されたいという国家プライドの問題だった。

打算で世界を読む米国と、民族意識の情念から脱せない日本。そのすれ違いもまた今の日米関係に脈々と続く現実かもしれない。

評・立野純二（本社論説主幹代理）

みのはら・としひろ　71年生まれ。神戸大学大学院教授。『排日移民法と日米関係』（アメリカ学会清水博賞）。

二〇一六年四月三日④

『瀬川昌久自選著作集1954-2014』

瀬川昌久 著

河出書房新社・五一八四円
ISBN9784309276779

アート・ファッション・芸能／ノンフィクション・評伝

日米のジャズ史を克明に記録

音楽を聴くことは、すなわちレコード盤に耳を傾けることだった。誰しもその解説を読んで知識を得たものだ。著者も子供の頃、そこから多大な影響を得たという。野川香文、野口久光らの名解説はその後も多くの愛聴家を育てたが、著者自身も戦前戦後のアメリカと日本のジャズ史を研究し、克明に記録し続けた。

分厚い本書を読み始めると、まずは渡米日記が楽しい。1950年代末には既にジャズも衰退しつつあり、ロックンロールが若者を魅了していたが、そんな時代の変わり目のニューヨークに滞在した記録である。当時、著者は銀行員だったが、ナイトクラブで日々過ごした様子も興味深い。

デューク・エリントンのバンドを見て、その中の1曲が練習不足だったことなどレアな話もある。当時封切りされていたミュージカル映画の感想もワクワクさせられる。ここに詳細に記された楽曲などは、今ではネットのアーカイブでチェックできるが、それを聴きながら著者の見聞を追体験できるのは読書の枠を超えた新しい発見だった。

特筆すべきは、ジャズの見聞録がアメリカから日本に向けられる点だ。日本の音楽家の努力や才覚を決して忘れてはいけないとの著者の意思は、継承する価値がある。なぜなら、現在の「アーティスト」もその渦中にいる当事者だから。

中盤にはモダン・ビッグバンドの系譜が詳細に検証され、ジャズの貴重なプロファイリングともなっている。ジャズという実験装置に貢献した音楽家を漏れなく網羅し、アメリカだけではなく日本のジャズ史にも多くのページを割く。得難い知識が享受できる。

ジャズの魅力は全世界に浸透し、ポップカルチャーの源泉ともなった。僕が音楽を続けるのもその文脈から出ることはない。誰もやっていないことを目指すのが音楽家の志ではあるが、実は先人が発見した果実を食べて育ったのだ。そんなことも学べる書物である。

評・細野晴臣（音楽家）

せがわ・まさひさ　24年生まれ。音楽評論家。大谷能生との共著に『日本ジャズの誕生』など。

二〇一六年四月三日⑤

『サイロ・エフェクト　高度専門化社会の罠』

ジリアン・テット 著　土方奈美 訳

文藝春秋・一七九三円
ISBN9784163903897

経済／社会

組織の細分化を人類学的に分析

日本の基幹産業として高い技術力で世界を席巻してきた家電・電子産業は、なぜこんなに短期間に凋落（ちょうらく）してしまったのだろうか？

その答えを探すことは日本経済にとって重要である。なぜなら現時点で競争力を持っている産業もいつ何時同じ境遇に陥るか分からないからである。

その点で、本書が展開する組織論は貴重な示唆を与えてくれる。サイロとは、牧場で見かける牧草や穀物の貯蔵庫のことだ。組織が大きくなると、専門化した部署同士の交流が乏しくなり、サイロのような孤立した部署が多数できやすくなる。それは問題を多々発生させてきた。

サイロがイノベーションの芽を摘んだ典型例として、真っ先にソニーが紹介されている。同社はデジタル音楽プレーヤーの開発に必要な人材、技術、関連組織を全て持っていたがアップルに大敗した。サイロ化により、「かつては創造力にあふれていたソニーの技術者たちは、際限のない縄張り争いに巻き込まれ、協力する意思や能力を失ってしまった」。

他方で、サイロ問題は金融危機の原因にもなった。欧米の金融当局や大手銀行の幹部は、心理的な視野狭窄（きょうさく）や部族主義に陥り、情報を共有できなかったため、危機につながるリスクを管理できなかったのである。

しかしながら、サイロ問題の克服にチャレンジしている人々もいる。フェイスブックの幹部はソニーの失敗を深く研究してきたという。「自分たちはこうはなりたくない」と確認しながら、サイロを防ぐための本社屋の構造、新人研修、人事システムに積極的に投資してきた。

通常の組織論は、経営学や心理学を基に論じられている。しかし、著者はケンブリッジ大博士コースで社会人類学を学んだ異例の経済ジャーナリストだ。同氏はこれまでも人類学の観点から金融政策などを鋭く論じてきたが、本書でもそれが遺憾なく発揮されている。


評・加藤出（東短リサーチチーフエコノミスト）

Gillian Tett　フィナンシャル・タイムズ紙アメリカ版編集長、コラムニスト。

二〇一六年四月三日⑥

『カルチャロミクス　文化をビッグデータで計測する』
エレツ・エイデン、ジャン＝バティースト・ミシェル著　阪本芳久訳
草思社・二三七六円
ISBN9784794221872
IT・コンピューター／社会

現代人が手にした新たな「道具」

西暦2000年までの二百年間で、ガン、エイズ、インフルエンザ、三つの単語のうち、いちばん話題になったものはどれだろう。

今はこうした問いに手軽に答えてくれるウエブ・サービスがある。2010年に公開された、グーグル・Nグラム・ビューワーである。基本的にこのサービスは、過去に英語で発表された書籍をデータ化し、単語の統計をとることができるようにしたものだ。

ビッグデータという単語は聞きあきたという人、はじめてという人がいるはずである。しかし、自分には関係ないと思う人でも、携帯電話を通じて自分の位置情報を提供し、渋滞情報の集計に一役買っているなんてことはめずらしくない。

本書はこの、単語についての統計を見るサービスのもととなった研究に取り組んでいた二人によって書かれた。開発の経緯と直面した困難、成果が当事者の視点から語られている。本に出てくる単語の統計と言われても、国語学者しか興味を持たないような地味な語の変化くらいしかわからないのではと考えるのは早計である。本書では豊富な例示がなされており、第二次世界大戦期における言論弾圧があぶり出されてきたりする。

なによりも重要なのはこのサービスが、誰でも家にいたまま利用可能なことだ。本書に登場する、人類史上はじめて知られることになった結果は、このサービスを利用することで、誰にでも発見できることがらなのだ。小学生が夏休みの自由研究に使うことだってできる。

ものづくりにおける道具の重要性ははかりしれない。なにかを考えるときの道具についても事情は似ている。紙、鉛筆、万年筆、コンピューター、インターネット。

冒頭の問いが気になった方は、実際にサイトにアクセスし、自分で調べてみるとよい。そうして、日本語版がないことの得失について考えてみると面白い。

評・円城塔（作家）

Erez Aiden　米ベイラー医科大学助教。
Jean-Baptiste Michel　米ハーバード大学準研究員。

二〇一六年四月三日⑦

『危機と劇場』

内田洋一 著
晩成書房・二二六〇円
ISBN9784893804549

演劇は人間の身体がライブで表現を行う、もっとも瞬間的な強度をもつ芸術のジャンルだ。が、美術のようにモノが残らず、複製芸術でもないから、経験は消え去っていく。その時に現場で立ち会わないと共有しにくい。本書は、東日本大震災と演劇／劇場をめぐる時評集だ。長く舞台芸術を取材した著者が、3・11後に何が起きたかを記録した貴重なドキュメントにもなっている。また、阪神淡路大震災当時の神戸に暮らし、その後の演劇界に立ち会ったことを今回の状況に重ねあわせた考察も興味深い。

東北では黒森神楽など、豊かな民俗芸能が早くから復活した。避難所における芸術の浄化作用、被災後に多くの劇団が存続の危機に陥ったこと、そして『ブルーシート』や『祝（しゅう）／言（げん）』、『東の風が吹くとき』、『光のない。』、やなぎみわの三部作など、3・11が影響した作品が論じられる。今回、日本の脆弱（ぜいじゃく）な文化のインフラが露呈しつつも、根源的な劇の力が試されたのだ。

評・五十嵐太郎（東北大学教授）

二〇一六年四月三日⑧

『評伝レヴィナス　生と痕跡』

サロモン・マルカ 著　斎藤慶典ほか 訳
慶應義塾大学出版会・四五三六円
ISBN9784766422870
ノンフィクション・評伝

友人や同僚、捕虜収容所の同室者、教え子や師、家族の証言――本人の言葉も引用されるが、むしろ他者が語り、他者から辿（たど）られるレヴィナスの人生と思想。多大な影響を与えた哲学者をこれほどわかりやすく、面白く読めるとは。

レヴィナスが生まれた20世紀初頭のリトアニアにはユダヤ人に寛容でリベラルな空気があったという。ロシアや東欧の多様な文化が混在し、家での会話はロシア語、6歳からヘブライ語を学ぶ。ブランショ、フッサール、カッシーラー、デリダらとの交友、とくにハイデガーへの複雑な思いは重要。彼の「倫理なき存在論」に対し「存在から脱出して倫理を第一哲学とすること」がレヴィナスの問題だった、とリクールは語る。

冗談好きで小言が多く、でもつねに気遣いの人だったと教え子である著者はいう。「隣人」パレスチナへの態度をイスラエルに問う発言もあった。人生と思想が一つであったその姿勢を、省みて考えることは多い。

評・中村和恵（明治大学教授）

二〇一六年四月一〇日②

『ガラパゴス　上・下』

相場英雄 著
小学館・上巻一五一二円、下巻一六二〇円
ISBN9784093864329〈上〉・9784093864336〈下〉
文芸

労働現場の闇えぐるミステリー

日本の労働現場に広がる底知れない闇をのぞき込み、背筋が凍る思いがした社会派ミステリーだった。

警視庁継続捜査班の刑事田川信一は、団地内の一室で見つかり自殺として処理された若い男性の遺体写真から、他殺だったことを見抜いた。田川は、不明だった男性の身元を割り出し、彼が派遣労働者として在籍していた各地のメーカー工場を訪ね、一歩ずつ事件の真相に迫っていく。やがて、不正を隠蔽（いんぺい）する大がかりな企（たくら）みが殺人の裏にあったことが浮かび上がった。

この小説が描き出すのは、家電、自動車などの工場で働く派遣など非正規雇用労働者の実態だ。募集時とは異なる低賃金、長時間労働でぎりぎりの生活を強いられた末、企業側の都合で突然雇い止めされる理不尽さ。一緒に働いていた労働者がのたれ死にしても構わないという態度の大企業、人材派遣会社の冷酷さ。読んでいて息が詰まるほどひどい。

小説上の誇張はないかと思い、雇用労働問題を長年取材している同僚記者に本書を読んでもらった。前に勤めていた経済出版社で彼が書いた著書2冊が、本書で参考文献にあげられていた。彼は読後、「1990年代末から2000年代半ばの使い捨てられた労働者の姿を的確に捉えていると思う。今もその問題はなくなっていない」と話した。

刑事田川は、著者のベストセラー小説『震える牛』（12年）でも主人公を務め、食肉偽装問題に絡む大手スーパーの暗部を暴いた。両作品に共通するのは、利益追求のためには平然と人を蔑（ないがし）ろにする大企業に向けた著者の怒りだ。

田川が出張を繰り返し、地道な捜査を進めて事件構図を明らかにしていく過程は、松本清張の名作『砂の器』を思い起こさせる。社会派ミステリーの系譜を受け継いだ力作。ミステリーが謎解きの面白さだけではなく、時代を切り取り活写するのに有効であることを改めて気づかせてくれた。

評・市田隆（本社編集委員）

あいば・ひでお 67年生まれ。『デフォルト』でデビュー。『震える牛』『血の轍』『トラップ』など。

二〇一六年四月一〇日③

文芸

『ミッドナイト・ジャーナル』

本城雅人 著

講談社・一七二八円

ISBN9784062198998

新聞記者はどうして必要なのか

今や新聞は、読まれないだけでなく、信頼されない。新聞記者として社会人の経歴をスタートさせた私でも、今の新聞は組織を守ることに追い込まれ、どちらを向いているかわからない報道をしがちだと感じる。

しかし、その傾向の中でふんばっている記者も多い。この小説は、20年間、辣腕（らつわん）新聞記者として活動した著者が、持てる体験と知恵をすべて注ぎ込んで、地道な事件記者たちを描いた、入魂の書である。

全国紙のさいたま支局で自他に厳しい県警キャップを務める豪太郎は、県内で女児連れ去り未遂が起き、犯人は2人かもしれないとの目撃情報を得た時、7年前に東京西部で起きたそっくりの事件を思い出す。その時も犯人は2人という情報があったが、結局、逮捕された1人が死刑となって収束した。豪太郎ら警視庁取材班は真相に肉薄しながら、警察の言い分を聞いて、犯人2人説を捨てる。

もし、あの時の共犯者がまた事件を起こしているのだとしたら、犯人2人説を追及しなかったメディアにも責任があるんじゃないか。自責の念に駆られた豪太郎は、当時の記者たちと執念の取材を始める。

この事件のモデルであろう宮崎勤の連続幼女誘拐殺人事件を、私も浦和支局時代に少し体験している。この作品の、記者たちと警察の凄（すさ）まじい攻防は現実そのままだ。スクープ合戦の意味について、豪太郎は言う。

「早く書かなければ、メディアはなんでも公式発表を待つ。それこそ権力の思い通りだ。どうでもいいことだけ伝えられて、不都合なことは隠されてしまう」

これが、権力を取材できる新聞社と記者の存在意義だろう。だが、現状はその存在意義に背いて、まさに「権力の思い通り」であることに甘んじ、加担してはいないか。真相をつかむために、豪太郎は社の上層部とも戦う。強権が吹き荒れる今の時代こそ、新聞は必要なのだ。若い記者にも読んでほしい。

評・星野智幸（小説家）

ほんじょう・まさと 65年生まれ。元サンケイスポーツ記者。『ノーバディノウズ』『トリダシ』など。

二〇一六年四月一〇日④

『新「ニッポン社会」入門　英国人、日本で再び発見する』　社会

コリン・ジョイス 著　森田浩之 訳

三賢社・一五一二円
ISBN9784908655005

貪欲すぎ！知識が生活必需品？

Ｙｏｕは何しに日本へ？　おかしな本だ。日本に長く住んで、帰国後もちょくちょく来日している英オックスフォード大学で古代史と近代史を専攻したイギリスのジャーナリストが、日本人の日常会話のような親しみのある文体で語る日本論である。

書名から一見すると外国人のための日本社会入門書と勘違いするが、実は日本人のための「ニッポン社会」入門書だ。日本の不可解（彼にとって）な魅力に狂的なまでにとりつかれた著者が次第に昔の日本人になりすましていくプロセスがおかしくてたまらない。

重箱の隅を突っつくような日本の歴史や文化の知識と、知っても大して役に立ちそうにない言葉を、ペロッと座布団を裏返しにする日本の古い風習のごとくマジカルに見せて悦に入る。日本通を気取って仲間のイギリス人に自慢する。それが物知り博士を演じる「変な外人Ｙｏｕ」と映る。

今では見向きもされない過去の日本語や生活習慣をドラキュラが血を吸い取るように彼の体内で栄養化するとき、日本人の私は知的貧血を起こしそう。

何でも見てやろう、知ってやろうという彼の貪欲（どんよく）な知識欲には鳥肌が立つ。なんでそんなに知識が生活必需品なの？　笑ってばかりおれない。知識と情報に貪欲なのは日本人も同病。何か「寒いもの」（彼はこーいう表現をきっと喜ぶに違いない）を感じてしまう。

彼の日本に対する好奇心はちょっと異常であるが、昔のイギリス人の植民地支配欲を無批判に笑っているだけじゃ無知な日本人はアホではないかと、思わず自己反省をさせられる。

本書を読みながら気づくことは、彼を通して実はわれわれはイギリス人のものの考え方とイギリス社会を学ばされていることだ。

というふうに、本書は結局、今日のニッポン社会論というより、むしろ遠くなりにけりの「旧ニッポン社会」の美徳の再学習と読んだ方が賢明ではないのか。

評・横尾忠則（美術家）

Colin Joyce　70年英国生まれ。フリージャーナリスト。著書に『「アメリカ社会」入門』など。

二〇一六年四月一〇日⑤

『指紋と近代　移動する身体の管理と統治の技法』　歴史／社会

高野麻子 著

みすず書房・三九九六円
ISBN9784622079675

識別と排除　生体認証の行方は

指紋の「第一発見場所」が日本だったことを本書で初めて知った。維新後に来日した英国人医師フォールズは、知人モースを手伝って大森貝塚から出土する土器を分類中、器の表面に残された指の印象に気づいた。そして研究を重ねて指紋が「終生不変」「万人不同」の特徴を持つことを突き止め、１８８０年に科学誌に論文を投稿した。

この指紋が個人識別に初めて使われたのは英領インドだったという。一度、登録すれば照合を通じていつでも個人情報を引き出せる指紋は統治者にとって「夢」の道具だった。その本格的利用を目指したのが「満州国」であり、建国直後に議論された全国民の登録こそ実現しなかったが、１９３８年に出稼ぎ中国人の指紋登録を開始、戸籍で管理できない移動労働者の状況把握を可能とした。

こうした指紋利用法に代表される生体認証技術は第２次大戦後、ＩＴの進化とあいまって多彩に発展する。確かに本人確認ミスや「なりすまし」が防げ、犯罪捜査にも役立つ。

だが、一度登録してしまえば、そこから様々な個人情報が引き出されて、思わぬ不利益を本人にもたらすこともありえる。

生体認証技術はどのように使われるべきなのか。その運用主体が官民にまたがるようになった今や「私たちは一連のシステムに巻き込まれており、だからこそ、客観的に思考することが非常に難しい」と著者は書いている。

そこで歴史に学ぶ効用が期待される。指紋の利用が植民地での統治技術として登場したこと。満州国で磨かれた指紋利用技術が還流した戦後日本で、外国人登録法に採用された指紋押捺（おうなつ）が差別的と批判されたように、それが共同体に潜在する他者排除指向を上書きしがちなこと――。本書が示す史実の数々は、個人を識別する技術が織りなす功罪の紋様を正しく見ようとする人に確かな参照の足場を提供してくれるだろう。

評・武田徹（評論家・ジャーナリスト）

たかの・あさこ　81年生まれ。日本学術振興会特別研究員を経て明治薬科大学講師。専門は歴史社会学など。

二〇一六年四月一〇日⑥

『解放のパラドックス　世俗革命と宗教的反革命』

マイケル・ウォルツァー著　萩原能久監訳

風行社・二七〇〇円
ISBN9784862580917

歴史

伝統をふまえた変革の可能性

帝国主義的な植民地支配からの民族の解放は、たいてい、世俗的な政治勢力、すなわち宗教に批判的で、国民の一体性としてのナショナリズムを強調する勢力によってなされた。ところが、実際には解放者たちの「勝利」もつかの間、宗教的な勢力が復興し、いつしか特定の宗教が支配的な地位につくことが多い。そうなるのはなぜか。

著者ウォルツァーは、アメリカを代表する政治学者の一人であり、人権などの普遍性を認めながらも、それぞれの社会の伝統の重要性を強調する議論で知られる。1965年のデビュー作『聖人たちの革命』で17世紀イギリスの内戦とプロテスタント信仰との関係を論じた彼は、改めて宗教の根強さについて述べる。

取り上げられるのは、イギリスからの独立を推し進めたインド国民会議、イスラエルを建国した労働シオニストたち、そしてアルジェリアのフランスからの独立の担い手であった民族解放戦線である。

いずれの場合も、解放を進めた人びとは、実は敵である「帝国の支配者から多くを学び、学んだことを解放のために用いた」。独立や人権といった理念は、その社会の内部からでなく、外部から導入された。解放者たちは、「外部の立脚点」に立って、一般の人びとを容易に改造できると考えたが、挫折する。

たとえば、イスラエル建国の際には、自分たちと同様の権利をパレスチナ人たちにも認めるべきだという考え方があったが、宗教的動機からパレスチナ人を抑圧する勢力が台頭してしまう。

マルクス主義者たちは、ナショナリズムも宗教も所詮（しょせん）は根拠のない「虚偽意識」だからだと説明するが、ウォルツァーはそうは考えない。伝統をふまえつつ、「反復的なプロセス」としての解放を進める余地があるとする。

各地で宗教の復興と人権思想の退潮が進むいま、受けとめたいメッセージだ。

評・杉田敦（政治学者・法政大学教授）

Michael Walzer　政治学者。著書に『正しい戦争と不正な戦争』『正義の領分』『寛容について』など。

二〇一六年四月一〇日❽ 文芸

『温泉妖精』

黒名ひろみ 著

集英社・一二九六円

ISBN9784087716504

ラーメンについて辛口の評価を下すブログで点数の高い店に行ったら、大した味でなくがっかりした——この種の体験をした人もいるだろう。本書の主人公の女性は、ゲルググというハンドルネームをもつ男性の温泉に関する辛口のブログを愛読している。そして唯一酷評されない東北の旅館に行ってみたら、そこは温泉ですらない貧相な宿だった上、ゲルググ本人と鉢合わせてしまう。あげくの果てには、この絶対に出会うはずのない一対の男女が、風呂場で裸のまま向き合ってしまうのだ。

美容整形して外国人を装っている女性と、温泉通を装っている男性が、互いの「鎧(よろい)」を脱ぎ捨てて文字どおり裸になってしまう展開が、何とも言えずおもしろい。このニセ温泉旅館がどこにあるかは、本書では明かされていない。近くに北上川が流れているということは、ひょっとしてあのあたりか、などと想像をめぐらしながら読むのも一興ではなかろうか。

評・原武史(放送大学教授)

二〇一六年四月一七日❶ 科学・生物

『フィールドサイエンティスト　地域環境学という発想』

佐藤哲 著

東京大学出版会・三八八八円

ISBN9784130601429

社会への貢献を模索する科学

科学は、科学者の知的好奇心を原動力として発展してきた。たとえばガリレオは望遠鏡を空に向けて木星の衛星を発見したし、ニュートンはリンゴが木から落ちるのを不思議に思って万有引力を発見したとされる。

だが、科学の知識が専門家の好奇心を満たすだけで良いはずはない。科学は地域社会の問題を解決するためにこそあるべきだ、と著者は主張する。

このような考えかたは実は目新しいものではなく、20世紀後半に世界各地で重要性が認識されている。科学者のための科学から社会のための科学へ。好奇心駆動型から課題駆動型へ。

本書がユニークなのは、このような学問的潮流を著者自身が半生をかけて体現しているところにある。もともとは普通の生態学者だった佐藤哲青年が、1980年代のアフリカで自らの学問の社会的役割に悩みを抱く。そして自身の科学的研究と地域の環境問題軽減とを結びつける試みを手探りで始め、やがては世界を股にかけて活躍するフィールドサイエンティストとして成長していく。東アフリカのナマズ、石垣島のサンゴ礁、兵庫県のコウノトリ、長野・佐久地方の鯉(こい)、北海道のシマフクロウ、さらにはアメリカ西部のコロンビア川。著者は脱皮を繰り返すように活動の場と視野を広げ、地域の自然と社会に貢献する知識のあり方や、それを生産するための手法を模索し続ける。この本は、地域環境学というユニークな学問領域の入門書であると同時に、佐藤哲というひとりの希有(けう)なフィールドサイエンティストの半生記でもある。

佐藤はさらに、固有の地域とその環境に密着して展開しているさまざまな事例を集め、それらに共通する特徴を抽出して一般化を試みる。たとえば、科学的知識と地域の生活知や伝統知とは境界なく融合していることや、科学知と地域知をつなぎ、地域のさまざまなステークホルダー(利害関係者)同士をつないでいく役割が必要であることなどは、鍵となる普遍的要素である。一方で、知識の生産や研究者の役割を表す概念用語が次から次へと登場し、それらの関係がもうひとつ整理しきれていない印象も受けた。また、知識のつなぎ役の人材養成についても、示唆がほしかったところだ。このタイプの人材は、大学の通常のカリキュラムでは教育が難しいのだ。フィールドサイエンスの体系化には、もう少し熟成のための時間が必要なのかもしれない。

アフリカを振り出しに30年。今後、著者はさらにどれだけ脱皮し、大きくなっていくのだろうか。科学について、科学と社会の関係について、新たな見通しを提供してくれる書である。

評・佐倉統(東京大学教授)

さとう・てつ 55年生まれ。人間文化研究機構総合地球環境学研究所教授。専門は地域環境学、生態学、持続可能性科学。『日本のコモンズ思想』『環境倫理学』(いずれも分担執筆)など。

二〇一六年四月一七日②

『スーザン・ソンタグの『ローリング・ストーン』インタヴュー』

ジョナサン・コット 著　木幡和枝 訳

河出書房新社・二三七六円
ISBN9784309207025

アート・ファッション・芸能／ノンフィクション・評伝

回転しながら引き出す「素の私」

一読すると、スーザン・ソンタグに向かって、ジョナサン・コットがインタビューしているかのようだが（というのも、七〇年代、「ローリング・ストーン」誌に短縮版が掲載された経緯があるからだ）、こうして一冊の本として読むと、これはあきらかにソンタグとコットの対話だ。

日本版も存在する「ローリング・ストーン」誌を簡単に説明するのは難しい。適切とは思えないものの、「ポピュラー音楽を中心にした、政治・文化誌」と書くのがふさわしいのではないか。掲載される記事の幅は広い。批評家のスーザン・ソンタグのインタビューが掲載されたことを私は知らなかったし、ソンタグと繋（つな）がりがあったことに、同誌の性格が顕（あらわ）れているのを感じる。

インタビューは「ローリング・ストーン」のためというより、尊敬する作家、批評家としてのソンタグの声を書き留めるコットの希望だったと想像する。とはいえ、ソンタグが語る芸術形式における「隠喩」「断片」「性差」という言葉から、ソンタグの芸術上の主張をどう理解したらいいか戸惑う。けれどいつまでもそこにとどまらず素早く読むほうがソンタグにはふさわしくはないか。「ローリング・ストーン」をサブカルチャー誌と定義するとしたら、そこでソンタグが「隠喩」や「性差」について語るのと同時に、自分と「ロックンロール」との出会いを語るのは、この雑誌の作り出す空間、あるいは、ジョナサン・コットのソンタグを十全に理解した上での質問、言葉、声、それらがロックンロールのように、どこかべつの場所へ回転しながらたどり着こうとしていると思える。

ソンタグは言う。「素（す）の私、生き物としての、沈黙している私に出会ってほしいと思う……」と。それはコットによって、十分引き出されたのではないか。それこそが、「ローリング・ストーン」でスーザン・ソンタグが語る意味だ。

評・宮沢章夫（劇作家・演出家）

Jonathan Cott　67年にアメリカで創刊された「ローリング・ストーン」誌の初代ヨーロッパ担当編集者。

二〇一六年四月一七日③

『戦争の物理学』

バリー・パーカー 著　藤原多伽夫 訳

白揚社・三〇二四円
ISBN9784826901871

歴史／科学・生物

兵器の進化　時代背景から学ぶ

数年前のケータイやパソコンが時代遅れになってしまうように、テクノロジーは進化を続け、一般的に最新のものが常にベストで、すぐに過去は忘却される。だが、戦争と物理学の関係を振り返る本書は、歴史と科学が融合する興味深い読書体験を与えてくれる。

例えば、学校の物理で習ったファラデーの法則で知られる電磁気の研究から、産業革命という時代背景、そして南北戦争における電気や電信の導入が語られる。法則や公式という無味乾燥な結果だけを暗記させられる教科書に対し、それぞれの発見が当時どのような意味をもっていたかが生き生きと伝わる。現在の日常生活はこうした科学の蓄積の上に成立しているが、古来、戦争はとくに技術の可能性を大きく引き上げる契機となってきた。本書は、物理が苦手という人にとっても、様々な歴史的なエピソードを通じて基本的な知識を理解する格好の入門書になるだろう。

物理学はモノの動きを扱う。ゆえに、弓矢、投石機、銃、大砲、戦闘機、潜水艦など、各時代に登場した兵器がどんなメカニズムで動くのかが説明される。例えば、弾道学では、砲内（銃尾から銃口まで）、過渡（弾が銃口を離れた直後）、砲外（空中の挙動）、終末（標的に当たった後）の4段階に分け、火薬、ガス、反作用、音波、空気抵抗、風、重力、回転、遠心力と凝集力、標的への運動エネルギーの移行など、諸要素を検討する。

本書の最後のハイライトは数千人規模の労力で開発された原爆だが、改めて、20世紀の戦争が効率的な破壊と大量死を可能にする恐るべき兵器の数々を生み出したことがわかる。ライト兄弟は空を飛ぶ夢を初めて実現したが、11年後の第1次世界大戦ではもう軍用化されていた。本書は必ずしも科学の倫理を問うものではない。だがそれを考えるにしてもまず必要な歴史的事実を学ぶための材料を、数多く提供している。

評・五十嵐太郎（建築批評家・東北大学教授）

Barry Parker　米アイダホ州立大学物理学名誉教授。『アインシュタインの遺産』『アインシュタインの情熱』など。

二〇一六年四月一七日❹

『吹けよ風　呼べよ嵐』

伊東潤 著

祥伝社・一八三六円

ISBN9784396634896

文芸

定説と異なる合戦　現代批判も

デビュー当初から戦国時代の関東にこだわっている伊東潤が、ついに川中島合戦を描いた。ほぼ全編が戦闘や謀略という硬派な物語は、原点回帰といえる。

しかも主人公は武田信玄、上杉謙信ではなく、北信濃の国人・須田満親（みつちか）なのだ。この設定だけで、どれほど斬新かが分かるだろう。

川中島周辺の北信濃に所領を持つ須田氏本家の養子・弥一郎は、従兄弟（いとこ）で親友の甚八郎と共に、大人に黙って合戦見物にいくなど幸福な毎日を送っていた。

須田氏は村上義清を盟主と仰ぎ、北信濃を狙う武田晴信（後の信玄）と戦っていた。元服し名を満親と改めた弥一郎、信正となった甚八郎も前線に出るが、次第に義清方は劣勢になる。

動揺する国人を切り崩すため、晴信は北信濃に縁者が多い真田幸綱を派遣。信正は、説得に応じ武田方に寝返る。一方、満親は、晴信に対抗するため長尾景虎（後の上杉謙信）を頼る。

大国のエゴで一族が分断される悲劇は、現在でも開発途上国では実際に起きているので、戦国時代の話とは思えないほど生々しく感じられるのではないか。

著者は、領土的野心が強い晴信に故郷を追われた国人が、領国を奪い返そうとしたのが川中島合戦だとし、国人の動きを追うことで、5回の合戦が行われた理由を明らかにしていく。さらに、実際に合戦を指揮したのは信玄と謙信だが、作戦案を作ったのは、川中島周辺を熟知する満親ら国人だったとしているのだ。

戦術を練る満親は、敵に自分の考えが推測できる信正がいるので、常に一手先二手先を読む必要がある。合戦前は息詰まる頭脳戦が描かれ、戦端が開かれると定説とは異なる過程をたどる合戦もあるので、その迫力と意外性に圧倒される。

野心のままに北信濃を攻める晴信に、満親は須田氏が守ってきた信義で立ち向かう。ここには、富める者だけがますます豊かになっている現代への批判があるように思えてならない。

評・末國善己（文芸評論家）

いとう・じゅん　60年生まれ。『国を蹴った男』で吉川英治文学新人賞。『天下人の茶』など。

二〇一六年四月一七日⑤

『根源芸術家　良寛』

新関公子 著

春秋社・五一八四円
ISBN9784393441657

ノンフィクション・評伝

謎の生涯追跡 推理小説のよう

良寛といえば子供と手鞠（てまり）をついて遊ぶ乞食僧という印象が強いが、実際は謎の存在である。著者は良寛の書の芸術性から彼の生き方の真実にとりつかれたようだが、黙して語ろうとしない生涯に惹（ひ）かれるのは、ぼくがデュシャンの謎に魅せられることとどこか共通するように思えた。

著者は良寛に対する過去の研究書の創作的な非事実性を、良寛の数々の言葉と足跡を身体的にたどりながら暴き、新説（事実）を展開していく。その心地よさには推理小説に似た爽快感がある。

一般的な良寛像は、本人が描く野心も苦悩もない気楽な乞食僧だろうが、著者はこのイメージは限定された一面と評し、実際は「驚異的なエネルギーを持った芸術的表現者」であると定義し、良寛の出家の動機に非社会性や無常観を見る従来の判断は、誤った土台の上に建てられていると批判する。

自身の出家に関して良寛は沈黙を守っているが、自伝的漢詩の中にはちゃんと、出家は宗教的発心によるものではないと告白されているというのだ。一方、発心し、諸国行脚を修行と称して名刹（めいさつ）を訪ね歩く僧をつかまえて「かわいそうな奴（やつ）ら」だと軽蔑して嗤（わら）うのだった。

著者が良寛のとりこになった直接の動機は、父の本棚にあった『書道藝術（げいじゅつ）』の中の良寛の書に造形的な美術価値を発見し、「どうしてこんなにも美しいのか」と、その芸術性と生き方に「根源芸術家」としての天才を見たからだという。

「根源」の呼称を与えたのは著者であるが、純粋芸術とは別ものである。純粋芸術という言葉は、場合によっては芸術のための芸術、つまり芸術至上主義にとられかねない。芸術至上主義は芸術の中に於（お）いての自由の追求で、下手すると自己満足に終わる。一方良寛の芸術は生活に即し、また人生の中から生まれた芸術である故に根源芸術であろうか。

評・横尾忠則（美術家）

にいぜき・きみこ　40年生まれ。東京芸術大学名誉教授。『ゴッホ　契約の兄弟』（吉田秀和賞）など。

二〇一六年四月一七日⑥

『その姿の消し方』

堀江敏幸 著

新潮社・一六二〇円
ISBN9784104471058

文芸

古い絵はがきの詩 片恋に似て

南仏の古物市で「私」は古い絵はがきを見つける。通信欄に私信はなく、抽象的な詩だけが書かれている。しかも送り主は男性で、名宛人（なあてにん）は女性。好奇心をかきたてられないわけがない。渡仏のたびに同じ差出人のはがきを探す……。

ミステリー的な要素があるし、差出人がどういう男なのかが少しずつ明らかにされるあたりはスリリングだが、ページを繰っているあいだ、変化する気圧のなかを潜（くぐ）り抜けているような奇妙な感覚が持続したのが気になった。これは何によるのだろうと考えて、ふと思いついた。作中作品が詩だからではないか。

小説だったなら、たぶんこうはならない。物語の筋が小説のテーマと響きあい、推進力にもなる。だが、詩はそのような働きをしてくれない。筋には徹底して無関心だ。それは多様なイメージが乱反射して想像力を刺激するように書かれる詩の言葉と、意味を伝えることに重きをおく小説の言葉とでは役回りが違うからだろう。

新たな絵はがきが見つかるたびに、「私」はふたりの関係について何かわかるのではと期待して詩に目を凝らすが、その代わりに見いだしたのは「片恋に似た場所」、すなわち「対象を特定しない心の吐き出し」だった。

まさに詩の本質を射ぬいた言葉だが、では、絵はがきを探しては詩と問答を繰り返す「私」にとって詩とは何を意味するのだろう。現実界と想像世界の圧力が接する場所に生じる境界線のようなものかもしれない。その線は圧力の変化を受けてつねに変化し、揺らいでいる。ふと、最近展覧会のあった画家モランディの絵が思い浮かぶ。彼が瓶の内と外の空気を同時に意識し、輪郭線を鮮明な線で表さなかったように、誰かが吐いた言葉が別の誰かによって受け取られる境目が、その揺らぎが凝視される。言葉がそのライン上でぷるぷると震えているさまが目に浮かぶようだった。

評・大竹昭子（作家）

ほりえ・としゆき 64年生まれ。作家、仏文学者。『おぱらばん』で三島賞、『熊の敷石』で芥川賞。

二〇一六年四月一七日⑦

『乱舞の中世　白拍子・乱拍子・猿楽』

沖本幸子 著

吉川弘文館・一八三六円

ISBN9784642058209

歴史／アート・ファッション・芸能

中世初期に流行した即興的な舞、乱舞。その中で、リズミカルな芸能として登場したのが、白拍子・乱拍子だ。これらは、いまでは滅びたが、現代に伝わる能の根源でもある〈翁（おきな）〉の成り立ちに、深く関わっているという。即興舞が次第にある形を持った芸能へと展開していく過程を、著者は丹念に追いかける。

白拍子の最大の特徴は、それまでの催馬楽（さいばら）や今様などの歌謡が「歌ふ」といわれたのに対して、白拍子を歌うことは「かぞふ」といわれ、区別されたことだという。拍を数え、物事を数え上げるように並べていく。そんな「かぞふ」芸能が〈翁〉の生成に影響を与えたであろうことを、著者は、いまも各地に伝承される民俗芸能の〈翁〉に手掛かりを求めて論じる。核心に迫る筆致は感動的だ。

中世の乱舞の芸能が、いまに伝わる能楽に、どのように包含されているのか。専門的な事柄もわかりやすく描き出されていておもしろい。舞は時を超える。

評・蜂飼耳（詩人・作家）

二〇一六年四月一七日⑧

『海を渡って』

鶴崎燃 著

赤々舎・四三二〇円

ISBN9784865410402

歴史／アート・ファッション・芸能／国際

写真の限界はレンズの画角の限界でもある。写らないものは表現できない。当たり前すぎる話だ。

だが優れた写真と、それを巧みに編んだ写真集は、その限界を超える。本写真集を開くと上段に帰国後の中国残留邦人の生活の写真が、下段に今の中国東北部の風景やそこで働く日本の若者の写真が置かれる。縦に配した写真の間には「満州国」の時代から現在までの、日本と中国との時空間の隔たりが広がる。

次いで上段には在日ミャンマー難民、下段に現在のミャンマーとタイとの国境の難民キャンプの光景。更に日系ブラジル人の、日本とブラジルでの生活を対比する写真が上下に並ぶ。

様々な理由で海を渡り、国境を越えた人たちは単なる被写体の位置に留（とど）まらない。写真集の中の彼らの姿は、移民を生み出してきた歴史と、移民と向きあう方法を今なお模索し続けている私たちの現在を、レンズの画角を超えて映し出す「鏡」となるのだ。

評・武田徹（評論家）

二〇一六年四月二四日❶

『日本文学源流史』

藤井貞和 著　青土社・四五三六円

ISBN9784791769100　人文

新たな〈発生〉うながす視点

藤井貞和は、独自の視点に立つこの文学源流史を描き出すにあたって、折口信夫の〈発生〉の考え方をこう解釈する。それは「繰り返し発生する動態」のことではないかと。源流は一つではない、という捉え方だ。「時代ごとに、さらには時代と時代とのあいだに源流があり、〈発生〉がわだかまるさまを、複数文化として把握したい」と。

時間の流れは、次のように分けられている。神話紀（縄文時代）・昔話紀（弥生時代）・フルコト紀（古墳時代）・物語紀（七、八世紀から十三、十四世紀）・ファンタジー紀（十四、十五世紀から現代）。学識にもとづく直感が、随所で大胆な動きを見せる。たとえば、昔話は、時代から時代への「危機において大量に発生する」という。戦争や混乱による時代の画期に、矛盾をそのまま取り込みながらも伝承される事柄や歌。弥生時代に昔話紀の源流がある。そう著者は考える。この発想の背後には、縄文から弥生への交代期のショックが伝承の発生をうながしたという推測があるのだ。

古伝承を基礎に出来た『古事記』を語った後、記述は琉球弧・沖縄諸島へ移る。歴史を語る史歌のこと。続いて、アイヌ文学に一章が割かれる。日本語にはないアイヌ語の特色が記され、はるか遠い時代からの共存／交争関係が想像される。

『源氏物語』に見られる多様な宗教観のこと。平安の物語文学と中世以降の物語とで異なる、〈完結〉性について。中世の歴史叙述に見られる、何かを著すことが何かを隠蔽（いんぺい）する性質のこと。国学の発生、鎖国、本居宣長への批判。「在来文化の急速な否定と欧化」という点で、十六〜十七世紀と明治時代を相似形だとする視点。いくつもの源流を捉えようとする本書は、その在り方からして一本の線でまとめられることを拒む。

本書において物語学と詩学は重なる。いまそれが出来る書き手は著者だけだ。古代から中世、近世、現代へ。伝統的な音律、定型詩から自由詩へ。詩人である著者の関心は、口語自由詩の源流へ向かう。鎖状に続く鎖連歌は十二世紀後半に流行。「現代詩のルーツ」として、中国詩（漢詩）と欧米詩（明治期に受けた影響）とともに鎖連歌を考えたいという。近現代詩の、横へ横へと改行するかたちの源流に鎖連歌が浮上するという見解は、近年著者がたびたび主張する要点だ。山田美妙、左川ちかの翻訳詩に日本語の散文詩の始まりを見る意見やモダニズムの捉え方なども、現在の詩に直結する重要な観点。これまでの研究と思索のすべてが注ぎこまれている。新たな〈発生〉をうながす視点を、惜しみなく語る本書は、日本文学の宝箱だ。

評・蜂飼耳（詩人・作家）

ふじい・さだかず　42年生まれ。詩人、国文学者。東京学芸大、東京大、立正大の教授を歴任。『源氏物語論』『物語の起源』、詩集に『ことばのつえ、ことばのつえ』『春楡（はるにれ）の木』など。

二〇一六年四月二四日❷

『光の子ども　①・②』

小林エリカ 著

リトルモア・1巻一五一二円、2巻一七二八円

ISBN9784898153758〈①〉・9784898154328〈②〉

アート・ファッション・芸能

放射能発見の歓喜と現代の恐怖

科学の研究にはのちにとんでもない結果を招くものが少なくないが、その最たるものは放射能だろう。不幸を生み出す規模がちがう。あんな研究をしてくれなければこんなことにならなかったのに、と現代の私たちは思う。だが、マリ・キュリーと夫がラジウムの抽出に成功したとき、世界はどれほど熱狂したことか。

X線やラジウムの発見、相対性理論や原子核の存在の証明、核分裂の発見など、十九世紀末から二十世紀前半にかけては、原子力の時代に突入するための科学的知見が次々と公表された時期だった。その流れに、二〇一一年生まれの被曝（ひばく）した町から来た少年・光が、時間を超えてキュリーの娘と出会うという物語が織り込まれる。片目の猫エルヴィンを案内人として。

難解な科学の歴史が主題なのに、するっと頭に入ってくるのは、マンガで書かれているためだけではない。当時の人々を包んだ歓喜と、現代の私たちが直面する恐怖という、相

反する感情にどう折り合いをつけるのかという切迫した思いが伝わってくるからだ。

一巻ではマリ・キュリーの、二巻では核分裂を発見し「原爆の母」と呼ばれたリーゼ・マイトナーの人生が主に綴（つづ）られるが、個人の才能と情熱が玉突きのように、いや核融合のように社会の動きと連鎖して歴史のうねりが生まれるさまに息を呑（の）む。これが私たちのたどってきた道程なのだと。

扱われている時間の幅が長く、文字だけでこの内容をこの紙幅で表現するのは不可能に近いだろう。絵・写真・図などのビジュアル要素を言葉と組み合わせ、コマ割りで象徴的に表して時間を圧縮するというマンガ表現に特有の効果がうまく活（い）かされている。

専門化が進んで視野狭窄（きょうさく）におちいりがちな今の時代、ジャンルにとらわれていると物事の本質を見失う。マンガを使ってその境界を軽々と飛び越えるさまが新鮮だ。

評・大竹昭子（作家）

こばやし・えりか 78年生まれ。作家、漫画家。著書に『マダム・キュリーと朝食を』『終わりとはじまり』など。

二〇一六年四月二四日❹

『ルポ 同性カップルの子どもたち アメリカ「ゲイビーブーム」を追う』

杉山麻里子 著

岩波書店・一九四四円
ISBN9784000611138 社会／ノンフィクション・評伝

幸福な家族へ権利獲得の道のり

大都市から先住民居留地まで、国内外でいくつかの土地に滞在し、確信したことがある。同性愛者は世界中にいる。どんな社会・時代にもいる。つまり、それが人間ってものなのよ。

といってもやっぱり身近にはいないし、「一部の特殊な人たち」だよね、という人は多い。わたしもそうだった、と率直に認めながら、著者はニューヨークで子育て中に出会った同性カップル家族に、もっと知りたい、と取材を始める。息子の同級生にはお父さんが2人おり、つい「常識」で大丈夫かなと心配しながらも、きめつけず具体的に調べていくところが、母であり記者である人ならでは。日本の現状を扱った章もあり、こういう話に戸惑いを覚える人にこそお薦めの本だ。

今アメリカは空前の「ゲイビー」（同性カップルの子ども）ブームらしい。ゲイビーを描くTVドラマも増え、ここ10年で子育てする同性カップルは倍増。昨年、全米で同性婚を合法と認める判決が出た。差別に抗（あらが）い訴訟や抗議を重ねて勝ち取られた同性婚の歴史は、家族としての権利獲得の道のりでもあったのだ。

同性カップルが子どもを得る方法は複数ある。アメリカでは発達した生殖ビジネスの利用もそのひとつ。しかし高額医療で得られるわが子の背後には、危険と引き換えに学資や生活費を得る代理母も存在する（代理母との良好な関係を継続する例も多いそうだが）。養子縁組もポピュラーな方法だ。日本とは事情が異なり、同性カップルに限らず養子はよくあることなので隠さずオープンにする人が多い。子どもに事実を肯定的に伝えるには、似た状況の家族を描いた絵本などが有効という。物語こそ人間が自分と世界の折り合いをつける最古にして最良の方法、まさに必要不可欠ね。

幸福な家庭はどれも似ている、と『アンナ・カレーニナ』の冒頭にはありましたが、トルストイさん、こうしてみると幸せな家族もいろいろみたいですよ。

評・中村和恵（詩人・明治大学教授）

すぎやま・まりこ 朝日新聞社会部記者。本紙、AERAなどで教育、子育て、家族問題などを中心に取材。

二〇一六年四月二四日⑤

『我々の恋愛』

いとうせいこう 著

講談社・二〇五二円
ISBN9784062199896

文芸

欲望のからむ三角関係を崩して

欲望の三角形という言葉をご存知だろうか。ルネ・ジラールという思想家の説で、自分が何かを欲望するのは、他人がそれを欲望するからだという原理。例えば夏目漱石の『こころ』で、「先生」が「お嬢さん」に恋するのは、Kが彼女に恋していると知らされたから。ランキング上位になったとたん、その商品にみんなが群がる現象と同じだ。

『我々の恋愛』はタイトルどおり、身も蓋（ふた）もないこの原理に一見従うかのよう。

メインとなるのは、1994年の日本の、間違い電話から始まった若い男女の恋愛。「二十世紀の恋愛を振り返る十五カ国会議」という恋愛学会で最高賞を受賞したその事例が、世界の恋愛学者たちのレポートという形で語り継がれていく。そしてその過程で、恋愛学の権威であるトルコの詩人が、研究対象の恋愛に感染するように、老いらくの恋に陥る。これがもう一つの物語。

メインの恋愛は、遅々として進まない。青年の勤め先の同僚や上司は、この恋の進展を聞きかじっては、誤解する。ドタバタな展開が真面目に研究報告されるので可笑（おか）しいのだが、まさに「我々の恋愛」状態で、ともするとこの「我々」は欲望の消費者として他人の恋愛を奪いかねない。特に、当事者二人にそれぞれ生じる三角関係は、欲望の三角形を忠実になぞって、二人に試練をもたらす。

欲望のからむ恋愛には権力関係が発生し、依存を作る。二人はそんな力関係から遠くあろうとする。最初は互いにほとんど沈黙するだけの電話、その後もなかなか会わず、ようやく会っても視覚を封じる。遠さ、遅さ、相手の情報のなさといった不自由を、喜んで受け入れる。なぜならその無力さこそが、互いを支配し合う関係からの解放をもたらすから。そして欲望の三角形を崩して、「個々人の恋愛」に変えるから。

もちろん読者も「我々」の一人。個々人として自分の恋愛を思い出すだろう。

評・星野智幸（小説家）

いとう・せいこう　61年生まれ。作家、クリエーター。テレビでも活躍。著書に『ボタニカル・ライフ』『想像ラジオ』など。

二〇一六年四月二四日⑥

『石川啄木』

ドナルド・キーン 著　角地幸男 訳

新潮社・二三七六円
ISBN9784103317098

ノンフィクション・評伝

「欲望のまま」生身の歌人の姿

著者は本書をこう書き出す。「石川啄木は、ことによるとこれまでの日本の歌人の中で一番人気があるかもしれない」

「東海の小島の磯の白砂に／われ泣きぬれて／蟹とたはむる」で始まる歌集「一握の砂」所収の短歌は、学校の教科書でなじみ深い。約30年前の学生時代、よく手に取った中公文庫の『日本の詩歌』シリーズ（全30巻別巻1、品切れ）で最も共感を覚えたのが啄木だった記憶がある。

貧しい暮らしの末に病にかかり、満26歳で世を去った啄木は、夭折（ようせつ）の天才といわれる。少年の面影を残す有名なポートレートは、純真な歌のイメージとマッチしている。そのイメージは間違いではないのだけれど、啄木の足跡を丹念に追った評伝である本書には、それだけにとどまらない、喜怒哀楽がストレートに伝わってくる生身の啄木が息づいている。

住まいと仕事を転々とする中で、啄木は借金を繰り返し、踏み倒すことが普通になった。少し不可解な行動で結婚式もすっぽかした。少しまとまったカネが入ると、本を買ったり、飲み食いしたり、女郎屋通いをしたりですぐに使ってしまう。清く正しく貧しかった訳ではなく、やたらといい加減な生活だ。

しかし、著者は、啄木の『ローマ字日記』を扱った章で、「数々の失敗を重ねながらも親近感を覚えてしまう一人の男に対する愛着」を感じると記す。友達にはしたくないタイプだが、欲望のままに行動して試行錯誤する姿に接し、啄木の人生が身近に感じられた。繊細な心情をすくい取ることができる詩歌の才と、そんな生活があわさったからこそ、傑作が生まれたということが本書で感得できたように思う。

本書によると、明治を生きた啄木の作品に関心が驚くほど高まったのは「太平洋戦争が終結した直後だった」。傷ついた日本人の心のひだに啄木の詩歌がしみ入ったのかもしれない。

評・市田隆（本社編集委員）

Donald Keene　22年生まれ。日本文学者、コロンビア大学名誉教授。『明治天皇』など著書多数。

二〇一六年四月二四日⑦

『解読　ジェフリー・バワの建築　スリランカの「アニミズム・モダン」』

岩本弘光 著

彰国社・五四〇〇円
ISBN9784395320417

アート・ファッション・芸能

だいぶ前から気になっていたアジアの重要な建築家だが、初めて日本語でまとまって読むことができる大著が刊行された。西洋の情報は簡単に入ってくるが、国会議事堂を手がけた巨匠のことでも、スリランカはどうしても死角になってしまう。そこでバワの空間に魅せられた日本の建築家が本書を自ら刊行した。

一般になじみやすい説明をするならば、環境に溶け込む熱帯のリゾートホテルのデザインに影響を与えたのが、バワである。本書は宿泊できるホテルを中心に彼の代表作を紹介しており、旅のガイドにも使えるだろう。またスリランカの風土や多層の歴史・文化を踏まえてバワを論じ、島国と世界の関係を考えさせる。

裕福な家に生まれたバワは海外に遊学したが、図面を描く技術をきちんと習得しなかった。だが、世界各地で優れた建築を数多く訪れて学ぶことにより、地域性を抱えた独特のモダニズムに到達したという位置付けが興味深い。

評・五十嵐太郎（東北大学教授）

二〇一六年四月二四日⑧

『「憲法改正」の真実』

樋口陽一、小林節 著

集英社新書・八二一円
ISBN9784087208269

政治／社会

日本の憲法を「みっともない」と言う人々がいる。では、彼らが夢見る「美しい国」とは何か。

戦後平和を形づくってきたものを「押しつけ憲法」とさげすむ人々がいる。では、彼らが押しつけようとする「公益」とは何か。

問題はもはや護憲か改憲か、ではない。法治か専制か、の岐路に日本はある。その危機感が本書を貫く。

安倍政権と自民党の病理の根幹は、戦前の一時期へのゆがんだ郷愁に溺れるあまり、日本の近代史を理解しないことにある。

人権・平等の概念は、すでに明治初期には芽生えていた。昭和の敗戦とともに生まれたものではない。

世界の中の日本を考え悩んだ先人たちが、人類の普遍的な到達点として築いた立憲主義を、安倍政権は破壊しようとしている。

権力による「革命」を阻むには、市民が「保守」の共闘を組むしかない。憲法学の大家2人による憂国の講義が、読者を「心の独立戦争」へと、いざなう。

評・立野純二（本社論説主幹代理）

二〇一六年五月一日❶　科学・生物

『脱原発の哲学』

佐藤嘉幸、田口卓臣 著　人文書院・四二一二円

ISBN9784409041086

構造的差別の連鎖に終止符を

熊本地震で改めて、原発と地震の関係が注目されている。私たちが活断層から免れられない以上、「地震大国日本と原発は共存できるか」という根源的な問いは避けられない。原発を根底から問い直す本書を貫く大きな主題は、「否認」と「差別性」だ。実際、原発推進の歴史は、原発事故の否認の歴史でもある。石橋克彦による「原発震災」の問題提起に対し、原発の専門家たちは、科学的論拠を示さないまま「起こりえない」と否認し続けてきた。しかし現実には、石橋の警告通りのことが福島で起きてしまったのだ。

事故後も、否認は繰り返される。「プルトニウムは飲んでも問題ない」(大橋弘忠)、「放射能の影響はニコニコ笑っている人には来ない」(山下俊一)といった発言はもはや戯画的だが、いずれも専門家とされる人たちの発言だ。同様に、福島県内で小児甲状腺ガンの発症件数が増加しているが、科学論争を避け、問題を否認しようとする空気が支配的だ。「科学」とはいったい何なのか。著者らはアドルノとホルクハイマーに拠(よ)りながら、科学が健全な批判精神を失い、中立性の名の下に現状肯定と既得権益の擁護に走る様を痛烈に批判する。

こうした科学による否認は、公害問題で繰り返し起きてきた。そして、「構造的差別」もまた、公害問題に通底する大きな論点だ。原発はその存続上、不可避的に幾重もの差別性を帯びざるをえない。つまり、①原発立地地域への差別性、②原発の下請け作業員に対する差別性、そして、③被害地域への差別性である。原発最大の難問である放射性廃棄物の最終処分問題も、最終処分施設の立地地域だけでなく、将来世代に大きな影響を与える。なぜなら、私たちが利便性や経済利益を追求する結果として、危険な放射性廃棄物を10万年もの長期にわたって管理する必要を生み出し、それを将来世代に委ねざるをえないからだ。著者らは、ハンス・ヨナスの「未来世代への責任」概念を媒介にしてこれを、将来世代への構造的差別と規定する。もんじゅという座礁しつつある核燃サイクル技術の延命策もまた、巨額の税金の浪費を生み続ける点で、将来世代への新たな構造的差別に他ならない。

こうした問題を解決するには、国民投票に基づいて、一刻も早く脱原発に舵(かじ)を切るべきだと著者らは結論づける。それは、集権的な官僚統制社会から脱却し、再生可能エネルギー生産に市民が参画する、より分権的で民主的な経済社会への途(みち)でもある。脱原発だけでなく、来たるべき新しい経済社会への展望を切り開いた点に、本書の真骨頂があるといえよう。

評・諸富徹(京都大学教授)

さとう・よしゆき 71年京都府生まれ。筑波大人文社会系准教授。フーコーに関する著書、訳書など。

たぐち・たくみ 73年神奈川県生まれ。宇都宮大国際学部准教授。ディドロに関する著書、訳書など。

二〇一六年五月一日❷　コミック

『気まぐれコンセプト　完全版』

ホイチョイ・プロダクションズ 著

小学館・二八〇八円

ISBN9784093592123

変わらぬ欲望と時代性で35年

懐かしい。連載開始は1981年、今も続いている名物4コマ漫画の集大成。

1980年代といえば日本経済はまだ右肩上がりで、とくに後半はバブル華やかなりしころである。そんな中、ひときわ浮ついた広告業界(ギョーカイ)の、軽薄で下品で野蛮で、だけど笑っちゃう内輪ネタにもとづいて、一応パロディー、一部ノンフィクションの、不思議な世界が繰り広げられる。

この分厚い「完全版」は3冊目の単行本だが、連載開始以来の35年間にわたり、すべての年から選(え)りすぐりの代表作(?)が並ぶ。いつになってもほとんど中身が変わっていないのに驚く。性欲、物欲、おべんちゃらに、セコイごまかし。そして今ならパワハラ・セクハラ間違いなしの話ばかり。

読んでいて、だんだん腹が立ってくる。バブル崩壊後の「失われた20年」を経て、日本はグローバル化に乗り遅れ、国内の経済格差は拡大する一方だ。課題満載、閉塞(へいそく)感充満なのに、相も変わらず上っ面を取り上げてバブルを懐かしむばかり。これでは既得

権益でがんじがらめになって時代に適応できない日本社会の姿そのものじゃないか。

　だけどもうちょっと読み進んでいくと、様子が変わってくる。２０１０年ごろからは話題が今日的になり、作品の雰囲気もずいぶんと柔らかくなるのだ。時代の変化に合わせるべく、必死にもがいているかのようだ。なんだか、健気（けなげ）な印象すら漂ってくる。

　考えてみれば、性欲も物欲も権力者の目を盗むことも、別にホイチョイの専売特許ではない。古来変わらぬ、人類の普遍的特徴だ。ひょっとすると『気まコン』は、人間の普遍性と時代の変化の両方をバランス良く巧みに取り入れていて、だからこそ35年間も続いているのかもしれない。

　しかしこの二つ、古典として残る作品が兼ね備える条件ではないか。だとすると、ホイチョイは現代の夏目漱石なのか。いやまさか、そんな……。

評・佐倉統（東京大学教授）

ホイチョイ・プロダクションズ　雑誌や映画の企画編集・制作を手掛ける。単行本『東京いい店やれる店』、映画「私をスキーに連れてって」など。

二〇一六年五月一日❸

『ピカソ　二十世紀美術断想』

粟津則雄 著
生活の友社・二二六〇円
ISBN9784915919992
アート・ファッション・芸能

遺跡発掘のように画家を照射

　著者は昭和21（１９４６）年、18歳のとき初めてピカソの複製画に出会う。「事件」だった。それ以来、少年はピカソに「困惑」させられ、煩わしい問題を抱え込んでしまう。

　バラバラの主題と様式をめまぐるしく展開させるだけでなく「野太い欲情」で貫く複数の「ピカソ」が、一人の若者の中で複数の問題と疑念を放散する時、彼は混乱した問いを突きつけられるが、若年期の原初的な困惑と疑問は、本書では新鮮な感性と錬磨された思考となってピカソの作品と並走しながら、まるでライブ感覚で遺跡を発掘するように光を当てていく。知っている、わかっているはずのピカソが歴史の闇の中から、新しい衣装をまとってゴーレムの如（ごと）く立ち上がってくる。そこにはかつての若者の困惑は影もない。

　「青の時代」にピカソは死のヴィジョンを体感し、「ばら色の時代」の生とエロティシズムを超越して、あのピカソ20世紀最大傑作の一つ「アヴィニョンの娘たち」に到達。それもつかの間、次々と変化変容を繰り返しながら革命的キュビスムを完成。焦点の定まらないオールオーバーすれすれの塀の上を走っていた「概念のレアリスム」から、評家の呼ぶ「総合的キュビスム」、それらを置いてきぼりに、ピカソはさらに未踏の実験と批評へと向かう。ピカソを追って著者の批評もめまぐるしく展開する。

　そしてあの神話的大作「ゲルニカ」。この作品の前では評家たちは冗舌になるが、ピカソは極めて寡黙である。著者は「（ゲルニカ爆撃という出来事は）さまざまな志向をひとつに収斂（しゅうれん）するための強固な重心」と評する。

　しかしここまでで、まだピカソの人生の半分に辿（たど）り着いたばかりだ。ピカソは伝統とカオス、悪意のオマージュ、剽窃（ひょうせつ）へとベラスケス、マネを相手に創造の性的行為の反復を重ね、最晩年の主題「画家ピカソ」を大団円に導く。ピカソは何者か。ピカソはピカソ。

評・横尾忠則（美術家）

あわづ・のりお　27年生まれ。詩人、法政大学名誉教授。『粟津則雄著作集　全11巻』が今年完結。

二〇一六年五月一日❹

『手話を生きる　少数言語が多数派日本語と出会うところで』

斉藤道雄 著
みすず書房・二八〇八円
ISBN9784622079743　政治／社会／ノンフィクション・評伝

ろう者の表現を取り戻すために

「ろう者とは、日本手話という、日本語とは異なる言語を話す、言語的少数者である」

本書の中ほどで紹介されている、ろう者による1995年のこの輝かしい宣言を読んだとき、私にとって世界は急拡大した。

手話には「日本手話」と「日本語対応手話」の2種類があるという。後者は日本語の一部を手の仕草（しぐさ）に置き換えたもの。前者の日本手話は、日本語とはまったく構造の異なる、外国語と同様の、独立した言語なのだ。

ろう者の間で自然発生し、長い時間をかけて完成した独自の言語であるこの手話は、ろう者の言語教育の中で、使うべきではない劣った方法として、徹底して抑圧されてきた。なぜなら、日本語ではない以上、日本社会では通じないから。

1世紀近くにわたって主流だったのは、口話法だ。聴者（耳の聞こえる人）の口の形を真似（まね）ながら発声を学び、日本語の読み書きを覚える。耳の聞こえない人が、聞こえるという前提に無理やり合わせさせられる苦痛と屈辱は、軽い難聴の私でもしばしば経験する。

この結果、言語の発達期である幼少期に十分な言語能力を身につけることができず、思考力認知力に問題を抱えたまま大人になるケースは多いのだという。

この失敗を受けて手話の導入が始まるのだが、主流となったのは日本語対応手話だった。ろう者からすれば、情報のやり取りはできても、細かな感情やニュアンスを表現はできない、不完全な言語である。ここでもまた、聴者目線の日本語前提が立ちはだかった。

ろう者が劣等意識から解放され、十全な言語表現能力を持つために必要なのは、自分たちにとって最も自然な言語である日本手話を「母語」として習得することだという。その上で日本語を学んでバイリンガルとなったとき、ろう者と聴者は初めて対等になれるのだ。手話による文学の登場という著者の夢を、私も今、共有している。

評・星野智幸（小説家）

さいとう・みちお　47年生まれ。ジャーナリスト。『もうひとつの手話』『希望のがん治療』など。

二〇一六年五月一日❺

『満洲電信電話株式会社　そのメディア史的研究』

白戸健一郎 著
創元社・三八八八円
ISBN9784422300672　歴史

多文化「共生」現代に通じる視点

最近、「満洲国」関係の新刊が目立つ。それらの共通点は「先取性」を見る視点だ。たとえば満洲国の計画経済的手法は戦後日本の経済政策を先取りしていたという具合に。

本書が研究対象にする「満洲電電」は通信とラジオ放送を担う民間企業だが、戦後日本の電電公社民営化や民間放送を先取りする構図が窺（うかが）える。

こうした先取性について満洲国が日本の実質的な植民地で先駆的な手法を自在に実験できたからと説明することがあるが、著者の考えは異なる。1930年代の国際情勢の中で独立国家としての「体面」を守る必要が満洲国にはあり、それが公共的性格の強いメディア事業の運営主体として日本直系の政府組織でなく、民間企業が選ばれた理由だったという。

満洲電電は事業内容でも現実への適応を迫られている。国内最大人口の満漢系住民は日本語を解さず、ラジオ受信機の普及率も低い。ソ連、中国と国境を接し、思想戦の最前線にあった満洲国で放送を通じて国民の凝集力を強めるためにともかく満漢系住民に聴いて貰（もら）う「普及第一主義」が採用された。その結果、日本内地の番組を中継した「第一放送」とは別に中国劇など娯楽中心の満洲国独自制作番組を流す「第二放送」が必要とされた。

しかし現実志向の満洲電電が、それゆえに先取性を持ち得た逆説がある。多民族を意識しながらの模索は「統合」と「制御」を目指す大東亜共栄圏構想の文化政策とは異質の、「接続」と多文化「共生」を志向する大東亜放送圏構想を生み出すに至った。

こうした満洲国のメディア政策はグローバル化が進み、国境を越えた文化接触が当然となった現代のメディアについて考える格好の素材になると著者は書く。ロマンチックに美化されて語られることもある満洲国だが、丁寧な実証を踏まえた本書の論証はその実力を的確に伝えている。

評・武田徹（評論家・ジャーナリスト）

しらと・けんいちろう　81年生まれ。筑波大学助教。専門はメディア史など。『「知覧」の誕生』（共著）など。

二〇一六年五月一日⑦

『日本語を作った男　上田万年とその時代』

人文

山口謠司 著
集英社インターナショナル・二四八四円
ISBN9784797672619

現在、江戸時代の和本をすらすらと読める人の数はそう多くない。文章はむずかしく見え、それ以前に文字が読めなかったりする。

このむずかしさは、明治大正時代の本を読むときのむずかしさとは格段に違い、日本語に激変が起こったことがうかがわれる。

副題の上田万年は、この激変期に活躍した国語学者、言語学者。国として日本語のあり方を検討しなければいけない時代に彼は生まれた。

本書の話題は、方言や、かな遣い、漢字廃止論、言文一致など幅広く、それをめぐる学者や作家たちの議論を紹介する。上田万年の伝記というよりは、それぞれの話題に上田万年が顔を出すという形である。

美しい日本語をつくるといっても、その整理にこれだけの分野の人々がかかわってくるのが見所（みどころ）である。

時代というものの大きさは、これだけの厚さをもつ本書であっても、まだそのほんの一部を眺めることができただけであることからも知れる。

評・円城塔（作家）

二〇一六年五月八日①

『偶有性操縦法（コンティンジェンシーマニュアル）何が新国立競技場問題を迷走させたのか』

社会

磯崎新 著　青土社・一九四四円
ISBN9784791769148

筋の通らぬ国に怒りと提言

ザハ・ハディドの急死を受けて、磯崎新は「〈建築〉が暗殺された。……悲報を聞いて、私は憤っている。……あらたに戦争を準備しているこの国の政府は、ザハ・ハディドのイメージを五輪誘致の切り札に利用しながら、プロジェクトの制御に失敗し、巧妙に操作された世論の排外主義を頼んで廃案にしてしまった」という追悼のメッセージを記した。なぜここまで強い表現を使い、彼が怒ったのか。

彼女の死の直前に刊行された本書を読むと、その理由がうかがえる。3・11の後、建築界ではコミュニティの問題が注目されたが、磯崎は歴史的なパースペクティブから一連の出来事を論じる。原発事故に触発され、彼は福島への国会移転計画を提案していたが、本書では広島の原爆の記憶に回帰していく。そして後半は建築と社会の状況を重ねながら、新国立競技場の迷走劇を批判的に論じる。

都市のイベントだったオリンピックに国家が口を出し、経済が優先されるようになった。かつて2016年オリンピックの誘致候補を国内で競ったとき、磯崎は福岡に関わり、国家の枠組みを解体し、ハコモノとは違う斬新な発想の計画を掲げたが、案の内容に関係なく、結局資本のある東京が選ばれたときに憤りは始まっている。

また戦後の日本では、コンペを通じ、施工と分離した建築家の職能を確立させる努力が続いたが、今回の仕切り直しコンペが設計施工一体型となり、大きく状況が後退した。安易な日本らしさのデザインが要請され、「日の丸」排外主義が発動し、魔女狩りによってザハは退場したという。かつて磯崎は、1964年の東京オリンピックを控え、激しいスクラップ・アンド・ビルドに対して皮肉めいた文章「都市破壊業KK」を発表した。今回はその文体を想起させながら、直接に怒りを表明する。

磯崎は仕切り直しコンペのA案、B案のいずれにも批判的だ。「現代日本建築は救い難い頽廃（たいはい）に陥った」と手厳しい。が、彼がより問題視しているのは、筋の通った決定をせず、ドタバタの決定を重ね、破局に到達する日本国である。それは太平洋戦争に突入していった道程とも似ていよう。興味深いのは、最後に磯崎らしく、半ばヤケクソ気味に明治神宮外苑に生じた巨大な空き地に奇跡的な可能性を見いだしていることだ。これは戦後の焼け跡とつながるかもしれない。ともあれ、皇居前広場をオリンピックに使うという彼が唱えていたアイデアと、競技場跡の新しい空き地をつなぎ、東京を祝祭都市に変えること。磯崎のくらくらするような思考のダイナミズムは健在である。

評・五十嵐太郎（建築批評家・東北大学教授）

いそざき・あらた　31年大分市生まれ。建築家。丹下健三に師事し63年に独立。バルセロナ五輪スタジアムや北京中央美術学院美術館を手がけ、国際的コンペ審査員も歴任。思想や文化論の領域でも活躍。

二〇一六年五月八日❷

『眩《くらら》』

朝井まかて 著

新潮社・一八三六円
ISBN9784103399711

文芸／ノンフィクション・評伝

仕事に生き、迷い、悩む女絵師

朝井まかては、歌人・中島歌子の数奇な人生を描く直木賞受賞作『恋歌』、奇矯な井原西鶴が印象に残る『阿蘭陀西鶴』など、文人を題材にした作品を発表してきた。葛飾北斎の娘お栄（応為〈おうい〉）を描く『眩（くらら）』も、この系譜に属している。

著者は、北斎の逸話や当時の画壇の動向を丹念に掘り起こし、現存する作品も史料も少ないお栄に確かな存在感を与えており、圧倒的なリアリティーがある。

北斎の工房で絵を描いていたお栄は、22歳の時に、水油屋の次男で町絵師の吉之助と結婚する。だが家事も夜の相手もせず、ひたすら絵を描くお栄は、ことあるごとに吉之助と衝突し、家を飛び出してしまう。

父の工房に復帰したお栄は、才能豊かな善次郎（渓斎英泉〈けいさいえいせん〉）への密（ひそ）かな恋に悩み、北斎の名を出して悪事を働く甥（おい）の時太郎に手を焼きながらも、自分らしい絵とは何かを模索していく。

家事が苦手で、お洒落（しゃれ）にも興味がないお栄は、結婚して、子供を産むのが女の幸せという世間のルールなど眼中になく、美しい色が出る絵具の材料を探したり、遠近・陰影をつける西洋絵画の研究をしたりと、ひたすら画業に邁進（まいしん）する。

仕事に生きると自分で決めたお栄は、人生の選択肢が多い現代人に近い。それだけに、恋愛や家族のトラブルに揺れるお栄には、共感も大きいのではないか。

自分には父ほどの才能はないと考えているお栄は、絵師として順調だったわけではなく、線の引き方、色の使い方にも迷うが、著者は、それを芸術家の特殊な苦悩としていないのだ。

北斎工房で働く職人であるお栄は、常に金になる絵を描くべきか、好きな絵を描くべきかを突き付けられている。この絵を仕事に置き換えれば、いつの時代も変わらないテーマとなる。その意味で本書は、優れたお仕事小説でもあるのだ。

迷いながらも、常に前向きなお栄。そのパワーが詰まった最後の1行には、間違いなく元気がもらえる。

評・末國善己（文芸評論家）

あさい・まかて　59年生まれ。『恋歌』で直木賞、『阿蘭陀西鶴』で織田作之助賞。他に『すかたん』など。

二〇一六年五月八日③

『内子座　地域が支える町の劇場の100年』

『内子座』編集委員会 編著

学芸出版社・二四八四円

ISBN9784761526153　アート・ファッション・芸能／社会

自治で生んだ宝　自治育む場に

　愛媛県の内子町（うちこちょう）民による、町の共有資産に対する愛情に溢（あふ）れた一冊だ。内子座は大正時代に創建された和風様式の劇場である。内子町は幕末から明治にかけて高質な木蝋（もくろう）（和風ろうそく）生産で国際的名声を博し、繁栄を謳歌（おうか）した。その富を背景に建設されたのが内子座だ。興味深いのは、当初からこの劇場が町民出資の「株式会社」を通じ、町民主導で運営された点だ。

　しかし戦後は衰退を始め、1967年から商工会事務所として使用された後に、取り壊しの危機に直面する。町は、代替的な事務所提供と引き換えにこれを譲り受け、復原工事の上、1985年に新生内子座をスタートさせた。

　戦後、全国で幾多の芝居小屋が姿を消す中、内子町が即断即決できた背景には、全国的に有名になった町内の八日市・護国地区の町並み保存運動がある。内子座の価値を認識する町にとって、保存以外の選択肢はなかった。

　もう1点、町の判断で注目すべきは、当初から内子座を「生きた劇場」として活用するために修復作業を行った点だ。この結果、内子座は伝統芸能から現代劇まで良質な芸能を町民が楽しむと同時に、彼ら自身の表現の場としても活発に使われている。

　町民の側にも、住民主体の興行組織や劇団が生まれた。しかし、自主興行組織は収益性で多大なリスクを負うため、現在は主導権が町主導の「実行委員会」へ移った。これは一定の成果を収めたが、他方で住民自治による内子座運営の契機が失われたと本書で繰り返し指摘されている。建物の保存、劇場としての運営、その財源確保、そして住民自治による劇場運営、これらをどう同時達成するかは、全国に共通する課題だろう。

　結局は、町が黒衣役に徹しつつ、内子座を住民の自治力涵養（かんよう）の場として機能するよう運用する他ないと思われる。これは、町並み保存を通じて住民参加を促してきた内子町のまちづくり手法への原点回帰でもある。

評・諸富徹（京都大学教授）

『内子座』編集委員会　地元の呉服店主や版画家、町職員、編集者らで構成。委員長はアートNPOカコアの徳永高志代表。

二〇一六年五月八日④

『村に火をつけ、白痴になれ　伊藤野枝伝』

栗原康 著

岩波書店・一九四四円

ISBN9784000022316　社会／ノンフィクション・評伝

体当たりで描く「汚名上等」

　漫画か劇画みたいな評伝である。なんたって、表題が『村に火をつけ、白痴になれ』ですからね。

　評伝の人物は、あの伊藤野枝（1895〜1923）。平塚らいてうの後を継ぐ『青鞜』の二代目編集長として、ダダイストの辻潤を捨ててアナキストの大杉栄に走った恋愛スキャンダルの主として、関東大震災後、大杉らとともに憲兵大尉甘粕正彦に虐殺された国家権力の犠牲者として、つとに名高い女性である。

　だけど、なんだよなんだよ、冒頭から〈野枝のたたりじゃあ！〉って。

　福岡県に野枝の墓を訪ねた際、地元の郷土史家はこう語った。〈じつはなあ、この石、わしが子どものころは道ばたに放置してあったんよ〉〈大人から「あの石にふれちゃダメだよ。さわると赤（アカ）になっちゃうよ」といわれていたらしい〉。戦前こそ国賊扱いでも、いまとなっては近代の偉人に近いのでは、という著者の想像は打ち砕かれる。〈ひどいはなしだ、アナキストだから黒なのに〉。

死後も「淫乱女」の汚名を着せられた野枝。でも、汚名がなにさ。本書の主張を集約すれば「汚名上等」「淫乱女で何が悪い」だろう。よってここから立ち上がるのは、どこまでも無軌道で猪突猛進（ちょとつもうしん）な元祖肉食系女子の姿である。

17歳で婚家を飛び出し、女学校時代の教師だった辻潤と同棲（どうせい）し、大杉栄との恋愛は四角関係に発展し、わずか28年の人生で7人の子を産み……といった伝記的事実にさほど新しい発見はないものの、前著『現代暴力論』ではまだ保持されていた（そうでもないか）お行儀のよさをかなぐり捨てて、栗原康は野枝の人と思想に体当たりする。

女を奴隷の地位にしばりつける結婚なんかクソくらえ。家庭はいらない。国家もいらない。非国民上等。友達がいれば百人力だ——公序良俗の僕（しもべ）と化した現代人のためのショック療法みたいな本。ヤワな精神に刺さること必至です。

評・斎藤美奈子（文芸評論家）

くりはら・やすし　79年生まれ。東北芸術工科大学非常勤講師。専門はアナキズム研究。『大杉栄伝』など。

二〇一六年五月八日⑤

『スポットライト　世紀のスクープ　カトリック教会の大罪』ボストン・グローブ紙《スポットライト》チーム編　有澤真庭 訳

竹書房・一七二八円

ISBN9784801907201

社会／ノンフィクション・評伝

しがらみを越え保身の構図暴く

米国の地方新聞「ボストン・グローブ」は2002年1月、地元ボストンで過去10年間にカトリック教会の司祭計70人が児童に性的虐待を行い、教会組織がそれを隠蔽（いんぺい）してきた事実をスクープした。本書は、取材チームの記事をもとにしたノンフィクションだ。

日本で公開中の同名映画は、担当記者が被害者の証言や裏付け資料を集め、スクープにこぎつける姿を描いたドキュメンタリーに近い内容だった。本書では、記者の取材過程は最小限にとどめ、司祭らの性的虐待の実態と、教会上層部が問題解決から目をそらし、いかに隠し続けたかの記述に重点が置かれている。

主な被害者は、教会に出入りする少年たちだ。名前を覚えきれないほど多数の司祭が登場し、相手からの信用を悪用し、虐待を繰り返したことが詳しく述べられる。この多数の例示により、問題の不気味な奥深さが強く伝わってくる。

また、教会の上層部は虐待を把握しても厳しい処分を下さず、被害者との示談で不祥事を表沙汰にしなかった。日本の企業社会にも通じる保身の構図の解明は我々にも教訓を与える。

ボストンは都市部に住む市民のうち二百万人以上がカトリック教徒。人口の半分以上にあたるという。そこで尊敬される存在の司祭の性的虐待と教会の隠蔽を暴くことは、地元紙にとって身内の恥をさらけ出すに等しい。宗教的なしがらみは、日本人には理解しえない重みがあるだろう。しかし、被害者が抱える痛みを知った記者たちはそのしがらみを乗り越え、報道に踏み切った。同業者としてその覚悟にうたれた。この特報から学ぶことは多い。

倫理意識が高いはずの司祭らがなぜ性的虐待を繰り返したのか。報道後は世界各地で問題が明らかになった。本書でも、司祭の独身主義などの原因考察が行われるが、霧が晴れた感はない。司祭の内面の闇を明かすべく、今でも取材を続けている記者がいるだろう。

評・市田隆（本社編集委員）

「スポットライト」はボストン・グローブ紙の調査報道班が担う特集記事欄。2003年にピューリッツアー賞。

二〇一六年五月八日❻

『漂流怪人・きだみのる』

嵐山光三郎 著
小学館・一七二八円
ISBN9784093884631
社会／ノンフィクション・評伝

日本社会の構造のしぶとさ探究

きだみのるは、フランスで人類学・社会学を学び、岩波文庫『ファーブル昆虫記』の翻訳（山田吉彦名）なども残しているが、戦後すぐに『気違い部落周游紀行』など、一連の「気違い部落」シリーズで一世を風靡（ふうび）した。

東京郊外の小集落に住みつき、村人たちの生態と、そこを支配するさまざまなルールを内側から観察し、克明に描いたきだ。自らを「ぼく」と呼ぶ謎の少女とポンコツ車で放浪し、行く先々で地方の文化人相手に大宴会を繰り広げる晩年のきだの姿を、編集者として彼を担当した著者は凝視し、記録にとどめている。

きだによれば、集落には、殺人や窃盗を戒める一方で、警察に「密告するな」という掟（おきて）があった。博打（ばくち）は仲間になる条件である。人びとが生きて行くには、きれい事ではすまず、仲間内の共犯意識が求められた。

「村人は狂暴な欲望で生きている」。戦後、共産党が山村工作に失敗したのは、「人の欲望を甘く見ていたからだ」。きだは基地反対闘争を「デモ隊をあおり、地価を高くした」点でのみ評価する。

しかも、これは一部の現象とはされない。『周游紀行』の末尾で、集落における利権闘争、欲望と自己愛、排他的慣習などのいっさいは、「条件を変えれば、これはあなたのことです」ときだは述べた。社会全体が大きな「部落」であると考えていたのである。

それは人間を虫と見なすことにもつながる。この『昆虫記』の訳者は、虫を愛し、「虫に理性なんかないし、俺も虫のように生きている」と述べたという。金銭や女性関係をめぐる彼の過剰さの背景にあるものも、本書では明かされる。

きだは日本社会の構造のしぶとさを探究し、それを頭から断罪する公式主義的な思想に対抗した。しかし、彼が放浪せざるをえなかったという事実は、この社会での彼の周縁性を示していよう。今こそ読み返されるべき人である。

評・杉田敦（政治学者・法政大学教授）

あらしやま・こうざぶろう 42年生まれ。作家。『素人庖丁（ほうちょう）記』『悪党芭蕉』『文人悪食』など。

二〇一六年五月八日❼

『グローバライズ』

木下古栗 著
河出書房新社・一七二八円
ISBN9784309024523
文芸

この十二本の短編を読むことは、映画を十二本撮るのに似ている。

行為や情景のみが描写され、その意味は明かされない。かと言って、何も起きないわけではなく、思いもかけない突飛（とっぴ）な結末に迎えられるが、そこに至るまでの描写は、物の名前からパーツの呼称まで具体的かつ細かく、読者自身が言葉の力でシーンやイメージを立ち上げることを強く求める。

しかも、それらの出来事の因果関係は完全に無視されている。トイレにこもってある困難と葛藤する男が主人公の「フランス人」は、典型的。途中まではフランス人のフの字も出ないのに、最後の最後で意外な登場の仕方をするのだ。

一度読んだら忘れられない鮮烈な場面転換だが、これを支えるのは意味ではなく、倫理を超えた欲望の爆発、死と表裏一体になったエロスの噴出、つまりは生命エネルギーだ。映像の特権は意味（倫理）から自由なことだが、言葉でそれに勝負を挑もうとするかのようだ。

評・大竹昭子（作家）

二〇一六年五月八日❽

『シニア左翼とは何か』

社会

小林哲夫 著
朝日新書・八四二円
ISBN9784022736581

昨年夏から秋にかけて、国会前には連日のように安保関連法案に反対する人々が集まった。そこで注目されたのはSEALDs（シールズ）と呼ばれる大学生たちであったが、人数では60代以上の世代の方がまさっていた。著者は彼らを「シニア左翼」と名付けている。

彼らの多くは、1952年の血のメーデー事件、60年安保闘争、60年代末の大学闘争などのいずれかに関わった体験をもっている。そうした体験はしばらく封印されていたが、SEALDsはかつての記憶を呼び覚ます役割を果たした。本書には、熱くなりがちなシニア左翼とあくまでも冷静なSEALDsの対比がよく描かれている。

中核派などの新左翼セクトに対する取材も貴重である。いまだに危険を避けるため、時にはラブホテルまで使って話を聞いたというあとがきのくだりに、著者の並々ならぬジャーナリスト魂を感じた。一枚岩でないシニア左翼の実態が丁寧に描かれた好著だと思う。

評・原武史（放送大学教授）

二〇一六年五月一五日❶

『ジャッカ・ドフニ　海の記憶の物語』

文芸／社会

津島佑子 著
集英社・二七〇〇円
ISBN9784087716610

繰り返す迫害への静かな怒り

文学とは、つらい現実から逃避する場ではなく、そんな現実と戦う現場であり、読み手にその力をもたらすものだと教えてくれた作家が、津島佑子だった。遺作の本書も、強靱（きょうじん）な力を与えてくれる長編小説で、早すぎる死が本当に悔しくなる。

時は17世紀前半、キリシタン虐殺の激化する江戸時代初期。アイヌ女性と砂金取りの日本男性の間に生まれ、孤児となった少女チカップは、キリシタンの少年ジュリアンを兄のように慕い、マカオへの逃避行を共にする。チカップはカトリックに惹（ひ）かれながらも、女である疎外感と、かすかな記憶として残る母の歌うカムイ・ユカラから、アイヌとしての自分にこだわり続ける。その意思が、さらなる流浪と別離を用意する。

チカップを取り巻く者たちは、チカップ同様、ルーツを多様にする。イエズス会の神父たち、秀吉の侵略時に朝鮮半島から連れてこられた洗礼名ペトロ、ナポリ人の船乗りが日本女性に産ませたガスパル、アフリカからの奴隷の女性イブ等。

小説は、この「移民」たちが作り上げる社会こそを、普通の光景として描く。かれらは、自分たちが迫害されている状況について、静かな怒りを表す。

「お上からきりしたんが禁じられとるいうても、町のひとたちまでがそんげん憎しみのかたまりになるっちゅうのも、ひどくつらか」（中略）「憎しみがうえから与えられて、そいに身をまかせるのは、まっこと、気持よかごたるし、いくらでん伝染するんや。憎まなけりゃならん理由なんぞ、だれも知らん。知りたいとも思っちゃいない」

これは今の日本の姿だろう。強権的な政治のもと、被災者が置き去りにされ、タブーにされ、ルーツを異にする住民が差別という暴力を浴びせられ、それを見て見ぬふりする社会。過ちの歴史は何度も反復されている。

タイトルのジャッカ・ドフニとは、アイヌ同様の少数民族であるウィルタ人のゲンダーヌという人物が、20世紀後半に網走に作った実在の民族資料館。「大切なものを収める家」という意味だ。チカップの物語の外側には、津島を思わせる語り手が自分の北海道旅行を思い出す私小説部分があり、8歳で亡くした息子とジャッカ・ドフニを訪ねた記憶が鮮明に語られる。息子とゲンダーヌとそこで過ごしたひとときこそが、語り手には幸福でかけがえのない、個人的な民族共存の瞬間だった。

まるでその瞬間が膨らんでいくように、チカップの物語はつむがれていく。それは、語り手の亡くなった息子が、津波で海にのみ込まれた少女と出会い、繰り広げる、理想と現実の混在した記憶なのかもしれない。評・星野智幸（小説家）

つしま・ゆうこ　47年生まれ。『夜の光に追われて』で読売文学賞、『火の山　山猿記』で谷崎潤一郎賞と野間文芸賞、『笑いオオカミ』で大佛次郎賞。16年2月18日、68歳で死去。

二〇一六年五月一五日❷

『インド独立の志士「朝子」』

笠井亮平 著
白水社・二四八四円
ISBN9784560084953
歴史／社会

二つの故郷 手放さず生きる

「涼しい風がそよそよと吹く頃となりました。其（そ）の後如何（いかが）で御座いますか」「ときどきはどうしてこんな見知らぬ（自分の国ながら）所へ来たかと思って淋（さび）しく思い、また思い直し」

こんな日本語の手紙を戦後間もなく、東京の友にあてて書いたインド人女性がいた、そしていまもデリーでご健在とは。１９４５年、17歳の彼女が女学校をやめたのは、スバース・チャンドラ・ボース率いるインド国民軍の婦人部隊に身を投じるためだった。

朝子ことアシャ・バーラティ・チョードリーは神戸に生まれた。公立小学校に通って日本語で学び、進学のため上京、昭和高等女学校で和歌やお習字、古典文学に親しんだ。父アーナンド・サハーイは独立運動の活動家で、「中村屋のボース」ことR・B・ボースとも親交があった。かならずしも考えは同じではなかったようだが。本書はアシャの伝記であると同時に父サハーイの伝記であり、チャンドラ・ボースの独立闘争と日本政府／軍の関係史でもある。祖国解放を切望するインド人の視点で、戦時期日本がとらえ直される。

日本とインドが反英で手を結びインド独立を実現する、これがサハーイの願いだった。日本が対米英戦に突入すると予測した彼は、危険人物として日印で監視される自分に代わって日本の実情を伝えるべく、妻サティをインドに送りこんだこともあった（偽装離婚までして！）。しかし独立は一筋縄ではいかない。東京を出たアシャが長旅の末バンコクに着き婦人部隊で訓練を始めて間もなく、国民軍は敗退。サハーイは一時拘束され、一家が無事再会できたのは奇跡的だった。

豆やスパイスを荻窪の家の庭に埋めて保存し、戦中もインド料理を作りつづけた母のこと。初めてのインド暮らしで勝手がわからず、笑われ、叱られた苦労。時代の波に翻弄（ほんろう）されながら、二つの故郷を手放さず生きてきたアシャの、日常の記憶が味わい深い。

評・中村和恵（詩人・明治大学教授）

かさい・りょうへい　76年生まれ。岐阜女子大学南アジア研究センター特別研究員。訳書に『ネオ・チャイナ』。

二〇一六年五月一五日❸

『支配する人道主義　植民地統治から平和構築まで』

五十嵐元道 著
岩波書店・三八八八円
ISBN9784000611121
社会

「救う」側に潜む危険な暴力性

人道主義とは尊いもの。多くが信じて疑わない観念の図式を本書は敢（あ）えて批評的検証の俎上（そじょう）に載せる。

注目されるのはトラスティーシップという概念だ。それは非文明圏の混乱や貧困に心を痛め、そうした「病理」からの救済を文明国の義務とみなす人道主義的な考え方として英国で使われ始め、植民地支配を正当化する論理となってゆく。

実は第２次大戦後の世界も同じ轍（てつ）を踏んでないか。著者は依然としてトラスティーシップの考え方が支配的な国連の信託統治や開発援助、紛争地の国際管理などに検証を広げてゆく。

人道主義を具体化する「善なるトラスティーシップ」と人道主義を濫用（らんよう）し介入する「悪なるトラスティーシップ」がある——、コレステロールの善玉悪玉のように二分する立場を著者は採用しない。どんなトラスティーシップも統治する側とされる側を非対称的に隔てる。そこに抑圧を導く権力構造が作られる危険が常にあると考える。

　その指摘の正しさを多くの事例が示す。本書が言及する以外でも、たとえば評者は満州国やハンセン病医療史を調べた経験があるが、満州国建国に際して日本人がアジアの人々の幸福を実現する後見人になると考えたのは、まさにアジア版トラスティーシップだったし、ハンセン病療養所も患者救済を謳（うた）って開設された。そのいずれもが支配と抑圧に帰結したのは、救う側に立とうとする人道主義に潜む暴力性が現れたケースだったといえよう。

　とはいえ丁寧な実証を経て著者はなお人道主義を全否定はしない。他者の痛みを感じる力は誰もが備えるべきもの。ただ痛みへの共感に始まる人道的実践が他者の痛みを助長する逆説に陥っていないか吟味し、必要あれば是正せよと書く。

　人道主義の問題にゴルディアスの結び目を解くような鮮やかな解決法はありえない。思慮と漸進的改革による現実的な対応を求める著者の誠実さが印象的だ。

評・武田徹（評論家・ジャーナリスト）

いがらし・もとみち　84年生まれ。日本学術振興会特別研究員。共著書に『EUの規制力』など。

『模範郷』

リービ英雄 著

集英社・一五一二円
ISBN9784087716528

恐れ超え　記憶の場に踏み込む

　リービ英雄の最初の小説「星条旗の聞こえない部屋」が発表されたのは一九八七年。英語で生まれ育ったアメリカ人が日本語で書いた小説として話題をよんだが、それ以来、彼は日本語で書かなければならない理由を、自伝的素材を使いながら、創作を通して自問自答しつづけてきた。

　八年ぶりの本作は、日本領有時代に台湾に創られた日本式住宅街、「模範郷」を再訪する表題作で幕開ける。その家は「『家はどこなのか』と聞かれたらそこだと答える」原風景、家族の記憶が詰まった場所だ。当然だろう。世界はそこだけ、という六歳から十歳の時期を過ごしたのだから。

　人の案内でそこに接近し、塀に沿った側溝を覗（のぞ）き込んだとたん、「何語にもならない」ここだ、という感覚に襲われ、顔を涙が濡（ぬ）らしているのに気づく。

　中国は繰り返し訪れたが、模範郷があった台湾の台中には一度も来ていない。ためらわせた理由は二つあったはずだ。一つは、創作の源泉だった記憶が塗り替えられる恐れ。もう一つはもっと潜在的なものだったかもしれない。その家は、父親が他の女性の元に去って家族が崩壊した場、母が障害を負って生まれた弟と「ぼく」をひとりで育てる決意をした場だった。そこに身を置いて無意識の領域が蓋（ふた）を開けてしまうのを、恐れる気持ちがあったのではないだろうか。

　記憶を梃（てこ）にして回想記のスタイルで書いてきた著者が現実界に踏み込んでいく緊張と不安が、論理と感覚と感情のバランスを絶妙にとった筆致で綴（つづ）られる。一個人の数奇な運命を超えて、言葉や空間や情景が生の輪郭を形づくるさまを浮き彫りにする。

　パール・バックの『大地』に触れた「ゴーイング・ネイティブ」の最後、「人種でもなく生い立ちでもなく、文体の問題なのである」という言葉が実践されているのを感じた。何にも寄りかからない、急がない文章の力だ。

評・大竹昭子（作家）

りーび・ひでお　50年生まれ。『万葉集』の英訳で全米図書賞。05年、『千々にくだけて』で大佛次郎賞。

二〇一六年五月一五日⑤

『中央銀行が終わる日　ビットコインと通貨の未来』

岩村充 著
新潮選書・一五一二円
ISBN9784106037825
経済／社会

「将来の豊かさ」前借りには限界

世界の金融市場参加者の間で、先進国の中央銀行が近年実施してきた大規模な金融緩和策への失望が急速に広がっている。景気刺激効果の限界が露（あらわ）になってきたためだ。

インターネット空間には中銀が全く関与しない仮想通貨、ビットコインが登場した。中銀は自国において独占的な通貨発行権を有しているだけに、これも新たな脅威といえる。

この「二つのドラマ」は、「やがて影響し合い絡み合いながら進行し始める」と本書では考察されている。著者は、日銀で電子マネーや暗号を研究していた経験ももつ経済学者であり、このテーマを論ずるには正に適役といえる。

読者の関心は、従来の通貨が「ビットコインたちと華々しく競争して負ける」可能性はあるのか?という点に向かうだろう。著者は、そこまでの事態は起きないと推察している。ビットコインは膨大な電力を必要とするといった設計上の問題を抱えているからだ。

ただし、ビットコインに使われている技術を利用すれば、「デジタル銀行券」を中銀が発行することができるとの興味深い提案がなされている。

本書は、中銀の景気刺激策への過度な期待は危険だと警告している。金利を低下させる効果とは、将来の需要を手前に持ってくること、つまり「将来の豊かさ」の前借りである。人口減少下の日本では、その前借りに限りがあるからだ。

それに目を向けず日銀が大胆な緩和策に邁進（まいしん）すると、「突然の物価のジャンプアップが来て、その後にまたしぶといデフレが戻ってくる」恐れがある。それにより老後の蓄えが減った人は、日銀に怒りを抱き得る。

中銀が「物価や景気を操ることをいつまでも夢見ていれば、本当に『中央銀行が終わる日』が来てしまう」と著者は懸念している。

重要なのは日本経済の地力（潜在成長率）を引き上げるための構造改革であることが痛感させられる。

評・加藤出（東短リサーチチーフエコノミスト）

いわむら・みつる　50年生まれ。早稲田大学大学院（ビジネススクール）教授。著書に『貨幣進化論』など。

二〇一六年五月一五日⑥

『地球を「売り物」にする人たち　異常気象がもたらす不都合な「現実」』

マッケンジー・ファンク 著　柴田裕之 訳
ダイヤモンド社・二二六〇円
ISBN9784478028933
社会

議論を尻目にビジネスは進む

地球環境についての話題はとてもデリケートで、つい感情的になりがちだ。

温暖化の進行自体が否定されることは少なくなってきているが、それが人間の活動に起因するのかどうかの議論はまだまだ活発である。議論には十分なデータを集める必要があり、データには解釈が必要なのだからしかたがない。

と、温暖化の原因は、それを支える証拠はなんなのかという話とは全く別に、今ここで生まれているビジネスがある。

たとえば現実問題として、北極海の氷は融解している。北極まわりの航路をひらけるかもしれないくらいに。ついては、氷の下に隠されていた多くの資源が新たに採掘可能となりはじめている。そこにビジネスが生まれない方が不思議だ。

北アメリカの西海岸が深刻な水不足に襲われていることも事実だ。コロラド川は、カリフォルニア湾につく頃にはほぼ干上がっている。集められる水は限られている。水不足は世界的な傾向だから、水が投機の対象になる日は近い。

著者は世界二十四カ国を六年かけて取材してまわり、自分が見てきたものを、融解、旱魃（かんばつ）、洪水の三つのテーマにまとめた。

ここに書かれていることは、少なくとも著者の目の前で起こったことで、データからの類推ではない。

環境問題においては、最終的な結論をのんびり待つわけにはいかず、現実を見て、臨機応変に行動する必要がある。

現状では、環境問題により柔軟に「取り組んで」いるのはビジネス側だということになりそうだ。環境問題から利益を得られる場合に、利益を上げてはいけない理由はなにか。

利益自体を否定するのは間違っている。その利益が事態の悪化を加速させるだろうという点が問題なのだが、今の我々はまだ、それを止める方法を知らないままだし、現状さえ把握できていない。まずは、知識がなければはじまらない。

評・円城塔（作家）

McKenzie Funk　米オレゴン州生まれ。ジャーナリスト。解けていく北極圏の海氷の報道でオークス賞。

二〇一六年五月一五日❼　文芸

『死仮面』

折原一 著

文芸春秋・一七二八円

ISBN9784163903934

折原一の新作は、現実と作中作が同時並行で進む複雑な構成の物語である。

秋月雅代は、急死した内縁の夫の境遇が、秘密に包まれていたと知る。夫が何者かを調べ始めた雅代は、遺品の小説を読み始める。

小説には、同級生が、少年連続失踪事件の犯人らしき仮面の男に拉致されたと考えた中学3年の僕が、男の暮らす洋館に乗り込んでいく物語が書かれていた。

ストーカーになった前夫に追われながら、亡夫の過去を追う雅代のパートと、洋館に不気味なコレクションを並べた仮面の男と対決するゴシック小説を思わせる僕のパートは、いずれもサスペンスに満ちている。

やがて小説の舞台を訪ねた雅代は洋館を発見。さらに僕の父が書いた小説に雅代が登場し、どちらが作中作か分からなくなるのだ。

二つのパートがどのようにリンクするかが最後まで見えてこないだけに、読者は迷宮の中をさまよっているかのような不安と恐怖を味わうことができるだろう。

評・末國善己（文芸評論家）

二〇一六年五月一五日❽　人文

『大山猫の物語』

クロード・レヴィ＝ストロース 著

渡辺公三 監訳　福田素子、泉克典 訳

みすず書房・五八三二円

ISBN9784622079125

オオヤマネコとコヨーテは双子で、元々はよく似ていた。しかし、「彼らは、互いに分化する道を選んだ。つまりオオヤマネコはコヨーテの鼻面と足を引き伸ばし、コヨーテはオオヤマネコの鼻面と尾を縮めたのである」。南北アメリカ・インディアンの諸神話に形を変えながら繰り返し登場する「双子」というモチーフは、対比によって考える、彼らの二分法的な体系を何よりも明確に示している。

双子は他の多くの地域の神話にも見られるが、そこで双子の同一性が注目されるのに対し、インディアン神話は両者の差異を強調する。植民者たる白人も、彼らと似ても似つかないからこそ、双子の片割れとして、彼らの思考体系の中に取り込まれるのである。

かくしてインディアンたちは白人を「客人」としてもてなしたが、白人たちはそれにどう応えたか。西洋に自省を迫る人類学者レヴィ＝ストロースの主題が、最晩年のこの小品から、はっきりと見えてくる。

評・杉田敦（政治学者）

二〇一六年五月二二日❶

『武満徹・音楽創造への旅』

立花隆 著　文芸春秋・四三二〇円　ノンフィクション・評伝

ISBN9784163904092

「音の河」から確かな音を選ぶ

約800ページ、2段組みの大著を前に、武満徹という音楽家の人生を咀嚼（そしゃく）しようともがいてしまった。誰しも人の一生は一冊の本に納まらないほどの物語があるだろう。だが、ここまでやるとは。本書を読み進めるうちに、いつしか武満本人が目の前で語っているかのように思えてくる。それは著者立花隆の徹底した取材の成果だろう。しかも立花は、音楽への深い知識と洞察力を持っていた。それゆえに難解な現代音楽の理論、例えば12音階のセオリーや音響を素材にしたミュージック・コンクレートなども、わかりやすく説き明かされている。

何よりも収穫だったのは、武満徹が音楽を志した動機を知ったことだ。戦時中、学生だった武満は勤労動員で埼玉県飯能の軍事基地にいた。ある日、見習士官が慰みに一枚の敵性レコードをかけた。仏シャンソン歌手リュシエンヌ・ボワイエの「パルレ・モア・ダムール」だった。武満はこの歌を聴くや、「戦争が終わったら音楽をやろうと心に決め」たという。この動機がクラシックでも歌謡曲でもなかったことは重要だ。

僕が武満の音楽に初めて接したのは学生の頃に見た映画でだった。仲代達矢主演の「切腹」（小林正樹監督、1962年）という時代劇だが、武満の映画音楽は琵琶を使った斬新なもので心に強く刻み込まれた。邦楽器をこれほど刺激的な響きとしてとらえた音楽家は他に見当たらない。それは、西欧音楽の考え方を用いて音楽をつくらざるをえない日本の音楽家が抱える矛盾に対するひとつの解答ともいうべき「音」だった。

武満が明確な音楽ビジョンを持っていたことは以下の言葉からもわかる。「ぼくは作曲をするとき、まず最初は響きのかたまりみたいなもので考えるんです」。芸術には創造という概念がつきまとうが、創造は芸術の単なる側面にすぎない。武満は「音の河の中から、聞くべき音をつかみ出してくることが作曲するということ」と考える。西欧では音楽を建築物のように構築する。無の空間に意味のある構造物をつくることが創造なのだ。だが日本では仏像のように一本の木の中に仏の姿を見いだし、木を削り出していく。まさに塑像（そぞう）と彫像の違いである。

その違いを、武満は「マイナス空間的な構成原理」という考えから語る。それは芥川也寸志の着想から得られたというが、武満はもともと「音の河」という概念をもっていた。無限の音に満ちあふれた世界から確かな音を選び抜いていくときの「直感」の重要性。それは芸術に限らず、あらゆる生命活動にとって普遍性を持つのではなかろうか。刺激的な本である。

評・細野晴臣（音楽家）

たちばな・たかし　40年生まれ。74年「田中角栄研究」で金脈追求の先駆者となる。著書に『宇宙からの帰還』『脳死』『サル学の現在』『天皇と東大』『死はこわくない』『読書脳』など。

二〇一六年五月二二日❷

『天下一の軽口男』

木下昌輝 著　幻冬舎・一八三六円　歴史／文芸

ISBN9784344029262

権力者やり込め、胸のすく思い

木下昌輝は、宇喜多直家が梟雄（きょうゆう）になるまでを追ったデビュー作『宇喜多の捨て嫁』で、高校生直木賞、舟橋聖一文学賞などを受賞。人魚の肉を食べた新撰組隊士が異形のモノに変じる第二作『人魚ノ肉』が、山田風太郎賞の候補に選ばれるスタートダッシュを決めた。

いま最も注目を集める時代小説作家の第三作となる本書も、上方落語の祖とされる米沢彦八を、虚実を交えて描く伝奇小説である。

江戸の笑話を随所に折り込みながらテンポよく進む軽妙洒脱（しゃだつ）な物語は、血と暴力に彩られ、グロテスクな前二作とは作風が異なっている。ただ現代にも通じる社会の闇に迫る手法は、まったく変わっていない。

江戸初期に大坂で生まれた彦八は、物真似（まね）や笑話が得意で、将来は人を笑わして金を稼ぎたいと考えていた。だが当時は、笑話専門の芸人はいなかった。幼馴染（なじ）みの少女・里乃が、親の借金で夜逃げしたと知った彦八は、いつか里乃を笑わすため天下一を目指す。

まず彦八は、江戸の辻で笑話を披露している同郷の鹿野武左衛門を訪ねる。江戸の芸人は、辻で庶民を笑わせるのを卒業し、豪商の座敷に上がるのがステータスと考えていた。だが彦八は、豪商にだけ芸を見せることに疑問を持ち始める。

やがて、才能を妬(ねた)む男の謀略で江戸を追われた彦八は、大坂に戻り、多くの人に笑話を見てもらおうと、生國魂神社の境内に立つ。ここでも彦八はライバルの妨害にあうが、客の足を止めるために行った大名の物真似が評判になる。しかし大名をネタにしたため、家臣に狙われてしまうのだ。

里乃のような幸薄い人を笑顔にしたいという彦八の純粋さは、貧しい人を見下し、贔屓(ひいき)の芸人を道具のように扱う豪商の傲慢(ごうまん)さ、何でも力で解決しようとする武士の横暴を暴いていく。

権力者の高圧的な態度が江戸も現代も変わらないだけに、彦八がお偉方を笑いで皮肉り、やり込める展開は胸のすく思いがする。

評・末國善己(文芸評論家)

きのした・まさき 74年生まれ。ハウスメーカー勤務などを経てデビュー。15年度の咲くやこの花賞受賞。

『時間かせぎの資本主義　いつまで危機を先送りできるか』

ヴォルフガング・シュトレーク著　鈴木直訳

みすず書房・四五三六円
ISBN9784622079262

経済

脅かされる国民福祉と民主主義

資本主義経済の運営がなぜうまく行かないのか。成長率は回復せず、国家債務は増大の一途をたどるばかりだ。各国の中央銀行は競って量的緩和策に乗り出すが、問題の根本治癒に至らない。時間を買って危機を先送りしているだけだ、と著者シュトレークは断じる。ドイツ・フランクフルト学派に連なる彼は、あまたの経済書とは異なる視点で現代資本主義に切り込み、その病巣をえぐり出す。

著者が注目するのは、債務国家化した先進国財政だ。1980年代以降のインフレ鎮静で、知らぬ間に債務を帳消しにできなくなった国家は、増大する社会保障経費を賄うため、「目にみえる増税」に訴えるほかなくなる。だが、企業や国民の抵抗の前にそれを果たせず、国債依存度を高めていく。しかも公債は、低成長時代に安全な投資機会を提供する点で、投資家にとって好都合ですらある。

だがギリシャの債務問題に端を発した欧州ソブリン危機が示したように、国家がデフォルトを起こし、投資した資金を回収できない恐れもある。投資家の関心はそこで、いかなる危機でも国民の抵抗を押しのけて年金や医療を削減し、借金返済を確実にさせることに向けられる。「われわれが生き残るには、これしかない」と、国民に圧力をかけて押し通してくれる政府だ。債務返済への国際圧力がいかに凄(すさ)まじいかは、ギリシャのチプラス政権のたどった運命をみれば明らかだ。

著者は、国民福祉より金融資本の利害が貫徹される欧州の現状を、市場による民主主義への深刻な挑戦と受け止める。各国は、共通通貨ユーロの下で、為替レートによる経済の調整権限を奪われた。富裕国が貧困国を助ける欧州次元の財政調整が夢物語である以上、ユーロを終焉(しゅうえん)させ各国の通貨主権を回復させることが、民主主義に基づく経済運営を回復する方途だと著者は結論づける。「欧州統合」はもはや、かつての輝きを失ってしまったのだろうか。

評・諸富徹(京都大学教授)

Wolfgang Streeck 46年ドイツ生まれ。マックス・プランク研究所(社会研究)所長やケルン大学教授を歴任。

二〇一六年五月二二日⑤

『地域アート　美学／制度／日本』

藤田直哉 編著
堀之内出版・二七〇〇円
ISBN9784906708550
アート・ファッション・芸能

「前衛のゾンビたち」の功罪問う

現在、日本では地域名を冠した芸術祭が増え、かつての地方博ブームのように乱立している。本書はそうした現状を批判的に考察する。

まず藤田直哉は巻頭の論考で、現代アートが地域活性化や経済効果の道具として使われ、十分にクオリティーが審判されないままに〝素朴〟なプロジェクト型の作品が増えていることから、芸術の地殻変動を指摘する。その特徴は、自己完結的なモノ（絵画や彫刻）をつくるのではなく、美術館を飛び出し、制作のプロセスや住民参加を重視し、コミュニケーションや関係性を主軸に据えていることだ。1960年代には叛逆（はんぎゃく）の精神だった表現の手法が税金を使う地域アートに回収される様態を、藤田は「前衛のゾンビたち」と呼び、衰退していく地域の鎮痛剤になっているという。2014年に発表されたこの論考は大きな反響を呼び、本書はそれを踏まえて刊行された。

実は藤田はSF・文芸批評家であり、門外漢ゆえに、しがらみもなく問題の核心を突いたわけだ。本書はアーティストやキュレーターとの五つの対話、研究者による3本の寄稿から構成され、専門家から重要な見解を引き出す。テーマの設定が明快なので、雑多な印象は受けない。しばしば参照されるニコラ・ブリオーの論文「関係性の美学」をめぐる議論、日本という文脈、制度の悪用、評価の難しさ、自己検閲、社会学の実験との比較、アート界の状況と今後などの課題が巧みに配置されている。

東京オリンピックを踏まえた地方の文化芸術振興策により、地域アートはまだ延命されるだろう。が、地方博の二の舞いとならないよう警戒すべきだ。本書はこれまでと異なる抵抗のあり方や新しい批評言語の可能性も感じさせ、未来に開かれている。これは建築における〝ハコモノからコミュニティー・デザインへ〟の潮流とも重ねて議論できる興味深いテーマだ。

評・五十嵐太郎（建築批評家・東北大学教授）

ふじた・なおや　83年生まれ。文芸評論家。著書に『虚構内存在　筒井康隆と〈新しい《生》の次元〉』。

二〇一六年五月二二日⑥

『ヒーロー！』

白岩玄 著
河出書房新社・一五一二円
ISBN9784309024486
文芸

目を奪われる　いじめ撲滅作戦

デビュー作『野ブタ。をプロデュース』で読者をあっといわせた白岩玄。それから12年がたち作者も大人になったかな、と思ったらそうでもなかった（あ、これ褒め言葉です）。『野ブタ。』はいじめられっ子（ドラマでは女子だったけど原作では男子）の改造によって、いじめの解決を図る物語だった。

『ヒーロー！』は、いじめる側にもいじめられる側にもコンタクトせず、問題の解決に向けて走り出す高校生たちの物語である。

語り手の「私」は隣のクラスの新島英雄から相談をもちかけられる。〈なぁ、一緒に学校の平和を守ろうぜ。おまえが考えて、俺が動く。それだけでいじめをなくせるんだぞ？〉

彼の提案はこういうことだった。いじめは特定の誰かに「負の関心」が集まることで起こる現象である。それならば、みんなの関心を別の方向に向かわせればいい。だから、いっしょにショーをやろう！

演劇部での演出経験が見込まれたらしい。かくて大仏の顔のマスクをかぶった英雄が校庭でバレエを踊るという異色のいじめ撲滅作戦がはじまるのだ。

深刻な問題をどこまでも前向きに描いた秀作。「そんなアホな」と突っ込みながら読みはじめ、途中からは「いや、もしかたらありかも」と思わせる。学校にゆるキャラみたいなやつが毎日出てきて嵐の曲に合わせて踊りだしたら、そりゃあ目を奪われるよ。

〈大人たちがするように、いじめの問題に直接手を下せば、人間関係にゆがみが生じて何かしらの遺恨が残ってしまう。悪い奴（やつ）を叩（たた）けばそれで済むという問題ではないんです〉と語る英雄は大マジメなのだ。

いじめには限らない。加害者と被害者の問題として処理されがちな案件も、環境に刺激を与えることで変化する可能性がある。自称「ひねくれ文化系女子」の「私」にも変化が訪れる。中高生に絶対おすすめ。学校の先生方にもね。

評・斎藤美奈子（文芸評論家）

しらいわ・げん　83年生まれ。04年『野ブタ。をプロデュース』で第41回文芸賞を受賞し、デビュー。

二〇一六年五月二二日⑦

『外道クライマー』

ノンフィクション・評伝

宮城公博 著

集英社・一七二八円

ISBN9784797673173

本書は、谷間の沢筋をたどる「沢登り」に熱中する登山家の手記だ。著者は、「探検的な要素を含んだ」沢登りにこだわり、国内外の秘境に分け入っていく。２０１２年には立ち入り禁止のご神体「那智の滝」（和歌山県）に登ろうとして警察に逮捕され、職を失った。気落ちしたが、再び沢登りの挑戦を続ける。

最も多くのページが割かれた「タイのジャングル四六日間の沢登り」が面白い。密林の豪雨に悩まされ、激流に巻き込まれて遭難しそうになるなどトラブル続き。同行するパートナーとの仲も決裂寸前。それでも、ユーモアある語り口を忘れず、苦境を乗り越えてしまうしぶとさがある。

日本に残された秘境の滝の冬季登攀（とうはん）では、三回に一回は死ぬという確率でも、「生と死の境界線に立つことによって生の実感が湧く」。その言葉がもつパワーに圧倒された。

日常生活の些事（さじ）でくよくよするのがバカバカしくなり、元気が湧いてきた。

評・市田隆（本社編集委員）

二〇一六年五月二二日⑧

『洛中洛外図屏風　つくられた〈京都〉を読み解く』

歴史

小島道裕 著

吉川弘文館・一八三六円

ISBN9784642058223

金色にたなびく雲の間にのぞく神社仏閣の並んだ京都。目をこらすと、市井の人々の暮らしが浮かんでくる。いわゆる洛中洛外図である。室町から江戸時代にかけて多く作成された。

屏風（びょうぶ）につくられ、数千人が描かれている。人物たちはそれぞれ個性をもっており、場合によっては誰なのかまで特定できる。

従来、美術家によって「見られ」ることが多かったが、歴史家によって「読まれ」はじめて、新たな発見が続いている。本書では歴史家側からの視点がまとめられている。

一本の筋をおいかける型の小説であっても読み方は人によって様々である。それが街を一望できるということになるともう、見る側の才覚次第で新たなものがどんどんみつかりだして不思議はない。

国宝の洛中洛外図屏風舟木本は、ウェブ上でも公開されている。本書を片手に図像の京都を散歩しながら、新たな「読み方」を探してみるという使い方はどうだろう。

評・円城塔（作家）

二〇一六年五月二九日❶

『センチメンタルな旅』

荒木経惟 著　河出書房新社・五九四〇円
ISBN9784309277004　アート・ファッション・芸能

「嘘」なく心の震え留めた

いつもはアジアの古美術展が多いパリのギメ東洋美術館で、荒木経惟の写真展が9月5日まで開催中だ。熱烈なファンであるキュレーターの企画らしい。

世界が注目する現代日本の小説家が村上春樹なら、写真家では荒木経惟だろう。しかも本人は日本をほとんど出ないときている。カメラを向けるのは、日本にいる人、日本の情景、身辺にあるものだ。身近なものを撮ればいいというのは、彼のデビュー当初からの考えだが、それが高らかに宣言された伝説的な写真集が復刻された。

内容は妻陽子との新婚旅行だ。列車で移動し、ホテルに泊まり、翌朝起きて、町に出て観光をする。その過程が順番通りに登場する、と言うとどこの家庭にもある新婚アルバムのようだが、決定的にちがう点が二つある。一つは性交シーンがあること（コトの真っ最中にシャッターを切るというアクロバットをやっている！）、もう一つは陽子がどの写真でも浮かぬ顔をしていることだ。東京で初公開中の密着プリントで全カットを調べても笑顔は見当たらない。

手書きの巻頭文には、「これはそこいらの嘘（うそ）写真とはちがいます」とある。ここで彼が指す「嘘」とはファッション写真だが、思えば世間一般の新婚写真にも「嘘っぽい」ところがありはしないか。新婚夫婦が抱くのは幸福感だけでなく、それと同じ量の不安――家庭生活はうまくいくのか、この人でよかったのか、相手に見合った自分なのか――があるはずなのに、幸せだけが強調される。メインイベントのひとつ、性交が出てこないのは言うまでもない。

物思いに沈んでいる陽子の表情に荒木は自身の不安を見いだし、心の揺れに同調している。夫婦の先行きだけではなく、自分の将来への不安もそこにはあったはずだ。電通写真部で広告写真を撮っていた立場でこれを自費出版し、「写真家決心」を固めたのだから。

先の巻頭文は「私は日常の単々(原文ママ)とすぎさってゆく順序になにかを感じています」と結ばれ、早い時期に自分の写真観を掴（つか）みとっていたのがわかる。写真を自分の周囲に流れる時を留（とど）め記録する器としてとらえるこうした考え方は、芸術指向の強い欧米では主流ではないが、彼は当初から軸足をそこに定め、夥（おびただ）しい数の写真を撮り続けてきた。「世界のアラーキー」は、その果実なのである。

一枚ずつ見ていくと、いま起きていることが一瞬のうちに過去になるはかなさや、先に待っていることに不安を予見する心の震えなどが、淡々とした写真の連なりから滲（にじ）み、溢（あふ）れ出す。胸の内にコツンと響く、実になじみ深い感覚である。　評・大竹昭子（作家）

あらき・のぶよし　40年生まれ。写真家。71年、私家版として本書を刊行。全108枚のうち21枚は『センチメンタルな旅・冬の旅』(91年)に収録。7月9日まで東京・六本木で全653カットを公開中。

二〇一六年五月二九日❷

『3.11　震災は日本を変えたのか』

リチャード・J・サミュエルズ 著
プレシ南日子、廣内かおり、藤井良江 訳
英治出版・三〇二四円
ISBN9784862761965　社会／ノンフィクション・評伝

「現状維持」で良いはずがない

3・11は日本をほとんど変えなかった――これが著者の結論である。

希代の日本ウォッチャーが、日英両語の膨大な資料を渉猟し、国防、エネルギー政策、地方自治の三領域について、透徹した分析をおこなった。その結論は、説得力がある。

変化の兆しはあった。自衛隊への国民からの好感度は増し、トモダチ作戦によって日米関係も好転した。原発反対運動も高まりを見せた。しかし、3・11は「形勢を一変させる『ゲーム・チェンジャー』にはならず、日本の政体を構造的に変えることもなかった」。この見立ては、原著出版（2013年）からさらに3年経過した今、一段と説得力を持っている。

本書で唯一、前向きの変化がみられたとされているのは地方自治だ。自治体同士の横のつながり、自主的で自発的な連携の盛り上がりは、すべてを中央が差配していた日本の統治のあり方を変えるのではないか。著者はここに日本の未来の曙光（しょこう）を見ているように思える。だが、その変化の象徴としてスポットライトが当てられている河村たかしや橋下徹は、今となっては失速した感がぬぐえない。

なぜこのような状況になったのかについては、著者はあまり考察していないが、いくつかのヒントがちりばめられている。たとえば、日本の硬直した政治体制が大いなる回復力を見せたことや、震災前の日本の原発政策が強大なリーダーシップによって推進されていたことである。つまり、震災後の言説においてキーワードであった「リーダーシップ」や「変革」などは、方向性が違っていたのかもしれないと思わされる。

それにしても、第1章でまとめられている震災後の対応の右往左往は、読むのが辛（つら）い。既知の事柄ばかりではあるが、端的に濃縮されて提示されると、そのあまりの不甲斐（ふがい）なさが際立つ。これで「現状維持」で良いはずがない。改めて、そう思う。

評・佐倉統（東京大学教授）

Richard J. Samuels マサチューセッツ工科大学教授、同大国際研究センター所長。専門は日本の政治など。

二〇一六年五月二九日③

『屋根裏の仏さま』

ジュリー・オオツカ 著
岩本正恵、小竹由美子 訳
新潮社・一八三六円
ISBN9784105901257
文芸

「写真花嫁」の声紡ぎ、合唱曲に

一度に複数の声を、それもたくさんの声を、書き綴（つづ）ることはできるだろうか。集団としての「かれら」を記述するのではなく、それぞれが異なる経験を持ち、家族を持ち、異なる生活と労働の日々を過ごした別々の「わたしたち」の声を、別々のままに。統計や年表の上では無言だが、一度自ら語り出せば何日も何日もつづけられるだろう、女たちひとりひとりの声を。

彼女らは20世紀初頭、日本から船に乗りアメリカへ渡るという共通の選択をした・させられた女たちだった。みんなこれから夫になるはずの男の写真を大事に持っていた。実際には似ても似つかない、あるいは年老いた、あるいはまったく別人の、貧しかったり乱暴だったり内気だったり優しかったりする男が、サンフランシスコの港に立っていた。

セックス、労働、出産、子育て、白人たち、移民たち、異文化、英語。そしてようやく軌道に乗り始めた生活を戦争が奪う。敵性外国人として日本人たちは、強制収容所へ送られた。彼らが去った後の町で、かつての隣人たちは、日本人のことを考え、忘れ、思い出し、暮らしていく。

ジュリー・オオツカの「わたしたち」という主語は、集合的でありながらきわめて個人的で、一文ごとに違う人のエピソードになり代わる。着くなり死んでしまったお嬢さん育ちのヨシコになり、屋根裏に笑い顔の仏さまを祀（まつ）るハルコになり、ほとんどの場合は名前のない、雑草をむしり果物を収穫し、主人の家の床を磨き洗濯する女になる。

これはひとつの散文詩、それでいて実に読みやすい。丹念に紡がれたリズミカルな短文の重なりが、一巻を勢いよく語り上げる。

「写真花嫁」といわれた日本人女性移民の物語を、このような文体で書いた作家はこれまでいなかった。これからもいないだろう。語り継がれ研磨された米国日系移民の物語は、文字で書かれた合唱曲になった。

評・中村和恵（詩人・明治大学教授）

Julie Otsuka 62年米国生まれ。父は日系1世、母は2世。美術学修士を取得後、小説家に。本書が2作目。

二〇一六年五月二九日❹

『武者小路実篤とその世界』

直木孝次郎 著

塙書房・二四八四円
ISBN9784827301236 歴史／人文／ノンフィクション・評伝

90歳代でなお鋭い仮説を提起

直木孝次郎の名を初めて知ったのは、1964年発表の「持統天皇と呂（りょ）太后」という論文であった。天武天皇とその皇后だった持統天皇が、漢の皇帝高祖（劉邦）とその皇后の呂后を意識していたという着想の鋭さに魅せられたのだ。

この論文が発表されてから半世紀あまりがたった。90歳代になった著者は、いまなお刺激的な説を発表している。本書は著者と付き合いのあった武者小路実篤の作品や思い出、あるいは実篤をめぐる人びとなどに関する文章を集めたものだが、最後の「余論」で森鴎外に触れている。鴎外が陸軍省を辞めた直後に書いた「空車（むなぐるま）」という小品に着目し、当時の鴎外は天皇制をどう考えていたかを論じた「余論」の文章こそ、本書の白眉（はくび）というべきだろう。

ここで著者は、唐木順三や松本清張らの説を批判しつつ、「空車」を牽（ひ）く大男を山県有朋と推定し、「空車」には本来、大正天皇が乗っていたとする。鴎外は、山県に代表される藩閥官僚によってつくられた天皇制というシステムと天皇個人を区別していた。明治から大正になり、システムはますます大きくなるが、天皇自身は逆に「空虚」になる。それを象徴するのが「空車」だという指摘には思わずうならされた。

著者は触れていないが、鴎外は1900年に勤務先の福岡県小倉で皇太子時代の大正天皇に会っている。そのとき抱いた印象と、著者が触れる大正天皇の即位礼に参列したときの印象は全く違っていたはずだ。鴎外は大正天皇を通して天皇制に対する批判を抱くようになり、細心の注意を払いながら、それを作品として残しておきたかったのではなかろうか。

この鋭い仮説は、著者が卒業した現在の神戸高校の関係者が刊行する雑誌に発表された。もし本書が世に出なければ、おそらく気づかれなかったに違いない。直木孝次郎という学者の生き方が人柄も含めて伝わってくる一冊である。

評・原武史（放送大学教授）

なおき・こうじろう 19年生まれ。大阪市立大学名誉教授（日本古代史）。著書に『古代国家の成立』など。

二〇一六年五月二九日❺

『大きな鳥にさらわれないよう』

川上弘美 著

講談社・一六二〇円
ISBN9784062199650 文芸

未来の人類 揺らぎに共鳴

滅亡の危機に直面する、未来の人類。川上弘美が長編小説『大きな鳥にさらわれないよう』で描くのは、数を減らした人類の生態とそれを取り巻くシステムだ。ネズミやイルカなど、さまざまな生き物の細胞から、工場で人が作られる。

「母」なる存在のもとに、クローン発生で生まれたものたちは「見守り」と呼ばれる。「観察者」として、人類の生死のシステムを見つめるものたちだ。滅亡を防ぐための方法が模索され、いくつもの異なる性質の集団が形成される。植物のように水と光で栄養を合成して生きる集団もいる。クローン技術と人工知能が発達し、いまとは「違う人類」が、別の仕方で、生まれては死ぬ。

科学的な観点の応用とそこからふくらむ想像によって紡がれるこの小説は、概念に陥りそうで、そうならない。具体的な細部が、日常の感覚にぴたりと添って記されるからだ。たとえば人口を司（つかさど）るシステムについての会話の直後に「今夜は、何をつくる?」と来る。食べること、生活。ささやかな営みをいつくしむ視点と文章からは、著者の美質がこぼれる。

また、たとえばクローン発生したエリという存在。「自分の、元の細胞を持っていたのは、どんな人間だったか」と、思いをめぐらせる。「何かの拍子に心が動くことがあるたびに、その問いにふれ、ころがし、揺れを楽しんだ」。これは遥（はる）かなものへの思いがさざめく瞬間なのだ。少し、さみしさに似ている。クローン人間ではない自分でも共鳴できる、生命としての揺らぎのようなもの。

エリの言葉。「にせだってなんだって、生き延びて、そして新しい人類になれば、それでいいよ」。種としての人類の未来を危ぶみながらも、この小説、作者が人類であることを楽しんでいることは間違いない。いつから人類？　いつまで人類？　そんなことも考える。言葉を持つ不思議についても、考える。

評・蜂飼耳（詩人・作家）

かわかみ・ひろみ　58年生まれ。96年「蛇を踏む」で芥川賞、15年『水声』で読売文学賞。『七夜物語』など。

『アフガン・対テロ戦争の研究　タリバンはなぜ復活したのか』

多谷千香子 著

岩波書店・六四八〇円
ISBN9784000220903

ノンフィクション・評伝／国際

米国が見た「大それた夢」の失敗

9・11テロへの反撃としての、アフガニスタンへのアメリカの「対テロ戦争」は、世界に何をもたらしたか。アメリカの当初の目論見（もくろみ）に反して、アフガニスタンは安定化せず、隣国パキスタンまで破綻（はたん）国家寸前の状態に陥り、テロリズム全般のリスクもかえって高まったのではないか。

検事出身で、旧ユーゴ戦犯法廷の判事も務めた著者は、英語文献と現地調査に基づいて、こうした失敗の原因を追究する。

テロの黒幕オサマ・ビンラディンを保護したというのが、アフガン攻撃の理由であったが、著者によれば、テロ以前からオサマは「招かれざる客」であり、彼を引き渡したいという意図はアフガニスタン側から何度も示されていた。しかし、アメリカはシグナルを見落とす。

タリバンを含むパシュトゥン民族の、「敵であっても客人を匿（かくま）うという伝統的な部族の慣習法」など、「中世的なイスラム社会に対する理解」をアメリカは欠いていた。

さらに、パキスタンは、表ではアメリカに調子を合わせつつ、裏では、宿敵インドとの対抗上、タリバンを支援するという「ダブルゲーム」を試みたが、アメリカはこれに気付くのが遅れた。

欧米では諸悪の根源とされるタリバンも、現地では他の勢力よりマシと評価され、女性の待遇も含めて、彼らのやり方は「アフガンの農村ではごく普通のことだった」。「アフガン一般民衆にとって民主主義は聞いたこともない」ほど遠いことをアメリカは考慮しなかった。

アフガン民主化といった「大それた夢」をもたず、オサマらだけに「的を絞る作戦に特化していればよかった」というのが著者の結論である。

さまざまな登場人物が、何を考え、何を求めたかを、それぞれの視点に立って復元しようとする著者の姿勢が、圧倒的なリアリティーを本書に与えている。

評・杉田敦（政治学者・法政大学教授）

たや・ちかこ　46年生まれ。旧ユーゴ戦犯法廷判事、最高検察庁検事などを経て法政大学教授。

二〇一六年五月二九日⑦

『共通文化にむけて　文化研究Ⅰ』『想像力の時制　文化研究Ⅱ』

レイモンド・ウィリアムズ 著　川端康雄 編訳

『共通文化にむけて』みすず書房・六二六四円／『想像力の時制』みすず書房・七〇二〇円
ISBN9784622078142(共通文化にむけて)
ISBN9784622078159(想像力の時制)

人文／社会

文化に潜む政治性を論じる「カルチュラルスタディーズ」。『ニューレフト』誌を舞台にその研究の道を開いたフロントランナーの論考を日本で独自編集した。コミュニケーションや自然環境の議論と、ユートピアや都市を巡る考察などを2巻にまとめる。

マルクスの下部構造決定論批判から現代社会にふさわしい文化研究を模索した思考の軌跡は、その語り口も含めて改めて魅力的に感じた。著者は小説の実作も実は多く手掛け、生家には「ライター」と印(しる)した記念板があると編者あとがきで知ったが、確かに本書所収の学術的論考にも豊かな文彩がちりばめられ、エッセーの味わいを兼ね備える。

一つのイデオロギーに支配されるのではなく、異なる立場の者が対話を継続できる状態こそ「ふつうの文化」の姿と考えた著者は、研究に際してもコミュニケーションの流れを創り出す書き手(ライター)であろうとしていた。その「言行一致」の貴重さが理解できる重量級の訳業だ。

評・武田徹(評論家)

二〇一六年五月二九日⑧

『天草エアラインの奇跡。』

鳥海高太朗 著

集英社・一五一二円
ISBN9784087860603

ノンフィクション・評伝

おお、これか！　大小のイルカがデザインされた機体を目にしたときには私も興奮した。熊本県の天草空港を拠点にした第三セクターの天草エアライン。２０００年、第1便が天草空港を離陸した直後は搭乗率9割超の人気路線だった。

だが3年目、早くも売り上げは急下降。会社は経営難に陥る。島といっても天草は九州本土と橋で地続きだしね、運賃は高いしね。再建は無理かも……。

墜落寸前だった会社を再び上昇気流に乗せた原動力は何だったのか。その秘密を本書は関係者への取材を通して明らかにする。

09年、大手航空会社の整備士だった新社長が来た日から奇跡ははじまった。

社長自ら客室の清掃を手伝い、月に1度の機体洗浄は社員が総出。預け手荷物の業務も保安検査場の検査も助け合う。やや出来すぎの感はあるけど、中小企業に勇気を与える本。社員60人弱。日本一小さい航空会社の飛行機は、地震後も元気に熊本の空を飛んでいる。

評・斎藤美奈子(文芸評論家)

二〇一六年六月五日①

『僕の違和感　上・下』

オルハン・パムク 著　宮下遼 訳

早川書房・各二三七六円
ISBN9784152095985〈上〉・9784152095992〈下〉

文芸／社会

イスタンブル　路地裏の人生

海外旅行の前には、その土地の作家の小説を読むといい。そこに生きる人たちの感覚がわかるから。イスタンブルに行くならパムクを読むことは欠かせない。本書を読みながら、私は主人公と一緒になって、イスタンブルの路地裏を歩き回った。

物語は、１９５７年生まれのメヴルトが12歳で父とともにイスタンブルに出てきてから、２０１２年の現在に至るまでの人生を描く。主軸を成すのは、実直でナイーブで楽観的な彼の、結婚生活である。従兄(いとこ)の結婚式で新婦の末の妹に一目惚(ぼ)れし、3年間ラブレターを送った後、駆け落ちをするのだが、現れたのは何と3姉妹の次女。同じ三女に惚れた従弟(いとこ)に、名前をわざと次女と取り違えて教えられたのだ。しかし、この次女ライハと細やかな愛情を確立したメヴルトは、まずは幸福な結婚生活を始める。だが、ラブレター送り違え事件は、後の人生に影を落とすことになる。

一見、通俗的な物語のように見えるが、パ

ムクの手にかかると、極上の料理のような魅力を放つ。例えば、この3姉妹の生きざまに注視して読むと、この小説はまるで『細雪』だ。かたくなで商売下手でいつも困窮しているメヴルトが、抜け目なく成り上がっていく従兄弟たちやクルド人の友人に巻き込まれていくさまは、『ゴッドファーザー』国内移民版といえる。

経済面や一族友人との関係に困難を抱えるメヴルトが、自分を解放できるのは、寒い季節の夜の路地で、伝統飲料ボザを売り歩く時だ。何度も現れるこの彷徨（ほうこう）の描写が素晴らしい。「夜の都市が語りかけてくる言葉に耳を傾け、路上の言葉に通暁していく自分」を誇らしく感じるのだ。

これまで上層階級を扱うことの多かったパムクだが、本作ではイスタンブルのマジョリティである地方ルーツの庶民が、トルコの習慣、風俗、宗教意識にどこかで縛られて生きるさまを、かれらの視点と言葉で描く。大都市での人生とは、その因習の束縛と解放の狭間（はざま）で生きることだ。どちらにも収まりきれないメヴルトの状態は、エピグラフにある「頭の中の違和感、自分がその時にもその場所にも合っていないという感覚」というワーズワースの言葉で示される。トルコの歴史そのものを緻密（ちみつ）に体現している小説なのに、現代日本に生きる気分が書かれていると共感させてしまうところが、パムク文学の力だろう。

エピグラフにはジェラル・サリクという人物の言葉も引かれるが、この架空のコラムニストが活躍するのが、やはり邦訳が出たばかりの『黒い本』である。併せて読むと、もうイスタンブルの虜（とりこ）になるしかない。

評・星野智幸（小説家）

Orhan Pamuk　52年トルコ生まれ。06年にノーベル文学賞。『わたしの名は赤』『雪』など。『黒い本』（鈴木麻矢訳、藤原書店・3888円）は90年に発表された長編で、今年邦訳が刊行された。

二〇一六年六月五日❷

『核の脅威　原子力時代についての徹底的考察』

ギュンター・アンダース著　青木隆嘉訳

法政大学出版局・三六七二円
ISBN9784588010408

科学・生物／社会

制御できない力に直面する人類

広島への原爆投下の瞬間、人類は「原子力時代」に入った。われわれは「自らの手で自分自身を抹殺」できる点で「全能」となったが、力を制御できない点で決定的に無力である。

フッサール、ハイデガーの下で哲学を学び、ハンナ・アーレントとの結婚経験を経て核廃絶に取り組んだアンダース。1958年の訪日時、原爆投下は「クリスチャンとして」の行為ではなかったという議論に、日本の友人は反論した。それなら原爆の犠牲者らは「いったい何者として死んだ」というのか。大量殺戮（さつりく）兵器の前に軍人と一般市民の別もなかったのに、と。

ここから考えを深めた著者は、核兵器が「人類の終焉（しゅうえん）」の脅威をもたらす以上それをどうするかは、人類全体が直面する課題で、科学者とか政治家とか、特定の何者か「として」の問題ではないと気づく。

哲学者は政治的発言などすべきではないというヤスパースの批判にも著者は反発する。

人類への脅威は、もはやそうした分業や専門分化そのものを破壊してしまったからである。

もっとも、普遍的問題を自らの問題として引き受けるのが難しいことも彼は理解している。現代のわれわれは巨大な「機構のうちに嵌（は）め込まれて」おり、「自分が何をやっているのかが分からない」うちに、重大な悪に関与する。しかも、主体としての自覚ある「行為」でないので、責任も感じなくてすむのである。

81年の「まえがき」は、58年当時と世界が「少しも変わっていないという深刻な事実」を指摘する。それから30年以上が経過し、先ごろ、最大の核保有国の指導者が広島を訪れた。

オバマも「人類が自らを破滅に導く手段を手にした」問題性に言及し、「核兵器なき世界」の追求を誓ったが、生涯の間には実現できないかもしれないと、先延ばしするのを忘れなかった。それは、われわれ人類の、あまりに遅くあまりに小さな一歩であった。

評・杉田敦（政治学者・法政大学教授）

Günther Anders　02年生まれ。パリやベルリンで活動後、米国に亡命。国際的反核運動の指導者。92年没。

二〇一六年六月五日③

『コンサートという文化装置　交響曲とオペラのヨーロッパ近代』

宮本直美 著

岩波現代全書・二三七六円
ISBN9784000291859　アート・ファッション・芸能／社会

神聖化と固定化　背景をたどる

正直、小中学校のとき音楽の授業は苦痛だった。楽聖たちの肖像画が掲げられた教室で、教養として詰め込まれる知識、沈黙して鑑賞させられる名曲は楽しくなかった。現在、クラシックコンサートの主役は交響曲である。しかし、昔からそうだったわけではない。

本書は様々な研究成果をもとに、劇的なオペラや即興的な超人芸など、娯楽性に富む見世物的な音楽に対して、楽譜に基づく真面目な器楽演奏が重視されるようになった経緯を明らかにする。各国の事情と演奏の国際化、イベントの興行と動員、セットリスト、出版業と著作権、批評や言説など、音楽をめぐる状況を分析し、19世紀に起きた歴史的な変化をあぶりだす。

こうして社会との関係から読み解くと、生き生きとした音楽の情景が思い浮かぶ。音楽家は霞（かすみ）を食って生きていたわけではない。商業的なオペラ関連の楽譜の売り上げでお固い音楽批評誌を支えたり、雑多な曲の組み合わせでコンサートを開いたり、そこに交響曲の一部も入っていたという。

著者の指摘で興味深いのは、2種類の普遍化である。言語の障壁にもかかわらず、オペラは各地で人気を博し、需要にあわせて大胆に変えられたり、翻訳語版が上演されたりした。一方、交響曲はロマン主義的な理論によって非言語の芸術として神聖化され、各国の知識層に受容されていく。とくに器楽におけるドイツの優位性を論じる言説が登場し、交響曲は何度も聴いて理解すべき教養として位置づけられ、ベートーヴェンはそのシンボルとなった。かくして新作よりも定番のクラシックを演奏する、お馴染（なじ）みのコンサートの形式が整えられる。

音楽を支えるシステムへの本書の視座は、現在のポピュラー音楽にも応用できるだろう。フェスの興隆、ライブの物販、アイドルの握手会、ネット配信など、周辺環境は変化を続け、音楽のあり方に影響を与えているからだ。

評・五十嵐太郎（建築批評家・東北大学教授）

みやもと・なおみ　69年生まれ。立命館大学文学部教授。『宝塚ファンの社会学』『教養の歴史社会学』など。

二〇一六年六月五日❹

『核の世紀 日本原子力開発史』

小路田泰直、岡田知弘、住友陽文、田中希生 編

東京堂出版・五六一六円
ISBN9784490209365
科学・生物／社会

歴史を踏まえ 建設的議論へ

「三・一一の後、多くの政治勢力が『脱原発』を叫び、主張のラディカルさを競った。しかし結局は原発再稼動を使命として登場した安倍内閣に勝つことができなかった」

厳しいが、的確な現状認識が巻頭で示される。なぜその帰結に至ったか。戦後日本で原子力はただ潤沢なエネルギー源として期待されただけでなく、国家の安全保障を支える役割も果たしてきた。そうした歴史的事実を無視して能天気に唱えられた「脱原発」が夢物語に終わったのは必然だったと編者は指摘する。

こうした厳しい指摘は敗北宣言ではなく、雪辱戦に臨む覚悟の表れだ。歴史的視点の欠落を今度こそ埋めるべく、歴史学や思想史、社会史の研究者の論考が本書には収められる。

中でも布川弘「『核の傘』と核武装論」は印象的だ。55年体制成立後の日本は原子力の平和利用を挙国一致で進める一方で、核武装を常に政策オプションとして持ち続けた。特に佐藤栄作は核武装をもって中国の核保有に対抗する可能性をちらつかせて米国から「核の傘」論を引き出すことに成功したという。原子力が日本の安全保障を支えたとされる所以（ゆえん）だ。

三・一一後、原子力については自然科学領域で、それも被曝（ひばく）の健康被害面ばかりが言及される偏りが確かにあったと思う。脱原発の実現を焦ってか、放射線の危険性を過剰に見積もる怪しげな学説まで持ち出され始めると大衆が離反してゆくのもまた必然だった。

そんな状況の中で、遅ればせながらアインシュタインの相対性理論提唱後の「核の世紀」を人文社会科学の対象として検討しようとした試みは意義深い。「核ある世界」がいかに成立したか。原子力技術は国内外でいかになくてはならぬものになったか。それを紐解（ひもと）かずに「核なき世界」実現を目指そうとしても建設的な議論は望めまい。本書を緒として本格的な研究が続いてゆくことに期待したい。

評・武田徹（評論家・ジャーナリスト）

奈良女子大学副学長の小路田氏を中心に、歴史学や社会学などを専門とする計15人の研究成果をまとめた。

二〇一六年六月五日❺

『ナパーム空爆史 日本人をもっとも多く殺した兵器』

ロバート・M・ニーア 著 田口俊樹 訳

太田出版・二九一六円
ISBN9784778315061
歴史／ノンフィクション・評伝

無差別の残虐 「核」でなくても

「核なき世界」では不十分だ。「戦争なき世界」をめざすべきである。オバマ米大統領は広島で、戦争のモラルを広く求めた。

核の特殊性に閉じこもらず、争いに走る人間の思考を演説の肝にしたのは、原爆の責任への言及を避ける思惑もあっただろう。

だとしても、核と通常兵器との違いを強調すれば、見えなくなる実相が確かにある。ナパームによる無差別爆撃は、その典型だ。

烈火が確実に標的を消滅させ、敵の戦意をくじく。米国の産官学が周到に設計して誕生したナパームは、戦争の様相を一変させた。出発点は、一夜で10万人の命を奪った東京大空襲だった。化学物質を混ぜたゲル状のガソリンが老若男女を生きながら焼いた。

日本全土の都市を焦土と化す威力を見た米軍の関係者らは、もはや通常爆撃と原爆との違いを意識できなくなったらしい。歴史学者の著者は出版後、そんな分析を米紙に語っている。

東京大空襲に関わった、のちの国防長官マ

クナマラ氏は「あれは戦争犯罪だった」と吐露した。だが、その殺戮（さつりく）の史実も、米国ではほとんど語られない。

ナパームの「残虐さ」を米世論に浸透させたのは、ベトナムだ。炎の恐怖から逃れる少女の報道写真が、米国を加害者としての自画像に向き合わせた。

第2次大戦で圧倒的な力を世界に誇示し、ベトナムで一転、汚辱をまとう。ナパームの歩みは、そのまま米国の現代史に重なる。

世論の非難に対し、ナパームを製造した企業幹部は反論した。この兵器はベトナムの米兵を守り、戦争の終結を早められる、と。破壊力こそが人道にかなうという逆説の正当化は、兵器を使う側の自己弁護でしかない。殺される側にとっては、兵器が何であれ、戦争は等しく残虐だ。

オバマ氏の唱えた「道徳の覚醒」が戦史に刻まれる日は来るのか。本書はまさに戦時道徳の黙示録として人類の罪を冷厳に問う。

評・立野純二（本社論説主幹代理）

Robert M. Neer 米コロンビア大学歴史学科講師（米軍事・経済、現代国際法）。弁護士資格を持つ。

二〇一六年六月五日❻

『「病は気から」を科学する』

ジョー・マーチャント 著 服部由美 訳

講談社・三二四〇円
ISBN9784062179379

科学・生物／医学・福祉

心と体はどこまで影響し合うか

病気とは患者の主観ではない。医者が認めなければ病気とは言わない。心は二の次ということだ。では心に治癒力はないのか？

心は万能ではないという科学主流の考えに疑問を抱いた先端科学専門ジャーナリストの著者は、主流に逆らって心が体に及ぼす影響を研究している科学者を探し、世界中を巡る。

結果、心は万能ではないことを知らされるが、本当に見逃しはないのかと懐疑者たちに再考を促し、さまざまな事例を紹介する。偽薬や偽手術の効き目、高額な手術と知った途端、治ったと信じる者……。まさに「病は気から」だ。

病気が治ると単純に信じるその想（おも）いに、すでに治癒力が作用するのだが、ここに疑問が湧く。信じる心が薬と同じ効果を生むとしたら、そもそもなぜ薬が必要か？ つまり薬が投与されたと知らなければ効果はないってことだ。

1994年のロス大地震の犠牲者の多くは、建物の崩壊の下敷きになっただけではなく、「このまま死ぬかもしれない」という恐怖によって死んだ者も多数いたという。脅威を感じた瞬間にアドレナリンが沸き上がり、心臓が停止。危険の知覚で死に至るというのだ。

心が健康に影響を及ぼすといっても、代替医療を選んで死亡した人もいる。結局、自分の脳と体を信じるしかない。「物質的身体」の健康が、逆に心の状態に影響を与える。

デカルトが精神と肉体を分離させて四百年。今も論理的、合理的存在としての人間に対する信頼は死滅したわけではないが、体と心は完璧に統合していると著者は主張する。

僕の知るある著名な物故作家の親類の人は、末期がんを宣告された。どうせ死ぬなら四国八十八カ所巡礼の旅へでも、と心を空にして死出の旅に立った。野垂れ死にもせず無事に帰還。検査したらがんは跡形もなかったという。心を空しくした作用が体に奇跡を起こしたのだろうか。

評・横尾忠則（美術家）

Jo Marchant 英ロンドン在住の科学ジャーナリスト。『ツタンカーメン 死後の奇妙な物語』など。

二〇一六年六月五日⑦

『2020年の中国 「新常態」がもたらす変化と事業機会』

此本臣吾、松野豊、川嶋一郎 編著
東洋経済新報社・二二六〇円
ISBN9784492444276
経済／社会

日本の書店では、中国経済の崩壊を告げる本が大量に平積みされている。これは、欧米の書店では見られない独特の光景である。

本書の冒頭に、在中国日系企業の多くの経営者が、中国の見方に関する「日本本社との温度差」に苦慮しているとの話が登場する。評者も中国に出張する度に、同様の嘆きを関係者から頻繁に聞くため、その問題意識は共感できる。

確かに中国経済は減速している。だが中成長の「新常態」であっても、消費やIT関連など成長が期待される巨大な市場が存在する。しかも「量」から「質」への転換が起きているため、その経験を持つ日本企業にとっては、今後約20年は「見える」部分がある。

「新常態」下で起き得る変化やリスクに対する「察知力」を高める必要はあるものの、「中国市場を今一度冷静に見直せばそこには必ずビジネスチャンスがある」と本書は強調する。中国経済の動向をバランスよくとらえた一冊といえる。

評・加藤出（エコノミスト）

二〇一六年六月一二日①

『クロコダイル路地 I・II』

皆川博子 著
講談社・各一九四四円
ISBN9784062200080〈I〉・9784062200097〈II〉 文芸

革命の正義が秘める暗黒面

皆川博子の新作は、革命期のフランスと19世紀初頭のイギリスを舞台にした壮大な物語で、歴史小説としても、ミステリーとしても、幻想小説としても楽しめる重層的な作品である。

フランスの貿易都市ナント。豪商のテンプル家に生まれたロレンスは、従兄（いとこ）で貴族の嫡男フランソワとささやかな冒険を行う幸福な少年時代を送っていた。だが、そんな毎日は革命の勃発で一変する。反革命派とみなされれば処刑される恐怖政治の嵐が吹き荒れ、ロレンスの両親と祖父は断頭台に送られた。

同じ頃、フランソワと従者のピエールは、反革命軍に参加。革命の混乱で妹のコレットを見失った労働者の少年ジャン＝マリは、革命軍の兵士として駆り出される。生き残りをかけ革命派に近付いたコレットは、ロレンスをイギリスへ逃がすためにテンプル商会の副支配人がめぐらす策略にはまってしまう。

著者は、史実と虚構を織り交ぜながら、革命によって変転する5人の人生を丹念に追っていく。運命の糸が複雑にからまるだけに、先の読めないスリリングな展開に圧倒されるだろう。

副支配人の協力で潜伏生活を続けるロレンスは、かつて見た〝鰐（わに）〟と自分を同一視し始める。夢想のなかの〝鰐〟は、敵から身を守る厚い皮を持ち、危険を感じれば相手を襲う強い存在とされている。これは弱肉強食の社会の象徴のように思えた。

やがて政治に裏切られたり、持てる者に虐げられたりした主人公たちは、フランス経済の混乱で利益を得たイギリスへ渡る。そこでは、蓄積された怨念が壮絶な復讐（ふくしゅう）劇に発展する。

個人の力では抗（あらが）えない時代の変化や、経済のグローバル化で人生を翻弄（ほんろう）されることは現代でも珍しくない。それだけに、生きのびるために、緻密（ちみつ）な計算と周到な準備で復讐を進める犯人の心境が、身にしみるのではないだろうか。

フランス革命といえば、飢えた民衆が貴族の横暴に立ち向かったとの歴史認識で語られることが多い。ところが著者は、革命政府が没収した貴族や教会の土地を資産家が買い取ったことで、さらに格差が拡大し、自由、平等、友愛という正義を掲げた愛国者たちが、まともな捜査や裁判をしないまま、多くの市民を反革命罪で虐殺した歴史の暗黒面を掘り起こしている。

復讐を計画する犯人は、正義の名のもとに殺戮（さつりく）が実行され、権力者が、市民を守るべき法を恣意（しい）的に変えた革命の現実に空虚さを覚え、法を超越するため〝悪〟に走る。正義や愛国心は戦乱を起こし、他人の自由を抑圧する危険を秘めている。主人公たちの絶望は、その普遍的な事実を教えてくれるのである。

評・末國善己（文芸評論家）

みながわ・ひろこ　30年生まれ。86年に『恋紅』で直木賞、90年『薔薇忌』で柴田錬三郎賞、98年『死の泉』で吉川英治文学賞。15年には文化功労者に選ばれた。

二〇一六年六月一二日❷　経済

『ガルブレイス　アメリカ資本主義との格闘』

伊東光晴 著

岩波新書・八六四円

ISBN9784004315933

現実に挑んだ　本質射抜く言葉

名著『ケインズ』を擁する著者が、20世紀アメリカを代表する経済学者ガルブレイスに取り組み、その思想がもつ現代的意義を見事に浮かび上がらせた。

ガルブレイスは、アメリカ資本主義の批判的分析で次々にベストセラーを放ち、政策アドバイザーとして、ケネディ政権をはじめとする歴代民主党政権にも深く関与した。現代経済の構造をつかむ鮮やかな手腕で彼の右に出る者はなく、返す刀で主流派経済学の理論的前提を鋭く批判した。

彼は、決して高度な数学や統計分析を用いようとせず、ひたすら散文で勝負した。当然のことながら、経済学者からは分析手法で批判を浴び、保守派からもそのリベラルな思想が攻撃の的となった。

しかし重要なのは、彼が独自の経済思想を確立しえた点だ。彼の名が、経済学史に末永く刻まれることになるのは、間違いない。時代の空気を捉えることに長（た）けた人は、本質を射抜く言葉を紡ぎだす。彼は、「通念」「拮抗（きっこう）力」「依存効果」「テクノストラクチャー」「計画化体制」など、20世紀後半のアメリカ資本主義を特徴づけるいくつもの流行語を創り出した。

市場は、経済学の想定と異なって、一握りの大企業が圧倒的な支配力を行使している。そのパワーに対抗するには、労働組合に団結を促し、「拮抗力」を形成する必要がある。消費者は、自分の好きなものを購入しているようで実は、その欲求は広告・マーケティングで操作され、私たちは、それらに依存して消費させられている。これらはいずれも、経済学の想定へのアンチテーゼだ。

アメリカ経済がその後、大きく変化したため、ガルブレイスの議論はもはや古臭くなったようにみえる。だが著者も指摘するように、経済学を「理論のための理論」から「現実との格闘」に引き戻そうとした彼の挑戦は、多くの人々の記憶に残り、経済学の共有資産となっていくに違いない。

評・諸富徹（京都大学教授）

いとう・みつはる　27年生まれ。理論経済学、経済政策。『アベノミクス批判』『原子力発電の政治経済学』など。

二〇一六年六月一二日③

『亡き人へのレクイエム』

池内紀 著
みすず書房・三二四〇円
ISBN9784622079750
ノンフィクション・評伝

生死を超え親しく言葉交わす

同じ電車に乗り合わせた客たちとは、同じ時間を生きている。だがそのうちの一人として名前すら知らない。逆に愛読している本の著者は、もうこの世にいなかったりする。限られた人生のなかで実際に出会う他人なんてほんのひとにぎりにすぎず、死者のほうがよほど近しいということは十分にあり得るわけだ。

おそらく池内紀ほど早くから死にしたしみ、死について考えてきた人はあるまい。本書は、28人の死者に対する「ペンによる肖像画の試み」だが、生前に著者と付き合いのあった人もいればそうでない人もいる。有名人もいれば比較的無名の人もいる。岩本素白（そはく）のように半世紀以上前に死去した人もいれば、西江雅之のように昨年亡くなったばかりの人もいる。

驚くべきは、いかなる人であろうが、著者の筆致が少しも変わらないことだ。世間の評判とは一切関係なく、必ず自分の物差しを使う。例えば宮脇俊三と一緒にトイレで用を足しながら交わしたやりとりなど、ちょっとしたエピソードのなかにその物差しがきちんと用いられている。

誰もが死へと一歩一歩近づいてゆく。75歳を過ぎた著者もまたそれを意識している。だが本書からは、それは大したことではないというメッセージが伝わってくる。すでに死者たちとこれほど親しく言葉を交わせているのだ。それ自体が、生死を超えた境地へと著者が達していることを意味してはいないだろうか。

実は、著者を一度だけ近くで見たことがある。私が東大の助手だったとき、大学入試の監督で同じ教室に当たったのだ。監督責任者だった著者は、ジーパン姿で現れ、試験の時間中ずっと本を読んでいた。マニュアルをきっちりと守る東大教授たちのなかで、著者のスタイルは異彩を放っていた。もう20年以上も前のことだが、あのときの姿が本書に描かれた死者たちの面影と重なって見えたことを最後に告白しておく。

評・原武史（放送大学教授）

いけうち・おさむ　40年生まれ。ドイツ文学者、エッセイスト。『ゲーテさんこんばんは』『海山のあいだ』など。

二〇一六年六月一二日④

『ザ・カルテル　上・下』

ドン・ウィンズロウ 著　峯村利哉 訳
角川文庫・各一二九六円
ISBN9784041019665〈上〉・9784041019672〈下〉
文芸

麻薬戦争の絶望を映す娯楽小説

メキシコ麻薬戦争を描いた本書は一気読み保証のエンタメ小説だが、その領域だけにとどまらない。読者はメキシコの絶望的状況を直視し、悩むことになる。

麻薬戦争は２００６年以降、メキシコ政権が軍を投入し、麻薬密売組織（カルテル）の徹底摘発を図って激化。組織同士の抗争も加わり、死者は推定10万人とされる。本書はこの血みどろの現実を反映させ、緊張感に満ちている。

09年刊行の邦訳が各ミステリーランキングの上位になった『犬の力』の続編。前作では米麻薬取締局捜査官ケラーと、麻薬組織を率いるバレーラ一族との30年戦争が物語の主軸だった。その後を描く本書では、再開した両者の戦いだけでなく、戦時下の一般市民たちが重要な位置を占める。

麻薬組織が警官を追い出した無法地帯で町長となり、秩序回復を図る女性医師、麻薬組織同士が争う国境の町で、組織の脅迫を受けながら報道の砦（とりで）を守ろうとする地元紙記者たち。医師や記者は郷土への尽きせぬ愛着を持ち、行動するが、麻薬組織から命を狙われる中での不安、諦めまで書き込まれ、彼らの苦悩が強く伝わってくる。

物語の底流には、戦争の原因を作った麻薬消費国・米国への著者の怒りが満ちている。米政府は麻薬組織の摘発を援助するが、その組織の力の源は、米から流れる麻薬の売上金、高性能の武器だ。主人公の米捜査官ケラーは単純な正義のヒーローではなく、自国の矛盾に引き裂かれた悲劇的人物の色彩が濃い。

メキシコ麻薬戦争をテーマに今春公開された米ドキュメンタリー映画『カルテル・ランド』では、麻薬組織の支配に立ち向かった住民たちの自警団が勢力を増すにつれ、犯罪に手を染めるなど腐敗していく姿を追った。善と悪の区別がはっきりとせず、解決策が見いだせない現実は今も続くが、本書が描いたような一般市民の勇気をもって光明はあると信じたい。

評・市田隆（本社編集委員）

Don Winslow　ニューヨーク生まれ。探偵などを経て91年にデビュー。『フランキー・マシーンの冬』など。

二〇一六年六月一二日⑤

『痴人の愛』を歩く

樫原辰郎 著

白水社・二三七六円
ISBN9784560084946

文芸

発見、想像、思索、小説に導かれ

小説の記述をもとに、著者は、『痴人の愛』を歩く。文字通り地図に沿ってまず浅草から出発するが、なにより共感するのは歩き方だ。歩きつつ、ふと目に入ったものから、べつの想像をし、その思索から再び小説に戻る。そうした手つきが興味深い。

ときとしてそれは映画の話になる。『痴人の愛』が書かれた時代のアメリカの美人女優が丹念に語られる。あるいは、ファッションの話になる。さらに自立した日本の女たちと、自立を象徴する「ボブカット」の髪形が語られる。

地図は広い。『痴人の愛』という地図は広く、どこまでも、立ち止まって考え、またべつのことを発見して歩く。そして、著者が問うのは、なぜこの小説がここまで成功し、いまでも読み継がれているかだ。

ひとつには、ヒロインのナオミの姿に「新しい女性像のモデル」を見るという解答がある。あるいは『痴人の愛』を、どこか奇妙だが、「喜劇」として語る視点がある。著者の歩き方が特別だからか。

悲劇と喜劇を隔てる壁のようなものはごく薄い。ときとして、これは悲劇か、それとも喜劇かわからない人間のドラマに出会うことがある。当人たちにとっては悲劇だ。けれど、客観的に見れば滑稽に見えることがある。ナオミに惚（ほ）れた河合譲治の喜劇性はよくわかる。しかし、ナオミは悪魔的な女に見えても、その姿を喜劇として語るのは、やはり奇妙に感じる。けれど、著者の歩き方に導かれることによって、たしかにそうだと得心がゆく。

だから著者が語るように、『痴人の愛』は近代小説になった。

それでもナオミは魅力的だ。悪魔的にふるまい、奔放に欲望のまま生きる。つまり、いまの読者の目、「近代の視点」から見れば、「近代」が生み出し支配した「知」によって硬直した身体に徹底して抵抗したからにちがいない。それはきわめてやわらかな皮膚だ。

評・宮沢章夫（劇作家・演出家）

かしはら・たつろう　64年生まれ。脚本家や映画監督などとして活動。著書に『海洋堂創世記』。

二〇一六年六月一二日⑥　文芸

『あの素晴らしき七年』

エトガル・ケレット 著　秋元孝文 訳

新潮社・一八三六円
ISBN9784105901264

笑いと日常　その陰にあるもの

短編の名手として知られる。絵本もつくるし、映像も手がける。

文学イベントでいそがしく世界中を飛び回っており、昨年は日本へもきた。

一口でいえば、奇妙な話の書き手である。金魚がしゃべりだしたり、神様が本音をいいはじめたり。幻想的なものとは限らず、ドアにノックの音がひびいたり、突然テロに巻き込まれたりもする。

深刻な話題をコミカルに語ることができるが、それと同時に、なにげない人や物の動きの背後にひそむ不穏さや悲哀を見いだす。

本書は、そんな小説を書くケレットのエッセイ集である。息子が生まれ、父が亡くなるまでの七年間のできごとをつづる。

日常が描かれているはずなのに、その光景は彼の小説と重なり、時に区別がつかなくなる。

日本人が海外に旅行したとして、自分の先祖は日本人を何人殺したと自慢されることはまずないだろうし、講演のあとで「日本人であることを恥じているか」と問われることもないはずである。しかしケレットにはそれが起こる。

海外で、自分の生まれた国を背負って発言することになるのはつらい。自国の悪いところが身にしみていても、弁護せざるをえない。しかも自国では、国の悪口をいいふらすやつとして扱われている。口をとざしたくなる場面だが、他人が抱いているイメージからは自由になれない。

ケレット自身は、正統派ユダヤ教に目覚めた姉のことを「死んだ」と表現するし、食べ物に関する戒律を守っているわけでもない。

本書は、ケレットにとっての国語であるヘブライ語では出版されておらず、英語版がもとになっている。

ケレットの言葉は常に、語ることが困難な状況から発せられる。ときに、自国語での発表を見合わせておくほどに。

それでも、ケレットの理知的で強靱（きょうじん）な精神は笑いを忘れることがない。

評・円城塔（作家）

Etgar Keret　67年イスラエル生まれ。『突然ノックの音が』など。映像作家としても活躍している。

二〇一六年六月一二日⑦　歴史

『英語と日本軍　知られざる外国語教育史』

江利川春雄 著

NHKブックス・一五一二円
ISBN9784140912386

最近では小学校から大学まで「英語一辺倒主義」教育が貫かれている。グローバル化する世界で「戦える」人材育成のためと謳（うた）われるが、それは本当に新しく、正しい教育方法なのか。

旧日本軍の外国語教育史を調べた著者によれば帝国海軍も英語を教えている。だが、才能ある若者を選抜し、軍事教練すら省いて日本語を集中的に学ばせた米軍と比べると戦略性に乏しく、ドナルド・キーンやエドワード・サイデンステッカーのように文化の機微にまで通じた語学の名手を輩出できなかった。頂点を極められぬ一方で裾野を広げることも怠り、海軍は予備校から、陸軍は幼年学校からそれぞれ英語と独語偏重に凝り固まり、日本周辺諸国の言語を本格的に学ぼうともしなかった。

こうした言語文化の深さと多様性への軽視が孤立と敗北を招く一因となった。同じ轍（てつ）をグローバル化の現代も踏んではいないか——。語学教育の「今」の検証にも役立つ温故知新の一冊だ。

評・武田徹（評論家）

二〇一六年六月一二日❽

『時代の正体 vol.2 語ることをあきらめない』

神奈川新聞「時代の正体」取材班 著

現代思潮新社・一七二八円
ISBN9784329004987

ノンフィクション・評伝

中立公正ぶっちゃって、近頃の新聞は歯がゆい。そんな不満を抱える読者に神奈川新聞の一撃は新鮮だった。「ええ、偏っていますが、何か」。同紙「時代の正体」シリーズに寄せられた偏向報道だという批判に答えての一文だった。

本書は話題を呼んだ、その「時代の正体」の記事を集めた第2弾。2015年7月から16年2月までの分が収録されている。

権力のメディア介入に異議を唱えるジャーナリストらの声が中心となるが、本書の白眉(はくび)は自民党が推す育鵬社の歴史と公民の教科書が横浜市や藤沢市で採択されるまでの経緯を探った箇所だろう。自民党改憲案とも重なる愛国的、軍国的な内容。背後にちらつく右翼組織「日本会議」の影。

川崎のヘイトスピーチから、安倍晋三首相がビデオメッセージを寄せた「今こそ憲法改正を！ 一万人大会」まで、今般の不穏な動きを追い、警鐘を鳴らす。空気は読まないと公言する一地方紙の面目躍如たる一冊だ。

評・斎藤美奈子（文芸評論家）

二〇一六年六月一九日❶

『ウナギと人間』

ジェイムズ・プロセック 著 小林正佳 訳

築地書館・二九一六円
ISBN9784806715139

科学・生物

日本人の知らない多彩な横顔

世界で一番ウナギを食べているのは日本人である。

だから、ウナギのことを一番知っているのも日本人だとつい考えてしまいたくなる。

世界ではじめてウナギの産卵場所を特定したのも日本の研究者だし、季節になると、みんな天然ウナギの激減を心配している。世界一のウナギ好きな国であっても不思議はない。

しかし、好きだという気持ちと、相手を理解できているかどうかはまた別の話でもある。

ウナギのおいしい食べ方を知っているのは日本人だけ、と思いがちだが、本書にでてくる各国の料理をみていると、どうもそういうことはなさそうだ。

ウナギが川を下ってはるか海のかなたで卵を産むことは周知のとおり。でも、そのウナギが何千匹という巨大な群れをなして川を遡(さかのぼ)ってくる地域があることはあまり知られていない。しかも、その移動はほんの数日の間に限られるという。

重箱や丼にのったウナギを眺めて、このウナギは何歳だったのか、どこまで大きくなるものなのかと考えることもまずない。水路でウナギをみかけたことがある人はいても、家で飼ったことがあるという人は少ないのではないか。

著者がニュージーランドで出会ったウナギは、ふくらはぎほどの太さがあり、頭部だけで十数センチ。池の中に飼われており、ステーキ肉にさそわれて、五、六匹が顔を出す。

漁に挑戦した著者がつかまえた体重五キロをこえるウナギは「だいたい六〇歳」だと教えられる。「私は今まで、自分より年寄りのものを殺したことがない」と著者は記す。

世界には、ウナギを自分たちの祖先としたり、土地の守護者とみなす人々がおり、畏敬(いけい)の念を抱いている。

そうした人々にとって、ウナギに関する知識は個々人のプライベートなものであり、むやみに人に話すことがらではない。共に生きる相手であって、生まれ故郷や死に場所を詮索(せんさく)するべき対象ではない。

世界中をとびまわり、ウナギと実地につきあっていく著者は、日本人の知らないウナギの姿を次々と描きだしていく。仲間としてのウナギと、食べ物としてのウナギ、どちらかの見方ではなく、どうしても相反してしまう考えを事実として確認していこうとする。

アメリカ人である著者の視点は時に、オセアニアに対する幻想色を帯びてしまうが、これは異文化に対するときに常に起こることである。なじんだ文化にとじこもらずに、外からの視点を導入するきっかけとしてもウナギはとても有用である。

評・円城塔（作家）

James Prosek 75年米国生まれ。自然とのかかわりをテーマにした著書を出版するかたわら、美術作品を通して自然保護へのメッセージを発信するアーティストとしても知られる。

二〇一六年六月一九日②

『ラガ　見えない大陸への接近』

ル・クレジオ 著　管啓次郎 訳
岩波書店・二三七六円
ISBN9784000255028

文芸

海に生きる民への憧憬語る旅

オセアニアという「見えない大陸」、すなわち海に生きる民の土なき領地であり、その営みを見ようとしない人々が地図上の空白と見なしてきた場所を、ル・クレジオが語る。それは太古の物語を現実に生きる素朴な人々という夢想を抱えた旅人が、ヨーロッパ人探検家や植民地支配者の暴力、さらに近代文明を厳しく批判しながら、なお異郷への憧憬（しょうけい）を歌うことがいかにして可能なのか、問うことなのだと思う。

ラガとは聖霊降臨日（ペンテコステ）に「発見」されたペンテコスト島の現地名、クック船長の命名によりニューヘブリディーズ植民地となった島々のひとつだ。英仏が領有を争い、両国の共同主権地域になったため、公用語は英仏2言語と、地域特有の混成言語ビスラマ語。1980年に独立しヴァヌアツ共和国となったが、深く刻みこまれた支配の影響は、政治的独立では消えない。

歩き、読み、話を聞き、作家はラガに想像力を及ばせていく。旅行記、小説、民族誌と形式を自在に変えラガを語ろうと試み、最初の人々の航海を想起する。

ただし現実は「さびしいほど卑俗だ」。戦争、核実験、エイズ蔓延（まんえん）、利潤第一の大手製薬会社、教育の無策。これらは過去の白人航海者らがもたらした災厄の延長線上にある。蔓延する伝染病。南太平洋の密（ひそ）かな奴隷貿易であるブラックバーディング。大国の最も醜悪で暴力的な姿が、その覇権の端縁で露呈する。

しかし他者への冒険の旅は可能なはずだ。ラガの祖先が未来の故郷を目指して大洋にカヌーで漕（こ）ぎ出したように、侵略なき憧憬、暴力なき邂逅（かいこう）はありえるはずだ。複数の地、複数の民、複数の記憶と関わる出自と旅の経験を杖に、ル・クレジオは矛盾の結節点に立つ。たじろぎ、揺らぎながらも目はそらさずに。ヨーロッパ（そこもまた実は複数の民の地だ）の詩学が乗り越えなくてはならないトラウマが、ここに率直に吐露されている。

評・中村和恵（詩人・明治大学教授）

J. M. G. Le Clézio　40年生まれ。作家。08年ノーベル文学賞。『調書』『アフリカのひと　父の肖像』など。

二〇一六年六月一九日③

『詩のトポス　人と場所をむすぶ漢詩の力』

齋藤希史 著
平凡社・二八〇八円
ISBN9784582837278

文芸

土地と言葉をめぐる上質な旅

現代日本語は、漢詩文を捨てることで出来てきた。齋藤希史はいくつかの著書においてそう指摘してきた。漢字・漢詩文を核として展開する言葉の世界を「漢文脈」と呼び、それを知ることは、素養や文化遺産というより、現代日本語をより深く考え相対化する視点なのだという。著者が重ねてきたこの主張の重要性は、いくら強調しても足りないほどだ。

そんな著者による、漢詩の本だ。トポスという語の、二つの意味。「ある輪郭をもった特定の場所」と「定型として用いられることばの集積」が、詩歌の力と結びつけられる。洛陽・成都・金陵・洞庭（どうてい）・西湖（せいこ）・廬山（ろざん）・涼州・嶺南・江戸・長安。ある土地をめぐる詩が別の詩を呼び、積み重なって、主題を奏でる。

たとえば、洛陽。「李白にとって洛陽は人生の結び目のような街だった」。李白は、杜甫ともここで出会う。人が集まる都市は、詩の集積地ともなった。

西湖について。杭州の知事として着任した

白居易と、ともに官吏任用試験に受かった親友・元稹（げんしん）との交歓は、湖を取りまく情景の発見を浮かび上がらせて、興味深い。白居易の後、蘇軾（そしょく）が知事となる。西湖の治水を手掛け、詩を作る。

廬山もまた多くの詩人を魅了してきた土地。廬山をめぐって、陶淵明は他の詩人と異なる。「かれは登らない」のだ。詩「飲酒」の「悠然として南山を望む」の南山は、「あくまで自宅の南にある山」。つまり、廬山という語を使えば侵入するであろう神仙や仏教のイメージを、回避しているようにも見える、と著者は推測する。語の一つで、がらりと変わる世界。

江戸については、近世から明治への変化を眺める。永井荷風が敬慕した漢詩人・大沼枕山（ちんざん）や、明治前半の漢詩の流行と衰退のことなど。最後に長安の章を置く構成が面白い。あとがきも詩に深く触れていて何度も読みたい。どこまでも続く、上質な言葉の旅だ。

評・蜂飼耳（詩人・作家）

さいとう・まれし　63年生まれ。東京大学大学院教授（中国文学）。『漢字世界の地平』『漢文脈と近代日本』など。

二〇一六年六月一九日④

『日本料理とは何か　和食文化の源流と展開』

奥村彪生 著

農山漁村文化協会・五四〇〇円
ISBN9784540142550

人文／社会

縄文以来の「生食」ごちそう説

見るからに大著の風格。だけど、奥村彪生『日本料理とは何か』の本当の価値は大胆な仮説をさりげなく提示しちゃっている点だ。

和食の源流は縄文文化にあり。ここまではいいとして、著者はなお続けるのである。縄文人は魚や獣肉を生食していただろう。鮮度が落ちれば焼き、さらに鮮度が落ちれば土器で煮て海水で味つけする。生、焼く、煮るという魚の調理法の原点はここにある。貝類はうまみの元だから、彼らはだし汁のうまみを知っていただろう。干貝（ほしがい）か貝を煎じた汁などを、山の幸と交換していたにちがいない。

え、出典？　そんなものないです。縄文時代に文字はないからね。食文化って要は想像力なんです。

縄文末期か弥生初期に大陸から米が伝わる。米が主食で、海山の幸を従えるという日本型食生活の基礎がここでつくられた。「第一次食文化革命」である。

粘りけのある温帯ジャポニカという品種との出会いが大きかった。箸で食べられ（インディカ米はスプーンが必要）、整形しやすく冷めてもうまい日本の米は後世、すしや弁当（おにぎり）の文化を生んだ。

平安時代から鎌倉時代にかけ、禅僧たちによって中国から多様な調理の技術がもたらされた。「第二次日本食文化大革命」だ。以後の日本食のほとんどは中国伝来の食材や技術に由来するが、生食（刺身〈さしみ〉）を最上のごちそうとする縄文以来の伝統は連綿と受け継がれ、やがてオリジナルな「日本料理の型」ができた。

日本食というと、みんな米にばっかり注目するけど魚の生食（刺身）にも古〜い歴史があったのよ。

日本料理は日本の文字に似ると著者はいう。中国の漢字が万葉仮名となり、ひらがなやカタカナにアレンジされて、日本語の表記法ができた。和食も同じ。

膨大な文献と、料理家としての豊富な経験に裏打ちされた、縄文から江戸までの日本料理史。よくある和食本とは一味違います。

評・斎藤美奈子（文芸評論家）

おくむら・あやお　37年生まれ。伝承料理研究家。著書に『増補版　日本めん食文化の一三〇〇年』など。

二〇一六年六月一九日⑥

『尻尾と心臓』

伊井直行 著

講談社・一九四四円
ISBN9784062200523

文芸

会社員それぞれの生き方に共感

「企業小説」とも「経済小説」とも違う「会社員小説」だ。仕事での試行錯誤を通じて変容していく会社員の内面にじっと目をこらす本書を読んでいると、「平凡なサラリーマン」ではない姿が浮かび上がる。

九州が本社の食品問屋・商社「柿谷忠実堂」の東京にある子会社「カキヤ」が小説の舞台。九州本社から出向してきた乾紀実彦、外資系経営コンサル会社から柿谷グループの別会社に転職してきた笹島彩夏が、親会社肝いりの新規事業開発でタッグを組む。GPSを利用した営業補助システム「セルアシ」の商品化が目標だ。ところが、親会社を敵視するカキヤ社内で様々な抵抗に遭い……と紹介すると、「なんだ、普通の企業小説じゃないか」と思うかもしれないが、かなり違う。苦労した末のサクセスストーリーの経過ではなく、主人公二人が仕事、会社、家族について思い悩む描写が濃厚に展開される。

乾は開発責任者のプレッシャーから、あらゆる仕事相手が自分をどう思うか常に気に病む。仕事ができる笹島も、目標達成への不安、乾への嫌悪感でストレスを抱え込む。しかし、二人はちょっとした仕事の進展で元気を取り戻す。

こうした遅々たる歩みに会社員として共感してしまう。事業開発の苦境で「一発逆転」のような派手な場面はないが、会社員のありのままを映しているのだ。

カキヤの気難しいワンマン社長、新技術導入を断固拒否する古参社員、企業小説では敵役にあたる登場人物だが、それぞれ紆余曲折（うよきょくせつ）してきた会社員の生き方が示され、存在感がある。

「平凡とか灰色とか、そういうイメージで見られがちな会社員も、実はそれぞれの人生を背負った上で働いている」

笹島がもらすこの言葉は、都会の雑踏に紛れてしまいがちな会社員がアイデンティティーを得た実感だ。当たり前のような言葉だが、本書を読むとじわっとしみる感動を覚えた。

評・市田隆（本社編集委員）

いい・なおゆき　53年生まれ。83年に群像新人文学賞。01年『濁った激流にかかる橋』で読売文学賞。

二〇一六年六月一九日⑦

『ニセモノの妻』

三崎亜記 著

新潮社・一七二八円
ISBN9784103400318

文芸

日常の風景がかすかにズレたとき、世界のあり方がおそろしく変容する夫婦の物語を4編収録している。

例えば、引っ越ししたばかりの高層マンションを夜にふと見上げたとき、自分の部屋だけが明るく、ほかは真っ暗だったという「終（つい）の筈（はず）の住処（すみか）」。突如、家の前の坂道が坂愛好家によってバリケードで封鎖される「坂」。同じ家に暮らしながら時間の断層によって夫婦が引き裂かれていく「断層」（夫は非日常と格闘し、妻だけに日常が続くために余計に切ない）。そしてある日、妻が自分はニセモノになったのではないかと疑いだす表題作。

三崎のデビュー作『となり町戦争』も戦争のスペクタクルではなく、戦争の概念と日常のあいだに生じる違和感を巧みに描いていたが、本書でもその路線を踏襲している。そして日常の不条理が突きつけるのは、妻の固有性とは何か、「坂」や「マンション」とは何かといった形而上（けいじじょう）学的な問いにほかならない。

評・五十嵐太郎（東北大学教授）

二〇一六年六月一九日❽　文芸

『求愛』

瀬戸内寂聴 著
集英社・一四〇四円
ISBN9784087716597

私が自ら女性になることはないし、90歳を超えて生き続けることもないと考えている。だから瀬戸内寂聴のように、90歳を超えても活躍し続ける女性というのは、自分から最も遠く離れたところにいるものと思い込んでいた。

掌編小説を集めた本書を読み、その思い込みは半ば当たり、半ば外れた。若々しい文体とみずみずしい感性。迫りくる死の気配をはるかに上回る生の横溢（おういつ）――自分が描いていた90歳代の女性のイメージが音を立てて崩れてゆきながらも、やはり「遠さ」を感ぜずにはいられなかった。あまりにも遠すぎて、怖さすら覚えるほどだ。

その怖さは、例えば「夜の電話」という小説に表れている。女学校時代の同級生が、出征してゆく先生との秘め事を、初めて著者とおぼしき旧友に打ち明ける。70年あまりを経てなお肉体に刻み込まれた記憶。戦争を記憶することの極北が、最後の数行に凝縮されている。

評・原武史（放送大学教授）

二〇一六年六月二六日❶　文芸

『ジャックはここで飲んでいる』

片岡義男 著
文芸春秋・一九四四円
ISBN9784163904504

『と、彼女は言った』

片岡義男 著
講談社・一八三六円
ISBN9784062199704

人生は、自分の外側にある

片岡義男の活躍がめざましい。小説・エッセイを含めて年に三、四冊は出ている。七十代後半にして、バッターボックスで飛んでくる球を次々とかっ飛ばすような書きっぷり。呻吟（しんぎん）する小説家のイメージとも、純文学かエンタメかという区分とも無縁な独立峰である。

二冊あわせて十五の短篇が入っている。具体的な事象が抽象思考に飛躍するさま、書き手の疑問を作中に紛れこませて筋として成立させるところ、会話の妙、女性のかっこよさなど、共通する点は多いが、ここで取り上げたいのは道行きだ。どの作品にも町と道順がよく登場し、たどり着いた先には「人」がいる。線路際の木造アパートで仕事する漫画家、十五年前に取材して記事を書いた相手の元ダンサー、バーカウンターで颯爽（さっそう）と立ち働く女性……。

読者はことばの説明を追いながら、風景や情景を頭の中で立ち上げ、出会いを準備していく。現実の町を歩くような能動性が求められるのだ。

片岡の読者になれるかどうかの分かれ目はここだろう。人の心の内側を正視するのが小説だと考える人はたぶんノレない。登場人物の内面には立ち入らないし、悩みや苦しみに寄りそったり、慰撫（いぶ）したりもしない。対象との距離は一定で、およそ癒やしとはほど遠い文体なのだ。

『ジャックはここで飲んでいる』のなかの「ゆくゆくは幸せに暮らす」で先輩作家は言う。「……人生は、じつは自分の外にある。人生もなにもかも、すべて自分の内側にある、と思っている人がじつに多い。したがって、うまくいかない人生が、じつに多い」「人生が自分の内側にあると思うな」

つまり、人生とは「関係の作りかたとその維持のしかた」にほかならず、自分を外から観察しようとする意志と行動によってのみ、新たな局面が訪れる。

そうした能動性が典型的に現れるのは、『と、彼女は言った』のなかの「ユー・アンド・ミー・ソング」に登場する小説内小説だろう。外界が認識され、自己の外に世界が広がっていくさまが象徴的に描かれる。

主人公は、瀬戸内の島に移住した画家に会いに来た編集者。画家と食事の後、ペンライトを頼りに夜道を歩いて用意された空き家にたどり着き、暗いなかで持参のウイスキーを飲む、とそれだけの話だが、周囲に意識を集中しながら暗闇に歩を進めるときの、表皮の震えに目を凝らす描写が力強い。

　自分の外に出よ！という静かな励ましがここにある。これはとりもなおさず片岡自身の生き方のスタイルなのであり、そこに感応する若い層へと、新しい読者が広がりつつある。

評・大竹昭子（作家）

かたおか・よしお　40年生まれ。作家。『日本語の外へ』『この冬の私はあの蜜柑だ』ほか著書多数。全著作の電子書籍化が進んでおり、既に200作品が完了。詳細はウェブサイト「片岡義男.com」。

二〇一六年六月二六日❷　文芸

『〈花〉の構造　日本文化の基層』

石川九楊 著
ミネルヴァ書房・二一六〇円
ISBN9784623075188

漢字とひらがな　相互作用の妙

　花、はな、ハナ……。漢字、ひらがな、カタカナの三つの文字体系を併用する日本語の特性が、いかに日本文化を特徴づけてきたか。著者は日本語の成立過程を辿（たど）り、万葉集から現代歌謡まで豊富な事例を引きつつ考察を重ねる。

　たとえば〈花〉の漢字は立花を象（かたど）った「華」の略字で、西暦約五〇〇年頃に中国の北魏で使われ始めた。それが日本に伝わって［hana］の音で口にされていた言葉と出会い、音が通じる「離（はな）れる」「端（はな）」に連なるイメージを担うようになる。散華＝別離に至るぎりぎりの端に咲く〈花〉の美しさを想（おも）う美学がこうして形作られる。

　日本文化を漢字とひらがなの二つの中心を持つ楕円（だえん）体とみなす視点は著者ならでは。漢字語は深まる内省を支えて宗教や哲学の語彙（ごい）となり、ひらがな語は季節と生命の移ろいに寄り添い、豊かな感情表現を可能とした。そこで漢字語の思考が膠着（こうちゃく）すると、ひらがな語が動きをもたらし、ひらがな語の過剰な流れ易（やす）さに漢字語がブレーキをかける。

　そうした相互作用のバランスを崩しかねないのが最近のカタカナ語の濫用（らんよう）だ。「クール・ジャパン」を謳（うた）って日本的なものを「ジャパネスク」と言い換えて自己陶酔に耽（ふけ）る。自分たちの生活と未来を危機に晒（さら）す企業社会を「ブラック」と呼ぶ以上の対応ができない……。明治以来、西洋語輸入の道具となってきたカタカナ語が、今や感情の劣化と思考停止を導いていないかと著者は警鐘を鳴らす。

　大学の講義を元にし、著者独特の日本文化論の真髄を優しく語りかける文体が本書の魅力のひとつだ。しかし、そこでも〈花〉を性愛のイメージに繋（つな）げて論じるエロチックな解釈が漢字仮名交じり文で書かれて上質な節度を保つなど、文字種間の相互作用こそ日本語の妙とする著者の主張が表現形式そのものを通じて示される。そうした「再帰的」構図にも注目したい。

評・武田徹（評論家・ジャーナリスト）

いしかわ・きゅうよう　45年生まれ。書家、評論家。著書に『日本語とはどういう言語か』『近代書史』など。

二〇一六年六月二六日❹ 『東京β　更新（アップデート）され続ける都市の物語』

速水健朗 著
筑摩書房・一五一二円
ISBN9784480864437
社会

完成しない街 住人意識も複雑

東京は世界的に見ても独特な都市である。第一に規模が巨大だ。隣接地域も含めた都市圏という概念で人口を数えれば、東京圏は世界一である。大型のオフィスビルやマンションがこんなにも続々と建設されているのも、成熟経済の先進国の首都では極めて珍しい。本書のタイトルは「東京β（ベータ）」である。ITの世界で永遠に完成しないことを「β」と呼ぶことに倣い、「完成せずに更新され続ける街をテーマにした都市論」という意味合いで「β」が付けられた。

街の風景が変化し続ければ、住人の意識にも様々な変化が生じ得る。複雑で多層的なそれをあぶり出す手法として、著者は東京を舞台にした映画、ドラマ、小説、マンガを本書に大量に登場させている。

「それらを全体として俯瞰（ふかん）すると、街の変遷のイメージが積み重なった地層をなす堆積（たいせき）物に見えてくる」。その中から「都市の記録の束を発掘することで、東京の変化を探る」ことが本書の狙いだ。その試みは成功しているといえる。

例えば、晴海団地高層アパートでの空疎な「新しい生活」を描写した1962年の映画「しとやかな獣」、バブル期前夜のドラマ「男女7人夏物語」、タワーマンションにおけるママたちの〝階級〟（ママカースト）を描いた小説『ハピネス』、崩壊した家族同士が再開発を免れた下町で結びついていくマンガ『3月のライオン』は、いずれも臨海地域での物語である。

それらの比較が、東京の人々の意識の変遷を明瞭に浮かび上がらせていた。また、ゴジラは東京湾に、ガメラは羽田に登場したことには本質的な違いがあったとの考察も目を惹（ひ）く。

なお、ニューヨークにおける「ママカースト」の実情は、W・マーティン著『パークアヴェニューの妻たち』（講談社）が生々しく解説している。同書のニューヨーク論と本書の東京論を比較するとより興味深くなると思われる。

評・加藤出（東短リサーチチーフエコノミスト）

はやみず・けんろう　73年生まれ。ライター、編集者。著書に『フード左翼とフード右翼』『ラーメンと愛国』など。

二〇一六年六月二六日❺ 『日本の女性議員　どうすれば増えるのか』

三浦まり 編著
朝日選書・一七二八円
ISBN9784022630438
政治／社会

低レベルの比率 政治風土映す

現在、衆議院の女性議員比率は9・5%で191カ国中156位、台湾を加えると192カ国・地域中157位という最低レベルにある。地方議会はもっと深刻で、全体の2割を超える市町村議会ではいまだに女性議員が一人もいないありさまである。

20世紀後半から21世紀にかけて、諸外国では女性議員を増やすためのさまざまな試みがなされてきた。もちろん日本もまた例外ではなかったが、増えてもこの程度だったことになる。サブタイトルとは裏腹に、本書は女性議員を増やすことのできないこの国の政治風土の根強さを、見事に浮き彫りにしている。

特に興味深かったのは、東アジアのなかですら、日本は下院女性議員の比率がいまや最低になっているという事実である。具体的にいえば台湾38・1%、中国23・6%、北朝鮮および韓国16・3%と、いずれも日本よりはるかに高い。韓国の女性大統領に続き、台湾でも女性総統が誕生したのはまだ記憶に新しい。

本書では、女性議員の増加を阻む要因とし

て、「男が主、女が従」という役割意識や、「夫を差し置いて、嫁の立場」の女性が公職に就くことを阻む伝統的家族イデオロギーなどが挙げられている。こうした分析から即座に思い浮かべるのは儒教である。儒教では「夫婦の別」を強調しているように、男女の役割の違いが説かれ、妻は夫に忠誠を尽くすことが称（たた）えられたからだ。けれども、日本より儒教が長きにわたって根付いたはずの中国や韓国、北朝鮮の方が、いまや女性議員の比率で日本を完全に逆転している。

その背景には、通俗的な儒教理解だけではとらえきれない歴史的要因があるはずだ。日本でも、8世紀までさかのぼれば女性天皇が相次ぎ、官職の多くを女性が占めた時代があった。本書を読むと、単純に民主化したとはいえない日本政治の「後進性」に思いを致さずにはいられなくなる。

評・原武史（放送大学教授）

みうら・まり 67年生まれ。上智大学教授（現代日本政治論、ジェンダーと政治）。『私たちの声を議会へ』など。

二〇一六年六月二六日⑥

『謎のアジア納豆　そして帰ってきた〈日本納豆〉』

高野秀行 著

新潮社・一九四四円
ISBN9784103400714

ノンフィクション・評伝

ソウルフードの知られざる実態

納豆は日本の伝統食で、おいしさが理解できるのも日本人だけ、と考えている人も多いように思える。

だが世界の辺境を取材し良質なノンフィクションを発表している著者は、実際にアジアの山岳地帯を訪ね、納豆をソウルフードにしている民族が少なくないことを明らかにしたのだ。

納豆をペースト状にしてのばすシャン族のせんべい納豆、日本と似たカチン族の糸引き納豆、長期熟成させるナガ族の古納豆など、アジアに豊潤な納豆文化があることに驚かされる。

藁（わら）を使う日本とは異なり、アジア納豆は、大豆を木の葉やシダで発酵させるものが多い。そこで著者は、同じ製法で納豆ができるのかを実験し、成功した。納豆作りには藁が必要というのも、日本人の思い込みに過ぎないのである。

しかもアジア納豆は料理の調味料としても使われ、ほかの食材と煮たり、炒めたりすると、さらにおいしさが増すようなのだ。

製法も調理法も多彩なアジア納豆に触れると、納豆に付属のタレをかけ、それをご飯に乗せて食べるのが主流の日本が、実は「納豆後進国かも」という著者の声にも納得できる。

アジアの山岳地帯は魚や塩の入手が難しく、貴重なたんぱく源、調味料として納豆が発達したという。納豆を食べる民族は、肥沃（ひよく）な平野部を支配するマジョリティーから迫害を受けてきたとの指摘も興味深い。

アジア納豆に刺激された著者は、日本納豆についても掘り下げていく。すると納豆をごはんにかけるのは江戸後期以降の習慣と見られ、どこが納豆の発祥地かも分かっていない事実が判明。著者の調査で、日本納豆の知られざる実態が浮かび上がるところは、目から鱗（うろこ）が落ちるのではないか。

ネパールから日本に至る納豆食民族の歴史と文化を追い、新たな文明論までを打ち立てた本書は、納豆は日本食という固定観念を打ち破り、納豆の奥深さを教えてくれるのである。

評・末國善己（文芸評論家）

たかの・ひでゆき 66年生まれ。『謎の独立国家ソマリランド』『恋するソマリア』など。

二〇一六年六月二六日⑦

『公害から福島を考える　地域の再生をめざして』
除本理史 著
岩波書店・二八〇八円
ISBN9784000229487
社会

福島第一原発事故では、放射性汚染のために多くの農家が生業を絶たれた。例えば、福島県飯舘村は、工場誘致による地域開発から、地域固有資源を活(い)かした内発型地域振興に舵(かじ)を切っていた。肉用牛の振興によるブランド化を図りつつ、農業の多角化を図った。美しい農村景観を売りにしたカフェの成功にみられるように、その地域の環境、歴史、文化など「非物質的価値」を活かした取り組みも、実を結びつつあった。しかしそれらはすべて、突然の中断に追い込まれた。

日本の公害・環境問題と地域再生の研究に取り組んできた著者は、金銭的に把握しがたい「ふるさとの喪失」被害が、原子力損害賠償で看過されているのは重大な問題だと指摘。原状回復と金銭的補償を超えて、内発的な地域発展につなげることこそ真の復興であり、その支援は加害者と私たちの責務だと結論づける。

経済的補償に還元しきれない「地域の価値」再興の訴えが、静かな共感を呼ぶ。

評・諸富徹（京都大学教授）

二〇一六年六月二六日⑧

『明治のワーグナー・ブーム　近代日本の音楽移転』
竹中亨 著
中央公論新社・二四八四円
ISBN9784120048418
歴史

クラシック音楽は好きだがワーグナーは苦手で、2番目に嫌いな作曲家だ。それが明治時代後半に大ブームになっていたという。その理由やいかに?が本書のテーマだが、ワーグナーの出番はごくわずか。むしろ、西洋音楽導入に格闘した明治期日本の群像劇になっていて、それがとてもスリリング。海外留学した日本人や日本で音楽を教えたお雇い外国人教師らの心性を、原資料から鮮やかな手さばきで再現していく。

音楽はそれぞれの文化的規範に根深く組み込まれて身体化されているので、当時の日本人にとって西欧古典音楽は生理的忌避反応を呼び起こす存在だった。それを乗り越えるためには、思想に先導された言葉の論理や強固な使命感が不可欠だった。つまり、屁(へ)理屈か激情である。それにピタリとはまったのがワーグナーというわけだ。クラシック音楽に対するこの姿勢は今の日本にも通じているかもしれないという著者の見立てには、どきりとさせられる。

評・佐倉統（東京大学教授）

二〇一六年七月三日①

『科学の発見』
スティーヴン・ワインバーグ 著　赤根洋子 訳
文芸春秋・二一〇六円
ISBN9784163904573

『科学の経済学』
ポーラ・ステファン 著　後藤康雄 訳・解説
日本評論社・二九一六円
ISBN9784535557925

『科学の曲がり角』
フィン・オーセルー 著　矢崎裕二 訳
みすず書房・八八五六円
ISBN9784622079873
科学・生物

「科学とは何か?」への挑戦

科学とは何か? それはどのように発展し、その知識にはどのような特徴があるのか?

ノーベル物理学賞を受賞したワインバーグは、科学知識そのものに注目し、いわば科学を「内側」から眺めてその軌跡をたどる。古代ギリシャからイスラム世界を経て、ヨーロッパで花開いた科学的思考と方法の特徴は、仮説を立て、それを実際に検証し、その過程を数理的な手法で記述することだと彼は言う。科学革命以前の知的活動はこれらの特徴を満たしておらず、科学とは呼べないと一刀両断に切り捨てる。そして、ガリレオやニュートンによる近代西洋科学の勝利を高らかに謳(うた)い上げる。

現代科学の生産する知識が、客観的・普遍的で汎用（はんよう）性が高いのはワインバーグの言う通りだ。しかし、科学の進歩の原動力を真理を発見したときの喜びにのみ帰しているのは、説得力に欠けよう。どのような知識に喜びを感じるかは、人により時代によりさまざまだからだ。

ワインバーグとは対照的に、科学の営みを「外側」から眺めたのが、ステファンの本である。ここでは科学的知識の性質には注目せず、その知識生産活動の特徴が経済学的に分析される。教科書的な内容と文体だが、科学知識の財としての特徴や、研究費助成の効率的なあり方、基礎研究が経済成長に寄与する傾向など、興味深い論点が挙げられている。訳者解説では日本の科学活動の現状が海外との比較で分析されており、その衰退ぶりが歴然と示されている。

さて、科学を「内側」から見るのと「外側」から分析するのとは、相反することではない。オーセルーは、両者を橋渡しすることで、科学活動をより深く知ろうとした。対象は、デンマークの偉大な物理学者ニールス・ボーアが1930年代から40年代にかけて、みずからの研究所をどのように経営したのか。手堅い科学史的作業が明らかにしたのは、研究資金を拠出する財団の方針転換と、ユダヤ人迫害によるドイツ人研究者の国外脱出という科学以外の出来事が、ボーアの知的関心に影響して研究所の運営方針の転換に至ったということだ。

つまり、科学は内側の論理だけで進むのでもなく、外側の動向だけで形成されるのでもない。「内」と「外」の絶えざる相互作用が科学を形作っていく。

とはいえ、ひとつの研究所のみに注目するという手法では、ワインバーグやステファンのようには科学全体を大づかみにできない。オーセルーの主張がどの程度普遍性を持っているかも、さらなる検証が必要だろう。

科学とは何かという難問へのアプローチは、まだまだ群雄割拠の状態が続きそうだ。

評・佐倉統（東京大学教授）

Steven Weinberg　33年生まれ。79年にノーベル物理学賞受賞。

Paula E. Stephan　45年生まれ。全米経済研究所リサーチアソシエイト。

Finn Aaserud　ニールス・ボーア・アーカイヴ所長。

二〇一六年七月三日②　歴史

『荒仏師　運慶』

梓澤要 著

新潮社・一九四四円

ISBN9784103345329

働く意味や信仰とは何か問う

斬新かつ重厚な歴史小説に定評がある梓澤要の新作は、国宝の東大寺南大門の仁王像を快慶らと作った、仏師の運慶を描いている。

奈良仏師の棟梁（とうりょう）・康慶の嫡男（ちゃくなん）として生まれた運慶は、源平騒乱の頃に才能を開花させる。当時は、京仏師の力が強く、奈良仏師は余った仕事を請け負うことも多かった。初めて見た鎌倉武士の屈強な体に魅了された運慶は、時代の流れをつかむため東国へ向かう。

著者は、北条政子や源頼朝といった有名人との邂逅（かいこう）、平重衡に焼き打ちされた東大寺の再建などの歴史的な事件をからめながら、なぜ運慶が卓越した仏師になったのかに迫っていく。

運慶の一人称で物語が進むだけに、独創的な美の世界を構築するまでの苦悩にはリアリティーがあり、作中の運慶の言動がすべて事実と思えるほどである。

東国での運慶は、後に鎌倉幕府の重鎮となる人物との結び付きを深め、躍動感ある新様式の基礎も築く。これらの経験を生かし、運慶が当代一の仏師へと上り詰めていくところが、中盤までの読みどころとなる。

運慶が率いる工房は、最高の材料と技術を使って次々と仏像を作るようになった。だが運慶は、弟子が作る装飾過剰な仏像に違和感を覚え始めるのである。

権力を手にした鎌倉武士の美意識を取り入れた仏像を作り、京仏師をしのぐ存在になった運慶は、市場が求める製品を大量に販売し、世界を圧倒した日本の製造業に近い。だが日本の製造業は、いつしか消費者のニーズとの間にズレが生じ、いまや新興国との厳しい競争にさらされている。

傲慢（ごうまん）さに気付き、仏師の原点に立ち返ろうとする後半の運慶は、近年の日本の製造業への批判のように思えてならない。

初心に帰り、依頼主も、礼拝する人たちも救う仏像を作る理想の仏師になる道を模索する運慶の姿は、人が働く意味だけでなく、神仏とは、信仰とは何かも問い掛けているのである。

評・末國善己（文芸評論家）

あずさわ・かなめ　53年生まれ。『越前宰相秀康』『捨ててこそ　空也』『光の王国　秀衡と西行』など。

二〇一六年七月三日③

『ブラジルの光、家族の風景　大原治雄写真集』

大原治雄 著

サウダージ・ブックス・三一三二円

ISBN9784907473075

アート・ファッション・芸能

移民生活　正統なモダニズムで

仕事柄、旅先ではなるべく美術館に足を運ぶ。建築を見るためだ。高知県立美術館を訪れたとき、なんの予備知識もなく、ある写真家の作品と出会った。大原治雄は高知で生まれ育ち、1927年、17歳でブラジルに移民として渡った。その7年後、結婚式の写真を撮影してもらったことを契機にカメラに興味を持ち、農業を営みながら自分でも撮影するようになった。

プロの写真家ではない。だから、すべての作品は彼の身のまわりの出来事を切りとったものである。農作業の様子、家族や日系移民の生活、道具、自然や街の風景。例えば、顔をあげながら、掌（てのひら）に鍬（くわ）を垂直に立てようとバランスをとる男。あるいは、傘をもった娘が梯子（はしご）から飛び降りる決定的な瞬間をとらえた写真。大地と人と空が織りなす、忘れがたい作品群だ。本書はすでにブラジルでは高く評価されている大原の写真を日本で初めて紹介する巡回展にあわせて刊行された写真集である。

素人写真やヘタウマではない。むしろ、緊張感のある構図や幾何学の強調などは、正統なモダニズムである。だが、ブラジルの片田舎に暮らし、専門的な美術教育を受けていない男が、なぜこれほど洗練された作品を生みだしたのか。書籍で学ぶ機会もあっただろう。51年に市街地に移住してからは写真サロンや国際写真展に参加し、積極的な交流を通じて情報を得ていた。

個人の表現意欲にも感心するが、同時にブラジルの日系移民による近代写真の受容という意味で興味深い。巻末の詳細な経歴では、激動の20世紀をほぼ生きた彼の年譜と日本・ブラジル関連事項を並行して掲載しているのが良い。家族愛あふれるきわめて個人的な写真だが、海を渡った人の大移動や写真術の世界的な流布とも密接に結びつくからだ。大原は一度も帰国せず没したが、アーティストになり、本書が刊行されたことで、彼の写真は日本にたどり着いたのである。

評・五十嵐太郎（建築批評家・東北大学教授）

おおはら・はるお　1909〜99年。巡回展が18日まで伊丹市立美術館、10月から山梨・清里で。

二〇一六年七月三日④

『認知資本主義　21世紀のポリティカル・エコノミー』

山本泰三 編

ナカニシヤ出版・二八〇八円

ISBN9784779509377

経済

創造・知・ネットの時代の入門書

世界経済が混迷を深め、その先行きを見通せない不安からか、資本主義の本質を問う出版が相次ぐ。本書もその一つだ。「認知資本主義」とは耳慣れないが、経済を動かす力が、物質的な資産から非物質的な資産に移り、人間の知識や認知能力が決定的に重要になったことを強調する。

１９８０年代以降、経済の情報化、金融化、サービス化が進み、付加価値はますます、モノそれ自体よりも、モノに付随するサービスから生み出されるようになった。先進国ではもはや、無形資産への投資が物的資産への投資を上回っている。ＩｏＴ（モノのインターネット）は、この傾向をますます促進するだろう。結果として、「製造業のサービス産業化」が進む。

肉体労働の占める地位は低下し、新しい付加価値を生み出す「非物質的労働」の果たす役割が高まる。これは、創造的・知的な活動、組織的・社会関係的な活動、そして、対人的な情動的活動を含む。いずれも生産者間、あるいは、生産者と消費者間でのコミュニケーションを通じて、非物質的な価値が共同生産される点に特徴がある。

画一的な工業化社会に適していた教育システムも、大変革を迫られる。富の源泉が「物質的価値」から「非物質的価値」に移ると、後者を生み出す人間的能力の開発が最重要課題となるからだ（「人的資本への投資」）。

こうした変化は、新しいライフスタイルを生み出すだろうか。大阪市西区の調査に基づいて、デザイン、広告、美容などに携わる「クリエイター」と総称される人々による新しいコミュニティー形成を描いた第7章は、たいへん印象的だ。脱工業化で空いた都心部に入った彼らの自発的なネットワークが、都市のかたちを変える可能性もある。

本書は、認知資本主義に関する初めての本格的な入門書である。「資本主義の非物質化」とは何か、その行く末に考えを巡らせる上で、欠かせない1冊だ。

評・諸富徹（京都大学教授）

やまもと・たいぞう　四天王寺大学非常勤講師。本書は経済学、ゲーム、まちづくりなどに携わる13人が執筆。

二〇一六年七月三日⑤

『不審者のデモクラシー　ラクラウの政治思想』

山本圭 著

岩波書店・三九九六円

ISBN9784000611367

政治／社会

不確かな立場の人々つなぐのは

エリートの手から「政治を人々の手に」取り戻す参加デモクラシー。しかし、実際にはそれは、自らの社会的な位置を自覚する理性的な個人だけのものとなっていないか。著者はそこを問題にする。

今の社会では、人々は社会に包摂されていても、いつ排除されるかわからない不確かな立場にあり、自分のアイデンティティが定まらない。著者が「不審者」と名付ける、こうした人々の政治参加は、どうすれば可能になるのか。理論的に追究したのが本書である。

最近の政治理論では、話し合いによる合意形成を求める「熟議モデル」と、異質な人々の間の敵対性を強調する「闘技モデル」とが競うが、実は両者共、確固たるアイデンティティの存在を前提としている。

参考になるのは、むしろエルネスト・ラクラウの理論である。研究でも私生活でもパートナーであったシャンタル・ムフと共に、彼も「闘技モデル」と見なされがちだが、著者によればそれは誤解である。ラクラウはアイデンティティが変化する可能性を重視していたから。

ラクラウの理論の核心には、「ポピュリズム」への強い期待がある。多義的で、しばしば否定的意味を帯びる言葉である。しかしバラバラの人々を、意味内容のない象徴によって何とかつなぎ合わせ、「人民」という政治的な主体をつくり出す役割を、ラクラウはポピュリズムに見出す。

その背景には、故郷アルゼンチンの左派ポピュリズム（ペロニズム）の記憶と、イギリス保守派のサッチャー首相に、左派の支持基盤を侵食されたことへの反省があった。

情念の「動員」が何をもたらすかは予測できず、各地で排外主義的なポピュリズムが目撃される今、不安も残る。しかし、対抗する側にしても、勝つためには結局、別種のポピュリズム戦略を採る以外の途はない。それが、現代政治についての著者の洞察である。

評・杉田敦（政治学者・法政大学教授）

やまもと・けい　81年生まれ。エセックス大学留学などを経て岡山大大学院専任講師。専門は政治学、政治理論。

二〇一六年七月三日⑥

『昆虫の哲学』

ジャン＝マルク・ドルーアン 著　辻由美 訳
みすず書房・三八八八円
ISBN9784622079880
科学・生物

人間の鏡？　観察するほど不思議

昆虫についての話題はつきない。たとえばクモは昆虫かどうか、それぞれに意見があったりする。昆虫とは六本足のものであるからクモは違うと知っていてもそうなる。

本書によれば、歴史的には、カニやエビ、ワニまでも昆虫の仲間とされたことがあった。

とかく気になる存在である。小さく、そして数が多い。何を考えているのかよくわからない。一見、賢そうには見えなくても、立派な巣をつくったりする。観察すればするほど不思議なところがあらわれてくる。

ダーウィンは進化論を考えるのに昆虫を参考にした。昆虫の社会を人間の社会の縮図とみなしたり、あるいは理想社会と見た人々もいた。昆虫を観察することは、社会全体を上から見渡す視点をもたらした。

感情を移入したり投影できる相手であると同時に、冷酷に扱うことのできる相手でもある。二十世紀後半の生物学の発展は、昆虫によって支えられた。遺伝子の研究には昆虫がよく利用されている。

本書は、歴史を通じて虫がいかに語られてきたかを紹介するエッセー集である。人文、理数という枠にとらわれず話題が自由に展開するのは、昆虫という存在が様々な領域を生みだし、つなぐ役割を持つ生き物だからなのかもしれない。

犬や猫ほど親しくなれる相手ではないが、木石とは異なり、植物よりも愛想がある。

昆虫を観察することは、自分の内面を見ることにも似ている。異質な存在には鏡のようなところがあり、こちらの思考や思惑をはねかえしてくる。

そうした意味で本書は「昆虫の哲学」であると同時に「人間の哲学」でもある。本書に登場する話題は、人間が昆虫について考えたことでもあるが、昆虫がこの世にいたおかげで考えられるようになった事柄でもある。人は昆虫を見て考える。そうして誰かにそれを話したくなる。

評・円城塔（作家）

Jean-Marc Drouin　48年生まれ。フランス国立自然史博物館教授として研究・教育に携わり、08年に退官。

二〇一六年七月三日⑦　文芸

『ロマンティックあげない』

松田青子 著
新潮社・一七二八円
ISBN9784103500117

小気味いいテンポのお喋（しゃべ）りに、新鮮な批判精神が感じられるエッセイ集。話題はツイッターやネットニュース、アメリカのTVドラマや音楽、そして日々見聞きする、なぜか気になる小さなこと。映画館の座席配分、食堂やクリーニング屋の店員の言動、「写真はイメージです」という文言、「おもてなし」の蔓延（まんえん）。

口調は軽妙でやわらかだが、切れ味は思いのほか鋭い。ことに女というものにまとわりつく「居心地悪いファンシーを、一つ一つ、さくさくと壊していく」あたりが痛快。小説や映画にいまだに「湧いてくる」白いワンピースの女という「問題」の指摘に、そうそう！と共感する人も多いのでは。

そして批判するのと同じだけ、愛（いと）おしむ。テイラー・スウィフトが歌う「地味で奥手な女の子の片思いソング」を。マシュー・ボーン演出・男性主役のバレエ『SWAN LAKE』を。「好きすぎて」困ったことになるほど。温かい、でも媚（こ）びない姿勢がフェア。

評・中村和恵（明治大学教授）

二〇一六年七月三日⑧　アート・ファッション・芸能

『太陽の肖像　文集』

奈良原一高 著
白水社・三六七二円
ISBN9784560084960

写真家になる予定はなかったのに、最初の写真展（1956）が彼の運命を決定した。緑なき人工島・軍艦島と、桜島噴火で埋没した黒神村を撮影、「人間の土地」という題で二部構成で展示。単純なドキュメントを超えて、自然と社会機構という相対する要素を人の暮らしのなかに抽出、それを映像的に表現して戦後世代に熱狂的に迎えられた。

初のエッセイ集には、生い立ちからデビュー、欧米での生活体験、ヴェネツィアの旅などが綴（つづ）られ、人間と土地との関わりと、それが産み落とす文化を、鋭く考察した写真家の軌跡が浮かびあがる。

闘牛についての文章は絶品。ダイアン・アーバスとの交流を綴った一篇は、七十年代初頭のアメリカのメディア状況を生々しく伝える。四十代でロックフェスに参加、裸でテント生活するくだりも圧巻。写真家であることを絶対化せずに、壊そうとする意識をもちつつ進んできた姿に、他ならぬ写真家らしさを感じとった。

評・大竹昭子（作家）

二〇一六年七月一〇日②　文芸

『老生』

賈平凹 著　吉田富夫 訳
中央公論新社・三九九六円
ISBN9784120048487

無名の人々が紡ぐ現代の中国史

食べる、働く、病む、性交する、排泄（はいせつ）する。迎合しとり残され、利を得てまた失う。加害者にも被害者にもなり、とにかくその地で生きつづけ死につづける。

秦嶺山脈の奥、神話と呪術が現代医療や科学技術と混然一体をなす村落で、無名の人々が紡ぐ現代中国史。そのとてつもなさに圧倒され、もう悟りをひらくしかないような気がしてくる。「実は生死は一（いっ）なのだ。人は大地から湧き出した気に相違ない」とあとがきで著者はいう。まさに。

こんな感慨がわくのは、各話の冒頭および中ほどに引用される古代中国の奇書『山海経（せんがいきょう）』の抜粋と、それにつづく問答によるところが大きい。小説本編はあらゆることを見聞きしてきた弔い師を主な語り手として、地を這（は）うがごとき人々の生を描く年代記、つまり徹頭徹尾人事なのだが、『山海経』はひたすらに地理。この山にこの川あり、土壌はこうで産する鉱物はこれ、こんな動植物があり鳴き声や薬効はこう、という調子の記述が列挙される。

この経を学ぶ羊飼いの息子は、素朴な問いを教師に投げかける。なぜ山河ばかりを詳述し、人間について語らないのか。山河描写の背後に人間の営みを読み解くことを、教師は教える。羊への言及は牧畜業、金への言及は冶金（やきん）の知識を示唆するのだと。神について、独裁や汚染についても問答がある。『山海経』の解釈が混沌（こんとん）に光を投じ、本編を導いていく。実は古典の解釈は、激動する現代社会についての考察でもある。

　空想的生物が跋扈（ばっこ）する神話や古典文学と、共産党革命、そして現代中国の経済発展とその矛盾が、ひとつらなりに語られる。陝西省の農村に生まれ、土地改革から文化大革命を経て現在にいたる激動の中国を生きてきた作家・賈平凹は、自分の見聞と体験からこの小説は生まれたのだ、という。なんという人生。一度入りこむとその勢いに押され、長い一巻を措（お）かずに読んでしまった。

評・中村和恵（詩人・明治大学教授）

チャ・ピンウア　53年中国生まれ。作家。『浮躁』で米ペガサス文学賞、『廃都』で仏フェミナ賞。

二〇一六年七月一〇日③

『ウィトゲンシュタイン『秘密の日記』第一次世界大戦と『論理哲学論考』』
L・ウィトゲンシュタイン 著　丸山空大 訳　星川啓慈、石神郁馬 解説
春秋社・三〇二四円
ISBN9784393323663

『ラスト・ライティングス』
L・ウィトゲンシュタイン 著　古田徹也 訳
講談社・二九一六円
ISBN9784062186964

人文

私的告白と思索の軌跡明らかに

　ウィトゲンシュタインの未刊行資料の公開が相次いでいる。

　『秘密の日記』は第1次大戦中の従軍日記を訳出したものだが、哲学的考察について書かれた部分は先に公開されており、デビュー作『論理哲学論考』（以下、論考）の草稿として分析されてきた。今回刊行されたのは、戦友への批判や性的な話題をも含む私的雑記で、暗号で書かれていたこともあり遺稿管理人が長く公開をためらっていた部分だ。

　秘匿された文書にまで研究を及ぼす。そこに偉大なる言語哲学者の実像に迫りたいと望む研究者の情熱を感じる。たとえば秘密日記に書かれた個人的な信仰告白を『論考』巻末の有名な一節「語りえぬものについては、沈黙しなければならない」と結びつけ、哲学的諸問題を終極的に解決したと宣言した『論考』の勇ましさに従軍中になじんだ「撃滅戦」のイメージが反映していると考える。

　そうした解釈は魅力的だが、ウィトゲンシュタインの理論との相性はどうか。もう一冊の新刊『ラスト・ライティングス』は彼の死後に刊行された『哲学探究』や『確実性の問題』『色彩について』に収録される断章とその予備的考察を含む最晩年の手稿集。そこには外在する言語で個人内面の心的状態を記述しようとしても不確実性を免れえない事情を考え続けた思索の軌跡が生々しく記録されている。

　その言語論を踏まえれば人間ウィトゲンシュタインの内面についても日記の記述から遡及（そきゅう）できるかは留保せざるをえなくなる。日記から人間ウィトゲンシュタインを理解すべきか。手稿から彼の理論を更に肉づけるか。二つの研究の道はいつか交わるのか。新たに公開されたテキストはウィトゲンシュタイン研究のミッシング・ピースを埋めるより、むしろ問いを増やす。その問いを考え続けられ、しかもその作業を愛せてこそウィトゲンシュタインの熱心な読者となる資格を得るのだろう。

評・武田徹（評論家・ジャーナリスト）

Ludwig Wittgenstein　1889～1951年。ウィーン生まれ。『論理哲学論考』は生前に出版された唯一の哲学書。

二〇一六年七月一〇日④

『スノーデン・ショック　民主主義にひそむ監視の脅威』

デイヴィッド・ライアン 著　田島泰彦ほか 訳
岩波書店・二〇五二円
ISBN9784000010849　社会

自由の侵食　市民の力を弱める

民主社会がここまで監視と親密に共存できると誰が予想できただろう。

英作家オーウェルは約70年前の「1984年」で、監視を全体主義の象徴として描いた。主人公の男性は体制に抗（あらが）う人間だった。

その彼もすっかり転向した社会を想像してほしいと本書はいう。今では監視される側の市民がすすんで監視に参画しているからだ。

意識してもしなくても、私たちは日々自らの情報をネットに差し出している。親友と語らうメール、パソコンに打ち込む検索、閲覧するサイトが、誰かに心の中をさらしている。

米国家安全保障局（NSA）による巨大監視をスノーデン氏が暴露して3年。驚くべきは当時の衝撃よりも、その後の市民生活の変化の乏しさかもしれない。

監視に慣れきった私たちはもはや、自分の居場所を探られたくないと携帯電話を手放したりはしない。街の隅々を見張る防犯カメラを気にしたりもしない。

9・11テロ後、各国政府は「安全」の対価をつり上げてきた。盗聴や録画はもちろん、思考にも干渉する時代だ。私たちは自分に限っては自由の侵食から無縁だろうと、あてのない思いで日々を過ごしている。

監視の文化は、その諦観（ていかん）の中にこそ増殖している。カナダの大学で研究を続ける著者は、政府と通信企業に説明責任を求め、プライバシーを守るための市民の意識改革を訴えている。

日本でも特定秘密保護法ができたほか、警察による携帯電話の位置情報利用や通信傍受が広がる。為政者が「国民の安全」を語る不気味さに敏感でありたい。

ロシアに亡命中のスノーデン氏は6月、東京のシンポでネット会見した。秘密法で日本の市民の力が弱められていると語り、自分が自分だけのものである自由を守ろうと呼びかけた。

政府はベールに覆われ、市民は裸になる。そんな管理社会が私たちの望む未来なのか。本書とスノーデン氏の問いがそこにある。

評・立野純二（本社論説主幹代理）

David Lyon　カナダ・クイーンズ大学監視研究センター所長。『監視社会』『9・11以後の監視』など。

二〇一六年七月一〇日⑤

『原発プロパガンダ』

本間龍 著
岩波新書・八八六円
ISBN9784004316015　社会

巨額の広告費　メディアも陥落

原発に反対する人は国と電力会社を批判する。権力におもねって、正確な報道をしないメディアも批判する。では両者の間をつないでいるのは誰？　広告代理店である。特に上位2社の電通と博報堂は原発の「必要性」と「安全性」を人々に刷り込む上で、不可欠な役割を果たしてきた。

本間龍『原発プロパガンダ』は厳しくいいきる。

〈一九五〇年代から国策として国が主導し、政官学と電力業界を中心とする経済界が展開した原発推進PR活動は、実施された期間と費やされた巨額の予算から考えて、まさしく世界でも類がないほどの国民扇動プロパガンダだった〉

ナチス・ドイツにも似た巧妙な宣伝戦略。実際、1970年代から2011年の福島第一原発事故までの40年間、原発推進広告のために使われた額はじつに2兆4千億円超。巨大なグローバル企業の広告費でも年間500億円であることを思えば破格の額だ。しかもそのすべては利用者の電気料金で支払われる。

半ば想像していたとはいえ、その内実を具体例とともにあらためて示されるとムカムカしてくる。

原発立地地域の地方紙には巨大広告が載り、それと引きかえに原発に懐疑的な記事が消える。タレントや文化人を招いたシンポジウムの報告が、記事のような顔で載る。広告は載せるが原発批判も辞さなかった北海道新聞や新潟日報のような例はまれで、多くのメディアは札びらで頬をなでるようなやり方に陥落した。

最大の問題はしかし、3・11後、一度は影をひそめた原発広告が13年3月ごろを境に復活していることだろう。「安全神話」のかわりに、現在流布されているのは「事故で放出された放射能の危険性は小さく、健康への悪影響はない」という「安心神話」だ。震災復興、風評被害対策という錦の御旗の下でくりかえされるプロパガンダ。自分は騙（だま）されていないといいきる自信があなたにはある？

評・斎藤美奈子（文芸評論家）

ほんま・りゅう　62年生まれ。著述家。博報堂で営業を担当し06年に退職。著書に『電通と原発報道』など。

二〇一六年七月一〇日❻

『遠読〈世界文学システム〉への挑戦』

フランコ・モレッティ 著　秋草俊一郎ほか 訳

みすず書房・四九六八円
ISBN9784622079729　文芸

読み切れない本を読むために

世界中の文学作品全てに目を通すことができる人などいない。タイトルを把握するだけでも一生が終わってしまいかねない。

しかし、各人が手にとった本を精読し、きちんと情報を交換していけばすぐれた本を見つけだすことはできるはずだ。

本書のタイトル「遠読」は、その「精読」に対する単語である。半ば冗談でつくったという。精読が一冊一冊をていねいに読み込んでいくことを示すのに対し、遠読は個々の内容には踏み込まない、つまり読まないことを意味する。そのかわり、大量の本を扱ったり、登場人物たちのセリフの配置に注目したりする。いずれも、情報技術の発達によって実行可能となった読み方である。

統計的な見方は、人間の信念や意図を別方向から眺めることを可能とする。

モレッティは本書を、文学の変化とは隣の地域へと新たな形式が広がっていく「進化的」な過程であるとする論文ではじめる。九〇年代から二〇一〇年代に発表した論文計十編が収録されており、統計的な処理を通して文学を考えるという一つのジャンルの立ち上げを見ることができる。

文学を統計的にとらえるという発想は反発をまねきがちだが、無論全員がそうする必要はなく、そういうことをする者もいたほうがよいというだけである。

たとえば、精読はもちろん否定されないが、それで選ばれた「傑作」が「世界文学」としてふさわしいかはまた別問題だ。他に方法がないなら仕方がないが、現在はテクノロジーを利用した別視点がありうる。

実際のところ、本書に出てくる手法は、生物学や物理学で使われてきたものと似通っている。科学の言葉であらゆることを押しきるのは横暴だが、便利な道具の利用を禁じるのは馬鹿げたことだ。

それで果たして文学の新たな研究分野が開けそうかどうなのかは、本書を直接当たって頂くとよい。

評・円城塔（作家）

Franco Moretti　50年イタリア生まれ。米スタンフォード大学教授。『ドラキュラ・ホームズ・ジョイス』など。

二〇一六年七月一〇日⑦

『貨幣の「新」世界史　ハンムラビ法典からビットコインまで』

カビール・セガール 著　小坂恵理 訳

早川書房・二二六八円
ISBN9784152096111

経済

「お金の何が、私たちをここまで翻弄（ほんろう）するのだろう？　お金には、人間をとんでもなく不合理な行動に駆り立ててしまう何かがある」。大手米銀で世界金融危機を体験した著者はそういった疑問を抱き、本書で貨幣の本質を探求している。

そのアプローチは実にユニークだ。生物学、脳科学、心理学、人類学、宗教、歴史など多様な視点から縦横無尽に分析を行っている。しかも座学に終わることなく、専門家に話を聞くために世界を一周している。

ガラパゴス諸島で生物が交換行為を繰り返して共生関係を築いているのを見た著者は、そこに貨幣の出発点を感じる。また、人間は従来の経済学では捉えられない不合理な行動をとる動物だからこそ、脳の反応を解析して予測モデルを構築する最先端の神経経済学の可能性が強調されている。

フビライ・ハンが紙幣を増刷しつつ財政赤字を拡大し混乱を招いた話など、現代の我々に示唆に富む逸話も多数盛り込まれている。

評・加藤出（エコノミスト）

二〇一六年七月一〇日⑧

『自衛隊の闇』

大島千佳・NNNドキュメント取材班 著

河出書房新社・一八三六円
ISBN9784309024646

政治／社会

海上自衛隊の護衛艦「たちかぜ」の乗組員がいじめを受けて自殺した事件で、遺族が自衛隊などに賠償を求めた裁判は8年間に及んだ。本書は、そのドキュメンタリーを制作したテレビディレクターの取材記録。丹念な取材から自衛隊組織の病理が浮かび上がる。

遺族勝訴の判決では、いじめによる自殺を否定した海自が、重要な証拠となるいじめの調査文書を隠したことが認定された。隠蔽（いんぺい）の発覚は、現役3等海佐による内部告発がきっかけだ。

勇気ある行為は海自の自浄能力を示すことになるはずだが、本書で詳細に再現された、3等海佐とのやりとりで告発を責める上司たちの言葉に悪寒を覚えた。「組織の中にいる人間はやっちゃいかんよ」「自分たちに非があるときでも、海上自衛隊の立場を守ることも必要なんだよ」。正義よりも組織防衛に重きを置く上司は自衛隊だけではないと思える。どこの職場にもありうる問題を浮き彫りにしたノンフィクションだ。

評・市田隆（本社編集委員）

二〇一六年七月一七日①

『大岡信の詩と真実』

菅野昭正 編

岩波書店・二三七六円
ISBN9784000611190

文芸

歴史を意識した詩人の多面性

大岡信といえば、「折々のうた」を思い浮かべる人は多いだろう。古代から現代までの詩歌をめぐるコラム。本紙朝刊に、一九七九年から二〇〇七年まで、多少の休筆期間をおきながら連載された。その回数はじつに六七六二回に及ぶ。評釈の切り口の鋭さ、読み方の深さは、日本語による表現の豊かさを広く伝えるものとなった。

詩と批評を中心に据えた、大岡信の多面的な仕事。菅野昭正の編による『大岡信の詩と真実』は、その一端に迫る。

本書は詩人、俳人、批評家などによる五回の連続講座をもとに編まれている。各人各様の読み方、見方。語り口はそれぞれ違っても、どこか合流するところがあって、その共鳴が大岡信という詩人の像を、遠景に鋭く浮かび上がらせる。

谷川俊太郎と三浦雅士の対談は、大岡と同時代を生きてきた二人の対話だけに、半世紀以上に及ぶ時間の中での展開が眺めわたされていて面白い。大岡が「歴史の中の一点」として自己を考える一方、谷川は「いま、ここの人」という認識をより強く持っているという。谷川の音楽への愛着と大岡の美術への関心という対比も見える。

これからの文学は、「たぶん可能性としては、詩という器の方が小説より大きくなっていくのではないか」という三浦の推論が興味深い。

吉増剛造による大岡信との対談の回想は、初期の詩「水底吹笛」や「地名論」にふれる。大岡の詩ではいつも「小さな空き地」に出会う感じがする、とその核心をまとめる。かつて編集者として大岡の全集を担当した高橋順子は、連詩の体験などを語り、大岡を『万葉集』の編纂（へんさん）者・大伴家持になぞらえる。

野村喜和夫は「わが夜のいきものたち」と「告知」の二編の詩を分析する。後者が前者を「ある意味で批判、批評している」と指摘。深層と表層の間に立ち上がる声を追い求めることが、大岡を継承し、乗り越えていくことだと整理する。

長谷川櫂（かい）は「折々のうた」を「勅撰（ちょくせん）和歌集に匹敵する現代の詩歌集」と位置づける。本書冒頭で、フランス文学との関係から書き起こし、大岡が『紀貫之』などの古典詩歌論へ向かった意義をいま一度強調するのは、編者の菅野昭正だ。

私にとっては、たとえば批評の傑作『うたげと孤心』を初めて読んだときの衝撃は大切な記憶だ。人が集い、詩を作ることと、個人にとっての詩。その相克と融合を論じる生気溢（あふ）れる手法。とくに『梁塵秘抄』と後白河法皇についての論は、いま読んでも新鮮だ。いくつもの入り口を持つ大岡信の世界。入ったら出られないほど、奥は深い。評・蜂飼耳（詩人・作家）

かんの・あきまさ　30年生まれ。文芸評論家、東京大学名誉教授（フランス文学）。本書は、館長を務める世田谷文学館で開いた連続講座をまとめたもの。著書に『ステファヌ・マラルメ』など。

二〇一六年七月一七日②

『魔法の夜』

スティーヴン・ミルハウザー 著　柴田元幸 訳
白水社・二二六八円
ISBN9784560092415
文芸

昼間の自分を解き放つ月の光

ミルハウザーは月光の作家だ。陽光ではなく。夜中に屋根を散歩する『三つの小さな王国』のワンシーンは好例だが、人々のストレンジな行動が断章的に綴（つづ）られる本書も、同じように月光の一夜が舞台である。登場するのは若者と孤独な単身者。家族持ちはいない。

「ここから抜け出さなくちゃ」とベッドから身を起こすローラ（14）。やかましい虫の声、刈りとられた芝の香り。茂みのなかできついジーンズを押し下げ月光に裸をさらす。

彼女にとって抜け出す部屋は昼間の生活の象徴だが、それはだれにとっても同じこと。バーを出てひとり街路をふらつくクープ（28）は、意志の力で己の正体を隠しているウィンドウの中の恋人をじっと見つめ、彼の視線に充（み）たされた彼女（マネキン）はポーズの手を下げてひょいとフロアに降り立つ。陽（ひ）が出ている間の「だれか」は、月光を浴びて「別のだれか」に解き放たれ、輝く。

ミセス・カスコ（61）は秘密の他者を迎え入れて昼間の自分を離れる。彼女を訪問するのは「『私は』と言ったとたんにもう、自分はこういう人間なんだと主張しているその存在から隔たってしまう」という複雑な問いに悩めるハヴァストロー（39）。彼にはほかの人のような昼間の仕事がない。もう何年も仕上がらない小説と夜ごと格闘しているのだ。もとは息子の友人だった万年青年の、昼夜の逆転した脳がしぼり出すことばに、控えめな熱意を傾け聴き入る夫人。

どの瞳にも物の姿がくっきりと鮮明に映っている。耳だけを見つめると顔から浮き上がって意味を失うように、一点を執拗に凝視する行為には危険を伴うが、月夜の晩ならためらうことはない。それぞれの秘密を「誰にも知られぬまま」にする月光の魔力に恃（たの）んで、「私」の枠を超えた領域へと旅立つ。

昼と夜の対照がはっきりする真夏の、眠れない夜にうってつけの一冊だ。

評・大竹昭子（作家）

Steven Millhauser　43年ニューヨーク生まれ。作家。『マーティン・ドレスラーの夢』でピュリツァー賞。

二〇一六年七月一七日③

『人工地獄　現代アートと観客の政治学』

クレア・ビショップ 著　大森俊克 訳

フィルムアート社・四五三六円
ISBN9784845915750　アート・ファッション・芸能／ノンフィクション・評伝

衝突、不和、政治性　みなアート

絵や彫刻などモノの制作を目的化しない参加型アートは、日本では芸術祭の興隆とともに注目されているが、世界的な傾向でもある。ただし、社会体制によって地域ごとに事情は異なり、また歴史をたどると、近代の初頭にたどりつく。本書は、美術史家が壮大なパースペクティブをもって、参加型アートの系譜を掘り起こし、あまり知られていない数多くの事例を紹介しながら、20世紀美術のイメージを書き換えるような野心作だ。

時代の節目は政治的な事件と絡めながら、ロシア革命が起きた１９１７年前後の未来派、ロシアの集団制作、ダダ、68年に着地する状況主義ほか、89年以降の参加型アートの増加を論じ、60年代のアルゼンチン、東欧とロシア、イギリスのコミュニティ・アート運動などに目配りしている。

何よりも個別の事例が面白い。例えば、同じ席のチケットを10人に売ったり、椅子に衣服を接着させたりするなど、観衆と敵対し、いざこざを起こす未来派。あるいは、オープニングに訪れた鑑賞者を展示室に閉じ込めるアルゼンチンの実験芸術。演劇やパフォーマンスとの融合を随所に発見できるだろう。終章では、教育とアートの融合を検証。西洋では教育の商業主義化に対し批判的なアートプロジェクトが行われる一方、非西洋では教育施設不足をプロジェクトが補う側面もあるという違いを指摘する。

最近、音楽に政治を持ち込むなという批判が寄せられたり、美術館が作品の政治性を忌避する状況が起きたりするが、本書が扱う参加型アートは政治的なものが多く、様々な衝突や不和をもたらす。そして著者は、芸術と社会に疑問を投げかけ、相互の緊張関係を維持する試みを評価している。善き人たちの街おこしアートとは違う。本書に日本やアジアのリサーチはない。が、参加型アートを考えるための理論的かつ歴史的な枠組みを提供しており、活用できるだろう。

評・五十嵐太郎（建築批評家・東北大学教授）

Claire Bishop　71年生まれ。ケンブリッジ大学卒業。ニューヨーク市立大学大学院センター美術史学科教授。

二〇一六年七月一七日④

『丹下健三　戦後日本の構想者』

豊川斎赫 著

岩波新書・九〇七円
ISBN9784004316039　アート・ファッション・芸能／新書

国家を描いた構想力とその呪縛

丹下健三の戦後は被爆した広島の復興事業への参画から始まった。平和国家建設の象徴となる広島平和記念公園を作り上げ、以後も東京五輪、大阪万博など国家的イベントに深く関わった。本書はそんな丹下のキャリアと戦後日本の歩みを重ねて論じる。

建築家の域を超え、都市と国家のデザイナーたらんとした丹下は１９６１年に「東京計画１９６０」を発表。東京湾を横断する線形の人工都市を建設し、経済成長期に首都圏に流入する過大な人口を柔軟に受け止め、更なる高度成長の孵化（ふか）器ともする提案をした。

この壮大な構想は実現されなかったが、四半世紀後に「東京計画１９８６」として部分的に蘇（よみがえ）る。都は丹下案を下敷きに湾岸の埋め立て地を国際都市化する「東京フロンティア」計画を策定。だがそれはシンガポールの国際金融都市の後追いであり、日本社会は丹下の作る「器」に独創的内容を盛る力をもはや失っていた。

それでも開発願望は成仏せず、２０２０年

五輪開催に向けた昨今の臨海再開発に受け継がれている。著者がいうように「われわれの構想力は丹下の『東京計画1986』から一歩も外に出られていない」。「戦後日本の構想者」の称号は丹下の偉大さを示すと同時に彼を超えずには「ポスト戦後」に踏み出せない呪縛をも意味する。

本書が丹下研究室出身の建築家に注目するのは弟子たちの「父殺し」の軌跡を辿（たど）り、ポスト丹下の道を探るためだ。たとえば浅田孝は丹下以上に大きな時空間スケール内に建築を位置づけ、大谷幸夫は逆に一人の市民、一つの家族から建築をデザインしようとした。

とはいえ丹下学派（シューレ）の建築家は、実は最盛期の師が宿していた指向を育て、開花させたのだと著者は考える。弟子たちのそれぞれに個性的な活動越しに「現実の丹下健三」の限界を超えてゆく「丹下健三の可能性」を見る。本書はそんな視力の必要性を示す。

評・武田徹（評論家・ジャーナリスト）

とよかわ・さいかく　73年生まれ。建築家、建築史家。著書に『群像としての丹下研究室』など。

二〇一六年七月一七日⑤

人文

『感じるスコラ哲学　存在と神を味わった中世』

山内志朗 著

慶応義塾大学出版会・二一六〇円

ISBN9784766423198

聖女たちの官能的な法悦の理由

西洋の教会には、しばしば、「世俗的な人間の常識を破壊するほどの官能的な法悦」を示す聖女らの像が安置されている。信仰の場にふさわしくないとも受け取られかねない姿で。

しかし、それらが示しているのは「神学を理解するのではなく、『感じろ』」というメッセージであり、「カトリック神学の牙城（がじょう）」であるはずのスコラ哲学には、実は人間の感覚をめぐる深い議論の流れがあると著者は指摘する。

それが神秘主義思想の系譜である。神秘主義者は、孤独と不安の果てに、自らの魂の暗い底の部分で、神と出会い、「抑えがたい歓喜と高揚感と幸福感」を抱く「体験」を信じた。

著者によれば、修道院製の有名ワインもあり、ワインと修道院は縁が深い。中世の修道士たちは、ワインを販売するだけでなく、大量に消費していた。聖体拝領で用いられるように、「キリストの血」として「教会の一体性を象徴」するワインを飲むのは、擬制である教会を「リアルなものとして実感する手段」だった。神秘主義的な発想からは、酩酊（めいてい）することさえ、自己を「脱却していくきっかけ」でありえた。

教会制度の外で、個人の直接の体験によって神とつながれるとする神秘主義は、教会の役割を否定しかねないので、「宗教的権威によって忌み嫌われ」たが、底流にしっかりと生き続ける。神秘主義には「訳の分からない怪しげな宗教形態というイメージがつきまと」うが、それなしには、近代の個人主義も成立しなかったのである。

近代哲学は、目的と手段、理性と感情、精神と身体、現在と未来といった「二項対立」で考えるが、著者によればスコラ哲学はそうした発想を採らない。「常に途上にある存在で完成を目指して生成しつづける存在」として人間をとらえ、近代が軽視する感情や身体の意味に注目する。中世哲学のもつ可能性を肌で「感じる」一冊である。

評・杉田敦（政治学者・法政大学教授）

やまうち・しろう　57年生まれ。慶応大学文学部教授。著書に『天使の記号学』『小さな倫理学入門』など。

二〇一六年七月一七日❻

『男子問題の時代? 錯綜(さくそう)するジエンダーと教育のポリティクス』

多賀太 著

学文社・二三七六円
ISBN9784762026348
教育/人文/社会

男たちの「生きづらさ」を考える

「女性専用車は男性差別です」とプラカードを掲げて、女性専用車両に乗り込んでくる男性がまれにいる。なぜ、そんな不快なことをするのだろうか。それで自分の生きづらさが変わるわけでもあるまいに。

基本的にこの手の暴力行為は、現在の男たちが抱える生きづらさへの恨みや不満から、生まれている。

本書は、なかなか目を向けられないこの男子問題の現状を、数少ない専門家である著者が、基礎から解説したもの。

例えば、敗者とみなされるから自分に不利な弱音は口にできない、という縛り。すべてを競争で測る男性原理の一つだが、そうして勝者になれるのは一握りの男にすぎない。それでもその原理にしがみつき続けるのは、競争に参加しているふりを続けて男の範疇(はんちゅう)にとどまる限り、日本社会が用意した男性優遇のごくわずかなおこぼれにあずかれるからだ。だが男性の非正規雇用も拡大している現在、おこぼれにあずかれる男も減少している。今の日本社会は、「ある男性たちが他の男性たちとほとんどの女性たちを支配するシステム」になっているのだ。

不良債権化しているこの惨めな既得権を持ち続けるか、「男」を降りて楽になるか。男なのに男でないと感じている、この層の男たちは、自分たちが理解されないことに不満を募らせ、どうしてよいかわからず、暴発する。

歯止めになるのは、子どものうちからの教育だ。本書では、男女平等教育の効果ある実例と、改善すべき限界点も、示されている。特に、部分的な男女別学が有効であるとの現場の声には納得した。

性差の問題となると、どうしても各人の実感をぶつけ合う感情論になりやすい。本書では、男女平等に違和感を抱く側の言い分までも受け止めて、誰をも断罪せずに客観的な認識を共有できるよう努めている。まずは一読して、この問題自体を知ってほしいと思う。

評・星野智幸(小説家)

たが・ふとし 68年生まれ。関西大学文学部教授。著書に『男らしさの社会学』、共著に『男性の非暴力宣言』など。

二〇一六年七月一七日❽

『赤い刻印』

長岡弘樹 著

双葉社・一二九六円
ISBN9784575239638
文芸

巧妙な伏線の推理小説で知られる著者の新作は、持ち味が楽しめる短編集だ。

中3の菜月は、時効寸前の事件を捜査している刑事の母・啓子から、祖母が生きていると聞かされ会いに行く。「赤い刻印」は、何げない母子の日常が、予期せぬ場所に隠された伏線によって、思わぬ事件に結び付く意外性に驚かされる。

これは、記憶障害になった女子医大生が、教官の命令で日記を書く「秘薬」、医師に助けられながら、母の介護と弟の世話をする女性を描く「手に手を」も同様で、短編に名作が多い著者らしく切れ味が鋭い。

小5の息子が自殺した原因を調べるため、父が担任と同級生を人質にして教室に立てこもる「サンクスレター」は特に出色で、周到な伏線も、予想を超える物語の着地点も圧巻である。

各編の主人公が、複雑な親子関係、子供のいじめ、親の介護など身近な問題に悩んでいるだけに、謎解きを通して浮かび上がる深い人間ドラマが心にしみる。

評・末國善己(文芸評論家)

『伯爵夫人』

蓮實重彦 著
新潮社・一七二八円
ISBN9784103043539

官能の奥に戦争へのまなざし

東大元総長という肩書。三島賞の受賞会見での不機嫌な振る舞い。そんな外形的な情報に惑わされてはなりませぬ。

本書は往年の文学ファンを裏切らない華麗にして淫靡（いんび）な作品ですから。ただし、お若い方はご注意あそばせ。「秘本」と呼ぶに相応（ふさわ）しい本書の毒気に当てられて卒倒しても不能になっても責任は負えませぬ。

物語の舞台は日米開戦前夜の帝都東京。主人公は二朗という少年のように見えるけれども、それ違うわね。ほんとの主役は二朗の性器よね。二朗は帝大の受験を控えた旧制高校生。一方「伯爵夫人」と呼ばれる中年女性は変幻自在、百戦錬磨のその道の達人。年上の女性が未成年の少年を教育する、と申し上げれば意味はおわかりよね。

ところが、さまざまな呼称（「おみお玉」とか「青くせえ魔羅」とか）で呼ばれる二朗の性器一式は受難続きで、触れられもしないのに屹立（きつりつ）するわ、強い力で捻（ひね）り上げられるわ、思わぬところで粗相はするわ、過去に遡（さかのぼ）ればボールに直撃されるわ、揚げ句、女たちの手で莫迦（ばか）丁寧に介抱されるわ……。そのいたぶられ方ときたら、おいたわしいやら可笑（おか）しいやら。

さらにはここに〈色気のない小娘〉なのに、背伸びをしたがる二朗の従妹（いとこ）の蓬子（よもぎこ）が加わって、繰り広げられるのは、性の饗宴（きょうえん）ならぬ性の周囲をぐるぐる回るような物語なわけで。

その雰囲気は作中に頻出するココア缶の図柄のよう。〈尼僧が手にしている盆の上のココア缶にも同じ角張った白いコルネット姿の尼僧が描かれており、その尼僧が手にしている盆の上にも同じココア缶が置かれているのだから、この図柄はひとまわりずつ小さくなりながらどこまでも切れ目なく続く〉

実在するドロステ・ココアの缶（日本にも同じ趣向で少女を描いたミルク缶があったわね）の図柄は読者を迷宮に誘い込むけど、伯爵夫人はいいきる。あの尼僧が見ているのは〈戦争にほかならぬ〉と。

表層を覆う官能小説風の装いは手の込んだ擬態。既成のポルノグラフィーが、中心に向かって突き進み、発砲によって相手を征服したと錯覚し、しかる後に萎（な）えて「無条件降伏」状態に陥る物語にすぎないことを、伯爵夫人はせせら笑う。

〈わたくしども女にとって、殿方のあれが所詮（しょせん）は「あんなもの」でしかないことぐらい、女をご存じない二朗さんにもそろそろご理解いただけてもいいと本気で思っております〉

戦争と愛欲は敵対するのか類似するのか。よーくお考えあそばせ。ただ、これに賞を出された作家は迷惑よね。深夜に隠れて読む本だもの、本来は。

評・斎藤美奈子（文芸評論家）

はすみ・しげひこ 36年生まれ。フランス文学者、映画評論家、元東京大学総長。著書に『反＝日本語論』『監督 小津安二郎』『「ボヴァリー夫人」論』など多数。小説は本書が3作目となる。

二〇一六年七月二四日②　ノンフィクション・評伝

『三島由紀夫　幻の皇居突入計画』

鈴木宏三　著

彩流社・一九四四円

ISBN9784779170607

理想としての天皇を守るとは

　1960年代後半は、学生運動が高揚した時代だった。68年10月21日の国際反戦デーで騒乱の巷（ちまた）と化した東京を見た三島由紀夫は、その1年後に同様の光景が再び現れ、自衛隊が治安出動することを期待した。だが実際には68年ほどの騒乱にはならず、治安出動もなかった。これが三島にとって重大な挫折を意味したことは、自決した70年11月25日に撒布（さんぷ）された檄文（げきぶん）にも書かれている。

　しかし本書によれば、檄文に書かれていない計画があった。69年10月21日に治安出動があった場合、三島は自分がつくった楯（たて）の会の会員や自衛隊の一部と連携して、国立劇場から半蔵門を抜け、皇居に突入しようとしたというのだ。

　資料が少ないなか、楯の会の関係者にも取材しながらここまで大胆な仮説を導き出した著者の推論は読みごたえがある。ではなぜ、三島は皇居に突入しようとしたのか。著者は、三島自身の天皇に対する文学的な見方にその理由を探ろうとする。三島は昭和天皇という現実の天皇、すなわちザインとしての天皇を否定することで、三島自身が理想とする天皇、すなわちゾルレンとしての天皇を絶対視しようとしたからではないかと推理するのだ。

　しかし、これだとまるで天皇を暗殺するテロを計画していたようにもとれてしまう。本書では触れていないが、三島は66年1月8日に長編小説『豊饒（ほうじょう）の海』の取材のため、乾門（いぬいもん）から皇居に入り、天皇が祭祀（さいし）を行う宮中三殿を初めて見学している。そしてその感激を、ドナルド・キーンに「平安朝の昔にかへつた気がしました」と伝えている。この事実は重要である。

　宮中三殿は、乾門よりも半蔵門の方が近い。もし三島が本当に皇居突入を考えていたとすれば、真っ先に目指そうとしたのは宮中三殿ではなかったか。著者にならっていえば、それこそがゾルレンとしての天皇を守るための究極の手段と考えられるからである。

評・原武史（放送大学教授）

すずき・こうぞう　45年生まれ。山形大学名誉教授（英文学）。兄・鈴木邦男氏の影響で三島事件に関心。

二〇一六年七月二四日③　文芸

『イエスの幼子（おさなご）時代』

J・M・クッツェー　著　鴻巣友季子　訳

早川書房・二四八四円

ISBN9784152096203

善意だけの静かな国　その恐怖

　世界の酷薄さと暴力性を最も知悉（ちしつ）している作家クッツェーの、驚異的な新作。あまりに面白すぎて、作品世界から戻れずにいる。

　いわゆる近未来もの。ノビージャという国は、過去を捨て新しい人生を始める人たちが集まっている。皆、本当に過去の記憶をなくし、新しい名前を持ち、公用語のスペイン語を話す。ノビージャに着いたばかりの中年男シモンは、船で知り合った孤児の男の子ダビードの母親を探すことを、新生活の目的としている。

　この設定を、難民や移民の置かれた状況と読むこともできるが、シンプルかつ矛盾だらけのこの小説は、一筋縄ではいかない。

　ノビージャは妙に社会福祉が整っていて、シモンは船の荷揚げの仕事に就き、楽ではないけれど堅実な暮らしを手に入れる。しかし、会う人会う人が「実にきちんとしていて親切で、善意にあふれている」ことに違和感を覚え、「まるで生気がない」と苛立（いらだ）つ。

　シモンは偶然目にしたイネスという若い女

性をダビードの母親だと直感し、母親になるよう頼む。イネスもなぜかこの突飛（とっぴ）な説得を受け入れ、奇妙な擬似（ぎじ）家族生活が始まる。イネスの過保護な溺愛（できあい）が深まるころ、ダビードもその才気走った型破りな性格を露（あら）わにし、三人は社会と衝突する。

ノビージャの住人は、余暇の自分磨きに余念がない。市民講座に通い、哲学を学んだりする。この小説は全編、哲学的な対話だらけなのだが、これがすれ違いだらけで抱腹絶倒。

「歴史」とは作り話で「現在」しかないと考えるノビージャ住民から見れば、シモンは「過去があった」という幻想に縛られる不自由な存在だ。穏やかで融和的な社会で無理せずに生きていけば、安心して暮らせるのに、過剰な三人ははみ出していく。笑いに満ちたドタバタ劇を読んでいたはずが、気がつくと私は底なしの恐怖に震えている。善人だけの社会が何を殺しているのか、知ったことで。

評・星野智幸（小説家）

J. M. Coetzee 40年南アフリカ・ケープタウン生まれ。03年にノーベル文学賞。『マイケル・K』『恥辱』。

二〇一六年七月二四日④

『蔡英文　新時代の台湾へ』

蔡英文 著　前原志保 監訳

白水社・二〇五二円
ISBN9784560092484　政治／社会／ノンフィクション・評伝

中小企業群が担う強靱な経済

著者は、台湾総統選で国民党候補に圧勝し、本年5月に台湾初の女性総統に就任した。いま、世界でもっとも注目される政治家の1人だ。彼女は、前回の総統選（２０１２年）に敗北した責任をとって民進党主席を辞し、台湾各地をめぐる旅に出る。その過程で彼女が考えたこと、感じたこと、そして何を大切にしているかを私たちに伝えてくれる、優れたエッセイだ。

本書の根底を貫くテーマは、台湾経済のあり方だ。それが、政治を規定する。記憶に新しい2年前の「ヒマワリ学生運動」は、馬英九（マーインチウ）政権による対中「サービス貿易協定」強行採決への反発がきっかけだった。その非民主的プロセス、中国依存への急傾斜、大資本への利益誘導といった内容が、中小企業や農業への打撃、社会的格差の拡大を懸念する台湾社会を震撼（しんかん）させた。

経済のグローバル化がもたらす矛盾が、学生による立法院占拠という形で、一挙に噴出したのだ。だが著者は、それは必ずしも民進党への信認を意味しないと戒める。ゆえに、反対に留（とど）まるのではなく、「協定」とは異なる台湾経済の新しい姿を構想する。

その担い手は、イノベーション力、研究開発力、技術力に優れた中小企業群だ。十分な就業や公平な富の分配に配慮し、質の高い成長を目指す。台湾産業の高度な技術力を、情報通信技術（ＩＣＴ）と結びつけ、都市のスマート化を図る。省エネ・再生可能エネルギー産業を興し、農業・観光・住宅・ケア産業でもイノベーションを主導し、新しいビジネスへつなげる。

著者は、独立志向を強めて両岸関係を不安定化させた陳水扁政権の二の舞いを避け、その現状維持を図る。だが、大陸に依存しない強靱（きょうじん）な台湾経済・産業の創出は、結局のところ、台湾の独立性を経済面から担保するのだ。優れた戦略家だが、読後感はどこまでも爽やかだ。人々との対話から学ぼうとする著者の真摯（しんし）な姿勢ゆえであろう。

評・諸富徹（京都大学教授）

ツァイ・インウェン 56年台北生まれ。台湾大法学部卒業後、米英で学ぶ。教職を経て08年、民進党主席に就任。

二〇一六年七月二四日⑤

『リトル・ボーイ』

マリーナ・ペレサグア 著　内田吉彦 訳

水声社・二七〇〇円
ISBN9784801001619

文芸

遠い被爆体験、新世代が描く

七十年経ち、反省の時代は終わった。そんなジェスチャーが目につくいま、先の大戦はいかに語られるのか。ことばの姿勢が新たに問われる現状の文脈は、やむをえずグローバルだ。すべてのことはつながっている。わたしたちはみなよくも悪くもこの状況の当事者だ。断片化・商品化して流通するイメージはときにひどく無神経だが、断片の連なりに血が通えば、遠い人の話が自分のことになる。

この短編集の表題作、スペイン出身の女性作家が書いた広島をめぐる物語を読み、そんなことを考えた。

宇都宮のアパートで、語り手は広島出身の隣人Hと知り合いになる。米国暮らしが長く英語が話せるHから、語り手は彼女の特異な人生の物語を聞く。被爆体験だけでない、人にいえない秘密を。ことばにできないことをスクリーンに映せたら、というHに代わり、語り手はHの体験を映像として想像する。子どもが欲しかったというHの想（おも）いは、爆弾と胎児が重なり合うイメージで描写される。語りえない体験を前に、かつての重い沈黙ではなくスクリーンの向こう側で壮大に展開する、悲惨な映像がある。ことばが現実とのつながりから離れ、生々しい声と寓話（ぐうわ）の間にすべり落ちるような感覚。

そんな印象を胸に、時代や設定も多様な、変わった味わいの短編群を読み進めていく。性・身体・生命の感覚を憑（つ）かれたように確かめる、語り手たちの不安。ふと顔をのぞかせる暴力性。親子の確執、そして死。

表題作に戻ると、この作家の日本イメージの源に日本の漫画や映画があることにあらためて気づく。作中には映画「おくりびと」や六花チヨの漫画『IS〜男でも女でもない性〜』への言及がある。原子爆弾から臍（へそ）の緒が垂れ下がるイメージは、九〇年代以降海外でも評価の高い大友克洋『AKIRA』を彷彿（ほうふつ）させる。デュラスとは明らかに異なる、新しい世代のヨーロッパが想像するヒロシマだ。

評・中村和恵（詩人・明治大学教授）

Marina Perezagua　78年スペイン生まれ。小説家。米ニューヨーク在住。日本語訳は本作が初めて。

二〇一六年七月二四日⑥

『未確認動物UMAを科学する』

D・ロクストン、D・R・プロセロ 著
松浦俊輔 訳

化学同人・四一〇四円
ISBN9784759818215

人文

"それ"を見させるものは何か？

雪男。ネッシー。一度でいいから見てみたい。考えただけでワクワクしてくる。だが残念なことに、どちらもこの世には存在しない。目撃談はたくさんあるが、信頼できる証拠は皆無だ。

本書は、未確認動物（UMA）に関心の深い二人の著者による、詳細な検討の成果である。対象となるのは雪男（イエティ）とネッシーの他に、北アメリカの巨人ビッグフット（サスクワッチ）、大海原の巨大海蛇（シーサーペント）、そしてアフリカはコンゴの恐竜モケーレ・ムベンベ——もう、名前を聞いただけで興奮してきませんか？　未確認動物の代表的なスターを過不足なく取り上げている。妥当な選択だ。

この本のすごいところは三つある。ひとつは、対象とする未確認動物について、関連する文献や資料を網羅していること。すでに未確認動物に詳しい人にとっても入門者にとっても、有益な情報だ。注と索引がきちんと翻訳されているのもうれしい。

二つ目は、未確認動物がいるという主張のどこがインチキなのかを丁寧に解明してくれるところ。今までの目撃情報はどうして信憑（しんぴょう）性が薄いのか、未確認動物がいるという主張がなぜ成立しないのか、公平かつ詳しく説明されている。

本書の特徴の三つ目は、UMAの社会的・文化的背景への緻密（ちみつ）な目配りである。なぜ人は、そこに「それ」を見いだしてしまうのか？ 意図的な捏造（ねつぞう）はおくとして、クマやアシカなどの動物を怪物と見間違えたり、《キング・コング》などの映画の影響を無意識に受けていたりといった原因が考察されている。映画封切りの直後に目撃情報が急増したりするらしい。

UMAについて考えることは、信頼できる科学情報とは何かを考えることでもある。そして、間違った情報を信頼する（同時に、正しい情報を信用しない）こちら側の姿勢についても、いろいろなことを語りかけてくる。

評・佐倉統（東京大学教授）

Daniel Loxton 「Junior Skeptic」誌の編集者。
Donald R. Prothero 古生物学者、文筆家。

二〇一六年七月二四日⑧

『愉しき夜』ヨーロッパ最古の昔話集

文芸

ストラパローラ 著 長野徹 訳
平凡社・三四五六円
ISBN9784582837308

ヨーロッパの昔話といえばペローやグリムが思い浮かぶ。それらの成立に重要な影響を与えたのが十六世紀半ばにヴェネツィアで出版された『愉（たの）しき夜』だ。作者ストラパローラは、民間伝承の魅力と面白さに記述文学としての可能性を見いだした。ヨーロッパ最古の昔話集とも称される本書には、竜退治や動物婿や報恩の物語など、長い間語り伝えられてきたモチーフが詰まっている。

漁師に捕らえられたマグロが、逃がしてくれた恩を忘れずに漁師を助ける物語「あほうのピエトロ」。全身毛むくじゃらで山野に暮らす野人が登場する「グエッリーノと野人」。「猫」は、ペロー童話「長靴をはいた猫」の最古のかたちを示す。本書の段階ではまだ長靴をはいていない。

ストラパローラの昔話は、これまで日本では翻訳や紹介の機会がほとんどなかった。解説も丁寧。昔話とは、人間の希望と失望と欲望を濃縮して出来た美酒だと、改めてわかる。

評・蜂飼耳（詩人・作家）

二〇一六年七月二四日⑦

『黄昏の調べ』現代音楽の行方

文芸

大久保賢 著
春秋社・二九一六円
ISBN9784393932049

新しさを求めて、クラシックから進化した現代音楽の歴史をコンパクトにまとめている。20世紀初頭の調性からの離脱や民俗音楽の採取に始まり、様々な技法や響きを開発した戦後の黄金期、70年代以降のポストモダン（単純回帰）とレイトモダン（超複雑）を経て、「現代音楽」が終わり、古典化した状況までを見通す。

魅力的な楽曲分析の文章に誘われ、改めてラックに眠っていた十数枚の現代音楽のCDを聴き直した。その興亡を描く各章のあいだに、楽譜に書く行為ゆえに理知的な構成が重視されるという作曲論、聞き手の限界を超えるなかで創造的な受容の可能性が生まれる聴取論、新しい身体を必要とする演奏論を挟み込む。

興味深いのは、著者は現代音楽を愛するが、ただ礼賛せず、それがなぜ嫌われるのかを徹底的に考えていること。そして終章では、人々とのコミュニケーションを回復しつつ、今を刻印する「現代の音楽」に向かう期待を述べている。

評・五十嵐太郎（東北大学教授）

二〇一六年七月三一日❶

『ポール・マッカートニー　告白』

ポール・デュ・ノイヤー 著　奥田祐士 訳
DU BOOKS・三二四〇円
ISBN9784907583583

曲作りを楽しむ天才に共感

ビートルズはぼくの世代、とりわけ音楽に携わるものにとって避けて通れないランドマークである。しかし20代の自分に、その衝撃はすぐにはやってこなかった。ラジオで聞いたヒット曲「抱きしめたい」（1963年）はいい曲で好きだったが、そのあまりにもアイドル的な人気や、失神するロンドンの女の子のニュース映像を、ぼくは横目で見ていたものだ。

ところがアルバム「ラバー・ソウル」（65年）から見方が変わった。そこには予想外の新しい音楽が詰まっていたのだ。そして「サージェント・ペパーズ・ロンリー・ハーツ・クラブ・バンド」（67年）とBBCのテレビ映画用に制作され、後にアルバムとして編集された「マジカル・ミステリー・ツアー」（67年）で、ぼくは彼らの魔法にすっかりやられてしまった。音楽はマジカルな力を秘めたもの、と思うようになったのだ。

その力の秘密が著者とポールのやりとりから解明されるのではないかと期待しつつ読み進むうちに、ぼく自身の音楽に対する衝動や楽観性を再認識することになった。なるほど、秘密なんてない。あるとしても人にではなく自分の中にあるのだと、ポールの言葉を通して納得できた。音楽家としてのキャリアや才能は比べようもないが、ぼく自身の音楽への接し方も、不思議なことに天才ポールとある程度共通したものがある、と確認できたのである。

たとえば、ポールが自分の音楽人生の中で、特に作曲という行為を楽しんでいることに共感を覚える。本書では、大成功したビートルズやウイングスの興味深いエピソードも披露しているが、作曲という「魔法じみた実験」に携われる幸運について語ることも多い。こうした曲作りの話は本人にも説明が難しいのか、曖昧（あいまい）だ。しかし、この曖昧な表現こそがヒントであり、創造の「秘密」なのだ。

そのヒントとは「曲を書くときは、いつも運まかせ」「絶対に準備運動はしない」「いきなり飛び込んで、ベストの結果が出てくれるのを願う」「最高の曲はたいてい、ひと筆書きみたいな感じでできあがる」などなど。もちろん、そう言われたからといって誰しも名曲が書けるわけではないが、ポールのバックボーンがますます気になる。

本書では、ポールの子供時代の音楽体験も詳細に語られている。たとえばポールもジョンもロック以前の、20〜40年代の流行音楽を聴きかじり、家庭のパーティーで大人たちが歌う歌曲を楽しんでいた。こうしたポップスの伝統を受け継いでいるポールと仲間たちが、やがてロックという新しい音楽で世の中を変えてしまったのである。　評・細野晴臣（音楽家）

Paul Du Noyer　54年英リバプール生まれ。音楽ジャーナリスト。記者を経て、音楽月刊誌「MOJO」の創刊編集者を務め、エンターテインメント誌「HEAT」の立ち上げに尽力。

二〇一六年七月三一日❷

『「大正」を読み直す　幸徳・大杉・河上・津田、そして和辻・大川』

子安宣邦 著
藤原書店・三二四〇円
ISBN9784865780680

歴史／人文

喝采と迎合、国家主義の温床？

大正時代には吉野作造の民本主義が支持され、普通選挙や言論表現の自由を求める運動が盛り上がった。そんな大正時代に戦後民主主義の萌芽（ほうが）をみる大正デモクラシー論の「常識」に著者は異を唱える。

明治末に起きた日比谷焼（やき）打ち事件は都市下層の雑業層による暴動として画期をなした。大正とは不特定の社会的集合体である「大衆」を成立させた時期だったのであり、そんな大衆が「迎合し、喝采する国民」として動員された結果、大正デモクラシーはむしろファシズムや総力戦体制を用意する温床となったのではないか。そうした問題意識のもとで著者は幸徳秋水や大杉栄、津田左右吉（そうきち）、大川周明らを読み直してゆく。

たとえば大杉は吉野作造を厳しく批判していた。国家主義の圧力に晒（さら）され、最大多数の最大幸福を実現する国家共同体との両立を認めることで民本主義の生き残りを図った吉野こそ大杉にしてみれば個人的自由を生贄（いけにえ）に差し出して民主主義を殺（あや）

めた下手人だった。

そんな大杉の見方は大正デモクラシーに民主主義の夢を見ようとする甘ったれた姿勢を拒絶する。確かに現代日本と大正時代は似るが、それは議会制民主主義が個人の自由と尊厳を平然と踏みにじろうとしている現状のルーツが大正時代に遡（さかのぼ）れるという否定的な意味においてなのだ。

こうして民主主義殺しの轍（てつ）を踏みたくなければ「近代日本が大杉の殺害とともに見捨てていった近代国家と国家主義への本質的な批判を読むこと」が必要だと著者は書く。その読み直し作業が日本思想史の碩学（せきがく）をしてなお新鮮な再発見の連続であったことは生き生きと綴（つづ）られる本書の筆致がなにより物語る。

「民主主義はこれだ」と喝采の声を熱狂的に合わせるよりも、歴史を訪ね、覚めた批評的検証を静かに重ねることこそ民主主義の軸足を確かにするのでは。「急がば回れ（フェスティナレンテ）」の格言を改めて思った一冊であった。

評・武田徹（評論家・ジャーナリスト）

こやす・のぶくに　33年生まれ。大阪大学名誉教授。『昭和とは何であったか』『日本近代思想批判』など多数。

『私の消滅』

中村文則 著

文芸春秋・一四〇四円
ISBN9784163904719

悪意に操られる記憶と人格

記憶は、個人の同一性と結びつく。それなら、記憶が操作され、実際とは異なる記憶がはめこまれたら、人は別人格を生きることになるのか。本書は、悪意と暴力、記憶と人格が描出する見えない線への挑戦だ。

サスペンス的な展開の中、精神分析や洗脳の歴史が盛りこまれる。日本社会で現実に起きた連続幼女殺害事件の犯人の心理が分析される。記憶と人格と人生が入り乱れて「私」とは誰か、という問いと謎を読者へ突きつける。

冒頭、古びたコテージで「僕」は手記を読む。それを書いた人物は小塚亮大。職業は精神科医。治療を受けるために小塚のもとを訪れたゆかりという名の女性に、小塚は職業的な倫理を超えて接近する。

心身に過去に受けた暴力の傷を負うゆかりに対し、小塚はECT（電気ショック療法）を施す。「僕はこの人生というもの、そのものに抵抗していたのだと思う。人はもっと静かに生きられると。たとえこの世界が残酷でも、僕達（ぼくたち）はやっていけるのだと」

やがてゆかりは小塚から離れ、カフェを営む和久井の恋人となる。だが、和久井は小塚の敵ではなく、むしろ共謀関係が生じる。なぜなら、ゆかりをめぐる人間関係の背後には、さらなる悪が潜んでいるからだ。

吉見という精神科医の老人は、興味本位の悪意で人の心理を操作する。悪の側面だけを過度に強調した性格を描いて平面的にならないのは、幾重にも錯綜（さくそう）する要素によって、周到な手際でストーリーが構成されているからだ。悪意の連鎖と復讐（ふくしゅう）劇が繰り広げられる。

これまでも著者はさまざまな悪意、心の闇を作品化してきた。言葉によってかたちにすることで、初めて対峙（たいじ）でき、ときには乗り越えられる、というように。現代、これは小説のもっとも大事な機能の一つだ。物事の直視は、混乱よりも冷静さをもたらすからだ。いま生まれるべくして生まれた、緊迫感溢（あふ）れる傑作だ。

評・蜂飼耳（詩人・作家）

なかむら・ふみのり　77年生まれ。『土の中の子供』で芥川賞。『掏摸（スリ）』で大江健三郎賞。米の文学賞も受賞。

『フリーダ　愛と痛み』

石内都 著

岩波書店・四一〇四円
ISBN9784000611329

「遺品たち」の写真 自由な視座

見つめれば見つめるほど遺品というものは不気味で気持ちの悪いものである。

この写真集の帯文には「彼女が、今ここにいる」とあるが、ここにいるのは写真家であって、つまり「彼女」フリーダ・カーロはここにはいない。ここにあるのは蝉（せみ）や蛇が脱皮したあとに遺（のこ）した抜け殻のようなものである。ここに「いる」のは彼女の不在証明としての、かつての生の記憶にすぎない。

僕も16年前に、フリーダ・カーロの終（つい）の棲家（すみか）〈青の家〉を訪ねたことがある。メキシコの強い光の下で見るフリーダの遺品は、彼女の絵画の持つ生命エネルギーとは別個の、光に吸収された負のエネルギーのような、主人公から見捨てられた実に孤独な非感情的な物質としての死体（オブジェ）が無言で横たわっていたようだったのを思い出す。

そしてどこからともなく、「私はここにいませんよ」というフリーダの非物質的世界の彼方（かなた）からの声を聴いた。僕はこれらの遺品に対して、極力感情を排して冷めた眼（め）で眺めるべきであることを、彼女の声なき声の響きから感じとった。

彼女の絵画は時には観（み）る者に感情を押しつけてくる。その感情の矢を如何（いか）にかわすかというのが芸術作品との交流でもある。われわれは芸術に感情や意味を必要以上に与え過ぎてはいまいか。それが生の証明であるといえばそうかもしれないが、死して非物質的世界の実相にあるカーロは、かつての感情過多な自作を、そのまま素直に受け止めているのだろうか。

まして〈青の家〉に遺されたかつての肉体の分身に、彼女の未練はすでに消滅しているはずだ。もしそうでなければ彼女は肉体から解放されていないことになる。「遺品たちとの対話」（帯文）とは、写真家と遺品との対話ではなく、むしろカーロの魂と、カーロの遺品との対話ではないのか。これらの写真は、われわれに自由な視座を与えてくれる。

評・横尾忠則（美術家）

いしうち・みやこ　47年生まれ。79年、木村伊兵衛写真賞受賞。写真集『ひろしま』『幼き衣へ』など。

『金日成と亡命パイロット』

ブレイン・ハーデン 著　高里ひろ 訳

白水社・二五九二円
ISBN9784560084847

共産主義者演じ生き残った兵士

朝鮮戦争が休戦した直後の1953年9月21日。北朝鮮軍パイロット盧今錫（ノクムソク）が、ミグ15ジェット戦闘機で北緯38度線を越えて韓国の金浦基地に着陸、米国への亡命を求めた。米国人ジャーナリストの著者は、歴史に埋もれたこの亡命劇の主人公に光をあてた。彼の半生と金日成（キムイルソン）の権力掌握の軌跡を対比させながら、不毛な戦争の意味を問い直すノンフィクションだ。

朝鮮の日本企業で働いていた父を持つ盧は、「敵対階層」に分類されるため、その素性を隠して北朝鮮軍に入った。米国での生活にあこがれ、共産主義を嫌悪していたが、処遇の不満を漏らしただけの同僚が処刑される過酷な環境の中で、「熱心に共産主義者を演じ」ることで生き残りを図った。訓練不足で実戦経験に乏しい北朝鮮人パイロットは、米軍機に撃墜される危険性が高く、常に死と隣り合わせの日々だった。

兵士の苦悩をよそに、開戦を決断した金日成は、権力失墜の危機に度々陥りながら、北朝鮮を支援する中ソとの交渉でうまく立ち回った。自己宣伝に努める一方で、「戦時中に人民を困窮させ多くの犠牲者を出した戦略について」「何の責任も取らなかった」と、著者は厳しく批判する。

さらに、本書には「戦争時におけるアメリカ空軍による空爆のひどさを伝える」意図がある。「アメリカ軍は朝鮮戦争で三万二〇〇〇トンのナパーム弾を落とした。それは一九四五年に日本に落とした量の三倍」。中国軍参戦で劣勢となった米軍は焦土作戦に転じ、多数の民間人が犠牲となった都市爆撃を繰り返した。爆撃への怒りが広がり、金日成の権力確立を手助けする結果となったのは歴史の皮肉だ。

民衆の犠牲を省みない、中ソを含めた大国の身勝手な思惑と、金日成の権力への執着に振り回された戦争の実相が、兵士の視点を盛り込むことで見えてくる。南北分断の悲劇を改めて実証的に考えさせる好著だ。

評・市田隆（本社編集委員）

Blaine Harden　52年米国生まれ。ジャーナリスト。ワシントン・ポスト東アジア支局長など歴任。

二〇一六年七月三一日⑥

『憲法9条と安保法制　政府の新たな憲法解釈の検証』

阪田雅裕 著

有斐閣・二八〇八円
ISBN9784641227101

政治／社会

元長官が政府に示す理解の限界

昨年成立した一連の安保法制については、大半の憲法学者が違憲とし、政府の憲法解釈を支えてきた内閣法制局の歴代長官らも、批判に加わった。定着した政府解釈の変更自体が立憲主義をゆるがすとの議論も強いが、自らも元長官である著者は、解釈変更の妥当な部分と妥当でない部分との腑分（ふわ）けが必要だとする。

憲法9条2項は武力行使を禁じるが、日本への武力攻撃に自衛の措置をとることまでは禁じていないというのが従来の政府解釈であった。これに対し安倍晋三首相の諮問機関「安保法制懇」は侵略などの国際法上違法なこと以外は、集団的自衛権行使も含めてすべて可能という「芦田修正説」を打ち出したが、首相もさすがに採用しなかった。著者も憲法9条には国際法の制限を超えた法規範性があるとし、この説を否定する。

そこで問題となりうるのは、集団的自衛権行使のすべてが認められるわけではないとしても、一部は認められるかどうかである。憲法学者や元法制局長官らの多くは認められないとするが、著者の見解は異なる。「国民の命と暮らしを守る」という「従来と同じ意味での自衛のため」であれば、「国際法上は集団的自衛権の行使に当たる武力の行使で」あっても、これまでの「基本的な論理と軌を一にしているといえないわけではない」とする。法案に反対する学者らの「国民安保法制懇」を著者が途中で抜けた背景もこのあたりにありそうである。

しかし著者が政府側に示す理解もそこまでである。法制が必要な理由、つまり立法事実として政府が近海での米艦防護のような荒唐無稽な事例しか示せなかったこと。「必要最小限度」の実力行使の基準は従来は日本への武力攻撃の排除という明確なものであったが、集団的自衛権の場合には、もはやそうした基準が成り立たないことなどが、指摘される。本書への賛否を含め、憲法と安保法制をめぐる議論を続けたい。

評・杉田敦（政治学者・法政大学教授）

さかた・まさひろ　43年生まれ。弁護士。66年大蔵省入省。04年8月から06年9月まで内閣法制局長官。

『半席』

青山文平 著

新潮社・一七二八円
ISBN9784103342335

男女の相克を描く短編集『つまをめとらば』で直木賞を受賞した著者の受賞後第一作は、男同士の複雑な関係に迫る連作集である。

御家人の片岡直人は、役職のない小普請から幕府の監察役・徒目付（かちめつけ）に抜擢（ばってき）された。直人の父は旗本に昇進したが、子供に身分を相続させられない一代御目見（いちだいおめみえ）の半席だった。無役の苦労を知る直人は、片岡家が代々の旗本になれるように出世するため、上司に頼まれた奇妙な事件を調べ始める。

老人が釣りの途中で筏（いかだ）の上を走り、堀に飛び込み死亡する。長く同じ武家に仕えた非正規の奉公人が、情け深い主人を死に至らしめるなどの六つの謎は、直人の調査によって意外な動機が浮かび上がるので、ミステリーとしても楽しめる。

直人が貧困の連鎖を断ちたいと考えているように、各事件の当事者たちも、組織の論理に振り回されたり、将来に不安を感じたりしている。この状況が現代と似ているので、登場人物への共感も大きいはずだ。

評・末國善己（文芸評論家）

『1974年のサマークリスマス　林美雄とパックインミュージックの時代』

柳澤健 著

集英社・一七二八円
ISBN9784087816105

1970年代、一部の若者たちに熱狂的に支持されたラジオの深夜放送番組があった。TBSのアナウンサー・林美雄がパーソナリティーを務めた「パックインミュージック」である。

当時はまったく無名だった荒井（松任谷）由実や石川セリを見いだし、マニアックな日本映画について熱く語り、誰も知らなかったタモリを突然登場させて4カ国語マージャンをさせる。

本書はその林美雄の人生と「林パック」の時代を重ね合わせたノンフィクションだ。高校時代から全国コンテストのアナウンス部門で優勝するなど完璧なアナウンス術を身につけていた林は、じつは映画マニアではなかったという意外な事実。林と同期入社の久米宏をはじめ、多くの人々の証言はラジオ業界の裏面史としてもおもしろい。

ピンポイントな世代のための本だけど、「苦労多かるローカルニュース」「ミドリブタニュース」といった言葉に反応した元リスナーのあなたは必読！

評・斎藤美奈子（文芸評論家）

『18歳からの格差論　日本に本当に必要なもの』

井手英策 著

東洋経済新報社・一〇八〇円
ISBN9784492223710

『子育て支援が日本を救う　政策効果の統計分析』

柴田悠 著

勁草書房・二七〇〇円
ISBN9784326654000

成長優先の発想　大胆に転換

かつて先進国で稀（まれ）にみる平等社会といわれた日本。だが、バブル崩壊から四半世紀を経て、貧困と格差が最大の社会問題に浮上した。これまで、経済成長さえすれば給与が増え、貧困や格差も自然に解消すると喧伝（けんでん）されてきた。だが、いくら成長戦略を打っても経済は停滞し、私たちの所得は減る一方だ。貧困と格差は拡大するばかり。「成長がすべてを解決する」という神話は、めっきが剥（は）がれ落ちたのだ。ここで取り上げる2人の気鋭の若い研究者は、こうした論理を転倒させる。つまり、貧困と格差の克服こそが先決であり、それが日本を救い、成長を可能にするというのだ。

まず『18歳からの格差論』は、いまの日本社会を「分断社会」と規定する。中間層が貧しくなって弱者への優しさが失われ、育児や教育など社会サービスでは、政府責任よりも自己責任が強調される。余裕を失った社会では、格差是正への反発が大きくなる。誰かが得をすれば、誰かが損をするゼロサムゲームの世界に入るからだ。

そこで著者は、発想を転換する。貧困層に限った救済ではなく、子育てや教育、医療など人間に共通して必要なサービスを、すべての人々に対して（無償で）保障する社会の構築である。その費用は、全員が（所得に比例して）負担する。こうすれば、すべての人々が受益者となり、お互いが、いがみ合う必要はなくなる。税は、政府から一方的に取られる負担から、暮らしのための分かち合いへと転換され、格差も是正される。

他方、『子育て支援が日本を救う』は、子どもの貧困に焦点をあてる。高齢者向けの社会保障に比して、保育、産休・育休、児童手当、教育費支援など、子育て世帯への予算はほとんど増額されなかった。結果として子育て費用が子育て世代に重くのしかかり、子どもの貧困に拍車がかかった。これは機会の不平等をもたらし、子どもの才能の芽を摘んでしまうことで、社会全体の損失になる。

著者は統計分析によって、子育て支援と就労支援の充実が、子どもの貧困率を引き下げ、女性の労働参加率や出生率、労働生産性を高め、経済成長率を押し上げると明らかにした。そのために必要となる予算は、所得税の累進化、相続税の拡大、資産税の累進化などの組み合わせで十分に捻出可能だと試算する。きわめて説得的な改革案だ。

2冊はともに、子育て世帯や現役世代の貧困と格差に真剣に取り組むよう迫る、強力なメッセージを発している。社会保障は、日本ではほぼ高齢者への政策を意味してきたが、いまや大きな政策転換を行うべき時期に来たのではないだろうか。

評・諸富徹（京都大学教授）

いで・えいさく 72年生まれ。慶応大学経済学部教授。『経済の時代の終焉』で大佛次郎論壇賞受賞。

しばた・はるか 78年生まれ。京都大学大学院准教授。共編著に『ポスト工業社会における東アジアの課題』。

二〇一六年八月七日❷

『須賀敦子の手紙 1975−1997年友人への55通』

須賀敦子 著 松家仁之ほか 編

つるとはな・三〇七八円

ISBN9784908155031 文芸／ノンフィクション・評伝

「語り」聞こえるまろやかな直筆

最初の著作が出たのが六十一歳、八年後に他界し、生前の著書はわずか五冊。にもかかわらず、没後に書簡と日記と詳細な年譜を含む全集八巻が刊行。須賀敦子の人生は驚きに満ちているが、最近、全集にも載っていない新たな事実が周囲をあっと言わせた。

イタリアから帰国後、ひと回り以上歳（とし）の若い女性と知り合う。「すまさん」こと大橋須磨子は間もなくアメリカ人と結婚、渡米。以来、二十二年にわたって須賀が書き送った書簡が、文面や封書の複写写真と共にまとめられた。ヨーロッパ文明に惹（ひ）かれた須賀がアメリカの友人とこれほど深い関係を持っていたのは正直意外で、しかも四度の訪問でアメリカを好きになっていたのにびっくり。

手紙の内容はシンプルだが、忙しすぎて部屋が混乱状態なのを「家の中に交通巡査をひとりやとって置くか」と言ったり、参院選の候補者を「これくらいならうちのメダカでも当選する」とか、「インテリという水たまりに落ちないように——生きたい」とか、描写が図抜（ずぬ）けて突飛（とっぴ）でユーモラス。まろやかな直筆からは言葉のリズムや息継ぎ、声すらも聞こえてきそうだ。改めて須賀の文学の特徴は「語り」にあると思った。

　ふつう書簡が刊行されるのは大作家で、活動期の短い書き手の手紙が複写つきで出るのは珍しい。須賀への関心の高さがわかるが、作品が小説ではなく回想記のスタイルで書かれたことは大きいかもしれない。人生の締めくくりを意識する年齢に、自身の体験を普遍化する意識を傾けて物語った。そこに読者は切実な声を聞き取り、探偵のようにその実像を追うことが、作品を読むのと同様の楽しみになったのだ。

　最期を看取（みと）った妹さんもこんなに親しい友人がいたとはと驚く。口外しなかったのは秘密の物語として心中に留めておきたい気持ちが多少あったからか。もしそうなら謎はこれで終わりではないのかもしれない。

評・大竹昭子（作家）

すが・あつこ　1929～98年。イタリア文学者、作家。著書に『ミラノ　霧の風景』ほか。訳書に『インド夜想曲』など。

二〇一六年八月七日③

『ジニのパズル』

崔実 著

講談社・一四〇〇円
ISBN9784062201520

文芸／社会

無力な人々の背を押す強靭な力

　勇気あるデビュー作である。「苦しい時は私の背中を見なさい」とチームメイトに言った、女子サッカーの澤穂希のような存在の小説だ。

　在日3世の少女ジニは、自分の居場所を求めて、小学校は日本の学校、中学からは朝鮮学校、そして高校はアメリカに行く。その度に衝突と反抗を繰り返すのだが、それはジニの性格の問題ではない。さまざまな線引きによってジニを排除する環境が、ジニの身の置き所を奪っていくのだ。

　存在の根幹に関わる事件は、北朝鮮がテポドンを発射した翌日に起きる。チマ・チョゴリ姿で登校するジニは、「昨日までは、ここは私にとって危険な場所ではなかったはず。それが突然、こんなにも危険を感じる場所になるなんて。道の先にある曲がり角が酷（ひど）く恐ろしい」と、漠然と自分に向けられる敵意に怯（おび）える。そして本当に暴力に遭う。

　読んでいるだけで不安と怒りに駆られるこのくだりは、ヘイトスピーチを向けられる在日の人々のみならず、今や様々なマイノリティが共有する体験だろう。無力な者が殺害の恐怖に震えるのが、今の日本社会だ。

　この恐怖に打ち克（か）とうとして、ジニは原因を北朝鮮の支配者の肖像に求め、破壊的行動に出る。この行動は過っていると同時に、共同体内で目をそらしてきた問題を直視するという点で正しさも含んでいる。タブーを恐れず、その矛盾した両義性を表せたのは、文学だからこそ。文学は政治を嫌うが、むしろ政治に振り回されないために、政治を直視する必要がある。

　この小説はジニの手記という形をとる。つまり、ジニは初めて、書く行為に自分の場所を発見したのだ。表現という、自分の存在が留保なく肯定される場を。

　この作品には、排除されて自分を精神的に殺すしかなくなるまでに追い詰められた人に、自分に素直に書いてよいのだ、と表現を促す強靭（きょうじん）な力がある。ぜひ若い人に読んでほしい。

評・星野智幸（小説家）

チェ・シル　85年生まれ。東京都在住。16年、本作で群像新人文学賞を受賞し、作家デビュー。

二〇一六年八月七日④

『金持ちは、なぜ高いところに住むのか』

アンドレアス・ベルナルト 著
井上周平、井上みどり 訳
柏書房・三〇二四円
ISBN9784760147113
社会／ノンフィクション・評伝

エレベーターが世界を変えた

タイトルで少し損をしているかもしれない。本書の原題は「エレベーターの歴史」であり、19世紀に登場した機械仕掛けで垂直方向に動く密室の箱が、いかに建築や社会を変え、また物語に影響を与えたのかを広範に考察しているからだ。

なるほど、日本人がタワーマンションに暮らすようになったのもつい最近で、近代以前はほとんど平屋で生活していた。西洋人にしても、古代ローマにはすでに中層の集合住宅が存在していたとはいえ、階段しかなければ上層ほど劣悪な環境になる。高層建築が技術的に可能になっても、エレベーターがなければ使いものにならない。本書は主にアメリカとドイツの近代を振り返りながら、人と空間の関係をどのように再編成したかを検証する。

第1章は、エレベーターが縦に貫通する穴として建築を切り裂き、雑然とした内部の構成を整然とした空間に変えたこと。第2章は、独特の場だった屋根裏や非衛生的な上階が、富裕者の最上階やペントハウスに置き換わったこと。第3章は、レバーを巧みに操作するエレベーター乗務員が、押しボタン制御によって消えたこと。第4章は空間に着目し、エレベーターが乗り物なのか部屋なのか、閉所恐怖症の発生、欧・米の受容の違い、これまで壮麗な階段で権威を誇示してきた君主が困ってしまう平等主義的な性格などを扱う。最後はナボコフらの小説や「死刑台のエレベーター」「摩天楼（ニューヨーク）はバラ色に」などの映画、現代のCMでどのような舞台として描かれたのかを分析する。

建築史や技術史を期待して読むと、図版も少ないし、物足りないだろう。だが、本書がめざしているのは、むしろエレベーターという装置の発明を通じて、近代に刷り込まれた意識を明らかにすることだ。今日もわれわれはボタンを押している。普段当たり前になって意識しなかったインフラに改めて気づかせる良書である。

評・五十嵐太郎（建築批評家・東北大学教授）

Andreas Bernard　69年独ミュンヘン生まれ。リューネブルク大学デジタル文化センター教授。

二〇一六年八月七日⑤

『ニューヨークタイムズの数学　数と式にまつわる、110の物語』

ジーナ・コラータ 編
小川浩一ほか 訳　坂井公 監修
WAVE出版・五〇〇〇円
ISBN9784872907889
歴史／社会

百年間の記事から選りすぐり

数学者の発見が物理学者に伝わるには、五十年から百年の時間がかかるといわれたりする。日常の話題に顔を出すまでとなるとさらに時間が必要となる。

本書には、ニューヨークタイムズ紙に掲載された数学関係の記事の中から選（よ）りすぐられた百十編が収められている。もっとも古いもので1892年、新しいもので2010年、全体で百年以上の期間に及ぶ。

話題は大きく七つにわけられ、起こりつつあるできごとが当時の記事によって語られる構成である。一般向けの記事であるから、こまかな理屈の説明ではなく、背景や、予想される影響が解説されていく。

たとえば1892年の記事のタイトルは「研究としての保険業」であり、すでにして世界一の規模を誇るアメリカの保険業における、数学の研究と教育の重要性を述べている。その後、金融工学を精力的に発展させていくアメリカの姿が見えるようで興味深い。

いやそれだけではなく、統計学、暗号、コンピュータと並ぶ話題をみていくと、現在アメリカが主導権を握る情報技術が少しずつ成立してくる様子が浮かび上がってきたりもする。

もっともことは数学だから、話題は実利に限られない。もともと役に立つのか立たないのかなんてわからないのが数学で、何百年単位の目立たない積み重ねが大きな成果につながったりし、本書でもそうした例には事欠かない。

非専門家向けの解説を人生の早い段階で目にすることができるかどうかは、進路の選択において重要である。人間、知らないものに興味を抱いたり、目指すことは困難だからだ。

記事を集めたものである以上、それを誰が書いたのか、書かれたのはいつなのかをきちんと確認する必要がある。あまり知られていないことだが、数学を魅力的に語る能力は大変まれなものであり、そういう人との出会いは人生を変えるものとなりうる。

評・円城塔（作家）

Gina Kolata　ニューヨークタイムズの科学・医学担当記者。ピュリツァー賞の最終候補に2回選ばれた。

二〇一六年八月七日❻　文芸

『コンビニ人間』

村田沙耶香 著

文芸春秋・一四〇四円
ISBN9784163906188

常識のあやしさ「水槽」越しに

24時間営業。年中無休。コンビニエンスストアは現代日本に欠かせないインフラだ。でもね、本書の語り手・古倉恵子のコンビニ依存度は並みではない。なぜって彼女は、コンビニという環境の中でしか生きられない生物だから！

子どもの頃から世間とずれており、家族の心配の種だった恵子は、同じ制服を身にまとい、接客マニュアルを体得し、コンビニ店員になった日に確信する。

〈そのとき、私は、初めて、世界の部品になることができたのだった。（略）世界の正常な部品としての私が、この日、確かに誕生したのだった〉

以来18年間、彼女は同じコンビニでアルバイトを続けてきた。36歳、独身、恋愛経験なしのまま。

こういう人が周囲にいたらどうですか？　就職も結婚もしないで大丈夫？　とか思いません？

そこです、そこ。小説はそんな世間の「常識」を逆手にとり、コンビニ人間という生物の目から見た、世間の人々のあやしさをこれでもかと描き出す。水槽の中の魚が人類の生態を観察するような視点で。

村田沙耶香の持ち味は女性のセクシュアリティーがからんだ一種独特のヒリヒリ感だった。最近の『殺人出産』『消滅世界』は生殖をモチーフにした、SF的なディストピア小説だ。それが『コンビニ人間』で一気に芸域を広げた感あり。村田沙耶香的ヒリヒリ感がここでは武器として機能し、「あーら、おかしいのはそっちじゃないの？」と訴えかけてくる。

物語には恵子よりもっと問題児の「白羽さん」なる男性が登場。〈この店ってほんと底辺のやつらばっかですよね〉ってな悪態をつきまくる。

ある労働に特化することで可能になった、新種のプロレタリア文学。恵子が暮らすのは労働疎外の先にある世界である。読者はときに哄笑（こうしょう）し、ときに冷や汗をかきながら、景色が反転する感覚を味わうだろう。

評・斎藤美奈子（文芸評論家）

むらた・さやか　79年生まれ。13年『しろいろの街の、その骨の体温の』で三島由紀夫賞。本作で芥川賞。

二〇一六年八月七日❼

『アキバと手の思考』

粉川哲夫 著
せりか書房・三八八八円
ISBN9784796703529
社会

ラジオアートという言葉に違和感を覚えるとしたらラジオとアートへの誤解があるのかも。ラジオは電波を介した双方向コミュニケーションメディアとして始まった。コミュニケーションはそれをどう行うか主体的に選ぶ創造的な技芸(アート)だ。

ところがラジオとは放送を一方向的に受信するだけのもの、コミュニケーションには正解と定形がある、そう信じる思い込みがラジオとアートの自在で豊かな交流を阻む。

本書はメディア研究の一方で自前の微弱出力放送局を作る「自由ラジオ」運動を実践、ラジオアーティストとして国際的に知られる著者の日常記。部品を求めて秋葉原(アキバ)をさまよい、簡単な発信機を作って他者と電波で繋(つな)がる面白さを実体験するワークショップ開催のために世界中を飛び回る。

電子回路を手作りしながら育まれた思考はメディア技術を手の届く範囲に取り戻す。それは身体性を失いつつある情報化社会へ放たれる批評の礫(つぶて)ともなろう。

評・武田徹(評論家)

二〇一六年八月七日❽

『「イスラム国」の内部へ　悪夢の10日間』

ユルゲン・トーデンヘーファー 著
津村正樹ほか 訳
白水社・二五九二円
ISBN9784560092477
社会／国際

世界を不条理な暴力が覆っている。動機も背景も不明瞭な殺戮(さつりく)が起きるたび、「イスラム国」(IS)の名が浮かび上がる。

実際は、いつも関与があるわけではない。ISは、理解しがたい反文明的な行動を総称する符丁の言葉として定着したかのようだ。

本書は、謎の多いISの実態を探ろうとドイツ人ジャーナリストが挑んだ迫真のルポである。若者らはなぜ母国と家族に背を向け、ISに参画するのか。

イラクで西欧出身のIS戦闘員らと過ごす10日間で見えたものは結局、理解不能な思想でしかない。

ただ、彼らの心に世界のひずみの影は漂う。反テロという名のイスラム差別。内戦終結のための軍事支援がISを助長する矛盾。

イラク戦争にも精通した著者はISを断罪しつつ、善と悪とを巨視的に考える視座を示す。「戦争は富裕者がやるテロであり、テロは貧者がやる戦争である」

正義とは一体どこにあるのか、考えざるをえない。

評・立野純二(本社論説主幹代理)

二〇一六年八月一四日❶

『民主主義は止まらない』

SEALDs 著
河出書房新社・九七二円
ISBN9784309247632

『日本×香港×台湾　若者はあきらめない』

SEALDs 編　磯部涼 構成
太田出版・一二九六円
ISBN9784778315245
政治／社会

生身の言葉が動きを生み出す

社会や政治に対する冷ややかな視線はない。かといって、かつての政治的な「運動」のようなこわばりもない。

それを甘いと考える左派もいるが、「運動」を否定する右派の言葉もあてはまらない。そうした姿に好感を抱いて彼らが呼びかけるデモに私も足を運んだ。『民主主義は止まらない』は、SEALDsのメンバーと小熊英二との座談、内田樹との対話を中心に編まれた、まさに「民主主義」のガイドブックだ。『若者はあきらめない』は、SEALDsのメンバーが香港で雨傘運動に参加した学生や、台湾で立法院を占拠した者らと語り合う。状況の違いによる齟齬(そご)はありつつ、同じ時代にアクションを開始した意味を問うこと自体が興味深い。

SEALDsが先導したと書くことに私は躊躇(ちゅうちょ)しないが、昨年の安全保障関連法案に反対し多くの者が国会前に足を運んだこと、それはまさに、「足を運ぶ」というにふさわしく、自分の都合に合わせて、ばらばらと国会に集まり、自分の都合で帰る。つまりかつてのような「動員」と呼ばれるデモとはまったく異なる。そして、その気分を作ったのがSEALDsではなかったか。そのことについて、小熊と対話する諏訪原健は「意志を示す場をつくるっていうこと自体が、もともと僕らのやりたいことだったわけで」と語る。それはある程度、実現した。けれど、彼らへのデマや中傷が流されるのは仕方がない。それだけ彼らが影響力を持ったからだ。

　では、その影響力とはなにか。

　ある思想家は、いまデモをやることの意義は、再び日本人がデモをやることになったことだ、という意味の言葉を語った。SEALDsはその「触媒」だ。そして、内田の言葉が見事に言い当てている。過去の政治言語を否定して内田は彼らのスピーチをこう評する。

「ボソボソ喋（しゃべ）っていようが、滑舌が悪かろうが、下を向いていようが、生身の身体から出てくる言葉は、声がよく響くんですよ」

　彼らに嫌悪感を持つ者らが理解できないのは、SEALDsの、「動く状態」そのものだ。解散したとしても、次の行動に移行したとしても、その動きは止まらない。それが、香港、台湾の東アジアの若者の運動とも呼応しているのは面白い。それぞれが、「生身の身体から出てくる言葉」によってメッセージを発する。次から次へと正しい意味での民主主義と自由への動きが生まれる。否定する冷ややかな人たち、コール・アンド・レスポンスの音楽的なリズムを理解できない者らが、嫌悪する速度で。

評・宮沢章夫（劇作家・演出家）

SEALDs（シールズ）「自由と民主主義のための学生緊急行動」の略。10～20代の大学生が中心で、15年夏、安保関連法案に反対する国会前抗議を毎週金曜日に主催。8月15日に解散する。

二〇一六年八月一四日❷

『兵士のアイドル　幻の慰問雑誌に見るもうひとつの戦争』

押田信子 著

旬報社・二三七六円
ISBN9784845114665　人文／アート・ファッション・芸能

戦況に応じ、変遷する女性像

　かつて『戦線文庫』という雑誌があった。銃後の国民が寄付した「恤兵（じゅっぺい）金」を用いて海軍の委託を受けた出版社が制作。用紙不足で減頁（ページ）を強いられる一般雑誌を尻目に終戦直前まで二百頁前後を維持し、前線の兵士に届けられ続けた。

　国会図書館にも所蔵がない「幻」の慰問誌を追い求めた著者が明らかにした事実は、軍の関与する雑誌に対するステレオタイプをことごとく覆す。そこに政治的、軍事的なトーンはむしろ乏しく、内容は娯楽に偏る。中でもグラビアに登場する女性が、これが戦争中なのかと目を疑う大胆なポーズを取るのは印象的。駐屯地に慰問誌が届くと公演中のAKBファンのように兵士たちが「ウオー！」と雄叫（おたけ）びをあげる描写は著者のサービス精神溢（あふ）れる演出だろうが、兵役の辛（つら）さを忘れさせる「戦地のアイドル」が熱狂的に歓迎された様子はファンレターなどの資料からも裏付けられる。

　慰問雑誌で女性は受動的に被写体となるだ

けではなかった。たとえば新年号付録の慰問文集『海の銃後』は編者から書き手まで女性を揃（そろ）える。慰問活動への参加を通じて彼女たちは表現の場を獲得し、総力戦体制下の女性活用政策に相乗りするかたちで念願の社会進出を果たした。

ちなみにグラビアには当初スター女優が起用されたが、総動員体制が本格化すると親近感が持てる高峰秀子のような女優が「銃後の妹」役で登場。本土決戦が近づくと農家の娘が健やかな笑顔を見せる。守るべき家族や国土が強く意識されるようになると、それに見合う女性像が求められた。

そんな『戦線文庫』の1945年3月発行の最終号に「休刊」「廃刊」の表記がなかったという指摘は象徴的だ。アイドルの訴求力利用は終わらない。終戦後はGHQが民主化を進めるうえで女性表象を用いた。では今のアイドルは何を表象し、いかなる動員に利用されているのか。71年の時間を超えて考えさせられる。

評・武田徹（評論家・ジャーナリスト）

おしだ・のぶこ　横浜市立大学大学院共同研究員。メディア史など。共著に『東アジアのクリエイティヴ産業』。

『「非正規労働」を考える　戦後労働史の視角から』

小池和男 著

名古屋大学出版会・三四五六円
ISBN9784815808389

経済／社会

調査事例を基に制度改善を提唱

働いても生活が苦しいワーキングプアや、将来不安に伴う未婚化、少子化の問題に、近年の非正規労働の拡大が影響を及ぼした面は否めない。厚生労働省の平成26年の調査によると、派遣労働者がその就業形態を選んだ最大の理由は「正社員として働ける会社がなかったから」だった（38％）。

しかしながら、非正規労働全体を否定するかのような議論が昨今多いことに本書の著者は危機感を抱いている。「いうまでもなく、非正規労働には弊害もある。だからといって、非正規労働をなくせば、それですむ、というものではない」

著者は非正規労働者制には三つの機能があると整理している。①業績悪化時に雇用を調整する機能、②低賃金を活用する機能、③正社員に登用するための人材選別機能である。①と②が乱用されると冒頭の問題につながる（最近はそういった企業は若い世代に「ブラック」と見なされ人材確保が困難になってきたが）。

本書は③の人材を見分ける働きに特に焦点をあてている。調査事例を基に、非正規雇用は日本の主要産業で以前から見られたこと、技能を高めた労働者を正社員にした事例は数多くあり、それは企業の競争力にとって大きなメリットがあったことを紹介している。

「終章」では、「非正規労働者の正規への昇格制の整備」が提唱されている。昇格条件にみやすい基準を設け、恣意（しい）性を制限することは労働者のモチベーション向上につながる。従来の新卒正社員採用方式では、企業側も応募する側も互いの情報が不足し、ミスマッチが生じてしまっていた。

著者は生産の現場の力を高めていかないと、「高賃金国は国際競争でやぶれる可能性が高い」と危惧している。非正規労働の「合理性を活（い）かしつつ、弊害をすくなくする。そうした方策をさぐるほかあるまい」。それが結果的に「一国の競争力に寄与し、雇用の安定に資する」との本書の主張は重要と思われる。

評・加藤出（東短リサーチチーフエコノミスト）

こいけ・かずお　32年生まれ。法政大学名誉教授、名古屋大学特別教授（労働経済学）。『日本の賃金交渉』。

二〇一六年八月一四日❹　文芸

『帰郷』

浅田次郎 著

集英社・一五一二円
ISBN9784087716641

戦中と戦後つなげる想像力喚起

戦争を描くことをライフワークにしている著者の新作は、六作の戦争小説を収めた短編集である。戦争小説は最前線で戦う兵士を主人公にしがちだが、本書は戦争が巻き起こす様々な影響を掘り起こすことで、戦争の本質に迫っている。

南方から生還した古越庄一が、娼婦（しょうふ）の綾子に半生を語る「帰郷（ききょう）」は、古越がようやく戻った故郷で直面した戦地以上の地獄が、戦争の悲劇を際立たせている。飢えに苦しんだ兵士のすさまじい生への執着が描かれる「金鵄（きんし）のもとに」も復員兵の物語で、生き残った者が背負う重みから戦争を捉え直しており、考えさせられる。いずれも悲劇的な物語だが、ラストに救いもあるので読後感は悪くない。

レイテ島で戦死した父の顔を知らず、今は遊園地でバイトをしながら大学に通う武内勝男が、経済成長の裏にある戦争の影に気付く「夜の遊園地」。不寝番に立った陸上自衛隊の片山士長が、過去に同じ任に就いた陸軍の仙波上等兵と時間を超えて出会う「不寝番」の二作は、戦後社会に残る戦争の傷痕をあぶり出すことで、八月十五日で歴史を区切ることが果たして正しいのかを問い掛けてくる。

高射砲を修理するため、敵の魚雷艇を避けながらニューギニアの小さな岬にたどり着いた清田吾市が、元職人の砲兵たちと行動を共にする「鉄の沈黙」。学生だった沢渡中尉と香田中尉の楽しげな会話で物語が進むだけに、2人の置かれた状況が分かる終盤になるとせつなさが募る「無言歌」は、戦争とは無関係な人たちが国家によって動員され、死地に向かった現実を描いており、戦争の理不尽さが身近に感じられる。

戦争は国民を不幸にし、社会に損失をもたらす。それでもなくならないのは、戦争がもたらす悲劇を想像できないからではないか。戦中と戦後をつなげる歴史観で戦争を切り取った本書は、現代の問題として戦争を考えるための想像力を磨いてくれるのである。

評・末國善己（文芸評論家）

あさだ・じろう　51年生まれ。97年『鉄道員』で直木賞。『壬生義士伝』『終わらざる夏』など著書多数。

二〇一六年八月一四日❺　人文／科学・生物

『世界の不思議な音』

トレヴァー・コックス 著　田沢恭子 訳

白揚社・二八〇八円
ISBN9784826901895

「理」と「情」で解き明かす音文化

〈音〉を言葉で説明するのは難しい。自然の音や楽音はさまざまな情感を呼び起こすから論理的に解説しづらく、いきおい、情感と理屈のバランスが取りにくくなる。だがこの本は、音について語るときの〈情〉と〈理〉のバランスがすばらしい。珍しい音を求めて世界中を旅する音響学者の、楽しい科学エッセーだ。文体と内容も、一般向け科学啓蒙（けいもう）書とエッセーの中間ぐらいの、ほどよい堅さと柔らかさ。

音を求めて三千里の著者の旅は、イギリスとアメリカのコンサートホールから始まり、屋根や壁がないのに音が良く響くストーンヘンジのレプリカ、古い教会、かつての軍事施設、不思議な音を出すカリフォルニアの砂丘、マヤ文明のピラミッド遺跡が出す音、珍しい鳴き声の鳥が棲（す）むオーストラリアの乾燥林など、あらゆる場所におよぶ。さながら、音の世界旅行のガイドブック。

さらに著者は、音にかかわるさまざまな職業の人たち、音響技師やサウンドアーティスト、ゲームの効果音責任者などと会って話を聞き出していく。彼ら彼女らとの会話が活（い）き活きと引用されているのも、この本の魅力のひとつだ。

自然の音も人工物の音も等しく扱われているが、著者の思い入れは人工物が出す音の方にある。それは彼が、都市のような生活の場で聞かれる音は、社会的・文化的産物であるべきだと確信しているからだ。

世にも奇妙な音現象の舞台は、必ずしも良い音を出すことを目的としては作られていない建造物たちである。しかし、だからこそ、これらの〈音〉は、社会の産物であり文化に組み込まれてきたものなのだ。ぼくたちの身の回りにある〈音〉の、このような側面を鋭く炙（あぶ）り出し、肩肘（かたひじ）張らずユーモアを交えて描き出した著者の手並みは爽やかであり、鮮やかでもある。翻訳は丁寧で読みやすい。注がしっかり全部訳出されているのも大変ありがたい。

評・佐倉統（東京大学教授）

Trevor Cox 英ソルフォード大学の音響工学教授。本書で米国音響学会のサイエンスライティング賞受賞。

二〇一六年八月一四日❻

『三池炭鉱宮原社宅の少年』

人文／社会

農中茂徳 著

石風社・一九四四円
ISBN9784883442652

のどかな暮らしの先に深い意味

福岡県大牟田市宮原町二丁目。三井三池炭鉱で働く人々が住む「宮原社宅」があった場所である。

高さ2メートルほどのブロック塀に囲まれた社宅に住むのは200世帯ほど。塀の外を社宅の人々は「外（がい）」と呼んだ。長屋式の社宅が並ぶ一角には共同風呂があり、隣の講堂では映画が上映された。

著者は敗戦の翌年、この宮原社宅で生まれ、高校を出るまでここで育った。ベビーブームの走りの時代で、小学校の児童数は2千人を超えていた。

そんな社宅での子どもの暮らしを本書は克明に描き出す。生活排水が流れ込む川でフナやザリガニをとり、台車を暴走させ、馬跳びや馬乗りやコマやパチ（メンコ）やラムネン（ビー）玉に熱狂し……。が、のどかな自分史に見えた本書に、じつは深い意味が込められていたことを、私たちは終盤近くで知るのである。

東京の大学に進学後、知り合った女学生は、自分も福岡県大牟田市宮原町二丁目の出身だといった。ただし、彼女が住んでいたのは生け垣に囲まれたお屋敷のような「職員住宅」。

同じ住所に住んでいたのに互いを知らない。〈職員住宅の人たちからすれば、私たちの方が「外」と呼ばれる存在だったのだ〉〈私たちは分断され閉鎖された状況を、当たり前のように受け入れながら育ってきていたのだ〉

三池炭鉱はかつて囚人労働や強制労働が行われた炭鉱でもあり、また三池闘争（1960年）の舞台としても知られている。

闘争の最中、昇進を打診された父に農中少年はいった。〈お父（と）さんが係り員になって、給料が上がることは嬉（うれ）しか。ばってんそれは、三池労組を出るということやろう〉〈それは、いやばい。考えられん〉

三池炭鉱宮原坑跡は昨年、ユネスコ世界文化遺産のひとつに登録された。そのすぐ側（そば）にあった暮らしがいまはない。クラッとするような感覚に襲われる。

評・斎藤美奈子（文芸評論家）

のうなか・しげのり 46年生まれ。福岡県内のろう学校、養護学校教諭を経て、現在は同県立大学非常勤講師。

二〇一六年八月一四日❽

『煉瓦を運ぶ』

アレクサンダー・マクラウド 著
小竹由美子 訳

新潮クレスト・ブックス・二〇五二円
ISBN9784105901271

文芸／人文

カナダ出身のアリステア・マクラウドは優れた短編作家だが、同じく作家の息子が父と同レベルという保証はない、とやや斜に構えて本書を開いたが、二、三編読んで姿勢を正した。父に引けを取らない濃密で確かな文章を書く人である。

真っ暗なトンネルのなかで列車と競走をする、両腕に煉瓦（れんが）を抱えて走って運ぶ、ホテルの屋上から眼下の川にダイブする、凍った雪道を自転車で配達するなど、極度の集中を要する常軌を逸した行為が想像のつかない展開をする。基底にあるのは、人間は「自分にはどうしてもできないことによって作られている」という洞察である。

父がケープ・ブレトン島を舞台にしたのに対し、アレクサンダーが目をむけるのは、斜陽化するカナダの工業地帯と、そこに暮らす都市生活者。モチーフは異なるが、人間の持つ正否を超えた原始の力に畏怖（いふ）を見いだす筆致が共通している。意識したものから目をそらさない凝視の力に貫かれた短編集。

評・大竹昭子（作家）

二〇一六年八月二一日❷

『ビビビ・ビ・バップ』

奥泉光 著

講談社・二八〇八円
ISBN9784062200622

文芸

ＡＩの時代に、人とは何か問う

伝奇小説の名作を残した国枝史郎は、複雑怪奇に入り組んだ自作を即興性の高いジャズになぞらえた。主人公が、国枝を敬愛した半村良の『妖星伝』を読んでいる本書も、ジャズを題材に、ＳＦや推理小説の要素を取り込みながら、先の読めない物語を紡いでいる。

人類が、電脳ウイルスの大感染による危機を乗り越えた21世紀末。ジャズピアニスト兼音響設計士の木藤桐（通称フォギー）は、ロボット製造の巨大企業の幹部で天才技術者の山萩貴矢から、墓参者がアバターを使って訪ねる架空墓（ヴァーチャルトゥーム）の音響設計を依頼されていた。

大富豪でジャズと落語を愛する山萩は、架空墓の電脳空間にジャズクラブや寄席が華やかだった１９６０年代の新宿を再現。将棋の大山康晴名人、落語家の古今亭志ん生、ジャズ音楽家のエリック・ドルフィーといった伝説的な人物のロボットも作っていた。フォギーは、旧知のプロ棋士・芯城銀太郎とロボットの大山名人との対局に招待されるが、初日の夜、大山名人が密室で破壊されてしまう。

大山名人から渡された謎のメッセージを手がかりに事件を追うフォギーは、人類存亡の危機に巻き込まれ、さらに宇宙の秘密にも行き着くので、壮大なスケールに圧倒されるだろう。

デジタル技術が発達し、多国籍企業が強い力を持つ未来社会は、国や企業からの監視を受け入れる代わりに利便性を手にする人が増え、貧富の格差も広がっている。こうしたありうべき未来像を通して、弱者を切り捨て、日本礼賛のナショナリズムが広がる現代を皮肉っているのも面白い。

作中では、人工知能（ＡＩ）が動かすドルフィーやチャーリー・パーカーらがセッションし、志ん生と立川談志が絶妙な掛け合いをする夢の共演も多い。アドリブもこなすが、人間ほどの表現力はないＡＩは、人間に備わった感性や創造力がＡＩに代替されつつある時代に、人間とは何かを問い掛けているのである。

評・末國善己（文芸評論家）

おくいずみ・ひかる 56年生まれ。94年『石の来歴』で芥川賞。『ノヴァーリスの引用』『東京自叙伝』など。

二〇一六年八月二一日③　文芸

『三の隣は五号室』

長嶋有 著

中央公論新社・一五一二円
ISBN9784120048555

半世紀の暮らし刻む部屋が主役

間取り好きには堪（こた）えられない小説である。舞台は東京近郊のさして特徴のない町に立つ木造アパート。部屋は二間あって広めだが、その一つは三方が障子に囲まれている。大方（おおかた）の人が変な間取りと感じたこの五号室に住み暮らした十三世帯の体験が、時間を前後しつつ語られる。

当然のこと互いに面識はない。ガスコンロに三センチだけ残されたホース、水道会社の「水不足！」のステッカー、テレビアンテナの長い引き込み線など、前の住人が残した痕跡でつながる。つまり五号室こそが主人公。全員を知っているのはこの部屋だけなのだ。

と同時に、その空間に過ぎ去った一九六六年から二〇一六年の時間もまた、空間と対をなす重要な登場者だ。ちり紙からトイレットペーパーに、回転式蛇口がレバー式に代わり、瞬間湯沸かし器やシャワー付きバランス釜が登場し、と五十年間のライフスタイルの変化が記憶の中から甦（よみがえ）る。

だがそれ以上に魅力的なのは、「誰も自ら語らないし誰から語られることもない」時間（三センチのゴムホースを抜き取る、タイルの目地の汚れ落としに奮闘する！）が丁寧に拾い集められていることだ。人生の一大事ではなく、「無為」な時間への偏愛こそ、本作の真骨頂だろう。

イラン人ダヴァーズダは「五号室はコツの部屋」という名言を残す。滑りの悪い障子の開け閉（た）て、サイズの合わない風呂栓の押さえ方、人とぶつからないよう注意が必要な二つのドアの開け方など、細やかな配慮を求める部屋は人間じみて愛（いと）おしい。

時代は「気付けば移り変わっている」ものだが、それを振り返るとき、誰もが口にするのは「懐かしい」の一言。簡単に生きたはずはないのに「なんて簡単になるんだろう」と最後の住人がつぶやく最終章にはうならされた。時空間が見事に主題化され、建築家やインテリアデザイナーにも刺激的なはずだ。

評・大竹昭子（作家）

ながしま・ゆう　72年生まれ。『猛スピードで母は』で芥川賞。『夕子ちゃんの近道』『ねたあとに』ほか。

二〇一六年八月二一日④　経済

『鉄道は誰のものか』

上岡直見 著

緑風出版・二七〇〇円
ISBN9784846116101

「交通は人権」の視点に立つ評論

ブルートレインなどの廃止が発表されると、駅のホームには「最後の雄姿」を撮ろうとマニアが詰めかける。鉄道会社が決めたことは既成の事実となり、誰も批判しようとはしない。また鉄道ライターの多くも、取材先である鉄道会社を批判すれば食い扶持（ぶち）がなくなってしまう。マニアやライターは数多くいても、真の「鉄道評論家」はいないのかと常々思っていた。

そうした私の満ち足らぬ思いを払拭（ふっしょく）してくれる、見事な本が現れた。著者は環境政策の専門家のせいか、文体にマニアや鉄道ライターのような気負ったところがない。まるで原発の問題点を指摘するかのごとく、さまざまなデータを交えながら日本の鉄道の問題点を列挙し、鉄道会社の姿勢を鋭く批判してゆく。その淡々とした筆致がかえって説得力を与えている。

しかも、理系の出身でありながら、問題意識はきわめて政治思想の研究者に近い。例えば、鉄道は人間を乗せているという原点に立ちつつ、「交通は人権である」という視点を打ち出している。鉄道には採算性だけでとらえられない公共性があるという観点から、ローカル線の廃止が及ぼす地域への影響についても指摘している。

とかくマニアの間には、「日本の鉄道が世界で一番進んでいる」という思い込みがあるが、著者は海外の事例を数多く紹介しつつ、それがどれほど根拠がないかを論証する。そうかと言って無味乾燥なデータの羅列に陥っているわけでもない。随所に織り込まれる著者自身の鉄道体験が、あたかも潤滑油のような役割を果たしているからだ。

最終章では、すでに着工されたリニア新幹線の負の側面についても言及されている。かつて私自身、反対派の市民集会で「リニアを開業させるくらいなら、新幹線の値下げを要求すべきだ」と発言したことがあった。著者も全く同じ考えだとわかり、意を強くしたしだいである。

評・原武史（放送大学教授）

かみおか・なおみ　53年生まれ。環境経済研究所代表。早稲田大学大学院修士課程修了。『乗客の書いた交通論』。

二〇一六年八月二一日⑤

『すばらしい黄金の暗闇世界』

椎名誠 著

日経ナショナルジオグラフィック社・一九四四円
ISBN9784863133532

文芸

地下住居、空飛ぶ蛇、食肉ナマズ

著者は、するする読めて深い味わいを残すエッセー集を数多く書いてきた。最新刊の本書では、その名人芸が、自然界の森羅万象やそこに関わる人間の生活を題材として十二分に味わえる。

「暗闇世界」をめぐり、「好き」と「怖い」が隣り合わせになった、椎名誠流「陰翳礼讃（いんえいらいさん）」が展開される。子どものころ、自宅の押し入れから天井裏につながる小さな探検で暗闇の魅力を知った。無人島では漆黒の闇の理由なき怖さを体験した。さらに、岩や地面を掘り抜いて作った地下住居に住む中国の人々、ニューヨークの地下鉄の廃棄された駅や廃線となったトンネルに住み着いた数千人のホームレスなど闇に親しむ暮らしに思いをめぐらす。闇の世界の多彩なエピソードに引き込まれた。

その「闇」語りの中で、光があふれる日本社会への批判は考えさせる。東日本大震災の原発事故による電力不足をきっかけに「エネルギーの浪費」を再検討するに至ったはずなのに、「まだまだ懲りずに無意味な『あかるさ』に大きな価値を求めている」。

著者は、北極圏から南米のジャングルまで、世界の辺境の地を旅し、現地の人々と過ごしてきた。その経験も取り入れた「自然界の生き物」語りは、驚きの連続だ。アマゾンにいる2～4センチの食肉ナマズは、川の中で小便をするとアンモニア臭を素早くかぎつけ、水流をさかのぼって尿道につっこんでくる。また、ボルネオの熱帯雨林にすむ蛇は、肋骨（ろっこつ）を広げて体を平らにし、空中を飛ぶという。

著者のSF小説には、人を襲う虫や魚など、危険な未来生物がたくさん登場する。本書を読むと、想像上の生物は、著者の自然界へのあくなき好奇心が膨らんで生み出されてきたことがよくわかる。

本書には、空飛ぶ蛇など、雑誌「ナショナルジオグラフィック」の貴重な自然写真も収められており、見ても楽しい出来栄えだ。

評・市田隆（本社編集委員）

しいな・まこと　44年東京生まれ。作家。『アド・バード』で日本SF大賞。写真家、映画監督としても活躍。

二〇一六年八月二一日❻　政治

『集団的自衛権の思想史』

篠田英朗 著
風行社・二〇五二円
ISBN9784862581044

憲法と安保の「二重構造」を検証

　憲法学者の宮沢俊義は、ポツダム宣言受諾で天皇主権から国民主権への「革命」が起こったとした。いわゆる「八月革命」説だ。だが、著者によれば、この説は、「実際の憲法制定権力者としてのアメリカの存在を消し去る」ことで、「表」の憲法と「裏」の日米安保という二重構造を正当化する役割を果たした。本書は、こうした構造を思想史的に緻密（ちみつ）に検証しようとする。

　戦後憲法学は、立憲主義を権力制限的にとらえ、自衛権を抑制的に解釈してきた。これに対し、著者は、人々が信託により安全確保の責務を政府に負わせることこそが立憲主義の根幹とし、昨年の安保法制をも必要な施策と評価する。

　国際法上の概念である自衛権を、内閣法制局や憲法学者が憲法の側に引き寄せ、個別的自衛権と集団的自衛権とを厳密に区別したことが、著者からすれば、そもそも問題であった。

　個別的自衛権を担う合憲な自衛隊と、基地を用いて一方的に集団的自衛権を行使する米軍という整理には「表」の憲法論が「裏」の安保に実は依存している点で矛盾がある。冷戦時代は反共目的でこれを受け入れた米国だが、冷戦終結後、日本側にさらなる対応を求めたのも当然という。

　平和構築論を専攻する著者が、国際協調主義の立場で考えているのは明らかだ。国連による集団安全保障と、同盟としての集団的自衛とを峻別（しゅんべつ）する憲法学を批判し、集団的自衛の意義を強調するのも、個別的自衛だけにこだわる「内向き」の姿勢では、国際的な人権確立の動きに協力できないと考えるからである。

　しかし、米国の世界戦略と距離を保とうとしたぎりぎりの努力を「内向き」の一言で清算すべきなのか。欧州のような地域的な連携をもたない日本では、国際協調への意思が、一層の対米従属につながるという逆説もあるのではないか。さまざまな論争を呼びうる刺激的な一冊だ。

評・杉田敦（政治学者・法政大学教授）

しのだ・ひであき　68年生まれ。東京外国語大学教授。03年に『平和構築と法の支配』で大佛次郎論壇賞。

二〇一六年八月二一日❼　歴史

『三十八年戦争と蝦夷政策の転換』

鈴木拓也 編
吉川弘文館・二五九二円
ISBN9784642064903

　日本の歴史と言われると、近畿地方を中心とした風景が浮かびがちだが、しかしもちろん、日本列島全域には有史以前から人が暮らしていたのである。

　本巻で完結した「東北の古代史」シリーズは、東北地方における最新の古代史研究をまとめたもので、各種資料を駆使して当時の社会の姿を再現していく。

　この巻では主に、坂上田村麻呂やアテルイが登場する、朝廷と蝦夷（えみし）の戦いと、東北地方における自然災害が扱われる。九世紀は地震、津波、火山災害の多い時代でもあった。

　シリーズを通して考えさせられるのはやはり、文字資料の重要さである。中央からの視点で記された資料と、発掘物が示すものをすりあわせる作業は非常に入り組んだものになる。記録に残されなかった歴史もこうして、慎重に読み解いていくことは可能である。しかしここでどうしても、歴史を自分たちで書き残し、伝えることの重要性を思わずにはいられない。

評・円城塔（作家）

二〇一六年八月二一日⑧

『川原慶賀の「日本」画帳　シーボルトの絵師が描く歳時記』

下妻みどり 編
弦書房・二九一六円
ISBN9784863291362
歴史

江戸時代、幕府の鎖国政策のもとで唯一開かれていた長崎の出島。今年没後一五〇年のオランダ商館医・シーボルトは、さまざまな情報や文物を持ち帰り、ヨーロッパにおける日本研究の基礎を作った。

長崎の絵師・川原慶賀は、シーボルトらの求めに応じて数多くの絵を描いた。人物、動植物、風景、行事や産業、人生儀礼など。記録的な絵だ。本書は、慶賀より二世代ほど年上の野口文龍による『長崎歳時記』の文章と、オランダ商館長・メイランの文章の現代語訳を、慶賀の絵と合わせるという構成をとる。思い切った作りだ。

精霊流しや阿蘭陀船出航の様子など、長崎らしさを湛（たた）えた絵に、思わず見入る。また、人の一生を儀礼の面から捉えた一連の絵はどこか懐かしい。慶賀の作品のほとんどは海外にあるが、時代を超えて多くを教えてくれる。絵に残る昔のことがとても新鮮。「シーボルトのカメラ」と称される理由がよくわかる。

評・蜂飼耳（詩人・作家）

二〇一六年八月二八日②

『2050　近未来シミュレーション日本復活』

クライド・プレストウィッツ 著
村上博美 監訳　小野智子 訳
東洋経済新報社・一七二八円
ISBN9784492396315
経済

夢の成功国家　実現への秘策は

2050年の日本。ワシントンDCを飛び立った超音速旅客機ミツビシ808は2時間半の快適な旅を終え、羽田空港に着陸。訪問客は、世界最先端の情報技術で社会システムの利便性を飛躍的に引き上げ、イノベーション大国として台頭した日本の快適さを味わう。訪ねた企業では、ここは北欧かと見紛（みまが）うばかり、女性が取締役会の半数を占めている。日本は、世界でも有数の女性が活躍する社会に生まれ変わったのだ。

もっとも大きな変化は、人口動態だ。人口減少は2025年に上昇に転じ、2050年の総人口1億5千万人超えが見込まれる。人口増は経済成長を促し、日本経済は、年率4・5％で力強い拡大を続けるようになった。いったい、2016年と2050年の間で日本に何が起きたのか。これこそが、本書の主題だ。

2017年、危機が勃発する。アベノミクスは失敗、膨大な公債残高の償還可能性に不安を抱いた投資家が円建て資産を売却、資本逃避が始まる。窮した日本は、IMF（国際通貨基金）管理下に入る。衝撃的なのは、サムスンによるソニーの吸収合併だ。日本産業の凋落（ちょうらく）は、ついにここまで来たのだ。

国家の存立危機を前に、国会は「特命日本再生委員会」の創設を決める。委員会は、①女性の就業率の向上、②計画的な移民の導入、③バイリンガル化、④再生可能エネルギーを中心とするエネルギー独立、⑤新しい経済産業モデル、⑥連邦制導入による徹底した分権化などを提言。これらを実行に移すことにより、日本は明治、終戦後に続く3度目の経済的奇跡を自ら実現することに成功するのだ。

以上はすべて、かつての日米貿易摩擦時の対日交渉官であり、いまや日本の将来を案じる著者のシミュレーションだ。実現するもしないも、すべては我々自身の手にかかっている。日本の社会経済システムの本質を突いた数々の問題点の指摘、重く受け止め、日本の行く末を考えたい一書だ。

評・諸富徹（京都大学教授）

Clyde Prestowitz　41年米国生まれ。経済戦略研究所所長。『日米逆転』は両国でベストセラーに。

二〇一六年八月二八日③

『ボクシングと大東亜　東洋選手権と戦後アジア外交』

乗松優 著

忘羊社・二三七六円
ISBN9784907902117

歴史／人文

「熱狂」が崩した国交断絶の壁

第2次大戦後、フィリピンの対日感情は極めて悪く、2国間の交渉は難航した。だが、国交断絶中の1952年からボクシング東洋選手権が始まり、日本人とフィリピン人選手の王座決定戦が両国のファンを熱狂させる。54年には日本政府の賠償交渉に一切応じなかったフィリピンのマグサイサイ大統領が遠征中の日本人選手を官邸に招き、歓迎してもいた。

日比国交正常化に先駆けて民間交流を実現させた東洋選手権とは何だったのか。本書は関係者の足跡を辿（たど）る。興行師は裏社会に繋（つな）がり、公職追放が解けた国士たちが蠢（うごめ）く。スポーツ興行をテレビ普及に利用した正力松太郎の思惑も働いていた。こうしたクセのある人々の動向を著者は丁寧に調べ、証言を集めた。

中でもフィリピンの英雄フラッシュ・エロルデと名勝負を繰り広げた故・金子繁治への聞き取りは本書の白眉（はくび）だ。ファイトマネーを孤児院建設等につぎ込むエロルデを同じキリスト教徒として金子は敬い、親交を結んだ。そしてひとたびゴングが鳴れば、神の与え給（たも）うたボクシングという天職を互いに全うすべく、全力で打ち合ったのだという。

その証言は当時のファンの心境を理解させてくれよう。我執を超えた二人の戦いの清々（すがすが）しさにファンは魅了され、熱狂したのだ。

54年に東洋ボクシング連盟が設立された時の参加国は日本とフィリピン、タイだけ。「東洋」は興行の価値を高めるために用意されたフィクションだった。だが「東洋一」を懸けて戦うボクサーがもたらす感動は本物であり、それが日本のアジア回帰へ道を開いた。

本書はボクシングに熱狂した時代と社会を生き生きと描くルポルタージュ的な性格と情報や資料の出所を明記しつつ議論を積み上げる学術書の体裁を兼ね備える。訴求力ある表現と調査研究の公共性を両立させた新しいアカデミック・ジャーナリズムの書き方を示した点でも評価できよう。

評・武田徹（評論家・ジャーナリスト）

のりまつ・すぐる　77年生まれ。関東学院大学兼任講師（スポーツ社会学、カルチュラル・スタディーズ）。

二〇一六年八月二八日④

『TOKYOインテリアツアー』

浅子佳英、安藤僚子 著

LIXIL出版・二一六〇円
ISBN9784864800235

アート・ファッション・芸能

巨大都市の行方　多面的に批評

ポケモンGOは、既存の都市空間に異なる情報の層を重ねあわせたことで多くの人をひきつけ、外出をうながしたが、そもそもデザインに関心をもって街歩きをするのも似たような行為である。20年ほど前に『建築MAP東京』（TOTO出版）が刊行されたとき、各地に点在する膨大な数の現代建築を鑑賞しながら、都市を体験する楽しみをもらった。本書はインテリア・デザインを紹介する初の東京ガイドである。正直、筆者も知らない物件が多く、これによって新しい東京が見えてきそうだ。

本書は、銀座、表参道・原宿、恵比寿・白金、中央線など、九つのエリアに分けているが、それぞれの冒頭に近代以降の都市環境の変遷を記述し、街の性格とインテリアの動向が結びつくことを示唆しつつ、分析を行う。例えば、1973年にPARCOが登場し若者の街として注目された渋谷で、今後の高層化と再開発によってストリート文化は生き残るのか？と問う。すなわち、刹那（せつな）的に消費されるものと思われがちなインテリアに対し、歴史的な文脈から位置づけながら、外部の都市と切り離されたものではないというのだ。

このガイドは、おしゃれなデザインをただ紹介するものではない。2人の著者による論考、コラム、解説は、批評的かつ思想的であり、ときには辛辣（しんらつ）だ。例えば、バブルの反動からミニマルやシンプルを好む傾向は続くが、これがデザインを更新できるのか？ 古き良きアメリカの流行は9・11後の保守回帰の表れではないか？ などである。

安藤僚子は、巨大過ぎる東京が誘発する表と裏の形成システムと街の新陳代謝をもたらすインテリアの関係を考察し、都市論としても読み応えがある。また浅子佳英は、日本では近代に発見されたインテリアの概念と日本人の「内面」を相互参照しながら、多様で複雑な未来への活路を探る。インテリアの批評宣言というべき本が登場した。

評・五十嵐太郎（建築批評家・東北大学教授）

あさこ・よしひで 72年生まれ。建築家、デザイナー。

あんどう・りょうこ 76年生まれ。インテリアデザイナー。

二〇一六年八月二八日⑤

『北の富士流』

村松友視 著

文芸春秋・一七二八円

ISBN9784163904825

歴史／人文

数字で評価できない人間的魅力

1972年1月場所8日目、横綱北の富士と関脇貴ノ花の一番を、小学3年だった私はテレビで観戦していた。北の富士が外掛けで倒そうとしたところを貴ノ花が捨て身の上手投げで返し、北の富士の右手が先についた。行司の軍配は貴ノ花に上がったが、物言いがついた。その結果、「体が死んでいるときは、かばい手といって負けにならない」というルールが適用され、軍配差し違えで北の富士の勝ちとなった。

土俵に上がった審判委員と行司の協議は異様に長かった。「かばい手」という決まり手も聞いたことがなかった。貴ノ花を応援していた私は、判定に納得がいかなかった。

北の富士のしこ名を聞いて思い出すのは、この場面である。前年に名横綱大鵬が引退し、北の富士のライバル玉の海が急死したことで、横綱は北の富士だけになっていた。当時の相撲界は、もう一人の名横綱北の湖が現れるまでの過渡期であった。「かばい手」で勝ちを拾ったにもかかわらず7勝7敗1休だったことに象徴されるように、横綱とは言い難い成績で終わった場所も少なくなかった。

しかし村松友視にとってそんなことは百も承知のはずだ。優勝回数などのわかりやすい数字によってしか大相撲の力士が評価されない風潮に異を唱えるかのように、著者は関係者への取材を重ねつつ、長きにわたって人間的魅力を放ち続ける「北の富士流」の生き方に迫ろうとする。その魅力は、著者のようなすぐれた作家の筆力によってしか表現され得ないものだ。現役時代の成績など、「北の富士流」全体のなかではごく一部を占めるにすぎないことが、本書からはひしひしと伝わってくる。

いまや大鵬や北の湖ばかりか、北の富士自身が親方として育てた名横綱千代の富士も亡くなってしまった。角界に身を捧げた男たちの人生の明暗について、深く考えずにはいられなくなる一冊である。

評・原武史（放送大学教授）

むらまつ・ともみ 40年生まれ。作家。著書に『私、プロレスの味方です』『時代屋の女房』（直木賞）など。

二〇一六年八月二八日❻　文芸

『陸王』

池井戸潤 著

集英社・一八三六円
ISBN9784087716191

保証なき道進む中小企業の不安

ベストセラーとなった『下町ロケット』シリーズと同じく、新技術による商品開発を目指す中小企業の物語。今回の池井戸作品でも熱い人間ドラマに心を揺さぶられた。一つ一つの企業小説がマンネリに陥らず、読者を魅了し続けるのはなぜだろう。

埼玉県行田市の足袋メーカー「こはぜ屋」は、正社員とパート計27人の企業。創業百年の老舗だが、時代の流れの中で売り上げはジリ貧。社長の宮沢紘一はふとしたきっかけから、自社の地下足袋を応用してランニングシューズに新規参入できないか、と思いつく。「伝統を守るのと、伝統にとらわれるのとは違う。その殻を破るとすれば、いまがそのときではないか」

素敵(すてき)な言葉だが、現実は甘くない。商品開発は障害多く、展望は開けない。新規事業に協力的な取引銀行担当者が登場するが、この場合、融資を渋る銀行の上役の判断のほうが妥当に思えるほど状況は厳しい。

本作では、ライバルの大手メーカーとの競争より、暗がりの中を手探りで進むような時期の描き方に、池井戸作品が読者に訴えかける力があることを改めて感じた。大手メーカーを退職後、シューズ開発のアドバイザーとしてこはぜ屋に協力する村野尊彦は、苦境にある宮沢社長にこう言う。

「進むべき道を決めたら、あとは最大限の努力をして可能性を信じるしかない。でもね、実はそれが一番苦しいんですよ。保証のないものを信じるってことが」

商品開発に打ち込むが、わいてくる不安にさいなまれる宮沢の心理描写が秀逸だ。保証がない中小企業のリアルな姿が小説にあるからこそ、努力の結実も重みを持ってくる。

やがて、こはぜ屋の社運をかけたシューズ開発にかける思いと、人生をかけて走るマラソンランナーの思いが交錯していく。そこに至るまでの苦しみが実感できることが、奥深い小説世界を生んでいる。

評・市田隆（本社編集委員）

いけいど・じゅん 63年生まれ。98年『果つる底なき』で江戸川乱歩賞、11年『下町ロケット』で直木賞。

二〇一六年八月二八日❼　文芸

『裸の華』

桜木紫乃 著

集英社・一六二〇円
ISBN9784087716658

踊り一筋のストリッパーが骨折して舞台を降り、四〇歳で故郷札幌に戻って、ススキノで店を開く。従業員はわけありのバーテンダーと、性格のまるで違う新人ダンサー二人。どこまで演歌な話になるかと思いきや、なんだこの潔さ。

それぞれに秘密や過去はあるけれど、足の引っぱり合いや謀略はない、すっきりした職場の人間関係。店長ノリカの経営努力や、彼女が師匠と仰ぐ先輩たちの金言も、具体的で建設的。人材養成にも余念がなく、若い二人の踊り子たちは、店をきっかけにそれぞれ将来を見いだしていく。あっけにとられるほど率直に語られる恋や性欲は清々(すがすが)しい。

水商売の世界を描く小説は日本文学に数多いが、これはかなりの変わり種。真面目に働く女たちと、その仕事を各方面から誠心支える裏方の男たちの話なのだ。この設定、やはり女性作家ならでは、また北海道の作家ならではかもしれない。幸田文『流れる』を思い出し、そんなことも考えた。

評・中村和恵（明治大学教授）

二〇一六年八月二八日⑧ 文芸

『鮎川信夫、橋上の詩学』

樋口良澄 著

思潮社・二九一六円
ISBN9784783738046

戦後、詩の雑誌「荒地（あれち）」の中心メンバーとなり、詩と批評の執筆に力を注ぎ、現代詩の歩みに大きな影響を与えた詩人・鮎川信夫。今年は没後三十年だ。

本書は、その詩と背景に踏みこむ労作。著者は編集者として晩年の鮎川に接した経験を持つ。そこから発する視点と、作品や資料から汲（く）み上げられた考察が絡み合い、従来にない鮎川論が生まれた。

鮎川は一九四一年秋の時点で日本帝国の滅亡を確信し、日記に記す。その後軍隊に入営。戦地へ行くが、病を得た結果、生き延びた。その思考と思索は「囲繞地（いにょうち）」「橋上の人」や『戦中手記』、斬新な詩論の数々として結実する。

著者は、鮎川の在り方に「個に内在する普遍を探る態度」を見る。鮎川は自らの体験と〈他者〉や〈歴史〉を架橋しようとするが、その難路こそこの詩人にとっての〈詩〉だったという指摘は重く響く。いまこそ読まれ直すべきこの詩人への入り口となる書だ。

評・蜂飼耳（詩人・作家）

二〇一六年九月四日① 文芸

『怪物君』

吉増剛造 著

みすず書房・四五三六円
ISBN9784622079866

『心に刺青をするように』

吉増剛造 著

藤原書店・四五三六円
ISBN9784865780697

虚実の間 捉える言葉を探る

言葉で表された詩が「わかる・わからない」という判断と対面させられる場合、それは主に、意味や文脈においてのことだ。「わからない」と感じるとき、判断の足場は、たとえば制度として習う日本語が持つ「仮定された正しさ」や、社会が営まれる上で不可欠な「散文」にある。そして往々にして「わかる」印象を与える詩は、たとえ行分けされた詩でも、書き方として「散文」寄りの姿を持つ。飛躍があっても文脈が辿（たど）れるなら安堵（あんど）につながる。それが「散文」の行き方だ。

吉増剛造の詩は「散文」への対抗を極限まで推し進める場に生成する。ボーカル（朗読）や映像など、さまざまな面を見せるその詩は、要素を語ってもまるで全体像には届かない、多層的で流動的なものだ。先頃、東京国立近代美術館で開催された展覧会は驚異的だった。読むだけでも、見るだけでも、聴くだけでもない。その詩と接する唯一の方法は、こちらの、生きる時間をつかのま重ねることだ。という説明（散文）などは、目の大きな網と同じ。それでは捕まえられないものが、形を変えながら絶え間なく通過する。いろいろな方向から。

震災以後に書かれた『怪物君』は、吉本隆明の詩を模写したり表記を変更したりする方法が試みられる箇所や、メモやドローイング（インクや木炭を使用）が重なる部分を含みこんで成る詩集。読点の連打、漢字、ひらがな、カタカナ、アルファベットにハングルが加わり、紙の空白が強調される。声が、言葉になろうとして胸を掻（か）きむしるような瞬間。ヒトはいつからか言葉を使うようになったのだと、忘れていたのではないけれど思い出す瞬間の刻印だ。

『心に刺青をするように』は「機」誌の全八十回の連載をまとめた作品。国内外のさまざまな土地や人や書物が、独特の文体の中で、独自の出会いを紡いでいく。言葉に、多重露光の写真が配され、線状ではない時間・空間の把握が暗示される。

柳田国男にちなんで、宝貝を携える著者。「耳を澄ますと貝の音楽が聞こえてくる。柳田さんの心中の音までも、……」。ベケットやキーツやイバン・イリイチやダ・ヴィンチの肖像に宝貝を置いて、写真に撮る。どこかのどかなカピバラの写真もある。最終回に「虚実の皮膜の、皮膜それ自体の層の深さ、淵（ふち）の深さに、とうとうそれに、気がついた」という言葉がある。その感じ方こそ、まさに吉増剛造の詩だと思う。「わかる・わからない」の次元を超えて、感じ取るとき、ヒトは詩そのものである瞬間がある。文字に聴き、声を見る。言葉との原初的な関係の探求がここにある。

評・蜂飼耳（詩人・作家）

よします・ごうぞう　39年生まれ。詩人。朗読のほか、美術家や音楽家との共作、写真展など幅広い活動を展開。『黄金詩篇』で高見順賞、『表紙』で毎日芸術賞。文化功労者、日本芸術院会員。

二〇一六年九月四日❷

『サッカーと愛国』

清義明著
イースト・プレス・一六二〇円
ISBN9784781612188

ノンフィクション・評伝

差別と暴力を乗り越えるために

２０１４年3月、浦和レッズのホーム、埼玉スタジアムの客席ゲートに、「ＪＡＰＡＮＥＳＥ ＯＮＬＹ」と書かれた横断幕が吊（つ）るされた。日本人専用、外国人お断り、という意味で、まぎれもない差別表現だ。

これを知ったとき、浦和レッズのファンである私は、我を失い怒りで震えた。

だが、その後のＪリーグの対応は迅速だった。わずか数日で、浦和に無観客試合を科すという重い処分を発表。私は安堵（あんど）した。日本社会の大半がヘイトスピーチを野放しにし、止めようとしない中で、サッカーはすぐさま、差別は許さないことを行動で示したのだ。

サッカーはナショナリズムを過熱させ、差別や排外主義へと人を駆り立てもするが、そのような暴力に真っ向から対峙（たいじ）し、乗り越えもする。横浜Ｆマリノスのサポーターでもある著者は、そのことを現場で経験し、知り尽くしている。

本書によると、浦和事件の背景には、一部のレッズ関係者やサポーターが長年温存してきた朝鮮半島系の人々への敵対意識に加え、２００２年の日韓ワールドカップ以降、日本社会に蔓延（まんえん）する嫌韓の気分があった。直接のターゲットとなったのは、当時浦和に加入したての在日4世の李忠成選手であったことを著者は明らかにする。当時のメディアは、誰に向けられた差別かをはっきりさせず、結果的に差別の内容を隠すことになったからだ。

第1章の冒頭では、渋谷のスクランブル交差点でハイタッチを繰り広げるおなじみの光景が描かれる。だがその日、日本代表は負けたのだ。それでも「楽しい」と盛り上がる鬱屈（うっくつ）した愛国感情が、じつはヘイトスピーチと表裏一体であることを、著者は丁寧に証明する。

「ナショナリズムは『フィクション』」という言葉には深く同意する。それが現実の劣等意識に利用されると、暴力と化す。どうすれば歯止めをかけられるのか、サッカーが蓄積した知恵から、本気で学びたい。

評・星野智幸（小説家）

せい・よしあき　67年生まれ。フリーライター。サッカー雑誌への寄稿のほか、社会問題関連の論評も。

『自画像の思想史』

木下長宏 著
五柳書院・五一八四円
ISBN9784901646291
文芸

〈自分〉笑い飛ばす俳画、見直す

「自画像」というと、絵の具べったりの額入り画が思い浮かぶだろう。展覧会の冒頭に掛けられていたりする。でも、自分自身を描くという本来の意味に従えば、その範囲はもっと広がるはずだ。本書はそうした自画像の歩みを洞窟壁画の時代から説きおこした労作。

中世以前は自画像は描かれなかった。そのためには自分を他者として見つめなければならないが、他者とは神であり、同じ人間をそのようにみなす視点はなかった。近代になり、「人間とは何かを探し求める」ようになってようやく自画像への関心が高まる。

ところが、日本ではこうした道筋をたどっていない。自分をどう解釈して描くかよりも、描かれたものを「お互いにどんなふうに観じ合っているか」が大切にされた。自己を他者との間をとりもつ媒体にする気持ちが強かったのだろう。

なかでも著者が高く評価するのは俳画の系譜である。例にあがる一茶、蕪村、良寛、白隠らの絵を面白いとは思っても、西洋の自画像と同列に考えたことがなかったので、この比較にはハッとさせられた。

日本の肖像画は、大まかに言うと、死後の供養のために描く東アジアの御影（みえい）の系統に、日本の特有の見立ての思想が乗っかって進んできている。親しまれた画題に自己を見立てて入れ替える連想ゲームに似た行為により、江戸末期の俳画は花開いた。著者はそこに、自己を追いつめるのではなく「〈自分〉を笑い飛ばしてみんなと静かに生きていく」精神を見いだす。

簡単に自分を写せる自撮り棒が流行（はや）っている現代は、鏡のなかの自己を見つめ描いた時代とは隔世の感がある。他者との境界は曖昧（あいまい）で、自己は萎縮か肥大かのどちらかに走りがちだ。

こんないまだからこそ、明治の欧化の影響下でかき消えた俳画の精神を見直そうと著者は言う。世界との関係のとり方を突きつめずに自己と戯れる、融通無碍（むげ）なあり様こそが逞（たくま）しい。

評・大竹昭子（作家）

きのした・ながひろ　39年生まれ。元横浜国立大学教授。『岡倉天心』『ゴッホ〈自画像〉紀行』など。

『沖縄の新聞は本当に「偏向」しているのか』

安田浩一 著
朝日新聞出版・一五一二円
ISBN9784022513397
ノンフィクション・評伝

基地と人権　記者は問い続ける

ジャーナリストがジャーナリストの話を聞く。取材対象は琉球新報と沖縄タイムスという沖縄の2大新聞の記者とOB約20人。

取材のキッカケは自民党「文化芸術懇話会」での作家・百田尚樹氏の発言（２０１５年６月25日）だった。「沖縄のあの二つの新聞社はつぶさなあかん」。翌日、2紙は共同で異例の抗議声明を出す。抗議のポイントは「つぶせ」発言ではなく、次の部分だった。「普天間基地は田んぼの中にあった。周りには何もない。そこに商売になるということで人が住みだした」

なぜこのようなデマがまかり通るのか。「問題の本質は沖縄に対する蔑視、差別だと思うんです。一作家の失言や暴言というレベルで捉えるべきものじゃない」とある記者はいう。

普天間基地の敷地内にはかつて10の集落があり、約9千人が住んでいたが、住民が捕虜収容されている間に米軍が土地を鉄条網で囲い、家並みを壊し、強権的に接収した。海兵隊が岩国基地から移転したのは76年で、宜野湾市の住民は5万人を超えていた。以上が普天間の真相である。

東京の大学を出て沖縄に戻った人。他紙から転職してきた人。95年の米兵による少女暴行事件にショックを受けて記者を志した人。記者になってはじめて沖縄の現実を知った人。年齢も経歴もさまざまな記者たちはしかし、口をそろえる。基地問題は人権の問題なのだと。政府に厳しい態度をとるのは「イデオロギーでもなければ、商いの手段でもない。戦争と差別と基地問題に翻弄（ほんろう）されてきた沖縄にあって、それは新聞の骨格であり、軸足なんです」。

全国紙ではめったに大きく報道されることのない沖縄の現実。本書の出版後に着工された高江のヘリパッド建設工事に関しても、2紙と全国紙の温度差は明らかだ。「嫌われても、うるさいと思われても、大声で叫んでいくしかない」。それが彼らの現実。知らないって怖いと思った。

評・斎藤美奈子（文芸評論家）

やすだ・こういち 64年生まれ。ジャーナリスト。12年、『ネットと愛国』で講談社ノンフィクション賞。

二〇一六年九月四日⑤

『晩秋の陰画（ネガフィルム）』
山本一力 著
祥伝社・一七二八円
ISBN9784396635008

『ずんずん！』
山本一力 著
中央公論新社・一七二八円
ISBN9784120048654

文芸

成果を誇らず地道に働く美徳

近年、乙川優三郎、伊東潤ら、歴史時代小説作家の現代小説への進出が相次いでいる。人情時代小説で人気の著者も、立て続けに2冊の現代小説を刊行した。

『晩秋の陰画』は、4作を収録した短編集である。

デザイナーの高倉俊介の叔父で仕事の師でもあった尚平が死んだ。俊介が叔父の日記帳を手がかりに、尚平が親友の恋人を奪ったのが事実なのかを調べる表題作は、ラストのどんでん返しが、型破りに生き名声も得た尚平が果たして幸福だったのかを問い掛けていくだけに、深い余韻がある。

香港で、飛行機恐怖症の鍼（はり）治療を受けた男に思わぬ副作用が出る「秒読み」はダークな物語だが、俳優のリノ・バンチュラにちなみ伴忠と命名された主人公が成長する「冒険者たち」は、青春小説色も強い。オーディオ評論家が、アメリカで高額な耳の治療を受け続ける「内なる響き」は、真に必要な医療とは何か、仕事と私生活のバランスとは何かといったアクチュアルな問題に迫っており、これは現代小説でしか描けないテーマといえる。

東京の日本橋浜町の牛乳販売店を舞台にした『ずんずん！』は、著者が得意とする人情ものである。

纏（まとい）ミルクは、牛乳配達を通して人の役に立つとの教えを守ってきた。ある日、販売員の一人が、顧客の異変に気付き命を救った。その話が、いつも纏ミルクで牛乳を飲んで出社する実川玉枝の耳に入る。玉枝の会社は、日本文化を全米に発信する広告のコンペに参加することになっていた。玉枝らは、牛乳と新聞の宅配こそが日本の心を象徴していると考えプランを作る。

地域の人たちをつなぐ牛乳と新聞の宅配のように、玉枝たちがあくどいライバル会社に対し、人と人との縁を武器に立ち向かう展開は、痛快に思えるはずだ。

著者は、成果を誇らず地道に働くことこそが、日本人の美徳としている。ここには、最近の日本賛美ブームへの批判も感じられた。

評・末國善己（文芸評論家）

やまもと・いちりき 48年生まれ。『蒼龍』『大川わたり』『あかね空』（直木賞）など著書多数。

二〇一六年九月四日⑦

『日本国民であるために　民主主義を考える四つの問い』

互盛央 著
新潮社・一四〇四円
ISBN9784106037917
政治／社会

駅で列車を待つ列への割り込みはなぜ許されない？　日常生活の中で抱いた問いを出発点として著者は日本が本当の民主主義国家になる条件を探ってゆく。

そこではホッブズやロックの社会契約説が再検討され、統治される国民が統治する主権者でもある民主主義を実現する上で「一般意志」の必要性を唱えたルソーが再読される。これら西欧の政治思想を踏まえ、国家主権のひとつである交戦権を、日米同盟に基づきアメリカが自衛隊を介して行使する構図がある戦後日本では国民が主権者になれない事情が指摘される。

この民主主義の機能不全状況をいかに越えるか。憲法9条と日米安保の同時廃棄という劇薬的対策を選ばずに本書が到達した着地点についてはぜひ読者自身で確かめて欲しい。言語行為論に着想を得た驚くべき提案がなされるとだけ記しておくが、公的な私、「私たちとしての私」の重要性を説く本書の丁寧な議論を経た後なら十分に咀嚼（そしゃく）できるはずだ。

評・武田徹（評論家）

二〇一六年九月四日⑧

『「平成の大合併」の政治経済学』

中澤克佳、宮下量久 著
勁草書房・四八六〇円
ISBN9784326302505
政治／経済

1999年に始まった平成の大合併で、自治体数は3229から1727に激減。明治、昭和に次ぐ第3の大規模合併となった。行政を効率化すると喧伝（けんでん）されたが、実際はどうだったのか。本書は、データに基づく実証的な検証を行う。

まず、自治体にとって合併に向けた財政支援措置が、大きなインセンティブになったことを明らかにする。だが、そのことは逆に合併自治体の財政規律を弛緩（しかん）させた。合併自治体は、地方債残高を非合併自治体よりも増加させたからだ。その財源は地方交付税で賄われる。つまり、非合併自治体の住民にも、膨張した費用のツケは回るのだ。しかも当初の想定と異なって、行政費用の効率化はもたらされなかったという。

大合併は結局、失敗だったのか。著者らは結論を急がず、さらに長い目でみる必要性も指摘する。とはいえ、合併の定量的な中間評価が今後の議論の土台となることは間違いない。貴重な成果を歓迎したい。

評・諸富徹（京都大学教授）

二〇一六年九月一一日①

『死すべき定め　死にゆく人に何ができるか』

アトゥール・ガワンデ 著　原井宏明 訳
みすず書房・三〇二四円
ISBN9784622079828

『脳外科医マーシュの告白』

ヘンリー・マーシュ 著　栗木さつき 訳
NHK出版・二一六〇円
ISBN9784140817032
人文／医学・福祉

人生の終末描く　医療は文学

医療は文学的なんだよと若い研修医がわたしにいった。十九歳の夏、脳下垂体腫瘍（しゅよう）の手術のため入院した病院でのことだ。手術時間も比較的短い良性腫瘍は重篤な患者さんたちの前では気楽なものに思えた。深夜緊急オペに駆けつける医師もいた。英文科一年生だったわたしは考えた。こんなに切実で具体的な実践の前で、文学なんてなに？

『死すべき定め』の著者アトゥール・ガワンデも、医学生の頃そう考えたのだろう。「患者と医師」という授業でトルストイの短編「イワン・イリイチの死」を読んだとき、診断がつかないまま治療を続け病状が悪化していく主人公の悩みに共感できなかったという。進んだ医学知識と適切な制度があれば主人公は救えたはずと考えた彼は、人は衰え死ぬという不可避の事実に、現場で初めて直面した。

現代医療の目標は病と死に抗（あらが）いつづけることだ。つまり死は医療の失敗であり、医師の敗北ということになる。だが人は死ぬ。死は正常なことだ。医療は死とどう折りあいをつけていったらいいのか。ガワンデはこの難問を検証していく。ここ二、三十年、高齢者医療と介護の分野での新しい実践がつづいている。だが単純な正解はない。

死は当人だけでなく家族の問題でもある。アメリカで生まれ育ったガワンデだが父母はインド人移民で、ホスピスで逝った父の遺体は遺言でガンジス川に散骨される。人生は物語としてとらえられて初めて意味あるものに感じられるのだとガワンデは考える。終末医療はまさに文学的な試みなのだ。

『脳外科医マーシュの告白』ではこうした問題をイギリスの脳神経外科医ヘンリー・マーシュが、長年の臨床経験からドキュメンタリー風に語る。NHS（国営保健サービス）傘下の病院で働くマーシュはじつに多忙。訴訟を起こす患者もいる。若手の養成は大変。国の医療システムは不備だらけ。仕事熱心のあまり離婚。ときにはキレる。

だが脳深奥部を描写するマーシュの筆は輝きに満ち、手術への並々ならぬ意欲が伝わってくる。自身の手術の失敗も驚くほど率直に彼は語る。自分のうぬぼれ、麻痺（まひ）の残った患者と向き合うつらさ、息子の病での動転など、厳しい経験はことばによる解釈を経てつながり、知恵になる。患者にいかに語るかで、手術や延命治療をするしないの判断も違ってくるのだと、後輩たちに彼はいう。ほぼ回復の見こみはないと正直に告げるか、手術自体は可能というか。

生と死の間に想像力で分け入り、他者の事情や内面を推察し分析し、現実の解釈を伝え、物語の終末をともに描く、ことばで。たしかに医療は文学的だ。

評・中村和恵（詩人・明治大学教授）

Atul Gawande 65年生まれ。著書に『コード・ブルー』『医師は最善を尽くしているか』。

Henry Marsh 50年生まれ。87年に脳神経外科の専門医に。10年に大英帝国勲章。

歴史／文芸

『治部の礎』
吉川永青 著
講談社・一九九八円
ISBN9784062200516

『天下を計る』
岩井三四二 著
PHP研究所・一九四四円
ISBN9784569831077

今に通じる戦国武将たちの奮闘

大河ドラマ「真田丸」が、関ケ原の合戦に向けて盛り上がっている。タイムリーなことに、関ケ原の負け組を再評価する歴史小説が2冊続けて刊行された。

吉川永青『治部（じぶ）の礎（いしずえ）』は、このところ人気が高い石田三成を描いている。

三成は、有能だが、冷徹すぎて人望がなかったとされることが多い。これに対し著者は、豊臣家への義ではなく、戦乱を終わらせ日本に秩序をもたらすという大義を重んじた三成は、あえて敵役に徹したとする。

三成が、忍城の戦いで水攻めに失敗したのも、主君に悪口を吹き込む和讒者（わんさんもの）と呼ばれたのも、理想を実現するための計略だったとして歴史を読み替えていくので、斬新な解釈には驚かされるのではないだろうか。

何より、独裁色を強める豊臣秀吉に従っているように見せて、密（ひそ）かに政策を変える方法を考え、天下取りの野望を持つ徳川家康を牽制（けんせい）するなど、三成が孤独で危険な暗闘を続ける展開には圧倒的なスリルがある。

　三成の処刑後も、その大義は後世に継承されたとするラストは、いつの時代も古びない価値観があることを教えてくれるのである。

　岩井三四二『天下を計る』は、算用（経理）で秀吉に仕えた長束正家（なつかまさいえ）を主人公にしている。経済の視点で戦国史を捉えており、温厚誠実とされてきた豊臣秀長が、不正蓄財をしていたなど、武将の意外な一面がうかがえるのも面白い。

　九州、小田原征伐などの大合戦で物資の輸送を命じられた正家は、米を買い、蔵を建て、船を手配し運行表を作る緻密（ちみつ）な計算で、数十万人の兵に食料を届けようとする。正家がトラブルを乗り越え、困難な任務を遂行する場面は、合戦に勝るとも劣らない迫力がある。

　秀吉に政策を提言し、全国の資産を計るという夢をかなえていく正家だが、秀吉が暴君になると意見ができなくなる。別の方策があるのに、上の命令には逆らえない正家には、現代の勤め人も共感できるはずだ。

評・末國善己（文芸評論家）

よしかわ・ながはる　68年生まれ。作家。『誉れの赤』など。

いわい・みよじ　58年生まれ。作家。『十楽の夢』など。

二〇一六年九月一一日❸

歴史／社会

『戦艦武蔵』

一ノ瀬俊也 著

中公新書・九二九円

ISBN9784121023872

戦争忘却を促す「事実への逃避」

　戦艦大和が様々に語られてきたのに対し、なぜ武蔵はそうならなかったか。これが本書の問いである。すでに著者は『戦艦大和講義』（人文書院）において、大和をめぐる言説やサブカルチャーを通じて日本精神史の照射を試みた。が、今回の切り口は違う。むろん、本書を読むことで、武蔵の建造から沈没までの戦史を知ることができる。が、著者の狙いは、歴史／物語、あるいは真実／虚構の二分法に疑義を呈することだ。

　例えば、現代人は戦争を知らないと言われる。だが一ノ瀬によれば、海軍の動向を振り返ると、必ずしもリアリズムからではなく、当時から既に戦争をファンタジー化し、巨艦信仰を背景に開戦に突入した。また、艦長の遺書には広く共有された語りの様式美が刷り込まれていること、生き残った乗員の証言が人々の望むように脚色され定型化することなども分析している。

　本書は物語論である。大和の沈没が日本再生のための崇高な死とされ、感動の涙で消費されるのに対し、元乗組員・佐藤太郎の小説『戦艦武蔵』は通俗時代劇の話法を踏襲しているという。これを批判した吉村昭の記録小説『戦艦武蔵』は事実だけを探求したとされるが、一ノ瀬によれば、都合よく台詞の創作や事実の取捨選択をした教訓の物語に過ぎず、戦争責任の問題もぼかされた。大和に比べて、武蔵は多くの生存者が残り、海軍での恨みつらみを抱えていたことも武蔵の物語を暗くしたという。

　最後に著者が問題視するのは、「客観的な真実」を神聖化し、物語を排除することで、なぜ戦争が起きたのか、兵士の死がもつ意味を人々が考えなくなる近年の動向だ。これを「事実への逃避」と呼ぶ。かくして武蔵は何者でもなくなり、無味乾燥な教科書の一ページや軍事マニアのネタとしてのみ記録される。そして、ただの記号的な事実になるとき、太平洋戦争は本当に忘却されるのではないかと痛感させられた。

評・五十嵐太郎（建築批評家・東北大学教授）

いちのせ・としや　71年生まれ。埼玉大学教授。日本近現代史。『旅順と南京』『日本軍と日本兵』など。

二〇一六年九月一一日④

『トランプ現象とアメリカ保守思想　崩れ落ちる理想国家』

会田弘継 著
左右社・一九四四円
ISBN9784865281521
政治／社会

南北戦争期の「人種秩序」に源流

どの国にもその成り立ちや過去に由来する葛藤がある。どれほど時代が変わっても拭えない課題があり、歴史の深層を貫く伏流水のように幾度も表出する。

米国の場合、それは人種問題である。民族や宗教ではなく、自由と平等という理念を土台に出発した移民国家は、その建前と現実との間で揺れ続けてきた。

米社会を席巻するトランプ現象の不気味さは、その宿痾（しゅくあ）の悩みを呼び覚ましていることにある。

19世紀の南北戦争や20世紀の公民権運動など、血塗られた激動を経て米国が積み上げてきた人間の平等の原則が、いま危うい。

政治家なら命取りになるはずの差別発言を、人気取りの大衆扇動に逆用する。トランプ氏は白人労働層の怒りを味方に、政治モラルの再定義を進めている。

「この大統領選を経てなお、アメリカはアメリカたり得ているだろうか」。米国を長年見つめる熟練記者の著者は深く憂えている。

社会の多元化を拒む反動思考は、どう受け継がれてきたのか。それを探るために本書は、1950年代から確立される米国近代保守の思想をたどり、トランプ氏出現の脈絡を考える。

共和党は60年代から党勢拡大を狙い、とりわけ南部の白人層への迎合を重ねてきた。かつて黒人奴隷を解放したリンカーンの党が今や、南部の地域政党に堕しかねない状況にある。

その上で著者は、南北戦争期の南部に巣くった思想こそが、今の現象の源流ではないかとの仮説を示す。それは「人種秩序」を基盤とする復古的な階級社会を求める政治運動である。

トランプ氏躍進が始まった昨年は、南軍の降伏から150年。米国の論壇では「戦争は終わっていない」との論文が注目され、今も脈々と続く人種間の闘争が盛んに論じられた。

11月の選挙の行方は見通せない。ただ、結果を問わず、トランプ現象の病原がこれからも漂い続けることは間違いない。

評・立野純二（本社論説主幹代理）

あいだ・ひろつぐ　51年生まれ。共同通信社ワシントン支局長などを経て、同客員論説委員、青山学院大学教授。

二〇一六年九月一一日⑤

『となりのイスラム　世界の3人に1人がイスラム教徒になる時代』

内藤正典 著
ミシマ社・一七二八円
ISBN9784903908786
社会／国際

共生への知恵を示す入門書

たぶん、これまででもっともわかりやすく、実践的で、役に立つイスラムの入門書だと思う。遠くて不可解なイスラムではなく「となりのイスラム」。

世界中に15億～16億人。いまや人口の4人に1人（将来的には3人に1人）を占めるイスラム教徒。「イスラム過激派によるテロ事件」みたいな文脈で語られることの多いイスラムだけど、著者の内藤さんはいうのである。〈いまの報道では暴力に関するものばかりですが、暴力に吸い寄せる宗教が一五億も一六億もの人を惹（ひ）きつけることなどありえません〉〈イスラム世界とヨーロッパとの決定的な違いは、「人が人に対して敵対しない」ということではないでしょうか〉

えっ、そうなの？

と思ったあなたは（私もでした）、本書を介して彼らをぐっと身近に感じ、異文化と共生する知恵と希望を手に入れるだろう。

たとえば、イスラム教徒を食事に招待するときはどうするか。食肉についてのイスラムの厳しい掟（おきて）をクリアしたと称する「ハラール認証」マークのある店じゃないとダメなのか。いえいえ。和食なら豚肉を使うことは少ないだろうし、最終的には〈それを食べるか食べないかはイスラム教徒に委ねればいい〉。

イスラム圏の人を受け入れる大学や職場に礼拝の場は必要か。それはあんまり必要ないけど、多目的トイレに足を洗うシンクがあるといいかも。お祈りの前に手足を清めるための。

思えば『アラビアのロレンス』から『文明の衝突』にいたるまで、私たちは常に欧米経由の価値観でイスラムをとらえ、ときに差別し恐れてきた。その色眼鏡を外さないと、先には進めず争いも終わらない。

ヨーロッパ各国で吹き荒れる排外主義の背景や、イスラム国の暴力がなぜ起きたかにも言及。誤解されがちな宗教体系から複雑な国際関係まで、これなら中学生にも理解できます。その解説力もスゴイです。

評・斎藤美奈子（文芸評論家）

ないとう・まさのり　56年生まれ。同志社大大学院教授（現代イスラム地域研究）。『イスラム　癒しの知恵』。

『〈インターネット〉の次に来るもの　未来を決める12の法則』
ケヴィン・ケリー 著　服部桂 訳
NHK出版・二一六〇円
ISBN9784140817049

『人間さまお断り　人工知能時代の経済と労働の手引き』
ジェリー・カプラン 著　安原和見 訳
三省堂・二一六〇円
ISBN9784385360591

人文／科学・生物／IT・コンピューター

進む技術　急激な変化に人類は

技術の進歩にはどこかバカバカしいところがあって、空を飛ぶ乗り物とか、言葉をしゃべる箱だとか、いまだに信じられない人もいるはずである。

二十年前には、手帳大の機械で百科事典や地球全体の地図を見ることができるようになると信じる人は少なかった。

しかし他方で、起こってしまった変化はひどく当たり前のことにもなる。携帯電話の登場以前、どうやって待ち合わせをしていたのか思い出すのは意外にむずかしかったりする。

人工知能がおすすめの店を教えてくれたり、お金のやりとりが電子化されたりする未来はもうすでに到来している。誰もが動画を世界的に公開し、リアルタイムで交流していく。メールといえばそれは電子メールのことで、数時間以内の返信がないと落ち着かないという人も増えた。

産業の効率化は進み、現代社会はもはや、コンピュータなしでは地球人口を支えられない。

明るい予想を立てるなら、未来の人類は労働から解放される。言い方を変えると、労働の機会を奪われる。創作は誰にでも可能なものとなり、無料でコピーされていく。それだけではなく、機械がつくるようになるかもしれない。

寝て暮らしていれば空から食べ物と娯楽が降ってくる未来がやってくるとして問題は何か。

理想郷があるとして、人類全員がたどりつけるかどうかはまた別である。一部の人間だけが先に入ることのできる理想郷は猛烈な格差を生み出す。

一番の問題は、変化があまりに速すぎることである。地球温暖化が百年かけて進んでいくなら対応のしようもあるが、十年となると大混乱が予想される。テクノロジーのもたらす変化も同様である。

人間はまだこの変化をきちんと伝達する方法を確立できておらず、こうして本や書評の形で伝えることしかできないでいる。

評・円城塔（作家）

Kevin Kelly　著述家、編集者。
Jerry Kaplan　米スタンフォード大学法情報科学センター特別研究員。

二〇一六年九月一一日⑦

『文字を作る仕事』

鳥海修 著
晶文社・一九四四円
ISBN9784794969286
アート・ファッション・芸能／IT・コンピューター

爽涼たる書体（フォント）デザイナー鳥海修の半自伝。ヒラギノや游書体を作った人だ。いずれも、すっきりとしていて読みやすく、それでいて心に刻み込まれる書体である。怜悧（れいり）にして清澄な湧き水を連想させる。

鳥海は、文字は文章の主役ではない、と強調する。読みやすければ読みやすいほど、書体についての印象は後景に退き、記憶に残らない。しかし、書体の善（よ）し悪（あ）しや内容との相性によって、読者の理解度や頭に残る度合いも変わってくる。

紙の書物からコンピューター画面、さらにはタブレットやスマホへと、文字を乗せる媒体も変わってきた。組み方も、従来の縦書きから横書きが主流になりつつある。それぞれの媒体や装丁に合った、よりよいフォントがあるはずだ。

しかしいつの時代にも、読みやすい文字、美しい文字は変わらず生き残る。文字は世に連れ、人に連れ。変わるものと変わらないもの。そのあわいを、鳥海は今日も追い求めている。

評・佐倉統（東京大学教授）

二〇一六年九月一一日⑧

『希望荘』

宮部みゆき 著
小学館・一八九〇円
ISBN9784093864435
文芸／人文

心優しく、控えめながら、事件に隠された人の内面を地道な調査で解き明かしていく杉村三郎は、著者が創出した現代の探偵像だ。これまで事件に巻き込まれる会社員の役回りだったが、シリーズ4作目の本書では、前作で離婚し、会社も辞めたため、東京都北区に私立探偵事務所を開いて再出発する。

シリーズ初の短編集。亡くなる前、息子に昔の殺人をにおわした老父の告白（「希望荘」）、繁盛していた手打ち蕎麦（そば）屋店主の突然の失踪（「砂男」）など、杉村が4つの謎に取り組む。ふとした悪意や欲望が心をむしばみ、日常生活の裂け目から暗部に落ち込む犯罪者の姿が哀（かな）しい。

しかし、予測がつかない物語を通して、人の世に心の闇はあるが希望の光もあるという著者の温かなメッセージが伝わってくる。妻子と離れ、孤独を抱えた杉村が、人情味豊かな地域の人々に囲まれて暮らす姿にも、著者の作品世界らしい救いを感じる。

評・市田隆（本社編集委員）

二〇一六年九月一八日②

『野蛮から生存の開発論　越境する援助のデザイン』

佐藤仁 著
ミネルヴァ書房・三二四〇円
ISBN9784623076772
経済／社会

縦割りの「欠陥」が裾野広げた

日本の開発援助とは何かを問い直す、良質な思考の書が現れた。本書はアマルティア・センの思想を踏まえ、途上国の「不足」ではなく、彼らが「もっているもの」に着目してそれを伸ばすアプローチを重視する。その上で、明治以降の日本の経済発展や戦後の経済成長の経験が、日本の開発援助の理念と実践にどのように影響を与えたかを明らかにする。日本こそ、欧米と異なって、まさに「あるものを伸ばす」開発援助政策をとってきたとの指摘には、蒙（もう）を啓（ひら）かれる思いがする。

著者によれば日本の開発援助は、通説のように戦後賠償の一環として受動的に始まったのではなく、きわめて積極的・戦略的側面をもっていた。つまり、日本製品の輸出市場の開拓と原料確保が目的とされたのだ。まさに「国益重視」で、「開発援助＝日本のため」だった。しかし、高度成長期以降はこの問題が解決されて目的を失い、援助理念探しの漂流が始まる。

日本の開発援助行政が外務省など多くの省庁に分散する「欠陥」のおかげで、ＯＤＡ（政府の途上国援助）の裾野が広がり、多分野で援助人材の育成が進んだとの指摘は興味深い。さらに、分散型ゆえ民間企業が開発援助に参入しやすく、彼らを巻き込んで日本の力が底上げされた。

著者はしかし、現状に満足しない。いまこそ国益と切り離す形で、真にグローバルな課題の解決を目指す援助庁創設を検討すべきだと主張する。その際には、著者が大来佐武郎（おおきたさぶろう）らの開発援助理念を検討して引き出した、「『日本型モデル』を押し付けない日本型開発援助」が重要な役割を果たすのだろう。それは、唯一無二の正解を適用する開発援助モデルではなく、対象国の特殊事情に応じて彼らに寄り添い、発展を助ける実践的な知の体系だ。日本が培ってきた国際的評価を活（い）かし、国益に縛られない開発援助を実行するプロ集団をつくるべきだとの主張に、賛意を表したい。

評・諸富徹（京都大学教授）

さとう・じん 68年生まれ。東京大学東洋文化研究所教授。『「持たざる国」の資源論』『稀少資源のポリティクス』。

『金融政策の「誤解」 〝壮大な実験〟の成果と限界』

早川英男 著

慶応義塾大学出版会・二七〇〇円
ISBN9784766423563

経済／社会

「短期決戦」のはずが「持久戦」に

日本銀行は今週水曜（21日）に、現在実施中の量的質的緩和策（ＱＱＥ）とマイナス金利政策の経済への影響を評価する「総括的な検証」を公表する。世界中の金融市場関係者がその成り行きに注目している。

なぜ日銀は「検証」の必要に迫られたのか？ 本書を読むとその理由がクリアに見えてくる。２０１３年4月に開始されたＱＱＥは「壮大な実験」であり、「短期決戦」型の政策だった。インフレ目標（2％）を2年で達成するため、国債の大規模購入などが実施されてきた。

その「緒戦の成果は驚くほどポジティブ」だったが、経済や物価はその後鈍化、14年秋に国債購入の拡大等が決定された。だが「戦局は悪化」、追加緩和の「弾薬切れ」が市場で意識される中、日銀はマイナス金利を導入するが「不発」となる。図らずも「持久戦」に突入する事態となった。

この3年以上の「実験」によって明らかになったのは「日本経済の長期低迷の原因はデフレではなかった」という点だと著者は鋭く指摘する。金融緩和に過度に頼るよりも成長戦略で潜在成長率を引き上げることが極めて重要だという。

今のままでは財政破綻（はたん）が起き得るが、潜在成長率を1％上げられれば「20～30年後の生活水準は2～3割上がり、社会保障もある程度充実できる」。しかし、それがないままで増税や社会保障給付削減が不可避となれば「将来の私たちの暮らしは相当ミゼラブルなものとなってしまう」。

だが、日銀の政策が国債の金利を低く抑え込んでいるため、市場が警告を発する機能は麻痺（まひ）し、政治家や国民の危機感は乏しい。

本書は日銀が「検証」に取り組む前に書かれたが、日銀は「虚心坦懐（きょしんたんかい）」に検証を行うべきだとの先見的な主張がなされている。最近の日銀幹部は「虚心坦懐」という言葉をよく使う。今週発表の「検証」が著者の強い危機意識をくみ取ったものになるのか注目される。

評・加藤出（東短リサーチチーフエコノミスト）

はやかわ・ひでお 54年生まれ。日本銀行理事などを経て、富士通総研経済研究所エグゼクティブ・フェロー。

二〇一六年九月一八日④

『テロ』

フェルディナント・フォン・シーラッハ 著

酒寄進一 訳

東京創元社・一七二八円

ISBN9784488010560　社会／国際

少数を犠牲にした少佐は有罪か

法廷に立った被告人は、ドイツ連邦空軍のラース・コッホ少佐。戦闘機パイロットの彼は、ドイツ上空でテロリストにハイジャックされた旅客機を撃墜し、乗客164人を死なせた罪に問われた。だが、テロリストは、旅客機を7万人収容のサッカースタジアムに墜落させようとしていた。7万人を救うために164人を犠牲にする判断だった。

少佐の行為は有罪か無罪か。この戯曲の読者、劇の観客が結審後にどちらかを決める体裁で、二通りの判決文が用意されている。

著者は、ドイツで刑事事件の弁護士を務めてきた経験を生かした小説で、犯罪者群像をつぶさに描いてきた。戯曲の本作は、著者が得意とする法廷ものだが、これまで取り上げてきた犯罪とは一線を画す。無差別テロが世界で続発する中で、法の裁きはどこまで有効か。それを正面から問う内容に、著者の苦悩の軌跡がうかがえる。

日本では俳優橋爪功氏の朗読劇として今年8月に上演され、4回公演とも観客の6～7割が有罪と判断。一方、欧州中心に上演された全体状況をまとめたサイトによると、無罪支持の観客が5割を超えたという。

有罪判決、無罪判決とも、それぞれに説得力があることが、問題の難しさを伝えている。有罪では「その数にいかなる差があろうと、人間の生命を他の人間の生命と天秤（てんびん）に掛けることは過ち」と指摘、無罪では「法がモラルの問題をことごとく矛盾なしに解決できる状態にはない」とする。

無罪判決は法の限界を示したものだが、著者は巻末収録のスピーチで、テロリストへの対応は「法という手段しかない」と言い切り、「わたしたちが怒り、復讐（ふくしゅう）心に燃えるとき、常にそのことを忘れる危険にさらされます」。法治国家の覚悟を説いたスピーチが胸に響いた。しかし、無罪判決文にうなずいてしまう気持ちも残る。テロの危機を考えるうえで、多くの人に読んでほしい一冊だ。

評・市田隆（本社編集委員）

Ferdinand von Schirach　64年生まれ。弁護士。小説に『犯罪』『罪悪』など。本作は初の戯曲。

二〇一六年九月一八日⑤

『テレビは男子一生の仕事　ドキュメンタリスト牛山純一』

鈴木嘉一 著

平凡社・二三七六円

ISBN9784582837322　社会／ノンフィクション・評伝

今こそ求められる傑物の生き様

新卒一期生として日本テレビに入社した牛山純一は「ノンフィクション劇場」など傑作ドキュメンタリーを多く作った。本書はこの伝説的テレビ人の評伝だ。

何もかもが初めて尽くしの民放局で牛山はテレビ独自の表現に挑戦し続けた。1959年の皇太子ご成婚パレード中継では皇太子妃のクローズアップにこだわってテレビの魅力を広く知らしめた。65年に南ベトナム軍の反政府組織掃討作戦に従軍して制作した番組は官邸からのクレームで続編が放送中止となった。表向きは首切りシーン等が残酷すぎるとの理由だったが、反米世論の高まりを政府は恐れていた。それは政治家が無視できない影響力をテレビが備え始めたことを象徴する事件でもあった。

71年に独立し、日本映像記録センターを設立。調査と取材に長時間を割く理想的な体制を確保して作り続けられた「すばらしい世界旅行」は民俗学の研究水準に達する番組として国際的にも高く評価された。

だが華々しさの影で軋（きし）む不協和音も本書は拾い上げる。牛山の強引さ、厳しさに反発するスタッフも少なくなかった。生前の牛山に最後にインタビューした97年夏、事務所兼自宅には人気がなく、静寂が支配していた。3カ月後に他界するほどの重病を患っていたとは気づかなかったと書く著者は、一方で牛山的なテレビ人の時代が終わりつつある黄昏（たそがれ）の気配を確かに感じていたはずだ。日本映像記録センターは膨大な映像アーカイブを残しつつ主の死をもって幕を引く。

本書は放送界を長く取材してきた著者が牛山という傑物の生きざまを通して描き出した戦後日本テレビ史でもある。その行間から第二、第三の牛山の登場を渇望する声が聴こえてきそうだ。一生をテレビに賭ける新しい才能が今後も現れ続けることが、今やインターネットの挑戦を受けて防衛戦を強いられているテレビがなお独自の命脈を保つ必要条件となるのだろう。

評・武田徹（評論家・ジャーナリスト）

すずき・よしかず 52年生まれ。放送評論家、ジャーナリスト。著書に『大河ドラマの50年』など。

二〇一六年九月一八日⑥

『狩りの時代』

津島佑子 著
文芸春秋・一七二八円
ISBN9784163905013
社会／国際

差別の記憶に苦しむ二つの世代

今年2月に他界した津島佑子氏の遺作。容体が悪化して入院する直前まで書き続けていた新作が、この内容と、このテーマだったことに胸をつかれる。

物語は二つの世代の記憶を中心に展開する。戦後生まれの絵美子には耕一郎という3歳上の兄がいた。知的障害をもつ耕一郎は15歳で病死。絵美子は幼い頃に聞いた不吉な言葉を思い出す。フテキカクシャ、ジヒシ、アンラクシ。そんな言葉を彼女にささやいたのは誰だったのか。

中学生になった絵美子はそれがナチス・ドイツ由来の言葉だと知り、夢の中でおびえるようになる。

〈こうちゃんが殺される。無残にその命を奪おうとするひとたちがいる。なぜなら、この社会に「不適格な」存在だから。「不適格者」には「慈悲死」、あるいは「安楽死」を、とナチスは叫ぶ〉。ヒトラーは主張した。〈「不適格者」までを養う余裕を、自分たちの社会は持ち合わせていないので、消えてもらうしかない〉

他方、戦中派である絵美子のおじおば世代はひとつの記憶を共有していた。それは太平洋戦争がはじまる前のこと。来日したヒトラー・ユーゲントの少年たちが山梨県に立ち寄った際、子どもだった彼らは甲府駅での歓迎式典を見物に行ったのである。アーリア人種の中から選ばれた金髪と青い瞳の美しい少年たちに憧れ、見とれ、熱狂した日本人の大人と子ども。

ナチスの差別的な主張はわかっていたのになぜ、と問い詰める絵美子におばは答える。〈そのていどでも、ナチスに協力したことになるの？ 責任を取れと言われてもどうやって？ という話になるわ〉

人を人種や血筋や障害の有無で選別する優生思想はナチスの専売特許だろうか。今日の日本にも有形無形の差別が根強く残り、ときに牙さえむくことを、私たちは身をもって知っている。差別の記憶に苦しむ一族の物語。その問いかけは、ずしりと重い。

評・斎藤美奈子（文芸評論家）

つしま・ゆうこ 47年生まれ。『火の山　山猿記』で谷崎潤一郎賞と野間文芸賞。『笑いオオカミ』で大佛次郎賞。

二〇一六年九月一八日❼

『あの夏、兵士だった私　96歳、戦争体験者からの警鐘』

金子兜太 著
清流出版・一六二〇円
ISBN9784860294519　社会／ノンフィクション・評伝

九七歳になる俳人の金子兜太が、戦争体験を軸に据え、これまでの人生と俳句を語る。海軍に属して南方第一線を希望し、旧南洋諸島のトラック島に配属された若い日。その戦場は「郷土の期待」「祖国のために」などのスローガンや「美学」からはかけ離れた悲惨さに満ちていた。

終戦、捕虜生活を経ての帰還。社会や集団の決定や空気に、人間はいかにしてのみこまれていくのか、発言はどのように抑えこまれていくのか。観念や概念ではない、微妙な部分に関する実感が、言葉にされている点に注目したい。いま、この率直な語りは貴重だ。

一茶が使った「荒凡夫（あらぼんぷ）」という言葉を自然児・自由人と捉えて共鳴し、アニミズムに通じる「生き物感覚」を重視する著者は、土の上に生きることと俳句を結びつける。たとえば「おおかみに螢（ほたる）が一つ付いていた」という句の背景には「原郷」としての故郷・秩父がある。命を見つめる、骨太な声だ。

評・蜂飼耳（詩人・作家）

二〇一六年九月一八日❽

『はたらくことは、生きること　昭和30年前後の高知』

石田榮 著
羽鳥書店・三八八八円
ISBN9784904702628　アート・ファッション・芸能／社会

日曜カメラマンが撮るものといえば、美しい風景や日常のスナップが思い浮かぶ。引き揚げ者からもらったカメラで撮り始めたという90歳の石田榮はしかし、昭和30年ごろには高知で働く人々を追っている。

農家や漁師、採石場の労働者たち。日曜日に撮影に出向いても働いている人たちだ。穏やかな階調、ごく自然な構図の中で目立つのは彼らの笑顔だ。いずれも重労働のはずなのに。

自分も作業服姿で、ときには我が子も連れて、場を和ませたのだという。だから笑顔。対象をレンズで客観視するというより、撮られる側と一体化している。

当時提唱されていた「絶対非演出」のスナップではなく、何度もポーズをとってもらったこともあるようだ。でも、そこには確かな信頼関係があるのだからウソにはならない。86歳での初個展以降に発表した、労働や時代のリアルな姿。これは日曜カメラマン石田の、そしてかつての私たちの自画像なのだ。

評・大西若人（本社編集委員）

二〇一六年九月二五日❶

『70歳の日記』

メイ・サートン 著　幾島幸子 訳
みすず書房・三六七二円　ISBN9784622078623　文芸

「自分らしく」と願う切実な声

夜中に目が覚め、虫たちの声が聞こえる中、本書を開いた。こんなふうに真夜中に読書するのは久しぶり。追うべき筋があるわけではないから、ゆっくりと味わえる。「なぜかはわからないけれど、花の名前を書いていると唾（つば）が出てくる！」のところで爆笑。夜のしじまを自分の笑い声が引き裂いた。

メイ・サートンはアメリカの女性作家。詩、小説、随筆も書くが、最初に翻訳出版された『独り居の日記』がいちばんよく知られているし、読んで心に響くのも日々を綴（つづ）った日記だ。七十歳の一年間を記した本書も切実な声にあふれ、読みながらその声のなかに入ってしまいそうになる。日記という形式において、彼女がもっとも価値をおく自分らしくありたいという願いが成就するからだろう。

海辺の家で犬と猫と暮らす日々は、のどかなようで慌ただしい。その一つは庭仕事。ラッパズイセンだけでも九種類育てるほどの凝り性で、庭には「役に立つ狂気」が宿っている。酒に酔ったり、癇癪（かんしゃく）を起こしたりするよりまし、というわけだ。

外の用事が多いのも気ぜわしい。『独り居の日記』以降、不遇だった時期をくぐり抜けて読者が水紋のように増えてきた。一カ月近く全米を巡る朗読会。夏には来客も多かった。こういう日々の後には決まって「自分の本質が奪われてしまった」心地がする。他人を極度に意識する結果、自分が存在しないような感覚になるのだ。これではだめだと反省するが、それでも人と会ったり、人前に出たりすることは止（や）めない。

さらに時間をとられるもう一つのことは読者への返信で、これにはびっくりした。手紙にいちいち返事を書き、送られてくる原稿に目を通して感想を書いている。強迫観念に近い意識でそれを果たすのだ。

サートンは五十代のとき、小説のなかで同性愛を告白して大学の職を追われた。どの流派にも属さず、前衛的でもない作品は、文学界でも注目されない時期が長くつづく。人の願いを無視するには他者の苦しみがわかりすぎてしまう人なのである。

「今求めているのは、詩を書くこと、それだけ」と言うが、詩の生まれる気配はない。詩はいつもミューズの登場とともに誕生した。一瞬、その人が現れるも去っていく。なぜ詩作に他者が必要なのか？　自分からは出てこないのか？　いまだ解明できない「謎」が自分の中にあるのを彼女はよろこんでいて、これには大いに共感した。

日記を読むことは日々の伴走者を得るようなものだ。悩みの内容はちがえども、そう思うのはあなただけではない、と囁（ささや）きかけてくれる。

評・大竹昭子（作家）

May Sarton　1912〜95年。ベルギー生まれ。小説家、詩人、エッセイスト。4歳のとき両親と米国に亡命。『夢見つつ深く植えよ』『総決算のとき』『82歳の日記』『独り居の日記』（新装版）など。

二〇一六年九月二五日❷　文芸

『クラフツマン　作ることは考えることである』

リチャード・セネット 著　高橋勇夫 訳

筑摩書房・四三二〇円
ISBN9784480864451

ものと「対話」する手仕事再評価

著者セネットが学生時代に出会った哲学者ハンナ・アレントは、人間のあり方として、「労働する動物」と「工作人（ホモ・ファーベル）」とを区別した。機械的な労働に従事することと、ものを考えることとは別だとしたのである。本書は、もの作りと思考とは表裏一体とし、アレント的な図式への反撃を試みる。

著者はまず、手仕事的なもの作り（クラフツマンシップ）の衰退史を詳細にたどる。中世のギルド組織では、技術の集団的な伝承がなされていたが、バイオリンのストラディバリウスのような、傑出した個人の技量は継承不能となる。

18世紀フランスの「百科全書」は、実は手仕事を精神労働と等価と見なす「クラフツマンシップのバイブル」でもあったが、言語で技術を伝えるには限界があった。もの作りは、言葉に表せず反復動作によってのみ習得される「暗黙知」に依存するからである。19世紀のラスキンらの機械批判も、機械化の奔流を押しとどめられず、コンピュータ万能の時代に至る。

しかしセネットはこうした現代だからこそ、対象と「対話」し、自らの認識を「覚醒」させ変容させ続ける、クラフツマンの行動様式を再評価すべきとする。かつて煉瓦（れんが）職人たちは、この煉瓦は「正直」だなどと、物質を擬人化しながら技術を磨いた。チェロ奏者でもある著者は指先や手首を微妙に動かす際に手がいかに「知的」となり、正確で抑制的な思考を身に付けさせるか分析して見せる。

そして「正しい答えのない問いを考え」、反復的に調整する技術であるクラフツマンシップは政治との関係では民主主義に適合的とされる。著書で、見知らぬ人々が共存する公共空間としての「社会」の喪失を告発してきたセネット。機械的労働への没入を危ぶむアレントへの反論としては少し弱いが、もの作りの可能性を追求することが公共空間の再興にもつながるというのが本書の主張である。

評・杉田敦（政治学者・法政大学教授）

Richard Sennett　43年生まれ。社会学者、作家。著書に『権威への反逆』『公共性の喪失』など。

二〇一六年九月二五日③

『あたらしい名前』

ノヴァイオレット・ブラワヨ 著 谷崎由依 訳

早川書房・二三七六円 文芸／社会

ISBN9784152096241

世界中の矛盾に向かう子どもら

国盗（と）りゲームで子どもたちが陣地につける国名は、勝敗には関係ない。でも主人公のダーリンと、友達のチポやバスタードらには、人気の国と不人気の国がある。アメリカは最高。自国ジンバブエは最低。彼らが住む貧乏地区の名は、パラダイス。金持ちが住む地区はブダペスト。中国人が急ピッチで工事している地区はシャンハイ。グローバル化はここではいいも悪いもない、事故みたいなものだ。

飢餓と暴力に絶望する大人たちの横で、子どもも、ときには悲しみに沈む。でも打ちのめされはしない。パラダイスの子どもたちの好奇心と生存意欲は圧倒的だ。それは多分、腹が減ってるからだ！ グァバを盗み、自殺者の靴を奪いパンに替え、贈り物ほしさにNGOに妥協し、ここではないどこかに、未来に、希望をかける。

植民地支配、独立後の内紛、政権腐敗といった大人の事情の全部は子どもにはわからない。だが彼らはよく見ている。突然ブルドーザーが家を潰し、医者も教師も姿を消し、暴徒が改革派の青年を惨殺するのを。ぎょっとするようなごっこ遊びは、こんな現実への彼らの率直な反応だ。

後半、ダーリンは叔母を頼ってアメリカに渡る。だがそこは夢にみた「あたしのアメリカ」ではない。アメリカにも貧困と暴力があることを彼女は知る。故郷の親族からは、いい思いをしてるんだろうと仕送りを求める電話がくる。

故郷のチポを気の毒がる彼女にチポは「痛みの感触を知ってるのは、その傷口だけ」、外からはわからない、という。ダーリンや叔母さんはしかし、外の人なのか。出稼ぎ労働者の仕送りで本国経済が維持されている、そういう国が世界には数多くある。故郷のために働く移民が国と世界の下ざさえをしている。

世界中の矛盾が漂着する岸辺で生きていく、その複雑さはそのままに、語り口は明快で鮮烈。子どもの目がそれを可能にしている。

評・中村和恵（詩人・明治大学教授）

NoViolet Bulawayo 81年ジンバブエ生まれ。米コーネル大学で創作の修士号。本書はブッカー賞最終候補。

二〇一六年九月二五日④

『マルセル・デュシャンとアメリカ 戦後アメリカ美術の進展とデュシャン受容の変遷』

平芳幸浩 著

ナカニシヤ出版・三六七二円

ISBN9784779510632

アート・ファッション・芸能／ノンフィクション・評伝

読み解き揺さぶり美術を刺激

1917年、男性用小便器を展覧会に出品し、スキャンダルを巻き起こしたマルセル・デュシャンは芸術の概念を根本から変えてしまった。が、本書はいわゆる伝記的な作家論ではなく、彼の作品そのものの分析でもない。20世紀のアートを先導したアメリカの現代美術が、いかに彼を読み解き、次々に登場する新しいイズムの祖に位置づけたか、その受容の言説の変遷を論じたものである。

例えば、1930〜40年代はキュビスムやシュルレアリスムの画家として解釈され、50年代にネオ・ダダが登場すると、既製品をアート作品とみなすレディメイドが重視されるようになった。60年代は、芸術とは生活であるとするフルクサスの活動や、通俗性に注目したポップアートも、デュシャンとの接続を試みた。そしてコンセプチュアルアートも彼を概念芸術の始まりとして議論を展開した。

すなわち、ポジション取りを争う前衛芸術が、様々な方法でデュシャンを取り込もうとした。また芸術とは何かという境界条件も議論されるなかで、彼は芸術の「画家」と反芸術の「ダダ」に引き裂かれる。そして死後に発表された彼の遺作が、旧来の芸術らしさをもち、神話化されたデュシャン像を裏切るようなちゃぶ台返しを投げかけたという考察も刺激的だ。

　ともあれ、アメリカの美術批評や企画展が、作品創造の場と絡みあいながら、豊かな表現と思想の基盤を形成したことがよくわかる。ゆえに本書を読むと、デュシャンを軸に、抽象表現主義の絵画とその理論を含むアメリカ現代美術の動向を整理して理解できるだろう。

　元学芸員の著者は、２００４年に「マルセル・デュシャンと20世紀美術」展を企画し、この展示の第2部でデュシャンに触発された多くの美術家を紹介した。本書はその理論編と言えるかもしれない。そしてデュシャンは今なお多くのアーティストを魅了している。

◇

　今回は横尾忠則さんの絵と五十嵐太郎さんの文による合評です。

評（画）・横尾忠則（美術家）

評（文）・五十嵐太郎（建築批評家・東北大学教授）

ひらよし・ゆきひろ　67年生まれ。京都工芸繊維大学美術工芸資料館准教授。共著に『西洋近代の都市と芸術3　パリⅡ』。

歴史／政治

『忘却された支配　日本のなかの植民地朝鮮』

伊藤智永 著
岩波書店・二三七六円
ISBN9784000247917

隠された記憶と責任をたどる

　もう20年以上も前のことだ。小郡（現・新山口）からＪＲ宇部線に乗った。平凡な車窓風景に見飽きてきた頃、不意に左手の視界が開け、周防灘が現れた。だがそれよりもっと驚いたのは、海岸に点在するバラックのような住宅群だった。そこに駅はなく、列車は廃虚のようなところを瞬時のうちに通り過ぎた。

　本書を読み、あのときの光景がまざまざとよみがえってきた。私が見たのは、１９４２年の事故で１８３人が亡くなり、遺体が収容されないまま閉山した長生（ちょうせい）炭鉱の住宅群だったのだ。犠牲者の7割は、朝鮮人労働者であった。

　当時、植民地の朝鮮から日本に連れてこられた多くの人々が、日本人より給料が安く、作業が過酷で危険な炭鉱に動員された。長生炭鉱も「朝鮮炭鉱」と呼ばれていたという。しかし戦後も地元では、朝鮮人を除外して日本人だけで追悼する動きが見られた。事故現場の近くに朝鮮人と日本人の犠牲者の名前が並ぶ碑が建てられたのは、２０１３年になってからである。

　なぜこれほどの時間がかかったのか。著者は、戦争責任のほかに、「植民地支配責任」と呼ぶべき責任があると主張する。開戦から終戦までの戦争に比べて、植民地化される前とされた後の過程はずっと長い。しかも、植民地を支配したという意識が、戦後の日本で受け継がれてきたとは言いがたい。そこに朝鮮人と日本人の意識の違いも生じるわけだ。戦後70年安倍談話でも、日本の植民地支配については一切明言しなかった。本書では、政府の立場とは裏腹に、「植民地支配責任」を自覚しつつ地道に活動を続ける日本人の姿も描かれている。

　列車で何げなく見ている光景のなかにも、隠された植民地支配の記憶が横たわっている。しかし本書のような著作に出会わなければ、その記憶をたどることは永遠にない。忘却することもまた責任を放棄しているという思いを強くした。

評・原武史（放送大学教授）

いとう・ともなが　毎日新聞編集委員。86年入社。著書に『奇をてらわず』『靖国と千鳥ケ淵』など。

二〇一六年九月二五日❻

『赤塚不二夫生誕80年企画　バカ田大学講義録なのだ!』

泉麻人ほか 著
文芸春秋・一六二〇円
ISBN9784163904870　文芸

♪みやこの西北　ワセダのとなり……。そんな校歌で知られる「バカ田大学」。漫画『天才バカボン』に登場する架空の大学で講義するという「お題」に、多彩な講師陣が挑んだ。

たとえば俗を極めて神々しささえ漂う人生をみうらじゅんが披露し、宇川直宏が「バカも天才も神も同じ超越者」「これでいいのだ」と決めゼリフで〆(しめ)る。

「バカ田大建学の父」赤塚不二夫は「知性とパイオニア精神にあふれたバカになんなきゃいけないの」と述べたという。その教えを「天才=賢さ×愚かさ」と数式に変換して表現してみせた茂木健一郎が、賢さを人工知能がカバーする時代に至って愚かさこそがむしろ勝敗を決すると指摘するのにハッとさせられる。

創造に繋(つな)がる愚かさをいかに育てるか。つまり大学は今やバカ田大学を目指すべきなのだ。そんなアイロニーの含意を理解できないお利口さんに担われている限り、日本の教育は未来の才能を殺し続けるのだろう。

評・武田徹(評論家)

二〇一六年九月二五日❼

『炭坑(ヤマ)の絵師　山本作兵衛』

宮田昭 著
書肆侃侃房・一九四四円　ISBN9784863852273　人文

国内最大の産炭地だった筑豊は、炭坑(ヤマ)の文化のふるさとである。

過酷な労働と圧制の中にあっても、人情が紡ぐ無数の哀楽の物語があった。

山本作兵衛は、自らヤマの男として生涯を生き、65歳から主に明治・大正の炭坑を墨と水彩で描いた。

本書は、筑豊炭田の盛衰と共に歩んだ人生をたどりつつ、数々の記録画が語る風土と伝承をひもとく。

男女が地底で働いた採炭場。喧嘩(けんか)にはやる男衆に、三味線で踊る女衆。日本の近代化を支えた往時の炭坑街の活気がよみがえる。

その作品群が日本初の世界記憶遺産に登録されたのは2011年。官製資料にはない生の産業史が、1人の労働者の手で後世に遺(のこ)された価値が高く評された。

名もなき人びとの生きた証しを記録に残す。作兵衛の魂は、生前の取材記者だった著者の本懐でもある。

全編に響くゴットン節には郷愁と哀感がこもり、2人があおるコップ酒の匂いまでが立ちのぼるようだ。

評・立野純二(本社論説主幹代理)

二〇一六年一〇月二日❶

『日本語のために　日本文学全集30』

池澤夏樹 編
河出書房新社・二八〇八円
ISBN9784309729008　文芸/人文/社会

祝詞から憲法までの言葉の姿

思考と文体は相互に影響し合う。リテラシー(読み書き能力)は時代とともに変化する。日本語はどのように変遷してきたのか。本書は、古代から現代までのさまざまな「文体のサンプル」と考察から成るアンソロジーだ。目次を見るだけでも面白い。祝詞(のりと)、漢詩文、仏典、キリスト教典、琉球語やアイヌ語の作品、いろはうたや五十音図、音韻と表記の考察、シェークスピアの訳、大日本帝国憲法や日本国憲法など、政治をめぐる言葉の例もある。

たとえば祝詞は「六月(みなづき)の晦(みそか)の大祓(おおはらい)」が取り上げられている。編者による現代語訳の前に原文の書き下し文が置かれる。原文の感じも味わえるようにという工夫だ。その直後、大野晋の編著による『古典基礎語辞典』が紹介されている。「なる【成る・生る】」「こと【言・事】」「もの【物・者】」など、気になる項目の抜粋が並ぶ。

漢詩文の章では、菅原道真、一休宗純、良寛の他に、英語英文学と漢詩文との間で葛藤した夏目漱石の漢詩が収録されている。幕末明治期のベストセラーである頼山陽『日本外史』も「壇浦の戦」の箇所など、ごく一部分だが収められている。武家の興亡を描くこの書物が、訓読体の音声の調子を伝える例ともなっている。

聖書の「マタイによる福音書」第二六章が、

文語訳、口語訳、新共同訳など五種の訳で示され、さらに「ケセン語訳」が置かれる。岩手県・気仙沼あたりの方言。シェークスピアの「ハムレット」は、六人の訳が並ぶが、そこには差異と驚きがある。時代とともに移り変わる言葉の姿を眺めようとする本書の方針が見て取れる。

八八八六の音韻による琉歌や、樺太アイヌの記録なども収録。広い視野から眺め渡された日本語の多様な状態だ。小松英雄のいろはうたの考察、松岡正剛による「馬渕和夫『五十音図の話』について」、高島俊男「新村出（しんむらいずる）の痛憤」など、音韻と表記をめぐる論考も、日本語の現状と今後を考える上で興味深い例だ。永川玲二「意味とひびき——日本語の表現力について」や中井久夫「私の日本語雑記」なども、それぞれ簡明な筆致でわかりやすく、示唆に富む。

漢文訓読体の大日本帝国憲法の後に、高橋源一郎訳「終戦の詔書」が置かれる。言葉の意味とニュアンスの前で、考えさせられる。ふだん、言葉を読むとき、私たちは言葉のどこを見ているのだろうか。近代国家体制が作り出した「国語」は便利。だが切り捨ててきたものも少なくない。本書は、そんなことを考えることが可能な現在ではないか、と力強く問い掛ける、前代未聞のアンソロジーだ。

評・蜂飼耳（詩人・作家）

日本文学全集は池澤夏樹氏の個人編集で、古典から現代まで全30巻の予定で刊行中。既刊本では、「宇治拾遺物語」「百人一首」などを現代作家による新訳で収録。

二〇一六年一〇月二日❷

『光炎の人　上・下』

木内昇 著

角川書店・各一七二八円
ISBN9784041101452〈上〉・9784041041949〈下〉

歴史／人文／社会

時代に翻弄される技術者の野心

愛媛県出身の秋山好古、真之兄弟と正岡子規を主人公にした司馬遼太郎『坂の上の雲』は、日本が下瀬火薬、三六式無線機などの新技術を開発したからこそ、日露戦争に勝てたとする技術史観を柱にしていた。

愛媛県と同じ四国の徳島県から始まる本書は、司馬が描かなかった科学技術の〝闇〟を掘り下げている。

日露戦争の開戦前夜。貧しい葉煙草（はたばこ）農家に生まれた郷司音三郎は、幼なじみの大山利平に誘われ、刻み煙草の工場で働き始める。早く大量に葉煙草を刻む機械に魅了された音三郎は、機械の仕組みを学んでいく。

やがて大阪の伸銅工場に転職した音三郎は、電気にも興味を持ち、独学で新技術の無線機の研究を始める。それが財界の大物・弓濱の目にとまり、音三郎は大手の大都伸銅に移る。

新天地で無線機の開発を続ける音三郎だったが、電気の危険から人間を守る安全装置を開発している先輩の金海一雄に、技師の理念がないと批判される。

理想論を口にする金海に敵意を抱いた音三郎は、人間の負担を軽くするという当初の理想を忘れ、優れた無線機を作ることだけに没頭する。音三郎の強すぎる野心は、昭和に入ると、戦争へと向かう歴史の流れにもからめとられてしまう。

安全を重視する金海を憎悪し、技術開発だけを推し進める音三郎の姿は、福島第一原子力発電所の事故を思い起こさせるし、人工知能の発達が人間の仕事を奪う社会がすぐそこまで来ていることを考えれば、人間は技術革新とどのように向き合うべきかを問う普遍的なテーマにもなっている。

純粋な好奇心から機械と電気に興味を持った音三郎は、人間関係のしがらみ、政治の要請、社会の願望などが複雑にからみ合った結果、悪（あ）しき変貌（へんぼう）を遂げる。

司馬の名作に比肩しうる大河ロマンは、技術が暴走するのは、技術者だけでなく、同じ時代を生きるすべての人間に責任があることも教えてくれるのである。

評・末國善己（文芸評論家）

きうち・のぼり　67年生まれ。作家。『漂砂のうたう』で直木賞。『櫛挽道守』『浮世女房洒落日記』など。

二〇一六年一〇月二日❸
『ウルトラQの精神史』

小野俊太郎 著
彩流社・一九四四円
ISBN9784779170706

社会

怪獣番組が映した社会の矛盾

　円谷プロの空想特撮シリーズの第1弾として1966年にテレビ放映された伝説的ドラマ「ウルトラQ」。本書はその全28話を分析し、その意味を問い直す作品論だ。子供向け怪獣番組の枠にとどまらず、高度成長期にあった当時の日本の社会問題も反映させた骨太のSF世界だったことを浮き彫りにしている。

　64年生まれの私は、子供のころにウルトラシリーズに熱中した世代で、原点のウルトラQはその時期に再放送で見たと思う。その後に続くウルトラマンのようなヒーローは登場せず、怪獣や異常現象に立ち向かうのはあくまで人間のために地味な印象。子供にはよくわからない内容が多かった記憶がある。だが、本書によって奥深い面白さを知った。触発されてDVDで全28話を見てしまった。

　ガソリンから電気まですべてのエネルギーを吸い込む風船怪獣バルンガの出現により、普段は果てしない騒音に包まれる東京ですべての経済活動が停止した。兵器で怪獣と戦う人間だけではなく、「こんな静かな朝はなかった」とバルンガを肯定する登場人物もいる。

　その他の話でも、人口が増えすぎた過密都市の解消に人間を8分の1サイズにする計画、家族から疎まれ、上司からも叱責（しっせき）される会社員が現実逃避で乗り込もうとする異次元列車……、著者は「何かのきっかけで、当たり前と思える常識世界がバランスを失い」「急ごしらえの戦後社会の矛盾が飛び出してくる」と指摘。「それこそが『ウルトラQ』が描こうとした現実であった」という。

　また、こうした世界を描いた背景として、「築き上げて維持しているはずの社会のシステムが足下から崩れる」不安を66年当時の日本が抱えていたとする。この不安感は今も底流にあるのではないか。DVDは白黒画面だったが、内容は古びていない。脚光を浴びる「ゴジラ」の新作に対し、50年前のSFドラマも示唆に富み、負けていない。

評・市田隆（本社編集委員）

おの・しゅんたろう　59年生まれ。文芸・文化評論家。『ゴジラの精神史』『スター・ウォーズの精神史』など。

二〇一六年一〇月二日❹
『マイナス金利政策　3次元金融緩和の効果と限界』

岩田一政、左三川郁子、日本経済研究センター 編著
日本経済新聞出版社・三〇二四円
ISBN9784532357047

経済

デフレ打開の切り札？弱点は？

　9月に日銀は、政策目標の軸足を資金供給量から金利に転換すると発表した。もっとも、金利のマイナス幅拡大は見送る一方、量的緩和の旗を降ろさなかった。だが筆者らは試算に基づき、日銀による高水準の国債買い取りが続けば、市場で日銀が国債を買い尽くし、2017年6月にもその限界が訪れると警告する。つまり量的緩和は早晩、行き詰まるのだ。

　究極の問題は、黒田総裁が時期尚早として語らない、金融政策の正常化だ。日銀が将来的に金利を引き上げれば、金融機関が日銀内に保有する当座預金への金利支払額が著しく増え、日銀が巨額損失を被る可能性が出てくる。また、現在の国債買い取りペースを緩めれば、日銀が資産としてもつ国債の価格が下落し、その財務が毀損（きそん）する恐れもある。政府が損失補填（ほてん）する事態になれば、日銀は独立性を失うだろう。

　量的緩和に限界があるなら、デフレ克服に

は金利政策を効かせるほかない、というのが本書の立場だ。つまり、マイナス金利をさらに引き下げる方向だ。これは、資金を借り入れて事業に挑む企業や、住宅ローンを組む消費者にとっては追い風だ。だが、この政策には弱点もある。預金者が、利子収入の減少や口座手数料の値上げを回避しようと、銀行から預金を引き出し現金の形で保有する可能性があるからだ。

そこで本書は、電子マネーやフィンテックなどを活用したキャッシュレス社会に移行して人々の利便性を高めつつ、現金シフトを封じてマイナス金利政策の実効性を高めることを提言する。現に、日本に先行してマイナス金利を導入した北欧諸国では、キャッシュレス化が進行中という。

我々は、成長率も人口増加率も、そして金利までもがマイナスになる、文字通りの「水没社会」に移行するのだろうか。我々の生活に巨大な影響を及ぼすマイナス金利政策を理解する上で、必読の書である。

評・諸富徹（京都大学教授）

いわた・かずまさ　日本経済研究センター（民間研究機関）理事長。
さみかわ・いくこ　同センター金融研究室長。

『ユリシーズを燃やせ』

ケヴィン・バーミンガム 著　小林玲子 訳

柏書房・二九一六円
ISBN9784760147311

発禁・密輸の本が古典になった

アメリカへの持ち込みが禁止された。ついてはカナダ経由の輸送が計画され、アーネスト・ヘミングウェイが密輸業者を紹介した。

まるで兵器か麻薬の話のようだが、一冊の本をめぐる挿話である。

全編、意味のある文章にはみえない「フィネガンズ・ウェイク」を書いたことで二十世紀の文学史に名を刻んだジェイムズ・ジョイスだが、前作「ユリシーズ」の衝撃もそれにまさるとも劣らなかった。

英語の本であるのに、イギリスとアメリカで発売禁止になり、パリで印刷されたというだけではない。

印刷所は、その「猥褻（わいせつ）」で「不潔」な文章を活字に組むことを拒否した。それ以前に、タイピストたちが次々に仕事を放棄し、はなはだしくは、清書前の原稿を火の中に投げ込んだりした。

まるでコメディのようにきこえるが、当事者の誰もが真剣であり、ジョイス本人が心底真面目だった。

本書はその「ユリシーズ」成立に至るまでの、作品をめぐる伝記である。

ほとんど視力を失いながらギリギリまで文章に手を入れ続け、出版社に金を要求し続けるジョイスの姿はわがままな芸術家というイメージをはるかに突き抜けてしまっている。

かつて発売禁止にされた本というものにはたいてい、今読めばどこが問題だったのかわからない、という文章が続くものである。

ここでジョイスが頭抜（ずぬ）けているのは、もしかして今でも、場合によっては「ユリシーズ」は発売禁止になりうるのではと思われるところである。

今「ユリシーズ」を書店で手に取ることができるのは、とりあえず古典ということになってしまったからかもしれない。

かつては表現の自由が制限されていた。その事実は、現在が自由であることを意味しない。古典が古典となるまでの道を確認し直す、よい機会をあたえてくれる本である。

評・円城塔（作家）

Kevin Birmingham　米ハーバード大学文芸プログラム講師。本書でトルーマン・カポーティ・文芸評論賞など。

二〇一六年一〇月二日❼

『自治体がひらく日本の移民政策 人口減少時代の多文化共生への挑戦』

毛受敏浩 編著
明石書店・二五九二円
ISBN9784750343655
政治／社会

「今はジェットコースターでいえば、先頭車両が下を向きかけたぐらいに過ぎない」。だが「全車両が下向きのスロープにかかれば一挙に日本の人口減少は加速する」と著者は今後の状況を的確に表現している。

人口減少は心配だが、世界的な移民・難民問題のニュースを目にすると、「外国人労働者を日本で増やしても大丈夫か？」と不安を抱く人は多いと思われる。

その問題を考える上で、本書は貴重な材料を提供してくれる。第三章には外国人の受け入れ現場で多文化共生に取り組んできた地域の専門家8人の経験談が載っている。また、海外の移民受け入れの失敗例に学べば、日本は「改良を加えた政策を打ち出すことができるはず」と著者は解説する。

人口減に直面している地域の方が国政より意識が進んでいることが本書から伝わってくる。「閉塞（へいそく）感が強まりつつある日本」を再活性化させるためにも「多文化パワー」を利用すべきだとの提言に耳を傾けたい。

評・加藤出（エコノミスト）

二〇一六年一〇月二日❽

『鉱山（ヤマ）のビッグバンド』

小田豊二 著
白水社・二三七六円
ISBN9784560092606
ノンフィクション・評伝

岐阜県飛騨市の山中に位置する神岡鉱山。イタイイタイ病の発生源だった時代もあったけど、現在はニュートリノ観測装置「スーパーカミオカンデ」が設置された場所として有名だ。

その神岡鉱山にかつて本格的な楽団があった。神岡マイン・ニュー・アンサンブル。本書はこの楽団を軸に戦後の鉱山の暮らしを追った貴重な地域史である。

普段はヘルメットをかぶって坑内で働き、休日には楽器を握る。三交代制の職場ゆえ合同練習の時間もままならない。しかし、鉱山の楽団は産業音楽祭の常連入賞者となり、名声は中部地方一帯に轟（とどろ）いた！

坑内事故で片方の視力を失うも、音楽に生きがいを見つけたサックス奏者。楽団に入りたくて鉱山に就職したトランペッター。そして彼らに一から楽器を教え小さなハーモニカバンドを本格的な楽団に育てたバンドマスター。楽団の40年と鉱山の興廃の歴史。地域と企業と文化が一体だった時代が鮮やかによみがえる。

評・斎藤美奈子（文芸評論家）

二〇一六年一〇月九日❶

『クレムリン 赤い城塞の歴史 上・下』

キャサリン・メリデール 著 松島芳彦 訳
白水社・各三二四〇円
ISBN9784560095041〈上〉・9784560095058〈下〉
歴史

時代の栄光 凝縮された空間

周りを2キロあまりの城壁で囲まれ、さまざまな時代の様式による宮殿や聖堂、教会、塔などが林立する空間。それがクレムリンである。決して広いとはいえない空間のなかに、江戸城の本丸や皇居の宮殿や京都御所の紫宸殿（ししんでん）や日光東照宮や伊勢神宮や歴代天皇陵や首相官邸や新国立劇場などに相当する建造物が所狭しと立ち並んでいると言えば、いかにこの空間が国家の凝縮された中心であり続けたかがわかるだろう。

しかし、現在観光地となっているクレムリンは、決してずっと同じ景観を保ってきたわけではない。それどころか、火災や戦争、革命、内乱のたびに破壊と建設が繰り返され、多くの人々が犠牲となった。一見整然としたクレムリンの舞台裏には、おびただしい血痕がいまも付着しているはずなのだ。

本書はクレムリンの歴史を、15世紀も21世紀も全く同じ密度で描き出す。まるでイワン3世とプーチンが同じ時代に生きているかのように、どちらも細部が具体的に描かれる。論文調のような堅苦しさはなく、訳文からも時代ごとに全く異なるクレムリンの光景がありありと浮かんでくる。この大著を一人の歴史家が書いていること自体、驚異というほかはない。

なぜクレムリンに建造物が集まっているのか。確かにロシア革命は帝政時代の建造物を破壊したが、ロシア正教会の施設を一掃したわけではなかった。レーニンやスターリンは、社会主義の新たなイデオロギーを作り出しながら、クレムリンのもつ宗教性も利用した。ソ連が崩壊しても、レーニン廟（びょう）は取り払われなかった。クレムリンとは、ロシア帝国やソ連の栄光を象徴する「遺跡」が集積された空間にほかならないのだ。

この点が皇居とは異なる。江戸城本丸はもはや石垣しか残っておらず、広大な森のなかに宮殿や御所などが点在するだけの皇居は、建築によって見る者を圧倒する空間ではない。そもそもクレムリンのように、誰でも入れる観光地にはなっておらず禁域が多くを占めている。「空虚な中心」と呼ばれることもあるように、クレムリンとは対照的な空間とすらいえる。似ているのはせいぜい、赤の広場と皇居前広場がそれぞれ隣接していることぐらいだろう。

それはロシアほど、日本では専制君主や独裁者が現れず、近世や近代を通して強固なイデオロギーも必要としなかったことを暗示してはいないだろうか。本書を読み終えて痛感するのはこうした彼我の違いの大きさである。特定の空間を通した比較政治思想史の視座を与えているという点でも、本書から学ぶべき点は少なくない。

評・原武史（放送大学教授）

Catherine Merridale　ロンドン大学歴史学教授。著書『Night of Stone』でハイネマン賞を受賞。邦訳書に『イワンの戦争』がある。

二〇一六年一〇月九日❷　科学・生物

『近代科学のリロケーション』

カピル・ラジ 著　水谷智ほか 訳
名古屋大学出版会・五八三二円
ISBN9784815808419

インドで協力して築かれた土台

近代科学は純粋に西ヨーロッパ発のものとして理解されるべきなのだろうか。そうではない、という非ヨーロッパ出身者の反論は、自分が属する文化に科学的思考はすでに存在していたんだといった、ナショナリスト的なものにならざるをえないのだろうか。そもそも近代科学とは何なのか。地上を覆いつつあるこの普遍的合理性への信頼は、具体的にはどのように形成されてきたのだろう。

こうした問いに答えるため、カピル・ラジは植民地インドの六つの事例を選んだ。17世紀末にフランス東インド会社で働いていた外科医が編んだインドの草本誌。18世紀のイギリス人地理学者が作成したインド亜大陸地図。19世紀カルカッタ（コルカタ）の二つの高等教育機関と、カシュミール地方を探索した測量隊。

そこに浮かび上がるのは劣等視され搾取される被支配者ではなく、ともに共通の科学知のプラットフォームを築いていく協力者としてのインド知識人たちの姿だ。異なる知流の相互作用で「不断に移ろいゆくプロセスの経験」として、科学知の形成を記述する。政治的公正さの希求に終始しがちな狭義の植民地主義批判にも、偏ったナショナリズムにも与（くみ）せず。このラジの立場は広義のポストコロニアリズム（当人はこの語に否定的だが）だと思う。

18世紀末カルカッタで判事を務めた言語学者ジョーンズをめぐる章は、目から鱗（うろこ）のおもしろさ。インドの古代語サンスクリットはヨーロッパ諸言語と同起源という彼の説を、インド人学者が科学史の文脈に置き直すと、こんなに戦略的に見えるとは。科学的とは結局信頼できるということ、そして信頼できるとはモラルを共有する共同体の一員、当時なら英国のジェントルマンであることだった。

その後の3世紀で科学は国際化し多様化した。だが科学知も人が形成した知、偶発的でローカルで、商売や政治に左右されるのは変わらない。じつに人間的。

評・中村和恵（詩人・明治大学教授）

Kapil Raj　インド出身の科学史研究者。デリー大学で修士号取得、フランス社会科学高等研究院教授。

二〇一六年一〇月九日③ **『原爆ドーム　物産陳列館から広島平和記念碑へ』**

頴原澄子 著

吉川弘文館・一八三六円
ISBN9784642058315

歴史

取り壊し免れた〝絵になる廃虚〟

世界遺産に登録された原爆ドームは、最初からその価値が認められていたわけではない。1950年頃から誰言うとなく「原爆ドーム」と呼ぶようになり、市議会で永久保存が決議されたときは戦後20年以上が過ぎていた。本書は、1915年に広島県物産陳列館として建設された時から、現況にたどり着いた経緯を論じる。日本近代に発生した物産館という施設の系譜、広島の復興計画の歩み、丹下健三による平和記念公園の構想、原子力の平和利用の流れ、エポキシ樹脂を注入する新しい保存技術、世界遺産というシステムの展開などを緯糸（よこいと）として、歴史をつむぐ。

3・11後の東北で震災遺構を巡る議論がなされ、もう見たくないから壊せという声が寄せられたように、後世に原爆ドームが残らない事態が幾度もありえた。そのことを意識しながら読むと興味深い。例えば、後に市長となった浜井信三が1946年当時、ドーム周辺を公園用地に指定し、県都市計画課長だった竹重貞蔵が独断で取り壊しを中止し解体予算を返上した。残すかどうかの決定を先送りにしたのである。外国人からの保存の提言もあった。

もうひとつの手がかりは、ピクチャレスクだったことかもしれない。すなわち、絵になる風景だった。チェコ出身のヤン・レツルが設計した物産陳列館は当時からデザインが注目されていた。そして廃虚になった後も絵画の素材に取り上げられることが多かった。敗戦直後から原爆十景が選定されたり、観光バスの運行が企画されたりもした。

これに決定的な風景としての枠組みを与えたのが、自ら設計した建物と原爆ドームを軸線でつないだ丹下の公園デザインである。著者はイギリス留学中に風景式庭園を訪れ、軸線を通じて廃虚を眺める経験をしたことから、原爆ドームを連想したという。もし絵になる廃虚でなかったら、果たして残ったのだろうかと考えさせられる。

評・五十嵐太郎（建築批評家・東北大学教授）

えばら・すみこ　72年生まれ。千葉大学大学院工学研究科准教授。『身近なところからはじめる建築保存』。

二〇一六年一〇月九日④ **『現代ゲーム全史　文明の遊戯史観から』**

中川大地 著

早川書房・三〇二四円
ISBN9784152096357

政治／社会

社会変えた歴史に迫る本格批評

今年6月に出た小山友介『日本デジタルゲーム産業史』（人文書院）など、デジタルゲームの歴史を総括する労作が増えている。本書もその一つで、黎明期（れいめいき）から「ポケモンGO」に至る日米のゲーム史を描き、ゲームが社会をどのように変えたかに迫る大作である。

著者は、写真を一切使わず、ゲームのシステムや画面構成を文章だけで説明する。ここには広告と情報を得たいメディアと、ゲームを売りたいメーカーが相互依存し、長く本格的なゲーム批評が書かれなかったことへの批判も感じられる。

ゲームを動かすコンピューターは、アメリカの原爆開発の副産物だった。著者は、国家が管理するコンピューターでゲームを作った技術者には、反体制のハッカー気質があり、この伝統は今も残っているとする。

こうして誕生したゲームは、敗戦国で原爆被害国の日本に輸入され、独自に発達する。「スペースインベーダー」やファミコン文化をアメリカへ輸出し、社会現象を巻き起こした

20世紀までと、職人技で新しいゲームを作る日本が、専用ソフトを使って組織力で世界標準のゲームを作るアメリカに抜かれガラパゴス化した近年の状況は、ほかの産業にも当てはまるので、日米関係史としても面白い。

1990年代、日本ではゲームセンターで行う対戦格闘ゲームが、アメリカではパソコンを持ち寄って対戦する一人称視点のシューティングが流行した理由を考察する比較文化論や、アップルの初代iPodにブロック崩しが入っていたのは、当時のCEOスティーブ・ジョブズが、ゲーム会社アタリ出身だったからなど、意外な因果関係も示されていて興味が尽きない。

見田宗介、宇野常寛の社会論を使った時代区分、ロジェ・カイヨワの遊戯論によるゲーム分析には賛否があるだろう。ただ本書は、否定派も肯定派も避けては通れない論理と資料的価値を持っており、ゲーム史の定番になるのは間違いない。

評・末國善己（文芸評論家）

なかがわ・だいち　74年生まれ。編集者、批評誌「PLANETS」副編集長。『東京スカイツリー論』。

二〇一六年一〇月九日⑤

『14歳のための宇宙授業　相対論と量子論のはなし』

佐治晴夫 著

春秋社・一九四四円

ISBN9784393360620

文芸

数式を一編の詩と見なして読む

音楽に携わって以来常々感じていたことだが、音楽と物理学はどこかでつながっているという気がする。音楽にも方程式のような考えがあり、過去の偉業（あるいは名曲）の蓄積の上に成り立つ発見があるなど、そこに共通点があると思うのだ。だからなのか、演奏も一流、学問も一流という学者は意外と多い。

著者もその一人であり、ピアノを流麗にこなす。もし自分にも数学的素養があれば物理学者になれたのかもしれない。しかし数式を見ると気が遠くなる人間にはむずかしいだろう。いったいどこで数式が苦手になったのか。本書の表題にある「14歳」という年齢にはどんな意味が込められているのだろう。

中学生の頃の自分に当てはめてみれば、確かにサイエンスフィクションに没頭していた。宇宙の謎や世界の不思議な出来事に対する好奇心も旺盛で、知識の吸収力も強かった。とはいえ空想科学から物理学への道は1本ではない。「神の数式」といわれる数学への理解力が必須なのだ。

ところが著者は、数式を一編の詩と見なして読めばよいという。季節や月ごとの時候から始まる各章には宇宙や星の物語が綴（つづ）られ、複雑な交響曲の上に乗る旋律を心地よく辿（たど）るように、難解な物理学を背景にした相対論や量子論を解きほぐす。その手法はまさに「物知り博士」から14歳の少年少女に届く手紙のようだ。

これなら物理学に近づける。本書からは好きな物理学者ガモフの面白おかしい試みとは別の、感性や物語性を重視した著者の「宇宙論のソナチネ」という考え方がくみ取れる。また本書には漢字にルビが振ってあるおかげで、14歳の少年の気持ちになって読めた。

物理学に深く興味を持った読者には重要な方程式も網羅されている。著者が映画「コンタクト」の原作者で天文学者・SF作家のカール・セーガンにインスピレーションを与えたという伝聞にもうなずける。

評・細野晴臣（音楽家）

さじ・はるお　35年生まれ。「ゆらぎ」研究で知られる理論物理学者。著書に『14歳のための時間論』ほか。

二〇一六年一〇月九日❻

『すべての見えない光』

アンソニー・ドーア 著　藤井光 訳

新潮社・二九一六円
ISBN9784105901295

文芸

重なり響き合う少年少女の時間

世の中にはまれに、読み終えるのが惜しい小説がある。そうしてさらにごくまれに、ひとつひとつの段落を読み終えるのが惜しくなる小説がある。本書はそんな、たぐいまれな作品のひとつである。

物語は章の形で時間を交互に重ねるように展開する。ひとつは、第二次世界大戦下のフランス、サン・マロの町での数日間。もうひとつはその日々へとつながる過去の時間。

重ねられた時間の中には、響きあう二人の人物が登場する。一人は、盲目となったフランス人の少女。もう一人は、工学の才能をみせるドイツ人の少年。

各章はこの二人と周囲の人々をめぐるみじかめの節から構成され、それぞれが短編小説として成り立つような密度をそなえる。

戦火を避け、住み慣れた町を離れた少女と、ドイツ軍に編入された少年には直接的な面識がない。ただそれぞれがラジオにかかわることがあるだけである。

この物語の美しさはしかし、そうした筋の巧みさだけによるのではない。ときに近く、そして遠く響きあう少年少女だけではなく、このお話に登場する多くの人間たちはみな、それぞれにかすかな、ほとんど目につかないほどのつながりで互いに結びついている。それどころか、本や缶詰、模型といった周囲の膨大な物たちも、緊密な関係の網目を形づくる。さらに驚くべきことに、その繊細なつながりは文章を構成する単語同士にまで及び、全体として読み終えるのが惜しい小説をつくりあげている。

物語の終幕に向かうにつれて緊迫感が高まるのと並行して、文章もまたそれ自体の存在感を増していき、最終的には何かの意味というよりも、文章というものそれ自体の美しさを読むような体験が襲いかかるが、これはあくまでも個人的な反応であるかもしれない。

ピュリッツァー賞受賞の本書を、藤井光の美しい訳文で読むことのできる日本の読者は幸せである。

評・円城塔（作家）

Anthony Doerr　73年米オハイオ州生まれ。著書に『シェル・コレクター』『メモリー・ウォール』。

二〇一六年一〇月九日❼

『ハーバード数学科のデータサイエンティストが明かす　ビッグデータの残酷な現実』

C・ラダー 著　矢羽野薫 訳

ダイヤモンド社・一九四四円
ISBN9784478022993

科学・生物

著者は出会いサイトの運営者、邦題は安っぽいハウツー本のようとくれば、いかがわしい本と思われるかもしれないが、あにはからんや、中身はいたって真っ当なデータサイエンスの入門書だ。統計や手法の詳細には触れられていないが、ほとんどは学術専門論文として発表した内容にもとづいているという。

インターネットの普及によって、今までとは比べものにならない膨大な規模のデータを分析することが可能になり、社会や人間のいろいろな事柄について、新たな発見がなされている。著者は、このようなビッグデータ処理について良い面と悪い面を冷静に考察し、人道的な緩やかな介入が可能であると主張している。

インターネットを怖がっているだけでも、楽しんでいるだけでも、明るい未来はやってこないのだ。この巨大な情報の世界をぼくたちがどのように使いこなしていくのか、今、人類の英知が問われていると思わされる。

評・佐倉統（東京大学教授）

二〇一六年一〇月九日⑧　文芸

『松山俊太郎　蓮の宇宙』

松山俊太郎 著　安藤礼二 編
太田出版・九七二〇円
ISBN9784778314910

松山俊太郎は気になる存在だった。生前の彼と面識のあったファンたちがその怪人ぶりを実に情熱的に語るのを聞いていたからだ。

本書収録の対談「蓮華（れんげ）宇宙を語る」では博覧強記の松岡正剛が「とうてい対談になりっこない」とこぼすほど松山の知識量は圧倒的だ。しかもその言葉は豊かな官能性すら帯びるのだ。

だが彼の凄（すご）みはそれらに尽きない。『華厳経』の世界の広大さを冗談のように膨大な十のべき数表記で試みる松山が伝えたかったのは、私たちの宇宙がそれに比べれば「素粒子」並みに小さいということだろう。学究の果てに至った世界の広がりの認知の下、己の微小さをわきまえつつ思いのままに漂い、遊ぶ。数々の「伝説」を生んだ、そうした松山の自由の思想に触れる機会を本書は用意する。

安っぽいカリスマが跋扈（ばっこ）する時世の中、古代の神話と繫（つな）がることで神話的存在となった希代の怪人との出会いを読者にも経験して欲しいと思う。

評・武田徹（評論家）

二〇一六年一〇月一六日①　政治／社会

『唐牛伝　敗者の戦後漂流』

佐野眞一 著　小学館・一七二八円
ISBN9784093897679

安保闘争を支えた情念の魅力

いまでは「全学連」という言葉は死語に近い。いくつもの書物や、たとえば、大島渚の映画「日本の夜と霧」で、全学連と六〇年安保闘争の姿を想像することはできる。けれど、それを実感しようと努力したところで本質的なことはわからない。

本書は、唐牛（かろうじ）健太郎というヒーローを通じ、その時代の深い部分、もちろんこれまでにもほかの書物で読んだことがある内容も含め、そこから、一九六〇年、安保改定を阻止しようと学生たちが国会に突入した行動の背後に流れる思想を読む。

なぜ唐牛はヒーローになったのか。ヒーローだったことにより、闘争後、様々な職につき漂流するように生きた唐牛とは何者だったのか。そして、唐牛をヒーローにした時代の悲劇とはなんだったのか。著者は唐牛の生い立ち、当時の学生活動家の姿を通して思想のありかを検証しようとする。

六〇年安保時の全学連が、右翼の田中清玄から活動資金を受け取っていたのは有名な話だ。それに触れた記述からしばらく、当時、勃発しそうになった田中清玄を取り巻くやくざの抗争を著者は丹念に記述する。安保闘争後、唐牛が田中に世話になっていた事情があるにせよ、これほど書く必要があるのか疑問に感じもするが、けれど、これこそ、当時の全学連の本質を読むことになるのではないか。いや、田中との結び付きによる単純な図式ではない。

その後、全共闘世代になり、「情念」という言葉で語られる思想潮流が生まれる。

唐牛健太郎が表向き代表していた六〇年安保時の全学連にも、底辺に「情念」は流れ、資金援助する田中には、「情念」への強い共感があったにちがいない。彼ら六〇年安保世代の若い運動にすでにそれが漂っていた。少なくとも唐牛にはそれがあった。若い運動を支えていたのは、意外にも、そうした湿度の高い心情であり、それは七〇年代まで続く。

安保闘争から十七年後の「週刊現代」（七七年五月十二日号）に掲載された唐牛についての記事「オレは野良犬だ」から著者は唐牛の次の言葉を引く。

「だがねえ、もしも革命の最後のひと息でも、虫の息でも呼吸してるんなら、オレはそっちに賭けるで。革命はなあ、まだ呼吸してるよ、な。」

その記事を、唐牛のその後を扱った週刊誌の記事のなかでも「ピカ一」だと著者は書く。やはり湿度を感じざるをえない。引用された革命という言葉にさえ、どこか湿った響きがある。この湿度が唐牛をヒーローにした。だが否定しようとは思わない。それは心地よく、どこか魅力的な湿っぽさだ。

評・宮沢章夫（劇作家・演出家）

さの・しんいち　47年生まれ。『旅する巨人　宮本常一と渋沢敬三』で大宅壮一ノンフィクション賞。『甘粕正彦　乱心の曠野』で講談社ノンフィクション賞。

二〇一六年一〇月一六日②

『情報社会の〈哲学〉 グーグル・ビッグデータ・人工知能』
大黒岳彦 著
勁草書房・三八八八円
ISBN9784326154388　科学・生物／IT・コンピューター

AIに抜かれる前に必要な検証

いわゆるシンギュラリティ問題では2045年に人間を凌駕（りょうが）するとされる人工知能（AI）への恐怖が語られるが、あっさり凌駕されてしまう人間側の不甲斐（ふがい）なさはお咎（とが）めなしだ。そこに疑問を感じていた筆者にとって本書は収穫だった。

グーグル、SNS、ビッグデータ、AIを本書も論じるが、著者によればそれらは情報社会の〝露頭〟に過ぎない。議論はそれらを深層で繋（つな）ぐ〝本体〟へ向かう。

たとえば近代科学技術に「役に立つ」ことを自己組織化してゆく「配備＝集立（ゲ・シュテル）」プログラムがセットされていると考えたハイデッガーの予想は的中しつつある。グーグルは人間活動の全てを機械可読データ化しようとし、SNSは個人の行動を断片的データとしてネット上に流通させる。AIを仕込んだビッグデータ解析技術が氾濫（はんらん）するデータの再組織化を進め、その成果が社会を動かす。こうした再帰的・自動的な情報社会に、人間を主体とするデカルト的近代哲学の出番はない。

そこで著者は電気メディアが声の共同体を地球規模で実現させると考えたマクルーハンの時代的な限界を踏まえつつ、その潜在的可能性を引き出し、一方で非人称的なコミュニケーションの自己生成こそ「社会進化」の原動力と考えたルーマンの社会システム論と組み合わせて、情報社会の自己組織化メカニズムを論じる枠組みとする。

その手際の実際は本書を手にして確かめて欲しいが、著者のように情報社会を原理的に検証・批判する「哲学」的思考を怠っていたことと人類がAIにあっけなく凌駕される未来像が描かれたことの間にはおそらく関係がある。師・廣松渉を継承する硬質な文体の理論書に対して意外な印象と思われるだろうが、哲学の不在を埋めようとする本書に筆者は励まされた。ネットワークメディアに縦横に包囲された情報社会でなお人間的な営みをなし続けるヒントがそこに示されていたからだ。

評・武田徹（評論家・ジャーナリスト）

だいこく・たけひこ　61年生まれ。明治大学教授。専門は哲学・情報社会論。『〈メディア〉の哲学』など。

二〇一六年一〇月一六日③

『ルポ 貧困女子』
飯島裕子 著
岩波新書・八六四円
ISBN9784004316213

『貧困の現場から社会を変える』
稲葉剛 著
POSSE叢書（堀之内出版）・一九四四円
ISBN9784906708611　社会／ノンフィクション・評伝

弱者への無理解 改めるために

2カ月ほど前、経済的事情で進学を断念する女子高校生がNHKのニュースで取り上げられたとき、映っていた自室の所持品が安価ではないなどの理由で非難された。貧困を解説した本は十分存在するのに、いまだに無理解なバッシングが相次ぐのはなぜなのか。

『ルポ 貧困女子』で著者は、女性の貧困で取り上げられるのは、風俗に頼らざるをえなくなったケースが多いが、「衝撃的な物語が展開されるほど、『女性の貧困』は特殊なものとして捉えられ、個人に起因した問題として処理されてしまう傾向にある」と指摘している。そもそも可視化しにくい女性の貧困をイメージ化するときに、この社会に強固に働いている男性目線からの把握が真っ先に受け入れられるというわけだ。

その結果、「『救われるべき貧者、弱者』として認められない限り、〝ダメ人間〟と烙印

（らくいん）を押され、終わりのない努力を強いられる」。

だが現実には、貧困状態にある女性の実態は極めて多様だ。本書は、地味で等閑視されやすい若年独身女性たちに寄り添い、深い共感とともにその姿を描き出す。成人後も実家暮らしは普通だと思われている女性の場合、貧困は「家事手伝い」「負け犬」、家族の絆を強制しかねない「無縁社会」などの言葉に隠れてしまう。そうして孤立し分断された女性たちを、つなぐ場が求められている。

そのためには、弱者の側が自ら苦境を証明しないと理解されないというこの現状を覆す必要がある。その指南書が『貧困の現場から社会を変える』だ。対症療法的な支援活動だけでなく、社会構造そのものを変える根本治療（ソーシャルアクション）に踏み込むためには、前提を疑う必要がある。例えば、「自立」という言葉があるが、これは行政が描いたコースで就労することではなく、自分で生活を選べる自己決定権が保証された状態を指すべきだ、と著者は説く。

転換の機は熟している。

評・星野智幸（小説家）

いいじま・ゆうこ　ノンフィクションライター。

いなば・つよし　自立生活サポートセンター・もやい理事。

二〇一六年一〇月一六日❹

『第三帝国』

ロベルト・ボラーニョ著　柳原孝敦訳

白水社・三八八八円
ISBN9784560092675

歴史／政治

弛みと緊張が呼び覚ます感情

チリの作家、ロベルト・ボラーニョのことは、『通話』の初邦訳が出た際に知ったが、そのときに覚えた不思議な親密感は、その後どんな作品を読んでも変わることがない。

『第三帝国』という書名にナチを連想するが、戦時とは真逆（まぎゃく）の、ドイツ人の若者ウドのだらだらした日常が日記形式で綴（つづ）られる。だらけているのは夏のバカンスでスペインの海辺にガールフレンドと滞在しているからだ。現地で知り合った別のカップルと食事したり、いかがわしい連中と飲みにいったりと、休暇中の人間たちが繰り広げるどこか頼りなげなふわふわした時の経過は、ボラーニョの手にかかると輝きを放つ。テンションが急上昇するのは半分を過ぎたあたりからで、『第三帝国』の意味が明らかになっていく。

ウドはセミプロのゲーマー。「第三帝国」とはナチのヨーロッパ侵略をモチーフにしたボードゲームの名だ。雑誌に記事を書くのに新しい攻略法を考案中のウドは、ガールフレンドになじられながらも海に行かずに部屋でゲームをしている。だが、その独りプレイは、海辺で出会ったひどい火傷（やけど）の跡がある謎の男によって破られる。架空の戦争が自堕落な日常を一変させ、結果如何（いかん）ではその戦いが現実に移行するかもしれない不穏さに、ウドの神経はとぎすまされていく。

日々の制約から解放されたときに忍び寄ってくる不吉な気配。私がボラーニョに惹（ひ）かれるのは、この弛緩（しかん）と緊張の交錯する感覚なのだ。そこには、軍事政権下のチリを脱出し、長く放浪していたボラーニョの生の実感が投影されているのはまちがいないだろう。と同時に、帰属する場を持たない状態が引き起こす弛（ゆる）みと緊張、不安と恐怖などが、青春の戸惑いにも似た苦い感情を呼び覚ます。

とはいえ、不安が絶望感や悲壮感に発展しないのがボラーニョだ。世界が動いていることへの期待に、心は常に開かれている。

評・大竹昭子（作家）

Roberto Bolaño　1953〜2003年。チリ生まれ。著書に『野生の探偵たち』『はるかな星』『2666』など。

二〇一六年一〇月一六日⑤

『民主主義の内なる敵』

ツヴェタン・トドロフ 著　大谷尚文 訳

みすず書房・四八六〇円
ISBN9784622085126　政治

成功の果てに暴走する自由意志

現代の自由民主主義体制をめぐる本書の議論は、一見無縁な古代神学論争の回顧から始まる。人間が自由意志をもつと強調したペラギウスの思想は、人間が背負う「原罪」を否定したとして、人間の限界を見すえるアウグスティヌスらに糾弾され、異端宣告された。

しかし、キリスト教において、神は「自分に似せて人間を創造した」とされる。人間を「自発的な自由な主体」と見なすペラギウス主義は、その点で「アウグスティヌスの人間の場合よりもずっと神に似」た人間像を示したので生き残ったが、しばしば過激化して害を及ぼすと著者はいう。

人間が人為によって解放されうるというフランス革命期の「政治的なメシア信仰」が共産主義国家に継承されたことは、ブルガリア出身の著者自身が熟知するところである。共産主義者は歴史法則の存在を説く一方で、革命を起こす人間の自由意志を強調した。

そして、こうしたペラギウス主義が、アメリカ流民主主義を世界中に移植しようとする新保守主義にも流れ込んだというのが、著者の最初の論点である。

次に取り上げられるのは新自由主義である。国家が完全な市場をつくれるというハイエクらの議論は、人為を信じる点で、対立するはずの共産主義と実は似ている。個人同士の契約に全てを委ねる点も、きわめてペラギウス的である。

最後に、著者の矛先はポピュリズムへと向かう。グローバリゼーションに伴い、集団的アイデンティティが不安定化していることは理解できる。しかし、行き過ぎた反移民主義には、民主主義の主体としての人民の意志の暴走を見出さざるをえないという。

進歩の希求が「十字軍の精神に変化」し、「自由は暴政と化し」、「人民は操作可能な群衆」となる。こうした一連の「行き過ぎ」を戒め、「中庸」の徳を説く著者。自由民主主義が、その成功ゆえに掘り崩されるという洞察は鋭く重い。

評・杉田敦（政治学者・法政大学教授）

Tzvetan Todorov　39年生まれ。思想家。63年渡仏。ロラン・バルトの指導を受ける。『歴史のモラル』など。

二〇一六年一〇月一六日⑥

『近代日本学校制服図録』

難波知子 著

創元社・四八六〇円
ISBN9784422210162　教育　アート・ファッション・芸能

国の要請と生徒の望みが形に

『東京女子高制服図鑑』なる本がヒットしたのは1985年だった。ちょうど女子校の制服がチェック柄のスカートとブレザーにモデルチェンジする頃で、以後「制服萌（も）え」の本が続々出版されるに至った。

本書はそれらとは若干視点の異なるマジメな研究書だけれども、収録された図版はじつに800点！　明治大正から敗戦前までの集合写真やスナップ（全国各地の学校史や卒業アルバムなどから収集）が次々登場するさまは、まさに壮観で思わず見入ってしまう。

学校の制服といえば、やはり男子の学ランと女子のセーラー服である。

詰め襟の学生服と学生帽という男子の制服は学習院と帝国大学にはじまり、明治20年代に高等学校へ、中学校へと波及していく。一方、高等女学校令の発令とともに明治30年代から急増した女学生の当初の制服は「袴（はかま）」だった。

なぜ男子は洋服、女子は和服だったのか。明治の近代化に、欧米の進んだ技術や制度を採り入れる「国際化」と、天皇制国家の一員としての「伝統化」の二つの軸があるとしたら、男子には国際化（洋服）、女子には伝統化（和服）が求められたのではないかと著者はいう。

女子の制服が洋装に変わり、さらにセーラー服へと収斂（しゅうれん）していったのは大正末期〜昭和初期。が、戦争がはじまると、セーラー型にかわる全国統一型の「へちま衿（えり）」が奨励され、やがてボトムはもんぺになった。

進学率が低かった時代。学生／女学生という身分を表象する制服も、特定の学校への所属をあらわす徽章（きしょう）もエリートの証しだった。着て歩くだけでステータスになる服ですからね。制服への憧れが学習意欲をかきたて、「私たちもああいう制服がいい」という生徒の要望が制服を変えていく。そのへんはいまと同じ。

必ずしも「お仕着せ」の歴史ではなかった制服の変遷。社会史としても秀逸な本格派の制服萌え本だ。

評・斎藤美奈子（文芸評論家）

なんば・ともこ 80年生まれ。お茶の水女子大学基幹研究院助教（日本服飾史）。著書に『学校制服の文化史』。

二〇一六年一〇月一六日⑦

『シリコンバレーで起きている本当のこと』

社会／国際

宮地ゆう 著

朝日新聞出版・一二九六円
ISBN9784022513991

シリコンバレーを車で回ると、超有名IT企業の華やかな本社が続々と現れてくるのに誰しも圧倒される。しかし、本書は同地域の「影の面」に着目した。

時価総額世界1、2位の企業があるのに、彼らの税金逃れにより地元自治体は財政難に苦しんでいる。「道路は全米で最悪のレベル。公立学校に使う金も、ホームレス対策にも金が足りない」。所得格差が生んだ「社会の歪（ゆが）みや摩擦」も多々描写されている。

だが、そういった問題を踏まえつつ、著者はシリコンバレー的な活気が日本に足りないことを懸念している。インド系移民が互助組織的なネットワークを構築して同地域で近年大躍進している様子と対照的だ。

サンフランシスコでは刑務所までもが起業家養成講座やプログラミング講座を開き、出所者に将来の起業を促している。日本に必要なのは「失敗を讃（たた）えること、多様な価値観を受け入れること」ではないかと本書は我々に投げかけている。

評・加藤出（エコノミスト）

二〇一六年一〇月一六日⑧

『安藤忠雄　野獣の肖像』

アート・ファッション・芸能

古山正雄 著

新潮社・一六二〇円
ISBN9784103502418

大阪の下町育ちで元プロボクサー、そして建築は独学。建築家・安藤忠雄の歩みは過剰なまでに物語的で、彼を語ると、どうしてもそうしたエピソードに吸い寄せられがちになる。

本書の著者は、安藤とのつきあいがもう40年近い。タイトルも「野獣」などとうたう。当然ながら熱い人生が語られることになると予想してしまう。実際、ともに英国を旅した際に、安藤がホテルの電話番号をそらんじていたことや、安藤家の人々の実像など、著者にしか知りえないような逸話を明かしている。

一方で、建築論、都市論が専門の大学学長らしく、安藤を建築史の中に位置づけようと努める。古典建築だけでなく、丹下健三や磯崎新ら内外の現代建築家もひきながら、モダニズム、一枚の壁、身体感覚、大阪弁といったキーワードを手がかりに格闘している。

そして現役バリバリの建築家に「欠如の魅力」といった表現を加えるあたりはけっこうスリリングだ。

評・大西若人（本社編集委員）

二〇一六年一〇月二三日❶

『ピカソになりきった男』

ギィ・リブ 著　鳥取絹子 訳

キノブックス・一七二八円
ISBN9784908059452　アート・ファッション・芸能／ノンフィクション・評伝

贋作、本物、それほど重要か？

娼館で生まれた俺は子ども時代、リヨンで路上生活をしていた。周りは悪ばかりだった。俺は刑務所行きの運命にあると思われていた。取りえは独学でモノにした絵くらいだ。一貫性のない、なんでもありの。そのためには片っ端から美術書を読破、作家と同一化できるほど勉強したさ。自分の絵よりピカソに取り組む自分を想像して興奮したものだ。性格もモラルも路上生活が財産で、贋作（がんさく）が悪い？なんて、思ったこともないね。

俺には仲間がいた。贋作の天才への道を切り開いてくれるやつさ。手始めにシャガールに挑戦。あっという間に30枚のシャガールが完成。完売だ。夢を見ているようだったね。20世紀を代表するアーティストに追いつく画家になっていたんだから。

正真正銘の贋作作家になるための俺の修業は禅僧か錬金術師か魔術師か、それともペテン師、それ以上の超越的存在としての精神と魂を磨き上げながら偉大な画家と同等のレベルに達していた。それが他人になるための修業と悟性さ。もし画家が10点描いたとすると、11点目を作ることだ。その画家のように考え、その人物を演じ、他人に転換し、滅私する瞬間が不可欠だ。そのためには技術も、習得した知識も全て忘れる必要があった。そして贋作が完成すると、完全犯罪の痕跡を消すために、証拠物件は全部壊したよ。

制作時、俺は空っぽになって、魔法の手になったような神秘体験をした。ピカソが俺の指に憑依（ひょうい）して一緒にいるようだった。まるで時を旅しているようになった。本物であろうと贋作であろうと創作には違いないんだから。

巨匠たちも修業時代、他人の作品を模写したり贋作も描いたりした。それが他人の作品との区別もつかず作家不明のままどこかに存在しているぜ。「ひとりの人間がこれほど完全に他人を真似（まね）ることができるとしたら、自然の力を超えている」とイタリアの画家ヴァザーリも言ったものさ。本物、贋作がそれほど重要な問題だろうかね。

やがて俺と組んでいた2人の仲間が突然、死を迎える。贋作は俺を少しずつ変え、賭けはだんだん危険なものになっていった。仲間を失い、やがて贋作のキャリアに終止符が打たれた。

売らなきゃ贋作でも罪にならない。また贋作者の署名が入れば合法だって？ピカソは、画家とは「自分が好きな他人の絵を描きながら、コレクションを続けたいと願うコレクターのこと」と言明する。俺の書評をするYの出発も贋作だという。

いつか芸術の意味も拡散して芸術の居場所もなくなるさ。デュシャンの便器にそのヒントがありそうだよな。

評・横尾忠則（美術家）

Guy Ribes　48年フランス生まれ。絹織物デザイン工房の職人などを経て水彩画家に。84年から本格的に贋作を始め、05年に逮捕。有罪判決で執行猶予に。

『時代区分は本当に必要か？　連続性と不連続性を再考する』

ジャック・ル＝ゴフ 著　菅沼潤 訳

藤原書店・二七〇〇円
ISBN9784865780796　歴史／社会

中世とルネサンス　揺らぐ境界

先月久しぶりにフィレンツェを訪れ、ミケランジェロが設計した二つの小さな建築空間があまりに素晴らしく、合計5時間も観察した。イタリアのルネサンス期は革新的なデザインの方法論が創造された。実際、この時代は美術や文化の分野で多くの天才が輩出したことが知られていよう。一般的な歴史の時代区分でもルネサンスは中世から断絶する、近世の始まりとして位置づけられている。だが、こうした見方に異を唱えるのが本書の目的だ。

中世史を専門とする著者は、政治的な事件や偉人から歴史を解釈することを批判し、社会の諸要素や民衆の生活などに注目したアナール学派の研究者である。本書はまず時代区分のパターンを整理し、「中世」や「ルネサンス」の概念が歴史的にどのようにつくられたかを検証したうえで、中世が「闇の時代」とされてきたことに疑問を投げかけ、最後に「長い中世」という考え方を提示する。

彼によれば、ルネサンス期の特徴とされる変化はさかのぼって中世にも指摘しうる。逆に魔術が実際に始まるのは15世紀で、〝新大陸の発見〟などの新しい状況も、本当に影響を及ぼしたのはもっと後の時代だった。すなわち、中世とルネサンスは不連続性よりも連続性が強く、両者は重なっており、長い中世において複数のルネサンスが発生したという独自の歴史観が示される。そして中世から近代への決定的な断絶は、産業や学問が大きく変わり、フランス革命が起きた18世紀に見出（みいだ）すことができる。

フランス人だけに自国びいきに見えなくもないが、日本も敗戦したからといって、社会のすべてがいきなり変わったわけではない。グローバリズムやＩＴ化の潮流も同様だろう。ラディカルな断絶がもたらされることもあれば持続しつつ緩やかに動いていくこともある。本書は歴史をヘンに単純化して理解するのではなく、複眼的に認識するまなざしを与えるだろう。

評・五十嵐太郎（建築批評家・東北大学教授）

Jacques Le Goff　１９２４～２０１４年。フランス生まれ。「アナール」誌編集責任者。『煉獄の誕生』など。

『幕末の女医、松岡小鶴　１８０６－73　柳田国男の祖母の生涯とその作品』

門玲子 編著

藤原書店・三四五六円
ISBN9784865780802　歴史／ノンフィクション・評伝

風変わりな漢文ににじむ人生

松岡小鶴（こつる）は、柳田国男の祖母にあたる人物だ。その漢詩や書簡を現代語訳し、生涯とともに紹介する内容としては初の試みとなる本書。編著者の門玲子は、女性史研究家として長年、とくに江戸期の女性による文学を読み続けてきた。

そんな中、愛知県西尾市の岩瀬文庫が所蔵する『小鶴女史詩稿』と出会う。関心を持った理由の一つは、女性が書いたものとしては珍しく全編漢文で書かれていることだという。

小鶴は文化3（１８０６）年、播磨国神東郡田原村辻川の生まれ。同地で明治6（１８７３）年に没している。父の跡を継いで医業に従事しながら一人息子の文（のち操）を育てる。柳田国男は、小鶴の死後2年して生まれたので、祖母と直接会ってはいない。だが、祖母と親交のあった庄屋・三木通深（竹臺）の蔵書を、まだ子どものうちに自由に読む機会を与えられるなど、祖母の代の名残に触れて育った。本書は竹臺に宛てた書簡も含む。柳田国男が生を享（う）ける以前の環境を想像できる。

女性に開かれた学びの場はまだ少なかった時代。小鶴は、父が自宅の塾で塾生たちに教える学問に聴き入り、家の蔵書を読んで自習した。結果、身についたものは、少し風変わりな漢文。息子が儒者となることに期待を掛けながらなおも消えなかったのは、自分も学びたかったという思い。その残念さの滲（にじ）み方が正直な点に、小鶴の書き物の魅力がある、ともいえる。

学問のために家を離れて暮らす息子に宛てた詩や書簡が人柄を伝える。たとえば橘（たちばな）（みかんの類）の詩。「言ってはいけないよ。酸っぱくて口にすることができないなんて／この橘には、母の真心の香が添えてあるのだから（道〈い〉う莫〈なか〉れ酸を生じ口にす可からずと／添え来る阿母赤心の香）」。子にとっては、ありがたくも鬱陶（うっとう）しい来信だったかもしれない。小鶴の人生が行間から見えてくる。控えめに、けれども明確に。

評・蜂飼耳（詩人・作家）

かど・れいこ　31年生まれ。作家、女性史研究家。98年『江戸女流文学の発見』で毎日出版文化賞。

二〇一六年一〇月二三日④

『大学入試改革　海外と日本の現場から』

読売新聞教育部 著

中央公論新社・一六二〇円

ISBN9784120048685

教育／社会

投資を惜しまず多様な人材獲得

２０２０年度から小中高校で順次始まる次期学習指導要領の目玉は、「アクティブ・ラーニング（能動的学習）」だ。明治以来の詰め込み教育から脱却し、対話型の21世紀型学習に大転換する、画期的なものだ。だが、大学入試が旧来型のままなら、せっかくの改革も台無しになる。大学合格のために受験生は結局、知識の多寡を競わされるからだ。学校教育における能動的学習への移行は、大学入試改革なしには完結しない。

本書は、世界から注目される米国の大学入試、それに範をとった台湾、韓国における入試改革、そして日本でも始まった大学入試改革を、国際比較の中で丁寧に描く優れたリポートだ。

米国の大学入試が日本と大きく異なるのは、入試の点数といった単一尺度ではなく、エッセー（小論文）、高校の成績と課外活動の報告、面接など様々な材料を用い、多角的に人物を評価する点だ。印象的なのは、多様性こそが価値だとの認識が共有されている点である。金太郎飴（あめ）のように一様な学生ではなく、異なる出身地、性別、学問的関心に基づいて、多様な価値観、経験、考え方をもつ学生を受け入れる。そこから刺激と新しいアイデアが生まれ、大学をさらなる発展に導くというわけだ。

こうした入試を行うため、米国の大学は多数の優秀な入試専門スタッフを雇用し、彼らに学生選抜の権限を与え、入試業務に専念させている。よい入試を行うには、それにふさわしい投資が必要なのだ。

日本の大学も近年、推薦・ＡＯ入試の拡大など入試改革が進展し、優秀な学生獲得で成果を上げ始めた。背景には、学生のバックグラウンドの均質化、入学後の学習意欲の低迷、そして主体的・能動的な学習への不適応といった現状への大学側の危機感がある。大学合格で燃え尽きる受験秀才ではなく、入学後も高い意欲をもつ潜在力豊かな学生を見出（みいだ）すには、その選抜方法の変革は不可避であろう。

評・諸富徹（京都大学教授）

よみうりしんぶんきょういくぶ　13年、読売新聞東京本社編集局に発足。文部科学省や教育関連の取材を担当。

二〇一六年一〇月二三日⑤

『外来種は本当に悪者か？　新しい野生 THE NEW WILD』

フレッド・ピアス 著　藤井留美 訳

草思社・一九四四円
ISBN9784794222121

科学・生物／社会

絶賛と否定　評価割れる話題作

すでに多くの書評が出て、ネット上でもなにかと話題の本である。評価は絶賛と全否定と、真っ二つに分かれている。ここではそれを踏まえて、論じたい。

本書の内容は以下の通りだ。自然保護運動では在来種を守ることが「善」であり、外来種は無条件に排除すべきものとされる。それはおかしい。古来、生態系はいろいろな種が外から入ってきて、在来種と入れ替わり、置き換わりして新たな多様性を生み出してきた。生態系は常に変遷する。それが「新たなる野生（本書の原題）」の姿なのだ、と。

本書への主な批判点のひとつは、著者のこの主張が目新しくないというものだ。今どき「外来種＝悪」という生態学者なぞいない、著者の生態学観は古い。この指摘はその通りだと思う。

一方で、一部の自然保護運動が教条主義的に外来種を排斥していることも事実だろう。地域参画型の自然保護活動を長年続けている岸由二が本書の解説で、そういった人たちから非難を受けたと苦々しく告白している。

本書へのもうひとつの批判は、在来種がもたらす経済的・産業的便益が配慮されていないというものだ。単に生態系が繁栄すれば良いというものではない。在来種でなくては産出できない生産物があり、それに依拠する産業と生活がある。

たしかに、著者の主張が単純化されて受け取られ、在来種を保全する健全な運動の足を引っ張ることが危惧される。しかし丁寧に読めば、著者は外来種ならなんでも良いのではなく、大事なのはバランスだとも述べている。この点、邦題は誤解を招くだろう。

著者の立場に賛成にせよ反対にせよ、外来種を善か悪かの二分法で片づけてしまうのは、言論の貧困である。自然保護に限らないが、極論だけで話を進める先に建設的な未来はない。この本をきっかけとして、丁寧な議論を始めることこそが必要なのだと思う。

評・佐倉統（東京大学教授）

Fred Pearce　英国人ジャーナリスト。著書に『地球は復讐する』『水の未来』『緑の戦士たち』など。

二〇一六年一〇月二三日⑦

『死神の報復　レーガンとゴルバチョフの軍拡競争　上・下』

デイヴィッド・E・ホフマン 著　平賀秀明 訳

白水社・上巻三四五六円、下巻三二八〇円
ISBN9784560092576〈上〉・9784560092583〈下〉

政治／社会

米ソ保有核弾頭が6万発に達した1985年。レーガンとゴルバチョフは初めて握手を交わし、増え過ぎた核の削減交渉を始める。

立場も思惑も異なる2人だがレイキャヴィク会談では核兵器廃絶まであと一歩に迫った。その後、ソ連邦は崩壊。核削減が進まぬ一方でソ連時代に密（ひそ）かに開発されていた生物化学兵器が明らかに。その流出対策に苦戦する国際社会の動きまでを子細に調査した本書は2010年のピュリツァー賞に輝いている。

冷戦構造を、英単語の頭文字を並べるとMAD（狂気）となる相互確証破壊体制と呼んだ諧謔（かいぎゃく）の精神こそ、思えば死神に憑（つ）かれたような国際状況の中で醒（さ）めた理性を感じる貴重な例外だった。世界の破滅をかろうじて食い止めたのも最後の最後で理性の踏ん張りがあったから。二元方程式的だった冷戦期と違い、今や国際的な問題は多元方程式化しているが、公式では求められない解をそれでも求め続ける必要を本書は示している。

評・武田徹（評論家）

二〇一六年一〇月二三日⑧　文芸

『挑戦者たち』

法月綸太郎 著
新潮社・二三七六円
ISBN9784103502210

実験的な作風で知られたフランスの作家、レーモン・クノーに「文体練習」という作品がある。内容の同じ文章を九十九通りに書いてみるという試みである。思いついてもなかなか実行できるものではない。

他方で古来日本には、ものづくしという伝統があり、これは一つの話題をめぐって同類をひたすら列挙していく。

本書が題材とするのはミステリーでときどきみかける「読者への挑戦」である。手がかりはこれまでに全て出そろっているので、真相を推理してごらんなさいというあの部分だけを、九十九通りに展開していく。そこにいたるまでのお話の方はでてこない。

と書いてしまうともう解説することがない。というのは本書には、この種の試みに対する批評や書評も含まれているからである。それぞれの元ネタとなった話も示されている。

本書のために必要な情報は全て本書に書かれており、読者の挑戦を待つばかりである。

評・円城塔（作家）

二〇一六年一〇月三〇日①

『どうぶつのことば　根源的暴力をこえて』

鴻池朋子 著
羽鳥書店・三六七二円　ISBN9784904702635
アート・ファッション・芸能／ノンフィクション・評伝

現代社会揺さぶるアートの力

特異な本である。一言では括（くく）れない。でも、その説明不可能さこそが本書の本質だ。

著者は動物をモチーフにした作品で知られる美術家。東日本大震災を境に自分の作るものにまったく興味が持てなくなるという体験をする。子どものころから「動物に対しては全開していて、危ういほど境界」がなく、想像力を駆使して描くのに苦労はなかった。苦しいのはその説明を求められたとき。「現代美術という狭い枠組みでは、自分の中の動物との関係は隠しておいて、護（まも）りたかった」

だが大地震により、その覆いがはぎ取られてしまう。自分の内部にあるイメージを広げてくれるのとは異なる、「私を突破し」「二度と表現することなどできない極限へと、私を押しやろうとする」力と遭遇する。それを彼女は「想像力」と呼ぶが、その力に打ち勝って作品を表出する蓄えがないのを自覚、制作から手を引いて旅にでた。本書はその四年半の記録である。

土地の女性たちに聞いた話を絵にしたり、土をこねて焼いたり、皮に描いたりと、表現意識を放棄した物づくりの原初にもどる。どれも着地点の見えない、美術界の制度に護られていない行為であり、自分の思う美術館を探したら雪に閉ざされた山小屋に行き着いたこともあった。そこに皮に描いた絵を設置したときの「観客は人間ではないのかもしれない」というつぶやき、作品の表面が氷結した興奮、小屋からそれを運び出したときの「ほがらかな気持ち」など、人間中心の美術を超えようとする言葉に力がこもる。

こうした体験を経ておこなわれた教育学、考古学、美術批評、おとぎ話研究などの専門家との対話も興味深い。他者の言葉を借りなくてはどうにもならないという切実さに突き動かされての行動だから、飛び出す言葉がとびきり新鮮なのだ。

そうやって表現の極限まで追いつめながらも、描くことを止（や）めず創作に戻ってきたのはなぜか。それは既存の言語では解釈できずとも、言葉になろうとして蠢（うごめ）いているものが居る領域を絶えず訪れることができる手応えを、描く行為が与えてくれるからなのである。

窓のない細いビルに閉じ込められ、専門化の名のもとに全体の見えない作業に追われる。そんな現代社会を揺さぶる頼みの綱は、もうアートだけなのかもしれない。「だらしないほど入口も出口も開けっ放し」で、常に専門性をくつがえし、「人間の一個の閉じた肉体という世界の拘束」から私たちを解放し自然へとつなげる。アートの底力に期待せずにはおれない時代の瀬戸際に、私たちは立たされているのだ。

評・大竹昭子（作家）

こうのいけ・ともこ　60年生まれ。美術家。絵画、彫刻、絵本など多様な手法を用いたインスタレーションで発表、国内外で展示。著書に『焚書World of Wonder』『根源的暴力』など。

二〇一六年一〇月三〇日②

『デジタル・ゴールド　ビットコイン、その知られざる物語』

ナサニエル・ポッパー著　土方奈美訳

日本経済新聞出版社・三〇二四円
ISBN9784532176013

経済

ネット上の通貨　手作りの誕生

ビットコインと呼ばれるデジタル通貨、あるいは仮想通貨、それとも暗号通貨の名前をきいたことのある人は多いはずである。

このビットコインなるものが「サトシ・ナカモト」を名乗る正体不明の人物によって発明されたことを知っている人もいるはずだ。

どうもそのビットコインなるものは国家をこえた力を秘めており、投機の対象ともなりえ、初期からの投資者は莫大（ばくだい）な利益を上げたらしいという話をきいたこともあるかもしれない。

本書はこのビットコインの成立過程を取材したノンフィクションである。

ある日、オンライン上にその基礎となる論文が投稿され、勘のよいハッカーたちに熱烈に歓迎され、ビットコインは一躍世界の表舞台に飛び出した、というイメージとはほど遠い、個々人の苦闘が描かれている。

まず驚かされるのは、ビットコインが、理念を支えるための道具として登場するところである。他者に迷惑をかけない限り自分の行動は自由であるはずだとするリバタリアニズム、自由至上主義者たちの夢の通貨として。この時点からビットコインは投機の対象ではなく、自由を獲得するための道具とされている。

運用がはじまったばかりのビットコインは脆弱（ぜいじゃく）で、ボランティアによる管理はいきあたりばったりである。関係者の中にコンピュータの専門家は少なく、経営の経験がある関係者はさらに少ない。

登場人物たちに過剰に備わっているのは資金でも技術でもなく、ほとんど理念への熱意のみである。

地理的な条件にしばられないネットの世界のできごととして東京の街も登場し、主要な役目を担ったりもする。その東京は我々の知る東京ではなく、まるでサイバーパンクの舞台である。本書には、冗談抜きで殺し屋なども登場する。

プログラミングで世界を変えることができるとされる。どうも、ただのスローガンではないらしい。

評・円城塔（作家）

Nathaniel Popper　ロサンゼルス・タイムズ勤務を経てニューヨーク・タイムズ紙記者。米ブルックリン在住。

二〇一六年一〇月三〇日③

『ピアニストは語る』

ヴァレリー・アファナシエフ著
青澤隆明（きき手・構成）ほか訳

講談社現代新書・八六四円
ISBN9784062883894

ノンフィクション・評伝

森の中で過ごすような音楽とは

好き嫌いにかかわらず、アファナシエフは誰にとっても唯一無二のピアニストだ。この原稿を書いている前日に私はコンサートに行ってきたばかりで、体の緊張が和らいでいる。私にとってアファナシエフは最も美しい音を出す演奏家だが、これをホールで生で聴くのは、森の中で一日をゆっくり過ごすようなものだ。耳に聞こえない音や静寂まで含めて、自然の音を肌に浴び続けるかのよう。

なぜ、こんな音を出せるのか。その理由を私は、ロングインタビューである本書から二つ見つけた。

まずは、筋肉が緊張して不必要な力が入らないよう、自分にとって自然な姿勢と演奏法を身につけたこと。幼いころにその指導を受けたことが決定的だったという。アファナシエフは登場すると歩きながらそっけないお辞儀をして、座るやいなや演奏を始める。その途端、ホールが美しい音で満たされる瞬間はいつも奇跡だ。芸術家っぽくじっとピアノの前で集中したり、陶酔して首を振ったり体を揺らしたりはほとんどしない。余計なものはなく、ただ音楽と共にあるのだ。

もう一つは、メロディ(旋律)よりハーモニー(和声)を重視していること。音楽の理論は素人の私にはわからないが、私はいつも文学に置き換えて共感している。すなわち、物語よりも言葉を重視する。物語(メロディ)が一方向に流れる時間ならば、言葉(ハーモニー)はその瞬間の現在を満たすもの。物語ばかりを優先しすぎると、現在のかけがえのなさが失われてしまう。物語は、今を必死で生きる自分の連続の上にしか現れない。

アファナシエフはこれらの音楽論を、ソ連からの亡命や、その後の決してメジャーにはならなかった困難な人生と重ねて語る。自分であり続けるとは、その努力が叶(かな)わない運命と折り合いをつけることでもある。その世界観がアファナシエフの音楽であり、聴く者を解放してくれるのだ。

評・星野智幸(小説家)

Valery Afanassiev　47年生まれ。バッハ国際音楽コンクールなどで優勝。小説『声の通信』や詩集も出版。

二〇一六年一〇月三〇日④

『叫びの都市　寄せ場、釜ケ崎、流動的下層労働者』

原口剛 著

洛北出版・二五九二円
ISBN9784903127255

社会

「ドヤ街」という拠点も奪われて

大阪港の港湾労働に従事する沖仲仕たちの街、釜ケ崎。高度成長を裏から支えたこの空間に定位し、著者は矛盾に満ちた戦後日本の姿を浮き彫りにする。

港湾運送業の需要は、船の入港によって左右されるため、波がある。だからこそ、手配師と求職者が「直接に労働力の売買を取引する」。違法性の疑いの強い制度が「公認」されてきた。日本資本主義が釜ケ崎を必要としたのである。

苛酷(かこく)な労働や、警察による日常的な抑圧に対して鬱積(うっせき)した不満は、時に暴動として噴出する。警察や行政は、負のイメージが定着した地名を別なものに置き換え、土地に染み付いた記憶を消し去ることで対応しようとするが、それはいかにも欺瞞(ぎまん)的である。

著者によれば、暴動は、抵抗であると同時に、労働者たちが互いの連帯を確認し合う、解放感のある夏の「お祭り」としての性格をも実は帯びていた。

当初の自然発生的な運動は、1970年代以降、活動家らに組織化され、継続的な労働争議となる。「寄せ場」という言葉が浸透したのもこの頃である。この概念は、釜ケ崎を東京の山谷や横浜の寿町などの地域と結びつけ、問題の共通性を意識させた。

しかし、寄せ場と寄せ場をつないだ労働者たちの運動はその後、衰退して行く。荷役の機械化は、港湾労働の需要を縮小し、経済危機と相まって、彼らの職を奪った。今世紀に入り、かつての寄せ場は労働者の街から、生活保護受給者やバックパッカーのための街に変貌(へんぼう)する。

ただし、それは寄せ場の消滅を意味するものではない。むしろ、進行しているのは「社会の総寄せ場化」「釜ケ崎の全国化」である。携帯一つで呼び出され、毎日別々の現場に向かう派遣労働者ら、不安定雇用者の群れ。「かつてのドヤ街のような拠点」をあらかじめ奪われた彼らには、連帯の手がかりさえ、もはや残されてはいないのである。

評・杉田敦(政治学者・法政大学教授)

はらぐち・たけし　76年生まれ。神戸大学大学院准教授(都市社会地理学)。共編著に『釜ケ崎のススメ』。

二〇一六年一〇月三〇日⑤

『漂流』

角幡唯介 著

新潮社・二〇五二円
ISBN9784103502319

ノンフィクション・評伝

海に消えた漁師の影をたどって

著者は、チベットの大峡谷に分け入り、北極圏を踏破した探検をノンフィクション作品にしてきた。本書は、海の「冒険者」たる遠洋漁業の漁師たちの生き様を追いかけた記録。自身の探検を主体とした過去の作品とは異なるが、その迫力に変わりがない。死と隣り合わせの探検を繰り返してきた著者にとって、「つねに死が身近にある」漁師の人生に深く踏み込むことは必然だったと思えてくる。

執筆のきっかけは、1994年に救命いかだで37日間漂流した末、船員とともに奇跡的に救出された沖縄のマグロ漁船の本村実船長に会おうとしたことだ。だが、電話に出た妻は「前と同じように漁にでて帰ってこないんです」。漂流から8年後、再び漁船に乗った本村はミクロネシア付近で行方不明になっていた。

本村の影を追うような取材を始め、彼が生まれ育った沖縄・伊良部島にある佐良浜（さらはま）の海の民の歴史をたどることになる。戦前から日本の遠洋漁業の主役を務めた「佐良浜人」には20メートル素潜りできる人が珍しくない。インドネシア周辺を「近いところ」と話す距離感覚で船出していった。超人的な漁師たちの描写は伝説の世界と現実が混然一体となった感がある。

しかし、海の民の輝きは死の物語に縁取られている。海で死亡、消息不明となった佐良浜人が後を絶たない。「海という世界がもつ底暗い闇の奥深さ」に触れ、陸の探検家はあぜんとするしかなかった。さらに、本村と漂流の苦しみを味わった船員をグアム、フィリピンに訪ねて会った末、極限状態の真相を見極め、いかに死が近かったかを思い知る。

何事にも動じない「図太（ずぶと）さと大胆さ」があった本村が漂流で受けた心の傷。それでも再び海に戻った本村を思いやり、心は千々に乱れる。その独白が本村ら海に消えた人々への鎮魂歌のように響くのは、自然への畏怖（いふ）の念を抱く著者の深い共感があるからだろう。

評・市田隆（本社編集委員）

かくはた・ゆうすけ 76年生まれ。探検家、ノンフィクション作家。『アグルーカの行方』など。

二〇一六年一〇月三〇日⑥

『水力発電が日本を救う　今あるダムで年間2兆円超の電力を増やせる』

竹村公太郎 著

東洋経済新報社・一五一二円
ISBN9784492762288

経済

実は資源大国　有効に使おう

日本は資源の乏しい国だと、あなた、思っていませんか。しかし、日本が途方もない資源大国だったとしたら？　資源とはすなわち山と雨とダムである。

アジアモンスーン地帯の北限に位置する雨の多い気候。列島の7割が山地という雨を貯（た）めるのに適した地形。加えて近代化の過程で建設された多数のダム。三つがそろった日本は奇跡のような国。〈五〇年後、一〇〇年後、そして二〇〇年後の日本にとって、水力発電は必ず必要になる〉と著者の竹村さんはいう。

でもさ、ダムって環境破壊の最たるものじゃん？

そう、現代はもう巨大なダムをつくれる時代ではない。これはダムを増やすのではなく、既存のダムを生かそうという話なのだ。

逆にいうと、水域の人々に多大な犠牲を強いて巨大なダムを建設するのが近代のやり方だった。しかし「治水」と「利水」という矛盾した目的を担わされた多目的ダムは、時代遅れな法律のせいで、水を半分しか貯められず、力が十分に発揮されていない。運用と多少の改修で電力量は倍増するのに、有効に使わなければ犠牲を払った先人に申し訳ないではないか。

そうはいうけど、20世紀のダムなんて老朽化してんじゃない？　ところが、明治以降の大きな震災でダム本体が壊れた例はひとつもない。鉄筋を入れず基礎が岩盤と一体化し、ビルとは桁ちがいの厚みを持つ日本のダムは〈半永久的に使えると断言できる〉。

「ダム屋」を自称する著者は旧建設省に入って三つの巨大ダムをつくった河川と土木技術のプロ。土木の知識ゼロの私たちにも十分理解できる内容で、しかも画期的におもしろい。

化石燃料はいつか枯渇する。原子力は安全性に疑問がつく。であればこその水力発電。読後には〈ダムに貯められた雨水は石油に等しい〉という言葉がハッタリでも誇大妄想でもなく、実現可能なプランの指針に思えてくるだろう。

評・斎藤美奈子（文芸評論家）

たけむら・こうたろう　45年生まれ。日本水フォーラム事務局長。著書に『日本史の謎は「地形」で解ける』など。

二〇一六年一〇月三〇日❼

『エスカルゴ兄弟』

津原泰水 著

KADOKAWA・一七八二円
ISBN9784041032527

文芸

幅広いジャンルで活躍している著者の新作は、料理小説。高級なエスカルゴから油揚げにチーズをはさんだ庶民派まで、おいしそうな料理が出てくるので、読めばお腹（なか）がへるだろう。

出版社をリストラされた柳楽尚登は、カメラマンの雨野秋彦が、実家の立ち飲み屋を改装したエスカルゴ料理店の料理人になる。

秋彦と三重県のエスカルゴ養殖場を訪ねた尚登は、伊勢うどん店の娘・榊（さかき）桜に一目ぼれ。尚登の実家は香川県の讃岐うどん店で、宿敵の伊勢うどん店の娘との恋は許されなかったのだ。

強引な秋彦に振り回されていた尚登が、店のトラブルを解決し、禁断の恋を育み、家族と向き合うなどしながら成長し、秋彦との絆も深めていく展開はスリリングで、コース料理のように笑いも涙も堪能できる。

現在は、誰もが尚登のように畑違いの職場に放り込まれる可能性がある。それだけに、悩みながらも新たな道に進もうとする尚登には勇気がもらえるはずだ。

評・末國善己（文芸評論家）

二〇一六年一〇月三〇日❽

『沖縄の乱　燃える癒しの島』

野里洋 著

河出書房新社・一七二八円
ISBN9784309247687

政治／社会

沖縄はいま怒っている。米軍統治時代に移住し、長年沖縄を見つめてきた著者が、その理由をわかりやすく説く。普天間飛行場移設問題を核に、第2次大戦から現在までの状況を顧み、政治家や識者らの発言を分析、沖縄の経験をそれぞれ異なる立場から考察する。

米軍の沖縄での激戦経験と尾を引く占領意識、土地強制接収の経緯や日米地位協定による法律の壁、現地を知らない為政者や高官との齟齬（そご）。難しい問題をアクセス可能にするのは、地元住民ならではの具体性と明確な主張、感情に流されない平明で客観的な文章だ。

ウチナーンチュは怒るだけでなく、笑ってもいる。ハワイ生まれの沖縄二世作家J・シロタ原作の真珠湾攻撃を扱った喜劇は、米国で高く評価された。交渉を避けていては異文化折衝の現場で立場を失う。大国にもまれてきた日本最南県はそれをよく知っている。激変する世界で米軍も、沖縄基地の意味も変化している。目を開いて考え続けたい。

評・中村和恵（明治大学教授）

『昭和天皇実録　第七、第八、第九』

宮内庁 編　東京書籍・各二〇四一円

ISBN9784487744077〈七〉・9784487744084〈八〉・9784487744091〈九〉

歴史／ノンフィクション・評伝

戦争中の行動を逐一伝える

2015年3月から刊行が始まった『昭和天皇実録』は、今年9月までにようやく9冊分が刊行された。そのうちの第七、第八、第九は1936年から45年までに当たり、日中戦争と太平洋戦争の時期の昭和天皇の動きを逐一知ることのできる記録となっている。

それだけではない。香淳皇后や皇太后節子(さだこ)(貞明皇后)、秩父宮夫妻、高松宮夫妻、三笠宮夫妻など、天皇にしばしば会っていた皇族の動きも記されている。例えば、一般の娯楽が制限されるこの時期、宮中では45年7月28日に映画「最後の帰郷」を皇后とともに見るなど、天皇がいつどういう映画を誰と見ていたかがわかるのだ。

私が注目したのは、皇后と皇太后の動きである。映画鑑賞のように、天皇が皇后と行動をともにしている場合、本書には「皇后と共に」と記されている。しかし天皇が戦地から帰還した軍人と会う場合、「皇后と共に」と記されることは皆無に近い。この時期の皇后は、軍事的な情報を天皇と共有することがなかったと推察される。

日露戦争の際には、明治天皇ばかりか皇后(昭憲皇太后)も戦地から帰還した軍人に時々会い、戦況の報告を受けていたことが『明治天皇紀』などからわかっている。それに比べると日中戦争や太平洋戦争では、天皇と皇后の役割がよりはっきりと区別され、香淳皇后は政治や軍事から遠ざけられたのだ。

だが、皇太后節子はそうではなかった。宮内公文書館所蔵の「貞明皇后実録」を見ると、皇太后は38年1月から45年7月にかけて、住んでいた大宮御所で戦地から帰還したおびただしい数の軍人に会い、銀製の煙草(たばこ)箱やカフスボタンなどを与えていたことが確認できる。その多くは、本書にも名前の出てくる軍人である。

本書には、昭和天皇が何月何日何時にどの軍人と会ったかがすべて記されている。そのほとんどは午前である。「貞明皇后実録」の記述と照合することで、同じ軍人が同じ日の午後ないし翌日以降、大宮御所にも行って戦況を報告していたことが見えてくるのである。

戦中期の天皇の背後には皇太后がいた。本書では、45年7月30日と8月2日に九州の宇佐神宮と香椎宮で勅使が「敵国の撃破と神州禍患の祓除(ふつじょ)」を祈っていたことが初めて明らかにされた。なぜ伊勢神宮ではなく、宇佐神宮と香椎宮だったのか。そこには天皇ではなく、両神社の祭神である神功皇后に思い入れをもつ皇太后の意向が働いていなかったか――本書の記述を丹念に追い、他の文書と照合することで、全く新たな昭和史を描くことも不可能ではない。　評・原武史(放送大学教授)

昭和天皇実録は、宮内庁書陵部編修課が90(平成2)年4月から編修作業を行い、14(同26)年8月に完成させた。実録全文を18冊にまとめ、新たに索引1冊を作成して、刊行中。

『ミクロストリアと世界史　歴史家の仕事について』

カルロ・ギンズブルグ 著　上村忠男 編訳

みすず書房・四五三六円

ISBN9784622085454

歴史／人文

問いに固執せず、代弁もしない

ミクロストリア、英語ではマイクロヒストリー。粉挽屋(こなひきや)の異端審問記録から十六世紀イタリアの農民文化に光を当てた『チーズとうじ虫』(一九七六年)で、ギンズブルグはこの語を世に知らしめた。半世紀にわたる研究の現在を示す最新論考集には、一貫した方法論を持ちながら変化する歴史学者の足どりが見える。

冒頭のオランダ東インド会社勤務のスイス人ピュリによる十八世紀の小冊子の分析は、ミクロストリアの簡潔な好例だろう。南北緯度三十三度付近にある土地の植民地化をピュリは主張する。その理由を追ってテキストの細部に潜っていく歴史家は、西洋諸語の膨大なアーカイブに入りこみ、聖書や同時代の著作に過去の思考の跡をたどる。

つぎつぎに示されるテキストを追う読者は、論考の終盤でふと顔を上げ、自分が異民族侵略を正当化するための聖典曲解という、大きな暗闇の前に立っていることに気づく。一個人、一地方の小宇宙を顕微鏡的に調べあげるミクロストリアの手法で、ギンズブルグはグローバル化する世界の現状に接近を試みるのだ。

つづく「世界を地方化する――ヨーロッパ人、インド人、ユダヤ人」では、古代への関心と呼応し合うオリエンタリズム、「わたしたちの言葉と彼らの言葉」では、魔術裁判の犠牲者に共感しながら裁判官に近づいてしまう研究者という立場の問題、「ヴァールブルクの鋏（はさみ）」では、「原始人」の感情がとりあげられる。それらに共通する、いかに異文化を理解しうるのか、という問いは、急激な混淆（こんこう）・同質化・反撥（はんぱつ）の渦中にあるいまの世界を、歴史家はどのように語りえるのか、という問いにつながっている。

ただ複数の知見を集積しても、世界を語ることはできない。自分の問いに固執してはいけない、しかし他者になりかわって語ってもいけない。つまり自分を育んだ文化と、異質な文化の「間」こそ、歴史家が立つべき場所だと彼はいう。

評・中村和恵（詩人・明治大学教授）

Carlo Ginzburg　39年イタリア生まれ。歴史家。『神話・寓意・徴候』『糸と痕跡』など。

二〇一六年一一月六日❸

『熊と踊れ　上・下』

A・ルースルンド、S・トゥンベリ 著
ヘレンハルメ美穂、羽根由 訳
ハヤカワ・ミステリ文庫・各一〇八〇円
ISBN9784151821516〈上〉・9784151821523〈下〉

文芸／人文／ノンフィクション・評伝

暴力の絆　強盗犯の実相を描く

スウェーデンで実際にあった連続強盗事件に基づくこの犯罪小説は、ミステリーのだいご味を堪能できるだけでなく、犯罪者たちの真の姿を際立たせることに成功した作品だ。

綿密な計画と統率のとれた行動で銀行強盗を繰り返す若い3兄弟、それを追う警察の攻防が物語の中心。ささいなミスが失敗につながりかねない犯行現場で揺れ動く犯人の感情、巻き込まれた市民の恐怖まで克明に描き出し、読んでいてその場にいるような錯覚を感じた。後手に回る警察だが、防犯カメラに映った犯人の一瞬の動きから手がかりをつかみ、その攻防から最後まで目が離せない。

事件の経過とともに3兄弟の生い立ちがたどられ、父親イヴァンとの関係が焦点になってくる。彼は家族の結束を求めるも、抑制が利かない、過剰な暴力行為が災いして妻や息子たちから見放されることになる。

成長した3兄弟は父親と距離を置くが、その強盗の手口は、父親が昔教えた「熊のダンス」という、大きな敵にヒットアンドアウェーを重ねるけんか技とだぶる。兄弟を束ねてきた長男レオは暴力をコントロールできる冷静さがあったのに、捕まるリスクが増しても強盗をやめられず、弟から「親父（おやじ）そっくりだ」となじられてしまう。

無意識のうちに暴力の絆でつながり、悲劇に突き進む家族を重層的に描いた。小説のモデルになったのは、1990年代初頭にスウェーデンで起きた「軍人ギャング」と呼ばれる一団の連続強盗事件。著者の一人は、強盗に加わらなかった、犯人たちの実の兄弟という事情まであり、報道や捜査、裁判では最深部までたどりつくことが難しい犯罪者の実相を描き出せたことがうなずける。

良質の北欧ミステリーが数多く邦訳されている中で、本作はミステリーの枠にとどまらず、ノンフィクション・ノベルの傑作として歴史に名を残すだろうと言っても過言ではない。

評・市田隆（本社編集委員）

Anders Roslund　61年生まれ。
Stefan Thunberg　68年生まれ。
2人ともスウェーデンの作家。

二〇一六年一一月六日❹

『最後の秘境　東京藝大　天才たちのカオスな日常』

二宮敦人 著

新潮社・一五一二円
ISBN9784103502913

人文／ノンフィクション・評伝

奔放な求道者たちの鍛錬と不安

個人的な話だが、両親と妹が東京藝大（げいだい）の卒業生という特殊な4人家族で育ったために、この学校は身近な存在だった。大学の様子はだいぶ理解しているつもりだったが、それでも東京藝大の全学科を取材した本書で初めて知ることが多かった。道路で隔てられた美術学部と音楽学部はまるで世界が違うのだが、両分野を一緒に扱う本書は貴重だ。

小説家の著者は、妻が現役の藝大生。普段から何でも手を動かして作ってしまう妻の習性に興味をもち、それを契機に素人の視点からワンダーランドをノンフィクションとして描いている。初歩的な質問からインタビューを始めることで、それぞれの学科の特徴や強烈な個性が浮かびあがるだけでなく、全体を通して読むと、今度は同じ東京藝大ながら、ライフスタイルや創作の現場に驚くべき多様性があることに気づく。

自分は他大の建築学科で学び、働いているので、東京藝大の同学科も似ているのがわかるのだが、好奇心あふれる著者から見ると、模型づくりで泊まり込みが当たり前という状況は、外から見るとかなり風変わりなのだと思い知らされる。本書は教員を取材せず、学生の声だけを拾うことで、将来がまだ約束されていない天才の卵たちの自己鍛錬と不安の日常生活をうまくとらえている。なにしろ卒業生の半分近くが「行方不明」になるという。

ある意味で「無駄なものを作る」美術、「生きていくうえでなくてもよい」音楽。そんな本音も語られるが、制作や演奏が人生そのものになった求道者が集まるのが藝大だ。ゆえに、創造や表現とは何かを考えさせる本でもある。すぐ社会に役立つかという指標だけで大学が計られようとしている現在、数値に換算できない豊かさを人類の歴史に与えてきた藝術の学校は、その奔放さを笑いとばして終わりという対象ではない。ひるがえって「普通」の価値観を問いなおす存在なのだ。

評・五十嵐太郎（建築批評家・東北大学教授）

にのみや・あつと　85年生まれ。09年、短編集『！』でデビュー。『最後の医者は桜を見上げて君を想う』など。

二〇一六年一一月六日❺

『少年聖女』

鹿島田真希 著

河出書房新社・一七二八円
ISBN9784309025001

文芸

水か陸か　迷宮へと誘う問題作

鹿島田真希の小説は読者をたじろがせるところがある。『少年聖女』もそう。書き出しからもう謎めいている。〈水の中で起きた事件は、僕らには到底わかるまい、なにしろ僕らは陸に住んでいるのだから〉。おお、どういう意味？

物語の主な舞台はAqua（アクア）という名のゲイバー。熱帯魚の水槽が壁一面に並んでいるバーだ。専門学校生の「僕」は、ここでユウリ（優利）という青年に出会う。彼はAquaの店員だったが、いきなり「僕」を幻惑させるような言葉を口にするのだ。〈あなたさ、僕のこと男に見える？　女に見える？〉

こうしてユウリは、かつてこの店で働いていた男装の少女のことを語りはじめる。彼女の愛称はタマ。誰も彼女が女性であることに気づかなかった。が、ある日、タマは女だと見抜いた男があらわれる。彼の名は武史。自虐的なショーに身を投じるタマに、武史は強烈に惹（ひ）かれるが……。

意味をとりにくいのは語りの位相が幾重にも錯綜（さくそう）しているからだ。しかし、あえていうなら、これは21世紀の『痴人の愛』かな。

切ない恋に身を焦がす武史は40歳。かまぼこ工場で働く彼は、感覚が人とずれたタマのことをひたすら心配し続け、心配すぎてタマに結婚を申し込む。

一方、タマは19歳。武史を崇拝しつつも、彼女が絶えず気にかけているのは武史ではなくルームメートのオリガのことだ。

母とその愛人の虐待を受けて育ったタマと、チェルノブイリで被曝（ひばく）し、子どもを甲状腺ガンで失ったオリガは、ともに危険を察知するセンサーが壊れている。

〈公園から坂を上ると、繁華街や専門学校がある陸の世界。公園を下ると、野良猫の多い住宅や、どぶ川沿いの公団住宅〉。タマは水の一番底で育った。水槽の底でゴミを食べて暮らすプレコのように。

あなたは陸の人か水の人かと問う問題作。ぜひ迷宮に迷い込まれたし。

評・斎藤美奈子（文芸評論家）

かしまだ・まき 76年生まれ。05年『六〇〇〇度の愛』で三島賞、12年『冥土めぐり』で芥川賞。

二〇一六年一一月六日❻

『洗礼ダイアリー』

文月悠光 著

ポプラ社・一五一二円
ISBN9784591151471

文芸

自意識を振り払う 詩人の挑戦

初対面の人が「音楽やってます」と自己紹介したら親しみを持つけれど、「詩を書いてます」だったら一瞬、言葉に詰まるかもしれない。繊細で独りの世界にこもりがち、というのが詩人のイメージだから。

本書は最年少で中原中也賞を受賞した著者の初エッセイ集。十八歳の詩人に世間は「早熟」というイメージを当てはめた。たしかに作品には十代の女性の身体感覚が鮮烈なイメージで綴（つづ）られているが、現実の自分は未熟だとわかっている。不器用で、臆病で、野暮（やぼ）ったくて、特異な体験なんかひとつもない……。

あなたの朗読にはエロスがない、最近セックスしてる?と初対面の男性に訊（き）かれたという話にはびっくりだが、これも詩人が傷つきやすい人種と見なされている証拠だろう。言葉が突き刺さるとわかっているから、そそられる。しかも彼女は恋愛べたで、その言葉はダブルパンチなのだ。

「詩になるような『すてき』な恋愛は一つもしていないんだ。『きゅんと』することより、異性を前にオロオロすることの方が多いんだ」

若さゆえの自意識と、世間に流布する「詩人キャラ」がもたらす自意識という、二枚重ねの不自由を振り払うこと。いまの自分にはそれが必須だと痛感し、慣れ親しんだ詩作ではなく、エッセイの執筆という未知の行為に挑戦したのだ。詩の世界が「自己愛に満ちた妄想世界」になりがちなのを、そこに逃避しようとする自身の弱さを充分（じゅうぶん）すぎるほどわかっているのである。

自分のことを書くのは簡単なようでいて、むずかしいものだ。ダメな「私」を書けば書くほど自己愛に傾いてしまう。反省文でもなく、自己肯定文でもなく、未来の自分にむけての応援文にできるかどうか。本書の尊さはそこにある。エッセイなんて「挑戦不可能」と思い込んでいたゆえに、言葉の端々に緊張感がほとばしりでる。

評・大竹昭子（作家）

ふづき・ゆみ 91年生まれ。高校3年生の時に出した第1詩集『適切な世界の適切ならざる私』で中原中也賞。

二〇一六年一一月六日⑧

『クモの糸でバイオリン』

大崎茂芳 著
岩波科学ライブラリー・一二九六円
ISBN9784000296540
人文／ノンフィクション・評伝

身の回りに、分解できるような電化製品は少なくなった。科学といってもなんだか細かな話か、抽象的なものばかりである。自由研究の題材にも困る。

と、ここに、クモの糸をひたすら集めてぶらさがってみた人がいる。ちなみに糸を、十九万本ほど集めたという。さらには、バイオリンの弦につかえるかどうかもためそうということになった。

べつだん、クモの専門家ということではなく、その間、医学部に勤務していた。休日になるとクモを求めて旅に出る。

一口にクモの糸といってもクモの種類によって違いがあり、同一個体でも何種類もの糸をだす。クモの機嫌によっても糸のできが変わるのだという。

著者は実に四十年間、クモの糸を調べてきた。身近の見慣れたものにさえまだまだ不思議は隠れているのだと思いださせてくれる本である。

ただし、クモの写真がでてくるので苦手な人は注意すること。

評・円城塔（作家）

二〇一六年一一月一三日①

『ユーロから始まる世界経済の大崩壊』格差と混乱を生み出す通貨システムの破綻とその衝撃』

ジョセフ・E・スティグリッツ 著
峯村利哉 訳
徳間書店・二三七六円
ISBN9784198642532
政治／経済／国際

危機の国々を縛るトロイカ

英国のEU離脱や大量の難民到来に揺れる欧州。だがその背後にある最大の問題は、低迷する欧州経済だ。いまや各国で反EU感情が広がり、極右政党が伸長する。そこでは、長く続く経済的苦境が影を落としている。

ユーロ圏の実質GDP成長率（2007〜15年）は、非ユーロ圏8・1%に対し、0・6%にとどまった。1人あたり実質GDP成長率（同）でみても、米国3・4%、日本1・6%に対し、ユーロ圏はマイナス1・8%と対照的だ。

スティグリッツは、これは単なる偶然ではなく、ユーロこそがその原因だと結論づける。彼は、統一通貨の試みが破綻（はたん）の危機に瀕（ひん）しており、欧州は「一層の欧州化」か、さもなくば「ユーロ解体」か、どちらかを選ばなければならないと警告する。

通貨統合は、なぜ問題なのか。通貨を統合すれば、域内の為替変動リスクは消滅する。企業にとっては、独仏など欧州でもっとも好条件の中心諸国に集中立地するのが効率的になる。これが、域内格差を拡大させる原因だ。次に、ギリシャなど周縁諸国には、為替変動リスクを免れた投機マネーが流れ込んで不動産価格を押し上げ、見かけ上の好景気が演出される。だが、リーマン・ショックを機に資金は一斉に流出し、バブル崩壊と金融危機が引き起こされた。

もし各国が独自通貨をもっていれば、危機に瀕した国々は自国通貨を切り下げ、輸出回復を図ることもできる。しかしユーロ圏諸国は、金融政策と通貨政策の権限を放棄している。しかも彼らは、財政赤字を対GDP比3%以内に抑えるよう義務づけられており、財政拡張もできない「手足を縛られた」状態だ。

欧州は、各国政府から経済政策の主権を奪う一方、EUにも十分な財源と権限を与えていない。ならば、ドイツをはじめとする中心諸国が欧州経済の運営責任をもつべきだが、彼らにもその意思はない。他方、欧州委員会、欧州中央銀行、IMFからなる「トロイカ」は、危機に直面した国々を救うどころか、借金返済を求め、緊縮財政と賃下げをのませた。結果、経済はさらに弱体化し、債務返済は遠のいた。

国民経済を破壊してでも債権回収に励む「トロイカ」への怒りが、本書の原点だ。スティグリッツは、欧州統合の理念自体は否定していない。だが、欧州が連帯して経済を再建する意思がないなら、ユーロを解体して為替レートの調整能力を復活させ、各国の裁量拡大を図るべきだと説く。「国民が通貨ユーロの奴隷になるのではなく、通貨ユーロが国民福祉に奉仕する経済を築かねばならない」という経済思想で貫かれた本書、スティグリッツの面目躍如だ。

評・諸富徹（京都大学教授）

Joseph E. Stiglitz 43年米国生まれ。01年、ノーベル経済学賞を受賞。コロンビア大学教授。『世界を不幸にしたグローバリズムの正体』『世界に分断と対立を撒き散らす経済の罠』など。

二〇一六年一一月一三日❷　文芸

『蜜蜂と遠雷』

恩田陸 著

幻冬舎・一九四四円
ISBN9784344030039

音楽への愛情伝える 展開の妙

舞台は芳ケ江（よしがえ）国際ピアノコンクール。3年ごとに開催され、6回目を迎えるこのコンクールは、優勝者が世界屈指のSコンクールでも優勝した実績があり、近年評価が高い。コンテスタント（演奏者）や審査員たちだけでなく、調律師やテレビの取材者など、さまざまな人間の生き方、考え方が交錯し、白熱する。

顔触れは華やか。ジュリアード音楽院の学生で19歳のマサル。天才と呼ばれたが、母の死後ピアノから遠ざかっていた20歳の栄伝（えいでん）亜夜。楽器店に勤める28歳の高島明石（あかし）。ことに人々の注目を集める少年、16歳の風間塵（じん）は、音楽教育をほぼ受けたことがない。ピアノも持っていない。養蜂を仕事とする親と移動生活をしている。えっ、養蜂？ けれど、突拍子もない設定では、という疑問が入りこむ隙を与えないストーリーの運び方はさすが恩田陸だ。

塵は、いまはなき音楽家のホフマンから「ギフト」と称され、推薦された注目の若手。その推薦状が面白い。「甘い恩寵（おんちょう）」ではなく「劇薬」とも呼ばれるのだ。「彼を嫌悪し、憎悪し、拒絶する者もいるだろう」と。

第一次、二次、三次、本選。2週間にわたるコンクールだ。曲はバッハの平均律に始まり、モーツァルト、リスト、ショパン、ブラームス、バルトーク、プロコフィエフなど。

手に汗握る審査発表、歓喜と落胆。だが、このコンクールに塵がもたらすものは、もっとスケールの大きな、音楽に対する愛情だ。「狭いところに閉じこめられている音楽を広いところに連れ出す」という塵の言葉は本作の要といえる。

演奏者の心を他の演奏者の音楽が揺さぶり、感動が音楽への新たな感情を生む。希望という方向へストーリーが素直に整っていくという意味では、青春小説と呼ぶこともできるだろう。2段組みで5百ページ以上あるが、先へ先へと読める。著者のストーリーテラーとしての実力が見事に示された長編だ。

評・蜂飼耳（詩人・作家）

おんだ・りく 64年生まれ。『夜のピクニック』で吉川英治文学新人賞、『中庭の出来事』で山本周五郎賞。

二〇一六年一一月一三日❸

『東京田園モダン　大正・昭和の郊外を歩く』

三浦展 著

洋泉社・一七二八円
ISBN9784800310255

経済／社会

発展する下町に社会改良への志

著者は都市の消費文化研究が専門。戦後の東京都市圏が西へ広がるなかで、「山の手」的生活様式も変化しつつ西遷してきた過程などを調べてきた。

本書ではそんな調査の時代と方角をがらりと変え、現在の都区部がほぼ成立する1932年以前に遡（さかのぼ）り、東京が東から北へと広がる過程で「下町」が移動し、変化してきた経緯を辿（たど）る。

たとえば「生まれは葛飾、柴又」の寅さんのおかげで全国的知名度を持つ葛飾区は帝釈天で賑（にぎ）わうイメージが強いが、1920年の人口は3万以下。田園が広がるのどかな水郷地帯だった。そんな葛飾が新興の下町として発展するのは関東大震災後にセルロイド製品工場が進出してから。寅さん以外にキユーピー、バービー、リカちゃんなどセルロイド人形も葛飾生まれだったと本書で知った。

そして著者が「下町」で注目するのは「志」の高さだ。全国から労働者が集まり、貧困問題が発生すると救貧を目的とする「セツルメント」運動が展開された。非行少年への教育や孤児、障害者の養育施設作りに着手した事例も多い。こうした社会改良への旺盛な意欲は戦後の郊外ニュータウンではあまり見られない。

日本のニュータウン開発は「都市と農村の結婚」のコンセプトの下、ロンドン郊外に田園都市レッチワースをデザインしたレイモンド・アンウィンの影響を受けている。だがアンウィンは実は東京府が最初に指定した公園のひとつ、（現在の北区）王子の飛鳥山を高く評価し、自らの都市計画の範としていたという。

こうして「山の手」のニュータウンと「下町」の時空を跨（また）いだ意外な連続性が指摘される一方で、社会意識の欠落などの断絶面も明らかになる。「社会散歩」と称して各地の郷土資料館等を訪ねる著者の足取りは軽やかだが、東京だけでなく日本の都市全般の未来のために、ノスタルジーを超えて知っておくべき内容を多く含む一冊だ。

評・武田徹（評論家・ジャーナリスト）

みうら・あつし　58年生まれ。消費社会研究家。『スカイツリー東京下町散歩』『人間の居る場所』など著書多数。

二〇一六年一一月一三日❹

『黒い司法　黒人死刑大国アメリカの冤罪と闘う』

ブライアン・スティーヴンソン 著
宮崎真紀 訳

亜紀書房・二八〇八円
ISBN9784750514390

政治／社会／国際

強権の理不尽さ　和解への希望

米国の社会には、暗黙の「おきて」があった。

白人が人種差別をあらわにすれば、信用を失う。

黒人が社会に怒りをぶちまければ、人生を失う。

大統領選でのトランプ氏の勝利で、白人の不文律は崩れたが、黒人を縛る心の足かせは変わらない。オバマ大統領も人前で怒りを見せることはなかった。

ノンフィクションである本書が描く市井の人びとにも、おしなべて感情の起伏が感じられない。司法差別という強権の理不尽さと、それに耐える人間の静寂との対比が、かえって怒りの大きさを雄弁に物語る。

著者は、南部アラバマ州を拠点に、黒人や貧困者の救済活動を続ける弁護士である。80年代から数十人の死刑囚の命を救ってきた。

白人の人妻と交際した黒人が、無関係な殺人事件の犯人に仕立てられる。本書の主軸を成す驚愕（きょうがく）の事実はほんの一例でしかない。

人口約1割の黒人が、死刑執行の4割超を占める。刑務所への収監率はいびつに高く、今のペースが続けば、今世紀に生まれた黒人男児の3人に1人は収監される計算になるという。

まるで黒人であることそのものが犯罪であるかのように厳罰を科す司法に正義はあるのか。白人警官による黒人の射殺が相次ぐ今、各地で暴動が絶えない。

ただ、本書の中で紹介される冷酷な白人矯正官との一幕が、印象深い。死刑囚が自分と同様に里親育ちだと知ると、急に心を開き、やさしい人間に変わる。

著者の最大のメッセージは、差別の告発ではない。和解への希望である。トランプ現象が象徴するような不寛容の氷を溶かすための慈悲のすすめである。

「私たちはみな誰かを傷つけ、傷つけられてきた」「壊れているという点で私たちは同じなのだ」「私たち誰もが（略）自分の弱さを、欠陥を、偏見を、恐怖を認めたらどうなるだろう」

ヘイトの言葉があふれる現代日本の社会にも通底する問いが、そこにある。

評・立野純二（本社論説主幹代理）

Bryan Stevenson　弁護士。米アラバマ州モンゴメリーを拠点とする「司法の公正構想」の事務局長。

二〇一六年一一月一三日⑤

『ヒトラーと物理学者たち　科学が国家に仕えるとき』

フィリップ・ボール 著　池内了、小畑史哉 訳

岩波書店・三九六〇円

ISBN9784000058872

歴史／政治／科学・生物

改めて問われる研究者の政治観

戦争における科学者の社会的責任は何か？この古くて新しい課題を、ヒトラー政権下でドイツの物理学者たちがどのように活動したかを題材として、綿密かつ明快に解き明かす。

著者は、科学雑誌『ネイチャー』の編集者をしていた人。科学界全般に対する広い視野と、今日的状況との関連を明確に意識していて、それが多くの類書にはない活（い）き活きしたリズムを生み出している。

資料はほとんど二次文献に依拠しているが、それがむしろ本書の長所にもなっている。このことによって、バランスのとれた幅広い視野と視点を著者が維持し続けることができたように思われる。

当時のドイツの物理学者たちが大勢登場するが、中心人物はマックス・プランク、ピーター・デバイ、ヴェルナー・ハイゼンベルクの3名のノーベル賞受賞者だ。彼らは立場や考えは違えど、それぞれに何らかの形でナチ政権の民族差別的科学技術政策を後押しする結果となった。プランクは良心的に法と秩序を重んじたがゆえに、デバイは個人的な生活関心事を最優先したがゆえに、ハイゼンベルクはドイツの物理学を世界一にしようと野望をいだいたがゆえに。

戦後、彼らを含むドイツ人物理学者10名が一所に軟禁されていた時の会話が、盗聴記録されていた。その分析は、本書の圧巻である。ハイゼンベルクやヴァイツゼッカー（後のドイツ大統領の兄）らの傲慢（ごうまん）さや自己正当化が際だっていて、読んでいて気分が悪くなるほどだ。しかし、同じ立場に置かれたとき、彼らとは違って権力に真っ向から反対できる人が何人いるだろうか。ぼくは全然自信がない。

軍事研究と平時研究の境目は曖昧（あいまい）だ。研究内容や資金源によって一線が引けるものではない。だからこそ、研究者たちの政治観や国家観、社会観、人間観、そういったものが大切なのだと改めて思い知らされる。

評・佐倉統（東京大学教授）

Philip Ball　サイエンスライター。著書に『音楽の科学』、3部作『かたち』『流れ』『枝分かれ』など。

二〇一六年一一月一三日⑥

『アルファの伝説　音楽家　村井邦彦の時代』

松木直也 著

河出書房新社・二七〇〇円
ISBN9784309920665

アート・ファッション・芸能／ノンフィクション・評伝

新しい「環境」作った独自の感性

録音スタジオがミュージシャンにとってどれだけ意味があるか。一九六〇年代から七〇年代にかけ、この国のポピュラーミュージックが新しい意識でそれに取り組んだことで、音楽性も変わった。つまり、ここに書かれているのは、新しいスタジオが生み出した音の意味だ。

本書は、「アルファ」というレコード会社（初期は音楽出版社だが）の歴史が描かれ、特に、荒井由実（＝松任谷由実）が主導する初期の姿が多くを占める。当時のアルファを支えたのが、赤い鳥と松任谷由実だったから仕方がないとはいえ、そのあいだ「音楽家」としての村井は背後に時折、姿を見せるだけだ。それが村井邦彦のスタンスだった。

だが、ここで、村井に与えられた「音楽家」という呼称は、ザ・テンプターズのヒット曲「エメラルドの伝説」など多くの楽曲を作った仕事だけではなく、なにより新しい「環境」を作った人物を意味する。

村井はアメリカとの強いコネクションを元に大手レコード会社Ａ＆Ｍと契約する。アメリカで村井がなにを観（み）てきたか。その経験のひとつひとつから、いかにいいスタジオを作るかという重要性を村井が感じたのは、過去の歌謡の世界における「音楽家」とはまったく異なる。当時としては独自の感性だ。

いまある日本のポップミュージックは、突然、生まれたのではない。その系譜の中にアルファの役割の大きな意味と新しい音楽家の姿がある。つまり、後年、ＹＭＯがアルファから登場したことも偶然ではないことを本書は語る。

そのためには成熟が必要だった。もちろん村井だけの業績ではなく、大瀧詠一、加藤和彦をはじめ、日本のロックの系譜は多くの試行から育った。その「試行」とは楽曲だけの成果ではない。本書が強調するように、「アルファ」という環境が生み出した側面を見逃すわけにはいかない。

評・宮沢章夫（劇作家・演出家）

まつき・なおや　55年生まれ。「ポパイ」「ブルータス」の編集に携わる。著書に『ミクニの奇跡』など。

二〇一六年一一月一三日⑦

『分かれ道ノストラダムス』

深緑野分 著

双葉社・一六二〇円
ISBN9784575239867

文芸

『戦場のコックたち』が高く評価された著者の新作は、ノストラダムスの大予言が注目を集めていた１９９９年の日本を舞台にした青春ミステリーである。

高1のあさぎは、2年前に死んだ友人・基（もとき）の祖母から、日記を渡される。基は日記の中で、両親が事故死しなかった世界を夢想していた。あさぎも同級生の八女（やめ）の助けを借り、基の命を救う思考実験を始める。

その頃、あさぎの周囲では、大予言を信じるカルトが騒動を起こし、八女の友人で熱帯魚ショップを営む久慈が失踪するなど、不可解な事件が連続していた。

どんでん返しが連続し、無関係に思えたエピソードがつながる怒濤（どとう）の展開は圧倒的。その中に、派手な活劇や淡い恋なども織り込まれており、ページをくる手が止まらないだろう。

人生の岐路は、誰にも訪れる。それだけに、事件に巻き込まれ様々な選択を迫られるあさぎが、迷いながらも進むべき道を決める終盤は、感動も深いはずだ。

評・末國善己（文芸評論家）

二〇一六年一一月一三日❽

『デスメタルインドネシア　世界2位のブルータルデスメタル大国』

小笠原和生 著

パブリブ・二四八四円
ISBN9784908468032　アート・ファッション・芸能／国際

もう四半世紀前になるが、アジアをバックパッカー旅行したとき、ネパールでメタリカのTシャツを着た少年に会い、ヘヴィメタルの世界的な浸透を実感した。それよりさらに過激なデスメタルのインドネシアにおける状況を紹介する本が刊行された。驚くことに、このジャンルのバンド数がアメリカに次いで2位だという。しかも演奏技術の水準も高い。紹介されているCDは日本で入手が難しいが、ほとんどの楽曲はYouTubeで確認できる。すなわち、ネットを併用しながら、読む／聴く本だ。

実はこれ、もっとマニアックな企画『デスメタルアフリカ』に続く第2弾であり、多様な音楽受容に感心させられる。BABYMETALが海外でヒットしたのも、ワールドミュージックとしてのメタルの背景があるからだろう。日本で開催されるヘヴィメタル系のフェスは、いまだに西洋中心の信仰が根強いが、そうした既成概念を打破するシリーズ本だ。

評・五十嵐太郎（東北大学教授）

二〇一六年一一月二〇日❶

『広がるミサンドリー　ポピュラーカルチャー、メディアにおける男性差別』

ポール・ナサンソン、キャサリン・K・ヤング 著
久米泰介 訳

彩流社・四八六〇円
ISBN9784779122156　社会

男性は暴力的？　描き方問う

ミソジニーという言葉を聞いたことがないですか。日本語でいえば、女性嫌悪または女性蔑視。そのカウンターパートに当たる概念がミサンドリー。男性嫌悪または男性蔑視だ。〈ミソジニーは何十年も研究され、真剣に受け止められている。その一方でミサンドリーは何十年も無視されたり軽視されてきた〉と著者はいう。

過去の性差別はミソジニーの形をとってきたが、フェミニズムの成果として、文化における男性中心主義は1990年代までに大きく是正され、少なくとも今日、公の場での女性差別的な表現は許されない。

それに比べて男はどうだ。男性差別は是正されていないどころか、認識もされていないじゃないか。ミサンドリーはむしろ助長されている！

それが著者の主張。

本書は主にアメリカとカナダの90年代のポピュラーカルチャー（本、映画、テレビ番組、広告など）を対象に、ミサンドリーを徹底分析した研究書である。日本の読者にはなじみの薄い作品も多く、必ずしも取っつきのいい本ではない。が、それでも読み進めるにつれ「あるある」感に苦笑し、随所で「ヤバッ」と思わざるを得なくなる。男性差別的な表現には典型的なパターンがあるからだ。

たとえば「笑われる男性」。今日のコメディーは黒人やユダヤ人や女性など、特定の集団を嘲（あざけ）りの対象にしない。ただし男性だけはOKだ。マッチョな男、無能な男、下品な男が好んで描かれる。〈ミサンドリーはただ単に面白いだけでなく、もうかると考えられている〉のだ。

さらに男性は生得的に暴力的で支配的で戦争を好む存在とされ、〈男性たちはほとんど全ての人の苦しみに集団的に責任がある〉かのように描かれる。実際には支配者も戦争好きな男性も少数だというのに。

そしてついに男性は、人間以下の獣の地位におとしめられ、超人的な悪魔のごとく扱われる。『美女と野獣』しかり、『羊たちの沈黙』しかり。

被害妄想なんじゃない？　などの予想される反応を、著者はぴしゃりと退ける。〈男性が現在黙っているのは、文字通り過去に女性が黙っていたことと同じである〉。そのうえ〈男性は「男なら潔く黙って耐える」ことを求められる〉。

スタートしたばかりの研究ジャンルゆえ、戸惑いや反発を覚える人も多いだろう。しかし、けっして軽視できない視点。

　訳者の久米泰介氏は日本のミサンドリーの例として、マンガの『ワンピース』、宮崎駿のアニメ作品、そして手塚治虫作品をあげている。興味津々。日本の作品の分析もぜひ読みたい。

評・斎藤美奈子（文芸評論家）

Paul Nathanson　マギル大学（カナダ）宗教学部の元研究員。宗教と世俗化の関係を研究。
Katherine K. Young　マギル大学名誉教授。宗教学博士。学術書でジェンダー分野の編集に関わる。

『アウシュヴィッツのコーヒー　コーヒーが映す総力戦の世界』

臼井隆一郎 著
石風社・二七〇〇円
ISBN9784883442690

深い味わいに影落とす民族差別

　アウシュビッツ強制収容所ではユダヤ人を回教徒（ムーゼルマン）と呼んでいたという。この悪ふざけのような習慣がなぜ作られたのか、理由を知りたいとずっと思ってきた。

　本書はイスラームとユダヤの間に「コーヒー」という補助線を引く。コーヒーはイスラームをルーツとし、ヨーロッパに伝播（でんぱ）した後、中毒的に広まる。その中で新興ドイツはインドネシア産コーヒーをオランダから買うしかなく、輸入超過に悩んだフリードリヒ大王は植物原料の代用コーヒー開発を国内化学産業に求めていた。そんなドイツが1883年、念願の植民地をアフリカに持つ。コーヒー栽培で原住民と接触したドイツ人は「働く者」を生かし、「働かざる者」を殺す活殺自在の論理を育む。

　その行き着いた先がアウシュビッツだった。収容所では「シャワーのあとにはコーヒーを出す」からと騙（だま）してユダヤ人をガス室に送った。毒ガスは代用コーヒー作りで発展した化学産業が製造したものだった。

　ちなみにアウシュビッツ以前のドイツにはコーヒーばかり飲んでいると回教徒になると歌う「コーヒー・カノン」が広く愛唱されていたという。食欲抑制や抗眠作用に期待してコーヒーを愛用していたイスラームの故事を踏まえ、コーヒー過剰摂取で神経を病み、体調を悪化させた人を「回教徒」と揶揄（やゆ）する習慣は既にあったのだ。それを収容所のユダヤ人にまで適用したのが、痩せこけた囚人たちへの憐憫（れんびん）の情からであろうはずもない。たかが呼称だが、そこには近代社会が育んだ自民族支配、他民族差別のイデオロギーが影を落としている。

　アウシュビッツへの軌跡を軸とする本書は前著『コーヒーが廻り　世界史が廻る』（中公新書）より苦味が効いている。加えて積年のコーヒー史研究の集大成としてアフリカ、南アメリカ、極東に及ぶ知識も存分に披露され、複雑な陰影を湛（たた）えたコーヒーのような深い味わいの一冊となった。

評・武田徹（評論家・ジャーナリスト）

うすい・りゅういちろう　46年生まれ。東京大学名誉教授。専門は文化学など。『苦海浄土』論など多数。

二〇一六年一一月二〇日④

『ミズーラ 名門大学を揺るがしたレイプ事件と司法制度』

ジョン・クラカワー 著　菅野楽章 訳
亜紀書房・二七〇〇円
ISBN9784750514420
社会

被害者に向けられる疑いの目

「レイプ神話」をご存知（ぞんじ）だろうか？レイプとは暗闇に潜んで相手を襲う変質者の性犯罪であり、相手の抵抗を押しきって振るわれる暴力である、というイメージを指す。これは大半のレイプの実像とはかけ離れているにもかかわらず、あまりにも多くの人の脳内に植え付けられているため、レイプの被害者は起こった事実を訴えても信じてもらえない、という過酷な目に遭い続ける。

　では実像はどんなものなのか。アメリカンフットボールで有名なモンタナ大学を2010年代に揺るがしたレイプ問題を、緻密（ちみつ）な取材と研究で追った本書によると、全米のレイプの8割は友人知人によるものだという。また、被害者は強い恐怖に支配され、多くのケースで、相手をキレさせないよう途中で抵抗をやめてしまう。それは戦場と同様の死の恐怖で、生涯消せない後遺症を心に残す。だがレイプ神話の作用により、抵抗しなかったことが、加害者にも世間にも、合意だったとみなされてしまう。

　この本では、その理不尽さの実例が、裁判でのやりとりとして詳細に示される。読んでいて息が苦しくなるのは、訴えた側の被害者のほうが、まるで詐欺師であるかのように手ひどく責められるから。その結果、レイプ犯は無罪となる。虚偽の訴えは多く見積もっても1割だというのに、被害者は常に疑いの目で見られる。

　なぜレイプ神話は生き残り続けるのか。地域の英雄であり品行方正なアメフト選手がそんなことをするはずがない、という住民のプライドが、法を機能させなくするのだ。そこには歪（ゆが）んだ優越意識が潜んでいる。

　このスキャンダルへの批判や米司法省からの調査もあり、ミズーラ市警は、まずは被害者の話を第一義的に信用して捜査にかかるという原則を明確にした。

　日本でのレイプ事件も、構造は同じだ。まずは私たちの中のレイプ神話を解体することから始めたい。

評・星野智幸（小説家）

Jon Krakauer　54年生まれ。ジャーナリスト、作家、登山家。『空へ』『荒野へ』『信仰が人を殺すとき』。

二〇一六年一一月二〇日⑤

『限りなく完璧に近い人々　なぜ北欧の暮らしは世界一幸せなのか？』

マイケル・ブース 著　黒田眞知 訳
角川書店・二三七六円
ISBN9784041033890
政治／社会

等身大の姿 皮肉も込めて描く

スウェーデンとデンマークに最近行ってきた。両国の社会保障は手厚いため、失業や老後の不安が原因で貯蓄する人は少ない。それゆえマイナス金利政策で預金金利が低下しても、日本のように高齢者の心配が高まる現象は起きていない。

　働く時間の短さも驚きだ。昨年発表の調査では、デンマークの労働時間は週31・2時間だった。日本語の「カロウシ」が彼の地では最近話題である。それなのに彼ら1人あたりのGDP(購買力平価ベース）は日本より遥（はる）かに大きい。

　国連の「世界幸福度レポート」では、デンマークを筆頭に北欧が上位を占めている。どうして北欧はそんなに優れているのか？実際は社会に歪（ひず）みが生じているのでは？と思っていたところ、本書に出くわした。

　英国人でデンマーク人女性と結婚し、コペンハーゲンに住む著者は、「欧米メディアが伝えるバラ色の北欧に関する報道の偏り」を正したいという思いで本書を書き始めた。アイスランド、ノルウェー、フィンランド、スウェーデンを旅し、問題も抱えている北欧の等身大の姿をユーモアと皮肉を込めて描写している。

とかく一括（ひとくく）りにされがちな北欧だが、気質の違いや、ライバル意識、互いを馬鹿にするジョークなど興味深い話題が次々と出てくる。経済や社会制度の専門家ではない著者だが、人間観察眼は鋭く、他には見られない北欧論となっている。

最終的に著者は、「西欧諸国は、自分たちの経済を破滅に追いやった野放図な資本主義に取って代わるものを求めている」だけに、北欧は「完璧」ではないが、彼らの「生き方、優先順位のつけ方と富の扱い方、社会をより良く公正に機能させる方法、仕事と私生活のバランスをとり、効果的に教育を身につけ、互いに支え合って生きる方法」に見習うべきだと結論づけている。

「働き方改革」が必要な我々にも、本書が示唆する点は多いと思われる。

評・加藤出（東短リサーチチーフエコノミスト）

Michael Booth　英国サセックス生まれ。トラベルジャーナリスト、フードジャーナリスト。

『戦後民主主義をどう生きるか』

三谷太一郎 著

東京大学出版会・三〇二四円
ISBN9784130033398

政治／社会

同盟は「戦争の導火線」と警告

「日本の歴史上の民主主義は、すべて戦後民主主義であったといっても言い過ぎではない」。戊辰戦争の「戦後民主主義」としての、福沢諭吉らの「公議輿論（よろん）」の要求。西南戦争の「戦後民主主義」としての自由民権運動や、日清戦争後の政党政治の活発化。日露戦争と第1次大戦後の大正デモクラシー。これらはいずれも、現在の「戦後民主主義」の先駆をなしたと三谷は評価する。

政治学者・南原繁は、中ソとも講和する全面講和論を唱え、吉田茂首相に「曲学阿世（きょくがくあせい）」と批判されたが、その後の歴史を見れば、この議論が「事実として日ソ・日中国交回復を促進する役割を果たした」ことは明らかである。

南原の弟子・丸山真男は、福沢に強い関心を抱き、参照し続けたが、それは、「維新後の福沢と戦後の丸山とは、それぞれの旧体制（アンシャン・レジーム）と決別し、自立的知識人への道を歩んだという意味において共通性をもつ」からである。福沢は明治政府と距離を置き、「政治的アマチュア」のリーダーたろうとした。この姿勢は、大正デモクラシー期の吉野作造に受け継がれる。そして丸山も、終戦直後に近衛文麿と接点をもつなど、権力のブレーンになる可能性があったにもかかわらず、それを自ら断ち切り、普通の人々に語りかける道を選んだのである。

本書には、南原、丸山の他にも、学者らへの追悼の辞が、多数、収められている。彼らが中心となって築いた戦後民主主義の現状はどうなっているか。

集団的自衛権問題に関連して著者は、戦後日本を否定する現政権の姿勢を鋭く批判し、日英同盟と日独伊三国同盟という、日本が結んだ「過去の二つの同盟は、いずれも戦争の導火線」になったと警告する。戦後民主主義の課題は、それを「歴史上最後の『戦後民主主義』とすること」にあるという碩学（せきがく）のメッセージを、胸に刻みたい。

評・杉田敦（政治学者・法政大学教授）

みたに・たいちろう　36年生まれ。東京大学名誉教授（日本政治外交史）。『人は時代といかに向き合うか』。

二〇一六年一一月二〇日⑦　政治／社会

『反東京オリンピック宣言』

小笠原博毅、山本敦久 編
航思社・二三七六円
ISBN9784906738205

大衆が台頭した19世紀のイギリスで、J・S・ミルは「世論の圧制」を打破するため、「人々が普通でないということこそむしろ望ましい」と述べた。だが同時に「今や敢（あ）えて奇矯ならんとする者が極めて稀（ま）れであるということは、現代の主たる危険を示すものである」とも述べている。

ミルの指摘は、いまの日本にそっくり当てはまる。2020年の東京オリンピック開催にどれほど問題が起ころうが、開催の返上や中止を訴える声はあまり聞こえてこない。そう思っていた矢先に本書が出た。論者によって力点は異なるにせよ、オリンピックが政治と結び付き、ナショナリズムの高揚をもたらすことに、多くの論者が問題の核心を見いだしている。

では「非国民」の書かと言われれば決してそうではない。オリンピックの裏で「フクシマ」が忘却されようとしていることを告発する本書の論文からは、パトリオティズム（愛国心）が感じられるからだ。

評・原武史（放送大学教授）

二〇一六年一一月二〇日⑧　社会

『ひとが優しい博物館　ユニバーサル・ミュージアムの新展開』

広瀬浩二郎 編著
青弓社・二一六〇円
ISBN9784787200617

「すべての人の好奇心のための博物館」を目指す、ユニバーサル・ミュージアム論の公開シンポジウム報告集。見常者、触常者、触文化、手学問と、興味深い言葉がぽこぽこ顔を出す。

冒頭の広瀬浩二郎と相良啓子の対談がおもしろい。見えないけど聞こえる人と聞こえないけど見える人の世界観・人間観が、こうもかけ離れているとは。「障害」というくくり方の粗雑さを思い知る。手話民族のろう者と、視覚情報を聴覚触覚に翻訳する必要のある盲者の対話。まさに異文化コミュニケーションだ。

美術館・博物館はいま、目に偏らない多様な知覚による知の経験の可能性を探っている。本書にはそうした試みが、体験型の歴史講座やツアーも含め、数多く報告されている。立体コピーで絵画を学ぶ。博物館で煎茶を味わう。第五福竜丸の元乗組員から説明を聞きながら船を触る。「香るメガネ」で写真展を嗅ぐ。丁寧に深く知り楽しむ生き方が示唆されている。

評・中村和恵（明治大学教授）

二〇一六年一一月二七日❶　ノンフィクション・評伝

『狂うひと　「死の棘」の妻・島尾ミホ』

梯久美子 著
新潮社・三二四〇円
ISBN9784104774029

「事件」渇望した　文学的共犯

「そのとき私は、けものになりました」。歌うように語り始めた島尾ミホの言葉を、一言も聞き漏らすまいと筆者は筆を走らせたという。夫・敏雄の日記に不倫の証拠を見つけ、『死の棘（とげ）』の壮絶な愛憎劇が始まる、その瞬間を妻自身が語った貴重な証言だと思ったからだ。

当時、著者は評伝の執筆を目指してインタビューを重ねていた。取材は順調に進んでいたが、ミホの意向で突然中止を余儀なくされる。その1年後、ミホは奄美の自宅で急死。著者は執筆を一度は諦めていた。

ところが、その後、「もっとも作家的な男」だという敏雄の評判を著者は耳にする。そこには、作品作りのためなら彼は不倫もしかねないとの推量が含まれていた。興味を惹（ひ）かれ関係者を訪ね歩いた著者は、敏雄とミホ、そして『死の棘』で「あいつ」と呼び捨てられていた不倫相手女性の現実の姿に少しずつ迫ってゆく。

そして著者の背を強く押したのがミホの没後に残された段ボール数十箱分の未公刊作品、

メモ等だった。資料として評伝執筆に十分な質・量の手応えを感じた著者は、再び筆を執る。

こうした経緯で上梓（じょうし）に至った本書が浮き彫りにするのは敏雄とミホが文学のために共犯する構図だ。なぜ日記は妻が読める状態になっていたのかといった具体的な自作自演論に著者は深入りしないが、敏雄が文学として書かれるべき「事件」を渇望していたことは資料が物語る。ミホもまた閉塞（へいそく）する夫婦の状況に風穴を開けたがっていた。二人の願望が重なるところでミホは錯乱する。敏雄を激しくなじり、詰問し続けるミホによって夫婦が至った「共狂い」は詐病ではないが、後になってみればすべてが作品のために用意されていたようにも思える、独特の文学的合理性を備えていた。

段ボール箱の中には「『死の棘』の妻の場合」と題された草稿も入っていた。晩年のミホは自分でも『死の棘』を書こうとしており、冒頭の取材では既に自分で書いていた言葉を歌うように詠み上げていたのだ。

だが、この草稿は未完に終わる。敏雄が残した日記を公開する時、ミホが細かく削除や加筆を施していた経緯を本書はたどるが、それは『死の棘』が築いた「童女のように純粋な妻」と「誠実な夫」というイメージを守るためだった。しかしその一方で自分の眼でみた真実を書きたいと願うもう一人の自分がいる。神話の守護者と解体者、二つの役割の間で引き裂かれていたミホの内面にまで迫ることで、資料分析という手堅くも地道な方法を評伝ノンフィクションに生かし切った著者の技術に、思わず圧倒されていた。

評・武田徹（評論家・ジャーナリスト）

かけはし・くみこ 61年生まれ。ノンフィクション作家。『散るぞ悲しき』で06年に大宅壮一ノンフィクション賞。『昭和二十年夏、僕は兵士だった』『昭和の遺書』『愛の顛末』など多数。

二〇一六年一一月二七日②

『室町無頼』

垣根涼介 著

新潮社・一八三六円
ISBN9784104750061

歴史／文芸

常識を疑う力 閉塞感打ち破る

垣根涼介の2作目の歴史小説は、寛正の土一揆をクライマックスにしている。そのため、南米移民が、自分たちを切り捨てた日本政府に復讐（ふくしゅう）する著者の代表作『ワイルド・ソウル』を思わせる迫力がある。

牢人の子として京近郊の村で極貧生活を送っていた才蔵は、15歳で天涯孤独となり京に出た。自己流で棒術の鍛錬をしていた才蔵は、腕を見込まれ土倉（金貸し）の用心棒になる。

その土倉を、京の治安維持を任されているが、実際は悪党の骨皮道賢が襲う。道賢は最後まで戦った才蔵を気に入り、借金に苦しむ農民の相談役をしている蓮田兵衛に引き合わせる。

ここから才蔵の運命は大きく動き出し、兵衛に棒術の老師匠を紹介され、油断すれば死ぬ危険もある過酷な修行を始める。すべてを失った若者が、武術の修行を通して成長する展開は、吉川英治の『宮本武蔵』に似て青春小説色が強い。ただ吉川の描く武蔵が、出世や名誉を求めず心を磨こうとしたのに対し、才蔵は厳しい現実を生き抜く知恵を身につけていくので、より共感できるのではないか。

才蔵たちが生きた室町中期は、貨幣経済が発達し、金融業に進出する富裕層が増えていた。一方、天候不順が続き、借金で年貢を払っている農民の生活は困窮していたが、富裕層の税に頼っている幕府は、農民など眼中になかったのだ。

経済構造の変化が格差を広げ、それに政府が何の手も打たない状況は、驚くほど現代に似ている。それだけに、世を変えるために捨て石になる覚悟で立ち上がる兵衛と、その命に従う才蔵が、不満をため込んでいた農民を糾合し、幕府に闘いを挑む終盤は痛快で、快哉を叫びたくなるだろう。

才蔵は、法や倫理など気にもとめない道賢と兵衛から、常識を疑う力、時流に抗（あらが）う勇気、自分で考えることの重要性を学ぶ。ここには、無頼の発想こそが、閉塞（へいそく）感を打ち破るパワーになるとのメッセージがある。

評・末國善己（文芸評論家）

かきね・りょうすけ　66年生まれ。作家。『君たちに明日はない』（山本周五郎賞）、『光秀の定理』。

二〇一六年一一月二七日③

『地域分散型エネルギーシステム』

植田和弘 監修　**大島堅一、高橋洋** 編著
日本評論社・三二四〇円
ISBN9784535558113
経済／科学・生物

新たな電力網　支える形を提示

表題の「分散型エネルギーシステム」とは、再生可能エネルギーのように、無数の小規模分散型の電源をネットワーク化した、双方向型の電力システムだ。これに対して「集中型電力システム」は、原子力や火力のような大規模集中電源で発電された電気を、大都市圏に送り届ける一方向型の電力システムである。再エネ増大にともなって、電力システムは「集中型」から「分散型」に移行するが、本書はそれを可能にする制度設計、支援政策、新しいビジネスモデルを描く。

集中型から分散型への大転換を促すのが、「再生可能エネルギー固定価格買取（かいとり）制度」だ。この制度は2012年に日本で導入されて以来、再エネの急速な普及に大きな成功を収めた。だが、分散型システムには課題もある。第一は、再エネを通常の電力よりも高価格で買い取ることによる国民負担の増大だ。第二は、再エネが変動電源であるために、電力の安定供給と両立できるかという課題だ。第三は、分散型システムを支える新しい電力網の構築と、そのための投資費用を、誰がどのように負担すべきかという課題だ。

これら諸課題に対して本書は、①再エネの発電コストは技術革新で継続的に低下し、将来的に既存電源を下回ること、買取制度はそれまでの移行措置であり、費用負担は2030年代に急速に低下することを説得的に示す。さらに、②再エネを優先的に電力系統に受け入れ、それを既存電源で補完する電力運用を行えば、安定供給に支障は生じない。最後に、③再エネ拡大を支える送電網の増強投資が必要であり、その費用は送電事業者が負担するのが望ましいと結論づける。

経産省の有識者会議で原発の救済策が検討され、「集中型」への回帰ともみられる動きが露（あら）わになったこのタイミングで、本書が出版された意義は大きい。何のための電力システム改革なのか、本書は原点を改めて想起させてくれる。

評・諸富徹（京都大学教授）

うえた・かずひろ　京都大学教授。
おおしま・けんいち　立命館大学教授。
たかはし・ひろし　都留文科大学教授。

『ひらかれる建築　「民主化」の作法』

松村秀一 著
ちくま新書・八四二円
ISBN9784480069191

生活者の想像が未来を切り開く

本書はケンチクやタテモノからの卒業をうたう。ケンチクとは建築家の先生が設計する芸術的な作品。一方、タテモノとは経済的な営為から生産される通常の建物。東京のごちゃごちゃな街並みこそが民主主義の風景だと、海外の研究者から指摘されたことを受けて、著者は近代以降の建築の歴史を民主化の3段階でとらえなおす。

第一世代は、工業化・規格化の発展によって同一の安い箱を多く生産した。第二世代は、人々が居住環境の形成に関わるシステムや地域生活の再評価など、選択の多様性を提示した。著者の専門は建築構法であり、この二つの世代の内容はわれわれが暮らす環境の背景を理解するうえで興味深い。例えば、釘の量産化がツーバイフォー構法をもたらしたこと、戦後の鉄鋼業が新たな市場を求めてプレハブ住宅に注目したこと、使用者が参加するデザイン手法の系譜、大工・工務店、ハウスメーカー、DIY、セルフビルドの状況など、研究成果に基づく知見が披露されている。

1957年生まれの著者にとって第一世代はすでに成し遂げられた過去、第二世代はその活動に並走した現在形の出来事だったが、第三世代のリノベーションはもっと若い人やアートなど建築以外の領域が切り開く、未来へのムーブメント。ゆえに、中学校をアートセンターに改造したアーツ千代田3331やオフィスの居住空間への転用など、象徴的なエピソードをもとに期待を込めてルポルタージュ風に書かれている。

日本はすでに膨大なタテモノをもち、今や大量の空き家が問題だ。そこで著者は、箱から場へ、あるいは生産者から生活者へ、という転換を示し、使い手の想像力が重要になると説く。小難しいケンチクと違い、リノベーションは専門以外の様々な人が参加できるプラットフォームになりうる。これは建築の職能が変わることで豊かな生活がもたらされる希望の書である。

評・五十嵐太郎（建築批評家・東北大学教授）

まつむら・しゅういち　57年生まれ。東京大学教授。建築学。15年、日本建築学会著作賞。『団地再生』など。

二〇一六年一一月二七日❺　医学・福祉／社会

『老人ホームで生まれた〈とつとつダンス〉　ダンスのような、介護のような』

砂連尾理 著
晶文社・一八三六円
ISBN9784794969354

からだが接し、生まれる関係

京都舞鶴にある特別養護老人ホーム「グレイスヴィルまいづる」で著者が取り組んだワークショップ〈とつとつダンス〉の記録だ。その作業を通じ著者があらためて、わたしのからだと、見知らぬ人のからだが接し、そこに生まれる関係を発見する経過だと読める。

ここで語られる「とつとつ」は、「訥々（とつとつ）」のように、辞書にある言葉とは異なる。かといって、特別な言葉ではなく、自分たちの創作をもっとも表現する音なのだと、ワークショップの体験、ダンスの行為、そして作品化までの時間を通じて語られる。

わたしたちに必要なのはこうした言葉だ。たとえば、それは、小児結核や薬害スモンによって、ほとんどからだを動かすことの出来ない岡田邦子さんとのダンスが描写される記述のなかにある。

「岡田さんの、ほとんど動いてないのに、明らかにそこから立ち上がるいろんなものを見せる身体そのものの不思議な奥深さ。」

左手で電動車椅子を操作することしかでき

ず、ほとんど動けない岡田さんが、著者と踊るワークを通じ、いままで動かしたことのない右手を伸ばすと、踊る相手、つまり著者のからだを突然、触ろうとしたという。それが、『とつとつダンス　愛のレッスン』に結実する。著者は、ダンス経験もなく、からだも動かせない岡田さんのものすごい存在感に驚きこう記す。

「あらためて踊りやダンスというのは、目に見える身体の動きだけではないということを、岡田さんとのセッションで教えられた。」

コンテンポラリーダンスを見てもよくわからないという声は多い。けれど、私が見ている世界もむつかしい。日常にもある「わからないこと」をいかにして安易なルールでわかったつもりにならないか。それで表現は、ようやく表現になる。著者は〈とつとつダンス〉と名付けた踊る行為によってわからないもの、気がつかないモノの声を聞く。

評・宮沢章夫（劇作家・演出家）

じゃれお・おさむ　65年生まれ。ダンサー、振付家。ソロ活動のほか、障害のある人や高齢者とダンスを制作。

二〇一六年一一月二七日❻

『未来政府　プラットフォーム民主主義』
ギャビン・ニューサム、リサ・ディッキー 著
稲継裕昭 監訳　町田敦夫 訳
東洋経済新報社・二五九二円
ISBN9784492221288

『経済学者　日本の最貧困地域に挑む　あいりん改革　3年8カ月の全記録』
鈴木亘 著
東洋経済新報社・二三七六円
ISBN9784492444344

政治／社会

情報で社会が変わる二つの事例

情報技術の発達により、日常的に政治の話が目に入るようになってきた。失策が話題となって、多くの人の怒りをかきたてたかと思うと、すぐに別の話題があとへと続く。

ここに素朴な疑問があって、手軽に情報を発信できるようになったのに、政治があまりよくなっていないように見えるのはどうしてなのか。

どうも、床屋政談のボリュームをあげるだけでは足りないということらしい。

ギャビン・ニューサムは前サンフランシスコ市長。情報技術を取り入れ、市政の効率化を図った。

経済学者の鈴木亘は、橋下徹大阪市長時代、特別顧問として西成特区構想のリーダー役を担った。

情報技術の最先端をゆく街と、大阪市の貧困地域に重なるところは少なそうに思えたとしても、両市がとった、ホームレス支援や貧困対策の手法には多くの共通点がみつかる。

ひとつには、人情に頼るのではなく、経済的な原理を利用すること。

ひとつには、議論の経緯や土台となる情報はネットなども利用して、できる限り公開すること。

ひとつには、統計だけではなくて、当事者たちの話をじかにきいて歩くこと。同時に当事者たち同士に話し合ってもらうこと。

人の気持ちはむろん大切だが、多くの意見があるときに議論の決め手とはなりにくい。感情的な反応をよびがちで、なかなか結論にたどりつかない。

情報の公開は不正防止以外の利点もあって、そのコミュニティに本当に興味を持つ人をひきよせるきっかけとなる。

意見交換できない相手を人間は信用できない。

つい忘れられがちだが、自分たちの暮らす場所をよくするためには、自分たちで動いていくしかないのである。他の誰かが勝手に動いてくれる理由がない。

ではどうやって、という問いに、この二冊の本は実例を示してくれている。

評・円城塔（作家）

Gavin Newsom　カリフォルニア州副知事。
Lisa Dickey　ライター。
すずき・わたる　学習院大学教授。

二〇一六年一一月二七日⑦

『写真をアートにした男　石原悦郎とツァイト・フォト・サロン』

粟生田弓 著
小学館・二三七六円
ISBN9784096822241
アート・ファッション・芸能／ノンフィクション・評伝

日本初の写真専門ギャラリー、ツァイト・フォト・サロンを創設した石原悦郎の活動録。評伝に留（とど）まらず、写真を巡る環境がどう変化したかがよく取材され、石原のことを知らずとも引き込まれるはずだ。

絵画専門の画商だったが、三十代で写真に惚（ほ）れ込み、物怖（ものお）じしない性格と達者な仏語を武器にパリに乗り込み、ドアノー、ブレッソン、ブラッサイなどから直接、写真を買い上げた。これだけでも大変なお手柄だが、一九七八年の第一回展にアジェの写真が含まれていたというのにも驚く。

日本の若手写真家の発掘にも尽力し、元旦早々に北井一夫展をやり、木村伊兵衛や荒木経惟をパリの人脈につなげ、森山大道のピンチを作品を買い上げて助けるなど、絵画の売買で得た資金を投入しては計画を実行していく。根底にあるのは新しい動きが誕生する現場に立ち会いたいという強い思いだ。十代に芸術の根っこを捕まえた者ならではの情熱とブレのなさに圧倒される。

評・大竹昭子（作家）

二〇一六年一一月二七日⑧

『オはオオタカのオ』

ヘレン・マクドナルド 著　山川純子 訳
白水社・三〇二四円
ISBN9784560095096
文芸／ノンフィクション・評伝

すばらしいノンフィクション作品だ。著者のヘレン・マクドナルドはケンブリッジ大学で科学史・科学哲学を学んだ女性。父の死によって精神的な危機に直面し、ある日思い立ってオオタカを飼う。少しずつ慣れていくオオタカと著者の距離感。古くからの伝統を持つ鷹（たか）狩りに挑む日々。

イギリスの作家T・H・ホワイトの『オオタカ』の記述が随所に織り込まれ、本書に奥行きを与えている。著者はそれを批評的に読む。ホワイトの人生に困難と孤独をもたらした子供時代の虐待、サディスティックな性質や同性愛。著者は『オオタカ』を読み直しつつ、鷹狩りの経験を重ねながら、自分自身が変わっていくことを感じる。

「たとえ想像のなかであれ、人間でないとはどういうことかをひとたび知ることができれば、そのことによって、人はより人間らしくなれるのだということを学んだ」。自然の摂理や命と死に対する、じつに深い洞察に満ちた書だ。

評・蜂飼耳（詩人・作家）

二〇一六年一二月四日①

『地鳴き、小鳥みたいな』　保坂和志 著

講談社・一六二〇円
ISBN9784062202879

『試行錯誤に漂う』　保坂和志 著

みすず書房・二九一六円
ISBN9784622085416
文芸／人文

「私」を表出　息のむ生々しさ

『地鳴き、小鳥みたいな』は小説で、『試行錯誤に漂う』は随筆。括（くく）りとしてはそうだが、ふたつはともに響き合う。

『地鳴き』に物語はなく、エピソードと随想の合体に近い。「。」で区切るところを「、」を打ってぐねぐねとつづける文体は、初めは奇妙に感じたが、エピソードの衝撃にかき消えた。

最初の一編は若い頃に知り合った先生のこと。あるとき性欲について話していると、突然、先生が進行中の純愛の話をはじめた。「……純愛といってもその先生の話はセックスありだった、セックスのあるないは純愛には関係ない、……」。先生は家族持ちの痩せた「おじいさん」だった。「保坂さんは口が固そうだから言うんですが、」ともらした話を、彼はすぐに同僚にバラし、「浮気！」と盛り上がったが、後にそれを純愛と思うようになる。

表題作は新聞連載した『朝露通信』の話ではじまる。「たびたびあなたに話してきたことだが僕は鎌倉が好きだ、」という書き出しの「あなた」は、読者への呼びかけではなくて、「特定の女性だった、一部の知り合いだけはそれをうすうす感じた、」とつづく。

これらの息をのむような生々しさは、読点

が多用されていることに関係あるのだろうか。
文章を読点でつづけると羅列の気配を帯びると『試行錯誤に漂う』にある。物事が意識にのぼるとき、いくつものことが因果関係なく同時にやってくる。文章にそれを書こうとすると直列的にならざるを得ないが、読点を使うと少しだけ並列的になり、意識の働きに近づく。

「私が小説というときの小説は、行為とか手の動きとかにちかい」

原稿用紙に書き、手を動かしながら考える。書きたいことが先にあるのではなく、自分が書いたことに影響されて意識が活性化し、先が見えてくる。

先生の年齢に近づき、作品に描かれる感情や思考や意識には今の「私」が表出している。それを象徴するのは、「私は小説はとにかく作品でなく日々だ」という『試行錯誤…』のあとがきの言葉だ。これを「私にとっては」と言い直すと切実感は後退する。現在の生理がそう言わせているのだ。

どちらの作品からも、聞こえてくるのは「自分はこういう人間だ」という声である。こういう肉体と性格をもって生まれ、それを使ってこういう考えや感じ方を醸成し、書きながらそれを追認していく。だれもに通じるやり方ではないし、読む人も選ぶだろう。けれども、「こういう人間だ」とためらわずに宣言する者がいることで、人の心はどんなに自由になることか。

評・大竹昭子（作家）

ほさか・かずし　56年生まれ。「この人の閾」で芥川賞。『季節の記憶』で平林たい子文学賞、谷崎潤一郎賞、『未明の闘争』で野間文芸賞。『カンバセイション・ピース』『カフカ式練習帳』など。

感を読者に与えてくれる。

例えば、日比谷焼き討（う）ち事件のくだり。日露戦争でナショナリズムを極限まで高揚させた民衆は、勝利したのにロシアが賠償金も払わなければ大幅な領土割譲もないことに激怒。実際には、膨大な戦費が捻出できなくなり、長引けば戦力に勝るロシアが有利という状況で、日本政府はその講和条件を呑（の）むしかなかったのだが、勝利に酔い痴（し）れる世間は許さない。日比谷公園に集まった大群衆は暴徒と化し、交番や内務大臣邸、街鉄を焼き討ち。街鉄運転手の坊っちゃんも被害にあい、見物していた山嵐が行き合わせる。この場面の迫力は、このような光景をこれから私たちも現実に目にすることになるのではないかという恐怖を引き起こすほど、リアルだ。

女たちが男に都合のよい形でしか描かれないのが気になったが、漱石三部作も予告されており、さらなる深化が期待できるだろう。

評・星野智幸（小説家）

よしかわ・やすひさ　51年生まれ。早稲田大学教授。著書に『謎とき「失われた時を求めて」』ほか、訳書も多数。

『坊っちゃんのそれから』

芳川泰久 著

河出書房新社・一七二八円
ISBN9784309025087

明治の現場が迫る名作の続編

超大型新人の登場である。文芸批評家にしてフランス文学研究者、翻訳家、大学教授の立場で現代文学を作ってきた芳川泰久が、本格的に小説家デビューした。その最初の作品は、夏目漱石の名作『坊っちゃん』の続編である。

愛媛の中学教師を辞めた坊っちゃんは東京に戻り、不動産会社、印刷工、街鉄（今の都電）の運転手を経て、保安関係の刑事になる。一方、山嵐は群馬の牧場勤めから富岡製糸場の寮の監督になるが、ストライキに関わったとしてクビになると、東京に出てスリで生計を立てつつ、片山潜や幸徳秋水と出会い、社会主義に惹（ひ）かれていく。追う者、追われる者という対立関係の中で、二人は大逆事件に巻き込まれ、意想外な形で支え合うことになる。

この小説の面白さは、語りの自由闊達（かったつ）さにある。研究者として培った正確な実証性に基づく史実描写と、フィクションである坊っちゃんや山嵐の行動とが絶妙に溶け合い、明治後期が現代に感じられるほどの臨場

二〇一六年一二月四日③

『住友銀行秘史』

國重惇史 著
講談社・一九四四円
ISBN9784062201308　社会／ノンフィクション・評伝

企業内部の病巣 徹底的に解剖

「戦後最大の経済事件と呼ばれたイトマン事件」と言われても、事件摘発から20年以上たった今ではピンと来ない人も多いだろう。しかし、それを知らずに本書を読んだとしても、大阪の中堅商社旧イトマンから数千億円ともいわれるバブルマネーが裏社会に流れこんだ問題をめぐり、メインバンクの旧住友銀行（現三井住友銀行）の幹部たちが繰り広げた暗闘劇に思わず息をのんでしまうのではないか。手記は実名中心で、「秘史」の名にふさわしい迫真性に満ちている。

著者は当時の住銀幹部。イトマンが絵画取引やゴルフ場開発などの名目で流出させた住銀資金が「闇の勢力に喰（く）い物にされようとしている」と危機感を強め、旧大蔵省にイトマン社員を装った内部告発文を送りつけていたことを初めて明らかにした。1990年3月から、大阪地検特捜部が摘発に乗り出した91年7月まで、自分の手帳に日々の動きを書き続けたメモがこの手記の柱となっている。

手記の中で裏社会に資金を流出させたバブル紳士たちはあくまで脇役にとどまり、現在の企業社会にも通じる銀行組織の病巣を正面に見据えた。その徹底的な解剖ぶりは特筆に値する。

住銀内部では90年当時からイトマンの問題性に気づいて対応を検討するも、問題の先送りを図ろうとする役員が多く、自らの保身に腐心する。行内で「天皇」と呼ばれた実力者の磯田一郎会長も、住銀役員出身の河村良彦・イトマン社長も最終的に辞任と解任に追い込まれるが、その地位に固執し続けた。日本を代表する銀行で出世を遂げた人々の小心ぶりが赤裸々に語られ、哀切感さえ漂う。

イトマン問題の「病巣を表にさらす」と意気込む著者は、新聞記者と組んだ報道で火をつけ、行内の同調派も増やした。その高揚感はやがて問題根絶にはほど遠いとの「無力感」に変わっていく。その姿に金融破綻（はたん）の泥沼に突入するその後の時代の予兆を感じた。

評・市田隆（本社編集委員）

くにしげ・あつし　45年生まれ。元住友銀行取締役。楽天副会長などを経て、リミックスポイント社長。

二〇一六年一二月四日④

『相倉久人にきく昭和歌謡史』

相倉久人 著　松村洋 編著
アルテスパブリッシング・二二六〇円
ISBN9784865591460　歴史／アート・ファッション・芸能

検閲から守った音楽の魂語る

音楽家にとって音楽評論家は親しみ深いとは言い難いが、的確な評論には耳を傾ける価値がある。そんな関係は今日では過去のこととの感もあるが、相倉久人氏はそういう時代の論客であり、親しみ深く、尊敬すべき存在であった。

本書は戦前から戦中を経て現代に至る、日本ならではの大衆音楽の歴史を対話形式で語る。聞き手は音楽評論家の松村洋氏。知見を縦横に駆使して相倉氏の記憶を刺激する。相倉氏は戦前の東京生まれ。戦後生まれの者にはなかなか知り得ない戦時中の逸話や体験を惜しみなく披露する。

戦時中は文化への検閲が激しく、音楽家も苦しめられた。戦前から「ジャズ」を日本の音楽に取り入れる試みを続けていたのが服部良一だが、ジャズは日米開戦後に禁止された。検閲は内務省警保局が行い、米英の音楽を何百曲も禁止する通達も出されたという。

その中には、戦前に大ヒットしたエノケン（榎本健一）の「ダイナ」や「私の青空」も含まれていた。そんな状況下、服部良一が作曲した淡谷のり子のレコードが発売禁止処分に。厭戦（えんせん）思想を煽（あお）る歌詞も検閲の対象だったからだ。そういう苦い経験からジャズを北米大陸から南方に置き換え、ジャズの魂を守った経緯が興味深く語られる。

戦後生まれの僕は、アメリカの占領政策と文化の中で育った影響もあり、いまなお「ブギウギ」に心躍らされるが、ブギウギがなぜ日本でも流行したのか。さらに不自由な戦時中、日本歌謡界はいかに息を潜めていたのか。硬軟織り交ぜた自由な対話がインスピレーションを刺激する。

相倉氏は惜しくも昨年物故された。だが最晩年にあっても、氏は生き生きと音楽と人生を語り、残された我々に奥深い示唆を与えている。なかでも近代主義が否定し続けてきた「死」とそれに伴う成長神話、そしてグローバリズムが文化の衰退を招いているとの指摘は必聴に値する。

評・細野晴臣（音楽家）

あいくら・ひさと　1931〜2015年。『されどスウィング』など。

まつむら・ひろし　52年生まれ。『唄に聴く沖縄』。

二〇一六年一二月四日⑤

『また、桜の国で』

須賀しのぶ 著

祥伝社・一九九八円

ISBN9784396635084

文芸／政治

戦争の悲しみ　民族超えて共有

ポーランドの首都ワルシャワの郊外を歩いていると第2次大戦末期の1944年、ナチス・ドイツの占領に対して国内軍が武装蜂起した「ワルシャワ蜂起」の慰霊碑や慰霊塔をよく見かける。だがそれは、ワルシャワが体験した戦争のほんの一部にすぎない。東京とは異なり、ワルシャワでは39年の勃発から45年の終結までずっと戦争の惨劇が繰り返されたからだ。

日本でそれほど知られていないこの時期のワルシャワを舞台に、一人の在ポーランド日本大使館外務書記生の運命を描いた小説が本書である。難しい外国語や資料の制約など幾重もの壁を乗り越え、これだけのスケールをもった小説に仕立て上げた著者の構想力に心を動かされる。

言うまでもなく戦争とは国家と国家の戦いである。そこでは各人がどの国家に属しているかを問われる。誰が「友」で誰が「敵」かが問われるのだ。しかし本書に登場する主人公は、日本人でありながら同盟国であるドイツに蹂躙（じゅうりん）されるワルシャワでポーランド人とともに戦う。そしてワルシャワ蜂起では体を張ってドイツ軍の戦闘行為をやめさせようとする。

このとき、主人公と行動を共にしていたのは、アウシュビッツから奇跡的に生還したユダヤ人と、日本の敵国であるはずのアメリカ人であった。3人は民族や国籍の壁を超え、戦争の惨劇を繰り返してはならないという思いを共有するに至る。そんなことが可能だろうかといぶかしむ向きもあろう。所詮（しょせん）はフィクションではないかという声も聞こえてきそうである。

だが私はそうは思わなかった。ワルシャワは、第2次大戦の前にも分割によって国を失う悲劇を体験している。そうした悲しみの歴史に寄り添おうとする著者のワルシャワに対する愛情には、深く胸を打つものがある。この町を歩いていると、日本人であることを忘れそうになる瞬間が確かにあるのだ。

評・原武史（放送大学教授）

すが・しのぶ　72年生まれ。作家。『神の棘』『芙蓉千里』『エースナンバー』、『革命前夜』（大藪春彦賞）など。

二〇一六年一二月四日⑥

『夢みる教養　文系女性のための知的生き方史』

小平麻衣子 著
河出ブックス・一六二〇円
ISBN9784309624976
人文／社会

教養を強要し、職業は許容せず

教養って何だろう。知識があるってこと？　知性的だってこと？　じゃあ就職試験の一般教養って何？

『夢みる教養』は、この謎に満ちた「教養」の変遷を女性文化とからめて論じた刺激的な文化論だ。

「教養」とは〈古今東西の文学・宗教・哲学などの幅広い読書を通じて〉〈自己の人格を高めていくこと〉をいうが、日本では旧制高校を中心とした（男子の）エリート主義を介して「人格主義」と結びついた、と著者。〈上の学校へ行くことは、功利を超えて、人間として立派になること〉だったのである。

だが、教養はその後、歴史の波にもまれることになる。マルクス主義などの社会科学が台頭してくると、人文的な知のステータスは相対的に下がり、〈稼がなくてもよい女性向きの学問のようなイメージ〉を帯びることにもなった。

ただし、戦前の女性にとっての教養は意外にも職業と直結していたのだそう。一例が『少女の友』のお姉さん誌『新女苑』（1937年創刊）である。

「教養」を雑誌の方針として打ち出しつつ、『新女苑』は女性のキャリア志向をバックアップした。芸術家、秘書、科学者、弁護士などの専門職を紹介し、女子教育の最先端だった専門学校への進学を勧め、〈女性の文化的上昇のルートを描いて見せた〉。

ところが、このような教養の職業化は男性には不評で、川端康成などが繰り返し苦言を呈している。太宰治『女生徒』とその下敷きになった有明淑（しづ）の日記を比較したくだりがおもしろい。『女生徒』の語り手である主人公は今でいう「不思議ちゃん」だが、日記から浮かび上がる淑の実像ははるかに社会性が高い。

多少駆け足なのが残念だが、戦後の女子の文学部人気やカルチャーセンターの興隆までを視野に入れた一冊。女子に教養を強要しつつ、職業への意欲は許容しない教養主義。思い当たる節多々あり、である。

評・斎藤美奈子（文芸評論家）

おだいら・まいこ　68年生まれ。慶応大学教授（日本近代文学）。著書に『女が女を演じる　文学・欲望・消費』。

二〇一六年一二月四日⑦

『鎌鼬　田代の土方巽』

細江英公 写真　鎌鼬美術館 編
慶応義塾大学出版会・二九一六円
ISBN9784766423877
文芸／アート・ファッション・芸能

異物の舞。古色漂う風景のなか、宙を舞う半裸の男を幼い少女たちが見やっている。この写真集の表紙を飾る一枚は、強烈だ。

「舞踏」を生んだ土方巽（ひじかたたつみ）と写真家・細江英公（えいこう）が秋田県羽後町田代に突然現れたのは65年秋。土方が奇天烈（きてれつ）な動きで人々を巻き込んだ2日間を細江が捉えた。同地に「鎌鼬（かまいたち）美術館」が生まれた今秋、69年の写真集に未発表のカットなどを加え、再編集したのが本書だ。

土と一体化するような、あるいは浮浪者さながらの土方は稲架（はさ）に登り、田んぼを疾走する。見守る集落の人々は意外にも笑顔。2人が東北出身だからなのか、寛容なのか。半世紀を経ても、この2日間は人々の記憶に刻まれているという。

少子高齢化が進む農山村。近年は活性化を狙い、芸術祭、アートイベントが目白押しだ。でも「鎌鼬」のような異物感からはほど遠い、口当たりのよい表現も目立つ。本書を見ながら半世紀後も記憶に残るものはどれほどあるのか、と思う。

評・大西若人（本社編集委員）

二〇一六年一二月四日❽

『ニッポン エロ・グロ・ナンセンス 昭和モダン歌謡の光と影』

毛利眞人 著

講談社選書メチエ・一九九八円
ISBN9784062586405

文芸／アート・ファッション・芸能

昭和初期のモダン文化の特徴は、エロ、グロ、ナンセンスだった。表現の規制を受けながらも小説、映画などで華開いた昭和モダンの中に、色恋が題材のエロ歌謡があったことは、本書を読むまで知らなかった。

著者は、モボ、モガ、カフェーといった当時の流行に触れながら、文化史のエアポケットだったエロ歌謡を発掘していく。淡谷のり子が、水町昌子の変名でモガ・ソングを歌っていたなど、驚きの指摘も満載だ。

エロ歌謡は良識派に批判されながらも庶民に支持されたが、上海事変で爆死した3人の工兵をたたえる「爆弾三勇士の歌」のレコードが発売されると下火になり、歌謡界もミリ（軍）の時代になったという。

マンガのエロ、ゲームのグロなど表現規制が厳しくなった現代は、昭和モダンを敵視した戦前を思わせるものがある。エロ歌謡で昭和史を切り取った本書は、エロ、グロに寛容な社会が実は健全だということに気付かせてくれるのである。

評・末國善己（文芸評論家）

二〇一六年一二月一一日❶

『生命、エネルギー、進化』

ニック・レーン 著　斉藤隆央 訳

みすず書房・三八八八円
ISBN9784622085348

科学・生物

科学の力強さ、ストレートに

ここ数年、いや10年間に読んだ中で、科学のおもしろさと力強さをもっともストレートに伝えてくれる本だ。

生命の起源とその複雑化の過程について、現在わかる範囲でのもっとも具体的かつ詳細な解明の試みである。内容と展開は上質のミステリーのようにスリリング。ただし、かなり難解。

著者は近年主流となっていた、生命を情報系とする見方に別れを告げる。生命はエネルギーをうまく制御し利用するシステムと見るべきだ、と。

そこから見えてくる生命の特徴は、その膨大な活動量と、それを支える仕組みの特異さだ。生命体はプロトン（陽子）の移動をエネルギー源として使う。これはかなり風変わりなメカニズムなのだが、ほぼすべての生命体に共通している。地球上の生物たちは多様だが、その活動を成り立たせている仕組みは普遍的なのだ。

この不可解なエネルギー・メカニズムを手掛かりに、著者は知識と想像力を総動員して、生命の起源と複雑化の謎を一歩一歩解明していく。始まりは、おそらく深海の熱水噴出孔周辺。そこで生じた天然のプロトン勾配が生命現象の起源となる。

やがて、極めて稀（まれ）な偶然のような出来事によって、原核生物同士が内部共生体を形成して真核生物が登場した。これによってそれまでの生命体の活動を制限していたさまざまなエネルギー的制約を打ち破ることができ、生命の進化は複雑化のプロセスをたどった。大腸菌のような原核生物は今でもたくさんいるが、単細胞以上には複雑化していない。原核生物への自然選択だけでは複雑な生命体は登場しないのだ。二つの細胞が共生することで、両者の間の対立を解消したり、協力関係を促進したりする必要性が生じ、その解決策として、有性生殖や多細胞化や個体の死といった現象が生じてきたと著者は考える。

生命の起源も真核生物の出現も、さまざまな仮説が乱立して、全体を的確に把握できない状況が続いていた。著者はそれをエネルギー利用の観点から解き明かし、この分野に明快な全体像を与えたと言ってよい。

著者の見解を敷衍（ふえん）すると、単純な生命は他の惑星でも（わりと頻繁に？）見られそうだが、複雑な生命体にはまず出会わないことになる。原核細胞同士の内部共生は、滅多に起こらないからだ。やはり我々人類は、広大な宇宙で唯一の孤独な知的生命体なのかもしれない。

私たちはどこから来て、どこへ行くのか？——この問いへの答えが、科学によってもうすぐ手の届くところまで来ている。なんとワクワクする時代であることか。

評・佐倉統（東京大学教授）

Nick Lane ユニヴァーシティ・カレッジ・ロンドン（UCL）遺伝・進化・環境部門のOrigins of Lifeプログラムリーダー。15年に英国生化学会賞受賞。著書に『生命の跳躍』など。

二〇一六年一二月一一日❷

『宗秋月全集　在日女性詩人のさきがけ**』**　**社会**

宗秋月 著

土曜美術社出版販売・四五三六円
ISBN9784812023297

路地裏の女たちの声の「氾濫」

自転車でよく、鶴橋のコリアン・マーケットに行った。土地勘のないわたしが大阪に職を得て住みついたのが偶然、そこから駅ひとつの場所だったのだ。迷路のような路地に色鮮やかな食材や衣類がひしめいていた。市場は途切れながらさらに奥へ、別の商店街へとつながっていた。

宗秋月がうたう女たちが自転車を飛ばし、働き、泣き、喧嘩（けんか）し、笑うのは、まさにその路地裏だ。傍らをかすめる観光客のようなわたしは、法、政治、金、性の重なる理不尽にぶつけられる激しい言葉に、ときにたじろぎながら頁（ページ）を繰り、路地の奥へ導かれていく。

巻末近く、飯沼二郎、大沢真一郎、小野誠之、鶴見俊輔との座談会録を読み、一九八三年といまの日本の国民＝国家意識が、実はまるで違わないことに肩をすくめ、英訳詩篇（へん）が世界各地の移民女性の詩とみごとに共鳴することに驚き、交差点で止まり、耳を澄ます。

文字ではなくその源の声に身を置き、在日を生きる衆の側に立つ、と心にきめた詩人の詩や小説から聞こえてくるのは、文字を習う機会のなかった母やその母たちの声だ。生活の雑多な動作とともに繰り出される彼女たちの言葉の「巧まざるユーモアの氾濫（はんらん）」を宗秋月は寿（ことほ）ぐ。「伝法で、粗野で、卑猥（ひわい）で、ストレートで、突っぴょうしもなく婉曲（えんきょく）な言葉のイントネーションとタイミングが、哀（かな）しみを笑いに替えて行く」。それこそまさに彼女自身。

りんご、という語を故郷の果物の記憶とないまぜにして、にんご、と呼ぶ母、その変容の味わいを「溶け堕（お）ちる日本語のうまみ」と彼女は書く。済州島弁の抑揚で語られる大阪弁、佐賀弁、各地の記憶を抱えた喋（しゃべ）り言葉。自然な言語とは茣蓙（ござ）のように、隣の言葉と織り合わさっているものだと、数多くの国境が教えてくれた。この人も国境の人、豊潤な生ある日本語の人だ。母国語でなく母語といえばいい、ひとりひとり、母は違うんだもの。

評・中村和恵（詩人・明治大学教授）

そう・しゅうげつ 1944〜2011年。詩人。著書に『猪飼野タリョン』『サランヘ・愛してます』など。

二〇一六年一二月一一日③ 『経済学のすすめ　人文知と批判精神の復権』

佐和隆光 著
岩波新書・八四二円
ISBN9784004316220
経済／社会

「文系軽視」が招く社会の危機

本書は、「国立大学改革プラン」の一環として「文系廃止」を求めた2015年6月の文科省通知を契機に書かれた。背景にある文系軽視が社会にとっていかに危険か、著者は全編を通じて強い警告を発する。

著者は、一見して分かりやすい有用性を学問に求めることは、かえって社会や組織を衰退させるとする。学問が「テクノロジーの僕（しもべ）」と化して現状追認に終われば、健全な批判精神の育成が難しくなるからだ。批判を通じて異質性や多様性を自らのうちに育み、自己変革を遂げられない社会や組織は脆（もろ）い。人文知を排斥する国は、全体主義国家になると著者は警告する。

この点、数学化・計量化が進んだ経済学は、人文知（文学、哲学、歴史、心理、芸術など）と絶縁し現状肯定的な学問となった。だが、もっとも独創的な人々は往々にして旺盛な批判精神の持ち主でもある。アップル社のスティーブ・ジョブズは、人文知と融合したテクノロジーの重要性を説いたという。

政府の政策を科学的に正当化するためだけに、経済学の意義があるのではない。アダム・スミスからトマ・ピケティまで脈々と流れる、人文知と融合した経済学の伝統にこそ、その真価を見出（みいだ）せるのだ。現状への鋭い批判意識こそが、新しい社会構想（ユートピア）を生み出す契機となる。過去の偉大な経済学者はいずれも、こうした伝統に連なっていた。

近い将来、人間の知識・技能が人工知能と代替可能な時代が来るとすれば、思考力・判断力・表現力を涵養（かんよう）できる人文知の重要性はむしろ高まる。そのとき、人文知と融合した経済学を学ぶことは大きな力になると、著者は若い人々に呼びかける。筆者も同感だ。経済学は価値中立性を志向するが、現実社会の思考・判断・表現の過程では「何が望ましいのか」、価値観が問われる。その判断力を鍛えるには、やはり人文知しかない。碩学（せきがく）の渾身（こんしん）のメッセージを真摯（しんし）に受け取りたい。

評・諸富徹（京都大学教授）

さわ・たかみつ　42年生まれ。滋賀大学前学長、京都大学名誉教授。『日本経済の憂鬱』『グリーン資本主義』など。

二〇一六年一二月一一日④ 『死者は語らずとも』

フィリップ・カー 著　柳沢伸洋 訳
PHP文芸文庫・一五一二円
ISBN9784569765570
政治／社会

差別や社会の闇に挑むヒーロー

ナチ嫌いのグンターが活躍するシリーズは、1936年のベルリンに始まり、第5弾は50年のアルゼンチンが舞台となっていた。第6弾の本書は、第1弾の2年前のエピソードなので、シリーズ初見の読者も戸惑うことはないはずだ。

絶妙なタイミングで刊行される小説がある。ユダヤ人排斥とオリンピック会場の建設が急速に進むベルリンで起きた事件が、54年のキューバで決着する本書はまさにその1冊である。

日本では過激なヘイトスピーチが後を絶たず、オリンピック利権の闇が話題となり、キューバでは作中に名前が出てくるカストロが亡くなった年に翻訳された偶然に驚かされるだろう。

反ナチを貫いて警察を辞めホテルの警備員になったグンターは、アメリカ人レルズの部屋から中国明代の小箱が盗まれたなど、ホテルで発生した事件を調べていた。同じ頃、ドイツのスポーツ界のユダヤ人差別を取材する米国の女性作家ノリーンを手伝うことになったグンターは、ユダヤ人の拳闘選手が不可解な死を遂げた謎も追うことになる。

一見すると無関係そうな事件、20年の隔たり、遥（はる）か離れた国を意外な線でつなぎ、驚愕（きょうがく）の真相を導き出す終盤の展開は圧巻。何より、虚実を混交し、戦前のドイツと戦後のキューバでしか成立しない謎解きを作っているのが素晴らしい。

自由を縛るすべての体制を嫌っているグンターは、アメリカが、ナチの差別主義を批判しながら国内では黒人を差別し、中南米に傀儡（かいらい）政権を置いて反体制派を弾圧している欺瞞（ぎまん）も暴く。さらに革命後のキューバが一党独裁になれば、国民は幸福になれないと考える。

差別主義者にシニカルな言葉をぶつけ、窮地に陥っても信念を曲げず社会の闇に挑むグンターは、時代が求めるヒーローといえる。世界中がグンターの嫌う方向に進みつつあると思えるだけに、新作の翻訳はもちろん、品切れの状態の初期3作の再刊も期待したい。

評・末國善己（文芸評論家）

Philip Kerr 56年英スコットランド・エディンバラ生まれ。作家。『ベルリン・レクイエム』『密送航路』など。

二〇一六年一二月一一日⑤ 社会

『犯罪小説集』

吉田修一 著

角川書店・一六二〇円
ISBN9784041047385

人生の不可解な「真実」に迫る

犯罪に絡む不幸な人々が織り成す五つの物語。本の帯文に「犯罪によって炙（あぶ）り出される人間の真実」とあるが、それはわかりやすいものではない。それぞれの物語に強く引き込まれて一気読みしてしまうものの、すっきりしない後味を残す。犯行動機だけをとっても簡単に説明がつかず、不透明な膜がかかっているように描かれる。2時間ドラマの最後に来る犯人の告白のような安易な心情吐露ではなく、不可解な「真実」に迫ろうとした犯罪小説だからだろう。

冒頭の「青田Y字路（あおたのわいじろ）」は10年前に起きた少女失踪事件が未解決のままの田園地帯を舞台にした群像劇。残された家族や友人は罪悪感を抱えながら生きている。そこにあるきっかけで住民の不安に火がつきパニックに陥る。負のエネルギーの噴出をぼうぜんと見つめるしかなくなる作品だ。

大手運送会社の御曹司が海外カジノでバカラ賭博にのめり込む「百家楽（ばから）餓鬼」。裕福なだけでなく、仕事も妻との関係も順調な彼が内部に抱え込む孤独。その破綻（はたん）は身から出たさびだ。しかし、苦境に陥った後に唯一の親友の幼なじみとの再会で味わうさらなる絶望には、思わず心が震えた。

奪三振王の経験もある元プロ野球選手が豊かな生活を忘れられず、借金を繰り返す「白球白蛇伝」。過疎から抜け出そうと養蜂で村おこしに励む男が、村の老人たちと仲たがいした末の悲劇「万屋（よろずや）善次郎」。いずれも転落の軌跡で、巻き込まれた周囲の人々や飼い犬まで深い陰影をもって描き出す。

それぞれの登場人物の内面に接すると、犯罪とは無縁に生きている読者でも、つい自分と似た部分を探し、見つけてしまうかもしれない。これは、犯罪をテーマにした著者のベストセラー小説『悪人』『怒り』にも感じた印象だ。関係ない人まで自然に共感するほど、人生の深いところに届いている肌触りがある。

評・市田隆（本社編集委員）

よしだ・しゅういち 68年生まれ。作家。「パーク・ライフ」で芥川賞、『横道世之介』（柴田錬三郎賞）など。

二〇一六年一二月一一日❻

『少年が来る　新しい韓国の文学15』

ハン・ガン著　井手俊作訳

クオン・二七〇〇円

ISBN9784904855409

政治／社会

弾圧された人々の傷ひとつずつ

民主化宣言から30年が経過しようとしている韓国は、大統領退任を求める動きに揺れている。1963年から93年まで軍人出身の大統領が続く中、反独裁・民主化要求の運動は繰り返され、学生を含む市民が死傷した。その記憶はいまも生々しく、後続の世代に受け継がれている。

『少年が来る』の著者ハン・ガンは70年光州生まれ。この小説は、全羅南道の道庁所在地だった光州で80年5月18日に起こった光州事件を扱う。発端は全斗煥のクーデター。事件の数カ月前にソウルに移り住んだ著者にとって、子供のときに生じたこの出来事がいかに深い傷と衝撃に満ちた主題かということは、この小説そのものが語る。作家には、いつか書こう、と思うテーマがある。本書はそうした意気込みと緊張感を確実に伝える。

市民に対する弾圧が描かれる。表現の容赦のなさは、現実に人々に加えられた容赦のなさに対する想像力の延長にあるものといえる。戒厳軍の銃撃、拷問、死。読んでいてつらい。

けれど、いうまでもなく、幸せや口当たりのよい言葉だけを語るのが小説ではないことは、小説の歴史を見ればわかる事実だ。抑圧された声や理不尽に抹殺された声に重なり、言葉による新たな視点の構築を試みる方向も、小説という言語表現に備わる性格と機能だ。ハン・ガンは、まだ子供だった頃に身のうちに打ちこまれた出来事と向き合い、小説という方法と一体となり、書き進めた。ここには書き手としての誠実さがあると思う。

「あなたが死んだ後、葬式ができず、／私の生が葬式になりました」。政治的な出来事をめぐって、文学の立場が告発よりは鎮魂を選ぶとして、それはいかにして可能となるのか。統計的な数の次元ではなく、個人の声を拾い上げていくことだけが、その方法となるだろう。この小説は割り切れない怒りと悲しみを凝視することをやめない。

評・蜂飼耳（詩人・作家）

韓江　70年生まれ。『菜食主義者』で05年に韓国の李箱文学賞、16年に英国のブッカー国際賞を受賞。

二〇一六年一二月一一日❼

『21世紀の豊かさ』

中野佳裕、ジャン＝ルイ・ラヴィルほか編著

コモンズ・三五六四円

ISBN9784861871375

政治／社会

20世紀の社会民主主義は、「民主主義と資本主義の洗練化に貢献し、市場と国家の連携を通じて経済的かつ社会的な進歩の理想を普及するまでに至った」。しかし、経済のグローバル化に伴い、ヨーロッパでも、社会民主主義は新自由主義に駆逐されつつある。

本書では、ラテンアメリカ、ヨーロッパ、アメリカ、日本の研究者たちが、「脱成長」の時代における社会民主主義の再活性化を模索する。エコロジーの視点からも、経済そのものの論理からしても、経済成長を目指す生産力主義は限界に来ている。そうした中、ラテンアメリカの「ブエン・ビビール（善き生活）」のような、自然と共生する生活哲学が注目されるという。日本でも、中央集権的な「公」とも経済主義的な「私」とも異なる「共」（コモンズ＝共有物）の領域に期待する「地域主義」（玉野井芳郎）の試みがかつてあった。人々が助け合う「連帯的な経済」をどうつくるべきか。議論は続く。

評・杉田敦（政治学者）

二〇一六年一二月一一日⑧

『使用人たちが見たホワイトハウス』

K・A・ブラウワー 著　江口泰子 訳

光文社・二二六〇円　ISBN9784334978945　政治／社会

欧州の壮麗な宮殿と比べれば、質素というべき国家元首の公館である。装飾は単純で、廊下も狭い。

それなのに独特な重厚感と華やかさが漂う不思議な空間。それが米国のホワイトハウスである。

本書には、その秘密が詰まっている。歴代大統領と家族の素顔を知る使用人らの記憶を紡いだものだ。

恐妻家だったレーガン、誰にも優しかった父ブッシュ、隠しごとの多いクリントン夫妻。ケネディ暗殺や9・11テロの際の動揺は、現代史の断片でもある。

しかし、この館を格別にしている主役は実は、「借家人」の大統領一家ではなく、世代を超えて重責を果たす無名の使用人らの尊厳であることに気づく。

多くは奴隷の子孫である黒人だ。国の象徴に忠誠を尽くすことでアメリカンドリームを体現している。

歓喜で迎えた黒人大統領の時代は来月に去り、新たな主（あるじ）がやってくる。使用人らの目と心に映るものは何か、想像するほかない。

評・立野純二（本社論説主幹代理）

二〇一六年一二月一八日②

『欧州複合危機　苦悶するEU、揺れる世界』

遠藤乾 著

中公新書・九二九円
ISBN9784121024053　社会／国際

生き残るために不可欠な「統合」

映画「ローマの休日」（1953年）の終盤の記者会見シーンで、アン王女（A・ヘプバーン）は次のような質問を受ける。「欧州連盟は経済問題の解決になりうると思われますか？」

この映画は、欧州石炭鉄鋼共同体が誕生した時期に制作された。独仏が二度と戦争しないように経済統合を目指す発想は、その後EU（欧州連合）や共通通貨ユーロへと発展していく。

2011年からの欧州危機を見て「ユーロ崩壊は近い」と報じた米日のメディアは少なからずあった。しかし、本書が指摘するように、長い歳月と莫大（ばくだい）な「政治的資本」がヨーロッパ統合に投入されてきたため、ことはそう単純ではない。故ミッテラン仏大統領は、「何十年、何百年もかけて創るカテドラル（大聖堂）の建築」に統合をなぞらえていたという。

そうは言っても、今後の展開には不安がある。ドイツが強いる財政緊縮策に不満を募らせる南欧の中間層、難民急増やテロの危機、英国のEU離脱を含むポピュリズムの嵐などによって、EUは「複合危機」に見舞われている。「もうEUは終わった」という言説が氾濫（はんらん）する時代」となってきた。

しかし著者は、EU崩壊は「そう簡単ではない」と見ている。なぜEUは「しぶとく生き残る」のか？　それは、一国では保てない「平和・繁栄・権力」を確保する枠組みとして、「EUはエリートのみならず多くの人のあいだで不可欠なものと認識されてもいる」からだ。

もしドイツで政党政治が極右に乗っ取られたら「EUの崩壊は現実味を帯びる」が、「その域にはまだおよばない」。今回の英国民投票はEUの「崩壊・瓦解（がかい）でなく、再編をもたらすもの」になると予測されている。

欧州の政治力学は非常に複雑だ。表面的な情報だけでは理解できず、歴史を踏まえた真の姿を見つめる必要がある。来年は欧州で重要な選挙が次々とあり、目が離せない年となるだけに、本書は貴重といえる。

評・加藤出（東短リサーチチーフエコノミスト）

えんどう・けん　66年生まれ。北海道大学教授（国際政治、ヨーロッパ政治）。著書『統合の終焉』など。

二〇一六年一二月一八日❸

『娯楽番組を創った男　丸山鐵雄と〈サラリーマン表現者〉の誕生』

尾原宏之 著
白水社・二三七六円
ISBN9784560095164
アート・ファッション・芸能／ノンフィクション・評伝

大衆を丸ごと表現　TVを席巻

1947年に放送が開始された「日曜娯楽版」は、辛辣（しんらつ）な政治諷刺（ふうし）が売り物のラジオ番組だった。最近のNHKは政治家の言いなりだと批判する時に「昔は違った」とよく引かれる、この伝説的番組の制作者は政治学者・丸山眞男の実兄で、娯楽番組プロデューサーを務めていた丸山鐵雄だ。

そんな鐵雄の初の本格的評伝となる本書で、著者は瀧川事件に遭遇した京大生時代の彼が新聞投稿していた「替え歌」を発掘している。そこには権力に懐柔された日和見教授たちへの執拗（しつよう）な諷刺があった。

鐵雄が戦前から持ち合わせていた諷刺精神を存分に発揮した「日曜娯楽版」は、52年に終わった。保守政治家の圧力がかかったといわれるが、硬骨漢だったはずの鐵雄が放送中止に強く抗（あらが）わなかったのはなぜだったのか。著者の調査は、鐵雄が自由のない時代にこそ諷刺は庶民のガス抜きになるが、やがて飽きられると予想していたことを示す。そして彼は支持をなくした番組は打ち切られて当然と考える放送局の論理を内面化した「サラリーマン表現者」でもあった。「自己の表現の限界にぶつかる前に、まず組織の壁とぶつかる」サラリーマンに「革新的な表現や思想」は育めないとする著者の評は厳しく、重い。

たとえば今も続く「のど自慢」の生みの親も鐵雄だ。放送を通じて大衆を上から指導する姿勢を嫌った彼にとって、見たいものを大衆自身が示す番組はまさに理想的だった。だが出演者の勘違いや気取りまでまるごと表現するその手法は、後に一般人を晒（さら）し者にして視聴率を稼ぐ演出法に発展し、民放テレビ界を席巻してゆくのであり、それもまた放送局の論理に馴染（なじ）むものだったといえよう。

こうして娯楽番組を創った男の実像を見定めようとする本書は戦後メディア社会の来し方を省みる機会を用意し、行く末を考えさせてくれる。多くの読者に恵まれて欲しい一冊だ。

評・武田徹（評論家・ジャーナリスト）

おはら・ひろゆき　73年生まれ。NHKなどを経て、立教大学兼任講師。『大正大震災』『軍事と公論』など。

二〇一六年一二月一八日❹

『林業がつくる日本の森林』

藤森隆郎 著
築地書館・一九四四円
ISBN9784806715269
社会

高い潜在力　育てたい経営力・人

国土面積の約7割を占める日本の森林。先進国でトップクラスだ。他方、日本の林業は安い外材に太刀打ちできず、補助金で細々と生き延びている。だが、他の先進国では林業が健闘し、ドイツは林業・木材関連産業がGDPの約5%を占め、総雇用者数は自動車産業を上回るという。

日本の林業もこうした潜在力があるはずなのに、なぜ駄目なのか。そんな疑問に真摯（しんし）に向き合い、日本の林業が進むべき道を指し示すのが本書だ。林業衰退の原因としてよく挙げられる木材価格の低迷、高い人件費、急峻（きゅうしゅん）な地形などの要因を、著者はすべて克服可能として却下する。日本の林業は、やるべきことをやっていないのだ。

収益が生まれないので森が放置されて荒れ、担い手が減るという悪循環に陥っている。間伐補助金に頼った森林ビジョンなき荒っぽい間伐作業は状況をむしろ悪化させる。やるべきは、林材生産の全過程で生産性を上げ、時代の変化に合った販売戦略を練ることだ。伐採や搬出のための路網の整備、作業効率を上げる機械の開発と現場作業システムの向上、木材流通システムの近代化、製材のマーケティングと販路開拓などだ。要は、これらを成し遂げる経営力が欠けているのだ。

著者が危機感をもつのが、森林育成のリーダーとなるべき人材の枯渇だ。京都府の日吉町森林組合のような優れた事例もあるが、林業家、森林組合、林野庁などあらゆる分野で現場と理論の両方に通暁した人材が不足しており、それを生み出す体系的な教育システムが日本には存在しない。

森林の豊かな潜在力が引き出されないのはあまりにもったいない。だが、「林業＝補助金による救済」の図式ではジリ貧だ。林業を産業として自立させること、これが山村の所得と雇用を増やし、国土保全とCO_2吸収能力の増大につながる。日本の森林・林業を憂えるすべての人々に、本書の一読を薦めたい。

評・諸富徹（京都大学教授）

ふじもり・たかお 38年生まれ。国の森林総合研究所を経て気候変動対策の国際機構「IPCC」執筆委員など歴任。

『浮遊霊ブラジル』

津村記久子 著

文芸春秋・一四〇四円
ISBN9784163905426

不器用な主人公に思わず笑みが

津村記久子の小説には構えがない。短編七編のうち二編にうどんが出てくるが、つるつると喉越（のどご）しよく体に入ってくる。

表題作はこうはじまる。

「私はどうしてもアラン諸島に行きたかったのだけれども、生まれて初めての海外旅行に行く前に死んでしまったのだった」

そこで男はアラン諸島に行きそうな人にとり憑（つ）いて願望を果たそうとする。かなり突飛（とっぴ）な設定なのに違和感を与えないのは、男の気配の薄さも関係しているだろう。彼に願いはあっても我執はない。霊の特権を利用して銭湯の女湯を見にいったりするものの、欲望からも遠い。霊になったからではなく、生きているときからそうだったのではないか、と感じさせる視線なのだ。ものを見る目に湿り気がなく恬淡（てんたん）としている。

同じことは「給水塔と亀」にも言える。定年を迎え故郷に転居する男の話で、描かれるのは引っ越しの日の数時間の出来事だ。

人生に多くを望まず、たまたまそうなった、という感じで独り暮らしをつづけてきた。積極的に生きる器用さに欠けたのだ。代わりに彼が身につけたのは、自己洞察と他者への観察眼、それを定点とした物事への距離感だった。

と書くと冷たい人物が連想されるかもしれないが、まるでちがう。なめらかで、あたたかく、滋味があり、読みながら思わず頬（ほお）が緩む。子どもの頃に好きだった給水塔を見つけて男はこうつぶやく。

「帰ってきた、と思う。この風景の中に。私が見ていたものの中に」

懐かしい、とは言わない。シンプルだが動きのある表現で懐かしさの源に下りていく。物事に注がれる視線と距離のかたよりのなさが、その公正さが懐かしさの元を探る手立てとなるのだ。悟りや達観のような大袈裟（おおげさ）なことではなく、小さな発見と納得が人生の受容へとつながるところがすばらしい。絶妙な温度で人間を慈しむ傑作である。

評・大竹昭子（作家）

つむら・きくこ 78年生まれ。作家。「ポトスライムの舟」で芥川賞。「給水塔と亀」で川端康成文学賞。

二〇一六年一二月一八日❻

『ミルワード先生のシェイクスピア講義』

ピーター・ミルワード 著　橋本修一 訳

彩流社・一九四四円
ISBN9784779170799　文芸

一様でない悲劇のヒロインたち

２０１６年はシェークスピアの没後４００年にあたる年だった。徳川家康の同時代人（没年がいっしょ）だというのに、なぜシェークスピアはいまも世界中の人々を魅了するのか。

本書は５人の女性を取り上げる。ジュリエット、オフィーリア、『オセロ』のデズデモーナ、マクベス夫人、『リア王』の三女コーデリア。いずれ劣らぬ悲劇のヒロインである。

〈ジュリエットの強さ、オフィーリアの脆弱（ぜいじゃく）さ、デズデモーナはあまりに善良であり、マクベス夫人の悪女ぶりといったら！〉とミルワード先生。それは〈女性の強さ、弱さ、善良さ、そして女性特有の闇の部分をさらけ出して見せているのです〉といわれると、ちょいと反発したくなるけれど、喜劇のヒロイン（たとえば『ヴェニスの商人』のポーシャや『お気に召すまま』のロザリンド）がなべて〈ボーイッシュなところがある〉のに比べ、悲劇のヒロインが「女性的」なのは事実かもしれない。

実際、テキストの分析を通して浮かび上がるヒロイン像の差は「そういえば」な発見に満ちている。同じように非業の死を遂げるにしても、ジュリエットはロミオとの愛を積極果敢な行動によって貫いた。他方、オフィーリアはどこまでも受動的で、そのおしとやかさがハムレットを失望させ怒らせた。だから「尼寺へ行け」であり、だからオフィーリアはジュリエットより孤独だったのだ。

後半は大学でミルワード先生に師事した翻訳者・橋本修一さんの教養講座で、「聴く芝居」である点でシェークスピアは落語のおもしろさに通じるとか、ロミオとジュリエットが出会ってから死ぬまではたった５日間だったとか、『マクベス』は英国では『四谷怪談』同様たたりのある芝居として知られるとか、興味深い雑学がいっぱい。

高尚なイメージの戯曲がぐっと身近になる一冊。がぜん現物のシェークスピア作品を読みたくなる。

評・斎藤美奈子（文芸評論家）

Peter Milward　25年英国生まれ。上智大学名誉教授。著書に『シェイクスピア劇の名台詞』など。

二〇一六年一二月一八日❽

『最も危険なアメリカ映画』

町山智浩 著

集英社インターナショナル・一二九六円
ISBN9784797673340　アート・ファッション・芸能

人種差別を煽（あお）り、白人労働者階級の心をくすぐる過激な言動で物議を醸したトランプが、アメリカ次期大統領に選ばれた。だが著者は、トランプに熱狂した不寛容で、反知性主義的なアメリカは、既に多くの映画で描かれてきたという。

著者は、白人至上主義の秘密結社ＫＫＫを賛美した「國民の創生」や大衆迎合の危険を指摘する「群衆」など、アメリカ映画の表看板である自由、平等、博愛とは真逆の作品を紹介。この系譜は今も続いているとする。特に１９８５年公開の「バック・トゥ・ザ・フューチャー」の主人公がタイムマシンで50年代に行くのは、そこが米国の栄光の時代で、公開時のレーガン政権が進めた保守的な価値観の復活と軌を一にしていたとの分析は驚かされた。

映画の政治性を読み解く本書に違和感を持つ映画好きもいるだろうが、アメリカを深く知り、日本映画に隠された政治性に気づかせてくれる意味でも示唆に富んでいるのは確かである。

評・末國善己（文芸評論家）

本書未収録書評リスト

○九年一月一一日①『イスラーム世界の論じ方』（池内恵著） 中央公論新社・二七三〇円、『国際正義の論理』（押村高著） 講談社現代新書・七五六円
○九年一月一八日⑨『ポール・ヴァレリー』（ドニ・ベルトレ著、松田浩則訳） 法政大学出版局・九二四〇円
○九年一月二五日⑤『現代帝国論 人類史の中のグローバリゼーション』（山下範久著） NHKブックス・一一二四円
○九年二月一日⑨『おもしろい歴史物語を読もう』（杉原志啓著） NTT出版・一六八〇円
○九年二月八日②『どこから行っても遠い町』（川上弘美著） 新潮社・一五七五円
○九年二月二二日⑧『失われた場を探して』（メアリー・C・ブリントン著、池村千秋訳） NTT出版・一九九五円
○九年三月一日①『エスト－エティカ』（山田忠彰著） ナカニシヤ出版・二九四〇円、『政治の美学 権力と表象』（田中純著） 東京大学出版会・五二五〇円
○九年三月一日⑥『吉本隆明の時代』（絓秀実著） 作品社・二九四〇円
○九年三月二二日⑨『猫座の女の生活と意見』（浅生ハルミン著） 晶文社・一七八五円
○九年三月二九日①『長い20世紀 資本、権力、そして現代の系譜』（ジョヴァンニ・アリギ著、土佐弘之監訳） 作品社・五四六〇円
○九年四月五日④『戦時グラフ雑誌の宣伝戦 十五年戦争下の「日本」イメージ』（井上祐子著） 青弓社・三五七〇円
○九年四月一九日①『江戸後期の思想空間』（前田勉著） ぺりかん社・七一四〇円、『平田篤胤 霊魂のゆくえ』（吉田真樹著） 講談社・一五七五円
○九年四月二六日⑧『朝鮮王妃殺害と日本人 誰が仕組んで、誰が実行したのか』（金文子著） 高文研・二九四〇円
○九年五月三日①『市民結社と民主主義 1750－1914』（シュテファン＝ルートヴィヒ・ホフマン著、山本秀行訳） 岩波書店・二二〇五円
○九年五月三日⑦『久世光彦VS.向田邦子』（小林竜雄著） 朝日新書・七三五円
○九年五月一〇日②『アイヒマン調書 イスラエル警察尋問録音記録』（ヨッヘン・フォン・ラング編、小俣和一郎訳） 岩波書店・三五七〇円
○九年五月一七日⑥『女性神職の近代 神祇儀礼・行政における祭祀者の研究』（小平美香著） ぺりかん社・五六七〇円
○九年五月二四日⑦『明治地方自治体制の起源 近世社会の危機と制度変容』（松沢裕作著） 東京大学出版会・九一三五円
○九年五月三一日①『丸山眞男話文集 全4巻』（丸山眞男手帖の会編） みすず書房・1～2巻四八三〇円、3～4巻五〇四〇円
○九年五月三一日④『「戦争体験」の戦後史 世代・教養・イデオロギー』（福間良明著） 中公新書・八八二円
○九年六月一四日③『サンチョ・キホーテの旅』（西部邁著） 新潮社・一六八〇円
○九年六月一四日⑦『荷風へ、ようこそ』（持田叙子著） 慶応義塾大学出版会・二九四〇円
○九年六月二八日①『伊勢神宮 魅惑の日本建築』（井上章一著） 講談社・二九四〇円
○九年六月二八日⑥『徒然王子 第一部・第二部』（島田雅彦著） 朝日新聞出版・第一部一五七五円、第二部一九九五円
○九年六月二八日⑦『人道に対する罪』（前田朗著） 青木書店・二六二五円
○九年七月五日⑧『神去なあなあ日常』（三浦しをん著） 徳間書店・一五七五円
○九年七月一二日④『海岸線の歴史』（松本健一著） ミシマ社・一八九〇円
○九年七月二六日⑤『がんと闘った科学者の記録』（戸塚洋二著、立花隆編） 文芸春秋・一七五〇円
○九年七月二六日⑦『野蛮から秩序へ インディアス問題とサラマンカ学派』（松森奈津子著） 名古屋大学出版会・五二五〇円
○九年八月二日④『ノモンハン戦争 モンゴルと満洲国』（田中克彦著） 岩波新書・八一九円
○九年八月二日⑦『日本陸軍と内蒙工作 関東軍はなぜ独走したか』（森久男著） 講談社選書メチエ・一八九〇円
○九年八月九日①『今日の宗教の諸相』（チャールズ・テイラー著、伊藤邦武ほか訳） 岩波書店・一九九五円、『神と仏の倫理思想』（吉村均著） 北樹出版・二五二〇円
○九年八月九日④『日本・ポーランド関係史』（E・パワシュ＝ルトコフスカ、A・T・ロメル著、柴理子訳） 彩流社・三三六〇円
○九年八月二三日⑦『日本の殺人』（河合幹雄著） ちくま新書・八一九円
○九年八月三〇日⑥『吉田松陰の思想と行動 幕末日本における自他認識の転回』（桐原健真著） 東北大学出版会・三一五〇円
○九年九月六日⑥『オスマン帝国はなぜ崩壊したのか』（新井政美著） 青土社・二五二〇円
○九年九月一三日①『政治の精神』（佐々木毅著） 岩

波新書・八一九円、『戦後精神の政治学』（丸山眞男ほか著）岩波書店・三四六五円
○九年九月一三日④『ナガサキ　消えたもう一つの「原爆ドーム」』（高瀬毅著）平凡社・一六八〇円
○九年九月二七日①『印象派はこうして世界を征服した』（フィリップ・フック著、中山ゆかり訳）白水社・二三一〇円
○九年九月二七日⑦『北一輝　国家と進化』（嘉戸一将著）講談社・一五七五円
○九年九月二七日⑧『大正天皇　一躍五大洲を雄飛す』（フレドリック・R・ディキンソン著）ミネルヴァ書房・二六二五円
○九年一〇月四日④『ワシントンハイツ　GHQが東京に刻んだ戦後』（秋尾沙戸子著）新潮社・一九九五円
○九年一〇月一八日①『ナチスの女たち　第三帝国への飛翔』（アンナ・マリア・ジークムント著、西上潔訳）東洋書林・二五二〇円、『ナチスの女たち　秘められた愛』（アンナ・マリア・ジークムント著、平島直一郎＋西上潔訳）東洋書林・二五二〇円
○九年一〇月一八日⑤『憲法の境界』（長谷部恭男著）羽鳥書店・三三六〇円
○九年一〇月二五日⑧『リバタリアニズムの人間観』（吉永圭著）風行社・四七二五円
○九年一一月一日⑦『背徳のクラシック・ガイド』（鈴木淳史著）洋泉社新書y・七七七円
○九年一一月八日⑤『ドゥルーズとガタリ　交差的評伝』（フランソワ・ドス著、杉村昌昭訳）河出書房新社・七二四五円
○九年一一月八日⑦『漱石の長襦袢』（半藤末利子著）文芸春秋・一五〇〇円
○九年一一月二二日③『まずいスープ』（戌井昭人著）新潮社・一五七五円
○九年一一月二二日④『死者たちの戦後誌　沖縄戦跡をめぐる人びとの記憶』（北村毅著）御茶の水書房・四二〇〇円
○九年一二月六日⑦『検閲と文学　1920年代の攻防』（紅野謙介著）河出ブックス・一二六〇円
○九年一二月一三日⑤『北畠親房　大日本は神国なり』（岡野友彦著）ミネルヴァ書房・三一五〇円
○九年一二月一三日⑥『精神病院を捨てたイタリア捨てない日本』（大熊一夫著）岩波書店・二五二〇円
○九年一二月一三日⑧『松川裁判から、いま何を学ぶか　戦後最大の冤罪事件の全容』（伊部正之著）岩波書店・二六二五円
○九年一二月二〇日⑤『昨日と明日の間　編集者のノートから』（小尾俊人著）幻戯書房・三七八〇円
一〇年一月一〇日⑦『ロミー　映画に愛された女女優ロミー・シュナイダーの生涯』（佐々木秀一著）国書刊行会・三一五〇円
一〇年一月一〇日⑧『ニセドイツ（1・2）』（伸井太一著）社会評論社・各一九九五円
一〇年一月一七日③『日露戦争と新聞「世界の中の日本」をどう論じたか』（片山慶隆著）講談社選書メチエ・一六八〇円
一〇年一月三一日①『フランケンシュタイン・コンプレックス』（小野俊太郎著）青草書房・二一〇五円、『人間になるための芸術と技術』（小野俊太郎著）松柏社・一九九五円
一〇年一月三一日⑧『在郷軍人会　良兵良民から赤紙・玉砕へ』（藤井忠俊著）岩波書店・二九四〇円
一〇年二月七日⑤『天使はなぜ堕落するのか　中世哲学の興亡』（八木雄二著）春秋社・五〇四〇円
一〇年二月二一日②『斎藤隆夫日記（上・下）』（伊藤隆編）中央公論新社・各一〇五〇〇円
一〇年二月二一日④『宋学の西遷　近代啓蒙への道』（井川義次著）人文書院・八一九〇円
一〇年二月二八日⑧『漱石の『猫』とニーチェ　稀代の哲学者に震撼した近代日本の知性たち』（杉田弘子著）白水社・三三六〇円
一〇年三月七日①『パララックス・ヴュー』（スラヴォイ・ジジェク著、山本耕一訳）作品社・七一四〇円
一〇年三月一四日④『ウラニウム戦争　核開発を競った科学者たち』（アミール・D・アクゼル著、久保儀明ほか訳）青土社・二五二〇円
一〇年三月二一日⑥『クリティカル・モーメント』（高田康成著）名古屋大学出版会・三九九〇円
一〇年三月二八日⑥『ハンナ・アレントの政治理論　アレント論集1』（川崎修著）岩波書店・三五七〇円、『ハンナ・アレントと現代思想　アレント論集2』（川崎修著）岩波書店・三六七五円
一〇年四月一一日③『ヒトラーの秘密図書館』（ティモシー・ライバック著、赤根洋子訳）文芸春秋・一九九五円
一〇年四月一八日⑤『アマゾン文明の研究　古代人はいかにして自然との共生をなし遂げたのか』（実松克義著）現代書館・三九九〇円
一〇年四月一八日⑦『人は愛するに足り、真心は信ずるに足る　アフガンとの約束』（中村哲著、澤地久枝聞き手）岩波書店・一九九五円
一〇年四月二五日③『インターネット新世代』（村

井純著）岩波新書・七九八円、『ネットの炎上力』（蜷川真夫著）文春新書・七九八円
一〇年五月二日①『トレイシー　日本兵捕虜秘密尋問所』（中田整一著）講談社・一八九〇円
一〇年五月一六日①『ユダヤ人の起源』（シュロモー・サンド著、高橋武智監訳）浩気社、武田ランダムハウスジャパン・三九九〇円、『トーラーの名において』（ヤコヴ・M・ラブキン著、菅野賢治訳）平凡社・五六七〇円
一〇年五月一六日②『婆のいざない　地域学へ』（赤坂憲雄著）柏書房・二六二五円、『旅学的な文体』（赤坂憲雄著）五柳書院・二一〇〇円
一〇年五月二三日⑧『京劇俳優の二十世紀』（章詒和著）青弓社・三一五〇円
一〇年五月三〇日④『密約　日米地位協定と米兵犯罪』（吉田敏浩著）毎日新聞社・一七八五円
一〇年六月二〇日①『絆と権力　ガルシア＝マルケスとカストロ』（アンヘル・エステバン、ステファニー・パニチェリ著、野谷文昭訳）新潮社・二四一五円
一〇年六月二〇日②『皇太子婚約解消事件』（浅見雅男著）角川書店・一五七五円
一〇年六月二七日⑦『六〇年安保　メディアにあらわれたイメージ闘争』（大井浩一著）勁草書房・三三六〇円
一〇年七月四日④『大正期の家族問題　自由と抑圧に生きた人びと』（湯沢雍彦著）ミネルヴァ書房・三六七五円
一〇年七月一八日③『内訟録　細川護熙総理大臣日記』（細川護熙著）日本経済新聞出版社・二六二五円
一〇年七月一八日⑥『日本人と参勤交代』（コンスタンチン・ヴァポリス著、小島康敬、M・W・スティール監訳）柏書房・五〇四〇円
一〇年八月一日⑦『溥儀の忠臣　工藤忠　忘れられた日本人の満洲国』（山田勝芳著）朝日新聞出版・一五七五円
一〇年八月八日②『原爆の記憶　ヒロシマ／ナガサキの思想』（奥田博子著）慶応義塾大学出版会・三九九〇円
一〇年八月八日④『宗教とは何か』（テリー・イーグルトン著、大橋洋一ほか訳）青土社・二五二〇円
一〇年八月二九日②『大逆事件　死と生の群像』（田中伸尚著）岩波書店・二八三五円
一〇年八月二九日③『反米の系譜学　近代思想の中のアメリカ』（ジェームズ・W・シーザー著、村田晃嗣ほか訳）ミネルヴァ書房・五七七五円
一〇年九月一二日⑦『「国民歌」を唱和した時代　昭和の大衆歌謡』（戸ノ下達也著）吉川弘文館・一七八五円
一〇年九月一九日①『毛沢東　ある人生（上・下）』（フィリップ・ショート著、守岡桜訳）白水社・上巻二九四〇円、下巻三一五〇円
一〇年九月二六日④『特攻　空母バンカーヒルと二人のカミカゼ』（マクスウェル・テイラー・ケネディ著、中村有以訳）ハート出版・三九九〇円
一〇年一〇月一〇日⑤『古代ローマ人の24時間　よみがえる帝都ローマの民衆生活』（アルベルト・アンジェラ著、関口英子訳）河出書房新社・二五二〇円
一〇年一〇月一〇日⑧『ふたつの枷』（古処誠二著）集英社・一五七五円
一〇年一〇月一七日⑤『捕食者なき世界』（ウィリアム・ソウルゼンバーグ著、野中香方子訳）文芸春秋・一九九五円
一〇年一〇月二四日①『仏教と西洋の出会い』（フレデリック・ルノワール著、今枝由郎、富樫瓔子訳）トランスビュー・四八三〇円
一〇年一〇月二四日⑦『ルポ　生活保護　貧困をなくす新たな取り組み』（本田良一著）中公新書・八一九円
一〇年一〇月三一日③『満洲の情報基地　ハルビン学院』（芳地隆之著）新潮社・一五七五円
一〇年一一月一四日④『蟻族　高学歴ワーキングプアたちの群れ』（廉思編、関根謙監訳）勉誠出版・二五二〇円
一〇年一一月二一日⑤『量子の社会哲学　革命は過去を救うと猫が言う』（大澤真幸著）講談社・二三一〇円
一〇年一一月二一日⑧『私の憲法体験』（日高六郎著）筑摩書房・二五二〇円
一〇年一二月一八日③『戦死とアメリカ　南北戦争62万人の死の意味』（ドルー・ギルピン・ファウスト著、黒沢眞里子訳）彩流社・三九九〇円
一一年一月九日①『黄金の夢の歌』（津島佑子著）講談社・二三一〇円
一一年一月九日⑦『日本の解放区を旅する』（鎌田慧著）七つ森書館・二一〇〇円
一一年一月一六日③『江戸社会史の研究』（竹内誠著）弘文堂・三三六〇円
一一年一月二三日④『私の松本清張論　タブーに挑んだ国民作家』（辻井喬著）新日本出版社・一五七五円
一一年一月三〇日⑦『戦後日本漢字史』（阿辻哲次著）新潮選書・一二六〇円

一年二月六日①『災害ユートピア　なぜそのとき特別な共同体が立ち上がるのか』（レベッカ・ソルニット著、高月園子訳）　亜紀書房・二六二五円

一年二月六日④『戦時児童文学論　小川未明、浜田広介、坪田譲治に沿って』（山中恒著）　大月書店・二九四〇円

一年二月一三日①『沖縄　空白の一年　一九四五－一九四六』（川平成雄著）　吉川弘文館・二九四〇円、『沖縄戦と民間人収容所』（七尾和晃著）　原書房・二五二〇円

一年二月二七日③『日露戦争と日本在外公館の〝外国新聞操縦〟』（松村正義著）　成文社・三九九〇円

一年三月六日①『世界史のなかの中国　文革・琉球・チベット』（汪暉著、石井剛、羽根次郎訳）　青土社・二九四〇円

一年三月六日⑤『破壊する創造者　ウイルスがヒトを進化させた』（フランク・ライアン著、夏目大訳）　早川書房・二六二五円

一年四月一〇日②『あの戦争と日本人』（半藤一利著）　文芸春秋・一六〇〇円

一年四月一七日②『レーニンの墓　ソ連帝国最期の日々（上・下）』（デイヴィッド・レムニック著、三浦元博訳）　白水社・各三三六〇円

一年五月一日②『ドイツを焼いた戦略爆撃　1940－1945』（イェルク・フリードリヒ著、香月恵里訳）　みすず書房・六九三〇円

一年五月八日⑦『志賀直哉の〈家庭〉　女中・不良・主婦』（古川裕佳著）　森話社・三三六〇円

一年五月一五日①『ジェイコブズ対モーゼス　ニューヨーク都市計画をめぐる闘い』（アンソニー・フリント著、渡邉泰彦訳）　鹿島出版会・三一五〇円

一年五月一五日⑤『災害がほんとうに襲った時　阪神淡路大震災50日間の記録』（中井久夫著）　みすず書房・一二六〇円

一年六月五日①『ユダヤ人大虐殺の証人ヤン・カルスキ』（ヤニック・エネル著、飛幡祐規訳）　河出書房新社・二三一〇円、『ホロコーストを知らなかったという嘘』（フランク・バヨール、ディータァ・ポール著、中村浩平、中村仁訳）　現代書館・二三一〇円

一年六月一九日⑤『令嬢たちのロシア革命』（斎藤治子著）　岩波書店・三九九〇円

一年六月二六日⑦『思想は裁けるか　弁護士・海野普吉伝』（入江曜子著）　筑摩選書・一七八五円

一年七月一〇日②『刑務所図書館の人びと　ハーバードを出て司書になった男の日記』（アヴィ・スタインバーグ著、金原瑞人、野沢佳織訳）　柏書房・二六二五円

一年七月一〇日⑤『いま、憲法は「時代遅れ」か　〈主権〉と〈人権〉のための弁明（アポロギア）』（樋口陽一著）　平凡社・一五七五円

一年七月一七日③『子どもの頃の思い出は本物か　記憶に裏切られるとき』（カール・サバー著、越智啓太、雨宮有里、丹藤克也訳）　化学同人・二七三〇円

一年七月三一日⑧『透析生活17年　新聞記者の移植体験記』（山本晃著）　岩波書店・一八九〇円

一年八月七日③『戦争と和解の日英関係史』（小菅信子、ヒューゴ・ドブソン編著）　法政大学出版局・五四六〇円

一年八月二八日⑤『本音で語る沖縄史』（仲村清司著）　新潮社・一四七〇円

一年八月二八日⑦『父・西條八十の横顔』（西條八束著、西條八峯編）　風媒社・二三一〇円

一年九月四日④『わが外交人生』（丹波實著）　中央公論新社・一八九〇円

一年九月一八日⑥『近代日本の中国認識　徳川期儒学から東亜協同体論まで』（松本三之介著）　以文社・三六七五円

一年九月二五日①『評伝　ジョージ・ケナン　対ソ「封じ込め」の提唱者』（ジョン・ルカーチ著、菅英輝訳）　法政大学出版局・三〇四五円

一年一〇月二日⑦『赤紙と徴兵　105歳、最後の兵事係の証言から』（吉田敏浩著）　彩流社・二一〇〇円

一年一〇月九日④『イスラームから見た「世界史」』（タミム・アンサーリー著、小沢千重子訳）　紀伊国屋書店・三五七〇円

一年一〇月一六日⑤『アニメとプロパガンダ　第二次大戦期の映画と政治』（セバスチャン・ロファ著、古永真一ほか訳）　法政大学出版局・四四一〇円

一年一〇月二三日⑦『あの時、ぼくらは13歳だった』（寒河江正、羅逸星著）　東京書籍・一六八〇円

一年一一月六日④『加藤周一を読む　「理」の人にして「情」の人』（鷲巣力著）　岩波書店・二八三五円

一年一一月二七日⑧『生きる力の源に　がん闘病記の社会学』（門林道子著）　青海社・三二〇〇円

一年一二月四日③『物理学史への道』（辻哲夫著）　こぶし書房・三七八〇円

一年一二月一一日①『日米衝突の根源　1858－1908』（渡辺惣樹著）　草思社・三六七五円

一一年一二月一一日⑦『人と動物、駆け引きの民族誌』（奥野克巳編著）はる書房・二四一五円
一二年一月八日④『人道的帝国主義 民主国家アメリカの偽善と反戦平和運動の実像』（ジャン・ブリクモン著、菊地昌実訳）新評論・三三六〇円
一二年一月二二日②『見て見ぬふりをする社会』（マーガレット・ヘファーナン著、仁木めぐみ訳）河出書房新社・二一〇〇円
一二年一月二九日②『人間 昭和天皇（上・下）』（高橋紘著）講談社・各二九四〇円
一二年二月一二日②『かれらの日本語 台湾「残留」日本語論』（安田敏朗著）人文書院・二九四〇円
一二年二月一九日⑧『山本周五郎戦中日記』（山本周五郎著）角川春樹事務所・一六八〇円
一二年三月一一日⑥『動物が幸せを感じるとき 新しい動物行動学でわかるアニマル・マインド』（T・グランディン、C・ジョンソン著、中尾ゆかり訳）NHK出版・二三一〇円
一二年三月一八日⑧『めぐりあい 映画に生きた熊井啓との46年』（熊井明子著）春秋社・二一〇〇円
一二年四月八日①『煩悶青年と女学生の文学誌』（平石典子著）新曜社・四四一〇円、『学校制服の文化史』（難波知子著）創元社・五〇四〇円
一二年四月八日④『「自己啓発病」社会』（宮崎学著）祥伝社新書・七九八円
一二年四月一五日⑧『日本人の死生観を読む 明治武士道から「おくりびと」へ』（島薗進著）朝日選書・一四七〇円
一二年四月二二日②『白秋望景』（川本三郎著）新書館・二九四〇円
一二年五月一三日②『仏独共同通史 第一次世界大戦（上・下）』（J・J・ベッケール、G・クルマイヒ著、剣持久木、西山暁義訳）岩波書店・各三三六〇円
一二年五月二〇日④『兵隊先生 沖縄戦、ある敗残兵の記録』（松本仁一著）新潮社・一四七〇円
一二年六月三日①『ミシェル・フーコー講義集成13 真理の勇気・12 自己と他者の統治』（ミシェル・フーコー著、慎改康之訳）筑摩書房・各六一九五円
一二年六月三日③『キッシンジャー回想録 中国（上・下）』（ヘンリー・A・キッシンジャー著、塚越敏彦ほか訳）岩波書店・各二九四〇円
一二年六月一〇日⑦『ビル・アンダーソンの昭和史』（ウィリアム・S・アンダーソン著、森山尚美訳）原書房・二五二〇円
一二年七月一日⑧『すべては今日から』（児玉清著）新潮社・一四七〇円
一二年七月八日①『未完のファシズム 「持たざる国」日本の運命』（片山杜秀著）新潮選書・一五七五円
一二年七月二二日①『ドストエフスキーとマルクス』（河原宏著）彩流社・二六二五円、『秋の思想 かかる男の児ありき』（河原宏著）幻戯書房・三一五〇円
一二年七月二九日⑥『フロイト講義〈死の欲動〉を読む』（小林敏明著）せりか書房・二六二五円
一二年八月一二日⑦『天一一代 明治のスーパーマジシャン』（藤山新太郎著）NTT出版・二四一五円
一二年九月二三日③『鉛筆部隊と特攻隊 もうひとつの戦史』（きむらけん著）彩流社・二一〇〇円
一二年一〇月一四日②『狼の群れと暮らした男』（ショーン・エリス、ペニー・ジューノ著、小牟田康彦訳）築地書館・二五二〇円
一二年一〇月一四日⑤『占領都市 TOKYO YEAR ZERO 2』（デイヴィッド・ピース著、酒井武志訳）文芸春秋・二一〇〇円
一二年一〇月二一日①『官僚制としての日本陸軍』（北岡伸一著）筑摩書房・二七三〇円
一二年一〇月二八日④『民主主義のあとに生き残るものは』（アルンダティ・ロイ著、本橋哲也訳）岩波書店・一六八〇円
一二年一〇月二八日⑦『ヒトはなぜ神を信じるのか 信仰する本能』（ジェシー・ベリング著、鈴木光太郎訳）化学同人・二四一五円
一二年一一月四日①『夕鶴の家 父と私』『桔梗の風 天涯からの歌』『飛花落葉 季を旅して』（辺見じゅん著）幻戯書房・各二三一〇円
一二年一一月一八日④『共産主義の興亡』（アーチー・ブラウン著、下斗米伸夫監訳）中央公論新社・八九二五円
一二年一二月九日⑧『領土問題をどう解決するか 対立から対話へ』（和田春樹著）平凡社新書・八四〇円
一三年一月一三日②『世界正義論』（井上達夫著）筑摩選書・一八九〇円
一三年一月二七日③『世界の中の柳田国男』（R・A・モース、赤坂憲雄編、菅原克也監訳）藤原書店・四八三〇円
一三年二月三日②『戦時下のベルリン 空襲と窮乏の生活1939-45』（ロジャー・ムーアハウス著、高儀進訳）白水社・四二〇〇円
一三年二月一七日①『革命の季節 パレスチナの戦

場から』（重信房子著） 幻冬舎・一七八五円、『オウム事件 17年目の告白』（上祐史浩著） 扶桑社・一六八〇円

一三年二月二四日⑤『マックス・ウェーバーの日本』（ヴォルフガング・シュヴェントカー著、野口雅弘ほか訳） みすず書房・七八七五円

一三年三月三日⑦『三種の神器 〈玉・鏡・剣〉が示す天皇の起源』（戸矢学著） 河出書房新社・一七八五円

一三年三月一〇日③『カウントダウン・メルトダウン（上・下）』（船橋洋一著） 文芸春秋・各一六八〇円

一三年三月一〇日④『妖怪学の祖 井上圓了』（菊地章太著） 角川選書・一七八五円

一三年三月一七日⑤『戦後変格派・山田風太郎 敗戦・科学・神・幽霊』（谷口基著） 青弓社・三一五〇円

一三年四月七日⑧『ステーキを下町で』（平松洋子著、谷口ジロー画） 文芸春秋・一五七五円

一三年四月一四日⑥『明治神宮 「伝統」を創った大プロジェクト』（今泉宜子著） 新潮選書・一五七五円

一三年四月二八日③『ろくでなしのロシア プーチンとロシア正教』（中村逸郎著） 講談社・一九九五円

一三年五月一二日⑧『日本における新聞連載子ども漫画の戦前史』（徐園著） 日本僑報社・七三五〇円

一三年五月二六日⑥『正直シグナル 非言語コミュニケーションの科学』（アレックス（サンディ）・ペントランド著、柴田裕之訳、安西祐一郎監訳） みすず書房・二七三〇円

一三年六月二日⑤『褐色の世界史 第三世界とはなにか』（ヴィジャイ・プラシャド著、粟飯原文子訳） 水声社・四二〇〇円

一三年六月二日⑧『「八月の砲声」を聞いた日本人 第一次世界大戦と植村尚清「ドイツ幽閉記」』（奈良岡聰智著） 千倉書房・三三六〇円

一三年六月九日⑦『フィリピンBC級戦犯裁判』（永井均著） 講談社選書メチエ・一八九〇円

一三年七月一四日①『トロツキー（上・下）』（ロバート・サーヴィス著、山形浩生、守岡桜訳） 白水社・各四二〇〇円

一三年八月四日④『戦場の軍法会議 日本兵はなぜ処刑されたのか』（NHK取材班＋北博昭著） NHK出版・一九九五円

一三年八月一八日④『戦艦ポチョムキンの生涯 1900–1925』（寺畔彦著） 現代書館・二三一〇円

一三年九月八日⑦『福島と原発 誘致から大震災への五十年』（福島民報社編集局著） 早稲田大学出版部・二九四〇円

一三年九月一五日⑥『GHQの検閲・諜報・宣伝工作』（山本武利著） 岩波現代全書・二四一五円

一三年九月二九日①『忘却のしかた、記憶のしかた 日本、アメリカ、戦争』（ジョン・W・ダワー著、外岡秀俊訳） 岩波書店・三一五〇円

一三年九月二九日③『シャルル・ドゴール 民主主義の中のリーダーシップへの苦闘』（渡邊啓貴著） 慶応義塾大学出版会・三三六〇円

一三年一〇月六日⑧『日本国憲法の初心 山本有三の「竹」を読む』（鈴木琢磨編著） 七つ森書館・一六八〇円

一三年一〇月一三日④『太平洋戦争下 その時ラジオは』（竹山昭子著） 朝日新聞出版・一六八〇円、『大本営発表のマイク』（近藤富枝著） 河出書房新社・一八九〇円

一三年一一月一〇日④『戦後歴程 平和憲法を持つ国の経済人として』（品川正治著） 岩波書店・一八九〇円

一三年一一月二四日⑥『ゾミア 脱国家の世界史』（ジェームズ・C・スコット著、佐藤仁監訳） みすず書房・六七二〇円

一三年一二月八日④『「3・11」と歴史学』（研究会「戦後派第一世代の歴史研究者は21世紀に何をなすべきか」編） 有志舎・二五二〇円

一三年一二月一五日⑧『臨時軍事費特別会計 帝国日本を破滅させた魔性の制度』（鈴木晟著） 講談社・二一〇〇円

一三年一二月二二日③『紅白歌合戦と日本人』（太田省一著） 筑摩選書・一七八五円

一四年一月一二日⑤『いま読むペロー「昔話」』（工藤庸子訳・解説） 羽鳥書店・二一〇〇円

一四年一月二六日①『ケネディ暗殺 ウォーレン委員会50年目の証言（上・下）』（フィリップ・シノン著、村上和久訳） 文芸春秋・各一六八〇円

一四年三月二日⑦『ニクソンとキッシンジャー 現実主義外交とは何か』（大嶽秀夫著） 中公新書・八四〇円

一四年三月九日①『日ロ現場史 北方領土 終わらない戦後』（本田良一著） 北海道新聞社・二二〇五円

一四年三月一六日⑧『戦乱の中の情報伝達 使者がつなぐ中世京都と在地』（酒井紀美著） 吉川弘文館・一八九〇円

一四年四月一三日②『戦争俳句と俳人たち』（樽見

博著）トランスビュー・三四五六円

一四年四月二〇日⑤『へるん先生の汽車旅行 小泉八雲、旅に暮らす』（芦原伸著）集英社インターナショナル・一八三六円

一四年四月二七日③『レーガンとサッチャー 新自由主義のリーダーシップ』（ニコラス・ワプショット著、久保恵美子訳）新潮選書・一九四四円

一四年五月四日⑦『大正ロマンの真実』（三好徹著）原書房・二一六〇円

一四年五月一八日⑦『ロマ 生きている炎 少数民族の暮らしと言語』（ロナルド・リー著、金子マーティン訳）彩流社・三〇二四円

一四年五月二五日⑦『病から詩がうまれる 看取り医がみた幸せと悲哀』（大井玄著）朝日選書・一四〇四円

一四年六月八日③『鄙への想い』（田中優子著）清流出版・一九四四円、『鄙の宿』（W・G・ゼーバルト著、鈴木仁子訳）白水社・三〇二四円

一四年六月二二日③『日本は戦争をするのか 集団的自衛権と自衛隊』（半田滋著）岩波新書・七九九円

一四年六月二九日①『民主政治はなぜ「大統領制化」するのか 現代民主主義国家の比較研究』（T・ポグントケ著、P・ウェブ編、岩崎正洋監訳）ミネルヴァ書房・八六四〇円

一四年六月二九日⑤『ラスト・バタリオン 蒋介石と日本軍人たち』（野嶋剛著）講談社・二七〇〇円

一四年七月六日⑧『万葉集と日本人 読み継がれる千二百年の歴史』（小川靖彦著）角川選書・一七二八円

一四年七月二七日⑦『犬と人の生物学 夢・うつ病・音楽・超能力』（スタンレー・コレン著、三木直子訳）築地書館・二三七六円

一四年八月三日⑤『軍服を着た救済者たち ドイツ国防軍とユダヤ人救出工作』（ヴォルフラム・ヴェッテ著、関口宏道訳）白水社・二五九二円

一四年八月一〇日④『戦後責任 アジアのまなざしに応えて』（内海愛子、大沼保昭、田中宏、加藤陽子著）岩波書店・二八〇八円

一四年八月二四日④『カフカらしくないカフカ』（明星聖子著）慶応義塾大学出版会・二五九二円

一四年九月二一日①『琉球独立論 琉球民族のマニフェスト』（松島泰勝著）バジリコ・一九四四円

一四年九月二一日⑦『炎を越えて 新宿西口バス放火事件後三十四年の軌跡』（杉原美津子著）文芸春秋・一五一二円

一四年九月二八日⑤『「肌色」の憂鬱 近代日本の人種体験』（眞嶋亜有著）中公叢書・二四八四円

一四年一〇月五日⑧『民族浄化のヨーロッパ史 憎しみの連鎖の20世紀』（ノーマン・M・ナイマーク著、山本明代訳）刀水書房・四八六〇円

一四年一〇月一二日⑧『スターリン 「非道の独裁者」の実像』（横手慎二著）中公新書・九七二円

一四年一〇月一九日⑧『上野英信・萬人一人坑 筑豊のかたほとりから』（河内美穂著）現代書館・二七〇〇円

一四年一一月一六日①『哲学を回避するアメリカ知識人 プラグマティズムの系譜』（コーネル・ウェスト著、村山淳彦、堀智弘、権田建二訳）未来社・六二六四円

一四年一一月一六日③『シャボン玉 日本 迷走の過ち、再び』（野坂昭如著）毎日新聞社・一四〇四円

一四年一一月二三日①『フランクリン・ローズヴェルト（上・下）』（ドリス・カーンズ・グッドウィン著、砂村榮利子、山下淑美訳）中央公論新社・各四五三六円

一四年一一月三〇日③『伊藤熹朔 舞台美術の巨人』（俳優座劇場編）NHK出版・二二六八円

一四年一二月七日⑧『本があって猫がいる』（出久根達郎著）晶文社・一七二八円

一五年一月一一日⑦『「戦場体験」を受け継ぐということ ビルマルートの拉孟全滅戦の生存者を尋ね歩いて』（遠藤美幸著）高文研・二三七六円

一五年一月一八日④『ジョン・レディ・ブラック 近代日本ジャーナリズムの先駆者』（奥武則著）岩波書店・七三四四円

一五年二月二二日⑤『社会主義 その成長と帰結』（ウィリアム・モリス、E・B・バックス著、川端康雄監訳）晶文社・二四八四円

一五年二月二二日⑦『零戦の子 伝説の猛将・亀井凱夫とその兄弟』（武田頼政著）文芸春秋・一九九八円

一五年三月一日⑥『過剰診断 健康診断があなたを病気にする』（H・ギルバート・ウェルチ、リサ・M・シュワルツ、スティーヴン・ウォロシン著、北澤京子訳）筑摩書房・一八三六円

一五年三月八日①『紙の砦 自衛隊文学論』（川村湊著）インパクト出版会・二一六〇円

一五年三月一五日⑧『玉砕の島々 サイパン・グアム・ペリリュー・硫黄島』（平塚柾緒著）洋泉社・一八三六円

一五年四月一九日⑤『エノケンと菊谷栄 昭和精神史の匿れた水脈』（山口昌男著）晶文社・二四八四円

一五年四月二六日④『帰還兵はなぜ自殺するのか』（デイヴィッド・フィンケル著、古屋美登里訳）亜紀書房・二四八四円

一五年五月二四日③『江戸日本の転換点　水田の激増は何をもたらしたか』（武井弘一著）NHK出版・一五一二円

一五年五月二四日⑧『「衝動」に支配される世界　我慢しない消費者が社会を食いつくす』（ポール・ロバーツ著、東方雅美訳）ダイヤモンド社・二五九二円

一五年六月七日③『ルワンダ・ジェノサイド　生存者の証言　憎しみから赦しと和解へ』（ジョセフ・セバレンジ+ラウラ・アン・ムラネ著、米川正子訳）立教大学出版会、有斐閣・四三二〇円

一五年六月二一日⑥『マグリット事典』（C・グリューネンベルク、D・ファイ編著、野崎武夫訳）創元社・三七八〇円

一五年七月五日①『世論調査とは何だろうか』（岩本裕著）岩波新書・八六四円

一五年七月五日⑧『九州大学生体解剖事件　七〇年目の真実』（熊野以素著）岩波書店・二〇五二円

一五年七月一九日③『遺骨』（栗原俊雄著）岩波新書・七九九円、『原爆供養塔』（堀川惠子著）文芸春秋・一八九〇円

一五年七月一九日⑥『現代アジアの宗教　社会主義を経た地域を読む』（藤本透子編）春風社・四五三六円

一五年八月二日⑤『アウシュヴィッツを志願した男　ポーランド軍大尉、ヴィトルト・ピレツキは三度死ぬ』（小林公二著）講談社・一八三六円

一五年八月一六日⑤『不確かな正義　BC級戦犯裁判の軌跡』（戸谷由麻著）岩波書店・三四五六円

一五年八月二三日①『戦後日本の宗教史　天皇制・祖先崇拝・新宗教』（島田裕巳著）筑摩選書・一八三六円

一五年九月一三日⑥『昭和天皇の戦後日本〈憲法・安保体制〉にいたる道』（豊下楢彦著）岩波書店・二五九二円

一五年一〇月一一日①『第二次世界大戦　1939－45（上・中・下）』（アントニー・ビーヴァー著、平賀秀明訳）白水社・各三五六四円

一五年一〇月二五日⑦『戦争小説家　古山高麗雄伝』（玉居子精宏著）平凡社・一九四四円

一五年一一月一日①『日本の精神医学この五〇年』（松本雅彦著）みすず書房・三〇二四円

一五年一一月八日⑥『戦後政治の証言者たち』（原彬久著）岩波書店・三三四八円、『日本外交への直言』（河野洋平著）岩波書店・二〇五二円

一五年一一月二二日⑤『明治大正史（上・下）』（中村隆英著、原朗、阿部武司編）東京大学出版会・各三二四〇円

一五年一一月二九日③『福沢諭吉の朝鮮　日朝清関係のなかの「脱亜」』（月脚達彦著）講談社選書メチエ・一九九八円

一五年一一月二九日⑧『北京・山本照像館　西太后写真と日本人写真師』（日向康三郎著）雄山閣・二八〇八円

一五年一二月一三日③『動くものはすべて殺せ　アメリカ兵はベトナムで何をしたか』（ニック・タース著、布施由紀子訳）みすず書房・四一〇四円

一五年一二月二〇日⑧『中国と日本　批判の刃を己に』（張承志著、梅村坦監訳）亜紀書房・二五九二円

一六年一月一〇日①『ヒトとイヌがネアンデルタール人を絶滅させた』（パット・シップマン著、河合信和監訳、柴田譲治訳）原書房・二五九二円

一六年一月一七日③『愛国的無関心　「見えない他者」と物語の暴力』（内藤千珠子著）新曜社・二九一六円

一六年一月三一日③『花の忠臣蔵』（野口武彦著）講談社・二三七六円

一六年一月三一日⑦『洛陽堂　河本亀之助小伝　損をしてでも良書を出す・ある出版人の生涯』（田中英夫著）燃焼社・三四五六円

一六年二月七日①『「思想の科学」私史』（鶴見俊輔著）『「思想の科学」私史』編集グループSURE・二四八四円、『まなざし』（鶴見俊輔著）藤原書店・二八〇八円

一六年二月二八日⑥『戦場の性　独ソ戦下のドイツ兵と女性たち』（レギーナ・ミュールホイザー著、姫岡とし子監訳）岩波書店・四一〇四円

一六年三月六日①『シャルリとは誰か？　人種差別と没落する西欧』（エマニュエル・トッド著、堀茂樹訳）文春新書・九九四円

一六年三月二〇日④『岡村昭彦と死の思想　「いのち」を語り継ぐ場としてのホスピス』（高草木光一著）岩波書店・二九一六円

一六年四月一〇日①『文化進化論　ダーウィン進化論は文化を説明できるか』（アレックス・メスーディ著、野中香方子訳）NTT出版・三六七二円

一六年四月一〇日⑦『戦争を悼む人びと』（シャーウィン裕子著）高文研・二一六〇円

一六年四月二四日③『アウシュヴィッツの囚人写真家』（ルーカ・クリッパ、マウリツィオ・オンニス著、関口英子訳）河出書房新社・二八〇八円

一六年五月一日⑥『教皇フランシスコ　キリストと

ともに燃えて　偉大なる改革者の人と思想』（オースティン・アイヴァリー著、宮崎修二訳）明石書店・三〇二四円

一六年五月一日⑧『新聞と憲法9条「自衛」という難題』（上丸洋一著）朝日新聞出版・二八〇八円

一六年五月二二日④『真実　私は「捏造記者」ではない』（植村隆著）岩波書店・一九四四円

一六年六月五日⑧『沖縄戦と孤児院　戦場の子どもたち』（浅井春夫著）吉川弘文館・二三七六円

一六年六月一九日⑤『セネカ　哲学する政治家　ネロ帝宮廷の日々』（ジェイムズ・ロム著、志内一興訳）白水社・三六七二円

一六年六月二六日③『アイヌの遺骨はコタンの土へ　北大に対する遺骨返還請求と先住権』（北大開示文書研究会編著）緑風出版・二五九二円

一六年七月一〇日①『ヒトラー（上）1889―1936傲慢（下）1936―1945天罰』（イアン・カーショー著、石田勇治監修、上・川喜田敦子訳、下・福永美和子訳）白水社・上巻八六四〇円、下巻一一八八〇円

一六年七月一七日⑦『あゝ浅草オペラ　写真でたどる魅惑の「インチキ」歌劇』（小針侑起著）えにし書房・二七〇〇円

一六年八月一四日⑦『鉄幹と文壇照魔鏡事件　山川登美子及び「明星」異史』（木村勲著）国書刊行会・二三七六円

一六年八月二一日①『人類進化の謎を解き明かす』（ロビン・ダンバー著、鍛原多恵子訳）インターシフト・二四八四円

一六年八月二八日①『国際秩序』（ヘンリー・キッシンジャー著、伏見威蕃訳）日本経済新聞出版社・三九九六円

一六年九月四日⑥『翻訳出版編集後記』（常盤新平著）幻戯書房・三六七二円

一六年九月一八日①『世界マヌケ反乱の手引書　ふざけた場所の作り方』（松本哉著）筑摩書房・一四〇四円

一六年一〇月二日⑤『戦争まで　歴史を決めた交渉と日本の失敗』（加藤陽子著）朝日出版社・一八三六円

一六年一〇月二三日⑥『父母の記　私的昭和の面影』（渡辺京二著）平凡社・二三七六円

一六年一一月六日⑦『丸刈りにされた女たち「ドイツ兵の恋人」の戦後を辿る旅』（藤森晶子著）岩波現代全書・二〇五二円

一六年一一月二〇日③『関東大震災朝鮮人虐殺の記録　東京地区別1100の証言』（西崎雅夫編著）現代書館・九七二〇円

一六年一二月一八日①『セカンドハンドの時代「赤い国」を生きた人びと』（スヴェトラーナ・アレクシエーヴィチ著、松本妙子訳）岩波書店・二九一六円

一六年一二月一八日⑦『ごはんの時間　井上ひさしがいた風景』（井上都著）新潮社・一六二〇円

索引

◆本索引は各項目を書評発行年・月・日・番号で示した。

書名索引

【い】

【え】

【か】

【さ】

【し】

【は】

【ひ】

【わ】

著者・編者索引

■五十音順

＊外国人名の表記、姓名の順は書評データにあわせた。

【い】

【う】

【え】

【か】

【き】

【く】

【し】

【せ】

【そ】

【み】

【ゆ】

【よ】

【ろ】

【わ】

■アルファベット順

訳者・監訳者索引

【く】

【こ】

写真家ほか索引

評者索引

九年四月二六日⑥、〇九年五月一七日⑧、〇九年六月一四日①、〇九年六月二一日⑧、〇九年七月一二日③、〇九年八月二三日⑥、〇九年八月三〇日⑦、〇九年一〇月四日⑦、〇九年一〇月一八日②、〇九年一二月一三日②、一〇年一月三一日④、一〇年二月二一日③、一〇年三月一四日⑥

石川直樹……一〇年四月四日①、一〇年五月一六日④、一〇年六月六日⑤、一〇年六月一三日⑤、一〇年七月二五日④、一〇年九月一九日③、一〇年一〇月二四日④、一〇年一一月七日⑥、一〇年一一月二八日⑥、一一年一月一六日④、一一年二月二〇日⑥、一一年五月一日④、一二年一月一五日④、一二年二月五日③、一二年二月一九日③、一二年三月四日⑦、一二年三月一一日⑤、一二年三月一八日③、一二年三月二五日②

市田隆……一五年一〇月一八日②、一五年一一月一五日⑥、一五年一二月六日②、一五年一二月二〇日①、一六年一月一〇日⑧、一六年二月一四日⑦、一六年三月六日④、一六年三月二〇日⑧、一六年四月一〇日②、一六年四月二四日⑥、一六年五月八日⑤、一六年五月二二日⑦、一六年六月一二日④、一六年六月一九日⑥、一六年七月一〇日⑧、一六年七月三一日⑤、一六年八月二一日⑤、一六年八月二八日⑥、一六年九月一一日⑧、一六年九月一八日④、一六年一〇月二日③、一六年一〇月三〇日⑤、一六年一一月六日③、一六年一二月四日③、一六年一二月一一日⑤

いとうせいこう……一二年四月一日⑤、一二年五月六日⑥、一二年六月一七日⑤、一二年六月二四日④、一二年七月一五日①、一二年七月二二日④、一二年八月五日⑤、一二年八月一九日⑥、一二年九月九日①、一二年九月三〇日③、一二年一〇月二一日④、一二年一〇月二八日⑤、一二年一一月一一日②、一二年一一月二五日①、一二年一二月二日⑤、一三年一月二〇日⑤、一三年二月三日①、一三年三月一七日④、一三年三月二四日⑦、一三年五月五日①、一三年五月一九日③、一三年六月九日②、一三年六月三〇日⑧、一三年七月一四日⑥、一三年八月一一日⑥、一三年八月二五日⑦、一三年九月一日③、一三年九月二二日③、一三年一〇月一三日①、一三年一一月一七日③、一三年一二月一五日①、一四年一月一九日③、一四年二月一六日②、一四年三月二日⑥、一四年四月一三日⑦、一四年四月二〇日④、一四年五月二五日⑤、一四年六月二九日④、一四年七月一三日①、一四年八月一〇日②、一四年八月一七日⑧、一四年九月七日⑥、一四年一〇月五日③、一四年一一月九日⑧、一四年一一月一六日④、一四年一一月三〇日④、一四年一二月一四日⑧、一五年一月二五日②、一五年二月二二日⑧、一五年三月一五日⑤、一五年三月二二日⑧、一五年三月二九日⑤

【う】

植田和男……一〇年四月一一日④、一〇年五月九日④、一〇年六月一三日④、一〇年八月二二日①、一〇年九月二六日⑤、一一年一月三〇日⑧、一一年二月二〇日④、一一年四月二四日③、一一年六月一二日②、一一年七月一七日⑦、一一年八月二八日④、一一年一〇月二三日⑥、一一年一一月二〇日⑤、一一年一二月一一日⑤、一二年三月四日⑧

内澤旬子……一三年四月二一日①、一三年四月二八日⑥、一三年五月二六日⑧、一三年六月二日④、一三年六月九日④、一三年六月一六日⑦、一三年六月二三日②、一三年七月七日①、一三年八月四日③、一三年八月一一日⑧、一三年九月一五日⑤、一三年九月二二日①、一三年九月二九日④、一三年一〇月二七日⑤、一三年一一月一〇日⑤、一四年一月一九日⑦、一四年一月二六日③、一四年二月二日⑤、一四年二月九日⑦、一四年二月一六日⑧、一四年二月二三日④、一四年三月一六日①、一四年三月三〇日⑦、一四年四月一三日⑥、一四年四月二〇日⑧、一四年四月二七日⑥、一四年五月一八日⑧、一四年五月二五日③、一四年六月一日⑦、一四年六月八日⑧、一四年六月二二日⑧、一四年七月六日①、一四年七月二七日②、一四年八月三日②、一四年八月三一日③、一四年九月二八日④、一四年一〇月五日①、一四年一〇月一九日⑤、一四年一一月九日⑦、一四年一一月二三日⑧、一四年一一月三〇日②、一四年一二月一四日③、一四年一二月二一日④、一五年一月二五日⑦、一五年二月一日①、一五年三月一日⑦、一五年三月八日⑧、一五年三月一五日③、一五年三月二二日③

【え】

江上剛……〇九年四月五日⑥、〇九年四月一九日⑦、〇九年四月二六日②、〇九年五月一〇日③、〇九年五月三一日⑦、〇九年六月七日④、〇九年六月一四日⑧、〇九年七月五日③、〇九年七月一二日⑧、〇九年七月一九日①、〇九年八月九日⑤、〇九年八月三〇日⑧、〇九年九月二〇日④、〇九年一〇月四日⑧、〇九年一〇月一八日⑥、〇九年一一月一日⑧、〇九年一一月八日⑥、〇九年一一月一五日⑦、〇九年一一月二九日⑤、〇九年一二月一三日⑦、一〇年一月一〇日③、一〇年一月二四日⑧、一〇年二月一四日①、一〇年二月二一日⑧、一〇年三月一四日⑤、一〇年三月二一日⑧、一〇年四月一一日⑥、一〇年四月一八日⑧、一〇年五月二日③、一〇年五月二三日⑥、一〇年五月三〇日⑧、一〇年六月六日⑥、一〇年六月二〇日⑧、一〇年七月四日⑥、一〇年七月一一日⑤、一〇年八月一日①、一〇年八月二二日⑧、一〇年八月二九日⑦、一〇年九月二六日⑧、一〇年一〇月三日②、一〇年一〇月一七日③、一〇年一〇月三一日①、一〇年一一月七日⑧、一〇年一一月一四日⑤、一〇年一二月五日⑧、一一年一月九日③、一一年一月一六日⑤、一一年一月三〇日⑤、一一年二月一三日④、一一年二月二七日⑥、一一年三月六日⑦、一一年三月二〇日⑧、一一年三月二七日⑤

円城塔……一六年四月三日⑥、一六年五月一日⑦、一六年五月一五日⑥、一六年五月二二日⑧、一六年六月一二日⑥、一六年六月一九日①、一六年七月三日⑥、一六年七月一〇日⑥、一六年八月七日⑤、一六年八月二一日⑦、一六年九月一一日⑥、一六年一〇月二日⑥、一六年一〇月九日⑥、一六年一〇月二三日⑧、一六年一〇月三〇日②、一六年一一月六日⑧、一六年一一月二七日⑥

【お】

逢坂剛……一〇年四月四日②、一〇年四月一八日⑥、一〇年五月二日④、一〇年五月一六日⑧、一〇年五月三〇日②、一〇年六月一三日⑥、一〇年六月二七日⑧、一〇年七月四日③、一〇年七月一八日⑧、一〇年七月二五日⑧、一〇年八月一日⑥、一〇年八月二二日⑦、一〇年九月五日④、一〇年九月一二日①、一〇年九月二六日⑦、一〇年一〇月三日⑧、一〇年一〇月一七日⑦、一〇年一〇月二四日⑤、一〇年一〇月三一日⑧、一〇年一一月七日③、一〇年一二月五日④、一一年一月一六日⑧、一一年二月六日⑥、一一年二月二〇日③、一一年二月二七日⑧、一一年三月二七日⑦、一一年四月一七日⑦、一一年四月二四日⑥、一一年五月一五日③、一一年五月二九日④、一一年六月五日⑧、一一年六月一二日⑦、一一年六月二六日⑤、一一年七月三日⑧、一一年七月一七日④、一一年七月二四日⑦、一一年七月三一日⑦、一一年八月七日①、一一年八月二八日⑧、一一年九月一八日⑤、一一年一〇月二日⑧、一一年一〇月九日⑧、一一年一〇月一六日④、一一年一一月六日⑧、一一年一一月一三日⑦、一一年一一月二〇日①、一一年一二月四日⑧、一二年一月八日⑦、一二年一月一五日⑦、一二年一月二九日⑥、一二年二月五日⑧、一二年二月一二日③、一二年二月二六日⑥、一二年三月二五日⑥、一二年四月一五日③、一二年四月二二日⑦、一二年四月二九日④、一二年五月六日②、一二年五月二〇日⑦、一二年五月二七日⑧、一二年六月一〇日⑧、一二年六月一七日⑦、一二年六月二四日②、一二年七月八日⑤、一二年七月一五日④、一二年七月二九日③、一二年八月五日⑦、一二年八月一二日⑥、一二年九月二日⑧、一二年九月九日③、一二年九月一六日⑦、一二年九月二三日⑤、一二年一〇月一四日③、一二年一一月四日⑦、一二年一一月一一日⑥、一二年一一月一八日③、一二年一二月一六日④、一三年一月六日⑦、一三年二月一〇日⑧、一三年二月一七日⑧、一三年三月三日①、一三年三月一七日⑥

大竹昭子……一五年四月五日⑤、一五年四月一二日③、一五年五月三日④、一五年五月一七日⑤、一五年五月二四日⑦、一五年五月三一日①、一五年六月一四日⑤、一五年七月五日③、一五年八月二日④、一五年八月九日⑧、一五年八月三〇日①、一五年九月一三日⑤、一五年九月二〇日④、一五年九月二七日⑥、一五年一〇月二五日④、一五年一一月一五日⑦、一五年一一月二九日①、一五年一二月一三日④、一六年一月一〇日④、一六年一月二四日⑧、一六年二月一四日④、一六年二月二一日⑧、一六年三月一三日⑥、一六年三月二〇日⑦、一六年四月一七日⑥、一六年四月二四日②、一六年五月八日⑦、一六年五月一五日④、一六年五月二九日①、一六年六月二六日①、一六年七月三日⑧、一六年七月一七日②、一六年八月七日②、一六年八月一四日⑧、一六年八月二一日③、一六年九月四日③、一六年九月二五日①、一六年一〇月一六日④、一六年一〇月三〇日①、一六年一一月六日⑥、一六年一一月二七日⑦、一六年一二月四日①、一六年一二月一八日⑤

大西若人……一六年九月一八日⑧、一六年一〇月一六日⑧、一六年一二月四日⑦

荻上チキ……一四年四月六日④、一四年四月二七日①、一四年五月一一日⑤、一四年五月一八日①、一四年六月一日③、一四年六月一五日⑧、一四年六月二二日④、一四年七月一三日⑧、一四年七月二〇日⑥、一四年七月二七日⑥、一四年八月一七日①、一四年八月三一日⑤、一四年九月七日④、一四年一〇月一二日⑦、一四年一一月二三日⑥、一四年一一月三〇日⑤、一四年一二月七日⑤、一五年二月一五日⑤、一五年二月二二日⑥、一五年三月一日①、一五年四月一二日⑧、一五年四月一九日⑥、一五年五月一〇日⑥、一五年五月二四日④、一五年七月一二日⑦、一五年七月一九日①、一五年八月九日⑦、一五年八月二三日⑤、一五年八月三〇日④、一五年九月二七日⑦、一五年一〇月一一日③、一五年一〇月二五日⑧、一五年一一月一日⑤、一五年一一月八日③、一五年一二月六日⑤、一五年一二月一三日⑧、一六年一月一七日①、一六年三月六日⑥、一六年三月二七日⑤

奥泉光……〇九年一月二五日⑧、〇九年二月一日②、〇九年三月一日④、〇九年三月二九日②、〇九年五月三日④、〇九年六月七日③、〇九年七月五日④、〇九年八月二日②、〇九年九月六日④、〇九年一〇月一一日④、〇九年一一月一五日⑧、〇九年一一月二二日②、一〇年一月一七日⑥、一〇年二月二八日④、一〇年四月一一日⑧、一〇年四月二五日②、一〇年五月二三日①、一〇年七月一一日③、一〇年九月五日①、一〇年一〇月一〇日⑦、一〇年一一月一四日①、一〇年一二月一二日②、一一年一月二三日①、一一年四月一〇日③、一一年五月八日②、一一年六月二六日②、一一年七月三一日②、一一年八月二八日②、一一年一〇月三〇日⑦、一一年一一月六日②、一一年一二月一八日⑧、一二年一月一五日③、一二年二月一九日⑥、一二年三月一八日①

尾関章……〇九年一月一一日⑥、〇九年一月二五日②、〇九年二月八日⑨、〇九年二月二二日⑥、〇九年三月一日⑦、〇九年三月一五日②、〇九年三月二九日⑤、〇九年四月一九日④、〇九年五月一〇日⑦、〇九年五月二四日④、〇九年六月一四日⑤、〇九年七月五日②、〇九年八月二日⑥、〇九年八月三〇日①、〇九年九月一三日⑧、〇九年一〇月四日⑥、〇九年一〇月二五日⑥、〇九年一一月八日③、〇九年一二月六日⑤、一〇年一月一七日①、一〇年二月七日⑧、一〇年二月一四日⑤、一〇年二月二一日①、一〇年三月二一日③、一〇年三月二八日⑦

音好宏……〇九年一月一一日⑧、〇九年三月八日⑧

小野正嗣……一二年四月一日①、一二年四月一五日②、一二年五月二〇日①、一二年六月三日②、一二年六月一七日④、一二年六月二四日⑧、一二年七月八日②、一二年七月二九日②、一二年八月二六日⑥、一二年九月一六日③、一二年九月三〇日①、一二年一〇月七日②、一二年一一月一八日①、一二年一二月九日②、一三年一月六日③、一三年一月二〇日②、一三年二月三日③、一三年二月一〇日④、一三年二月二四日②、一三年三月一〇日①、一三年三月二四日②、一三年四月二八日④、一三年五月五日④、一三年五月一九日①、一三年六月二日②、一三年六月三〇日⑥、一三年七月一四日⑦、一三年七月二一日①、一三年八月一八日③、一三年八月二五日⑥、一三年九月一日②、一三年一〇月二〇日⑤、一三年一二月一日⑤、一四年一月一九日④、一四年二月二日④、一四年二月九日①、一四年三月一六日④、一四年三月二三日⑤、一四年三月三〇日②

九年一〇月一一日②、〇九年一一月一五日②、〇九年一一月二二日⑦、〇九年一二月六日①、一〇年一月一〇日①、一〇年二月七日②、一〇年二月二八日②、一〇年三月七日⑧、一〇年三月二八日④、一〇年四月一八日②、一〇年五月二日②、一〇年五月九日⑧、一〇年五月三〇日③、一〇年六月六日⑦、一〇年六月一三日①、一〇年七月四日②、一〇年七月一八日⑦、一〇年七月二五日③、一〇年八月二二日③、一〇年九月一二日③、一〇年九月一九日⑦、一〇年九月二六日②、一〇年一〇月一〇日③、一〇年一〇月二四日②、一〇年一一月七日②、一〇年一一月二八日②、一〇年一二月一二日①、一一年一月三〇日①、一一年二月六日②、一一年二月一三日⑦、一一年二月二〇日②、一一年三月六日③、一一年三月二〇日①、一一年三月二七日②

小杉泰……〇九年一月二五日④、〇九年二月二二日⑤、〇九年三月八日⑨、〇九年三月一五日⑥、〇九年四月一二日⑧、〇九年四月一九日⑤、〇九年五月三日⑧、〇九年五月一〇日⑥、〇九年五月二四日⑧、〇九年六月七日⑤、〇九年六月二八日⑧、〇九年七月一九日③、〇九年七月二六日⑧、〇九年八月九日⑧、〇九年九月一三日⑥、〇九年一〇月一一日①、〇九年一〇月二五日⑤、〇九年一一月一五日⑥、〇九年一一月二二日⑧、〇九年一一月二九日⑧、一〇年一月一〇日⑥、一〇年一月一七日⑦、一〇年二月一四日⑥、一〇年三月七日⑥、一〇年三月二一日④

後藤正治……一一年四月三日⑤、一一年四月一〇日⑤、一一年五月一日①、一一年五月八日⑥、一一年五月二二日②、一一年五月二九日③、一一年六月二六日⑧、一一年七月三日②、一一年七月二四日⑥、一一年七月三一日⑤、一一年九月四日①、一一年九月一一日③、一一年九月一八日④、一一年一〇月九日⑥、一一年一〇月二三日⑧、一一年一〇月三〇日①、一一年一一月二〇日⑧、一一年一一月二七日①、一一年一二月一一日④、一二年一月八日⑥、一二年一月二二日③、一二年二月一二日⑤、一二年二月二六日①、一二年三月一八日④、一二年四月一五日④、一二年四月二九日⑥、一二年六月三日⑦、一二年六月二四日⑤、一二年七月二二日⑤、一二年八月一二日①、一二年八月一九日④、一二年九月二日⑦、一二年九月一六日①、一二年一〇月七日④、一二年一一月四日④、一二年一一月一八日⑦、一二年一二月九日⑥、一三年一月六日⑤、一三年一月二七日①、一三年二月三日⑥、一三年二月一七日⑤、一三年三月一七日①、一三年三月三一日④

【さ】

斎藤環……一〇年四月四日⑥、一〇年四月二五日①、一〇年五月一六日⑤、一〇年五月三〇日⑦、一〇年六月二〇日⑤、一〇年六月二七日①、一〇年七月一一日⑦、一〇年七月二五日⑤、一〇年八月一日②、一〇年八月八日⑧、一〇年九月五日②、一〇年九月一二日⑧、一〇年九月一九日④、一〇年一〇月三日①、一〇年一〇月一七日⑥、一〇年一一月七日⑤、一〇年一一月二一日③、一〇年一一月二八日①、一〇年一二月五日⑦、一一年一月九日⑥、一一年一月三〇日③、一一年二月二七日⑤、一一年三月二〇日④、一一年四月一〇日④、一一年四月一七日⑤、一一年五月八日⑧、一一年五月一五日⑥、一一年六月五日③、一一年六月一二日⑧、一一年六月二六日④、一一年七月二四日①、一一年八月二八日①、一一年九月四日⑧、一一年九月一一日⑤、一一年九月二五日④、一一年一〇月二日⑤、一一年一〇月九日⑦、一一年一〇月二三日②、一一年一〇月三〇日⑧、一一年一一月六日③、一一年一一月二〇日②、一一年一一月二七日⑦、一一年一二月四日④、一一年一二月一八日⑥、一二年一月八日③、一二年一月二二日①、一二年一月二九日⑤、一二年二月五日①、一二年二月一九日⑤、一二年二月二六日⑤、一二年三月四日⑤、一二年三月一一日④、一二年三月一八日⑤、一二年三月二五日③

斎藤美奈子……一六年四月三日②、一六年五月八日④、一六年五月二二日⑥、一六年五月二九日⑧、一六年六月一二日⑧、一六年六月一九日④、一六年七月一〇日⑤、一六年七月二四日①、一六年七月三一日⑧、一六年八月七日⑥、一六年八月一四日⑥、一六年九月四日④、一六年九月一一日⑤、一六年九月一八日⑥、一六年一〇月二日⑧、一六年一〇月一六日⑥、一六年一〇月三〇日⑥、一六年一一月六日⑤、一六年一一月二〇日①、一六年一二月四日⑥、一六年一二月一八日⑥

酒井順子……〇九年四月五日⑤、〇九年五月三日⑤、〇九年五月三一日⑥、〇九年七月一九日⑥、〇九年八月九日⑦、〇九年九月二七日⑥、〇九年一一月一五日④、〇九年一二月二〇日⑥、一〇年二月七日⑥、一〇年二月二八

②、一六年一〇月二日②、一六年一〇月九日④、一六年一〇月三〇日⑦、一六年一一月一三日⑦、一六年一一月二七日②、一六年一二月四日⑧、一六年一二月一一日④、一六年一二月一八日⑧

杉田敦……一四年四月六日⑤、一四年五月二五日⑧、一四年六月一日①、一四年七月一三日⑦、一四年八月一〇日⑥、一四年八月三一日⑥、一四年九月二八日③、一四年一一月二日⑤、一四年一二月七日⑥、一四年一二月二一日⑥、一五年二月八日①、一五年四月一二日⑥、一五年四月二六日②、一五年五月三日⑦、一五年五月三一日⑥、一五年六月二八日④、一五年七月二六日⑥、一五年八月一六日⑥、一五年九月六日④、一五年九月二七日⑧、一五年一〇月一一日④、一五年一一月二二日④、一五年一一月二九日⑦、一六年一月二四日④、一六年二月二一日④、一六年四月一〇日⑥、一六年五月八日⑥、一六年五月一五日⑧、一六年五月二九日⑥、一六年六月五日②、一六年七月三日⑤、一六年七月一七日⑤、一六年七月三一日⑥、一六年八月二一日⑥、一六年九月二五日②、一六年一〇月一六日⑤、一六年一〇月三〇日④、一六年一一月二〇日⑥、一六年一二月一一日⑦

鈴木繁……一五年八月三〇日⑦

【せ】

瀬名秀明……〇九年一月四日⑦、〇九年一月一八日②、〇九年一月二五日⑦、〇九年二月八日④、〇九年二月一五日①、〇九年三月一日②、〇九年三月二二日⑧、〇九年五月一〇日①、〇九年六月七日②、〇九年六月二一日⑦、〇九年六月二八日③、〇九年七月五日⑦、〇九年八月三〇日④、〇九年九月一三日②、〇九年一〇月四日③、〇九年一〇月一一日⑦、〇九年一二月二〇日②、一〇年一月一七日④、一〇年一月二四日⑦、一〇年二月二八日⑦、一〇年三月七日⑦、一〇年三月一四日①、一〇年三月二八日⑤

【た】

多賀幹子……〇九年一月四日⑨、〇九年二月一五日⑨、〇九年三月一日⑧

高村薫……〇九年四月五日②、〇九年四月一九日②、〇九年五月一七日③、〇九年五月三一日③、〇九年六月二一日①、〇九年七月一二日⑦、〇九年七月一九日②、〇九年七月二六日③、〇九年八月三〇日⑤、〇九年九月一三日⑦、〇九年九月二〇日②、〇九年九月二七日③、〇九年一〇月一八日⑧、〇九年一一月一日②、〇九年一一月一五日①、〇九年一一月二九日①、〇九年一二月二〇日④、一〇年一月二四日①、一〇年二月七日③、一〇年二月二一日⑦、一〇年三月一四日②、一〇年四月一八日③、一〇年五月一六日③、一〇年六月二〇日③、一〇年七月一一日②、一〇年八月二九日⑤、一〇年九月一九日②、一〇年一〇月一七日②、一〇年一一月二一日④、一一年一月九日④、一一年二月一三日③、一一年三月二〇日③

武田徹……一五年四月五日④、一五年四月一二日⑦、一五年四月二六日⑥、一五年五月一〇日⑧、一五年五月一七日⑥、一五年五月三一日⑤、一五年六月一四日④、一五年六月二八日⑤、一五年七月一二日⑤、一五年七月二六日②、一五年八月二日⑧、一五年八月九日②、一五年八月一六日⑦、一五年八月三〇日③、一五年九月一三日⑦、一五年九月二〇日⑤、一五年一〇月四日④、一五年一〇月一一日⑦、一五年一〇月一八日③、一五年一一月一日④、一五年一一月二九日⑤、一五年一二月六日⑦、一六年一月一七日④、一六年一月二四日⑦、一六年二月七日④、一六年二月二一日②、一六年二月二八日⑦、一六年三月六日⑧、一六年四月一〇日⑤、一六年四月一七日⑧、一六年五月一日⑤、一六年五月一五日③、一六年五月二九日⑦、一六年六月五日④、一六年六月一二日⑦、一六年六月二六日②、一六年七月一〇日③、一六年七月一七日④、一六年七月三一日②、一六年八月七日⑦、一六年八月一四日②、一六年八月二八日③、一六年九月四日⑦、一六年九月一八日⑤、一六年九月二五日⑥、一六年一〇月九日⑧、一六年一〇月一六日②、一六年一〇月二三日⑦、一六年一一月一三日③、一六年一一月二〇日②、一六年一一月二七日①、一六年一二月一八日③

立野純二……一六年四月三日③、一六年四月二四日⑧、一六年六月五日⑤、一六年七月一〇日④、一六年八月七日⑧、一六年九月一一日④、一六年九月二五日⑦、一六年一一月一三日④、一六年一二月一一日⑧

田中貴子……一〇年四月四日③、一〇年四月一八日①、一〇年五月二日⑦、一〇年五月九日③、一〇年五月二三日④、一〇年六月六日⑧、一〇年六月一三日②、一〇年六月二七日④、一〇年七月四日⑦、一〇年七月一八日④、一〇年七月二五日⑦、一〇年八月八日⑦、一〇年八月二九日⑥、一〇年九月五日⑦、一〇年九月一九日⑥、一〇年九月二六日①、一〇年一〇月三日③、一〇年一〇月二四日⑧、一〇年一一月七日④、一〇年一一月二一日⑥、一〇年一二月五日②、一一年一月九日②、一一年一月二三日③、一一年二月六日⑦、一一年二月二〇日⑤、一一年四月一〇日⑥、一一年四月一七日④、一一年五月一日⑤、一一年五月二二日⑧、一一年六月五日④、一一年六月一二日⑥、一一年七月一〇日③、一一年七月三一日⑥、一一年八月七日④、一一年八月二一日⑦、一一年九月四日⑦、一一年九月一一日⑥、一一年一〇月二日③、一一年一〇月一六日⑦、一一年一〇月三〇日②、一一年一一月一三日①、一一年一一月二七日④、一一年一二月四日⑥、一一年一二月一八日④、一二年一月一五日②、一二年一月二九日⑦、一二年二月五日②、一二年二月一二日⑥、一二年二月二六日③、一二年三月四日②、一二年三月一一日③、一二年三月一八日⑦、一二年三月二五日①

田中優子……一二年四月一日③、一二年四月八日⑦、一二年四月二九日⑤、一二年五月六日①、一二年五月一三日⑦、一二年五月二七日④、一二年六月一七日②、一二年七月一日⑥、一二年七月八日④、一二年七月一五日⑦、一二年八月一二日⑤、一二年九月一六日⑤、一二年九月三〇日④、一二年一〇月七日①、一二年一一月四日⑤、一二年一二月一六日⑦、一三年一月一三日⑥、一三年一月二〇日⑦、一三年一月二七日②、一三年二月

【つ】

【て】

【な】

【は】

【ひ】

【ま】

松永美穂……一一年四月三日②、一一年四月二四日⑦、一一年五月八日④、一一年五月二九日⑥、一一年六月五日②、一一年六月二六日①、一一年七月一〇日⑦、一一年七月一七日②、一一年七月二四日④、一一年八月七日⑧、一一年八月二八日③、一一年九月一八日②、一一年九月二五日②、一一年一〇月九日③、一一年一〇月二三日①、一一年一一月六日⑦、一一年一一月一三日③、一一年一二月四日⑦、一一年一二月一八日②、一二年一月八日⑤、一二年一月二二日⑧、一二年一月二九日④、一二年二月一九日②、一二年四月一五日⑦、一二年四月二二日③、一二年四月二九日⑦、一二年五月六日⑧、一二年五月一三日①、一二年六月一〇日⑤、一二年六月一七日⑧、一二年七月一日②、一二年七月一五日②、一二年七月二二日⑧、一二年八月五日②、一二年八月一九日⑦、一二年九月九日②、一二年九月二三日②、一二年九月三〇日⑧、一二年一〇月二一日⑦、一二年一〇月二八日③、一二年一一月一一日⑤、一二年一一月二五日⑦、一二年一二月九日③、一二年一二月一六日⑧、一三年一月六日⑧、一三年一月二〇日⑥、一三年二月三日⑧、一三年二月一〇日⑦、一三年二月一七日③、一三年三月一〇日⑥、一三年三月三一日③

松本仁一……〇九年一月四日⑥、〇九年二月一五日⑥、〇九年三月一五日③、〇九年三月二二日①、〇九年四月一二日⑤、〇九年五月三日⑥、〇九年五月一〇日⑧、〇九年五月一七日①、〇九年五月三一日⑧、〇九年六月二八日⑤、〇九年七月五日①、〇九年七月一九日⑧、〇九年八月二日⑧、〇九年八月二三日⑧、〇九年九月六日①、〇九年九月二〇日⑥、〇九年一〇月一一日⑥、〇九年一〇月一八日⑦、〇九年一一月一日①、〇九年一二月六日⑥、一〇年一月一七日⑧、一〇年一月二四日⑥、一〇年二月七日①、一〇年三月七日⑤、一〇年三月二一日⑤

【み】

三浦しをん……一三年四月一四日②、一三年五月一二日⑦、一三年六月九日⑤、一三年六月一六日⑥、一三年七月七日⑥、一三年七月二一日④、一三年九月一日⑥、一三年九月二二日⑧、一三年九月二九日②、一三年一〇月一三日⑥、一三年一〇月二〇日⑥、一三年一一月三日③、一三年一一月二四日③、一三年一二月八日⑥、一三年一二月二二日⑧、一四年二月二日⑦、一四年二月九日⑧、一四年二月一六日⑤、一四年四月一三日⑧、一四年四月二〇日⑥、一四年四月二七日④、一四年六月一日②、一四年六月八日④、一四年六月一五日⑥、一四年六月二九日⑧、一四年七月六日④、一四年七月一三日②、一四年七月二七日④、一四年八月二四日③、一四年八月三一日⑦、一四年九月一四日⑦、一四年九月二一日②、一四年九月二八日⑥、一四年一〇月一九日⑥、一四年一一月二日⑧、一四年一一月九日⑥、一四年一一月一六日⑦、一四年一一月二三日③、一四年一二月七日④、一五年一月一一日⑤、一五年一月一八日⑦、一五年二月一日⑧、一五年二月八日⑧、一五年三月一五日⑦、一五年三月二九日⑦、一五年四月一九日②、一五年四月二六日③、一五年五月三日⑥、一五年五月二四日⑥、一五年五月三一日④、一五年六月一四日⑥、一五年六月二八日⑥、一五年七月二六日⑤、一五年八月二三日⑥、一五年九月六日⑥、一五年九月一三日④、一五年九月二〇日⑧、一五年一〇月一一日⑥、一五年一〇月二五日⑤、一五年一一月八日⑤、一五年一二月六日④、一六年一月一〇日⑥、一六年一月三一日⑥、一六年二月一四日⑥、一六年二月二一日⑤、一六年三月二〇日⑤、一六年三月二七日④

水野和夫……一三年四月一四日⑤、一三年四月二一日⑦、一三年五月一二日⑤、一三年六月九日③、一三年六月一六日②、一三年六月三〇日⑤、一三年七月二八日④、一三年八月一一日④、一三年八月一八日⑤、一三年九月八日③、一三年九月二二日②、一三年一〇月六日④、一三年一〇月一三日②、一三年一〇月二〇日①、一三年一一月一七日①、一三年一二月一日④、一三年一二月一五日⑦、一三年一二月二二日⑤、一四年一月一二日①、一四年二月二日①、一四年二月一六日⑦、一四年三月二日④、一四年三月三〇日④、一四年四月一三日①、一四年五月四日②、一四年五月二五日①、一四年六月八日②、一四年六月一五日③、一四年七月二〇日⑤、一四年八月三日①、一四年八月一七日⑤、一四年九月一四日④、一四年九月二一日③、一四年一〇月一二日②、一四年一〇月一九日③、一四年一一月九日①、一四年一一月一七日③、一四年一二月二一日⑤、一五年二月一日②、一五年二月一五日④、一五年二月二二日②、一五年三月二二日④、一五年三月二九日④

水無田(みなした)気流……一三年四月七日②、一三年四月二八日⑦、一三年五月五日⑧、一三年五月一二日⑥、一三年六月二日③、一三年六月九日⑧、一三年六月二三日③、一三年六月三〇日②、一三年七月七日③、一三年七月一四日③、一三年八月四日⑥、一三年八月一一日⑤、一三年八月一八日⑦、一三年八月二五日②、一三年九月八日⑧、一三年九月一五日③、一三年一〇月六日⑦、一三年一〇月二〇日④、一三年一一月三日④、一三年一一月一七日④、一三年一二月一日②、一三年一二月八日⑦、一三年一二月一五日⑤、一四年一月一二日③、一四年一月二六日②、一四年二月一六日①、一四年三月二日③、一四年三月九日②、一四年三月一六日②、一四年三月二三日⑦、一四年三月三〇日③、一四年四月一三日③、一四年四月二七日⑤、一四年五月四日⑧、一四年五月一一日②、一四年五月一八日②、一四年六月八日⑦、一四年六月一五日④、一四年六月二九日⑦、一四年七月一三日③、一四年七月二〇日③、一四年八月一〇日①、一四年八月一七日⑦、一四年八月三一日②、一四年九月七日⑦、一四年九月一四日③、一四年九月二八日①、一四年一〇月五日②、一四年一〇月一二日③、一四年一〇月二六日⑧、一四年一一月二日③、一四年一一月九日②、一四年一一月三〇日⑦、一四年一二月一四日②、一四年一二月二一日⑦、一五年一月一一日①、一五年一月一八日②、一五年一月二五日⑧、一五年二月一日⑦、一五年二月八日③、一五年二月一五日⑦、一五年二月二二日③、一五年三月一日③、一五年三月八日③、一五年三月一五日④、一五年三月二二日①

南塚信吾……〇九年一月一一日⑤、〇九年二月八日⑥、〇九年三月一日⑨、〇九年三月一五日④、〇九年四月一二日⑦、

○九年四月一九日⑥、○九年五月一○日⑤、○九年五月三一日⑤、○九年七月五日⑥、○九年八月二日①、○九年八月二三日⑤、○九年九月二○日⑤、○九年一○月一一日⑤、○九年一一月一日⑤、○九年一一月二二日⑥、○九年一二月二○日①、一○年一月三一日⑥、一○年二月一四日⑧、一○年二月二八日⑥、一○年三月二一日①

耳塚寛明……○九年一月一一日③、○九年二月一日③、○九年二月八日①、○九年三月八日③、○九年三月一五日⑦、○九年三月二九日⑧、○九年四月一九日⑧、○九年四月二六日⑤、○九年五月一○日④、○九年六月七日⑧、○九年六月二八日④、○九年七月一九日⑦、○九年八月二三日③、○九年九月六日⑤、○九年一○月一一日③、○九年一一月八日⑧、○九年一一月二九日③、○九年一二月六日⑧、○九年一二月二○日③、一○年一月三一日⑦、一○年二月七日④、一○年二月二八日⑤

宮沢章夫……一五年四月五日⑦、一五年五月三日①、一五年五月一七日④、一五年五月三一日②、一五年六月二一日③、一五年六月二八日③、一五年七月一二日⑧、一五年七月二六日①、一五年八月九日⑥、一五年八月三○日⑥、一五年九月二七日①、一五年一○月四日⑤、一五年一一月一日②、一五年一一月八日①、一五年一二月一三日⑤、一五年一二月二○日⑥、一六年一月一七日⑧、一六年一月二四日①、一六年三月二七日③、一六年四月一七日②、一六年六月一二日⑤、一六年八月一四日①、一六年一○月一六日①、一六年一一月一三日⑥、一六年一一月二七日⑤

【も】

諸富徹……一四年四月六日③、一四年四月二七日⑦、一四年五月一一日①、一四年五月一八日⑥、一四年六月一日⑧、一四年七月六日⑥、一四年八月三日⑦、一四年八月一七日④、一四年八月二四日①、一四年九月七日②、一四年九月一四日⑤、一四年九月二一日⑧、一四年一○月二六日①、一四年一一月一六日⑥、一四年一二月一四日⑤、一四年一二月二一日①、一五年一月一一日④、一五年二月二二日④、一五年四月二六日⑧、一五年五月三日⑤、一五年五月三一日③、一五年六月二一日②、一五年七月五日⑦、一五年七月一九日⑤、一五年七月二六日③、一五年八月二日①、一五年八月一六日④、一五年八月三○日②、一五年九月一三日②、一五年一○月四日⑦、一五年一○月一八日①、一五年一○月二五日②、一五年一一月八日④、一五年一一月二二日②、一五年一二月六日①、一五年一二月二○日②、一六年一月一七日⑦、一六年一月三一日⑧、一六年二月七日②、一六年三月六日⑤、一六年三月二○日②、一六年五月一日①、一六年五月八日③、一六年五月二二日③、一六年六月一二日②、一六年六月二六日⑦、一六年七月三日④、一六年七月二四日④、一六年八月七日①、一六年八月二八日②、一六年九月四日⑧、一六年九月一八日②、一六年一○月二日④、一六年一○月二三日④、一六年一一月一三日①、一六年一一月二七日③、一六年一二月一一日③、一六年一二月一八日④

【や】

山形浩生……一一年四月三日⑥、一一年四月二四日⑤、一一年五月一日⑥、一一年五月二二日⑦、一一年六月一二日①、一一年七月三日⑦、一一年七月一○日⑥、一一年七月二四日⑤、一一年七月三一日①、一一年八月七日⑦、一一年八月二一日③、一一年九月四日⑥、一一年九月一一日①、一一年一○月二三日④、一一年一○月三○日④、一一年一一月六日①、一一年一二月四日⑤、一一年一二月一八日⑦、一二年一月二二日⑦、一二年一月二九日①、一二年二月二六日⑧、一二年三月一八日⑥、一二年四月一五日⑥、一二年五月二七日③、一二年六月三日⑤、一二年六月一○日①、一二年七月一日⑤、一二年七月八日⑧、一二年七月二九日⑦、一二年八月一二日②、一二年八月二六日⑤、一二年九月九日⑧、一二年一○月二一日⑤、一二年一一月一一日①、一二年一二月二日⑧、一二年一二月九日①、一二年一二月一六日⑤、一三年一月一三日⑦、一三年三月三日⑤、一三年三月二四日①、一三年三月三一日⑤

楊逸〔ヤン・イー〕……一一年四月三日④、一一年四月二四日④、一一年五月八日①、一一年五月二二日⑥、一一年六月一二日③、一一年六月二六日③、一一年七月二四日③、一一年八月七日⑤、一一年八月二一日⑤、一一年九月一一日⑦、一一年九月二五日③、一一年一○月二三日⑤、一一年一一月六日⑤、一一年一一月二○日③、一一年一二月一八日③、一二年一月一五日⑥、一二年一月二二日⑤、一二年二月一九日①、一二年四月二九日②、一二年五月一三日④、一二年五月二○日③、一二年七月二二日③、一二年七月二九日①、一二年八月五日③、一二年一○月二一日②、一二年一○月二八日⑥、一二年一一月二五日⑤、一二年一二月二日④、一二年一二月一六日⑥、一三年一月一三日⑤、一三年二月三日⑤、一三年二月一○日⑤、一三年二月一七日②、一三年三月三一日②

【よ】

横尾忠則……○九年四月五日①、○九年四月二六日③、

○九年五月一七日②、○九年六月七日⑥、○九年六月二一日④、○九年七月一二日⑥、○九年七月二六日⑥、○九年八月二三日④、○九年九月二〇日①、○九年九月二七日④、○九年一一月一日⑥、○九年一一月一五日⑤、○九年一一月二二日①、○九年一二月六日②、一〇年一月一〇日②、一〇年一月一七日⑤、一〇年一月三一日②、一〇年二月二八日③、一〇年三月一四日③、一〇年四月一八日④、一〇年四月二五日⑤、一〇年五月九日①、一〇年五月二三日③、一〇年六月六日③、一〇年六月二〇日④、一〇年七月一一日⑥、一〇年七月一八日②、一〇年八月一日③、一〇年八月二二日⑥、一〇年九月一二日⑥、一〇年九月二六日⑥、一〇年一〇月三一日④、一〇年一一月一四日⑥、一〇年一一月二八日⑤、一〇年一二月一二日③、一一年一月九日⑤、一一年一月二三日⑦、一一年二月一三日⑤、一一年二月二七日④、一一年三月二〇日②、一一年三月二七日④、一一年四月一七日③、一一年四月二四日②、一一年五月一日③、一一年五月二二日③、一一年五月二九日①、一一年六月五日⑤、一一年六月一九日④、一一年七月三日④、一一年七月三一日④、一一年八月二一日②、一一年九月四日⑤、一一年九月一一日④、一一年九月一八日③、一一年一〇月九日②、一一年一〇月一六日②、一一年一一月一三日④、一一年一一月二七日②、一一年一二月四日①、一二年一月一五日⑤、一二年二月五日⑤、一二年二月二六日②、一二年三月一八日②、一二年三月二五日④、一二年四月一五日⑤、一二年四月二九日①、一二年五月六日④、一二年六月三日④、一二年六月一〇日②、一二年七月八日③、一二年七月二九日④、一二年九月二日①、一二年九月三〇日⑤、一三年一月六日④、一三年一月二〇日④、一三年二月一〇日⑥、一三年二月二四日④、一三年三月三日④、一三年三月一七日③、一三年四月一四日④、一三年四月二一日③、一三年五月一二日④、一三年五月一九日⑥、一三年六月二三日⑤、一三年七月七日②、一三年七月一四日⑤、一三年九月二二日⑤、一三年一一月一〇日⑥、一三年一一月一七日⑤、一三年一二月八日②、一三年一二月一五日④、一四年一月二六日④、一四年二月二三日⑤、一四年三月九日⑥、一四年五月四日⑤、一四年五月二五日⑥、一四年八月一七日⑥、一四年九月七日③、一四年一〇月二六日②、一四年一一月二日④、一四年一一月二三日④、一五年一月一八日⑤、一五年一月二五日⑥、一五年二月八日⑤、一五年三月八日②、一五年三月一五日②、一五年四月一二日②、一五年四月一九日①、一五年五月三日③、一五年五月二四日②、一五年七月五日⑥、一五年九月二〇日③、一五年一一月一日⑥、一五年一一月二二日③、一六年三月一三日④、一六年四月一〇日④、一六年四月一七日⑤、一六年五月一日③、一六年六月五日⑥、一六年七月三一日④、一六年一〇月二三日①

吉岡桂子……一四年四月一三日④、一四年四月二七日⑧、一四年六月一日⑤、一四年七月一三日⑤、一四年七月二七日⑧、一四年八月三日⑥、一四年八月二四日⑤、一四年八月三一日①、一四年九月二一日④、一四年九月二八日⑧、一四年一〇月五日⑥、一四年一〇月二六日⑦、一四年一一月一六日⑤、一四年一一月三〇日⑥、一四年一二月一四日⑥、一四年一二月二一日⑧、一五年一月一一日⑥、一五年二月八日⑥、一五年三月一日⑧、一五年四月一九日⑧、一五年四月二六日⑤、一五年五月一七日③、一五年六月七日④、一五年六月二一日④、一五年七月一二日⑥、一五年八月二日⑥、一五年八月九日⑤、一五年八月二三日⑦、一五年九月二〇日⑥、一五年九月二七日⑤、一五年一〇月四日⑥、一五年一〇月二五日⑥、一五年一一月八日⑦、一五年一二月六日③、一五年一二月一三日⑥、一六年二月七日⑦、一六年二月二一日③、一六年二月二八日⑤、一六年三月二〇日①

【わ】

鷲田清一……一二年四月一日②、一二年五月六日⑦、一二年五月二〇日②、一二年七月一日④、一二年七月二二日②、一二年八月一九日③、一二年九月一六日④、一二年九月二三日④、一二年一〇月二八日①、一二年一二月九日⑦、一二年一二月一六日①、一三年二月三日④、一三年二月二四日③、一三年三月三日②、一三年三月一〇日⑦、一三年四月一四日⑦、一三年五月二六日③、一三年六月二日⑦、一三年六月二三日⑧、一三年七月二八日①、一三年八月四日②、一三年八月一一日⑦、一三年九月一日⑦、一三年九月八日②、一三年九月二二日④、一三年一〇月二七日⑦、一三年一二月一日⑥、一三年一二月八日⑤、一四年二月九日②、一四年二月二三日①、一四年三月二三日①

渡辺靖……一二年四月一日⑥、一二年四月二九日⑧、一二年五月六日③、一二年六月一〇日④、一二年六月一七日①、一二年六月二四日⑦、一二年八月一二日③、一二年八月一九日①、一二年九月九日⑤、一二年一〇月一四日①、一二年一一月四日⑥、一二年一一月一一日④、一二年一二月九日⑤、一三年一月一三日①、一三年二月三日⑦、一三年二月一七日⑦、一三年二月二四日①、一三年三月一七日⑧、一三年三月二四日③、一三年三月三一日⑧、一三年四月二一日⑥、一三年五月五日⑤、一三年五月二六日①、一三年六月二三日⑥、一三年七月二一日⑧、一三年七月二八日⑥、一三年八月四日⑧、一三年八月一八日①、一三年九月八日⑥、一三年九月二二日⑥、一三年一〇月一三日⑧、一三年一〇月二七日①、一三年一一月三日⑥、一三年一二月一日③、一四年一月一九日①、一四年二月二三日⑥、一四年三月九日⑧

出版社索引

【あ】

【い】

【お】

【か】

【し】

【は】

パイ インターナショナル……一三年六月一六日⑥

白水社……○九年一月一一日②、○九年三月二二日①、○九年五月三日②、○九年六月二一日③、○九年七月一九日⑧、○九年九月六日①、○九年一二月二〇日①、一〇年一月一〇日⑥、一〇年三月七日⑦、一〇年三月二一日⑤、一〇年四月二五日④、一〇年五月二日⑧、一〇年五月九日⑧、一〇年六月六日⑤、一〇年六月一三日⑧、一〇年六月二〇日⑥、一〇年六月二〇日⑧、一〇年七月四日②、一〇年九月一二日⑥、一〇年一〇月二四日③、一〇年一〇月三一日②、一一年二月一三日⑦、一一年三月二〇日②、一一年四月三日②、一一年五月八日①、一一年五月二二日⑥、一一年六月五日②、一一年六月一二日③、一一年六月一九日②、一一年七月三日④、一一年七月三一日①、一一年九月四日①、一一年一〇月二三日④、一一年一一月二〇日③、一二年一月二二日⑤、一二年二月五日⑤、一二年二月二六日④、一二年六月一七日③、一二年七月二九日①、一二年八月二六日⑦、一二年一一月一八日①、一三年一月一三日①、一三年一月一三日⑦、一三年一月二〇日②、一三年二月一〇日⑥、一三年五月二六日④、一三年六月三〇日③、一三年八月一八日⑥、一三年八月二五日⑥、一三年一〇月六日④、一三年一〇月一三日②、一三年一一月一〇日②、一三年一一月一七日①、一三年一一月一七日⑦、一三年一二月一五日②、一四年三月二日④、一四年三月一六日⑦、一四年四月一三日①、一四年五月四日⑥、一四年五月二五日⑤、一四年六月二二日④、一四年七月一三日②、一四年七月二七日⑧、一四年八月一七日⑤、一四年九月七日⑥、一四年九月一四日④、一四年九月二一日③、一四年九月二八日⑥、一四年一〇月一九日⑥、一四年一一月二日①、一五年三月二二日⑤、一五年三月二九日④、一五年三月二九日⑤、一五年五月一〇日⑧、一五年七月五日④、一五年八月二日②、一五年九月六日②、一六年一月二四日⑤、一六年一月三一日①、一六年二月二一日⑥、一六年二月二八日③、一六年五月一五日②、一六年六月一二日⑤、一六年七月三日⑧、一六年七月一七日②、一六年七月二四日④、一六年七月三一日⑤、一六年八月七日⑧、一六年一〇月二日⑧、一六年一〇月九日①、一六年一〇月一六日④、一六年一〇月二三日⑦、一六年一一月二七日⑧、一六年一二月一八日③

博文館新社……一二年九月二日⑦

白揚社……○九年三月二九日⑤、一一年九月四日③、一二年一月二二日⑥、一三年二月一七日④、一三年八月四日⑤、一三年一二月二二日①、一六年四月一七日③、一六年八月一四日⑤

バジリコ……○九年二月一日①、一三年一月一三日⑤

羽鳥書店……一〇年六月一三日②、一〇年八月二二日②、一六年九月一八日⑧、一六年一〇月三〇日①

塙書房……一一年一一月六日⑤、一六年五月二九日④

パブリブ……一六年一一月一三日⑧

早川書房……○九年一月四日③、○九年一月二五日⑦、○九年二月一五日③、○九年四月二六日②、○九年六月二八日③、○九年七月五日②、○九年七月二六日②、○九年八月二日⑥、○九年一〇月二五日⑥、○九年一一月一五日⑦、○九年一二月二〇日②、一〇年二月七日①、一〇年二月一四日⑤、一〇年二月二一日⑧、一〇年三月二一日③、一〇年五月二三日③、一〇年五月三〇日②、一〇年六月一三日①、一〇年八月二二日①、一〇年八月二二日⑦、一〇年八月二九日⑥、一〇年九月五日②、一〇年一〇月一〇日③、一〇年一二月五日①、一一年二月一三日④、一一年二月二〇日②、一一年三月二〇日③、一一年三月二七日②、一一年九月一一日①、一一年一〇月二日①、一一年一〇月九日⑤、一一年一一月一三日④、一一年一二月一八日⑦、一二年二月一二日⑦、一二年二月一九日⑥、一二年三月一八日⑤、一二年四月二二日①、一二年七月一五日⑤、一二年七月二二日⑦、一二年一二月一六日⑥、一三年二月三日⑤、一三年三月一〇日①、一三年四月二一日④、一三年五月一九日①、一三年八月四日①、一三年八月二五日⑤、一三年九月八日④、一三年一一月三日③、一三年一一月二四日④、一三年一二月一日④、一四年二月九日①、一四年二月一六日④、一四年三月二日⑤、一四年三月三〇日②、一四年七月一三日④、一四年八月一〇日⑤、一四年八月三一日③、一四年一一月一六日⑧、一五年一月一一日⑤、一五年三月一五日⑦、一五年五月三一日①、一五年五月三一日③、一五年六月二八日②、一五年七月二六日⑤、一五年八月二日④、一五年八月一六日⑧、一五年一〇月一八日⑧、一五年一一月八日⑦、一五年一一月一五日③、一五年一二月二〇日①、一六年二月二一日⑦、一六年三月二七日⑧、一六年六月五日①、一六年七月一〇日⑦、一六年七月二四日③、一六年九月二五日③、一六年一〇月九日④、一六年一一月六日③

原書房……○九年二月一五日⑥、○九年五月三一日③、一〇年五月二日④、一二年二月一九日①、一二年三月二五日②、一二年九月九日⑦、一三年二月三日⑧、一三年二月一七日②、一三年六月九日④、一三年一〇月二七日②、一四年一月二六日⑦、一四年二月二三日⑤、一四年四月二七日⑧、一四年五月一一日⑧、一四年五月一八日③、一四年六月一日⑤、一五年八月九日⑤、一五年一二月二〇日⑦、一六年三月六日⑧

パルコ出版……一〇年九月一二日⑤、一一年四月一〇日⑦

阪急コミュニケーションズ……一〇年六月一三日⑦、一一年六月一二日⑦、一一年一二月一一日⑤、一三年九月一日④、一四年一月一九日②、一四年四月二〇日③、一四年一〇月一九日③、一四年一一月二三日⑧

晩成書房……一六年四月三日⑦

【ひ】

ＰＨＰ研究所……○九年七月一二日⑧、○九年八月九日③、一一年五月二二日③、一一年六月五日⑥、一三年一一月一七日⑤、一五年一一月一五日⑦、一六年九月一一日②、一六年一二月一一日④

美術出版社……一三年七月二八日⑦、一五年四月五日①

ひつじ書房……○九年六月二八日⑧

白夜書房……一五年五月一七日④

評論社……一〇年五月一六日⑧

ヴィレッジブックス……一二年一〇月七日②

キーワード索引

【あ】

【さ】

【し】

【せ】

【た】

【な】

【ま】

【ら】

【り】

【わ】

＊読書編集長（2001年以降）
中村謙、白石明彦、村本隆史、岩崎進、都築和人、佐久間文子、鈴木京一、吉村千彰

編 集 協 力：用松美穂
データ整理：三省堂データ編集室
本 文 組 版：エディット

朝日書評大成　2009-2016

2017年12月10日第1刷発行

編　者：朝日新聞社文化くらし報道部
発行者：株式会社 三省堂　代表者　北口克彦
印刷者：三省堂印刷株式会社
発行所：株式会社 三省堂
〒101-8371
東京都千代田区三崎町二丁目22番14号
電話　編集　(03) 3230-9411　営業　(03) 3230-9412
http://www.sanseido.co.jp/

落丁本・乱丁本はお取り替えいたします。

Printed in Japan
ISBN978-4-385-15119-9
〈朝日書評2009-2016・2016pp.〉